民國期刊資料分類彙編

三禮研究

耿素麗　胡月平　選編

國家圖書館出版社

圖書在版編目(CIP)數據

三禮研究/晁岳佩編. —北京:國家圖書館出版社,2009.5
(民國期刊資料分類彙編)
ISBN 978-7-5013-3791-0

Ⅰ.三… Ⅱ.晁… Ⅲ.①禮儀—中國—古代—文集②周禮—研究—文集③儀禮—研究—文集④禮記—研究—文集 Ⅳ.K224.06—53 K892.9—53

中國版本圖書館 CIP 數據核字(2009)第 034585 號

書名 民國期刊資料分類彙編・三禮研究(全三册)
著者 晁岳佩 選編

出版 國家圖書館出版社 (100034 北京西城區文津街 7 號)
(原北京圖書館出版社)
發行 010-66139745 66175620 66126153
66174391(傳真) 66126156(門市部)
E-mail btsfxb@nlc.gov.cn(郵購)
Website www.nlcpress.com → 投稿中心
經銷 新華書店
印刷 三河弘翰印務有限公司

開本 889×1194 毫米 1/16
印張 125
版次 2009 年 5 月第 1 版 2009 年 5 月第 1 次印刷
印數 1—150(套)

書號 ISBN 978-7-5013-3791-0
定價 1600.00 圓

出版説明

本書是『民國期刊資料分類彙編』叢書中的一種，收入發表於民國期刊中研究《周禮》、《儀禮》、《禮記》（附《大戴禮記》）的論文近二百篇。根據以類相從的原則，這些文章被分爲四類，即周禮類、儀禮類、禮記類（附大戴禮記）、三禮綜論類。每一類目下的文章，依發表時間先後排序。連載文章，則屬特例，以其第一部分發表的時間爲準排序，其他部分均接排，至全文結束，以保持文章的完整性。

對於所收入的文章，我們有以下兩點需要説明：

首先，有文末標有『未完』二字，實際爲完整文章者，如『學記箋證』、『王制篇集證』等；

其次，雖經我們極力搜討，個別文章仍然存在不完整的現象，爲向讀者提供借鑒或綫索，這些文章也收入書中，如『三禮學制鄭義述』、『大同學説』、『禮運扶微』。

囿於編者學識，部分文章或有分類不當之處，尚請讀者指正。

編者

二〇〇九年四月

序

鄧聲國

在古代中國，『禮』幾乎是無所不涵的社會生活的總規範，影響、滲透至制度、器物、行爲、觀念、心態各個層面，以至可以說，中國社會處處有禮學，研究中國文化處處會遇到禮學。所以早在春秋時期儒家學派創始人孔子便教導其弟子云：『不學禮，無以立。』[一]就儒家經典的情況而言，誠如清末學者皮錫瑞在《經學通論·三禮》所說：『六經之文，皆有禮在其中。六經之義，亦以禮爲尤重。』[二]近代禮學名家曹元弼也説：『六經同歸，其指在禮。《易》之象，《書》之政，皆禮也。』[三]總而言之，縱覽兩千多年來源遠流長、燦爛輝煌的中國儒家傳統文化發展史，禮在中國傳統社會中已經泛化爲一種普遍的社會現象。如果我們將整個禮學發展史比作一條奔騰不息的長河的話，那麼，產生於兩千年前的《周禮》、《儀禮》、《禮記》諸書便是這條文化長河的重要源頭。

從內容方面來看，『三禮』諸書的內容非常豐富，遍及先秦時期人們社會生活的各個方面。僅以《儀禮》十七篇爲例，誠如《禮記·昏義》篇所云：『夫禮始於冠，本於昏，重於喪、祭，尊於朝、聘，和於射、鄉。此禮之大體

[一]《論語·季氏》篇。

[二]（清）皮錫瑞：《經學通論·三禮》，中華書局一九五四年。

[三]（清）曹元弼：《禮經學》卷四《會通》，《續修四庫全書》本。

也。』《禮運》篇亦云：『達於喪、祭、射、御、冠、昏、朝、聘。』又云：『其行之以貨力、辭讓、飲食、冠昏、喪祭、射御、朝聘。』另外，《大戴禮記·本命》篇曰：『冠、昏、朝、聘、喪、祭、賓主、鄉飲酒、軍旅，此之謂九禮也。』概而言之，它們主要記述先民們冠、昏、飲、食、燕、射、聘、覲、喪、虞等方面的禮節儀式，其中所涉及到的服飾搭配，禮器陳設，摯幣等次，言辭容止，主、相、賓、介、門、階、面、位、升、降、進、退、揖、讓、興、獻、薦、祭、啐，歌、笙、間、合等等繁文縟節，儀文節制相當煩瑣。可見，《儀禮》之得名，正與該書專敍細文瑣節大有關聯，其間器物陳設之多，行禮節次之密，升降揖讓裼襲之繁，他書向無可比。以《鄉射》、《大射》二篇考之，射禮繁縟之極，司射與司馬迭爲進退，讀之幾於心目俱眩。若不明辨儀節位次之第，以進退揖讓爲末節，則不能貫通全經，必致『言朝則昧於三門，言廟則闇於門揖曲揖，言寢則眩於房室階夾，言堂則誤於楹間階上』[二]之陋識。加之其書中涉及大量的名物，如服飾、飲食器皿、宮室、喪葬用具等，如果不能正確瞭解它們的形制及用途，就有可能造成對經文本身的曲解。凡此之類，都給後人解讀帶來了很大的困難。《周禮》、《禮記》二書在内容方面之繁雜亦不例外。

『經之至者，道也。所以明道者，其詞也。』[三]作爲中國傳統文化研究的重要組成部分之一，我國『三禮』研究的歷史非常悠久。和其他儒經一樣，『三禮』也是中國學術文化源頭之一，其經文中所規定的儀文禮制不僅僅是一種靜態的習俗，而且在社會的政治與文化生活中發揮著典常的指導功能，具有很強的滲透性，滲透到人們的情感、觀念之中。雖然不像《詩經》那樣可以『賦詩斷章』，但其影響極爲深厚，各種禮儀規制無不深深影響著人們的

[二]（清）阮元：《儀禮圖序》，載張惠言《儀禮圖》卷首，《續修四庫全書》本。

[三]（清）戴震：《與是仲明論學書》，《戴震全書》卷六，黄山書社一九九五年版，第三七〇頁。

一言一行和所思所想。因此，歷代儒家學者的禮學研究相當廣泛，可謂博大精深，傳世的『三禮』文獻浩如煙海，研究中涉及到的各個方面内容相當豐富。從文獻目録學的角度，《四庫全書》編纂者將『禮』類分爲六個子目，即『周禮』、『儀禮』、『禮記』、『三禮總義』、『通禮』、『雜禮書』，其中『通禮』、『雜禮書』類著作顯然主要屬於『儀』的内涵。這是四庫館臣立足於傳統學術視野，對傳統禮學著作沿襲分類的一次審視與總結。一九九五年，楊志剛先生提出將中國傳統禮學劃分爲四類：禮經學、禮儀學、禮論和泛禮學〔二〕。禮經學即研究禮經的專門之學，其主幹是『三禮』學，屬於經學的範疇；禮儀學側重點在『儀』，它包涵儀制的撰作和儀制的研究兩方面的内容；禮論是對禮的本質、價值、功能和歷史作用等問題進行理論性的論證和闡發，常散見於經、史、子、集各種著作及篇章之中，不似禮經學、禮儀學多專著、專篇，顯得繁雜散漫；泛禮學即泛化的禮學，涉及社會生活之制度、器物、行爲、觀念、心態各個層面的禮文化研究。從王鍔先生《三禮研究論著提要》〔三〕一書所提到的諸文獻研究情況來看，仔細審視歷史上衆多學者的『三禮』學研究，不難發見他們的學術視野，其實並不僅僅局限於禮經學的研究範疇，同樣也涉及到禮儀學、禮論和泛禮學等方面的問題。例如，研究注釋《儀禮》，無法回避儀制的撰作和儀制的内容問題，這自然歸屬於禮儀學的研究範疇；同樣地，許多注釋者往往將經文中的儀文節制情況與歷代禮俗類著作的規制進行對比，考察禮俗的傳承和變異，這就完全脱離了傳統經學的學術視野，進入到泛禮學的研究範疇。另外，在各類注釋文獻當中，往往還包含對禮的本質、價值、功能和歷史作用等方面内容的理論闡發，雖然這

〔二〕 楊志剛：《中國禮學史發凡》，《復旦大學學報》（社會科學版）一九九五年第六期。

〔三〕 王鍔：《三禮研究論著提要》，甘肅教育出版社二〇〇一年版。

方面研究多繁雜散漫，沒有專門的論著，但當代學者在進行此類文獻的整理時，無法進行規避，這樣就必然要涉足禮論的研究範疇。由此看來，作爲一門專門性學問的『三禮』學研究，必然要涉及禮經學、禮儀學、禮論、泛禮學等不同的禮學領域。

如前所述，歷代研究『三禮』的論文論著，數量極爲驚人，著實難以作出精確統計。僅民國期間幾近四十年來看，對於有關『三禮』方面的學術研究，其間出現的學術專著不少，研究《周禮》者，如陳矩著《鳧氏爲鍾圖說補義》，劉泳溱著《周禮賈疏引唐制輯證》等；研究《儀禮》者，如容乃宣著《喪服用古今冠考》，吳承仕著《布帛名物》等；研究大、小戴《禮記》者，如戴禮著《禮記通釋》、《大戴禮記集注》，唐文治著《禮記大義》、《禮記曲禮篇》、《大戴禮記曾子疾病篇講義》等。除此之外，由於出版業的發展，民國期間各類學術期刊不斷湧現，爲當時的學術交流和傳播提供了極大便利。當時各類學術期刊上發表的『三禮』學論文，在數量上頗爲可觀，根據《民國期刊資料分類彙編·三禮研究》一書所收入的各類論文統計，就有一八六篇之多，估計還可能有少數論文沒能包括在內，這是規模不小的一個統計數字。凡此種種足以說明，它們對於當代學者從事『三禮』學方面的研究，以及對於通代及斷代『三禮』學史的深入研究，提供了豐富的研究資料和衆多的研究信息，具有重要的文獻參考價值。

和其他各門學術研究一樣，當代的『三禮』學研究必須站在前人研究的肩膀上，溫故知新，繼往開來。因而，對於歷代傳世的各類『三禮』文獻，進行一番系統的整理，是當代文獻學者義不容辭的一份責任。對於當代『三禮』學研究者而言，民國時期發表的『三禮』學論文，對於大部分學者而言，可謂搜尋至難，一是由於這些論文載體——期刊本身距今已經過去了至少五十年，保存至今的國內各地並不常見，目前中國內地除國家圖書館和少數一些高校收藏之外，大部分學者都難以全面搜尋到這些資料；二是由於這些論文散見於各類學術舊刊當中，如果缺乏必要的目錄著作提供便利的話，實在難以做到窮盡式的專題精確查找，也不可能實現對民國年間『三禮』學研究狀況的確切把握。無論是從文獻學者的文獻整理來講，還是從不同『三禮』研究者的研究視野及其資料占有度來看，將這些散落各種舊刊的學術論文進行一番整理和彙編，重新加以出版，都是一件頗爲緊迫的工作。

近些年來，國家圖書館出版社出版了一批古籍特色圖書，大都以珍貴逼真、方便實用來彰顯這些古籍蘊藏的巨大學術價值。二〇〇七年開始，國家圖書館出版社致力於開發民國資料文獻，主要包括《民國文獻資料叢編》與《民國期刊資料分類彙編》，其中《民國期刊資料分類彙編》從二〇〇八年起，依敦煌學研究卷、春秋學卷、經史關係卷、語言學卷等專題，即將陸續推出。現在，他們又鈎稽散籍，將民國年間期刊發表的『三禮』學論文單獨整理成册出版，便於今後的禮學研究者們更加便利地占有詳盡的研究資料，使得他們從繁重的資料檢索、查詢中擺脱出來，省去檢索群刊的很多麻煩，投入到具體的研究中去，文獻整理之功頗爲彰顯，其意義和貢獻極大。通覽該書『三禮』分册目錄，從該書的體例編排情況來看，編纂者對諸多論文的編排，還是較有特色的，顯得頗爲科學合理。

近些年來，文獻學者對於禮學文獻資料的整理編排，主要有兩種方式：一是陳其泰、郭偉川、周少川諸先生在編纂《二十世紀中國禮學研究論集》（學苑出版社一九九八年版）一書時，將選入該書的論文按内容分爲四輯，即通論、論禮學典籍、論禮制、論禮治四個方面，同一類論文大致以發表時間的先後爲序；二是王鍔先生在編撰《三禮研究論著提要》時，將自漢代迄西元一九九九年之間的各類論文、專著、譯介、工具書等，分爲《周禮》、

《儀禮》、《禮記》(包括《大戴禮記》)、三禮綜論等四大部分，各類文獻均按作者時代和科第先後爲序依次排列。前者的論文編排不僅僅局限於『三禮』學方面的禮經學論文，還包括禮儀學與泛禮學方面的論文，對於《民國期刊資料分類彙編·三禮研究》專冊而言，並不相吻合。因此，編纂者採用王鍔先生《提要》一書的編排方式，確實是較爲允當的。

惠承耿素麗先生擡愛，索序於我，我想，該書的編纂與出版，是『三禮』學界的一大盛事，必將受到國內外讀者的極大歡迎。爰就所思所感，拉拉雜雜略如上述，以呈讀者。

二〇〇八年十月 於井岡山大學

目錄

周禮類

儀禮類

禮記類

附大戴禮記

三禮綜論類

周禮類

風對聯

古周禮公卿說

儀徵劉師培撰

北堂書抄設官部引五經異義云。古周禮說。天子立三公曰太師太傅太保。無官屬。與王同職。故曰坐而論道。謂之三公。又立三少以爲之副。曰少師少傅少保。是爲三孤。冢宰司徒宗伯司馬司寇司空。是爲六卿之屬。大夫士庶人在官者凡萬二千。蓋周禮古說。以太師太傅太保爲三公。別有三孤六卿。所云六卿。據本經爲說。所云三公三少。均本大戴禮記保傅篇。其以三少即三孤。則又漢書公卿百官表之文也。今考地官敘官云。鄉老二鄉則公一人。鄉大夫每鄉卿一人。又夏官敘官云。王六軍。大國三軍。次國二軍。小國一軍。軍將皆命卿。周禮先師。蓋以鄉老之公。即太師之屬。六鄉之吏。即冢宰六官。亦即六軍之將。知者。賈公彥敘周禮廢興引馬融傳云。賈逵以爲六卿之吏。則冢宰以下。是據賈說。是冢宰諸官。各兼一鄉之吏。鄉各一軍。故鄉吏兼爲軍將。續漢書百官志引劉邵爵制曰。周之六卿。

亦以居軍。是其證矣。說文卿字注云。六卿。天官冢宰。地官司徒。春官宗伯。夏官司馬。秋官司寇。冬官司空。又鄉字注云。封圻之內六鄉。六卿治之。亦與賈誼相符合。異義之說劭之。是王朝之卿僅六。合以三孤則爲九卿。冬官匠人九卿朝焉。是也。漢書王莽傳云。置大司馬司允大司徒司直大司空司若位皆孤卿。莽置三公。沿用今文書說。傳以古文三少制。實與東漢古文說弗同。然足徵孤係三人。並足證孤卿同位。孤亦稱卿。賈許舊誼。當亦然也。後鄭以六官三孤釋匠人九卿。以鄉公即係論道三公。均與古符。（地官敘官注又言三公中參六卿事。與注書傳同。非周禮誼。從用馬融師說。以書序師保爲師氏保氏。亦與古周禮弗合。乃考工論道注。轉以公爲諸侯。與地官注文互歧。尤弗足論。）自馬傳以賈爲謬說。後鄭因之。其注夏官司馬云。凡軍師不特置。選於六官六鄉之吏。始以鄉吏別六官。如鄭說。是王國之卿。十有二人。併數三孤則爲十五。迥與賈誼弗合。近孫詒讓正義駁賈說云。鄉大夫受教法於司徒。賈以司徒即鄉大夫之一。豈得自掌教法而自受之不知太宰之職。掌建邦之六典。治典自建而自司。教法自頒而自受。其例一也。近儒鮮伸賈說。因特著之。

——摘自《中國學報》一九一六年四月第四册

柏拉圖理想國與周官

張　　其　　昀

1. 兒童教育
2. 婚媾與女學
3. 均產及分業
4. 賢人政治

西方文化，溯淵源於希臘；東方文化，以中華爲大宗.

中國起源最古，距今六千六百四十一年，初有紀年；(註1) 自黃帝顓頊唐虞夏商以來，聖作知述，積纍經驗，以集於文武，成周之盛，光化中天.（當西曆紀元前十二世紀）當是時也，希臘人尙爲游牧之民，沿多惱河流域，逐水草而南徙，無文字，無政敎，無文化之可言也.

近五十年來，西方學者研尋海西諸國埃及巴比倫亞述 (Assyria) 赫邵 (Hittite) 腓尼基 (Phœnicia) 克里特 (Crete) 之古史，捊掘深土，創獲甚多. 然後知諸國文化其流澤被於希臘者至深且大，舉凡文字器用衣服營造，罔不淵源自東.(註2) 使希臘不與諸國交通，則今日西方文化，果成若何之形式，尙未可知. 是故希臘文化，吸集自外，中國文化蛻化自前，其性質固截然不同也.

希臘人思想藝術之美，爲百代之所宗仰，顧閱章緷典，留貽者寡. 自西元前六百八十四年(周莊王時)雅典始有信史以來，政治迭經變遷. 德拉柯 (Draco 前621年) 梭倫 (Solon 前594年) 之徒，皆有意於創立法制，然刻薄簡陋，救一時之急，而未能收實效. 西元前五百年克利西尼 (Cleisthenes) 改革國是，歸政平民. 貝理克(Pericles,

〔註1〕 漢書律曆志云:"迺以前歷上元泰初四千六百一十七歲至於元封七年，復得閼逢攝提格之歲." 按漢武帝元封七年，距今凡二千又四年，故加得此數.

〔註2〕 參考白來斯德 (Breasted) 古代史 (Ancient Times) 第八九十三章.

461－448 B.C. 周貞定王世）時代，雅典繁榮，達於極盛，獨於經國大法、一代制度，慨足以承前以開後者．闕焉未能修習．自後民治腐敗，日趨陵夷．希臘大哲，踵起於政治衰息之世．柏拉圖（Plato,427－347 B.C. 卽生於周考王十四年，卒於周顯王二十二年）慨歎惡政，想望盛治，出其心思之所經緯，著共和國（Republic）一書[註3]託於其師蘇格拉底（Socrates）之問答，以表見其理想國之制度．雅典人不能用也，乃兩次西渡海干政於西拉古斯（Syracuse 在西西利島 Sicily 東端）僭主大杭尼亞斯（Dionysius）父子，冀理想國庶幾實現．然屢試而敗，至於沒身爲奴．[註4]旣歸講學林中，教授弟子，徒託空言，終身未能見諸行事．觀其答時人之難，甚可傷也．

"理想之模範，究能實現與否，未可論定．吾儕豈可以其不能實行，而遂謂無主張之價值乎．汝不可強余證明一實現之國，須與吾理想之模範不爽累黍；設余能得一國，其施治之道，與吾儕所言，大致相似，卽爲此模範能實現之明證，則余願足矣．（Bk. V, p.175.）

[註5]余讀柏氏書，推究其微言大義之所在，然後覺柏氏之所咸喟致慕，歎爲不能目見者，七百年前，固無不一一實現於中國，以躋於純太平之治．獨惜柏氏終老希臘，不獲一覩周官之舊典，[註6]以爲己之理想能實行之明證也．

〔註3〕 理想國成於何年，未能斷定，學者推考大率以爲在西元前393年，（當周安王十九年，孔子已卒，孟子未生。）（據 Garnett 理想國敍言）

〔註4〕 見波士福（Bosford）希臘史 第246頁。

〔註5〕 Bk 代表原書篇數，p. 代表原書頁數。作者所見爲英人斯賓士（H. Spencer）譯本（1906年出版爲Everyman's Library 叢書之一。）全書共348頁，分十篇：I. 財產，公道，節制；II. 個人，國家，教育；III. 教育中之藝術；IV. 財產，貧困，善德；V. 婚姻，哲學；VI. 政治，哲理；VII. 教育實在之影響；VIII. 四種政治；IX. 正當之政治與不正當之政治二者之樂趣；X. 生活之酬報。作者並參覿國人吳獻書君重譯本，而多因用其語；不敢掠美，故附識於此。

〔註6〕 此經史記封禪書 漢書禮樂志 及 河間獻王傳 並稱周官，藝文志本於七略則稱周官經，至王莽時奏立博士始更其名爲周禮。

中國當周秦之交，典籍亡散．漢收遺書，周官經以晚出而後列於學官，學者因疑其僞．然大儒自劉歆鄭玄以迄孫詒讓皆識知爲周公攝政致太平之書．蓋其官守法意，降至春秋戰國，猶多遺迹可尋；使西周時代無此一種制度，純出於戰國或漢代儒家之所僞造，則春秋內外傳所紀，詩書所稱，一切皆無來歷也(註7)

今卽認周官與理想國，同屬理想之書，產生於同一時代，然卽兩書而比觀之，其精粗詳略，端緒秩目，不可同日而語．大抵理想國惟具抽象之觀念，未定詳密之條文，先後之秩序；周官經則有具體之規模，六官之治，咸施典則，聯絡貫串，經緯萬端，儼然一國家有機體之組織．吾黨試思爲周官者，當具何等思想學力經驗而後成此書乎．

理想國與周官有一相同之點，卽在同具模範與限制之義．夫理想國爲一意造虛構之完善國家之模型，(A mode lof a gcod ity Bk. V, p.173) 固已．共論疆域之界，則曰，

> "國土之廣狹，治國者當規定之．余以爲國家之大小，當視其能否眞正統一爲標準，不可使其境土開拓至於不能統一之地步．故治國者當弗使其國過庶過大，亦不使過於削小，而當成一種適中統治之國"(Bk. IV,p.112; Bk. V,p.157)

我國自唐虞以來，政教設施，皆取自近及遠之術．周官中體國經野設官分職之精意，雖兼王朝及侯國而言，而其政治之根本精神，僅在天子都城六鄉六遂方四百里十五萬家之區域．蓋以鄉遂例天下，則天下之大咸可以鄉遂之法施之；此孔子所以歎爲我觀於鄉而知王道之易易也．(見禮運)

周官中宏綱細目，多爲理想國所未道及，今試卽政治，經濟，教育，家庭諸大端，粗校論之，世有君子，以覽觀焉．

(甲)　兒　童　教　育

兒童爲國家前途命脈所繫，覘國運者，不可不首察其小學．

希臘當中國春秋之初，始有文字．雅典人之於教育，向不重視，其施教之權，亦非由國家掌之．(註8)私塾學童大率諷誦何馬史詩 (Homeric Epics) 而已．史詩者取材於

〔註7〕　周官眞僞問題柳著中國文化史周之禮制章，勘證至爲詳明，茲不具述，

〔註8〕　見白來斯德古代史第354頁

神話及傳說，崇多神，拜英雄，荒唐無稽，不可究詰．蓋原始信仰．口耳流傳，由短而長，由散而聚，詩人采剟修澤而歌詠之，初非一時一人之所作也．其述神怪，大抵皆有寓意，童蒙不察，信以爲眞，則迷惑滋甚．柏拉圖生逢其生，洞悉其弊，思摧陷而廓清之．其論擯去神話之要曰：

"何馬詩中所載神怪戰爭之事．不可勝數，卽謂其有寓意，亦不當述之於兒童之前；蓋兒童不辨何謂寓意，一著於心，難以洗雪也．(Bk. II, p.62.)

上帝之言行，極單純，極眞實，旣不變其形相，亦不誑人．(p.67.) 詩人所云諸神變相 (Transform) 之說虛無縹緲，皆當擯斥．(p.65.) 當知此等謬說，徒養成兒童膽怯之性，且每因之懷恨於天，乃至褻瀆明神也．(p.66,68.)

貪財或賄賂之事亦不當使少年人習聞之．如財可通神 (Gifts gain the gods) 等語，萬不可令流傳人間．(Bk. III, p.74.) 又少年人萬不可教以干莫大罪戾，如謂惡子虐父，卽爲效法神明是也 (Bk. II, p.61.) 蓋神之作孽，倘不爲過，則己之罪惡，何不可諒耶．故余以爲此種邪說，當厲禁而擯絕之，否則其爲貽害道德實深焉．(Bk. III, p.76)

柏氏嘗自稱理想國種種優點中，最愜己心者，當推取締歌詩之法．(Bk. X, p.316.) 其規定神學二條例，一曰神非幻術家 (Mountebanks) 絕不變形幻化，亦不幻人；(p.67.) 一則曰詩人詠神者當云神爲萬物之造化，而惟惡不與焉．柏拉圖曰余自幼時敬愛何馬 (Homer) 推爲詩人之首，然余終不以一人而廢眞理．(p.316) 近日學者，對於神話教材，頗多懷疑，(註9) 蓋神話本體，初無論理的價値，原其功用，雖足以提引興味，助長想像；然其最大危害，卽使兒童之想像，常陷空幻，阻正當之知識訓練，而教育於無形中受莫大之損失．讀柏氏之危言，當益知以謬悠之說，蠱惑兒童，爲罪實深矣．

柏拉圖旣主廢棄神話詩歌，其於理想國，首先著明道德 (Virtue) 教育之意．故曰："兒童所聞之事，皆須能激發道德思想者方可．(Bk. II, p.61.) 吾儕欲使舉國之人，皆

〔註9〕 邰爽秋君著論對於神話教科之懷疑（載在中華教育界十卷七號）闡發甚詳．

敬神孝親而愛友也.'' (Bk. III, p.69.) 顧柏氏渾舉道德，未析條教，其於小學組織之法，亦未遑詳定．但謂吾儕國中之藝術家，須能辨識眞確自然之美觀與善德，而發揮之於藝術；俾青年之所濡沾，無往而非善德與美觀．其影響之大，能使人於幼時卽潛移默化，從善如流，正如涼颸之醒人而不自覺也.(Bk. III, p.88.)

周官之學，皆爲國立而官守之，與希臘異軌，而與理想國所稱由政府掌握教育者一致而同風．教官教學子，未嘗稍涉神話，卽大司徒有以祀禮教敬之辭，本非專施於兒童，亦未嘗有何等荒唐之謬也．大抵中國歷來教育，向生不語怪力亂神．最近西教東漸，往往假學校爲傳布利器；雖教會教育不必卽用神話教材，但其混宗教於教育之中，實與自來超然純潔之精神，不能相容．終以敷教之典，缺而不講，兒童失學者衆，故他人起而代謀；回憶周官鄉遂方四百里之地，而設有學校三百六十所，(註10)能無今古人不相及之歎耶．

周官小學，雖鄉遂與京都，詳略有間，而其德行科目朝野一貫．鄉學之教，大司徒掌之，五百家有州黨一所二千五百家有州序一所．王朝小學之教，師氏掌之，保民副之．(註11)壹以德育爲本．

周官：''大司徒以鄉三物教萬民而賓興之：一曰六德知仁聖義忠和；二曰六行，孝友睦婣任恤…………

師氏以三德教國子：一曰至德以爲道本，二曰敏德以爲行本，三曰孝德以知逆惡；教三行：一曰孝行以親父母，二曰友行以尊賢長，三曰順行以事師長．

夫以至德牖迪兒童，儻柏氏而爲中國之人也，當傾折以爲先覺乎．孔子曰：''中庸之爲德，其至矣乎.''(論語雍也之文) 則知至德卽中和之德.(大司樂以樂德教國子，亦以中和爲首.)夫以民族之根本精神啓沃其國之少年，此所謂深根寧極之道也．

〔註10〕 周官鄉官所屬，黨州皆有序．六鄉百五十黨則百五十序．三十州而三十序，總計學校已百八十．合六遂而計之，則三百六十矣．

〔註11〕 周官經無大學小學明文，以師保教小學者，清儒金鶚孫詒讓均主張之．

希臘哲學家之人生觀與中國古代哲理，根本闇合者，即在同以中庸 (Moderation, Temperance, 或 Mean) 爲至德．中國自唐虞之時即定名爲中，(始見於禹貢中邦錫土姓，孫聖衍謂邦當從史記作國.) 蓋以中爲立國要道，故制爲累世不易之通稱．歷聖相承，無不兢兢焉以執中相戒勉．及孔子表時中之義，遂卓然立生民之極．希臘當前六世紀之初賽理斯(Thales)梭倫 (Solon) 辟達加 (Pittacus) 貝亞斯 (Bias) 之徒，樹立道德，號曰七賢．(即Gnomic Poets) 諸賢皆深察前世偏激之失務，標中庸爲格言．處處而以放佚爲大戒．"毋太過" ("Nothing too excess") 及"富非至善，惟中和乃至善" ("Not Wealth, but moderation, is the highest good") 諸語，流誦弗衰．自是以來，大哲如蘇格拉底，柏拉圖，亞理斯多德輩，莫不以中庸爲人生之基本原則．(註12) 理想國中數稱節制之國與節制之人．如曰"正當之愛當愛美觀與秩序，且必出之以中庸之道"(Bk. III, p.90.)是皆可見東西道德觀念同志一貫之概略也．

周官與理想國之兒童教育，其大綱可分四項：一曰培德，二曰養心，三曰強身，四曰鍊思；蓋包舉今人所謂德智體三育，而特重音樂感化之效焉．柏氏曰："吾儕國中之少年，當先教之音樂 (Music) 以調和其不受羈勒之野心．且凡浸沃於音樂者，則其鑒別善惡，彷彿出自天性(Bk. III. p.88.) 有音樂之興味者，爲最可愛之人．(p.89) 音樂之後，當繼以體育，(Exercise) (Bk. IV, p.90) 余意兒童幼時，即當使之乘馬．嫻於控制馳騁 (Bk. V, p.167) 又吾儕國中當制定數學幾何爲少年不可不治之學，蓋數學爲思想之前導者，且能使人接近永久之眞理也" (Bk. VII, pp.237,247)

拍拉圖之理想，與周官保氏六藝之教，大致相同．

"保氏教六藝：一曰五禮，二曰六樂，三曰五射，四曰五馭，五曰六書，六曰九數．"

"大司徒以鄉三物教萬民而賓興之三曰六藝禮樂射御書數．

唯乏禮儀一目，此則歷史淵源不同之故也．柏氏曰："少年人既受音樂之陶淑，久之自能節制，毋多須乎法律；少年人既受體育之鍛鍊則其所需乎藥石亦鮮矣"(BK.III,

〔註12〕 詳見克世曼(Cushman)哲學史卷上第11,12,及202頁

p.98) 世之人惟知法官與醫師爲操身心醫治之業，而忽視音樂體育之功用，此所謂不揣其本，而齊其末者也.

希臘中國之古人皆以詩樂與政治有大關係故極注重於聲樂之感化．希臘台孟 (Damon) 曰:"'一國樂律之流變，其政治未有不隨之而大變者.'' ("Never are the measures of music altered without the greatest political law") (Bk. IV; p.114) 柏拉圖亦以作樂爲立政第一要務，曰"彼淫聲之移人由漸而深，始則蕩情性，繼則壞風俗，終至一國之大經大法公私權利，靡不爲所搖撼而後已.'' (p.114) 吾國古人亦以爲聲音之道，與政通焉，移風易俗，莫善於樂．自唐虞以來，卽以詩歌聲律教學子（見堯典）一以淑學者之性情，一以裕學者之知識，儲材化俗之意，蓋兼而有焉．周公制禮作樂而樂教益備，其精義要點，尤在於樂舞合一聲容兼備之道,(註13) 而希臘體育宗旨亦在養成行動舉止之端，詳和諧合，皆欲納運動於音樂之中,藉謀心肉兩者中和調節，以盡人體之美，此兩國文化同具之特色，至可稱道者也.

或謂周官與理想國之兒童教育，側重文雅修養 (Culture) 等事，而罕及利用厚生之道，昧於實際教育之義．應之曰，周初行授地之制，產業平均，生計寬裕，故不必汲汲於謀生．希臘教育專爲自由人所設，生利之事，奴隸爲之.（參觀註）是則研究古代制度者不可不首考其歷史的背景 (Historical perspectives) 庶不至流於獨斷，厚誣古人也．且觀周官遂大夫兼教稼穡之政，則文化教育，未嘗不兼職業教育，斯爲柏氏之書所未及矣．特鄉村農業教育之義，二千年來，隱沒不彰，今之人始漸有注意及之者，斯亦國民之恥也.

(乙) 婚媾與女樂

家庭爲元始的社會制度，故易基乾坤，詩首關雎，夫婦之際，人道之大倫也．生民之初，同於禽獸,男女無別，亦無名稱．人知漸啟，兩性 (Sex) 曙光，亦漸發現，最初僅有伴侶的意識，後乃發生血族之觀念，氏族制度 (Gentil organization) 胚胎於

〔註13〕 詳見中國文化史第二十章周之禮制第十節樂舞.

此．而格魯沙（Grosoe）則謂最可注意者，在氏族制度下，氏族之內部，並非實行亂交；個別婚姻，個別家庭，儼然存在，……妻之公有，決不存在．(註14) 原夫夫婦創制之始，必有懲於原始亂交（Promiscuity）淫污爭奪，爲害不可勝言，以爲人類之欲，不可漫無禁節，故一夫一婦制（Monogamic family）之起原，實基於生理的必然者也．(註15)今世學者研究家庭婚媾之制，病其拘牽束縛，欲一切改造，以個人爲社會絕對的單位，當求其理想中廓然大公之境．此種思想，初非最新發明者也，柏拉圖生在二千年前，即首倡公妻之說．(Community of wife) (Bk. VIII, p.254) 但柏氏之主公妻與今時之自由結合，迥不相同，其制裁綦嚴．其言曰

''當擇男女才性（Genius）相近者，使之同居，共餐，共同操作，則彼此必自覺聯合之要而能實行互助矣．但此事須爲有秩序的方可，蓋於完備之國中，淫亂爲惡之大者不可不禁……當使婚姻至最高潔（Sacred）地步（Bk. V, p 155)

至其公妻目的，在改良種族．故曰

''男子之最良者，當配以最良之女子．如是之媾合，多多益善；至頑劣之匹偶，則以日漸減少爲尚．且惟前者所撫養始教育之．然此事當嚴守機密，非治國者，皆不可使知之，否則將不免有騷亂之舉也''(Bk. V, p.156)

觀此則其事之果能實行與否，不待他人之懷疑詰難，即柏氏亦已自疑爲僅屬理想而已．(p.154) 其大弟子亞里斯多德（Aristotle）尤力攻之，柏氏晚年著法律（Law）一書，則修正前失．(註16)特不知今世提倡公妻主義者，其理想目的，果與柏氏同否．

昔老聃歷記古今成敗禍福之迹，而發明，正復爲奇善復爲妖之公例．吾人處變遷無恆綿延不斷之歷程中，正不必抱定一種制度，以爲可以推行百世而無惑．然竊恐天下人之心未盡洗白，徒以一二美名相號召，獸性勃勃，若決江河．夫婦之倫亂，父子之

〔註14〕 格魯沙德人．此語見易家鉞君西洋氏族制度研究第 5 頁引

〔註15〕 詳見美人哥德綏爾（Goodsell）家族史（A History of the Family as A Social and Educational Institution）第12,26頁論原始之家庭．

〔註16〕 據漢乃（Haney）經濟思想史第 55 頁註 I.

恩絕，人情天性，兩者俱泯，淫殺相尋，羌無條理，尙安有人類之可言乎。羅馬晚年，婦女完全解放，其結果不特婦女地位未見增高，道德淪喪，不可言喻，前軫之覆，甚可戒也。近世個人主義勃興，加以工業革命之影響，夫婦諧老之觀念，遂漸有動搖之勢，此可於今日歐美各國離婚率之增大覘之。然現代穩健之社會學家如愛爾烏德(Ellwood) 之流，皆謀藉道德教育之力，使兒童對於婚姻若家庭，先有正當的理想，然後再造穩固純正之家庭焉。(註17)

大抵家庭之怨懟，起於匹配之失當，故夫婦當以愛情相結合，實爲不易之義。周官經不言公妻，而頗重自由戀愛自由選擇之權，會合男女，定有節期，與理想國若合符契。

周官''媒氏中春之月，令會男女，於是時也，奔者不禁''　此文昭然謂男女二月羣聚歌舞，自相擇配，心許目成，卽諧好合。證以野有死麕之詩：''有女懷春，吉士誘之，春日遲遲，女心傷悲，'' 知實有其事。

理想國"國家當有法定之節期，大會合青年男女，爲之擇配，其時並有規定之祭神唱歌，以助興趣而動情好。'' (Bk. V, p.156.)

夫男女自主，無或強迫，固有長矣，然或男女均未成年，經驗不富，衝動一時，易爲感情所蒙蔽，則不可不思從旁督正之方。周官旣許男女以自由結合之權，而其後聘迎之禮至爲隆重，父母監視，敬愼其事。(有儀禮爲旁證) 務使婚姻正而男女得所，本乎情性而制之禮儀，此久長之道，忠厚長者之所樹立，固非輕薄佻巧，淫佚無度者所暇深察者矣。

早婚足以殺青年秀士，今人論之備矣。周官與理想國規定嫁娶年限，大略相同。

周官司徒云：''男子三十而娶，女子二十而嫁。''

理想國云：''女子二十而嫁，爲國家增殖民數，繼續至於四十而止。男子生殖時期當使於二十五歲至五十五歲而止。過此以往或未及規定之年齡而成婚者，將視爲不潔不義之舉而爲衆人所不齒；其所生兒女，直可謂來自暧

〔註17〕 愛爾烏德社會學第八章論現代家庭問題。

昧，爲情慾之惡果也．(Bk. V, p.158)

周官媒氏之職，儼然一婚姻調查所也．凡已娶未婚鰥寡之數，咸登錄焉．

“媒氏掌萬民之判，凡男女自成名以上書年月日名焉．凡娶判妻入子者皆書之．同男女之無夫家而會之．”

今日中國早婚之律，漫無考校，淫放之徒，日以自由之說煽，年少無知，沈淪色海，始也不愼，嗟何及矣．雖學校招生，間或循例檢驗，亦未聞有何等嚴格之限制，社會固無論矣．此愚所以謂宜仿周官之意，速立婚姻調查所．以重人道之紀也．

原夫柏拉圖所以主張公妻，無非欲使人消除我見，去嫉妒之心，有團結之力，而能遇事一致耳．(Bk. V, p.159,160) 按周官鄉遂自治，頗重聯合之法．(註18)五家爲比，十家爲聯；五人爲伍，十人爲聯；四閭爲族，八閭爲聯．觀族師比長諸職之文，知其時人民互相保愛，互相扶助，以共勉於羣德，此卽柏氏所希望團結一致之精神也．

柏氏不惟言公妻也，又主兒童公育．(Community of children) 其言曰

“優秀父母之兒，當處於公共之所，並備專門之看護，爲之撫養．方小兒在哺乳期內，使生母而富於乳，則可令養育所哺乳；惟須用各種方法，使不能認識己子．”

(Bk. V, p.158.)

或問以彼等將何由而知孰爲父女，孰爲母子乎．答曰，“固無從而知．果如是則吾儕國中，能有和合一致之聲調，能有共同之快樂於痛苦也．”(pp.161－163) 兒童公育之理想，在今日已不足奇．玆姑置理想於不問，但就事實觀之，則今世美國之試行兒童公育者，結果極壞，兒童死亡率倍增於私育者．(註19) 蓋乳母之於養子，難生慈愛之心，兒童亦索然喪天倫之樂，是不啻摧殘父性，摧殘母性也；而況兒童夙失庭訓，逸居無教，生長市井之中，其果能爲適宜於社會之人乎．愛爾烏德之研究現代社會問題也，回應以兒童爲家庭生活重力之中心，旨哉斯言．(註20)

〔註18〕 見中國文化史第二十章第四節鄉遂之自治

〔註19〕 此語劉伯明先生得諸美國狄雷 (Dealey) 博士之譯語

〔註20〕 見愛爾烏德社會學第 167 頁

希臘女子，不受教育，號稱黑暗．希臘人素以活潑著，而女子則蟄守家庭，不與世通．(註21)柏拉圖因反感而起理想．曰

"吾儕固認男女異性，然不能謂女子不當受同等教育也．(Bk. V, p.150)一國之事，固無一事專屬於女子，亦未有一事一業專屬於男子，不過女子較弱耳．(P.151)女子而欲分任男子之事，則非與男子受同等教育不可．(Bk. V, p.146) 女子之教育當使之嫻音律，習體育，以及戎服任戰．此雖不免予人口實，紛起攻詰，然皆非吾儕所當計及．(Bk. V, p.147) 爲國家利益計，不外乎使男子與女子同爲最優秀之人民．"(p.153)

誦柏氏之言，則知今人高唱男女同學之論其義亦靡以逾於此矣．惜柏氏理想終未實施．雖當周定王之世，希臘利巴士 (Lebos) 地方有女史綏福 (Sappho) 者所製豔歌爲古今所歎慕 (註22) 然此僅有者，本非雅典之人也．

若考中國殷周之際，女子亦多受教育者，如之三母 (太姜，太任，太似，) 廣於德教智受殷之侯國之教育者也．周之婦女，被后妃之化，多能賦詩守禮．二南之詩，多言婦人女子之事，尙不知其果爲女子自作否，惟汝墳行露二詩，治詩者皆定爲女子自作，則其時女子教育之盛可以推見．周官本歷史的根柢以益求進化，婦學之名，始見內職，九嬪所掌，尤稱周詳．

"九嬪掌婦學之法，以教九御：婦德，婦言，婦容，婦功．" 此外葛覃師氏著於風詩，婉娩姆教，垂於內則，足爲旁證．其時男女教育其程度果爲平等以否，史無明文，然剛柔異性，正未可以苛責也．歷覽春秋內外諸傳，其時夫人內子並能嫻習禮經，稱道文章，斐然可觀；則知成周文化，流風未沫，迥非後世所能幾及矣．

(丙) 均產及分業

人類社會之制度，最要者二，家庭與財產是也．歐美各國大都行一夫一婦制與產業私有制，其餘各種文化，均附麗於此二大制度之下．近世社會主義者，慨於經濟組織

〔註21〕 見安世立 (Ashley) 歐洲古代文化史第 182 頁

〔註22〕 見波士福希臘史第 90 頁

之不完善，烝民失業，豪強兼併，以爲欲夷貧富階級，非撥去私產盡歸國有而平均分配於全體勞働者不爲功．於是所謂共產主義集產主義樊然並興．其實人類之有私心，其來固已久矣；均產之思想，亦不自今日始．人類自漁獵進爲農佃，始有定居，而益愛護其私產，由田土而有疆界，由居宅而有公私，有私必有爭，有爭而私心愈熾．有聖哲出，乃謀斟酌損益，或因其私而嚴爲限制，或因其爭而別謀變通焉．中國在黃帝時始有井田制度，(註23)井田制度者以土地所有權歸屬於公，而八家各遂其私，此卽因爭因私而謀所以調劑之，蓋國家社會主義之原型也．

希臘自前八世紀以來（西周之末）田主貧民之爭甚烈，貴族擁佔厚產，重利盤剝；鄉間之農民，貧困日甚，往往以債負之故，田地沒於貴族，多傭工以自給，甚或淪爲奴隸，顚沛流離，常思作亂．其後雖經梭倫（Solon）（周定王時）更訂法律，亦未能收實效．擾攘至於克利西尼（Clithenes）執政，始漸寧靜．柏拉圖懲於前玆自由移產之弊，因倡均產主義（Communism）謂田地當由國家頒給，毋許轉賣．(註24)其理想國中，揭明剷除貧富階級之理由．

"設一陶人既富，彼將日趨怠惰，而不復經意於所事，器必苦窳．設其境地與前適反，甚至不能自備工具，彼亦未必能操作如常，其藝徒亦決不能得良好之教訓．然則貧富二者能使工人與藝術同時退化，明矣．(Bk. V, p.110)

貧爲鄙賤之源，富爲奢惰之因（p.111）

貧者之媚富，貧者之戀財，作家創業之辛苦，經營稱貸之困難，是皆卑卑不足道者也(Bk. V, P.164)

貧人富人同居一城之中，彼此攻擊無已時，此誠極大之險象也．(Bk. VIII, p.267)

惟柏氏表著均產之義，並未詳定實行之方法也．

周官授田之制，承唐虞夏商之後，因地制宜，隨宜損益，田皆爲王官所有而均布於人民．詳其田制．蓋分三種，有畫地爲井而無公田者，有畫田爲井而其中百畝爲公田

〔註23〕詳見中國文化史第五章產制之起源

〔註24〕見漢乃經濟思想史第 55 頁

者，有不畫井而但制溝洫者.(註25) 民年三十有室者授一夫之地；二十以上，三十以下有室者爲餘夫，授二十五畝之地．計口而食，以人之多少，就地之上下，皆至六十而歸田於官．要其根本旨歸，在實行均地主義，(註26) 墮高堙卑，裒多益寡，泯貧富之迹，消兼併之風．成康之盛，囹圄空虛，刑措不用者四十餘年，蓋非偶然者矣.(註27)

周代畿內以地，依鄭玄之說，定受田者三百萬家；六鄉六遂，僅十五萬家，故不難於均給．惟土地有限，人口日增，兩者將不能成正比例．故周官最重校比之法：鄉遂之官，以時調查人數衆寡，登其老幼廢疾，辨其可任者，以頒田里，以分職事．若夫柏拉圖理想國則直制定人口實數爲五千四十.(註28) 人口過少，則奬勵生育，人口過庶則鼓舞殖民，使保常數而弗失焉．

嗟乎今日中國貧困極矣，而私人資蓄動以數百萬數千萬計，皆朘民之膏澤以實之者也．廄有肥馬，野有餓莩，是率獸而食人也．社會受新思想之鼓盪者，謀根本改造，其志不可謂不大．私謂欲免將來慘激之產業革命，清源正本之道，固非實行均產不可；但今日地少人多，戶籍紊亂，產業調查之法闕略未前修；若遽根本大舉，一無詳密之統計足以依據，行之不善，適以致亂而速死耳．爲今之計，倘不在實行均產主義，而在提倡限產主義（抑私產存在之理由有可言者：一爲私產可以奬勵勤儉，不有私產，人或偷惰自甘，不留餘地；一則能力不齊，若強與之同一報酬，是不啻奬惰蔽賢，不

〔註25〕 周代授田之制詳見中國文化史第二十章第四節

〔註26〕 日本稻葉君山氏關於中國文化的論著亦謂周禮叙井田是土地分授的意思，和近世俄國克魯泡特金 (Kroptkin) 所唱的土地政策，沒有甚麼分別（東方雜誌第十八卷五號十九頁）

〔註27〕 左傳哀公十一年孔子對冉有作田賦之問，謂有周公之典在，國語亦同，並詳井田之制；使井田非古制，何以云載於周公之典．春秋之末，井田之制漸隳，但降至戰國，尙有存者，故魏李悝作盡地力之教，猶以提封萬井爲言，又以一夫百畝十一之稅計地，(詳見漢書食貨志) 皆周法尙存之證．商鞅爲田，開阡陌封疆，使無井田，何以有阡陌．荀子明言秦無儒，益可證井田之制非儒家所僞造．蓋商君所開之井田卽西周建都時所劃之井也．

〔註28〕 見漢乃經濟思想史第 55 頁

可取也.)按經濟情形，訂定條律，如令人民土地無過百頃，私產無過百萬，又以累進稅率，徵收極重所得稅．私人資產有限，不至壟斷獨登，而大企業由國家代爲經營．如是則貧者有上進之志富者無害人之心，貧富相差不遠而階級平，倘所謂長治久安之道與．

人類者其受用可以相同，而其貢獻，則不能一律而無所歧異．欲各取所需，必先各盡所能，協力分作，終集大成，此卽今人所謂社會的本能也．柏拉圖以爲國家之起源由於個人不能自足其欲，而有待於多數人之互助，(Bk. II, p.50) 故言合羣分業之利．嘗曰

''一國之中，人各分功任事，而不兼爲他人之事，此卽公道之影象也.''(Bk. V, p. 139)

''人各自量天稟專精一業，爲之有定時，則其所產必更豐而更優美.'' (Bk. II,p.51)

''吾儕國中爲屨人者終爲屨人，不兼爲舟子；爲農夫者終爲農夫，不兼爲法吏；爲軍人者終爲軍人，不兼爲商賈；其他任事者皆若是.''(Bk. III, p.83)

''若一身而兼爲工人軍人與治國者，豈非亡國之道與.(Bk. IV, p.126)

吾國古時，民各以其力所能受職．周官太宰以九職任萬民皆任之以生財．

''太宰以九職任萬民：一曰三農，生九穀；二曰園圃，毓草木；三曰虞衡，作山澤之材；四曰藪牧，養蕃鳥獸；五曰百工，飭化八材，六曰商賈，阜通貨賄；七曰嬪婦，化治絲枲；八曰臣妾，聚斂疏材；九曰閒民．無常職轉移執事.''

江永云：''九職外有學士習道藝，巫醫卜筮守世事，府史胥徒服公事皆非所以生財，故不在九職之數；而大司徒幷之爲十有二，天下之民盡此矣.''(註29)考工記亦稱國有六職．

考工記''國有六職，百工與居一焉．坐而論道謂之王公．作而行之謂之士大夫．審曲面執以飭五材以辨民器，謂之百工．通四方之珍異以資之，謂之商旅．飭

〔註29〕 江永周禮疑義舉要（皇清經解卷二百四十四）

力以長地財，謂之農夫．治絲枲以成之，謂之婦功．

此六職與太宰九職其四略同，但增王公士大夫而省園圃藪牧臣妾閒民爲異，此通賅尊卑，彼專據任民，義各有取也．

周代民事以農爲重，故九職以三農爲首．　考工記稱百工之事，皆聖人之作也，則又隱然具有今世勞工神聖之義．　工匠之子，莫不世守繼事，(亦見荀子儒效篇) 分工至纖，故工藝至精．(註30)　周制不特士者受田，工商之家亦授田 (註31)　又古人賤營利，卑物欲，重農而抑商，是則無容諱諸．周制市在王宮之北，掌於內宰，君后貴官，且禁不得游觀，無故過市者有罰．(見周官司市) 柏拉圖亦以農爲本務，工商爲不自然之業，主張自足經濟，反對通商．是皆時代使然，正不得以二十世紀之目光繩之也．且夫人類經濟思想，遷流往復，本無定準 (註32) 後之視今，且猶今之視昔，安見古人必非今人必是乎．

理想國與周官，其社會組織有相同者，奴制是也；有相異者，兵制是也．

張考夫曰先王分土授田，一夫無失其所，凡有勞事，只使子弟爲之，未嘗有僕役也．方望溪曰古無奴婢，事父兄者子弟也，事長官者吏人也．劉氏師培則謂二說未盡然，氏嘗取周官奴隸之制論其起源，謂其故有三：(註33)

(一)緣兵爭　秋官蠻隸，閩隸，夷隸，貉隸．皆古代征服蠻族所獲之俘虜也．

(二)緣刑法　秋官司厲爲奴男子入於罪隸，女子入於舂稾．鄭司農曰，今之奴婢卽古之罪人．(孫詒讓案犯罪沒爲官奴並入罪隸不徒盜賊之家矣．) (註34)

〔註30〕 如一輿而有多工，輪人爲輪爲蓋，輿人爲車，輈人爲輈，車人爲柯，各有專責，最近於今世分工之制．

〔註31〕 漢書食貨志"士工商家受田五口，乃當農夫一人．"按此文未質言周制，惟周官載師有賈田，江永引漢志以證之，並謂在民間爲工者，亦予以田，如賈人之例．

〔註32〕 漢乃曰："西洋自上古以迄中世，惟農是務．十七世紀，重商主義 (Mechantilism) 崛興．十八世紀，重農派 (Physiscrates) 復盛．迨實業革命以後勞工之地位乃大增焉．(見經濟思想史第 126 頁

〔註33〕 劉師培古政原始論第六篇 (國粹學報乙巳第六期)

〔註34〕 孫詒讓語見周禮正義卷六十九及二十七

(三)緣財政　太宰九職,臣妾聚斂,江永云臣妾奴婢也.貧民鬻身爲人奴婢.九職中惟臣妾不責其貢疏財,憫其爲人奴婢也.質人掌民人之質劑,此古代鬻奴於市之確證.(孫詒讓據莊子徐無鬼篇國語越語及典禮謂古私家自有鬻買臣妾奴婢之法.)

柏拉圖亦贊成用奴(p.32,81,169,260,277,284,286,296 諸頁皆言及奴隸)柏氏嘗曰"希臘人不當以希臘人爲奴隸,當爲全希臘之定例,　惟如是希臘可以協力禦外而不甘自相殘殺."(Bk. V, p.169)然則異族蠻夷(Barbarians)可沒入爲奴,昭然言外矣.柏氏又言奴隸可以金錢鬻買(p.278)又曰:"試思一巨富之人有奴隸五十……"(Bk. X, p.298)雖屬假定之辭,然用奴之衆從此可以想見.柏氏之理想,蓋完全爲習俗所束縛,非其自創也.史稱希臘奴隸,大都來自戰俘,貧民因逋負沒入爲奴者,亦多有之.自梭倫(Solon)更定法律(周定王時)禁貴族毋得以人口抵債,然鬻賣鹵獲之事歷久未革.雅典一城,奴隸之數已近十萬,約占全人口五分之三.舉凡官府胥役,神廟守衛,採礦建築,農工庶務多以奴隸任之.希臘人之待奴隸除奪其婚媾自由權外,並不苛酷,而致雅典工商實業之繁榮者.則奴隸之功爲大.(註35)柏拉圖親覩用奴之利,遂滅廢奴之志,是所謂制度思想,常相爲表裏因果者也.唯周之奴隸居九職之一,雅典奴隸至占全人口五分之三,人數多寡則大不相侔矣.

理想國以兵爲專業.　故曰

"凡有守禦國家之責者,當擯棄一切,而以保護其國家之自由爲唯一之目的."(Bk. III, p.80)

"余以爲守禦之責愈重,其藝術須愈精,而其訓練之時間而須愈久"(Bk. II, p.56)

"眞正之守禦者,必有過人之精神,臨陣壯烈,遇友溫和."(p.57)

而周官則寓兵於農,因農事而定軍令.(詳見周官大司馬小司徒諸職.鄉遂十五萬家,家出一人,則爲六軍.)此其故可得而索.蓋周既代商,中夏大定,開國之初,自以覩

〔註35〕　近美人哈迪(Hardy)著文論"古代雅典奴隸之位置"(載在史眺雜志(Historical outlook 八卷三號)對於希臘奴隸之制,詳哉其言之.

文悳武爲大政方針．柏氏生當希臘市府分立，日稱干戈之世，雖未嘗不知戰爭爲最大之不幸 (Bk.II, P. 61) 然終不得不以軍事爲最大之藝術．是知雖有大哲，亦不能純然越脫環境，造爲絕對之論．而周官兵制起於田制，國養民而不養兵；民爲兵而不疾國，則尤古制之要義，足以昭千古之炯戒者也．

(丁) 賢人政治 (或哲學家之政治)(註36)

法人呂邦 (Le Bon) 曰："民衆勢力之誕降，爲今後西方文明必演之第一幕．(註36)居今之世，而尙樂道少數賢哲之政治，豈非瞽盲．雖然羣衆無意識者也．(本呂邦語)但知羣衆勢大之強大，而不暇平民政治之流弊果何若，放言高論，以爲賢人政治，曾不足以一顧，此與耳食何異．呂邦氏之於羣衆心理，蓋極推而詳闡之． 其言曰

"羣之爲物，喩之以理則難，鼓之以動則易．依現今之種種聯合，羣衆之力，則日增其武斷橫行之風．羣衆不能爲破壞以外之事業，蓋其程度低下，感情變遷，無評論精神，衝動而輕信，誇張率眞，而常趨於極端．"

羣衆心理多任情而不健全，如呂邦所舉，皆鑿鑿有證．吾人果將任此有缺點之羣衆進行乎；抑有法以改善之乎．吾人試讀美國社會學家狄雷 (Dealey) 博士之言論，可略曉解今後平民政治之新趨勢矣．

"十八世紀之哲學家謂人類一律平等，所表示不能者不過貴族之階級耳，非先天本能有不同之點也．法蘭西大革命後，自由平等之寶訓，風靡全歐．此等平等學說受一次之動搖者，則達爾文之遺傳及變異之理是．近世行爲派心理學 (Behavioristic Psychology) 以種種心理試驗皆證明人生絕對不平等。有上智有下愚有中庸．此種種研究，至爲確切．

〔註36〕按柏拉圖所謂哲學家，卽指愛知之人．("To be a lover of learning and a philosopher are the same. Bk.II,P.59)又曰："眞正之哲學家愛求眞理者也．"(Bk.V,P.177) 中國古代無"斐羅璵羅"之名，有道術者，但稱之爲聖知辯慧或賢人．大抵吾國哲學與西洋哲學不同者，在不言而躬行．今茲相提並論，並非卽謂兩方境界妙合無間也．

〔註37〕 諸引呂邦之語，具見羣衆心理 (The Crowk)導言．

近代新社會學根據生理學及心理學之研究，以為遺傳不同，環境不一，故人生永遠不可至完全平等之境界．其重要之點，則在理論上務使人人有機會之平等，可就其稟賦之限制，充分發達至於極點也．將來之民治主義，必非如昔日之解釋，階級依然存在，但非根據於遺傳之財產與世襲之權利，而根據於眞正競爭所證明者耳．(註38)

呂邦氏亦欲以理性之行爲代羣衆無意識之行爲．曰

''文化之建設，惟賴少數明哲士夫．文化之內蘊，有規則焉，有紀律焉，使人抑其本能而歸諸正焉，以及未來之預籌焉，高尚之修養焉；此固不能責望於無導無引之羣衆也''

徵以二氏之說，則''根據於理知之平民政治'' (Democracy) depends upon Intelligence) 乃今後所要求之政治，殆可勿疑．

然而羣衆之時代不自今而始；二千年前早已有極端自由之平民政治，希臘是也．古之人有目覩平民政治之流弊，淪宕而爲貧民政治(知識能力之貧乏)或暴民政治，乃深思熟慮謀所以變革之者，則柏拉圖是已．

昔雅典王政傾覆(西元前 750 年當周平王世) 迭經貴豪政治 (Oligarchy) 僭霸政治 (Tyranny)，至西元前六百年 (周敬王二十四年)而平民政治(Democracy) 完成，人民罔勿可參與政治者，固古今罕有之盛也．當初人民與國休戚相關．有自強之志；實唯貝理克 Pericle (當周貞定王時) 爲領袖，飫聆哲理，沈厚爲懷，恪恭執事之故．迨貝死於疫，外敗於斯巴達，日卽陵夷．乃至革工醫人，高握政柄，聽訟之士，多至數千養官之費，已不勝其困矣．人民苛暴模軼，枉戮無辜不受法律之制裁．(註39) 柏拉圖生當政治衰頹之秋，太息虐政，渴望改革．其評論平民政治之流弊蓋痛乎其言之．

〔註38〕 節錄狄雷博士講演"平等之教訓" (The Teaching of Equality) (饒上達君筆記載在南京高師日刊五月十八十九二十日)

〔註39〕 見白來斯德古代史第 395，396 頁

''平民政治，人各自由，以一時而論自爲生活中之最可羨慕者．然自由而不知限制，終至無秩序之可言．謙讓(Modesty)反視爲愚拙，節制 (Temperance) 反視爲無勇；以驕矜爲學問(Education)，紛擾爲自由(Liberty)，奢華爲闊大(Magnificence)，鹵莽爲勇敢，(Manhood) 其結果不至於併法律而不顧不止也(Bk. VIII, P.275)

無學識者之不能治國，以其無堅定之宗旨，不知何者爲責任，且於公私上不能爲約束自身之行爲．彼夫未明眞理者一旦而用人行政權歸掌握，輒以爲身在最高最樂之位，而恣所欲爲，非經人之強迫或監視，決不肯盡分內之事(Bk. VII, P.226)

吾儕當一察方今之國，何以有此不良之政治，乃至不能與吾儕理想的模範有相似之程度；須經若何之變革，而後可使進步；且變革之中，何者最爲簡捷．余以爲國家中有一端可變，變之於國家大有裨益．特余言出口，必爲廣衆笑罵所交集．余以爲苟非哲學家爲君；或今之治國者，有哲學之精神與知識；苟非政治上之能力與哲學之知識，合而爲一；則國家終無解脫苦難之一日，而吾儕理想亦永無實現之一日．(Bk.V, P.174 及 Bk. VI, P. 207)

眞正之哲學家，愛求眞理者也．(Bk. V, pp. 177) 彼愛眞美與公道，以期察見永久不變之物．(Being always exists) (Bk.V, pp. 185, 186)之人也，有節制，有膽量，不貪惏，不褊狹，不驕矜，不恇怯．其胸襟包羅萬象(The whole) 有遠大之目光，能維持國家精神於不敝，而能以遷國家於至善爲己任者也．(pp.185, 187, 188, 189, 192, 193, 205)

嗟乎希臘希世之大哲有如蘇格拉底柏拉圖輩皆不爲時人所容，或懷道未行，或行而未成，徒託空言，齎志長終．余讀理想國知蘇氏方發爲以哲學家主持國政之說，卽爲衆矢之的，多數人不暇投袂以起，持械而前，將圖奮力以撲之．(Bk. V, P.175) 暴民戕聖人，爲禍固烈哉．

唯我中華自羲農以來，堯舜禹湯，皆以一世之大任，出任元首．是故內聖外王之道，昭明鬯發．(註40) 此種哲學家之政治，不可謂非中國古代文化之特色．文王周公之哲學，以易之卦爻爲最邃．易一名而含三義，易簡一也，變易二也，不易三也．(鄭玄易贊）余然後知柏拉圖所謂永久不變之眞理，與夫最新變遷流動之哲學，衡以吾國古代哲理，倘爲一面之見，未足以當最後周圓之眞理也．

夫治國知識，度越尋常，具此者自必居最少之數(Bk. IV, p. 120) 柏拉圖曰：

"哲學家其人爲一爲二爲無數可不數可不論．惟其人須不以世間之權利爲榮譽，而以公道爲唯一之標準．(Bk. VII, P.252)

"以吾儕理想國與一專制國家相較截然相反．賢人秉政爲政治之最善者；專制則爲政治之最惡者，因其操統治之權者爲極少數極敗壞之欲望也．" (Bk. IX, pp. 295, 297)

"凡名實相符之治國者，終當以人民之利益爲前提，而無以一己利欲之念參雜相間" (Bk. I, pp. 20, 25, 26)

"吾儕之理想國，乃幸福普遍之國家，非少數人享樂之國家．" (Bk. IV, P.108)

是故賢人政治與獨夫專制之政治，兩者決不相蒙，一則憑藉世襲之權位，一則根據於眞正之才知．而賢人政治與民本政治則實可並行而不背．柏氏所稱治國者當以人民利益爲前提，在周官中多可尋其義證．周代雖無所謂議院，然國有大事必諮詢於人民．(見小司寇鄉大夫諸職)三詢之朝，自卿大夫以致逮萬民，咸造於王庭，與決大議，是人民對於國民，胥有發言之權也．又有匡人，撢人，大小行人之屬，巡行邦國，通上下之志；而小行人獻五物之書，中央以是周知地方之政．上下之間若會百脈而達於胸，無或雝閡而弗暢也．以視今日號稱民主共和，而言論出版之自由，倘岌岌不終日者，度量相越，豈不遠哉．

理想國與周官既同懸賢人政治爲正鵠，其造才之方可得聞乎．柏拉圖曰："凡欲得最完全之治國者非經歷盤之修路 (The longer Compass) 不可". (Bk. VI, P.210) 又謂基本的修養在以音樂與數學．嘗曰

〔註40〕莊子天下篇云："古之人其備乎：配神明，醇天地，育萬物，和天下，澤及百姓，明於本數，係於末度，六通四辟，小大精粗，其運無乎不在····天下大亂，聖賢不作，道德不一．天下多得一察焉以自好，判天地之美，析萬物之理，察古人之全，寡能備於天地之美，稱神明之容，是故內聖外王之道，闇而不明，鬱而不發"余故反證之而得此語．

"治國者必經音樂之陶淑，音韻足以諧和其性情，節律所以使之習於秩序，至其資料辭句，又皆足爲取材之標準。"(Bk. VII, P. 229)

"凡執政者不可不精研數學，且不可如常人之淺嘗卽止，其研究也，必堅持不斷，洞曉數學眞理而後已"(Bk. VII, P. 233)

"幾何之知識乃永久的不變不滅的，能使人接近眞理趨向公道，發達哲學上之能力，而可達吾人所能至之目的地也。(Bk. VII, pp. 235, 236)

柏拉圖序次治國者之履歷蓋如下。

〔二十歲至三十歲〕　幼時所得各得知識，至是能融會貫通，(In one view)知其相互之關係及功用。(Bk. VII, P. 248)

〔三十歲至三十五歲〕　悉心研究哲學眞理五年。(Bk. VII, P. 251)

〔三十五歲至五十歲〕　爲公衆服務，備嘗世故，能歷外誘而不惑。(P. 251)

〔五十歲以後〕　此時學識已高，經驗又富，灼見眞理，能以先覺覺後覺，於是出肩治國之大任，盡勞盡瘁，初非欲建非常大功以自耀也。迨後生經其薰陶，一如己之完善無缺，而克繼起秉國，於是退讓休息，逍遙以盡其天年。國人當刻石設祭以紀念之。(pp. 251, 252)

時人謂柏拉圖描摹哲學治國者，正如雕像之惟妙惟肖，至矣盡矣。(P. 252) 觀其鏧然以出，翛然以休，盡瘁人羣，不居己功，令人讀之，不覺悠然神往焉。

中國古代以大學爲造就人才之地。五帝大學，名曰'成均。'周官大司樂掌大學教育，教樂德樂語樂舞，

大司樂以樂德教國子，中和祇庸孝友；以樂語教國子，興道諷誦言語；以樂舞教國子，舞雲門，大卷，大咸，大磬，大夏，大濩，大武。

蓋吾國古人興於詩成於樂之觀念與理想國不謀而合。周公制禮作樂，四方民大和會。降至春秋時列國聘享，猶宴會賦詩，可知浸淫漸漬者久矣。柏氏謂執政者不可不精研數學。考中國九章，宋人謂爲周公遺書。又周公與商高二人問答之辭，周人志之，是謂周髀。句三弦四，周三經一，及簡單幾何形之計算，周髀算經，均已詳記。(註41)

且吾觀周代官屬，無不以數目形式，表見其維繫聯絡之妙用．周公者信可謂能實現理想國所要求之人物者矣．

周代大學凡五，在國之南郊，順先王詩書禮書以造士．"中學爲辟廱，承師而問道．旁出四室：東學上親而貴仁，以學干戈羽籥焉；西學上賢而貴德，以學禮義威儀焉；北學上貴而尊爵，以學典墳邱索焉，南學上齒而貴信，以學六詩及六大舞焉"(註42)吾國古代大學學制，詳密若是，而柏氏理想國曾未道及大學，豈非知有所困神有所不及與．此實因希臘古時，本無大學；哲人(Sophists)時代，學者大率納贄私淑，講業通衢，習修辭辯論之術．柏氏設教林中，(卽Academy)猶孔門杏壇之亞，則私人之大學也．大氏無淵源者，創造常難，讀史者宜常持客觀的眼光，不能任情苛責也．

周官大學學生自小學所升之國子外，大都爲鄉遂所舉之賢者能者．其畢業年限，約爲九年，男子自二十至三十，皆在大學時代，(註43)與柏氏所希望，大略相同．但古人三十畢業於大學，亦不卽仕，至四十始仕．(曲禮"四十曰強，而仕．")然猶不能驟陟高位，尙須閱歷十年，至五十始命爲大夫．(曲禮，五十曰艾服官政）七十而致仕．總前後之歷程如下．

"鄉遂大夫三年則大比，書庠序之賢者能者，獻於天子而升之司徒而選士，升於大學曰俊士．升於司徒者不征於鄉，升於學者不征於司徒曰造士．大樂正論造士之賢者以告於王而定其論；論定然後官之，任官然後爵之，位定然後祿之．"

曰選士，曰俊士，曰造士，級進而層拔，詎非柏氏所謂歷盤之修路者與．夫使當路在位者，咸屬跋涉長途，實心實力之徒，而非因乘權勢，僥倖一時者所能希冀而復曰政治之不修明，民生之不康樂，孰信之哉．

〔註41〕 據李儼中國數學源流考略(北大學刊第　號)

〔註42〕 引陳漢章中國歷代大學學術述(北大二十週紀念册附錄)

〔註43〕 見中國文化史第二十章第六節王朝之教育

結　論

嗚呼人世事業至繁賾矣，變進遷流，不可端倪．然試擴大胸襟，以覽宇宙，則地球在太陽系中，不過如一微塵，其形式之久，據學者推定，蓋已經數百兆年．人類之有史，至多可以溯七千載，以此量彼，直一刹那間耳．卽生民之初，蓋亦已歷七十萬年(註44)百倍於有史以來．若更以精神者之統一觀之，吾人不禁有現世界至爲短小之感．生年不滿百，常懷千歲憂．是故不惟今古之人咸宜開誠布公協力互助,共謂大同之治；卽古人之經驗，足以剴今而振敝者，亦多宜保持之使弗失墜．嗚呼西海有聖人焉，東海有聖人焉，其爲治典法，未嘗互相稽覆也，而彼此往往冥符而遙契；而其政教之閎意妙恉，方將貫百世而不敝．古今斷別，國疆斬割，視爲固然，狺狺相爭，達者觀之，多見其爲妄執耳．學者所貴，在能超絕時空，廓然高矚，淵然深識，所謂拓萬古之心胸，枕九州而無閡者也．雖然士生今日，朗悟則易；古人之域，常有可哀．柏拉圖曰

''邃古時代或現代或在離此極遠之國中，使有完善之哲學家，以天命而治國，則余敢保其卽爲吾儕理想中之國．蓋哲學家執政一日，其國家之景象，必與吾儕所言，無不盡合．然此非不可能之事，謂其難則有之也．''(Bk. VI P.240)

吾人綜覽上述四端，卽以周官當柏拉圖之理想國，何多讓焉．奈今之趨新領異者，不暇詳校學術眞際何若，殊域遺籍，方謀盡量輸入，先民舊典，則欲一語掩盡；雖云大道之行，天下爲公，學術亦不容有種族之見主客之分；然吐棄世界文化之半部於不顧，徵特無學者廣大之精神，尙安得謂能盡人類文化相互貢獻之責任乎．

抑予尙以爲周官精義有爲理想國想夢不逮而足以彰我之特色者，有二大要點焉．

(一)鄉遂之自治組織　所貴夫哲學治國者，以其能炯察深廣久遠之道，主張綱維，領袖羣倫，賢能任職，而有爲理性的舉措；至於民間日常生活，或鄉村公共利益，少數人旣無暇事事過問，則必有待於民衆之自動自治；上下相成，本末兼賅，如網在綱，秩然不紊，是能收政治之實效．周代民治最盛，其鄰里組織(Neighbourdhood organization) 尤稱完美．鄉遂二區爲周代政治之模範，其地在王城之外，方四百里，直隸於

〔註44〕 人類起源之年代，據美人沃斯本(Osbarn)古石時代之人類(Men of the old stone age)第41頁附表

天子，而爲行自治之制之區域也．鄉遂之組織，法同而名異，玆以表示之．

家數	鄉	遂
5	比……比　長（六鄉共15,000人）	鄰……鄰　長（六遂共15,000人）
25	閭……閭　胥（,,　,,3,000人）	里……里　宰（,,　,,3,000人）
100	族……族　師（,,　,,　750人）	酇……酇　長（,,　,,　750人）
500	黨……黨　正（,,　,,　150人）	鄙……鄙　師（,,　,,　150人）
2500	州……州　長（,,　,,　30人）	縣……縣　正（,,　,,　30人）
12500	鄉……鄉大夫（六　鄉　共6人）	遂……遂大夫（六　遂　共6人）
	鄉老三人	

鄉遂之官多由民舉而受天子之命，其職等於王官，而爲地方自治之領袖．統計其數自比長鄰長以迄鄉遂大夫，凡三萬七千八百七十五人．以方四百里之地，十五萬家之民，設三萬七千八百有奇之自治職者，此民治之極軌也．理想國之於自治，則未嘗一語道及，一若哲學家主持國政，卽可安然無事，此誠不能令人無惑於衷．爲柏氏辨者曰，柏氏理想小國寡民，人口以五千四百爲限，設周官每家五口，則理想國才及鄉遂民數百二十分之一，無多須乎自治官職，且柏氏主張公妻，更無所謂鄰里族黨之制．此言誠然．吾人志在虛心論學．雅不願輕意詆訶．特不圖周官鄰里之組織，雖至二十世紀最新政治之思潮，尙不能出其範圍（註45）此則大可以感發吾人研究之興味者也．

(二)法治禮治人治三體合一之觀念　法與禮皆爲人類意思行爲之規則．彼創制運用保守此意思行爲之規則者固舍人莫屬，然當哲學家宰制天下之初，亦必不能垂拱而治，其設官分職體國經野之方，非有詳密確實之典法，可以據守，勢必至於凌雜紊亂，茫然無從措施．是故法與禮與人，廢一則傾，缺一則病，可並行而不可獨立者也．吾國周

〔註45〕 東方雜志十八卷二號鄧初民君"自治單位問題，於其實現之初步"一文引美國福來德（Fallett）女士實行新政治之方法，首重鄰里組織．(Neighbourhood organization) 蓋以同村同鎮之人，先組織一鄰里團體，自爲治理，而後再以此團體爲單位，向上聯合，以造成一全國政治或全世界政治也．其辦法約分五項，吾友繆君鳳林嘗著論詳校之．略謂福來德之言，周官無不應有盡有，而周制之完備精密，則遠勝之云．

代政治，以法爲本，自王公至庶民，無不囿於禮法之中。六官之治，咸施典法，正者正於太宰，貳者散在諸官。諸法不可殫舉，而官聯之法，尤稱精密。又時時教民讀法。全國之法，歲首懸於象魏，縱民游覽十日。而鄉遂諸官如閭師，族師黨正州長之屬，教民讀法之次數，一歲中殆不下十五六次（註46）鄉遂之民無不熟讀法令，自無干犯法紀之事。夫法者施於已然之後，禮則禁於將來之前，消極積極相反而適相成者也。周代又爲禮敎最盛之時代，周官舉禮之目者，一爲司徒所掌之禮（祀禮，陽禮，陰禮樂禮），一爲宗伯所掌之禮，（吉禮，凶禮，賓禮，軍禮，嘉禮）其儀文度數之繁密，不可勝舉。然當時禮治之命脈，在精神方面之中和調節，固非屑屑焉講習周旋進退之儀而已也。（註47）

柏拉圖亦未嘗不知法律之要。故曰"法律與條例，均所以使人民克保和平。"(Bk. V, P.163) 理想國常言制定法律之事，如

神學二條例（見前兒童教育節）

"吾儕國中，當訂一法律；凡人之愛當純然發夫道德，如父之愛子，不可有他意雜乎其間。"

"吾儕當訂定一法，凡希臘人不得蹂躪希臘人之土地，焚燬希臘人之房屋."(Bk. V, P.171)

"吾儕國中，當制定法律，凡爲政治上重要人物，當研究數學，且必鍥而不舍，至洞曉數學原理而後已."(Bk. VII, P.233)

然柏氏方言定法之要，而又輕詆法律爲非所急.

"國際通商，國內之貿易，工人之作業，民間之爭訟，法官之設立，各種賦稅之徵斂，一切無須法律規定．蓋優秀之民正不必多爲之法而縛維繫之；設有所需，彼等自能爲之．(Bk. IV, P.115)

〔註45〕 詳見中國文化史第二章第三節鄉遂之自治。

〔註46〕 左傳昭五年，"女叔齊曰魯侯不恤禮之本末，而屑屑焉習儀以亟，言善於禮，不亦遠乎。"孔子亦曰，"禮云禮云，玉帛云乎哉。"可證春秋時代猶持此種標準。

"多訂法律而欲除商業之惡習，實無異斬九頭之蛇(Hydra)非徒無益，害且甚焉."
(Bk.Vl,P.117

"眞正之政治家，必不以多訂法律爲要務，蓋不良之國中，雖有法律，無所用之，完善之國中，人民固已有良好之敎育，人人自率循於法律之中，則條例字句之訂定當然不爲難事."(Bk.IV,P.117)

柏氏所重蓋在根本的救濟而不在消極的防制.然而僅察人民已受良好教育，完善無缺，幾致刑措之後，而 不一審顧於施治之初，未免有繫馬車後倒果爲因之誚.守成則易，規始卽已難矣.理想國屢試而無功，殆以此故歟.

希臘向無所謂禮教，能包舉一切人事，以爲公共生活之聯瑣者.柏拉圖注重音樂教育，其所謂中和調節之意，差近於中國樂禮，然衡以周官五禮三十六目，卽不禁有杯水車薪之感.柏拉圖以公道（或正義 Jnstice）爲社會生活之原動力.嘗曰

"不公道每啓讎恨爭叛，自相殘害；而公道則足以使人友愛而修睦."(Bk.I,P.32)

"公道之人爲善智，能快樂而有幸福；不公道之人爲邪愚，不能有公同之作爲."
(Bk.I,pp.30,33,35)

"所謂公道者，知慧(Wsidom)勇氣(Courage)節制(Temperance)三德以正比例相結合調和之第四德也."(Bk.IV,P.118)

案希臘人向來輕視公道,(Bk.II,P.38)以其爲強者之利益,(Bk.I,P.15)煩擾可厭,亦從無窮究公道之眞諦者.(Adimantus曰余弟兄覺上自太古下窮現代，竟無一人討論公道與不公道之眞正性質.〔Bk.II,P,47〕)蘇格拉底始以問辯詰難之法，破除邪執，顯示正義，發明公道爲最大利益.(Justice is among the greatest goods)但嚴格主之,希臘文所謂正義，初不含有何等道德的精神(Moral spirit)(註48)其與中國古代經國家序民人之禮教，有表有裏，有物有則者，固不能等量而比觀也.

周公之材藝，柏拉圖之睿知，吾人未易評論其高下.予以爲兩書不同之點，乃至不能比量者,全在歷史淵源不同之故.柏拉圖之生,距希臘初有文字,才三百年,雅典區區,

〔註48〕 據克世曼(Cushman)哲學史卷上第156頁

略比小縣；唯餘虐政，燠章何在．柏拉圖以無遺籍經驗足以典据，馮其理想結構，奮孤旌以前往，(註49)其輕非禮法，蓋非偶然．周官者集前古之大成，非出反動，乃爲總纂；禹刑湯刑，(叔向語)，夏禮殷禮（孔子語），泐爲成書，賢聖代作，多能探法理之本原，百川歸海，所以成爲汪洋之大觀也．善夫孫詒讓之言曰，“周官經非一代之典也，蓋自黃帝顓頊以來，紀於民事以命官，更歷八代，斟酌損益，因襲積累以迄於文武，其經世大法，咸粹於此……作者之聖，述者之明，蟠際天地，經緯萬端，閎章縟典，幷苞遠古，究其端緒咸有原本，是豈皆周公所肊定而搠之哉．”(註50)

〔註49〕 或言柏氏之理想國亦因鬍梭侖(Solon)等之成法，然柏氏固自稱爲夢想(Dream。)故曰，“吾儕建此理想國之初，疑竇紛起，然卒能達到解釋公道之初步，不可謂非天之牖啓。”(Bk.IV,P.137)叉曰，余所言者，設皆見諸實行，必多與習俗相反而覺可笑者。”(Bk.V,P.146)故就大體言之此書終屬一個人之理想。

〔註50〕 引孫詒讓周禮正義序

——摘自《史地學報》1921年11月第1卷第1期

學說

周禮孝經演講義後序

宋育仁既剿取周禮封建井田制度。附以學校軍禮。謹案孝經章句。申以孝弟禮樂。都爲經術政治學。凡四章十六節。孝經義十八章。竟作而歎曰。世論謂斯道也將亡。宋育仁謂斯道也其始將興乎。自黃帝畫井分九州立中國。國界其前之萬國不限九州內外。皆自闢地而有之。如西半球之美洲。域土燧皇以至庖羲神農之世。大都和其國有聖人出興於世。特有創造利前民用。其他諸小國土。則梯航重譯而來學。因以來賓。是爲天下有王之原始。亦即聯邦之原始也。及有書契。乃制爲皇字。謂爲王之始祖。蓋自庖羲制嫁娶。人類始有傳代。其外來學之國。亦相繼來賓來貢之聯邦。推之爲上國。自崇拜其繼體傳學之君。特加敬禮。或謂之來朝。因此沿爲世及。至帝榆罔承神農之後。嗣世爲君而失道。蚩尤苗民作亂。互相賊害。侵陵天下。分崩怙兵爲強。怙強爲惡。黃帝既平蚩尤苗民之亂。而榆罔之朝。亦習染於用兵。夫尚武力與右書契垂衣裳之大興文化固不相容之勢況畫井分州明屬九州歸化榆罔君臣猶欲自居上國加以兵威是以有阪泉之師即啓征誅之局厥後少昊、高陽、高辛、顓頊、帝嚳之時代即其前庖羲、神農、迄於榆罔時代繼世爲帝之後影也所謂萬國者有分封有來賓有歸化有聯邦有天子使吏治之而不干其內政堯舜更益釐定制度以成統一之規增四岳設八伯輯五瑞頒五瑞舊國則加封新封則建國大國則益以附庸閒田名山大澤置以虞衡俾其世守共工典天下嬰造王畿亦設澤虞林衡八伯統四方諸侯禹佐堯舜平水土分別內方三千里爲五服外置三州之名薄於四海合爲九服內五服建方伯卒正連帥屬長之制使大國統小國小國事大國略如聯邦制度大政干涉小政不干涉外三州則咸建五長略如東西四盟歐美領土故禹會於塗山執玉帛者萬國至周公定太平益加詳密分天下以爲左右曰二伯一相處乎內總持大政兼領東方諸侯外八州方伯之國設三監大夫布行上國王朝之政令一伯處乎外五年代王一巡守率王師以出大國以師從小國以旅從一切納之於禮其軍制即謂之軍禮五禮標名爲吉凶賓軍嘉吉禮專指祭禮賓禮統謂朝聘會同。各以遠近等位。分時分。期以次來朝。即從天子而祭於郊廟。郊天享帝。則天下之臣民咸在助祭執事侍班之列。祀太廟則來朝之諸侯邦君均與於祭。來聘之陪臣國卿大夫均執其事。國君之祭社稷。其舉國之臣民亦咸在一壇有事。於其祖廟則適卒羣臣暨奔將事。大夫祀五祀。士承宗子亦率從其宗族與采地之民。集於壇廟。皆為習禮以教之孝弟也。文武學並不分途。禮樂教以文學。射御教以武學。教民於農隙講武。田獵部署以兵法。步伐、坐作、擊刺。無人不習兵。故名之曰起徒而司徒所屬治地方之官名之曰教職。其兩司馬皆下士。國司馬皆上士。卒旅長皆中下大夫。師帥皆上大夫。軍將皆命卿。正如後世之貢舉科場。臨時皆易官名。事後各復原位。故曰有文事者必有武備。即是習行軍禮。軍士所以稱為士。而凡為士者。皆以執禮為學業之主科。故春官掌造士。而其職謂之禮。典曰宗伯。掌邦禮也。故曰禮有五經。莫重於祭。又曰國之大事在祀與戎。謂舉行吉禮軍禮。乃肯通國之人而教之禮也。吉禮中組織有各種教科演習在其中。軍禮中并權謀、技巧、形式、器械、資糧。皆預備在其前也。然此委曲而繁重之制。將恃何術以行乎。其必在建國親侯分民而治也決天下之大疑定天下之大計舉天下之大[illegible]其綱則條理必亂則謂之宜於古不宜於今耳夫古今中外之所以[illegible]國之根本不同而其綱要異也自庖犧至顓頊皆爲推戴之世及惟黃帝一舉征誅自顓頊以至周末皆傳位世及惟中間堯舜一行禪讓自秦以至今皆用兵爭除敵國征服之外皆以篡弒假名禪讓而世及則同惟封建與郡縣不封建分自庖羲以迄於三代秦以後迄於今治亂之數可睹矣爲之建國分民而治然後簡稽戶口生產授田歸田轉戶撥戶教課農桑蓋藏興發委積均輸起徒役作邱甲一切乃井井有條於以行均產養民之政俾民得分土而食有一定之手續明乎立國以安民非厲民以自養也其原理本來如此故原則決定如此也夫然後所謂公共衛生普及教育推行興利弊無不宜後世祇有私心爲己之觀念人主與人民分爲兩界中間士大夫又各自爲界其行政專注在消防一方面政策於是爲私爲己上下相蒙自秦始以天下爲家私百姓遂各私其私產從此學者遂誤認孝爲私德（私德二字本不詞欲破世迷姑就世說）人人自謂能孝不知事父即事家君事君即事國父

孝經禮制首立宗廟以爲教孝提綱即推宗法以爲建國之法自生子冠婚喪祭以至天子諸侯之巡守朝聘會同出師告捷頒朔告朔無不有事於宗廟即無事不示以孝道明其孝道之爲公德公理所謂孝子不匱永錫爾類不言之教行乎其中也統計其時通國之財惟行政經費一款係統籌收入再分別支出而行政中之巨費多數皆爲行禮之用采地祿餘幾於悉歸之宗廟大多之居食服用資生之具直屬與大多數之平民平均享用而各適所宜祿在其中別無所謂學校之儲費軍需之籌欵而舉國皆比如退伍之兵無人不經受普及之教數千年學術沈晦爲國域廣大重力之所吸引其因陋就簡畏難苟安習與性成者宜也然抑思今寰球之巨變大亂何由而至於此此是乾坤何等時哉以分崩離析之天下處震撼危疑之際會延萬死一生之絕命得法聖復古之美名舉爲國以禮之盛事收回日久離散之人心復成隆禮孝治之天下是誠千載萬期之一時也則又何憚其難而不爲此此事似繁而且難知也何況於行則請以簡要著手明之考察有功德於民昭昭在人耳目者先封數國以爲模範正告於天下將行先王聖人之政則官吏非能執禮由禮

者不得列於士籍以學位加於官位即以爲議郎代今之所謂代議士者初封國仍五等不世襲終其身察能以禮爲國首舉均田改良學制軍政有成績再加世封乃爲世襲先令議郎終其身不爲行政官再進選用簡任薦任官以名列士籍者爲之等量才授位三年小效百姓樂從更益廣封而小其地於是乃命大國幷行貢士之典其郡縣如故而先爲之模範縣邑即以均田改良學制軍制爲課吏之殿最則賈生所云衆建諸侯而少其力顧炎武所云經之以封建仍緯之以郡縣於是乎在議事以制則令大臣與儒臣議郎參定之復古之卿士亦即廣行兩院之制也是誠宜古宜今則又何所憚難而不爲此試行封建使試辦井田由是安反側以定民志反側安則兵爭漸熄民生自裕而禮樂可以興民志靖則家庭相保孝道日光而過激無由作然明知此必居帝王之位而加聖人之心爲始可得爲也豈民舉之代表可以行之哉但後世儒生每自命聖人而後世人主反不究聖學誠佛經所云見想顚倒世界顚倒顚由是以思述孔聖先師之言非從已出又何人不可言哉堯舜讓天下於巢由巢由不受未足以損堯舜也今既爲堯舜之大言矣又何忌諱於封建井

田之小言而不敢道乎哉。

——摘自《國學月刊》一九二三年四月第十一期

周禮政詮

但燾

曩在日本。嘗著周禮政詮一書。僅以日課之暇。隨時鉤攷。草稿叢雜。未加排比。歸國以來。奔走南北。學殖益荒。比歲閒居。始稍稍理舊業。曾以此稿示餘杭章君。不棄謭陋。爲訂正若干條。方付鈔胥校寫。粗竟。而華國月刊社適來徵稿。即以予之。夫近世以新學名家者。鄙夷國故。等諸塵芥。甚至不識郡國風俗官府程式。其新學非由耳食。即屬目耕。一貫之恉。殊所未喻。不佞操觚。力矯諸弊。書中明誼擿詞。折衷古今。務去鄙倍。雖未敢方嚴氏之天演論。庶幾竊比吳氏之東游叢錄。喻其甘苦。必有達人。匡理闕失。以俟來者。癸亥八月燾記。

前敘

往者哲族僉謂憲政胚胎於百年間。非哲族不能運用之。而膺其福祉。日本踵起。懸憲致治。文物彬彬。方興未艾。足以關哲族之口。而奪其氣。特無人旁稽中土古制。餉彼哲族。令其駭歎。轉而求師於我。爾課暇取周禮讀之。與方今憲政相斠。無或爽。或謂憲政導源憲法。須經一定程式制定頒布。是知有有典型之憲法。不知有無典型之憲法也。英倫三島開憲政之基。而其憲法皆因時移勢易。劑偏救弊而生。並非待人作述。然而談憲政者。尊英爲鼻祖。準此則烏得謂中國古代無憲政哉。當世宏達。或不目余爲浮夸乎。己酉十二月。蒲圻但燾植之甫譔。

周禮天官治官之屬。太宰卿一人。案太宰乃官。卿乃爵。猶今之兼銜也。下士以上須王之簡命。猶日本之勅任。府史胥徒得自辟。則日本之判任矣。膳夫以下庖饔亨人等官。皆以士爲之。而隸於冢宰。日本宮內省置有大膳寮。主膳長及主膳判任。膳手準判任。法制同。

章太炎曰。冢宰如今國務總理。小宰兼統宮禁。則兼日本宮內省之職矣。宮禁事本不應附於冢宰。此則沿襲殷制而然。伊尹以割烹要湯。又爲有莘媵女。雖主大政。而其實職則仍是膳宰也。其後因之。遂并爲一官。魯連子云。伊尹負鼎佩刀以干湯。得意。故尊宰舍。然則冢宰得名。本因于膳宰也。漢時尚有太宰爲主膳之官。

宮禁之事。掌於內宰。凡嬪御閹士皆受治焉。其他宮正宮伯等官。皆以士大夫爲之。而悉統於太宰。猶日本今制於宮內大臣之下。設次官顧問官侍從禮官等。其長皆勅任。其抉擇之嚴。恩遇之隆。與周官等。

惟王建國。者示君主之尊無二。辨方正體。國經野者。劃行政之區域。而中央與地方星羅棊布。如織之有經焉。國與野。位置既劃。一不可無官司以行政。令共治。不若分治之易舉。則職分焉。而任事。而程功。國是以立。民志以定。官制之分治。在中國創之甚早。於此可見。寥寥數語。字字皆有精義。千萬言釋之不能盡。以今日通用語喻之。此數語。卽有周一代官制之宗旨也。

章太炎曰周官大體行政權分之邦國故地官少說畿外事兵權統于王朝故大司馬掌九伐之法司法權雖分在邦國而王朝尚時受上訴故秋官多說四方邦國之獄訟自分爲州郡以來明時一省鼎立三司都指揮使主軍事布政

使主民政按察使主司法。而兩司尙有特權。都指揮使則未有能擅自調遣者也。亦與周官大體相近。自督撫之權日重。此制遂廢。沿至今日。非割據不可矣。

冢宰爲六官之長。猶立憲制之內閣總理大臣。曰使帥其屬而佐邦治者。總理大臣有率閣臣統一行政之義務。曰佐王者。大權統於上。大臣不過盡輔弼之誼。亦卽今日立憲國國務大臣責任制度之所防也。

內府外府。各不相淆。可見帝室財產與國家財產之區別。已肇端於是時。

職歲主歲計。以歲斷。乃編一年預算之官。司與今立憲國以編預算之權。屬之財政部署同。

周官六官之組織。爲純一制度。與合議制異。日本內閣官制。取純一制。而中國各尙書侍郞。爲合議制。見岡田博士大淸法院編制法草案孰得孰失。固未易斷言也。

職幣掌式法以斂官府都鄙與凡用邦財者之幣。以待上之賜予。其職掌與今日本恩給局同。

治典即憲法。其曰經邦國者。猶今德美各聯邦以憲法聯綴成治。無或陵轢侵越也。官府之立。基於憲法。而人民富壽之保障。亦於憲法乎視。故繼之曰以治官府。以紀萬民也。教典即教育行政法。禮典如英之寺院法。踵於習俗。非常之原。黎民所懼。故仍之。國際禮節。疑亦附屬於是。政典即行政規則。刑典即刑法。凡邦國百官萬民。皆受治於刑法。而元首則否。特例也。事典乃關於農工商之法。則殖產興業勸事勸工。皆屬於事典者也。

八法即行政法。官府即今日本所譯之機關。一曰官屬。文化愈進。斯輔佐之官愈多。二曰官職。設官非以伴食。故其職掌不可不豫定也。官聯如今日本之委員會。官常猶今官署之執務規則。官成中國謂之故事。又謂之成例。官法即行政法。官刑即日本之懲戒令。中國之處分則例。官計即中國官員之考成。

八柄屬元首之大權。非臣下所能左右。曰詔者。大臣但有啟奏之義務。無裁決之權利也。

古者以農立國。故首立農園。囿疑即公園。虞衡即今日本之山林事務官及技師。藪牧所掌。與日本水產局同。

周官財政。總其成於太宰。而又分掌於司會職幣。嚴其法。異其司。人主既不能濫用。人臣亦不得妄供。周官之法。其至矣乎。

王畿以內之民。直隸于天子。今日本東京市市政直轄於內務大臣。猶此意也。

　章太炎曰。王畿以內直隸天子。此可以普魯士制說之。市政非其比也。

縣法象魏。以示不忍不教而誅。乃刑期無刑之意。今立憲國凡法令不經一定格式頒布者無效。蓋非是則近於設陷穽以病民也。

邦國之法謂之典。都鄙謂之則。官府謂之法。其義一也。

作大事則戒於百官。贊王命。為大臣副署之制所自昉。

聽政役以比居。鄭司農注。政為軍政。役謂發兵起徒役也。比居謂伍籍也。此可見軍法之別於司法。聽取予以書契。曰法。凡贈與無書契者。可任意改毀。恐當局者激於一時之情誼。貽後日之悔。而予狡黠者流以可乘之隙也。聽買賣以質劑。與羅馬法、買賣之重儀式同。若日本法。則但須二面合議。即生效力。他非所問。

又聽閭里以版圖。鄭司農云。版。戶籍。圖。地圖。聽人訟地者。以版圖決之。日法。土地之訟。以區裁判所聽之。該地非曾經登記。輾轉入不知情他人之手。不能向之追問。與古法大同而小岐。

小宰以宮刑憲禁於王宮。註謂表縣之。若今新有法令云。釋曰。凡刑禁皆出秋官。今云憲禁者。與布憲義同。故小宰得秋官刑禁文書。表而懸之宮內也。案今立憲國以立法之權屬於議院。周官秋官爲當時立法之一官府。中國憲政已胚胎於是時。更無疑義。

又掌萬民之逆。註。逆謂上書。是小宰又兼今都察院之職矣。

辨腥臊羶香之不可食者云云。以下列舉實例。皆屬衛生警察。

周官獸人。凡田獸者。掌其政令。釋曰。所有政令。獸人掌之。以其知田獵之法。按日本今律田獵之法。掌於警署。蓋猶不若周官分職之審矣。

䲣人掌以時䲣釋。謂一歲三時。其不許濫取與日法同。

醫師掌醫之政令。聚毒藥以供醫事。與日本內務省衛生局職掌同。

德國制度。設立病院。須得地方官許可。周官醫師。凡邦之有疾病者疕瘍者造焉。則使醫分而治之。疑爾時已有病院。屬於醫師監督之下。

又凡民之有疾病者。分而治之。死終則書其所以而入於藥師。日法。凡死亡須報由警察官蒞驗。並查取醫士脈案藥方。重人命也。

獸醫掌療獸病。療獸瘍。凡療獸瘍。灌而劀之。以發其惡。然後藥之養之食之。今日本警視廳特設獸醫。獸類未屠則需獸醫檢查。既屠亦須經其蓋印。違者沒入公。與周官同。

酒正掌酒之政令。以式法受酒材。日本造酒者。須受警察檢查。以防毒質雜入傷人。與周官同。

冰之爲用。止渴防腐。爲夏日所必需。日法。業冰者須得地方長官之許可。既得許可矣。則遣衞生檢查委員檢其如何藏冰出冰。如何供製適於民用。然後聽其出售。與周官凌人用意同。

玉府掌王之金玉玩同兵器。與日本宮內省內藏寮職掌同。

大府掌九貢九賦九功之貳。以受其貨賄之入。凡官府都鄙之吏及執事者。受財用焉。按大府、即國庫。國庫爲一國出入之中樞。舍國庫外。無收入支出之官司。攷日法。司國庫金者。爲金庫。日本金庫。則例委事務於日本銀行。日本銀行之總裁。即司金庫出納之有司。其同者一。周官凡頒財。以式法受之。按式謂用財之式。法謂用財之法。日法國務大臣須以支付命令交與金庫有司。始能動用款項。其同者二。支用款項。皆經預定。不能挪移。一一列舉。如關市之賦。以待賓客。四郊之賦。以待稍秣。家稍之賦。以待匪頒。邦甸之賦。以待工事。邦縣之賦。以待祭祀。山澤之賦。以待喪紀。幣餘之賦。以待賜予。凡邦國之貢。以待弔用。凡萬民之貢。以充府庫。日法每款各有指定用途。會計檢查院且有檢查國務大臣有無違法收入支出之責。其同者三。又凡邦之財用取具焉。今日法預算有追加一項。又有豫備費。其同者四。

司書掌邦中之版。土地之圖。以周知出入百官。其職掌與日本統計局同。

內小臣掌王后之命。正其服位。后出入則前驅。與日本皇后宮大夫職掌相同。

閽人掌守王宮之中門之禁。喪服凶器不入宮。僭服賊器不入宮。奇服怪民不入宮。其職掌類今日本皇宮警吏。

司徒之職。與今日本文部大臣同。辨其邦國都鄙之數。而施十有二教者。如日本高等小學章程。視地方情形。得酌定農業商業及手工諸科也。掌建邦之土地之圖。與其人民之數。以佐王安擾邦國者。如日本市町村官府。須視該管內童子之名數。以定設立學校之多寡也。且小學之經費。以地方之大小。土地之肥瘠。人口之疏密。而異籌經費。必先自查戶口。始故日本文部有測量學委員會。亦與周官立法之意有似。

鄭注司徒掌六鄉鄉師分而治之與日本文部省之有直轄學校同

鄉老二鄉則公一人鄭注三公者内與王論道中參六官之事外與六鄉之教日本大臣多兼學校名譽講師蓋其例也

章太炎曰周之國軍出於六鄉而賢能亦於此舉意六鄉必軍閥所居故特以三公教之

鼓人舞師隸於司徒猶今日本東京音樂學校之直隸於文部也

大司徒以世事教能則民不失職猶今各國之奬勵實業教育也

以庸制祿則民興功今日本官制勅任官分二等奏任官分七等判任官分五等有庸則進等加祿與周官同

法國地方自治官府設有慈惠局以賑給貧民英國且立有强制勞役法凡貧民之丁壯者勒令服役與周官振窮恤貧之指同

（未完）

——摘自《華國月刊》一九二三年十月第一卷第二期

周禮政詮（續第二期）

但燾

大司徒以本俗六安萬民而首曰媺宮室今各國於官署學校工場監獄公所等之建築均甚注意不徒圖輪奐之美亦所以衛生也其曰聯師儒者猶日本文部省之有學士博士會也其曰同友服者猶各校之有制服不能淆也

又曰以俗敎安則民不偷者鄭注俗謂人之生處習學不同若變其舊俗則民不安而爲苟且若依其舊俗化之則民安其業不爲苟且猶今各國民法凡各地舊有習俗不强之就法所制定也

又施敎法於邦鄙猶各國之有學區也

又以土均之法辨五物九等制天下之地征以作民職以令地貢以斂財賦以均齊天下之政案地稅乃對於土地而徵收舊時多以爲對於土地之收獲利益而徵收者非也（見日本法學士若槻禮次郎現行租稅法論）日本課地稅之法以價格爲準繩與周官同

又其附於刑者歸於士上爲司法官事體重大恐有侵官之嫌也可見司法獨立之

制已發於當時。

大軍大田大役以旗致萬民與日本徵兵及簡閱制度同。

國有大故則致萬民於王門猶今日法天皇得臨時召集議會也。

小司徒凡稅斂之事乃分地域而辨其守施其職而平其政案政當作征平其政者均平其征稅使無畸輕畸重也日法分土地爲有租地無租地兩種有租地中又分甲乙兩種凡稻田菜田郡村宅地市街宅地鹽田鑛泉地屬甲種池沼山林牧場原野雜地屬乙種無租地如御用地國有地皇族賜邸及其他官府所有公用地神社地等是立法與周官同。

又凡四時之徵令有常者以木鐸徇於市日本憲法凡公用徵收以公益事宜爲限又土地收用法載明須以收用之物公告并知照原主猶是木鐸徇市之指。

鄉大夫之職各掌其鄉之政教禁令正月之吉受教法於司徒退而頒之於鄉吏使各以教其所治案日法府縣知事爲獨任制度其下設書記官參事官以爲佐貳僅

負勵勤之責。該府縣吏員及委員等。皆受命於知事。以分治其職。且受監視焉。與周官立法之意。亦有似者。

比長從於國中及郊。則從而授之。註謂或國中之民出從郊。或郊民入從國中。皆從而付所處之吏。明無罪惡。曰法逆旅主人遇旅客投宿。須詳細呈報警察。其用意同。

載師掌任土之法。與日本之耕地整理會相似。

又國宅不征。曰法國有地無稅同。

師氏掌以媺詔王。註告王以善道也。與今日本樞密院同。又居虎門之左。司王朝。則兼侍從之職矣。

調人掌司萬民之難而諧和之。猶日本之仲裁人也。

又過而殺傷人者。以民成之。鄭司農云。以民成之。謂立證佐成其罪也。曰法有疑讞。則召證人至訟庭。使述其所知。無故不到。到而不以實陳者。有罰。又鳥獸亦如之。註過失殺傷人之畜產者。曰法同。

凡有鬬怒者成之不可成者則書之先動者誅之鄭司農云成之謂和之也據此是於鬬怒之事純取干涉主義日法刑事由檢事控告不得私相仇殺與周官同

司市掌市之治教政刑量度禁令日法市長總司市政卽司市之官又日法業度量衡者須領憑照且受官檢察用意一也

以陳肆辨物而平市卽今日本之商品陳列所也

以量度成賈而徵價註徵召也價買也物有定價則買者來日法有交易所凡購某物不知確價可至交易所詢問其買賣契約由議價而成與周官同

又以賈民禁僞而除詐日法各業皆有聯聯有職員司其法令禁僞除詐爲國法所明許與周官同

司市夕時而市販夫販婦爲主今日本夜市多小販爲生者席地成羣猶有周官遺意

又以泉府同貨而斂賒註同者民貨不售則爲斂而買之民無貨則賒貰而予之是

今日本勸業銀行興業銀行之類古亦有其制矣。

又凡得貨賄六畜者亦如之註謂得遺物者亦使置其地貨於貨之肆馬於馬之肆。日法拾遺物者應呈明其地警察署陳以待領與周官用意同。

又凡治市之貨賄六畜珍異害者使亡離者使微註使亡使微抑其價以卻之也日法侈靡之品課榷從重案抑其價與重其征皆所以使利薄而弗為其法不同其意則一。

凡市偽飾之禁在民者十有二在商者十有二在賈者十有二在工者十有二歐洲各國憲法多載明臣民有營業權利日本臣民營業之權利則在法律範圍之內其加制限者約可區為二類一屬公益者如郵政電信菸葉酒等是二屬於警察者又可分為甲乙丙丁四類甲隱杜犯罪如荒貨店質店是乙整飭風紀如劇場浴所飯館等是丙預防災害如火藥商工場是丁慎重衛生如藥肆屠場是用意與周官同。

市刑小刑憲罰中刑徇罰大刑扑罰其附於刑者歸於士日法許地方長官制法附

加十圜內之罰鍰及拘留處分過此非司法官不能理與周官同

質人凡賣價者以質劑焉大市以質小市以劑疏解質劑爲券書案質劑與今日本之小切手（銀行小票）英之Check相似小切手者不自行授受金錢而使銀行代其勞之制度也凡債務者欲償所負可發行小切手予債權者俾債權者就指定銀行受之其利可得而枚舉之無盜失遺失私消之虞利一無鑑別貨幣眞贋之勞利二免核算之煩利三貨幣寄存銀行足資周轉而寄存者得霑子息利四學者至有謂小切手之效用等於貨幣者良不誣也

又凡治質劑者國中一旬郊外二旬野三旬都三月邦國朞期內聽期外不聽日法凡以小切手呈示銀行要求支付者須在法定一星期內逾期則失請求償還之權立法之恉趣與周官同

司虣掌憲市之禁令禁其鬬囂者與其虣亂者日本違警罪有毆打人未至創傷等項其同者一又出入相凌犯者以屬游飲食於市者日本交通警察罰在不許出入

地方濫行出入者、及在榜示禁止通行之地而通行者。又刑法有無錢飲食及浮浪罪。其同者二。

司稽掌巡市而察其犯禁者與其不物者而搏之。註不物。衣服視瞻與衆不同。及所操物不如品式。日本違警律凡違警察規則。而營工商業者。販賣官定價之物而昂其價者。於途上放歌高聲。不受制止。及酩酊而噪於途者。有罰。與周官同。

肆長各掌其肆之政令。陳其貨賄名相近者相遠也。實相近者相邇也。而平正之。鄭司農謂若珠玉之屬。俱名爲珠。俱爲玉。而賈或百萬。或數萬。恐農夫愚民見欺。故別異令相遠。日本勸工場所在。多有陳列各地所出百貨。貨有定價。禁不依約附籖貶値求售。蓋防其奸欺一也。

司關凡財物犯禁者舉之。又凡貨不出於關者。舉其貨。罰其人。與日法同。

又凡通達於天下者。必有節以傳輔之。註謂必有節。言遠行未有不得節而出者。猶今日外人無護照不許游歷內地也。

大司徒掌建邦之土地之圖與其人民之數。自小司徒以至里宰。皆有稽查戶口之責。考行政官署之稽查戶口。與警察之稽查戶口。用意各歧。行政之稽查戶口。爲頒行徵兵納稅及地方制度起見。而警察之稽查戶口。則在知其孰爲土著。孰爲徙寓。孰爲善良。孰爲匪人。係爲思患預防。周官兼此二者而有之。

大司徒以保息六養萬民。而首慈幼。今各國多立貧兒院。又有感化院。以感化不良少年爲主。皆慈幼之首務也。

遂師巡其稼穡。而移用其民。以救其時事。案時事。如暴風地震水旱回祿非常之災。非一遂之民所能隄防。故得便宜移此遂之民於彼遂。以相救。日本違警律。凡遇急變不應警官之請者。罰之。又行政官府猝遇災變。爲抵禦起見。調度人役物品。可便宜從事。與周官同。

正歲簡稼器。修稼政。近日各國於農業。多設專官。以董理之。日本行政官署制。驅除害蟲法。責令警吏認眞撲滅害禾蟲類。又有鑒於奸商售肥料。多雜入劣質。病民。因

制稽查肥料法。凡業肥料者。須具呈得官許可。隨時派員稽察。以杜弊端，亦簡稼器修稼政之類也

周官地方官吏。如鄉大夫州長黨正族長。皆有監督選舉之責。與今諮議局章程同。正歲令羣吏攷法於司徒。以退各憲之於其所治之國。釋謂受而考量行之。憲者表縣之也。今日本內閣總理大臣。每於歲首召各府縣知事至內閣。訓以行政旨趣。俾有遵守。周官之義也。

州長黨正族師。歲時集民讀法。今各國私立法學校林立。而法令如毛。動陷刑辟。讀法之舉。無聞。此則宜奉教於周官者也。

章太炎曰。鄉飲讀法。此制明時尚有。清則徒有具文。了無實事。然所以不舉者。由士人不肯就此瑣役。而田野耆老。又不能爲也。

五家爲比。十家爲聯。五人爲伍。十人爲聯。四閭爲族。八閭爲聯。使之相保相受。刑罰慶賞。相及相共。以受邦職。以役國事。以相葬埋。案近世以來。商工業日臻隆盛。細民

輕去鄉里農業衰息出入相友守望相助之美風不可復見如有為政者能師周官之遺意定聯保之法庶幾利害相共情誼敦而奸宄息矣

凡任民任農以耕事貢九穀任圃以樹事貢草木任工以飭材事貢器物任商以市事貢貨賄任牧以畜事貢鳥獸任嬪以女事貢布帛任衡以山事貢其物任虞以澤事貢其物釋謂任使萬民各有職事必有功有功即有貢故此論貢之法也案今日賦權多不課於生產者而課於供給之商賈及消費之羣時勢遷移不能泥古以為治也

凡無職者出夫布案古者為治主積極干涉故有此法今謀生維艱失職之民日衆盡人而罰之亦有未便也

章太　曰此事在今日必不能行然能出夫布可知其非乞兒也蓋憑藉家貲游手無事者爾

遺人掌邦之委積以待施惠鄉里之委積以恤民之艱厄門關之委積以養老孤郊

里之委積以待賓客野鄙之委積以待羈旅縣都之委積以待凶荒案此數事凡荒政善舉以及其他臨時支出之費無不包舉積之平日以備非常此近時儲蓄聯合之制也

凡國野之道十里有廬廬有飲食三十里有宿宿有路室路室有委五十里有市市有候館候館有積是當日有國立行館以待遠人也

凡殺人有反殺者使邦國交讎之案日法裁判所對於緝犯皆有互相援助之責又國際法凡締約互交犯人之國經犯人本國政府請求交回則犯人所在國之政府不得不應其請否則違背國際法與周官用意相同

黨正凡作民而師田行役則以其法治其政事日法町村之長逾法出位或不待町村會之議決而執行庶事於法有懲與周官同

（未完）

——摘自《華國月刊》一九二四年一月第一卷第五期

周禮政詮續第五期

但燾

小司徒以六樂防萬民之情而敎之和。今各國公園多附設音樂廳。每當日夕。短簫徜徉排雲入漢之節。含商觸徵之奏。雅俗得宜。隆殺適度。勞人爲之駐足。思婦於以開顏。洵周官之良規。亦文明之韻事也。

又三年大比則受邦國之比要。鄭司農云。五家爲比。故以比爲名。今時八月案比是也。要爲其簿。案簿當爲今之戶口冊。日本戶籍有掌於行政官署者。有掌於警察者。其用意與周官同。

又令五家爲比。使之相保。五比爲閭。使之相受。四閭爲族。使之相葬。五族爲黨。使之相救。五黨爲州。使之相賙。五州爲鄉。使之相賓。按此爲一種地方聯合之制度。近世各國地方公共聯合之發達。以比利時爲巨擘。西歷千九百年。隸籍者尚不過十五萬人。翌年驟增至四十萬人以上。然彼則出入自由。此則明著條教。又如日法強制經商者必入該業之聯合。服其規則。是以一業爲歸。非以地方爲主。綜觀同異。蓋未有密於周官者也。

歲終則令教官正治而致事。註致事上其計簿。日本各校學生成績表及試卷。均須儲成若干年。以待文部檢視。與周官同。

又鄉師凡邦事令作秩序。註事。功令之事。事有常次。則不偪迫。日法町村之長。綜長町村財政及町村所設營造物。若歸他員管理時。任監督之責。亦周官作秩序之意也。

內小臣后有好事於四方。則使往。有好令於卿大夫。則亦如之。註后於卿族所善者。使往問遺之。日后有問遺。多遣皇后宮大夫將事。與周官同。

內宰致后之賓客之禮。註謂諸侯來朝覲。及女賓之賓客。今各國使臣奉使至與國。必覲見國后禮也。

又歲終則會內人之稍食。稽其功事。案內人當如日本宮內女官。

又會宮內之財用。案此可見先王節用之政。雖宮闈亦不稍疏。

職幣凡邦之會事以式法贊之。今各國編纂預算。皆有程式。與周官同。

職內掌邦之賦入。辨其財用之物。而執其總。以貳官府都鄙之財入之數。以逆邦國之用。註、謂辨財用之物。處之使種類相從。總謂簿書之種別與大凡。官府之有財入。若關市之屬。案各國預算。多采一定體裁。有純一預算分類預算之別。其取純一預算之國。但須以一年分作數回。又有事後重行加入者。曰追加預算。權定項目。以備急需者。曰權定預算。而類別預算。則門分類別。有異於前所云。茲揭圖以示之。

豫算
- 一、純一預算
  - （甲）一回或數回
  - （乙）有無追加或權定
- 二、類別預算
  - （甲）管理之區別
  - （乙）收支合計之區別
  - （丙）非常會計之區別
    - 凶作
    - 國債
    - 地方債等

觀此周官之制。以種類相從。蓋亦為類別預算也。

及會。以逆職歲與官府財用之出。而敘其財以待邦之移用。註謂參互鉤考之。釋謂會者。謂至歲終會計。以逆職歲者。逆謂鉤考也。職歲主出。職內主入。以己之入財之數。鉤考職歲出財之數。又云與官府財用之出者。謂職歲出財與官府所用之數。並鉤考之。今預算制度美備之國。特設立法院。為獨立官府。專司議定預算。周官之內府。即其職也。

職幣掌式法以歛官府都鄙與凡用邦財者之幣。案日本東京稅務監督局。設有經理部。掌徵稅式法。凡徵收合法與否。納入稅金與稅額相符與否。皆歸該部稽核。與職幣同。

掌皮以式法頒皮革於百工。註式法作物所用多少。故事又共其毛毳為氈。以待邦事。日本有製絨廠。屬陸軍省。與周官同。

司市。市師涖焉。而聽大治大訟。胥師賈師涖於介次。而聽小治小訟。近世商業繁盛。

情僞譎詭。不可究詰。關於商事辭訟。非特設法司。簡熟諳商情之專門判官任之。未見其有當也。比利時國法。凡法司所在地。商人年納營業稅八圜。兼有選舉市會議員之權者。得選舉判官。具此資格。守正不阿。經商五年以上者。及現尚在商者。得授爲判官。與周官之選任專門智識之士同。

瘍醫。凡有瘍者。受其藥焉。釋曰。凡國中有瘍。不須身來者。並於瘍醫取藥焉。日本藥劑法令。區售藥藥品二種。何謂售藥。判其種類。不使相濟者。何謂藥品。以他藥配合而成者也。如藥丸藥水是。以上二種。須經內務省衛生局化驗。登錄商標。始准販賣。凡醫非帝國及專門學校大學畢業。及曾受國家特種考試及第者。不准診視病人。其僅配藥而不能診脈擬方者。爲藥劑師。凡有志爲藥劑師者。無論男女。須滿二十歲以上。與考中式。得有營業憑照者。在內務省登記。始能營業。秤量器務須平準。藥方不明。則當商之原醫。不得私心自用。擅自加減。其方須保存十年備查。周官於醫師之外。不准受藥於他處。尤有深意。

宮正春秋以木鐸修火禁。案日本火禁。警救於既發者。則有消防警察。綢繆於未然者。則有火災警察。日本東京消防制度。劃市內爲十六區分署。凡六駐於要地。本部駐於警視廳內。受治於警視統監。消防教育。訓以屬於消防法令。各國消防制度。運用機械之式法。水道之布置。第宅之構造。皆在所不可忽。火災警察。如稽查收藏煤油之所。及竈門暖房之如何。爆發物危險物火燭等有無疏忽。注意消火器防火線之作用。及煙突之構築。避火之方法。電氣煤氣照曜通衢。不無引火之處。尤須設法預防。此火災警察之分內事也。周官之火政。其詳不可得而聞。然其用意固自相同也。

甸師。王之同姓者有罪。則死刑焉。註。王同姓有罪當刑者。斷其獄於甸師之官也。日本皇室典範第五條。人民控告皇室民事辭訟。歸東京控訴院審判。裁判所構成法第三十八條。對於皇族民事訴訟。第一審及第二審之審判權。屬東京控訴院。云與周官用意同。

小宰三公六卿之喪與職喪帥官有司而治之凡諸大夫之喪使其旅帥有司而治之案近世各國値元老國勳亡云則以國帑葬之受之者尤爲異數也

又掌治法以攷百官府羣都縣鄙之治乘其財用之出入凡失財用物辟名者以官刑詔冢宰而誅之註辟名詐爲書以空作見文書與實不相應也案日本刑法二百四條增減更易官文書者處輕懲役又第二百五條官吏對於所掌文書僞造或加減更易行使者照前條加等治罪第二百八十九條官吏竊取監守金穀物件者處輕懲役因而變減更易在官文書簿籍者照二百五條例處斷又二百九十條經收租稅及他項入款之官吏額外私行徵收處二月以上四年以下之重禁錮附五元以上五十元以下之罰金立法可謂嚴矣

宰夫之職掌官府之徵令辨其八職一曰正掌官灋以治要註正辟於治官則冢宰也治要若歲計也日法各省大臣爲該省長官有統率全省事務之責對於國務負責任焉其同者一二曰師掌官成以治凡註師辟小宰宰夫案日法各省有秘書官

由大臣辟用備顧問可與參事官兼理官房事宜其同者二三曰司掌官灋以治目註目日計也曰法各省之下有大臣官房有各局局之下有課行事皆有程限不得稽滯其同者三四曰旅掌官常以治數今日本內務省官房掌授受官文成案等事宜其同者四五曰府掌官契以治藏今日本內務省大臣官房掌保存官文官書其同者五六曰史掌官書以贊治日本內務省大臣官房之下有文書往復課由課長按照函面分交長次官及各局除重要函件外由局長飭下課長五日內具辦法程式交回文書課其同者六七曰胥掌官敘以治敘日本各省局長之下有官屬由大臣劄委處理瑣事其同者七八曰徒掌官令以徵令日本各官署多雇用民夫以供奔走其同者八

章太炎曰正師旅及府史胥徒等自來不能變易不必日本也

小宰凡小事皆有聯案日本市町村無所之而不見聯若衛生之聯若信用貸金之聯若購取販售之聯若戒烟酒之聯若貯蓄之聯猶可推見周官之治

天官。凡邦之小治。則冢宰聽之。註、大事決於王。小事冢宰專平。按小治云者。猶云、不在主上大權之內也。日本內閣總理大臣。在憲法上雖與他國務臣同等。而爲監理行政起見。其特權凡三、一爲執行法律命令。維持安寧秩序。得發閣令。二、行政各部大臣所發命令。如以爲違法越權。或害公益。得暫令中止。三、掌裁決恩賜扶養費及支給等事。亦小事專平之意也。

又三歲。則大計羣吏之治。而誅賞之。日本各部大臣。監督部下僚屬。有懲戒之權。判任以下屬員。得自行任免。勅任官則由總理大臣奏聞任免。與周官同。

又牧以地得民。註、牧州長也。按日本府縣知事。皆有地治者。凡府縣轄境之變更。皆以法律制定。誠重之也。

師以賢得民。儒以道得民。日本專門學校教員。須具甲乙丙丁四種資格之一。一者方能預選。甲、有學位者。如博士之類。乙、大學分科畢業生。或官立學校畢業生。得稱學士者。三、文部大臣指定者。四、文部大臣認可者。又日本官吏。有不須經考試者。一、因位高德劭特被恩命者。如各省大臣韓國統監內閣書記官長各省秘書官等是也。二、有相當之程度者。如在中學五年之畢業生可不經考試爲判任文官。又在官立大學法科文科畢業者考高等文官時可免甄別頭場。三、有相當之履歷者。如曾經考官銓衡許可者。不經考試得充教員。充教員數年者。不經考試。可爲視學官。愼選師儒。此其遺意也。

——摘自《華國月刊》一九二四年三月第一卷第七期

周禮政詮續第七期

但燾

天官治官之屬大宰卿一人註變冢言大進退異名也百官總焉則謂之冢列職於王則稱大冢大之上也釋曰變冢言大者上唯云冢宰此唯云大宰是變冢言大也云進退異名者卽百官總焉謂貳王治事總攝三百六十官則謂之冢是進異名也列職于王則謂之大者不總百官與五卿並列各自治六十官則退異名也案今日本內閣總理大臣在國法上與他之各省大臣並列輔弼君主凡君主之行政事宜有副署之責於國政同負責任故就國法一方則名之曰國務大臣而在行政上爲各省之樞紐有統率之責就行政一方則名之曰總理大臣此亦進退異名之制也

宮人爲其井匽除其不蠲去其惡臭注井漏井所以受水潦蠲猶潔也匽謂匽豬謂霤下之池受畜水而流之者釋謂爲漏井以受穢又爲匽豬使四邊流水入焉井匽二者皆所以除其不蠲潔又去其惡臭之物案近世各國都市皆有通水溝排除汙穢英國以之先集於一處用機械排泄將渣滓鍊成土塊供肥料之用餘水化汙成

潔。流入川渠。其法最善。我國街市溝水不通。穢氣充塞。不潔之名。騰譏宇內。然倘觀周制。匽豬漏井。職有專司。其鄭重如此。舉宮內之政。則周於邦國可知也。

內府。凡四方之幣獻之金玉齒革兵器凡良貨賄入焉。今日本臣民輸獻方物。皆由宮內省進呈。與周官同。

又凡適四方使者。共其所受之物而奉之。註王所以遺諸侯者。疏使者受將行之物。則內府奉而與之。案今日本天皇遣使餽問鄰國皇室。皆發府中所藏。不由政府開支。猶周禮之遺也。

大司徒。以刑教中。則民不虣。疏刑者禁民虣亂。令明刑得所。民得中正。故云以刑教中。則民不虣也。案民事責任與刑事責任異。民事責任者賠償損害也。刑事責任者。刑罰也。一在補救損害。一在鞏固羣之秩序。羣之進也。以劑羣之安存與匹夫匹婦之安存之中為恉趣。其制裁羣也。以最大為限度。其制裁匹夫匹婦也。以最小為限度。其他報復本義。威嚇本義。乖周官教中之恉。非吾人所取也。夫羣之與匹夫匹婦。

人生之兩涂也。無羣則無匹夫匹婦。無匹夫匹婦則無羣。梟脛雖短。續之則憂。鶴脛雖長。斷之則悲。又譬之車之兩輪。鳥之雙翼。分之則兩害。合之則兩成。然羣之利有非匹夫匹婦之利者。匹夫匹婦之利有非羣之利者。其不能無乖迕之處。理有必至。勢有固然也。刑法學者接伍連畛。著述講演。汗牛充棟。非畸於羣之利。則畸於匹夫匹婦之利。此莊生所以致歎於百家往而不返。不復合也。攷刑法之經歷。共分四期。曰報復期。中國諺所謂殺人抵命也。曰威嚇期。中國所謂懲一儆百也。曰博愛期。中國所謂罪疑惟輕也。曰科學期。則爲近世文化之所孳乳。以劑羣利與匹夫匹婦之利之中爲恉趣。莊生之言。或遂不驗乎。余日望之。

章太炎曰。此四種說。實不過法學家夸張之論。其見諸實事者。仍是報復與威嚇耳。惟報復不如自相仇殺之甚。則有之。

大司徒以保息六養萬民。于振窮恤貧寬疾之後。而終之以安富。孟子曰。物之不齊。物之情也。子貢結駟。顏淵陋室。各安其分際已耳。雖然生產日加。而分賦不均。榮者日榮。悴者日悴。非羣之福也。近世歐美有心世道者。汲汲焉謀所以救其弊。奔走呼號。漸爲世論所容。而傭工之聯與傭主之聯。各出其所主張。以謀中庸。而工業審判聽救恤金庫公共產業聯合制度。亦於是時興焉。周官之治。庶幾見之。

章太炎曰。當時商未大興。工則率是在官之役。唯有農富耳。故期于安之不期于限制之也。

鄉大夫。以時登其夫家之衆寡。辨其可任者。國中自七尺以及六十。野自六尺以及六十有五。皆征之。其舍者。國中貴者。賢者。能者。服公事者。老者。疾者。皆舍。今日本所得稅法。軍人從軍中之恩給。扶幼金。及傷痍疾病者之恩賜金。路費。學費。法定養卹金。皆免徵收所得稅。與周官用意。大致相同。

東案。征謂征給繇役。此如各國徵兵制。皇室現任官吏。老弱殘疾者。皆免也。

泉府。凡賒者。祭祀無過旬日。喪紀無過三月。凡民之貸者。與其有司辨而授之。以國服爲之息。案國家以財貸民治業。此已開近世勸業銀行。農工商銀行之先例。至大事、賒、與。疏云、祭祀喪紀二者事大、故賒與民、不取利、尤爲便民之政、又各國所未逮也。

旅師。凡新甿之治皆聽之。使無征役。以地之美惡爲之等。註、新甿、新徙來者也。治謂有所求乞也。使無征役、復之也。案古來待外人之政策、約可分爲四等。一排外主義。卽非我族類其心必異之說也。英俄米屬焉。英國在西曆千八百七十年前、有所謂普通法者。Commonlaw 不認外人置買土地及轉受之權。近則除船舶之所有權外、他無歧視。幷許外人有充當陪審官律師之權。可謂庶幾一視同仁矣。然不許外人爲英國人之監護人。是則吾人不能無遺憾也。俄國不與外人以土地權。外人無旅行劵者。不許游歷其國。在俄之本國不得操波蘭土語。美國各州異律。有以土地權予外人者。有附條件而予之者。有須表明將來有爲美國人之意、始予之者是也。二爲優待主義。卽經所謂柔遠人是也。三相互主義。相互主義之中、又分二者。一法律相互主義。甲國法律予乙國人以某項權利、則乙國人亦報之如其所予。一條約相互主義。兩國締約聲明甲國予乙國人民以某項權利、則乙國亦報之如甲國法蘭西希臘是也。但法國有非以條約所能互易者。如非法蘭西人不能有管轄審判之權。外國人之辭訟。須立保證。外國人不得入法蘭西官林樵伐薪草是也。四爲內外平等主義。首爲和蘭所采。而西班牙葡萄牙從之。日本民法第二條。外國人除爲法令條約禁止之外。享有私權。是日本亦采內外平等主義也。我國政治以懷來爲主。周制新甿。使無征役。是爲優待外人主義之證也。

遂人。凡治野。夫間有遂。遂上有徑。十夫有溝。溝上有畛。百夫有洫。洫上有涂。千夫有澮。澮上有道。萬夫有川。川上有路。以達于畿。註。十夫二鄰之田。百夫一酇之田。千夫二鄙之田。萬夫四縣之田。遂溝洫澮。皆所以通水於川也。按日本民法物權第二百十九條。兩岸之土地。屬於水流地之所有者時。該地主得變更水路及幅員。不得淤塞自然之水路。何則。水之流下。水之性也。但須不礙水流之對岸者及下流沿岸者之利益。因水之自然之性。而利用之。固無傷。然使逆水之性。一旦橫決。則地處下流者。將受莫大之損害。此法律之深意所寓也。周官所制。必使徑涂無礙於行。溝洫盡通於川因利防害周以密矣。

稻人一官教民作田興水之法以瀦畜水以防止水備乾旱也以溝蕩水以遂均水防其淤滯也以列舍水以澮寫水慮其泛濫横溢而不可收也日本民法自二百十四條至二百二十二條皆制定使用水利之法與周官稻人所掌相同

草人掌土化之法以物地相其宜而爲之種註化之使美按近世農家有輪栽法同一地也每年藝同一植物之收穫不如隔年換種他植物收穫較豐第二法時藝新植物三雜藝各種植物收穫亦可較良此卽所謂土化之法也然樹藝農業不能無待於肥料故草人列舉糞種各物詳悉靡遺誠知所先也

山虞掌山林之政令物爲之厲而爲之守禁註爲守者設禁令也守者謂其地之民占伐林木者也鄭司農云厲遮列守之案日本有山林法頗稱完備凡山位于下列之處者編入保安林不准樵采何謂保安言該林之治穢爲公共之安寧利益所關不容不保衛之也試列舉之一預防砂土崩潰之處二預防飛砂之處三預防風水

潮害之處。四防禦頹雪墜石必要之處。五涵養水源之處。六魚聚之處。七航行標識之處。八有關公衆衛生之處。九社寺名所及名勝風致之處。凡山林之編入保安林或解除。須經地方山林會議決。呈候該管大臣裁定。用意與周官同。

又凡竊木者有刑罰。日本山林法第三十八條第五項。盜伐保安林樹木者。處二圓以上贜額二倍以下之罰金。及二月以上二年以下之重禁錮、又第四十條。傷害他人所有之山林樹木者。處以二圓以上五十圓以下之罰金。第四十二條。濫於他人之森林內放牧牛馬者。處以二圓以上五十圓以下之罰金。用意與周官同。

林衡掌巡林麓之禁令而平其守。以時計林麓而賞罰之。若斬木材。則受灋於山虞。日本山林行政事宜。歸農商務大臣直轄。而思患務防。實行保護之責。則又在行政警察。如周官虞人林衡之相助爲理也。

川衡掌巡川澤之禁令而平其守。以時舍其守。犯禁者執而誅罰之。今日本於川河往徠輻輳之處。置水上警察以稽之。與周官同。

澤虞掌國澤之政令。爲之厲禁。使其地之人守其財物。以時入之於玉府。頒其餘于萬民。日本交通殷繁之區。於地方官司之下。增置港務部。橫濱門司神戶長崎皆有。水上警察處。置政事應秉成港務部部長命令。其港務部所理之事。凡可分爲三端。一開闢口岸事宜。施行闢口岸章程。二地方之行政警察及衛生事項。三海港檢疫及進口獸類檢疫事宜。港務部之與行政警察。亦猶澤虞之於川衡也。

東案澤虞與山虞同等。共取澤物皮角珠貝蒲葦蔆芡之屬。又與天官之獻人鼈人職雖分司。實亦相類。掌其政令云者。略如農部之有漁牧司。若港務部。非其列也。

——摘自《華國月刊》一九二四年五月第九期

周禮政詮續第九期

但燾

迹人掌邦田之地政。爲之厲禁而守之。凡田獵者受令焉。註。令、謂時與處也。釋曰。云時與處者。謂若仲春仲夏仲秋仲冬是其時。云處者。謂山澤也。其受令者。謂夏官主田獵者。按日本田地主得呈明地方長官。限十年內以該地爲禁獵區。地方長官爲蕃育鳥獸起見。亦得區畫禁獵區域。其在普通。亦嚴時與處之限制。如御獵場、道路、公園、寺院、墓地、民舍相近之地。不得狩獵。皆地禁也。日沒後日出前不得狩獵。每年自十月十五日至翌年四月十五日止。逾限不得狩獵。皆時禁也。與周官法制若合符節。

又禁麛卵者與其毒矢射者。註。爲其夭物。且害必多也。按日本明治三十四年狩獵法。凡狩獵僅許用獵銃及他法定之獵具。其用毒烈器械及設陷阱者。皆干例禁。與周官同。

礦人掌金玉錫石之地。而爲之厲禁以守之。按礦產爲國家致富之源。不能率任一私人壟斷日法凡金銀銅鐵炭油等礦。不在土地所有權內。非經國家核准。不得私採。餘礦不在此限。依日法。礦業權係私法上之權利。爲官府之所特許者。而同一礦業權之中。又判試掘權與採掘權二種。試掘權爲監督礦山有司之所予。乃爲研究有無礦物。及礦質屬於何種。是否精良而試行開採者也。採掘權乃農工商務大臣所予。有繼續採掘之權者也。非日本臣民不能有礦業權。遵照日本法律開設之公司。外人不得干與。其限制之嚴。又非他種禁例可比。周官所爲厲禁。雖不得詳。然其用意古今中外一也。

又若以時取之。則物其地圖而授之。註。物地占其形色。知鹹淡也。授之。教取者之處。日法。凡業礦者。須在礦區範圍之內。視礦之種類。定區域之廣狹。有絕不爲礦區者。如皇城離宮要塞是也。有須經官府許可者。有官府雖經許可。尚須地主或關係人之承諾者。如道路公園運河等處。關係私人利害甚重。且切。固不能以官權強制行事也。惟私人亦不得無故阻撓國家。恢張礦業權得強制收用該土地。如有異議。歸監督礦山署審理曲直。此則立制較周官尤密。蓋時爲之也。

囿人掌囿游之獸禁。註謂養獸以宴樂視之。案此所謂囿。殆與今之動物園相類。場人掌國之場圃。而樹之果蓏珍異之物。以時斂而藏之。又舍人以歲時縣穜稑之之種云云。日本各府縣設有農業試驗場。將曾經核出成效。一一羅列。使農民有所觀感效法。國家歲撥巨帑以資獎勵。又有農會以協謀改善農事爲怡趣。凡經官署許可之農會。法律上認爲法聯（日本譯爲法人）有未加入者。可由官署命其隨時加入。在市町村則有市町村立農會。在郡則有郡立農會。在府縣則有府縣立農會。國家歲以萬五千圓助全國農會。垂爲例。此則不僅在官之職。又非舍人所得賅也。

大宗伯以禬禮哀圍敗。註謂同盟者會合財貨。以更其所喪。釋曰。謂其國見圍入而國被禍敗。喪失財物。則同盟之國會合財貨歸之。以更其所喪也。必知禬是會合財貨非會諸侯之兵救之云云。此爲當日同盟國國際間之禮式。在國際條約之外者。不可不知。

又以嘉禮親萬民註嘉善也所以因人心所善者而爲之制又以昏冠之禮親成男女案日本民法總則第二節第三條載明以滿二十歲爲成年又親族法第七百六十五條男非滿十七歲女非滿十五歲不得婚嫁中國之冠禮卽成年之法例而婚禮卽嫁娶之法例不曰嘉法而曰嘉禮者當時法學之疆域未宏不若禮之所範圍者廣也釋詁禮始於冠既冠責以爲人父爲人子爲人臣之禮案禮當釋作法其曰責以爲人父之禮者言在親族法上對於未成年之子有親權也其曰爲人子之禮者言在親族法上有爲戶主及承受先代財產之權也曰爲人臣之禮者言在公法上有入官奉公之資格也

章太炎曰言法言禮其實皆由本義引申法本刑律其字從廌禮本祀神之典其字從示後乃用于佗處耳

以九儀之命正邦國之位壹命受職註始見命爲正吏釋云始見命爲正吏者對府史胥徒非正吏以其府史胥徒皆官長所自辟除未得王之命故以士得王命者爲

正吏也。案日本判任官。皆由其長辟除。奏任官則須奏請天皇。始得任用。此所謂受職者。卽猶日法由判任進而爲奏任也

以天產作陰德。以中禮防之。註。鄭司農云。陰德謂男女之情。天性生而自然者。過時則奔。隨先時則血氣未定。聖人爲制其中。令民三十而娶。女子二十而嫁。以防其淫佚。令無失德。案今日俗上流人士婚嫁。與中國古制適同。而中國早婚之弊。滔滔皆是矣。

又以地產作陽德。以和樂防之。註。陽德謂分地利以致富。富者之失。不驕奢則吝嗇。故以和樂防之。蓋一國之財。用握於富者之手。驕奢則事業末由興殖。吝嗇則資本滯而不流。欲民和而物得其理。不可不於此三致意也。

大司馬掌建邦國之九法。一曰均守平則以安邦國。註。諸侯有土地者均之。尊者守大。卑者守小。則法也。案此實含有國際公法之精義。其曰均守者。此疆爾界。各治其土。大者不得侵小。小者不得凌大。猶今日各國均勢之局也。其曰守則者。國際事宜。

以約章爲準。不得設爲苛例。啓釁端而害安寧也。又比小事大。以和邦國。註謂使大國親小國。小國事大國。相合和也。案大國殆如今國際法之宗國。小國卽今國際法之附庸國也。宗國與附庸國之關係。可依次及之。一附庸國除受攻擊得捍禦外。非受宗國之允諾。不得與外國開啓戰端。又不得向宗國稱兵。果有之。在國法上視爲內亂而已。蓋附庸國無論對於何國。無宣戰之權。不獨於宗國也。

候人各掌其方之道治。與其禁令。以設候人。註道治治道也。國語曰候不在竟。譏不居其方也。其職似與今之交通警察同類。

環人掌察軍慝。註陰姦也。視軍中有爲慝者則執之。此則日本憲兵之職也。又訟敵國。註敵國兵來則往之與訟曲直。若齊國佐如師。又降圍邑。註圍邑欲降者受而降之。傳曰齊人降鄣。案此又與國際法上之軍使同。何謂軍使。一國之軍營與他國之軍營。遣一介之使。齎消息往來其間。如春秋之行人是也。其爲國家所遣之議和大臣。乃國際間之使臣。非軍使也。不可不辨。

司險掌九州之圖。以周知其山林川澤之阻。釋曰。司險掌畿外阻固。其職權一部分。頗與要塞司令相類。

職方氏掌天下之圖。以掌天下之地。辨其邦國都鄙四夷八蠻七閩九貉五戎六狄之人民與其財用九穀六畜之數要。周知其利害。與今各國軍諮府職掌同。

合方氏掌達天下之道路。通其財利。此猶今郵傳部之路政司也。

訓方氏掌道四方之政事。與其上下之志。誦四方之傳道。正歲則布而訓四方而觀新物。猶今各國每年之編輯年鑑。列載各國政俗。宏綱細目。網羅不遺也。

撢人掌誦王志。道國之政事。以巡天下之邦國而語之。使萬民和說而正王面。註。面、猶鄉也。使民之心曉而正鄉王。案今各國政黨。各標政綱。游說都邑。務使民說其政。然後可以出而秉國。誠以主權在民。非是則無由得其信任也。乃反觀周制。王者所行。亦必先此以服媚百姓為心。則其不敢絲豪有所專制明矣。謂為憲政基礎。誰曰不宜。

軍刑不隸於常法。則當日之有軍法會議可知。鄉刑即今城鄉鎮自治機關所設罰則。官刑即今日本之行政法。國刑即中國之刑律是也。

章太炎曰。軍刑出於臨時。自無常法可守。官刑則處分則例近之。國刑自爲刑律。唯鄉刑近代不用。若明世申明亭之設。但以虛言懲戒。則亦非周之鄉刑也。大抵鄉飲有觵撻之罰。是爲鄉刑。

大司寇凡害人者。寘之圜土而施職事焉。註施職事以所能役使之。曰法囚徒各因其身分執業技能役以職事。其使囚人供職之由。約有三端。人生而有動作自活之權利。雖麗於法。然徒食幽禁。終日無所事。其苦亦不可耐。故曰供役非懲創囚徒之具。此其一也。無恒業則無恒心。囚徒在獄中習藝。已成期滿。謀生較易。此其二也。民生在勤。聚不逞之徒而使之坐食良民之脂膏。於理不洽。課以職役。藉其所得。稍彌監獄之財用。亦計之得者。此其三也。

又以明刑恥之。註書其罪惡於大方版。著其背。曰法囚服之背部。編列號數。而不著其罪。一以生其羞惡。一以養其廉恥。

又以兩造禁民訟。註。訟。謂以財貨相告者。造。至也。使訟者兩至。不至。是自服不直也。

夫民事辭訟。依私法擬斷。而私法之關係。一私人得左右之。此其大則也。日法采用聽任主義。與周官同。由斯以談。則不告不理也。干人證。俱須兩造徑自聲明矣。兩造所未聲明事實。問官無迫令負責之權矣。

小司寇之職。掌外朝之政。以致萬民而詢焉。一曰詢國危。二曰詢國遷。三曰詢立君。

案外朝與今日本下議院同。而國危國遷立君等事。乃屬於議院之職權內事項。明定於此。猶今日本憲法之有帝國議會一章也。

東案。古者國有大政。則與國人共謀之。庶民直接參政。較代議制尤爲恢彍溥徧。外朝者。所以容衆。非即下議院也。

又以五刑聽萬民之獄訟。附於刑用情訊之。至於旬乃弊之。註。用情理言之。冀有可以出之者。十日乃斷之。日本法有預審制度。以收集證據。考權情實爲主。與周官同。

又以八辟麗邦法附刑罰。一曰議親之辟。二曰議故之辟。三曰議賢之辟。四曰議能之辟。五曰議功之辟。六曰議貴之辟。七曰議勤之辟。八曰議賓之辟。日法特赦之權出於主上。非理官所得左右。故八辟之法不箸於典章也。

八成。一曰邦汋。二曰邦賊。三曰邦諜。四曰犯邦令。五曰撟邦令。六曰爲邦盜。七曰爲邦朋。八曰爲邦誣。與日本刑法國事罪章第一節內亂罪百二十一條至百二十八條。又外患罪百二十九條至百三十四條所定大致相同。

又司寇聽之斷其獄弊其訟於朝。羣士司刑皆在各麗其法以議獄訟。案清法院編制法草案第三十四條。凡大理院各庭審問上告案件。如解釋律例之意見與本庭或他庭成案有異。由大理院卿依律例之義例開刑事科總會民事科總會審判之。與周官同。

訝士掌四方之獄訟。諭罪刑於邦國。凡四方之有治於士者造焉。註如今郡國亦時遣主者吏詣廷尉議者。案法院編制法草案第三十七條第二項大理分院各庭審問上告案件。如解釋律例之意見。與本庭或他庭成案有異。須申報大理院請求總會審判。云與周官大致相同。

又四方有亂獄則往而成之。註。往而成之。猶呂步舒使治淮南獄。案法院編制法第三十八條。凡特別案件。大理院認定關繫緊要。可就該處之審判廳。開大理院之法庭。審判其事。除由大理院臨時派遣推事外。得命該處之高等審判廳或地方審判廳之推事。協同審判。但以二員爲限。與周官用意同。

又凡民同貨財者。令以國法行之。犯令者刑罰之。註若今時加貴取息坐贓。案日本民法債權篇總則第四百四條。凡生利息之債權。除曾經表明別項意旨外。其利率以年五釐爲限。與周官用意同。

一宥曰不識。再宥曰過失。三宥曰遺忘。與日本新刑法執行猶豫用意相同。

又一赦曰幼弱。案幼者宜教而不宜罰。日法十四歲以內之罪人。於刑法上無責任。識者謂未成年者所犯之罪。如係自由刑。若執法治之。有害無益。當於各地方廣設感化院收容不良子弟以收潛移默化之功殆亦所謂少者懷之之指歟。

再赦曰老旄案近世各國刑法以老者閱歷深而智識富其麗於罪者但察其是否心神恍惚不能自主初不因其老而加末減也與周官異。

三赦曰惷愚曰法凡瘖啞者犯罪由判官酌量情狀擬罪又犯罪者如係心神耗弱可從末減與周官同。

有獄訟者則使之盟詛曰法凡證人在司法審判廳關於民刑事件須先宣誓然後發言其他行政審判廳及懲戒審判廳之證人同不實者罰之與周官同

凡四方之使者大客則擯小客則受其幣而聽其辭註擯者擯而見之王使得親言也受其幣者受之以入告其所爲來之事案今各國互遣使臣得謁見其國君其他理事及尋常過境客員僅得由本國使臣紹介見其外務部長官或員司等與周官受幣聽辭之制同。

章太炎曰大行人所以屬秋官者其始蓋本主邦國交爭之獄訟耳後遂爲典

屬國之官

其萬民之利害爲一書其禮俗政事教治刑禁之逆順爲一書其悖逆暴亂作慝猶犯令者爲一書其札喪凶荒厄貧爲一書其康樂和親安平爲一書凡此五物者每國辨異之以反命於王以周知天下之故案今各國所派駐在外國使臣於所在國事無巨細多刺取告其本國亦猶周官小行人之職也

環人掌送逆邦國之通賓客以路節達諸四方註通賓客以常事往來者也路節旌節也四方圻上案路節如今之護照外人有欲觀光內地者則予以護照以利遄行也

銜枚氏禁嘂呼歎嗚於國中者行歌哭於國中之道者脩閭氏禁徑踰者與以兵革趨行者與馳騁於國中者此與日本之道涂警察同

蜡氏掌除骴若有死於道路者則令埋而置楬焉書其日月焉縣其衣服任器於有地之官以待其人日法行旅人有死亡時所在市町村長應開明情況相貌遺留物

品其他備考事項暫行掩埋如不知其住址姓名應將上記各項揭示於公署之揭示處或登官報及日報俟探悉其住址姓名則應通告其繼承人如繼承人不明則通告於扶養義務者及家族或公共聯合與周官同

野廬氏掌達國道路至於四畿若有賓客則令守涂地之人聚欜之有相翔者誅之又凡道路之舟車擊互者敍而行之禁野之橫行徑踰者此交通警察所有事也

朝士凡士之治有期日期內之治聽期外不聽此與今法時效消失免訴同蓋經年累歲證據湮滅世已遺忘故設此例以省煩獄也

自太府至外府爲掌財之官自司會至職幣爲會財之官太府爲財官長其屬有下大夫二人司會爲會官長其屬有中大夫二人下大夫四人掌財者之位卑而員數寡會財者位尊而員數多其故何哉以此署之官稽核他署之開支非權力足以俯制不免遷就依違徇情舞弊也日法司出納者多小吏而會計檢查院長體如各部大臣立法之意亦如此矣

周官貨財所入。其目不過太宰之九職。九貢。民職所供。地征所斂。皆有常額。定制。日法中央官府財用。須與法律同經議院協贊。始有效。征斂而無常法。則民將不勝其煩苛。其慎重之意。蓋有同者。

周官職內掌賦入之數。以逆邦用。職歲掌賦出之數。以待會計。職幣則掌幣餘之賦。歲終而會其出。其鉤考之者甚嚴。司裘歲終則會其裘事。掌皮歲終亦會其財齎。則當時實無事不會矣。日本會計檢查院之權限。凡四。一、檢查國家會計。二、考核出入之總數。三、檢查補助會計。卽民間農工商各項公司紬於資力。經官補助者也。四、遵照法令而檢查者。院制。院長一人。部長三人。另設檢察官。有監察會計官之會計之權。核算有違會計官。當之。其無事不會與周官同。

（完）

——摘自《華國月刊》一九二四年八月第十二期

周禮行於春秋時證

陳漢章

自孫處晉說謂周禮書成實未嘗行如唐之顯慶元禮儒者莫不信之（顧氏春秋大事表更疑非周公之書）不知鄭注明堂位曰厥周禮謂之距距見儀禮少牢饋食禮是凡儀禮之行于春秋時者皆得謂爲周禮然不引周禮本文證之人不信也考之魯而得十有六證焉考之諸國而得四十有四證焉隱十一年傳周之宗盟異姓爲後卽司儀天揖同姓時揖異姓禮證一桓九年曹伯使其世子射姑來朝傳賓之以上卿卽大宗伯諸侯適子攝其君禮證二僖五年傳日南至公登觀臺以望而書雲物卽保章氏以五雲之物辨祲象之禮證三莊二十二年大水鼓用牲於門卽鬯人禜門之禮證四僖三十年周公閱辭昌歜白黑形鹽卽醢人昌本籩人白黑形鹽之禮證五襄十一年魯作三軍傳成國不過半天子之軍卽大司馬王六軍大國三軍之禮證六其二十九年范獻子來聘射者三耦卽大司馬及大射儀畿外諸侯賓射三耦之禮證六昭四年申豐言藏冰之道卽凌人掌冰之禮證八其八年蒐于紅穀梁傳因蒐狩以習

用武事。禮之大者。此禮卽大司馬蒐田之禮。左氏隱五年傳。春蒐。夏苗。秋獮。冬狩。皆於農隙以講事也。證九。（桓六年大閱莊八年治兵皆同）定元年。季孫葬昭公於墓道南。孔子溝而合諸墓。用冢人掌公墓辨其兆域之禮。證十。其九年盜竊寶玉大弓。穀梁傳非其所取而取之。謂之盜。左氏文十八年傳亦云竊賄爲盜。卽士師八成之六曰爲邦盜也。證十一。其十年傳曰犧象不出門。案大行人上公饗禮九獻。侯伯七獻。皆行於廟中。饗以醴。陳犧尊象尊。故曰不出門。議十二。又曰嘉樂不野合。案大師大饗亦如大祭祀。帥瞽登歌。令奏擊拊。下管播樂器。令奏鼓朄。賈疏此大饗謂諸侯在廟行饗作樂與大祭祀同。故曰不野合。證十三。哀三年傳季桓子命藏象魏。曰舊章不可忘也。卽象魏所縣治象教象政象刑象之法。證十四。其七年子服景伯對吳徵百牢。曰周之王也。制禮上物不過十二。以爲天之大數也。今棄周禮而曰必百牢。疏引掌客云王合諸侯而饗禮具十有二牢。是魯饗侯伯本如周禮用十二牢。證十五。其十五年孟武伯對齊人曰。非天子。寡君無所稽首。（案事在哀十七年傳此誤記）則以大祝辨九拜。一曰稽首爲臣拜君之禮至二十一年齊人責稽首歌曰唯其儒書以爲二國憂儒書即昭二年韓宣子所謂在魯之周禮哀十一年孔子所謂周公之典也證十六（荀子稱周公爲大儒可證）夫此十有六證不出魯國猶可諉曰仲孫湫本有魯秉周禮之語魯故秉之耳則更證之周僖二十五年傳晉侯請隧王弗許曰王章也王章即周禮冢人及窆以度爲丘隧注隧羨道也二十八年王賜晉侯戎輅之服戎輅即巾車所云革路以即戎同年傳又云鍼莊子爲坐坐如囊十年傳王叔之宰與伯輿之大夫瑕禽坐獄於王庭即小司寇所云命夫命婦不躬坐獄訟也昭二十四年傳晉侯使士景伯涖問周故士伯立于乾祭而問于介衆即小司寇之致萬民而詢立君也隱元年天王使宰咺來歸惠公仲子之賵文五年王使榮叔來含且賵即大宗伯之以喪禮哀死亡僖九年王使宰孔賜齊侯胙二十四年傳宋於周爲客天子有事膰焉定十四年天王使石尚來歸脤即大宗伯之以脤膰之禮親兄弟之國也蓋周行周禮之證六矣更證之衛成二年新築人仲叔于奚請曲縣繁纓以朝曲縣即小胥之諸侯軒縣繁纓即巾

車之金路樊纓九就。象路樊纓七就。定四年傳祝佗曰。君以師行。祓社釁鼓。祝奉以從。卽大祝之隋釁。設軍社。哀二年傳子南曰。三揖在下。三揖卽司士之孤卿特揖大夫以其等旅揖士旁三揖。蓋衛行周禮之證三矣。更證之鄭。襄十年傳鄭子國爲司馬。子耳爲司空。子孔爲司徒。與昭四年傳言魯叔孫爲司馬。孟孫爲司空。季孫爲司徒同。爲大宰於邦國設其參之禮。昭元年傳子產曰。日月星辰之神。則雪霜風雨之災。（東萊傳作之不時周禮大祝注引同）於是乎禜之。山川之神。則水旱癘疫之災。於是乎禜之。禜卽大祝六祈之四曰禜。又十六年傳子產曰。孔張爲嗣大夫。受賑歸賑。歸賑卽家宗人所云凡祭祀致福也。又十七年傳火出。於夏爲三月。於商爲四月。於周爲五月。與九年傳鄭禆竈言火出同。亦與襄九年傳言以出內火同。同爲司爟季春出火季秋內火（杜注謂令內火禁放火誤）也。蓋鄭行周禮之證四矣。（襄三十年子產使都鄙有章上下有服田有封洫廬井有伍皆周禮此不具引）更證之晉。僖四年傳晉大子祭於曲沃。歸胙於公。卽都宗人云凡都祭祀致福于國也。又二十八年傳振旅愷以入于晉。卽大司樂云令奏愷樂。大司馬云愷樂獻於社也。文二年傳。襄公縛秦囚。使車右萊駒以戈斬之。穀梁成五年傳。伯尊遇輦者不辟。使車右下而鞭之。卽戎右所云掌戎車之兵革使也。宣十六年傳。晉侯以黻冕命士會將中軍且爲大傳。昭元年傳。劉定公謂趙孟曰。吾與子弁冕端委以治民。卽司服所云孤卿之服自希冕玄冕而下也。成六年傳。晉人謀去故絳。韓獻子爲僕大夫。公揖而入。獻子從公立於寢庭。此如大僕之王眡朝則前正位而退入亦如之也。又十六年傳。郤至衣韎韋之跗注。此如司服之兵事韋弁服也。（卽僖五年傳均服）襄四年傳。晉侯享穆叔。金奏肆夏之三。則如鍾師掌金奏以鍾鼓奏九夏。（成十二年金奏作于下同）又九年傳。將盟晉士莊子爲載書。十一年傳。同盟于亳。載書曰云云。則如司盟之凡邦國有疑會同掌其盟約之載。（哀八年景伯負載同）又十一年傳。鄭人賂晉侯歌鍾二肆。晉侯以樂之半賜魏絳。則如小胥之凡縣鍾磬半爲堵全爲肆。又十八年傳。師曠曰。吾驟歌北風。又歌南風。南風不競。多死聲。則如大師之執同律以聽軍聲而詔吉凶。同年傳。中行獻子以朱絲係玉二瑴而禱。與哀二年傳。衛大子之禱。皆卽大祝六辭之五曰禱。又二十一年傳。祁奚謂叔向。猶將十世宥之。以勸能者。卽小司寇八辟之四曰議能。昭三十一年傳。趙簡子夢童子贏而歌。旦而日食。占諸史墨。非占夢所云以日月星辰占六夢之吉凶乎。三十二年傳。史墨曰。越得歲而吳伐之。必受其凶。非保章氏所云以十有二歲之相。觀天下之妖祥乎。定元年傳。城成周。宋仲幾不受功。士彌牟曰。子姑受功。歸吾視諸故府。非司約所云若有訟者。則珥而辟藏乎。八年傳。范獻子執羔。趙簡子中行文子皆執雁。非如大宗伯所云卿執羔。大夫執雁乎。蓋晉行周禮之證亦十有六矣。抑魯衛鄭晉皆周同姓國也。更證之異姓。庶姓。莊十年。宋人遷宿。公羊傳曰。遷之者何。不通也。以地還之也。如成二年傳。齊國佐曰。使耕者東畝。則是齊士卽不通。非大司馬所云犯令陵政則杜之乎。文十一年傳。宋公以門賞耏班。使食其征。謂之耏門。非司門所云以其財養死政之老與其孤乎。哀二十六年傳。宋史祝爲載書。非詛祝所云作盟詛之載辭乎。是宋行周禮之證者三。宣十二年傳。楚君之戎分爲二廣。廣有一卒。又使潘黨率游闕四十乘。非車僕所云廣車之萃。闕車之萃乎。其戰於邲也。樂伯射麋。麗龜。使攝叔獻晉鮑癸曰。以獻禽之未至。敢膳諸從者。晉魏錡亦射一麋。以獻楚潘黨曰。獸人毋乃不給於鮮。敢獻於從者。非庖人所云禽獸之六獸。獸人所云夏獻麋乎。（邲戰在夏六月）襄二十五年傳。楚蔿掩爲司馬。庀賦。書土田。度山林。鳩藪澤。辨京陵。表淳鹵。數疆潦。規偃豬。町原防。牧隰皋。井衍沃。非大司徒所云以土會之法辨五地。小司徒所云經土地而井牧其田野乎。是、楚、行、周、禮、之、證、者、三。僖四年傳。齊責楚以包茅不入。王祭不共。無以縮酒。是邦國九貢之祀貢也。文九年。秦人來歸僖公成風之禭。是亦以喪禮哀死亡也。齊、秦、行、周、禮、之、證、者、各、有、其、一。（管子治齊皆本周禮別詳管子禮證）若、合、諸、國、而、證、之。僖二十二年傳。楚子入享於鄭。九獻。加籩豆六品。昭六年傳。晉侯享季孫宿。有加籩。籩人所謂加籩之實也。莊二十年傳。鄭伯曰。司寇行戮。君爲之不舉。成五年傳。晉伯宗曰。山崩川竭。君爲之不舉。襄二十六年傳。蔡聲子曰。將刑。爲之不舉。膳夫所謂天地有裁則不舉。邦有大故則不舉也。莊十一年傳。宋大水。公使弔焉。昭十八年傳。宋衛陳鄭災。許不弔災。君子知許之先亡。大宗伯所謂以弔禮哀禍哉也襄十八年傳晉荀偃濟河沈玉昭二十四年傳王子朝以成周之寶珪湛於河定三年傳蔡侯歸及漢執玉而沈大宗伯所謂以貍沈祭山林川澤也桓十四年秋八月乙亥嘗襄二十八年傳齊嘗于大公之廟大宗伯之嘗秋也桓八年正月己卯烝昭元年傳晉既烝趙孟烝於溫大宗伯之烝冬也（襄十六年晉烝於曲沃同）閔二年吉禘于莊公僖八年禘于大廟襄十六年傳晉人亦曰以寡君之未禘祀司尊彝所謂四時之閒祀也僖三十一年傳衛甯武子曰不可以閒成王周公之命祀哀六年傳楚昭王曰三代命祀祭不越望大祝所謂禁督逆祀命也昭五年傳公如晉自郊勞至于贈賄無失禮七年公如楚孟僖子爲介及楚不能答郊勞僖三十三年傳齊國莊子來聘自郊勞至于贈賄禮成而加之以敏司儀所謂諸公諸侯相爲賓郊勞致贈郊送諸公諸侯之臣相爲國客其儀亦如之也文十二年傳秦伯使西乞術來聘襄仲辭玉成三年傳齊侯朝于晉將授玉六年傳鄭伯如晉授玉于東楹之東定十五年傳邾隱公來朝執玉高公受玉卑典瑞所謂諸侯相見執圭璧瓛聘以瑑圭璋璧琮

也。隱十一年傳。鄭伯將伐許。授兵于大宮。莊四年傳。楚王授師孑焉。以伐隨。司兵所謂授兵用兵也。定八年傳。晉師盟衞侯于鄟澤。衞人請執牛耳。哀十七年傳。公會齊侯盟於蒙。武伯問于高柴曰。諸侯盟。誰執牛耳。季羔曰。鄫衍之役。吳公子姑曹。發陽之役。衞石魋。戎右所謂盟則贊牛耳桃茢也。襄十四年傳。衞獻公射鴻于囿。不釋皮冠。昭十二年傳。楚子狩于州來。皮冠。秦復陶。二十年傳。齊侯田于沛。不以皮冠招虞人。虞人不進。司服所謂凡甸冠弁服也。僖二十八年傳。王命尹氏及王子虎內史叔興父。策命晉侯為侯伯。襄三十年傳。鄭使大史命伯石為卿。辭。大史復命之。三辭。乃受策入拜。內史所謂凡命諸侯及孤卿大夫。則策命之也。（侯國以大史兼職）昭十二年傳。楚左史倚相能讀三墳五典之書。則如文十八年傳。魯史克知高陽氏八愷高辛氏八元。昭二十九年傳。晉史墨知少皞氏四叔。外史所謂掌三皇五帝之書也。僖三十三年傳。晉襄公以三命命先且居將中軍。以再命命先茅之縣賞胥臣。襄二十六年傳。鄭賜子展三命之服。子產再命之服。昭七年傳。宋正考父之鼎銘亦云。一命而僂。再命而傴三命而俯與命所謂公侯伯之卿三命大夫再命也僖十五年傳晉朝國人而以君命賞衆皆哭於是乎作爰田定八年傳衛朝國人問曰若衛叛晉晉五伐我病何如矣哀元年傳陳朝國人而問焉曰欲與楚者右欲與吳者左小司寇所謂致萬民而詢國危也總此十有七證合諸散見於魯周衞鄭晉宋楚齊秦者都凡行周禮之證六十可知周禮爲諸國君卿大夫士所用與周易周樂周詩周書同故杞桓公不用周禮用夷禮僖二十七年卑之曰子猶不如介葛盧於二十九年來朝知牛鳴有周禮與獸言之遺風矣其他若國語論語晏子春秋諸書可引證者尙多不悉錄也且春秋時有變古不用周禮者無不謹書其始禮記檀弓士有誄自戰于乘邱始（莊十年）復以矢自戰于升陘始（僖二十二年）髽而弔自敗于狐駘始（襄四年）曾子問廟有二主自齊桓公始喪慈母自魯昭公始郊特牲庭燎之百由齊桓公始大夫奏肆夏由趙文子始公廟設於私家大夫彊而君殺之義皆由三桓始玉藻元冠紫緌自魯桓公始朝服之縞自季康子始雜記夫人不命於天子自魯昭公始官於大夫者爲之

服自管仲始左氏傳於隱五年曰始用六佾僖三十三年曰晉於是始墨宣八年曰始用葛茀十五年曰初稅畝成二年曰始厚葬始用殉昭十年曰始用人于亳社溯其始未變古以前皆周禮也作始也簡將畢也鉅馴至于家殊俗國異政遂疑春秋之時絕不行用周禮子貢不云乎文武之道未墜於地在人向使周禮廢墜不行春秋後人亦何由贊大行記考工以大司樂章爲樂書哉（汪氏陳氏爲周官徵文惜未考春秋）余尤惜春秋之前三百年無西周之典籍足以徵之也

——摘自《華國月刊》一九二四年十一月第二卷第一期

周禮鄭注方丘祭崑崙北郊祭神州說

劉紹寬

鄭康成注周禮謂地示有二大宗伯以黃琮禮地注禮地以夏至謂神在崑崙也大司樂夏日至於澤中之方丘奏之注地示主崑崙此以地示爲方丘祭崑崙之神也又大司樂乃奏太蔟歌應鐘舞咸池以祭地示注地示所祭於北郊謂神州之神及社稷典瑞兩圭有邸以禮地注謂所禮於北郊神州之神此以地示爲北郊祭神州之神也曲禮孔疏云崑崙者按地統書括地象云地中央曰崑崙又云其東南方五千里曰神州以此言之崑崙在西北別統四方九州其神州者是崑崙東南一州耳於一州中更分爲九州則禹貢之九州是也左傳桓五年孔疏云鄭玄注書多用讖緯天神有六地示有二有崑崙之山神又有神州之神晉泰定之初定南北二郊一地一天用王肅之義今按鄭氏地示有二之說驟閱似甚可駭自王肅改定郊制合北郊方丘爲一祭後儒多沿用之金氏鶚難王申鄭謂北郊方丘自有兩祭不可合一孫氏詒讓周禮正義雖採其說然仍不用鄭氏崑崙神州之義謂方丘爲祭大地北郊爲祭后土說似平正然非古誼矣愚謂鄭注採用緯說遠有所本地示兩祭正可据爲我漢族西來之切證不可以其說之駭異而棄之也

蓋漢族始居崑崙。後遷神州。皆在初民時代。故十口相傳。語多神怪。自稱所徙之州曰神州。而述及故國發祥之地。殆若爲天授之神境。此其地所以祠之由來。觀山海經云、昆侖之邱、是實惟帝之下都、淮南墬形訓、昆侖之邱、或上倍之、是謂涼風之山、或上倍之、是謂懸圃、或上倍之、乃維上天、是謂太帝之居、是太帝之居爲上都、此爲下都矣、史記大宛傳贊云。禹本紀言河出崑崙。崑崙其高二千五百餘里。日月所相避隱爲光明也。其上有醴泉瑤池。此爲記載言崑崙之最古者。山海經紀崑崙怪物甚多。如云神陸吾司之、其神狀虎身而九尾、人面而虎爪、有鳥焉、其名曰鶉鳥、是司帝之百服、又云、上有木禾、長五尋、大五圍、門有開明、獸守之、百神之所在、在八隅之巖、赤水之際、非仁羿莫能上岡之巖、又云、開明獸、身大類虎、而九首、皆人面東嚮立昆侖上、開明西、有鳳皇鸞鳥、皆戴蛇踐蛇、膺有赤蛇、北有視肉珠樹、文玉樹、玗琪樹、不死樹、鳳皇鸞鳥皆戴瞂、東有常服樹、其上有三頭人、司琅玕樹、南有樹鳥六首、又云、其下有弱水之淵環之、其外有炎火之山、投物卽然、有人戴勝虎齒、有豹尾、穴處、名曰西王母、 然其敘西北山海內外諸地。往往以崑崙爲標識。如云南望昆侖、其光熊熊、又云、敦薨之水、出於昆侖之東北隅、實惟河源、又云、岐舌國、昆侖虛在其東、虛四方、又云、雖乃以爲衆帝之臺、在昆侖之北、又云、流沙出鍾山西行、又南行昆侖之虛、西南入海、又云、臺四方在昆侖東北、又云、昆侖虛南所有氾林、方三百里、 其敘崑崙所在。地於海內西經曰海內崑崙之虛在西北。於大荒西經云西海之南流沙之濱赤水之後黑水之。前有大山。名曰崑崙之邱。則確有其地。可以指實。自漢張騫窮河源。後武帝案古圖書。以於闐南山當之。唐時以爲在吐蕃。云卽紫山。慶曰悶摩黎山。元又以火敦腦兒爲河源。云是朶甘思東北大雪山。清康熙乾隆間。兩遣尋河源。云得之回部。卽西藏之悶底斯山。近人更有統合諸說。定崑崙起自帕米爾東境之葱嶺。沿西藏新疆之境。東走入內地。分西中東三部。西崑崙起帕米爾。分二支。一經後藏。爲哈喇崑崙山脈。一由後藏新疆間迤東往青海前藏間。爲唐古剌大山脈。唐古剌大山脈之北。爲中崑崙亦曰北巴顏哈喇山脈。橫貫青海全部。江河之源皆出焉。我國古史所謂古崑崙山。專指中國崑崙之南部。在甘肅新疆之間者也。中崑崙之南端直下者。爲橫斷山脈。又東入內地。爲東崑崙。分爲二支。一曰北嶺。一曰南嶺。則舉東亞山脈古說所云北條中條南條者。悉該之矣。齊召南水道提綱從新唐書吐蕃傳說。謂河源出巴顏喀喇山東麓。巴顏喀喇山在今西藏古吐蕃地。卽紫山也。畢玩校山海經則謂在今甘肅肅州南八十里。引漢地理志云。金城臨羌西北至塞外有西王母祠石室昆侖山祠。又云。敦煌廣至縣有昆侖障。十六國春秋云。涼張駿酒泉守馬岌上言。酒泉南山爲崑崙之體。括地志云。昆侖山在肅州酒泉縣南八十里。以此爲證。今按肅州酒泉於河水所出無涉。許愼說文云。河水出焞煌塞外崑崙山。此約舉其方向言之。非謂卽在酒泉也。近吳氏承志著山海經地理今釋。兩通齊畢之說。云昆侖今西寧玉樹土司巴顏哈喇山。亦名苦爾坤。河水今阿爾坦必拉。有三源。北一源出山東支巴爾布哈山。又云。漢志臨羌在今甘肅西寧縣境西踰倬羅斯輝特和碩特土爾扈特諸部牧地。卽巴爾布哈山。廣至在安西州境南踰窟窿山渡柴達木河亦即是山所祠所障別無異山又釋經之赤水謂今雜楚必拉出鄂敦他拉南百數十里帀巴顏哈喇山東南流其下流曰鴉龍江曰金沙江黑水即今木魯烏蘇河出珠納幹北三百數十里巴薩通拉木山其下流曰布賴楚河又云馬岌言酒泉南山即崑侖之體謂崑侖之支幹其說仍同漢志又謂元史之大雪山即古積石山西域水道紀之岡底斯山釋氏西域記謂之阿耨達山乃即經之泑山皆非崑侖又謂西山經言崑侖之邱河水出焉北山經敦薨之山吳云，今土魯番廳托克遜西南蘇巴什迤北大山，敦薨之水出焉吳云，今博爾國河，而西流注於泑澤吳云，即漢志蒲昌海，一名鹽澤，今曰洛普鄂模，亦曰羅布淖爾，爲塔里木河下游所匯，出於崑侖之東北隅實惟河源崑侖在泑澤下流爲河水重源所發之山史記大宛傳張騫言鹽澤潛行地下其南則河源出焉注中國張騫知鹽澤即河水上源之泑澤亦依此山定之武帝更名於闐南山在泑澤上流實與河源之形相反是後言地形者舉崑侖渤海與積石並移置葱嶺西北於海內西經釋義全乖矣据此則古崑崙自以近人所說中崑崙一支爲正攷爾雅釋地西北之美者有崑侖虛之璆琳琅玕焉禹貢雍州厥貢惟球琳琅玕織皮崑侖析支渠搜是崑侖於虞夏時實附雍州作貢其非絕遠可知我國古代帝王之居崑崙者遁甲開山圖云天皇被跡在柱州崑崙山下路史中三皇紀注引滎氏云五龍及天皇皆出其中。此爲漢族居崑崙之最古者。至皇帝之於崑崙。則莊子云。黃帝游乎赤水之北。登乎崑崙之丘。穆天子傳。天子升崑崙之丘。以觀黃帝之宮。新語。黃帝游四海。（按當作西海、）登崑崙山。起宮宇於其上。今按山海經。帝之下都。昆侖之虛。面有九井。以玉爲檻。（呂氏春秋云。水之美者。昆侖之井、）面有九門。門有開明。又有開明西。開明北。開明東。開明南諸語。攷黃帝嘗作明堂。名曰合宮。此開明九門。或是合宮之制。所謂作宮宇其上者歟。史記封禪書。黃帝接萬靈明廷。明廷者。甘泉也。似亦指此九門九井而言。武帝幸甘泉作宮。蓋亦倣此爲之。其後穆王西遊。宿於崑崙之阿。赤水之陽。實已親至其地矣。

吳氏又申禹本紀日月避隱及上有瑤池之義。云。禹所受地記書曰。昆侖山東南地方五千里。名曰神州者。禹所受地記書。卽禹本紀。神州卽史記孟子傳騶衍終始大聖篇赤縣神州之神州。其法以海內外地。制爲九區。區各方五千里。神州在東南。居其一。其餘八區。具在西北。昆侖最居中。合爲一區。此篇之山。（指西山次三經）悉在其區方五千里之內。故通名昆侖也。日月所相避隱爲光明。卽日入之說。經於泑山下曰。西望日之所入。其氣員。此山高出衆山百餘丈。故日月之形狀。可望而見也。穆天子傳有崑崙之邱。又有瑤池。崑崙之邱章。又有賓西王母章。云。天子觴西王母於瑤池之上。遂驅升於弇山。瑤池近弇山。與昆侖異地。此經有崦嵫之山。穆傳並作弇茲。謂卽弇山。崦嵫爲日所入當與此篇泑山相次與翼望之山簡策互亂今按爾雅河出崑崙虛郭注虛山下基也山海經昆侖虛注同蓋虛卽墟字凡經云昆侖之邱卽指本山云昆侖之虛卽兼其墟野言之綿亙廣博不止一邱矣若據方五千里合爲昆侖之說則此西山次三經內黃帝取峚山之玉榮投之鍾山之陽鼓與欽䲹殺葆江於昆侖之陽帝乃戮之鍾山之東曰瑤崖西望大澤后稷所潛也長留之山其神白帝少昊居之又海外北經相柳之所抵厥爲澤谿禹殺相柳乃以爲衆帝之臺在昆侖之北海內北經帝堯臺帝嚳臺丹朱臺帝舜臺各二臺臺四方在昆侖東北皆可爲古帝涉昆侖之證矣夏后之世昆侖與神州尙不遠隔迨商中葉河圮五遷或始不能及遠至周穆王西遊遂生徐偃王之變其視爲荒遠可知矣西歷千八百七十年法人賴氏 Lacoukesre 因發掘巴比倫古城得其地古時記載考知爲漢族故國著書言漢族之所自始近世學者多附和之攷巴比倫在西亞細亞幼發拉的河畔東經帕米爾高原而與崑崙西部最相接近古時漢族踪跡容涉其地若移崑崙故蹟而謂必發始於彼地則又未免於鑿空矣總之漢族古代自西徂東迹不可掩而地示之祭一祭神州一祭崑崙實皇古相承之祭法所以爲報本反始之義雖至周而未廢鄭氏之說正未可謂其無稽矣

——摘自《華國月刊》一九二六年五月第三卷第二册

周官聯事考

此稿交到稍遲故未能依次排列　編者識

王銳第

周監二代。爰造六典。正位設官。首隆分職。

周禮天官冢宰，惟王建國，辨方正位，體國經野，設官分職，以爲民極，地官春官夏官秋官敍首皆同，

治教禮政刑事之屬，皆有專司。

周官小宰，以官府之六屬舉邦治，一曰天官，其屬六十掌邦治，大事則從其長，小事則專達，二曰地官，其屬六十，掌邦教大事則從其長，小事則專達，三曰春官，其屬六十，掌邦教禮，大事則從其長，小事則專達，四曰夏官，其屬六十，掌邦政，大事則從其長，小事則專達，五曰秋官，其屬六十，掌邦刑，大事則從其長，小事則專達，六曰冬官，其屬六十，掌邦事，大事則從其長，小事則專達，以官府之六職辨邦治，一曰治職，以平邦國，以均萬民，以節財用　二曰教職，以安邦國，以寧萬民，以懷賓客，三曰禮職，以和邦國，以諧萬民，以事鬼神，四曰政職，以服邦國，以正萬民，以聚百物。五曰刑職，以詰邦國，以糾萬民，以除盜賊，六曰事職，以富邦國以養萬民，以生百物，

蓋自職責既明。官守有限。辨治分功。事無不舉。乃慮其末流之弊。將至於局而不通。吏私其政。而不相繫維。故於分治之中。更有官聯一法。國有大事，則合六官共舉之。如祭祀賓客喪荒軍旅田役斂弛之屬，謂之六聯。不以其既屬於一官，卽非他官之所過問也。

周官太宰，以八法治官府，三曰官聯以會官治，（鄭氏注云：官聯，謂國有大事，一官不能獨共，則六官共舉之。聯讀爲連，謂連事通職，相佐助也。）小宰，以官府之六聯合邦治，一曰祭祀之聯事，二曰賓客之聯事，三曰喪荒之聯事，四曰軍旅之聯事，五曰田役之聯事，六曰斂弛之聯事，

茲就其具於周官者。類舉於左。

天官太宰，祀五帝則掌百官之戒誓與其具修。前期十日，帥執事而卜日，遂戒，及執事眡滌濯及納亨，贊王牲事，及祀之日，贊玉幣爵之事，祀大神示亦如之，享先王亦如之，贊玉几玉爵，小宰，凡祭祀贊王幣爵之事，祼將之事，宰夫，以式法掌祭祀之戒具與其薦羞，從大宰而眡滌濯，庖人，共祭祀之好羞，內饔，凡宗廟之祭祀，掌割亨之事，外饔，掌外祭之割亨，亨人，祭祀共大羹鉶羹，甸師，祭祀共蕭茅共野果蓏之屬，獸人，凡祭祀共其死獸生獸，𩻢人，凡祭祀共其魚之鱻薨，鼈人，祭

祀共豆脯薦脯膴胖凡腊物，酒正，凡祭祀以法共五齊三酒以實八尊，酒人，掌爲五齊三酒，祭祀則共奉之，凌人，祭祀共冰鑑，籩人，凡祭祀共其薦羞之實，醢人，掌五齊七菹，凡醯物，以共祭祀，鹽人，祭祀共其苦鹽散鹽，冪人，祭祀掌共巾冪，幕人，凡祭祀共其帷幕幄帟綬，掌次，凡祭祀張旅幕，外府，凡祭祀共其財用之幣，世婦，掌祭祀之事，帥女宮而濯摡爲齍盛，陳女宮之具凡內羞之物，典絲，凡祭祀共黼畫組就之物，

地官大司徒，祀五帝，奉牛牲，羞其肆，享先王亦如之，小司徒，凡小祭祀，奉牛牲，羞其肆，鄉師，大祭祀羞牛牲，共茅蒩，封人，凡祭祀，飾其牛牲，鼓人，以雷鼓鼓神祀，以靈鼓鼓社祭，以路鼓鼓鬼享，舞師，掌教兵舞，帥而舞山川之祭祀，教帗舞，帥而舞社稷之祭祀，教羽舞，帥而舞四方之祭祀，牧人，掌牧六牲，以共祭祀之牲牷，牛人，凡祭祀共其享牛求牛。共其牛牲之互，與其盆簝以待事，充人，掌繫祭祀之牲牷，師氏，保氏，凡祭祀，王舉則從，司門，祭祀之牲牛繫焉，監門養之，遂人，凡國祭祀共野牲，令野職，遂師，凡國祭祀審其誓戒，處其野牲，委人，以式法共祭祀之薪蒸木材，川衡，祭祀共川奠，澤虞，凡祭祀共澤物之奠，

掌蜃，祭祀共蜃器之蜃，共白盛之蜃，舂人，祭祀共齍盛之米，饎人，掌凡祭祀共盛，槀人，掌豢祭祀之犬，

春官大宗伯，以吉禮事邦國之鬼神示，凡祀大神，享大鬼，祭大示，帥執事而卜日，宿眡滌濯，涖玉鬯省牲鑊，奉玉齍，詔大號，治其大禮，詔相王之大禮，若王不與祭祀，則攝位，凡大祭祀王后不與，則攝而薦豆籩徹，小宗伯，掌四時祭祀之序事與其禮，大祭祀省牲眡滌濯，祭之日，逆齍省鑊，告時于王，告備于王，以時將瓚果，詔相祭祀之小禮，凡大禮佐大宗伯，小祭祀掌事如大宗伯之禮，肆師，掌立國祀之禮，以佐大宗伯，以歲時序其祭祀及其祈珥，大祭祀展犧牲繫于牢頒于職人，凡祭祀之卜日，宿爲期，詔相其禮，眡滌濯亦如之，祭之日，表齍盛告絜，展器陳，告備，及果築鬻相治小禮，誅其慢怠者，掌兆中廟中之禁令，凡祭祀禮成，則告事畢，鬱人，掌祼器，詔祼將之儀，與其節，鬯人，掌共秬鬯而飾之，雞人，大祭祀，夜呼旦以嘂百官，凡祭祀面禳釁共其雞牲，司尊彝，掌六尊六彝之位，典瑞，祭祀共其玉器而奉之，司服，凡大祭祀共其衣服而奉之，典祀，掌外祀之兆守皆有域，掌其政令，世婦，掌女宮之宿戒，及祭祀比其具，詔六宮之人共齍盛，內宗，

掌宗廟祭祀薦加籩豆，外宗，掌宗廟之祭祀，佐王后薦玉敦豆籩，大司樂，分樂而序之，以祭以享以祀，大師，大祭祀帥瞽登歌令奏擊拊，小師，大祭祀登歌擊拊，瞽師，凡祭祀奏縵樂，鍾師，凡祭祀奏燕樂，笙師，凡祭祀共其鍾笙之樂，鎛師，凡祭祀鼓其金奏之樂，韎師，掌教韎樂，祭祀則帥其屬而舞之，旄人，凡祭祀舞其燕樂，籥師，祭祀則鼓羽籥之舞，大卜，大祭祀則眂高命龜，大祝，掌六祝之辭，以事鬼神示，辨九祭，凡大禋祀肆享祭祀，則執明水火而號祝，小祝，掌小祭祀將事侯禳禱祠之號祝，大史，大祭祀與執事卜日，戒及宿之日，與羣執事讀禮書而協事，祭之日，執書以次位常，辨事者攷焉，不信者誅之，巾車大祭祀，鳴鈴以應雞人，司常，凡祭祀建其旗，

夏官大司馬，大祭祀羞牲魚授其祭，小司馬，凡小祭祀掌其事，如大司馬之法，量人，凡祭祀制其從獻脯燔之數量，凡宰祭與鬱人受斝歷而皆飲之，小子，掌祭祀羞羊肆羊殽肉豆而掌珥於社稷，祈於五祀，凡沈辜侯禳飾其牲，羊人，凡祭祀飾羔，祭祀割羊牲登其首，射人，祭祀則贊射牲，服不氏，凡祭祀共猛獸，射鳥氏，以弓矢敺烏鳶，掌畜，祭祀共卵鳥，司士，凡祭祀掌士之戒令，諸子，大祭祀正六牲之體，

大僕，祭祀正王之服位，詔法儀，贊王牲事，祭僕，掌受命於王，以眡祭祀，而警戒祭祀有司，糾百官之戒具，御僕，大祭祀相盥而登，司兵，祭祀授舞者兵，司戈盾，祭祀授旅賁殳故士戈盾舞者兵，司弓矢，凡祭祀共射牲之弓矢，校人，凡大祭祀毛馬而頒之，

秋官大司寇，大祭祀奉犬牲，若禋祀五帝，則戒之日，涖誓百官，戒於百族，及納亨前王，祭之日，奉其明水火，小司寇，小祭祀奉犬牲，凡禋祀五帝實鑊水，納亨亦如之，士師，祀五帝則沃尸，犬人，掌犬牲，用牷物，伏瘞亦如之，司隸，邦有祭祀，則掌其煩辱之事，司烜氏，共祭祀之明齍明燭共明水，銜枚氏國有大祭祀，令禁無囂，伊耆氏，掌國之大祭祀，共其杖咸，

冬官，書雖亡，據上例之，則其執事之繁，當不亞於他官，

此祭祀之聯事也。

天官大宰，大朝覲會同，贊玉幣玉獻玉几玉爵。小宰　凡賓客贊祼凡受爵之事，凡受幣之事，宰夫，凡朝覲會同，以牢禮之法，掌其牢禮委積膳獻飲食賓賜之飧牽，與其陳數，膳夫王燕飲酒，則爲獻主，庖人，共賓客之禽獻，外饔，掌凡賓客之飧饔

饔食之事，亨人，賓客共大羹鉶羹，獸人，凡賓客共其死獸生獸，䱷人，凡賓客共其魚之鱻薨，腊人，凡賓客共其脯腊凡乾肉之事，酒正，共賓客之禮酒，酒人，共賓客之禮酒飲酒而奉之，漿人，共賓客之稍禮，凌人，賓客共冰，籩人，賓客之事共其薦籩羞籩，醢人，凡賓客共薦羞之豆實，醯人，凡賓客共醯，鹽人，賓客共其形鹽散鹽，幕人，凡朝覲會同共其帷幕幄帟綬，掌次，諸侯朝覲會同則張大次小次，外府，凡賓客共其財用之幣，世婦，掌賓客帥女宮而濯概為齍盛；

地官大司徒，大賓客令野修道委積，小司徒，小賓客令野修道委積，鄉師，大會同正治其徒役，與其輂輦戮其犯命者，封人，凡賓客大盟，則飾其牛牲。牛人，凡賓客之事共其牢禮積膳之牛，遺人，凡賓客會同掌其道路之委積，司門，凡四方之賓客造焉，則以告　司關，凡四方之賓客敂關則為之告，遂人，凡賓客令修野道而委積，遂師，凡賓客則巡其野道，庀其委積，委人，以稍聚待賓客，以甸聚待羈旅，川衡，賓客共川奠，澤虞，凡賓客共澤物之奠，舂人，賓客共其牢禮之米，饎人，凡賓客共其簠簋之實，

春官大宗伯，以賓禮親邦國，以饗燕之禮親四方之賓客，凡大賓客，王后不與則攝而

，掌邦國賓客之禮籍，以待四方之使者，司儀，掌九儀之賓客，擯相之禮，以詔儀容辭令揖讓之節，環人，掌送逆邦國之通賓客。以路節達諸四方，掌客，掌四方賓客之牢禮餼獻飲食之等數與其政治。掌訝，掌邦國之等籍，以待賓客，若將有國賓客至。則戒官修委積，與士逆賓於疆，爲前驅而入，

此賓客之聯事也。（未完）

——摘自《實學》一九二六年五月第二期

周官聯事攷　續第二期

王銑鏞

天官大宰，大喪贊贈玉含玉，小宰，喪荒受其含襚幣玉之事，宰夫，大喪小喪掌小官之戒令，帥執事而治之。宮正，大喪則授廬舍，庖人，共喪紀之庶羞，甸師，喪事

代王受眚烖，獸人，凡喪紀共其死獸生獸，𩾔人，凡喪紀共其魚之鱻薨，腊人喪紀共其脯腊凡乾肉之事，凌人，大喪共夷槃冰，籩人，喪事共其薦籩羞籩，幕人，大喪共帷幕帟綬，玉府，大喪共含玉，外府，凡喪紀共其財用之幣，世婦，掌喪紀帥女宮而濯摡爲齍盛，

地官大司徒，大喪帥六鄉之衆庶，屬其六引，而治其政令，大荒大札，則令邦國移民通財舍禁弛力薄征緩刑，小司徒，大喪率邦役治其政教，封人，凡喪紀則飾其牛牲，鼓人大喪則詔大僕鼓，舞師，掌教皇舞帥而舞旱暵之事，牛人喪事共其奠牛，遺人，掌縣都之委積，以待凶荒，遂人，大喪帥六遂之役而致之，掌其禁令，稻人，旱暵共其雩斂，喪紀共其葦事。

春官大宗伯，以喪禮哀死亡，以荒禮哀凶札，小宗伯，大烖及執事禱祠於上下神示，肆師，若國有大故，則令國人祭，鬱人，大喪之渳，共其肆器，鬯人，大喪之大渳設斗共其釁鬯，典瑞，掌珍圭以徵守以恤凶荒，大喪共飯玉含玉贈玉，司服大喪共其衣復，職喪，掌凡有爵者之喪，以國之喪禮涖其禁令序其事，大師，大喪帥瞽而廞作匶謚，大祝，國有大故天烖彌祀社稷禱祠，司巫，國有大旱，則帥巫而舞雩，

國有大烖，則帥巫而造巫恒，大史，大喪執法以涖勸防遣之日讀誄，

夏官大司馬，大喪平士大夫，喪祭奉詔馬牲，量人，掌喪祭奠竁之俎實，射人，大喪與僕人遷尸作卿大夫掌事，司士，大喪作士掌事，諸子，大喪正羣子之服位，大僕，喪紀正王之服位，詔法儀贊王牲事，祭僕，大喪復於小廟，御僕，大喪持翣，隸僕，大喪復於小寢大寢，司弓矢，大喪共明弓矢，校人，大喪飾遣車之馬，

秋官大司寇，大喪前王，士師，大喪則帥其屬，而蹕於王宮，鄉士，大喪紀則各掌其鄉之禁令，帥其屬夾道而蹕，朝士，若邦凶荒札喪之故，則令邦國都家縣鄙慮刑，司隸，邦有喪紀之事，則役其煩辱之事，大行人，國有大喪，則相諸侯之禮，小行人，若國札喪，則令賻補之，若國凶荒，則令賙委之，象胥，凡國之大喪詔相國客之禮儀而正其位，

此喪荒之聯事也。

天官小宰，以法掌軍旅田役之戒具，外饔，師役則掌其獻賜脯肉之事，幕人，凡軍旅田役共其帷幕幄帟綬，掌次，則張幕設案，外府，凡軍旅共其財用之幣，

地官大司徒，大軍旅大田役以旗致萬民，而治其徒庶之政令，小司徒大軍旅帥其衆庶

，小軍旅巡役治其政令，鄉師，大役則帥民徒而至，治其政令，既役，則受州里之役要，以攷司空之辟，以逆其役事，州長，若國作民，而師田行役之事，則帥而致之，掌其戒令與其賞罰，黨正，凡作民而師田行役，則以其法治其政事，族師，若作民而師田行役，則合其卒伍簡其兵器，以鼓鐸旗物帥而至，掌其治令戒禁刑罰，封人，凡軍旅則飾其牛牲，鼓人，凡軍旅夜鼓鼜，軍動則鼓其衆，田役亦如之，牛人，凡軍旅行役共其兵軍之牛，與其牽徬，縣師若將，有軍旅田役之戒，則受法於司馬，以作其衆庶，遺人，凡師役掌其道路之委積，遂人，凡事致野役而師田作野民帥而至，掌其政治禁令，遂師，軍旅田獵平野民，掌其政令，稍人，若有師田行役之事，則以縣師之法，作其同徒輂輦，帥而以至，治其政令，以聽於司馬，

春官大宗伯，以軍禮同邦國，小宗伯，若大師，則帥有司而立軍社，奉主車，若軍將有事，則與祭有司將事於四望，若大甸則帥有司而饁獸於郊，遂頒禽．肆師，凡師甸用牲於社宗，則爲位，雞人凡國之大軍旅，夜呼旦以嘂百官，大祝，大師及軍歸獻於社，則前祝，小祝，大師掌釁祈號祝，甸祝，掌四時之田表貉之祝號．典路，

凡師共革車各以其萃，司常，凡軍事建旌旗，及致民置旗弊之，甸亦如之，

夏官大司馬，制軍詰禁，以糾邦國，若大師，則掌其戒令，涖大卜，帥執事涖釁，主及軍器，及致建大常，比軍衆，誅後至者，及戰巡陳，眡事而賞罰，大役與慮事，屬其植，受其要，以待攷而賞誅，小司馬，凡小師田掌其事如大司馬之法，小子，凡師田斬牲以左右徇陳，環人，掌致師察軍慝，射人，大師令有爵乘王之倅車，司兵，掌五兵五盾各辨其物與其等，以待軍事，司戈盾，凡師役頒弓弩，田僕，掌馭田路以田以鄙，校人，凡軍事物馬而頒之，大僕凡軍旅田役贊王鼓，

秋官大司寇，大軍旅涖戮於社，小司寇，小師涖戮，士師，大師帥其屬而禁逆軍旅者與犯師禁者而戮之，掌戮，凡軍旅掌斬殺刑戮，司烜氏，軍旅修火禁邦，銜枚氏，軍旅田役令銜枚，朝大夫，凡軍旅之事，有不及者，則誅其有司，

此軍旅田役之聯事也

天官大宰，以九賦斂財賄，以九式均節財用，以九貢致邦國之用，小宰，執邦之九貢九賦九式之貳，以均財節邦用，宰夫，掌治法以考百官府羣都縣鄙之治，乘其財用之出入，大府，掌九貢九賦九功之貳，以受其貨財之入，頒其貨於受藏之府，頒其賄於受用之府，凡官府都鄙之吏及執事者受財用焉，內府，掌受九貢九賦九功之貨

賄以待邦之大用，外府掌邦布之入出以共百物而待邦之用，職內，掌邦之賦入，辨其財用之物，而執其總以貳官府都鄙之財入之數，以逆邦國之賦用，職幣，掌式法以斂官府都鄙與凡用邦財者之幣，以詔上之小用賜予，

地官大司徒，制天下之地征，以作民職，以令地貢，以斂財賦，以均齊天下之政，以荒政十有二聚萬民，一曰散利二曰薄征四曰弛力，小司徒，掌凡征役之施舍，及令貢賦，凡稅斂之事，載師，掌任土之法，以時徵其賦，閭師，掌國中及四郊之人民六畜之數以時徵其賦，遺人，掌邦之委積以待施惠，均人，凶札則無力無財賦，旅師，以質劑致民平頒其興積，施其惠，散其利，而均其政令，凡用粟春頒而秋斂之，倉人辨九穀之物，以待邦用，若穀不足，則止餘法，用有餘則藏之，以待凶而頒之，司稼，以年之上下出斂法，而賙其急而平其興，

夏官大司馬，施貢分職，以任邦國，職方氏，制其貢，各以其所有，懷方氏，掌致方貢致遠物，

秋官小行人，令諸邦春入貢，掌交，掌以節與幣巡邦國之諸，以論九稅之利，

此歛弛之聯事也。（未完）

——摘自《實學》一九二六年六月第三期

周官聯事攷

王鏡第

綜茲所舉。總之周官。及以邦之大故。供事供物。非一官之所能任。故各以其職來助。而因有聯事之法也。如祭祀小宗伯毛六牲。賈疏云。大司徒有牛人。鄭云奉牛牲。宗伯職有雞人。鄭云供雞牲。司馬職有羊人。校人掌馬。鄭云共羊牲。奉馬牲。司寇職有犬人。鄭云奉犬牲。此供事之各因其職者也。而牛人供牛。羊人供羊。校人供馬。雞人供雞。犬人供犬。則供物之各因其職者也。且以六官之治。事每相關。軍旅之事。屬於司馬。而小司徒會萬民之卒伍。五人爲伍。五伍爲兩。四兩爲卒。五卒爲旅。五旅爲師。五師爲軍。賈疏據大司徒治民之法云。六軍之士。出自六鄉。五人爲伍者。五家爲比。家出一人。則是一比也。在家爲比。在軍爲伍。伍者聚也。五伍爲兩者。在鄉五比爲閭。閭二十五家也。在軍五伍爲兩。兩二十五人也。四兩爲卒者。在鄉四閭爲族。族百家也。在軍四兩爲卒。卒百人也。五族爲旅者。在鄉五族爲黨。黨五百家。在軍五卒爲旅。旅五百人也。五旅爲師者。在鄉五黨爲州。州二千五百家。在軍五旅爲師。師亦二千五百人也。五師爲軍者。在鄉五州爲鄉。鄉萬二千五百家。在軍五師爲軍。軍亦萬二千五百人也。天子六鄉。因有六軍。是在軍之伍，兩，卒，旅，師。卽在鄉之比，閭，族，黨，州也。周代軍民未分。在軍則受令于司馬。在鄉則聽治于司徒。是以軍旅之事。雖由于司馬，而作民致用。不能無待于司徒。此事之相關者。非官聯莫能舉也。至其聯事之際。復有主有從，相須而不相奪。莫尊于冢宰。而祭祀之事。宗伯攝王位。太宰僅掌其戒誓與其具修。朝覲會同。宗伯爲上相。太宰贊玉幣獻几爵而已。軍旅田役之事。司馬掌其戒令。司徒致萬民。治其徒庶之政令。而復使其屬受令于司馬。國有大喪。宗伯掌其禮。司徒帥六鄉之衆庶。治其政令。而太宰亦僅掌其贊玉含玉。太宰以九賦斂財賄。而施舍之政。則由于司徒。是于聯事之中。復有獨立之意。有互助之德。而無越職之嫌。此鄭氏所謂聯事通職相佐助也。然亦嘗有一事之徵。一人之所能任。而錯綜相見。爲不可解者。如祭祀，鬯人與量人受斝歷而皆飲之。舞師掌教兵舞。而舞器乃藏于司兵。賓客，宰夫以牢禮之法，掌其牢禮・委積・膳獻，飲食，賓賜之飧牽，與其陳數。而量人亦制其從獻脯燔之數量。掌客・復掌其牢禮・餼獻，飲食，之等數。及大司寇蒞誓書。六官皆受其貳。國有喪荒。朝士・令邦國都家縣鄙慮刑。而令邦國緩刑・又見于司徒。小宰，執邦之九貢・九賦・九式之貳。而大府亦掌之。以受其貨賄。凡此之類，職近騈枝。則知其立法之意。又不僅因其事有相關。互爲將伯已也。

其小事亦有聯。

小宰・凡小事皆有聯。

小事之聯或同官或異官。

小宰・掌邦之六典八法八則之貳・以逆邦國都鄙官府之治・

司會・掌邦之六典八法八則之貳・以逆邦國都鄙官府之治・

司書・掌邦之六典八法八則・

膳夫・掌王之飲食膳羞・ 食醫・掌和王之六食六飲六膳百羞百醬八珍之齊・

職歲・掌邦之賦出・及會・以式法贊逆會・　職內・掌邦之賦入・及會・以逆職歲・鄉師・以時稽其夫家之衆寡・　鄉大夫・以歲登其夫家之衆寡・遂人・以歲時登其夫家之衆寡・　遂師・以時登其夫家之衆寡・　遂大夫・以歲時稽其夫家之衆寡・均人，掌均地政・均地守・均地職・均人民牛馬車輦之力政・　土均・掌平土地之政・以均地守・以均地事，以均地貢・

司約・掌邦國及萬民之約劑・　司盟・凡民之有約劑者・其貳在司盟・

此同官之聯也・

天官小宰司會・掌邦之六典八法八則之貳・以逆邦國都鄙官府之治・司書掌邦之六典八法八則・　春官太史・掌建邦之六典以逆邦國之治・掌法以逆官府之治・掌則以逆都鄙之治・　內史・執國法之貳以攷政事・（注國法六典八法八則）

天官司書・掌邦中之版・土地之圖・　地官大司徒・掌建邦之土地之圖・遂人掌以土地之圖・經邦野・　夏官司險・掌九州之圖・職方氏掌天下之圖・量人邦國之地與天下之涂數，皆書而藏之・

天官宰夫・敍羣吏之治・以待諸臣之復，萬民之逆・　夏官太僕・掌諸侯之復逆・小

臣掌三公及孤卿之復逆·御僕掌羣臣之逆·及庶民之復·

天官宰夫，掌治朝之位·夏官司士·正朝儀之位·

地官小司徒·凡建邦國立其社稷·正其畿疆之封·夏官大司馬·制畿封國以正邦國·量人掌建國之法·

春官大史·凡邦國都鄙及萬民之有約劑者藏焉，以貳六官六官之所登·秋官司約·掌邦國及萬民之約劑·司盟凡民之有約劑者·其貳在司盟·

春官內史·掌書王命·御史掌贊書。注云王有命當以書致之·則贊爲辭·夏官太僕·掌出入王之大命·

地官小司徒·既役·則受州里之役要·以攷司空之辟·以逆其役事·

地官鄉大夫·獻賢能之書于王·王再拜受之·登于天府·內史貳之·

此異官之聯也。

綜此觀之。以一事之微。一人之所能任者。既並見于同官。復分貳于他職。則固不僅因其事有相關。須于佐助。而後相與爲聯究。蓋以一官專治一事。政令由己。則勢有所偏重。賢者將局不通。不肖者。且逞其營私舞弊之謀。有過不相規。有失不相救。朝有闕政。廢曠既多。吏蓄奸謀·害將燎原。荀子王制篇云，職而不通。則職之所不及者·必隙。古人知其弊。懼其隙。而思預爲之防。故設官分職。旣以專其責成。而事無委蛇之患。連事通職。更以合其邦治。使之相維相繫。互相監視。而事無失隙之虞。號令所出。憲章所存。諸官皆與聞之。不肖者不得上下其手。而要其私。則百官正矣。此周法之精密。周官一書使非曾見于實行。以修改而成之法典。又豈後之所能虛造哉。春秋時・叔孫豹卒。杜洩將以輅葬。季孫不從。杜洩曰・夫子受命于王。王賜之輅。復命而致之君。君不敢逆王而復賜之。使三官書之。吾子爲司徒實書名。夫子爲司馬與工正・書服。孟孫爲司空・書勳。夫諸侯之國。惟三卿耳。一人受賜。三卿皆與。周禮在魯。此其一端也。自周禮不復見。而財官專治財。兵官專掌兵。其分量職守校然不紊。而婪吏營私。將軍跋扈。則非他官之所敢過問矣。憂時之彥・感于武人之擅斷政權也。乃持軍民分治之說。不知武人之得以擅斷政權者。初卽由于職分太明。故得擅斷其兵權。而漸以及于政權也。皮相談醫。失本言治。庸有當哉。

（完）

——摘自《實學》一九二六年七月第四期

周禮札記之一

周禮司法制度考

法律系　魏運五

一　法典

周公居攝。設官分職。敎敷六典。以民爲極。六典之中。刑居其一。其別有三。一曰輕典。用刑新國。二曰中典。用刑平國。三曰重典。用刑亂國。

大司寇職云大司寇掌建邦之三典以佐王刑邦國詰四方一曰刑新國用輕典二曰刑平國用中典三曰刑亂國用重典

此三典者。因國而殊。考其實體。則無所異。其不同者。惟處刑之輕重而已。各典所載。皆爲五刑。一曰野刑。上功糾力。二曰軍刑。上命糾守。三曰鄉刑。上德糾孝。四曰官刑。上能糾職。五曰國刑。上愿糾暴。

大司寇職云以五刑糾萬民一曰野刑上功糾力二曰軍刑上命糾守三曰鄉刑上德糾孝四曰官刑上能糾職五曰國刑上愿糾暴

野刑制。散在地官。

鄉師職云以國比之法以時稽其夫家衆寡辨其老幼貴賤廢疾馬牛之物辨其可任者與施舍者掌其戒令糾禁聽其獄訟

遂人職云使各掌其政令刑禁

軍刑主於軍吏。軍吏常由有地治者兼之　而司馬則總主軍法

司馬職云前期群吏戒衆庶修戰法鄭注云群吏鄉師以下

又云群吏聽誓於陳前斬牲以左右徇陳不用命者斬之

小司徒職云凡起徒役毋過家一人以其餘爲羨惟田與追胥竭作凡用衆庶則掌其政敎與其戒禁聽其辭訟施其賞罰誅其犯命者

鄉師職云及期以司徒之大旗致衆庶……而戮其犯命者斷其爭禽之訟

鄉刑屬於司徒之鄉八刑。

司徒職云以鄉八刑糾萬民一曰不孝之刑二曰不睦之刑三曰不婣之刑四曰不弟之刑五曰不任之刑六曰不恤之刑七曰造言之刑八曰亂民之刑　孫詒讓云大司寇五刑三曰鄉刑是也

官刑屬於大宰之八法。

大宰職云以八法治官府七曰官刑以糾邦治

司寇職云凡鄉大夫之獄訟以邦法斷之　鄭注云邦法八法也

國刑則爲六典。

司寇職云凡諸侯之獄訟以邦典斷之　鄭注云邦典六典也

及九法焉。

大司馬職云大司馬之職掌建邦國之九法以佐王平邦國設儀辨位以等邦國進賢興功以作邦國建牧立監以維邦國制軍詰禁以糾邦國施貢分職以任邦國簡稽鄉民以用邦國均守平則以安邦國比小事大以和邦國

五刑之外。復有一典。亦名五刑。即司刑文中之墨劓宮刖。五罪之刑是也。凡此五刑。各目五百。核其總屬。共二千五百也。

司刑職云掌五刑之法以麗萬民之罪墨罪五百劓罪五百宮罪五百刖罪五百殺罪五百

與前之五刑。參互致用。或一而含五。或五不全入。

賈公彥前五刑疏云此五刑與尋常正五刑墨之劓等別刑亦法也此五法者一刑之中而含五或此五刑全不入五刑者

實爲一體。無所差別。不過一以罪體而分。一以罪名而分者也。

夫刑罰既犯。而未防於未然。欲期其無刑。則不可不申禁戒也。禁屬有五。一曰宮禁。二曰官禁。三曰國禁。四曰野禁。五曰軍禁。

士師職云士師之職掌國之五禁之法以左右刑罰一曰宮禁二曰官禁三曰國禁四曰野禁五曰軍禁

戒亦有五。一曰誓。二曰誥。三曰禁。四曰糾。五曰憲。

士師職云以五戒先後刑罰毋使罪麗於民一曰誓用之於軍旅二曰誥用於會同三曰禁用諸田役四曰糾用諸國中五曰憲用諸都鄙

總之周禮刑典。概分爲三。三典制同。差於輕重。典繫五刑。以即天論。五刑有二。其實惟一。助以五禁。輔以五戒。懸於象魏。宣于四方。有地治者。復屬讀之。使民知法。以杜過惡。

州長云正月之吉各屬其州民而讀法

黨正云乃四時之孟月吉日則屬民而讀邦法以糾戒之春秋祭禜亦如之

族師云月吉則屬民而讀邦法春秋祭酺亦如之

閭胥云凡春秋之祭祀役政喪紀之數聚衆庶既比則讀法

愼刑恤民。可謂極矣。

至於親貴有辜。則議以八辟。議得其罪。乃麗於刑罰。與夫平民之在刑書者不同。此古代階級制度之所賜也。

小司寇職云以八辟麗邦法附刑罰一曰議親之辟二曰議故之辟三曰議賢之辟四曰議能之辟五曰議功之辟六曰議貴之辟七曰議勤之辟八曰議賓之辟

賈公彥疏云案曲禮云刑不上大夫鄭注云其犯法則在八議輕重不在刑書若然此辟爲不在刑書若有罪當議議得

其罪乃附邦法而附於刑罰也

此外復有八成。掌於士師。凡獄官斷事。成爲品式者。後人依而行之。故名曰成。猶漢之決事比也。(若今判例)

士師職云掌士之八成一曰邦汋二曰邦賊三曰邦諜四曰犯邦令五曰撟邦令六曰爲邦盜七曰爲邦朋八曰爲邦誣

辟成二典。不在刑書。一爲別法。一爲成例。亦刑典之類也。

二　法院　法院組織及管轄

周代理官之設置。因邦區之多寡而不同。故欲明官制。必先明區劃。國土區劃。可分爲二。一爲國制。一爲畿制。國封諸侯。以治四方。其爵五等。其地八州。(天下九州一爲王畿而剩八州以封諸侯)王畿千里。獨爲一州。直隸爲王。至其制度。則國畿相同。今論王畿。而侯國自明矣。王畿方千里。王城居中。謂之國中。以任廛里。國門之外。郭門之內。謂之園地。以任場圃。

孫詒讓云國中居人至衆必有專地以樹蔬枲麻桑果木乃足備用此園地在國中及近郊之間蓋於國門之外郭門之內空間之地爲之

載師職云以廛里任國中之地以場圃任園地

外五十里。(距王城而言下同)謂之近郊。又外百里。(距王城)謂之遠郊。通而言之。謂之四郊。(或曰郊)

杜子春(載師注)云五十里爲近郊百里爲遠郊

鄭氏大宰注云四郊去國百里

司馬法云王國百里爲郊

外二百里。謂之邦甸。(或曰州或曰甸)

鄭氏大宰注云邦甸二百里

司馬法云二百里爲州

外三百里。謂之家削。(或曰稍或曰野)

鄭氏大宰注云家削三百里

司馬法云三百里爲野

外四百里。謂之邦縣。(或曰縣)

鄭氏大宰注云邦縣四百里

司馬法云四百里爲縣

外五百里。謂之邦都。(或曰都或曰畺)

鄭氏大宰注云五百里爲邦都

司馬法云五百里爲都

此疆域之區分也。畿疆既定。乃造都邑。考其制度。有鄉有遂。有都有縣。(都爲都鄙公卿采邑也縣爲縣鄙即公邑)

金榜云鄉遂之外有都鄙有公邑

鄉近王城。地在四郊。遠郊之內。百里之地也。

鄉士注云其地則距王城百里內也
鄭司農云百里之內爲六鄉外爲六遂
地官敘官注云載師職曰以官田牛田賞田牧田任遠郊之地司勳職云掌六鄉之賞地六鄉地在遠郊之內則居四同

遂比於鄉。地在邦甸。遠郊之外。二百里之內也。

遂士注云其地則距王城百里以外至二百里
賈敘官疏云六遂之地只在二百里內

都鄙之別。又分爲三。一爲家邑。其地在稍。大夫之采地也。二爲小都。其地在縣。卿之采地也。三爲大都。其地在畺。公之采地也。

方士注云玄謂都王子弟及公卿之采地家大夫之采地大都在　地小都在縣地家邑在稍地
載師注云家邑大夫之采地小都卿之采地大都公之采地王子弟所食邑也

縣鄙之地。參互錯綜。自甸迄都。皆其所任。乃四等之公邑而遂都之餘地也。

程瑤田云公邑則六遂之餘地也家邑之田在稍小都之田在縣大都之田在畺稍縣畺皆有餘地亦謂之公邑

孫詒讓云公邑所任自甸始而稍縣都亦皆有之（載師疏）
又云案群都縣鄙謂采邑之都鄙公邑之縣鄙也（大宰疏）

綜考周制。其分爲四。一曰鄉。二曰遂。三曰縣。四曰都。鄉遂制同。比伍相保。縣都法類。五甸相繫。

孫詒讓云鄭謂公邑不制井田與鄉遂同則亦五五相比之法制其邑居……今考不井之田惟甸公邑容或有之其稍以外公邑皆錯居都鄙之間則無不制井田之理
又云今考公邑實當與采邑相同制井田亦爲丘甸之法（載師疏）

而縣都又異縣爲未封。王官所治也。都爲既封。采主所守也。

縣士注云封則爲采邑未封則爲公邑
孫詒讓云王官所治爲公邑公邑所居謂之縣鄙采主所治爲采邑采邑所居謂之都鄙

此行政之區分也。

至於獄官則依行政之區而設。司初審者有五。一曰鄉士。在國中。主六鄉之獄訟。置官八人。分掌六鄉。每二鄉四人。

鄉士職云掌國中　鄭注云玄謂其地則距王城百里內也　賈疏云鄉士言掌國中此主國中獄也六鄉之獄在國中　主六鄉之獄言掌國中者獄居近六鄉之獄皆在國中

鄭氏叙官云鄉士主六鄉之獄
鄉士職云聽其獄訟察其辭
鄉士鄭注云鄉士八人言各者四人而分主三鄉
大司寇鄭注云訟謂以財貨相告者獄謂相告以罪名者
大司徒鄭注云爭罪曰獄爭財曰訟（是則獄猶刑事訟猶民事也）

二曰遂士。在四郊。主六遂之獄訟。置官十二人。分掌六遂。一遂二人。

遂士職云掌四郊　鄭注云玄謂其地則距王城百里以外至二百里言掌四郊者此主四郊獄也六遂之獄在四郊
賈疏云後鄭意六遂之地則在二百里中但獄則不在二百里中當在百里四郊上置之亦若六鄉地在王城外獄則在城中然
鄭氏叙官注云遂士主六遂之獄者
遂士云聽其獄訟察其辭
遂士鄭注云遂士十二人言各者二人而分主一遂

三曰縣士在野。主縣之獄訟。縣獄又分爲三野之縣獄。在二百里上。其掌二百里外。縣之縣獄。在三百里上。其掌三百里外。都之縣獄。在四百里上。其掌四百里外。至二百里內之公邑。則遂士兼掌之也。共置官三十二人。分掌三獄則野之縣獄十人。縣都之縣獄各十一人矣。

縣士職云縣士掌野　鄭注云玄謂地距王城二百里以外至三百里曰野三百里以外至四百里曰縣四百里以外至五百里曰都都縣野之地其邑非王子弟公卿大夫之采地則皆公邑也縣士掌其獄焉言掌野者郊外曰野大總言之也獄居近野之縣獄在二百里上縣之縣獄在三百里上都之縣獄在四百里上　賈疏云獄居近者從鄉士掌國中已外遂士掌四郊皆據近而言明此縣士三等獄以次據近而置云野之縣獄在二百里上縣之縣獄在三百里上都之縣獄在四百里上者以三處獄得名縣者自三百里以外有稍縣都縣居中故皆以縣獄爲名若言野縣都據本爲稱若然云掌野則三處總名野及歷言之則惟三百里得名野者以其以外四百里五百里有縣都之名還指本號二百里中地雖有稍名縣士既言掌野不得不存一野以爲獄名故也案載師云公邑在甸地則二百里中亦有公邑縣士惟掌三百里已外其二百里獄遂士兼掌之矣
鄭氏叙官注云縣士主縣之獄者
縣士云而聽其獄訟察其辭
縣士賈疏云上鄉士遂士皆解分人各主之義至此縣士雖不言案序官縣士三十有二人縣獄既有三處蓋三百里地狹人少當十人四百里五百里地廣民多當各十一人以是故得云各掌其縣之民數也

四曰方士在四方。主都家之獄訟。（考都家均有獄官。大都有都士小都亦然家邑有家士　命自采主。與方士之命於王者不同。治其小事。以告於方士。）方士十六人。分掌四方。一方四人。

方士職云掌都家　鄭注云玄謂都王子弟及公卿之采地家大夫之采地大都在畺地小都在縣地家邑在稍地　賈疏云縣士自掌三等公邑之獄方士自掌三等采地之獄且士掌三等公邑之獄親自掌之若方士掌三等采邑之獄遙掌之采地自有都家之士掌獄有事上於方士耳

鄭氏叙官注云方士主四方都家之獄者

又云都家之士主治都家吏民之獄訟以告方士者也亦當言每都　賈疏云必知王家不置都士而云都家之士者以其都司馬使王自爲之家司馬家自置司馬以司馬主軍事重故王置都司馬此刑事輕於軍故都家王皆不置都士但已有方士主其獄故使都家之士以獄告也

方士云凡都家之士所上治則主之　鄭注云都家之士都士家士也所上治者謂獄訟之小事不附罪者也主之告於司寇聽平之

方士注云方士十六人言各掌其方者四人而主一方也

方士云聽其獄訟之辭

五曰訝士。掌諸侯之獄訟。諭罪于邦。達治於士。四方亂獄。則往成之。亦獄官之一也。

訝士職云訝士掌四方之獄訟　鄭司農云四方諸侯之獄訟

又云諭罪刑於邦國凡四方之有治於士者造焉　鄭注云謂讞疑辨事先來詣乃通之於士也士主謂士師也　又云四方有亂獄則往而成之

總上五職。皆司初審。惟訝士一官。兼掌達治。及其二審。則掌於司寇。大司寇爲正。小司寇爲貳。凡士之不決者。則斷之。考其制度。則士有不決者。來問師士。師士察之。以告司寇。司寇會羣士。司刑於朝。聽而議之。

大宰注云正謂冢宰司徒宗伯司馬司寇司空也貳爲小宰小司徒小宗伯小司馬小司寇小司空也

小司徒云以五刑聽萬民之獄訟

士師云察其獄訟之辭以詔司寇斷獄弊訟致邦令　賈疏云獄訟辭訴各有司存謂若鄉士遂士縣士方士各主當司之獄訟其有不決來問都頭士師者則士師審察以告大司寇斷獄弊訟也

縣士云……司寇聽之斷其獄弊其訟於朝羣士司刑皆在各麗其法以議獄訟(遂士縣士都士等同)

前所述者。皆爲專理刑事之官也。大司寇職。卿一人。小司寇職。中大夫二人。士師之職。下大夫四人。鄉士之職。上士八人。中士十六人。下士三十二人。府六人。史十二人。胥十二人。徒百二十人。遂士之職。中士十二人。府六人。史十二人。胥十二人。徒百二十人。縣士之職。中士三十二人。府八人。史十六人。胥十六人。徒百六十人。方士之職。中士十六人。府八人。史十六人。胥十六人。徒百六十人。訝士之職。中士八人。府四人。史八人。胥八人。徒八十人。總之卿一人。中大夫二人。下大夫四人。上士八人。中士八十四人。下士三十二人。府三十二人。史六十四人。胥六十四人。徒六百四十人。

專任刑官之外。復有以他官兼之者。大別有三。一爲鞭朴以下。不附刑者。有地治者。聽而斷之。其附於刑者。歸於士。

大司徒職云凡萬民之不服教而有獄訟者與有地治者聽而斷之其附於刑者歸於士　鄭注云有地治者謂鄉州及治都鄙者也附麗也士司寇士師之屬　鄭司農云與有地治者聽而斷之與其地部界所屬吏共斷聽之士謂主斷刑之官　孫詒讓正義云其附於刑者歸於士者以司徒雖掌鄉八刑而獄訟之事必屬之刑官也其官刑扑罰以下則司徒專斷之

二爲陰事之訟。媒氏聽之。其附於刑者。歸之於士。不於附刑者。氏自決釋之。

媒氏職云凡男女之陰訟聽之於勝國之社其附於刑者歸之於士

三爲市中之訟。司市聽之。其附於刑者。歸之於士。不附於刑者。以市刑斷之。

司市云市刑小刑憲罰中刑徇罰大刑扑罰其附於刑者歸於士

此皆微罪一審之官也。他若司救掌禁。士師宣戒。皆防患於未然。以左右刑罰者也。

司救職云掌萬民之衺惡過失而誅讓之以禮防禁而救之　莊存與云此未麗於法者若禁暴氏禁戮氏所掌則已麗於法者也　孫詒讓云云以禮禁而救之者申明禮法以防禁其爲非即所以救其陷罪

至司寇聽獄。復有贊詔。司刑詔刑。司刺詔赦。此又獄吏之佐理也。

司刑職云若司寇斷獄弊訟則以五刑之法詔刑罰而以辨罪之輕重　司刺職云司刺掌三刺三宥三赦之法以贊司寇聽獄訟

凡未決之囚。不化之民。罷民擊諸圜土。掌於司圜。

月令孔疏云既囚證未定獄事未決繫之於圜土　司圜職云掌收教罷民　鄭司農云罷民謂惡人不從化爲百姓所患苦而未入五刑者也

其麗於五刑者不入圜土。身居三木。掌囚守之。

孫詒讓司徒疏云其五刑之囚則曰繫鄉士遂士縣士諸官之獄不入圜土

掌囚云掌守盜賊凡囚者　賈疏云此謂五刑罪人古者五刑不入圜土故使身居三木掌囚守之

及期刑殺。各在本獄之處。（惟鄉就市）掌戮掌之。

遂士云協日就郊而刑殺

縣士云協日刑殺各就其縣

鄉士注云鄉士則擇可刑殺之日至其時而往涖之

遂士注云遂士擇刑殺日至其時往涖之（以此推之其他縣士方士等亦然）

司圜注云待刑殺者掌戮將自市來（有爵者刑於甸掌戮自市來執行故其他鄉士遂士等刑亦掌戮執行也必矣）

掌戮職云掌斬殺賊諜而搏之

又云凡罪之麗於法者亦如之

又云凡軍旅田役斬殺刑戮亦如之

至沒收器貨。坐奴男女。則司厲掌之。金罰貨罰。則職金受之也。

司厲職云掌盜賊之任器貨賄……

又云其奴男子入於罪隸女子入於舂槀

職金職云掌受士之金罰貨罰

以上五官。司圜掌囚掌戮司厲職金皆行刑之官也。復有禁殺戮禁暴氏。以告遏訟暴力者。亦其類也。

禁殺戮職云禁殺戮掌司斬殺戮者凡傷人見血而不以告者攘獄者遏訟者以告而誅之

禁暴氏職云禁暴氏掌禁庶民之亂暴力正者撟誣犯禁者作言語而不信者以告而誅之

每獄之成。士師受中。此又獄官之致也。

鄉士云獄訟成士師受中

周禮獄官。置殺衆多。主重民權。允詳允備。衡之於今。未爲多讓。

三　審判

（甲）斷獄訟之法

凡民以獄訟來者。有納乃聽。訟入束矢。獄入鈞金。既入之後。訟即治之。獄遲三日。乃治所以重獄也。

司寇職云以兩造禁民訟入束矢於朝然後聽之　鄭注云訟謂以財貨相告者造至也使訟者兩至既兩至使入束矢乃治之也不至不入束矢則是自服不直者也必入矢者取其直也　賈疏云此并下二經論禁民獄訟不使虛誣之事言禁者謂先令入束矢不實則沒入官若不入則是自服不直是禁民省事之法也

又云以兩劑禁民獄入鈞金三日乃致於朝然後聽之　鄭注云獄謂相告以罪名者劑今劵書也使獄者各齎劵書既兩劵書使入鈞金又三日乃治之重刑也不劵書不入金則是亦自服不直者也必入金者取其堅也三十萬曰鈞　賈疏疏云此一經聽爭罪之事與上聽訟有異此則各違持劑之書契又入金不入矢三日乃致於朝者皆謂以獄事重於

訟事故鄭云重刑也（未完）

——摘自《東北大學周刊》一九二七年六月第二十六期

周禮札記之一

周禮司法制度考（續）

法律系　魏運五

及治獄訟。則聽以五聲。一曰辭聽。二曰色聽。三曰氣聽。四曰耳聽。五曰目聽。

小司寇云以五聲聽獄訟求民情一曰辭聽（鄭注云觀其出言不直則煩）二曰色聽（鄭注云觀其顏色不直則赧然）三曰氣聽（鄭注云觀其氣息不直則喘）四曰耳聽（鄭注云觀其聽聆不直則惑）五曰目聽（鄭注云觀其眸子視不直則眊然）

五聲之外。正以典成。諸侯獄訟。以邦典定之。卿大夫獄訟。以邦法斷之。庶民獄訟。以邦成弊之。

大司寇職云凡諸侯之獄訟以邦典定之（鄭注云邦典六典也）凡卿大夫之獄訟以邦法斷之（鄭注云邦法八法也）凡庶民之獄訟以邦成弊之（注云邦成八成也鄭司農云邦成謂若今時決事比也）

吳氏云八成繫於邦治之大聽訟持獄吏焉

孫詒讓小宰疏云大司寇云凡諸侯之獄訟以邦典定之…邦成即此八成彼經與六典八法同舉是獄訟雖以典法成三者爲聽斷而典法成非專爲聽獄訟而設

以邦成斷之之例。民訟以地比正之。地訟以圖正之。是也。

小司徒職云凡民訟以地比正之　鄭司農云以田畔所與比正斷其訟　孫詒讓云謂爭戶口征役及子女臣妾誘逸之事易祓謂此即小宰八成所謂聽政役以比居是也孔廣森云比即比居下圖即版圖管仲治齊有戶籍田結是古圖比法詒讓案先鄭謂此以地比正民訟猶後世斷訟以鄰里爲證佐然此比實當爲比居之比與五家爲比義不同先鄭說失之

又云地訟以圖正之　鄭注云地訟爭疆界者　易祓云此即小宰八成所謂聽閭里以版圖是也　孫詒讓云注云地訟爭疆界者謂因廛宅田園疆界相侵越而爭訟者也圖即大司徒之土地之圖

情訊之後。至於旬乃弊之。弊者斷也斷定其罪也

小司寇職云以五刑聽萬民之獄訟附於刑用情訊之至於旬乃弊之讀書則用法

此皆獄官聽獄之法也。

（乙）斷獄訟之官吏

民有獄訟。告於有地治者。陰事之訟。告於媒氏。市事之訟。告於司市。司徒與之。共

聽。小者專之。大者入於士。

大司徒職云凡萬民之不服教而有獄訟者與有地治者聽而斷之其附于刑者歸於士 鄭注云有地治者謂鄉州及治都鄙者也附麗也士司寇士師之屬鄭司農云與有地治者聽而斷之與其地部界所屬吏共聽之士謂主斷刑之官孫詒讓云其附於刑者歸於士者以司徒雖掌鄉八刑而獄訟之事必屬之刑官也其官刑扑罰以下則司徒專斷之又云案鄭意此云有地治者猶遂大夫云屬其地治者亦猶蜡氏之有地之官在六鄉則為鄉州之吏在采地則為都鄙之吏此皆有聽獄訟之事故鄉師云各掌其所得鄉之教而聽其治又云聽其獄訟是也云司寇士師之屬者司寇關大小司寇與士師及其屬官皆刑官故通謂之士

媒氏云凡男女之陰訟聽之於勝國之社其附於刑者歸於士 鄭注云陰訟爭中冓之事以觸法者勝國亡國也亡國之社奄其上而棧其下使無所通就之以聽陰訟之情明不當宣露其罪不在赦宥者直歸士而刑之不復以聽士司寇之屬 孫詒讓云注云陰訟爭中冓之事以觸法者者以男女淫佚陰事之訟故謂之陰訟與大司寇陰禮義略同云其罪不在赦宥者直歸士而刑之不復以聽者鄭意媒氏直主聽訟不主刑凡訟既聽之後辨其罪之大小其小罪可赦宥者則媒氏專決而釋之其大罪不可赦宥當入五刑者則媒氏不再聽直歸之秋官也……蓋大罪入五刑歸於士者亦媒氏先聽之非謂直歸不聽也云士司寇之屬者大司徒注義同亦關士師鄉士遂士縣士方士等官言之也

司市職云市刑小刑憲罰中刑徇罰大刑扑罰其附於刑者歸於士 賈疏云附於刑者歸於士者此刑各有所對言市刑雖輕亦名為刑若對五刑則五種者為刑故云附於刑歸於士士謂秋官士師鄉士遂士之屬其人屬彼者各歸之使刑官斷之也

都家之士亦然。都士掌都。(大都小都) 家士掌家。(家邑) 司其小者。大者上之。

方士職云凡都家之士所上治則主之 鄭注云都家之士都士家士也所上治者謂獄訟之小事不附罪者也主之告於司寇聽平之

敘官注云都家之士主治都家吏民之獄訟以告方士者也

總之。獄訟之微者。不入於士。在鄉遂者。有地治者主之。在縣鄙者。亦如鄉遂。惟都與家。置士治之耳。(按大司徒云有地治者宜指鄉遂縣而言蓋以鄉遂縣官均由王設故司徒得與聽獄焉至采邑則地治之官皆由采主設之應非大司徒內之有地治者且秋官內有都士家士據鄭云掌獄之小者於此則與地治者所掌同應不復歸有地治者掌焉所見如是故誌焉)其有不決者。則上其治於士。士受而告於司寇。鄉士所主。鄉之上治也。遂士所主。遂之上治也。縣士所主。縣之上治也。方士所主。

都之上治也。

(按方士云凡都家之士所上治則主之鄭云所上治者謂獄訟之小事不附罪者也主之告於司寇聽平之故云其不決者則上治於士士受而告於司寇都家士既然則其鄉遂縣等亦宜然耳特文不具耳)

其附於刑者。則入於士。鄉之獄訟。(附刑)鄉士聽之。遂之獄訟。(附刑者)遂士聽之。縣之獄訟。(附刑者)縣士聽之。都之獄訟。(附刑者)方士聽之。

鄉士職云掌國中(注見前)
遂士職云掌四郊
縣士職云掌野
方士職云掌都家

聽訊既畢。辨其死刑之罪。定期而致於朝。國中一旬。郊二旬。野三旬。都三月。邦國朞。期內聽之。期外不聽。

鄉士職云辨其獄訟異其死刑之罪而要之旬而職聽於朝鄭注云要之爲其罪法之要辭如今劾矣十日乃以職事治之於外容其自反覆

遂士職云辨其獄訟異其死刑之罪而要之二旬而職聽於朝

縣士職云辨其獄訟異其死刑之罪而要之三旬而職聽於朝

方士云辨其死刑之罪而要之三月而上獄訟於國

朝士職云凡士之治有期日國中一旬郊二旬野三旬都三月邦國朞期內之治聽期外不聽　賈疏云凡士之治有期日者即上文鄉士聽訟於朝者鄉士一旬遂二旬期日即上鄉士遂士之等獄訟成來於外朝職聽遠近節之皆有期日

凡諸士有上治者。朝士審其期。士師察其辭。然後以告大司寇。

朝士見前

士師職云察獄訟之辭以詔司寇斷獄弊訟致邦令　賈疏云獄訟辭訴各有司存謂若鄉士遂士縣士方士各主當司之獄訟其有不決來問都頭士師者則士師審察以告大司寇斷獄弊訟也(此賈云恐未盡當按察獄訟之辭云云應爲諸士之要辭鄭云詔司寇者今白聽正法解也並未云獄未決來問之意禮記云成獄辭史以獄成告於正正聽之正以獄成告於大司寇大司寇聽之棘木之下大司寇以獄之成告於王王命三公參聽之三公以獄之成告於王王三又後制刑等則獄之已決者必上治必上治而察之非獄之未然決來問者鄭注禮記云史司寇吏也正於周鄉師之屬孔疏云鄉謂鄉士師謂士師也云之屬者謂遂士縣士方士之等以余解之此與周官相當也)

司寇受獄訟。聽之於朝。羣士司刑皆在。以議獄訟。

鄉士職云司寇聽之斷其獄斷其訟於朝羣士司刑皆在各

麗其法以議獄訟　鄭注云麗附也各附致其法以成議也
遂士職云同上
縣士職云同上
方士職云司寇聽其成於朝羣士司刑皆在各麗其法以議獄訟

司刑以五刑贊詔刑罰。

司刑職云若司寇斷獄弊訟則以五刑之法詔刑罰而以辨罪之輕重　鄭云詔刑罰者處其所應不如今律家所署法矣

司刺以三刺、三宥、三赦、贊聽獄訟。

司刺職云掌三刺三宥三赦之法以贊司寇聽獄訟

是以司寇在朝。與衆之聽議訴訟也。聽以五聲。正以典成。聽訊既畢。共衆議之。刑罰既立。斷以三刺。三刺之後。正以三宥。三宥之後。恤以三赦。三赦既辨。民情得中。

小司寇職云以刺斷庶民獄訟之中一曰訊羣臣二曰訊群吏三曰訊萬民聽民之所刺宥以施上服下服之刑
司刺云壹刺曰訊羣臣再刺曰訊群吏三刺曰訊萬民壹宥曰不識再宥曰過失三宥曰遺忘壹赦曰幼弱再赦曰老旄三赦曰惷愚以此三法者求民情斷民中而施上服下服之罪然後刑殺

遂議定刑殺。至於旬乃弊之。然後讀書用法。而獄訟成矣。士師受中。致令於士。協日刑殺。肆之三日。若王欲免之。則會其刑殺之期。鄉則親往。遂遣三公往。縣命六卿往。

鄉士職云獄訟成士師受中協日刑殺肆之三日　鄭注云受中謂受獄訟之成也鄭司農云協日刑殺協合也和也和合支幹善日若今時望後利日也玄謂士師既受獄訟之成鄉士則擇可刑殺之日至其時則往涖之尸之三日乃反也
賈疏云鄭言此者經云士師受中協日刑殺文年分別恐是士師受中還是士師刑殺故須辨之知非士師刑殺者以其士師是司寇之考總攝諸士所刑殺者鄉士遂士縣士方士各自往涖之若一一遣士師自行於理不可是以鄭爲此解也
遂士職云獄訟成士師受中協日就郊而刑殺各於其遂肆之三日
縣士職云獄訟成士師受中協日刑殺各就其縣肆之三日
方士職云獄訟成士師受中書其刑殺之成與其聽獄訟者
小司寇職云以五刑聽萬民之獄訟用情訊之至於旬乃弊之讀書則用法

綜上所述。皆王畿獄官斷獄之次序也。諸侯之獄訟。則訝士主之。凡四方之有治於士者則造焉。四方有亂獄。則往成之。此掌四方之獄訟者也。

訝士職云掌四方之獄訟諭罪刑於邦國凡四方之有治於士者造焉四方有亂獄則往而成之

獄吏之外。復有佐理。未麗於法者。司救禁

之。已麗於法者。禁暴氏禁殺戮以告而誅之。

司救職云掌萬民之衺惡過失而誅讓之以禮防禁而救之莊存與云此未麗於法者若禁暴氏禁殺戮所掌則已麗於法者也

禁殺戮云掌司斬殺戮者凡傷人見血而不以告者攘獄者遏訟者以告而誅之

禁暴氏云掌禁庶民之亂暴力正者撟誣犯禁者作言語而不信者以告而誅之

此皆治獄之常法也。至若親貴。則以八辟議之。（見前）。命夫命婦。不躬坐獄訟。（小司徒文）。此又治親貴獄訟之法也。民有復上。其長不達者。立於肺石。三日。士聽。以告於上。而罪其長。此又行政訟訴之一也。

大司寇職云凡遠近惸獨老幼之欲有復於上而其長弗達者立於肺石三日士聽其辭以告於上而罪其長　鄭注云復猶報也上謂王與六卿也報之者若上書詣公府言事矣長謂諸侯若鄉遂大夫

四　刑罰

刑罰威獄。以類天震。進叙有禮。討罰有罪。刑罰者所以懲惡而勸善也。周禮刑罰。大經有二。一教罷民。一罰有辜。教罷民者刑不虧體。罰不虧財。司救掌之。治其過惡。有衺惡者。三讓三罰。三罰不悛。士加明刑。恥諸嘉石。役諸司空。重罪旬有三日坐。朞年而役。其次九日坐。九月而役。其次七日坐。七月而役。其次五日坐。五月而役。下罪三日坐。三月而役。州里任之。乃宥而舍之。

司救孫詒讓疏云掌萬民之衺惡過失而誅讓之者此掌教救罷民之事

司救職云凡民之有衺惡者三讓三罰而士加明刑恥諸嘉石役諸司空　鄭注云罰謂撻擊之也加明刑者去其冠飾而書其衺惡之狀着之背也嘉石朝士所掌在外朝之門左使作焉以恥辱之既而役諸司空使事官之作也作役之數存於司寇　孫詒讓云讓罰而改則釋之若三罰不悛則歸之司寇使朝士恥之司空役之也

司寇職云以嘉石平罷民凡萬民之有罪過而未麗於法而害於州里者桎梏而坐諸嘉石役諸司空重罪旬有三日坐朞役其次九日坐九月役其次七日坐七月役其次五日坐五月役其下罪三日坐三月役使州里任之則宥而舍之　賈疏云云使州里任之者仍恐習前為非而不改故使州長里宰保任乃舍之以稍輕入鄉即得與鄉人齒亦無垂緌五寸之事也

有過失者。三讓三罰。三罰不悛。歸於圜土。上罪三年。中罪二年。下罪一年。期訖雖出。不齒三年。不改而出者。則刑殺焉。

司救職云其過失者三讓而罰三罰而歸於圜土鄭注云圜

土獄城也過失近罪晝日任之以事而收之夜藏於獄亦如明刑以恥之不使坐嘉石其罪已著未忍刑之　孫詒讓云云三罰而歸於圜土者三罰不悛則歸之司寇使司圜恥役之

司圜職云掌收敎能民凡害人者弗使冠飾而加明刑焉任之以事而收敎之能改者上罪三年而舍中罪二年而舍下罪一年而舍其不能改而出圜土者殺雖出三年不齒凡圜土之刑人也不虧體其罰人也不虧財

大司寇職云以圜土聚敎能民凡害人者寘之圜土而施職事焉以明刑恥之其能改過反于國中不齒三年　鄭注云反于中國謂舍之還於故鄉里也

罰有辜者。科以五刑。五刑者何。墨劓宮刖殺也。未及刑期。掌囚守之。分罪爲三等。而加以桎梏。及期刑殺。則告刑於王。奉而適朝。士加明梏。鄉適市刑。遂縣各於其處。其有爵者。適甸師殺。

司刑職云掌五刑之法以麗萬民之罪墨罪五百劓罪五百宮罪五百刖罪五百殺罪五百　鄭注云墨黥也先刻其面以墨窒之劓截其鼻也宮者丈夫則割其勢女子閉於宮中若今宦男女也刖斷足也周改劊作刖殺死刑也

掌囚職云掌守盜賊凡囚者上罪梏拲而桎中罪桎梏下罪梏王之同族拲有爵者桎以待弊罪　鄭司農云拲者兩手共一木也桎梏者兩手各一木也玄謂在手曰梏在足曰桎中罪則不拲手足各一木耳下罪又去桎王同族及命士以上雖有上罪或拲或桎而已弊猶斷也

又云及刑殺告刑于王奉而適朝士加明梏以適市而刑殺之　鄭注云告刑于王告王以今日當行刑及所刑姓名也其死罪則曰某之罪在大辟其刑罪則曰某之罪在小辟奉而適朝者重刑爲王欲有所赦且當以付士士鄉士也鄉士加明梏者謂書其姓名及其罪於梏而著之也囚時雖有無梏者至於刑殺皆設之以適市就衆也　賈疏云云且當以付士士鄉士也者凡囚鄉士遂士縣士方士各自有獄推問之明各於本獄之所獄成上於王時則使掌囚掌之及欲刑殺掌囚還付士若然上皆云士師受中協日刑殺刑殺各於本獄之所今此經云在以適市者此文止指六鄉之獄在國中推問在獄行刑殺則在市若遂士以下自在本獄之處刑殺之故此云士鄉士也

又云凡有爵者與王之同族奉而適甸師氏以待刑殺

刑殺之時。常戮執行。刑殺之後。墨使守門。劓使守關。宮使守內。刖使守囿。髠使守積。殺于市者。肆之三日。

掌戮職云掌斬殺賊諜而搏之凡殺其親者焚之殺王之親者辜之凡殺人者踣諸市肆之三日刑盜於市凡罪之麗於法者亦如之唯王之同族與有爵者殺之于甸師氏凡軍旅田役斬殺刑戮亦如之墨者使守門劓者使守關宮者使守內刖者使守囿髠者使守積

掌囚鄭注云待刑殺者掌戮得自市來也

其供罪任器。沒入官府者。犯刑男女。有入于奴者。則爲司厲之所職也。

司厲職云掌盜賊之任器貨賄辨其物皆有數量賈而楬之

入于司兵　鄭司農云任器貨賄謂盜賊所用傷人兵器及所盜財物也

又云其奴男子入于罪隸女子入于舂槀　鄭司農云謂坐爲盜賊而爲奴者輸於罪隸舂人槀人之官也

又云凡有爵者與七十者與未齔者皆爲奴

此刑罰制度之大要也。

總之。周禮司法制度之梗概。已述之矣。試以今日之司法制度比之。則多有類似之處。如輕罪重罪之初審。則分屬於二級。及其二審。則皆上訴於大司寇。猶與國之三級二審之制也。起訴則先納矢金。審判則主重情訊。猶今日之民事訴訟須交訴費。審理訟獄不用刑訊也。若夫三刺之法。類乎陪審之制。日本東川德治氏已言之矣。（見東川德治支那法制史）由此以觀。則中國之法制。不無研究之必要焉。

——摘自《東北大學周刊》一九二七年第二十七期

考工記磬制的研究

周禮冬官考工記下所說磬制，原文如下：

磬氏爲磬，倨句一矩有半（鄭注：必先度一矩爲句，一矩爲股，而求其弦。既而以一矩有半觸其弦，則磬之倨句也。磬之製有大小，此假矩以定倨句，非用其度耳）

其博爲一（鄭注：博謂股博也。博，廣也，

股爲二，鼓爲三。參分其股博，去一以爲鼓博；參分其鼓博，以其一爲之厚。（鄭注：鄭司農云「股，磬之上大者；鼓，其下小者，所當擊者也。」玄謂股，外面。鼓，內面也。假令磬股廣四寸半者，股長九寸也。鼓廣三寸，長尺三寸半，厚一寸）

已上則摩其旁（鄭司農云「磬聲大上，則磨鑢其旁」玄謂太上，聲清也。薄而廣則濁）

已下則摩其端（鄭注：太下，聲濁也。短而厚則清）

若依鄭注，矩爲正角。（九十度）兩股亦上下同大，則依比例無法求得「一矩有半」之弦。除非依朱載堉的樣子。（見下）

明朱載堉律呂精義依鄭注作圖，其形如下。此圖確實，合於鄭注者。

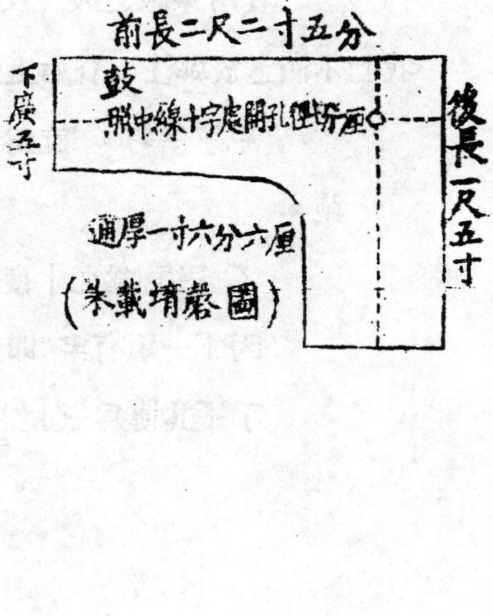

（朱載堉磬圖）

清程瑤田考工創物小記（皇清經解）卷五百三十八，學海堂本及磬折古義（卷五百四十）定"倨句一矩有半"爲一百三十五度角，駁鄭注「以一矩有半觸其弦」句爲誤，

(程瑤田磬圖)

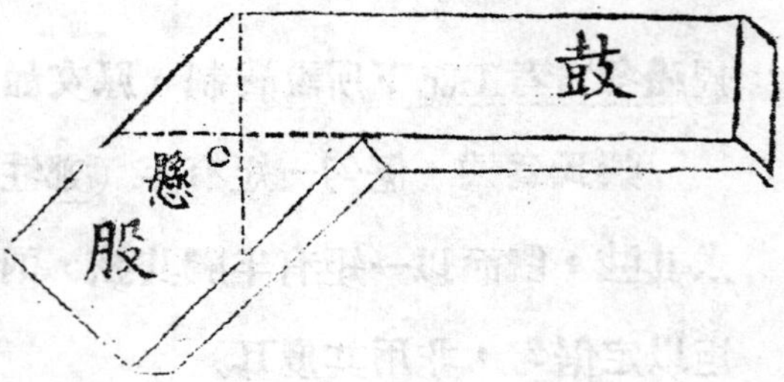

所見甚是，在今日初小學生皆能明白。可惜其所作圖仍未能令人滿意。

清會典之磬制，不以律分大小，却以厚薄定聲清濁，已非鄭注本意。但其圖樣，似仍不出鄭注比例，範圍，而折衷朱程兩圖者。

清會典磬圖)

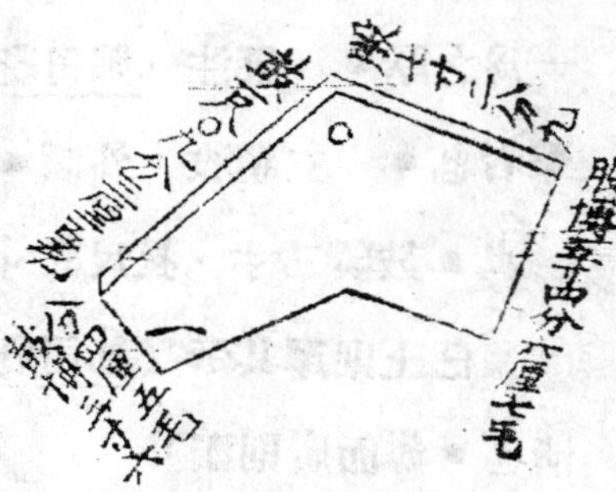

我們遍考漢以後的注釋，似皆不出鄭注以下兩點的範圍

(一)經文博一股二的一，二，三，數目字，爲大小比例之數。

(二)博一之博，與鼓博之博，同作廣博解，

因此，各種磬圖，勢必弄成不三不四的樣子，其不合理之處有三：

(一)古鐘鼎之類，其圖案莫不美觀，所謂製器尙象是也，此等磬樣，確實難看。

(二)上便的"股"，只是贅瘤，不特不能美觀，實是毫無意義。

(三)實用擊敲之鼓，反而長細，不切實用。

我們不滿意於鄭注，有如上述，於是專就經文本身求解，試擬於下：

(甲)「倨句，」直爲倨，曲爲句，"倨句"即是"角度"，或銳或鈍。

(乙)「矩」爲九十度角。

(丙)「一矩有半」即九十加四十五度，共一百三十五度角。

(丁)「其博爲一」之"博"作爲"物名"解。疑爲"膊字"之訛，但未

有可靠的證據。

(戊)「股為二，鼓為三」的"二，""三"，作為紀數之字，不是比例之數。

(己)「三分其股博」的"博"字，自然是鼓之闊了。「去一以為鼓博，」即是"鼓闊"等於"股闊"三分之二。

(庚)「三分其鼓博，以其一為之厚」即是"磬體之厚，"等於"鼓闊"三分之一。

依以上的意思，繪成此圖。

試擬磬圖

以最上的菱形命為"博"，只有一個，好像人之肩膊；左右的兩個菱形，命為"股"，有二個，像人的兩股；每一個菱形之中，各有一"鼓"略高，以為敲擊之用，共有三處可敲--這許不是對於原文，很為順溜的嗎？但是原意是否如此，我們也不敢武斷；不過比較上列三圖，似覺更為自然而已。至於「已上則摩其旁」兩句，鄭玄的注釋，確為合理。只恐相差太遠時，未必可能磨合耳。

(注)朱圖與會典圖，懸之皆作斜形；獨程圖主張鼓為垂直。

十七年，八月二十八　瓠蘆

——摘自《音樂雜誌》1928 年第 1 卷第 6 期

周代官名畧攷

楊　筠　如

言周代官制，率以周禮爲本。 然周禮一書，世人多攻其僞。 余疑周禮出自春秋以後，乃雜採春秋各國官制爲之；其中雖大致與周制猶相近，而謂全爲周制，則殆不可信。故就古籍金石所見周代之官名，畧爲輯釋，以存其眞；亦以待攷國聞者之審訂焉。

冢宰宰　大宰

詩雲漢鞫哉庶正，疚哉冢宰。禮記內則王后命冢宰降德于衆兆民。論語君薨百官總己以聽于冢宰。荀子王制使百吏免盡而衆庶不偷，冢宰之事也。冢宰，一稱宰。詩十月家伯維宰。鄭箋宰，冢宰。晋語葵丘之會，獻公將如會，遇宰周公。韋注宰周公王卿士宰孔也，爲冢宰。左傳之稱宰者有隱元年之宰咺，桓四年之宰渠伯糾，僖九年之宰孔。金文之稱宰者尤夥；師嫠敦宰王周生內右師嫠。吳尊宰朏右作册吳入門。頌敦宰弘右頌入門。望敦宰朋友右望入門。左傳國語又稱大宰。定二年左傳祝佗曰武王之母弟八人，周公爲大宰。周語惠王十五年有神降于莘，使大宰忌父帥傅氏及祝史奉犧牲玉鬯往獻焉。又襄王使大宰文公及內史興賜晋文公命。皆卽周禮之大宰也。

司徒農父

書牧誓梓材立政皆有司徒司馬司空。詩十月番維司徒。縣篇乃召司徒。鄭語幽王八年而桓公爲司徒。襄二十一年左傳王使司徒禁掠欒氏者。昭二十二年司徒醜以王師敗績于前城。周語引周之秩官司徒具徒。揚敦司徒單伯內右揚。無專鼎司徒南中右無專入門。師艅敦王呼作册內史册命師艅繼司徒。司徒一名農父；書酒誥圻父薄違，農父若保，宏父定辟。圻父，司馬也。農父，司徒。宏父，司空。 金文司徒本作辭土，正主農之意。 周禮大司徒辨十有二壤之物而知其種，以教稼穡樹藝。猶有農父之意也。

司馬圻父

司馬見書牧誓梓材立政。楚語程伯休父當宣王時失其官守而爲司馬氏。周語引周之秩官司馬陳芻。師奎父鼎司馬刑伯右師奎父。師艅敦司馬共右師艅入門師晨鼎司馬共右師晨入門。司馬一名圻父；書酒誥圻父薄違，字一作祈；詩祈父祈父，予王之爪士：毛傳祈父，司馬也，主封圻之甲兵。

司空宏父

司空亦見書牧誓梓材立政。定二年左傳聃季爲司空。詩緜篇乃召司空。周語引周之秩官司空視塗。揚敦王若曰：揚作司空。無專鼎王命史友冊命無專曰官司空。尤彝命史懋錫尤載東回黃作司空，尤蔑王在魯！命尤作司空。司空一名宏父；酒誥宏父定辟是也。

司寇尉氏

書立政司寇蘇公。成十一年左傳蘇忿生以溫爲司寇。定二年左傳康叔爲司寇。周語陰陽分布，震雷出滯，土不備墾，辟在司寇。揚敦兼司寇兼司空。司寇一名尉氏；襄二十一年左傳欒盈辭于周行人曰：將歸死于尉氏。與襄三年魏絳曰請歸死于司寇，正同。

大宗上宗　宗伯

書顧命大保大史大宗皆麻冕彤裳。曲禮天子建天官，先六大，曰大宰大宗大史大祝大士大卜。大宗之名，與尚書同。一稱上宗。顧命上宗奉同瑁。又曰上宗曰饗。周禮稱大宗伯。魯有宗伯之官。魯語夏父弗忌，曰我爲宗伯。文二年左傳於是夏父弗忌爲宗伯，周語虢文公說籍禮云！宗伯九之。皆卽書之宗也。

大師師

詩節南山尹氏大師，維周之氐；秉國之均，四方是維。常武王命卿士，南仲大祖，大師皇父，整我六師，以修我戎。襄十四年左傳王使劉定公賜齊侯命曰：世胙大師，以表東海。周語大保六之，大師七之。大師一稱師；詩大明維師尙父時維鷹揚。毛傳師，大師。實卽左傳之世胙大師也。金文有大師虘豆。大師鐘伯㾓匜，大師吏頁父敦。不能定其時代。又稱師某父者甚夥；師雝父鼎師雝父德遹至于㝬，匚從，其父某蔑▢曆，錫金。對揚其父休，用作寶鼎。師奎父鼎王呼內史駒冊命師奎父嗣乃父官友。倘有師湯父鼎師器父鼎師田父尊，諸器，其是否周之大師，不能定也。

大保保　伯相

書召誥大保先周公相宅。顧命乃日召大保奭，芮伯彤伯畢公衛侯毛公。大保敦王伐彔子□，叡乃反。王降征命于大保。大保鼎惟公大保來反入年，在十又一月。大保一稱保；雒誥予乃胤保大相東土。君奭告女朕允保奭。又稱伯相；顧命伯相命士須材。伯相卽大保奭也。

大史

書酒誥大史友，內史友。顧命大史御王册命。襄四年左傳魏絳曰昔周辛甲之爲大史也，命百官官箴王闕。昭二年韓宣子適周，觀書于大史氏。哀六年楚子使問諸周大史。周語大史贊王。𣪕𣪘大史是右。又曰大史述命。毛公鼎卿事寮。大史寮。大史稱寮亦稱友，其僚友衆也。

內史作册　作册內史　作册尹　尹氏

詩十月棸子內史。內史友見酒誥。桓二年左傳周內史聞之曰。臧孫達其有後于魯乎？莊十年使周內史選其族嗣，納諸晉人。周內史見于左傳者，有莊三十二年之內史過僖十六年之內史叔興父，文十四年之內史叔服。內史叔興父，周語作內史興。金文所見內史特多：趞鼎內史卽命。師虎敦王呼內史吳曰册命虎。揚敦內史先册命揚。豆閉敦王命內史册命豆閉。師奎父鼎王命內史駒册命師奎父。內史一名作册；吳尊之作册吳，卽師虎敦之內史吳。𣪕卣有作册𣪕癸亥父巳鼎有作册豐。書雒誥乃命作册逸誥。顧命命作册度。一稱作册內史；𣄰盉王在周命作册內史錫𣄰鹵百隧。師𣏟敦王呼作册內吏册命師𣏟。其長稱作册尹。師晨鼎王呼作册尹册命師晨。𣄰敦王受作册尹諸俌册命𣄰。亦稱尹氏；克鼎王呼尹氏册命善夫克。師𣪘敦王呼。尹氏册命師𣪘。詩常武王謂尹氏，命程伯休父。節南山尹氏大師，維周之氏。書大誥肆予告我友邦君。越尹氏庶士御事。又曰義爾邦君；越爾多士尹氏御事。皆是也。

師氏

詩十月棫樸維師。雲漢趣馬師氏。毛傳師氏弛其兵。師氏主兵之官也。書牧誓司徒司馬司空亞旅師氏千夫長百夫長。顧命師氏虎臣。𣪕田鼎有司衆師氏小子會射。毛公鼎師氏虎臣。彔卣王命𢦏以成周師氏戍于口師。皆與周禮師氏不同。

虎賁虎臣

書立政綴衣虎賁。顧命以二千戈虎賁百人逆子釗于南門之外。孟子武王之伐紂也革車三百乘，虎賁三千人。虎賁一名虎臣。顧命師氏虎臣。毛公鼎師虎臣。師寰敦任右虎臣。師酉敦邑人虎臣。

趣馬走馬

詩十月蹶趣馬。雲漢趣馬師氏。書立政趣馬小尹。趣馬一作走馬；走馬休敦益公右走馬休入門。走馬簋右走馬口自作行簋。大鼎王召走馬應京。

綴衣

書立政綴衣虎賁。又曰虎賁綴衣。按綴衣本帷幕之名，主帷幕者，因亦謂之綴衣。疑卽周禮之幕人也。

膳夫膳宰

詩十月仲允膳夫。雲漢膳夫左右。莊十九年左傳惠王收膳夫之秩。周語膳夫農正陳籍禮。克鼎王呼尹氏册命善夫克。小克鼎王命善夫克舍命于成周。師晨鼎惟小臣善夫。大敦王命善夫。善夫皆卽膳夫，膳夫一名膳宰；周語引周之秩官膳宰致饔。燕禮膳宰具官饌于寢東。

左右

書立政左右攜僕。詩十月膳夫左右。棫樸濟濟辟王，左右奉璋。師寰敦左右虎臣。師虎敦官司左右。儀禮大射儀遂獻左右正，與內小臣。左右正與司馬正，小臣正，庶子正，僕人正同。左右，司馬，小臣，僕人，皆官名。

小臣內小臣

書康誥越小臣諸節。又曰越厥小臣外正。儀禮燕禮小臣戒與者，大射儀又有內小臣。靜敦學官小子衆服衆小臣門僕。使夷敦王使小臣守使于夷。師田父尊賓小臣傭口。季娟鼎命小臣夌先相楚居。師晨鼎惟小臣善夫。小臣靜彝。小臣靜卽事。𩖫尊王錫小臣𩖫彝貝。趞叔彝趞叔休于小臣貝三朋，臣三家。周禮有內小臣，與儀禮同。

小子

書酒誥邦君御事小子。靜㲋學宮小子衆服衆小臣衆口僕學射。䢅田鼎衆師氏小子會射。小子射鼎錫小子射，王賞貝十朋。周禮夏官有小子。

庶子外庶子

燕義古者周天子之官，有庶子官。庶子官，職諸侯卿大夫士之庶子之卒，掌其戒令與其敎治。大射儀獻庶子于阼階。庶子一作外庶子；書康誥矧惟外庶子訓人。周禮諸子，鄭注或曰庶子。

卜正大卜

隱十一年左傳滕侯曰：我周之卜正也。曲禮有大卜，與周禮同。

大祝祝

曲禮有大祝，金文有大祝禽鼎。書傳多止稱祝；周語引周之秩官宗祝執祀。韋注祝，大祝。又曰使大宰以祝史帥貍姓奉犧牲粢盛玉帛往獻焉。韋注亦曰祝，大祝。左傳或稱祝史，或稱祝宗。祝，亦大祝也。

陶正

襄二十五年左傳子產曰昔虞閼父爲周陶正，以服事我先王。

農正田畯　司嗇　嗇夫

周語膳夫農正陳籍禮。韋注農正，田大夫也。又曰農正再之。韋注后稷之佐，田畯也。詩大田饁彼南畝，田畯至喜。鄭箋以田畯爲司嗇。火敎蓋有司嗇，孫仲容釋爲司嗇。禮記郊特牲蜡之祭也，主先嗇而祭司嗇也。一稱嗇夫；覲禮嗇夫承命告于天子。昭十七年左傳引夏書嗇夫馳，庶人走。其屬有農師；周語農師一之，農正再之。猶儀禮稱司馬正司馬師，小臣正小臣師也。

火司

周語引周之秩官火師監燎。

水師

周語引周之秩官水師監濯。

樂正伶

儀禮大射儀東面命樂正。又曰樂正命大師。其屬有大師少師上工；大射儀僕人正徒相大師，僕人師相少師，僕人士相上工。依司馬正司馬小臣正小臣師農正農師之類例之；大師少師當本稱大樂師，小樂師，如其長稱大樂正，少樂正也。此疑用春秋各國官名，非周制如此。周禮有大司樂。一稱伶。周語伶人告和，王謂伶州鳩曰：鐘果和矣。韋注伶，司樂官。

門尹閽人

周語引周之秩官門尹除門。春秋時宋有此官；僖二十八年左傳宋人使門尹般如晉告急。哀廿六年皇非我因子潞門尹得左師謀，是也。一稱閽人；大射儀閽人爲大燭於門外。

關尹關人

周語引周之秩官敵國賓至，關尹以告。一稱關人；聘禮及境，問關人。周禮有司關。

司里里君

周語引周之秩官司里授館。宋有司里，襄九年左傳子罕使伯氏司里，是也。周禮有里宰。一稱里君；史頌敦里君百生。

司民

周語司民協孤終。周禮有司民。

司商

周語司商協民姓。按民姓當本作民生；古姓本作生，伯吉父盤其惟諸侯百生。史頌敦里君百生。是其證。疑卽周禮賈師也。

家司馬

趞曹王若曰趞，命女作𤕌師家司馬。周禮有家司馬。

中廄令

䚄田鼎中廄令□務□馬走。春秋時楚有中廄尹。昭二十七左傳沈尹戌言于子常曰：夫左尹與中廄尹，莫知其罪，而子殺之。

僕夫僕人　御僕

詩出車召彼僕夫，謂之載矣。又曰僕夫況瘁。儀禮大射儀有僕人正，僕人師，僕人士。春秋時晉有僕人；襄三十年左傳子產曰僑聞文公之爲盟主也，僕人巡宮。康誥左右携僕。

宰夫

周語宰夫陳饗，膳宰監之。聘禮周夫官具。周禮有宰夫。

寺人

詩巷伯寺人孟子。秦亦有之；秦風寺人之令。晉有寺人披，齊有寺人貂，宋有寺人惠，牆伊戾。

候人

詩候人彼候人兮，荷戈與殳。周語引周之秩官候人爲導。

虞人

襄四年左傳魏絳引虞人之箴。周語引周之秩官虞人入材。

行人行理

襄二十一年左傳欒盈辭于周行人。周語引周之秩官行理以節逆之。行理亦行人也。

訓人

書康誥矧惟外庶子訓人。

鬱人

周語鬱人薦鬯。周禮有鬱人。

犧人

周語犧人薦醴。

廩人廩

周語引周之秩官廩人獻餼。又仲山父曰：廩協出。韋注廩，廩人。

工人

周語引周之秩官工人展車。春秋各國有工正；昭四年左傳夫子爲司馬，與工正書服。是魯有之。莊二十二年齊侯是敬仲爲卿，辭；使爲工正。是齊有之。宣四年蔿賈爲工正。是楚亦有之。又有工師；孟子工師得大木則王喜。定十年左傳叔孫謂郈工師駟赤。國差甔有工師，亦齊器。

牧人牧

周禮有牧人，周語牧協職。韋注牧，牧人。

場人場

周禮有場人，周語場協入。韋注場，場人。

甸人

周語引之周秩官甸人積薪。大射儀甸人執大燭于庭。周禮有甸師。

服休

書酒誥矧惟爾事，服休服采。鄭注服休，燕息之臣。

服采

酒誥服采。鄭注朝祭之近臣。魯語天子大采朝日，少采夕月。注引虞說大采，袞職也。少采，黼衣也。則服采當是主掌朝服之臣，與周禮司服相似。

小尹

書立政趣馬小尹。小尹，亦當爲官名。

右官五十，大致可認爲周官者。其餘僅見于三禮或春秋各國所有者，不具論焉。

——摘自《國立中山大學語言歷史學研究所周刊》1928 年 3 月第 2 集第 20 期

模製考工記車制記

羅　庸

考工一記，車制獨詳；鄭君以下，疏解雖有多家，大率循覈故訓，無能爲之圖解。宋聶氏三禮圖，依違刻畫，僅具梢形，持較周官，猶多茫昧。清戴震爲考工記圖，於是轂、輻、輪、輿、之制，軓、衡、軸、轐、之形，各識厥職，毫釐有辨。繼則程瑤田爲考工創物小記，阮元爲考工記車制圖解，並有發明。近儒鄭珍爲輪輿私箋，推求益密。至錢坫車制考，王宗涑考工記考辨，徐養原考工雜記，雖未克以圖輔說，用力固亦勤矣；然皆未能依圖制器，一考諸說之違驗，阮氏車制圖解，自言可閉門而造，卒亦未聞其所造奚如，致使治經者。徒拘墟於楮墨之間，而考古者又唯取兩漢刻石，六代明器，比勘推求而擬議其制度，封域旣異，交益無從。邇年地藏日出，河洛之間，車器馬飾，往往而是，和、鸞、衡、錫、之外，每不能遽定其名稱，是宜依制造車，以資推驗；往者上虞羅振玉氏，在京師大學堂，曾持此議，惜未果行；自戴氏爲考工記圖，二百年來，卒未有據說摹造，一爲勘驗者。庸于十三年秋，在北京國立歷史博物館，先後製成戴阮二氏車制，旣分贈美日各國博物館，供彼都人士之研討，因爲此記，倘識大略。至於鄭氏私箋，程氏小記，亦復按圖可造，藉備參尋，擬斷續成，以資掌覈，好古君子，或有取焉。

一　模製戴氏考工記圖車制記

茲所模製，均就一家之言，從其定論，餘說概不徵引，免致混淆。其有立說雖通，實驗則窒，必反覆推較，曲成其制，不敢自騁臆解，重誣古人。謹就戴說，誌模製所補苴者如后，旣成車制，別具影圖。

六尺有六寸之輪，軹崇三尺有三寸也；加軫與轐焉，四尺也；人長八尺，登下以爲節。

謹案：轐之高下，戴無明文，今考三尺三寸爲自軹中心至牙之距，注謂軸圍亦一尺三寸五分寸之一，則軸徑當爲四寸五分寸之一強，半之爲二寸十分寸之一強；軫圍據注尺一寸，戴圖軫形正方，則每面高二寸百分寸之七五；貫軸於軹，置之軫下，中隔四寸三分之一寸強直徑之當兎；使軫轐軹崇共爲四尺，則軫軸相去爲七寸二十分之三寸，今定以爲轐高。

是故六分其輪崇，以其一爲之牙圍；叄分其牙圍而漆其二。

謹案：牙之廣狹，戴無明文，注六尺六寸之輪，牙圍尺一寸，漆者七寸三分寸之一，不漆者三寸二分寸之二，令牙厚一寸三分寸之二，則內外面不漆者各一寸。據此，則牙內外面各應廣三寸六分寸之五，漆者每面二寸六分寸之五，不漆者每面各一寸也。戴圖本之。

椁其漆內而中詘之，以爲之轂長，以其長爲之圍。

謹案：注謂轂長三尺二寸，圍徑一尺三分寸之二，戴依密率算之，徑尺有五分寸之一弱，與實驗合。轂圍三尺二寸，以建三十輻，每輻間廣一寸百分寸之六强。

以其圍之阞捎其藪。

謹案：注謂藪徑三寸九分寸之五， 戴以密率計之， 徑三寸五分寸之二弱，今據之。

五分其轂之長，去一以爲賢，去三以爲軹。

謹案：鄭注以爲大穿五分轂長去二，令大小穿金厚一寸，則大穿穿內徑四寸五分寸之二；小穿穿內徑二寸十五分寸之四。戴氏以密率計之：大穿徑六寸十分寸之一强，小穿徑四寸四十分寸之三弱。今據之。

凡輻，量其鑿深以爲輻廣。

謹案：鄭注於叄分其轂長二在外一在內以置其輻下曰：令輻廣三寸半，則輻內九寸半，輻外一尺九寸。戴氏補注曰：輻廣不得過三寸，輻厚一寸奇，菑厚蓋太半寸，漸殺之至端不得過三分寸之一。今案牙厚祇一寸三分寸之二，輻廣若三寸半者，則是出牙外二寸餘，雖殺其骹，未之能固。今依戴說，令輻廣不踰三寸，輻厚一寸百分寸之六弱，取一轂足容三十輻也。

叄分其輻之長而殺其一，則雖有深泥，亦弗之溓也。

謹案輻：長戴無明文，今以漆內六尺四寸計之，牙每面漆者二寸六分寸之五，轂徑依戴說尺有五分寸之一，幷減去而二分之，得二尺四寸百分寸之六，是爲輻長。三分其輻之長而殺其一，是殺者八寸百分寸之二也。

十分寸之一謂之枚， 部尊一枚，弓鑿廣四枚，鑿上二枚， 鑿下四枚，鑿深二寸有半，下直二枚，鑿端一枚。

謹案：注謂部厚一寸，今据之。下直二枚者，注謂鑿空下正而上低二分，於義較晦。戴氏補注，謂弓鑿外大內小，外縱橫皆四分，內縱二分橫一分，下直者對上逆爲言；鑿下外內同四分，鑿上外二分內四分，加部尊焉，今據之。

六分其廣以一爲之軫圍。

謹案：軫形無明文，今依戴氏圖定爲正方形，則每面寬二寸百分寸之七五。

叁分軫圍去一以爲式圍。

謹案：注謂兵車之式圍七寸三分寸之一，依戴圖正方，則每面寬一寸四分寸之三。

叁分式圍去一以爲較圍。

謹案：注謂兵車之較圍四寸九分寸之八，依戴圖正方，則每面寬一寸九分寸之二。

叁分較圍去一以爲軹圍。

謹案：注謂兵車之軹圍三寸二十七分寸之七，依戴圖正方，則每面寬二十七分寸之二十二。

叁分軹圍，去一以爲 圍。

謹案：注謂兵車之轛圍二寸八十一分寸之十四，依戴圖正方，則每面寬八十一分寸之四十四。

軓前十尺而策半之。

謹案：鄭注于軓前未有確解；引鄭司農軓謂式前也，亦未明指十尺屬於何部。戴氏補注，車旁曰輢，式前曰軓，皆揜輿版也。軓以揜式前，故漢人亦呼曰「揜軓」，詩謂之「陰」，自軓至衡頸十尺，據輈穹隆言，式衡之間八尺幾半也。此係據前「國馬之輈深四尺有七寸」鄭注而推得之。今據戴圖，自軫起度四尺七寸爲頸高爲股，以軓衡之間八尺幾半爲弦，外畫十尺之淺弧，以爲輈制。

凡任木，任正者十分其輈之長以其一爲之圍；衡任者，五分其長以其一爲之圍，小於度謂之無任。

謹案：鄭注以任正爲輿下三面材，任正之圍，以輈軓前十尺與隧四尺四寸通丈四尺四寸之十分之一爲度。是任正之圍尺四寸五分寸之二，衡任謂兩軛之間，兵車乘車衡圍一尺三寸五分寸之一。戴氏以爲任正者輈也，衡任者軸也，衡也，其圍度與下軸圍當兔圍均合；但與下四尺四寸之輈，不容懸殊。軓前有揜軓之版，倘可持軌使不左右出，而輿後軫下無物持輈之踵，則輿舟不相依附，模製之事，至此幾窮。前軓旣參阮氏說設於式下，輿後不得已，仍參阮氏後端持輿爲任正之說，置十分輈長以一爲圍之方木，使與後軫齊，中鑿一穿，以納輈踵，極知違臆，然不如是則輈輿交離，車造不成矣。

此外揜軓之陰版，戴氏舉其名而不詳其制。鋌軸之車𨊻，引淮南子著其尺寸而不詳其形。輈頸端之衡，圖其軥軶之形，而不著其軶之大小。並據圖爲制，約略造成。梘軏之制，亦經補苴。然金革之飾，尙均未暇旁及。於以見以戴氏考證之精，僅亦能順釋經文，去實物尙隔一間也。

二　模製阮氏車制圖解車制記

阮氏考工記車制圖解，圖說之備，尺度之詳，皆遠勝戴氏。依說模製，無假推考；然與戴氏互異各端，稽之實物，或有未安，略述異同，以供觀覽。

一事，鄭注牙圍，戴氏以爲是牙四面之度；阮氏則謂牙圍尺一寸者，卽牙大圜面寬一尺一寸，立五證以難鄭義。據是則轂長轂圍賢軹之圍皆與戴異，今依其說，令牙大圜面寬一尺一寸，牙厚二寸，以成其說。

二事，鄭注訓以其圍之阞捎其藪，阞爲三分之一，是賢軹之中轂空之度。阮氏以藪爲轂中空之通名，是則轂中自大穿至小穿以漸而狹；但阮氏亦無明文，不敢臆創，約略制就，尙待考訂。

三事，鄭注令輻廣三寸半，戴氏以爲太寬，宜不得過三寸。實則卽令輻廣殺於三寸，其出牙外者仍一寸餘，倍牙之厚。阮氏以爲輻骹不滿牙曰綆，合股之不殺者視之，正與牙平，並不外出，由是定爲牙厚二寸，今據製之。

四事，戴氏就通說輢爲直立，阮氏以爲軒車棧車之異，唯在車耳之有無，定輢上反出謂之輒；然反出之度，阮無明文，今據圖約略定之。

五事，軓陰之制，戴未詳言，阮氏爲圖以明之，較確鑿矣；尺度仍無確數。今約略以任正徑之半爲軓之高，俾輈在輿下無低昂之差，陰板高下亦據圖比擬而爲之。

六事，戴據鄭注定輈頸高長之度，阮氏以爲衡軓之間太短不能容馬，頸復過高，爲馬首所不及；因據記算之，定爲四尺七寸朝深爲輈中半圜之度，凡輈前十尺爲自軓至頸之通徑，因以庣胸二數求得輈心之長，其說似矣；然以實驗考之，輈背過昂，出於軾上，苟駕而行，必且危殆不安。但阮說如是，今據製之。

七事，據戴說輿前無軏，後無任正，軓無所附，已述於前矣。阮氏以爲十分軓長以一爲圍之任正，應與輿廣等，橫安車後，較戴爲密，然阮氏於牙圍謂記文中所謂圍皆指圓言，故輿下四面之收皆爲圓木，設任正亦爲圓木者，必且無術使與後軫相固，卽設法釘固，行且脫離。模製至是，復輕束手，厥後略爲通變，使輿上四面之軫皆不復圓，任正亦爲方木，乃始膠固。但背阮氏所明圍之通義矣。

八事，戴氏以爲軥軛卽在衡中，故其所圖，於衡上缺兩端使成軛狀。阮氏以爲軥軛本另爲一物，束之於衡，而軛之大小，未有明文，今約略据圖製而束之。

總上八事，戴阮二家異同及實驗所得難點，約略可覩；阮氏尚有金革二解，亦未暇及。擬依程鄭諸家所定，逐件製而驗之，然後博綜衆說，依原尺度製爲大樣，駕而行之，以察諸家說解之是非；以定車器各部之名用，庶有當乎？

——摘自《國立中山大學語言歷史學研究所周刊》
1928 年 9 月 4 卷 48 期

周禮上之鄉遂自治制度考

魏運五

周禮官制。備於鄉遂。或合西法。或勝今制。今人擯古。玉石俱焚。偏情矯用。有失守隅。法古雖失。局今亦非。化跡通方。庶幾不器。願陳蠡窺。用正大雅。

(一)制域之法。周官制地。劃分九州。中爲王畿。地方千里。王城居中。四距各五百里。近國五十里。爲近郊。百里爲遠郊。遠郊之內。六鄉在焉。郊外爲甸。距國二百里。六遂位焉。

鄉士註云、其地則距王城百里內也。

遂士註云、其地則距王城百里以外至二百里。

遠郊之內。地爲四同。六鄉之外。復有餘地。宅田、士田、賈田以任近郊。官田、牛田、賞田、牧田以任遠郊。皆六鄉之餘地也。

敘官注云、載師職曰、以官田牧田任遠郊之地、司勳職曰、掌六鄉之賞地、六鄉地在遠郊之內、則居四同、鄭司農云、百里內爲六鄉、外爲六遂、賈疏云、引載師職云、賞田任遠郊之地、又云、司勳職云、掌六鄉之賞地者、欲見賞地在六鄉之中、同在遠郊之內、云六鄉地在遠郊之內則居四同者、按司馬法、王城百里爲遠郊、於王城四面、則方二百里、開方之、二二如四、故云居四同、言此者、破賈馬六鄉之地在遠郊五十里內、五十里外置六遂、鄭司農云、百里內爲六鄉、外爲六遂者、司徒掌六鄉在百里內上以釋訖百里外爲六遂以其遂人掌六遂、案遂人職云、掌邦之野、郊外曰野、故郊百里外爲六遂、孫氏正義云、詒讓案鄉必在城郭外四郊以內、賈馬亦謂鄉在遠郊內、遂在遠郊外、與杜鄭又同、而說郊制則異、當以杜鄭爲正、程瑤田云、六鄉之田在郊、宅田士田買田官田牛田則六鄉之餘地。

宅田之地。以授致仕者之家。

鄭康成云、宅田致仕者之家所受田也者、士相見禮曰、宅者在邦則曰市井之臣、在野則曰草茅之臣、

孫氏正義云、此宅田、蓋凡士大夫之退居者所受、以其退居、則無祿、而嘗仕、則不可同於齊民、故別以田給其家、凡侯國賢士大夫、或寄居於是者、當亦以此田養之矣。

沈彤云、致仕官之所食、於經無攷、白虎通致仕篇云、三分其祿、以一與之、又引王度記云、臣致仕於君者、養之以其祿之半、前說當謂食大夫以上、後說當謂食元士以下、若其家、則當別受田五十畝耳、中下士家已受五十畝、致仕而家復有所受、致仕則祿薄、而子惟自食其力、當更足之以五十畝也、若元士以上、則致仕而其家始受田、當仕之時、祿厚、子爲學士、或任官、無庸

則受田、致士、則子孫之不才者、將不免於農、故亦稍授田、使習之也。

士田之地。以授仕者。

鄭康成云、士者亦受田、所謂圭田也、孟子曰、自卿以下、必有圭田、圭田五十畝。

孫氏正義云、圭田、據孟子文匠註云、周禮謂之士田、與此義同、又王制云、夫圭田無征、案近郊田甚多、縱有圭田、其數蓋少、不害其爲無征。

孟子趙註云、士田故謂之圭田、所謂惟士無田、則亦不祭、言絀士無潔田也、井田之民、養公田者、受百畝、圭田半之、故五十畝。

沈彤云、禮國君大夫之子、免農、士之子、皆不免農、王之士之子、有免農者、惟上士之子耳、上士即元士、故元士之適子衆子、並學於諸鄉官也、中士下士祿以遞薄、則子當業農、以自食

其力、故戴師有士田、其家亦各受五十畝。

孫詒讓云、竊謂此士田、當兼二鄭及沈義乃備、蓋卿大夫命士之圭田、士之子及未仕之士家所受田、皆以五十畝爲率、士餘子弟亦受田、則止二十畝。

又云、此士田則命士之子等所受田、祿田不親耕、士田則親耕、所謂不免農也。

賈田之地。以授賈家。復有工田。以授予工家。

鄭康成云、賈田在市、賈人其家所受田也。

孫詒讓云、賈人身在市、不得爲農、其家有子弟在農者、則授以田、江永云、漢志、工商家、亦以口受田、則在民間爲工者、亦予以田、如賈人之例、案江說是也、依漢志說、工亦受田、而經無工田者、工賈職事相等、故經舉賈以賅工、文不具也、至在官之工、則當廩食於官、不當受田。

官田之地。爲庶人在官者之家所授。

鄭康成云、官田庶人在官者、其家所受田也。

孫詒讓云、各職府史胥徒及在官工賈之類、其家所受田。

黃以周云、庶人之在官者、給以稍食、祿足以代耕、其身免農、其子不免農。

孫詒讓又云、凡庶人在官者、本人受稍食於官、而其家、則別受田、所謂官田也。

賞田賜有功者。

鄭司農云、賞田者、賞賜之田也。

說文貝部云、賞賜有功也。

孫詒讓云、賞邑（月令）在都鄙、與賞田在鄉遂异、而賞功之典則同、故亦通云賞田矣。

賈疏云、司農云、賞田者賞賜之田、此即夏官司勳云、賞田一也、故後鄭從之。

江永云、司勳又有加田無國征、蓋亦在賞田之中。

惠士奇云、祿田之外、有功而賞、曰賞田、魏策公叔座爲將與韓趙而勝、禽樂祚、魏王説以賞田百萬祿之、然則賞田亦謂之祿也。

牛田、牧田則牧畜之田也。

鄭司農云、牛田者、以養公家之牛、牧田者、牧六畜之田、鄭康成云、牛田牧田、畜牧者家之所受田也。

江永云、牛田牧田、兼用先後鄭之説、皆是授民以田而爲公家牧畜、即九職之藪牧、養蕃鳥獸、閭師之任牧以畜事貢鳥獸者也、牛田牛人掌之、牧田牧人掌之、若十二閑之馬、當自有牧地、蓋亦在近郊、遠郊此不言者、主於田也。

段玉裁云、牧田在野得稱郊者、自遠郊以至六遂之餘、皆有牧田、周禮舉近以包遠也。

案周禮里制。里三百步。每一方里。九百方步。步百爲厶。厶百爲夫。則爲地九夫也。同方百里。郊爲四同。則郊爲地三十六萬夫也。

穀梁宣十五年傳云、古者三百步爲里、名曰井田、井田者九百厶、公田居一、(韓詩外傳孟子滕文公春秋繁露爵國篇同)

司馬法云、六尺爲步、步百爲厶、厶百爲夫、(漢食貨志同)

韓詩外傳云、廣一步長百步爲一厶。

論語皇疏云、厶百爲夫、方百步也。

孫詒讓云、案古畝法百步、步法六尺。

鄭康成云、遠郊之內、地居四同、三十六萬夫之地也、(賈疏加入)

孫詒讓云、四郊以內包六鄉共四同、又云國中四郊三十六萬夫。

此通慮實之地爲田。城郭川陵三分去一。則二十四萬夫也。

鄭康成云、三分去一、其餘二十四萬夫。

孫詒讓云、四同之內、三十六萬夫、三分去一、去十二萬夫、尚餘二十四萬夫也。

六鄉所居。十五萬夫。

鄭康成云、六鄉之民、七萬五千家、通不易一易再易、一家受二夫、則十五萬夫之地。

程瑤田云、遠郊之內、受田之法、以不易一易再易之制通之、三家六百畝、是家受二夫也、六鄉定受田七萬五千家、計十五萬夫。

餘九萬夫。分任九等之田。廛里、場圃、宅田、士田、賈田、官田、牛田、賞田、牧田、九等之田也。一等萬夫。家受一夫。則每等之田爲萬夫。九等正九萬夫也。

鄭康成云、其餘九萬夫、廛里也、場圃也、宅田也、士田也、賈田也、官田也、牛田也、賞田也、牧田也、九者亦通受一夫焉、則半農人也。

賈疏云、其餘九萬夫者、據二十四萬夫、除十五萬夫、故餘九萬夫也、云廛里以下至半農人也、鄭意九者未必各整萬家、以大抵九者各爲萬家解之、據整數而言耳、趙春沂云、農人以上中下相通、各受二夫之地、折實爲一百畝、此云受一夫半農夫、則其爲五十畝可知。

孫詒讓云、案賈趙說是也、鄭意蓋謂九等田約九萬家、授田半農人、則不易之田、家五十畝、一易之田、家百畝、再易之田、家百五十畝、通計之、三家而受三夫之地、故云通受一夫也、鄭必知九等田半農人、歲耕五十畝者、以上引孟子圭田五十畝、以釋士田、欲符其數也、依鄭此說、則遠郊之內、六鄉餘地、九萬夫、以九等田里任之、適盡此九者、雖在六鄉七萬五千家之外、亦附屬六鄉、故司勳註云、賞田在遠郊之內屬六鄉焉是也、今考九等田里雖屬六鄉、然不必盡九萬夫之地、遠郊之內、尚有餘地、小司徒所謂四郊、縣師所謂郊里是也、鄭說遠郊以內盡屬鄉失之。

孫詒讓云、又案匠人營國方九里、九九自乘、凡八十一里、爲地七百二十九夫、此國城中地之大數也、周書作雒王城之郭、方二十七里、以二十七自乘、凡七百二十九里、除國乘八十一里、凡六百四十八里、爲地五千八百三十二夫、此郭中地之大數也、兩相幷、總六千五百六十一夫、以任廛里塲圃、尙有王宮官府朝市倉庫學校城垣深巷冢墓溝瀆之減、則其爲廛里塲圃者、夫數蓋亦多矣、而郊以二者皆一萬夫者、城郭之外、鄉里郊里亦有廛里塲圃之地、且以九等田均分、約計爲此數、固不必一一密合也。

孫詒讓云、案依鄭說九等田、家受一夫、則九萬夫、即有九萬家。

六鄉之田制、與六遂同、均爲溝洫、不爲井田。(鄭註小司徒云鄉之田制與遂同)

鄭康成云、采地制井田、異於鄉遂。

賈疏云、鄉遂公邑之中、皆爲溝洫之法、(公邑依孫說非溝洫制)

又云、案遂人夫間有遂之等、是溝洫法、鄉田之制與遂同、(小司徒注疏)

孫詒讓云、案采地制井田、匠人爲之溝洫、鄉遂亦有溝洫、而不爲井田、其溝洫形體、亦與此殊、是其異也。

孫詒讓云、以經考之、王城外二百里內、六鄉六遂、皆不爲井田、四郊爲六鄉之餘地、縣師謂之郊里、郊旣稱里、則與鄉里同、五五相任、亦不爲井田、(小司徒及大比下注)

孫詒讓云、小司徒制云鄉之田制與遂同、此言六鄉亦爲溝洫也、實則三等田萊之制、鄉亦當與遂同、(詳後遂人孫疏)

郊外百里。厥地爲甸。距國二百里。地十二同。據周制計。一百八萬夫。三分所去。六而存一。則實田共七十八萬夫也。六遂計七萬五千家。依六家十三夫率以授田。則六遂共十六萬二千五百夫也。

鄭康成云、甸稍縣都、合居九十六同、八百六十四萬夫之地、城郭宮室差少、深巷又狹、於三分所去、六而存一焉、以十八分之、十三率之、則其餘六百二十四萬夫之地。

賈疏云、云於三分所去、六而存一焉、以十八分之、十三率之者、但百里之內、則三分所去、六不存一、今於此三分所去之中六內而存取其一、則十八分之十三率之是也、言十八分之十三率之者、若不六而存一、則十八分之、三六十八、去一分、有十二存、今於所去六中、存取其一、以羨十二、則所去者五、所存者十三、故云十八分之十三率之也。

程瑤田云、甸稍縣都、受田之法、以上中下三等有萊之制通之、三家六百五十畝、是六家受十三夫也。

孫詒讓云、甸居十二同、除所去之數、實以七十八萬夫、六遂定受田七萬五千家、計十六萬二千五百夫、餘六十一萬七千五百夫、以六家十三夫之通率計之、爲定受田二十八萬五千家、以爲公邑綜計之爲定受田三十六萬家。

鄭康成云、其在甸七萬五千家爲六遂、餘則公邑。

孫正義云、即謂甸一百八萬夫地、以鄭三分所去六而存一之法除之、又以六家受十三夫之率通之、六遂七萬五千家外、餘受地二十八萬五千家、並爲公邑也。

及其制田。鄉遂一塗。經地溝洫。不制井田。（詳上）

——摘自《東北大學周刊》一九二八年十一月第五十七期

周禮上之鄉遂自治制度考（續）

魏運五

（二）授田之法、周制授田。有正夫。有餘夫。按年頒田。依室定夫。年三十為正夫。受一夫田。年二十為餘夫。受餘夫田。年二十未室。從父兄耕。不得受田。已授室者。而年三十。不別為戶。仍為餘夫。年至六十。歸田於公。

陳奐云、古者二十受餘夫之田、三十受一夫之田、六十歸田於公、大凡三十取室生子、子年三十、父年必六十、是父歸田、乃子受田矣。

孫詒讓云、夫家之名、起於一夫一婦、則受田者、無論正夫餘夫、年二十三十、必已取室、而後謂之夫、賈氏謂二十九以下未有妻者、得為餘夫、非也、媒氏之法、男子三十而取、自是極限、是年二十者多已娶妻、間有未取者、則不得為餘夫、又安得竟受一夫之田乎、況六鄉十五萬夫之田、以養六軍、六遂副六鄉亦然、則凡受夫田者、必任受兵、鄉大夫職、國中七尺、止任力役、尚未受兵、此尤未受夫田之塙證、王制孔疏、引易孟氏詩韓氏說云、二十行役、三十受兵、六十還兵、受田歸田、與受兵還兵、年必正相準、內則注說不可易也、大抵男子二十或已授室、則受餘夫之田、餘夫任行役、小司徒田與追胥羨卒竭作是也、至三十而丁衆成家、別自為戶、則為正夫、受田百畝、正夫任受兵、即六軍及丘甸之卒是也、餘夫為羨卒、正夫為正卒、受田與受役受兵畢亦正相當也、若二十以上、或未授室、則從父兄而耕、不得為餘夫受田、其已授室受田之餘夫、至年過三十、或尚從父兄、不自為戶、則仍為餘夫、不得為正、以起徒役、毋過家一人、一家無二正卒、即一戶不得受二正田也、古正夫餘夫受田之法、蓋約略如是。

授田之數。正餘不同。正夫受一夫。餘夫受四分之一。因地肥磽。爲田三等。上地百畝。萊五十畝。中地百畝。萊百畝。下地百畝。萊二百畝。此一夫授田之率也。至於餘夫授四分之一。上地二十五畝。萊十二畝五。中地二十五畝。萊二十五畝。下地二十五畝。萊五十畝。復受以廛。其地五畝。不分正夫餘夫。各受其一也。

遂人職云、辨其野之土、上地中地下地、以頒田里、上地夫一廛、田百畝、萊五十畝、餘夫亦如之、中地夫一廛、田百畝、萊二百畝、餘夫亦如之。

沈彤云、大司徒之頒田於都鄙也、不易之地、家百畝、一易之地、家二百畝、再易之地、家三百畝、遂人之頒田於野也、中地田百畝、而萊百畝、即易之畝數也、下地田百畝、而萊二百畝、即再易之畝數也、唯上地田百畝、而萊五十畝、乃與

不易之畝數異、而康成則謂其有所饒、考諸大司馬之職、上地食者參之二、中地食者半、下地食者三之一、夫食者參之二、謂三分百五十畝、而歲種其二也、食者半、謂歲種二百畝者半也、食者參之一、謂歲種三百畝者一也、歲種二百畝之半、三百畝之一、固皆百畝也、三分皆五十畝而歲種其二、亦易嘗饒於不易之畝數哉、抑亙五十畝而歲種其三之二、則歲休其一也、休其一而種其二、則是不易者多、而易者寡、易止一歲、而不易連二歲、其地特遜於皆不易者耳、又上地與不易者之等、所以異而同者也。

孟子趙岐注云、餘夫者、一家一人受田、其餘老小、尙有餘力者、受二十五畝、受田者、田萊多少、有上中下、周禮曰、餘夫亦如之、亦如上中下之制也。

陳祥道云、餘夫之田、不過二十五畝、以其家既

田百畝、而又以百畝予之、則彼力有所不逮矣、故其田四分農夫之一而已、禮所謂如之者、如田萊之多寡而已、非謂餘夫亦受百畝之田如正農夫也、王鳴盛云、陳解甚確、蓋上地田二十五畝、萊十二畝半、中地田二十五畝、萊亦二十五畝、下地田二十五畝、萊五十畝也、(莊存與方苞姜兆錫金鶚等同此說)。

玄謂廛城邑之居、孟所云、五畝之宅、樹之以桑麻是也、六遂之民、大可受一廛。

孫詒讓云、此廛里不在國城之中、城邑泛指六遂之城邑言之。

賈疏云、云六遂之民、大可受一廛者、釋經餘夫亦如之、則餘夫皆有田有廛、是餘夫大可別更受田、備後離居之法、故大可受一廛也。

李鍾倫云、鄭以六鄉餘夫不別受廛、又上地不復加萊、據大司徒造都鄙法、不易一易再易、即此上中下地、彼不言餘夫亦如之、又無萊五十畝、此法見於司徒、而司徒主六鄉、故以爲鄉之田制如此、然彼實都鄙法、鄉當從遂、鄭於田法軍法既以鄉遂爲類矣、而又以鄉與都鄙爲法何也。

仿此爲率。以推戶口。受上地者。家七人。可任也者。家三人。受中地者。家六人。可任也者。二家五人。受下地者。家五人。可任也者。家二人。至厥餘夫。亦在戶數之內也。

小司徒職云、乃均土地、以稽其人民、而周知其數、上地家七人、可任也者、家三人、中地家六人、可任也者、二家五人、下地家五人、可任也者、家二人。

鄭注云、一家男女七人以上、則授之以上地、所養者衆也、男女五人以下、則授之以下地、所養者寡也、正以七人六人五人爲率、有夫有婦、然後有家、自二人以至於十、爲九等、七六五者、謂其中可任謂丁强任力役之事者、出老者一人、其餘男女强弱相半、其大數。

孫詒讓云、自八人以上、四人以下、經不言授地之等數、明八人以上、並以七人爲率、授以上地。四人以下、並以五人爲率。授以下地也、所謂三等授地、自是較略之制、其細別差率、隨宜損益、不能預定。

又云、此經計戶口之多寡、遂人辨土地之肥磽、兩職互相表裏、（上地家七人可任也者家三人下略）

孫詒讓遂人職疏云、又案小司徒計口授田之法、上地家七人、中地家六人、下地家五人、依漢志及先鄭載師鄉說、則無論上中下地、皆家一人受正田、其餘男子任耕者、悉爲餘夫、別受田、是餘夫、即在七人六人五人之內、而受田則在正田之外也、依何鄭公說、則以五口爲一家、蓋舉下地爲率八五口之外、衆男乃爲餘夫、以是推之、

假上地家七口、中地家六口、其餘夫亦必在七口六口之外、二說少異、金鶚云、小司徒所謂七人家六人、正合子弟計之、蓋子弟助父兄以耕、同食於百畝之田、詩所謂侯亞侯旅是也、小司徒云、凡起徒役、毋過家一人、以其餘爲羨、唯田與追胥竭作、此羨卒即餘夫也、羨在家七人之中、其不受百畝之田可知矣、金謂餘夫即羨卒、在家七人之內是也、……若然經餘夫當有二、一爲已二十九歲以下有室而未任受兵者、一爲家已有一人爲正卒、年三十以上、不別爲戶者、二者皆當從父兄之爲正卒者爲戶、則必在五人六人七人之內可知。

士工商家受田半農夫。餘子弟受五分農夫之一。

鄭康成云、廛里也、場圃也、宅田也、士田也、賈田也、官田也、牛田也、賞田也、牧田也、九者亦通受一夫焉、則半農夫也、賈疏云、鄭意九

者未必各整萬家、以大抵九者各爲萬家解之、據整數而言耳、云亦通受一夫焉者、其中亦有不易一易再易相通而各受一夫焉、云半農人也者、農人相通各受二夫之地、此受一夫、故云半農人也、趙春河云、農人以上中下相通、各受二夫之地也者、實爲一百畝、此云受一夫半農、則其爲五十畝可知。

孫詒讓云、鄭意蓋謂九等田約九萬家、授田半農人、則不易之田家五十畝、一易之田家百畝、再易之田家百五十畝、通計之、三家而受三夫之地、故云通受一夫也、鄭必知九等田半農人、歲耕五十畝、以上引孟子圭田五十畝以釋士田、欲符其數也。

鄭注云、士工商家受田、五口乃當農夫一人、沈彤云、五口爲餘子弟、蓋士與工商別爲業、家有丈夫成人、亦受田半農夫、其餘子弟、不得爲成人、故五口當一農、各受田二十畝。

孫詒讓云、士工商餘子弟猶農人之有餘夫也，其授田、蓋不易之田、口二十畝、一易之田、口四十畝、再易之田、口六十畝、當農夫五分之一。

(三)稅法。周禮稅法約畧爲三。一曰地征。以任土田。二曰力征。以任萬民。三曰餘征。以責間民。(廛有廛稅。園有園征。亦任地之一種也)

孫詒讓云、通校各職、征賦之法有二、一曰任地、即九職地征是也、一曰任民、前九職之貢與均人人民牛馬車輦之力征是也、國語魯語仲尼曰、先王制土、籍田以力、而砥其遠邇、賦里以入、而量其有無、任力以夫、而議其老幼、彼籍田爲田稅、賦里爲廛稅、並爲任地之法、任力爲力征、爲任民之法、與此經正同、九賦猶後世之地稅、九職猶後世之丁稅、而人民牛馬車輦之力征、則尤後世之差徭、各自爲一法。

黄以周云、周初征民之常經、祇有九職九賦二法、而其國用之所仰給者、祇在九賦之一征、九職力征、祇以充府庫、以備非常之需、而里布夫家之征、特以禁惰間之民、尤非國用之所待給也。地征之賦。所包者衆。田稅之外。兼及廛園關市山澤弊餘等賦。

孫詒讓云、九賦蓋以田稅爲正、而宅地稅亦無不賦焉、又云、自邦中至山澤八者、並任地之稅、弊餘出於官府。雖非地稅、而官府亦即出賦之地也。

江永云、關市山澤之賦、亦即在邦中四郊甸稍縣都之中、弊餘之賦、亦即八賦中之餘財、何以別出三種、列而爲九、蓋九賦因九式而分者也、觀大府職可知矣。

（未完）

——摘自《東北大學周刊》一九二八年十一月第五十八期

周禮上之鄉遂自治制度考（續）

魏運丘

致其稅率。十而賦一。砥其遠邇。定其輕重。國宅無征。園廛二十而一。近郊十一。遠郊二十而三。甸稍縣都皆無過十二。以此推之。則六鄉稅率。或十而稅一。或二十而三。六遂稅率。則無過十二。

孫詒讓九賦疏云、載師任地、自國宅無征外、園廛近郊遠郊甸稍縣都及漆林之征、即此邦中至山澤八賦之法、

載師職云、凡任地國宅無征、園廛二十而一、近郊十一、遠郊二十而三、甸稍縣都、皆無過十二、

沈彤云、國宅無征、園廛二十而一、則凡國以外之宅、皆無征、國以外之園廛、皆二十而一矣、

孫詒讓云、云近郊十一、遠郊二十而三者、謂六鄉民田及七等田之賦、凡十一者、並謂十中稅一、云甸稍縣都皆無過十二者、謂六遂及四等公邑民

田之賦、一

又云、此經自是任地之正賦、不關軍賦之事、近郊十一者、即李悝所謂百畝歲收粟百五十石、十一之稅、十五石、蓋據下地本歲之稅計之、雖地有曉磽、年有豐儉、而其率略同、依此推之、則遠郊二十而三、百畝稅二十二石五斗也、甸稍縣都無過十二、百畝稅三十石也、

江永云、國語載孔子之言曰、先王制土、藉田以力、而砥其遠邇、是田賦有遠近取平之法、禹貢甸服五百里、近者貢粗而且服、遠者貢精而不服、是虞夏砥遠邇之法也、載師近郊十一、遠郊二十而三、甸稍縣都、皆無過十二、此周官砥遠邇之法也、取民固無過十一、然力役先取諸近、近者多而遠者少、其勢不得不然、益遠民之賦、以補近民之力征、乃均平使可一槩而施、則禹時何不以粟米責之三百里內、以總秸秸服均之三百里外乎、

多乎什一、若大桀小桀此爲法制外橫征者言之、若通融遠近、以立均平之法、乃王政也、非橫斂也、

俞樾云、周稅漆林獨重、故經文唯其二字見此不在常科之內、若自國宅至甸稍縣都通率之、適合十一之數、何也、國廛二十、近郊十、遠郊二十、甸稍縣都十、其數六十、園廛稅一、近郊稅一、遠郊稅甸稍縣都二、其數七、是爲六十而七、稍浮於十一、然有國宅一分無稅、則適是十而稅一矣、公羊據其大數言之、周禮以通率言之、二者雖異而實同、任民之征、其數有二、一爲任力、一爲任役、任力者任職而共貢、任役者任事而共力、

孫詒讓云、案此經、力征役征、亦分二法、任力者、自任其職事而共貢、均人所謂地職是也、任役者良以其力任國事共軍旅會同及城道之役、亦通之力政、均人所謂人民牛馬車輦之力政、又云豐

年則公旬三日焉是也、

任職十二。而共貲者九。農貢九穀。圃貢草木。工貢器物。商貢貨賄。牧貢鳥獸。嬪貢布帛。衡貢其物。虞貢其物。無職者共夫布。是九職徵賦之法也。

孫詒讓云、九職疏云、大司徒頒職事十有二於邦國、其稼穡樹藝作材阜蕃飭材通材化材斂材生材九者、與此正同、而別有學藝世事服事三者、此九職無之者、大宰主財用之總要、彼三者皆無力徵、非財用、故不及也、

孫詒讓云、閭師言任農貢九穀、以至任虞貢其物、各以其所有穀物以充力徵、是九職徵賦之法、

閭師職云、凡任民、任農以耕事、貢九穀、任圃以樹事、貢草木、任工以飭材事、貢器物、任商以市事、貢貨賄、任牧以畜事、貢鳥獸、任嬪以女事、貢布帛、任衡以山事、貢其物、任虞以澤事、貢其物、凡無職者、出夫布、

孫詒讓閭師疏云、此文次第與大宰不同者、彼依事大小爲次、此不依彼爲次者、欲見事無常故也、且彼有九職、仍並山澤爲一、此文分山澤爲二、唯有八者任、九職有臣妾及間民、此無者、以周公設經任之則臣妾使得自生、若貢稅則無、以其聚斂疏材無可稅故也、其間民、載師已見、出夫家之征、故於此不言之矣、其分山澤爲二者、以山澤所貢不同、故分爲二、以充二、通間民爲九耳、江永云、九職中惟臣妾不貢、疏材委人之薪芻疏材木材掌茶之疏材、自是取之於虞衡及山澤之農、九職除臣妾者、虞衡爲二、仍是九、故大府言九功之人、案江說是也、此任民之法、較之大宰九職之人、惟無臣妾耳、蓋臣妾最賤雖受職而不貢功、即無口賦也、至下文夫布即間民之貢、賈因鄭以夫布入九賦、故謂此經間民無貢、不足據也、

國有事故。則計戶任夫。任其勞役。共其車馬。一夫之役。年不過三日。三日之外。他役代之。此據豐年而言焉。若中年則用二日。無年則用一日焉。

均人職云、掌均人民牛馬車輦之力征、又云凡均力政、以歲上下、豐年則公旬用三日焉、中年則公旬用二日焉、無年則公旬用一日焉、

江永云、公旬者、公家力役之程日也、力役以旬計、左傳宣十六年楚令尹蔿艾獵城河三旬而成不愆于素、定元年士彌牟營成周量時期三旬而畢、公旬即此旬字、舊說均非是、力役或一旬二旬三旬、而一夫不過三日、三日之外、他役代之、（餘參均人孫疏）

任民征役。各有一定年齡。國中自七尺以及六十。野自六尺以及六十有五。皆征之。其舍者國中貴者賢者能者服公事者疾者皆舍。此任民任役之法也。

鄉大夫職云、以歲時登其夫家之衆寡、辨其可任者、國中自七尺以及六十、野自六尺以及六十五、皆征之、其舍者國中貴者賢者能者服公事者老者疾者皆舍、

黃以周云、鄉大夫言國中自七尺以及六十、野自六尺以及六十有五、征之、是九職任民之法、

孫詒讓疏云、當兼大宰九職之力征及均人、公旬三日之役征言之、平時則受職而貢其功、有事則受役而任其力、皆以此爲年限也、

孫詒讓大宰疏云、力征給戶任夫、猶後世之丁稅、自老及惰民外、無不受職共貢、役征雖亦計戶任夫、而大役不必常有、有事受役、歲不過三日、無事則免、不以爲歲征之常科、是其異也、

惰民罰金。謂之餘征。宅不毛者。罰征里布。田不耕者。令出屋粟。無職事者。出夫家之征。

載師職云、凡宅不毛者、有里布、凡田不耕者、出屋粟、凡民無職事者、出夫家之征、

孫疏云、以下並任土民賦稅之餘法也、里布屋粟者、任土之餘也、宅不毛田不耕者、蓋兼惰民受田宅、而蕪廢不治及富貴家之廣占田宅以爲游燕者言之、云凡民無職事者、出夫家之征者、任民之餘也、凡惰民之不事事者、則令出征賦以示罰、

孫詒讓云、里與宅同、里布即廛征、亦猶廛人之廛布、蓋當依其宅占地之多少而差其征大約五畝之宅、以廛征二十而一之率計之、則所征里布、與田征四分晦之一、數略相等、而其所征甚少、

又云、田不毛者所出之粟、亦當依常稅十一至十二五等之率計畝征其粟、以屋爲井田之小成、故假以名之耳、非謂不論其空田之多少、而概令出一屋之粟也、凡此經里布屋粟夫家之征、皆即就地征力征之恒法以爲罰、明其雖不任征、而不在弛舍之例耳、豈於常稅之外、別搬罰征之色目、亦豈於恒額之外、增溢罰征之等數哉、又云職事義

雖同、而此無職事、與閭師無職者義小異、蓋閭民雖無職、而轉移執事、即其事、惰民並轉移執事而無之、則倂無執事矣、鄭賈並爲一說、殊非等、不知此惰民出夫家之征、乃泉粟兩出、爲罰征、彼閭民出夫布、唯出口泉、爲九職之常征、夫布爲閭民惰民所同出、閭粟則爲惰民所獨出、二法固不同也、

又云、此無職事浮游不任農圃、故罰使出閭粟、以當地征、惰窳不任役、故罰使出夫布、以當力征、

(布粟兼出)

總上三種。有周稅備。取民地力。不謂不重。然民不稱苦。其故何在。究其原因。在於善用也。

(四)軍賦 鄉遂軍制。異於縣都。唯出軍卒。不出車牛。六鄉爲正。六遂爲副。家出一人。謂之正卒。於斯鄉出一軍。六鄉六軍。即天子之六軍是也。六遂爲副。所以防守。與甸都同。不在六軍之內也。正卒之

外。復有羨卒。六鄉之內。家一人爲正卒外。餘皆爲羨卒。六遂則否。家一人爲正卒外。一人爲羨餘爲餘夫。此鄉遂致甿之異殊也。

孫詒讓云、案周軍賦力役政法略同軍法、六鄉爲正、六遂爲副、皆出軍而不出車、而公邑丘甸共其車牛輂輦及任戢之役、若鄉遂兵不足、徵及公邑、則出兵兼車、非出一人爲兵、餘家共其車牛兵器及糧食、

賈公彥曰、一家兄弟至多、除一人爲正卒之外、其餘皆爲羨卒、此謂六鄉之內、上劑致甿、一人爲正卒、其餘皆爲羨卒、若六遂以內、以下劑致甿、一人爲正卒、一人爲羨卒、其餘皆爲餘夫、饒遠故也、

江永云、天子六軍、取之六鄉、而六遂與甸稍縣都亦出兵、所以防守、不在六軍之中、即天子六軍、亦所以備制、若有征伐、猶徵兵於諸侯、王朝將帥元戎十乘以先啓行、不盡用六軍也、

六鄉之民。年十五以上。受役爲餘子。二十有室。行役爲羨卒。三十別戶。始受兵爲正卒。考受兵制與受田同。正夫爲正卒。餘夫爲羨卒也。六遂則一正一羨。餘之餘夫。皆不爲卒。此鄉遂受兵之概略也。

孫詒讓云、鄉大夫云、野自六尺以及六十有五、皆征之、彼野通鄉遂而言、蓋六鄉之民、年十五以上、皆受征役爲餘子、二十以上有室、而受田爲餘夫、餘夫爲羨卒、從行役、王制引易孟氏韓詩說、年二十行役是也、雖三十以上受正田爲正夫、左襄二十三年傳云、臧孫使正夫助之是也、正夫受役則爲正徒、左襄九年傳云、宋災使華臣具正徒是也、受兵則爲正卒、鄭內則注、所謂三十受兵是也、但六鄉正軍、家出一人、六遂副軍、亦然、民三十以上、必自爲戶者爲正卒、若家已有父兄爲正卒、至三十有室、而不別爲戶、則仍

爲餘夫、六遂亦同、六鄉之民正卒家一人外、年十五之餘子則受役、二十三十之餘夫、皆爲羨卒受兵、其六遂則家一人爲正卒、一人爲羨卒外、皆不爲卒、此其同而異者、

凡會卒伍。伍伍相聯。五人爲伍。五伍爲兩。四兩爲卒。五卒爲旅。五旅爲師。五師爲軍。軍將爲卿。師帥爲中大夫。旅帥爲下大夫。卒長爲士。兩司馬爲中士。伍長爲下士。皆不特置。選於六官六鄉之吏自卿以下德任者。使兼官焉。

小司徒職云、乃會萬民之卒伍而用之、五人爲伍、五伍爲兩、四兩爲卒、五卒爲旅、五旅爲師、五師爲軍、

孫詒讓云、此言六鄉治軍之制也、六遂軍制亦同、夏官司馬敍官云、凡制軍萬有二千五百人爲軍、王六軍、大國三軍、次國二軍、小國一軍、軍將皆命卿、二千有五百人爲師、師帥皆中大夫、五百人爲旅、旅帥皆下大夫、百人爲卒、卒長皆上士、二十五人爲兩、兩司馬皆中士、五人爲伍、伍皆有長、鄭注云、軍師旅卒兩伍、皆衆名也、伍一比、兩一閭、卒一族、旅一黨、師一州、軍一鄉、家所出一人、將帥長司馬者、其師吏也、言軍將皆命卿、則凡軍帥不特置、選於六官六鄉之吏自卿以下德任者、使兼官焉、賈疏云、此言軍將皆命卿、及師帥皆中大夫、旅帥皆下大夫、卒長皆上士、兩司馬皆中士、伍百有長者、皆據在鄉爲鄉大夫州長黨正族師閭胥比長時尊卑命數而言、伍皆有長、是比長下士、不言皆下士者、以衆多官卑、故略而不言也、云又、鄭云選於六官者、謂王朝六卿、此軍之將、還選六卿中有武者爲君將也、又別言六鄉之吏者、整六卿大夫及州長黨正族師閭胥比長中有武者、今出軍之爵、還選在鄉所管之長、爲軍吏

也、鄭必知還遵本長爲軍吏者、見管子云、因內
政寄軍令、
（五）學校、周官學制。冗繁詳備。國有國學。郊有郊學。公邑采邑均有庠序。而鄉遂之學。其制尤備。顧臚列名次。校定制度。以備學者之參考焉。
孫詒讓周禮正義序云。其爲敎則國有大學小學、自王世子公卿大夫士之子泉夫邦國所貢鄉遂以進賢能之士造焉旁及宿衛士庶子六軍之士亦皆讀作讀學以德行道藝相切劘、鄉遂有鄉學六、州學三十、黨學百有五十、遂之屬別如鄉、蓋郊甸之內、距王城不過二百里、其爲學萃較、已三百七十有奇、而郊里及甸公邑之學、尙不與此數、推之稍縣畺之公邑遠極於畿外邦國、其學蓋十百倍蓰於是、考核大數、九州之內、意當有學數萬、信乎敎典之詳、殆莫能尙焉、
鄉校有庠。六鄉六庠。鄉次爲州。州學名序。六鄉三十州。則有三十序也。州次爲黨。黨學亦名序。六鄉百五十黨。則有百五十序也。總計六鄉。地不逾四同。而庠序之數。百八十六。國學郊學。尙不與焉。
孫氏鄉大夫疏云、州長黨正、則各與鄉先生敎民於其學、族師以下無學、段玉裁云成周學制、鄉有鄉學、其屬別爲州黨族比閭、州有州序、黨有黨序、古者仕焉而已者、歸敎於閭里、朝夕坐於門側之堂、學記所謂家塾也、鄉大夫等掌之、大司徒領自鄉、而四郊有郊學、王制虞庠在國之四郊、鄭注、周立小學於四郊、鄉之帥敎者不變、移之郊、鄭注、爲之習禮於郊學、文王世子、凡語於郊者、必取斂才焉、鄭注、謂論說於郊學、祭義、天子設四學、鄭注、四與謂周有四郊之虞庠也皆是也、亦大司徒領之、
孫詒讓云、依鄭三禮註義、鄉學名庠、六鄉則六庠也、鄉之次爲州、州學名序、六鄉三十州、則有

三十序也、州之次爲黨、黨學亦名序、六鄉百五十黨、則有百五十序也、六鄉地不逾四同、而立序庠百八十有六、國學及四郊之學、尚不與其數、教法亦甚詳矣、（黨正下註）（未完）

——摘自《東北大學周刊》一九二八年第五十九期

周禮上之鄉遂自治制度考（續）

魏運五

六遂之學。與鄉同制。及其學舍。宜當州序。依此推之。則六遂六序。三十縣三十序。百五十鄙百五十序。共而計之。亦百八十有六序也。

江永云、由郊而外、距郊百里內爲六遂、鄰里鄙縣、皆其屬別也、每遂有學、學記所謂術有序是也、其所屬之學、當亦如鄉、遂大夫等主之、亦

大司徒領之、此城中城外學之大概也、鄉學必在百里之適中、而不在邊、庠序乃設百里之邊、故記曰、在國之四郊、註謂之郊學、命鄉簡不帥教者習禮、先在本鄉、繼右鄉、移左鄉、左鄉移右鄉、繼移郊學、繼移遂學、終乃屏之遠方、由近消遠、釐然可考。

陳道祥云、周禮遂官、各降鄉官一等、則遂之學、亦降鄉一等矣、州長爵與遂大夫同、則遂之學、其名與周序同可也、孫氏疏云、案陳說比例極是、足申鄭孔義、若然六遂亦當有六序、遂之三十縣、百五十鄙、與鄉之州黨同、亦有學、然其名不見於經、學記疏謂亦名序、未知然否。

下此爲閭。其學名塾。學記所謂家有塾是也。

禮記學記云、世之教者、家有塾、黨有庠、術有序、國有學、孔疏云、家有塾者、此明學之所在、周禮百里之內、二十五家爲閭、同共一巷、

巷首有門、門邊有塾、謂民在家之時、朝夕出入、恒受敎於塾、故云家有塾、白虎通云、古之敎民、百里皆有師、里中之老有道德者、爲里右師、其次爲左師、敎里中之子弟、以道藝孝悌仁義也。

依此推之。閭族里鄙亦皆有學。或謂之塾。未審然否。

孫詒讓云、漢書食貨志、謂五比爲鄰、五鄰爲里、里有序、序有左塾右塾、白虎通義、辟雍篇說同、公羊宣十五年何註、又謂一里八十字中、里爲校室、以此例之、則似閭族里鄙亦有學、經注並無文、未知其審、段玉裁謂班何所云、即學記之家有塾、理或然也。

至其師長。以賢得民。仕焉而已者。歸敎於鄉遂。所謂鄉先生是也。

學記鄭注云、古者仕焉而已者、歸敎於閭里、朝夕坐於門、門側之堂、謂之塾、孔疏云、已猶退也、謂仕年老而退歸者。

書傳云、大夫七十而致仕而退老、歸其鄉里、大夫爲父師、士爲少師、新穀已入、餘子皆入學、距冬至四十五日始出學、上老平明坐於右塾、庶老坐於左塾、餘子畢出、然後歸、夕亦如之。

鄉飲酒禮云、鄉有鄉學、取致仕在鄉之中大夫爲父師、致仕之士爲少師、在於學中名爲鄉先生、敎於鄉中之人。

鄉師孫疏云、掌鄉學之政、凡鄉學以鄉人之有德行道藝而高年者爲之師、鄉飲酒禮、所謂先生是也、鄉先生以三物敎鄉之子弟。

又鄉大夫云、州長黨正、則各與鄉先生、敎民於其學。

其敎法也。鄉有三物。一曰六德。知仁聖義忠和是也。二曰六行。孝友睦婣任恤是也。三曰六藝。禮樂射御書數是也。

孫疏云、此卽六鄉大夫賓興賢能之事、鄉三物者、敎鄉學之官法、大司徒頒之六鄉之吏、使敎於鄉庠州序黨序及四郊虞庠之等有三事也。

(六)選舉　周制選舉。舉於學校。塾之秀者。升之於黨序。掌州之秀者。升之於鄉庠。鄉升之司徒。司徒升之學。學升之司馬。司馬詔王授爵焉。

禮記學記孔疏云、於黨中立學、敎閭中所升者、

孫疏周禮云、此經賓興賢能、由鄉升之司徒、亦必當由司徒升之學、而後升之司馬、司徒升之學、卽成均大學、故王制說大學之敎、俊選皆造、由大學升之、司馬、乃得受爵祿、故司士云、以德詔爵、以能詔事、注亦引王制、司馬辨論官材論進之賢者以告於王、而定其論之文以爲釋、是鄭亦謂此經與王制選舉之法略同、非選士卽可升司馬也。

舉州黨序秀者。職在州長及黨正。升之鄉學。謂之學士。舉鄉學之秀士者。職在鄉老大夫及鄉師。升之司徒。謂之選士。由司徒選升於學。謂之俊士。舉學之秀者。職在樂正。升之司馬。謂之進士。

孫疏云、鄉之學士、其始學於州黨之學、學成則州長黨正論其秀者、升之鄉學、學成則鄉老鄉大夫鄉師論其秀者、升之司徒。

王制云、命鄉論秀士升之司徒曰選士、司徒論選士之秀者、而升之學、曰俊士、升之於司徒者、不征於鄉、升於學者、不征於司徒、曰造士、大樂正論造士之秀者、以告於王、而升諸司馬曰進士。

其賓興也。以鄉三物。

大司寇以鄉三物敎萬民而賓興之、一曰六德、知仁聖義忠和、二曰六行、孝友睦婣任恤、三曰六藝、禮樂射御書數、鄭注物猶事也、興猶舉也、

民三事教成、鄉大夫舉其賢者能者、以飲酒之禮賓賓之、既則獻其書於王矣。

鄉學之士。三年業成。鄉大夫考其成。考其德行、察其道藝。興賢賓能。將用升之。賓賢之際。先爲鄉飲酒禮。鄉老及鄉群吏與焉。

學記云、比年入學、三年考校、孔疏鄉酒云、鄉有鄉學、鄉學每年入學、三年業成、必升於君、若天子鄉、則升學士於天子、若諸侯之鄉、則升學士於諸侯、凡升之、必用正月也、將用升之、先爲飲酒之禮、鄉大夫與鄉先生謀事、學生最賢者、使爲賓、次者爲介、又次者爲衆、賓此鄉大夫爲主人 與之飲酒、而後升之、鄉大夫職云、三年則大比、考其德行道藝、而興賢者能者、鄉老及鄉大夫、帥其吏與其衆寡、以禮禮賓之。

厥明鄉老鄉大夫羣吏獻賢能之書于王。以升名於司徒也。王再拜受之。登於天府。內史貳之。

鄉大夫職云、厥明鄉老及鄉大夫羣吏獻賢能之書于王、再拜受之、登於天府、內史貳之。孫氏疏云、鄉老及鄉大夫羣吏、獻賢能之書于王者、論學士之秀者、以告於王、而升名於司徒也、此羣吏即上文鄉吏與大宰小宰諸職之羣吏、通百官府言者異、云登於天府、內史貳之者、王以所獻賢之書正本、藏於天府、其副本、則在內史、此官與彼二官爲官聯。

退而習射。詢衆五物。謀賢能者。以備復興。鄉選之制。於此云備。

鄉大夫職云、退而以鄉射之禮、五物詢衆庶、一曰和、二曰容、三曰主皮、四曰和容、五曰興舞、鄭司農云、詢謀也、問於衆庶、寧復有賢能者。孫疏云、問於衆庶復有賢能者、以前此所與之賢能、既獻其書於王、其衆庶之中、未登庠序者、或倘有可興之人、故復以此鄉射禮詢問之、明仍爲謀賢能、以後三年之復與也。

遂之選舉。如六鄉焉。

鄭注遂大夫云、興甿舉民賢者能者、如六鄉之爲也、（餘詳遂大夫孫疏）

興舉之士。非即授爵。蓋俟異日出缺。則使補之耳。補缺之時。則察其賢能。以殊其吏長也。

鄉大夫職云、此謂使民興賢、出使長之、使民興能、入使治之、孫詒讓疏云、明鄉大夫所賓興之賢、亦間與司士詔爵詔事之典、即以充異日長吏之選也、黃以周云、此謂賢能終言之、非興賢後、即任以官職。

孫詒讓疏云、注云言是乃所謂使民自舉賢者、因出之而使之長民、教以德行道藝於外也者、長即大宰九兩之長、以貴得民、謂出其鄉、而爲王朝百官府之正長也、云使民自舉能者、因入之而使之治民之貢賦田役之事於內也者、治即九兩之吏、以治得民、謂入爲本鄉治民之吏、若州長以下皆是、又云案鄙長遂官、當由遂大夫興甿之內、選舉爲之。

（七）編氓（鄉遂之組織）、鄉遂編織。取法比伍。鄉之比伍。始於一比。比爲五家。比長治之。五比爲閭（始成邑）。閭胥掌之。四閭爲族。族師長之。五族爲黨。黨正理之。五黨爲州。州長職之。五州爲鄉。鄉大夫統之。使之相保相受。相葬相救。刑罰慶賞。相及相共。以相賙補。以相賓興。皆所以勸民者也。

大司徒職云、令五家爲比、使之相保、五比爲閭、使之相受、四閭爲族、使之相葬、五族爲黨、使之相救、五黨爲州、使之相賙、五州爲鄉、使之相賓。

孫氏正義云、此制六鄉比伍之法也、與遂人六遂、法同而名異、鄉民相聚爲小部、始於一比五家、比長治之、（以下見周禮要删卷二第十一頁。

遂之比伍。始於一鄰。鄰爲五家。鄰長治之。五鄰爲里。里宰長之。四里爲酇。酇長職之。五酇爲鄙。鄙師宰之。五鄙爲縣。縣正理之。五縣爲遂。遂人統之。考其法制。與六鄉同。惟殊其名稱。以示區別耳。

遂人職云、以土地之圖、經田野、造縣鄙形體之法、五家爲鄰、五鄰爲里、四里爲酇、五酇爲鄙、五鄙爲縣、五縣爲遂、　孫氏疏云、鄰里酇鄙縣遂猶郊內比閭族黨州鄉也者、此六遂之地、在甸與郊內六鄉制同而名異、鄉自五家爲比、積至五州爲鄉。猶自鄰積而成遂也、大小相包、六遂亦通受地七萬五千家、其數與鄉同。

(八)官吏、治法之議。今猶懷疑。徒法不行。古有明訓。是以國政臧否。視乎吏治。吏治窳紊。在乎任舉。近日各國。主官由民選者。蓋有由焉。周公制官。備極明嚴。鄉舉里選。審任於初。歲會大比。考成於終。復能因其賢能。授其職司。辨其庸責。保其祿位。是以內無亂臣。外無暴吏矣。爰草鄉遂之有地治者。藉明吏治之本焉。

(甲)官吏之設置

(子)行政官、吏周禮置官。緣其比伍。鄉自比始。比有比長。每比一人。厥爵下士。五比爲閭。閭有閭胥。每閭一人。爵厥中士。四閭爲族。族有族師。每族一人。厥爵上士。五族爲黨。黨有黨正。每黨一人。厥爵下大夫。五黨爲州。州有州長。每州一人。厥祿中大夫。五州爲鄉。鄉有鄉大夫。每鄉一人。厥爵爲卿。而大司徒總領鄉吏。卿官一人。爲其正長。小司徒貳。中大夫二人。鄉師爲考。下大夫四人。二人三鄉。左右分治。復有上士八人。中士十有六人。旅下士三十有二人。府六人。史十有二人。胥十有二人。徒百有二十人。以佐理之。

周禮地官敘官云、秋官之屬、大司徒卿一人、小司徒中大夫二人、鄉師下大夫四人、上士八人、中士十有六人、旅下士三十有二人、府六人、史十有二人、胥十有二人、徒百有二十人、鄉老二鄉則公一人、鄉大夫每鄉卿一人、州長每州中大夫一人、黨正每黨下大夫一人、族師每族上士一人、閭胥每閭中士一人、比長五家、下士一人、

孫氏正義云、大司徒卿一人者、敘官之正也、小司徒中大夫二人者、敘官之貳也、鄉師下大夫四人者、敘官之考也、旅下士三十有二人者、亦謂衆下士也、云師長也者、天官敘官注意同、鄉師下大夫與上士以下至府史胥徒及諸鄉吏爲長云司徒掌六鄉者、以六鄉附比王城近事重、故使大司徒總領鄉吏、又以小司徒鄉師專掌其事、猶遂人遂師專主六遂之事也、云鄉師分而治之二人者共三鄉之事相左右也者、詒讓案鄉師二人共三鄉、蓋以六鄉分爲左右三鄉、右三鄉各設鄉師二人以主之。

沈彤云、鄉老二鄉一人注以爲三公兼之、而鄉大夫每鄉卿一人、則不以六卿兼、鄉老無專職、惟及鄉大夫師其吏而禮賓賢能以獻其書于王、退而以鄉射之禮五物詢衆庶而已、故三公可兼、若鄉大夫、則職專、而所掌多、故別置。而不以六卿兼也、如或兼之、亦與公之兼鄉老當暫殊矣。

胡匡衷云、周禮六鄉之大夫、皆屬們司徒、沈彤云、遂自鄰始、鄰設鄰長、無爵無祿、每鄰一人、五鄰爲里、里設里宰、每里一人、授下士爵、四里爲酇、酇設酇長、每酇一人、授中士爵、五酇爲鄙、鄙設鄙師、每鄙一人、授上士爵、五鄙爲縣、縣設縣正、每縣一人、授下大夫爵、五縣爲遂、遂設遂大夫、每遂一人、授中大夫爵、而遂人總領遂吏、與司徒同、爵同小司徒爲中大夫、

又有鄉老三公兼之二鄉則公一人

共置二人、通掌六遂、下置遂師、下大夫四人、二人三遂、治分左右、復有上士八人、中士十六人、旅下士三十有二人、府四人、史十有二人、胥十有二人、徒百有二十人、以佐理之。

地官叙官云、遂人中大夫二人、遂師下大夫四人、上士八人、中士十有六人、旅下士三十有二人、府四人、史十有二人、胥十有二人、徒百有二十人、遂大夫每遂中大夫一人、縣正每縣下大夫一人、鄙師每鄙上士一人、酇長每酇中士一人、里宰每里下士一人、鄰長五家一人、

鄭注云、遂人主六遂、若司徒之於六鄉也、孫氏正義云、注云遂人主六遂、若司徒之於六鄉也者、司徒謂大小司徒也、司徒通掌邦國土地政教之事、而兼領六鄉國中郊里之地治、此官亦通掌遂甸以外土地政教之事、而兼領六遂、公邑之地治、職秩約畧相擬也。

又云、云中大夫二人者、通掌六遂、與遂師分治三遂異也、云遂師下大夫四人者、蓋亦如六鄉分爲左右、此官亦二人　共三遂之事、與鄉師掌鄉同也、又云、鄰長無爵無祿、受田如農民、而去其役賦、如庶人在官者也。

(丑)司法官吏、周禮司法制度。亦極詳備。不附刑者。有地治者決之。其附刑者。歸之於士。鄉士八人。分掌六鄉。三鄉四人。以聽獄訟。

鄉士職云、掌國中、鄭注云玄謂其地則距王城百里內也、言掌國中、此主國中獄也、六鄉之獄、在國中、賈疏云、鄉士主六鄉之獄、言掌國中者、獄居近六鄉之獄皆在國中。

司寇叙官鄭注云、鄉士主六鄉之獄。

鄉士鄭注云、鄉士八人、言各者、四人而分主三鄉。

遂有遂士。遂士十二人。一遂二人。以聽獄訟。

遂士職云、掌四郊、鄭注云、云玄謂其地則距王城百里以外、至二百里、言掌四郊者、此主四郊獄也、六遂之獄在四郊。

敍官鄭注云、遂士主六鄉之獄。

遂士鄭注云、遂士十二人、言各者二人、而分主一遂。

士之不决、上治司寇、此法官之大較也、（詳參札記一周禮司法制度考）（未完）

——摘自《東北大學周刊》一九二八年第六十期

三樂說

顏虛心

周禮、太師、凡樂圜鐘爲宮、黃鐘爲角、太族爲徵、姑洗爲羽、靁鼓靁鼗、孤竹之管、雲和之琴瑟、雲門之舞、冬日至、於地上之圜丘奏之。凡樂函鐘爲宮、太族爲角、姑洗爲徵、南呂爲羽、靈鼓靈鼗、孫竹之管、空桑之琴瑟、咸池之舞、夏日至、於澤中之方丘奏之。凡樂黃鐘爲宮、大呂爲角、太族爲徵、應鐘爲羽、路鼓路鼗、陰竹之管、龍門之琴瑟、九德之歌、九磬之舞、於宗廟之中奏之。凡此、後世謂之三樂、又謂之三大祭樂。鄭注以後、說經家無慮千百萬數、蓋未有能通之者。余既根據俗樂、考定少胥鄭注鐘磬二八十六枚之說、於是太師三樂之說、始可得而言焉。圜鐘爲宮者、謂以圜鐘之律作宮調。圜鐘爲宮、則仲呂爲商、林鐘爲角、南呂爲繆、無射爲徵、黃鐘爲羽、太族爲和。奏之鐘縣、則低角、低繆、徵、羽、和、宮、商、角、繆、高羽十聲也。黃鐘爲角者、謂以黃鐘之律作角調。黃鐘爲角、則太族爲繆、夾鐘爲徵、仲呂爲羽、林鐘爲和、夷則爲宮、無射爲商。奏之鐘縣、則和、宮、商、角、繆、高徵、高羽、高和、高宮、高角十聲也。太族爲徵者、謂以太族之律作徵調。太族爲徵、則姑洗爲羽、蕤賓爲和、林鐘爲宮、南呂爲商、應鐘爲角、大呂爲繆。奏之鐘縣、則高宮、高商、高角、高繆、再高徵、再高羽、再高和、再高宮、再高商九聲也。姑洗爲羽者、謂以姑洗之律作羽調。姑洗爲羽、則蕤賓爲和、與太族爲徵者同。奏之鐘縣、則再高宮、再高商、再高角、再高繆、三高徵、三高羽、三高和、三高宮、三高商九聲也。凡樂、圜鐘爲宮、黃鐘爲角、太族爲徵、姑洗爲羽、冬日至、於地上之圜丘奏之、所謂圜丘樂也。函鐘爲宮者、謂以函鐘之律作宮調。函鐘爲宮、則南呂爲商、與圜丘樂太族爲徵者同。奏之鐘縣、則宮、商、角、繆、高徵、高羽、高和、高宮、高商九聲也。太族爲角者、謂以太族之律作角調。太族爲角、則姑洗爲繆、仲呂爲徵、林鐘爲羽、南呂爲和、無射爲宮、黃鐘爲商。奏之鐘縣、則羽、和、宮、商、角、繆、高徵、高羽、高和、高商十聲也。姑洗爲徵者、謂以姑洗之律作徵調。姑洗爲徵、則蕤賓爲羽、夷則爲和、南呂爲宮、應鐘爲商、大呂爲角、夾鐘爲繆。奏之鐘縣、則高和、高宮、高商、高角、高繆、再高徵、再高羽、再高和、再高宮九聲也。南呂爲羽者、謂以南呂之律作羽調。南呂爲羽、則應鐘爲和、黃鐘爲宮、太族爲商、姑洗爲角、蕤賓爲繆、林鐘爲徵。奏之鐘縣、則高徵、高羽、高和、高宮、高商、高角、高繆、再高徵、再高羽、再高宮十聲也。凡樂、函鐘爲宮、太族爲角、姑洗爲徵、南呂爲羽。夏日至、於澤中之方丘奏之、所謂方丘樂也。黃鐘爲宮者、謂以黃鐘之律作宮調。黃鐘爲宮、則太族爲商、與方丘樂南呂爲羽者同。奏之鐘縣、則徵、羽、和、宮、商、角、繆、高徵、高羽、高宮十聲也。大呂爲角者、謂以大呂之律作角調。大呂爲角、則夾鐘爲繆、姑洗爲徵、蕤賓爲羽、夷則爲和、南呂爲宮、應鐘爲商。奏之鐘縣、則和、宮、商、角、繆、高徵、高羽、高和、高宮九聲也。太族爲徵、說見圜丘樂太族爲徵條。應鐘爲羽者、謂以應鐘之律作羽調。應鐘爲羽、則大呂爲和、太族爲宮、姑洗爲商、蕤賓爲角、夷則爲繆、南呂爲徵。奏之鐘縣、則繆、高徵、高羽、高和、高宮、高商、高角、高繆、再高徵九聲也。凡樂、黃鐘爲宮、太呂爲角、太族爲徵、應鐘爲羽、於宗廟奏之、所謂宗廟樂也。三樂之說、昔人所爲葛糾膠固、不可董理者、至此則怡然理順、渙若冰釋矣。複爲譜表、竝詳說之。

凡樂																
圜鐘爲宮……	林	夷	南	無	應	黃	大	太	夾	姑	仲	蕤	林	夷	南	黃
	工		凡	合		四		一	上		尺		工		凡	五
	角		變	徵		羽		和	宮		商		角		變	羽
黃鐘爲角……	林	夷	南	無	應	黃	大	太	夾	姑	仲	蕤	林	夷	南	黃
	一	上		尺		工		凡	六		五		乙	仕		仜
	和	宮		商		角		變	徵		羽		和	宮		角
太族爲徵……	林	夷	南	無	應	黃	大	太	夾	姑	仲	蕤	林	夷	南	黃
	仕		伬		仜		仉	伏		伍		亿	仩		伬	
	宮		商		角		變	徵		羽		和	宮		商	
姑洗爲羽……	林	夷	南	無	應	黃	大	太	夾	姑	仲	蕤	林	夷	南	黃
	仕		伬		仜		仉	伏		伍		亿	仩		伬	
	宮		商		角		變	徵		羽		和	宮		商	

圜丘奏之

凡樂

函鐘爲宮……	林	夷	南	無	應	黃	大	太	夾	姑	仲	蕤	林	夷	南	黃
	上		尺		工		凡	六		五		乙	仕		伬	
	宮		商		角		繆	徵		羽		和	宮		商	
太族爲角……	林	夷	南	無	應	黃	大	太	夾	姑	仲	蕤	林	夷	南	黃
	四		一	上		尺		工		凡	六		五		乙	
	羽		和	宮		商		角		繆	徵		羽		和	
姑洗爲徵……	林	夷	南	無	應	黃	大	太	夾	姑	仲	蕤	林	夷	南	黃
		乙	仕		伬		仜		仉	伏		伍		亿	仩	
		和	宮		商		角		繆	徵		羽		和	宮	
南呂爲羽……	林	夷	南	無	應	黃	大	太	夾	姑	仲	蕤	林	夷	南	黃
	六		五		乙	仕		伬		仜		仉	伏		伍	仩
	徵		羽		和	宮		商		角		繆	徵		羽	宮

（函鐘爲宮、太族爲角、姑洗爲徵）方丘奏之

凡樂（宗廟奏之）

黃鐘爲宮……

林	夷	南	無	應	黃	大	太	夾	姑	仲	蕤	林	夷	南	黃
合		四		一	上		尺		工		凡	六		五	仕
徵		羽		和	宮		商		角		繆	徵		羽	宮

大呂爲角……

林	夷	南	無	應	黃	大	太	夾	姑	仲	蕤	林	夷	南	黃
	一	上		尺		工		凡	⿰亻六		五		乙	仕	
	和	宮		商		角		繆	徵		羽		和	宮	

太族爲徵……

林	夷	南	無	應	黃	大	太	夾	姑	仲	蕤	林	夷	南	黃
仕		伬		仜		仉	⿰亻六		伍		亿	仩		伬	
宮		商		角		繆	徵		羽		和	宮		商	

應鐘爲羽……

林	夷	南	無	應	黃	大	太	夾	姑	仲	蕤	林	夷	南	黃
	凡	六		五		乙	仕		伬		仜		仉	⿰亻六	
	繆	徵		羽		和	宮		商		角		繆	徵	

凡三樂、釐爲三表、圜丘爲一表、方丘爲一表、宗廟爲一表。一表領四調、凡一十二調。（不得云十二宮）十二調旋律皆以林鐘爲調首、以黃鐘居末者、依樂縣之法爲次也。必依樂縣之法爲次、而後十二調之意乃可見。禮文於四調之下、特拈出鼓、鼗、管、琴、瑟等樂器言之者、謂三樂樂章以此等樂器奏以此四調也。禮文凡樂二字、屬樂器、不屬四調、四調亦屬樂器爲言、非樂器屬四調也。故釋四調、必以樂器爲依據、其立言乃可通。古代樂器制作之法、雖已略不可識、然樂縣之法、旣由余而定、卽謂鼓、鼗、管、琴、瑟之制、旋律之法、或不謬於斯、殆無害耳。（荀勗云、金石有一定之聲、故造鐘磬者、先依律調之、然後施於廟縣、作樂之時、諸音皆受鐘磬之均、卽爲悉應律也。見晉書律歷志）三樂舊說、鄭注固不足道、賈疏因襲附會、尤可笑。淸儒解經、非不詳博、然皆無當於事、亦且有以六十調旋宮法釋之者、（說起於舊唐書音樂志、李光地作古樂經傳信之、陳闌甫作聲律通攷信之）其言似通矣、惟按之實際、古代必無如此繁複之樂器、六十調皆可演奏。蓋六十調之說、在今時尙屬理論、追論古代、其立說之牽强可知。此皆忽視樂器爲用之過也。

凡三樂十二調、又可分爲六類。圜鐘爲宮爲一類。黃鐘爲角、姑洗爲徵、大呂爲角爲一類。太族爲徵、姑洗爲羽、函鐘爲宮爲一類。太族爲角爲一類。南呂爲羽、黃鐘爲宮爲一類。應鐘爲羽又爲一類。圜鐘爲宮、太族爲角、應鐘爲羽、各自爲類、不待贅說。黃鐘爲角者以夷則爲宮、姑洗爲徵、大呂爲角者以南呂爲宮、夷則、南呂爲毗連律、相差只半音、奏之鐘縣、第一聲均爲一、惟一以林鐘爲之、一以夷則爲之、林鐘、夷則亦毗連律、故三調得爲一類。太族爲徵、姑洗爲羽者、皆以林鐘爲宮、故得與函鐘爲宮者爲一類。南呂爲羽者與黃鐘爲宮者爲一類倣此。

太族爲徵、姑洗爲羽而不命曰函鐘爲宮。姑洗爲徵、大呂爲角、而不命曰南呂爲宮。南呂爲羽、而不命曰黃鐘爲宮。此亦有說。所謂某律爲某者、謂以某律爲某調、非某聲當某律之謂、故宮角徵羽等稱、乃調名而非聲也。詳七音説 函鐘爲宮、則太族爲徵、姑洗爲羽、應鐘爲角、南呂爲商、所謂太族爲徵、姑洗爲羽者、函鐘宮之徵聲羽聲當太族姑洗之律耳、與太族爲徵姑洗爲羽以調言者異也。林鐘爲宮、十六律用正律者七、用半律者四、用再半律者五。太族爲徵、十六律用半律者七、用再半律者四、用三半律者五。姑洗爲羽、十六律用再半律者七、用三半律者四、用四半律者五、此一異也。林鐘爲宮、用上尺工凡六五乙仩伬九聲、太族爲徵、用仩伬仜㐨⿰亻六伍亿⿰彳上⿰彳尺九聲、姑洗爲羽、用⿰彳上⿰彳尺⿰彳工⿰彳凡⿰彳六⿰彳五⿰彳乙⿰彳上⿰彳尺九聲、此又一異也。聞上尺工凡六五乙之聲、則知其爲林鐘宮調、而非太族徵調、亦非姑洗羽調矣。聞仩伬仜㐨⿰亻六伍亿之聲、則知其爲太族徵調、而非姑洗羽調、亦非林鐘宮調矣。聞⿰彳上⿰彳尺⿰彳工⿰彳凡⿰彳六⿰彳五⿰彳乙之聲、則知其爲姑洗羽調、而非林鐘宮調、亦非太族徵調矣。此太族爲徵、姑洗爲羽、所爲不得以函鐘爲宮言也。姑洗爲徵、大呂爲角、不得命曰南呂爲宮、南呂爲羽、不得命曰黃鐘爲宮、胥視此矣。

律有十二、而三樂用以爲調者八。一用夾鐘、再用黃鐘、三用太族、再用姑洗、一用林鐘、一用南呂、一用大呂、一用應鐘、遺仲呂、蕤賓、夷則、無射四律不用。又圜鐘爲宮、必用黃鐘爲角、而不用太族、大呂、必用太族爲徵、而不用姑洗、必用姑洗爲羽、而不用南呂、應鐘、方丘樂宗廟樂視此 抑又樂器換調之必然者矣。三樂宮角徵羽四調、以樂器言、吾前既明之、是故由管而言、(小師注鄭司農云管如篪六孔風俗通義引禮樂記管漆竹長一尺六孔孟康注漢書同)圜鐘爲宮則第二孔(由上往下數)爲上、(即宮聲依樂縣法以中空爲林鐘律)第一孔爲尺、全捫六孔(即中空)爲工、末一孔爲凡、第五孔爲合、第四孔爲四、第三孔爲一。若換爲黃鐘角調、則爲上者爲六、爲尺者爲五、爲工者爲一、爲凡者爲上、爲合者爲尺、爲四者爲工、爲一者爲凡。又換爲太族爲徵、姑洗爲羽調、則爲工一者爲上、爲凡上者爲尺、爲合尺者爲工、爲四工者爲凡、爲一凡者爲合、爲上六者爲四、爲尺五者爲一。圜鐘爲宮、必一換而黃鐘爲角、所以使爲一者爲凡也、必再換而太族爲徵姑洗爲羽、所以使爲一凡者爲合也。何也。七聲之中、有半聲二焉、一凡是也。六孔之管、不克備十二律、若使旋十二調、半聲不當其位、則聲多假借、弗克和諧。圜鐘爲宮、一換而黃鐘爲角、則太族爲二者爲凡、再換爾太族爲徵、姑洗爲羽、則太族爲凡者爲合、(太族爲合則大呂爲凡太族大呂爲毗連律本一音)是其徵意也。方丘樂、林鐘宮調、蕤賓爲乙聲、南呂羽調、蕤賓爲凡聲與之合、太族角調、姑洗爲凡聲、姑洗徵調、夾鐘爲凡聲與之合。宗廟樂、黃鐘宮調、蕤賓爲凡聲、太族徵調、蕤賓爲一聲與之合、大呂角調、夷則爲一聲、應鐘羽調、夷則爲凡聲與之合、太族徵調、大呂爲凡聲、應鐘羽調、大呂爲一聲與之合、胥此意也。此三樂所爲複用太族、黃鐘、姑洗、而獨遺仲呂、蕤賓、無射、夷則而不用也。

或曰、子爲三樂之說、蓋亦異矣、然則陳蘭甫古樂五聲十二律還宮考之書非耶。曰、陳氏用唐人八十四調之法釋三樂、其說甚通、惟古樂果有六十調、且見之演奏、則不應至鄭君時便失其解。又古樂既有六十調、則九宮七調等簡單調法、似不應起自六十調見諸行事以後。故認古樂有六十調、則樂調進化之跡亂、認六十調爲古已有之、則九宮七調等法在歷史上失其根據、而欲通今樂於古樂、不可得矣。此非小故也。陳氏之書、自有樂書以來、未有其比、吾人何敢非議、但智者千慮、必有一失、陳氏智者也、千慮一失、或亦有之耳。

——摘自《國學論叢》一九三〇年十二月二卷二期

周禮上賦稅法的研究

薛念梅

一 緒論

世界上只有農民才是純粹的生產成員，所以只有農民才是被剝削者。歷代都各有剝削農民的方法，但到了近代可說是無所不用其極了。尤其在中國對農民身上所出的各種剝削的花樣眞是五光十色。有些人說農民是天賦的被剝削者，這雖是罪過的說話，然而從所有的一切事實看來，又誰能否認的呢?

中國是以農立國的國家，所以數千年來的剝削，只有農民負担。到了近代農民的負担愈重，農民的生計便愈困難。最近十餘年來，農村的賦稅，農民的剝削，只有愈出愈奇，而中國主要農產品的出口遞減，糧食的進口遞增，棉花煙葉等農產品的進口，逐年超過出口，都是極顯著的事實。在這樣的農業破產的趨勢中，則農村蕭條，購買力減低，而工商業亦因以不振，這是必然的趨勢。故在今日而言救國之道，其關係全在解決農業經濟問題，而最重要的一個農業經濟問題，便是賦稅問題。

現在一般人都知道趨向於救國興業的建設道路上，然而祇顧表面的建設而不從根本處去釐定最重要的賦稅法，則一切都等於虛話。因與現在農民所最痛苦而使他們不能安心於生產事業的，就是賦稅法的混亂與負担的繁重，現在每個農民所負担的租稅，除了正式的田賦而外，內外債的負担，強迫借款，輔幣濫鑄，紙幣濫發，公債的增加，都是直接間接加到農民身上的，至於其他所謂漕折、附稅、軍事特捐、契稅、鴉片田稅、鹽稅、農產品稅等種種苛捐雜稅，都是一條條的壓榨農民的鎖鏈。如果要發展生產事業，要富國興業，則非把這一條條的鎖鏈，通通從農民身上解放下來，而重新釐定輕易的賦稅法不可。

我在這裏想將周禮上所記載的賦稅法，加以剖析的研究，或可作為釐定賦稅法時的一種參考和比較。

雖然那人懷疑周禮是一部贋造的書籍，並不是周公所作，幸而我們並不要做一個考據家，那些我們可不要去管它。我們只是可以承認周禮是中國某一時代的思潮的表現，而且是根據當時的社會生活的實際狀況定下來的一種制度，於是就不會沒有研究的價值了。

就周禮裏面所表現的看來，周禮似乎是原始農業定住社會的產物，但最多亦不過是初期商業萌芽時代的產物罷了，所以在這裏面充分的表現出封建社會的色彩，是很明白的。

現在爲便利起見，將周禮的賦稅法分爲

(甲) 地稅，

(乙) 力役二項而研究之。

二 地稅

在周禮裏面規定公邑的地稅，在王畿則『天官大宰以九賦斂財賄。』所謂九賦，就是：

『一曰邦中之賦，二曰四郊之賦，三曰邦甸之賦，四曰家削之賦，五曰邦縣之賦，六曰邦都之賦，七曰關市之賦，八曰山澤之賦，九曰幣餘之賦。』

在這些九賦裏面，除了第七關市之賦與第九幣餘之賦，其性質不同外，其他七種賦都是地稅。所謂邦中是城郭內，所謂四郊是近郊遠郊之地，所謂邦甸是離王城百里乃至二百里的地帶，六遂所在的地方。所謂家削，是二百里以外三百里以內的地帶，所謂邦縣，是三百里乃至四百里的地帶。所謂邦都，是四百里乃至五百里的地帶。在邦甸以外有公卿大夫的采地，在那裏居住的人民，則以其地之賦貢納其采地主。這裏所稱的家削、邦縣、邦都之賦，是屬於這些采地以外的公邑的，其賦稅的比例，依地之遠近及種類而不同，據地官載師看來則

『園廛二十而一，近郊十一，遠郊二十而三，甸削縣都皆無過十二，惟其漆林之征，二十而五。』

園廛二十而一，就是說在邦中的廛里，和在場圃的園地及在遂人所謂夫一廛的農民宅地，納二十分之一卽半成的稅，至其以什麼爲標準而決定這二十分之一的稅，則不能從字面上曉得的。近郊十一，就是在六鄉之地或宅田、士田、賈田納十分之一的稅。遠郊二十而三，就是在六鄉之地的官田、牛田、賞田、牧田二十分之三卽一成半之稅。甸、削、縣、都皆無過十二，就是在甸、削、縣、都的公邑課十分之二卽二成的稅。漆林之征二十而五，就是在漆林征二成半的稅。其所以漆林的稅特別苛重，則因爲漆林所需要的人力較少而利益較多的緣故。

這些賦稅究竟以什麼爲標準而定其比例呢？耕種穀物等的田地，依其收穫額而決定其成數，還不算是困難，園圃的果物疏菜，課二十分之一的稅，亦可以決定，至如廛卽宅地之稅，及牛田牧田，漁林的課稅價格，以什麼爲標準而決定，實是一個很難解決的問

題。

徵收賦稅的官吏司徒以下，有載師、閭師、縣師三職，其各人的執掌如下：

『(一)載師掌任土之法，以物地事授地職，而待其政令。

以廛里任國中之地以場圃任園地以田宅士田、賈田任近郊之地……。

凡任地，國宅無征園廛二十而一……。

凡宅不毛者有里布。凡田不耕者，出屋粟。凡民無職事者，出夫家之征，以時徵其賦。

(二)閭師，掌國中及四郊之人民六畜之數，以任其力，以待其政令，以時徵其賦 凡任民

任農以耕事貢九穀，任圃以樹事貢草木，木工以飭材事貢器物，任商以市事貢貨賄，任牧以畜事貢鳥獸，任嬪以女子貢布帛，任衡以山事貢物，任虞以澤事貢其物。

凡無職者出夫布。

凡庶民不畜者祭無牲，不耕者祭無盛，不樹者無椁，不蠶者不帛，不績者不衰。

(三)縣師掌邦國，都鄙稍甸里之地域而辨其夫家人民田萊之數，及其六畜車輦之稽，

三年大比，則以攻羣吏而以詔廢置。

……

以歲時徵野之賦貢。』

根據上述的規定，載師如上士，決定畿內王所直領的公邑的賦稅比例，以時而徵收其賦稅，閭師爲中士，根據載師所定的賦稅比例，接受載師的徵收令，而徵收國中及四郊的賦稅，至規定六鄉之貢而徵收之，亦是閭師的任務。縣師的職務是按歲時而徵收野之賦貢，所謂野，是六鄉外的公邑，在閭師的管轄範圍以外，和閭師一樣，根據載師所定的賦稅的比例而徵收之，但和載師一樣同爲上士，因其屬下的官吏極多，而其管轄的地域亦極廣的緣故。

在遂人下所見的徵稅之事，則有『以令貢賦，以令師田，以起政役；』在遂師，則有『以徵財征作役事，入野職野賦于王府。』縣市是都鄙的稍縣都的中間地帶，可以管轄甸的六遂六遂的徵稅事務，亦屬於遂人遂師。

至於里宰，則如待有司之政令而徵斂其財賦，僅待有司的政令而盡他的事務，爲上述諸職的下役。

如上所述，有關係於畿內公邑地稅的官吏，載師規定稅率，閭師徵稅於國中及四郊即六鄉，遂人遂師徵稅於六遂，縣師徵稅於稍、縣、都的公邑，是無可疑的。但載師既爲規定稅率的人，其稅率究以什麽爲標準而規定的呢？這一點，仍然是不能從這些職務的規定而論究出來的。不過我們可以推論的，就是當時的經濟生活，其價格的標準，又依什麽而規定？說到這種問題，則必然會牽涉當編纂周禮時代是否有貨幣的存在的問題，但這樣的說下去，必又涉及於多方面的問題，所以這裏且避開不去說它，而只說它的結論罷了。在周禮裏面『布』的文字，實使用如貨幣的地位，例如：

載師　里布

閭師　夫布

廛人　紋布，總布，質布，罰布，廛布。
肆長　羊人巫馬等的諸職，亦有總布。
外府　掌邦布之入出以共百物。
泉府　掌以市之征布，斂市之不售貨之滯于民用者。

而且我們還可以看見『作布』的字樣，如在司市，有『國凶荒札喪，則市無征而作布，』因為如根據泉府的規定，政府可以市之征布即市稅，收買停滯的貨物，在國凶荒札喪，不能從市征稅時，則可以作布。但上述的各方面的布，是對於農業沒有直接的關係，而只對於商業及其他職業有關係的，且這所謂布的貨幣，僅為與城市有關係的商工職人等所使用，郊野的農民是不使用的，即有使用，則極稀罕，因為封建制度，有以土地為基礎以實物為基礎以自足為主義的特質，如果到了布的貨幣一般的為農民所普遍使用的程度，則其經濟生活既進而為貨幣的，封建制度便不得不崩潰了。讀管子的書，我們便可以知道在春秋時代，既相當的使用貨幣了。這樣看來，則周之末期，可認為貨幣使用發達的時代，因貨幣使用的發達，而有春秋五霸，而有戰國，而封建制度崩潰。宋鄭樵的通志卷六十二有說：『自太昊以來，則有錢矣。』又說：『陶唐氏謂之泉，商人周人謂之布，齊人莒人謂之刀。』然則周禮上的布，實使用如金屬貨幣，很可以推論而決定。

既以布的貨幣上納租稅，則其課稅價格及稅額，可以布而測度。試關於以布而測度課稅的價格及稅額，不能在周禮的文字上面，找出這樣的例證，只有泉府關於借貸的規定，有說：

『凡民之貸者，與者，有司辨而授之，以國服為之息。』

其關於貸金的利息的一點，據鄭玄說『以其於國服事之稅為息也，』則利息的比例，依農夫受田所出之稅的比例，『近郊十一遠郊二十而三』等為率。這樣說來，不特沒有說到以布而測度課稅的價格及稅額，反而布的貨幣的借貸利率，要以田稅率為標準而決定了。我們從這點可以決定在周禮所表現的時代性，實暗示着一般的經濟生活上的貨幣勢力還是很微弱了。

還有，為租稅的他一種之貢，有給付實物的特質，如在閭師裏，農貢九穀，圃貢草木，工貢器品，商貢貨賄，牧貢鳥獸，嬪貢布帛，衡以山事貢實物，虞以澤事貢其物，則是依其職事而貢其所有物。這些有如營業稅與職業稅的性質，而其所貢者仍為各業的所有物，當時的貨幣勢力，還不能代替這些貢物，是很明白的。

這樣看來，則『近郊十一，遠郊二十而三，甸、稍、縣、都皆無過十二』的六項，是穀物農業地，依各人所受上田百畝為標準而課稅，以其所收穫的穀物的十分之一乃至十分之二為率。園廛二十而一與漆林二十而五，則因為這些是不產穀物的土地，故不與上述各地同其比例。據鄭玄說，『園廛亦輕之者，廛無穀，園少利也。古之宅必樹，而疆埸有瓜……』其意味，是廛因為沒有穀，若依穀物地而課稅十分之一，似乎過重，故減輕爲二十分之一。園所出的利息，比較穀物地所出的利息少，故亦應較輕於穀物地所課之稅而爲二十分之一。這就是說在廛的周圍所種植的，課其收穫額的二十分之一，在園裏所種植的瓜果，課其產出額的二十分之一，如果是課其所種植於宅地的餘地及園裏的瓜果的二十成之一，則不特計算極爲困難，而實施上亦殊爲不便利的方法，故應該解說爲廛及園則課以耕種穀物所可以收穫的一定量的穀物的二十分之一。這種意思明白地說起來則當時的對於廛及園的課稅方法，并不是依照其所產生的農產品額，而取其二十分之一，乃是就廛及園的地面估計其種穀物時所應該產出的一定額，而取其二十分之一。漆林的二十而五，其意味亦是同樣，就是漆林的田地，以耕種穀物時的收穫額的二十分之五爲比率而課稅，這種意思，即就其文字上所表現，亦極爲明顯，所謂『二十而一，十一，二十而三，及二十而五，』並沒有什麼的區別，如果一方面以穀物的收穫爲標準，他方面又以桑麻瓜果及漆等的收穫爲標準，不特難於計算，即在文字上亦難解說。又如上面所述，貨幣經濟還沒有發達，僅爲城市中的商工職人等交易及納稅時所使用，利率亦有依田稅率而決定的形勢，則廛園及漆林的收穫不能依貨幣的數量而評價，亦不能以其評價額而定課稅率，是很可以推想得到的。因此，我們便可以斷定廛園及漆林是依其他耕種穀物的地方的準標的收穫額，而定其稅額爲二十分之一或二十分之五。如果這樣說來，則周禮的稅法，所謂貢、助、徹的三法，都是依貢法的精神而定其稅率的。依此而推想則近郊的十一，遠郊的二十而三，以下甸、稍、縣、都的十二，亦是依標準的百畝的收穫，取數年的豐年及數年的凶年而平均之，以算出其標準的收穫額，定爲十一或十二的比率。故當時又有所謂司稼的官吏，其職務在『巡野觀稼，以年之上下出斂法，』又說，『掌巡邦野之稼，而辨穜稑之種，周知其名，與其所宜地，以爲法而縣于邑閭，』就是他的職務，是要到凶荒的地方，或在凶荒的時候巡視田野，以檢驗穀物的產生額，以爲減稅的標準，并不是司稼可以檢驗穀物的產出額，而自己定田稅的標準。如鄭玄所說『斂法者，半年從正，凶荒則損，若今十傷二三，實除減半，』則司稼的職務，極爲明白，所謂『豐年從正，』是說在豐年的時候，則其稅法根據標準的規定，在凶荒的時候，則不能根據標準的規定，而要酌量減少，至減少的程度如何，則須先派司稼到凶荒的地方去巡查視察，依災情的嚴重程度，據實報告，然後由定稅收的機關，根據報告而減少稅額。但爲什麼司稼不能自己決定稅額的減少呢？這是因爲當時的官制的關係，當時的官制載師縣師爲上士，閭師爲中士，司稼爲下士，故司稼沒有決定政府歲入實收額的權能，而且要決定稅額的減少，一方面雖然要斟酌地方的災情，他方面亦要斟酌於政府的歲入額，若不是可以完全明白政府統轄下的各地方的情形，就必然有顧此失彼的弊害，司稼不過是司徒下的末職，其所有的官吏，下士八人，史四人，徒四十人，以這樣的小小的官署，自不能巡視王畿千里的公邑，周知一切的地方情形，檢驗年歲地方的豐歉，而決定田稅。

其次的問題，則爲什麼同是王畿直領的公邑，而近郊十分之一，遠郊二十分之三，甸、稍、縣、都十分之二，依地帶而稅率有輕重呢？其稅率輕重的決定，又以什麼爲標準呢？關於這個問題，鄭玄亦有很好的說明，他說：

『國稅輕近而重遠，近者多役也。』

因爲當時的政治，以中正平均爲主義，其所以制定爲輕近重遠，依鄭玄的解說，則以爲六鄉以內的居民，時常被徵於力役及軍役等，故因其所負担的力役軍役較重於六遂以外，就輕其田稅以爲調濟。但有人則以爲國稅所以輕近而重遠，并不是因爲『近者多役』的緣故，當時王者徵調人民服役，爲保持其中正平均的主義，亦必多徵近處的人民，而遣去遠處的人民的。其所以國稅要輕近而重遠，是因爲遠處搬運穀物，需要運輸的手續費，則多徵百分之五乃至百分之十，以爲補償。這種說法，看去似乎近理，但亦不無可疑之點。如果當時的稅法，確有這樣的類似今日的附加稅的規定，確與古代的稅法——什一而稅，顯然是互相矛盾。而且就周禮考查起來，又有許多地方，可以證明這種說法不很適當。即如周禮所規定的旅師及委人的職務，有如下：

(一)旅掌師聚野之耡粟屋粟間粟而用之，以質劑致民，平頒其興積，施其惠，散其利，而均其政令。

凡用粟，春頒而秋斂之。

凡新甿之治，皆聽之，使無征役，以地之微惡爲之等。

(二)委人掌斂野之賦，斂薪芻，凡疏材木材，凡畜聚之物。以稍聚待賓客，以甸聚待羈旅。凡其余聚以待頒賜。以式法共祭祀之薪蒸木材，賓客共其芻薪，喪紀共其薪蒸木材，軍旅共其委積薪芻，凡疏材共野委兵器與其野囿財用。凡軍旅之賓客館焉。

這從些文字看來，可以知道旅師聚斂遠郊以外的耡粟屋粟間粟等賦稅，委人聚斂如薪芻疏材木材畜聚等物的園圃山澤之賦，但并沒有說到旅師委人要搬運賦稅，可見旅師委人在野的職務，亦如遺人在鄉里的職務一樣，專門担任委積的事務。遺人有五種的委積的事務，就是『鄉里之委積，以恤民之囏阨；門關之委積，以養老孤；郊里之委積，以待賓客；野鄙之委積，以待羈旅；縣都之委積，以待凶荒。』可見當時的賦稅，并沒有搬運的事實，而只有委積的規定。就是在野的委積，旅師及委人任之，鄉里的委積，則遺人任之。而且從

『凡國野之路，十里有廬，廬有飲食，三十里有宿，宿有路室，路室有委，五十里有市，市有候館，候館有積』

的說話看來，亦不能證明是搬運稅穀的說話，只可以認做是各地

儲藏稅穀所在的標明。故我們可以斷定國稅輕近而重遠，決不是要附加搬運費只是要和力役之征相調濟罷了。且照事實說來，若將天下的賦稅都搬運而集中於王城，不論當時王城之大可以容得下許許多多的穀物，然而在事實上亦決沒有這樣的事，故亦以各地設委積的掌守者爲近似。根據上述的種種的理由，我們自然要贊成鄭玄『近者多役也』之說，這種論調，不特在力役一項上可以得到證據，即在禹貢上亦有力役多者輕課稅之例，然則周禮採用這種主義，亦至自然而非爲毫無根據者了。

又其次，我們要考究的問題，是都鄙邦國——公卿大夫的采地，及諸侯的邦國依據如何的稅法，是否依據於助法的問題。

說到這樣的問題，就必然會牽涉到井田制度存在的問題。謎一樣的井田制度，到現在經過許多人去考據，還是聚訟紛紜。有的說，井田制度確實在上古原始農業社會爲一種極合於理想的制度；有的說，井田制度僅爲烏托邦，成爲一個理想王國的存在而已。我們這裏沒有閒工夫來清理這場訟事，但我們要研究都鄙邦國的稅法，實不能把這井田制度的問題，撇開不講，故我們這裏只就井田制度的結論，以推定都鄙邦國的稅法而已。

井田制度的存在論，以孟子之說爲最有力。孟子關於井田制度的說話，是『雖周亦助也，』由並他所提出的詩經上的『雨我公田，遂及我私』的詩句。而後人即根據以爲井田制度存在的鐵證，我們且不要說這些證據是否有充分證明井田制度存在的意思，而只這些僅有的資料，亦殊不能爲強有力的證據。

如果就井田制度的實施看來，其必然要具備的客觀條件，無疑的是人口稀少，地勢平衍，土質肥沃，這些條件，是否在周禮的時代可以具備，誰都不能斷定。但如周禮上所表現的，雖貨幣經濟還沒有發達，然而貨幣經濟却早已存在，就這樣的經濟生活程度看來，人口漸漸有集中於城市的趨勢，却是很明顯的。這種趨勢，就是消滅井田制度的根本動力，或者有人要說，王畿以內天子直領的公邑，既行遂人的溝洫制，至於公卿大夫的采地，及諸侯的邦國，則依然保存井田制度。我們就使承認這話是有相當的理由，但把天下劃分爲棋盤般整然的方田，終屬過於理想的，且表現於周禮的，田地既有上田、中田、下田的分別，其不能保存一樣肥沃一樣平坦的均勢，而有等差的區別，必然是因爲人口日漸增殖，上田不足，則繼之以中田，中田不足，則繼之以下田，而不能保持井田的理想制度，亦顯而易見的了。或者有人又要說，周承殷後，殷代的稅法是助法，以九區共一井，中央爲公田，周圍爲八家的私田，藉八家之力以耕公田，而納其收穫於公。這種「助法」到了周朝，因人口增加，便撤廢公田，故稱爲「徹法」。這樣說來，則是雖有井田制度，到了周朝，事實上亦不能不廢除了。因此我們可以得到一種結論，就是不論井田制度的有無，周朝實不能行井田制度。

如上所述，則周禮上都鄙邦國的賦稅法是怎樣的呢？是否和王畿的公邑取同樣的標準呢？

鄭玄對於匠人溝洫法的註釋有這樣的說話：

『以載師職及司馬法論之，周制畿內用夏之貢法，稅夫無公田；以詩春秋論語孟子論之，周制邦國殷之莇法，制公田不稅。夫貢者自治其所受田，貢其稅穀；莇者，借民之力以治公田，又使收斂焉。畿內用貢法者，鄉遂及公邑之吏旦夕從民事，爲其促之以公使不得恤而私，邦國用莇法者，諸侯專一國之政，爲其貪暴，稅民無藝。周之內畿稅有輕重，諸侯謂之徹者，通其率以什一爲正。孟子云：野九夫而稅一，國中什一，是邦國亦異外內之法耳。』

照鄭玄的說話看來，則周之賦稅法爲貢助兩行說，即畿內行貢法，而邦國行助法。又朱熹作孟子集註，有說：

『周時一夫授田百畝，鄉遂用貢法，十夫有溝；都鄙用助法，八家同井，耕則通力而作，收則計畝而分，故謂之徹，什一者貢法，以十分之一爲常數，周制則公田百畝中，以二十畝爲廬舍，一夫所耕田實計十畝，通私田百畝，爲十一分而取其一，蓋輕於什一矣』

照朱熹的說話，則周時併用貢助二法，而別名爲徹，鄉遂行貢法，都鄙用貢法。現在且不問鄭玄和朱熹二人意見的異同，亦不問鄭玄與朱熹二人的意見是否錯誤，但據他們的意見，則都鄙邦國的賦稅法，是所謂助法，却是互表同意的。然則都鄙邦國的賦稅法，和王畿鄉遂的賦稅法，是否採取同樣的標準呢？上面既表明助法和貢法分行於王畿鄉遂與都鄙邦國，則不能採取同樣的標準，是很明白的。有人以爲貢法和助法的分別，完全因爲王畿鄉遂與都鄙邦國的所謂公田的有無，但我以爲這句話不很靠得住，實在貢法與助法的區別，不在公田的有無，而在徹稅的方法。我們且歷舉其理由而要述如下：

(一)所謂殷之時代，則行助法，我們自然沒有什麼可以否定之，但若僅根據孟子及禮記等的僅有的資料而承認之，亦殊不能說是確實而安全。

(二)殷代的助法，以九區共一井，中央爲公田，周圍爲八家的私田，藉八家之力以耕公田，而納其收穫於公。但周滅殷，這種易姓的革命，雖然承襲政治上的傳統政策，但必革新舊制，改新田制，故王畿直領的公邑，實施遂人的溝洫制，其公卿大夫的采邑，和諸侯的邦國，亦不能有助法的存在。

(三)當時土地既有上、中、下三等的差別，若再行理想均分制度的方法，實爲困難。且人口的增殖，爲經濟史上變遷最大的要素，土地因此就漸漸變爲不平均和私有，即使有原來的助法，亦要廢除，因推行均分主義，極爲困難。

(四)徹法的『徹』的意義，不必就是撤廢公田的意義，亦可以作爲徹取的意義，如詩之豳風鴟鴞：『迨天之未陰雨，徹彼桑土，』便可以作同樣的解釋，實在『徹』的意義，有天下的法的意思，即可以作爲貢助通用的解釋。

（五）顧炎武的日知錄卷七有說：

『古來田賦之制，實始於禹，水土既平，咸則三壤，後之王者不可過因其成蹟而已。詩曰：信彼南山，維禹甸之，畇畇原隰，曾孫田之，我疆我理，南東其畝。然則周之疆理，猶禹之遺法也。孟子乃曰：夏后氏五十而貢，殷人七十而助，周人百畝而徹……使殷夏必五十，殷必七十，周必百，則是一示之與？必得改畛塗，變溝洫，移道路以就之，爲此煩擾，而無於益民之事也，豈其然與？蓋三代取民之異，在乎貢助徹，而不在於五十七十百畝，其五十七十百畝，特丈尺之不同，而田未嘗易也。故曰：其實皆什一也。』

然則所謂公田制度，所謂撤廢公田，所謂助法，都不能認爲確實的。

根據以上的理由，我們就可以得到一種結論．公邑則根據十夫有溝的制度，貢法的旨義，數年豐凶的平均，而算出二十乃至二十五的稅率，在平時，則依照這規定的稅率而徵收，到了凶年，則派司稼巡視各地，舉行各稅；采邑及諸侯的邦國，則舉行什一或什二以內的課稅，這種課稅主義，或即爲助法的旨義，亦就是限制地方稅的用意。

現在再概括的把上述的主要意思，重述一下：

（1）周禮的賦稅法，是依貢法的精神而定其稅率的。

（2）其稅率以什一爲原則。

（3）稅之輕重，以力役的多寡，年歲的豐凶，而得爲增減。

（4）除必要的，加以徵調外，其餘稅穀，委積於各地，任專員爲司守，以爲地方行政及地方事業的費用。

（5）特別限制地方稅，以防諸侯的貪暴虐民。

三 役力

力役是強制勞働或勞働納租，即以勞力奉公或以勞力支付租稅的意思、原則的，到了一定勞働年齡的男子，都要担負這種義務，其性質上的規定，在鄉大夫職上有說：

『以歲時登其夫家之衆寡，辨其可任者，國中自七尺以及六十，野自六尺以及六十有五，皆征之。其舍者，國中貴者，賢者，能者，服公事者，老者，疾者，皆舍，以歲時入其書。』

就是說：

國中（六鄉以內） 七尺（二十歲）至六十歲

野（六遂以外的公邑） 六尺（十五歲）至六十五歲

所謂七尺或六尺，是說到了那個歲數的標準的身長，如到了二十歲應高七尺，到了十五歲應高六尺，但假使年齡既經到了二十歲或十五歲，而發育不良，身長不及規定的標準，七尺或六尺的，則認爲病者、所謂痤短侏儒之類，則免其征，以不堪力役也。又國中丁壯裏面，又有幾種例外，如：

貴者——鄭司農說：宗室及關內侯。

賢者——鄭玄註有德行者。

能者——鄭玄註有道藝者。

服公事者——鄭司農說謂若今吏。

老者——鄭司農說謂若今八十、九十。

疾者——鄭司農說謂若今廢不可事者。

以上的一般人，或一家完全豁免力役，或一家中僅一人豁免力役。

至其所征的人數，則在地官小司徒裡面說：

『乃均土地以稽其人民，而周知其數上地家七人，可任也者家三人；中地家六人，可任也者二家五人；下地家五人可任也者家二人。』

凡有家族七人的，則有三人可任爲役丁，有家族六人的，則合二家有五人可任爲役丁，有家族五人的則有二人可任爲役丁。這裏就有一種疑問，所謂有家族七人的，則有一半是婦女，則除去一半的三人半的婦女男子只有三人半現在征去三人豈不是全部都征去了嗎？不過在地官小司徒的前文有如下的說話：

『稽國中及四郊都鄙之夫家九比之數以辨其貴賤老幼廢疾，』

則是征役的數目，實根據實際調査可任的爲役丁的數目而定的。而當實際徵發時又不是要全數赴應的，如小司徒裏面有說：

『凡起徒役毋過家一人，以其餘爲羨，唯田與追胥竭作。』

這就是說在普通徵發的時候則一家不超過一人，其他留爲預備，只在田獵或寇賊的時候才召集全部。

以上所說的，是國中六鄉以內的事，至六遂以外，亦大略相同，如在遂大夫裏面說：

『以歲時稽其夫家之衆寡，六畜田野，辨其可任者與其可施舍者。』

這安是明文規定了的。

其力役的日數，在均人之職裏面有說：

『凡均力政，以歲上下，豐年則公旬用三日焉，中年則公旬用二日焉，無年則公旬用一日焉。』

『凶札則無力政，無財賦。』

可見是因年之豐凶而力役有輕重，但『旬用三日』若解釋爲十日中有三日力役，是很錯誤的古制，『用民之力歲不過三日』，現在竟旬有三日，差異特甚，鄭玄註：『旬，均也，』則是一般的平均起來，不能過三日，似乎比較合理。

需要徵發力役的事件，通常爲土木、軍役、旅役、田獵、追胥等，其中軍役則歸夏官大司馬掌管，

載師說：

『凡民無職事者出夫家之征』

這一條是所以警戒人民無職遊惰，課以罰稅，以防國力的頹敗。

這樣看來，周禮裏面的力役只是賦稅的一種，一切國家建設的各種事業及公務，都從這力役之征去舉行，並不要別出花樣從農民身上增加其他的負担，這都是什一爲稅的原則。

四　賦稅法的根本原則

我們從周禮的賦稅去研究起來，很顯著的有一個最重要的根本原則。這一個根本原則是什麽呢？就是什一為稅的原則。這種原則，應該為體恤農民艱苦者所共守，因為農民雖然是一生產成員，但他的經濟基礎極為薄弱，不能任受重重的剝削壓迫。而且賦稅法不能混亂複雜，一有混亂複雜，則這方面使農民痛苦，他方面使奸宄有所憑藉，是最危險而且最煩擾的。

其次，周禮所表現的賦稅法的精神，即以地方所得稅，委積為經營地方事業的費用。現在政治的最大弊害，即以農村的稅收，用為都市的建設，假如眞正用於都市的建設，猶有可說，甚至有都市沒有建設，而農村既空的慘狀，則是與周禮所表現的賦稅的精神，完全相背馳的了。雖以周禮的時代是原始封建時代，而現在是走向資本主義的時代，各有時代的需要與性格的不同作為解釋，然而又誰能相信的呢？

（完）

——摘自《社會雜誌》一九三一年一月
第一卷第一期

周禮六官表一

治官之屬（天官冢宰）

惟王建國辨方正位，體國經野，設官分職，以爲民極，乃立天官冢宰使帥其屬而掌邦治以佐王均邦國

官	公	卿	上大夫	中大夫	下大夫	上士	中士	下士	府	史	賈	胥	徒	奄	女	奚	職掌
大宰		一															掌建邦之六典以佐王治邦國，一治典，二教典，三禮典，四政典，五刑典，六事典。
小宰				二													掌建邦國之宮刑以治王宮之政令凡宮之糾禁
宰夫					四	八	一六										
旅								三二	六	一二		一二	一二〇				
宮正						二	四	八	二	四		四	四〇				掌王宮之戒令糾禁
宮伯							二	四	一	二		二	二〇				掌王宮之士庶子，凡在版者掌其政令行其秩序，作其徒役之事。
膳夫						二	四	八	二	四		一二	一二〇				掌王之食飲膳羞，以養王及后世子。
庖人							四	八	二	四	八	八	四〇				掌共六畜六禽，辨其名物
內饔							四	八	四	四		一〇	一〇〇				掌王及后世子膳羞之割亨煎和之事
外饔							四	八	二	四		一〇	一〇〇				掌外祭祀之割亨
亨人								四	一	二		五	五〇				掌共鼎鑊以給水火之齊
甸師								二	一	二		三	三〇				掌帥其屬而耕耨王藉，以時入之以供齍盛。
獸人							四	八	二	四		四	四〇				掌罟田獸辨其名物
𩾲人							二	四	二	四		三〇	三〇〇				掌以時𩾲爲梁
鱉人								四	二	二			一六				掌取互物（有甲之類龜鱉之屬）以時籍魚鱉蜃
腊人								四	二	二			二〇				掌乾肉凡田獸之脯腊膴胖之事
醫師						二	〇	四	二	二			二〇				掌醫之政令，聚毒藥以共醫事。
食醫							二										掌和王之六食六飲六膳百羞百醬八珍之齊
疾醫							八										掌養萬民之疾病
瘍醫								八									掌腫瘍潰瘍金瘍折瘍之祝藥劀殺之齊
獸醫								四									掌療獸病療獸瘍
酒正							四	八	二	八		八	八〇				掌酒之政令，以式法授酒材
酒人														一〇	三〇	三〇〇	掌爲五齊三酒
漿人														五	一五	一五〇	掌共王之六飲水漿醴涼醫酏，入於酒府。
凌人								二	二	二		八	八〇				掌冰
籩人														一	二〇	二〇	掌四籩之實
醢人														一	二〇	四〇	掌四豆之實
醯人														二	二〇	四〇	掌共五齊七菹
鹽人														二	二〇	四〇	掌鹽之政令以共百事之鹽
幂人														一	一〇	二〇	掌共巾幂
宮人							四	八	二	四		八	八〇				掌王之六寢之脩
掌舍								四	二	四			四〇				掌王之會同之舍
幕人								一	二	二			四〇				掌帷幕幄帟綬之事
掌次								四	四	二			八〇				掌王次之法以待張事
大府					二	四	〇	八	四	八	一六	八	八〇				掌九貢九賦九功之貳
玉府						二	四		二	二	（工）八	四	四八				掌王之金玉玩好兵器
內府							二		一	二			一〇				掌受九貢九賦九功之貨賄，良兵良器，以待邦之大用
外府							二		一	二			一〇				掌邦布之出入，以共百物而待邦之用
司會				二	四	八	一六		四	八		五	五〇				掌邦之六典八法八則之貳，以逆邦國都鄙官府之治
司書						二	四		二	四			八				掌邦之六典八法八則，九職九正九事，邦中之版土地之圖，以周知出入百物。
職內						二	四		二	四			二〇				掌邦之賦入，辨其財用之物而執其總。
職歲						四	八		四	八			二〇				掌邦之賦出，以貳官府都鄙之財出賜之數以待會計而攷之。
職幣						二	四		二	四	四	二	二〇				掌式法以斂官府都鄙與凡用邦財者之幣。
司裘							二	四	二	四			四〇				掌爲大裘以供王祀天之服。
掌皮								四	二	四			四〇				掌秋斂皮冬斂革，春獻之遂以式法頒皮革於百工。
內宰					二	四	八		四	八		八	八〇				掌書版圖之法，以治王內之政令
內小臣						奄四				四			八				掌王后之命，正其服位后出入則前驅。
閽人（王宮每門四人囿游亦如之）																	掌守王宮之中門之禁
寺人（王之正內五人）																	掌王之內人及女宮之戒令，相道其出入之事而糾之。
內豎（十人）																	掌內外之通令
九嬪																	掌婦學之法以教九御婦德婦言婦容婦功，各帥其屬而以時御敘于王所
世婦																	掌祭祀賓客喪紀之事，帥女宮而濯溉爲齍盛。
女御																	掌御敘于王之燕寢
女祝															女祝四	八	掌王后之內祭祀
女史															女史八	一六	掌王后之禮職，掌內治之貳以詔后治內政逆內宮書內令
典婦功							二	四	二	四	（工）四 四		二〇				掌婦式之法以授嬪婦及內人女功之事齎
典絲								二	二	二	四		一二				掌絲入而辨其物以其賈楬之
典枲								二	二	二			二〇				掌布緦縷紵之麻草之物以待時頒功而授齎
內司服														一	女御二	八	掌王后之六服，褘衣揄狄，闕狄，鞠衣，展衣，緣衣，素紗。
縫人														二	女御八 女工八〇	三〇	掌王宮之縫線之事，以役女御，以縫王及后之衣服。
染人								二	二	二			二〇				掌染絲帛……，掌凡染事。
追師								二	一	二	（工）二		四				掌王后之首服
屨人								二	一	一	（工）八		四				掌王及后之服屨
夏采								四		一			四				掌大喪以冕服優于大祖以乘車建綏優于四郊。

周禮六官表二

教官之屬（地官司徒）惟王建國，辨方正位，體國經野，設官分職，以爲民極，乃立地官司徒，使帥其屬而掌邦教，以佐王安擾邦國。

官	公	卿	上大夫	中大夫	下大夫	上士	中士	下士	府	史	賈	胥	徒	奄	女	奚	職掌
大司徒		一															掌國之地圖與人民之數
小司徒				二													掌建邦之教法，以稽國中及四郊都鄙之夫家九比之數以辨其貴賤老幼廢疾。……
鄉師					四	八	一六	旅三二	六	一二		一二	一二〇				各掌其所治鄉之教而聽其治。
鄉老（二鄉）	一																
鄉大夫（五州）		一															各掌其鄉之政教禁令，正月之吉，受法于司徒，退而頒之於其鄉。
州長（五黨）				一													各掌其州之教治政令之法正月之吉各屬其州之民而讀法
黨正（五族）					一												各掌其黨之政令教治，及四時之孟月吉日，則屬民而讀邦法以糾戒之。
族師（四閭）						一											各掌其族之戒令政事，月吉則屬民而讀邦法，書其孝悌睦婣有學者。
閭胥（五比）							一										各掌其閭之徵令，以歲時各數其閭之衆寡，辨其施舍。
比長（五家）								一									各掌其比之治。
封人							四	八	二	四		六	六〇				掌設王之社壝，爲畿封而樹之。
鼓人							六	一二	二	二			二〇				掌教六鼓四金之聲音。
舞師								二				四	四〇				掌教兵舞
牧人								六	一	二			六〇				掌牧六牲而阜蕃其物以供祭祀之牲牷
牛人							二	四	二	四		二〇	二〇〇				掌養國之公牛，以待國之政令
充人								二		二		四	四〇				掌繫祭祀之牲牷
載師						二	四		二	四		六	六〇				掌任土之法，以物地事，授地職而待其政令。
閭師							二			二			二〇				掌國中及四郊之人民六畜之數，以任其力，以待其政令，以時徵其賦
縣師						二	四		二	四		八	八〇				掌邦國都鄙稍甸郊里之地域而辨其夫家人民田萊之數，及其六畜車輦之稽。
遺人							二	四	二	四		四	四〇				掌邦之委積以待施惠及鄉里門關郊里，野鄙，縣都之委積
均人							二	四	二	四		四	四〇				掌均地政均地守均地職均人民馬牛車輦之力政
師氏				一		二			二	二		一二	一二〇				掌以媺詔王（鄭注，告王以美道也）掌國中失之事，以教國子弟。
保氏					一		二		二	二		六	六〇				掌諫王惡而養國子以道，乃教之六藝六儀。
司諫							二			二			二〇				掌糾萬民之德而勸之朋友，正其行而強之道藝。
司救							二			二			二〇				掌萬民之衺惡過失而誅讓之，以禮防禁而救之。
調人								二		二			一〇				掌司萬民之難而諧和之（刑事，殺人罪）
媒氏								二		二			一〇				掌萬民之判（民事，婚嫁）
司市					二	四	八	一六	四	八		一二	一二〇				掌市之治教政刑量度禁令
質人							二	四	二	五		一〇	一〇〇				掌成市之貨賄人民馬牛兵器珍異
廛人							二	四	二	五		一〇	一〇〇				掌斂市絘布總布質布罰布廛布而入于泉府，皮骨領入玉府，珍異有節者領入膳府。
胥師（廿肆一人）																	各掌其次之政令而平其貨賄
賈師（廿肆一人）																	各掌其次之貨賄之治，辨其物而均平之，展其成而奠其賈然後令市
司虣（十肆一人）																	掌憲市之禁令
司稽（五肆一人）																	掌巡市而察其犯禁者
胥（二肆一人）																	各掌其所治之政
肆長（每肆一人）																	各掌其肆之政令，陳其貨賄。
泉府						四	八	一六	四	八	八		八〇				掌以市之征布斂市之不售，貨之滯於民用者。
司門					二	四	八	一六（每門二）	二（每門一）	四（每門二）		八	八〇（每門四）				掌授管鍵，以啓閉國門
司關						二	四	每關二	二（每關一）	四（每關二）		八	八〇（每關四）				掌國貨之節以聯門市，司貨之出入者，掌其治禁與其征廛。
掌節						二	四		二	二		二	二〇				掌守邦節而辨其用以輔王命
遂人				二													掌邦之野以土地之圖經田野造縣鄙形體之法
遂師					四	八	一六	旅三二	四	一二		一二	一二〇				各掌其遂之政令，戒禁，以時登其夫家之衆寡六畜車輦
遂大夫（五縣）				一													各掌其遂之政令以歲時稽其夫家之衆寡六畜田野……
縣大夫（五鄙）					一												縣正各掌其縣之政令徵比以頒田里以分職事
鄙師（五酇）						一											各掌其鄙之政令祭祀
酇長（四里）							一										各掌其酇之政令
里宰（五鄰）								一									掌比其邑之衆寡與其六畜兵器，治其政令。
鄰長（五家一人）																	掌相糾相受
旅師								四	二	四		八	八〇				掌聚野之耡粟屋粟閒粟
稍人							四	八	二	四		四	四〇				掌令五乘之政令
委人							二	四	二	四			四〇				掌斂野之賦斂薪芻、
土均						二	四	八	二	四		四	四〇				掌平土地之政以均地守以均地事以均地貢
草人								四		二			一二				掌土化之法以物地相其宜而爲之種
稻人						二	四	八	二	四		一〇	一〇〇				掌稼下地
土訓						二	四	八	二	二			八				掌道地圖以詔地事……
誦訓						二	四	八	二	二			八				掌道方志以詔觀事
山虞 大山							四	八	二	四		八	八〇				掌山林之政令
中山								六		二		六	六〇				
小山								二		一			二〇				
林衡 大林麓								一二		四		一二	一二〇				掌巡林麓之禁令而平其守
中林麓								六		二		六	六〇				
小林麓								二		一			二〇				
川衡 大川								一二		四		一二	一二〇				掌巡川澤之禁令而平其守
中川								六		二		六	六〇				
小川								二		一			二〇				
澤虞 大澤大藪							四	八	二	四		八	八〇				掌國澤之政令爲之厲禁
中澤中藪								六		二		六	六〇				
小澤小藪								二		一			二〇				
迹人							四	八		二			四〇				掌邦田之地政爲之厲禁而守之
卝人							二	四	二	二		四	四〇				掌金玉錫石之地而爲之厲禁以守之
角人								二	一	一			八				掌以時徵齒角骨物於山澤之農，以當邦賦之政令
羽人								二	一	一			八				掌以時徵羽翮之政于山澤之農以當邦賦之政令
掌葛								二	一	一			二〇				掌以時徵絺綌之材于山農，徵草貢之材于澤農
掌染草								二	一	一			八				掌以春秋斂染草之物
掌炭								二		二			二〇				掌灰物炭物之徵令……
掌荼								二	一	一			二〇				掌以時聚荼，以共喪事。
掌蜃								二	一	一			八				掌斂互物蜃物，以共闉壙之蜃。
囿人							四	八	二			八	八〇				掌囿遊之獸禁，牧百獸。
場人								二	一	一			二〇				掌國之場圃而樹之果蓏珍異之物以時斂而藏之。
廩人					二	四	八	一六	八	一六		三〇	三〇〇				掌九穀之數以待國之匪頒賙賜稍食
舍人						二	四		二	四		四	四〇				掌平宮中之政分其財守以法掌其出入
倉人							四	八	四	四		四	四〇				掌粟入之藏辨九穀之物以待邦用
司祿							四	八	二	四		四	四〇				（闕）
司稼								八		四			四〇				掌巡邦野之稼而辨穜稑之種
舂人														二	二	五	掌共米物
饎人														二	八	四〇	掌共王后之六食
槀人														八	二（每奄）	五	掌共外內朝宂食者之食

周禮六官表三

禮官之屬（春官宗伯）惟王建國，辨方正位，體國經野，設官分職，以爲民極，乃立春官宗伯，使帥其屬而掌邦禮，以佐王和邦國。

官名	公	卿	上大夫	中大夫	下大夫	上士	中士	下士	府	史	賈	胥	徒	奄	女	奚	職掌
大宗伯		一															掌建邦之天神人鬼地示之禮，以佐王建邦保國。
小宗伯				二													掌建國之神位，右社稷，左宗廟。
肆師					四	八	一六	（旅）三二	六	一二		一二	一二〇				掌立國祀之禮以佐大宗伯。
鬱人								二	一	一			八				掌祼器（謂彝及舟與瓚）
鬯人								二	一	一			八				掌共秬鬯而飾之
雞人								一		一			四				掌共雞牲辨其物（物謂毛色）
司尊彝								二	四	二		二	二〇				掌六尊六彝之位詔其酌辨其用與其實
司几筵								二	二	一			八				掌五几五席之名物辨其用與其位
天府						一	二		四	二		二	二〇				掌祖廟之守藏與其禁令
典瑞							二		二	二		一	一〇				掌玉瑞玉器之藏辨其名物與其用事，設其服飾。
典命							二		二	二		一	一〇				掌諸侯之五儀，諸臣之五等之命。
司服							二		二	一		一	一〇				掌王之吉凶衣服，辨其名物與其用事。
典祀							二	四	二	二		四	四〇				掌外祀之兆守，皆有域，掌其禁令。
守祧														八	每廟二	四	掌守先王先公之廟祧，其遺衣服藏焉。
世婦（每宮）				二	四		八		女府二	女史二						一六	掌女宮之宿戒及祭祀，比其具。凡內事有達於外官者世婦掌之。
內宗（凡內女之有爵者）																	掌宗廟之祭祀，薦加籩豆。
外宗（凡外女之有爵者）																	掌宗廟之祭祀，佐王后薦玉豆，眡豆籩。
冢人					二		四		二	四		一二	一二〇				掌公墓之地，辨其兆域而爲之圖。
墓大夫					二		八		二	四		二〇	二〇〇				掌凡邦墓之地域，爲之圖。
職喪						二	四	八	二	四		四	四〇				掌諸侯之喪，及卿大夫士凡有爵者之喪。
大司樂				四													掌成均之法，以治建國之學政，而合國之子弟焉。
樂師					四	八		一六	四	八		八	八〇				掌國學之政，以教國子小舞。
大胥							四										掌學士之版，以待致諸子。
小胥								八	二	四			四〇				掌學士之徵令而比之，觵其不敬者。
大師					二												掌六律六同，以合陰陽之聲。
小師						四											掌教鼓鼗柷敔塤簫管弦歌。
瞽矇						上瞽四〇	中瞽一〇〇	下瞽一六〇	四	八		一二	一二〇				掌播鼗柷敔塤簫管弦歌——九德六詩之歌以役六師。
眡瞭								三〇〇									眡瞭掌凡樂事。
典同							二	四	二	一		二	二〇				掌六律六同之和。以辨天地四方陰陽之聲。以爲樂器。
磬師							四	八	四	二		四	四〇				掌教擊磬擊編鍾，教縵樂燕樂之鍾磬。
鍾師							四	八	二	二		六	六〇				掌金奏
笙師							二	四	二	二		一	一〇				掌教歈竽笙塤籥簫篪篴管舂牘應雅以教祴樂。
鎛師							二	四	二	二		二	二〇				掌金奏之鼓。
韎師								二	一	一		舞者一六	四〇				掌教韎樂。
旄人								四	二	二		二（舞者衆寡無數）	二〇				掌教舞散樂舞夷樂。
籥師							四		二	二		二	二〇				掌教國子舞羽吹籥。
籥章							二	四	一	一		二	二〇				掌土鼓豳籥。
鞮鞻氏								四	一	一		二	二〇				掌四夷之樂與其聲歌。
典庸器								四	四	二		八	八〇				掌藏樂器庸器。
司干								二	二	二			二〇				掌舞器。
大卜					二												掌三兆——玉兆，瓦兆，原兆——之法。
卜師						四											掌開龜之四兆。
卜人							八	一六	二	二		四	四〇				
龜人							二		二	二		（工）四；四	四〇				掌六龜之屬，各有名物。
菙氏								二		一			八				掌共燋契以待卜事。
占人								八	一	二			八				掌占龜。
簭人							二		一	二			四				掌三易，以辨九簭之名。
占夢							二			二			四				掌其歲時觀天地之會辨陰陽之氣以日月星辰占六夢之吉凶。
眡祲							二			二			四				掌十煇之法，以觀妖祥辨吉凶。
大祝					二	四			二	四		四	四〇				掌六祝之辭，以事鬼神示，祈福祥求永貞。
小祝							八	一六									掌小祭祀，將事侯禳禱祠之祝號，以祈福祥。
喪祝						二	四	八	二	二		四	四〇				掌大喪勸防之事。
甸祝								二	一	一			四				掌四時之田表貉之祝號。
詛祝								二	一	一			四				掌盟詛類造攻說禬禜之祝號。
司巫							二		一	一		一	一〇				掌群巫之政令。
巫師							四		二	四		四	四〇				
男巫（無數）																	掌望祀望衍授號，旁招以茅。
女巫（無數）																	掌歲時祓除釁浴。
大史					二	四											掌建邦之六典以逆邦國之治，掌法以逆官府之治，掌則以逆都鄙之治。
小史							八	一六	四	八		四	四〇				掌邦國之志，奠繫世，辨昭穆，若有事則詔王之忌諱。
馮相氏							二	四	二	四			八				掌年月日時廿八星之位辨其敘事以會天位，以辨四時之敘。
保章氏							二	四	二	四			八				掌天星以志星辰日月之變動以觀天下之遷辨其吉凶。
內史				一	二	四	八	一六	四	八		四	四〇				掌王之八枋之法以詔王治，掌書王命。
外史						四	八	一六				二	二〇				掌書外令，掌四方之令。
御史							八	一六	四	一二〇		四	四〇				掌邦國都鄙及萬民之治令以贊冢宰。
巾車					二	四	八	一六	四	八		（工）一〇〇；五	五〇				掌公車之政令辨其用與其旗物而等敘之以治其出入
典路							二	四	二	二		二	二〇				掌王及后之五路辨其名物與其用說。
車僕							二	四	二	二		二	二〇				掌戎路廣車闕車苹車輕車之萃。
司常							二	四	二	二		四	四〇				掌九旗之物名各有屬以待國事。
都宗人						二	四		二	四		四	四〇				掌都祭祀之禮，凡都祭祀致福於國。
家宗人						二	四		二	四		四	四〇				掌家祭祀之禮，凡祭祀致福。
凡以神士者無數，以其藝爲之貴賤之等																	掌三辰之法，以猶鬼神示之居辨其名物。

周禮六官表四

政官之屬(夏官司馬)

惟王建國,辨方正位,體國經野,設官分職,以爲民極,乃立夏官司馬,使帥其屬而掌邦政,以佐王平邦國。

官名	公	卿	上大夫	中大夫	下大夫	上士	中士	下士	府	史	賈	胥	徒	奄	奚	職掌
大司馬	一	一														掌建邦國之九法以佐王平邦國。
小司馬				一												掌(下闕,注,比下字脫滅,札爛文闕,漢興求之不得,遂無識其數者。)
軍司馬					四											缺
輿司馬						八										缺
行司馬							一六									缺
旅								三二	六	一六		三二	三二〇			
軍將(萬二千五百人爲軍)																
師帥(二千五百人爲師)																
旅帥(五百人爲旅)																
卒長(百人爲卒)																
兩司馬(廿五人爲兩)																
伍長(伍人爲伍)																
司勳						二		四	二	四		二	二〇			掌六鄉賞,地之法以等其功。
馬質							二		一	二	四		八			掌質馬,馬量三物。
量人								二	一	四			八			掌建國之法,以分國爲九州。
小子								二		一			八			掌祭祀羞羊肆,羊殽,肉豆。
羊人								二		一	二		八			掌羊牲。
司爟								二					六			掌行火之政令四時變國火以救時疾。
掌固						二		八	二	四		四	四〇			掌修城郭溝池樹渠之固,須其士庶子及其衆庶之守。
司險							二	四		二			四〇			掌九州之圖,以周知其山林川澤之阻而達其道路。
掌疆							八			四		一六	一六〇			缺
候人						六		一二		六			一二〇			各掌其方之道治與其禁令以設候人。
環人								六		二			一二			掌致師察軍慝
挈壺氏								六		二			一二			掌挈壺以令軍井,挈轡以令舍,挈畚以令糧。
射人					二	四		八	二	四		二	二〇			掌國之三公孤卿大夫之位。
服不氏								一					四			掌養猛獸而教擾之。
射鳥氏								一					四			掌射鳥。
羅氏								一					八			掌羅烏鳥。
掌畜								二		二		二	二〇			掌養鳥而阜蕃教擾之。
司士					二		六	一二	二	四		八	八〇			掌群臣之版,以致其政令,歲登下其損益之數。
諸子					二		四		二	二		二	二〇			掌國子之倅,掌其戒令,與其教法,辨其等,正其位。
司右						二		四	二	四		八	八〇			掌群右之政令,(戎右,齊右,道右。)
虎賁氏					二		一二		二	八		八〇	虎士八〇〇			掌先後王,而趨以卒伍。
旅賁氏							二	一六		二			八			掌執戈盾,夾王師而趨。
節服氏								八					四			掌祭祀朝覲袞冕六人,維王之太常。
方相氏 狂夫四人																掌蒙熊皮,黃金四目,玄衣朱裳,執戈揚盾,帥百隸而時難,以索室毆疫。
大僕					二				二	四		二	二〇			掌正王之服位,出入王之大命,及諸侯之復逆。
小臣						四										掌王之小命,詔相王之小法儀。掌三公及孤卿之復逆,正王之燕服位。
祭僕							六									掌受命於王以眡祭祀,而警戒祭祀有司,糾百官之戒具。
御僕								一二								掌群吏之逆,及庶民之復,與其弔勞。
隸僕								二								掌五寢之埽除糞洒之事。
弁師								二	二	二			四			(工)四。掌王之五冕。
司甲					二		八		四	八		八	八〇			缺
司兵							四		二	二		二	二〇			掌五兵五盾。各辨其物與其等,以待軍事。
司戈盾								二	一	二			四			掌戈盾之物而頒之。
司弓矢					二		八		四	八		八	八〇			掌六弓四弩八矢之法,辨其名物而掌其守藏與其出入。
繕人						二		四	二	二		二	二〇			掌王用之弓弩矢箙矰弋抉拾。
槀人							四		二	四		二	二〇			掌受財于職金,以齎其工。
戎右				二		二										掌戎車之兵革使。
齊右					二											掌祭祀會同,賓客,前齊車,王乘則持馬,行則陪乘。
道右						二										掌前道車,王出入則持馬陪乘如齊車之儀。
大馭				二												掌馭玉路以祀。
戎僕				二												掌馭戎車。
齊僕					二											掌馭金路以賓。
道僕						一二										掌馭象路,以朝夕燕出入。
田僕						一二										掌馭田路,以田以鄙。
馭夫							二〇	四〇								掌馭貳車,從車使車分公馬而駕治之。
校人				二		四		一六	四	八		八	八〇			掌王馬之政,辨六馬之屬。
趣馬								(皁)一					四			掌贊正良馬,而齊其飲食,簡其六節。
巫馬								二	一	二	二		二〇			(醫)四。掌養疾馬而乘治之,相醫而藥攻馬疾,受財于校人。
牧師								四				四	四〇			掌牧地,皆有禁令而頒之。
廋人								(閑)二		二			二〇			掌十有二閑之政教。
圉師								乘一					二			掌教圉人養馬。
圉人(良馬匹一人,駑馬麗一人)																掌養馬芻牧之事,以役圉師。
職方氏				四	八		一六		四	一六		一六	一六〇			掌天下之圖以掌天下之地,九州
土方氏						五		一〇	二	五		五	五〇			掌土圭之法以致日景。
懷方氏							八		四	四		四	四〇			掌來遠方之民。
合方氏							八		四	四		四	四〇			掌達天下之道路。
訓方氏							四		四	四		四	四〇			掌迎四方之政事與其上下之志。
形方氏							四		四	四		四	四〇			掌制邦國之地域而正其封疆。
山師							二	四	二	四		四	四〇			掌山林之名,辨其物與其利害而頒之于邦國使致其珍異之物。
川師							二	四	二	四		四	四〇			掌川澤之名,辨其物與其利害而頒之于邦國使致其珍異之物。
遠師							四	八	四	八		八	八〇			掌四方之地名,辨其邱陵墳衍遠隰之名物之可以封邑者。
匡人							四			四			八			掌達法則,匡邦國而觀其慝。
撢人							四			四			八			掌誦王志,道國之政事以巡天下之邦國而語之。
都司馬(每都)						二	四	八	二	八		八	八〇			掌都之士庶子及其衆庶車馬兵甲之戒令,以國法掌其政學以聽國司馬
家司馬各使其臣以政於都司馬																如都司馬

周禮六官表五

刑官之屬（秋官司寇）

惟王建國辨方正位體國經野設官分職以爲民極乃立秋官司寇使帥其屬而掌邦禁以佐王刑邦國

官名	公	卿	上大夫	中大夫	下大夫	上士	中士	下士	府	史	賈	胥	徒	奄	女	奚	職掌
大司寇		一															掌建邦之三典，以佐王刑邦國，詰四方。
小司寇				二													掌外縣之政，以致萬民而詢焉。
士師					四												掌國之五禁之法，以左右刑罰。……
鄉士						八	一六	旅 三二	六	一二		一二	一二〇				掌國中，各掌其鄉之民數而糾戒之。
遂士							一二		六	一二		一二	一二〇				掌四郊，各掌其遂之民數而糾其戒令，而聽其訟獄。
縣士							三二		八	一六		一六	六〇				掌野，各掌其縣之民數，糾其戒令而聽其訟獄。
方士							一六		八	一六		一六	一六〇				掌都家，聽其訟獄之辭，辨其死刑之罪而要之。
訝士							八		四	八		八	八〇				掌四方之訟獄
朝士							六		三	六		六	六〇				掌建邦外縣之法
司民							六		三	六		二	三〇				掌登萬民之數，自生齒以上皆書於板。
司刑							二		一	二		二	二〇				掌五刑之法，以麗萬民之罪。
司刺								二	一	二			四				掌三刺三宥三赦之法，以贊司寇聽獄訟。
司約								二	一	二			四				掌邦國萬民之約劑。
司盟								二	一	二			四				掌盟載之法
職金						二		四	二	四		八	八〇				掌凡金玉錫石丹青之戒令。
司厲								二		一			一二				掌盜賊之任器貨賄
犬人								二	一	二	四		一六				掌犬牲
司圜							六	一二	三	六		一六	一六〇				掌收教罷民
掌囚								一二	六	一二			一二〇				掌守盜賊
掌戮								二		一			一二				掌斬殺賊諜而搏之
司隸							二	一二	五	一〇		二〇	二〇〇				掌五隸之法，辨其物而掌其政令。
罪隸									（一二〇）								掌役百官府與凡有守者。
蠻隸									（一二〇）								掌役校人養馬
閩隸									（一二〇）								掌役畜養鳥
夷隸									（一二〇）								掌役牧人養牛馬與鳥言
貉隸									（一二〇）								掌役服不氏而養獸而教擾之，掌與獸言。
布憲							二	四	二	四		四	四〇				掌憲邦之刑禁
禁殺戮								二		一			一二				掌司斬殺戮者
禁暴氏								六		三		六	六〇				掌禁庶民之亂暴力正者
野廬氏								六				一二	一二〇				掌建國道路至於四畿
蜡氏								四					四〇				掌除骴（即掌掩埋白骨）
雍氏								二					八				掌溝瀆澮池之禁
萍氏								二					八				掌國之水禁
司寤氏								二					八				掌夜時
司烜氏								六					一二				掌以夫遂取明火於日，以鑑取明水於月。
條狼氏								六				六	六〇				掌執鞭以趨解
脩閭氏								二		一			一二				掌比國中宿互欜者
冥氏								二					八				掌設弧張
庶氏								一					四				掌除毒蠱
穴氏								一					四				除攻蟄獸
翨氏								二					八				掌攻猛鳥
柞氏								八					二〇				掌攻草木及林麓
薙氏								二					二〇				掌殺草及凡殺草之政令
硩蔟氏								一					二				掌覆夭鳥之巢
翦氏								一					二				掌除蠹物
赤犮氏								一					二				掌除牆屋
蟈氏								一					二				掌去鼃黽
壺涿氏								一					二				掌除水虫
庭氏								一					二				掌射國中之夭鳥
銜枚氏								二					八				掌司囂
伊耆氏								一					二				掌國之大祭祀共其杖咸
大行人				二													掌大賓之禮及大客之儀以親諸侯
小行人					四												掌邦國諸侯之禮籍以待四方之使者
司儀						八	一六										掌九儀之賓客擯相之禮以詔儀容辭令揖讓之節
行夫								三二	四	八		八	八〇				掌邦國傳遽之小事媺惡而無禮者
環人							四	八		四		四	四〇				掌送逆邦國之通賓客以路節達諸四方
象胥（每翟）						一	二						二〇				掌蠻夷閩貉戎狄之國使
掌客						二		四	一	二		二	二〇				掌四方賓客之牢禮餼獻飲食之等數與其政治
掌訝							八		二	四		四	四〇				掌邦國之等籍以待賓客。
掌交							八		二	四			三二				掌以節與幣巡邦國之諸侯及其萬民之所聚者，道王之德意。
掌察							四方 八			四			一六				缺
掌貨賄								一六		四			三二				缺
朝大夫（每國）						二		四	一	二		（庶子）八	二〇				掌都家之國治
都則							一	二	一	二		庶子 八	八〇				缺
都士							二	四	二	四		四	四〇				缺
家士							二	四	二	四		四	四〇				缺

周禮攷工表六

百工分類（補冬官司空）

國有六職百工與居一焉，……審曲面埶以飭五材，以辨民器，謂之百工，……凡攻木之工七，攻金之工六，攻皮之工五，設色之工五，刮摩之工五，摶埴之工二。

攷工記之工業分類

一、攻木之工（七）
- 1 輪人 為輪為蓋。
- 2 輿人 為車
- 3 弓人 為弓
- 4 廬人 為廬器，戈，殳，車戟，酋矛，夷矛。
- 5 匠人 建國水地以縣，置槷以縣，眡以影，為規識日出之景與日入之景，營國，方九里旁三門，國中，九經九緯，經涂九軌，為溝洫
- 6 車人 為耒為車。
- 7 梓人 為筍虡，為侯。
- 附 輈人 為輈

二、攻金之工（六）
- 1 築氏（執下齊）為削
- 2 冶氏（執上齊）為殺天
- 3 鳧氏（為聲）為鐘
- 4 㮚氏（為量）為量
- 5 段氏（為鎛器）（缺）
- 6 桃氏（為刃）為劍

三、攻皮之工（五）
- 1 函人 為甲
- 2 鮑人 鮑人之事，望而眡之欲其荼白也。
- 3 韗人 為皋陶
- 4 韋氏（缺）
- 5 裘氏（缺）

四、設色之工（五）
- 1 畫 畫繢之事，雜五色，雜四時五色之位以章之謂之巧，凡畫繢之事後素功。
- 2 繢
- 3 鍾氏 染羽
- 4 筐人（缺）
- 5 㡛人 湅絲以涚水

五、刮摩之工（五）
- 1 玉人 為圭
- 2 楖人（缺）
- 3 雕人（缺）
- 4 矢人 為矢
- 5 磬氏 為磬

六、摶埴之工（二）
- 1 陶人 為甗，實二鬴厚半寸，脣寸。盆實二鬴，厚半寸，脣寸。甑實二鬴，厚半寸，脣寸，七穿，鬲實五觳庾實二觳。
- 2 旊人 為簋實一觳崇尺，厚半寸。豆實三而成觳，崇尺，凡陶旊之事，髻墾薜暴不入市，器中膊，豆中縣，膊崇四尺方四寸。

周官六官沿革表

敖士英

馬端臨文獻通考曰:"陶唐氏以前之官,所治者天事也;虞夏以後之官,所治者民事也。"太古之制,載籍缺略,不可得詳。今於經傳所載考之,有虞之世,建官惟百;(鄭玄曰:"虞官六十,唐官未聞。")夏商而後,官職漸增;(禮記云:"夏后氏官百,天子有三公,九卿,二十七大夫,八十一元士。"鄭玄曰:"殷倍夏官,二百四十員。"尚書曰:"夏商官倍則二百。")然官數之紀,各有不同,要皆因所聞或所傳聞而異;千載至今,更莫知所適從矣。周室既興,置官愈密,周官六卿所統凡三百六十之屬,計官凡六萬三千六百七十五員,設官之備,前此未聞;由斯以降,代有同異,究其沿革,大抵因事制宜。李唐以前,杜佑通典論之詳矣。五季承唐而起,兵革相尋,制度典章,悉本唐舊。宋元豐改制,官皆實授,而御史不除;乾道以還,詔依漢制,改左右僕射爲左右丞相,其他官爵,亦原於唐。遼金元三代崛起,初本異族,俗尚簡朴,置官從職,不以文繁;及其興也,遂因宋制,而遼則別立南北二府,以統宮帳部族之政。明洪武十三年,革中書省,分其權於六部;正統之際,權集內閣,六部所爲,多承風旨。清帝入關,無所更設,各部官職,以滿漢人士分領之;咸同以後,外交之務日急,國政多所變更,外務部(光緒二十七年六月改總理各國事務衙門爲外務部。)商部(光緒二十九年七月設立商部,并裁撤路礦總局併歸商部。)巡警部(光緒三十一年設巡警部。)學部(光緒三十一年設立學部,以國子監併入之。)之官,遂各因時而設。光緒三十二年,擬行憲法,先定官制,除內閣軍機,外務部,吏部,學部不變外,巡警部改爲民政部,戶部改爲度支部，（以財政處稅務處併入）兵部改爲陸軍部（以練兵所，太僕寺併入。）商部改爲農工商部，刑部改爲法部；另設郵傳部，理藩院改爲理藩部，以太常，光祿鴻臚三寺併入禮部。（各部除外務部外，均設尚書一員，侍郎二員，不分滿漢。）溥儀繼立，清室日微，改革之思，時切民念。宣統三年，乃頒布內閣官制，改設總理大臣，協理大臣，外務大臣，民政大臣，學務大臣，陸軍大臣，海軍大臣（宣統二年改籌辦海軍處爲海軍部。）司法大臣，農工商大臣，郵傳大臣，理藩大臣，均爲國務大臣。裁撤內閣軍機處及吏部衙門；改禮部爲典禮院，以學士統之。民國初建，立臨時總統，各部官稱，亦隨改易，乃曰陸軍總長，海軍總長，司法總長，財政總長，外交總長，內務總長，敎育總長，實業總長，交通總長。自玆厥後，國事蜩螗；迄今中央建立，百廢待興，官制應時而設，較諸往昔，其得失又何如哉。試究論之，古者六官之設，統馭萬端，職無不備；晚清十部，共稱大臣，觀其所掌，求之古官，莫不皆有專職。（總理，協理之職，本左右相之掌也；外務部之職，本禮部主客郎及鴻臚卿之掌也——周官大行人掌大賓客之禮。——；民政部之職，本秦中尉之掌也；度支部之職，本戶部之掌也；學務部之職，本周官師氏之掌也；陸軍，海軍部之職，本兵部之掌也；司法部之職，本刑部之掌也；農工商部之職，本工部及大府卿司農卿之掌也；郵傳部之職，本工部水部郎之掌也——周官司險掌九州之圖以達其道路。——；理藩部之職，亦禮部主客郎之掌也——唐改主客爲司藩）蓋設官因事，而事變代殊；爲事選官，而爵名屢異。歷代制官，具存典籍，欲明其得失之本，必先察其因變之由。爰溯周官，用成此表。世之論官者，其亦有鑒於斯乎。

表一（天官大冢宰）

朝代		官名	官貳		附註舉要
周官		天官大冢宰(相)	小宰中大夫		(一)至(二)
秦		丞相　相國		御史大夫	(三)至(五)
漢		丞相　相國　三公{司徒 司馬 司空} 大司徒	丞相府長史	御史大夫 御史中丞 御史長史	(六)至(八)
後漢		三公{太尉公(即大司馬) 司徒公 司空公} (尚書令)　丞相　相國	三公府長史	御史中丞 御史大夫	(九)至(十四)
三國	蜀漢	丞相		御史中丞	(十四)至 (十五)
	魏	司徒　(中書監)　(中書令) 大丞相　相國		御史中丞	(十六)至 (十七)
	吳	左右丞相　丞相	左右御史大夫		(十八)至 (十九)
晉		司徒　丞相　相國　(中書監) (中書令)　(侍中)		御史中丞	(二十)至 (二十二)
南北朝 (南朝)	宋	丞相　司徒　相國 (尚書令)(中書令)(侍中)	(僕射)(尚書	御史中丞	(二十三)至 (二十八)
	齊	丞相　(尚書令)　(侍中)	(左右僕射)	御史中丞	(二十九)至 (三十三)
	梁	相國　丞相　司徒　(尚書令) (中書監)　(中書令)　(侍中)	(左右僕射	御史大夫 御史中丞	(三十四)至 (三十五)
	陳	丞相　相國　(尚書令) (中書舍人)　(侍中)	(左右僕射)	御史中丞	(三十六)至 (三十七)
(北朝)	後魏	丞相　司徒　(侍中) (中書監)　(尚書令)	(左右僕射)	御史中尉	(三十八)至 (四十一)
	北齊	丞相　左右丞相　(侍中) (中書監)　(尚書令)	左右僕射)	御史中丞	(四十二)至 (四十五)

	北周	大冢宰　左右丞相　大丞相 （納言）（侍中）（內史中大夫）		御伯中大夫 （司憲中大夫）	（四十六）至 （四十九）
隋		內史　納言　（尙書）	（左右僕射）	御史大夫	（五十）至 （五十二）
唐		中書令　侍中　內史　納言 尙書令　左右僕射　左右相 同中書門下三品 同中書門下平章事		御史大夫	（五大三）至 （五十四）
五代	梁	中書門下同平章事 （中書侍郞）（門下侍郞）		御史大夫	（五十五）至 （五十六）
	後唐	中書門下平章事 （門下侍郞）（中書侍郞） （中門使）（樞密使）		御史大夫 御史中丞	（五十七）至 （五十八）
	晋	中書門下平章事 （中書侍郞）　中書令　侍中		御史中丞	（五十九）至 （六十）
	漢	中書門下平章事 （中書侍郞）			六十一
	周	中書門下平章事 （中書侍郞）　中書令		御史大夫	（六十二）至 （六十三）
宋		同中書門下平章事　左右僕射 太宰　少宰　左右丞相	參知政事 左右丞	御史中丞	（六十四）至 （六十八）
遼		北府{左右宰相　總知軍國事　（知國事）}　南府{左右宰相　總知軍國事　（知國事）} 中書令　大丞相　左右丞相 知中書省事 同中書門下平章事 侍中　尙書令　左右僕射	參知政事 左右丞	御史大夫 御史中丞	（六十九）至 （七十）
金		同中書門下平章事 左右僕射　中書令　侍中 尙書令　左右丞相 平章政事　領三省事	參知政事 左右丞	御史大夫	（七十一）至 （七十二）

元	中書令　左右丞相 平章政事　平章軍國事	參知政事 左右丞	御史大夫	（七十三）至 （七十四）
明	中書省左右相國　平章政事 內閣大學士	參知政事 左右丞	左右御史大夫 左右御史中丞 監察都御史 左右都御史	（七十五）至 （七十六）
清	內閣大學士 內閣總理大臣	協辦大學士 協理大臣	左都御史 都御史	（七十七）至 （八十）

說明：

一.周官「冢宰」實居六官之一，若與後世之「六曹」「六部」比論之，亦不過如後漢之「吏曹」，隋以後之「吏部」，職掌羣臣之版籍而已。然周官敍述太宰之職云："掌建邦之六典，以佐王理邦國。"上考殷湯制官，以三公攝冢宰；論語曰："君薨，百官總己以聽於冢宰，"是冢宰之職，古當並佐相之任而言。杜君卿通典亦云："若參詳古今，徵考職任，則天官太冢宰當爲尚書令，非吏部之任。"今表中以天官冢宰與後世宰相同列，即本乎此。

二.周官述小宰之職云："掌建邦之宮刑，以治王宮之政令，凡宮之糾禁。掌邦之六典，八法，八則，之貳以逆邦國，都鄙，官府之治；執邦之九貢，九賦，九式之貳以均財節用。"杜子春注云："若今御史中丞。"鄭司農又曰："貳，副也。"今特立官貳一欄，以御史承小宰之位。章俊卿山堂考索云："秦置御史大夫，以貳於相"是即如小宰之貳於太宰也。然御史之職，僅掌糾禁，六典，八法，八則，及九貢，九賦，九式之貳，非其所兼。漢代有丞相長史之設，稽其職守，亦屬佐理丞相，是與御史分掌小宰之職也。特著虛線於官貳欄中，以明後世官守之變。

三.通典云："自魏晉以來，宰相但以他官參掌機密，或委知政事者，則是無有常官；其相國丞相或爲贈官，或則不置，自爲尊卑之位,多非人臣之職。其眞宰相者,不必居此官。"今立表以名位相繩,而不以權勢爲斷,故雖尊守空名,尙猶未失其統。然權勢下替,政出傍官;職官之變,多由乎此。表中凡遇僅有其權而尙未得其位者,概著括弧於外;以明其變。

附註:

(一)周官云:"惟王建國,辨正方位,體國經野,設官分職,以爲民極乃立天官冢宰;使帥其屬,而掌邦治;以佐王均邦國。"又敘其職掌云:"掌建邦之六典;以佐王治邦國;……以八法治官府;……以八則治都鄙;……以八柄詔王馭羣臣;……以八統詔王馭萬民;……以九職任萬民;……以九賦斂財賄;……以九式均節用;……以九貢致邦國之用;……以九兩繫邦國之民。"

論語曰:"君薨,百官總己以聽於冢宰。"

杜君卿通典曰:"若參詳古今,徵考職任,則天官大冢宰當爲尙書令"又曰:"秦漢魏不置太宰,(平帝加王莽號曰宰衡)晉初依周禮備置三公之職,太師居首;以景帝名「師」,乃置太宰以代之,蓋爲太師之互名,非周禮冢宰之任也。"又曰:"冢宰則太宰;於百官無所不統。"

馬貴與文獻通攷曰:"周公以太師兼冢宰,召公以太保兼宗伯,是以加官相職也。"

(二)周官曰:"治官之屬,……小宰中大夫二人。"又敘其職掌云:"掌建邦之宮刑;以治王宮之政令,凡宮之糾禁;掌邦之六典,八法,八則之貳,以逆邦國,都鄙,官府之治;執邦之九貢,九賦,九式之貳,以均財節邦用;以官府之六叙正羣吏;……以官府之六聯合邦治;……以官府之八成均邦治;……以聽官府之六計弊羣吏之治;……以法掌祭祀朝覲會同賓客之戒具,軍旅,田役,荒喪亦如之。"

(三) 史記秦本紀云:"武王二年,初置丞相,樗里疾甘茂爲左右丞相。"

荀悅云:秦本次國,命卿二人,是以置左右丞相,無三公官。"

(四) 漢書百官公卿表曰:"相國,丞相,皆秦官也。"

通典云:"及始皇立,尊呂不韋爲相國。"又云:"至二世復有中丞相,二世已誅李斯,乃拜趙高爲中丞相,事無大小皆決之。"

按史記秦本紀云:"莊襄王立,東周君與諸侯謀秦,秦使相國呂不韋誅之。"是相國之名,非始於始皇尊呂不韋也。

應劭漢官儀云:"丞相相國,皆六國時官。"

(五) 應劭漢官儀云:"御史大夫,尙書令,司隸校尉皆專席,號三獨坐。"

荀勗辭尙書令表云:"昔六官所掌,冢宰爲首;秦公卿贊,以丞相御史爲冠。"

晉書百官志云:"御史中丞,本秦官也。"

章俊卿山堂考索云:"秦置御史大夫,以貳於相。"

按御史之名,見於周官春官云:"御史中士八人……掌邦國,都鄙及萬民之治令,以贊冢宰凡治者受法令焉。……"注云:"御,猶侍也,進也。"次於內史外史之後,蓋本史官之屬;故通典以爲非後世御史大夫之任。然曰"掌治令以贊冢宰。"實亦後世司憲之職所由出也。呂祖謙大事記云:"御史之名,見於周官,以中下士爲之,特小臣耳,至於戰國,其職益親,故獻書多云:'獻書於大王御史'。秦澠池之會,命御史書事。淳于髡亦曰:'御史在後,執法在傍。'是又掌記事糾察之任也。"

(六) 漢書百官公卿表曰:"高帝即位,置一丞相,通典云:疑一字誤,十一年更名相國,綠綬。表曰:"高帝九年,丞相何,遷爲相國。孝惠高后置左右丞相。文帝二年,復置一丞相;有兩長史。哀帝元壽二年,更名大司徒。"

(七) 通典云:"成帝綏和元年,御史大夫何武建言:'末俗之弊,政事繁多。宰相之才,不能及古;而今丞相獨兼三公之事,所以大化久未洽也。宜建三公,定卿大夫之任,分職授政,以考功效。'於是上拜曲陽侯王根爲大司馬;而何武自御史大夫改爲大司空;皆金印,紫綬,比丞相則三公俱爲宰相。至哀帝復罷大司空;元壽二年,更名丞相爲大司徒。"

(八) 漢書百官公卿表云:"哀帝元壽二年,復以御史大夫爲大司空,御史中丞更名御史長史。"

通典云:"御史大夫有兩丞,一曰御史丞,一曰中丞,亦謂中丞爲御史中執法。中丞在殿中蘭臺,掌圖籍秘書,外督部刺史,內領侍御史十五員,受公卿奏事,舉劾案章,居殿中察舉非法。及御史大夫轉爲司空,而中丞出外爲御史臺,率今之大夫任也。"

李華御史中丞廳壁記云:"御史亞長曰中丞,貳大夫以領其屬。漢儀,大夫副丞相以備其闕,參維國綱,鮮臨府事,故中丞專焉。"

(九) 通典云:"後漢廢丞相及御史大夫,而以三公綜理衆務,則三公復爲宰相"後漢書百官公卿表曰:"凡國有大造大疑,則三公通而理之。

漢書百官公卿表云:"大尉,秦官。金印,紫綬,掌武事"世祖即位爲大司馬,建武二十七年改爲太尉。

(十) 後漢書仲長統傳云:"光武矯枉過直,政事不任下,雖置三公,事歸臺閣。"章懷太子注云:"臺閣謂尚書。"

通典曰:"後漢廢丞相以三公綜理衆務;至於中年以後,事歸臺閣,則尚書官爲機衡之任。"

太平御覽引漢官儀云:"尚書令主贊奏,總典綱紀,無所不統秩千石,故爲之者,朝會不陛。"

歐陽詢藝文類聚引百官表云:"尚書銅印墨綬,總攝諸曹,出納王命,敷奉萬機。"

通典云:"秦少府遣吏四人在殿中主發書,謂之尚書。尚,主也。漢承秦制。武帝遊宴後庭,始用宦者主中書。成帝建始四年,罷中書宦者,置尚書五人。一人爲僕射,四人爲四曹,掌圖書,祕記,章奏及封事,宣文內外而已。"

(十一) 後漢書獻帝紀云:"建安十三年,罷三公官,置丞相,御史大夫,曹操自爲丞相。"

(十二) 通典云:"後漢又有相國。"

(十三) 後漢書獻帝紀云:"建安十三年,復置御史大夫,以郄慮居焉,不領中丞,置長史一人。"

按後漢初廢御史大夫,御史中丞并未廢也。然亦常稱曰侍御史中丞,後漢書馬援傳曰:"馬嚴拜侍御史中丞。"因其爲侍御史之長,故有此稱。通典云:"治書御史,選御史高第者補之自桓帝之後,無所平理,充任而已侍御史,以公府掾屬高第補之。"大夫既廢,中丞亦可代爲臺主。

(十四) 三國志蜀志云:"先主章武元年,以諸葛亮爲丞相。"

(十五) 三國志蜀志向朗傳云:"朗子條,景曜中爲御史中丞。"

(十六) 通典云:"黄初元年改(相國)爲司徒,文帝復置中書監令,并掌機密。自是中書多爲樞密之任。"又曰:"其後定制爲大丞相第一品後又有相國"

通典云:"中書之名,因漢武帝遊宴後庭,始以宦者典事尙書,謂之中書謁者,置令僕射,成帝建始四年,改爲中書謁者令;更以士人爲之,皆屬少府。漢東京省中謁者令官。時有中書謁者令,非其職也。魏武帝爲魏王,置祕書令,典尙書奏事,又其任也。文帝黃初,改爲中書令,又置監。以祕書左丞劉放爲中書監中丞,孫資爲中書令,並掌機密,及明帝時,中書監令號爲專任;其權重矣。"

馬貴與文獻通攷曰:"自後漢時雖置三公,而事歸臺閣,尙書始爲機衡之任,然當時尙書,不過預聞國政,未嘗盡奪三公之權也;魏晉以來,中書尙書始眞爲宰相,而三公遂爲備員。"

(十七) 冊府元龜曰:"魏文帝黃初二年,又以御史大夫爲司空,改中丞爲宮正,後皆復舊名。侍御史八人,又置治書,執法,掌奏劾,治書侍御史但掌律令。"

(十八) 通典云:"吳有左右丞相。"王應麟玉海云:"吳蜀皆有丞相,吳有左右之名。"洪飴孫三國職官表云:"吳曰丞相,黃武初置,寶鼎元年分置左右,建衡復舊。"

(十九) 冊府元龜云:"吳亦有御史大夫,孫休永安元年,命大將軍孫琳領之。後又置左右御史大夫。五年,以廷尉丁密光祿勳孟宗分爲之。"

(二十) 通典云:"晉武帝即位之初,以安平王孚爲太宰,鄭冲爲太傅,王祥爲太保,義陽王子初爲太尉,何曾爲司徒,荀顗爲司空,石苞爲太司馬,陳騫爲太將軍.凡八公;同時並置,惟無丞相焉。"歷代職官表曰:"八公並置;雖皆司台之職;然特以名號,不必盡知國政。"

文獻通考云:"惠帝永康元年,改司徒爲丞相;永寧元年,罷丞相復置司徒官;永昌元年,罷司徒與丞相,則與司徒不並置矣。其後或有相國,或有丞相,省置無恒,而中書監令常管機要,多爲宰相之任。"

(二十一) 徐堅初學記云:"侍中,漢以爲加官,無常員。晉宋齊梁陳置四人。齊職儀及五代史志云:'晉宋齊梁陳,侍中幷與三公參國政,直侍左右,應對獻替,法駕出,則正直一人負璽。'"通典曰:"晉任愷字元裒。爲侍中,萬機大小,多管綜之;性中正,以社稷爲己任。"

通典云:"秦爲侍中,本丞相史也。使五人往來殿內東廂奏事,故謂之侍中。漢侍中爲加官,所加或列侯,將軍,卿大夫,將,都尉,尙書,太醫,太官令至郎中,多至數十人……本有僕射一人(秦以侍中功高者一人爲僕射。)後漢光武改僕射至祭酒;或置或否,而文屬少府,掌贊導衆事,顧問應對………獻帝即位,置六人,後選侍中,皆舊儒高德學識淵懿,仰瞻俯視,切問近對………魏晉以來,置四人,別加官者則非數。侍中,漢代爲親近之職,魏晉選用,稍增華重,而大意不異。"

(二十二) 冊府元龜云:"晉初罷(御史)大夫,因漢制以中丞爲臺主。"李華御史中丞壁記云:"晉宋元魏以還,無御史大夫,由是中丞威望,愈尊禮有加等。"通典云:"晉亦因漢以中丞爲臺主,與司隸分督百僚,自皇太子以下,無所不糾,尙書後亦糾之。中丞專糾行馬內;司隸專糾行馬外;雖制如是,然亦更奏衆官,實無其限。"

(二十三) 通典曰:"宋孝武帝初,唯以南郡王義宣爲丞相,而司徒府始如故,亦有相國。"宋書百官志曰:"相國一人,丞相一人,而司徒如故。"

(二十四) 宋書百官志云:"錄尙書職無不總,宋世祖孝建中,不欲威權外假,省錄;大明末復置,此後或置或省尙書令任總機衡,僕射尚書分領諸曹。五尚書二僕射一座,謂之八座。"

(二十五) 鄭樵通志云:"中書令宋與晉同,梁中書監令,清貴華重,大臣多領之。其令,舊遷吏部尚書才地俱美者爲之。陳因梁制。"

(二十六) 通典云:"宋文帝元嘉中,王華王曇殷景仁等并爲侍中,情任親密。"

(二十七) 通典云:"(宋)御史中丞掌奏劾不法。"

(二十八) 通典云:"宋尚書僕射,勝右減左,右居二者之間。僕射職爲執法,置二則爲左右執;又與尚書分領諸曹,兼掌彈劾。"

(二十九) 通典曰:"齊丞相不用人,以爲贈官。"

(三十) 南齊書百官志曰:"錄尚書,尚書令總領尚書臺二十曹爲內臺主。無,令左僕射爲臺主,與令同。"

(三十一) 唐六典注云:"門下省侍中,南齊以功高者一人爲祭酒,掌詔令機密。"

(三十二) 南齊書百官志云:"御史中丞一人,治書御史二人,侍御史十人。"

通典云:"齊中丞職無不察,專道而行,騶輻禁呵,加以聲色;武將相逢,輒至侵犯,若有鹵薄,至相毆擊。"

(三十三) 通典云:"齊左右僕射,行則分道,左僕射領殿中主客二曹,右僕射領祠部儀曹。黃案左僕射上署,右僕射次署。凡僕射掌朝軌,……齊梁舊制,右僕射遷左僕射,左僕射遷令,其僕射處於中,陳亦然後魏二僕射,左居上,右居下。"

(三十四) 通典云:"梁罷相國置丞相,罷丞相置司徒。"

隋書百官志云:"梁尚書省置令,左右僕射,各一人;僕射副令。又與尚書分領諸曹,左右丞各一人,令僕射知省事。陳遵梁制。"

(三十五) 隋書百官志云:"御史臺,梁國初建置大夫;天監元年復曰中丞,置一人,掌督司百僚。治書御史二人,分統侍御史侍御史九人,居曹掌知其事,糾察不法。殿中御史四人,掌殿中禁衞。陳承梁,皆循其制官。"通典云:"御史中丞一人,掌督司百僚;皇太子其在宮門行馬違法者,皆糾彈之;雖在行馬外,而監司不糾,亦得奏之。專道而行,逢尚書丞郎,亦得停駐。"

(三十六) 通典云:"陳又置相國,位列丞相上,並丞相爲贈官。"

(三十七) 隋書百官志云:"陳國之政事,並由中書省,有中書舍人五人,……統國内機要,而尚書惟聽受而已。"

(三十八) 通典云:"後魏舊制有大將軍,不置太尉;有丞相,不置司徒;自正光以後,始俱置之然而尤重門下官,多以侍中輔政;則侍中爲樞密之任。(侍中後魏置六人,加官在其數。)"魏書官氏志云:"神瑞元年置八大人官,總理萬機,世號八公眞君。五年正月侍中中書監宜都王穆壽,司徒東郡公崔浩,侍中廣平公張黎輔政,置通事四人。"王應麟玉海云:"政歸尚書,漢事也;歸中書,魏事也;元魏時,歸門下,世謂侍中黄門爲小宰相。"

(三十九) 初學記云:"後魏置中書監,位在令上,中書舍人掌制誥,又别置通事舍人掌宣奏。"

(四十) 謝維新合璧事類云:"摭奇曰:'後魏古弼爲尚書令,參知政事。"

(四十一) 魏書官氏志云:"天興四年九月,罷外蘭臺御史,總屬内省。"

通典云:"後魏爲御史中尉,督司官僚。"又曰:"後魏御史甚重,必以對策高第者補之。侍御史與殿中御史盡在臺外受事,夜則番直內臺。御史舊式不隨臺主簡代,延昌中王顯爲御史中尉,始請革選此後踵其事,每一中尉則更簡代御史。"

(四十二)通典曰:"北齊乾明中置丞相,河清中分爲左右,各置府僚;然而爲宰相秉持朝政者,亦多爲侍中"

初學記云:"五代史百官志云'北齊侍中六人,獻納諫正及進御之職,參與諸公論國政也。"

(四十三)隋書百官志云:"後齊中書省管司王言及司進御之音樂監令各一人,侍郎四人,又中書舍人主書各十人。"

(四十四)通典云:"北齊尚書省亦有錄令僕射,總理六尚書事,謂之都省,亦謂之北省後濟北王以太子監國,立大都督府,與尚書分理衆事,仍開府置佐。"又云:"北齊僕射,職爲執法,置二則爲左右僕射;皆與令同。左糾彈,而右不糾彈。"

(四十五)隋書百官志云:"後齊御史臺,掌糾察彈劾中丞一人,治書侍御史二人,侍御史八人,殿中侍御史,檢校御史各十二人,錄事四人。"

(四十六)太平御覽云:"後周書曰:'文帝依周禮建六官,遂置天官大冢宰卿一人,掌邦理,以建六官佐皇帝理邦國'。"

通典云:"後周大冢宰……其後又置左右丞相。大象二年,以楊堅爲大丞相,遂罷左右丞相。"

(四十七)通典云:"後周初有御伯中大夫二人,掌出入侍從,屬天官府保定四年改御伯爲納言,斯侍中之職也。宣帝末,又別置侍中爲加官。"

(四十八)通典云:"後周置內史中大夫二人,掌王言,亦中書之任也。

(四十九) 通典云:"後周有司憲中大夫,掌司寇之法,辨國之五禁。"

冊府元龜云:"後周六官之建,改中丞爲司憲中大夫,御史臺爲司憲,屬秋官府置司憲上士二人,中士(人數闕),旅下士八人。"

(五十) 隋書百官志云:"三公參議國之大事,依後齊置府,無其人則闕。尙書省,事無不總。置令,左右僕射,各一人;總吏部,禮部,兵部,都官,度支,工部等六曹事,是爲八座門下省納言二人,給事黃門侍郞四,錄事,通事,令史,各六,內史省監,令,各一人,尋廢監置令二人,侍郞四人,舍人八人,通事舍人十六人,主事十人錄事四人。"

通典云;"隋有內史,納言(即中書令侍中)是爲宰相,亦有其他官參典焉。(柳述爲兵部尙書參掌機事,又楊素爲右僕射與高熲專朝政。)"

(五十一) 通典云:"隋文帝開皇三年,詔左右僕射從二品左掌判吏部,禮部,兵部三尙書,御史糾不當者兼糾彈之;右掌判都官,度支,工部三尙書,又知用度。餘并依舊。"

(五十二) 隋書百官志云:"高祖受命,置御史臺大夫二人,治書御史二人,侍御史八人,殿內侍御史,監察御史,各十二人,錄事二人御史自吏部選用,仍依舊入直禁中。"通典云:"隋以國諱,改中丞爲大夫。"

(五十三) 新唐書百官志云:"唐因隋制,以三省之長,中書令,侍中,尙書令共議國政,此宰相之職也。其後以太宗嘗爲尙書令,臣下避不敢居其職,由是僕射爲尙書省長官,與侍中中書令號爲宰相。貞觀八年,僕射李靖以疾辭位,詔疾小瘳,三兩日一至中書門下平章事。而平章事之名，蓋起於此。其後李勣以太子詹事同中書門下三品，謂同侍中中書令也。而同三品之名，蓋起於此。然二名不專用，而他官居職者，猶假他名如故。自高宗以後，爲宰相者必加同中書門下三品。雖品高者亦然；惟三公三師中書令則否。……宰相事無不統，故不以一職名官。自開元以後常以領他職，實欲重其事，而反輕宰相之體。故時方用兵，則爲節度使；時崇儒術，則以爲大學士；時急財用，則以爲鹽鐵轉運使；又其甚，則有延資庫使，至於國史太清宮之類，其名頗多。皆不足取法，故不著其詳。"通典云："尚書左右僕射亦嘗爲宰相，其間或改爲納言，內史，左相，右相，黃門監，紫微令等名，其本即侍中中書令也。共有四員。其僕射，貞觀末始加平章事，方爲宰相。"

文獻通考曰："唐世宰相名尤不正"今以新唐書考之，有曰參議朝政，專典機密，同掌機務，參知機務，參掌機密，同知軍國政事，參預機務，參謀政事，兼知政事，軍國重事宜共平章，知軍國重事，三五日一入中書平章政事。表中皆未備載。

玉海云："唐宰相三百六十九人，（唐會要所載，共四百九十五人）再入者五十七人，三入者十二人，四入者三人，五入者三人，凡九十八族。宗室宰相十一人，親王宰相四人，見於世系者凡九十七族，三百三十四人。又親王宗室。又元載不著，又劉幽求等二十二人不見於表，合三百七十一人"

（五十四）新唐書百官志云："御史臺大夫一人，中丞二人，大夫掌以刑法典章，糾百官之罪惡，中丞爲之貳。其屬有三院一曰臺院，侍御史隸焉；二曰殿院，殿中御史隸焉；三曰察院，監察御史隸焉。"

又云："龍朔二年改御史臺曰憲臺，大夫曰大司憲，中丞曰司憲大夫。武后文明元年,改御史臺曰肅政臺,光宅元年分左右臺,左臺知百司監軍旅,右臺察司縣省風俗;尋命左臺兼察州縣,元和後不置中丞,以侍御史,殿中侍御史,監察御史,主留臺務,而三院御史亦不常備。"

(五十五) 清定續通典云:"梁以中書門下兩侍郎及同中書門下平章事爲宰相,然是時改樞密院爲祟政院,命敬翔知院事,以備顧問,參謀議,承上旨,宣於宰相而行之,宰相非時奏請皆因以聞;是亦相職也。"五代會要云:"梁開平三年三月,升尙書令爲正一品。"

五十六) 五代史梁本紀云:"乾道三年,御史大夫姚洎。"

(五十七) 續通典云:"後唐以門下侍郎及中書侍郎;同中書門下平章事爲宰相。又置中書使樞密使與領機密,權與宰相等。"

(五十八) 五代會要云:"後唐泰淸二年十一月知彈御史奏……廊下使言今後遇雨移班廊下,欲請依殿前磚位次第,二品在三品前一品後如中丞大夫俱置,即大夫在中丞前。五代史李琪傳云:"唐明宗即位,以琪爲御史中丞。"

(五十九) 續通典云:"晋以中書侍郎同中書門下平章事爲宰相,每兼樞密使;間有特拜中書令及侍中者。"

(六十) 五代會要云:"晋開運二年,御史臺奏今後請常朝序班,候御史中丞舉官先入,以次東宮保傅入,次兩省入,次僕射入。"又云:"晋天福五年二月,以御史中丞爲淸望,正四品。"

(六十一) 續通典云:"漢亦以中書侍郎同中書門下平章事爲宰相。"

(六十二) 續通典云:"周亦以中書侍郎同中書門下平章事爲宰相亦有拜中書令者。"

(六十三) 五代會要云:"周顯德五年閏七月一日,御史申見行事任如後:兼御史大夫元徵三十千,今徵六千;兼御史中丞元徵二十千,今徵四千……"

(續通典云:"五代時日相征討,武臣用事,任宰相者多則一二年,少或數月,廢置不常,無可載焉。")

(六十四) 宋史職官志曰:"宰相之職,佐天子總百官,平庶政,事無不統。宋承唐制,以同平章事爲眞宰相之任;無常員,有二人則分日知印;以丞郎以上至三師爲之。其上相爲昭文館大學士,監修國史;其次爲集賢大學士。或置三相,則昭文集賢二學士併監修國史。唐朝以來三大館皆宰臣兼,故仍其制。"

(六十五) 文獻通考云:"宋承唐制,以同平章事爲宰相之職……至道元年詔宰相與參政輪班知印,同升政事堂。神宗新官制,以左右僕射爲宰相。政和中改左右僕射爲太宰少宰;靖康中復爲左右僕射焉。乾道八年詔依漢制改作左右丞相。"

(六十六) 文獻通考曰:"參知政事,掌副宰相,毗大政,考庶務,其除授不宣制,不押班,不知印,不預奏事,不升政事堂,殿庭別設磚位於宰相後及敕尾署銜降宰相一等。"

(六十七) 續通典云:"宋置左右丞掌參議大政,通治省事,以貳令僕射之職。僕射輪日當筆,遇假故則以丞權當筆知印,南渡置參知政事,省左右丞不置。"

(六十八) 宋史職官志云:"御史臺糾察百邪,肅正綱紀,大事則廷辨,小事則奏彈。中丞一人爲臺長;侍御史一人掌貳臺政;殿中侍御史二人掌以儀法,糾百官之失;監察御史六人,掌分察六曹及百司之事;檢法一人掌詳法律;主簿一人掌受事發辰勾稽簿書。"葉夢得石林燕語云:"元豐既新官制,職事官未有不經除者,惟御史大夫未除人,蓋臺諫之長,非宰相所利,故無有晉之者。"

(六十九)　遼史百官志云:"契丹舊俗,事簡職專,官制朴實,不以名亂之。其興也勃焉太祖神册六年,詔正班爵;至於太宗,兼制中國,官分南北,以國制治契丹,以漢制待漢人。……遼有北面朝官,既得燕代十有六州,乃用唐制,復設南面三省,六部,臺院寺監,諸衞,東宮之官以招徠中國之人……中書初名政事省,太祖置官,世宗天祿四年建政事省,興宗重熙十三年改中書省中書令,太宗時爲政事令,天顯初爲中書令。

中書省:中書令,大丞相,左丞相,右丞相,知中書省事,中書侍郎,中書門下同平章事,參知政事。

門下省:侍中,常侍,給事中,門下侍郎。

尚書省:尚書令,左右僕射,左右丞。"

(附)北面皇族大東丹國東臺省職官。(太祖天顯元年置,乾亨元年景宗省。)

左大相,右大相左次相,右次相。按此係皇族帳官非朝官也,不著於表。

南面京官三京宰相府職官。(遼有五京:上京爲皇都,凡朝官京官皆有之。餘四京隨宜設官,爲制不一;大抵西京多邊防官;南京多財賦官,三京謂東京,中京,南京也)

左相,右相,左平章政事,右平章政事。

續通典云:'遼北宰相府有左右宰相,掌佐理軍國之大政,皇族四帳世預其選南宰相府有左右宰相,掌佐理軍國之大政,國舅五帳世預其選。"

(七十)　清定續文獻通考云:"遼南面官有御史臺,太宗會同元年置其官曰御史大夫,曰御史中丞,曰侍御史。"

（七十一）金史百官志云："尚書省尚書令一員，總領紀綱，儀刑端揆。左丞相，右丞相，各一員參知政事二員，爲執政官，爲宰相之貳，佐治省事。"又云："天輔七年，以左企弓行樞密院於廣陵，尚踵遼南院之舊，天會四年，建尚書省，遂有三省之制，至熙宗頒新官制及換官格，除拜內外官，始定勳封食邑。然皆尋遼宋之舊

按志云官制至熙宗始定，金史百官志所載之官，大抵即熙宗所定者。熙宗以前官制，史亦未詳，今以紀傳考之，尚多載其舊官，如太宗天會七年，"以南京留守韓企先同中書門下平章事。"八年"以同中書門下平章韓企先爲尚書左僕射。"十三年"封潘王知樞密院事兼侍中。"世宗大定二年"以伊喇元宜爲平章政事，"天德元年"以秉德爲左丞相兼侍中左副元帥，辯爲右丞相兼中書令。"二年"以大臭爲尚書左丞相兼中書令。"又本紀中嘗見以三師官兼領三省事云云，亦屬宰相之職。百官志皆闕略不載。李心傳朝野雜錄云："虞允文言金人詳定官制，已改左右僕射爲尚書左右丞相。"凡上諸官，今皆列入表中，以明金代官職之沿變。

（七十二）金史百官志，云："御史臺，登聞檢院隸焉。御史大夫糾察朝儀，彈劾官邪，勘鞫官府公事；凡內外刑獄所屬，理斷不當，有陳訴者，付臺治之。御史中丞貳大夫侍御史二員。"

（七十三）元史百官志云："中書令一員，銀印，典領百官，會決庶務。太宗以相臣爲之，世祖以皇太子兼之左右各一員，銀印，統六官，率百司，居令之次；令缺，則總省事，佐天子理萬幾。國初職名未創，太宗始置左右丞相各一員。世祖中統元年，置丞相一員，二年復置左右丞相各二員，八年罷尚書省，仍置丞相二員。二十四年復立尚書省，其中書省丞相二員如故。尚書省再罷，

專任一相。武宗至大二年,復置尙書省丞相二員,中書丞相二員。四年,尙書省仍歸中書,丞相凡二員,自後因之不易。文宗至順元年,專任右相,其一或置或不置。平章政事四員掌機務,貳丞相,凡軍國重事,無不由之。世祖中統元年,置平章二員。二年,置平章四員。至元七年,置尙書省,設尙書平章二員。八年尙書併入中書,設平章三員。二十三年,詔清冗職,平章汰爲二員。二十四年復尙書省,中書尙書平章各二員。二十九年罷尙書省,增中書平章爲五員;而一員爲商議事。三十年又增平章爲六員。成宗元貞元年,改商議省事爲平章軍國重事。武宗至大二年,復立尙書省平章三員,中書五員。四年罷尙書省歸中書,平章仍五員。文宗至順元年,定制四員。自後因之。左右丞各一員,副宰相裁成庶務;號左右轄。參知政事二員,副宰相以參大政;而其職亞於左右丞。"

(七十四) 元史百官志云:"御史臺大夫二員,中丞二員,侍御史二員,治書御史三員,掌糾察百官善惡,政治得失。至元五年始立臺建官,設官七員。"

(七十五) 明史職官志云:"內閣中極殿學士(舊名華蓋殿),建極殿大學士(舊名謹身殿),文華殿大學士,武英殿大學士,文淵閣大學士,東閣大學士,掌獻替可否,奉陳規誨,點檢題奏,票擬批答,以平允庶政。……以其授餐大內,常侍天子殿閣之下,避宰相之名曰'內閣'。"續通典云:"洪武十三年革去中書省,分其權於六部。"王瓊雙溪雜記云:"正統四年,內閣之權漸重,無異宰相之設。六部之權漸輕,凡事皆稟受內閣風旨而後行。"

萬斯同宰輔彙考云:"成祖始設內閣,其秩甚卑;朝班各依其品,遠在尙書侍郎下,厥後解縉出爲參政,胡儼改爲祭酒,胡廣積資十五年，楊榮金幼孜積資十九年，始得列銜文華，猶五品也。至仁宗踐祚，楊士奇始授華蓋，黃淮始授武英；與榮幼孜並加至侍郎尚書；且漸膺東宮保傅，而士奇至為之孤，自是內閣，位尊權重，出尚書右矣。"

按大學士之名，始於唐景龍中置宏文館大學士，其後又置集賢大學士，皆以宰相兼領之。至宋王欽若以前執政，授資政殿大學士；賈昌朝以舊宰相，授觀文殿大學士；其資望遂極隆峻。葉夢得石林燕語云："皇祐初，丁文簡公罷參知政事，初除觀文殿大學士，以易紫宸之名而已。其後加大學士以命賈文元，始詔非常任宰相不除，'觀文殿大學士'，遂為宰相職名。"

(七十六)　明史百官志云："初吳元年，置御史臺，設左右御史大夫，御史中丞，侍御史，治書侍御史，殿中侍御史，察院監察御史。洪武九年，汰侍御史及治書殿中侍御史。十三年專設左右中丞，左右侍御史；尋罷御史臺。十五年更置都察院，設監察都御史八人，分監察御史為浙江，河南，山東，北平，山西，陜西，湖廣，福建，江西，廣東，廣西，四川十二道，各道置御史或五人，或三四人。建文二年，改為御史府，設御史大夫，改十二道為左右兩院，止設御史二十八人。成祖復舊制。永樂元年，改北平為北京道，十九年罷北京道，增設雲南，貴州，交阯三道。"

(七十七)　清通典云："殿閣大學士滿漢各一人(兼各部尚書銜，)協辦大學士滿漢各一人，掌宣綸綍，贊理庶政，內外諸司題疏到票擬進呈得報轉下部，凡上徽號，進册寶册印，俱由內閣撰擬文篆。至皇子，皇孫及王公，公主名號，俱承旨擬奏。凡纂修實錄史志諸書，充監修總裁官；經筵領講會試，充考試官；殿試，充讀卷官;凡擢任大學士膺簡命後,奏請殿閣名及各部兼銜。其協辦大學士,以六部尚書簡充,滿漢各一人。均為贊理機務,表率百僚;朝列班次俱列六部尚書之上。自國初置文館,設八大臣及十六大臣,凡事與諸貝勒會議。天聰十年,改設內三院曰內國史院,曰內秘書院,曰內弘文院,各設大學士一人,分其事為職掌。順治元年,增設內三院學士各一員,二年,以翰林官分隸之,增侍讀學士,侍讀等官。九年,設典籍。十五年,改內三院為內閣;其大學士俱加殿閣銜,殿名四:曰中和,曰保和,曰文華,曰武英;閣名二:曰文淵,曰東閣;仍分設翰林院。十六年,裁學士侍讀學士等官,定內閣與翰林院各分職掌。十八年,復改內閣為內國史院,內秘書院,內弘文院,裁翰林院。康熙九年十月,內院仍為內閣,復翰林院官如舊。十年,仍補授學士以下等官。乾隆十三年,定殿閣大學士額,內閣大學士滿漢各二人,尚書協辦大學士滿漢各一人,(俱從尚書本銜為從一品)以六部尚書簡充。"

(七十八) 清通典云:"國初都察院置承政一員,左右參政各二員。順治元年,改承政為左都御史,參政為左副都御史員數增減不一。三年,定設左副都御史滿漢各二人五年定設左都御史滿漢各一人舊有滿洲啟心郎二員,順治十五年省。又有漢人左僉都御史一員,乾隆十年省其左都御史為總督坐銜,右副都御史為巡撫坐銜,俱無京員故都察院長官皆以左繫銜焉。"

(七十九) 清續輯覽云:"宣統三年四月頒布閣官制,設立內閣,以奕劻為總理大臣、那桐徐世昌為協理大臣。裁撤內閣軍機會議政務處,舊設內大學士,協辦大學士,仍序次於翰林院。"

(八十) 清續輯覽云:"光緒三十二年九月,宣示釐定官制,都察院改爲都察御史一員,副御史二員。"

「附」吏部表

朝代	官名	官貳	附註舉要
周官	天官大冢宰 司士下大夫	小宰中太夫	(一)
秦			(秦尚書不分曹故不錄)
漢	常侍曹尚書		(二)
後漢	吏曹尚書 選部尚書		見(二)
三國 蜀漢			
三國 魏	吏部尚書		(三)
三國 吳			
晉	吏部尚書		(四)
南北朝(南朝) 宋	吏部尚書		(五)
南北朝(南朝) 齊	吏部尚書		見(五)
南北朝(南朝) 梁	吏部尚書		見(五)
南北朝(南朝) 陳	吏部尚書		見(五)
南北朝(北朝) 後魏	吏部尚書		(六)
南北朝(北朝) 北齊	吏部尚書		見(六)
南北朝(北朝) 北周	吏部中大夫　太冢宰	小吏部下大夫	(七)
隋	吏部尚書	吏部侍郎	(八)
唐	吏部尚書　司列太常伯 天官　吏部尚書　文部尚書	吏部侍郎　司列少常伯	(九)

五代	梁	吏部尙書	吏部侍郎	（十）
	唐	吏部尙書	吏部侍郎	見（十）
	晉	吏部尙書	吏部侍郎	見（十）
	漢	吏部尙書	吏部侍郎	見（十）
	周	吏部尙書	吏部侍郎	見（十）
宋		吏部尙書	吏部侍郎	（十一）
遼		北面官：南院樞密使、知南院樞密使事、知南院樞密事 南面官：吏部尙書	北面官：南院樞密副使、知南院樞密副使事、同知南院樞密使事 南面官：吏部侍郎	（十二）
金		吏部尙書	吏部侍郎	（十三）
元		吏部尙書	吏部侍郎	（十四）
明		吏部尙書	吏部侍郎	（十五）
清		吏部尙書	吏部侍郎	（十六）至（十七）

說明：

一.通典云："周公居攝而作六典之職，以佐王理邦國。漢成帝初分尙書置四曹，蓋因設員以司其務，非擬於古制也。至光武乃分爲六曹，迄於魏晉，或五或六，亦隨宜施制，無有常典，自宋齊以來，多定爲六曹，稍似周禮；至隋六部，其制益明。大唐武后遂以吏部爲天官，戶部爲地官，禮部爲春官，兵部爲夏官，刑部爲秋官，工部爲冬官，以承周六官之制。若參詳古今，徵考職任則天官太宰當爲尙書令，非吏部之任。今吏部之始，宜出夏官之司士。"今以吏部表附天官之後，雖吏部之職原出夏官之司士，然後世六官之設，皆以此上承天官；特附於是，以明其變。大宰小宰，雖同屬天官爲六官之首，其職掌實與後世之吏部天官迥異，特著口於外以爲之別。

附註:

(一) 周官夏官云:"司士下大夫二人,中士六人,下士十有二人,府二人,史四人,胥四人,徒四十人。"又敍述其職掌云:"司士掌羣臣之版,以治其政令;歲登,下其損益之數,辨其年歲與其貴賤,周知邦國都家縣鄙之數,卿大夫庶子之數,以詔王治。"

(二) 後漢書百官志云:"尙書六百石。常侍曹尙書主公卿事,二千石曹尙尙主郡國二千石事,侍郎四百石主作文書起草…………。"

晉書職官志云:"漢成帝建始四年,置尙書四曹,各有其任。其一曰常侍曹,主丞相御史公卿事………。後漢光武改常侍曹爲吏部曹,主選舉祠祀;尙書雖有曹名,不以爲號靈帝以侍中梁鵠爲選部尙書,於此始見曹名。"

(三) 通典曰:"魏改選部爲吏部,主選事。"

(四) 晉書職官志云:"晉受命,武帝罷定課,置吏部二千石曹郎,康穆以後,又無二千石郎,但有吏部。宋書百官志云:"晉有吏部尙書。"

(五) 通典云:"宋時吏部尙書領吏部。刪定三公比部四曹。孝武不欲威權在下,大明二年,分吏部尙書置二人以輕其任,而省五兵後還置一吏部尙書順帝昇平元年,又置五兵二尙書。晉宋以來,吏部尙書資位尤重,梁陳亦然。"

(六) 魏書官氏志云:"吏部尙書第三品,尙書吏部侍郞第四品,尙書郞中第六品,尙書都令史主事令史從八品。通典云:"後魏北齊吏部,統吏部,考功主,爵三曹。"

(七) 後周書蘇綽傳云:"太祖依周禮建六官,天官府管冢宰等衆職。"

通典云:"後周有吏部中大夫一人,(掌羣臣及諸子之簿,辨其貴賤與其年歲,歲登,下其損益之數,依勳之賞頒祿之差。)小吏部下太夫一人。(掌貳吏部之事。)領司勳上士等官屬大司馬。"

(八) 隋書百官志云:"高祖置吏部尚書,統吏部侍郎二人,主爵侍郎一人,司勳侍郎二人,考功侍郎一人煬帝定尚書六曹,各侍郎一人,以貳尚書之職諸曹侍郎並改爲郎。又改吏部爲選部郎,以異侍郎之名。"

(九) 舊唐書百官志云:"吏部尚書一員,侍郎二員,掌天下官吏選授,勳封,考課之政令;其屬有四:一曰吏部,二曰司封,三曰司勳,四曰考功,總其職務而行其制命。尚書侍郎分爲三銓,擇人以四才,校功以三實;據其官資,量其注擬,以定九流之品格。"

通典云:"大唐龍朔二年,改吏部尚書爲司列太常伯;咸亨初復舊。光宅元年改吏部爲天官;神龍元年復舊天寶十一年改爲文部,(至德初復舊。)掌文武選舉,總判吏部,司封,司勳,考功四曹事舊令班在侍中,中書令上,開元令移在侍中中書令下尚書六曹:吏部,兵部爲前行;戶,刑爲中行;禮,工爲後;其官屬自後行遷入二部者以爲美。自魏晉以來,凡吏部官屬悉高於諸曹。其選舉,皆尚書主之。自隋置侍郎貳尚書之事,則六品以下銓補,多以歸之。……自開元以來,宰相員少,資地崇高;又以兵吏尚書,權位尤美,而宰臣多兼領之。但從容衡軸,不自銓綜,其選侍之任,皆侍郎專之,尚書通署而已。遂爲故事或分領其事,則列爲三銓:尚書掌其一,侍郎分其二。"

(十) 歷代職官表云:"五代新史闕職官志;舊史雖有之,而簡陋殊甚;故官制無可考見;以紀傳核之,六曹官名,大約多仍唐舊。"

五代史本紀云:"吏部侍郎于嶠爲中書侍郎。"又列傳云"李琪遷吏部尙書。"

(十一)　續通典云:"宋制吏部尙書一人,掌文武官吏選試,擬注,資任,遷叙,蔭補,考課之政;封爵,策勳,賞罰,殿最之法。(尙書共掌二選:曰尙書左選,曰尙書右選文臣京朝以上及職任非中書省除授者,左選掌之;武臣升朝官以上及職任非樞密院除授者,右選掌之)侍郎一人,爲尙書之貳。(侍郎共掌二選;曰侍郎左選,曰侍郞右選。自初任至幕職州縣官,左選掌之;自副制以上至從義郎,右選掌之。)"

(十二)　遼史百官志云:"契丹南樞密院掌文銓部族丁賦之政,凡契丹人民皆屬焉。以其牙帳居大內之南,故曰南院。南院樞密使,知南院樞密使事,知南院樞密事;南院樞密副使,知南院樞密副使事,同知南院樞密使事。"

續通典云:"遼北面官南樞密院,掌文銓,視吏部,而部族丁賦之政亦與焉南面官吏部有尙書,侍郎,郎中,員外郎。"

(十三)　金史百官志云:"吏部尙書一員,侍郎一員,郎中二員,員外郎二員,掌文武選授,勳封,考課,出給,制誥之政。以才行勞效比仕者之賢否,以行止文冊,……自侍郎以下,皆爲尙書之貳。"

(十四)　元史百官志云:"吏部尙書三員,侍郎二員,郎中二員,郎外郎二員,掌天下官吏選授之政令,凡職官銓綜之典,吏員調補之格,封勳爵邑之制,考課殿最之法,悉以任之。"續通典云:"世祖中統元年,以吏戶禮爲左三部,尙書二人。至元元年,以吏禮自爲一部,尙書三人。三年,復爲左三部。五年,又合爲吏禮部,尙書仍二人。七年,始專立吏部,尙書一人八年仍爲吏禮部,尙書一人十三年,又專立吏部,尙書增置七人;十九年減爲二人;十八年增尙書爲三人,遂爲定制。侍郎二人,爲尙書之貳。"

(十五) 明史職官志云:"吏部尚書一人,左右侍郎各一人,其屬司務廳司務二人,文選,驗封,稽勳,考功四淸吏司,各郎中一人,員外郎一人,主事一人。尚書掌天下官吏選授,封勳,考課之政令,以甄別人才,贊天子治,視五部爲特重;侍郎爲之貳。……"

(十六) 淸通典云:"吏部尚書滿漢各一人,掌中外文職,銓序,勳階,黜陟之政;釐飭官常,以贊邦治。其屬有文選,考功,稽勳,驗封四淸吏司。國朝自天聰五年始設六部,每部一貝勒主之。吏部置滿洲承政一員,蒙古承政一員,漢人承政一員,參政八員,啓心郎一員。崇德三年,更定吏部,設滿洲承政一員,左右參政各二員,滿洲啓心郎一員,漢人啓心郎二員。順治元年,停貝勒總例,改承政爲尚書,參政爲侍郎,五年,定滿漢尚書各一人。七年,增設滿洲尚書一人。八年,仍令親王郡王兼攝部務。九年,停。十年,復裁滿洲尚書一人。十五年,裁啓心郎。雍正元年以來,常以大學士兼理理部務,與尚書率其屬以敍正羣吏焉。……左右侍郎,滿漢各一人。順治十五年定額。掌佐理銓衡,以貳尚書,…"

(十七) 淸鑑輯覽云:"光緖三十二年,宣示釐定官制,內閣,軍機處,外務部,吏部,學部,均如舊。各部除外務部外,均設尚書一人,侍郎二人,不分滿漢。"又曰:"宣統三年五月,裁撤憲政編查館,吏部等衙門。"

表二 (地官大司徒)

朝代	官名	貳	附註舉要
周官	地官大司徒 (司會中大夫)	小司徒中大夫	(一)
秦			(秦尚書不分曹故不錄)

朝代				
漢		尙書郎　（民曹尙書） 大司徒　司徒		（二）至（三） 並見表一
後漢		司徒公　大司徒 （民曹尙書）		見（三）（四 並見表一
三國	蜀漢			
	魏	度支尙書　（左民曹尙書） 司徒		（五）至（六） 並見表一
	吳	戶曹尙書		（七）
晉		度支尙書　（左右民尙書） 司徒		（八）至（九） 並見表一
南北朝（南朝）	宋	度支尙書　（左民尙書） 司徒		（十） 並見表一
	齊	度支尙書　（左民尙書） 司徒		（十一）至 （十二））
	梁	度支尙書　（左戶尙書） 司徒		（十三） 並見表一
	陳	度支尙書　（左戶尙書）		（十四）
（北朝）	後魏	度支尙書　（右民尙書）		（十五）至 （十六）
	北齊	度支尙書		（十七）
	北周	大司徒卿	民部中大夫	（十八）
隋		度支尙書　（民部尙書） 司徒	民部侍郎	（十九）至 （二十）
唐		民部尙書　度支尙書 司元太常伯　戶部尙書 地官尙書　司徒	民部尙書 司元少常伯 戶部侍郎	（二十一）至 （二十二）
五	梁	戶部尙書　司徒	戶部侍郎	（二十三）至 （二十四）

代	唐	戶部尙書 司徒	戶部侍郎	見上
	晉	戶部尙書 司徒	戶部侍郎	見上
	漢	戶部尙書 司徒	戶部侍郎	見上
	周	戶部尙書 司徒	戶部侍郎	見上
宋		戶部尙書 司徒	戶部侍郎	(二十五)至(二十七)
遼		北面官：北南二院大王 南面官：戶部尙書 司徒	戶部侍郎	(二十八)至(二十九)
金		戶部尙書 司徒	戶部侍郎	(三十)至(三十一)
元		戶部尙書 司徒	戶部侍郎	(三十二)至(三十三)
明		戶部尙書	戶部侍郎	(三十四)
清		戶部承政 戶部侍郎 度支部尙書 度支大臣	戶部參政 戶部左右侍郎 度支部侍郎 度支副大臣	(三十五)至(三十六)

說明：

一.按古有三公之官，曰太師，太傅，太保.或說司馬主天，司徒主人，司空主土，是爲三公.周官六官，乃以司徒爲地官，掌邦之土地之圖與人民之數.後世依古制官，或以師保傅爲三師之稱，司馬，司徒，司空遂爲三公之號；然司徒之官，屢兼相職，地官之變，改稱戶部，官職所守，亦有不同.通典云："按今戶部之職，與地官之任，雖亦頗同，若徵其承受，考其沿襲，則戶部合出於度支.度支主計算官也，計算之任，本出於天官之司會。"(周官敍司會中大夫之職掌云："以九貢之法致邦國之財用，以九賦之法令田野之財用，以九功之法令民職之財用，以九式之法均節邦之財用；掌國之官府，郊野，縣都之百物財用凡在書契版圖者之貳，以逆羣吏之治而聽其會計。")若與三公司徒之職掌論之，吏部本度支之官，司徒實輔相之任；但司徒名號與地官相同，即其所掌如通典云：“後漢大司徒主徒衆，教以禮義。”又云：“齊司徒之府領天下州郡，名數，戶口，簿籍。”亦與地官頗似。故表中歷舉司徒之名，加□於外，以見古今權位之異。

附註：

（一）周官云：“教官之屬，大司徒卿一人，小司徒中太夫二人，鄉師下太夫四人，上士八人，中士十有六人，旅下士三十有二人，府六人，史十有二人，胥十有二人，徒百二十人。”又叙其職掌云：“大司徒之職，掌建邦之土地之圖與其人民之數，以佐王安擾邦國。以天下土地之圖周知九州之地域廣輪之數；以土會之法辨五地之物生；以土宜之法辨十有二土之名物以相民宅……；以土圭之法測土深正日景以求地中……；以荒政十有二聚萬民；以保息六養萬民；以本俗六安萬民；以鄉物三教萬民而賓興之；以鄉八刑糾萬民；以五禮防萬民之僞而教之中；以六樂和萬民之情而教之和。”又曰：“小司徒之職掌，建邦之教法以稽國中及四郊都鄙之夫家九比之數，以辨其貴賤，老幼，廢疾。凡征役之施舍與其祭祀飲食之禁令。”

（二）宋書百官志：“漢儀尙書郎四人，一主戶口墾田，一主財帛委輸。”

（三）通典云：“漢成帝初置尙書，有民曹主，凡吏民上書，悉經此曹理之。後漢光武改民曹主繕修工作鹽池苑囿。魏置左民尙書，晋惠帝又加置右民尙書，至於宋齊梁陳，皆有左民尙書。而後魏有左民右民等尙書，多領工役，非今戶部之例。”

按唐六典云：“成帝初置尙書，有民曹主吏人上書事，後漢以民曹兼主繕修工作。”則成帝初制，民曹不主工作可知。梁陳改左民尚書,皆云並掌戶籍兼知工官之事由此以推,民曹初置之時,蓋與度支分掌曹事;後兼工部之職,遂入爲工部之官。表中附列民曹,以見官職之變。

(四) 通典云:"後漢大司徒主徒衆,教以禮義凡國有大疑,大事,與太尉同。建武二十七年去大爲司徒。"

(五) 晉書列傳云:"魏文帝置度支尚書,專掌軍國支計。"

(六) 宋書百官志云:"魏世有左民民曹尚書,金部度支,農部倉部民曹郎。"

(七) 三國志吳志云:"孫休升便殿,止東廂戶曹尚書前,即堦下讀奏。"通典'戶曹'作'戶部'。

(八) 宋書百官志云:"晉西朝則金部,倉部度支;左民,右民曹郎。後又置運曹。江左無民運曹郎,康穆以來,有倉部度支,左民曹郎。"

太平御覽引晉起居注云:"咸寧五年詔曰:'一年不收,使公私俱匱,不惟天時,乃人事有不盡也;故總要者正在度支尚書也。其以中書令張華爲度支尚書。"

(九) 唐六典云:"左民尚書,晉初省之,太康中又置。惠帝時有右民尚書。"

(十) 宋書百官志云:"度支尚書領度支,金部,倉部,起部四曹。左民尚書領左民,駕部二曹,(度支主算,支派也,度,量也。)餘曹所掌,各如其名。"

(十一) 南齊書百官志云:"度支尚書領度支,金部,倉部,起部四曹左民尚書領左民,駕部二曹。"

(十二) 通典云:"齊司徒之府,領天下州郡名數,戶口,簿籍。"

(十三) 隋書百官志云:"梁武受命尚書省,置度支,左戶等尚書;

度支,金部,倉部,左戶等部。天監九年詔五都令史,視朝奉請,以大學博士孔虔孫兼金部,法曹參軍蕭軌兼左戶部。"

(十四) 唐六典云:"梁陳置左戶部尙書,並掌戶籍,兼知工官之事。民部曹,梁陳爲左戶部。

(十五) 通典云:"後魏度支亦掌支計(崔亮爲度支尙書,經營費用,歲減億萬。)"

冊府元龜云:"後魏度支尙書之屬,統度支,掌計會;凡軍國損益及軍役糧廪事;倉部掌諸倉帳出入事;左戶掌天下計掾戶籍等事;右戶掌天下公私田宅租調等事;金部掌權衡量度內外諸庫藏文帳等事。"

(十六) 魏書官氏志云:"始光元年正月置右民尙書。"

(十七) 通典云:"北齊度支,統度支,倉部,左戶,右戶,金部,庫部六曹。"

(十八) 文獻通攷曰:"後周置大司徒卿一人,如周禮之制。其屬有民部中大夫二人,掌承司徒,敎以籍帳之法,贊計人民之衆寡。"

(十九) 隋書百官志云:"高祖受命,尙書省統度支曹度支尙書戶部侍郎各二人,金部倉部侍郎各一人。開皇三年,以度支尙書爲戶部尙書,(戶原爲民,因唐人避諱改稱戶部)煬帝增六曹,各侍郎一人,以貳尙書。諸曹侍郎並改爲郎,又改戶部爲人部郎以異侍郎之名。"通典云:"隋初有度支尙書,則併後周民政之職。開皇三年,改度支爲民部,統度支,民部,金部,倉部四曹。"

(二十) 通典云:"隋及大唐,司徒復爲三公。"又云:"隋置太尉,司徒,司空爲三公,參議國之大事;依北齊置府僚,無其人則闕…………"

(二十一) 通典云:"大唐永徽初;復改民部爲戸部:避諱故也。(太宗在位,詔官及公私文籍有世民兩字不相連用者不諱;至高宗始諱之。)顯慶元年,改戸部爲度支,龍朔二年,改度支尙書爲司元太常伯,咸亨元年,復爲戸部尙書。初戸部居禮部之後,武太后改置天地四時之官,以戸部爲地官,由是遂居禮部之前。神龍元年,改地官爲戸部,總判戸部,度支,金部倉部事。"

新唐書百官志云:"戸部尙書一人,侍郎一人,掌天下土地人民錢穀之政,貢賦之差。戸部郎中員外郎掌戸口,土田,賦役,貢獻,蠲免,優復,姻婚,繼嗣之事,以男女之黃小中丁老爲之帳籍,以永業口,分園宅,均其土田,以租庸調斂其物,以九等定天下之戸,以爲尙書之貳。"通典云:"侍郎二人,蓋周官小司徒中大夫頗同其任。後周依周官,今侍郎則隋煬帝置民部侍郎,大唐因之,後改曰戸部。龍朔二年,改爲司元少常伯。咸亨元年,復爲戸部侍郎。他時曹名或改而官號不易。舊制一員;長安四年加一員;神龍元年減,二年,復加。"

(二十二) 通典云:"唐置三公;以經邦論道,燮理陰陽,並無其人則闕。"續通典云:"唐司徒不常置。"

(二十三) 舊五代史職官志云:"同光元年,尙書倉部員外郎趙鳳,戸部尙書盧質,天成元年,尙書戸部侍郎馮道。"

按五季戸部官制不著於史;據薛居正舊史觀之,當時所屬執掌與名額大抵多仍唐舊。

(二十四) 續通典云:"梁開平中拜趙光逢爲司徒。"又云:"周爲贈官。顯德中贈盧文紀爲司徒。"

(二十五) 續通典云:"宋戸部尙書一人,掌軍國用度,以周知其出入盈虛之數。凡州縣廢置,戶口登耗則稽其版籍。若貢賦征稅斂散移用,則會其數而頒其政令焉。太祖建隆時,以天下財計歸之三司,本部無職掌,止置判部事一人,元豐官制行,始並歸戶部。建炎兵興,常以知樞密院張慤提領措置戶部財用,後遷中書侍郎,仍兼之五年,復以參知政事孟庾提領措置。後罷,專委戶部。孝宗淳熙十年,詔左藏南庫撥隸戶部。"

(二十六)　續通典云:"(戶部)侍郎二人爲尚書之貳,建炎時止除長貳各一員,紹興四年,詔置戶部侍郎二員,通治左右曹。自此相承不改。"宋史職官志云:"戶部凡官十有三,尚書一,侍郎二,郎中員外郎,左右曹各二人,度支,金部,倉部各二人。"

(二十七)　續通典云:"宋制,授司徒始得遷太保,或再加太尉。政和六年,詔司徒爲周六卿之官,本非三公,宜罷之。仍考周制立三孤,亦稱三少,爲次相之任,而司徒之職遂闕焉。"

(二十八)　續通典云:"遼北面官有北南大王二院,掌部族軍民之政,視戶部。南面官有戶部尚書,侍郎,郎中,員外員,並同吏部。"遼史百官志云:"初太祖分迭剌額爾奇木爲北南二大王,視戶部。北部大王,知北院大王事;南院大王;知南院大王事,分掌部族軍民之部。"

(二十九)　續通典云:"南面官有司徒。"

(三十)　金史百官志云:"戶部尚書一員,侍郎二員,郎中二員,員外郎三員,郎中而下皆以一員掌戶籍,物力,婚姻,繼嗣,田宅,財業,鹽鐵,酒麴,香茶,礬錫,丹粉,坑冶,榷場市易等事。"

(三十一)　續通志云:"金三公府置司徒一員。"

(三十二)　元史百官志云:"戶部尚書二員,侍郎二員,員外郎三員,掌天下戶口,錢糧,田土之政令。凡貢賦出納之經,金幣轉通之法,府藏委積之實,物貨貴賤之直,斂散準駁之宜,悉以任之。

中統元年,以吏戶禮爲左三部,至元元年,立戶部尚書三員,侍郎郎中四員,……大德五年,定尚書三員,侍郎二員,員外郎三員。"

(三十三) 續通典云:"元初,三公或置或不置;或開府,或不開府。考李孟傳言司徒等官,自大德以來,封爵繁多,宜汰罷之。"

(三十四) 續通典云:"明戶部尚書一人,掌天下戶口田賦之政令,稽版籍,歲會,賦役,實徵之數以下所司。天子耕籍,則尚書進耒耜,統屬十三司。凡所司各掌其分省之事,兼領所分兩京直隸貢賦及諸衛所祿俸,邊鎮糧餉,並倉場,鹽課,鈔關之事。侍郎二人爲尚書之貳。"明史職官志云:"洪武元年,置戶部。六年,設尚書二人,侍郎二人,分爲五科。八年,中書省奏戶刑工三部事繁;戶部五科,每科設尚書,侍郎,各一人。十三年,陞部秩,定設尚書一人,侍郎二人,分四屬部。二十三年,又分四部爲十二部。二十九年,改十二部爲十二清吏司。建文中仍爲四司。成祖復舊制。"

(三十五) 清通典云:"戶部尚書,滿漢各一人,掌天下土田,戶口,財穀之政:平準出納以均邦賦。國初,戶部設承政二員:蒙古承政一員,漢承政一員,參政八員,啟心郎一員。…………左右侍郎滿漢各一人,(順治元年定)審計國用以貳尚書。"

(三十六) 清鑑輯覽云:"光緒三十二年九月,宣示釐定官制,戶部改爲度支部;以財政處,稅務處併入。尚書一人,侍郎二人,不分滿漢。"又曰:"宣統三年,頒定內閣官制,以載澤爲度支大臣。"

表三 (春官大宗伯)

朝代	官名	官貳	附註舉要
周官	春官大宗伯	小宗伯中大夫	(一)

秦		奉常			宗正	(二)至(三)
漢	客曹尙書	奉常　太常 (秩宗)			宗正 宗伯	(四)至(六)
後漢	南主客曹尙書 北主客曹尙書 吏曹尙書	太常　奉常			宗正師	(七 至(八) 並見(四)
三國　蜀漢		太常				(九)
三國　魏	客曹尙書 祠部曹尙書	奉常　太常			宗正卿	(十)至 (十二)
三國　吳		太常				(十三)
晉	祠部尙書	太常			宗正卿 (宗師)	(十四)至 (十六)
南北朝(南朝)　宋	祠部尙書	太常				(十七)至 (十八)
南北朝(南朝)　齊	祠部尙書	太常				(十九)至 (二十)
南北朝(南朝)　梁	祠部尙書	太常卿			宗正卿	(二十一)至 (二十三(
南北朝(南朝)　陳	祠部尙書	太常卿			宗正卿	(二十四)並 見(二十一) (二十三)
南北朝(北朝)　後魏	儀曹尙書 祠部尙書	太常卿		太常少卿	宗正卿	二十五)至 (二十七)
南北朝(北朝)　北齊	殿中尙書 祠部尙書	太常寺卿		太常寺少卿	宗正卿	(二十八)至 (三十)
南北朝(北朝)　北周	春官大宗伯卿	(宗伯少卿)	宗師中大夫			三十一)至 (三十二)
隋	禮部尙書	太常寺卿	禮部侍郎	太常寺少卿	宗正卿	(三十三)至 (三十六)
唐	禮部尙書 司禮太常伯 春官尙書 禮部尙書	太常寺卿 奉常寺卿 司禮寺卿 太常寺卿	禮部侍郎 司禮少常伯 禮部侍郎	太常寺少卿 奉常寺少卿 司禮寺少卿 太常寺少卿	宗正寺卿 司宗寺卿 司屬寺卿 宗正寺卿	(三十七)至 (四十)

五代	梁	禮部尙書	太常寺卿	禮部侍郎	太常寺少卿	宗正卿	(四十一)至(四十三)
	唐	禮部尙書	太常寺卿	禮部侍郎	太常寺少卿	宗正大卿	(四十四)至(四十五)
	晉	禮部尙書		禮部侍郎			見(四十一)
	漢	禮部尙書		禮部侍郎			見(四十一)
	周	禮部尙書	太常寺卿	禮部侍郎	太常寺少卿	宗正寺卿	(四十六)並見(四十一)
宋		禮部尙書	太常寺卿	禮部侍郎	太常寺少卿	宗正寺卿 知大宗正事	(四十七)至(五十)
遼		多囉倫穆腫 禮部尙書	太常寺卿	禮部侍郎	太常寺少卿	大特哩袞	(五十一)至(五十三)
金		禮部尙書	太常寺卿	禮部侍郎	太常寺少卿	大宗正府判大宗正事 大睦親府判大睦親事	(五十四)至(五十六)
元		禮部尙書	太常禮儀院使 太常寺卿	禮部侍郎	太常寺少卿	大宗正府 扎爾古齊	(五十七)至(五十九)
明		禮書尙書	太常司卿 太常寺卿	禮部侍郎	太常司少卿 太常寺少卿	大宗正院 宗人府宗人令	(六十)至(六十二)
清		禮部尙書 典禮院學士	太常寺卿	禮部侍郎	太常寺少卿	宗人府宗令	(六十三)至(六十六)

說明:

一.周官宗伯掌邦禮,凡國之內親,外賓,天神,地祇,人鬼,之禮皆屬焉。降及後世有禮部,太常宗正之設,論其位守,皆本執禮之官,核乃所司,未逾春官之職是故通典叙官,禮部,太常同出大宗伯之掌;宗正論辨親疏出小宗伯秦漢以後;太常,宗正同司禮職。北周官因周禮,僅置宗伯官職分合,代有或殊,雖判立三名,而同主一禮,今故併入一表,以見古今官守之異。

附註:

(一) 周官云:"禮官之屬大宗伯卿一人,小宗伯中大夫二人,肆師下大夫四人,上士八人,中士十有六人,旅下士卅有二人,府六人,史十有二人,胥十有二人,徒百有二人。"又叙其職掌云:"大宗伯之職,掌建邦之天神,人鬼,地示之禮以佐王建邦保國以吉禮事邦國之鬼神示;以凶禮哀邦國;以賓禮親邦國;以軍禮同邦國;以嘉禮親萬民;以九儀之命正邦國之位;以玉作六瑞以等邦國;以玉作六器以禮天地四方,以天產作陰德以中禮防之,以地產作陽德以和樂防之;以禮合天地之化,百物之產,以事鬼神,以諧萬民,以致百物。"又曰:"小宗伯之職,掌建國之神位;掌五禮之禁令與其用等;掌三族之別以辨親疏;掌四時祭之序事與其禮。(凡國之大禮佐大宗伯,凡小禮掌事如大宗伯之儀。)"

(二) 顏師古漢書注云:"太常者,王之旌也。畫日月焉。有大事則建以行禮,官主持之,故曰奉常。後改爲太,尊大之義也。"

通典曰:"今太常者,亦唐虞伯夷爲秩宗兼夔典樂之任也周時大宗伯爲春官掌邦禮,秦改曰奉常。"

(三) 通典云:"周官小宗伯掌三族之別以辨親疏,秦置宗正掌親屬。"王應麟玉海云:"秦始以宗正列九卿掌親屬,而宗廟之事屬於奉常。"

(四) 後漢書百官志云:"成帝初置客曹尚書主外國夷狄事。世祖又分客曹爲南主客曹北主客曹。"

唐六典云:"漢客曹主外國夷狄,吏曹主選舉齋祀,皆今禮部之職。漢舊儀云:'尚書郎四人,其一主匈奴單于營部。'蓋主客之任也。"

(五) 漢書百官公卿表云:"奉常掌宗廟禮儀諸陵縣皆屬焉。通典云："太常，惠帝更名奉常。景帝六年更名太常；王莽改爲秩宗。"

(六) 漢書百官公卿表云："宗正秦官，掌親屬。有丞，平帝元始四年，更名宗伯。屬官有都司空令丞內官長丞，又諸公主家令門尉皆屬焉王莽並其官於秩宗。初內官屬少府，中屬主爵，後屬宗正。"唐六典云："漢宗正之官，不以他族，楚元王子郢客辟疆德等遞爲之。"

(七) 後漢書百官志云："太常卿一人，中二千石掌禮儀祭祀；每祭祀先奏其禮儀。及行事，常贊天子。每選試博士，奏其能否，大射養老皆奏其禮儀每月前晦察行陵廟。"太平御覽云："劉熙曰：'漢置十二卿，首太常。'韋昭辨曰：'漢正卿九，首太常。自漢以來，九卿所居謂之寺。"通典云："建太常卿，漢舊常以列侯忠敬孝愼者居之。後漢不必侯也。建安中爲奉常。"

(八) 後漢書百官志云："宗正卿一人，中二千石掌序錄王國嫡庶之次，及諸宗室親族遠近，郡國歲因計上宗室名籍，若有犯法，當髡以上，先上諸宗正，宗正以聞，乃報決。丞一人，比千石諸公主每主家令一人，六百石；丞一人，三百石；其餘屬吏，增減無常。中興省都司空令丞。"

(九) 三國志蜀志杜瓊傳云："後主踐阼，拜諫議大夫，遷大鴻臚，太常。"又孟光傳云："太常廣漢鐔承。"

(十) 晉書職官志云："魏有客曹尚書，有殿中南主客祠部儀曹郞。"

通典曰："魏禮部尚書有祠部曹"

(十一) 三國志魏志云："黃初元年，改太常爲奉常。"晉書職官志云："太常博士魏官也。魏文帝初置。"

歷代職官表云："兩漢以五經博士隸屬太常，多至數十人。後爲博士置弟子員;其薦舉遷用,皆太常主之,漢之太常所以稱爲劇職也自隋唐以後,專設國子監,五經博士已不隸於太常。至今之太常博士,則始於魏文帝時,職在導引乘輿,與漢之五經博士並非一官。唐六典敘太常博士沿革,乃與太學國子學諸博士混而一之,殊爲失考矣。"

(十二) 唐六典曰:"魏宗正卿亦以宗室居之。"

(十三) 三國志吳志三嗣主傳云:"太元元年,會稽太守滕允爲太常。"趙彥衛雲麓漫鈔云:"吳天璽元年,遣兼太常周處封禪國山。"

(十四) 晉書職官志云:"渡江有祠部尚書,常與右僕射通職;不恒置,以右僕射攝之;若右僕闕,則以祠部尙書攝知右事……。"

(十五) 晉書職官志云:"太常爲列卿,置丞功曹主簿五官等員。"又云:"太常有博士協律校尉員,又統太學諸博士祭酒及太史,太廟,太樂,鼓吹陵等令。太史又別置靈臺丞。"通典云:"太常魏晉皆銀章青綬進賢兩梁冠,絳朝服佩水蒼玉。"

(十六) 晉書職官志云:"宗正統皇族宗人譜牒,又統太醫令史,又有司牧掾員及渡江,哀帝省并太常太醫以給門下省。"通典云:"晉宗正兼以庶姓爲之。咸寧三年又置宗師,以扶風王亮爲之。使皇室咸勵奉率德義,所有施行,必令諮之。東晉省之,屬太常。"

(十七) 通典云:"宋祠部尙書領祠部儀曹二曹齊梁陳皆有祠部尙書。"

(十八) 通典云:"宋齊皆有太常,舊用列曹尙書,近遷選曹尙書領護,梁視金紫光祿大夫,陳因之。"宋書百官志云:"太常一人,太祝令一人,丞一人,掌祭祀,讀祝,迎送神。"

(十九) 南齊書百官志云:"左僕射領殿中主客二曹事,祠部尙書左僕射通職,不俱置。"

(二十) 南齊書百官志云:"太常府置丞一人,五官功曹主簿太祝令一人,丞一人。"

(二十一) 隋書百官志云:"梁武帝受命,置祠部尚書,祠部儀曹主客殿中等郎。陳遵梁制。"

(二十二) 隋書百官志云:"梁天監七年以太常爲太常卿,視金紫光祿大夫,統太祝令丞。"

(二十三) 通典云:"宋齊不置宗正,梁天監七年復制之,視列曹尚書,主皇室外戚之籍,以皇族爲之。陳因之。"

(二十四) 隋書禮儀志云:"陳天嘉中,太中大夫領大著作攝太常卿許亨。"

(二十五) 魏書宋弁傳云:"孝文駕征馬圈,留宋弁以本官兼祠部尚書攝七兵事,及行,執其手曰:'國之大事在祀與戎,故令卿綰設二曹,可不自勉?'弁頓首辭謝。"

通典云:"後魏爲儀曹尚書。"

(二十六) 魏書官氏志云:"太和中,高祖議定百官,太常從一品下,少卿第三品上,太常丞第五品下,太祝令從第五品下,治禮郎從第六品下……二十三年復次職令,太常第三品,太常少卿第四品,丞第七品。"通典云:"後魏太常爲上卿,兼置少卿官。周禮有小宗伯中大夫二人即其任。"

(二十七) 魏書官氏志云:"有宗正,太和中初置少卿。"太平御覽云:"後魏職令曰:'宗正卿第四品上第二'。"

(二十八) 隋書百官志云:"後齊尚書省置殿中祠部等尚書,分統列曹。殿中統儀曹,掌吉凶禮制事。祠部統祠部,掌祠祀,醫藥,死喪,贈賻等事。主客掌諸蕃雜客事。祠部無尚書則右僕射攝都官,統膳部掌侍官有司禮食餚饌等事。郎中並一人,儀曹量事置掌固主事員。"

(二十九) 隋書百官志云:"後齊太常寺置卿,少卿,丞,各一人。有功曹五官主簿錄事等員,掌陵廟,羣祀,禮樂,儀制,天文,術數,衣冠之屬,其屬有博士四人,掌禮制太祝署令丞掌郊廟,贊祝,祭祀,衣服等事。"

(三十) 隋書百官志云:"後齊有大宗正寺,掌宗室屬籍統皇子王國,諸王國,諸長公主家。"通典云:"北齊亦有宗正少卿。"

(三十一) 通典云:"周置春官卿,又有禮部爲宗伯,又春官之屬有典命(掌內外九族之差及玉器衣服之令,河門道士之法。)後改典命爲大司禮,俄改大司禮復爲禮部,謂之禮部大夫。"又云:"後周建六官,置大宗伯卿一人(掌邦禮以佐皇帝和邦國。)"又云:"後周官品正七命,大宗伯正六命,小宗伯上大夫正五命,春官大司樂中大夫正四命,春官小司樂太祝下大夫正三命………。"

唐六典曰:"太常卿後周爲宗伯,少卿爲小宗伯。"

(三十二) 通典云:"後周有宗師中大夫(掌皇族,定世系,辨昭穆,訓以孝悌。)屬大冢宰。"

(三十三) 隋書百官志云:"高祖受命,置尙書省禮部尙書,統禮部,祠部,侍郎,各一人,主客膳部侍郎各二人。煬帝即位三年,增置侍郎一人,以貳尙書之職,………"通典云:"隋置禮部尙書,統禮部,祠部,主客,膳部四曹。蓋因後周禮部之名兼前代祠部儀曹之職。"

(三十四) 隋書百官志云:"隋太常寺置卿,少卿,各一人,丞二人,主簿二人,錄事二人,又有博士四人,奉禮郎十六人………。"按奉禮郎隋人實稱治禮郎。唐人修隋書因避高宗諱改作奉禮。通典云:"隋曰太常,與北齊同。煬帝加置少卿。"

(三十五) 通典云:"侍郎一人,周官春官小宗伯中大夫頗同。"

(三十六) 隋書百官志云:"隋置宗正卿少卿各一人,丞二人,主簿二人,錄事二人"

(三十七) 舊唐書職官志云:"禮部尚書一員,侍郎一員。尚書侍郎之職,掌天下禮儀祭享貢舉之政令,其屬有四,一曰禮部,二曰祠部,三曰膳部,四曰主客,總其職務而行其制命;凡中外百司之事,由於所屬,眞質正焉。"通典云:"唐龍朔二年改禮部尚書爲司禮太常伯。咸亨元年復舊。光宅元年,改禮部爲春官,神龍元年復舊,總判祠部,禮部,膳部主客事。"

歷代職官表云:"周官宗伯雖掌邦禮,而敎官實司徒之職:故賓興之法,仍屬之地官。宗伯所主者鬼神祠祀燕享朝會之節而已。自唐開元中以貢舉隸於禮部,歷代沿爲定式,於是禮部遂領邦敎之任,蓋兼有古司徒之職事矣。"

(三十八) 舊唐書職官志云:"武德七年定令以太常爲九寺,貞觀二十三年七月,改治神部爲奉禮部,龍朔二年改太常爲奉當,卿爲正卿,咸亨元年,詔依舊。光宅元年,改太常爲司禮。神龍元年,臺閣官名,並依永淳以前故事,增置太常少卿一員。"

新唐書百官志云:"太常寺卿一人,少卿二人,掌禮樂,郊廟,社稷,之事;凡大禮則贊引有司,攝事則爲亞獻;三公行園林,則爲副;大祭祀省牲則謁者爲之導;小祀及公卿嘉禮,命謁者贊相。"

(三十九) 通典云:"禮部侍郎,大唐龍朔二年,改爲司禮少常伯,咸亨元年復舊,他時曹名或改而官號不易。"

(四十) 新唐書職官志云:"宗正卿一人,少卿二人,掌天子族親屬戚以別昭穆,領陵臺崇元二署,凡親有五等,先定於司封主簿二人，知圖譜官二人，修玉牒官一人，知宗子表疏官一人，錄事一人。"通典云："開元二十五年，制宗正等寺官屬，皆以皇族爲之。"又云："大唐龍朔二年改爲司宗。咸亨元年復舊。光宅元年，改爲司屬。神龍初復舊。"

（四十一）冊府元龜曰："唐禮部總判祠部，膳部及主客事，五代因之，無所改作。"

（四十二）五代史馬縞傳云："縞事梁爲太常少卿以知禮見稱於世，唐莊宗時累遷刑部侍郎，權判太常寺。"

（四十三）舊五代史云："梁有宗正卿。"

（四十四）冊府元龜云："後唐同光中諸寺監各置大卿監。餘官屬並權停，惟太常寺及大理寺事關禮治之重，除太常博士，更置丞一員。"

（四十五）孫逢吉職官分紀云："後唐同光七年，置宗正太卿。"

（四十六）五代會要云："周顯宗五年閏七月，太常寺宗正寺，奏准勅節文，刪集見行公事送中書門下。"

（四十七）續通典云："宋禮部尚書一人，掌禮樂，祭祀，朝會，宴享，學校貢舉之政令，舊制禮儀院掌其事，以樞密使參知政事等官充禮部止設判部一人。官制行，始設尚書。建炎三年，詔鴻臚光祿悉併歸禮部，太常國子監亦隸焉。"

（四十八）宋史職官志云："太常寺卿，少卿，各一人，博士四人，主簿，奉禮郎，太祝，各一人，卿掌禮樂，郊廟，社稷，壇壝，寢陵之事；少卿爲之貳，丞參領之禮之名有五，皆掌其制度儀式。"

（四十九）宋史職官志云："紹興七年，禮部置侍郎二員，隆興元年，詔除尚書不置外，禮部侍郎置一員。"

（五十）續通典云："宋初，宗正寺置判寺一人，以宗姓兩制以上充。眞宗大中祥符八年,以兵部侍郎趙安易兼卿判寺事,趙世長改爲知寺事,元豐官制行,詔宗正長貳,不專用國姓,蓋自有大宗正司以統皇族也。卿一人,少卿一人,卿掌敘宗派屬籍以別昭穆而定其親疎少卿爲之貳。"

玉海云:"景祐三年丙子七月十九日乙未,初置大宗正司,以寧江節度使濮王知大宗正事。"

(五十一) 續通典云:"遼北面官以多囉倫穆騰(滿州語多囉倫,禮也,穆騰,能也)司掌禮儀,視禮部。南面官有禮部尙書,侍郎,郎中,員外員。"

(五十二) 續通典云:"遼南面官有太常寺卿掌祭祀之事。"

(五十三) 續通典云:"遼太祖神冊二年,置大特哩袞司,掌皇族之政令,設官日特哩袞,知特哩袞司事,特哩袞司事。南面官有宗正寺,屬大特哩袞司。"

(五十四) 金史百官志云:"禮部尙書一員,侍郎一員,郎中一員,員外郎一員,掌凡禮樂,祭祀,燕饗,學校,貢舉,儀式,制度符節,表疏,圖書,冊命,祥瑞,天文,漏刻,國忌,廟諱,醫人,釋道,四方使客,諸國進貢,犒勞張設之事。主事二員。"

(五十五) 金史百官志云:"太常寺(皇統三年正月始置)卿一人,少卿一員,丞一員,掌禮樂,郊廟,社稷祠祀之事。博士二員。"

(五十六) 續通典云:"金置大宗正府章宗泰和六年,避睿宗諱改爲大睦親府判大宗正寺一人舊以皇族中屬親者充掌,敦睦宗族,欽奉王命。是年乃改爲大睦親事,同判大宗正事一人改爲同判大睦親事。"

(五十七) 元史百官志云:"禮部尙書三員,侍郎二員,郎中二員,員外郎二員,掌天下禮樂,祭祀,朝會,燕饗,貢舉之政令;凡儀制損益之文,符印簡冊之信,神人封謚之法,忠孝貞義之褒,送迎聘好之節,文學僧道之事,婚姻繼續之辨,音藝膳供之物,悉以任之世祖中統元年,以吏戶禮爲左三部,置尚書二員總領三部之事。"

(五十八) 元史百官志云:"太常禮儀院秩正二品,掌太禮樂,祭享,祖廟,社稷,封贈,謚號等事。中統元年,立太常寺,設寺丞一員,至元二年,翰林兼攝太常寺。九年,立太常寺,設卿一員,少卿以下五員。十三年,省併衙門,以侍儀司併入太常寺。十四年,增博士一員。十六年,又增法物庫子掌公服法服之藏。至大元年改陞院,設官十二員。二年,復爲太常寺。延祐元年,復改陞院,以大司徒領之。天曆二年,定置院使二員。"

(五十九) 元史百官志云:"大宗正府秩從一品。國初未有官制,首置斷事官曰札爾呼齊,會決庶務;凡諸王駙馬蒙古色目人等應犯一切公事及漢人姦盜詐僞,蠱毒厭魅,誘掠逃驅,輕繫重囚,及邊遠出征官吏每歲從駕分司上都存留住冬諸事悉掌之。至元二年置十員,三年置八員,十四年置十四員,十五年置十三員,二十一年置二十一員,二十三年置二十四員,二十八年,置四十六員,……皇慶元年省置二十八員,以漢人刑名歸刑部。泰定元年,復命兼理置札爾古齊四十二員,令史改爲椽史,致和元年,以上都大都所屬蒙古人并集賽軍站色目與漢人相犯者歸宗正府處斷。其餘路府州縣漢人蒙古色目詞訟,悉歸有司刑部掌管。正官札爾古齊四十二員。"

(六十) 續通典云:"明禮部尚書一人,(明史職官志云:"洪武元年,置禮部,六年設尚書二人,侍郎二人,十三年陞部秩,設尚書侍郎各一人,)掌天下禮儀,祭祀,宴饗,貢舉之政令;凡典樂,典敎,內而宗藩,外而諸藩,上自天官,下逮醫師膳夫伶人之屬,靡不兼綜,職任綦重,成化以後,率以翰林諸臣爲之。其由此登公孤任輔導者最多,蓋冠以諸部焉。"

(六十一) 明史職官志云:"太常寺卿一人,少卿一人,寺丞二人,太常掌祭祀禮樂之事,總其官屬,藉其政令,以聽於禮部。初吳元年置太常司,洪武三十年改司爲寺。"

(六十二) 明史職官志云:"宗人府宗人令一人,左右宗正各一人,左右宗人各一人,掌皇九族之屬籍,以時修其玉牒,書宗室之適庶,名封。嗣襲,生卒,婚嫁,諡葬之事。凡宗室陳請,爲聞於上,選財能,錄罪過。初洪武三十年置大宗正院,二十二年改宗人府,并以親王領之,其後以勳戚大臣攝府事不備官,而所領亦盡移之禮部。"

(六十三) 清通典云:"禮部尚書,滿洲漢人各一人,掌吉嘉軍賓凶之秩序,學校貢舉之法,以贊邦禮。所屬有儀制,祠祭,主客,精膳四淸吏司。乾隆十四年定制禮部,滿洲尚書以兼管樂部,太常寺,鴻臚寺入銜左右侍郎滿漢各一人,順治元年,定掌祇若彝典以貳尚書。漢人左右侍郎,初制俱兼翰林院學士銜,其非翰林出身者不兼,尋罷兼銜。"

(六十四) 清通典云:"太常寺卿滿漢各一人,少卿滿漢各一人,掌典守壇壝廟社,以歲時敘其祭祀,而詔其行。禮節祭日則率其屬以分司厥事,凡牲牢之數,籩豆之實,咸準儀式而爲之供備焉。國初太常寺隸禮部,凡祭祀事宜由禮部掌行。順治十六年改歸本寺,康熙二年復以寺事屬禮部,十年仍歸本寺;雍正元年,始特簡大臣總理寺事;乾隆十四年,定禮部滿洲尚書兼管太常寺入銜。"

(六十五)　清通典云："宗人府宗令一人，左右宗正各一人，左右宗人各一人，并順治元年置，掌皇族之屬籍以時修輯玉牒，辨昭穆，序爵祿，均其惠養而布之教令凡親疏之屬，胥受治焉。"

(六十六)　清鑑輯覽云："光緒三十二年九月，宣布釐定官制，以太常光祿鴻臚三寺併入禮部。尙書一人，侍郎二人，不分滿漢。"又云："宣統三年五月，以禮改設典禮院，以李殿林爲掌院學士。"

表四　(夏官大司馬)

朝代		官名	官貳	附註舉要
周官		夏官大司馬	小司馬中大夫	(一)
秦		太尉		(二)
漢		太尉　大司馬		(三)並見表一
後漢		太尉　大司馬		(四)並見表一
三國	蜀漢			
	魏	五兵尙書　大司馬 太尉		(五)至(六)
	吳	左右大司馬		(七)
晉		五兵尙書　大司馬		(八)至(九)
南北朝(南朝)	宋	五兵尙書　大司馬		(十)至(十一)
	齊	五兵尙書　大司馬		(十二)並見(十一)
	梁	五兵尙書　大司馬		(十三)並見(十一)
	陳	五兵尙書　大司馬		見(十三)(十一)
(北朝)	後魏	七兵尙書　大司馬		(十四)並見(十三)
	北齊	五兵尙書　大司馬		(十五)並見(十三)
	北周	大司馬卿	兵部中大夫	(十六)

隋	兵部尙書	兵部侍郎	(十七)
唐	兵部尙書　司戎大常伯 夏官尙書　武部尙書	兵部侍郎　司戎少常伯	(十八)至 (十九)
五代 梁	兵部尙書	兵部侍郎	(二十)
五代 唐	兵部尙書	兵部侍郎	見(二十)
五代 晉	兵部尙書	兵部侍郎	見(二十)
五代 漢	兵部尙書	兵部侍郎	見(二十)
五代 周	兵部尙書	兵部侍郎	見(二十)
宋	兵部尙書	兵部侍郎	(二十一)
遼	北面官:{北院樞密使 知北院樞密使事 知北院樞密事} 南面官:兵部尙書	北面官:{北院樞密副使 知北院樞密副使事 同知北院樞密事} 南面官:兵部侍郎	(二十二)
金	兵部尙書	兵部侍郎	(二十三)
元	兵部尙書	兵部侍郎	(二十四)
明	兵部尙書	兵部左右侍郎	(二十五)
清	兵部承政　兵部尙書 陸軍部尙書〔陸軍大臣 海軍大臣〕	兵部參政　兵部侍郎 陸軍部侍郎〔陸軍副大臣 海軍副大臣〕	(二十六) 至 (二十八)

說明:

一.通典云:"太尉,秦官;武官咸以爲號。"又云:"大司馬,古官也,掌武事。"兩漢以來,二官迭置,有時並列;要皆位次三公,或兼宰職。隋唐而後,司馬無聞太尉之官,亦嘗缺職;然宋置樞密,掌國軍機,明改都督,得司征伐,是亦古者大司馬之任也。周官司馬,位列六卿,兵部之稱,實原乎此;三公名職,或有相同,今特著其官(太尉,大司馬。)外加□號,以明官職之異。

附註:

(一) 周官云:"政官之屬,大司馬卿一人.小司馬中大夫二人,軍司馬下大夫四人,輿司馬上士八人,行司馬中士六人,旅下士三十有二人,府六人,史十有六人,胥三十有二人,徒三百有二十人。"又敘其職掌云:"大司馬之職,掌建邦之九法以佐王平邦國;以九伐之法以正邦國.………"又云:"小司馬之職,凡小祭祀會同饗射師田喪紀,掌其事如大司馬之法。(下缺)"

(二) 通典云:"太尉秦官。(月令曰:"孟夏,太尉贊傑儁。"自上安下曰尉,故武官咸以為號)"

(三) 通典云:"漢因秦置太尉,金印紫綬,掌武事。漢文三年省,景帝三年復置,其尊與丞相等。五年又省。元狩四年,更名大司馬。"又云:"項羽以曹咎周殷並為大司馬。漢初不置,武帝元狩四年,初罷太尉,置大司馬以冠將軍之號。宣帝地節三年,置大司馬不冠將軍,亦無印綬官屬。"

(四) 通典云:"後漢光武建武二十七年省大司馬,以太尉代之故常與太尉迭置,不並列,至靈帝末始置焉"後漢書百官志云:"太尉公諸曹掾屬,東曹主軍吏,法曹主郵驛科程事,兵曹主兵事。"

(五) 晉書職官志云:"魏尚書郎有駕部,庫部,中兵,外兵,別兵,都兵,青龍二年,尚書陳矯奏置騎兵。"通典云:"魏置五兵尚書,謂中兵,外兵,騎兵,別兵,都兵也。"

(六) 通典云:"魏文帝黃初二年,復置大司馬,以曹仁居之;而太尉如故。則太尉,大司馬,大將軍各自為官,位在三司上。"

(七) 通典云:"吳有左右大司馬。"

(八) 通典云:"晉太康中乃有五兵尚書,而又分中兵,外兵,各為左右。(按晉雖分中兵外兵為左右,與舊為七曹,然尚書唯置五兵而已,無七兵尙書之名。至後魏始有七兵尙書耳。今諸家著述,或謂晉太康中置七兵尙書,誤矣。)”

(九) 通典云:“晉定令大司馬亦在三司上,武冠絳朝服金章紫綬佩山元玉,與大將軍同。’

(十) 宋書百官志云:“宋世祖大明二年省五兵尙書,順帝昇明元年,又置五兵尙書領中兵外兵二曹。昔有騎兵,列兵,都兵,故謂之五兵。”

(十一) 通典云:“宋時唯元嘉中用彭城王義康爲大司馬,冠玉與晉同。至齊以爲贈,梁時置官屬。陳以爲贈後魏北齊與大將軍爲二大,位居三師之下,三公之上。”

(十二) 南齊書百官志云:“五兵尙書領中兵外兵二曹。”

(十三) 隋書百官志云:“梁武帝置五兵尙書,駕部,庫部,中兵,外兵,騎兵等郎郎。陳承梁,皆循其制官。”

(十四) 通典云:“後魏爲七兵尙書。”

(十五) 通典云:“北齊爲五兵尙書,統左中兵(掌諸都督告身諸衞官)右中兵(掌畿內丁帳事諸兵力士)左外兵(掌河南及潼關以東諸州丁帳及發召諸兵)右外兵(掌河北及潼關以西諸州所典,與左外兵同)都兵(掌鼓吹太樂部小兵等事)五曹。”

(十六) 通典云:“後周置大司馬,其屬又有中部中大夫,小兵部下大夫。其職並缺。”又云:“後周爲夏官,謂之大司馬卿。(掌邦政,以建邦國之九法佐皇帝平邦國大祭祀掌宿衞,廟社則奉羊牲。)自隋而無無聞。”

(十七) 隋書百官志云:“高祖受命,置尙書省兵部尙書,統兵部,職方.侍郎各二人。煬帝改兵部爲兵曹郎以異倖之名。”通典云:“隋乃有兵部尙書,統兵部;職方,駕部;庫部四曹。蓋後周兵部之名,乘前代五兵之職。"

(十八) 通典云:"大唐龍朔二年,改兵部尙書爲司戎大常伯,咸亨元年復舊。光宅元年,改爲夏官,神龍元年復舊。天寶十一年,改爲武部(至德初復舊)掌武官選舉總判兵部,職方,駕部,庫部事,其分領選舉亦爲三銓,制如吏部。"

(十九) 通典云:"兵部侍郎二人,隋煬帝置大唐因之。龍朔二年,改爲司戎少常伯,咸亨元年復舊。他時曹名或改,而官名不易。舊制一員,總章元年加一員,掌署武職武勳官三衛及兵士以上簿書,……"唐六典云"兵部尙書一人,侍郎二人,掌天下軍衛武官選授之政令,凡軍師卒戍之籍,山川要害之圖,廐牧甲仗之數,悉以咨之。

(二十) 五代史本紀云:"乾化二年,兵部郎中張儁。天成二年,兵部侍郎馮道。長興四年,兵部尙書李鱗。"

按五代官制,史多不詳,大抵皆仍唐舊。

(二十一) 續通典云:"宋兵部尙書一人,掌兵衛,武選,車輦,甲械,廐牧之政令。以天下郡縣之圖而周知其地域;凡陳鹵簿,設仗衛,飭官吏,整肅番夷,除奉行其制命。凡軍兵以名籍統隸者習閱,按試,選募,遷補及武舉校試之事皆總之。侍郎一人,爲尙書之貳。"

(二十二) 遼史百官志云:"契丹北樞密院,掌兵機武銓羣牧之政,凡契丹軍馬皆屬焉;以其牙帳居大內帳殿之北,故名北院。元好問所謂北院不理民是也。北院樞密使。知北院樞密使事。知北院樞密事。北院樞密副使。知北院樞密副使事同知北院樞密事。

續通典云:"遼北面官有北樞密院,掌兵機武銓羣牧之政,視兵部。南面官有兵部尙書,侍郎,郎中,員外郎。"

(二十三) 金史百官志云："兵部尙書一人,侍郞一人,郞中一人,員外郞二人,掌兵籍,軍器,城隍鎭戍,廐牧,舖驛,車輅,儀仗,郡邑圖志,險阻,障塞,遠方歸化之事。"

(二十四) 元史百官志云："兵部尙書三員,侍郞二員,郞中二員,員外郞二員,掌天下郡邑郵驛屯牧之政令:凡城池廢置之故,山川險易之圖,兵站屯田之籍,遠方歸化之人,官私芻牧之地,駝馬牛羊鷹隼羽毛皮革之徵,驛乘郵運祇應公廨皂隸之制悉以任之。"

(二十五) 明史職官志云："兵部尙書一人,左右侍郞各一人。尙書掌天下武衞官軍選授簡練之政令;侍郞佐之。"

(二十六) 淸通典云："兵部尙書滿漢各一人,掌中外武職銓選簡覈軍實以贊邦政其屬有武選,車駕,職方,武庫四淸吏司。國初兵部設滿洲承政二員,蒙古承政一員,漢人承政一員,參政八員,啟心郞一員。順治元年,改承政爲尙書,無定員;五年定設滿洲漢人尙書各一員。雍正元年以來,以大學士及他部尙書兼理部務,皆由特簡無常員。"

(二十七) 淸通典云："兵部左右侍郞滿漢各一人,掌釐治戎政以貳尙書。……順治元年定設滿漢各一人。"

(二十八) 淸鑑輯覽云："光緖三十二年九月,兵部改爲陸軍部;以練兵處,太僕寺併入設尙書一員,侍郞二員,不分滿漢。"又云："宣統二年十一月,改籌辦海軍處(宣統元年,命薩鎭冰充籌辦海軍大臣。)爲海軍部,以載洵爲海軍大臣,譚學衡爲副大臣。又裁撤陸軍尙書,侍郞等缺,設陸軍大臣,副大臣各一員,以蔭昌爲陸軍大臣,壽勳爲副大臣。"

表五　(秋官大司寇)

朝代		官名		官貳		附註舉要
周官		秋官大司寇		小司寇中大夫		(一)
秦			廷尉			(二)
漢		三公曹主尚書	廷尉　大理			(三)
後漢		二千石曹	廷尉卿 大理			(四)
三國	蜀漢					
	魏	(尚書都官郎)	大理　廷尉			(五)
	吳		大理　廷尉			(六)
晉		三公尚書	廷尉			(七)
南北朝(南朝)	宋	都官尚書	廷尉			(八)至(九)
	齊	都官尚書	廷尉			(十)至(十一)
	梁	都官尚書	大理　廷尉			(十二)至(十三)
	陳	都官尚書	廷尉			見(十二)(十三)
(北朝)	後魏	都官尚書	廷尉		廷尉少卿	(十四)至(十五)
	北齊	都官尚書	大理寺卿		大理寺少卿	(十六)至(十七)
	北周	大司寇卿		刑部中大夫		(十八)
隋		都官尚書 刑部尚書	大理寺卿	刑部侍郎	大理寺少卿	(十九)至(二十)
唐		刑部尚書 司刑太常伯 秋官尚書 憲部尚書	大理寺卿 詳刑寺卿 司刑寺卿	刑部侍郎 司刑少常伯	大理寺少卿 詳刑寺少卿 司刑寺少卿	(二十一)至 (二十二)

五代	梁	刑部尙書	大理寺卿	刑部侍郎	大理寺少卿	見(二十三)(二十四)
	唐	刑部尙書	大理寺卿	刑部侍郎	大理寺少卿	(二十三)至(二十四)
	晉	刑部尙書	大理寺卿	刑部侍郎	大理寺少卿	見(二十三)(二十四)
	漢	刑部尙書	大理寺卿	刑部侍郎	大理寺少卿	見(二十三)(二十四)
	周	刑部尙書	大理寺理	刑部侍郎	大理寺少卿	見(二十三)(二十四)
宋		刑部尙書	大理寺卿	刑部侍郎	大理寺少卿	(二十五)至(二十六)
遼		北面官:伊勒巴院 南面官:刑部尙書	大理寺卿	刑部侍郎	大理寺少卿	(二十七)
金		刑部尙書	大理寺卿	刑部侍郎	大理寺少卿	(二十八)至(二十九)
元		刑部尙書		刑部侍郎		(三十)至(三十一)
明		刑部尙書	大理寺卿	刑部左右侍郎	大理寺左右少卿	(三十二)至(三十三)
清		刑部尙書 法部尙書 司法大臣	大理寺卿 大理院卿	刑部左右侍郎 法部侍郎 司法副大臣	大理寺少卿 大理院少卿	(三十四)至(三十六)

說明:

一.按刑部,大理.通典皆云出於司寇.然刑部原於三公曹主,大理首自廷尉,皆云斷獄之官,後世置三法司,並與都察院同準律讞,然都察爲相輔之貳,糾彈在位,以正朝綱,二官所執,乃不專此。今將大理與刑部並列.以明官職之所本。

附註:

(一) 周官云:"立秋官司寇,帥其屬而掌邦禁,以佐王刑邦國。刑官之屬,大司寇卿一人,小司寇中大夫一人,士師下大夫四人,鄉士上士八人,中士十有六人,旅下士三十有二人。"又敘其職掌云:"大司寇之職,掌建邦之三典以佐王刑邦國,詰四方;以圜土聚敎罷民;以嘉石平罷民;以肺石達窮民;以五刑糾萬民;以兩造禁民訟;以兩劑禁民獄。"又云:"小司寇之職,掌外朝之政以致萬民而詢焉;以五刑聽萬民之獄訟;以五聲聽獄訟求民情;以八辟麗邦法附刑法;以三刺斷庶民獄訟之中。"

(二)通典云:"今大理者,亦周秋官之任秦爲廷尉,漢因之,掌刑辟凡獄必質之朝廷,與衆共之之義也。兵獄同制,故曰廷尉,(顏思古曰:"廷,平也;理獄貴平,故以爲號")"

(三)通典云:"漢成帝時尚書初置二千石曹,主郡國二千石,又置三公曹主斷獄後漢光武改三公曹,主歲盡考課諸州郡政,二千石曹掌中都官水火盜賊詞訟罪法,亦謂之賊曹。重於諸曹。"又云:"景帝中元六年更名大理;武帝建元四年復爲廷尉,哀帝元壽二年復爲大理。"

(四)通典云:"後漢廷尉卿,凡郡國讞疑皆處當以報。皆以世家爲之,而郭氏尤盛,建安中復爲大理。"

(五)通典云:"魏青龍二年置尙書都官郎佐督軍事。"又云:"魏黃初元年改(大理)爲廷尉,歷代皆爲廷尉。"鄭樵通志云:"魏青龍二年置都官郎,掌刑法訟獄之事。"册府元龜云:"魏初改廷尉爲大理。黃初元年復以大理爲廷尉。"孫逢吉職官分紀云:"魏廷尉三官通視蘭臺治書;舊爲尙書郎下遷。"

(六)三國志吳志顧雍傳云:"雍累遷大理奉常。"又胡綜傳云:"青州人隱蕃歸吳,用爲廷尉,廷尉郝普尤與之親善。"

(七)晉書職官志云:"晉受命,置三公比部都官二千石曹郎。"通典云:"晉復置三公尙書掌刑獄。"又云:"廷尉主刑法獄訟,屬官有正監平,并有律博士。"

(八)宋書百官志云:"宋高祖初增都官尙書,太祖元嘉十八年增删定曹郎,蓋魏世之定科郎也。吏部尙書領删定三公比部曹,都官尚書領都官曹;比部主法制,都官主軍事刑獄。"通典云:"齊梁陳并有都官尚書。"

(九) 宋書百官志云:"廷尉一人,丞一人,掌刑辟,廷尉正一人,廷尉監一人,廷尉評一人,廷尉律博士一人。"

(十) 南齊書百官志云:"吏部尚書領删定三公比部曹,都官尚書領都官曹。"

(十一) 南齊書百官志云:"廷尉府置丞一人,正一人,監一人,評一人,律博士一人。"唐六典云:"宋齊皆爲廷尉,梁爲秋卿,班第十三,陳因之。"

(十二) 隋書百官志云:"梁尚書省置都官尚書,删定三公比部都官等郎,陳承梁,皆循其官制。"

(十三) 通典云:"梁國初建曰大理,天監元年復改爲廷尉舊用黄門,後視秘書監,有正監平三人元會廷尉三官與建康三官皆法官,元衣朝服以監東西中華門,手執方木長三尺一寸,謂之執方。陳因之。"

(十四) 隋書百官志云:"後魏亦有都官尚書。"

(十五) 册府元龜云:"後魏孝文帝太和中,廷尉卿品第二上,少卿品第三上,正監承評丞品第五。二十三年復次職令……………永安二年復置司直十人視五品上,不置曹事,覆治御史檢劾事。"

(十六) 隋書百官志云:"後齊置都官尚書,統都官,(掌畿内非違得失)二千石,(掌畿外得失等事)比部(掌詔書律令勾檢等事)……都官,二千石,比部各量事置掌。"通志云:"北齊有三公曹,掌諸曹囚帳斷罪赦日建金雞等事,屬殿中尚書。"

(十七) 隋書百官志云:"後齊大理寺掌決正刑獄,正監評各一人，律博士四人，明法掾二十四人。"

(十八) 通典云："後周有秋官大司寇卿掌刑邦國。其屬官又有刑部中大夫掌五刑之法。"又云："後魏亦曰廷尉，北齊曰大理寺，置卿少卿各一人；後周有刑部中大夫掌五刑之法，附萬人之罪麗，大司寇亦其任也(今刑部侍郎之任。)"

(十九) 隋書百官志曰："高祖受命，置都官尚書，統都官侍郎二人，刑部，比部侍郎各一人，司門侍郎一人；尋改都官尚書爲刑部尚書。煬帝即位，六曹各置侍郎一人以貳尚書之職，諸曹侍郎并改爲郎，又改刑部爲憲部郎以異侍郎之名。"

通典云："侍郎，周官小司寇中大夫蓋今任也。後周依周官，隋煬帝置刑部侍郎。"

(二十) 隋書百官志云："高祖受命，置大理寺卿少卿各一人，不統署。又有正監評各一人，司直十人，律博士八人，明法二十八人。開元三年罷大理寺監評及律博士員，加置正爲四人煬帝即位，大理寺丞改爲勾檢官。"

(二十一) 通典云："開皇三年改都官部爲刑部尚書，統四曹，大唐因之龍翔二年改刑部尚書爲司部太常伯，咸亨元年復舊。武大后改刑部爲秋官，神龍初復舊。天寶中改爲憲部，至德初復舊。總判刑部，都官，比部司門事。"

新唐書百官志云："刑部尚書一人，侍郎一人，掌律令，刑法，徒隸，按覆，讞禁之政其屬有四：一曰刑部，二曰都部，三曰比部，四曰司門；凡刑法之書有四：一曰律，二曰令，三曰格，四曰式；凡鞫大獄，以尚書與御史中丞，大理卿爲三司使；凡國有大赦，集囚徒於闕下以聽。"

(二十二) 通典云："大唐龍翔二年，改大理爲詳刑，咸亨元年復舊。光宅元年改爲司刑，神龍元年復舊。卿一人，掌鞫獄定刑名，決諸疑讞；少卿二人，（永徽元年初置少卿一人，神龍元年又加一員）正二人，丞六人，主簿二人，司直六人，評事十二人。”唐六典云：“大理寺卿一人，少卿二人，大卿之職，掌邦國折獄詳刑之事，以五聽察其情，以三慮盡其理，少卿爲之貳。”

（二十三）五代會要云：“後唐長興二年八月十十九日勅刑部大理寺官各置法直官兩人，仍召曉法令者充。”册府元龜云，“後唐同光二年，刑部尚書盧質，長興二年刑部郎中周知微，四年刑部侍郎任贊。晋天福元年刑部郎中鄭觀，六年刑部員外郎李象。周廣順元年刑部員外郎曹匪躬。”

（二十四）太平御覽引後唐書曰：“長興二年八月勅令復大理官員……”

按五代史官制不詳，採錄數條，以見刑曹建置多仍唐舊。

（二十五）續通典云：“宋刑部尚書一人，掌天下刑獄之政令；凡麗於法者，審其輕重，平其枉直淳化二年，置審判刑院知院事一人，以郎官以上至兩省充詳議官，以京朝官充掌詳讞大理所斷案牘而奏之，凡獄具上，先經大理斷讞，既定報審刑，然後知院與詳議官定成文草奏記上中書，中書以奏眞宗大中祥符二年，置糾察刑獄司糾察官二人，以兩制以上充；官制行，悉罷歸刑部徽宗崇寧二年，詔刑部通治左右曹。侍郎二人爲尚書之貳’

（二十六）宋史職官志云：“大理寺舊判寺一人，兼少卿事一人，凡獄訟之事，隨官私決劾，本寺不復聽訊，但掌斷天下奏獄送審刑院詳紇同署以上於朝。……元豐官制行，置卿一人，少卿二人，正二人，推丞四人，斷丞六人，……卿掌折獄，詳刑鞫獻之事，凡刑獄應審議者上刑部。被首推鞫及情犯重者，卿同所隸官請對奏裁答；若獄空或斷絕，則御史按實以聞。分案十有一，置吏六十有九。"

章俊卿山堂考索曰："大理左右各五案。左廳斷刑，曰詳刑，詳讞，宦黄，分簿，奏表。右廳治獄，曰左推，右推，寺案，知雜，檢法。"

（二十七）遼史百官志云："大理寺有提點大理寺，有大理正。統和十二年置。"

續通典云："遼北面官有伊勒希巴院。掌刑獄事，視刑部南面官有刑部尚書，侍郎，郎中，員外郎。"

（二十八）金史百官志云："刑部尚書一員，侍郎一員，郎中一員，員外郎二員，一員掌律令格式，審定刑名，關津譏察，赦詔勘鞫，追徵給沒等事，一員掌監戶官配，隸訴良賤，城門啓閉，官吏改正，功賞捕亡等事。"

（二十九）續通典云："金海陵天德二年，置大理寺卿，少卿，掌檢斷刑名。"

（三十）續通典云："元刑部尚書三人，掌天下刑名法律之政令，凡大辟之按覆，繫囚之詳讞孥收產沒之籍，捕獲工賞之式，冤訟疑罪之辨，獄具之制度，律令之擬議，悉以任之侍郎二人爲尚書之貳。"

（三十一）續通典云："元世祖至元二十年置大理寺，掌領舊州城乃畏吾兒之居漢地者，有詞訟則聽之二十三年改爲大都護四人，同知二人，副都護二人，廢大理不置。"

按元代惟有刑部，不置三法司，故無大理寺官其都護府乃主輝和爾與漢人交涉詞訟，正如今禮事同知所掌；蓋偶大理……以爲名，非古來廷平之職也。"

(三十二) 明史職官志云:"刑部尚書一人,左右侍郎各一人,其屬司務二人,浙江,江西,湖廣,陝西,廣東,山東,福建,河南,山西,四川,貴州,雲南,十三清吏各郎中一人,員外郎一人,主事一人尚書掌天下刑名及徒隸,勾覆,關禁之政令,侍郎佐之;十三司各掌其分省及兼領所分京府直隸之刑名。………"

(三十三) 明史職官志云:"大理寺卿一人,左右少卿各一人,左右寺丞各一人,其屬司務二人,左右二寺各寺正一人,寺副二人評事四人,卿掌審讞平反刑獄之政令,少卿,寺丞贊之……"

(三十四) 清通典云:"刑部尚書滿漢各一人,掌折獄,審刑,簡核法律,受天下奏讞,咸閱實而上其辭,以肅邦憲。所屬有:直隸,奉天,江蘇,安徽,江西,福建,浙江,湖廣,河南,山東,山西,陝山,四川,廣東,廣西,雲南,貴州,督捕十有十八司。左右侍郎滿漢各一人,掌迪播祥刑以貳尚書。順治時定額。"

(三十五) 清通典云:"大理寺卿滿漢各一人,少卿滿漢各一人,掌平反重辟以貳邦刑,與刑部,都察院爲三法司凡司直省案件,寺受其牘下左右寺官,準律定讞,卿受其中,俟刑部簡正既孚,致辭於寺,迺參覈焉。議合者署之,不合者反之凡刑部重辟囚,以左右寺司讞者暨御史會刑司察其辭,辨其死刑之罪而要之,致辭於卿,迺詣刑部暨都御史會聽之,各麗其法以議獄,議合者署之,不合者覆之,必藎合乃會疏以上,異則另爲一議………。"

(三十六) 清鑑輯覽云:"光緒三十二年九月,以戴鴻慈爲法部尚書。改大理寺爲大理院,"又云:"宣統三年四月,頒布內閣官制,以紹昌爲司法大臣。"

表六　(冬官大司空)

朝代		官名	官貳		附註舉要
周官		冬官大司空(考工)	小司空中大夫		(一)
秦				(將作少府)	(二)
漢		大司空		(將作少年) (將作大匠)	(三)至(四)
後漢		大司空 民曹尚書		(將作大匠)	(五)至(六) 並見(三)
三國	蜀漢				
	魏	左民尚書		(將作大匠)	見(四)(五)
	吳				
晉		屯田尚書 起部尚書		(將作大匠)	(七) 並見(四)
南北朝(南朝)	宋	起部尚書		(將作大匠)	(八)至(九) 並見(四)
	齊	起部尚書		(將作大匠)	(十)至(十一) 並見(四)
	梁	起部尚書		(將作大匠)	(十二)至 (十三)
	陳	起部尚書		(將作大匠)	見(十二) (十三)
(北朝)	後魏	(起部郎中)		(將作大匠)	(十四)至 (十五)
	北齊	(祠部尚書)		(將作寺大匠)	(十六)至 (十七)
	北周	大司空卿	工部中大夫	(匠師中大夫) (司木中大夫)	(十八)至 (十九)
隋		工部尚書	工部侍郎	(將作大匠) (將作監大監) (將作監大令)	(二十)至 (二十一)
唐		工部尚書 司平大常伯	工部侍郎 司平少常伯	(將作監大匠) (繕工監大匠)	(二十二)至 (二十三)

		冬官尙書		（營繕監大匠）	
五代	梁	工部尙書	工部侍郎		（二十四）
	唐	工部尙書	工部侍郎		見（二十四）
	晉	工部尙書	工部侍郎		見（二十四）
	漢	工部尙書	工部侍郎		見（二十四）
	周	工部尙書	工部侍郎		見（二十四）
宋		工部尙書	工部侍郎	（將作監大監）	（二十五）至（二十六）
遼		北面官：北院宣徽使、知北院宣徽事、南院宣徽使、知南院宣徽事 南面官：工部尙書	北院宣徽副使、同知北院宣徽事、南院宣徽副使、同知南院宣徽事 工部侍郎	（將作監大監）	（二十七）至（二十八）
金		工部尙書	工部侍郎	（修內司使）	（二十九）至（三十）
元		工部尙書	工部侍郎	（將作院使）	（三十一）至（三十二）
明		工部尙書	工部左右侍郎		（三十三）
清		工部尙書 （農工商部尙書） （農工商大臣）	工部左右侍郎 （農工商部侍郎） （農工商副大臣）		（三十四）至（三十五）

說明：

一、按自六官之制既廢，秦漢始設九寺大卿以統庶事；隋唐改建六部，寺監之官相沿並置。將作少府本由秦設，至明代乃將此職併入工部營繕司，其品位不參八座，未足以當卿貳之職，今附入表中，以明官制之變。

附註：

（一）周官云："國有六職，百工與居焉。"鄭氏注曰："百工，司空事官之屬，於天地四時之職亦處其一也司空掌營城郭，建都邑，立社稷宗廟,造宮室車服器械監百工者,唐虞以上曰共工。"

(二) 通典云:"今將作亦少皞氏以五雉爲五工正以利器用(雉有五種,故曰五雉。)唐虞共工周官考工之官蓋其職也。秦有將作少府,以治宮室。"

(三) 後漢書百官志云:"司空公一人掌水土事,凡營起城邑,浚溝洫,修墳防之事則議其利,建其功;凡四方水土功課則奏其殿最而行賞罰。"章俊卿山堂考索云:"漢成帝綏和元年,御史大夫改爲大司空。後漢以司空爲三公。"

按漢司空位備三公,職居宰相,與後世工部之列六官者不同。然以其職掌考之,亦即周官考工之事也故雖位居樞要,而職守所在,尙有未遷。今特附入表中,以明其所因變。

(四) 漢書百官公卿表云:"將作少府有兩丞左右中候景帝中元六年更名將作大匠;屬官有石庫東園,主章左右前後中校七令丞,又主章長丞,武帝太初元年更名東園,主章爲木土;成帝陽朔三年省中候及左右前後中校五丞。"通典云:"漢景帝中元六年更名將作大匠,後漢旣省復置,魏晉因之;江左至宋齊皆有事則置,無事則省。"

(五) 通典云:"漢成帝初置尙書有民曹,主凡吏民上書。後漢光武改民曹主繕修功作鹽池園苑魏置左民尙書亦領其職。"

按民曹,左民,或以爲民部所承,非工曹之官;然自光武改民曹主繕修等,民曹之官實領工務之職,故特附入表中。

(六) 後漢書百官志云:"將作大匠一人二千石掌修作宗廟路寢宮室園陵土木之工,並樹桐梓之類列於道側。"

(七) 文獻通考云:"晉始有屯田尙書,及太康中謂之田曹,後復爲屯田。"

通典云:"晉宋以來有起部尚書,而不常置。每營官室則權置之,事畢則省.以其事分屬都官左民二尚書。"

(八) 孫逢吉職官分紀云:"宋高宗始置水部起部曹郎。"

(九) 宋書百官志云:"將作大匠一人,丞一人,有事則置,無事則省材官將軍一人,司馬一人,主工匠土木之事,漢左右校令其任也。"

(十) 南齊書百官志云:"度支尚書領起部曹,起部尚書興立宗廟則權置,事畢省。"

(十一) 南齊書百官志云:"將作大匠不常置,掌置宮廟土木材官,將軍一人,司馬一人,屬起部亦屬領軍。"

(十二) 隋書百官志云:"梁尚書置虞曹,起部,屯田,水部等郎陳承梁,皆循其官制。"

(十三) 隋書百官志云:"梁天監七年,以將作大匠爲大匠卿,土木之功,統左右校諸署。陳大匠卿品第三。"冊府元龜云:"梁大匠卿班第十,又置丞二人,班第三,又置將作營作,又別立長史,司馬主簿各一員。"

(十四) 唐六典云:"後魏有起部郎中,屯田郎中。"

(十五) 冊府元龜云:"魏將作大匠從第二品;後降爲從第三品.其丞從五品,後降爲第五品。"

(十六) 隋書百官志云:"後齊尚書省,祠部統虞曹,屯田,起部,都官,統水,部郎中並一人。"

(十七) 隋書百官志云:"後齊將作寺掌諸營建。大匠一人,丞四人,亦有功曹主簿錄事。若有營作則立將副,長史,司馬,主簿錄事等各一人。"

(十八) 通典云:"後周有冬官大司空卿,掌五材九範之法其屬工部中大夫二人,承司之事,掌百工之籍而理其禁令。"

(十九) 通典云:"後周有匠師中大夫掌城郭宮室之制又有司木中大夫掌木工之政令。"

(二十) 隋書百官志云:"高祖受命,置尚書省工部尚書統工部屯田侍郎虞水部侍郎各一人,都水臺使者及丞各二人,參軍三十人,近堤謁者六十人………。"通典云:"隋有工部尚書,蓋因後周工部之名兼前代起部之職。"

(二十一) 隋書百官志云:"將作寺大匠一人,丞主簿錄事各二人,統左右校署令各二人,丞左校四人,右校三人………開皇二十年改將作寺爲監,以大匠爲大監,初加置副監。煬帝即位,將作監改大監少監爲大匠少匠,統左右校及甄官署;五年又改大匠爲大監,少匠爲少監;十三年又改監,少監爲令,少令。"

(二十二) 通典云:"大唐龍朔二年,改工部尚書爲司平太常伯,咸亨元年復舊。武太后改工部爲冬官,神龍初復舊,總判工部,屯田,虞部,水部事。侍郎一人,隋煬帝改置工部侍郎,大唐因之,龍朔二年,改爲司平少常伯,咸亨元年復舊,他時曹名或改而官不易,掌興造工部諸匠諸公廨屋宇五行並紙筆墨等事。"新唐書百官志三:"工部尚書一人,侍郎一人,掌山澤,屯田,工匠,諸司公廨紙筆墨之事。"

(二十三) 通典云:"大唐龍翔二年,改將作爲繕工監(大匠少匠隨監名改),咸亨元年復舊光宅元年改爲營繕監,神龍元年復舊。大匠一人(總判)少匠一人(通判初一,太極元年加一,)天寶中改大匠爲太監,少匠爲少監,領左校,右校,甄官,中校四署。",舊唐書職官志云:"將作監大匠一員,少匠二員,掌供邦國修建土木工匠之政令。總四署二監百工之官屬以供其職事。凡兩京宮殿,宗廟,城郭,諸蠻省監寺，廨宇，橋臺，橋道謂之內外作，皆委焉。……"

(二十四) 五代史本紀云："梁開元四年，工部侍郎杜曉；唐同光元年，工部郎中李塗；天成元年，工部尚書任圜；四年，趙鳳爲門下侍郎兼工部尚書。周顯德元年，工部侍郎景範。"

五代史列傳張憲傳云："憲拜工部侍郎租庸使"范延光傳云："延光拜檢校工部尚書"盧文紀傳云："崔協除工部郎中于鄴。"馮玉傳云："中書舍人盧價爲工部侍郎。"

(二十五) 續通典云："宋工部尚書一人，掌百工水土之政令，稽其功緒以詔賞罰，凡制作營繕計置採伐所用材物按其程式以授有司。舊制，判部事一人，以兩制以上充。官制行，始置尚書總其事。建炎時併將作少府軍器監並歸工部。紹興二年，詔行在別置作院造器甲，工部長官提點侍郎一人，爲尚書之貳。建炎時長貳互置，興隆初，詔各置一人。"

(二十六) 續通典云："將作監，宋初置判監事一人，以朝官以上充。凡土木工匠之政，京都繕修隸三司修造案，本監但掌祠祀之事。元豐官制行，始置監一人，少監一人，監掌宮室城郭橋梁舟車營繕之事，少監爲之貳。"

(二十七) 遼史百官志云："宣徽北院，太宗會同元年置，掌北院御前祗應之事。北院宣徽使，知北院宣徽事，北院宣徽副使，同知北院宣徽事。宣徽南院，會同元年置，掌南院御前祗應之事。南院宣徽使，知南院宣徽事，南院宣徽副使，同知南院宣徽事。"

續通典云："遼北面官有宣徽北南二院，掌御前祗應之事，視工部。南面有工部尚書，侍郎，郎中，員外郎等官。"

(二十八) 遼史百官志云："諸監職名有將作監，都天監。"續通典云："遼南面官將作監有太監少監等官。"

（二十九）金史百官志云：'工部尚書一人侍郎一人，郎中一人，掌修造營建法式諸作工匠屯田山林川澤之禁，江河堤岸道路橋梁之事。"

（三十）續通典云："金不設將作監，有修內司，有使副使等官，掌宮中營造之事；直長二人，部役官二人，掌監督工役，受給官二人，掌支納諸物，都城所有提舉同提舉等官，掌修完廟社，及城隍門鑰，百司公廨，係官舍屋，並栽植樹木工役等事；左右廂官各二人，掌監督工役，受給官二人，掌支納諸物及埏埴等事。"

（三十一）續通志云："元工部尚書三人，掌天下營造百工之政令，凡城池之修濬，土木之繕葺，材物之給受，工匠之程式，銓注局院司匠之官悉以任之中統元年設右三部，置尚書二人；至元元年，分立工部，置尚書四人；七年，裁尚書二人；二十三年定尚書員額仍以二人為額；明年以曹務繁劇，增尚書二人；二十八年省尚書一人侍郎二人，至元二十三年定額。"元史百官志云："工部尚書三員，侍郎二員，郎中二員，員外郎二員，掌天下營造百工之政令。"

（三十二）續通志云："元將作院置使七人，同知二人，同簽二人，院判二人，經歷一人，都事一人，照磨管勾一人，掌成造金玉珠翠犀象寶貝，冠佩，器皿，織造，刺繡，段疋，紗羅，異樣百色造作，銜號同，而職掌與古異焉。其昭功萬戶都總使司所屬。有繕工司卿一人，少卿一人，丞二人，經歷，知事，照磨，提控，案牘，勾管，承發架閣各一人，掌人匠營造之事大都留守司所屬有修內司提點一人，大使　人，副使一人，直長一人，吏目照磨各一人，部役七人，司吏六人，掌修造宮殿及大都造作等事。戶祇應司大使一人,副使一人,直長三人,吏目一人掌內府及諸王邸第異巧工作脩禳應辦寺觀營繕上都留守所屬修內司,大使一人,副使三人,直長三人掌營修內府之事,祗應司大使一人,副使二人,直長三人,掌,粧鑾油染裱褙之事。"

(三十三) 明史百官志云:"工部尙書一人,左右侍郎各一人,其屬司務廳司務二人,營造,虞衡,都水,屯田四淸吏司各郎中一人,員外郎一人,主事一人,所轄營繕所所正一人,所副二人;文思院大使二人,副使二人;皮作局大使一人,副使二人;鞍轡局大使一人,副使二人;顏料局大使一人;軍器局大使一人,副使二人;節愼庫大使　人;織染所雜造局大使一人,副使一人;廣積,通積,盧溝橋,通州,白河,各抽分竹木局大使各一人,副使各一人;大通關提舉司提舉一人,副提舉二人;柴炭司大使一人,副使一人尙書掌天下百工山澤之政令,侍郎佐之,掌經營興作之事。"

續通典云:"明宮殿,陵寢,城郭,壇場,祠廟,廨宇,營房,王府,邸第之役掌於工部營繕司,不設將作監。"

(三十四) 淸通典云:"工部尙書滿漢各一人,掌天下工虞,器用,辨物,庀材,以飭邦事。所屬有營繕,虞衡,都水,屯田,四淸吏司,(國初設滿洲承政二員,蒙古承政一員,漢人承政一員,滿洲參政八員,啟心郞一員。……順治元年,改承政爲尙書,無定員,五年定設滿洲漢人各一人。)左右侍郞滿漢各一人,掌綜事訓工以貳尙書右侍郞兼管理錢法堂事務。初置增減不一,順治時更定滿漢各一人……"

(三十五) 淸鑑輯覽云:"光緒三十二年九月,宣布釐定官制,商部改爲農工商部。(光緒二十九年七月,設立商部,以載振爲尚書伍廷芳陳璧爲侍郎並裁撤路礦總局併歸商部。）尚書載振不更換”又云：“宣統三年四月·頒布內閣官制以溥倫爲農工商大臣。”

篇中論列，僅舉綱要，古來官職繁多，未及備述；欲明其目，必先振綱，是余此篇之所以作也嘗讀史籍，屢感職官之雜，未易條貫；前人論列——歷代職官表，洪飴孫三國職官表…………——或則因時所設，備後遺前；或則習周一朝，得此失彼；尋其源委，實費端詳茲篇託始周官，分據史傳，迴諸疑難，採決彷證。周官一書，雖出自晚代，漢後立官，實本於此近世海禁既開，社會制度爲之一改，職官之設似有大異於前代者。——如：外務部，學務部，郵傳部，海軍部，…………——然究其所掌，求之古官，莫不皆有專職（見總序）。今表中多未備列，蓋餘官所變，於此有未能詳也。

民國二十年一月一日脫稿於北平

——摘自《女師大學術季刊》1931年4月第2卷第1期

周禮上的田制問題

薛念梅

一

中國民族，在神農氏時代卽既使用農具舉行「蜡祭」了。傳至夏禹治洪水頒布丘井法的時代約有六百年，至商約有一千一百年，至周武約有一千七百年，至周宣約有二千年，其間所經過的時間，不能不說是極其長久，其間所經過的盛衰變遷，亦不能不說是極其變幻。然而以農業爲基礎的國民生活，却始終沒有變動。因爲農業生活最接近於自然的生活，亦最具有保守的性質，封建制度以農業的特性爲其基礎，故亦是極其保守的，但以這種長久的歲月，其間制度組織的多少的變更，是可以預想的，祇以年歲過久，史頁散失，故多不能考查。尤其是關於田制的問題，我們既不能從伏羲、神農時代的傳說以得到它的端倪，亦不能從散失的或殘闕的史册以考究它的蹤跡。現在，周禮雖然有許多人說是一部僞造的書籍，但其間關於古代的田制問題，也可以從字裏行間，去找出一個系統來。

關於土地，有最古而且最大規模的記載的，當然是尚書和禹貢，對於五服之制，田賦之等級等，及如何分授田地與人民，雖不很明顯，但益稷上面所謂『予決九川，距四海，濬畎澮距川暨稷播』詩經的小雅篇上所謂『信彼南山，維禹甸之。畇畇原隰，曾孫田之。我疆我里，南東其畝。』論語的泰伯篇所謂『卑宮室而盡力乎溝洫』，則從所謂「畎澮」「溝洫」等字面，以及引用禹行丘甸制的傳說，謳歌成王墾闢原隰，旣很明白的告訴我們，古代的田制是很發達的了。據後世所傳，因禹治水成大業，故可以制定土地制度，其制度卽所謂丘井法。至於孟子所謂『五十而貢，』及王鳴聲的尚書後案說『愚謂井田溝洫之制，創于禹三代相因不變，』我們不敢從同而加以妄斷但井田溝洫之制，創設於禹的時代因爲他的治定水土的大業，使時勢大變動而得到這種影響及於社會上經濟上的結果，則自有相當的理由。

留心檢查尚書各篇，關於田制的記載很少，故極難研究出其發展和變化。

湯誓：「我后不恤我衆，舍我穡事而割正夏。』

盤康：『若農服田力穡乃亦有秋成……惰農自安，不昏作勞，不服田畝，越其罔有黍稷。』

梓材：『惟田若稽田，既勤敷菑，惟其陳修，爲厥疆畎。』

多士：『爾乃尚有爾土，爾乃尚寧止。』

無逸：『周公曰：嗚呼！君子所有無逸，先知稼穡之艱難。乃逸則知，小人之依相小人，厥父母勤勞稼穡，厥子乃不知稼穡之艱難。……文王卑服，卽康功田功。』

多方：『今爾尙宅爾宅畋爾田……爾乃自時洛邑，尙永力畋田。』

呂刑：『禹平水土，主名山川，稷降播種，農殖嘉穀。』

尚書上關於農田的文字，只有上記的幾種，其中有許多是譬喻，引例，記述實制的很少，其見於記事的，僅片言隻字而已，故很難察知其制度的大要。不過，若再根據中國古代史籍所載的事實說來，則雖片言隻字，亦可以約略推知其當時形勢。卽如在湯誓上是說夏桀捨去稼穡而苛歛誅求百姓；在盤康上是說因農事的勤惰而秋收有差別，且可以知道原始的農業，是以黍稷爲主要的穀物；在梓材上是說爲治田而有疆畔畎壟等的制度；在多士上是說不要沒收殷代遺民的田宅的事；在無逸上是說農民社會的奢侈安逸之風，且因父母與子女間的勤怠勞逸之差而察知其新舊思想的衝突；多方的說話和多士的說話相同；在呂刑上是說夏禹和后稷的傳說及關於田制的創始。

至於周禮上的田制問題是怎樣的呢？我們第一先要明瞭周禮上的耕地分配主義，是均分法。其受分配的權利主體稱爲「家」或「夫」卽營獨立生計的「家」。根據鄭玄的解釋，則所謂「家，」是『有夫有婦然後爲家』的，在這個「家」裏面，自然的上自老親下及子弟，我們看小司徒上面所規定的『上地家七人，中地家六人，下地家五人』的條文便可以明白。在遂人上面則又稱「夫」而不稱「家，」所謂『夫一廛田百畝，萊五十畝』的「夫，」就是代表所謂「家，」受田宅的分配而經營獨立生計的有婦的男子。所分配的田的單位，爲田百畝，至於地味惡劣而需要輟耕以休息地力的田地，則給以二百畝或三百畝。總之，每一個主體單位的「家，」其所分配的田的單位，以上田百畝爲標準，故可以稱爲土地均分法。至於土地均分法的發生的理由如何的問題，我們又可以考察如下：

一　經濟上的中正平均主義　尚書洪範篇上的九疇的規定，可以爲中國古代民族的精神生活的總帳，尤其是第五疇的皇極，裏面有這樣的說話：

『無偏無陂，遵王之義，無有作好，遵王之道，無有作惡，遵王之路！無偏無黨，王道蕩蕩，無黨無偏，王道平平。無反無側，王道正直，會其有極，歸其有極。』

原來所謂禮治，就是以道德的禮制治天下的政治，又是王道主義政治的根本方針，禮記、周禮等在制度上，論語、孟子、大學、中庸及儒家的事業在言論上，三代的聖君賢臣則在施政上，都爲這洪範皇極下一注腳，雖至後世法治國家出現了，其法律亦常常以中正平均爲其根本精神，這都不能不說是經濟制度上的精神的發露。因爲農業經濟的最重要素，就是土地，在土地分配上，既要實現中正平均主義，則這主義爲着第一要使人民一般的獲得平等福利，而期待土地分配的公平；第二要防遏不平等的發生，不給與人民以土地的處分權，而期待土地分配的公平，則不能不根據拓地的生熟和地味的優劣，而伸縮其面積，所謂以一家一百畝爲標準，實際上就是以上地一百畝的經濟的價值爲標準，而不是以單純的土地的面積爲目的，因此上地（不易田）給與百畝，二年一耕之地（一易田）給與二百畝，三年一耕之地（再易田）給與三百畝之制逐定。此外以家爲單位的家族，又有大小之分，適當於五七人的耕作力及生活費的土地，對於十人或十數人的一家，則一方面既感到生活費的不足，他方面又在耕作上會發生餘力，而有遊手好閒之人，但小人閒居則習爲不善，故又不可使耕作力有餘，於是授田與餘夫，爲利用下級官吏商工的子弟的餘力，而規定餘夫授田幾分的制度。

防遏不平等的發生的方法，即將土地的處分權，作公共的保留，而不給與人民。如禮記王制上的『田里不粥，墓地不請；』就是不許人民買賣交換或讓渡自己所佔有的土地和宅地，其受分配的資格消滅以後之田，則收回公家。本來一切私有制度，可以刺激人類自然的慾望，可以企圖事物改良進步，這種道理，古代的政治家亦不是不知道，不過如果允許土地私有，則必互相兼併，終其極，就發生貧富的懸隔，不特會釀成社會上種種的弊害，卽在當時的諸侯，如果從自己治下的人民中發生大地主，就有發生自己的競爭者的危險，而且會震撼到封建制度的根本，所以不能不極力防遏這種傾向。

二　土地的利用法，要於地主爲最有利　這第二的理由，亦是從經濟上來的，中國古代的封建制度，可以說是擁護爲大地主的天子及諸侯的利益的聯盟，而以天子爲盟主，天下土地的所有權，完全爲他們所獨占，農民永遠不能獲得地主的地位，只能爲農業勞働者，安分守己而爲奴隸，故稱爲「天之蒸民」或「天子之赤子。」人民到了勞働年齡就分配以他們自己所有的土地而使之耕作，天子自爲地主而徵收其年貢。因爲在最高度地利用土地的經濟價値時，如果爲人民所私有，任由他們的利己心的發動，則必然互相兼併，產生大地主而有傾覆封建制度的根本的危險，故土地不能爲人民所私有。土地在最有益地利用時，可以相當的發揮人民的耕作能力，而且其耕作的報酬，可以支持耕作主體的生活，人民一般的分配一定單位的面積，在其所分配的田地上從事農業勞働，而上納年貢於天子，可以增加人民對於君國的最重義務和觀念。

如上所述，我們可以明白中國古代對於土地是採用均分制度，而其所以採用均分制度的理由，是要使人民杜絕個人的自由競爭，並使一生的活動力固結於土地，而堅固地築成保守性的封建制度的基礎，增高人民對於統治者的義務觀念，減低人民的進步的發展性，以中正和平爲軌範，從保守的消極的態度企圖天下泰平。

二

周禮上的授田制的根本意義，既在上面說過了，現在我們再來考察這授田制的內容。第一，我們先要討論到的就是這受田的主體的「家」或「夫」，並附隨的「餘夫。」

在地官大司徒上說：

『凡造都鄙，制其地域，而封溝之，以其室數制之，不易之地，家百畝，一易之地，家二百畝，再易之地，家三百畝。』

從這裏看來，則以「家」爲受不易之地百畝等規定地的受田主體的單位。而遂人上的規定，則是：

『辨其野之土，上地中地下地，以頒田里。上地，夫一廛，田百畝，萊五十畝，餘夫亦如之。中地，夫一廛，田百畝，萊百畝，餘夫亦如之。下地，夫一廛，田百畝，萊二百畝，餘夫亦如之。』

這樣看來，則又是以「夫」爲受田主體的單位。可見「家」和「夫」，名雖不同，而其實是同樣的東西。所謂「家」是指夫婦俱備的獨立的一家，而所謂「夫」則是以有婦的男子代表獨立的一家。正夫受田年齡，有以爲是二十歲的，有以爲是三十歲的，但總之我們以結婚而有家室的事實證之，則結婚的年齡就是受田資格發生之時。依地官媒氏的規定，結婚年齡是『男三十而娶，女二十而嫁，』可知在二十歲以上至三十歲或三十歲左右，即爲受田資格發生之時。所謂「餘夫」是對正夫而說的，即正夫的子弟已達壯年未有家室而寄居於父兄之家的人。

家庭的大小即家族的人口幾何，依地官小司徒所載，則有如下一段文字：

『乃均土地以稽人民而周知其數。上地家七人，可任者家三人；中地家六人，可任者二家五人；下地家五人，可任者家二人。』

我們看了上述一段文字，這七人家族，六人家族，五人家族，是普通的大家族這點，當毫無疑義；不過所謂可任者家三人等說話，從來都解釋以為是可任軍事或力役的壯丁數，則殊不能適合於實情。因為一家七人，必有一半屬於女子，即七人家族，僅有三人半是男子，其間老幼不齊，必然要是父五十九歲乃至五十四五歲，長男次男二十五歲乃至十六歲，才可以有可任者三人。但像這樣的情形的，是極稀少的，故終不能謂為標準的狀態。在禮記王制上所謂『百畝之分，上農夫食九人，其次食八人，其次食七人，其次食六人，下農夫食五人』，據朱熹的說明，則以為『一夫一婦佃田百畝，加之以糞，糞多而勤力者，為上農，其所收可供九人，其次用力不同，有此四等』，則是說勤惰的成績，而不是說家族的人數。像這樣解說，則家族有多至九人十人以上，或只不過夫婦二人，亦可以不必計論了。

所謂餘夫，有三種的解說：

(一)寄居於正夫之家的成年的有妻男子。

(二)寄居於正夫之家的成年的未婚男子。

(三)除一家的代表以外的老幼餘力。

根據第一說看來，則所謂結婚而未有家室的夫婦，依中國古代風俗，則不能成立，因為當時一般的風俗，都以為做人的妻子稱為嫁，所謂嫁，即有家室的意義，故結婚即為有家室。至於第三說，則殊曖昧而不明瞭，老者至幾歲止，少者自幾歲以上，即可稱為餘夫，實在是很難決定的。因此我們以為當以第二說為是。

在孟子上，餘夫所受的分配，為二十五畝，在周禮遂人上，則僅標明『餘夫亦如之』，而沒有明記百畝或二十五畝，故我們相信二十五畝說為稍近於實制。因為夫家田百畝的標準，是適合於一家數口的農耕力及其家族的生活費的，如果餘夫和正夫一樣，亦受田百畝，則其農耕力不足，勢不能不放棄其一部份，以一寄寓者而和有數口的家族的正夫受同等的分配，實違反經濟上的平等主義和政治上的公正主義。故從各種關係考查起來，自以受二十五畝，合正夫所受的四分之一，為最適當的比例。

因此，我們對於遂人和大司徒所規定，可以作如下的解釋：

(一)遂人的規定，是關於天子直領之野的規定，其所規定是準則的全部，而不及其他細則，故餘夫之事不詳。

(二)大司徒的規定，是采地主及諸侯各自從地方的以規定其細則，故并及於餘夫之事。

三

根據大司徒所規定，田有不易、一易、再易的分別；根據遂人所規定，則地有上、中、下及萊的差異。所謂不易是每年都可以耕作而地力並不消滅的田地。一易是一年耕作一年休息，再易是一年耕作二年休息以恢復地力的田地。地之上中下，依地味的肥瘠而區別。所謂萊，依鄭玄的解說「萊謂休不耕者。」像這樣的規定若使周代數百年都一般地照行，是非常困難的；有了這樣種類煩雜的田地要施行規則極正的井田制度，是不可能的。但在周禮上，不論小司徒、遂人或考工記，都規定有所謂九夫一井的井田法，則是因為周禮一部書不是成於一個時代或一個人，故其間強為聯絡，不求義理的貫通，而終陷讀者於迷惘了。現在我們再為之解說如下：

地官大司徒說：

『凡造都鄙，制其地域而封溝之，以其室數制之。不易之地，家百畝；一易之地，家二百畝；再易之地，家三百畝。』

上述是表示都鄙間的授田法的標準。所謂都鄙，是距離王城四方二百里以外五百里以內之地，雖是天子直領之地，但其間都是公卿大夫的采地。這種天子直領地，依遂人的規定，是指采地而言。因為大司徒之職，如遂人等不特掌管畿內直領地，亦廣及於天下的大政，可以從所謂『天下土地之圖』、『邦國都鄙之教』、『凡建邦國，以土圭其地而制其域，諸公之地』或『布教於邦國都鄙』的規定證之。邦國是諸侯之國，都鄙是公卿大夫的采地，這些采地亦和諸侯的邦國一樣，要施行各種的政事。故這裏的都鄙，實是指稱這些采地。如果不然，則遂人不特依其職名看來，是掌管六遂的政事，同時亦有掌管在野之政的明文，所謂野，有郊外的天子直領全部的意味。若以大司徒的都鄙解作稍縣都的天子直領，是和遂人的規定重複了。這樣從前後的關係考察起來，大司徒的都鄙，即公卿大夫的采地，是很明白的。根據文意說來，是凡造都鄙，要實查其地域，定其區劃，通其溝洫，計算其地域內的室家的多寡，和地積的廣狹相比例。其地味肥沃，每年耕作不至於減低地力的土地，則每一家分授百畝；如果是要一年耕作一年休息的土地，則每一家分授二百畝；要一年耕作二年休息的土地，則每一家分授三百畮。經過設計規定以後，實際上不易之田是不至荒敗的，而一易再易之地，因深耕施肥改良的結果，亦增加了不易之田。故因歲月的積累，舊地多不易之田，因而可以通行井田制的規定。一方因人口的增殖移動，則又在新開地先開墾一易再易之田，再漸進而為不易的良田，這是一般的狀態。

再從遂人職的規定看來：

『辨其野之土，上地、中地、下地，以頒田里。上地，夫一廛，田百畝，萊五十畝，餘夫亦如之；中地，夫一廛，田百畝，萊百畝，餘夫亦如之；下地，夫一廛，田百畝，萊二百畝，餘夫亦如之。』

這所謂野，是郊野之野，是郊外的甸、稍、縣、都等地，即距離王城

百里乃至五百里的地帶這是關於天子直領地所規定的，

從地官大司徒看來我們可以知道關於都鄙的授田法的標準，從遂人職的規定看來我們可以知道關於野的授田法的標準。雖然土地因肥瘠不同而有上下的分別但其分授法一秉於中正平均主義，不使野有荒田，家有餘力。假如周禮不是過於理想的書籍假如在民間能够永遠維持着這種原則則封建制度眞可以「永世勿替！」

四

周禮上的田制問題，最重要的是井田制，關於井田制，在大司徒、小司徒遂人大司馬及考工記匠人等都有規定，不過其中小司徒和遂人的規定不能一致就是在小司徒的職權上規定：

「乃經土地而井牧其田野，九夫爲井，四井爲邑，四邑爲丘，四丘爲甸，四甸爲縣，四縣爲都。」

以九夫之地區劃爲井字形，就稱爲所謂井田制。以九夫爲一井，自四井爲邑以上，都以四進，成爲丘甸縣都。在匠人上所規定：

「九夫爲井，井間廣四尺，深四尺，謂之溝。」

則九夫爲井的制度，與小司徒所規定相符合。至於遂人的規定則不同：

「凡治野，夫間有遂，遂上有徑，十夫有溝，溝上有畛。百夫有洫，洫上有涂，千夫有澮，澮上有道。萬夫有川，川上有路，以達於畿。」

像這樣的小司徒與遂人間的規定的不同，從來的學者要加以說明，都常常感到困難，而且竟沒有人能够決定地明確地得到一種結論。據鄭玄的說話，則以爲遂人是溝洫法，卽夏之貢法，適用於鄉遂公邑。匠人是井田法，卽殷之助法，適用於都鄙。但宋朝的陳祥道和明朝的郝敬等則力排鄭說，他們或從小司徒的所謂『井牧其田野，』以證明鄉遂和都鄙不能分別，遂人掌管溝洫之制，亦兼都鄙之政；或以遂人所說爲積數，匠人所述爲方法，井田的九數和溝洫的十數，其實是同一的，以證明鄭說分鄉遂都鄙之非；或又以爲匠人把溝畛洫涂之類除去，遂人的十夫，其實耕者只有九夫；或又以爲匠人所謂井間成間等的「間」字，是中間的意義。總之，他們都要從種種方面說明小司徒匠人及遂人的規定，是互相一致，而沒有分別的。但我們以爲這樣去說明這種問題，都是錯誤的，因爲他們的思考範圍，都拘守於書本的字面，稍有呆滯，卽不能觸到問題的核心。我們以爲要說明這個問題，不能不先明白大司徒、小司徒和遂人、匠人的掌管範圍。

大司徒是地官司徒的長官，和天官冢宰相對立，率其屬，掌邦教，以佐王安邦國，參與天下的大政。其所謂邦國，是天下諸侯的邦國，故說『以天下土地之圖，周知九州之地域，』又說『而辨其邦國都鄙之數制其畿疆而封溝之」這裏所謂邦國，是指諸侯，所謂都鄙，是指公卿大夫的采地。

小司徒是大司徒以次官，是掌管畿內的教法的長官，「稽查國中（城中）四郊（遠郊近郊）都鄙之夫家」「乃頒比法於六鄉之大夫。」六鄉是小司徒專管的地方，所謂「卒伍之法，」「均土地以稽其人民而知其數，上地家七人，……」都是關於六鄉的政事.

遂人在地官大司徒職下，和小司徒相並立，占有極重要的地位。遂人所掌管的，是：

「掌邦之野。」

邦是畿內，野是對郊而言，有甸以外的公邑的全部的意味，故遂人僅僅是六遂的支配者。對於都鄙沒有關係。有人說，野是指遂及都鄙，又有人以爲野是甸、稍、縣、都，其實都是錯誤的。

現在，我們可以這樣解釋，就是：遂人的規定，適於畿內的天子的公邑；小司徒大司徒的規定，適於畿內的都鄙，即公卿大夫的采地，和畿外諸侯的邦國；而匠人的規定，認爲畿內采地的制度，則雖與遂人的溝洫法不能一致，也就沒有什麼妨碍了。因爲匠人關於采地的文章，有說：

「九夫爲井，井間廣四尺，深四尺，謂之溝。方十里爲成，成間廣八尺，深八尺，謂之洫。方百里爲同，同間廣二尋，深二仞，謂之澮。專達於川，各載其名。凡天下之地勢，兩山之間，必有川焉，大川之上，必有涂焉。」

從這裏的所謂「凡天下之地勢」看來，可知不獨指畿內的采地，亦廣及天下諸侯的邦國，這樣不特和小司徒的規定沒有抵觸，亦和大司徒的職權及於邦國與都鄙者相合。

因此，我們可以得到一種結論：

（一）在畿內的天子直領地的公邑，施行遂人制；

（二）在周禮字面上所稱爲都鄙的公卿大夫的采地，根據小司徒及匠人的規定而施行井田制；

（三）諸侯的邦國和都鄙同樣，施行井田制。

本來，如果必然像周官王制所載，量天下之土田，小大相乘，如棋局然，在道理上是說不過去的。不過古時人口還是非常稀少，曠的土地還是極多，所以在平原的地方，可以實施井田制的，就實施井田制，至於依山靠河，灣曲傾斜的地方，不能實行井田制的，就根據這種原則而徵收其賦稅罷了。孟子所說，「方里而井，井九百畝，」是就一井說的，並沒有分割天下的土地，小大相加，像周禮上所說丘甸縣都的方法。而且周禮上所說的，亦恐怕是根據算法說的，不是實有其事的。井田制的眞僞問題，從來極多人討論，此攻彼擊，莫衷一是，都斤斤於井田制的有無，如果是這樣解說起來，就一切都沒有問題了。

五

除耕作的田以外，又有所謂宅地。宅地有王都市中的民居及郊野農民的居宅二種，如果不認明這二者的區別，只讀周禮的文字，常常要發生誤解。

載師上：

在廛里任國中之地

凡任地國宅無徵，園廛二十而一

廛人上：

掌斂市絘布……廛布……

這種廛是城中的宅地。

遂人上：

上地夫一廛，田百畝，萊五十畝……

這種廛，是郊野農民的居宅。

至於國宅的宅，是官舍官署的地方，而不是一般人民的宅地。同樣，載師的宅田的宅是九等田的一種，而不是宅地。

載師的廛里，鄭司農以為是「市中空地未有肆，城中宅地未有宅者」，鄭玄則以為「廛里者若今云邑居里矣。廛者民居之區域也」。從我們看來，自然以鄭司農說為近似。如在匠人所謂「營國方九里」，就是王城有方九里的廣濶，分為九區，以中央為王居，廟前為朝，北後為市，左三區右三區為民廛，其間有士、農、工、商的四民居宅。但農以居城外為便，城中多士、工、商的居住，故城中的廛和郊野農民的廛不能認為同一的東西。載師的「以廛里任國中之地」，是王居左右六區的廛，因為國中就是城中。又在廛人上的所謂「掌斂廛布」，是城中北後的市場商民的貨賄財物放置於邸舍的賦稅，是公設市場的賦稅，故不能和遂人上的所謂上地夫一廛的廛相混同。孫貽讓在周禮正義上就把市廛的廛和民居的廛相混同。他說「先鄭遂人注云廛，居也，則亦以廛為民居所在。而此注云空地者，蓋此經廛里相對為文，凡可居之地，未有宅肆者謂之廛，已有宅肆者謂之里。後鄭意則凡民居之地，不論宅肆有無，其區域並謂之廛」。他們僅着眼於宅肆的有無，是很可惜的。其實如載師上所記的文字，不是顯然表示着在國中設民居嗎？

一廛的面積幾何，是不能在周禮的規定中發見的，不過孟子上有說：

「五畝之宅，樹之以桑，五十者可以衣帛……」

「五畝之宅，樹牆下以桑，匹婦蠶之，則老者足以衣帛矣」

這樣看來，農夫的宅地有五畝，但這五畝，從來都覺得極可懷疑而不確實。漢朝的趙岐作孟子註說：

「廛，井邑居各二畝半，以為宅，各入保城二畝半，故為五畝也」。

就是五畝之宅，在村邑受二畝半，在田中的廬舍受二畝半，合共爲五畝。雖在漢書食貨志及韓詩外傳等，亦可以看見廬舍在中央公田之中，八家分二十畝的記述，但以村邑之宅二畝半和廬舍相合而爲五畝，則自趙岐始。對於此說，從來贊否不一，朱熹的孟子集註則說：

「五畝之宅，一夫所受，二畝半在田，二畝半在邑。田中不得有木，恐妨五穀，故於牆下植桑以供蠶事。」

蔡虛齋、金仁山及郝京山等，皆贊成朱說。但我們以爲廬井邑居各二畝半，於事實上殊不便利。他們是因爲穀梁傳有說「古者三百步爲里，名曰井田。井田者九百畝，公田居一，公田爲廬，井竈葱韭盡在焉」，就以爲公田既授民爲廬，則邑中便沒有五畝，而是田邑各半，故說公田二十畝，八家分之，各得二畝半以爲廬舍，而城邑的民居亦爲二畝半。但孟子一說「五畝之宅」，再說「五畝之宅」，周禮註亦說「五畝之宅」，都並沒有說二畝半之宅。且田中既不得樹木，僅得以二畝半爲廬舍，則可以樹桑的，不外是邑中二畝半之宅，何以又說「五畝之宅，樹之以桑」呢？可知遂人的一廛，就是五畝之宅，是無容疑的。當營造城郭的時候，或如郊野的農家一樣，以五畝爲一廛，亦未可知。但後來因爲人口增殖，城邑宅戶增加，就決不能受五畝一廛，亦是意想中的事。

六

除一般分授農民的田以外，又有爲特殊目的之田，在「地官載師」職下，有規定

「以郊里任國中之地，以場圃任園地，以宅田、士田、賈田任近郊之地，以官田、牛田、賞田、牧田任遠郊之地，以公邑之田任甸地，以家邑之田任稍地，以小都之田任縣地，以大都之田任畺地。」

場圃在城的周圍，植王宮的瓜果珍異之物，以供給祭祀賓客等之用。有些人去據詩七月：「九月築場圃」，而傳則說春夏爲圃，秋冬爲場。故一說到了秋冬，不能栽培瓜果，便築地爲場，以祭祀采地，以演習武備，或以爲穀物的收藏地。

宅田有以爲是田的，有以爲是宅的，議論不一。鄭玄以爲是與宅的預備地，鄭司農以爲是「致仕者之家所受田也」，士相見禮曰：「宅者在邦，則曰市井之臣，在野則曰草莽之臣」我們以爲後說爲是。

士田是士大夫的子弟所受的田地，但如禮記所說：「士之子不免農，大夫之子免農。」不得爲大夫之子得而耕之田」，則又似乎大夫之子不包含在內。

賈田是城市的賈人的家中所受之田。孫詒讓以爲工人亦與賈人相同，其所以沒有工田之名，則「工賈職事相等，故稱賈所以

賅工文不具也。」

官田，有說是官吏的家庭所受之田，有說是公家直耕之田，如王直領之田，稱爲公邑，分授畿內一般農民，使耕作而納其租。

牛田及牧田，是爲牧養牛馬及其他所謂六畜之類而受的田。

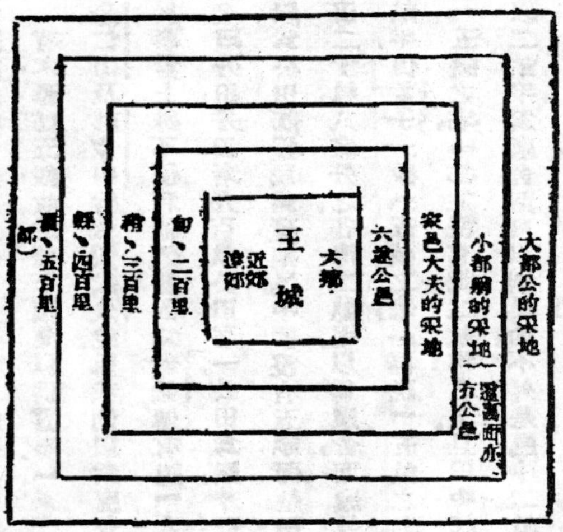

賞田是爲賞賜而設置的田，即爲賞賜有功勳的卿大夫的田，這種田分爲丸等，在畿內近郊遠郊，其概要如上圖。

此外，雖仍有其他園圃山林藪澤及籍田等，這裏則從省略。

七

根據周禮說來，中國古代的田制，是以中正平爲主義爲原則。如果切實地施行起來，則對於杜絕貧富懸殊的弊害，亦未嘗不是一個很好的方法。而且按照耕作能力以分配土地，更吻合於「耕者有其田」的原則。不過周禮上的田制，政治意味較多於經濟意味，當時的農民在封建統治的支配下，他們都不能成爲土地的所有主，而只成爲土地的附屬物，成爲封建統治者的土地資本政策下的被剝削的勞働者而已。

周禮上的田制，終屬過於理想，在當時土曠人稀的時代，或偶有一部份的民族能夠實行這種制度；至於今日生齒已繁，自然不能實現，而這種制度亦只好當作一種「烏托邦」的研究罷了。

雖然，其土地的分配原則是很有價值的。

——完——

——摘自《社會雜誌》一九三一年四月第一卷第四期

周禮五史辨

黃雲眉

周禮春官宗伯，詳載大史，小史，內史，外史，御史，五史之員額與職掌如下：

員額 (府史胥徒不列)

大史　下大夫二人；上士四人。

小史　中士八人；下士十有六人。

內史　中大夫一人；下大夫二人；上士四人；中士八人；下士十有六人。

外史　上士四人；中士八人；下士十有六人。

御史　中士八人；下士十有六人。

職掌

大史　掌建邦之六典，以逆邦國之治；掌法以逆官府之治，掌則以逆都鄙之治；凡辨法者攷焉，不信者刑之。凡邦國都鄙及萬民之有約劑者藏焉，以貳六官，六官之所登；若約劑亂則辟法，不信者刑之。正歲年以序事，頒之于官府及都鄙；頒告朔于邦國；閏月詔王居門終月。大祭祀，與執事卜日，戒及宿之日，與羣執事讀禮書而協事，祭之日，執書以次位常；辨事者攷焉，不信者誅之。大會同朝覲，以書協禮事，及將幣之日，執書以詔王。大師，抱天時與大師同車。大遷國，抱法以前。大喪，執法以涖勸防，遣之日讀誄；凡喪事攷焉。小喪賜謚。凡射事，飾中舍筭，執其禮事。

小史　掌邦國之志。奠繫世，辨昭穆。若有事，則詔王之忌諱。大祭祀讀禮法，史以書敍昭穆之俎簋。大喪，大賓客，大會同，大軍旅，佐大史。凡國事之用禮法者，掌其小事。卿大夫之喪，賜謚讀誄。

內史　掌王之八枋之法以詔王治：一曰爵，二曰祿，三曰廢，四曰置，五曰殺，六曰生，七曰予，八曰奪。執國法及國令之貳，以攷政事，以逆會計。掌敍事之法，受納訪以詔王聽治。凡命諸侯及孤卿大夫，則策命之。凡四方之事書，內史讀之。王制祿則贊爲之，以方出之；賞賜亦如之。內史掌書王命，遂貳之。

外史　掌書外令。掌四方之志。掌三皇五帝之書。掌達書名于四方。若以書使于四方，則書其令。

御史　掌邦國都鄙及萬民之治令以贊冢宰。凡治者受法令焉。掌贊書。凡數從政者。

吾儕若據此而論周代之史官制度，則其制度誠非後世所能及。大史內史尙矣；即小史外史御史等官，亦皆爲極有關係之史職。章實齋曰：「周官，小史奠繫世，辨昭穆，譜牒之掌，古有專官。司馬遷以五帝繫牒尙書集世記爲三代世表，氏族淵源，有自來矣。班固以還，不載譜系。唐劉知幾討論史志，以謂族譜之書，允宜入史。其後歐陽唐書撰爲宰相世系，顧清門鉅族，不爲宰相者，時有所遺。至鄭樵通志，首著氏族之略；其敍例之文，發明譜學所繫，推原史家不得師承之故，蓋嘗慨切言之，古者瞽矇誦詩，并誦世系，以戒勸人君，國語所謂敎之世而爲之昭明德者是也，然則奠系之屬，掌於小史，誦於瞽矇，先王所重，蓋以尊人道而追本始也。」（和州志氏族表序例上）又曰：「周官，外史掌四方之志；又以書使于四方，則書其令。鄭氏注，四方之志，若魯之春秋，晉之乘，楚之檮杌是也。書其令，謂書王命以授使者是也。卿大夫於正月之吉，受教法於司徒，退而頒之鄉吏，孔氏疏，謂若大司徒職十二教以下是也。夫畿內六卿，天子自治，則受法於司徒；而畿外侯封，各治其國，以其國制，自爲春秋。然而四方之書，必隸外史，書令所出，奉爲典章，則古者國別爲書，而簡策所昭，首重王命，信可徵也。是以春秋歲首必書王正；而韓宣子聘魯，得見易象春秋，以謂周禮在是。蓋書在四方，則入而正於外史，而命行王國，亦自外史頒而出之。故事有專官，而書有定制，天下所以協於同文之治也。」（和州志皇言紀序例）又曰：「周官，御史掌贊書，數從政。鄭氏注，謂凡數及其見在空闕者。蓋贊太宰建六典而掌邦治之故事也。夫官有先後，政有得失，太宰存其綱紀，而御史指數其人以贊之，則百工敍而庶績熙也。後代官儀之篇，考選之格，代有成書，而官職姓名，浩繁莫紀，則是有太宰之綱紀，而無御史之數從政者也。班固百官公卿表猶存古意，其篇首敍官，則太宰六典之遺也；其後表職官姓氏，則御史數從政之遺也。范陳而後，斯風渺矣。」（和州志官師表序例）則三史之任務，亦皆含有專門性質，非泛設而已也。且如六官副寫約劑以登大史，大史又就六官所登以副寫之，則一官失守，得以取徵於副本，其保存史料之法，亦視後世爲密。使此等制度，果爲事實，豈非甚盛！然周禮一書，於諸經最爲晚出，或疑爲劉歆僞托；攷周代任五史之職而見於旁籍者，惟大史爲最多，內史次之，餘僅一二見或竟不一見，則此五史者，誠不能不令吾儕疑爲理想上之史職矣。今姑就所見者分列於下：

大史

周大史　楚子使問諸周大史。見左哀元年。

齊大史　齊大史書曰，崔杼弒其君。見左襄二十五年。

鄭大史　鄭使大史命伯石爲卿。見左襄三十年。鄭公孫黑強與于薰隧之盟，使大史書其名，且曰七子。見左昭元年。

魯大史　晉韓宣子觀書于魯大史氏，見易象與魯春秋曰：「周禮盡在魯矣！」見左昭二年。

以上爲大史之無姓名者。

史佚　左僖十五年，史佚有言曰，無始禍。注，史佚周武王時大史，名佚。周語注同。又見文十五年，成四年，襄十四年，昭元年。漢志尹佚二篇，注，周臣，在成康時也。晉語，胥臣曰，「文王訪於辛尹。」注，辛甲尹佚皆周太史。說苑政理引成王問政於尹逸。周書世俘解云，「武王降自車，乃俾史佚繇書。」則其人歷文武成康四朝也。

辛甲　左襄四年，魏絳曰：「昔周辛甲之爲大史也，命百官官箴王闕。」注，辛甲周武王太史。又見晉語韓非說林。

太史魚　見周書王會篇。

太史儋　見史記老子傳。

史籀　漢志，史籀十五篇。注，周宣王大史，作大篆十五篇。

伯陽甫　史周紀伯陽甫注，唐固曰，「周柱下史老子也。」按老子在孔子時，唐固說非也。唐宗室表云，「周平王時爲太史。」

史伯　周太史，鄭語韋注。史記鄭世家稱太史伯。

大弢　人表有周史大弢。古字書無弢字，籀韻始有之，當爲弢字之誤。莊子則陽篇，仲尼問於太史大弢，蓋卽其人。見沈濤銅熨斗齋隨筆。

大史克　見左文十八年。魯語作里克。

太史固　見左哀十一年。

左邱明　漢志注，左邱明魯太史。

史嚚　左莊三十二年，神居莘六月，虢公使祝應宗區史嚚享焉。注，史大史。又晉語二。

董狐　趙穿攻靈公於桃園，宣子未出山而復。大史書曰：「趙盾弒其君。」孔子曰：「董狐，古之良史也。」見左宣二年。

史趙　左襄三十年，史趙曰，「亥有二首六身。」注，史趙，晉大史。

蔡墨　左昭二十九年，魏獻子問於蔡墨，注，蔡墨晉太史。又見左昭三十一年三十二年，又見晉語九，呂覽召類，說苑尊賢，宋史禮志。

太史子餘　見左襄十四年。

太史敫　見戰國策。

太史州黎　見說苑君道。

太史屠黍　見呂覽先識。說苑權謀作屠餘。

太史柳莊　見禮記檀弓，晏子春秋，韓詩外傳七。

華龍滑禮孔　狄人代衞，衞師敗績。狄人囚史華龍滑與禮孔以逐衞人。二人曰：「我大史也，實掌其祭；不先，國不可得也。」見左閔二年。

此外如史扁（六韜）史角（呂覽當染）史起（呂覽樂成）史羅史定（呂覽去宥）周舍史㬈（並見說苑）周任（左隱六）史皇（左定四）史朝（左昭七）史狗（左襄二十九，史苟子）辛有（左僖二十二，昭十五，晉語四。）史蘇（左僖十五，晉語一。）史魚（卽史鰌。左襄二十九，定十三，論語，大戴禮保傅。）萇弘（左昭十一，定四，周語下，淮南子，史記封禪書，藝文志。）辛廖（左閔元，及春秋占筮書）等，不能殫舉，似皆大史類也。

內史

周內史　周內史聞之曰:「臧孫達其有後於魯乎!」見左桓二年,又晉侯使周內史選僞陽族嗣。見左襄十年。

內史過　內史過對惠王曰:「國之將興,明神降之,監其德也;將亡,神又降之,觀其惡也。」見左莊三十二年。襄王使內史過賜晉侯命。見左僖十一年。又見周語上,說苑辨物。

內史叔興　周內史叔興聘於宋。見左僖十六年。王命內史叔興父策命晉侯爲侯伯。見左僖二十八年。又見周語上。

內史叔服　王使內史叔服來會葬。見左文元年。又內史叔服曰,「不出七年,宋齊晉之君,皆將死亂」。見左文十四年。何休公羊傳注云,「叔服者,王子虎也。服者字也。叔者,長幼稱也」。又見周語中。

內史掫子　見漢書人表。

秦內史廖　在穆公時。見說苑反質。

此外如內史駒內史吳,俱見薛齋集古錄。集古錄又載無專鼎,王呼史友册命無專,則史友亦內史也。積古齋鐘鼎彝器款識載史僕史寶史追史𢍰史頌史懋史宅史𤔲等,似亦內史。

外史

魯外史　季孫召外史掌惡臣而問盟首焉。見左襄二十三年。又周語召公曰,史獻書。注,史,外史也,掌三皇五帝之書。

御史

秦趙御史　見史記廉藺傳,又戰國策亦有無名御史。

據上述,大史不能盡舉,內史亦明著其職,外史御史,既不數見,亦無姓名,而小史則絕對無考,此豈可謂爲有其職而廢闕乎?孔穎達春秋左氏傳序正義云:「周禮內史職曰,凡命諸侯及孤卿大夫則策命之,僖二十八年傳,說襄王使內史叔興父策命晉侯爲侯伯,是天子命臣,內史掌之。襄三十年傳,稱鄭使大史命伯石爲卿，是諸侯命臣，大史掌之，當天子內史之職，以諸侯衆官無內史故也。鄭公孫黑強與薰隧之盟，使大史書其名，齊大史書崔杼弒其君，是知諸侯大史主記事也。南史聞大史盡死，執簡以往，明南史是佐大史者，當是小史也。襄二十三年傳稱季孫召外史掌惡臣，言外史則似有內史矣；必言諸侯無內史者，閔二年傳，稱史華龍滑與禮孔曰，我大史也，文十八年傳，稱魯有大史克，哀十四年，稱齊有大史子餘，諸國皆言大史，安得有內史也？季孫召外史者，蓋史官身居在外，季孫從內召之，故曰外史，猶史居在南，謂之南史耳。南史外史，非官名也。」吾謂孔氏解外史爲在外之史，其說非不可通；其謂南史當是小史，則至屬附會之詞。以所居名內外猶可，以所居名東南西北，不其瑣乎！孔氏意謂有大史必有小史，故強所謂南史者以代之，然則天子有內史，孔氏又將強何史以代外史乎？蓋外史，小史，原無其職；卽秦趙御史鼓瑟擊缶之記，亦似與周禮御史之職掌無涉。按後漢紀注，十三州志，侍御史周官，卽柱下史，掌記注言行。後漢何敞傳論永元之際，樂何之徒，抗議柱下。注，漢官儀曰，侍御史周官，注，卽柱下史。宋志，侍御史於周爲柱下史，周官有御史，掌治令，亦其任也。秦趙之御史，或可謂爲近於記注言行之侍御史，而不可謂卽周禮「掌治令」之御史；以後代之侍御史合周禮之御史，則宋志之誤也。（張蒼傳，秦時爲御史，主柱下方書。師古曰，「居殿柱之下，若今侍立御史也」。此雖稱御史，亦與後代侍御史同，非周禮之御史也。）然則周禮五史之名，惟大史內史二史，有旁籍可憑，其名亦當起於周代以前；（曲禮注，太史，殷時制也。淮南子氾論訓終古向蓺皆作太史令。漢古今人表，終古，夏太史公、一本作太史令。竹書紀年太史令終古出奔商。呂覽先識作夏太史令終古，殷內史向摯。太史令卽太史，則大史內史，或當起於夏殷也。）若小史外史御史三史，尚無意外之證佐，足以祛吾疑者，吾終不認其爲有列入周代史職之資格矣。

其次，吾儕所當辨者，則左右史之名不見於周禮，而往往與大史內史混爲一談也。禮記玉藻云：「動則左史書之，言則右史書之。」鄭注，其書，春秋尚書其存者。（漢書藝文志六藝論作「左史記言，右史記事。」荀悅申鑒，隋書經籍志，宋三朝藝文志，劉知幾史通，並同漢志。孔叢子，公羊疏，宋志，元豐類稿，則同禮記。）

孔穎達正義云:「周禮有內史外史大史小史御史,無左史右史之名者,熊氏云,按周禮大史之職云,大師抱天時與大師同車,又襄二十五年傳曰,大史書曰,崔杼弒其君,是大史記動作之事,在君左廂記事,則大史爲左史也。按周禮內史掌王之八枋,其職云,凡命諸侯及孤卿大夫則策命之,僖二十八年左傳曰,王命內史叔興父策命晉侯爲侯伯,是皆言誥之事,是內史所掌,在君之右,故爲右史。是以酒誥云,矧大史友,內史友,鄭注,大史內史,掌記言記行,是內史記言,大史記行也。此論正法,若其有闕,則得交相攝代,故洛誥史逸命周公伯禽,服虔注,文十五年傳云,史佚周成王大史;襄三十年,鄭使大史命伯石爲卿,皆大史主爵命,以內史闕故也。以此言之,若大史有闕,則內史亦攝之。按覲禮賜諸公奉篋服,大史是右者,亦宣行王命,故居右也。此論正法,若春秋之時,則特置左右史官,故襄十四年,左史謂魏莊子,昭十二年,楚左史倚相。藝文志及六藝論云,右史紀事,左史記言,與此正反,於傳記不合,其義非也。」尋孔氏意,則左右非史官之名,內史記言,卽右史也;大史記行;卽左史也。胡匡衷儀禮釋官四云:「大戴禮盛德篇云,內史大史左右史也。盧辯註云,大史爲左史,內史爲右史,亦與孔疏所引熊說同。考左傳,諸國皆有大史而無內史;又晉有左史謂魏莊子,楚有左史倚相,而不見右史者,春秋時典禮廢墜,史官不修,惟魯備立其官,韓宣子聘魯,觀書于太史氏,見易象與魯春秋曰,周禮盡在魯,而他國可知矣。」蓋亦以大史卽左史,內史卽右史,與孔疏同;惟孔氏謂諸侯無內外史,而胡氏則謂諸侯亦有內外史耳。然均之爲曲說也。記言記行,原爲一事,豈可強分左右?(章實齋云:「記曰,左史記言,右史記動,其職不見於周官,其書不傳於後世,殆禮家之愆文歟?後儒不察,而以尙書分屬記言,春秋分屬記事,則失之甚也!夫春秋不能舍傳而空存其事目,則左氏所記之言,不啻千萬矣;尙書典謨之篇,記事而言亦具焉,訓誥之篇,記言而事亦見焉。古史事見於言,言以爲事,未嘗分事言爲二物也。」見書教上。)而孔氏又以大史內史合之,宜其言之得此失彼,前後矛盾矣。

按左右史之名,不知起於何時,唐六典起居郎注;宋衷世本云:沮誦倉頡爲黃帝左右史,其說固不可信;隋書經籍志謂夏殷已上,左史記言,右史記事,周則大史小史內史外史御史分掌其事,以左右史屬之夏殷以上,亦不知其何據;宋志則謂起于周世；晉職官志，著作郎，周左史之任也；考周書史記解第六十一，「維正月，王在成周昧爽召三公左史戎夫」。注，戎夫，左史名；文選思玄賦注，亦引古文周書周穆王問左史氏史豹史良云云；而右史武儀見於宋衷世本（人表戎夫作右史，恐誤。）是知周代雖有左史，原無右史，諸書以左右史與五史並稱，而孔穎達又包擧于五史之中，皆誤也。

準是以言：周禮五史，可信者惟大史內史；禮記二史，可信者惟左史。天子有大史內史左史等，諸侯皆有大史而不皆有內史左史。其職掌亦不必與周禮禮記同。若其因大史而有小史，因內史而有外史，因左史而有右史，因周禮之無左右史，而以禮記之左右史，強與周禮之大史內史冶爲一爐，皆由前人以理想構爲制度，而後人以文字認爲事實，故紛紛藉藉而終莫能通其說也。汪容甫左氏春秋釋疑曰：「問者曰，天道鬼神災祥卜筮夢之備書於策者何也？曰，此史之職也。其在周官，大史小史內史外史御史，皆屬春官；若馮相氏、保章氏、眡祲、司天者也，大祝，器祝、甸祝、司巫、宗人、司鬼神者也，大卜、卜師、龜人、華氏、簭人、司卜筮者也，占夢，司夢者也，與五史皆同官。周之東遷，官失其守，而列國又不備官，則史得而治之。其見於典籍者，曰瞽史，曰祝史，曰史巫，曰宗祝巫史，曰祝宗卜史，明乎其爲聯事也。天下之上知下愚少，而中人多，故先王設之史，使鑒于前世之善淫禍福以知戒勸者，爲中人也，苟爲中人，則舉其已驗者可也。此史之職也。明乎此，則左氏春秋之疑，於是乎釋。」（述學內篇）古代鬼神災祥之觀念必甚濃厚，所謂瞽祝等史，當有其官；而若五史之繁委纖悉，偏重人事者，轉非其所需要，汪氏合而論之，亦誤認理想爲事實耳。然則所謂粲然大備之周代史職，夷考其實，蓋亦耗矣。

——摘自《金陵學報》1931 年 5 月第 1 卷第 1 期

周官著作時代攷

錢穆

(一)關於祀典

第一論五帝祀之來歷

第二論五帝分祀

第三論帝昊天上帝和五帝的分異

第四論郊丘異同

第五論冬至祭及立春祭

第六附論漢以後郊

第七論方澤祭地

第八論朝日夕月

第九論救日食月食

第十論陰陽男女

(二)關於刑法

第一論法的觀念之成立

第二論法律公布之制

第三論五刑

第四論五刑以外之流放

第五論什伍相收司連坐之法

第六論作內政寄軍令

第七論入矢金贖罪

(三)關於田制

第一論公田制

第二論爰田制

第三論封疆溝洫

(四)其他

第一論周官裏的封建

第二論周官裏的軍制

一論車乘及卒伍

二論輿司馬及行司馬

三論國子與庶子

四論餘子

五論軍門稱和

第三論周官裏的外族

第四論周官裏的喪葬

第五論周官裏的音樂

周官自劉歆王莽時,衆儒已'共排以非是。'其後雖有少許學者信仰,終不免爲一部古今公認的僞書。然謂其書乃劉歆僞造,則與書出周公制作之說,同一無根。我前草劉向歆王莽年譜(刊載燕京學報第七期)。曾於劉歆大批僞造古書一說,加以辨白。對此問題,將來還擬續有發表。此文則就周官一書,考其著作時代,藉明眞相。並提供學者以積極的論點。至於消極的辨駁方面,本文不想過分地用力。

何休曾說:'周官乃六國陰謀之書。'據今考論,與其謂周官乃周公所著,或劉歆僞造,均不如何氏書出六國之說爲近情。下而分四章,證成何意。

(一)關於祀典,

(二)關於刑法,

(三)關於田制,

(四)其他。

(一)關於祀典

第一論五帝祀之來歷

周官記祀五帝,凡有九處:

1.天官太宰,　2.掌次,　3 地官大司徒,　4.充人,　5.春官小宗伯,　6.司服,　7.秋官大司寇,　8.小司寇,　9.士師,

詩書只言'天''帝,'而無五帝。五帝乃戰國晚起之說。祀五帝其事與於秦。史記封禪書云:

> 初,秦襄公攻戎救周,始列爲諸侯,居西垂,自以爲主少皞之神,作西畤,祠白帝。其牲用騮駒黃牛羝羊各一云。
>
> 其後十六年,秦文公東獵汧渭之間,卜居之而吉。文公夢黃蛇自天下屬地,其口止於鄜衍。史敦曰:'此上帝之徵,君其祠之。'於是作鄜畤,用三牲,郊祭白帝焉。…………

作鄜時後七十八年,秦德公既立,卜居雍。後子孫飲馬於河,遂都雍。雍之諸祠自此興,用三百牢於鄜衍。(索隱曰:'百當爲白。秦君西,祀少皞,牲尚白牢。')其(德公卒)後六年,秦宣公作密時於渭南,祭青帝。

其後秦靈公作吳陽上時,祭黃帝。作下時,祭炎帝。

櫟陽雨金,秦獻公自以爲得金瑞,故作畦時櫟陽而祠白帝。

漢高祖二年,東擊項籍,而還入關。問故秦時上帝祠何帝也。對曰:'四帝,有白青黃赤之祠。高祖曰:'吾聞天有五帝,而今有四,何也?'莫知其說。於是高祖曰:'吾知之矣,乃待我而具五也。乃立黑帝祠,命曰北時。

據此可證五帝祠,乃秦人特創。且秦人亦只祠白青黃赤四帝,還沒有黑帝。直至漢高祖入關,始足成五帝。其前本無所謂五帝祀。

又考國語晉語'虢公夢在廟,有神,人面,白毛,虎爪,執鉞立於西阿。公懼而走。神曰,無走,帝命曰,使晉襲於爾門。公拜稽首,覺,召史嚚占之。對曰,如君之言,則蓐收也。天之刑神也。'又墨子明鬼'秦穆公當晝,日中處乎廟,有神入門而左,鳥身,素服玄純,面狀正方。穆公見之恐懼,奔。神曰,無懼,帝享汝明德,使予錫汝壽十年有九。穆公再拜稽首,曰,敢問神名。曰,予爲句芒。'左傳昭公二十九年,晉太史蔡墨言有五行之官,祀爲貴神。木正曰句芒,火正曰祝融,金正曰蓐收,水正曰玄冥,土正曰后土。諸書所言,已有五行神,而無五方帝。故虢公夢蓐收,穆公夢句芒,皆稱帝命,不加青帝白帝之別。墨子貴義篇又說:'帝以甲乙殺青龍於東方,以丙丁殺赤龍於南方,以庚辛殺白龍於西方,以壬癸殺黑龍於北方。' 鬼谷子'盛神法五龍, 陶宏景注'五龍,五行之龍也。' 水經注引遁甲開山圖云,'五龍見教,天皇被迹。' 榮氏注云,'五龍治在五方,爲五行神。' 據墨子所言,仍見那時先有五行神,而還無五方帝。故只云帝殺青龍赤龍,而不稱青帝赤帝。 莊子應帝王始稱中央之帝,南海之帝,北海之帝。莊子寓言,不爲典要。然似其時亦尚無所謂五方帝。既無五帝,决不能有五帝祀,其理甚顯。

春秋時魯國曾僭行郊天之禮。然魯國當時似乎只是郊祀上帝,並不曾祀五帝,也並非在五帝裏祀了任何一帝。魯國如此,秦國亦然。我想秦襄公當時,亦只是僭行郊禮而祀上帝,和魯國一般。所以史記又說:

> 太史公讀秦記,以爲秦雜戎翟之俗,作西畤,用事上帝,僭端見矣。位在藩臣,而臚於郊祀,君子懼焉。

明白說他是用事上帝,臚於郊祀。可見秦襄公西畤所祀,也只是當時惟一的上帝。而史記又說其

> 居西垂,自以爲主少皞之神,作西畤,祠白帝。

這是以後人東方青帝西方白帝的觀念,來追寫前代的史迹。其實前人只知道祭的是上帝,並沒有說祭的是五帝中的白帝。秦文公鄜畤所祀,也和襄公一例。所以史敦說,

> 此上帝之徵,君其祠之。

其爲祀上帝明甚。且文公因夢黃蛇而作郊祀,若依後世五德符瑞之說,夢黃蛇應該祀黃帝。正緣當時尚無此等見解,故史敦只說是上帝之徵。而史記粗心,也爲他下了祀白帝一語。秦宣公渭南密畤,秦靈公吳陽上下畤,依例類推,盡只是祀上帝。

並不是祀青帝和黃帝炎帝。

大抵五方色帝之說,起於戰國晚世。及秦帝而燕齊之方士奏其說。始皇采用之,遂祀五帝。因以前鄜畤之舊祀白帝,因以前密畤之舊祀青帝,因以前吳陽上下畤分祀炎帝黃帝。四畤皆是舊有,而所祀遂為青黃赤白四帝,與以前只祀上帝者不同。秦人何以只祀青黃赤白四帝而獨缺黑帝,這一層殊難解說。何焯以為是'秦自以水德當其一,'此說較有理,現在也更無別說可考。然而即此可見秦人始祀五帝,本也只有四個。至於西畤畦畤,在秦人當時本只是祀上帝,而漢人則自高祖入關,因雍四畤增北畤黑帝,足成五帝祀之後,一時只知有五方色帝,不復知有原先的上帝。所以誤認雍四畤所祀在先即是分祀青黃赤白四帝。而於西畤畦畤兩處,却把秦人處西垂,主少皞之神的觀念,強說他所祀的是白帝。此如說魯處東方,主太皞之神,其春秋時僭行郊禮,所祀乃是青帝,豈不大誤?(雍四畤是鄜畤,密畤,吳陽上下畤四個。據史記秦本紀正義引括地志。西畤畦畤,不在其列。史記封禪書索隱誤入畦畤出鄜畤,不可信。)

何以說漢人只知有五方色帝,不復知有原先惟一的上帝。據封禪書武帝時,亳人謬忌奏祀泰一方。說天神貴者泰一,泰一佐曰五帝。泰一也到戰國晚年才有其名。漢廷於五帝上增祀泰一,即是不知原先惟一的上帝之證。惟其不知有原先惟一的上帝,所以要說秦人所立諸畤,一起便是祀的五方色帝了。

五方色帝的祀典,除史記秦本紀及封禪書的記載外,又見於晏子春秋,說:

楚巫微見景公,曰:請致五帝以明君德。景公再拜稽

首,楚巫曰:請巡國郊,以觀帝位。至於牛山而不敢登,

曰:五帝之位在于國南,請齊而後登之。

晏子春秋是戰國晚年僞書。五帝之說,本盛於燕齊海疆之方士。他說楚巫請致五帝,便見齊人當時也不祀五帝。五帝祀直到秦始皇統一後,遂正式采用。何嘗是春秋前所有?又何嘗是周公所定?

第二論五帝分祀

五帝祀本無其制,既如上述。至於五帝分祀四郊,更屬子虛烏有。周官春官小宗伯有云:

兆五帝于四郊。

秦祀四帝,是否按方位排列,已難詳考。晏子春秋楚巫之言,只謂五帝之位在國南,並無靑帝東郊白帝西郊那種分配。古人郊天祀帝,本是隨著陽光,常在南方的。所以郊特牲說:'兆於南郊,就陽位也。'(魯城正南門曰稷門,南城西門曰雩門,皆以祭祠得名。穀梁傳莊二十年亦云'南門者,法門也。')呂不韋著春秋,始有東郊迎春,南郊迎夏,西郊迎秋,北郊迎冬,之說。此乃學者理想上冥構,何嘗爲當時實制?故漢平帝時,王莽奏言:

謹案周官兆五帝於四郊,山川各因其方。今五帝兆居在雍五畤,不合於古。

又文帝十五年,用新垣平言,作渭陽五帝廟。同宇,帝一殿,面各五門,各如其帝色。則秦雍五畤及漢渭陽五帝廟,似均不曾按方位,兆四郊。分郊祀五帝,除周官及呂氏春秋有相類似之說外,更無切實根據可證。如何說是周公所制,或春秋前所有?

且迎氣也不必有丘兆。直到御覽禮儀部所引皇覽逸禮始云:

距冬至四十六日天子迎春於東郊,堂距邦八里,堂高八尺,堂階八等。自春分數四十六日,迎夏於南郊,堂距邦七里,堂高七尺,堂階七等。自夏至數四十六日,迎秋於西郊,堂距邦九里,堂高九尺,堂階九等。自秋分數四十六日,迎冬於北郊,堂距邦六里,堂高六尺,堂階六等。

才會合呂紀周官作成精密的規定。言禮制的多出冥構,愈講愈細,可舉此為例。

第三論帝昊天上帝和五帝的分異

周官言'天'的凡三處:

1.天官司裘,　2.春官大宗伯,　3.典瑞。

言'昊天上帝'的二處:

1.春官大宗伯,　2.司服。

言'上帝'的凡六處:

1.天官掌次,　2.春官大宗伯,　3.肆師

4.典瑞,　5.大祝,　6.秋官職金

其間郊天祀帝,本屬周家舊制。祀五帝,其說起於戰國末世,而始見采用於秦。五帝分祀四郊,又是當時學者一種空想。這幾種不同的情節,周官作者,統統為之兼羅並存,自不免有衝突。春官司服說:

王之吉服,祀昊天上帝則服大裘而冕,祀五帝亦如之。

即是將兩種本來各異的制度,無意中誤混一處,却使從來一輩

作注疏的極感困難。孫詒讓正義爲之分疏說:

> 經昊天指冬至圜丘,上帝指夏正南郊,及大旅言之。上帝即受命帝也。五帝當指冬祀黑帝,春祀蒼帝。蒼帝雖即爲受命帝,然迎氣五郊,禮秩平等,與南郊大祀異也。月令:'孟冬,天子始裘。'夏秋及中央所祀三帝,皆非服裘之時,則亦唯被龍袞而已。經云五帝,渾舉之辭耳。(卷四十)

這一段疏說,包含幾個應解說的問題。1.郊丘之異同。2.受命帝與南郊之區別。此均俟下論。而周官明明說祀五帝亦服大裘,孫氏爲之說成冬祀黑帝春祀蒼帝皆服大裘,而夏秋及中央祀赤白黃三帝則被龍袞。其間破綻,只用'經云五帝渾舉之辭耳'一語掩過。孫氏不悟周官本非史實記錄,書中自有衝突,自有破綻。而定要爲之彌縫牽搭,所以如此。而且五帝分祀四時,周官全書並未提及。周官只說五帝分兆四郊。照理既將五帝兆位分列東西南北四郊,自應分祀春夏秋冬四時。否則同時兼祀四郊五帝,似於情理未合。而細玩周官原書,實不見五帝四時分祀之跡。無寧說是同時合祀,較爲近情。冢宰。

> 祀五帝前期十日,帥執事而卜日遂戒。

大司寇,

> 禋祀五帝,則涖誓百官,戒百族。

全不像四時分祀的話。而且大宗伯

> 以青圭禮東方,以赤璋禮南方,以白琥禮西方,以玄璜禮北方,

獨缺了一個中央的黃色。又云:

以六器禮天地四方,

也並不把中央插入四方裏去。季夏祀中央黃帝的說法,似乎在周官成書時代尚未完成,所以周官作者未及採用。直要到呂不韋著春秋,纔於四時四郊分祀五帝有一番精詳的規定。周官作者只說了一句分祀五帝於四郊,而未及把五帝與四郊的方位顏色配列清楚。此僅可謂是周官作者精神有所不及,而一時疎忽了。正因其書並非史實記錄,於彙羅各種素材之後而加以組織,終不免有漏洞和裂痕。

第四論郊丘異同

其次論郊丘異同,此乃禮制上爭論極複雜之問題。孫詒讓說:

> 蓋帝之與天,雖可互稱,而此經則確有區別。通校全經,凡云昊天者並指圜丘所祭之天。凡云上帝者,並指南郊祭受命帝。(卷十一)

這是主郊丘兩祭不同的,可說屬於鄭玄一派。要說郊丘兩祭不同,1.須說圜丘祭在冬至,而南郊祭則在立春,此層姑待下辨。2.須說圜丘所祭乃昊天,而南郊所祭為受命帝,此層可先剖說。受命帝乃鄒衍之徒五德終始一派所說。淮南齊俗訓高誘注引鄒子曰:

> 五德之次,從所不勝,故虞土,夏木,殷金,周火。

文選注亦引之。鄒衍之徒的五德終始說,早已失傳,此為僅存可考之語。虞以土德王,他的受命帝是五帝中的黃帝。夏以木德王,受命帝是蒼帝。殷是白帝,周是赤帝,各從所不勝相轉移。金不勝火,因而以金德王的殷,不免要轉移於以火德王的周。然而五德轉移說,和五帝分祀並不同條共貫。鄒衍著書本有兩種,一是鄒子四十九篇,一是鄒子終始五十六篇。封禪書說:'鄒衍之徒,論著五德終始之運,及秦帝而齊人奏之'這是說五德以相勝爲轉移,爲受命帝的來源。封禪書又說:'鄒衍以陰陽主運顯於諸侯,而燕齊之方士傳其術不能通,'此爲鄒子四十九篇。集解引如淳曰:'今其書有主運,五行相次轉用事,隨方面爲服。'索隱也說:'主運是鄒子之書篇名。'這是五帝分祀說的來歷,詳見呂氏春秋和月令。大體要在一年內遍祀五帝。春祭蒼帝,夏祭赤帝,季夏祭黃帝,秋祭白帝,冬祭黑帝。還用方色和時景配合。東方青色而春天亦屬青色,因此在春天祀青帝於東郊。南方赤色,而夏天亦屬赤色,因此在夏天祀赤帝於南郊。不問其以何德王,受命帝係何色,均應隨著時令兼祀五帝。均應隨著時令,而逐一的分祀五帝,周而復始。而且五行的次序是相生的,明不與五德轉移說相同。大概主運一路說法,或出鄒衍手創。故封禪書既說鄒衍'以陰陽主運顯於諸侯,'而孟荀列傳又說'鄒子作主運。'五德終始說五十六篇,或出鄒衍後人之手。故封禪書說:'鄒子之徒論著終始五德之運。而漢書藝文志分列兩書,亦以鄒子四十九篇(內包主運者)在前,而鄒子終始五十六篇在後。至於秦始皇時而齊人奏之者;是終始五十六篇五德轉移之說。故始皇采用之,自以水德代周火德王,而於雍四時分祀青黃赤白四帝,獨缺黑帝。那種祀典,與呂覽月令一年遍祀五帝者絕不同。而且封禪書明說:

……………惟雍四時上帝爲尊,…………春以爲歲禱,因泮

凍 秋涸凍。冬賽祠。五月嘗,駒。及四仲之月,若月祠。…………木寓龍欒車一駟,木寓車馬一駟,各如其帝色。

可見雍四時同時祭祀,並不以春祀青帝夏祀赤帝爲別。又說:

三年一郊。秦以十月爲歲首,故常以十月上宿郊見。通權火,拜於咸陽之旁而衣上白。其用如經祠云。

可見秦人郊禮也只一次,並不以昊天上帝和受命帝爲別。今周官雖有五帝祀,却並未說明要四時分祀一年而遍,即不得認爲與呂覽月令相同。而周官書裏始終並不採及五德轉移及受命帝的說法,這一層尤爲顯著。何得妄爲附會,强分昊天和上帝的不同說一是天而一是受命帝呢? 而况秦廷雖採齊人受命帝之說,也並不以天與受命帝劃分。只因鄭玄到孫詒讓一輩人,誤認周官是一部典禮的記實,又誤與呂覽月令及五德轉移受命而王的終始說,混在一起,認爲同樣一事的多面,又認爲自古已然,在周公時而早已勒爲定制。所以要用受命帝的說法來分別周官裏的昊天和上帝。

第五論冬至祭及立春祭

今若撤去受命帝的曲說,便無從分別昊天和上帝之不同。其次則有冬至和立春的歧點,此乃一曆法問題。照三統舊說,夏正建寅,殷正建丑,周正建子,三代正月各自不同。據今而觀,周正建子是確有的。而春秋時晉國便用建寅夏正,當時已不像有天下共遵的正朔。而且與其說夏正在一千幾百年前早已通行,無寧說他是較後於周曆的一種新曆。在春秋時已與周曆並見採用,而漸漸地佔優勢。論語記孔子說:'行夏之時,'若此語可信,孔子或在當時是開始自覺地主張採用夏曆的一個學者。到戰國時,夏曆推行益廣。周官著者,我疑他是晉人。(下面續有證。)不免把晉國的夏曆與舊傳的周曆,兩種不同的曆法,兼羅並用。在一種制度裏,含混地行使兩種的曆法。所以地官鄉大夫之職說:

正月之吉,受教法於司徒,退而頒之於其鄉吏。

而同時又說:

歲終,則令六鄉之吏皆會致政事。正歲令羣吏考法于司徒以退。

州長之職說:

正月之吉,各屬其州之民而讀法。

而同時又說:

歲終,則會其州之政令,正歲則讀教法如初。

此處正月便是周王正月,以十一月爲歲首的建子之正。歲終便是夏曆十二月,和豳詩裡以十二月爲卒歲之月的正同。正歲便是夏正建寅之月,在周曆已是三月,而在夏曆却爲正月。周官裏以歲時序事,均先言正月,次言歲終,再言正歲。在一個朝廷上,同時行用兩個正朔,這正和上舉祭天了還祭五帝同樣的滑稽。此豈周公所制,又豈春秋前所有?堯典'正月上日,受終於文祖,歲二月,東巡守,'也分正月正歲,和周官一例,正見兩書是同時的出品。(洪範五紀則徑稱歲月日。)而冬至的圜丘祭和立春的南郊祭,則正從正月正歲兩種曆法的轉變上歧異起來。因爲冬至恰相當於周曆之正月,而立春乃指夏曆正月而言。周人祭天本用冬至,是無疑的。郊特牲說:

周之始郊日以至。

又說:

郊之祭也,迎長日之至也,大報天而主日也。

到後一輩學者,主張用夏曆了。正歲既變,一歲更始的祭天大禮,自然也隨而變。這便是立春南郊祭的來源。呂氏十二紀便是主張採用夏曆的,(因爲呂不韋亦晉人,而他的賓客亦以三晉爲多。)在正月裏便說:

是月也,天子乃以元日祈穀於上帝。

而仲冬十一月冬至,則無祭天之禮。這便是冬至祭移到立春之確證。這一個分歧和轉移,在春秋時已見端倪。魯國孟獻子說:

夫郊祀后稷,以祈農事也。是故啟蟄而郊,郊而後耕。(左氏襄七年傳)

而郊特牲却說:

郊之祭也,大報本反始也。

這兩處講郊祭用意顯然不同。後儒爲之疏說:

按古者一歲郊祀凡再。正月之郊爲祈穀,月令及孟獻子所言是也。十一月之郊爲報本,郊特牲所言是也。(文獻通考郊社一。)

其實並不然。穀梁傳記魯郊事云:

郊自正月至於三月,郊之時也。我以十二月下辛卜正月上辛。如不從,則以正月下辛卜二月上辛。如不從,則以二月下辛卜三月上辛。如不從,則不郊矣。(哀元年。)

明堂位亦說:

魯君孟春祀帝于郊。

孟春是周正子月。可見魯郊本也在周正月。而且小戴禮記又明記著孟獻子說:

正月日至,可以有事于上帝。(雜記)

更可見魯郊本也在正月日至。因爲卜牲卜日種種麻煩,而君卿大夫又不免嬾了,所以正月日至的郊天大禮,每每展緩移後。孟獻子所謂'啓蟄而郊.'則是有感而發的。魯在那年(襄公七。)以夏四月卜郊,三卜不從,乃免牲。孟獻子因此感悟,說:

吾乃今而後知有卜筮。夫郊祀后稷,以祈農事也。是故啟蟄而郊,郊而後耕。今旣耕而卜郊,宜其不從也。

孟獻子本魯人習慣,郊常在正月至三月。而魯人之懶益增,這一次又遲遲至四月始卜郊。恰巧三卜不從,孟獻子乃會悟到卜筮之有靈,與郊天的用意。他說:郊天本來是爲民祈農的,所以至遲也應在耕作之前。四月農作已興,始事卜郊,宜其不從。這是孟獻子偶然的議論。他說郊祭至遲應在耕作之前,而後來却變爲常然的,郊祭正爲農耕,恰定在農耕的開始了。所以桓六年的左傳裏說:

凡祀,啟蟄而郊,龍見而雩,始殺而嘗,閉蟄而烝,過則書。

竟說凡祀啓蟄而郊,便與正月日至可以有事於上帝不同,便與郊祭大報本反始之意迴別。人們的智識變了,他們對宗教上一切意義解說,和各種禮儀制度,也得隨之而變。郊天之禮,從冬至到啟蟄,從周正到夏正,有一種重農學說的主張夾在裡面,不可說不是一番進步。後儒把這一段歷史上生長流化的事變,看成一種政治上固定呆板的制度。忽略其時間性之推移,而以爲是一時並存的事。宜乎有許多紛爭了。

這一處鄭玄都不錯,而錯在王肅。郊特牲孔疏說:

> 王肅之說,以魯冬至郊天,至建寅之月又郊以祈穀,是二郊也。鄭康成說異於此,魯惟一郊。

王肅專與鄭玄立異。鄭玄說郊天圜丘是二,王肅說是一。鄭玄說魯惟一郊,王肅說有二。鄭玄郊天圜丘之辨錯了,王肅自然是。鄭玄魯惟一郊之說是了,王肅便不得不錯。禮家紛爭,還有此意氣門戶之一因,也不可不知。

於此可舉一旁證,以爲說明。周官龜人:'上春釁龜相筮。'鄭注'上春者,夏正建寅之月。'月令在孟冬,命大史釁龜筴。此因秦以十月爲歲首,秦之孟冬正相當於周官裏的上春,同爲一歲之始。正如周以冬至郊天,而改用夏曆後,自要改爲立春一般,都是隨着曆法之變更而相異。至在一個曆法之下,本不必冬至立春分做兩番舉行。

根據上論,周官所記天和上帝,固然並不見有分別。而他說圜丘祭天也未見和南郊是二。所以王肅說:

> 郊即圜丘,圜丘即郊。所在言之則謂之郊,所祭言之則謂之圜丘。於郊築泰壇,象圜丘之形。以丘言之,比諸天地之性。故祭法云:'燔柴於泰壇,'則圜丘也。郊特牲云:'周之始郊日以至,'周禮云:'冬至祭天於圜丘,'知圜丘與郊是一也。(郊特牲疏。)

其論極明析。然而周官每每並用夏曆周曆,如上舉正歲正月之例。而說圜丘却專從周曆,定在冬至。這一點自足啓後人之疑。而且古曆分至本不繫時。至日或稱長短,或別南北,不言冬夏。依周曆言,春王正月,時月皆改。日短至立春已半月,日長至立秋已半月。即欲繫時而言,亦當以春秋,不當以冬夏。(此本萬斯大周官辨非)周官言日冬至日夏至,明用夏歷,非周歷。既用夏歷,何不於夏歷歲首正月郊天,而還用舊周歷冬至郊天?這一點,又只算是周官著者精神的疏忽處。其後秦以十月爲歲首,故秦制常以十月上宿郊見,並不遵用冬至。漢人亦多在歲首郊祀。從習慣的推　言之,秦的十月,漢的正月,本與周人冬至郊天似異實同。同是人君在一歲之首郊見上帝。此後周官出世,一些學者看了冬至祭天之說,轉生懷疑。所以鄭玄說:

> 圜丘祭昊天在冬至,南郊祭受命帝在夏正月,二者不同。(魏書禮志引。)

而王肅則謂

> 周以冬至祭天於圜丘,以正月又祭天以祈穀。祭法稱燔柴泰壇,則圜丘也。春秋傳云啓蟄而郊,則祈報也。(齊書禮志引。)

此眞所謂楚則失矣,而齊亦未爲得也。這正因周官是一部學者理想上的冥構,本非歷史實錄。兼採各種素材集合起來,不免有漏洞,有破綻。一面改用夏歷,一面還沿周正。遂使後來注家發生許多猜疑曲解,而郊天崇禮,遂爲古今一大爭案。這豈是周公所制,又豈是春秋前所有?然而也不像西漢後人僞造,也同樣的可見了。

第六附論漢以後郊

漢文帝的十五年,有司禮官皆說:'古者天子夏躬親禮祀上帝於郊,故曰郊。'文帝遂於夏四月幸雍,郊見五畤。劉歆謂三王之郊一用夏正。於時據十月爲歲首,故言夏郊。'其實漢未改月,(王引之有詳辨。)劉說全誤。我看春秋載魯以四月郊的,有僖公三十一年,成公十年,襄公七年,又十一年,哀公元年,幾處。春秋載魯郊以四月爲最多。(正月的有宣三成七,五月有定十五,九月有成十七,則爲報饗,非祭天。)或者漢儒竟據此而說古天子夏郊上帝,可見其時稽古之疏。至武帝元光二年,始以冬十月幸雍祠五畤,則爲歲首行郊禮。那時稽古之業,確比文帝時進步了。其後元狩元年,二年,元鼎四年,五年,皆以冬十月幸雍祠五畤。而元鼎四年十一月冬至立泰畤於甘泉,天子親郊見,朝日夕月,是爲漢人以冬至郊天之始。這時冬至郊天,(泰一)轉在歲首郊天(雍五畤)之後。其後直至太初元年,一路仍以冬十月祠雍五畤,十一月冬至郊泰畤。是年,(太初元年。)改曆,以正月爲歲首。此後天漢元年正月,幸甘泉郊泰畤,便以歲首,不以冬至。後元年也以正月郊泰畤。這時以後,甘泉泰一祠,常在歲首正月,便似搶代了雍五畤的地位。此後宣帝神爵元年,正月幸甘泉,郊泰畤,三月幸河東,祠后土便是循行武帝天漢後故事。五鳳元年正月,幸甘泉,郊泰畤。二年春三月,幸雍,祠五畤。三年三月,幸河東,祠后土。甘露元年,三年,黃龍元年,皆以春正月幸甘泉,郊泰畤。元帝初元二年正月,幸甘泉郊泰畤。五年三月,幸雍祠五畤。永光元年正月幸甘泉,郊泰畤。四年三月,幸雍祠五畤。五年正月,幸甘泉,郊泰畤,三月幸河東,祠后土。建昭元年三月,幸雍,祠五畤。二年正月,幸甘泉,郊泰畤,三月幸河東,祠后土。亦是沿武帝天漢以來故事,於歲首正月郊泰畤,而雍五畤則與汾陰后土並祠三月。至成帝建始元年十二月,始罷甘泉汾陰祠,作長安南北郊。明年正月,罷雍五畤,以正月郊祠長安南郊,三月祠后土北郊。其議出於匡衡。以下至永始二年冬十一月,又幸雍,祠五畤。三年冬十月,皇復甘泉泰畤汾陰后土雍五畤。四年春正月幸甘泉,郊泰畤,三月幸河東,祠后土。元延元年三月,幸雍,祠五畤。二年正月,幸甘泉,郊泰畤,三月幸河東,祠后土。三年三月,幸雍,祠五畤。四年正月,幸甘泉,郊泰畤,三月幸河東,祠后土。綏和元年三月,幸雍,郊五畤。二年正月,幸甘泉,郊泰畤,三月幸河東,祠后土。是年帝崩,皇太后詔復長安南北郊。哀帝建平三年,又復甘泉泰畤汾陰后土祠,罷南北郊,然不親至。平帝元始五年,王莽又奏復長安南北郊。並據周官謂:

> 冬日至,於地上之圜丘奏樂六變,則天神皆降。夏日至,於澤中之方丘,奏樂八變,則地祇皆出。天地有常位,不得常合,此其各特祀者也。陰陽之別,於日冬至夏至,其合也以孟春正月上辛若丁。天子親合祀天地於南郊,以高帝高后配。陰陽有離合,易曰'分陰分陽,迭用柔剛。'以日冬至使有司奉祠南郊,高帝配,而望羣陽。日夏至,使有司奉祭北郊,高后配,而望羣陰。皆以助致微氣,通道幽弱。當此之時,'后不省方,'故天子不親而遣有司。

這是西漢一代郊天祀地的結束。王莽劉歆'發得周禮,'根據其日冬至日夏至祭天地之說。而對於歲首郊天,無從强合。因此想到周易裏'分陰分陽''后不省方'諸語,說成冬夏兩至,天子不親祭。而孟春正月,則爲陰陽會合之期,天子乃親合祀天地於南郊。其牽强附會,何等可笑? 然亦正因周官冬至郊天一語上生歧。文帝以下稽古未密,隨著自然,不知不覺地走上歲首祀天的老路。王莽劉歆考古工夫較前精密,轉覺於事情欠合,遂造出此種種勉强的說法。若說莽歆僞造周禮,請問對以上一切如何樣解說?

歲首郊天,秦漢還是沿襲周人舊制。而祈穀一祭,又苦於無著落,重為後人念惜。秦蕙田的五禮通考說:

> 祈穀之祭,三代以後,不行久矣。西漢五畤泰畤,天帝莫分,正祭尙未舉行,何有於祈祭!成帝雖作長安南北郊,旋廢旋復,卒改合祭。後漢正月祭南郊,時用孟春,却是正祭。魏氏相沿。晉武帝泰始二年,幷圜丘方丘於南北郊,二至之祀合於二郊。齊王儉所云'義在報天,事兼祈穀,旣不全以祈農,何必俟夫啓蟄,'則究爲祀天之正祭。特以其用正月,故曰事兼祈穀耳,實非祈穀也。梁武帝云:'陽氣起於甲子,旣祭昊天宜在冬至,祈穀必須啓蟄。'自是分爲二祭,遂爲後世祈穀之始。

又云:

> 祈穀之禮,見於經傳者,惟月令左氏春秋。後世祀天祈穀,自梁天監始。卒復與圜丘之祀相混。至宋始分。明嘉靖舉之而未嘗能親行也。莊烈帝奮然行於國勢艱難之日,其亦有不得已於個懰者歟?

可見祈穀與歲首,情勢上還是個分不成。禮失則求之野。講禮的學士,往往不考本原,不察情實,在文字書本上討論。而他們所認爲失禮的社會習俗,却轉有不知不覺沿著自然的情勢而保存一些古來之所謂禮的,像此等處便是。

第七論方澤祭地

連帶著圜丘祭天的,便有所謂方澤祭地。古來似乎只有社祭,沒有社祭以外的地祭。陳氏禮書說:

> 先王親地有社存焉。禮曰:'享帝于郊,祀社于國。'又曰:'郊所以明天道,社所以神地道。'又曰:'郊社所以事上帝。'又曰:'明乎郊社之義。'或以社對帝,或以社對郊,則祭社乃所以親地也。

文獻通考引胡氏(宏)說:

> 古者祭地於社,猶祀天於郊也。故泰誓曰:'郊社不修'。而周公祀于新邑,亦先用二牛於郊,後用太牢於社也。記曰:'天子將出,類於上帝,宜於社。'又曰:'郊所以明天道,社所以神地道。'周禮'以禋祀祀昊天上帝,以血祭祭社稷。'而別無地示之位。'四圭有邸,舞雲門以祀天神,兩圭有邸,舞咸池以祀地,'而別無祭社之說。則以郊對社,可知矣。後世既立社,又立北郊,失之。(郊社十五。)

兩人之論,本極明白。然而周官則實在有令人入迷處。春官的大司樂說:

> 冬日至于地上之圜丘奏之,若樂六變,則天神皆降,可得而禮矣。………夏日至,于澤中之方丘奏之,若樂八變,則地示皆出,可得而禮矣。

原來周官著者,正在陰陽的對偶上玩把戲。一面是天神,一面爲地示。一在冬日至,一在夏日至。一在地上之圜丘,一在澤中之方丘。一樂六變,一樂八變。何等整齊?何等勻稱?這種思想,其實從莊周的齊物論是非生死一切的對辨以後,經過道家自然哲學陰陽二元論的一番昡示,才得發生。在先上帝是獨一至尊的,詩書惟稱'天''帝,'不見對偶相稱的天地。天地並列,天的尊嚴已失,便是自然哲學惟物主義的論調,便是陰陽學派的聲口。陰陽學家在戰國晚年道家哲學成立以後始有。而周官已採用這種見解,來玩那天地方圜陰陽寒暑兩兩相對成偶的把戲,這何嘗爲周公所制,又豈是春秋前所有?

而且周官裏明明說:'冬日至圜丘祭天,夏日至方澤祭地,顯已與原來郊社舊規不合。逸周書作雒解也說:乃建大社于國中,'此決非方澤可知。時間和地位,早都變了,然而周官的著者,卻並未說明方澤之祭,並非社祭。又並未將圜丘方澤的地位分說清楚。這又只是周官著者的一時疏失,精神不周到,而因此又引起後來學者很多的爭執。照例祭天在南郊,用陰陽方圜對偶的制度推論,方澤自應在北郊。於是生南郊祭天北郊祭地之別。其實則社祭和北郊,北郊和方丘這些異同,本只是無中生有,不成問題。而一羣學者,偏要力辨北郊決非方丘,社祭決非北郊,恰和辨南郊非圜丘祈穀非南郊,同一無聊,同一入迷。正爲周官乃學者一時理想上的冥搆,並不是史實記錄。所以終不免有破漏,有罅裂。即如方澤之祭,周官並未指明在北郊,而後人推定爲北郊了。然而北郊的祭服,又該怎樣,周官裏又忘卻規定。春官的大司服說:

> 王祀昊天上帝,則服大裘而冕,祀五帝亦如之。

卻並未說明五帝之分祀與合祀。後人因周官有分兆五帝於四郊之說,推定五帝是分祀四時了。然而夏秋之際,如何服大裘?至於祭地之服,周官也無明文。鄭玄作注也未提到。賈

公彥疏說:

崑崙神州亦服大裘可知。

以理而論,周官裏的天地,正是恰相對等的地位。賈疏謂亦服大裘,不能說不合。無奈實際上在五月夏至,而服大裘,到底不成。月令也明明說'孟冬之月,天子始裘,並不强人所難,要在夏至服大裘。然而依照周官是五月服大裘了,這又成學者爭論難決之點。結果使歷來的主祭人——天子,——遂以北郊爲畏途,不願躬親。(宋代爲祭北郊要否服大裘的爭議,見文獻通攷郊社九,此不具引。)大概古今禮制上的糾紛,都這樣地發生着。

我們把上面天地祭典,兩兩對比,却有幾點極相像:

1. 郊祭的變遷,是在天帝下別增了五帝。

地祭的變遷,是在社祭上別增了地祭。

這一層雖若相反,實是相似。

2. 郊祭有圜丘祭昊天上帝,和南郊祭感生帝之說。

地祭亦有夏至祭崑崙之神於方澤,夏正祭神州之神於北郊之說。

這一層鄭玄把神州之神崑崙之神來分別地祭,正和用感生帝昊天上帝來解釋天祭一樣。其實禹九州外有大九州,同爲鄒衍一派的學說,而周官亦未採及。

3. 上帝和五帝的分別,社和地的分別,同樣有後人造爲深穩之說明。禮記郊特牲疏云:

鄭氏謂天有六天。天爲至極之尊,其體祇應是鄭氏以爲六者,指其尊極清虛之體,其實是一。論其五時生育之功,則其別有五。以五配一,故爲六天。

這是說明上帝和五帝的不同。五禮通考秦蕙田說:

土亦是地，而與祭地異者，隤然下凝，皆地也。其職主載，惟天子得祭之。於地之中，別而爲土，職主稼穡以養人。洪範'土爰稼穡'是也。故自天子下及庶民，被其功德者，均得美報。此土穀之祭，所以達乎上下也。

這是說明地和社的不同。其實周官既非史錄，後人强爲分說，自然愈說愈歧，終無著落。

第八論朝日夕月

相當於天地的有日月。然觀郊特牲'郊之祭也，迎長日之至也，大報天而主日也。兆於南郊，就陽位也。'可見古人對日崇禮，實遠在月上。自從莊周齊物論出世，一輩信仰自然主義的道家，到處向自然界尋那相反相成對等的事物，來玩成一套配偶哲學的把戲。然後地和天偶，月與日配。那些被壓逼的低級的事物，都昂起頭來向他們尊嚴的上級討求平等的地位。這實是莊周之大功。他把非和是死和生都平等觀了，宜乎地可以配天，月可以偶日。然而古人觀念，並不如此。有南郊祭天，並不會同時卽有北郊祭地。同樣有東郊朝日，不一定即有西郊夕月。我們把這層變遷來看周官，他書裏雖已用方澤祭地來配搭圜丘祭天，却還沒有把秋分夕月來配搭春分朝日。這又是周官作者疎忽，精神顧不到處。故周官書裡只有朝日而無夕月，不免有偏枯不均之象。春官的掌次說：

朝日祀五帝，則張大次小次，設重帟重案。

春官的典瑞說：

王晉大圭，執鎭圭，繅藉五采五就以朝日。

此均特地說到朝日,而無所謂夕月。雖有幾處日月並舉的,如

以實柴祀日月星辰,(春官大宗伯。)

圭璧以祀日月星辰,(典瑞。)

之類,却終未明見所謂秋分夕月,或是西郊夕月。則周官書裏實還透露著從來重日輕月的禮制之遺痕。而同時先後的一輩學者,却多半感染上道家配偶哲學的興味,來鼓吹朝日夕月一類整齊的禮文。所以穀梁傳上曾說:

雖爲天子,必有尊也。貴爲諸侯,必有長也。故天子朝日諸侯朝朔。(莊十八年)

而國語的周語裏早已變成

內史過曰:'先王有朝日夕月以敎民事君,

魯語也說

天子大采朝日,小采夕月

了。禮記玉藻篇說:

天子玄端而朝日於東門之外,

而別處的逸禮裏早說

天子春朝朝日,秋暮夕月,(保傅)

而管子書裏也說

立春祭日,秋分祭月(輕重已篇)

了。而蔡邕的獨斷裏則變爲

天子父事天,母事地,兄事日,姊事月,常以春分朝日於東門之外,示有所尊,訓人民事君之道也。秋分夕月於西門之外,別陰陽之義也

了。堯典裏說:

寅賓出日,以殷仲春,寅餞納日,以殷仲秋,

而孔疏引鄭注也已改成

寅賓出日,謂春分朝日,寅餞納日,謂秋分夕月

了。本著天地間一陰一陽各成配偶的觀念,自然於冬至南郊祭天之外,要加上一個夏至北郊祭地來作配。於春分東門朝日之外,要加上一個秋分西門夕月來成雙。這是很滑易的趨勢。周官的作者,已增了方澤祭地,還未顧到秋暮夕月。只可說是配偶哲學下的理想的禮制還在發展的途中,沒有完全成熟。在此同樣有一趣事堪與上舉五月服大裘祭地遙相媲美的。三國時,魏秘書監薛靖曾有一段議奏說:

按周禮朝日無常日,鄭玄云:'用二分。'秋分之時,月夕東昇,西向拜之,背實遠矣。

同時有一位淳于睿駁他道:

禮記云:'祭日於東,祭月於西,以端其位。'周禮秋分夕月並行於上代。西向拜月,雖如背實,亦猶月在天而祭之於坎,不復言背也。(按祭月於坎,祭日於壇,正和方澤祭地,圜丘祭天一例。)猶如天子東西遊幸,其官猶北向朝拜,寧得背實爲疑?(通攷郊社十二。)

第九論救日食月食

最可證明古人對日月觀念之變遷的,要推日月食一例。春秋日食三十六,一一載著,而月食絕不提起。可見時人重視日食而月食則否。今考魯莊公二十五年日食,左氏云:

夏六月辛未朔,(杜注以長曆推之,辛未實七月。)日有食之,鼓用牲於社,非常也。唯正月之朔慝,(杜注夏之四

月,周之六月,謂正陽之月。) 陰氣未作,日有食之,於是乎用幣於社,伐鼓于朝。

穀梁云:

鼓禮也,用牲非禮也。天子救日,置五麾,陳五兵五鼓。諸侯置三麾,陳三兵三鼓。大夫擊門。士擊柝。言充其陽也。

公羊云:

日食則曷為鼓,用牲于社,求乎陰之道也。以朱絲營社。或曰脅之。或曰為闇,恐人犯之,故營之。

魯文公十五年日食,左氏云:

六月辛丑朔,日有食之,鼓用牲于社,非禮也。日有食之,天子不舉,伐鼓于社。諸侯用幣于社,伐鼓于朝。以昭事神,訓民事君,亦有等威,古之道也。

魯昭公十七年日食,左氏云:

夏六月甲戌朔日有食之,祝史請所用幣。昭子曰:'日有食之,天子不舉,伐鼓于社,諸侯用幣于社,伐鼓于朝,禮也。'平子禦之曰:'止也,唯正月朔,慝未作,日有食之,於是乎有伐鼓用幣,禮也。其餘則否。'太史曰:'在此月也。日過分而未至,三辰有災,於是乎百官降物,君不舉,辟移時,樂奏鼓,祝用幣,史用辭。故夏書曰:辰不集于房,瞽奏鼓,嗇夫馳,庶人走,此月朔之謂也。當夏四月,是謂孟夏。'平子弗從。昭子退,曰:'夫子將有異志,不君君矣。'

二十一年又日食,左氏云:

秋七月壬午朔日有食之,公問於梓慎,曰:'是何物也,

　　禍福何爲?' 對曰:'二至二分,日有食之,不爲災。……

　　其他月則爲災。'

這裏三傳所論日食也有異同。據左傳日食並不月月爲災。如莊二十五年昭十七年所說,則

　　救日食用鼓,惟據夏四月陰氣未作,純陽用事,日又太陽之精,於正陽之月被食爲災,故有救日食之法。他月似無救理。(周官地官鼓人疏。)

如昭二十一年所說,則

　　建子建午建卯建酉之月,所謂二分二至,日有食之,或不爲災,其餘月則爲災。爲災之尤重者,則在建巳之月。(尙書古文疏證一。)

故在建巳一月,獨有伐鼓救日之禮。照公穀二傳,却不見日食有爲災不爲災之辨。穀梁只說用牲非禮,鼓社並不算非禮。公羊則用牲伐鼓二者均認是禮。今於三傳異同,也無從辨其是非。惟春秋日食三十六,而記載鼓用牲於社的只有三次。(一次在莊公三十年九月兩次如上舉。)似乎伐鼓用牲,確是非常的事,並不每逢日食照例舉行。至於左氏的解說,實有些靠不住。他專從陰陽消長的理論上判斷日食之爲災與否,似乎已深染戰國晚年陰陽家的氣味。似乎太學理化了,絕不像春秋時一般人的見解。而且春秋三次伐鼓用牲,兩次在六月,一次在九月。另有好幾次六月裡日食並不見伐鼓用牲,左氏也不譏其失禮。(宣十七,成十六,昭十五,又十七,均六月日食,除昭十七年外,均無傳。)至於用牲一節,何休左氏膏肓曾據春秋感精符及公羊駁左氏。謂左氏用牲非禮,非夫子春秋,於義爲短。鄭氏箴膏肓加以答辨。(見禮記祭法疏。)由今看來,雙方義據都欠精密。

三傳對救日食禮主張的不一致,我們只認爲在當時本沒有一種確定的法制儀文,爲一輩諸侯所普遍地奉行。而且也並無一致的習俗,所以學者各以其意爲說。若春秋以前對於日食,或者竟全沒有救法,也未可知。王充說:

上世無災異。如有災異,不名曰譴告。何則?時人愚惷,不知相譴責也。(論衡自然篇)

所以春秋二百四十年,日食也未必一一記載,只記著三十六次。到漢書五行志上董仲舒劉向劉歆一輩學者,始一一爲他加上一種上天譴告的說明。在當時未必一一認爲災異譴告,也未必一一用牲伐鼓去救。對於月食,自然更不理會。到周官書裏便不同。他說:

救日月,則詔王鼓。(地官鼓人。)

凡軍旅田役,贊王鼓,救日月亦如之。(春官大僕。)

掌射國之夭鳥,若不見其鳥獸,則以救日之弓,與救月之矢射之。(秋官庭氏。)

凡日月食,四鎭五嶽崩,大傀異烖,諸侯薨,令去樂。(春官大司樂。)

對日食月食,一樣重視一樣要救,顯與春秋有歧。賈公彥疏說:

春秋不記救月食者,但日食是陰侵陽,臣侵君之象,故記之。月食是陽侵陰,君侵臣之象,非逆事,故略不記之也。(鼓人。)

其實當時本無救月食禮,賈疏只是曲說。周禮著者本著他陰陽配偶的哲學觀念,日食要救,月食自然也要救。正和祭天了定加祭地之禮一樣,都是那兩兩相對的玩意兒作祟。全出莊生齊物論後,何嘗是春秋時所有?更何嘗是周公之所定?孫詒讓以周禮爲周初之制,左氏所說乃後王所改。(正義卷二十三。)這是拘信舊說,認周官眞屬周公所制,故有是誤。日人林泰輔據此點,證周官應在春秋前,(見林氏周公與其時代一書後附錄周官制作時代攷。)此亦誤。林氏又引詩小雅十月之交一篇爲說,謂周官應在小雅春秋之間。今按小雅十月之交,乃詩書裏記春秋以前日食僅有之一處。(古文尚書胤征不可信。)詩云:

十月之交,朔日辛卯,日有食之,亦孔之醜。

彼月而微,此日而微,今此下民,亦孔之哀。

日月告凶,不用其行,四國無政,不用其良。

彼月而食,則維其常,此日而食,于何不臧?

詩中明明說月食維常,不足爲異,而日食則是災異之兆,是不臧的。所以說'彼月之微,此日而微。'好像說月是應有虧蔽(微)的,日如何亦有虧蔽呢。明明和春秋記日食不記月食抱同一之見解。林氏謂十月之交一章詩裡,初以日食而次及月食之俱爲可哀,是誤解了詩意。'日月告凶'一語,日月二字連文,正如左氏傳莊二十五年說:'非日月之眚不鼓,'亦日月連舉,不能即認古人亦救月食　而林氏謂十月之交是雙方並舉的。周官是附以輕重的。春秋把月食全除外了。足徵春秋是最後的思想,而周官爲其中間之過渡。其實春秋小雅還相近,周官明在最後。禮記的昏義也說:

日食,天子修職而蕩陽事,月食,后修職而蕩陰事。

便與周官時代相近,不能說也在春秋以前。只因陰陽配偶的哲學,到後纔有,所以周官昏義定不在春秋之先了。

漢書五行志凡漢著紀十二世,二百一十二年,日食五十三,而不著月食。西漢說災異多及星象,少言月食。劉向歆父子言五行,亦不詳月食爲災異。則周官月食日食並救之說,在漢時也未見遵行。若周官出劉歆僞造,何以對救月食事也無痕跡可求?

第十論陰陽男女

上論天地日月之祭,處處證明周官出世,定在陰陽學說的空氣濃重之後。試檢周官全書,所用陰陽二字,層見疊出,尤足與上論相證成。如

天官內宰,　以陰禮教六宮,…………以陽禮教九嬪,…………祭之以陰禮。

內小臣,　掌王之陰事陰令。

地官大司徒,　以陽禮教讓,以陰禮教親,…………陰陽之所和。

牧人,　凡陽祀用騂牲,陰祀用黝牲。

媒氏,　凡男女之陰訟,聽之于勝國之社。

山虞,　仲冬斬陽木,仲夏斬陰木。

春官大宗伯,　以天產作陰德,以中禮防之,以地產作陽德,以和樂防之。

大師,　掌六律六同,以合陰陽之聲。

卜師。　凡卜,辨龜之上下左右陰陽。

占夢,　辨陰陽之氣。

秋官柞氏,　夏日至,令刊陽木而火之,冬日至,令剝陰木而水之。

庭氏,　以大陰之弓與枉矢射之。

用陰陽字凡十二見。除山虞，卜師，柞氏，諸條意義較爲常見外，周官所用陰陽二字之涵義，實非常廣泛。要言之，氣有陰陽，聲有陰陽，禮樂有陰陽，祭祀有陰陽，獄訟有陰陽，德惠有陰陽，一切政事法令都有陰陽。事事物物，莫非陰陽之兩面。所以日名太陽，月呼太陰，餘可類推。把整個宇宙，全部人生，都陰陽配偶化了。這種理想，自然發生在戰國晚年陰陽學盛行之後，是再也無疑的。除掉顯見的陰陽字面外，其運用陰陽配偶化的論調和色彩，還處處可見。尤著的如

以五禮防萬民之僞而敎之中，以六樂防萬民之情而敎之和。(大司徒)

此與天官大宗伯'以天產作陰德，以中禮防之，以地產作陽德，以和樂防之，'云云竟是中庸樂記一路文字，那裏是春秋前所有？

周官的著者，正爲處處要採用當時最時髦的陰陽配偶化的哲學來表現在政制裏，所以三百六十官中，居然有好許女官。如天官裏的九嬪，世婦，女御，女祝，女史，春官裏的世婦，內宗，外宗，再如地官饎人下的女饎，槀人下的女槀，春官守祧下的女祧之類，不可不說是一種嶄新的禮制。依此見解，未始不可爲婦女參政開先聲。太宰以九職任萬民，七曰嬪婦，和農圃虞牧工賈並列，也是特地提高女子地位，可說是提倡女子職業的前驅。而周官書裏，對一般夫婦的關係，也頗帶一些新鮮的活氣。如大司徒'以陰禮敎親，則民不怨。'大宗伯'以昏冠之禮親成男女，'都是主張男女相親的見解。較之春秋時代一種男女有別的禮敎，鼓吹像敬姜伯姬樣的謹嚴拘閡的，確有不同。林泰輔氏根據這點，以爲是周官出春秋以前之一證。據今看來，無寧說是周官著者，染受陰陽學派的思想，把宇宙事物都看成一對一

對地,涵有莊生'齊物'的精神。所以對男女關係的觀念,比較看得平等些,而連帶也看得親和些。

根據上文,證周官出戰國晚世,在道家思想轉成陰陽學派以後。而或者尚在呂不韋著書以前,故周官書中並未採及五帝四時分祀之說。及秦帝而齊人奏鄒子之徒所爲五德終始,周官的著者大概亦不及見,故受命帝等等書中亦未有。

(二)關於刑法

周官是一部講政制的書,然其一切制度,是否爲西周初年周公所訂,昔人早多懷疑。上據天地日月祀典,證此書乃學者理想所構,並非史實記錄。其出世應在戰國晚年,非春秋前所有。今再從政制方面考察,益足證成前說,互相發明。至於昔人疑端,各有專書,此不備引。下面只從幾點新的觀點上,加以叙述。

第一論法的觀念之成立

周官裏有一點很明顯的標準,足以證其爲晚出的,便是書中對於'法'的觀念之重視。'法'字引用,在古書中很後起。禮記上說:

禮不下庶人,刑不上大夫。

古人治國,只知有禮刑,不知禮和刑以外的'法。'詩書裏少見'法'字。春秋時人也還不懂得'法'的意義。左傳昭公六年,記鄭人鑄刑書,說:

> 三月,鄭人鑄刑書。叔向使詒子產書,曰:…………'昔先王議事以制,不爲刑辟,懼民之有爭心也。猶不可禁禦,是故閑之以義,糾之以政,行之以禮,守之以信,奉之以仁,制爲祿位以勸其從,嚴斷刑罰以威其淫。懼其未也,故誨之以忠,聳之以行,敎之以務,使之以和,臨之以敬,蒞之以彊,斷之以剛。猶求聖哲之上,明察之官,忠信之長,慈惠之師。民於是乎可任使也,而不生禍亂。民知有辟,則不忌於上,並有爭心,以徵於書,而徼幸以成之,弗可爲矣。夏有亂政,而作禹刑。商有亂政,而作湯刑。周有亂政,而作九刑。三辟之興,皆叔世也。今吾子相鄭國,作封洫,立謗政,制參辟,鑄刑書,將以靖民,不亦難乎?詩曰:'儀式刑文王之德,日靖四方。'又曰:'儀刑文王,萬邦作孚。'如是,何辟之有。民知爭端矣,將棄禮而徵於書。錐刀之末,將盡爭之。亂獄滋豐,賄賂竝行,終子之世,鄭其敗乎!肸聞之,國將亡,必多制,其此之謂乎!'復書曰:'若吾子之言。僑不才,不能及子孫,吾以救世也。'

子產鑄刑書,在當時尚是創見,以前未有過,所以引動時人注意。叔向的諫書裏,竭力舉出當時政治意識上可有的手段和字面來勸止子產。觀其所謂義,政,禮,信,仁,忠,和,敬,等等,而獨無所謂'法。'子產刑書,當時只呌是辟,亦不成所謂'法。'總之據叔向諫書,可見當時政治界上尙未有'法'的觀念。'法'字的意義,在當時尙未達於確立的地位。若說叔向諫書係後人撰造,非叔向手筆,則更足證明'法'的觀念,直到後人撰造叔向諫書時還未成熟。所以據那時見識還不知引用到一'法'字。

其後二十三年魯昭公二十九年,又有晉國鑄刑鼎的事。左傳上說:

冬,晉趙鞅荀寅帥師城汝濱,遂賦晉國一鼓鐵,以鑄刑鼎,著范宣子所爲刑書焉。

下面載有仲尼蔡墨兩人的批評,都說到'法'字。仲尼說:

…………夫晉國將守唐叔之所受法度,以經緯其民。…………貴賤不愆,所謂度也。文公是以作執秩之官,爲被廬之法。…………今棄是度也,而爲刑鼎。民在鼎矣,何以尊貴?…………且夫宣子之刑,夷之蒐也,晉國之亂制也,若之何以爲'法?'

蔡史墨說:

…………擅作刑器以爲國'法,'是法姦也。

然此所記,是否保存仲尼蔡墨兩人說話眞相,已不無可疑。試檢論語,孔子只說'爲政以德,''爲邦以禮'。又說'政者正也,''道之以政,齊之以刑,民免而無恥。道之以德,齊之以禮,有恥且格。'孔子只說過'法語之言,'沒有說到治國之'法。'惟堯曰篇:堯曰咨爾舜一章,有'審法度'云云。然據近儒證論,堯曰一章本非論語之舊。則孔子當時實在也似乎沒有意識到'法'字。即如左氏所記仲尼評晉國鑄刑鼎,也只說到貴賤不愆的法度。還不是戰國以下法家所持那種法理的觀念。

戰國以下的法家,首推魏國李悝。晉書刑法志說:

秦漢舊律,其文起自魏文侯師李悝。悝撰次諸國法著法經。以爲王者之政,莫急於盜賊,故其律始於盜賊。盜賊須劾捕故著網捕二篇。其輕狡越城,博戲,借假不廉,淫侈踰制,以爲雜律一篇。又以具律具其加減。是故所著六篇而已。然皆罪名之制也。商君受之以相秦。漢承秦制,蕭何定律,除參夷連坐之法。

漢書藝文志法家有李子三十二篇,名悝,即其人。史又作李克悝克一聲之轉。其後有吳起商鞅,均與李悝有淵源。從此一輩政治家遂有所謂'法'的觀念。今看周官天官大宰便說:

以八法治官府,

以下說到'法'字的不勝列舉。即此已見此書決非周公所著,也決非春秋前所有。

第二論法律公布之制

周官春官大宗伯裡又說:

正月之吉,始和(宣)布治于邦國都鄙。乃縣治象之法于象魏,使萬民觀治象。挾日而斂之。

地官大司徒,

正月之吉,始和布教于邦國都鄙。乃縣教象之法于象魏,使萬民觀教象。挾日而斂之。

夏官大司馬,

正月之吉,始和布政于邦國都鄙。乃縣政象之法于象魏,使萬民觀政象。挾日而斂之。

秋官大司寇,

正月之吉,始和布刑于邦國都鄙。乃縣刑象之法于象魏,使萬民觀刑象。挾日而斂之。

這竟把國家一切政治教育刑律等等,都包括在'法'字的一概念

之下。而且一切的'法'都得宣布公開。這是何等進步的現象?孫詒讓說:

> 大凡典法刑禁之大者,皆表縣之門閭,即布憲之義也。

其實此所謂布憲之義,決不甚古。若在周初早有每逢正月'縣法象魏,使萬民觀'的定制。子產鑄刑書,叔向博聞多識,何致驚詫反對?晉人鑄刑鼎,也不致招惹孔子的譏評。鄭國的刑書,晉國的刑鼎,祇是一種較爲固定的刑律,還說不到是'法,'更講不到公開宣布。然而當時人早已萬分驚恠。這是何故?正因那時貴族平民尙是截然分爲兩個階級。貴族有制裁平民的絕對自由,而平民只有絕對的服從,本無需預定刑律。刑律預定了,平民在那預定的刑律上,便有他們的地位,(即仲尼所謂民在鼎矣。)自然爲一輩明白的貴族們所不喜。然而平民早已漸漸昂起頭來,使貴族感到制裁他們之不易。使一輩明白的貴族們,雖不願給他們以一種地位,而到底不得不爲他們預定一種制裁他們的刑律。這是在時代轉換中一種帶有强迫性的要求,接踵地在鄭國晉國表現出來。而所謂'縣法使萬民觀'的制度,則其事尙在後。大抵是魏國的李悝以後了。呂氏春秋說:

> 吳起治西河,欲諭其信於民,置表於南門外。令曰:'有僨南門外表者仕長大夫。'莫有僨表者,相謂曰:'此必不信。'有一人試往僨表,來謁吳起。吳起自見而仕之長大夫。自是之後,民信吳起之賞罰。

韓非子說:'吳起令民徙車轅赤菽,'與此大同。不久便有商鞅徙木立信的故事。吳起商鞅都是有名的法家。他們都在魏國,聞得李悝的遺敎。縣法象魏,使萬民觀,似乎是吳起商鞅城門置令的辦法,而加以學者的理想化。決不是周公所制,也不像春秋前所有。

周官除上舉諸條外,說及聚官吏民衆讀法的有如下之諸官:

1. 天官小宰,　2. 地官小司徒,　3. 鄉大夫,
4. 州長,　5. 黨正,　6. 族師,　7. 閭胥,

說及布憲刑禁的有如下之諸官:

1. 天官小宰,　2. 宰夫,　3. 宮正,　4. 內宰,
5. 地官鄉師,　6. 鄉大夫,　7. 司市,　8. 胥師,
9. 司虣,　10. 夏官大僕,　11. 牧師,　12. 職方氏,
13. 訓方氏,　14. 山師,　15. 川師,　16. 撢人,
17. 秋官士師,　18. 布憲,　19. 司烜氏。

其他雖無明文,而可以例推的,尙不在少數。大抵通觀周官全書,可以說三百六十官,無一官無法制,也無一官無禁令。而這些法制禁令,又惟恐其下之不知。所以逐時逐年常竭力的用意於宣布和申述。此正恰合於老子書所謂'法令滋彰'一語。然而法令雖所以制裁下屬,而也無異於在法令上即給與其下屬以一種顯明和堅定的地位,益使其到於難制裁的程度。所以老子又說'法令滋彰,盜賊多有。'老子祇是批評著周官裏的情形,周官也祇記載了老子裏所批評。周官老子大概時代也不相先後。臨孝存說'周官是一部瀆亂不驗之書,'實非無見。

第三論五刑

五刑之制,見周官大司寇的司刑,說:

掌五刑之法,以麗萬民之罪。墨罪五百,劓罪五百,宮

罪五百,刖罪五百,殺罪五百。

這有名的五刑,從來認爲是唐虞以來的舊制,其實也是後起的事。周官以前只見於周書呂刑。呂刑又是一篇晚出的書。他說:

苗民弗用靈,制以刑,惟作五虐之刑曰'法,'殺戮無辜。——

特地點出'五虐之刑曰法'一語,便已是呂刑晚出鐵證。古書稱刑曰罰,刑則只是殺人斷頸之名。康誥'刑人殺人劓刵人'是也。呂刑始以刑爲肉刑之總名,而以罰爲罰金,亦見其書之晚出。且當魏文侯時,李悝撰次諸國法,著法經,尚祇六篇。盜賊,輕狡越城,博戲,假借不廉,淫侈踰制,是當時用法的對象。在此六篇法經以內,斷不容有很細密的刑律。周官五刑,總有二百五十等,呂刑更有三千等。他說:

墨罰之屬千,劓罰之屬千,剕罰之屬五百,宮罰之屬三百,大辟之罰其屬二百,五刑之屬三千。

這三千等的刑律,比較李悝法經,條目上的繁簡,該相差得怎樣?與其使我們信在子產鑄刑書前五百餘年,已有周公二千五百條刑律,傳到周穆王時,增損成三千條。(尙在子產前四百年。)無寧讓我們信從晉人鑄刑鼎以後一百年,而有李悝的六篇法經。傳到商鞅手裡,漸次確定了一個法治的雛形。到後才有一輩學者作周官,作呂刑,來理想上構造他們二千五百乃至三千條等第的刑律。直至漢蕭何據摭秦法作律九章,也决沒有那般繁瑣。

五刑成立,也不是一時俱起的。大辟宮刑以及劓刖,春秋時已很流行。而墨則少見。恐也不是因刑輕而忽了。易睽卦'其人天且劓,困卦'劓刖。'盤庚'我乃劓殄滅之。'是古書裏劓刑之早見的。易噬嗑有滅趾滅鼻滅耳,楚子玉治兵,鞭七人,貫三人耳,(左僖二十七年傳)晏子說:'踊貴屨賤,'斷趾也是輕刑之一。齊襄公誅屨于徒人費鞭之見血,(左莊八年傳)鞭刑尤當習用。而均不列五刑之內。至於墨面祇是東南民族的一種風俗。韓詩外傳說:

越王句踐使廉稽獻民于荆王。荆使者曰:'冠則得以俗見,不冠不得見。'廉稽曰:'越亦周室列封。處江海之陂,與魭鱣魚鼈爲伍。文身剪髮,而後處焉。今來上國,必曰冠得俗見,不冠不得見。如此,上國使適越,亦將劓,墨文身剪髮而後得以俗見,可乎?(卷八)

可證劓墨是當時越人的風俗。廉稽所謂劓墨,祇是一種文面之風。和文身一樣,盛行於南方熱地近水的民族間。左傳說:

吳仲雍斷髮文身,贏以爲飾。(哀七年)

則吳俗起先亦如此。

漢書地理志

粵地,…………今之蒼梧鬱林合浦交趾九眞南海日南,皆粵分也。其君禹後,…………封於會稽,文身斷髮,以避蛟龍之害。

後漢書東夷傳說:

倭男子皆黥面文身。

黥和墨本是一事。呂刑疏

黥面卽墨刑也。

左傳疏

周禮謂之黥,尙書謂之墨,黥墨爲一。(襄十九年)

文面之重要部分有二。一爲額。後漢書朱穆傳注

黥首,謂鑿額涅墨也。

國策高誘注

刻其額,以墨實其中,曰黥。(秦策)

刻額又稱雕題。禮記王制篇說:

東方曰夷,被髮文身,有不火食者矣。南方曰蠻,雕題交趾,有不火食者矣。

其實東南兩方民族,他們都文身雕題,並不能嚴格的區分。中原諸夏呼南方民族爲黎,恐是取義於剺面之剺。剺是剺割。老人稱黎老,面皮縐裂,也像剺割一般。

文面的除額外,重要部分尙有鼻。應劭說:'越俗劓墨,'劓並不是把鼻子割去,正是繡鼻,是文面裡一種重要的工作。

文面常連帶著剪髮。列女傳說:

鑿顚者髡,

鑿顚便是刻額,髡便是剪髮。墨劓黥髡,在吳越本是一種時髦的風俗。在中原諸夏間,却變成一種刑罰。正如貫耳之刑,在南方民族間也是一種裝飾。後漢書南蠻傳說:

珠崖儋耳二郡,在海洲上,其渠帥貴長耳,皆穿而縋之,垂肩三寸。

而楚以爲軍刑。正如墨劓之風,傳到中原,也變成刑罰一樣。呂刑裡說:'苗民弗用靈,制以刑,惟作五虐之刑曰法。'這是中原諸夏傳說五刑發源於南方苗民族——即黎族——之證。周語內史過說:

…………猶有散遷懈慢而著在刑辟,流在裔土,於是乎有蠻夷之國。有斧鉞刀墨之民。

這却錯了。他以爲南方蠻夷,所以有刀墨剺面的,乃中原諸夏著在刑辟而流在裔土的後裔,保留他祖先劓墨的遺風。所以

鄭玄注周官也說:

今東西夷或以墨劓爲俗,古刑人亡逃者之世類歟。(司刑)

這都是犯了倒因爲果之病。又考逸周書伊尹朝獻

正西崑崙,狗國,鬼親,枳已,闟耳,貫胸,雕題,離身,漆齒。

此所謂正西崑崙云云,其實也和南方民族有關。尙書堯典'竄三苗於三危以變西戎,'禹貢'導黑水至於三危,入於南海。'史記夏本紀集解引鄭注云:'地理志益州滇池有黑水祠,'則古人所謂西南兩域,本甚混近。崑崙兩字,後人習用,也常指南方民族言。舊唐書南蠻傳'林邑以南,卷髮黑身,通號崑崙。'則周官鄭注所謂東西夷,實仍指南方熱帶水地的民族而言可知。

至於黥墨之風,傳到中國,而變成一種刑罰,大概在南方越民族和中原交通以後。最早應在春秋末期。越民族最先移來中原,應是齊魯諸邦。他們爲文化經濟等等關係,在諸夏間只操些賤役。大司寇的司隸,掌帥四翟之隸,即是此等外夷民族在諸夏之榜樣。鄭司農說:

今之爲奴婢,古之罪人也。(司厲注)

諸夏中犯罪而罰爲奴婢服賤役的,也模倣著外夷施以黥髡之罪,即所謂墨刑。

漢律,罪人妻子沒爲奴婢,黥面。(見魏志毛玠傳。)

史記載趙王張敖賓客,皆自髡鉗爲王家奴,隨王之長安。可證漢初家奴,盡是髡黥,實承戰國風習。而春秋時並不然。呂氏春秋說:

叔嚮之弟羊舌虎,善欒盈,盈有罪於晉,晉誅羊舌虎,叔向爲之奴而朡。(開春論)

商注,'服,繫也。'左傳說:

斐豹隸也,著在赤書。欒氏之力臣曰督戎,國人懼之。

斐豹謂宣子:'苟焚丹書,我殺督戎。(襄二十三年。)

似乎其時奴隸,只是收繫而登奴籍,並不要黥疕。故其時尚無所謂墨罪。墨罪開始,在春秋末期,或尚在春秋以後。魯國墨子和他一派墨徒,正是取義於黥墨。(墨非姓,乃刑徒之號,論證詳余諸子繫年卷二。)可證其時已有墨稱,而大概還很新鮮,惹人興趣。漢書刑法志'秦用商鞅,連相坐之法,造參夷之誅,增加肉刑大辟,有鑿顛抽脅鑊烹之刑。'那時秦刑始有鑿顛,還是商鞅從東方攜來一種新鮮的刑名。太子的師傅公子虔公孫賈,都還實受到黥劓之罰。今周官五刑,墨爲第一,此豈周公所制?又何嘗爲春秋前所有?

左傳襄公二十九年,吳人伐越,獲俘焉以爲閽,使守舟。吳子餘祭觀舟,閽以刀弒之。漢書五行志說:'時吳子好勇,使刑人守門。'周官掌戮'墨者使守門,劓者使守關,'決非古制。大概以刑人爲奴隸,在戰國時更普遍了。所以周官著者把來寫上制度裏去。王制說:'公家不畜刑人,'較爲近古。

今考五刑種類,亦有異說。國語的魯語裏也有所謂五刑。'大刑用甲兵,其次用斧鉞。中刑用刀鋸,其次用鑽笮。薄刑用鞭朴。'和周官裏五刑不同。周官又另有野刑,軍刑,鄉刑,官刑,國刑,的分別,也稱五刑。五刑說在周官書裏,似尚未固定。大概五行學說既起,始有五刑的編配。墨劓剕宮大辟,只是當時想編成五刑說裏面之一種。後來獨佔優勢,遂把五刑的解說也固定了。五行大義引逸周書逸文云:'因五刑相剋而作五刑,'後漢書注太平御覽並引白虎通云:'刑所以五何,法五行也。'此雖後世之說,卻不失爲五刑說眞確的來源。五行學說起在孟子以後。周官的五刑說,其年代也可推定了。

第四論五刑以外之流放

五刑裏的墨刑,本非春秋前所有,上文已論過。亦有春秋前極通行的刑罰,而五刑裏缺了的。輕刑如削耳,重刑如流放。尙書康誥說'劓刵人,'呂刑也說'爰始淫爲劓刵椓黥,'刵是割耳之刑。詩泮水'在泮獻馘,'左傳'師縉示之俘馘。'(僖二十二年)馘也是割耳。戰勝獲敵,截其左耳爲獻。刑罰的起源,一部分本是對付敵人俘虜的。古者禮不下庶人,刑不上大夫,劓刵之刑大抵只施行於小民。至於卿大夫貴族犯罰,則別有一種懲戒之法,最著的是幽囚和流放。周官大司馬

以九伐之法正邦國,…………暴內陵外則壇之。

鄭注:

壇讀如同墠之墠。王霸記曰:'置之空墠之地。'玄謂置之空墠,以幽其君,更立其次賢者。

惠士奇禮說謂是古者幽囚之法。此在周官爲僅見,而放流則未有。春秋宣元年,晉放其大夫胥甲于衛。左氏傳

夏,衛侯入,放公子黔牟于周,放甯跪于秦,殺左公子洩右公子職,乃即位。(莊六年。)

又

秋九月,齊公孫蠆公孫竈放其大夫高止於北燕。(襄二十九年。)

放流是春秋時對待卿大夫極常見的辦法。何休公羊傳注說:

古者刑不上大夫,故有罪放之而已。

到戰國便不然。'法自貴者始'的口號,代替了'刑不上大夫'的地位。大夫亦可用刑,(以後竟至具五刑,)無需流放。而且那時貴族階級已次崩潰,遊仕得勢,朝秦暮楚。'言不聽,諫不從,則去。'國君只有'極之於其所往,'那裡再有所謂流放?所以周官天官大宰所掌建邦六典,竟說

五曰刑典,以詰邦國,以刑百官,以糾萬民。

又說:

以八法治官府,七曰官刑,以糾邦治。

又說:

以八柄詔王馭羣臣,曰爵祿予置,生奪廢誅。

內史也說:

掌王之八柄,曰爵祿廢置,殺生予奪。

更不見所謂流放。只大司馬條有'放弒其君則殘之。'似乎周官著者只記得有臣放其君,而竟忘了更重要更常見的君放其臣。周官著者生得過晚,一時記不盡前代事,也無怪。然而即此一端,足證周官出世年代遠在春秋以後。

條狼氏誓大夫曰,'敢不關鞭五百。'萬斯大周官辨非論之云:

曲禮曰:'刑不上大夫,'…………條狼氏之誓大夫者,奈何與曲禮背?………春秋之世,刑戮無常,諸侯多專殺大夫。書於經者不下數十,而鞭之見於記傳者,類皆卑賤末流。魯般之鞭犖,圉人也。齊襄之鞭費,徒人也。楚子玉鞭七人,治兵也。衛獻鞭師曹,齊莊鞭侍人賈舉,孟洩鞭成有司使,何嘗有及大夫者?春秋之世,猶無之,而謂周公制之爲禮,吾不信也。

大夫可鞭,自可無放。堯典也說:'鞭作官刑,'正和條狼氏一色。堯典又說:

流宥五刑,

此乃謂犯五刑的,可以把流放作宥赦。其實流放是'刑不上大夫'時一種優待貴族的辦法。小民犯罪,也輪不上流宥。堯典又說:

流共工于幽州,放驩兜于崇山,竄三苗于三危,殛鯀于羽山。

禹貢說:

五百里要服,三百里夷,二百里蔡。五百里荒服,三百里蠻,二百里流。

所謂放之四裔,仍是不明古人流放眞相的話。也和堯典同誤從前貴族世襲,只逐出本國,便已失了政治上一切特權,所以流放不失爲一種有力的裁制。貴族世襲制廢了,在本國裡也沒有享種種特權的地位。流放到外國,一樣可以當權握勢,因爲彼此沒有世襲的貴族了。堯典禹貢的作者,無意地把流放的路程加遠。似乎非放之四裔,流到邊荒,非人居的處所,不見其爲懲創。此乃以後世情形逆推古代,所以有此錯誤。

第五論什伍相收司連坐之法

刑法的進展,他的直接原因,自然爲下層階級的難治,因而感到需要。然而下層階級,並不是一起便懂得所謂革命,以及種種大規模的反抗。他們起先的搗亂和反抗,常是一般所謂的盜賊。盜賊在政治上成爲問題,似乎起於春秋中晚。鄭子產死,子太叔爲政,鄭國多盜,取人於雈苻之澤。太叔興徒兵以攻雈苻之盜,盡殺之,盜少止。事在魯昭公二十年,這是鄭國的盜患。魯襄公三十一年,子產使晉,已說晉國盜賊公行,這是晉國的盜患。襄公二十一年,左傳說魯多盜,論語季康子患盜,問孔子。孔子說'苟子之不欲,雖賞之不竊。'又說:'子爲政焉用殺。'那是魯國的盜患。一到戰國初年,大概盜賊確爲政治家一種注意的對象了。所以李悝法經主要的便在盜賊。他的網捕兩篇,用意專在盜賊的劾捕。還說'王者之政,莫急於盜賊,'這眞是戰國時代的理論。一部春秋二百四十年裏,還看不出'王者之政莫急於盜賊'的背景來。其後商鞅入秦變法,大體承李悝法經。史記說:

> 衛鞅定變法之令,令民爲什伍而相收司連坐。不告姦者腰斬,告姦者與斬敵同賞,匿姦者與降敵同罰。(商鞅傳)

此處所謂姦,大體即相當於李悝法經之所謂盜賊。盜賊是作姦的人,姦是盜賊作爲的事。收司索隱本作牧司,乃相監察之謂。(詳王氏讀書雜誌) 令民爲什伍相牧司連坐,大概亦是李悝遺法。用這一種方法捕盜,正如用'網捕'禽獸般,可無脫漏。所以史記又說:商鞅變法後,

> 行之十年,秦民大悅,道不拾遺,山無盜賊。

足證商鞅新法,正是李悝'網捕'精神,主要對象也還是盜賊。他最著的成效,便是'道不拾遺,山無盜賊。'後來秦捕商君,商君亡至關下,欲舍客舍。客舍不知其是商君,說:'商君之法,舍人無驗者坐之。'商君喟然嘆曰:'爲法之敝,一至此哉!'這眞是李悝'網捕'精神,好令盜賊無處躲藏。管子書裏有一節話,是這種

制度最好的陳述。他說,

夫善牧民者,非以城郭也,輔之以什,司之以伍。伍無非其里,什無非其家。故奔亡者無所匿,遷徙者無所容。不求而得,不召而來。故人無流亡之意,吏無追捕之憂。故主政可行於人,人心可繫於主。(禁藏)

這恰是讚的李悝的'網捕'。這種'網捕'法和其精神,起於盜賊之難治。盜賊難治,起於平民階級漸漸活動,對於他們的統治者貴族階級,試行反抗和搗亂。遷徙奔亡,是反抗和搗亂裏最普通的手段。這種情形,大概起春秋中晚,到戰國初年而大盛。現在周官裡却也載有和李悝'網捕'商鞅連相坐同樣性質的制度。地官大司徒說:

令民五家爲比,使之相保。五比爲閭,使之相受。

族師下說:

五家爲比,十家爲聯。五人爲伍,十人爲聯。四閭爲族,八閭爲聯。使之相保相受,刑罰慶賞,相及相共。

比長下說:

五家相受,相和親,有辠奇衺則相及。

鄰長云:

掌相糾相受。

秋官士師之職云:

掌鄉合州黨族閭比之聯,與其民人之什伍,使之相安相受,以比追胥之事,以施刑罰慶賞。

鄭注:

追追寇也。胥讀爲宿偦之偦,偦謂司搏(伺捕)盜賊也。

以上諸條,完全是商鞅令民什伍相牧司連坐之制,完全是李悝

法經'網捕'之法,完全是防禁人民之爲盜賊。所以他說,秋官刑職在於

以詰邦國,以糾萬民,以除盜賊(天官小宰)

了。盜賊成爲政治家值得注意的對象,乃春秋以後事。那種嚴密防禁盜賊的制度,又豈是周公所制,春秋前所有?然而周官作者究竟比商君又生晚得多,所以他在地官大司徒'使民五家爲比,使之相保,五比爲閭,使之相受'之下,又加上幾句說:

四閭爲族,使之相葬。五族爲黨,使之相救。五黨爲州,使之相賙。五州爲鄉,使之相賓。

這幾項忽地和上面相保相受的精神絕然不同。這是周官作者又兼採了孟子書裏'鄉田同井,出入相友,守望相助,疾病相扶持'的話,而加以配搭。然而前兩種——相保相受——是人民對政府所負一種必然性的聯帶的責任。後幾種(相葬以下)是人民相互間經濟上一種可能而偶然的自由,如何可幷爲一談。這又是周官作者湊合兩種不同性質的素材,加以組織,而一時疏忽,發生罅漏。這些罅漏裡,正是他成書時代的一種報告。至於前引管子的話,自然也在戰國晚年。其實到那時李悝'網捕'商鞅什伍的制度,也早已失效。盜賊之多,遷徙奔亡之盛,平民階級之活動,還是有增無減。所以老子要很感慨的說:'法令滋彰,盜賊多有。'而盛唱其'小國寡民,使民重死而不遠徙,老死不相往來'的理想。老子和周官還是差不多時代的作品。

第六論作內政寄軍令

一個政治家的功能,應該不僅僅於防禁人民之爲盜賊,使

他無從奔亡遷徙。而更應該積極誘導能爲盜賊的人民,用他們的氣力來開闢有利於國家的路徑。在戰國初年,要誘導國民能力來有利國家,極簡單的祇有國內的農耕,和國外的侵略。李克(即李悝)吳起商鞅都同時以法家而兼著兵農的能事。他們的事業,都能收相當的果效。(余有詳攷,散見諸子繫年卷二卷三。)而周官作者,講到刑法一端,似乎還不失三家規矩。秋官大司寇說:

> 以五刑糾萬民,一曰野刑,上功糾力。二曰軍刑,上命糾守。三曰鄉刑,上德糾孝。四曰官刑,上能糾職。五曰國刑,上愿糾暴。

史記說衛鞅說秦孝公變法修刑,內修耕稼,外勸戰死,這便是周官五刑裏的野刑和軍刑。他在周官書裏,還佔著最先的地位,正還是李克吳起商鞅相沿的一點意思。在士師有五禁之法:

> 一曰宮禁,二曰官禁,三曰國禁,四曰野禁,五曰軍禁。

也是田野和軍旅並言。呂氏春秋上農篇曾詳細講到野禁的節目,又發明田野與軍旅的關係說:

> 古先聖王之所以導其民者,先務於農。民農非徒爲地利也,貴其志也。民農則樸,樸則易用,易用則邊境安,主位尊。民農則重,重則少私義,少私義則公法立,力專一。民農則其產復,其產復則重徙,重徙則死其處而無二慮。民舍本而事末,則不令,不令則不可以守,不可以戰。民舍本而事末,則其產約,其產約則輕遷徙,輕遷徙則國家有患,皆有遠志,無有居心。民舍本而事末,則好智,好智則多詐,多詐則巧法令,以是爲非,以非爲是。

這可說是一種耕農法令軍旅三位一體的理論。最先起於李悝吳起,到商鞅而其效大顯。以後常為一輩學者所歌頌而鼓吹。發展到最完密的便是管子之所謂'作內政而寄軍令。'他們說:

> 卒伍整於里,軍旅整於郊。…………伍之人祭祠同福,死喪同恤,禍災共之。人與人相疇,家與家相疇,世同居,少同遊。故夜戰聲相聞,足以不乖。晝戰目相見,足以相識。其歡欣足以相死。居同樂,行同和,死同哀。是故守則同固,戰則同彊。(齊語)

李悝的'網捕,'商鞅的什伍相牧司,都還是消極的防制。孟子的'守望相助,疾病相扶持,'又感得疲軟不切時務。到管子'內政寄軍令'的理論,纔把雙方精神都容納了,造成一種健全的積極而強有力的想像。宜乎後代的人,常常要把這一番理論和管仲實際的功業聯想起來,認是管仲時代的真制度。其實管仲當時還不需要那種高深的理論,來做他功業的礎石。管子和周官一樣是戰國晚年一輩學者的理想。而周官似乎在制度上格外寫得精密而出色些。姑舉一例,如地官的小司徒裏說:

> 小司徒之職,掌建邦之教法,以稽國中及四郊都鄙之夫家,九比之數,以辨其貴賤老幼廢疾,凡征役之施舍,與其祭祀飲食喪紀之禁令。乃頒比法於六鄉之大夫,使各登其鄉之衆寡六畜車輦,辨其物,以歲時入其數,以施政教徵令。及三年則大比,大比則受邦國之比要。乃會萬民之卒伍而用之,五人為伍,五伍為兩,四兩為卒,五卒為旅,五旅為師,五師為軍,以起軍旅,以

> 作田役,以比追胥,以令貢賦。乃均土地,以稽其人民而周知其數。上地家七人,可任也者家三人。中地家六人,可任也者二家五人。下地家五人,可任也者家二人。凡起徒役,無過家一人,以其餘爲羨,唯田與追胥竭作。凡用衆庶,則掌其政教,與其戒禁,聽其辭訟,施其賞罰,誅其犯命者。凡國之大事,致民,大故,致餘子。乃經土地,而井牧其田野。九夫爲井,四井爲邑,四邑爲丘,四丘爲甸,四甸爲縣,四縣爲都,以任地事而令貢賦,凡稅斂之事。乃分地域而辨其守,施其職,而平其政。

把一國的財政軍事教育刑法一切的政令,在一個精神下面統一起來。全國凝結成一個有機體,於內務耕稼外勸戰死的後面,再補上一種爲民制產修其孝弟的精神。管子和周官同樣在這種理想下產生,無怪乎後人又要認周官眞是周公致太平的書。其實只看他們寄軍令於內政的一點,便不像是致太平的規模。倘不如說是管仲霸諸侯的陰謀較爲近情。把上列呂氏春秋上農篇耕農法令軍旅三位一體的理論,再加上教育孝弟,便成管子和周官。這都是積極一面的思想,而消極方面,則爲老子。也不要教育,也不要軍政,也不要法令,只是一個歸眞返樸的反於耕農。這些都是或先或後的同爲戰國晚年的書,同是一個時代下面的產物。

第七論入矢金贖罪

周官大司寇說:

以兩造禁民訟,入束矢於朝,然後聽之。以兩劑禁民獄,入鈞金三日,乃致於朝,然後聽之。

鄭注:

必入矢者,取其直也。必入金者,取其堅也。

其說殊誤。其實入金矢贖罪,也是"作內政寄軍令"的一面。其制可證之於管子。中匡云:

甲兵未足,請薄刑罰,以厚甲兵。於是死罪不殺,刑罪不罰,使以甲兵贖。死罰以犀甲一戟,刑罪(舊誤罰,依王校改。)以脅盾一戟,過罰以金鈞。(舊誤軍,依王校改。)無所計而訟者,成以束矢。

可見令民入束矢然後聽其訟,正爲欲厚甲兵,並不取其直。小匡又說:

齊國寡甲兵,吾欲輕罪而移之於甲兵。制重罪入以兵甲犀脅二戟,輕罪入蘭盾鞈革二戟,小罪入以金鈞,分宥薄罪入以半鈞。無坐(挫)抑而訟獄者,正三禁之而不直,則入一束矢以罰之。美金以鑄戈劍矛戟,惡金以鑄斤斧鉏夷鋸欘。

可見入金也爲是厚甲兵,並非取其堅。秋官的職金也說:

掌受士之金罰貨罰,入于司兵。

鄭注:

給治兵及工直也。

則爲得之。淮南汜論訓說:

齊桓公將欲征伐,甲兵不足,令有重罪者出犀角一戟,有輕罪者贖以金分,訟而不勝者出一束箭。

亦謂是管仲的創制。然在春秋初期,民間行使金屬,決不能如此普泛,至於可使出鈞金贖罪。國際間亦沒有像戰國時那般大規模的戰爭接續爆發,而感到甲兵的急切需要。何遽創設那樣的制度？而且那時軍輿的兵甲,完全由政府頒給,民間也不像有私藏的武器。如犀兕蘭盾鞈革戟等械服,除卻國家特設工官以外,民間全是些小農生活,那裏能自己鼓鑄？周官和管子還像同樣是戰國晚年的說話。若試推尋這種制度的遠源,在李悝的故事裏,似乎有幾分暗示。韓非子說:

> 李悝爲魏文侯上地之守,欲人之善射也,乃下令曰:'人之有狐疑之訟者,令之射的,中之者勝,不中者負。'令下而人皆疾習射,日夜不休,及與秦人戰,大敗之。

這個故事,分明是周官管子令民入金矢判獄贖罪的前身。然而尚書堯典的作者,早已說那時已是'金作贖刑'了。呂刑的作者,卻說:

> 墨辟疑赦,其罰百鍰。劓辟疑赦,其罰惟倍。剕辟疑赦,其罰倍差。宮辟疑赦,其罰六百鍰。大辟疑赦,其罰千鍰。

一鍰要六兩,(夏侯歐陽說,見周官職金疏)。這時的民間,那有如許金？

周官質人又說:

> 掌成市之貨賄人民牛馬兵器珍異。

王制說:

> 戎器不粥于市,兵車不粥于市。

民間有戎器兵車相交易,國家有禁令及掌成之官,恐都是戰國晚年人語。

根據上論,亦證周官出戰國晚世,似屬晉人作品,遠承李悝吳起商鞅,參以孟子,與管子老子書相先後。

(三)關於田制

周官記載宗教祀典,大部分採取戰國晚年陰陽家的思想。他記法制刑律,有好許是李悝商鞅傳統。上面已述及。此下再從經濟方面,加以討究。周官講經濟,最重要的自然是田制。井田的有無,歷來不少學者辨論過,此處並不能詳細敘述。大概說來,井田是有這麼一會事的。周人本是耕稼民族的先進。他的勢力,展廓到東方以後,耕稼的智識和事業,隨著傳播過來。稷神和社神,同樣地崇奉而普遍。后稷便是周人的祖先棄。周室懿親功臣,分封各地,佔著政治上種種統治權和優先權。他們選定各自邦土內肥沃平衍的曠地,指導一輩他們統治下的人民,為他們墾治。他們是大地主,為他們耕墾的其實只是他們的耕戶。楚國芋尹無宇說:

封畧之內,何非君土?食土之毛,誰非君臣?(左昭七年傳)

便是當時真實的情形。在他們頒給土地,指導耕墾的時候,自要大體上劃分一些疆界,平均分配。一夫治田一方(百畝),一方(百畝)和一方(百畝)之間,有著畔岸和溝洫。一縱一橫,如此般劃分著。一區一區的便是井田。

崧高之詩說:

王命申伯,式是南邦。因是謝人,以作爾庸。王命召伯,徹申伯土田。王命傅御,遷其私人。

要封一個申伯,先為之築城,(作庸)再為之劃地,(徹土田)然後為之移民。（還私人。）這是當時封建的情形。江漢之詩又說：

江漢之滸王命召虎。式辟四方，徹我疆土。匪疚匪棘，王國來極。于疆于理，至于南海。

闢地劃田，爲之疆理，這是周人文化之所及，亦是周人封建之力所至。在宣王時如此，在宣王的前後畧可知。在南方江漢之滸如此，在東方齊魯一帶也可知。漢人鼂錯又說：

臣聞古之徙遠方以實廣虛也，相其陰陽之和，嘗其水泉之味，審其土田之宜，觀其草木之饒。然後營邑立城，製里割宅。通田作之道，正阡陌之界。先爲築室，家有一門二內，門戶之閉。

其言正與崧高江漢情形相似。這是當時一種井田制度形成的大概。至其所以名爲井田，或是數家同井，資爲灌溉，爲當時耕墾一個自然的區分。或是阡陌縱橫，形如井字般，略如後世所述井九百畝的制度。總之一井只是一組的耕戶和別一組的劃分。至於用數目字來精密敘述，多半出於後來學者們的理想和增飾。整齊呆板，並非眞相。然不能因此疑到古代並無井田。至於周官裏的井田制度，多半是戰國晚年一輩學者理想上的冥構。然而也有好許有來歷，有根據。我們從此上，也可推得周官的成書年代。

第一論公田制

詩經小雅說：

雨我公田，遂及我私，（大田）

這是西周田制有公田之證。孟子嘗說：

惟助爲有公田。

又說:

龍子曰:'治地莫善於助,莫不善於貢。貢者較數歲之中以爲常,樂歲粒米狼戾,多取之而不爲虐,則寡取之。凶年糞其田而不足,則必取盈焉。'

又說:

夏后氏五十而貢,殷人七十而助,周人百畝而徹,其實皆什一也。

我們對此諸說,有可信有不可信。如說惟助爲有公田,是可信的。說夏(后氏)五十而貢,殷人七十而助,周人百畝而徹,雖似孟子也已是引用當時原有的一種成語,而實際却不可信。據今推想,當時貴族階級劃地授田,不一定全是一夫百畝。儘可有五十畝或七十畝的,(即如孟子所謂'卿以下,必有圭田,圭田五十畝,餘夫二十五畝',便是一證。)所謂一夫治田百畝,或已是一輩學者注意到農民耕種的能力和生活上的必需,而加以鼓吹,遂有此說,或許如男子三十而娶女子二十而嫁一般,爲一夫大限的序述。至於助法和貢法,也未見是貢法在前,而助法在後。如大田詩所說,西周顯有公田,所以孟子又說'雖周亦助也。'助法的大體是

方里而井,井九百畝,其中爲公田,八家皆私百畝,同養公田。

這種制度的精神,不在八家與百畝的數字之規定,而在其立公田與私田的區分。貴族大地主們,劃分著一整塊土地,賜給幾家耕戶,爲之墾治。各家分得同量的一區,爲各家的私業。而同時合力來墾治另一區的公田,作爲對地主的報償,公田不

必定在中央,一井(卽一組)不必定是八家。儘可有五六家一井的,也儘可有十一二家爲一井的。那一井的公田,也可在百畝以上或以下。所謂'八家同井,井九百畝,中爲公田,'者,乃是公田制裏一個最像樣最整齊的模範制。而所謂私田者,只是耕戶私其當年田畝犂治之所穫,並不是私其田畝之所有權。

這種制度,在權利觀念還未十分發展的社會,土地私有權的觀念尙未產生,所謂風氣較淳的時代,也未見不可行。然而權利觀念的生長和進步,是不可避免的。所以'雨我公田遂及我私'的歌頌,不免要變成何休所謂'不肯盡力於公田'了。一輩耕戶不肯盡力於公田,便是助法要崩壞改革的先機。貴族階級裏,自會想到把公田一併頒給他們的耕戶,而在耕戶們各自耕種的田上,抽他們一宗額定的租稅。這便是所謂貢法。便是所謂校數歲以爲常。照此說來,助法先有,而貢法後起。王制說:

古者公田籍而不稅。

春秋魯宣公十六年,初稅畝。穀梁傳說:

古者什一,籍而不稅。井田九百畝,公田居一。私田稼不善,則非吏,公田稼不善,則非民。初稅畝者,去公田而履畝十取一也。

左傳說:

初稅畝,非禮也。穀出不過籍,以豐財也。

這是魯國開始改革公田的籍(助)法,而創行履畝的稅(卽貢)法之明證。當時諸侯先後隨時代潮流之變遷,而改革他們的田制,可從此類推。至於助法之廢,一面固是農民的不肯盡力公田,而另一面還有貴族的取之無藝,同樣足以促進田制的改革。此理甚明,可勿詳及。

其次要論徹。徹字在先不像是一種稅制的名稱。詩公劉

徹田爲糧,

崧高

徹申伯土田,…………徹申伯土疆。

這些詩句,並不能援爲周初或西周早行徹法之證。徹字有開列之義,徹田爲糧,只是開派田畝,令衆墾治,以爲糧食。崧高詩也只說宣王先命召伯爲申伯開劃田土疆畔,先把申伯私人遷去,好叫他們墾殖。先使申地有了糧食委積,好讓申伯快些成行,到新封的國土去。江漢詩又說:

王命召虎,式辟四方,徹我疆土。

徹和辟同是開闢之義,正和商鞅開阡陌相似。秦制有徹侯,得劃分田土,也還用的古義。舊說認徹爲一種稅制,最先是根據論語。

哀公問於有若曰:'年饑用不足,如之何?'有若對曰:'盍徹乎?'曰:'二吾猶不足,如之何其徹也?'對曰:'百姓足,君孰與不足?百姓不足,君孰與足?'(顏淵)

此節文義頗含糊,極費解釋。二吾猶不足,集解

孔曰:二謂什二而稅。

邢疏

古者公田之法,十取其一,謂十畝內取一。舊法既已十畝取一矣,春秋魯宣公十五年初稅畝,又履其餘畝,更復十收其一。乃是十取其二,故哀公曰二吾猶不足。

今按:魯宣公十五年初稅畝,乃是廢公田行貢法,邢疏之說不可信。然捨此則十二而稅之說更無據。竊疑二吾猶不足,本不

作什二而稅講。考春秋魯哀公十二年春,用田賦。公羊傳

十有二年春,用田賦。何以書? 譏。何譏爾? 譏始用田賦也。

孔廣森公羊通義說之云:

魯語曰:季康子欲以田賦,子謂冉有曰:先王制土,籍田以力,而砥其遠邇。賦里以入,而量其有無。任力以夫,而議其老幼。於是乎有鰥寡孤疾。有軍旅之出則徵之,無則已。其歲收,田一井,出稯禾秉芻缶米,不是過也。' 五經異義周禮說'有軍旅之歲,一井九夫百畝之賦,出米二百四十斛,芻秉一百四十斤,釜米十六斗,' 謂此田賦也。古者公田籍而不稅,有武事,然後取其賦。故賦之字从貝从武。昔伯禽徂征淮夷,芻茭餱糧,郊遂峙之,田賦之法也。今魯用田賦者,是無軍旅之歲,亦一切取之,厲民甚矣。稅畝本無其制,故言初。田賦本有其制,特不宜非時用之,故言用。傳例曰:用者,不宜用也。

其事左傳亦有記載,說:

季孫欲以田賦,使冉有訪諸仲尼。仲尼曰:'丘不識也。' 三發,仲尼不對,而私於冉有曰:'君子之行也,度於禮。施取其厚,事舉其中,斂從其薄,如是,則以丘亦足矣。若不度於禮,而貪冒無厭,則雖以田賦,將又不足。'

這裏的'以丘亦足矣,' 即是'丘不識也'之丘。是說照我看也儘夠了。丘是仲尼名孔丘自稱之辭。杜注把周官的十六井一丘說之,這一節文字從此辨論紛紜,到今莫解。只有孔廣森懷

國語解春秋,不用左傳的杜注來解國語,獨得古人之眞。原來田稅是經常的,而軍賦則是臨時的。魯哀公却把臨時的軍賦,一幷按年徵收。自此農民遂逐年有兩分負擔,而國家則逐年有兩分收入。然而魯哀公還感得年饑用不足,正給左氏所載仲尼說的

> 雖以田賦,將又不足,

一語道著。劉寶楠論語正義

> 舊有一說云:哀公十二年十三年皆有螽,連年用兵於邾,又有齊警,此所以年饑而用不足也。

劉氏自疑此說,謂哀公問有若,當在十二年用田賦之前。其實此說甚是。哀公問有若,正在十二年用田賦之後。有若所對,正是其師孔丘仲尼之意。俞氏正燮癸巳類稿說:

> 君卿從無年饑不足食之事。………… 蓋用非米粟也,徹非賦役也。(卷三徹足用義)

此說亦是。有若所謂'盍徹乎,'正是勸魯哀公罷免常年的軍賦,仍止徵收其一分的田稅。故哀公說'二吾猶不足,如之何其徹也?'這是說我兼徵了田稅軍賦兩分,尙嫌不夠,如何叫我仍止徵收一分的田稅呢?魯用田賦在十二年春,是年冬十有二月螽,明年十三年秋九月又螽,連遭此兩度歉收,哀公之問,有若之答,蓋在其時。若明得這一個背景,則論語'盍徹乎''二吾猶不足'兩語,極易明白。而由此爲說,則有若當時之所謂徹,僅止是徵收田稅之義,正從'徹田爲糧'徹字的含義轉來。並不是一種特殊的稅制,並不是在貢助兩法外別有一種徹法,也並不是相反於什二而稅的什一之稅。而到孟子書裏,却說成'夏后氏五十而貢,殷人七十而助,周人百畝而徹,'好像有三種的田制,

和三種的稅法。遂又使後人百端解說,終無是處。其實龍子祇很感慨地說:

治地莫善於助,莫不善於貢。

孟子也說:

雖周亦助,

他們只痛惡眼前的貢法,他們只歌誦已往的助法。却沒有能於貢助之外,另說出一個徹法的意義來。所以我說,徹法是一個本來沒有而不可信的說法。

現在我們撇開徹法,專從貢助兩法看。則龍子和孟子的意見,也有不同。龍子似乎只看到當時貴族們的重斂掊克,痛心疾首,要想恢復古代已廢的舊制——公田爲助。而沒有顧及古制之所以廢,在當時也因有過流弊乃至於不能維持。孟子雖贊成龍子的主張,他却更斟酌了,提出一種較爲折衷的辦法,一種貢助兼採的辦法。說:

請野九一而助,國中什一使自賦。

又說:

公事畢然後敢治私事,所以別野人也。

孟子這番主張,大概有兩層理由。一是野外地較寬平,可以有整塊田畝劃做井制,來恢復古代的所謂'公田之助。'至於國中地狹人稠,卿大夫以下圭田,多只以五十畝起算,不能改成整塊九百畝九百畝的井地。因此只可什一而稅。(孟子書裏用一賦字,足徵其時賦稅已不辨。大概秦用田賦的辦法,也早已先後推行於各國了。)第二所謂野人的,他們地位比較低,知識比較淺,他們大概是別處遷徙來的流氓。不得意於故主,而來求新主。他們還不敢明白主張土地私有權的觀念。還可以強制他們,使他們保存一種'公事畢然後敢治私事'的心理。還可以教他們歌誦'雨我公田遂及我私'的詩句。至於國中百姓,和四鄙氓人不同。大概是和他們統治階級的君子或有親族上的關係(略如崧高詩所說申伯遷來的私人)多半是祖世土著。又或於耕稼外別營工賈等等其他的業務,使他們在一般的地位上增高。他們早已漸次形成其土地私有的一種觀念。無論沒有整塊的田土劃分井制。就在小面積裏,也不能再支配他們回頭服從上世淳樸的心理,叫他們'公事畢然後敢治私事。因此那一些田地,漸漸變成那一輩土著的私有,祖世相傳。國家只把來賞給卿大夫貴人,叫他們自去徵收他們什一之賦,作為國家支給的俸祿。將來受田的卿大夫換了,那有田的農人還是不換。正和野人之受一廛而為氓的,恰恰相反。因為野人受田,儘可逐年換,而田主却依舊。這其間在土地上的權位,大是不同。因此孟子也並不想把莫善於的助法一致地推行。以上講述孟子書裏所載的三種田制和稅法,雖不能說他全信。然也不能因此疑他所說全是造謊,全是托古改制。若全由孟子造謊假托,正可造得完密些,不應如此般模糊。我們現在只可從此一番模糊的說話裏,來推論一個古代田制的大概。則如上文所述,可謂雖不中而不遠。

我們明白了上引孟子書裏這一番話的大意,再來看周官,似乎周官書裏全沒有保留公田的舊制。江永說:

> 小司徒惟言九夫為井,未及論其中區之為公為私。載師任地,近郊什一,遠郊二十而三,甸稍縣都,皆無過什二,似皆無公田。司稼巡野觀稼,以年之上下出斂法,亦惟皆私田,乃有不定之斂法。如行助法,則惟以

公田之稼歸公,不必論年之上下矣。據司馬法畝百爲夫,夫三爲屋,屋三爲井,而小司徒言考夫屋,旅師言聚野之屋粟,是用夫三爲屋之法矣。用屋法,則非八家同井之法。(周禮疑義舉要)

周官究竟比孟子又晚出了幾時,他明白得公田制到底不可復,所以他書裏索性把周初的公田制削去,因此也沒有所謂助。

旅師

掌聚野之耡粟屋粟閒粟,

鄭注

耡粟,民相助作,一井之中所出九夫之稅粟也。

江永云:

旅師所掌,即遂人以興耡利甿之事。耡粟者,農民合出之,因合耦於耡,故名耡粟。正猶隋唐社倉義倉,每歲出粟少許,貯之當社,以待年饑之用者也。旅師所聚以耡粟爲主。耡粟無多,恐不足以給,又以載師之屋粟閒粟益之。鄭注謂九夫之稅粟,非也。

周官又並不遵守什一的定額,只說無過什二。這些都是時代潮流逼得周官的著者比孟子要聰明而圓通些,而也斟酌得更道地了。周官書中主張以年之上下出斂法。這種理論,在戰國初年本已有人主張過。那人便是魏文侯師李悝。漢書食貨志說李悝爲魏文侯作盡地力之敎。他說:

糴甚貴傷民,甚賤傷農。民傷則離散,農傷則國貧。故甚貴與甚賤,其傷一也。善爲國者,使民毋傷,而農益勸。今一夫挾五口,治田百畝,歲收畝一石半,爲粟百五十石。除十一之稅十五石,餘百三十五石。食人月一石半,五人終歲爲粟九十石,餘有四十五石。石三十,爲錢千三百五十。除社閭嘗新春秋之祠用錢三百,餘千五十。衣人率用錢三百,五人終歲用千五百,不足四百五十。不幸疾病死喪之費,及上賦斂,又未與此。此農夫所以常困,有不勸耕之心,而令糴至於甚貴者也。是故善平糴者,必謹觀歲有上中下熟。上熟其收自四,(四倍平收,爲六百石。)餘四百石。中熟自三,餘三百石。下熟自倍,餘百石。小飢則收百石。中飢七十石。大飢三十石。故大熟則上糴三而舍一,中熟則糴二,下熟則糴一。使民適足,賈平則止。小飢則發小熟之所斂,中飢則發中熟之所斂,大飢則發大熟之所斂而糶之。故雖遇饑饉水旱,糴不貴而民不散,取有餘以補不足也。

行之魏國,國以富强。這一種辦法正是周官司稼'巡野觀稼以年之上下出斂法'的絕好注解。其所謂斂,即孟子'狗彘食人食而不知檢'的檢,和什一而稅並不同。依李悝一段話計算,他所謂什一之稅,似乎不論年歲飢熟,常收定額十五石。相當孟子所謂'校數歲之中以爲常'的貢。而別以斂糶之法爲調劑。周官只采取了李悝之所謂斂,也並沒有孟子書裏的所謂徹。所以在以年之上下出斂法的下面接著說:

掌均萬民之食而賙其急,而平其興。

江永說:

興,起也,發也。謂賙急之時,平其所興發之廩食,猶旅師平頒其興積也。

此所謂興正當於李悝之所謂發與糶。旅師下又說:

凡用粟,春頒而秋斂之,

亦同意。孟子也說過:'野有餓莩而不知發。'孟子似乎也知道李悝的理論,然而沒有為之詳細發揮。只鼓吹他的'野九一而助,國中什一使自賦。'周官既采李悝斂散之法,對於孟子所謂莫善於的助,莫不善的貢,以及所謂周人的徹,自然均可不成問題。所以周官書裏只有貢有賦而沒有助和徹。孫詒讓說,

斂法謂賦斂之正供,即周之徹法也。(正義卷三十一)

上舉江永和一輩講周禮的,似乎都取同樣的見解,其實是錯了。管子下匡篇說:

案田而稅,二歲而稅一。上年什取三,中年什取二,下年什取一。歲飢不稅,

此或與後儒所講孟子的所謂徹法用意相近。然和李悝周官的斂發之政又不同。管子也論糶糴斂散。他說:'人君不理則畜賈游於市,乘民之不給,百倍其本。'此則戰國晚年商人階級崛興後的現象,李悝尚未說及,而周官泉府亦有之。至於西周制度所謂公田為助的,周官卻全沒有。此何嘗為周公所制?又何嘗是春秋前所有?

周官也有采取孟子的,在載師任地。近郊遠郊不同,近於孟子君子野人的分別。賈疏說:'近郊乃宅田士田賈田,遠郊乃官田牛田賞田牧田,甸稍縣都乃公邑之田。'明是國中養君子,郊外處野人的意思。旅師說:'凡新甿之治皆聽之,'鄭注'新甿,新徙來者也。'孟子公孫丑篇'則天下之民,皆說而願為之氓矣。'又滕文公篇'許行自楚之滕,踵門而告文公曰:願受一廛而為氓。'呂氏春秋高義篇'墨子願至越自比賓萌。'凡新甿皆在野受田地位自和國中百姓不同。旅師治新甿,雖有使無征役以為招

徠,而待遇實遠不如國中百姓。鄭注却說

周稅輕近而重遠,近者多役也。

此乃未明古代情實,定要推聖人用意,爲之說明,所以多誤。

第二論爰田制

比較初興的田制,應該是附有公田的助法。在一組耕戶的裏面,有他們應該擔負的一塊公田。而家數可以有多少,公田可以有大小。不一定全是'八家同井,井九百畝,公田百畝'那般呆板。所謂'八家同井,井九百畝,公田百畝'者,只是公田制裏一個理想上最整齊的模式,實際却不必全是如此。此種田制的精神不在八家與九百畝,而在公田與助法。這一層上面已論過。公田助法廢,卽無異於井田廢。而廢公田以外,另有興爰田一事,也是廢井田的先聲。左傳僖公十五年,'晉於是乎作爰田,'晉語作轅田,是爲爰田制之初見。漢書地理志云:

秦孝公用商君,制轅田,開阡陌。

是爲轅田制之再見。張晏說:

周制三年一易,以同美惡。商鞅始割列田地,開立阡陌,令民有常制。

孟康說:

三年爰土易居,古制也。末世浸廢。商鞅相秦,復立爰田。上田不易,中田一易,下田再易。爰自在其田,不復易居也。

食貨志述其制又云:

民受田,上田夫百畝,中田夫二百畝,下田夫三百畝,歲耕種者爲不易上田,休一歲者爲一易中田,休二歲者爲再易下田。三歲更耕之,自爰其處。

大概初行井田時,只是幾家同一井,各受田一方,同養公田一方,如此而止。至於同井幾家之間,田有肥磽。此井與彼井之間,更有相差。一時也顧不及。到後才定出三年爰土易居的辦法。(何休公羊注作三年一換主易居,爰土換主,其實有別。大概普通只換土,而或至於換主。)使'肥饒不得獨樂,墝埆不得獨苦。'(何休宣十五公羊注。)一輩農民過了三年,大家有一個機會互相易地。詩唐風有云:

碩鼠碩鼠,無食我黍!三歲貫女,莫我肯顧。逝將去女,適彼樂土。(碩鼠)

周官地官的小司徒也說:'三年大比,各登其鄉之衆寡。'正爲那時有三年一易居的機會,一輩耕戶,在他們大地主底下,過了不如意的生活,三年之後,不免想遷徙遠去,投奔新主人。孟子也說:

死徙無出鄉。

趙岐注:

徙謂爰土易居,平肥磽也。不出其鄉,易爲功也。

這是要農民們三年一易居的時候,不致爲他們對故主的痛心疾首而遷移得過遠去。好使大地主們對他治下的耕戶所施種種政教易於爲功。然而三年爰土易居,究是件麻煩事。無論田廬改易,紛擾已甚,而且也不一定有嚴密的分配。先耕上地的,未必定易到下田。先耕次地的,未必定換到上田。然而田主們肯給農民三年一易主換土的機會,究竟已是好意。若改行爰田制,受上田的百畝,受中田的二百畝,受下田的三百畝。苦樂既均,又免易居紛擾,自然更是在上者的美意。晉國在當時,國君被虜,國中無主,一輩朝臣纔想出此法,討好國民。那時一般國民感激圖報,不憚征繕的心理,自不必說。商鞅將此制推行於秦,招徠三晉墾民,遂以東雄諸侯,也是應得。惟此制一行,八家同井的公田制,便須根本搖動。不僅是八家百畝的數字,絕不符合。尤其重要的在其田地所有權的無形之轉移。在公田井制的時代,公田是一區耕地中間最主要的一部。幾家耕戶,為對地主盡其墾治公田之力,而暫時享到公田旁一帶棄地(卽私田)的使用利益。所以說:'雨我公田遂及我私。'這不盡是耕戶們對地主的忠誠心理之表現,實是當時關於田地的權利和義務的關係上應該如此。一輩耕戶,常常的可以易土換居,這並不是耕戶們的自由,實是他們對所耕的田地全沒有主權。一旦爰田制推行,耕戶們可以自爰其處,不復易居換土。這一來,那土地的所有權,雖未明白規定轉歸耕戶自有,而其田地之為永業,實漸漸從此栽根。所以爰田制推行,無疑的有幾點重要的變化。一是各家授地均等的制度破了。上地授百畝的,中地下地可以授二百畝三百畝。二是三年易土換居的制度廢了。耕者對其所墾治的田地,可以永遠繼續,不再紛更。三是耕戶們對田地的關係變了。因其自爰其處,不復易居,漸成永業,而田地的所有權,無形中移歸耕者所有。田地所有權的觀念變了,公田為助的稅法無形中也自隨之而變。據今所知,晉行爰田在晉惠公六年被虜於秦之歲。(西曆紀元前六四五。)魯廢公田初稅畝在魯宣公十六年。(西曆紀元前五九三。)相去尙五十餘年,這其間不能說沒有關係。而班氏食貨志把自爰其處的爰田制幷在八家同井的公田制裏說,不能說不是一種錯誤。

我又疑心爰田制不是晉國首創。當他們國破君虜之後,子金自秦脫歸,臨時推行爰田,結懽國人。未必像是精心創設這一個制度來。或者　時別國早有推行,而晉人特爲模效。考齊風甫田之詩,'無田甫田,維莠驕驕。無田甫田,維莠桀桀。'舊說詩刺襄公。若其說果信,此詩年代,應還在晉行爰田前四十多年。而那時似乎已有多授大田的制度,而還未懂得歲休更種之法。故詩人以維莠驕驕維莠桀桀爲戒。或者次田多授的制度,在那時已有。而晉行爰田,也並不是指導農民以新的方法,如所謂歲休更種的輪耕法。在當時所謂爰田,也只是一種授田的制度。本來百畝的,現在可以因地之高下而增爲二百畝三百畝。如此則得上地者無奪,而得中地下地者有與。本來三年一易的,現在可以永不紛更。如此則耕者皆得有其永業。故爲國人所喜。至於歲休更種,那是耕犂的技術之進步,與制度無涉。惟自爰田制推行,此種歲休輪耕法也自然爲人發現,爲人傳播。其究在何時則不可考。若今專以歲休輪耕法講爰田,也是錯誤。

要之均等授地,公田爲助,乃較先的制度。而分等授地,自爰其處,爲較後的制度。則其事似可信。而周官講田制,則亦采取較後起的爰田制。他說:

> 凡造都鄙,制其地域而封溝之,以其室數制之。不易之地家百畝,一易之地家二百畝,再易之地家三百畝。(地官司徒)

這明是春秋以來的爰田制,並不是西周八家同井的公田制。而且很明白的講及歲休更種的輪耕法。周官又說:

辨其野之土,上地中地下地,以頒田里。上地夫一廛,田百畝,萊五十畝,餘夫亦如之。中地夫一廛,田百畝,萊百畝,餘夫亦如之。下地夫一廛,田百畝,萊二百畝,餘夫亦如之。(遂人)

此與大司徒造都鄙所說,又略不同,然同是采取爰田制的精神。呂氏春秋說:

魏之行田也以百畝,而鄴以二百畝,田惡也。(樂成)

這也是一種爰田制。大概爰田制也並不定分百畝二百畝三百畝三等,數字上也容有出入。竊疑此制或亦與李悝有關。晉人本行爰田,現在魏國也行爰田,蓋是采取晉國舊制。商鞅變法,多承李悝遺教。遂又移行此法於秦。他的制轅田,實便是廢井田。惜乎後人不能把此兩種制度的異同,詳爲剖悉,遂使商鞅變法的來源及其眞相,茫昧莫明。至於周官著者,他講制度,多采李悝商鞅,講田制也如此。所以惟見後起的爰田,不見先行的公田。然而他還說:

九夫爲井。(小司徒)

既行爰田制,一夫不一定百畝,一井便不一定九夫。他又說:

上地家七人,可任也者家三人。中地家六人,可任也者二家五人。下地家五人,可任也者家二人。(小司徒)

又說:

凡令賦,以地與民制之。上地食者三之二,(田百畝,萊二百畝。)其民可用者家三人。中地食者半,(田百畝,萊亦百畝。)其民可用者二家五人。下地食者參之一,(田百畝,萊二百畝。)其民可用者家二人。(大司馬)

既行爰田制,上地家百畝,中地家二百畝,下地家三百畝,便不必再定上地家七人中地家六人下地家五人之限。若把上地給多人之家,中下地給少人之家,似又不必再分所給的多少。這其間又像有些衝突。竊疑周官著者盡量地網羅了各種好辦法,而一時忘了辦法與辦法之間有重複有牴牾。呂氏春秋說:

> 上田夫食九人,下田夫食五人,可以益,不可以損。一人治之,十人食之,六畜皆在其中矣。此大任地之道也。(上農)

這是說一個上田夫,至少該食九人,一個下田夫,至少該食五人,此乃督促農夫們盡力的最低限度。孟子也說:

> 耕者之所獲,一夫百畝,百畝之糞,上農夫食九人,上次食八人,中食七人,中次食六人,下食五人。(萬章,王制同。)

這也是呂氏春秋一樣的意思,而分說得過細些。周官的著者,似乎誤會了這種意思,把經濟上自然的現象,來寫定在政治上必然的制度裏,遂又引起後儒許多的爭辨。至於地官小司徒的三年大比,又無疑地保存著商君'令民有常制''靜生民之業'以前的舊制度。

第三論封疆溝洫

公田之廢,和爰田之推行,固是井田制崩壞之原因,然而還不止此。井田制最重要的精神,維繫在封建制度的上面。西周王室的懿親功臣,隨着周天子的勢力,封殖到東方來。起初如棋枰布子般,東一子,西一子,稀稀落落,依着局勢的緊要處,斷續地散布著。本不曾如孟子周官王制許多書裏所說那種方格塊般預定的嚴密和整齊。那些周室分建的諸侯,在他們封地裏,自然要劃疆自保。一部分隨從的宗族人民,緊簇在侯室的四圍。而本地一些服從歸化的土著,不免屏在較遠的郊野。那侯國漸次擴張,也照周室封建的模樣,來封殖他的子弟宗親和有功的大臣。一樣地疏疏落落,散布在侯國的境內,或新展擴的領土裏。築成他們的封疆,來保護他們一份世襲罔替的產業。那輩治下的子民,便在這封疆裏爲各自的主君盡他們耕耨貢賦的責任,而生息著。也還自有其所謂'十室之邑''二十五家之里''百戶之社'等等的小部落。部落與部落之間,不必東阡西陌,緊相湊簇。正猶侯國與侯國之間,也各有他們的甌脫,各有他們的溝界封疆。一盤棋子,初下時,東一子,西一子,並不怎樣地鬭湊。以後便不然了,棋愈下愈密,糾紛便起了。侯國與侯國之間,壤地相接,兼并之事,時時的有。卿大夫的釆邑,同樣因隣接而發生交涉。列國之間的所謂正疆界,列卿之間的所謂爭田地,在春秋是屢見之事。以前劃疆自保的局面,現在守不住了。'疆埸之間,一彼一此,何國蔑有。'大而邦國之四境,小而田邑之疆畔,到此免不得有刼殺劇奪。井田本是格子眼裏的東西。現在那格子線根本動搖,那格子眼裏的東西,如何能保得住原態?這是井田制崩壞的最大原因。

左傳僖公二十四年,記介子推事,說:

> 晉侯求之不獲,以緜上爲之田。

史記晉世家則謂

> 遂求所在,聞其入緜上山中,於是文公環緜上山中而封之,以爲介推田,號曰介山。

楚辭惜往日篇也說:

> 封介山而爲之禁。

可證田正是環而封之以爲禁的東西。某氏某邑種種名稱,也多和介山一般標著名號,正見那環而封之的裏面,早巳是誰家的禁臠,然而那動搖的情形,終不免於愈來愈烈。讓我姑舉左傳襄公一君的年代爲例。

六年十一月,齊滅萊,遷萊於郳,高厚崔杼定其田。

八年,莒人伐魯東鄙,以疆鄶田。

十年,初子駟爲田洫,司氏堵氏侯氏子師氏皆喪田焉。

…………

十六年,晉會諸侯溴梁,命歸侵田。

十九年春,諸侯盟於督揚,遂次於泗上,疆魯田。取邾田自漷水歸之於魯,

二十六年六月,晉魯宋鄭討衛,疆戚田。取衛西鄙懿氏六十以與孫氏。

二十四年夏,齊烏餘以廩丘奔晉,襲衛羊角取之,遂襲魯高魚,又取邑於宋。

二十七年春,晉使胥梁帶治之。使諸喪邑者具車徒以受地,使烏餘具車徒以受封。烏餘以其衆出,盡獲之。皆取其邑而歸諸侯。

二十九年,晉使至魯治杞田。

三十年,鄭子皮授子產政。子產使都鄙有章,上下有服,田有封洫,廬井有伍。從政一年,輿人誦之曰:'取我衣冠而褚之,取我田疇而伍之,孰殺子產,吾其與之,'及三年,又誦之曰:'我有子弟,子產誨之,我有田疇,子產殖之,子產而死,誰其嗣之。'

此外如文元年晉侯疆戚田,昭元年秋,叔弓帥師疆鄆田,昭二十

年，吳二公子奔楚，楚子大封田，定其徙。這一類事，眞是引不勝引。至於列國卿大夫賞田奪田致邑封邑，紛紛的事，也都未列入。起先是分疆劃界，東一塊，西一塊，各在各的格眼裏。現在攪做一起，一場糊塗。最顯的是鄭國。他們地狹民稠，尤其難理。子駟子產父子，十年之間，相繼想把田地的境界封洫整理一番，然子駟因此被殺，子產也險不免。最可笑的鄭國一般小民，在子產着手整理田土疆界的時候，也不免感到紛擾不快，高聲唱着革命的歌。只要有個領袖，他們都願一個個加入革命的隊伍，去殺子產。三年後，他們才知子產本來為他們小民着想，現在是受到實惠了。而恍然明白子產一死，不再有像子產般的人，能站在貴族的地位上，而再為他們一般小民爭福利，又唱起可憐的悼歌來。這一種趨勢，愈演愈烈，到戰國時，益發不成樣子。所以孟子說：

> 夫仁政必自經界始。經界不正，井地不均，穀祿不平。是故暴君汚吏，必慢其經界。經界旣正，分田制祿，可坐而言也。

經界實在是井田制裏一個最重要的元素。廢公田，行爰田，都可說是田制上的進步，而慢經界却是退步。孟子論井田，請野九一而助，未免有些不合時宜。至其論正經界，實為當務之急，未可並譏。

然而這裏還有一個問題。所謂井田的疆界，本隨封建而來。起先彼疆此界，東一塊，西一塊，各自在格眼裏的東西。後來萊蕪日闢，人烟日旺，而至於動搖和慢亂。要重整疆界，却不一定能恢復從前的格子綫。原來從前井田制裏的格子綫，並不如後世一般想像的簡單。各處的侯國，各處的卿大夫采邑，各處的里社,他們各有其所謂封疆。高高地築成一帶土堤,堤下隨著一帶深溝,圍在他們的所謂邑里郡國之外。雖有所謂'高岸爲谷,深谷爲陵的變遷,陵谷終是隨著田邑到處可見的。這便是古之所謂封疆。封是一個積土之界,而封與封之間,常隔着一片很寬闊的疆。詩信南山說:'疆場有瓜,'此乃田外的疆。左傳桓十七年說:'疆場之事,'則是邦外之疆。古代的封疆,不能把後世人烟稠密,經濟活動的情况來推想。他們大概是住在一種高築的格子綫裏,而相互間很遼遠地隔絕著。田制也是如此,所以有一方一方的井田。芋尹無宇說:

封略之內,何非君土? 食土之毛,誰非君臣?

大概古代可食之土,是常在封略以內的。而封略則是一種具體的建築。左傳又說:

封畛土略,自武父以南,及圃田之北竟。

這明明是具體的建築了。所以有略地,

隱五年傳'吾將略地焉,'

昭二十二年'荀吳略東陽,'

昭二十四年,'以略吳疆,'

宣十五年,'以略狄土,'

有略人,

成十二年'略其武夫,'

有畧牲畜,

齊語'犧牲不略,'

畧和封實在是差不多的舉動,正和近代的革命和反動一般。把別人的土地人民牲畜,用强力圈入自己的封疆之內,使爲我有,這舉動便叫畧。而同時略不僅是種舉動,還有件實體。正如封一樣,是圍在他勢力圈外一種高聳的土功。不像後世般,田疇相望,阡陌相通,村落散野,漫無關限。這非古代的景況。古人所謂封略,並不如後世只在文書觀念上的東西,而是有具體物證的。古之所謂國,也和都邑一般,只在一個大的土工建築以內,並不如後世國的見解,可以在平地上與人分劃。井田制是在這種景象下存在。他是格子綫眼裏的東西。而所謂格子綫,并不眞是一道線,而是一帶高高的岸,和深深的谷,接著外面是一塊遼闊的塲地,和別的一區這樣地隔絕,而並存著。這是地曠人稀時的景象。後來人烟密了,土地日闢,那景象日就消滅,然而未嘗沒有痕跡可指。史記商君列傳說:

爲田開阡陌封疆而賦稅平,

這開阡陌三字,從來爲人誤解,直到朱子作開阡陌辨,才說阡陌是田間之道。他說商君

但見田爲阡陌所束,而耕者限於百畝,則病其人力之不盡。但見阡陌之占地太廣,而不得爲田者多,則病其地利之有遺。又當世衰法壞之時,則其歸授之際,必不免有煩擾欺隱之姦。而阡陌之地,切近民田,又必有陰據以自私,而稅不入於公上者。是以一旦奮然不顧,盡開阡陌,………… 悉闢棄地悉爲田疇,…………以盡地利。使民有田即爲永業,而不復歸授,以絕煩擾欺隱之姦。使地皆爲田,田皆出稅,以覈陰據自私之幸。………… 故秦紀鞅傳皆云'爲田開阡陌封疆而賦稅平。'蔡澤亦曰'決裂阡陌,以靜生民之業,而一其俗。'詳味其言,則所謂開者,乃破壞剗削之意,而非創置建立之名。所謂阡陌,乃三代井田之舊,而非

秦之所制矣。

這一說,乃指出當時眞相。漢書匡衡傳:匡衡封僮之安樂鄉,鄉本田提封三千一百頃,南以閩陌爲界。初元元年,郡圖誤以閩陌爲平陵陌,多四百頃。其時所謂閩陌平陵陌,正是古來阡陌遺跡,决不如後世田間小道。可爲朱子開阡陌辨一文作助證。大抵人口日密,田畝日闢,開阡陌是一種極自然的趨勢。然而小區間的阡陌開了,大區間的阡陌或還在。所以閩陌與平陵陌一隔便是四百頃。董仲舒所謂富者連阡陌,正指此類而言。後人遂誤認爲阡陌是後起之制,自然錯了。而朱子之說,也還有未盡。朱子也還不免承著沿習的觀念,看重阡陌二字,而忘了以下還有所謂封疆。商君的功績,其實開阡陌尙小,而開封疆則大。所謂田爲阡陌所束,阡陌占地太廣云云,不如移說封疆尤爲切當。大概秦國境內,還比較多留一些西周田制的遺跡。所以阡陌封疆,還多存在。只看商君招徠三晉移民,爲秦墾荒,便知秦人在農業上尙少進展,大概還沒有到衝破格子綫的機緣。說文:'秦田二百四十步爲畝,'玉篇以爲是秦孝公之制。鹽鐵論'御史曰:古者制田百步爲畝,先帝哀憐百姓,田制二百四十步而一畝,'鹽鐵論所謂先帝,指武帝言。食貨志趙過代田法云:

十二夫爲田,一井一屋,故畝五頃。

注引鄧展曰:

九夫爲井,三夫爲屋,於古爲十二頃,古千二百畝,則得今五頃。

可見武帝時改古十二頃田爲五頃,其實是把西方的秦田來改當時的所謂東田。(據黃以周禮書通故第三十五。)東田是當時六國田畝,只以百步爲畝,商鞅開阡陌封疆,廢地盡闢,故得擴大爲二百四十步一畝。而那時的東方,大概封疆阡陌早已廢,而還是地狹民稠,故只成了步百爲畝的小田。(黄氏謂漢武帝改東田乃續開商鞅未開之阡陌,其說本俞正燮癸巳類稿,恐不可信。)商君的用意,也只想把東方情形移殖到西方去,要趕上東方人一步,而在西方人已不免大驚小怪。

再進當知井田與貴族封建,同時並來。要開井田的封疆,便須廢貴族世襲的封建。所以商君在爲田開阡陌封疆之前,

集小都鄉邑聚爲縣,置令丞。

先把國內封君采地,一并收爲國有,便所謂廢封建。這比開封疆還更重要。這是開封疆廢井田的先决問題。廢封建的代替,便是所謂二十等爵。馬端臨說:

古之所謂爵者,皆與之以土地。如公侯伯子男,以至附庸,及孤卿大夫,亦俱有世食祿邑。若秦法,則惟徹侯有地,關內侯則虛名而已。庶長以下,不論也。始皇遣王翦擊楚,翦請美田宅甚衆。曰:"爲大王將,有功,終不得封侯。"然則秦雖有徹侯之爵,而受封者蓋少。考之於史,惟商鞅封商於,魏冉封穰侯,范雎封應侯,呂不韋封文信侯,嫪毐封長信侯,……然鞅冉不韋毒皆身坐誅廢。雎雖幸善終,而亦未聞傳世。……
…… 蓋秦之法未嘗以土地予人,不待李斯建議,而後始罷封建也。(文獻通考封建六)

其實秦廢封建行郡縣,也是商鞅所創。史記所謂賦稅平,朱子釋還未盡。在封建時,各個封邑裏的人民,受各個封君的支配,賦稅如何得平?現在改行縣制,縣令受同一朝廷的制度,田民

直隸同一政府之下,賦稅自然也平。田民在一國內,受同一待遇,自然也不想遷徙。(除非要出國。)所以蔡澤說'靜生民之業而一其俗,'這是商君變法的大概。

孟子說'世祿滕固行之矣,'又說:'國中什一使自賦。'惟世祿之家,既有權自賦,國君如何能叫他定賦什一?這是孟子不如商鞅處。而孟子對於封疆,似乎也不主張保留。他說:

域民不以封疆之界,固國不以山谿之險。

這是很顯明的。大約當時東方諸侯,田畝日闢,人烟相望,早無所謂封疆,所以孟子也如此說。而當時各國還都努力建造他們國境上的長城,如齊趙韓魏多有,此仍是封疆觀念之變相。直到秦始皇造萬里長城,也仍是那種封疆的古觀念。日知錄長城條說:

春秋之世,田有封洫,故隨地可以設關,而阡陌之間,一縱一橫,亦非戎車之利也。觀國佐之對晉人,則可知矣。至於戰國,井田始廢,而車變為騎,於是寇鈔易而防守難,不得已而有長城之築。(卷三十一)

顧氏早已認識到長城是封洫既廢後的替代物,可為卓見。

今試推尋商君開封疆的主張,在先也早已有人明白說過,其人即是魏文侯師李悝。漢書食貨志說:

李悝為魏文侯作盡地力之教,以為地方百里,提封九萬頃,除山澤邑居,參分去一,為田六百萬畝。治田勤謹,則畝益三斗。(本作升,依臣瓚注改。)不勤則損亦如之。地方百里之增減,輒為粟百八十萬石矣。

又刑法志

一同百里,提封萬井。

蘇林說:'提音秖,陳留人謂舉田爲秖。'李奇說:'提,舉也。舉四封之內也。'師古說:'李說是,蘇音非。說者或以爲積土而封謂之隄封,旣改文字,又失義。'地理志亦言提封田,師古說:'提封者,大舉其封疆也。'今按李顏說似未得提封本訓。封乃田畝封疆,提是棄去之義。揚雄大玄'晦,腤提明德,'注'提,弃也。'禮記少儀'牛羊之肺離而不提心,'注,'提,絕也。'提訓舉,訓擲,均有離絕棄去之義。方里而井,一井九百畝,方百里得九萬頃,是棄去封疆,盡作實田之數。若加進實際上各處封疆計算,決不能得九萬頃。凡言提封,皆是棄開封疆,作凈田計算之意。漢書匡衡傳云:'樂安鄉本田提封三千一百畝。'又東方朔傳'迺使大夫吾邱壽王與待詔能用算者二人,舉籍阿城以南,盩厔以東宜春以西提封頃畝,及其賈直。'亦謂提開封疆等等,作凈田計算也。廣雅'提封,都凡也,'此訓更未的。而提封二字,始見於李悝書。可見闢裂封疆一事,李悝先已提倡。所以當時稱之爲盡地力之敎。並不是僅僅治田勤謹,便算盡地力。韓非子說

> 吳起治楚,以楚國之俗,封君太衆,故楚悼王使封君之子孫,三世而收爵祿,絕減百吏之祿秩。

淮南子也說:

> 吳起衰楚國之爵,而平其制祿。

呂氏春秋說:

> 吳起令楚貴人往實廣虛之地。

合三說觀之,吳起也承李悝之敎,主張破封建,盡地力的。商鞅又把李悝吳起的遺法推行到秦國去。結果吳起商鞅均遭一輩封君貴族之怨,而致殺身。封建的勢力,在中原諸侯中間,早已破壞,而在秦楚邊裔,還比較保留得多些。所以李悝并不爲

人注意,而吳起商鞅却轟動一時,旣得名,又得禍。至於後世,卻連他們當時事業也模糊了,解說不清楚。

上述井田封建關係,及封疆大概,再次來看周官。周官的作者,對田制主廢公田行爰田。又主以粟賦祿,來改變封建食邑。天官大宰

以九式均節財用,八曰匪頒之式。

廩人

掌九穀之數,以待國之匪頒,賙賜,稍食。

匪頒即是祿食,此制亦晚起。左傳昭元年,秦楚二公子同食百人之餼於晉,都給以穀,此恐是待別國逃亡之暫法。趙孟於絳縣老人,雖使爲小官,亦與之以田。晉語說'士食田。'春秋時尙如此。商君書境內篇'爵五大夫,有賜邑三百家,賜稅三百家,'邑言田,稅言穀,始分說。管子大匡'桓公賦祿以粟,'此乃戰國晚年人語。若盡以粟賦祿,即無食邑,無封建,便是商君開封疆而賦稅平。周官采取這幾項制度,全是後世進步的事實,全爲井田破壞之原因與現象。而一方也主張正經界。周官每一官開場,照例有'體國經野'的話,可見周官著者對此之重視。惟正經界不一定要復封建,正經界亦儘不失爲一種進步的主張。而周官書中一面却竭力鋪張封建制的規模。周官既是一部講周家制度的書,封建自然是第一件大事,斷斷不能廢忘不講。或者周官著者也還自信仰封建,和孟子態度相近。而因此與吳起商鞅異趨,也未可知。惟孟子雖主整頓封建,整頓經界,並沒有主張復興古代之所謂封疆。而周官書裏却又把古代封疆的規模,竭意地鋪張起來。他說:

辨其邦國都鄙之數,制其畿疆而溝封之。(地官大司徒)

乃建王國焉,制其畿方千里而封樹之。(仝上)

凡造都鄙,制其地域而封溝之。(仝上)

凡建邦國,主其社稷正其畿疆之封。(小司徒)

掌設立之社壝,爲畿封而樹之。(封人)

凡封國,設其社稷之壝,封其四疆。(仝上)

造都邑之封域者亦如之。(仝上)

鄰里酇鄙縣遂,皆有地域溝樹之。(遂人)

制畿封國,以正邦國。(夏官大司馬)

掌修城郭溝池樹渠之固(掌固)

凡國都之竟,有溝池之固,郊亦如之。………… 若有山川,則因之。(仝上)

掌九州之圖,以周知其山林川澤之阻,而達其道路。設國之五溝五涂,而樹之林,以爲阻固,皆有守禁,而達其道路。國有故,則藩塞阻路而止行者,以其屬守之,(司險)

……………………(掌疆)(闕)

掌制邦國之地域而正其封疆。(形方氏)

掌四方之地名,辨其丘陵墳衍原隰之名物之可以封邑者。(原師)

這是地官夏官兩篇裏所記載,從此還可推見古代封疆之面影,證明上文所謂的格子綫。在那一帶土封格子線之上,還栽種着許多樹木,好讓隄封堅固。那或許是社樹的起原。那裏的土封,比較宜栽某種的樹,那封域內的居民,也奉那種樹爲社神,特地崇敬。封建建字,本訓樹立。楚屈建即令尹子木,(左襄二十五年傳。) 楚太子建也字子木,(左哀十六年傳)古訓建,正是立木。在高的土封上,種立一排樹木,表明這封內田地之有所屬,這便是所謂封建。游牧部落分隊的標幟是旗,所以叫族,族从㫃,从矢。農耕部落分土的標幟是樹,所以叫社。社从土从木。封建是農耕部落的事。農耕部落裏的社,正如游牧部落裏的族。族相當於近人之所謂圖騰,而社是圖騰之變相和進化。墨子說:

聖王建國營都,必擇國之正壇,置以爲宗廟,必擇木之修茂者,立以爲叢位。

叢位便是社。社又是封建時代計地的一個單位。晏子春秋內篇雜下'齊桓公以書社五百封管仲,'荀子仲尼篇作'書社三百。'管子小稱篇,'衛公子開方以書社七百下衛,'呂覽知接篇作'書社四百。'左傳昭公二十五年,'自莒疆以西,請致千社。'哀公十五年,'齊與衞書社五百。'史記孔子世家'楚昭王將以書社地七百里封孔子。(按此恐當作書社七百,下冉有曰:'雖累千社,夫子不利,'當時自以社計,不以里計。)呂氏春秋高義篇'越以書社三百封墨子。'到戰國時,郡縣之名便多,書社之稱却絕,社正是封建時特有的東西。擴而大之,至於建邦國,建都邑,也和建社一般,一樣的是封土圈地,祇是工程和規模大了。這樣的情形,只在遼闊的大地上,奕棋似的,疏疏落落的下子,才有意思。一到人口稠密,壤地促狹,便無需乎封建,而也不容其封建。周官書裏早是後世繁密的景象,却還裝上古代荒疏的規模,這又是一個大罅漏。

左傳子產說:'天子之地一圻,列國一同,自是以衰,'天子本不曾自爲限制,至說列國以百里爲率,似尙近情。孟子也說:

公侯皆方百里,伯七十里,子男五十里。

百里之地,即以淨田計,也不過九萬頃。其間又須有卿大夫采邑,各有地域溝樹,各有郊疆曠地,山澤除外,决不能如李悝算法有田六百萬畝之多。其間也决沒有許多整塊的千夫百夫之地。現在周官說:

> 諸公之地封疆方五百里,其食者半。諸侯之地封疆方四百里,其食者參之一。諸伯之地封疆方三百里,其食者參之一。諸子之地封疆方二百里,其食者四之一。諸男之地封疆方百里,其食者四之一。(大司徒)

已是分地太大,不合古代情實。又說:

> 凡治野,夫間有遂,遂上有徑,十夫有溝,溝上有畛,百夫有洫,洫上有涂,千夫有澮,澮上有道,萬夫有川,川上有路,以達於畿。(遂人)

這是何等平正通達的景象?照此景象,又何來有地域溝池封疆之界?溝樹封疆,是小國寡民時狀態。千夫萬夫,是地闢民稠後景象。到千夫萬夫時,那溝樹封疆,早已消失。周官作者硬要把小國寡民時代的溝樹封疆,裝到後世雞鳴狗吠相聞而達乎四境的情形裏來,如何可以?而且雞鳴狗吠相聞,而達乎四境,還是孟子時齊國的氣象。所以孟子說'地不改辟矣,民不改聚矣,'齊以外各國未必盡如此。不加一番闢草萊,徠遠氓的工夫,便不能雞鳴狗吠相聞而達四境。那裏有周官遂人所記那種千夫萬夫正平通達的規模?這只是理想上的境界。周官的作者生得晚了,所見早是開阡陌封疆後的狀態。他從而加上一番理想的阡陌封疆之描寫,把疏的規模,來裝在密的現實上。遂成這樣大塊整齊的田制。此何嘗是周公所制,亦何嘗是春秋前所有?而且餘夫受田,又在何處?不成遠遠的隔在千夫萬夫之外？周官作者，只管整齊好看，不問彼此牴牾，往往如此。

和遂人五溝五涂相似的，還有考工記匠人溝洫之制。

> 匠人爲溝洫，耜廣五寸，二耜爲耦。一耦之伐，廣尺深尺，謂之畎。田首倍之，廣二尺，深二尺，謂之遂。九夫爲井。井間廣四尺，深四尺謂之溝。方十里爲成。成間廣八尺，深八尺，謂之洫。方百里爲同。同間廣二尋，深二仞，謂之澮。專達于川。

溝洫的廣深，都有詳細規定。鄭玄說：

> 九夫爲井。井者方一里，九夫所治之田也。…………方十里爲成。成中容一甸。甸方八里，出田稅，緣邊一里治洫。方百里爲同。同中容四都，六十四成，方八十里出田稅，緣邊十里治澮。

又小司徒

> 九夫爲井，四井爲邑，四邑爲丘，四丘爲甸，四甸爲縣，四縣爲都。

鄭注：

> 九夫爲井者，方一里九夫所治之田也。此制小司徒經之，匠人爲之溝洫，相包乃成耳。邑丘之屬，相連比以出田稅。溝洫爲除水害。四井爲邑，方二里。四邑爲丘，方四里。四丘爲甸，…………方八里，旁加一里，則方十里，爲一成。積百井九百夫，其中六十四井五百七十六夫出田稅，三十六井三百二十四夫治洫。四甸爲縣，方二十里四縣爲都，方四十里，四都方八十里旁加十里，乃得方百里，爲一同也。積萬井九萬夫，其

四千九十六井三萬六千八百六十四夫出田稅,二千三百四井二萬七百三十六夫治洫,三千六百井三萬二千四百夫治澮。

照此算法,方百里之地九萬井,除開溝滯溝洫所占面積只賸四千九十六井實田,可出租稅。今試回看漢書食貨志所引李悝盡地力之敎說:

地方百里,提封九萬頃,除山澤邑居參分去一,爲田六百萬畝。

刑法志也說:

一同百里,提封萬井。除山川沈斥城池邑居園囿街路三千六百井,定出賦六千四百井。

此處所除乃是山澤邑居,而鄭氏爲周官所除則是田之溝洫。依李法三分去一,僅除六百萬畝,而方百里已是一公侯之國,即依周官也是個男國,無論如何一男國裏,不能沒有園囿街路,不能沒有山川沈斥,更不能沒有城池邑居。而且那些也不能集在一處,定得不規則地分佔各處的地面。在此上如何再容考工匠人的溝洫?若照鄭氏算法,一同萬井。那三萬六千八百六十四夫出田稅的,他們的里廛邑屋在何處安放?他們的君子統治人城郭都國又在何處建立?勢不能沒有耕種的人,及其社會,而只有所耕種的田畝之理。若說鄭氏所除亦係山澤城邑等等,則

凡五溝積數,每井有一溝三遂。每成有一洫,八溝,百九十二遂。每同有一澮,八洫,四千九十六溝,九萬八千三百四遂。其五涂則徑與遂同,畛與溝同,涂與洫同,道與澮同。(正義卷八十五)

那些名目,要不要佔面積? 而且徑畛以通車徒,徑容牛馬,畛容大車,涂容乘車一軌,道容二軌,溝洫之廣與之相稱。則鄭氏算法所除,確為溝洫明甚。

黃以周駁鄭說,謂:

> 如鄭義,經宜曰井間謂之溝,甸間謂之洫矣。司馬法云:'通十為成,成百井,十成為終,終千井,十終為同,同萬井,'漢志文同。如鄭義,成實六十四井,無百井。同實四都,無萬井矣。竊謂一成百井,內容甸六十四井,其沿邊十里為隰皋,所謂牧也。(禮書通故第三十五)

照黃說,鄭氏除溝洫為算,實是錯了,而黃氏亦未得其是。他定一成百井,沿邊十里為隰皋,則內容仍是六十四井,仍與鄭氏二五為一十,仍不合司馬法漢志。而且溝洫所佔面積極廣,若統統圈在丘甸縣都的外圍,也便決不止方百里而止。今即以衆儒之說互為矛盾,而周官之不可信自顯。正為周官作者,沒有像後儒的彼此照顧,精密計算。他只搬弄字面,做一種紙上的數字游戲,本不能認眞。一面周官考工的作者也只把古代井田裏荒棄隔絕的封疆,盡變成他們理想上墾闢通達的溝涂,所以有此規模。而朱子卻把商君的開阡陌封疆來證成周官考工裏的溝洫,這又是他的誤解了。

溝洫本以通水利,今考諸夏水患,惟晉為烈。智伯決晉水灌晉陽,城不沈者三板。又說'汾水利以灌安邑,絳水利以灌平陽。'孟門呂梁之險,以及玄冥臺駘鯀禹治水的故事,皆出於晉。其次河南,於六國為魏。蘇代有言:'決白馬之口,魏無黃濟陽,決宿胥之口,魏無虛頓丘。'信陵君亦說:'決滎澤而水大梁,大梁必亡。'其後秦王賁攻魏,果引河溝灌大梁,城壞而降。當時山西河南沿河兩岸,是水患最盛的地方。因此也出了許多講究水利的專家。魏文侯時,與李悝同朝的,便有西門豹。梁惠王時有白圭,梁襄王時有史起。著名的水工鄭國,是韓人,亦在河南。竊疑周官作者是晉人,一面承襲李悝吳起商鞅講法制農事軍政。一面講水利,盛言溝洫之制,是西門豹白圭史起的遺教。

三晉地狹民稠,早無古代封疆遺跡。周官書裏,又把封疆轉換爲溝洫,而一面還保存著封疆的遺制。按實排來,便見無地以容。載師說:

以大都之地任畺地,

畺地有任,便是商君的開封疆。遂人又說:

以彊予任甿,

彊釋文作疆,宋建陽本同。我疑此亦把田外疆田授給新甿,使之墾治,同樣的是開封疆。周官書裏,像是沒有廢地曠士,荒的盡墾了。封疆變成溝洫,早是一種所謂理想上的井田制。

上面三節,第一是論公田之廢棄,第二是論爰田制之推行,第三是論封疆之破壞。都是古代井田制度消失的最大現象。周官一書,在大體上,都還跟著時代,採用了新興的局面。後人只說周官講井田,甚而至於說劉歆王莽爲要推行井田制,而僞造周官做根據,這都差了。依據上論,周官還只是像三晉人的作品。遠承李悝吳起商鞅,參以孟子,爲戰國晚年的一部書。

(四)其他

上陳三章,證周官乃戰國晚年書,已可無疑。此下乃幾條零星的討論。

第一論周官裏的封建

周官所記封建,决非古制眞相,前人辨難已多。茲姑舉一點言之。井田本隨封建而來,第三章已詳及。而周官書裏,却從井田上造成封建,先後倒置,顯見非史實的記錄。卽如孟子,亦何嘗不是想從正經界開始,而達到分田制祿,重新釐訂封建世祿的古規模。孟子周官同是戰國以下的思想,而周官講來愈細,愈見其爲晚出。姑舉一例,如小司徒之職說:

> 乃經土地而井牧其田野,四井爲邑,四邑爲丘,四丘爲甸,四甸爲縣,四縣爲都,以任地事。

這是先有了井田的規劃,纔分丘甸縣都等等的區域。無異於說先有田制,再造都鄙,這顯違古代情實。詩經說:'商邑翼翼,'邑是王畿。書說:'用附我大邑周,'春秋諸侯自稱敝邑,則邑是侯國。左傳莊二十八年'凡邑有宗廟先君之主曰都,無曰邑,'則邑爲都邑。楚辭大招'田邑千畛,'邑又是田邑。易經說'邑人三百戶,'論語說'十室之邑,'邑只是民居之所聚。民居有多少,故邑有大小。極其大則爲王都,極其小則稱十室,其間大小不等,未可枚舉。决沒有所規定。左傳莊二十八年又說:'邑曰築,都曰城。'大概邑與都同是一種土功的建築,只是大小不同。所以都邑二字,散文則通,並無區別。周官說'四井爲邑,'於古於後,全無憑證。左傳隱元年有大都中都小都,難道全是四縣方四十里之稱? 至於縣的性質,則和都邑不同。都邑是指一個土功的建築,縣則是一種政治的區域。縣可以包括都和邑,而不就是都邑。都邑可以爲縣,而儘可有都邑而不隸縣的。縣是地方區劃,都邑是社會集團,如何說縣有六十四邑,而都有四縣。左傳僖三十三年,晉襄公以再命命先茅之縣賞胥臣。宣十一年,楚子縣陳,十二年,鄭伯逆楚,說'使改事君,夷於九縣。'十五年,晉侯賞士伯以瓜衍之縣。成六年韓獻子說,'成師以出,而敗楚之二縣。'襄二十六年,蔡聲子說,'晉人將與之縣,以比叔向'三十年,有絳縣人。昭三年,州縣爲欒豹之邑。五年,薳啓彊說:'韓賦七邑,皆成縣也。'又說:'因其十家九縣,其餘四十縣。'十一年,叔向說:'陳人聽命而遂縣之。'二十八年,晉分祁氏田爲七縣,分羊舌氏田爲三縣。哀二年,趙簡子說:'上大夫受縣,下大夫受郡。'十七年,縣申息。凡此諸縣,均不能定以四甸爲縣,四縣爲都說之。而且當時諸侯似乎不盡有縣的制度。左傳上只說晉楚有縣,秦至孝公,商鞅變法,始并諸小鄉聚集爲大縣,全國分四十一縣。縣的制度也是絡續而散亂地在諸國間成立。至於丘甸,甸乃郊外田野。或田獵,或耕種,那些土地,統可稱甸。丘是民居村落,莊子說'丘里,'孟子說'丘民,'齊太公封營丘。丘還沒有成邑,甸還沒有成縣。丘民加上一圈土功的建築便成邑,甸地加上一番政治的劃分便成縣。春秋前後書裏那些字的意義,都這樣用。那許多井丘邑都縣甸,都是自然發展的現象。周官著者,把他們隨便拉來,裝在一套數字的算式下,何能認爲史實?他論公侯伯子男五等封爵,也祇如此。井田是在封建制下面自然形成的一些散亂的現象。周官著者却從九夫爲井上,推算出五等封爵的規模來,成一嚴密整齊的系統。用一種數字的游戲,在紙上劃分。好像天下早已一縱一橫千夫萬夫地盡劃成一方一方的井字,然後再在那些井字上面分建五等封爵,造成都鄙縣邑。求之實地,尋之實事,何嘗有此?後世一輩儒者,紛紛從周官孟子王制諸書精密地討論,嚴切地剖辨,似乎都可不必。

又堯典'肇十有二州,封十有二山,濬川。'吳摯甫說,(見其日記。)'肇封與濬對文。肇大傳作兆。詩肇域彼四海,鄭箋肇當作兆。孝經卜其宅兆,注謂塋藳界域。兆本灼龜坼,借爲界畫之義。封如畿封封疆之封。周官大司徒職,凡造都鄙,制其地域而溝封之。封即堯典所謂封山,溝即濬川也。封山濬川,皆肇十有二州之事。以山爲界曰封,以川爲界曰濬。'今按周官把整個的中國劃分五等封爵,已是理想。堯典不把整個中國封建,却劃爲十二州,這明明是戰國晚年封建制已倒,郡縣制已興後人的思想。堯典周官用著同一的理想同一的字面,一寫周官,遂成五等封爵,一寫堯典,遂成十二州。而其同爲晚周以下作品,則以兩兩對比而益顯。

第二論周官裏的軍制

封建井田軍制,都是一套相聯的。周官言井田封建,並非古制眞相,其言軍制可知。下面姑舉幾條爲例。

一論車乘及卒伍

夏官大司馬說:

凡制軍萬有二千五百人爲軍,

古主車戰,軍制應以車計。周官只說一軍萬二千五百人,並不

及車數,顯是其書晚出之證。後儒勉强分說,謂

以詩考之,軍蓋五百乘,乘蓋二十五人。天子六軍而采芑曰'其車三千,'魯僖公時二軍,而閟宫曰'公車千乘,'五百乘爲軍,是其明證。(孔廣森經學卮言)

其實詩人嘴裏的三千車乘,不一定准照現實制度的數字。城濮之戰,晉三軍皆出,何以只七百乘? 鞌之戰,經郤克力爭,增爲八百乘,那時也是三軍。楚蔿賈說子玉過三百乘,不能以入。全不像五百乘爲一軍的痕跡。直至春秋晚世,昭公八年,魯蒐于紅,革車千乘。又十三年,晉人治兵於邾南,甲車四千乘。定九年,夷儀之救在中牟者有千乘。其時各國車乘之衆,遠過春秋初期,然也不見五百乘爲一軍的痕跡。至於徒卒,也似乎並不與車乘混合編配。江永說:

觀左傳諸言戰處,雖云車馳卒奔,而車上甲士被傷,未聞車下七十二人爲之力救。遇險猶待御者下而推車,似車徒各自爲戰,而徒亦不甚多。(羣經補義)

大概春秋徒卒,始盛於南方楚及吳越,已在春秋晚期。定公四年,吳夫概王以其屬五千先擊楚,此已似大隊步卒,並不與車乘相配。哀公元年,越以甲楯五千保會稽。八年,魯微虎欲宵攻吳王舍,私屬徒七百人。十一年,魯齊戰於郊,冉有以武城人三百爲己徒卒。哀十三年,越伐吳,吳彌庸屬徒五千。黄池之會,吳帶甲三萬,其布陣也不像是車制。或已步騎兼用。又命王孫雒率徒師過宋。這全是春秋晚期徒步戰漸漸從南方諸國推行的證據。北方羣狄也用步戰。晉人禦狄改車爲行,語詳下條。左傳桓五年鄭爲魚麗之陳,先偏後伍,伍承彌縫。宣十二年楚君之戎,分爲二廣,廣有一卒,卒偏之兩。成七年,申公巫臣

以兩之一卒適吳,舍偏兩之一焉。此三條皆是車制。杜注以車徒彙說,遂致糾紛。(說詳江氏羣經補義。司馬法亦戰國中晚人所作,諸儒據司馬法講左傳,終難通,此不詳辨。)

總之一車附步卒二十五人或七十二人之說,幷非春秋時事實。現在周官說:

> 五人爲伍,二十五人爲兩,百人爲卒,五百人爲旅,二千五百人爲師,萬有二千五百人爲軍。

軍隊編制裏,只見人數,不有車數,本是春秋以後的說話。而後人偏要以一車二十五人爲解。孔廣森說已見上引,孫詒讓又申孔說,謂:

> 書牧誓叙孔疏引風俗通云:'車有兩輪,故稱爲兩,'蓋兩即車乘之名。故毛詩召南鵲巢傳'百兩,百乘也。'在軍以五伍共衛一車,因謂之二十五人爲兩。(正義卷五十四)

無奈如此講法,於事實全難貫通,亦復何必。要之周官軍制,只講徒卒,不及車乘,固足爲其書晚出之證。即謂一軍五百乘,一乘二十五人,如孔孫諸人的曲解,亦已足證其非春秋時事實,而爲春秋以後人所臆測而僞造了。

二論輿司馬行司馬

周官大司馬政官之屬,有

> 大司馬卿一人,小司馬中大夫二人,軍司馬下大夫四人,輿司馬上士八人,行司馬中士十有六人。

正義釋之云:

賈疏：左氏僖二十八年傳云：晉侯作三行以禦狄。注云：晉置上中下三軍，今復增置三行，以辟天子六軍之名。以所加三軍者謂之三行。彼名軍爲行，取於此行司馬之名也。'易祓云：'左傳魯會晉師於上鄍，輿帥受一命之服。晉享六卿于蒲圃，輿尉受一命之服。所謂輿者車也。晉作三行以禦狄，其後晉中行穆子與無終及羣狄戰於太原，毀車爲行，所謂行者徒也。成周師田之法，險野徒爲主，易野車爲主，於是設二司馬之屬，專掌車與徒之任。'黄度亦云：'輿司馬掌車，行司馬掌卒，軍司馬兼掌之。'詒讓案：易氏據左成二年昭元年傳，證輿爲車，行爲徒，左傳杜注亦謂輿帥兵車，其說可通。蔣載康林陰裔說亦同。竊疑詩唐風'彼汾沮洳'有公路公行，公路即輿之長帥，公行即行之長帥，與此輿行兩司馬義同，惜諸職並亡，無可質證。

今考春秋時諸夏用車戰，而戎狄則以步卒。故隱九年北戎侵鄭，鄭人患之，說'彼徒我車，懼其侵軼我。'晉居山西，與羣狄爲隣。僖公二十八年已作三行禦狄，至昭公元年，中行穆子與羣狄戰，始決意毀車爲行。

將戰，魏舒曰：'彼徒我車，所遇又阨。………… 請皆卒，自我始。乃毀車以爲行。五乘爲三伍。荀吳之嬖人不肯即卒，斬以徇。

當時以五乘改三伍，可證乘車者一車三人，並無二十五步卒附後。否則不勞毀車爲行，只須捨其車而單用每車附後之二十五步卒即可。今必毀車爲行，便知一車二十五步卒，定爲後人造設。戰國時趙武靈王胡服騎射，其情事實和中行穆子毀車爲行相彷。周官軍制有輿司馬行司馬,便足證其書出晉人,在春秋後。

三論國子與庶子

夏官司馬有國子,春官宮伯有庶子。庶子又見於外饔,酒正,司士,象胥,太僕,掌客諸職。惠士奇說之云:

> 秦爵有公士,越軍有教士,楚師有都君子,說者謂公士乃有爵之步卒,教士乃教練之精兵,近乎周之士庶子。都君子乃都邑之士,君所子養而有復除,近乎周之國子(禮說)

他把國子庶子比之春秋末期楚越之都君子及教士,雖不確當却有一部分意思。楚都君子見左傳昭二十七年,實是當時一種特養的鬬士。吳有賢良,(見吳語)越有私卒君子六千人,(見吳語)又有教士四萬人。(見史記越世家。)這些都是特練的軍隊,和臨時有事徵自田間的農兵不同。這種制度,起於春秋末期,南方楚越諸邦。而中原諸夏間,還不見有那種長期訓練及特別豢養的軍隊。觀於李悝爲上地守,欲民善射,遂以射決獄的故事足徵其時軍隊還多是臨時向民間徵調。其後吳起相楚,廢公族疏遠者,以撫養戰鬬之士。商鞅入秦變法,招徠三晉之民,爲秦墾地,而秦民則出任戰鬬。定二十級爵,戰獲一首,賜爵一級第一級即爲公士。都注意於養成特殊的戰鬬階級。從此魏有武士,(又稱武卒。)蒼頭,奮擊,(見魏策)齊有技擊,秦有銳士,(均見荀子)又有陷陣。(見吳子)當時各國,大概各有他們長期武裝的軍隊。那時宗法社會變成軍國,一輩貴戚功臣的子弟,也便不得

不加入軍隊裏來,掙他們的地位和前程。周官裏的國子,便是這時代的產物。夏官諸子說:

> 國有大事,則帥國子而致於太子。有兵甲之事,則授之車甲,合其卒伍,置其有司,以軍法治之。司馬弗正,凡國正弗及。

趙策左師觸龍願以其少子補黑衣之缺,以衛王宮,正與周官所謂國子相近。他們平日侍從暱近,雖說是武裝的衛隊,其實多半由貴戚功臣子弟為之,並不定有戰鬬實力,早和春秋末期楚越之所謂都君子不同。西漢有郎署,掌守門戶,執戟宿衛,出充車騎,亦多是外戚功臣之子弟為之,則與周官國子彷肖。至於庶子,言其來源,也和國子並無十分區別。新序雜事楚莊王中庶子說:'臣尙衣冠御郎十三年,前為豪矢,後為藩蔽,'可見正是宮廷宿衛一類。其次如商鞅以衛諸庶孽公子為魏相公叔痤中庶子,甘茂孫甘羅事秦相呂不韋為庶子,此等只是近臣侍從不一定能隨軍戰鬬。再下則如韓非子內儲說上商太宰使少庶子之市,又卜皮為縣令,使少庶子佯愛御史妾。孫詒讓說此等

> 蓋亦良家少年子弟,為家臣給使令,雖職事卑褻然亦周官都家庶子之遺制。(正義卷七)

其實只見庶子亦是戰國之制,春秋以前並無見。(新序說楚莊王又韓非內儲說下有晉平公時少庶子,皆戰國晚年以後人語。)惠士奇又說:

> 有卿大夫之庶子,有民之庶子。卿大夫之庶子,為國子。民之庶子衛王宮,守城郭,屬都家,謂之士庶子。軍行則從,歲終則饗,有功則勞,死則弔焉。

蓋周官所載庶子地位和性質,還是與軍事有關。惠說並不誤。他還是一種特養的門士之變相。

今考漢制有羽林,掌送從,次期門,常選漢陽隴西安定北地上郡西河六郡良家補。又取從軍死事之子孫,養羽林官,教以五兵,號羽林孤兒。而周官外饔,酒正,享士庶子亦每與享耆老孤兒連舉。耆老孤兒,均是死事者之父祖子孫。可見周官裏國子和庶子,實似西漢諸郎和羽林之別。乃遠從春秋末期都君子賢良之制蛻變而來,乃自宗法社會過渡到軍國社會時的一種現象。不論非周初所有,即春秋時亦無其事。至於戰國現實制度,自然和周官理想上記載不盡脗合,然可證周官正為戰國時代的思想和產物。(又按,俞正燮癸巳類稿周官庶子義謂漢人所謂童騎,梁書沈瑀傳所謂縣僮,五代遼金元人所謂孩兒班,寢殿小底,奢戶郎君,及諸王以下祗侯小底,明所謂門子,今所謂小茶房,乃周官儀禮之正名庶子也。其言亦得庶子之一義,然似不如惠說得其源。惟儀禮有庶子,同於周官,亦可證為晚出書。)

四論餘子

地官小司徒,

凡起徒役,毋過家一人,以其餘為羨,惟田與追胥竭作。

又說:

凡國之大事,致民。大故,致餘子。

鄭司農說:

餘子,謂羨也。

其名亦起戰國。秦策'范睢為梁餘子,'趙策燕趙久相攻,士大夫餘子之力盡於溝壘,'呂覽離俗'齊晉相與戰,平阿餘子亡戟得矛。'莊子秋水篇有'壽陵餘子,'管子問篇'餘子父母存不養而出離者幾何人,餘子之勝甲兵有行伍者幾何人,'此皆戰國時始有餘子之證。春秋晉始惟一軍,(莊十六)旣增爲二軍,(閔二)三軍,(僖二十七)五軍,(僖三十一)又舍二軍,(文六)旋作六軍,(成三)又罷爲四軍,(成十六)尋復三軍,(襄十一)可見國民並不盡隸軍籍,故以漸而增,旣增復舍。隨武子說:'楚國荆尸而舉,商農工賈,不敗其業,'正見當時農民隸軍籍的尙佔少數,故雖出軍而得不敗其業。(江永羣經補義據此證春秋時兵農已分,則誤。)魯作三軍,季氏取其乘之父兄子弟盡征之。孟氏以父兄及子弟之半歸公,而取其子弟之半。叔孫氏盡取子弟而以其父兄歸公。江永說:

> 所謂子弟者,兵之壯者也。父兄者,兵之老者也。皆其素在兵籍,隸之卒乘者,非通國之父兄子弟也。

至周官始說:

> 乃會萬民之卒伍而用之,五人爲伍,五伍爲兩,四兩爲卒,五卒爲旅,五旅爲師,五師爲軍,以起軍旅,以作田役,以比追胥,以令貢賦。

於是軍旅田役追胥貢賦,一樣要爲通國的每個丁男所負擔。又說:

> 上地家七人,可任也者家三人。中地家六人,可任也者二家五人。下地家五人,可任也者家二人。

一家男女老幼七人的,要任其三人,五人的要任其二人,除去老弱婦女,大概每個壯丁,一樣的逃不了國家的任務。所以蘇秦說:

臨淄之中七萬戶,臣竊度之,下戶三男子,三七二十一萬,不待發於遠縣,而臨淄之卒固已二十一萬矣。

周官裏的上地可任者家三人,在蘇秦口中還算是下戶。那時大概凡是丁男,無弗有被發爲卒的義務。所以周官也說:

國中自七尺以及六十,野自六尺以及六十有五,皆征之。其舍者,國中貴者,賢者,能者,服公事者,老者,疾者,皆舍,(鄉大夫)

賈疏:'七尺年二十,六尺年十五。'楚策'楚襄王使昭常守東地,悉五尺至六十,三十餘萬。'說苑'齊伐莒魯,下令丁男悉發,五尺童子,皆至。'在這種情況之下,才有所謂餘子。餘子正是尙未壯有室,而已上國家的軍伍役籍了。雖則杞之城也,絳老與焉,淸之戰也,僮汪死焉,在春秋中晚究還是非常的事。周官勒爲定制,一則曰'竭作,'再則曰'致餘子,'又說'皆征之,'非到戰國晚年,不致如此。(左傳宣二年晉有餘子,與此不同。)

五論軍門稱和

大司馬:

遂以狩田,以旌爲左右和之門。羣吏各帥其車徒,以敘,和出,左右陳車徒。

鄭注:

軍門曰和,今謂之壘門。

今按軍門稱和,亦戰國人語。齊策'秦攻齊,威王使章子將,與秦交和而舍,'孫子軍爭篇'將受命於君,合軍聚衆,交和而舍,'燕策'景陽開西和門,通使於魏,'韓非子外儲說左'李悝警其兩和,'此皆戰國以下軍門稱和之證。吳語'還軍接龢,'龢和同字,其前卽無稱軍門爲和者。左傳文十二年'晉甲趙穿當軍門呼曰,'又宣十二年,'趙旃夜至楚軍,席於軍門外,'齊語'執枹鼓立於軍門,'皆不稱和。且春秋時車戰,亦不能雙方軍門相交接。左傳十六年,晉楚戰鄢陵,楚晨壓晉軍而陳,范匄曰:'塞井夷竈,陳于軍中,而疏行首。'杜注'疏行首者,當陳前決開營壘,爲戰道,'可見其時兩軍相對,決不能有交和接和之事。軍門稱和,大概是車戰改徒戰後語,故其名始於吳。此雖小節,亦證周官晚出,非春秋前書。

第三論周官裏的外族

周官大司寇司隸,掌四翟之隸,一蠻隸,二閩隸,三夷隸,四貉隸,有閩貉而無戎狄,極爲可怪。詩經及左傳言及外族,主要的便是戎狄,其次才及蠻夷。貊字只韓奕之詩'其追其貊'一見。以下的書,便蠻夷多於戎狄,而貊字也漸漸有了。論語'蠻貊之邦,'孟子'貉道,''大貉小貉,'荀子'干越夷貉,(勸學)秦與胡貉爲鄰,(彊國)墨子燕代胡貉(非攻中)干越南夷(兼愛中)又說:蠻夷醜貉,(仝上)管子亦言胡貉,卑耳之貉,(小匡又齊語)穢貉荊夷,(仝上)中庸'施及蠻貊。'周官竟把貉字代替了戎狄的地位。大司馬九畿,職方氏九服,只有蠻夷,沒有戎狄,秋官象胥,掌蠻夷閩貉戎狄之國使,戎狄也在最後,其書爲戰國晚出甚顯。近人多疑尚書堯典'蠻夷猾夏'一語,謂其時怎已稱夏。其實那時猾夏的似應稱戎狄,不應稱蠻夷,說蠻夷便可疑了。禹貢一篇,五服有蠻夷,無戎狄.又有島夷嵎夷萊夷淮夷和夷,有三苗,而西戎只一見,狄則無,正和周官堯典大致相同。蓋自春秋晚期以後,東南方的外族,漸漸占重要地位,比以前西北的戎狄給人注意得多。所以戰國時代的人,多言蠻夷少言戎狄,恰恰同詩經左傳相反。而貉字尤其是一個到戰國時才通用的字。即韓奕一詩,既說'因時百蠻,'又說'其追其貊,'把蠻貊來代替戎狄,在詩三百篇裏,特爲變例,也頗可疑。至於閩字,不僅詩經左傳少見,即孟荀管墨諸子書中亦未有。周官究竟是一部極晚出的書,即此可決。又職方氏稱四夷,八蠻,七閩,九貉,五戎,六狄,在外族的身上,加上種種數字,也是極晚出的。三苗九黎,同樣和周官爲晚出之證。墨子節葬,'堯北敎乎八狄,'北堂書鈔作北狄,'舜西敎乎七戎,'書鈔及太平御覽作犬戎,'禹東敎乎九夷,'御覽作于越,除九夷一語見論語外,只有四夷是常見的,其他惟見周官及明堂位。

周官又說夷隸掌養牛馬與鳥言,此因左傳僖二十九年介葛盧聞牛鳴而來。介葛盧事信否不論,卽有其事,也是偶然特殊的事,如何便叫夷隸掌與鳥言?貉隸掌與獸言?這是一個極粗忽而可笑的破綻。(萬斯大周官辨非已言之。)

第四論周官裏的喪葬

地官掌蜃:

掌斂互物蜃物,以共闉壙之蜃。

左傳成公二年,'宋文公卒,始厚葬,用蜃炭,'鄭司農說:'言僭天子也。'今考昭公二十年傳,'海之鹽蜃,祈望守之。'蜃只是海疆物產,豈周初已定蜃炭闉壙之制?左傳只言始厚葬,不言僭天子。地官掌蜃,明是春秋以後葬用蜃炭已成習俗,而周官作者本以爲說。又春官冢人,'以爵等爲丘封之度與其樹數,'今考檀弓孔子曰'古也墓而不墳。'鄭注强說古爲殷時,王制則謂'庶人不封不樹,'其實文武周公葬於畢,秦穆公葬於雍橐泉宮祈年館下,樗里子葬於武庫,皆無丘隴之處。延陵季子葬子嬴博之間,封墳掩坎,其高可隱。(均見漢書劉向傳)孔子所謂'古者墓而不墳,'决不違指殷時,也不專言庶人。左傳載宋文公厚葬,還不見大爲丘隴。直至吳王闔廬乃有高墳。其後厚葬之風,日盛一日。呂氏春秋安死篇'世俗之爲丘隴也,其高大若山,其樹之若林。'周官正和呂氏處同一的時代,所以要主張'以爵等爲丘封之度,與其樹數'了。又說'及葬言鸞車象人,'檀弓'塗車芻靈,自古有之,明器之道也。孔子謂爲芻靈者善,謂爲俑者不仁,不殆於用人乎哉?'孟子梁惠王篇'仲尼曰:始作俑者,其無後乎,爲其象人而用之也。'淮南子繆稱訓'魯以偶人葬,而孔子嘆。'這裏的象人,正是孔子所歎爲不仁無後的俑。作周官的,本著晚周風氣,早忘了孔子的一番言論,所以把象人明定在制度裏去。又地官閭師

凡庶民不畜者祭無牲,不耕者祭無盛,不樹者無椁,不蠶者不帛,不績者不衰,

鄭注:

皆所以恥不勉。

其實是襲孟子而誤。孟子說:'五畝之宅,樹之以桑,五十者可以衣帛矣,'並不是凡不蠶的,不准衣帛。又說:'中古棺七寸,椁稱之,自天子達於庶人,非直爲觀美,然後盡於人心,'並不是凡不樹的卽不准用椁。又說:'禮曰,諸侯耕助以供粢盛,夫人蠶繅,以爲衣服,犧牲不成,粢盛不潔,衣服不備,不敢以祭。惟士

無田,則亦不祭。牲殺器皿衣服不備,不敢以祭。' 非謂凡不耕畜的,都不許有犧牲粢盛之祭。孟子是從民間經濟的自然狀況立言,周官却把來勒爲定制,旣瑣碎,又不近人情,所以要見譏爲'瀆亂不驗。'

第五論周官裏的音樂

春官大司樂章是周官在漢朝出現得最早的一篇,他裏面說:

以樂舞教國子,舞雲門大卷大咸大磬大夏大濩大武,

此所謂六樂,大磬以上,春秋前頗少見。左傳襄公二十九年,吳公子札在魯論樂,也只及韶夏濩武,沒有雲門大卷大咸。若說'魯用四代之樂,'何以孔子要在齊聞韶? 季札聞樂,本非當時情實,乃戰國時的一種傳說,而周官還在其後。他又說:

以六律六同五聲五音六舞,大合樂,以致鬼神示。

凡六樂者,一變而致羽物及川澤之示,再變而致臝物及山林之示,三變而致鱗物及丘陵之示,四變而致毛物及墳衍之示,五變而致介物及土示,六變而致象物及天神。

又說:

凡樂圜鍾爲宮,黃鍾爲律,大簇爲徵,姑洗爲羽,雷鼓雷鼗,孤竹之管,雲和之琴瑟,雲門之舞,冬日至,於地上之圜丘奏之,若樂六變,則天神皆降,可得而禮矣。凡樂函鍾爲宮,大簇爲角,姑洗爲徵,南呂爲羽,靈鼓靈鼗,絲竹之管,空桑之琴瑟,咸池之舞,夏日至,於澤中之方丘

奏之,若樂八變,則地示皆出,可得而禮矣。 凡樂黃鍾爲宮,大呂爲角,大簇爲徵,應鍾爲羽,路鼓路鼗,陰竹之管,龍門之琴瑟,九德之歌,九磬之舞,於宮廟之中奏之,若樂九變,則人鬼可得而禮矣。

這其間有一個從來極費討論的問題,便是三大祭都只有宮角徵羽而無商的一層。鄭注:

祭尚柔,商堅剛,

說既牽强,後儒都不取。魏書樂志載長孫稚祖瑩表說:

臣等謹詳周禮,甫讀不得相生之次,兩均異宮,並無商聲,而同用一徵,計五音不具,則聲豈成文,莫曉其旨。

隋書音樂志載牛弘姚察許善心劉臻虞世基議:

周禮四聲,非直無商,又律管乖次,以其爲樂,無合諧之理。

這都根本懷疑周官的不可信。而唐會要載開元八年趙愼言論郊廟用樂表說:

周禮三處大祭,俱無商調。商金聲也,周家木德,金能剋木,作者去之。今皇唐土王,卽殊周室。其三祭並請加商調,去角調。

後儒因此多說周官無商,乃無商調,非無商聲。所以無商調,乃周以木德王不用商,避金克木之故。至於律管乖次,也有說明然依今所考,五德終始,到秦時始有齊人奏上,說是鄒衍所著,以前並未有。周官並未采及五德終始之說,此處亦不當據以爲解。此外還有一問題,爲曆來諸儒未經注意的,卽音樂能致物怪鬼神的理論是。春秋以前,絕無此種說法。卽季札論樂,論語孔子論樂,並不曾涉及音樂能致物怪鬼神的話。固然樂舞所以降神,然神之來享,並不為樂舞。春秋前人均如此說,如此想。今考音樂能致物怪鬼神,及樂戒商音兩層,全起戰國。其證在韓非子。他說:

> 昔者衛靈公將之晉,至濮水之上,稅車而放馬,設舍而宿,夜分而聞鼓新聲者而說之。使人問左右,盡報弗聞。乃召師涓而告之曰:'有鼓新聲者,使人問左右,盡弗聞。其狀似鬼神,子為聽而寫之!'師涓曰:'諾。'因靜坐撫琴而寫之。師涓明日報曰:'臣得之矣,而未習也,請復一宿習之。'靈公曰:'諾。'因復留宿,明日而習之,遂去之晉。晉平公觴之於施夷之臺。酒酣,靈公起言曰:'有新聲,願請以示!'平公曰:'善。'乃召師涓,令坐師曠之旁,援琴撫之。未終,師曠撫止之曰:'此亡國之聲,不可遂也。'平公曰:'此道奚出?'師曠曰:'此師延之所作,與紂為靡靡之樂也。及武王伐紂,師延東走至於濮水而自投。故聞此聲者,必於濮水之上。先聞此聲者,其國必削,不可遂。'平公曰:'寡人所好者音也,子其使遂之。'師涓鼓究之。
>
> 平公問師曠曰:'此所謂何聲也?'師曠曰:'此所謂清商也。'公曰:'清商固最悲乎?'師曠曰:'不如清徵。'公曰:'清徵可得而聞乎?'師曠曰:'不可。古之聽清徵者,皆有德義之君也,今吾君德薄,不足以聽。'平公曰:'寡人之所好者音也,願試聽之。'師曠不得已,援琴而鼓。一奏之,有玄鶴二八,道南方來,集於郎門之垝。再奏之,而列。三奏之,延頸而鳴,舒翼而舞,音中宮商之聲,聲聞於天。'平公大悅,坐者皆喜。平

公提觴而起,爲師曠壽。反坐而問曰:'音莫悲於淸徵乎?'師曠曰:'不如淸角。'平公曰:'淸角可得而聞乎?'師曠曰:'不可。昔者黃帝合鬼神於泰山之上,駕象車而六蛟龍,畢方竝轄,蚩尤居前,風伯進掃,雨師灑道,虎狼在前,鬼神在後,騰蛇伏地,鳳凰覆上,大合鬼神,作爲淸角。今主君德薄,不足聽之,聽之將恐有敗。'平公曰:'寡人老矣,所好者音也,願遂聽之。'師曠不得已而鼓之。一奏之,有玄雲從西北方起。再奏之,大風至,大雨隨之。裂帷幕,破俎豆,隳廊瓦。坐者散走,平公恐懼,伏於廊室之間。晉國大旱,赤地三年。平公之身遂癃病。

這是一件極生動的故事。不必晉平公時有此事,而戰國時確有此說。淸商乃亡國之樂,靡靡之音,所謂濮上之聲者是,所以周官三大祭不用商調,正因其爲濮上遺聲。而音樂足以感召物變鬼神,也在這故事裏竭力地描寫。周官六樂,變致羽物,乃至於六變致象物,全從此種故事裏來。樂記載孔子與賓牟賈論樂,及於大武之舞,孔子說

'聲淫及商,何也?'對曰:'非武音也。'子曰:'若非武音,則何音也?'對曰:'有司失其傳也。若非有司失其傳,則武王之志荒矣。'

可徵那時大武之舞也有商聲,而一輩講音樂的力主排斥。因商聲淫靡,是濮上新聲,不認爲是武王古樂。那時幷不把金克木的說法來講。樂記本是漢河間獻王與諸生共采周官及諸子而成,自然和周官有同樣的理論。而尙書堯典也說:

擊石拊石,百獸率舞。

棄稷篇也說:

簫韶九成,鳳凰來儀。

這不能不說和周官大司樂爲同時代的作品。至於九德之歌,從左傳來,辨僞古文尚書的所論已詳,此不再。

又史記封禪書引周官說:

冬日至,祀天於南郊,迎長日之至。夏日至,祭地祇。皆用樂舞,而神乃可得而禮也。

今周官無其文,蓋即約大司樂章凡樂圜鍾爲宮一節。漢書藝文志稱孝文時,得樂人竇公獻書,乃周官大宗伯之大司樂章,則周官此篇,在漢文帝時早見。惟說竇公乃魏文侯時樂人,實難信。桓譚新論謂竇公年百八十歲。以文帝初即位上推百八十年,(西元前一八〇——三五九)爲秦孝公三年,梁惠王十二年。其時竇公初生,何能爲魏文侯樂人? 齊召南推算竇公在魏文侯時已爲樂工,其年必非甚幼。見漢文帝又未必即在元年。其壽蓋二百三四十歲。其實史記魏文侯武侯年均誤。魏武侯史記只十六年,而竹書紀年有二十六年。史記誤脫十年。依齊氏推算,竇公年還需增十年始合。謂竇公獻書年已二百五十歲,其事頗難信。若依桓譚百八十歲之說,孟子遊梁,竇公大約已四十歲。然其時尚不像有周官。至呂不韋著春秋,又八十年,竇公應已百二十歲,那時周官已成書。大概周官眞是魏國人作,竇公只是魏惠王以後樂人。或者過甚其辭,當其獻書時,尚不到百八十歲,而妄稱上及魏文侯。正如說鄒衍及見梁惠王齊宣王,只把有名大王爲他裝點門面。而周官大司樂章則竇公可以有,司馬遷可以見,而摘寫其大意於封禪書,其事不必全可疑。俞氏癸巳類稿謂周官孝文時已在秘府,以校竇公之書,其說也不必不可信。又武帝時,河間獻王與毛生等共采周官及諸子言樂事者,以作樂記。正爲周官行於魏晉,故竇公得其大司樂章,而河間收書,亦得周官。講今文經學的,定要說史漢記事全僞,周官一書定是劉歆王莽僞造,實爲難圓之論。然即以大司樂章所謂必如此般的樂舞而後鬼神乃可得而禮,則全是先秦一輩方士們的理論。封禪書載李少君言上,

> 祠竈則致物,致物而丹沙可化爲黃金。黃金成以爲飲食器,則益壽。益壽,而海中蓬萊僊者乃可見。見之以封禪,則不死。黃帝是也。

又亳人謬忌奏祀太一方,曰:

> 天神貴者太一。太一佐曰五帝。古者天子以春秋祭太一,東南郊,用太牢七日,爲壇開八通之鬼道。

於是武帝令太祝立其祠長安東南郊,常奉祠如忌方。感召鬼神,須遵一定的方術,這是方士們的主張。而方士起先也只從禮樂上說。如謬忌的祠太一方,便是一種獨擅的秘方,非如此則太一之帝不可得而祠。這是從禮制的一邊說。而周官的大司樂章其實也只是一種方,非如此則鬼神不可得而禮,而却從樂舞的一邊說了。秦漢方士神仙,和儒生的禮樂鬼神,其出一源,應該從此等處闡求。方士最先講禮樂,感召鬼神,以希接引。大概與陰陽家言五德方色數度之巽相通。其次乃講服食,外丹,又進而講修鍊內丹。近人只知服食修鍊爲求仙兩道,各有秘方。不悟求仙最捷最古一徑,厥爲禮祠鬼神,期感召而得接引。而祭祀之方,在秦皇漢武時,其重要遠在講服食修鍊兩方之上。其說實興於戰國晚世。春秋時尙無此等議論。今周官的著者講音樂,居然也說必如此般的樂舞,而後鬼

神乃可得而禮,這豈是周公之所著? 亦何嘗爲春秋以前之所有? 若說劉歆王莽僞造,則其時方士議論已衰,禮樂的含義又變,也决不這樣說了。

——摘自《燕京學報》1932年6月第11期

職方定本附章句芻說

王樹民

職方一篇，今雖兩存於周書及周官，然周書多有脫誤，周官則竄逆顯然（參照上文札記之校記），加以歷經傳寫之譌，其原文吾人實已不可全睹。今妄以私見，酌取二篇之文，參以諸家校釋，存其異語，去其誤謬，寫爲己見之定本，並附以章說焉。

職方氏：掌天下之圖，以掌天下之地。辨其邦國，都鄙，四夷，八蠻，七閩，九貉，五戎，六狄之人民，與其財用，九穀，六畜之數要，周知其利害。

乃辨九州之國，使同貫利

東南曰揚州：其山鎮曰會稽。其澤藪曰具區。其川三江。其浸五湖。其利金，錫，竹，箭。其民二男五女。其畜宜鳥，獸。其穀宜稻。

正南曰荊州：其山鎮曰衡山。其澤藪曰雲夢。其川江，漢。其浸，潁，湛。其利丹，銀，齒，革。其民一男二女。其畜宜鳥，獸。其穀宜稻。

河南曰豫州：其山鎮曰華山。其澤藪曰圃田。其川熒，雒。其浸波，溠。其利林，漆，絲，枲。其民二男三女。其畜宜六擾、其穀宜五種。

正東曰青州：其山鎮曰沂山。其澤藪曰望諸。其川淮，泗。其浸沂，沭。其利蒲，魚。其民二男三女。其畜宜雞，狗。其穀宜稻，麥。

河東曰沇州：其山鎮曰岱山。其澤藪曰大野。其川河，泲。其浸盧，維。其利蒲，魚。其民二男三女。其畜宜六擾。其穀宜四種。

正西曰雍州：其山鎮曰嶽。其澤藪曰弦蒲。其川涇，汭。其浸渭，洛。其利玉，石。其民三男二女。其畜宜牛，馬。其穀宜黍，稷。

東北曰幽州：其山鎮曰醫無閭。其澤藪曰貕養。其川河，泲。其浸菑，時。其利魚，鹽。其民一男三女。其畜宜四擾。其穀宜三種。

河內曰冀州：其山鎮曰霍山。其澤藪曰陽紆。其川漳。其浸汾，潞。其利松，柏。其民五男三女。其畜宜牛，羊。其穀宜黍，稷。

正北曰并州：其山鎮曰恒山。其澤藪曰昭餘祁。其川虖池，嘔夷。其浸淶，易。其利布，帛。其民二男三女。其畜宜五擾。其穀宜五種。

乃辨九服之國：方千里曰王畿。其外方五百里曰侯服。又其外方五百里曰甸服。又其外方五百里曰男服。又其外方五百里曰采服。又其外方五百里曰衛服。又其外方五百里曰蠻服。又其外方五百里曰夷服。又其外方五百里曰鎮服。又其外方五百里曰藩服。凡國：公，侯，伯，子，男。以周知天下。

凡邦國，小大相維，王設其牧。制其職，各以其所能；制其貢，各以其所有。

王將巡狩，則戒于四方曰，『各修平乃守，考乃職事！無敢不敬戒！國有大刑！』及王之所行，先道，率其屬而巡戒令。王殷國亦如之。

此篇總段，可分爲六，略述其要於下：

『掌天下之圖，以掌天下之地』。爲第一段，敘職方氏所職掌之總綱。

『辨其邦國……周知其利害』爲第二段，敘其所職掌之條目。

『乃辨九州之國……幷州其穀宜五種』爲第三段，敘第一種政治區劃。

『乃辨九服之國……以周知天下』爲第四段，敘第二種政治區劃。二種區劃中均爲國，其等級如本文所言。

『凡邦國……各以其所有』爲第五段，附敘邦國間及其與王之關係。

以上爲職方氏之常職；間敘九州九服之制，及邦國與王之關係。

『王將巡狩……王殷國亦如之』爲第六段，敘職方氏之臨時職務。

前作校記，曾謂周官加入封國一事，成爲首尾附屬，中間獨立之畸形狀態；今以文法關係觀之，尤爲顯然。其文前四段之主句，文法構造全同，圖示如左：

云謂詞 (Predicate)	介詞 (Preposition)	無限動詞 (Infinitive Clause)
掌天下之圖	以	掌天下之地
辨其邦國…與	○	周知其利害
乃辨九州之國	○	使同貫利
乃辨九服之國	以	周知天下

如於『以周知天下』上加入封國一事，與上文別爲一段，則此句不僅於義無屬，文法上將亦無所屬矣。

——摘自《禹貢半月刊》一九三四年三月第一卷第一期

職方冀州境界問題

袁鍾姒

上年顧先生曾以職方九州分配同學，令繪製地圖。余適分得冀州。及著手繪製，覺其四至頗有糾紛，故草是篇以質所疑。

孫詒讓周禮正義曰，『案周冀州方域，東距東河，與兗界；南距南河，與豫界；西距西河，與雍界；北距虖沲，與幷界；東南東北並距東河；西南亦距西河；西北距汾水下流，與幷界。州三面距河，西河之西爲雍州，東河之東爲兗州，南河之南爲豫州，北界幷州則無河』。据此，界南界西均無問題，惟東，北，及西北，尚須斟酌。

(一)界東　既知東距東河，似無何疑問。但東河河道，自禹河以後，幾經遷徙，職方冀州所距之東河，其流域仍係禹河之故道乎？抑爲已遷之河道乎？欲解決此問題，則職方之時代須加以研究。夫周禮非周代作品，已成定論。顧先生以爲職方出於西漢之初，約在武帝之前。攷禹貢東河，過大伾山南，至今河南濬縣(漢黎陽宿胥口)又折而東北流，至今河北盧龍縣東碣石入於海（依孫詒讓說）。至定王河徙之後，黎陽以上猶禹河故道，自大伾以下，舊跡湮廢，河不復自碣石入海，（按周定王五年，河徙，決宿胥口，走臨淸大名間，由今運河北達天津入海）。至新莽時，東河又改道，與周定王時復不同。職方果出於武帝之前，則新莽之東河與此無關。然則孫氏目中之東河，其爲禹河，抑爲定王之河，無明文可徵也。

按職方有勦襲禹貢之嫌，于山川記載，必一如其跡。孫詒讓於職方兗州云「北距九河，與幽界」。禹貢之九河逆河，維不能確知何時湮廢，何時淪入於海，然据孫氏此意，作職方之時，九河固存，由是姑假定職方之東河，爲禹河之東河，而非定王時已遷之東河也。其次當述河道所經。

河自濬縣折東北流，合漳水，然漳水亦曾改道。今之漳水，自淸濁二漳合流後，名曰衞河，至山東臨淸入運河。然古之漳水，于河南林縣境，淸濁二漳合流，入山東界，至邱縣南，復分爲二派，一至靑縣合運河，達直沽；一至河北新河縣，東北流，會滹沱。

（見孫氏說冀州川）

据此職方之東河，以今輿地言之，自河南北部，經河北大名縣西，山東邱縣東，北流；于河北新河縣會胡盧河，入滹沱；再北流折而東，至盧龍東。（孫氏謂河于永平府碣石入海，淸之永平府即今之盧龍縣）入海，是爲冀兗之界。

（二）界西北　冀州西北，据汾水下流，與幷界。孫說幷州云，『西南距昭余祈，與冀界。今山西祈縣東七里，有昭余祁藪，其水久涸』。按昭余祁爲幷州澤，則冀州西北界限當在今祁縣東，下据汾水下流。

（三）界北　北距虖池，與幷界。据孫氏所考，虖池即今之滹沱河，源於山西泰戲山，至河北獻縣南，分爲二派，復合，至天津靜海縣入海，是爲冀幷之界。

然冀州是否與幽相接，及兗幽二州之毗界若何，依孫氏之說，不無可疑。其說幽州云，『西距東河，與冀界；東南距潍，與兗界；西南距岱，與兗界』，是今山東之北部，河北之東部，沿渤海一帶，皆隸幽州。顧先生亦謂『兗州旣爲幽所蔽，不得達於海濱』。然孫氏於兗州疆域猶云『東至海』，又云『東北亦至海』，並謂『北距九河，與幽界』。夫九河若在兗州，則幽州之西，不能與冀界；若在幽州，則兗州東北必不能至海。總之孫氏說不無可疑。

——摘自《禹貢半月刊》一九三四年三月第一卷第一期

馬鄭序周官之謬

呂思勉

漢世今文之學盛行。大學諸生。至於三萬。豈盡高材絕學之士。王充等譏之。宜也。然古學家之鄙陋。似尤有甚焉者。周官制度。多不與羣經合。故武帝以爲瀆亂不驗。何休亦以爲六國陰謀之書。其說是也。乃馬融鄭玄等。尊而信之。玄更以此與儀禮禮記。並列爲三禮。（周官與儀禮禮記。各自爲書。本不容互相牽合。鄭必欲以周官爲經禮。儀禮爲典禮。於是彼此牽合而異說生。案儀禮之名。昉見後書康成傳。康成注經引禮經。尙皆舉篇名。不云儀禮。儀禮之名。蓋後人因中庸禮儀三千之文而立。然其名不始自鄭。其原實出於鄭也。三百三千。特舉成數。見其相什。如甫刑言五刑之屬三千。而呂覽孝行覽云刑三百。見弘綱之十倍於細目耳。不能求其事以實之也。鄭注禮器曰。經禮謂周禮。其官三百六十。其穿鑿附會甚矣。明堂位。有虞氏官五十。夏后官百。殷二百。周三百。註云。周之六卿。其屬各六十。則周三百六十官也。此云三百者。記時冬官亡矣。更可發一噱。禮記正義序曰。周禮見於經籍。其名異者。見有七處。孝經說云。禮經三百。四也。亦說云。有正經三百。五也。周官外題謂周禮。六也。漢書藝文志云。周官經六篇。七也。其儀禮之別。亦有七處。而有五名。一則孝經說春秋及中庸。並云威儀三千。二則禮器云曲禮三千。三則禮說云動儀三千。四則謂爲儀禮。五則漢書藝文志謂儀禮爲古禮經。案謂儀禮爲古禮經。不知何以能爲儀禮是曲禮非經禮之證。漢志。禮經三百。威儀三千。注引韋昭曰。周禮三百六十官也。三百。舉成數也。同鄭說。又引臣瓚曰。禮經三百。謂冠昏吉凶。周禮三百。是官名也。則駁鄭說者也。論衡謝短曰。古禮三百。威儀三千。刑亦正刑三百。科條三千。出於禮。入於刑。禮之所去。刑之所取。故其多少同一數也。此相承舊說也。可見以周官當經禮之非。）經記制度。不與周官合者。輒目爲夏殷禮。或擠爲霸制。而其說之齟齬不可通者多矣。（論衡謝短又曰。問禮家曰。前孔子時。周已制禮。殷禮夏禮。凡三王因時損益。篇有多少。文有增減。不知今禮周乎。殷夏也。彼必以漢承周。將曰周禮。此今學家以經記所陳。多爲周禮之證。又曰。夫周禮六典。又六轉。六六三十六。三百六十。是以周官三百六十也。案今禮不見六典。無三百六十官。又不見天子。天子禮廢何時。豈秦滅之哉。此亦據周官以疑禮經。然不以周官卽爲經禮也。）制度之變。必隨時勢。今文五等之封。大者不過百里。周官乃至五百里。其書所述爲六國時制卽此一端。較然甚明。乃必以爲周公致大平之書。（周官天官鄭註。周公居攝而作六典之職。謂之周禮。營邑於土中。七年。致政成王。以此禮授之。使居雒邑治天下。又賈疏序引鄭序曰。斯道也。文武所以綱紀周國。君臨天下。周公定之。致隆平龍鳳之瑞。）則其識不如何邵公遠矣。

馬融之言。尤爲可笑。賈疏序引融傳云。秦自孝公已下。用商君之法。其政酷烈。與周官相反。故始皇禁挾書。特疾惡。欲絕滅之。搜求焚燒之獨悉。是以隱藏百年。孝武帝始除挾書之律。開獻書之路。既出於山巖屋壁。復入於祕府。五家之儒，莫得見焉。至孝成皇帝。達才通人劉向子歆。校理秘書。始得列序。著於錄略云云。一派野言。竟似於前此史記。茫然無覩者。孟子曰。諸侯惡其害己也。而皆去其籍。謂於故典不加保重。非謂有意毀棄。且此語初不指秦。秦人焚書。大抵嚴於官而略於民。故曰。詩書所以復見者。多藏人家。（當作民家。蓋唐人避諱所改。）而史記獨藏周室。以故滅。（史記六國表。此詩書二字。苞一切書籍言周室二字。亦苞凡諸侯之國。乃古人言語。以偏概全之例。）即當時民間之書。不焚者甚多。何嘗有搜求之事。且與秦政相反者。豈獨周官而已。除挾書之律乃惠帝。而以爲孝武、命劉向校書乃哀帝。而以爲孝成。蓋因武帝開獻書之路。孝成命劉歆校書。而溷言之。不復分別。此等處古人類然。不足爲怪。然云五家之儒。莫得而見。則篤言矣。史記封禪書云。上與公卿諸生議封禪。封禪用希曠絕。莫知其儀禮。而羣儒采封禪尚書周官王制之望祀射牛事。此所謂封禪者。即漢志之古封禪羣祀。與尚書周官王制皆書名。林孝存謂武帝知周官末世瀆亂不驗之書。蓋由於此。然則武帝時。羣儒久見周官矣。況河間獻王。又采周官作樂記乎。安得謂出於山巖屋壁。復入秘府哉。鄭衆以書序之周官。與周官經即爲一物。篇卷之多少。文體之異同。茫然莫辨。更可發一大噱。

融傳又云。時衆儒並出。共排以爲非是。惟歆獨識。其年尚幼。務在廣覽博觀。又多銳精於春秋。末年。乃知其周公致大平之迹。迹具在斯。奈天下倉卒。兵革並起。疾疫喪荒。弟子死喪。徒有里人河南緱氏杜子春尚在。永平之初。年且九十。家於南山。能通其讀。頗識其說。鄭衆賈逵。往受業焉。衆逵洪雅博聞。又以經書記轉（當作傳）相證明爲解云云。此說却近得實。歆請

立左氏逸禮古文尚書。事在哀帝建平元年。時尚未以周官爲言。漢紀言歆以周官經六篇爲周禮。（此書蓋自此始稱周禮。前此亦稱周禮。則後人據後書之。）奏以爲禮經。置博士。則在王莽時矣。後書鄭興傳。言興晚善左氏傳。天鳳中。將門人從劉歆講正大義。歆美興才。使撰條例章句訓詁。及校三統曆。又言興明周官。而不言其出於歆。而學出於歆之杜子春。不過能通其讀。頗識其說。則歆於是書。實未嘗有所發明也。康南海顧指其書爲歆僞造。誣矣。然古學本無傳授。皆由好事者附會其說。則觀於此而益明也。

古文經果有其物與否。事殊可疑。觀孔壁一條可知。然今文家同有其書。所異惟在文字者可疑。若別有其書者。轉不容子虛烏有。如左氏。解經處雖僞，敘事處自眞也。周官於諸經。有離有合。不合者。或合於記及諸子。（如禮記之內則燕義。大戴記之盛德千乘文王官人朝事。管子。司馬法等。）其非僞造可知。以考工記補周官。體製既不相類。制度亦復牴牾。（如遂人匠人）果出僞造。何不幷冬官僞之乎。

考工記曰不微至。無以爲戚速也。注。齊人有名疾爲戚者。春秋傳曰。蓋以操之爲已戚矣。又曰。輪已卑。則於馬終古登阤。注。齊人之言終古。猶言常也。考工記蓋齊人所傳。司空掌度地居民。不掌工事。云以補冬官。繆也。蓋與餘五篇同述官制。故附之其後耳。周官多與管子合。或亦齊地學者之書與。史記言大公極枝巧。（貨殖列傳）豈故大公之法。而管子述之與。弗可考矣。

——摘自《光華大學半月刊》一九三四年四月第二卷第七期

周禮中的鄉治制度

李承祥

月初因有一種機緣，得作關於中國歷代鄉治制度的探討，使我發覺了楊東蓴編本國文化史大綱上的周禮上之傳疑的鄉治制度一節中所記述的王畿的組織，和顧康伯編中國文化史上的春秋戰國之社會劇變與政治學術思想之發達一章中所表列的管子的地方制度，俱有顯明的錯誤，於是僅依據着古注的周禮及幾種版本的管子，作了一篇題作兩部中國文化史中的先秦鄉治制度的簡文，載於鄉村改造（河南百泉鄉師校刊）第二十二期上，對於那些錯誤，加了一番指摘。近來又得讀了幾部本國歷史教科書，不消說，它們所有關於這方面的記述，都自然而然地會引起我的注意的。很不幸地，根據同時所讀的幾部舊書看去，它們又各具有錯誤和值得商榷之點；但也覺得高興的是證實了前日所作之簡文，幸不大誤。爲要清澈地明白這個問題，爰再作成此文。本文中所要涉及的書，共有下列六部：

(一)呂思勉著白話本國史（上海商務印書館印行，民國十二年九月初版，十五年十一月四版，每部四冊，實價大洋二元）；

(二)王桐齡著中國史第一編（北平文化學社印行，民國十五年一月初版，二十一年十月四版，每冊實價大洋一元二角）；

(三)柳貽徵編著中國文化史（南京鍾山書局印行，民國二十一年八月初版，每部兩冊，實價大洋五元）；

(四)楊東蓴編本國文化史大綱（上海北新書局印行，一九三一年八月初版，一九三二年六月再版，每冊實價大洋一元六角）；

(五)羅元鯤編本國史表解（武昌亞新地學社印行，民國十四年九月初版，二十一年六月再版，每部兩冊，實價大洋一元三角）；

(六)尹仲材編輯地方自治學與村治學之紀元（上海大中書局印行，民國十八年十二月初版，每冊實價大洋一元）。

從這六部書裏，所要摘出的錯誤和商榷之點，總括起來，可以併成三個問題：第一，王畿是怎樣組織的？第二，鄉遂的官級是不是同等的？第三，鄉遂的官究有多少？

第一個問題，本來是從拜讀楊著而引起；但自我讀呂著以後，知道楊著中關於這段的敍述，大體上是抄自呂著的了。所以現在不再重抄楊著的原文，而僅錄呂著的原文，以爲討論的資料。

呂著上說王畿的組織（很奇怪，呂著並未提明王畿二字，致令楊著當作鄉治的組織，犯了更大的過失）是這樣的：

其地方制度，周禮也說得很完備的，按照周禮，「王城」之外爲「鄉」；鄉之外爲「外城」，外城謂之「郭」；郭外爲「小郊」；近郊之外爲「遂」；遂之外爲「外郊」，外郊謂之「野」；野之外爲「甸」；甸之外爲「稍」；稍之外爲「縣」，縣爲「小都」；小都之外爲「鄙」，鄙爲「大都」（第一冊第一一二頁）。

凡是讀過周禮的人，常知這裏所叙述的王畿組織，實際上是並不『按照周禮』的。周禮叙大司馬之職中：『方千里曰國畿』（鄭衆注引殷頌「邦畿千里，維民所止」爲證）。禮記王制上也說：『千里之內曰畿』。說文釋『畿』曰『天子千里地』，段玉裁並很明白地注解說：『卽天子五百里內地也。五百里，自其一面言；千里，自其四面言，爲方百里者百也』。由此可知所謂『王畿』，其面積乃方千里：自南至北千里；自西至東也是千里；而自東西南北任何一方至王城各爲五百里，或自王城至東西南北任何一方爲五百里。在這王畿之內，『按照周禮』所述，其中央爲『王城』。王城之外一百里謂之『鄉』；鄭玄注秋官鄉士之職釋『鄉』說：『謂其地則距王城百里內也』。鄉又分爲兩半：距王城『五十里爲「近郊」，百里爲「遠郊」』（見地官載師之職杜子春注）。故鄉亦稱『郊』。天官大宰之職注上說：『四郊，去國百里』。秋官士師之職的注也說：『去國百里爲郊』。而鄭衆注地官中的六鄉亦說：六鄉『地在遠郊之內』。鄉之外爲『遂』；秋官遂士之職鄭玄注遂說：『謂其地距王城百里以外至二百里』。遂外則爲『野』；鄭玄注秋官『縣士掌野』說：『地距王城二百里以外至三百里曰野』。野外則爲『縣』；縣外則爲『都』；同上注說：『地距王城三百里至四百里曰縣，四百里至五百里曰都』。

以上所述王畿的組織，是依周禮的原意來說的。這種說法，肇自鄭玄，歷代的注疏家都沒有把它推翻，大概是比較可靠的。如以此說來衡量呂著與楊著中之記述，則其相差之遠，眞不可以道里計了。至『甸』與『稍』，固亦見於周禮，且爲王畿內某地段的一種稱謂，但不能與上述的那種稱謂混淆。因爲『按照周禮』，王畿內各地段的稱謂，是常因其『體國經野』之目的不同而有差異的。如果把它們排比起來，則如下表：

距王城里數	一百	二百	三百	四百	五百
天官注稱謂	四郊	邦甸	家削	邦縣	邦都
天官注稱謂	郊	甸	稍	縣	都
地官注稱謂		公邑	家邑	小都	大都
秋官注稱謂	鄉	遂	野	縣	都

在這幾種稱謂中間，第一種是爲『歛財賄』而劃分的；第二種見於『司會』之職，仍係財政區域的；第三種是采邑的稱謂；第四種則係行政區域的一般稱謂。總而言之：地段同而名不同。所以地官載師之職說：『以廛里任國中之地，以……任近郊之地，以……任遠郊之地，以公邑之田任甸地，以家邑之田任稍地，以小都之田任縣地，以大都之田任畺地』。朱駿聲的說文通訓定聲上也說：『按王畿方千里：其最外之一周，東西南北方百里者三十六，謂之都，亦謂之大都，王子弟及三公之采也；其內一周方百里者二十八，謂之縣，亦謂之小都，九卿之采也；又其內一周方百里者二十，謂之削，亦謂之家邑，大夫之采也』(祥案削本作稍，亦作郙，見天官大宰之職注)。這兩段話，分明地昭示我們：同一地段之命名，可因目的不同而不同。

呂著和楊著的錯誤，即在其以異名當作各名。實則，如上所引經文，『大都』還可謂之『畺地』，若依呂著和楊著之所爲，則尙可加一個地段出來了。固然，這些地段的各種稱謂，涵義也不一定。例如野，照上所述，係距王城二百里到三百里的地段。但天官司會之職的注上說：『野，甸稍也』，其範圍便較廣大。而地官遂人之職的注內又說：『郊外曰野，此野爲甸稍縣都』；秋官士師之職的注內也說：『郊外謂之野』，則其範圍更廣大了。但就大體而言，周禮中所述的王畿組織，自應以上表所列者爲準則，蓋因：(一)這是有系統的；(二)正合王畿方千里之說；(三)歷代的注疏家都沒有推翻過鄭說。

關於第二個問題，我們請先舉出一些舊說來作討論的根據。(一)賈公彥疏地官『遂大至則一人』說：『此遂大夫於六遂各主一遂，以(按阮元校勘記引浦鏜云：以當似字誤)鄉大夫各主一鄉。但遂大夫以下，其官皆卑於鄉官，命數皆減一等。是以遂大夫每遂中大夫一人，不使鄉(同上引浦鏜云：鄉誤卿)爲之。差次至鄰長，五家則一人者是，不命之士爲之；其鄉內比長，亦五家一人，彼使下士爲之』。

（二）王安石說：『遂官各降鄉官一等，故州謂之長，縣與黨同謂之正，鄙與族同謂之師』。此後的注疏家，差不多沒有一個不以此說爲然。例如高愈注遂大夫說：遂官之爵，『每視鄉官卑一級』。薛平仲且進一步去研究過爲什麼遂官之爵要比鄉官卑一級。總之，鄉遂官的官級，如周禮所述，決不是同等的。

但王著與羅著却都忽略了這點，以致王著中便有下表（節錄西周之文化章後所附的第五表——西周之兵制）：

編制法
- 居鄉：比長—閭胥—族師—黨正—州長—鄉大夫
- 居遂：鄰長—里宰—酇長—鄙師—縣正—遂大夫
- 在朝：下士—中士—上士—下大夫—中大夫—卿
- 治軍：伍長—兩司馬—卒正—旅師—師帥—軍帥

羅著中也有下表（節錄西周之世章第七表）：

編制法
- 民卽兵
  - 在鄉：比五家—閭五比—族四閭—黨五族—州五黨—鄉五州
  - 在遂：鄰五家—里五鄰—酇四里—鄙五酇—縣五鄙—遂五縣
- 官卽將
  - 在官：下士—中士—上士—下大夫—中大夫—上大夫
  - 在軍：伍長—兩司馬—卒長—旅師—師帥—軍帥

很明顯地，兩表都把鄉遂的官級弄混了。

關於第三個問題，柳著第十九章（周之禮制）第三節（鄉遂之自治）說：

> 鄉遂之組織，法同而名異。其官多由民舉而受天子之命，其職等於王官，而爲地方自治之領袖。總計其數，六鄉萬五千比，則爲比長者萬五千人；六遂萬五千鄰，則爲鄰長者萬五千人。推而上之，閭胥，里宰各三千人；族師，酇長各七百五十人；黨正，鄙師各百五十人；州長，縣正各三十人；合鄉遂大夫十二人，及鄉老三人，凡三萬七千八百七十五人。以方四百之地，十五萬家之民，設三萬七千八百有奇之自治職，此民治之極軌也。

這兒成爲問題的是：『鄉老』是否爲『自治職』或鄉官。按柳著之所以列入者，也許是以地官之序官注中所云爲據：『鄉老……其要爲民，是以屬之鄉焉』。但亦有可商榷者。沈彤之說曰：『鄉老三公兼之』。蔡德晉也說：『自鄉大夫至比長，自遂大夫至鄰長，皆無府吏胥徒；以此皆鄉遂之民，差其等，職其教，非列位於朝，而操刑政之權者也。其爵雖爲卿，大夫，士，而無官府之設』。因是則，鄉老之設，雖『其要爲民』，而實不是鄉官。因爲這個官職是三公兼着的，而三公乃『位於朝而操刑政之權者』，且有『官府之設』。所以秦蕙田說：『鄉老爲兼官，鄉大夫以下皆正官。周禮地官之職有鄉大夫，而無鄉老，以此』。這樣看來，柳著於鄉遂之自治職中，似不該把鄉老列入。而且，如把鄉老列入，則亦應把『鄉聯」，『遂師』，和『遂人』列入，因爲他們之接近於鄉遂的政事，似尤過於鄉老也。

至尹著中所說的鄉官數目，依其所表列者計之，當有三萬七千八百八十五人，比柳著中所說的又多十八。因其所作之表（見中國歷史上之村制趨嚮節，頁一五九——一六〇）與第二問題和柳著上值得商榷的一點，俱有關係，故錄如下：

王城遠郊設六鄉

五家爲比，設比長一人，官級爲下士
五比爲閭，設閭長一人，官級爲中士
四閭爲族，設族師一人，官級爲上士
五族爲黨，設黨正一人，官級爲下大夫
五黨爲州，設州長一人，官級爲中大夫
五州爲鄉，設鄉大夫一人，官級爲卿
合一萬二千五百家。以外尙設有鄉師四人，官級爲下大夫；又鄉老一人管二鄉，官級爲公

王城郊外爲甸，設六遂

五家爲鄰，設鄰長一人
五鄰爲里，設里長一人，官級爲下士
四里爲酇，設酇長一人，官級爲中士
五酇爲鄙，設鄙師一人，官級爲上士
五鄙爲縣，設縣正一人，官級爲下大夫
五縣爲遂，設遂大夫一人，官級爲中大夫
合一萬二千五百家。以外尙設有遂師四人，官級爲下大夫；遂人二人，官級爲中大夫

照這張表看來，尹先生似乎欲將周禮中所述一切與鄉遂有關係的官吏，都拉進去。果爾，則鄉制中尙應列入『大司徒一人，官級卿；小司徒二人，官級中大夫』。因爲鄭衆注地官序官中曾說：『遂人主六遂，若司徒之於六鄉也』。若謂司徒不是鄉治之官，則依邏輯而言，遂人亦非鄉治之官，何得列入？按高愈曾說：『六遂之制與六鄉無殊。遂人之官視小司徒，遂師視鄉師。二官兼總六遂之政，其地大，其事繁，其設屬之多，胥徒之甚，直擬於冢宰司徒之六卿。自遂大夫以下，皆所謂民官』。故從『自治』或『村治』而言，其任自治職的民官，只限於自鄉大夫以下至比長，及自遂大夫以下至鄰長的諸色人等。至鄉老與遂人等，乃是在朝的官，不能計算在內的。孫貽讓畢竟不錯，他在其所著周禮政要中論鄉官說：『周六官，員數約五萬餘人，而鄉遂官居其大半。六鄉之吏：鄉大夫六人，州長三十人，黨正百五十人，族師七百五十人，閭胥三千人，比長萬五千人。六遂：縣，鄙，酇，里，鄰之吏，如六鄉之數。大凡鄉遂之官，通共三萬七千八百七十二人』。這些鄉官，都不如鄉老那樣，『列位於朝』，及有『設屬』與『胥徒』的。他們是，據孫貽讓說，『舉凡官吏儀制之文，供張之費，一切無之；

而有事則其徵調賦斂，期政教治之詳，無不躬蒞之』。故我以爲鄉遂官的數目，與其說有三萬七千八百七十五人或三萬七千八百八十五人，倒不如說三萬七千八百七十二人。

周禮本是一部不很可靠的書，頗難視爲信史。本文中所涉及諸書，一方面既取周禮爲參考之書，而同時又不忠實地『按照』這書，以致枉費了我們寫作這篇和閱讀這篇的心思！

廿二年十一月十三日。

——摘自《圖書評論》一九三四年六月第二卷第十期

釋祧

吳承仕

春官敘官。守祧。奄八人。女祧。每廟二人。注。遠廟曰祧。周爲文王武王廟。遷主藏焉。守祧職。掌守先王先公之廟祧。注。遷主所藏曰祧。先公之遷主。藏於后稷之廟。先王之遷主。藏於文武之廟。故書祧作濯。鄭司農濯讀爲祧。尋鄭注遠廟曰祧。語本祭法。后稷文武廟。對親廟言之。皆遠廟。又以藏遷主。故云遷主所藏曰祧。遷主所藏何以名祧。祭法注說之曰。祧之言超也。超上去意也。鄭意蓋讀祧如跳。猶漢高帝紀所云漢王跳矣。（晉灼注。跳。獨出意也。又索隱引通俗文。超踊爲跳。正與超上去同意。）然有不可通者。周七廟通姜嫄爲八。守祧奄八人者。廟一人。故八人也。七廟中有親廟四。親廟無超上去之義。則名實不相應。又祭法曰考廟。曰王考廟。曰皇考廟。曰顯考廟。皆月祭之。遠廟爲祧。有二祧。享嘗乃止。誠如鄭義。遷主所藏曰祧。是始祖廟亦當名祧。然經記明文無正言始祖廟爲祧者。又聘禮云。不腆先君之祧。左氏襄九年傳。以先君之祧處之。二十三年傳。失守宗祧。鄭杜皆說爲遠祖廟。猶可言也。若昭元年傳云。其敢愛豐氏之祧。則禰廟耳。禰廟無超上去之義。（惠棟讀說文記曰。左傳言祧。皆非遷廟是也。）又后稷文武之廟。雖爲遷主所藏。而太祖及文武世宗。自爲不遷之廟。今取超上去之義。爲百世不遷之廟名。以所稱能乖剌尤甚。承仕竊謂鄭君說廟制及祧字之義。皆非也。祭法。親廟曰廟。遠廟爲祧。去祧爲壇。去壇爲墠。廟之言貌也。祧之言兆也。營域曰兆。封土而高曰壇。委土而平曰墠。事鬼之禮。以遠而殺。廟有堂有寢。祧有堂無寢。制簡於廟。壇則似堂。墠僅除地。又簡於兆。四者皆爲質名。則祧之爲兆。灼然無疑。壇墠疏遠。非歲時所有事。故經典多言廟祧。少言壇墠。祭法親廟爲廟。遠廟爲祧。此對文之例也。局言堂室則曰廟。通斥封域則曰祧。廟祧得互言之。故守祧猶云守廟。宗祧猶云宗廟。此散文之例也。廟稱廟祧。（讀爲兆。）猶宮稱宮兆。墓稱宅兆。此連文之例也。廟兆之字。本爲封域。神其事則孳乳爲祧。猶之設緜蕝爲營。神其事則爲禜。封土除地爲墠。神其事則爲禪。燔柴升煙爲煙爲柴。神其事則爲禋爲祡矣。尋鄭君說祧不了之故。蓋謂周七廟爲權制。以文武充二祧之數。二祧以藏遷主。而二祧又自爲不遷之廟。故能所亂名守漫而莫能理也。今誠依劉子駿王子雍說。后稷爲太祖廟。文武爲世室。猶殷之三宗。此三廟皆百世不遷。高祖之祖高祖之父爲二祧。高祖以下爲四親廟。此六廟皆以時而遷。由是刪定。則二祧爲遠廟者。對四親廟言之也。散文則親廟祧廟始祖廟皆得名祧。祧之字本於兆域。亦無超上去之義。

——摘自《制言半月刊》一九三五年十月第三期

王有五門二朝考

馬宗薌

周禮秋官朝士注鄭司農云王有五門。外曰皋門。二曰雉門。三曰庫門。四曰應門。五曰路門。路門一曰畢門。外朝在路門外。內朝在路門內。後鄭說天子門數與先鄭同。而謂庫門在雉門外則異。說外內朝亦與先鄭同。而謂皋門內庫門外又別有外朝則異。孫詒讓於五門二朝之說咸謂後鄭爲是。宗薌嘗以經傳考之則謂先鄭爲是也今疏之如下。

知外曰皋門者。詩緜傳王之郭門曰皋門。說文郛郭也周書作雒云城方千七百二十丈郛方七十二里。孟子言三里之城七里之郭。公羊傳亦云郛者城外大郭也。則郭在城之外大於城者也。郭門曰皋門則出郭門之外卽爲郊矣。小戴記月令九門磔禳。呂氏春秋高誘注之云。三方九門。王居朙堂禮季春出疫於郊。是郭四方亦十二門也。由上言之則郭之正南方之門爲皋門。管子度城篇云內爲之城外爲之郭則先鄭外曰皋門卽指目郭門灼然至朙。崔靈恩謂王宮之外門曰皋門（說見王海宮室引禮義宗）是亦不諦之說。孫氏詒讓謂毛傳與朙堂位不合。不知朙堂位本多附會之說。原未可用爲典據也。

知二曰雉門者。雉者城度也。左氏傳都城過百雉國之害也。周禮考工記王宮門阿之制五雉。宮隅之制七雉。城隅之制九雉。是雉爲城度之徵。雉古音如夷。故春秋傳曰五雉者夷民者也。辛夷亦作新雉。是雉夷音同。太史公曰夷門者城東門也。是戰國時城門尙有以雉爲名者矣。則雉門城門無疑也。公羊傳何休注云天子周城諸侯軒城。軒城者缺南面以受過也。說文𣂪字云古者城闕其南方謂之𣂪。是古今說皆謂諸侯之城闕南方也。闕南方者其形曲也。說文曲象器曲受物之形。意者諸侯城如曲字之形乎。周禮小胥職云。王宮縣。諸侯軒縣。鄭司農云。宮縣四面縣。軒縣去其一面。四面象宮室四面有牆。軒縣三面其形曲。玄謂軒縣去南面辟王也。是缺南方者其形曲也。缺南方故三門惟天子周城。故有郭門又有城門矣。城在郭內。故先鄭云二曰雉門。

知三曰庫門者。小戴記郊特牲云卜郊受命于祖廟。作龜于禰宮。尊祖親考之義也。卜之日王立于澤親聽誓命受教諫之義也。獻命庫門之內戒百官也。太廟之命戒百姓也。鄭注云入庫門則至廟門外矣。蔡邕獨斷云。宗廟皆在庫門之內。漢書韋玄成傳議云廟在大門之內。則庫門卽王宮之大門也。書顧命諸侯出廟門俟。王出在應門內。太保率西方諸侯入應門左。畢公率東方諸侯入應門右。出廟門。入應門。則應門在廟門外。而庫門又在廟門外。故先鄭云三曰庫門。焦循據明堂位庫門天子皋門雉門天子應門。郊特牲獻命庫門鄭注庫或爲廏。以爲當鄭時字已譌誤。爲庫爲廏已不可辨。遂謂天子無庫雉。不知周書作雒。乃位五宮太廟宗宮考宮路寢明堂咸有應門庫臺。則天子有庫門明矣。何以爲誤也。

知四曰應門者。爾雅釋宮正門謂之應門。緜傳王之正門曰應門。崔靈恩云應門謂應接諸侯羣臣常在此門之內也。以顧命太保率西方諸侯入應門左。畢公率東方諸侯入應門右。朝士職外朝有孤卿大夫位焉公侯伯子男位焉三公位焉。則應門者誼如崔說矣。孔廣森曰。明堂位曰庫門天子皋門雉門天子應門。春秋經書雉門及兩觀災。魯之兩觀於雉。知王之兩觀當於應。孫詒讓謂應門爲正門。故特設兩觀。其餘四門並爲臺門一觀。今北平故宮午門有東西兩闕。俗謂曰午朝門。皇帝御門在午門內之乾清門。事與應門爲正門而應門內爲外朝正同。此當是古今相沿未變者也。書孔穎達疏云王出在應門之內。出畢門始至應門。故先鄭曰四曰應門。

知五曰路門者。考工記匠人路門不容乘車之五個。鄭注路門者大寢之門。

賈公彥疏閽人注五曰路門路門一曰畢門云。言路門者路大也。人君所居皆曰路以大爲名。言畢門者從外而入爲終畢。顧命二人雀弁執惠立于畢門之內。孔安國傳路寢門一曰畢門。孔穎達疏云王出在應門之內。出畢門始至應門之內知畢門卽是路寢之門一曰畢門。此常是相傳古義故先鄭云五曰路門路門一曰畢門。

知外朝在路門外者。朝士職掌建外朝之法。左九棘孤卿大夫位焉羣士。在其後。右九棘公侯伯子男位焉羣吏在其後。面三槐三公位焉州長在其後。左嘉石平罷民焉。右肺石達窮民焉。此天子外朝之朝位也。孫詒讓謂此與小司寇之職三詢之朝位同與司士職治朝之朝位異。宗瓀按孫氏謂小司寇司士二職所言之朝位皆外朝也皆同也。小司寇之職云掌外朝之政以致萬民而詢焉。其位王南鄉。三公及州長北面。羣臣東面。羣吏西面。與朝士職所列舉之位同。若司士職所列舉之位雖有小異而其爲外朝則同也。司士職云正朝儀之位辯其貴賤之等。王南鄉。三公北面東上。卿大夫西面北上。王族故士虎士在路門之右南面東上。大僕太右大僕從者在路門之左南面西上。司士擯。孤卿特揖。大夫以其等旅揖。士旁三揖。王還揖門左揖門右。大僕前。王入內朝皆退。鄭注云此王日視朝事於路門外之位。

孫詒讓云此亦天子治朝之朝位也。宗薌謂此亦外朝也。小戴記文王世子云。其在外朝則以官司士爲之。鄭注云外朝路寢門之外庭。司士亦司馬之屬掌羣臣之班正朝儀之位也。此司士所掌爲外朝之明文夫其列位雖無諸侯而其地則外朝之地也。卽經文言之。云在路門之左南面在路門之右南面。王還揖門左揖門右。是朝位在路門之外也。路門之外一夫之地。是安得有二朝哉。云王還入內朝皆退。則在路外之朝位。非內朝。乃外朝也。而朝位與朝士小司寇不同者以同一外朝。有諸侯在列則如朝士之法。無諸侯在列則如司士之法。有萬民在列則如小司寇之法故耳。由顧命王出在應門之內太保率西方諸侯入應門左。畢公率東方諸侯入應門右言之。是應門內路門外之外朝可朝諸侯。與朝士外朝之位合。故先鄭云外朝在路門外。後鄭朝士注又謂外朝在庫門之外皋門之內與。與字以疑。是後鄭亦不能碻指其地矣。金鶚已非之。以文王世子鄭注言之。鄭意亦謂司士所職之朝爲外朝矣。外朝亦曰治朝。周禮宰夫之職。掌治朝之法。以正王及三公卿大夫羣吏之位。鄭注云治朝在路門之外。其位司士掌焉。是治朝卽外朝也。國語魯語云。天子及諸侯合民事於外朝。合神事於內朝。是天子祇有內外二朝。而外朝治民事。故亦云治朝耳。不得有二地也。

何後儒紛紜之甚也。

知內朝在路門之內者。司士言外朝在路門之外而云王還揖門左揖門右。太僕前王入內朝皆退鄭注云王入入路門也是內朝在路門之內也故先鄭云內朝在路門之內。內朝亦曰燕朝。太僕職云王眡燕朝則正位掌擯相。鄭注云燕朝朝於路寢之庭。圖宗人之嘉事。燕朝在路寢庭。是卽所謂內朝矣。文王世子云公族朝於內朝。鄭注云內朝路寢庭。則後鄭亦謂燕朝內朝是一矣。內朝亦曰寢庭。左氏傳成六年韓獻子將新中軍且爲僕大夫。公揖而入。獻子從公立于寢廷。其事正於司士王還揖門左揖門右太僕前王入於內朝相同。是天子諸侯止有內外二朝無疑。內朝一名燕朝。猶外朝或名治朝矣。則謂燕朝內朝爲二地之說非矣。又外朝內朝皆無堂。說文廷朝中也。聘禮夕幣使者朝服帥衆介夕。管人布幕於寢門外。鄭注云管人謂掌次舍帷幕者也。布幕以承幣。寢門外朝也。朝可布幕。是內朝無堂也。司士職云王族故士虎士在路門之右。大僕大右大僕從者在路門之左。小戴記曾子問諸侯禮見雨霑服失容則廢。云在門左右。云雨霑服。是外朝無堂也。外朝以門表地。小戴記曲禮天子當宁而立。諸公東面。諸侯西面曰朝。釋宮門屏之間謂之宁。李巡曰門屏之間謂正門內兩塾間名曰宁。與書言王出在應門之內合。書又子太保率西方諸侯入應門左畢公率東方諸侯入應門右。是外朝之位在應門之內也。內朝以庭表地。釋宮又云兩階間謂之鄉。郭璞云人君南鄉。當階間。釋宮又云中庭之左右謂之位。郭璞云羣臣之列位也。說文位立中庭之左右謂之位。金鶚云凡言庭皆廟寢堂下。郝懿行謂中庭之左右必內朝。是內朝之位在路門內之中庭也。由外朝以門表地。內朝以庭表地言之。是可徵外朝內朝皆無堂矣。夫內朝之與燕朝。外朝之與治朝。其地祇一。而名有異者。是所從言之異路耳。卽經傳會而觀之。足朙其通矣。

——摘自《制言半月刊》一九三五年十月第三期

詩經孟子周禮上的中國古代田制及稅法

司印昌譯

目　次

本文節譯自日人森谷克巳所著之『中國社會經濟史』第二章，森谷為東京帝大助教授，專門研究中國經濟史，文中對於中國古代田制稅法，作簡明扼要之敘述，頗具見解，亟爲譯出，用見外人對於我國史蹟之積極研究，並引起自行研究之興趣，譯者不文，難免錯誤，尚希讀者教之。

一　敘說

中華民族，到了周朝時代，在自然發展的農業共同體的基礎上，開始樹立了未成熟的封建制度。此種制度，實在就是混入很多舊日積極組織未成熟的封建成分，而自認爲是中國古典的封建制度。自然發展的農業共同體，在周朝封建制度之下，一方面變形化，而同時在他一方面，尚多成分的被保存着。我們且看當時的田制稅法，載在詩經孟子及周禮上的，即可證明。

二　詩經與田制

在歷史上，許多文化民族間原始農業共同體的狀態，不能完全表現，是毫不足奇怪的。蓋因，當一個民族，走入歷史時代的時候，當然被變形化，而很難保存着廬山眞面故也。不過，當由原始的農業共同體去發展而進化爲一個文化民族，一定有少許記載存於古代書籍中，乃至有許多遺跡，也都保存下來，這是值得注意的。

詩經各篇中，以下各篇，認爲有研究的必要：

(甲)小雅信南山篇『信彼南山，維禹甸之。畇畇原隰，曾孫田之，我疆我理，南東其畝。』

在通常，『我疆我理，南東其畝』的一句話，是成問題的。蓋因，恒被解釋爲井田的分割，每井設溝，引田之畦或東或西，以便灌溉排水，而諷誦田中的工作故也。不過吾人依上文的敍述，作直接的解釋，祇是平土、治水、開墾、設經界、從而引壠向南向東的工作諷歌意思。所以，對於當時所謂井田制考證以後，起初不過含有墾治的意義，尙不得作爲所謂井田的證據。

(乙)小雅大田篇『有渰萋萋，興雨祁祁，雨我公田，遂及我私。』

一般的論調，認爲這一段是周代曾行井田法有力的證據。因爲孟子在討論中國古代田制的時候，曾引用上述的詩句：「詩曰：『雨我公田，遂及我私。』」及「惟助爲有公田，由此觀之，雖周亦助也」等句來說明。對此見解，也有人認爲：詩經的公田、私田，與「井田法」毫無關係，不過指明『君主的土地。及人民的土地』之意義而已。例如服部博士所下的解釋：『詩經的公田，不得解釋爲使人民耕作屬於公家的田地。且此種解釋，似較近於事理』。至於小島教授大體上也從此見解。於此，可見詩經中的公田，不過單指使農民耕作的田地而言，自與「井田法」無關。

所謂「井田法」，要而言之：即是一井九百畝，以其中央的一區百畝作爲公田，將周圍的八百畝，作爲八家的私田，使之共同耕作公田因而稅其徭役的組織，——公田在周代既已廢止，因而『井田法』本身亦行廢止（但不是由前代土地經界的改廢）此外，服部博士謂『助法』本身，祇是一種稅法，與所謂『井田法』沒有關係，換言之，助法的存在，不必以公田的存在爲前提。於是公田廢止後的周代稅法——徹法——不外就是『貢』『助』二法的併用。

可是吾人認爲詩經中的公田、私田，與井田法完全無關，祇單是天子所有之田地與人民所有之田地的區別；因爲認爲前者也是由農民耕作，不能說是言得其當，且此種見解，從說明中國古代田制、稅法繼起的諸方式之史的特質及關聯上，也毋寧說單純的走向破壞一切的方向。而孟子在距吾人甚遠而近於『詩』的戰國時代，將以上揭出『詩』中的『公田』認爲是井田法的公田。並且，僅以「助」法，就說是公田組織的保留。所謂「助法」與「井田」法的施行，不無關係

——但所謂「井田法」，如孟子所傳，能否機械的施行，還成問題。

第一、「助法」在徭役制的一點上，是有了一種歷史的特質。因而反對服部博士的說法，必須以公田制度爲前提，孟子謂『惟助惟有公田』是合理的。然而依孟子的學說，助法在周代還被施行着。因此第二、前邊所引詩經中的「公田」，不是單單指天子所有的田地的意思，乃是由「井田法」留存下來的徭役田。『詩』的「公田」，假若不是此種意義，由孟子上吾人還須便進一步的檢討，如此則孟子所引證的『詩』，而且明白指示的『惟助惟有公田』的敘述，方不致錯誤。第三、同樣的所謂「公田」「私田」實際上，與時代變遷而義意不同；因爲歷史內容是隨時改變的，所以吾人不應拘於名詞，當從歷史的環境，考究其個別的特質。地租徵收最初的形態，如係助法（詳述於後），至少起始於春秋宣公十五年的『初稅畝』，『履畝徵稅』。而所謂「公田」者，一定是以耕作者給付徭役勞動而被保留的田地，不過與後來所謂『以民佃作』的公田，是有分別的。

要之，『詩』的「公田」，可以說是所謂「井田、助法的公田」；依此解釋，不特於原始農業國家，可自其最初發生地租的方式上，顯示其歷史的特質，且與孟子的學識見解，也是一致的吧！

（丙）大雅公劉篇『度其隰原，徹田爲糧。』

在通常，『徹』是成問題的。『徹』之一字，在『詩』的其他各篇中也見過（大雅崧高篇，江漢篇等）。依據孟子，自來皆認爲是周代稅法所謂『徹法』的『徹』字。而人們從上邊的公劉篇。也正自傳頌爲「徹法」的起源。人們解釋上述的詩句，以爲是測量隰地原野，區劃井田，頒布徹法，以之爲公家糧米所自出的地方之意義。然而，將『徹』，解釋爲稅法的『徹』，稍近於牽强，意義不甚明白。毋寧從『徹者治也』的解釋，可以解爲『經治』的意思。即於前所引詩中的『徹』字，不包含對於隰原平土治水，施行開墾作業以外的意義。當時如施行井田，固然是適合於所謂『疆』『理』等事，可是以『徹田』文字的本身看，在當時，不能認爲是井田法。於此，『徹』之一字，在其他諸篇的使用，也是與此一致的。

以下篇篇，特別有注意的價値。

(丁)周頌載芟篇『載芟載柞，其耕澤澤。千耦其耘，徂隰徂畛，侯主，侯伯，侯亞，侯旅，侯彊，侯以。有嗿其饁。……』

(戊)周頌噫嘻篇『噫嘻成王，旣昭假爾。率時農夫，播厥百穀。駿發爾私，終三千里。亦服爾耕，十千維耦。』

此種場合，『千耦』啦，『十千』即是一萬啦等數字，是沒有什麼義意的。不過從此等詩句中，還看出來多數農民斡旋于田間的情形。換言之，就是尙能表示出來原始共同耕作的情形，于此不過表現片斷的歷史形成物。于以下的詩句中，更表現完全的姿態。

(己)周頌良耜篇『穫之挃挃，積之栗栗。其崇如墉，其比如櫛。以開百室。百室盈止，婦子寧止』。

這裏的『百室』，認爲是周禮的「六鄉」，「六遂」制的一族或一酇。蓋因，周禮地官大司徒規定：五家爲比，五比爲閭，四閭爲族，五族爲黨，五黨爲州，五州爲鄉；又遂人規定：五家爲鄰，五鄰爲里，四里爲酇，五酇爲鄙，五鄙爲縣，五縣爲遂，而所謂『百室』，正相當一族或一酇(即是百家)。可是實際上，恐怕『百室』不就是『族』或『酇』吧。因爲『百』的數字，殆近於無什麼意義，此恰如當時詩人總稱穀物不曰『五』穀，『六』穀，『九』穀，常呼曰『百』穀一樣，這不過是在『詩』的時代一種公式的數字。而『百室』者，若從周禮的六鄉六遂制來看，實際上也許是相當『比』，『閭』或『鄰』『里』。總之，吾人依前述的詩句中，認爲是周的某一時代，『比』，『閭』，或者『鄰』，『里』的農夫們共同耕作的結果，而將其收穫的分配於各家。

詩經中有關中國古代田制、稅法的詩，僅如上述。此在原始的農業共同體的表示上，眞是一鱗半爪，不過，此等材料是最確實，最重要的。

三　孟子與貢、助及徹法。

任何人於研究中國古代田制、稅法之際，在通常沒有不先考究孟子的學說及周禮上許多規定的。蓋因此等是比較古的材料，而關係記事又比較詳細而且明顯，本節就孟子的學說，作一檢討。

首先必須明白孟子資料的價值，孟子是流傳孟軻本身學說的書籍。他的生存年代，大概是由西元前三七二年到二八四年（還有許多不同的說法）。換言之，就是「戰國時代」，因而離所謂『三代時期』已有相當隔距。並且他特別以田制、稅法作所謂『先王之道』的主要部分。他以畢生的精力去研究，因而關於古代田制、稅法的學識，在當時允稱獨步。

關於比戰國更古的時代，即是夏，殷，周三代的田制稅法，孟子在可能範圍內，蒐集很多與此有關係的材料。他將『傳說』以忠實的態度去考究。當滕文公問他治國要道的時候，陳述從來明定田制、稅法必要之所以然，於是先由三代的制度說起：「夏后氏五十而貢，殷人七十而助，周人百畝而徹，其實皆什一也。徹者，徹也。助者，藉也。……詩曰：『雨我公田，遂及我私』由此觀之，雖周亦助也。」

關於三代的田制，孟子的學說，不是他獨自杜撰的。加藤繁博士已正式主張：『夏殷周三代的制度，孟子就當時流行的傳說，取其古老而又有見識的材料。』蓋因：第一、假若三代的田制稅法，完全出於假造，孟子決不能以之博得全國人的信仰。第二、假若孟子專為自己的便宜，而偽造此說。他理應以助法論者的地位僅僅說明先王制度的助法。換言之，他沒有舉與自己學說無用及與先王制度不利益的『貢法』，且特意引證詩經以證明在周代曾施行助法的必要。因此，『夏后氏五十而貢，殷人七十而助，周人百畝而徹』的一節，其起源雖不明瞭，不過在當時流行的傳說上，孟子有忠實的敘述。是顯然而易見的。

夏朝本身，既如前述，懷疑其完全為『傳說』時代。但如退一步而承認其傳疑時代，約也於西元前二二〇五年到一七六六年，前距孟子實有千數百年之久。如認爲次一朝的殷代末年，方走入文字形成的途徑，那麽夏朝(假設其存在)的制度，直至戰國時代，决無真實流傳的道理。商或殷朝的末年，稍出現於歷史的舞臺，此期由西元前一七六六年到一一二二年，還在孟子以前八百餘年，而關于殷朝的存在及其制度的傳說，不論在年數上或距離上，在某種程度上，是不可信的。蓋因，殷人本身，剛慢慢發明原始的文字，而征服者輩的周人，又遺失其文獻的記載。關於殷朝制度本身的記錄，如經遺失，必須考之於宋國，可是孔子說過：『宋不足徵也』。由此看來，殷朝制度的傳說。亦不能認爲正確。因而所殘留的，只有周朝的制度。同時孟子亦謂周代也施行『助』法。

現在，關於孟子的中國古代田制，稅法學說，試分析之：

(甲)　貢法：

假定殷朝以前，實在有夏朝的存在，吾人總不能認爲有地租的制度，蓋因殷代的末年，尚在從遊牧生活走向農業生活的過渡期間故也。而孟子却將『貢法』作爲夏代田賦的辦法，並引龍子的話以說明之：『貢者，較數歲之中以爲常，樂歲粒米狼戾，多取之而不爲虐，則寡取之。凶年糞其田而不足，則必取盈焉。』(孟子滕文公上)可是，施行此等田賦辦法，無論如何，必須以比較更發達的農業爲前提。所以由殷朝的末年，回遡六百年甚至一千年以前時候的中國太古人，對于此等田賦，畢竟是不能知道的。此或爲夏代傳說的『貢』，而孟子誤解以爲田賦的制度所致。換言之，所謂『貢』者，如前所述，在起初與地租無關，不過是征服者對于被征服者追其交納土產、手工品等物品而已。可知夏小正所載，夏的時候，有公田、私田的分別，施行助法。又唐杜佑通典卷三，謂「井田法」的起源，在黃帝時代，無論那一個，對于時代，都是不合的。因而孟子所載的夏后氏『五十』畝，也沒有論其面積大小的必要。而且如龍子及孟子所傳說的用爲田賦辦法的『貢』法，一直到孟子時代，也未嘗施行。原來，貢法就是平均數年的收穫，以定平年的收穫額，以十分之一作爲恒常稅額的制度。換言之，就是以預定的田地收穫的定量，因年歲的豐歉，使之單獨納稅，作爲納物地租的一種制度。但，此種制度，必須以農業生產相當發達爲前提，所以從春秋末戰國時代，是施行此種制度的時期。

（乙）井田助法。

『助』，依孟子，大概用爲稅法的意思，而與之相適應的田制，則稱爲『井田』。

1.井田法——孟子用所謂『井田』一語。但最初用者，則在春秋穀梁傳宣公十五年的『古者，三百步爲里，名曰井田。井田者，九百畝，公田居一。』

孟子對滕文公叙述井田的制度：『方里而井，井九百畝，以其中爲公田……』由此觀之，一井爲每邊長一里（三百步，即一千八百尺）的正方形的耕地。劃耕地爲井字形，等分爲九個正方形的田地。而各個每邊長四百三十二尺的九個正方形田地共同組成一個井字形。此種情形，基於周代田地的區劃法，作爲孟子本身的學說，謂在夏代，一區五十畝，而殷代一區七十畝，而到當時，夏殷二代的制度，完全不見。

在井田制度之下，依孟子所載，在井字形土地區劃的當中，有公田一區的保留，其餘部分，分配如下：『八家皆私百畝，同養公田。』

2.助法——孟子關於『助』法（謂周代亦行之）的說明——『助者，藉也』又曰：『惟助爲有公田』。他認爲助法的施行，僅以公田的存在爲前提。而且當滕文公問井田、助法的時候，他答覆：『方里而井，井九百畝，其中爲公田。八家皆私百畝，同養公田。公事畢，然後敢治私事。』又說明如次：『死徙無出鄉，鄉田同井。出入相友，守望相助，疾病相扶持，則百姓親睦。』最後一句的意思，無論死亡或是遷移，統統是不離開本鄉的。一鄉的田地，同屬於一井者，皆共同耕作，在警戒或看守方面，互相幫助，而有疾病的時候，互相扶持。如是則百姓（一般人民）皆生活於親睦景象中。

復次，孟子又述明施行此種制度的區域：『請野九一而助，國中什一使自賦。』這就是說：助法（以九百畝爲一井，中間的一區百畝作爲公田，從徵收稿役的結構上，『九一而助』)者，是對於隔離較遠鄉遂之地(野地)，普遍施行，而在中心地(國中)，給農民以百畝之田，而使之納其生產物的十分之一。

那麼，所謂「助法」，原來是何所指呢？換言之，在本質上，是表現什麼樣的生產方式——生產關係呢？孟子的見解，助法的本質，第一、是因公田被保留而存在的制度。可是有人主張，沒有公田的存在，亦能施行助法。不過此種解釋，很顯明的完全忽視了孟子(中國古代田制稅法最古的研究者)的學說與見解，將助法歷史的特性也未注及，既如此說，孟子的學說是正當的。第二、「助法」，依孟子的見解，認為是『助者，藉也。』最可注意的解釋，認為是共同耕作的制度，或互相扶助的制度。例如有名英譯家來茲古在其英譯的『孟子』上，將助法譯為『the system of mutual aid』，而The aid system means mutual dependene。如依孟子的解釋，所謂「助法」，就是「單稅法」。而其特質，一般通說註釋是『藉者，借也。』就是借民力使之耕作公田，實為助的意義。如此設公田，借民力使之耕作的說明，在徭役制的觀點上，是不會掛漏的。反之，如來茲古的解釋，助法毋寧是共同勞動方式乃至社會制度的表現，而其特質，則在於共同耕作乃至隣保相助組織的一點上。那麼，如何解釋，才與廬山眞面相適合呢？

無論什麼，在一方面是正確的，但無論怎樣也不能說是十分正確。先就孟子及一般的通說，從已經發達的生產關係，把握住農奴的關係，以之作為所謂「助法」制度的特質。即，依孟子的解釋，如對滕國的支配者所說的助法，該制度的施行，最適合當時社會經濟的構成之本質的表現，謂：『助者，藉也。』『惟助為有公田。』『八家皆私百畝，同養公田，公事畢然後敢治其私事。』即是支配者，保留公田，以之徵收農夫的徭役勞動，公田作業終了，然後經營私田的作業。這是很明顯的徭役制，表現農奴關係，作成了中國古代未成熟的封建國家的基礎。

復次，所謂「助法」，如依來茲古的解釋，也保存了多分的關係。即，農夫不僅『死徙無出鄉，鄉田同井。出入相友，守望相助，疾病相扶持。』而且『同養公田。』如是，已認爲適合於封建國家基礎的村落組織。但，這是基於原始的勞動方式及社會關係而組織起來的。可是，如所謂『同養。』如所謂『相互扶持。』一方面尙表現封建國家以前，與此無關係的農業共同體的相貌。而一般論者，將「助法」的特質，專門求之於稅法，加藤博士謂：『助法的特色，是公田的存在及八家共同耕作下的田地二者。』這是行仁政，君民共同享受凶年或豐年結果的良法。而，博士對於公田同養的制度，由何而來的問題，認爲『公田同養的制度，不過是爲要維持耕地的整齊，結果公田大部分及一部分私田變爲同面積。』於是很明顯的成爲『某一村落大血族團體共同耕作的遺跡消滅。』但，無論如何，孟子所傳下來的助法，是最初地租存在形態的徭役勞動制，可以說是充分表現農奴制的辦法。而同時又多成分的保存原始的生產方式及生產關係的情狀。

至於「助法」的「稅率」，孟子一方面說『貢』『助』『徹』三法，同是『什一也。』而他方面又說『九一而助。』但，「井田法」的施行，不是十分之一的稅率，是很明顯的。蓋，就支配者方面說，九分之一的稅，相當百分之十一强；從農夫的立場言，是繳納百分之十二點五的剩餘勞動。總之，比『什一』稅率是較高的。

(丙) 徹法。

孟子稱周人的田制、稅法爲『徹』法，而他對於此種制度，殆未說明。吾人對於孟子所謂周人制度的『徹』法，實際結構如何？不外從以下兩點來檢討。

『夏后氏五十而貢；殷人七十而助，周人百畝而徹，其實皆什一也。徹者，徹也。助者，藉也。』孟子首先聲述「徹法」的稅率是『什一。』而『徹』法到底是納物，還是納徭役勞動？孟子並未明言。『徹』法在內容上，與『貢』法及『助』法都有差異，是看出來的。不過孟子只就三代制度的名稱反覆陳述，而不是特別爲明指三個制度的區別而舉出他們的名稱的。所以『貢』法與『助』法的相異，言之了了。而『助』法與『徹』法及『徹』法與『貢』法的異同，却語焉不詳了。就中，關于孟子以下的敍述，更發生較深刻的疑問。

「詩云：『雨我公田，遂及我私。』惟助爲有公田，由此觀之，雖周亦助也。」

於此，孟子僅基於傳說，簡單的敘述『周人百畝而徹。』而他一方面，在『徹』的文字上，不僅沒有發現如其他二稅法的特色之意義；而他自己研究的結果，認爲周代大約也施行助法，所以，引用詩經，來考証『徹』法的內容不外就是『助』法，總之，孟子本身，認爲周代也施行『助法』。——他雖然認『徹』法與『助』法的內容是同一的；可是『徹』法的施行，是通時代的呢？還是某一時期呢？是全部領域呢？還是部分的地帶呢？關於此點，並未說明。

第一『徹』解爲『徹取』，就是由百畝的耕作者，撤取十畝作爲賦稅的意思。一般的說法，與此相反，而將徹的本義解爲『通』的意思，可是在諸學者的中間，對於『徹』法是甚麼制度的問題，以及爲什麼作爲『通』的意義，大多數認爲『徹』法實際上就是前代『貢』『助』二法的併用。（大概，近於都市者用貢法，遠者用助法）這是『徹』即是『通』的所以然，就是二法的『通用』（又有『什一而稅』是天下通法的解釋）。猶有應注意的說法，就是『通』作『通力合作』的解釋。例如，來茲古大體即持此種見解，他將『徹』注譯爲『share system，』此種制度的特色，他認爲：一夫分地百畝，十夫共耕作千畝，共同分配生產物，以其十分之一繳納租稅。這本來必須認爲是在原始農業共同體制度下施行的勞動方式；而在詩經中看出這樣表徵。孟子在說明井田法的時候，也說明是共同耕作。然而來茲古解釋『徹』法的見解，也不一定正確。加藤博士對于『徹』的原意，從來的解釋，也基於詩經，正式的樹立新說。即從『徹』的原意看，既不是『徹取』，又不是『通』。而只限用於土地上，在詩經中可以看出他的用法，如徹治，或經界勘定等的『治』的意思。而『治』之關于土地，如孟子引用龍子之言，也看出來是『由土地取稅的意義』。由此可見，『徹』不外就是周人徵稅的用語。『徹』的文字本身，可以說是絲毫不能表示周代制度的特質。因此，由文義的解釋上，是不能得有甚麼結果的。因而從訓『徹』爲『通』的文義解釋上，總助發現『徹』法的特質的企圖，也不能得到『徹』法的原意。

然而，所謂周代制度『徹』法的內容，實際上，專門是助法呢？或是『貢』『助』二法的併用呢？甚而至於是第三個制度呢？由周禮是可以明瞭的。從孟子上不過只知道『雖周亦助也。』而已。

因而，基於孟子的『周人百畝而徹』的傳說，不能不懷疑到關於『百畝』一事。蓋因：第一、如前所述，周代尚可以有『易田』的存在。第二、土地在肥瘠及位置便宜上有差等，在某種情形，決不致一律分配以百畝。第三、『百』的數字，在詩經中是總稱『百穀』的用語；又或以之用為『百室』『百禮』『百里』等語，如果單表示多家，多種儀禮，距離等，在文字上是不通的。並且，在孟子有三代的稅率『其實皆什一也。』的記載，實際上，也是一如上述，不能不加以懷疑的。

四　周禮上的田制，稅法。

周禮一書，有謂周初周公所作，或謂作於西周末年，或謂王莽時代（西曆九年——二三年）劉歆僞作。著述年代，衆說紛紜，莫衷一是。周禮，的確很難說是周公時代的作品，而同時謂為純係劉歆創作完全與周代制度無關，亦不免失之武斷。平心而論，周禮不外是依周代的制度，附以後人的解釋修潤而傳下來的書籍而已。所以重要工作，應將周禮的諸規定，分析而考証之，以求周代制度的眞面目。

在考證之先，吾人應先知道周的畿內，大概分為名曰『鄉遂』的帝都附近區域及名曰『都鄙』的較為更遠的區域。換言之，以帝都為中心，向外擴張，距王城二百里以內為『鄉遂』，二百里以外至五百里為『都鄙』。『鄉遂』與『都鄙』，包括千里，是為王畿。諸侯之國，在此以外，而公卿大夫的采地，在於都鄙。

（甲）土地的區劃及水道道路的配置。

耕地的區劃法，是井田技術的基礎。地官小司徒條都鄙（即公卿大夫的采邑存在區）的土地區劃法如下：經理土地，區劃田野為井字形。九夫（一夫百畝）爲井，四井爲邑，四邑爲丘，四丘爲甸，四甸爲縣，四縣爲都。更依司馬法的六尺爲步，百步爲畝，百畝爲夫，三夫爲屋，三屋爲井的制度，夫與井的中間，尚有「屋」的區劃存在。三夫爲一屋，而三屋爲井，屋的區劃，也變爲重要的部分。

然而，與此種區劃方法的同時，對同一區域，也有其他區劃方法的規定。即是，在考工記匠人條有九夫爲井(此與小司徒的規定相同)，方十里爲成，方百里爲一同的記載。這也是畿內采邑的制度。此與司馬法的夫，屋，井，通，成，終，同（方百里，一萬井）是一致的。但，與小司徒規定井以上的項目，是不一致的。總之，小司徒及匠人的規定，以九夫一井爲基本單位是相同的。

更依遂人條所載，其基本單位，亦復不同，即是，以十夫爲基本，以上百夫，千夫，萬夫都是十進位的。此外如丘，甸，縣，都，成，同等特別名稱是不存在的。

此等書之雖多少有些矛盾，但無論怎樣，是不無根據的。依註釋家的見解，小司徒及考工記匠人的區劃法(以關于遂，溝，洫，澮，川的水道規定爲主)是都鄙的制度，而遂人條的諸規定，是鄉遂的制度。加藤博士認爲『小司徒及匠人(考工記)的土地區劃，大概本於周人的制度，如遂人以十夫爲基礎的土地區劃，雖不見於古書，恐怕是存在的。

基於如此的土地區劃法而配置水道及道路。其在鄉遂，先配置一一夫間有遂，遂上有徑；十夫(如前述，在此區域，以十夫爲基本。)爲溝，溝上有畛，百夫爲洫，洫上有塗，千夫爲澮，澮上有道；萬夫爲川，川上有路。如此從鄉遂(即帝都附近)的最小區劃一夫百畝的區域，配置遂及徑爲起始，漸次擴大，以至於川及路的水道和道路的配置。

都鄙的遂，溝，洫，澮，川等，依註釋家的說法，其配置亦如考工記匠人條所載。但在某種場合，缺乏關於道路的規定。蓋因匠人只管營造溝洫故也。從最小的『甽』以至於『澮』，溝洫的廣狹、深淺都規定着。總之，水道的配置方法，於一夫(即百畝)地區間設遂，井間設溝，成(方十里或百井)間設洫，同時於方百里或萬井間設澮，以之通於川。因而以小司徒的土地區劃法（井以上四進法）擬於都鄙之制，還是不相容的。

約言之，土地的區劃法，大體上，分為三種方式：第一、以九夫一井為基本，用四進法進而為邑，丘，甸，縣，都的區劃方法。第二、以九夫一井為基本單位，以十進法進而為通，成，終，的區劃方法。在這兩種方法場合之下，『夫』與『夫』之間，也可以認為有『屋』區劃的存在。第三、從最初即用十進位法區劃為十夫，百夫，千夫，萬夫，而沒有特別名稱。而水道及道路配置的規定，不依第一的四進法，而與第二，第三的區劃方法相適合。

如此不同(一部分互相矛盾)的土地區劃，水道及道路的配置方法，實際上如何實施呢？果如註釋家的說明，由於適用地域不同，或因施行的時代不同而不致發生障碍嗎？是很難承認的。加藤博士僅暫時的承認以下的事實——『總之，將耕地單位的百畝之他方面，排列以正當規則，基於九夫或十夫分為大小不同數種的區劃，以圖公課定額分配的便利，并且，配置所於溝，洫，澮等許多的水道，施行排水，溉灌，而嚴定其境界。以為這就是周以來的制度。』

(乙)田，圃及宅地的分配。

吾人先就王都附近耕地的分配，作一檢討：

1.鄉遂耕地的分配　此規定於『遂人』條，於王都附近，依耕地之位置及土壤的肥瘠，分土地為上，中，下三等，並施行『休閒法』，休耕田稱之曰『萊』。而耕地分配如下——一夫(成年男子，結婚為一家者)如係上地，分給百五十畝，每年耕其地之三分之二的百畝，休耕五十畝。如係中地，分給二百畝，每年耕其地二分之一的百畝，休耕百畝。如係下地，分給三百畝，每年耕其地之三分之一，休耕二百畝。如此不論農民上，中，下三等地的分配如何，每年都是耕種百畝。因而在家有餘夫的場合(成年男子尚未成家，寄食於父兄者)，也可以照正夫一樣的授給田地——孟子，餘夫分配正夫四分之一的田地二十五畝。

然則上，中，下三等的田地，依什麼標準分配呢？此種場合分配的公平，依小司徒條所載，以家族數及可徵發的壯丁數額為標準而實現——家族七人，壯丁三人之家分給上地。家族六人，二家壯丁合有五人之家，分給中地。而家族五人，壯丁二人之家則分給下地。此種規定，不過表示大概的基準，不是一定依照文字的規定的。

2.都鄙耕田的分配　此規定於地官大司徒條，都鄙耕地，分不易田（年年耕種的田地），一易田（一年休耕一易耕種區域的田地）及再易田（二年休耕田）三類。分配如下——如係不易田，分給百畝。如係一易田，分給二百畝。如係再易田，分給三百畝。因而各家不論如何情形，每年皆得耕種百畝的田地。如此種場合，不易田與易田的分配，依什麼標準施行呢？是不明瞭的。或者適用如前所述的鄉遂上，中，下三等耕地分配的辦法。

3.諸國耕地的分配　諸侯之國的土地，基於王都附近同一標準而分配。此事項規定於夏官大司馬條，從邦國的分配耕地及軍賦的關係上，可以看出——邦國的規定；從分得上地年耕三分之二之家，徵發壯丁三人；分得中地年耕二分之一之家，合二家徵發壯丁五人；而分得下地年耕三分之一之家，則徵發壯丁二人。換言之，就是邦國以之為軍賦前提的耕地分配辦法，與鄉遂制是相同的。

4.宅園地　關於宅地，在遂人條有『上地，夫一廛，田百畮，萊五十畮。』的記載，可見宅地也是分配的。不過分給若干畝，并未明道規定。而在孟子有『五畝之宅』的記載（梁惠王上及盡心上）可見周代宅地的分配，大體是五畝。

園圃，即是果，蔬，菜的栽培地，也無明文規定。僅於詩經魏風十畝之間篇有『十畝之間兮，桑者閑閑兮』云云。由此看來，園圃的分配為十畝，而以植桑為主。

總之，周禮關於宅園地的分配，沒有規定。

5.定期割換　周禮關於此點，無任何規定，不過以上，中，下三等的田地及家族數壯丁數爲標準，恐怕普通也不能認爲即是割換必要的理由。

(丙)稅法

1.鄉遂：帝都附近的土地區劃法，旣如上述以一夫爲最小區劃，以十進位爲十夫，百夫，千夫，萬夫。這與所謂『井田法』的耕地區劃法完全不相容。因而一般的說法，認爲在許久以前助法已經廢止而施行貢法。但，這不過是一種臆說。如考之通說，則認爲周代『助』、『貢』二法併用，『鄉遂』行『貢法』，『都鄙』行『助法』，即所謂『徹』法，而不承認是第三種方法。但，到後來『徹』法乃變爲第三法，認爲是表現所謂井田、助法廢止以後的田制。

2.都鄙　在距帝都較遠的土地區劃，如小司徒所規定，是所謂『九夫爲井』的制度。可見正與井田法的耕田區劃法是相同的。但周禮的記載，其井字形區劃中，保留所謂『公田』一區。究竟如何，尚不明瞭。從『人』的問題上，僅在『遂人』『遺宰』及『師旅』諸條的『以興耡利民』『治其政令以當時合耦於耡』『耡粟』等句中的『耡』，是與助法的『助』字有關係。此等『耡』字，特別解釋爲助法的『助』字，(說文及王安石周官新義)而在他一方面，只解爲『助佐』的意思，因而此種情形，直不能作爲助法存在的証據。依加藤博士，不外作以下之結論：『總之，在周禮雖然有一井九百畝的區劃，可是助法並不存在。不過，一井九夫的區劃，可認爲是助法的遺跡。』

要之，依周禮在帝都附近，旣已完全施行與井田法不相容的耕地區劃法，無公田保留的形迹。因而不施行所謂助法。而都鄙的耕地區劃上，依然有井田法遺制的存在，而所謂助法本身，方轉化而向他方面。然則，徹法有什麼特色呢？這必須於下節述明之。

五　總結

中國古代社會之經濟構成，歷史材料非常缺乏，但大概以井田、助法爲開始。可是井田助法的本身，是從原始的農業共同體，以未成熟的封建制度爲基礎，而組織的第二次的形式。換言之，中國原始的農業共同體，在周代『未成的建封制度』之下，以之爲基礎而再組織之，一方面附加農奴的關係，而同時正多分的保存着他一方面的本來的恣態，直接轉化爲所謂井田助法。被保存的原始的恣態，旣如所見，徵徵的表現於『詩』的各篇中，而也反映到戰國時候的孟子——來玆古將其一方面解爲助法的特色，吾人如反觀其原來，那正是在中國農業社會始期之『經濟的構成』的天眞爛漫的恣態。這固然完全以：沒有餘裕勞動，沒有剩餘生產之勞動生產力極度未發達爲前提，而附以此種條件。

周代在如此的基礎上，開始樹立了『混入多成分的古代種族組織之未成熟的封建制度』。因而最初農業的剩餘生產的存在形態，一定產生於勞動。這就是保留公田，不得不徵徭役勞動的所以然。而當時又附加了農奴的關係。而原始的農業共同體，幾乎依然保存。

『助』法，依加藤博士的意見，是比徵法更進一步『直截明快』的地租形態，因而在周初能够普遍的施行。但，如孟子的解釋，是基於所謂『九夫一井』機械的井田法而施行呢？或基於其他的方法呢？不無疑問。蓋因，『詩』經中關於農業的諸篇，是完全不能表出這樣耕地組織的。無論如何，周禮記載與孟子是一致的耕地組織。但，此種場合，其本書自身之證據力，是有疑問的。恐怕實際上，所謂『九夫一井』的組織，依然未施行。『九』的數字，如在禹貢：『九』州，『九』江，『九』山，『九』川，『九』澤等處，那不外是戰國時代好用公式的數字使然。不論怎樣，耕地大抵區劃爲井字形（這不是直接九夫一井組織的意義），多數的家族爲一體，而在起初，共同耕作，並保留公田一區之一個組織的耕地。當時一定共同耕作，共同收穫，而將收穫物分配於各家。基於土地的位置及土壤肥瘠的不平等，以含有公田一區耕地組織爲基礎，施行助法。就中組織，用如此的方法，最簡單的得以解決。不僅如此，實際上從詩經中也可以看出來。

所謂井田助法，以耕地農村共同體佔有，共同耕作二項爲基礎的徭役制，爲其特色。因而不得不隨着勞動生產力的發達而解體。促其基礎的解體重要的一因子，是完全歸於農具的發達。而井田助法跟着個別耕作要求的升高而崩潰。所以此時以後，井田助法，早已不能施行。後來學者不論怎樣贊揚，當北魏，齊，後周，隋，唐確立均田之際，也不能採用。至清代雍正初年，移餘產旗人數百於直隸的新城，固安，霸州，永清等四州縣的官地，作周代井田制度的設計，但歸終曇花一現，僅於十年間或作或輟而停止。乾隆初，改為屯田，徵收實物地租。井田助法不得不廢止者，不是『人情之淳朴』的失掉，而流於『末世澆季之俗』，那是徐徐演化，勞動生產力向上的結果，是因先有私有動產的積蓄，而不久個別耕作要求升高的緣故。

井田、助法，直接轉化的形態，就是孟子所謂的『徹』法。其變革，是支配者及耕作者的慾望之得以施行使然。所謂公田，也不能保留，最好是徵收分配耕地的剩餘生產物，以地租替代對於公田的徭役勞動。在周朝末期，此種形態也少見，而其推移，一定與耕作的個別化同時而起。當時耕地的分配，大體上，如周禮所記載。

於是共同耕作，僅限於徹法的施行，在本質上已經廢止。並且舊日的農村共同體，於以封建國家為基礎，再組織而被保存。這就是規定於周禮的比，鄰，閭，里的組織。例如，在帝都附近再組織如下：

(甲)六鄉制——在地官大司徒規定『鄉』的組織——『令五家為比，使之相保。五比為閭，使之相受。四閭為族，使之相葬。五族為黨，使之相救。五黨為州，使之相賙。五州為鄉，使之相賓。』

(乙)六遂制——遂的組織，規定於地官遂人條——『五家為鄰，五鄰為里，四里為酇，五酇為鄙，五鄙為縣，五縣為遂。』

比，鄰，閭，里，是以封建社會為基礎而組織的。但非創作的，而是基於自然的發展而組織的。其首長：在比，鄰，有比長，鄰長。在閭，里，有閭胥，里宰。在族，酇，有族師，酇長。在黨，鄙，有黨正，鄙長。在州，縣，有州長，縣正。於是在鄉，遂，有鄉大夫，遂大夫，掌管各團體的敎化，勸農，祭祀，警察等事務。比鄰閭里，互相扶助，親愛；休戚與共，倘有禍災，共同負責。即是，舊來的農業共同體，一面以鄰保相助的自治團結來維持；同時在他一方面，以封建國家的基礎再組織而已。

再，此時代的稅法，就是『徹』法。所謂『徹』法者，有什麼特質呢？從『徹』的意義解釋，（不是如通說的『徹』或『徹取』而是『治』的意思）不能表現任何歷史的特質，已如前述。因而在內容上，也不是貢，助二法的併用之意義，而是第三種的制度。換言之，即是走向如孟子所引龍子所解釋貢法（貢法較數歲之中以爲常）的過渡形態。不外就是徭役制度轉向物納地租直接的轉化形態。即是周禮地官司稼規定的『巡野觀稼，以年之上下出斂法』的制度，正被認爲所謂『徹』法。稅額原來沒有一定，稅率孟子謂爲『什一』，而實際上從各個人的收穫十分之一，不過當時公式的數字多近於不正確的場合，稅無常額，是一種依每年實地觀察年景的凶豐，然後規定的制度。誠如加藤博士所謂『與設公田於助助法出於同一精神。』嗎？可是『與民共利害之所致』呢？依然必須解釋爲『王道的機露』。總而言之，農民的地位，也可以說是依然在井田、助法之中，從屬於支配者，幾乎沒有什麼變更。因而後來漸次產生了稅率的一定，稅額的恒定與夫所謂『稅畝』等事項。

要之，在周代末年的耕地，不是所謂公田保留，蓋分配之而委諸個別的耕作。從徭役勞動轉化到物納地租。但當直接轉化的時候，稅率，稅額尚未恒定，那是因年景之豐凶所規定斂法的制度。在此階段，即所謂『徹』法，而大體認爲是貫澈了周禮之經濟的社會構成。

在此時代，尚未產生土地的買賣。禮記王制，『田里不粥』的規定，依舊通用。蓋因，勞動生產力的低下，除了田賦，幾乎沒有剩甚麼剩餘生產物；加之，人口比較增多，而土地不得爲買賣的目的物故也。

——摘自《師大月刊》1935 年 10 月第 22 期

周禮所述之司法制度

陳顧遠

一 緒言

周禮一書，據荀悅漢紀稱『劉歆以周官六篇爲周禮』；漢書藝文志有周官經六篇，即此書也。書分天官地官春官夏官秋官冬官六篇，其中冬官篇，早佚，西漢時以考工記補之。內容係言設官分職之事，故各種制度得隨官職之敘述而並見焉。惟此書著作之年代向有問題，則欲據而認爲係某人之思想，或旁證與某時期之實際制度有關，殊爲不易。因周禮至劉歆而始顯，王莽時爲置博士，非經今文家所傳，世遂有疑其係歆僞作者。然依漢書景十三王傳，武帝時，河間獻王已得周官於山巖屋壁之間，則非後所僞作可知。不過劉歆用之以佐王莽，遂被誣爲出於西漢之末也。反之，經古文家視秦火燒後，經籍傳寫，其價值實遜於巖壁所藏之古文經籍；遂謂此書爲周公治平天下見諸實行或預備實行之制度之作。清孫詒讓著周禮正義亦以其爲周公之大經良法，今人顧實著重考古今僞書考並以此書富有他書所不用之古文字，而與殷周骨甲文鐘鼎文相合，故認其爲早作於西周之世。然據皮錫瑞三禮通論，周禮與周時制度多不符，孔孟皆不見及其書，苟爲周公手定，必無是理，遂斷定其書出於孔孟之後，或不失爲正確之言。蓋在西周之初，其制度當無周禮所述之文明，而古字之獨見於周禮，或亦託名於西周時代者故爲之也。夫此書既非僞作於西漢之末，又非創作於西周之初，則何休謂其出於六國時人，與夫今人著作中每多主張其最早爲戰國時之理想作品，殆近之。雖然，此書之著作時代固難絕對確定，但就其書之本身而研究其所表現之各種制度，則實有爲學術之助者也。且此書中所示，往往有採春秋戰國時代各國之成制，既難否認；而自王莽變政一宗周禮之後，歷代各種制度之設施受其影響者，時夥有之。是故奢言周禮所述之各種制度即爲西周所有或爲周公所擬，誠屬武斷；若謂與中國數千年來之實際制度完全無關，則仍非允言也。其關於司法制度者亦然。愚於是爲周禮所述之司法制度之作。

惟須知者，周禮六官雖各帥其屬分掌邦治，邦教，邦禮，邦政，邦禁，邦事諸職，而爲後世吏戶禮兵刑工六部之所本，然此不過形式上之設官分職，非可認爲僅從掌邦禁之刑官方面，卽可明其司法體系也。蓋在周禮上係採虛君制度，天官冢宰則總御衆官，使不失職，頗似現代之責任內閣地位，故以冢宰爲稱，然同時天官既獨有其屬，別具當職之事，其列職於王，遂又以大宰稱矣。故六官又於王之下有其總也。如是，則冢宰與司法權之行使亦有其關聯。且『官常，以聽官治』與『官聯，以會官治』，在周禮中同時並重，則除官有常職，各自治其官外，並使各官連事通職，互相佐助，用以合治一事，而免荀子所謂『職而不通，則職之所不及者必隊』之虞；故卽爲秋官各職之主掌者，亦往往本於『官聯』之原則，見於其他各官方面者殊夥。況秋官雖以斷獄聽訟爲主，而大刑用甲兵既非其職，薄刑用鞭扑，仍非專掌；他如天官小宰宮刑，地官司市之市刑，又各有其特殊地位；刑之不獨限於秋官也可知。訟無論解釋其爲獄之小者，或解釋其爲以財貨訟者，亦非盡屬秋官之責；若地官之媒氏及其他之有地治者，春官之冢大夫，夏官之馬質，皆負有聽訟之責，惟附於刑者始歸於士；訟之不獨限於秋官也又可知。此不特周禮中如此，卽在後世，若六部，初亦統於尚書省或中書省，明自經胡維庸之亂，永廢中書省，使六部獨立，然仍總成於君；且歷代除刑部外，若大理寺若御史臺等皆分掌司法事務，而其他人員之參與司法者，更不計也。是故在周禮中，並不因司法職務非完全歸於秋官致有遜色，倘吾人泥於秋官之爲刑職，固步自封，以此爲限，反失原意，無由窺知全豹矣。

不特此也，秋官之屬雖曰六十，但其職務不僅爲『刑』，而且有『禁』，其與刑禁有相成者既附於內，卽與刑禁無關而依其他原因歸入者更不在少；是在秋官方面又不必皆可認爲刑官也。例如野廬氏之掌道禁，蜡氏之掌除骴，雍氏之掌溝瀆澮池之禁，萍氏之掌水禁，司寤氏之掌夜禁，司烜氏之掌火禁；與夫冥氏，庶氏，穴氏，翨氏，柞氏，薙氏，硩蔟氏，翦氏，赤友氏，蟈氏，壺涿氏，庭氏等等，並係掌攻除鳥獸蟲蠱及草木之官。此在今日均屬行政或警察之作用，而周禮作者則以其爲禁戒或殺伐之事歸入秋官矣。又如犬人之掌犬牲，則以犬爲金畜，本於五行象類而屬之；伊耆氏之掌其杖，則以杖爲老人所依，『秋』爲長老之方，故在此：斯皆運類而及，與司法制度並無何關也。此外，若大行人掌大賓之禮及大客之儀，以親諸侯；小行人掌邦國賓客之禮，籍以待四方之使者；以及環人，象胥，掌客，掌訝，掌交，掌察，掌貨賄等職，並掌四方朝聘賓客及使命往來之官，與今日外交人員相當，尤不涉及司法制度。所以亦屬秋官者，不外以大司寇掌佐王刑邦國，詰四方，遂又以義類而及焉。是故吾人爲周禮所述司法制度之研究，固不能專就秋官篇爲論，更亦不能盡秋官篇所列各職而逃之。蓋雖禁刑通言，而掌禁之官不必皆爲刑官，且其連類而及者，亦非周禮作者所認爲司刑或司禁之官耳。

二　形式司法並其統屬

『惟王建國，辨方正位，體國經野，設官分職，以爲民極；乃立秋官司寇，使帥其屬，而掌邦禁，以佐王刑邦國』。則無論其以防遏姦惡於未犯之前爲主，抑以刑罰爲主，而秋官究以刑官稱，並以刑職著，實具有現代所謂『形式上的司法』之意義。秋官之正爲大司寇，其屬六十，與他官同，乃各本於『官屬』而尊卑相隸也。然依前述，秋官司寇雖佐王刑邦國，却非直接皆承王而爲，其間尚受冢宰之指揮監督；故不僅秋官一機關單位內存有『官屬』關係，卽冢宰之對於司寇亦然。試分及之：

（甲）冢宰與司法　冢宰總攝六官，無所不統，故能掌建邦之六典，其中『五曰刑典，以詰邦國，以刑百官，以糾萬民』，卽直接關於刑職者，乃秋官之所承也。他如以八灋治官府，百官固同受其治，然其中『五曰官成，以經邦治，……七曰官刑，以糾邦治』云云，則亦直間接涉及司法方面。蓋官成爲官府之成事品式，遇有獄訟而用之，實當於後世例案之性質；官刑爲官中之刑，凡百官府黜陟廢置，並以此爲斷也。此外，以八則治都鄙，乃治畿內采邑之通法，而『刑賞以馭其威』，列爲一端，又其總攝也。且曰：『以典待邦國之治，以則待都鄙之治，以灋待官府之治，以官成待萬民之治』，此典也，則也，灋也，成也既非專爲刑事而設，則刑事以外之司法職務，自仍爲其所統也。除天官之正——大宰——居於冢宰地位外，小宰爲其貳，雖亦有專領之職，但同時並佐其正而行統攝之事；所謂『掌邦之六典八灋八則之貳，以逆邦國都鄙官府之治』，所謂『以官府之六屬舉邦治，……以官府之六職辨邦治，……以官府之八成經邦治』是也。其中『五曰秋官，其屬六十，掌邦刑，大事則從其長，小事則專達』，『五曰刑職，以詰邦國，以糾萬民，以除盜賊』云云，既直接與秋官有關；而八成之目，縱非盡如賈疏所謂聽爭訟之事，然仍不能謂與聽訟絕對無涉，故此項爭訟亦小宰職之所及也。冢宰既居百官之上，小宰佐其爲治，於是主掌刑職之秋官司寇遂與其他各官同皆受其管轄，觀於大司寇文曰：『凡諸侯之獄訟，以邦典定之；凡卿大夫之獄訟，以邦灋斷之，凡庶民之獄訟，以邦成弊之，與天官正貳之所掌前後相對，卽可知其然矣。不過天官尚有八則以治都鄙，此不言『都鄙之獄訟，以八則斷之者』，據賈疏，『都鄙有獄訟都家之士，告於方士治之，故此不言也』。蓋刑職一如他職：一面皆統於天官冢宰，一面則不必事事皆統於天官以外他官之正，謂天官以外他官之正之掌某職者，乃其主掌，非卽統掌也。

（乙）秋官與司法　大司寇卿一人，爲秋官之正；小司寇中大夫二人，爲秋官之貳，貳者副也；士師下大夫四人，爲秋官之考，考者佐其成事也。此皆尊者兼掌官法與官常，不似卑者僅各自領其官之常職耳。何謂官法與官常？蓋六官各有主領之職，是曰官職，若再『以官職分言之，著於書者爲官法，布於行事者爲官常，官尊者法與常兼備，官卑者則惟奉行官常而已！』故六官除天官掌有共同之法度如六典八灋等外，各官皆自有其法度，由一官秉之，以授衆官，使各依法共治之焉。大司寇之官法首爲三典，卽刑新國，用輕典；刑平國，用中典；刑亂國，用重典之謂也。次爲五刑，卽野刑，上功糾力；軍刑，上命糾守；鄉刑，上德糾孝；官刑，上能糾力；國刑，上愿糾暴之謂也。惟其中鄉刑之事則地官司徒與之爲官聯，軍刑官刑則又不盡爲秋官之屬所掌也。大司寇之官常，除與其他五官爲聯外，有如『正日之吉，始和布刑于邦國都鄙，乃縣刑象之灋于象魏，使萬民觀刑象，挾日而斂之』，此與大宰之宣布其治，大司徒之宣布其教同；惟刑象之法，爲三典五刑及司刑五刑二千五百條之屬而已！小司寇佐大司寇聽獄訟於外朝，故以五聲聽獄訟，求民情，以八辟麗邦灋，附刑罰；以三刺斷庶民獄訟之中；皆其官法也。其在官常方面，如『歲終，則令羣士計獄弊訟，登中于天府；正歲帥其屬而觀刑象，令以木鐸曰，不用灋者，國有常刑，令羣士，乃宣布于四方，憲刑禁』皆是。士師主聽察，『掌國之五禁之灋，以左右刑罰，一曰宮禁，二曰官禁，三曰國禁，四曰野禁，五曰事禁，皆以木鐸徇之於朝，書而縣於門閭』；此與『以五戒先後刑罰，毋使罪麗於民』，同爲士師之官法。其掌大司寇府中之政令及士之八成——决獄成案，並對於獄訟比擬罪刑報聞司寇，以及於歲終正獄訟之歲會，於正歲帥其屬而憲禁令于國及郊野；又其官常也。在秋官之正貳考以外，自鄉士以下而與司法職務有關者，皆爲士，以其衆也，稱之曰般。如鄉士，遂士，縣士，方士，都士，家士，各若干人，分別掌國中，六鄉，四郊，六遂，四等公邑，都家及其吏民之獄訟。外有訝士中士八人，係掌四方諸侯之獄訟，朝士中士六人，係掌外朝之法，並讞疑獄者。其貿大小司冦等之布刑於天下者，有布憲中士二人，下士四人；其贊小司寇聽獄訟而掌三刺三宥三赦之法者，有司刺下士二人；並有司刑中士二人，『掌五刑之灋，以麗萬民之罪』，五刑云者，『墨罪五百，劓罪五百，宮罪五百，刖罪五百，殺罪五百』是也。他如掌登萬民之數之司民，掌約劑之司約，掌盟載之司盟，掌受罰金之職金，掌沒收凶器贓物之司厲，掌收教罷民之司圜，掌守盜賊及凡囚之掌囚，掌斬殺焚辜磔肆之掌戮，掌帥五隸而治事之司厲，各若干人，皆直接間與司法組織有關；而禁殺戮下士二人，禁暴氏下士六人，更有近於現代檢察官之地位也。凡此衆士，雖小事或得專達；而大事職任既重，治辨又繁，遂由正及當官之長而總其成，系統亦自分明。且冢宰之施法於官府也，不僅『建其正，立其貳，設其考，陳其殷』，並『置其輔』；秋官同然。所謂輔者，乃指正貳考殷以下所設之府史胥徒而言：府也史也皆其官長所自辟除，胥也徒也則以役法徵調而來者，其地位略同現代之雇員工役人等，完全聽其長之指使者也。惟秋官之輔，因『府治藏吏，史作文書，胥為什長，徒給繇役』，今人遂比為書記官錄事警長及法警之屬，其實仍應視其隸於秋官中之何官，而後始可與今制比擬之。例如遂士縣士之『徒』固近於現代法警性質，而司圜之『徒』或亦不無近於現代『看守』性質焉。

三　實質司法並其通職

就六官每一『機關單位』觀之，秋官係掌刑職，關於司法權之行使固應推其為主；就百官所掌職務觀之，不特在官常方面往往有涉及司法權之行使者，並在官聯方面不少與秋官為通職者。蓋依實質意義的司法而論，舉凡他官所掌之刑之罰之訟，無論其為當官分職之事，或彼此為聯之事，要皆不失為司法作用，自不能專以秋官為限也。試分及之。

（甲）官刑及宮刑　官刑者官中之刑，施於官府，與司刑所掌之正五刑施於天下者有異。在今日，黜廢等事大都屬於考績結果或人事變動之性質，不視為司法作用，其黜廢之本身更不直接涉及於刑。然周禮則以黜廢歸於『賞刑』之刑中，並進而有殺戮之處分，則又司法之關係也。此官刑雖列入大司寇五刑官法之一，士師五禁官法並有官禁一目，但關於官刑之科，則散見於各官，而官禁云者亦不過執禁以齊衆，尤非治於麗罪之後可比也。蓋官刑之存在，一方面本於君主大權由冢宰及各官之長詔王而為之，詔即告也助也之謂；一方面以『上能糾職』為其目的，故各官屬中又或有其官刑，而為辦事效率或對要務便於督責之用。關於前一方面者，冢宰既於治官府之八灋中，以官刑而糾邦治，並『以八柄詔王馭羣臣：……六曰奪，以馭其貧；七曰廢，以馭其罪；八曰誅，以馭其過』。亦其事也。因既以詔王為言，則知此乃王所操持，王不獨執，冢宰佐之，與屬於春官之內史一職，『掌王之八枋之灋以詔王治：……三曰廢……五曰殺……八曰奪』同；一居宮外，一居宮內，互相副貳詔王之治而已！其中之『誅』，義同於『殺』，於此處不以『責讓』為訓；其中之『奪』，乃奪田收秩之謂；其中之『廢』，乃不令在位之謂，但亦有解為『受罪黜免，宥之以遠』者，則與後世流遣之刑相類矣。斯皆屬於官刑之範圍也。不特此也，『三歲，則大計羣吏之治而誅賞之』，使大無功者，不徒廢，更加罪，仍係詔王而為之耳。除冢宰外，小宰為貳而詔王，宰夫為考而詔冢宰，均有涉及此種官刑之處。小宰職曰：『正歲……令於百官府曰：各修乃職，考乃灋，待乃事，以聽王命，其有不共，則國有大刑』：僞孔傳以大刑爲死刑，實卽官刑之大刑也。宰夫職曰：『掌治灋以攷百官府羣都縣鄙之治，乘其財用之出入，凡失財用物辟名者，以官刑詔冢宰而誅之；則詔告冢宰，糾其職，黜其官，復加以刑，依然對百官而施之也。其在各官之長方面，亦皆用官刑之戒督其所屬，如正歲，天官小宰縣治象，使治官觀；地官小司徒縣教象，使教官觀；秋官小司徒掌刑象，使刑官觀，各徇以木鐸曰：『不用灋者，國有常刑』。此常刑卽官刑之常典也。關於後一方面者：如天官中，酒正掌酒之政令，酒人屬於其下，根據作酒如式與否，對之而『以酒式誅賞』於是該官之官刑在焉。如地官中，遂大夫『凡爲邑者以四達戒其功事，而誅賞廢興之』；縣正『既役，則稽功會事而誅賞』；於是六遂縣吏之官刑在焉。如春官中，世婦『大喪，比外內命婦之朝莫哭，不敬者而苛罰之』；小胥『掌學士之徵令而比之，觵其不敬者，巡舞列而撻其怠慢者』；大史『凡辯灋者攷焉，不信者刑之』；於是內宮樂官史官之官刑焉。如夏官中，射人『大喪……比其廬，不敬者苛罰之，槀人『掌受財於職金，以齎其工……乘其事，試其弓弩，以上下其食而誅賞』於是射人槀人之官刑在焉。卽秋官中，依然有當官之官刑，如方士『掌都家，……若歲終，則省之而誅賞焉』是也。

宮刑，在秋官篇中，僅士師之官法有宮禁一目，而大司寇五刑官法則無，或曰，與市刑皆賅於國刑一目中，似不然。蓋宮政非秋官所掌，宮中之刑不入大司寇之官法，固無嫌也。其刑因天官方面，小宰宰夫宮正宮伯等特治宮政，遂由小宰專領焉。故小宰之職，首卽曰：『掌建邦之宮刑，以治王宮之政令，凡宮之糾禁』；並於帥治官，觀治象之灋以後，『以宮刑憲禁於王宮』。惟其所縣者，或卽士師之宮禁原文耳。

（乙）市刑及市罰　市刑不見於秋官官法之目，此當爲地官中市官所掌，卽禁亦然；蓋犯市禁者另有其罰，卽吾人所視爲市罰也。司市下大夫二人，上士四人，中士八人，下士十有六人，爲市官之長，係『掌市之治教政刑，量度禁令』，除聽大小之治與訟外，並『以刑罰禁虣而去盜』，此禁暴去盜之刑，惟施於市中，卽市刑也。其刑分三等，『小刑憲罰』，卽書其犯禁情狀，表縣于肆門，宣播其罰之謂；『中刑徇罰』，卽舉其身以示其地之衆之謂；『大刑扑罰』，卽鞭扑之謂。斯三者通謂之戮，故曰『刑戮者各于其地之敍』，卽各刑須執行於市區以內，取其近而衆見之也。市刑雖輕，亦名曰刑，若對五刑，則五種者爲刑，司市不能兼掌，於是『其附於刑者，歸於士』，而爲秋官之職矣。司市所自辟除之屬，胥師二十肆則一人，以市刑表縣於市門，並『察其詐僞飾行儥慝者而誅罰之』。司虣十肆則一人，『掌憲市之禁令，禁其鬬嚻者與其虣亂者，出入相陵犯者，以屬遊飲食于市者，若不可禁，則搏而戮之』。司稽五肆則一人，『掌巡市而察其犯禁者，與其不物者而搏之；

掌執市之盜賊，以徇且刑之』。另有胥，二肆則一人，遇『凡有罪者，撻戮而罰之』，乃實際執行誅罰者。其所謂罰卽爲市罰，與市刑不同也。在市官中，亦有專行使罰之事者，若質人『掌稽市之書契，同其度量，當其淳制，巡而攷之，犯禁者舉而罰之』；司門『掌授管鍵，以啓閉國門，幾出入不物者，正其貨賄，凡財物犯禁者舉之』；司關『掌國貨之節，以聯門市，……凡貨不出於關者，舉其貨，罰其人』；皆屬於市罰者也。

市刑市罰主治違禁之事，而由行政機關掌之，頗與現代之行政罰性質相似。其實在周禮地官中，類此之例不一而足，如山虞『凡竊木者有刑罰』，林衡『以時計林麓而賞罰之』；川衡『以時舍其守，犯禁者執而誅罰之』等等皆然。其與官刑有異者，彼施於官府，對怠職者而設，此施於人民，對犯禁者而設故也。

(丙)軍刑及軍法　刑始於兵，師出以律，兵刑在昔原自不分，故秋官之正貳，卽以『司寇』爲稱，而大司寇五刑官法中，並以『二曰軍刑，上命糾守』是言。同時關於用諸軍旅之誓，復與用諸會同之誥，用諸田役之禁，用諸國中之糾，用諸都鄙之憲，同列爲秋官士師之官法；卽所謂『以五戒先後刑罰，毋使罪麗于民』是也。其在士師五禁官法中，並有軍禁一目，又涉及軍法之宣布焉。如是，則軍事司法權又似爲秋官所專，實不盡然。蓋秋官之外有夏官，以佐王平邦國，軍刑及軍法亦爲所掌；且不特大師大田大役等等，皆係起衆而爲，被認爲『大事』，以軍法誓衆，並戮其犯命者，卽普通之軍旅田役亦如之。凡此致衆庶之事既非一官之職，遂亦散見於各官也。試觀天官小宰職曰：『以官府之六聯合邦治，……四曰軍旅之聯事，五曰田役之聯事』，卽可知矣。

軍刑首非秋官所掌者，乃『大刑用甲兵』之事。凡諸侯有違王命，則由夏官大司馬以九伐之灋糾正：『憑弱犯寡則眚之，賊賢害民則伐之，暴內陵外則壇之，野荒民散則削之，負固不服則侵之，放弑其君則殘之，外內亂鳥獸行則滅之』是也。其次，中冬因農隙而教大閱，質明致民，誅後至者，『羣吏聽誓于陳前，斬牲以左右徇陳曰，不用命者斬之』；不用將帥之命，其刑則斬，亦軍刑也。其次，遇大師——王出征伐，則用王之大常致衆；王若不親，則自用大旗致之；誅後至者。及戰，巡陳眡事而賞罰，又其軍刑也。不過其不用命者，則兼由秋官之尊者戮之：王若在師，則大司寇主其事，卽『大軍旅，涖戮于社』之謂；王不在師，則由小司寇主其事，卽『小師涖戮』之謂。至於士師，則遇『大師，帥其屬而禁逆軍旅者，與犯師禁者而戮之』；逆軍旅云者反將命也，犯師禁者，干行陳也。王在軍，反將命亦卽違王命之謂，則王不在軍，梱外之事將軍裁之，戮反將命者自屬同例可知，惟文不具耳。

凡用民徒而以軍法致之，則又以地官爲主，而夏官秋官且通職焉。地官大司徒雖爲地官之正，但係主掌六鄉，另有遂人則係主掌六遂，於是致民之事亦因鄉遂而異。關於六鄉致民之事，因大司徒『大軍旅大田役以旗致萬民，而治其徒庶之政令』；小司徒遂於『凡用衆庶』——大師大田大役聚致六鄉之民徒——時，則佐而『掌其政教與其禁戒，聽其辭訟，施其賞罰，誅其犯命者』。鄉師四人則佐司徒分治六鄉，故鄉師於大軍旅會同，『正治其徒役，與其輂輦，戮其犯命者』；田獵，『以司徒之大旗致衆庶，……巡其前後之屯，而戮其犯命者』。鄉以下爲州爲黨爲族爲閭爲比：其中若州長遇『國作民而師田行役之事，則帥而致之，掌其戒令與其賞罰』；若黨正『凡作民而師田行役，則以其灋治其政事』；若族師『則合其卒伍，簡其兵器，……掌其治令戒禁刑罰』：又皆本於內政寄軍令之擬，處於師帥，旅帥或卒長地位，而以軍法用衆庶矣。關於六遂致民之事，遂人遇『起野役，則令』縣正巳下，『各帥其所治之民而至，以遂之大旗致之，其不用命誅之』；遂師佐遂人分治六遂，故於『軍旅田獵，平野民，掌其禁令比敍其事而賞罰』之。其下之縣正，鄙師，酇長等等皆依其級而負作民之責，如鄙師『凡作民則掌其戒令，以時數其衆庶，而察其媺惡而誅賞』是；至於縣正之誅賞，一面固可視爲官刑性質，一面則仍具有軍法性質也。其在秋官中，鄉士與鄉師爲官聯；於大軍旅等各掌其鄉之禁令，故『凡國有大事，則戮其犯命者』。遂士與遂師爲官聯，於邦有大事聚衆庶，則各掌其遂之政令，故『凡郊有大事，則戮其犯命者』。縣士與縣師爲官聯，於邦有大事聚衆庶，則各掌其縣之禁令，故『凡野有大事，則戮其犯命者』。又，秋官中，布憲職曰：『凡邦之大事合衆庶，則以刑禁號令』，此又布禁之官所當然者；禁暴氏職曰：『凡國聚衆庶，則戮其犯禁者以徇』；亦爲禁暴之官所當然者。此外，春官大宗伯以大役之禮任衆，列爲軍禮之一，地官大司徒夏官大司馬冬官大司空皆參與其事，其不有功者，則由大司馬以軍法治之；所謂『大役，與慮事屬其植，受其要，以待攷而賞誅』是也。

其他有近於軍刑及軍法之性質者，尙有數事：一爲天官中宮伯掌王宮之士庶子凡在版者，並掌其誅賞；蓋士庶子乃公卿大夫之子宿衞王宮者，等於後世之禁軍，其誅賞自有軍法之性質。一爲地官中族師職云，『五家爲比，十家爲聯，五人爲伍，十人爲聯，四閭爲族，八閭爲聯，使之相保相受，刑罰慶賞，相及相共』；比長職云，『五家相受相和親，有罪奇衺則相及』；或謂其卽屬軍法，或謂其屬於鄉之常法，其實乃後世保甲聯坐之先例，亦近於軍法者也。至於閭胥，『凡事，掌其比觵撻罰之事』，是又與其相類者。

(丁)鄉刑及訟事　鄉刑云者，施於六鄉之刑，亦列入秋官大司寇五刑之官法中，但地官大司徒則與之爲官聯也。大司徒以土會之灋，辨五地之物生，民相與習慣，安其常居，乃藉而施其十有二教；其中『以刑教中，則民不虣』，即係用於鄉中之刑。此鄉刑之目有八，所謂『以鄉八刑糾萬民，一曰不孝之刑，二曰不睦之刑，三曰不婣之刑，四曰不弟之刑，五曰不任之刑，六曰不恤之刑，七曰造言之刑，八曰亂民之刑』是也。蓋秋官掌其『刑』，地官則以其刑而教之是本，亦與誓法爲士師所掌，誓事爲司馬所掌，而大司徒則『以誓教恤，則民不怠』爲同耳。此外，大司徒以荒政十有二聚萬民，三曰緩刑——即弛刑罰，赦有罪之謂；十有二曰除盜賊——即急其刑而除之之謂；既與司法方面有關矣。且曰『大凶大札則令邦國移民通財舍禁弛力薄征緩刑』，其中亦有涉及司法關係者。秋官士師對此，則又與大司徒爲官聯，以行其凶荒權時之法，所謂『若邦凶荒則以荒辯之　治之，令移民通財糾守緩刑是也。惟此皆以鄉中爲限，非若秋官朝士『若邦凶荒札喪寇戎之故，則令邦國都家縣鄙慮刑貶』，則其所當謀慮之緩刑也廣矣！

訟事或稱以財貨相告者爲訟，而與相告以罪名者爲獄對舉，或稱小曰訟，大曰獄；然無論如何，訟之不爲秋官所專掌，亦如與獄事有關之刑然。天官小宰職曰：『以灋掌祭祀朝覲會同賓客之戒具，軍旅田役荒喪亦如之；，七事者令百官府共其財用，治其施舍，聽其治訟』；故不特以事來咨辯及有所陳訴請求之『治』，爲百官府當聽外，即爭訟之事亦然，且實際上更非以此七事爲限也。在地官中，其例最夥：大司徒職曰：『凡萬民之不服教而有獄訟者，與有地者聽而斷之，其附于刑者歸于士』；不服教係指不服十有二教而言，小罪則司徒決之，附於五刑者則屬之秋官也。小司徒職曰；『凡用衆庶……聽其辭訟』；鄉師職曰：『以國比之灋，以時稽其夫家衆寡，……聽其獄訟』；田獵，得大獸公之，小獸私之，『斷其爭禽之訟』；遂師職曰：『作役事，則聽其治訟』；遂大夫職曰：『各掌其遂之政令……聽其治訟』；縣正職曰：『各掌其縣之政令徵比，……掌其治訟』：皆然。此外，媒氏『凡男女之陰訟，聽之于勝國之社，其附于刑者歸之于士』；蓋大罪入五刑，自歸秋官，不過媒氏仍先聽之也。司市除『以刑罰禁虣而去盜』，屬於市刑範圍外，並『以質劑結信而止訟』，藉清辯訟之原。且司市涖市而聽大治大訟，質人佐之；胥師涖市而聽小治小訟，賈師佐之，則市訟亦非秋官所掌也。至於在春官中，墓大夫『掌凡邦墓之地域爲之圖，……凡爭墓地者，聽其獄訟』；則同處公墓地之中，或有於私區域外，侵犯他族之區域而爭訟者，又歸於墓大夫聽斷曲直矣。在夏官中，馬質『掌質馬，……若有馬訟，則聽之』；因此官既習辯馬之物色，又知馬之賈直，遂又使其聽公私之馬訟矣。

(戊)其他之官聯　關於司法方面之聯事通職，除在以上各段有所及者外，其他仍不爲少；蓋職務之大者同有其聯，卽小者亦皆有其聯也。再舉數事以例其餘：秋官大司寇『以圜土聚教罷民，………以嘉石平罷民』；朝士掌建外朝之灋，左嘉石平罷民；司圜掌收教罷民，此皆與地官司救爲官聯也。大司寇『以肺石達窮民』，朝士『右肺石達窮民焉』，此皆與夏官大僕爲官聯也。朝士『凡報仇讎者書於士，殺之無罪』，此與地官調人爲官聯也。他如秋官司約『掌邦國及萬民之約劑，……若有訟者則珥而辟藏，其不信者，服墨刑；若大亂，則六官辟藏，其不信者殺』；雖有官刑之性質在內，而又與春官大史『若約劑亂則辟灋，不信者刑之』之職爲官聯也。又，士師『掌鄉合州黨族閭比之聯，與其民人之什伍，使之相安相受，以比追胥之事，以施刑罰慶賞』，則亦與地官小司徒鄉師……等職爲官聯也。

四　訴審等級並其聽斷

關於訴訟與審判，其屬於事物方面之管轄者，各官均有其掌，如前述之訟事等等卽爲著例；其屬於土地方面之管轄者，則實以秋官鄉士各職爲主，且事物爭訟之附於刑者，仍多歸之於士焉。是故專就訴審等級並其聽斷一端而論，自應本於秋官篇之所述也。不過既有通職分掌之關係存在，則在秋官篇以外而涉及此端者，殊又不能不附見也。試分及之：

(甲)審籍及審級　審籍者以地域爲標準，所劃定當事人應受一定法庭管轄之範圍也。鄉士『掌國中』；據周禮正義，此官以主六鄉獄訟爲正，而亦兼掌國中之獄訟也；因城郭廛里，家數甚衆，士師之下無專掌獄訟之官，故以鄉士兼職之；不云掌六鄉者，鄉士以鄉名官，不嫌不掌六鄉也。且於國城內設獄，凡國中與六鄉之罪人並繫焉。遂士『掌四郊』，與前爲同，指其以掌六遂獄訟爲正，而亦兼掌四郊——距王城百里，六鄉之餘地——之獄訟；設獄於四郊，六遂則不別設也。縣士『掌野』，係主四等公邑之獄訟者；蓋自二百里甸至五百里疆之田，除六遂及非王子弟公卿夫夫之采地者，皆曰公邑，而以縣爲通名；故其所掌實兼四等公邑——甸野(卽稍)縣都——而言，各於當處設獄，甸之縣獄在二百里上，野之縣獄在三百里上，縣之縣獄在四百里上，縣之都獄在五百里上是也。方士『掌都家』，則又指掌王子弟及公卿之采地——都，及大夫之采地——家——之獄訟而言耳。不過鄉士，遂士，縣士皆係親掌其鄉其遂其縣之民數而糾其戒令，聽其獄訟，察其辭也之官；方士則僅遙掌都家之獄訟，有所不同；蓋三等采地自有都士家士掌之，有事乃上於方士而已！此外，訝士『掌四方之獄訟，諭罪刑于邦國；凡四方之有治於士者造焉；四方有亂獄則往而成之』；乃專掌四方諸侯之獄訟，並對於邦國之士來而讞同疑難不決之獄及辯論法律之事，由其通於士師而解決焉。由是觀之，其法庭之設置，由近以及遠，各有一定之管轄區域，莫由亂其審判籍也可知。

審級者，審判非一次終結而可遞次聽斷於其上級司法官署之謂也。鄉士『……辨其獄訟，異其死刑之罪而要之，旬而職聽於朝；司寇聽之，斷其獄，弊其訟於朝，羣士司刑皆在，各麗其灋以議獄訟；獄訟成，士師受中；……若欲免之，則王會其期』。按『要』之云者，爲其罪法之要辭，與『劾』同義，乃就獄訟之小成，鄉士之初審是也。但鄉士不敢自專，至旬日乃職聽于外朝，由司寇與士師鄉士司刑等共同聽之，旣議得其實而後文書成，是謂之中，士師受而藏之，乃獄訟之大成，卽終審也。惟鄉士以獄訟之要上之朝，如疑其尙有寃濫，及在宥赦之列者，則於司寇聽之之日王親視外朝而密議之；此僅王參與終審，非司寇聽之日爲中審，王另爲終審也。故其情形與禮記王制所謂『史以獄成告於正，正聽之，正以獄成告於大司寇，大司寇聽之棘木之下；大司寇以獄成告於王，王命三公參聽之』，尙有其別。王制所述僱爲三級三審制，而周禮鄉士方面則實二級二審制，至多亦僅假三級三審制而已！凡此審級之設，以慎刑重獄爲目的，附於罪之案件皆須由初審而至終審始定，不以一審爲止；故初審之士不惟不於終審迴避，並須職聽于朝，而佐司寇聽斷，亦與今日有異也。鄉士以外，遂士縣士大體相類，所不同者，遂士則二旬而職聽于朝，縣士則三旬而職聽于朝，及『若欲免之，』遂士則王令三公會其期，縣士則王令六卿會其期耳。蓋遂縣去王城遠，故由旬而二旬而三旬；遂降於鄉，縣降於遂，故王不自會其期而命三公而命六卿會焉。至於方士方面，則與三級三審制較近。都士家士自治其獄訟，乃初審也；由方士『聽其獄訟之辭，辯其死刑之罪而要之，三月而上獄訟於國，乃中審也，司寇聽其成於朝，羣士司刑皆在，各麗其法以議獄訟，獄訟成，士師受中，』雖非躬自爲聽，而僅審察采邑之士所平斷之文書，但旣由是而定，則亦不啻爲終審也。在其系統中，若都家之士有疑獄時，則由方士告於司寇聽平之，所謂『凡都家之士所上治，則主之』是也。

（乙）申訴及直訴　申訴者，獄在有司而斷決不當者，許其於期內上訴之謂也。此在周禮雖無明示，然據王平仲等解朝士『凡士之治，有期日，國中一旬，郊二旬，野三旬，都三月，邦國朞；期內之治聽，期外不聽』，謂鄉士遂士等不能決，及弊——判決——而民不服，赴愬於朝士，故以遠近爲期限，則含有此意矣。蓋鄉士遂士等所上獄訟，其罪重附於五刑者乃上於司寇，其罪輕未附於刑者，則羣士自可專決；決而不當者自應許其申訴也。第亦有人謂朝士此文係指『民以事來訟，士官爲約期日以治之』，與地官質人『凡治質劑者，國中一旬，郊二旬，野三旬，都三旬，邦國朞，期內聽，期外不聽』，所以絕民之好訟，且息文書之煩爲同義；如是則爲訴訟期限問題，而與申訴無關矣。

直訴者，對於窮而無告者，許其直訴冤抑於朝之謂也。在秋官中，以肺石達窮民卽是；肺石者赤石也，必使之坐赤石者，使之亦心不妄告也。蓋『凡遠近惸獨老幼之欲有復於上而其長弗達者，立於肺石三日，士聽其辭，以告於上而罪其長』；此之『士』云者朝士也；『長』云者畿外諸侯及畿內鄉遂大夫等是也。斯乃對於凡長官不肯通達審知惸獨老幼之貧困者，遂設此救濟方法耳。在夏官中，『大僕……建路鼓於大寢之門外，而掌其政，以待窮達者與遽令，聞鼓聲則速逆御僕與御庶子』，則又許其直訴於王者。是故肺石也，路鼓也，實與後世之登聞鼓，無所異焉。他如民有獄訟之事，而小吏及府史胥徒阻其向官爲訟或獄者，則由禁殺戮一官予以糾正，故其職爲『攘獄者，遏訟者，以告而誅之』云。

此外，在聽獄訟以前，如係由民來訟者，又往往有其訴訟上一定之程序，如大司寇所謂『以兩造禁民訟，入束矢於朝，然後聽之；以兩劑禁民獄，入鈞金，三日，乃致於朝，然後聽之』；則無論解釋訟獄兩事爲爭財及爭罪之別，抑或訟小而獄大，要在聽之以前，各令其履行一定手續，且含有息爭止紛之意在焉。依其所云，訟事必須兩造皆至，使入束矢，然後聽之，必入矢者取其直也。故不至或不入矢，卽是自服不直，可不爭矣；兩皆入矢，各自爲直，卽須治之。賈疏並云，所入之矢，『不實則沒入官』，於是說者遂以現代訴訟費用與其爲比。獄事必須具備要辭結狀，入金三十斤，經過三日，然後聽之，必入金者取其堅也。故不劵書，不入金，則亦自服不直，可不爭矣；兩皆爲劑而入金，且不於三日內悔而輟訟，卽須治之。獄事重於訟事，並基於愼刑之目的，其手續自較前煩；至其所入之鈞金，或亦對不直者而沒收之。

(丙)聽訟及斷獄　今之所謂審判，乃指審問之，判斷之而言，隱然分爲兩個段落；在周禮上，聽斷亦非一事，先聽或稱曰訊，後斷或稱曰弊，亦各有其一定之法則。就聽訟審獄而言：因天官小宰聽七事之治訟，於『以官府之六敍正羣吏』中，卽曰『以敍聽其情』；所謂情者爭訟之辭也，亦卽王昭禹所謂『不曰聽其治，而曰聽其情，聽訟者在於得其情也』是。各官關於訟事之聽，當亦如此。其附於刑者更爲必要，故秋官小司寇『以五刑聽萬民之獄訟，附於刑，用情訊之』；此卽鄉士等所上於司寇之獄訟。而士師亦以『察獄訟之辭以詔司寇』矣。其在鄉士遂士縣士方士方面，並皆以『聽其獄訟，察其辭』，或『聽其獄訟之辭』爲言；卽因『言不越辭，辭不越情』，故纖微皆審耳。是故小司寇所掌之官法中，『以五聲聽獄訟，求民情』，遂被列爲一端。五聲云者，卽荀子成相篇之五聽：一曰辭聽——觀其出言，不直則煩；二曰色聽——觀其顏色，不直則變；三曰氣聽——觀其氣息，不直則喘；四曰耳聽——觀其耳聆，不直則惑；五曰目聽——觀其瞻視，不直則亂。同時，在聽訊中，對於人證物證之重視，並依之而爲斷案根據，與今無異。天官小宰之官府八成：聽政役以比居，聽師田以簡稽，聽閭里以版圖，聽稱責以傅別，聽祿位以禮命，聽取予以書契，聽賣買以質劑，聽出入以要會，縱不能盡如賈疏謂八者專爲聽爭訟而設，但如涉及訟爭則亦在其內也。觀於大司寇職曰『凡庶民之獄訟，以邦成定之』，即知其然。況其中之各端更有不少於他官職內，明示其爲聽審時應採之證據乎？地官小司徒中云，『凡民訟以地比正之；地訟以圖正之』；易紱謂此即八成中之聽政役以比居，聽閭里以版圖是。不過關於比居，地比云云，有人曾稱其係指伍籍而言，即以地之比鄰爲證是，果確，則係人證也。至於地訟係指爭疆界者，乃以存於官府之地圖正之，則係物證也。又，秋官士師中云，『凡以財獄訟者正之以傅別約劑』；朝士中云，『凡有責者，有判書以治則聽；……凡屬責者以其地傅而聽其辭』此亦與八成中所謂聽稱責聽賣買爲同也。『稱責』謂舉債生息，『賣買』謂司市以質劑而止訟之事，『傅別』『質劑』或『約劑』謂其券，故因財貨之事而成獄訟者，即應按券正之也。『有責』即『稱責』，謂貸予也，『判書』即『傅別』，有之則聽，無之或誣告則不爲治也。『屬責』或謂即是地訟，或謂係轉債使人歸之，或謂債主遠死異方囑伴侶者收取之，或謂係未用券書之債而不能使其親屬爲證者；然無論如何，遇有屬責之訟，則以其地之人相比近而能爲證者來，乃受其辭而治之，固通說焉。

就斷獄弊訟而言：大司寇之官法中，以邦典定諸侯之獄訟，以邦法斷卿大夫之獄訟，以邦成弊庶民之獄訟；乃關於辦法令別罪犯之大端者。小司寇於用情訊以後，『至於旬，乃弊之』；即所謂『司寇聽之，斷其訟，弊其獄於朝，羣士司刑皆在，各麗其法，以議獄訟』者也。必旬日乃弊者愼議其事，必司刑在之者，以五刑之法詔刑罰，而以辨罪之輕重耳。何以言愼議其事？蓋關於科刑弊獄也，既『以八辟麗邦灋，附刑罰』，輕罪則宥，重罪則改附輕比；並以三宥三赦之灋，以求情理之平，赦則減從輕比，仍科小刑，赦則放免，全無刑罰：其間自須愼審之。八辟云者爲議親，議故，議賢，議能，議功，議貴，議勤，議賓；即後世之所謂八議是，乃小司寇官法之一。三宥云者，壹宥曰不識，再宥曰過失，三宥曰遺忘；三赦云者，壹赦曰幼弱，再赦曰老旄，三赦曰惷愚：以之求民情，斷民中，而施上服下服之罪，乃司刺贊司寇而聽獄訟之法也。若王及三公六卿會其期時，則又有三刺之法，亦爲司刺所掌，而佐司寇等愼斷獄訟：所謂『以三刺斷庶民獄訟之中，一曰訊羣臣，二曰訊羣吏，三曰訊萬民；聽民之所刺宥，以施上服下服之刑』是也。獄訟既定，則在弊之同日，錄先後訊辭，及其所當之罪爲書，使刑吏對衆宣讀，四不反覆聽者，亦無辯論，則是情罪允當，乃用法署其讀，明刑定也。小司寇云『讀書則用灋』，即此之謂；讀書者讀囚人所犯罪狀之書也；用法者，明其法律，平斷其罪也；有若現代判決書之類耳。讀書用法以後，獄訟即成，稱其文書曰中，士師受之；歲終，司寇並令羣士計獄弊訟，登中於天府焉。其在鄉士遂士縣士之初劾方面，亦以『辨其獄訟，異其死刑之罪而要之』爲言；辨，異，殊其文書也，要之，爲其罪法之要辭，即初審之成也。蓋別其爲訟爲獄，判其或死或刑，並將其所犯之罪狀及所傳之法，簿錄爲書，上之司寇，則又一初審之文書也。若未附於五刑而由羣士専決之者，苟亦有此要辭，其當於現代判決書之性質更不待問。

此外，他官之兼掌訟事者，不附於刑者則自決之，否則必歸之於士；司市之掌市訟市刑，其附於五刑者亦不能自弊之，其例同也。

五　刑罰執行並其拘繫

獄訟既成之後，所處之刑也，罰也，除凶荒緩刑等情形外，在周禮中皆有一定之法則使其實現，關於物件之處分亦如之。其有罪而未決，或決而未執行，則拘而繫之於獄，施以獄具，又與後世無異者也。他如今日我刑法上之保安處分，在周禮中更爲重視，即所謂嘉石圜士之制是，蓋對於所謂『罷民』施以教誨並管束耳。試分及之．

（甲）囚繫及刑殺

依前所述，鄉士之獄在城中，遂士之獄在四郊，縣士之獄於甸野縣都四等公邑當處設之，而方士掌都家，在都家以內又有其獄；囚當各繫其內也。雖先鄭註大司徒曰：『圜土，謂獄也；獄，城圜』，似囚繫於圜土矣：但周禮凡言圜土者，並爲頌繫罷民之獄，則五刑之囚専繫於鄉士遂士縣士諸官之獄，固無疑問焉。惟秋官中另有掌囚一官，或稱其爲守視鄉士遂士縣士諸獄之官，或稱其獄成上於王時，則使掌囚掌之，此亦有所不然。因掌囚職曰；掌守盜賊，凡囚者……以待弊罪』，則非決而待刑之繫可知，反之，如視爲鄉士……諸獄看守之官，則又無以解獄訟初成上於司寇聽之之時郊縣諸囚之何所是繫？愚以爲鄉士之獄既設於國中，而鄉士又係以司寇之屬士爲之，此司囚一官或即指守視國中之獄者。國中之獄不僅繫六鄉及國中之囚，即遂縣所上之囚亦於此繫之。至於知司寇斷獄，囚必與俱者，因須『用情訊之』故耳。掌囚之獄所繫者，首爲盜賊，視其爲罪人之尤，故特言之；次爲凡囚，係以他罪而拘者，盜賊以外之囚是也。在囚禁中，『上罪梏拲而桎，中罪桎梏，下罪梏』；兩手共一木曰拲，各一木者，在足曰桎，在手曰梏，後世以三木稱之，即獄具也。惟『王之同族拲，有爵者桎』，蓋以親貴優假之，雖上罪亦祇或拲或桎，不兼具三木也。

罪已決者繫於獄而待刑殺，其執行也，各於國中，六鄉，六遂，縣或都家之區域內，擇其可刑殺之日爲之；並由掌囚告王以協日行刑，及所刑姓名並所當之法，藉明其不敢擅自刑殺之意。所謂『及刑殺，告刑於王，奉而適朝士，出明梏，以適市而刑殺之』是也。蓋以朝士掌外朝之法，故由其書囚之姓名與所犯罪狀於其所著之梏，縱在獄無梏者，於刑殺亦皆設之：故此明梏一事，實與後世之宣布罪狀無異。不過舊讀掌囚本段之文爲『奉而適朝，士出明梏』，並解所以適朝者，重刑，爲王欲有所赦；士，鄉士也云云，則如其說，遂縣之囚又除外矣。關於鄉士之囚，鄉士中云『協日刑殺，肆之三日』，肆之三日者，殺訖陳尸三日之謂，其餘四刑—墨劓宮刖，刑訖卽放，不須肆之。肆之於何地乎？肆與刑殺同其所在，卽在其國中之市；如爲六鄉之囚則當各就其鄉肆之，且於執行之時鄉士須往涖之。此雖根據註疏之言，然亦可從遂士縣士方士之文反證而見也。遂士文曰：『協日就郊而刑殺，各於其遂，肆之三日』；卽六遂之獄在郊，刑殺各於其獄所在之市，既殺之後，則以尸各移向當遂之市肆之，不於郊市之謂也。縣士文曰：『協日刑殺，各就其縣，肆之三日』；卽刑殺則各於設獄之縣市，肆則各於罪人所居之縣市，同皆爲縣，故不別言。如是，則鄉士之囚肆之於刑殺之地，且分國中六鄉而異其行刑之地，可知也。此其證一。方士文曰：『……士師受中，書其刑殺之成與其聽獄訟者』，其無協日刑殺之文者，乃因方士唯掌聽弊，不掌刑殺，乃由都士家士就其都家協日刑殺，故不言耳。如是則鄉士遂士縣士之就國中，就鄉，就遂，就縣之市，必於其日涖之，可知也。此又其證一。至於『書其刑殺之成……』云云，則因此種獄訟更歷非一，易滋舛誤，故書其成並治獄之吏姓名，後如反覆失實既可按驗，並對失聽之吏可以課責，是關於都家之獄，在其執行刑罰前更有特詳之判決書矣。

除都家外，刑殺之執行謂其必在各市者，據秋官掌戮之文可知也。蓋掌戮爲直接掌刑殺之官，對於死罪之殺，則有種種：其一；『斬殺賊諜而搏之』——斬以鈇鉞，殺以刀刃，搏係膊字之誤，謂去衣磔之。其二，『凡殺其親者焚之，殺王之親者辜之』——焚謂先殺而後焚其屍，辜謂磔，張其尸也。其三，『凡殺人者，踣諸市，肆之三日；刑盜於市：凡罪之麗於法者亦如之』——踣謂斃也，盜與殺人者皆踣諸市，罪之麗於法而入死者亦踣之，其合入四刑者，雖不踣，仍刑之在市。由此觀之，凡囚未決則繫於獄，已決則肆諸市，不在獄也。此外，掌戮文『凡軍旅田役斬殺刑戮亦如之』；或亦指肆諸市而言，非皆使掌戮爲之，因前舉士師之遇大師而戮其逆軍帷與犯師禁者，鄉士之遇國有大事而戮其犯命者，遂士之遇郊有大事而戮其犯命者，則皆權時之事，軍旅之間或可臨時卽決，不假掌戮者也。其他市刑之執行，因非五刑之刑，不爲掌戮所掌，又當然也。夫市既爲行刑之處，於是在周禮中，又認爲王后世子或國君夫人及其世子等皆不得無故游觀其境內之市，不然則須示惠，籍以限制。故地官司市文曰：『國君過市則刑人赦，夫人過市罰一幕，世子過市罰一帟，命夫過市罰一蓋，命婦過市罰一帷』。其在王之方面同然。此當然與貴族身分有關，遂有所禁，兼以在市刑殺之囚祇限於平民，貴族更無游觀之必要焉。

其對於貴族行刑，依小司寇文，除『命夫命婦不躬坐獄訟』——恐獄吏褻尊，不使坐而受質，當使其屬或子弟代坐之外；凡『王之同族有罪，不即市』，所謂不與國人謀慮兄弟是也。故掌囚文曰：『凡有爵者與王之同族，奉而適甸師氏，以待刑殺』；天官甸師文曰：『王之同姓有辠，則死刑焉』。所以適甸師氏者，因其官寺當在與籍田相近郊野之地，有所隱耳。所以謂待刑殺者，因其雖不刑之於市，亦使掌戮刑殺之，而行刑殺之日，獄囚衆多，則待掌戮於市行刑訖，乃至甸師氏耳。觀於掌戮文曰：『唯王之同族與有爵者，殺之於甸師氏』此僅以殺爲言者，乃承『凡殺人者踣諸市』云云而示其異，實則其他各刑仍皆執行於此。惟說者並謂王族無宮刑，恐翦其類也云。

(乙)入奴及沒收　入奴係對犯罪而不死者，或從坐者，或大刑用甲兵而俘虜者所執行之罰也。掌戮職曰：『墨者使守門，劓者使守關，宮者使守內，刖者使守囿』；雖曰既刑之後，任以職事，實則以收其勞動力爲主，含有從刑之意在焉。惟此種職事之分配，乃概言之，並非確皆如此。以墨者言，地官司門掌啓閉王城十有二門，有徒四十八人，當即墨者；他如諸官府廄庫之門或亦墨者守之；惟天官中守宮中門之閽人應爲宮者，似非墨者耳。以劓者言，地官司關掌王畿之各關，有徒八十人，或即劓者耳。以宮者言，凡王宮內諸奄官及閽人皆是，故以天官爲詳，而春官之守祧——掌內祭祀宗廟之官，亦有奄八人耳。以刖者言，並非由墨者守囿游之門，刖者囿中驅其禽獸；實則刖者即其閽人耳。此外，在掌戮中，並有『髡者使守積』之言，後鄭謂此乃王之同族應宮而不宮者，爲髡其頭而令守積，似不如先鄭以此爲圜土能民解之爲愈也。其坐爲盜賊或俘虜者，則沒其爲奴，由司厲掌之。『其奴，男子入於罪隸，女子入於春槀；惟『凡有爵者，與七十者與未齔者，皆不爲奴』。罪隸，春槀云者，亦概言之，男女入奴之例，並非以此限。以男奴言，罪隸役百官府與凡有守者，掌使令之小事，官府大事自有當官之胥徒共其使令；軍田大事則合衆庶，非罪隸所任，亦只役其煩辱之事而已。但罪隸之外尚有四翟之隸，一蠻隸，一閩隸，一夷隸，一貉隸，除各服其邦之服，執其邦之兵，守王宮與野舍之厲禁外，則又分別役於夏官校人養馬，役於夏官掌畜養鳥，役於地官牧人養牛，役於夏官不服氏養獸焉。凡俘虜隸民及部署員數之法，則由司隸掌之。以女奴言，給役地官之春人，槀人等固爲女奴，即饎人亦然；所謂女舂抌，女饎女槀者是，而『奚』又其少才少智之普通女奴也。其在天官敍官中，若女酒，女漿，女籩，女醢，女醯，女幂等等與奚若干人，分別處於奄之下服其勞務，亦女奴也。他如女祝，女史，內司服之女御，縫人之女工等或不必卽爲女奴，但各有其奚，則仍有女奴屬此。其在春官敍官中，若女祧每廟二人，奚四人；若世婦之屬，女府二人，女史二人，奚十有六人：自同其例。故女奴亦不限其入於舂槀。入奴雖爲司厲所掌，五隸官法雖爲司隸所主，但監察其行動之職，則又屬諸禁暴氏，所謂『凡奚隸聚而出入者則司牧之，戮其犯命者』是也。

沒收係指沒收犯罪者之物件及不直者所入之鈞金；而罰金之主掌亦與此有關者也。司厲除掌入奴之事外，且『掌盜賊之任器貨賄，辨其物，皆有數量賈，而楬之入於司兵』。任器謂盜賊所用傷人之兵器；凶器入官，今所同也。貨賄或謂係其所盜之財物，而亦入官者，當與僕區之法『盜所隱器與盜同罪』之例爲合，其實乃盜官物或無主物而始如此耳。至關於『掌受士之金罰貨罰入于司兵』者，則爲職金，亦秋官之屬；說者並謂民獄入鈞金，不直者當沒金入官，仍係此官受之云。司厲職金所受之物，必入於夏官司兵者，因司兵『掌五兵五盾，各辨其物與其等，以待軍事』，入凶器與贓物以增兵盾，入罰金以給治兵之用，入罰貨以給攻金六工之直故耳。不過依夏官槀人所云，槀人齎其工所用之財，亦受之於職金也。

(丙)圜土及嘉石　大司寇官法中，『以圜土聚教罷民』，謂聚窳惰無行之民於其中，困苦以教之爲善也。蓋邪惡已有過失而麗於法，以其不故犯法，故暫免其五刑，寘之圜土繫教之，並書其罪惡之狀於背，庶其困悔而改；所謂『凡害人者，寘之圜土而施職事焉，以明刑恥之』是也。『其能改者，反於中國，不齒三年』；則舍出圜土，雖任其往來於國中，但仍不得於三年內與平民以年齒相列敍之。『其不能改而出圜土者殺』；則繫期未滿，不當舍而擅逃出圜土者，遂入於大辟而加重其罪矣。不過萬民之有過失者，依地官司救所云，亦非卽入圜土，必先由司救蕩誅讓之責，故其文曰：其有過失者，三讓而罰，三罰而歸於圜土』。意謂此具過失之民，已近五刑之罪，苟三次責讓三次撻罰而不悛，則歸之司寇，使司圜恥役之云。其他，在地官比長方面，民之遷徙，鄉中有『授』，出鄉有『節』，若『無授無節，則唯圜土內之』；可知繫於圜土內者雖以聚教有過失之罷民爲主，實則遷徙未如法者，亦繫之。至於直接管理收教罷民之事務者，則有司圜一官，中士六人，下士十有二人，府三人，史六人，胥十有六人，徒百有六十人。在圜土中，『凡害人者，弗使冠飾，而加明刑焉；任之以事而收教之。能改者，上罪三年而舍，中罪二年而舍，下罪一年而舍；其不能改而出圜土者殺；雖出，三年不齒』。且『凡圜土之刑人也不虧體，其罰也不虧財』；故僅能加以明刑，書其罪狀姓名於版而著於背，及任之以事，用示其罰已耳！

大司寇官法中，『以嘉石平罷民』；嘉石樹之外朝門左，由朝士掌之；蓋對民雖有罪過而未附於法者，其罪過較入圜土者尤輕，故使其坐諸嘉石，役諸司空也。嘉石系指石之有文者，欲使罷民思其文理，以改悔自脩；役諸司空係因事官之法較刑官司圜之法爲寬故也。所謂『凡萬民之有罪過而未麗于灋而害於州里者，桎梏而坐諸嘉石，役諸司空：重罪旬有三日坐，朞役；其次九日坐，九月役；其次七日坐，七月役；其次五日坐，五月役；其下罪三日坐，三月役；使州里任之，則宥而舍之』即此。不過在坐諸嘉石以前，亦必先由地官司救誅讓之責；故司救文曰：『凡民之有衺惡者，三讓而罰，三罰而士加明刑，恥諸嘉石，役諸司空』。衺惡云者，謂侮慢長老，言語無忌，即有罪過而未麗於法者是；士加明刑云者，謂坐嘉石，亦須去其冠飾，而書其邪惡之狀，著之於背也是。

六　餘論

周禮雖爲經古文家所傳，眞僞莫辨，而究在儒家範圍以內也。儒家尙禮而抑刑，崇教而輕法；以訟終凶是戒，故必使其無訟；以『刑期於無刑』是本，故稱『聖人之設防也，貴其不犯也，制五刑而不用，所以爲至治』。此一原則之表現於周禮中，固未嘗外乎儒說之通例也。有如地官司徒帥其屬而掌邦教，以佐王安擾邦國，即所謂『道之以德』者是；其『以五禮防民之僞而教之中，以六樂防萬民之情而教之和』與夫『以保息六養萬民』，『以本俗六安萬民』，『以鄉三物教萬民而賓興之』等等皆爲治平之要圖，不似刑殺之專治其標而已！因之『以刑教中則民不虣』，僅視爲所施十有二教中之一，且用以弭訟止爭，免萬民之麗於罪焉。縱萬民之不服教而有獄訟，亦先由司徒與有地治者聽而斷之；其附於刑者，始歸于士，乃由秋官治之。又地官司救『掌萬民之衺惡過失而誅讓之，以禮防禁而救之』，殆救之不能，始交付秋官，然仍恥諸嘉石，或繫諸圜土，不即由士治之，亦即是故。然則關於秋官方面之官聯，涉及司法關係者宜其以與地官爲最密矣。即秋官雖以刑職爲主，而禁事亦合於內；禁者所以防遏姦惡於未犯之前，必不忌而爲姦者，而後始罪之以刑也。不然，則與『不教而誅，是謂棄之』，有何異乎？觀於秋官敍官謂『乃立秋官司寇，使帥其屬而掌邦禁，以佐王刑邦國』，即因禁刑之事相因，遂以掌邦禁爲言。且觀士師敍職，以五禁之法左右刑罰，以五戒先後刑罰，或縣之門閭，或用之誓誥，皆於未犯之前，禁民爲非，俾免以不知而麗陷於罪法；尙不僅於已犯之後，始本於『刑者，侀也，侀者成也，一成而不可變』，乃盡心焉。夫旣視刑訟爲致治作民之手段而非目的，自以無訟無刑爲貴，於是以兩造禁民訟，以兩劑禁民獄，即在求其自服不直，而滅獄訟之煩耳。同時並利用盟詛之作用，如司約所云，『有獄訟者則使之盟詛』，不信，自不敢聽此盟詛，亦所以省獄訟也。

雖然，徒法固不能以自行，徒善亦不足以爲政，又儒家之所言也。在周禮中固不以刑爲尙，然教之而不服，禁之而不忌，戒之而不憚者，如麗於法，附於刑時，除合於八辟三宥三赦三刺之條件外，皆不少假通融，故雖以荒政而緩刑，但如『肆大眚』之大赦，則不見於周禮文也。且對於新國，因民未習於教，而用輕典使之漸化；對於平國，因立國日久，承平無事，而用常法，如司刑之所掌；然對於亂國，因民心乖離，非重典不足以懾服，亦未放棄此刑罰之手段焉。就其所載之常法而言：認爲最應懲治者，莫如盜賊。朝士文曰：『凡盜賊軍鄉邑及家人者，殺之無罪』；盜謂所非其物——竊貨，賊謂殺人不忌——害良，軍謂羣聚成軍；則所至鄉邑若家人，遇則任諸格殺，不以擅殺爲罪，此誠治此種盜賊所不得不然者，但既特書於此，亦足反證其認爲罪大矣。又掌戮文曰：『刑盜于市』，於『凡殺人者踣諸市』之下，特以刑盜爲綴，亦所以明其惡極，故別異言之。掌囚文曰『掌守盜賊凡囚者』，視盜賊爲罪人之首，亦特示之。他如司隸『帥其民而搏盜賊』，以及地官大司徒『以荒政十有二聚萬民……十有二曰除盜賊』，司市『以刑罰禁虣而去盜』皆然。此與李悝法經六篇首爲盜法，次爲賊法實一致也。夫盜僅係竊財而竟以之爲重罪，其原因固非於此所能深求，但究與儒家守分戒得及廉信之精神有違，或亦其所痛恨甚深之一理由也歟?!因而在周禮中，凡與此種精神有關之事件，皆明示其禁：天官宰夫之對於失財用物辟名者詔告冢宰而誅之，無論矣，朝士又有文曰：『凡得獲貨賄人民六畜者，委於朝，告於士，旬而舉之，大者公之，小者私之』：是禁民之拾遺也。並曰：『凡民同貨財者，令以國法行之。犯令者刑罰之』：是禁富民之踰法以求高利也。斯又與今制相爲暗合，惟其根據之理由有或部分之異耳。

其次認爲應懲治者莫如殺人，『賊』亦或在其中。故曰『凡殺人者踣諸市，肆之三日』此指平民自相殺而言；若殺其親或王之親者則焚之，辜之；如爲『賊』，則或斬或殺而磔之。並依地官調人云，『凡殺人有反殺者，使邦國交讎之』，則既殺一人，又恐其子弟與已爲讎復殺之，其罪亦大，所逃之國皆得誅之。凡平民之相殺，古昔不禁復讎，周禮作者對於被殺者之有罪及殺人者之出於過失，各有分別辦法。調人云，『凡殺人而義者，……令勿讎，讎之則死』；殺人而義，如父母師長被大辱而殺其人，即不得操復讎之論，被殺者之子孫如讎，則以殺人論。反之殺人而不義，罪即當殺，而官捕之未得，則報者得自殺之，朝士云『凡報仇讎者，書於士，殺之無罪』是也。至於殺人而係出於過失，於法本不得死，則由調人諧和其事，聚鄉里之民共相解之，先斷其是非，後釋其仇怨。若讎家必不肯解，則調人使之遠避，以平成之；弗避，則調人與報者以瑞節爲信，始使其執至官而依法治之。依同例，『其凡有鬥怒者成之，不可成者則書之，先動者誅之』，則亦先籌調解之能事焉。

其他認爲應依法糾正者，如傷人見血而不以告者，攘獄者，遏訟者，由禁殺戮以告而誅之；如庶民之亂暴力正者，撟誣犯禁者，作言語而不信者，由禁暴氏以告而誅之……等等；均係就正於旣犯之後，不稍姑息。且各種約劑之重視，又所以預爲解紛之工具，而由司約等官掌之；若有訟者則開府視約書，不信者直服墨刑；若以大約劑爭訟，則由六官開視之，其不信者卽殺，更不有所惜也。餘如聽予取以書契，聽賣買以質劑，卽治訟亦有其所本，用以取信而得其直，此又後世刑訊制度不見於周禮文也。

此外，尙有一事須提及者，關於戶籍事務及民數簡閱，原爲地官之主掌，但秋官則與之爲官聯。小司寇『及大比，登民數，自生齒以上登於天府』；司民『掌登萬民之數，自生齒以上，皆書於版，辨其國中與其都鄙及其郊野，異其男女，歲登下其死生；及三年大比，以萬民之數詔司寇，司寇……獻其數于王，王拜受之登於天府，內史，司會，冢宰貳之，以贊王治』；蓋關於人口登記及統計事務，則歸司法機關所掌，此亦其一特徵也。而鄉士之『各掌其鄉之民數而糾戒之』，遂士之『各掌其遂之民數而糾其戒令』，縣士之『各掌其縣之民數而糾戒之』，並分別與地官之鄉師，遂師，縣師爲官聯；或亦本於徒善不足以爲政也之意而然歟!?

周禮所述之司法制度，大體如左，不過先鄭後鄭爲註不必盡同，而賈疏又或有其所見；則經義何指，有時頗感紛歧。愚於此，類多依孫詒讓所著周禮正義之見解以定吾說，或不難得其要端乎？且因就周禮之所述而論其司法制度，並於其書之著作時代莫敢武斷，遂不能就各經之說而異同之，就周漢之制而比擬之，實亦無此必要也。然而本文之繁已若是焉！其他惟有期諸異日耳。

民國二十六年四月四日寫完

——摘自《中國法學雜誌》一九三七年二月
新一卷第五六期合刊

讀周官職方

顧頡剛

一　本文

職方氏：掌天下之圖以掌天下之地，辨其邦國，都鄙，四夷，八蠻，七閩，九貉，五戎，六狄之人民，與其財用，九穀，六畜之數要，周知其利害；乃辨九州之國，使同貫利。

東南曰揚州：其山鎮曰會稽。其澤藪曰具區。其川三江。其浸五湖。其利金，錫，竹，箭。其民二男五女。其畜宜鳥，獸。其穀宜稻。

正南曰荊州：其山鎮曰衡山。其澤藪曰雲夢。其川江，漢。其浸潁，湛。其利丹，銀，齒，革。其民一男二女。其畜宜鳥，獸。其穀宜稻。

河南曰豫州：其山鎮曰華山。其澤藪曰圃田。其川滎，雒。其浸波，溠。其利林，漆，絲，枲。其民二男三女。其畜宜六擾。其穀宜五種。

正東曰青州：其山鎮曰沂山。其澤藪曰望諸。其川淮，泗。其浸沂，沭。其利蒲，魚。其民二男二女。其畜宜雞，狗。其穀宜稻，麥。

河東曰兗州：其山鎮曰岱山。其澤藪曰大野。其川河，泲。其浸盧，維。其利蒲，魚。其民二男三女。其畜宜六擾。其穀宜四種。

正西曰雍州：其山鎮曰嶽山。其澤藪曰弦蒲。其川涇，汭。其浸渭，洛。其利玉，石。其民三男二女。其畜宜牛，馬。其穀宜黍，稷。

東北曰幽州：其山鎮曰醫無閭。其澤藪曰貕養。其川河，泲。其浸菑，時。其利魚，鹽。其民一男三女。其畜宜四擾。其穀宜三種。

河內曰冀州：其山鎮曰霍山。其澤藪曰楊紆。其川漳。其浸汾，潞。其利松，柏。其民五男三女。其畜宜牛，羊。其穀宜黍，稷。

正北曰并州：其山鎮曰恆山。其澤藪曰昭餘祁。其川虖池，嘔夷。其浸淶，易。其利布，帛。其民二男三女。其畜宜五擾。其穀宜五種。

乃辨九服之邦國：方千里曰王畿。其外方五百里曰侯服。又其外方五百里曰甸服。又其外方五百里曰男服。又其外方五百里曰采服。又其外方五百里曰衞服。又其外方五百里曰蠻服。又其外方五百里曰夷服。又其外方五百里曰鎮服。又其外方五百里曰藩服。

凡邦國：千里，封公以方五百里，則四公；方四百里，則六侯；方三百里，則七伯；方二百里，則二十五子；方百里，則百男：以周知天下。

凡邦國，小大相維，王設其牧。制其職，各以其所能；制其貢，各以其所有。

王將巡守，則戒於四方曰，『各修平乃守，考乃職事！無敢不敬戒！國有大刑！』及王之所行先道，帥其屬而巡戒令。王殷國亦如之。

二　批評

職方之作，不知其時。周禮一書立學於王莽柄政之世（見漢書藝文志），是時劉歆正鼓吹其古文學。賈公彥序周禮廢興云，『周官，孝武之時始出，祕而不傳。……至孝成皇帝，達才通人劉向歆校理秘書，始得列序，著於錄略。……時衆儒並出共排，以為非是。惟歆獨識，……乃知其周公致太平之迹，迹具在斯』。既曰『祕而不傳』，又曰『惟歆獨識』，其出現之有問題可知矣。是以東漢之世，臨碩以為『末世瀆亂不驗之書』，何休亦以為『六國陰謀之書』。賴鄭玄等之表章，為之作注，乃得列於三禮而不廢。

然其書雖偽，而材料則未必悉由一二人憑肊所構。即如此篇，又見於逸周書第六十二。按漢書藝文志有周書七十一篇，以其不立學官，對尚書中之周書言而曰『逸』，則固漢世固有之書，為周禮之作者所擷取者耳。（案，今文尚書二十八篇，加晚得泰誓一篇，為二十九篇；再合逸周書七十一篇，恰成百篇；則逸周書之編輯當在泰誓既得，『百篇尚書』說已起之後，恐亦在西漢晚年。至編輯時所用之材料，自可較早）。

此篇體製，最與禹貢相似。彼有九州，此亦有九州。彼有五服，此乃伸之為九服。九州之名，與禹貢較，缺徐與梁而增幽與并。然即其名之相同者，其實亦多違異。荊州云『其浸潁，湛』，則侵於豫；豫州云『其浸波，溠』，又侵於荊；而華山為豫之鎮，是豫州復侵雍州之疆。青州之山曰沂山，澤曰望諸，川曰淮，泗，浸曰沂，沭，則即禹貢之徐州，兼有豫之東隅，非海岱間之青矣。兗州之山為岱，澤為大野，則亦兼有徐之北部，青之南部，非以濟為南界之兗矣。兗州曰『其川河，泲』，幽州亦曰『其川河，泲』，則濟河之間爲兗幽二州所共有矣。幽州之山爲遼西之醫無閭，其澤爲琅邪之貕養，而又以河泲爲其川，則此州成一狐形，自遼東半島而至山東半島，包有冀之東北隅與兗之東部，以及故青州大半之地矣。并州以恆爲鎮山，以虖池爲川，以淶，易爲浸，則冀之東部北部悉爲所有矣。所較少變遷者，揚與雍耳。然揚不言淮，不知北界尚能及淮否；雍不言渭水，又不知得西被於流沙否也。至於梁州，不但無其名，亦無其地，故岷嶓蔡蒙諸名皆不見焉，不如徐州之名亡而實存也。

九州廣狹，縮於西南而舒於東北，以較禹貢之幅隕，倘不至有大差池。若九服則駭人矣！禹貢五服，與九州叠合，北方稍惟有甸服，無以掩其斷缺，何以職方同此面積，竟得更展拓四服耶？何以九服之內尚容有方千里之王畿耶？至此九服之名，侯服，甸服，與禹貢同；而侯服在甸服之內，與禹貢異。若男服采服，即禹貢侯服中之『百里采；二百里男邦』也，乃亦倒之，使采在男外。若衞服，當即取自禹貢綏服之『奮武衞』。至蠻服之取自荒服『三百里蠻』，夷服之取自要服『三百里夷』，更爲明顯；而又倒之，使夷後於蠻。藉此可知職方之作者實已讀得禹貢，特故意離合其文以示異，遂創此九服之新制；不知封建之世，王官之邑曰采（卿大夫之邑亦曰采），必在王畿附近，不容遠於侯服尚千餘里也。且甸服云者，即王畿耳；茲別而二之，又置之於侯服之外，則此甸服者將爲天子之田乎？抑爲諸侯之田乎？其最後之二服曰鎮曰藩，夫封建諸侯本以屏藩王室，鎮撫社稷，蠻夷之服固已在中國外矣，又設此二服於蠻夷之外何爲乎？禹貢作者以甸，侯，綏三服爲中國，要，荒二服爲四夷，故於綏服中而『奮武衞』焉，所以爲邊防也；此既有衞服矣，何爲而又立鎮服乎？故知禹貢五服雖非事實，而條理井然，義無牴牾，此則但有誇大，無一義之可通也。後世之學者不敢懷疑，以其在周禮與周書中也，則定之爲周制；以其云九服也，則又謂周域廣於夏。噫，人果若是其易欺耶！

職方勦襲禹貢而改變其面目，固不足道，然亦有進步者存焉。蓋古人之智識無以剖別神話與事實，故易作怪誕之言。如山海經，以後世之智識評論之，竟是搜神述異之流，然在當日固一部地理書也。禹貢之作者知徵實矣，舉凡神秘性之地理傳說者棄去之，然猶不免有弱水黑水等好高務遠之記載；其果如所載與否，則亦聽之而已。至於職方，乃並此而無之；其所道之山川藪澤，皆彼時中國以內者也。夫淮南王集賓客爲墬形篇時，猶以山海經之觀念爲其觀念，而職方之作者乃能如此，是亦足以豪矣！

禹貢記九州山川，其文常參差而不整，其所舉之名亦多寡適異。此篇不然，先之以山鎮，次之以澤藪，又次之以川與浸，釐然秩然，不相亂也。山鎮與澤藪爲一名，川與浸爲二名（惟揚州以震澤三江五湖之名而特異），數亦有定也。其次舉州之生產，謂之利，有類於禹貢所道之貢物。又其次舉人民男女之比例與六畜之所宜，爲禹貢所未有。最後爲穀宜，與禹貢之舉土與田者略相類。至於賦之等次及其達於京師之道路，則未有言焉。蓋彼以貢爲主，此則自道職方氏所掌之地圖、及所辨之人民，財用，九穀，六畜之數要，故其言有異。夫彼所陳諸端之信實與否乃別一問題，而思致清晰，貽人以實際調查統計之暗示，固甚可取也。

禹貢以名山大川爲州界，書二名爲通例。此改以方向爲主：故青曰『正東』，荊曰『正南』，雍曰『正西』，幷曰『正北』，揚曰『東南』，幽曰『東北』，八方之中得其六。又佐之以河：冀曰『河內』，豫曰『河南』，兗曰『河東』。兗州冀州既爲幽幷所蔽，不得達於海瀕與塞外，則此三州皆位於中央者也。禹貢次序，自北（冀）而東（兗，青，徐）而南（揚，荊）而中（豫）而西（梁，雍）。此則不然，始於東南之揚，而正南之荊，而中之豫，而正東之青，而中之兗，而正西之雍，而東北之幽，又中之冀，至正北之幷而止。以形相較，彼若不中規之圓，此則作螺旋形，三繞中央焉。然禹貢作者豈不欲其中規，徒以欲達於中央之豫，故不得於荊州之後選次以梁州耳。

職方一篇，其最爲後出之證據者曰『閩』。此名不見於故籍。史記越世家云，『楚威王……盡取故吳地至浙江，北破齊於徐州，而越以此散。諸族子爭立，或爲王，或爲君，濱於江南海上，服朝於楚』。又東越列傳云，『閩越王無諸及越東海王搖者，其先皆越王勾踐之後也』。是知閩越之建國在楚威王滅越而越人散處於海上之後。威王立於周顯王三十年（西元前三三九年），卒於顯王四十年（前三二九），是閩之名國爲西元前四世紀事明甚。職方之記，更在其後。鄭玄作注，必欲列其書於西周，則曰，『閩，蠻之別也；國語曰，「閩芊，蠻矣」』，以示其有徵。然按之國語原文，乃爲『蠻芊，蠻矣』，彼蓋杜撰典故僞改書文以掩飾之也！

堯典言『肇十有二州，封十有二山』，每州立一山以爲之主．此不能索之於禹貢而可以索之於職方者。意者堯典之作更在職方後乎？抑作職方者乃襲堯典也？無論其先後如何，此二者必當有關涉，又必皆在禹貢之後，此可以斷言者。至於開方計里以封國，又與王制絕肖。王制爲漢文帝時所作，其時封建侯國爲一大問題，故所以籌畫之者甚細。此篇既與類同，斯亦不能甚早矣。

予嘗疑幽并二州之得建立於分州之學說中，由於燕趙二國之拓地。史記匈奴列傳云，『燕有賢將秦開爲質於胡，胡甚信之。歸而襲破東胡，東胡卻千餘里。燕亦築長城，自造陽至襄平，置上谷，漁陽，右北平，遼西，遼東郡，以拒胡』。此事爲燕世家及六國表所未載；據本傳中序之於趙武靈王破林胡樓煩之後，李牧守邊之前，當在燕昭王或惠王時（西元前三一一——二七二）。此幽州所由來也。史記趙世家云，『武靈王二十六年（前三〇〇），復攻中山，攘地北至燕，代，西至雲中，九原』。又云，『惠文王三年（前二九六），滅中山』。匈奴列傳云，『趙武靈王亦變俗，胡服習騎射，北破林胡，樓煩，築長城，自代並陰山下至高闕爲塞，而置雲中，鴈門，代郡』。此并州所由來也。燕趙二國於禹貢皆屬冀，及其拓地寖廣，則一州不足以容之，故別於東北置幽，正北置并。此豈周公之制哉，乃以戰國之武功爲其背景者耳。

今案，有始覽言『北方爲幽州，燕也』，釋地言『燕曰幽州』，而職方幽州之山鎮爲遼西之醫無閭，是此州爲燕國及其新拓之五郡，實可無疑。所不解者，何以職方之幽州乃包有山東半島？或當時視渤海灣爲一區域耶？抑樂毅伐齊，下其七十餘城，作者遂謂燕齊當爲一區耶？至於并州，其山鎮之恆山在中山，其川之虖池，嘔夷皆出於代，此與趙世家所言拓地亦相合。惟鴈門，雲中，九原，陰山，高闕皆未一言：意者作者不之知耶？抑以爲王者不勤遠略，得中山與代爲已足耶？又有不可解者，涞與易皆燕國之水，而幷州有之，將以武靈王攘地至燕故云然耶？抑作職方者自有其分州之見解，以爲燕之本國當歸於幷，而幽州則但得秦開新闢之地耶？此則我儕看來較適作僞者也。

燕置郡地在西元前三世紀，則職方之作不容更早於此。加以上述之七國，山鎮，封國諸端，綜而論之，其出於西漢之初乎？觀漢武帝立十三州，自以爲兼夏周之制而有幽幷，則此篇在武帝時已爲人所共見。又此之幷州在冀州之北與東，而武帝之幷州在冀州之西，即此可知此篇非出武帝後人僞造，故不以當代之制度譏之。然司馬遷作夏本紀全載禹貢，而不錄職方於周本紀，將偶有不照耶？抑不信爲周制耶？其故亦未易求也。

——摘自《禹貢半月刊》一九三七年六月

第七卷第六七合期

孟子旁通禮記考

樊　權

禮記大傳篇曰：自仁率親，等而上之，至於祖，自義率祖，順而下之，至於禰，是故人道親親也。親親故尊祖，尊祖故敬宗，敬宗故收族，收族故宗廟嚴，宗廟嚴故重社稷，重社稷故愛百姓，愛百姓故刑罰中，刑罰中故庶民安，庶民安故財用足，財用足故百志成，此以親親為治平之本也。又祭義篇曰：立愛自親始，教民睦也！立敬自長始，教民順也。教以慈睦，而民貴有親，教以敬長，而民貴用命，孝以事親，順以聽命，錯諸天下無所不行，此以親親長長為治平之本也。孟子曰：親親而仁民，仁民而愛物，又曰：人人親其親，長其長，而天下平，此亦以親親長長為治平之本也，與禮記義相旁通。

禮運篇曰：賢者尊而敬之，長而愛之，禮器篇曰：先王尚有德，尊有道，任有能，舉賢而置之，大傳篇曰：聖人南面而聽天下，所且先者，曰舉賢，曰使能，樂記篇曰：爵舉賢，則政均矣！坊記篇曰：有國家者貴人而賤祿，謂人君尚賢能而不吝於班祿也。儒行篇曰：內舉不避親，外舉不避怨，程功積事，推賢而進達之，不望其報，君得其志，苟利國家，不求富貴，其舉賢援能有如此者。蓋賢能者，國家之本，故孟子論政者曰：尊賢使能，與禮記文義實相脗合。

經解篇曰：上下相親謂之仁，除去天地之害謂之義，樂記曰：仁以愛之，義以正之，如此則民治行矣！表記曰：仁者天下之表也！義者天下之制也！仁者右也，道者左也；仁者人也！道者義也！儒行曰：戴仁而行，抱義而處，表記曰：仁多則人親之，義多則人尊之，仁義者，實係治平之本也。故孟子曰：仁義而已矣！又曰：仁人之安宅，義人之正路，仁者人也！合而言之道也！究其義實本於禮，而又旁通於禮記也。

檀弓篇穆公問於子思曰：為舊君反服古與？子思曰：古之君子，進人以禮，退人以禮，故有舊君反服之禮，與孟子答齊宣王問禮為舊君有服一章，義實相同。蓋君臣之間，以義為表，以恩為裏，君能以恩義待臣，則臣亦以恩義事君，而為之反服矣。

王制曰：古者公田藉而不稅，即孟子所謂殷人七十而助是也。助者藉也！藉民力以治公田，故不稅於民也。王制曰：市廛而不稅，關譏而不征，即孟子所謂市廛而不征，關市譏而不征是也。王制曰：林麓川澤，以時入而不禁，即孟子所謂斧斤以時入山林是也。王制曰：司寇正刑明辟以聽獄訟，附從輕，赦從重，凡聽五刑之訟，必原父子之親，立君臣之義以權之，意論輕重之序，慎測淺深之量以別之，悉其聰明，致其忠愛以盡之。疑獄氾與衆共之，衆疑赦之，必察小大之比以成之。此皆孟子省刑罰之意也。

時令曰：毋作大事以妨農之事。又曰：勞農勸民，無或失時。此即孟子所謂不違農時，孔子所謂使民以時是也。

文王世子曰：「一有元良，萬國以貞」，本即孟子所謂君仁莫不仁，君義莫不義是也。

禮運曰：大道之行也，天下為公，選賢與能，講信修睦。故人不獨親其親，不獨子其子，使老有所終，壯有所用，幼有所長，矜寡孤獨廢疾者，皆有所養，男有分，女有歸，貨惡其棄於地也，不必藏於己，力惡其不出於身也！不必為己，是謂大同。孟子曰：樂以天下，憂以天下，所欲與聚，所惡勿施，即天下為公是也。又曰：尊賢使能，俊傑在位，即選賢與能是也。又曰：老吾老，以及人之老，幼吾幼，以及人之幼，即不獨親其親子其子是也。又曰：老者衣帛食肉，黎民不飢不寒，夫人幼而學之，壯而欲行之，即老有所養，壯有所用，幼有所長是也。又曰：文王發政施仁，必先鰥寡孤獨，即矜寡孤獨廢疾者，皆有所養是也。又曰：內無怨女，外無曠夫，即男有分女有歸是也。

坊記篇孔子曰：君子辭貴不辭賤，辭富不辭貧，孟子士為貧者曰，辭尊居卑，辭富居貧，辭尊居卑，即辭貴不辭賤是也。辭富居貧，即辭富不辭貧是也。

儒行篇曰：儒有不隕穫於貧賤，不充詘於富貴，孟子曰：富貴不能淫，貧賤不能移，威武不能屈，即不充詘於富貴是也。貧賤不能移，即不隕穫於貧賤是也。由此觀之，儒家氣節，豈不高且偉哉？

王制曰：王者之制祿爵，公侯伯子男，凡五等。諸侯之上大夫，卿，下大夫，上士，中士，下士，凡五等。天子之田方千里，公侯田方百里，伯七十里，子男五十里，不能五十里者，不合於天子，附於諸侯曰附庸。與孟子答北宮錡之問文義多同。

射義篇曰：射者仁之道也。射求正諸己，己正而後發，發而不中，則不怨勝己者，反求諸己而已矣。孟子仁者如射一節，與此文義正同。

玉藻曰：凡君召以三節，二節以走，一節以趨，在官不俟屨，在外不俟車。孟子曰：君命召不俟駕而行，本此篇之義也。

孟子曰：君子之於禽獸也，見其生不忍見其死，聞其聲不忍食其肉，是以君子遠庖廚也！與禮記玉藻所謂君子遠庖廚，凡有血氣之類弗身踐也！義皆相同。

祭義篇曰：父母愛之，喜而弗忘，父母惡之，懼而無怨，與孟子萬章篇所謂父母愛之，喜而不忘，父母惡之，勞而不怨，同一意也。

孔子曰：君子無不敬也！敬身為大，身也者，親之枝也！敢不敬與？與孟子所謂守孰為大，守身為大，孰不為守，守身，守之本也！義皆相同。

祭統篇曰：孝子之事親也！有三道焉：生則養，沒則喪，喪畢則祭，與孟子所引曾子曰：生事之以禮，死葬之以禮，祭之以禮，同一意也。

三年問曰：今是大鳥獸，則失喪其羣匹，越月踰時焉！則必反巡，過其故鄉，翔回焉，鳴號焉！蹢躅焉！踟躕焉！然後乃能去之，小者至於燕雀，猶有啁噍之頃焉！然後乃能去之，故有血氣之屬者，莫知於人，故人於其親也！至死不窮，又曲禮曰：人而無禮，雖能言不亦禽獸之心乎？此二文皆與孟子所謂人之異於禽獸者幾希，義相發通；

孟子曰：人有恆言，皆曰天下國家，天之本在國，國之本在家，家之本在身，即大學所謂壹是皆以修身為本是也。於所厚者薄，無所不薄也！又曰萬物皆備於我矣！反身而誠，樂莫大焉！強恕而行，求仁莫近焉！是數言者，可賅大學全書之旨，蓋萬物皆備於我，格物之本也。反身而誠，修身以誠意為本也。強恕而行，所藏乎身者恕，絜矩之道也。是以大學一書，以辨義利終，孟子以辨義利始，

大學曰：未有上好仁而下不好義者也！未有好義其事不終者也！孟子曰：未有仁而遺其親者也！未有義而後其君者也！文義實遙遙相印證。

大學曰：德者本也！是故君子先慎乎德，有德此有人，有人此有土，有土此有才，此以德為治國安民之本，與孟子所謂輔世長民莫如德，同一義也。

孟子之學得力於養氣，而又歸本於集義，集義者，集四端之善，窮究事物之宜，即大學所謂知止，中庸所謂擇善是也。

孟子曰：修身以俟，所以立命。又曰君子行法以俟命而已！與中庸所謂君子居易以俟命，文義正同。

中庸曰：君子之道，辟如行遠必自邇，辟如登高必自卑，蓋邇者卑者，卽孝弟是也！何以見之？論語學而篇曰：君子務本，本立而道生，孝弟也者，其爲仁之本與！又曰：未有不孝弟者，觀孝經首章曰：夫孝德之本，教之所由生，未有不孝弟而能致敬於人。故孟子曰：事親弗悅，弗信於友矣！又曰：道在邇而求諸遠，事在易而求諸難，人人親其親，長其長，而天下平。其義與中庸實相發明。

中庸曰：天下之達道者五，所以行之者三，曰君臣，曰父子，曰夫婦，曰昆弟，曰朋友，此五者天下之達道也。孟子曰：父子有親，君臣有義，夫婦有別，長幼有序，朋友有信，亦中庸之所謂五達道也；有是道斯可謂之人，無是道則淪於禽獸，凡爲人者，無不當由是道而行，故謂之達道，達道者，天下之人所共由也！

中庸曰：誠者天之道也！誠之者人之道也！孟子則曰：誠者，天之道，思誠者，人之道也！中庸言誠之，孟子曰思誠，何也？蓋思誠者誠之本也！凡人當念慮初萌之時，而察其意之誠否是爲思誠，念慮既萌之後，因其意之誠而固執之，是爲誠之，由是可知思誠之難，蓋在乎誠之之先，而爲求誠者最初之功夫，所謂莫見乎隱，莫顯乎微，遏人欲於將萌，存天理於將滅者此也！

中庸曰：唯天下至誠，爲能盡其性，能盡其性，則能盡人之性，能盡人之性，則能盡物之性，盡人之性，卽孟子所謂察於人倫是也。盡物之性，卽孟子所謂明於庶物是也。

中庸言天命之謂性，自誠明謂之性，而歸功於博學審問，又曰：君子尊德性而道問學，可見中庸一書，未嘗分德性問學爲二也！而孟子深得子思之傳，故其論德性最爲精詳，然亦未嘗有所偏廢也！故曰：好是懿德，曰知其性，養其性，又曰：博學而詳說之，又曰：萬物皆備於我，與中庸所謂盡性，其揆則一也。

禮記一書無往而不言禮，如曲禮篇曰：夫禮所以定親疏，決嫌疑，別同異，明是非也！禮運篇曰：夫禮者，君之大柄也！先王以承天之道，以治人之情，所以考制度，別仁義，亦所以治政安民也！又曰：禮必本於太一，故禮義也者，人之大端也！所以講信修睦，所以養生送死，所以達天道順人情之大竇也！故聖人爲知禮之不可以已也！故禮之於人也！猶酒之有糵也！禮器篇曰：禮也者，合於天時，設於地財，順於鬼神，合於人心，理萬物者也！哀公問篇曰：民之所由生禮爲大，非禮無以節事天地之神，非禮無以辨君臣上下長幼之位，非禮無以別男女父子兄弟之變，吾國之變遷！故孟子曰：無禮義則上下亂，此本以禮為重也。

——摘自《國專月刊》一九三七年七月第一卷第五號

程瑤田桃氏爲劍考補正

商承祚

周禮考工記所載名物，後世有難以考知者，厥有三因：年代久遠，器用更易，一也。方言名物，各有異別，二也。一物數名，易生眩惑，三也。故各家雖用力專，致力勤，通者不過三四，餘復渺茫而莫決，是欲解得其正，勢不能不以子之矛陷子之盾也。不專以訓詁疏通經義，而以古代器物，分理名物制度，說解記文，實創自程瑤田。所釋考工有"戈體倨句外博義述"，"戈體巳倨巳句長內短內四病圖說"，"造戈柲記"，"戈戟圖考"，"鳧氏爲鐘圖說"，以及此章，皆據實物立論，發潛闡幽，批卻導窾，豁經師之洪紛，得異世之說解，非鄭孔得以抗衡，杜賈所能望其項背。惜生當時，古物出土有數，山川修阻，未得盡見其餘，所記猶不免有所扞格。然而披荊斬棘，峻塗斯啓，後之學者，循跡修治，其功之偉，曷可摩滅。茲篇所述，以程氏原考爲經，鄙說爲緯，擇錄其說，以爲未當者補正之，古物之助實多，非予敢尙，聊布蠡測云爾。

"桃氏爲劍，臘廣二寸有半寸"。臘者何，臘之言鬣也；前承劍身，而後接於莖，豐中而漸殺焉，以橫趨於兩旁，如髮鬣鬣然，故云臘。釋文，"臘，一音獵"是也。橫者臘之廣，則中豐者，其從也。劍身間之，故有兩從。

案據程說，是誤解臘爲璏也。臘指劍身而言，中有脊隆起，而殺趨於兩刃，如馬鬣下垂，故曰臘。又曰從，從之言隨也，中豐而兩旁下隨，故曰"兩從"。程以鐔及劍身合訓亦非。劍以身主，祖述者不扼要，而先言璏，甯有是理，此程說之誤也。後鄭釋"臘謂兩刃"，不若先鄭以"脊兩面殺趨鍔"爲得。"臘廣二寸有半寸"，謂劍身廣二寸半也。"兩從半之"，則由劍脊中分爲二，各廣一寸二分又一分之半也。"以其臘廣爲之莖圍，長倍之"者，莖圍二寸半，莖長五寸也。

莖者何，人所握者也。莖之言頸也，在首下，縣被於其前，望形立名，爲其似也。……中其莖者何，當莖長之中也。設其後者何，後之言緱也。以繩纏之謂之緱，緱之言喉也，當莖之中設之以容指，而因以名其所纏之繩。……劍把者莖也，莖必纏緱，故知中其莖而設之者在是也。

案莖爲頸是也，細長如頸，爲把劍重要部位，握之如扼人頏，可以意指"中其莖"，先鄭"謂穿之也"，後鄭"謂從中以郤稍大之也，後大則於把易制"，程謂"當莖長之中"，皆未當也。中，內也，對劍端言之也。言於莖內設其後也。莖中環節如喉頭隆起故曰喉，以繩纏之則曰緱，對鋒言之卽曰後也。亦曰䤺，淮南主術訓，"操其䤺"，高注，"䤺，劍拊也"。俗稱曰把。或以形名，或指其用，或據所施，因之以異，物則同也。

首者何，戴於莖者也。首也者，劍鼻也。劍鼻謂之鐔，鐔謂之珥，又謂之環，一謂之劍口，有孔曰口，視其旁如耳然曰珥。面之曰鼻，對末言之曰首。……劍之名物，見於莊周書凡五事，曰鋒，鍔，脊，鐔，鋏。據其所次者言之。……鐔者其首也，夾次鐔，後繼鋏，遂言包裹，則鋏者其室也。釋文，"司馬彪云，夾把也"。先後鄭氏並以人所握者爲夾，是謂莖外著木，如今之刀劍拊者，古劍無是物也。戰國策，"馮煖彈鋏歌曰，長鋏歸來乎"，鋏爲劍室，故呼長鋏，劍把安得謂之長乎。夾爲室，鐔爲首明矣。

案首之別名僅曰環而已矣，爲其形圜也。鐔，珥，劍口，皆指璏言之，劍鼻則珌也。說文"璏，劍鼻也"。漢書匈奴傳，"漢賜以玉具劍"，顏注同。別名曰鐔，說文釋名，莊子說劍篇引三蒼，孫詒讓周禮正義桃氏疏引金榜說。曰珥，說劍篇釋文，楚辭九歌東皇太一向注。曰衞，漢書匈奴傳注引孟康。曰劍口，匈奴傳顏注。俗名劍格。鐔者擋也，上擋於刃，下擋於手。珥者耳也，橫視如耳，故九歌，"撫長劍兮玉珥"。衞者，衞劍身與手也。劍口者，納劍身與莖如銜諸口也。格之義與鐔同。劍鼻卽珌，珌爲借字，施於鞘末之飾也。夾非劍室，楚辭九章涉江，"帶長鋏之陸離，"王注"長鋏劍名，其所帶長劍，楚人名爲長鋏，"是楚人名長劍爲鋏也。馮煖彈鋏取其聲之鏗鎗，劍鞘爲漆質，彈之則不得聲音，不言劍而言鞘，覺不辭矣。注謂"莖外著木拊古劍無是物，"案後漢書儒林傳，"帶櫑具劍，"應劭曰，"櫑具木標首之劍"，程說非。

上中下異制者何也，人貌異形，服劍宜稱。上士服中制則病劍短，中士服下制則病形長矣。

案後鄭云:"人各以其形貌大小帶之,此士,謂國勇力之士,能用五兵者也",程從其說而申述之,非也。上制中制下制,言劍之長短,上士中士下士,乃虎賁之秩階,如上大夫中大夫下大夫也。中士服上制劍,下士服中制劍則爲越次。上士而侏儒,不能佩中士之劍,下士而魁梧,亦不能服上中制之劍,各有等差,在德不在貌,非以貌合劍也,鄭程均失之。

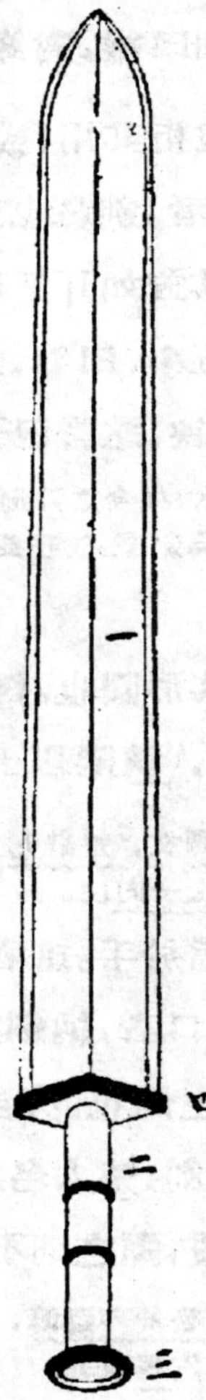

——摘自《金陵學報》1938年11月第8卷1、2期合刊

鍾攠鍾隧考

馮水

考周禮鳧氏爲鍾于上之攠謂之隧又爲隧六分其厚以其一爲之深而圜之此二句蓋言鍾內之制也按鳧氏爲鍾一篇應作五節讀由欒謂之銑至枚謂之景爲一節乃鍾之外體名稱于上之攠謂之隧爲一節乃鍾內之名稱十分其銑至以設其旋爲一節乃言鍾之制作尺度薄厚之所由興至聲舒而遠聞爲一節乃言鐘之聲音淸濁爲隧六分其厚以其一爲之深而圜之爲一節乃言鍾內攠隧之制作尺度

就全篇而言于上之攠謂之隧既在枚謂之景後爲隧六分其厚以其一爲之深而圜之又在聲舒而遠聞之後其爲鍾內之制甚明而于上之攠一句倘非言鍾內則于上之攠句當在于上謂之鼓下不應在枚謂之景之後似應解爲于內謂之攠攠上謂之隧自可顯然爲鍾內之制矣各家註釋鳧氏爲鍾一篇於制度聲音互有詳解獨於攠隧每略程易疇通藝錄考鍾之制造最詳而於攠隧亦不得其要義蓋亦未明此句乃專言鍾內而隧且於聲律有大關鍵也

考鄭註攠所擊處攠獘也隧在鼓中窐而生光有似夫隧不言攠在鍾外而明言隧在鼓中後人不善讀書更不詳其中字之義而解中爲間遂謂攠在鍾外鼓間不知中字應作內字解也更復謂據其攠以合窐而生光於是古義盡晦矣自唐賈疏以後無不皆然故唐後之鍾其攠皆在鍾外鼓間作圓式凸起且據攠生光以爲合於古也考窐字之義說文窐甑孔也段註楚詞曰圭竅雜于甑窐此甑下空也高註淮南曰竅輔者頰上窐也然則凡空穴者皆謂之窐矣

二者即爲空穴斷不能凸出而有光者謂之篁也鄭註篁當作孔解更無疑矣余曾見三代之鍾擁隧皆在鍾內故知擁隧非如程解之在鍾外也其式約分四種一爲鍾內於鉦帶之處作孔二或直或橫兩面爲四或更於甬旁舞上爲二孔者而於鍾內隧下鼓上作擁四其隧之形則內大外小作斜式內約數分至鍾面則不及分而爲一線形以取其透聲音也擁則凸起而形方亦不作圓式一種爲內有隧形或四或二而或穿或不穿一種爲無擁無隧而於鍾內作

凹凸痕揣其意乃以凹爲隧凸爲攠也一種則內無攠隧而平也蓋其有孔者即鄭註窐而生光之義于隧下作攠者即擊處也凡此三式皆有關聲律而末一式或非用以和樂故無攠與隧也其有孔者亦如磬之有穿簫笛之有出氣孔也古鍾多側懸攠在內似擊必于內且鼓上每有花紋亦非可擊之處有隧音可外越至隧有多寡有穿有不穿蓋求取其合律不必盡穿如一隧穿而音合他隧可不穿矣凹凸形者亦與聲律有關或音不合可據攠其厚薄而使應

律亦如磬之去旁去耑之義然擊當亦在內也可見古人制器之精立說之確一字之間皆有關聲律宋時大晟樂屢求鍾律而不可得皆因依倣唐疏不明鍾內之制雖依法鑄鍾而聲不合於律當時雖竭力講求其容積尺度而不明夫隧之有關聲律數十年終底於無成且鍾皆爲正懸而擊於外故於鼓上作擊形聲音因由外而發所以每不能合律也於是三代之制至此盡廢今之編鍾即沿宋制更不知古鍾爲側懸而擊於內矣然唐宋時三代之器流傳於人

間者少不能如後人見器之多且考鍾制者未必皆明律呂遂只就文立說亦未考及鍾內致使古人制度精義不傳余僅就所知所見者略述之以備參考至有合於古與否尚待博雅者指正焉

——摘自《古學叢刊》一九三九年三月第一期

周禮三大祭樂申鄭

冒鶴亭

周禮春官大司樂。凡樂。圜鐘（鄭注夾鐘）爲宮。黃鐘爲角。大族爲徵。姑洗爲羽。靁鼓靁鼗。孤竹之管。雲和之琴瑟。雲門之舞。冬日至於地上之圜丘奏之。若樂六變。則天神皆降。可得而禮矣。凡樂。函鐘（鄭注林鐘）爲宮。太族爲角。姑洗爲徵。南呂爲羽。靈鼓靈鼗。孫竹之管。空桑之琴瑟。咸池之舞。夏日至於澤中之方丘奏之。若樂八作。則地示皆出。可得而禮矣。凡樂。黃鐘爲宮。大呂爲角。太族爲徵。應鐘爲羽。路鼓路鼗。陰竹之管。龍門之琴瑟。九德之歌。九磬之舞。於宗廟之中奏之。若樂九變。則人鬼可得而禮矣。鄭注謂夾鐘生於房心之氣。房心爲火辰。天帝之明堂。林鐘生於未之氣。未坤之位。或曰天社在東井輿鬼之外。天社地神也。黃鐘生於虛危之氣。虛危爲宗廟。以此三者爲宮。用聲類求之。天宮夾鐘陰聲。其相生從陽數。其陽無射。無射上生中呂。中呂與地宮同位。不用也。中呂上生黃鐘。黃鐘下生林鐘。林鐘地宮。又不用。林鐘上生太族。太族下生南呂。南呂與無射同位。又不用。南呂上生姑洗。地宮林鐘。林鐘上生太族。太族下生南呂。南呂上生姑洗。人宮黃鐘。黃鐘下生林鐘。林鐘地宮。又避之。林鐘上生太族。太族下生南呂。南呂與天宮之陽同位。又避之。南呂上生姑洗。姑洗南呂之合。又避之。姑洗下生應鐘。應鐘上生蕤賓。蕤賓地宮林鐘之陽也。又避之。蕤賓上生大呂。凡五聲宮之所生。濁者爲角。清者爲徵羽。此樂無商者。祭尚柔。商堅剛也。鄭君之釋天宮何以起圜鐘。圜鐘之後。何以繼之以黃鐘太蔟姑洗。地宮何以起函鐘。函鐘之後。何以繼之以太蔟姑洗南呂。人宮何以用黃鐘。黃鐘之後。何以繼之以大呂太蔟應鐘。深得周禮精義。後儒狃於旋宮之法。以夾鐘爲宮。則角當爲林鐘。非黃鐘。徵當爲無射。非太蔟。羽當爲黃鐘。非姑洗。林鐘爲宮。則角當爲應鐘。非太蔟。徵當爲太蔟。非姑洗。羽當爲姑洗。非南呂。黃鐘爲宮。則角當爲姑洗。非大呂。徵當爲林鐘。非太蔟。羽當爲南呂。非應鐘。雖通人如陳蘭甫先生澧亦疑鄭注之誤。而周禮三大祭。遂爲千古疑義。其聲律通考。引舊唐書音樂志圜丘樂章。圜鐘宮三成。黃鐘角一成。太蔟徵一成。姑洗羽一成。以上六變。汾陰樂章。林鐘宮。太蔟角。姑洗徵。南呂羽。各再變。享太廟樂章。黃鐘宮三成。大呂角二成。太蔟徵二成。應鐘羽二成。總九變。謂唐人依倣周禮三大祭之樂。其圜鐘宮三成。則圜鐘爲宮。自爲一調也。黃鐘角太蔟徵姑洗羽各一成。則黃鐘爲角。又爲一調。太蔟爲徵。又爲一調。姑洗爲羽。又爲一調也。林鐘爲宮以下。皆仿此。然則唐人解周禮之宮角徵羽。乃宮角徵羽四調。非一調中之宮角徵羽四聲也。惟其各爲一調。故謂之變也。此與李文貞光地古樂經傳。謂黃鐘爲角。則黃鐘角調也。其起調畢曲之律。以姑洗太蔟爲徵。則太蔟徵調也。其起調畢曲之律。以南呂姑洗爲羽。則姑洗羽調也。其起調畢曲之律。以大呂同。（李氏以經文圜鐘爲宮。當作函鐘爲宮。引上文祀天神奏黃鐘爲證。則勇於改經。且於鄭注。全未理會矣。）較之黃佐李文察韓邦奇輩之支離偏駁。爲不可同年而語。然余疑漢去周未遠。當時三大祭樂。必用周禮。其祀天神用圜鐘。後換調用黃鐘角。用黃鐘角後。換調用太蔟徵。用太蔟徵後。換調用姑洗羽。（下二祭仿此。）

此漢人習見鄭君不必再注。但注其所以用圜鐘。繼黃鐘。繼太蔟。繼姑洗之精義。（下二祭仿此。）以詔學者。唐因於漢禮。漢因於周禮。其一以貫之。可推知也。否則旋宮之位。雖五尺之童知之。寧謂鄭君不知之耶。故謂李陳之說。能補鄭君所未注。所不必注可也。謂鄭君爲誤注。不可也。至宋人明堂景靈宮降天神六變之樂。則經改黃鐘角而用夷則宮。以合黃鐘爲角。改太蔟徵姑洗羽。而皆用林鐘宮。以合太蔟爲徵。姑洗爲羽。無怪劉几糾其謬。謂祀天之樂。無夷則林鐘而用之。有太蔟姑洗而去之矣。至朱子語類。謂黃鐘爲宮。大呂爲角。太蔟爲徵。應鐘爲羽。自是四樂各舉其一者而言之。以大呂爲角。則南呂爲宮。太蔟爲徵。則林鐘爲宮。應鐘爲羽。則太蔟爲宮。朱子宋人。習見宋樂用旋宮法。故詳言之。而不知其根本之誤。鄭君漢人。習見漢樂非用旋宮法。故不詳言之。而又不虞其啓後人之擬議也。又鄭注謂此樂無商。朱子語類則謂恐是無商調。不是無商聲。奏起來五音依舊皆在。後來秦文恭蕙由五禮通考本之云歌聲五音。不可缺一調。則商聲有殺氣。故祭祀不用商調。比之賈公彥之疏鄭。尤爲顯著切明。惠天牧士奇禮說云。非無商也。宮君商臣。以商爲均。君臣易位。其說雖創。然不合鄭義。且何解於樂記謂角爲民。三大祭用角。不又君民易位耶。陳先生女與余七姑毋先後歸江甯張氏。先伯祖先祖官粵與往還最稔。先曾祖墓志出其手刻東塾集中。文孫公輔慶佑。又爲余甲午同年。余兒時猶及看之。哲人萎矣。九京可起。或不無起予之歎也。

——摘自《制言半月刊》一九四〇年一月第六十期

畿服辨

束世澂

古代畿服制度，說者不一，近人頗疑爲子虛烏有。愚固篤信殷周有畿服制者也，然其所信，又與自漢以來之說殊矣。

說畿服制之見于書者，以皐陶謨及禹貢所稱爲早：

皐陶謨：「禹曰：予惟荒度土功，弼成五服，至于五千。」

禹貢：「五百里甸服，……五百里侯服，……五百里綏服，……五百里要服，……五百里荒服。」

是謂虞夏時分天下爲五服也。此二篇在尚書中頗難信爲實錄，其所稱述，要在存而不論之列。

降是有周官職方：「乃辨九服之邦國，方千里曰王畿，其外方五百里曰侯服，又其外方五百里曰甸服，又其外方五百里曰男服，又其外方五百里曰采服，又其外方五百里曰衞服，又其外方五百里曰蠻服，又其外方五百里曰夷服，又其外方五百里曰鎮服，又其外方五百里曰藩服。」是謂西周分天下爲九服也。

然周官大行人之職則曰：「邦畿方千里，其外方五百里曰侯服，歲壹見，其貢祀物。又其外方五百里謂之甸服，二歲壹見，其貢嬪物。又其外方五百里，謂之男服，三歲壹見，其貢器物。又其外方五百里，謂之采服，四歲壹見，其貢服物。又其外方五百里，謂之衞服，五歲壹見，其貢材物。又其外方五百里，謂之要服，六歲壹見，其貢貨物。九州之外，謂之蕃國，世壹見，各以其所貴寶爲摯。」是又謂西周分天下爲六服也。

周語記祭公謀父之言曰：「夫先王之制，邦內甸服，邦外侯服，侯衞賓服，夷蠻要服，戎狄荒服。」是又謂西周僅有五服也。

同一說西周制度者周官一書，前後互異。國語之與周官，不僅名數不同，次第尤異。自來注家，於此多捉襟見肘之窘，鮮疏通証明之效。

尤有難言者，書康誥曰：「周公初基作新大邑于東國洛，四方民大和會，侯甸男邦采衞，百工播民和，見士于周。」鄭玄注云：「不見要服者，以遠王事也。」是鄭氏以爲康誥所云，即大行人職文之侯甸男采衞也。然康誥明言「侯甸男邦采衞，」不容與大行人混同。且如所言，則召誥曰：「命庶殷侯甸男邦伯，」又何以減而爲三？酒誥曰：「越在外服，侯甸男衞邦伯，」何以獨遺采服。

自吾說觀之，殷周確有畿服制度，然實祇有甸服侯服，王畿之內爲甸服，王畿之外爲侯服，周語之言，獨爲近實。作周官者，乃誤解尚書而爲之，後人更轉而引周官以注尚書，遂窒礙難通矣。欲明吾說，請列三證。

(一)殷周確有畿服制度證　在可貴之典籍中，有卜與之記載：

詩文王：「商之孫子，其麗不億，上帝既命，侯于周服。」

詩蕩：「文王曰咨，咨女殷商，曾是彊禦，曾是掊克，曾是在位，曾是在服。」

書君奭：「商實百姓王人，罔不秉德明恤，小臣屏侯甸，矧咸奔走，惟茲惟德稱，用乂厥辟。」

文王、蕩，二詩所謂「侯于周服」，「曾是在服」，若不釋為畿服之服，即不能文從字順。書君奭所謂：「小臣屏侯甸」，尤為殷有畿服制之確證。屏之為言屏藩也。左傳所謂「封建親戚，以屏藩周。」其義正同。或釋屏為拼，失其解矣。

不但文字記載有畿服制度之確證也。吉金銘辭亦有之：

盂鼎：「佳殷邊侯甸，越殷正百辟，率肆于酒，故喪師祀」

毛公鼎：「今余唯肇先王命　命女亟一方，弘我邦我家，……善效乃友正，毋敢湎于酒，女毋敢隊，在乃服。」

番生毁：「丕顯皇祖考，穆穆克誓厥德，嚴在上，廣啟厥孫子于下，擢于大服。」

周公毁：「隹三月，王令焚眔內史曰：舊井侯服，錫臣三品，州人，重人，庸人。」

毛公鼎之「在乃服，」與詩蕩「曾是在服，」二語為正同。

盂鼎及周公毁則明稱侯服甸服，不可為殷周有畿服制之明證耶？然知者謂盂鼎之侯甸，非畿服名。（愚別有辨，詳下。）而周公毁所謂「舞井侯服」云者，蓋當釋舊，乃楚之名，井乃國名，是謂舊服井侯也。（郭沫若君說，見兩周金文辭大系）不可引以為證。

愚意不然。金文服字屢見，無有用作服從義者。即在較古典籍中，亦不用作服從解。惟呂刑有「五刑不服語；呂刑一篇，固有疑其晚出者矣。證之毛公鼎，曰：「在乃服。」番生毁曰：「擢于大服。」明指地方言，則周公毁中，侯服二字，自當連讀。又𦎫字从廾从害聲，愚意仍以舊釋「割」為是。井字非指井田，亦非井國。金文恒假為典刑之刑，此處亦刑之段借字。「割刑侯服，」云者，書君奭曰：「在昔上帝割申勸寧王之德。」割乃發語詞，割刑侯服，猶言刑于侯服也。要之禹貢、及周官所言之整方形畿服制，固顯然為一種理想，而非事實；然不可因此遽謂古無畿服制，遂并可信之證據，一筆抹殺，與以曲解也。

(二)殷周惟有侯甸二服證　以甲骨吉金及可信之典籍觀之，惟有侯甸二服：

卜辭：「(上缺)酒殷(缺)從多田于(缺)孟方白(缺)」（後上二十）田即甸 白即伯

又「丁卯王卜……余其從多田于多白征孟方……」（三、二、〇二五九）（多出于多白，係多白于多田之倒文。）

令彝：「隹八月甲申，王令周公子明保，尹三事四方，受卿事寮。丁亥，令矢告于周公宮，公令徣同卿事寮。佳十月月吉癸未，明公朝至于成周徙令。舍三事令。眾卿事寮，眾諸尹，眾里君，眾百工，眾諸侯，侯田男。舍四方令。」此外盂鼎及劇公毁皆見前引。

書酒誥：「自成湯咸至于帝乙……不敢自暇自逸，……越在外服侯甸男衞邦伯：……又「汝劼毖殷獻臣侯甸男衞」。

書康誥：「周公初基作大邑于東國洛，四方民大和會，侯甸男邦采衞，百工播民和，見士于周。」

書顧命：「王若曰：庶邦侯甸男衞，惟予一人釗報告。」

書召誥：「周公乃朝用書，命庶殷侯甸男邦伯。厥旣命殷庶，庶殷丕作。」

據書酒誥，康誥，召誥，觀之，似殷周有侯甸男三服，或侯甸男衞四服。但男衞二字之見于甲骨吉金者，無一用作畿服名號。且白虎通引酒誥「侯甸男衞邦伯」作「侯甸任衞作國伯」，則男之義爲任。而男衞非畿服名明矣。采之爲言幣帛也。文公六年左氏傳：「分之采物。」史記周本紀：「召公奭贊采。」皆指幣帛言。書所謂采衞者，言供幣帛及兵衞也。其非畿服名，更益顯然。據甲骨吉金以參驗尚書，惟有侯甸二服耳。周語所謂：「侯衞賓服，蠻夷要服，戎狄荒服」者，本篇室名，其言亦有分寸，故曰周語猶爲近實也。

近人有絕對否認畿服制，并侯甸二服亦不認其曾經實有者，傅斯年，郭沫若二君是也。二君之說皆極有理致，當加以探討。

傅斯年君引書康誥，酒誥，召誥，顧命（均見上引）謂：「鄭玄以五服之稱釋此數詞，而詁經者宗之，此不逾之說也。按五服說之最早見者爲周語上。其文曰：夫先王之制邦內甸服，邦外侯服，侯衞賓服，蠻夷要服，戎狄荒服。甸服者祭，侯服者祀，賓服者享，要服者貢，荒服者王。此言畿內者爲甸，畿外者爲侯，侯之附邑爲賓，蠻夷猶可羈縻，戎狄則不必果來王也。……又戰國人書之禹貢所載五服爲甸侯綏要荒，固與周語同，綏服卽賓服，而與周書中此數詞絕非指一事者。若康誥顧命所說，乃正與此不類。甸在侯下，男一詞固不見于五服，而要服荒服反不與焉，明是二事。

傅君更引令彝（見上引）以校尙書。謂：「顧命之「庶邦侯甸男衞」者，應作庶邦侯，侯田男。猶云：諸侯，及諸侯封域中之諸男也。「侯甸男衞」者，「侯，侯田男，衞。」猶云，諸侯及諸侯封域中之諸男及諸衞也。 侯甸男邦采衞 者，猶云，諸侯及諸侯封域中之諸男，及邦域之外而納采之諸衞也。……「侯甸男邦伯 者，猶云，諸侯及諸侯封域中之諸男，及諸邦之伯也。持……以校尙書 則知侯下有重文，傳經者遺之。此所云云，均稱呼畿外受土者綜括列舉辭，而甸乃侯甸，非國語所謂王甸之服 與五服故說不相涉也。」（論所謂五等爵）

傅君雖未明白否認畿服說，然謂尙書所言與五服說不相涉，則畿服說失其依據矣。其中解釋周語之五服說，語語犀利，得未曾有。辨男采衞非畿服名，尤先得我心。其校尙書語，亦新穎可喜，惟以爲尙書與國語並指一事，與鄙見不合，又謂侯甸男爲諸侯封域中之諸男，語嫌生硬，當于下文論之。茲再陳郭君之說：

「令彝銘中之田，自即經典之甸，然令彝之「侯田男」統攝於諸侯之下，與庶事寮等爲對文，孟鼎之「侯田」亦對言「辟」。則侯田男乃諸侯之異稱，而非畿服之名號也。證諸典籍，理亦如是。侯甸南邦采衞。即侯甸男等之諸侯與邦采邦衞，采衞均職位之名，采猶言宰。侯甸男衞邦伯，即侯甸男衞等之邦伯，邦伯即諸侯。酒誥之外服內服，即外官內官，非謂內外之畿服也。然有此等根蔕，故春秋時之創爲畿服說者，即假用其名，以託諸古。後世離古愈遠，又蔽於儒說之一尊，遂深信之而不疑矣。」（金文叢考金文所無考）

郭君之說，出于傅君之後，蓋爲傅說之修正者。其曰侯，甸，男，皆諸侯之異稱。又曰侯甸男衞等之諸侯，則又認衞亦諸侯之異稱。自較傅君謂爲諸侯封域中之諸男及諸衞者爲勝。但二者皆就令彝解釋，別無左證，似有望文生義之嫌。且令彝「眔諸尹，眔里君，眔百工，眔諸侯，侯田男，」每一辭各指一職位不同者而言，若侯甸男皆諸侯之異稱，未免辭費矣。從此點觀之，郭之釋令彝，似尙不如傅說之細密也。

傅郭二君之說，所以差異，在于解釋「侯甸男」不同；而其所以否認有畿服者，亦由二君對「侯甸男」各有其特殊之解釋也。以鄙見觀之，二君皆未得其正解。今請釋所謂「侯甸男，」則其餘問題，可迎刃而解矣。

在左氏傳中有一千古未得其解之文句。其辭曰「卑而貢重者，甸服也，鄭伯男也，」（子產語，見昭公十三年傳。）鄭衆服虔皆以爲伯爵在男服。正義疑鄭去京師不容此數。

漢以後學者，先橫亘一五服說于胸中，其釋經往往非是。正義疑之是矣，然猶未嘗并上文「卑而貢重者甸服也」全讀也。子產之語，固明言鄭在甸服矣，而又謂鄭伯男也，將作何解？愚觀于令彝乃得其解。鄭伯，爵也，甸男者，甸服之男邦也。謂鄭乃甸服之男邦也。

「侯甸男邦采衞」云者，侯服甸服之男邦，平時供天子以幣帛有事任護衞也。男之爲言任也。令彝之「侯甸男」即侯甸男邦之省辭也。

「庶邦侯甸男衞，」侯甸任衞之庶邦也。

「侯甸男衞邦伯」云者，侯服甸服任衞之君也。

「侯甸男邦伯，」侯服甸服男邦之君也。……

持令彝以讀尙書，不必增字，可以全通。由尙書以證令彝，則知侯甸確爲畿服名號，可無疑也。然曰：眔諸侯，侯甸男，」何也？曰：諸邦與男邦有別也。顧命曰：「庶邦：侯甸男衞」。牧誓曰：「嗟我友邦冢君。」是國有友邦庶邦之別。庶邦者男邦也。可與令彝相印證也。

然則諸邦與男邦之別何在？曰：周代之封建可分二類。（一）舊部落之承認與興滅繼絕。若徐鄧陳宋等國是也。（二）功臣子弟之分封。以爲屏藩。若齊魯晉鄭等國是也。（本梁啓超先生說）屬于第二類之國家，乃爲男邦，而第一類則非男邦也。此兩類性質不同，職責自異。男邦有保衛之責，而尤重在「衛」，左傳所謂「夾輔周室」是也。男邦之職責，自不能同樣責之于諸邦。有如宋國，周頌稱之曰客，吉金亦以客稱之，天子方以客視之，豈可與男邦同日而語？此諸邦與男邦之別也。春秋二百四十年中，天子之有急難，求救于齊秦晉鄭，見于左氏傳者屢矣，而絕未嘗求救于宋。此顯然可證者也。

（三）殷周侯服在外甸服在內證 漢儒蔽于周官，謂侯服在內，甸服在外。其實不然。周因于殷，侯服在甸服之外。而甸服即王畿也。此可由吉金及詩書證之。侯之義爲扞，甸之義爲定，由其名號觀之，已可知侯在外，甸在內。

孟鼎：「佳殷邊侯甸，越殷正百辟，率肆于酒，故喪師祀。」猶言殷邊侯甸之百辟以至殷正之百辟，皆酗酒，故喪其民人，失其宗祀。

書酒誥：「自成湯咸至于帝乙……不敢自暇自逸，矧曰其敢崇飲。越在外服，侯甸男衛邦伯；越在內服，百僚庶尹，惟亞，惟服，宗工，越百姓里居，罔敢湎于酒。」而酒誥言外服內服，兩相對言，分殷代爲內外二服，侯服即外服，甸即內服。正與周同。兩者皆自外至內言之，故知侯在外，甸在內，而甸又在侯服之中也。詩閟宮頌僖公之詩曰：「乃命魯公俾侯於東。」公與侯對舉，公指甸言，侯指服言也。（左文公四年傳：「曹爲伯甸。」桓公三年傳：「晉甸侯也。」侯伯爲衛，甸爲服，辭例正同可證）考之史記及尙書，伯禽封於曲阜，即叛奄所居地，而與淮夷徐戎鄰處，是當日之魯，固周之東邊，而詩稱爲侯服，則西周侯服，固在邊境，與殷相同。故曰周因于殷也。

於此有當解釋者，孟鼎之所謂「正」者，果何指耶？以酒誥證之，內服有百僚庶尹，則所謂「正」及所謂內服者，即中央政府及其直轄也。其名至西周猶未改。書無逸曰：「文王不敢盤于遊田，以庶邦惟正之供。……繼自今嗣王則其無淫于觀，于逸，于游，于田，以萬民惟正之供。」可爲明證。孔子謂：「周因於殷禮。」誠不我欺也。

然何以知王畿即爲甸服也，此在前引周語固已明言「邦內甸服，邦外侯服。」猶有他證：襄王謂晉文公曰：「昔我先王之有天下也，規方千里以爲甸服。」（亦見周語）左氏襄公二十五年傳曰：「昔天子之地一圻，列國一同。」（子產語）諸說皆相符合，而晉響（潛）鄭皆在甸服，（見前引）則王畿千里爲甸服可徵也。商頌玄鳥亦曰：「邦畿千里，」與周相同，以周因殷禮推之，在殷代蓋亦以王畿爲甸服也。（左襄十五年傳：「王及公侯伯子男甸采衛大夫，各居其列。」甸采衛大夫，係指天子之邑大夫言，亦可證甸爲王畿。）

書之說「方里千」者曰：「乃作大邑于成周……制郊甸方六百里，因西土爲方千里。」(周書作雒解) 漢書地理志亦曰：「初洛邑與宗周通，封畿東西長，南北短，短長相覆爲千里」固不以爲整方豆腐乾式也。邦内如此，則邦外之侯服，更不可以道里限可知。而作禹貢周官者，整指道里，圈畫重重，亦已過矣夫！

——摘自《史學季刊》一九四〇年三月

第一卷一期

從社會制度及政治制度論周官成書年代

蒙文通

周官成書時代問題，疑信二千餘年不得決然一時代之制度，自有一時代之背景，以今日歷史研究之方法衡之，似六國陰謀，劉歆僞作之說，皆不可信，雖未必卽周公之書，然必爲西周主要制度，而非東遷以下之治，有可斷言者。周官之制，階級最爲不平，不得謂爲美善，自後儒釋周官不斷，以爲致太平之書，可以垂法無窮，則惑矣！齊晉霸制，爲變西周以入戰國之漸，易封建政治以入於王權擴張，先後殊而治各有別，若曰此六國陰謀，則豈徵不知戰國之社會，亦未曉然於周官之制度也。今文家何休之徒，以其與博士之說相乖違而疑之，誠不足異，居今日而沿何氏之說，則鄰於不思。甚者歸獄王莽劉歆，是則更不知漢之歷史時代，而又惑於王莽之所以爲社會政策也。今姑以西周戰國之變言之：晉以韓原之敗，始作州兵，作爰田，杜預之徒，妄以周官之制爲之說，此大誤也。地理志「商君制轅田，開阡陌。」釋者謂轅與爰同，然則晉之作爰田，卽開仟伯，宜井田之廢，自晉始也。春秋宣十五年「初稅畝。」公羊傳言「履畝而稅也。」若井田什一之稅，魯奚必新爲履畝之稅，井田廢，一夫不必限於百畝，此魯之稅畝，爲魯始廢井田耳。魯已廢井田於春秋之中，何疑晉人廢井田於春秋之始？後人徒以開仟佰，令民得賣買，始於商君，因謂廢井田必始於秦者，俗儒之惑也。服虔孔晁釋爰，易也，易其疆畔，固顯見其爲開仟佰，苟釋爰田卽周官之不易一易再易之田，是則明爲井田之制，商君制轅田，誠若此，則行井田自商君始，不自商君廢也。因後世不明周官井田之實際，疑井田爲最善之法，疑周世文物未盛，不得有井田，惜未曉然於周不得有井田，則財產私有制，已先於西周而確立，是疑周之文物幼穉者，番誤以周代文化更已早爲高度之發展也，孰明周代井田之制即一最不善之制哉！

井田之不善，於晉作州兵而益足明之，周官載師注引司馬法曰「王國百里爲郊，二百里爲州，三百里爲野，四百里爲縣，五百里爲都。」鄭司農云，「百里內爲六鄉，外爲六遂。」則百里者，鄉遂之限也。管子揆度言，「州者謂之遂。」是晉作州兵者，遂之人始爲兵也。者周官孟子所說井田出兵之事，迥與此殊，孟子謂「夏后氏五十而貢，殷人七十而助，周人百畝而徹。」又曰，「由此觀之，雖周亦助也。」既曰殷助周徹，又曰周亦助法，孟子之說，於是最爲難解。又曰，「治地莫善於助。」又曰，「請野九一而助，國中什一使自賦。」此意彌復難知。夫滕壤地褊小，絕長補短將五十里，而孟子既謂治地莫善於助，乃欲五十里之國，徹助幷行，國野異制，是果何說耶？若考之周官，乃知其意符孟子，周官之言造都鄙也，小司徒經之，其職云，「乃經土地而井牧其田野。」鄭氏注禮，主以國中當鄉遂用貢，而野當都鄙用助，斯孟子之意與周官同，周固助徹並行也。然又何以必別助徹爲殷周？大司徒之職曰，「五州爲鄉，凡萬二千五百家，凡六鄉。」六鄉軍法在小司徒之職曰，五師爲軍，軍萬二千五百人，出於鄉，家一人也，六鄉而六軍，大司馬之職，所謂王六軍者也。周官建學，亦止於六鄉，六鄉者，徹之所行，即軍之所出，又爲建學以登庸焉，野則助之所行，不出兵，不建學，此無他，周既克殷，周人居國中，而放逐殷人於野耳！周世用徹法，自公劉而徹田爲糧，於夏殷之世已然也。殷則世用助法，既喪其國家，退居於野，尙仍其助法焉，入周而不改，此所以雖周亦助耶？又曰，「將爲君子焉，將爲野人焉，無君子莫治野人，無野人莫養君子。」君子爲統治階級，野人爲被統治者也。又曰，「方里而井，井九百畝，其中爲公田，公事畢，然後敢治私事，所以別野人也，」是井田所在者爲野人，則徹法所行者爲君子；夫越有君子六千人者，兵士也；楚有都君子王馬之屬，亦兵士也；此何異禿髮高歡所謂鮮卑任戰伐，而漢人為汝作奴，夫為汝耕，妻為汝織者乎？葉適言「六鄉於王畿為近，而皆為君子，故使之什一自賦，其粟則藏於倉人；六遂於王畿為遠，而皆野人，故使之九一而助，其粟則聚於旅師，遂人以興耡利甿里宰合耦於耡，旅師掌聚野之耡粟。」耡即助字，助字惟見於六遂之官，是六遂用助法之明證。本師左庵以王莽用周官，其制有六鄉六隊，六鄉在長安，六隊在洛陽，六隊即周官之六遂，知周官舊說六遂在成周，正所以居殷頑者也，為助法之所行，是助之所行為殷人，又審矣。鄭氏注載師云，「周稅輕近而重遠。」此即輕周而重殷耳。管子治齊，見諸國語者曰，「參國五鄙」。參國，則士鄉十五以立三軍者也。伍鄙不出軍而曰井田疇均，是亦五鄙用助而鄉用徹，鄉之進賢有三選之法，而鄙無之，則所以別君子野人者，事亦猶然，此見周之舊度，管子治齊，未之或異也。自秦開阡陌，急於富強，荀卿言其五甲首而隸五家，蓋韓非之所謂富貴皆出於兵也。於是有父子低首，奴事富人，躬率妻孥，為之服役者也。夫周則貴賤之懸殊，秦則貧富之迴絕，而公羊家之言井田也則又異，何休謂「一夫一婦，受田百畝，公田十畝，八家而九頃，共為一井，十井共出兵車一乘，一里八十戶，中里為校室。」包氏解論語云，「千乘之國者，百里之國也。」一夫然則今文家所論井田通國皆助，通國出兵出車，亦通國立學，而君子野人之隔泯矣。則今文家之論井田，既以夷周人貴賤之殊，亦以絕秦人貧富之辨，夫如是而後井田始為一盡善之制，先儒不明周代事實之井田，與今文家理想之井田絕不侔，而謂為太平之治，乃又疑於周不得有井田，皆未深究於史者之過也。

周之井田，與今文說之井田又有其異者，地官比長徙於國中及郊，則從而授之，若徙他邑，則為之旌節而行之，若無授無節，過所則呵問，繫之圜土，圜土者獄城也。此為周之農民，不得自由離開土地。地官鄰長亦云徙於他邑，則從而授之。

此六鄉六遂之人，不得任意遷徙，而官爲管理之，否則收入獄中。故周語曰「猶有散遷懈慢，而著在刑辟，流在裔土，於是乎有蠻夷之國，有斧鉞刀墨之民。」是散遷有罰，懈慢亦有禁也。周語又言土不備墾，辟在司寇，又言王則大徇，耨穫亦如之；民用莫不震動，恪恭於農，修其疆畔，日服其鎛，不解於時。其監農之急也，孟子曰「死徙無出鄉，鄉田同井。」惟農民不得離其土，故爲農奴，以土地與人民同爲領主之財產耳。王者始起，封諸父昆弟，示與共財之義，故可以共土也，故封建者，分財之說也，左氏定四年傳成王分魯公以殷民六族，分康叔以殷民七族，聃季授土，陶叔授民，授土授民，以土與民，皆所分之財也，故人民不得離其地，不得怠其時。禮王度記曰，「有分土無分民也。」是非周初之制，自晉魯開仟佰而後，農奴已變而爲自耕農，淳于髡輩之說，農民可自由與土地相離，得離其土則非農奴，由西周以至於戰國，私有財產之制立，土田可買賣，而舉國之人皆爲兵，事變之亟，不可思議，若以周官之書爲戰國以下之事，倘亦鄰於不辨黑白者也。

明乎周官之井田，事至卑陋不足觀，而周公之處殷人，事至慘刻不足取，昔人以此爲致太平之書，誠爲誣，今人信此爲太平之迹，不應爲周制，更爲愚，以愚誣之見衡周官之眞僞，事之可笑，寧過於斯！由田制以觀兵制，足明事之相因，由田制兵制，以明學校之制，而事理之貫，巧若合符，今專就周官經文考之，不取注說，則周代學惟貴遊，不及民庶，烏有選士之制？言選舉之義者，皆儒家之理想，非周代之史迹，二千餘載之經說，眞長夜夢夢也！地官師氏掌以媺詔王，以三德敎國子，居虎門之左，司王朝，掌國得失之事，以敎國子弟，凡國之貴遊子弟學焉。保氏掌諫王惡，而養國子以道，乃敎之六藝，敎之六儀。鄭注，「國子，公卿大夫之子弟，師氏敎之，而世子亦齒焉。」春官大司樂掌成均之法，以治國之學政，而合國之子弟焉，凡有道者有德者使敎焉，以樂德樂語樂舞敎國子。鄭注「國之子弟，公卿大夫之子弟當學者，謂之國子。」此周官師保成均之敎，入學者以貴遊子弟爲限也。至地官所言六鄉州黨之制，族凡百家，族師書其有學者，黨五百家，黨有序，黨正書其德行道藝，州二千五百家，州有序，州長考其德行道藝，鄉萬二千五百家，鄉大夫三年大比，考其德行道藝，而興賢者能者，此德行道藝之士，黨正書之，州長考之，鄉大夫賓興之。秦蕙田言「古者取士於鄉有二法，一則由鄉而升司徒，而升大學，學成然後用之，王制所謂造士是也；一則三年大比，興其賢能，直達於王，不復令入國學，周禮所謂賓興是也。」是周官州黨之序，六鄉之士，不復入成均，而師氏保氏所敎，止於貴遊國子，爲貴冑，爲世族，六鄉之士不得與之儔，秦氏已明見及此也。至秦氏謂六遂之學與鄉同，則大不然，地官言遂人掌邦之野，由遂師遂大夫縣正鄙師酇長無庠序之文，無考核賓興之說，皆言各掌其政令，由鄉師鄉大夫州長黨正皆言各……掌其敎治政令，族師言掌其戒令政事，則六遂與六鄉之族師以下皆不言敎，則其無學可知也。六鄉大比，賓興賢能，六遂大比，則行誅賞，鄉遂二者，治絕不同，言六遂以下有學者，經師之過也。劉敞言，古者鄉學敎庶人，國學敎國子，鄉學所升，不過用爲鄉遂之吏，國學所升，則命爲朝廷之官，此鄉學國學敎選之異，所以爲世家編戶之別，是其區辨世庶，鑿然不惑，而鄉遂之異，則猶未及論，是說禮之不斷亦久矣。旣由兵制田制知周代君子與小人之殊，由學制更見貴族與編民之別，此周世襲然不平等之三階級，而其所以爲封建社會者也，謂爲良法美意可乎？

於此論井田封建學校諸端，已見周官所表見之時代，决非戰國之社會，至王莽所行之政策，與周官更已霄壤之殊，乃今世學者，已知王莽之政治意義爲社會政策，而尚疑周官爲莽歆之作者何耶？葉水心馬端臨已言周官爲封建時代之治，決不可施之於秦漢以後郡縣之世，以難王安石，豈今人之智，反出葉馬之下耶？致世之究心於社會經濟史者，於此一大豐富史料之寶藏，胥以疑僞之故，屏棄而不取，言及周之社會制度，皆別采詩書，影響牽附之文以立言，東海學者雖能取用周官，乃又困於二千餘年經師之舊說，不能明周官所表示之社會，誠可惜也！然周官一書雖爲西周時代之主要制度，而書未必爲西周之舊作，當改定於東遷以後惠王襄王之時，誠以卓卓大綱，已非前事，猶晉之東遷，宋之南渡，宏綱鉅典，不能不權宜而更張，至於細節繁文，尙存餼羊於廢紙；茲已論周官之社會實況，請再陳周代官制之更張。

十月之交詩曰，「皇甫卿士，番維司徒，家伯維宰，仲允膳夫，聚子內史，蹶維趣馬；踽維師氏。」雲漢之詩曰，「鞫哉庶正，疚哉冢宰，趣馬師氏，膳夫左右。」是厲宣幽之世，冢宰在司徒之下。王度記曰，「天子冢宰一人，爵祿如天子之大夫，」以其爲大夫，故與膳夫趣馬爲列，皆大夫也。常武之詩曰，「王命卿士，南仲太祖，太師皇甫。」合十月之交觀之，宣幽之世，卿士最尊，執政權，冢宰猶卑。周語言「榮夷公好利，爲厲王卿士。」鄭語言「虢石夫好讒諂，爲幽王卿士。」左氏隱三年傳言「鄭武公莊公爲平王卿士，王貳於虢，鄭伯怨王。」此自厲宣幽平以來，皆卿士執政之證，鄭伯亦卿士執政者也。隱之八年，虢公忌父始作卿士於周，桓之五年，王奪鄭伯政，鄭伯不朝，自隱之八年，至桓之五年，凡九年，尙鄭伯未奪政，尙爲卿士，而虢公已爲卿士，明厲幽以來皆卿士二人夾輔天子，位居太師司徒之上，而隱之九年傳言「宋公不王，鄭伯爲王左卿士，以王命討之伐宋」。鄭伯爲左卿士，則虢公爲右卿士可知，此尤卿士恆二人執政之確證，無一人執政之說也。推西周言之，書序言「召公爲保，周公爲師，相成王爲左右。」此周召二人輔政也，陝以東周公治之，陝以西召公治之，故樂記言「周公左，召公右。」周公既歿，命畢公保釐東郊，則畢公實繼周公之任。於顧命曰，「太保率西方諸侯入應門左，畢公率東方諸侯入應門右。」此召公畢公之二人輔政也。彘之難，周公召公相與和而修政，知成康以降者，以二公輔政，卿士輔政，則周召二公爲元老，尸虛崇，及國難而元老暫再出，常武之詩，則治定而卿士又秉國居太師之上也。西周一代，不聞有一人輔政之制，而冢宰之秩尤卑，更無冢宰一人輔政之說，下及平桓，亦無此制也。

公羊隱五年傳，「天子三公何？天子之相也。天子之相何以三？自陝而東，周公主之；自陝而西，召公主之；一相處乎內。」周召爲傳保，兼二伯。此所謂周公入爲三公，出爲二伯也。一相處內，自太師也。金縢言「周公乃召二公」，亦見周初之爲三公也。顧命乃同召太保奭，芮伯，彤伯，畢公，衞侯，毛公，召畢率東西諸侯，以二伯兼三公，毛公稱公，此一相處內，自太師也。節南山之詩曰，「尹氏太師，維周之氐，秉國之鈞，天子是毗。」此太師之一相處內，周初則太公任之，實主兵，故樂記言發揚蹈厲，太公之志也；武亂皆坐，周召之治也。詩亦言「惟師尚父，時惟鷹揚。」而宣王之世，王命卿士在先，太師皇甫在下，則卿士已躋太師之上，則西周輔政，雖曰周召相成王爲左右者二人，而實並太公爲三人，東遷前後，卿士輔政爲二人，冢宰一人輔政，周官之制，其事又在後也。

春秋隱元年，「天王使宰咺來歸惠公仲子之賵。」杜注，「此天子大夫。」桓四年，「天王使宰渠伯糾來聘。」公羊傳言，「天子之大夫也。」於時虢鄭方爲卿士執政，則宰之不爲卿士可知。僖九年，「公會宰周公於葵邱。」公羊傳曰，「宰周公，天子之爲政者也。」隱桓之世，卿士爲政，而宰居其下，僖之世，宰已躋卿士之列而爲政。桓五年，「王奪鄭伯政，鄭伯不朝，王以諸侯伐鄭，王爲中軍，虢公林父將右軍，周公黑肩將左軍。」知周公實繼鄭伯爲卿士。桓十八年，「王殺周公黑肩。」僖之五年「晉滅虢。」僖之九年而宰周公見於經，周襄王之元年也，於時虢公已滅，卿士缺焉。論語言「君薨，百官總己聽於冢宰三年。」蓋宰孔當襄王諒陰之際，以冢宰司王闈之官，天子之近臣，代天子總百揆，遂躋於卿士之列，諒陰之後，沿而不革。僖之二十四年，「太叔以狄師伐周，獲周公忌父。」僖之二十八年，「朝王踐土，王子虎盟諸侯於王庭。」國語謂之太宰文公，則繼宰周公周公忌父為政者，王子虎也。僖之三十年，「王使宰周公閱來聘。」繼王子虎為政者，又宰周公閱也。周之惠王以前輔政者為二人，宰居卿士之下，不為崇官，襄王之世，皆宰為政，而司徒三吏之屬，皆出其下，而王子虎以太宰為卿士，遂為以後冢宰一人輔政之始。周官以冢宰卿一人股肱天子，其制實自宰孔以後，則周官一書，為襄王以後就舊文而改變之制。戰國之世，見於周策，其執政者皆謂之相，而制又變也。總古官之沿革論之，唐虞之際，四岳最尊，左右天子，而四輔不在九官十二牧之列，徒為天子近臣耳。尚書言「欽四鄰。」書傳曰，「天子必有四鄰，前曰疑，後曰丞，左曰輔，右曰弼。」洛誥曰，「亂為四輔，」即四鄰也。文王世子曰「虞夏商周，有師保，有疑丞，設四輔及三公。」此虞夏之四輔，至周而變為三公，虞夏之四岳，及周變為二伯，而以三公兼之，是三公以卑近之臣，乃躋於崇要之位。商以卿士為政，周初以三公為政，而卿士出其下，東西周之間，卿士以卑秩為政，而三公為虛位，坐而論道也。襄之後，冢宰以大夫為政，又躋於卿之列也，視漢魏以後，尚書中書，以卑近之位，而漸崇要，而漸又虛位無實任，古今之變，何先後之若一揆耶！周之執政，由三公而卿士，而冢宰，由三人而二人，而一人，即由公而卿而大夫，就此蛻變之迹求之，以周官為周公致太平之書，固不必然，以為六國陰謀之書，終亦未是，謂寫定於春秋中葉，殆近之耶？

以上二說驗之，知周官大綱為惠襄以後之制，以西周時代，冢宰之位未崇，而戰國所見，又言相而非宰也。周官之細節，決非爰田州兵以後之事，猶是西周盛時所立法，於東遷後，不過徒存此具文，固未可以一概而論。昔賢衛此書者，疑信雖不同，其認周官爲美善之制，則爲誤一也。能明乎此而後於周世先後之變，或可得而言。周之盛時，六軍出於六鄉，而金文中有王六師殷八師成周八師之文，成周者，六遂之所在，殷人居之，則六遂任兵役者，周之變也。國語言「宣王既喪南國之師，乃料民於太原」，南國者，唐固以爲南陽，太原南陽皆六鄉六遂以外地，於宣之中興，兵役已推及於鄙遠，此固國家一時權宜之事，仍未據以更周官之舊也。其在國語言管仲治齊，出兵仍限於國中，而不及於鄙。則齊桓霸制，法周猶未遠，惟在禮「諸侯三郊三遂」，三郊即三鄉，齊桓以三鄉爲十五鄉，斯蓋人口增多，故別爲治法，然周之軍萬二千五百人，齊之軍爲萬人，則變亦僅矣。及晉作州兵，乃及於遂，邾南之會，車四千乘，殆晉之四十縣，皆負同等之兵役，入戰國則舉國皆兵，布衣亦得以取卿相，貴族世臣之制，於是傾廢；周官六鄉之外無學，而學記言「術有序，」鄭注釋術爲遂，州有兵，而遂有序，則事本相因，於是助徹幷行之井田制亦蕩滅而無存，孟子於變極之候，仍欲正經界，均井地，以勞心勞力爲君子野人之區分，期復周之舊矩，而當五百之期，此固未曉然於時務，無怪世以爲迂闊，而儒亦不爲人重也。由周之變論之，魯衛爲篤於守舊，三卿之制，終春秋猶然。鄭宋則已稍變，故各有六卿，當國執政之名，更爲持異，左師右師秉國，亦周制之所無，然三卿五官之舊，猶可蹤迹，齊晉爲變益遠，無復前規，晉以中軍執政，視齊之變益甚，至秦之庶長，楚之令尹，其於周度，亦渺不相涉，知變之烈者後益强，而未之變者先已弱，周官旣爲惠襄以後之典章，仍因循成康盛時之法度，雖一人執政，治歸近昵，而三事大夫則確守前規，此其所以政敗民罷，而日即於亂亡者耶？則周官之制，雖曰徒存豐鎬之具文，然即以爲春秋中葉王朝現行之法，亦無不可，殆比於魯衛之儔，篤於保守，固不必以齊晉霸彊之法，而疑郟鄏守府之典也。是周官者，在西周不得爲良善之制，在東周復爲致亡之書，烏得謂爲太平之迹而崇之，謂爲精善之製又疑之，此誠荀卿所謂官人百吏持以取祿秩者；殆至愚人之所傳也，而曰戰國哲人理想之所集輯，豈其然哉！

至考工記一書，亦有可言者，漢興得周官缺冬官一篇，河間獻王購之千金而不得，乃取考工記以補之，工記之於周官，本非一事，自後注者著二書之不可離，則過也。由郯子論官衙之五鳥爲天官，五鳩則當於周官之職，五雉爲五工正，九扈爲九農正，是官不盡於五鳩，工正農正各其職，宜亦各有其書，曲禮「天子建官先六大」，此五鳥也；曲禮「天子之五官」，此五鳩也，曲禮「天子之六府」，又有「天子之六工」，則五雉工正之比也。顓頊之官復有田正，儻比於九扈農正之官，然則考工記固爲工正之書，而農正之書不幸熠焉無聞耳，豈周世之官盡於此六篇而已乎？曲禮，「天子之六工，曰土工，金工，石工，木工，獸工，草工，典制六材。」今考工記言凡攻木之工七，攻金之工六，攻皮之工五，設色之工五，刮摩之工五，搏埴之工二，則考工記又與曲禮不同，殆工正之官春秋諸國多有之，是此考工記者，儻又異國正工之書？王僧虔傳云：「文惠太子鎮雍州，於楚王塚得古文考工記。」此篇豈楚人工尹之書耶？凡考工記用字之例胥與周官五篇之文不同，固難強合爲一帙，後之學者更論考工以冬官之目，則其瞀亂，殆又甚也。今考工記又不能備序官之職，而次第亦異，是此記亦殘脫之餘乎？其與周官同異之處，溝洫之事，誠不必論也。

——摘自《圖書集刊》一九四二年三月第一期

寄宧雜識

劉詠溱

讀周禮劄記

凌人掌冰，正歲十有二月令斬冰。注云：故書正爲政，鄭司農云：掌冰政，主藏冰之政也。杜子春讀掌冰爲主冰，正當爲正，正謂夏正。段玉裁云：考周禮全書言正歲者，皆謂寅月，言歲終，歲十有二月者，皆謂丑月，凡言歲者，皆謂夏正也。言歲十有二月，則謂夏正已顯明，不必加正字，以混於全書之謂寅月者。王引之謂：爾雅，正，長也，建寅之月爲一歲十二月之長，故謂之正歲，若建丑之十二月，則當謂之歲終，何得謂之正歲？阮元、徐養原曾釗並主是說，以先鄭從故書掌冰政爲長。蒙案周禮一書，有正月，有正歲，正月爲周正，正歲爲夏正。言歲終，歲十有二月，皆謂丑月，言歲皆謂夏正，誠如段王諸儒所云，若謂加正字，遂與全書之謂寅月者相混，則未必然也。周以建子月爲正，而以夏數得天，亦兼用夏正。周禮凡言月者，指周正，凡言歲者，指夏正。與豳詩凡言日指周正，凡言月指夏正之例不同 凌人以丑月斬冰，則言歲終，此正例也，變歲終之例，但言歲十有二月，而不加正字以別之，則言歲言月，雖然並舉，周正夏

正，茫不可辨，聚訟之紛，其以此也。江永曰：凌人正歲十有二月令斬冰，謂夏正歲之十二月，建丑之
月也，若非丑月，則無冰可斬。其說與杜說合，可據也。
三其凌，注云：凌冰室也，三之者爲消釋度也。杜子春云：三其凌，三倍其冰，賈疏云：凌謂冰室之中三
倍納冰，備消釋度也。孔穎達詩正義云：既云斬冰，而又云三其凌，則是斬冰三倍，多於凌室之所容。
案孔疏之義融洽上下文義，與子春及後鄭之義，足相參證。其說是也。
夏頒冰掌事。案夏小正曰：三月頒冰，傳云：頒冰也者，分冰以授大夫也。左氏昭四年，申豐曰：古者
日在北陸而藏冰，西陸朝覿而出之，公始用之，火出而畢賦，自命夫命婦至於老幼，無不受冰。又昭
十七年傳，梓愼曰：火出，於夏爲三月，杜注，火星昏見東方，謂三月四月中。皆與此經足相印證。
籩人，麷。先鄭釋麷曰熬麥，後鄭謂：河間以北，煑穜麥賣之，名曰逢。段玉裁曰：此鄭以方言證司農義
也。許君說文亦曰讀若馮，馮與逢音正同，又云：逢即麷之遺語。程瑤田曰：熬煑蓋通稱，熬乾煎也，荀
子富國篇去其將若撥麷，蓋麥乾煎則質輕，撥去甚易，故以爲易之况。今南方蒸穤米爲飯，暴乾煼
之，呼爲米蓬，與鄭云逢者合。案籩所盛皆乾物，故自麷以下皆乾物，段引申鄭義，其說最確，惠士奇

據劉熙釋名，以鱧即今之麥芽，非是。

形鹽，先鄭本左氏僖三十年傳，謂築以爲虎形，謂之形鹽，後鄭云：形鹽鹽之似虎者。賈公彥云：服云剋形，非是築剋爲之，故後鄭不從，鹽之似虎形者，以爲自然似虎形。蒙案：先鄭之說非也，形鹽若待築剋爲之，則凡鹽皆可刻鏤成形，大小任意，經奚必別言形鹽耶？考內則有卵鹽，孔疏以爲形似鳥卵。本草經曰：戎鹽累卵。涼州記曰：靑鹽池生鹽，正方，其形如石。水經注曰：巴州傘子鹽，形如張傘，又曰：甘城之鹽如水精，龍城之鹽如巨桃。然則形鹽者天然印成其形，非一，不惟先鄭築剋之義不可從，即後鄭似虎形之說，亦不必泥矣。

鮑，注云：鮑者於楅室中糗乾之，出於江淮。蒙案：說文鮑饐也，饐飯傷溼，是許以鹽魚溼者爲鮑，劉熙釋名：鮑魚，腐臭也，埋藏淹使腐臭，顏野王玉篇：鮑漬魚也，今謂裛魚，顏師古注急就章，則謂鮑亦海魚，加之以鹽而不乾，注前漢書又謂鮑今之鮑魚，並以鮑爲鹽魚之溼者，與鄭義異。段玉裁云：秦始皇載鮑亂臭，則是鮑魚耳，而楅室乾者本不臭也。竊謂段說爲長，如果溼而腐臭，將如周語所謂鮑魚不登俎豆，賈誼引太公之言所謂禮鮑魚不登于俎矣，豈得取之爲籩實哉？劉顏之義非也。

鱐，注云：鱐析乾之，出東海。惠士奇曰：一說鱐即薧，臧魚也，段玉裁曰：古作薧之法，令魚不朽壞，故陶士行遠遺其母，即內則之魚膾，聶而切之者也。案集韻云：薧乾魚臘，是也，記載薧魚暴乾，此經注云：王者備物，近者腥之，遠者乾之，賈疏云：遠者乾之，鮑與鱐是也。上文庖人及內饔職，注既云鱐乾魚，此又云鱐析乾之，則鱐爲乾魚臘，即薧也，惠說近是。

醢人菹，注云：凡醯醬所和，細切爲齏，全物若䐑爲菹，案說文菹酢菜也，菹須醋成味，酢菜即今俗所云醃菜也。

脾析，鄭司農云：脾析牛百葉也。賈疏云：無正文可破，故後鄭从之。案賈說非也。說文膍牛百葉也，一曰鳥膍胵，廣雅百葉謂之膍胵。莊子臘者之有膍胵，司馬彪云：膍牛百葉也，段玉裁云：膍與脾字異而音義同，析與斯音近，謂之百葉者，胃薄如葉，碎切之，故云百葉。未切爲膍胵，既切則謂之脾析，謂之百葉耳。然則司農之說，正的塙不移，後鄭何爲破之乎？

鹽人，祭祀共其苦鹽散鹽，案宋志引池而成者曰顆鹽，鹽人所謂苦鹽也，鬻海鬻井鬻鹻而成者曰末鹽，鹽人所謂散鹽也。以今驗之，解縣鹽池所出，即苦鹽，長蘆淮安等處所出，即散鹽。

宮人掌王之六寢之脩。注云，六寢者，路寢一，小寢五。內宰六宮注云，婦人稱寢曰宮，宮者隱蔽之言，后象王立六宮而居之，亦正寢一，燕寢五。是后所居曰宮，王所居曰寢，故內宰之北宮，女史之內宮，寺人之正內，注皆言后，此經之六寢，及女御之燕寢，注並言王。然以他經證之，則寢名亦有不同者。春秋僖三十有三年，公薨于小寢，注、小寢內寢。公羊莊三十有二年傳，公薨于路寢，路寢者何？正寢也，此與此經同者也。禮記文王世子，諸父守貴宮貴室，諸子守下宮下室，注、貴宮謂路寢，下室燕寢也。內則適子庶子見於外寢，注、外寢君燕寢。春秋定十有五年，公薨于高寢，注、高寢宮名。公羊傳僖二十年，西宮災，西宮者何？小寢也，此與此經異者也。故焦循羣經宮室圖，任啟運朝廟宮室考，胡培翬燕寢考，洪頤煊禮經宮室答問，胡匡衷儀禮釋宮，江永儀禮釋宮增注，皆有考證，並系以圖，執其書以考究之，亦可恍然於古制矣。

又案賈疏云：天子六寢，則諸侯當三寢，亦路寢一、燕寢一、側室一。何劭公之注公羊，孔冲遠之疏禮記，皆以諸侯有三寢，但何取高寢路寢小寢當其數，孔舉路寢一小寢二，為不同耳。賈疏本之而變其說，以路寢燕寢側室當之，且援內則為證。考內則妻將生子及月辰，居側室，注、側室謂夫之室次燕寢也，正義以此爲大夫之制，謂夫正寢之室在前，燕寢在後，側室又次燕寢，在燕寢之旁。是大夫亦有燕寢及側室矣。若如賈疏之言，諸侯三寢路寢、燕寢、側室，則與大夫毫無區別，其何以昭隆殺，示等差耶？古人制度降殺以兩，故天子七廟，諸侯五廟，大夫三廟，天子八佾，諸侯六佾，大夫四佾，以此差之，天子六寢，大夫二寢，（側室不足以當寢數）則諸侯四寢，確無疑義，安得漫云三寢乎？賈疏以諸侯當三寢，既昧降殺以兩之義；以側室當寢數，尤乖側室在燕寢之旁爲生子及月辰所居，不在小寢之內之文。金鶚、胡培翬俱非之，宜也。

爲其井匽，注云：井漏井所以受水潦，鄭司農云：匽路廁也。玄謂：匽豬謂霤下之地，受畜水而流之者。案先鄭以匽爲路廁，而不釋井字；後鄭破之，以爲漏井、匽豬，一受水，一流水。賈疏申後鄭，而於所以不從先鄭之意，亦未確指。說者或援內則外內不共井，非汲水之井，明爲受水者；左氏傳規匽豬，匽豬爲受水之陂，荀子非相篇，府然若渠匽檃栝之於已也，注渠匽所以制水，以此證後鄭之得，其說似矣，而實非也。惠士奇曰：井匽一名偃，見莊子，一名屏匽，見戰國策，一名廁牏，見漢書注。後鄭謂漏井匽豬者非也。（見禮說）王念孫曰：井是幷字之譌，隸書幷或作并，因譌而爲井，并屏古字通，屏匽謂廁也。據下文云、除其不蠲，去其惡臭，則以匽爲路厠者是也。廣雅疏證釋宮　俞樾曰：井匽當作屏匽，屏匽者屏厠也，古之爲溷厠者，必有屏以蔽之，亦取法於大象。開元占經引甘氏云：天溷七星在外屏南。農所釋，已得其義，後鄭作注時，屏誤作井，因從而爲之說，失之。羣經平議十二　黃以周曰：井乃幷之譌體字，讀爲屏，屏厠也。急就篇屏厠清圂注：屏僻宴之名也，宴亦厠名，字本作匽，屏亦作厠，廣雅曰：屏厠也。周宮宮人掌井匽沐浴二事，與記言不共井湢浴正同，先鄭注匽路厠，則字作屏匽，義取屏厠可知，後鄭注作井匽，與記文同誤。禮說略　蓋經遭秦火，本多蕩佚，後儒掇殘補闕，著於竹帛，自不免有差誤。如尙書史記所載不同，四家之詩，其文互異，爾雅釋水之鉤盤，陸氏釋文引作股，孔氏正義引作盤，釋鳥之鸕鶿，今本作鸕鷀，鄭注作甾，而皆其類也。即如本經太宰嬪貢之嬪，故書作賓，籩人粉餈之餈故書作茨，掌舍梐枑之枑，故書作柜，司書受其幣之受，故書作授，所據不一，豈復如後世剞劂之篇籍，完好無闕乎？惠氏、王氏、俞氏以井匽卽屏匽，破後鄭漏井匽豬之義，固已全經文之旨；黃氏謂宮人掌井匽沐浴，與內則不共井湢浴正同，尤得以經證經之法，綜觀諸說，徵之古籍，井匽之當爲屏匽，先鄭之長於後鄭，又何疑乎。

掌舍，爲壇壝宮棘門注云謂王行，止宿平地築壇，又委壝土起堳埒，以爲宮鄭司農云，棘門以戟爲門杜子春云棘門或爲材門。案掌舍爲壇壝宮與秋官司儀職所云將合諸侯則令爲壇三成宮相似，司儀所爲爲方嶽之壇壝宮並非有屋，如儀禮覲禮及大戴禮盛德篇所言之宮，掌舍所爲，封土爲壝，四面壝土爲埒，說文埒卑垣也 其制亦略類也。棘者刺也戟有刺，故名棘明堂位越棘大弓，左氏傳子都拔棘棘皆訓戟，是棘門卽戟門也考烈王卒李園入宮伏死士於棘門之內是古者宮門，皆立戟也，隋唐三品以上階銀靑者門皆立戟，是後世羣臣亦得設禁衛也。先鄭以棘卽戟，確有可據杜子春材門之訓，不過備一義而已。

——摘自《文史周刊》（江西）一九四二年三月第二卷第一期

論周官成書年代

熊子眞來函

承寄集刊；談周官一文，大體甚好，然立言似仍須審慮者。

如云「周之井田畢至卑陋不足觀」，又有「農民不得離其土，故爲農奴」云云。——大抵原始社會曾有此等共產制度；然由周初以上溯殷夏，井田是否爲普遍可行之制，吾總覺以缺疑爲好。當時之井田制，自難盡善，然直以卑陋輕之，似未見其可；制未盡善，時代所限。若夫井田之美意，推而廣之，是研古制者之責也。必以「卑陋不足觀」一語了之，似亦未安。吾以爲古之制度與習俗，其確屬無理者，不容追慕；若夫創制之意，果在學理上有其可以引申觸類之價值，顧惡可以卑陋斷之，與當世後生同一塵視經典之心理乎？古者農民不得離其地，此在當時環境或有出於此等政令之必要；然農奴與否，吾意不必與此法令有連帶關係。古者君公大夫有國有家，其在治化未進以前，視其所有土地內之農民，當然爲奴隸無疑；及治化日進，猶得奴畜之乎？恐未可也。先民有言，「詢於芻蕘」，其不輕牧豎也如是；徵之詩經，農民反抗亂政之詩已甚多，謂其長處奴隸之地位，吾未能信也。又曰：「周公之處殷人事至慘刻，不足取，昔人以爲致太平之書誠爲誣」云云。——夫武之覆紂也，封其子武庚，而使三叔監之，其初未始欲徙之也。及管蔡以武庚叛，殷頑蠢動，則不得不用移徙政策，以散其勢；想當時所徙殷民，亦只限於今所謂反動分子者，非必舉殷國之民而全徙之也。紂雖暴，然殷之先王，賢聖六七作，戀舊者當有其人；又周與殷，非純爲君臣關係，劉止唐先生曾言之；及周滅殷，而殷人猶有國家思想，將圖恢復。孔子稱「文王至德」，「武未盡善」，庶可知決定滅殷者武也；武既滅殷，有天下，周公不得因其成功而固其基，其徒殷民，亦有以也。兄直以慘刻罪之，似無左證。設止於一徒，而未有其他種種苛待之法，固不得罪以慘刻。孔子本殷後，論語則曰「久矣夫吾不復夢見周公」，其精神之相感也如是。使周公而如今之帝國主義者，或如希忒拉及倭奴，則孔子於周公何慕焉？觀孔子思想，固非崇拜帝國主義之人。兄隨便詆前哲，未免時下習氣過重。「是非之心，人皆有之」，凡所當非，不得不非；論哲行事有未可遽以迹求之者；何得不深思而妄斷之乎？

古代學校之教，欲其普遍於全民，自不可能。然大學教育或唯貴游子弟得享；若謂農民完全無教，恐亦不然。衞詩干旄序云：「衞文公臣子多好善，賢者樂告以善道也」；其詩曰：「孑孑干旄，在浚之郊」；毛傳「浚，衞邑，古者臣有大功，世其官邑，郊外曰野。」據此則卿大夫建旄而見浚郊之賢者，此賢者中爲其邑必有學問之人民，非任朝之官也。以鄭箋孔疏考之，意亦如此。然則謂民間無學可乎？當時農民子弟，欲與貴游子弟同入成均，似不可能；然農民有學當無疑；但其受學之情形如何，今不可考矣。論語孔子適衞，歎其既庶，而以富教爲言；豈曰民庶無教耶？孔門三千七十之徒，有自今江浙而至者；其爲貴游子弟者幾何？則知周世平民早有向學之風矣。兄狗時俗，必欲以未開化視周代社會，疑其取譬辭下斷案也。總之吾儕於周禮，當研究其教育旨趣所在，其與現代功利思想，或法治國家等等教育旨趣有其相通之點否；此眞可注意者也。至於學制之普遍與否，自當以古代還古代，吾儕生今日，既不得復探其制，亦無所短長於其間矣。唯當時學校教育旨趣，乃大可研討者也。

今人治古經，研古學，好毛舉細故，又無往而不欲以未開化視之。國之將傾，人爭自侮，吾懷苦意，無可如何。賢如吾兄，誠不當在時彥中，故拉雜寫此。未能盡意；吾衰矣。此信懇肅錄存一份。五月十日。

——摘自《圖書集刊》一九四二年六月第二期

周官徵古敍

姜忠奎

是書原名周禮通釋。凡六卷。南海桂子白先生文燦所著。條舉羣書。以明周禮之有本。意甚善也。惟以一文分證數事。稍嫌其復。且與通釋體例不合。壬午秋。古學院得先生遺稿數種。是書在焉。將爲刊行。付忠奎校理。忠奎不揣檮昧。併其所舉數事。而以一文證之。約爲二卷。更題曰周官徵古。其亦先生之本意歟。先生博稽羣經。生平著書。凡三十餘種。百九十餘卷。强仕而後。篤於吏治。少時所著。多未及修正。而遽卒於官。殆不僅此稿然也。周官乃周公用以致太平之典。其節文在漢代已有不能行者。然其義則蟠天際地。無所不貫。雖世歷萬古。不可廢也。俗儒鄙拘。見細而遺其大。以爲戰國瀆亂之書。不可施於今日。又因劉歆王安石等。附托其說。以長亂天下。遂相與詬病。而疑罷之。夫人蔘鹿茸。濟生之良劑也。而庸醫用以殺人。歆與安石。醫之庸焉者耳。不是之咎。而詆譭周官。其亦過矣。周公纘述文武之志。上承百王。襲善而滌其弊。所謂盡倫盡制者也。戰國諸子。孟與荀必不僞是。申韓雖欲僞是而不能。而謂歆莽之徒能之乎。果是之能僞者。倘肯妄爲篡竊之謀乎。晚世學者。習於浮放。偶涉古經而不通。即斥其僞。又豈止一周官耶。倘得是書讀之。當必翻然有以自悟其非矣。榮成姜忠奎記。

——摘自《同聲月刊》一九四三年七月第三卷第五號

周禮秋官上服下服說

劉道龢

周禮秋官小司寇。聽民之刺宥以施上服下服之刑。鄭注。上服。劓墨也。下服。宮刖也。司刺注同。惟彼云。上服。殺與劓墨也。此無殺者。疑有脫誤。非其舊也。書舜典云。五刑有服。僞孔傳云。服。從也。賈疏。墨劓施於面。故爲上服。宮刖施於下體。故爲下服。此鄭注所以以刑之所加於體之上下釋上服下服也。然細繹之。殊非經義。上服下服。卽謂刑之重輕。正承上刺宥爲言。意謂民之所刺者上服。國人皆曰可殺。斯殺之矣。所宥者下服。卽王制云。衆疑赦之。罪疑惟輕之義也。呂飛鵬云。呂刑傳云。重刑有可以虧減則之輕。服下罪。一人而有二罪則之重。而輕幷數。是以重刑釋上刑。輕刑釋下刑。對上刑言之曰下服。是輕於上刑也。對下刑言之曰上服。是重於下刑也。上服下服。當以罪之輕重爲上下。惠士奇曰。呂刑。上刑適輕。下服。下刑適重。上服。輕重諸罰有權。服問云。罪多而刑五。喪多而服五。上附下附列也。然則服當讀附。附之上下。猶喪之輕重矣。或從重而輕。或從輕而重。上附下附。皆有等比。服問所謂列。猶呂刑所謂差也，禮記服作附。王制云。附從輕。小司馬八辟亦曰。麗邦法。附刑罰。附者。律之比例。所謂上下。比罪必察小大之比以成之者也。案惠釋服爲附義。亦得通。上服下服。猶言上刑下刑。輕重之辭也。依呂刑五刑五罰之差說之。則大辟爲上。次宮。次刖。次劓。墨爲下。如鄭注所釋。大背經義矣。

——摘自《斯文半月刊》一九四三年七月

第三卷第十三期

周官左傳中之商業

蒙文通

就經濟形態，社會形態，以解釋歷史，以成立所謂歷史法則。其爲說果堅定不易。然就西方史[illegible]能謂之西方歷史法則，不能即認爲世界法則。似未可遽以之適用於東方之歷史。況所謂西方法[illegible]學者之堅確承認，則治東方史者，更無據就此法則之必要。晚近研習中國史學者，以能襲西方之陳言爲名高，而憚於就國史以創立東方法則。削足適履，弊何可諱。蓋亦以近世學人，生活動蕩，學未充實，不得盡其材也。翁泳覽氏常謂以科學整理國故，不若以國故整理科學，爲效之宏。誠以以科學整理國故，爲效僅止於國故，所裨祗於一國家。以國故整理科學，則爲效滲入於科學，所裨將被於世界。其爲功可以道里計哉。竊以歐洲文化，肇端於地中海，居大陸之中。其發展由地中海東部而至中部，以至全部。由大西洋而發展以至全世界。其民族則由希臘人，而羅馬人，而條頓人。中國則海環大陸之外。自古至今，始終爲中國民族所掌握。歐洲文化史之發展爲寒進，爲北進，而中國之文化爲南進。背馳如此，安得以中國史比擬於西洋史耶？若曰經濟爲歷史決定因素，則地理尤爲經濟之重要決定。地理既已顯然不同。而必強歷史之相同，誠亦不思之甚矣。

歐洲史之大略，爲由封建社會到王權擴張。由君主專制到民主政治。封建時代之經濟，爲自給自足。自君主與商人相結託，以排除其共同障礙之貴族，始入於君主專制時期。自民治主義者又與商人相結託，以強迫君主俾接受其成文憲法，始成功爲民治國家。各時代之社會經濟形態既不同，其生產工具亦各異。中國則自漢至清，社會經濟，無多差異生產工具，亦完全無變改。秦漢以來之農事工具，至今依然使用。此爲從中國古籍可以證明者。秦漢至清之歷史，誠爲今日歷史學術之一問題。欲明秦漢至清究屬於何種社會，在今日幾於言人人殊。欲聯合資產階級以革命者，則謂中國依舊爲封建主義。欲聯合無產階級以革命者，則謂中國早已爲資本主義。此不過以歷史爲工具，而非忠於研究歷史，其事甚明。至其爲說，窒礙難通，則又謂此二千年之歷史爲從封建制度過渡到資本主義之時期。或又益之以前期後期之說。夫安有以二千年之悠久時間，祇是過渡，則正式時期之歷史，應於何求之。其實中國之歷史，自有其特殊性質。不能勉強據歐洲史之方式，即以爲中國史之方式也。

余草此篇，意在說明中國古代商業之發達。證明春秋時代之封建社會，其經濟絕非自給自足。商業已有高度之發展。關稅已爲各個國家收入之重要部門。則周初以來，商業與封建制度平行發展。貴族固未嘗妨礙商人。春秋之末，世族漸衰。與列國之君並力以排貴族者，爲庶姓之陪臣。下逮戰國，布衣起而爲卿相，商人初未參與於其間。則商業足以腐蝕封建制度之說，此西歐之事，非東亞之史跡亦然也。

戰國期間，列國皆爲郡縣制度，都無世卿執政之跡。其爲貴族崩潰而王權擴張，不可易也。然君主之排斥貴族所利用者，爲庶姓寒人，而非商賈。商賈與貴族，且同爲君權所不容。君主專制，莫著於秦。秦時北攻胡貉，南攻楊粵，以謫發之。先發吏有謫及贅婿賈人，後以嘗有市籍者，又後以大父母父母嘗有市籍者。（晁錯說）蓋君主集權專制者，爲法家商鞅韓非之流。商君書言「能令商賈技巧之人無繁，欲國之無富，不可得也。」又言「重關市之賦，則商有疑惰之情，草必墾矣。」韓非書言「商賈外積，小民內困者，可亡也。」不特專制之君主，其政策爲抑商。倡君主專制理論之學者，亦大張抑商之說也。邇日或有爲秦不抑商之說，謂戰伐必恃商業以足軍用，以懸斷秦事，曲解歷史，此大不然。鹽鐵論言「商君相秦，設百倍之利，收山澤之稅，國富民強，器械充飾，蓄積有餘，是以攘地斥境，不賦百姓而師以贍。」山澤之利，見於史記貨殖傳者至明。秦人資之以爲戰費，何必重商。淮南子言「秦之時入芻稾頭會箕斂，輸於少府。」漢書百官表言「少府秦置，掌山海池澤之稅。」是秦取山澤之賦至悉，而師用之所出。董仲舒謂「秦用商君之法，顓川澤之利，管山林之饒。」豈秦必不抑商以足軍費哉，正不知國史者之言耳。

夫秦併六國，王權極盛之時，而民治思想已興，陶希聖氏已略知之，惜未能大明之耳。蓋呂氏春秋言「天下者，天下之天下也，非一人之天下也。」其言較之孟荀更進。是移天下之主權，不屬於君主，而屬於人民。余於儒家政治思想之發展一篇中詳言之。當時儒家原有選天子禪大位之說，鮑白令之以觸始皇之怒，而有坑儒之禍。（見於說苑）眭孟以選賢禪位說爲漢昭所誅。蓋寬饒亦以此爲漢成所誅。今世或不信墨子選天子之說，而曲爲之解矣。儒家所理想之學校，亦決非周代專爲貴游子弟而設之學校。凡而封禪明堂辟雍井田巡狩，皆舉非周制，而意在民權，余別論之也。其說蓋滋蔓於秦政酷烈之時。此民治思想之繼君主專制而起也、

西方之民治主義者，嘗與資本主義者相結託，迫君主接受其成文法，故歐洲民治主義之成功，實挾資本主義以俱來。而秦漢之間，中國之民治主義，實爲抑斥商人，而鄰於社會政策均富之說。凡孔墨孟荀商韓之流，莫不主之。管子書爲對外貿易，爲經濟侵略者，而亦以均富爲國有政策。故儒家自戰國以至董仲舒之流，莫不主均富爲說。

則歐洲與中國之民治主義，一方接近於資本主義，一方接近於社會政策，一為國家思想，一為大同思想，亦因之以判也。

自漢世帝王接受儒家之學說。於經濟政策，殆全用之。至於武帝，而商人中家以上均破。舊之商人完全消滅。均輸國營之政行，而新之商人階級，不可再起。考試學校之制行，於是在官從政者，並不限於一階級，而平民皆得參政。自後均田抑商之法，行於晉，於魏，於唐。傳統之政策定，而社會之機構不可改也。中國自漢以後，社會經濟無改易，殆以社會政策之厲行歟？自儒家得志於漢，社會政策行，而民權主張則讓步為民享。於是封禪巡狩明堂之義結舌而不論，後漸幽冥而莫知其源。至董仲舒更易先師革命之說而為改制之說，國史上資本主義之禍絕而君主翻以維繫永久。此中國史之所以別入於一徑途徑者歟。

酒誥言「肇牽車牛，遠服賈，用孝養厥父母」。皋陶謨言「懋遷有無化（貨）居」。知商業在西周以前，已有遠服賈之影迹。左氏成三年傳「荀罃之在楚也，鄭賈人有將寘諸褚中以出，既謀之，未行，而楚人歸之。賈人如晉，荀罃善視之，如實出己。賈人曰：吾無功，敢有其實乎？吾小人，不可以厚誣君子。遂適齊」。此鄭之商人，其足蹟可南至楚，北至晉，東至齊。左氏僖三十三年傳「秦師過周及滑，鄭商人弦高將市於周，遇之，以乘韋先牛十二犒師。孟明曰：鄭有備矣。滅滑而還」。滑在今偃師縣。此鄭商可西至周。是春秋初之商人，可越境貿易，非復諸侯封疆之所能限。孟子所謂「天下之商旅皆悅，而願出於其路，藏於其市」，實春秋之時勢已如此，非至戰國而始然也。鄭注玉藻云「年大順成，關梁不租，此周禮也。殷則關但譏而不征」。蓋據孟子文王治岐「關市譏而不征」為說。史記亦言太公於齊「商賈輻輳，齊以冠帶衣履天下。」明殷周之間已有越境之貿易，而關市無征者，以其收入尚微耶？墨子尚賢中言「賢者之長官也，夜寢夙興，收斂關市山林澤梁之利，以實官府，是以官府實而財不散。」此關市之稅，在墨子之時已於國家收入佔重要地位。周官大宰「以九賦斂財賄，七曰關市之賦，八曰山澤之賦。」是又不必至墨子時始重視之，春秋初年已見越境之商人，而大宰有關市之賦，蓋其事之相因也。左氏文十一年傳「初宋武公之世，以門賞耏班，使食其征。」昭二十年傳「晏子曰偪介之關，暴征其私。」宋武公在春秋前，知周人關市有征，由來已久，左氏與周官同也。周官司關「司貨賄之出入，與其征廛。凡貨不出於關者，舉其貨，罰其人。」鄭注「征廛者，貨物之稅，與所止邸舍也。」是且設官司之，又復有司市，有質人廛人之屬，皆以為商。遺人「凡國之道，十里有廬，三十里有宿，五十里有市。」則非徒前朝後市，佰肆於國中也。質人「大市以質，小市以劑。凡治質劑者，國中一旬，郊二旬，野三旬，都三月，邦國期。期內聽，期外不聽。」此廛市之徧於鄉野，而貿易通於邦國。質劑契券之約，經於歲時。管子於齊「征於關者勿征於市，征於市者勿征於關。」亦春秋初年事，則商業之盛可徵。而關市之征，所以為國家收入之重要部門歟？「貨物止於邸舍則有廛布，肆列於市則有絹布。無市立持則有總布。」見商稅之繁。司門「以啟閉國門，譏出入不物者，征其貨賄。凡財物犯禁者舉之，以其財養死政之老與其孤。」遺人亦「掌關門之委積，以養老孤。」其入且用之於兵士之遺族也。載師「以宅田賈田任近郊之地」鄭注「賈田在市賈人其家所受田也。」則賈人為獨立自由之職業，未必庇寄於貴族。又云「凡任地，國宅無征。」注云「國宅，凡官所有宮室，吏所治者也。」市廛有征，則其非屬於官，亦可知。司市云「大市日昃而市，百族為主；朝市朝時而市，商賈為主；夕市夕時而市，販夫販婦為主。」此商販之非屬於官，亦非專以應貴族之需求。又云「凡萬民之期於市者辟布者量度者各於其地之敍，凡得貨賄六畜者亦如之，三日而舉之」。此民之與於市也，泉府「掌以市之征布斂市之不售貨之滯於民用者，以其價買之，物揭而書之，以待不時而買者，買者各從其抵，都鄙從其主，國人郊人從其有司，然後予之」。賈師云「凡天患，禁貴價者，使有恒賈」。注謂「若貯米穀棺木」。此民庶之買於市也。司市「僞飾之禁在民者十有二，在商者十有二，在賈者十有二，在工者十有二」。此民庶之賣於市也，非徒操工商業者之從事於市而已。國語言「管子於是制國以爲二十一鄉，工商之鄉六，士鄉十五」。則齊之操工商業者居通國四之一，而强齊之鄉爲二千家，則從事工商者爲萬二千家。此春秋時工商業之屬於民，而若是其盛也。左氏昭三年傳「景公欲更晏子之宅，曰子之宅近市，辭曰小人近市，朝夕得所求」。是市爲民生日用之需，自非珠玉犀革屬於貴族珍異之玩，則商品內容，大部屬於平民之需，而非專爲貴族所需，亦可知。左氏昭十六年傳「子產對曰昔我先君桓公，與商人皆出自周，……………世有盟誓以相信也。曰爾無我叛，我無强賈，毋或匄奪。爾有市利寶賄，我勿與知。恃此質信，故能相保以至於今」。惟於時商人之勢已盛，故可對國家訂結盟誓，則商業之地位，非附屬於封建之領主。左氏宣八年傳「王孫賈曰「苟衛國有難，工商未嘗不爲患」。則商人已可乘機以圖顛覆其政府。故鄭亦僅恃盟誓以相保。國語晉叔向對韓宣子曰「夫絳之富商，韋藩木楗，以過於朝。而能金玉其車，文錯其服，能行諸侯賄，是「因其富厚，交通王侯」。於春秋已見之，不徒戰國爲然也。

商業既發達，則貨幣之須要亦急。然金屬貨幣，以今地下發掘，則猶罕見，事固可疑。詩泮水曰「憬彼淮夷，來獻其琛，元龜象齒，大賂南金」。而呂刑有「其罰百鍰，其罰千鍰」。似西周已以金爲貨幣。徵之金文，散氏盤有「爰千」「罰千」之文，曶鼎有「百寽」之文綴遺齋金文有郢金鈑曰「郢爰」，有陳金鈑曰「陳爰」。足證百鍰千鍰之義與呂刑之說相輔。齊語言「小罪讁以分金。」亦即金作贖刑之謂。子咸盤言「鍰金一鈞。」卿鼎言「臣卿鍚金。」「鍚金」「鍚朋」之文，於兩周彝器爲累見。則金爲貨幣西周春秋固有其證也。而春秋以來不多見者，蓋亦有故。僖十八年傳「鄭伯朝楚，楚子賜之金。既而悔之，與之盟「曰無以鑄兵。」故以鑄三鐘。」以時方以銅爲兵。東周以來，諸侯戰伐正殷，鑄兵方亟而金幣罕行，諸侯不以爲交接貿遷通於邦國，而貨幣鑄稀歟？始皇本紀二十六年「收天下兵聚之咸陽，銷以爲鐘鐻金人十二，重各千石。」魏志董卓傳云「椎破銅人十，及鍾鐻，以鑄小錢，」始皇所鑄，董卓壞之，正爲銅人。知戰國之兵，亦多銅兵。英雄記云「昔大人見臨洮而銅人鑄，至董卓而銅人毀。」漢書五行志言「始皇二十六年，有大人長五丈見於臨洮，故銷兵器鑄而象之。」是又知卓之所毀，即秦之所鑄明矣。然戰國之世，如孟子書言「王餽兼金百鎰，於宋餽七十鎰，於薛餽五十鎰。」此類漸多。春秋罕見金爲貨幣，而戰國恆見之，是殆又有其故。以春秋之末鐵已漸行耳。越絕書十一記寶劍言「軒轅神農赫胥之時，以石爲兵。黃帝之時，以玉爲兵。（新石器）禹益之時，以銅爲兵。當此之時，作鐵兵。」此之所言，最有理致，符於近世言先史者之所考，自可信據。知勾踐之世，已有鐵兵。左氏昭二十九年傳「晉趙鞅荀寅帥師城汝濱，遂賦晉國一鼓鐵，以鑄刑鼎。」是鐵已見於春秋之末，左氏有其說，足證風胡之說不爲虛。鐵兵起而銅屬貨幣又漸行，是可以釋春秋罕見金屬幣之疑耶？苟金屬幣中微之說不虛，正自有其故也。

周語言「景王二十一年，將鑄大錢，單穆公曰不可。古者天降災戾，於是乎量資幣權輕重以振救民。民患輕，則爲之作重幣以行之，於是乎有母權子而行，民皆得焉。若不堪重，則多作輕而行之，亦不廢重，於是乎有子權母而行，小大利之。

今王廢輕而作重，民失其資，能無匱乎。王弗聽。卒鑄大錢。」子母相權，蓋貨幣已有高度之發展，始能有輔幣之產生。單穆公言「古者爲量資幣權輕重，」以子母相權，其始已久，不自景王。周官司市言「國凶荒喪札則市無征而作布。」鄭注「金銅無凶年，因物貴大鑄泉以饒民。」事已先見於官禮，則單子稱古者可也。此經濟學所謂支付者也，凶荒喪札又正所謂「天降災戾」者也。國語周官說相輔，則事不可疑。周官左氏所見商業之盛如彼，則貨幣之盛而輔幣又因之如此。兩相佐驗，其可誣耶？則周官左氏所陳，已非經濟自給自足之社會也。孟子言「許子以釜甑爨，以鐵耕乎？」知鐵爲農器，於戰國中葉，殆已行之。管子書誠不作於春秋，但其必作於戰國末期，則可信，其海王篇云「今鐵官之數曰一女必有一鍼一刀，耕者必有一耒一耜一銚。行服連軺輦者，必有一斤一鋸一錐一鑿。」則鐵器之行於戰國夫復可疑。故董仲舒言秦「田租口賦，鹽鐵之利，二十倍於古。」而太史公自序亦言「司馬昌爲秦主鐵官。」鐵之重於秦若是，則孟子之說有徵。秦昭王言「楚鐵劍利而倡優拙。」蘇秦爲楚合縱，言「元戎以鐵爲矢」。韓非子五蠹言「鐵銛矩者及乎敵。」其南面言「鐵殳重盾而豫戒也。」荀子議兵篇言「楚人宛鉅鐵釶。」皆足明鐵用於戰國。其代銅兵而大興，蓋可知也。以名字之例考之，冉耕字伯牛，則牛耕已見於春秋之末。戰國趙豹平陽君曰「且秦以牛田水通糧。」史記趙世家亦載之。正義曰「夫牛耕田種穀，至秋則收之。言秦伐韓上黨，若牛田之必冀其收穫矣。」此牛耕之決行於戰國之時。執牛耕始於漢趙過之說者，固未必然也。鐵耕牛耕之用廣，春秋遂降而爲戰國，此其所以爲國史上之巨變也歟。商業與貨幣在周代之情形，既不若今人所估計之低。農工業亦不若今人所疑之幼稚。詩言「滮池北流，浸彼稻田。」而周官明言稻人匠人，畜水均水及瀦溢之事，則灌溉之法，早已行之。大司徒「辨十有二壤之物而知其種」草人「掌土化之法。」凡糞用牛羊麋鹿有別，而辨土施肥有術。土化學於草人，則用糞之知識，為自綠肥進步而來，尤屬顯著。則於時農業固早已脫離綠肥時期。凡考工記中所見之工業，及其合金術之精，皆足以見農工商業已有高度之發展。不符於新近學人之所持論。至周官之成書年代，余固別篇論之，意謂必出周惠襄之間。若其間表示政治社會之制度，固不能說為戰國之事。故此篇所論商業情形，周官固與左傳為一致也。西周春秋，為國史上封建時期之最顯者，其商業之盛固如此。是安得以中國封建時期之經濟，必與西方封建時期之經濟，事同一律哉？

荀說言「古之建國，或小或大，監前之弊，變而通之。夏殷之時，蓋不過百里。故諸侯微而天子強，桀紂得肆其虐。紂脯邢侯而醢九侯，以文王之德，不免於羑里。周承其弊，故大國五六百里，以崇寵諸侯。至其末流，諸侯強大，更相侵伐，周室卑微，禍亂用作。秦承其弊，不能正其制，遂廢諸侯，改為郡縣，以一威權，以專天下。」夫殷之建國方百里，周方五百里，未必為一定之制。然殷為天子強而諸侯弱，周則反是，固可信也。欒武子曰「紂之百克而卒無後。」伯宗曰「夫恃才與眾，亡之道也，商紂由之故滅。」傳曰「紂克東夷而殞其身。」周失之弱，殷失之強，事應然也。故「湯曰吾甚武，號曰武王。」九侯鄂侯梅伯文王之酺醢戮辱，傳記諸子，均能言之，豈為虛誣。是有殷一代，天子暴強，固遠過於周也。

古曰萬國，斯其為種落之豪耳。至殷而存者三千。至周而存者千八百。至秦而削滅盡之，亦勢之宜然者也。夏殷有天下，諸侯來朝，禹湯即其部落而封之，斯不過舊勢力之承認，不可以言封建。周公相武王誅紂伐奄，三年討其君，滅國者五十。於是大封同姓，以屏藩周。周之子孫，苟不狂惑者，莫不為顯諸侯。及周之東，號強國肆兼併者，莫非周人親賢之新封。唐虞以來之侯伯，微滅無足數。是周武力之强，拓地之廣，邁於夏殷，故其封殖之固若是。戰國之際，各爲郡縣。郡縣之制非始創於秦人統一之時，斯夏殷爲部落，而周人爲封建。天子諸侯之名雖同，而實則大異。夏殷舊封多而新封少，周則新封之力已倍蓰於舊封，情可知也。至秦之全爲郡縣，此推周人王畿之制，六國疆內之制，以施之禹域。自夏殷而周秦，周之度，且消息於殷秦之間，亦勢之不得不然者也。

由上言之，殷之天子强而諸侯弱，天子者一部之獨大，而以魚肉他之種落。周之諸侯强而天子弱，爲一部過盛，枝葉繁而傷其本根。殷强而周弱，非王權之滋長易先後，而倒植實國家之機構，情勢已大殊。周之建侯，諸國相互間文物之比較，必視殷爲更整齊更劃一。然周之諸侯，魯衛於周爲近，鄭宋爲遠，晉齊益遠，秦楚吳越於周，殆不似也。周且是也，夏殷諸侯間文化之比較，其相去宜有胡越之不相謀。殷夏史料存者微略，不得論；縱有之，亦難以一隅概全體。然其大體固可推而言也。

李劍農氏據金文賜田賜人之事，以論封建制度在西周乃逐漸發展，其言最有理致。夫周之建侯本乎宗法，似也。然終不離乎文昭武穆周公之胤。捨是自成康而下，其立宗之制不殊，而建國之事蓋寡，安在封建之必繫乎宗法。及乎春秋之世，世族執國命，魯三桓、鄭七穆之儔，交政乎邦國，然桓穆先後之世，魯鄭之宗法自若，而桓穆外鮮世族者何耶？天子建國則有異姓之封，諸侯立家亦有異姓之卿，則宗之不必爲世族，世族之不必繫乎宗，亦審矣。周之建侯，蓋始於開國之初，滅國之衆，拓地之廣，故以分土分財爲治。吾意諸侯立家事亦猶是。以拓土既廣，故亦分財以治耶？列國世族，多始於入春秋之初，惟宋之世族爲最早，亦惟宋拓地爲最遠。春秋之先，宋地已南有蕭亳，及平彭城。宋公不王，其叛周亦最先。此知周室之事，非東遷之後天子之威紐，而諸侯交侵，王室始弱。千八百國，入春秋後存者僅百二十，則國之滅者已衆。魯之初爲方百里，其後爲方百里者五。齊之初亦爲方百里，而後乃方千里。其所吞噬者亦衆耶？是西周數百年間，諸侯相兼之禍，不亞於春秋與戰國。周所新建之國，倚王室之威靈以蠶食三代之古封。天子亦樂觀其成，而坐視藩國之日大。西周之末，古封略盡。兵猶火也，不戢自焚。周之子孫日失其敍。轉相攻戰，文武之胄或有衰微。於史伯之言，知滕薛之儕於幽平之世，擧大於齊魯。入春秋則其微日甚。伐同姓爲周禮之所不容，而伐異姓當爲周人之所不禁。卒之諸侯之勢强，天子不能制。同姓之禍亟，天下不能非。非天子弱於東遷之初，實諸侯强於西周之末。一旦周鄭交惡，而王室遂徒擁虛器也。

諸侯强於西周之末，拓地廣而人日衆。則西周侯國之制，不適於列辟强大之時。於是僭天子之禮以爲諸侯之制，而世卿專土壅政，漸偏於邦國。私邑有宰，而家各有甲。自是而政逮於大夫。故曰世族之制，非自西周之初而然，不必與宗法同其終始也。西周天子之有諸侯，猶東周諸侯之有世卿大夫。惟其始固爲一家，休戚與共。故春秋之間諸侯不守關塞（見春秋大事表）壤地相錯，壤同姓，卿同盟。此周世諸侯發展之由來，而大異乎殷代者也。周之諸侯，其非劃疆自封，以習於經濟之自給自足，又審矣。秦楚拓地廣而非有世族，以治術自異，其文化絕遠於周舊也。惟周之封建源於一族之獨威，倡卿鄰親親之義以相保。國與國間經濟之交接自頻繁，而商賈遂暢歷於各地。齊世家言「太公至國，修政，通工商業，便魚鹽之利。」封建制度自周初以來，始逐漸發展。商業亦於是始逐漸發展。是商業經濟與封建政治，並進而不相妨。通商惠工，即太公之人以什國政。貨殖列傳言「太公勸女紅，極技巧，

故齊冠帶衣履天下。一知齊之貿易，通於邦國。下及春秋初未見商業與封建之不相容。一仍乎太公之事。試例舉之

左氏桓二年傳晉師服曰國家之立也，本大末小，是以能固。……………庶人工商，各有分親，皆有等衰，是以民服事其上。

閔二年傳衛文公務材訓農，通商惠工，敬教勸學，授方任能。元年革車三十乘，季年乃三百乘。

宣十二年傳隨武子曰會聞用師觀釁而動，德刑政事典禮不易，不可敵也。楚軍討鄭，……………荊尸而舉。商農工賈，不敗其業，而卒乘輯睦事不奸也。

襄九年傳楚子囊曰當今吾不能與晉爭。晉君能而使之，舉不失選，官不易方。其士競於教，其庶人力於農穡，商工皂隸，不知遷業。

襄十四年傳晉師曠曰天子有公，諸侯有卿，卿置側室，大夫有貳宗，士有朋友。庶人工商皂隸牧圉，皆有親暱，以相輔佐也。

昭二十六年傳齊晏子曰在禮家政不及國，民不遷，農不移，工賈不變，士不濫，官不滔，大夫不收公利。

余已詳論周代之商業，茲更證周代諸侯大夫，不惟不與商賈相妨，且以安定工商業爲此時代之美政。商業經濟，與封建政治相輔並進。然則一商業經濟之決然腐蝕封建社會」一其說決不能施之於國史。下逮戰國，君權擴張，貴族既遭摒棄，而商業亦受打擊。主張君權集中之法家，其政治主張，在摒棄貴族。其經濟主張，在抑制商賈。秦事

於此，尤爲顯著。更不見君主倚託商人以制世族之實。翻若封建政治與商業經濟同其盛衰，相依爲命。戰國之際繼貴族起而爲政者，乃布衣之卿相。反觀春秋時代貴族頻於崩潰之際，君主所託倚者爲庶姓爲陪臣，皆無與於商賈也。夫平民貴族之衝突，爲勢理之自然，無足怪者。布衣崛起，必躋貴族階級而去之，與必擯富商階級而抑之，又事之一貫者也。此戰國諸子之學所由無一不主於均富而抑商者歟？

——摘自《圖書集刊》一九四三年十二月第五期

鄭注周禮易字舉例

李源澄

東塾讀書記云：鄭注周禮，並存故書今書，注儀禮並存古文今文，此後來校書之法也。儀禮從今文，則注內疊出古文；從古文，則注內疊出今文，此於己意所不從，亦不設之，周禮之並存故書今書亦是此意。段懋堂周禮漢讀考云，鄭君擇善而從，絕無偏執，此二語真知鄭學者也。陳氏之言，大體誠是，然周禮與儀禮異，儀禮今古文而已，異者則表而出之。周禮則不然，有故書，有故書異本，有今書，有今書異本，有杜子春二鄭之說，舉其一不足以見其餘，鄭氏校書之條例爲何如乎？段玉裁周禮漢讀考，徐養原周官故書考，於此皆未明言，是亦不可無說也。

今宜先明者，一爲鄭注以故書爲主，於今書擇善而從，凡注言故書某作某，而不言依某書改正者，皆據今書，其不言故書今書者，皆故書原文，而今書之同於故書與否，置而不論，以其以故書爲主，非若陳氏所謂並存故書今書也。其舉今書，皆有他故，意不在明今書與故書之異同也。地官鄉師巡其前後之屯注云：故書巡作述，屯或爲臀，鄭大夫讀屯爲課殿，杜子春讀爲在後曰殿，謂前後屯也，玄謂前後屯，車徒異部也，今書多作屯，從屯。此以故書屯或作臀，而引今書作屯以證故書之作屯也。春官大祝置銘注云，銘今書或作名，鄭司農云，銘（段玉裁改作名是也）書死者名於旌，今謂之柩，士喪禮曰，爲銘（士喪禮注曰今文銘皆爲名）各以其物，亡則以緇長半幅，赬末長終幅，廣三寸，書名於末曰某氏之柩，以鄭司農之說用今書異本而及之也。二爲杜子春二鄭之說，皆以故書爲本，其訓釋與改字，一依故書，即有用今書者，如鄭司農解置銘之類，書中不多見，後鄭周禮注亦用故書，凡從鄭杜諸儒易字者，但舉故書作某以存其舊，於今書之同異，亦置而不論。故書今書之名，本相對而立，故書之名，初見於泉府注引鄭司農說，雖不言今書而爲今書作訓詁者，亦且數事，是鄭司農時已有今故書之分；今書之起，諒其非晚，鄭注夏官小司馬之職云：此下字脫滅，扎爛文闕，謹與求之不得，遂無識其數者，是又今故所同。今書之起，當在杜子春以後，鄭司農以前；杜子春說與今書絕異，鄭司農或用今書，或與今書反異，秋官蜡氏掌除骴注云：故書骴作脊。鄭司農云：脊讀爲漬，謂死人骨也。後鄭依今書，先鄭依故書，明今書與杜鄭諸儒異也。使不立此二說，則凡不言故書今書者，必臆定其爲今故所同，於杜鄭諸儒之正讀，又必臆定其爲同於今書，後鄭於先儒之從違取舍，又必以爲一依今書而後可也，有是理乎？

鄭注周禮以故書爲主，於先儒之說及今書，皆擇善而從，有改易故書者，注必言故書作某，故今日尚可因鄭注以識故書之舊。凡無舊本可資取證，又無先儒爲之正其文字者，雖知其誤，但云讀爲某，當爲某；而不敢改字，蓋其愼矣。玆略言鄭注周禮於故書從違之體例。

天官小宰小宰之職，掌建邦之宮刑，以治王宮之政令，凡宮之糾禁，注云：杜子春云宮皆當爲官，玄謂宮刑在王宮中者。杜子春易宮爲官，而後鄭不從，一依故書之舊，明凡不言故書作某，而又無從故書明文（如例二）皆從故書也，其例一。

春官巾車大祭祀，鳴鈴以應雞人，注云：故書鈴或作軨，杜子春云當爲鈴。此不改字也，而舉故書，用杜子春說以正異本之誤也，其例二。

夏官司爟注云：故書爟爲燋，杜子春云，燋當爲爟，書亦或作爟。此杜子春從故書異本，而後鄭從之，何以知書亦或作爟之書爲故書也？蓋注舉故書有二類，一爲故書某或作某（如例二），一爲先舉先儒之說，而後言故書異本，以明先儒之說同於故書異本。如是例。春官小史，史以書敍昭穆之俎簋，注云：故書簋或爲几。鄭司農云，几讀爲軌，書亦或爲簋，古文也。故書簋或爲几，後鄭之注也，几讀爲軌，書亦或爲簋，先鄭之言也。先鄭爲故書異本作訓，而舉故書以證之，先鄭所謂書亦或爲簋之書，即後鄭所言之故書，故知凡言書亦或爲某者，皆故書也。鄭舍故書從今書，皆不言今書，而注中或有一二言今書者，如前所舉證，皆是特筆，故知此爲舍故書而從故書異本，其例三。

地官廛人，凡珍異之有滯者，注云：故書滯或作廛。鄭司農云：謂滯貨不售者，官爲居之。元謂滯讀如沈滯之滯。此先鄭爲故書或本作訓，而後鄭從故書也。徐養原謂先鄭從故書，後鄭從今書，非也。注謂故書滯或作廛，明廛爲故書異本而非今書，若爲今書，當云故書滯作廛，不當云或也。此先鄭用異本而後鄭從故書也，其例四。

天官夏采，以乘車建綏，復於四郊，注云：故書綏爲禭，杜子春云，當爲綏，禭非是也。此據先儒說以改字也，其例五。

天官小宰，六曰斂弛之聯事，注云：杜子春弛讀爲施。玄謂施，政弛力役。此不從先儒說以改字也，其例六。

地官閭胥，觵撻罰之事，注云：故書或言觵撻之罰事。杜子春云當言觵撻之事。此從先儒說以正故書異本倒字之誤也，其例七。

天官酒正，酒正奉之，注云：故書酒正無酒字，鄭司農云，正奉之，酒正奉之也。徐養原曰：按故書無酒字，今書有酒字，其特載先鄭之說者，欲見故書今書初無異義也。余謂今書有酒字，不知何據，先鄭謂正奉之，酒正奉之，乃爲故書作訓，此據先儒說以增字也，其例八。

春官內宗，掌宗廟之祭祀薦加豆籩，注云：故書爲籩豆，杜子春云，當爲豆籩。此據先儒說以倒字也，其例九。

夏官司兵大喪廞五兵，注云：故書廞爲淫。此鄭以今書易故事也，其例十。

地官師氏，王舉則從，注云：舉猶行也，故書舉爲與，杜子春云當爲與，謂王與會同喪紀之事。此杜爲故書作訓，而鄭不從先儒用故書而用今書也，其例十一。（此條宜云故書舉或爲與，杜云當爲與，不然則杜時已有今書也，存疑於此。）

春官眡祲，七曰彌，九曰隮，注云：故書彌作迷，隮作資，鄭司農云，彌者白虹彌天也，隮者升氣也。鄭司農不曰當作彌當作隮，而直爲彌隮作訓，明鄭司農依今書以易故書。此從先儒說以今書易故書也，其例十二。

鄭注周禮，易字必舉故書，明以故書爲主。於先儒之說或從或違，不厭其煩，宣師說也。易故書從今書，則舉故書，今書之異於故書而從故書，則不舉今書，略之也。知此則於鄭注易字不易字之條例庶可憭然歟？

——摘自《圖書集刊》一九四三年十二月第五期

從周官觀其時社會

柳詒徵

周官積千百年之經驗而成書，其所禁戒防制者，必皆古代所有之事，始於官制官規中臚舉而制裁之。故欲知古代朝野上下特殊之思想行爲，皆可於周官見之。大之國與國，國與民，人與人，則有九伐八刑，

周官大司馬以九伐之灋正邦國：馮弱犯寡則眚之，賊賢害民則伐之，暴內陵外則壇之，野荒民散則削之，負固不服則侵之，賊殺其親則正之，放弒其君則殘之，犯令陵政則杜之，外內亂鳥獸行則滅之。

大司徒以鄉八刑糾萬民：一曰不孝之刑，二曰不睦之刑，三曰不婣之刑，四曰不弟之刑，五曰不任之刑，六曰不恤之刑，七曰造言之刑，八曰亂民之刑。鄭注造言，訛言惑衆。亂民，亂名改作，執左道以亂政。

及士師之八成。

士師掌士之八成：一曰邦汋，二曰邦賊，三曰邦諜，四曰犯邦令，五曰撟邦令，六曰爲邦盜，七曰爲邦朋，八曰爲邦誣。

小行人之一書，皆總聚而類次之，已可見百凡不軌之事。

小行人其悖逆暴亂作慝猶犯令者爲一書。

小之則宮禁，

宮正去其淫怠與奇衺之民。鄭注淫，放濫也。怠，解慢也。奇衺，譎觚非常。

閽人喪服凶器不入宮，潛服賊器不入宮，奇服怪民不入宮。鄭注潛服者衷甲者。賊器，盜賊之任器兵物，皆有刻識。奇服，衣非常。怪民，狂易。

朝士禁慢朝錯立族談者。

官府

宰夫凡失財用物辟名者，以官刑詔冢宰而誅之。鄭注辟名，詐爲書，以空作見文書，與實不相應也。

又治不以時舉者，以告而誅之。鄭注治不時舉，謂違時令，失期會。

大司徒正歲，令於教官曰：各共爾職，修乃事，以聽王命。其有不正，則國有常刑。

小司徒正歲，則帥其屬而觀教灋之象，徇以木鐸，曰：不用灋者，國有常刑。

州閭

州長正月之吉，各屬其州之民而讀灋，糾其過惡而戒之。

閭胥凡事，掌其比觵撻罰之事。

比長五家相受，相和親，有辠奇衺則相及。徙於國中，則從而授之；若徙於他，則爲之旌節而行之；若無授無節，則唯圜土內之。

載師凡宅不毛者，有里布。凡田不耕者，出屋粟。凡民無職事者，出夫家之征。

閭師凡無職者，出夫布。凡庶民不畜者，祭無牲；不耕者，祭無盛；不樹者，無椁；不蠶者，不帛；不績者，不衰。

市廛

司市以質劑結信而止訟。以賈民禁僞而除詐。以刑罰禁虣而去盜。凡治市之貨賄六畜珍異，害者使亡，靡者使微。凡市僞飾之禁，在民者十有二，在商者十有二，在賈者十有二，在工者十有二。

質人掌稽市之書契。犯禁者舉而罰之。

胥師察其詐僞飾行價慝者而誅罰之。鄭注飾行價慝，謂使人行賣惡物於市，巧飾之令欺誑買者。

賈師凡天患，禁貴儥者，使有恆賈。四時之珍異亦如之。

司虣禁其鬭囂者，與其虣亂者，出入相陵犯者，以屬遊飲食於市者。若不可禁，則搏而戮之。

司稽掌巡市，而察其犯禁者，與其不物者，而搏之。掌執市之盜賊，以徇且刑之。

胥掌其坐作出入之禁令，襲其不正者。凡有罪者，撻戮而罰之。

門關

司門幾出入不物者，正其貨賄。凡財物犯禁者舉之。

司關凡貨不出於關者，舉其貨，罰其人。

道路

掌節凡通達於天下者，必有節以傳輔之。無節者，有幾則不達。鄭注：圜土納之。

野廬氏有相翔者則誅之。禁野之橫行徑踰者。幾禁行作不時者不物者。

司寤氏御晨行者。禁宵行者，夜遊者。

修閭氏禁徑踰者，與以兵革趨行者，與馳騁於國中者。

銜枚氏禁譟呼歎嗚於國中者，行歌哭於國中之道者。

山川

山虞凡竊木者有刑罰。

川衡犯禁者，執而誅罰之。

萍氏禁川游者。

冢墓

墓大夫凡爭墓地者，聽其獄訟。

田役

縣師凡四時之田，治其政令刑禁，巡其前後之屯，而戮其犯命者，斷其爭禽之訟。

遂人起野役，以遂之大旗致之，其不用命者誅之。

大司馬斬牲以左右徇陳，曰：不用命者斬之。比軍衆，誅後至者。

鄉士凡郊有大事，則戮其犯命者。

禁暴氏凡國聚衆庶，則戮其犯禁者以徇。

朝大夫凡都家之治有不及者，則誅其朝大夫，在軍旅則誅其有司。

婚姻

媒氏仲春之月，奔者不禁。若無故而不用令者，罰之。禁遷葬者與嫁殤者。凡男女之陰訟，聽之於勝國之社，其附於刑者，歸之於士。

喪祭

肆師祭之日，相治小禮，誅其慢怠者。禁外內命男女之衰不中灋者。

世婦大喪，比外內命婦之朝莫哭，不敬者而苛罰之。

大祝禁督逆祀命者。

樂舞

大司樂凡建國，禁其淫聲、過聲、凶聲、慢聲。

小胥掌學士之徵令而比之，觵其不敬者。巡舞列而撻其怠慢者。

要約之屬，

大史若約劑亂，則辟灋，不信者刑之。

司約若有訟者，則珥而辟藏，其不信者服墨刑。若大亂，則六官辟藏，其不信者殺。

奇衺怠慢詐偽橫逆犯禁不用命者，不一而足。以地位別之，則自王者至邦國萬民，皆不免有過惡罪慝。

保氏掌諫王惡。

司救掌萬民之衺惡過失而誅讓之，以禮防禁而救之。凡民之有衺惡者，三讓而罰，三罰而加明刑，恥諸嘉石，役諸司空。其有過失者，三讓而罰，三罰而歸於圜土。

調人掌司萬民之難而諧和之。凡過而殺傷人者，以民成之。鳥獸亦如之。凡殺人有反殺者，使邦國交讎之。凡有鬬怒者成之，不可成者則書之，先動者誅之。

匡人匡邦國而觀其慝，使無敢反側，以聽王命。

司盟盟萬民之犯命者。詛其不信者亦如之。

禁暴氏掌禁庶民之亂暴力正者，撟誣犯禁者，作言語而不信者，以告而誅之。

以性質別之，則害人傷人殺人有能改與否屬法與否之判。

大司寇凡害人者，寘之圜土而施職事焉，以明刑恥之。其能改者，反於中國，不齒三年。其不能改而出圜土者，殺。　鄭注出謂逃亡。

又凡萬民之有罪過，而未麗於灋，而害於州里者，桎梏而坐諸嘉石，役諸司空。

司圜凡害人者，弗使冠飾而加明刑焉。其不能改而出圜土者，殺。

禁殺戮凡傷人見血而不以告者，攘獄者，遏訟者，以告而誅之。

而凡諫救調和誅讓防禁觀聽盟詛恥辱諸法，層出迭施；惟治盜賊敵諜弑逆最嚴。

環人察軍慝。搏諜賊。訟敵國。

朝士凡盜賊軍鄉邑及家人，殺之無罪。

掌戮掌斬殺賊諜而搏之。凡殺其親者焚之。殺王之親者辜之。凡殺人者，踣諸市肆之三日。刑盜於市。

而其正本清原之法，又歸之於禮樂教育。

大司徒以五禮防萬民之僞而教之中。以六樂防萬民之情而教之和。

故謂古代社會者何純樸易治者，一孔之見也。純任禮讓德教，端拱無爲，可期刑措者，亦迂儒之言也。惟洞悉人情，深察物變，傾惡全好，雖極防禁之密，而仍出於忠厚惻怛之誠，庶可以化民成俗耳。

——摘自《國立中央大學文史哲季刊》一九四五年第二卷第二期

書孫氏周禮正義後

曹元弼

孫氏周禮正義，博采故書雅記，疏通證明，雖於高密碩意，間有差池，而囊括網羅，言富理博，自賈氏以來，未有能及之者也。其序篇論周禮政教，案時勢以立言，意文中子所謂如有用我，持此以往乎。雖然，孟子有言，王欲行之，則盍反其本。周官立政，有所以為政之本。其立教，有所以為教之本。得其本，則古今中外雖時有隆汙，道有純駁，而此心此理皆同，舉而措之，裕如也。失其本，則安漢荆舒，覆車可鑒，苟非其人，道不虛行，先聖其如後狂何。夫周官之立政也，務與民同好惡，故大司徒三年大比，使民興賢，出使長之，使民興能，入使治之。而小司寇外朝詢萬民，凡國危國遷立君，皆與衆議之。洪範所謂女則有大疑謀及庶人也。然以萬民之衆，庶人之賤，而皆可使與國家大政者，豈築室而道謀哉，其本在王建有極，以厚民生，正民德。故六篇序官之首，皆曰惟王建國，設官分職，以為民極。太宰以九職任萬民，司徒頒職事十有二于萬民，司市以下之經商，遂人以下之勸農，休養生息，旣庶且富。而太宰以八統詔王馭萬民，親親敬故進賢使能之等，皆躬行以率先之。九兩之法，牧長師儒，各率其職，勞來匡直，惠訓不倦。故民人安居樂業，習於善行。賢其賢，能其能，是非有正，好惡無偏，而君民一體相繫之故，與天下治亂安危大勢，人人皆知。國有大疑，仁足以忠主，智足以圖事，勇足以為股肱爪牙，故衆議可得而取決也。苟為無本，蚩蚩之氓，渙散愚陋，諭教無素，強而使之興賢與能，勢必賢非所賢，能非所能，世惡土豪，以賄賂勢力脅衆欺愚，經營選舉，過而使之出長入治，勢必憑權作威，朘民脂膏，剝膚椎髓，為國斂怨，以釀覆舟沸鼎之禍，為寇賊蠻夷之先驅。卽有一二賢良，偶被推擇，而孤正衆邪，勢不相敵，至於國步艱難，聚膠膠擾擾素不解事之徒而詢之旣無益，而莠言亂政，利口覆邦，熒惑上聽，萬一不愼，聚九牧之金，鑄成大錯，倒持太阿，授人以柄，尤可寒心。此立政不務其本之失也。周官之立教也，廣育賢才，以備國用，故國有大學小學，鄉遂則有鄉學六，州學三十，黨學百有五十，遂之屬別如鄉，其餘立學之數更不可勝計。然其所以為學之本，則自太宰輔王格心匡德，而師氏詔王媺，教國子以德，保氏諫王惡，養國子以道，自王躬尊師典學，而貴戚子弟，莫不漸摩於仁義。其為教，德行為先，藝能為後，故師氏旣教國子以三德三行，保氏復以道審諭之，乃教之六藝。大司徒教萬民以六德六行先於六藝。由是閭胥書其敬敏任恤者，族師書其孝弟睦婣有學者，黨正書其德行道藝，州長攷其德行道藝而勸之，鄉大夫三年大比而興賢能，其不肖者又以鄉八刑糾之，不孝不弟，以及造言亂民，皆有專條。故經正民興，邪慝不作，立學愈多，倫理愈明，人才愈盛。故其爲士，則孝弟忠順，其爲吏，則政平訟理，其爲將，則師武臣力，好謀而成，則學之道得焉耳。苟爲無本，不惟其道惟其藝，雖羿逄蒙之弓，良之策，班之斧，於天下理亂何與。况三綱五常，大義不明，有邪說以牽之，鼛鼓雷動，蜩螗沸羹，無論其藝之不精，即精矣，莫邪干將，適爲反戈之用。立學愈多，倫理愈晦，人才盡爲不義，是徧地皆敵國，而導民以相殺，養虎貽患，豈不殆哉。譬之樹藝，種菽粟則生人，種烏附則殺人，雨露之滋，擁培之力，一也。菽粟如水火，其利大矣，烏附徧阡陌，其害甚矣。且先王之世，樂事勸功，尊君親王，然後興學。故民力充而事易集，費不煩而國不病，焉用竭蹶以圖形似，甚且剝民脂膏，轉以梏亡民之良心而重患乎哉。此立教不務其本之失也。夫達民情，善政也。廣立學，善教也。而一失其本，則適以壅民情，病民生，敗人才，誤國事，是豈周禮之咎哉。匪直此也，周禮之財政，至善也，得其本則生衆食寡，爲疾用舒，百姓足，君孰與不足。否則侵欲崇侈，聚斂積實，長國家而務財用，菑害並至矣。周禮之市政，至善也。得其本則利者使阜，害者使無，而商日以通，否則剝削侵漁，情睽信爽，而商日以窮。甚或息肩他人，而國愈困矣。周禮之軍政，至善也，得其本則衆志成城，舉國皆兵，否則救亂不暇，舉國皆敵，養千百萬虎狼而無以飲食之，譬之縱火，將不戢而自焚矣。今之言治者，動云西法，或云西法合於古法，不知苟得其本，則師古法可，采西法亦可，不得其本，則無論用古法，用西法，同歸於亂。往者先師張文襄公作勸學篇，籌富強之策，而端本於教忠明綱宗經，余望通經者之致用，勿以無本之說，貽誤家國也。取孫氏序義，引而伸之，以告世之治周禮者。

——摘自《浙江學報》一九四七年九月第一卷第一期

周禮正義答問

胡玉縉遺著

問周禮鍾師肆夏注載呂叔玉說，賈疏以爲杜子春引，孫詒讓正義以爲鄭引，其說孰是。旣以爲鄭引，又謂其人要當在杜鄭前，何以見其不在杜後。曰，此是杜引以證其肆夏樊遏渠所謂三夏之說，細讀之自見。與射人以矢行告先鄭注，引杜子春說而糾正之，其例相同。蓋申駁爲說經之常法也。孫氏於小宰疏泥先鄭射人注，以爲注中述杜，皆先鄭口受，著之解詁，後鄭又轉錄之，而於此疏則以爲後鄭直引呂說，亦可謂不善讀注者矣。儀禮大射儀奏肆夏鄭注，引呂叔玉云云，此當是據杜子春此注所引轉錄之耳。賈公彥序周禮廢興引馬融傳云，杜子春永平初年且九十，而今杜述呂說，是呂爲西漢人無疑，漢藝文志河閒獻王與諸儒采周官諸子作樂記，豈呂叔玉爲其時諸儒之一歟。未可定也。

問考工記輪人察其菑蚤，鄭注，博立梟棊亦爲菑，賈疏，博戲時，立一子於中央，謂之梟棊。孫詒讓正義云，韓非子外儲說左云，博貴梟，勝者必殺梟，西京雜記云，郭舍人善投壺，激矢令還，謂之爲驍，言如博者竪梟於輩中，爲驍傑也。列子釋文引古博經云，棊行到處卽竪之，名爲驍棊，驍棊卽梟棊也。鄭言梟棊，孫乃通之於驍棊，又旁推之於投壺，然則梟棊二字，韓非外殆無他證。曰孫特明菑立之意耳，必欲廣其義，戰國楚策唐且見春申君章云，夫梟棊之所以能爲者，以散棊佐之也，夫一梟之不勝五散亦明矣，今君何不爲天下梟，而令臣等爲散乎。鹽鐵論結和篇云，閭里常民，尙有梟散，梟散者貴賤也，皆足證。漢書高帝紀，來致梟騎助漢，應劭曰，梟，健也，張晏曰，梟，勇也，若六博之梟也。張良傳，九江王布楚梟將，師古曰，梟，謂最勇健也。後漢書劉焉傳，劉備有梟名，李賢注，梟，卽驍也。張衡傳，咸以得人爲梟，注，梟，猶勝也，猶六博得梟則勝。淮南子原道訓，爲天下梟，高誘注，梟，雄也。凡此諸義，皆與菑立相近，梟卽驍，尤足證明孫說。

——摘自《浙江學報》一九四七年九月第一卷第一期

籀廎先生撰集禮書三種跋

胡玉縉遺著

周禮三家佚注跋

清孫詒讓撰。三家者，賈逵馬融干寶也。三家注得失，詳見馬國翰各輯本下。是編仿汪遠孫國語三君注輯存之例，依經文爲次，而以賈曰馬曰干曰爲別，所輯較馬本多三十餘條，閒有案語，大率考訂文字，而不論注之得失。如凡褻器下云，經無槭窬之文，鄭注褻器清器，虎子之屬，疑卽本賈說，故繫於此。今案此必賈氏先總釋褻器爲槭窬之屬，而後將二器分釋之，視鄭爲詳。又如鄉老二鄉下云，此引賈馬義同，而賈氏廢興引馬傳糾賈說六遂十五萬家絚千里地之誤者。蓋馬氏謂六遂在五十里外，而界則止於百里，賈氏則謂千里之內，除距國五十里遠郊爲六鄉外，餘竝六遂所絚之地，此其異也。今案此當以先鄭注百里內爲六鄉外爲六遂爲正，後鄭云六鄉地在遠郊之內，則居四同，卽破賈馬之說，而孫氏不言者，輯佚之體然也。其他哀圍敗下，據賈疏說，疑唐時鄭注亦有作國敗之本，具見心細。糗餌粉餈下，疑事物紀原諸書所引，皆本玉燭寶典。金錞下，疑董逌所引，攈拾宋書周書爲之，此則考干注之存佚時代而悟之，尤非僅事輯錄者比。惟所輯尚有漏略，如大祝隋釁，賈疏引賈氏云，釁釁宗廟，馬本失載，此亦遺之，他處恐或未盡。是在好學者之搜討增補爾。

九旗古義述跋

清孫詒讓撰。是書以周禮司常大閱頒旗物，大司馬治兵辨旗物，互有不同，據金榜禮箋說，以爲巾車大赤卽鳥旗，大白卽熊旗，大麾卽龜旐，合之大常大旂爲五色正旗。又因金氏謂旞旌爲諸旗之通制，竝推之於旜物，以爲周之旗物名九而正惟五，五旗之外，更無他旗。旜物與旞旌，但藉縿斿之通雜，注羽之全析，就五正旗而別異之。爰分七目，以成此編。曰釋九旗五正，曰釋旜物，曰釋旞旌，曰釋周禮大閱治兵旗物，曰釋爾雅常旜旐旆，曰釋鄉射禮獲旌，曰釋士喪禮銘旌。竝附五旗旜物等差表，五旗縿斿度數表。前有光緒辛丑自序，謂諸經之不可理董者，弅然若引弦以知矩。今案經文明言九旗，而以爲止有五旗，此與戴震不知六書皆造字之本，謂指事象形形聲會意爲體，轉注借叚爲用，同一違異之甚者也。其所依據詩干旄傳鄉射記爾雅釋文士喪禮四文，殊弗思九旗無旄名，干旄序言臣子多好善，故毛據昭二十年左傳旃以招大夫，孟子萬章篇庶人以旃，士以旂，大夫以旌，諸文而釋之曰，大夫之旃，詩有馬四馬五馬六，非詠一人之事，故有旃旟旌三旗，不得以旌爲旟之旌，即不得以旃爲旟之旃也。鄉射虎中龍旜行於竟，與皮樹翿旌在國中並舉。孫氏謂翿旌非九旗所用，則龍旜不在九旗之內可知。今必欲牽合，抑何明於彼而暗於此也。至喪禮銘旌，更與旐旆無涉，乃謂經末既有旆文，則緇正必擬旐制，以強符爾雅。果如其說，亦祇見旆之爲旒，無以見物之爲旒，且無物而擬旐制名曰旌，尤可見物與旌之爲旗也。既以司常旜物次常旂後旗旟旐前爲錯文示別，皆有微意精義，又以大司馬旗列旜物前，爲文偶不次，不爲義例，此乃欲護其旜物旞旌四者爲諸旗通制之曲說，而適見四者之非通制。且一則曰可約推，再則曰可約推，又曰以分率推約，似尚可通，尤肊測之不足憑者也。金氏以旂爲青色，本無所據，然猶作疑詞，此則直斷其爲色青。金氏謂周秦間以侯制上說天子，引樂記龍旂九旒天子之旌，本未知上得兼下，如天子冕服十二章，又有九章七章之例，此則竟以荀子諸書言天子龍旂九旒者，爲戰國時沿襲之誤。其他以孟子旃旂旌爲大旂之旃，以漢書曲旃爲鴻脰之類，更不足辨。蓋旗物之所以異者，實緣內臣外臣之別。凡內臣尚文德，故其旗不畫，外臣尚武功，故其旗有畫。要以鄭注有事軍旅者畫異物，無者帛而已，兩語爲正。黃以周軍旅通故已詳哉言之，孫氏固見黃氏書者，而力詆鄭注，凡許慎劉熙孫炎諸說之同鄭者，一概屏斥，甚矣其爲金氏異說所惑也。中惟糾釋名雜色綴邊如燕尾之說，左傳疏游數多者旁綴於縿其軍前旆如燕尾之說，說文段注旛胡即旗正幅之說，明塙可取。孫氏負經學盛名，爰詳論之如此。

周禮政要跋

清孫詒讓撰。光緒庚子辛丑間，西安行在詔言新政，某侍郎以詒讓嘗治周禮，屬刺取其與西政合者甄緝之，以爲是書，將以進呈而未果。故其行文頗於經筵講義爲近。其體例則列經文及鄭注於前，意取立竿見影。其後發攜西政之作用，絕不一一牽合，無膠柱鼓瑟之弊。自朝儀至收教凡四十篇，前有壬寅籀廎居士自序，又有瞿廷韶序。後萍鄉文氏代南昌沈氏撰新學書目提要，稱其奄寺篇不惜牽合經文，命意良爲沈痛，朝儀篇以常覲之禮，君坐臣跪爲非，思所以變之，與龔自珍朝儀十等篇所見合，漁征篇備言其利，可謂知新，其推挹亦備至。惟謂奄寺篇牽合經文，則殊未然。周禮自有奄人，乃以犯宮刑者爲之，非自宮之人。詒讓分別甚明，何牽合之有。其他廣學篇謂學成予以官職，通譯篇謂譯印成書，分送各學堂，以備諸生誦習，重祿篇謂減兩冗員之費，以增一正官之俸，則祿增而度支不乏，選舉篇欲廢科舉而任徵辟，獄訟篇欲行陪訊官之制，文氏頗多補正，可資參證。博議篇論日本元老院之制，以爲與張謇變法平議，同一誤會，尤切中其失。然其作書本旨，以戊戌變法中阻，今欲使迂固者曉然於中西新故之無異軌，小小疏舛，無害大體。其自序曰，誠更張今法，集吾羣力而行之不疑，則此四十篇者，以致富強而有餘。豈知國體變更，所議除天然改革外，其弊滋甚。卽有建設，而亦弊多利少。則苟非其人，道不虛行之故也。是書刊行後，高視詒讓者，謂不應作此書，此猶嚴元照悔庵學文書四書典林後，惜其書之出自江氏耳。不知著書各視其所宜，學問淹博之人，奚妨爲淺近之書。江氏爲初學而設，其中案語，令人有實事求是之思，此書爲初變法而設，其所持論，令人有異世同符之感。彼高視二人者，殆未知二人者也。惟書名周禮政要，而於周禮本義，不甚相關，當廁之夏休周禮井田譜之列云。

吳縣胡綏之先生爲近代經學大師，當清宣統初年，任禮學館纂修及京師大學堂經學教習。象山陳漢章，武陵余嘉錫，鹽城陳鍾凡，均爲及門弟子。平生著述等身，皆未刊布，歿後遺命交大隆校理，編成鄦高遺集二十卷，多攷證經史之作，博通翔雅，與錢大昕潛研堂集相近。惜頻年物力艱難，無法付印。茲先錄此三篇入本刊發表，世有好古博雅之士，能謀刊傳全書，以闡幽光而惠後學，實所企望。民國三十六年九月，欣夫王大隆識。

——摘自《浙江學報》一九四七年九月第一卷第一期

孫仲頌先生之周禮學

任銘善

清人為經新疏，一方面在於矯正唐宋疏的弊陋，廣泛地利用校勘音韻訓詁的方法來考覈經文，於漢晉舊義一一尋他們的原委，考他們的異同，用自己的見解去取舍，評斷。一方面也平舊後師衆說，卓然有所發明，往往凌唐轢漢，石破天驚。總之他們不僅僅要為專注做發揮證明的工作，而且要藉經注之文來表現自己的見解與方向。以這個標準去看清人新疏，便覺得僅僅抱守掇引而已的，便不是最好的著作，如胡竹村的儀禮正義是。見解有獨到處，而方法不嚴密的，也不能不貶低其價值，如孫淵如的周易集解是。所以論清人新疏，許其擇之精，無過於陳氏詩毛氏傳疏，許其規模遠闊，則當推周禮正義。

周禮的新疏最不易為，漢魏人的爭端異同之多無過於周禮制度，周禮制度與別的經傳又終古不能合一。六朝以後以義疏之體來發明周禮經注的最多，至今卻一無可考，賈公彥之才之力實在不能為周禮作疏，賈氏的儀禮周禮二疏都非五經正義之比，而賈疏一出，舊說卻一切掃除，後來的人反而無可選擇了。杜子春二鄭的說法，大都是劉歆之傳，不必全是經文本意，而不免為王氏新朝作證據，這些後來已不甚可考，到了王介甫卻又別有新義。兩次的改政都是藉口周禮，容易淆亂名實。說周禮不能不講致用，講致用便不能不辨名實。自宋至明也有許多人說周官，考制度，考名義，考經文體製，非常可怪的說法也比別的經書為多，清初的學者頗有卓見超過宋明諸人，而有的將周官一切非議，但他們並不是走的林碩何休的老路，有的為周官牽引證據，和王肅的創意也兩樣，有的列舉異義，抑又與許君的漫無宗主不同。有此許多困難，遂使周禮一書材料最多。而清代人雖極好著書的也不能輕易去嘗試製定一部新疏。孫先生最晚出，毅然采取二千年來的制度議論，三百年來的方法途徑，而完成了最後一部新疏，眞是經學史上一件絕大的事，其小大難易，又不是陳氏毛詩之比了。

因為周禮一書在歷史制度上與經儒議論上的重要，作周禮的新疏便不能徒事抱守掇引而已。孫先生身在江海，而心懷治平，平生孤抱，當然便在周禮正義中發揮無遺了。先生晚年又作周禮政要，以掌故議論來贊助變政維新，宗旨只在簡便易行，為阻止新政西法的人矯正風氣，並不足以表現先生的周禮學。

周禮和王制的異同自來最是爭端。自今以觀，周禮的主旨只在建立一個一統的制度，周禮的王是一統的王，周禮的國乃是天下，即今日所謂中國之國，而非封建的國，亦非春秋戰國人所說「中國」之國。國的權力在於王，在於朝廷，在於官，官的力量是法。王制卻是建立一新的理想的封建制度，天下邦國的權力在賢者，在民。賢者的力量是教。所以王制的制度是近於孟子的純儒家制度，而周禮的制度是多少利用了法家思想的，終於完成二千年來統一的局面的，是周禮之功，二千來專制之弊，也早已見之於周禮。孫先生作周禮正義，往往在這上面措意。像漢以來徭役奔走的濫權，其初未嘗不藉口於周禮的胥徒，貴遊子弟的教育，，其初未嘗不藉口於周禮的師保，地租口稅苛征私斂的財政，其初未嘗不藉口於周禮的賦征，濫觴之始，至於江河，先生援今證古，辨入毫芒，以為地丁應有輕重，居化不能並征，這些地方與其說是發明周禮之制，寧可說爲周禮之制又進一解，周禮正義的體段雖大，在這些地方卻尤其應該抉取引伸，不能忽略。庶幾得作者之用心。

鄭康成的周禮注，實在是六朝集解之體之所自出。鄭君列舉杜氏二鄭氏的舊說，有校文，有異說，而又加以自己的折衷制斷。鄭君的注，爲後來的漢學方法開了無限的大用，還有一個特點，在儀禮禮記注裏也往往見到的，便是以漢制證古制。已往的經學家多注意經文，少留心注義，不然便是守定疏不破注的見解，不肯作去取平亭，賈氏的周禮疏雖沒有多少發明，而不全守疏不破注之旨，已算進步，但對於諸說的得失卻不能洞明根原，對於鄭注引漢制的地方尤少發揮，雖爲經注作疏，而不能蠡鄭君的體例作意，不能見周禮注的特色。孫先生正義，在發明鄭君訓詁的地方固然不能全無瑕可棄，但對於鄭君考較杜氏二鄭的說法之處，必定探源究委，而自己加以重行折衷。生於鄭君之後，不但對於鄭君引漢制的地方加以考證，明其淵源得失，又於後來的因革無不列舉討論，自來說周官的，未有如先生眞能得鄭君之用心的了。前乎先生的有江愼修，也往往援今證古，但規模的洪細卻相去甚遠。

周禮正義中尤其再三致意的是官聯制度。官聯制度，便是聯事通職互相佐助的制度。官聯制度本來是周禮的大政，但經文中只是提到此一制度，而沒有一一詳明，後來說周官的便忽略了它。孫先生從經文職守上去考究，詳細指明出來，一方面爲我們指出了後人非議周禮冗官複職的疑端，一方面也見出孫先生以爲周禮確可施行之主張，使後來官守互掣及政事迂迴的弊病，不能從周禮裏得到藉口，經文上的許多疑義歧義，也因官聯之義而旁通互證，得以明達，讀周禮正義，便不能忽略官聯制度。

比較孫先生和賈公彥及先生以前的周禮學者，見到鄭君說經，是以經文證經，以制度證經，有旁通折衷，也有考據實驗，賈氏以下諸人不免在以經文證經上看重了些，所以只在故籍中爲證明爲會通，先生的書卻尤其注重以制度證經，橫則取資經傳，縱則列證百代，大旨只在乎指明周禮不是空言。先生的主張得失如何尚待討論，而讀周禮正義的時候，便不能不體會先生的著作用心所在。賈氏疏出，而舊說爲之播除，先生從南北朝正史裏一一鉤稽衆說，看出賈說的淵源得失，關係雖不大，而精明之處已足使讀書的人折服嚮往了。

孫先生的著作很多，最重要的是周禮正義和墨子閒詁。孫先生以墨子爲行己的標準，與周禮之言治典相副輔而行，其餘的著作便是這兩部大書的附庸。又以餘力來研求金文甲契，開了五十年來由款契證文字，由文字考古史的大路，影響雖大，而非兩書及身成功之比，而且後出轉精，與兩書的不見來者不同。在孫先生別的著作裏，如大戴禮記斠補中，以千步而非證周禮遺人，以四郊之學證大司樂注，以玉佩瑟衡證玉府，以諸侯玄服公冠玄冕證司服，以芻豢犧牲證牧人。又如周書斠補中，以武順解的兵制證周禮司馬，以王會解證司服和職方，以器服解與冢人綴人互證，雖是小節，也見得先生取精用宏，而會歸於周禮。

今日而不講求古代的政治思想與制度則已，如要講求，則必讀周禮，如不欲讀周禮則已，否則也必舍孫先生的周禮正義而無他求。周禮政要的體裁也許不過與非有可的周官指歸伯仲之間，而周禮正義之重要卻是前無古人，生於先生之後，便不能以賈疏爲足了。這一篇文字不足以盡先生周禮學之萬一，而且爲讀者的方便，避免一切援引，所望讀者因此而見到先生之學之博大精微，而有潛心古籍的志趣，不辜負先生著述勤劬之功。在先生歿後四十年中，世變之亟，有非先生所能想見的，但在先生的書中，往往早已過慮及之，尤其是後學所應該警惕的了。

——摘自《圖書展望》一九四七年十月復刊第五期

周官中的人口查計制度

附論：何以司民與刑事同屬秋官

潘光旦

(一)緒　語

本文題目中查計的名詞是比較生疎的，但我決意採用它，爲的是避免種種以辭害意的弊病。和查計二字意義相似的名詞，以前很多，差不多每一個朝代有一兩個，現代更自不乏，原可隨意援用。但如果用舊的,則因以前並無大體公認的統一的名詞,用來勢難賅括。若用新的,又不免犯"以今例古"的嫌疑。即如今日流行的統計與普查一類的名詞,統與普都有通體與全盤的意思,而舊日的人口查計事實上例外太多,去統與普的程度極遠,我們於用慣看慣今日的名詞以後,難免於不知不覺之間,執以相繩,從而責備前人,認為他們所查的不够普,所計的不够統。其實,這是我們的不是,而决不是前人的不是;如果我們開頭就避免此類名詞,我們就可以省此一番求全責備的徒勞了。這種因名詞關係而引起的以今例古的毛病,在時下考古的議論裏,尤其是在社會學科的領域裏,是數見不鮮的,初不限於人口查計的一方面。

再如登記一名詞,今日也很通行,例如死亡登記、婚姻登記之類,而在以前人口查計的活動裏大概是不會有的;但我曾見某作家引馬端臨文獻通考裏的話說,"國家戶口登記有絕不足信者,有司之造冊與戶科戶部之稽查,皆僅兒戲耳;"其實這不是馬氏書中的話,而是王圻續文獻通考裏的話(1)。不過這並不重要,重要的是王氏原來的話裏只說到"戶口登耗,"並沒有說"戶口登記,"登耗倒是舊有的名詞,登是增加,耗是減少,從周代起便已習用,更重要的是,某作家起初引用此語時,寫過"登耗,"後來又改成"登記。"這種錯誤顯然是不自覺的,而正唯其不自覺,才愈見得重要;我們在用慣了登記的名詞之後,便很容易把"耗"字錯認為"手民之誤,"而一相情願的加以更正,又何況二字之間又確乎有幾分相像呢。

註(1)　清人重輯續文獻通考,保留了王圻這一段議論,見續文獻通考卷十三末尾。

我相信改用查計二字就可以避免這一類儗與度的弊病。前代的人口,無論如何查法計法,總有人查過計過,並且總有過一些制度化的努力,是不成問題的。

討論到周官中的人口查計制度,又有兩個先決問題是需要略作說明的。一是周官或周禮一書的可靠性。二是周官中的查計制度究屬實行過沒有。

要答覆這兩個問題,我們只有憑前人的鑒別力與判斷的一法。我們的責任也只好以此爲止,因爲我們的目的原不在作經籍的考證。周禮一書大概不是假的。清代紀昀引宋張載橫渠語錄說:周禮是的當之書,然其間必有末世增入者。紀氏自己也說,"夫周禮作於周初,而周事之可考者,不過春秋以後;其東遷以前三百餘年,官制之沿革,政典之損益,除舊布新,不知凡幾;其初去成康未遠,不過因其舊章,稍爲改易,而改易之人,不皆周公也。於是以後世之法竄入之,其書遂雜。其後去之愈遠,時移勢變,不可行者漸多,其書遂廢。此亦如後世律令條格,率數十年而一脩,脩則必有所附益,特世近者可考,年遠者無徵,其增删之迹,遂靡所稽,統以爲周公之舊耳。迨乎法制既更,簡編猶在,好古者留爲文獻,故其書閱久而仍存。……使其作僞何不全僞六官,而必闕其一,至以千金購之不得哉?"紀氏又說,"且作僞者必剽取舊文,借眞者以實其贋,古文尚書是也。劉歆宗左傳,而左傳所云禮經,皆不見於周禮。儀禮十七篇,皆在七略所載古經七十篇中;禮記四十九篇,亦在劉向所錄二百十四篇中;而儀禮聘禮[云云]與'掌客'之文不同,又大射禮[云云]與'司射'之文不同,禮記雜記[云云]與'典瑞'之文不同,禮器[云云]與'司几筵'之文不同。……歆果贋託周公爲此書,又何難牽就其文,使與

經傳相合,以相證驗,而必留此異同,以啓後人之攻擊? 然則周禮一書,不盡原文,而非出依託,可概睹矣。"(2)

但周官的制度,包括人口查計的一部分在內,當時曾經實行到如何程度,似乎更是一個問題。紀昀在四庫總目裏亦嘗轉引孫處的話,說"周公居攝六年之後,書成歸豐,而實未嘗行。"(3) 朱熹在他的語錄裏也說,"此書某所疑者,但恐周公立下此法,卻不曾行得盡。"(4) 此二說,說周禮完全未嘗實行,或行而有所未盡,怕都是過甚之辭。就周代說,我們似乎應當說它多少實行過一些。即就人口與物資的查計一層而論,仲山甫諫止周宣王料民的一節話裏就有一些左證。"夫古者不料民而知其多少:司民協孤終,司商協民姓,司徒協旅,司寇協姦,牧協職,工協革,場協入,廩協出;是則少多、死生、出入、往來者皆可知也……是皆習民數者也,又何料焉?"(5) 司民、司寇屬秋官,司徒牧人、場人、廩人屬地官,工無疑的屬冬官,所不見於今本周官的惟司商。司民和人口查計最有關係,說見下文。至於周代以後,周官制度多少也曾見諸實行,則歷史也曾供給一些例子和一種說法,即,不是有意的模倣,有意的復古,便是比較無意的參致採用。新莽制王田市易,說明是倣行周禮。(6) 宇文周建國之初,沿用北魏官制,"及平江陵之後,別立憲章,酌周禮之文,建六官之職;"(7) 又設載師,辨夫家田里之數。(8) 唐武后改易唐

註(2) 四庫全書總目,卷十九。
註(3) 紀氏謂鄭樵通志引此云云,但通志藝文職官二略均不載。
註(4) 見馬端臨文獻通考卷一百八十。
註(5) 國語周語。
註(6) 文獻通考,卷一百八十。
註(7) 鄭樵通志,卷五十一。
註(8) 册府元龜,卷四百八十六。

官,也曾參用古典,改六尙書爲天地四時之官(9)。宋王安石行青苗均輸之法,也原本周禮;安石"變常平而爲靑苗,諉曰,此周官泉府之法也。"(10) 這些都是立意模倣或復古的例子。大抵一面要標新立異,而一面又要取信於人,往往用此方法,王莽與王安石之例最是顯然。宇文氏與武氏一面也有此種心理,一面又採用了"周"字做國號,更不得不有一些復古到周官的表示了。不過平心而論,人總是人,社會總是社會,又在同一個文化傳統之內,政治組織與制度的理想與實際,某些部分雖必須適應一時代的需要,斟酌變通,甚或鼎新革故,但有些基本的所在,除了名稱而外,卻也不會變換得成爲截然兩事,前後認不出來。所以遍閱歷代官制,我們發見沿襲與酌爲增損的部分分量之多,自然而然的要遠在新異的部分之上。我們把酌爲增損的部分看做新的,當然也未爲不可,其實所謂沿襲的部分也決不會完全雷同,其間也必有幾分增減,必有一些新鮮的成分(11)。周官中的制度,自西漢晚年被發見與推崇以後,勢不免成爲一個沿襲,增損,以至於一般參攷的對象,而一經有人參攷採用,也就算有人實行了。馬端臨說,"經制至周而詳,文物至周而備,有一事必有一官,……自漢以來,其規模之瑣碎,經制之繁密,亦復如此,特官名不襲六典之舊耳,固未見其爲行周禮,而亦未見其異於周禮也"(12);此說最爲近實。上文所云歷史所曾供給的一種說法,就指這個。

註(9) 册府元龜,卷四百八十六。

註(10) 文獻通攷,卷一百八十。

註(11) 關於新舊的看法,參F. C. S. Schiller, Must Philosophers Disagree? 頁二一四一二三四。

註(12) 文獻通攷卷一百八十。

（二）查計的制度與員司

根據上文的討論,我們不妨承認周官是理想與實際,或計畫與實施參半的一個制度,全部如此,關於人口查計的部分也是如此。計畫的成分可能比曾經實施的部分要大得多,也正唯其如此,正唯其所見比實際的需要爲遠到,後代雖時異世遷,也還覺得值得參攷到它,尤其是在講求計畫的今日。我對周代以後歷朝人口查計制度的沿革,前途擬另寫一稿,加以討論,到那時候,我們可以看到,二千年中,實際查計的努力還有不少地方沒有能參攷到這早先的計畫,離此計畫的精神與完整還遠,因而會更感覺到我們這一番參攷的嘗試,用意所在,並不是"發思古之幽情"而已。

周官中的人口查計制度是相當完整的。我準備分做如下的若干部分,加以敘述。文字的徵引是無可避免的,但總以簡當爲主。一、人口的查計與紀錄;二、人口紀錄的庋藏與其副本;三、婚姻紀錄與遷徙紀錄;四、人口紀錄與政治組織;五、人口紀錄與人力、地力、物力、財力的支配。關於這制度的意義的討論,我們留在最後。

一、人口的查計與紀錄屬於當時的秋官司寇。在這一部分的記載裏,我們依原文次序讀到如下的幾個官員和他們的職掌:

小司寇(品秩中大夫)……及大比,登民數,自生齒以上。登于天府;內史、司會、冢宰貳之,以制國用。……孟冬,祀司民,獻民數于王,王拜受之,以圖國用而進退之。

鄉士(上士)掌國中,各掌其鄉之民數而糾戒之。

遂士(中士)掌四郊,各掌其遂之民數,而糾其戒令,聽其獄訟。

縣士(中士)掌野,各掌其縣之民數,糾其戒令,而聽其獄訟。

司民(中士)掌登萬民之數,自生齒以上,皆書于版;辨其國中,與其都鄙,及其郊野,異其男女;歲登下其死生。及三年大比,以萬民之數詔司寇,司寇及孟冬祀司民之日,獻其數于王,王拜受之,登于天府;內史、司會、冢宰貳之,以贊王治。

這裏有需要一些解釋的字及詞。大比的比,指兩兩相並,故一般的意思是"合并敘次"(13)。下文將要說到的小司徒,下面也有三年大比的話,鄭玄的注是"簡閱民數及財物"(14)。可見大比一詞多少相當於我們今日所稱的"普查;"科舉時代三年會試一次,也名爲大比,雖從此沿襲而來,意義略有不同,此重量,而後來則重質,說見下文關於鄉大夫的話。天府也是一個職官的名稱,見下文。貳,今日稱爲副本,下文也還要敘到。鄉、遂、縣是當日行政區域的一種劃分,鄉指國中或行政的中心區域,遂指四郊,縣指郊以外的田野;周是王國,其核心部分分爲六鄉六遂,最初受周禮之學的鄭衆說,百里內爲六鄉,外爲六遂(15);無論如何,它們相當於我們今日的都市、近郊、和鄉村,不過鄉字的用法好像有些顚倒罷了。版,當是竹簡一類的東西,相當於後世的冊子。祀司民云云,司民是官名,同時也是一個星的名字,有它的祀典(16)。

二、人口查計後必有紀錄,紀錄必有庋藏之處;紀錄似乎不

註(13) 朱駿聲,說文通訓定聲,履部第十二。

註(14) 周禮注疏,卷十一。

註(15) 周禮注疏,卷九。

註(16) 同上,卷二十;又卷三十五,末尾。

止一本,庋藏備考也就不止一處;其間也似乎有正本副本之分。天官冢宰下說:

大宰(卿)……歲終則令百官府各正其治,受其會。

司會(中大夫)掌……凡在書契版圖者之貳,而聽其會計,以參互考日成,以月要考月成,以歲會考歲成。

司書(上士)……三歲,則大計羣吏之治,器械之數,以知田野、夫家、六畜之數,以知山林川澤之數,以逆羣吏之徵令。……及事成,則入要貳焉,凡邦治考焉。

又春官宗伯下說:

天府(上士)掌祖廟之守藏。……若祭天之司民司祿,而獻民數穀數,則受而藏之。

內史(中大夫)……執國法及國令之貳,以考政事,以逆會計。

大宰下的會字和司會的會都指數字的會合,今日會計的名稱就是這樣來的。歲計曰會,月計曰要,旬計或日計曰成,都是總結算的意思,月要日成指的都是財物帳,但歲會大概也包括人口帳。大宰受百官之會,人口帳料必在內,事實上上面司民一節引文裏已經說明"冢宰貳之"的話。內史下的"貳"好像不包括人口帳,但"會計"是包括的,"逆會計,"就是接受這一筆帳而加以鉤考的意思,見司書下鄭注(17)。司書下的夫家就是人口,唐賈公彥疏釋作"男夫婦女,"鄭注,在地官小司徒下說得更簡單,就是男女,後來和賦役聯繫之後,才有更複雜的解釋(18)。

註 (17) 周禮注疏,卷七。

註 (18) 例如張載之說,文獻通考卷十,戶口考。

大宰、司會、司書、天府、內史五個官職都和人口紀錄的庋藏有關。大概天府所藏的是正本,目的祇在庋藏,和明代把黃冊庋藏在南京玄武湖的東西庫(19)一樣。其餘四處存的都算是副本,其中司書的一本,只供參閱,不作別用,好比進了國家的圖書館一樣,因此,也可以看作正本,賈公彥疏說:司書掌其正,司會掌其副;大宰的一本則有政治的用途;司會的有財政的用途;內史和國王最接近,和內外議事,可能隨時要引用到他所存的副本。

三、婚姻紀錄與遷徙紀錄是人口查計特別的一些部分。今日西洋人口統計學術比較發達的國家除普查時顧到以外,平時又身所謂婚姻登記與遷徙登記,和出生、死亡、等事項一體辦理。周官中所提出的紀錄方法當然不會和它們一樣,但至少已經承認婚姻與遷徙是人口查計必須注意的兩個現象。地官司徒下說:

媒氏(下士)掌萬民之判。凡男女自成名以上,皆書年、月、日、名焉。令男三十而娶,女二十而嫁。凡娶判妻入子者皆書之。中春之月,令會男女;於是時也,奔者不禁。若無故而不用令者罰之。司男女之無夫家者而會之。……凡男女之陰訟,聽之于勝國之社,其附于刑者,歸之于士。

比長(下士)各掌其比之治。五家相受,相和親,有罪、奇、衺,則相及。徙于國中及郊,則從而授之。若徙于他,則爲之旌節而行之。若無授無節,則唯圜土內之。

鄰長(無秩)掌相糾相受。……徙于他邑,則從而授之。

註(19) 詳中國歷代查計制度的沿革,在草擬中。

關於婚姻,從純粹的紀錄的立場看,可知這裏應該有三種不同的紀錄。一錄成名以上以至於已達婚年而未婚的男女。二錄進行着婚配的男女,有類乎當代的婚姻登記。三錄已婚而喪失配偶的男女;所謂"男女之無夫家者,"鄭注謂即鰥寡。其餘都屬於婚姻政策的話,姑存不論。

比長鄰長是最小的地方員司,比是六鄉的,鄰是郊野的,各管五家,下文續有說明。他們所掌的是地方的治安,人口的轉移流動顯然與治安有關,因此遷徙的行爲也在他們的事權範圍以內。也因爲治安關係,他們又必須注意到遷徙的人的已往的行動,注意到他的"有罪、奇、衺,"而當其遷徙之際,正常的則或"授,"或"爲之旌節,"授適用於較近的目的地,旌節適用於遠的目的地,都是一種兩相關照的授受行爲。一授一受,想來也必有紀錄。若無授無節,則遷徙的人,所到之處,要進入一種近乎拘留所的地方。

四、上文所列叙的三端,大體可以說和人口查計的狹義的功利問題沒有關係。但廣義的是有的。內無怨女,外無曠夫;人口轉徙,一循正軌,則社會的一般治安與化育,必然容易維持。不過這究與狹義的政治功利或經濟功利不同。如今第四端則顯然與政治的功利有密切關係。政治的組織與地方的秩序,和人口的數量是分不開的。地官司徒下有兩種官守也注意到人口的查計:

大司徒(卿)掌建邦之土地之圖,與其人民之數。令五家爲比,……五比爲閭,……四閭爲族,……五族爲黨,……五黨爲州,……五州爲鄉。

遂人(中大夫)掌邦之野,以土地之圖,經田野,造縣鄙形體之法:五家爲鄰,五鄰爲里,四里爲酇,五酇爲鄙,五鄙爲縣,五縣爲遂……。以歲時稽其人民,而授之田野。……以歲時登其夫家之衆寡……,辨其老幼、廢疾、與其施舍者,以頒職作事,以令貢賦,以令師田,以起政役……。

上文說過,周制,王國的域內分六鄉六遂。"遂人主六遂,若司徒之於六鄉也"(20)。他們都是中央的官員,不過執掌有鄉遂之別。其重要的執掌之一就是把所掌的地域劃分成上下聯繫的若干大小單位,而其目的則在便於政治上的管理。後世的坊廂里甲的制度無疑的是脫胎於此。周制如曾實行,便脫胎於實行的經驗,否則,周官文字也必曾有過一些藍圖的功用。此種單位的劃分,最自然而現成的是"家,"鄉遂兩俱如此。這大概又是後世人口查計必以"戶"爲主要對象的濫觴了。後世人口查計,無論兼論丁口與否,總是論戶的;而查計的紀錄,自春秋以降,最通行的名稱是戶籍。不過遂人與大司徒的執掌有一點頗有不同,即他也兼籌到人口的經濟的功能,而和小司徒平分鄉遂兩地域的職務,這就牽連到下文第五端了。

五、上文所引遂人之文說,遂人於查計夫家衆寡之後,便用"以令貢賦,以令師田,以起政役。"貢賦就是後世的賦稅,是狹義的經濟的。師田是軍役,政役就是征役或徭役,都是要人民出勞力的,所以也未嘗不可以說是經濟的;上文小司寇下有"以贊國用"的話,所以也可以說,無論賦稅、勞役、軍旅,都是所以"贊國用"的;後代政府"用民,"以至於"虐用其民,"有如解放前的徵糧徵丁,全都沒有能越出這三句話所指的範疇。遂人屬於

註(20) 周禮注疏,卷九,遂人,鄭注。

地官,其它爲"國用"而與人口查計有關的官員也都屬於地官:

小司徒(中大夫)掌建邦之敎法,以稽國中及四郊都鄙之夫家,九比之數,以辨其貴賤、老幼、廢疾,凡征役之施舍……。乃頒比法於六鄉之大夫,使各登其鄉之衆寡,……使歲時入其數。以施政敎,行徵令。及三年則大比,大比則受邦國之比要。乃會萬民之卒伍而用之,五人爲伍,五伍爲兩,四兩爲卒,五卒爲旅,五旅爲師,五師爲軍;以起軍旅,以作田役,以比追胥,以令貢賦。乃均土地,以稽其人民,而周知其數:上地家七人,可任也者家三人;中地家六人,可任也者,二家五人;下地家五人,可任也者家二人。凡起徒役,毋過家一人,以其餘爲羡。

鄉師(下大夫)……以國比之法,以時稽其夫家衆寡,辨其老幼、貴賤、廢疾,……辨其可任者,與其施舍者……。

鄉大夫(卿)……以歲時登其夫家之衆寡,辨其可任者。國中自七尺以及六十,野自六尺以及六十有五,皆征之。其舍者:國中貴者、賢者、能者、服公事者、老者、疾者,皆舍。以歲時入其書。三年則大比,考其德行道藝,而興賢者能者……。獻賢能之書于王,王再拜受之,登于天府,內史貳之……。

族師(上士)……帥四閭之吏……而校登其族之夫家衆寡,辨其貴賤、老幼、廢疾、可任者……。五家爲比,十家爲聯;五人爲伍,十人爲聯;四閭爲族,八閭爲聯;使之相保相受,刑罰慶賞,相及相共……。

閭胥(中士)各掌其閭之徵令,以歲時各數其閭之衆寡,辨其施舍……。

載師(上士)掌任土之法……凡民無職事者,出夫家之征,以時征其賦。

閭師(中士)掌國中及四郊之人民六畜之數,以任其力,以待其徵令,以時徵其賦。

縣師(上士)掌邦國都鄙稍甸郊里之地域,而辨其夫家、人民、田萊之數,及其六畜車輦之稽……。

均人(中士)……均人民牛馬車輦之力政。凡均力政,以歲上下豐年則公旬用三日焉,中年則公旬用二日焉,無年則公旬用一日焉凶札則無力政,無財賦。……三年大比,則大均。

遂人(見上)。

遂師(下大夫)……以時登其夫家之衆寡、六畜、車輦,辨其施舍,與其可任者……。

遂大夫(中大夫)……以歲時稽其夫家之衆寡、六畜、田野、辨其可任者,與其可施舍者……。

鄙師(上士)……以時數其衆庶……。

酇長(中士)……以時校登其夫家,比其衆寡……。

里宰(下士)掌比其邑之衆寡,與其六畜、兵器……。

引文文字有需要略作解釋的。小司徒下"九比之數"鄭玄說是"出九賦的人數,"九賦見天官大宰下,在此不具詳。凡"施舍"的字樣,鄭注一律說,施當作弛,弛舍就是免去,不是免稅,就是免役。小司徒下的"比法,"賈公彥疏謂即注下文"五人爲伍"云云;就是組織之法。小司徒和鄉大夫下的"大比",特別是鄉大夫下的,和上文司民下的有些不同,即,在簡閱一般數量以外,還有考驗的意思,是質的較比,而不止是量的排比,後來科舉時代的"大比"所用的就是這更進一步的意思了。此下又有"受邦國之比要"一語,鄭衆說,要,謂其簿,就是簡閱考核的紀錄册子。鄉大夫下七尺六尺云云,賈疏謂七尺相當於二十歲,六尺相當於十五歲;不足此尺寸的屬疲瘽,在弛舍之列。鄉大夫所執掌的人口查計,數量之外,兼及品質,他注意到"賢能,"有專書賢能的册子,這册子也有正副本,正本登天府,副本歸內史,和一般的齒版一樣受到重視。均人是直接掌力役的官,公旬用若干日的"旬"字,鄭注"均也,"即一年匀到或分配到若干日從事於公家的勞役。

上面敍述的五端,若製成如下的表式,則更便省覽:

周官人口查計制度表

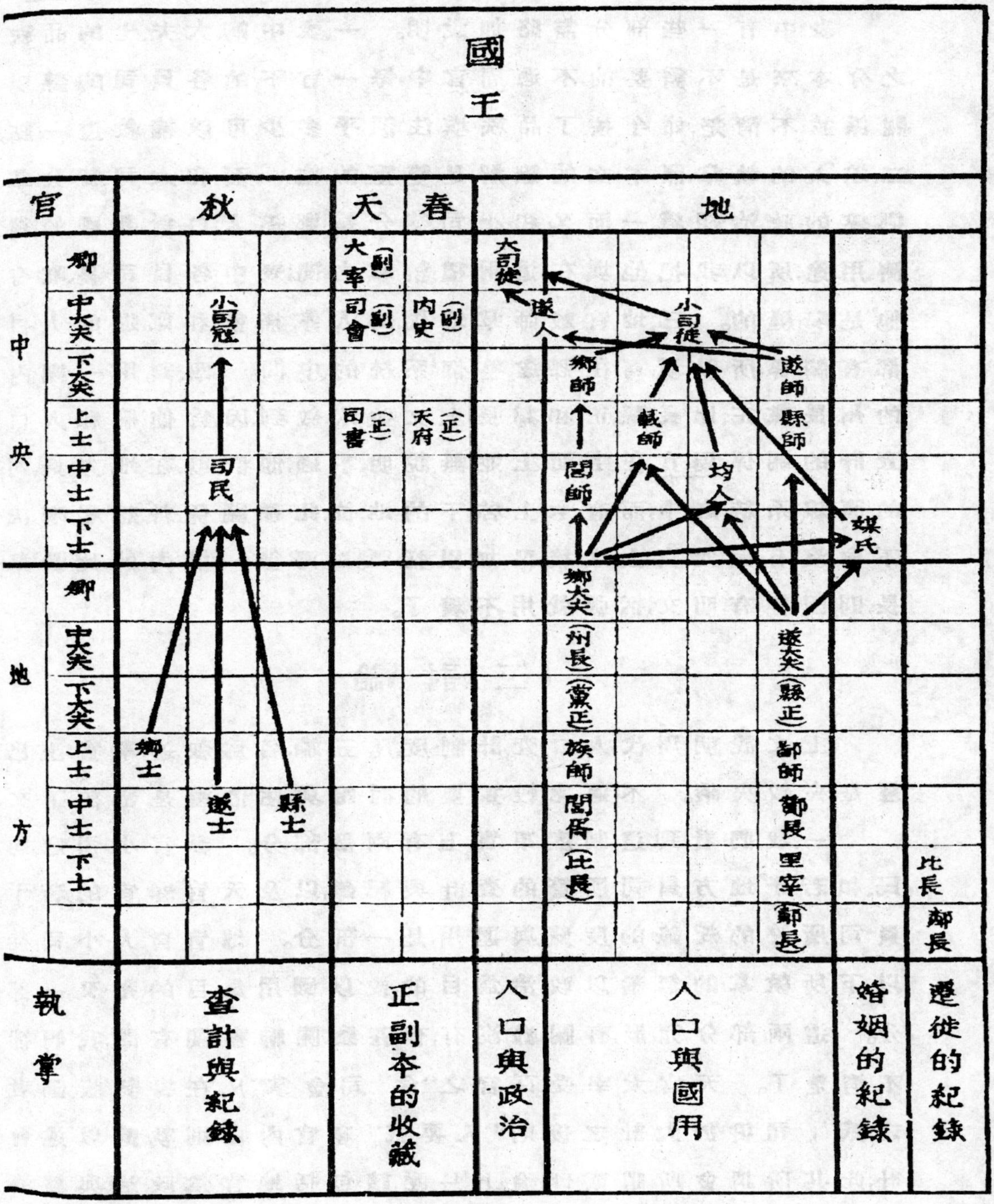
國
王
官
秋
天
春
地
中
央
地
方
卿
中大夫
下大夫
上士
中士
下士
小司寇
司民
鄉士
遂士
縣士
大宰（副）
司會（副）
司書（正）
内史（副）
天府（正）
大司徒
遂人
小司徒
鄉師
閭師
載師
均人
遂師
縣師
媒氏
鄉大夫（州長）（黨正）族師 閭胥（比長）
遂大夫（縣正）鄙師 酇長 里宰（鄰長）
比長 鄰長
執掌
查計與紀錄
正副本的收藏
人口與政治
人口與國用
婚姻的紀錄
遷徙的紀錄

表中有一些部分需略加說明。一、表中卿、大夫、士的品秩之分本來是不需要的,不過周官中每一官下的各員司的隸屬關係並不清楚,如今按了品秩塡注,似乎多少可以補救這一點。二、遂人的執掌,照本文的瞭解,是雙重的,他一面和大司徒分掌鄉遂的政治組織,一面又和小司徒分掌鄉遂人口對邦國的經濟用途,所以我把他塡在這兩種執掌之間;表中各員司裏,唯他是騎縫的。三、地官載師掌地稅,均人掌徭役,和鄉遂的人口都有關係,所以塡寫在鄉遂整個系統的中間。四、國用一欄內的州長、黨正、比長、縣正、和鄰長,上文並未敘到,因為他們和人口查計的關係,周官在字面上並無說明,不過,他們旣在地方員司的直線系統之中,而有承上啓下的地位,此種關係,料想起來,决不會沒有,因此,寫上之後,又加以括弧。遷徙一欄內的比長鄰長,則因經有明文,括弧就用不着了。

(三)討 論

上文說明周代人口查計制度,凡五端,名為敘述,事實上已經是夾敘夾議。不過比較重要的討論與估價還是留在下文。

一、我們看到這制度事實上有兩個部分。秋官小司寇、司民、和若干地方員司所管的查計與紀錄,以及天官春官的若干員司所管的紀錄的庋藏與運用,是一部分。地官自大小司徒以下,所執掌的,無論以政治為目的,或以國用為目的,是又一部分。這兩部分究屬有關聯沒有,有甚麼關聯,書闕有間,我們卻不清楚了。天官大宰受百官之"會";司會掌"凡在書契版圖者之貳";司書於大計之後,則"入要貳"春官內史則執貳以逆會計;此其所謂會,所謂貳,理論上是應該包括地官為政治與經濟的用途而查計所得的結果的;但實際上果否包括,我們也無法知道。春官天府的守藏裏有沒有這部分結果,禮經更無明文。一樣各就其地域從事查計,秋官鄉士、遂士、與縣士的查計,和地官的地方員司自鄉遂大夫以下的查計,是一回事呢?兩回事呢?合作進行呢?各做各的呢?就周官的文字而言,也是無可徵考。

二、不論這兩部分的關係如何,也可以說正唯其關係不明,彼此形同獨立,我們才發見了下面要說的極重要的一層意義,就是作周官的人在當初已經瞭解人口查計的體用之分。要對人口的數量、性質、與內容,有一個確切的認識,是體。認識之後,從而加以運用,教凡合格的人口分子納稅,當差,服兵役,是用。有了體,才可以進一步的講用,至少體用是分得清楚的;我們查計人口,出發點可能是功利主義,但也可能是一個知識的要求,也就等於說,為瞭解人口而查計,不為利用人口而查計;人口是客觀事實的一種,本身就值得我們考查、計算、紀錄,而成為文獻的一部分,初不論其有特別的用途與否。試覆按上文的敘話和表式,可知秋官各員司和春官天府之所執掌是完全在明瞭人口之體的。司書的職守已有幾分人口之用,而其餘天、地、春三官的各員司便完全在人口之用上面用工夫了;地官全部注力於人口之用,最是顯然。

體用之分或明體達用一路的議論,至少在概念上,在中國思想史裏是很早就發展的。不過二千年來,這體用兼賅的原則似乎一貫的與漸進的遭受了忽略,一切學術上的努力似乎但求達用,不求明體,而不明體的達用,所達亦自未能遠到,可不待論。理論科學的末由發展,應用技術的未能進步,原因雖多,這也未始不是一個。即在今日,風氣所趨,文法理工學科之中,必側重理工,而理工之中,又必輕理而重工,所蹈的還是這一部分舊轍。就人口查計的一題而論,已往的經歷也自未能外此。周官的制度,至少在理論上,對於這一層是辨别清楚了的,而秦漢以來的查計制度,卻始終着眼在所謂"國用"之上,國家的人口,除了供給賦稅、粮食、勞役、武力之外,好像絲毫沒有其它的意義。一直要到清代,康熙帝在五十一年(公元一七一二)的上諭裏一再說到"朕故欲知人丁之實數,不在加徵錢糧"(21),才算一度回到了當初周官所曾表示的明體的精神。康熙帝和耶穌會的教士有深密的關係,此種"故欲知實"的態度,或許得力於西洋科學的啓發,正未可知。

三、人口查計的主體工作,不屬於其它的政府部門,而屬於秋官,也是值得提出來討論的。從後世傳統的看法來說,它應當屬於地官;後世也確乎把這部分工作完全屬諸地官,即戶曹尚書或戶部,而與秋曹或刑部無干。地官司徒,徒就是衆人之意,它所執掌的,自政府對人民言之,是人民的管、教、養,以至於一部分的自衞,自人民對政府言之,是政府的糧源、財源,以至於勞力武力之源;以常識論,由它來完全主持查計的工作,也像是再適宜沒有。而事竟不然。這其間的解釋之一,可能就在地官的執掌完全在"用"的一方面,就在功利主義的色彩太濃厚;尋常的職司原在功利,如果任用不得其人,更不免急功好利,危險之大,不言而喻。循名責實的推論如此,而後世戶曹執行人口查計的種種實際的惡果也正未能外此。然則周官中不把主體的查計工作歸之地官,不能不說很有幾分先見之明了。不

註(21)　清朝文獻通考,卷十九。

歸地官,而歸另外一官,所得的結果不但可以更客觀,更近情實,並且可以用來和地官所得的結果相對勘,相覆按。這種對勘的工作,周官的時代眞正做過沒有,我們固然不知道,但論理是可以做的並且如果我們說,爲了覆按的便利,爲了力求查計工作的不妄不濫才不避煩複的用兩套官員來做,也似乎很講得過去。這樣說來,我們這第三段的討論就和前二段取得了呼應。我們更可以從而答覆第一段所提出的疑問,說,兩套查計工作是老老實實的兩套,並且是故意的不相爲謀的,爲的是深怕地官的一套不免於妄濫,而必須有秋官的另一套作爲查計的主體,作爲覆按的張本。至於地官的一套查計不免因功利的關係,而趨於妄濫不實,也就等於說,無體之用勢必成爲妄用濫用,而不是達用。

然則明體的查計工作又何以必歸秋官,而不歸地官以外的它官呢?據我所知,關於這一層,以前有過兩個解釋。一是用刑必須參攷罪人的年歲。唐代賈公彥疏釋秋官序官,在司民下說:凡斷獄弊訟,必須知民年幾老幼,是以司民雖非刑獄,連類在此。第二個解釋也從用刑的一點出發,似乎全都是南宋以降的說法。易祓說:民之盛衰繫乎刑,故司寇登民數于地官大比之時。鄭鍔說:刑者所以馭民,而民之多寡皆本乎刑之繁省;……司民已祀,則獻民數于王,見其奉天以用刑,而刑不至於殘民,故其生存之數如此。鄭氏又說:司寇,刑官也,宜無預于民數;大比之年,則以戶口之數詔之,何也?以刑之繁簡,民之息耗繫焉;所以告之者,使省刑而已。陳傅良說:司徒處徭役不時,敎化不正,征賦不均,則民犯法者衆;故于刑官中設司民之官,知其多寡與司徒相關(22)。賈氏的解釋,顯而易見是於無法解釋之中勉求解釋,所以有"連類在此"的話,就是"勉強掛上"的意思。易、鄭、陳、王、薛五氏的議論是一致的,認爲刑官兼管民數,目的是在省刑。天地好生,刑期無刑,原是中國一些傳統的看法,在一班經筵講官更喜歡在君王面前搬弄這些看法。例如五人中的鄭鍔即曾經當過宋寧宗幼年的老師,進呈過一部書叫勸戒元龜。如今秋官中有一個司民,恰好多給他們一個做工夫的機會,周官作者是否眞有此意,終究是另一問題。不過五人之中,陳氏的說法比較的最有見地,最差較近理,他指出秋官地官之間也有密切的關聯,人口的登耗繫乎刑,而刑的繁簡繫乎地官行政的清明與否,這種關聯的看法和我們上文第二節的討論有些接近,所不同的是,我們所申說的是"明體,"而陳氏所關心的仍不離"達用,"不過這比好生的感傷主義,和省刑的道德論,要略勝一籌了。

我認爲人口查計的主體工作的所以屬於秋官,其適當的解釋應從"秋"字求之。說文,秋,禾穀熟也;爾雅,秋爲收成。書,盤庚上說,若農服田力穡,乃亦有秋。左傳,僖公十五年,歲云秋矣,我落其實而取其材。我相信最初的秋官是和禾穀的收割有直接關係的。所以自少皞氏以迄唐堯,相傳"金正曰蓐收,"

註(22)　易、鄭、陳三氏議論均從古今圖書集成食貨典第九卷戶口部彙考轉引。按易氏著有周官總義,鄭氏有周禮解義,陳傅良有周禮說,均見文獻通攷經籍考;易氏書四庫總目亦著錄。圖書集成又引王氏詳說說:司民不屬地官,而屬秋官者,秋官主刑,聖人用刑,本爲好生耳。又引薛平仲語說:五刑皆戕民者也,知所以愛其民,則知所以謹其刑,此[在秋官],司民所以列於司刑之上。王氏薛氏的名字、時代、及作品均未詳。

見左傳昭公二十九年,杜預注曰,"秋物摧蓐而可收也"(23);秋於五行屬金,故後人論官制沿革,金正或蓐收就等於最早的秋官(24)。狹義的秋固然只指禾穀,以及其他的穀類,今日我們還流行着麥秋大秋之說。較廣義的秋包括其它能生長蕃育之物,有如上文所引左傳僖公十五年云云。最廣義的秋便包括同樣的能生長蕃育的人民。不少原始和古代的民族都有所謂蕃育之神(fertility gods),而其執掌往往兼穀類與人民的蕃育;孟子所稱"五穀熟而民人育,"在這些民族裏是同一神道的職司,例如希臘神話裏的Demeter和羅馬神話裏的Ceres。中國神話時代的蓐收是一個官名,但也未嘗不是一個神名,左傳昭公二十九年說是"社稷五祀"之一。蓐收司穀類的蕃育與收成,是不成問題的,他究屬管不管人民的蕃育與收成,我們卻不知道,我們的神話資料沒有希臘羅馬的那般豐富。

不過正因爲後世的秋官列有司民一官,我們便有理由相信,當初的蓐收,無論是官是神,是兼管到人民的蕃育與收成的。直接的證據我們沒有;但可以引來作爲推論之用的資料,即就周官一書關於人口查計的文字所能供給的而言,卻不是完全沒有。第一,上文春官天府下說到祭天上的司民司祿二星,又說到把呈獻的民數穀數收受而庋藏起來。司民與司祿,民數與穀數,兩兩並稱,是值得注意的。這裏面一起有三道手續一是祭星二是獻數,三是受藏。受藏屬春官天府,春官掌的是一切宗教儀節之事,包括關於祖廟的種種在內,這是容易瞭解的。

註(23) 禮記月令孟秋之月,"其神蓐收"句,孔穎達疏引蔡邕語,亦如是云云。

註(24) 例如鄭樵通志卷五十一,官制總序說:秋官金正曰蓐收。

但祭星與獻數又是誰的執掌呢? 先說獻數。 就民數而論,呈獻的官,間接的是司民,直接的是小司寇,這是經有明文的。 就穀數而論,呈獻的官,應該間接的是司祿,而直接的是小司徒,都在地官。 但禮經在這方面沒有明文,司祿之文根本闕佚,無可稽攷。 鄭玄在天府下注說,"…上民穀之數于天府,"民穀並提,好像上穀數的官也就是上民數的官,所以賈公彥疏經文說,"…主民之吏獻民數穀數,則小司寇受而獻之于王,"又疏注文說,"其獻穀數,則小司寇事也。"穀數究歸誰獻,鄭氏雖說得很含混,賈氏卻說得十分肯定。 賈氏作此肯定之說,有甚麼依據,並無說明,可能是一種猜測。 但我相信他是猜對了。 秋官本名蓐收,主穀類的收成紀錄,而由他來獻,可能還是少皞以來一部分傳統的殘留,正未可知。 總之,秋官原是管一切的收成的,穀類的收成和人口的收成都在其內,凡此收成的查計、紀錄、和最後的呈報,也由他執掌;司祿一部分職司的分隸地官,是後來的演變。

第二,祭星又是誰的事呢? 就司民星而論,經文是可以說說得很明白的。 小司寇下說,"孟冬,祀司民,獻民數于王。" 獻的主角是小司寇,固然不成問題,但祀的主角究竟是不是他呢? 鄭注在此又很含混,只說"小司寇於祀司民而獻民數于王,"用到"而"字,頗若是他,用到"於"字,又若可能是別人。 賈疏則又否定的不說是他,而是春官,"於孟冬春官祭司民之時,小司寇以民數多少獻于王。"一樣是沒有依據的猜測賈氏在上面雖猜對了,在這裏卻猜錯了。 春官雖掌一切的祭祀,對於司民星的祭祀,卻沒有明文。 大宗伯的經文只說得"以實柴祀日月星辰,以槱燎祀司中司命飌師雨師。"星辰是一般的,司中司命二星是特別提出的,卻沒有提司民司祿。鄭注賈疏對司中司命都說得很詳細,卻也沒有補上司民司祿。其實我們替賈氏設想,爲了疏文的可以和小司寇的部分前後呼應,他不妨補上這一筆。但他並沒有。我又認爲他至少可以把司祿補進疏文,因爲據他所引武陵太守星傳云云,三台一名天柱,上台司命,中台司中,下台司祿,可知司祿和司命司中是三位一體而同樣的重要的,既然重要,何妨一補?但他也沒有。何以沒有?大概因爲太沒有經文的根據了。在經文別處作疏釋時,因爲他認爲春官既管一切祭祀,順手寫來,覺得不妨把司民之祭添上,教讀者更有一個着落,而鄭注中的一個"於"字又給了他一個機會;但到了春官的本文,他卻不敢了;這還是以前注疏家的謹嚴之處。我則認爲司民之祭,即歸小司寇執行,孟冬先祀後獻,主角都是小司寇,實際也都由他主持,經文本來就很直截了當,用不着注疏的畫蛇添足。至於司祿之祭,我們順着上文的推論,也可以認爲是小司寇之事,民數穀數既都由他獻,則前此一步的祭星之舉大概也一客不煩二主了。薅收之神,既兼主民穀的收成,則民穀收成之祭,他也可以同樣的接受,從同一個主祭者的手裏接受,也是在情理之內。至於當初的薅收和後來的二星有甚麼關係,是不是有一種主體與代表的關係,我們就無法推斷了。

總上兩點來說,我確認爲民數穀數之事原先都屬於秋官。民數至周官時代爲止,並沒有動,並沒有改換隸屬,至多只是把人口和政治經濟最有關係的一部分查計工作劃分出去,給了地官;其實也還不是真正的讓出,而是讓地官重複的做一部分罷了,至於重複到何種程度,下文別有討論。在人口愈趨稠密、政治日益複雜、國用更形浩繁的後世,勢必有這種需要,是很可以瞭解的。不過傳統自有其堅韌的力量,時世雖變,關於民數的全套工作,從查計一直到祭星呈獻,始終是秋官之事,初不因外有重複而內從省減。穀數和主之者的司祿則不然,最初雖也屬於秋官後來終於劃給了地官在秋官中不再複出。這也是容易瞭解的;秋官也主刑,並且始終主刑,不過後來也因爲人口稠密等諸般情勢,刑的部分越來越膨脹,弄得好像專門主刑似的,於是司民可留,而司祿則礙難繼續廁身其間,只好分出去了。司民可留,爲的是他所司的也是人事,和刑事還近,表面上也還聯繫得上;上文所引別家的兩種解釋就是這樣來的;司祿卻聯不上了。不過即遲至周官的時代,這一部分的工作可能並沒有完全從秋官撤出至少司祿星的祭祀和穀數的呈報仍交秋官,因祀司民與報民數之便,兼帶着做。和民數之事一樣原是他的,還是歸他,不過到此只剩一個遺蛻罷了。司民之所以屬秋官,我認爲上文云云,是最近情實的一個解釋(25)。

註(25)　因爲古人把人口的繁育看作收成的一種,所以司民屬於秋官,還有一個比較有趣的觀察可以幫同加以坐實。地官媒氏的婚姻政策的一部分是以仲春之月,合會男女,正式成禮固好,淫奔亦所不禁,甚至及時而不求配偶的人還要受到處分;官家對此的鼓勵提倡,眞可以說不遺餘力了。若問何以必須如此鼓勵。答覆是:婚姻好比農事,成孕好比播種,人口繁育好比五穀豐登。這是在上文已經說過的。更要緊的一個問題是,何以選取仲春,而不取其它月份?答覆是,從仲春到孟冬祀司民之時是九個月,胎孕正好成熟,和主要的民族農作物,禾穀,同樣的可以呈獻了。不過根據性演化的理論,可知仲春之月會男女,倒也不是人定而是天定,即自有其自然的根據的。所以與其說古人用仲春來湊孟冬,無寧說用孟冬來湊仲春,就是,因爲仲春最宜於會合男女,屈指一算月份,人口的收成與祀星報數不能不一起安排到孟冬了。至於祀司祿報穀數,更是第二步的人爲的湊合,否則,這一部分應該是在孟秋的。

不過這裏還有一點不妨附帶說明。我說附帶,因爲它不免越出本文範圍之外。就是,秋官之所以主刑,而後來完全成爲刑曹,也未嘗不可以推尋到收成的一層意思上去。上文說,蓐收是官,也是神。蓐收是兩個意義相反的字合成的名詞;收是收穫,是登進;蓐是摧折,是減耗。蓐,亦作薅,指拔去田草,和收穫正相反,薅與秏或耗,聲義均相通;至少自唐代以來拔除田中野草叫做耗。杜甫詩中有"秋行官張望督促東渚耗稻……"一題(26)。禾穀在成長之前必須去草,是耗;於刈割之際,又須芟除稗劣,也是耗;都是豐登的反面。但一說到摧折、芟除、以至於刈割,就有用刑的意思了。所以蓐收不止是收穫之神,而也是用刑之神,用刑原是收成的一部分工作,能把蔓草稗子之類同時收拾乾凈的收成才是眞正的收而有成。蓐收爲刑神,也是有來歷的。春秋的虢公,在亡國之前,曾經夢到過他,占夢的史嚚認爲所夢的就是蓐收,"天之刑神也"(27)。蓐收在這裏的任務是用刑,刑一無道之國;但也未嘗不在"收,"收取,收捕,以至於收割;後世官府逮捕犯法之人,常用"收"的字樣,可見來源是很古老的。芟夷的多寡與農產的豐歉有關,刑罰的繁簡與人口的增損有關,所以我們在上文看到登耗兩字是雙方面都適用的。鄭鍔易祓諸人所說的還是對的,不過錯在不瞭解二事的關聯自有其古老的淵源,初無庸故事拉攏而已。秋官主刑,我們如此解釋,是比較單純的;到了漢代,雜以陰陽五行之學,硬說秋之爲氣,如何遒勁(鄭玄)如何有嚴志,有威德,能怒,能罰皆(董仲

註(26) 詩中有句說上天無偏頗,蒲稗各自長;人情見非類,田家戒其荒,功夫競搰搰,除草置道旁。

註(27) 國語,第八,晉語。

舒)；原應以秋釋刑,今轉成以刑釋秋,倒果爲因,乃至於不可究詰。

四、上文關於制度的理論的探討說得較多,下文,也就是本篇最後一節,則專論查計的範圍、項目、等。查計的執行者不止一官,所以範圍也不止一個。秋官司民的範圍最大,自生齒以上,皆書於版;男子八月生齒,女子七月生齒自此以上,都在查計之列。不足七八個月的嬰兒算不算呢？根據此文,是不算的但下文又有"歲登下其死生"的話;國語仲山甫稱"司民協孤終,"孤指生,終指死,和此意義相合;那就無所不包了。地官小司徒以次所查計的範圍比較小,而是受年齡、體格、身份的限制的;所謂"辨其貴賤、老幼、廢疾,"就是這三種限制;卿大夫下所謂六尺、七尺、六十、六十五,也屬於年齡與體格的限制。爲了國用,當然不能不有這些限制的尺度。但尺度以外的人口,是不是在查計之列,作爲前途參攷,就無法確實知道了;遂人下一面說到稽其人民,一面又說到登其夫家眾寡,頗若一般人口也是查計的對象;果爾,則此種範圍就不比司民的爲小,否則就小得多了。性別似乎不是一個限制,夫家云云,夫指男,家指女;但若照後世對於這兩字的解釋,又若只計男丁,不計女口,有如張橫渠所說,則範圍就更小了。地官媒氏凡男女自成名以上皆書,範圍倒也不可謂小,可能比司民的一個還大,因爲成名或命名是在嬰兒生後三月(28),而生齒則在生後七八月。

至於項目,司民下提到國中、都鄙、郊野之分,男女之別,出生和死亡。天官司書下提到夫家,地官小司徒以次較大的員司

註(28) 媒氏下鄭玄注引鄭衆語。亦見禮記內則。

下也有。媒氏下提到成名的年、月、日,和未婚、婚嫁、鰥寡等婚姻狀態。比長鄰長下說到遷徙。遂人下提到老幼和廢疾;小司徒、鄉師、鄉大夫、族師下也有。鄉大夫下提到年齡,有七尺至六十、六尺至六十五的說法。小司徒、鄉師、族師又都說到貴賤。鄉大夫下更清楚的把貴者、賢者、能者、服公事者,分列着說。載師下又說到"無職事者。"奴隸似乎也是一個項目,但經無明文。縣師下有夫家人民云云,夫家與人民爲兩個項目,鄭注未作解釋,賈疏說人民指奴婢,是可能的,否則如指尋常的人口未免太籠統,且與夫家混淆不清;但不知賈氏有何依據。縣師而外,在其它和查計有關的地官吏員的執掌裏,都沒有這一種"人民,"何以沒有,亦所未解。遂人下夫家之外,亦有人民,那一定是指一般的人口。

這些項目也就不少了。近代講求人口普查和人事登記,在查計的組織與方法上當然是更細密,更合科學,更有效率,而主要的項目也還是這些。試作一比較如下表:

	今日的普查與登記項目(29)	周官中的查計項目
普查	鄉村人口與市鎮人口	國中、都鄙、郊野之分
	性別	男女;夫家
	年齡	成名以上;生齒以上;老幼;七尺至六十,六尺至六十五
	婚姻狀況	娶,嫁;無夫家
	職業	服公事;無職事
	教育	賢;能
	其它	身份:貴賤;奴婢(?)
登記	出生	登下死生
	婚姻	娶判妻入子
	遷徙	徙(授、旌節、無授無節三種)
	疾病	廢疾
	死亡	登下死生

註(29) 陳達,人口問題,第五六兩章。

今昔相比，今日的項目，當初居然都有，至少每項多少總有一些。當初有，而今日沒有的，倒有一項，就是屬於後世所謂階級與社會身份的貴、賤、與奴婢；相去可能有三千年，根本上的差別只此一項而已。若以周官所列的項目和中國二千年來戶籍查計所實際注意的項目相較，那就反而無可下手了，因爲後世查計的項目少得可憐，婚姻一項尤其是後無來者，無從比較。今日西洋各國的查計工作分一時的普查與常川的登記。這種清楚的劃分周官裏是不會有的，但我們不能說當時根本不懂得近乎登記方式的一種紀錄方法。生、死、婚姻一類的事故眞要有比較可靠的紀錄，勢非臨時逐例登記不可。司民下說歲登下其死生，好像是說每年紀錄一次，可能於年終爲之，實際工作者大概是地方的鄉、遂、縣士。但鄉、遂、縣士做此紀錄，決不能憑一時的記憶，勢須在年終之前，隨時著錄，而於著錄之際，又勢不能到處先行訪查，而須由發生事故之家前來報告，那就近乎今日所瞭解的登記了。生死如此，婚姻似乎更不得不如此。關於媒氏一官的執掌，經文云云，實際上也只好作同樣的解釋。例如，成名以上，書年、月、日、名、一層，所云年、月、日，一定是命名的年、月、日，否則不成意義，而此年、月、日的報告與著錄，勢必於當時爲之，事後必致難於查考。娶判妻入子的書法想來亦不得不如此。那就更象登記了。遷徙一項，也是必須隨時發生隨時紀錄的。廢疾是查計的一項目，我們列在表裡，作爲與疾病登記相當以示古代亦略備此一格而已，自不能與生、死、婚姻遷徙並論。不過即在今日的西洋，疾病登記，以至於遷徙登記，也只是人口學者的議論與希望能了。

最後和查計範圍與查計項目相連的還有一點，就是查計的時期與頻數。歸納上文引文,我們發見涉及時期與頻數的字樣有:大比、三年、歲、歲終、歲時、時。也有不限時期,而須常川陸續查計的,但沒有用一定的字樣加以說明。大比與三年可以合併,卽三年一次。歲與歲終合併,卽一年一次。時是四時,見鄙師下鄭注及鄉師下賈疏卽一季一次。歲時二字連用,賈疏在鄙師下附帶的解釋爲等於四時,但也可以看作逐季和每年均須查計呈報一次。

三年一次的人口查計工作亦卽一大部分的大比,所牽涉到而有明文的官員:秋官有小司寇和司民;天官有司書;春官有天府;地官有小司徒、鄉大夫、和均人。

一年一次的,秋官也有小司寇和司民,祀司民獻民數都是一年一次。天官大宰的受會,司會的歲計(30),和天府的受藏,都在一年的冬季。

一季須計報一次的有鄉師、遂師、鄙師、鄼長,都屬於地官。

逐年逐月有計報工作的則有小司徒、遂人、鄉大夫、遂大夫、閭胥,也都屬於地官。小司徒命六鄉以歲時入其數。鄉大夫命下屬以歲時登,亦以歲時入其書。大抵越是親民之官,計報的頻數就越多。

常川著錄而不限時期的則有管婚姻的地官媒氏和管遷徙的比長鄰長,可能秋官司民和鄉、遂、縣士登下生死的工作也屬此範疇,說已見上文。

上文說過,秋官和地官的查計工作可能是彼此獨立的兩套,一重明體一重達用。不過平時的著錄和歲時的計報雖分別進行,三年一次的大比大概是全體動員,通力合作的。小司

註(30) 想來都包括人口查計的結果,已見上文。

寇於祀司民時所獻之數大概是自己得來的,而每隔兩年,即每一個第三年所獻的可能是和地官合作的結果。此在禮經並無明文,不過治周官之學的人有如賈公彥易祓都有過相似的推論而已。

——摘自《社會科學》1949年4月第5卷第2期

儀禮類

覆友人論喪服書

桐鄉勞乃宣玉初

日前談及某君於其戚誼某氏之喪不令用白布衣冠爲喪服謂衣服今已改制不當尙沿舊習人皆譏其悖妄愚獨笑其不學何也喪服衣冠歷代皆不用當代冠服制度也某君殆以爲衰絰之物齊斬之服皆淸代所創制乎亦多見其陋矣儀禮喪服篇疏曰案郊特牲云大古冠布齊則緇之鄭注云唐虞已上曰大古又云冠而敝之可也此重古而冠之耳三代改制齊冠不復用也以白布冠質以爲喪冠也據此而言則唐虞以上吉凶同服惟有白布衣白布冠而已三王以來以唐虞白布冠爲喪冠又案喪服記云凡衰外削幅裳內削幅注云大古冠布衣布先知爲上外殺其幅以便體也後知爲下內殺其幅稍有飾也後世聖人易之以此爲喪服據此喪服記與郊特牲兩注而言則鄭云後世聖人夏禹也是三王用唐虞白布冠白布衣爲喪服矣此夏商周不以當代制服爲喪服之明證也一代之興必易服色夏收殷冔周弁迭更其制而喪服則一用唐虞之白布衣冠有因而無革何歟蓋取其質朴無文以稱哀素之心焉爾三代而下自秦漢以迄於今衣服之制代有改革而以白布衣冠爲喪服則數千年無所變

更元明之不改唐宋猶唐宋之不改魏晉魏晉之不改秦漢秦漢之不改夏商周夏商周之不改唐虞也六朝以上喪服之學喪服之制一依儀禮其衣冠之不改不待言矣唐始於親族五服略有增改而衣冠則悉遵古制開元禮有明文宋元明喪禮皆無別制衣冠之文元時有民人請依蒙古喪服朝命嚴斥不許見元典章大清通禮載有斬衰服生麻布旁及下際不緝麻冠絰菅屨竹杖齊衰服熟麻布旁及下際緝之麻冠絰草屨桐杖之文及大功小功緦麻冠服絰屨之制皆與古制無異與所定一代冠服迥不相同是仍沿用唐虞以來之古衣冠也孔子曰殷因於夏禮所損益可知也周因於殷禮所損益可知也其或繼周者雖百世可知也是喪服固百世之所因也今南北鄉俗喪服多用梁冠衰麻儼然古制足爲歷代相沿未嘗改制之確據其與平日衣冠不同非違國制也遵古制正所以遵國制也士大夫家間有仿滿人喪服衣冠者自以爲遵國制也實則未嘗考見通禮之文轉蹈元典章所載民人之轍矣夫喪禮爲天理人情之至我中國伊古以來相傳之國粹也人道之異於禽獸此其大端此而廢之是廢人道也故歷百世而不改三代聖人之制作百不一存於今獨五服之名衰麻之等至

今承用無異古初雖北朝遼金元累以外族入主中原亦相因而不廢洵我中國至可寶貴至當愛護之物矣乃今自命爲黃帝堯舜之子孫者輒弁髦視之而他族是從何其忘本之甚哉五帝不沿樂三王不襲禮獨喪服則爲百王之所同古今之所壹雖當其或繼周之時仍有皆從其朔之義故他服可變喪服不可變也弟數年前卽思作喪服用古衣冠考一篇以客中書少不敷引證欲作而輟今鄉居書更少矣而有觸於中不能自已聊就案頭一二種書所有及胸所記憶約略爲左右陳之鄴架富於藏書且有圖書館之書可檢若以鄙說爲可採敢乞於所述開元禮元典章等編及歷代禮制諸書廣加披覽取其足以證明此義者錄其文以見示俾成此作似於世道人心所補匪細也風雨如晦鷄鳴不已好禮君子其有意乎

謹案自唐以後居喪之禮儒者不習久矣蓋狃於左傳豫凶非禮之說謂非人子所宜言於是禮經中凡論喪諸篇皆删去之不復誦讀而學者遂無所聞矣至於近世且敢毀廢孔教則如某君之不學無術謂服制已改不當沿承舊習所在皆有也不知喪服之用白布衣冠自古相傳元明以下並無更易豈可因推翻專制

一切典禮盡從而摧滅之乎玉初先生精於禮學世所同欽此書稽攷經訓參之歷代制度並據前清通禮以明非其剏制實亦取法唐虞相因不改所以扶持禮教保存國粹於風俗人心大有關繫彼淺妄之徒得此書讀之可以憬然悟矣愼毋甘爲禽獸之亡教相率而出於忘本也本會以救濟社會爲主爰亟錄之

——摘自《孔教會雜誌》一九一三年八月第一卷第七號

論說二

禮經纂疏序

曹元弼

粵若稽古周文公攝政踐阼。誕保文武受命。大平德洽。郊祀后稷以配天。宗祀文王以配上帝。立萬世人倫之極。朝諸侯於明堂。制禮作樂。頒度量。上承天明。下則地義。中理人情。監於二代。損益制中。經禮三百。曲禮三千。事爲之制。曲爲之防。以正君臣。以篤父子。以睦兄弟。以和夫婦。以設制度。以養生送死。以事鬼神上帝。吉凶賓軍嘉以經之。冠昏喪祭朝聘射鄉以緯之。自大經大法以至一名一物。莫不加聖心焉。於是尊親之義。達於四海。孝友睦婣任恤。比戶可封。災害不生。禍亂不作。成王康王率由其道。囹圄空虛四十餘年。後王稍更陵遲。夷身失禮。至厲大壞。故孔子曰吾觀周道。幽厲傷之。然而東遷之難。諸侯同日興師。以扞王艱。平桓以降。齊桓晉文既賢。尚挾天子以令諸侯。天下莫敢窺守府者。豈非逆順之勢。率土皆知。裂冠毀冕。衆所不容。禮教之所維繫者大且遠哉。迨五伯之末。上無天子。下無方伯。人綱絕紐。大經將墜。上天不忍斯人之淪於禽獸也。於是篤生大聖孔子於秉禮之國。爲萬世制作禮樂。孔子以天縱之德。生而知之。嬉戲卽設禮容。從心所欲不踰矩。適周問禮。教弟子雅言執禮。思以周公之道易春秋之天下。至形夢寐。嘗曰周監於二代。郁郁乎文哉。吾從周。又曰吾其爲東周乎。天下既莫能用。乃親定禮樂昭示來世．贊周易．刪詩書．與禮相表裏．作春秋．祖述堯舜．憲章文武．據魯史成文．立素王之法．約之以禮．作孝經以明禮之始．稱聖人之德．無以加於孝．舉周公之事．以明之．蓋先聖後聖．其揆一也．伏羲神農黃帝堯舜禹湯文武之道．至周公制禮而大備．周公之禮教．至孔子而垂法無窮．孔子旣經論禮經．極言其義．天下復知有君臣父子之綱．仁義忠信之道．天經地義．民行昭昭乎若日月之光明．燎燎乎如星辰之錯行．卜子子夏．親受聖指．爲喪服經作傳．曾子有子言子諸賢．相與論撰微言大義．傳諸其人．子思子述聖祖之德．明中和之爲用．立坊表之常經．七十子後學之徒．各記所聞．變禮逸文．補二禮闕遺．以光贊大道．雖當諸侯去籍之日．道墨名法異端並起之時．而服儒服．行儒行．則古昔稱先王．敍彝倫．一制度。近聖人之居者．以時講禮．鄉飲大射於夫子冢．延及孟子孫卿．正人心．明王道．立言爲百世法．禮之大綱．不墜於地．秦政滔天不道．絕滅聖典．特疾惡禮書．搜求焚燒之殆盡．勢至暴也．然而伏生浮邱伯叔孫通之徒．傳授弟子不絕．著書述遠代禮文甚詳．陳涉之王也．魯諸儒持孔氏禮器往歸之．孔甲爲涉博士．卒與俱死．項籍旣亡．漢高帝舉兵圍魯．魯中諸儒尙講誦習禮樂．絃歌之音不絕．於是高帝以爲守節禮義之國．於戲．聖人之禮教．深入人心．乃至於此乎．漢興．高堂生傳禮十七篇．蓋當時士大夫通習之禮．而古文禮五十六篇．及記百三十一篇．出孔子壁中．及河間獻王所得．其十七篇經與高堂生所傳同．而字多異．其十七篇外．多三十九篇．所見多天子諸侯卿大夫之制．獻王又得周官五篇．缺事官．以考工記足之．周官後出者．六典本天子所秉以治天下．諸侯不得用．不在樂正四術之內．孔子問禮之後．儒者始得聞．然後學或未通習故今禮記雖兼記經曲而除雜記贊大行朝事儀述典命諸職外皆説威儀三千爲多蓋焚坑之後其傳泯焉尚有孤本出於山巖屋壁則天之未喪斯文也古文禮記及周官初出禮家蓋未有傳之者高堂生之業歷蕭奮孟卿至后蒼當孝宣世最明校書曲臺傳古禮十七篇與其本業相似者然仍以今文爲主餘三十九篇以絕無師説付書館名爲逸禮又傳記百三十一篇益以明堂陰陽記三十三篇孔子三朝記七篇與自著曲臺記九篇共百八十篇爲后氏學（疑皆寫以今文）以授大戴延君小戴次君二戴經文篇次不同互有脩短而皆未得其本大戴删后氏記爲八十五篇名大戴禮小戴又删大戴禮爲四十六篇名小戴禮大戴又著喪服變除小戴以博士論石渠今其遺説尚可攷見禮學之興於是爲盛小戴授橋仁季卿著禮記章句四十九卷號曰橋君學先儒以爲益以明堂陰陽記之月令明堂位二篇及樂記也於時后氏戴氏之經立於學官孝成時達才通人劉子政校中古文條錄十七篇目次尊卑吉凶倫敍及其子歆孝哀時欲建立逸禮周官名儒龔勝師丹皆非之蓋西京儒者保殘守闕不敢出入師法抑亦以振興禮教歆非其人與自高堂生以後二百餘年傳學至今存者授受源流如此外又有慶氏學當時與二戴並顯其餘名德大儒兼通五經者若賈誼董仲舒王吉之倫皆議制禮作樂以化天下著書立言有功禮道云王莽之亂禮樂分崩聖文殘落光武中興愛好經術立博士各以家法教授禮用大小戴又修起大學建三雍明帝卽位親行其禮應經義式古典又令天下誦孝經章帝大會諸儒於白虎觀考詳五經同異命史臣班固著爲通義皆先王之法言禮師之典訓又詔高才生受古學廣業甄微崇化厲賢

東漢士大夫敦氣節重禮義其風世篤蓋由於此於時英儒贍聞之士務欲興滅繼絕故周官自杜子春通讀後鄭大夫司農及賈侍中咸遵其業而潤色之作爲解詁而二戴之禮爲博士之業傳授不絕然未有顯於儒林者後世薄於蓺文敦學之道寖衰學者章句漸疏多以浮華相尚黨禁之世賤儒或私行金貨定蘭臺桼書經字以合其私文各經皆譌雜而禮尤甚是以熹平四年立大學石經正五經文字時通儒盧君子幹上書言今之禮記特多回穴欲考其失得刊正碑文卒不果行夫以聖道之深若彼歷年之久如此科斗篆隸轉寫失真發疑正讀差忒難免經師各立其義學徒務習其師推士禮以致天子執常法以議變禮縱令博學洽聞不能無誤是以鄉飲燕禮之服皮弁與朝服雜糅東房西室之文宗廟與居室不別大宗可絕聞人之議乖長子五世季長之解誤以及三虞卒哭之異說折俎肵俎之殊文聚訟紛紜不可勝數又況守文之徒滯固所稟不務尋求其理徒繁其章條穿求崖穴以合一家之說非所謂章句小儒破碎大道者耶且天下之生久矣一治一亂漢重經術實事求是民得離於戰國之苦者四百年炎運既衰天下將有處士橫議四夷割據之憂不有亞聖命世之儒出而刊正聖典揆敍人倫文武之道將誰屬乎夫子在天之靈知非其人之道不虛行也乃於近聖人之居生先師鄭君康成鄭君好學實懷明德造次顚沛非禮不動初從東郡張師受周官禮記與盧君相善從馬融參攷同異（鄭但與融考論同異非融弟子詳辨所爲鄭君非馬融弟子考）遭時否塞隱修經業守死善道盛德之容至使黃巾望而皆拜作六經注義窮理盡性而三禮之學尤集大成卽以十七篇注論今文古文各求其是二戴別錄必從其長本周禮以提其綱引戴記

以闡其義．參之易書詩春秋論語孝經．以觀其會通．考訓詁．捃祕逸．轉相證明．發一義而全經貫．起一例而衆篇明．吉凶常變．各止其科．辭所不及．通之以指．辨傳記之譌．正舊讀之失．案圖立文．舉今曉古．若綱在綱．如晦見明。其正人倫也．唯君專惠．詳於燕禮之篇．臣無作威．著於鄉射之記．明正體之重．而尊禰之義彰．推高祖之服．而正本之道著．於繼父同居．達從一之本意．於他邦加等．顯大功之自親．略舉一端．餘可隅反．古昔聖人所以辨君臣上下長幼之位．別男女父子兄弟之親者．無不昭然備見．仁之至．義之盡．深而通．約而明．故范武子以爲仲尼之門不能過也。特是鄭君於易書詩春秋．皆先通今文．後注古文．於禮亦本習小戴之學。後不專注古文者．以盧子幹等皆治小戴．小戴學旣最精．而古文自前世以來．傳其書未有名家．不敢以一己之見．盡改先儒之舊．故但參取二本．擇善而從．鄭注存．卽今古文皆存．然則禮之兼注古文．實自鄭君創通大義也．於是鄭氏三禮．各經之學．爲天下儒者宗．魏有亂人王肅者．妄思奪而易之．僞造家語孔叢子．據之作聖證論．以難鄭．夫君子有三畏．畏聖人之言．小人侮聖人之言．肅不難於侮孔子．何有於鄭君哉．幸當時去鄭未遠．馬昭之等．辭而闢之．聖道不至爲邪說所亂．嗣有干令升注周禮．雷次宗注喪服．孫叔然注禮記．雖別立注．要皆以鄭義爲宗．其爲義疏者．禮經有黃慶李孟悊二家．禮記有賀循賀瑒庾蔚之崔靈恩沈重范宣皇侃徐遵明李業興李寶鼎侯聰熊安生等．又有李軌劉昌宗徐邈射慈以下諸人．作三禮音．當時南國淸談．隳壞名教．北郊戎馬．蕩覆典文．人臣反顏事讎．習爲故事．文章綺靡．階厲淫昏．三綱淪．九法斁矣．而守道諸君子．說經鏗鏗．風雨如晦．雞鳴不已．以縣絕學於一綫．其餘儒者議禮之文．亦根據經注．酌理準情．足爲典要．先儒謂魏晉以後．天下大亂．而聖人之道不絕．唯鄭氏禮學是賴．豈不信哉．唐儒承六朝義疏之學．陸氏德明撰經典釋文．三禮以鄭爲主．孔氏穎達奉勅撰五經正義．禮記據皇熊爲本．賈氏公彥撰周禮儀禮疏．儀禮據黃李爲本．又旁摭各家．貫穿經傳．鄭學之徒．遺言奧義．多賴以存．雖不免小有乖違．而發揮旁通．言富理博．後有作者．監儀在時．非可輕議也．特正義以禮記配易書詩春秋爲五經．而禮之本經反居後．唐制以禮記爲大經．儀禮爲中經．經記分習．始變后氏以來治經舊法．是以禮經傳習者少．賈氏之疏．譌舛日滋．唐人實貴文章．薄於經術．孔賈以後．禮學名儒．未有著者．唯杜氏佑作通典．薈萃歷代禮制．漢儒佚說．六朝禮議．學者取則焉．又開成二年石刻九經．至今存關中．校勘家奉爲高曾規矩．儀禮十七篇．尤賴以見古今之遺．五季之衰．民彝泯亂．儒者之風．或幾乎息．宋初聶氏崇義作三禮圖．據舊圖爲本．考正疑譌．申釋隱滯．猶近唐儒精實之學．景德元年．呂蒙正等上邢昺孫奭等所校定儀禮疏．其書見於今．爲疏本之最古者．其後儒臣多敦崇古學．橫遭憸人王安石．變亂舊制．廢罷儀禮．非聖無法．天下憤之．南渡後．張氏淳據當時所存各本．校嚴州所刋儀禮經注．作識誤．有功此經．而朱文公以上賢純德．紹鄭君於百世之上．知治天下之必本於禮．而儀禮爲禮之本經．周官其綱領．禮記乃其義疏．深忿安石遺本宗末．博士諸生．於儀法度數之實．咸幽冥而莫知其源．上疏乞修三禮．不果行．晚乃與弟子編儀禮經傳通解．取十七篇經文．分章附記．全錄鄭注．節引賈疏．經所不具．以記補之．別立門目．以類相從．凡各經傳記史志．有及於禮者．靡不畢載．自定家鄉學邦國王朝諸禮。而以喪祭二禮。屬弟子黃氏幹。黃氏成喪禮。於祭禮未及精專修改。復以其書授弟子楊氏復。楊氏別成祭禮通解。蓋禮書若此之難也。文公弟子。又有李氏如圭。與修通解。別撰儀禮集釋。闡發亦多。自文公作通解後。鄭氏禮學復興。文公嘗稱鄭注三禮大有功。歎爲大儒。又於宋孝宗之喪。得鄭注天子諸侯之喪皆斬衰無期一條。深服鄭君。以爲其說足以補經定制。蓋高密紫陽易地則皆然。嗣有岳氏珂刋三禮鄭注。魏氏了翁撰九經要義。儀禮疏卽據景德本字。閒有異。元明之際。經術荒蕪。學者名宗文公。而於文公所深信篤好之禮經。束之不讀。妄人敖繼公。襲王肅故智。務與鄭立異。或隱竊疏義而小變之。卽成巨謬。改竄經文。以就其私。郝敬繼之。重悖貤謬。狂妄之極。至於詆經。當時無有能正言力辨之者。蓋聖經雖存若亡矣。夫六經同歸。其指在禮。禮者天地之經緯。民之所以生也。書曰天敘有典。天秩有禮。傳曰民受天地之中以生。所謂命也。是以有動作禮義威儀之則。以定命也。聖人承天之道。因人之情。而爲之節文。作爲父子君臣。以爲紀綱。教之孝弟忠順睦友子愛。習之進退容止。觀之揖讓酬酢。範之服物采章。使尊卑上下外內。粲然有文以相接。驩然有恩以相愛。放心邪氣。不使得接。臻仁壽而去鄙夭。天地位。萬物育。故曰安上治民。莫善於禮。孝經言禮者三章。論語言禮者四十餘章。自視聽言動。與凡事親教子。事君使臣。使民爲國。莫不以禮。其所謂禮。皆指周公所制曲禮正篇也。王制曰六禮冠昏喪祭鄉相見。經解曰。朝覲之禮。所以明君臣之義也。聘問之禮。所以使諸侯相尊敬也。喪祭之禮。所以明臣子之恩也。鄉飲酒之禮。所以明長幼之序也。昏姻之禮。所以明男女之別也。今十七篇。雖於先聖所定。才十之二。而諸禮具在其中則先王所以綱紀人倫使人日徙善遠罪者猶可舉而措之也夫禮禁亂之所由生猶坊止水之所自來以舊坊爲無所用而壞之者必有水敗以舊禮爲無所用而去之者必有亂患壞國喪家亡人必先去其禮末世棄舊禮不用至於賊民興而蠹害之舉其所以通者而充塞之而莫知其非何怪乎事無其治動失其宜刑肅俗敝民無所措手足哉 聖清龍興承天建極 列聖道德純備同符堯舜周孔 聖學所指海內嚮風 御纂 欽定諸經兼收自漢以來經義而三禮以鄭氏康成冠百代師儒之首襃而不名伏讀 高宗純皇帝御案表章鄭氏羽翼聖經之功至矣古經晦於千載而明於我 朝先賢不得行道於當日而論定於百世 聖人於是四方好學樂道之士莫不鑽研經術誦法注疏詁釋聖言精發古義禮經自張氏爾岐創通大義後婺源大儒江氏永繼之作禮書綱目成朱文公之志又作儀禮釋宮增注儀禮釋例弟子達者戴氏震金氏榜戴氏校儀禮識誤儀禮集釋 武英殿刊板行世又爲學禮篇未成以其學授段氏玉裁孔氏廣森段氏以六書聲音訓詁攷儀禮漢讀未成後胡氏承珙作儀禮古今文疏義足以補之孔氏作禮學卮言金氏著禮箋九篇以授張氏惠言張氏作儀禮圖詳審精密勝於宋楊氏書淩氏廷堪承江戴之學作禮經釋例以言禮之節文等殺作復禮三篇闡明禮敎以授胡氏培翬胡氏本承其祖匡衷之學又從淩氏問爲學深通洽熟作儀禮正義其餘專精此經之儒吳中有沈氏彤作儀禮小疏江氏筠作讀儀禮私記說多精確褚氏寅亮作儀禮管見斥繼公敬邪說尤爲有功其爲校勘者盧氏文弨有儀禮詳校金氏曰追有儀禮經注疏正譌而阮氏元徧校十三經注疏於儀禮

尤詳．集諸本異同．以唐石經宋嚴州本注景德本疏爲主．又有黃氏丕烈影刊嚴本經注．張氏敦仁合嚴本景德本刊注疏．景德本缺卷．依要義補編．汪氏士鍾影刊景德疏．顧氏廣圻爲之讎校．皆有功此經者也．夫此經自宋末以後．晦盲否塞．三百餘年矣．而　國朝諸儒．闡明絕學．如此其博且精．非　聖治之盛而能然與．綜核諸家校勘．以阮氏爲宗．解誼以胡氏爲備．二家之業．集羣儒之大成．視唐陸氏釋文賈氏疏．非但無不及而已．第張氏江氏以來．雖皆推尊鄭學．而一二異同．時所不免．三復思之．皆不如鄭義之當．近百數十年間．有金氏鶚等．博聞强識．而好變亂是非．繁稱博引．多非其本．穿鑿附會．不可究詰．充其類．必至盡改古義．人用其私．使天下學者．日馳騖於巧說衺辭．而不暇致力於身心倫物之閒．忠厚敬文之道．考據至此．不可復問．未始非先儒不能拔本塞源．大爲之坊之過也．元弼躬逢　聖世．生長儒門．幼及見　先祖考雲洲公（公博稽六藝．藏書極富．年七十餘．猶朝誦經傳．承曾祖考敬堂公之學．研精醫理．專以濟人．全活無算．周恤貧乏．若不能及．至今鄉里誦德不衰）四歲教之方名．既卒業．家大人授以聖經賢傳．課讀甚嚴．先妣倪太恭人．以仁孝恭儉淑德懿行．著于宗族鄉黨．（事詳行述及北堂立言記）佐　家大人示以禮法．稍長．從兩昆後．不令有燕朋昵友．年十一．從　舅氏倪先生濤學．先生教以多讀經史．詳爲指示．勗以古大儒之業．年十三．受知於　座主督學瑞安黃先生體芳．時先生以經學提倡江南．示諸生以通經致用之方．元弼得聞緒論．日將經文尋誦．不敢廢倦．年十五．讀毛詩注疏．大好之．日夜研求．幾忘寢食．以餘力略涉各經注疏．見儀禮經文古懋淵懿．向所未習．慕而讀之．似有所會．潛與讀詩所得．合記之．是時私心已向往鄭學．讀後漢書鄭君傳．想見其爲人．不勝悠然千載之情嗣見陳氏毛詩稽古編及惠氏易江氏孫氏書孔氏公羊江氏淩氏禮段氏說文郝氏爾雅之學粗明各經師法而專力在詩十六 家大人授以陳氏奐毛詩傳疏謹受而讀之見其舍箋疏傳於文字聲音訓詁詳矣而言禮多與鄭異疑其說之不合於經非毛公本意也取鄭箋孔正義反覆求之竊思鄭君以禮箋詩必專精三禮乃能通箋以三禮之中儀禮爲本又用力差多乃取十七篇經注熟讀深思詳繹疏義疏文脫譌不可讀則求之校勘記所載各本文不得則就其原文旁推互勘以義讀正日有常課以餘力讀周禮疏禮記正義其年 黃先生選拔以備貢士因謁先生先生勗以學問經濟氣節責以名臣之學有體有用因益深自奮於學十七問學於定海黃先生以周又得交婁君子張氏錫恭論禮甚相得以學行交勉歸就吳名儒管氏禮耕質諸疑義多有所授於時校讀禮經時有闡發而疑難百出憤悱相尋

先太恭人授以胡氏正義受讀之下積疑多釋中心好之乃取賈氏疏與正義互相參證日有所得誦讀考辨每至中夜嚴寒盛暑未嘗廢離竊以胡氏之書融會全經旁通午貫參稽衆說擇精語詳自訓故名物儀節器數微言大義以及傳記之參錯同事相違注義之深微言不盡意莫不廣尋道意條貫科分其盡思窮神之處實能洞見本原不墜周公之遺法自 國初以來禮學之業未有盛於先生者也惜士昏鄉飲鄉射燕大射五篇未及寫定弟子楊大堉取其叢殘之稿率爾付刊脫爛錯誤至不可讀又多引謬說而無案語蓋先生未及辨正者也弱初欲取五篇正義理而董之使就繩墨繼以先生之例有未可盡遵者蓋先生之疏以鄭義爲宗而旁采各家以解經誼於後儒說之異於鄭而義似可從者附錄之謂

之附注。於鄭義之深遠難見。覽文如詭者。或以爲違失而訂之。謂之訂注。夫注本以解經。治經爲經也。非爲注也。苟後人之說果是。鄭君之說果未是。何必唯鄭之從。且從善服義者。君子之心也。屈經以就傳。學者之惑也。鄭君之意。在經義之明。不在己說之申。苟其說果有未合於經者。方深望後人之彌縫其闕。而匡救其違。又何必反爲之曲護。然今就先生所訂所附。一一考之。多與經不合。附既不必附。而訂又非所訂。尤可見者。喪服爲人後之禮。持重於大宗者。降其小宗。小宗有四。經舉父宗有定者以爲例。而此外凡屬小宗者。皆可準之爲服。鄭於姊妹適人下。補姑服以舉一隅。使經文降等若子兩服不相互之旨。豁然而解。可謂抉經之心。而先生從繼公之說。謂除經所見一體之外。悉以所後親疏爲服。斯降其小宗之義。不可通矣。舉此一端。餘可推見。蓋鄭君時去古未遠。師傳未失。邪說未興。先秦傳記。曲臺石渠劉氏五經通義。許君異義。盧氏三禮解詁等書。完然具存。足以取證。而又重之以上哲之姿。純賢之德。博極淵深之學。沈靜精妙之思。神與古會。心與道一。宜其囊括大典。網羅衆家。刪裁繁誣。刊改漏失。無一字一句不得乎先聖之元意也。以胡氏之學。而猶未盡得其所以然。大哉淵乎。未易窺測已。胡氏又多采繼公敬兩妄人說。而引賈疏特少。夫賈氏之書。誠不能無誤。然以弱觀之。誤者十之二。不誤者猶十之八。皆平實精確。得經注本意。蓋承爲鄭學者相傳古義。非賈氏一人之私言也。特唐中葉後治此經者鮮。故其文衍脫誤錯。多非其舊。學者當依文剖裂。以雪其誣。不得遂以爲非。李氏如圭張氏爾岐取其文而刪節之。飲水思源。義固猶賈義也。至繼公敬則離經叛道。喪心病狂。其是者皆隱竊注疏之義。其非者至於改經詆經而無忌憚。學者所當鳴鼓而攻屏之不齒。不得反有取焉。以此而論。胡氏之書。盡美矣。未盡善也。於是竊取鄭君讚辨二鄭之義。有重疏禮經之志。然未敢遽作也。仍取疏正義。反覆推求。條錄所得。積二年得若干條。爲儀禮正義訂誤。又從管氏禮耕叚張氏敦仁所刊注疏本。其書阮氏以配十三經注疏。而阮本與此又有小異。張多得之。實此經注疏本之最善者。據以爲本。正其一二譌文。合前所讀。正錄之爲儀禮注疏後校。於是專治禮經三年矣。校賈疏之譌。十得七八。正胡氏所引諸家之誤。十得五六。確然知鄭注之萬不可易。而自量竭畢生之力。尚足以發明之。乃於光緒十三年丁亥二月初吉。定禮疏條例。依鄭注解經文。據賈氏胡氏爲本。備載其是。刊去其非。隱惡揚善。增簡削繁。屏絕肅繼公敬邪說。以正人心。閑聖道。自周官二戴易書詩春秋三傳國語論語孝經孟子荀子爾雅說文鄭志禘祫議。以及讖緯逸書周秦兩漢至唐以前古籍。列代禮書。禮樂志。通典。玉海等篇。實可據之書。有涉此經一字一義。爲賈氏胡氏所未及引者。搜輯靡遺。以經證經。以注證注。補淩氏之例。正張氏之圖。博采通人。稽譔其說。於經之正例變例。注之曲達經意。迴異俗說之處。精思而詳辨之。一器物陳設。一行禮節次。必推求其義。以合乎人心之所同然。由訓詁名物。以達聖人作述之原。所以治人七情。修十義。講信修睦。尚辭讓。去爭奪。以天下爲一家。中國爲一人之故。俾學者知禮之所尊。尊其義。帝王質文。世有損益。而尊尊親親長長男女有別。不可得與民變革。爲之人也。舍之禽獸也。眞積力久。以行其義。則始乎爲士。終乎爲聖人。修身及家。平均天下之道。一以貫之也，大意既定。乃先爲十七篇釋疑。備引各家之說。別其是非。爲禮疏長編。以喪服一篇。五禮之本聖人精義之學彝倫攸敘於是乎在賈胡疏義亦最精詳首從事焉於是沈研鑽極積精覃思詳考博辨兼及後世變禮宵則莊誦各篇經注誦之既久恍然如見當日升降獻酬之儀惻然自動其孝敬子良之心依注義求經文不啻周公孔子臨上質旁耳提而面命之卓爾如有所立確乎可以持循。乃益知禮之協於天地之性而爲斯人所固有不可斯須去身也如是者一期有半而　先太恭人抱恙輟禮疏業不意侍奉無狀天降鞠凶又越一年餘　太恭人竟棄養苦塊餘生心摧氣絕日征月邁及將再朞乃於讀祭禮外粗理舊稿竊念儀禮正義爲　太恭人手澤所存元弼歷年考正粗有端緒謹取往時後校訂誤及釋疑未成稿合而編之補其闕漏刊其乖違勒成一書名爲禮經校釋寫成清本以呈　家君　家君以爲近得其正命授梓人以質當世達於禮者又與兩昆詳論可否無所疑滯乃鋟諸板元弼嘗於先聖前自誓願爲禮疏孝經纂疏歷代經儒法則篇三書闡明聖道於萬一以孝經者制作禮樂仁之本子曰先王有至德要道以順天下至德孝弟也要道禮樂也古之君子盡愛敬於事親而後推以及人言思可道。行思可樂德義可尊作事可法容止可觀進退可度以臨其民是以其民畏而愛之則而象之謂之有禮後儒不務躬行孝弟之道寖薄禮俗日壞記問之學不足以爲人師故撰集前言往行輔翼聖經三書者殊途而同歸而禮疏尤繁密今校釋已刊將專心纂輯禮疏博學詳說以反說約務於　國家化民成俗之道學者修身克己之功實有小補不敢說不急之言以炫奇矜博欺世盜名元弼之於禮沒身而已矣禮經校釋始於光緒九年成於十七年十有一月禮經纂疏始於十三年二月其成與否則先聖先師。在天之靈實主之。非小子之所敢知也。

——摘自《亞洲學術雜誌》一九二一年十一月第一卷第二期

◉爲人後者其妻爲本生父母服辨

仝上

婦人斬衰三年之服惟在室服其父既嫁則降其父而以服其夫又以祖禰之正體服其長子雖以舅姑之尊乃服止於期者有三從之義無專用之道也宋太祖時改舅斬衰三年姑齊衰三年明太祖并姑亦改斬衰而降其長子之服今律文因之夫聖人之制禮義精仁至非苟焉而已也顧氏炎武曰婦事舅姑如事父母而服止於期不貳斬也然而心喪則未嘗不三年矣故曰與更三年喪不去予謂經言不貳斬者皆當服斬而降爲齊衰期者婦服舅姑從服也顧氏以降服言之非也乃其言居喪之意則是矣人子之守親喪三年不入於內悲哀不怠寢處不適其痛如此雖以嚴父之尊猶必三年然後娶以達子之志況夫之重憂未釋則婦之服雖止於期而其三年之中亦必有所以達夫之志者故曰與更三年喪也後世禮教益微人子之薄其親者所在皆是而況其婦乎乃從而重其服志使知婦之於舅姑子之於父母其服同則其所以事之者不容有二亦所以勵薄俗也雖然子爲父母三年婦亦爲舅姑三年矣卽繼母生母慈母養母亦皆同於夫皆爲之三年乃其夫服本生父母齊衰不杖期而妻則大功不得與夫同服何也夫婦人之從服固率視其夫降一等矣今不降其父母卽名義之同於母者如繼母慈母之類亦不敢降而獨降其所生果何義邪且古者適子之爲庶母大夫以上無服士止於緦而已孝慈錄改入杖期其妻之服亦同嘗是所生之親而不足比於是乎此尤理之不得其平者也聖人之制禮也初觀之亦若

有可疑者及參伍以求莫不有精意寓乎其間後王有作則每多牴牾而不安矣然觀其所以沿革之由蓋亦世變使然云

——摘自《民彝》一九二七年四月第一卷第三期

◉爲長子服辨

仝上

斬衰者服父之服也不得服其母而以服其長子子爲母衰三年必父殁而後可母爲長子衰三年即父在亦然是何其輕重之不倫乎然而先王制服乃若是何也傳曰正體於上又乃將所傳重也又曰父之所不降母亦不敢降也蓋敬宗之爲義大矣敬宗之義大故正適之統尊尊正適之統故爲長子三年衆子期適婦大功庶婦小功雖以大夫之嚴而不敢降其祖禰之主所以正名分塞亂源也歷代以來未之或改也唐顔師古等乃請加冢婦期衆婦大功至今因之然其服長子三年者仍自若也明太祖定孝慈錄始改長子衆子皆不杖期至今因之然其冢婦衆婦之服又仍自若也夫同一不杖期也則長子與衆子無別也而獨異冢婦之服於衆婦豈正適之統不係於子而係於婦乎此何說也祖之服適孫期故爲適孫婦小功服庶孫大功故爲庶孫婦緦古之制也亦至今因之夫長子與衆子之服既同則適孫與庶孫之服不得有異適孫與庶孫之服既異則長子與衆子之服何得獨同豈正適之統不係於子而係於孫乎又何說也春秋桓公六年九月丁卯子同生胡氏安國曰適冢始生卽書於策與子之法也與子者定於立適故有君薨而世子未生之禮植遺腹朝委裘而天下不亂者名分素明而民志定也公儀仲子之喪舍其孫而立其子子服伯子曰仲子亦猶行古之道也孔子曰否立孫鄭康成注謂周禮適子死立適孫爲後由是觀之父之於子祖之於孫未有不加隆於其適者也其加隆於適孫者以其爲適子之子也今降其長子之服以同於衆是無所謂適也子且無適更何有於孫乎古人正體傳重之義於是掃地

盡矣卒致他日召強藩稱兵奪統之釁賈生曰禮禁於未然之前不其然哉方懿文太子之卒也帝意欲立燕王學士劉三吾進曰皇孫世適之子子歿孫承適統禮也帝大哭而罷使建儲立適之說不足泥邪則燕王之長且賢胡爲舍之而不立也以正適不可奪邪又胡爲降長子之服以等於衆子也此所謂進退失據自貽伊戚者也然則宜復古者三年之服乎曰宗法之不行久矣徒服子以父母之服人情之所駭也然則宜何服曰妻道也子道也一也妻服其夫三年而夫服以杖期子服父母三年而父母亦以杖期服之可也記曰爲長子杖則其子不以杖即位則父爲長子杖焉宜也爲之期以成其爲子之服爲之杖期以別異於其衆子之服是猶愛禮存羊之意也是斟其輕重爲宜者也呂氏枬曰爲長子不杖期其記錄之誤乎然兩朝之禮文律令皆如此不應皆誤也予故從而極論之

——摘自《民彝》一九二七年四月第一卷第三期

◉庶子爲其母黨服辨

馬其昶

或問曰庶子得爲其所生母之黨服乎曰可喪服記庶子爲後者爲其外祖父母從母舅無服不爲後如邦人是也然則喪服傳何以無之曰是固不能概爲之服也古之爲妾者有辨大夫之姪娣士之長妾皆得服其私親其子之不爲後者皆得服其母黨若買妾不知其姓則卜之者固已絕不與通安得復爲之服是故深沒其餘文於正傳而旁達其情於雜記以待處之者之自爲權衡此聖人之微意也今律無庶爲母黨之服萬氏斯大據喪服記之文謂凡世之庶子皆當爲母黨制服而又推本修身遠色娶之以道子俾子得服其母黨之親而無所嫌其爲說善矣然自三代以後不復有姪娣之媵其所謂妾大抵益微賤世之名族孰肯爲妾於人者必度其子可以視爲母黨之親而始得爲妾則世之無子而求妾者難矣且夫制禮之大端固將正名定分別嫌疑防僭亂也今律雖加庶子服所生母三年而削去其母黨之服凡其嚴適庶之閑而已古者公妾及士妾服其父母期故其子得爲母黨服者從服也今使庶子爲母黨服必先使妾得爲其父母服而後可而其事豈可行哉今昔異勢喪制屢更不正其本而徒取末節行之轉見其多所牴牾且滋弊也其或所處情事有可爲制服之道則援喪服記之文仿古姪娣長妾之例請於父與適母得命而後服焉可也萬氏謂天下無無母之人固也然欲申私恩於亡母之黨無所顧慮而概爲之服是無父也世之庶子不達斯義以抗其所生爲孝不惟蔑視適母抑且無父實甚萬氏之說適足爲其所藉口也其殆不足爲訓哉

——摘自《民彝》一九二七年四月第一卷第三期

儀禮喪服斬衰三年章通義

鍾秀崎

我國繼統之法。堯舜遜讓。擅諸賢才。夏商繼世。傳諸子弟。舍弟而獨傳子。實自周始。由傳子而嫡庶之制生焉。由嫡庶而喪服之制生焉。原周公所以定喪服之制。自其表言之。不過稱情立文。別親疏尊卑之分而已。自其裏言之。則親親之中寓尊尊之意。尊尊之中寓統一之意焉。何以知其然邪。觀斬衰三年章。以親親之意論之。則父母於子同慈也。何以爲長子斬衰三年。爲衆子乃齊衰不杖期乎。子於父母同孝也。何以爲父斬衰三年。爲母乃齊衰三年或齊衰杖期乎。蓋父母慈固同也。而父爲至尊。長子衆子孝固同也。而長子爲傳重。唯其如此。故知其親親之中寓尊尊之意焉。若夫子爲父。女子子在室爲父。子嫁反在父之室爲父。妻爲夫妾爲君服斬衰三年則尊卑之尊以定。而家統于一也。父爲長子。爲所後者。服斬衰三年。則正體之尊以定。而宗統于一也。諸侯爲天子。臣爲其君。公士大夫之衆臣爲其君。服斬衰三年。則君臣之尊以定。而國統于一天下統于一也。唯其如此。故知其尊尊之中寓統一之意焉。夫而後一民之身皆有所親。皆有所親。則皆有所尊。皆有所尊則皆有所統。其身統于其家。其家統于其宗。其宗統于其國。其國統于天下。循條附枝。秩然不紊。故一民之行事皆對于所統而有責任。若子女若妻妾皆家長之所治也。家長受治于宗正。宗正受治于君國。國君受治于天子。此非所謂修齊治平之術與。

——摘自《東北大學周刊》一九二九年六月
第七十五號

降服三品說 附表一

吳承仕

記檀弓云，『古者不降，上下各以其親。』注，『古者謂殷時也，上不降遠，下不降卑』。（疏云，『上謂旁親，族曾祖從祖及伯叔之班，下謂從子從孫之流，彼雖賤，不以己尊降之，猶各以本屬之親輕重而服之，故云上下各以其親，若正尊，周禮猶不降。』）殷質而周文，尊尊之制備，而降服之例始嚴。喪服不杖期章注云，『凡不降者，謂如其親服服之。降有四品：大夫以尊降；公子大夫之子以厭降；公之昆弟以旁尊降；為人後者女子子嫁者以出降。』敖繼公併旁尊降於尊降中，則渻四為三；閻若璩謂鄭注四品外，宜增餘尊降殤降，則益四為六；鄭珍不數餘尊，而以殤降為年降，則益四為五。黃以周駮之曰，『餘尊即厭降，既謂之殤，降義自明，故鄭皆不數也。』嘗試總攬傳記，和會衆說，推五服隆殺之例，尋六術經緯之條，竊以鄭君四品之義，不過舉其一隅；今欲審端徑術，參伍異同，則一切降服，宜總為三品：

一曰尊降，二曰殤降，三曰出降。尊降者，服術所謂尊尊也。（為尊服，尊尊也，以尊降尊旁親，亦尊尊也，故尊降得攝入尊尊中。）尊降之細別有四：一曰本尊降，謂自身爵尊，以己尊降旁親之無尊或尊不同者，鄭注所云，『君大以尊降』是也。二曰尊厭降，謂上有所厭，則不下不申，如『父在為母杖期』（傳曰『屈也，至尊在不敢申其私親也』，）『父卒為母三年』，（注云，尊得申也）一也。『公士大夫之衆臣為其君，布帶繩屨』（注云『厭於天子諸侯，故降其衆臣，貴臣得申，不奪其正。』）二也。公子大夫之子，身本無尊，以受厭於尊者，其服與不服，降與不降，一以其父為依。如『公子為其母，練冠麻麻衣縓緣，為其妻縓冠葛絰帶麻衣縓緣，既葬除之』（注云，諸侯之妾子厭於父，為母不得申，權為制此服，不奪其恩也，按：諸侯絕旁期，為妾及庶婦無服，父所不服，子亦不敢服，故公子『大夫之庶子，爲母妻昆弟大功』爲母妻，在五服外。）（傳曰，『大夫之庶子，從乎大夫而降也，父之所不降，子亦不敢降也，』注云『言從乎大夫而降，則於父卒如國人也，昆弟，庶昆弟也，父所不降，謂適也，』按大夫爲貴妾緦，爲庶婦小功，爲庶子爲士者大功，是父之所降，子從父而降，故皆爲之大功，大夫爲適子斬，是父所不降也，父所不降，子亦不敢降，故大夫之庶昆弟，爲適昆弟不杖期。）此則鄭注所云『公子大夫之子以厭降者』三也。『庶子爲父後者，爲其母緦』，（傳曰，『與尊者爲一體，不敢服其私親也』，）四也。三曰餘尊降，餘尊者，謂諸侯雖卒，公之昆弟，猶藉先君之餘尊以降其諸親，如『公之庶昆弟爲母妻昆弟大功，』傳曰，『先君餘尊之所厭，不得過大功也，』公子大夫之子，從乎大失而降，是謂厭降；大夫身沒，其子得申，公雖沒，其子猶屈，是謂餘尊之厭，斯其異也。四曰旁尊降，公之昆弟，身本無尊，而爲公之旁尊，其尊視大夫，（揚小功章注，『公之昆弟猶大夫』疏云『此二人尊卑同』）故亦降其諸親。如『公之昆弟，爲從之昆弟爲士者，小功』，（從父昆弟，本大功親，大夫以尊降，大夫之子以厭降，公之昆弟以旁尊降，故皆在小功。）鄭注所云『公之昆弟以旁尊降』，是也。餘尊義主父卒，旁尊則不關其父，斯其異也，（約黃以周說）以己尊降，是謂本尊之降；己雖無尊，藉昆弟之尊以成己尊，是謂旁降之降。以受厭於尊，而爲服不得申，是謂尊厭之降；尊者雖沒，似無厭矣，猶爲餘尊所屈而使不得申，是謂餘尊之降。故此四事者，皆在尊降之科。二曰殤降，服術所謂『長幼』是也。三曰出降。鄭注云，『爲人後，女子子嫁者，以出降，』即服術所謂『出入』是也。（此二降前已具說）親親爲制服之本，尊尊長幼出入，爲降服之準，名近乎加，從近乎降，以是三降，會彼六術，參伍以變，錯綜其數。升降之條，攝無不盡，以與鄭說四品相校。蓋所謂『心同貌異』者也。降之大略有三，而尊降之目凡四，又有應降不降之科，出入交錯。義類益繁，非上文所能具也，故別疏其凡要於左方：

凡正尊不降：

不杖期章，『大夫爲祖父母爲士者』，傳曰，『大夫不敢降其祖也』，此不以尊降也。小記云，『大夫降其庶子，其孫不降其父，』注云，『祖不厭孫』，此不以厭降也。不杖期章，『女子子爲祖父母』，傳曰，『不敢降其祖也，』注云，『明雖有出道，猶不降』，又齊衰三月章，『女子嫁者未嫁者，爲曾祖父母，』傳曰，『嫁者其嫁於大夫者也，未嫁者，其成人而未嫁者也，何以服齊衰三月，不敢降其祖也』，此兼明出不降，貴亦不降也，正尊無殤，可知。

適長不降：

不杖期章，『大夫爲適孫爲士者』，傳曰，『大夫不敢降其適也，』此不以尊降也，殤大功章，『公爲適子之長殤中殤，』『大夫爲適子之長殤中殤，』注云，『諸侯大夫不降適殤，重適也，天子亦如之』，此謂天子至大夫，爲子殤，與衆人爲之同，故云不降適，此不以殤降也。婦人外成，似無不降適長之義。

宗子不降：

齊衰三月章，『大夫爲宗子』，傳曰，『大夫不敢降其宗也』，疏云，『母妻不降可知，』此不以貴降大宗也。記曰，『宗子孤爲殤大功衰小功衰皆三月』，以成人宗子死，絕屬爲之齊衰三月，今殤則當降，降則無服，不可也；故不降其月數而降其衰制，此不以殤降大宗之變例也。齊衰三月章，『丈夫婦人爲宗子，宗子之母妻，』注云，『婦人女子子在室及嫁歸宗者也』吳廷華曰，『婦人兼已嫁未嫁者言，嫁即不反，亦齊衰三月』此不出降大宗也。不杖期章，女子子適人人者，爲我昆弟之爲父後者，』傳曰，『婦人雖在外，必有歸宗，曰小宗，故服期也』，此不以出降我小宗也。

外親正統不降：

通典，『譙周引舊說，外祖父母，母族之正統，妻之父母，妻族之正統，自天子達，服之如邦人』禮家春秋公羊家說並同，」

凡尊同不降：

大功章，『大夫爲世父母叔父母昆弟昆弟之子爲士者』，傳曰，『何以大功也，尊不同也，尊同，則得服其親服，』注云，『尊同，謂亦爲大夫者，親服期』，此明尊不同則降也，『大夫之妻大夫之子公之昆弟爲姑姊妹女子子嫁於大夫者，君爲姑姊妹女子子嫁於國君者』，傳曰，『何以大功也，尊同也，尊同則得其親服』，此明尊同則不降也、夫尊於朝，妻貴於室，故大夫之妻視大夫；大夫之子得行大夫禮，故大夫之子視大夫，公之昆弟，爲公之旁尊，亦視大夫，故此四人尊卑同。

凡尊遠不厭：

小記云，『大夫降其庶子，其孫不降其父，』注云，『祖不厭孫也，』大夫爲庶子大功，父尊近，故厭。祖尊遠，則不厭也，服問云，『公子之妻爲其皇姑，』注云，『皇，君也，諸侯妾子之妻，爲其君姑齊衰，與爲小君同，舅不厭婦也。』父尊近，故厭妾子爲母同服，舅尊遠，則不厭婦，其爲君姑，與衆人同。

婦人不厭：

小記云，『婦人不爲主而杖者，姑在爲夫杖，』注云，『姑不厭婦』疏云，『舅主適婦喪，則厭適子使不杖，今日姑在，姑主子喪，恐姑既爲主，姑亦厭婦，明今姑雖爲主、不厭婦也。』又通典，『王冀答劉系之曰，禮婦人不厭。』又蔡謨答解遂曰，『父卒，爲所生母，不厭於適母。』

不體不厭：

不杖期章，「公妾大夫之妾爲其子，」，「傳曰妾不得體君，爲其子得遂也。」記云，「凡妾爲私兄弟，如邦人，」注云，「嫌厭降之也，然則女君有以尊降其兄弟者，士之女爲大夫妻，大夫之女爲諸侯夫人，諸侯之女爲天王后也、父卒，昆弟之爲父後者，宗子，亦不敢降也」。疏云，「君與女君不厭妾，故云，嫌厭之，其實不厭。」

出適不厭：

凡適人無主者不降：

女子子適人，爲母不杖期，無父在父沒之殊，不杖期章，「姑姊妹女子子適人無主者，姑姊妹報」傳曰，「爲其無祭主故也，」注云，「無主後者，人之所哀憐，不忍降之，」疏云，「餘人爲之服者，仍依出降之服，而不服加，恩疏故也。」

凡異姓無出入降：

小功章，「從母，丈夫婦人報，」馬融曰，「言丈夫婦人者，異姓無出入降，皆以丈夫婦人成人之名名之也」謂從母報姊妹之子，不問其適人以否，皆爲之小功，姊妹之子爲從母，亦然。

凡兩出不再降：

大功九月章，「大夫之妻爲姑姊妹嫁於大夫者」身爲大夫之妻爲嫁於大夫者。是兩出也，而爲之大功，是不再降也，故開元禮云，「出降者，兩女各出，不再降。」

凡恩輕者略從降：

小功章，「夫之姑姊妹，」注云，「夫之姑姊妹，不殊在室及嫁者，因恩輕略從降，」張錫恭曰，「夫爲姑姊妹在室不杖期，適人大功，妻從夫降一等，則當在室大功，出降小功，今以其恩輕，不殊在室與出嫁，而概以出降制爲小功，不殊，略也，爲之小功，從夫之降也。

凡有出道者，逆降旁親：

大功章，「女子子嫁者未嫁者，爲世父母叔父母姑姊妹，」注云「女子子成人者有出道，降旁親，及將出者，明當及時也，」六朝諸儒，謂之降逆，疏云，「嫁者降旁親，是其常，女子年十九，後年二月冠子娶妻之月，其女當嫁，今年遭此世親己下之喪，若依本服制期者，過後二月，不得及時，逆耶在大功，大功之末，可以嫁子，則得及時而嫁，是以云明當及時也」，盛世佐曰「逆降者，皆期服，若大功以下，以無妨於時，則不須逆降」，

凡一事應降，一事不應降，且相除：

不杖期章，「姑姊妹女子子適人無主者，」出適應降，無主哀憐之不應降，故爲之期。又大夫之子爲姑姊妹女子子爲大夫命婦而無主者，亦不杖期。案爲姑姊妹女子子，在室不杖期，出降一等則大功，大夫以尊，又降一等，則小功，今姑姊妹爲大夫命命婦，止有出降，無尊降，應大功，又以無主哀憐之，故爲之期，此降不降相除之例。

凡合止一降者，異降之：

小功章，「爲人後者爲其姊妹適人者，」馬融曰，「在室齊衰期，適人大功，以爲大宗後，疏之，故小功也」，陳詮曰「累降也。」

新定降服三品表

- 降
  - (甲)尊降
    - (一)本尊降——即鄭之尊降一
    - (二)尊厭降
      - 一、父在爲母
      - 二、公士大夫之衆臣爲其君
      - 三、公子大夫之子爲母妻昆弟
      - 四、爲父後者爲其母，
      - ——即鄭之厭降二
    - (三)餘尊降　公子大夫之子，從乎大夫而降
    - (四)旁尊降　公之昆弟——即鄭之旁尊降三
  - (乙)殤降
  - (丙)出降
    - (一)女子子嫁者
    - (二)爲人後者
    - ——即鄭之出降四

——摘自《師大國學叢刊》一九三一年五月第一卷第二期

跋館藏明弘治本經禮補逸

辰伯

經禮補逸九卷，四册

半頁十行，行二十四字。

元汪克寬著　明弘治十年（1497A.D.）程敏政校刊本

卷首有明洪武二年臨江諸生曾韓序一首，汪克寬自序一首。卷末有明弘治十年程篁墩敏政跋。

按明史儒林傳：「克寬字德輔，一字仲裕，學者稱環谷先生。祁門人。泰定壬寅舉於鄉，元亡不仕。明初徵修元史，以老病辭歸，洪武五年卒於家。（1304—1372A.D.）

篁墩跋謂：「著書凡十餘種，皆擴前賢所未發，有益學者。然惟春秋胡傳纂疏綱目凡例考異盛行，餘多不傳。蓋聞先生既沒，悉被一人詒去，掩有己有。經禮補逸一篇尤號精確，不可得見，可見者侍郎程公之序爾……其子儒學生營百計購得之，其原本雖被改竄，然有附麗而無刓補，所改竄亦不過以焉爲也以乎爲哉之類，異膺之跡，皦然明甚。先生玄孫文儀從玄孫仁智等與愬保領圖刊布，祁門令武昌韓君伯清實來相之，予因爲手校，使學者得以致高山景行之思焉……」

第據四庫總目卷二十引程敏政篁墩集謂『「……先生元孫文儀等力圖刊布，因爲手校，且摹先生之像於編首，別爲附錄一卷云」。此本有附錄關文行狀之類而無其像，亦無敏政此跋，或後人別得改竄之本刻之歟？』今按此本編首無先生像，卷末無附錄關文行狀之類，而有敏政一跋，第文小有歧異。則此本決非四庫所收之馬裕家藏本及附錄一卷本明甚。

邵氏標注卷二。所舉經禮補逸有通志堂本，明弘治中程敏政校刊本，陸氏所藏十卷附附錄一卷之弘治本。按明宏治程敏政本即館藏本，陸氏藏本疑即四庫諸臣所未見之附錄一卷本，第卷數不同，又未能決其必是，惜皕宋書歸東瀛，未能持與此本一覆，識其所改竄并異同爲何如也。

——摘自《燕京大學圖書館學報》一九三一年六月第十一期

程易疇儀禮經注疑直輯本序錄

吳承仕

民國十八年九月。江夏徐恕行可。以舊藏吾鄉先正程易疇先生儀禮經注疑直殘稿八册。寄余北平。屬爲校寫。以俟刊布。尋程君撰箸。行世者有通藝錄。而疑直獨希見稱述。意其端居治禮時。有發正。即隨事錄於簡端。名之疑直者。取曲禮疑事勿質直而勿有之義也。後來通藝錄全部刊成。（通藝錄各種皆陸續付刊）年已七十有九。疑直所列諸義。有已采入通藝錄各篇中者。如疑直說喪服各條。今錯見於喪服足徵記。而遺詞述義。頗有損益。又有同說一事。而兩義並列。前後相違者。又士冠大射有按語數事。末署癸丑記癸丑四月記。癸丑爲淸乾隆五十八年。程君時已六十有九。蓋晚年所見。頗有異同。故特署年月。

以著其先後變遷之迹。然則此編爲中時致力之書，非禮堂寫定之作，居然可知。

胡培翬儀禮正義引程氏說，發首一條，具稱程氏瑤田儀禮經注疑直。其後或稱程氏瑤田，程氏易田。今以疑直殘本校之，有義同而文句稍有增益者，有全出於今本之外者。（今所見爲殘本，胡氏所引出於今本之外，事不足怪。然以見存者校之，亦有爲今本所不具者。）頗疑程君於乾嘉之際，略比舊業，删定成書，而未暇付之剞劂。迨胡氏撰儀禮新疏，屬草幾四十年，益嘗蒐討先正遺文，得其定本，而逐録之以入正義歟。程君沒世百十七年，遺編復顯於世，雖爲未定之書，又殘闕不具，而朱墨爛然，字跡精好，足以考見儒先治學積累之勤，與夫持論異同之迹。承仕無似，又得躬與校讐鈔撮之役。誠末生之厚幸矣。

書凡八册。士冠士昏爲一册。闕二十三葉。鄉射爲一册。闕九葉。燕禮大射爲一册。闕二十六葉。喪服爲一册。闕七十七葉。士喪爲一册。闕一葉。既夕士虞爲一册。闕三十二葉。特牲饋食爲一册。闕一葉。少牢饋食有司徹爲一册。闕十葉。凡每卷首葉完具者。其第一行皆上題儀禮經注疑直次題欵程瑤田校。又每册中閒有雜入周禮文者。今皆辨而去之。

書用直行紅格紙。葉每面九行。行二十一字。經注疏欵式。一以李元陽閩刻注疏本爲準。而不全錄本文。監本毛本皆放李元陽閩刻今勘疑直書式與汲古閣本同而閒有異字又每以監本相校明其所據爲李元陽閩刻矣唯文字視他本有異同者。則摘錄單句。

而記其異字於旁。或證知其譌。則以意正之。亦不悉馮他本也。茲錄其引據諸本於左。

陸氏釋文。通典。唐石經。張淳識誤。李如圭集釋。楊復圖。

朱氏通解。元豐已未本。宋本。敖繼公集說。監本。北監本。嘉靖本。陳鳳梧本。永懷堂本。顧炎武九經誤字。張爾岐句讀。沈廷芳正字。鍾人傑刊本。集虛堂校本。清殿本。清欽定義疏。吳本。（疑是吳廷華句讀）金日追正譌。戴震校本。金榜校本。方晞原校本。

作者自下已意以申經注之義。或規正鄭賈及儒先舊說。皆錄之上方。或稱案。或稱瑤田案。或條末署瑤田記。文無定例。亦有直隸陳言不加案語者。蓋類記之以待異時論定也。所引同時友朋之說。則有戴東原金輔之汪稚川方晞原（皆徽州人）汪容甫段若膺劉端臨阮伯元汪竹香等。夫戴金汪劉段阮諸家。其箸述衣被天下。初不藉此書以自重。然單文賸義。或不見於本集。而偏爲此書所徵引輯而錄之。已足以沾溉後學。若汪稚川方晞原汪竹香諸君。亦一時耆碩。其文詞不少槪見。故知之者希。蘇通藝錄五友記云。汪鑒龍。字稚川。精三禮學。輒多心解。能補先儒所不及。年僅五十九而卒。未嘗著書。其弟愼川裒其所常披讀之書付余。其書上下方丹墨所記者。余將爲錄出。若不能成一書。則條擧件繫。揚榷存之。庶幾碎金片羽。愈足寶貴。今疑直所列稚川說。或直稱龍案者。皆程君所逐錄而揚榷存之者也。

方晞原兼治詩古文辭。見通藝錄及戴氏文集。汪竹香見漢學師承記。方書不見著錄。汪書及身悉燬於火。今疑直閒引一二事。二君之學。得以窺見一班。誠所謂碎金片羽。愈足寶貴者矣。

今輯錄是書。仍舊名爲儀禮經注疑直。原書實據閩刻十七卷本而多空其文。原書空格甚多。以文字苟無異同則不出也。今又放失不具。故須意爲消息整齊篇幅而別題卷數於旁。不得具依原本十七卷之次。

輯錄之例。先出經注疏文。畧標起訖。次注原本卷數葉數行數於下。卷數葉數行數次第與汲古閣本同。次低一格迻寫疑直本文。其直鈔成說。初無論斷者。亦據錄以存本眞。

疑直爲書。蓋有二術。一曰校字。二曰說義。原書引據各本。比勘異同至爲詳審。其時誤本甚衆。校者不得不爾。今阮記既行。文間危疑。皆與發正。其所據版本。亦有出於疑直所引外者。故於程君據本校字各條。不煩甄錄。以免繁文。若以意校改。或據校而復加案語者。則具鈔之。其簡端說義各條。雖前後岐互。亦依次列之。或間附愚案以明其意。此其大較也。

胡培翬楊大堉所引疑直文。爲今殘本所無者。今依次錄入。其引義同而文字少異者。則附錄於當條之下。以資比勘。

又有周禮二册。都百五十餘葉。其校字說義及書本款式。與疑直正同。唯殘闕過甚。亦不審其書名。應別爲輯錄。以成一書。附於儀禮疑直之後。　民國二十年六月二十日。

摘自《國學叢編》一九三一年七月第一卷第二期

喪除立後追服議

金天翮

曲石示我滕衝疊水河李氏宗譜。其叔祖曰自學自恒自昌。自學長也。無後。欲後昌之次子大芳。芳幼母斬之。自學夫婦先後沒。芳竟不爲後。雖不爲後。而芳爲自學行述。言芳負罪於伯考。今欲過承宗祧。以盡萬一應盡之職。而迭遘閔凶。年來旅蘇。依從姪根源。兩世一身。終不得行吾伯考之志。徬徨無以爲計。曲石問曰。芳之不後自學也可乎。余曰。後者與所後者之意同。後之宜也。或曰。自學小宗也。先儒有言。大宗無絕。小宗絕則從祖祔食。此禮可行與。曰。是非經旨也。別子爲祖。繼別爲宗。繼禰者爲小宗。宗者。謂其承享祭之統也。繼禰雖小。而宗之者明其統之均。不可以絕也。絕之是絕其祖禰之體也。喪服傳曰。何如而可以爲之後。同宗則可爲之後。何如而可以爲人後。支子可也。適子不得後大宗。夫禮之不以適子後人也。重小宗之統也。明小宗之無絕也。今芳於自學。禮所稱世父者也。世父也者。重其繼祖禰之世也。故芳以支子而後小宗之自學。於禮爲宜。曰。芳有兄若弟皆沒。然則本宗固可絕歟。曰。參之漢儒戴聖田瓊之說。則絕父以後大宗。還以所生庶子後其父。間代爲後也。若今禮則兼祧可也。兼祧之制始於淸乾隆朝。禮之所窮。而義起者也。曰。自學之沒於今七年矣。滇俗之定繼嗣也。非所後者之生則在初喪。無過祥禫者。若子之言能徵之古則善矣。曰。漢儒所言還以所生後其父。還後之年。其父之存與沒未可知也。安知其不在終喪之後也。此一證也。荀伯子與司馬操論既練爲人後者爲所後父服。荀謂死者三年喪將除。

無後而昆弟自遠來命其子後之後之者不絕其宗而已初無問其喪之除與否也此又一證也諸葛武侯無子求兄瑾之子喬於吳爲嗣喬生子攀而諸葛恪見誅於吳子孫皆盡武侯遣攀還爲瑾後不爲恪後者恪有罪也然而瑾之沒有年矣此其例之尤大彰明顯著也故芳既有後其伯考之心且知小宗之亦不當無後即今日而後之可也然則當追服乎喪服傳曰受重者必以尊服服之承其統必正其父子之名正其父子之名必服三年之服所以杜與爲人後者之漸也若除喪而追服議者有可不可之兩說以經比之親死除喪而未葬子不釋服爲其虞祭不舉死者之魄未安即生者之心亦不能忘哀也既葬而虞而祥且禫則凶事畢矣而受重焉行心喪三年可也後之之禮如何曰擇吉日祭於祖禰告於族之長者如是焉可矣

——摘自《國學商兑》一九三三年六月第一卷第一期

喪服概論

章太炎先生演指
潘景鄭筆述

國家昏亂。禮教幾於墜地。然一二新學小生之言。固未能盡變民俗。如喪服一事。自禮俗以至今茲。二三千年。未有能廢者也。今雖衰麻室廬之制。不能一一如古。大體猶頗有存者。以民國未定喪服。民間訃告則改遵制成服曰遵禮。問以依據何禮。卽人人不能自言。蓋景附清禮而已。而清律所列服圖與清通禮又相舛駁。常人多見清律。少見清通禮。喪服率依律行之。亦未得云清禮也。自達者觀之。纍代所定服制。格以禮經之法度。往往有軼出者。今朝市已遷。無所獨遵清禮。且繆於禮經者。亦獨清禮爲甚。則由纍代删改。積漸以至是也。定喪服者凡四家。一曰禮經。二曰唐開元禮。三曰明孝慈錄。四曰清通禮。唐明之間。宋世尙略有更定。合之前四。共爲五家。夫禮經制服。比例精嚴。其原則散見子夏傳中。蓋如刑律之有名例。服制雖無妨損益。要以不違原則不誤比例爲正。猶刑律有可損益者。而要不得違其名例也。今之不能盡復禮經者。以尊降厭降諸條。獨可施於封建世卿之時。非秦漢以下。而宜守其纍代循行者。皆尊降厭降以外之事。諦審而不可革者也。而開元禮又頗有剗定。後之議者。多訾當時君相作聰明而變舊章。然校諸宋明清三家。尙頗嚴謹有法。所以然者。六代禮書。訖唐世猶在。廷臣又多習禮家條例。故杜炅之言不能出諸其口。非如後代三家。不以其事付白徒鄙儒。卽付之刀筆吏也。清禮既不可遵行。而輕議禮者又多破碎。擇善從之。宜取其稍完美者。莫尙於開元禮矣。今先舉三家之失。以明開元禮之是。條列如左。

宋世所失者一事

禮經婦爲舅姑齊衰期。傳曰。何以期也。從服也。自唐貞元時。禮法漸壞。婦爲舅姑有從其夫服三年者。此乃民俗之謬。於國制無與。後唐比而從之。宋初魏仁浦等遂依以定禮。夫女子子適人者。爲其父母且降爲齊衰期。傳曰。何以期也。婦人不貳斬也。蓋爲夫斬衰。則其他更不得與之同服。今爲舅斬衰三年。違於不貳斬之原則矣。若以夫在練服。婦已被服綺紈飲酒作樂爲疑。不悟處有喪者之側。未有可以服鮮華恣娛樂者。鄰人有喪。舂猶不相。況婦之於夫歟。處父祖之喪者。子則斬衰三年。孫則齊衰期。何不曰其子在練服。其孫可被服綺紈飲酒作樂耶。此可推例以解其惑者也。唐李涪稱婦爲舅姑除服後。門庭尙素服靑縑衣。以俟夫之終喪。蓋自古相承如此。縑卽今紡綢。乃縵繒無文者。與綺之有文者異。仁浦起刀筆吏。遂有夫居苫塊。婦被綺紈之難。且其時夫已小祥。舍於外寢矣。安得尙寢苫枕塊耶。亦由刀筆吏不知喪服有變除也。

明孝慈錄所失者三事

爲父斬衰三年。爲母齊衰三年。此喪紀之正。而服術之至文也。生民之說。系於父不系於母。故服制亦殊。雖然。齊衰正服五升。義服六升。而爲母服則四升。其夫斬衰三升相校而成。於至親之恩。非不篤也。繼母慈母服皆如母。而於服術謂之加服。衰裳五升。明恩不如母。明制爲母服亦斬衰。於是齊衰三年之服遂絕。此爲不知服術者。

禮經載三殤之服。條目至詳至明。而殤服盡廢。是於幼穉爲無恩。且爲成人服大功小功。皆有受。而爲殤服則無受。傳曰。喪成人者其文縟。喪未成人者其文不縟。夫文之不縟者。由其哀之未殺。昔人於男女未冠笄者。隱之如此。今一旦盡芟薙之。斯亦不仁甚矣。且無殤。不得爲完服也。齊衰杖期之服。十五月始除。視不杖期者爲淹久。禮經所著。獨父在爲母。出妻之子爲母。父卒繼母嫁從爲之服。及爲妻四事。母妻皆至親。繼母不與因母同親。而得與爲比者。以從嫁則撫育不衰。故傳所謂貴終也。然且爲之報服。視之若此其重也。非此四者。雖至尊如祖父母。同氣如昆弟。祇齊衰不杖期耳。爲庶母服。禮不過緦。明祖以昵孫貴妃。故增庶母服至齊衰杖期。乃令庶母之尊親過於祖父母。斯於比例大繆者也。且爲庶母已爲齊衰杖期。爲庶母慈己者。將何以加異服乎。不得已乃通謂之慈母。此又亂其名實者也。

清通禮所失者一事

禮經。爲人後者爲其父母。齊衰不杖期。傳曰。何以期也。不貳斬也。至爲祖父母以上。禮經與槩代之禮皆無文。蓋如其本服爾。例以女子子爲祖父母。不論在室適人。皆齊衰期。傳曰。何以期也。不敢降其祖也。此制乃歷代所不異者。蓋斬不可貳。而齊衰期非不可貳。女子子適人者爲其祖父母。然則爲人後者爲其祖父母亦然。且爲其父母降服者。齊衰四升。爲其祖父母不降者。依正服齊衰五升。雖同爲齊衰期。其麻固已異矣。清通禮爲人後者爲祖父母大功。爲曾祖父母小功。爲高祖父母緦。不悟喪服傳云。小功者兄弟之服。不敢以兄弟之服服至尊。今雖出爲人後。其於本生祖父母以上。猶至尊也。出爲人後有在五世以外者如視本生爲旁尊卽應無服今既不以遠近爲異則視爲至尊甚明爲祖父母大功。則不得不爲曾祖父母小功。乃以兄弟之服服至尊矣。此甚違於喪服之原則者也。

如上五繆。三家所有而開元禮所無。故開元禮雖未能事事精整。猶可依以施行。乃如父在爲母齊衰三年。爲曾祖齊衰五月。前者未必亦不厭於人情。後者又非在絕不可增之例。爲舅小功。達於外親皆緦之義。然禮經爲從母已至小功。以此推例可也。嫂叔有服。雖違古制。準以同爨爲緦之例。推而行之。亦可也。惟舅之妻不得稱母。而玄宗手敕爲舅母緦麻。此開元禮撰定在前。故未竄改。然通典所載開元禮無此條。國官爲國君斬衰。既葬除之。此爲今世所無。乃當從事實而刪者。自此以外。悉依開元禮爲定。上視禮經。誠猶瑾瑜之匿微瑕。下視三家。可謂玉之章章。勝於珉之雕雕者遠矣。

——摘自《國學商兑》一九三三年六月第一卷第一期

二三

嫁娶之時鄭王異說平議

王公賢

士昏禮無嫁娶時月，鄭康成謂「嫁娶以仲春爲正，」王肅聖證論，「嫁娶起於秋冬，而盡於仲春；」馬昭主鄭而攻王，孔晁主王而攻鄭，張融評則以鄭說爲密，杜佑束皙及近世孫詒讓兩非之。維庭案：王氏所言，與荀卿合，與毛傳合，與揚子太玄合，即與鄭康成所據周官「仲春會男女，」及大戴記夏小正「二月綏多士女」之文，亦無不合。荀卿與孟子同服孔氏而並時，於孟子後獨爲大儒，其學尤獨精於禮。其云：「古者霜降逆女，冰泮殺止，」必有所承受。家語固僞書，後儒且以爲王肅所爲。然亦必如僞古文尙書，有所因襲，非其臆造。本命篇載孔子之言曰：「霜降而婦功成，嫁娶者行焉，冰泮而農業起，昏禮殺於此，」與荀卿之言相合。毛公親受業于荀卿，其傳詩於嫁娶時月本荀子。韓詩傳亦曰：「古者霜降逆女，冰泮殺止，」其源皆出自荀卿。不獨此也，管子幼官篇「春三丣十二，始丣合男女，秋三丣（惠氏禮說俗誤爲卯）十二始丣合男女，」胡承拱謂「秋始丣」在白露之後，卽荀子所謂「霜降逆女」也，「春始丣」在清明之後，卽荀子所謂「冰泮殺止」也。楊子雲漢代大儒，其著太玄亦云：「納婦始秋分」王肅所言卽自荀卿出也。董仲舒謂「秋冬陰來，春夏陰往，古之人冰泮殺止，秋冬逆女，將順陰陽，」迂哉！禮不外乎人情，法多由于習慣，人情習慣，不能外乎民生所處時代之環境。中國自古目農立國，周目農興，重農尤爲首務；國家有大舉，不違農時，民間行大禮，必目農隙，故國家一切禮制法制，首目不違農事爲原則。當時所謂平民者，大抵農民居其十之八。農事興之月，男子勞南畝，女子勞蠶桑，終歲勤勞，不敢休息，八口之家，庶可供租賦，無凍餒。蓋五畝之宅二畝半在田，二畝半在邑。農事起，則去邑而處于田；至秋冬農收且畢矣；始返于邑處，而室家婦子團聚，得盡人倫之樂焉；故豳風之詩，於「十月納禾稼」

之後」，曰：「穹窒熏鼠，塞向墐戶，嗟！我婦子，入此室處，」明前此或胼胝田間，或往來桑陌，猶未暇及室家之樂也。蓋當時民生所處之環境如此。夫嫁娶大禮也；又多煩時日。農時舉婚禮，則男害耕而女害織；平民㠯農桑爲衣食，謀生且不暇，何暇禮？且當農桑拮据之時，行禮必不得備，不備則禮缺，禮缺則大辱。將合二姓之好，而取大辱，人情必不甘此。且農時舉昏，不獨夫家病；女家亦病。一舉而二家之農事俱廢，而二家生計俱傷，故昏禮必不宜行于此時。荀子「謂霜降逆女，冰泮殺止」以當時民生環境考之，信不誣也。民之趨利，若水之就下；事害民者，不待勸而止。秋冬至仲春之時，國家是非明定法令㠯限之；今無可攷。然㠯當時人情習慣考之，則嫁娶必於是時也。周官「仲春之月，令會男女，奔者不禁」，㠯農事將起，故急合無室家之男女，㠯及時成昏，不致有怨曠之慨。故雖六禮未具，而奔者不禁。大戴記夏小正「二月綏多士女」，卽此之謂。匏之詩「待冰未泮」氓之詩「秋以爲期」皆有明徵。夫咏於詩者，大抵皆㠯民間所常行者爲說也。鄭箋見周官有「仲春令會男女」之文，遂謂嫁娶必仲春，何其泥哉!?禮从宜，苟宜於民，何四時之別？特㠯平民言之，則秋冬至仲春之時爲宜，故古之逆女者恒㠯此時。若春秋所載嫁女逆婦，四時通用無譏辭，皆天子諸侯卿大夫之事，固非可㠯例平民者；又安得持此㠯非王氏？惠氏禮說曰；「左傳襄公二十二年十二月，鄭游眅將如晉；未出境，遭逆妻者奪之」則春秋民間嫁娶，亦在秋冬也。然則王肅之說，終不可非。或曰：今之娶妻者，四時通用，何不與古同？曰：今非古之時，無不異，娶妻又安得同？

——摘自《中國文學系叢刊》一九三四年第一卷第一期

中國古代社會研究者對於喪服應認識的幾個根本觀念

吳承仕

(一)本文的動機及其步驟

當新興社會科學風起水湧大行其道的現在，對於中國古代歷史，有多數學者正應用新的利器，努力從事於『自己的園地』的工作。這工作的收穫怎麼樣，在藏身於另一『象牙之塔』之內的我們，當然沒有批判這些問題的資格；但是，據我一瞥所及：很有用一定的理論方式，作爲下層基礎，而建築起彈指即現的空中樓閣來的，這種建築物，怕不見得有金城湯池那末穩固罷。

我們看繙譯書遇到詰詘聱牙不易理解的文句，很自慚的疑心自己的素養不彀；可是一發現牠的文理不通與常寫別字，即刻本能的感覺到金錢與時間都受了文化投機者的剝削了。同時對於用新方法來講中國古史的學者，不幸發現了牠的援引不當或解釋錯誤，不待看完全書，對他總不免要起一種『不信任』的反感。

我們很深刻的感覺到編纂中國社會史之不易：最少應該從搜集，統計，比較，事實入手，在此浩如煙海眞僞雜糅的事實中，應該由各有心得的多數學者分工合作入手，遲之又久，庶幾可以編成一部稍有可觀的中國社會史綱：在這個想像進程中，至少我將努力於我可以努力的很小的一部份工作。

我站在「檢討他們理解中國古史—更偏狹的關於三禮中的喪服—的能力如何」這個立場，擬對於陶希聖君著述中一部分有所批判；可是萬一被批判者根本見解不同，甚至多數第三者也一樣不了解，那末，結果是各方都無所得，徒引起論點不一致的無謂辨爭，這是很不經濟的事情。

我並不說喪服學是研究古代社會的基本工作，也不說凡治中國古史者都得費幾年工夫去研究喪服學，我只說研究古代親屬倫理的學者們，在承認喪服為重要材料的條件之下，最少須澈底了解喪服中幾個根本觀念—如我下文所舉的那樣。本來，那些根本觀念，是簡單明了的為前輩所已知我輩所當知的，用不著「啓蒙式」的重複叙述出來；可是因為學術界的不景氣，以及有心得的前老輩們，絕對不會與現代學術空氣接觸，而後生小子所耳濡目染的，有好些是不成熟的「半製品」(？) 因此不得不半權利半義務的出來擔任這種工作。

作文的動機既如上述，以下擬先將本題要義，概括的條理的抽象的依次說明，次即根據這個見地，去觀察他們對於這學術部門的理解力如何，其實亦不過舉例以明講學之應慎重，並獻「區區一得之愚」以就正於有道而已。

(二)喪服關於社會倫理之重要性

喪服的整個表現，無疑的是某時代某種經濟社會的一個意識形態，換言之，喪服中諸條理，是宗法封建社會中一種表現人倫分際的尺度，同時即是後來研究古代親屬倫理的一個最適用的鑰匙。

我們且不管周公作經子夏作傳的正統傳說是怎

變樣，我們在小戴記中找到說明喪服理論而與之完全相應的，有喪服小記大傳問喪服問閒傳三年問喪服四制等篇，尤重要的是提示『至親期斷』這個原則之原則的三年問一篇，荀無理解牠的能力，則對於喪服本身，不知其何以建立，喪服條理，不知其何以應用。三年問是小戴采取荀子禮論中的一節，由荀而孟，由孟而孔，其理論是一致的。我們從制作喪服提倡喪服解釋喪服三者『一以貫之』這方面看，至少可以說牠是晚周以前久已盛行的一種禮文與禮意。

自秦漢迄於清末二千百餘年間：在宗法既非常時的宗法封建也非當時的封建的不斷的漸變情態之下，常常由支配者的傳統意識，用國家法令的方式繼續把這個倫理典型保留到君主制的末日。在這個上層形式與下層基礎相互的調和與衝突的過程中，對於喪服條文——與法律官制略同，當然發生如下的三種適應手段：

一・廢除

比方『大宗子』廢了，即删去『爲宗子』齊衰三月之服；天子獨尊於上，而『諸侯大夫』皆不爲『君』，故删去『諸侯爲天子』斬衰三年，『臣爲君』斬衰三年『諸侯之臣爲天子』繐衰七月，『寄公爲所寓』『爲舊君』齊衰三月，及一切『尊降』之服：此其一。

二・增加

比方周制『嫂叔不相爲服』，唐太宗曰『同爨尚有緦麻之恩，嫂叔豈應無服？』魏徵等遂議定爲小功，此其二。

三・修改

比方因唐武后的近似的女權運動，把『父在為母』的期服，加為齊衰三年，至明洪武年間，又加為斬衰三年；此其三。

固然可以把禮文的沿革變遷，作為社會生活條件的沿革變遷的一個徵候；可是僅僅把握着這一點，而忽視了以外諸條件，結果，非陷入機械的唯物論不可。比方說：廢去『大宗子』，並非消滅了宗法制；廢去『尊降之服』，並非消滅了階級制；廢去『父在為母期』，並非消滅了男統制：這是很顯然的事態。還有將少數禮文『精神化石』般保留着作為某種意義的裝飾品的，即事實上有如在『三民主義』之下的政府要人，也有用『孤哀子』『杖期夫』的名目而發訃聞的，這不是一個很好的矛盾論據麼。

在士大夫的思想方面，亦無例外的分為進步與保守兩派，茲舉一最典型的事例如左：

晉侍中庾純云：『古者所以重宗，諸侯世爵，士大夫世祿，防其爭競，故明其宗。今無國士世祿者，防無所施，又古之嫡孫，雖在士位，無世祿之士，猶承祖考家業，上供祭祀，下正子孫，旁理昆弟，敘親合族，是以宗人男女，皆為之服齊衰。今則不然：諸侯無爵邑者，嫡之子卒，則其次長攝家主祭，嫡孫以長幼齒，無復殊制也。又未聞今世為宗子服齊衰者。然則嫡孫於古則有殊制，於今則無異等。今王侯有爵土者，其所防與古無異，重嫡之制，不得不同；至於大夫以下，既與古禮異矣，吉不統家，凶則統喪，考之情理，俱亦有違。按律無「嫡孫先諸父承財」之文，宜無承重之制。』

劉智王敞吳商等皆據古禮以駁庾純，後來杜佑亦從吳商說。

庾純對於嫡孫承重一問題，以物的條件—土地與財產—為推論的基準，這是很正確的史觀，而劉智等以「違古」駮之，其結果，勝利是歸於保守派。武則天加重為母之服，而盧履冰元行冲以「違古」駮之，其結果，勝利是歸於「進步派」(?)：這似乎是一個難解之謎，其實在「尊祖宗孝父母」這口號統治之下，既有加重的動議與議決，後來是絕對不會有由重而輕的事情的。

喪服的條文，因時代而變，而喪服的原理原則，則始終不變，也可以說在資本主義國家的自由主義個人主義沒有侵入的瞬間，喪服所表現的倫理觀念，幾乎支配了一切。所以我們說明了喪服關係社會的重要性，並粗略的指示了研究喪服歷史的路線之後，應依次敘述(三)喪期之單位(四)至親以期斷(五)外親之服皆緦(六)親親與尊尊(七)喪服所表現的宗法與封建的意味(八)同姓從宗與異姓主名幾個根本觀念。

(三)喪期之單位

自來稱「斬衰三年，齊衰期，大功九月，小功五月，緦麻三月」為五服，事實上不止此數，前後亦稍有變更，茲列表於左：

周	唐以後	明以後
一，斬衰三年	同	同
二，齊衰三年	同	刪
齊衰杖期	同	同
齊衰不杖期	同	同
	齊衰五月增	同增
齊衰三月	同	同
三，大功殤七月九月	同	刪

大功九月	同	同
繐衰七月	刪	同刪
四，小功殤五月	同	刪
小功五月	同	同
五，緦麻三月	同	同

遞觀上表，或者要發生『雜亂無章』『不易了解』之感，其實是一個整齊嚴密有條理有系統的組織體，說明這組織體的，以三年問及喪服小記為最明了：

三年問云：『曰：至親以期斷，是何也？曰：天地則已易矣，四時則已變矣，其在天地之中者，莫不更始焉，以是象之也。然則何以三年也？曰：加隆焉爾也，焉使倍之，故再期也。由九月以下何也？曰：焉使弗及也。故三年以為隆，緦小功以為殺，期九月以為閒。』

喪服小記云：『再期之喪，三年也，期之喪，二年也，九月七月之喪，三時也，五月之喪，二時也，三月之喪，一時也。』

原來喪服的時間長短，是以期——一年——為基本單位的，何以要用期為單位呢？因為『天地已易四時已變』的原故。由期而加為『再期』，『再期』實祗二十五個月，要須經過三年，故謂之『三年』；由期而減為不及期，期有四時，故減為三時二時一時三級。今命期為『四』，而表其關係如左：

三年（二十五月）＝8

加隆↑

本位——期（一年）＝4

大功九月——3

小功五月＝2

緦麻三月＝1

弗及↓

這是喪服期間升降的標準；此外如『繐衰七月』『殤大功七月』及後增的『齊衰五月』，都是一種例外的變態，不能入算的。又小功等於期之四分之二，本當爲六月，而定爲五月，或者是不用偶數的原故能。

(四)至親以期斷

喪服以期爲單位，既如上述。那末，對於何人該用期服，何人應增，何人應減呢？三年問云『至親以期斷。』即是說喪服以期爲本位，期服的適用，則以至親爲本位。至親即是一體之親，喪服傳云。

『父子：一體也，夫妻，一體也，兄弟，一體也。』

三至親即是一個血族單位，共互相爲服，皆是期服。由此出發：子爲父期，則爲祖大功，爲曾祖小功，爲高祖緦麻，此名上殺；父爲子期，則爲孫大功，爲曾孫小功，爲玄孫緦麻，此名下殺；兄弟期服，則同祖兄弟大功，同曾祖兄弟小功，同高祖兄弟緦麻，此名旁殺：『上殺下殺旁殺而親畢』，即是古文家所謂九族，也就是現在所謂『五服以內』『五服以外』的語源。

父母三年，爲伯叔父母期，爲曾祖高祖齊衰三月，都是特別『加隆』之服；若不懂得『至親期斷』這個基準，那末，甚麼是本服？甚麼是加服降服？是絕對不會了解的。茲表之如左：

1. 皆是至親期服，
2. 皆大功服，
3. 皆小功服，
4. 皆緦麻服。

以己爲本位，而用一二三四五表之，即所謂九族。

五 高祖 4				
四 曾祖 3	族曾祖 4			
三 祖 2	伯叔祖 3	族祖 4		
二 父 1	伯叔父 2	堂伯叔父 3	族父 4	
一 己	二 兄弟	三 從兄弟 2	四 再從兄弟 3	五 三從兄弟 4
二 子 1	兄弟之子 2	從兄弟之子 3	再從兄弟之子 4	
三 孫 2	兄弟之孫 3	從兄弟之孫 4		
四 曾孫 3	兄弟之曾孫 4			
五 玄孫 4				

（五）外親之服皆緦

周代是一個非常嚴正的男統——父權——社會，主張同性的優先權，而異性皆在排斥疏遠之列，這個形態表現於喪服上的，尤其正確而明了。所以『至親期斷』由親及疏的原則，祇適用於本宗；若異性則一律看成外親—姻親，不論他對我的尊卑親疏遠近如何，『一視同仁』的給他一個最低的緦服。喪服傳上所謂『外親之服皆緦也』這條原則，與荀子所謂『至親期斷』，是喪服上對於『族』(同性)與『姻』(異性)的兩個正規的尺度。

外親亦有例外的『加服』：比方外祖父母以尊加小功，從母以名加小功，是也，此外皆不加。但是所謂外親，亦是有一定限度的，非謂外親皆是『有服之親』。

(六)親親與尊尊

喪服六術，以親親尊尊為兩大經緯，而以『名』『出入』『長幼』『從服』四事為緯。尊尊服以『臣為君斬衰』為首要，臣為君何以用斬衰服呢？換言之，子為父斬衰妻為父斬衰，是以『至親期斷』為根據而加隆的，臣為君斬衰，也是由期而加隆的麼？君臣也有『至親一體』的關係麼？這當然別有解釋。

檀弓云『事親有隱而無犯，左右就養無方，服勤至死，致喪三年；事君有犯而無隱，左右就養有方，服勤至死，方喪三年。』鄭玄注云『方喪，資於事父。彼以恩為制，此以義為制。』很顯然的說明了臣為君服，不過是一種『比方』而已，本非骨肉之親，祇以國家組織的關係而付與以高壓似的一種強度義務：故一為恩制，一為義制，恩制是血統的，不可變的，義制是人為的，可變的，這是兩者不同之點。

鄭玄云『服之首主於父母』。晉劉維云『五服之義，以恩為主』：都是很正確的解釋。

☆ ＊ ☆ ＊ ☆ ＊ ☆ ＊

論述至此，對這組織體可得到一個很明顯的輪廓；

『喪服以期爲本位，期服的適用，以三至親爲本位，是名『至親以期斷』。由至親期斷而上殺下殺旁殺，是爲本等之服；其超過本等的，則爲特別加重之服。』

『族親之別一方面爲外親，外親服以緦麻爲準。』

『親親與尊尊相對，尊尊之服，是勉强比附親親而爲之的。』

所以我們名『至親期斷』爲喪服中原則之原則。

(七)喪服所表現的宗法與封建的意味

父子至親，在父權制方面，父同時又是至尊，故父爲子期，子爲父則加爲斬衰；夫妻至親，在男統制方面，夫同時又是至尊，故夫爲妻期，妻爲夫則加爲斬衰；臣爲君斬衰，君爲臣弔服加麻，這是封建制的關係，不得以父子夫妻爲比的：『這三斬』在後來名爲『三綱服』。

這三綱是一個『三位一體』的完整體系，據上文所引庾純的解釋：『古人所以重嫡，因爲嫡子傳重；甚麼是重？重即是土地與財產；萬一宗法不嚴嫡庶不定，那末土地財產，無一日不在取巧豪奪之中。這已將宗法封建互相利用的道理加以很澈底的說明了。

喪服傳『君，有地者也。』這是喪服中一個封建制的定義：『天子』『諸侯』『大夫』皆爲有地之君，故諸侯爲天子，天子之臣爲天子，諸侯之臣爲諸侯，天子諸侯之大夫之臣爲大夫，皆適用『臣爲君』之斬衰服；唯士無土，故無臣，故士之僕隸

（臣）爲士，祇得用弔服加麻，弔服加麻，即是朋友之服。孝經云『天子有諍臣七人，諸侯有諍臣五人，大夫有諍臣三人，士有諍友。』彼稱臣而此稱友，即以有土地無土地爲根據。可見當時對於封建的質的觀念是一致的罷。

還有一件該注意的事：妾爲君——即妻之夫——斬衰，是屬於『臣爲君斬』的『君爲臣綱』項下，而非屬於『妻爲夫斬』的『夫爲妻綱』項下的。士雖無臣不爲君，但對於妾仍爲君，即是說士不得爲有上之君，而仍不失爲有妾之君。更從別一方面看，當時的婚姻，似乎是有條件的一夫一妻制，而非廣泛的一夫多妻制。

關於宗法的大宗小宗嫡子嫡孫承重立後同財異財等，關於封建的尊降厭降旁尊降等，非一時所能詳說，暫置不談。

（八）同姓從宗與異姓主名

禮記大傳云『同姓從宗合族屬，異姓主名治際會，名著而男如有別。其夫屬乎父道者，妻皆母道也，其夫屬乎子道者，妻皆婦道也；謂弟之妻婦者，是嫂亦可謂之母乎？名者，人治之大者也，可無慎乎！』這一段從『其夫屬乎父道』以下，與大功章傳文同。

這是說同姓的在一個大宗之下，有尊卑遠近之不同，可以在宗子家中，『昭與昭齒穆與穆齒』的別親疏而敘睦誼，即所謂『大宗收族』者是也；若異姓婦人嫁到我們本宗來的，她們自己的昭穆，與我無干，祇看她是嫁給我的諸父，我即以諸母之禮待之，是嫁給我的諸子，我即以諸婦之禮待之：我與她們交接的分際，不管她在她母家的輩分，祇問她在我本宗的名義，這是『異姓主名治際會』的解釋。可是機械的應用『諸父之妻，等於己母，諸子之妻，等於己婦』這個方式，必將得着一個『兄弟之妻等於己妻』的滑稽的推論；『制禮的聖人』，爲避免嫌疑起見，所以名兄之妻爲嫂——高一輩，名弟之妻爲婦——低一輩，庶幾可以『遠別』，而『嫂叔不相爲服』的禮意，亦與此相應了。可是『謂弟之妻爲婦，是嫂亦可謂之爲母』，如此則昭穆大亂，將成爲倫理上不能容忍的事，那又萬萬不可的：這是傳文後半段的解釋。原來禮意自有其內在矛盾，後來儒者不得不曲線式的去說明牠，亦是無可如何的事罷。

服術中有所謂『名服』，本非骨肉之親，因有某種名義，不得不爲之服，名服大抵與『加服』相近。喪服中的名服如下：

一，世叔父母，

二，從母，從母之子，

三，庶母，

四，乳母。

大傳中的『名治』，是男女之際以名分爲準的意思；喪服中的名服，是本可不服因名義而不得不服的意思。

* * * * * * * *

自第三至第八，已將喪服要義，比較近正的依次說明，在此前提之下，檢討陶希聖君的見解是否正確，並且給中國古代社會研究者一個反省的暗示。

(九)批評陶希聖君對於喪服的解釋

陶君所著的婚姻與家庭一書，為商務印書館萬有文庫中之一種，其第二章第三節題為『現於喪服之妻女地位』，他承認觀察女子地位，以觀察女子的喪服制度為最確實：在同一觀點之下，開始我們的討論：

一，陶君說『這加隆的喪期——斬衰三年，唐明以後，漸漸應用多了，在古代（至少漢儒所保持的學說）加隆的喪期是很少用的。』

按加隆服之斬衰三年，祇適用於『子為父臣為君妻為夫』之三綱服，說不到某時應用多某時應用少。唐代絕無加斬衰服之事，祇宋代加婦為舅姑服三年，明代又將子為父母婦為舅姑一律加斬衰三年；但是宋明人並不是把三綱增成四綱，何以說是『古代加隆的喪期是很少用的』呢？喪服『父為長子斬衰三年』一條，為明人所刪，卻是事實。

二，陶君說加隆之服，『首先是臣對於君，其次是子對於父。』

按喪服體系，以親親為本，喪服明文，以父為首，（參看本文第六段）不知陶君何所見而云然。

三，陶君說『卿大夫士對於諸侯的喪用斬衰三年，對於天王卻止用繐衰，這是為甚麼？君，至尊也。』

按諸侯對天子，天子之卿大夫士對天子，諸侯之卿大夫士對諸侯，凡卿大夫之臣對卿大夫，皆因直接的君臣關係而服斬衰三年，諸侯之臣對天子是間接的，故須避『諸侯為天子』之嫌疑，不得服斬衰，而服繐衰七月。依陶君之文，至少在我是無從解釋。

四，陶君說『在室姑姊妹姪死服一年，（原注云，據程瑤田）她們出嫁以後，喪服遞降，爲出嫁的姑姊妹女大功九月，爲出嫁的兄弟之女小功五月。（原注云，據吳嘉賓）』（又原書作小功三月，今改爲五月。）

按女子在室之服，一切與男子同，出嫁則降本宗一等，本宗亦降之一等：此通例也。有明文的據明文，無明文的據例而推，絕沒有援引程吳各家說的必要；因爲程吳也是根據喪服文例，不推文例而引程吳，那好像是程吳發明的了。

陶君文中引吳嘉賓云爲出嫁的兄弟之女小功。據喪服文例：爲昆弟之女子子，在室朞，出降一等則大功，從開元禮以至『大淸通禮』，俱已補有明文。吳嘉賓的喪服學雖不甚高明，也不會謬誤若此。不知陶君何以有此誤會？恐怕是喫了『根本不大了解』的虧罷。

五，陶君說『夫爲妻黨服，則從妻降三等』。

按夫爲妻之父母緦麻，此所謂『外親之服不過緦』，怎能說是降三等呢？

六，陶君說『夫族對妻之服，叫做名服。』

按『夫族對妻』，似不成語。『夫族對妻之服』絕無『叫做名服』之理，亦無『叫做名服』之事，參看本文第八段便知。

七，陶君說『夫族對妻之服，旣是名服，則不能稱呼名義的婦，便沒有服。……兄對弟之妻，弟對兄之妻，在禮是沒有名的，換句話說，他與她沒有際會可治』。

按大傳文義，在本文第八段已加解釋，大傳明明說『異姓主名治際會』，他偏說『沒有際會可治』；兄妻名『嫂』，弟妻名『婦』，他偏說『在禮是沒有名的』：這種解釋，幾乎爲我們所不能想像。

八，陶君說『對母之服，是從父引申而來的』。

按母子至親，至親以期服爲本位，『父在爲母期』，不過是『不加』罷了，何嘗有『由父引申』之說。

九，陶君說『假如父死母嫁，子爲嫁母一年，減了一期，子爲嫁母之黨，仍服三月。』

按『爲嫁母期』者，仍是適用『至親期斷』那條原則，不過是『不加』而已。『子爲母黨三月』，果何所指乎？若說是母之父母，應五月，母之姊妹，亦五月，唯母之兄弟爲三月耳，不能隨便說是三月。

十，陶君說『嫡子爲庶母緦麻三月』。(原注：沒有生子的不算)

按『士爲庶母服緦麻三月，大夫以上，爲庶母無服』，這是指『子對母』而說的；『士妾有子則爲之緦，無子則已，』這是指『君對妾』而說的。他忘了封建制的階級層，又分不淸子對母君對妾的關係：所以常常陷入纏繞不淸的苦境。

我祇檢討到我認爲較有興趣的一小部分而粗略的加以批判，當然我所說的也難免有多少錯誤，我希望被批判者及第三者以我對人的態度來對我。

二三，三，二○，北平，

附記

頃又檢閱陶君所著已經重印至五版的中國社會之史的分析，其二〇七葉提及喪服：

「魏武申云出母之黨無服（讀禮通考卷八）」他引書，似乎毫無責任可負，其實也是要受相當檢舉的：喪服傳曰『出妻之子爲母期，則爲外祖父母無服。』這名爲『律有明文』，律有明文，即不必援後儒解釋以自重，比方民法有正條，何須借重余棨昌，刑法有正條，何須借重王觀呢！不獨此也，這段文字，原出通典九十四卷而讀禮通考引之，先是武申奏云云，次成洽難云云，次吳商答云云。『出母之黨無服』，本是吳商答語，而陶君認爲武申所說，似乎沒有把全文讀了；這，當然是一時疏忽，在討論喪服的立場，不得不認爲『無關弘旨』。

我想一定有人這末說：『賢者識大，不賢識小，研究社會問題，當從遠大處着眼，專以「咬文嚼字」爲事，那於大體何補呢？我以爲講喪服無異於講法律：服問云『罪多而刑五，喪多而服五，上附下附，列也，』鄭注云『列，等比也』，所以講喪服的，一面是『老學究』，一面又是『紹興刑名師爺』。那末，我們不獨不避『咬文嚼字』之嫌，還自慚嗜好不深齒牙不利，常恐咬不深嚼不爛，以致犯了囫圇吐的毛病哩！

二三·三·二七·又記

——摘自《文史》一九三四年第一卷第一期。

儀禮喪服經文釋例（續）

吳江 錢玄 小雲

著服異同例

喪服有親疏之異。如爲父在斬衰章。而女子子適人者。爲人後者。皆較疏。故在不杖期。此親疏之異於服也。爲父斬衰。爲正服。爲父不杖期。爲變服。正服則平文。不言某爲某。而僅云爲某。變服則云某爲某。此經文著服之例也。賈疏於父傳下云。周公設經。上陳其服。下列其人。卽此文父已下是爲其人服上之服者也。又曰。下文諸侯爲天子。妻爲夫。妾爲君之等。皆兼擧著服之人於上。乃言所爲之人於下。若然此父與君直單擧所爲之人者。餘者若直言天子。臣皆爲天子。故擧諸侯也。若直言夫。則妾於君體敵（曹氏元弼曰。體上脫雖非二字。）亦有夫諡。妾爲君若直言君。與前臣爲君文不殊。已外皆嫌疑。故兼擧著服之人。子爲父。臣爲君。二者無嫌疑。故單擧所爲之人而已。胡氏培翬更演賈說曰。下諸侯爲天子。是先言服之之人。而後言所服之人。此單言所服之者（此指父一條。）喪服一經。凡所服者同。而服之者有異。則言服之之人。若服之者亦同。則不言服之之人。子之於父。無論適庶。其服並同。故但言父。而不必言某爲父。下單言所服者倣此。按賈疏及胡氏正義。雖發是例。惟言之未詳。析之未精。夫斬衰章之爲父。不著所爲服之人。未必凡爲父者。皆服斬衰。亦僅爲父之正服。則爲斬衰（正服與通服不同。通服指士大夫諸侯皆服此服者。所謂上下通也。正服者。指變服言。其本服某。因疏降一等。此所謂變服是也。）其爲人後爲父。女子適人者爲父。則疏降（女子所謂出降也。）服不杖期矣。如不杖期章爲世父母叔父母。不言所爲服之人。非凡服世叔父母必爲不杖期。惟服不杖期爲正服耳。其女子子適人者。服大功。變服也。以此而推。乃知不加所爲服之人者爲正服。加所爲服之人者爲變服也。今更細繹全經著服之例。別爲五類。第一僅言所服之人者。如斬衰章父。君。不杖期章祖父母等是也。此明正服也。第二言所服之人而並言所爲服之人者。如不杖期章爲人後者爲父母等是也。此明變服也。第三言所服之人並言所爲服之人而實爲正服者。如斬衰章妻爲夫。妾爲君。不杖期章妾爲女君。婦爲舅姑。明嫌疑也。按妻夫兩稱相對。稱夫者必妻。稱妻者必夫。今言夫。何必加妻也。通典載王肅曰。言夫則可知。舉妻者殊妾之文也。今案王說是也。張氏錫恭曰。如王肅說。則言夫不舉妻。不足殊妾。是妾可謂君爲夫也。與下經稱君之誼不合。非是。案張氏殊固執。王肅注經。非不明妾稱君之誼。乃言著經者。恐讀者疑之。故加妻爲二字。況與妾爲君前後連接。語法一式。張氏篤信鄭學。屏棄異說。而不能取人之長。余不敢從。又按妾稱夫曰君。則妾君兩稱亦對待之名。而必加妾者。恐與上天子諸侯卿士大夫有地者皆君之君誤也。又按妾與女君。亦相對之稱。而必加妾者。恐學者不識女君之誼。故加妾以顯之。鄭注亦特注云。女君。君適妻也。鄭君之注。經之加妾。用意一也。又按婦與舅姑。亦相對之稱。加婦者別於母之昆弟之舅。父之姊。妹之姑。相溷也。是曰喪服一經。周公設辭之精密。於此四條可見之矣。第四僅言所爲服之人而不言所服者。如斬衰章爲人後者是也。此明省略也。按夏氏炘曰。斬衰章之爲人後者四字。但立所爲服之目。不言所服者何人。喪服一經中。其立文與衆經不同。是以雷次宗疑闕爲所後之父五字。又疑所後之父或早卒。今所後。其人不定。或後祖父。或後曾祖。故闕之。皆非也。公羊傳曰。爲人後者爲之子。既爲之子。則所後一父之斬衰。不待言明。而所後父之九族。及外親之服。俱一一如其親生之子。亦不待言而明。是以喪服經中。無一言及所後父親屬之服也。假而斬衰章曰。爲人後者爲所後之父。則齊衰期章必曰爲人後者爲所後之父在爲所後之母。齊衰三年章又必曰爲人後者爲所後之父卒則爲所後之母。其餘世父母叔父母昆弟等。將有補之不勝補矣。此經之所以渾然可貴也。假而所後之父不存。則爲所後父之祖父母父母。承重三年。凡承重。然皆不見於經。不必此處獨闕爲所後之父五字也。案夏說近似。第五言所服之人及所爲服之人。並詳載其異同者。如斬衰章女子子在室爲父。齊衰章父卒繼母嫁從爲之服。報等是也。此明異同也。

言報例

報者同服相爲之名。凡如其所施於已者。還而施之曰報。蓋兩相爲服等。若施報然。而非眞有先施之而後報之也。然喪服中同服相爲者頗多。而經中言報者惟十一條。蓋旁尊則曰報。親親一脈。無所謂報也。例如

子爲父斬衰三年。父爲長子亦斬衰三年。

父卒爲母齊衰三年。母爲長子亦齊衰三年。

孫爲祖父母不杖期。祖父母爲適孫亦不杖期。

此皆雖兩相爲服之服同。而不得謂之報也。然經亦有二例。

一此爲彼服而見報文。則彼之爲此服不明著者。如

杖期章出妻之子爲母。父卒繼母嫁從爲之服報。

按報字承上節。取敖氏說。詳前蒙承例。此條云報而不另箸出妻於其子。繼母於其子之服。

不杖期章爲人後者爲其父母報。

按經不再箸父爲子之爲人後之服。

不杖期章姑姊妹女子子適人無主者。姑姊妹報。

按不見姑姊妹無主者爲姪昆弟之服。

不杖期章大夫之子爲世叔父母子昆弟昆弟之子。姑姊妹女子子無主者爲大夫命婦者。唯子不

報。

按言唯子不報。傳云言其餘皆報也。此條中有服世叔父母及昆弟之子。則此世叔父母之與昆弟之子互相同服可知。當可毋須別箸。而姑姊妹無主爲大夫命婦者。爲姪昆弟之爲大夫之子亦未見箸。此言報而不再箸彼此服也。

大功章姪丈夫婦人報

按通典馬融曰。嫁姑爲嫁姪服也。俱出也。張氏錫恭云。此條爲經中報字作解也。何以言之。爲姑適人者。上經已言之。則丈夫姪不必言報也。女子子在室與男子同。則婦人姪之在室者其爲姑已在上經中。則亦不必言報也。惟兩出不再降義非特箸不明。經故特設報文。而馬氏因嫁姑爲嫁姪以明嫁姪爲嫁姑而以俱出釋之。見經中報字專爲嫁姪立文也。惟設辭既簡。而又軼見於他書稱引。遂令讀者疑不能明。如云不然。經中明有丈夫。何以專言嫁姪。馬氏決不憒憒若斯也。然則此經報字專屬諸嫁姪乎。是又不然。惟嫁姪不可不言報。而丈夫姪及婦人姪之在室何妨共此報文也。原作文之初。因爲嫁姪而設。逮成文之後。遂爲凡姪所共。此又修辭者自然之勢也。

小功章。從祖祖父母。從祖父母報。

按經文不箸爲昆弟之孫。從父昆弟之子之服。

小功章。從母丈夫婦人報。

按經不箸爲姊妹之男女服。

小功章夫之姑姊妹娣姒婦報。

按賈疏云。若此釋恐謂未當報。然文不爲娣姒設。以其娣姒婦兩見。更相爲服自明。何言報也。既報字不爲娣姒。其報於娣姒上者。（曹氏校釋云。於上似脫不字。）以其於夫之兄弟。使之遠別。故無名使不相爲服。要娣姒婦相爲服。亦因夫而有。故娣姒婦者下云報。使娣姒上蒙夫以冠之也。通典馬融曰。妻爲夫之姊妹服也。娣姒婦者。兄弟之妻相名也。長稚自相爲服。不言長者。婦人無所專以夫爲長幼。不自以年齒也。妻雖小猶隨夫爲長也。先娣後姒者。明其尊敵也。報者。姑報姪婦也。言婦者。廟見成婦。乃相爲服。張氏錫恭曰。按姑報姪婦者。言娣姒兩舉不必言報。報爲夫之姑姊妹發也。單言姑者。舉隅之辭也。（張氏此條釋馬融。）按娣姒婦兩見。則相爲服自明。（與前不杖期章世叔父母昆弟之子兩見並同例。）報文指爲夫之姑姊妹。而退在下者。要娣姒之服亦因夫而生。故使幷蒙上文。見娣姒婦確互報。報字在下不害。是一舉兩得。經文不再箸爲姪婦爲昆弟妻服。

緦麻章從祖姑姊妹適人者報。

按不見適人者爲從父昆弟之子服。及爲同曾祖昆弟服。

緦麻章從母之長殤報、

賈疏云。云報者。以其疏亦兩相爲服也。案小功章。已見從母報服。此殤又云報者。以前章允兩俱成人。以小功相報此章見從母與姊妹子亦俱在殤死相爲報服。故兩章並言報也。按經不著從母爲姊妹之子長殤服。

緦麻章夫之諸祖父母報。

鄭注曰。諸祖父者。張氏錫恭云。按注祖父下汲古閣本有母字。胡氏培翬云。有母字是也。夫之所爲小功從祖祖父母外祖父母。按經不箸從祖父母外祖父母爲此婦人服。

二此爲彼彼爲此。並舉其服。卽不復見報文而傳發之者。如

不杖期章世父母叔父母。

傳曰。世父叔父何以期也。與尊者一體也。然則昆弟之子何以亦期也。旁尊也。不足以加尊也。故報之也。又曰。世母叔母何以亦期也。以名服也。

不杖期章昆弟之子。

傳曰。何以期也。報之也。

不杖期章夫之昆弟之子。

傳曰。何以期也。報之也。

按賈疏云。爲昆弟之子亦期。不言報者。以昆弟之子猶子。若言報爲疏。故不言報也。世父母叔父母條下疏。又云。此兩相爲服。不言報者。引同已子。與親子同。故不言報。是以檀弓爲證。言進者進同已

子故也。昆弟之子條下疏。又云。上世叔之下。不言報至此言之者。二父本是父之一體。又引同已子。不得言報。至此本疏故言報也。按疏云。引同已子。與親子同。故不言報。此賈疏指經不於上世叔父母節言報。而特著此經與上世父母叔父母節云。若言報爲疏。故不言報。此皆言經不言報之意。非謂傳不言報也。胡氏不達疏意。反以傳爲衍文。非也。爲夫之昆弟之子。疏云。上世叔之下不言報。蓋指世父母叔父母節也。然上昆弟之子節傳明言報之。以此爲本疏。故言報。非也。楊信齋先生謂當刪此節疏。張氏錫恭同。與胡氏正義說背。姑存疑待考。沈彤曰。凡旁親卑屬之服皆報也。惟昆弟之子同於已子。故又有引而進之之義。又曰。傳旁尊也。不足以加尊焉。故報之也。以世叔父對昆弟之子而言也。檀弓云。兄弟之子猶子也。蓋引而進之。以昆弟之子對已子而言也。孔云。二文相兼乃備。是也。按本章下文云。大夫之子爲世父母叔父母子昆弟之子。姑姊妹女子子無主者。爲大夫命婦者。唯子不報。則世叔父母昆弟之子期之報明矣。傳義蓋本諸此。按沈說最允。此可見傳注兩誼非相違而相成也。

緦麻章。甥。

傳曰。甥者何也。謂吾舅者吾謂之甥。何以緦也。報之也。

緦麻章。舅。

傳曰。何以緦。從服也。

按此二相爲服。互見不立報文。而傳發之。疏云。不言報者。（指經文而言也。）既是母之懷抱之親。不得言報也。張錫恭曰。疏自不言報者以下非也。信如疏說。從母何以言報乎。舅不言報者。上經已云甥故也。

緦麻章。壻。

傳曰。何以緦。報之也。

緦麻章。妻之父母。

傳曰。何以緦。從服也。

按通典馬融曰。從女來爲己服緦。故報之以緦也。此二相爲服互見。不立報文。而傳發之。

緦麻章。姑之子。

傳曰。何以緦。報之也。

緦麻章。舅之子。

傳曰。何以緦。從服也。

按兩相爲服互見。不言報。而傳發之。賈疏於舅之子傳下云。不言報者。爲舅既言從服。其子相於亦不得言報也。按疏論不言報之誤。與上爲舅同。

鄭氏珍曰。尋制經之意。（指經設報文之意言。）其一求文省。如丈夫婦人爲姑。於姪下言報。卽可省男女兩條。丈夫婦人爲從母。於從母下言報。亦可省男女兩條。其一爲詞窮。如此繼母。按指父卒繼母嫁從爲之服報一條。報服出之須云女子子再嫁。爲其前夫之前妻之子。卽不詞甚矣。聖人皆以一報字見之。按鄭說精確。故備錄於此。

言丈夫婦人例

按經中言丈夫婦人者。共四條。敖氏小功章注云。經凡三以丈夫婦人連文。是少計一條。

齊衰三月章。丈夫婦人爲宗子。宗子之母妻。

大功章。女子子適人者。爲衆昆弟姪丈夫婦人報。

小功殤章。爲姪庶孫丈夫婦人之長殤。

小功章。從母丈夫婦人報。

鄭注於齊衰三月章條云。婦人女子子在室及嫁歸宗者也。於大功章條云。爲姪男女服同。於小功殤小功兩章無注。通典載馬融曰。丈夫婦人。謂一族男女皆爲宗子母與妻。後之注家。或說而不詳。或詳而不確。黃以周說最爲明白切合經旨。其言曰。丈夫婦人。當從馬注。經言丈夫婦人凡四見。皆指其本宗之親而遠之之辭。無異指也。按大功章。爲夫之昆弟之婦人子適人者。注曰。婦人子者女子子也。不言女子子者。因出見恩疏。則可見欲示恩疏。則可稱婦人矣。又按。黃意爲凡言丈夫婦人者。或指其本宗之親。或指遠之之辭。並非謂凡稱丈夫婦人。必是本宗之親也。如從母雖非本宗之親。而以其遠之得稱姊妹之子丈夫婦人也。黃氏云指其本宗之親。而遠之之辭。用而字。讀者恐誤爲此二事皆具。乃得稱丈夫婦人也。故特解說之。惟能於黃氏下文細讀。自然不致誤。齊衰三月章。爲宗子宗子之母妻。遠之曰丈夫婦人。而服齊衰三月者。爲宗子也。按爲本宗之親。而遠之之辭。兩事兼具。小功殤章之長殤。遠之曰丈夫婦人。而服小功五月者。爲長殤。按此亦兩事兼具。大功章姪。小功章從母。此非本宗之親。而僅以遠之之辭。故稱丈夫婦人。二事僅具其一。遠之曰丈夫婦人而服此大小功者爲報也。其必加以遠辭者。非遠之無以見尊宗殤長之情與旁尊相報之義故也。張氏錫恭曰。丈夫婦人對子女子子。故云之之辭也。婦人兼嫁者言。張氏錫恭云。按程瑤田云經中丈夫婦人凡四見婦人謂女子子在室者末句殿程說也。

言其例

凡喪服經中用其字皆有例。如爲人後者。既以所後之大宗爲父母。則於本生之父母昆弟。必言其父母其昆弟以別之。諸侯之公子。大夫之庶子有適母。故於已所生之母必言其母以別之。公妾大夫妾有君大夫適妻之所生子。及他妾所生子。故於已所生之子。必曰其子以別之。公士大夫之衆臣。有諸侯之君。故謂已采地之君。必言其君以別之。女子子在室爲父母昆弟等。不言其父母其昆弟。在適人以後必加其以別之。用其之處雖多。而大概皆服其私親則言其也。今依類分條論之。

一爲人後者。於本生父母及昆弟姊妹稱其者。

不杖期章。爲人後者爲其父母報。

大功章。爲人後者爲其昆弟。

小功章。爲人後者爲其昆弟從父昆弟之長殤。

小功章。爲人後者爲其姊妹適人者。

按爲人後者。服其父黨服共四條皆加其字無例外。

二女子子適人者。爲父母及昆弟姊妹稱其者。如

不杖期章。女子子適人者。爲其父母昆弟之爲父後者。

不杖期章。公妾以及士妾爲其父母。

按女子子適人者爲父黨之私親曰其。大功章丈夫之妾爲君之庶子。女子子嫁者。未嫁者。世父母叔父母姑姊妹一條。鄭改舊讀。其改讀之最重要證據。卽以言其之例也。注曰。舊讀合大夫之妾爲君之庶子。女子子嫁者。未嫁者。言大夫之妾爲此三人之服也。下言爲世父母。叔父母。姑姊妹者。謂妾自服其私親也。此不辭。卽實爲妾遂自服其私親。當言其以明之。此鄭氏因不言其而知舊讀之非也。則言其之例。鄭氏已先知之矣。女子子爲夫黨之服。如舅姑等有專稱外。其餘皆云爲夫之某。如大功章爲夫之祖父母世父母叔父母是也。妾則曰爲君之某。然亦有適人之女服父之黨。而不言其者。細繹作經行文。必有不必加其之理。今分條說之。

斬衰章。子嫁反在父之室。爲父三年。

按此子嫁而爲父服不言其者。上云子嫁。下云反父之室。則其父當爲生父可知。况夫之父曰舅也。

不杖期章。女子子爲祖父母。

按注云。經似在室。傳似已嫁。後來諸家說者。或以此經女子子兼在室出嫁者。言通典載馬氏融

曰出入服同。故不言在室適人也。或以此專指已嫁者言。通典載陳氏銓曰。言不敢降者。明其已嫁。而以注言經似在室爲非。前說則是。以上經祖父母無預於女子子。而經文皆男女同服。如昆弟衆子。昆弟之子。夫之昆弟之子。皆兼女者。則上祖父母條已兼女子子。何必重出。後說則經明女子子並未言適人。又不可信。要知鄭君之意。經主未嫁者立文。傳兼已嫁者補義。經文已主未嫁立文。則宜其不用其字矣。兩說或屈注以就已沾文以釋經。皆失經意。又背注誼也。

齊衰三月章。女子子嫁者未嫁者曾祖父母。

按云未嫁則當爲爲父黨之曾祖父母可知。故可不加其字。大功章。女子子嫁者未嫁者爲世父母叔父母姑姊妹例同。

大功章。女子子適人者。爲衆昆弟。姪丈夫婦人報。

按此條不加其字。或例外。然下云姪本父黨之親專稱。傳曰謂吾姑者吾謂之姪是也。則衆昆弟雖不加其字。而與姪同條相蒙。女子子適人者。則衆昆弟爲親昆弟可知矣。

大功章。女子子嫁者未嫁者爲世父母叔父母姑姊妹。

說見上。

大功章。大夫大夫之妻。大夫之子。公之昆弟。爲姑姊妹女子子嫁於大夫者。

按因與大夫大夫之子公之昆弟同條。故不便加其字。

三衆臣爲其采地之君稱其者。如。

斬衰章。公士大夫之衆臣爲其君。

按凡有地曰君。公士大夫之衆臣爲別諸侯之君。故稱其采地之君曰其君也。

四公妾大夫妾爲所生子稱其者。如。

不杖期章。公妾大夫之妾爲其子。

按指其所生之子。故加其字別之。

五妾子爲生母稱其者。如。

緦麻章。庶子爲父後者爲其母。

六稱其無誼者。如

大功章。皆爲其從父昆弟之爲大夫者。

小功殤章。大夫公之昆弟大夫之子。爲其昆弟庶子姑姊妹女子子之長殤。

言如例

全經用如字者有三處。

齊衰三年章　繼母如母。

齊衰三年章　慈母如母。

齊衰三月章　曾祖父母爲士者如衆人。此承上大夫爲三字。說詳前蒙承例。

喪服體例。上陳其服。下列其人。則今父卒爲母。爲繼母。爲慈母之服。同於生母。不言而知。何必更加如母二字。士爲曾祖父母。經例平文是士服。大夫爲曾祖父母爲士者同在齊衰三月章。則大夫爲曾祖父母爲士者同於士爲曾祖父母可知。何必更加如衆人三字。賈疏於繼母如母條下云。若直言繼母。載在三年章內。自然如母可知。而言如母者。欲見生事死事一皆如己母。慈母如母條下傳曰。妾之無子。妾子之無母者。父命妾曰。女以爲子。命子曰。女以爲母。若是則養之終其身如母。死則喪之三年如母。貴父之命也。傳言如母二句。即發經文加如母二字之旨也。又按前繼母疏。解經加如母之旨。卽由此傳如母二句而來也。齊衰三月章於大夫爲曾祖父母爲士者加如衆人三字者。益顯大夫不敢尊降其祖之旨也。

（全篇竟）

——摘自《國學論衡》一九三四年十一月第四期上冊

儀禮士冠禮士昏禮側尊與玉藻所言側尊是同是異辨

侯官　陳耀嫣　省吾

士冠昏二禮皆有側尊。注云側、特也。無偶曰側。置酒曰尊。側者無玄酒。而玉藻、大夫側尊用棜。士側尊用禁。句下無注。疏則別而異之。謂側乃旁側。儀禮之側尊。注云無偶曰側。與此側別。其實則儀禮之側尊。即玉藻之側尊。似異而同。不得疑其有二也。何則、案之說文。側字固有二義。側、旁也。乃正義。如顧命之側階。內則之居側室。聘禮之側受几是也。側、特也。乃借義。如聘禮之公側襲。注猶獨也特牲禮之祝側殺。注殺牲也一曲禮之有憂者側席而坐。注猶特也言特席也是也。而以隸諸尊而言。則或言其數之孤。或指其設之處。解者有異。制固從同也。蓋儀禮注以側尊乃一甒。異於士虞禮所云北牖下當戶之兩甒。用醴者。故別而釋之曰無偶。曰無醴。如必求其向以實之。下文已言在服北。亦可知其在北之旁矣。不言旁省文耳。若玉藻之側尊。則亦無偶。亦無醴。而疏獨易言其向者。以承上唯面尊而言。面、鄉也。尊鼻向君。其尊止設也。故蒙上而解此側尊曰旁尊耳。究則此側尊、亦可言無偶。亦可言無醴。儀禮之側尊。亦可言旁尊也。攷據字義而通釋之如此。

——摘自《國學論衡》一九三四年十一月第四期上冊

民國期刊資料分類彙編

三禮研究

耿素麗　胡月平　選編

國家圖書館出版社

講壇

禮記祭義篇分章法

唐文治

自祭不欲數至禘有樂而嘗無樂爲第一章。言時享之義。春露秋霜君子痛焉。如將見之者如見吾親之體魄也。懼霜露之浸濡而傷親于地下也。于是悽愴怵惕而祭墓。

致齋于內至而不敢盡其私也爲第二章。言孝子致齋祭祀出于天性。五思字三必有字。曲寫孝子心理。至爲沈痛。生則敬養二句爲全篇精義。

唯聖人爲能饗帝至已至必哀爲第三章。論文王之祭。唯聖人爲能饗帝二句爲全篇綱要。文王足以當之。思死者如不欲生。欲隨親而不得也。明發永懷。良知也。仁人孝子當平旦之時。必思其親。每思親必默呼其父母痛已。如欲色然及樂與哀半三句。想見孝子恍惚之精誠。

仲尼嘗至如是而祭失之矣爲第四章。記仲尼之祭。又推論祭時之志意容貌。嘗爲大祭。與忌日有別。春秋時質敝文勝。多務外飾。故下文四言孝子之祭。見祭祀之貴誠恪。

孝子之有深愛者至成人之道也爲第五章。言父母在時之孝。所謂生則敬養。由事死而轉至事生。見祭時之盡孝。不若生前之盡孝也。

先王之所以治天下者至無所不行爲第六章。言事親敬長。乃孝經廣至德要道之義。爲全篇宗旨。至孝近王。至弟近霸。此政治家名言。後世誰復知之。

郊之祭也至則微矣爲第七章。郊祭之義。所謂唯聖人爲能饗帝。萬物本乎天。人本乎祖。忘本者非人也。五致所以立人道也。

宰我曰至不敢弗盡也爲第八章。論鬼神精義。報本反始之道。氣爲神。魄爲鬼。或祭于墓。或祭于祠。皆孝子不容已之苦心。詩所謂欲報之德。昊天罔極者也。

是故昔者天子至以祀先王先公敬之至也爲第九章。記祭田祭牲祭服。事必躬親。所以盡孝。所以著敬。

君子至其義一也爲第十章。蓋樂記之錯簡。因報本反始之義。故附于此。然文有小異。記者殊耳。

曾子曰孝有三至此之謂禮終爲第十一章。記曾子論孝。不知此義。則不得爲孝子之祭。當與孝經及大戴記曾子十篇並讀。夫子曰。斷一木數語令人不忍之心油然而生。惟能行不忍人之政。全天地生生之理。乃爲大孝。

樂正子春下堂至可謂孝矣爲第十二章。記樂正子春論孝。不知此義。亦不得爲孝子之祭。下堂傷足有形者也品行失足。無形者也古語曰。慄慄危懼。若將隕于深淵。懼一失足而下達致貽父母羞也。

昔者有虞氏至以尊賢也爲第十三章。論敬老所以敎孝推及于尊賢。强不犯弱。衆不暴寡。由太學來。可見學校之教以孝爲本。必推之以仁。以尊天作結。不畏天命。卽爲無忌憚之小人。尙何有于尊賢。

孝子將祭祀至孝子之志也爲第十四章。言孝子祭祀之誠意。深微曲至。惟深愛至敬根極性情者能之。故曰惟孝子爲能饗親。嗚呼。孝子之事親也愛多於敬。及其饗親也。愛之至而爲哀之至。皆天性之不容已也。

末二句總結。

嗚呼。祭之爲義大矣。曾子曰。父母已沒。雖欲孝。誰爲孝乎。故孝有不及。此之謂與祭者所以補事親之不及。孝子不得已之苦心也而近人乃以爲迷信異哉。吾嘗見西人鋪几筵供鮮花。列蓏果。則尊之曰紀念及見吾國人鋪几筵列祭品涕泣思親則斥之曰迷信何其厚人而薄己尊人而賤己與豈非不愛其親而愛他人不敬其親而敬他人與其良心果安在與試撫心自問平居侍奉虧缺何如父母屬纊之時。痛心何如。惟有忌日以爲紀念此孝子萬不得已之苦心也。如是大禮而欲廢之。苟非禽獸之心。有忍爲之與。曾子曰愼終追遠。民德歸厚。夫厚民德者。所以善國性也。故祭居六禮之一。其義大矣。文王之祭事死者如事生。思死者如不欲生。何其痛心之至與吾輩亦人子也何忍忘其父母與夫祭禮而可廢與。

余嘗爲祭義章句尙未印行特將分章次第錄示諸生文詒記。

——摘自《學術世界》一九三六年三月第一卷第九期

禮運與孔子學說的分析

張學昭

（一）

禮運是禮記中的一篇，按着小戴所編的次序屬于第九。至于這篇東西是爲誰所作？則歷代史書皆無名文，就是那兩位著名的經學家——鄭康成跟孔穎達——的注釋也只說：

「因爲孔子弟子子游問禮運轉之事，所以稱爲『禮運。』」

他這幾句話，大概根據原文：

「昔者仲尼與于蜡賓，事畢，出游于觀之上，喟然而嘆，仲尼之歎，蓋嘆魯也，言偃在側，……」

「言偃復問曰：如此乎禮之急也？孔子曰：夫禮，…………」

而推演出來的，其實他們這注釋，等于無注，因爲我們一看原文，就懂得是這末一回事了。

這篇東西，雖然被戴聖收在禮記里，可是始終沒有被人注意過，從漢初一直到有清，都是被人冷漠的看待着。

到了宋代，朱子受了佛敎的影響，而他又具有儒家的根性，他想維持儒家的尊嚴，並防佛敎的侵略，就想出一個調整的方案來；單獨挑出中庸和大學兩篇，同孟子論語放在一起，叫作「四書」，以供人讀。從此歷史上有了「四書」這名詞，而中庸和大學也就特別的獲得了廣大的讀者群。但禮運還不曾抬頭。

有清末葉，出了一個康有爲，廣東人；以上書淸德宗出名，他的政治主張是：立憲，在經學上他主張今文，醉心公羊。這個派別源于劉逢祿莊存與。康氏則受了王闓運跟廖平的影響，把何邵公抬得極高，大大的講起公羊學來，認爲這是孔子口傳的「微言大義」，有「許多可怪之論」，什麼「張三世」「大一統」……等等，被古文家所非議的論調，却抓住了康氏的興趣。且爲他自已學派的立場，他想擴大這個學說，徧尋經傳，想找一篇互相發明的文章，于是抓到禮運，他高興極了，仿着朱子的先例，把禮運挑出來，寫了一本禮運注。后來又根據禮運首段，又寫了一本「大同書」，大大宣傳其大同的思想，斷定「大同」是孔子中堅思想。以爲到了那個世界，連夷夏都沒有分別，階統也取消了，人「不獨親其子」，貨也「不必藏于已」了，以至于達到易經所謂「群龍無首」的境界。

當那個時代，康氏長于論文，他的一舉一動，差不多皆能風靡于一時。而一般學者，又因于現社會的黑暗，夢想着一個新的日子，他的學說便適應了這個要求。從此，「大同」在學術上形成了一個專門名詞，發揮其學說者頗不乏人。加之近幾年來，國難日趨于嚴重，對于大同的要求更迫切了；差不多全想藉孔子的聖哲，以開導那些飛機大砲的蠻夷，什麽「內諸夏而外夷狄，內其國而外諸夏」，充分加强了作用。于是著書的著書，講學的講學，康氏的學說也得了一個「不脛而走」的宣傳效力。他們這個辦法，是值得憐憫的，因爲他們都不曾細心的研究古籍，便上了康氏的當了。

要明白大同是什麽？必須把它流行原因和被一般人所解釋的內容，作一番解說不可。關于前者，我們已在上文與以簡單的叙述，此處無須辭費。現在只說后者。

現在一般人心目中的「大同」，多半是概念式的，實在沒有弄清了禮運的本意。固然禮運上有「父不獨親其子」，「貨不必藏於已」等辭句，若解作「沒有階級父子之分」未嘗沒有片面的理由，但太不顧及禮運的本文了。禮運的標題很明白，自首段以下，差不多都是言的禮，如果這等語句是禮運的中心，爲什麽在末后幾節中，連影子都難以找到呢？我們雖能理解古書，斷沒有古人自己理解得清楚，這是毫無問題的。所以要明白禮運，還須從它的本身上去研究。而且我們知道一個時代有一個時代的思想，斷沒有超越的；柏拉圖雖云富於幻想，但何曾脫離奴隸社會的背景？試看由大同學說演繹的孔子，是何等的激烈，何等的奇怪？「沒有階級，沒有私產，化除夷狄的界限」，在春秋那個時代，能够容許這樣奔放的思想麽？這太和「無政府主義」的思想相似！即令孔子生在現代，也不見得能够容許於國家，他不是坐在反省院裡過日子，就應往海外僑居去了。其實上面所標擧的那三點大同思想，無往而不與孔子學說發生直接的矛盾，這個我們留待以后再說。

不過這還許不能折服一般腐儒，他們全認爲孔子抱有救世的素志，想把世界大同化了，是要達到「無爭」。的確這是一個漂亮的結論，可惜他沒有立論的根據。第一：要使世界都往大同的道上走，怎末走法呢？是不是須要革命，大大的破壞一番，才眞能「貨不藏于已」？問題便在這里！要走上這條道路，還是非用「無政府主義」不可！這不但誤解了孔子的思想，還歪曲了歷史的意義。就是眞正的「無政府思想，在歐洲幾國，也各不相同，柏拉圖的理想國，就不同于穆爾的烏托邦，穆爾的烏托邦，又不同于馬恩等著作。這都是受着時代限制的原故。康氏是一個游離分子，他不惜抹殺了歷史的過程，來遷就自已的學說，這并不是一個聰明的辦法。

孔子的思想是最中庸不過的，——不但是孔子，歷代的儒者，都是受着傳統思想的支配的。孔子雖有救世的素願，但他的辦法並不是積極，而是消極的。所以他不從事宣傳民衆，而「干七十二君」，「周游列國」，企圖各國的元首都放棄了利而行仁政。……爲了這些事情，他曾經「三月不知肉味」，「絕糧于陳」，「畏于匡」。雖然處處碰壁，而他還「三日無君則皇皇如也」呢！拿這些史實，同所謂「大同學說」一比，可知大同不是孔子的中心思想了。倘若是孔子的中心思想？爲什麽這一個孔子，又跟那一個孔子不一樣呢？豈不怪哉？此外還有許多旁証：

孔子是惓惓于魯的，他修春秋以爲祖國宣計傳，什麽「爲賢者諱，爲尊親者諱，」以及許多春秋的筆法，都不能不算作孔子的思想吧？研究學問，是須要虛心的，不可拘泥於一隅，以此衡量大同，疑問便多了。

（二）

我在上面發了許多空議論，也許還不能把握住禮運的核心？那末，容我們作一個補充吧！今以考証的態度，引幾部古書，再與大同學說對比一下，看看孔子的眞意究竟如何？爲了省事起見，不多事徵引——其實也無須多事徵引。下面所引據的材料，都是幾部熟書。歷史曾經告訴我們，孔子刪詩書，贊易，作春秋，而亂臣賊子懼……那末易經，詩經，書經，春秋所包括的，該是他的基本思想了。論語是其弟子記述孔子的言行錄，也比較可靠些。今隨便抄幾節，以爲參考。

「天尊地卑，乾坤定矣，卑高以陳，貴賤位矣，……
……乾道成男，坤道成女，乾知大始，坤作成物。」（易繫辭上）

「天地之大德曰生，聖人之大寶曰位，何以守位曰仁，何以聚人曰財。」

「夫乾天下之至健也，……夫坤天下之至順也。」

「子曰：乾坤其易之門邪！」（系辭下）

「昔者聖人之作易也，將以順性命之理，是以立天之道，曰陰與陽，……」

「乾以君之，坤以藏之。……」（說卦）

「有天地然后有萬物，有萬物然后有男女，有男女然后有夫婦，有夫婦然而有父子，有父子然后有君臣，有君臣然后有上下，有上下然后禮義有所錯。」（雜卦）

上面所引的句子，差不多都是人人認定出于孔子的手筆，他在這里告訴我們什麼呢？無疑這都是保守的，不含有絲毫破壞性質；什麼「天尊地卑……」不是叫人作挺有禮貌的順民麽？而他更忘不了「君」，差不多處處提到，作何解釋，自可不言而喻。以下我們再看書經，書經有眞僞之分，當然我們是要剔除僞古文的。

「允恭克讓，光被四表，格於上下，克明俊德，以親九族，九族既睦，平章百姓。」（堯典）

「盤庚五遷，將次亳殷，民咨胥怨，作盤庚三篇。」（盤庚序）

「亶聰明作元后，元后作民父母。」（太誓）

「無偏無陂，遵王之義，無有作好，遵王之道，無有作惡，遵天之路。……凡厥庶民，極之敷言，是訓是行，以近天子之光；曰：天子作民父母。……」（洪範）

這里的思想也很和平，除了歌頌功德，差不多都是叫「庶民」守法，「君」在這里的評價，是很高的。以下我們再看詩經。關於詩，孔子早有論定：「思無邪」。「邪」是孔子所深惡的東西，「邪」大概就是「淫逸怪異」之類，有背於王道仁政者！在孔子眼里看來，那眞非打倒不可的。所以「詩有六義焉，」壞的就風，善的就頌，孔子的苦心孤詣，到處可見。雖然詩經本文，有不少是抒情的，但那是另一問題。孔子是拿他宣傳的，這在詩序上可以証明。風的方面有：

「野有死麕，惡無禮也，天下大亂，彊暴相陵，遂成淫風。」

「綠衣，衛莊姜傷巳也，妾上僭，夫人失位而作是詩也。」

「蕩，召穆公傷周室大壞也，厲王無道，天下蕩蕩，無綱紀文章，故作是詩也。」

頌的方面有：

「甘棠：美召伯也，召伯之教，明於南國。」

「吉日，美宣王田也，能愼微接下，無不自盡，以奉其上焉。」

「閟宮，頌僖公能復周公之宇也。」

這里所引來的，都是有作用的，孔子志在仁政，生在那末一個亂世，有誰聽他的話呢？於是不得不從文字上宣傳了，這就是「退而修詩書。」孔子疾末風，特別對於女人不滿，什麼「哲夫成城，哲婦傾城，」都是保守的思潮。要說他主張「父不獨親其子，……」那末解放的思想，則上面所引來的句子，都無法解釋了。至於春秋他早已聲明，更不必說了。以下再看論語：

「有子曰：其爲人也孝弟，而好犯上者鮮矣。」(學而)

「入則孝，出則弟，」(學而)

「子曰：民可使由之，不可使知之。」(太伯)

「君子學道則愛人，小人學道則易使也。」

「子曰：鄉愿德之賊也。」

「子曰：鄙夫可與事君也哉？……」

「子曰：惡紫之奪朱也，惡鄭聲之亂雅樂也。」

「子曰：有，惡稱人之惡者，惡居下流而訕上者。」

(均陽貨文)

這里所表現的思想，雖免不了憤激，保守氣味則更爲濃重，處處斤斤於忠孝，與易經等書所說是一貫的，縱然國君如何不道，他也不肯打倒他，試看他如何惡「三孫」？還說「爲尊親者諱」，「傷國君有刑；」他只用呼號的態度，使之趨於和平；不但是孔子，即是他的「私淑」孟子，也是本着他的精神以說「齊宣」「梁惠」的。那些百家的學說他也「辭而闢之，」他說：

「予豈好辯哉？予不得已也！……世衰道微，邪說暴行有作，臣殺其君者有之，子殺其父者有之，孔子懼，作春秋，春秋天子之事也！……聖王不作，諸侯放恣，處士橫議，楊朱墨翟之言盈天下！……楊氏爲我，是無君也！墨氏兼愛，是無父也！無父無君，是禽獸也！」(見滕文公下)

這是如何强烈的表現？孟子距離孔子的時代不甚遠，且又受學於子思，他的言行，該不會失了孔子的本性，較之大同學說，也是格格不入的。反之，楊墨「無父無君」的思想，倒與現在所解釋的「不獨親其子」等內容，頗有幾份近似；楊墨的思想便同於孔子的思想了，這是多末反常的事！大概誰也知道這是笑話。

易云：「三人占，從二人。」這是不錯的，無論如何，我們也不能認定大同是孔子的學說。否則亦只有歪曲禮運的真實性而已。

(三)

現在我們應該再說說禮運了。若說禮運完全是宣傳的洪水猛獸思想，那也是冤枉的。禮運這篇文章，跟他的題名是很相稱的。全篇所說確都是禮，而且談得很廣，我們研究這篇文章，自然也應以廣的方面出發，若徒斤斤於「大同小康」，是近乎斷章取義的說法；康氏的失敗，即在於此。他因爲原文「男有分，女有歸」，不合他的主張，硬把「歸」改成「巋」，而訓「巋然而獨立也。」本不值識者一笑，反之鄭氏訓歸爲出嫁，倒與孔子的學說沒有矛盾。

今試把禮運作一次分析：

我們知道古代的儒者，是醉心於禪讓思想的，堯與舜就在這里取得了他的位置。仲尼生當亂世，對於往古特別惓惓，大同所描繪的理想，未始不是對於這種政治的憧憬。雖然話如此說，但對於他的祖國——魯，尤抱着杞憂；所以說：「蓋嘆魯也。」何以歎魯？大概也是由於憧憬三代政治的原因。「天下爲公，選賢與能，講信修睦；」就是這種政治的素描。所謂「不獨親其親，不獨子其子」，或者就是指「家天下」以前的禪讓政治而言。宅的含義，絕對不象康氏所解釋的那末奇怪。無非是形容古代政治明朗吧了，按之春秋時紛亂狀態，這個思想的產生，是很合理的。在春秋時代，神州分離成許多國，兵革屢興，那時老百姓所受的待遇，可想而知吧？孟子說：「老弱轉乎溝壑，壯者散而之四方」，「兄弟妻子離散」；春秋時代，不見得比戰國好多少吧？故以「男有分，女有歸」，爲禮想．可見都是針對時代而發。如此解說，雖不甚精當，然較之詩書，該沒有矛盾了。我們相信，這或是一個近似解說。

孔子是注重禮的，詩經論語等書都有提到；他所謂禮，就是叫人恢復秩序，守道義，對於一個欺詐風習的社會，這是很須要的，因此，他們對于「禮樂征伐自諸侯出」，便大大的感嘆了。

復次，一般人皆謂大同是孔子的理想政治，小康是指現在政治而言。孔子企圖由小康以至於大同，這也是康氏的意見。不過我們細察文義，却又不然，乃是由大同以進于小康——小康是指禹湯文武底政績，孔子在當時立說教人，亦每稱道此四賢者；看本文所謂：

『城郭溝池以爲因，禮義以爲紀，以正君臣，以篤父子，……刑仁講讓，示民有常。……」這也是一種滿意的表示。反之所謂「大同」，雖然能「天下爲公，選賢與能，……」可是畢竟免不了「鹿豕狉狉，草木榛榛」，那種不開化狀態，看下文：

「夫禮之初，始諸飲食，其燔黍捭豚，汙尊而𢷾飲，蕢桴而土鼓。……」

可知這是指原始社會而言。孔子是注重禮的，他必須把社會加以改造，使之「以和夫婦，以設制度，以立田里。」看禮的作用如何：

「夫禮，先王以承天之道，以治人之情，故失之者死，得之者生。」這是多末重要的話！又云：

「是故禮者，君之大柄也；」

「故聖王修義之柄，禮之序，以治人情。」（禮運）

這都是禮運根本思想。社會不斷的突變，堯舜旣沒，社會也跟着變了，所以說「大道旣隱」。人類一天天的開化起來，然必須明君臣之義，用禮以範之了，這便是小康，即孔子常說的仁政。孔子意思是：古代生活簡樸，故少鬥爭；后來愈趨愈煩，小康便產生了。這才是禮運的本意。按着一般社會史發展的規律，也是合理的。康氏的解說，是特別的强調了禮運的意見而已。

最后聲明：禮記爲漢儒記錄之書，自然不免有失孔子眞象，先儒已有懷疑之矣。程子云：

「禮記之文多謬誤者，儒行經解，非聖人之言也。夏后氏郊縣之篇，皆未可据也。」（二程粹言卷一）

其實禮運何嘗不如此，若根据此點看來，則康氏的錯誤，更屬易見。

雖然，我們對於大同小康，旣作了如此的解說，是不是孔子的思想，還不敢斷定，古書的眞假是很有問題，我們不過照着原文立論吧了。但我們相信，無論禮運出於何人之手，也不能像康氏所說的那末奇怪，我們在一二節中所駁斥的，亦只是駁斥康氏的解說而已。

——摘自《河北月刊》一九三六年六月第四卷第六期

小戴禮記補注敍錄

李源澄

清代經學昌明。新疏輩出。惟禮記一書。說經之家。罕能致力。蓋清儒所持。訓詁爲優。詩書儀禮周官。爲其所善。若公穀專明條例。禮記多言義理。則其術窮也。昔年在蜀。嘗依公穀條例。撰公穀徵各十一卷。於傳文略有校正。以傳說傳。傳義已明。見前儒之說。卽有是處。亦如無源之水。非能綱紀全書。有條不紊者也。淹留首都。稍究義理之學。以戴記爲晚周儒家義理總匯。心竊好之。時有一得之見。不忍棄置。乃以餘暇。偏注全書。鄭君所未備者補之。所見與鄭君異者匡之。大底名物數度之類。純資文獻者。多從鄭君。若記中言喪服者。有例可推。言義理者。思索可貫。似不必株守一家也。而尤詳於政教之原理。思想之變遷。古書之體例。蓋余之注經。寧曰考史。使以經注體例相繩。誠有未合。然凡下一義。必求穿血貫通。不爲陳言所囿。未始非不拘守注疏體制之效也。謹爲概論數條。發其餘義。有道之士。幸垂敎之。

一　論禮記輯成時代

禮記篇目。有戴聖所傳爲四十九篇與四十六篇之爭。淸儒戴東原錢大昕孫志祖陳壽祺邵懿辰黃以周皮錫瑞等。皆有所論。而所以證明其說之道。則有未足。余以爲戴聖所傳爲四十九篇。非四十六篇。經典釋文云。劉向別錄有四十九篇。其篇次與今禮記同。禮記正義引鄭玄六藝論云。傳禮者十三家。惟高堂生及五傳弟子戴德戴聖名在也。戴德傳記八十五篇。戴聖傳記四十九篇。後漢書橋玄傳云。七世祖仁。著禮記章句四十九篇。（仁傳小戴禮）是小戴記爲四十九篇之明證也。異說之起。源於陳邵。而隋志與初學記因之。經典釋文敍錄引陳邵說云。戴德刪古禮二百四篇爲八十五篇。謂之大戴禮。戴聖刪大戴爲四十九篇。是爲小戴禮。後漢馬融盧植。考諸家同異。附戴聖篇章。去其繁重。及所敍略。而行於世。卽今禮記是也。是謂戴記足成於馬融盧植之手。隋書經籍志云。漢初河間獻王又得仲尼弟子及後學者所記一百三十一篇。獻王之時。亦無傳之者。至劉向考校經籍。檢得一百三十篇。向因第而敍之。而又得明堂陰陽記三十三篇。孔子三朝記七篇。王史氏說二十一篇。樂記二十三篇。凡五種。合二百十四篇。戴德刪其繁重。合而記之。爲八十五篇。謂之大戴記。而戴聖又刪大戴之書。爲四十六篇。謂之小戴記。漢末馬融遂傳小戴之學。融又足月令一篇。明堂位一篇。樂記一篇。合四十九篇。而鄭玄受業於馬融。又爲之注。藝文類聚引劉向別錄云。孔子三見哀公。作三朝記。今在大戴禮。是以三朝記爲劉向校書所新得者誣也。且隋志所言。昧於劉向與二戴之先後。陳邵所渾言之三篇。隋志並爲詳其篇目。陳邵言二百四篇。隋志則言二百十四篇。豈當時所見陳邵之說有作二百十四篇者耶。又以漢志無二百十四篇之目。乃加明堂陰陽王史氏孔子三朝記樂記以足成之。初學記云。東海后倉善說禮。於曲臺殿撰禮一百八十篇。號曰后氏曲臺記。后倉傳於梁國戴德及德從子聖。乃刪后氏爲八十五篇。名大戴禮。聖又刪大戴禮爲四十六篇。名小戴禮。其後諸儒又加月令明堂位樂記。凡四十九篇。則今禮記是也。初學記所言後加篇目。與隋志同。其本於隋志明也。惟言後儒。未敢直言馬融。其云后氏撰曲臺記一百八十篇。今漢志曲臺記惟九篇。安有若是懸殊耶。三禮目錄引劉向別錄。於各篇皆有所屬。若如隋志初學記所言月令明堂位樂記爲後儒所加。劉向安得而見之。錢大昕言曲禮檀弓雜記三篇分上下。四十九篇爲虛數。卽於橋仁章句可以強釋。又焉能釋別錄之明文耶。故知小戴非後儒所足成。而爲戴聖所自訂。

二　論禮記各篇成書之時代

兩戴之采輯禮記。亦如向歆父子之編次羣書。其中包羅甚富。時代先後。亦非一致。鄭玄六藝論以投壺奔喪爲逸曲禮之正篇。（如大戴之夏小正可決其爲古書）以投壺奔喪例之。則古經亦復不少。特未能確指耳。又其中多雜輯成篇者。篇中取材。亦復先後不同。更難以一概而論。說理之文。首尾完具者。起於戰國。荀卿言禮樂法而不說。則說禮之文。荀卿不經見。就記中思想考之。亦多在荀卿以後。檀弓多稱子游曾子問爲孔子告曾子之言。孔子閒居爲孔子告子夏之言。禮運仲尼燕居乃子游子張問。若斯之類。疑爲其後學所著。劉向云。孔子三見哀公。作三朝記。未可遽以向意三朝記爲孔子自作也。今姑不論。其餘篇目。前儒以爲有主名者。史記孔子世家言子思作中庸。沈約謂樂記出公孫尼子。坊記表記緇衣中庸出子思子。是說也。就古書通例。謂其出某子者爲某派學者所作。則無不可。若以爲手作。則難通也。古書通例。或由口耳相傳。然後著於竹帛。每有其說甚早。因其成書稍晚之故。而羼入稍後之思想與名辭。亦有本已成書。幾經傳寫。而羼入後起之說。是以一篇之晚出。不足以證明全書。卽一篇之中。亦惟有取其主要者。始能證明其爲晚出。若其支節。則全篇之作。固不爲此。謂之竄亂可也。如此者亦惟首尾完具之篇。始適用之。而雜輯成篇者不與焉。中庸樂記二篇。其思想宜在荀卿以後。二篇作者卽非一人。亦爲一派之說。中庸二字。若釋爲禮之用（論語允執厥中周官中中於天府皆謂禮法度數）則可也。惟篇中言君子中庸。小人反中庸。中庸由禮之意引申爲無過不節。始於荀子之言立中制節。戴記喪祭諸篇。多明此理。以禮爲節。其義遠矣。引申中義爲至善之名。則在諸儒發明喪祭之義之後也。中庸曰。天命之謂性。率性之謂道。修道之謂教。性善之說。明著於孟子。中庸直言率性之謂道。此在性善之義大明之後也。孟子明禮義之源。故言性善。而主盡性。荀卿明禮樂之用。故言性惡。而主化性。孟荀二子。各有所明。非有所偏。則義不顯。中庸於率性之謂道下。繼言修道之謂敎。是蓋有鑒於荀子之非孟子也。又其言生知學知困知。則又兼取論語上知下愚之說。可見其爲孔孟荀以後之書。樂記論禮樂。原本於性情。分疏爲天地。其精微非荀子樂論所及。而與易繫辭互明。其論性情也。曰。人生而靜。天之性也。感於物而動。性之欲也。物至知知。然後好惡形焉。好惡無節於內。知誘於外。不能反躬。天理滅矣。夫物之感人無窮。而人之好惡無節。則是物至而人化物也。人化物也者。滅天理而窮人欲也。其言本於荀子。荀子以好惡喜怒哀樂爲情。生之所以然爲性。以情見性。故此言人生而靜。天之性也。卽性不可見。惟藉情以顯之之意。性之欲也之欲。卽情欲之欲。節者以禮爲節。天理與人欲對舉。本於莊子嗜欲深者天機淺。孟子養心莫善於寡欲之言。其所以不純爲荀子學說者。荀子以禮爲節。視欲爲無足重輕。此因有取於孟莊之說。故以人欲爲罪。一則曰以欲忘道。再則曰滅天理而窮人欲。惟性之欲也之欲。無善惡之義。中庸曰。喜怒哀樂之未發謂之中。發而皆中節謂之和。中庸之發。卽樂記之感於物而動。故皆重在有節無節。故二書者。不能先於孟荀章章明矣。又如三年問大戴記哀公問禮三本亦同之取於荀子。明堂位之取於周書。大戴文王官人武王踐阼亦同祭法之取於國語。大戴朝事之取於周官此則今猶可以考見者。惟其取之也。爲晚周漢初之儒。而非戴氏。以其文字或異。而明堂位祭法二篇附益尤多也。至記中之同於賈誼者。卽非賈誼取記。亦不得謂記取賈誼。以其文字與賈誼不類。古人言公。賈誼之襲古無傷也。惟王制一篇。前儒多謂漢文博士所作。實則非也。漢文令博士作王制。見於史記封禪書。漢書郊祀志。史記索隱引劉向別錄云。文帝所造書。有本制服制兵制篇。是則漢文王制。疑卽本制服制兵制之總名。鄭君三禮目錄云。名曰王制者。以其記先王班爵祭祀養老之法度。鄭志答臨碩問云。孟子當赧王時。王制之作。復在其後。駁五經異義云。王制是孔子之後大賢所記。王制作者。鄭君雖不能確指。固不以爲漢人所作。果爲漢文博士所作。鄭君漢人。寧不知之。時人亦安得信之。且封禪書郊祀志記漢文令博士作王制。有制作之意。與後世官家修書不同。漢世已廢封建爲郡縣也。王制所記皆封建之制。以禮記王制爲漢文博士所作。未之思也。以爲漢文博士所作者。其據在禮記正義引盧植之言。曰漢文皇帝令諸生作此王制之書。漢文令諸生作王制。公言也。其要在一此字。安知盧植所指。不爲漢文王制。而爲禮記中之王制。又安知此字非正義所加。班固於郊祀志明言漢文作王制也。而於刑法志云。五國爲屬。屬有長。十國爲連。連有帥。三十國爲卒。卒有正。二百一十國爲州。州有牧。連帥比年簡車。卒正三年簡徒。羣牧五載大簡車徒。此先王爲國立武足兵之大略也。周道衰。法度墮。故不能充王制。班氏引禮記王制爲先王立武足兵之道。其不以爲卽漢文博士所作之王制明也。是漢時有兩王制。一爲晚周之書。一爲漢人之作。漢人之作不傳。乃以晚周人王制爲漢人王制。是則禮記各篇。多爲晚周之作。其中所記制度。或有根據傳說而著於竹帛者。如曲禮內則少儀文王世子禮器玉藻雜記之類屬之。若漢人所附入有明文可據者。王制東田與大戴公冠篇昭帝冠辭之類屬之。至於鄭君以爲逸經之類者。其成書年代或又較古耳。

三 論禮記之性質

劉咸炘先生治記緒論云。是故戴記者。乃孔門徒裔積世相傳逃錄師說之書。先師後師。遞有增益。不出一手。爲體不純。故其稱爲記百三十一篇。以近時質言之。謂之儒家叢書則明白矣。此言是也。大底小戴各篇。其雜亂尙可貫通。曰禮制。曰禮說。曰通論。曰雜記。儒家以禮爲遷。以禮爲綱。庶可勉爲統攝。大戴則尤雜亂。其餘諸子中如管子中之弟子職。賈誼書之容經。亦古禮之遺。而兩戴未取。當時輯書之宗旨如何。取材之限度如何。今雖不可知。惟欲窺晚周儒家思想。與古禮之餘。當自此始也。周以前論禮之思想。大要可分爲三期。以孔孟荀爲中間。而上觀左國所記春秋時人之言禮。下觀戴記中晚周諸儒之言禮。顯然不同。左傳子産曰。夫禮天之經也。地之義也。民之行也。天地之經。而民實則之。則天之明。因地之性。生其六氣。用其五行。氣爲五味。發爲五色。章爲五聲。淫則昏亂。民失其性。是故爲禮以奉之。爲六畜五牲三犧以奉五味。爲九文六采五章以奉五色。爲八風七音六律以奉五聲。國語曹劌曰。夫禮所以正民也。是故先王制諸侯。使五年四王一相朝。終則講於會。以正班爵之義。帥長幼之序。訓上下之則。制財用之節。其間無由怠荒。是孔孟荀以前言禮。重於差等名位。以保國治民。孔子曰。道之以德。齊之以禮。又曰。恭而無禮則勞。愼而無禮則葸。又曰。人而不仁如禮何。人而不仁如樂何。孔子言禮亦主於治國。漸重禮之本質。孟子雖罕言禮樂。然其言禮之實節文斯二者。實啓晚周儒家之壇宇。荀子隆禮。其言較孔孟爲詳。以禮之起源爲二。一起於生存之需要。一發內心之自然。社會之秩序。荀子所謂明分使羣者。起於生存之相需。其餘喪祭之禮。荀子所謂達愛敬之文而滋成行義之美者。則出於內心之自然。是則孔孟荀爲左國與戴記間之關鍵。戴記中言禮。以喪祭爲主。偏於內心之說明。孝字爲禮之根據。曾子問曰。取婦之家。三日不舉樂。思嗣親也。內則曰。子有二妾。父母愛一人焉。子愛一人焉。由衣服飮食由執事。毋敢視父母所愛。雖父母歿不衰。子甚宜其妻。父母不悅。出。子不宜其妻。父母曰。是善事我。子行夫婦之禮焉。沒身不衰。此昏禮以孝爲根據也。冠義曰。故冠於阼。以著代也。此冠禮以孝爲根據也。鄉飮酒義曰。鄉飮酒之禮。六十者坐。五十者立侍。以聽政役。所以明尊長也。六十者三豆。七十者四豆。八十者五豆。所以明養老也。民知尊長養老。而後能入孝出弟。是鄉飮酒禮以孝爲根據也。喪祭二禮之以孝爲根據。更不待言。孝字之義。在戴記中相當於孔子所謂仁。孝雖古德。推廣孝義。則在晚周諸儒。孔子當日尙以孝許人。戴記中則曾子亦不敢當。祭統公明儀問於曾子曰。夫子可以爲孝乎。曾子曰。是何言與。是何言與。君子之所謂孝者。先意承志。諭父母於道。參直養者也。安能爲孝乎。曾子曰。身也者父母之遺體也。行父母之遺體。敢不敬乎。居處不莊非孝也。事君不忠非孝也。涖官不敬非孝也。朋友不信非孝也。戰陳無勇非孝也。五者不遂。烖及其身。敢不敬乎。此與孝經思想。同出一派。而爲漢人以孝治天下之先河。自孔子以來道德之目。攝之以心。然而以身爲主。內而誠意正心。外而齊家治國平天下。以誠身爲主。內而明善。外而信友順親獲上。一以貫之。則又晚周儒家之所特有。推之論政論學。皆有其獨具之見。余以爲戴氏輯書之主旨雖不可知。以晚周儒家思想之總匯視之可也。

四　論治記之法

戴記取材既雜。治記之家各爲分類。以醒眉目。劉向分爲制度、通論、明堂陰陽、世子法、子法、喪服、祭祀、吉禮、吉事等類。吳澄撰禮記纂言。於大學中庸及遺經與釋經之記而外。分爲通禮、喪禮、祭禮、通論等類。任啓運撰禮記章句。分爲統宗、明倫、敬身、立政、五禮、論禮、論樂、通論等類。此皆專就本記分類者也。（他如朱子之儀禮經傳通解以儀禮爲主。劉宗周之以禮記合家語四書。皆非條理禮記之正法）惟專就本記分類。亦何容易。以禮記原非整齊劃一之書。不惟合數篇爲一類不盡相宜。即一篇之中。亦往往有非一義可包者。不如不分。使學者讀其書而自得之之爲愈也。井研廖先生著分撰兩戴記章句。雖強分今古學與不明古書性質之處。不盡可從。然其目無全牛。啓發於後之治是書者甚衆。其功不可沒也。余治是書。雖未從廖先生之條例。實受先生之啓發。先生欲強禮記以就其範。余則舍己以從禮記之舊。蓋先生視禮記原書爲一整齊之書。余則視之爲一凌亂之書故也。禮記者集各篇而成。原各自爲一書。不相關連。篇中之有重出者。乃各記所聞。非首尾完具之篇羼入他文者。然此乃學者偶爾記此。亦不可以爲常例。而以爲有經有注也。其次序凌越。前後所記不同。此乃古人得書不易。如今人之雜錄。強爲整理。反失原意。而亦不能整理。故余治是書。各隨文釋之。於篇章不爲改易。至於其說反異者。或由時代之先後。或由傳聞異辭。（如大傳言不王不禘。郊特牲言魯之郊禘非禮。而祭統明堂位則謂周王以天子之禮樂賜周公。然而郊者魯公行之。與尊周公何干。禘禮卽可行之於周公廟。魯公廟以下則爲僭也。且呂氏春秋當染篇魯惠公請郊禮於周。是謂成王賜周公者妄也。或魯人以爲周王所賜。記家因之。亦未可知。如此之類甚衆。多從其歷史方面說明）惟於字句之間。則多所更正。雜記云。廬堊室之中。不與人坐焉。在堊室之中。非時見乎母也不入門。鄭注。在堊室之中。以時見乎母。乃後入門。則居廬時不入門。據鄭注是鄭所見本廬下尙無堊字。故云然耳。閒傳曰。父母之喪。居倚廬。齊衰之喪。居堊室。又曰。父母之喪。既虞卒哭。柱楣翦屏。苄翦不納。期而小祥。居堊室。則此原文當作廬室之中。不與人坐焉。謂練前也。喪服小記云。爲君母後者。君母卒。則不爲君母之黨服。鄭注。徒從也。所從亡則已。案爲君母後。當作不爲君母後。故鄭云徒從也。鄭注本篇從服者所從亡則已云。謂若爲君母之昆弟從母也。注屬從者所從雖沒也服云。謂若自爲己之母黨。爲君母後者。謂無適立庶。當在屬從。鄭云徒從。知當時未脫不字也。余所更正字句皆於其必不能已者。（亦未改其原文）若無確鑿證據。則惟說明其難通之處而已。篇目分類。余以爲難能而無補章句之間。則盡力爲之分疏。其非淺陋所能至者。敬待後之賢哲。不敢強解。曹劌曰。小大之獄。雖不能察。必以情。余治是書。亦有是

——摘自《學術世界》一九三六年十月二卷一期

禮記引得序

——兩漢禮學源流考——

洪業

兩漢學者所傳習之禮，經有三而記無算。

所謂經有三者，其一曰士禮。太史公儒林傳曰：[1]

「漢興，然後諸儒始得脩其經藝，講習大射，鄉飲之禮。叔孫通作漢禮儀，因爲太常。[2]…及今上即位，…言禮自魯高堂生。…諸學者多言禮，而魯高堂生最本。禮固自孔子時，而其經不具。及至秦焚書，書散亡益多。於今獨有士禮，高堂生能言之。而魯徐生善爲容，孝文帝時，徐生以容爲禮官大夫。傳子至孫，徐延，徐襄。襄，其天姿善爲容，不能通禮經；延頗能，未善也。襄以容爲漢禮官大夫，至廣陵內史。延及徐氏弟子，公戶滿意，桓生，單次，皆常爲漢禮官大夫，[3]而瑕丘蕭奮以禮爲淮陽太守。是後能言禮爲容者由徐氏焉。」

據其言，禮經雖殘闕，尙有士禮。漢武帝時，習其經者以魯高堂生爲最得其本，[4]諸徐及其弟子，如蕭奮等，[5]皆不若也。至於士禮之篇第及高堂生與叔孫通及蕭奮等之彼此關係，則皆史記所未詳云。

漢書藝文志曰：[6]

「漢興，魯高堂生傳士禮十七篇，訖孝宣世，后倉最明。戴德，戴聖，慶普，皆其弟子，三家立於學官。」

而儒林傳曰：[7]

「孟卿，東海人也，事蕭奮，以授后倉，魯閭丘卿。倉說禮數萬言，號曰后氏曲臺記，授沛聞人通漢子方，梁戴德延君，戴聖次君，沛慶普孝公。孝公爲東平太傅。德號大戴，爲信都太傅。聖號小戴，以博士論石渠，至九江太守。由是禮有大戴，小戴，慶氏之學。通漢以太子舍人論石渠，至中山中尉。普授魯夏侯敬，又傳族子咸，爲豫章太守。大戴授琅琊徐良斿卿，爲博士，州牧，郡守，家世傳業。小戴授梁人橋仁季卿，楊榮子孫。仁爲大鴻臚，家世傳業。榮，琅琊太守。由是大戴有徐氏，小戴有橋，楊氏之學。」

又贊曰：[8]

「武帝立五經博士，開弟子員，設科射策。…初：書，唯有歐陽；禮，后…。至孝宣世，復立…大小戴禮。」

西漢一代士禮傳授之大略已具。然尙有可疑者焉。班固時之禮經十七篇，非盡高堂生所傳者也。與固同時之王充曰：「今禮經十六。」[9]又曰：「見在十六篇，秦火之餘也。」[10]且曰：「宣帝時，河內女子壞老屋，得佚禮一篇」[11]，「奏之，宣帝下示博士，然後…禮…篇數亦始足。」[12]十六，十七，二數之離異，雖可解以傳本篇卷之分合，然其中佚禮一篇，固非高堂所傳者矣。又藝文志云，「二戴，慶氏，三家立於學官」[13]，而儒林傳贊僅舉大小戴禮；在漢書已自不同。即就東漢而論，司馬彪續漢書百官志[14]，應劭漢官儀[15]及范曄後漢書儒林傳序[16]，皆謂光武中興立十四博士；其中，禮有二戴不及慶氏。顧范氏又曰：

「曹褒字叔通，魯國薛人也。父充持慶氏禮，建武中爲博士。…顯宗即位…拜充侍中，作章句辯難，於是遂有慶氏學。褒…傳充業…初舉孝廉，再遷圉令。…免官，歸郡爲功曹，徵拜博士。…章和元年正月迺召褒詣嘉德門，令小黃門持班固所上叔孫通漢儀十二篇，敕褒曰：『此制散略，多不合經，今宜依禮條正，使可施行。於南宮東觀盡心集作。』褒既受命，迺次序禮事，依準舊典，雜以五經讖記之文，撰次天子至於庶人，冠婚吉凶終始制度，目爲百五十篇，寫以二尺四寸簡，其年十二月奏上。帝以衆論難一，故但納之，不復令有司平奏。會帝崩，和帝即位。褒迺爲作章句，遂以新禮二篇冠。擢褒監羽林左騎，永元四年遷射聲校尉。後太尉張酺、尚書張敏等奏褒擅制漢禮，破亂聖術，宜加刑誅。帝雖寢其奏，而漢禮遂不行。…七年出爲河內太守，…後坐上災害不實，免。有頃，徵，再遷，復爲侍中。褒博物識古，爲儒者宗。十四年(92)卒官。作通義十二篇，演經雜論百二十篇，又傳禮記四十九篇。教授諸生千餘人，慶氏學遂行於世。」[17]

「董鈞字文伯，犍爲資中人也。習慶氏禮…永平中爲博士。時草創五郊祭祀及宗廟禮樂，威儀，章服，輒令鈞參議，多見從用，當世稱爲通儒。累遷五官中郎將。常教授，門生百餘人。後坐事，左轉騎都尉，年七十卒於家。」[18]

然則慶氏之立在後，而史之數博士，乃沿舊目誤未改增歟？抑禮博士之數僅爲二，而家法乃有三歟？案安帝父淸河孝王諱「慶」[19]，而慶純乃至改姓賀氏[20]，則繼曹董輩者雖傳慶氏學而尙以戴禮博士稱歟？

就上所引二曹及董鈞傳，可見慶氏禮學曾盛行於後漢。二戴之學反以寖微，故後漢書儒林傳曰：

「中興目後，亦有大小戴博士，雖相傳不絕，然未有顯於儒林者。」[21]

疑二戴眞徒過於墨守家法，僅執士禮而推致於天子，不若曹董輩，甘蹈異端亂道之譏，雜取經讖，博通古今，以致身通顯，而教授門徒以千百計也。當時古今學之爭論未盡息。於禮：古學，則禮古經及周官，後將復叙之。今學，則二戴所傳授之士禮，鄭玄六藝論所謂：「今禮行於世者，戴德，戴聖之學也。」[22] 慶氏亦后倉弟子，而其學最盛於東京，鄭氏何未嘗及？殆董曹輩所傳授者非純粹「今禮」歟？

曹褒卒之年，司空徐防上疏曰：

> 「伏見太學試博士弟子，皆以意說，不修家法，私相容隱，開生姦路。……不依章句，妄生穿鑿，以遵師爲非義，意說爲得理，輕侮道術，寖以成俗。……」[23]

當時雖思糾正，然後乃益壞。後漢書儒林傳序曰：

> 「章句漸疏，而多以浮華相尚，儒者之風蓋衰矣。……後遂至忿爭，更相言告，亦有私行金貨，定蘭臺漆書經字，以合其私文。熹平四年（175）靈帝乃詔諸儒正定五經，刊於石碑，……使天下咸取則焉。」[24]

則家法之衰乃更害及經文矣。案永初四年（110）安帝以經傳之文多不是正，乃詔劉珍馬融等詣東觀整齊脫誤。[25] 延熹（158-162）中復詔校書改定禮經文字。[26] 至是纔數年耳。時馬融已卒，融弟子盧植

> 「乃上書曰：『臣少從通儒故南郡太守馬融受古學，頗知今之禮記特多回穴。臣前以周禮諸經，發起粃謬，敢率愚淺，爲之解詁，而家乏，無力供繕寫上。願得將能書生二人共詣東觀，就官財糧，專心研精，合尚書章句，考禮記失得，庶裁定聖典，刊正碑文。』」[27]

所謂「今之禮記」者，即立於學官之禮。其刊於石者，即洛陽記[28]所謂「禮記十五碑悉崩壞」，又「禮記碑上有諫議大夫馬日磾，議郎蔡邕名」者，是也。

洛陽記於禮記碑舉馬日磾及蔡邕之名，而不及盧植。其爲石之崩壞而題名有闕歟？抑其時植以出入遷轉，未竟其業歟？[29] 無論如何，馬日磾爲融族子[30]亦傳融之學者也。蔡邕長於文史，不以經學名家。至其所爲明堂論，[31] 徵引及周官及「禮記古大明堂之禮」，則非篤守今禮者也。夫校訂官立今禮而委之好習古學之人，則篤守二戴之經者時無聞人，而貫通今古之學已成風氣歟？

熹平石經，今無傳本。禮經殘石，僅零碎數段而已。近出一塊，首行云「鄉飲酒第十。」[32] 考者據之，謂是大戴本，蓋以鄭玄三禮目錄云：劉向別錄及小戴，鄉飲酒禮皆第四，而大戴篇次第十也。[33] 然近年金石古物，贋品居多，君子可欺以其方，鑑別眞僞，頗未易言。且縱認其石爲眞，亦僅孤證而已。慶氏章句，如果在學官，其經文篇第如何，後人尚不可得而考也。

鄭玄者亦馬融弟子，而與盧植相善。[34] 熹平刻經時，玄正遭禁錮。所注三禮之成，適當此時期，流傳於後世之儀禮鄭注，即其一也。儀禮之稱首見於晉人文字中，[35] 鄭注原書，卷首何名，今不可得而知其確。鄭六藝論既云：「今禮行於世者，戴德戴聖之學也」，則鄭以前漢之士禮爲「今禮」也。禮器

云：「曲禮三千」，鄭注之云：「曲猶事也，事禮謂今禮也。禮篇多亡，本數未聞，其中事儀三千」[36]；是鄭又以「今禮」爲事禮，爲曲禮也。此所謂「曲禮」者，是指禮篇之類別歟？抑一書之定名歟？鄭三禮目錄曰：「奔喪……實逸曲禮之正篇也；漢興後得古文，而禮家又貪其說，因合於禮記耳。」[37]又曰：「投壺……亦實[38]曲禮之正篇。」[39]鄭注奔喪又輒引逸奔喪禮，其文輒不同。然則，鄭似以曲禮名士禮，以逸曲禮名禮古經，以合於禮記之奔喪爲當是逸曲禮原篇之正讀[40]，而引後漢末別行之逸奔喪禮以爲校耳。陳時陸元朗所云：「曲禮者是儀禮之舊名」[41]，及唐初賈公彥所云：「且儀禮亦名曲禮，」[42]皆可以爲此解佐證者也。然則「儀禮鄭氏注」原爲「曲禮鄭氏注」歟？顧鄭箋毛詩在注禮之後，其箋采蘩[43]引儀禮[44]少牢饋食文：「主婦髲鬄」而云「禮記[45]」，然則鄭注原書，亦沿用當時官稱作「禮記」歟？

後漢書[46]儒林傳云：「玄本習小戴禮，後以古經校之，取其義長者，故爲鄭氏學。」所謂「本習小戴禮」者，不知何所據。案玄之學禮，先從張恭祖，後從馬融[47]，皆古學也。參合今禮與古經，當時已成風氣，玄殆集其大成耳。今有鄭注儀禮十七篇。就其篇次觀之，則二戴本與鄭所謂劉向別錄所載本，三者各不相同，而鄭乃從別錄本。就其文字之異同觀之，則鄭注輒舉古文作某，今文作某，而鄭之從古文者爲較多[48]。然則毋寧謂鄭以古文本爲本，而校以今文本耳。且鄭之今文本與熹平石經之今文本不盡相同。士虞禮篇末[49]：「某甫尚饗朞而小祥」，鄭注曰：「古文朞皆作基。」今熹平石經殘文尚存其七字[50]，曰：「某甫饗期而小」；則無「尚」字，而「朞」作「期」也。「鄉飲酒之禮」[51]，石經[52]無「之」字。「主人對賓坐取爵適洗南北面」[53]，石經[54]存自「爵」字起一段，然無「適」字。又今本自「主人如賓服以拜辱」以下至「磬階間縮霤北面鼓之」[55]，中有二百餘字。殘存石經隔行並列，計其石之長短行格，其間僅可容七十餘字而已。[56]石經殘文存者甚少，乃輒與鄭文離異。其爲鄭於目錄雖並舉二戴，而於校經，僅用其一歟？抑鄭之校勘，亦頗疏略歟？

今即就鄭本，依注去古留今，亦未必得戴禮之舊文。王充爲論衡時[57]，在鄭注禮前不及百年。謝短篇曰：「案今禮不見六典，無三百六十官，又不見天子，天子禮廢何時？豈秦滅之哉？」[58]則充猶及見「但推士禮以及天子」之今禮，其中並無關於天子之明文也。今鄭本中「天子」乃屢見矣。[59]是殆今禮與古經參合之結果歟？涇渭之流既合，清濁不可得而分矣。

漢禮經三，其二曰「禮古經」。漢書藝文志曰：

「禮古經五十六卷……禮古經者出於魯淹中及孔氏學七十篇文相似多三十九篇及明堂陰陽王史氏記所見多天子諸侯卿大夫之制雖不能備猶瘉倉等推士禮而致於天子之說」[60]

後來學者解釋此文，不盡相同。宋劉敞擬改「學七十篇」為「與十七篇」，而以「及孔氏」連上文為讀[61]。淸黃以周從劉氏改七十為十七之說；而別擬改「孔氏」為「后氏」，「及后氏」乃連下文為讀也[62]。案漢書劉歆傳：

「……移書太常博士責讓之曰：『……及魯共王壞孔子宅，欲㠯為宮，而得古文於壞壁之中：逸禮有三十九，書十六篇。天漢（100—97 B.C.）之後，孔安國獻之，遭巫蠱倉卒之難，未及施行。及春秋左氏丘明所修，皆古文舊書，多者二十餘通，臧於秘府，伏而未發。孝成皇帝閔學殘文缺，稍離其眞，乃陳發祕臧，校理舊文。得此三事，㠯考學官所傳，經或脫簡，傳或間編。傳問民間，則有魯國柏公，趙國貫公，膠東庸生之遺學，與此同，抑而未施。此乃有識者之所惜閔，士君子之所嗟痛也。往者綴學之士，不思廢絕之闕，苟因陋就寡，分文析字，煩言碎辭，學者罷老，且不能究其一藝。信口說而背傳記，是末師而非往古。至於國家將有大事，若立辟雍，封禪，巡狩，之儀，則幽冥而莫知其原，猶欲抱殘守缺，挾恐見破之私意，而無從善服義之公心。或懷妬嫉，不考實情，雷同相從，抑此三學。……」[63]

魯共王傳曰：

「魯恭王餘㠯孝景前二年立為淮陽王。吳楚反破後，㠯孝景前三年徙王魯。……二十八年薨。……恭王初好治宮室，壞孔子舊宅㠯廣其宮，聞鐘磬琴瑟之聲，遂不敢復壞。於其壁中，得古文經傳。」[64]

藝文志曰：

「武帝末，魯恭王壞孔子宅，欲以廣其宮，而得古文尚書及禮記，論語，孝經凡數十篇，皆古字也。共王往入其宅，聞鼓琴瑟鐘磬之音，於是懼，乃止不壞。孔安國者，孔子後也，悉得其書，以考二十九篇，得多十六篇。安國獻之，遭巫蠱事，未列於學官。」[65]

王充論衡曰：

「孝武帝封弟為魯恭王。恭王壞孔子宅以為宮，得佚尚書百篇，禮三百，春秋三十篇，論語二十一篇，闓絃歌，懼，復封塗。上言武帝，武帝遣吏發取，古經，論語，此時皆出。」[66]

許愼說文解字叙曰：

「壁中書者，魯恭王壞孔子宅而得禮記，尚書，春秋，論語，孝經。」[67]

皆以為魯共王得古文禮於孔壁中。然漢書河間獻王傳又曰：

「河間獻王德㠯孝景前二年立。修學好古，實事求是。從民得善書，必為好寫與之，留其眞，加金帛賜，㠯招之。繇是，四方道術之人，不遠千里，或有先祖舊書，多奉㠯奏獻王者。故得書多，與漢朝等。……獻王所得書，皆古文，先秦舊書，周官，尚書，禮，禮記，孟子，老子之屬，皆經說傳記，七十子之徒所論。…立二十六年薨。」68

是河間獻王亦有古文禮也。故鄭玄六藝論合之云：

「後得孔氏壁中，河間獻王古文禮五十六篇。…其十七篇與高堂生所傳同，而字多異。」69

然皆未敘及淹中之本，而隋書經籍志乃云：

「古經出於淹中，而河間獻王好古愛學，收集餘燼，得而獻之，並威儀之事。」70

竊謂古經出處，爲說有三：淹中，孔壁，河間，而淹中在魯何地，僅有蘇林一注曰：「里名也」，餘不詳71。其出而達於漢廷，途亦有三。曰武帝遣吏發取，曰獻王所奏奉，曰孔安國家所獻。其獻進之時：曰景帝時也，曰泛指武帝時也，曰天漢之後也，曰武帝末年也。時地皆殊，人物不同，蓋傳聞異辭耳。河間獻王，魯共王，孔安國皆司馬遷同時人。安國爲武帝時博士，至臨淮太守，蚤卒72。二王之薨皆在元朔元年(128 B.C.)左右，而遷之史記迄於天漢，乃不曾述禮古經之發見，反云「於今獨有士禮」，亦可異矣！河平(28—25 B.C.)校書，上距元朔，時越百載。向，歆之徒發陳編而究來源，亦僅有故老傳聞耳。此其所以鐘磬絃歌，事近子虛，時地，人物，語輒矛盾歟？

劉歆之移書責太常博士，當在哀帝初年。然衆怒難犯，終哀帝之世，古經未得立於學官。至平帝時，王莽當國；莽本習禮經而素善劉歆；故

「元始四年(4)…莽奏起明堂，辟雍，靈臺。爲學者築舍萬區，作市，常滿倉。立樂經，益博士員。經各五人。徵天下通一藝，教授十一人目上，及有逸禮，古書，毛詩，周官，爾雅，天文，圖讖，鍾律，月令，兵法，史篇文字，通知其意者，皆詣公車。網羅天下異能之士。至者前後千數。皆令記說廷中。將令正乖謬，壹異說云。」73

「元始…五年…徵天下通知逸經，古記，天文，曆算，鐘律，小學，史篇，方術，本草，以及五經，論語，孝經，爾雅，教授者。」74

「平帝時又立左氏春秋，毛詩，逸禮，古文尚書。」75

當時所立於學之逸禮，爲禮古經之全部五十六卷歟？抑僅與十七篇相似以外之三十九篇歟？此亦史所不詳者也。

及王莽敗，光武中興，立五經十四博士。禮則大小二戴，其餘諸經亦皆今學，則莽所立各古經皆擯於學官之外也。顧自平帝以來，學者之習古經有二十餘年者矣。一旦廢棄，勢在必爭。尚書令韓歆上疏欲爲費氏易，左氏春秋立博士。詔下其議。建武四年(28)正月朝公卿大夫博士，見於雲臺。博士范升與歆互相辯難，日中迺罷。陳元詣闕上疏，繼與升辯難凡十餘上。「帝卒立左氏學，太常選博士四人，元爲第一。帝以元新忿爭，迺用其次；司隸從事李封。於是諸儒目左氏之立，論議讙譁，自公卿目下數廷爭之。會封病卒，左

氏復廢。」有賈徽者，從劉歆受左氏春秋，兼習國語，周官，又受古文尚書於塗惲，學毛詩於謝曼卿，徽子逵「悉傳父業，弱冠能誦左氏傳及五經本文。以大夏侯尚書教授。雖爲古學，兼通五家，穀梁，之說。」章帝建初八年(83)「迺詔諸儒各選高才生，受左氏，穀梁春秋，古文尚書，毛詩；由是四經遂行於世。皆拜逵所選弟子及門生爲千乘王國郎，朝夕受業黃門署。學者皆欣欣慕焉。」[76]執經以求利祿，別有途徑；雖不由學官，何害？

然禮古經不在此類古經之內，且迄東漢全代未聞有請立逸禮博士者。其故何哉？爲其無傳習之人歟？抑「今禮」博士亦有兼授古學者，不必別立專科歟？

阮孝緒七錄曰：

「古經出魯淹中，皆書周宗伯所掌五禮威儀之事，有五十六篇，無敢傳者。後博士傳其書，得十七篇，鄭玄注今之儀禮是也；餘篇皆亡。」[77]

不知阮氏之言何據。其云無敢傳者，則當在逸禮立而復廢之後。傳其十七篇之博士，於史無考。既云博士則習今學者也。既傳其十七篇，何不敢傳其餘？奔喪，投壺，皆爲逸禮之正篇，既尙存，何云「餘篇皆亡」？竊疑逸禮未嘗盡亡於東漢，殆爲「今禮」學者所分輯於所傳授之經記中耳。曹，董，之流爲禮博士，而以博通今古，常預朝廷禮議，能毋習逸禮乎？假若學官之業固亦兼及逸禮：則逸禮不必別成專科，以爭博士一席矣。

賈逵弟子許愼著說文解字十四卷，書成於和帝永元十二年(100)。許君自敘其所據經籍曰：

「其偁易，孟氏；書，孔氏；詩，毛氏；禮；周官；春秋，左氏；論語；孝經；皆古文也。」[78]

案漢書藝文志云：「劉向以中古文易經校施，孟，梁丘，經；或脫去『無咎』，『悔亡』。唯費氏經與古文同。」[79]後漢書儒林傳云：「東萊費直傳易，授琅琊王橫，爲費氏學，本以古字，號古文易。」[80]是孟氏本非古文易也。今許君以易孟氏爲古文；其說若不誤，則中興後數十年間，孟氏之易已有改從古文者矣。此所以費氏易雖曾爭立於學官，而不得立；不得立，而不復爭之故歟？推易之例於禮，疑其事有相似者。許君舉禮，不名何家，而號之爲古文。今就說文所引者，考之。「禮謂之封」，「牛藿羊苄」，賓之儀禮鄭注則皆今文也。無「訃」而有「赴」，無「醋」而有「酌」，則皆古文也。至其引禮「佩刀：天子玉琫而珧珌，諸侯璗琫而璆珌，士珕琫而珧珌」，「封諸侯以土，蒩以白茅」，「知天文者冠鷸」，「天子赤墀」，之屬，皆不見於今之十七篇中，是殆出於逸禮歟？[81]然則，許君之所謂禮者殆合今於古，而收逸於正者歟？倘類是之禮已傳於學官，固無須別立逸禮博士矣。

且逸禮之存而不盡存，亡而不盡亡者，職此故也。徵之鄭君三禮目錄，奔喪，投壺皆逸禮也。當鄭君時有鄭君所以爲小載之禮記四十九篇者，收此二篇矣。四十九篇者於今具存，而此二篇亦因以存也。在鄭君時尚有所謂大戴禮八十五篇者，今存不及其半，餘則幷篇名而亡之[82]。就所存者觀之，投壺一篇與小戴之投壺相似而不同，而公冠，諸侯遷廟，諸侯釁廟三篇，後人亦有以爲逸禮者矣。亡篇之中，逸禮如何，不可知也。記家之書不止大小戴二種[83]，想其中尚有收入逸禮者，然而今皆亡矣。夫二戴皆后倉弟子，劉歆所譏抱殘守缺之徒也。東漢末葉乃有兼收逸禮之禮記歸諸二戴名下，而時人不以爲異，則禮學今古界限之分，彌久而泯也。何休在東漢之末，主今學者也。公羊解詁引證不及周官，然所引逸禮甚夥[84]，則今禮與逸禮之界限盡泯矣。及鄭玄注儀禮，禮記，周禮，則並今禮，周官，而溝通之矣。故唯玄爲集通學之大成也。

漢禮經之三，曰周官，亦古文經也。案劉歆移太常博士書中，未嘗有一語及周官。元始四年王莽奏徵天下通周官者。五年，莽議郊祀事，即以周官爲據[88]。其後三年，即王莽居攝三年（8）莽母功顯君死。少阿羲和劉歆與博士諸儒七十八人皆曰：「……攝皇帝遂開秘府，會羣儒，制禮作樂，卒定庶官，茂成天功，聖心周悉，卓爾獨見，發得周禮，以明因監，則天稽古，而損益焉。……周禮曰：『王爲諸侯緦縗，弁而加環絰；同姓則麻，異姓則葛。』攝皇帝當爲功顯君緦縗，弁而加麻環絰。……」[86]則在三年之中，周官之稱已變而爲周禮矣。漢書藝文志載：「周官經六篇，周官傳四篇」[87]，殆本劉歆七略原文。「六篇」下注云：「王莽時，劉歆置博士」，殆班固所加。荀悅漢紀云：「歆以周官六篇爲周禮，王莽時歆奏以爲禮經，置博士。」[88]則周官之爲周官經，爲周禮，置博士，當在平帝元始五年，至王莽居攝三年之間也[89]。藝文志，禮家叙，頗述士禮及逸禮之源流傳授，獨於周官，默無一言，其七略輯錄曾爲班固所刪削之故歟[90]？顧樂家叙乃云：

> 「六國之君，魏文侯最爲好古。孝文時得其樂人竇公，獻其書，乃周官大宗伯之大司樂章也。武帝時，河間獻王好儒，與毛生等共采周官及諸子言樂事者，以作樂記，獻八佾之舞。……其內史丞王定傳之，以授常山王禹，禹成帝時爲謁者，數言其義，獻二十四卷記。劉向校書，得樂記二十三篇，與禹不同，其道寖以益微。」[91]

則文帝時己有周官矣。禮器孔疏云：

「周官：……經秦焚燒之後，至漢孝文帝時求得此書，不見冬官一篇，乃使博士作考工記，補之。」[92]

則以爲文帝時始有其書也。然孔疏於此既不舉所據，而於禮記大題下又輒異其說云：

「漢書說河間獻王開獻書之路，得周官有五篇，失其冬官一篇，乃購千金不得，取考工記以補其闕。」

今傳本漢書却無此文。獻王與禮書之關係，漢書中除上所引藝文志言及本傳舉所得先秦舊書中有周官而外，尙有禮樂志一條云：

「河間獻王采禮樂古事，稍稍增輯至五百餘篇，今學者不能昭見，但推士禮目及天子，說義又頗謬異，故君臣長幼交接之道，寖日不章。」[93]

亦未及考工記補闕之事。唯經典釋文叙錄引

「或曰河間獻王開獻書之路，時有李氏上周官五篇，失事官一篇，乃購千金不得，取考工記以補之。」[94]

陸元朗所謂「或曰」，殆與孔頴達所謂「漢書說」者同出一源[95]，非漢書也。據其說，則景，武，之世，河間獻王始得周官，而考工記之補非由博士所作。禮記正義撰自一人，而兼採二說，自相矛盾，殊可異也。案史記封禪書，記武帝元鼎中(116—111)事，曰：

「自得寶鼎，上與公卿諸生議封禪。封禪用希，曠絕，莫知其儀禮。而羣儒采封禪，尚書，周官，王制，之望祀射牛事。」[96]

而太史公述古史祀典，且引

「周官曰：冬日至，祀天於南郊，迎長日之至。夏日至，祭地祇。皆用樂舞。而神乃可得而禮也。」[97]

則周官一書，無論在孝文時己出，抑河間獻王始獻，但元鼎之後，羣儒已得見其書，而司馬遷且得引其文也。然馬融云：

「秦自孝公已下，用商君之法，其政酷烈，與周官相反。故始皇禁挾書，特疾惡，欲絕滅之，搜求焚燒之，獨悉。是以隱藏百年。孝武帝始除挾書之律，開獻書之路。旣出於山巖屋壁，復入于秘府。五家之儒，莫得見焉。至孝成皇帝，達才通人劉向子歆校理秘書，始得列序，著于錄略。然亡其冬官一篇，以考工記足之。時衆儒並出，共排以爲非是。唯歆獨識。其年尙幼，務在廣覽博觀，又多銳精于春秋。末年，乃知其周公致太平之迹，迹具在斯。奈遭天下倉卒，兵革並起，疾疫喪荒，弟子死喪。徒有里人河南緱氏杜子春尙在，永平（58—75）之初，年且九十，家于南山，能通其讀，頗識其說。鄭衆，賈逵，往受業焉。衆，逵，洪雅博聞，又以經，書，記，轉相證明，爲解。逵解行于世。衆解不行。兼攬二家，爲備多所遺闕。然衆時所解說，近得其實。獨以『書序言：成王旣黜殷命，還歸在豐作周官，則此周官也』，失之矣。逵以爲：六卿大夫，則冢宰以下及六遂爲十五萬家，緪千里之地；甚謬為。…乃述平生之志，著易，尚書，詩，禮，傳，皆訖；惟念前業未畢者，唯周官；年六十有六，目瞑，意倦，自力補之，謂之周官傳也。」98

昔人引融此文者，或以為其述周官之隱顯源流，最為綜析，99 然劉歆奏七略在哀帝之時，奈何以周官著錄，歸諸孝成之世；賈公彥已指其誤。且孝惠始除挾書之律，而此云孝武。李氏河間之獻，未聞出諸山巖屋壁。羣儒采文，史遷引語，何云五家之儒，莫得見焉。其尤可異者：自王莽為宰衡，越居攝，纂位，以至滅亡，凡二十年，周禮權力，如日中天，融乃何故，絕未述及？其諱之歟？

關於周官之出現，融之說既與史漢，及或說，離異矣。至其敘傳授源流，亦復與後漢書不同。按後漢書，鄭興於天鳳(14—19)中從劉歆學，又云：「興好古學，尤明左氏，周官，長於歷數，自杜林，桓譚，衛宏之屬，莫不斟酌焉。」又云：「賈徽從劉歆受左氏，兼習國語，周官。」而興子衆，徽子逵皆傳父之學100，不云於永平中往受業於杜子春。且兩部前後漢書中並無杜子春之名，不亦可異乎？

鄭玄序云：

「世祖以來，通人達士，大中大夫鄭少贛名興，及子大司農仲師名衆，故議郎衛次仲，侍中賈君景伯，南郡太守馬季長，皆作周禮解詁。」101

此亦不及杜子春。顧今傳本周禮鄭注中頗載「故書」102異文，又輒引杜子春，鄭大夫，鄭司農三家讀法，則杜子春果傳周官，康成殆由二鄭，賈，馬，之書，轉引之耳。然即以玄書證融傳，融傳則漏鄭大夫矣。鄭衆，賈徽，皆劉歆弟子，何云：弟子死喪，徒有杜子春乎？

夫周官之如何出見於西京，及其如何傳授於東漢，說者離殊。其書中制度如封地之等，設官之名，等等，輒與博士諸經違異，故後來學者，頗有以其書為偽者；且以為劉歆背漢而事莽，當是叛經而造偽之人也。103 惜馬融之敘周官始出，僅云：「諸儒並出，共排以為非是」，而不詳其所謂非是者云何。謂周官乃劉歆一手偽造，以欺天下歟？謂歆竄易舊籍以亂經學歟？謂周官與諸經離異，不可尊視為周公治平之迹歟？就此三者較之，竊以為後者近是。臨碩，何休之惡周禮亦甚矣。何目之為六國陰謀之書。臨作十論，七難，以排棄之；且云：「武帝知周官末世瀆亂不驗之書。」104 是皆以其書為漢前書也。然則，漢人之惡周官者，不以其書為劉歆偽著，後人不必強納歆於罪也。

以上所述兩漢禮書之經三種。然經而外，尚有記。所謂記無算者，以其種類多而難計其數也。且立於學官之禮，經也，而漢人亦以「禮記」105稱之，殆以其書中既有經，復有記，故混合而稱之耳。此類上已具述，玆姑略論其他。案漢書藝文志列禮十三家，其中有「記百三十一篇」，原注云：「七十子後學者所記也。」明云記者，僅此而已。然「王史氏二十篇」，而後云：「王史氏記」；「曲臺后倉九篇」，而如淳注曰：「行禮射於曲臺，后倉為記，故名曰曲臺記」；是亦皆記也。至於「明堂陰陽三十三篇」，「中庸說二篇」，後人105或指其篇章有在今之禮記中者，是亦記之屬歟？又禮家以外，樂家有樂記二十三篇，論語家有孔子三朝七篇，亦此類之記也。略舉此數端，已見「禮記」之稱甚為廣泛矣。

然後漢鄭玄時有八十五篇之大戴禮記及小戴之四十九篇禮記。大小二戴皆為前漢人，而此八十五篇及四十九篇者，乃皆不見著錄於藝文志中。歷代學者，為說紛紜：

經典釋文序錄：「劉向別錄云：古文記二百四篇」，又云：「陳邵（字節良，下邳人，晉司空長史。）周禮論序云：戴德刪古禮二百四篇為八十五篇，謂之大戴禮；戴聖刪大戴禮為四十九篇，是為小戴禮（漢劉向別錄有四十九篇，其篇次與今禮記同。名為他家書拾撰所取，不可謂之小戴禮）。後漢馬融，盧植，考諸家同異，附戴聖篇章，去其繁重，及所叙略，而行於世，即今之禮記是也。鄭玄依盧，馬之本而注焉。」107

隋書經籍志云：「漢初河間獻王又得仲尼弟子及後學者所記一百三十一篇，獻之。時亦無傳之者。至劉向考校經籍，檢得一百三十篇。向因第而序之。而又得明堂陰陽記三十三篇，孔子三朝記七篇，王氏史氏記二十一篇，樂記二十三篇，凡五經，合二百十四篇。戴德刪其煩重，合而記之，為八十五篇，謂之大戴記，而戴聖又刪大戴之書，為四十六篇，謂之小戴記。漢末馬融遂傳小戴之學；融又足月令一篇，明堂位一篇，樂記一篇，合四十九篇。而鄭玄受業於融，又為之注。」108

初學記云：「禮記者，本孔子門徒共撰其所聞也。後通儒各有損益，子思乃作中庸，公孫尼子作緇衣，漢文時博士作王制。其餘衆篇，皆如此例。至漢宣帝世，東海后蒼善說禮於曲臺殿，撰禮一百八十篇，號曰：后氏曲臺記。后蒼傳於梁國戴德，及德從子聖。乃刪后氏記為八十五篇，名大戴禮。聖又刪大戴禮為四十六篇，名小戴禮。其後、諸儒又加月令，明堂位，樂記三篇，凡四十九篇，則今之禮記也。」109

通典云：「初，獻王又得仲尼弟子及後學所記四百十一篇。至劉向考校經籍，纔獲百三十篇。向因第而叙之。而又得明堂陰陽記二十二篇，孔子三朝記十篇，王氏史記二十篇，樂記二十三篇，總二百二篇。戴德刪其煩重，合而記之，為八十五篇，謂之大戴記。而戴聖又刪大戴之書，為四十七篇，謂之小戴記。馬融亦傳小戴之學，又定月令，明堂位，合四十九篇。鄭玄受業於融，復為之注。今周官六篇，古經十七篇，小戴記四十九篇，凡三種，唯鄭玄注立於學官，餘並散落。」110

此皆隋，唐，學者之說。其顯然錯誤者，如初學記所說后倉一百八十篇，乃與漢志所說九篇之數，相去太遠。通典文字一段，似襲隋志，而其二百二篇之總數，旣與隋志不同，而所謂百三十篇，二十二篇，十篇，二十篇，等，復與漢志違異。是亦皆不可爲據也。諸家皆以爲小戴刪大戴，初學記而外，又皆以爲大戴之八十五篇皆出於劉向所敍第之古文經籍。小戴之四十九篇，釋文以爲馬，盧，之前，已有其數；隋志及初學記以爲原有四十六，後儒加月令，明堂位，樂記，三篇，而成四十九；通典則以爲原作四十七，後加之篇未有樂記。此諸家同異之大略，而有待於考證者也。

今傳本禮記，鄭玄爲注，而唐孔穎達爲疏。疏輒於篇目下，引鄭所別著之三禮目錄，而其中又輒述及劉向別錄所著錄之禮記篇目。玆略表列之如下：

曲禮上第一：鄭目錄云名曰曲禮者以其篇記五禮之事：此於別錄屬制度

曲禮下第二：鄭目錄云義與前篇同簡策重多分爲上下

檀弓上第三：鄭目錄云名曰檀弓者以其記人善於禮故著姓名以顯之：此於別錄屬通論

檀弓下第四：鄭目錄云義同前篇以簡策繁多故分爲上下二卷

王制第五：鄭目錄云名曰王制者以其記先王班爵授祿祭祀養老之法度此於別錄屬制度

月令第六：鄭目錄云名曰月令者以其記十二月政之所行也本呂氏春秋十二月紀之首章也以禮家好事抄合之後人因題之名曰禮記言周公所作其中官名時事多不合周法此於別錄屬明堂陰陽記

曾子問第七：鄭目錄云名爲曾子問者以其記所問多明於禮故著姓名以顯之曾子孔子弟子曾參此於別錄屬喪服

文王世子第八：鄭目錄云名曰文王世子者以其記文王爲世子時之法此於別錄屬世子法

禮運第九：鄭目錄云名曰禮運者以其記五帝三王相變易陰陽轉旋之道此於別錄屬通論

禮器弟十：鄭目錄云名爲禮器者以其記禮使人成器之義也：此於別錄屬制度

郊特牲第十一：鄭目錄云名郊特牲者以其記郊天用騂犢之義故別錄屬祭祀

內則第十二：鄭目錄云名曰內則者以其記男女居室事父母舅姑之法此於別錄屬子法

玉藻第十三：鄭目錄云名曰玉藻者以其記天子服冕之事也：此於別錄屬通論

明堂位第十四：鄭目錄云名曰明堂者以其記諸侯朝周公於明堂之時所陳列之位也在國之陽其制東西九筵南北七筵堂崇一筵五室凡室二筵此於別錄屬明堂陰陽

喪服小記第十五：鄭目錄云喪服小記者以其記喪服之小義也此於別錄屬喪服

大傳第十六：鄭目錄云名曰大傳者以其記祖宗人親之大義此於別錄屬通論

少儀第十七：鄭目錄云名曰少儀者以其記相見及薦羞之少威儀：此於別錄屬制度

學記第十八：鄭目錄云名曰學記者以其記人學敎之義此於別錄屬通論

樂記第十九：鄭目錄云名曰樂記者以其記樂之義此於別錄屬樂記蓋十一篇合爲一篇謂有樂本有樂論有樂施有樂言有樂禮有樂情有樂化有樂象有賓牟賈有師乙有魏文侯今雖合此略有分焉案：劉向所校二十三篇著於別錄今樂記所斷取十一篇餘有十二篇：奏樂第十二樂器第十三樂作第十四意始第十五樂穆第十六說律第十七季札第十八樂道第十九樂義第二十昭本第二十一昭頌第二十二竇公第二十三是也案別錄禮記四十九篇樂記第十九則樂記十一篇入禮記也在劉向前矣至劉向爲別錄時更載所入樂記十一篇又載餘十二篇總爲二十三篇其二十三篇之目今總存焉

雜記上第二十：鄭目錄云名曰雜記者以其記諸侯以下至士之喪事此於別錄屬喪服分爲上下義與曲禮檀弓分別不殊也

雜記下第二十一

喪大記第二十二：鄭目錄云喪大記者以其記人君以下始死小斂大斂殯葬之事此於別錄屬喪服

祭法第二十三：鄭目錄云名曰祭法者以其記有虞氏至周天子以下所制祀羣神之數此於別錄屬祭祀

祭義第二十四：鄭目錄云名曰祭義者以其記祭祀齋戒薦羞之義也此於別錄屬祭祀

祭統第二十五：鄭目錄云名曰祭統者以其記祭祀之本也：此於別錄屬祭祀

經解第二十六：鄭目錄云名曰經解者以其記六義政敎之得失也此於別錄屬通論

哀公問第二十七：鄭目錄云名曰哀公問者善其問禮著諡顯之也此於別錄屬通論但此篇哀公所問凡有二事一者問禮二者問政問禮在前問政在後

仲尼燕居第二十八：鄭目錄云名曰仲尼燕居者善其不倦燕居猶使三子侍之言及於禮著其字言事可法退朝而處曰燕居此於別錄屬通論

孔子閒居第二十九：鄭目錄云名曰孔子閒居者善其無倦而不褻猶使一弟子侍爲之說著其氏言可法也退燕避人曰閒居此於別錄屬通論

坊記第三十：鄭目錄云名坊記者以其記六藝之義所以坊人之失者也此於別錄屬通論

中庸第三十一：鄭目錄云名曰中庸者以其記中和之爲用也庸用也孔子之孫子思伋作之以昭明聖祖之德此於別錄屬通論

表記第三十二：鄭目錄云名曰表記者以其記君子之德見於儀表此於別錄屬通論

緇衣第三十三：鄭目錄云名曰緇衣者善其好賢者厚也緇衣鄭詩也：此於別錄屬通論

奔喪第三十四：鄭目錄云名曰奔喪者以其居他國聞喪奔歸之禮此於別錄屬喪服之禮矣實逸曲禮之正篇也漢興後得古文而禮家又貪其說因合於禮記耳奔喪禮屬凶禮也

問喪第三十五：鄭目錄云名曰問喪者以其記善問居喪之禮所由也此於別錄屬喪服也

服問第三十六：鄭目錄云名曰服問者以其善問以知有服而遭喪所變易之節此於別錄屬喪服也

間傳第三十七：鄭目錄云名曰間傳者以其記喪服之間輕重所宜此於別錄屬喪服

三年問第三十八：鄭目錄云名曰三年問者善其問以知喪服年月所由此於別

錄屬喪服

深衣第三十九：鄭目錄云名曰深衣者以其記深衣之制也深衣連衣裳而純之以采者：此於別錄屬制度

投壺第四十：鄭目錄云名曰投壺者以其記主人與客燕飲講論才藝之禮此於別錄屬吉禮亦實曲禮之正篇

儒行第四十一：鄭目錄云名曰儒行者以其記有道德者所行也儒之言優也：此於別錄屬通論

大學第四十二：鄭目錄云名曰大學者以其記博學可以爲政也此於別錄屬通論

冠義第四十三：鄭目錄云名曰冠義者以其記冠禮成人之義此於別錄屬吉事

昏義第四十四：鄭目錄云名曰昏義者以其記娶妻之義內敎之所由成也此於別錄屬吉事也

鄉飲酒義第四十五：鄭目錄云名曰鄉飲酒義者以其記鄉大夫飲賓於庠序之禮尊賢養老之義此於別錄屬吉事

射義第四十六：鄭目錄云名曰射義者以其記燕射大射之禮觀德行取於士之義此於別錄屬吉事

燕義第四十七：鄭目錄云名曰燕義者以其記君臣燕飲之禮上下相尊之義此於別錄屬吉事

聘義第四十八：鄭目錄云名曰聘義者以其記諸侯之國交相聘問之禮重禮輕財之義也此於別錄屬吉事

喪服四制第四十九：鄭目錄云名曰喪服四制者以其記喪服之制取於仁義禮智也此於別錄舊說屬喪服

夫四十九篇之禮記既逐篇著錄於別錄，而孔疏且以樂記第十九一條，爲樂記入禮記在劉向前之證，則不僅通典之不以樂記爲馬融所加，可謂有據；且月令，明堂位，二篇，爲馬氏所加之說亦不可從矣。故淸四庫館臣曰：

「隋志…云云，其說不知所本。今考後漢書橋玄傳云：七世祖仁著禮記章句四十九篇，號曰橋君學。仁郎班固所謂小戴授梁人橋季卿者，成帝時嘗官大鴻臚。其時已稱四十九篇，無四十六篇之說。又孔疏稱：別錄，禮記四十九篇，樂記第十九。四十九篇之首，疏皆引鄭目錄，鄭目錄之末，必云：此於劉向別錄屬某門。月令，目錄云：此於別錄屬明堂陰陽記。明堂位，目錄云：此於別錄屬明堂陰陽記。樂記，目錄云：此於別錄屬樂記，蓋十一篇，合爲一篇。則三篇皆劉向別錄所有，安得以爲馬融所增。疏又引玄六藝論曰：戴德傳記八十五篇，則大戴禮是也，戴聖傳禮四十九篇，則此禮記是也。玄爲馬融弟子，使三篇果融所增，玄不容不知，豈有以四十九篇屬於戴聖之理？況融所傳者，乃周禮。若小戴之學一授橋仁，一授楊榮。後傳其學者，有劉祐，高誘，鄭玄，盧植。融絕不預其授受，又何從而增三篇乎？知今四十九篇實戴聖之原書。隋志誤也。」111

至於小戴删大戴之說，淸人亦有疑者。戴震曰：

「鄭康成六藝論曰：戴德傳記八十五篇。隋書經籍志曰：大戴禮記十三卷，漢信都王太傅戴德撰。今是書傳本卷數，與隋志合，而亡者四十六篇。隋志言：戴聖刪大戴之書，爲四十六篇，謂之小戴記，殆因所亡篇數，傅合爲是言歟？其存者，哀公問及投壺，小戴記亦列此二篇。則不在刪之數矣。他如曾子大孝篇見於祭義，諸侯釁廟篇見於雜記，朝事篇自『聘禮』至『諸侯務焉』見於聘義，本事篇自『有恩有義』至『聖人因殺以制節』見於喪服四制，凡大小戴兩見者，文字多異。隋志已前，未有謂小戴刪大戴之書者，則隋志不足據也。」—112

錢大昕解漢志所謂記一百三十一篇曰：

「按：鄭康成六藝論云：戴德傳記八十五篇，戴聖傳記四十九篇；此云百三十一篇者，合大小戴所傳而言。小戴記四十九篇，曲禮，檀弓，雜記，皆以簡策重多，分爲上下，實止四十六篇。合大戴之八十五篇，正協百三十一之數。隋志謂月令，明堂位，樂記，三篇爲馬融所足，蓋以明堂陰陽三十三篇，樂記二十三篇，別見藝文志，故疑爲東漢人附益。不知劉向別錄已有四十九篇矣。月令【等】三篇，小戴入之禮記；而明堂陰陽與樂記仍各自爲書；亦猶三年問出於荀子，中庸，緇衣出於子思子；其本書無妨單行也。記本七十子之徒所作，後人通儒各有損益。河間獻王得之。大小戴各傳其學，鄭氏六藝論言之當矣。謂大戴刪古禮二百四篇爲八十五篇，小戴又刪爲四十九篇，其說始於晉司空長史陳邵，而陸德明引之，隋志又附益之。然漢書無其事，不足信也。或謂漢書不及禮記。攷河間獻王所得書，禮記居其一。而郊祀志引禮記：『燔柴於太壇，祭天也；瘞貍於太折，祭地也。』又引禮記：『天子祭天地及山川，歲徧。』又引禮記：『天子籍田千畝，以事天墜。』又引禮記祀典（即祭法也，律曆志謂之祭典）：『功施於民，則祀之，天文日月星辰所昭仰也，地理山川海澤所生殖也。』又引禮記：『唯祭宗廟社稷爲越紼而行事。』梅福傳引禮記：『孔子曰：某殷人也。』韋玄成傳亦引禮記王制，禮記祀典之文。皆在四十九篇之內。志不別出記四十九篇者，統於百三十一篇也。」—113

則既不信馬融之增小戴，復不信小戴之刪大戴，而獨以漢志之百三十一篇爲合二戴之篇數而成者也。沈欽韓引隋志之言而論之，曰：

「按此俗說，不知隋志何所本。劉向校書在成帝時，戴德，戴聖，論石渠，在宣帝末年。只可二戴自刪，劉向自合，不可云：二戴承劉向之本。又大小戴並受一師，同議石渠，各自名家，聖又何暇取大戴書而刪之。現行大戴記與禮記重複甚多，則不出大戴明矣。序錄引陳邵周禮論序云：戴德刪古禮二百四篇爲八十五篇者，是也。」—114

其不信小戴曾刪大戴，與錢氏同。其異者，則沈氏仍以二百四篇之說與二戴記相牽連，殆猶以一百三十一篇之記，不足以盡賅四十九篇所有者耳。陳壽祺曰：

「經典釋文序錄引鄭君六藝論云：後得孔氏壁中，河間獻王，古文禮五十六篇，記百三十一篇，周禮六篇。又引劉向別錄云：古文記二百四篇。壽祺案：孔壁所得書，魯恭王傳僅言數十篇，知非全書。藝文志依七畧，著錄記百三十一篇，蓋河間献王所得者，故六藝論兼舉之。百三十一篇之記，合明堂陰陽三十三篇，王史氏二十一篇，樂記二十三篇，孔子三朝記七篇，凡二百十五篇，並見藝文志。而別錄言二百四篇，未知所除何篇。疑樂記二十三篇，其十一篇已具百三十一篇記中，除之，故爲二百四篇。孔子三朝記亦重出，不除者，篇名不同故也。隋志言：劉向考校經籍，檢得一百三十篇，向因第而叙之，又得明堂陰陽記，孔子三朝記，王氏史氏記，樂記，五種，合二百十四篇，與別錄，藝文志，不符，失之。然百三十一篇之記，第之者劉向，得之者献王；而輯之者蓋叔孫通也。魏張揖上廣雅表曰：周公著爾雅一篇，爰暨帝劉，魯人叔孫通撰置禮記；文不違古。通撰輯禮記，此其顯證。稚讓之言，必有所據。爾雅爲通所採，當在大戴記中。（武進臧庸曰：白虎通三綱六紀篇引禮親屬記，見爾雅釋親；孟子，『帝館甥於貳室』，趙岐注引禮記，亦釋親文；風俗通聲音篇引禮樂記乃釋樂文；公羊宣十二年注引禮，乃釋水文；則禮記中有爾雅之文矣。）通本秦博士，親見古籍，嘗作漢儀十二篇，及漢禮器制度，而禮記乃先秦舊書，聖人及七十子微言大義賴通以不墜。」115

又引錢大昕之說而論之曰：

「壽祺案：今二戴記有投壺，哀公問，兩篇，篇名同。大戴之曾子大孝篇見小戴祭義；諸侯釁廟篇見小戴雜記；朝事篇自『聘禮』至『諸侯務焉』見小戴聘義；本事篇自『有恩有義』至『聖人因殺以制節』，見小戴喪服四制。其它篇目尙多同者。漢書王式傳稱：驪駒之歌在曲禮；服虔注云：在大戴禮。五經異義引大戴禮器。毛詩幽譜正義引大戴禮文王世子。唐皮日休有補大戴禮祭法。又漢書韋玄成傳引祭義。白虎通畊桑篇引祭義，曾子問；性情篇引間傳；崩薨篇引檀弓，王制。蔡邕明堂月令論引檀弓。其文往往爲小戴記所無。安知非出大戴亡篇中，如投壺，釁廟，之互存而各有詳畧乎？大戴記亡篇四十七，唐人所見已然。白虎通引禮謚法，王度記，三正記，別名記，親屬記，五帝記。少牢饋食禮注引禘於太廟禮（疏云大戴禮文）。周禮注引王霸記。明堂月令論引佋穆篇。風俗通引號謚記。論衡引瑞命篇。（毛詩靈臺正義引政穆篇即佋穆篇。彼汾正義引大戴禮辨名記即別名記。文選注引禮瑞命記即瑞命篇。）皆大戴逸篇。其他與小戴出入者，畧可舉數。豈能彼此相足？竊謂二戴於百三十一篇之記，各以意斷取。異同參差，不必此之所棄，即彼之所錄也。」116

以上略引清人之說數家，足見其議論之不一致。綜而核之：則其破隋，唐，舊說，頗有精到之處，然而欲從而返求兩漢禮記篇第之眞，疑尙不足也。四十九篇之非由八十五篇刪減而成，證據確實，不必再論矣。今尙可問者：則（一）所謂小戴記者原爲四十九篇歟？抑四十六篇歟？（二）劉向別錄曾列二戴之記否？列諸百三十一篇之內歟？抑二百四篇之內歟？

今案小戴原爲四十六篇之說有二。隋志之去月令，明堂位，樂記，三篇，一也。錢氏之合曲禮，檀弓，雜記，六篇，爲三篇，二也。錢氏之說雖巧，然其意乃欲以四十六篇與大戴八十五篇傅合而成漢志之一百三十一篇耳。其說之未可置信，正在其意之出於附會。陳氏僅舉二戴之重複，不能彼此相足以爲駁，蓋舍本而逐末矣。[117]隋志之說顯然非爲附會漢志一百三十一篇而作。戴氏謂其出於傅合大戴亡篇之數。然此乃戴氏自附會大戴存篇之數，以誣隋志，非隋志之附會也。戴氏須知隋志如欲合二戴存篇而適爲八十五，則與其去小戴之月令等三篇，何如去大戴與小戴相同之三篇，——哀公問，投壺，曾子大孝——既有八十五之數，復有刪而未佚之證乎？況唐時大戴亡篇之數四十七，非四十六也。竊謂隋志之說既不出於數目之附會，則殆有所本，其所本者何書，惜今不可考耳。唯說文引禮記輒冠以「禮記」二字，獨其引月令者數條，則冠以「明堂月令曰」[118]，似許君所用之禮記尚未收有月令，此可佐證月令後加之說也。

夫月令之入禮記，如果在說文成書之後，則劉向別錄中縱有小戴之記，將不能有其四十九篇矣。今案劉向四十九篇之說，首見於鄭氏目錄。然而有可疑者，四焉。漢志絕未道及，一也。喪服四制，鄭云：「此於別錄，舊說屬喪服。」「舊說」二字殊可異。孔氏解之曰：「案別錄無喪服四制之文，唯舊說稱此喪服屬喪服。」試問小戴四十九篇若逐篇著列於別錄，且樂記第十九，次序並與鄭注禮記相同，則別錄所列之第四十九篇，篇名云何，類屬云何，當一檢即得，何至以舊說爲依？可見不僅唐時尚存之別錄並無四十九篇篇名次第之紀載，而且鄭玄之所謂某篇於別錄屬某者，非據別錄而爲言也。此其二。又試細閱孔所引之鄭氏目錄，可見別錄所著錄之禮記，通論十六篇；喪服十一篇；吉禮[119]七篇；制度六篇；祭祀四篇；明堂陰陽二篇；世子法，子法，樂記，各一篇；合爲四十九篇。然奔喪，投壺，既爲逸經，何混列於記？明堂陰陽本有三十三篇，何分其二於此？且樂記既爲篇名，何復分爲十一篇，而各有一名，如樂本樂論等；既爲十一篇矣，何復爲樂記一篇？況其外復有二十三篇之樂記，又重複十一篇耶？向校理舊籍，類別而區分，何與四十九篇之外，彼此重複；而復於四十九篇之內，同類篇章之次第，乃前後離置耶？此其三。漢志記樂記之原委，謂劉向校書而得樂記二十三篇。今禮記中之樂記，鄭氏謂即二十三篇中之十一篇，合而爲一，並舉其十一篇之名。南梁皇侃就記中文句，爲分別十一篇之起訖。北齊熊安生則疑十一篇之次第已亂，不與別錄所載者相同[120]。孔氏疏中標段，一從皇氏。然樂記之文，大略又見於史記樂書；唐張守節正義[121]謂是褚少孫所補，而其段落又異。此數者之中，孰得二十三篇中前十一篇次第之眞？幸而說苑亦引有與樂記大略相同之文若干段[122]，今試表列而比較之如下：

樂記從皇氏孔氏所分之篇段		鄭目錄
A	凡音之起…則王道備矣	樂本
B	樂者爲同…與民同也	樂論
C	王者功成作樂…曰禮樂云	樂禮
d-D	昔者舜…皆以禮終 樂也者聖人…著其敎焉	樂施
E	夫民有血氣…賤之也	樂言
F	凡姦聲…樂爲大焉	樂象
f	樂也者施也…贈諸侯也	
G	樂也者情…於天下也	樂情
H	魏文侯…合之也	魏文侯
I	賓牟賈…不亦宜乎	賓牟賈
J	君子曰…可謂盛矣	樂化
K	子贛見師乙…子貢問樂	師乙

	次第
鄭目錄（依孔氏分段爲篇）	A B D-d E C G J F-f I K H
樂書（依樂書分段）	A B D d-E C f-G J F I K H
說苑	A B C D f G d E F J H I K
	H d E F A

上表中之最堪注意者，則dEF之先後爲次，說苑，樂書，樂記，皆同；則自「樂也者聖人之所樂也」，以至「樂爲大焉」，應前後相接，中間不宜間以他文。可見皇氏之分段乖舛，而鄭氏目錄所引之篇章次第，亦顯然與此段不合。夫劉向之上說苑在鴻嘉四年(17B.C.)[123]，褚少孫仕於元成之間[124]，是與向爲同時人。說苑之所摘抄，樂書之所補錄，殆同出於一源。其篇第之互異，或由抄摘之失次，或由傳本之錯簡，不足深究。唯其相異中，而復相同者，則至可置信，不僅劉，褚，二氏如此，且其所本者亦如此也。鄭氏所注之樂記，旣於此段，亦復如此，則更無可疑者矣。顧鄭氏目錄述及別錄中之禮記樂記篇第，孔氏乃更據以證樂記入記爲在劉向之先。孔氏之說，旣似未能符合漢志。鄭引別錄復顯與劉，褚，及本書違異，何耶？此其四。

竊疑劉向別錄中並未著錄四十九篇之戴記。漢志之「記一百三十一篇」本出於劉歆之七略，而七略殆沿別錄耳[125]。別錄於記一百三十一篇下，容或繫以敍錄，類別而區分之，爲通論若干篇，制度若干篇，祭祀若干篇，吉禮若干篇，喪服若干篇，等，耳。鄭玄沿舊說盡隸戴記四十九篇於向所著錄各書，其隸月令及明堂位於「明堂陰陽」，隸樂記於「樂記」，蓋指三十三篇之明堂陰陽及樂類二十三篇之樂記也。推求鄭及舊說之意，殆亦知此三篇者不在一百三十一篇之內；不然者，月令及明堂位當屬於制度，而樂記當屬通論也。禮古經在漢志中旣與記分列，則其在別錄中當亦如此。然則奔喪，投壺二篇，不宜在一百三十一篇之內矣。鄭氏似亦曾致疑於此，故於奔喪條下敍及別錄編類，稍有微辭。顧乃歸咎於禮家之好事，而不知其實出於舊說之爲祟也。喪服四制條下猶留「舊說」二字，此晉，隋，之間刪削未盡之痕迹耳[126]。執此以例其餘四十八條，可也。

別錄於樂記二十三篇，殆亦有敍錄，舉其二十三篇之名稱，次第。鄭沿舊說，望其前十一篇之名，終於賓牟賈，師乙，魏文侯，三篇；而禮記中樂記之文，既含有魏文侯問樂及賓牟賈問樂二段，且終於師乙之答子貢問樂；故遂傅會而定其爲合十一篇作一篇耳。鄭舉十一篇之名，而不冠以第一至第十一等詞；且云：「今雖合此，略有分焉。」皇氏就合篇之段落，而標十一篇之名，於是次第之離異遂顯。孔氏解之曰：「鄭目錄當是舊次未合之時，今此所列，或記家別起意，意趣不同，故也。」[127]孔之意謂二十三篇之次第，是原次，摘其十一篇而合爲一篇者，以臆更易十一篇之次第耳。顧孔又云「案別錄，禮記四十九篇，樂記第十九，則樂記十一篇入禮記也，在劉向前矣。至劉向爲別錄時，更載所入樂記十一篇，又載餘十二篇，總爲二十三篇。」則自相矛盾矣。「所入樂記十一篇」之篇次，與二十三篇原次之前十一篇，不同也。考孔氏之所以誤，殆由二端相積而成；一由於誤沿鄭氏之說，一由於誤會鄭氏之文也。謂誤沿鄭說者何？鄭以一篇樂記傅合別錄中十一篇名，有不可信者，三焉。十一篇篇次與一篇中之段落不能符合，一也。樂本，樂情，樂論，樂言，樂施，樂化，等名稱，皆膚泛而不實。一篇樂記各段落之意旨，輒重複而寡殊。執名以尋段，安知其必爲樂論而不爲樂言，必爲樂施而不爲樂化？且篇次既不能同，則安知此一篇者實不足以當十一篇之數，抑當之而有餘耶？此其不可信者，二也。又試觀所謂師乙篇者之末，乃有「子貢問樂」四字；褚先生所補之樂書亦然。然則此段之文屬於某書中之「子貢問樂」篇耳。抄輯者刪削未盡，尚留此篇名也[128]。其篇之不名「師乙」，而其文不出於別錄所著錄之樂記明矣。此鄭之不可信者，三也。隋書音樂志引梁沈約奏答曰：

「竊以秦代滅學，樂經殘亡。至于漢武帝時，河間獻王與毛生等共採周官及諸子言樂事者，以作樂記。其內史丞王定傳授常山王禹。劉向校書得樂記二十三篇，與禹不同。向別錄有樂歌四篇，趙氏雅琴七篇，師氏雅琴八篇，龍氏雅琴百六篇；唯此而已。晉中經簿無復樂書；別錄所載，已復亡逸。案漢初典章滅絕，諸儒捃拾溝渠牆壁之間，得片簡遺文，卽編次以爲禮；皆非聖人之言：月令，取呂氏春秋；中庸，表記，防記，緇衣，皆取子思子；樂記，取公孫尼子；檀弓殘雜，又非方幅典誥之書也。」[129]

此沈約所謂禮記中之樂記乃出於公孫尼子，其言當有所本。漢書藝文志儒家類有公孫尼子二十八篇；注云：「七十子之弟子。」雜家類有公孫尼一篇。[130] 隋書經籍志，儒家類，公孫尼子一卷；注云：「尼似孔子弟子。」[131] 舊唐書經籍志，唐書藝文志，儒家類，亦皆有公孫尼子一卷。[132] 似其書尙殘存於唐世。馬總意林[133]引公孫尼子[134]：「樂者，先王所以飾喜也；軍旅者，先王所以飾怒也。」徐堅初學記引公孫尼子曰：[136]「樂者，審一以定和，比物以飾節。」[135] 所引皆在今禮記樂記中，然則沈氏之言不誣，而禮記與史記中之樂記殆皆出於公孫尼子。鄭氏以別錄中樂記之前十一篇當之，誤矣。孔氏沿其說，亦誤也。

謂孔氏誤會鄭氏之言者何？案鄭氏之於四十九篇雖沿舊說逐篇傳合於別錄，然未嘗云：此四十九篇者，在別錄中已排比編訂，合成一書也。鄭氏雖云：樂記於別錄屬樂記，蓋指別錄中二十三篇之樂記爾，未嘗云：別錄中禮記之樂記也。孔氏誤會鄭氏之意，且以爲鄭目錄中四十九篇之篇次，即依別錄所著錄之次第，故謂：在別錄中，樂記一篇，亦居禮記之第十九耳。

顧此端誤會似亦不始於孔冲遠。前引陸德明經典釋文序錄一段中，有注云：「漢劉向別錄有四十九篇，其篇次與今禮記同。」則陸之誤會正與孔同。陸與孔所共用之皇氏今已不可見，不知其於此端何云也。唯陸，孔之誤會別錄四十九篇雖同，而其論斷則異。孔固以爲鄭玄之所注解，即劉向之所著錄，而戴聖之所編撰者也。陸之見則異乎此。陸注續云：「名爲他家書拾撰所取，不可謂之小戴記。」陸殆謂別錄中之四十九篇與今禮記二者非同一書，不可均謂之小戴禮也。

於此別生疑問焉。陸謂別錄所著錄者，乃「他家書」掇拾小戴篇名，而依次撰成者歟？抑謂今禮記乃「他家書」，非小戴禮歟？陸注之文，含混而難詳。今試參伍陸氏他處文句，而求其解。陸序錄言三禮次第曰：

「周，儀，二禮，並周公所著，宜次文王。禮記雖有戴聖所錄，然忘名已久，又記二禮闕遺口口相從次於詩下。」[137]

此段傳本，雖有闕略，然陸似謂小戴曾錄禮記而後世不知也。又陸引晉陳邵文之後段云：「後漢馬融，盧植考諸家同異，附戴聖篇章，去其繁重，及取叙略，而行於世，即今之禮記是也。」然則陸殆謂今禮記非小戴而乃是他家書，附別錄所載篇名，而拾撰以成者歟？

今考劉向別錄中既無小戴四十九篇之著錄，則馬，盧輩，不可得依附其篇名以拾撰矣。又觀今禮記中王制自「凡養老有虞氏以燕禮」以下四百餘字，與內則中一段頗相同。樂記中自「君子曰禮樂不可斯須去身」，以下約三百字，與祭義中一段，亦幾乎相同。其餘零碎文句，諸篇中之彼此相同者，更不勝數。則所謂考諸家同異，而去其繁重者，亦不可信也。

雖然，陸氏所謂今禮記非小戴禮，則似可置信；其證即在今禮記之中，而不必以陳邵之言爲據也。案小戴所執者士禮，東漢謂之今禮，其文皆今文也。倘於士禮之外，小戴別傳有禮記以補益其所傳之經，則其記亦當皆從今文，而不從古文。今試以儀禮鄭注所舉之今文，古文，就禮記校之。其從今文者固多，然而亦不盡然。[138] 其最可注意者：儀禮士冠禮末段之記，全文亦見於禮記郊特牲之中。[139] 儀禮本中：「冠而字之」，鄭注云：「今文無『之』。」「章甫周道也」，鄭注云：「『甫』或爲『父』今文爲『斧』。」郊特牲所載者，全同古文，有「之」而爲「甫」。使禮記果爲戴聖所輯錄以傳者，其本豈得如此？劉歆於哀帝初年移書責太常博士，詆其抱殘守缺，抑拒逸禮。歆所爲七略又以逸禮及明堂陰陽等書傲后倉門徒。乃今禮記既收有明堂陰陽中之月令及明堂位，復有逸禮如奔喪，投壺及釁廟之禮等篇，[140] 此等豈似戴聖所輯錄以傳世者哉？燕義首段百餘字[141]，實與本篇意義無甚關涉，顧乃頗與夏官諸子[112] 相同。輯錄者徒以篇中有「士庶子」字眼，遂抄合之耳。射義曰：「其節，天子以騶虞爲節；諸侯以貍首爲節；卿，大夫，以采蘋爲節；士以采蘩爲節。」夏官射人曰：「王…樂以騶虞，九節五正；諸侯…樂以貍首，七節三正；孤，卿，大夫，…樂以采蘋，五節二正；士…樂以采蘩，五節二正。」[143] 此二者頗相照，顧乃與儀禮不合。萬斯大曰：

> 「按儀禮大射：諸侯與其臣燕而射也，其終奏貍首以射，而衆耦之；大夫，士，不以采蘋，采蘩。鄉射：卿，大夫，士，飲酒于鄉而射也；其終奏騶虞以射，而記又言歌騶虞若采蘋，皆五終。若以此儀文爲正，則鄉射用騶虞爲僭矣。豈儀禮亦不可信乎？」[144]

夫周官之出，衆儒共排以爲非是；小戴傳授士禮者也；何爲又傳授不合於士禮而合於周官之記乎？合以上諸點觀之，故曰後漢之小戴記者非戴聖之書也。

或問：「然則小戴禮記之名何從而起？」答曰：書以記名，其稱甚泛，溯其來源，當在漢前。禮記曾子問篇：孔子曰：「記曰：君子不奪人之親，亦不可奪親也。」[145] 此如可據，則撰者固信孔子之前，已有言禮之記矣。無論如何，漢人之習禮者，亦常引記。宣帝甘露三年詔諸儒講五經同異於石渠閣。后倉弟子聞人通漢，戴聖，等亦與議，[146] 其議及禮，時引經，引師傳，引曲禮，引記；如

「經云：宗子孤爲殤，言孤何也？聞人通漢曰：孤者，師傳曰：因殤而見孤也。男子二十而冠，而不爲殤，亦不爲孤，故因殤而見之。戴聖曰：凡爲宗子者，無父，乃得爲宗子；然爲人後者，父雖在，得爲宗子，故稱孤。聖又問通漢曰：因殤而見孤，冠則不爲孤者，曲禮曰：孤子當室，冠衣不純采，此孤而言冠，何也？對曰：孝子未曾忘親，有父母，無父母，衣服輒異。記曰：父母存，冠衣不純素，父母歿，冠衣不純采，故言孤；言孤者，別衣冠也。」147

此所謂經者，見今儀禮喪服篇148。所謂師傳者，無考，疑引后倉也。所謂曲禮者，見今禮記曲禮上篇149；所謂記云云者，殆演繹曲禮之文耳。

「又問：庶人尙有服，大夫臣食祿，反無服，何也？聞人通漢對曰：記云：仕於家，出鄉不與士齒，是庶人在官也。當從庶人之爲國君三月服。制曰：庶人服是也。」150

此所謂記者見今禮記王制篇151。

「聞人通漢問：記曰：君赴於他國之君，曰不祿，夫人，曰寡小君不祿。」152

此所謂記者見今禮記雜記上153。可見今禮記中之曲禮，王制，雜記，各篇，有與聞人通漢及戴聖所共見之記相同者。此類之記，當時共有若干篇，是否已輯合爲一書，今皆不可得而知。所可知者，石渠議禮之士殆皆有傳抄之本，而其文殆皆爲今文而已。其後劉向校理中外書，著錄有記一百三十一篇，以類區分，而編訂焉。曰「記」則禮博士所習引之今文記當在其中。顧藝文志注曰：「七十子後學者所記也」，又似指河間獻王傳中所云：七十子之徒所爲之古文經，說，傳，記。疑向乃參合今文古文而類編之耳。此一百三十一篇者，不必皆二戴所習引今文之記，亦不必皆河間所獻古文之記，而陳壽祺所作叔孫通先已輯成之說，由於附會魏張揖一語，固不可爲據也。154

劉向校理經籍之後未久，今文古文之爭旋起。說禮之家，大約可分二派。其一：劉歆所譏抱殘守缺之徒，不能昭見古文禮籍。此輩所傳之記，殆仍聞人，二戴，等之舊，不取向•歆父子所增者也。又其一：則鄭玄所謂好事抄合之禮家。此輩殆起於劉歆之後，收輯赤眉餘燼155，不守家法之嚴也。然則後漢禮博士雖以二戴名家，至其收輯記文以爲解經之助者，不必仍前漢二戴之舊矣。今禮記殆屬此類之書，故其中今古雜陳也。按許愼爲五經異義間亦引證禮記，如：

異義禮戴說王制云五十不從力政十六不與服戎：156

異義禮戴引此郊特牲云「諸侯不敢祖天子」157

異義竈神今禮戴說引此「禮器」燔柴盆瓶之事158

五經異義曰大戴記禮器云竈者老婦之祭：159

異義明堂制今戴禮說盛德記曰明堂自古有之160
異義今禮戴說云男子陽也成於陰故二十而冠161
異義禮戴說天子親迎162
異義人君年幾而娶今大戴禮說男子三十而娶女子二十而嫁163
異義禮戴說刑不上大夫164
鬱和所在：異義戴【載】禮戴毛氏二說165

異義早佚，今僅有他書所偶引者，若干條166，引文或有譌奪；然觀其二戴之異稱，不曰戴德，戴聖；不曰大戴，小戴；而僅有「禮戴」與「大戴」之殊：頗使人疑其初先有禮戴記而後有大戴記。大之者，以其書中所收輯者，較戴記爲多耳。「大戴禮」者，猶云「增廣戴禮」歟？孔穎達引鄭玄六藝論云：「戴德傳記八十五篇，則大戴禮是也；戴聖傳禮四十九篇，則此禮記是也。」可見鄭玄之時，尙無「小戴禮」之稱。疑四十九篇小戴禮之稱，殆起於東漢之後，如晉人陳邵輩所爲者耳。

或曰：鄭玄固以禮記爲小戴所傳，而大戴禮爲大戴所傳矣。豈以康成之博學精思，而亦誤乎？答曰：大戴記之不得爲大戴之書，孔冲遠已疑之矣。詩靈臺正義云：「大戴禮遺逸之書，文多假托。」716今觀其書中亦收逸禮，且引周官而稱之曰禮168，此豈后倉門徒戴德所爲者哉？康成殆誤會「大戴禮」之稱，爲是大戴之記耳。至於禮記而有四十九篇之數，據范曄後漢書橋玄傳謂：玄「七世祖仁從同郡戴德學，著禮記章句四十九篇，號曰橋君學。成帝時爲大鴻臚。」169其於曹褒傳又云：褒傳禮記四十九篇。儒林傳又云：鄭玄注小戴所傳禮記四十九篇。曄所述者如皆可信，則后倉一門所出大戴，小戴，慶氏之學，皆有禮記四十九篇。無如橋玄所師者非戴德，而爲戴聖；其爲大鴻臚，不在成帝之世，而在平帝之時。170曄言之不足信據，有如此者，安知其所謂橋氏之四十九篇及曹氏之四十九篇，非傳會鄭玄所注四十九篇之記，而亦以其數，繫諸他家耶？竊疑二戴之後，鄭玄之前，「今禮」之界限漸竟，家法之畛域漸泯，而記文之鈔合漸多，不必爲一手之所輯，不必爲一時之所成，故經說之牴牾，不必整剔；文字之重疊，不曾剪芟；其至多而濫之大戴禮，以遍注三禮及禮緯之鄭玄，且不爲之注；顧尙信其爲大戴所傳；則其於篇幅較小之四十九篇，遂亦誤會其爲小戴所傳者耳。若謂博學通儒如玄，所言必信而有徵，則試觀其於三禮之注，輒左右牽合，勉強穿鑿焉。如注周禮天官九嬪，乃牽合禮記昏義：「天子后立六宮，三夫人，九嬪，二十七世婦，八十一御妻」，之數，且爲之說曰：

「凡羣妃御見之法，月與后妃其象也。卑者宜先，尊者宜後。女御八

十一人當九夕，世婦二十七人當三夕，九嬪九人當一夕，三夫人當一夕，后當一夕，亦十五日而徧。」—171

夫附會穿鑿如此，且不害其爲通儒，則其偶沿舊誤，抑自誤會其所注之四十九篇，爲傅自小戴，亦何足怪。

四年前業爲儀禮引得序，未能詳述昔學者所爲對於禮記之疑議。今禮記引得既成，因復稍輯考證漢人傳授編訂禮經記之史料，列之如上；且亦輙詳業所自疑於禮記者焉。

註一 史記（日本瀧川龜太郎，史記會注考證本，昭和七至九年，1932—1934，册九）121/6，7，23—25。

註二 應從漢書（王先謙漢書補注，1916，上海同文圖書館印本）88/31b 儒林傳改爲「奉常」。漢書 19a/4a 百官公卿表曰：「奉常…景帝中六年更名太常。」

註三 瀧川氏考證云：「楓山【文庫舊藏元彭寅翁本】本常作嘗。」

註四 瀧川氏點史記原文，以「本」字連下文爲句。業不從。又索隱引「謝承云：秦氏季代有魯人高堂伯，則伯是其字，云生者，自漢以來儒者皆號生。」則以高堂生爲漢初人。然就史記文氣觀之，未必然。

註五 就史記文氣觀之，蕭奮當是徐氏弟子。孔穎達禮記正義引北齊熊安生以蕭奮爲高堂生弟子，業以爲不然。參業撰儀禮引得（引得第六號，1932）序，頁v。

註六 漢書補注 30/19a。按今本漢書於此處及 30/18a，19下/30b，88/41a 等處皆作后倉，而於 88/34a，40b 作后蒼。業昔於儀禮引得序從「蒼」字，今改從「倉」字。

註七 同上，88/41。

註八 同上，88/43b。

註九 論衡（商務印書館影明程氏漢魏叢書本，12/17b）謝短篇。儀禮引得序注 89 引論衡，誤印卷十二爲卷二十。

註一〇 同上，12/16a。

註一一 同上。

註一二 同上，28/1b，3b 正說篇。

註一三 後漢書（王先謙，後漢書集解，1915 長沙刻本 79b/6b）儒林傳引前書，且云：「三家皆立博士。」

註一四 後漢志（集解）25/2a。

註一五 後漢書（集解本，44/5a）徐防傳注引。參孫星衍輯漢官儀（四部備要內漢官六種本）上/6b。

註一六 後漢書（集解）79a/1a。

註一七 同上，35/6a-9b 曹褒傳。

註一八 同上，79b/7a 儒林董鈞傳。

註一九 同上，5/1a安紀。

註二〇 同上，61/15a黃瓊傳。集解引惠棟【後漢書補注】引虞預晉書。參晉書（吳士鑑，晉書斠注 1928 劉氏刊本）68/18a。參吳志（1903 五洲同文局石印本）15/1a 賀齊傳注。

註二一 後漢書（集解）79b/7a。

註二二 禮記（1926上海錦章圖書局石印覆1815南昌府刻十三經注疏本）大題正義。

註二三　後漢書（集解）44/4b-15b 徐防傳。

註二四　同上，79a/2b。

註二五　同上，5/7b 安紀：60a/1b 馬融傳：78/4b 蔡倫傳：80a/12b 劉珍傳。

註二六　儀禮（四部叢刊本）有司徹鄭注：「古文觶皆爲爵，延熹中詔校書，定作觶。」案馬融任南郡太守爲梁冀所陷，免官，髡，徙朔方。得赦乃還，復拜議郎，重在東觀著述，當在延熹二年梁氏敗後也。融以病去官，卒於延熹九年 166。然鄭玄在其門下者三年，則其復在東觀時期最長亦不過三四年耳。改定禮經之文，疑融參與其事故玄得聞也。

註二七　後漢書（集解）64/11b 盧植傳。

註二八　同上，60b/8a 蔡邕傳，章懷注引。洛陽記不知誰著，參王國維漢魏石經考（觀堂集林 20/1b）。

註二九　案禮記碑有蔡邕題名，則當成於熹平四年及光和元年七月之間 175-178，蓋其後邕以言罪，髡，徙朔方，雖旋赦歸，又復亡命江海，積十二年也。參王昶，金石萃編（1922 掃葉山房石印本）16/13a。盧植傳云：「會南夷反，以植嘗在九江，有恩信，拜爲廬江太守。…歲餘，復徵拜議郎，與諫議大夫馬日磾，議郎蔡邕，楊彪，韓說等並在東觀校中書五經記傳，補續漢記。帝目非急務，轉爲侍中，遷尚書。光和元年有日食之異，植上封事，諫曰：…。」則熹平四年及光和元年間，植曾一度與邕共校中書也。

註三〇　後漢書（集解）60a/14b 馬融傳。

註三一　後漢志（集解）8/1b-3a 注引。

註三二　張乾若先生（國淦），漢石經碑圖（1931 遂寧關東印書局鉛印）葉 40a：說，葉 22a。又石經殘石有一塊，共三行，行得二字：「壹揖—戴言—出迎」。羅叔言先生（振玉），漢熹平石經殘字集錄，葉 44b：石下 11b）定爲儀禮校記。其石若眞，則「戴」字上當爲「大」「小」「大小」抑「二」等字。

註三三　儀禮注疏（1926 錦章圖書局石印覆南昌十三經注疏本）8/1a。

註三四　丁晏，鄭君年譜（道光癸卯刊，頤志齋四譜）葉 6b-9b。參陳漢章，經學通編（北京大學鉛印本）葉 74。

註三五　儀禮引得序，葉 xi。

註三六　儀禮注疏 23/9b。

註三七　同上，56/1a。

註三八　業疑「實」字下脫一「逸」字。然陸孔所引皆同。

註三九　禮記注疏 58/4b。

註四〇　孔疏云：「此奔喪禮對十七篇爲逸禮內錄入於記，其不逸於記者，又比此爲逸也。故二逸不同，其實祇是一篇也。」業疑以此解「正篇」二字，未得其當。

註四一　禮記注疏 1/2a。

註四二　儀禮注疏，大題下疏。

註四三　詩（錦章圖書局石印十三經注疏本）1之三，葉 7a。參 7b，注：9b，阮氏校勘記。

註四四　儀禮（四部叢刊本）16/7b「主婦被錫」，注：「被錫讀爲髲鬄。」

註四五 參儀禮引得序 vi 注 37。

註四六 集解 79b/7b。

註四七 見本傳。

註四八 例如儀禮（四部叢刊本）1/2a，「莁人還東面旅占」，注：「古文旅作臚」；1/3b，「爵弁服纁裳」，注：「今文纁皆作熏」；此古文本與今文本兩不相同也。1/13b「章甫，殷道也」，注：「甫或爲父，今文爲斧」；是古文不止一本，而皆與今文不同也。8/20a「車乘有五籔」，注：「今文籔或爲逾」；是今文不止一本，或與古文同，或與古文異也。業檢胡承珙，儀禮古今文疏義（清經解續編），鄭引今古異文三百餘條。鄭或從今，或從古，而從古者多十餘條。

註四九 儀禮（四部叢刊本）14/14b-15a。

註五〇 漢石經碑圖 34a。

註五一 儀禮（四部叢刊本）4/1a。

註五二 漢石經碑圖 40a。

註五三 儀禮 4/4b。

註五四 漢石經碑圖 40a。

註五五 儀禮 4/15b-17a。

註五六 漢石經碑圖 40a；參圖說 22a。

註五七 論衡 30/13a 自紀篇作於章和二年 88 後。

註五八 同上，12/16a。

註五九 參儀禮引得，10。

註六〇 漢書補注 30/19。

註六一 同上，補注引。

註六二 禮書通故（光緒癸巳 1893 黃氏刊本），禮書，葉 8b。

註六三 漢書補注 36/18。補注引沈欽韓據漢紀，王鳴盛據文選，均謂「孔安國」下有「家」字；又云：「柏生」應作「栢生」，閩本，官本，不誤，宋本以避諱，闕「桓」字末筆，遂譌爲「柏」。

註六四 漢書補注 53/32b，33a 補注據史記表及世家云：「恭王」應作「共王」，「二十八年」應作「二十六年」。

註六五 漢書補注 30/16a。

註六六 論衡 20/7a 佚文篇。孫人和先生，論衡舉正（1924 序鉛印本）3/25b，引吳承仕先生云：「閩」當作「聞」。業按書，春秋，論語，皆舉篇數，於禮則否；如無脫誤，則殆泛指，若孝經說，春秋說，禮說，禮器，等所謂（禮記大題疏引）經禮，禮經，正經，三百也。又案論衡 29/1b 案書篇：「春秋左氏傳者，蓋出孔子壁中，孝武皇帝時魯共王壞孔子教授堂以爲宮，得佚春秋三十篇，左氏傳也」。亦以其事隸武帝時，而 28/2a，正說篇：「孝景帝時魯共王壞孔子教授堂以爲殿，得百篇尚書於壞壁中。武帝使使者取視，莫能讀者。遂秘於中，外不得見。」則以發壁事屬景帝時。

註六七 丁福保，說文解字詁林 6711a。「禮記」，魏書（五洲同文本，91/19b）江式傳引作「禮」。說文段注據漢書河間獻王傳謂當作「禮，禮記」。參詁林 6731b，6747b。

註六八 漢書補注 53/31。

註六九 經典釋文（1869 湖北崇文書局本）敘錄 17b 引。

註七〇　隋書（五洲同文本）32/19a。

註七一　參王國維，古史新證（國學月刊，二卷，八，九，十合號，31/x/1927）398。又中國古今地名大辭典（商務印書館，1931）441 奄；617 弇中；764 馬陘；各條。

註七二　史記（會注考證，册六）47/92 孔子世家。

註七三　漢書補注 36/19b 劉歆傳；99a/35a，43b-45a。業於儀禮引得序 x注 60 誤引作元始三年。

註七四　漢書補注 12/38b-39a 平紀。

註七五　同上，88/43b 儒林傳贊。

註七六　後漢書集解 36/7b-16b 范升，陳元，賈逵傳；79a/2a 儒林傳。袁宏，後漢紀（光緒丁丑盱南三餘書屋補刊本）12/2a：「建初八年……冬十一月……戊申詔曰：『五經剖判，去聖彌遠，章句傳說，難以正義。恐先師道喪，微言遂絕，非所以稽古求道也。其令諸儒學古文尙書，毛詩，穀梁，左氏傳，以扶明學敎，網羅聖旨。』」後漢書（集解 3/10a）亦載此詔，稍加删潤。「十一月」作「十二月」，是；蓋十一月無戊申也。後漢紀，12/2b 又云：「建武初，議立左氏學，博士范升【升】議，譏毀左氏，以爲不宜立。愍【明】帝即位，左氏學廢，乃使郎中賈逵叙明左氏大義。逵又言古文尙書多與經傳爾雅相應，於是古文尙書，毛詩，周官，皆置弟子，學者益廣。」則周官亦置弟子。然何以詔中未云，而此又不及穀梁？豈周官之置弟子乃在建初八年前歟？

註七七　史記（會注考證，册九）121/24 儒林傳，正義引。案明監本，清殿本，甚至武昌局重刻明震澤王氏本史記，皆脫漏此處正義一大段。會注別從彼邦桃源史記抄等本也。昔人之引七錄此文者，如朱彝尊，經義考（浙局本，130/1b）；顧櫰三，補後漢書藝文志（二十五史補編本，2143）；姚振宗，漢書藝文志條理（二十五史補編，1549）等，皆轉引宋王應麟所引正義之所引者耳。王引見所撰漢藝文志考證（浙刻玉海附，2/8），及玉海（浙本，39/4b）。王所引正義：「皆書」作「其書」，「五十六篇」作「六十六篇」；「傳其書」作「侍其生」。

註七八　詁林 6712。

註七九　漢書補注 30/14b-15a。

註八〇　後漢書（集解）79a/3b。

註八一　詁林 6159b-6162b，322b-324a；參前編，297b-298a；參668b，6669b-6670a，6271a，152，419b-420b，1622，6168。參丁晏，佚禮扶微（南菁書院叢書）3/3a-4a。

註八二　案大戴禮記今本十三卷（四部叢刊影嘉靖癸己袁氏繙宋本，貴池劉氏玉海堂繙元至正本，商務印書館影明程氏刻漢魏叢書本，等等），存 39-42，46-60，62-81，各篇。此中各本或重其第七十二篇，或重其第七十三編，或重其第七十四篇。然禮記（31/1a 明堂位）正義轉引許愼，鄭玄所引盛德篇中文而今見於第六十七明堂篇中，則明堂篇應合於今之第六十六盛德篇也。綴重補闕，合得三十九篇。但史記（會注考證，册七）67/4 索隱曰：「按戴德撰禮號曰大戴禮，合八十五篇，其四十七篇亡，見今存者有三十八篇。」崇文總目（後知不足齋叢書中錢東垣輯釋本）1/11b 云：「三十五篇」。豈今之存篇不僅較宋初爲多且較唐初爲多耶？業疑今三十九篇中或尙有妄分一篇爲二篇或數篇者，但各校家（戴震，盧文弨，雅雨堂叢書本；孔廣森，淸經解本；汪紹，續經解本；王聘珍，廣州局本）尙未校出此端耳。參丁晏，佚禮扶微 2/20a-25b；陳漢章，經學通論 25b-27b；黃雲眉先生，古今僞書攷補證（金陵大學中國文化研究所叢刊，1932）49-55。

註八三　「記家」二字見蔡邕，月令問答（黃氏逸書考，輯本）1a。參顧櫰三，補後漢書藝文志（2290-2292），經學師承，禮類；姚振宗，後漢藝文志（2319-2321），禮記之屬。按論衡 12/4a 程材篇云：「世俗學問者不肯竟經明學，通知古今，急欲成一家章句。」此類著書者，不知凡幾。

註八四　佚禮扶微 1/6a-7b。參陳奐，公羊逸禮考徵（續經解本）。

註八五　漢書補注 25b/46a 郊祀志：「莽又頗改其祭禮，曰周官天墜之祀。」

註八六　同上，99a/52a-53a。案周禮（開明書店十三經經文，頁 33）春官司服：「王爲諸侯緦衰，…其首服皆弁經。」

註八七　漢書補注 30/18b。

註八八　荀悅漢紀（三餘書屋補刊本）25/2b。「六篇」，原文衍作「十六篇」。

註八九　參孫詒讓，周禮正義（四部備要本）1/1b, 2a。

註九〇　漢書補注 30/13a 班固藝文志序曰：「今删其要以備篇籍。」

註九一　同上，30/20。

註九二　禮記注疏 23/9b。

註九三　漢書補注 22/4。

註九四　釋文敘錄 17b-18a。

註九五　隋書 32/19b-20a 經籍志云：「漢時有李氏得周官，周官蓋周公所制官政之法，上於河間獻王，獨闕冬官一篇。獻王購以千金不得，遂取考工記以補其處，合成六篇奏之。」蓋亦從其說也。

註九六　史記（會注考證，册四）71-72。瀧川君斷句及所引明陳仁錫句讀，業不從。又「封禪」疑是泛論封禪書名，如漢書（補注 30/18b）藝文志之古封禪羣祀二十二篇，抑如管子封禪篇之屬。

註九七　史記 28/6。案周禮(經文，頁 35)春官大司樂，與太史公引文有相似處，而不同。又案漢書（補注，25a/16b）郊祀志引此文前後數段，而删去此段，殆以其與班固時傳本之周官不同歟？

註九八　賈公彥，序周禮廢興，引；見周禮注疏前。

註九九　孫詒讓，周禮正義 1/2b。

註一〇〇　後漢書（集解）36/1a, 4b, 5a, 12。

註一〇一　賈公彥，序周禮廢興，引。

註一〇二　參徐養原，周官故書考（續經解本）。

註一〇三　參經義考 124/6 包恢六官疑辨條；方苞，周官辨（抗希堂十六種本）；廖平，今古學考（1928 北平資研社鉛印本）上/16；康有爲，僞經考（1918 重刻本）3a/23b-25a；廖平，古學考（1935 景山書社本）57-83。

註一〇四　後漢書集解 35/15；賈公彥，序周禮廢興。參皮錫瑞，三禮通論（1923 涵芬樓影印本）50a-52a。

註一〇五　見上注 28 所繫。參儀禮引得序 vi-vii。

註一〇六　參補注所引。

註一〇七　經典釋文序錄 17b，18b。

註一〇八　隋書 32/20。

註一〇九　古香齋袖珍本，21/3b。

註一一〇　圖書集成局本，41/1b。

註一一一　四庫全書總目（上海大東書局本）21/1a。原本「玄」字避清諱，作「元」。案文淵閣四庫全書原本提要（遼海叢書本）13/1a 頗簡略，與此所引者不同。

註一一二　東原集（清經解本）9b-10a。

註一一三　二十二史考異（廣雅叢書本）7/26a-27b。參漢書補注 25b/41b，45b，46a，47b-48a；67/28a；73/10；禮記（經文）23:2，2:21，24:31，23:9，5:29，3:44，5:29-30。

註一一四　漢書疏證（1900 浙局本）24/32b-33a。

註一一五　左海經辨（陳氏刻左海全集本）上/90a-91a，大小戴禮記攷。

註一一六　同上，上/92b-93b。

註一一七　其實錢意固謂別錄著錄各書，不避其篇章彼此重複也。

註一一八　如詁林 409b，1736a，3521b，3810b，5189b，等。

註一一九　案孔引鄭目錄，投壺屬吉禮，自冠義至聘義等六篇屬吉事。然陸引其中鄉飲酒義，射義，屬吉禮。業疑陸鄭之引目錄，皆轉引自皇氏，觀投壺題下陸釋而可知。

註一二〇　參禮記注疏 37/5b 正義。

註一二一　史記（會注考證，册四）24/71。

註一二二　說苑（商務印書館影明程刻漢魏叢書本）19/17b-21b。

註一二三　參姚振宗，漢書藝文志條理（二十五史補編，1597，）儒家類。

註一二四　參漢書補注 88/39a 王式傳，補注。

註一二五　業爲儀禮引得序（x）時尙信：古文記二百四篇當曾著錄於別錄。後見段玉裁注說文叙（詁林 6731b），旣引隋志合五種二百十四篇之說，復引「劉向別錄云古文記二百十四篇」，爲佐證。則段氏殆謂釋文所引者脫「十」字也。段氏所加，似可從；蓋釋文雖兩次道及二百四篇，殆同出於一源，其源或卽陳邵周禮論序之屬，亦合別錄中五種而計其總數，計數或有誤，抑傳本有脫落也。隋志所本者，殆亦此書。然於此別生一問題焉。此所謂源者，必以五種中之記爲一百三十篇非若藝文志所謂一百三十一篇也。然則此所謂源者引別錄而脫「一」字歟？抑其所本之別錄本作「一百三十篇」歟？若後者爲是，則晉唐，傳本別錄中此條脫「一」字歟？抑向所錄者本爲一百三十篇，而歆於後又增益一篇歟？

註一二六　陸德明於此條下，亦引：「鄭云以其記喪服之制取其仁義禮智四者也，別錄屬喪服。」則並此「舊說」二字亦删落矣。

註一二七　禮記注疏 37/7b 正義。

註一二八　參欽定禮記義疏（同治十年崇文書局本）52/64a。

註一二九　隋書 13/4。案此所引別錄「樂歌四篇」，漢志作「雅歌四篇」；龍氏雅琴百六篇，漢志作九十九篇。「防記」今禮記作「坊記」。

註一三〇　漢書補注 30/28a，39b。

註一三一　隋書 34/1a。

註一三二 舊唐書（五洲同文本）47/1b；唐書（五洲同文本）59/1b。

註一三三 意林（四部叢刊本）2/20a。

註一三四 今本作「公孫文子」；然參洪邁，容齋續筆（皖南洪氏重刊本）16/4則當作「公孫尼子」。

註一三五 初學記 15/4b。

註一三六 禮記（經文）19:28。「軍旅」下有「鈇鉞」二字；樂書同。案二語亦見荀子（王先謙集解本）14/1b，2a 樂論篇。

註一三七 釋文序錄 5b。

註一三八 如「僎」今文而「遵」古文，鄉飲酒禮有「遵者」（儀禮鄭注 4/14a）而少儀（17:22）有「僎爵」（參注疏 35/8b），鄉飲酒義（45:3）有「介僎」（參注疏 61/6b）。「封」今文而「窆」古文；既夕禮有「乃窆」（儀禮鄭注 13/10b）；而檀弓（3:83，4:15）有「縣棺而封」，「殷既封而弔」（參注疏 8/6a，9/7a）；喪大記（22B:40）有「凡封用綍」（參注疏 45:10b），等等。段玉裁（詁林 6669b）曰：「禮記多用古文」；是已。然又云（詁林 2190a）：「禮記之字於禮經皆從今文」，則不盡然。如「髻髮」爲今文（儀禮鄭注 12/10b），而禮記乃皆從古文作「括髮」（禮記引得 521）。燕禮：「媵觚于賓」，鄭注云：「媵送也，讀或爲揚，揚舉也，…今文媵皆作騰」（儀禮鄭注 6/6a）；而鄉飲酒義（45:1）：「揚觶」，鄭注云：「揚舉也，今禮皆作騰」（注疏 61/6a）。參儀禮古今文疏義，4/5，13/4b-6a，12/12a，6/2b-3b。

註一三九 儀禮鄭注 1/13a-14b；禮記（經文）11:24。

註一四〇 郊特牲之末段又頗似爲逸中霤禮之記。逸中霤禮，參佚禮扶微 1/5b-6b。

註一四一 禮記（經文）47:1。

註一四二 周禮（經文）頁 47。

註一四三 禮記（經文）46:3。周禮（經文），頁 46。

註一四四 禮記偶箋（續經解本）3/20a。參儀禮鄭注 7/34a，5/26b，37a。

註一四五 禮記（經文）7:37。

註一四六 洪頤煊輯，石渠禮論（經典集林，卷三）。

註一四七 通典 73/3b 引。

註一四八 儀禮鄭注 11/25a。

註一四九 禮記（經文）1:14。

註一五〇 通典 81/4a 引。

註一五一 禮記（經文）5:42。

註一五二 通典 83/1a 引。

註一五三 禮記（經文）20:3。

註一五四 參儀禮引得序 iii。

註一五五 漢書補注 99C/32 王莽傳：「赤眉遂燒長安宮室市里。…長安爲虛。城中無行人。」隋書 32/4a 經籍志：「王莽之末又被焚燒。」

註一五六 禮記注疏 13/8b 王制，正義引。

註一五七 同上 25/7b 郊特牲，正義引。

註一五八 同上 23/9a 禮器，正義引。

註一五九 太平御覽（鮑刻本）529/1b 引。

註一六〇　禮記注疏 31/1a 明堂位，正義引。

註一六一　公羊注疏（錦章圖書局十三經注疏本）1/4b 隱元年，疏引。

註一六二　禮記注疏 5/11b 曲禮下，正義引。

註一六三　詩，一之五，葉 1b，摽有梅，正義引。

註一六四　禮記注疏 3/3b 曲禮上，正義引。

註一六五　詩，六之三，葉四，駟鐵，正義引。

註一六六　上所引諸條，參陳壽祺，五經異義疏證（陳氏家刻左海全集本）上/5a, 81a, 95b; 中/1a, 74a, 78b, 81a; 下/6b, 24a。

註一六七　詩，十六之五，葉 2b。

註一六八　大戴禮記（商務印書館影程氏漢魏叢書本）12/2a 朝事篇。參儀禮引得序 xiii。

註一六九　後漢書（集解）51/9b。

註一七〇　漢書補注 19b/52a。

註一七一　周禮注疏 7/10b; 參禮記注疏 61/4b; 28/4b, 5a; 禮記義疏 74/38b; 孫詒讓，周禮正義（四部備要本）14/7b, 8b; 金鶚求古錄禮說（續經解本）2/3b-8b 天子世婦女御考。

二十五年十一月五日

——摘自《史學年報》一九三六年十一月
第二卷第三期

儒行集解

陳柱

序

十餘年前。嘗爲中庸通義大學通義。以教學者。比聞章太炎及本師唐先生講論。以謂儒行提倡氣節。於今日爲尤要。爰爲集解。以便講授。黃石齋先生儒行傳。歷舉古之賢士。最足廉頑立懦。唯所引過繁。轉令學者未易卒讀。故今特約之。嗟乎今之學者。能以是爲式。則貪鄙無恥之風可除。而民族之復興其庶幾可望乎。民國二十五年一月二十九日北流陳柱自序於上海交通大學。

總論

鄭康成曰。名曰儒行者。以其記有道德者所行也。儒之言優也。柔也。能安人。能服人。又儒者濡也。以先王之道能濡其身。此於別錄屬通論。

孔仲達曰。夫子自衛反魯。哀公館於孔子。問以儒行之事。記者錄之。以爲儒行之篇。孔子說儒凡十七條。十五條皆明賢人之儒。其第十六則明聖人之儒。其十七條則夫子自謂也。

黃石齋曰。其首行曰待聘待問待舉待取。待者需也。故儒之爲言需也。易曰。雲上於天需。天下所待其膏雨也。而失之者以爲柔濡。故天下無知儒者也。天子無儒臣。則道義不光。禮樂不作。亂賊恆有。天下無儒學。則驕慢上陳。貪鄙下行。寇攘穿窬。據於高位。而賢人之德業皆熄矣。仲尼故舉十七種以明之。先於學問。衷於忠信。而歸於仁。故仁者儒之實也。求得其數種。皆足以爲治。其無當於是者。雖習卓句。被文繡。皆小人之儒也。

章炳麟曰。儒之一字。古人解作柔字。草昧之初。殘殺以爲常。教化漸興。暴戾之氣亦漸袪。所謂柔者。馴擾之意也。然周初儒字。未必與此同義。周禮「師以賢得民。儒以道得民。」賢者道德之謂。道者學問之謂。固非柔字之意。司馬相如大人賦序列仙之儒。列仙而可稱儒。可見儒爲有道術者之通稱。

又曰。儒之一字。春秋時尚不甚見於稱謂。祇論語有「女爲君子儒。毋爲小人儒」之語。蓋當時九流未興。不必特別表明。降及七國。九流朋興。孟子首蒙儒者之名。莊子說劍。趙太子請莊周論劍。謂先生必儒服而見王。事必大逆。莊周非儒。趙太子稱之曰儒。蓋古之九流。學術有別。衣服無異。儒行孔子見哀公。哀公問夫子之服。其儒服與。孔子對。丘不知儒服以衣服爲辨別學術之標準。無意義極矣。此殆孔子不肯承認儒服之故乎。

又曰儒行所說十五儒。大抵堅苦卓絕。奮厲慷慨。儒專守柔。卽生許多弊病。漢張禹孔光闒然媚世。均由此故。然此非孔子意也。奇節偉行之提倡。儒行一篇。觸處皆是。是則有學問而無志節者。亦未得襲取儒之名也。

又曰人性本剛。一經教化。便爾馴擾。宗教之作用。卽在馴擾人性。以故宗教無不柔者。沙門勢利。是佛教之柔。天主基督教徒。亦帶勢利。是天主耶穌之柔。其後之趣於柔固非。其前之主於柔則是。試觀南洋婆羅洲人向無教化。以殺人爲當然。男女結婚。聘以人頭。人類本性。剛暴如此。則不能相養以生。勢不得不教化以柔之。然太柔而失其天性。則將幷其生存之力而亦失之。以故國家形成而後。人民不可不保留剛氣以相撑拄。近人病儒者之柔。欲以墨子之道矯之。孫仲容先生首撰墨子閒詁以爲倡。初意欲施之於用。養成風氣。補救萎靡。不意後人專注力於經上下經說上下論理學上之研究。致孫氏輩一番救世之心。淹沒不彰。然使墨子之說果行。尊天明鬼。使人迷信。充其極造成宗教上之強國。一如摩哈默德之於天方。則宗教之爭必難倖免。歐洲十字軍之禍。行且見之東方。且近人智過往昔。天志壓人。未必樂從。以故孫氏輩救世之心。固可敬佩。而揭櫫號召。亦未盡善也。竊以爲與其提倡墨子。不如提倡儒行。儒行講解明白。養成慣習。六國任俠之風。兩漢高尙之行。不難見之於今。轉弱爲強。當可立致。卽有流弊。亦不過造成幾個爲害不甚重大之暴人。較之宗教戰爭。相去固不可以道里計也。

又曰宋人多反對儒行。高閌卽其代表。宋人柔退。與儒行本非同道。至於近人以文字上之關係。斥儒行爲僞。謂非孔子之言。其理由魯昭公諱宋。凡宋皆代以商。儒行孔子對哀公丘少居魯長居宋。孔子不應在哀公前公然言宋。殊不知儒行一篇。非孔子自著。由於弟子筆錄。當時孔子言宋言商。無蓄音機留以爲證。筆記之人。容有出入。安可據以爲非。常人讀論語子路初見孔子。孔子有「君子有勇無義爲亂。小人有勇無義爲盜」二語。以爲孔子不尙武力。以此致疑儒行「鷙蟲攫搏不程勇者引重鼎不程其力」二語。不知卞莊子刺虎。孔子亦稱其勇。而弟子澹臺滅明曾有斬蛟之舉。不過孔子不爲而已。儒行中復有「其過失可微辨而不可面數也」一語。與子路人告之以有過則喜意相反。亦爲讀者所疑。不知在古人中此等行爲屢有記載。淳于髡譏孟子在三卿之中。名實未加於上下。又云是故無賢者也。有則髡必識之。而孟子則對以賢者之所爲。衆人固不識也。以衆人二字反脣相譏。可知孟子確係可微辨而不可面數者。宋世理學諸公。朱晦庵主張無極而太極。陸象山反之。二人因起爭論。彼此信札。有面紅耳赤聲色俱厲之概。二人學問之根本不在此。爲一二枝葉問題。雙方卽妄加意氣。各不相下。更甚於儒行之可微辨而不可面數矣。降至淸代。毛西河李天生討論音韻。西河厲聲對天生。天生拔刀向之。二人意氣。豈不更甚於晦翁象山乎。蓋儒者本有此一類人。孔子並未加以輕視。十五儒中。有其一種。卽可尊貴。非謂十五儒個個須與孔子類也。如此吾人之疑可解。而但舉宋字一端。固不足推倒儒行矣。

又曰。儒行十五儒中。亦有以和平爲尙者。然不敵堅苦卓絕奮厲慷慨者之多。有一派表面似有可疑。如云毀方而瓦合。紬繹其意。幾與明哲保身混俗和光相同。然太史公傳季布欒布二人。性質相近。行義亦同。欒布拚命幹去。季布賣身爲奴。太史公稱季布摧剛爲柔。摧剛爲柔。卽毀方瓦合之意。試觀張禹孔光終身無剛果之事。至於季布一流。前後皆不屈不撓。不過暫時爲權宜之計。有謙柔之表示耳。所謂毀方瓦合者謂此也。

又曰。細讀儒行一篇。堅苦奮厲之行。不外高隱任俠二種。上不臣天子。下不臣諸侯。當孔子時。卽有子臧季札一流人物。至漢更有嚴子陵梁伯鸞等。漢人多讓爵。此高隱一流也。至於任俠。在昔與儒似不相容。太史公游俠列傳。有儒墨皆擯不載之語。然周禮「六行孝友睦婣任卹」任卽任俠之任。可知任俠本不爲儒家所廢。太史公傳信陵孟嘗頗有微詞。於朱家郭解卽極口稱道。良以憑藉勢位。易於爲力。民間仗義。難於通行。爲可寶貴耳。儒行合志同方。營道同術。久不相見。聞流言不信。此卽任俠之本。近世毀譽無常。入政界更爲混殽。報紙所載。類皆不根之談。於此輕加信從。小則朋友破裂。大則團體分散。人人敦任俠之行。庶幾朋友團體。均可保全。此今日之要務也。又有要者。儒行所謂「讒諂之民。有比黨而危之者。身可危也。而志不可奪也。」又謂「刼之以衆。臨之以兵。見死不更其守。」此種守道不阿。強毅不屈之精神。今日亦當提倡。諸君試思當今之世。情況何似。何者爲讒諂之民。何方欲比黨危之。吾人鑒於今日之情況。更覺儒行之言爲有味矣。

又曰。十五儒中。類別綦多。以上所舉。不過最切要於今日者耳。高隱一層。非所宜於今日。任俠一層。與民族存亡。非常相關。雖小團體。非此亦不能存在。不可不三致意也。

又曰。試以論語相較。論語載子路問成人。子曰。「若臧武仲之知。公綽之不欲。卡莊子之勇。冉求之藝。文之以禮樂。亦可以爲成人矣。」繼而曰。「今之成人者何必然。見利思義。見危授命。久要不忘平生之言。亦可以爲成人矣。」以今日通行之語言之。所謂成人卽人格完善之意。所謂儒者亦人格完善之謂也。「聞流言不信。」非「久要不忘平生」之言乎。「見死不更其守。身可危也。而志不可奪也。」非「見危授命」乎。論語儒行本相符合。惟論語簡約。儒行鋪張。文字上稍有異趣。然守道之士。烏可以文害辭。不知宋人何以排斥之也。東漢人之行爲。與儒行甚近。宋人去之便遠。後漢書黨錮傳中人物。微嫌標榜太過。不能使吾人俯首。至獨行傳中人。則邈乎遠矣。如田子春之居鄉。整飭一方。儼然有後世團練之風。曹操征烏桓。迷不得路。賴子春指導。得獲大勝。操回。欲以關內侯爵之子春。堅辭不受。此與嚴子陵不同科。雖不受爵。依然幹事。宋人烏能如此。周濂溪程明道開宋朝一代學風。儒林道學二傳曁有奇節偉行之士。一遇危難。亦不能盡力抵抗。較之東漢相去甚遠。大概儒行一篇無高深玄奧之語其精神漢人均能做到。高隱一流。非所宜於今日而任俠之風非提倡不可也。曩講孝經大學諸君均已聽過。鄙意若缺少剛氣。卽孝經大學所說完全做到。猶不足以自立。諸君於此諸書皆曾讀過。竊願深長思之。

唐蔚芝先生曰。昔周公周官經「太宰之職。以九兩繫邦國之民。曰師以賢得民。曰儒以道得民。」儒之名權輿於此。其繫於民也負人倫人紀五典五常之責不綦重哉。至孔子詔子夏有「君子儒小人儒」之分。君子儒者志道據德依仁游藝者也。小人儒者百家衆技致遠恐泥者也。而儒派已自此分矣。

又曰。自周初以迄暴秦。儒之名已由貴而之賤。儒之行亦每下而愈況矣。聖賢者起而救之。於是有性情之敎有志節之敎。孔子閒居篇。性情敎也。儒行篇。志節敎也。惟立志而後能立節。孔子曰。「志士不忘在溝壑。匹夫不可奪志。」曾子曰「臨大節而不可奪。士不可以不宏毅。任重而道遠。」孟子曰「天下無道以身殉道。」未聞以道殉乎人者也。今考儒行篇言自立者二。言特立者一。特立獨行者一。其十六章大要皆在激勵氣節。而歸本於仁。無非孔曾孟子之旨。然則此篇縱非盡出於孔子。要亦七十子相傳之遺訓歟。司馬子長游俠傳敍曰。「季次原憲閭巷人也。讀書懷獨行君子之德。義不苟合當世。當世亦笑之。故終身空室蓬戶褐衣疏食不厭。死而已四百餘年。而弟子志之不倦。」原憲傳載憲在草澤中。窮閻藜藿。嘗告子貢曰。無財者謂之貧。學道而不能行者謂之病。若憲貧也。非病也。彌令嚮往不置云。今試問簞瓢陋巷中有「今人與居古人與稽。蕭然物外味道之腴」者乎。然「適弗逢世。竟信其志猶將不忘百姓之病」。「一民飢曰吾飢之。一民寒曰吾寒之」。故曰「禹稷顏子易地則皆然」。豈不信哉。且夫志節者人生天地間之氣骨也。天下有眞儒者不以軒冕肆志不以窮約趨俗。舉人間世富貴福澤貧賤憂戚夷狄兵戈患難。皆不足以攖其心。吾嘗讀乾坤正氣集。見其嘉謨讜論。著於朝廷。立身大節。昭乎宇宙。浩然若河嶽之峙流。炳然若日星之燦爛。及見夫猥瑣齷齪之徒。託爲文章。變詐險巧。夸飾淫哇。酷肖其人。偶值困窮。則侘傺無聊。若一日無所容於世。抑何卑鄙弇淺之若是。惜哉其不讀儒行也。昔者孔子不得中行之士。而思狂狷。孟子言豪傑之士雖無文王猶興。有以也夫。然後之讀儒行者。多譏其不合中庸之道。惟有明黃石齋先生。表章特至。謂東漢諸儒推準儒行以爲人極。其時武人稺子。皆能特立砥礪。不藉誦說。有以自見。使大梟鉅雄。如卓操之徒。俯仰以畏名士焉。文治謂豈惟東漢。當明隆萬時。楊左高顧諸先生。風起雲從。屹然樹名敎綱常之重望。雖逆閹氣焰。亦爲之銷沮。然則儒行一書。豈非時運升降之大坊哉。爰謹採黃先生說。參以己意。每章各爲之贊。士君子出處進退之節。必取法於易。故曰君子所居而安者易之序也。以易義釋儒行。聖賢之志也。世之爲儒者。必學道以自愛其身。用人者必尊儒以重道。於茲十六章中。得其

一可列於儒。得其四五。則正氣充盈而讒諂面諛者流。不煩齋斧而治矣。儒之行愈隆。則儒之名亦愈重。大儒通儒純儒名儒日益多。俗儒鄙儒小儒貌儒日益退。孔明仲淹雖不出世。魯兩生之高節。或者尙有其人乎。

又曰。或曰。然則不言儒德而言儒行。何也。答曰。德者得於心者也。行者著於迹者也。儒行專以發於外者而言。不特論仁一章。主形迹而不指心術。即以齊難恭敬先信中正之德言之。亦主乎居處坐起言行皆發現於外者也。故不曰儒德而曰儒行。取其行之可以學習而易於效法也。若進而求儒德。則有論語孝經大學中庸諸經在。或又曰。衣食住三者。生人立命之原也。今儒行以一畝之宮。環堵之室。易衣而出。并日而食。樸陋已甚。僞儒託之。庸非弊乎。答曰。此指素貧賤行乎貧賤而言。若素富貴。未嘗不行乎富貴也。且孔子論好學。必先曰。「食無求飽。居無求安。」又曰。「士志於道。而恥惡衣惡食者。未足與議。」蓋儒者苟有志求道。而不知內重外輕之義。則衣食住之念。憧擾於中。奔走營求。實自此始。昔大禹乘四載。奠高山大川。抑洪水而天下平。蒸民乃粒。萬邦作乂。而孔子贊之曰。「菲飲食。惡衣服。卑宮室。」於衣食住三者。一無所求。然後知能安天下之大貧者。乃能致天下於大富。孟子言飽乎仁義。所以不願人之膏粱之味。令聞廣譽施於身。所以不願人之文繡。良貴者良知也。今人不以道德良知爲敎。而惟以衣食住爲敎。薄儒雅。變儒素。坐令國民心志浮囂。庸劣。馳騖外觀。而氣節乃掃地而無餘。可痛也哉。**吾所以表揚儒行者。正欲湔濯惡習。而挽頹波也。**

杜按。儒字从人。从需。蓋居仁由義。以待天下之需。而不枉己以需於人者也。論語首章。孔子曰。「學而時習之。不亦說乎。有朋自遠方來。不亦樂乎。人不知而不慍。不亦君子乎。」學而時習。所以居仁由義也。有朋自遠方來。則天下有需之者矣。人不知而不慍。不枉己以需於人也。故儒之爲敎。則優柔漸漬。而有濡柔之義。儒之爲道。則剛健中正。而有守道待時之需之義。儒字從需。古當即需字。需字从雨。儒以敎育爲主。恰需字之从雨。蓋已寓春風時雨之義矣。

魯哀公問於孔子曰。夫子之服。其儒服與。孔子對曰。丘少居魯。衣逢掖之衣。長居宋。冠章甫之冠。丘聞之也。君子之學也博。其服也鄉。丘不知儒服。

鄭康成曰。哀公館孔子。見其服與大夫異。又與庶人不同。疑爲儒服而問之也。逢猶大也。大掖之衣。大袂襌衣也。此君子有道藝者所衣也。孔子生魯。長而之宋而冠焉。宋其祖所出也。衣少所居之服。冠長所居之冠。是之謂鄉。言不知儒服。非哀公意不在於儒。乃令問其服。

孔仲達曰。臣朝於君。應著朝服。而著常服者。孔子自衞新還。哀公館之。非是常朝。故衣冠異也。掖謂肘掖。禮大夫以上。其服侈袂。

釋文云。章甫。殷冠也。

哀公曰。敢問儒行。孔子對曰。遽數之不能終其物。悉數之乃留更僕。未可終也。哀公命席。孔子侍曰。儒有席上之珍以待聘。夙夜強學以待問。懷忠信以待舉。力行以待取。其自立有如此者。

黃石齋曰。席上之珍。非為聘也。而聘者必繇之。夙夜強學。非為問也。而問者必繇之。懷忠信。非為舉也。而舉者必繇之。力行。非為取也。而取者必繇之。其自立者無待。而或藉以立。則恆若待之也。其待之未至。則應之不苟。恆若需緩者。故謂之曰儒。儒行十六而自立為首。

又曰。伊尹耕於有莘之野。樂堯舜之道。非義非道。祿以天下弗顧。繫馬千駟弗視。一介不與。一介不取。成湯乃使人以幣聘之。尹囂囂然謂我處畎畝之中。樂堯舜之道。何用聘幣為哉。成湯三使不已。尹乃幡然有親見知覺生民之意。然後就湯說以伐夏救民。故儒有席上之珍。則伊尹是也。

唐先生曰。儒者需也。四待字皆所謂需也。故需者乃出處之慎重。非辦事之迂緩也。易曰。君子藏器於身。待時而動。儒必有所蘊藏。而後有所待。故孔子言待賈。若誤以沾濡為義。則夬卦所謂若濡有慍矣。許書釋儒為柔。亦屬一偏。儒者剛柔互用者也。

杜按。漢志列伊尹於道家。然孟子屢稱伊尹。可見儒家與道家原不相水火。故孟子書攻楊墨而不攻老莊。蓋道家亦多以席上珍自待而能自立者。比儒更為狷介而貴自立。則原無二致也。

儒有衣冠中。動作慎。其大讓如慢。小讓如偽。大則如威。小則如愧。其難進而易退也。粥粥若無能也。其容貌有如此者。

鄭康成曰。中。中間。謂不嚴厲也。如慢如偽。言之不愊怛也。如威如媿。如有所畏。

方性夫曰。衣冠中者。中於禮也。其大也則有所不可犯。故如威。其小也則有所不敢為。故如媿。三揖而後進。故曰難進。一辭而遂退。故曰易退。

黃石齋曰。凡人之學問進。則其夸飾退矣。忠信存於中。則敬畏著於外。讓者禮之實也。則者行之準也。易曰。「天道虧盈而益謙。地道變盈而流謙。鬼神害盈而福謙。人道惡盈而好謙。」難進而易退者。人臣之義也。粥粥若無能。長者之治也。詩曰。「抑抑威儀。維德之隅。」衞武公是也。「令儀令色。小心翼翼。」仲山甫是也。

又曰。卓茂子康。習詩禮歷算。極師法。稱通儒。雅實不為華貌。初辟相府史。孔光稱其長者。嘗行出。有人認其馬。茂曰。子亡馬幾時矣。對曰。月餘。茂心知其繆。默解與之。挽車去。顧曰。若非公馬。幸至丞相府還我。異日。馬主別得馬。乃詣府送馬。叩頭謝。哀平間為密令。初有所廢置。吏民皆笑之。鄰邑聞者嗤其不能。河南郡為置守令。茂不為嫌。治事自若。數年教化大行。道不拾遺。魯恭仲康。十五入太學。與弟丕俱習魯詩。閉戶講誦。絕人事。恭憐丕少。欲先成其名。託疾不應舉。丕得舉。乃始為郡吏。拜中牟令。以德化民。民有爭田者。累守令不能決。恭為平理。皆退而相讓。有亭長從人借牛不歸。牛主訟之。恭勑還牛。再三猶未釋。恭太息曰。「教化不行。令之罪也。」解印綬欲去。掾史涕泣留。於是俗為丕變焉。如子康仲康。亦為難進易退。粥粥若無能者矣。

唐先生曰。讓者禮之實也。世所謂貌儒。君子不為也。詩曰。「抑抑威儀。維德之隅。」豈飾偽之行乎。曰。如偽曰如愧。正不偽而不愧也。或謂如慢。不幾近於泰乎。曰孟子言舜受堯之天下。不以爲泰。子以爲泰乎。蘇子曰「古之君子必有高世之行。非苟求爲異而已其素所不屑者。足以取信於天下也」易曰「謙尊而光卑而不可踰」又曰「勞謙君子萬民服也」

杜按此章宜注重四如字。一若字。如慢者非眞慢也。人視之如慢也。如僞者非眞僞也。人視之如僞也。如威者。非眞畏也。人視之如畏也。如媿者非眞媿也。人視之如媿也。若無能者。非眞無能也。人視之若無能也。其實乃有其至能者存也。五者皆貌似之而非實然也。老子曰「大智若愚」若此者則亦可謂曰大敬若慢者與唯難進易退。則中心誠然。表裏如一。故不言若也。若難進易退。而言若焉。則爲僞君子矣。近世熱中之士。動以負責二字爲口實。競進無恥。未得患不得。則不惜損己之人格以求之。既得患失。又不惜降己之人格以求維持之。而反詆高蹈之士爲畏怯。爲無責任心。爲不愛國。而不知彼直以乾坤之淸氣爲己任。人必能淸淨廉潔。不戀爵位。能犧牲一己之利祿。以存其氣節。而後他日爲國任職。乃能犧牲一己一家之性命財產。以爲國擔任鉅艱也。寧有平日貪婪無恥。好利黷貨。一旦國家多難。而能犧牲私利以救國馭侮者哉。嗚呼。此今日所以口言負責救國者盈廷。而不免於國士日蹙也。

儒有居處齊難。其坐起恭敬。言必先信。行必中正。道塗不爭險易之利。冬夏不爭陰陽之和。愛其死以有待也。養其身以有爲也。其備豫有如此者。

孔仲達曰。塗。路也。行道路不與人爭平易之地。而避險阻以利己。冬溫夏涼。是陰陽之和。處此世人所競。惟儒者讓而不爭也。愛死爲待明時。養身爲行道德。言儒者先行善道。豫防患害如此。

黃石齋曰。備豫者所以致用也。不致用無以明體。不明體則利害禍福紛投而奪志。故端其居處。正其言行。無競以與人。有定以與己。不急於事功而事功從歸焉。

杜按。道塗不爭險易之利。冬夏不爭陰陽之和。謂出不避險。趨易以危難與人。處不去苦就安。以福祿專己。士必平日行事如此。而後可以言愛其死以有待。養其身以有爲。若平日已貪生畏死。爭利辟害。臨財旣欲苟得。臨難又欲苟免。曰我愛其死以有待也。於是身爲將帥。而可以不戰而喪地數萬里。曰吾乃長期抵抗也。其誰信之。

又按太史公云。僕與李陵俱居門下。素非相善也。然僕觀其爲人。自奇士。事親孝。與士信。臨財廉。取予義。分別有讓。恭儉下人。常思奮不顧身。以徇國家之急。其所素畜積也。僕以爲有國士之風。夫人臣出萬死不顧一生之計。赴公家之難。斯已奇矣。今舉事一不當。而全軀保妻子之臣。隨而媒孽其短。僕誠私心痛之。且李陵提步卒不滿五千。深踐戎馬之地。足歷王庭。垂餌虎口。橫挑強胡。卬億萬之師。與單于連戰十餘日。所殺過當。虜救死扶傷不給。旃裘之君長咸震怖。迺悉徵左右賢王。舉引弓之民。一國共攻而圍之。轉鬬千里。矢盡道窮。救兵不至。士卒死傷如積。然李陵一呼勞軍。士無不起。躬流涕。沫血飮泣。張空拳。冒白刃。北首爭死敵者。陵未沒時。使有來報漢公卿王侯。皆奉觴上壽。後數日。陵敗書聞。主上爲之食不甘味。聽朝不怡。大臣憂懼。不知所出。僕不自料其卑賤。見主上慘悽怛悼。誠欲効其款款之愚。以爲李陵素與士大夫絕甘分少。能得人之死力。雖古之名將。不能過也。身雖陷敗。彼觀其意。且欲得其當而報漢。事已無可奈何。其所摧敗。功亦足以暴於天下。杜按。素行如李陵。而愛其死以待時。時不可待。竟抱恨千古。則愛死待時之不易如此。吾特表而出之。俾貪生畏死者無以爲口實焉。

儒有不寶金玉。而忠信以爲寶。不祈土地。立義以爲土地。不祈多積。多文以爲富。難得而易祿也。易祿而難畜也。非時不見。不亦難得乎。非義不合。不亦難畜乎。先勞而後祿。不亦易祿乎。其近人有如此者。

鄭康成曰。祈猶求也。立義以爲土地。以義自居也。難畜。難以非義久留也。勞猶事也。積或爲貨。

黃石齋曰。君以祿遠其臣。則臣以義遠其君。君寶其土地金玉。則臣寶其仁義忠信。非時不見。非義不合。人皆曰儒者之遠人也。而不知其初非惡祿而逃之也。故謂之近人。

又曰。安陽魏桓見徵。或勸之行。桓曰。夫仕以行志也。今後宮千數。其可損。廐馬萬匹。其可減乎。左右權豪。其可去乎。皆對曰。不可。桓慨然嘆曰。使桓生行死歸。於諸子何有哉。非義不合。非時不見。魏桓有焉。

杜按。儒者之非義不合。非以爲名高也。不以義合。則必至於枉己以從人。於是寡廉鮮恥。功名富貴之心盛。而禍國殃民有不暇計矣。或曰。作先合。然後引之大道。不亦可乎。是亦不然。彼知我未深。敬我未至。而用我者以我爲便於己也。若我旣枉己而從之於前。而又欲拂彼之好惡於後。則彼未有不疏我者也。是我欲匡彼之過。其志未成。而枉己之失已著。一人之名尙小。而增長天下苟合之風。其禍甚大也。故君子之非義不合。非不愛國也。非不欲爲國負責也。以非義而合。將必不能負善責。且不免於負惡責也。嗚呼。古之高隱。豈得已哉。

儒有委之以貨財。淹之以樂好。見利不虧其義。刼之以衆。沮之以兵。見死不更其守。鷙蟲攫搏。不程勇者。引重鼎。不程其力。往者不悔。來者不豫。過言不再。流言不極。不斷其威。不習其謀。其特立有如此者。

鄭康成曰。淹謂浸漬之。刼。刼脅也。沮。謂恐怖之也。鷙蟲。猛鳥猛獸也。字從鳥。摯省聲也。程猶量也。重鼎。大鼎也。搏猛引重。不量勇力堪之與否。當之則往也。雖有負者。後不悔也。其所未見。亦不豫備。平行自若也。不再。猶不更也。不極。不問所從出也。

孔仲達曰。此明儒者特立不羣之事。言儒者人以貨財委之。以愛樂玩好浸漬之。不苟且而愛也。雖見刼見沮。以致於死。終不改其所守而苟免也。往過之事。雖有敗負。亦不追悔。將來之事。亦不豫防。愆過之言不再爲之。若聞流傳之言。不窮其根本所從出也。不絕其威嚴。容止常可畏也。逢事則謀。不豫習也。

黃石齋曰。不虧其義。不更其守。持志之事也。不程勇。不程力。養氣之道也。過言不再。流言不極。不斷其威。不習其謀。定慮之旨也。

又曰。漢有李業者。以明經爲郎。王莽居攝。以病去。莽太守劉咸、請爲酒士。不應。遂絕匿名跡。及公孫述僭號。以博士徵。固稱疾拒之。述羞不能致。使迫劫之。曰。業即起。公侯可得。不起。賜之藥。使者曉譬數次。業乃嘆曰。古人亂邦不居。爲此故也。君子見危授命。又何疑乎。使者謂曰。宜呼室家計之。業曰。丈夫內斷於心。何再計爲。遂仰藥死。述又聘巴郡譙玄。玄不詣。亦遣使以毒藥劫之。太守自詣玄廬。勸之行。玄曰。保志存義。死亦何恨。受藥且飲。子瑛號泣。奉定財千萬贖父死。乃舍之。又徵王皓王嘉。恐不至。先繫其妻子。使者曰。速裝。妻子可全。皓曰。犬馬猶識主。況於人乎。遂自刎以首付使者。王嘉聞而歎曰。後之哉。後之哉。亦對使者伏劍死。故見死不更其守。李業譙玄王皓王嘉亦有焉。

唐先生曰。能持志養氣定慮。故能見利不虧其義。見死不更其守。臨財不苟得。臨難不苟免。義利生死二關俱能打破。故曰特立。

儒有可親而不可劫也。可近而不可迫也。可殺而不可辱也。其居處不淫。其飲食不溽。其過失可微辨而不可面數也。其剛毅有如此者。

呂與叔曰。以義交者雖疏遠必親。非義加之雖彊禦不畏。故可親可近可殺而不可劫。迫。辱也。淫。侈溢也。溽。濃厚也。

黃石齋曰。天下禍敗。則自柔佞之臣始也。柔佞之臣。苟爲容悅以媚其君。爲詭隨以媚於世。及其既也。貿身以與人。貿君以與敵。叢詬集汙。醜顏以處位。其意不過爲飲食居處而已。儒者爲君受過。不以辱其親。爲友受過。不以辱其身。寡欲而壯志。故剛正而嚴毅。

又曰。陳恆之亂。使勇士六人劫子淵棲。子淵棲曰。子之欲與我。以我爲知乎。臣弒君。非知也。以我爲仁乎。見害而全生。見利而背君。非仁也。以我爲勇乎。劫我以兵。懼而從子。非勇也。使吾無此三者。何補於子。若吾有此三者。吾終不從子矣。乃舍之。此可謂不可迫劫矣。龔勝。明經術。漢哀帝時。徵爲諫議大夫。屢有諫諍。王莽秉政。以光祿大夫謝病歸。新室初。遣使者奉印綬安車駟馬迎勝。使者以郡縣長吏諸生千餘人以上致莽命。久立門外。欲令勝起迎。勝稱篤不起。使者強致詞。勝但言老病。隨使君上道。徒死道路無益。使者要說。至以印綬加勝身。勝輒推不受。使者因門人弟子勸喻勝。勝曰。吾受漢家厚恩。無以報。今老矣。旦莫入地下。豈以一身事二姓。見故主哉。因勑以棺斂喪事。語畢。遂不復飲食。積十四日卒。唐李希烈之亂。盧杞修惡於顏真卿。使真卿往宣慰焉。舉朝留之。不得。真卿至。李希烈屢迫脅之。不動。會朱滔王武俊田悅李納等。各遣使詣希烈勸進。四使謂真卿曰。聞太師名德久矣。都統將建大號。而太師適至。是天以宰相賜都統也。真卿叱之曰。汝知有罵安祿山而死者顏常山乎。是吾兄也。吾年垂八十。官至太子太師。足死矣。豈受汝曹迫脅邪。希烈令甲士掘方丈坎於庭。云將坑之。真卿笑曰。死生已定。何必更端。亟與一劍。豈不快公心邪。又使人積薪庭中。真卿便起就焚。竟不屈死焉。故如龔勝顏真卿。可以稱不辱者矣。

唐先生曰。天下禍敗。皆自柔佞之人始。所以卑鄙無恥逢迎而牟利者。不過爲飲食居處而已。儒者寡欲而壯志。故剛正嚴毅。焉得而犯之。或謂過失可微辨而不可面數不幾近於剛愎乎。曰。此蓋幾微之過。能自辨於心而早止之。不形諸事。以與人面數。易曰。「困德之辨也。」又曰。「復小而辨於物。有不善未嘗不知。知之未嘗復行。」是顏子大賢之選。謂爲剛愎。誤矣。荀子曰。「有爭氣者勿與辨。」夫剛毅豈爭氣激烈之謂哉。

杜按。在上者當敬禮賢士。其過失可微辨而不可面數者。謂爲上者於其過失。不能廷辱之也。故曰。「士可殺不可辱。」

儒有忠信以爲甲冑。禮義以爲干櫓。戴仁而行。抱義而處。雖有暴政。不更其所，其自立有如此者。

孔仲達曰。甲冑干櫓。所以禦患難。以忠信禮義禦患難。謂有忠信禮義則人不敢侵侮也。戴仁而行。仁之盛。抱義而處。義不離身。更。改也。雖有暴政。不改其志操。迥然自立也。前言自立者。謂強學力行而自修。此自立者。謂獨懷仁義忠信也。

黃石齋曰。智者君子之所不用也。君子處亂世。值暴政。而以智自全。則其道以下矣。忠信禮義仁。此五大寶者。貪賊之所不攫。兕人之所不取也。君子用之以爲甲冑干櫓宮室城郭。故雖亂潰。不更其所。

又曰。魏文侯過段干木之閭而軾。其僕曰。君何爲軾。曰。此非段干木之閭乎。段干木未嘗肯以己易寡人。寡人安敢高之。干木光乎德。寡人光乎地。干木富乎義。寡人富乎財。地不如德。財不如義。寡人將事之。遂致祿百萬。國人誦之曰。「吾君好正。段干木之敬。吾君好忠。段干木之隆。」居亡何。秦興兵欲攻魏。司馬唐且諫秦君曰。段干木賢者也。而魏禮之。天下莫不聞。毋乃不可加兵乎。秦君乃止。故忠信甲冑禮義干櫓。文侯段干木皆有焉。

又曰。楚白公勝將作難。謂石乞曰。王與卿士皆以五百當之。則可矣。乞曰。不可得也。市南有熊宜僚者。若得之。可當五百人矣。乃從白公而見之。與之言。悅。告之故。辭。承之以劍。不動。勝曰。不爲利諂。不爲威惕。不泄人言。以求媚者。去之。於是諸公子多請宜僚者。宜僚擁屏取兩丸弄之。故曰。宜僚弄丸而解衆攜。忠信禮義干櫓。熊宜僚亦有焉。

儒有一畝之宮。環堵之室。篳門圭窬。蓬戶甕牖。易衣而出。并日而食。上答之不敢以疑。上不答不敢以諂。其仕有如此者。

鄭康成曰。宮謂牆垣也。環堵面一堵也。五版爲堵。五堵爲篳。篳門。判竹織門也。圭窬。門旁窬也。穿牆爲之。如圭矣。并日而食。二日用一日食也。上答之。謂君用其言。

黃石齋曰。不仕者臣之志也。仕者臣之義也。爲貧而仕。則其仕也已賤矣。仕而不失其貧。則其仕也貴矣。篳門圭窬。蓬戶甕牖。士之素也。秉素而行之。於仕不仕無所加損也。上答之而有大用之心。上不答之而有屈躬之事。此小人所志。君子之所恥也。仕而有不仕之心。雖聖賢亦爲之。不仕而有仕之心。雖盜賊亦爲之。

又曰。後漢有范遷。好學。家貧。獨宅數畝。田一頃。復推與兄子。其妻謂之曰。君有子無立錐之地。餘祿可爲後業。遷曰。吾備位大臣。而蓄祿自封。

何恥如之。卒之日。家無儋石焉。秉宜。雲陽人。少修高節。見王氏專國。有逆萌。輒遁去。後歸世祖。爲中丞。常布衣蔬食。瓦器。居室蕭然。上嘆曰。楚國兩龔。不如雲陽宣巨公。故范遷秉宜。未嘗不仕也。而常若未仕。故曰。其仕有如此者。

柱按。士能清高自守。故其仕能以國事爲急。而不爲身家之計。此古人所以貴淡泊以明志也。今人則不然。爲一身之安樂而仕。爲妻妾之奉而仕。爲親戚得我與而仕。而獨囂囂曰。吾爲國爲民也。而於古來之高隱。則概斥之曰。厭世主義。曰。無愛國心。於是貪黷競進。寡廉鮮恥之風成。而禍國殃民。亦得覥然長享富貴矣。吾嘗謂今之達官貴人。其賢否不必問。但觀其車馬宮室妻妾之奉。多或千萬。少或數十萬者。不翅自發其贓物。以昭告於大衆也。彼方以爲榮。而不知自識者視之。已無以異於大盜矣。

儒有今人與居。古人與稽。今世行之。後世以爲楷。適弗逢世。上弗援。下弗推。讒諂之民。有比黨而危之者。身可危也。而志不可奪也。雖危起居。竟信其志。猶將不忘百姓之病也。其憂思有如此者。

鄭康成曰。稽猶合也。古人與合。則不合於今人也。援猶引也。取也。推猶進也。舉也。危欲毀害之也。起居猶舉事動作。信讀屈伸之伸。猶圖也。

呂與叔曰。尚友於古人。爲法於後世。知之事也。身可危。志不可奪。義之事也。猶不忘百姓之病。仁之事也。

黃石齋曰。弗逢世而猶憂世。非儒者則不能也。儒者以百姓爲性。以後世爲命。百姓危其起居。後世墮其楷式。則是儒者失其性命也。故世有古今。志無伸絀。憂思與己而不爲困。憂思及人而不爲佞。異道之學。全身避患。則不能及此也。

又曰。范鎮景仁直諫院。常引大體。不以細過繩人。以上春秋高。儲嗣未立。勸上拔近屬以繫人心。執政有難色。鎮曰。事當論是非。不論難易。如謂今日難於前日。安知異日不難於今日乎。凡見上面陳者三。章十九上。待命百餘日。鬚髮盡白。後與安石忤。上疏自劾。極論安石用人之繆。安石怒。持其章自草制極詆之。落翰林學士。悉奪所得恩。鎮表謝略曰。「願陛下集羣議爲耳目。以除壅蔽之奸。任老成爲腹心。以養和平之福。」天下聞而壯之。蘇軾往賀曰。公身雖退。名益重矣。鎮愀然曰。君子言聽計從。消患於未萌。使天下陰受其賜。無智名於勇功。上也。天下被其害。而吾享其名。獨何心哉。此可謂不忘百姓之病者矣。

柱按。身可危而志不可奪。士必如此。而後可以捄國之危難。若祇爲一身之計。則必有不惜以國家之危難。以易一己之安榮者矣。

儒有博學而不窮。篤行而不倦。幽居而不淫。上通而不困。禮之以和爲貴。忠信之美。優游之法。舉賢而容衆。毀方而瓦合。其寬裕有如此者。

鄭康成曰。不窮。不止也。幽居。謂獨處時也。上通。謂仕道達於君也。既仕則不困於道德不足也。美忠信。法和柔。毀方而瓦合。去己之大圭角。下與衆人小合也。必瓦合者。亦君子爲道不遠也。

孔仲達曰。見賢思齊。是慕賢。汎愛一切。是容衆。方謂物之方正有圭角鋒芒也。毁己之圭角與瓦礫而相合。謂屈己同凡。

黃石齋曰。敬者所以爲直也。義者所以爲方也。敬義立而德不孤。不孤則可以大。故和者所以爲大也。易曰「直方大不習无不利。則不疑其所行也。」擧出於和。行出於和。通入於和。困入於和。儒有百行。和一而已。和非仁人則不能用也。君子養中以致和。博以居之。篤以行之。故剛毅特立。備豫憂思。而不犯衆之所忌。以爲寬裕之至也。

又曰。狄仁傑懷英。則天時。已爲同平章事。旣與任知古裴行本等同被告密。下來俊臣治。先是俊臣請勑一問卽承者得減死。俊臣以是誘之。仁傑卽署狀曰。大周革命。萬物維新。唐室舊人。止欠一死。反是實。俊臣乃少寬之。仁傑得裂帛濳書寃狀。遣子告變。太后意動。乃召見仁傑等。問曰。承反何也。對曰。脫不承已死於考掠矣。曰何爲作謝死表。對曰。無之。出表乃知其詐。繇是得釋。久之。后以誅殺多。稍厭。李昭德金安藏等。亦時有巽心之言。后又高年。稍尊信於仁傑。仁傑乃從容以姑姪母子啓諭后。又時與張昌宗兄弟周旋。勸召還太子。一日后召廬陵王還。匿之帳中。召仁傑語上事。仁傑語益切。至涕下不自禁。后乃出王見之曰。還爾太子。仁傑起再拜賀。且曰。太子歸。外未有知者。人言紛紛。何所信。后乃令太子舍濯龍門。負儀仗迎復宮中。外大悅。武承嗣快快病死。先是后問將相之才於仁傑。仁傑薦張柬之。及仁傑薨。柬之卒誅二張。復中宗之位。仁傑委蛇晨牝之際。不能潔身。忍辱多而見功晚。然其事機難爲。道不宜遽。故慕賢而容衆。毁方而瓦合。仁傑有焉。

儒有內稱不避親。外擧不避怨。程功積事。推賢而進達之。不望其報。君得其志。苟利國家。不求富貴。其擧賢援能有如此者。

鄭康成曰。君得其志者。君所欲爲。賢臣戒之。

黃石齋曰。君子遺其親而後可事其君。遺其家而後可謀其國。謂營身而可以事親。營家而可以謀國。吾不信也。大臣自爲富貴。則賢能之人不用。賢能之人不用。則士失其報。君失其志。朝多貪鄙。而事功並墜矣。

又曰。祁奚爲大夫。請老。晉侯問嗣焉。稱解狐。其讎也。將立之而卒。又問。對曰。午也可。於是羊舌職死矣。晉侯曰。孰可代。對曰。赤也可。於是祁午爲中軍尉。羊舌赤佐之。君子謂祁奚能擧善矣。稱其讎。不爲諂。立其子。不爲比。擧其偏。不爲黨。

儒有聞善以相告也。見善以相示也。爵位相先也。患難相死也。久相待也。遠相致也。其任擧有如此者。

鄭康成曰。相先。猶相讓也。久相待。謂其友久在下不升。己則待之乃進也。遠相致者。謂己得明君而仕。友在小國不得志。則相致達也。

呂與叔曰。擧賢援能。儒者所以待天下之士也。任擧者。儒者所以待其朋友而已。天下之士。推賢而後擧。樂其同天下之治者也。朋友則非特是也。必同其好惡。故聞善以相告。見善以相示。必同其憂樂。故爵位相先。患難相死。彼雖居下。不待之同升則不升。彼雖疏遠。不致之同進則不進。此任用朋友加重於天下之士者。義有厚薄也。

黃石齋曰。不任擧則人臣無以事其君。通者相讓。任者相助。有善相引。

有過相規。名位相讓。功過共事。久而不渝。遠而不疑。故朋友之誼正。而後君臣之道備。使爲人臣者自私其身。聞見違人。利祿與己得則據之。不任一人。不舉一事。上諛其君。下悅妻子。此則傭隸之所治也。儒者以善公之人。以賢分之友。以爵祿公之天下。

又曰。鍾興嘗受公羊春秋於丁恭。興以受皇太子諸王。得封關內侯。引拜。興前謝曰。臣無功。不敢受爵。上曰。生教訓太子諸王。明先聖之道。非功而何。對曰。臣經受之師丁恭。臣適傳誦耳。於是詔封恭。歐陽尚書博士缺。上欲用桓榮。榮叩頭讓曰。臣經術淺薄。不如同門生郎中彭閎。揚州從事臯弘。上不許。乃拜榮爲博士。引閎爲議郎。當建武中。豫章何陽以選明經受太子書。上從容問若本師誰也。曰。臣師沛國桓榮。上卽召榮問尚書。大善之。曰。得生幾晚。當時司徒歆坐汝南度田不實。論死。諸生守闕求哀者千餘人。至有自髡剔者。平原禮震十七。自繫求代死。而歆已死獄中。於是掾陳元上書追理。得賜印綬。贈賻焉。及後黨錮禍發。李固杜喬先死非命。有詔暴尸。敢臨者族。固弟子汝南郭亮年甫成童。左持章奏。右貫鐵鑕。乞收葬。不許。乃往臨哭。前陳辭。與南陽董班守固喪不去。太后聞而不誅。會喬故掾楊匡聞喬死。號泣星行。至洛。著故赤幘爲門亭史。守護尸驅蠅蚊積十二日。乃要鐵鑕詣闕。請收骸。太后許焉。蓋是時重經師。氣節相厲。故爵位相先。患難相死。則東漢諸賢盛於春秋焉。

儒有澡身而浴德。陳言而伏。靜而正之。上弗知也。麤而翹之。又不急爲也。不臨深而爲高。不加少而爲多。世治不輕。世亂不沮。同弗與。異弗非也。其特立獨行有如此者。

鄭康成曰。麤猶疏也。微也。君不知已有善言正行。則觀色緣事而微翹發其意。使知之。不臨深以爲高。臨衆不以己位尊自振貴也。不加少而爲多。謀事不以己小勝自矜大也。世治不輕。不以賢者並衆。不自重愛也。世亂不沮。不以道衰廢壞己志也。

方性夫曰。世治而德常見重。故曰不輕。世亂而志常自若。故曰不沮。與其所可與。不必同乎己也。非其所可非。不必異乎己也。蓋同乎己者不必善。異乎己者不必惡。同而與之。則讒諂面諛之人至矣。異而非之。則直諒多聞之友去矣。

黃石齋曰。蓋勳元固。爲漢陽長史。與從事蘇正和有郤。及正和案武威太守罪。權貴恨之。刺史梁鵠欲殺正和以爲解。勳力保全之。正和詣勳謝。勳亦不見也。後刺史左昌盜軍資十餘萬。苦勳數諫。遂與勳別屯。及爲賊所圍。勳亟還救之而免。後救夏育於畜官。兵少爲羌所敗。身被三創。不動。羌滇吾者知勳。曰。蓋長史賢人。殺之爲負天下。馬與之。勳叱死不肯上。羣羌服其義。乃送還漢陽。及董卓廢少帝不道。勳質責之曰。昔伊霍權以立功。猶可寒心。足下何以終此。賀者在門。弔者在廬矣。卓心憚之。是時公卿而下。見卓皆不敢仰視。惟勳與亢禮。會司隸校尉缺。王允欲推勳。卓曰。此人明智有餘。不可假以雄職。乃以爲越騎校尉。一日朱儁詣卓。卓忽怒曰。我百戰百克。皆決於心。卿勿妄言汙我刀。勳正色曰。昔武王明聖。猶求箴諫。況如卿者。而欲杜天下之口乎。故如蓋勳亦可謂世治不輕。世亂不沮。同弗與。異弗非者矣。

儒有上不臣天子。下不事諸侯。愼靜而尙寬。強毅以與人。博學以知服。近文章。砥厲廉隅。雖分國如錙銖。不臣不仕。其規爲有如此者。

鄭康成曰。強毅以與人。不苟屈以順之也。博學以知服。不用己之知勝於先世賢知所言也。雖分國如錙銖。言君分國以祿之。視之輕如錙銖矣。

呂與叔曰。愼靜而尙寬。則有度也。彊毅以與人。則有守也。博學以知。服以字連下讀則有本也。服近文章。則有文也。砥厲廉隅。則有節也。兼是五者。非其義也。非其道也。祿之以天下。弗顧也。

黃石齋曰。建武之初。物色嚴光。久之未得也。後齊國有得之釣澤者。三聘乃至。上卽日幸其館。光臥不起。上卽光所。撫光腹曰。咄咄子陵。獨不可相助爲理乎。又臥不應。良久乃張目熟視曰。昔唐堯著德。巢父洗耳。士固有志。何相迫乎。帝曰。子陵。我竟不能下汝邪。升輿嘆息去。司徒侯霸遣吏奉書前迓光。光發書竟。謂吏曰。君房素癡。今爲三公。寧差不。吏對曰。位已鼎足。不癡也。光曰。遣卿來何言。吏述霸言屈相顧也。光笑曰。是非癡而何。吏求報。乃投劄口授之曰。君房足下。位至鼎足。甚善。懷仁輔義。天下悅。阿諛順旨。要領絕。吏求益。光笑曰。買菜乎。求益邪。霸得書封奏之。帝笑曰。狂奴故態耳。帝每引光入道舊故。相對累日。從容問光曰。朕何如昔時。對曰。陛下差增於往。除諫議大夫。不屈。耕於富春山以終。如嚴光者。亦可謂不臣不事者矣。

儒有合志同方。營道同術。並立則樂。相下不厭。久不相見。聞流言不信。其行本方立義。同而進。不同而退。其交友有如此者。

鄭康成曰。同方同術。等志行也。聞流言不信。不信其友所行如毀謗也。

方性夫曰。並立則樂。以其無忌心。相下不厭。以其有孫志。聞流言不信。以其久要不忘而相信之篤。

黃石齋曰。武昭而後。丙吉最爲長者。魏相之相。則丙吉引致之。丙吉疾篤。上自臨視。問曰。君卽不諱。誰可代者。吉辭謝曰。羣臣行能。明主所自知。臣愚無所識。上固問。頓首曰。西河太守杜延年。明國家法度。習故事。廷尉于定國。執憲詳明。天下自爲不寃。太僕陳萬年。養後母孝惇。備於行止。三人行能。皆在臣右。惟上察之。後三人居位皆稱。有盛名。故並立則樂。相下不厭。丙定侯有焉。

又曰。朱勃叔陽。年十二。能誦詩書。衣方領。能矩步。馬援裁知書。見而愧之。援兄況謂援曰。朱勃速成。智盡此耳。卒當從汝稟學。勿畏也。朱勃年未二十。右扶風請試守渭城宰。及援爲將軍封侯。而勃位不過縣令。以故舊往來。時聞卑侮之言。不問也。及援遭薏苡之謗。惟勃上書白焉。故如朱勃者。可謂久不相見。聞流言不信者矣。

温良者。仁之本也。敬愼者。仁之地也。寬裕者。仁之作也。孫接者。仁之能也。禮節者。仁之貌也。言談者。仁之文也。歌樂者。仁之和也。分散者。仁之施也。儒者兼此而有之。猶且不敢言仁也。其尊讓有如此者。

鄭康成曰。此兼上十有五儒聖人之儒行也。孔子嫌若斥己。假仁以爲說仁聖之次也。

方性夫曰。温良則得於中。故以爲本。敬愼則發於外。故以爲地。寬則不迫。裕則有餘。仁無本不立。有立然後可以行。故繼之以仁之地。有行則有所事。故繼之以仁之作。作則見其所能。故繼之以仁之能。有所能則形於外。故繼之以仁之貌。形於貌則必有所飾。故繼之以仁之文。有文則無乖於物。故繼之以仁之和。和則其餘足以利物。故繼之以仁之施。

黃石齋曰。書易皆稱九德。禮樂兼言六行。其專言仁者。斷自孔門爲始。其要歸於仁者。則儒行其至矣。儒行所舉十六行。皆勤足經世。存爲人師。而終之曰。猶且不言仁也。與論語所論由求赤陳文子諸人同意。子曰。中心好仁者。天下一人而已。好仁尚難。而況於仁者乎。曾子曰。君子以仁爲尊。天下之富何富。則仁富也。天下之貴何貴。則仁貴也。昔者舜匹夫也。土地之厚。得而有之。人徒之衆。得而使之。惟仁以得之也。伯夷叔齊死於溝澮之間。成名於天下。非有土地爵祿之籍也。言爲文章。行爲裘綴於天下。故君子思仁。晝則忘食。夜則忘寢。日旦自省。以役其身。亦可謂守業矣。孟子尊爵安宅之說出此。

儒有不隕穫於貧賤。不充詘於富貴。不慁君王。不累長上。不閔有司。故曰儒。今衆人之命儒也妄。常以儒相詬病。

鄭康成曰。隕穫。困迫失志之貌也。充詘。歡喜失節之貌。慁。猶辱也。累。猶係也。閔。病也。言不爲天子諸侯卿大夫羣吏所困迫而違道。孔子自謂也。

黃石齋曰。道之絀於勢者無他。曰貧賤而已矣。自以爲貧賤。則貧賤之人也。自以爲富貴。則富貴之人也。貧賤富貴。人所自命。衆亦共命之。而皆有慁於君王。累於長上。閔於有司。儒者無有也。衆所謂貧賤。儒者不以爲貧賤。衆所謂富貴。儒者不以爲富貴。儒者亦仁而已。仁而後成人。成人而後成天。成天而後君王長上有司之所從受命也。

孔子至舍哀公館之。聞此言也。言加信。行加義。終沒吾世不以儒爲戲。

——摘自《學術世界》一九三七年四月

第三卷第四期

讀書雜錄

沈延國

讀禮記

月令篇曰蟄蟲始振

延國謹按逸周書時訓篇呂氏春秋孟春篇同此。淮南時則篇作「蟄蟲始振蘇」。王氏念孫曰。『孟春篇「蟄蟲始振」。高注曰。「蟄伏之蟲乘陽始振動蘇生也」。仲春篇「蟄蟲咸動」。注曰。「蟄伏之蟲皆動蘇」。如高注。則始振及咸動下皆當有「蘇」字。今本無「蘇」字。後人依月令刪之耳。「蘇」本作「穌」。淮南時則篇「蟄蟲始振蘇」。高注曰。「振動蘇生也」。又「蟄蟲咸動穌」。注曰。「穌生也」。與此文互相證明矣』。陳氏昌齊之說同。按據淮南時則篇。則月令此句「振」下亦當有「蘇」字。惟王氏以爲「蘇」字係後人依月令刪去。未免失考。蓋夏小正逸周書皆無「蘇」字。可證无「蘇」字久矣。「振」國語注引明堂月令作「震」。

又曰魚上冰

延國謹按逸周書時訓呂氏春秋孟春同此。淮南作「魚上負冰」。陳氏昌齊以爲據高誘注呂氏春秋及夏小正淮南時則訓當作「魚上負冰」。按夏小正曰。『正月啓蟄魚陟負冰』。高誘注亦曰。『應陽而動上負冰』。以及淮南易緯通卦驗北魏隋唐金諸史志皆有「負」字。王氏應麟引吳仁傑鹽石新論謂去一「負」字。於文爲闕。准此。則月令逸周書呂氏春秋「冰」上皆當有「負」字。

——摘自《制言半月刊》一九三七年第四十期

學記之學年

東屋

禮記學記曰：『古之教者：家有塾，黨有庠，術有序，國有學。比年入學，中年考校：一年視離經辨志，三年視敬業樂羣，五年視博習親師，七年視論學取友，謂之小成；九年知類通達，强立而不反，謂之大成。夫然後足以化民易俗，近者說服而遠者懷之，此大學之道也。』紬繹此文，似由家塾以至國學，凡歷四階級，而受教共為九年也者，殊覺古人求學期限之短。近儒王樹枬解之云：（見其所著學記箋證）家塾四年畢業，即今之尋常小學堂；一年視離經辨志，三年視敬業樂羣，即屬考校此家塾程度之事。黨庠五年畢業，即今之高等小學堂；五年視博習親師，即屬考校此黨庠程度之事。（按此考校即畢業考試，下同。）術序七年畢業，即今之中學堂；七年視論學取友，謂之小成，即屬考校此術序程度之事。國學九年畢業，即今之大學堂；九年知類通達，强立而不反，謂之大成，即指大學畢業之程度。王氏訓中為滿，（依史記外戚世家索隱及漢書匈奴傳集注）中年為學滿之年，即畢業之年；故王氏云：『滿一年滿三年由塾師考校，滿五年由庠師考校，滿七年由序師考校，滿九年由國學考校。至升之司馬，論辨官材，則學成入仕之年，在三十有室後矣。統計六歲入學，（王氏依禮記內則「六年教之數與方名」一句，定為六歲入學。）至三十，凡二十五年，正合本文之數。禮運云：「合男女，頒爵位，必當年德」（七），學至三十，德成年壯，合男女之時，即頒爵位之時，此古制之顯然可證者。』按王氏此解，初見之甚覺新穎，援證亦頗確切；惟揆諸三代古義，（如兩戴記之保傅篇王制篇等）及漢唐注疏，究有未合。鄭氏注比年入學，謂『學者每歲來入也。中，猶間也。』「孔疏云：『比年，謂每年也。中年，謂每間一歲。』如是，則一年之終，經過第一次考校；隔一年至三年之終，經過第二次考校；隔一年至五年之終，經過第三次考校；隔一年至七年之終，經過第四次考校；隔一年至九年之終，經過第五次考校；（孔疏云：『謂九年考校之時。』是知經文雖無視字，與有視字同解。方苞曰：『自一年以至七年四日視者，爲師者以是布爲教，即以是程其學也。九年則不復言視者，「知類通達，強立而不反」，非教者所能程，惟學者之自致焉耳。』）如是，始可謂之大學畢業；故下文云：此大學之道也。按鄭孔此解，認家塾至國學四句爲一節，是說明國家立學有大小上下之殊。認比年入學至大學之道爲一節，是說明大學歷年考校程度之事。此一年至九年者，即大學修業年限也。清儒萬斯大亦同此說。其言曰：『比年入學，專言升入國學者；蓋十五入大學後，乃中年考校；如是五次，乃爲大成，而足以化民易俗也。故曰此大學之道也。考校，如主考者之事；而中年考校，則就學者言。蓋入學既比年皆有，則考校亦必比年舉行，特就其中分別其一年三年五年七年九年者而異視之，（異視，謂視離經視敬業之類。）其末三年七年者，則去年已考，今年姑舍之可也。如此，則雖比年考校，在入學者是二年一受考，故曰中年考校。』試以王制証之：王制云：『司徒命鄉簡不帥教者以告，耆老皆朝于庠。（朝猶會也。庠謂鄉學。）元日，習射上功，習鄉上齒。大司徒帥國之俊士與執事焉。不變，命國之右鄉簡不帥教者移之左，命國之左鄉簡不帥教者移之右，如初禮。不變，移之郊，如初禮。不變，移之遂，如初禮，不變，屏之遠方，終身不齒。』孔疏云：『命鄉簡不帥教者，謂初入學一年之終，（按此即學記之一年考校。）簡不帥教敖很之人，爲之習射習鄉。此注云：（鄭注，以下同。）「中年考校，而又不變」。（按此即學記之三年考校）中，猶間也；謂間一年而考校之時，不變者，右鄉者移左，左鄉者移右。下云不變移之郊者，謂五年之時，更簡不帥教者；故注云：「中年又爲之習禮」，間四年之下一年也。（按此即學記之五年考校）下云不變移之遂者，謂七年之時；故注云：「又中年移之遂」，間六年之下一年也。（按此即學記之七年考校）下云不變屏之遠方者，謂九年之時；（按此即學記之九年考校）鄭注不云間年者，以九年限極，不須云間年也。』兩相互證，知學記所說，係專就優等學生循序漸進者而言；王制所說，係專就劣等學生不帥教，須習禮化之，使知觀感者而言；然其所指皆爲大學則一也。吾於是知古之大學修業年限爲九年；以八歲入小學十五歲入大學推之，（依大戴禮保傅篇及白虎通之說；班固漢書食貨志及程子朱子均依之。）小學修業年限爲七年；合之，則士之修業年限共爲十六年，至二十三歲而大學畢業。現今學制之小學六年，中學六年，大學四年，合之亦爲十六年；倘八歲入小學，至大學畢業，亦爲中二十三歲；恰與古相合。至於王樹枏氏解中年爲學滿之年，其於黨之庠謂學滿五年，術之序謂學滿七年，國之學謂學滿九年，似矣；獨於家塾之一年三年，既曰學滿一年，學滿三年，而必定爲修業四年者，蓋不多加一年，則爲二十四年，非二十五年，不能足其所謂『學成入仕，在三十有室後』之數。且禮運之『合男女，須爵位，必當年德』云者，乃謂合男女必當其年，須爵位必當其德。當年謂男三十，女二十；當德，謂君十卿祿，下士食九人之類。孔疏分明言之，非如王氏『合男女之時，即須爵位之時』之說也。又內則『六年教之數與方名』云者，乃家庭教育之事，非學校教育之事；觀下文『七年，男女不同席，不共食；八年，出入門戶及席飲食，必後長者，始教之讓』等語，知皆家庭教育之事也。

——摘自《教育學報》一九三九年一月第一期

王制叢考

金德建

一 司馬遷所見周官即今王制考

史記封禪書稱引「周官」者凡二見。此實一疑問也。如依吾人通認周禮別稱「周官」而論。則史遷時豈非已有周禮之書乎。於是康有爲輩以周禮爲晚出僞書。決非史遷所應見及。遂致疑封禪書所稱「周官」亦係劉歆竄入。（見僞經考卷三史記經說足證僞經考。又崔適說同。見史記探源。）以余論之。康所氏疑。仍無徵信之價値。其失在於考之不詳。蓋史記所稱「周官」固非指周禮。史遷當時專述官制之書。當推文帝時博士所著之王制。所指「周官」。實即王制異稱耳。此可舉所引文句證實之。封禪書曰。

周官曰。「冬日至。祀天於南郊。迎長日之至。夏日至。祭地祇。皆用樂舞。而神乃可得而禮也。天子祭天下名山大川。五岳視三公。四瀆視諸侯。諸侯祭其疆內名山大川。」

而王制亦云。

春曰礿。夏曰禘。秋曰嘗。冬曰烝。天子祭天地。諸侯祭社稷。大夫祭五祀。天子祭天下名山大川。五嶽視三公。四瀆視諸侯。諸侯祭名山大川之在其地者。

二書文句相同。昭然可覩封禪書所引「周官」。不見於今周禮。而見於王制。即可證明史遷所謂「周官」。確指王制。灼然無疑。

但孫星衍云。「封禪書引周官曰。冬日至。祀天於南郊。迎長日之至。夏日至。祭地祇。皆用樂舞。而神乃可得而禮也。

司馬遷引周官。乃是郊特牲之文。』（見問字堂集卷五。六天及感生帝辨。）按孫說非是。郊特牲云。『天子適四方先柴。郊之祭也。迎長日之至。』孫氏徒見『迎長日之至』一語。遂謂封禪書引郊特牲文。不知同於郊特牲者。僅此一語。不若與王制所同之多。此其一。封禪書引『周官』之前。尚有記載天子巡狩四方之文一段。此段雖曾見尚書堯典。然今王制中亦有之。據此。前段引巡狩與王制同。後段引周官郊祭又同王制。封禪書前後文合觀。更可證明所引『周官』必爲王制無疑。此其二。封禪書又曰。『羣儒采封禪尚書周官王制之望祀射牛事。』此又可證所引『周官』確指王制。蓋謂羣儒旣采自尚書。言周代官制則采自王制。『封禪』非書名。實指尚書。即知『周官』之亦非書名。而實指王制。此其三。

二　漢文帝使博士諸生作王制考

王制一篇。史遷以爲漢文帝時博士諸生所作。史記封禪書云。『文帝召魯人公孫臣拜爲博士。與諸生草改厤服色事。明年使博士諸生。刺取六經。作王制。謀議巡狩封禪事。』按此文帝十六年事。詔吏以明年爲後元元年。則王制作期應在文帝十六年時。此後兩漢學者。均無異議。後漢盧植云。『漢孝文帝令博士諸生作此王制之書。』（禮記目錄王制正義引。又經典釋文敍錄引同。）王制正義引鄭玄駁五經異義云。『王制是孔子以後大賢所記先王之事。』『孔子後大賢』一語。範圍本廣。可上起孔門弟子。下迄鄭玄並時爲止。然正義引鄭目錄云。『名曰王制者。以其記先王班爵授祿祭祀養老之法度。此於別錄屬制度。王制之作。蓋在秦漢之際。』云『秦漢之際』。亦謂王制晚出。然則漢初文帝時作。當亦爲鄭氏所承認者。司馬遷。盧植。鄭玄皆漢代人。以漢人議漢事。語當可信。且校三家斷所時代皆同。亦不見復有其他相反之說。惟鄭主秦漢之際。不明指文帝。似稍廣泛耳。故論王制作期在文帝之說。本極確鑿。絕無懷疑之餘地。（或謂王制孔子所作。卽春秋素王之制。晚世皮錫瑞持此說。幷謂六經皆孔子所作。尤臆說無據。其經學通論云。「後人於周禮尊之太過。以爲周公手定。於王制抑之太過。以爲漢博士作。於是兩漢今古文家法大亂。」按盧植鄭玄固崇古文。然史遷於今古文均無偏重。今盧鄭於王制立說正與史遷相同。適足以見盧鄭未嘗抑今文也。）

史記封禪書索隱引劉向七錄（當係別錄之誤）云。

文帝所造書有本制。兵制。服制篇。

孫志祖據之而云。

文帝所造書有本制兵制服制篇。然則文帝之王制。非禮記之王制也。盧植以其書名偶同而誤牽合之尔。（讀書脞錄王制條）

臧庸云。

禮記王制祇有班爵祭祀養老之文。並無言服制兵制者。則此非漢文帝時書審矣。（拜經日記王制條）

孫星衍云。

是漢文帝時別有王制。今禮記王制並無本制。兵制。服制諸篇。何得謂之漢文帝時作。（平津館文稿卷上王制川介非秦漢人所撰辨）

陳壽祺云。

博士所作王制。或在藝文志禮家古封禪羣祀二十二篇中。非禮記王制也。

以上諸說。大致多同。用意所在。蓋不外特爲王制作期。更推之遠古。以增價值耳。殆猶不免尊古賤今之見。豈足尙乎。況於劉向所記。亦不能見於禮記王制之外。別有文帝時之王制。餘杭章先生駁云。

或言博士所作本制。兵制。服制諸篇。又有望祀射牛事。今本無之。是本二書也。不悟經師傳記。時有刪取其文。即今樂記。亦不及本數。則王制亦可知。（太炎文錄駁皮錫瑞三書。）

觀此知孫志祖諸家所疑。皆未必有當矣。惟今王制本文首尾貫串。似亦非有刪逸不完。以余考之。禮記王制。但屬文帝所造之本制。而兵制服制則當別自有書。所謂兵制。應以司馬兵法屬之。（司馬兵法非古司馬遷早有此疑。司馬穰苴列傳云。「齊威王使大夫追論古者司馬兵法。」此以司馬兵法爲後人所追論而作。穰苴列傳又云。「司馬兵法閎廓深遠。穰苴區區爲小國行師。何暇及司馬兵法之揖讓乎。」此又疑司馬兵法非出穰苴。則史遷已知此書晚出。）所謂服制。應以春秋繁露中之服制度制爵國三篇屬之。（三篇內容相連。應併爲一。當出文帝博士所造。爲仲舒所採。以錄入繁露中者。）此皆論述古代制度之作。與王制體例既近。且與王制今說多合。例如司馬法云。

天子圖方百里。公侯十里。伯七里。子男五里。皆取一也。（見公羊傳成子年注疏云。「孟子云。司馬法亦云。」）

即摭王制『天子之田方千里。公侯田方百里。伯七十里。子男五十里』之語。推演而說。司馬法又云。

圍其三面。開其一面。所以示生路也。（孫子軍爭篇注引司馬法）

此與王制『天子不合圍』之語亦合。豈非同出文帝博士所作。故得與王制有此相通乎。廖平今古學攷亦云。「司馬法司馬主兵。王制之傳也。其言兵制出師。與周禮不合。蓋全主王制也。」廖說所據。殆亦指此等耳。至於春秋繁露爲今文經說薈粹之書。原無疑義。而服制度制爵國等篇。與王制合者更多。試舉爵國一篇徵之。如云。

王者之後稱公。其餘大國稱侯。小國稱伯子男。（王制『王者之制祿爵。公侯伯子男凡五等』。）

公侯百里。伯七十里。子男五十里。（王制語同。）

方里而一井。一井九百畝。（王制「方一里者。爲田九百畝」。）

三公。九卿。二十七大夫。八十一元士。（王制語同。）

類此不煩細考。其文句同於王制。已顯然可覩。舉此數例。可證司馬法與繁露中服制諸篇。校其經說淵源。本皆符合王制。理宜同出一時所作。因知別錄所謂「文帝所造有本制。兵制。服制」之語。信非無據。王制既爲文帝時博士所造。則司馬法服制亦適於王制。宜卽文帝之兵制。服制。遂亦得以證明矣。

此外王制作於文帝時之證。尚有數處可尋。王制云。

成獄辭。史以獄成告於正。正聽之。

鄭注云。「史。司寇吏也。正。於周鄉師之屬。今漢有正平。承秦所置。」鄭氏明言古代司寇之職。刑官無正。漢有正平。乃承秦所置耳。則王制之正。知卽依據秦漢時制度。此又王制作期應出漢初文帝時之證。皮錫瑞駁鄭注云。「以正爲秦漢官制。亦未必然。正長義同。尚書冏命序已有周太僕正。周禮有宮正。左氏傳有隧正。鄉正。校正。工正。又云。師不陵正。注云。正軍將命卿。安知古刑官無正。」（經學通論卷三。論王制爲今文大宗卽春秋素王之制。）按皮氏徵舉古有正官之屬。見於書。禮。左傳者甚夥。恐鄭君亦未必悉不知。見則鄭自以漢代刑官之正。承秦所置。非一切皆謂正爲秦漢官制也。王制。「三卿皆命於天子。」鄭注。「命於天子者。天子選用之。如今詔書除吏矣。」「制國用。」注。「如今度支經用。」「狄鞮。」注。「今冀部有言狄鞮者。」皆王制所有漢制。

王制又云。

古者以周尺八尺爲步。今以周尺六尺四寸爲步。古者百畝。當今東田百四十六畝三十步。古者百里。當今百二十里六十步四尺二寸二分。

云「古者周天。」以周代尺度稱爲古制。卽知王制所述。本非周制。王制作期。定在周代以後。應出漢人所記無疑。王制又云。

凡執技以事上者。祝史射御醫卜及百工。凡執技以事上者。不貳事。不移官以出鄉。不與士齒。

周初祝史原占顯要淸高之地位。尙書酒誥云。「矧太史友。內史友。越獻臣百宗工。」立政云。「周公若曰。太史司寇。」顧命云。「太保承介。太史秉書。」可見史官地位之崇。與其他大臣並列。常在帝王左右。降及春秋戰國。祝史地位。並不減弱。卜筮方技而外。既然仍操國家大政。（禮記玉藻。「動則左史書之。言則右史書之。」此時史官猶常在帝王之側。楚語。「左史倚相。廷見公子申。公子申不出。左史謗。」左傳。「陳公子完奔齊。周史筮之曰。此其代陳有國乎。不在此。其在異國。」又云。「狄人囚史華龍滑與孔禮。以逐衛人。二人曰。我太史也。實掌其祭。」是史官掌國之政治祭祀）其後史官地位。衰落下降。如王制之視爲「執技事上。」且使「不與士齒」者。蓋起於漢代。司馬遷報任安書云。「文史星曆。近乎卜祝之間。固主上所戲弄。倡優所畜。流俗所輕也。」此云「主上所戲弄」。即王制所謂「執技事上。」云「倡優所畜。流俗所輕」、亦即王制所謂「不與士齒。」此時史官地位。確已卑賤。淪爲方技曲藝。王制所述。與史遷語氣一轍。皆漢時始有之事。則王制成書年代。必待漢初。亦可知矣。王制又云。

公侯田方百里。伯七十里。子男五十里。

王制此條與公羊相符。俞樾曰。「公羊傳桓十一年九月。鄭忽出奔衛。忽何以名。春秋伯。子。男一也。辭無所貶。何休曰。春秋改周之文。從殷之質。合伯。子。男爲一。而王制云。公侯田方百里。伯七十里。子。男五十里。鄭注云。此地殷所因。夏爵三等之制也。春秋變周之文。從殷之質。合伯。子。男以爲一。則殷爵三等者。公。侯。伯也。正義曰。何休之意。合伯。子。男爲一。皆從稱子。鄭意合伯。子。男爲一。皆稱伯也。夫鄭何所說雖異。然春秋三等。王制亦三等。則其合者一。』（見達齋叢說王制說）

王制又曰。

天子諸侯無事則歲三田。

王制此條與公羊傳亦符。俞樾曰。『公羊傳桓四年。春公狩于郎。狩者何。田狩也。春曰苗。秋曰蒐。冬曰狩。穀梁傳則云。春曰田。夏曰苗。秋曰蒐。冬曰狩。何休曰。運斗樞曰夏不田。穀梁有夏田。於義爲短。鄭康成釋之云。孔子雖有聖德。不敢顯然改先王之法。陰書於緯藏之。以傳後王。穀梁四時田者。近孔子故也。公羊正當六國之亡。讖緯見讀。而傳爲三時田。據此則三時田乃孔子所立素王之法。而王制曰。天子諸侯無事則歲三田。其合又一。』（同上。）公羊傳書亦晚出。至漢景帝時始著於竹帛。而與王制制度符合。此必二書先後相去不遠。出於同一時代之思想。故得彼此相通。然則王制作於漢文帝時。於此又可證矣。王制不僅與公羊相通。且與漢初各書合者尚多。例如王制云。

天子三公。九卿。二十七大夫。八十一元士。

淮南子云。『故舉天下之高。以爲三公。一國之高。以爲九卿。一縣之高。以爲二十七大夫。一鄉之高。以爲八十一元士。』尚書大傳云。『古者天子三公。每一公三卿佐之。每一卿三大夫佐之。每一大夫三元士佐之。故有三公。九卿。二十七大夫。八十一元士。所以爲天下者若此而已。』（見陳壽祺尚書大傳輯校及袁鈞所輯尚書大傳注。）今尚書歐陽夏侯說云。『天子三公。一曰司徒。二曰司馬。三曰司空。九卿。二十七大夫。八十一元士。凡百二十。』（見陳壽祺所輯五經異義疏證。）春秋繁露官制象天篇云。『王者制官。三公。九卿。二十七大夫。八十一元士。凡百二十人而列臣備矣。』說苑臣術篇云。『湯問伊尹曰。古者所以立三公。九卿。大夫。列士何也。伊尹對曰。三公者所以叅五事也。九卿者所以叅三公也。大夫者所以叅九卿也。列士者所以叅大夫也。故叅而三。是謂事宗。事宗不失。外內若一。』禮記昏義云。『是故王立六官。三公。九卿。二十七大夫。八十一元士。』此項官制組織。原屬王制思想上基本概念之一。而與漢初淮南子。尚書大傳。夏侯歐陽說。春秋繁露。說苑。禮記昏義諸書相合。當出同一之思想系統無疑。然則王制此語。考其立說時代。自亦不能越此範圍。謂爲文帝時博士所作。益可證矣。

——摘自《制言半月刊》一九三九年第五十七期

呂氏春秋十二紀禮記月令淮南時則訓逸周書時訓解異文箋

沈延國

蟄蟲始振呂氏春秋孟春紀　蟄蟲始振禮記月令　蟄蟲始振蘇淮南時則訓　蟄蟲始振逸周書時訓解

延國謹案。王念孫曰。孟春篇蟄蟲始振。高注曰。蟄伏之蟲。乘陽始振動蘇生也。仲春篇蟄蟲咸動。注曰。蟄伏之蟲皆動蘇。案如高注。則始振及咸動下。皆當有蘇字。今本無蘇字者。後人依月令刪之耳。蘇本作穌。淮南時則篇蟄蟲始振蘇。高注曰。振動蘇生也。又蟄蟲咸動穌。注曰。穌生也。與此文互相證明矣。陳昌齊說同。今案王氏據淮南當有穌字是也。惟王氏以為孟春紀蘇字係後人依月令刪去。未免失考。蓋夏小正及逸周書時訓解。並作蟄蟲始振。可見无穌字久矣。振國語注引明堂月令作震。

魚上冰孟春紀　魚上冰月令　魚上負冰淮南　魚上冰逸周書

延國謹案。陳昌齊曰。據注及夏小正淮南時則訓。當作魚上負冰。高誘注呂氏春秋曰。應陽而動上負冰。夏小正亦曰。正月啓蟄魚陟負冰。易緯通卦驗淮南及北魏隋唐宋金史志皆有負字。且玉燭寶典引亦有負字。王應麟引吳仁傑鹽石新論曰。去一負字於文為闕。則似孟春紀月令時訓解皆脫負字也。

候鴈北孟春紀　鴻鴈來月令　候鴈北淮南　鴻雁來逸周書

延國謹案。盧文弨曰。仲秋鴈自北徼外而入中國。可以言來。若自南往北。非由南徼外也。似不可言來。呂氏春秋作候鴈北。當矣。此說近是。宜從呂氏春秋淮南作候鴈北。夏小正作鴈北鄉。易緯通卦驗作候雁北。可證。王應麟謂月令來字本北字。康成時猶未誤。後傳寫者因仲秋鴻鴈來。誤以北為來、此說是矣。朱駿聲則謂來借為北。亦別說可通。而陳奐樅反以盧說近泥。據鄭注今月令。以為非泛指中國諸夏。僅指雒邑。則當作來。疑非是。鴻候對轉通。莊述祖謂鴻候義同。是也。鴈雁通。

乘鸞輅孟春紀　乘鸞路月令

延國謹案。俞君樾據明劉如龍本呂氏春秋。謂鸞本作鑾。後人依月令改之也。因正文是鑾字。疑注文不當以鸞鳥為說。遂改注文。范耕研駁之。謂鸞乃本字。鑾乃後起之分別字。家大人亦曰。俞氏詰尚。更不可從。詩大雅烝民。八鸞鏘鏘。又八鸞喈喈。為鸞輅之鐵證。俞說與詩悖。朱慈袞曰。禮月令輅作路。鄭注鸞路有虞氏之車。釋文路本作輅。則此二字古通矣。說文車部輅車鈴前橫木也。爲本字。今案路輅古通。鸞乃本字。呂覽此字自元本以下皆同。劉本每多輒改。不足據也。

服青玉孟春紀　服倉玉月令　服蒼玉淮南

延國謹案。石經倉作蒼。則倉蒼古通。惟呂覽作青玉。青倉古通用。

天子乃齋孟春紀　天子乃齊月令

延國謹案。齊齋古通。禮記石經本齊作齋。釋文齊亦作齋。禮記正義亦作齋。可證。

立春之日天子親率三公九卿諸侯大夫以迎春於東郊還乃賞卿諸侯大夫於朝孟春紀　立春之日天子親帥三公九卿諸侯大夫以迎春於東郊還反賞公卿諸侯大夫於朝月令　立春之日天子親率三公九卿大夫以迎歲于東郊淮南

延國謹案。淮南時則訓脫小半節。且無諸侯兩字。似淮南意删。惠棟曰。穆天子傳云。天子還返還返逆文。月令是也。今案月令作反似譌。惠說非是。蓋呂覽孟夏孟秋孟冬皆云還乃賞。或還乃行賞。可證反爲乃之譌。且還有反義。此因乃與反有形似之誤。且石經本反作乃。而石經考文提要亦依正義曰。是四時皆作還乃也。後漢書郎顗傳章懷注引禮記作還乃賞公卿。是唐初本皆作乃之明證。又畢沅曰。舊本卿上衍公字。乃後人據月令增入。而不知此與注不合。俞樾駁之曰。呂氏原文。實有公字。律以上下文。實脫公字。

無有不當 孟春紀　毋有不當 月令

延國謹案。毋無古通。石經本毋作無。釋文出毋有云。亦作無。此其證。後倣此。

宿離不忒 孟春紀　宿離不貸 月令

延國謹案。惠棟曰。貸依字當作貣。古忒字。呂覽正作忒。易豫彖云。四時不忒。京房本作貣。王引之曰。呂氏春秋孟春紀季夏紀貸竝作忒。高誘注云。忒差也。徐鼒曰。說文貸忒俱忒之叚借字也。忒失常也。忒更也。失常卽過差。錢大昕意同。今案呂氏春秋季夏紀曰。故無或差忒。月令作貸。忒貸貣古通。段玉裁曰。貣或作貸。古多假貣爲差忒字。季夏紀有差字。疑旁記誤入。

天子親載耒耜措之參于保介之御間 孟春紀

天子親載耒耜措之于參保介之御間 月令

延國謹案。譚戒甫曰。月令今本所誤倒者。亦祇之御二字。呂書更誤倒參于二字。此說從段玉裁校月令。未是。段玉裁依正義本作御之。王引之嘗辨之。謂鄭氏孔氏所見月令本作保介之御間明甚。不應月令正義又倒其文爲御之也。晉書禮志。隋書禮儀志。鄭志淸人正義。桓十四年穀梁傳疏。李善東京賦注。續後漢書禮儀志注。鈔本北堂書鈔禮儀部十二。太平御覽禮儀部十六。引此並作保介之御間。馬氏元伯曰。之猶與也。又孟春紀作參于是也。許維遹曰。參于疑當作參乘。于爲乘之壞脫。此說非。當王念孫曰。參字可訓爲直。故晏子經篇曰。參直也。論語參於前。謂相直於前也。引之亦曰。參乎保介與御間。文義甚順。可證許說之非。

帝籍田 孟春紀　帝籍 月令

延國謹案。畢沅曰。月令帝籍下無田字。此書上農篇亦有之。陳昌齊以爲當删田字。今案高誘注曰。故曰帝籍。可證田字係後人竄入。季秋紀藏帝籍之收於神倉。亦無田字。籍。藉。耤古皆通。

卿諸侯大夫九推 孟春紀　卿諸侯九推 月令

延國謹案。徐鼒曰。上下文俱有大夫。此當以呂覽爲是。戴記偶脫也。徐氏據月令上下文。校似是。朱熹經傳通解謂呂無大夫。考今本均有之。孤文無證。未知孰是。惟仲春紀天子乃率三公九卿諸侯親往視之。亦無大夫二字也。

草木繁動 孟春紀　草木萌動 月令　草木萌動 逸周書

延國謹案。徐鼒曰。繁萌音義迥別。無可通。范耕研曰。繁萌輕重脣之異。古雙聲也。范說是。朱起鳳舉鷺鳥亦作繁鳥例證之。甚是。夏小正亦作草木萌動。

王布農事 孟春紀　王命布農事 月令

延國謹案。月令王下命字。涉下而衍。

審端經術 孟春紀　審端徑術 月令

延國謹案。鄭玄術周禮作遂。夫間有遂。遂上有徑。遂。小溝也。步道曰徑。農之事無稱術者。術遂音相近。致誤爲術。月令正義經亦作徑字。可知經徑古通。

犧牲無用牝孟春紀　犧牲毋用牝月令　犧牲用牡淮南

延國謹案。淮南改爲用牡。與無用牝義同。故呂覽淮南高誘注皆曰。尙蠲潔也。

揜骼霾髊孟春紀　掩骼埋胔月令　掩骼薶骴淮南

延國謹案。宋慈袞曰。案禮月令作掩骼埋胔。釋文骼江百反。胔才賜反。蔡云。露骨曰骼。有肉曰胔。胔亦作骴。扶矩反。阮元禮記校勘記引洪頤煊云。說文鳥獸殘骨曰骴。从骨此聲。明堂月令掩骼埋骴。周禮蜡氏注亦作骴。呂氏春秋作髊。髊骴古同聲通用。慈袞謂古時此差同聲。玼亦作瑳是也。骨與肉偏旁亦通。徐鍇以胳字。禮或作骼是也。唯說文無胔髊二字。或骴之別體耳。案阮元以髊者骴或字之或體。釋文本亦作骴。是其正字。詳見段玉裁說文注而揜掩霾埋薶古通。

風雨不時孟春紀　雨水不時月令　風雨不時淮南

延國謹案。阮元禮記校勘記呂覽雨水作風雨。此正義前槪云雨水不時。後又云此風雨不時者亦歧出。俞君樾曰。月令作雨水不時是也。仲春之月始雨水。則孟春之月而雨水卽爲雨水不時矣。漢太初以後更改氣名。以雨水爲正月中。則正月雨水不復爲異。於是改雨水不時爲風雨不時。非淮南之舊矣。呂氏春秋孟春紀亦作風雨不時。竝太初以後人所追改。俞君說非。是作雨水誤。王引之據正義校正。是也。

草木早槁國乃有恐孟春紀　草木蚤落國時有恐月令　草木皁落國乃有恐淮南

延國謹案。俞君樾曰。月令作艸木蚤落。呂氏春秋作草木早槁。此早字淮南時則卽皁字之誤。此說是也。月令時字。係乃字之誤。

疾風暴雨數至孟春紀　猋風暴雨總至月令　飄風暴雨總至淮南

延國謹案。徐鼒謂古禮經本作猋風。呂覽以訓詁字改之。此說無證。月令鄭注云。回風爲猋。飄風淮南高注曰疾風雨猥則飄訓疾也。數至月令淮南爲總至。總數對轉通。季秋亦云寒風總至。

霜雪大摯首種不入孟春紀　雪霜大摯首種不入月令　雨霜大雹首稼不入淮南

延國謹案。孫人和曰。霜雪本作雪霜。與月令同。今本誤倒也。高注云。雪霜不難傷害五穀。是正文作雪霜明矣、淮南時則篇作雨霜大雹。孟冬紀行秋令則雪霜不時。與月令逸周書淮南同。高注先霜後雪。亦後人誤易。當以淮南注校正之。　此說是。當依藏記校正。

桃李華呂氏春秋仲春紀　桃始華月令　桃李始華淮南　桃始華逸周書

延國謹案。王引之曰。次句本無始字。今本有者。後人據月令旁記始字。因誤入正文也。高注曰。自冬冰雪至此春分殺雨。案春分殺雨四字。乃後人所改。逸周書時訓篇雨水之日。桃始華。則非春分殺雨時也。呂氏春秋注作自冬冰雪至此土發而耕。故曰始雨水。是句首有始字也。又桃李於是皆秀華。是次句無始字也。月令桃始華倉庚鳴。亦三字爲句。若加一始字。則句法又參差矣。此文桃李華倉庚鳴。亦三字爲句。若加一始字。則句法又參差矣。故桃李華不言始。而桃華則言始。倉庚鳴不言始。而蟬鳴則言始。蟬鳴言始。而寒蟬鳴則不言始。皆變文協句也。呂氏春秋仲春篇正作桃李華。此說甚當。高誘注。淮南亦作桃李於是皆秀華也。可證淮南無始字。疑後人據月令旁注誤入夏小正易緯通卦驗作桃始華。

是月也安萌牙養幼少存諸孤仲春紀　是月也安萌牙養幼少存諸孤月令　養幼小存孤獨以通句萌淮南

延國謹案。劉師培曰。據高注養幼少二語。當在安萌牙前。譚戒甫引伸之曰。淮南時則篇正作養幼少存孤獨。以通句萌。通句萌。卽安萌牙之義。又按存諸孤、據注當作存孤寡。諸字應在安字下。而高注萌牙諸當生者不擾動。亦應作諸萌牙當生者不擾動。仲冬紀陰陽爭。諸生蕩。彼高注諸蟄伏當生者。皆動搖也。卽此例。此因妄萌牙三字錯入上文。遺下諸字。無所從屬。會寡字亦挩。校者遂作存諸孤矣。至注字之誤倒。殆更後焉。此說疑是。少小爲今古字。俞正燮謂拔少於古語爲小。謂小小開止耳。古人正言多少之少。則謂之鮮。可證。

擇元日命人社仲春紀　擇元日命民社月令　擇元日令民社淮南

延國謹案。淮南子時則訓人社作民社。是。松皐圓孫人和皆云。人字蓋唐人避諱改。是也。人社當依月令淮南作民社。且呂覽高注亦作所以爲民祈穀。可證。命令古通。

循鐸以令于兆民仲春紀　循木鐸以令于兆命月令　振鐸以令于兆民淮南

延國謹案。高誘注呂氏春秋曰。所以振告兆民。使知將雷也。淮南注亦曰。所以振告萬民也。據高誘注似宜作振鐸。呂作循鐸。乃後人據月令改。王引之曰。據無木字明矣。此王引之依釋文而證之。則月令木字衍。釋文循一曰振。則義相通也。

角斗桶仲春紀　角斗甬月令　角斗稱淮南

延國謹案。畢沅曰。月令角斗甬。桶與甬通用。史記商君傳平斗桶。淮南作稱。亦桶之訛。王念孫曰。稱皆當爲桶。桶稱字相近。又涉注內衡石稱也而誤。下文仲秋之月。角斗桶。桶字亦誤作稱。沈濤亦曰。甬正字。桶別字。稱誤字。甬疑桶之省。本當作甬。鄭注曰。甬今斛也。廣雅方斛謂之桶。角爲斛之借。說文曰。斛平斗斛也。

正權概仲春紀　正權概月令　端權概淮南

延國謹案。高誘注曰。端。正也。端正古通。

天子乃獻羔仲春紀　天子乃鮮羔月令

延國謹案。惠棟云。天子乃鮮羔。注云。鮮當爲獻聲之誤也。今呂覽鮮作獻。故鄭讀從之。獻有軒音。故云聲之誤。鮮獻聲近致誤。鄭玄曰。鮮當爲獻聲之誤是也。月令正義曰。鮮當爲獻者。按詩豳風七月云四之日其蚤●獻羔祭韭。故曰鮮爲獻。可證。陳奇猷則曰。鮮獻音近通假。

入舞舍采仲春紀　習舞釋菜月令

延國謹案。梁玉繩曰。贄帛古禮也。似勝鄭注。此與周禮春官大胥作采。蓋菜采古通。故月令文王世子作菜。又天官夏采。釋文或作菜。月令正義。習舞釋菜。皆以陽氣動。則大胥春入舍采舞合一也。舍釋雙聲。松皐圓以入舞當從月令作習舞。而俞君樾疑作入學習舞。

民多相掠仲春紀　民多相掠月令　民多相殘淮南

延國謹案。玉燭寶典引蔡氏章句云。冬爲收藏。其氣貪得。故民心咸化。多相掠奪者。交辭也。禮正義曰陽氣不勝。天災。麥乃不熟。地災。民多相掠。人災也。殘者相殘賊也。殘掠義近。未知孰是。

天子焉始乘舟季春紀　天子始乘舟月令　天子烏始乘舟淮南

延國謹案。陳昌齊曰。按焉淮南作烏。音轉而義通也。莊逵吉曰。烏始乘舟。各本烏皆作焉。注烏猶安也。各本皆作焉。猶於也。陳說是也。惟以焉於義爲佳。月令缺焉字。王念孫以月令焉字乃錯上。甚是。淮南亦當作焉。

生者畢出季春紀　句者畢出月令　句者畢出淮南

延國謹案。畢沅曰。舊校云生一作牙。案牙字是。月令作句。鄭玄曰。句屈生者芒而直曰萌。則作句者畢出爲是。舊校作牙字誤。蓋以下文萌字與芽近似而芽牙通。致誤牙字。生當作句。蓋涉上文而譌。

發倉窌季春紀　發倉廩月令　發囷倉淮南

延國謹案。高誘注方者曰倉。穿地曰窌。月令作倉廩。正義引蔡氏章句云。穀藏曰倉。米藏曰廩。淮南又作囷倉。殆各有所據歟。

田獵罼弋罝罘羅網季春紀　田獵罝罘羅罔畢翳月令　田獵畢弋罝罘羅罳淮南

延國謹案。鄭玄曰。今月令無罘翳為弋。禮正義以今月令之本云。田獵罝羅網畢戈。阮元曰。閩監毛本罔作網。則罔網罳古皆相通。畢與罼又通。淮南與呂覽同。惟月令異。月令以畢弋之動詞易為畢翳之名詞。宜从呂覽淮南改正。

戴任降于桑季春紀　戴勝降于桑月令　戴鵀降于桑淮南　戴勝降于桑逸周書

延國謹案。高誘注呂氏春秋曰。戴任。戴勝鴟也。高誘注淮南曰。戴鵀。戴勝鳥也。則戴任即戴鵀。任與鵀通。鄭玄曰。戴勝織紝之鳥。正義按釋鳥云。鵖鴔戴鵀。方言云。自關而東謂之戴鵀。青齊海岱之間謂之戴南。南猶鵀也。或謂之戴勝。郭景純云。鵀即頭上勝。今亦呼為戴勝。則鳥本名戴任。以織紝而名。又後名之曰戴勝。郭氏以為今呼為戴勝是也。

具挾曲蒙筐季春紀　具曲植籧筐月令　具撲曲筥筐淮南

延國謹案。畢沅曰。呂氏春秋舊本作具挾曲蒙筐。挾與撲皆楪之訛文也。王念孫曰。呂氏春秋季春篇作挾曲。高注挾讀曰朕。三輔謂之得。月令作曲植。鄭注曰。植槌也。案撲與挾皆楪字之誤。案以撲挾皆楪字之誤甚是。呂覽蒙字乃篆之誤。篆籧相通。而籧筥又為古今字。段玉裁曰。篆乃籧字之誤。即記之籧。亦即筥也。郭璞注方言云。籧古筥字。可為明證。

國人儺季春紀　命國難月令　令國儺淮南

延國謹案。畢沅曰。國人儺。月令作命國儺。淮南作令國難（案倒誤。）儺疑本作難。故注讀从論語之儺同字。疑後人所增。陳昌齊曰。據注國字上當有命字。案命令古通。見前呂氏春秋國人之人係命字之譌。而更倒誤。宜从月令淮南更正。

其性禮其事視 呂氏春秋孟夏紀　月令淮南無此六字

延國謹案。畢沅曰。月令無此一句。此書前亦無此例。當爲衍文。俞君樾駁之曰。然既前後皆無此文。何由而衍。蓋五行分配五常五事。自古有此說。竊疑呂氏原文每紀皆有之。後人據月令删去。而孟夏紀尚存此二語。則删之未盡者耳。正可藉以考見呂氏之舊。未可反以爲衍也。俞君之說。以爲每紀有之。亦擬議之詞。或以前後無此例。且月令淮南不載。疑從據月令竄入。皆未敢論定。

丘蚓蝦蟆出 孟夏紀　丘蚓出 月令　丘螾出 淮南　蚯蚓出 逸周書

延國謹案。畢沅曰。丘蚓下舊本有蝦蟆二字。乃衍文。今删。畢校是也。夏小正作蚯蚓出。易緯通卦驗作丘蚓出。可證蝦蟆二字乃衍文。淮南時則訓作丘螾。說文蚓本作螾。或从引。則蚓螾古通。

王善生 孟夏紀　王瓜生 月令　王瓜生 淮南　王瓜生 逸周書

延國謹案。畢沅曰。月令王瓜生。注云。今月令云王萯生。此書必本作菩。古菩萯通用。郭璞注穆天子傳萯云。萯今菩字。音倍。綠額音蓓與萯通。夏小正作王萯秀。則呂覽善字係菩之誤。菩與萯通。萯蔡邕云。萯草名。生於陵也。管子地員篇。其種大萯細萯。注萯草名。說文萯王萯也。

繼長增高無有壞隳 孟夏紀　繼長增高毋有壞墮 月令　繼脩增高無有隳壞 淮南

延國謹案。月令釋文墮又作隳。隳墮古通。淮南時則訓作隳壞。疑倒。

靡草死孟夏紀　靡草死月令　靡草死淮南　靡草逸周書

延國謹案。高誘注呂氏春秋曰。靡草。薺亭歷之類。淮南高注同。惟靡作䕷。禮月令注。舊說云靡草薺亭歷之類。則三注皆同。可證靡䕷相通。

蟲蝗爲敗孟夏紀　蝗蟲爲災月令　蟊蝗爲敗淮南

延國謹案。月令蝗蟲。係倒誤。王引之曰。月令蝗蟲。當作蟲蝗。仲冬行春令亦然。唐月令石本孟夏仲冬兩處皆作蟲蝗。桓五年穀梁傳引月令亦曰蟲蝗爲災。此說塙。當月令災字宜从呂氏春秋淮南作敗。

調竽笙壎箎呂氏春秋仲夏紀　調竽笙竾簧月令　調竽箎淮南

延國謹案。淮南删去笙壎兩字。月令作竾簧。案竾即箎字也。釋文竾音池。又作篪。同此可證也。

令民無刈藍以染仲夏紀　令民毋艾藍以染月令　禁民無刈藍以染淮南

延國謹案。夏小正五月啓灌藍蓼。月令鄭注。毋艾藍。爲傷長氣也。艾刈古通。後漢書馮魴傳注曰。艾藍綠色也。

無燒炭仲夏紀　毋燒灰月令　毋燒灰淮南

延國謹案。梁玉繩謂灰必炭之譌。是也。高誘注呂氏春秋曰。爲草木未成。不欲夭物。淮南注同。此意禁草木而焚。惟木焚則成炭。當作炭字。灰炭形近致譌。

游牝別其羣則縶騰駒仲夏紀　游牝別羣則縶騰駒月令　游牝別其羣縶騰駒淮南

延國謹案。月令別下脫其字。宜據呂氏春秋校正。淮南縶下無則字。夏小正及朱熹引同。此於義爲勝。

班馬正仲夏紀　班馬政月令　班馬政淮南

延國謹案。王念孫曰。馬政本作馬正。故高以爲掌馬官。呂氏春秋仲夏籍班馬正。高彼注亦云馬正掌馬之官。其證月令作馬政。鄭注云。馬政謂養馬之政教。引周官廋人職曰掌十有二閑之政教。鄭說是也。高不知正爲政之借字。故訓爲掌馬之官。若字本作政。則亦當訓爲政教矣。後人依月令改正爲政。而不知其戾於高注也。王說是。玉燭寶典引月令章句亦曰馬正。馬官之長也。

處必揜身欲靜無躁仲夏紀　處必掩身毋躁月令　愼身無躁淮南

延國謹案。毋月令鄭注引今月令毋躁爲欲靜。畢沅曰。無躁二字非本文也。據此則月令處必掩。句身毋躁。是也。呂氏春秋欲靜或無躁二者。必有一衍。淮南則爲意改。

事無刑仲夏紀　事毋刑月令　事無徑淮南

延國謹案。鄭注曰。今月令作刑徑。玉燭寶典引月令章句刑亦作徑。呂氏春秋高注當精詳而後行也。淮南高注同。松皐圓謂刑常作徑。觀高注卽解無徑之義。後人不察。而妄從禮記改。寫耳。王念孫謂刑亦當讀爲徑。陳喬樅謂刑徑義同。音亦相近。

雹霰傷穀仲夏紀　雹凍傷穀月令　雹霰傷穀淮南

延國謹案。呂覽高誘注冬寒冰凍。故雹霰傷害五穀也。淮南注同。則雹霰傷穀是也。月令凍字係霰字之誤。

五穀晚熟仲夏紀　五穀晚熟月令　五穀不熟淮南

延國謹案。宜作五穀晚熟。淮南作不熟誤。考淮南高注行春木王好生育之命。故五穀晚熟。則淮南原作晚熱。可爲明證。不字乃後人所改也。

涼風始至呂氏春秋季夏紀　溫風始至月令　涼風始至淮南　溫風至小暑之日溫風至逸周書

延國謹案。夏小正作溫風至。劉師培曰。涼卽淮南天文訓溫涼之涼。義與溫同。此說疑是。阮惟和戴記日記亦曰。別言之曰涼風。總言之則曰涼風。

蟋蟀居宇季夏紀　蟋蟀居壁月令　蟋蟀居奥淮南　蟋蟀居壁逸周書

延爾謹案。淮南高注奥或作壁也。禮月令正義曰。蟋蟀居壁者。此物生在於土中。至季夏羽翼稍成。未能遠飛。但居其壁。至七月則能遠飛野。詩曰。七月在野。則六月蟋蟀皆不居宇。宜從月令居壁爲是。居宇居奥皆於義不合。

腐草化爲螢蚈季夏紀　腐草爲螢月令　腐草爲螢淮南　腐草化螢逸周書

延爾謹案。畢沅曰。月令作腐草爲螢。此書舊本作腐草化爲螢蚈。衍螢字。淮南無蚈。注當與淮南同。蓋昔人讀此書。偶旁記與腐之文。而因以誤入也。說文引明堂月令曰。腐草爲蠲。蠲即蚈也。化亦衍字。范耕研曰。蚈與螢實同一字。蚈之與螢。猶朱蚈之爲朱榮也。至於馬蚿螢火。兩訓不同。則蟲魚鳥獸異說滋多。所主不同。未足爲怪。兩說近是。釋文腐草爲熒。蓋蚈螢與熒古通。玉燭寶典引月令章句及北戶錄引逸周書皆作蛀。蛀蠲聲同。與螢對轉通。呂氏春秋因旁記增蚈字。化亦係衍文。洪頤煊曰。呂氏春秋淮南子周書時訓解皆有化字。而藝文類聚三引月令亦有化字。蓋各本有化字。不足爲據。正義引蔡氏云。鳩化爲鷹。鷹還化爲鳩。故稱化。今腐草爲螢。螢不復爲腐草。故不化。此說精當。

命漁師伐蛟取鼉升龜取黿季夏紀　乃命漁人伐蛟取鼉登龜取黿淮南　命漁師伐蛟取鼉登龜取黿月令

延爾謹案。淮南漁人宜作漁師。鄭玄曰。今月令漁師爲榜人。可證淮南乃字衍。升登義同。

乃命虞人入材葦季夏紀　命澤人納材葦月令　令滂人入材葦淮南

延爾謹案。淮南滂字誤。俞樾以滂作榜。榜人乃上句乃命漁人伐蛟。鄭玄曰。今月令漁師爲榜人。後人旁記誤入下文故也。周禮有山虞澤虞之官。呂氏春秋高誘注曰。虞人掌山澤之官。材葦供國用也。則月令澤人亦誤。當作虞人。又惠棟以內古文人故月令初作內。後人更意改爲納。蒍希槐曰。入古文內。見南宮中鼎。內卽納之初文。

殺實解落季夏紀　殺實鮮落月令　殺實解落淮南　殺實解落逸周書

延闓謹案王念孫曰。鮮之言散也。謂殺實散落也。呂氏春秋季夏紀淮南時則訓竝作殺實解落。或據之改解落。蓋未達古訓。盧文弨曰。鮮解也。二說是。疑鮮爲後人所改。宜作解字。正義曰。以夏召春氣。初鮮絜而逢秋氣肅殺。故殺鮮絜而墮落也。以鮮訓鮮絜於義未安。高誘注曰。春木王。木性墮落。陽發多雨而行其令。故殺實散落。高注甚是。據此似作解落爲勝。

其氣掩以閉季夏紀　其器圜以閎月令

延闓謹案畢沅校改呂氏春秋曰。其氣圜以掩。於義未安。氣器古通。仲冬紀作其器閎以弇。可證氣器互用。掩字亦宜从月令作圜字。掩疑旁記閎字而誤入。

始用行戮孟秋紀　用始行戮月令　用始行戮淮南

延闓謹案畢沅曰。始用月令淮南皆作用始。此誤倒也。高注淮南云。用是時乃始行戮。語尤明。高注呂氏春秋乃始行戮刑罰。順秋氣。意與高注淮南同。惟脫用是時於乃始上。畢氏謂始用係倒誤。甚是。邯泮林曰。朱滋不云呂作始用。所見本蓋與禮月令同。亦是也。

還厲兵或作選厲兵　孟秋紀　選士厲兵月令　選卒厲兵淮南

延闓謹案呂氏春秋還厲兵。畢校作選士厲兵。是也。畢沅曰。舊本選誤還。又脫士字。今从注本據月令補正。案凌本亦同。注本淮南作選卒。與呂氏春秋月令作選士異。

巡彼遠方孟秋紀　順彼遠方月令　順彼遠方淮南

延閿謙案。松皐圓曰。巡循古字通。譚戒甫曰。高注巡行也。畢校巡月令淮南作順。按月令注。順猶服也。時則注順循也。巡順同从川聲。巡循本係同韻。故可通用。以巡順可通用是也。家大人曰。按孟夏紀命司徒循行縣鄙則順巡循古音義竝通。

必正平孟秋紀　必端平月令

延閿謙案。畢沅曰。正平。月令作端平。此反不爲始皐諱。高誘曰。決之者。必得其正平。而禮月令鄭注。端猶正也。證此。宜作正平爲是。

坿牆垣孟秋紀　坏牆垣月令　附牆垣逸周書

延閿謙案。桂馥曰。坏城郭。鄭注坏。益也。呂氏春秋作坿。高注坿。益也。呂氏秋春又云。坿牆垣。高注坿。猶培也。月令蟄蟲坏戶。鄭注坏。益也。周書時訓解作附。附卽坿字。坯坿相近。曾子問殤不坿祭。鄭注坿當謂備聲之誤也。又培壞說文作附婁。此說是也。坿卽附。又作俯。祔音義與坏同。錢大昕云。古讀附如部。鄭注云祔當謂備聲之誤。皆爲明證。孟秋紀蟄蟲俯戶。孟冬紀坿城郭。月令並作坏。義同此。

行夏令則火災孟秋紀　行夏令則國多火災月令　行夏令則冬多火災淮南

延閿謙案。呂氏春秋高注曰。夏火王而行其令。故多火災。淮南高誘注同。則淮南冬字乃衍文。月令則據呂氏春秋增國字。

涼風至呂氏春秋仲秋紀　盲風至月令　涼風至淮南　涼風至逸周書

延閿謙案。孫志祖曰。孟秋已云涼風至。此何以又云涼風。應從記。此說是。鄭玄曰。盲風。疾風也。正義皇氏云。秦人謂疾風爲盲風。背仁虎曰。蔡邕月令章句亦作白露節盲風至。此涼字。疑有訛。與孫說同。

羣鳥養羞仲秋紀　羣鳥養羞月令　羣鳥翔淮南　羣鳥養羞逸周書

延國謹案。沈濤曰。呂氏春秋作羣鳥養羞。高氏彼注曰。寒氣將至羣鳥養進其毛羽御寒也。雖訓羞爲進。與禮記鄭注訓爲所食者不同。而其爲養羞則同。疑淮南注本或作養羞養進其羽毛也。淺人不知羞有進義。遂去羞字改進爲育耳。又淮南注許高二家。每相亂。恐作翔者爲許慎本。范耕研曰。按淮南作羣鳥翔。此所本不同。以其翔。故高氏彼注謂鳥試羽翼。此作養羞。本與羽毛無關。高乃沿用淮南之義。謂養進羽毛。殊近牽合。此概與禮記同。則注亦應同鄭注。羞謂所食之說。今按呂氏春秋高注曰。寒氣將至。羣鳥養進其毛羽御寒也。而淮南高氏彼注曰。或作養養育其羽毛也。此養育之育。疑係羞之誤。淮南假宜作養羞。翔疑係淺人妄改。

無或枉橈枉橈不當反受其殃仲秋紀　毋或枉橈枉橈不當反受其殃月令　無或枉橈決獄不當反受其殃淮南

延國謹案、譚戒甫曰。按第二枉橈字。淮南時則篇作決獄爲據改正。案高誘注曰。淩弱爲枉。違彊爲橈。則第二枉橈。義亦可通。但不若決獄爲勝。

天子乃儺禦佐疾以通秋氣仲秋紀　天子乃難以達秋氣月令　天子乃儺以御秋氣淮南

延國謹案。月令無禦佐疾三字。而淮南則係意竄。此時也當通秋氣。不當止秋氣。達與通義近。惟淮南作御秋氣。此乃誤御字。御高誘曰止也。而呂氏春秋禦佐疾之禦。高誘亦曰。止也。則淮南御字乃據呂氏春秋上句之禦而誤入下句。故高注皆同。而竄胥也。宜从呂氏春秋更正。

穿竇窌修囷倉仲秋紀　穿竇窖修囷倉月令　穿竇窖修囷倉淮南

延國謹案。王念孫曰。窖窌聲相近。古通用。宋慈袌曰。攷玉篇穴部。窌普孝切。穿也。窖也。藏也。窖古孝切。地藏也。則二字本相出入矣。王說是也。說文曰。窌窖也。窖地藏也。司馬彪注齊物論曰。窖深也。窌之言窅窅深也。

無或失時仲秋紀　毋或失時月令　若或失時淮南

延圖謹案。畢沅曰。無或當從淮南作若或。如據月令作無或失時。則下其有失時句。亦不可去。此說精塙。呂覽無字。係後人據月令妄改。宜作若或是也。

雷乃始收聲仲秋紀　雷始收聲月令　雷乃始收淮南　雷始收聲逸周書

延圖謹案。畢沅曰。月令作雷始收聲。此乃始二字。當衍其一。王引之曰。本作雷乃始收。初學記周禮韗人疏引月令。皆作雷乃始收。是經文始上有乃字。而收下無聲字。淮南時則訓同。茆泮林亦引朱熹經傳通解引呂氏校之。與王說略同。畢校呂氏春秋乃始二字。必有一衍。此說誤。王說當作雷乃始收。甚是。考易緯通卦作雷始收。則脫一乃字。小戴記月令一本作雷乃始收。藝文類聚引逸周書作雷乃始收。此可爲王說補正。

齊升甬仲秋紀　角斗甬月令　角斗桶淮南

延圖謹案。畢沅校呂氏春秋曰。舊本作升角。訛。今從月令改正。此說是。呂氏春秋角作齊。不若月令爲勝。

凡舉事無逆天數仲冬紀　凡舉大事毋逆大數月令

延圖謹案。王引之曰。大數當從呂氏春秋作天數。馮雲伯曰。呂覽舉事無大字。亦較月令爲長。皆是。以呂覽月令互校。則大字係涉下而衍。

國乃有大恐仲秋紀　國乃有恐月令　國有大恐淮南

延圖謹案。呂氏春秋乃字衍。淮南國有大恐是也。畢沅曰。必本作國有大恐。及呂氏春秋三紀皆作國有大恐。可爲明證。此乃字爲後人旁記誤入。月令亦當作國有大恐。

其國旱仲秋紀　其國乃旱月令　其國乃旱淮南

延國謹案。呂氏春秋脫乃字。此殆與上句國乃有大恐。錯簡而訛。畢沅校云。此節之乃字。一脫一脫。所以致誤之徜可推求而得。

五穀復生仲秋紀　五穀復生月令　五穀皆復生淮南

延國謹案。淮南皆字衍。高誘注淮南曰。五穀復生。則高誘所見本無皆字。可爲明證。

賓爵入大水爲蛤呂氏春秋季秋紀　爵入大水爲蛤月令　賓雀入大水爲蛤淮南　爵入大水化爲蛤逸周書

延國謹案。呂氏春秋賓爵。卽淮南之賓雀。高誘注曰。賓雀老雀也。惟月令以鴻雁來賓句。鄭注曰。來賓言其客。與此異。周書國語亦云。雀入于海爲蛤。惟化字衍。且逸周書上有鴻鴈來賓。又五日。爵入大水化爲蛤。及御覽九百四十一引許注。義皆與鄭合。惟鄭高兩說。不知孰是。

蘜有黃華季秋紀　鞠有黃華月令　蘜有黃華淮南　蘜有黃華逸周書

延國謹案。釋文鞠本又作蘜。石經考文引古本鞠作蘜。按依說文當作蘜。从艸鞠省聲。爾雅翼三引蔡氏章句云。蘜草名也。有者非所有也。黃華者。土氣之所成也。季秋草木皆成。非榮華之時也。故言蘜者。明它無有也。

狻馬一作蒐季秋紀　班馬政月令

延國謹案。畢沅曰。狻馬月令作班馬政。舊本狻下有一作蒐三字。乃校者之辭。此無政字。避始皇諱。而月令不諱。則月令之非秦制益明矣。案元本李本許本呂氏春秋有一作夋。朱熹引亦作夋。呂氏春秋脫一政字是也。惟畢氏以爲月令有政。斷爲非秦制。則又非也。考呂氏春秋孟秋紀曰。必正乎。而月令作必端乎。則呂覽不諱。而月令諱正爲端。畢氏將謂月令爲秦制乎。不能據一字而斷也。

載旍旐季秋紀　載旌旐月令　戴往淮南

延閫謹案。班沅曰。旍與旌同。劉績云。載往記作載旌旐。疑往乃旌字之誤。王念孫曰。劉說是也。隸書旌字或作旌。與往相似而誤。載戴古字通。其子引之亦曰。注言載旍而不及旐。則旍下無旐字。旐字蓋後人據月令加之也。淮南時則篇作載往。往卽旌之譌。往下亦無旐字。當删去。諸說甚是。載與戴。旍與旌皆通。淮南作戴往。太平御覽引作載旗。則旗爲旌之誤。而往爲譌字。可爲明證。

輿受車以級整設于屏外季秋紀　授車以級整設于屏外月令　授車以級皆正設于屏外淮南

延閫謹案。輿疑爲衍文。月令淮南皆無之。王引之曰。輿字當讀爲旗，屬上句讀。月令云載旌旐。此云載旍旐（指呂覽）旗。皆旌旍之屬。王說是也。輿字屬上句。高誘訓連下句。誤甚。而上句之旐旗二字。亦係衍文也。授受古通。淮南皆字亦衍。

北嚮以誓之季秋紀　北面誓之月令　北嚮以贊之淮南

延閫謹案。月令作北面。疑爲北嚮之誤。且月令誓字上脫以字。王念孫曰。唐月令及考文引古本足利本誓皆有以字。可以證之。贊高誘注淮南曰。贊相威儀也。於義未安。宜作誓爲是。

天子乃厲服厲飭執弓操矢以射季秋紀　天子乃厲飾執弓挾矢以獵月令　天子乃厲服廣飾執弓操矢以獵淮南

延閫謹案。俞君樾曰。厲飭本作廣飭。高注曰。是月天子尙武。乃服猛厲。其所佩之飾。以射禽也。猛厲下脫之服廣三字。本作乃服猛厲之服。廣其所佩之飾。以射禽也。淮南時則篇天子乃厲服廣飾。高注曰。天子尙武。乃服猛厲之服。廣其所佩之飾。以取禽。是其明證也。廣字涉上文而誤作厲。而注文又有脫字。遂不可復正矣。陳昌齊說同。並是。飭飾古通。月令於挾矢以獵之上。脫服廣兩字。呂氏春秋服厲乃服廣之誤。互校可證。

蟄蟲咸俯在穴季秋紀　蟄蟲俯咸在內月令　蟄蟲咸俛淮南

延國謙案。錢沅曰。穴月令作內。古書往往互用。今案內穴二字。古書往往譌用。故月令內當作穴。下言壎其戶。戶即穴之用也。穴內二字篆隸相似。故穴多譌作內。淮南俯與俛通。下脫在穴兩字。

民多鼽窒季秋紀　民多鼽嚏月令　民多鼽窒淮南

延國謙案。鼽窒呂氏春秋高誘注鼻不通利也。淮南高注同。說文釋文鼽病寒鼻窒。月令作嚏。阮惟和疑即窒之假借字

師旅必興季秋紀　師興不居月令　師旅竝興淮南

延國謙案。淮南作師旅並興爲是。呂氏春秋高誘注曰。木干金。故師旅並興。則注本作並字。淺人妄改爲必字。

其祀行祭先腎呂氏春秋孟冬紀　其祀行祭先腎月令　其祀井祭先腎淮南

延國謙案。孟冬紀月令皆作祀行。而淮南作祀井。白虎通同此。考高誘注呂氏春秋曰。行門內地也。冬守在內。故祀之行。或作井水給人。冬水王。故祀之也。淮南高注亦同。則祀行祀井兩說高誘時已並存。蓋各有所本也。

命太卜禱祠龜策占兆審卦吉凶孟冬紀　命大史釁龜筴占兆審卦吉凶月令　命太祝禱祀神位占龜策審卦兆以察吉凶淮南

延國謙案。蔡耕研曰。按鄭注曰。今月令作釁祠。祠衍字。今呂書釁禱不同。而下正有祠字。知呂書正鄭所謂今月令也。鄭注祠衍。非也。呂書有祠字。范以爲今月令即呂書。竊謂不然。考鄭注所云今月令作某某云。字句泰半不與呂書同。可證呂書即今月令說之非。

修楗閉慎關籥固封璽孟冬紀　修鍵閉慎管籥固封疆月令　修楗閉慎關籥固封壐淮南

延國謙案。松皐圓謂關管古通。劉文典曰。按禮月令楗作鍵。璽作疆。鄭注云。今月令疆或作壐。呂覽孟冬紀御覽六

百八十二載應劭漢官儀引月令。蔡邕獨斷皆作固封璽。北堂書鈔百五十六引此文璽作疆。與古月令合。案月令封璽宜从呂覽淮南作封疆。陳喬樅以說文疆作畺从土。故封疆亦作封畺。說亦可通。

工師效功孟冬紀　命工師效功月令　工師效功淮南

延圖謹案。呂氏春秋淮南似宜據月令於工上增命字。

大割牲祭于公社孟冬紀　大割祠于公社月令　大禱祠于公社淮南

延圖謹案。畢沅據月令刪牲字。蓋注蓋與月令同也。王念孫非之。初學記太平御覽引月令並有牲字。此說是。蓋今本月令有奪字。淮南作禱。高注禱求也。公社國社后土之祭也。與呂覽月令異。

地氣發泄孟冬紀　地氣上泄月令　地氣發泄淮南

延圖謹案。禮記正義曰凍閉不密地氣上泄。而呂覽高注曰。春陽散越。故凍不密地氣發泄。淮南注同。三書注皆同。故發上義近。惟作發字於義爲佳。

鶡鴠不鳴呂氏春秋仲冬紀　鶡旦不鳴月令　鳱鴠不鳴淮南　鴠鳥不鳴逸周書

延圖謹案。畢沅曰。月令古本作曷旦。阮元曰。釋文出曷旦。云本亦作鶡。考文引古本鶡作曷。石經作鶡鳥不鳴。按說文鳴下云山雉。鴠下云渴鴠。段玉裁云渴鴠當依月令作曷旦。淺人改之耳。段說是也。夏小正作鶡旦不鳴。易緯通卦驗作曷旦不鳴。本當作曷旦。考渴鴠盍旦鶡鴠䳟鴠鳱鴠侃旦皆一語之轉。逸周書作鴠。考鴠說文鴡鴠。寒鳩也。於義不合。鴠疑係鵙或鶡形似而訛。太平御覽引作鶡。本或作鴠及鴠均誤。

地氣且泄仲冬紀　地氣沮泄月令

延圖謹案。畢沅曰。且泄古本月令同。今本作沮泄。釋文不爲沮作音。注疏亦無解。然則沮字非也。俞樾亦曰。地氣且泄。本作陽氣且泄。音律篇曰。黃鐘之月。土事無作。愼無發蓋。以固天閉地。陽氣且泄。是其證也。俞君以爲地氣作陽氣是也。畢以且作沮誤。而阮氏謂誤作水旁。且以且沮不相通。疑非是。且沮古通。家大人曰。且沮古通。小爾雅云。沮。疑也。王煦疏曰。禮記月令云。地氣沮泄。呂氏春秋作地氣且泄。儀禮大射儀云。且右右還。鄭注古文且爲阻。漢婁壽碑云。棨且弱之耦耕。是沮與阻且古並通也。

氣霧冥冥仲冬紀　氛霧冥冥月令　氛霧冥冥淮南

延圖謹案。呂氏春秋氣霧之氣。乃係氛字之譌。高誘注曰。淸濁相干。氣霧冥冥也。淮南高注亦曰。淸濁相干。氛霧冥冥也。可證氣爲氛之譌。宜從畢沅松皐圓說。據初學記校正。

水泉減竭仲冬紀　水泉咸竭月令　水泉咸竭淮南

延圖謹案。惠棟云。水泉咸竭。呂覽咸作減。春秋傳云。咸黜不端。正義云。諸本咸或作減。是咸與減通。惠說是也。畢沅依惠說而更證之曰。王肅注家語云。左傳作咸。梁仲子云。羣經音辨咸有胡斬切。一音消也。史記索隱司馬相如傳上減五下登三。韋昭說作咸。可證咸減古通。蔣伯超謂減自較長。此言良是。當以減爲正字也。

乳雉雊舊本作雉雊雞乳呂氏春秋季冬紀　雉雊雞乳月令　雉雊雞呼卵淮南　雉始雊　雞始乳逸周書

延圖謹案。畢沅校呂氏春秋曰。舊本作乳雉雊。誤。今案注當與月令同。今改正。吳汝綸非之。亦無左證。今案高誘注曰。雉之朝雊。尙求其雌。詩乳卵也。而畢校據月令作雉雊雞乳。甚是。淮南作呼卵。亦誤。淮南高注與呂覽同。且於尙求其雌句下。增是也雞呼鳴求六字。而無乳於卵也四字。此疑六字爲淺人所竄。淮南呼卵乃乳之誤。而逸周書有雉始雊。又大寒之日。雞始乳。今簡作雉雊雞乳。於義甚是。易緯通卦驗云。雉雊雞乳。可證漢時皆如是也。

乃畢行山川之祀季冬紀　乃畢山川之祀月令

延國謹案疑月令衍一行字。

天地之神祇季冬紀　天之神祇月令

延國謹案。呂覽高注天曰神地曰祇。似月令脫地字。否則當作天之神矣。阮惟和曰。說文示部神天神引出萬物者也。祇地祇提出萬物者也。神祇有天地之分則依呂覽作天地之神祇爲是

柴澤復堅畢本無堅　季冬紀　水澤腹堅月令

延國謹案。畢沅校呂氏春秋曰舊本於此下又有一堅字。乃後人以月令之文益之。今删去。陳喬樅駁之。不當據今月令盡改其字。此說良是。呂覽高注復亦盛也。復或作複。凍氣也。釋文腹本作複。又方服反。則復複腹音義並通。

乃命四監收秩薪柴以寢廟及百祀之薪燎季冬紀　乃命四監收秩薪柴以共郊廟及百祀之薪燎月令

延國謹案。畢沅曰寢廟月令作郊廟。案注所云燔柴之禮是郊也。案寢廟當作郊廟。呂氏春秋月令有柴字。疑旁記誤入。呂氏春秋以字上脫共字。共供古通。

——摘自《制言半月刊》一九四〇年第六十一期

禮記成書之時代

蔡介民

論禮記編纂時代者，約有七說：

一、孔子門徒所共撰

陸德明經典釋文序錄曰：

「禮記者，本孔子門徒共撰所聞，以為此記。後世通儒，各有損益。故中庸是子思伋所作，緇衣是公孫尼子所制……。」

孔穎達禮記正義曰：

「禮記之作，出自孔氏；但正禮殘缺，無復能明。……至孔子沒後，七十子之徒，共撰所聞，以為此記。或錄舊禮之義，或錄變禮所由。中庸是子思伋所作，緇衣是公孫尼子所撰。」

案禮記固多孔門著述，然出於漢儒手者，亦不在少數。（如曾子問、文王世子等篇。）甚至有與孔門思想相背謬者。（如儒行中誇大勝人之氣，明堂位魯人自大矜驕之語。禮運中大同小康之說，均非儒家所應有。）烏得強謂為孔門之著述，是知其一而不知其二也。

二、六國時人所撰集

丁晏禮記釋注曰：

「禮記非漢儒作也。蓋秦火未焚之前，六國時人所撰集也。記引兌命、大甲、君臣皆百篇古書，非漢人所見。又引君奭周田觀文王之德，亦與漢博士讀異，故知出於秦火以前也。曷以知為六國時作也？漢書藝文志：記百三十一篇，自記七十子後學者所記。夫曰後學者，則孔門之再傳弟子。今記中曾子、有子皆稱子，又記曾子、子張之沒，及曾子之子元申，子張之子申詳，子游之子言思，子思之子子上，鄭注謂樂正子春，曾子弟子。孔疏謂公明儀·子張弟子，又為曾子弟子。則為七十子後學者無疑。七十子當春秋之季，而其後學者，則當六國時可知矣。且樂記一篇，史記張守節正義謂公孫尼子作，陸氏引劉瓛說緇衣亦公孫尼子作，班志儒家有公孫尼子二十八篇，自注七十子之弟子。夫樂記出於公孫尼子，而記子夏對魏文侯事，則為六國時明矣。孔穎達正義謂檀弓在六國之時，以仲梁子是六國時人。詩定之方中引鄭志：「仲梁子，先師說魯人，當六國時。」鄭志答臨碩曰：「孟子、當赧王之時，王制之作，當在其後。」又王制周尺注曰：「六國時多變亂法度。」正義引皇侃曰：「六國時，或將萬為億，故曰萬億。」是王制亦六國時作。盧君謂漢博士作，非也。以今考之，月令呂不韋所修，則秦莊襄相也。中庸子思所撰，則魯繆公師也。三年問荀子所著，則楚蘭陵令也。乘馬曰騎，田宅曰獻，非周制所有也。官曰大尉，民曰黔首，幷非春秋時所有也。郲婁考公之喪，穆公縣子之問，皆六國時之君，故曰六國時人所撰集也。……鄭註雜記引逸禮王度記，別錄以爲齊宣王時人所說。班志載王史氏記二十一篇，注云七十子後學者。師古引別錄云六國時人。以他記考之，則小戴記從可例推也。唯其爲六國時作，故記載參互，時與周禮不合；而後人據其不合之處，直以爲雜出漢儒，豈通論哉。」

丁氏所云，似是而非，所舉證例，多不確鑿。如漢志所謂七十子後學者，乃不定辭，焉能如丁氏所云，必爲六國時人，漢儒卽不可乎？如雜記諸篇，顯非先秦之著述也，（其理詳見後文。）

三、二戴據古禮所删成

晉陳邵周禮論序曰：

「戴德删古禮二百四篇，爲八十五篇，謂之大戴禮；戴聖删大戴禮爲四十九篇，是爲小戴禮，後漢馬融、盧植，考諸家同異，附戴聖篇章，去其繁重，及所敍略，而行於世，卽今禮記是也。」

隋書經籍志云：

「漢初，河間獻王，又得仲尼弟子，及後學者所記一百三十篇，獻之。時亦無傳之者。至劉向考校經籍，檢得一百三十篇，向因第而敍之。而又得明堂陰陽記三十三篇，孔子三朝記七篇，王史氏記二十一篇，樂記二十三篇，凡五種，合二百十四篇。戴德删其煩重，合而記之爲八十五篇，謂之大戴記；而戴聖又删大戴之書，爲四十六篇，謂之小戴記。漢末馬融，遂傳小戴之學。融又足月令一篇，明堂位一篇，樂記一篇，合四十九篇，而鄭玄受業於馬融，又爲之注。」

通典曰：

「初，獻王又得仲尼弟子及後學所記四百十一篇。至劉向考校經籍，纔獲百三十篇，向因第而敍之；而又得明堂陰陽記二十三篇，孔子三朝記十篇，王氏史氏記二十篇，樂記二十三篇，總二百二篇。戴德删其煩重，合而記之，爲八十五篇，謂之大戴記，而戴聖又删大戴之書爲四十九篇。」

案隋志承陳邵之說，不足信。通典又其後焉。其不可信據者有四：

(1)漢志撰在向、歆之後，何以仍著記爲百三十一篇，與隋志所言不符。

(2)二戴爲宣帝時人，豈能删取哀、平間向、歆所校之書。（二戴與向歆時代之先後參看後註。）

(3)前漢書儒林傳未載删禮之文，後漢書儒林傳亦未言及其事，陳說實無所依據也。

(4)漢志儒林傳中，已言二戴之傳授；然二戴乃傳儀禮者，而非禮記。陳說淆雜，不足信也。

四、二戴所傳記

鄭玄六藝論曰：

「按漢書藝文志及儒林傳云：「傳禮者十三家，唯高堂生及五傳弟子戴德、戴聖名在也。……」今禮行於世者，戴德戴聖之學也。德傳禮八十五篇，則大戴禮是也；戴聖傳禮四十九篇，則此禮記是也。」

案此說不足信，其理由如左：

(1)漢志儒林傳，並云二戴傳士禮（儀禮）；又漢志謂記百三十一篇，爲七十子後學者所記，其非二戴所删定也可知。

(2)禮記傳授之源流，頗爲渺茫，不可究詰。而各書對於禮記篇數之記載，先後亦多不同，龐詭淆惑，疑莫能解。

(3)二戴傳禮記之說，鄭玄以前，未之見也。大小戴記之名，實發於漢末。（許愼五經異義引禮戴氏王制、大戴禮、禮器等。）其鄭許以前書，（如白虎通義等。）但稱禮某某記，（如禮王度記等。）或單稱禮記，與史記所謂「書傳禮記自孔氏」及漢志所謂「記百三十篇」者，蓋爲同類之書，非指二戴之禮記也，使禮記果爲二戴所傳記，則其說何待漢末始聞耶？

(4)二戴記編纂所據之原料，陳邵謂爲古禮二百四篇，隋志謂爲古禮二百十四篇，初學記則謂爲后蒼曲臺記一百八十篇，三說各不相同，而所謂古文家之典籍，殊不足信之資料也。

五、二戴據曲臺記所删成

唐徐堅初學記二十一曰：

「禮記者，本孔子門徒共撰所聞也。……至漢宣帝世，東海后蒼善說禮，於曲臺殿撰禮一百八十篇，號曰后氏曲臺記，后蒼傳於梁國戴德，及德從子聖，乃删后氏記爲八十五篇，名大戴記；聖又删大戴禮爲四十六篇，名小戴禮。其後諸儒，又加月令、明堂位、樂記，凡四十九篇，則今禮記也。」

案初學記之說，有四點不足信：

(1)七略云：「宣帝時行射禮，博士后蒼爲之辭，至今記之曰曲臺記。」然則曲臺記專論射禮者，與今禮記之內容，繁簡不同矣。

(2)漢書儒林傳云：「后蒼說禮數萬言，號曰曲臺記。」今本禮記，逵十萬言。曲臺記寡於禮記，不應反爲禮記所自删出。

(3)初學記謂禮記删自曲臺記百八十篇；然按漢志所云，則曲臺記僅爲八篇，數字上之不合太大。

(4)初學記謂禮記删自曲臺記之說，前無師承，後無纘緒，足徵其說之謬矣。

六、西漢初諸儒所纂集

經義考引羅璧曰：

「漢初典章簡略，諸儒据拾遺文片簡，與禮事相關者，編定篇帙，皆非聖人之言。」

經義考又引李清臣曰：

「自秦焚書之後，學者不得完經，亡者已亡，存者大抵散亂，已不可全信。……五經獨禮樂尤爲秦之所惡，絕滅幾盡。今之禮記，蓋漢初儒者，鳩集諸儒之說，博取累世之文也。」

羅李二氏之說，頗有至理。惜知其一不知其二，禮記固爲鳩集諸儒之說，博取累世之文所由成；然其成書時代，爲東漢末，而非西漢初，其情其理，詳見後文。

七、結論

禮記一書，文義糅駁，涇渭合流，既非成於一時，亦非出於一手。考其時代，實非西漢或西漢以前之書。然於彼時，確有一種雜無條理之禮學類書，此卽古文家所僞造之古文記也。班固之白虎通義，引據最多。核其內容，可以考究禮記前身之真象。玆分例其式如下：

(1)禮記某篇曰者—如『禮記祭義曰：「祀於明堂，所以教諸侯之孝也；三老五更於太學，所以教諸侯之弟也。」』

(2)禮某篇曰者—此種又分四類：

(a)篇名與引文爲今禮記所有者。如『禮坊記曰：「君適其臣，升自阼階，示不敢有其室也。」』

(b)篇名爲今禮記所有而引文所無者。如『禮祭義曰：「古者天子諸侯，必有公私蠶室，近外水爲之築牆，棘牆而外閉之也。」』

(c)篇名與引文爲今禮記均無者。如『禮稽命徵曰：「天子舟車殯何爲？避水火災也。故棺在車。」』

(d)篇名爲今禮記所有而其引文與今文稍異者，如『禮雜記曰：「婦人越牆而弔，非禮也。」』（案今禮記曰：「婦人非三年之喪，不越牆而弔。」）

(3)某篇曰者—如『曲禮曰：「大夫致仕，若不得謝，則賜之以杖。」』『禮運曰：「天子適諸侯，必適其祖廟。」』『月令曰：「東方其臭羶，南方其臭焦，中央其臭香，北方其臭朽。」』……至其篇名與今禮記同而引文不同，或爲今禮記根本無其文者，諸種情形，難以枚舉。

(4)禮記曰者—此種又分二類：

(a)引文爲今禮記中有者。如『禮記曰：「天子之堂九尺，諸侯七尺，大夫五尺，士三尺。」』（今禮記雜記中有此文。）

(b)引文爲今禮記中無者。如『禮記曰：「天子乘龍，載大旂，象日月升龍。……」』（今禮記各篇中均無此文。）

(5)禮曰某文爲今禮記中所有者—如『禮曰：「嫁女之家，三日不絕火，思相離也；娶婦之家，三日不舉樂，思嗣親也。」』（今禮記曾子問中有此文。）

(6)篇中白文爲今禮記中所有者—如『孔子曰：「之死而致死之，不仁而不可爲也；之死而致生之，不知而不可爲也。……故竹器不成用，木器不成斲。……」』（今禮記檀弓記雖有此文唯與之稍異。）

綜上觀之，班固前已有類似今之禮記之禮學叢書，可以斷言。不過其內容，繁駁不純，漢志附志等所謂古禮記、古文記者，即爲此書。至於東漢末馬融盧植等，重加刪定，益簡錯繁，以成今之四十九篇之禮記。其證據如左：

（1）經典釋文序錄曰：「後漢馬融、盧植考諸家同異，附戴聖篇章，去其繁重，及所敍略，而行於世，即今之禮記是也。」隋書經籍志曰：「漢末馬融，傳小戴之學，融又足月令一篇，明堂位一篇，樂記一篇。」由上觀之，則馬融盧植之刪定古禮記，確有其事矣。

（2）按據前、後漢所載，二戴距劉歆約六七十年，歆僞纂古文記距班著白虎通約七八十年，而班著白虎通距馬融卒年爲八十七年，二人卒年相差七十四年，今悉以七十年計算：

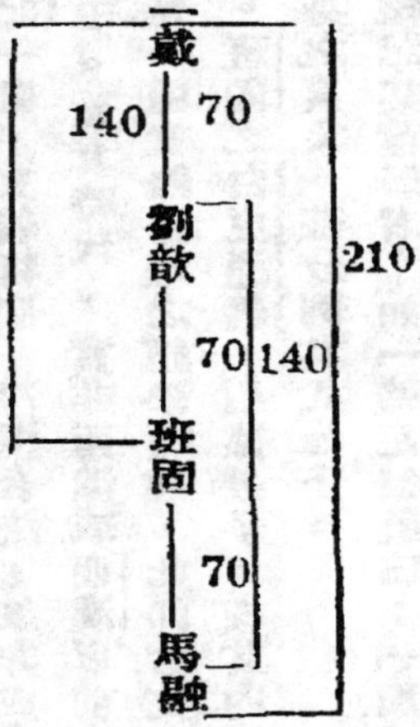

是劉歆之僞纂古文禮記，其情形班固不得聞，故引之而勿疑；馬融之刪定古文禮記，以成今本禮記，班固亦未及見。前後相崇，禮記之幾經蛻變，即在此七八十年之中，非馬盧其誰歟？

（附註）清李紱穆堂初稿論二戴與劉向年代之先後曰：「二戴年輩在前，劉向在後，戴安得刪劉書。且二戴記具在小戴之記，並非大戴之刪，安得謂聖刪德耶。」初亦以其言爲然，遽毀其稿，後檢幼年所作漢儒五經師授源流圖，覺二戴與劉向年輩不甚相遠，因取漢書及二戴記覆考之。則隋書云云，亦有未可遽非者。儒林傳並未稱二戴爲漢，何帝朝人。考其師授，則二戴學於后蒼，蒼學於孟卿，卿嘗學春秋於嬴公，嬴公嘗爲昭帝諫議大夫。自戴以上三傳之師，止於昭帝，則二戴年輩，不爲先矣。劉向本傳云：「向卒後十三年，而王氏代漢。」是卒於成帝二十四年也。向年七十三歲，逆溯之蓋生於昭帝之初。向十二歲，即以父德任爲輦郎。既冠，擢諫議大夫。是宣帝初已通顯，向之年輩，不爲後矣。命諸儒講論五經於石渠，宣帝時事也。時小戴以博士講，向亦釋鑄金罪，特徵授穀梁、春秋同講論。是二戴與向，蓋同時人；特向早爲宣帝所知，招置左右，與王褒等並進對。故早歲裒輯禮記，而二戴學儀禮於后蒼，專名禮學。故晚取周書，遽爲刪定焉耳。

——摘自《新東方雜誌》一九四〇年二月第一卷第一期

禮運大同篇政治哲學的研究

盧宗堉

禮運大同是我國古代政治哲學的寶典，總理早就說過，最近自經總裁指定爲公務員必讀書之一以後，更爲普遍周知的事實。原篇不但描繪出一個優美的理想社會爲政治改造和努力的鵠的，并且亦爲我們對於現實政治評價的尺度。雖然篇幅很簡約，但實已包含了歐洲幾千年來政治哲學的精義；較之柏拉圖的理想國亦無遜色。茲就原文明示及含蘊的思想作一分析的研究，尚希海內專家有以正之。

（一）政治與倫理

在古代希臘和中國都以政治與倫理作爲單一的研究。希臘人以倫理的研究在尋求個人道德的生活，而政治的研究則在決定政治社會的性質，使個人道德生活於此中有最完備的實現。換言之即政治的「存在之理由」（raison detre）不在其本身之中而是一倫理的目的。因此柏拉圖以理想國爲實現「正義」（Justice）的途徑，從道德的觀念去理解國家的性質。亞利士多德則以所有的社會都以善爲目的，國家爲最高的社會，而以最高的善爲其目的。中國儒家亦以倫理的目的作爲政治的目的，孔子的「政者正也」。就是最扼要和最好的說明。儒家以「仁」爲倫理上最高的原則，這依梁啟超先生的說法就是基於同類意識的人類同情心。這種同情心的充分發揮是人格的滋蔓，亦是倫理的要求。換言之「仁」是最完滿的人格的表徵，所謂「仁者人也」可說是儒家對於人性的目的論的解釋（Teleological Mode of Explanation）。倫理的原則既已覺得政治的任務就在實現這個倫理原則。蘇格拉底以國家爲個人的放大（Writ Large）欲在國家中求倫理原則的實現，儒家亦以「仁」的實現爲政治社會的理想，把「仁」從個人的倫理原則一變而爲政治社會的倫理原則，這在個人爲「不忍人之心」在政治便是不「不忍人之政」，是個人人格最完滿的表徵，亦是政治社會發展最高的境界。在這境界中「仁」充沛於整個政治社會之中，所以是：

「人不獨親其親，不獨子其子，使老有所終，壯有所用，幼有所長，鰥、寡、孤、獨、廢疾者皆有所養，男有分，女有歸」。這裏沒有種族之分，階級之別，亦沒有門第財產等等限制，一切人格除了生理上有男女老幼的差別外都給予他平等發展的機會。對於生存權觀念的發揮實遠較現代歐美人更爲澈底。因爲後者雖亦主張人格平等，和重視社會救濟，然產業革命以來西方文明以個人主義與自由競爭爲基本精神，所以社會習尚以受人救濟爲有損自尊，甚或以得人同情即遭人輕侮者，這種對於政治之物質的，功利的，和唯實現理解，與儒家以人類爲本位，崇尚互助，賦政治以倫理的價值者根本不同。這種不以政治組織爲保持統治者與被統治者利益的工具，而把牠視爲倫理的組織，是希臘思想和中國思想不朽的貢獻。但柏拉圖以全體超過部分（The Whole transcend the Part）視個人爲實現國家正義的工具，和儒家推行仁政以個人爲歸宿爲目的又有不同。康德的道德律謂個人當爲目的，而不應當作工具，亦許可作爲評價二者[illegible]的標準吧？

（二）財產與勞動

政治既以倫理爲目的，自然會重義務，而不[illegible]究權利。所以柏拉圖以各人盡其職責爲正義，儒[illegible]書亦不言利。在大同社會中我們亦找不致十八世紀[illegible]人權論者視爲神聖不可侵犯的「財產權」。但[illegible]克（Locke）以財產爲權利[illegible]之與和平等並列[illegible]然不過，（因爲承認了私有財產，便不能平等）[illegible]馬克斯主義者以爲沒有經濟的自由一切政治[illegible]是虛構，亦有理由，所以儒家雖不言利亦未嘗[illegible]人格發展最低限度的經濟保障和物質需要，[illegible]「貨惡其棄於地也，不必藏諸己」，就是消[illegible]明財產權的限度，和積極說明物質需要的存在。[illegible]們以爲財產除了滿足個人人格發展的最低限度[illegible]需要外，不能讓私人佔有作爲享樂之用。這部財[illegible]的社會職務說已與晚近德國憲法中「財產[illegible]有義務」，「所有人使用其財產應同時有功於[illegible]益」等觀念不謀而合了。除了財產社會經濟[illegible]動爲最重要的問題。因了經濟恐慌，失業威脅，近來歐洲社會改造者提出了一種新的要求，這就[illegible]關於勞動或工作的權利。歐洲新憲法已有接受[illegible]要求的規定，國家對於失業工人有代謀工作的[illegible]，不然就得負担其生活。這種關於勞動權利的[illegible]

我們先哲在數千年前早就主張了，禮運的「壯有所用」就是一個很好的證據。所不同的是前者所要求的工作權是以解決勞動者個人生活為目的，其動機為一己之私利，後者「幼有所長，老有所終，鰥寡孤獨廢疾者皆有所養」為對象，其出發點為社會之公益。所謂「力惡其不出於身，不必為己」，就是這個意思，亦唯有這種勞動才配稱為「神聖」。從上面關於財產與勞動的觀念看來則大同社會不但超越了社會主義者「各取所需，與各盡所能」，並且已更進一步達到了老子的「天之道損有餘以奉不足」的境界了。

（三）民主與和平

政治組織負有實現倫理原則的使命，故其執政者必得慎加選擇。柏拉圖在理想國中苦心孤詣的要其精力於護國者之選擇和訓練，且施行共產主義，保持其獨立地位，而免致腐敗，深謀遠慮殊耐人深省。禮運主張「選賢與能」爲政治之道，亦就是對這種治者責任的重大，如果讓「大人世及」結果難像盧騷所說「甘冒的小孩，怪物或獸，欲爲其[illegible]者之危險」，欲其完成倫理的使命當爲遴選的關係了。不過柏拉圖與儒家雖同樣重視統治者的選擇，然柏氏頗重遺傳，分全國人民爲「理」、「氣」、「欲」三個階級，其護國者大體屬於「理」的階級，故唾棄民主，大同社會中不採[illegible]世襲的原則，故能充分發揮民主精神。且以社會經濟得以解決其民主精神，或較現代歐美資本主義的民主國家更爲徹底。內部政治經濟問題已能妥善解決，對外就無從略的必要。所以「講信修睦」就是唯一合理的外交方式。希臘人以城市爲國家，以爲人類生活的一切物質上和智能上的要求，均可於此求得解決，故以國家爲自足的實體（Self-sufficing entity），國與國唯一可能的關係爲戰爭。此種思想於[illegible]文藝復興以後，格老秀斯（Grotius）主張國家應不受一切外在拘束的自由。霍布斯（Hobbes）則以所有國家天生便是仇敵。最近法西斯更把此種觀念帶至極端。於是歐洲有識人士目擊此種絕對的主權國家觀念爲人類和平途徑的障礙，開始紛紛主張放棄。實則歷史的事實已顯示出人類的活動與事業有超越這個「國家」的偏狹界的趨勢，現代國際間關於疾病，娼妓，勞工狀況的管理已採共同行動，郵政，電報，鐵路，及航空之建設都有協定，檢檢疫的規則，度量衡的標準亦有非正式的規定，尚有其他種種國際經濟，文化的組織都證明人類與有個此國家更大的政治單位。但困難所在就是約德（Joad）所說的「任何單位在進化特殊階段所達到的不論是家庭，部落，或民族國家，都會形成了強烈的人類感情的焦點；爲此能激起了愛國主義的熱忱，爲此服役而犧牲自我，爲此生存而奮鬥抗爭，爲此光榮而同仇敵愾，凡此種種感情的聯合，便阻止牠被歸併於另一個更大單位。過去這種歸併以成功備藉人類損害的重大代價」。不料這個二十世紀人類所不能擺脫的感情的偏狹的圈子，遠在數千年前生長於黃河流域大平原的中華民族早就跳出了。他們不以「天下爲家」，「城廓溝池以爲固」，而以整個人類爲本位，這種偉大的胸襟與氣魄，在今日文明先進的國家中還是不可多得的，但這卻是人類和平的心理基礎我們將怎樣去培養這種開明的態度呢？

——摘自《中央周刊》一九四〇年三月第二卷第三十四期

禮記全經要義

王橋安

現在無人不談教育。究竟教些甚麼。育些甚麼。據我推想。只是於人生衣食住三條。各循其分。各安其業。各如其願。家庭和順。社會安平而已。這樣教育二字。也算做到十二分了。除去「禮」那裏還有更好的方法。教我們遵依進行呢。也有人以爲到此時代。還在那裏談禮論義。不是迂腐無聊麼。況以我這拘墟無知的人。亦實在不了解禮經的奧義。那敢侈口亂道。既而一想。古聖先哲。創制禮經的意義。原是爲萬世。而不爲一時。循環治亂。是一時的變遷。秩序範圍。是萬世的綱要。那能因一時現象之不良。並萬世的綱維。亦永遠廢棄了呢。自古繼天立極的道理。莫大於禮。垂世立教的法則。亦莫先於禮。禮這一件事體。眞是再貴重再需要再完備無有的了。記清光緒中。京師五城順天府。爲收容貧孤子弟。設了個教養最小的義學。主要課本。論語大略讀過後。就是單刻的曲禮上下卷。名曰曲禮便蒙讀本。現在吾架上尚存其書。刊刻工整。音讀清楚。頗稱善本。也足見彼時官中人辦事之認眞了。學生既入塾中。卽令將此曲禮刊本。熟讀背誦。永遠不得拋去。在官中的意思。以爲此等學生。將來仍離不了工徒負販。但有此一卷書存諸胸中。以後無論作何營業。必不至動越軌範。孟子說「經正民興」。就是這種道理了。本來禮這回事。原是人生所不可闕的要素。天地所不能易的常經。自古命世的大賢。無不以禮爲先務。如荀子禮論篇上說的。人不能生而無欲。欲而不得就要求。求而無度就要爭。爭就要亂了。先王怕的惡的就是亂。故豫先制個禮義以均分之。以養人之欲。以給人之求。務教他欲必不窮乎物。物不必屈於欲。這亂自平靖了。這還不是禮的大

專著 禮記全經要義

用處嗎。又如唐朝杜岐公名佑的。仿照史記八書的例子。作了一部二百卷的通典。內中言禮的。倒占了十之五六。差不多前代經世的大法。都在其中。那麼對於禮制。杜岐公總算首屈一指。又如宋司馬溫公（光）的書義。也是最講究禮學的。溫公嘗說。禮之為用甚大。用之於身。則動靜有法。而百行便備了。用之於家。則內外有別。而九族便和了。用之於鄉。則長幼有倫。而俗化便美了。用之於國。則君臣有叙。而政治便成了。豈僅止於几席之上。庭戶之間。能維持而不致錯亂呢。又如宋張子（載）。理學大儒。生平學問。無不根本於禮。每與諸生講學。亦必勉以知禮。他所著的正蒙。處處都含禮意。足見也是一位禮學大家。又如清代曾文正公。秦文恭公。他們常時的論著。皆是以禮為兢兢的。曾文正公聖哲畫像記上說的。先王之道。所謂修己治人。經緯萬彙的是甚麼。還不就是禮嗎。這是曾文正公。對於禮的深切表示了。至於秦文恭公。他於禮的成就之偉大。尤令人有空前絕後的評議。因清代的諸儒。若亭林顧氏。梨洲黃氏。每言及禮教。皆有守

先待後。舍我其誰的意思。再如慎修江氏。東原戴氏。亦無不以禮為當務之急。秦文恭公蕙田。遂纂為五禮通考一書。舉天下古今。幽明萬事。皆一一經之以禮。眞可謂之體大而思精了。以上所說這些大儒。對於禮之一事。倖重到十二分。保守到十二分。究竟為甚麼呢。像我這淺學寡識的人。也說不出所以然來。不過就我曾經讀的。幾本經書看來。天秩天叙。是尙書皐陶謨上見過的。敎中敎和。是周禮地官典裏見過的。君子非禮弗履。這是易經上說的。不學禮無以立。這是論語上說的。餘如安上治民。莫善於禮。孝經上已說過了。禮天之經。亦地之義。左傳上也說過了。這都可見禮的重要大概了。再就禮記本書上而論。人有禮則安。無禮則危。故曰禮者不可不學也。這不是曲禮上說的嗎。禮有本有文。忠信禮之本也。威儀禮之文也。無本不立。無文不行。這不是禮器上說的嗎。禮之於正國也。猶權衡之於輕重也。繩墨之於曲直也。規矩之於方圓也。這不是經解上說的嗎。民之所由生禮為大。非禮無以節事天地之神也。非禮無以辨君臣上下長幼之位也。

非禮無以別男女父子兄弟之親。婚姻疏數之交也。這不是哀公問上說的嗎。關於此類的言語。一時也述不盡。總而言之。那一條不是禮記的精義呀。照此看來。禮記全經的蘊奧。已足略見一班。不過禮記一經。雖不是大聖人手定的書。終究也是聖人沒後。七十二大賢們。非撰所聞。以為此記。或者是錄舊禮之義。或者是詳變禮所由。或也許是兼記體履。或也許是雜記得失。歸總編錄起來。就是現時歷經刪訂的禮記。但未能盡知當時編錄的人。的確是誰就是了。以上係唐孔穎達氏。禮記正義上敘的。可見禮記這部書。著錄之始。自有由來。從漢至唐。各有傳授。

今試將漢藝文志儒林傳所述的。唐經典釋文所序的。擇其有關於禮記者。略說個大概。以為研究是經的小小助力。

按漢書藝文志中所說。禮古經為五十六卷。經十七篇。記百三十一篇。明堂陰陽三十三篇。王史氏二十一篇。曲臺后蒼九篇。明堂陰陽記五篇。周官六篇。周官傳四篇由漢志至今。相距近二千年。所記的書名篇數。簡直是莫名其妙。宋王應麟氏。又加以考證。治絲愈棼。益覺無從索解。據我看起來。不如武斷一下子。這漢志所列的。除經十七篇。周官六篇。周官傳四篇。係指現存的儀禮周禮而言。餘若古經五十六卷。在班固時。十七篇以外。恐已是亡佚的了。至於記百三十一篇。又王史氏二十一篇。明堂陰陽三十三篇。明堂陰陽記五篇。再合之曲臺后蒼九篇。約共一百九十餘篇。這大概就是戴德戴聖。一再刪定。而為今大小戴記的底本了。所以藝文志中。又言漢興高堂生。傳士禮十七篇。訖孝宣世。后蒼最明。戴德戴聖慶普。皆其弟子。三家立於學官云云。考漢有天下。以訖孝宣。已逾一百四五十年。亦不得復冠以漢興的字樣。高堂生是漢初的人。自傳十七篇的士禮。后蒼是漢中葉以後的人。自說數萬言的曲臺禮。中間代遠年湮。雖有戴聖是高堂生的五傳弟子一說。然就漢書儒林傳所載。輾轉承續。亦無直接傳授的明文。不過就百餘年中傳禮的人。大略綜計綜計就是了。以我愚見。參以儒林傳的口氣意思。似乎二戴是后蒼的弟子。並未說定是高堂生的弟子。二戴雖亦兼習士禮。然的確是專研於曲臺禮。即所謂大戴刪其煩重為八十五篇。小戴復删爲四十六篇。更加以馬融所增的月令明堂位樂記三篇。至今行世的。就是這本了。今再觀儒林傳所載的。后蒼說禮數萬言。號曰后氏曲臺記。授沛聞人通漢字子方。梁戴德字延君。戴聖字次君。沛慶普字孝公。德號大戴。聖號小戴。由是禮有大戴小戴慶氏之學。大戴授琅邪徐良字斿卿。小戴授梁人橋仁字季卿。楊榮字子孫。皆家世傳業。由是大戴有徐氏。小戴有橋氏楊氏之學。觀此語意。高堂生所傳的。確是現在的儀禮。小戴所删定的。確是現在的禮記。界畫本自分明。那麼。五傳弟子一說。尤其是不能拘泥的了。再觀經典釋文序言。禮也者。本孔子門徒。共撰所聞。以爲此記。後人通儒。各有損益。故中庸是子思所作。緇衣是公孫尼子所制。月令是呂不韋所撰。王制是漢時博士所爲。又晉司空長史陳卲周禮論序云。戴德删古禮二百四篇。爲八十五篇。謂之大戴禮。戴聖復删大戴禮爲四十九篇。是爲小戴禮。按陳卲所言戴德删古禮二百四篇之數。頗與漢藝文志所載。除古經五十六卷。經十七篇。周官若干篇。以外之數相合。所差者僅僅五篇的小零數。因疑戴德初次所删的。就指藝文志載的各篇而言。不然那有這們巧呢。這話擱住不提。迨至後漢馬融盧植。考諸家同異。附戴聖篇章。去其繁重。及所敘略。而行於世。就是今日的禮記哩。漢末山東大儒鄭元。亦依盧馬的定本。而爲之注。盧本先有注二十卷。鄭氏的注。也是二十卷。彼時注禮記的。盧鄭而外。又有魏王肅的注三十卷。孫炎的注二十九卷。後來又有宋業遵的注十二卷。庾蔚之的略解十卷。以上皆是經典釋文上序的。合之漢藝文志儒林傳。禮記這部書。源流始末。大概也許了然了罷。

禮記一書。自盧鄭作注後。晉宋以來。疏義尤盛。南人有賀循賀瑒崔靈恩皇甫侃等。北人有徐遵明李業興侯聰熊安生等。其最表見於後來的。爲皇熊二家。而皇又勝於熊。唐時纂正義的體例。就是以皇氏爲底本。若有不完備的地方。纔用熊氏的主意去補。剪其繁蕪。撮其精要。唐臣孔穎達賈公彥等。乃共撰成了七十卷的正義。又觀北史儒林傳上記的。鄭康成爲諸經的注解。易書詩禮論語孝經。大行於河北地方。魏末大儒徐遵明。亦兼通之。後又傳業於熊安生。熊安生的門人。無有不通小戴禮的。其時南北好尚互有不同。惟獨禮這一經。異口同聲。都遵從鄭康成氏。此風到了唐初。仍然未曾改變。所以孔穎達爲正義的序言。稱引所及。幾與我今次講的。不差一字。足見當日之實在情形。是如此的了。

清自乾嘉以後。研究經學的。必斷斷於漢宋的分別。而唐代的義疏。若爲之樞紐似的。今於禮記。既講到孔氏的正義。是唐以前的注釋。不必再講了。茲將餘下的工夫。把宋儒對禮記的議論。擇要說他一說。程子嘗謂禮記雜出於漢儒。然其間傳聖門緒餘。其格言甚多。如樂記學記大學之類。無可議者。檀弓表記坊記。亦甚有至理。王制禮運禮器。多傳古意。其餘文字有可疑者。惟知言者一經揀擇便得了。又謂禮之本出於民之情。聖人因而導之。禮之器出於民之俗。聖人因而節文之。且隨時斟酌而損益之。天下無一物不用禮。比如擱兩把椅子。纔不正便無序。無序便乖。這不是一個確證驗嗎。陳氏祥道嘗說。先王之法。以禮爲本。無一時能離開他。無一事不用着他。其對於宮室衣服。冠昏喪祭。能使奢者不得騁無度之心。儉者不能就苟簡之節。奇者不得以亂常。衺者不容以害正。此上下所以辨。而民志所以定了。又葉氏夢得有云。禮家之學。小戴最爲後出。乃今之言禮的。惟小戴爲衆宗仰。此無他。六經始出。諸儒講習未精。且無他書以證其是非。歷時既久。議論漸精。而又簡書時出。可以爲證。學者得考同異。這短長便見了。長者出而短者廢。此自然的道理。沒有甚麼可異的。又鄭氏樵有云。四十九篇之書。雖雜出於諸儒傳記。不能悉得聖人之旨。然其文繁義博。學者觀之。隨其所入。博而約之。亦可弗畔。未可以其非聖出於夫子。便輕加議論了。又朱子生平最深於禮。嘗謂禮有本有文。本固不可以一日而不修。文亦皆所以綱紀人道之始終。雖其行之有時。施之有所。然非講之素明。習之素熟。一到了臨事的時候。就不能合宜而應節。所以禮是不可一日不講習的。又謂禮記是解儀禮的。儀禮是經。禮記就是傳。如儀禮有冠禮。禮記便有冠義。儀禮有昏禮。禮記便有昏義。以至燕射等禮。莫不皆然。又謂禮記須兼儀禮讀。如冠昏喪禮鄉飲酒禮之類。儀禮皆載其事。禮記只發明其理。讀禮記而不讀儀禮。這許多理。皆無安着處了。又謂人說禮記是漢儒的說。恐其不然。漢儒最純粹的。無過董仲舒。仲舒文之最純的。無過天人三策。何嘗有如禮記中說的話來。以上這些議論。都是宋儒對於禮記說的。不是狠親切有味的嗎。

說到這裏。我又想起一件極緊要的事來。甚麼事呢。就是宋儒衛湜字正叔的。他有對禮記的一部大著作。叫做禮記集說。有一百六十卷之多。自來講究經學的。泰半推尊漢人。對宋學者。無不嚴分界限。獨對他這部大作。皆表示十二分的推重與珍視。甚麼緣故呵。原來他這部書。幾經訂定。經過三十年的修改。採摭最爲賅博。去取亦最爲精審。自鄭元的禮記注而下。所採凡一百四十四家。其他書之涉及禮記的。採錄尚不在此數。今自鄭注孔疏而外。原書幾無一存者。差不多都賴此書以存。也可算禮家之淵海的了。他有自作的序跋。立言特妙。他說他人的著書。惟恐不出於己。我這部著書。惟恐不出於人。足見他這一百六十卷的鉅作。一句一字。都是有來歷的了。尤妙在是錄某人之說。即將某人的姓名。注明於下。既不沒前人之善。又可使觀者相信。這一一的解義。絕不是自己僞造的。眞是一個著書的好法子。怎不教人爭視恐後呢。現他這書。自通志堂刊板外。流行甚少。求之且甚爲不易。然既知道他的好處。怎能不介紹於大衆呢。說到這裏。我的禮經演講。也就藉此結束了。

——摘自《教育學報》一九四〇年五月第五期

禮記成書時代再考

蔡介民

禮記成書之時代，余前已撰文論之。斷爲東漢馬融盧植所編纂。今予復有所獲，不憚贅陋，筆以成文，公之於世，以補前說之罅苴云。

今欲明禮記成書之時代，請先言先賢對此問題之推論。史記在於前，未得論及。史記儒林傳曰：

「諸學者多言禮，而魯高堂生最。本禮自孔子時而其經不具。及至秦焚書，書散亡益多。於今獨有士禮，高堂生能言之，而魯徐生善爲容。孝文帝時，徐生以容爲禮官大夫。……延及徐氏弟子公戶滿意，桓生，單次，皆嘗爲漢禮官大夫，……蕭奮以禮爲淮陽太守，是後能言禮爲容者由徐氏。」

史記言傳禮者至此止。漢書儒林傳繼之曰：

「……孟卿事蕭奮，以授后倉，……閭丘卿。倉說禮數萬言，號曰后氏曲臺記。授……聞人通漢……戴德……戴聖……慶普。……德號大戴，爲信都太傅；聖號小戴，以博士論石渠。……由是禮有大戴小戴慶氏之學。……大戴授……徐良，爲博士。……小戴授……橋仁……楊榮。……由是大戴有徐氏，小戴有橋楊之學。」

是漢書言及大小戴傳士禮(卽儀禮)之事與其傳授之源流。而未明其有禮記之著述也。

漢書以後，首言戴德傳禮八十五篇，戴聖傳禮四十九篇者，則唯有鄭玄六藝論。其說曰：

「按漢書藝文志及儒林傳云：傳禮十三家，唯高堂生及五傳弟子戴德戴聖名在也。……今禮行於世者，戴德戴聖之學也。德傳禮八十五篇，則大戴禮是也；戴聖傳禮四十九篇，則此禮記是也。』

鄭說發後，晉陳邵承其說而演其義，謂大戴禮之八十五篇，乃删自古禮二百四篇者；其小戴禮之四十九篇，則又删自大戴禮而成。後漢馬融盧植，於小戴禮亦有所附蠲，以成今編。其原文見於周禮論序：

『戴德删古禮二百四篇爲八十五篇，謂之大戴禮；戴聖删大戴禮爲四十九篇，是謂小戴篇。後漢馬融，盧植，考諸家同異，附戴聖篇章，去其繁重，及所敍略，而行於世，即今禮記是也。』

陳氏之說，隋書經籍志襲之，且詳古禮之條目；然亦有與陳說不同者。其說曰：

『漢初，河間獻王，又得仲尼弟子，及後學所記一百三十篇，獻之，時亦無傳之者。至劉向考校經籍，檢得一百三十篇，向因第而敍之。而又得明堂陰陽記三十三篇，孔子三朝記七篇，王史氏記二十一篇，樂記二十三篇，凡五種，合二百十四篇。戴德删其煩重，合而記之爲八十五篇，謂之大戴記；而戴聖又删大戴之書爲四十篇，謂之小戴記。漢末馬融，遂傳小戴之學。融又足月令一篇，明堂位一篇，樂記一篇，合四十九篇，而鄭玄受業於馬融，又爲之注。』

案隋志與陳氏說不合者有三：(一)陳氏謂古禮二百四篇，隋志謂古禮二百十四篇。(二)陳氏謂小戴禮四十九篇完全删取於大戴禮；而隋志則謂小戴禮只取大戴禮之四十六篇，後三篇爲後漢馬融所足。(三)陳氏曰大戴禮小戴禮，而隋志則曰大戴記小戴記，禮與記名異而含義亦不同。

隋志之後？則有通典：

『初，獻王又得仲尼弟子及後學所記四百十一篇。至劉向考校經籍，纔獲百三十，向因第而敘之；而又得明堂陰陽記二十三篇，孔子三朝記十篇，王氏史氏記二十篇，樂記二十三篇，總二百二篇。戴德刪其煩重，謂之大戴記而戴聖又刪大戴之書爲四十九篇。』

通典與隋志相異者，一爲古禮之篇數，二爲無馬融足三篇之說，其餘大體相同，蓋亦陰襲隋志之說，而陽標自家之異，通典之言，實無所據也。

至於唐之陸德明及孔穎達，對於禮記之看法，已稍異於前。以爲禮記乃孔子門徒所共撰，後人通儒，各有損益以成今編。陸氏經典釋文序錄曰；

『禮記者，本孔子門徒共撰所聞以爲此記，後人通儒，各有損益。故中庸是子思伋所作，緇衣是公孫尼子所制。鄭玄云：月令是呂不韋所撰。盧植云：王制是漢博士所爲。陳邵周禮論序云：戴德刪古禮二百四篇爲八十五篇，謂之大戴禮；戴聖刪大戴禮爲四十九篇，是爲小戴禮。後漢馬融盧植，考諸家同異，附戴聖篇章，去其繁重，及所敘略，而行於世，卽今之禮記是也。鄭玄亦依盧馬之本而注焉。

孔氏禮記正義曰：

『禮記之作，出自孔氏；但正禮殘缺，無復能明。……至孔子沒後，七十子之徒，共撰所聞，以爲此記。或錄舊禮之義，或錄變禮所由。中庸是子思伋所作，緇衣是公孫尼子所撰。……』

陸氏之說，最可奇者，卽已謂禮記爲孔子門徒所共撰，而尙尊陳邵之說；已尊陳邵之說，而只具其原文，毫不加以評述。蓋在陸氏之意，前者爲其私見，（孔子門徒所共撰說）而後者乃一般之傳說耳。（如陳邵大戴删古禮及小戴删大戴之說）不敢以己意而廢前說，甚矣！舊說樊籠之難脫也。

以上諸說，（六藝論除外）皆大同小異，至唐徐堅。獨異於是。其初學記二十一曰：

『禮記者，本孔子門徒共撰所聞也，……至漢宣帝世，東海后倉善說禮，於曲臺殿撰禮一百八十篇，號曰后氏曲臺記。后倉傳於梁國戴德，及德從子聖，乃删后氏記爲八十五篇，名大戴記，聖又删大戴禮爲四十六篇，名小戴記。其後諸儒，又加月令，明堂位，樂記，凡四十九篇，則今禮記也。』

徐氏之說，與前大異者，卽謂禮記乃删自后氏曲臺記百八十篇中，不出於古文記也。後之學者，亦有承徐氏之說而張大其義者，逕謂曲臺之記，卽爲戴德所述，此更穿鑿附會矣。如姚振宗漢書藝文志卷一上曰：

『曲臺記亦大戴所述。』

至於唐宋學者，對於禮記，已漸啓疑端，認爲不可深信。如鄭樵六經奧論曰：

『禮記一書，曲禮論著於曲臺，而不及禮之大本；王制著述於博士，而盡失先王之大意；月令摘於呂覽，而錄秦世之官太尉；緇衣本乎尼子，而改魯論之文。……』

朱子語類曰：

『大抵說制度之書，惟周禮，儀禮可信，禮記便不可深信。』

元明以來，滋惑尤甚。吳澄禮記纂言曰：

『戴記……其諸篇，出於先儒之著作，全書者無幾。多是記者旁搜博采，剿取殘篇斷簡，會粹成書，無復詮次，讀者每病其雜亂而無章。』

郝敬禮記通解曰：

『禮記非出一手，眞贗相雜，而瑕不掩瑜。』

吳澄郝敬，疑禮記不出一手，則二戴傳禮或二記删取古禮之說，將不攻而自破矣。後之學者，多張大其義，逕謂禮記爲西漢初諸儒所纂集者。經義考引羅璧曰：

『漢初典章簡略，諸儒摭拾遺文片簡，與禮事相關者，編定篇帙，皆非聖人之言。』

又引李淸臣曰：

『自秦焚書之後，學者不得完經，亡者已亡，存者大抵散亂，已不可全信。……五經獨禮樂尤爲秦之所惡，絕滅殆盡。今之禮記，蓋漢初儒者，鳩集諸儒之說，博取累世之文也。』

然亦仍有持不同之說，以爲禮記乃六國時人所撰集者。丁晏禮記釋注曰：

『禮記非漢儒所作也。蓋秦火未焚之前，六國時人所撰集也。記引兌命太甲君臣，皆百篇古書，非漢人所經見；又引君奭周田觀文王之德，亦與漢博士讀異，故知出於秦火以前也。曷以知爲六國時作也？漢書藝文志：記百三十一篇，自記七十子後學者所記。夫曰後學者，則孔門之再傳弟子，今記中曾子有子皆稱子，又記曾子子張之沒，及曾子之子元申，子張之子申詳，子游之子言思，子思之子子上，鄭註謂樂正子春，曾子弟子。孔疏謂公明儀，子張弟子，又爲曾子弟子。則爲七十子後學者無疑。七十子當春秋之季，而其後學者，則當六國時可知矣。且樂記一篇，史記張守節正義，謂公孫尼子作。陸氏引劉瓛說緇衣亦公孫尼子作，班志儒家有公孫尼子二十八篇，自注七十子之弟子。夫樂記出於公孫尼子，而記子夏對魏文侯事，則爲六國時明矣。孔穎達正義謂檀弓在六國之時，以仲梁子是六國時人。詩定之方中引鄭志：『仲梁子，先師說魯人，當六國時。』鄭志答臨碩曰：孟子當赧王之時，王制之作，當在其後。』又王制周尺註曰：『六國時多變亂法度。』正義引皇侃曰：『六國時，或將萬爲億，故曰萬億。』是王制亦六國時作。盧君謂漢博士作，非也。以今考之，月令呂不韋所修，則秦莊襄相也。中庸子思所撰，則魯繆公師也。三年問荀子所著，則楚蘭陵令也。乘馬曰騎，田宅曰獻，非周制所有也。官曰太尉，民曰黔首，並非春秋時所有也。邾婁考公之喪，穆公縣子之問，皆六國時之君，故曰六國時人所撰集也。……鄭注雜記引逸禮王度記，別錄以爲齊宣王時人所說，班志載王史氏記二十一篇，注云七十子後學者。師古引別錄云六國時人。以他記考之，則小戴記從可例推也。唯其爲六國時作，故記載參互，時與周禮不合；而後人據其不合之處，直以爲雜出漢儒，豈通論哉。』

總上諸家所論，可見關於禮記成書之問題，時愈後而說愈繁，說愈繁而愈離臆，憑空架屋，捉風捕影。自鄭氏之說發，二戴與禮記之關係生；陳氏之說出，禮記與古禮之關係定、至於初學記之說，牽禮記於曲臺記，尤屬風馬牛不相及矣。明清學者，始滋疑議，持論稍覺新穎，斐然成章，然疏淺離臆者，仍不在少數。

本來禮記一書成於鳩集，非出於一手，非出於一時，執其一篇而推論其全體，是猶生而瞽者之論日，宜其說之扞格不能通也。是以考究禮記成書之時代者，乃考其最後編定之人，最後編定之時，非考每篇之作於何人何時也。玆余不憚鄙陋，請先言前數說之不當：

(一)禮記爲二戴所傳述說——主此說者，爲鄭玄之六藝論，(原文見前引)亦卽論禮記成書時代之首發其嚆矢者。此說之辨明，則他家說迎刃而解矣。

(1)六藝論曰：『按漢書及儒林傳云：傳禮十三家，唯高堂生及五傳弟子戴德戴聖名在也。……今禮行於世者，戴德戴聖之學也。』夫漢書及儒林傳只云戴德戴聖傳禮有名，並未言其有書。鄭氏推演其義，遂以當時行於世之禮書，加諸二戴之身上。『德傳禮八十五篇，則大戴禮是也；戴聖傳禮四十九篇，則此禮記是也。』今驗其文義，似屬推論，非肯定之辭也。

(2)二戴如有禮書傳於世，何以鄭氏前之漢志等書，未言一字，而待漢末始聞耶？

(3)漢志及儒林傳所謂『傳禮十三家……。』其禮乃指儀禮而言；其所謂大小戴，亦爲傳儀禮人，與今之禮記皆不相蒙也。（請參看黃以周禮書通故及皮錫瑞三禮通論。）鄭氏不之察，竟至張冠李戴，貽誤千載矣。

(4)鄭氏以前，二戴以後，白虎通義等書，所引禮文，多與今之禮記內容相同；然其名不定，或曰禮，或曰禮記，未有作大戴禮小戴禮之名者。（詳見後文）可見在鄭氏以前，未見名戴禮之書也。

(5)六藝論謂二戴傳禮若干篇。如讀傳爲平聲，則傳者述而不作，不應有數百篇之記也；如讀傳爲去聲，則傳者，解經義也，如三傳之於春秋，何以其內容糅駁不倫，不類解經之作乎？

(6)二戴親受禮於后氏，且以禮家名於當時。如有著述，當爲解經之作，或因經義而發者，昔宋朱熹謂儀禮爲經禮記爲傳，卽牽斯意。（參看朱熹儀禮經傳通解。）然按此說有四不可信：

(A)儀禮十七篇，今禮記只有冠，昏，鄉飲酒，射，燕。聘。六義，餘篇何勿釋之。

(B)禮記之義，若釋儀禮正文，則不當離文立意，多所牴牾。如曲禮云大夫祭以羞牛，而儀禮云大夫祭以少牢；喪大記云復衣不以衣尸，不以斂；而士喪禮云復衣以衣尸；曾子問云慈母無服；而儀禮云慈母如母服；雜記云祀用桑，而儀禮云祀用棘。……似此不合之處，披卷卽得。

(C)六篇之首，有稱某義者，有稱某禮者，稱謂猶不同，安得概以爲釋經之義。

(D)六篇之中，亦有不同，如冠義，昏義，皆撮取郊特牲及冠禮，昏禮爲之，其不足爲冠禮昏禮之義也可知；且鄉飲酒義射義，多不同於鄉飲酒禮射禮，旣云經傳，焉得不同？

(7)二戴與劉向同時(理詳後)，爲今文傳禮之名家，似不應雜有古文義也。然今驗禮記內容，則爲體不純，今古雜糅，如文王世子明堂位等篇，其著者也。

(8)禮記如出於戴氏一人之手，則不應如許糅駁：

(A)疑辭一郊也，或曰用辛日，或曰擇元日；一禘也，或曰春祭，或曰夏祭；一廟制也，或曰大夫有皇考廟，或曰有太祖廟而無皇考廟。他如言喪言禮，大多疑而未定。

(B)綜錯內則全篇言飲食事，中間忽入養老一節，曲禮中所引『若夫坐如尸，立如齊。』乃採自曾子篇文，與上下文皆不相聯屬。他如祭統中雜入鼎銘事，以致綜錯不倫。禮記中似此之處甚多，不堪枚舉也。

(9)二戴同傳儀禮，而各自名家。則其對於儀禮之見解，當有不同之處；今驗二戴記書內，並無有之。

(10)六藝論謂二戴傳禮若干篇，其說實無所本，不過據漢志及儒林傳推測之耳。未可以爲信也。蓋二戴在西漢爲名儒，並爲傳禮之大家，故易爲人所僞託，而能徵信於世也。

(11)或曰：禮記篇第，劉向已列之別錄，是在西漢末年，已有四十九篇之禮記矣。余以爲此說最有勢力而最不可信，世人不敢疑戴記者，多亦職此故耳。殊不知劉向列錄之事，已多疑問。近人洪業禮記引得序謂別錄之不足信者有三：

(A)漢志未道及劉向別錄之事。

(B)喪服四制，鄭云：此於別錄舊說屬喪服。舊說二字殊可異。孔氏解之曰：案別錄無喪服四制之文，唯舊說稱此喪服。試問小戴四十九篇，若逐篇著列於別錄，且樂記第十九，次序並與鄭注禮記相同，則別錄所列之第四十九，篇名云何？類屬云何？當一檢卽得，何至以舊說爲依據？可見不僅唐時尚存之別錄，並無四十九篇篇名次第之記載；而且鄭玄之所謂某篇於別錄屬某者，非據別錄而爲言也。

(C)試細閱孔所引之鄭氏目錄……合爲四十九篇；然奔喪投壺，旣爲逸經，何混列於記？明堂陰陽本有三十三篇，何分其二於此？且樂記旣爲篇名，何復分爲十一篇，而各有一名，如樂本樂論等；旣爲十一篇矣，何復爲樂記一篇？況其外復有二十三篇之樂記，又重複十一篇耶？向校理舊籍，類別而區分，何與四十九篇之外，彼此重複；而復於四十九篇之內，同類篇章之次第，乃前後離置耶？

(D)別錄所立九種禮目，分論禮記四十九篇，分類可稱詳盡；然細閱其內容，則多有扞格欠妥之處。如禮器當屬通論，而別錄屬之制度，玉藻當屬制度，而別錄屬之通論；檀弓當屬喪服，而別錄屬之通論，……至其細目，尤多不妥。(參看陳澧東塾讀書記及日武內義雄兩戴記考)由此觀之，則知別錄雖確有其書，確爲劉向所撰，則其所謂禮記乃古文記，其所立禮目爲古文記而立，非今禮記之謂也；今之禮記，雖多取於古文記，然其中亦多有不同處，是以鄭氏以劉向別錄而類禮記，內容多不相符也。

(二)禮記爲二戴據古禮所刪成說——主此說者，最早見於陳邵周禮論序，隋志，通典，又其後矣。(原文皆見前引)今案此說，是非參半，謂禮記刪取古文記，是也；謂禮記成於二戴之手，則非矣。蓋陳邵隋志知禮記之如何成書，而不知其成書之時代，謂禮記刪取古禮，乃就禮記內容而推知；謂禮記成於二戴，乃就傳說而論述。至其小戴記刪取大戴記之說，尤爲臆妄不足信，茲分述之如下：

(1)劉向與二戴同時，向所校之書，二戴焉能爲之刪除耶？——案漢書儒林傳，戴德爲信都太傅。又元帝紀，建昭二年，立皇子興爲信都王，德爲太傅，當在此時。而此時劉向已爲石顯誣譖被廢。儒林傳：戴聖以博士論石渠，至九江太守。宣帝紀，甘露三年，詔講五經異同。是小戴論石渠在甘露中，劉向傳亦云受穀梁講論五經於石渠。正與小戴同時。何武傳，武還揚州刺史，九江太守戴聖自免，後爲博士。武爲刺史，乃太僕王音之薦，王音爲太僕在成帝河平三年，至元朔元年爲御史大夫，則武爲刺史，當在河平陽朔間，戴聖免太守復爲博士，當在陽朔鴻嘉間。成帝紀，河平三年，光祿大夫劉向校中祕書。是向與二戴年輩略相當也。又考二戴之師授，則二戴學於后倉，倉學於孟卿，卿嘗學春秋於嬴公，嬴公嘗爲昭帝諫議大夫，自戴以三傳之師，止於昭帝，則二戴與劉向之年輩，不相前後，焉能刪取劉向所校之古文記耶？

(2)隋志云記百三十一篇，至劉向考校經籍，檢得百三十篇，是較原來少一篇；然漢志則撰在向歆之後，何以仍著記爲百三十一篇，此與隋志所言不符也。

(3)陳邵以前，未有言二戴刪取古禮者，未知其何據也。

(4)二戴爲傳禮之今文學家，豈肯刪取劉向所校之古文記？然今禮記中多有古文記，可見禮記非出二戴手也。

(5)隋志謂小戴刪取大戴而成書，其說尤不可信：

(A)漢書未載及此事，隋志以前諸書，亦未有言及之者。錢大昕漢書考異曰：『謂大戴禮刪古禮，小戴又刪大戴禮，其說始自陳邵；而陸德明引之，隋志又坿益之；然漢書無其事，不足信也。』

(B)二戴皆后倉之弟子，同論於石渠，各自名家，聖又何必刪取大戴之書。陳壽祺左海經辨曰：『二戴慶氏，皆后蒼弟子，各自名家，惡得謂小戴刪大戴之書耶？』沈欽韓漢書疏證曰：『大小戴並授一師，同論石渠，各自名家，聖又何暇取大戴之書而刪之。』

(C)大戴記與禮記重複者甚多，而且文字多違異。戴東原文集曰：『隋志言，戴聖刪戴德之書爲四十六篇，謂之小戴記，殆因所亡篇數，傅合爲是言歟？其存者哀公問及投壺，小戴記亦列此二篇，則不在刪之數矣。他如曾子大孝篇見於祭義，諸侯釁廟篇見於雜記，朝事篇自「聘禮」至諸侯務焉」見於聘義，本事篇自「有恩有義」至「聖人因殺以制節」見於喪服四制，凡大小戴兩見者，文字多異，隋志以前，未有謂小戴刪大戴之書者。』

(D)鄭玄六藝論言二戴各自傳禮，並無小戴刪取大戴之說。錢大昕潛研堂文集曰：『學者惑於隋志之文，謂大戴之書，爲小戴所刪取；然隋志述經典傳授，多疏舛不可信。鄭康成六藝論，但云戴德傳記八十五篇，戴聖傳記四十九篇，別無小戴刪大戴之說。今此書與小戴略同者凡六篇，可證其非刪取之餘。』

(6)月令、明堂位、樂記三篇，隋志稱爲馬融所足。四庫全書提要駁以四事：(原文略)

(A)前漢橋仁之禮記章句，已著爲四十九篇。

(B)月令明堂位樂記三篇，均見於劉向別錄。

(C)鄭玄六藝論稱戴聖傳記四十九篇，未言其師馬融有足此三篇之事。

(D)融傳周禮，絕不預及禮記之傳授。

提要之說，似是而非。前兩條所例證，皆不甚確鑿，蓋劉向別錄與橋仁禮記章句二書，皆早亡失，不可信據。至於禮記之最後編定，本出於馬融之手，合離損益，任意編訂，又何獨此三篇耶？

(三)禮記爲孔子門徒所共撰說——倡此說者爲陸德明經典釋文序錄(原文見前引)其說雖有所本，(禮記中多孔門著述)然亦不足信據：

(1)康有爲新學僞經考曰；『孔門相傳，無別爲一書謂之禮記者。』康氏之說信然。

(2)禮記諸文中，多有與孔門思想相背謬者，如儒行中誇大勝人之氣，明堂位魯人自大矜驕之語，禮運中大同小康之說，均非儒家所應有也。

(四)禮記爲二戴據曲臺記所刪成說——首倡此說者。爲唐徐堅之初學記；而附和演易其義者，則姚振宗之漢書藝文志也。(原文見前引)今按此說，最不可信：

(1)閻若璩古文尚書疏證曰：『儒林傳有倉說禮數萬言，號曰后氏曲臺記，授大戴小戴，遂以后倉爲有功禮記，……不知后倉之明禮，亦明高堂生之儀禮耳。與禮記絕不相蒙也。

今俗概以禮記爲曲臺記，此語不知何所自來？』閻氏之言，可謂遡其病源，而一針見血矣。初學記之誤，蓋以誤讀漢書也。

(2)七略云：『宣帝時行射禮，博士后蒼爲之辭，至今記之曰曲臺記。』又漢書藝文志如淳注曰：『行射禮於曲臺，后蒼爲記，故曰曲臺記。』是曲臺記一文，乃專論射禮者，與今之禮記內容，繁簡絕不相同矣。

(3)漢書儒林傳云：『后倉說禮數萬言，號曰后氏曲臺記。』然今之禮記，竟達十餘萬言之多，曲臺記寡於禮記數倍，不應反爲禮記所自刪出。

(4)初學記謂禮記刪自曲臺記百八十篇中，是曲臺記有一百八十篇也；然案漢書藝文志禮家有曲臺后倉九篇，九篇與一百八十篇，數字上相差太大，不知曲臺記何所據也

(5)初學記謂禮記爲戴氏刪自曲臺記，其說實無所本，徐氏以前諸書，未有作是論者。

(6)漢書儒林傳服虔注曰：在曲臺校書，著記因以爲名。按校書應於祕閣，如劉向然。何以在曲臺中？卽承認服氏之說，則后倉所校之書，二戴爲其弟子，豈敢遽爲之刪除耶？

(7)黃以周禮書通故，謂曲臺記內容，如十七篇之次。大戴以冠昏相見士喪旣夕士虞特牲鄉飲鄉射九篇士禮居首，曲臺記九篇，卽說此士禮九篇，以推天子諸侯之制。黃氏之說，原屬臆度。卽以其說爲是，則曲臺記只九篇，大戴記之首九篇已同之，所餘之七十六篇，戴氏取自何處？且戴記所論極廣，上至法政教育，下逮禮儀民俗，莫不言及一二，豈似曲臺記，僅說士禮耳。戴記反多於曲臺記，烏得謂戴記刪自曲臺記耶？

(8)曲臺記撰於后倉，二戴乃其弟子，是后倉二戴，皆傳士禮（卽儀禮）之今文家，其曲臺記當是解士禮之義，而不能雜古文記之義也。然細驗今之禮記，適與此相反，今古雜糅

，日多與儀禮相背謬，其非刪自曲臺記也可知。

(9)漢書藝文志如淳注曰：行射禮於曲臺漢官曰：大射於曲臺。晉灼曰：曲臺天子射宮也，西京無太學，於此行禮也。是曲臺乃天子之射宮，非校書之祕閣，豈有於此而能著述刪取如今廣博之禮記耶？

(四)禮記爲西漢初諸儒所撰集說——倡此說者，爲元明以後諸儒。(原文見前引)其言較先數說爲近理，然爲時太早耳。禮記固爲鳩集諸儒之說，博取累世之文所由成；而其成書之時代，則絕晚於西漢初年：

(1)使禮記果爲漢初儒者所編帙，彼時已有此禮記之一書，則史記漢書，何以勿言其事耶？

(2)今禮記中，多含有古文記。(如大戴記中之千乘四代虞戴德誥志小辨用兵少閒，采自孔子三朝記；小戴記之樂記采自古文記之樂記，月令與明堂位采自明堂陰陽記，皆有明證。)然按此古文記，乃劉向所檢得所第敘者，漢初諸儒，又安得而襲取之乎？

(五)禮記爲六國時人所撰集說——淸丁晏獨主此說，頗荒謬不近理。(原文見前引)

(1)不見於史記漢書。

(2)禮記中多雜有劉向所校之古文記。

(3)鄭志所謂七十子後學者，乃不定辭。豈能如丁氏所云，必爲六國時人，漢人卽不可乎？

(4)丁氏謂禮記爲『六國時作，故記載參互，時與周禮不合。』殊不知六國之時，去聖未遠，禮書亦未經秦火，則其記載實不應參差，茲其參差、則適爲後人所輯也。

茲據前者所考，知禮記與二戴，絕無關係；其成書年代，亦絕非西漢或西漢以前；而本篇之所考者，非考其作於何時，乃考其編成今書於何時也。誠以禮記一書，今古雜糅，章段繁碎，既非纂於一時，亦非出於一手，有先秦文，亦有兩漢文；有儒家說，亦有道家說。先儒不知此理，每就其一二篇之內容，而推論其全體之時代，宜其說之扞格不能通也。今案西漢末葉，確已有一種雜無條理之禮學類書，實卽漢志所著錄之古文記也。當時篇帙零散，篇名章節亦無一定，班固白虎通義，引證最多，核其內容，可以考見禮記前身之眞像，今分列其式如下：

(1)禮記某篇曰者——如『禮記祭義曰：「祀於明堂，所以教諸侯之孝也；三老五更於太學，所以教諸侯之弟也。」』

(2)禮某篇曰者——此種又分四類：

(A)篇名與引文爲今禮記所有者。如『禮坊記曰：「君適其臣，升自阼階，示不敢有其室」』。

(B)篇名爲今禮記所有而無其引文者。如『禮祭義曰：「古者天子諸侯，必有公私蠶室，近外水爲之築牆，棘牆而外牆之也。」』

(C)篇名與引文爲今禮記均無者。如『禮稽命徵曰：「天子舟車殯何爲？避水火災也。故棺在車。」』

(D)篇名爲今禮記所有而其引文與今禮記文稍異者。如『禮雜記曰：「婦人越牆而弔，非禮也。」』（案今禮記雜記曰：「婦人非三年之喪，不越牆而弔。」）

(3)某篇曰者——如『曲禮曰：「大夫致仕，若不得謝，賜之以杖。」』『禮運曰：……天子適諸侯，必適其祖廟。」』『月令曰：「東方其臭羶，南方其臭焦」中央其臭香，北方其臭朽。」』……是其篇名皆同於禮記也；而其引文，有同者，有不同者，或禮記中根本無其文者。

(4)禮記曰者——此種又分二類：

(A)引文爲今禮記中有者。如『禮記曰：「天子之堂九尺，諸侯七尺，大夫五尺，士三尺。」』(今禮記雜記中有此文。)

(B)引文爲今禮記中無者。如『禮記曰：「天子乘龍，載大旗，乘日月升龍。……」』(今禮記各篇中均無此文。)

(5)禮曰某文爲今禮記中所有者——如『禮曰：「嫁女之家，三日不絕火思相離也；娶婦之家，三日不舉樂，思嗣親也。」』(今禮記曾子問中有此文。)

(6)篇中白文爲今禮記中所有者——如『孔子曰：「之死而致死之，不仁。而不可爲也；之死而致生之，不知。而不可爲也。……故竹器不成用，木器不成斲。」』(今禮記檀弓之有此文，唯與之稍異。)

綜上觀之，則班固前已有類似今之禮記之禮學叢書，可以斷言，不過其內容方面，繁簡不純，章節不定，隋志通禮等書，謂禮記爲刪取古禮而成。其實卽刪取此無定之禮學叢書也。然禮記編纂，其取材尙不只此。黃以周曰：

『三年問，哀公問取諸荀子。……其實二戴所取，不專在二百四篇也。(禮書通故)

黃侃更申論之曰：

若夫今之禮經，則自舊記而外，述有本之孔子及七十子者有七十子後學所爲者，有秦漢先師所附益者。是故或采古文經記，或采百家之書，或出後師所益。古文經記，略如前舉。采百家之書者，則如大戴取曾子十八篇之十篇，取荀子問五義三本勸學宥坐諸篇，取賈子保傅諸篇，取孔子三朝記七篇。小戴則三年問哀公問諸篇，取諸荀子。中庸表記坊記緇衣，取諸子思子。樂記取諸公孫尼子。……非盡古文之記也。其出後師所益，如大戴公冠載孝昭冠辭，而小戴記王制之言，周尺八寸，乃六國變亂法度之謬言。禮器之文，記出增益，亦有顯徵矣。』武漢大學文藝雜誌季剛先生遺文專號。）按黃氏之說，信而有徵，禮記本爲雜彙古今之說，博取累世之文所由成？然則其編爲今篇，與今禮記無以異者，其人爲誰？余以爲非西漢之二戴，（二戴與禮記無關係．說見前）乃東漢之馬融盧植也。其證如左：

（1）後漢書盧植傳曰：處時立太學石經。植上書云：今之禮記，特多回宂。又云考禮記得失，則植於禮記，有所編纂也可知。

（2）陳邵周禮論序曰：『後漢馬融盧植，考諸家同異，附戴聖篇章，去其繁重，及所叙略，而行於世，卽今禮記是也。』今繹其意，夫旣曰考諸同異者，卽採用當時，之一切禮書也。附戴聖篇章者，則非以戴氏爲主矣。其所附爲何？或卽今禮記後附之冠昏鄉飲酒射燕聘六義乎？

（3）隋書經籍志云：『漢末馬融傳小戴之學，融又足月令一篇，明堂位一篇，樂記一篇。』是馬融之於禮記，據隋志言，亦承認其有『足』之關係也。

（4）按據前後漢書所載，劉向校中祕書，在漢成帝河平三年，劉歆領父業，著七略，始於哀帝元年，諸儒會白虎觀議五經同異於章帝建初四年，班固卒於和帝永元四年。馬融卒於桓帝延熹九年。是劉向校中祕書距班著白虎通義爲一百零三年，劉歆自領父業年，距班著白虎通義爲八十五年，而班著白虎通義則距馬融卒年爲八十六年，而鄭玄則親受學於馬融　然三年未覩其一面。是以向歆之僞古文，其情形班固不得聞，故引之而無疑；馬融之刪定古文記以成禮記，班固亦未得及見；而鄭玄雖爲馬融弟子，然於禮記之來歷，恐亦莫能究詰。年代湮遠，前後相蒙，禮記之大經蛻變而成今編，即在此七八十年間。（鄭玄前，班固後。）非馬融盧植而誰歟？

——摘自《新東方雜誌》一九四〇年六月第一卷第五期

讀學記 二

李行之

儒家敎人，以知所措履爲貴；故雖仁義內充，而必求乎身體履方，蟠辟用張。（注一）道家敎人，以無措爲主；故心旣不措乎是非，行復思於禮律。夫讀老莊，而重增其放，是爲害道！道家之末流也！（注二）純乎道者，氣靜神虛，體亮心達；以「無爲」爲其爲，以「無事」事其事；實「內聖外王」之道也。若究其極，「儒」與「道」可相通；自其徒衆競於異同，任情獎誣，遂汩其真矣！

竊嘗謂「子絕四：毋意、毋必、毋固、毋我，」是修道之要目；「六十而耳順，七十而從心所欲不踰矩；」是得道之境界。孔與老其至神一也；（註三）所不同者，立論之據點有異耳。

孔氏之書，多就修道之途徑立說，在哲學上謂之「立法論」；老氏之書，多就得道之究竟設論，在哲學上謂之「目的論」：頓悟者相與共適老子之道，漸悟者相約共守孔子之說，則敎化自興矣。

禮記學記一篇，乃先聖設敎弘道之典論也。歷來注家，詳說章句，致令篇中要旨反晦，余甚惑焉！間嘗論之：「人不學，不知道，」一提綱挈領之語也：由學以知至道之善，探本尋源之論也。自古之敎者，設庠序學校，至古之學者，比類醜物；條陳修道之途徑，以知所措履爲貴，方法論也。鼓無當於五聲以下，闡論得道之究竟，以無措爲主（註四）目的論也。「或源也，或委也，此之謂務本者，」蓋言頓悟漸悟，要歸於悟已耳。故許叔重曰：「學，覺悟也。」

（註一）荀子修身篇云：「禮者，所以正身也。」此身體履方之謂也。漢書儒林傳注云：「但能盤辟爲禮容。」何武傳云：「召見槃辟雅拜。」此蟠辟用張之謂也。

（註二）嵇康與山濤書云：「母兄驕恣不涉經學；又讀老莊，重增其放。」

（註三）葉夢得老子解曰：「老氏之書，其與孔子異者，皆矯世之辭；而所同者，皆合於易。」

（註四）所謂「不官、不器、不約、不齊，」是也。

——摘自《責善半月刊》一九四〇年十一月 第一卷第十六期

禮記教學論

蔡介民

禮記爲漢儒所鳩集，裒羅甚廣，上至政經法制，下及禮俗民風，莫不一一論及，昔人稱爲儒家叢書，信矣。今就其論教育者，臚述於左。

禮記中論教學之文爲學記篇與王制篇，學記篇言古之大小學教人授道之序，與夫教學得失興廢之由，蓋漢儒之所記也。清陸奎勳曰：

「王制略言建學之法，孝文孝景，俱未舉行。武帝時，舉賢良方正，董廣川乃以設庠序，興大學，置嚴師爲急務。惜乎廣川未見用，故其說亦不詳，此篇殆繼王制而作者歟？引說命者凡三，兩漢諸儒，不見古文尚書，疑河間献王所輯。……何以知非周代之書，曰家塾黨庠術序國學，與周禮閭序黨正州長卿大夫之職略同，而云古之教者，明其爲漢記也。」

學記非周代之書，乃漢人繼王制，依周禮所記述之一種教育政策，其說頗合近代教育之理論。至於王制篇，盧植以爲漢博士所爲，鄭玄以爲周代之遺文，近人則疑爲孔門七十子後學者，託古改制之作，其中除論先王法制外，亦稍論古代建學之法，其說雖不必確鑿，亦爲教育史上之重要資料也。

一、教學原理

學記曰：

「玉不琢，不成器，人不學，不知道，是故古之王者，建國君民，教學爲先……雖有佳肴，弗食不知其旨也；雖有至道，弗學不知其善也。是故學然後知不足，教然後知困，知不足，然後能自反也，知困，然後能自强也。」

上述教學原理，與十五世紀法國教育家蒙泰尼（Montaigne）和與國教育家柯美紐斯（Conenius）所主張之知育德育並重的學說相合。在他們以爲教育之任務，在啓發人之知識，培養人之道德，使之成爲温厚博學之良善國民。禮記經解亦曰：

「其爲人也温柔敦厚而不愚……疏通知遠而不誣；……廣博易良而不奢……絜靜精微而不賊……恭儉莊敬而不煩……屬辭比事而不亂。」

至學說中謂「學然後知不足，教然後知困。」尤爲千古不刊之言。法儒蒙泰尼亦謂吾人之知識，在教學中永遠感到不足，感到缺乏，其意與此相合。

二、教學地點

學記曰：

「古之教者，家有塾，黨有序，術有庠，國有學。」

王制曰：

「天子命之教，然後爲學。小學在公宮南之左，大學在郊，天子曰辟雍，諸侯曰頖宮。」

「有虞氏養國老於上庠，養庶老於下庠，夏后氏養國老於東序，養庶老於西序。殷人養國老於右學，養庶老於左學。周人養國老於東膠，養庶老於虞庠。」

案鄭註：「上庠右學，大學也。下庠左學，小學也。東序，東膠，亦大學。西序虞庠，亦小學。」可知古代教學地點，亦有大學小學之設置；唯無中等學校，此與今不同者也。

三、教學目的

王制曰：

「司徒脩六禮以節民性，明七教以興民德，一道德以齊民俗，恤孤獨以逮不足，上賢以崇德，簡不肖以絀惡。……命鄉論秀士，升之司徒。司徒論選士之秀者，而升之學曰俊士。升於司徒者……升於學者曰造士。……大樂正論造之秀者，以告於王，而升諸司馬，曰進士。論進士之賢者，以告於王……然後官之……爵之……祿之。」

由上可知古代教學目的，爲德化之教育，其教學結果，唯一目的與出路，爲爲國家服務；而國家用人之惟一方法，亦即由學校中選拔民吏也。

四、教學程序

學記曰：

「比年入學，中年考校，一年視離辨志，三年視敬業樂群，五年視博習親師，七年視論學取友，謂之小成，九年知類通達，強立而不反，視之大成。」

內則曰：

「子能食食，教以右手。能言，男唯女俞，男鞶革，女鞶絲。六年教之數與方名，七年男女不同席，不共食。八年出入門戶及即席飲食，必後長者，始教之讓。九年教之數日，十年出外就傅居，宿於外，學書記，衣不帛襦袴，禮帥初，朝夕學幼儀，請肄簡諒。十有三年學樂，誦詩舞勺。成童（十五歲以上）舞象，學射御。二十而冠，始學禮，可以衣裘帛，舞大夏，惇行孝弟，博學不教。內而不出，三十而有室，始理男事，博學無方，孫友視志。四十始仕，方物出謀發慮，道合則服從，不合則去。五十命爲大夫，服官政，七十致仕。」

上述教學程序，由淺入深，由易入難，依其智力年齡之高低，而定其課程之難易，教以實學，裨益社會，此亦近代教育思潮相吻合者也。

五、教學方法

學記王制二篇中，言教學法頗詳，其要點有四：

(1)知教學大倫——所謂教學大倫者，即教學法之大義也。教學法之大義有七，曰示敬道，官其始，遜其業，收其威，游其志，存其心，學不臘等，七者如何可達？學記曰：

「大學始教，皮弁祭菜，示敬道也；宵雅肄三，官其始也；入學鼓篋，遜其業也；夏楚二物，收其威也；未卜禘，不視學，游其志也；時觀而弗語，存其心也；幼者聽而弗問，學不臘等也。此七者，教之大倫也。」

(2)知學者四失——學者有四失，教學必知之以救其弊。四失爲何？一曰多，二曰寡，三曰易，四曰止。課多則力不達，課寡則力不盡用，課易則力不全用，課止則力不進修，此四者，學者之大病，敎者必知其心，以救其失也。學記曰：

『學者有四失，敎者必知之。人之學也，或失則多，或失則寡，或失則易，或失則止。此四者，心之莫同也，知其心，然後能救其弊也。』

(3)博喩——敎學之目的，在貫輸學者以知識，敎師所敎，學者貫明澈於心，斯敎育之効能達矣。然則如何能使之明？卽在敎者能否博喩，敎學不能博喩，雖有善學，難以表達。學記曰：

『善歌者，使人繼其聲。善敎者，使人繼其志。其言也約而達，微而臧，罕譬而喩。君子知至學之難易，而知其善惡。然後能博喩。能博喩，然後能爲師。』

(4)懲罰——敎師對於學生，專以善勸，有時不生功効，故必繼之以懲罰，或箠楚，或閑除，以簡不遜，而警効尤。王制曰：

『將出學，小胥，大胥，小樂正，簡不帥敎者，以告於大樂正。大樂正以告於王，王命九卿，大夫，元士皆入學，不變。王親視學，不變。王三日不擧，屛之遠方。西方曰棘，東方曰寄，終身不齒。』

學記曰：

『必有其聽語乎？力不能問，然後語之；語之而不知，雖舍之可也。』

敎學者必明其方法，方法明則事半而功倍。方法不明，則徒勞而無功。上述四法，亦頗與近代敎學法之理論相合，此其難能可貴者也。

——摘自《教育學報》一九四一年四月第七期

荀子與禮記所說的「太一」

陶希聖

一 老莊與秦漢的太一

莊子天下篇說老子的學說，「建之以常無有，主之以太一。」老子書中，說「一」的處所很多。最顯明的話是「聖人抱一爲天下式。」又云：「昔之得一者，天得一以淸，地得一以寧，神得一以靈，谷得一以盈，萬物得一以生，侯王得一以爲天下貞。其致之，一也。」

莊子說的處所也不少。「齊物論」歷舉萬物的是非，美惡，成毀，而以爲「道通爲一。」「田子方」說：「夫天下也者，萬物之所一也，得其所一而同焉。」「知北遊」說：「萬物，一也」。又說：「通天下一氣耳，聖人故貴一。」

秦始皇時代，一班方士說三皇以「太皇」爲最貴。漢武帝時代，一班方士又說祠以「太一爲最貴。前者見史記秦始皇本紀，後者見史記封禪書。凡是研究古史及先秦思想的人，多半能夠看出道家歸於「太一」，由體認以至於崇拜。

二 大小戴禮記及荀子的太一

西漢的大戴禮記與小戴禮記，是儒家的書。小戴禮記自漢代即列於經傳，有很多的「注」，有詳細的「疏」。讀五經或十三經的人，都讀過小戴禮記。自宋明儒家提出大學與中庸，與論語和孟子並爲四書，大、中庸就是小戴禮記裡面的兩篇。可是小戴禮記與大戴禮記裡面都有「太一」，也許一班人還不大留意到。小戴禮記的禮運篇說：

禮必本於太一。分而爲天地。轉而爲陰陽。變而爲四時。列而爲鬼神。其降曰命。其官於天也。

大戴禮記的禮三本篇也說：

貴本而親用。貴本之謂文，親用之謂理。兩者合而成文，以歸太一。夫是之謂大隆。

凡禮始於脫，成於文，終於隆。故至備，情文俱盡。其次，情文佚興。其下復情，以歸太一。天地以合，四時以洽，日月以明，星辰以行，江河以流，萬物以倡，好惡以節，喜怒以當，以爲下則順，以爲上則明，萬變不亂，貸之則喪。」

大戴禮記這兩段話皆出於荀子禮論篇。禮論篇說：

——貴本而親用也。貴本之謂文，親用之謂理。兩者合而成文，以歸太一。夫是之謂大隆。

凡禮，始乎稅，成乎文，終乎悅校。故至備，情文俱盡。其次，情文代勝。其下復情，以歸大一也。天地以合，日月以明，四時以序，星辰以行，江河以流，萬物以昌，好惡以節，喜怒以當，以爲下則順，以爲上則明，變而不亂，貳之則喪也。

本文就荀子與大小戴禮記所說的「太一」和「一」，作一簡明的敍述。論「一」以荀子爲最詳明，因此本文也以荀子爲主。

三 三種意義之一

荀子論道，分爲三層。一是「道之方」，二是道之理，三是道之致。勸學篇云：「禮恭而後可言道之方。辭順而後可以言道之理。色從而後可與言道之致。」這一段話把這三層分得很明白。我現在依這三層來說「一」的意義。

四 「道之理」的一

事物是變化的。人情是變化的。一切都在變化，古今是不同的。在具體的人情物理「千舉萬變」之中，荀子以爲有不變的「一」。他說：「千舉萬變，其道一也。」（儒效篇）何以「千舉萬變，其道一也」？荀子說：千人萬人之情，一人之情是也。天地始者，今日是也。」（不苟篇）又說：「古今一度也。類不悖雖久同理。」（非相篇）他的意思是說：就人情來說，千人萬人的情是同一的。就物理來說，同類的物是同理的。人情物理皆有其同一的道理，所以古今一度。

五 「道之致」的一

人情物理萬變之中，有不變的一。以一應變，叫做「道」。儒效篇說：「以古持今，以一持萬。」王制篇說：「以類行雜，以一行萬」，都是說以一應變的。解蔽篇說：「道者，體常而盡變」。常就是一。體一而盡變，就是「道」。

儒效篇說以一持萬的道理及境界云：

道出乎一。曷謂一？曰：執神而固。何謂神？曰：盡善挾治之謂神。萬物莫足傾之之謂固。神固之謂聖人。聖人者，道之管也。天下之道，管是矣。百王之道一是矣。

王制篇說同樣的道理和境界云：

以類行雜，以一行萬。始則終，終則始，若環之無端也。天地者，生之始也。禮義者，治之始也。君子者，禮義之始也。爲之貫之，積重之，致好之者，君子之始也。故天地生君子，君子理天地。君子者，天地之參也，萬物之總也，民之父母也。

王制又說：

聖王之用也，上察於天，下錯於地，塞備天地之間，加施萬物之上。微而明，短而長，狹而廣，神明博大以至約。故曰「一」。

王霸篇也說：

上一而王，下一而亡。

又說：

主道治近不治遠，治明不治幽，治一不治二。主能治近則遠者理。主能治明則幽者化。主能當一則百事理。

又說：

取天下者，非負其土地而從之之謂也。道足以一人而已。彼其人苟一，則其土地且奚去我而適它。

小戴禮記禮運篇也說：

人藏其心，不可測度也。美惡皆在其心，不見其色也。欲一以窮之，舍禮何以哉？

又說：

聖人耐以天下爲一家，以中國爲一人，非意之也，必知其情，辟於其義，明於其利，達於其患，然後能爲之。

荀子以爲禮的根本義是以一持萬。故禮的最高原理是一。小戴禮記禮器篇說得很明白。他說：

經禮三百，曲禮三千，其致一也。

三代之禮，一也。

樂記篇也說：

禮樂刑政，其極一也。

極就是致。我們可以說荀子所謂「道之致」就是一「絕對的一，就是太一。

六　「道之方」的一

怎樣才可以學得禮之極致的一呢？

荀子勸學篇說學就是「學一」，學一的方法，在解蔽篇。解蔽篇說：

治之要在於知道。人何以知道？曰：「心」。心何以知？曰「虛一而靜」。

心同時可以兼知多數的事理，然而心如不滯於一事之理，就可以一。解蔽篇說：

心未嘗不滿也，然而有所謂一。……心生而有知，知而有異。異也者，同時兼知之。同時兼知之，兩也。然而有所謂一。不以夫一害此一，謂之壹。……壹則盡。

又說：

類不可兩也，故知者擇一而壹焉。農精於田，而不可以為田師。賈精於市，而不可以為市師。工精於器，而不可以為器師。有人也不能此三技，而可以使治三官（田師，市師，器師），曰精於道。精於物者（賈工）以物物。精於道者兼物物。故君子壹於道而以贊稽物。壹於道則正。以贊稽物則察。以正志行察論，則萬物官矣。

這是說：農工商賈一心於具體的技術以成事成物，即「精於物者物物。」君子則一心於道，而使萬物各得其所，即「精於道者兼物物。」以正志行察論，就是以一持萬。解蔽篇又說：

好書者眾矣，而倉頡獨傳者，壹也。好稼者眾矣，而后稷獨傳者，壹也。好樂者眾矣，而夔獨傳者，壹也。好義者眾矣，而舜獨傳者，壹也。

又說舜一心於道的工夫和境界云：

昔者舜之治天下也，不以事詔而萬物成。處一之危，其榮滿側。養一之微，榮矣而未知。故道經曰：「人心之危，道心之微。」危微之幾，惟明君子而後能知之。

處一之危，指人心之一，養一之微指道心之一，舜於感覺外物之人心，戒懼以處之。於兼情制欲之道心，於其變微之端而養之。人心道心，皆以壹為修養工夫。

七　餘論

孟子固不談太極，荀子亦只論太一。太一即是隆，隆即是太極。最高的原理，就是太一，太一就是隆「立隆以為極」，所以叫做太極。儒家的書，在西漢初期，只有易傳有「太極」這個名詞。禮記只隨荀子而稱太一，不稱太極。

——摘自《文化先鋒》一九四二年十一月第一卷第十一期

論禮記儒行本周官鄉三物之義

周宗閎　虛白

小戴儒行於別錄屬通論，尼父之書，弟子纂之，繇辭以緯說，博文以該情，（文心雕龍徵聖）或疑多誇大勝人之气，少雍容深厚之風，末世儒者，遂以自尊其教，而謂孔子言之，（呂大臨說）甚者斥其非仲尼之言，（來鵠說）儗於游說者所爲，（程伊川說）張載高閌，幷有微詞，（張說見衞氏集說高說見宋史本傳）不知儒者立名，有通有局，通名則該衆術，局名則止一家，孔氏有言，述而不作，信而好古，學無常師，文則從周，儒行所舉，豈欲自限，周官大宰之職，以九兩繫邦國之民，四曰儒以道得民，鄭君釋儒爲以六藝教民者，許君以爲術士之偁，郇卿云大儒者天子三公也，小儒者諸侯大夫士也，（儒效篇）孔子謂子夏女爲君子儒，無爲小人儒，（論語雍也章）蓋積學異數，成器亦殊，小大之分，各從其體，凡一術可偁，皆得謂儒，（俞樾說）義或廣之，比諸君子，（劉台拱說）近世學者，或謂儒有三科，以術士爲達名，以知禮樂射御書數者爲類名，以出于司徒之官，游文六經，留意仁義，祖述堯舜，憲章文武，宗師仲尼者，爲私名（國故論衡原儒）則達名類名爲通，私名爲局，局名所君，原于通名，以孔子所教之學，即古代術士所治之學，術士所學，不外六藝，六藝之書，古偁儒書，或偁儒道，則以此書爲術士所習之書，此道爲術士所遵之道，（左傳哀公十七年，齊人責稽首，因歌之曰，惟其儒書，以爲二國憂夫稽首之制，見於禮，而齊人以爲儒書，足徵周代以禮爲儒書也，故論衡引古禮文亦以古書爲儒書，孟子荀子曰，儒者之道，古之人若保赤子，其言皆出周書，而荀子以爲儒書之道足證周代以書爲儒道也）史記言孔子弟子身通六藝者七十二人，既身通六藝，則所學與古術士無殊，故自偁爲儒，而後世亦偁治六藝者爲儒家，（韓詩外傳云，儒之謂言無也，不易之術也，千變萬舉，其道不窮，六經是也，孔叢子云，子高對平原君曰，取包衆藝，動靜不失中道，故曰儒，董仲舒曰，臣愚以爲凡不在六藝之科，孔子之術者，皆絕其道，勿使並進，史記自序云，夫儒以六藝爲法，孔子世家曰，言六藝者折中於夫子，可謂至聖矣，）是猶偁游說者爲縱橫家，偁制法者爲法家也，（略本劉申叔論孔子無改制之說）章學誠校讎通義云，後世文字。必溯源於六藝，六藝非孔氏之書，乃周官之舊典也，韓非顯學云，自孔子之死也，有子張氏之儒，有子思之儒，有顏氏之儒，有孟氏之儒，有漆雕氏之儒，有仲良氏之儒，有孫氏之儒，有樂正氏之儒，儒分爲八，取舍相反不同（聖賢羣輔錄云，顏氏傳詩爲諷諫之儒，孟氏傳書爲疏通致遠之儒，漆雕氏傳禮爲恭儉莊敬之儒，仲良氏傳樂爲移風易俗之儒，樂正氏傳春秋爲屬詞比事之儒，公孫氏傳易爲潔靜精微之儒，）則孔氏之儒，不足以當術士之偁，亦猶八儒所得，不足以當孔氏之儒，大氏李唐以前，取義尙博。（孔氏正義引鄭目錄以釋儒行可證）趙宋而後，尊爲道統，一涉儒名，封井自畫，劉申叔云，孔門學術大而能博，豈區區儒家一端所克該哉，惟孔學傳於後世者，僅儒家之一派（孔學眞論）則後世偁儒，爲異前古，孔學之儒，義尤陋矣，余以謂儒行所次，即周禮鄉三物之義，以通名爲局名，遂興學者之訟爭，無駭宋人之多惑，周禮大司徒，以鄉三物教萬民，而賓興之，一曰六德，知仁聖義忠和，二曰六行，孝友睦婣任恤，三曰六藝，禮樂射御書數，儒行之待聘待問待舉待取，亦賓興之意與，儒行固嘗言仁言仁義，言信言忠信（周禮鄭注，任信於友道，論語陽貨，信則人任焉，）言學言文言文章，（古人言文，禮樂之殊稱，論語憲問，文之以禮樂，而道德博學勸好問亦曰文，見逸周書謚法解，）備豫之義，應乎孝友，（儒行鄭注，行不爭道，止不選處，所以遠鬥訟，按孝經曰愛親者不敢惡於人，敬親者不敢慢於人，又曰事親者爲下不亂，在醜不爭，又曰以敬事長則順，周書君陳云，惟孝友于兄弟，）憂思任舉，應乎任恤，（詩邶風燕燕箋：任以恩相親信也，說文，恤，憂也，收也，大司徒鄭注，恤謂災危相憂，儒行孔疏，身雖不遇其世，所圖謀不忘百姓之所憂病也，弟十二儒云，聞善以相告也，見善以相示也，爵祿相先也，患難相死也，久相待也，遠相致也。）舉賢援能，應乎睦婣，（大司徒鄭注，睦，親于九族，婣，親于外親。）至若懷寶不迷，知明無過，進退不違其道，治亂不易其操，則賓乎聖知，聖者道無不通，明無不照，知者獨見前聞，不惑於事，（並見白虎通義，）惟一篇之中，既云不臣不事，又云待聘待問待舉待取，既云寬裕，又云剛毅，既云愛其死，養其身，備豫嗣患，又云劫之以衆沮之以兵，見死不更其守，蓋儒包百行，事非一揆，量事制宜，隨機而發，當其剛毅之節，則守死不移，論其營發之道，則寬而容衆，遭有道之世，則進而仕君，遇無道之時，則退而不仕，且賢有優劣，（阮校毛本爲優劣）儒有大小，大儒則理包百行，小儒則或偏一邊，特立之與特立獨行，一則但明一身武勇，不論行之所爲，一則非但身所特立，又獨（惠棟校宋本有作行）此行爲獨行，故更言特立，（略本孔疏）是在承學之士，善觀其通，皋陶行有九德，得之多爲天子諸侯，得之少爲卿士大夫，孔子不居聖，曰我學不厭倦，孟子不居聖，曰我於辭命則不能也，子夏子游子張，皆有聖人之一體，冉牛閔子顏淵，則具體而微，是知儒行所表，輒曰有如此者，亦猶莊子天下篇，稱古之道術有在於是者，所得不同，求全則詘，援身體髮，膚不敢毀傷之訓，而謂戰陳可以無勇，執既明且哲以保其身之誼，而謂王臣不必匪躬，其亦可乎，說者又曰，儒有過失，可微辨而不可面數，他人尊敬儒者，當如是邪，又疑鷙鳥猛獸之攫搏，不能比儒者之勇，引重鼎不能比儒者之力邪。（東塾讀書記卷九）不知睦婣任恤，近乎俠士，任之與俠，義亦相因，史記季布傳，爲氣任俠，集解俠俜也，漢書云，爲任俠有名，如淳曰相與信爲任，同是非爲俠，廣雅保任並云使也，說文俜使也，俠俜也，則任亦訓俠，說文儁使也，徐俜也，徐鍇本並作俠也，鍇曰任俠也，亦任俠同訓之證，夫惡訐以爲直，故欲其微辨，自反而縮矣，故不程勇力，則儒行者儒俠之行也，韓子曰，儒以文亂法，俠以武犯禁，史遷獨疑其二者皆譏，而學士多稱於世，其傳游俠則曰，誠使鄉曲之俠，予季次原憲比權量力，效功當世，不同日而論矣，要以功見言信，俠客之義，又曷可少哉，則儒與俠並重矣，又云魯人皆以儒教，而朱家用俠聞，俠固無飾，則俠自儒者分矣，周公封於魯，魯之教周公之教也，周監二代，文則從周，則孔子之教亦周公之教也，周禮盡在魯，則儒行所述，固不出鄉三物之義，史記儒林傳亦云，夫齊魯之間於文學，自古以來其天性也，故漢興然諸儒始得脩其經藝，講習大射鄉飲之禮，則魯人之教，迄漢未替，且七十子之徒，仲由好勇，孔子得之，惡言不聞於耳，子貢一出，存魯亂齊破吳彊晉而霸越，澹臺滅明設取予去就，名施諸侯。下及兩漢儒者，轅固生之逆太后旨，嚴彭祖之不事權貴，楊政之肉袒貫耳，出師於獄，升床把臂，以責馬武，禮殷之自繫上書，乞代師死，亦嗣果自任，不茹不吐，儒而近於俠矣，餘杭章君亦云，儒者之義，有過於殺身成仁者乎，儒者之用，有過於除國之大害，扞國之大患者乎，夫平原君僭上者也，郇卿以為輔，信陵君矯節者也，郇卿以為詗（原注郇子臣道篇）世有大儒，故舉俠士而並包之，又云儒行十五節題其一，雖危起居，竟信其志，引重鼎不程其力，鷙馬攫搏不程勇者，（檢論儒俠，按章君於無錫國學專門學校講演詞云，所謂儒行雖非為聖為賢，然其崇尚氣節，合論語所謂士者行己有恥，見危授命，使於四方，不辱君命，見賢思齊，久要不忘平生之言，雖不足為聖，亦足為仁人矣，與馬通伯書云，戴記儒行一篇，所謂不盡中行，大氐狂狷之才，斐然成章者也，答人論政云，今日宜格外闡揚者，曰以儒兼俠，故鄙人近日獨提倡儒行一篇，）然儒行之義，莫大乎仁，莫謹乎學，仁者德之基，學者知之本，曰夙夜彊學，曰多文以為富，曰博學而不窮，曰博學以知服，又曰溫良者仁之本也，敬慎者仁之地也，寬裕者仁之作也，孫接者仁之能也，禮節者仁之貌也，言談者仁之文也，歌樂者仁之和也，分散者仁之施也，故仁曰德，德養乎內，學主藝，藝弋乎外，外內致而行成，得之無齊。應之無方，此儒行三物之所同重，徐幹中論，以三教為治學之本，而獨重德藝，以為因知以造藝，因藝以立事，又曰藝者以事成德者也，德者以道率身者也，以為德藝至而行立，故曰三教備而人道畢矣，清儒顏習齋李恕谷，以三物之教為徵實之學，故云三物之六德，其發見為六行，而實事為六藝，又曰脩六德，行六行，習六藝，所以明也，布六德六行六藝於天下，所以親也（李塨王源所撰顏氏年譜）又曰德行之實事，皆在六藝，又引燾孝京之言曰，人之參天地者六德也，德之見於世者六行也，行之措乎事者六藝也，（李塨與方靈皋書）則三物之教，百氏通習，儒行所存，又奚軼於三物哉，陳蘭浦云，儒以道得民，則非先王之法服不敢服，非先王之德行不敢行，末世之人，衣服行事，皆變於古，遂若儒者自為一家之風氣，其後道墨名法並起，各自偁一家之學，遂謂孟荀之等為儒家耳，此儒行一篇，於古之儒風，大可考據者也，（東塾讀書記卷九）孔氏正義亦引鄭目錄云，名曰儒行者，以其記有道德者所行也，儒之言優也柔也，能安人能服人，又儒者濡也，以先王之道能濡其身，則又何嘗局促一家之言邪，爰考是篇之作，蓋在哀公十一年冬，孔子自衛反魯，時禮壞樂崩，正道不行，哀公輕之，因其所服，遂及儒行，夫子鄙其怯弱無以制三桓，愍闇不能揚側陋，乃偁今世賤儒以譏短之，陳義甚徑，意存憤悱，舉儒有不隕穫於貧賤，不充詘於富貴，不慁君王，不累長上，不閔有司，以見犂鉏之毀，子西之譖，趙鞅之欲殺，魯君之不用，伐樹於宋，削跡於衛，畏匡危陳，何損夫子，夫儒行本三物，三物以教萬民，固務在示之周行，儒行以告哀公，故不欲徒爲眇論，要之趣舍各異，涵容至廣，宋太宗取而刊印，以賜近臣，黃道周劉蕺此篇，爲之集解，誠以人道所存，國有與立，衰世末俗，士多選偄無節慨，德無由立，行無由成，藝無由達，出則容悅，處則浮沈，持此爲教，儻亦有濟。

——摘自《斯文半月刊》一九四三年二月

第三卷第四期

讀禮運

夏敬觀

昔儒疑禮運大同小康之說。爲重五帝。輕三王。思太古而悲後世。旨近於老聃。以爲非孔子之言。及讀董仲舒書。言春秋張三世。存三統。異內外。應天作新王之事。時正黑統。王魯尙黑。絀夏新周故宋。尤以爲非常異義可怪之論。蓋不知禮運春秋相互明。無以達孔子之微言大義。而疑所不當疑也。夫禮運者。非卽所謂載之空言者歟。春秋者。非卽所謂見之行事之深切著明歟。蜡賓之歎。蓋歎魯也。我觀周道。幽厲傷之。舍魯何適。周禮在魯。孔子所由有王魯之志也。太史公自序。述所聞於仲舒者曰。周道衰廢。孔子爲魯司寇。諸侯害之。大夫壅之。孔子知言之不用。道之不行也。是非二百四十二年之中。以爲天下儀表。又曰。春秋上明三王之道。下辨人事之紀。別嫌疑。明是非。定猶豫。善善惡惡。賢賢賤不肖。存亡國。繼絕世。補敝起廢。王道之大者也。撥亂世反之正。莫近於春秋。又曰。春秋者。禮義之大宗也。禮禁於未然之前。法施於已然之後。法之所爲用者易見。禮之所爲禁者難知。夫曰明三王之道。曰撥亂反正。莫近於春秋。曰禮禁未然。故知春秋者。借事明義。將以復三王之禮。而致治小康也。然則進治大同。莫近於小康。可知已。何休解公羊傳。特小變其辭曰昇平太平爾。禮運所謂幽國、亂國、疵國、僭君、脅君。君與臣同國。天子壞法亂紀。君臣爲謔。皆春秋所將撥之反正者也。若夫大同之世。大道之行。上古敦朴之風然也。敦朴之本去。則禮樂起而救之。禮始諸飲食。成於祭祀。事死如事生。使民養生喪死無憾而已。先聖之制禮也。從其初朔。故禮者。自然之節也。非三王所自始也。及事物繁興。則教令稠數。漸遠夫自然者。勢爲之也。太史公稱黃帝以來。封禪之事多。顓頊剬義。嚳敬祀。唐虞之世。詳於書矣。類上帝。禋六宗。望山川。辯羣神。修五禮。五玉、三帛、二生一死爲贄。命四嶽典三禮。伯夷爲秩宗。不又繁歟。且五帝非不家天下者。自黃帝以征伐得天下。傳之顓頊則其孫。嚳堯則其孫曾。顓頊七世而生舜。六世而生禹。堯禪舜。舜禪禹。亦惟未私其子而已。殷者、契之後。周者、稷之後。又皆嚳之子孫也。湯文之先。非諸侯耶。則大人亦世及矣。是故大同之治。天下爲公。非僅傳賢而不傳子之謂也。亦猶夫三王之以天下爲一家。中國爲一人爾。老聃著書。言道德。曰自然。曰無爲。以爲禮之所興。乃亂之所從出。聃稱太上。太古無名之君。六十四民之世也。終五千言。未嘗稱黃帝堯舜。不尚賢。使民不爭。則非選賢與能之謂也。絕仁棄義。民復孝慈。則非以不家之睦親相感。使孝慈之道廣也。然則聃之所稱大道。豈孔子所言大道哉。黃老之稱號。自漢始顯。漢初曹參乘百姓離秦。務爲休息。用蓋公之言而收小效。終漢之世。卒任法爲治。流於申韓。武帝時。仲舒言春秋改制。爲後王立法。帝雖善其册對。效止於立學校、舉茂材孝廉。用春秋決事。稍見施行而已。方帝用趙綰王臧爲公卿。議改制。而竇太后治黃老言。綰臧誅。所興皆廢。厥後明堂郊祀。不過文飾其治耳。

而諸儒爭制度末節。亦繁碎寡要。宣帝謂漢家制度。本以霸王道雜之。不純任德教。漢之不行王道。惜見乎辭矣。故漢儒詁訓六經之文。稽考三代之禮。惟存其緒於後世。無補於世主之治也。其下焉者。則言災祥。稱讖緯。以希帝王之旨。而致身顯貴。若仲舒者。曾有幾人哉。無惑乎諸儒之疑所不當疑也。

——摘自《同聲月刊》一九四三年四月第三卷第三號

禮與大一

王夢鷗

編者按，王先生對禮教研究極深，有系統著述，前在本刊第十二期刊有「原禮」一文，可參看。又按「大」「太」古通，此當讀「太」。

儒家言禮之含義，至深且博，究其起源，卽已不僅一端。荀子曰：禮有三本，曰生、曰類、曰治。（禮論與大戴記同）皇侃曰：禮有三起，曰理、曰事、曰名。（禮記大題疏引）此三說，雖所指之對象不同，但皆能扼要。皇侃之三起，蓋就整個禮之起源而分別之。至荀子之三本，則僅就禮理一端而爲之說。夫禮理本屬一端，而荀子析之爲三，豈禮所據之理，果如是乎？是又不然。荀子言禮有三本，而歸於大一。（見禮論）是則，所謂三本者，大一之析言歟。大一析而爲三，三復歸於大一，是說秦漢之間學者，皆常言之，初不僅儒者一家之言如是。

老子曰：道生一，一生二，二生三，三生萬物。（道德經）而淮南精神訓同之。

易傳曰：易有太極，是生兩儀，兩儀生四象，四象生八卦。（繫辭上）易之四象八卦，相當於老子所謂三也。故兩漢儒者亦爲言三而一，一而三之理，由春秋繁露至於三統歷，可謂極矣。唯三一之說，是否受道家之影響，茲不具論。但荀子言三本，而又曰大一；則大一與三之關係，由茲可略知也。三本歸於大一，故禮運曰：「夫禮必本於大一」。禮必本於大一，故皇侃謂禮理起於大一，而後世學者亦無異辭也。

今吾人所假定大一爲禮學之第一原理。然其原理可得由言乎？

禮運曰：「夫禮必本於大一」鄭玄於此文無注，而於「禮本於天」之下注曰：「本於大一與天之義」。而孔穎達補疏大一之義曰：「大一者，天地未分，混沌之元氣也」。故其敍禮記曰：「禮本於大一之初」。（禮記正義序）然以混沌一語注大一，則大一之理仍是混沌不可知也。清儒汪中嘗有意以其「釋三九」之方法而釋大一。惜終無成。僅餘殘稿於其經義知新記中。茲先抄錄其摘取之材料於此，以爲下文之參證。經義知新記大一條曰：

易繫辭：「易有大極，是生兩儀，兩儀生四象，四象生八卦」。虞翻曰：「大極，大一也。」

禮運：「夫禮必本於大一，分而爲天地，轉而爲陰陽，變而爲四時，列而爲鬼神」。正義曰：「大一者，謂天地未分，混沌之元氣也」。

呂氏春秋大樂篇：「音樂之所由來者遠矣。生於度量，本於大一。大一出兩儀，兩儀出陰陽。陰陽變化，一上一下，合而成章」。注：「出，生也」。

又：「萬物所出，造於大一，化於陰陽。」注：「大一，道也。」

又：「道也者，至精也。不可形，不可名，強爲之名，謂之大一。」

史記天官書：「中宮，大一星，其一明者，大一常居也」。正義：「大一，天帝之別名也。」索隱：「按春秋合誠圖云：紫微大帝室，大一之精也。」

老子：「有物混成，先天地生。」

莊子大宗師篇：「夫道有情有信，無爲無形，可傳而不可受，可得而不可見，自本自根，未有天地自古以固存，神鬼神帝，生天生地，在太極之先而不爲高，在六極之下而不爲深，先天地生而不爲久，長於上古而不爲老。」

以上汪氏所摘錄，茲略去其以大一爲神名及星名數條。蓋汪氏欲冶儒、道、陰陽諸家所言之大一於一爐，範圍甚大，指數龐雜，宜乎神秘而不可捉摸矣。

今吾人宜先別明吾國言大一者，不止一家之說。老子言抱一，而莊子申之爲大一，此老莊之大一也。老莊之大一，爲宇宙不易之定理，而陰陽家曲引之以爲天帝之名稱，代表其中之主宰，是陰陽家之大一也。然皆非儒者所言之大一。易傳，儒家之書也；荀子，儒家之學也；禮運之篇，雖不能定作者爲何人，然而孜孜於禮教，要亦儒者之言也。然則禮運所言之大一，即荀子所言之大一乎？荀子所言之大一，即易傳所言之大極乎？同一儒家，而學有偏全，故其所傳大一之理，亦頗有出入。然禮運所言之大一，較近於易傳之大極。荀子言大一，雖不明示其與易傳之關係，但其言曰：「善爲易者不占，善爲禮者不相」，（大略）蓋荀子重視易理，其與易亦非毫無關係者也。所異者，其言大一，乃以壹爲重，一者，不貳之意。荀子以不貳之一爲大一，與易傳之大極，有深淺之不同。然吾人以爲苟將其深者淺之，而淺者深之，則大極之極，猶荀子之一。

何以言之。可由儒者之道，一以貫之。

吾人以爲儒者之道，與道家之道，本同而末異。因其末異也，故其所言無不異。因其本同也，故其所言有時而相似。茲先就其所同者而觀之：

老子曰：「動而愈出，多言數窮，不如守中。谷神不死，是謂玄牝。」

注：「中，虛中。谷神，玄牝皆虛中之喻。」

何以知谷神玄牝之爲虛中耶？

老子曰：「道沖而用之，又弗盈」。注：「沖，虛也。」道弗盈之中，故後人以之爲虛中。然所謂虛者，非空虛之意，而乃弗盈之意也。弗盈者，謂不爲已甚，求其無過無不及之中，此亦儒者之說相同也。

記曰：「禮乎禮，禮所以制中也。」（仲尼燕居）

又曰：「先王之制禮也，過之者俯而就之，不至焉者，跂而及之。」（檀弓）

荀子曰：「禮者，斷長續短，損有餘，益不足。」（禮論）

此儒者所謂中，與老子所言之天道同，

老子曰：「天之道其猶張弓乎？高者抑之，下者舉之，有餘者損之，不足者補之。天之道：損有餘，補不足。」

所謂弗盈者，爲損有餘補不足之意，於此益可知也。可見儒者損有餘補不足之禮理，同乎老子之天道。老子之天道爲中，故其守中，猶云抱一。

老子曰：「聖人抱一爲天下式」。注：「抱，守也。」

又曰：「昔之得一者，天得一以清，地得一以寧，神得一以靈，谷得一以盈」。一雖不得謂之曰中，然一乃由中而來，故曰「道生一」。此前人所以謂谷神喻中也。中與一，亦唯淺深之理不同，其實中猶一也。儒者亦嘗以中與一互訓，如：

論語：「堯曰咨爾舜，天之曆數在爾躬，允執其中。四海困窮，天祿永終」。（堯曰）

荀子：「堯問於舜曰，我欲致天下爲之奈何？對曰：執一無失，行微無怠，忠信無倦，而天下自來？」（堯問）

論語曰執中，荀子曰執一，中猶一也。故吾人以爲老子之抱一，相當於其守中，而老子之守中，又相當於荀子之執一。中一，道家之道，而亦儒家之道。故宋儒直以中爲道。（見程頤與呂大臨書）此儒道之所同歟？然而孟子非之。

孟子曰：「執中無權，猶執一也。所惡執一者，爲其賊道也，舉一而廢百也」。（盡心下）

孟子此處所言「執一」之意，謂「舉一而廢百」也。舉一廢百之執一，實拘泥之意，而非荀子所言之執「一」也。故朱子於其下注曰：「膠於一定之中而不知變」。其曰「膠於」，甚得孟子執一之意。孟子所言執「中」而又附之以「權」，而有權，是有條件之中也，吾人以爲儒者有條件之中，乃大別於老子之道。老子之道，道定於一，而人異之變。故其所謂中者，守而不變。而道家之道，所以不適於儒者之易，職是故歟？儒者衍易之理自大極，莊子中老之一爲大一。吾人以爲後世學者以大一爲大極，因其所以爲中之道可相通也。然而儒者之易主變化，而附有「時間」觀念，故其守中之道，必曰「時中」。而老莊之道寂然不變，故其守中，必曰「抱一」。儒者言時中，故其行道可與世變相推移，而老氏主抱一，故其行道，必反樸而歸眞。此儒道之所異也。

由儒道二家守中之說有異同，而後乃知儒者所謂中者，爲不執於一，不蔽於天，而因時權宜之中也。不執於一，不蔽於天，而因時權宜其中之中，爲儒者所據以制禮之第一原理。而此原理，儒者謂之大一，亦曰大極。大極亦謂之曰中。

春秋繁露曰：「中者，天地之大極。」（循天之道篇）劉歆曰：「大極元氣，函三爲一，極，中也。」（三統歷）虞翻曰：「大極，大一也。」（繫辭傳注）

是故宋儒嘗併而爲之言曰：「曰一曰中，卽大極也」。（陸象山與朱元晦書）大一之理，卽中之理，然則，禮運所 ：「夫禮必本於大一」，猶云「夫禮必本於中」乎？若夫禮必本於中，毋怪乎中庸直以爲「中也者，天下之大本也。」

復象曰：「復，其見天地之心乎」？復，何以見天地之心？惠棟嘗爲之解曰：「冬至復加坎。（說卦曰：）坎爲亟心。亟，古文極：中也。然則天地之心，卽天地之中也」。（易微言）吾人以爲惠氏之言，甚得先儒之意。蓋先儒以中爲天地之心，故中庸開宗明義卽曰：「天命之謂性，率性之謂道，修道之謂教」。程子曰：「在天曰命，在人曰性，率性曰道」，又曰：「道卽中也」（與呂大臨書）實則中庸所謂「修道之謂教者」，教，猶效也：修道，制禮也。修道之謂教，卽仲尼燕居「禮者所以制中」之謂也。制中，卽是修道率性。何以知之？

左傳：「劉子曰，吾聞之，民受命天地之中以生，所謂命也，是以有動作禮儀威儀之則，以定命也。」（成公十三年）

此說較古，然後之爲是言者亦無以異也。禮儀以定命，猶修道率性也，猶以禮制中也。禮之第一原理爲大一，爲中，然而禮運何以復有「夫禮必本於天」之語，而鄭玄且爲之注曰：「本於大一與天之道？」本於大一與天，是爲禮之二本乎？

曰：是又不然。儒者於禮之形而上學之根據，蓋天與大一不同物也。天與大一之不同，猶老子所謂「天得一以淸，地得一以寧，」其曰天得一，明言一非天也。儒家之說亦然。易傳曰：「易有大極，是生兩儀。」兩儀，乾坤也。乾爲天，坤爲地，故夫天者，由大極衍出者也。天爲大極所衍出，故大極又爲天之理也。老子以此理爲一，故曰「天得一以淸」。而儒者以此理爲中，故曰「太極生兩儀。」三統歷曰：「陰陽雖交，不得中不生。」故大一之中，又爲生天生地之理。唯其爲生天生地之理，故於字形上，許慎亦本之而立訓曰：「惟初太始，道立於一，造分天地，化成萬物。」（說文一）而孔穎達亦嘗：天禮者，經天地，理人倫。本其所起，在天地未分之前。又因其所起，在天地未分之前，故其疏「禮必本於大一」一語，乃曰：「大一者，天地未分，混沌之元氣也」。

混沌之元氣，爲不可道之道。道而不可道，安知其有大極乎？安知其無大極乎？莊子最能於此致疑，故其所謂道，嘗推之至「於大極之先」。（見大宗師）然而大極旣爲不可道之道，復安知其爲中乎？儒道二家於是皆從其常而推見之。所謂常者，卽古人之經驗常識也。古人以其經驗常識推見至隱，以爲天道必須得中而後見之。易繫曰：「見乃謂之象，形乃謂之器。」又等」：「法象莫大乎天地」。何以法象莫大乎天地？蓋大極之見形，以天地爲先。有天地而後生萬物，故窮萬物之理，則可以推見天地之理，明乎天地之理，則大極之理周在矣。故儒者之序卦也，其言曰：

「有天地然後有萬物，有萬物然後有男女，有男女然後有夫婦，有夫婦然後有父子，有父子然後有君臣，有君臣然後有上下，有上下然後禮義有所錯。」

是雖曰序卦，實卽推見至隱，猶中庸所謂「君子之道，造端乎夫婦，及其至也，察乎天地」，用演繹之法以推論「禮本於天」之理也。天理旣昭，則大極在焉。

易傳曰：易有大極，是生兩儀，兩儀生四象，四象生八卦」。又曰：「生生之謂易」蓋謂易之生生，由於大極也。大極具生生之理，此易之所以爲易乎。此易之所以爲變化之總名乎？儒者所言之大極主於變化，故其爲中也，乃大異於老子之抱一守中。

中庸曰：「君子之中庸也，君子而時中。」又曰：「誠者非自成己而已也，所以成物也。成己，仁也；成物，知也。性之德也，合內外之道也，故時措之宜也。」

此言「性之德也」，猶易傳所言「天地之大德」。成巳，謂自動也，成物，謂自動而成形也。唯動而時中，乃能成形。故曰時措之宜，猶謂動而時中也。吾人以爲儒者所謂大極之理，卽此時中之理。唯其爲時中之理，故孟子言執一者賊道，而執中必以權也。執中以權而後始得時措之宜也。

儒者之道在變化，變化故有時。而禮所本之大一卽此變化之道，故禮亦有時宜。

禮器曰：「禮，時爲大，順次之……。」

所以「時爲大」者，卽因其原理非一成不變之理也。因其非一成不變之理，故禮運曰：「禮本於天，變而從時」。從時卽求其時措之宜。而「宜」，儒者則謂之「義」。義者卽道在變，變而從時之謂也。吾人以爲儒者言道必附以「義」，卽因其所謂道乃一變易之道，道在變易，故有時，有時，而故大時措之宜，故於其道之中，又有所謂義焉。若其道一而不可變，則亦無所謂宜，無所謂時宜，則道一而已，無所謂義矣。無所謂義，此道家所以非薄儒者之義乎。因其非薄儒者之義，故吾人以爲道家必以不變爲道。

故儒者言禮所據爲變易之道，故於禮必以「時」爲大，以「義」爲會。

郊特牲曰：「禮尊其義」。禮運曰：「協諸義而協，則禮雖先王未之有，可以義起也。」以義起禮，卽求其時中，求其時措之宜，亦孟子所謂執中以權也。執中而用權，卽因其道在變易。而大極爲儒者變易之道，故吾人以爲禮所本之大一，亦卽大極。而大極爲中之理，吾人則以爲其中有時，故大極爲時中之理。

雖然，大極爲時中之理，但大極之與大一，吾人顧名思義，終不得含混而爲一談。極，謂之中，可也。而訓一爲中，則義所未允。然則，大極與大一，與一而二乎？曰：是又不然。吾人以爲大極乃「時中」，而大一乃「至誠」。至誠與時中，共爲一理，特所言者之觀點有不同耳。

何以明之？吾人以爲中庸一篇之說此理也，蓋甚明矣。中庸先言中而時中之理，繼而申言至誠之理。誠者一也。

中庸曰：「天下之達道五，所以行之者三。曰：君臣也，父子也，夫婦也，昆弟也，朋友之交也；五者，天下之達道也。知仁勇，三者，天下之達德也。所以行之者一也。」又曰：「凡爲天下有九經，所以行之者，一也。」

朱子於此諸「一」，皆訓爲「誠」。吾人以爲眞實不可非。且吾人以爲凡此言「一」，猶荀子之所謂「一」。

荀子曰：「曷謂一？曰：執神而固。曷謂神？曰盡善挾洽之謂神，萬物莫足以傾之之謂固。」（儒效）

盡善挾洽之謂神，猶中庸所謂「至誠盡性可以贊天地之化育」之意也。萬物莫足以傾之謂固，猶中庸所謂「誠之者，擇善而固執，學非能，問弗知，思弗得，辨弗明，行弗篤，弗措，而人一我百」之意也。誠與一，意有淺深。

荀子以淺言誠，以深說一。故曰：「千舉萬變，其道一也」（儒效）其言誠則曰：「君子養心，莫善於誠。」（不苟）又曰：「善爲道者，不誠則不獨」。獨，猶一也。方言十二：「一，蜀也，南楚謂之獨。」是故由誠而獨，猶由誠而一也。由誠而一，蓋以「誠」爲窮理之法，而以「一」爲儒者所據之理。故於儒效又曰：「百王之道一是矣」。中庸之用「一」與之相反，而以「一」爲行道之方，故曰達道達德所以行之者一也。而以誠爲至高之理。故曰：「誠者，天之道也。」（孟子之言同此，見離婁下）

雖然其用字有深淺之不同，然中庸亦非不言一也。

中庸曰：「天地之道，可一言而盡也，其爲物不貳。」

不貳者，一也。荀子之言一，亦常以不貳互用。

荀子：「其物也雜博，其情之至也，不貳。」（解蔽）

中庸謂天道至誠，其爲物不貳，而荀子同之。故吾人以爲荀子之一，猶中庸之誠也。而中庸之誠，復卽易傳變化之理。

中庸曰：「誠則形，形則著，著則明，明則動，動則變，變則化。唯天下至誠爲能化。」又曰：「至誠之道，可以前知，國家將興，必有禎祥，國家將亡，必有妖孽。」見乎蓍龜，動乎四體，禍福將至：善，必先知之；不善，必先知之。故至誠如神。」

其言變化，及探賾索隱鉤深致遠之意，與易傳同之。其言生天生地之理，與易傳亦無不同。

中庸曰：「至誠無息。不息則久，久則徵，徵則悠遠，悠遠則博厚，博厚則高明。博厚所以載物也，高明所以覆物也，悠久所以成物也。」

而繫傳則言：「夫易開物成務」。開，始也；成，終也。開物而後成務，終則有始也。故中庸謂之曰：「誠者物之終始，不誠無物。」中庸以誠終始萬物，故至誠可以通萬變之理。荀子之一，猶中庸之誠，故荀子之一，亦可以通萬變之理。

荀子曰：「以一行萬，始則終，終則始，若環之無端也。」（王制）又曰：「以古持今，以一持萬」（儒效）又曰：「千舉萬變，其道一也。」又曰：「道者，體常而盡變」。（解蔽）

常者，一也。體一而盡變，猶言「以義屈伸而變應」（不苟篇）也。以義變應，義者，一之義也。以一之義以應變，猶孟子所謂「執中用權，」禮運所謂「變而從時，」中庸所謂「時中」「時措之宜」也。是故吾人以爲荀子之一，猶中庸之誠，中庸之誠，猶大極之中。唯大極之中爲時中，唯至誠能時中，故至誠與時中，二而一也。至誠與時中，爲二而一之理，故中庸篇彙而釋之。吾人以爲合此二而一，是謂之大一。

荀子曰：「貴本之謂文，親用之謂理。兩者合而成文，以歸大一。夫是之謂大隆」。又曰：「凡禮，始乎梲，成乎文，終乎悅校。故至備，情文俱盡；其次，情文代勝；其下復情以歸大一。」（禮論）

至備，猶大隆也。情，謂親用；文謂貴本也。情文俱盡，謂合兩者而成文也。以歸大一，歸於至誠與中之理也。因其必歸於至誠與中之理，故又曰：

「禮豈不至矣哉！立隆以爲極，而天下莫之能損益也。」（禮論）

唯禮理在乎大中與至誠，故其極也，莫可損益。莫可損益，乃大中之理之淺言也。大中之理之淺言，爲「斷長續短，無過無不及」之理。而至誠之理，淺而言之，則爲「主於一」後儒謂主一之謂「敬」，蓋敬者，至誠之淺言也。故本於大一之禮理，由淺而言之，則曰：

「禮不同也，不豐也，不殺也。」（禮器）不豐不殺之謂「中」。又曰：「毋不敬」（曲禮）毋不敬，「誠」之謂也。

然禮之第一原理爲「大一」，大一者，至誠而時中也。以之演釋儒禮，不外是。

——摘自《文化先鋒》一九四三年五月第二卷第七期

禮記鄭氏義疏敘例

龔向農先生遺著

自孔子刪定六經，七十子傳其學，各述所聞，作爲傳記，傳則多附於經，記則不盡附於經，而必以與經義相備。至漢世儒者裒集成編著於竹帛，已不能悉得作者主名，亦由古人立言，蘄以經世施教，非若後世箸書，必署名以自表異。學者惟就編纂之人，別之爲某氏某氏而已，如詩有齊雜記，春秋有公羊氏記，是也。禮家之記，則戴德有八十五篇，戴聖慶普各有四十九篇，惟小戴之書，魏晉以來列於學官，尊與經等，其與大戴慶氏分合異同，未由審致，要其爲七十子以至高堂后倉師師相傳之本與孔壁及河間獻王所得古文禮記，不相涉也。自晉陳邵謂古禮二百四篇，戴德刪爲八十五篇，戴聖又刪爲四十九篇，後儒雖據鄭君六藝論，知二戴各自傳述，非互相刪併，然皆謂二戴之記取於河間古禮，併爲一談，迷而不悟，此讀禮經者所當先辨也。（張揖上廣雅表云叔孫通撰置禮，皮錫瑞頗據此說，然單文孤證，竊所未信。）經典釋文敘錄引劉向別錄云，古文禮記二百四篇，此古文記都數也，正義云劉向別錄，禮記四十九篇，樂記第十九，此小戴記都數及目錄也，釋文敘錄又云，別錄有四十九篇，其篇次與今禮記同，名爲他家書拾撰所取，不可謂之小戴禮，此蓋慶氏記也。（後漢書曹褒傳，父充持慶氏禮，褒傳禮記四十九篇，是慶氏記篇數與小戴同，此云[illegible]一即篇數也，慶氏不列學官，故謂之他家書拾撰所取耳。）是古文與諸家之記，別錄具載其目，而漢世禮家惟云記二十一篇，明堂陰陽三十三篇，王史氏二十一篇，不分別載古文二戴慶氏之記者，劉向校書率取中書及民間書，參互校讎，繕寫定本，諸書敘錄，猶可考見。（如戰國策管子晏子春秋荀子卷首所載劉向序。）古文記與今文記，其異同無可考，以意揣之，蓋其同者必甚多，而文字之繁簡，篇目之分合容有小異，故向綜合諸本，分類寫定，爲百二十一篇。言明堂事者篇多，別爲明堂陰陽三十三篇。王史氏六國時人，（漢書顏師古注引別錄。）記者既有主名，其書或亦與古今文記不合，故別出之。而樂記二十三篇，又列入樂家，故鄭君目錄，每篇皆云，此於別錄屬某類，皆據劉向所定爲言。其奔喪投壺，別錄在古經五十六卷之中。喪服四制，劉向定本所無，目錄詞例，皆與他篇異（說詳目錄義疏中。）此其證也。至劉歆總羣書而奏七略，遂僅載向所校定諸記篇數，而古文戴慶諸記，別錄有其目者，並不著錄，（別錄著錄劉向定本，而乃存今文古文之篇目，猶乾隆間四庫全書之有存目也，七略但著錄劉向定本篇目，猶四庫簡明目錄，不載存目之書也。）漢藝文志因之，自別錄既亡，後人不得其說，漢志不錄戴記，遂爲學者大疑。錢大昕謂百三十一篇，即大小戴記之總數，（小戴四十九篇，除曲禮檀弓雜記分上下篇者不計，只四十六，加大戴八十五篇，適百三十一篇。）則不知兩戴記多互見之篇。黃以周謂百三十一篇皆爲古文，則不知古文記二百四篇，別錄自有本數，徐爲說矣。

鄉先生井研廖平，說經以分別今文古文爲大綱，自此經學風氣，爲之一變，近世儒者，其學雖或與廖君大異，亦無以易其說也，然所謂今文學古文學，乃漢平以後之名，（廖君初說，謂今學爲孔子晚年之說，古學爲孔子壯年之說，孔門弟子，即分兩派，甚至以儀禮□爲古文儀禮，以爲今文，皆大繆，後亦不持此說矣。）西京十四經家（此亦後漢古文學家，稱西漢博士學者之名。）謂猶無此區別，其於後來古文家根據之書，凡有所見，未嘗不兼綜博采，以扶微廣異，初非擯廢不道，（廖君謂漢代古文今文學者，相避如洪水猛獸，此非事實。無論西漢博士，絕無今文古文之見，即漢古文家，三鄭賈馬，先治今文，學具見本傳，而二鄭之注周禮，馬融之注尚書喪服，亦頗取博士說，惟何休絕不引周禮耳。）此二戴記中所以兼有今文古文說也。廖君作戴記今古分篇目表，以爲戴記古多於今，近人泥於其說，遂疑戴氏爲今文家，何以多錄古學，又以其采及逸禮（即奔喪投壺二篇。）及曾思荀賈諸子書，疑今之禮記並非二戴所輯，夫古文晚出，戴氏所傳之記，適與古經相同，非戴氏取經附記，曾思荀賈，儒家大宗，吐詞爲經，編列記中，寧謂非當。且諸子之書，亦多述古，必謂盡出自作，則又識昧通方，斯爲謬矣。

井研治經，學凡六變，晚年閎意眇指，辨天人淵，恂愁小儒，思議所絕，竊謂廖君分別今古，舉世所推，其發明經制，厥功尤鉅，（謂孔子經制因唐虞三代之制加以聖心，非如廖氏說純出孔子臆造耳。）夫爲邦之問，兼行四代，著在論語，祖述堯舜，憲章文武，中庸亦有明文，改用周之文，從殷之質，亦春秋家之師說，（唐啖助趙匡向守此義。）孫卿所謂聖者盡倫，王者盡制，徵之六經，皆有符驗，雖近世守古文學者，未敢斷言孔子無儀禮制度之事也。而禮記所載，其於經制時有異同者，蓋六經所載，惟舉大綱，條目施行，或不詳備，故傳其學者，或損益經制，而推爲新禮，如爲士冠禮以爲公冠，損射禮以爲投壺，及后倉推士禮致於天子之說。或服有經義，而別定儀文，如弔服不飾，曾子子游所問，曾子游襲裘必俟主人小斂之後。或經有所略，而益之爲詳，如喪大記多士喪禮經記所未備。或經著其常，而推及其變，如曾子問一篇多言變禮。或解經而各持異見，如小斂之奠，或云東方，或云西方。或援經以衡論是非，如既祖推柩而反，曾子曰禮，子游曰非禮，各有所據。說非一人之說，書非一家之書，矛盾互陳，職由於是。至若異代典禮，成書如周官周書語，記文多所摭取，散文如記歷稱周弁殷冔夏收，夏尚黑，殷尚白，周尚赤之類，陳澧攷之詳矣。以及霸者定制，如左氏傳所云文襄朝聘之制。國別所行，如記所載晉衞齊魯之異。儒生政論之斟酌古今，如荀子所云論序官之法。大夫風操之自爲節度，如記所載晏平仲孟獻子之行事。苟大旨於經無悖，亦復存而不革。凡此則小戴之記本無今文古文之別，記義之異，且非今文古文所能賅，而鄭君注經，兼取古今，亦不得謂之破壞師法矣。劉子駿序太常博士，信口說而背傳記，是末師而非往古，故古文學者，以古文書傳爲信，歸諸作於周公，變六經爲史學，所謂實事求是是也。鄭君初習今文，後通古學，扶風質僴，學乃大成，遂以禮學自名其家，孔穎達云，禮是鄭學，見明堂位禮記疏晉魏以來，學者之公言，非沖遠之臆說也。鄭君兼注三禮，仍以周官爲本，其於周官禮經與今文異者，必爲說以通之，或且從今改古，不爲賈馬之學，一概信古疑今，此其異於古文家法者，范曄所稱囊括大典，網羅衆家，刪裁繁誣，刊改漏失，意正指此。王肅以後，諸難紛起，而迄於唐宋，禮家終以鄭君爲宗。自莊綬甲，李兆洛，皆其變易古文家，廖氏從而發之，遂謂鄭君禮說無一可通。不知以鄭義推諸經傳，夫固渾渾圜圜，盛水不漏，今此義疏，以鄭爲主，故定名曰禮記鄭氏義疏，亦藉以別於唐宋勅定之名，清代官書之目云爾。

南北朝唐人作疏，例不破注，蓋注以解經，疏以釋注，既有宗主，無取異端，西京博士，習誦章句，不更師法，篤實之風，正復如此。雖皇侃禮記，時與鄭乖，劉炫左傳，並規杜過；非通例也。清代儒者，改作經疏，惟陳奐毛詩專申傳說，鄭箋亦從刪汰，他皆意主通經，不復墨守本注。胡培翬儀禮正義定申注訂注附注三例，申者闡述注義之長，訂者駁正注義之失，附者兼存異注之說。而黃以周曹元弼，又議其所申所訂之非，蓋述古若斯之難也。分疏於典禮大端，並違鄭義，間撰異說，同於附注，至於名物訓詁，句讀文義，或有遺失，顧附匡糾，庶幾本落歸本，狐死首丘，不[illegible]諸於孔氏，亦不如昔人譏杜元凱顏師古，爲左班之諍臣也。

五經傳記及諸子書，凡述事實，等於寓言，藉以證禮制，明義理而已，非若作史者之皆有據，事必徵實也，周秦古籍，無慮皆然，漢儒著書尚洽此例。若劉向新序說苑列女傳諸書，年月牴牾，經名錯互，劉子玄氏，屢肆譏呵，不知子政所敘，列在儒家，本非紀事之史，又先秦以往，尚無專史，學者傳述古事，各記所聞，自多歧出，志古久遠，致信末由，況古人敘事成文，非同簿領帳籍，詳則累言而不繁，略則一字而非簡，毀譽極情，而或過其實，抑揚任意，而故甚其詞，此雖良史紀事，容亦有之，（史記漢書尚多此類。）必銖寸以求合，反爲古人所笑。記中述事，蓋多類此，檀弓一篇，尤後儒所疑怪。拘攷詩者，則辨其事之不實，說義理者又病其詞之不醇，皆未知古人著述之體，文章之法者也。今之所疏，但據本書，他書略同，附引以資參證，是非正僞，存而不論。若邵泰衢檀弓疑問，夏炘檀弓辨誣，及宋元以後，疑駁記文之說，概無取焉。

記中通論諸篇，發明禮意，及聖門論治論學微言大義，最爲精深，漢唐注疏，既失之簡，宋元解說，又多本乎所謂舍經作文，繁而寡要，發同制學經義。今本諸爾雅說文，以正其訓詁，發取儒先講說，以發其精微，破漢宋門戶之成見，合義理攷據爲一家，庶於經義，或有所當。至大學中庸二篇，朱子承程子之意，[illegible]之章句，與論語孟子，合爲四書，元明以後，列在學官，故陳澔以下，解禮記者，咸缺而無說，（陳澔集說，[illegible]言，[illegible]旦集解，朱彬禮[illegible]訓纂。）竊謂朱子章句，窮理盡性，闡如日月經天，非敢如毛奇齡汪中之徒，安肆譏難，而鄭君舊注，[illegible]綜緯，義自淵懿，孔疏以外，絕少發明。今仍加疏釋，以存古義，傳與章句，並行不悖。

禮記舊本，莫古於開成石經，然月令用明皇所定，冠諸篇首，已非鄭本之舊，後世刊本，則淳熙撫州公使庫所刻，號爲最善，今以撫本爲主，其顯然譌捝，悉據他本補正，疏中不復覼縷，（記注昔爲學者必讀之書，本世所通行，不嫌略之。）名若偏諱之與偏諱，四郊之與西郊，一字出入，有關義訓，以及鄭注之或爲，釋文之異本，或古書徵引異文，足資參校者，必於疏中明著其說，別其是非，至於字體爲別，語助增減，則顧千里撫本考異，阮元校勘記，已詳著之，既有專書，義宜從略。禮記章句，始於橋仁，（後漢書橋玄傳。）其書不傳。鄭君同時，惟有盧植注，其書唐後亦亡，近葉德輝輯本，採輯最備，嘗據葉本，為之疏證，今悉移錄入疏，以存舊義，輯本所署據書，則不具詳，（引佚書當著出處，此為撰述通例，惟唐以前古書，乾嘉以還，率有輯本，其書亦世所通行，今疏中所引，如鄭氏易書論語孝經注六藝論駁五經異義鄭志鄭記等，及賈逵馬融服虔王肅之經注，三倉字林聲類韻集之音訓，俱以各家輯本，不復具所出書，惟輯本所遺，或有誤脫，今別據他引訂正者，或佚書向無輯本者，仍著所出書名，附記其例於此。）盧鄭同師，不嫌附載，亦猶周官之注並存杜氏二鄭也，孔穎達正義於五經疏中為最陋，昔賢已有定論，惟唐人作疏，多取南北朝人舊疏，沒其名氏，此疏原本皇侃熊安生，而疏中亦多不著其名，細繹疏文，孰皇孰熊頗可指別，（詳舊作禮記疏考證。）今所稱引，於其不明著皇熊者仍稱孔氏，不敢以一己私見，詭更舊文，至宋元明人舊說，取於衞湜集說杭世駿集說兩書為多，清儒則學海堂南菁書院兩經解外，專書尚多，今或備舉書名，或惟著名氏，隨文徵述，例無一定，（大率本經專書如王夫之章句方苞析疑之類，多著姓名，其他經注解，及彙綜三禮，通說羣經之書，則間著書名。）其聞名未見之書，若吳廷華三禮疑義，以及往哲遺編，近儒新著，為聞見所未逮者，海內通人藏庋名家，不吝惠示，俾資補苴，尤所企想也。

此先師聽向晨先生遺稿也。先生易簀之日。道餘猶及侍坐。畀予此稿。猶[illegible]談論。自朝至於日中昃，不謂是夕。遂有曳杖之吟。標將屨卷。哀翰曷已。先生謂禮記新疏。仍當主鄭學。不必高談西京。故以鄭氏義疏題名。清人於羣經皆有新疏。惟穀梁戴記闕如。蓋穀梁淡泊。戴記則孔疏已機詳貫。故鄭治耳。此稿前已載志學月刊。蓋先生初稿。此[illegible]經先生重定。略有異同。今併為刊布。俾藝林知先生經術醇正。是以頗頤漢頤。而絕學弗紹。為可太息也。癸未初夏。受業劉道餘敬識。

——摘自《斯文半月刊》一九四三年六月第三卷第十二期

禮運大同篇五讀

高鴻縉

一、考據家的讀法　二、小學家的讀法　三、文學家的讀法
四、儒家的讀法　五、現代政治家的讀法

我國經書中禮記這一部書共有四十九篇，其中有一篇叫做禮運，禮運篇前頭有一段文字：

「大道之行也，天下爲公，選賢與能，講信修睦，故人不獨親其親，不獨子其子；使老有所終，壯有所用，幼有所長，矜寡孤獨廢疾者皆有所養；男有分，女有歸；貨惡其棄於地也，不必藏於己；力惡其不出於身也，不必爲己。是故謀閉而不興，盜竊亂賊而不作，故外戶而不閉，是謂大同」。

這一段文字一共不過一百另七字，是很短的。自從 孫中山先生根據他創造了三民主義以後，於是中國讀書的人，都特別重視他。又因爲他的結構細密，篇法完整，所以又稱他爲禮運大同篇。蔣委員長指定黨員必讀書籍：（一）孫文學說，（二）民權初步，（三）軍人精神教育，（四）三民主義，（五）五權憲法，（六）建國大綱，（七）實業計劃，（八）大學，（九）中庸，（十）禮運大同篇，十種。將大同篇一百另七字，與上面其他的長篇名著相提並論，是極有深意的。我們讀大同篇萬不可因爲他字少而遂忽略。我們中國會讀書的人向來有兩種讀書的方法：一種是精讀，就是字斟句酌，細心體會的讀法。一種是略讀，就是但觀大意，不求甚解的讀法。精讀的方法，往往用來讀經；因爲經文簡古，含義深奥，不細心體會，則不能得其旨趣。略讀的方法，往往用來讀史；因爲史是記述事實，直敘始末，只須撮其大要，足資衡論，就夠了。他們又做了一幅對聯：「斗酒縱觀廿四史，挑燈靜讀十三經」；就是精讀經，略讀史的意思。現在我們讀大同篇，因爲他是經，所以我們必須精讀。我覺得精讀大同篇的方法，至少應有五要：

第一　要追本溯源，考查確實的讀。是考據家的讀法。

第二　要字斟句酌，詳其音意的讀。是小學家的讀法。

第三　要明其結構，察其要義的讀。是文學家的讀法。

第四　要問此篇要義與孔門論政有何一貫性。是儒家的讀法。

第五　要問此篇要義與三民主義有何關係。是現代政治家的讀法。

現在將五種讀法依次說明如下。

一、考據家的讀法

考據家對於古書古義，先必持懷疑態度；經一番追本溯源的研究，考查其來歷，搜集其證據，剖判其真是之後，然後方才信從他。他們研究古書的步驟是：

（一）何人所作？（二）因何而作？（三）作於何時？（四）作於何地？
（五）有無錯簡？（六）有無脫簡？（七）有無殘缺？（八）有無磨損？
（九）有無衍文？（十）有無脫字？（十一）是否如文？（十二）最後心安理得之解？

何謂禮經？古有詩、書、易、禮、樂、春秋稱為六經。漢時樂經亡。只有五經。禮經又稱正禮，有人說，就是儀禮；有人說，正禮並非儀禮，正禮已經亡了。漢鄭玄也說：「正禮殘缺，無復能明」。

何謂禮記？隋書經籍志曰：「漢初河間獻王得仲尼弟子及後學者所記一百三十一篇，獻之。劉向校經，得一百三十篇；又得明堂陰陽記三十三篇，孔子三朝記七篇，王史氏記二十一篇，樂記二十三篇，凡五種，合二百十四篇。戴德刪其繁重，合而記之，為八十五篇，謂之大戴記。而戴聖又刪大戴之書為四十六篇，謂之小戴記；漢末馬融遂傳小戴之學。融又益月令，明堂位，樂記，合為四十九篇」。鄭玄六藝論曰：「戴德傳記八十五篇，則大戴禮是也。戴聖傳禮四十九篇，則此禮記是也」。這是禮記的來路。

禮記是何人所作？漢鄭玄曰：「孔子沒，七十子之徒，共撰所聞，以為此記；或錄舊禮之義，或錄變禮所由，或兼記體履，或雜序得失，故編而錄之以為記也」。唐孔穎達曰：「上自游夏之初，下終秦漢之際，其間歧塗詭說，雖紛然競起，而餘風曩烈，亦時或獨存；於是博物通人，知今溫古，考前代之憲章，參當時之得失，以所見各記舊聞，錯總鳩聚，以類相附，禮記之目，於是乎在」。孔穎達又說：「中庸是子思伋所作，緇衣公孫尼子所撰」。鄭康成云：「月令呂不韋所修」。盧植云：「王制謂漢文時博士所錄，其餘衆篇，皆如此例；但未能盡知所記之人也」。由此看來，現在通行的禮記四十九篇中，只有四篇的作者可考；其餘四十五篇，皆未能盡知所記之人。只能說（一）七十子之徒共撰所聞。（二）仲尼弟子及後學者所記。（三）上自游夏之初，下終秦漢之際，博物通人，各記舊聞。

禮記四十九篇經過漢鄭玄釋註，唐孔穎達疏證，（孔疏稱為禮記正義；唐宋科舉，均以正義為宗。）宋朝程子表章其中的大學、中庸兩篇；朱子又為大學中庸兩篇的章句，合以論語、孟子，稱為四書，於是只賸四十七篇。元時陳澔集註，明清兩代陳註，頗有取代孔疏之勢力。清末康有為先生讀禮記禮運篇，傾心大同理想，於是大唱其世界大同之說，著大同書數十萬言，一時制藝之士，驚為神奇；但是康先生終以好古而不通今，彷呂氏春秋體例，而不能為有組織有系統之學說，空懷片斷理想，而無具體辦法，更無實施步驟，所以從之者寡；行而不遠，戊戌變政以後，寂焉無聞。

孫中山先生喜讀禮運大同篇；根據大同思想，博采西歐學說，並參以己見，創造博大精深之三民主義；以三民主義先建民國，再進大同。而建民國又分軍政訓政憲政三時期；又化大同篇天下為公的公，變為三民主義之原理博愛的愛；化大道之行也的行，變為心理建設知難行易的行；表裏精粗，本末兼賅，發揮光大，功化無極。　蔣委員長說：「總理生平遇到有甚麼人請他題字的時候，一提筆總是寫這幾句話；可以說這幾句話就是總理實行革命中的最高理想。惟其如此，所以他創造的三民主義，是以民生哲學為基礎，是以人類全體幸福為依歸，而歸結理想是世界大同」。於是可見　孫先生學說之偉大，可見大同篇含義之精深，這就是　蔣委員長要我們精讀大同篇的主要意義了。

禮運大同篇的來歷如何？漢鄭玄說：「禮運者以其記五帝三王相變易之事，及陰陽旋轉之道」，所以稱為禮運。現在我們細讀禮運全篇，知是博物通人之言；而前頭大同小康兩段兩兩比較，更見儒家崇高的政治理想。其作者雖不可知，其時代最早照孔穎達的說法，應在游夏以後。最遲照我們推想，應在漢武以前。因為禮記一書，是漢武帝時代才出現的；而其各篇中又有漢文時作品在內；所以我們為慎重起見，說在漢武以前。

但是我們讀論語，孟子，左傳，楚詞，荀子，戰國策，均不見大同字樣。如果承認大同篇在上列各書之前，那末，旁人姑不說，為何孟子及戰國策士都無一語道及此高尚的政治理想呢？漢武帝時魯恭王壞孔子宅，得古文經之論語，孝經，詩，書，禮等；這個禮乃是禮經，並非禮記，早有人注明了的。現在我們知道禮記既不是孔壁的遺書；而大同學說，復為戰國策士所未聞；那末，大同篇的創作，就應當在秦皇漢武之間了。所以我們可以說，大同篇的思想是儒家，大同篇的文字是秦漢。

我國現在的人讀鉛印的書籍，如果發現了錯字，就說是檢字匠檢錯了；因為現在活字版是由檢字匠檢排的。宋朝的人讀書，如果發現錯字，就說是刻字匠刻錯了；因為宋朝的書是刻的木版印的。（刻木版印書始於五代馮道。）唐朝人讀書如發現錯字，就說是鈔寫之訛；因為唐朝的書，都是鈔寫的，那時尚無印版書。唐人鈔書用紙；漢人鈔書用竹簡，用木牘，用帛；所以漢人書也有鈔寫之訛。秦始用帛，周則竹簡木牘而已。竹簡以絲繩編之，可以成册、成篇、成籍；又或以皮條編之，名曰韋編。周秦漢時的書籍，既是竹簡編成的，而簡或脫落一二，則文氣不相銜接，謂之「脫簡」。又或簡之次序錯亂，則文意自亦不可通，是謂「錯簡」。又或竹簡殘缺一端，遺文不可復求，是為「殘缺」。又或竹簡因授受日久，字跡磨滅不明者，曰「磨損」。所以漢人讀書，既恐有鈔寫之訛，又恐有竹簡錯，脫，殘，損之誤；是以無不謹慎考校，以求正是；一時考據家輩出，就是這個原故。

禮運大同篇既是禮記的一部份，是秦漢間儒家作的，經過漢鄭玄註，唐孔穎達疏，以及宋元人釋解，明清人校讎，則漢鄭玄以後的鈔寫之訛，應屬沒有。如再有疑義，自當上推鄭玄以前竹簡之錯，脫，殘，損，及鄭玄以前鈔寫之訛，方為合理。但是我們現在讀大同篇，覺字句間還是有可疑的地方三處。

第一就是「選賢與能」的與字。

1. 這「與」字有的人作「如文」讀。其說有二：

(甲)「選賢與能，講信修睦」爲偶句。講，修，選，都是動詞；與字應爲動詞，應作「嘉許」講；和論語「吾與點也」之與，及「子行三軍則誰與」之與同意。仍爲動詞。選賢與能，講信修睦，仍爲對稱的偶句。

(乙)與字爲接續詞。徒賢不足以當選，徒能亦不足以當選；必須賢與能二者兼備，乃足以當選。譬如魯肅德勝於才，周瑜才勝於德，孔明才德兼備，要選就選一個孔明；這是一個比方；足見「選賢與能」的與字當接續詞講，用意甚深。而且上句用選字一動詞，下句用講修兩動詞，古文偶句之變化，正自不拘，反足以見其高古。

2. 但是我們細心審察，若依(甲)說，則「與」字和「選」字，並不是同羣同類之字，不應同時並肩使用；且僅僅嘉許能者，尚未盡到拔才理政之能事。若依(乙)說，則「賢與能」，不可分離；分離則意義不完，是和他處古人論政「貴貴尊賢」，及「親親尊賢」的說法不相符合。而且古稱賢者，即含有才德兼備的意義；此處能賢並舉，這能字實只屬技能的意思；所以他處也有「賢者在位，能者在職」，及「任賢使能」種種說法。賢者只稱德，不稱才，實在不是古訓；因此，足徵甲乙二說均不可採。我們揣情度理，用比證的方法，乃知「與」字爲「舉」字的「磨損」，不可作「如文」讀。譬如論語「舜有天下，選於衆，舉臯陶，不仁者遠矣；湯有天下，選於衆，舉伊尹，不仁者遠矣」。是以選舉二字在古籍中爲習見的姊妹動詞。又論語：「德之不修，學之不講」。是講修二字在古籍中，也是習見的姊妹動詞。現在將這兩兩姊妹動詞用來作偶句「選賢舉能，講信修睦」，本是很心安理得的用法，本是很美妙整齊的文辭，確乎無可再疑了。所以我們大膽的斷定「與」字是「舉」字的「磨損」。

照上面第二種說法，將這個與字改舉字讀，極爲有理。而且舉字磨損爲與字，無論就周時大篆，秦時小篆，漢時隸書說，都是可能的。譬如呂氏春秋察傳，載「子夏之晉過衛，有讀史記者曰：「晉師三豕涉河」。子夏曰：「非也，是巳亥也；夫己與三相近，豕與亥相似」。至於晉而問之，則曰：「晉師巳亥涉河也」。這裏可以看出當時史記原文本是晉師巳亥涉河；因爲竹簡上字跡磨損，巳字損爲三字。亥字損類豕字，(金文亥豕二字同形。)所以讀史之人，讀爲「晉師三豕涉河」，可見磨損致誤，爲竹簡之常事。而拘泥現有文字，不知改正，周時讀史之人，尚不能免。本大同篇舉字磨損爲與字，雖說兩千年不能改正，確也不是甚麼奇怪的事情。

第二個可疑的地方就是「男有分」的「分」字。

這個「分」字，鄭玄訓職分。謂分，猶職也，讀去聲。男有分，是說男子都有職分的意思。但是如果像這樣說法，就和上文「壯有所用」重複了。壯有所用，當然包含男子有職務，有職業在內。況男子有職分，和下文「女有歸」文意不相生，所以這個分字，實在是個可疑之點。我們細考上下文意，此處應當說男婚女嫁，方合飲食男女之順。前面老有所終，至皆有所養，彷彿是說飲食，此處應即說男女。「男有婚，女有歸」，就是「男有婚，女有嫁」，就是「男有家，女有室」，就是「內無怨女，外無曠夫」，就是王道之本；這豈不是很清順合理？又考「分」字原讀陰平，與婚字古音相同；今粵音及川鄂各縣鄉間之音，猶讀婚爲分音。古音殘存，原有可考，同音字鈔寫致訛，爲情理之所極易，所以分字可斷爲婚字之訛。可惜自從鄭康成先生千慮一失，未予改正，後世遂莫之敢易了。

第三個可疑的地方，就是「盜竊亂賊而不作」，和「故外戶而不閉」的兩個「而」字。

(1.)疑「而」字上有「奪字」。如果揣測其意，將所奪的字加進去，作「盜竊亂賊消而不作，故外戶設而不閉」，與上文「是故謀閉而不興」，正是同樣的句法；一氣貫注，豈不甚好？

(2.)疑「而」是「衍文」。如果將而字去掉，「作盜竊亂賊不作，故外戶不閉」；也是非常好講。

(3.)但是「而」字的用法甚多，我們仔細推敲一下，有：

(一)當「頰毛」講；是名詞。周禮：「作其鱗之而」。戴東原曰：「鱗屬頰側上出者曰之，下垂者曰而，此以人體之稱施於物也」。

(二)當「並且」講；是接續詞。如論語：「學而時習之」。

(三)當「但是」講；是接續詞。如論語：「人不知，而不慍」。

(四)當「於是」講；是接續詞。如論語：「子欲善，而民善矣」。

(五)當「若是」講；是接續詞。如論語：「人而無恆，不可以作巫醫」。孟子：「而居堯之宮，逼堯之子，是篡也」。

(六)當「當……時」講；是接續詞。如論語：「生而知之者上也，學而知之者次也，困而學之，又其次也，困而不學，民斯爲下矣」。

(七)當「以」字「用」字講；是介系詞。如論語：「直道而事人」，「枉道而事人」。

(八)當「爾」字「汝」字講；是代名詞。如論語：「且而與其從辟人之士也，豈若從辟世之士哉」。

(九)當感歎語尾聲「呵」講；如論語：「已而已而！今之從政者殆而」！

(十)當「尚」字「仍」字講；是疏狀詞。如孟子：「千乘之君，求與之友而不可得也，況可召與」？

(十一)當「亦」字講；是疏狀詞。如左傳隱十一年，鄭伯入許：「王室而既卑矣，周之子孫，日失其序。夫許，大岳之胤也，天而既厭周德矣，吾其能與許爭乎」？

將上述「而」字十一種用法來比照本篇「而」，字前十種用法都不相合；只有將第十一種意義當「亦」字講，用來解釋，「

盜竊亂賊而不作，故外戶而不閉」的「而」字，適合其例。就是說「盜竊亂賊也不作了，所以外戶也不閉了」。這樣的講法，並且與「謀閉而不興」的「而」字一氣趕下，非常有神味。所以我們對於這兩個「而」字疑來疑去，知非「衍文」，亦無「奪字」，終是贊成「如文」。不過疑以後的「如文」解釋，經過推敲比照，較之不疑以前「如文」解釋，就大大的不同了，真所謂心安理得，確乎不易。所以讀書貴能致疑，尤貴能細心平意，以求正解。

我們以考據家的方法，讀禮運大同篇，得可疑之處三。第一，「選賢與能」的與字，是舉字之磨損。第二，「男有分」的分字，是婚字同音鈔寫之訛。第三，「而」字費解，應作「亦」字讀，已爲引經證明。其餘字句無不易讀了，俟於後章詳細述之。

二、小學家的讀法

前面我們講考據家讀書有十二種致疑的方面；現在講小學家的讀書。他們研究文字學，一向分爲三大門類。

第一是字形學；就是文字體態之學，演爲金石學，書學。

第二是字聲學：就是分解字音作雙聲疊韻之研究之學，是爲聲韻學。

第三是字意學；就是字意之解釋訓詁，又稱爲訓詁學。

這三種都有他同時代的方域之差別；又有他異時代的沿革之變遷。這種學問的研究，必須由平面的進而爲立體的，所以小學形聲意三方面變成了三個立體的學問，久矣非一人之才力所能兼通了。今天姑且就這三大門類的方法將大同篇來讀一讀。

大　大字古作亣，本是人字，像人之正面形。後以張兩手可喻大，故借爲大字；而別造側面之人字，其初形如𠃌，漸變作乁𠘧人人等形。大字又兼表「巨大」「老大」「偉大」各意。此處是「偉大」之大。

道　道，古文作衜或䢀；小篆作𨗨。說文：「所行道也」；是即(1)「道路」之道，名詞；引伸爲(2)「引道」之道，動詞；又引伸爲(3)「稱道」之道，動詞；又引伸爲(4)「道理」之道，名詞。此處用(4)意。

大道　韓文公說：「道與德爲虛位」；所以道字是一個空洞的名稱；看用來代表甚麼道理，使作甚麼道理講。此處「道」字是當「政治哲學」，「政治思想」講。「大道」；就是「最高尚的政治思想」。

之　這個地方這個「之」字要注意。我們知道「之」字的用法有七：

(1)當後世俗語「的」字講；是介系詞。如論語：「夫子之道」；「父母之年」。

(2)當後世俗說「他」字講；是代名詞。如論語：「好之者，不如樂之者」。

(3)當「往」字講；是動詞。如孟子：「先生將何之」？

(4)當「此」字講；是指示形容詞。如詩：「之子于歸」。

(5)當「于」字「從」字講；是介系詞。如大學：「之其所賤惡而辟焉」。

(6)當「若是」講；是接續詞。如論語：「天之將喪斯文也，後死者不得與於斯文也；天之未喪斯文也，匡人其如予何」！

(7)當「當……時」講；是接續詞。如論語：「君子之至於斯也，吾未嘗不得見也」。

「大道之行也」的「之」字；應照上述第七個講義，當「當……時」講，方才通順。

行

甲骨文作𠁥，象四達之衢，人所行也。小篆作𧘇，隸書作亍，楷書作行，原是行走之行；借爲「推行」，「實行」，「施行」。此處行字，是當「實行」，「施行」講。

也

古文作𠃟，即匜字，象匜之注流形；後借爲語尾聲。其用法有三：

(1)止句尾聲，相當於英文之全句點•，讀如「雅」，上聲。如中庸：「仁者人也」，「義者宜也」。

(2)問句尾聲，相當於英文之問句點?；讀如「鴉」，陰平。如論語：「三年不言，何謂也」?又「井有人焉，其從之也」?

(3)半句尾聲。相當於英文之半句點，；讀如「牙」，陽平。 如孟子：「天將降大任於斯人也，必先苦其心志。……」。

「大道之行也」的「也」字，應照上述第三個講義「半句尾聲」，讀如「牙」，方合語氣。

天

天，甲骨文作𠑹，金文作𡗗，象人頭上之物也。小篆作𠀘，許愼謂一大爲天；望文生意，極爲巧敏，但非其朔也。

下

下字古文作𠄟丅下等，與上字相反。

天下

「天下」，就是滿天之下，就是現在所稱「世界」。「世界」二字，始用於六朝佛經盛傳入中國之時；自從世界二字流行以後，於是「天下」二字，就不復多用了。

爲

爲字古文作𤓾，形如以手牽象；會意字，是古人役象工作的圖形。故：

(1)當「做」「作」字講；是動詞。如論語：「爲之難，言之得無訒乎」?又引伸：

(2)當「施行」講；是動詞。如論語：「爲政以德」。又引伸：

(3)當「是」字講；是不及物動詞。如孟子：「民爲貴，社稷次之，君爲輕」。

「天下爲公」的「爲」字，應照上述第三個講義，當「是」字講，才爲正解。

公

說文：「公，平分也；从八厶。八，猶背也。韓非曰：「背厶(即私字)爲公」；所以「公」就是「不私」的意思。我們中國文字言簡意賅，這「天下爲公」的「公」字，是一篇主腦，我們讀者，應當抽繹其中的含意。我們：第一應知其中有「公共」的意義。

第二應知其中有「公道」的意義。

第三應知其中有「公開」的意義。

「公共」又可稱「公同」；又可稱「公有」。

「公道」又可稱「公平」；又可稱「公治」。

「公開」又可稱「公用」；又可稱「公享」。

選　說到「公有」「公治」「公享」，就含有三民主義的萌芽了。

巽，順也。選从辵巽；巽亦聲。先將事物理順，而後巡視其長短優劣，以爲選擇；故選有擇意；是及物動詞（—

賢　賢從貝，臤聲，多財也；引伸爲「多」；又引伸爲「賢良」，「賢德」；是形容詞。亦可用作「賢良之人」，是名詞。此處當「賢良之人」講。

舉　隻手爲拏，雙手爲舉。舉从手，與聲；引伸爲「推舉」，「薦舉」，「拔舉」；是及物動詞。此處用其引伸義。原書舉字磨損爲與字，前於第一讀中已經考證。

能　能，熊屬獸，有大力，假借爲「才能」；又可用作「有能力之人」。此處當「能者」講。

講　「講」之原意爲「和解」，从言，冓聲。此處引伸爲「講求」，爲「敦尚」；是及物動詞。

信　人言爲信，是會意字。此處用爲（1）「信用」（守約不爽）。（2）「信實」（誠實不僞）。（3）「信厚」（穩重可託）。是形容詞用作抽象名詞者。

修　修，从彡，攸聲；原爲「修飾」，爲「治理」。此處引伸爲「訂立」，爲「締結」；是及物動詞。

睦　睦从目，坴聲。和睦與乖睽相反，均从目。孟子：「存乎人者，莫良於眸子」，所以和與不和，均可於眸子中見之。此處睦，亦形容詞用作抽象名詞者。

信可見於言行，睦並見於氣色；信近於忠，睦近於恕；信近於義，睦近於仁；信方而睦圓，信剛而睦柔；因爲信與睦不同類；且爲兩兩對方之德，所以併舉，以見賅備。

故　說文：「故，使爲之也，从攴，古聲」。段注：「今俗云『原故』是也」；引伸當「所以」講；是接續詞。此處是接續說明選賢舉能，講信修睦的功效。

人　人字金文作乙或乃，象人側面形。此處人字當「天下之人」講，就是民衆。

不　不字許君謂：「鳥飛上天，不下來也」，穿鑿不可從。攷甲骨文作𣎴，是花萼連莖及兩小托葉形。詩：「鄂不韡韡」。鄭箋：「不當作柎，柎，鄂足也。古聲不柎同」。可見不本萼足，形與意相符；後因同音借爲弗，故有否定意。不借爲否定意，最遲當始於殷。

獨　獨爲犬屬獸，虎狀馬尾，號曰獨狢，是名詞。以其性孤獨好門，故借爲單獨；作形容詞或疏狀詞用。

不獨　是「不僅」的意思。

親其親　說文：「親，至也，从見；亲聲」。段注：「情意懇到曰（1）至。父母者，情之最至者也，故謂之（2）親」。此處上親字是動詞，用段注（1）意。「親其親」，即「孝其親」之意。

子其子　子，古文作[illegible]，象幼兒頭，兩臂向上，下肢爲襁褓所裹，不見兩脛之形。此處上子字借爲愛畜；是動詞；下子字用本意，是名詞。「子其子」，即「愛其子」之意。

其　古文其作[illegible]，是畚箕之本字，借作代名詞。用爲主位時，當「他」或「他們」講；用爲所有位時，當「他的」或「他們的」講。此處是所有位代名詞。

使　說文：「使，令也，从人，吏聲」。按吏字當是事字之訛。吏，古文作[illegible]，與事字古文[illegible]同形，故易致訛。此字應作傳，令也，从人，事聲。但是兩千年來形譌而意與聲俱不變；是及物動詞。此處人（天下之人）字，是使字的主位；老，壯，幼，矜者，寡者，孤者，獨者，廢者，疾者，男，女，等字，都是使字的受位。

老　老，篆文作[illegible]，許君釋爲「人毛化」；蓋人之毛髮變化爲白，即爲老也；是形容詞。此處老即老年之人，以形容詞代所形容之名詞，古文例甚多；本篇上下文均有同例；如賢能，壯，幼，等字是。

有　有，古文作[illegible]（1）或訓手持肉。（2）或訓手中有月，爲有；是會意字。（3）許君謂有者，不宜有也；从月，又聲。春秋書日有食之，即日又食之，是不宜食而又食之之意也；讀又音；爲形聲字。三說均近牽強，未敢苟同，謹闕。此處有字自是習用有無之有；是及物動詞。

所　說文：「所，伐木聲，从斤，户聲」。是以所字的意義有：

（1）「伐木聲」；爲所字之本意。後假借爲：

（2）「處所」；是名詞。如論語：「雅頌各得其所」；「朋友死無所歸」。又金文：「王所」，「天子所」；現時稱盥洗所，試驗所等是。又借爲：

（3）「若是」；是接續詞。如論語：「予所否者，天厭之，天厭之」。又左傳：「所不與舅氏同心者有如白水」。又借爲：

（4）「彼」；是相連代名詞。相當於英文的前置詞（代名詞）與相連代名詞（受位）的合併字（that which）。如論語：「所損益可知也」；「君子無所爭」，「視其所以，觀其所由，察其所安」。又孟子：「就之而不見所畏焉」；「惟君所行也」，皆其例。此處「所」字，是用的上述第四義。

終

廣韻：「終，極也，窮也，竟也」，从糸，冬聲。冬，古文作𠔥；象枯枝下垂，並帶乾果，冬之象也。此處終字用作動詞，如「考終令」之終。

本篇「使老有所終」，必先有一種養生送死的辦法。

壯

說文：「壯，大也，从士，爿聲」。爿古牀字，無論文士，武士，甲士，皆有盛大之意；故壯有盛大意；是形容詞。又可用作「壯者」；是名詞。此處壯字訓「盛年之人」。

用

用，古文作用；許君謂卜中爲用；劉幼丹謂卜凡「𠀠古凡字」爲用。查甲骨文「用」字之變形甚多；許劉之說，皆不可信。或以用爲古時之兵器，借爲殺戮意？如「用人于社」；又以此兵器用之甚便，因借以爲「器用」，「使用」等誼，亦尚可通。此處用字，應訓「效其才能」。

本篇「使壯有所用」，必先將所有青年，各就其天才興趣，予以適當之教育，使其身心得正常充分之發展，凡壯年皆各有職務，各有職業，那就真是才無所棄，事無不舉了。

幼

年幼者力弱；故幼从力，幺聲；是形容詞。又可用作「幼者」；是名詞。此處作「幼年之人」。

長

長，古文作𠑿，象人頭上有長髮；人身惟髮爲最長，故借爲凡長短之長；兄長而弟短，故借爲長幼之長；讀上聲；是形容詞；又借爲首長之長；是名詞。又借爲生長之長；是動詞。此處用生長意。

「幼有所長」，彷彿是說，天下幼兒以環境不適，保養無方，而致疾病殘廢死亡者，何可勝數。栽花植木，且須細究其培養溉灌之法，行之以勤勞，然後枝可榮，葉可茂；人之慈愛幼兒，自甚於花木。況幼兒爲國力之本，民族之源，豈可不予愛護培養，以遂其自然之生？所以育幼保健的方法，必須講究，而其事業，必須舉辦。

矜

此字从矛，今聲；原意爲：

(1)「矛柄」。矛是兵器，戈矛之矛；詩：「修我戈矛」。矜就是矛的柄用以把持的；是名詞。假借爲：

(2)「矜持自守」；是動詞。如論語：「古之矜也廉，今之矜也忿戾」。又引伸爲：

(3)「謹飭」；亦是動詞。如書，旅獒：「不矜細行，終累大德」。又引伸爲：

(4)「憐恤」；亦是動詞。如論語：「如得其情，則哀矜而勿喜」。又中庸：「嘉善而矜不能」。又引伸爲：

(5)「誇」，「驕」，亦是動詞。如書大禹謨：「汝惟不矜，天下莫與汝爭能；汝惟不伐，天下莫與汝爭功」。又引伸爲：

(6)「浮」；是形容詞。如俗稱：「矜平燥濕」。又引伸爲：

（7）「表章」；是動詞。如孟子：「使諸大夫國人皆有所矜式」。

（8）現在我們將「矜」字的意義考究了七個之多，但是沒有「鰥夫」的解釋在內。鰥字如何解釋呢？喪妻之夫曰鰥，讀關音。說文：「鰥魚也，从魚，从眔」。詩：「敝笱在梁，其魚魴鰥」。又釋名：「鰥：昆也；昆，明也；愁悒不寐，目恆鰥鰥然也。故其字从魚，魚目恆不閉者也」。按眔，音沓，目相及也；鰥字从魚眔者，取魚目之不眠，謂鰥夫夜不成眠，其目之相及如魚也；是會意字。唐元微之悼亡詩：「惟將終夜常開眼，報達平生未展眉」。鰥夫念舊，夜不成寐，此人情之所同，應不只元微之先生一人爲然。古人造字之時，早已想像及此，特取魚眔之意，合爲鰥字，是其意深合古時人情之厚。

矜讀今音，今讀金音，所以从今聲之字，如衿，吟，衾，芩，都是金韵。

矜讀今音；今亦讀千音；所以从今聲之字，如含，貪，钱，都是千韵。

金音原可轉爲千音。如淦从水，金聲，讀幹音（干去聲），可爲證。間，國音讀尖，湘粵讀千，又可證。今，粵音讀千，又可證。

千音又可轉爲關音，如今江西湖南讀尖音之字爲千音；並轉千音之字爲關音；如讀「監」，是殆古音之遺也。所以矜古可讀金音，又可讀千音，又可轉關音，與鰥之讀關者爲同音字。古字有「同音相假」之例，所以假矜爲鰥。

寡　寡从「宀」，从頒。宀者，室內之意；頒者分也；室中有物而分之，則寡矣。寡，少也；如論語：「不患寡而患不均」。又人君自稱曰寡人，謂「寡德之人」；謙辭。臣民稱本國之君曰寡君，謂「貧寡之君」；亦謙辭。喪夫之婦曰寡婦，謂「貧寡之婦」；是足以反證夫婦齊眉之可貴可足；與夫死婦人自稱曰「未亡人」，同可見我國古代風俗人情之厚。

孤　幼失父母曰孤，故孤从子，瓜聲。「父死曰孤，母死曰哀」，乃後世禮俗上分別稱謂，並非上古初誼。

獨　老而無子曰獨，獨爲犬族之獸，性孤獨不羣，故借爲「單獨」。

廢　凡字之从广者，均有房屋之意；如廊，廟，府，庫，庵，店，庠，序之類是。廢字原意（1）爲「房屋廢置」；所以借（2）爲「殘廢」；與癈字當「固病」講者是兩字。此處廢訓「殘廢」。

疾　疾，病也，从疒，矢聲，借爲「迅速」，如「爲之者疾」。又借爲好惡之「惡」，如「疾之已甚，亂也」。此處訓「疾病」。鰥者，寡者，孤者，獨者，廢者，疾者，這六種人是在老者壯者幼者中較爲困苦無告的；本諸天下爲公的意義，所以必須用特種方法來養育他們。

者　者，古文作沯，許慎謂下从白，上从古文旅。與甲骨文及金文均不合，本意未詳，讀赭音。金文用爲都鄙之都，或諸侯之諸。一讀則爾切，假借爲：

皆養　男分　女歸

(1)主位之尾聲；如中庸：「誠者，天之道也；誠之者，人之道也」。又以同音用爲：

(2)「這」字，是指示形容詞。如「者番」，「者般」，「者回」，「者箇」。又借爲：

(3)用在形容詞或動詞之後的代名詞。如「大者」，「小者」，「來者」，「去者」。

本篇「者」字意，同上述第三例。

皆，篆文作□，从比，白聲；是形聲字。白，自之或體，並非白字，古音季，與皆「及哀切」字是雙聲。「比」有同意，所以「皆」有同意。此處皆字訓俗語的「都」；是疏狀詞。

養字从食，羊聲，是形聲字，其意在食，原只爲供食之意；引伸凡供給生活之品皆曰養；是及物動詞。

說文：「男，丈夫也，从田力，言男子力於田也」。

此分字係婚字之訛；「男有分」，即「男有婚」，前已於第一讀內考證過了。婚，娶也；娶女多以昏暮之時，故从女从昏。昏亦聲，婚字古音讀如分。

人字古文作□，女字古文作□，皆畫側面蹲踞之形。人者男人，雙手相併，側面只見其一；女則雙手相交，乃斂容之象也。

歸，嫁也，如詩：「之子于歸」。這個字的來源如下：

有一個象形字□，音走，就是掃帚；掃地耕塵所用者都叫帚。羅振玉以爲□是帚之本形，上端爲帚羽，下端爲帚柄及柄尾，其中□，乃置帚之架，故其字常作□；甲骨文，金文皆可證。及小篆改作□，許君依其形，乃以爲象手持帚形，以上爲手，下端爲帚之本體，與原形相倒矣。後世以帚多係竹製，乃加竹頭作箒，亦猶之□（音機）原爲畚箕之象形字，因常置於丌上，故其字亦作□；又省作□。後人因此字已借作代名詞，當「他」或「他的」講，讀齊音。又因畚箕係竹製，乃加竹頭作箕。這箕箒兩字的來歷是如此。我國古人（或者是倉頡）以男人的工作是在外耕田，所以造男字曰「力田爲男」，上从田，下从力。婦人的工作是在家掃地，所以造婦字曰「女持帚爲婦」；左从女，右从帚。說文：「婦，服也，从女，持帚灑掃也」；後世猶稱女嫁人爲奉箕箒。但是女子出嫁的嫁字，古時先另外有一個字；彷彿倉頡是說這個字比較難造，乃想出婦止爲嫁；嫁者，婦之所止也，其字作歸。又省女添自「音堆」爲歸；所以許君說：「歸，女嫁也，从婦止。婦省，自聲」，讀奎音。（堆與圭爲叠韵諧聲。）所以歸字訓婦止、訓嫁、是其本義。後世「歸家」「歸還」，是其引伸之義，所以「女有歸」，就是「女有嫁」。「男有分，女有歸」，就是「男有婚，女有嫁」；就是「男有家，女有室」，就是「內無怨女，外無曠夫」。

上文老有所終，至皆有所養，是說的飲食，這兩句是說的男女，「男女飲食，人之大欲也」。能以「天下爲公」的宗旨，與百姓共人之大欲，就是孟子所謂王道；王道就是大同之道。

貨　貨，原本是貨幣，故从貝，化聲。後以貨幣可易物，所以假爲貨物，此處用其假借義。

惡　惡，說文，過也；是名詞。又用爲憎惡；是動詞；此處讀去聲；爲憎惡義。凡稱愛惡某事者，皆心理上願望之詞，與「必須」「不得」等字，係法律上命令禁令之詞者，有柔剛之別，王霸之分。

棄　棄，捐也，古文作𢀨，象子初生而夭者，以𠦒（音搬）推於外以棄之，是會意字；引伸爲凡拋棄之棄。

於　於字古文作𢇁，畫烏飛形，其意爲烏，其音讀烏，所以「烏呼」兩字，現在還有仿古寫作「於虖」的。於又讀于。譬如虞从吳聲，讀于，娛从吳聲，讀于。可見古音烏音變于音有一定的綫索的。因爲於烏讀亐，所以同音相假，於可代于。於代于，其時並不甚早，殆始於秦漢，這是有人攷證過的。于字用法甚多，此處當「在」字講；是介系詞。

地　地字古文作墬，从土从𨸏，彖聲，形聲字。後世改爲「土也」會意，亦始於秦漢。

也　也字古文作𠃍，即古匜字，後借爲語尾聲。此處也字讀牙，陽平，句半止之尾聲；與「大道之行也」的也字同例。

必　必，說文：「分極也，从八弋」。弋，橜也，立橜以爲分判之準也，引伸爲詞之必然。

不必　此二字亦是心理上願望之詞，與「不可」，「不得」等字爲法律上禁令之詞者，確有王霸之分。

藏　說文：「藏，匿也，从艸，藏聲」。又蓄也；此處兩義皆通。

己　許君解干支各文，謂甲象人頭，乙象人頸，丙象人肩，丁象人心，戊象人脅，己象人腹，庚象人臍，辛象人股，壬象人脛，癸象人足諸說，最不足以饜人意。近人郭沫若於甲骨金文考證，以甲乙丙丁取象於魚身，戊己庚辛壬癸皆古兵器，十干原非同一系統之字，其言可信。是己爲兵器；但其字何以借爲自己之己？至今未聞善說。或曰：此項兵器非以攻人；乃以衛己，故借爲自己之己；或以其字曲折反轉，有不得於人，反求諸己之意。今不敢臆斷，謹以闕疑。

力　力字古文作𠠲，象人之右肩，臂，肘，手用力之形。此處用其引伸意「才力」，「財力」；亦可作「勞力」講。

出　出，古文作𡳿，林義光以爲象足跡自隱處出行之形；引伸爲凡外出之意。

身　古文作𨈏，象人之身體。

爲　此處借「作爲」爲「因爲」，讀去聲；是介系詞。

是　古文作昰、𣅀、𣆪、𣆬、𣆫，許慎謂从日正，非。林義光以爲象人手足跛倚馳緩不行之形。荀子：「難進曰偍」；注：謂（1）弛緩也，讀如詩：「好人提提」；引伸爲（2）安諦；又引伸爲（3）是非之是。

是故　當「所以」講：是接續詞；較「故」字語氣略重。此處說明全篇的總功效。

謀

說文：「謀，慮難曰謀，从言，某聲」。引伸爲「求謀」，「計謀」等。此處謀字是「慮難」本意。

閉

查从門之字普通有三類：

(1)會意　如間；門中見日，是因中門有隙；故間爲「空隙」。
閑；以木塞門，所以示防閑也；故閑爲「防閑」。

(2)形聲　如(甲)聞，从耳，門聲。問；从口，門聲。
(乙)閨；从門，圭聲。閫；从門，困聲。

(3)象形　如關；金文作□。□，其中非絲非□，乃環紐之形；門外之環紐可見，正象門關之形。後世就楷書之形以關从䜌得聲，非其朔也。
閉，金文作□，其中非才。段玉裁以爲才字乃午字之訛。午，杵也，是其中乃撐橫之形：門內之撐橫可見，象門閉之形。所以關，自門外視之之狀也；閉，自門內視之之狀也，其意相同。

此處閉字用其引伸義「閉藏」。

而

而字，此處是疏狀詞，當「亦」字講。詳見考據家讀法。

興

說文：「興，起也，从舁同；同，同力也」。舁象衆手。
舁同，即衆手同力舉起之意，引伸爲「興盛」；是形容詞。此處訓本意「起」；是動詞。

「謀閉而不興」，是說慮難之謀，可以停止，也無庸另行籌畫了；是就政府方面而言；政府不備不虞，是理想之極。

盜

此會意字。次，古涎字，有羨意；見人之皿而垂涎，故起盜心。原爲動詞，用作名詞。

竊

說文作竊；蓋有動物自穴中出，張口食米，而身不離穴，是竊食也。禼(音偰)聲，後世省寫作竊。原爲動詞，用作名詞。

亂

𤔔，音濫，古文作□，象幺子在冂(即同)間，前後各有手引之，不進不退，淆亂之象。說文：「𤔔，不治也」。至於亂字，是古𤔲字之省，即辭字。「武王曰，予有亂臣十人」乃「予有辭臣十人」之誤，這已有人證明過。所以治𤔔字應作𤔔，而亂爲別字；後世訓「治亂曰亂」者，是曲說。此處應爲𤔔，原是動詞，亦是形容詞，茲用作名詞。

賊

說文：「賊，敗也，从戈，則聲」；是形聲字。段注引左傳：「周公作誓命，曰毀則爲賊」。謂以戈毀壞法則也；是會意字。又左傳：「叔向曰，殺人不忌爲賊」。漢以後寫作賊。从貝从戎，非其本形矣。

而

當「亦」字講，是疏狀詞，詳見前。

作

說文：「作，起也」。此處是其本意。

「盜竊亂賊而不作」，是說盜竊亂賊也不作了，是就人民方面而言。物質上無私有之制，精神上無攘奪之心，是理想之極。

故　當「所以」講；是接續詞。較「是故」語氣略輕，詳見前。

外　玉篇引說文：「外，表也」。此處是其本意；形容詞。

戶　古文作户，即門之一扇，統稱曰門，稱其扇曰戶。

而　當「亦」字講，是疏狀詞；詳見前。

故外戶而不閉。是說明謀閉不興，與盜竊亂賊不作以後的又一現象。因爲謀閉而不興，所以在戶主方面，不備不虞，外戶不閉。因爲盜竊亂賊不作，所以在事實上外戶也無須閉了。家不閉戶，國不設防，天下一家，政府不備不虞，人民不奪不爭，是理想之極。

是謂　段玉裁註說文：「謂者，論人論事，得其實也」；是，此也；是代名詞，代本篇全文。是謂二字，譯成白話是「這就叫做」。

大同　同，古文作㒼；訓「凡口」，會意。口者所以「言」「食」；口之於言也，有同達之意；口之於食也，有同嗜之味；故凡口皆同。此處同字與天下爲公的公字互相發明。「大同」當「理想世界」講，爲全篇定名。

三　文學家的讀法

文學家讀一篇文章，首先必察：

(1)一篇主腦如何？其精神是否自始至終貫澈到底？中間明提暗點，手法如何？

(2)全篇結構如何？是否完整？起承轉合，有無匠心？

(3)句法如何？奇偶之變化，散整之布置，前後類從之比照如何？

(4)字法如何？有無神味可玩？呼應可通？

(5)格調氣勢是否生動一貫？

今就此五項目標讀讀大同篇。

1.　此篇主腦，就是「天下爲公」的「公」字。「選賢舉能」，就是由此公字所發生的政治；「講信修睦」就是由此公字所發生的教育。有此公的政教精神，於是更發生了公的功效：「故人不獨親其親，不獨子其子」；以及「使老有所終」云云至「女有歸」一節，都是公的政教的設施，也是公的政教的功效。貨不必藏於己是公，力不必爲己是公；這都是公的精神貫注於國家經濟的表現。然後謀閉而不興，盜竊亂賊而不作，更是公於政，公於教，公於經濟的最後功效。至於外戶不閉，則不僅無操奪竊盜，更是無一不可公，完全無所用其私了；這就「是謂大同」，「大同」就是「大公」的後影。所以此篇文章以公字爲主腦，實在是於全篇中明提暗點，貫澈到底。

2. 講結構。此篇文章有頭有尾：「天下爲公」是頭，「是謂大同」是尾；公與同的意義相類，是謂首尾相應。「大道」的「大」是起，是照；「大同」的「大」是結，是應。

「大道之行也，天下爲公」是起；「選賢舉能」，「講信修睦」是二股分承；一爲政治，一爲教育。「故人不獨親其親，不獨子其子」，是轉；「使老有所終」云云至「女有歸」一節是合。貨力二句是第三股，遙承。「天下爲公」，是說的經濟。「是故謀閉而不興，盜竊亂賊而不作」是轉，「故外户而不閉」是合，最後「是謂大同」是總合。

3. 講句法。此篇中「大道之行也，天下爲公」句是奇；「選賢舉能」，「講信修睦」二句是偶；「故人不獨親其親，不獨子其子」是奇中見偶，「使老有所終」云云至「女有歸」，是偶中見奇。貨力二句是偶，「是故謀閉而不興，盜竊亂賊而不作」是偶；「故外户而不閉」是奇，「是謂大同」是奇，這真是極奇偶散整之變化。「大道之行也，天下爲公」句，與貨力二句句法相類，前後比照，可見暗中呼應之法。「盜竊亂賊而不作」，與「故外户而不閉」句法相類。信筆寫出，更見生氣一片。首尾「天下爲公」，與「是謂大同」總呼總應；句法亦頗類似，是皆文心妙道。

4. 講字法。「公」字是主腦，用得含混，用得概括。因爲不含混，不概括，就不能籠照了。賢能是人，故可選可舉；信睦是德，故必講必修；雖兩偶句，而其動詞交換不得，使字動詞，力量最大。上承人字（天下之人）爲主位，下以老、壯、幼、矜者、寡者、孤者、獨者、廢者、疾者、男、女、等字爲受位，爲一全句。是天下之人使天下之人，足以見選賢舉能講信修睦功效之大，於老者應盡其養生送死之義，「終」字不可易。壯者應使有享受教育之均等機會，而令其盡服務國家社會之職責，「用」字不可易。幼者應使其得遂身心之完全發展，「長」字不可易。矜寡孤獨廢疾者應體天地之仁，發同情之善，以飲食之，救濟之，「養」字不可易。男婚女嫁，更是切當之字法。至於「惡」字與「不必」字樣，具見王道蕩蕩，忠厚和平，迥非法家嚴峻口吻。以下「是故謀閉而不興，盜竊亂賊而不作，故外户而不閉」三句，句法相類，而「而」字俱當亦字講，字法相同，一氣呵成，節節趕下，誠有高崖垂澗之勢。大同二字是創作，一面應前公字大字；而此創作之名詞，遂爲千載沿用，莫之能改，尤見特識卓絕。

5. 全篇格調，始終一貫，俱是悠揚以起，沉着以結。如「爲公」，「修睦」，「子其子」，「女有歸」，「不必爲己」，「而不閉」，「是謂大同」等句，俱是結語，俱極沉着斬截，所謂高音飄渺，戛然而止，應是一人一時之筆，故前後之情緒相同。

四 儒家的讀法

我們既已考證禮運篇是孔子後學者所記；但是究竟是否儒家之言？觀禮運篇本文「是謂大同」後接說：

「今大道既隱，天下爲家，各親其親，各子其子；貨力爲已，大人世及以爲禮，城郭溝池以爲固，禮義以爲紀；以正君臣，以篤父子，以睦兄弟，以和夫婦，以設制度，以立田里，以賢勇知，以功爲己；故謀用是作，而兵由此起；禹湯文武成王周公由此其選也。此六君子者，未有不謹於禮者也。以著其義，以考其信，著有過刑仁講讓，示民有常，如有不如此者，在勢者去，衆以爲殃，是謂小康」。

由大同小康兩段文字前後比照。石梁王氏謂：「以五帝之世爲大同；以禹湯文武成王周公爲小康，有老氏意，非儒者語」。因爲仲尼祖述堯舜，憲章文武，儒者之言，不應貶禹、湯、文、武、成王、周公之時爲小康之世，於是認此篇主張爲道家學說。

但是我們細心研究，知王氏之說不然。

(1)道家任自然，決不憚煩選賢舉能，講信修睦；更不主張貨取於地以致用，力出於身以爲人。

(2)以禹湯文武成王周公之時爲小康之世，不過表示更有政治上高尚理想大同之世，與祖述堯舜的思想，並不相違。

(3)論語：「子曰……修己以安百姓，堯舜其猶病諸」！安百姓是治平之事業，是大同之理想。堯舜乃孔子之所謂大同，孔子之所祖述，而於安百姓，則以堯舜猶病；於此可見孔子政治理想之高。禮運篇於小康引禹湯文武周公成王，於大同不引唐堯虞舜，是與孔子之政治思想一貫。

(4)本篇雖非孔子之言，究不失爲儒家法先王的政治思想。儒家一貫的理想，以爲古之先王，愈古愈聖，愈可爲後世法，文武似不及禹湯，禹湯似不及堯舜。堯舜尚已，更遠如無懷、葛天、犧、農、黃帝、益屬仰之彌高；其愈古者年愈遠，代愈湮，事跡愈不可考，則亦愈足以懸爲後世理想之的。禮運此篇，以禹湯文武周公成王之時爲小康之世，以堯舜以前爲大同之世，有何不類孔子主張？爲治之道，應有本末先後，所謂登高自卑，行遠自邇，必先求小康，然後再進大同，是所謂君子務本。所以古之欲平天下者，先治其國；是以論高尚之政治理想，則堯舜猶病；論國治而後天下平，本亂而末治者否，則不惟堯舜可祖述，文武可憲章，即霸者之相管仲，亦可稱許，大同小康之說，有何不類孔子主張？

現在我們再以孔門論政的話，細與大同篇比類合誼的觀察一下：

(一)子曰：爲政以德，譬如北辰，居其所而衆星共之。

本篇「天下爲公」，公就是主要的德。本篇彷彿是說「爲政以公」，公則悅。「選賢舉能」是公，是德。若是「選親舉友」，就是私，是非德了。「選賢舉能」，是公與德之表現於對人者，是公與德之表現於法者；「講信修睦」是公，是德，若是好巧弄乖，就是私，是非德了。「講信修睦」，是公與德之表現於教人者，是公與德之表現於情者；貨力二句，很清楚的是公是德，是公與德之表現於待人者，是公與德之表現於理者。「故人不獨親其親」，云云至「女有歸」一節，是又社會人士感於公與德之措施，公與德之教化，而自動舉辦公益慈善之各種社會事業，對於民衆之飲食男女無不到；「是故謀閉而不興，盜竊亂賊而不作，故外户而不閉」，那更是公與德的最後功效了。

(二)子曰：道千乘之國，敬事而信，節用而愛人，使民以時。

大同篇「選賢舉能」，可謂敬事：敬事就是把事當事，就是認真做事；能選賢舉能以從政事，不得謂之不敬事。「講信修睦」的信，就是「敬事而信」的信。節用和開源是相成的；貨取於地，力出於身，就是開財源；善開源者必善節流。至於人不獨親其親，子其子，使老有所終至女有歸一節，更顯明的是「愛人」的事業。貨力二句中的「惡」字和「不必」字，都是勸諭口吻，何等王道。決無強征民力，或使民不以時的苛虐政治了。

(三)子曰：道之以政，齊之以刑，民免而無恥；道之以德，齊之以禮，有恥且格。

大同篇全無政刑並用意味；所謂選賢舉能，就是使賢者在位，能者在職；反言之：就是使不賢者不在位，不能者不在職，這豈不是是非明白，秩序井然？這就是齊之以禮了。講信修睦，很清楚的是道之以德。人不獨親其親，子其子，使老有所終至女有歸一節，若就用心言，就是德；就秩序類別言，就是禮。貨力二句，就大公無私言，就是德；就勞資兩方各效其用言，就是禮。至於謀閉不興三句，就是道以德，齊以禮的功效，做到了有羞恥心而且感化至於外户不閉了：這就是有恥且格。

(四)子曰：「能以禮讓爲國乎，何有！不能以禮讓爲國，如禮何」！又子曰：「爲國以禮，其言不讓，是故哂之」●

大同篇「天下爲公」的公字，可分爲公共，公平，公開，都是與禮讓的意義相合的。能公共，則無分彼此；能公平，則無用爭議；能公開，則無須營謀；無彼此，無爭議，無營謀，是豈非禮讓之極致？選賢舉能，是禮亦是讓；講信修睦，是禮是讓；貨力二句是讓亦是禮。人不獨親其親子其子，使老有所終至女有歸，都是禮讓的事業。謀閉不興，就是禮讓的功效了。

(五)子曰：「政者正也」又子曰：「其身正，不令而行，其身不正，雖令不從」。

大同篇「天下爲公」的「公」字與「正」字正相合。公則必正，正則必公；所以公字是大同政治的主要精神，正字是爲政的無上要義。

(六)大學三綱領，及中庸三達德與九經。

大學中庸兩書本是禮記四十九篇中的兩篇；唐孔穎達謂中庸是子思所作，宋程頤謂大學是孔氏之遺書，其爲儒家之言，毫無疑問。大學之道，在明明德，在新民，在止於至善；大同篇講信修睦，合於明明德，選賢舉能，合於新民，貨必取之於地而不必藏於己，而藏於公；力必出於身，而不必爲己，而爲公。是則合於至善之旨矣。三綱領的主腦，在靜的方面是知止，在動的方面是知先，亦猶之大同篇的大道施行，要以公字爲主，是相通的。中庸三達德知仁勇；大同篇講信修睦，猶之是仁；選賢舉能，猶之是勇；貸取於地，不藏於己，力出於身，不必爲己，猶之是知。天下之達德三，所以行之者一；一者誠也，亦猶之大同篇大道之行也，天下爲公的公。又凡爲天下國家有九經：修身也，親親也，子庶民也；彷彿是由於講信修睦。尊賢也，敬大臣也，體羣臣也，彷彿是由於選賢舉能。來百工也，柔遠人也，懷諸侯也，彷彿是貸取於地，力出於身。所以行之者誠，彷彿是大道之行也天下爲公的公。

大學的最後目的，是治國平天下；中庸的三達德的目的，是在「知所以治天下國家」；九經的目的，是在「爲天下國家」；與大同篇的最後目的，是天下大同，都是相對相通的。

由此看來，大同篇與孔門論政之旨，及儒家政治思想，全是一貫精神，不惟可以反證大同篇是儒者所作，並且可以說大同思想是承襲孔子的政治思想。

五、現代政治家的讀法

當今之世，留心政治的人，無論中國人，或外國人，如果對於　孫中山先生的三民主義不加研究，我們至少的限度可以說他是不識時務。反轉來說，如果他研究了三民主義，我們至少的限度可以說他對於三民主義必定發生信仰。　蔣委員長說：「我們總理的主義，是淵源於中國固有的政治與倫理哲學的正統思想；而同時參酌中國現代的國情，擷取歐美社會科學和政治制度的精華，再加以　總理獨自見到的真理，所融鑄的思想體系。其博大精深，真可以說推之世界而皆準，百世以俟聖人而不惑；真是爲天地立心，爲生民立命，爲往聖繼絕學，爲萬世開太平」。所以三民主義在中因爲時效之藥，在世界爲不老之方，誠如中國國民黨黨歌暨　中華民國國歌所云：「三民主義，吾黨所宗，以建民國，以進大同」。因爲三民主義可以建立民國，促進大同，所以我們站在現代政治家的立場，不可不將三民主義之淵源，我國固有的政治與倫理哲學的正統思想禮運大同篇，來讀一讀。

第一　「大道之行也天下爲公」，就是說當最高尚政治思想實行的時候呀，世界是公共的，公道的，公開的。公字是此篇主腦：行字是原動力量。公共，公道，公開，就是公有，公治，公享；也就是民有，民治，民享；也就是民族主義，民權主義，民生主義的目的所在。所以三民主義的胚胎，就包含於大同篇天下爲公的公字之內。三民主義的主腦是博愛；而其原動力是知難行易的行。博愛與天下爲公的公字，名異而實同，知難行易之「行」，也就是大道之行也之「行」。

第二　「選賢舉能，講信修睦」，是二股雙承。（1）「選賢舉能」。能選能舉，彷彿是「人民有權」：既賢且能，彷彿是「政府有能」，這就是「政權有四，治權有五」的萌芽：這就是民權主義的精神。（2）講信修睦，就是民族主義的精神。以國家說：對外求國家之獨立自由，就是講信；「連合各弱小民族求其解放，求其平等，也就是講信，也就是修睦。以個人說，信與睦爲道德之剛柔二面；信猶之是「中」，睦猶之是「和」，「中者天下之大本；和者天下之達道」。能夠講信修睦，也就是將舊道德從根救起了。信必能知己之短；睦必能取人之長，也就是將新知識迎頭趕上了。所以民族主義的精神，可於講信修睦中發揮出來。

第三　貨力二句在本篇是第三股，遙承天下爲公的公字；是民生主義的出發點。貨不棄於地，不藏於己，彷彿是「平均地權」。力出於身，不必爲己，彷彿是「節制資本」。又此二句正是說的「地盡其利，貨暢其流；物盡其用，人盡其才」；正是說的經濟的原則；正是說的「人民的生活，社會的生存，國民的生計，羣衆的生命」；正是說的民生主義的精神。

第四　「人不獨親其親，不獨子其子」，則是有餘力可分，餘愛可推。「使老有所終」，就必須設立公共養老院。「使壯有所用」，就必須使教育之機會均等、職業之介紹適宜。「使幼有所長」，就必須設慈幼院。「使矜寡孤獨廢疾者皆有所養」，就必須分設公共矜寡收養院，公共孤兒院，公共殘廢院，以及各種公共病院。「使男有婚、女有歸」，就必須設婚姻介紹所，婚姻指導所。這些都必定在政治修明，賢能在位，舊道德新知識均充分講求之後，天下之人，皆能推其所愛，與辦各種公益慈善的社會事業；這就是民族主義與民權主義推行的功效。更加之以貨取於地，不藏於己；力出於身，不必爲己，使人盡其才，地盡其利；物盡其用，貨暢其流，推行民生主義；於是天下之人，衣食，住，行，育，樂，無不可得充分圓滿之解決；而物質與精神均可盡其雙方享用之極致。那就真是慮難之謀，可以閉藏而不興了；盜竊亂賊也不作了，外户也不閉了。

第五　「是謂大同」，就彷彿是說三民主義建了民國，進了大同了。

第六　蔣委員長說三民主義，是淵源於我國正統思想；茲謹就大學中庸，禮運大同篇，與三民主義政治哲學之一貫性，列表以證明之。

第七　蔣委員長說：「禮運大同篇是自治圭臬」；茲謹列表以說明之。

創作者	主義	動力	原則	綱領		
孔門	大學	知	知先知止	明明德	新民	止於至善
子思	中庸三達德	行	誠	仁	勇	知
子思	中庸九經	行	誠	修身也 親親也 子庶民也	尊賢也 敬大臣也 體羣臣也	來百工也 柔遠人也 懷諸侯也
儒家	禮運大同篇	行	公	講信修睦	選賢與能	貨取於地 不藏於己 力出於身 不必爲己
孫中山先生	三民主義	行	博愛	民族主義	民權主義	民生主義

大同篇	自治兩大要政	自治基本項目
講信修睦	教	有善相勸　有過相規　守望相助　疾病相扶持
選賢舉能	管	調查戶口　編制保甲　行使四權
貨取於地不於藏己	養	整理土地　修治道路　謀衣食住行之解決
力出於身不必爲己	衛	訓練壯丁　辦理警衛

自治是建民國的根本，也是進大同的根本。因爲大同篇的綱領合於自治的綱領，所以能建民國，能進大同。三民主義淵源於大同篇，所以三民主義能自治，能建民國，能進大同，這也可見三民主義是本末兼賅，表裏精粗無不到；所謂「推之世界而皆準，百世以俟聖人而不惑」。倘使一個主義，只能用之於大，不能用之於小，只能用之於後，不能用之於前，那就是沒有根基的學說，那就是不能實施的學說，那就是康有爲先生的大同書了。如何能與　孫中山先生的三民主義比較呢？

這說明的實在不是傅會。我們想　孫中山先生對於大同篇文章；業已取其精華，參照中外學說及自己卓見，另創有系統有組織的政治學說三民主義；猶對於古聖的文章，常不能忘。每以此篇文字爲人題署。所以我們讀大同篇，應不忘孔子；讀三民主義，應不忘　孫中山先生；並且讀大同篇，要想到三民主義，讀三民主義，要想到大同篇，先聖後聖，其揆一也。

——摘自《孔學》一九四三年八月第一期

樂記之篇章問題及所用音樂術語

張清常

小戴禮記第十九篇叫做樂記。正義引鄭目錄云：「名曰樂記者，以其記樂之義。」仔細考究這篇的內容，所謂「樂」，在實際上包括了今日所謂音樂跳舞兩項。並且全篇所敍，不是鏗鏘鼓舞的方法，而是討論樂的根本，樂的義理，禮樂的相關性，禮樂與政敎的聯繫。至於通常所着重的奏樂法及舞蹈術，在樂記的作者卻認爲非根本之道，所以說：「樂者非謂黃鐘大呂弦歌干揚也——樂之末節也。」

樂記中涉及音律樂調樂器樂敎及雅樂新聲諸問題者，在拙作周末的音名與樂調，周末的「樂器分類法」，中國古代的音樂敎育理論，周末雅樂新聲的興替，四篇文章裏俱已談到，茲不贅述。本篇僅限於討論樂記之篇章問題及解釋其所用之音樂術語。

一　樂記之篇章問題

這篇五千二百三十四字的樂記實包含了十一篇，今根據十三經注疏禮記本劃分如下：

一、由「凡音之起」到「則王道備矣」。共七八七字，是爲第一篇，名曰樂本。

二、由「樂者爲同」到「則此所與民同也」。共四七四字，是爲第二篇，名曰樂論。

三、由「王者功成作樂」到「故聖人曰禮樂云」。共三五九字，是爲第三篇，名曰樂禮（史記正義作禮樂）。

四、由「昔者舜作五弦之琴」到「故先王著其敎焉」。共三〇八字，是爲第四篇，名曰樂施。

五、由「夫民有血氣心知之性」到「是以君子賤之也」。共三一〇字，是爲第五篇，名曰樂言。

六、由「凡姦聲感人」到「則所以贈諸侯也」。共五六三字，是爲第六篇，名曰樂象（史記正義引劉向別錄作樂法）。

七、由「樂也者情之不可變者也」到「然後可以有制於天下也」。共二七五字，是爲第七篇，名曰樂情。

八、由「魏文侯問於子夏曰」到「彼亦有所合之也」。共六五九字，是爲第八篇，名曰魏文侯。

九、由「賓牟賈侍坐於孔子」到「不亦宜乎」。共五六八字，是爲第九篇，名曰賓牟賈（史記禮記正義皆作賓牟賈問）。

十、由「君子曰禮樂不可斯須去身」到「禮樂可謂盛矣」。共六四二字，是爲第十篇，名曰樂化。

十一、由「子贛見師乙而問曰」到「子貢問樂」。共三〇三字，是爲第十一篇，名曰師乙。

所以樂記乃是十一篇短文合爲一篇的。舊說分析篇章至此爲止。

案史記卷二十四後人所補之樂書亦載樂記十一篇文字，除掉末尾多出樂樂義兩篇，文字略有與禮記本的樂記稍稍出入者外，可以發現出：第一、有幾篇在文句上兩本參差。第二、十一篇的前後次序與禮記不同。

現在先解第一個問題。樂施篇到「皆以禮終」的地方，禮記樂記本接着是：「樂也者、聖人之所樂也，而可以善民心，其感人深，其移風易俗，故先王著其教焉。」這一段我們姑稱為A尾。史記樂書本接着「皆以禮終」卻是另外一段別的，與禮記不同，曰：「樂也者施也，禮也者報也，樂樂其所自生，而禮反其所自始。樂章德，禮報情反始也。所謂大路者，天子之輿也；龍旂九旒，天子之旌也；青黑緣者，天子之寶龜也；從之以牛羊之群，則所以贈諸侯也。」這一段姑稱為B尾。禮記樂記那一段A尾，史記樂書放在樂情篇後面。史記樂書這一段B尾，禮記樂記卻放在樂象篇後面。為解決這一段「錯簡」案，頂好是把樂施樂象樂情三篇都抄下來，拿這兩段糾纏不清的文字往每篇的尾巴上去裝，看看是否合適。為節省篇幅及醒目清楚計，將此三篇各段大意寫出來也行：

【甲】樂施。本篇明禮樂既備，遂施布於天下以為教。

第一段：自「昔者舜作五弦之琴」至「殷周之樂盡也」。明施樂以賜諸侯，因而言及樂象德，天子德盛行，即以賞諸侯之有德者，用以教「和」。

第一節：古者舜作歌，夔作樂以賞諸侯之有德者，今之天子亦應如此。

第二節：觀其舞可以知其君之德厚薄。

第三節：歷代天子之樂均象其德。

第二段：自「天地之道」至「皆以禮終」。明禮所以調節也，能節然後能治。

第一節：自然界之調節均與人事相應。

第二節：行止無節之禍。

第三節：禮者所以節哀樂者也。

【乙】樂象。本篇據史記正義引皇侃云：「人君作樂，則天地必從象應之。」不僅如此，君子作樂即法天地自然之象。

第一段：自「凡姦聲感人」至「各以其類動也」。言淫樂正樂皆能收八、象。

第二段：自「是故君子反情以和其志」至「可以觀德矣」。言君子行正氣，從正樂，因以為教。

第三段：自「德者性之端也」至「唯樂不可以為偽」。言樂為德之貞實表現。

第四段：自「樂者心之動也」至「樂莫大焉」。言以樂為教，是「勸其本」。

【丙】樂情。本篇謂「樂也者、情之不可變者也。」「窮本知變，樂之情也。」惟禮與樂可以治天下。

第一段：自「樂也者」至「則樂之道歸焉耳」。言樂之情通乎天地神鬼，達於人情。

第二段：自「樂者非謂黃鐘大呂弦歌干揚也」至「然後可以有制於天下也」。言持禮樂之本，方可以治天下。

照這樣講起來，前面所說的B尾若裝在樂施篇後面，非常適宜。因為第一，樂施篇前兩段分說樂與禮，就等將B尾做個綜合比較，這種結構與其他各篇相同。第二，B尾明明說：「樂也者施也」，不惟與樂施篇名目符合，而且與樂施篇第一段相應。第三，史記樂書剛好保存原來面目，正把B尾放在樂施篇後面。

至於A尾，以文義看來應該屬於樂象篇，因為第一，他剛好與樂象篇第四段銜接，正跟着以樂為教是乃「勸其本」的意思說下去。第二，樂象篇第二段云：「故曰樂者樂也，君子樂得其道，小人樂得其欲。」「廣樂以成其教，樂行而民鄉方，可以觀德矣。」第三段云：「樂者心之動也。」「君子動其本。」「樂終而道好，君子以好善，小人以聽過」，故曰：「生民之道，樂為大焉。」這些話與A尾「樂也者，聖人之所樂也，而可以善民心，其感人深，其移風易俗，故先王著其教焉。」兩方面正好呼應。第三，就禮記樂記的本子來看，A B兩尾，恰巧是顛倒對調，以古代錯簡的情形論，這種互換的現象很容易發生。第四，A尾與樂情篇漠不相屬，文義及層次都不相銜接。

但，為什麼在史記樂書本裏，A尾會搬到樂情篇後面去了呢？這實在是很難想出個道理的，當然也許只就是由於偶爾就誤一錯。如果勉强求一可能而且合理的解釋，可以說是由於樂記十一篇的次序經過幾次移動，所以發生錯誤。假定最初的次序是依照禮記正義所引劉向別錄所記的（理由詳下文），後來的移動也許是如下面所揣測的情形——最初之十一篇次序，如劉向別錄所記，茲稱爲甲式：

一樂本。二樂論。三樂施帶B尾。四樂言。五樂禮。六樂情。七樂化。八樂象帶A尾。（下從略）

第一次移動，將樂禮自第五移居第三，樂施樂言退居第四第五，餘篇不動，茲稱爲乙式：

一樂本。二樂論。三樂禮。四樂施帶B尾。五樂言。六樂情。七樂化。八樂象帶A尾。（下從略）

第二次移動，將樂象移前自第八改居第六，樂情樂化退居第七第八，茲稱爲丙式：

一樂本。二樂論。三樂禮。四樂施帶B尾。五樂言。六樂象帶A尾。七樂情。八樂化。（下從略）

在樂象篇移動之際，遂使所帶之A尾與樂施篇之B尾錯簡互調，後又將樂化篇自第八退居第十，魏文侯自第十一移前爲第八，便成了今本禮記樂記的面貌，茲稱爲丁式：

一樂本。二樂論。三樂禮。四樂施帶A尾。五樂言。六樂象帶B尾。七樂情。八魏文侯。九賓牟賈。十樂化。十一師乙。

第三次移動，係將丙式之樂情自第七移前居第五，樂言樂象退居第六第七，樂化居第八不動。茲稱爲戊式：

一樂本。二樂論。三樂禮。四樂施帶B尾。五樂情。六樂言。七樂象帶A尾。八樂化。（下從略）

此時A尾突與樂象失去聯絡，竹簡上A尾仍容易屬第七篇之標識，有人認爲屬記第七篇爲樂情，A尾既屬第七篇，遂嗣於樂情之後。再將魏文侯提前居第九，賓牟賈師乙退居第十及十一，便成今本史記樂書的面貌，茲稱爲己式：

一樂本。二樂論。三樂禮。四樂施帶B尾。五樂情帶A尾。六樂言。七樂象。八樂化。九魏文侯。十賓牟賈。十一師乙

如果這種揣測合理，那麼在最早的本子上，樂施篇應帶B尾，樂象篇應帶A尾。

現在讓我們來解決這十一篇前後次序的問題。劉向別錄與禮記史記三本的次第各不相同，如上述甲丁己三式。爲醒目計，將各本篇次重新列後：

劉向別錄：一樂本，二樂論，三樂施，四樂言，五樂禮，六樂情，七樂化，八樂象，九賓牟賈，十師乙，十一魏文侯。

禮記樂記：一樂本，二樂論，三樂禮，四樂施，五樂言，六樂象，七樂情，八魏文侯，九賓牟賈，十樂化，十一師乙。

史記樂書：一樂本，二樂論，三樂禮，四樂施，五樂情，六樂言，七樂象，八樂化，九魏文侯，十賓牟賈，十一師乙。

現在先把這十一篇的主旨寫出，依照劉向別錄的次序排列如下：

一、樂本。「備言聲樂之起，故名樂本，夫樂之起，其事有二：一是人心感樂，樂聲從心而起；一是樂感人心，心隨樂聲而變也。」（史記正義引皇侃。）

二、樂論。「樂者爲同，禮者爲異，同則相親，異則相敬。」（樂記原文。）

三、樂施。禮樂既備，遂施布於天下以爲教。

四、樂言。人心隨樂而應，故先王制正樂以化民，鄭衛樂道，君子賤之。

五、樂禮。明王制禮作樂以爲治。

六、樂情。禮樂之情通乎天地鬼神，達於人情，窮本知變，然後可以治天下。

七、樂化。治世化民之道，禮樂爲主，二者不可偏廢，聖人制禮作樂，天下和悅服從。

八、樂象。淫樂正樂均能成象，君子行正道，從正樂，以天地自爲

爲象，以樂爲敎，陶化人心使之向善。

九、賓牟賈。藉孔子賓牟賈討論武舞之問答詞，說明樂舞爲「天下之大敎」。

十、師乙。藉師乙答子貢語，說明聲歌各有所宜，及形容歌唱之技巧，並謂「有勇有義，非歌孰能保此？」指出歌唱之中寓有道德訓練。

十一、魏文侯。藉魏文侯與子夏之問答，說明雅樂與淫樂之差異，雅樂之價值及樂器之性質。總歸於正。以示樂敎之偉大。

由此可以看出十一篇分五組：第一組一篇，曰樂本，論樂之根本，是爲總敍。第二組六篇，曰樂論樂施樂言樂禮樂情樂化，都是禮樂並論的。第三組一篇，曰樂象，述樂之徵象。第四組兩篇，曰賓牟賈師乙，分述樂之訓練及所含之道德上的意義，賓牟賈專論舞，師乙專論歌唱。第五組一篇，曰魏文侯，評論雅樂新聲，偶敍各種樂器之特性并加以人格化的描寫，復闡述作樂之意義及樂敎之偉大。以爲總結。所以劉向別錄所排的篇次是有道理的，也許就是最初的次序。至於禮記樂記的篇次便不免混亂，有兩個缺點：一則第三組的樂象篇闖入第二組，使禮樂相輔論中夾進一位陌生客人；又第二組內樂化篇竄在第四組舞蹈與歌唱的專論中間，不相照應。這是組織上的錯亂。二則這由十一篇組織成功的長文，本應由評述音樂各方面的魏文侯篇作爲總結才好，現竟換成範圍很狹窄的師乙篇，力量薄弱，不足以收束前文。至於史記樂書的篇次凌亂情形雖與禮記不同，缺點卻是一樣的。

既已將樂記篇章整理好了，讓我們按照新的編排從頭到尾的看一下，便發現僅僅A尾B尾的錯落問題已解決，十一篇的次序已排好，還有兩個問題在，

爲什麼師乙篇末有「子貢問樂」四個字？與上文既不銜接，又無下文爲繼。鄭玄注曰：「上下同與之也。」此說甚爲牽強。史記正義曰：「結此前事，悉是子貢問者。」方性夫曰：「終言子貢問樂，蓋錯簡上事，與文王世子言樂公議亦同義。」此二說亦欠透徹。或許古代用竹簡抄寫之際，師乙篇有三〇三字，非一簡所能盡，抄寫的人爲求避免錯簡，故在最後一簡之末添上這四個字「子貢問樂」，後代遂混入正文。又問：何以不注明師乙而注子貢問樂呢？按樂記十一篇篇名之排分爲兩類，八篇是依據全篇大意題的，曰樂本樂論樂施樂言樂禮樂情樂化樂象；三篇是取首句中前幾字爲題的，恰好都是人名，故劉向別錄所收的第九篇「賓牟賈侍坐於孔子……」名曰賓牟賈篇，所載第十一篇「魏文侯問於子夏曰……」名曰魏文侯篇，惟第十篇「子貢見師乙而問曰……」照例應題曰子貢篇，但當時却叫做師乙篇。若說是因爲談論的時候師乙是主角，故以之名篇，那麼魏文侯篇應叫做子夏篇，賓牟賈篇叫做孔子篇才對。比較可通的解釋便是這三篇命名有一個共同的情形，把孔子子夏子貢這些名望較著的人撇開，而採用魏文侯賓牟賈師乙三個名望較次甚至於從來在別處沒提起過的人，這樣，既可以免得與其他談到孔子等人的文章淆混，篇名也可以特別鮮明些。不過師乙篇仍有人依照全篇大意及此篇首句呼之爲「子貢問樂」的，所以在篇末綴上這四個字標題。

其次，史記樂書的樂施篇最末了有「所謂大輅者，天子之車也；龍旂九旒，天子之旌也；青黑緣者，天子之寶龜也；從之以牛羊之羣，則所以贈諸侯也。」這四十三字在禮記樂記本錯放到樂象篇後面去了。按這一段不但與樂象篇無涉，就是與樂施篇的關係也很淺，也許是因爲古代簡冊難得，讀書人時常在空白的地方抄錄一點別的材料，樂施篇云：「樂所以賞諸侯，故天子之爲樂也，以賞諸侯之有德者也。」讀書人就天子賞諸侯之同類事物聯想，於是在篇末寫了這四十三字的筆記，後代遂混入正文了。這種推測或由於穿鑿，不過樂記全篇有專論樂者，有禮樂並論者，但無單獨論及於賞禮儀的地方；而且這四十三字的句法淆亂，也很像禮記或雜錄備忘的材料，所以懷疑牠原非正文。

總結上文，今本樂記十一篇應依照劉向別錄上所載的篇次重新排列，將錯簡選出，不相干的文字去掉，才可以順暢的閱讀。但，問題還有。

據禮記正義：「劉向校書得樂記二十三篇……著於別錄。今樂

記取十一篇，餘十二篇其名猶存：……後文侯樂第十二，樂器第十三，樂作第十四，意始第十五，樂穆第十六，說律第十七，季札第十八，樂道第十九，樂義第二十，招本第廿一，昭頌第廿二，竇公第廿三是也。」案此十二篇久已忘佚，有目無書，無從置論，史記樂書有將樂樂義兩篇，准此與前十一篇不類，且係雜綴韓非子及韓詩外傳論樂材料而成的，沒有什麼精微出色的理論，顯係後之好事者所爲，勿庸論述。漢書卷卅藝文志載樂記廿三篇，王禹記廿四篇，並謂樂記作成以後，河間獻王之「內史丞王定傳之以授常山王禹，禹成帝時謁者，數言其義，獻二十四卷記，劉向校書得樂記二十三篇，與禹不同，其道浸以益微。」內容如何，亦不可知。漢書卷二十四下食貨志云：「莽乃下詔曰：夫周禮有賒貸，樂語有五均。」注：「鄧展曰：樂語、樂元語，河間獻王所傳，道五均事。臣瓚曰：其文云：天子取諸侯之土以立五均，則市無二賈，四民常均，彊者不得困弱，富者不得要貧，則公家有餘恩及小民矣。」白虎通禮樂篇亦屢引樂元語：「受命而六樂，樂先王之樂，明有法也……」「東夷之樂持矛舞，助時生也，……」，又引樂記云：「土曰塤，竹曰管，……」「塤坎音也，管艮音也，…」樂元語既不在二十三篇之列，上面所引各條亦均未見於今本樂記。可見漢時樂記確不止十一篇。據鄧展說樂元語亦河間獻王所傳，但在白虎通裏徵引時却與樂記對舉，也許根本不在樂記二十三（或四）篇之內，而自成另外的一種東西。隋書卷三十二經籍志云：「漢末馬融遂傳小戴之學，融又足月令一篇，明堂位一篇，樂記一篇，合四十九篇。」跟罷錢大昕吳文起陳壽祺黃以周等於此均有所辨證，禮記篇數問題與本文無關，不論，只知鄭玄所注之樂記一卷，即已爲十一篇合爲一篇之今本。其他各篇如何，早已無法推測，佚文殘闕不完，亦難據以立論。

因此便要附帶談到樂記的作者問題。漢書藝文志云：「武帝時河間獻王好儒，與毛生等共采周官及諸子言樂事者以作樂記。」此說最早，亦較可信。迨及沈約，便謂出自公孫尼子，隋書卷十三音樂志上云：「梁氏之初，樂緣齊舊，武帝思弘古樂……於是散騎常侍尚書僕射沈約奏答曰：……漢初典章滅絕，諸儒捃拾溝渠牆壁之間，得片簡遺文與禮事相關者，即編次以爲禮，皆非聖人之言。月令取呂氏春秋，中庸表記防記緇衣皆取子思子，樂記取公孫尼子，檀弓殘雜，又非方幅典誥之書也。」此說一方面提早樂記作者的時代，一方面仍承認是漢初諸儒捃拾雜綴而成者。唐玄宗時張守節史記正義云：「樂記者公孫尼子所撰也。」清末光緒時皮錫瑞經學通論三禮門「論王制月令樂記非秦漢之書」條認爲係七十子之徒所撰。翁方綱禮記附記卷五依據史記正義之說，以爲出於公孫尼子，而又有漢人潤飾增加的成分。按公孫尼子據漢書藝文志以爲係孔門七十子之弟子，隋書經籍志便以爲似是孔子弟子。皮錫瑞經學歷史一謂：「或即八儒之公孫氏歟？」但王先謙韓非子集解顯學篇八儒公孫氏作「孫氏」，並引顧廣圻注云：「孫，孫卿也。」可見公孫氏尚有問題。總之，時代越後的學者越喜歡把樂記作者的時代提早，也就越喜歡把「共采周官及諸子言樂事者以作樂記」這種捃綴編纂的情形改爲公孫尼子一人所撰。現在我們寧信漢志之說。但今本樂記，只有許多部份與荀子樂論呂氏春秋論樂大體相同，並無與周禮春官自「大司樂」迄「司干」相似處。漢志謂文帝時樂工竇公所獻樂書，即周禮「大司樂」一章，據此，二十三篇中竇公一篇或即此書，今已亡佚，無由究考。又漢志言河間獻王好儒，與毛生共作樂記，毛生爲誰，早已不可知，但毛詩大序卻有兩段與樂記相似：大序云：「情動於中而形於言，言之不足故嗟歎之，嗟歎之不足故永歌之，永歌之不足，不知手之舞之足之蹈之也。」樂記師乙篇：「夫歌者直己而陳德也。」「故歌之爲言也，長言之也；說之故言之，言之不足故長言之，長言之不足故嗟歎之，嗟歎之不足，故不知手之舞之足之蹈之也。」此一事。太序云：「情發於聲，聲成文謂之音。治世之音安以樂，其政和；亂世之音怨以怒，其政乖；亡國之音哀以思，其民困。」樂記樂本篇：「凡音者生人心者也，情動於中故形於聲，聲成文謂之音。是故治世之音安以樂，其政和；亂世之音怨以怒，其政乖；亡國之音哀以思，其民困，聲音之道與政通矣。」此二事也。（至於大序所謂「詩者志之所之也，在心爲志，發言爲詩。」與樂記樂象篇「詩，言其志也；歌，詠其聲也；舞，動其容也，三者本於心。」雖命意相似，而均出於堯典「詩言志，歌永言。」文字方面亦不大相同，故不置論。）然則作樂記之毛生與毛詩之傳授者在文字上頗有關係，雖未必便是毛亨毛萇一家的人，至少在衛宏作詩序時，確採取了毛生等編纂的樂記裏面材料。

樂記既係漢儒雜綴先秦諸子言樂事者而成的，篇章結構方面有時不免特殊。即以第一篇樂本而論，不但與通常所謂起承轉合之類的篇法不合，就是依照史記樂書正義所引皇侃之說，把牠分成四段來看，也未見得妥當。竊疑這篇樂本只是兩截，第一截即皇氏所分之第一段，是簡單扼要的總說，好像先秦的「經曰」體。第二截即皇氏所分之第二三四段，是就總說而加以闡述發揮的，好像先秦的「傳曰」體。這樣才似乎合於原來的篇法。韓非子的內儲說上（七術）下（六微）和外儲說的左上左下右上右下都是如此寫的，時代較早的如墨子有經上經下與經說上經說下，不過篇幅較短而已。可見這不是到了樂記作者的時候才新創出來的篇法。因爲墨子韓非的標題顯著，經自經，傳自傳，一目瞭然，不相雜廁；樂本篇却是混在一堆，不容易看出來了。今以樂本之第一段爲主文，做「經曰」體，第二三四段爲注，做「傳曰」體，以證吾說：

凡音之起，由人心生也。人心之動，物使之然也。感於物而動，故形於聲。

樂者音之所由生也。其本在人心之感於物也。……六者非性也，感於物而後動。

凡音者生人心者也，情動於中，故形於聲。

凡音者生於人心者也。

人生而靜，天之性也；感於物而動，性之欲也。

夫物之感人無窮。

聲相應，故生變；變成方，謂之音。比音而樂之，及干戚羽旄謂之樂。

聲成文謂之音。

樂者音之所由生也，其本在人心之感於物也。是故其哀心感者其聲噍以殺，其樂心感者其聲嘽以緩，其喜心感者其聲發以散，其怒心感者其聲粗以厲，其敬心感者其聲直以廉，其愛心感者其聲和以柔。

是故治世之音安以樂，其政和；亂世之音怨以怒，其政乖；亡國之音哀以思，其民困：聲音之道與政通矣。

宮爲君，商爲臣，角爲民，徵爲事，羽爲物。五者不亂則無怗滯心音矣。宮亂則荒，其君驕；商亂則陂，其官壞；角亂則憂，其民怨；徵亂則哀，其事勤；羽亂則危，其財匱；五者亂迭相陵謂之慢，如此則國之滅亡無日矣。鄭衛之音，亂世之音也，比於慢矣。桑間濮上之音、亡國之音也，其政散，其民流，誣上行私而不可止也。

凡音者生於人心者也，樂者通倫理者也，是故知聲而不知音者，禽獸是也；知音而不知樂者，衆庶是也，唯君子爲能知樂。是故審聲以知音，審音以知樂，審樂以知政而治道備矣。是故不知聲者不可與言音，不知音者不可與言樂，知樂則幾於禮矣。禮樂皆得謂之有德，德者得也。是故樂之隆，非極音也，食饗之禮非致味也。清廟之瑟，朱弦而疏越，壹倡而三歎，有遺音者矣，食饗之禮尚玄酒而俎腥魚，大羹不和，有遺味者矣。是故先王之制禮樂也，非以極口腹耳目之欲也，將以教民平好惡而反人道之正也。

六者皆非性也，是故先王愼所以感之者。

人生而靜，天之性也，感於物而動，性之欲也。物至知知，然後好惡形焉。好惡無節於內，知誘於外，不能反躬，天理滅矣。夫物之感人無窮，而人之好惡無節，則是物至而人化物也。人化物也者，滅天理而窮人欲者也，於是有悖逆詐僞之心，有淫泆作亂之事，是故强者脅弱，衆者暴寡，知者詐愚，勇者苦怯，疾病不養，老幼孤獨不得其所，此大亂之道也。

故禮以道其志，樂以和其聲，政以一其行，刑以防其姦，禮樂刑政，其極一也，所以同民心而出治道也。

禮樂皆得謂之有德，……是故先王之制禮樂也，非以[illegible]

耳目之欲也，將以教民平好惡而反人道之正也。是故先王之制禮樂也，人爲之節，衰麻哭泣所以節喪紀也，鐘鼓干戚所以和安樂也，婚姻冠笄所以別男女也，射鄉食饗所以正交接也。禮節民心，樂和民聲，政以行之，刑以防之，禮樂刑政四達而不悖，則王道備矣。

這樣可以看出樂本的第二段確是總論，第二三四段可以算牠的註解，尤其最巧的便是第二三四段銜接的次序，大體上與第一段若相符契，亦步亦趨，不致枘鑿，證明上面的假設也許不錯。

以上論樂記篇章，劃分，錯亂，篇目次序，篇目之命名法，完字，篇數，作者，及篇法結構等問題已畢。

二　樂記所用音樂術語的解釋

樂記裏面所用到的音樂術語有「音名」如宮商角徵羽之類，有樂器名如鐘鼓管磬之類，有上古樂章名如咸池韶武之類，這些在舊注已經說得很詳細，近人的新見解亦各有專論，勿庸述及。至於「噍以殺」「嘽以緩」「發以散」「粗以厲」，……之類，只是對樂曲的一種形容，我們若強以近代中國樂曲比附上去，或謂西洋某某大樂章（Symphony）的某一段作風便是如此的，全不顧及古今中外樂曲的差異，這種解釋實在是很危險的。即使以Largo, Andante或Cantabile, dolce expressivo之類去硬與樂記中各種形容語相配，我們也不大贊同。本篇僅限於解釋「聲」「音」「樂」及「清濁」「大小」「曲直」「繁瘠」「廉肉」等幾個詞，這些乃是舊來注解所忽略過的術語。

「聲」「音」「樂」在樂記裏大有分別，樂本篇云：「凡音之起由人心生也，人心之動，物使之然也，感於物而動，故形於聲，聲相應故生變，變成方謂之音，比音而樂之，及干戚羽旄謂之樂」又云：「凡音者生人心者也，情動於中故形於聲，聲成文謂之音。」鄭玄注：「宮商角徵羽雜比曰音，單出曰聲。」又曰：「方猶文章也。」「聲」就樂記所謂「聲」，即通常所謂「樂音」，不過古代音樂裏面也包括有「噪音」，例如鼓磬柷圉等可節奏的樂器所發的噪音便是，所以「聲」顯明係普通的聲音，雖有些不能成曲調，不能中律呂，不能合節奏的不但包括在內，因爲不能「聲成文」「變成方」故。關於「聲相應故生變」的解釋，已詳於作者的舊作周末的音名與樂調，「應」即同聲相應，「變」即立定基音，然後如淮南子地形訓所云：「變宮生徵，變徵生商，變商生羽，變羽生角，變角生宮。」如此便產生五音。「文」與「方」即樂論篇之「樂文同則上下和矣」，樂言篇之「省其文采」，樂象篇之「文采節奏，聲之飾也」，及「發以聲音而文之琴瑟」。故「聲成文」與「變成方」謂宮商角徵羽雜比而出，如錦繡之斐然成章，其腔調之長短轉折，節奏之輕重疾徐，足以構成優美動聽之曲調，此之謂「音」。「音」不惟指人聲歌詠，凡能演奏樂曲加強節奏之器物亦稱音，漢書律歷志上云：「八音：土曰塤，匏曰笙，皮曰鼓，竹曰管，絲曰弦，石曰磬，金曰鐘，木曰柷。」各種樂器會同演奏，是謂「八音克諧」，也就是樂象篇所謂「八風從律而不姦」。（八風即八音，說見王引之經義述聞卷十五。）加入羽旄干戚文武之舞，曲舞並作，如是始稱爲「樂」。樂論篇云：「故鐘鼓管磬羽籥干戚，樂之器也，屈伸俯仰綴兆舒疾，樂之文也。」樂象篇云：「使耳目鼻口心知百體，皆由順正以行其義，然後發以聲音而文以琴瑟，動以干戚，飾以羽旄，從以簫管。」音樂之道，於斯大備。簡單的「樂」如呂氏春秋古樂篇所舉「昔葛天氏之樂，三人操牛尾投足以歌八闋」者是也。複雜的「樂」如周禮春官大司樂所謂奏某、歌某、舞某者是也。樂記之所以每於討論通常所謂音樂之外，屢次提及舞蹈之象徵，並在賓牟賈篇詳細評述「武」舞者，因其所謂「樂」包括今日所謂音樂及舞蹈兩項故。

「聲」「音」「樂」之解釋，旣如上述，然而魏文侯篇云：「子夏對曰：今君之所問者樂也，所好者音也，夫樂者與音相近而不同。……」則「音」「樂」之涵義又與上述不同，據樂記裏面所記的周末音樂有兩種，互相對峙，一面是日漸衰亡的舊音樂，稱爲「樂」「雅樂」「古樂」「和樂」「德音」「治世之音」「正聲」。另一方面是新興的音樂，稱爲「音」「新樂」「淫樂」「亂世之樂」「靡靡之樂」「溺音」「亂世之音」「亡國之音」「靡靡之音」「鄭衛之音」「新聲」「淫聲」「姦聲」「凶聲」「慢聲」。古樂有音樂舞蹈，新樂亦有音樂舞蹈，是古樂新樂有共同之點，故曰：「夫樂者與音相近」。惟依儒家的看法，古樂德正聲和，不惟正己，兼以正人，可如周禮春官大司樂所謂「以致鬼神示，以和邦國，以諧萬民，以安賓客，以說遠人，以作動物」。新樂則心邪聲亂，淫溢沉溺，亡國亂世之象徵也，故曰古樂與新聲相近而迥乎不同。這樣，我們可以知道：樂記所謂「樂」，皆指正聲雅樂，與新樂對舉之際，在「樂」「音」「聲」的等級上，新樂必低一級：古樂稱「大樂」，則新樂曰「新樂」「淫樂」；古樂稱「樂」，則新樂曰「音」「溺音」「鄭音」「衛音」「宋音」「齊音」；古樂稱「音」「德音」，則新樂曰「淫聲」「鄭聲」；古樂稱「正聲」之際，新樂無法再低，就叫做「姦聲」。這樣的稱呼，不但表示兩者有區別，而且分別了等級高下。即使二者平等的都稱爲「音」或「樂」，也要加上許多形容字眼，以寓褒貶別善惡，例如古樂稱爲「治世之音，」便分四類：「其樂心感者，其聲嘽以緩，」「安以樂，」「嘽諧慢易，繁文簡節，」「其喜心感者，其聲發以散。」「其敬心感者，其聲直以廉，」「敬正莊誠。」「其愛心感者，其聲和以柔，」「寬裕肉好，順成和動。」此刻新樂稱「亂世之音」，出於「其怨心感者，其聲粗以厲，」「怨以怒，」「猛殺猛起，奮末，廣賁。」這尚不過是象徵「其政乖」而已，又有「亡國之音」兩種：其一爲「哀而不莊，樂而不安，慢易以犯節，流湎以忘本，廣則容姦，狹則思欲，感條暢之而滅和平之德，」「流辟邪散，狄成滌濫。」是爲淫聲。其二爲出於「其哀心感者，其聲噍以殺，」「哀以思，」「志微噍殺，」非亡國不可。這樣，儘管古樂新樂都稱爲「音」，仍自不同。

所以「聲」「音」「樂」在樂記裏有兩種涵義，一面是指構成「樂」（包括音樂及跳舞）的三個階段，一面是代表古樂和新樂，並有等級高下的區別含在裏面。

何謂「清」「濁」？樂象篇云：「倡和清濁，迭相爲經。」鄭注：「清謂蕤賓至應鍾也，濁謂黃鍾至中呂。」樂鄭注不惟呆板，且未必與本文所謂「倡和」之情形相應。呂氏春秋適音篇：「太清則志危。」「太濁則志下。」高誘未注。左傳昭公二十年：「清濁大小長短疾徐哀樂剛柔遲速高下出入周疏，以相濟也。」杜注除「周密也」外，餘均無說。將太平御覽五七七引蔡邕月令章句云：「凡絃急則清，慢則濁。」又五八〇引樂緯云：「歌聲濁者用長管長律，歌聲清者用短管短律。」又五八一引通禮義纂云：「蔡邕曰：管長則濁，短則清。」可知箇管短，弦律急，則震動數多，斯乃高音，是爲「清」。管長，弦律緩，則震動數少，斯乃低音，是爲「濁」。國語周語下云：「大不踰宮，細不過羽。」大謂器大，即濁。細謂器小，即清。

何謂「大」「小」？樂象篇云：「小大相成，終始相生。」正義云：「小大相成者，十二月律互成宮羽而相成也。」按宮音低濁，羽音高清，正義蓋以清濁釋小大，與原文中銜接之下句「倡和清濁」犯重複，幾不可通，疑此處之大小即指音之強弱。呂氏春秋適音篇云：「太鉅則志蕩，以蕩聽鉅則耳不容，不容則橫塞，橫塞則震；太小則志嫌，以嫌聽小則耳不充，不充則不詹，不詹則窕。」白虎通禮樂篇；「音飲也，剛弱清濁和而相飲也。」案大小即鉅小即剛弱，亦即今所謂強弱，故每與清濁並舉。

樂化篇云：「使其曲直繁瘠廉肉節奏足以感動人之善心而已矣。」今依次解釋之，先說「曲」「直」。樂象篇云：「倡和有應，回邪曲直，各歸其分。」師乙篇云：「故歌者上如抗，下如隊（墜），曲如折，止如槁木，倨中矩，句中鉤。」按：「曲」或係指曲調和柔迴曲，如波狀進行者；「直」或係指曲調爲一音之悠聲延長，作水平線狀進行與跳躍進行者。至於「回」「邪」似與「曲」「直」相近，而非中正和平之音，曲而滑，直而群者，故爲淫樂之象。

「繁」「瘠」之解釋，可能者有三，一指樂曲篇章之長短繁省，或反覆徘徊與簡潔精鍊。二指合樂之際，樂器及歌者之多少。此兩解是否與樂記相應，不可知。第三解指音調變化之多少，此說似較適宜。樂言篇云：「繁文簡節之音作而民康樂。」蓋謂節指從容而緩一拍之中所領之音符甚多，音繁而不煩，節緩而不弛者也。其相反的一方面則爲樂言篇：「廣其節奏，省其文采，以繩德厚。」瘠即省也，荀子樂論史記樂書「繁瘠」並作「繁省」。此係雅樂的節奏與音符相配的情形，至於新聲淫樂，便如樂言篇所謂：「慢易以犯節，流湎以忘本，廣則容姦，狹則思欲，……是以君子賤之也。」不稱「繁」而曰「容姦」，不稱「瘠」而曰「思欲」了。

「廉」與「肉」似可解爲人聲及樂器之發音銳少或柔多，然作樂記中卻係指音調之正直非微與寬柔和柔。故樂本篇曰：「其敬心感者，其聲直以廉；其愛心感者，其聲和以柔。」樂言篇云：「廉直勁正莊誠之音作而民肅敬；寬裕肉好，順成和動之音作而民慈愛。」師乙篇云：「正直而靜，廉而謙者宜歌風，肆直而慈愛者，商之遺聲也。」「愛者宜歌商。」「寬而靜，柔而正者宜歌頌。」這些材料，可以互相印證，使知廉肉係指音調之情態。

以上解釋樂記所用音樂術語。

——摘自《中山文化季刊》一九四三年十月第一卷第三期

孔子大同小康說之現實價值

李證剛

一 辨正歷來大同小康學說違悖現實之謬誤

甲 今人主張大同諸說之違悖現實

今人研究世界之現實情狀及趨勢者，皆知非達於大同，不足以挽回頹局救濟民生。又由現實中交際之密切，生活之連繫，器用之交換等情勢推之，皆知達於大同，蓋所必然而非難事。故大同一問題，已為今日世界各民族所共同注意。顧其研究專家討論之歸極，則往往唯方法上之片面主張，而無事理上之確實定義。例如：

有謂：由某一國家，以力統一世界消滅國界，即是建立大同。

有謂：由世界存在之國家，共同組織為世界聯邦。凡立法、司法、行政、軍備，皆擴為世界共同之組織，即是建立大同。

有謂：由改造現在社會組織，消滅人類一切階級，消滅家庭國際種類一切疆界，消滅言語文字習俗文化一切殊異。從教育平等，政治平等，經濟平等，以達到唯一主義之結合，即是建立大同。

此種主張甚多，要不出此三類。覈實論之。第一類：可謂大不同之至矣。以大不同之因，而欲得大同之果，揆諸因果律，無此前例。此蓋不可能之事，無足置議者也。第二類：則欲合異為同，亦即可謂強異為同也。強異為同，異固存在。揆諸事物公式，聯集衆異所成之同，亦等於異。異實未變，則所謂同者，亦徒有假號而已。同且無有，則所謂大同者，其誰歟耶。然則此類不得謂為大同，亦無足置議者也。第三類：乃是滅異為同，亦即可謂異外求同者也。異外求同，同無異待，同之謂何。揆諸宇宙生生現象。凡同，皆待異顯，異滅，則同亦滅。蓋宇宙，唯一生耳。一切物類，孰非生物。物同本生，則形雖異，皆是生之形，質雖異，皆是生之質。生，進化不已。故物之形質，亦進化而不已。生，變動不居，故物之性質，亦變動而不居。生，相應無間，故物之性質，亦相應無間。是則生者，物之共同大用，而物者，則生之普遍現象也。現象公例，由體而著用，由用而成體，著，必因待，成，必維純。著必因待，則物體不得一，成必維純，則生用不得二，不二者，同也。不一者，異也。是則同用，爲異體所由成，異體，爲同用所自發。宇宙生物，既不能無用而爲體，復不能離體而發用，則異，固必以同成，而離同無異。同，固必依異顯，而去異無同。此例，既不得而變，則異滅，而同亦必滅，外異，復安從求同歟。然則此類之不得建立大同，尤無足置議者也。由此三類以觀：今日世界人士於大同之眞義，實未能眞確了解。思想，既不契洽現實，行爲，當然乖午。以是大同之聲調，雖愈唱彌高。大同之運動，雖愈進彌烈，而因違悖現實，迂遠不切於事情，卒難得一眞切平易之下手處。生生之道：原始及終。始之未有，將何以圖成。然則不可不愼加審辨矣。

乙　推原歷來大同小康說謬解之起始

夫居今天下，欲除乖異之禍，而進大同之治，蓋非先有其下手處不可。欲得實施大同之下手處，蓋非先了解大同之眞意義不可。欲了解大同之眞意義，蓋非先研究其事理之原始不可。欲研究大同事理之原始，蓋非先明孔子大同小康說之正義不可。此，固不易之序矣。夫孔子大同小康說，載在小戴記之禮運。小戴記所刪集諸記：顏師古據相傳，定爲七十子後學所作。禮運一編，作者，雖不可考，要爲七十子後學所記，則從無疑之者也。逮漢以來之學者：已不明孔子作六蓺之旨，及易春秋之大義。宋而後之學者：則又襲於韓愈排老之說，凡所不能領解者，輒妄疑爲非孔子語。如呂祖謙謂：

以堯舜禹湯爲小康，是老聃墨氏之論。

朱熹謂：

記中分裂太甚，幾以帝王爲有二道。

推斯語之病源，則旣中於韓愈之偏見，而又蔽於孔穎達正義，論五帝三王道德優劣之事之言，誤會致疑。蓋顯然也。故翁元圻，正以魏鶴山師友雅言曰：

嘗疑不獨親其親子其子，近乎兼愛。朱文公亦以爲然，及見橫渠說惟不獨親其親子其子，故知能親親而子子，與孟子老幼及人同意，不費詞而意足。

由此，可知凡於小戴記禮運篇孔子大同小康說致疑者：固於孔子之辭意，未嘗細心理會，且妄執鄭玄之注爲定說，以譌傳譌，至於如此耳。則目大同小康說爲道家言老氏語而非孔子說者。豈足置辯哉。大同小康說，旣定是孔子所言，而無足置辯。則欲明孔子大同小康說之正義：必先根據禮運此文，以求得一確當之解釋，亦必然之序也。禮運此文：按其辭氣，固甚明顯，無可致疑。歷來所以誤解者：大都由妄執鄭玄謬注爲定說，而不敢違之。遂致從之者，旣不能由以通義於原文，疑之者，亦不能出注之窠臼而別申正義。一千七百年中，孔子大同學說之不昌於天下者，此實其最大之癥結也。鄭玄此注之最謬者，如：

釋大道曰：大道，謂五帝時也。

釋天下爲公曰：公，猶共也，禪位授聖，不家之。

釋大道旣隱曰：隱，猶去也。

釋天下爲家曰：傳位於子。

釋貨力爲己曰：俗狹嗇。

釋大人世及以爲禮城郭溝池以爲固曰：亂賊繁多，爲此以服之也。大人，諸侯也。

釋故謀用是作而兵由此起曰：以其違大道敦朴之本也，教令之稠，其勢則然，老子曰，法令滋章，盜賊多有。

釋是謂小康曰：大道之人，以禮於忠信爲薄。言小安者，失之，則賊亂將作矣，等。

孔子大同小康說之現實價値

夫大道者：就不可須臾離，何莫由斯道，道不遠人，之道言，而鄭則就五帝時以釋之。是不知人無二生，生無二道之義，又忽於大爲無外之辭。為以人皆不遠不可須臾離之道，強唯屬之五帝。審爾，佗時之人，即不得有生道。則又何以人皆得生亦與五帝時不異耶。此一謬也。天下爲公，天下爲家，皆就民言，而鄭玄則就君以釋之。邵懿辰曰。

五帝官天下，三王家天下，本戰國時道家之說。

據此以言，尤足證鄭氏以傳位於子為天下爲家之義之謬誤無據，況後文明言：聖人耐以天下爲一家中國爲一人。則天下爲家，實就人民言之。實謂人民皆必如此，安得獨就人君傳位於子爲說耶。此二謬也。大道，既爲生生無外之人道。生，無外。道，亦無外。去將何之耶。況今之爲言，若謂爲孔子世之今：則大道去，孔子世應無生人。應不復知有生道。則孔子又何自而知有大道，更何自而知其去耶。若今而爲一切時代之今：則大道去，人類應永無生理。而實不然。則鄭玄釋今大道既隱爲今大道既去。可謂甚誤。此三謬也。貨力爲己，就同羣之己言，而鄭玄則就異羣之己釋之。此四謬也。大人，就聖人在位者言，而鄭玄則就諸侯爲釋。此五謬也。世及以爲禮，就聖人以德長民，宜世世選賢而不絕言；城郭溝池以爲固，就安民居以遂其生言；而鄭玄則皆就諸侯爲服亂賊釋之。此六謬也。故謀用是作，就民共同生活之謀由禮義作言；而兵由此起，就保其力盡生衛養之兵由禮義起言；而鄭玄則就密法羅之謀戰盜賊之兵爲釋。此七謬也。是謂小康，就民生用遂而體安言，而鄭玄則就誤會於老子禮者忠信之薄而亂之首也之旨爲釋。（其實：老子所謂之禮，爲當時節文防範誤會之禮，非謂承天之道治人之情失之者死得之者生之禮也。）此八謬也。鄭玄不通大同小康之旨，而盲聾謬爲之釋。孔穎達又以盲聾從盲聾，致其尤而謬疏之。如謂：

自大道之行，至是爲大同，論五帝之善。自大道既隱，至是爲小康，論三王之後（禮記正義）。

朱熹問：程子論，堯舜事業，非聖人不能。三王之事，大賢可爲。恐亦微有此意（有孔穎達之意也）。

黃氏日鈔：禮運紀五帝三王相變易陰陽轉移之道。故以題名。

邵懿辰曰：今大道既隱，以周爲今，猶可，以夏商爲今，可乎？既曰：未逮。又曰：今。自相矛盾。邵氏又曰：我欲觀夏道；我欲觀殷道；我欲觀周道；三道字，正承大道而言。果大道既隱，又何觀焉？邵氏又曰：講信修睦，後文三見，皆指聖人先王，而非遠古。果有重五帝薄三王之意，後文何無一言相應乎？

邵氏之言，足破孔氏盲從鄭說之謬矣。程朱黃等亦盲從鄭孔者。然朱熹又嘗謂：

但記中分裂太甚，幾以帝王爲有二道。則有病。

則亦未嘗不自知其說之不可通也。由此愈見鄭玄之謬，爲無可掩飾者已。試再就孔子大同小康說原文，以徵鄭玄謬解之所由。小戴記禮運編載孔子大同小康說原文曰：

大道之行也與三代之英，丘未之逮也，而有志焉。

此固明言有志於三代之英之行大道矣。其下文曰：

大道之行也：天下爲公；選賢，與能；講信；脩睦；故人不獨親其親，不獨子其子。使老有所終，壯有所用，幼有所長，矜寡孤獨廢疾者，皆有所養，男，有分，女，有歸。貨，惡其棄於地也，不必藏於己；力，惡其不出於身也，不必爲己。是故謀，閉而不興，盜竊亂賊而不作，故外戶而不閉。是謂大同。

此大同之說也。又曰：

今大道既隱，天下爲家，各親其親，各子其子，貨力爲己，大人，世及以爲禮；城郭溝池以爲固；禮義以爲紀；以正君臣，以篤父子，以睦兄弟，以和夫婦，以設制度，以立田里，以賢勇知，以功爲己。故謀，用是作；而兵，由此起；禹湯文武成王周公，由此其選也，此六君子者，未有不謹於禮者也。以著其義，以考其信，著有過，刑仁，講讓，示民有常。如有不由此者，在埶者，去，衆以爲殃。是謂小康。

此小康之說也。原文辭氣如此。固甚明顯。雖若將大同小康各別爲段，而義實相承，辭氣亦貫。詳細合勘，並無軒輊抑揚之意存乎其間。況禹湯文武成王周公之王天下，固孔子平生服膺不忘，推崇備至者，更無抑之之理。然則歷代學者據此文，謂孔子尚大同而絀小康，實乃觀察謬誤。非信論也。此文辭義，既甚明顯，學者讀之，宜不容有誤會之處，而何以歷代學者，謬誤乃爾？細考其故，實由鄭玄爲心妄執，不能盡懷體會兩段文義而通貫之，唯據己所知之訓詁，一義武斷作解之所致。例如其於解易：

不明了孔子作易之旨；及師彖能以衆正可以王矣，師象君子以容民畜衆，同人彖唯君子唯能通天下之志，同人象君子以類族辨物，序卦衆必有所比，與人同者物必歸焉之義；而於師貞丈人吉；不顧彖師衆也象容民畜衆之辭，曲解以當二千五百人爲師；又不顧彖能以衆正可以王矣之辭。曲解聖人在位之丈人爲能御衆以法度爲人之長之丈人；於同人于野亨；不顧彖通天下之志，象類族辨物，序卦與人同之辭；而曲解爲人君在上，施政教，使天下之人和同而事之，謂之人和。同者，君之所爲也。故謂之同人。

由此：可知其於孔子道不遠人，以人治人，仁者人也親親爲大，仁者己欲立而立人己欲達而達人，一日克己復禮天下歸仁焉，吉凶與民同患，等宗旨；全不了解。故注禮運此文：於大道，解爲謂五帝時。則非五帝時，必無大道矣！宜乎其於大道既隱，解爲隱猶去也；於天下爲公，解爲禪位授聖不家之；天下爲家，解爲傳位於子；則大道之行，大道之隱，皆指君一人而言，宜乎其將大人，解爲諸侯；而及以爲禮，城郭溝池以爲固，解爲亂賊繁多爲此以服之；謀用是作兵由此起，解爲教令之稠其弊則然；而引老子法令滋章盜賊多有以證之也！夫宗旨既昧，意義全乖。一己之武斷妄執，遂令天下後世，幾不復能得此文正義！鄭玄之罪，固無可逭。而一千七百年來之學者，亦未免爲心盲從，全無抉擇。不能糾正鄭玄之謬，而致孔子發明大同之說，不得行於天下，陷溺無數生民，令演成今日之世界慘禍。其過，亦安得而恕也！

丙　略辨諸家大同小康說中之重要謬誤

歷代學者於孔子大同小康說，莫得其正義，輒以私蔽之見而爲曲解。稽其由來，蓋於人無二生，生無二道之義。未能虛懷以受。雖未敢徑斥其非，實未肯確許其是。而又誤會於宇宙現象，唯異無同，人生實情，好分惡一。於是乃謂羣己既殊，憎愛不一。卽欲小康，倘復難致，況與小不並立之大；與異不並存之同；而欲待之，豈不違常情耶？然思太平之安寧，又人人所期望。必欲致之，則非盡毀小異，更無他道。唯小異毀後，所得者，果卽大同歟？抑須別加創設，而後有大同歟？此種懸擬之推論：於矛盾情狀中，終無解答之可能。則大同小康說，殆爲孔子於無可奈何現實中，自慰之一種希望耳。例如：春秋公羊傳所發明之三世說，雖標一最後之太平世。實則二百四十二年之人事現象，但是一據亂世而已。昇平世之小康，孔子且猶託於夢見周公，以寄其慨。況復堯舜之太平世，乃至大同哉？然則孔子聊以自慰之大同小康說：在孔子，固亦無實現之把握。所以著之於言者，亦期以自慰者，聊復以慰萬世之人焉爾。此種推測歷代學者所蔽之成見，並非苛虐。吾儕設身處地，果亦若歷代學者於宇宙人生作如是觀察者，又安得不作如是誤會耶？其實：苟一於現實虛懷審辨，如孔子之凡所推求一標準於今天下：則大同小康之原理，今日固猶得如中庸所說之本諸身，徵諸庶民，建諸天地而不悖者。此義既信而有徵，則中庸所卽已往言之考諸三王而不繆，卽未來世言之百世以俟聖人而不惑者，又復何疑哉？歷代學者之蔽，既唯此一原。則其說雖雜亂多方，亦得略舉其大者而辨之如次矣。

一、致疑於禮運孔子說原文者：舉邵懿辰說爲例以辨之。邵懿辰禮經通論曰：

> 禮運一篇，先儒每歎其言之精，而不甚表章者：以不知首章有錯簡，而疑其發端近乎老氏之意也。今以「禹湯文武成王周公由此其選也此六君子者未有不謹於孔子者也」二十六字，移置不必爲己之下，是故謀閉而不興之上，則文順，而意亦無病矣。

邵氏此語，皮錫瑞曾於三禮通論中辨之曰：

> 案移易經文，斷言錯簡，乃宋人習氣，不可爲訓。

又曰：

知禮運一編皆無瘢，而其精義益著。

皮氏此說，是解邵氏之蔽，蓋邵氏雖知大道無二，行無不殊，猶牽於文以爲謀用是作，與謀閉而不興，異。貨力爲己，與不必藏諸己不必爲己又別。天下爲家，與天下爲公，義亦有歧。乃不能圓其說於是遂欲效尤宋人，移易經文，以辭就義。其實，但將大用小體不可二，不須臾離之原則確定。謀生之謀既不得而廢。而爲己，爲家，又是共同生用必自各別異體發出之正當條件。則亦何待移易經文，而始能圓其說耶。邵懿辰又曰：

天下爲家：則指東遷以後，政教號令不行於天下，國異政而家殊俗。並無與子與賢之意。選賢與能，對世及而言。世及，若春秋譏世卿。

此尤可徵邵氏雖知天下爲家語中，無與子與賢之義。然猶謂爲指東遷以後之家殊俗。則尙於隱非去義，及天下爲家之卽後文以天下爲一家之旨，信之不及。故於大人世及，遂亦視爲君位之世及，而以爲世及若春秋之譏世卿。是蓋忽於惟賢爲能謂之大人之義，而不知大人世及，卽是世世選賢之至意也。

二、致疑於大同之事理者：舉廖平及康有爲說爲例以辨之。廖平公羊補證說（襄公二十八年注）曰：

大統合局，胡越一家。無內服，無邊鄙。

又（桓公八年注）曰：

王者，天下皆其所有。不如諸侯有疆域之分。

於此，可由以徵知廖氏蓋謂有胡越內服邊鄙疆域之分，爲小康世中之事。而大統合局，王者天下皆其所有時，則都無也。審如所云，則廖氏所謂大同世之人，究爲彼此異體，抑爲體無彼此，而或無體者耶？設爲無體而或體無彼此，則是人無自身。人無自身，安復可得有人之名？設若尙有人者，則人身彼此，故當宛然。彼身此身既宛然，一切種種分別，又安得泯歟？夫大同云者，以就世界萬有之小異言之耳。人苟於小異，而不自執其小異，於種種分別中，而無固必計執分別之見，於是不悖共同之生，而審與人同，不妨各各自得，各別發展，而與天下無有乖違，是即所謂大同者也。如此，由小異以著大同，大同世乃能實現於一切時代。苟不然者，必若廖氏所稱無疆域等。勢非盡毀一身與萬有蓋不可。一身萬有皆毀，所餘何物？無爲何事？大同云乎哉？廖平公羊補證（宣公二十五年疏）又曰：

大同之世，民智較今更甚文明。天生聖賢以爲君相。其德性道藝，遠出臣民之上。

又（同上）曰：

夫人之聖愚賢不肖，萬有不齊。縱使民智極開，其中亦有優劣純薄之分，元首聖人迥非盲聾所可臆度。

又（定公四年疏）曰：

于平等大同之中，衡量輕重。君與臣平也。父與子平也。夫與妻平也。而其中究不能無尊卑區別。及文明以後之區別。

於此，益由以知廖氏所謂大同之世及文明平等者，皆爲超人而離人以遠於人。是否能實現？在廖平，亦絕無把握，而信之不及。如云：「民智較今更甚文明，天生聖賢以爲君相，其德性道藝遠出臣民之上。」又云：「元首聖人，迥非盲聾所可臆度。」又云：「乃文明以後之區別。」其中：「較今更甚」。「天生」。「遠出」「迥非」「以後」等辭，皆用想像語氣，而不肯定。足證其無把握也。如云：「人之聖愚不肖萬有不齊，縱使民智極開，其中亦有優劣純薄之分」又云：「君與臣平也，父與子平也，夫與妻平也。而其中究不能無尊卑區別。」其中：「縱使」「亦有」「究不能無」等辭，皆作半肯定語氣。足證其信之不及也。廖氏對大同一觀念之矛盾心理，於此可謂畢盡透露。於是乃欲於平等大同之中衡量輕重矣。大同云乎哉？廖平大統春秋又曰：

自春秋成，而中國一家。自今以前，無所謂大同。

由此，可知廖氏所謂之大同，總無實現時也。蓋自今以前而無之者，自今以後，又安從而有？則廖氏所期，豈非又一相拉圖達爾文之理想耶？夫孔子謂禮爲承天之道治人之情，又謂君子之道本諸身徵諸庶民。則大同之路，實由小康以著。固無人不能致，無時不能實現者。苟必絀乎小康，而求大同與小康之外。則誠如廖氏所云：無所謂大同者矣。此種謬誤，所關至大，安得不辨。至若康有爲氏不忍據亂，醉心太平，作大同書以見其志。顧欲盡去國級種形家等界，則猶然絀小康之成說也。志，則大矣。術，則未可。揭其所蔽。蓋亦不了易睽象君子以同而異之旨，而欲去異求同耳。異之不存，同將焉傅。此義不明，大同終無實際。是不可以不辯。茲就其目與說，略揭而正焉。大同書乙部目曰：

去國界，合大地。

其第二章目曰：

欲去國害，必自弭兵破國界始。

其弭兵之要說曰：

弭兵會，即開大同之基。

其說破國界之要曰：

國界，自分而合。乃大同之先驅。

又曰：

合國三體：弭兵會，倡之。聯盟國，緯之。公議會，導之。

第三章目曰：

初設公議政府，爲大同之始。

其說公議政府之要曰：

公議政府，當各國主權甚大時，則專議萬國交通之大綱。民仍服於舊國。

第四章目曰：

立公政府，以統各國。爲大同之中。

其說公政府之要曰：

歲減各國之兵，以至於無。公兵亦汰。去國之名。分地爲百度。用大同紀年。同度量衡數言文曆等。民皆平等自由，但受公律之制限。

夫所謂國界，一風化之界耳。風化，準於人生，界於習俗。則欲除國界而一之，當自本人生，順民志，平好惡，正習俗，同風化始。本人生，順民志，平好惡，正習俗，風化，則人之畀見，不復妄執。不必去國界之名，而人自相與忘其國界也。設不由此，而必如康氏乙部所標之方。則設弭兵會之第一步，即無下手處。人孰肯首先自撤其防，去其兵者。觀望虛應，終亦成爲假以緩衝互相欺詐之會議而已矣。以望由此更進而立公議政府，談何容易哉？公議政府，既實際無以奪各國之主權。則縱退一萬步，而唯專議萬國之交通，試問各國，其許之乎？交通者，國之血脈。主權之所繫。其能任他人操持干涉之耶？則此第二步，亦徒成畫餅，而無實際。況欲由以更進一步而立公政府乎？公政府，旣無由而產生。則所擬公政府之任務，豈非夢囈哉？噫！

大同書丙部目曰：

去級界，平民族。

夫級者，一秩序之界耳。秩序，基於人生動作。動，必有次第，不得躐等，有如步趨。本無定界。雖欲執爲固定，亦不可能。然欲廢之，是將止步而廢其行也。又安可得哉？斯則欲去級界，但本人生不二，其經歷之自然等次，卽所以成其進化之原則，使人皆了然妄執級界卽違生用進化之義。執去，界見卽除。則天子至庶人士農工賈官佐吏役等，但有責任職業之殊。絕無人格之異。於民族上，級固無害其平。又何必去其名而徒自擾亂秩序，以沮礙民族生活作用之進步哉？

孔子大同小康說之現實價值

大同書丁部目曰：

去種界，同人類。

夫物種之名，人所妄立。其實，但足以標一因果之界耳。因果，相成相續，有假名而無定位。則凡種子，亦安得而執爲定體哉？是以遺傳雖若有異，隨遇卽倏復更端。研究種源所以難爲定例者，豈不以其界際，實皆假合者耶；是故人但去其成心，了知生不二，人類亦不得二。則本，旣無殊。末，安得異。界，非定固。妄執徒勞。隨天時地候人習之差其形色者，亦復可以隨順天時地候人習變而易之。則又豈敢妄自誇其種之神明良善高貴，而蔑視他族爲陋劣卑下者哉？種見銷泯，種界卽不得復存。然後雜婚遷地改食等方，自易爲力。不然，雖高唱改良人種，寧有濟歟？

大同書戊部目曰：

去形界，保獨立。

夫形者，一生類異體相待成用之表迹。本無定異者也。故凡萬有之形，皆以適用而爲差別。用移，則形轉。用失，則形亡。生用，無得自有其定固，生形，亦安得而有定固哉？則其界，固亦一妄執之界耳。是故男女等形，絕不得加以貴賤尊卑主從等歧視。蓋生用之發，旣不爲體所限，且不得闕離一體。則小體與大用，其功正等。男正位乎外，女正位乎內，其功亦正等。況一器一屋之成，皆積小以高大。旣不得蔑視一材之微，獨又能蔑視女正位於內之功乎？然則男女之於人生，實分功，而合作。在生生現實形而上之大用，旣不得離形而下之小體以存。而在形而下之小體，卽不能無內外等之異宜，施受之殊趣。設必比而同之。勢必一體失所，全用俱滯。此原則旣定，則男有分女有歸，實爲天經地義。而男女之別，固不足譏爲人生之缺陷也。輕蔑女子，固由妄執自私之見。今欲去除斯蔽。亦但令人了知生生不二，而相待相應。男女異位同功，其任等重。固不得一揚一抑，亦不得無際無別。私妄之見銷泯，形界之固執歧視，自不復存。然後順其異者異之。衣服、裝飾、器用、體容、任務，凡於人生生理異宜者，不必强同，以妨其發育。因其同者同之。道德、學識、品行、技能、交際婚姻、職任、事業。凡於生理同宜者，不能強異以限其知能。此方是爲男女平等而有別之合理方式。而庶幾符合大同獨（獨一也）立（與人同一而立，是謂獨立。）之眞義也。

大同書已部目曰：

去家界，爲天民。

其開題中，有論目曰：

萬國有人倫，而族制莫如中國之盛。故人類最繁。

又有論目曰：

因族制，而生分疎之害。

又有論目曰：

家爲人類相保之良法。

有父子之道，人類乃強盛。

無父母之苦。

又有論目曰：

家人強合之苦。

有家，則有私，以害性害種。

有家之害，大礙於太平。

其第一章總論目曰：

欲至太平大同，必先去家。

出家為背恩滅類。不可。

又曰：

去家，有天下為公之良法。

又說之曰：

公立政府，當公養人，而公教之，公恤之。

夫家者，居也。居者，所以求安也。人之生也，以身。有身，無有不孳孳求安者也。身不安，即生不得遂。生不遂，即不得為人。人且不可得而為焉，安望其得為天民也。此義既定，則可得舉康氏之說而勘辨糾正之矣。康氏既贊美族制為中國人類繁衍所由而萬國莫得而如，復稱家為人類相保之良法。又舉無父母之苦，而贊美有父子之道人類乃強盛。而一方，其標因族制而生分疏之害，又標家人強合之苦，而謂有家則有私以害性害理大礙於太平之義，如是矛盾見地足以徵其不了於家族之正義。徒見其表現於事實上之利害，而未能虛心詳稽其故。於是無法以處，遂欲廢而去之耳。然家者，人生存其身之家也。人身，莫得廢而去，而突欲去家，則人身將何以存而安乎？於是又覺若出家背恩滅類，其害將更甚。乃思得一就公立政府，以公養人而公教之公恤之之法。以為如是，可無礙於天下大同之太平，而得謂之天民。康氏之旨，則誠美矣。惜乎！未能就人生不一，人事不一，同以異發之原理，而推明以同而異之方也。試問？所謂公立政府，本身尚不易實現，而以公養公恤之大業期其成之，豈非夢想耶？且人之生，必以同生求自生，以同存求自存，以同得求自得；為其身之不可去也。身不可去，則身之家身之國與天下，亦不可得而去。於是以求一身之安，而求家國天下之安。脩身齊家，治國，平天下之事，乃成為人人一身唯一荷擔，而責無旁卸，義不容辭者矣。國與天下之本在家。家尤為一身生存安危所繫。無父母無家之苦，康氏既深知。父母家族為人類強盛所由，康氏又深信之。則何突欲以去家為人身求安而致太平之方。是豈可得之數？誠非矛盾之甚耶？又家之所由得名，實繫在一身。家，為人身之父母兄弟妻子等骨肉血脈天然生成，所謂天倫者是也。安得謂之強合。家，爲凡人一身生存根本。無家，身何以安。人不能不自有其身，又安得不自有其家？試問？人苟無身家之本，國與天下，何自而有？何自而推？國與天下復與人何涉？治國平天下之事，又何得人人必以爲己任？人人皆不必以國與天下自任，公之一字，試問又何自而來？是則無家之私，乃大害於性理，大礙於太平。康氏乃顚倒言之，毋乃不思之甚！則康氏致太平之大同方策，豈非緣木求魚計畫？寧能令人起信？然則大同書之作，匪惟無濟於大同之實現，且足爲大同實現之一大障礙矣。寧不可惜之至！然則去家有天下爲公之良法一語，眞可謂爲康氏之失言也。夫家界之患，亦執界見之患耳。人果皆了知以同而異之原則：爲求身家之安，而求國與天下之舉安。則人人視其身，爲天下國家生存安危所繫之身。而視家國天下，爲人人一身生存安危所繫之家國天下。如是，則界見全除，身、家、國、天下，相須相成，家，又何害之有！小康以著大同，大同成於小康。實爲世界人生不可變易之公例。吾願世之賢哲，因康氏之言，而審問愼思明辨，以共求得斯義之眞諦也。

二　闡明孔子大同小康說在現實上之價值

甲　孔子大同小康說文義之略釋

孔子大同小康說原文正義，本極明了。自鄭玄謬說昌行，遂多誤解。漢後學者，盲從而不加抉擇。坐令孔子大同學說，不昌於天下，孔子製作六藝之至旨，晦盲否塞。一千七百年來之生民，不得生活於民主大同之治之下，世界擾亂之現象，益以水深火熱，誰實爲之？誰其尸之？誰爲禍始？鄭玄固不得辭其咎，鄭玄後之學者又得辭其咎歟？夫禮運孔子大同小康說之原文，不得其確解，孔子大同小康說之正義，即不得而著。孔子大同小康之正義不著，大同之標準，即不得而確定。大同之標準不確定，則所謂大同者，現實之大同歟？懸想之大同歟？其將於何判之！大同之義：苟猶不能信其是現實，而非懸想，則所謂大同者，僅是不可知之妄囈耳。己且不能信之，又安冀天下之人之信之乎？如此，則大同之事理，去現實已遠。

去現實已遠之事理，得謂之事理乎？如此，則大同者，實無事理。無事理之大同，得希望其實現於現實世界歟？大同既無事理，卽無本末終始，無本末終始之大同，安所得而研究之。大同既非可研究者，則其眞意義，將於何求之哉？大同之眞意義不可得而求，則其實施之下手方法，將根據何種標準而訂定之耶？然則所謂大同世界者，僅一如幻如夢之理想國而已。大觀大同世界爲如幻如夢之理想國者，凡其研究所得之事理，懸想擬議之種種主張，乃至所訂定之下手方法，又何一而非如幻如夢之理想歟？則無怪乎渴愛大同之研究專家，其所主張皆迂遠而不切於事情，其所訂定之方法，所說明之景象，如柏拉圖之理想國，康有爲之大同書，署名曙光者之大同世界等：亦皆爲向空懸擬且圖快意之著作。大言高調，聞之固足逞情，水月鏡花，按之初無實際。由是，欲作大同之運動，以求實現之於現實世界，而轉移人心，消弭戰禍，安定民生，得眞太平，誠所謂挽羣星而逆旋，挈衆海而上飛者矣！是豈可得之事哉！是豈可得之事哉！夫宇宙，既惟一生；生道，復無二際；生物之公式，不變；生民之公式，安得有變。是故世界事物之現象萬差，而其生則不二；生民之身各別，而生民之實不殊，斯則萬差各別之身象，實爲一生之演變，而不殊不二之生，固未嘗外於萬差各別之身象也。夫生一，同也。生之身象萬差各別，異也。萬差各別之身象，無有離於生者，則卽異卽同，更無非同之異矣。不殊不二之生，無有無身象者，則卽同卽異，更無離異之同矣。易睽象曰：君子以同而異。同異之理，極於斯言。然則捨異，固無以求同，舍小康，而又安所得大同歟？蓋身象，有外，有外者，不得謂之大，故號曰小。則小康云者，謂身象小體之安也。生，無外，無外者，不得謂之小，故號曰大。則大同云者，謂生生之大用同也。生生之大用同，則無有相違之異體。異體皆不相違，則身象咸安，而得號爲小康。身象之小體皆安，則是徵無有不同之生用，而後無異非同，得號之爲大同也。大同小康之原理，明白淺顯如此。然則舍小康而欲求大同，又安有可得之數哉？茲義既定，則欲標大同之眞諦，必自先明禮運中孔子大同小康之正義始，蓋無疑也。嗟夫！民之望得大同之治以解其倒懸，未有甚於今日者矣！必得大同之治，乃能挽回頹局，消除慘禍；救濟民生，未有甚於今天下著矣！望得大同之治之正義善法，以實行而救濟民生，未有甚於今天下今日之民主者矣！則闢謬說陳正義；發明孔子大同小康說之旨，以大告於今世界，而與渴愛大同之專家，注意大同問題之各民族，共同討論焉，豈非今日之第一事乎？夫鄭玄謬注之由，卽唯在不明孔子之宗旨；則欲復明此文之眞相，必先準孔子天下歸仁修己安人本諸身徵諸庶民之言，以確定孔子之宗旨矣。宗旨定，而後準以選擇訓詁，首通其辭；綜貫語氣，次通其義；辭義合勘，攝歸其旨；辭與義旨，都無差謬。而後其說乃可以論。今依斯例：釋此原文。凡詳其訓詁，通其辭義，一勘覈之以孔子平天下重民之宗旨。唯求其是，不嫌其辭費。庶幾於其原文，不致再有誤會之患。是歟？非歟？一人之私見歟？天下之公言也？請世界學者，悉心虛懷，比按原文而細讀之。

大道之行也：

孟子：充實而有光輝之謂大。莊子：不同同之之謂大。故曰大也。說文：大，天大，地大，人亦大，故大象人形。古文人也。

管子：順理而不失之謂道。莊子：一而不可不易者，道也。中庸：道也者，不可須臾離者也，可離，非道也。爾雅：一達謂之道路。說文：道，所行道也。

高誘曰：行，猶通也。鄭玄曰：行，猶用也。

案實：大道者，充實無外不同同之之道，蓋唯民生日用不斷之生生大用常軌，足以當之。民，無二生。生，無二道。生，無外。民生生道，亦無有外。故謂之大道。孔子曰：道不遠人，又曰：人能宏道。又曰：誰能出不由戶？何莫由斯道也？（何莫由，猶言誰不由也。）又曰：斯民也，三代之所以直道而行也。然則大道之行，行於民也，民行之也。

天下爲公：

莊子：無爲爲之之謂天。

廣雅：爲，成也。韋昭曰：爲，猶屬也。

韓非子：自營，爲ㄙ，（ㄙ，卽私字。）背ㄙ，爲公。（八，背也。）

繇爲爲之，至高無上者，生也。凡近自寰宇，遠周心智所詳事物所及，生生現象所在之際，總而曰天下。猶謂生之下也。人，爲生物之靈。心、智、事、物，皆系之。生生現象，亦由以著。故人所在處，卽得謂之天下也。生，爲天地之大德，不可得而私。故天下爲公，而屬諸全人類也。大道行於民，卽民智行於生道。民本生之直道而行，則不復妄執私已，而利害好惡咸與人同，安得復有宰割天下私已妄找之事哉！故曰：大道之行也，天下爲公。

選賢：

字林：選，僎擇也。應劭曰：選，善也。

賈誼曰：行道者，謂之賢。

能以行生道爲已任者，是民所徧以爲善，而共會與爲領導之主者也。民選賢而舉之，尊以爲師，而咸往受教焉，是曰王。亦曰天子。莊子曰：民之所助，謂之天子。書曰：作之君，作之師。又曰：天子作民父母，以爲天下王。孔子曰：義者，宜也。尊賢爲大。此之謂也。

與能：

鄭玄曰：與，猶親也。史記索隱：與，謂同與之與。韋昭曰：與，從也。高誘曰：與，猶助也。

春秋元命苞：能之爲言耐也。史記索隱：能，猶勝也。廣雅：能，任也。大戴記盛德：能理德法者，爲有能。

能勝行生道之任，而理德法者，是民以爲有能，賴以相助，親而從同者也。民皆親能而相助，則咸能行生道而天下平矣。

講信：

韋昭曰：講，習也。

白虎通：信，誠也。釋名：信，申也。言相申束，使不相違也。

孟子曰：有諸己之謂信。

民依生生大道而行，則必於生生作用相申之方，而相與講習之，以相申束，使不相違而皆有諸己也。易繫傳曰：尺蠖之屈，以求信也。而況於人乎。

脩睦：

文選思玄賦舊注：脩，善也。廣雅曰：脩，治也。

蜀才曰：睦，親也。趙歧曰：睦，和也。說文：睦，目順也。

民依生生大道而行，則相順而親，相親而和，而習治於睦以爲善也。

故人不獨親其親，不獨子其子：

孔穎達曰：故，因上起下之辭。顏師古曰：故者，通其指義也。

廣雅：人，仁也。孔子曰：天地之性，人爲貴。穀梁傳：人者，衆辭也。

方言：一，蜀也。南楚謂之獨。向秀曰：獨，不與民同欲也。不獨，猶言不　。不一，則與民同之衆辭也。

蒼頡：親，愛也。近也。其親之親，父母也。何休曰：親，謂父母，是也。

大戴記本命：子者，孳也。詩推度災：子者，滋也。其子之子，父之嗣也。杜預曰：子者，繼父之辭，是也。

大道行於民，則民皆能推同本生，共樂生，之義，以及於人，而視人如己。故不獨親其親不獨子其子也。言故人，則可知大道已行於全民也。言不獨，則可知已能親其親子其子，而進推於親衆人之親如其親，子衆人之子如其子也。孟子曰：老吾老，以及人之老，幼吾幼，以及人之幼，蓋此之謂也。

使老，有所終：

爾雅：使，從也。廣雅：從，就也。鄭玄曰：從，順也。小爾雅：從，遂也。言就其所宜而順遂之曰使也。

鄭玄曰：老，尊稱也。皇侃曰：老，謂五十以上也。

三蒼：所，處也。孔穎達曰：所，謂處所。

司馬法：十成爲終。韋昭曰：終，猶成也。大戴記小辨：樂義曰終。

民皆行於大道，而尊賢親親，則能因人之生，而遂以全之。故於老，則能使之樂義，以安養其所宜，而成爲全生之人也。

壯，有所用：

廣雅：壯，健也。王肅曰：壯，盛也。小戴記曲禮：三十曰壯。

方言：用，行也。莊子：用也者，通也。

民皆行於大道，而講信脩睦，則能因人之材而篤之，以發其相助相應行道遂生之大用。故壯皆有所用也。

幼，有所長：

爾雅：幼，稚也。小戴記曲禮：人生十年曰幼。

廣雅：長，善也。韋昭曰：長，益也。鄭玄曰：教誨不倦曰長。顏師古曰：長，謂畜養之也。

民皆行於大道，而不獨子其子以子人之子，則能因順人之發達其生，而畜養之教誨之，俾皆得同道同德之正生教育以長成也。小戴記祭義曰：慈幼，爲其近於子也，此之謂矣。

矜寡孤獨廢疾者，皆有所養：

孟子：老而無妻，曰鰥，老而無夫，曰寡，老而無子，曰獨，幼而無父，曰孤。此四者，天下之窮民而無告者。小戴記王制：老而無妻者，謂之矜。爾雅釋言：矜，苦也。釋訓：矜、憐，撫掩之也。鰥謂之矜者，亦哀憐其苦而撫掩之之旨也。王逸曰：不用曰廢。此言謂肢體殘壞，不復能自發生用者也。釋名：疾，疾也。客氣中人急疾也。何休曰：

疾，痛也。此言謂客氣中人急疾，痛苦爲患，不能自發生用者也。

廣雅：養，樂也。鄭玄曰：養，猶治也。又曰：養，猶教也。

民皆行於大道，而視人如己。則能因順人之好生惡死好安惡危，而於其無所歸無以自存者，皆本同生道同生德善與人

同之誼，助其發養，治其痛苦，教以技能，俾得生活於全羣中，以樂其天年也。

男，有分：

大戴記本命：男者，任也。說文：男，丈夫，从田，从力，言男用力於田也。李賢曰：田，爲生之本故力田爲男

也。

韋昭曰：分，位也。鄭玄曰：分，猶職也。李善曰：分，分義也。又曰：分，當也。

民皆行於大道，則習於生生之義，明於生生之分，而能各以共同無外生生之事爲己任。求自生於相生，以相生成自

生，而用力於適當宜生之耕作。是男子之分也。易家人象曰：男正位乎外。此之謂也。

女，有歸：

大戴記本命：女者，如也。子者，孳也。女子者，言如男子之教，而長其義者也。

公羊傳：婦人謂嫁曰歸。何休曰：婦人：生，以父母爲家，嫁，以夫爲家，故謂嫁曰歸。

民皆行於大道，則習於生生之義，明乎生生所歸，而能各以共同無內之生生大任爲己所從事。以自生助相生，納相

生於自生，而從夫佐成其適當宜生之內治。是女子之所歸也。易家人象曰：女正位乎內。乾鑿度：男行而女隨。此之

謂也。

貨，惡其棄於地也，不必藏於己：

皇侃曰：財物曰貨。

皇侃曰：惡，憎疾也。說文：弃，古文棄。又曰：棄，捐也。王冰曰：棄，不用也。棄於地，謂不開發其功用。猶之捐廢而不用也。管子曰：地者，萬物之本原，諸生之根菀也。

法言李軌注：必，苟也，漢書集注：必，極也。不必，則不苟不極，常以與人同爲則也。

郭璞曰：藏，猶隱也。高誘曰：藏，匿也。小戴記檀弓：藏也者，欲人之弗得見也。

趙岐曰：爲我，爲己也。虞翻曰：我，身也。則我與己，皆人自名其身者也。

民皆行於大道，則習於共同本生共同遂生之義，而知離衆，不足以自生存；舍共同開發財物之用，不足以備共同資生之具。貨弃於地，是謂暴殄天物，以喪其生生所資，故惡之。貨藏於己，是欲離衆而獨生，以懷寶自焚，故不必也。不必者，蓋知其不可必也。小戴記大學曰：貨悖而入者，亦悖而出。又中庸曰：賤貨而貴德。此之謂也。

力，惡其不出於身也；不必爲己。

墨子：力，刑之所以奮也。

虞翻曰：出，生也。韓非子：始之謂出。楊倞曰：出，行也。

設

爾雅：身，我也。釋名：身，伸也。可屈申也。

皇侃曰：爲，猶助也。

民皆行於大道，習於共同本生共同遂生之義，而知人，以相待相應互助相成而生；人身，以資源於全羣而爲公有；則力，宜爲羣以出於身也。羣考，身之積也。羣之身，皆不出力以爲羣，則羣以不得身助而喪；而身亦以不得羣助，不能獨存而喪矣。力不出於身，則羣喪身隨。故惡之。羣之身，苟皆出力以爲羣，則羣，以得身助而發達；而身，亦以資於羣力之助，而與羣共發達矣。助人者，人恆助之。一人之身，以助天下，而得天下之助，是則一人之生，爲天下人所共任。人皆不以己爲己，而以天下爲己，則若不爲己，而實爲己者大也。故不必爲己。孔子曰：夫仁者，己欲立，而立人；己欲達，而達人。此之謂也。

是故：謀，閉而不興：

孔穎達曰：是故者，緣上事生下勢之稱。

說文：慮難曰謀。廣雅：謀，議也。

呂覽：外欲不入謂之閉。

孔穎達曰：姦謀出處曰興。

民行於大道，皆與人同，而相順無間。則以衆知爲知，不自標其知，而無不當之知；以衆言爲言，不特衒其言，而無不宜之言；於是私圖橫議之謀，無所用之，皆閉而不興矣。武韜太公曰：大智，不智；大謀，不謀。此之謂也。

盜竊亂賊而不作：

說文：盜，私利物也。又曰：盜自中出曰竊。向秀曰：盜竊者，私取之謂也。

家語：育事失紀爲亂。列女傳：貪死而棄義者，亂也。李賢曰：人反德爲亂。春秋繁露曰：喜怒移易其處謂之亂世。

佝，曰：害良，曰賊。趙岐曰：傷民，故謂之賊也。

爾雅：作，爲也。釋名：作，起也。

民行於大道，皆與人同，而相順無間，則己所不欲，不施於人；惡貨必者，必不爲諸己之不與民同得，而有損於民者，人孰肯爲之哉；於是盜竊亂賊而不作矣。

故外戶而不閉。

釋名：戶，護也。所以謹護閉塞也。

民行於大道，皆與人同；而相順無間；則天下猶一家；中國如一人；更無有敵，無相害者，奚事設防哉？故外其戶而不閉。蓋與天下人相與爲讓，而不復以獨護其私己，爲全生之方也。

是謂大同：

墨子：同，異而俱於之一也。又曰：同，重體，合類。說文：同，合會也。韋昭曰：一心不二曰同。又曰：同，猶也。廣雅：同，皆也。王肅曰：一，皆也。後漢書劉梁傳：好惡不殊謂之同。中庸曰：天地之道，可壹言而盡也。其爲物不貳，則其生物不測。不殊，不二，皆一之謂，即皆同之謂也。由此言之。則大同者，大一之變名也。禮運曰：是故夫禮，必本於大一。然則大同，禮之所本也。

大同者：謂民同全其生於無外之生生大道也。民同全其生於無外之生生大道，即同全其生於不可得而私之生生天下，則大道行於全民，而全民皆以天下爲一身，於是乎天下爲民所公有矣。自一人之身，以至於天下，皆爲民所公有；則一民之賢者，天下民皆賢而選舉之以爲師矣；一民之能者，天下民皆能而與之友矣；一生用之信，天下民皆欲得之而相與講習矣；一生衆之親順，天下民皆欲效之而相與脩治矣；於是乎人皆欲舉之同全其生。故一民之親其親子其子，恆推及於天下民，而皆親其親如己親；子其子如己子矣。一民之老欲安，恆推及於天下民之老，而皆使之舉安；一民之壯欲用，恆推及於天下民之壯，而皆使之得用；一民之幼欲長，恆推及於天下民之幼，而皆使之成長；一民之矜寡孤獨廢疾者，欲有所養，恆推及於天下民之矜寡孤獨廢疾者，而皆使之善獲所養；一民之男子，欲能安其分，而遂生之情；一民之女子，欲能得所歸，而善生之事，皆恆推及於天下民之男女，而皆使之正其外內之位，以共成其適當宜生之家焉。於是乎天下民之爲人，皆各得其所，而可合作互助，共進爲大生廣生之宏業矣。故於貨：則欲其爲共同資生之源，惡其棄於地，而不必以藏之於己；於力：則欲其爲共同善生之助，惡其不出於身，而不必以爲己。由是：則民皆同德同力。唯有相順相成之嘉猷；而無私圖橫議之詭謀矣。唯有相善相益之懿行；而無害良棄義才盜竊亂賊矣。如是者：民皆以公有之天下爲家；而皆以全民之身爲身；所謂天下一人者是也。則唯有利樂仁愛之情；而無復損害詐虞之妄。當是時也：界際之見全消；而防戒之行不起；民皆外其戶而不閉，其他可知矣。太平如此，安有不同之敵哉？故曰：是謂大同。大同者，謂以同爲異，而無異非同也。則是人人皆以助人者爲自助；成人者爲自成；利人者爲自利；善人者爲自善。天下之民畢安；而己之一身亦安矣。天下民之己身皆安，所謂小康者也。天下民之己身皆安，則無有不平者，即所謂大同之太平世也。然則大同，小康，豈二事也哉。

大同之文：既由上釋，而通其蘊，則可根據大同之文，而進釋小康之文：

今大道既隱：

蒼頡：今，時辭也。史記索隱：今，猶即今也。說文：今，是時也。从亼，从乁。乁，古文及。（亼，同集。謂天地人集合之時。即謂人據地體，以發揮天用之時。天用，生用也。恆進化而不住。其爲時至暫，必將而後能及之，故及，急辭也。及亼之時，曰是時。是，此也。）范望曰：今，即隨世也。（隨世，猶言隨時，蓋無時而非今也。）

公羊傳：既者何，盡也。穀梁傳：既者，盡也。有繼之辭也。（墨子：盡，莫不然也。楊倞曰：盡，極視盡物之貌。論語：子謂韶，盡美矣，又盡善也。皆全備之義。故曰：有繼之辭。）孔穎達曰：既，猶畢竟也。（畢竟，亦全備之義。）

爾雅：隱，微也。（說文：微，隱行也。蓋日用不知之謂。）李賢曰：隱，猶靜也。（同動，而其動若不著，曰靜。）

釋文：隱，馮也。（馮，依。有所依而不離，曰馮。）

生生大道：無外；無內；無前；無後，故無所不至；無所不在；而爲人所不可遠不可須臾離。莊子曰：道，行之而成。中庸曰：待其人而後行。人之生也；以其行生道也。人之行生道也；爲其發生用之也。人行於大道，而發生用之時，是謂之今。人之行生道發生用而生，不以過去現在未來而有變易；則今，亦不以過去現在未來而有變易。故一切時代，無有非生者，即無有非今者。故孔子謂天下爲今天下也。說文以是時爲釋，正發斯義。是者，此也。此者；謂實際之現在。是時者，謂適當現在實際之時也。則今云者，集急，不住；進化，不已；歷萬古而常然者也。大道，必行於今，則又何時何所而不隱於現實之實際中哉？故曰：既隱。既隱者，畢竟隱也。畢竟隱者：畢竟微；畢竟靜；畢竟焉於人也。大道，以無所不在而無所在；以無所不至而無所至；故百姓日用而不知。是畢竟微也。大道，以生物之動爲動，而不別有其動；以人之行爲行，而不別有其行；是畢竟靜也。大道，無自體，而以萬有一切之體爲體。萬有一切之體，無有離於大道生生之用者，故大道，恆依於人，而不須臾離。是畢竟焉也。故曰：今大道既隱。今，著於異體。異體，民所未嘗須臾離也。生生大道：同用必發自異體，則民。故未嘗須臾離大道也。然而習異，不察於同。於是隱異體中之大道，民遂日用而不知矣。斯則今大道既隱，人雖欲不行於大道，亦不可得也；雖欲不反身而誠，而別求大道，亦不可得也；雖欲不小康，而唯求大同，亦不可得也。莊子曰：道，隱於小成。謂凡大同生用之道，皆隱於小異生物之體也。小異之體，有若無同，其實：異者，同之著也。易睽象曰：君子以同而異。中庸曰：莫見乎隱；莫顯乎微。乾鑿度曰：氣、形、質，具而未離，故曰渾侖。渾侖者，言萬物相渾成，而未相離，視之，不見；聽之，不聞；循之，不得；故曰易也。易，无形畔。易繫辭傳曰：一陰（陰，謂體。萬有即體而觀，無非體者，故一陰也。）一陽（陽，謂用。萬有即用而觀，無離用者，故一陽也。）之謂道。繼之者，善也。（以相宜而繼。）成之者，性也。（以發生用爲成性。生之發，用之成也。）仁者見之，謂之仁；（仁，即道也。）知者見之，謂之知；（知，即道也。）百姓日用而不知。（即身是道，故日用而不知也。蓋猶眼之不見眼矣。）其今大道既隱之謂夫。

天下爲家：

說文：家，居也。楊倞曰：居，安居也。

大道旣隱在人：人之身，大道之所在也。人以身，而得生存於民之全羣中；亦以生存於民之全羣中，而得安其身；則天下，實爲人身所安居之家也。故天下爲家。

各親其親，各子其子：

大道旣隱在人身；而人皆以天下爲家；家之本，在身，則人不得不有其身而永繼之。人欲有其身而永繼之。則不得不各親其生養己身之親矣；不得不子其繼承己身之子矣。人必能各親其親各子其子，而後人乃有身；人必有身，而後乃得生存於民之全羣中。人欲生存其身於民之全羣中，則必視全羣之民之身如己身，而愛之如己。欲愛全羣之民如己。則必推己以及人；必由己之各親其親各子其子善推之，而不獨親其親以及人之親；不獨子其子以及人之子矣。然則不獨親其親不獨子其子，實由各親其親各子其子而推。苟不能各親其親各子其子，則一己之身且無！不獨之謂何哉？

貨、力、爲己：

漢書注引鄭氏：爲，音人相爲之爲。

大道旣隱在人身，而民皆以天下爲家，則人不得不由善脩其身，而發行道厚生之用。故人身者，天下國家之所本也。天下國家者，人身之天下國家也。人之求平天下者，爲善其身也。人之求治國者，爲善其身也。人之求齊家者，爲善其身也。凡天下國家之一切事業行爲，無非爲人之所以善其身者。貨力亦然。貨之不必藏於己，爲欲與天下國家之人同善其身也。力之不必爲己，爲欲與天下國家之人同善其身也。人必同善其身；而後己身，乃以同人而善。則貨之不必藏於己，力之不必爲己，正爲爲己，而欲以善人者善己也。故貨力爲己。

大人世及，以爲禮：

向秀曰：聖人在位，謂之大人。

高誘曰：終一人之身爲世。楊倞曰：及，繼也。

荀子：禮者，人之所履也。又曰：禮者，法之大分，羣類之綱紀也。又曰：禮也者，理之不可易者也。小戴記仲尼燕居曰：禮者，何也？卽事之治也。中庸曰：親親之殺；尊賢之等；禮所生也。

大道既隱在人身，而民日用不知，則必賴得聖賢以爲師，而道之以德；齊之以禮矣。大人者，聖人也。世及者，聖人世相及在王位也。代有聖王，如堯舜禹之世相及，是大人世及也。民，以天下爲家。家，必有嚴君焉。大人世及，以作民父母；作民君；作民師，則民皆得由其領導，而受德教；皆能行道，而全其正生。於是乎治定，而可以作禮樂，以使民非禮弗履；非樂不樂；而永與人同善其生矣。

城、郭、溝、池，以爲固：

穀梁傳：城，爲保民爲之也。說文：城，以盛民也。白虎通：郭之爲言廓也。大也。說文：郭，度也。民所度居也。釋名：水注谷曰溝。田間之水，亦曰溝。孟子曰：七八月之間雨集，溝澮皆盈。孔穎達曰：池者，下田畜水之處。孟子曰：數罟不入洿池，魚鼈不可勝食也。

荀子：萬物莫足以傾之之謂固。韋昭曰：固，安也。高誘曰：固，常也。

大道既隱在人身，而人身，則依於天下之家，人皆以天下之家，安居其身，則身與人同，物無足以傾之者。於是乎身安而國家可保。故民欲保其生而盛之；度其居而大之；則城郭以爲常矣。民欲農其生而富之；美其食而足之；則溝池以爲常矣。

禮、義，以爲紀：

小戴記曲禮曰：禮，從宜。中庸：義者，宜也。尊賢爲大。淮南子繆稱：義者，比於人心，而合於衆適者也。呂覽：

義也者，萬事之紀也。

白虎通：紀者，理也。高誘曰：紀，通也。（別其理以通於經，曰紀。）

大道旣隱於人身：而人，以大人之德教，以城郭溝池之便利，安其居於天下之家。於是乎皆能非禮弗履，非義弗行；以共達其同生者，而各全其自生矣。民皆以禮義共達其生，爲各自全生之方。則皆歸正，紛經理，經緯通，誤會去，而相順相應於禮義。於是凡生生之事：如君臣之正，父子之篤，兄弟之睦，夫婦之和，制度之設，田里之立，勇知之賢等，莫不皆以禮義爲紀，而成爲己之功矣。

以正君臣：

說文：以，用也。

說文：正，是也。从止，一以止。高誘曰：正，直也。管子法法：正者，所以止過與不及也。洪範：平康，正直。

白虎通：君之爲言羣也。春秋繁露：君者，不失其羣者也。又曰：君者，民之心也。

尹知章曰：臣，猶實也。春秋繁露：臣者，君之合。小戴記禮運：仕於公曰臣。

大道隱在人身：身，不得離羣而獨居，則必師能羣之聖哲，以從於羣；友善羣之能者，以助於羣；而後善與人同，心止於一，而得安於羣以爲人中之人。於是君臣飭矣。是故欲行大道：必以禮義之紀，首正乎君。君正，則臣正。民以君爲心，心正，則身從。故孟子曰：君仁，莫不仁；君義，莫不義；君正，莫不正；一正君，而國定矣。此之謂也。

以篤父子：

何休曰：篤，厚也。爾雅：篤，固也。孔穎達曰：篤，純也。

釋名：父，甫也。始生己也。白虎通：父者，矩也。以法度敎子也。

大道隱在人身：身，不得無本始，則必有父母以生之教之；不得無發展，則必有子以嗣之成之。有本，有末；有始，有成；身乃得信其生用，而行於大道。於是父子倚矣。是故必以禮義之紀，篤於父子。父子篤，則家安而身修。中庸曰：故君子不可以不脩身。思脩身，不可以不事親。孟子曰：不得乎親，不可以爲人；不順乎親，不可以爲子。此之謂也。

以睦兄弟：

蜀才曰：睦，親也。

爾雅：男子先生爲兄；後生爲弟。白虎通：兄者，況也。況父法也。又曰：弟者，悌也。心順行篤也。

大道隱在人身：身，必有同生同存者；而後得相與相順之助，以廣其生用，而行於大道；生存於家國天下。於是兄弟倚矣。是故必以禮義之紀，睦其兄弟。兄弟睦，而後九族睦。九族睦，而後百姓平章；萬邦協和；以天下大同矣。小戴記祭義：敬長，爲其近於兄也。孟子曰：人人親其親；長其長；而天下平。此之謂也。

以和夫婦：

晉灼曰：和，合也。廣雅：和，諧也。韋昭曰：和，和平也。高誘曰：和，適也。荀子：合歡謂之和。說文：和，相譍也。

小戴記郊特牲：婦人，從人者也。幼，從父兄；嫁，從夫。白虎通：夫者，扶也。扶以人道者也。春秋繁露：夫爲陽；妻爲陰。盧辯曰：夫婦，化之始也。

大道隱在人身：人身之所由安者，家也。男女居室，而家以成。於是夫婦倚矣。是故必以禮義之紀，和夫婦。夫婦和，則男女各得其正。男女各得其正，則夫婦有別，而父子親。父子親，則義生；禮作；而萬物安。萬物安，則人身舉安。天下之民身舉安，斯天下小康矣。易歸妹彖曰：歸妹，天地之大義也。天地不交，而萬物不興。歸妹，人之終始也。易家人彖曰：家人，女，正位乎內；男，正位乎外；男女正，天地之大義也。家人有嚴君焉：父母之謂也。父，父；子，子；兄，兄；弟，弟；夫，夫；婦，婦；而家道正。正家，而天下定矣。此之謂也。

以設制度：

廣雅：設，施也。高誘曰：設，置也。

小戴記表記：義者，天下之制也。楊倞曰：制，亦謂差等也。韋昭曰：制，裁也。荀子：參稽治亂，而通其度。

大道隱在人身：人身所需，百工之所爲備；人身所處之位，有天子以至於庶人之別；人身之所接，則民之大羣也。人身所需雖衆；然以其處位之別；接羣之殊；恆隨其因應異施之限制，而有分際異宜之差等。於是制度尚矣。是故必以禮義之紀，設制度。制度不易其宜，民乃足以適分；安居；興事；任力；而遂其生，以行於大道。小戴記王制曰：凡居民：材，必因天地。寒，煖，燥，濕，廣谷，大川，異制。民生其間者，異俗。剛，柔；輕，重；遲，速；異齊。五味，異和。器械，異制。衣服，異宜。脩其教，不易其俗。齊其政，不易其宜。此之謂也。

以立田里：

李賢曰：立，猶定也。高誘曰：立，置也。

釋名：已耕者，曰田。又曰：五鄰，爲里。居方一里之中也。鄭玄曰：里者，民之所居也。

大道隱在人身：人身，以食爲養；以居爲安，食，必力田。田，待助而耕；居，必有里；里，必鄰相得。食足，居安；民乃可生。於是田里尙矣。是故必以禮義之紀，立田里。田里定，民無衣食之患，而有友助之樂；而後從而教之；則民皆治禮義，而行於大道矣。孟子曰：夫仁政，必自經界始。又曰：經界既正，分田；制祿；可坐而定也。此之謂也。

以賢勇知：

鄭玄曰：賢，猶善也。孔穎達曰：賢，猶崇重也。

墨子：勇，志之所以敢也。韓非子：不疑之謂勇。孔子曰：仁者必有勇。

集韻：智，或作知。荀子：知有所合謂之智。李賢曰：知，謂明於道也。中庸曰：成物，知也。大戴記四代：知，仁之實也。

大道隱在人身：人身，必生存於民羣，則必有互助之勇；相知之知；以立己而立人，達己而達人。於是勇知向矣，是故必以禮義之紀：賢民之勇知。民皆有見義之勇成物之知，以相宜而合作。則知恥，好學；而力行於大道。孔子曰：好學，近乎知；力行，近乎仁；知恥，近乎勇。知斯三者，則知所以脩身。知所以脩身，則知所以治人。知所以治人，則知所以治天下國家矣。此之謂也。

以功爲己：

小爾雅：功，事也。大戴記盛德：能成德法者，爲有功。墨子經：功，利民也。

高誘曰：爲，謂相爲之爲。

大道隱在人身：人身，必生存於民羣，民欲爲己圖其生存，則必以成德明法利民定國之事爲己事，而先圖全民之生存。則人必以爲己而利民；以成物而成己。於是爲己得矣。是故必以禮義之紀，俾民皆立爲己之功。民皆知己爲構成全羣之一己；羣爲助成一己之全羣；則知必天下太平，而人之一己乃得安。尤知必人人之一己皆安，而後天下乃得謂之大同之眞太平。由是：人人以功爲己任，斯人人能治禮義，而皆行於大道矣。孟子曰：君子之守，脩其身而天下平。大學曰：自天子以至於庶人，壹是，皆以脩身爲本。此之謂也。

故謀，用是作：

爾雅：謀，心也。論衡：心思爲謀。洪範：聽作謀。

蒼頡：用，以也。

皇侃曰：是，猶此也。（此，蓋指禮義爲紀言。）

大道隱在人身：民，推己以及人；因人而喻己；以禮義之紀，而善與人同，於是身安，而心能任於思，以相與謀於道矣。民以道同而相爲謀，生生之事，無違於人；生生之德，各得於己；則禮義興而大道行。易訟象曰：君子以作事謀始。此之謂也。

而兵，由此起：

說文：兵，械也（作工之械）。从廾，（楊雄說：廾，从兩手。）持斤。（國語賈注：斤，钁也。說文：斤，斫木也。象形。孟子曰：斧斤以時入山林，材木不可勝用也。）并力之貌。白虎通：兵者，所以全其生，衞其養也。（全生，衞養，則兵實工也。）

漢書集注：由，因也。又曰：由，用也。從也。爾雅：由，自也。廣雅：由，助也。

皇侃曰：起，發也。廣雅：起，立也。

大道隱在人身：民，不能離人而獨存，自父母之生；君師之教；兄弟朋友之助；夫婦之匹；子孫之繼述；以至鄰里鄉黨邦國天下之相扶持；無非取諸人者。蓋民身：皆以異體之一己，而必發同羣之大用，以並育而共生。其力，恆患不足。則必共同并力合作，以共與全生衞養之工。大，若農墾；水利；建築；輸運；等大作。小，若出入之友；守望之助；疾病之扶持，等小作，悉取諸人以爲善，其事乃辦；生乃遂；乃得不違禮義而共行於大道也。孟子曰：出入相友；守望相助；疾病相扶持；則百姓親睦。又曰：同養公田，公事畢，然後敢治私事。此之謂也。

禹、湯、文、武、成王、周公，由此其選也。

孔子曰：禹，吾無間然矣。菲飲食，而致孝乎鬼神；惡衣服，而致美乎黻冕；卑宮室，而盡力乎溝洫；禹，吾無閒然矣。

孟子曰：湯，執中。立賢無方。又曰：書曰：湯，一征，自葛始。天下信之。東面而征，西夷怨。南面而征，北狄怨。曰：奚爲後我。民望之，若大旱之望雲霓也。歸市者，不止；耕者，不變，誅其君，而弔其民，若時雨降。民大悅。書曰：徯我后，后來，其蘇）又曰：七十里爲政於天下者，湯是也。

孟子曰：文王，視民如傷。望道而未之見。詩大雅曰：穆穆文王。於，緝熙，敬止。又曰：上天之載，無聲；無臭，儀刑文王，萬邦作孚。詩周頌曰：於乎！不顯。文王之德之純。孟子曰：以德行仁者，王。王，不待大。湯，以七十里。文王，以百里。孔子曰：三分天下有其二，以服事殷。周之德，可謂至德也已矣。

孟子曰：武王：不泄邇；不忘遠。尚書大傳曰：紂死，武王皇皇，若天下之未定。召太公而問曰：入殷，奈何？太公曰：臣聞之也：愛人者，兼其屋上之烏；不愛人，及其胥（胥同）餘。（胥餘，里落之壁。）何如？武王曰：不可。召公趨而進曰：臣聞之也：有罪者，死；無罪者，活；咸劉厥敵，毋使有餘烈。何如？武王曰：不可。周公趨而進曰：臣聞之也：各安其宅；各田其田；毋故；毋禮；惟仁之親。何如？武王，曠乎若天下之已定。遂入殷。封比干之墓；表商容之閭；發鉅橋之粟；散鹿臺之財；歸傾宮之女；而民知方。曰：王之於仁人也：死者，封其墓；況其生者乎？王之於賢人也：亡者，表其閭；況於在者乎？王之於財也：聚者，散之；況於復藉乎？王之於色也：在者，歸其父母；況於復徵乎？

書顧命：成王自述曰：敬迓天威。嗣守文武大訓。無敢昏逾。

孟子曰：周公，思兼三王，以施四事。（趙岐曰：三王，三代之王也。四事：禹湯文武所行事也。）其有不合者：仰而思之，夜以繼日；幸而得之，坐以待旦。尚書大傳曰：周公將作禮樂：優游之，三年，不能作。君子（謂周公）恥其言而不見從；恥其行而不見隨。將大作，恐天下莫我知也；將小作，恐不能揚父祖功業德澤。然後營洛以觀天下之心。於是四方諸侯，率其羣黨，各攻位於其庭。周公曰：示之以力役，且猶至，況導之以禮樂乎？然後敢作禮樂。又引孔子曰：吾於洛誥，見周公之德：光明於上下；勤施四方；旁作穆穆，至於海表；莫敢不來服，莫敢不來享，以勤文王之鮮光；以揚武王之大訓；而天下大治。故曰：聖之於聖也：猶規之相周；矩之相襲也。

大道隱在人身：人，不能舍己身以從人；復不能離人而獨存其身，冥冥之民，將焉適乎？則必有善教善政之君師，示以禮義之紀，令知以天下爲家，而不必以己所私者爲家；令知推親親子子之恩於天下，而不獨親其親子其子；令知大道體用同異之理，而以同爲異以異發同；令知自他因應相得之情，而著義；考信；刑仁；講讓。更勞，來，匡，直，輔，翼，振，導，令知去其誤會；消除間礙；而善與人同各得其生。於是貨力爲己，而竝育不相悖；以功爲己，而同德不相害。以大同之方，而得小康之實；以小康之實，而成大同之治。故曰：禹湯文武成王周公由此其選也。禹湯文武成王周公，皆能以大同之方，而致小康之實；以小康之實，而成大同之治者也。民之選之：期能由不違大同，行於生道，而得小康之實也。是故民，爲全其正生而擇君，以求君之教之；君，爲安民而擇於生生大道，以教民之行之。選賢之旨，備於是矣。

此六君子者：未有不謹於禮者也：

說文：謹，慎也。

大道隱在民身：民生安於小成：則欲示民以同人之大道，而令不私其己；以得皆安之治；蓋非謹乎禮不可矣。謹禮者，謹乎禮義之紀也。謹禮義之紀者：本生生大道，會歸於大同；徵之於小康；而達乎民生之所必由者也。孟子曰：夫義，路也。禮門也。惟君子能由是路；出入是門也。然則謹於禮者，民之所必選以爲君師者也；爲民之君師者，未有不謹於禮者也。

以著其義：

廣雅：著，明也。

淮南子曰：義者，比於人心，而合於衆適者也。

大道隱在民身：民日用而不知：遂於其生，莫識其所以爲生。於是君子爲謹於禮，以著其義。禮者，人之善其生以踐其形者也。善其生者，必能善人之生，則必以自宜者而與人同宜矣。與人同宜其生之謂義。則是民之義，以謹禮著也。孔子曰：務民之義。此之謂也。

以考其信：

廣雅：考，成也。

大道隱在民身：民身詘於小體，遂莫能信其廣大之生，以善與人同而共遂焉。於是君子爲謹於禮，以考其信。禮者，人之踐其形以信其生者也。禮得，而生信。信其生之謂信。是則信以謹禮成也。孔子曰：民無信不立。此之謂也。

著有過：

皇侃曰：過，誤也。高誘曰：過，失誤也。顏師古曰：過失，非意也。

大道隱在民身：民身，唯標其異；不見其同，遂莫得以同而異之指，而往往誤謂：異則無同；而求同必於異外。昧於他不外己；而利己不顧損他。是以行，與人違；動，輒得咎；而猶不自知也。君子於是爲謹於禮，而著有過。禮者，人之善同生以踐異形者也。民由禮著義，成信，則皆知其所以爲生；與生之所宜。於是妄私實己之執；不同於人之誤會，皆知過矣。是則過以謹禮著也。孟子曰：古之君子，其過也，如日月之食，民皆見之；及其更也，民皆仰之。易革象曰：革而當，其悔乃亡。此之謂也。

乘仁：

傳子：刑，范正。刑：說文曰 从井，从刀。易曰：井，法也。廣雅：刑，成也。

孔子曰：夫仁者：己欲立，而立人；己欲達，而達人。太玄曰：同愛天下之物，無有偏私，故謂之仁。中庸：、仁者，人也。孟子曰：仁，人心也。

大道隱在民身，而心爲之主。民放其心而不知求，遂執身而昧仁。然人之所以爲人者，仁也。仁，卽是二人以上所同之大道也。則人，固未嘗須臾離仁。君子於是爲謹於禮以刑之。禮者，人之善與人同以踐其形者也。禮昭，而過著，則舍其執身；私己；之失矣。過著，而仁刑，則與人同立達於生生大同之道矣。是則仁以謹禮而足爲刑也。孔子曰：人之過也，各於其黨。（黨者，卽異以求同之表現也。則卽是仁之著也。）觀過，斯知仁矣。此之謂也。

講讓：

顏師古曰：講，謂論習也。孔穎達曰：講，猶明也。

鄭玄曰：推賢尙善曰讓。

大道隱在民身：民雖立異而背同，其實好同而惡異。然以惟見己與物爲二，遂不能以爲己，而兼及物。寖假：且不顧物，而獨爲己；或更害他以益己矣。夫欲以他益己，則固猶知他之同己也。君子於是爲謹於禮而講讓。禮者，人之取諸人以爲善，以踐其形者也。爲善必取諸人，則必得人之助，乃可以爲人。欲得人之助，則必先以讓而助人。以讓助人者：謂不自是其是，而以衆所同是爲是也。是則讓，以禮而講明之也。孔子曰：先之以敬讓，而民不爭。此之謂也。

示民有常：

文選東京賦辭注：示，教也。

廣雅：民，氓也。（方言，氓，民之總名。）淮南子：民者，國之本也。孟子曰：民爲貴，社稷次之，君爲經。

廣雅：常，質也。虞翻曰：常，恆也。太玄曰：常，因故也。

大道隱在民身：民唯見有異體之變，而不知有同用之常，遂逐異違同；或求同異外；恆違他崇己；或舍己從他；隨對象而遷流；無一境之靜謐，茫然妄執，靡有定歸。君子於是爲謹於禮，以著義；成信；著過；刑仁；講讓，示之以有本常。禮者，民之以大同生生之道，踐其異形者也。大同者，常也。生生之道，無外；無間；而不已，是爲大同之常。君子之謹禮，蓋示人以人人本生而莫能違之常則也。然則六君子者，孰非行大同之道爲己任者哉？

如有不由此者：在埶者，去；衆以爲殃。

皇侃曰：如，猶若也。說文：有，不宜有也。

鄭玄曰：埶，埶位也。

廣雅：殃，禍也。韋昭曰：殃，害也。

大道以隱在人身，而行於人身，爲人所不可須臾離。則實爲民生之常。民生之常，民之所以爲民者也。民之所以爲民者，民之不得而變易者也。民之不可得而變易者，民之所本然大同者也。唯此民之所以爲民，不可得而變異，本然大同之常，是爲眞埶。唯此眞埶者，非力所能奪者也。則亦永無去之之時。不可得而去者，是謂民所共同永保之眞福。民所共同永保之眞福，民未有以爲殃者也。然則天下之中，孰能不由此哉？民，皆必由此乃得爲民。則設有不由此者：既喪眞埶，復亡眞福。宜乎其以力服人之執，不得不去；剝削民羣之害，衆咸以爲殃也。烏虖！苟失大同，卽不得小康。斯義明甚。而人乃欲紬小康以得大同。寧有是理！是豈知言也耶？

是謂小康：

說文：小，物之微也。虞翻曰：陰稱小。（素問：陰成形。春秋繁露：陰，刑氣也。是則陰者，形而下之體也。有外者也。繫外稱大，則有外爲小。故陰稱小也。）易升象曰；君子以順德，積小以高大。

爾雅：康，安也。又曰：康，樂也。高誘曰：康，盛也，周書謚法曰：令民安樂曰康。

小康，猶言小者康也。形而下之體，有外；不可分別；是爲小者。凡民之身，皆小者也。大道；以際在人身，而人皆得行。人之行大道，身之行之也。則大道之行，實行於人身也。人身行於大道，則與人同而安。人身之安，卽大同之實現也。人身之安，是謂小康。小康者，異體之安也。異體安；同用發矣。然則小康者：大同實踐之象也。生生之道：同，必發於異；用，必顯於體；大，必著於小；則大同之實，在小康。小不康，大必不能同也。小康之本，爲大同。大不同，小必不能康也。是故小康與大同，非二事也。夫大道之隱，以異體卽同用耳。異體：無一是同用者；而卽無一非同用者。以其爲微之顯，顯而微；故曰隱也。云今大道既隱，則無有不隱時矣。無有不隱時，則無有不在時矣。大道遍隱在人身；故人無有不好公，而以天下爲家者；無有不能推親其親子其子之恩，以親人之親子人之子者；無有不欲大人世及爲禮，而選賢，與能，如禹湯文武成王周公者；無有不欲禮義爲紀，正君臣，篤父子，睦兄弟，和夫婦，著義，考信，脩睦，刑仁，講讓，以使老有所終，壯有所用，幼有所長，矜寡孤獨廢疾等皆有所養者；無有不欲設制度，立田里，賢勇知，城郭溝池以爲固，以得人生正常而男有分女有歸者；無有不欲貨不棄於地，力出於身，與同善之謀全生之兵，以僞人，而成爲己之功者；無有不欲著有過而改之，閉私謀而公之，以消盜竊亂賊之殃，欺侮威虐之埶：而永保共同之康安者。然則大道之隱，卽大道之行也。人之求小體之康，固卽其好大用之同也。大用之同，卽是大道。大道必待人之行於其身，則微小康安得大同哉！

禮運中，孔子大同小康說之原文，略釋如此。比按，細覈。此釋：自文字以至大義，蓋無不與原文適合而切當者。再就考據家言之：既不乖六藝，乃至堯舜以來，傳留之嘉言懿行。就小學家言之，亦不悖五雅，三蒼，說文等相傳之形聲訓詁。就中國民族固有之思想言之：則一準知人，安民，道滿天下，皆在民所之前識而無差。就現代政治之趨勢言之：則與平民政治，民主精神，尤無不符合。是則此釋：揆諸孔子，君子之道，本諸身，徵諸庶民，考諸三王而不繆，建諸天地而不悖，質諸鬼神而無疑，百世以俟聖人而不惑之辭；可謂絕無違者也。且大同，小康，事理既無二致，則明是一實兩端。大同說，既非迂遠而闊於事情，小康說，尤非卑陋而不足致太平。則大同說：正標小康之實際精神；而小康說：固即示大同之實踐方式。有大同說，小康乃有依歸。有小康說，大同乃有着落。以大同小康說合而論之：大同，可謂小康之本；小康，可謂大同之末。大同，可謂小康之始；小康，可謂大同之終。夫末，以本而成；本，以末而章；始，以終而立；終，以始而得；本末始終具備，乃得謂之現實。則大同，小康，蓋不可須臾離。離，則兩毀，具，則雙成也。由此以觀：大同，小康，實共為一生生大道而已。小康道隱，則大道之體成；大同道行，則大道之用發。凡體，必成於用。用，必發於體，則非大同，固不得有小康；不小康，又安得為大同也。然則孔子大同小康之義，必同時說者：其旨，固可依此釋而得諸原文矣。世界學者，悉心虛懷以讀之，當不致再惑於鄭玄等謬說，而河漢斯言歟！

乙　孔子大同小康說在現實上之價值

孔子大同小康說之文義，既已明白顯著。如此。則可進而論其在現實上之價值矣。夫孔子大同小康之說：志在期大道之行耳。禮運此文首載孔子之言曰：

大道之行也，與三代之英，丘未之逮也，而有志焉。

孔子之志，既在大道之行：則孔子此文，固非託諸空言而實欲行諸現實者也。故孔子又嘗曰：吾欲託諸空言。不如見諸行事之深切著明也。蓋孔子之所謂道，民生日用不離；無能不由；無異端而一以貫之之現實生生直道也。宇宙之生不二，故生之道恆直。直，則一。一，則無所不至而中。民受天地之中以生，則是本斯直道以生也。故孔子曰：

人之生也，直。罔之生也，幸而免。

人本斯直道以生，則必本斯直道而行。故孔子曰：

斯民也，三代之所以直道而行也。

現實之生，不變；現實之直道，亦不得而變。三代之民，直道而行，萬世之民，獨有能不直道而行者乎？宇宙萬有，不得離生？人，亦無有能離於生者。人，不得離生；生生之直道，民獨得而離之乎？人，不得須臾離生，即亦不得須臾離道。故中庸曰：

道也者，不可須臾離者也。可離，非道也。

人不得須臾離道；即道未嘗須臾離於人。則人之遵直道而行，實道之行於人也。道之行於人，由人之不得須臾離道；道之未嘗須臾離人也。則人之身，本直道以生，即直道所存。直道存於人身，則道，實隱在人身矣。然則大道之行也。實由大道之隱也。大道之隱，隱在人身，則道不遠人；而人，亦不得遠人以為道。故孔子曰：

道，不遠人。人之為道而遠人，不可以為道。

道不遠人，則人無能離於中者。故盤庚曰：

各設中於乃心。

中之為言，正也（顏師古說）。均也（鄭玄說）。平也（廣雅）。和也（白虎通）。順也（陸德明說）。心也（張守節說）。身也（韋昭說）。天下之大本也（中庸）。天下所終也（董仲舒說）。天地之大極也（董仲舒說）。則中之云者：全之謂也。民受天地之中以生（劉康公說）。即受天地之全以生。唯生生大道，為足當於天地之全。則中也者，大道之變名也。民受大道以生，故大道隱於人，而人皆能行於大道。管子內業，曰：

道，滿天下。普在民所，民不能知也。

此謂大道既隱也。詩蒸民曰：

天生蒸民，有物，有則。民之秉彝，好是懿德。

此，謂大道之行，由於大道既隱也。有物有則而民秉彝，大道之隱也。好是懿德，則是大道之行也。管子內業曰：

彼道不遠，民得以產。彼道不離，民因以知。

此，亦謂由大道之隱，而得大道之行也。不遠，不離，大道之隱也。民得以產，民因以知，則是大道之行也。由是觀之：民之得以產因以知，以彼道之不遠不離也。民之好是懿德，以秉彝也。則大道之隱，豈不即大道之行乎？大道之行，豈不即以其隱在民身，而成爲全民之生生大本乎？全民之生生大本，現實者也。所謂今也。則大道之隱在民身，隱於今也。全民之好懿德，爲好其身也。好懿德以善其身，現實之事也。所謂今也。則大道之行於人，行於今也。大道，以隱於今，而行於今。今者，現實。則孔子志大道之行，蓋志在行大道於現實之今也。無時非現實之今，即無時非大道既隱之時；亦無時非行大道之時；則孔子之志行大道，固非唯志於某一時之今；而實志在行大道於一切時之今也。則孔子此文：固期深切著明之見諸行事，而非華胥之夢，烏托之想，之徒託空言也明矣。斯義既定，乃可以綜論此文，而闡明孔子大同小康說之現實上之價值。大道：爲民生日用不離，而無能不由；無有異端；一以貫之之生道。如是者，則可謂同矣。然則大同者，謂此大道之同也。大道之同，以生之同也。生之同，於宇宙萬有之異見之；則大道之同，亦必於民身之異著之也。萬有，民身，之所以爲異，以其異於他有之身也。異於他有之身，則他有之身，皆外乎己矣。有外之謂小，是故萬有民身，以其體言，皆謂之小也。小體者，萬殊無同者也。然小體之所以生存，則以其能發與他體同而無違之生用；得與殊己之他體，並育而不相害，并行而不相悖也。小體以能發同他之用，而得與他異體并育并行不相悖害，是墨子所謂異而俱於之一之同者也。異而俱於之一，則是不同之異體，而同之以同用。異體，雖有外，同之之同用，則無外也。同用無外，而發自有外之異體；還令異體，能依此同用而相得無違。相得者，各自得其同得者也。各自得其同得，則自得者，實同得也。同得，不得謂爲有外。是則異體發同用，而還自得於同用，終始不離於同，復安得有外也。無外之謂大。是故萬有，民身，以其用言：皆謂之大也。大用者，唯同無殊者也。然大用之所以運行，則以其能成異體，而隱於異體；還發自異體，而行於異體。則是同用，終始不得離於異體。異體，同用，終始不離：則同用者，異體之同用，非外於異體之同用也；異體者，同用之異體，非外於同用之異體也。故異體之成，必由相待之同用；而同用之顯，必在相應之異際。同，必顯於異際，墨子所謂：同，重體合類者也。異，必著於同時，荀子所謂：異也者，同時兼知之者也。同必重體合類，則離體類，無有同也。異必同時兼知，則離同之待應用時，無有異也。是以同，由異著；異，以同成；異，爲同之不同；而同，則不同同之者也。不同同之，寧有外哉？是故莊子謂不同同之之謂大也。不同同之謂大，同之不同謂之小，則同之未嘗離於異；實異之終始依於同也。易睽象曰：君子以同而異。蓋宇宙之生生公例如此！不可得而變易者也！異，皆以同而異。則同，必以睽而通。天地萬物，都以睽而通，人又何患據亂世之不得速轉爲太平世耶？然則大道之大同，實不同同之，以同而異，之大同也。則大道之行，固不得離於大道之隱；而大道之隱，實卽大道之行之成功現象也。大道之隱，爲大道之行之成功現象；則小體之康，豈不卽是大用之同之成功現象：又安得絀小康而獨尙大同歟？是故小康之大道隱，卽是大同之大道行也。小康之以天下爲家，卽是本大同之天下爲公，而公其一己於天下之家也。小康之各親其親，各子其子，卽是大同之不獨親其親，不獨子其子，所由善推之大本也。小康之貨力爲己，卽是大同之貨不藏於己而惡其棄於地，力不必爲己而惡其不出於身，所由善推之大本也。小康之大人世及以爲禮，禹湯文武成王周公由此其選。卽是大同之選賢與能也。小康之謹禮，著義、考信、刑仁、講讓，卽是大同之講信脩睦也。小康之禮義爲紀，示民有常，以正君臣，篤父子，睦兄弟，和夫婦，設制度，立田里，城郭溝池以爲固。卽是大同之使老有所終，壯有所用。幼有所長，矜寡孤獨廢疾者皆有所養，男有分，女有歸，所由達到之根本法也。小康之賢勇知，以功爲己，兵由此起，卽是大同之壯有所用，男有分，力惡其不出於身，所由達到之根本也。小康之相爲謀作，卽是大同私己之謀閉而不興之效也。小康之著有過，不由此者在執者去衆以爲殃，卽是大同謀閉而不興，盜竊亂賊而不作，外戶而不閉，之大原也。大同至於外戶不閉，則可謂小康也已。是故小康，乃大同之眞實現象；而大同，則小康之終始所根據也。由是：則此文指歸，頗明白而易見。而孔子說此文之所志，蓋可得而論也。孔子有言：

吾志，在春秋，行，在孝經。

考春秋之旨：在消撥亂，歷升平，而致太平。太平云者，即大同之異辭也。則孔子之志在春秋，志在致太平之大同也。春秋所據以標宗旨之事，二百四十二年之亂事耳。孔子曷爲以亂事而標太平之旨哉？豈不曰：世，有治亂；人，無二生；人，有智愚；道，無二致。世之治亂，人之智愚爲之；人之智愚，則知之眞妄爲之；知之眞妄，則執成心與否爲之。其實：生之與道，不以知之眞妄，而有正邪；不以人之智愚而有明昧；不以世之治亂而有得失。人妄執其成心，而不以同人之心爲心，則知妄，失道，而愚於事。以是發展其生，則與大道背馳；與人類衝突；而世亂矣。人不執其成心，而以同人之心爲心，則知眞，遵道，而明於理。以是發展其生，則順大道而行；與人類相應；而世治矣。人不執成心，順道而行；大道亦不由以加隆；人執成心，背道而馳，大道亦不因之益替。則人執成心與否，無益損乎生與道也。且人之執成心，誤會而妄執也。執成心之心，非有所變也。人之不執成心，覺其誤會而不復執也。不執成心之心，非有所變也。人之心，不以執成心與否而有所變，則人之心與生，與道，固亦是中天光明之大日，而執成心與否，則浮雲之來去也。浮雲無時不可淨盡，誤會，妄執，亦無時不可祛除。則大日之復明，生生大道之行，天下之太平，固可坐而待。而孔子致太平大同之志，良非虛構也。故孔子於詩三百取其一言以蔽之曰：

思，無邪。

而於民之於道，則曰：

誰能出不由戶，何莫由斯道也？

由此以觀：孔子於春秋二百四十二年亂世之民，固深信其思之實無邪；固深知其何時何人莫由斯道。亂世之民，且猶如是，況有聖王者爲之師，率而教之歟？二百四十二年，斯例不變，則人之思無邪；人之皆由斯道；又豈得有變時耶？人皆思無邪，履大道而不變，則有王者起道之以仁德；齊之以禮樂；又豈不翕然如水之歸海耶？然則孔子依撥亂而致太平大同之治文志，確有把握，而非奢願者也，是故孔子一則曰：

德之流行，速於置郵而傳命。

再則曰：

仁，遠乎哉？我欲仁，斯仁至矣。

乃至曰：

曰克己復禮，天下歸仁焉。

斯實也：苟非徵驗於亂世之民，信其確乎不易，安得作此決定之辭也。故中庸曰：

君子之道：本諸身；徵諸庶民；考諸三王而不繆；建諸天地而不悖；質諸鬼神而無疑；百世以俟聖人而不惑。

孔子之確信大道如是。是以於大同小康說之文：皆決定說，無猶豫語。而於大同，小康：大道之行，大道之隱，天下爲公，天下爲家，不獨親其親不獨子其子，各親其親各子其子，貨力不必藏於己不必爲己，貨力爲己，則皆朗然並列。由是：可知其確信：世，不以治亂而有二生二道；人，亦不以智愚而有二生二道。確信：人以不了於大道之行，而不自信大道之隱於其身，遂自外於生道，而妄執其成心，於是不能以善同人而相衝突，致其小體亦不得安。確信：大不同，小卽不康；小不康，卽大之不同；生道體用不得有二，大同，小康，寧得視爲異事耶？確信：生道體不離用，則大道之恆隱於身，卽大道之永行於世矣；生道用必依體，則大道之得行於人，卽大道之恆隱於身矣。確信：大道，以永行於世，而得隱於身，則人之身，天下之身也。於是天下爲公；大道，以恆隱於身，而得行於世，則天下者，人人之天下也。於是天下爲家。確信：大道，以行於世，而得隱於身，則小康，必本於大同，而不獨親其親不獨子其子，貨不必藏於己力不必爲己，尙矣；大道以隱於身，而得行於世，則大同，必著於小康，而各親其親各子其子，貨力爲己，尙矣。孔子此文：固由於確信上述諸義：而尤信此生生大道，以一而行；以待而著；而人之於生生大道，以一而固執不舍；以待而日用不知；待與 ，若二，實非二也。

不一，安所得待；不待，安所著其一耶？而人之於一與待，恆欲得而執之，然一與待，不可得而執也。執一者，疑待，疑待，則失一矣。執待者，疑一，疑一，亦失待矣。生道之理，極於斯誼。則欲言生道：苟不就一與待相互形顯以明之，人其誰信歟？是故大同與公，一之標也。小康與家，待之著也。大道之行，行於一也。大道之隱，隱於待也。不獨者，一之辭也。各者，待之辭也。不必藏己，知乎一也。爲己者，知乎待也。二者所由幷陳、欲人於是會通於文，而覈實於義；本諸己身，而徵諸天下；以得生生大道之眞諦也。孔子以己之所信者，敎人，實信人所求者，同己耳。一身之安，誰不樂耶？必人皆順己而後得安，又誰不知之耶？然不順乎人者，人必不順於己；不能有諸己者，必不能推之於人；則彼此不相順，而欲求人皆安，人不皆安，而欲其皆順乎己，又豈可得之事。此，又誰不知耶？以順人，而求人安；以安人而期人之順己；皆同之效也。然苟人與己本無同者，此又豈可得之數。此義，又誰不明之耶？人與己之同，以求生同也。求生之同，以人本乎生，同；所本之生，復同；由生而生之軌道，又同也。設不然者：則人之身，固已殊異，又安所得同。此，亦豈不人皆易知者耶？夫人，由同本之生同，而由生以生之軌道又同，是之謂大同。人身，以同本之生，同由之生道，同，而彼此皆相順以各安，是之謂小康。此義，又豈非人皆可體本諸身，而徵驗於天下人者耶？則人身之求安，固人之所同；而孔子，亦不得例外者也。孔子於此：而以自所深信之人己同求之小康大同立說敎人，以期人皆得其所樂。此，又得謂虛構之奢願歟，由此觀之：孔子此文：旣本諸人事，而非託諸空言，則其足以見諸行事，固亦深切著明而無可疑焉者也。夫人身由生而生之軌道，卽大同之大道也。就人生而觀，則大道之行也。就人身而觀，則大道之隱也。民之有公，有仁義信睦禮讓勇知之常，有賢能之大人若禹湯文武成王周公其人，有相爲之謀，有共力之兵者，以其觀於共同之生，而知人之本同故也。本同者，不可得而異。故民，雖信己身之異於人。而復求人之同於己，此非大道行於人，而未嘗離，之徵乎？民之有家，有分，有歸，有老，有壯，有幼，有君臣父子兄弟夫婦，有田里城郭溝池等制度，乃至有埶，有過，有私己之謀，有害他盜竊亂賊之殃者，以其觀於不同之身，而不知人之本同故也。習於不同者，不復信不同之以同而有。故民，雖求人之同於己，而實惟信己之異於人。此非大道隱於人身，而日用不知之徵乎？民之必選賢與能賢勇知；必先能各親其親各子其子，而後推而能不獨親其親不獨子其子；必先求貨力爲己以功爲己，而後知求貨以不必藏於己者而爲己，力以不必爲己者而爲己；此，非大道以隱於身，而行於人之徵乎？然則孔子所期於人之大同。固卽人人所自期之小康也。孔子之必大同小康並舉：固信人人之所以期小康者，實由其生本大同，遂不自禁而期人之同己以得小康耳。則大同與小康，未嘗須臾離，而必同時有也，明矣！若是：則人之求小康也，如是其切，大同之不離小康也，又如是其甚，宜若大同之治之恆能實現於天下也。而世間現象不然。匪惟大同之治之不易實現，卽學者所卑視之小康之治，亦東周以來所未有。其故，何哉？是蓋不難知也。請先以理言：次就事陳：夫大同小康，旣未嘗須臾離，則無大同之治，卽無小康之效明矣！然人之求小康者，每以大道隱在人身，而不信小康之本於大同；更不信小康之卽大同之效也。故往往歧視大同小康，而求同於異外。是則妄執異中爲無同也。妄執異中無同者，未易與語同也。然實則異由同成，而恆發同用。故雖執異身之小己者，亦往往一方妄執己之異人；一方乃好人之同己。是由誠於中者，必形於外，梏之反覆，固不足害其夜氣之存也。故彼小人：雖執異之妄特甚，而彼猶必責人以忠，衡人以信者，豈不以其天秉屬人之良知良能，固未嘗須臾離耶？獨惜其不了同之資異而發，正由於異之本同而成，遂不識求人之同己者，實由己之未能異於人；而欲常自保其異體者，必先不悖於同人之用也。是以往往昧於厚於人，乃能厚於己；有諸己，乃可求諸人之公例。而妄執謂異無同用；己在物外；人生孤立，更無與者；唯有自私自用自專自是，乃得獨生獨存獨興獨榮；苟非競爭，不足生存；苟非貪戾，無以爲利；苟非黨私，誰與支持；苟非飾衒，莫能著見，是以爲圖一己之安，而不恤天下之亂；爲謀一己之利，而不恤與羣衆爲敵。卒之害人者，不啻自害；禍天下者，還自禍耳。世界傾覆，國破、家亡、身亦隨之。彼執異之謬妄至於如是。是豈眞有以異於人哉？亦不自知其妄執之異爲原無，而誤會以爲眞實；復不自知其本生之同爲固有，而誤認以爲虛僞；於是天理，人欲，衝突於中；利害，是非，顚倒於外；己所樂異於人者，乃惡人之以異於己；己所欲人之同己者，乃不樂以之同於人。矛盾悖謬如此。夫果不自知歟？毋亦謬認其所謬認者爲當，而誤會其所誤會者爲是，雖有平旦靈明之正知，翻自斥爲謬誤之幻督，而不自信耳。是故妄執之過，非固有所過也。非固有所過而過，是本無而妄有之過也。本無而妄有者，人皆得而去者也。妄執，人皆得去；則良知，人皆能用矣。人皆終能用良知，又何恐大道之隱者，不能顯於世；大道之行也，不能著於身哉？夫道，行之而後成。則謂之大道者，本無隱乎爾。其曰隱者；一、以示大道之隱，爲潛於人身而未嘗離：一、以示大道之隱，爲行於人身而日用不知也。是則賴有賢君子若禹湯文武成王周公者，爲之君師，告以妄執之原，爲著其過；敎以去執之方，爲謹於禮。著過，使知人之常。常者，人所同本者也；謹禮，以著人之義，義者，人所同宜者也；知常，著義，則可以考信以正人之生，信者，人生同用之信也。人生之信，民之所由立，而莫能違離者也。民知能不違離於生用，則皆欲趣於大道；而不復吝其私執。欲趣大道，仁之端也；不吝私執，讓之端也；於是因而荆之以仁，俾知善與人同，以漸習於大道；進而講明夫讓，俾知德不自是，以全除其妄執。義、信、仁、讓、具備，則過改而禮隆，而民皆有常矣。夫小人之妄執，亦欲以求常耳。然執妄求常，是猶緣木求魚，寧有可得之數？今敎以去其非常之妄執，而得眞常之義信仁讓，民有不樂從者歟？民皆樂得同人之眞常，則或有不同者，民將皆以爲殃而去之。民皆去之矣，倘有何執可守，而肯更執其私乎？民皆不執私，則大道以隱而行矣。民皆以其身行於大道，則利害是非之好惡，咸與人同，而不復以私己爲己；則皆從公，而以天下爲家；皆以公有爲藏，公謀爲謀，公力爲力，公利爲功；皆以其身爲天下人之公身；皆以天下人之身爲其身矣。於是民於力，則不必爲己，而惡其不出於身也；於貨，則不必藏於己，而惡其棄於地也；於親於子，則推恩及人，不獨各親其親各子其子，而進而親人之親如其親子人之子如其子矣。於是老吾老，以及人之老，而使天下之老，皆有所終。幼吾幼，以及人之幼，而使天下之壯，皆有所用，天下之幼，皆有所長。一夫不獲，時予之辜，而使天下之矜寡孤獨廢疾者，皆有所養矣。民如是：則男，皆有分，而女，皆有歸，夫婦，皆和，兄弟，皆睦，父子，皆篤，君臣，皆正，而禮義以爲紀矣。由是：則城郭溝池田里等制度，皆足資以安其身，賢能勇知之大人，皆知賢之而尊爲君師。民之身心皆安，且外戶而不閉，豈復興自私之謀，而作害他之盜竊亂賊哉？由是：則民皆行於直道，而生以直。民皆以行直道，得生直而身心安，是之謂太平也。夫生直，大同也。身心皆安，則小康也。民皆生直而身心安，是大道以行而隱，復以隱而行。是卽以大同而致小康，復以小康而得大同也。大同小康，皆由謹禮而致，則謹禮者，卽是大同小康之眞切平易下手處也。禮之所以爲大同小康之眞切平易下手處者：以其因人之情，義之理，而制，而爲人所必踐履者也。故管子曰：

禮者，因人之情，緣義之理，而爲之節文者也。

禮運曰：

故禮者，義之實也。

禮，因人情及義之理而制，則是準民生之所宜，民不得違離之者也。民不得違離之者，是民之所履也。禮爲民之所履而弗得違離，則制禮謹禮，惟因民而順之耳。因民而順之，又何難焉。孔子曰：

夫禮，先王以承天之道，以治人之情，故失之者，死。得之者，生。詩曰：相鼠有體，人而無禮。人而無禮，胡不遄死。

孟子證之於事曰：

上，無禮，下，無學，賊民興，喪無日矣。

孔子燕居曰：

制度，在禮。文爲，在禮。行之，其在人乎！

中庸申其義曰：

禮儀，三百，威儀三千，待其人而後行。

由是觀之：人，失禮則死；禮，待人而行，則人與禮，固不得一日離。人離禮，則無學而賊民興喪無日；人有禮，卽身

1584

安而家國天下舉安也。然則人身乃至家國天下，所賴以安而治者，孰有善於禮者乎？故孔子曰

　　安上，治民，莫善於禮。

　　蓋禮者，發揮人所固有之善，而去人所本無之惡之器也。仁義信讓知勇和睦，本乎生之同，而順乎身之異，人所固有者也。盜竊亂賊之過，昧乎生之同，而違乎身之異，人所本無者也。禮，發揮仁義信讓知勇和睦等，人所固有之善。而去盜竊亂賊等，人所本無之過。發揮人所固有之善，人人所樂爲者也。去人所本無之過，人人所能爲者也。禮以人所樂爲人所能爲者導人，人有不優爲者乎？以人所優爲者，期人之踐履之，則所謂平易眞切之下手處者，寧有更善於此者乎？故萬世聖人之治天下，無有不鑑於禮者，豈獨禹湯文武成王周公六君子然哉？夫禮，本人之生，而治其情，因羣之宜，而正其風俗。人情治，人生安。風俗正，社會安。是所謂禮達而分定者也。禮達而分定。則人皆得相順相助，以共生共存，而不肯妄執己私，以獨厚其生，尤不肯好惡違人，以自枉其死。於是人皆以善與人同而脩其身。大學曰：

　　身脩，而后家齊，家齊，而后國治，國治，而后天下平。

孟子曰：

　　君子之守，脩其身而天下平。

孔子曰：

　　脩己以安人。

人人脩其身而家齊國治天下平，是卽大同太平之治也。人人身脩家齊國治天下平，以安人而身安，是卽小康之治也。一體禮，而大同小康之治備。則禮爲大同小康之眞切平易下手處，更何疑歟？禮運曰：

　　是故夫禮，必本於大一。分，而爲天地，轉，而爲陰陽，變，而爲四時，列，而爲鬼神。

大一者，大同之別名也。則禮本於大一，卽是本於大同。以本大一之禮，致大同之治，而後謂之成文，歸於大一。是所

謂終始本末一以貫之之道者也。是故孔子曰：

吾道，一以貫之。

以一以貫之之禮，遂一以貫之道，則禮運孔子此文：固非託諸空言者也。鄭玄等不明禮意。遂不識孔子此文正義。二千年來，以盲從盲。竟令布帛菽粟之大同小康義，等於華胥烏特。不亦惜哉。不亦惜哉。然則孔子大同小康說在現實上之價值固毋待託於龜筴，而後可知也。

——摘自《國立中央大學文史哲學季刊》一九四五年三月第二卷第二期

禮運說

方竑

鄭君曰：禮運者，以其記五帝三王相變易及陰陽轉旋之道。芮城曰：以運會言，則自唐虞而三代，大同而小康，其衰也爲杞宋，爲幽厲，爲幽國竊國僭君脅君，汙隆升降，皆時會爲之也。以運行言，則自分天地，轉陰陽，變四時，播五行，垂而爲日星，竅而爲山川，明有制度，幽有鬼神，變化流行，皆大一爲之也。一篇前後，義兼兩端。王夫之曰：運者載而行之之意。此篇言禮所以運天下而使之各得其宜，而其所自運行者，爲二氣五行三才之德所發揮以見諸事業，故洋溢周流於人情事理之間而莫不順也。蓋惟禮有所自運，故可以運天下而無不行焉。本之大故用之廣，其理一也。案鄭君說禮運名義，最爲簡括。芮氏頗能發明鄭旨。其所謂運會者，即鄭君所謂記五帝三王相變易也。其所謂運行者，即鄭君所謂記陰陽轉旋之道之意。船山又揭出運天下使之各得其宜一義，則鄭君所未道。至其所謂禮有所自運者，芮氏運行一義亦賅之矣。論語，或問禘之說，子曰：不知也，知其說者之於天下也，其如示諸斯乎？指其掌。禮記仲尼燕居篇，子曰：明乎郊社之義嘗禘之禮，治國其如指諸掌而已乎？中庸亦曰：明乎郊社之禮禘嘗之義，治國其如示諸掌乎？孟子則曰：以不忍人之心，行不忍人之政，治天下可運之掌上。本篇孔子參與魯蜡後臘祭，有感于魯祭之非禮，因子游之問，發其慨嘆之懷，乃爲子游極論禮之終始所成，而尤詳於宗廟祭祀之節文事義。繼則暢論惟禮義足以正國家治人情，及其所以然之理。如曰：夫禮先王以承天之道以治人之情，故失之者死，得之者生。曰：故聖人以禮示之，故天下國家可得而正也。曰：是故禮者君之大柄也。所以別嫌明微儐鬼神考制度別仁義，所以治政安君也。曰：故聖人之所以治人七情脩十義講信脩睦尚辭讓去爭奪舍禮何以治之。曰：唯聖人爲知禮之不可以已也，故壞國喪家亡人必先去其禮。曰：聖王脩義之柄禮之序以治人情。曰：治國不以禮猶無耜而耕也。然則以禮治國，則國治而君安。不以禮治國，則國亂而君危。禮有五經，莫重於祭。郊社之義嘗禘之禮，尤禮義之大本所在。以不忍人之心行不忍人之政，其政亦禮而已矣。以禮治天下，孟子所謂運之掌上是也。是故禮運云者，言惟禮足以運天下國家以抵於大順大同之域也。

昔者仲尼與於蜡賓，事畢，出遊於觀之上，喟然而嘆。

鄭注：蜡者，索也。歲十二月合聚萬物而索饗之，亦祭宗廟。時孔子仕魯，在助祭之中。黃以周曰：與於蜡句，賓事畢句，賓讀如儐。鄭注助祭，即釋儐事。蜡後祭宗廟，孔子安得爲賓，孔疏失其義，後之注家遂沿而不審。案宗廟之祭，有衆賓，有賓長，所以助祭。又祭之末有儐尸之禮，亦稱賓尸。此處賓若爲衆賓賓長之賓，則應屬上句讀。鄭注時孔子仕魯在助祭之中，正說賓爲衆賓之賓也。若爲賓尸之賓，則應屬下句讀。賓事畢者，謂儐尸之事畢也。孔子家語禮運篇之首曰：「孔子爲魯司寇，與於蜡，既賓事畢，乃出遊於觀之上，喟然而嘆。」注曰：「畢賓客之事也。」此蓋王肅讀與於蜡爲句，以賓字屬下句，故增一既字以別之。此與鄭讀似異。然直訓賓爲賓客，又與鄭注助祭之意同矣。考孔子家語一書係王肅所僞定，又自爲之注。其禮運一篇，全襲小戴記之文，而頗多增刪移易之處。以文義觀之，其跡甚顯。可因以考見鄭王兩家訓義之異同，蓋得失亦互見焉。鄭注：孔子見魯君於祭禮有不備。於此又覩象魏舊章之處，感而嘆之。孔氏正義曰：一感魯君之失禮，二感舊章廢棄，故爲嘆也。案本篇孔子絕大議論，全因觀上一嘆而發。見魯若於祭禮有不備，故爲子游極論祭禮之本末始終，又深嘆魯郊禘之非禮。因覩象魏舊章之處，必有所感，故致慨於幽國亂國疵國，又暢論禮義之於治政安君之至要。全篇大旨，鄭氏此注即已隱括之矣。

仲尼之嘆，蓋嘆魯也。

案通篇議論，嘆魯二字足以盡之。明乎此，則知篇中無一言一意不因有感於魯事而發。雖放得極大，推得極遠，而篇無空泛之談也。家語刪此二句，則文章神采全沒，通篇宗旨不可見矣。

大道之行也，與三代之英，丘未之逮也，而有志焉。

鄭注：大道謂五帝時也。英，俊選之尤者。逮，及也，言不及見。志謂識古文。不言魯事，爲其大切。廣言之。孔氏

正義曰：孔子自序雖不及見前代，而有志記之書披覽可知。志是記識之名，古文是古代之文籍。故周禮云：掌四方之志。春秋云：其善志。皆志記之審也。案家語作「昔大道之行與三代之英吾未之逮也而有記焉。」直改志爲記，與鄭注義合。鄭君注經，凡志字大抵均作識古文解。蓋東京經師家法，篤信古文傳記，其旨則然，王肅亦不能立異也。宋以後儒者多不拘守鄭義，於此處直以志願志嚮之意爲說。竊謂孔子身居亂世，慨嘆周政之衰，緬懷三代盛世，有志於撥亂反正，易當時之政俗而還之于淳古大同之境。論語載孔子曰：苟有用我者，朞月而已可也，三年有成。又曰：先進於禮樂野人也，後進於禮樂君子也，如用之，則吾從先進。又曰：甚矣吾衰也久矣，吾不復夢見周公。又曰：鳳鳥不至，河不出圖，吾已矣夫。然則謂孔子有志於大道之行與三代之英，正足以見其感喟之深懷，語意較鄭注爲長，固可從也。又大道之行，鄭君言大道謂五帝時。王肅注家語曰：此謂三皇五帝時大道行也。于五帝之上更增三皇。竊謂大道之行一段，是孔子政治思想中之最高境界。三皇五帝之世，果足以當之否，未可知也。論語載孔子曰：博施於民而能濟衆堯舜其猶病諸。又曰：脩己以安百姓堯舜其猶病諸。則雖堯舜之世，夫子固未之全許矣。鄭君說爲五帝時，未免拘泥。又小戴記大道之行也上無昔字。家語益一昔字，遂似實指某一時代，殊失原文之旨。

大道之行也，天下爲公。選賢與能，講信脩睦。（鄭注：公猶共也，禪位授聖不家之。）故人不獨親其親，不獨子其子。使老有所終，壯有所用，幼有所長，矜寡孤獨廢疾者皆有所養。男有分，（鄭注：分猶職也。）女有歸。（鄭注：皆得良奧之家。）貨惡其棄於地也，不必藏於己，力惡其不出於身也，不必爲己。（鄭注：勞事不憚，施無吝心，仁厚之教也。）是故謀閉而不興，盜竊亂賊而不作。（鄭注：尙辭讓之故也。）故外戶而不閉，是謂大同。（鄭注：同猶和也，平也。）今大道既隱，（鄭注，隱猶去也。）天下爲家。（鄭注：傳位於子。）各親其親，各子其子。貨力爲己。（鄭注：俗狹嗇。）大人世及以爲禮。城郭溝池以爲固。（鄭注：亂賊繁多，爲此以服之也。大人諸侯也。）禮義以爲紀。以正君臣，

以篤父子，以睦兄弟，以和夫婦，以設制度，以立田里，以賢勇知，以功爲己。故謀用是作，而兵由此起。（鄭注：以其違大道敦朴之本也，敎令之稠，其弊則然。老子曰：法令滋章，盜賊多有。）禹湯文武成王周公，由此其選也。（鄭注：由，用也，能用禮義以成治。）此六君子者未有不謹於禮者也。以著其義，以考其信，著有過，刑仁講讓，示民有常。（鄭注：考，成也，刑猶則也。）如有不由此者，在埶者去，衆以爲殃。是謂小康。（鄭注：康，安也。大道之人，以禮於忠信爲薄。言小安者，失之則賊亂將作矣。）

橫渠張子曰：孔子言王者必世而後仁，仁卽大道之行也。以孔子之道，行之三十年，何患乎不仁也。禮義以爲紀，行禮義者也。大道之行，由禮義而行者也。大道之行，游心於形跡之外，不假規規然禮義爲紀以爲急。夫何爲哉，恭己正南面而已矣。雖則無爲，亦未嘗忘禮義以爲紀，蓋不可無也。大道之行，如堯舜方是。惟謹於禮，則所以致大道之行。堯舜在位，各歷年七十餘，以至於人神和龜龍格，是爲大治，不規規以禮義爲紀。六君子所以急乎禮者，欲至乎大同也。堯舜之治若此，莫不本諸禮義。又曰：大道旣隱，由暴君以壞之也。然使堯舜承桀紂之後，亦當禮義以爲紀。六君子居堯舜之世，是亦大同之治也。以其襲亂，急於禮義，適得小康耳。陸佃曰，言大道之行天下爲公，而曰選賢與能講信脩睦，是乃所以異於黃老之言也。王夫之曰：大道之行，民淳則政可簡，爲之上者，恭己無爲，而忠信親睦之道自孚於下土。三代以降，時移俗異，民流於薄，而精意不足以喩。故王者敷至道之精華，制爲典禮，使人得釋回增美而與於道。蓋其術之不同，繇世之升降，而非帝王之有隆污也。李光坡曰：大同一段，句句實理，休養漸摩，可以馴致，非荒忽不可幾者。宋元儒隨聲爲老氏意，稟不解也。竑案老子曰：大道廢，有仁義，智慧出，有大僞，六親不和有孝慈，國家昏亂有忠臣。絕仁棄義，民復孝慈，絕聖棄智，民利百倍，絕巧棄利，盜賊無有。又曰：失道而後德，失德而後仁，失仁而後義，失義而後禮，夫禮者忠信之薄而亂之首也。又曰：天下多忌諱而民彌貧，民多利器，國家滋昏，人多技巧，奇物滋起，法令滋章，盜賊多有。又曰：民之難治，以其智多。故以智治國國之賊，不以智治國國之福。又莊子逃伯成子高對禹之辭曰：堯治天下，不賞而民勸，不罰而民畏，今子賞而民且不仁，德自此衰，刑自此立。本節謂大道之行天下爲公謂之大同。大道既隱，天下爲家，禮義以爲紀，而謀用是作，兵由此起，六君子皆謹於禮，謂之小康。此其思想實有與老莊相近者。故康成作注，直引老子之說。其言大道之人，即指老子也。宋陳澔因謂大同小康說非夫子之言。黃震謂篇首意匠微以老子。清石梁王氏謂以五帝之世爲大同禹湯文武周公之世爲小康者有老氏之意。姚際恆則曰：此乃周秦閒子書，老莊之徒所撰，禮運乃其書中之篇名也。後儒寡識，第以篇名言禮，故採入之，誠恐惑世亂道之書也。朱軾曰：人人親其親長其長而天下平，郅隆之治，無過於此。大同之說，創自老莊，漢儒撫入禮經，悉矣。陸奎勳曰：舊謂禮運爲子游之徒記錄孔子語，余觀首章以五帝爲大同，三王爲小康，蓋緣漢初崇尚黃老，故戴氏撮五子之大旨而附會爲聖言，不可信也。是皆源本康成之意而益加引申焉。然康成但引老子之言以明其思想之相近耳，未嘗直指爲老莊之徒之書也。若姚氏朱氏陸氏之說，均未免穿鑿臆斷之病。或者又參諸家語之文，謂本節文有錯簡，宜加更定。如清姜兆錫謂禮義以爲紀以下七句當在謹於禮者也之下，記者蓋緣上文以爲二字文勢相類而錯簡也。是謂小康一句亦後增。任啓運謂按家語原文知記者刪改求高而得謬。細推疏意，又知本文有錯簡。篇末是謂大順與此是謂大同前後相應，記者竄入是謂小康一句，當刪。邵懿辰則謂篇首有錯簡，應將禹湯文武成王周公由此其選也此六君子者未有不謹於禮者也二十六字移置不必爲己之下是故謀閉而不興之上，則文順而意亦無病，並舉六證以明焉。（見邵氏所著禮經通論中。）竊意家語本節之文較此爲簡，是王子雍刪改小戴記之文，其跡甚顯，後儒諱之，故不能據家語之文以疑小戴。今玩本節大同小康兩段，辭意對比，精密無閒。一氣貫注，略無斷欵。聲韻尤極和諧之美。諸家徒惡其意近老子，欲變其文以期合於儒言，乃漫指爲錯簡，而以意爲移易焉。果如姜氏或邵氏之說，則辭氣失紋，聲韻不調，文意亦錯亂不可理。誠未見其可也。莊子言孔子西藏書於周室，往見老聃。又曰：南之沛見老聃。史記孔子世家老子列傳均言孔子適周問禮於老子。仲尼弟子列傳又言孔子之所嚴事於周則老子。小戴記曾子問篇孔子與曾子論變禮，屢稱吾聞諸老聃。則老聃者實與孔子同時，孔子嘗就而問道，且甚致其崇敬者也。今之道德經五千言，或疑其爲戰國時書，或則謂老子之書而經後人增益，要其微言要義，必出于老聃無疑。且道家學說思想，推本黃帝，淵源甚遠。三代以前，聖君哲士，治世撫民，著書立說，蓋莫不深於其學，而能致之於用，老聃特集其大成耳。孔子自言我非生而知之者也，好古敏以求之者也。又言述而不作信而好古竊比于我老彭。然則孔子之思想學問，其淵源于道家之先哲者，蓋亦深矣。夫道家儒家學派之分，本在孔老之後，名稱之立，則始於漢司馬談。兩家宗旨，至末流乃大異其趣，若在孔老之時，則本同多異少。老子曰：生而不有，爲而不恃，功成而不居。曰：上善若水，水善利萬物而不爭。曰：持而盈之，不如其已，富貴而驕，自遺其咎。曰：致虛極，守靜篤，萬物並作，吾以觀其復。曰：自見者不明，自是者不彰，自伐者無功，自矜者不長。曰：聖人去甚去奢去泰。曰：以道佐人主者，不以兵強天下。曰：邦之利器，不可以借人。曰：無欲以靜，天下將自正。曰：甚愛必大費，多藏必厚亡，知足不辱，知止不殆。曰：大直若屈，大巧若拙，大辯若訥。曰：爲學日益，爲道日損。曰：禍兮福所倚，福兮禍所伏。曰：聖人無常心，以百姓心爲心。曰：輕諾必寡信，多易必多難。曰：抗兵相加，哀者勝矣。曰：民不畏死，奈何以死懼之。是諸說之旨，皆與孔子之言可以相通者也。史記載孔子問禮於老子，老子告以去子之驕氣與多欲態色與淫志，與論語所載曾子有疾告孟敬子曰君子所貴乎道者三，動容貌斯遠暴慢矣，正顏色斯近信矣，出辭氣斯遠鄙倍矣，意尤甚近。論語子禽問於子貢曰：夫子至於是邦也，必聞其政，求之與，抑與之與。子貢曰：夫子溫良恭儉讓以得之，夫子之求之也，其諸異乎人之求之與。子曰：爲政以德，譬如北辰，居其所而衆星共之。子曰：甯武子邦有道則知，邦無道則愚，其知可及也，其愚不可及也。子曰：雍也可使南面。仲弓問子桑伯子，子曰：可也簡。子曰：泰伯其可謂至德也已矣。三以天下讓，民無得而稱焉。曾子曰：有若無，實若虛，犯而不校，昔者吾友嘗從事於斯矣。子曰：民可使由之，不可使知之。子曰：巍巍乎舜禹之有天下也，而不與焉。子曰：吾有知乎哉，無知也。季康子問政於孔子，孔子對曰：政者正也，子帥以正，孰敢不正。季康子患盜，問於孔子，孔子對曰：苟子之不欲，雖賞之不竊。子曰：其身正不令而行，其身不正雖令不從。子曰：無爲而治者其舜也與，夫何爲哉，恭己正南面而已矣。子曰：予欲無言。子曰：因民之所利而利之，斯不亦惠而不費乎？擇可勞而勞之，又誰怨。是諸說者，非皆可以通於老氏之旨乎？然則本文謂禹湯文武成王周公六君子處大道既隱之世，扶衰救弊，不得不謹於禮義以爲天下之綱紀。然民智日開，民德日漓，教令禮義，所以防閑其姦，導之中正，而謀用是作，兵由此起，美惡相因，利患相生，亦勢之必然者。六君子撥亂反正，功成治定，適得小康之境。雖意匠微似老子，亦何害其爲孔子之言乎？周道既衰，文勝俗弊，老子欲以無爲救之，而有小國寡民之想。其言曰：小國寡民，使有什伯人之器而不用，使民重死而不遠徙，雖有舟車，無所乘之，雖有甲兵，無所陳之，使民復結繩而用之，甘其食，美其服，安其民，樂其俗，鄰國相望，雞犬之音相聞，民至老死不相往來。今孔子感魯政之衰，興大同之想，有志于大道之行，雖其懷抱與老子有相似者，而其辭旨則與所謂小國寡民者截然異矣。選賢與能，異於老子之不尚賢與絕聖棄智。講信修睦，則豈民至老死不相往來哉。貨惡其棄於地，力惡其不出於身，豈謂有什伯人之器而不用，使民復結繩而用之乎？老有所終，壯有所用，幼有所長，矜寡孤獨廢疾者皆有所養，即老者安之，朋友信之，少者懷之，博施濟衆，修己以安百姓之意。雖老子亦曰：聖人常善救人，故人無棄人，常善救物，故物無棄物，而旨則殊矣。至於正君臣篤父子睦兄弟和夫婦，著義考信刑仁講讓，示民有常，皆儒家精切之常言，而非老莊之徒之辭旨也。由是觀之，禮運非老莊之徒所撰，大同之說，亦非創自老莊，斷可知矣。考禮運一篇，反復申論禮所以承天之道以治人之情。所以爲人君之大柄。所以爲治政安君之要道。而推極其功效曰大順，大順即大同也。蓋大道之行，不必規規然以禮義爲事，而自然事事合禮合義，是謂大同。大道既隱，不得不以禮義爲紀，而禮義實本乎天理之自然，以治人情修十義明利去害，其功效之已見者曰小康。而推其極致，可以返乎大道之行，而名之曰大順。是故大同大順，是孔子政治思想中之至高境界。雖是理想，而未嘗無實致之方。要其所志者至高，所懷者至大，所思者至深，故因子游一問，即爲之傾所欲言。首發大同小康之論，正以見禮義之爲急。繼則極論禮之本於大一，而歸於大順。辭旨深厚，首尾一貫。謂是緣漢世崇尚黃老而儒者附會爲寓言，亦未然也。當是孔子本有此理想，或常與子游有此一番言論，而七十子之徒筆之于書耳。必非漢世之文也。若夫大同小康之說之旨趣，則惟橫渠張子最爲得之。又案，選賢舉能，必有其制。講信脩睦，必有其方。老者何以終之，壯者何以用之，幼者何以長之，矜寡孤獨廢疾者何以養之，男者何而有分，女者何而有歸。貨如何不棄於地，又不藏於己。力如何出於身而不爲己。謀之不興，盜竊亂賊之不作。此中事業制度，至爲至大，至周至密。不言禮義，而處處是禮，事事是義。無爲之治，豈曰無所爲哉，亦曰：達天道順人情，不揭禮義之名，而自然發爲禮義之治耳。是以大道之行不言禮義爲紀，而必言之於大道既隱之後也。船山曰：大同者上下同於禮之意也。是也。孟子曰：大舜有大焉，善與人同，舍己從人，樂取於人以爲善。又曰：故凡同類者舉相似也，何獨至於人而疑之，聖人與我同類者。又曰：口之於味也，有同耆焉，耳之於聲也，有同聽焉，目之於色也，有同美焉，於心獨無所同然乎。心之所同然者何也，謂理也義也，聖人先得我心之所同然耳。又曰：欲貴者，人之同心也。易繫辭傳曰：吉凶與民同患。又曰：天下同歸而殊塗，一致而百慮。蓋舉凡天下人類之心皆有其同然者在，惟此同然者爲天下之至公。聖人治天下，能使天下之人莫不得其心之所同然者，而至是至樂，至和至平，是之謂大同。故鄭注曰：同猶和也平也。大學言脩身齊家治國平天下，天下平即是大同。身以禮修，家以禮齊，國以禮治，而後天下平，天下平則萬物各得其所。是故大同即天地位萬物育境界。吾家講禮運篇本節作：「大道之行，天下爲公。選賢與能，講信修睦。故人不獨親其親，不獨子其子。（王注：所謂大道與天下爲公。）老有所終，壯有所用，矜寡孤疾皆有養。貨惡其棄於地，不必藏於己。力惡其不出於身，不必爲人。（王注：言力惡其不出于身，不以爲德惠也。）是以姦謀閉而不興，盜竊亂賊不作，故外戶而不閉，謂之大同。今大道既隱，天下爲家。各親其親，各子其子。貨則爲己，力則爲人。大人世及以爲常。城郭溝池以爲固。禹湯文武成王周公由此而選，（王注：言用禮義爲之選也。）未有不謹於禮。禮之所興，與天地並。如有不由禮而在位者，則以爲殃。」

案家語删改小戴，由本節之文觀之甚顯，如删去禮義以爲紀至而兵由此起十一句，此六君子者一句，以著其義至示民有常五句，而以禮之所興與天地並一語代之。又删去是謂小康一句，實有意避免大同小康意義之對立，與近似老氏思想之辭句，而求文意之統一。然精華既亡，辭語散亂，文氣短促，聲韻失調。且禹湯文武成王周公由此而選未有不謹於禮不言之於大道之行而言之於大道既隱之後，是原文宗旨依然無損。而詞氣突兀，意無所承。又大同段中删幼有所長一句，男有分女有歸二句，文意不完。又改不必爲己爲不必爲人，改貨力爲己爲貨則爲己力則爲人，故適鄭義以爲奇，而與天下爲公爲私之意不協，王子雍之識如此，豈足以抗康成哉。惟天下爲公一句，鄭注禪位授聖不家之，子雍不加注，而於不獨親其親不獨子其子之下注曰：所謂大道天下爲公。大道既隱天下爲家下，鄭注傳位於子，子雍不加注。是則子雍之義勝於鄭氏。鄭氏謂大道之行爲五帝時，然考本文中未嘗道及五帝一字。鄭氏謂天下爲公卽傳賢不傳子，以爲五帝之世則然。邵懿辰曰：五帝官天下，三王家天下，本戰國時道家之說，而漢人重黃老者述之，實則五帝不皆與賢，堯舜以前皆與子也。其說是也。邵氏謂天下爲公，卽後文所謂以天下爲一家中國爲一人者。天下爲家，則指東遷以後政教號令不行於天下，國異政而家殊俗。愚謂天下爲公者，天下之人知有公而不知有私。是故選賢與能，公也。不獨親其親，不獨子其子，公也。矜寡孤獨廢疾者皆有所養，公也。貨惡棄地而不藏於己，公也。力出於身而不必爲己，公也。謀閉不興，盜竊亂賊不作，外戶不閉，尤至公無私之效也。惟至公是以合天下於大同。若夫天下爲家，則天下之人惟知有私己而不知有公。家猶私也。各親其親，各子其子，私也。貨爲己，私也。力爲己，私也。大人世及，私也。城郭溝池以爲固，所以固其私也。天下之人，徇私忘公，知有己而不知有人，知有家而不知有國，不有禮義以爲綱紀，則大亂將作矣。禮義者，蓋亦因其理之所自趨，勢之所必至，而爲之利導爲之防閑已耳。故曰，以設制度，以立田里，以賢勇知，以功為己。然謀即用是作，兵即由此起。誠以制度有設之者，必有毀之者，田里有立之者。必有淩奪之者。以勇知為賢，為己為功，則勇知日益肆，者為己者之徇其私日甚。如何閉其謀寢其兵，以免於亂，則亦惟有謹於禮矣，示民有常矣。下文曰：是故禮者所以治政安君也。又曰：政不正則君位危。又曰：明於順然後能守危也。此小康之旨也。（小康即小安。）

言偃復問曰：如此乎禮之急也。

案撥亂世反之正，惟禮為至急。故前文孔子曰：此六君子者未有不謹於禮者也，言偃因問曰：如此乎禮之急也。此禮運一篇之所以作也。有此一句，而大同小康一節之宗旨可以明矣。

孔子曰：夫禮先王以承天之道，以治人之情，故失之者死，得之者生。

案此四句是一篇之綱宗，篇中之語，莫非反覆申明此四句之旨。家語刪去故失之者死得之者生至胡不遄死數句，則意不警切。

是故夫禮必本於天，殽於地，列於鬼神，達於喪祭射御冠昏朝聘。故聖人以禮示之，故天下國家可得而正也。

案本於天殽於地列於鬼神，是承天之道。達於喪祭射御冠昏朝聘，是治人之情。然天人相通，理事不二。橫渠張子曰：達於喪祭射御冠昏朝聘，此屬人道言，亦莫非天理也。是也。惟其承天之道，所以能治人之情。後文曰：夫政必本於天殽以降命，命降於社之謂殽地，降於祖廟之謂仁義，降於山川之謂興作，降於五祀之謂制度。又曰：故聖人作則，必以天地為本，以陰陽為端，以四時為柄。以日星為紀，月以為量，鬼神以為徒，五行以為質，禮義以為器，人情以為田，四靈以為畜。又曰：祭帝於郊，所以定天位也，祀社於國，所以列地利也，祖廟，所以本仁也，山川，所以儐鬼神也，五祀，所以本事也。又曰：禮行於郊，而百神受職焉。禮行於社，而百貨可極焉。禮行於祖廟，而孝慈服焉。禮行於五祀，而正法則焉。故自郊社祖廟山川五祀，義之脩而禮之藏也。又曰：夫禮必本於大一，分而爲大地，轉而爲陰陽，變而爲四時，列而爲鬼神，其降曰命，其官於天也。夫禮必本於天，動而之地，列而之事，變而從時，協於分藝，其居人也曰養，其行之以貨力辭讓飲食冠昏喪祭射御朝聘。又曰：禮義者所以達天道順人情之大竇。又曰：故天不愛其道，地不愛其寶，人不愛其情。皆是一意貫注，發明承天道治人情之旨。是故船山曰：天道人情，乃一篇之大指。故聖人以禮示之，故天下國家可得而正也，然則爲君上者不以禮示之，天下國家的不得正，此禮之所以爲急也。如何示之，亦曰以禮目正而已。後文禮者君之大柄也，所以治政安君也，政者君之所以藏身也，禮達而分定，故人皆愛其死而患其生，唯聖人爲知禮之不可以已也，故壞國喪家亡人必先去其禮，禮之不同也不豐也不殺也，所以持情而合危也，皆一意相承。方望溪先生曰：幽厲以後，諸候大夫僭逼，天下國家不可得而正矣。然究其源，則由天子壞法亂紀，而後諸侯僭於天子。諸侯君臣爲謔，而後大夫逼於諸侯。其致亂之由，因不能示之以禮，則撥亂之道，亦唯禮可以已之。要緒前後，乃一篇之樞紐也。是也。家語作「孔子曰：夫禮先王所以承天之道以治人之情，列其鬼神，達於喪祭鄉射冠婚朝聘，故聖人以禮示之，則天下國家可得以禮正矣。」刪去天禮必本於天殺於地二句，蓋因前文已插入禮之用興與天地並二句，避重複也。然以列其鬼神緊接治人之情下，忽人忽天，殊失原文辭旨。此言列於鬼神，後言列而爲鬼神，又曰：鬼神以爲徒，蓋所謂鬼神者，卽祖廟山川五祀之類，列於鬼神者，卽謂本諸祖廟山川五祀以降教令以爲禮之布列也。家語改列於爲列其，失其義。邵懿辰謂此處喪祭射御冠昏朝聘，與後文其行之以貨力辭讓飲食冠昏喪祭射御朝聘，御字均爲鄉字之誤。今家語卽作喪祭鄉射冠婚朝聘，則邵氏之說有本矣。然小戴記本篇前後兩處何以鄉均誤御，亦不可解。

言偃復問曰：夫子之極言禮也，可得而聞與。

案前孔子言夫禮先王以承夫之道以治人之情，故失之者死，得之者生。又曰：聖人以禮示之，故天下國家可得而正。夫禮之爲急如此，則其本末始終體用之全，不可以不究論也，故子游欲夫子極言之也。鄭注欲知禮終始所成，是也。

禮運通篇所載孔子議論，本因參與魯國祭事之後有感而發。禮有五經，莫重於祭。禮所以承天道治人情，而天人之交，幽明之會，惟祭禮爲備其精義。廟中者天下之象。守廟之祭，誠敬之至孚，仁義之至本，先王所以以禮示天下者在此。魯君於此失禮，孔子知其不可爲矣。故自此至此禮之大成也一大段，孔子爲子游暢論禮之所以始與其所以成，而尤詳於祭之事義。有此一段，而後通篇議論有頭腦有宗極。而皆從其初皆從其朔二語，明報本反始不忘其初之旨，尤禮意之至精切者也。家語乃截去此一大段，而移置問禮篇中，於是禮運一篇，無復是觀者矣。且其問禮篇中子游極言禮之問，意何所承乎？

吾得夏時焉。吾得坤乾焉。

鄭注：得夏四時之書也，其書存者有小正。得殷陰陽之書也，其書存者有歸藏。家語問禮篇吾得夏時焉下注曰：於四時之正正夏數得天心中。吾得乾坤焉下注曰：乾天坤地，得天地陰陽之書也。小戴本作坤乾，而家語易爲乾坤，注又不言夏小正與歸藏，是故違鄭義也。

坤乾之義，夏時之等，吾以是觀之。

鄭注：觀於二書之意。案論語子曰：殷因於夏禮所損益可知也，周因於殷禮所損益可知也，其或繼周者雖百世可知也。夫度數節文，可以損益，而禮意則必相因。孔子欲言周禮，故必觀於夏殷之書而知其意也。方慤曰：坤乾不謂之書而謂之義，夏時不謂之書而謂之等者，禮以達義於內，辨等於外也。沈煥曰：義是禮之變處，等是禮之常處。王夫之曰：義，精意。等，秩序也。愚謂坤乾如周易之書，禮之精義存焉。夏時如月令之書，禮之發爲教令，其等列見焉。義者禮之道，等則禮之器。道者周流不居，器則形體有定。故沈氏曰：義是禮之變處，等是禮之常處。若從殷因於夏周因於殷者言之，則義爲禮之常，而等則禮之可變者矣。夫坤乾者天地也，陰陽也。夏時者，四時也。後文曰：故聖人作則，必以天地爲本，以陰陽爲端，以四時爲柄。又曰：夫禮必本於大一，分而爲天地，轉而爲陰陽，變而爲四時。是故觀於坤乾夏時之書，而後知禮之所以承天道而治人情也。

故天望而地藏也，體魄則降，知氣在上。

家語問禮篇作。「形體則降，魂氣則上，是謂天望而地藏也。」案體魄降故地藏，知氣在上故天望。小戴記本文是剽裝，家語易之，所以明原文之意也。又易體魄為形體，易知氣為魂氣，皆較顯明。知氣者，靈爽不昧，清輕之氣，故升而在天。

昔者先王未有宮室，冬則居營窟，夏則居橧巢。未有火化，食草木之實，鳥獸之肉，飲其血，茹其毛。未有麻絲，衣其羽皮。後聖有作，然後脩火之利。范金合土，以為臺榭宮室牖戶。以炮以燔，以亨以炙，以為醴酪。治其麻絲，以為布帛。以養生送死，以事鬼神上帝，皆從其朔。

劉彝曰：五帝之利養於民，而禮因五物以興焉。生則養之，死則祭之。報本反始之心生，而禮由之，弗敢忘乎其本初也。李光地曰：養生送死事鬼神上帝三者，古初本有其意，後聖從其初意而修之耳。愚案上古不知火利，則不知范金合土，不能製金石土木之器用，是以居則營窟橧巢，食則草木實鳥獸肉，飲血茹毛，衣則鳥獸之羽皮而已。至後聖有作，脩火之利，而後有金石土木之器用，而後居則宮室，食則炮燔亨炙，飲則醴酪，衣則麻絲布帛。蓋自上古之樸素，進於中古之文明，火利之修，為之關鍵。此中古聖人之絕大發明也。既有宮室，有熟食，有醴酪，有絲麻。而養生送死事鬼神之事漸備，而禮事興焉。禮之事，養生送死事鬼神三者盡之。然則自有生民，即有此三事，亦即有禮。禮不始於大道既隱之後可知矣。曰：備物致用，成器以為天下利，莫大乎聖人。觀乎本節，而後知開物成務乃聖人之所以為大。　又案前言夫禮之初始諸飲食。又曰：猶若可以致其敬於鬼神。又曰：及其死也飯腥苴熟天望地藏，是養生送死事鬼神上帝之朔初也。後文曰：飲食男女人之大欲存焉，死亡貧苦人之大惡存焉。曰：人者天地之心也，五行之端也，食味別聲被色而生者也。曰：四靈以為畜，飲食有由也。曰：其居人也曰養，其行之以貨力辭讓飲食冠昏喪祭射御朝聘。曰：禮義者所以養生送死事鬼神之大端也。曰：大順者所以養生送死事鬼神之常也。曰：山者不使居川不使渚者居中原。曰：用水火金木飲食必時。曰：無水旱昆蟲之災，民無凶饑妖孽之疾。故養生送生事鬼神上帝三事，是一篇綫索。皆從其初皆從其朔，此其所以極文章之美備，器用之盛設，儀度之繁穰，而不至於流放無歸，奢靡忘返也。家語删去皆從其朔四字，精意遂失。

粢醍在堂，澄酒在下。

鄭君謂粢讀爲齊，聲之誤也。醍郎周禮五齊之醍齊，澄郎沈齊。孔疏謂酒郎周禮之三酒，事酒昔酒淸酒是也。家語粢醍在堂下注曰：深醍澄齊。蓋以深醍說醍，以澄齊說粢也。澄酒在下下注曰：澄淸漏其酒也。則謂是澄淸之酒耳。與鄭異義。

以正君臣，以篤父子，以睦兄弟，以齊上下，夫婦有所，是謂承天之祜。

案前大道旣隱節中言禮義以爲紀，以正君臣，以篤父子，以睦兄弟，以和夫婦，此文與之相應。後言父慈子孝兄良弟弟夫義婦聽長惠幼順君仁臣忠十者謂之人義。又言父子篤兄弟睦夫婦和家之肥也，大臣法小臣廉官職相序君臣相正國之肥也。皆與篇首相應。祭統曰：夫祭有十倫焉。見事鬼神之道焉，見君臣之義焉，見父子之倫焉，見貴賤之等焉，見親疏之殺焉，見爵賞之施焉，見夫婦之別焉，見政事之均焉，見長幼之序焉，見上下之際焉。案宗廟之祭何以正君臣篤父子睦兄弟齊上下夫婦有所，當於是參焉。承天之祜，家語作承天之祐。

是謂合莫。

黃以周曰：孔子言精氣爲物，游魂爲變。其告宰我問鬼神之名，又言氣也者神之盛也，魄也者鬼之盛也，合鬼與神敎之至也。禮運之言雖不盡屬孔子，然其云以嘉魂魄是謂合莫，與孔子言如合符節。聖人之制祭祀，欲以孝子之精氣會合鬼神之魂魄，故謂之嘉魂魄。名其義曰合莫。嘉謂嘉會，合莫謂合魂魄於慮莫，郎所謂合鬼與神是也。案祭義，二端既立，報以二禮，建設朝事，燔燎羶薌，見以蕭光，以報氣也，此教衆反始也。薦黍稷，羞肝肺首心，見間以俠甒，加以鬱鬯，以報魄也。教民相愛，上下用情，禮之至也。鄭注：二端既立，謂氣也魄也。更有尊名，云鬼神也。二禮，謂朝事與薦黍稷也。朝事謂薦血腥時也，薦黍稷所謂饋食也。相愛用情，謂此以人道祭之也。報氣以氣，報魄以實，各有其類。檀弓載延陵季子之言曰：骨肉歸復於土命也，若魂氣則無不之也。然則魂即氣也，報氣即報魂也。本文作其祝號：至是謂合莫，當朝事節，即祭義所謂報氣也。然後退而合亨至是謂大祥，當饋食節，即祭義所謂報魄也。鄭注云：嘉，樂也。莫，虛無也。孝經說曰：上通無莫。祥，善也。今世之食，於人道爲善也。詳鄭君意，知所謂以嘉魂魄者，以樂先祖之魂氣耳。因魂及魄，不過聯類而及，義實只限於魂。是謂合莫者，謂孝子致其誠敬，以與先祖魂氣上合於冥莫虛無之域也。祭義言合鬼與神教之至也。鄭注：合鬼神而祭之，聖人之教致之也。其意謂祭有朝事饋食二禮，朝事報氣，是事神，饋食報魄，是事鬼耳，豈謂祭之時可以會合鬼神之魂魄耶？黃氏之說似誤。又案家語刪是謂合莫一句，但下文則有是爲大祥一句，不知此二句意相對列，豈可偏缺，殊失原文之旨。

孔子曰：嗚呼哀哉，我觀周道，幽厲傷之，吾舍魯何適矣。魯之郊禘非禮也，周公其衰矣。

鄭注：非猶失也。魯之郊，牛口傷，鼷鼠食其角，又有四卜郊不從，是周公之道衰矣。言子孫不能奉行興之。案明堂位曰：周公相武王以伐紂，武王崩，成王幼弱，周公踐天子之位以治天下。六年，朝諸侯於明堂，制禮作樂，頒度量，而天下大服。七年，致政於成王。成王以周公爲有勳勞於天下，是以封周公於曲阜，命魯公世世祀周公以天子之禮樂。是以魯君孟春祀帝於郊，配以后稷，天子之禮也。季夏六月，以禘禮祀周公於大廟，是故夏礿秋嘗冬烝春社秋省，而遂大蜡，天子之祭也。據此郊禘烝嘗大蜡皆是天子之禮，成王以周公有勳勞於天下，特以是賜魯公。然則魯之郊禘是禮矣，今言非禮何也。鄭君爲牽合明堂位所言，因引春秋傳僖公三十一年四卜郊不從乃免牲，宣公三年郊牛之口傷改卜牛牛死乃不郊，成公七年鼷鼠食郊牛角改卜牛鼷鼠又食其角乃免牛不郊，三望，以明所謂非禮者，乃失其禮耳。故注曰：非猶失也。又曰：是周公之道衰矣，言子孫不能奉行興之。然周公既歿，成王乃命伯禽祀周公以天子之禮樂。今魯之郊禘失禮，但可謂伯禽之道衰，何得謂周公之道衰。但可言今之郊禘失禮，何得言魯之郊禘非禮。郊禘非爲失，在此處不無勉強。且下文即言杞之郊也禹也，宋之郊也契也，是天子之事守也，故天子祭天地，諸侯祭社稷，詳審文意，明謂諸侯但能祭社稷，不得祭天地。杞之郊禹宋之郊契，因杞宋爲夏商之後，天子之事守如此。周公未嘗爲天子，則魯不得比於杞宋而行郊禘。今魯有郊禘，是僭於天子。諸侯僭於上，則大夫僭於下。大夫脅君，則陪臣竊政。勢有相因。而推本禍亂之根源，即因魯郊禘之非禮也。若如鄭君之說，則郊禘非禮與後幽國僭君脅君亂國君臣同國君臣爲譏諸端，意不關切。大夫陪臣之所以僭竊，其本源何在乎？且孔子所以歎魯之旨，亦不能明矣。程子曰：周公之功固大矣，然皆臣子之分所當爲，魯安得獨用天子之禮樂哉。成王之賜，伯禽之受，皆非禮也。其因襲之弊，遂使季氏僭八佾，三家僭雍徹，故仲尼譏之。王夫之曰：禮之所由亡，僭爲其大端也。是也。家語作「孔子曰：嗚呼哀哉，我觀周道，幽厲傷也，吾捨魯何適，夫魯之郊及禘皆非禮，（注云：言失於禮而亡其義。）周公其已衰矣。（注云：子孫不能行其禮義。）杞之郊也禹，宋之郊也契，是天子之事守也。天子以杞宋二王之後，周公攝政致太平，而與天子同，是禮也。諸侯祭社稷宗廟，上下皆奉其典，而祝嘏莫敢易其常法，是謂大嘉。」案家語文意與鄭君之旨相同，乃增刪移易原文語句，以自明其說。又將諸侯祭社稷一句歸諸下文。顛倒紊亂，不可復讀矣。又家語本篇上增「言偃曰：今之在位莫知由禮何也。」十三字。考原文語氣，是孔子自發感嘆之詞，非答子游之問。家語特因刪去禮之大成一大段，故增入此語以為承轉耳。然問答辭氣不相應，增益之跡顯然。

祝嘏莫敢易其常古，是謂大假。

鄭注：假亦大也，不敢改其常古之法度，是謂大大也。孔氏正義曰：假大也，釋詁文。陳澔曰：假亦當作嘏，福也。

王夫之曰：假，至也。案家語作大嘉，蓋謂假爲嘉之借字也。黃震曰：天子祭天地，諸侯祭社稷，各有分守。今乃諸侯用天子禮，而祝嘏皆莫敢易其辭，竟以天子之辭而用之諸侯之國，僭竊莫大於是，是謂大假。此章本歎非禮，先儒誤這。此則說假爲假借，其說甚新穎。然細按原文之意，恐不如是迂曲。仍依家語讀假爲嘉爲是。

祝嘏辭說藏於宗祝巫史，非禮也，是謂幽國。

案此必魯國當時祝嘏辭說不守常典古法，媚瀆以求福，矯舉而不實，不可聞於人，乃私藏於宗祝巫史，故孔子有幽國之歎。

醆斝及尸君，非禮也，是謂僭君。

鄭注：僭禮之君也。醆斝先王之爵也，唯魯與王者之後得用之耳，其餘諸侯用時王之器而已。孔氏正義曰：醆是夏爵，斝是殷爵。案明堂位，季夏六月，以禘禮祀周公於大廟，爵用玉琖。蓋醆斝及尸君，是魯國僭天子之禮，故孔子譏爲僭君。篇首曰：仲尼之嘆，蓋嘆魯也。前文又言魯之郊禘非禮也。然則幽國僭君，必指魯國，而非汎指其他諸侯可知矣。又案下文冕弁兵革藏於私家，大夫具官，祭器不假，聲樂皆具，以衰裳入朝，與家僕雜居齊齒，皆指魯國當時實事。有此數節，而後孔子所以嘆魯之意乃顯。横渠張子曰：若季氏之臣陽虎者，其於朝廷，豈特齊齒而已，仍有提偪之心。方望溪先生曰：篇首曰，孔子之嘆蓋嘆魯也。春秋時，大夫之強逼，列國亦有之，而未若魯甚。晉之荀趙，家有甐甲，而未若三桓盡奪君之土地人民而公室轉無兵也，歌雍詩舞八佾，則所藏者豈獨大夫之冕弁哉。陪臣執國命，則豈獨與公士雜居齊齒哉。孔子惟汎舉其未至已甚者，而隱痛愈深矣。然究其源，則由君用郊禘，不能以禮示下，故末流至於此極耳。是也。

故天子有田以處其子孫，諸侯有國以處其子孫，大夫有采以處其子孫，是謂制度。

案篇首大道既隱節言禮義以爲紀，以設制度，以立田里。此文與之相應。分田制祿，國之大制度也。下言天子壞法亂紀，紀即禮義以爲紀之紀。

是故禮者君之大柄也，所以別嫌明微，儐鬼神，考制度，別仁義，所以治政安君也。故政不正則君位危，君位危則大臣倍小臣竊，刑肅而俗敝，則法無常，法無常而禮無列，禮無列則士不事也，刑肅而俗敝，則民弗歸也，是謂疵國。

顧臨曰：別嫌明微，則不爲僭君脅君。儐鬼神，則祝嘏不敢易其常古。考制度，若有田有國有采。別仁義，若適諸侯諸臣不爲亂諱之類。案此節承上啓下。上文所論不出別嫌明微儐鬼神考制度別仁義數事。別仁義即正君臣篤父子睦兄弟和夫婦齊上下之謂。無禮以別嫌明微，則僭君脅君君臣同國君與臣爲謔，而君位危，危則不安，故治政與安君並舉。大臣倍即是脅君，小臣竊即是陪臣執國命。法壞紀亂，故法無常，禮無列。下文則申言惟治政足以安君之故。故曰：政者君之所以藏身也。又曰：故君者立於無過之地也。又曰：故禮達而分定，故人皆愛其死而患其生。禮達分定，則無僭君脅君之禍。法有常禮有列，人皆死義，則士事而民歸矣。又案政不正則君位危，與篇首如有不由此者在埶者去衆以爲殃同意。刑肅而俗敝則法無常，法無常而禮無列，與此六君子者未有不謹於禮者也，以著其義，以考其信，著有過，刑仁講讓，示民有常相應。　又案別仁義家語作列仁義，禮無列作禮無別，列別二字混淆。又治政安君家語作立政教安君臣上下。安君與君位危意相對，今曰安君臣上下，非其旨。

故政者君之所以藏身也。

鄭注：藏謂輝光於外而形體不見，若日月星辰之神。案下文此聖人所以藏身之固也，與此藏身是一意。故鄭注曰：政之行如此，何用城郭溝池之爲。鄭氏之意謂以禮治政，以政藏身，禮義以爲紀，則何用城郭溝池以爲固，正與篇首大道既隱節相應。家語夫政者君之所以藏身也，王注：言所藏於身，不可以假人也。下文，此聖人所以藏身之固也，王注：藏身以此則固。同一藏身，而兩注相違，蓋子雍欲與鄭立異，而自陷矛盾也。

故聖人參於天地，並於鬼神，以治政也。處其所存，禮之序也。玩其所樂，民之治也。

李光坡曰：天序天秩，其所存也。惇之庸之，處其所存也。此禮之所以序也。所欲與聚，所惡勿施，此民之所以治也。自此以至終篇，皆此意也。案上文言夫禮必本於天殽於地列於鬼神，前節言政本於天地祖廟山川五祀以下教令，此又言聖人參於天地並於鬼神以治政，然則政卽禮也。哀公問篇曰：爲政先禮，禮其政之本歟！蓋渾言之，禮與政固一物，析言之，則禮其體而政其用，故曰：禮所以治政安君也。處其所存四句管攝斯二者而明其相關之理相異之意，禮之序，禮也。民之治，政也。禮言序，政言治。序則存之，治則樂之，存其體而樂其用也。所處者體也，所玩者用也。處之玩之者，聖人也。此禮運中至精之語也。家語本節下注曰：言聖人常所存處者禮之次序，常所玩樂者民之治安也，得其旨矣。鄭注於此未有發揮。

故禮達而分定，故人皆愛其死而患其生。

案前言禮義以爲紀，以正君臣。又言脩其祝嘏以降上神與其先祖以正君臣以齊上下。正君臣齊上下者，定君臣上下之分也。君臣上下之分定，則諸侯大夫家臣自無僭禮刼脅雜居齊齒君臣爲謔之患。然必禮達於上下，而後分可定。本節君者所明也以下卽明定分爲爲政之大體，而安君之要道也。人皆愛其死患其生者，上下分定，則人人守分死義，不敢違義貪生也。下文用人之知去其詐三句，言禮達分定，則用人能當其才，足以成治。國有患君死社稷二句，則申明人皆愛其死而患其生之旨。蓋諸侯大夫皆居民上，能死社稷死宗廟，則人民猶有貪生違義者乎？人皆愛其死而患其生，鄭注：不義而死舍義而生是不愛死患生也。家語王注曰：人皆愛惜其死而患其生之無禮也。案愛其死者，死必重於泰山，義之所在視死如歸也。鄭注是，王注非。　又案本篇達字凡八見，前文曰：夫禮必本於天殽於地列於鬼神達於喪祭射御冠昏朝聘，此曰：禮達而分定。下文曰：明於其利達於其患。曰：故先王患禮之不達於下也。曰：禮義也者所以達天道順人情之大竇也。曰：安之以樂而不達於順，猶食而弗肥也。曰：脩禮以達義，體信以達順。蓋禮承天道而達之於儀文諸節以治人情而極之於順，順亦達而已矣。禮以爲質，而禮達之於行而爲文。禮達於上下，而後政治君安。禮之不達，則不足以運天下於至治之域。橫渠張子曰：禮運云者，語其達也。信哉。

故國有患，君死社稷，謂之義，大夫死宗廟，謂之變。

鄭注變當爲辯，聲之誤也，辯猶正也。君守社稷，臣衞君宗廟者。患謂見圍入。家語本節下王注：大夫有去就之義，未必亦死宗廟者，其死宗廟者，權變爲也。案國有患三字統貫下兩句。君忠於國，大夫忠於君。忠於國故國有患則死社稷，忠於君故國有患則死君之宗廟，皆義也，皆正也，互文見意耳。此承上文愛其死患其生之意，以言君與大夫皆能死義，且所死者異，正以見上下之分殊，不可有亂也。宋後儒者多從王說，然仍以鄭義爲長。

故聖人耐以天下爲一家，以中國爲一人者，非意之也，必知其情，辟於其義，明於其利，達於其患，然後能爲之。

案以天下爲一家中國爲一人，非天下爲家之謂也，正是大同境界耳。能知人之情，辟於其義，明於其利，達於其患，而以禮治之，則必可爲之。故曰：非意之也。鄭注意心所無慮也 。家語王注：非以意負之，必有致之也。鄭義爲長。 又案自此以下暢論禮所以治人之情，而又處處言禮必本於天地陰陽四時等等者。正因惟承天道乃足以治人情耳。其關鍵則人者其天地之德至食味別聲被色而生者也一段是。無此一段，則天道與人情失其連繫，而禮意全不可知矣。

故聖人之所以治人七情脩十義講信脩睦尙辭讓去爭奪，舍禮何以治之。

案此與前大道之行節語語相應。七情治，則喜怒好惡得其正，故天下爲公。十義脩，故君仁臣忠賢能在位，老有終壯有用幼有長，矜寡孤獨廢疾者有養，男有分女有歸矣。講信脩睦，即前文之講信脩睦，尙辭讓，則貨惡其棄於地而不必藏於己，力惡其不出於身而不必爲己。去爭奪，則謀閉不興，盜竊亂賊不作，外戶不閉矣。然所以致此數者，必以禮。則知大同可以禮致，而禮義不偏屬於小康矣。

飲食男女，人之大欲存焉。死亡貧苦，人之大惡存焉。故欲惡者，心之大端也。人藏其心，不可測度也。美惡皆在其心，不見其色也。欲一以窮之，舍禮何以哉。

案此可與樂記人生而靜天之性也一段互參。感於物而動即是情，彼謂之性之欲。物至知知然後好惡形焉，好惡卽此欲惡也。好惡之最大者莫過於飲食男女死亡貧苦，故曰心之大端。亦以欲惡爲七情之二，而喜怒哀樂愛皆可統於欲惡也。人藏其心不可測度，故好惡無節於內，知誘於外，至於滅天理窮人欲，而有悖逆詐僞淫佚作亂之事。窮之以禮者，以禮平其好惡，反諸人道之正，使其好惡之發，自然有節於內，而不至於化物，於是乃無強者脅弱衆者暴寡知者詐愚勇者苦怯疾病不養老幼孤獨不得其所之患。前所云治人七情脩十義講信脩睦尙辭讓去爭奪舍禮何以治之，亦此意也。前言禮承天道以治人情，又言聖人耐以天下爲一家中國爲一人必知其情，此又云欲一以窮之舍禮何以哉。蓋應暘曰：窮其情乃能知其情，知其情乃能治其情。是也。 又案本節言惟禮足以窮治人情，是承上啓下之文，下節乃申言其理。蓋因人爲天地之德陰陽之交鬼神之會五行之秀氣，食味別聲被色而生者，故禮本於天殺於地列於鬼神，足以爲窮治人情之具。故曰：禮義以爲器人情以爲田，禮義者卽聖人作則之則耳。

故天秉陽，垂日星，地秉陰，竅於山川，播五行於四時，和而后月生也。是以三五而盈，三五而闕。

鄭注：秉猶持也。言天持陽氣，施生照臨下也。竅，孔也。言地持陰氣，出內於山川，以舒五行於四時。此氣和，乃后月生而上配日，若臣功成進爵位也。一盈一缺，屈伸之義也。必三五者，播五行於四時也。一曰水，二曰火，三曰木，四曰金，五曰土，合爲十五之成數也。孔氏正義曰：凡月體之生，稟於日光。若氣之不和，日月行度差錯，失於次序，則月生不依其時。若其五行氣和，則月依其時而生，上配日也。王夫之曰：生，生明也。天之用陽也，而陽不亢於日星，而垂其光輝暄和以施於地，而作其生之德。地之用陰也，而陰不閉，因山川之竅墟，蒸爲風雨露雷，以承天之陽，而終其生之德。是天地之道，皆以其升降會合而施生者爲德也。五行地之翕聚而成材者也。四時天之運行而起化者也。五行之化氣，合離融結，彌綸於地上，而與四時之氣相爲感通，以爲生物之資，是亦天地陰陽相交之所成也。日爲陽而外景以施明，天氣之精也。月爲陰而內景以受明，地氣之精也。月近日而不相當則明死，遠而與日相瞭則明生。日陽入乎地中，交乎陰而上騰於月，和之象也。月陰升於天，與日並驅，不和之象也。十五日而盈，又十五日而闕，盈必以時，離合消長之宜也，則亦天地陰陽之氣交相施受以成德也。此言天地陰陽之體，以和合交感成用於兩間者，爲德之盛也。姜兆錫曰：垂日星，在天成象也。竅於山川，在地成形也。五行質具於地，氣行於天。春木夏火，秋金冬水，各宜其用，而四時以成。四時和順，日行循軌，而月之生明生魄，各以其期矣。故望盈晦死，而朏朓朒之差也。李光坡曰：上言人得四者之全，此則貫而一之，推明理氣交會生人生物之全體大用，以見人得秀最靈之實也。又曰：五行之氣實上播乎四時之間，如雷電風霆雲雨霜露之感遇聚散，無非山川所鬱，五行之精，地所載之神氣。然皆應天之時，與之同流。故天雖有春夏秋冬之四時，而所以生化萬物者，亦不離乎風雨霜露而已。五行播於四時，是天地陰陽之和合也。和合而後月生焉。案諸家之說，均有所見，而以鄭注爲最精。船山之說，最能得鄭君之旨而暢發之。上節故人者其天地之德陰陽之交鬼神之會五行之秀氣也。後文又曰：故聖人作則必以天地爲本，以陰陽爲端，以四時爲柄，以日星爲紀，月以爲量，鬼神以爲徒，五行以爲質。本節則會通天地陰陽日月星四時五行山川鬼神諸端而明其升降交感和合施受以成生物之大用。此爲天地之德之實，而亦人之所以爲天地之心也。本節要點在一和字。天地陰陽四時五行，和而後作用顯，不和則作用消。易繫辭傳曰：天尊地卑，乾坤定矣。卑高以陳，貴賤位矣。動靜有常，剛柔斷矣。方以類聚，物以羣分，吉凶生矣。在天成象，在地成形，變化見矣。是故剛柔相摩，八卦相盪。鼓之以雷霆，潤之以風雨。日月運行，一寒一暑。乾道成男，坤道成女。乾知大始，坤作成物。又曰：天地定位，山澤通氣，雷風相薄，水火不相射，八卦相錯。又曰：雷以動之，風以散之，雨以潤之，日以晅之，艮以止之，兌以說之，乾以君之，坤以藏之。又曰：日往則月來，月往則日來，日月相推而明生焉。寒往則暑來，暑往則寒來，寒暑相推而歲成焉。往者屈也，來者信也，屈信相感而利生焉。樂記曰：天尊地卑，君臣定矣。卑高已陳，貴賤位矣。動靜有常，小大殊矣。方以類聚，物以羣分，則性命不同矣。在天成象，在地成形，如此則禮者天地之別也。地氣上齊，天氣下降。陰陽相摩，天地相蕩。鼓之以雷霆，奮之以風雨。動之以四時，煖之以日月。而百化興焉。如此則樂者天地之和也。荀子天論篇曰：列星隨旋，日月遞炤，四時代御，陰陽大化，風雨博施。萬物各得其和以生，各得其養以成，不見其事而見其功，夫是之謂神。皆知其所以成，莫知其無形，夫是之謂天。皆可與本節之旨互參。日星麗於天，光輝下逮於地。萬物稟其陽氣以生長化育，是天氣下降而與地交，故鄭曰：天持陽氣施生照臨下也。地載山川，其質五行，形成萬物，蒸爲雲雨風雪霜露，播於四時，因寒暑之代運，而異其作長斂藏之功，是地氣上齊而與天交，故鄭曰：地持陰氣出內於山川以舒五行於四時也。月之質同於地，而其經天運轉則倂於日。不能自發光同於地，乃受日之光，而其照臨下土又與日晝夜代明而輔成其功，故月之爲物，實天地交應陰陽和合之象徵。其行於天，遲速有常，而與日或先或後或偕或對，因而有望盈晦死之變化。三五而盈，三五而闕。晦明隱顯，極變化而不失其常，和之至也。因三五盈闕之變，積爲十二月，定爲四時，而成歲功，乃天地陰陽鬼神之所以極其大用也。故鄭曰：此氣和乃后月生而上配日，若臣功成進爵位也。鬼神者屈伸而已。陰陽闢翕，寒暑弛張，晝夜晦明，盈闕朔望之變化，鬼神之象也。故鄭又曰：一盈一闕屈伸之義也。家語作和四氣而後月生。注曰：月生而後四時行焉。布五行和四時四氣而後月生焉。於四時外又益四氣。四氣者四時之氣，約言之，即陰陽二氣而已。月有盈闕生死之變，而后四時行焉。五行播於四時，而陰陽和，萬物育，又復成象於月之生。子雍蓋深窺陰陽消息，故能補鄭義之所未及也。

五行之動，迭相竭也。五行四時十二月，還相爲本也，五聲六律十二管，還相爲宮也。五味六和十二食，還相爲質也。五色六章十二衣，還相爲質也。

王夫之曰：「動者，所效於氣味聲色以成用者也。竭猶消也。五行四時十二月還相爲本，此以曆法徵五行之動也。五聲六律十二管還相爲宮，此以聲律徵五行之動也。五味六和十二食還相爲質，此五行之動應乎五味之和也。五色六章十二衣還相爲質，此五行之動應乎五色之采也。此節言天地陰陽之用著於五行，而五行之所以能成其美者，則以互相和合錯綜而雜所應用，斯以爲五行之秀也。」以上三節皆以發明天地之德，陰陽之交，五行之秀周備調和成生物之大化，以起下文惟人爲能體備之意。朱軾曰：五行爲句。四時十二月謂四時之十二月。五行運於四時之十二月中，迭爲本而用事也。五聲以宮屬土，商屬金，角屬木，徵屬火，羽屬水，遞轉於六律六呂之十二管中，質由爲宮，而衆音以次相生，管無定宮亦無定，是還相爲宮也。五味酸屬木，苦屬火，甘屬土，辛屬金，鹹屬水，五味施於六和之十二食中，或酸或鹹，迭相爲主，而以他味輔之也。五色青屬木，赤屬火，黃屬土，白屬金，黑屬水，五色運於六章之十二衣中，織繢爲繪，或主青，或主赤，而以他色輔之也。五行迭運，相爲終始，此天地生生不息之理也。案上節發明天地之德陰陽之交鬼神之會三句，此節則發明五行之秀氣一句。其迭相竭，還相爲本，還相爲宮，還相爲質諸語，仍是拔出一和字而已。蓋五行之秀氣，必是和氣也。朱氏謂五行爲句，概是。四時十二月還相以五行爲本也。如月令言，春盛德在木，孟夏盛德在火，中央土，孟秋盛德在金，孟冬盛德在水之類，是也。推之下三事亦然。五聲六律十二管，五聲爲句。言六律十二管還相以五聲爲宮，皆兼中聲，卽黃鐘之本也。如黃鐘爲宮，則林鐘爲徵，太簇爲商，南呂爲羽，姑洗爲角，應鐘爲變宮，蕤賓爲變徵。若林鐘爲宮，則太簇爲徵，南呂爲商，姑洗爲羽，應鐘爲角，蕤賓爲變宮，大呂爲變徵之類。五味六和十二食，五味爲句。言六和十二食還相以五味爲質也。五色六章十二衣，五色爲句，言六章十二衣還相以五色爲質也。然五聲五味五色，又皆以五行爲質，故與五行相配而生。而六律十二管六和十二食六章十二衣，又各分配於四時十二月之間。如月令謂春音角，夏音徵，中央音宮，秋音商，冬音羽，孟春之律太簇，中春之律夾鐘，季春之律姑洗，孟夏之律中呂等等，春味酸，夏味苦，中央甘，秋味辛，冬味畝，春食麥與羊，夏食菽與雞，中央食稷與牛，秋食麻與犬，冬食黍與彘，春青衣，夏朱衣，中央黃衣，秋白衣，冬黑衣，是也。爲所謂播五行於四時，此其實也。故五行四時十二月還相爲本句又爲下三句之總冒焉。

故人者天地之心也，五行之端也，食味別聲被色而生者也。

鄭注：此言兼氣性之効也。案前文故人者其天地之德陰陽之交鬼神之會五行之秀氣也。鄭注：言人兼此氣性純也。孔氏正義曰：天地之德陰陽之交是其氣也，鬼神之會五行之秀是其性也。竊案孔氏之說未是。天地之德陰陽之交鬼神之會是其性，五行之秀氣是其氣。性者所具之理，宋儒所謂義理之性是也。氣者所具之質，宋儒所謂氣質之性是也。合而言之，皆天之所命，皆性也。天地之德陰陽之交鬼神之會，是理之純。五行之秀氣，是氣之純。故鄭曰：兼此氣性純也。以其所具之理純，則爲天地之心。以其所稟之氣純，則爲五行之端。故鄭曰：兼氣性之効也。又案孔氏正義曰：五行之秀氣也者，秀謂秀異，言人感五行秀異之氣，故有仁義禮知信，是五行之秀氣也。以仁義禮知信是感五行秀氣而有，此古誼也。中庸，天命之謂性。鄭注：天命謂天所命生人者也，是謂性命。木神則仁，金神則義，火神則禮，水神則信，土神則知。王制正義引孝經說略同。荀子非十二子楊子思孟軻曰：案往舊造說，謂之五行。楊倞曰：五行五常，仁義禮知信也。卽以仁義禮知信五常當五行。蓋仁義禮知信，人所賦於天之理。金、木、水、火、土，人所賦於天以有其氣質者也。有此氣質，而天理卽具焉。理寓於氣，二而一一而二者也。是故程子曰：論性不論氣不備，論氣不論性不明，二之則不是。

故聖人作則，必以天地爲本，以陰陽爲端，以四時爲柄，以日星爲紀，月以爲量，鬼神以爲徒，五行以爲質，禮義以爲器，人情以爲田，四靈以爲畜。

鄭注。天地以至於五行，其制作所取象也。禮義人情，其政治也。四靈者，其徵報也。此則春秋始於元終於麟包之，矣。呂氏說月令而謂之春秋，事類相近焉。量猶分也。案鄭注至精。此節遠承故聖人參於天地並於鬼神以治政也處其所存禮之序也玩其樂民之治也數語，而明其實。作則卽所以治政也。自以天地爲本至五行以爲質，是處其所存之事。自禮義以爲器至四靈以爲畜，是玩其所樂之事。夫禮先王以承天之道以治人之情，是故禮義之本在天地陰陽四時日月星鬼神五行，而用之以爲治人情之器。朱軾曰：此禮也義也，精微本諸天地，健順合乎陽陰，權衡不紊者四時之運，條理畢具者日星之布，酌劑咸宜準諸月，變化無方準諸鬼神，終始不易準諸五行，是也。又案家語聖人作則下王注作爲法則。孔氏正義曰：則，法也。人旣是天地之心，故聖人作法，必用天地爲根本也。此讀聖人作則爲句，是也。下文以天地爲本以陰陽爲端云云，卽謂聖人所作之法則以天地爲其本以陰陽爲其端也。月以爲量以下，雖小變其文，然意仍一貫。猶言以月爲量，以鬼神爲徒，以五行爲質，以禮義爲器，以人情爲田，以四靈爲畜也。王引之經義述聞謂當依上文後聖有作然後修火之利易文言聖人作而萬物覩之文例讀故聖人作爲句。則字屬下讀。然則是以天地爲聖人之本，以陰陽爲聖人之端耶？其說非也。

月以爲量，故功有藝也。

鄭注：藝，猶才也。十二月各有分，猶人之才各有所長也。下文協於分藝。鄭注：協，合也。言禮合於月之分，猶之才也。又下文義者藝之分仁之節也。鄭注：藝猶才也。案鄭氏說藝爲才，意稍迂曲。家語月以爲量故功有藝下王注：有度量以成四時，猶功業各有分理也。藝猶理。下文協於分藝下王注：藝，理。是王肅訓藝爲理。王引之經義述聞從陸佃胡銓之說訓藝爲極。謂藝之言臬，臬，極也，法也，準也。月以爲量，則與功之蚤莫有準，終始有法，故曰功有藝也。此說雖可通，然以說下文義者藝之分仁之節也句則勉強，仍以王肅之義爲長。

五行以爲質，故事可復也，禮義以爲器，故事行有考也。人情以爲田，故人以爲奧也。四靈以爲畜，故飮食有由也。

案前後聖有作然後脩火之利節言以養生送死以事鬼神上帝。又前文言飮食男女人之大欲存焉，死亡貧苦人之大惡存焉。蓋所謂人情，卽在飮食男女死亡貧苦之中，而其事不出養生送死事鬼神上帝三端。養生送死事鬼神上帝之物，必以五行爲質。其事行之依乎天理中乎節度合乎時宜卽爲禮義。養生送死事鬼神上帝，均不越於禮義，則人之欲惡得其正，而其情治矣。飲食有由一句，與前文夫禮之初始諸飲食，飲食男女人之大欲存焉，相應。又案家語删故人以爲奥也，故飲食有由也兩句，文義不備。

龜以爲畜，故人情不失。

鄭注：龜北方之靈，信則至矣。家語，龜以爲畜而人情不失。王注：易曰，定天下之吉凶，成天下之亹亹者，莫善於蓍龜，人情不失也。案鄭王之義俱精，不失人情。乃爲政之至要。必知其情，辟於其義，明於其利，達於其患，然後以禮治之，乃能不失人情。老有所終，壯有所用，幼有所長，矜寡孤獨廢疾者皆有所養，男有分，女有歸，是人情不失之事效也。

故先王秉蓍龜，列祭祀，瘞繒，宣祝嘏辭說，設制度。故國有禮，官有御，事有職，禮有序。

鄭注：皆卜筮所造置也。案此承上龜以爲畜故人情不失而言之。先王秉蓍龜以列祭祀，而祭祀之中，有瘞有繒，有祝嘏辭說，所以不失鬼神之情。以設制度，所以不失國人之情。此與前是故禮者君之大柄也一節文義相應。列祭祀卽是儐鬼神。設制度卽是考制度。國有禮則政正。官有御則大臣不倍小臣不竊。事有職則法有常，則士事其事。禮有序則禮有列。凡此皆人情不失之效也。人情不失，則俗不敝而民來歸矣。

王中心無爲也，以守至正。

案論語，子曰：無爲而治者，其舜也與，夫何爲哉，恭己正南面而已。卽此中心無爲以守至正之旨也。王中心無爲以守至正，然後爲大道之行，然後可以達於大同。前文夫政必本於天殽以降命一節有曰：此聖人所以藏身之固也。此處之意亦與相應。

是故夫禮必本於大一，分而爲天地，轉而爲陰陽，變而爲四時，列而爲鬼神，其降曰命，其官於天也。夫禮必本於天，動而之地，列而之事，變而從時，協於分藝，其居人也曰養，其行之以貨力辭讓飲食冠昏喪祭射御朝聘。

案此節明夫禮先王以承天之道以治人之情之旨。其官於天也，即承天之道之意。動而之地以下至射御朝聘，則是治人之情之事。言禮本於大一分而為天地轉而為陰陽變而為四時列而為鬼神，又言禮本於天動而之地列而之事變而從時協於分藝。夫本於天動而之地，即分而為天地也。列而之事，即列而為鬼神也。（前言鬼神以為徒，故事有守也。）變而從時，即變而為四時也。語似前後重複，實不重複。蓋前者意偏重承天之道一方面，後者意偏重治人之情一方面。故同一語言，而其文則殊，斯古人文章之妙也。家語刪其重複，乃刪去夫禮必本於天至變而從時四句，遂不成文。其居人也曰養，鄭注：養當為義，字之誤也。下之則為教令，居人身為義。孔疏說曰：義由人出。家語，其居於人也曰養，王注：言禮之於人身所以養成人也。然此養即養生送死之養。荀子曰：禮者養也。貨力辭讓飲食冠昏喪祭射御朝聘，皆養之事。下文固人肌膚之會筋骸之束，又言人之肥家之肥國之肥天下之肥，皆與養意相通，王注可從。徐師曾曰：行之以貨財為資，筋力為用，辭讓為實，飲食為具，四者禮之緯也。冠以責成人，昏以著代，喪以送終，祭以追遠，射以觀德，御以執役，朝以相見，聘以通問，八者禮之經也。案貨以行禮，則不棄於地，亦不藏於己。力以行禮，則必出於身，而不為己。辭讓以行禮，故講信修睦，謀閉不興，盜竊亂賊不作。飲食以行禮，故曰夫禮之初始諸飲食。家語刪其行之以貨力辭讓飲食冠昏喪祭射御朝聘句，非。

所以達天道順人情之大寶也。

案禮以承天之道者，達天道於人事而已。禮以治人之情者，順人情之天則而已。天道人情，息息相通，是一非二。離隔不通，則天道荒而人情失。所以通天人之鄉而達之順之者，惟禮義耳。故曰達天道順人情之大寶也。船山曰：寶者，天人之通也，是也。又案禮運一篇之言人情至矣。曰治人之情，曰知其情，曰治人七情，曰窮其情，曰人情以為田，曰人情不失，曰順人情，曰人情者聖王之田也，曰持情，而終之曰人不愛其情。明乎此，則禮之所以能運天下國故壞國喪家亡人，必先去其禮。

案此與前言如有不由此者，在勢者去，衆以爲殃，是謂小康，故失之者死，得之者生，及幽厲傷之君亂國絶諸節文意相承。

故人情者聖王之田也，脩禮以耕之，陳義以種之，講學以耨之，本仁以聚之，播樂以安之。

案論語葉公問政，子曰：近者說，遠者來。此言本仁以聚之，蓋惟仁心仁政足以聚衆，卽近者悅遠者來之旨，亦卽博施濟衆之旨。又孔子語冉求曰：遠人不服，則脩文德以來之，既來之，則安之。脩文德以來之，是本仁以聚之也。既來之則安之，則是播樂以安之之意。又子曰：上好禮則民莫敢不敬，上好義則民莫敢不服，上好信則民莫敢不用情，夫如是，則四方之民襁負其子而至矣。好禮好義，與此言脩禮陳義意相當。子曰：知之者不如好之者，好之者不如樂之者。孟子曰：仁之實事親是也，義之實從兄是也，智之實知斯二者弗去是也，禮之實節文斯二者是也，樂之實，樂斯二者，樂則生矣，生則惡可已也，惡可已也則不知足之蹈之手之舞之。均足證播樂以安之之旨。

故禮也者義之實也，協諸義而協，則禮雖先王未之有，可以義起也。義者藝之分仁之節也。協於藝講於仁，得之者強。仁者義之本也，順之體也，得之者尊。

橫渠張子曰：人情所安卽禮也，故禮所以由義起。陳祥道曰：荀子曰，禮以順人心爲本，凡非先王之禮而順人心者，皆禮也。孟子以禮爲義之節文，而此以禮爲義之實何也，蓋義出而爲禮，禮行而爲義，二者未嘗不相須，顧其所主而迭爲文實也。論語曰：義以爲質，禮以行之，此義之所出而爲禮也。禮器曰：義理禮之文，此禮之所行而爲義也。吳澄曰：順乎天理，略無違逆，中節之和也。由全體之中，發而爲中節之和。全體之中仁也，大用之和順也，故仁爲順之體。陳澔曰：張子謂經禮三百曲禮三千，無一事之非仁也。猶之木也，從根本至枝葉皆生意，此全體之仁也。自一本至千枝萬葉，先後大小，各有其序，此散體之禮也。而其自本至末，一枝一葉，各得其宜者，義也。王夫之曰：以上二節反復推原聖王修德以行禮之本，而極之於仁。蓋仁者大一之緼，天地陰陽之和，人情大順之則，而爲禮之所自運。此一篇之樞要也。案本篇之首卽曰禮義以爲紀。其後則專言禮。至禮義以爲器之後，又多禮義並言。如曰：故自郊社祖廟山川五祀義之脩而禮之藏也。曰：故禮義也者人之大端也。曰：故聖王脩義之柄禮之序以治人情。曰：脩禮以耕之，陳義以種之。至此乃明禮義二者相關之理。而謂協諸義而協，則禮雖先王未之有，可以義起，此非深識禮義之本源者不能道，是本篇中絕精語也。然義者仁之制裁，而禮者仁義之節文，是仁又爲禮義之本。孔子曰：人而不仁如禮何。篇首言六君子謹於禮，以著其義，以考其信，著有過，刑仁講讓，示民有常。篇中又言禮所以別仁義。又言人者天地之心。夫天地之心卽仁心也。至於篇首大道之行節中所稱故人不獨親其親，不獨子其子，使老有所終，壯有所用，幼有所長，矜寡孤獨廢疾者皆有所養，男有分，女有歸，則莫非仁心之溥於物也。故至此而復明仁義禮三者相互之關係焉。諸家發揮各有精到，故備載之。

四體既正，膚革充盈，人之肥也。父子篤，兄弟睦，夫婦和，家之肥也。大臣法，小臣廉，官職相序，君臣相正，國之肥也。天子以德爲車，以樂爲御，諸侯以禮相與，大夫以法相序，士以信相考，百姓以睦相守，天下之肥也。是謂大順。大順者，所以養生送死事鬼神之常也。

王夫之曰：敦仁而行之以順，則天下無不順矣。大順斯大同矣。三代之英所以與大道之行而合德也。自此以下至章末，皆以極言順德之美，而贊仁用之大。李光坡曰：至此父慈子孝兄良弟悌夫義婦聽長惠幼順君仁臣忠十義脩矣。講信修睦人利普矣。爭奪相殺人害去矣。故聖人耐以天下爲一家，中國爲一人者，非意之也。嗚呼盛哉。案兩家之言是也。四體既正，膚革充盈，卽前固人肌膚之會筋骸之束之意。亦卽孟子所謂睟然見於面盎於背施於四體。是非心正身修者不能也。家之肥卽家齊也。國之肥卽國治也。天下之肥則天下平也。天下平則是大順，亦卽大同矣。而要其所以爲大順大同者，亦曰天下之人養生送死事鬼神三事之罔不得其理耳。易言之，卽人情之無不順耳。故曰：大順者所以養生送死事鬼神之常也。常卽篇首示民有常之常也。又案大臣法則不倍。小臣廉則不竊。官職相序，君臣相正，則政正而君位不危。諸侯以禮相與，大夫以法相序，則法有常禮有列。士以信相考，則士事其事。百姓以睦相守，則刑措俗美而民來歸。

故事大積焉而不苑，並行而不繆，細行而不失，深而通，茂而有間，連而不相及也，動而不相害也，此順之至也。

皇氏曰：事大者天子事也。雖復萬機輻湊，而應之有次序，不使苑積也。並行謂諸侯來朝也。四方隨時貢賦有序，雖並俱陳，而不錯繆也。細行謂大夫士出聘者也。天子不遺小國之臣，是不失也。深爲九洲之外也。雖地在遠荒，而皆通貢王庭，越常是也。茂謂萬國貢賦庭實密茂，而國朝之間，自不厖雜，以國之相次，小則讓大，不相及入也。萬乘龍趨，千乘雷動，不相妨害。熊氏曰：此普據天下萬物有大有細有深有通有連有動，言人皆明禮，順正事，無蓄亂滯合，各得其分理，順於其職，所以大小淺深，並合得其宜，此順之至。案鄭注言人皆明於禮，無有蓄亂滯合者，各得其分理，順其職也。鄭義極精，熊氏爲能得之，皇氏之說則拘矣。此形容大順境界之美，可謂極文章之妙。極和，極順，極公，極平，有理，有敍，各安其分，各得其宜，循乎自然，無有苑積，無有錯繆，無有遺失，無有漠礙，無有疏間，無有淩雜，無有妨害，此是大順境界，亦卽大同境界也。陸佃曰，凡積善苑，並行善繆，細行善失，深宜不通，茂宜無間，連喜相及，動喜相害，唯順之至，然後異此。其言是也。樂記曰：樂者天地之和也，禮者天地之序也，和故百物皆化，序故羣物皆別。本節所論大順之境，則是極天地之序與和，惟禮樂之化之極致，則自然到此境界。然亦非泛言高論。先王制禮，三千三百，曲體事義，有變有常，其儀文之盛，節自之詳，達天道，順人情，莫非不苑不繆不失有間不相及不相害之實例也。

故明於順然後能守危也。故謂之不同也不豐也不殺也，所以持情而合危也。

鄭注能守自危之道也。君子居安如危，小人居危如安。易曰：危者安其位。豐殺謂天子及士名位不同體亦異數，所以拱持其情合安其危。竊茲王注：高而不危，以長守危。案此守危合危，與前設不正則君位危，聖人所以藏身之固，君者立於無過之地，文旨相應。又案此不同不豐不殺，與前節不苑不繆不失通有閒不相及不相害之旨，正可相參。

故聖王所以順，山者不使居川，不使渚者居中原，而弗敝也。用水火金木飲食必時。合男女頒爵位必當年德。用民必順，故無水旱昆蟲之災，民無凶饑妖孽之疾。故天不愛其道，地不愛其寶，人不愛其情。故天降膏露，地出醴泉，山出器車，河出馬圖，鳳凰麒麟皆在郊棷，龜龍在宮沼，其餘鳥獸之卵胎，皆可俯而闚也。

熊氏曰：天不愛道，百神受職也。地不愛寶，百貨可極也。人不愛情，不獨親其親子其子也。案此節首言故聖王所以順，蓋述聖王施政所以致天下於大順之實功也。家語刪此句，則意不瞭。此節之言與篇首大道之行一段完全相應。山者不使居川，不使渚者居中原而弗敝也，故老有所終，壯有所用，幼有所長，矜寡孤獨廢疾者皆有所養。用水火金木飲食必時，故貨不棄於地，亦不藏於己。合男女頒爵位必當年德，故選賢與能，故男有分女有歸。用民必順，故力必出於身而不為己。故謀閉不興，盜竊亂賊不作。人不愛其情，故人不獨親其親，不獨子其子。鳳凰麒麟皆在郊棷，龜龍在宮沼，其餘鳥獸之卵胎皆可俯而闚，故天下為公，故外戶不閉。然則大順之境，即大同之境矣。李光坡曰：夫由飲食男女，稽之人情，本之天道，聖人作則，以承天之道，以治人之情，其成效極致，不過使飲食男女各當其分，各得其欲，各去其惡而已。切近精實。二帝行此，大公無我，神而化之，是謂大同。三王踵此，禮義為紀，不愆不忘，謂之小康。皆可志而逮。老氏緯書何嘗有一言近似乎。其言是也。

則是無故，先王能脩禮以達義，體信以達順故，此順之實也。

鄭注：實猶誠也，盡也。案此一篇之總結也。明脩禮體信必能達於大順，此爲大順之實，則大同之有實，而亦惟脩禮體信足以致之，可知矣。前大道既隱節中言禮義以爲紀，又言此六君子者未有不謹於禮者也，以著其義，以考其信，著有過，刑仁講讓，示民有常。夫以著其義者，卽脩禮以達義也。以考其信者，卽體信也。示民有常者，常則順，前文言大順者所以養生送死事鬼神之常，是也。然則大同與小康雖殊，而所以致之者寔有二道。禮器曰：忠信禮之本也，義理禮之文也。是故達義者達禮之文，體信者體禮之本。信者實也，誠也，亦卽仁也。故前文曰：仁者順之體也。論語：子曰，上好信，則民莫敢不用情，莫敢不用情，卽人不愛其情也。惟好信足以致之。體信之義，篇中雖未言及，而實通篇精理要義之總歸也。

——摘自《國立中央大學文史哲季刊》一九四五年三月第二卷第二期

跋月令之意義

余論今文家明堂之義，源於周人外朝之法，有似後來之國會。從弟季甫更嶋合群籍，以證月令實取古之王居明堂禮儀，然後來之憲法，深有助於拙論。故附錄卷末，以究未盡之義。雖然，西方服從多數之說，余於自序中已論其非是，故以明堂爲議政之宮則可，以明堂爲即今之代議制則不可。至月令所陳，原爲政治之綱要，而非治權之規定，至爲顯著。蓋君權民權云者，乃政治敵對之謂，君主專制，誠不足道，而議會專制之弊，今日西方學者類能言之，亦頗謀所以救之，固不得爲世界最理想之政治也。夫以天子百工之各有其職，即各有其權，專制於一夫，誠非，專制於多數亦未是，皆非中國思想所應有之說也。月令所陳者，爲政治積極之職責，而非權力消極之限制。乃政治之規定，而非權力之規定。誠以中國之法，治權分繫於各級之職司，實非專繫之上層或下層。蓋中國固未嘗言司法之獨立，然以張釋之之持法言之，以石虎之持於法言之，則又未嘗非獨立，亦未嘗言考試銓敘之獨立，然考銓之政，復誰得而干涉之侵亂之。豈惟司法考銓之制，凡而百司之守，莫不皆然，由周官唐六典而下，皆職守之規定。尸祝不得越俎而代庖，而法者正所以持百工之正，俾上下各盡其職，不相陵犯。此中國之大法，與西方之大法迥然異趣者也。權固非專之於庸衆，而與獨裁於一夫者尤爲不同，五權分立之義，殆庶乎得之，而猶未之盡也。凡中國政治之理論與制度，每難以西方之邏輯衡之。即以唐言，天寶開元之後，謂之分權可也，然分而實專。天寶開元以前，謂之集權可也，然集而非專。更以三省制言之，則西方所謂君主專制者，顧非吾國之所有。惟申不害言「有天下而不恣睢，是之謂以天下爲桎梏」，幾於似之，而求諸歷代之政治，究未嘗依此理論以表見於行事。漢唐而，下朝廷集議與御史之制，乃中國議政之法，正沿襲於明堂之遺，將於他日續論之。恐讀者疑於季甫之意，因略陳之如此。

文通附記

——摘自《圖書集刊》一九四五年五月第六期

月令之淵原與其意義

蒙季甫

月令一書，先儒聚訟。蔡伯喈撰明堂月令論謂「因天時，制人事，天子發號施令，祀神受職，每月異禮，故謂之月令。所以順陰陽，奉四時，効氣物，行王政也。成法具備，各從時月，藏之明堂，所以示承祖考神明，明不敢泄瀆之義。夏小正夏之月令也，殷人無文，及周而備，宜周公之所著也。秦相呂不韋著書，取月令爲紀號，淮南王亦取以爲第四篇，改名曰時則，故偏見之徒，或云月令呂不韋作，或曰淮南，皆非也。」此尊月令以爲周公之書者也。鄭玄三禮目錄云「月令者，以其記十二月政之所行也，本呂氏春秋十二月紀之首章也，以禮家好事抄合之，後人因題之名曰禮記，言周公所作，其中官名時事，不合周法，此於別錄屬明堂陰陽記。」此抑月令以爲呂不韋作者也。孔穎達正義申鄭義云，「按呂不韋集諸儒士，著爲十二月紀，合十餘萬言，名爲呂氏春秋，篇首皆有月令，與此文同，是一證也。又周無太尉，唯秦官有太尉，而此月令云乃命太尉，此是官名不合周法，二證也。又秦以十月建亥爲歲首，而月令云爲來歲受朔日，即是九月爲歲終，十月爲授朔，此是時不合周法，三證也。又周有六冕，郊天迎氣，則用大裘，乘玉輅，建大常日月之章，而月令服飾車旗並依時色，此是事不合周法，四證也。」孔氏後又自駁其說曰，「然按秦始皇十二年呂不韋死，二十六年并天下，然後以十月爲歲首，歲首用十月時，呂不韋已死十五年，而不韋不得以十月爲正。」又云「周書先有月令，何得云不韋所造。又秦并天下，立郡，何得云諸侯。又秦以好兵殺害，毒被天下，何能布德施惠，春不興兵。」是孔氏雖申鄭義，而終不敢自堅其說，故兩疑之也。今者月令一書，來原實古，而糅合二種以上之書而成今之月令，則當在周秦之際，明堂政治思想盛行之時，雖非出自不韋之手，亦當其時儒者發舒其政治思想之書也，茲分述之於下：

一、月令之溯原

古者必有以星象紀課候之書，故詩 風云，「定之方中，作於楚宮，」箋云，「定星昏中而正，於是可以營制宮室，故謂之營室。」豳風云，「七月流火，九月授衣，」傳云，「九月霜始降，婦功成，可以授冬衣矣。」桓五年左氏傳曰，「龍見而雩，」又莊二十九年左氏傳曰，「凡土功，龍見而畢務，戒事也，火見而致用，水昏正而栽，日至而畢。」又昭四年左氏傳申豐曰，「古者日在北陸而藏冰，西陸朝覿而出之，火出而畢賦。」昭十七年有星孛於大辰，公羊傳「大火爲大辰，伐爲大辰，何注云大火與伐天所以示民時早晚，天下所取正，故謂之大辰，辰時也。」國語周語虢文公曰，「農祥晨正，日月底於天廟，土乃脈發。」單子曰，夫辰角見而雨畢，天根見而水涸，本見而草木節解，駟見而隕霜，火見而清風戒寒，故先王之教曰，雨畢而除道，水涸而成梁，草木節解而備藏，隕霜而冬裘具，清風至而修城郭宮室，故夏令曰，九月除道，十月成梁，其時儆曰，收而場功，偫而畚挶，營室之中，土功其始，火之初見，期於司里。」凡此皆因天時制人事者也。其曰先王之教曰夏令曰時儆，則必爲以星象紀課候之書也。其書今已不傳，莫見其制，惟大戴禮夏小正一篇，可略見其髣髴。

按夏小正一書，朱紫陽疑爲迂儒之筆，非孔子所見夏時本文。戴震書補傳云「堯典日中，宵中，日永，日短，此終古不變者也。星鳥，星火，星虛，星昴，此列宿之舉目可見，千百年乃覺其大差，隨時爲書以示民者也。」二者相爲經緯。唐虞時孟春日在奎，仲春在胃，季春在參，夏小正三月參則伏，以日所躔故伏而不見也。稽諸古籍，惟夏小正與堯典多合，其時未甚相遠，至周則恆星東移已及一次，春分日躔降婁，月令仲春日在奎，昏弧中，周末然也，今則又移一次矣。據字堯典星象爲首二萬五千四百餘年乃復此象。夏小正四月初昏南門正，南門兩大星横亢下，壽星次也，南門正則壽星正值午位矣，五月初昏大火中，大火心也，夏至日躔鶉火，故房心昏中，堯典夏小正其象合，至周夏至日躔鶉首，周初日在柳，月令仲夏日在東井，昏亢中，周末然也。豳風七月流火，則固六月昏火中矣，月令言於季夏，與詩合。夏小正八月辰則伏，九月辰繫於日，心爲大辰，秋分以後日所躔之宿也，與堯典合。至周秋分日躔壽星，周初日在亢氐，月令仲秋日在角，昏牽牛中，周末然也。春秋正十月織女正北向，則旦織女恆瞷降婁，降婁值子，星紀必值卯，日所在之次也。十一月則日在玄枵，春秋傳玄枵虛中也，唐虞時冬至日蓋在虛五六度，至周冬至日躔星紀，周初日在牽牛，月令仲冬在斗，昏東壁中，周末然也。」凡夏小正所紀星象，皆同堯典，以虞夏時相近也。與月令皆不合，以夏周相去時遠也。呂氏春秋古樂云「黃帝又命伶倫與榮將鑄十二鐘，以和五音，以施英韶，以仲春之月乙卯之日日在奎，始奏之，命之曰咸池。」夫堯之時仲春日在昴，不應黃帝時反在奎，此以秦時之天象而說上古之天象之誤也。凡漢魏儒者見月令中星不同堯典，皆曲爲之說，云「堯典謂七星畢見，星房虛昴居四方七宿之中，故曰中星」者，二孔與王孝通也。云「中星爲季月」者，王子雍也。云「月令舉月初，堯典總舉一月」者，鄭康成也。可見秦漢時人，皆不知有歲差也。元史天文志云「天之分常有餘，歲之分常不足，其數有不能齊者，惟其所差至微，前人初未覺知，迨漢末劉洪，始覺冬至後天，謂歲周餘分太强，乃作乾象術，減歲餘分二千五百爲二千四百六十二，至晉虞喜，何承天，祖沖之始謂歲當有差；因立歲差之法，其法損歲餘，益天周，使歲餘浸弱，天周浸强，强弱相減，因得日躔歲退之差。」是歲差之法，創自晉宋間，非秦漢迂儒所能及知。則堯典夏小正決非秦漢迂儒所能僞作，蓋如僞作，自亦當如呂氏春秋以秦之天象說上古也。故大衍術謂夏小正為羲和遺跡，誠不為誣，而朱子疑之謬矣。

凡夏小正十二月所記除星象外，則爲應時之農事，如正月有農緯厥耒，農率均田，農及雪澤，初服於公田。二月則往耰黍禪，榮堇采蘩，時有見稊，始收。三月則攝桑，采識，妾子始蠶，祈麥實。四月則采荼。五月則乃瓜，啓灌藍蓼，煑梅，菽糜。六月則煑桃。七月則灌荼。八月則剝瓜，剝棗，栗零。十二月則納卵蒜，是也。亦兼及王事，如九月王始裘，十一月王狩，是也。亦及官事，二月綏多士女，丁亥萬用入學，二月頒冰，八月鹿人從，九月主夫出火，十一月嗇人不從，十二月虞人入梁，是也。而大體以農事為主，其他則紀自然界所表見之時候，如雁飛，雉雊，鞠榮，桃華之類，絕無一句及於陰陽五行之方色氣臭，及天子諸侯之祭祀狩獵者，蓋小正乃古農官授時之書，固不及於此也。今以小正所記按之月令，雖不盡合，而大體則悉備於月令之中。是月令有取古以星象紀課候之書，如夏小正之類也。逸周書時訓，專以自然界所表見之時候紀二十四氣，亦散見月令之中。（按二十四氣之目，不具見於古書，即月令亦尚未具見，而時訓具之，又周月解云「仲冬昏昴畢見」，所言星象與堯典合，蓋可疑也。大約時訓成書必不甚早。）祇具時候，不旁及五行陰陽明堂政事，猶不失古課候之面目也。

白虎通五行篇以金水木火土配四時五方，以十二律配十二月，有五色五音五帝五神五味五臭之屬，茲具表於下。

時	方	月	陰陽	律	屬
春	東方	正月	少陽見於寅	律中太簇	其日甲乙，其色青，其音角，其帝太皞，其神句芒，其精青龍，其味酸，其臭羶。
		二月	壯於卯	律中夾鐘	
		三月	衰於辰	律中姑洗	
夏	南方	四月	太陽見於巳	律中仲呂	其日丙丁，其色赤，其音徵，其帝炎帝，其神祝融，其精爲鳥，其味苦，其臭焦。
		五月	壯於午	律中蕤賓	
		六月	衰於未	律中林鐘	

秋	西方	七月	少陰見於申	律中夷則
		八月	壯於酉	律中南呂
		九月	衰於戌	律中無射

其日庚辛，其色白，其音商，其帝少皞，其神蓐收，其精白虎，其味辛，其臭腥。

冬	北方	十月	太陰見於亥	律中應鐘
		十一月	壯於子	律中黃鐘
		十二月	衰於丑	律中大呂

其日壬癸，其音羽，其帝顓頊，其神玄冥，其精玄武，其味鹹，其臭朽。（按此當有其色黑一句）

土爲中宮　其色戊己，其音宮，其帝黃帝，其神后土，其味甘，其臭香。（按此亦當有其色黃一句）

按此惟紀方色臭味聲音精神，而不及時候政事，此陰陽五行之說也。因陰陽之大順，亦古人之大事也。月令取以分系於十二月之首，每一時凡三見，知月令此類之文，則取之於陰陽五行者也。

春秋繁露治水五行篇紀四時之政令，玆表之於左。

日冬至七十二日木用事，其氣燥濁而清

行柔惠　挺羣禁

至於立春出輕繫　去稽留　除桎梏　開閉闔　通障塞　存幼孤　矜寡獨　無伐木

七十二日火用事，其氣慘陽而赤

正封疆　循田疇

至於立夏舉賢良　封有德　賞有功　出使四方　無縱火

七十二日土用事，其氣溫濕而黃

養長老　存幼孤　矜寡獨　賜孝悌　施恩澤　無興土功

七十二日金用事，其氣慘淡而白

修城郭　繕牆垣　審羣禁　飭甲兵　警百官　誅不法　存長老　無焚金石

七十二日水用事，其氣清寒而黑

閉門閭　大搜索　斷刑罰　執當罪　飭關梁　禁外徙　無決池隄

又五行順逆篇亦與此大同，則具體而未備，茲亦表之於左。

木者春生之性，農之本也。

勸農事，無奪民時，使民之力歲不過三日，行什一之稅，進經術之士，挺羣禁　出輕繫　去稽留　除桎梏

通障塞開門（當作閉）閭

如人君出入不時，走狗試馬馳騁，不反宮室，好淫樂飲酒沉湎縱恣，不顧政治，事多發役以奪民時，作諆增稅以奪民財，民病疥搔溫體足胻痛。

續漢書五行志注引尚書大傳洪範傳云田獵不宿，飲食不享，出入不節，奪民農時，及有姦謀，則木不曲直。漢書五行志曰若逌田獵馳騁，不反宮室，飲食沈湎，不顧法度，妄興繇役，以奪民時，作爲姦詐，以傷民財，則木失其性矣，皆與此同。

火者夏成長本朝也，

舉賢良，進茂材，官得其能，任得其力　賞有功　封有德　出貨財　振困乏　正封疆

如人君惑於讒邪，內離骨肉，外疏忠臣，至殺世子，誅殺不辜，逐忠臣，以妾爲妻，棄法令，婦妾爲政，賜予不當，則民病

血壅腫，目不明。

續漢書五行志注引尚書大傳洪範傳云，棄法律，逐功臣，殺太子，以妾爲妻，則火不炎上。漢書五行志曰若廼

信道不篤，或耀虛僞，讒夫昌，邪勝正，則火失其性矣。皆與此同。

土者夏中成熟百穀君之官。

循宮室之制　謹夫婦之別　加親戚之恩

如人君好淫泆　妻妾過度，犯親戚，侮父兄，欺罔百姓，大爲臺榭，五色成光，雕文刻鏤，則民病心腹宛黃，舌爛痛。

續漢書五行志引尚書大傳洪範傳曰治宮室，飾臺榭，內淫亂，犯親戚，侮父兄，則稼穡不成。漢書

五行志曰若廼奢淫驕慢，則土失其性，皆與此同。

金者秋殺氣之始也，

建立旗鼓，杖把旄鉞，以誅賊殘，禁暴虐，安集（脫二字）故動衆興師，必應義理，出則祠兵，入則振旅，以閑習之，因

於搜狩，存不忘亡，安不忘危　修城郭　繕牆垣　審羣禁　飾甲兵　整百官　誅不法

如人君好戰，侵陵諸侯，貪城邑之賂，輕百姓之命，則民病喉咳嗽，筋攣鼻鼽塞。

續漢書五行志注引尙書大傳洪範傳曰好攻戰，輕百姓，飭城郭，侵邊境，則金不從革。漢書五行志曰若迺貪欲恣睢，務立威勝，不重民命，則金失其性，皆與此同。

水者冬藏至陰也。

宗廟祭祀之始，敬四時之祭，禘祫昭穆之序，天子祭天，諸侯祭土　閉門閭　大搜索　斷刑罰　執當罪　飭關梁　禁外徙

如人君簡宗廟，不禱祀，廢祭祀，執法不順，逆天時，則民病流腫，水張，痿痹，孔竅不通。

續漢書五行志注引尙書大傳洪範傳云簡宗廟，不禱祠，廢祭祀，逆天時，則水不潤下。漢書五行志云若迺不敬鬼神，致令逆時，則水失其性，皆與此同。

據上列二篇五行順逆篇之令，大體悉具於治水五行篇中。惟治水五行篇不言禁耳，可推知其爲一本之論。凡五行順逆篇所具每時之禁，悉與洪範傳同，可知此二篇爲本之洪範五行者也。今以治水五行篇爲主，按之月令，十得其九。雖所繫時月不盡合，而大體同也。如此春令之行柔惠，即月令孟春之月行慶施惠，下及兆民是也。此之挺羣禁，挺緩也，寬也。月令仲夏之月挺重囚，益其食。此以羣言，彼以重言也。此出輕繫，在春，月令在孟夏。此除桎梏，月令在仲春作去桎梏。此開閉闔，月令在仲夏作門閭無閉。此通障塞，月令在季春作修利隄防，導達溝瀆，開通道路，無有障塞。此存幼孤，月令在仲春作養幼少，存諸孤。此矜寡獨，月令在孟冬作恤孤寡。此無伐木，月令在孟春有禁止伐木，在孟夏有無伐大樹。凡此春令，在月令惟去稽留一令未見耳。又如此夏令之正封疆，循田疇，月令在孟春作修封疆，審端徑術。此舉賢良，月

令在孟夏，作贊俊傑，遂賢良，舉長大。此封有德，賞有功，月令孟夏行爵出祿，必當其位。此出使四方，月令在季春，作周天下勉諸侯。按勉諸侯，淮南子時則訓作使諸侯是也。此無縱火，月令仲夏，無用火南方。凡此夏令七，皆在月令之中。又此季夏令養長老，月令在仲秋養衰老。淮南子時則訓在季夏有存視長老一條，淮南本呂氏春秋而作，呂氏春秋與月令同，應據淮南以補月令。（下更有顯確之證。）又此下更有存幼孤，矜寡獨，已見春令，必有一爲重複，不然則春秋皆行此令也。亦猶月令仲春有養幼少，存諸孤，而孟冬又有恤孤寡也。又此無與土功，月令孟夏有無起土功，季夏亦有不可以與土功。凡此季夏六令，在月令中惟賜孝弟，施恩澤，二令不可考耳。又此秋令修城郭，繕牆垣，月令孟秋作附牆垣，補城郭。此審羣禁，月令仲秋有申嚴百刑。又孟春有命有司修法制，繕囹圄，具桎梏，禁止姦，慎罪邪，務搏執，命理瞻傷察創，視折審斷，決獄訟，戮有罪，嚴斷刑，皆審羣禁之意也。一令言之，一分言之耳。此飭甲兵，誅不法，月令孟秋命將帥選士厲兵，以征不義，詰誅暴慢。此存長老，月令在仲秋作養衰老，淮南子在季夏作存視長老。凡秋八令，在月令惟警百官與無揆金石二令不可考而已。又此冬令閉門閭，大搜索，禁外徒三令，月令皆不見，惟淮南子時則訓孟冬之月有命有司修羣禁。（此即治水五行之審羣禁）禁外徒。（此即治水五行之禁外徙，五行順逆亦作禁外徙。）閉門閭大搜客，（即治水五行之大搜索，客即索字之誤。）斷罰刑，殺當罪，阿上亂法者誅一段，今月令與呂紀皆祇有察阿上亂法者罪之二句，必有脫佚，宜以淮南子補足之。又此斷刑罰，執當罪二令，見上淮南子。又月令季秋乃趣獄刑，無留有罪，亦即此意。又此無決池隄，月令仲春無竭川澤，無漉陂池，或即此意。此冬令七，皆具見於月令。然則月令又有取於洪範五行者也。

以上諸書，或紀星象時候，或言陰陽五行，或本洪範言天地大法，皆具月令一篇之中。惟此諸書，皆不言明堂，而月令每月有王居某某云者，惟尙書大傳有之，疑此同出自王居明堂禮。佚禮有王居明堂禮，凡月令及禮器注。六藝流別引尙書大傳自東方之極，云云至君子說小人樂一節，陳壽祺輯校謂「其文頗不類伏書，又時與伏書相複，他書亦無稱引者，惟皇覽稱逸禮與此大同，皆可疑也。」皮錫瑞疏證云「淮南時則訓鄭注月令引王居明堂禮，皆與傳文若合符節，蓋同據古禮爲說也。」案月令鄭注季春之月，引王居明堂禮云季春出疫於郊，以禳春氣。尙書大傳云季春之月九門磔禳，出疫於郊，以禳春氣。又仲秋之月引王居明堂禮云仲秋命庶民畢入於室，曰時殺將至，毋罹其災。尙書大傳仲秋之月乃令民畋醵，庶氓畢入於室，曰時殺將至，毋罹其菑，又季秋之月引王居明堂禮云季秋除道致梁，以利農也。尙書大傳季秋之月除道成梁，以利農夫。又孟冬之月引王居明堂禮云季冬之月命農夫畢積聚，繫收牛馬。尙書大傳季冬之月畢積聚，繫牛馬，收澤賦。又季冬之月引王居明堂禮云季冬命國爲酒，以合三族，君子說，小人樂。尙書大傳季冬之月命國爲酒，以合三族，君子說小人樂，凡以上所舉，不惟事同且詞又同，故皮氏云若合符節也。然亦有出大傳之外而事又不甚合者，如孟春出十五星迎歲，中春帶以弓韣，禮之禖下；其子必得天材，孟秋九門磔禳以發陳氣，禦止疾疫是也。故皮云「蓋同據古禮爲說也。」按古人用書不必全同，各有取舍，尙書大傳之取王居明堂禮，蓋無可疑，今據尙書大傳以想象古之王居明堂禮，蓋必如月令之某月天子居某某云云以下也。其成書或比月令少前，故其書不如月令之詳備。今卽以尙書大傳爲主，而考其每月之令禁，孟春之朔令曰挺羣禁，開閉闔，達障塞，禁無伐林木，治水五行篇皆有之，季春之朔令曰撫四方，治水五行作出，使四方行柔惠，治水五行亦有之，孟夏之朔令曰爵有德，賞有功，惠賢良，治水五行篇有之，仲夏之朔令曰惠孤寡，治水五行作存幼孤，矜寡獨，出大祿，行大賞，或卽治水五行之施恩澤。季秋之朔令月陳兵甲，戒百官，誅不法，治水五行作飭甲兵，警百官。孟冬之朔令曰申群禁，治水五行作審群禁，仲冬之據外徒，治水五行作禁外徒。而其每時之禁更與續漢書五行志注所引同，此陳壽祺所謂重複者，悉在五行順逆篇中已見前表，然則王居明堂或亦有本之洪範五行者歟？茲更表列之而徵之於月令。

尚書大傳孟春之月

朔令　挺群禁月令仲春之月命有省囹圄去桎梏無肆掠止獄訟。開閉闔　通窮窒月令季春之月聘名士禮賢者，達障塞月令季春之月開通道路無有障塞。待優游，禁無伐林木月令孟春之月禁止伐木

尚書大傳仲春之月

朔令　寬怒惡　解役罪　免憂患　休罰刑　開闔梁

禁　田獵不宿　飲食不享　出入不節　奪民農時月令仲春之月無作大事以妨農事

尚書大傳季春之月

朔令　宣庫財　和外怨　撫四方　行柔惠月令季春之月天子布德行惠命有司發倉廩賜貧窮振之絕開府庫出幣帛周天下勉諸侯即此上四令之意也。止剛强　九門磔攘出疫於郊以攘春氣月令季春之月國人儺九門磔攘以畢春氣

尚書大傳孟夏之月

朔令　爵有德　賞有功　惠賢良月令孟夏之月贊俊傑，遂賢良，舉長大，行爵出祿，必當其位，又行賞封諸

侯慶賜是以上三令之意也。 舉力農月令孟夏之月命野虞出行田原勞農勸民無或失時。 禁無隳防月令孟夏之月無有壞隳

尙書大傳仲夏之月

朔令 振貧窮月令季春之月賜貧窮。惠孤寡月令在孟冬淮南子時則訓仲夏有存鰥寡振死事令虞休疾出大祿 行大賞月令孟夏之月行賞封諸侯卽大祿大賞也

禁 棄法律 逐功臣 殺太子 以妾爲妻禁以上四禁乃國家之大防非時警也故月令不具乃令民雩月令仲夏之月乃命百縣雩祭百辟卿士

尙書大傳季夏之月

朔令 起毀宗 立無後 封廢國 立賢輔 卹喪疾此月五令月令皆無之惟淮南時則訓有行惠令弔死問疾存視長老卽此恤喪疾意也

尙書大傳中央之極土王之日

爲民祈福月令季夏之月命四監大夫養犧牲命民咸出其力以供皇天上帝山名大川四方之神以祀宗廟社稷之靈爲民祈福。命世婦治服章月令季夏之月命婦官染采。令民口虐

禁 治宮室 飾臺榭月令季夏之月不可以興土功卽上二禁之意也。內淫亂 犯親戚 侮父兄禁以

上三禁亦國之大防也

尙書大傳孟秋之月

朔令　審用法月令孟秋之月命理審斷淮南時則訓有審決獄平詞訟備盜賊月令孟秋之月坿牆垣補城郭即此意也。禁姦邪月令孟秋之月禁止姦愼罪邪。飭羣牧月令孟秋之月專任有功以征不義詰誅暴慢以明好惡巡彼遠方。謹貯聚月令仲秋之月多積聚。禁無弛戎備月令季秋之月天子教於田獵以習五戎。

尙書大傳仲秋之月

朔令　謹功築月令孟秋之月修宮室。遏溝瀆月令孟秋之月完隄防謹壅塞。修囷倉月令仲秋之月穿竇窌修囷倉。決刑獄月令孟秋之月決獄訟戮有罪嚴斷刑。趣收斂月令仲秋之月命有司趣民收斂。禁好攻戰　輕百姓　飾城郭　侵邊境　乃令民畋醵庶畢入於室曰時殺將至無罹其災。

尙書大傳季秋之月

朔令　除道路月令季春之月有開通道路淮南子時則訓季秋之月有通路除道從境始至國而後已季春亦有或一歲季春季秋兩除道而月令脫此文當依淮南子增守門閭月令孟冬之月戒門閭修楗閉愼關籥。陳兵甲　戒百官　誅不法月令孟秋之月天子命將帥選士厲兵以征不義即此陳兵甲誅不法意也。除道成梁以利農夫見上除路道

尙書大傳孟冬之月

朔令　申羣禁月令本月無此令淮南時則訓有之作修羣禁。修障塞月令孟冬之月完要塞畢積聚月令孟冬之月命司徒循行積聚無有不斂。繫牛馬月令仲冬之月農有不收藏積聚者馬牛畜獸有放佚者取之不詰。收澤賦月令孟冬之月命水虞漁師收水泉池澤之賦。禁無作淫巧月令孟冬之月工師效功陳祭器按度程無或作爲淫巧以蕩上心。

尙書大傳仲冬之月

朔令　捴外徒月令無此令按此外徒卽外徙淮南子孟冬之月有禁外徙或卽此令。止夜樂　誅詐僞月令無此令淮南子仲冬之月有誅淫佚詐僞之人。省醞釀　禁簡宗廟　不禱祠　廢祭祀　逆天時以上四禁亦國之大防也。令民罷土功月令仲冬之月有司日土事無作。

尙書大傳季冬之月

朔令　省牲牷月令仲秋之月命宰祝巡行犧牲視全具案芻豢瞻肥瘠察物色必比類量小大視長短皆中度。修農器月令季冬之月命農計耦耕事修耒耜具田器。收秸薪月令季冬之月命四監收秩薪柴。築囹圄月令仲冬之月築囹圄。謹蓋藏月令仲冬之月無發蓋藏。乃大儺以禳疾月令季冬之月命有司大儺旁磔出土牛。命國爲酒以合三族君子說小人樂月令孟冬之日大飲蒸……勞農以休息之，或卽此意也。

觀上表凡尙書大傳之令禁，其不見於月令者蓋甚少，或月令文有脫佚如以淮南子時則訓相較卽可知，又或名實瞀亂，不易推尋，或彼分此合，檢校不易，或名目含渾，不得其義。如孟春之侍優游，仲春之免優恩是也。而大體則備於月令之中，是月令之有取於王居明堂禮者也。

二、月令之意義

古有告朔之禮，周禮太史頒告朔於邦國，鄭玄云「天子頒朔於諸侯，諸侯藏之祖廟，至朔朝於廟，告而受行之」。近人衛聚賢氏以為告朔即頒曆是也。疑古所頒告朔，即夏小正之類，故周官太史正歲年以序事，頒之於官府及都鄙，鄭注云「中數曰歲，朔數曰年，中朔大小不齊，正之以閏，若今時作曆日以定四時，以次敘授民時之事」是也，其後儒家之明堂思想勃興，凡國之大政，則合議之於明堂，其國之常政，則制成憲章，亦藏之明堂，仿告朔之禮，天子每纂成法而奉行之，於是天子乃可無為而治，惟此憲章之寫成，不能不有所因，故除夏小正之外，旁及陰陽五行，及洪範九疇天地之大法，皆古奉若天道之政治思想也。而各家所寫，想非一本，故有王居明堂，明堂陰陽，明堂月令等等非一，而月令為尤備。故蔡邕之贊月令，以為「因天時，制人事，天子發號施令，祀神受職，所以順陰陽，奉四時，効氣物，行王政，若人者昭而明之，稽而用之，耳無逆聽，令無逆政，所以臻乎大順，陰陽和，年穀豐，太平洽，符瑞由此而至矣」。而杜預之贊告朔，以為「人君者設官分職，以為民極，遠細事以全委任之責，縱諸下以盡知力之用，總成敗以效能否，執八柄以明誅賞，故自非機事，皆委任焉。誠信足以相感，事實盡而不擁，故受位居職者，思效忠善，日夜自盡，而無所顧忌也。天下之細事無數，一日二日萬端，人君之明，有所不照，人君之力，有所不堪，則不得不借問近習，有時而用之，如此則六鄉六遂之長，雖躬履此事，躬造此官，當皆移聽於內官，向心於左右，政之粃亂，常必由此。聖人知其不可，故簡其節，敬其事，因月朔朝廟，還坐正位，會羣吏而聽大政，考其所行，而決其煩疑，非徒議將然也，乃所以考已然，又惡其審聽之亂公也，故顯眾以斷之，是以上下交泰，官人以理，萬民以察，天下以治也。」案蔡杜之論，皆與太史所掌為不同，而別具一種政治精神；蓋當其時告朔之禮，其廢已久，元凱所見，皆已糅合明堂思想之告朔制度，故所論實明堂政治思想之大體也。

今推源月令之成書，及與明堂思想糅合之痕跡，（參看拙著儒家政治思想之變遷）以明月令為儒家明堂思想之憲章，則月令當別為一書，（劉向別錄屬明堂陰陽）呂不韋分之以作十二紀，劉安取之以作時則訓，小戴採之以入禮記，皆非自撰者也。鄭玄不察，以為呂不韋所作固謬，即蔡邕尊之以為周公所作，亦未得其實也。

摘錄「儒家政治思想之變遷」論明堂說之來源與意義

蒙季甫

明堂有議事之制，凡朝覲諸侯，行爵賞，選賢良，命將帥，議征取，靡不於明堂，公卿諸侯大夫在焉，國之俊選在焉，集天下之衆智，通上下之隱諱，求其根核，實乃合明堂辟雍太廟路寢而為一，而參之以月令，月令乃聽朔之義，路寢立朝之所，太廟覲諸侯之地，辟雍以養老教學，行軍出征，有受成之義，明堂大朝之宮，皆大典之所存，合而納諸明堂，故儼然最高之政府焉，其制蓋以削君主專制之權；而移其無上之聲威於政府也，請詳說之。古之明堂以朝諸侯，故泰山之下，有古明堂，齊宣王所欲毀者也，荀子所謂「雖築明堂於塞上而朝單于可也」是也，其制甚簡，武帝時，濟南人公玉帶上黃帝時明堂圖，圖中有一殿，四面無壁，以茅蓋，通水，水圜宮垣，為複道，上有樓，從西南入，名曰崐崙，以禮拜上帝，黃帝之說無稽，要亦古制，故孝經亦謂「宗祀文王於明堂，以配上帝，」明古之明堂，以朝諸侯；其祀止上帝，故一殿而足矣，其後五天帝之說興，明堂復改祀五天帝，尚書帝命驗曰帝者承天立五府，唐虞謂之五府，夏謂之世室，殷謂之重屋，周謂之明堂，皆祀五帝之所也，」而明堂乃有五室之制，攷工記，「明堂五室，凡室二筵」是也，而青陽總章諸名，亦因之以興，其後十二月令之說入於明堂，乃更有左个右个十二明堂之制。六藝流別引尙書大傳云：「自冬日至數四十六日，迎春於東堂，距邦八里，堂高八尺，堂階八等，孟春之月御青陽左个，仲春之月御青陽正室，季春之月御青陽右个。自春分數四十六日，迎夏於南堂，距邦七里，堂高七尺，堂階七等，孟夏之月御明堂左个，仲夏之月御明堂正室，季夏之月御明堂右个。自崑崙中至太室之野，土王之日迎中氣於中室。」考工記賈疏引別錄：「路寢在北堂之西，社稷宗廟在路寢之西。」又云：「左明堂辟雍，右宗廟社稷。」又說苑修文篇：「承明繼體守文之君之寢曰左右之路寢，謂之承明何？承乎明堂之後者也。」是國中亦有明堂。大傳中室，卽明堂也。大傳又云：「自夏日至數四十六日，迎秋於西堂，距邦九里，堂高九尺，堂階九等，孟秋之月御總章左个，仲秋之月御總章正室，季秋之月御總章右个。自秋分數四十六日，迎冬於北堂，距邦六里，堂高六尺，堂階六等，孟冬之月御玄堂左个，仲冬之月御玄堂正室，季冬之月御玄堂右个。」大戴盛德篇亦云：「明堂有九室十二堂。」是也。而月令亦由此遂羼入明堂之名，如明堂月令、王居明堂禮是也。案月令之禮本自聽朔之政。周官：「大史掌頒告朔于邦國。」穀梁傳：「天子告朔於諸侯，諸侯受於禰廟，禮也。」五經異義：「諸侯歲遣大臣之京師受十二月之朔政，還藏於祖廟。」是聽朔之禮有十二月朔之政，其來自久。夏小正一篇，已略備月令之體。逸周書亦有時令解，他如管子幼官、時令，皆爲月令之鼻祖，故杜君卿以月令爲出於堯子，蓋先有其禮，次有其文。夏小正、時令解等，皆其文也，不韋蓋本以上諸書加以損益耳，非創作也，亦如時則訓之不同於呂氏春秋，而鄭注所引之今月令雖亦復有出入也，劉瓛云：「不韋鳩合儒者，尋於聖王月令之事而記之，不韋安能獨爲此記。」此可見古者實有此月令之政，非徒具文也。其後儒者復引月令以入明堂，御覽引含文嘉注云：「天子孟春上辛於南郊，總受十二月之政，還藏於祖廟，月取一政，頒于明堂，」蔡邕明堂月令論曰「古者。朝上於天子，受月令以歸，而藏諸廟中，天子藏之于明堂，每月告朔，朝廟出而行之，」又月令明堂篇名曰「因天時，制人事，天子發號施令，祀神受職，每月異禮，故謂之月令，所以順陰陽，奉四時，效氣物，行王止也，成法具備，各從時月，藏之明堂，所以示承祖考神明，明不敢褻瀆之，義故以明堂冠月令，」明月令明堂本為二事，月令既入明堂，而明堂乃為政治之樞機，以尚書大傳觀之，五堂猶非一處，其後儒者欲尊崇明堂，乃復合太廟路寢明堂辟雍而為一，大戴記云「此天子之路寢也，不齊不居其室，待朝在其南宮，揖朝出其南門，」明堂位曰「太廟天子明堂，」古周禮孝經說；「明堂者文王之廟也，」魏文侯孝經傳曰，「太學者，中學明堂之位也，」禮記昭穆篇曰，「太學明堂之東序也，」盛德篇「明堂其水圜之，曰辟雍，」左氏舊說及賈逵盧植蔡邕服虔等，皆以祖廟與明堂為一，蔡邕明堂月令論曰，「明堂者天子之太廟，所以崇禮其祖，以配上帝者也，夏后氏曰世室，殷人曰重屋，周人曰明堂，東曰青陽，南曰明堂；西曰總章，北曰玄堂，中央曰太室，易曰離也者明也，南方之卦也，聖人南面而聽天下，嚮明而治，人君之位，莫正於此焉，故雖有五名，而其主以明堂也，其止中焉，皆曰太廟，」又云「取其宗祀之清貌，則曰清廟，取其正室之貌，則曰太廟，取其尊崇，則曰太室，取其堂，則曰明堂，取其四門之學，則曰太學，取其四面周水圜如璧，則曰辟雍，異名而同事，其實一也。」四者合而為一，五府併為一宮，於是明堂有宗廟之尊，太學之盛，路寢之治，儼然最高之政府焉，故蔡邕明堂月令論曰「謹承天隨時之令，昭令德宗祀之禮，明前功百辟之勞，起尊老敬長之義，顯教幼誨稚之學，朝諸侯，選造士於其中，以明制度，生者乘其能，而至死者論其功，而祭，故為大教之宮，而四學具焉，官司備焉，譬如北辰，居其所而衆星拱之，萬象翼之，政教之所由生，變化之所自來，明一統也，故言明堂，事之大義之深也」曰譬如北辰，曰明一統，其尊崇爲何如，曰政教所由生，變化所自來，非政府而何，曰事之大，義之深，則其理想之高可知也，西漢之世，趙綰王臧欲立明堂，而身不自保，至乎東漢，光武之世，明堂之制乃始確立，明帝即位，躬行其禮，宗祀光武於明堂，養三老五更於辟雍，威儀盛美，單于入侍，較乎西京已有質文之別矣，然以探之明堂思想之初意，猶有間焉，則以迫於專制積威之下，不得暢行其說之故與，東漢以降，則更備物而已，可不惜哉。（見史學季刊第一期）

余論今文家明堂之義，源於周人外朝之法，有似後來之國會。從弟季甫更鳩合羣籍，以證月令實取古之王居明堂，禮儼然後來之憲法，深有助於拙論，故附錄卷末，以究未盡之義。雖然，西方服從多數之說，余於自序中已論其非是。故以明堂爲議政之宮則可，以明堂爲即令之代議制則不可。至月令所陳，原爲政治之綱要，而非治權之規定，至爲顯著。蓋君權民權云者，乃政治敵對之謂，君主專制，誠不足道，而議會專制之弊，今日西方學者，類能言之。亦頗謀所以救之，固不得爲世界最理想之政治也。夫以夫子百工之各有其職，即各有其權，專制於一夫，誠非專制於多數，亦未是，皆非中國思想所應有之說也。月令所陳者，爲政治積極之職責，而非權力消極之限制，乃政治之規定，而非權力之規定，誠以中國之法，治權分繫於各級之職司，實非專繫之上層或下層。蓋中國固未嘗言司法之獨立，然以張釋之之持法言之，以石虎之持於法言之，則又未嘗非獨立。亦未嘗言考試銓敘之獨立，然考銓之政，復誰得而干涉之，侵亂之。豈惟司法考銓之制，凡而百司之守，莫不皆然。由周官唐六典而下，皆職守之規定，尸祝不得越俎而代庖。而法者正所以持百工之正，俾上下各盡其職，不相陵犯。此中國之大法，與西方之大法，迥然異趣者也。權固非專之於庸衆，而與獨裁於一夫者，尤爲不同。五權分立之義，殆庶乎得之，而猶未之盡也。凡中國政治之理論與制度，每難以西方之邏輯衡之。即以唐言，天寶開元之後，謂之分權可也，然分而實專；天寶開元以前，謂之集權可也，然集而非專，更以三省制言之，則西方所謂君主專制者，類非吾國之所有，惟申不害言「有天下而不恣睢，是之謂以天下為桎梏。」幾於似之，而求諸歷代之政治，究未嘗依此理論以表見於行事。漢唐而下，朝廷集議與御史之制，乃中國議政之法，正沿襲於明堂之遺，將於他日續論之。恐讀者疑於季甫之意，因略陳之如此。

文通附記

——摘自《圖書集刊》一九四五年五月第六期

語言中方名之虛義

郭紹虞

禮記內則謂：「六年教之數與方名。」數，指一至十之數；方名，即指東西南北。一是一，二是二，東則東，西則西，這是知識的基本條件，所以必須分別清楚。但是，由實義言，應當分清，不可認一作二，指東為西；由虛義言，則一至十之數與東西南北之方名，一樣不可拘泥。

數之虛義，自汪中「釋三九」一文發之。方名之虛義則發自俞樾。俞氏「曲園雜纂」卷三達齋詩說「南有樛木」條謂：

易曰：「相見乎離。」古者嚮明而治，自天子、諸侯至於有土卿、大夫無不南面者，故離為相見之方。詩人之詞，如：「南有樛木」，「南有喬木」，「南有嘉魚」，以至山曰「南山」，澗曰「南澗」，大率多以「南」言。蓋欲於四方之中舉一面以包其三面，則莫如言「南」，以南方人所常見也。不然，國中豈無「東山」「西山」而必言「南山」，豈無「東澗」而必言「南澗」乎？伯兮篇正義曰：「背者，嚮北之義，故知在北。婦人欲樹草於堂，冀數見之，明非遠地也。婦人所常處者堂也，故曰北堂」。以是言之，言「北」者義繫婦人。「陟彼北山，言采其薇，」亦就婦人言。舉婦人所常見者則宜言「北」，舉男子所常見者則宜言「南」，此亦不易之理矣。……南之外莫如東，東方歲春，四時之首，故舉「東」之一面，亦足包其餘三面，如「東門之墠」，「東門之楊」是也。其或言「北」者，則配「南」而言，如「南山有臺」，「北山有萊」是也。其或言「西」者，則配「東」而言，如「蝃蝀在東，朝隮於西」是也。若「出自北門」，則取背明向陰之義，固有意言之，而非恒言矣。汪容甫有釋三九篇，古人之言數者始可不泥其數。愚為此說，則古人之言方者亦可不泥其方。蓋古人立言之體例，自漢已來，久已失之，而今則日推而日出也。

其實，這也與章學誠「述學駁義」所說的一樣，因為這也是語言慣例。古人立言本與語言相近，所以體例如此。自漢已來，逐漸走向文字組合的技巧，遂與語言為遠，當然成為「久已失之」。從古籍中研究，看出數與方名的虛義，誠是一大發見；從語言中探索，則數與方名的虛義，卻是本來如此。

一　南方為人所常見，所以言距離之遠，則稱「天南地北」。汪廷訥種玉記「萬古傷心繫一時，縈腸不住相思。天南地北恨何如？河梁今夜雨，溝水各東西。」狀居室則稱「南窗北牖」，毛幷水調歌頭，「何似生涯纔足，欹枕南窗北牖，醉夢落樵聲。」指官廨則稱「南衙北府」，楊珽龍膏記「南衙北府無相抗。」

「東」亦可包其餘三面，所以來往行走，多指「南北」，或言「東西」。曹元寵清玉案詞：「南來北往何日了。」馬致遠岳陽樓劇：「但是南來北往，經商客旅，做買做賣。」陳汝元金蓮記劇：「一個沈宦海而久迷，空自南奔北走。」這是指「南北」言的。周履靖錦箋記劇：「終朝東走與西奔，塵滿裙裾汗滿裩。」明無名氏白兔記劇：「自家當初結義十個弟兄，各自投東往西去了。」這又是指「東西」言的。對於鄰里，亦是如此。李白江夏行「東家西舍同時發，北去南來不逾月。」周履靖錦箋記「東家西戶盡來尋，關請。」這與「南鄰北戶」，「南鄰北里」，或「南鄰北舍」同義。

大抵方名與數名，由虛義一點言，本係同樣作用。如「七拼八湊」亦可說「東拼西湊」，「七歪八扭」亦可說「東倒西歪」，「七支八搭」即「東拉西扯」之意，「七零八落」即「東零西碎」

之意。所以方名之虛義，實在與數名是一樣的。這種用數名或方名的作用，只是爲音節上湊數的關係，故可不必顧到實際意義。如「七拼八湊」本可說「拼拼湊湊」，「一乾二淨」本可說「乾乾淨淨」，「東拉西扯」也可說「拉拉扯扯」，「東藏西躲」也可說「藏藏躲躲」。去掉這些所加的方名與數名而複言之，一樣也有音節上湊數的作用。所以這些加上去的方名與數名不必有實義。

不但方名是如此，推之如「天地」「來去」等字，有時也無意義可言，如「歡天喜地」只是歡喜，「翻天覆地」只是翻覆，都是加强形容之意。至如「天公地道」一語，把「公道」二字拆開，覺得根本不詞，可知冠以「天地」二字，只是加强的作用而已。又如「來顛去倒」只是顚倒之義，「關來節去」亦只是關節之義。大抵「天地」形容其甚，只是程度之加强；「來去」表示動作，又指次數之頻繁。所以「翻天覆地」，只是翻覆之甚，而「翻來覆去」乃言翻覆之頻。這是語言中表示虛義的另一方式，故亦附述於此。

——摘自《國文月刊》一九四六年一月第四十五期

月令章句疏證敘錄

向宗魯著。三十四年十一月重慶商務印書館出版。四八頁。定價九角。

月令一篇今存呂覽淮南戴記諸書中，極有關係先秦曆法典制思想學術。漢以來學者傳授之文字頗相岐異，清代輯佚佚文者復有多家。向君邃於校讎之學，病古義之淪湮，因檢拾諸書，正譌補闕，爲之疏證。未竟而卒，其已殺青可寫者僅敘錄一卷。向君門人王利器君爲之董理遺稿，刊印行世。敘錄釋月令之義爲古天子之令，著於明堂，布於天下者。今月令，本出周書。作者爲周公或爲呂不韋，漢末鄭玄蔡邕時已有異說。自後諸儒注釋引據，文字紛如，其異文見向君是稿所舉。是稿雖止於敘錄，然大端已備。卷末王利器君有贊，復爲補識若干事云。

——摘自《圖書季刊》一九四六年六月新七卷第一、二期合刊

禮運大同篇溯源

王新民

禮運大同篇出於孔子，此傳統之見，而公羊家張之以成三世說。康有爲氏本此撰爲大同書。

然王石梁姚際恆陸奎勳三氏以爲未是，謂爲出於道家：

石梁王氏曰：「以五帝之世爲大同，以禹、湯、文、武、周公之世爲小康者，有老氏意，而語又引以實之。且謂禮爲忠信之薄，皆非儒者之語，所謂孔子語記者之辭也。」（杭世駿撰續禮記集說卷三十九引文）

姚氏際恆曰：「此周秦間子書，老莊之徒所撰。禮運乃其書中之篇名也。後儒寡識，第以篇名言禮，故採之。後來二氏多竊其旨，而號爲吾儒者亦與焉。」（仝右）

陸氏奎勳曰：「篇謂子游之徒錄孔子語。余觀首章以五帝爲大同，三王爲小康。蓋緣漢初崇尚黃老，故戴氏撮五千之大旨，而附會爲聖言，不可信也。……若藏身之固，家國天下之肥，大一四靈之類，非本戰國諸子，卽用秦漢雜書，研經者當別白觀之」（仝右）（註一）

近人伍非百蔣維喬謂係墨子之論：

伍非百墨子大義述云：「禮運大同之說，頗與儒家言出入。……實則墨子之說，而援之以入儒耳。蓋儒者數傳之後，墨家兼愛尚同之理想，已大見重於人世」。孔子所謂堯舜獨病者，而墨子以爲實行不難，子游弟子等，乃援儒入墨，謂仲尼亦有此說云耳。明知墨家之兼愛，與儒家之禮不相容，則爲大同小康二說，謂姑先行小康之治，以徐躋於大同。此禮運之所由作也」禮運大同說、與其他儒家書不其合，而與墨子書意義多符，文句亦無甚違。天下爲公，則尚同也，選賢與能，則尚賢也，講信修睦，則非攻也，不獨親其親，不獨子其子，則兼愛也，貨惡其棄於地，力惡其不出於身，則節用非命也，使老有所終，壯有所用，幼有所長，矜寡孤獨廢疾者皆有所養，則老而無妻子者有所待養以終其壽，幼弱孤童之無父母者，有所依以長其身之文也，貨不必藏於已，力不必爲已，則餘力相勞，餘財相分，餘道相教之意也，謀詐閉而不用，盜賊竊亂不作，亦盜賊無有，誰竊誰亂之辭也。總觀全文，其為墨家思想甚為顯著。……篇中下文，聖人能使天下為一家，中國為一人，亦墨子尙同之義。」蔣維喬謂出老儒墨三家思想而成，並列兼愛中原文，以見襲取之迹，曰：「例如禮記之『禮運篇』之大同說，明是漢代學者所為，綜合老儒墨三家思想而成。孔子之思想，全表現於論語之中，常夢周公而不忘，歎美其政事。乃康氏不之取，反以孔子為去禮儀，捨人為，愛平等；說太平道之人。謂其是創說，自是另一問題；否則史實昭然不甚可信。據吾人所見，禮運篇大同之精神，當是依據老子「無為之治」及墨子「兼愛」之說而成者，從墨子書中引一條以為例，當可以明白。

昔者文王之治西土，若日若月，乍光於四方；於西土，不為大國侮小國，不為衆庶侮鰥寡，不為暴勢奪穡人狗彘。天屑臨文王慈，是以老而無子者，有所得終其壽；連(同鰥)獨無兄弟者，有所雜於人生之間；少失其父母者，有所放依而長。(兼愛中篇)

墨子借文王之事蹟，述其兼愛思想如是；則禮運一篇，是同一系統之思想。」(中國近三百年哲學史頁一一六——一一七)

伍氏謂出墨子；蔣氏謂出儒道墨，然僅提出本於墨子兼愛中之證，是其失也。

禮運大同出於秦漢儒者，融儒道墨三家於一爐。古以禮設教，「禮不下庶人，刑不上大夫。」迨貴族階級崩潰，商賈左右社會，禮達遍佈各階層。然叔孫通雖齊魯儒士，釐訂朝儀，猶執崇別之見，是以離而為二；以禮立社會秩序者，則禮運大同為極；以禮祀鬼神暨國際交鄰國者，則儀禮禮記所載昏喪祭之儀注為極。茲列大同說與儒墨二氏意近如次：

「選賢與能」，則儒墨之所同。墨揭尙賢之論、儒讚「舉直錯諸枉，則民服。」「舉善而教不能。」(論語為政)之制。

「講信修睦」，亦儒墨二家所並倘。孔子「民無信不立」(論語顏淵第十二)「天下有道，則禮樂征伐自天子出。」(論語季氏)均講信修睦之論，而墨子非攻說所由出也。

「故人不獨親其親，不獨子其子。」則論語微子「周公謂魯公曰：『君子不施其親，不使大臣怨乎不以，故舊無大故，則不棄也，無求備於一人。』」之餘義，而墨子兼愛之論也。

「使老有所終，壯有所用，幼有所長。」則孔子「老者安之；朋友信之；少者懷之。」(論語公冶長)亦前引墨子兼愛中之義也。

故大同篇前段，襲取孔墨二家之義，非徒墨子也。

辨乎蒙文通氏之論曰：

「究之禮運一書，取之墨而義又有進於墨者。班氏言墨見儉之利，因以非禮。故莊生及司馬談並言墨之非禮樂，禮運則於墨家非禮之後，上探禮樂之源以言之。……則言禮之本於人情，可以義起。三千王官，不足泥也。……斯其獨探禮樂之源，以重建禮樂之基，殆正以答墨家之難，而義已大進於墨家也。」（論墨子書備三家之學載圖書集刊第三期頁一七）

禮運大同篇襲墨子之義者「矜寡孤獨廢疾者皆有所養」，至「力惡其不出於身也，不必為己。」蓋本節用非命之說也。

「選賢與能」雖與老子「不尚賢，使民不爭。」之論相違，然「是故謀閉而不興，盜竊亂賊而不作。」則老子「無知」「無欲」之論，（註二）亦墨子「盜無有，誰竊誰亂」之語也。則本老子墨子二書以為立議依據也。

「故外戶而不閉」，陳澔集說之禮記卷四注曰：「戶設於外，而閉之向內也。」臨川吳文正公新刊京本禮記纂言禮運二十五卷曰：「外戶扉從外闔也，不閉者，不用關閉之也。重門擊柝，為禦暴客。既無盜竊亂賊，則戶無事於閉也。但為風塵入瀧，故設扉耳。無所捍拒，故從外而掩也。」均謂門戶之戶，與「謀閉而不興，盜竊亂賊而不作」大小不稱。門戶不閉至小事也。謀不興盜不作則社會安全，至大之事也。外戶不閉下無「道不拾遺」，亦與通篇偶騈之句闕文不合，故不可作門戶析也。鄙意即老子「天門開闔」，「能為雌乎？」之意，而獨襲道家之論也。

故禮運大同非孔子之說，子游或其門徒融儒道墨三家之見為一，以為我國立國之最高理想也。篇中稱引孔子說，均有增益，蓋不滿孔氏徒執不可知論即為得計也。如子言：「夏禮吾能言之，杞不足徵也。殷禮吾能言之，宋不足徵也。文獻不足故也。足，則吾能徵之矣。」（論語八佾）禮運易為：「我欲觀夏道，是故之杞；而不足徵也、吾得夏時焉。我欲觀殷道，是故之宋；而不足徵也，吾得坤乾焉。坤乾之義，夏時之等，吾以是觀之。」則與論語「文獻不足徵」之意相逆，蓋禮運以為坤乾夏時即夏商二代文獻，足以徵信也。由坤乾夏時推知祀宋郊天之非禮：「杞之郊也，禹也；宋之郊也，契也。是天子之事守也。故天子祭天地，諸侯祭社稷。」則非孔子初說。是禮運為孔子弟子假冒師言，以取信於世也明矣。

儒家學說，卓然猶存，不致忽爾絕迹者，蓋有三變：漢代儒家吸道墨法三家之長，以成是傳禮記孝經。兩宋儒者襲佛家禪宗四料簡五位頌之論，以成宋元明理學。近代學者，如張君勱馮芝生師採歐西哲論，冶為新理學。繼往開來，起廢救溺，則舊瓶新酒，有以然也。

道家尚三倫：父子，兄弟，夫婦。無視君臣父子二倫。君臣則廢之以臻於無為。朋友因小國寡民，老死不相往來，絕交遊。墨家只尚朋友一倫，謂保萬人共行大道。儒家則倡五倫。此其不同也。儒以治人，道以修己。並行不悖也。

儒家思想行於平時。墨家行於義師抗暴戾之秋——軍事第一勝利第一即七患尚城郭溝池之守；國家至上民族至上即中國家民族之大利；（非命三表之一）意志集中力量集中即術同；節約儲蓄吃苦耐勞即節用非樂；抗戰為世界正義與人類和平即貴義兼愛非攻；以弱抗強即非命；入學讀書可允緩服兵役與人事行政會議之人事管理即尚賢。道家行於國家為暴敵侵略之淪陷區域——獨善其身，不與偽組織，潔身自好，如明末志士與今之遁跡偽國者所操之節。

然儒道墨三家均宋國學者之論。宋為商後，以柔為立身要道。故孔言仁；老言慈讓（不敢為天下先）；墨言兼愛非攻。均行「寬柔以教，不報無道」之訓。故三家皆殷商遺民，以「損之又損」立教。禮運大同則其總滙也。

法家則尚剛毅，為說起於齊之管仲。齊地係太公之後，士瘠民貧，太公教民耕稼漁獵織紡，深擅魚鹽之利，富甲鄰國。故尚物質輕精神，重法治賤德化。太公治齊與周公治魯異，仍本周初游牧民族粗野之風，與周公沐殷商農業文化有殊也。東方學說與西方學說遂判為二，即齊魯之異也。

然東方學說根深蒂固，與西方學說相較，立說優劣。孔子首倡「無求生以害仁，有殺生以成仁」之剛道。公羊家取法家以為說。康有為氏復取大同說以合公羊家之見。則東西——即商周二代——思想之調和也。

（注一）日人陳濟泉編諸子百家考云：「予以為禮運篇為漢初黃老流行時代之作，非先秦時代之文，更非孔子之意，可以斷言也。」（頁一八二，載民二十二年商務）

芝生師中國哲學史亦謂大同說源儒道二家之見而一之。是大同說出於道家之論，迄今猶存。

（注二）朱申曰：「謀閉而不興，以力不必為已，而同乎無知。盜竊亂賊而不作，以貨不必藏於已，而同於無欲也。」（續禮記集說卷三十九）

——摘自《福建文化》一九四六年六月

新二卷第四期

禮運大同小康章文並無錯簡議

李翊灼

四川大學教授徐永孝近著學校祀孔議。其第四議謂禮運大同章有脫簡必補禹湯文武至未有不謹于禮者也二十六字。愚按禮運大同小康章文。並無錯簡。徐君此議。所有理證。皆欠深考而不可從。請申議之。徐君立說。蓋根據淸儒邵懿辰禮經通論。邵氏之言曰。

禮運一篇。先儒每歎其言之精而不甚表章者。以不知首章有錯簡。而疑其發端近乎老氏之意也。今以「禹湯文武成王周公由此其選也此六君子者未有不謹於禮者也」二十六字。移置「不必爲己」之下。「是故謀閉而不興」之上。則文順而意亦無病矣。

邵氏此說。善化皮錫瑞三禮通論。謂爲移易經文。動言錯簡。乃宋人習氣。不可爲訓。雙流劉咸炘禮記溫知錄。亦謂邵氏移去二十六字。則以著其義道接故謀用二句。此二句仍橫梗不貫。且世及與禮義平列。若世及爲非。則禮義亦非。邵氏謂世及乃襲世卿。則禮義句又何幾耶。若將禮義句說作霸功。則本文不見此意。終是深文鑿說。愚謂皮列二氏論邵之言。甚爲正確。而劉以呰義駁劭。評爲深文鑿說。尤爲精允不刊之論。徐君於此。乃欲闢皮劉二說爲非。而證成邵氏之義。於是更於邵氏所舉證外。又引本篇他書各二事以爲補證。其意良劬。然所舉諸文及古書諸脫簡字數。殊未足以爲脫簡必補之據。而令皮劉二氏心折。蓋移補二十六字。於兩節文義。實似不順。無可諱言者也。徐君於此。雖加以種種曲解。亦無以自圓其說。至於以小康之政爲霸者之事。謀與兵爲保家戡亂之用。謂二者皆爲禮義所譏。尤失孔子之旨。其何以解于孟子仲尼之徒無道桓文之事之言乎。然則徐君所申邵說。其理證皆欠深考而不可從。信矣。或曰。禮運大同小康章文果無錯簡者。何爲先儒徒歎其言之精而皆不甚表章之也。曰禮運大同小康章文。自漢以來。並無脫簡之說。今詳究其文辭義明白顯著易見。則完體無疵。尤堪置信。故皮錫瑞曰。知禮運一篇皆無疵。而其精義益著。斯言可謂至論。若夫歷代學者之不甚表章之者。其誤會之因。固有數事。而未能[illegible]懷綜貫孔子修己安人之旨。會通六經而讀此文以通其精義。則其大原也。或曰歷代學者誤會此文之數事。可備舉歟。曰。大同小康章文所由爲歷代學者誤會而不得正解者。其第一事。實爲鄭玄禮運大同小康章注之謬。試舉其例。如大道者。民生共由之生活道路也。大，於占文爲人字。又申爲無外之義。道，爲一達之路。又假借爲民生無外無二之路義。蓋生無二無外。生道亦無二無外。故謂之大道也。中庸所謂道也者不可須臾離者也。孔子所謂道不遠人。皆卽指此大道。則大道決不得專屬於某一時代。尤不得有去之之時。而鄭玄注大道之行也句曰。大道，五帝時也。注今大道既隱句曰。隱，猶去也。可謂謬矣。且爾雅。隱，微也。說文。微，隱行也。隱而行。則豈去之云哉。（中庸莫見乎隱。又費而隱。論語吾無隱乎爾。檀弓事親有隱而無犯。莊子道隱於小成。諸凡所用隱字。都無去義。）又如大道既爲民生共由之道。則道之行與隱中諸事。宜皆指全民而言。（行者，民之能發大道作用。而行以遂之也。隱者，民之皆含蘊生道于其體也。）並不得以之屬於一人或一君。而鄭玄注天下爲公句曰。禪位授聖不家之。注天下爲家句曰。傳位於子。注大人世及以爲禮句曰。大人，諸侯也。注禹湯文武成王周公由此其選也句曰。由，用也。能用禮義以爲治。皆以屬諸一君。可謂謬矣。夫天下爲公者。謂全民皆知天下爲全體之民所同有而不得私有之也。天下爲家者。謂全民皆能視天下爲己身所由生存之家。而皆能以己身負天下之責任。如以其身負己家之責任也。大人世及以爲禮者。謂全民皆能選賢與能。則世世在君師位者皆爲大人。（大人，聖人，皆成人之稱。孟子曰。大人者。不失其赤子之心者也。向秀曰。聖人在位。謂之大人。）而皆能爲民生制其實踐之禮也。（此所謂民治定而禮樂興。）此豈指封建之諸侯哉。禹湯文武成王周公由此選也者。謂全民皆選賢與能。則皆能選如禹湯文武成王周公者而君師之。而禹湯文武成王周公由此皆得爲民所選以爲民制禮也。是又豈謂禹湯文武成王周公之能用禮義以爲治哉。又如大同。謂大道行於天下。則民以生用之同。而皆與人同善。與人同善。則無外而大。故曰大同。小康，謂大道隱于民身。則民以身體之安。而各皆自得其道。各皆自得其道。則有內而小。故曰小康。（說文。小，物之微也。从八。丨見而八分之。廣雅曰。陰稱小。素問。陰成形。蓋凡形而下之物體有內而可分者。皆得稱爲小也。）是則大同者。大用同也。小康者。小體安也。大用同時。小體必安。小體安時。大用乃同。（大用不同。小體必不得安。小體且不安。大用其焉得同哉。）蓋生生大德不二。與衆同乎外者。必爲各自安乎內者也。各自安乎內者。必爲與衆同乎外者也。則大同小康。實爲一實之兩端。而非爲兩時代兩區域事。孔子特以大同小康聯類而舉。其義明甚。而鄭玄注是謂小康句曰。大道之人。以禮于忠信爲薄。言小安者失之。則賊亂將作矣。可謂謬矣。（鄭玄注是謂小康句有二失焉。援用老子經文以解孔子之言。而不顧其義之當否。此一失也。老子所謂失義而禮故爲忠信之薄。薄，迫也。以禮迫人于忠信。則已失禮之實。豈得謂之禮哉。孔子問禮于老子。其言禮之指。當與老子同。則小康文中所舉諸禮字。決非忠信之薄之失實之禮明矣。況六君子既爲孔子所稱爲謹于禮者。豈致以忠信之薄之禮教民而促其亂賊歟。則謂言小安者失之。則賊亂將作矣。殊謬。此二失也。）夫生用之同。以其於能徧成就生體之異而得著其同也。生體之異。以其於能恆發揮生用之同而得備其異也。然則體既必成乎用。用又安得離乎體。異既必本乎同。同亦安得外乎異。由是推之。小固必分自大。大復安得遺于小。斯則小體之安定。必還賴於大用之同而後得。而大用之同。獨能不由于小體之康而可著乎。且小康云者。謂凡小體俱安也。凡小體俱安矣。豈不即是天下之民舉安。天下之民舉安矣。大同之治。寧復有加于此者乎。斯則言小安者。正言大同之治之天下之民舉安耳。天下之民舉安。寧復有賊亂將作者乎。天下之民舉安。斯則大道之隱。（釋文。隱，憑也。杜預曰。憑，依也。）在人身時。正大道之行於天下時矣。復何慮賊。至若城郭溝池。本爲安民而設。而非防賊之具。而鄭玄注城郭溝池以爲固（韋昭曰。固，安也。）句曰。亂賊繁多。爲此以服之也。聰作謀。載在洪範。君子以作事謀始。載在易坎象。君子謀道不謀食。載在論語。兵者。所以全其生衛之養也。載在白虎通。而鄭玄注故謀用是（皇侃曰。是猶此也。指禮義爲紀言。）作而兵由此（此，指禮義爲紀言）起句曰。以其違大道敦朴之本也。教令之稠。其勢則然。老子曰。法令滋章。盜賊多有。可謂尤謬。夫執民同生同存之道而謀其始。則謀用禮義而作。就民并力（兵，爲并力工作之義。）全生衛養而足其兵。則兵用禮義而起。此豈可以後世密法網之謀。戢盜賊之兵。爲衡而釋之哉。鄭玄如是謬注於前。孔穎達從而謬疏於後。于是歷代學者皆因之而曲解而莫得其正義。於是大同小康。遂截然爲二事。禮運大同小康一文。遂無人能讀。皆從鄭孔者。固末由備鄭孔說以通其文。致疑鄭孔者。亦莫能出鄭孔窠臼而正其說。一千七百年來。孔子大同學說之不昌于天下者。此實其最大之癥結也。此蓋致歷代學者誤會之第一事也。其第二事。則爲歷代學者讀大同小康之文。每不注意其首段。遂令下文標準莫定。夫此文首段。孔子固已明言大道之行也與（與，同也。及也。）三代之英（禹湯文武成王周公蓋三代之英也。）丘未之逮也而有志焉。由此。可見大道之行。與三代之英。孔子實所同重。所同未逮。所同有志。意至明顯。故語氣中。絕無重大道之行。輕大道之隱。而漠視三代之英之禹湯文武成王周公六君子之意。而且已總提下文大同小康二節之義爲一。而示無所軒輊。是以兩節之末。並以是謂二字爲結。以示兩文之義無有差別。文理可謂極其明白。則大同小康兩節。文相銜接。義復承貫。孔子所謂吾道一以貫之之旨。於此炳然。惜歷代讀者以忽視首段之故。至令辭義一貫之文。誤會爲說截然不同之二事。雖由鄭玄謬注釀此錯亂。而一千七百年來學者之粗心浮意全無抉擇。未容恕也。此蓋歷代學者誤會之第二事也。其第三事。則爲歷代學者外皆從於鄭孔。內忽略于飄浮。竟尟能總大同小康三節之文而對比以讀者。夫禮運大同小康之說。義既相承。文復相次。其所標示。固謂大道之行。民行大道之隱在己身者于天下。以與衆同之耳。大道之隱。民隱所行於天下之大道於其身。而以爲己任耳。民行所隱於身之大道於天下以善與人同。天下爲公矣。民隱所行於天下之大道于其身而以爲己任如任己家之責焉。天下爲家矣。斯則大道之隱。正大道之行。大道之行。即大道之隱。大道以隱在人身而行於天下。故人無有不好公。而即無不好以公有之天下爲己家者。無有不能推各親其親各子其子之恩。以親人之親如己親子人之子如己子者。無有不欲選賢與能。而期得謹於禮之禹湯文武成王周公六君子以世及爲大人而以禮者。無有不欲禮義以爲紀。以正君臣篤父子睦兄弟和夫婦。而講信修睦著義刑仁講讓。以使老有所終壯有所用幼有所長矜寡孤獨廢疾等皆有所養者。無有不欲設制度立田里城郭溝池以爲固。而男有分女有歸。以使民有常者。無有不欲貨不棄於地不藏於己。而以與全民同善爲其己同善發其身者。無有不欲力之出於身。不必獨爲己。而以與全民并力互助共興全生衛養之兵。以同善爲其己同善濟其生者。無有不欲閉私謀而興公善之謀。著有過而靖盜賊亂賊之作。去自專之勢。消衆害之殃。而外其戶不閉。以同樂其身家之安康者。由此以推。大同小康絕無歧趣。則此文指歸。明如白日。而禹湯文武成王周公。正是以小康而行大同之治。與五帝初無以異者。孔子於此。豈有重五帝而輕三王之意哉。是故不能總大同小康三節之文對比以讀。蓋歷代學者誤會之第三事也。就此諸端推證。禮運大同小康章文。信無錯簡。而徐君援據邵懿辰說移補小康文中禹湯文武至未有不謹於禮者也二十六字於大同文中。信欠深考而不可從也。

——摘自《禮樂半月刊》一九四七年十二月第二十期

禮大戴記編作十四經議

吳縣王捍鄭 仁俊 遺著

謹按經。常道也。萬世不易之常道也。十三經之列於學官。炳乎若日星經天江河行地也。禮大戴記一書。宋時曾編爲十四經。見史繩祖學齋佔畢。其後廢而不用。綴學大儒。以爲太息。竊攷漢梁戴德延君號大戴。集禮八十五篇。今存十三卷。多漢儒之緒論。中如三朝諸篇。皆孔子答魯哀語。曾子王言諸篇。則爲宗聖所述。喪服大傳閒居諸篇。則爲卜子所著。餘如子張問入官宰我問五帝德。微言大義。可爲論語輔左焉。且三本。禮察。保傅。衛將軍文子。文王官人。勸學。朝事儀多與荀子。賈子。逸周書。互相出入。以視小戴王制采漢文博士月令采呂氏春秋。似爲過之。且哀公問。投壺與小戴同。禮察即經解文。曾子大孝見祭義。諸侯釁廟見雜記。朝事篇自聘禮至諸侯務爲見聘義。本命篇自有恩有義至聖人因殺以制節。見喪服四制。漢書儒林王式傳云。驪駒之歌在曲禮。而服虔謂在大戴。又禮器之文。御覽五百五十九述五經異義。引入大戴文王世子之文。詩標有梅疏及幽譜疏。亦引作大戴。足證大戴與小戴並行漢代。各述所聞。異同互見。實非刪削之餘。隋志所言。實爲疏謬。朱子有言篇目缺處。是其元闕。非小戴去取。有最好處。鄭元祜曰。探索陰陽。窮析物理。嚴禮樂之辨。究度數之詳。据此則大戴宜列十四經古有定論。今議詳攷源委。勒成一編。升入四庫甲部。列於小戴之次。謹以叙錄輯後。

一、鄭康成后倉伏勝諸賢。皆以有功經訓從祀文廟。漢書儒林傳。梁戴德延君號大戴。爲信都太傅。授徐良斿卿。爲博士州牧郡守。家世傳業。是大戴在漢。號爲大師。人咸宗仰。風俗通引說文偁太傅禮。益徵嫥家之學。宜議依諸賢例從祀文廟。

一、大戴記自漢不立學官。知此者希。故敓譌闕衍。在所不免。班固白虎通義。采取諸條。就今大戴記所存攷之。如諫諍引保傅。姓名引虞戴德。嫁娶引保傅小正雜錄引三朝記之類不下數十條或與今本不合異同詳略据以相較可見古本眞面孟堅東漢時人而與易書詩多並引益信其宜列經矣

一釋文叙錄引陳邵說記有八十五篇今存三十九篇知逸者多矣漢不列學官又名逸禮今攷其在三十九篇外唐以前所引者如學禮天子巡守禮朝貢禮朝事儀烝嘗禮中霤禮王居明堂禮昭穆篇禘於太廟禮禮運記別名記親屬記明堂曾子記五帝記王度記王霸記瑞命記三正記泰山盛德記謚法共二十三篇仁俊嘗輯錄諸篇爲大戴逸文如編入十四經禮數制度似爲詳備

一鄭康成研精禮學於喪服變除曾注一卷原書已佚黄奭馬國翰袁鈞曾輯之仁俊又搜其遺宜幷附入全書

一北周盧辨注最傳絶學本傳辨字景宣范陽涿人按所引如鄭君譙

周孫炎宋均范甯郭象諸說，可謂博矣。宜如小戴鄭注一例編入。

一、朱子引明堂二九四七五三六一八。鄭注曰：法龜文。以注爲鄭作。王厚齋譏其未考北史。竊疑此必鄭君注爲盧君轉引也。叙例宜别白之。

一、史繩祖謂大戴取家語，最爲無識。戴氏震非之，曰：家語王肅私定家語，襲大戴，非大戴襲家語。按公冠一篇，非東原辨明，則幾不得入經矣。

一、本朝治此學者，孔廣森補注，王聘珍解詁，汪照注補各十三卷。此於全書致力者。汪中、盧文弨、戴震、朱筠、王念孫、丁杰，此校勘者。又曾子有阮元注釋，小正有畢沅考注，洪震煊疏義，顧鳳藻集解，王筠正義，朱駿聲補傳，王寶仁訓解攷異通論，黄模分箋異義，洪頤煊三朝記注。此單行别録者，理宜博采慎選，爲大戴纂疏。如命儒臣纂修，采集宜依欽定禮記義疏例，兼采本朝人說。凡叙録源流者，依武英殿叢書例，别撰考證，庶備一家之學，毫無遺憾矣。

——摘自《中國學報》一九一六年五月第五册

夏小正詞例舉隅

紹興俞士鎭

載稽往籍詞品精簳春秋謹嚴是爲尙已體製簡要厥有諸禮一字見義足徵囊括片言察微實深品藻叙次詳明誼各有别虛實昭灼類盡弗同審其例略則睿旨於暢辨其式則而幽義斯顯欲明古訓可弗殫茲爰依傳說略具檃括用成小正一卷涓涓雖末用積洪流不揣檮昧敢附茲旨

目治例

鴈北鄉　傳曰先言雁而後言鄉者何也見鴈而後數其鄉也

九月遰鴻雁　傳曰先言遰而後言鴻雁何也見其遰而後數之則鴻雁也

緹縞　傳曰先言緹而後言縞者何也緹先見者也

耳治例

鳴弋　傳曰先言鳴而後言弋者何也鳴而後知其弋也

鳴鳩　傳曰先鳴而後鳩何也鳴而後知其鳩也

鳴札　傳曰鳴而後知之故先鳴而後札

順序例

湼潦生苹　傳曰湼下處也有湼然後有潦而後有苹草也

執陟攻駒　傳曰執也者始執駒也執駒也者離之去毋也陟升也陟而升之君也攻駒也者教之服車數舍之也

陟玄鳥蟄　傳曰先言陟而後言蟄何也陟而後蟄也

詞表自動例

栗零　傳曰零也者降也零而後取之故不言剝也

詞表被動例

剝棗　傳曰剝也者取也

詞表少例

越有小旱　傳曰越于也記是時恆有小旱

浮游有殷　傳曰稱有何也有見也

雀入于海爲蛤　傳曰蓋有矣非常入也

詞表多例

五月參則見　傳曰五月參則見也者伐星也故盡其辭也

鴦則鳴　傳曰是善之故盡其辭也

鞠則見　傳曰鞠則見者歲再見耳

錯序見意例

昆小虫　傳曰其先言動而後言蟲者何也萬物至是動動而後著

妾子始蠶　傳曰先妾而後子何也曰事有漸也言自卑事者始也

一字見意例

三月參則伏　傳曰伏者非亡之辭也星無時而不見我有不見之時故曰伏

云

鷹始摯　傳曰始摯而言之何也諱煞之辭也故言摯云

辰則伏　傳曰伏也者入而不見也

黑鳥浴　傳曰浴也者飛乍高乍下也

因此見彼例

農緯厥耒　傳曰緯束也束其耒云爾者用是見君之亦有耒也

十有一月王狩　傳曰王狩者言王之時田也

陳筋革　傳曰陳筋革者省甲兵也

詞寓襃貶例

獺祭魚　傳曰祭也者得多也善其祭而後食之

祭鮪　傳曰祭不必記記鮪何也鮪之至有時美物也

十月豺祭獸　傳曰善其祭而後食之也

田鼠化爲鴽　傳曰鴽鵪也變而之善故盡其辭也鴽爲鼠變而之不善故不盡其辭也

五月鳩爲鷹　傳曰變而之不仁故不盡其辭也

名居動前例

唐蜩鳴

動居名前例

來降雁乃睇　傳曰言來者何也莫能見其始出也故曰來降言乃睇何也睇者盼也眄者視也視可爲室者也

抵蚳　傳曰抵猶推也取之則必推之推之不必取之取必推而不言取

拂桐芭　傳曰拂也者拂也桐芭之時也

狀居名前例

榮芸　傳曰榮也者至是始華也

萎楊　傳曰楊則花而後記之

秀藋葦　傳曰未秀則不爲藋葦秀然後爲藋葦故先言秀

省文例

鹿人從　傳曰鹿人從者從羣也或曰人從也者大者于外小者於內率之也

案省若字

熊羆貊貉鼬鼪則穴　傳曰熊羆貊貉鼬鼪則穴若蟄案省若蟄二字

記變例

羵羊　傳曰羊有相還之時其類羵羵然記變爾

記急例

乃瓜　傳曰乃瓜急瓜之辭也

攝桑　傳曰桑攝而記之急桑也

——摘自《國故月刊》一九一九年三月第一期

大戴禮記訓纂序

姚永樸

大小戴之於禮、蓋各傳其所聞。自隋書經籍志謂戴德刪劉向所校錄者、爲八十五篇、謂之大戴記。戴聖又刪大戴之書爲四十六篇、謂之小戴記。馬融增以月令、明堂位、樂記、合四十九篇。後儒遂有疑小戴書卽取之大戴者。然以後漢書橋元傳及孔疏引劉向別錄、鄭元六藝論證之。小戴原書爲篇已四十九。則謂馬融有所增、殊不可信。況其中哀公問、投壺二篇。今大戴書猶載之。經解與禮察、祭義與曾子大孝、亦略相似。使小戴果取之大戴。不應此數篇不削。而削餘篇。前漢書藝文志旣以二戴並爲后倉弟子。豈必小戴之學、出於大戴邪。然則大戴書篇目之不見於今者。其爲散佚決也。顧就所存者觀之。精之在性命、而顯之爲禮樂。於政敎裨益實大。且多其可取、不特夏小正一篇古於月令。曾子諸篇載遺言特詳而已。昔人謂當與小戴書並立學官。合羣經爲十四經。良有以夫。注家始於盧景宣。然僅二十四篇。餘皆殘缺。唐宋以後習此者稀。近世乃有孔撝約補注、王實齋解詁。推究古義。亦云密矣。此外尙有十餘家。或釋義或校字。互有短長。而精蘊未盡發揮。文之譌脫。或至百六十餘字。亦不能補。山左姜君忠奎叔明。年未三十。敦行好學。述造斐然。壬戌癸亥間。屛迹滬上。因參考衆說。擇其善者。萃爲一編。凡若干卷。又考佚文及諸家評論附於後。名曰大戴禮記訓纂。寄示永樸。且徵序。永樸嘉君當兵戈擾攘之時。獨能研究遺經。服之無斁。詩稱風雨如晦。雞鳴不已。君近之矣。爰述其劬苦足以拾前修之遺而補其闕者。書而歸之。將以告天下嗜古之士云。桐城姚永樸。

——摘自《學衡》一九二五年四月第四十期

1662

孔子三朝記集解自叙

李蔭芬

漢志論語家載孔子三朝七篇。蓋孔子對魯哀公語也。朝哀公凡三。故曰三朝。蜀志秦宓傳注。「松之中經簿有孔子三朝八卷。一卷目錄。餘者所謂七篇。」沈欽韓曰。「今大戴記千乘四代虞戴德誥志辨用兵少閒別錄云孔子三見哀公。作三朝七篇。今在大戴禮是也。」前漢書疏證 宋王應麟亦以此七篇。見漢書藝文志考證 惟師古注漢書。謂大戴有其一篇。恐未之考。漢書高帝紀注臣瓚引三朝記曰。「蚩尤庶人貪者。」見於今之用兵篇。漢書劉向傳云。「昔孔子對魯哀公。並言夏桀殷紂暴虐天下。故曆失制。攝失方。孟陬無紀。」亦與用兵篇所載略同。又武帝紀注引三朝記有「北發渠搜南撫交趾」等語。卽之少閒篇文。綜而論之。伯厚文起之言。信有徵也。文選東都賦注引三朝記有「孔子受業而疑。捧手之。不當避席」一條。獨不見於七篇。則今本尙非完帙。然此七篇亦古書之僅存者。猶得考知其概略。非無偶之快事耶。昔班生有言。「仲尼沒而微言絕。七十子喪而大義乖。」微言者。精微要妙之言。而義之所本也。孔子致廣大而盡精微。七十子因微言而知大義。接聞於夫子。各有所記。迨哲人既萎。高莫仰。於是弟子陳往訓舊聞。成爲實錄。上以尊聖師。下則垂軌萬代。蓋與論語孝經皆出聖門弟子之也。儀徵阮芸臺曰。孔子三朝記。論語之外。玆爲極重。大戴禮記補注序 先王遺制。古聖格言。均賴是以傳。其所論與三禮多相出入。進而砥節勵行。化民成俗之道。亦胥在斯。是承學之士所急宜究心者也。惟此記向附見於大戴禮。鄭注小戴。不注大戴。故小戴體合周禮儀禮。至今稱爲三禮。乃大戴禮漸至亡佚。而孔子三朝記七篇。傳寫奪誤。章句溷淆。視餘篇爲尤甚。學者多不能讀。往往失其義解。自漢迄清。爲之注者。惟北周盧僕射景宣一人而已。其於三朝記僅及小辨用兵少閒三篇。而餘篇無與焉。且古奧簡略。苦不能見其義蘊。蹊徑未闢。經義日湮。此有志考禮者所爲慨然也。清代經術昌明。盧召弓戴東原汪容甫等先後校訂。釐正僞奪。孔撝約汪翺青王實齋諸氏復博采羣書。參會衆說。各爲注釋若干卷。而王氏之書自云與諸家未敢雷同。其爲解詁也。義精語潔。最稱詳盡。有爲孔汪諸家所未及。信乎阮氏所謂用力勤而爲功鉅者矣。（詳大戴禮記解詁序）此外高郵王氏父子。德清俞蔭甫。於字句之審定。義理之闡釋。多所補苴。而瑞安孫仲容與新城王晉卿。亦皆致力於校勘辨證之事。吾師榮成姜叔明先生。又鈎稽羣藝。折衷諸家之說。芟其繁蕪。集其菁英。爲大戴禮記訓纂三十八卷。夫考據之學。後來居上。自諸家鄭重愛惜。疏通而證明之。於是向之錯漏百出。眞僞淆亂者。簇簇然整飭如新矣。使聖賢之經世大法。絕學餘緒。粲然復明於千載之下。懿歟盛哉。甲戌之秋。蔭棻讀書國立山東大學。姜師以三朝記一書。行於世者。惟洪筠軒注。然字句義理。校釋猶或未備。於此有人焉。萃集各家之說。匯成一編。使讀者可以融會貫通。知所抉擇。如披荆榛履坦途。無扞格不入之患。庶於儒學裨益匪淺。蔭棻不自揣量。退爲孔子三朝記集解七卷。上自盧僕射。下迄近世。其說略備於斯。間亦旁稽經子。與夫文字聲韻之書。參互證釋。以補舊注之所未備。然於聖訓之閎意邃旨。亦未能有所揮發。蓋微言須以心悟。大義貴在身行。非文字詁訓所得騁說而揚榷也。乙亥年初夏碭山李蔭棻撰。

——摘自《國風半月刊》一九三五年四月第六卷第七、八合期

大戴禮記斠補後記

任銘善

大戴記今所見者，惟元至正劉氏刊本最先，有明諸刻，則嘉靖中袁氏嘉趣堂本爲善。袁氏所刻書多出宋本，而可以亂宋，大戴記實本之韓元吉本，行款則已不同，投壺篇「壺高尺二寸受豆五升」九字雙行分刻一則，猶藉覘原本擠刻跳行而袁本誤亂之跡，而韓氏之書及他宋刻則久已湮沒不可見矣。

宋刻大戴記可考知者蓋有數本，韓氏本而外，又有韓氏所稱范太史家一本，篇卷悉同。韓氏既有家傳舊本，又取范氏本校之，而謂不敢改其訛缺謬誤，則范氏本韓氏所未據也。鄭元祐乃謂韓氏依范之本，亦誤矣。而晁公武陳振孫所稱書中複篇與韓氏序云兩篇七十三者又各異。今考袁氏之本，卷十卷十一標目諸侯釁廟與小辨兩七十四，同於晁氏，正文則文王官人與諸侯遷廟兩七十二，同於陳氏。陳氏解題之文曰：「中闕，第七十二複出一篇。」云中闕者，卽韓氏所謂中間缺者四篇也。汪氏中正誤敍錄乃云「闕七十二」，蓋誤以闕字讀屬下句矣。元劉氏之本亦兩七十二，劉貞庭鄭元祐皆嘗見韓本，而韓序所稱兩七十三者卒無可考徵。惟明程氏漢魏叢書本及清盧氏雅雨堂本目錄正文皆複七十三，盧氏謂嘗見宋元舊本，而校文殊未詳見，則亦不知其複七十三者所據何本，抑卽因韓氏序而訂之者否耶？又莫友芝述天祿琳琅續書目錄宋本大戴記三種，莫氏蓋未見，余亦莫之能詳，不敢稱。道光中，王萱齡亦有鈔本大戴記，云據宋韓氏本，許氏瀚嘗據以校錄，見莫氏五十萬卷樓書目，亦未知其究所出何如也。

清人爲大戴記學者，校勘之精，無逾於戴氏。戴氏爲雅雨堂治校事，始作於乾隆丁丑，而盧氏文弨亦爲之六七校然後付刻。逾三年庚辰戴氏又復校刻本誤文數事，據以剜改，又以盧氏庚辰校語跋其尾。辛巳又詳校至百五十則，則雅雨堂本已行，不及改，然用力亦已勤矣。其校武英殿大戴禮記在乾隆四十一年丙申，於時雅雨堂本既大行，孔氏亦已從事補注，而戴氏校殿本復未若往年庚辛之勤，至提要紀時則在丁酉六月，戴氏既歿逾月矣，擺板又在其後，遂有他人據俗本以意出入者，非復戴氏之朔。故今日欲求戴氏之本，宜取雅雨堂刻及文集與盧紹弓兩書與殿本參觀之，庶幾備一家之言。然兩君者雖博聞，其校文殊未嘗數稱宋本，稱宋本者，莫詳於孔氏補注，其次有趙鉞。趙氏書余未之見，孫氏斠補據劉恭冕錄本著於篇，自勸學以下則皆闕焉，意其未有完書也。又斠補引丁杰校文亦時及宋本，丁氏治大戴記最有名，同時諸家又每引其說，而其書今世無有。且丁氏書稱「大戴禮記繹」，則不止於校讎。今觀孫氏見引諸則，其校義甚有專固好奇不顧文義之安者，若王言篇「舍其四者而節其二者」，孔氏以四時爲關市山澤，丁氏云：「應數圭田、不應分山澤爲二。」今按孟子之文，則山林汚池爲二，王制之文，則澤梁山林爲二，孔氏之分爲長也。若正文「夫圭田無征」五字，乃校者據王制之文以改此記，故於文不屬，自舊本皆不之從，而丁氏顧取焉，亦未爲得矣。曾子立孝篇「夙興夜寐，無忝爾所生，言不自舍也。」盧注謂此「申可以入之義」，丁氏則云可以入當改不可入，不知此引小宛之詩，正所以申上文「可入也吾任其過」之語，則盧注固無可移也。惟保傅篇「三公」，盧注引今尚書說三公司馬司徒司空，丁氏乙司馬於司徒之下，孫氏乃謂丁校非是，引韓氏外傳及漢書百官公卿表爲證，不知丁氏所據蓋尚書大傳大誓之文，與盧氏稱今尚書說合。而孫氏失之矣。王欣夫教授得傳錄舊校大戴禮記甚詳備，其卷首有題武英殿本之文，出諸丁氏。又有高安本戴本校語，其所謂戴本則雅雨堂本也。正文校案偶見「丁小山師云」，小山丁氏初字，則是本出諸丁氏從學者所鈔。今取以校阮氏曾子注釋及孫氏斠補所引丁氏校文，皆不合。而多合於武英殿本及戴氏集，意者是本或丁氏所嘗見戴氏原校殿本及前後數校，命從者彙鈔之，丁氏義亦偶存焉。雖不能遽定所出，要爲善本可珍。余舊時得一本，亦出傳錄，有嘉慶間人識語，其校文與王君之本略無異同，嘗相取共觀焉。今余之本已遭刼無存，王君之本亦展轉失而復歸，且寄以示余，可感也已。傳者或曰，丁氏鄉試策問涉及太傅禮，以條對詳明一時大著，丁氏獲譽於此書蓋以此，亶其然乎？

孔趙丁三家所據宋本以爲校勘者，各不相同，而趙氏尤多與孔氏見異。三家者皆未詳其所謂宋本者淵源若何，孔氏趙氏皆稱韓本，乃復相互舛異若是，一時數宋本而今不得一見焉，尤滋疑惑。案諸其實，則三家固皆未嘗見宋本也。丁氏說王言篇「政之既中」云：「既字宋本作不。」此孔趙所未校及，今檢作不者明沈氏之本，聚珍本及汪氏補注皆述之，丁氏乃誤以爲宋本耳。沈校刻於朱氏，故亦稱朱本，意者此宋本或朱本之誤與？然丁氏方斥孔氏稱朱本不稱沈本之非，則丁氏必不稱朱本，不容有此誤。武英殿本於高安朱氏而外，又駢言朱本沈本，使若二本然，又未知其何故矣。孔氏所校，其稱宋本者則全出袁本，袁本見引於戴氏，時或稱之曰一本，當時蓋不難見，而孔氏敘錄列兩明刻而不及袁氏。袁本既善刻，又於宋諱缺筆一一仍之，易於爲欺，孔氏所謂韓元吉本實卽袁本。往者嘗有取袁氏所刻六臣注文選世說新語剜去卷末題署以僞宋本炫世者矣，孔氏所見，或亦文選之比耶？

趙氏校本卽用孔氏補注，而往往故非孔氏，孔氏稱宋本，則趙氏以宋本破之。今以諸本參比異同，則趙氏所據容且不止一本，而一歸之宋本。趙氏經學所詣未之能詳，然學問之事，致遠恐泥，君子猶且不爲，況欲以碎義矯辭，徒飾虛車乎

?今條舉趙氏所校宋本以見其駁取失實之故：

王言篇（正文皆據孔本）

得夫子之間也難　趙云韓本作聞　按孔氏云，間朱本作聞，指花齋本也。孫氏欲通二說，遂以孔氏朱本爲宋字之譌，不知孔氏宋本卽袁本，而袁本自作間不作聞，武英殿本校語詳之矣。

雖有博地衆民　趙云地宋本作施　按此據沈本

則天下之明譽興　趙云宋本作名譽　按楊氏先聖大訓及沈本作名，然大訓舊本亦不可見。

哀公問五義篇

哀公曰善　趙云宋本按云荀子有人有五儀數句　按戴校及汪氏正誤皆按及，然皆直據荀子。

哀公問於孔子篇

君子以此爲尊敬　孔云敬下宋本有然字　趙云宋本無然字　按袁本有然字，劉本無，趙據劉本。

夫然後以其所能教百姓　孔云宋本脫夫字　趙云宋本有夫字　按袁本脫夫字，沈本有，孔趙皆據沈本。

禮三本篇

天地者性之本也　趙云宋本性作生　按沈本作生，蓋据史記改。

禮察篇

以舊禮爲無所用　趙云宋本無所字　汪照云別本或脫所字，按沈本脫所字。

禮者禁將然之前　趙云宋本作禁於　按雅雨本作禁於

廣育被蠻貉四夷　趙云宋本貉作貊　按各本皆作貊，惟孔氏本作貉耳。

夏小正（略）

保傅篇

故孩提盧注　趙云宋三少等十一字注在故孩提三字下　按此各本皆然，惟孔氏以舊讀爲非，遂移置下句導習之也下。趙氏正孔則可，不得漫稱宋本也。

此殷周所以長有道也　趙云宋本無常字　按各本皆然，惟袁本作常道，孔氏謂宋本衍常字者，指袁本也。

則德智長而理道得矣　趙云而理道得矣注文宋本在長有道也下　按此亦各本皆然，孔氏以漢書校之，其文不同，故移之。

有誹謗之木注堯設之 趙云宋本設作置 按此亦各本皆然。袁刻堯下空一字，孔氏以意補設字耳。

有敢諫之鼓注使諫者擊之 趙云宋本無者字 按此亦各本皆然，孔氏據戴校依通解補者字耳。

隱琴瑟注隱據也 趙云宋本據作椽 按此袁本誤字。

天子宴瞻其學注少師與天子宴者也 趙云宋本少師作小師 按此亦袁本誤字，又下文左右之習反其師注，飢而惏注，趙校稱宋本者，皆袁本衍誤。

暑而暍 趙云暍宋本作渴 按雅雨堂本作渴。孔氏云宋本暍譌喝，據袁本。盧氏按宋元本渴並作喝，蓋亦謂袁氏及劉氏本歟？

曾子立事篇

居哀而觀其貞也 孔云貞也上宋本脫其字，從朱本增。 趙云宋本有其字 按各本皆有，袁本誤脫耳。

曾子大孝篇

災及乎身 趙云宋本作災及及身 按災及及身不辭，蓋當作災及其身。阮氏云，宋本或作災及其身。然沈本高安本皆作其，劉氏及袁氏作乎，戴盧孔皆據劉袁本耳。阮趙云宋本，未知其究。

曾子制言篇中

莫之知茍吾自知也 孔云之知大典作知之 趙云宋本之知 按各本皆作之知。

行爲表綴於天下 孔云表宋本譌喪 趙云宋本譌裘不譌喪 按阮氏亦云宋本譌喪，皆據袁本譌字耳。然袁本筆畫誤成「喪」，不成字，孔阮之喪，趙之裘，皆謂此耳，尙何爭哉？

曾子制言篇下

國有道則突若入焉 趙云宋本兩突字誤寃 按此亦袁本筆畫之誤，不成字體。

曾子天圓篇

皆陰陽之際也 趙云際也宋本作濟也 按馬氏繹史引作濟也。

所以聖人役之也 趙云宋本作所役聖人之精也 按此亦據沈本及馬氏繹史引。袁本作所以役聖人之也，孔阮皆據袁本以爲宋本。

武王踐祚篇

王聞書之言惕若恐懼　趙云宋本聞作門，惕作暢　按此袁氏本誤字。四部叢刊景袁氏本門字塡作聞字，原刻自作門，趙氏據爲宋本。

大抵清人佞宋，而巧者乘之，不知宋本未必是，錢戴已有前論。至乃據沈朱評點私訂臆改者以爲宋本，不相去尤遠乎？又曾子立事篇：「日旦就業夕而自省。」趙氏云：「文選風賦注引作男子旦就業夕而自省也。」則風賦注初未引此文，引此者秋興賦注耳。阮氏又誤作閒居賦注引。蓋阮氏因潘岳而誤，趙氏則以秋興賦適居風賦後，遂更不細按首尾。前人校勘，雖檢書而不能無失，可不慎哉！

孫氏所據者劉恭冕之本，劉氏錄諸家校語，皆但據孔氏補注本，多因孔氏校注以立言。然孫氏既據孔本，則更不檢較他本，惟閒用兩汪氏之書，及阮氏曾子注，稍及武英殿本，亦本之汪喜孫引。豈以三書刻入學海堂南菁書院兩經解，取之爲便耶？如公冠：「其餘皆公同也」，孫氏曰：「案皆下當脫與字，汪照本有與字。」汪氏實本之雅雨堂本武英殿本。他本則皆無與字。然與公同亦非其義，家語冠頌曰：「其禮與士無變，」此又盧戴所陰據以增與字而未明言者。孔氏不從盧戴，蓋增與字則必易公爲士，於文乃順，此盧戴所未達，則不若仍舊文爲安耳。孫氏惟引汪氏，抑末矣。既不檢他本，則于諸家所校孔本異字皆不復究其所出。如文王官人「廉潔而不戾」，丁氏改潔爲絜，則各本皆作絜，惟孔氏誤刻耳。「歡欣而敬之」，孫氏星衍改敬爲致，則依武英殿本據方本也。諸侯釁廟注「豭」下丁氏增「豚」字，蓋孔氏據袁本而丁氏據武英殿雅雨堂本也。千乘「以節民事」，嚴氏元照曰：「高安本民事作民食」，孫氏附案曰：「洪本同」。其實各本皆作民食，惟孔氏作事耳。是嚴氏亦未及徧檢諸本也。若是者既數見不一，則孫氏當時不過據劉氏集校之本爲之附案，以略存先輩致力大戴記之跡而已，以視其所以治周禮逸周書諸子者，蓋有間矣。至其稱引孔氏，有不見於補注者，則每不知所從出。若文王官人：「取愼察而絜廉者」，引孔氏曰愼當作順，補注無此語。又曾子大孝：「草木以時伐焉」以下二十八字，孫氏曰：「以宋本篇末字數校之，則此二十八字似不在此篇，詳篇末孔校語。」今檢補注，則但謂大戴舊本疑脫此二十八字，故未計入字數，不謂不在此篇，且篇末字數諸本多有，同六百五十五字，孔氏亦未卽指爲宋本也。虞戴德：「質直而好仁」，孫氏星衍校云：「舊本官本俱作質知，此作質直，未知何本。」斠補案曰：「此刻本之誤，學海堂校改質知。」余檢孔氏所著書原刊本亦作質知，未知作質直者果是何本，行篋無揚州局本，無由驗證，然揚州局刻行甚晚，非淵如所及見也。

抑有進者，大戴記東漢時儒士多有治之者，而王肅往往取之以入孔子家語。家語雖僞書，王氏時或妄改，至其引據可信者，則固當過於宋元以下鈔撮校刊之本矣。乃學者諱言僞書，雖明見家語，可以據訂訛奪者，不敢稱述一字。是亦好古之蔽。主言之爲王言，已見家語，雅雨堂既嘗據爲校語矣，而武英殿本孔氏本皆謂據篇內訂正。篇內諸王字僞作主者，亦復各本不同。戴孔皆以王字凡十九見，皆誤，惟「昔者明王以盡知天下良士之名」之王字不誤，爲第十六字，此據劉氏袁氏諸本也。斠補引馮氏登府曰：「篇中惟莫不來至朝覲於王王字不誤，乃第十四字非第十六字。」以駁孔氏。而馮氏所據乃雅雨堂本。蓋雅雨堂本昔者明王字亦作主，朝覲於王則各本皆自作王，初不在戴孔誤字十九之數，馮氏駁孔氏而適見其疏矣。諸人者皆欲訂誤而不肯明引家語，所謂道夷而好徑非耶？又若衛將軍文子：「都其富哉任其戎」，孔氏曰：「一讀哉任其戎爲句，」孫氏曰：「案孔引或讀是也。」此或讀者，則王氏家語之讀也。公冠：「朱錦采四馬其慶也」，孔曰：「或綎采爲束之誤」，孫氏亦以或校爲是，則又孔氏據家說作束也。家語人人讀之，且六代以前古書，校家時時陰取之，而必隱諱不言，轉以羣書治要及朱子通解吳氏逸禮楊氏大訓下至馬氏繹史諸裁截援引者爲祕珍，亦非達者之見矣。一義可采，雖芻蕘宜擇，況王氏大儒乎。

予讀書甚少，於太傅禮尟能致力，而經亂書籍散佚，所收諸家刻校之本，已成劫灰，偶讀孫氏斠補而疑夫數家所稱宋本者，乃記諸篇末如此。又於孫書簡端輒有識語，愈瑣碎無當大旨，皆省而不錄云。民國三十六年立秋日，逾五十日爲孫氏百歲生日，任銘善記，於西湖之羅苑。

——摘自《浙江學報》一九四七年九月第一卷第一期

帝繫篇校釋（據四部叢刊影明本）

周名煇

帝繫篇者。世史之流也。載于大戴禮記。（亦見世本。然世本原書久佚。後人輯本要以大戴記所存爲最古。不攻）誠古史之魁宿。春秋左氏傳稱晉宣子適魯見易象與魯春秋。曰周禮盡在魯矣。春秋左史宣子所謂之周禮。宜乎漢儒采帝繫入禮記。周道衰而王綱墜。六國交鬨而古史亡。泯泯棼棼。迄于炎漢。中壘求書之使者殺天下。搜山巖屋壁之藏。廣石室金櫃之儲。遺文畢出。蘭臺漢史。採故事之奇珍。道莫高於六藝。六藝之中。文莫古於尙書。起堯典。迄秦誓。上接五帝。下貫三王。然皆誥命之詞。無以驗五帝三王世次之遞遭。後代所出者惟汲冢紀年。起黃帝迄魏襄王。其爲魏史之遺。有定論矣。孟子曰。晉之乘。楚之檮杌。魯之春秋。其實一也。數其三者。惟春秋幸存。汲冢紀年。殆晉乘之別派。帝繫篇起少典。顓頊以後。芈姓獨詳。上自季連。下終無康。紅挺又稱康爲句亶王。紅爲鄂王。疵爲越章王。循汲冢紀年之例。推爲楚史檮杌之遺。不爲過也。旣明其爲楚史之遺。更就楚國文獻存於今日者。校釋之。楚語、楚辭、太史公書外乘。及古代甲骨、金文。近人片言可採。罔不兼錄。根見聞未周。漏略殘所不免。況復徵言久絕。方冊難徵。凡可相證擧實互勘，可徵者衆。則無徵者。雖不敢强說。亦大約可在也。天下之事物無窮。安知今日無徵者。異日無新出資物。以爲釁證耶。商諸疑古者流。其能自反乎。戊子仲春、名煇謹識於涞濱周氏嘉會堂。

少典產軒轅。是爲黃帝。

校釋曰。史記五帝本紀云。黃帝少典之子。姓公孫。名軒轅。索隱按皇甫謐云。黃帝生於壽丘。長於姬水。因以爲姓。居軒轅之丘。因以爲名。又以爲是本姓公孫。長居姬水。因改姓姬。名姬、案黃帝乃號稱軒轅乃地名。由地名而爲族徽。（卽國氏之稱古者姓氏有別。今則姓氏相混矣）今詳爲申釋之、

何以言軒轅爲地名也。案此不但皇甫謐言黃帝居軒轅之丘也。此篇後文及太史公皆云然。惟其地望則衆說紛紜。莫能判斷。集解引皇甫謐云。受國於有熊。居軒轅之丘。故因以爲名。又以爲號。山海經云。有窮山之際。西射之南。張晏云作軒冕之服。故謂之軒轅。名煇案、數說皆無當。且皆未能確指其地望所在。張晏說尤陋。且軒轅二字。皆從車。車之剏始者由奚仲。（說文云奚仲作車）奚仲、夏后時人。黃帝時旣無車。更何得有從車之字。則軒轅二字必爲假音可知。近人郭沫若、以古代金文有「[illegible]」字。當讀爲天黿。蓋古之軒轅氏。余近證得古十二歲名本卽黃道周天之十二宮。寅之攝提格爲大角。其次爲卯之單閼。當於軒轅。（西方之獅子座）單閼一爲天黿。是則軒轅單閼均天黿之音變也。軒轅不必卽是黃帝。蓋古有此氏。迄周初猶存。而後已消滅。故後人遂附益之以爲黃帝耳。案郭氏旣悟得天黿卽軒轅而不能證其爲黃帝居地命氏之故。反致疑詞以自誤。非也。攷天黿星名。齊之分野也。周語下云、星在天黿。尙將棗星札記云、天黿次名子。爲天黿一名元枵。從須女八度至危十五度爲天黿。誠語、武王伐紂星在天黿。星辰星也。謂月在須女伏天黿之首也。又晉姬氏出自天黿。則以王季之母太姜。逸公伯陵之後。殷時封於齊地。屬天黿也。（案學斯叢書第五集第十二）由此可知黃帝所居軒轅之丘當在齊。且索隱引皇甫謐云、黃帝生於壽丘。舜本紀云、舜作什器壽丘。集解引皇甫謐云、壽丘在魯東門之北。或曰、天黿上關天宿。據以爲氏。有例證否。應曰、有。漢孝廉柳敏碑云、其先蓋五行星仲二十八舍柳宿之精也。放像爲用。縣設爲道。□商家而離□□□而主或闢生。與惠國大夫。而流俗稱爲柳氏。本乎柳宿。軒轅因於天黿。其致一也。黃帝之稱。見於古金文者。如陳侯因𬂴錞銘云、「紹緟高祖黃啻」（帝）陳爲舜裔。舜爲黃帝之苗。故因𬂴稱黃帝爲高祖。（詳參敝著周金文正讀卷十因𬂴之告號）

黃帝產玄囂。玄囂產蟜極。蟜極產高辛。是爲帝嚳。

校釋曰。史記先顓頊後帝嚳。此篇先帝嚳後顓頊者。以大宗小宗爲序也。帝嚳本紀云。帝嚳高辛者。黃帝之曾孫。高辛父曰蟜極。蟜極父曰玄囂。玄囂父曰黃帝。自玄囂與蟜極皆不得在位。至高辛卽帝位。高辛於顓頊爲族子。名

娀、契帝嚳高辛之見於楚辭、及刻辭者、如離騷云、鳳皇既受詒兮恐高辛之先我。天問云、簡狄在臺嚳何宜、玄鳥致貽女何喜。甲骨刻辭有云、「癸巳貞於高祖夒」（羅氏拓本）王國維云、此稱高祖夒。按卜辭惟王亥稱高祖王亥。（後上二一葉）或高祖亥。（戩一葉）大乙稱高祖乙。（後上三葉）則夒必爲商先祖之最顯赫者。以聲類求之。蓋卽帝嚳也。帝嚳之名。已見逸書書序。自契至於成湯八遷。湯始居亳從先王居。作帝告。史記殷本紀、告作誥。索隱云、一作件。案史記三代世表、封禪書、管子侈靡篇、皆以偕爲嚳。偽孔傳亦云、契父帝嚳都亳。湯自商丘遷亳。故曰從先王居。若書序之說可信。則帝嚳之名。已見商初之書矣。諸書作嚳。作偕者。與夒字聲相近。其或作夋者。則又夒字之譌也。其說最塙。殷契粹編第一片辭有云、『虫□祖夒祝用王受又』郭沫若云、高祖夋。亦見下片、或稱夒高祖。（佚六四九）王國維認爲帝嚳。近人亦有疑之者。本書第三片、有夒暨上甲之文。表明夒確是殷之始祖。其說無以易。第三片辭云、『夒暨上甲其郎』郭氏又云、首夒暨上甲猶言自囗辭最塙。（龍武四五）足證夒實殷之先。爲其鼻祖夒。夒字與嚳音同部。王氏維說夒爲帝嚳。此其佳證矣。

帝嚳產放勛。是爲帝堯。（帝嚳下脫「三世而」三字當補）

校釋曰、近人多疑堯舜之無其人。顧頡剛氏乃謂論語只言堯舜而不言唐虞。太湖遺壽人先生舉論語泰伯篇唐虞之際於斯爲盛句、詰之。顧氏無以自解矣。堯舜之有其人。殆不煩引證。惟其世系不無待商之處。考此篇少典爲第一世。下至堯爲第六世。至舜爲第十世。舜娶堯女。豈有娶曾祖姑之事。故名雖顯晰之世系必有缺誤。或者從嚳至堯。其間尙有三世不明。帝嚳爲第五世。堯爲第九世。與瞽叟同世歟。總之此僅可明堯爲帝嚳之後。不能認爲堯卽帝嚳之子也。古史散佚。姑志疑以待問。餘義詳後。

黃帝產昌意。昌意產高陽。是爲帝顓頊。

校釋曰、顓頊爲楚之初祖。故此篇於其苗裔記述最詳。史記五帝本紀云、帝顓頊高陽者、黃帝之孫而昌意之子也。集解皇甫謐云、都帝丘。今東郡濮陽是也。索隱宋忠云、顓頊名高陽。有天下號也。張晏云、高陽者所興地名也。又楚世家云、楚之先祖。出自帝顓頊高陽。高陽者黃帝之孫。昌意之子也。離騷云、帝高陽之苗裔兮。朕皇考曰伯庸。皆其徵矣。倘有一事可爲旁證者。楚之始封爲熊繹。楚世家云、熊繹當周成王之時。舉文武勤勞之後嗣而封熊繹於楚蠻。封以子男之田。姓芈氏。居丹陽。集解徐廣云、在南郡枝江縣。正義穎容三傳例云、楚居丹陽。今枝江縣故城是。括地志云、歸州巴東縣東南四里歸故城。楚子熊繹始國也。又熊繹墓在歸州秭歸縣。輿地志云、秭歸縣東有丹陽城。周迴八里。熊繹始封也。文選高唐賦云、昔者楚襄王與宋玉游於雲夢之臺。望高唐之觀。李注漢書音義張揖曰、雲夢楚藪也。在南郡華容縣。其中有臺館。名煇案、以高唐卽高陽。高唐觀乃楚始祖廟。楚自文王徙郢。昭王徙鄀。由宗廟未動。襄王遊雲夢者。實所以祀高禖也。曰有證乎。曰有。高唐卽高陽。說文唐古文作啺。經傳成湯之湯。甲骨刻辭及齊叔弓鐘銘作唐。或成唐。此可證者一也。高唐賦云、妾巫山之女也。爲高唐之客。聞名遊高唐。願薦枕席。王因幸之。去而辭曰、妾在巫山之陽。高丘之岨。楚世家云、滅夔。夔不祀祝融鬻熊故也。集解服虔云、夔楚熊渠之孫。熊摯之後。夔在巫山之陽。秭歸鄉是也。由此可知楚文王徙郢。以熊摯之後。守其宗祀。高唐賦雖爲諷寓。然其所謂在巫山之陽者。適爲楚宗廟所在之地。服虔之言可爲顯證。治古史者旣賴甲骨刻辭而得殷高祖帝嚳。今更由文選及楚世家而得楚高祖高陽。亦一樂事也。顓頊之名。見楚語。後詳之。

顓頊產窮蟬。窮蟬產敬康。敬康產句芒。句芒產蟜牛。蟜牛產瞽叟。瞽叟產重華。是爲帝舜。及產象敖。（產敖二字疑衍當刪）

校釋曰、史記帝舜本紀云、虞舜者、名曰重華。重華父曰瞽叟。瞽叟父曰橋牛。橋牛父曰句望。句望父曰敬康。敬康父曰窮蟬。窮蟬父曰帝顓頊。顓頊父曰昌意。以至舜七世矣。自從窮蟬以至帝舜、皆微爲庶人。舜父瞽叟盲。而舜母死。瞽叟更娶妻而生象。象傲。名煇案、近之治古史者。謂黃帝堯舜禹無其人。篤古之士起而駁之。不無佳作。（學原第二期載繆君與某君論古史書尤有條理）惜尙遺一顯證耳。周武王勝殷之後。追思先聖王。乃褒封神農之後於焦。黃帝之後於祝。帝堯之後於薊。帝舜之後於陳。大禹之後於杞。若無黃帝、堯、舜、禹其人。何以有後嗣受武王之封邪。以此質之疑古諸家。必不能強執黃帝堯舜禹爲天神之說矣。

楚史之盛。見稱於經傳者。如左氏傳謂左史倚相能讀三墳。五典。八索。九丘。其書今雖無考。然可知楚史學所及。不但記當時之政。且熟於故事。則此篇所記者。皆有依據。堯舜見於楚辭者。如離騷云、彼堯舜之耿介兮。旣遵道而得路。天問云、堯不姚告二女何親。九辯云、堯舜之抗行兮。瞭冥冥而薄天。又云、堯舜皆有所舉任兮。故高枕而自適。

顓頊產鯀。鯀產文命。是爲禹。（顓頊下脫「五代而」三字當補）

校釋曰、史記夏本紀云、夏禹名曰文命。禹之父曰鯀。鯀之父曰帝顓頊。顓頊之父曰昌意。昌意之父曰黃帝。禹者、黃帝之玄孫而帝顓頊之孫也。禹之曾大父昌意。及父鯀皆不得在帝位。爲人臣。名煇案、顓頊至禹之世次可疑。且可確論其必有脫誤。準此篇及史記、黃帝至禹五世。而至舜反爲九世。則禹者豈非舜之曾大父行乎。然禹繼舜而帝。其年必少於舜。李石續博物志云、黃帝產昌意。歷顓頊、窮蟬、敬康、勾芒、蟜牛、瞽叟、而後及舜。則顓帝後凡六世。其云顓帝產鯀。鯀產文命。是爲禹。則顓只二世。恐無是理矣。大抵古人本其所自出。皆謂之產。如高陽氏有才子八人。蒼舒、隤賓、檮戭、大臨、尨降、庭堅、仲容、叔達，皆以為顓頊產也。乃顓頊在位七十八年，此八人者已數十歲矣。後高辛在位六十三年，摯在位九年，堯在位七十二年，舜始受終於文祖，舉而用之，謂之八凱，則以數十歲之人，用之於一百四十五年之後，以為皆顓頊所產之子，有此理乎？惟漢律歷志引帝繫曰顓頊五代而生鯀，鯀生禹，庶幾得其實。云云。若皆五代，則由少典第一代起，至鯀為第十代，適與舜為同輩，而禹為十一代，則晚於舜矣。凡古史之存於今者，有脫誤問題，而無真偽問題；有增飾問題，而無造作問題。（按疑夏禹之無其人者為顧頡剛氏，惟氏近著中國疆域史亦信禹有其人矣，故不辨。）

鯀禹之史跡，載在經傳，不容疑者。其有疑之者，則王國維古史新證第二章所陳，足以答之。鯀禹史事見於楚辭者，以天問為最詳，適錄其事以為旁證。如云：「鴟龜曳銜，鯀何聽焉？順欲成功，帝何刑焉？永遏在羽山，夫何三年不施？伯禹愎鯀，夫何以變化？纂就前緒，遂成考功，何續初繼業，而厥謀不同？洪泉極深，何以窴之？地方九則，何以墳之？河海應龍，何盡何歷？鯀何所營？禹何所成？」云云。其所紀鯀禹治水之事，歷歷如繪，與經傳相照映。天問屈子呵壁所作，非空談也。近人或有疑無鯀禹治水之事者，可以邈證。

黃帝居軒轅之丘，娶于西陵氏之子，謂之嫘祖氏，產青陽及昌意。青陽降居泜水，昌意降居若水。（嫘祖二字當作[illegible]）

校釋曰：軒轅即天黿，說詳上文。汪氏補云：氏、是古通用。按世本氏皆作是。晉語「青陽，方雷氏之甥也」，注：方雷，西陵氏之姓。黃帝娶西陵氏之子嫘祖，實生青陽，名玄囂、[illegible]祖二字通本當作[illegible]，[illegible]者古[illegible]字，蘇甫人匜銘云：「蘇甫人作[illegible]妃襄媵匜」（三代吉金文存卷十六冊二十五葉）。[illegible]字从[illegible]，說文晶部云：「曐，揚雄說古理官決罪三日得其宜乃行之，从晶从宜。亡新以為从三日太盛，改為三田。」按从三日為晶，从三田為畾，畾與𡡉皆形近。王莽所為，當有所本，此改从晶為从畾，亦必有異文為據（近人有云新莽所為不盡無據。例如度量，據新莽量以校洛陽金村出土周銅尺「即[illegible]尺」與新莽量合。此一端已足見莽政之不盡無據。）朱駿聲云：「說文多部云：重夕為多，重日為曡。从宜，猶从多也。或曰：[illegible]者，莫多於星，从晶古星字，會意也。積也。」案朱氏以[illegible]釋曐字从晶之義，可謂探驪龍而得其玄珠。細尋古文系統，汗簡以[illegible]為姪字古文，古音當在至部。說文女部既無[illegible]字，亦無嫘[illegible]字。[illegible]字當从女纍聲。纍乃纍之省文，纍从畾聲，古音在隊部，至隊二部近旁轉。[illegible]字古文亦又从晶象纍形，不从晶者，如三代吉金文存卷十二第七葉載壺銘云「[illegible]妊作安壺」，又卷十八第三十六葉載車飾銘云「[illegible]妊作安車」。益可證說文[illegible]字从宜乃从且（祖之古文）之誤。且字古文作[illegible]，適與說文所載宜字古文作[illegible]者形相近。此在漢且宜二字多相混，則[illegible]字由一字而誤為[illegible]且二字者，蓋有由也。復據壺銘匜銘車飾銘，可知[illegible]為妊姓，與黃帝為婚。至周，其氏族尚存。（鄭氏通志氏族略晉任氏姓也，未詳得姓之始。）此可塙證無疑者。

昌意娶于蜀山氏，蜀山氏之子謂之昌濮氏，產顓頊。顓頊娶于滕氏，滕氏奔之子謂之女祿氏，產老童。老童娶于竭水氏，竭水氏之子謂之高緺氏，產重黎及吳回。吳回氏產終陸。

校釋曰：史記楚世家云：「楚之先祖出自帝顓頊高陽。高陽者，黃帝之孫，昌意之子也。高陽生稱，稱生卷章，卷章生重黎。重黎為帝嚳高辛居火正，甚有功，能光融天下，帝嚳命曰祝融。共工氏作亂，帝嚳使重黎誅之而不盡，帝乃以庚寅日誅重黎，而以其弟吳回為重黎後，復居火正，為祝融。吳回生陸終。」索隱云：世本云老童生重黎及吳回。譙周曰：老童即卷章。索隱：重氏黎氏二官代司天地，重為木正，黎為水正。據左氏，少昊氏之子曰重，顓頊氏之子曰黎。今以重黎為一人，乃是顓頊之子孫者，劉氏云少昊氏之後曰重，顓頊氏之後曰重黎，對彼重則單稱黎，若自當家則稱重黎。故楚及司馬氏皆重黎之後，非關少昊之重。愚謂此解為當。名耀案：重黎二人合而為一者，非也。劉氏失當，而索隱從之者，亦非也。（史記考證已斥其非，此不具。）今以楚語及太史公自序校之，則重黎當為二人，更無疑義。楚語：昭王問於觀射父曰：周書所謂重黎實使天地不通者，何也？（書呂刑篇云乃命重黎絕天地通）觀射父對云：……顓頊受之，乃命南正重司天以屬神，命火正黎司地以屬民，使復舊常，無相侵瀆，是謂絕地天通。其後三苗復九黎之德，堯復育重黎之後不忘舊者，使復典之，以至於夏商，故重黎氏世敘天地，而別其分主者也。其在周，程伯休父其後也。當宣王時，失其官守，而為司馬氏。史記太史公自序云：昔在顓頊，命南正重以司天，北（火）正黎以司地。唐虞之際，紹重黎之後，使復典之，至於夏商，故重黎氏世序天地。其在周，程伯休甫其後也。當周宣王時，失其守而為司馬氏。司馬氏世典周史。（史記此文本諸楚語）此可證重與黎本為二人，合稱曰重黎者，以其同出於顓頊也。重黎生吳回，古為羣婚制，重黎二人並其父也。

吳回為楚之先公，此無疑問者。丙戌秋，余在長沙楊樹達先生語之云：近日丁山君謂楚公[illegible]鐘銘「吠雷」，舊釋為夜雨雷三字者，實乃無雷二字，吠乃[illegible]字之訛誤。無雷即楚先公吳回也。可謂奇創而精矣。（鐘銘載嘯堂集古錄九十一葉、薛氏款識卷六，而三代吉金文存卷一錄墨本最精）

[illegible]集古錄第一冊二十一葉載郘公[illegible]鐘銘云：「陸[illegible]之孫郘公[illegible]作厥禾（龢）鐘，用敬卹盟祀，旂（祈）年眉壽，用樂我嘉賓及我正卿，揚君靈，君以萬年。」王國維云：[illegible]字自來無釋，余謂此字从蟲，[illegible]聲（[illegible]古庸字），以聲類求之，當是螽字。陸螽即陸終也。大戴禮帝繫篇陸終娶於鬼方氏，鬼方氏之妹謂之女隤氏，產六子，其

五曰安。是爲曹姓。曹姓者、鄒氏也。史記楚世家語同。其說蓋出於世本。此鐘器而云陸𨭎之孫。其爲陸終無疑也。王說是也。可從。

陸終氏娶于鬼方氏。鬼方氏之妹曰女嬇氏。產六子。孕而不粥。三年。啓其左脅。六人出焉。

校釋曰、王國維謂女嬇氏、即春秋時之隗氏。金文之媿氏。其說甚允。惟考定鬼方在汧隴之閒。今復核之。殊不可限。陸終乃重黎吳回之後。世居南土。無由就婚於汧隴閒之鬼方氏。考梁伯戈銘。其一面云、『梁伯作宮行元用』。一面云、『抑魅方蠻（發一□殺□）』其曰鬼方蠻。蓋指南土。如詩采芑篇云、蠢爾蠻荆。大邦爲讎。又云、征伐玁狁。蠻荆來威。今本竹書紀年云、武丁三十二年伐鬼方。次於荆。循此以推。則鬼方方域。不必限於西北地區也。

所謂啓其左脅六人出焉者。乃後嗣子孫誇耀其先祖降生。異於常人之神話。其事之必無。可知也。冢兄亦固（名煒）謂釋迦佛降生。亦有此同類之神話。本行經謂佛母舉右手。攀無憂大樹花枝。佛遂從其右脅而生。與此謂從左脅出者相同。惟楚人尚左。故云從左脅。天竺人尚右。謂從右脅。稍異耳。

其一曰樊。是爲昆吾。

校釋曰、春秋昭公十二年傳。載楚靈王云、昔我皇祖伯父昆吾。舊許是宅。今鄭人貪賴其田而不我與。我若求之。其與我乎。鄭語載史伯云、昆吾爲夏伯矣。又云、己姓昆吾蘇顧溫董。吳其昌云、昆吾氏爲妃姓。見國語鄭語及世本氏姓篇。其實字本作昆䵷。見鄴草堂吉金圖續編所載昆䵷王鐘。而䵷字與我字相似。因誤譯作昆我。後乃作昆吾耳。今案由楚靈王之稱昆吾爲皇祖伯父。則此爲信史可知矣。吳說雖非定論。亦可存參。

其二曰惠連。是爲參胡。

校釋曰、未詳。

其三曰籛。是爲彭祖。

校釋曰、鄭語、史伯云。大彭豕韋爲商伯矣。又云彭姓彭祖豕韋諸稽。則商滅之矣。尋古金銘文。如金索卷一載彭女甗銘云、『彭女君』（第二十三葉）銘文甚簡。必爲商器。彭之滅。在商之季年。則此甗之作。必在其未滅之前矣。積古齋鐘鼎彝器款識卷五、載彭姬壺銘云、『彭似作壺隨姬其萬年子子孫孫永寶用』（第十四葉）彭爲媿姓。故曰彭媿。阮元識爲彭姬。非也。此壺蓋媵女之器。彭姓之女。嫁於姬姓者。生女從父姓曰彭姬。下文姬其萬年子子孫孫永寶用。指其女而言也。愙齋集古錄第五冊。載乙亥鼎銘云、『己亥珥見事于彭。㝬叔商（賞）珥馬用作父庚彝。天黿』（第十四葉）此皆商代彭未滅國以前之器。其國既滅之後。則不復有器銘可徵矣。末曰天黿。蓋遠祖之族姓也。彭祖爲黃帝之後。既有此器爲證。而天黿之釋。則見於前矣。

其四曰萊言。是爲云鄶人。（云字當作䢵。鄶字當作鄶。）

校釋曰、史記楚世家云。四曰會人。集解。國案世本云。會人者。鄭是也。（亦見本篇後）名煒案。鄭之建國。始於鄭桓公友。當周宣王時爲司徒。此篇之作。在周厲王以前。非逆料所能及。再就地望言之。昆吾舊許是宅。大彭氏在彭城。（今江蘇銅山）皆在南土。若以此會當鄭。鄶則地在中原。北近黃河矣。故名煒疑其非會。而當作曾。（與鄫杞之鄫異）薛氏歷代鐘鼎彝器款識法帖卷十六載父乙甗銘云、『王命中先相南國貫行。𤔲居在曾』云云。（第二葉）曾字。前人誤釋爲廟。非是。當爲地名。近人于省吾據曾[illegible]征鼎曾字上从⊕。定爲曾字古文。甚確。甲骨文字亦時見之。則其爲古國族名可知矣。甗銘既明言王命中先相南國在曾。而薛氏又謂器出安陸之孝感縣。則曾之封域可準是以求之矣。尋春秋宣公四年傳云、初若敖娶於䢵。生鬭伯比。若敖卒。從其母畜於䢵。淫於䢵子之女。生子文焉。䢵夫人使棄諸夢中。杜注、夢澤名。江夏安陸縣城東南有雲夢城。以杜說合之父乙甗出土之地。則云鄶之爲䢵曾也。可以論定矣。

其五曰安。是爲曹姓。（曹當作𡚬）

校釋曰、後文云曹姓者。邾氏也。尋邾國彝器銘文傳於今者。如筠清館金石卷三載杞伯豆銘云、『杏（杞）白（伯）每（敏）亡（舊釋爲亡。此從長沙楊樹達先生新釋）作鼄（邾）𡚬寶壺。萬年眉壽子子孫孫永寶用享』（第八葉）此邾爲𡚬姓者一事也。愙齋集古錄十七冊載邾友父鬲銘云、『鼄（邾）𠬪（友）父媵（媵）其子𡢁𡚬寶鬲。其眉壽永寶用』此邾爲𡚬姓者二事也。郭沫若謂𡚬爲曹姓之曹之本字。吳其昌謂本應隸寫爲𡚬姓。但前人隸寫爲𡚬。从女曹聲。因而同聲爲別。遂成曹字。經典並作曹姓矣。名煒案。𡚬非从曹。古金文曹從二字有別。吳氏未悟。余前已詳辨之。（見新定說文古籀考附明版）茲不贅。

其六曰季連。是爲羋姓。（羋當作嬭）

校釋曰、羋姓之羋。本字當作嬭。近日學者已成定論。今徵錄古金銘文。以資佐證。如薛氏歷代鐘鼎彝器款識法帖卷六。載楚邛仲南和鐘銘云、『隹（唯）正月初吉丁亥。楚王賸（媵）邛中嬭南龢鐘。其眉壽無疆。子孫永保用之』（第五葉）邛中嬭者。中者、伯仲之仲。邛者、女所適國。此楚王之女適邛。曰邛中嬭。猶楚成王之妹適江。曰江羋之比矣。（春秋文公元年傳）嬭即羋之本字。此一證矣。兩罍軒彝器圖釋卷八。載周王子申盞盂銘云、『王子申作嘉嬭盞盂。其眉壽無期。永保用之』（第二葉）此爲楚器。王子申即楚公子申（子重）也。楚之同姓。作媵器曰嘉嬭。嬭之即羋。此二證矣。

季連產付祖氏。付祖氏產內熊。九世至于渠婁鯀。出自熊渠。有子三人。

校釋曰、汪氏注補從史記作「季連產附沮氏附沮氏產穴熊季連之裔孫鬻熊。九世至於熊渠有子三人」則「婁鯀出自熊」五字爲衍文。史記楚世家云季連生附沮。附沮生穴熊。其後中微。或在中國。或在蠻夷。弗能紀其世。周文王之時季連之苗裔曰鬻熊。鬻熊子事文王。蚤卒。其子曰熊麗。熊麗生熊狂。熊狂生熊繹。熊繹當周成王之時。舉文武勤勞之後嗣。而封熊繹於楚蠻。封以子男之田。姓芈氏。居丹陽。楚子熊繹與魯公伯禽衛康叔子牟晉侯燮齊太公子呂伋俱事成王。熊繹生熊艾。熊艾生熊䵣。熊䵣生熊勝。熊勝以弟熊楊爲後。熊楊生熊渠。熊渠生子三人。其世系較此篇爲明白。

後案史記楚世家。謂熊渠有子三人。長曰康。中曰紅。少曰執疵。此云婁鯀出自熊渠。有子三人。則以婁鯀爲熊渠之子。康紅執疵爲婁鯀之子。多出一代矣。

其孟之名爲無康。爲句亶王。其中之名爲紅。爲鄂王。其季之名爲疵。爲戚章王。

校釋曰。熊渠。史記作毋康。較爲近古。案楚世家云。當周夷王之時。王室微。諸侯或不朝相伐。熊渠甚得江漢閒民和。乃興兵伐庸楊粵。至於鄂。熊渠曰。我蠻夷也。不與中國之號謚。乃立其長子康爲句亶王。中子紅爲鄂王。少子執疵爲越章王。皆在江上楚蠻之地。及周厲王之時暴虐。熊渠畏其伐楚。亦去其王。後爲熊毋康。毋康蚤死。子熊摯紅立。摯紅卒。其弟逆而代立曰熊延。今稽之古今銘文。如徐氏歷代鐘鼎彝器款識法帖卷六載楚公鐘銘云「隹（唯）□□□楚公逆自作無雷（舊釋夜雨雷此從丁釋）鐘厥名曰身□□□□公逆其萬年壽云云」（阮刻本第六葉有銘本羅氏三代吉金文存卷一）孫詒讓云。銘謂此逆字。實當爲逆。逆謂咢。攷說文干部云。屰。從干下凵。屰之也。此從㞢。即屰之變體。㞢凵爲口。又移箸於干字之中。漆繹山刻石討伐亂逆。逆作䢒。是凵可移箸干字中之證。頌。逆。宎逆作䢒。是凵可變作口之證。楚世家。熊徇卒。熊子咢立。）十二諸侯年表作鄂（索隱本作噩）此楚公逆。即熊咢也。逆咢一聲孳生之字。古多通用。故史記以逆爲咢。熊咢在熊渠去王號之後。熊通再僭稱王之前。此銘稱楚公。亦正符合。以字形及文例證之。此鐘爲熊咢所作。殆無疑義。王國維云。孫說不可易。此器趙氏金石錄謂出鄂州嘉魚縣。復齋款識引石公弼云。政和三年。武昌太平湖所進。武昌嘉魚壤地相接。蓋出二縣閒矣。案楚世家言熊繹居丹陽。至文王熊貲始都郢。中間無遷都事。惟昔周夷王時。熊渠甚得江漢閒民和。乃與兵伐庸楊粵至於鄂。乃立其長子毋康爲句亶王。中子紅爲鄂王。少子執疵爲越章王。皆在江上楚蠻之地。熊渠卒。子熊摯紅立。後六世至熊咢。今熊咢之器出於武昌者。武昌即鄂。蓋熊渠之卒。熊摯紅雖嗣父位。仍居所封之鄂。不居丹陽。越六世至熊咢。猶居於此。故有其遺器。楚之中葉曾居武昌。於史無聞。惟賴楚器所出地知之耳。

名輝案。楚史原文當終於此。其完成之時。於周爲夷王世。（以封三子推則必爲其三子後所作。封三子之年代不可考。故未敢確定也）然以古史之存於今者校之。當以此篇爲魁宿也。以下乃後人附益解釋之文。故多與本文相發釋。

昆吾者。衞氏也。

校釋曰。衞疑當作衛。甲骨刻辭中。特見其文。古今文中亦有之。舊釋爲衞。余已辨正之（見新定說文古籀考）衞爲姬姓之國。始封於康叔。與昆吾無涉也。

參胡者。韓氏也。

校釋曰。韓爲姬姓國。在中原。此韓疑當作䵣。古金文䵣侯白晨鼎。亦釋作韓侯伯晨。其實當以䵣侯白晨與師晨爲人。師晨鼎銘有文且辛公之語。遂以䵣爲媿姓。與彭爲媿姓者同。附志存參。

云鄶者。鄭氏也。曹姓者。邾氏也。

校釋曰。義證詳前。

季連者。楚氏也。

校釋曰。循前文例當云芈姓者。楚氏也。不當云季連。

帝嚳卜其妃之子。而皆有天下。上妃有邰氏之女也。曰姜嫄氏。產后稷。

校釋曰。楚辭天問云。稷惟元子。帝何竺（毒）之。俞樾云。帝謂帝嚳也。竺當爲毒。古字通用。天竺之爲天毒。即其證也。爾雅釋詁曰。毒。憎也。此言稷爲嚳之元子。帝嚳何爲憎惡之。而棄之至再至三乎。下文曰。投之於冰上。鳥何燠之。蓋承此而言。其義自見。史記周本紀云。周后稷名棄。其母有邰氏女。曰姜原。姜原爲帝嚳元妃。姜原出野。見巨人跡。心忻然說。欲踐之。踐之而身動如孕者。居期而生子。以爲不祥。棄之隘巷。馬牛過者皆辟不踐。徙置之林中。適會山林多人。遷之。而棄渠中冰上。飛鳥以其翼覆薦之。姜原以爲神。遂收養長之。初欲棄之。因名曰棄。棄爲兒時。屹如巨人之志。其游戲。好種樹麻菽。麻菽美。及爲成人。遂好耕農。相地之宜。宜穀者稼穡焉。民皆法則之。帝堯聞之。舉棄爲農師。天下得其利。有功。帝舜曰。棄。黎民始飢。爾后稷播時百穀。封棄於邰。號曰后稷。別姓姬氏。后稷之興。在陶唐虞夏之際。皆有令德。后稷卒。子不窋立。名輝案。據本篇后稷。帝嚳上妃所生。堯乃次妃所生。則后稷年事必長於堯。（天問稷惟元子可證）況堯乃帝嚳之後。而不得爲帝嚳之子者。前已論之。此係帝嚳元子曰后稷者一人。（后稷官名下同）由少典第一世起算。至稷爲第六世。興於虞夏之后稷。當爲第十一世。較堯年輩爲晚。故堯在帝位。起而用之。而與舜年輩相近。故上及見堯。下至於夏爲之世。然書闕有閒矣。

次妃有娀之女曰簡狄產棄。（契）

校釋曰棄字誤當作契。

次妃曰陳隆氏產帝堯。

校釋曰余疑帝堯爲帝嚳之後非帝嚳之子已論述於前今再徵之漢石刻文亦未言其爲帝嚳之子如隸釋載濟陰太守孟郁脩堯廟碑文云『惟昔帝堯聚須慶巍弘號赫赫蕩蕩巍巍乎基赤精之胄爲漢始別』又載帝堯碑云『帝堯者蓋昔世之聖王也其先出自塊隗翼火之精有神龍首出於常羊□□□□□□□□生赤□□□□□□□□□□□也名紀見乎河雒奚嗣八九慶都夢與赤龍交而生伊堯及堯之生也不□凡等』又載成陽靈臺碑文云『惟帝堯母昔者慶都兆舍穹精氏姓曰伊體蘭石之操履規矩之度則乾坤之數通三光之曜游觀河濱感赤龍交始生堯厥後堯來祖統慶都告以河龍堯歷三河有龍授圖躬行聖政以育苗萌火陽之盛先闡後明遂以侯伯遂踐帝宮慶都僊歿蓋葬于茲（指成陽）欲人莫知名曰靈臺』是在漢時已有堯乃慶都所生而非帝嚳之子之論故考之石刻三章莫言堯爲帝嚳之子者慶都之慶亦爲氏伊堯之伊亦爲氏（碑文所謂氏姓曰伊者是也）堯之女嫁於舜者本篇曰女匽氏匽亦氏也逼考慶伊匽三氏皆姜姓也亦何其巧合乃爾也史記帝堯本紀集解引皇甫謐云堯初生時其母在三阿之南寄於伊長孺之家故從母所居爲姓然堯從母姓猶可說也女從祖母姓則無可說者矣據歷代鐘鼎彝器款識法帖卷十二孟姜匜銘云『慶叔作朕子孟姜盥盤其眉壽萬年永保其身云云』慶叔者慶其氏也生女曰孟姜此慶爲姜者姓一事也懷米山房吉金圖乙册載匽公匜銘云『匽公作爲姜乘（媵）般（盤）盜萬年永寶用』匽公者匽其氏也生女曰爲姜此匽爲姜姓者二事也然姜姓之中亦有二系一爲炎帝之後一爲帝嚳之後（姬姓亦有二系一爲青陽之後一爲后稷之後夫堯爲伊氏舜爲姚氏其相別已久故可通婚）然自來討論姓氏者皆未及此也

（別論詳之）

次妃曰陬訾氏產帝摯，帝堯娶散宜氏之子謂之女皇氏帝舜娶于帝堯之子謂之女匽氏鯀娶于有莘氏有莘氏之子謂之女志氏產文命禹娶于塗山氏之子謂之女憍氏產啓。

附整理世系圖

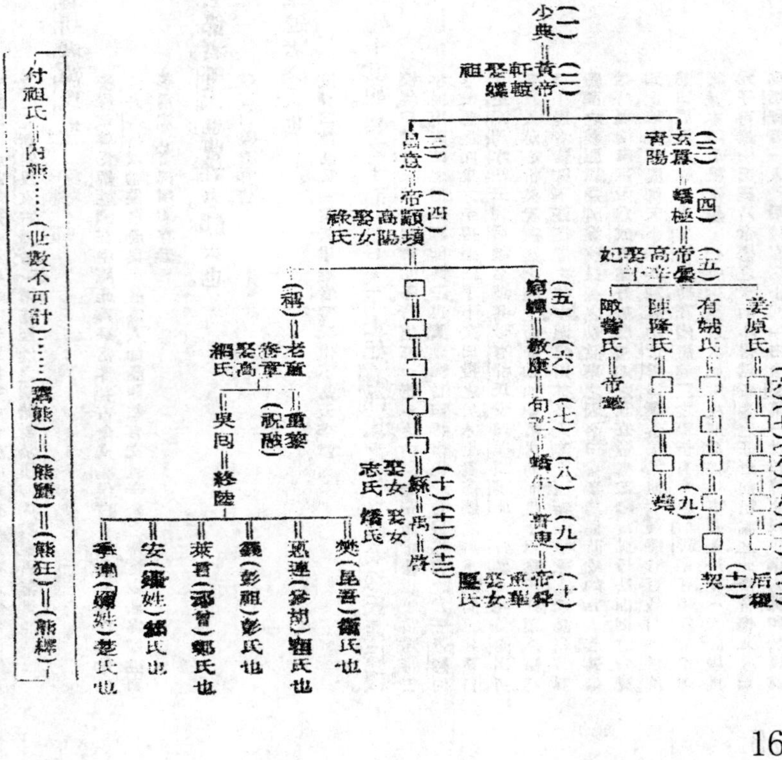

——摘自《學原》一九四八年五月第二卷第一期

三禮綜論

立廟議

儀徵劉師培撰

謹案戴禮王制記曰天子七廟三昭三穆與天子之廟而七祭法記曰是故王立七廟一壇一墠曰考廟曰王考廟曰皇考廟曰顯考廟曰祖考廟皆月祭之遠廟爲祧有二祧享嘗乃止禮器記曰天子七廟諸侯五大夫三士一春秋穀梁傳曰天子至於士皆有廟天子七廟諸侯五大夫三士二故德厚者流光德薄者流卑是天子七廟傳記皆有明文春秋之義自上以下隆殺以兩諸侯廟五則天子廟七所以判尊卑辨貴賤也至呂氏春秋所云五世之廟禮緯稽命徵所云唐虞夏五廟殷六廟說爲經傳所無或係古初之制典禮之備始於成周說廟制者自應以戴記穀梁爲準至於七廟之說漢儒韋玄成等以爲后稷始封文武受命而王是以三廟不毀與親廟四而七王舜劉歆則以天子三昭三穆與太祖之廟而七七爲正法二說不同鄭玄注王制七廟云太祖及文王武王之祧與親廟四

太祖。后稷。遂注他經。其說並同。蓋隱襲玄成之說。王肅聖證論難之曰。周之文武。受命之王。非常廟之數。今使天子諸侯立廟。並親廟四而止。則君臣同制。尊卑不別。肅注他經。亦均難鄭。蓋與王舜劉歆同說。晉宋齊梁均用王說。於開國之初。立親廟六。唐武德元年。追尊高曾祖考。立四廟於長安。貞觀九年。從岑文本議。立親廟六。亦用王說。惟宋明開國。僅追尊四代號謚。立親廟四。雖與鄭說相符。然鄭氏之說。實與傳記弗合。知者。荀子禮論篇云。有天下者事七世。是七廟確爲帝王之制。既有天下。即當設立七廟。以別於諸侯。所謂七廟者。始祖及高祖以下爲五廟。合以高祖之考及高祖之祖。即爲七廟。以祭法證之。則考廟迄祖考廟爲五廟。高祖以上二廟。即所謂遠廟爲祧也。蓋武王克商。即增立高圉亞圉二廟於公叔太王之上。左傳昭七年。曰予敢忘高圉亞圉。是其證也。又周禮守祧職云。掌守先王先公之廟祧。亦與祭法說合。至喪服小記所謂王者立四廟。係含始祖及二祧計之。非僅舍始祖計之也。竊以七廟之義。當從王說。今當開國之初。宜追立七廟。以復古制。或追立六廟。三昭三穆。太祖虛位。以彰受命之實。至所設六廟。親盡則遷。太祖之廟。百世不遷。上符古禮之文。下正前清之失。追遠之道。靡切於斯。若追立四廟。上法宋明。則是以元首之尊。采用古代諸侯之制。旣與古禮弗符。亦非 聖天子孝治天下之義也。故徵引經誼。以俟折衷。

或問曰。禮喪服小記。王者禘其祖之所自出。以其祖配之。而立四廟。書咸有一德孔疏云。王肅等以爲受命之王。是初基之王。故立四廟。如孔所引。是王以創業之王。當立四廟。不當立七廟也。答曰。廟之與祧。散文則通。對文則異。祭法以七廟該二祧。所謂散文則通也。周禮廟祧並文。所謂對文則異也。喪服小記立四廟。計廟弗計祧。王云受命之王立四廟。弗云不立二祧也。益以二祧。斯爲六矣。知者。晉宋開國，均係受命之君，晉武之時，尤崇王學，所立廟制，實爲六廟，豫章征西均高曾以上之親也，宋武即位，增祀相國掾右北平二世，其於武帝則五世祖六世祖也，梁立大中淮陰二廟，與晉宋同，旁及北齊，亦符斯制，是知受命之王，首基之主，四廟而外，兼立二祧，隋許善心褚亮中王說曰，天子七廟，是通百代之言，可謂得子雍之旨矣，孔疏所引，雖出子雍禮注，疑非全文，使受命之初，僅立四廟，則是七廟有虚主，而三昭三穆，廢缺其二矣，子雍之說，夫豈然矣。

——摘自《中國學報》一九一六年一月第一册

禮論

吳虞

老子曰、上德不德、是以有德。下德不失德、是以無德。上德無爲而無以爲。下德爲之而有以爲。上仁爲之而無以爲。上義爲之而有以爲。上禮爲之而莫之應、則攘臂而仍之。故失道而後德、失德而後仁、失仁而後義。失義而後禮。禮者、忠信之薄而亂之首也。李宏甫注曰、無爲也而亦無爲也、是謂上德、黃帝是也。其次雖爲之而實無爲、是謂上仁、堯之仁如天是也。又其次不惟爲之、而且有必爲之心、是上義也、舜禹以下聖人是也。夫失道而德、失德而仁、失仁而義、至於失義而禮、則所以爲之者極矣。故爲而不應、則至於攘臂。攘臂不應、則刑罰甲兵相因而起矣。是亂之首而忠信之薄也。禮運鄭康成注曰、大道、謂五帝時也。天下爲公、公猶共也。禪位授聖、不家之。天下爲家、傳位於子、謀用是作、兵由此起、以其違大道敦樸之本也。禹湯文武成王周公、由此其選也、能用禮義以爲治。此六君子者、未有不謹於禮者也。是謂小康。大道之人、以禮於忠信爲薄、言小安者、失之則賊亂將作矣。孔穎達疏曰、自大道之行至是謂大同、論五帝之善。自大道既隱至是謂小康、論三王之後。爲公、謂揖讓而授聖德、不私傳子孫、卽廢朱均而用舜禹是也。選賢與能、明不世諸侯、國不傳世、唯選賢與能、黜四凶、舉十六相是也。干戈攻伐、各私其親、是大道去也。天下爲家者、父傳天位與子、是用天下爲家也。禹爲其始、五帝猶行德、不以爲禮、三王行爲禮之禮、故五帝不言禮、而三王云以爲禮也。其時謀作兵起、遞相爭戰、禹湯等能以禮義成治、故云由此其選。周旣禮道大用、何以老子云失道而後德、失德而後仁、失仁而後義、失義而後禮。禮者、忠信之薄、道德之華、爭愚之始。故先師準緯候之文、以爲三皇行道。五帝行德。三王行仁。五霸行義。若失義而後禮、豈周之成康在五霸之後。所以不同者、老子盛言道德質素之事、故云此也。禮爲浮薄而施、所以抑浮薄、故云忠信之薄。据李宏甫鄭康成孔穎達之說、則老子所謂道德、乃指三皇五帝之世公天下而言、確有所指、非如謝无量所謂僅爲仁義未起以前之狀態而已。老子所謂仁義禮、卽指三王五霸以來家天下而言。其曰失道而後德、失德而後仁、失仁而後義、失義而後禮。卽指皇降而帝。帝降而王、王降而霸之世也。禹湯文武成王周公六君子者、皆家天下之君臣。故莫不謹於禮、而以禮爲人君之大柄、僅得小安。失之則臣弒其君、子弒其父、而賊亂作矣。故必用禮爲紀、以正君臣。以篤父子。以睦兄弟、以和夫婦。然不知道德之本、各私其私。而陳恒齊簡之君臣。晉獻申生之父子。鄭莊叔段之兄弟。魯桓齊姜之夫婦。終不絕於世也。則禮之爲用末矣。

文子曰、爲禮者雕琢人性、矯拂其情。目雖欲之、禁以度。心雖樂之、節以禮。趨翔周旋。屈節卑拜。肉凝而不食。酒澂而不飲。外束其形。內愁其德。鉗陰陽之和。而迫性命之情。故終身爲哀人。何則、不本其所以欲。不原其所以樂。而防其所樂。是猶圈獸而不塞其垣。禁其野心。決江河之流。而壅之以手。夫禮者、遏情閉欲、以義自防。雖情心咽噎。形性飢渴。以不得已自强。故莫能終其天年。禮者非能使人不欲也、而能止之。樂者非能使人勿樂也。而能防之。夫使天下畏刑而不敢盜竊、（王介甫禮論曰、凡爲禮者必詘其放傲之心。逆其耆欲之性。莫不欲逸而爲尊者勞。莫不欲得而爲長者讓。擎跽曲拳以見其恭。夫民之於此、豈皆有樂之心哉。患上之惡己而隨之以刑也。）豈若使人無盜心哉。（韓非曰、古之讓天子者、是去監門之養、而離臣虜之勞、古傳天下而不足多也、今之縣令、一日身死、子孫累世絜駕、故人重之。是以人之於讓也、輕辭古之天子、難去今之縣令者、厚薄之實異也。蓋大同敦樸、君行民近、故禪授而弗矜。小康浮薄、君貴民賤、故爭鬥而勿絕。項羽曰、彼可取而代也。英布曰、欲爲帝耳。是其證也。）故知其無所用、雖貪者皆辭之、不知其無所用、廉者不能讓之。又曰、廉恥陵遲、及至世之衰、害多而財寡、事力勞而養不足、民貧苦而忿爭生、是以貴仁。人鄙不齊、比周朋黨、各推其與、懷機巧詐之心、是以貴義。男女羣居、雜而無別、是以貴禮。性命之情、淫而相迫於不得已、則不和、是以貴樂。故仁義禮樂者、所以救敗也。非通治之道也。故德衰然後飾仁義。和失然後調聲。禮淫然後飾容。故知道德、然後知仁義不足行也。知仁義、然後知禮樂不足修也。故曰、道散而爲德。德溢而爲仁義。仁義立而道德廢矣。又曰、循性而行謂之道。得其天性謂之德。性失然後貴仁義。仁義立而道德廢。純樸散而禮樂飾。是非形而百姓眩。珠玉貴而天下爭。夫禮者、所以別尊卑貴賤也。義者、所以和君臣父子兄弟夫婦人道之際也。末世之禮、恭敬而交。爲義者布施而得。君臣以相非、骨肉以生怨也。故水積則生相食之蟲。土積則生自肉之狩。禮樂飾則生詐僞。又曰、深行之謂之道德。淺行之謂之仁義。薄行之謂之禮智。又曰、修道德卽正天下。修仁義卽正一國。修禮智卽正一鄉。夫文子者老子之弟子、其分別道德仁義禮智之高卑深淺、與其弊之所極、可謂至明白矣。是故道家則貴道德。莊子言道德非薄仁義是也。儒家則主仁義。孟子專尚仁義而不及道德是也。其次如荀卿、則一切本諸禮。最後如荀卿之門人李斯、韓非、則以智術爲尚、而專用法。（吾國法家所立之法、不過命令而已、與今世之所謂法律由議院議決者不同。）而吾國專制之禍、於是益烈矣。蓋自禮運以禮爲人君之大柄。荀卿隆禮義而殺詩書。唐律十惡大不敬條疏議曰、禮者敬之本。敬者禮之輿。故禮運云、禮者君之柄。而儒家所主張禮樂仁義之效、亦可睹矣。

隋書禮儀志曰、自犬戎弒后、遷周削弱、禮失樂微、風俗凋敝、仲尼預蜡賓而歎曰、丘有志焉。禹湯文武成王周公、未有不謹於禮者也。秦氏以戰勝之威、幷吞九國、盡收其儀禮、歸之咸陽。唯采其尊君抑臣、以爲時用。至於退讓起於趨步、忠孝成於動止、華葉靡舉、鴻纖幷擯。漢高既平秦亂、枚賞元勳、未遑廟制、羣臣飲酒爭功、或拔劍擊柱、高祖患之。叔孫通言曰、儒者難與進取、可與守成。於是請起朝儀而許焉。猶曰度吾能行者爲之。微習禮容、皆知順軌。若祖述文武、憲章洙泗、則良由不暇、自畏之也。漢書叔孫通傳曰、臣願頗采古禮與秦儀雜就之。習之月餘、通曰、上可試觀。上使行禮、曰、吾能爲此。乃使羣臣肄習。會羣臣朝十月、謁者治禮、至禮畢、盡伏置法酒。諸侍坐殿上、皆伏抑首、以尊卑次起上壽。觴九行、謁者言罷酒。御史之執法、舉不如儀者輒引去。竟朝置酒、無讙譁失禮者。於是高帝曰、吾乃今日知皇帝之貴也。是則今日禮耑隋志言之、更非文武洙泗之舊。僅采秦氏尊上抑下之旨。於是叔孫竊聖人之號、漢高知皇帝之貴。始溺孔氏之儒冠。終享孔氏以太牢。自漢訖今、滔滔不返、而其害酷矣。

蘇明允禮論曰、彼聖人者、必欲天下之拜其君父兄、何也、其微權也。彼爲吾君、彼爲吾父、彼爲吾兄、聖人之拜不用於世、吾與之皆坐於此、皆立於此、比肩而行於此、無以異也。吾一旦而怒、奮手舉挺而搏逐之可也。何則、彼其心常以爲吾儕也。不見異於吾也。聖人知人之安於逸、而苦於勞。故使貴者逸、而賤者勞。且又知坐之爲逸、而立且拜之爲勞也。故舉其君父兄坐之於上、而使之立且拜於下。明日彼將有怒作於心者、徐而自思之、必曰此吾嚮之所坐而拜之且立於其下者也。聖人固使之逸、而使吾勞、是賤於彼也。奮手舉挺以搏逐之、吾心不安焉。刻木而爲人、朝夕而拜之、他日析之以爲薪、而猶且忌之。彼其始木焉而已、猶且不敢以爲薪、故聖人以其微權、而使天下尊其君父兄、而權者又不可以告人、故先之以恥、然後君父兄得以安其尊、以至於今。(此卽有子其爲人孝弟則不犯上作亂之意也)蘇子瞻始皇論曰、聖人憂民之桀猾變詐而難治也、是故制禮以反其初。禮者、所以反本復始也。聖人非不知箕踞而坐、不揖而食、便於人情、而適於四體之安也。將必使之習爲迂闊難行之節、寬衣博帶、佩玉履舄、所以回翔容與而不可以馳驟、上自朝廷而下至於民、其所以視聽其耳目者、莫不近於迂闊、其衣以黼黻文章、其食以籩豆簠簋、其耕以井田、其進取選舉以學校、其治民以諸侯、嫁娶死喪、莫不有法、嚴之以鬼神、而重之以四時、所以使民自尊而不輕爲姦。故曰禮之近人情者、非其至也。周公孔子所以區區於揖讓升降之間、丁寧反覆而不敢失墜者、世俗之所謂迂闊、而不知夫聖人之權、固在於此也。呂東萊曰、(經義考周禮引)朝不混市、野不逾國、人不侵官、后不敢干天子之權、諸侯不敢潛天子之制、公卿不牟商賈之利、九卿九牧、相屬而聽命於三公、彼皆民上也。而尺寸法度不敢踰、一毫分寸不敢易、所以習民於尊卑等差階級之中、(禮之精意從此求之)消其逼上無等之心、而寓其道德之意。(此道德乃指世俗所謂忠孝節義之道德、非道家所謂之道德也。)是以民服事其上、而下無以覬覦、賤不亢貴、卑不踰尊、一世之人、皆安於法度分寸之內、(法度分寸、卽指尊卑貴賤上下之階級等差。)志慮不易、視聽不二、易直淳龐、而從上之令。(禮之作用如此。制禮者用心之深遠、魄力之偉大、吾亦不得不佩服之。)父召其子兄授其弟長、率其屬、何往而非五禮六樂三物十二教哉、觀蘇氏父子及東萊之言、雖未明道德仁義禮降失之次第、及禮之興於家天下之後之故。而於制禮者偏重尊貴長上、藉禮以爲馴擾制禦卑賤幼下之深意、則已昭然若揭矣。是故福澤諭吉之論吾國曰、支那舊教、莫重於禮樂、禮者使人柔順屈從者也、樂者所以調和民間鬱勃不平之氣、使之恭順於民賊之下也。嗚呼、以福澤諭吉之言、證明允子瞻東萊之說、而後知聖人之嘉惠吾卑賤下民者至矣。宜乎晉人講老莊之學、如阮嗣宗輩、謂禮非爲我輩設也、後漢書陳寵傳曰、禮經三百三千、故甫刑大辟二百、五刑之屬三千。禮之所去、刑之所取、失禮則入刑、相爲表裏。孟德斯鳩曰、支那政家合宗教法典儀文習俗四者於一爐而冶之。凡此皆民之行誼也、皆民之道德也。總是四者之科條、而一言以括之曰禮。使上下由禮而無違、斯政府之治定、政府之功成矣。此其大經也。顧支那爲民上者之治其國也、不以禮而以刑。彼欲民之由禮、而其力不能得、則相與殿然持刑而求之、使天下之民皆漓然喪其常德。夫景教宗風、以人道相親爲根本。其爲儀文也、事天平等、法會無遮。故其所求於人類在合。而支那禮之所重、在嚴天澤之分、謹內外之防、峻夷夏之辨。故其所成於民德在分。知分之爲事、最近於專制之精神。知分之出於專制、而吾國之禮意可推矣。劉申叔法律學史序曰、漢書藝文志云、法家者流、出於理官、信賞必罰、以輔禮制。儒家者流、不尙成文之法典、以居敬行簡臨民、以爲古代聖王準理以制義、故卽用禮以止刑、禮禁未然之先、法施既然之後。此儒家所由集教化也。又儒家制禮、首重等差。（中庸云、親親之殺、尊賢之等、禮所生也。蓋儒家之論等差、一曰親疏之別、二曰貴賤之差。凡名物制度、咸因此而生差別。是儒家以禮爲法也。）以禮定分、（禮運曰、禮達而分定。荀子大略篇亦曰、禮者、法之大分也。）以分爲理。凡犯分卽爲犯律。（王制曰、凡聽五刑之說。必原父子之親立君臣之義、以權之）故出乎禮者、入於刑。（禮曰、罪多而刑五、喪多而服五、是禮刑相與爲表裏也。）是則儒家所謂法典者、不外禮制之文而已。觀陳寵孟德斯鳩及劉申叔之說、吾國之禮與刑、實交相爲用。故禮運以禮爲人君之大柄。而漢書刑法志稱大刑用甲兵。專制之國、其御天下之大法、不外禮與刑二者而已。而禮刑皆以尊卑貴賤上下之階級爲其根本。此學者所宜深求而熟考者也。

孟德斯鳩曰、雅里斯多特穆常窮計極思、以摧散國民之武德、以柔蠱其少壯之精神。則令國中少年、宜蓄髮作髻如女子、簪花弄姿、爲五色奇衣錦襜褕、令長及踵、從師執樂器、習歌舞、出必有女子爲持繖執扇、薰蘭麝、甲煎浴、則獻此疏列青銅鏡以供、號爲敎育。至於弱冠、然後習他業。夫以如是爲敎育、所深喜之者、獨暴主民賊耳。彼暴主民賊、固一身之逸樂無患是求、而國權之弱且衰、誠非所計及。嚴幾道論之曰、雅里氏之所爲、雖秦政之銷鐘鐻、毀兵使、無以過之。顧使當日秦不爲彼而爲此、中國之人、將以爲無道與否、未可知矣。何則、褒衣大袑、儒者之飾也。而五色奇服、固前代至今所不禁。而侍女添香、宮人執扇、含鷄舌、冠鵔鸃、皆先朝法制、廊廟且猶用之、況閭閻乎。觀此又知霸主民賊改正易服、制禮作樂、別有一番深意、中外所同、一經勘破、從此推尋、迎刃而解。獨不知孔氏問禮於老聃、亦略聞大同小康之緒論、老聃博古達今、通禮樂之原、明道德之歸。何以孔氏背其本師、舍道德、崇仁義、主張家天下之小康、而偏重於禮、殆由其以干祿爲心、汲汲於從政、三月無居、栖栖皇皇、自比匏瓜、貽譏喪家之狗、下拜南子、思赴佛肸所干、至七十二君之多、急於求沽。以禮爲霸者時君所須、可以使貴賤有等、長幼有差、貧富輕重皆有稱、意在趨時阿世。故曰君使臣以禮。又曰禮讓爲國。蓋專制之朝、極之由禮而止、道德非其所尚也。二千年來、儒者自尊爲禮義之邦、沿流不返。曾國藩之徒、至謂古之學者、無所謂經世之術、學禮焉而已。不僅宗教法典習俗儀文、歸之於禮、卽天文地理軍政官制鹽漕賦稅科學歷史、莫不萃集其中。禮之爲事、宏巨如是、可謂誕謾矣。士大夫既高曾相傳、視禮爲天經地義、弗悟其非。苟詢其何以當尊何以當貴、亦瞠目而莫明其理。惟漫應曰古聖人之制也、吁可嗤矣。故夫談法律者、不貴識其條文、而貴明其所以立法之意。言制者。不在辨其儀節、而在知其所以制禮之心。余故略舉諸家之言、而論之如此、冀大雅宏達之教誨焉。

——摘自《新青年》一九一七年五月第三卷第三號

禮議序

四　釋持

禮議上下卷．吳郡曹侍讀君直在禮學館建議之文也．吳興劉郎中翰怡鋟諸木．三月而成．已校定．可摹印．敍曰光宣之間唏矣．邪伏於帷牆之間．五細六逆．旋相爲用．隱民造作言語．裂冠毀冕．拔木塞源．因內反死生．五閒俱起．以襲我丕丕基．指鹿以爲馬．甘口鼠行．舌痾火沴．詛物爲創．大人患失而惑．則亦俛眉揖客．承筐將之．祟長信使．俾姦宄於邦邑．潰潰回遹．詩人所嗟．乃罔畏畏．其咈耇長舊有位人．父師歎焉．泰山之石穿．溜單極之統斷．幹積微成著．蓋至於九年憲法之布．而本實撥．枝葉害矣．變亂之始．自刑典．支蔓於官制財用兵戎．迭變迭更．最後設禮館．朝廷眩制作之華．言不知其柔道陰行．無上無法無親．伺間逞也．百川沸騰．不可遏．星炎孛孛．與日朝夕．常伯常任準人．私憂竊歎．哀哉．不能言．老師宿儒．或乃曲學阿世．抱薪救火．當時抗議．刑律諍論於庠序．若勞提學．玉初劉侍御幼雲．十手所指．落落數人爾．禮說深博．助我者希．曹君奮寒儒．苞并千載之盈縮．羅絡百氏之異同．本諸經疏．參之史傳故事．得制作之原．以摧詖破邪．逆折牙角．其文詞溫溫．儒者而機張括省．言必中慮．非聖者徒噤不得語．禮議都凡二十五篇．附以律議四篇．謇謇誾誾．干城名教．偉哉．昌言勇過賁育矣．曹君言禮館中虛心直志．不違道以干譽．主其議者．實爲溥玉岑尚書．合志同方．相與搜剔刮摩．張皇正義．則婁張閒遠．華亭錢復初．兩孝廉之力居多．當時蜩螗沸羹．由行艱苦．事過時遷．永思惻怛．鄭囂溺庭．謂國無人．淮南睥睨．漢朝發蒙振落．曹氏此書。觥觥儒效、不可不亟傳。抑元祐君子之微言。淆於宣政日錄。是非不大白。則禮館建立本末。朝議時論。繫月繫日。亦不可不著其實錄。以詔後世也。余屏外臺。察淵見絀。被書顧問。邱蓋唶呃。獨不意風雨雞鳴。卯酉午亥之際。聞茲德論。光我聖清。有曹君而禮典不亡。衡厥重輕。非僅何承天王儉任預庾蔚之比也。接君言論。識君恨晚。責沈之譏。滋愧憸爾。

——摘自《亞洲學術雜誌》一九二一年九月第一卷第一期

論說五

中國法律生於禮

敬庵

凡世界獨立之國。莫不有自成之法律。其法律亦莫不有永久遺傳之法系。古來文化大邦。若波斯法系。腓尼希亞法系。（海商法精傳於羅馬）希臘法系。（梭倫之富庶法精傳於羅馬）猶太法系。（摩西法散見於舊約全書）其文化無繼續力者。不相因襲。法律系統。亦遂等於廢絕。近代學者所稱。世界三大有名法系如左。（三大法系係歐洲歷史家法律家言其比較評論則以宗教習慣學說種種異同自不免有所軒輊）

一印度法系（今仍行於印度半島印度洋附近島嶼亦有奉行者）

二羅馬法系（英國法系屬之羅馬私法今化行於歐洲大陸諸國英國公法今化行於北美暨英領各殖民地然歐洲大戰後私法已有變遷公法或亦修增歐洲法律非一成而不可變者）

三中國法系（日本朝鮮法系屬之日本自明治參用歐律然現行六法唐律猶存十之六）

三大法系之外。有沙拉先法系。此法系盛時。東至印度河。西至西班牙。今則土耳其。阿拉伯。波斯。塔爾堵。（亞洲西南地）非洲之摩洛哥。突尼斯的利波利等地。雖先後爲英法意三國藩屬。而默罕末德宗教之威權尚在。則與教義關係之法律。雖勝者未得輕易改廢。惟此法系。因其歷史全在西方。蔥嶺以東。無適用之餘地。研究之必要。西方諸國。則以其法系。純屬宗教教義居多。故研究者亦少。（印度法系亦然）近世之治法律學者遂純屬於第二法系而中國法系如唐律大清律在歐洲學者方面極有徽音乃二十年來純以政爭强問題行改廢當修改之際青島德國按察司謂百年之前拿破崙修法典時代法國學者卽知中國法理之精純歐洲律尚在改進期中將來或以中國律爲折中正未可知德意志修改某條刑法其用意卽漸與中律相近如刑事犯用指模印歐洲發明僅十年中國則由來已久第以條頓人種一時執世界覇權其法系亦乘一時之勝氣隨其商法以流行而東方之言法政者以爲奇貨可居習焉不察數典忘祖且以權利關係壟斷排斥中國固有之法律轉烈於歐人（一千九百十四年世界治法學者推重德國學說而德人之言中國法律極平允且謂舍中國原有禮教相輔之律而改用外來不相因襲之律未足言治見近人新刑律平議彙刻書不一見英國上等人物亦從未有以改中國法律爲言者修改中國法律發自日本策士十年前日本之一種對華主義當日中國一部分人以改法律卽可收回治外法權其誤會尤可嗤）於是有名中國之法系在世界尚有光輝在中國法學界轉相輕蔑豈第中國法律之不幸亦世界文化之缺憾則今日研究中國法系成立之本源是東方文學者應有之義也

夫一國法律之成立不論其剛柔異同要皆有律之本源此卽法學所謂法律之淵源也例如印度法系。則發源於宗教之馬尼法典并根本於馬尼法典之數十家之註疏是馬尼法典卽其法律之淵源又土耳其法系則以可蘭經爲法典羅馬法系則十二銅表外有寺院法蠻民法封建法慣習法（歐洲大陸諸國之法律率以此法律爲本）特別法（卽沙立曼帝國分裂後諸國王所發布之命令總稱曰特別法以命令爲法律乃歐洲封建制度之事中國甚少）五種日本今雖參用歐律而論其法源、則仍爲唐律、至中國法源、實根本於典謨、產生於儒教之經禮、禮者理也、天地之序也、治七情修十義、講信脩睦、尚慈讓、去爭奪者也、繼天地序尊卑貴賤大小之位、而差外內遠近新故之迹者也、立人倫正情性節萬事者也、本人性之仁、以立君臣父子夫婦昆弟朋友之倫、本人性之義、以立長幼尊卑賢愚親疏之序、故曰禮者制仁義之中也、修禮以定分、而后父子有親、君臣有義、夫婦有別、長幼有序、朋友有信、五達道成焉、不言法律所謂統治權親族權自在其中矣、修禮以定教、而后仁智勇三達德成焉、不言法律所謂人格權在其中矣、故禮成則三綱正而六紀立、中國者倫禮之國家也、自天子以至庶人、一是皆以修身爲本、中國之社會、宗法之社會也、故家庭爲社會之本、吉禮之別十有二、凶禮之別有五、賓禮之別有五、軍禮之別有五、嘉禮之別有六、而中國之憲法備矣、禮儀三百、威儀三千、而中國之刑法應矣、故民不言權利、而聖人美利利天下在其中矣、西方之言曰、吾生存於法律、動作於法律、東方之言曰、有禮則安、無禮則危、得之則生、不得則死、詩曰相鼠有體、人而無禮、人而無禮、胡不遄死、故人民禮教上之觀念重、法律上之執着輕、立於禮則民自興讓、爭奪少則刑自寬簡、有禮之大本、爲民之體用、民不可須臾離於禮、則中國法律之淵源、舍禮何以哉、

王制曰、凡制五刑、必卽天論、（論與倫同）郵罰理於事、凡聽五刑之法、必原父子之親、立君臣之義以權之、意論輕重之序、測淺深之量以別之、悉其聰明、致其忠愛以盡之、必察小大之比以成之、又曰附從輕、疑從赦、言附而入之則族刑從輕、赦而出之則宥刑從重、尚書舜典集說薛氏季宣曰、禮大刑用甲兵、則

刑之出於禮可知矣皋陶謨天敍有典勑我五典五惇哉天秩有禮自我五禮有庸哉天命有禮五服五章哉天討有罪五刑五用哉政事懋哉懋哉其記五刑五用必同敍天秩之五禮明刑自反此作也呂刑伯夷降典折民惟刑尙書集說王氏綱振解曰伯夷典禮宜言禮不言刑而乃曰折民惟刑可見伯夷之刑卽是齊之以禮皐陶明刑宜言刑不言德而乃曰以教祗德又見皐陶之刑是卽道之以德德禮政刑原是一物也孔子集語曰陽德出禮禮出刑又曰司寇尙禮論語曰禮樂不興則刑罰不中禮記仲尼燕居篇曰制度在禮文爲在禮管子法法篇憲律制度必法於道此正民之經也荀子禮義生而制法度又修身篇曰非禮是無法也不苟篇禮義之謂治非禮義之謂亂禮記經解篇曰以舊禮爲無所用而去之者必有亂患文子纘義不知禮義法不能正後漢書陳寵傳曰禮經三百威儀三千故甫刑大辟二百五刑之屬三千禮之所去刑之所取失禮則入刑相爲表裏者也自堯舜以至孔子凡中國政治家哲學家反復丁寧一言蔽之法律必正於禮而已

以上學說禮爲法之基本明顯確正本無疑惑者也然刑名家硜硜然必爭曰此中國之法律與中國之學術本同性而相通者也近世法律觀念學說繁多期期不然吾再進而取歐洲法律觀念與中國禮相印證則彼所列舉各法律觀念於禮亦無不可包括而融會貫通也

神意說　謂法律或直接間接由於神意者也穆哈默德隱於山中自稱由神使布嘉利耶賜以法律名曰科蘭經典來加爾加自稱由阿頗洛神授以法典曰來加爾加法典他如猶太之摩西法典印度之

馬尼法典希臘之美梁法典皆直接於神意之類學者本此觀念以講釋法學者甚多近世去神權時代漸遠神意之說漸失根據而如意國之馬士特法國之波拿爾尤本之以研究法律之淵源然不明乎禮何以言天之本則神權之說所以動搖也考之於禮則無是動搖矣

樂記曰樂由天作禮以地制禮者天下之序也孔穎達疏曰禮樂從天地來王者必明於天地然後能正興禮樂朱子曰禮以地制如由地出不可移易胡氏銓易於禮取上天下澤是天地之序故禮曰天高地下萬物散殊而禮制行矣禮運曰德必本於天殺於地列於鬼神以承天之道其降曰命所以降衷於民也尙書皐陶謨曰天秩天討朱子言天人一理這有一個分不同按中國之禮繼天地體陰陽旣與天地訴合則與禮相爲表裏之法律亦隨之以與天地訴合故王制謂凡制五刑必卽天論郵罰麗於事鄭康成註必卽天論言與天意合孔穎達疏曰言制刑之時必就上天之意董仲舒曰近天之所近遠天之所遠天數右陽而不右陰務德而不務刑刑之不可任以成世猶陰之不可任以成歲也又曰天之所禁而身禁之身猶天也禁天所禁非禁天也禮之所言天道與刑相感通者如此故不言神權而神權之說不能易也

人性說　此說以法律爲完全人性之標準德之鄂福曰法律云者使人類履行完全義務必要之手段也雖然言人性而不明乎禮法律家遂謂有人類法律果否爲完全人性之標準之疑義苟據於禮則無是偏蔽也

漢書禮樂志。人函天地陰陽之氣。有喜怒哀樂之情。天稟其性。而不能節也。聖人能爲之節。而不能絕也。故象天地而制禮樂。所以立人倫。正情性。節萬物者也。人性有男女之情。有忌妒之別。爲制昏姻之禮。有交接長幼之序。爲制鄉飲酒之禮。有哀死思遠之情。爲制喪祭之禮。有尊尊敬上之心。爲制朝覲之禮。故曰禮節民心也。樂記曰。人生而靜。天之性也。感於物而動。性之欲也。物至知知。然後好惡形焉。好惡無節於內。知誘於外。不能反躬。天理滅矣。夫物之感人無窮。而人之好惡無節。則是物至而人化物也。人化物也者。滅天理而窮人欲者也。於是有悖逆詐僞之心。有淫佚作亂之事。是故强脅弱。衆暴寡。知者詐愚。勇者苦怯。疾病不養。老幼孤獨不得其所。此大亂之道也。是故先王之制禮樂。以爲之節。言人人皆爲之節也。禮運曰。夫禮以治人之情。又曰。飲食男女。人之大欲存焉。死亡貧苦。人之大惡存焉。故欲惡者。心之端也。欲一以窮之。舍禮何以哉。禮器曰。禮也者。反其所自生。孟子曰。君子所性。仁義禮智根於心。惻隱之心。仁之端也。羞惡之心。義之端也。朱子注。仁義禮智。性也。心統性情者也。因其情之發。而性之本然可得而見。猶有物在其中而緒於外也。老子曰。人有順逆之氣。生於心。心治則氣順。心亂則氣逆。心治則交讓。心亂則交爭。讓則有德。爭則生賊。又曰。清靜恬和。人之性也。禮表規矩。事之制也。知人之性。即自養不悖。知事之制。則舉措不亂。發一號。散無競。總一管。謂之心。管子曰。心全於中。則形全於外。不逢天災。不遇人害。淮南子齊俗篇曰。聖人返性。不化以待化。故其禮易行也。泰族篇曰。先王之制法也。因民之所好而爲之節文也。因有好色之性。而制婚姻之禮。故男女有別。因其喜音而正雅頌之音。故風俗不流。因其寧家室。樂妻子。教之以順。故父子有親。因其喜朋友而教之以悌。故長幼有序。此皆人之所有於性。而聖人所匠成也。故因其性則天下聽從。拂其性則法懸而不用也。是皆言中國禮之節文。與禮相表裏之刑。悉本於性善。樂記曰。樂自順此生。刑自反此作。卽樂記之言人性說事理圓融。表裏精粗無不到矣。

共同生活說　此說以法律爲人類共同生活之一部。英之頗洛克曰。法律云者。指示人類共同之生活也。然秦西法家遂有反乎共同生活之法律。謂爲惡法律則可。謂爲非法律則不可之疑義。苟折中乎禮。則無是偏蔽矣。

禮運曰。夫禮達於喪祭射御冠昏朝聘。故失之者死。得之者生。處其所存。玩其所樂。禮達而分定。故人人皆愛其死而樂其生。明於其利。達於其患。講信修睦。尙慈讓。去爭奪。故事大積焉而不苑。並行而不繆。連而不相及也。動而不相害也。教民相愛。上下用情。禮之至也。是故隆禮由禮。謂之有方之士。不隆禮不由禮。謂之無方之民。仲尼燕居篇。居處有禮。故長幼辨也。閨門之內有禮。故三族和也。朝廷有禮。故官爵序也。田獵有禮。故戎事閑也。軍旅有禮。故武功成也。禮之言共同生活精詳有如此者。淮南子曰。先知遠見。遠視千里。人才之隆也。而治世不以責民。博聞强志。口辨辭治。人智之美也。而明主不求於下。敖世輕物。不汙於俗。士之行也。而治世不以爲民化。神機陰閉。剞劂無迹。人巧之妙也。而治世不以爲民業。言不以衆同道。不能以同民也。惟禮周流而不偏。可以爲共同生活之標準。而可以齊俗也與禮相表裏之法律故執禁以齊衆凡析言破律亂名改作執左道以亂衆者作淫聲異服奇技奇器以疑衆者行僞而堅言僞而辯學非而博順非而澤以疑衆者假於鬼神時日卜筮以疑衆者此四誅者不以聽所以齊衆人之不齊而使之齊於禮也不以禮齊俗（西人之共同生活即中國之風俗）乃隨之以刑繩之以法雖殘賊天下勿能禁也荀子法行篇人民有道所同行有法所同守孟子曰孩提之童無不知愛其親也及其長也無不知敬其兄也親親仁也敬長義也無他達之天下也禮之共同生活之事爲合敬同愛孰有賢於此哉

行爲說　此說以法律爲行爲之規則英之和朗曰因政治的最高權力强制人類外部行爲之規則也然法律爲行爲之規則其有關乎意思者將不得謂爲法律乎且法律中有僅關乎意思而當付裁制者之疑問據於禮則無是偏蔽矣

禮運曰禮者君之大柄也所以別嫌明微儐鬼神考制度別仁義所以治政安君也樂記曰禮也者理之不可易者也祭統曰凡治人之道莫急於禮心不苟慮必依於禮手足不苟動必依於禮仲尼燕居篇曰文爲在禮荀子大略篇夫行也者行禮之謂也法行篇禮者衆人法而不知聖人法而知之修身篇禮者所以正身也師者所以正禮也無禮何以正身禮然而然則是情爲禮也董子曰民之情不能制其欲使之度禮所以安其情也論語曰非禮勿視非禮勿聽非禮勿言非禮勿動行爲規則之說何以加於禮哉曲禮曰修身踐言謂之善行行修言道禮之質也行爲規矩又何以加於禮哉故曰人有

禮則安。無禮則危。禮者不可不學也。

命令說　此說謂法律爲主權者之命令。倡之者爲羅馬法曹之康弼。而集其大成者。爲英國之分析學派巨擘霍布士。其言曰。法律云者。有權力者命令被治者爲某事或不應爲某事之言語也。邊沁鄂士琴祖述之。乃曰法律云者。乃政治者之優者。(主權者)對於政治上劣者。(卽人民)之行爲所下之命令禁止也。不明與國人交之禮。而但以命令爲法律。於是一般法律學者。遂有劣者若不從優者之意志表示將若何。且凡百法律。皆有命令之意思。則習慣法非主權者之命令。不過經主權者承認之而已。此辯難之點。苟據於禮以解釋命令。則無是障礙矣。

表記篇曰。君子不以其所能者病人。不以人之所不能愧人。是故聖人之制行也。不制於己。使民有所勸勉愧恥。以行其言。禮以節之。信以結之。欲民之有壹也。緇衣篇。夫民敎之以德。齊之以禮。則民有格心。敎之以政。齊之以刑。則民有遯心。恭以涖之。則民有孫心。下之事上也。不從其所令。從其所行。故曰爲上易事也。爲下難知也。則刑不煩矣。管子任法篇。有生法。有守法。有法法。夫生法者君也。守法者臣也。法於法者民也。法禁篇。列擧聖主之十五禁。較霍布士所槪括言之者。尤明顯。故荀子君道篇。先王審禮。以方皇周浹於天下。動無不當也。

強行規則說　此說德之妥馬曰士曰。法律與德道之別。在於裁制之有無。其門弟子龔妥林曰。法律者以外形上之痛苦。罰其侵犯者之規則也。伊耶陵曰。無强行力之法律。非法律。英之邊沁鄂士琴。德之來布尼.康德.莫不祖是說.然不言禮而但言威權.於是一般法律學者.遂有人知貴重正義而服從法律.當斯時代.不得以力爲法律之要素.況是無裁制之法律.何嘗不得名爲法律之疑義.苟正於禮.則無是障礙矣.

經解篇.夫禮禁亂之所由生.猶坊止水之所自來也.表記曰.無辭不相接也.無禮不相見也.欲民之毋相褻也.孔子集語.爲上無禮.則不免乎患.爲下無禮.則不免乎刑.董子曰.春秋有經禮.有變禮.爲如安性原心者.經禮也.至有於性雖不安.於心雖不平.於道無以易之.此變禮也.如婦人無出境之事.經禮也.母爲子娶婦.奔喪父母.變禮也.故曰禮也者.履此者也.强行規則說.卽禮大傳不可與民變革者也.

正義說.拍拉圖謂法律卽正義.謂調和二有機體之三大法之原理也.二有機體者何.國家與個人也.三大法者何.智勇節制也.克利斯普曰.法律者.正不正之標準也.然不有禮以爲正義之標準.西方法律家.遂有謂徵之學理.雖背正義之法律.裁判官不得謂無適用之責任.是背正義之法律.亦有存焉者矣.故所謂正義.將如何而定.又定於何人之索解也.一正於禮.則又無是疑辯矣.

禮運.禮也者.義之實也.協諸義而協.則禮雖先王未之有.可以義起也.經解篇.禮之於正國也.猶衡之於輕重也.繩墨之於曲直也.規矩之於方圓也.故衡誠縣.不可欺以輕重.繩墨誠陳.不可欺以曲直.規矩誠設.不可欺以方圓.君子審禮.不可欺以姦詐.仲尼燕居篇.敬而不中禮謂之野.恭而不中禮謂之給.勇而不中禮謂之逆.論語曰.恭而無禮則勞.愼而無禮則葸.勇而無禮則亂.直而無禮則絞.所謂知

勇節制。孰有過於禮哉。曲禮曰。禮不踰節。不侵侮。不好狎。禮不妄說人。所謂節制。又何以加於禮哉。大學絜矩之道。朱子註。如不欲上之無禮於我。則必以此度下之心。而亦不敢以此無禮使之。不欲下之不忠於我。則必以此度上之心。而亦不敢以此不忠事之。至於前後左右。無不皆然。則禮之調和國家與個人。孰有加於此哉。故祭義曰。天下之禮。致反始也。致和用也。教民相愛。上下用情。禮之至也。管子君臣篇。義審而禮明。然則躁作姦邪僞詐之人不敢試也。此禮正民之道也。五輔篇。孝弟慈惠以養親。恭敬忠信以事君。中正比宜以行禮節。整齊撙詘以辟刑僇。纖嗇省用以備飢饉。敦懞純固以備禍亂。和協輯睦。以備寇戎。此七者義之體也。夫民知義。然後中正。中正然後調和。調和乃能處安。民知義。然後尊之以經。上下有義。貴賤有分。長幼有等。貧富有度。此禮之經也。經者正也。孔子集語。正在萬物之首。幸能正生以正衆。荀子正名篇。正利而爲謂之事。正義而爲謂之行。管子。形不正者德不來。德生正。正生事。正義之說。正之於禮。其正義有如此者。

道德說　此說謂法律同具實質者。有謂道德之一部者。辜樂修曰。法律云者。強制人類歸於正道之道德規則也。卓母曰。法律云者。以對於外界一人之權力。付於人類之道德的規則也。然言道德而未言禮。法律家遂有德主心。法律主行之分別。且謂徵之事實之實際。法律與道德有相牴牾者。如訴訟法包含道德觀念甚鮮也。苟取義於禮。則無是偏執矣。

荀子曰。厚者禮之積也。大者禮之廣也。高者禮之隆也。明者禮之盡也。文子纘義道德篇。人有順逆之氣生於心。心治則氣順。心亂則氣逆。心之治亂在於道。得道則心治。失道則心亂。心治則交讓。心亂則交爭。讓則有德。爭則生刑。不獨可以平倫理學家與法律家之爭。且足以明中國刑由禮出。禮刑本是一元也。

秩序關係說　此說以法律者。爲一定之秩序關係。卽法則也。法律云者。由事物之因果關係。一定之順序也。英之物理學者曰。法之本質秩序也。有一定原因。有一定之結果。然不定禮。而言秩序關係。則如何性質之秩序關係。乃屬於法律。遂屬諸疑問。苟定於禮。則無是障礙矣。

荀子曰。勢位齊而欲惡同。物不能澹。則必爭。爭則必亂。亂則窮矣。先王惡其亂也。故制禮義以分之。使有貧富貴賤之等。足以相兼臨者。是養天下之本也。書曰。維齊非齊。此之謂也。論語曰。禮樂不興。則刑罰不中。刑罰不中。則民無所措手足。朱註引范氏義曰。事得其序之謂禮。物得其和之謂樂。事不成。則無序而不知。秩序之說。又何以尙於茲哉。曲禮。教訓正俗。非禮不備。分爭辯訟。非禮不決。君臣上下。父子兄弟。非禮不定。宦學事師。非禮不親。班朝治軍。涖官行法。非禮威嚴不行。禱祠祭祀。供給鬼神。非禮不誠不莊。秩序之事。又何以加於禮哉。故昏姻之禮廢。則夫婦之道苦。而淫僻之罪多矣。鄉飲酒之禮。廢。則長幼之序失。而爭鬬之獄繁矣。喪祭之禮廢。則臣子之恩薄。而倍死忘生者衆矣。聘覲之禮廢。則君臣之位失。諸侯之行惡。而倍畔侵陵之敗起矣。樂記曰。禮者天地之序也。天秩天序。人所共由也。修理之序。以治人情也。教民順也。過制則亂。過作則暴。禮至則百物不失節。殊事而合敬。則秩序自成也。

所以爲民紀也．秩序之說．莫詳於禮．秩序之事．莫當於禮．此所與禮相表之法律．亦有齊民之效用也．

總意說　此說謂法律云者．發表一時人民全體之意思也．赫格曰．法律云者．總意之發表於無形者也．查畢尼曰．法律者．非主權者所制定．由人民之行爲反復釀成者也．故習慣法爲最良之法律．夫以習慣爲最良之法律．誠是已．英國卽無成文法．以習慣法爲法律者也．然有禮．然後有良習慣．徒言習慣．法律家遂有一種疑論．謂總意果用如何之方法而發表之乎．苟立於禮．以爲義證．則自然無此扞格矣．

樂記曰．禮樂政刑．其極一也．所以同民而出治道也．仲尼燕居篇曰．禮之所興．衆之所治．禮之所廢．衆之所亂也．禮者．聖人因人之情而爲之節文．以爲民坊者也．文子自然篇．故先王之法．非所作也．所因也．其禁誅．非所爲也．所守也．上德之道也．論語曰．殷因於夏禮．所損益可知也．周因於殷禮．所損益可知也．其或繼周者．雖百世可知也．朱註．所因謂三綱五常．所損益爲文質三統．夫自修身以至於平天下．不可一日無禮．天秩天序．人所共同．禮之本也．商不能改乎夏．周不能改乎商．所謂天地之常經也．若乃制度節文．與時宜之可矣．以此言人民全體總意之表示．所以本諸身．徵諸庶民．至百世而無疑不惑者歟．與禮相表裏之刑律．有三刺之法．一曰訊羣臣．二曰訊羣吏．三曰訊萬民．王制曰．疑獄氾與衆共之．衆疑赦之．一方尊重人民之總意．一方又見總意之齊正於禮也．

自然律說　此說謂法律爲自然律之一部．社會爲自然界之一部．人類爲自然界之生物．法律者行於八事之自然律。即法律也。雖然不先明乎禮。而純任自然。於是一般法律學者。謂自然律何部分屬於法律。究未足以盡法律之蘊。苟盡於禮。則無是障礙偏蔽矣。

禮器曰。君子之於禮也。有直而行也。有曲而殺也。有經而等也。有順而討也。有摲而播也。有推而進也。有放而文也。有放而不至也。有順而摭也。非作而制其情也。此有由始也。反其所自生也。其言自然可謂至矣。曲禮曰。禮從宜。王制曰。修其教不易其俗。齊其政不易其宜。皆順社會之自然律也。荀子大略篇。禮以順人心為本。管子四時篇曰。刑德合於時則生福。以時為自然最合於義之宜矣。故無自然律之名詞。而包有自然之義諦。中國禮之學說。所以最圓滿。最正中乎。

於是歷代制刑。時王莫不恭敬於禮。漢興約秦法為三章。國相蕭何。攈摭秦法。取其宜於時者。作律九章。後漢書陳忠傳。高祖受命。蕭何創制。有寧告之科。合致憂之義。其制律本於禮。非因秦法可知。遂為後代議律。其本於禮可知。叔孫氏因乎訂漢家儀禮者也。至張湯越宮律二十七篇。趙禹朝律六篇。統合四家言律之宗。其時山東經生輩出。參預漢庭大政。觀於叔孫通有益蕭何律旁章十八篇。則當時大臣博士之律。凡六十篇。馬融鄭康成一代大儒。皆嘗為之章句。是漢律一文一義。皆禮經義疏相通。非馬鄭亦不能為之註也。魏晉均有刪約增損。南北朝互有更改。漸至繁密。六朝禮衰。法亦不傳。隋文帝開皇元年。勅蘇威牛宏更制新律。凡十二卷。史稱刑綱簡要。疏而不失。至唐遂為中國法系成一新紀元。唐初武德元年。詔納言劉文靜與當朝通識之士。因隋開皇律令而損益之。務在寬簡。(寬簡即是禮意)又勅尚書左僕射裴寂右僕射蕭瑀等撰定律令大略以隋開皇爲準至七年乃成太宗卽位又命長孫無忌房元齡戴胄魏徵王珪蕭瑀陳叔達裴宏獻先後獻替更加釐正刪繁去蠹變重爲輕至貞觀十一年頒下之高宗卽位長孫無忌等偕律學之士撰爲義疏行之卽是書也先儒謂唐律出入得古今之平而一準乎禮遂爲歷代律學不祧之祖如歐洲法律家之祖述羅馬法也按唐律疏義一書所以能集大成者蓋唐初士大夫咸究心三禮考經義以斷時政而魏房等皆河汾弟子固亦習聞禮之體用者也觀於唐太宗與房魏論禮樂之事益信而有徵此貞觀之政遂爲中國文明結晶之時代也宋因唐舊開寶刑統一書與唐律無相出入而用儒士爲司理判官大理率用儒臣此有宋一代風俗之厚所以邁有唐而方東漢且不獨一代之律必準於禮自宋以後司法審判官皆用習於經禮之儒士矣有明主德不純而立法亦本諸禮太祖平武昌卽議律令命右丞相李善長爲律令總裁官參知政事楊憲傅瓛御史中丞劉基翰林學士陶安宋濂等爲議律官又命儒臣四人同刑官講唐律日進二十條六年書成篇目一準於唐律條有未當命丞相胡惟庸汪廣洋詳議釐政二十二年命翰林院同刑部官取比年可增取名例律篇於冠首至三十年大明律始成大抵視唐簡覈未老疾犯罪而事發於老疾以老疾論幼少犯罪而事發於長大以幼小論（卽唐律老小廢疾條）是卽禮之意論輕重之序之義也犯死罪非常赦所不原而祖父母老無養得奏聞取上裁犯徒罪者餘罪得收贖存留養親（卽唐律非十惡條）是卽禮經原父子之親之義也功臣及五品以上官禁獄者許令親人入侍徒流者並聽隨行違者杖罪同居親屬有罪得互相容隱（卽唐律同居相容隱條）是卽禮經原君臣

之義。致忠愛之敬以別之也。他如告人者告人祖父不得指其子孫爲證。弟不證兄。妻不證夫。奴婢不證主。是即推孔子子爲父隱。父爲子隱之天理也。董子曰。禮子爲父隱。綜觀歷代刑法志。凡所謂五聽八儀三刺三宥。無不本之經禮。議親議故。自仁率親之禮所由生也。議功議勤。崇德報本之禮所由生也。議貴即刑不上大夫之禮也。三赦一曰幼孤。二曰老眊。即曲禮悼與耄不加刑焉之禮也。十惡其情罪皆定義於孝經。甫律三千。不孝之罪爲大。喪服之圖凡八。其禮皆根據於大戴禮。（明太祖諭太孫曰。明律首列二刑圖。次列八禮圖。重禮也。）即中國法律名詞常用者。莫不生於禮。比附二字。出於禮之王制。兩造二字本於尚書之呂刑也。

惟中國法律生於禮。凡政治遇有重大問題。法律不能解決者。一解決之於禮也。進一步論所謂法律之補充。法律之救濟者。禮爲之補充。禮爲之救濟也。法律問題因禮以起義者如左。

唐太宗時。同州人房强弟任。統軍於岷州。以謀反伏誅。强當從坐。太宗嘗錄囚徒。憫其將死。爲之動容。顧謂侍臣曰。刑典仍用。蓋風化未洽之咎。愚人何罪。而肆重刑乎。用刑之道。當審事理之輕重。然後加之刑罰。有不察其本而一概加誅。非所以恤重刑重人命也。然則反逆有二。一爲興師動衆。一爲惡言犯法。輕重有差。而連坐皆死。豈朕情之所安哉。更令百僚詳議。於是房元齡等復定議曰。案禮孫爲王父尸。案令祖有蔭孫之義。然則孫重而兄弟屬輕。蔭重反輕。合輕反死。據禮論情。深爲未愜。今定律祖孫與兄弟緣坐。俱配沒。其以惡言犯法。情狀稍輕。兄弟免死。配流爲充。從之。此以禮補充法律問題之一事也.

唐德宗時、（元年九月）富平縣人梁悅爲父殺仇人秦梁.投縣請罪.勅復仇殺人固有彝典.以其申冤請罪.視死如歸.自詣公門.發於天性.志在殉節.本無求生之心.寧失不經.特從減死之法.宜決一百.流配循州.職方員外郞韓愈獻議曰.伏奉今月五日勅.復仇.據禮經則義不同天.徵法令則殺人者死.禮法二事.皆王教之端.有此異同.必資辯論.宜令都省集議聞奏者.伏以子復父仇.見於春秋.見於禮記.又見於周官.又見於諸子史.不可勝數.未有非而罪之者也.最宜詳於律.而律無其條.非闕文也.蓋以爲不許復仇.則傷孝子之心.而乖先王之訓.許復仇.則人將倚法專殺.無以禁止此端矣.夫律本於聖人.然執而行之者有司也.經之所明者.制有司也.丁寧其義於經.而深沒其文於律者.其意將使法吏一斷於法.而經術之士.得引經而議也.周官曰.凡殺人而義者.令勿讎.讎之則死.義宜也.明殺人而不得其宜者.子得復仇者也.此百姓之相讎者也.公羊傳曰.父不受誅.子復讎可也.不受誅者.罪不當誅也.又周官曰.凡報仇者.書於士.殺之無罪.言將復讎.必先言於官.則無罪也.今陛下垂意典章.思立定制.惜有司之守.憐孝子之心.示不自專.訪議羣下.臣愚以爲復仇之名雖同.而其事各異.或百姓相仇.如周官所稱.可行於今者.或爲官吏所誅.如公羊所稱.不可行於今者.又周官所稱.子復仇先告於士.則無罪者.若孤稚羸弱.抱微志而伺敵人之便.恐不能自言於官.未可以爲斷於今也.然則殺之與赦.不可一例.宜定其制曰.凡有復父仇者.事發.具其事由.下尚書省集議奏聞.酌其宜而處之.則經律無失其指

矣此以禮救濟法律問題之二事也

唐長慶二年四月刑部員外郎孫革奏京兆府雲陽縣人張莅欠羽林官騎康憲錢米憲徵之莅承醉拉憲氣息將絕憲男買得年十四將救其父以莅角觝力人不敢搊解遂持木鍤擊莅之首見血後三日致死者準律父爲人所毆子往救擊其人折傷減凡鬬三等至死者依常律卽買得救父難是性孝非暴擊張莅是切非凶以髫丱之歲正父子之親若非聖化所加童子安能及此王制稱五刑之理必原父子之親以權之愼測淺深之量以別之春秋之義原心定罪周書所訓諸罰有權今買得生被皇風幼符至孝若從沉命之科恐失原情之義宜付法司減死罪一等此以禮救濟法律問題之三事也

宋端拱初廣定軍民安崇緒隸禁兵訴繼母與父知逸離全奪資產與己子大理當崇緒訟母罪死太宗疑之判大理張佖固執前斷遂下台省雜議徐鉉議曰今弟明其母馮嘗離卽須歸宗否卽崇緒準法處死今詳案內不曾離異其證有四況不孝之刑教之大者宜依刑部大理寺斷右僕射李昉等四十三人議曰法寺定斷又不當若以五母皆同卽阿蒲雖賤乃崇緒親母崇緒特以田業爲馮强占親母衣食不給所以論訴若從法寺斷死則知逸何辜絕嗣阿蒲何地托身議以里產並歸崇緒馮合與蒲同居供侍終身如是則子有父業可守馮終身不至乏養所犯並準赦原詔從昉等議鉉佖各奪俸一月此以禮救濟法律問題之事四也

宋仁宗時宣州民葉元有同居兄亂其妻縊殺之又殺兄子強其父與嫂爲約契不訟鄰里發其事州

爲上請。帝曰。罪人已死。姦亂之事。特出葉元之口。不足以定罪。且下民雖無知。固宜哀矜。然以妻子之愛。既罔其父。又殺其兄。戕其姪。逆理敗倫。宜以毆兄至死律論。此以禮救濟法律問題之事五也。

明太祖嘗與侍郎論待大臣禮。太史劉基曰。古者公卿有罪。盤水加劍。詣請室自裁。未嘗輕折辱之。所以存大臣之體。侍讀學士詹同因取大戴禮及賈誼以進。且曰。古者刑不上大夫。以勵廉恥也。必如是君臣恩禮始兩盡。帝深然之。此以禮救濟法律問題之事六也。

明神宗十二年。以知縣陳敏政言。民以後妻所擕前夫之女爲子婦。及以所擕前夫之子爲壻者。並依同父母姊妹律減等科斷。此以禮救濟法律問題之事七也。

如上事例。史不勝書。他如法律無明文。而以禮爲補充者。若婦女再嫁。律原無禁止專條。然禮則婦女守節。國家有旌表之榮典。人心以是爲順於義而安於禮。自宋以後。小康之家。亦無其事矣。豈第士大夫哉。女子字人未嫁而守貞者。禮典準上。是皆法令無明文。國家倫紀。社會心理。以爲惟義所在。當準於禮者也。荀子大略篇曰。禮以順人心爲本。故亡於禮經而順人者。皆禮也。禮記曰。禮也者。義之實也。協諸義而協。則禮雖先王未之有。可以義起也。故中國法律補充救濟之事。胥待決於禮。

再進一步而論。中國國家絕對以禮教立國者也。自制作言。則謂之禮。自效力言。則謂之教。祭統曰。治人之道。莫急於禮。禮者。天地之序也。卽事之治也。所以教民順也。教民睦也。六典五衆。六府六工。其事不同。其所守之禮則一。夏商殷周。節文之隆殺損益不同。而尊尊親親。愛敬辭讓之理義則同。故曰三代共之也理之不可易者也夫禮至則無爭禮達則分定無爭而分定故天下相讓則刑措也蓋禮之教化也行反始也致和用也其止邪也無刑使人遷善遠罪而不自知也董子曰使天下之人人人有士君子之行勉民使至於士也原其禮義使善大於匹夫之義足以化也苦亂苦貧有禮以爲之調均是以民用不匱而上下相安豐殺皆稱故物雖不齊而羣情自平故孔子曰一日復禮天下歸仁焉以天下爲一家以中國爲一人者有禮以統一也故自天子以至於庶人自修身以至平天下舍禮何以哉又曰能以禮讓爲國何有不能以禮讓爲國如禮何孔子集語曰古之刑者省之今之刑者繁之其敎古有禮然後有刑是以刑省也今也反是無禮而齊之以刑是以繁也書曰伯夷降典禮折民以刑謂有禮然後有刑也禮者禁於將然之先而法者禁於已然之後是故法之用易見而禮之所爲生難知也管子曰所以慘者非刑也故法不煩而吏不勞民無犯禁故百姓無怨於上荀子曰公輸不能加於繩聖人不能加於禮化上而遷善不知其所以然治之本也言舜之治則曰輯五瑞修五禮（吉凶軍賓嘉）班瑞於羣后明于五刑以弼五教期於予治刑期於無刑民協於中言皐陶之治則曰皐陶邁種德天敍有典勑我五典五惇哉天秩有禮自我五禮有庸哉天命有德五服五章哉天討有罪五刑五用哉言湯之治則曰以義制事以禮制心垂裕後昆無從匪彝各守爾典以承天休立愛惟親立敬惟長始於家邦終於四海言成康周公之治則曰茲迪彝教厥民刑用勸三代以上皆然三代以下亦何獨不然孔子曰道之以政齊之以刑民免而無恥蓋雖不敢爲惡而爲惡之心未嘗忘也道之以德齊之以禮有恥且格言民恥於不善而又有以

至於善也。論語此章。自漢迄今。歷代求治。其成分雖有不同。要之一代致治。皆奉茲以爲基義者也。漢孝文之言刑曰。訓道不純。而愚民陷焉。教未施而刑已加焉。漢書刑法志曰。成康刑錯。雖未可致。孝文斷獄。庶幾可及。後漢書陳忠傳曰。孝廉之貢。發於孝武。郊祀之禮。定於元成。三雍之序。備於顯宗。大臣終喪。成於安帝。聖功美業。彌以尙茲。可以見漢家之禮教矣。唐太宗言刑曰。刑典仍用。蓋風化未洽之咎。故三代以下之治。史稱貞觀。至於有宋。崇尙儒道。禮教修明。媲美東漢。故刑法志言元豐以前。觀夫重熙累洽之際。天下之民。咸樂其生。重於犯法。而致治之盛。幾於三代之懿。蓋其精神根本。無不以德禮爲出治之本。刑爲輔治之法。相爲終始。雖不可偏廢。而本末輕重。絕對以德禮齊導者也。於是一代之興。必有一代之禮。古今之禮。節文雖有損益。而禮樂之意。純然一貫。（尙書法令之禮卽古之禮）漢興。叔孫通制朝儀。以正君臣之位。雖見非於齊魯之士。然卒爲漢儒宗。業垂後嗣。通歿之後。河間獻王。采禮樂古事。增至五百餘篇。王又鳩集諸子之說。爲禮書一百四十篇。后倉二戴。因而删擇。曲台集禮。卽今之禮記是也。武帝卽位。進用英雋。禮重儒術。屢訪賢良。立明堂。制服。以興太平。賈誼董仲舒王吉劉向。皆應時建議。以期禮樂修明。其議雖或行或不果行。要之以禮治爲國至諸儒而益彰。西漢一朝。雖云曲台無制。而光武定洛陽。父老百姓。皆有不圖今日復見漢官儀之感。則西漢禮教入於人心之深可見矣。建武再受命。始詔儒官草定儀注。經邦大典具備。故東漢民俗之厚。吏治之隆。冠冕炎漢。至於有唐。太宗踐祚之初。悉心文教。嘗與房魏討論禮樂。乃詔房元齡魏徵等禮官學士。修改隨代舊禮。定貞觀一百卷。並準依古禮。旁求異代。

擇善而從.高宗初議者以貞觀禮節文未盡.又詔長孫無忌暨太學博士史道元太常博士蕭楚才等重加緝定.勒成一百三十卷.皆行用不廢.至於元宗以貞觀顯慶二朝禮.其中或未折衷.左丞張說等與學士徐堅等更討論古今.成開元禮一百五十卷.唐書禮樂志所謂治出於一.而禮樂達天下.使天下安習而行之.不知所以遷善遠罪而成俗也.蓋禮者爲治之總名也.五代衰亂.禮文儀注.不能備一代之典.宋太祖受周禪修王制覇治軌益醇.即位之明年.周太常博士聶崇義重集三禮圖.乃詔太子詹事尹拙集儒學之士詳定之.撰成開寶通禮二百卷.本唐開元禮而損益之.既又定通禮義纂一百卷.真宗時則有王皡之禮閣新編.皇祐中有文彥博之大享明堂記.嘉祐中有歐陽修之太常因革禮.自元豐至致和五十一年.遂成致和五禮三百卷.續修成四百七十七卷.刋本給天下.使悉知禮意.此則一代制禮之本意也.南渡後.孝宗時典章文物.至可稱述.諸儒如王普董弅等.既多以禮名家.嘗續編太常因革禮.而大儒朱子應運挺生.於羣聖百王之禮.講明詳備.精微廣大.嘗欲取儀禮周官二戴記爲編.次朝廷公卿士大夫民之禮.盡取漢晉而下及唐諸儒之說.考訂辨正.以爲當代之典.雖未及成書而沒.其規模宏遠.條理玉振.實可以繼周孔而納民於軌物者矣.明太祖初定天下.史稱他務未遑.首開禮樂二局.廣徵耆舊.分曹究討.所著禮書.有洪武禮制等十四種.永樂十年.頒朱文公宗禮於天下.至於孝宗大明會典成.其禮制尤詳.一代成憲.略具是焉.明祚既亡.有清祇承帝命.式於九圍.禮教明盛.媲美文周.康熙時成禮記解義六十四卷.經筵所講.皆經御定.皇自敬德.以納民於軌物.至於高宗.續成通典.通志.通考.皇朝通典.通

志通考。至仁宗而大清會典圖說事例一千一百三十二卷成。至宣宗道光大清通典五十四卷成。按大清會典一書。據外交部人言。外人講者最多。光宣之際。修律議起。日本毀谷深藏岡田朝太郎。一方殉中國士大夫之風氣。制新刑律一方贈閱大清會典。贊爲絕治。一代憲章尤足以昭我禮治凡茲百王制禮之精義。無非代表中國國家絕對爲禮治而已。故五禮之屬於國家者。即中國成文之憲法也。五禮之屬於社會者。即中國成文之民法也。孟子曰見其禮而知其政。聞其樂而知其德。舊唐禮儀志曰肆覲之禮立。則朝廷尊。郊廟之禮立。則朝廷肅。冠婚之禮立。則長幼序。喪祭之禮立。則孝慈著。蒐狩之禮立。則軍旅振。享宴之禮立。則君臣篤。是知禮者品彙之璿衡。人倫之繩墨。失之者辱。得之者榮。造物已還。不可須臾離也。善乎孔穎達曰(舜典修五禮注)以吉禮祀邦國之鬼神。以凶禮哀邦國之憂。以賓禮親邦國。以軍禮同邦國。以嘉禮親萬民之婚姻。五禮帝王相承。事有損益。後代之禮。亦當是前代禮也。蓋禮之度數有損益。而禮之原理仍一貫。無改革增減之可議也。乾隆時英人史當頓隨其使節東來。歸而著作。謂中國禮治之完美。絕非法治所可比。以英之治軌。比擬禮教。猶有此言。竊謂三代以後。包括禮經精義。不踐迹又不失履道之書。莫善於康熙大帝庭訓格言一書。語氣則似論語。氣象則同典謨。東方政治家取法歐人以修贊憲律。而不失孔孟禮教之精神者。莫若伊藤博文之憲法義解皇室典範。吾爲此言。舉世或多非之者。然繼世之後。有平反吾言。吾不以爲遲也。

統觀中國之治道。第一義絕對以德禮爲本。有史以來。專尙禮治。禮者爲政之總名也。第二義立法以弼教輔化爲主。歷代刑法。乃悉本禮以正名立義。故刑曰祥刑。第三義則立法之善。既與禮相表裏。而司法方面仍以不忍人之心行不忍人之政是仍依於仁而主於敬猶是德禮之精理所一貫也舜典曰欽哉欽哉惟刑之恤哉自象以典刑至怙終賊刑刑之名類凡七而欽哉恤刑之旨則常貫乎七者之中大禹謨臯陶邁種德陳氏經曰臯陶所掌者刑德安在至威之中至愛存焉慈祥惻怛之寓雖刑也而實種德也罰弗及嗣罪疑惟輕與其殺不辜寧失不經好生之德洽於民心茲用不犯於有司極申引欽恤之義也立政篇曰式敬爾由獄以長我王國陳大猷謂蘇公能以法式而敬其所用之獄重民命以延國命（明宣宗夜讀周官立政至斯二語慨然興嘆以爲立國基命在於此乃勅三法司詳覆天下疑獄惟刑是恤焉）呂刑何敬非刑曰哀敬折獄夫周穆王耄荒而作呂刑周德已衰然哀矜明練於中於敬一再丁寧焉論語孟氏使陽膚爲士師問於曾子曾子曰上失其道民散久矣如得其情則哀矜而勿喜朱子註引謝氏說曰民之散也以使之無道教之無素故其犯法也非迫於不得已則陷於不知也故得其情則哀矜而勿喜此卽本論第一義與第二義之意也夫情之一字在中國政治學社會學中未有能離此而言事理者情未發則謂之性發而中節則謂之和和者禮之用也故言理則情理二字聯用言法則情法二字聯用左傳小大之獄雖不能察必以情大學聽訟吾猶人也必也使無訟乎無情者不得盡其辭大畏民志此謂知本孔子曾子於司法言一情字卽是情理情法之情尤可概貫舜典與立政所言欽恤中敬諸德矣古之聖賢於明允簡孚之後猶欽恤中敬有如此者後之王天下者又何獨不然漢之孝文感傷緹縈之志下令而除肉刑景帝謂加笞於重罪無異而減定箠令自此之後獄刑省平豈第五聽三宥

而已哉。孝宣於耆老幼悼。尤加憫焉。西漢循吏傳曰。漢興反秦之敝。禁網疏闊。相國蕭曹。以寬厚清靜為天下帥。至於文景。遂移風易俗。是時循吏咸能以經術潤飾吏事。庶幾德讓。有君子之遺風。文景以後。治稱貞觀。愍刑之苦。除斷趾法。改為加役流三千里。又制流罪三等。不限以里數。存寬典而犯者愈少。唐刑法志言太宗初即位。有勸以威刑肅天下者。魏徵以為不可。因為上言王政本於仁恩。所以愛民厚俗之意。太宗欣然納之。遂以寬仁治治下。而於刑法尤慎。雍可以補文中子太宗與房魏論禮之缺矣。高宗即位。遵貞觀故事。務在恤刑。肅宗初事刑名。末年嘗悔為三司所誤。及彌留之際。其悔又不能忘情。蓋刑名無補於定亂。而徒為中興事業之累。此末年所引為深恨者歟。代宗性仁恕。常以至德以來用刑為戒。及河洛平。回紇與史朝義戰勝。獻俘。重罪妻子老幼皆以情理安置。於是人情莫不忻悅。憲宗英明果斷。威加河朔。然於用刑。壹喜寬仁。司空于頔勸用刑以收威柄。帝謂宰相以為姦謀。嗚呼知治本矣。號稱中興。良有以哉。有宋家法。吏以忠厚為本。寬仁為治。故立法之制嚴。而用法之情恕。太宗嘗以近代憲網之密。故自開寶以來。犯大辟非情理深害者。多貸死。讀漢書見張釋之於定國治獄。天下無冤民。每親錄囚。專事欽恤。真宗仁恕。用士為司理判官。仁宗克自抑畏。於用刑尤慎。高宗南渡以後。大理率以儒臣用法平允者為之。孝宗究心庶獄。於鞫獄官而後推勘不得實。雷同特免一案推結一次。於是大小之獄。多得其情。法簡則刑省。尤見治本也。茲數朝者。統宇之廣。戶口之衆。十倍於周。而歲斷死罪或二十九人。(唐太宗貞觀四年)或五十八人。(唐元宗開元二十五年)省少過於漢文刑措。幾及成周。然則刑政一端。謂為中不及西。固屬聾言。即今不逮古一語。亦是書生之見矣。主權者如此。佐治者何獨不然。章佳文勤公方燕居。阿文成公阿桂方侍立。公仰而若有所思。忽顧詢曰。朝廷一旦用汝爲刑官。治獄宜如何。文成謝未習。公曰固也。姑言其意。文成曰行法必當其罪。罪一分與一分法。罪十分與十分法。無使輕重。公大怒曰。是子將敗我家。是當死。遽索杖。文成遑恐叩頭謝曰。不知妄言。惟大人教戒之。不敢忘。公曰。憶如汝言。天下無全人矣。罪十分治之五六已不能堪。而可盡邪。且一分罪。尙足問耶。（衎石齋記事稿）漢陳寵翼子忠世爲刑官。家具律令書文。而寵勤戒子孫曰。爲人議法當依於輕。雖有百金之利。愼毋與人比重。嘉言懿行。名臣言行錄不可勝紀。夫人犯一分罪。卽與一分法。犯十分罪。與以十分法。依刑名家論。則極平允之語也。在歐洲法律家言。則亦謂允當而無以易之矣。而章佳勤乃目如此。則天下無完人。怒將施用家法。以儒教於情法之中。又有法外仁恕欽恤之德在也。由斯以論。則由據亂而致諸昇平。惟不嗜殺人者能一之也。治亂用重刑。自古無事效也。楚漢之際。可謂亂矣。乃高祖入關。蠲除煩苛。約法僅三章。至爲簡矣。而兆民大悅。皇業實肇基於茲。建武承兵革之時。勢與高惠之間同。以口率計斷獄。乃少於成哀之間什八。可謂清矣。肅宗敬納陳寵之言。詔有司絕鉆鑽諸慘酷之科。解妖惡之禁。除文致之情。讞五十餘事。又自核律令條法。溢於甫刑者除之。令與禮相應。是後民俗和平。屢有嘉瑞。唐興義師。方起太原。卽布寬大之令。既平長安。約法爲十二條。盡削大業煩峻之法。百姓競來歸附。旬月之間。遂成帝業。至於太宗。政益宏恕。與房玄齡等增損隋律。大辟爲流者九十二。流減死罪五十餘條。爲徒者七十一。除煩去弊。唐律遂爲歷代刑律之宗。宋太祖一更周世宗之嚴（按周世宗踐祚凡四年初承五季衰亂用兵時代用刑稍峻通鑑司馬溫公論贊乃有政刑末年寖寬之語夫以始終受命僅四年承五代五十二年之弊亂已及身而用寬典則亦不用重典之證也）剷除五代苛峻法吏寖用儒臣獄有小疑覆奏輒得減宥觀夫重熙累洽之際天下之民咸樂其生重於犯法（法愈寬而民愈樂生而不犯）致治之盛幾於三代之懿此所以長我王國而祈天永命者乎肆漢之享國四百年肆唐之享國二百九十年宋之享國三百二十年後漢書王昌劉承寵萌張步李憲彭寵盧芳列傳論曰傳稱盛德則百世祀孔子曰寬則得衆觀於更始之際劉氏之遺恩餘烈英雄豈能抗之哉（英雄尚不能抗何況奸回昏亂）然則知高祖孝文之寬仁得於人心深矣周人之召公愛其甘棠。又況其子孫哉劉氏之再受命蓋以此乎嗚呼河山邈矣吾嘗感迴范氏之餘音者也孟子謂齊宣王曰是心足以王矣夫以一牛之不忍而善推其所爲乃以齊王天下猶反諸掌以不忍之心行推恩之政也更進而隅反其義則禮刑之用尤有共同相通之點舜典曰敬敷五教在寬夫使民爲善猶忌操切絕民爲惡夫豈竣刻所能奏效哉有子曰禮之用和爲貴朱子註和者從容不迫之意詩云不剛不柔布政優優和之象也夫以從容不迫釋禮之和用至矣精矣嗚呼聖矣苟充斯義其舜之無爲也歟周孔以後爲學而有此聖言者朱子也爲政而有此聖功者康熙大帝是也

反是則有單純法治申不害韓非商鞅之名法家言其大旨輕仁薄禮任法尚威以禮樂爲淫佚之徵以近悅遠來爲亡國之言則與上述之第一義相悖無書簡之文以法爲教無先王之語以吏爲師則與上

述第二義相悖治强生於法刑重則去刑刻薄寡恩一以武健嚴酷爲快則與上述第三義相悖凡歷代偶有尙法之治其効果未有不亂其亂尤未有不慘者漢書刑法志曰陵夷至於戰國韓任申子秦用商鞅連相坐之法造參夷之誅增加肉刑大辟有鑿顚抽脅鑊烹之刑至於始皇兼吞戰國遂毁先王之法滅禮誼之官專任刑罰躬操文墨晝斷獄夜理書自程吏事其尙法治可謂至矣而姦邪並生赭衣塞路囹圄成市天下愁怨潰而背之秦遂以亡漢賈誼疏陳政事有曰商君遺禮義棄仁恩秦俗日敗家富子壯則出分家貧子壯則出贅借父耰鉏慮有德色母取箕箒立而誶語抱哺其子與公併倨婦姑不相悅則反脣而相稽其慈子耆利不同禽獸亡幾法治之影響於人心風俗者如此故曰以禮義治之者積禮義以刑罰治之者積刑罰（美國紐約一埠一期中民事刑事幾至萬千）刑罰積而民怨背禮義積而民和親此賈生所以爲通達國體也繼秦而言法治者則爲王莽莽本不仁有佞邪之材成纂盜之禍姦慝既肆隘小漢家制度均田平市官祿幣制紛然多制造歷推算至三萬六千歲法令如毛民用破業舉措煩擾一至此者皆法家一勞永逸之言有以啓之也羣盜起合皆曰法令煩苛不得舉手人思舊德莽遂速斃承莽之後而以任法喪其國者則有隋之大業隋文參周齊舊政以定律令除苛慘之法務在寬簡乃統一海宇比及末年漸亦滋虐煬帝忮刻法令繁峻人不堪命卽無高麗之師已著永終之兆。王通之告門人謂楊素與言終日言政而不及化是天下無禮也房元齡幼時見隨文末年之政常密告父曰上無功德徒以周近親妄誅殺攘神器有之淆置嫡庶競侈僭相傾閱終當內相誅夷亡可其待唐陳子昂引論大業之事有曰。煬帝不恭。以皇極之任。可以刑罰理之。專行屠戮。大興黨與。海內豪士無不罹殃。遂至殺人如麻。流血成澤。四海雲擾。遂亡隋族。凡茲三姓。雖皆餘分閏位。苟非崇尚法治。以害政理。則亢龍絕氣。或間有不如是之速者。自漢至今。凡一代治理。主張單純法治。是固然矣。但使參用法意。則雖雄才大略。或流風善政猶存之世。而危禍可以立至。漢之孝武。雄才大略之主也。因用兵四夷。徵發煩數。百姓貧耗。窮民犯法。酷吏擊斷。姦軌不勝。於是招進張湯趙禹之屬。條定法令。作見知故縱監臨部主之法。緩深故之罪。急縱出之誅。其後姦猾巧法。轉相比況。禁網寖密。律令凡三百五十九章。大辟四百九條。千八百八十二事。死罪決事比萬三千四百七十二事。文書盈於几案。典者不能徧睹。故唐刑法志引申其害曰。巫蠱事起。江充行詐。作亂京師。至兵交宮闕。無辜被害者以萬千數。當時劉宗幾覆。賴得壺關三老上書。幡然感悟。餘獄不論。天下少安。宋神宗承祖宗全盛之業。王安石爲相。以戰國政客急競之心。附襲周官未行之制。卽刑法一事。有司亦增多條目。離析舊制。因一言一事。輒立一法。意苛文晦。不足以該事物之情。任法孤行。舉世紛擾。且宋代家法。待大臣士大夫爲最有禮。深合論語以禮使臣之義。雖有詔獄。以糾大姦慝。祖宗朝其事不常見。至神宗時。制戡院推戡院迭興。柄國之臣。藉以威縉紳。塞言路。士大夫言新法煩擾者。遠則謫配。近則詔獄。至凌遲腰斬之法。熙寧以前。雖元凶巨蠹。未嘗試用。（重典歷代不用。雖事實與情法相合。而用法總從寬省）自是以口語狂悖致罪者。麗於極法。至紹聖間。大獄屢興。屢有誅戮。而蔡京章惇。意猶未快。流毒至徽欽未熄。終莫能勝。而北宋以亡。豈第商君王安石不能免爲秦宋之罪人哉。卽明之張居政。禮意少而法意多。天子垂拱於上。百僚拱手於下。而一朝之治。除整頓兵事吏事外。究於立國根本有何培養。且自行嚴切之政。仁宣之政寖衰。若然則曾文正之儒緩。所以爲咸同間中興名臣之首歟。（曾文正雖首肯李文忠儒緩一語而其平生專以褊急褊狹自警自誡至老不怠居敬而能處事似緩而實速）故漢初用黃老。尤可以爲治。凡師法申韓。則未有不致衰亂者。歐洲上下相爭之烈。亦法重制多有以使之然也。且自漢以來。末世每用重典。果何補於治耶。唐宋事遠。鑒於明代。明史刑法志言。憲宗昏亂之後。銳意綜理。用刑頗急。株連蔓引。九死一生。崇禎朝求治益切。專事嚴急。獄中文武纍臣至百四十有奇。國事日棘。專用重法。卒無救於亂亡。孔子集語。亂其教。繁其刑。民迷惑而陷焉。又曰國無道。雖殺之不可勝。文子纘義下德篇曰。末世之法。高其量而罪不相及也。重爲任而法不勝也。賞刑任法。未有不亡人國。而卒以自殺者也。淮南子謂子產誅鄧析而姦禁。夫子產惠人。一鑄刑書。而叔向非之。其精語有曰。使民知爭端。棄禮而徵於書。錐刀之末。將盡爭之。終子之世。鄭其敗乎。又曰國將亡必多制。顧亭林又引而申之曰。法制繁則巧猾之徒。皆得以法爲市。雖有賢者。不能自用。此國事之所以日非也。善乎杜元凱之解左傳也。曰法行則人從法。法敗則法從人，蓋目睹明季繁峻之政。慨乎其言之也，蓋凡任法者必多制。必寡恩，多制則不尊賢。寡恩則不親親。爲政至不尊賢不親親。則禮教蕩然。人紀將廢。尙何綱紀之可用哉。荀子解蔽篇。愼子蔽於法而不知賢。是以見法家不尊賢之心理矣。商君之待秦公族。王安石祖宗不足法。祖宗親盡亦須祧，足以證見尙法者不親親之心理矣。一言蔽之。有史以來。

言法治之人.視天下之民皆極愚極不肖者也.無帝冕而威重於神權者.莫有過於主張法治之人矣.雖然以上所論尤是沿用習慣法而苛濫者.若夫强行與民族心理相違之法律.囂訟若丹朱孤憤若韓非.一意破壞民之秉彝.民所共由之禮教長奸亂而保淫盜.倘何人民生命財產保障之可語哉.繳繞煩苛.寃抑愁痛.必倍秦隋之亂.以重生民之禍.美哉東漢仲長公理損益篇之言曰.行於古有其迹用於今無其功者.不可不變.變而不如前易而多所敗者.亦不可不復.如知復卽是變.豈第法律可中凡一切新舊法制之爭均可以稍熄矣夫.

——摘自《亞洲學術雜誌》一九二一年九月第一卷第一期

書秦蕙田五禮通攷後

章炳麟

昔曾國藩喜秦蕙田五禮通攷。謂宜與杜馬二家爲參。余讀其書。平章經禮。未能如杜公。以用於世。又去馬氏甚遠。顧何以得此於國藩邪。比茶陵譚延闓示余王闓運筆記。乃知國藩爲穆彰阿所識拔。和戎之議。牢持於其心。而五禮通攷獨楬和親一部。爲杜馬二書所無。有宜矣。其深相會也。和親者。自漢而有之。中國之與異域。其張弛不常。有時國無勝兵。或欲爲人民休息計。及其人以賓旅入者。與之和親。謀國者所宜有。若蕙田之爲此。其意殆有異矣。始宋相江寧秦檜以與金人解仇議和受册封。解三帥兵。殺岳飛。禍其國。士民疾之。惡聲六七百年不絕口。而檜後皆徙無錫。爲著姓。慙不敢自名。蕙田則其人也。所以楬和親者。則孝慈之意邪。昔邱文莊言檜有恢復功。人以爲好奇。文莊海南人也。習其所見。常以南兵不能當北虜。獨於明棄交趾。則歎息不容口。蓋方隅之見然也。及其修英宗實錄。有言于謙當以不軌書者。應之曰。己巳之變。微于公。社稷危矣。其持正又如此。今蕙田以其祖之恥。國藩以其所受於舉主者遂以中國之於異域宜始終屈節固不得與文莊比然自國藩張大秦氏卒藉戈登兵以拔蘇松其辱國有甚於和親者其後郭嵩燾之徒乃誠以檜爲明哲此亦未足異也檜不過主和親蕙田不過欲雪其祖而國藩乃召戎以軼中國是又檜與蕙田之罪人也

——摘自《華國月刊》一九二五年一月第二卷第三期

三禮學制鄭義述

高步瀛

案三禮言學制者。禮經最少。周禮較詳。而戴記最詳。特其書不出一手。所記未必盡合。治鑄一爐。本非易易。而儒家注書義必貫徹。則又以師法不同。傳說互異。爬梳比屬。其事尤難。然使屏除傳注。獨抱遺經。掩臆而談。專斷而定。既可高樹悖經之幟。又甚便寡學不讀書之人。此權臣假天子令諸侯之術。非愚所屑爲也。擇善而從。甚盡其美。然或擧首而截尾。割乙而取丁。千腋之裘。百衲之衣。組織雖工。究非元質。此在後人酌古定制則可。若謂古制本自如此。其誰信之。此又箴工辟積之術。亦非愚所願爲也。夫囊括大典。網羅百家。如鄭君者。誠可謂禮家不祧之祖。自宋以來。紛紛各出新義。非所以徵信也。今兼三禮所載學制。一以鄭義爲主。鄭所未及明言者。以孔賈補之。孔賈間有未合者。以唐以前禮家之說濟之要必折中於鄭義。其雖附於鄭。而實與鄭相戾者。概從削去。以申一家之學云。

五帝之學曰成均

周禮春官大司樂。掌成均之灋。○鄭注曰。董仲舒云。成均五帝之學。成均之法者。其遺禮可法者。○賈公彥疏曰。董仲舒作春秋繁露云。成均五帝學也。又曰。案王制有虞氏名學爲上庠下庠。至周立小學在西郊者曰虞庠。堯已上當代學亦各有名。無文可知。但五帝總名成均。當代則各有別稱。謂若三代天子學總名曰辟雍。當代各有異名也。○孫詒讓曰。黃說賈疏文王世子孔疏並以爲春秋繁露文。檢今本繁露無此語。當在逸篇中。

案賈疏謂三代天子學總名辟廱未確辨見下

禮記文王世子於成均○鄭注曰董仲舒曰五帝名大學曰成均則虞庠近是也○孔穎達疏曰周以虞庠爲小學在西郊成均則虞庠也又曰董仲舒爲春秋繁露云成均爲五帝之學虞庠是舜學則成均五帝學也以無正文故云近是也

案以成均爲五帝學名後儒多從之賈以周禮書通故駁之非也今不取

虞之大學曰上庠在西郊小學曰下庠在國中王宮之東夏之大學曰東序在國中小學曰西序在西郊殷之大學曰右學在西郊小學曰左學在國中周之大學曰東膠在國中小學曰虞庠在國之西郊

禮記王制曰。有虞氏養國老於上庠。養庶老於下庠。夏后氏養國老於東序。養庶老於西序。殷人養國老於右學。養庶老於左學。周人養國老於東膠。養庶老虞庠。虞庠在國之西郊。（內則同）鄭曰。皆學名也。異者四代相變耳。或上西。或上東。或貴在國。或貴在郊。上庠右學。大學也。在西郊。下庠左學。小學也。在國中王宮之東。東序東膠。亦大學。在國中王宮之東。西序虞庠。亦小學也。西序在西郊。周立小學於西郊。膠之言糾也。庠之言養也。周之小學爲有虞氏之庠制。是以名庠云。其立鄉學亦如之。郊或作絿。）孔曰。虞殷尙質。貴取物成。故大學在西。小學在東。夏周貴文。取積漸長養。故大學在東。小學在西。（玉海卷百十一學校引崔靈恩三禮義宗曰。虞氏之學名庠。庠養也。所以養國之子弟。使成雋德。虞殷貴齒。近郊。故大學在西。教學之道。貴在成德。西方成就之鄉。周制但西郊置虞庠小學而已。夏學名序者。次序先王之道而學之。夏周貴在於國。故大學在東。教國子弟。使之長益。東方陽位。有生長之道。故貴在宮之左。又曰。自虞至周。凡四代之學。虞夏及殷。各立其學。周則兼而立之。有虞大學爲上庠。小學爲下庠。夏后氏大學爲東序。小學爲西序。殷大學爲右學。小學爲左學。周大學爲東膠。小學爲虞庠。此四代之學名也。但王者相變。是以立學之名。互有不同。又曰庠之言養也。序者次序也。明次序先王之道而學之。瞽宗學官也。膠之言糾也。所以糾錄學士。使成其德。又曰。置學之處。四代不同。或尙於東。或尙於西。或貴在國。或貴在郊。此隨代取法。故所尙不等。是以鄭注王制曰。上庠右學。大學也。在西郊。下庠左學。小學也。在國中東序東膠。亦大學也。在國中王宮之東。西序虞庠。亦小學也。在西郊。虞商貴在於郊。故大學在西。夏周貴在於國。故大學在東。周人立小學於西。謂之虞庠者。以其制似有虞之學。故因以名。○朱大韶實事求是齋經義曰。上下東西左右。各相對成文。至周人養國老於東膠。養庶老於虞庠。言虞不言西。故記人特著此句曰。虞庠在國之西郊。

案崔氏之記。孔疏多取之。更參以朱氏之說。經文虞庠在西郊之義。本自明顯。而無齟齬矣。而以鄭注求之。知鄭所據之經文自作四郊。注中周立小學於西郊。亦當作四郊。說如下。孫志祖讀書脞錄續編曰。虞庠在國之西郊。據北史劉芳傳引作四郊。蓋西字誤也。四郊小學。即東西南北之四學。豈應偏置於西郊。祭義。又云天子設四學。當入學而太子齒。注云四學謂周四郊之虞庠也。正義引皇氏云。四郊虞庠。以四郊皆有虞庠。其爲四郊之誤無疑。案自孫氏此說出。顧廣圻作撫本禮記考異駁之。段玉裁著禮記四郊小學疏證。斥顧氏爲非。反復駁難。幾數萬言。段云鄭本若西郊。則依上文下庠左學小學也之例。云西序虞庠小學也在西郊。足矣。何必分別夏之西序。周之虞庠所在之不同乎。惟夏之西序在西郊。周之虞庠則四郊皆有之。故必分別言之耳。此說按之鄭注。顛樸不破。較所舉劉（北史劉芳傳）崔（通典卷五十三引崔靈恩）皇（祭義孔疏引皇侃）杜（通典五十三吉禮十二）諸證。尤爲確鑿。故黃以周禮書通故（二十三）曹元弼禮經學。（卷五）皆以段說爲是。林昌彝三禮通釋，（卷十二）亦主段說。（林氏之書鈔撮多而精義少遜前二書多矣）但鄭注本作四郊，而他本實多作西郊。朱大韶謂詩大雅靈臺孔疏，周禮天官司裘春官大司樂司几筵夏官諸子儀禮鄉射賈疏。並作西郊。然尚不止此。魏書劉芳傳亦作西郊。與北史異。然此猶爲傳寫之誤也。崔靈恩固主一大學在國。四小學在郊即四郊虞庠者。（說見下）而亦曰周制但置虞庠小學而已。此承西方成就之鄉言。固非四字之譌也。（玉海有注云周四學之虞庠西郊是四郊之一故亦謂之四郊惟立一小學於西郊此當是王應麟所附之注疏崔意而失之也朱大韶仍爲崔說列入正文非是且引王制鄭注作西序虞庠亦小學也在西郊竟如段氏所云抑何故也邱通典云周小學爲虞庠亦惟引祭義注而不引王制經文疑杜所據王制亦作西郊也然以經文核之作西郊本無不合而以鄭注核之苟所據本不作四郊則注不應西序虞庠特爲分別日祭義之注亦無從出而四郊虞庠之說更無能立矣故今述鄭義以四郊虞庠爲正而以下諸說始可理焉

殷制小學在國大學在郊

王制曰小學在公宮之左大學在郊（鄭曰此小學大學殷之制）孔曰殷人養國老於右學養庶老於左學則左學小右學大此經云小學在公宮南之左故知殷制也周則大學在國小學在郊

案鄭注以本經互相推勘不爲無據姚際恒禮經通論斥鄭孔爲臆測無稽則妄說不足辨也故概不錄

周文王時辟廱在郊殷制也

王制曰天子曰辟廱○鄭曰辟明也廱和也所以明和天下○孔曰釋詁云辟君也君則尊明廱和釋詁文○詩泮水箋曰辟廱者築土雝水之外圓如璧四方來觀者均也○孔曰二注不同者此注解其義詩注解其形

案辟廱之制書傳多言之詩靈臺毛傳曰水旋丘如璧曰辟廱以節觀者孔疏引五經異義韓詩說辟廱者天子之學圓如璧壅之以水示圓言辟取辟有德不言辟水言辟廱者取其廱和也所以

教天下春射秋饗尊事三老五更在南方七里之內立明堂於中五經之文所藏處蓋以茅草取其絜清也左氏說天子靈臺在太廟之中壅之靈沼謂之辟雝案韓詩左氏二說一言辟雝在明堂之中一言辟雝在太廟之中鄭所不取其云雝水之制則無異也

白虎通辟雍篇（雍俗字）曰天子立辟雍何辟雍所以行禮樂宣德化也辟者璧也象璧圓以法天也雍者壅之以水象教化流行也辟之言積也積天下之道德雍之爲言壅也天下之儀則故謂之辟雍也王制曰天子曰辟雍諸侯曰泮宮外圓者欲使觀者均平也又欲言外圓內方明德當圓行當方也五經通義曰天子立辟雍者所以行禮樂宣教化教導天下之人使爲士君子養三老事五

更與諸侯行禮之處也。藝文類聚禮部上引禮統曰。所以制辟雍何。教化天
下也。辟雍之制奈何。王制曰。辟雍圓如璧。雍以水。內如覆。外如偃
盤也。太平御覽禮儀部十三引桓譚新論曰。王者作圓池如璧形。實水其中。以
圜壅之。名曰辟雍。言其上承天地。以班教令。流轉王道。終而復始。
藝文御覽引同又曰。王者造明堂辟雍。所以承天行化也。初學記禮部上引蔡邕
獨斷曰。天子曰辟雍。謂流水四面如璧。以節觀者。以上諸說。言辟
廱之形。皆同。由形推義。亦無大異也。衛湜禮記集說引陸佃新議曰五帝大學謂之成均三王
大學謂之辟廱蓋以天道設教者五帝也故大學曰成均以人道設設教者三王也故大學曰辟廱天任道故於學言成人任法故於學
言辟天任理故於學言均人任情故於學言廱也則古無此義失之鑿矣
毛詩靈臺孔疏引鄭君駮五經異義曰。禮記王制。天子命之教然

後爲學。小學在公宮南之左。大學在郊。天子曰辟廱。諸侯曰泮宮。天子將出征。受命於祖。受成於學。出征。執有罪反。釋奠於學。以訊馘告。然則大學卽辟廱也。詩頌泮水云。既作泮宮。淮夷攸服。矯矯虎臣。在泮獻馘。淑問如臯陶。在泮獻囚。此復與辟廱同義之證也。大雅靈臺一篇之詩。有靈臺。有靈囿。有靈沼。有辟廱。其如是也。則辟廱及三靈皆同處在郊矣。囿也。沼也。同言靈。於臺下爲囿爲沼可知。小學在公宮之左。大學在西郊。王者相變之宜。衆家之說各不昭晳。雖然。於郊差近之耳。在廟則遠矣。王制與詩。其言察察。亦足以明之矣。○王制疏引熊氏曰。文王之時。猶從殷禮。故辟廱大學在郊。

玉海學校引三禮義宗曰。自殷以前。王者之學。無辟廱類宮之名。案殷制。大學在郊。尚書辟廱之名。賈氏大司樂疏謂三代天子之學。總名辟廱。非也。（金榜禮箋謂周立三代之學通名辟廱亦非）戴震毛鄭詩攷正謂辟廱爲文王之離宮。閒燕則遊止肄樂於此。不必以爲太學。其說與王制相舛。今不取。

胡承珙毛詩後箋曰。靈臺詩言作樂。傳言水旋丘以節觀者。是辟廱在文王時。已爲合樂行禮之地。但其時未嘗定爲天子之大學。至武王有天下。及周公制禮以後。始別諸侯爲泮宮。不得同於天子。而辟廱行禮之事愈備。如五經異義引韓詩說辟廱所以教天下春射秋饗尊事三老五更。鄭氏據天子出征執有罪反釋奠於

——摘自《國學叢編》一九三一年第一卷第四期

學以訊馘告。合之魯頌在泮獻囚。知辟廱同義。即如古器銘字。辟父敦王在辟宮。册周廟敦。王在雍位格廟册彤。是辟廱又有册命之事。凡皆周家彌文之制。而推其原始。即歸之文王之善道。亦無不可。總之三靈自爲游觀之所。辟廱自爲禮樂之地。同處者自言其相近。三輔黃圖所載。靈臺在長安西北四十里。靈囿在長安西四十二里。靈沼在長安西三十里者。似非無據。武王克殷之初。大學在郊。猶沿殷制。然東膠旋設於國中。即辟廱也。故郊外辟廱雖在。謂爲西廱以別之。

禮記樂記曰。散軍而郊射。左貍首。右騶虞。○鄭曰。郊射爲射宮於郊也。左東學也。右西學也。貍首騶虞所以歌爲節也。○孔曰。郊射

射於學宮在郊學之中也天子於郊學而射所以擇士簡德也左
東學也亦在於東郊貍首諸侯之所射詩也周立虞庠之學於西
郊故知諸侯皆射於東學歌貍首詩也西郊疑當作四郊下句文義始合盧孔氏本不誤四
郊虞庠之說言此者以明東郊有學也今誤作西郊下句無從接矣右是西學在西郊也騶虞天子
於西學中習射也又爲射宮於郊者皇氏云於東郊熊氏云王制
篇云殷制小學在公宮南之左大學在郊武王伐紂之後猶用殷
制故小學射貍首大學射騶虞也○段玉裁曰愚謂此不分小學
大學此郊宮卽文王辟雍此左右卽辟雍中分在左右以明天子
諸侯之節級也
案天子射宮在郊猶從殷制可知熊安生說似合鄭指但西學東

學何屬。鄭注未指明。孔氏以虞庠證東西學。雖亦本鄭義。然武王克殷之初。大學尚沿殷制在郊。未必即立四郊之虞庠。且西郊虞庠乃小學。不得爲天子射宮。則孔說東西學非也。皇侃以爲射宮在東郊。尤謬。段氏謂郊學卽文王辟雍得之。然以辟雍中分左右。與鄭注左學右學亦未能吻合。今當以辟廱爲右學。而左學姑闕疑可也。

詩靈臺孔疏曰。鄭說靈臺與辟廱同處。辟廱卽天子大學也。王制言大學在郊。乃是殷制。其周制則大學在國。大學雖在國。而辟廱仍在郊。何則。囿沼魚鳥所萃。終不可在國中也。辟廱與大學爲一。所以得大學移而辟廱不移者。以辟廱是學之名耳。王制以殷之辟廱與大學爲一。故因而說之。不必常以大學爲辟廱。小學亦可矣。周立三代之學。虞庠在國之西郊。則周以虞庠爲辟廱矣。○王制疏曰。劉氏以周之小學爲辟廱。在郊。

案孔氏此疏甚誤。既以辟廱爲不可移之國中。又守周制大學在國之義。勢不得不分而二之。以在郊之辟廱爲小學。周虞庠在西。故又以虞庠爲辟廱。左支右絀。極力牽引。而終不能合。且虞庠者取於有虞氏之學。制文王辟廱。固與虞制無涉也。然孔以虞庠爲辟廱雖誤。而以虞庠爲郊宮之右學。是卽以右學爲辟廱。則不誤也。古人之說。雖不無謬誤。要皆殫思而來。未可一筆抹擻也。

樂記又曰。養三老五更於大學。○鄭曰。周名大學曰東膠。○孔曰。

按王制云周人養國老於東膠以養國老故知大學也此經云食三老五更於大學亦謂膠禮周則右射騶虞之處矣。案郊射養老不必爲一時事故有遲之又久之言孔氏以此上郊射相連則大學在郊以此爲右射騶虞之處不敢以國中之東膠當之而以鄭言東膠乃據後來周制殆非鄭義也。

玉海引三禮義宗曰周養國老於東膠膠之言糾也所以糾鍒學士使成其德然天子之學者所以行禮樂宣德化於天下使之成德又養三老五更與諸侯行禮之處謂之辟雍辟雍者蓋圜若璧雍之以水取流而無極使學者進德而不已亦謂辟者明也雍者和也明此學中非但敎學亦所以明政敎。

案詳繹崔氏之意蓋以東膠即辟廱舊說以東序爲東膠非也

詩文王有聲曰鎬京辟廱自西自東自南自北無思不服○鄭曰武王於鎬京行辟廱之禮自四方來觀者皆感化其德心無不歸服者○陳壽祺五經異疏證曰樂記鄭注郊射爲射宮於學也左東學也右西學也熊氏云武王代紂之後猶用殷制故小學射貍首大學射騶虞也據此則武王作鎬京辟雍當在散軍郊射之後更立於國也鄭注王制與駁異義相貫通或疑其兩歧者非

案陳氏此說最合鄭義胡承珙亦謂武王鎬京辟雍立於國中也焦循羣經宮室圖謂若在城中何以容四方觀者則殊不然殆以後漢辟廱圜橋觀者數萬計疑周時已然是以唐律斷漢獄矣

詩周頌曰振鷺于飛于彼西雝毛傳曰雝澤也○鄭曰鳥集于西雝之澤言得其所也○後漢書文苑邊讓傳注引韓詩薛君章句曰西雍文王之雍也言文王之時辟雍學士皆潔白之人也○王應麟玉海卷百十一曰先儒謂辟雍在西郊故曰西雍○胡承珙毛詩後箋曰辟廱卽周頌之西雝彼傳云雝澤也澤卽王立于澤之澤郊祭聽誓命于此則辟廱在郊可知謂之西廱則在西郊又可知○陳喬樅韓詩遺說攷曰傳箋與韓詩訓義亦同案鄭君注禮謂小學在公宮南之左大學在郊樂記疏引熊氏云武王伐紂之後猶用殷制然則文王辟廱當在西郊鄭箋云白鳥集于西廱之澤蓋亦以爲文王之廱也

案毛詩此序云二王之後來助祭也。則此詩作於成王周公之時。
薛氏猶云文王之雝者。據創始之人而言也。周公制禮之後。辟雝猶在外。則是文王之雝。未移於國中也。而國中別有辟雝。一曰東膠。故文王之雝。加西字以別之也。

周立三代之學。虞庠。虞學也。東序。夏學也。瞽宗。殷學也。合周學言之。亦曰四代。

禮記文王世子曰。春夏學干戈。秋冬學羽籥。皆於東序。春誦夏弦。大師詔之。瞽宗。秋學禮。執禮者詔之。冬讀書。典書者詔之。禮在瞽宗。書在上庠。○鄭曰。周立三代之學。學書於有虞氏之學。學舞於夏后氏之學。學禮於殷之學。○孔曰。云周立三代之學者。謂立虞夏殷學也。其虞之學制在國。兼在西郊。郊則周之小學也。夏殷之學亦在國。而鄭注儀禮云。周立四代之學於國者。合周家爲言耳。故與此注不同。先師以爲三代學皆立大學小學。今案下養老於東序。是周之大學。夏之東序也。又王制云。養老於虞庠。是周之小學爲虞庠也。又此學書於虞學。依許彥周校學舞於夏學。學禮於殷學。若周別有大學小學。更何所教也。

儀禮鄉射禮鄭注曰。周立四代之學於國。○賈疏曰。案王制云。有虞氏上庠下庠。夏后氏東序西序。殷人左學右學。周人東膠虞庠。周立四代者。通己爲四代。周所立前代學者。立虞夏殷三代大學。若然。則虞氏上庠。則周之小學爲有虞氏之庠。制在西郊也。立殷之右學。則瞽宗周立之亦在西郊。立夏后氏之東序則周之東膠。
立在王宮之東。以其改東序爲東膠。此疑衍東序二字東膠二代名故云
周立四代學。
文王世子曰。始之養也。適東序釋奠於先老。○鄭曰。言始始立學
也。親奠之者。已所有事也。養老東序。則是視學於虞序。○孔曰。天
子視學在虞庠之中。有司釋奠既畢。天子乃從虞庠入返於國。明
日乃之東序而養老。又引皇氏云。若尋常視學則養老於東膠。若
始立學。則養老於東序。以爲周立三代之學。又立周之大學於東
謂之東膠。立小學於西郊。謂之虞庠。故以東膠別也。
案賈疏謂東膠即東序。孔疏以東序爲大學。又言周不別立大學

小學。似與賈同。然又謂尋常視學。則於東膠中。唯行養老之禮。若始立學。既視學畢。則適養老之處。東序之中。天子親自釋奠於先世之老。（亦見文王世子疏）則從皇侃之說。以東膠東序爲二。按之四代之義。則此說當是。若但立三代之學。而無當代之學。則不得合云四代矣。（洪頤煊禮經宮室答問以東膠即東序而以辟廱與上庠東序瞽宗爲四代之學不知東膠即辟廱也）至瞽宗所在。鄭未明言。孔以爲在國中。賈以爲在西郊。推尋鄭義。似賈說得之。蓋東序本在國。右學上庠本在郊。其始皆大學也。周存三代之制。必使在國者仍在國。在郊者仍在郊。特周之定制。大學在國。故在郊者或以爲小學。乃對國中大學而言。其實西郊之虞庠。亦當與東南北三郊之虞庠有別。西郊虞庠。又曰上庠。學書於是。養老於是非他三郊所能比。瞽宗在西郊。與虞庠同。段氏謂周小學大學皆有四。上庠爲大學在國中。故鄉射注明言周立四代之學於國。而又以有虞氏之庠爲鄉學。分別畫然。是則與四郊小學皆名虞庠者判然二事。竊以爲鄭云立四代之學於國者。不必專指王城之中。周之西郊。瞽宗及四郊虞庠皆當在近郊。不必因王肅之說而斥之。蓋天子自虞庠反國明日而養老。若如段氏說虞庠在遠郊百里。則古者日行吉禮五十里。一日之中且不能入國。明日何以養老東序而親奠之耶。是虞庠所在。鄭雖不言里數遠近。然必在近郊可知。以在近郊。故可括於國學之內。金鶚禮說曰。國之稱不一。有以境界言者。如曲禮入國而問俗。大夫士去國是也。有以城內言者。如周官考工記國中九經九緯。曲禮入國不馳。是也。

有以郊內言者。如孟子國中什一使自賦。爲陬于國中。是也。據此

則近郊之學。皆可謂之國學。說者謂四代之學必在一處。且必整

齊畫一。皆名大學。而實失之泥矣。

文王世子曰。凡大合樂。必遂養老。○鄭曰。大合樂謂春入學舍菜

合舞。秋頒學合聲。於是時也。天子則視學焉。遂養老者。謂用其明

日也。

案孔疏言明日之東序而養老者。即由此注推出。確然可信。此非

始立學則養老在東膠說。已見上。

文王世子曰。凡語於郊者。必取賢斂材焉。○鄭曰。語謂論說於郊

學。○孔曰。郊西郊也。周以虞庠爲小學在西郊。今天子親視學於
其西郊。考課論說於西郊之學。以西方成就之地故也。或偏在西
郊。

案孔氏主虞庠在西郊。而亦不廢四郊虞庠之說。以二說並不牴
牾也。顧廣圻主西郊之說。而遇言四郊者。皆欲改爲西郊。段玉裁
主四郊之說。於此疏則痛詆之。以爲仍用其誤本王制。皆偏見耳。
祭義曰。祀先賢於西學。○鄭曰。西學。周小學也。先賢有道德王所
使教國子者。○孔曰。謂虞庠也。以祀先賢。明於虞庠小學。故大司
樂云。凡有道者有德者使教焉。則以爲樂祖。祭於瞽宗。文王世子
又云。書在上庠。以此知祭先賢所通之經。各於所習之學。若瞽宗

則在國。虞庠爲小學者則在西郊。今祀先賢則於西郊也。

案春官大司樂鄭注曰。明堂位曰。瞽宗殷學也。此西學鄭蓋以爲即瞽宗。賈疏謂瞽宗在西郊。與此注以爲周小學正合。孔謂瞽宗在國。故以虞庠當之。疑非鄭指。

周立虞庠於西郊。而其他三郊復仿設之。故有四郊之虞庠。

祭義曰。天子設四學。當入學而大子齒。○鄭曰。四學謂周四郊之虞庠也。文王世子曰。行一物而三善皆得。唯世子而已。其齒於學之謂也。○孔曰。天子設四學者。謂設四代之學。周學也。殷學也。夏學也。虞學也。天子設四學。以有虞庠爲小學。設置於四郊。是天子設四學。據周言之。當入學之時。而大子齒於國人。故云而大子齒。

又曰皇氏云四郊虞庠以爲四郊皆有虞庠○段曰通典引作周有四郊之虞庠（禮典吉十二）卽王制云周人養國老於東膠養庶老於虞庠虞庠在國之四郊注云周立小學於四郊是也二注若合符節則作正義者引王制經注以釋之可矣而孔氏釋天子設四學則牽引儀禮注周立四代之學謂周學殷學夏學虞學釋入齒而大子齒則云天子設四學以有虞庠爲小學設置於西郊是大子設四學據周言之抑何令直下易說之經文不可通貫耶豈天子設四學之經文有疑他代天子皆如是耶虞庠乃虞學何得冠之以四學而以一承四耶推求其故由孔氏本王制旣誤此注亦誤作周西郊之虞庠也故不得其解而傅會聯台之曰四學中有虞

——摘自《國學叢編》一九三一年第一卷第五期

庠爲小學設置於西郊故鄭注單舉西郊之虞庠勉强措詞如此豈四學者三大學一小學故云有虞庠爲小學耶三大學一小學則不倫若四皆小學而惟西郊名虞庠彼三郊又何名也經緯流傳展轉錯誤孔之此注此疏皆本作西郊而今版本則又皆譌爲四郊是今譌之本於理不誤而於孔氏本則誤也孔氏注文作西郊之虞庠既勉强立說矣而皇侃本作四郊之虞庠孔不能廢之也故其釋注云皇氏云四郊虞庠此孔言皇本之不同也又云以爲四郊皆有虞庠此孔言皇說如此也皇本作四郊皇說四郊皆有虞庠攷杜氏通典周制大學爲東膠小學爲虞庠引鄭注祭義云周有四郊之虞庠也又引崔靈恩說鄭注祭義曰周有四郊之

虞庠也。北史劉芳傳。芳表曰。禮記云。周人養庶老於虞庠。虞庠在國之西郊。又曰。天子設四學。當入學而大子齒。注云。四學周四郊之虞庠也。劉崔皇杜所據禮記經注皆作四郊。孔非不見皇本而必不從之。必依誤本立說。甚爲疏謬。

案鄭以四學爲四郊之虞庠。而孔以爲四代之學。誠與鄭義不合。顧廣圻以經文及注四字皆當作西。段氏亦謂孔據本四作西。然使孔據本果作西。則孔作正義。但引王制虞庠在國之西郊足矣。何爲以周學殷學夏學虞學專釋天子立四學句。而下始以虞庠釋當入學而太子齒句耶。蓋孔氏之意。以西郊上庠本虞氏大學。周仿而設之。然大學在國。故西郊上庠亦統名虞庠而爲小學。其東南北三郊。又仿西郊而設者也。經言天子設四學。語極鄭畫。四郊虞庠。未足以當之。然鄭注如此。爲疏者又不便駁斥。故爲立異說以釋四學句。又不得不周旋鄭注。故仍以四郊虞庠爲四學也。而又引皇氏之說。以釋四郊虞庠。此正唐人作疏尊注而不敢駁注之苦。故左支右絀如此。段氏顧氏但知發揮己見而不復體察古人之意。無論從孔駁孔。皆不得孔之眞矣。

國都外爲六鄉。鄉之學曰庠。鄉屬爲州。州之學曰序。州屬爲黨。黨之學亦曰序。

禮記鄉飲酒義曰。主人拜迎賓于庠門之外。○鄭曰。庠鄉學也。州黨曰序。○孔曰。謂鄉大夫故迎賓于庠門外。若州長黨正。則於序門外也。

王制曰。司徒命鄉簡不帥教者以告耆老皆朝于庠。○鄭曰。司徒

使鄉簡擇以告者。鄉屬司徒。此庠謂鄉學也。

周禮地官州長曰。春秋以禮會民而射于州序。○鄭曰。序州黨之

學也。

又黨正曰。國索鬼神而祭祀。則以禮屬民而飲酒于序以正齒位。

○鄭曰。國索鬼神而祭祀。謂歲十二月大蜡之時。建亥之月也。黨

正飲酒禮亡。

儀禮鄉射禮鄭目錄曰。州長春秋以禮會民而射于州序之禮。謂

之鄉者。州鄉之屬。鄉大夫或在焉。不改其禮。

禮記鄉飲酒義鄭注曰。此說鄉飲酒。謂黨正國索鬼神而祭祀。則以禮屬民而飲酒于序以正齒位之禮也。其鄉射則州長春秋以禮會民而射于州序之禮也。謂之鄉者。州黨鄉之屬也。或則鄉之所居州黨。鄉大夫親為主人焉。如今郡國下令長於鄉射飲酒從太守相臨之禮也。

鄉射禮曰。升堂揖。豫則鉤楹內。堂則由楹外。當左物北面揖。○鄭曰。鉤楹繞楹而東也。序無室可以深也。周立四代之學於國。而又以有虞氏之庠為鄉學。鄉飲酒義曰。主人迎賓於門外。是也。庠之制有堂有室也。今言豫者。謂州學也。讀如成周宣謝災之謝。周禮作序。凡屋無室曰謝。宜從謝。州立謝者。下鄉也。左物。下物也。今文豫爲序。序乃夏后氏之學。亦非也。○賈曰案宣公十六年經書成周宣榭火。左氏春秋經作宣榭火釋文曰榭本又作謝公羊作宣謝災釋文引左氏作宣榭火穀梁作宣榭災釋文曰榭本又作謝災左氏作火惠棟九經古義曰說文無榭字周虢敦銘曰王格于宣射古文榭字作射彼雖不據學以其無室。與爾雅無室曰榭同。故引以爲證也。成周宣榭及此州立謝皆是無室。故云凡以該之。不得從豫及序。故云宜從榭也。鄉之庠有室有堂。州謝則有堂無室。故云下鄉也。不從今文者。以其虞庠夏序皆是有室。州之序則無室。故云非言亦者。古文爲豫已非。今文作夏后氏之序亦非。若然禮記學記及州長職幷下記皆作序。鄭不破之者。以鄉立虞庠依虞有室。州立夏序去室猶存序名。是以鄭注州長云序州黨之學也。故不破之也。○曹元弼禮經校釋曰。鄭於周禮從序。而以此今文作序爲非者。蓋周以夏后氏之序爲州學。而去其室爲榭。故舉其名則曰序。核其制則曰謝。此經分別庠序之制。以豫對堂。必從謝而後義明。作序則制不顯。故以今文爲非。周禮及他經渾舉其名。則當作序。以對庠。言各有當也。記云序則物當楣。字亦當作謝。鄭不破者。以序謝聲通。字得假借耳。爾雅。無室曰謝。實此經序當讀謝之明驗。盛氏謂爾雅是臺上之屋。與此無干。不知爾雅之言謝有二。一云有木者謂之謝。承闍謂之臺言謂臺也。與此無涉。一云無室曰謝。承室有東西廂曰廟。無東西廂。有室曰寢。言謂室也。此州學稱謝。即在其小矣。又謂序之無室。其證有三。而爾雅不與。盛世佐儀禮集編曰。序爲州黨學。此說據編度必狹小於鄉學之庠而其屋常深設一與庠同又須留餘地以通行射者之往來若復去三分之一以爲室其勢必不能容一也庠大於序而射者所擬之物止於當楣楣棟間一架也序小於庠而物反當正中之棟若其有室則室之牖戶爲皆常當前又設壁楣與物同在一架之內能無礙乎二也又經文序與堂對言則室之稱無室不可以言堂言堂則知序之無室矣三也曹元弼禮經學曰豫射三耦是也謂爾雅不與以鄭讀爲非非也然有堂無室。經究未明言。向使無爾雅之文。孰敢以意推測。而杜撰其制。勢必與經鬬互而後已。鄭君據爾雅定禮。確不可易。既定其爲謝無室。則尺度淺深行事方位。經文自一一脗合矣。○又曰。竊疑序爲謝。制自殷已然。蓋殷以夏之序爲鄉學而去其室。故孟子曰殷曰序。序者射也。序當爲謝。謝從射得聲。猶中庸義者宜也。義當爲誼。誼從宜得聲。皆以聲兼義也。周以有虞氏之庠爲鄉學。而以夏之序爲州黨之學。其無室稱謝。則因于殷也。

○孫詒讓曰。周鄉學制。依三禮注義。鄉學名庠。六鄉則六庠也。鄉之次爲州。州學名序。六鄉三十州。則有三十序也。州之次爲黨。黨學亦名序。六鄉百五十黨。則有百五十序也。六鄉地不踰四同。而立庠序百八十有六。國學及四郊之學。尙不與其數。敎法亦甚詳矣。

鄉界之外爲郊。郊亦有學。遂郊之外曰遂。遂亦有學。

王制曰。命國之右鄉。簡不率敎者移之左。命國之左鄉。簡不率敎者移之右。不變。移之郊。不變。移之遂。此郊遂以見郊遂之學全文見後 ○鄭曰。郊鄉界之外者也。稍出遠之。遠郊之外曰遂。○孔曰。此郊謂近郊也。以遠郊之內。六鄉居之。右鄉民近國城及國內之人。其學在國中。

或在公宮之右。或在公宮之左。故前云右鄉。若鄉人遠國城在近郊之外者。則學在近郊。〇段玉裁曰。所謂郊學者。蓋即四郊之虞庠也。周禮之制。百里內為六鄉。外為六遂。命鄉簡不帥教者。或右鄉左鄉互移。而又移之郊。為之習禮於郊學。四周百里之內。七萬五千家之衆。未必郊學祇在西郊一處。鄭云習禮於郊學。不云西郊。則鄭謂四郊皆有學也。〇顧廣圻學制備忘之記曰。王制不變移之郊。如初禮。鄭注未有郊學二字。金壇段氏茂堂四郊小學疏證。遂據為立說之根本。以申虞庠在國之西郊。必當改經之西作四。愚謂此二經。直乃如風馬牛之不相及。不意遺此附會紐合也。大學小學者。學之一類也。天子諸侯主之者也。鄉學州序黨序遂

——摘自《國學叢編》一九三二年第一卷第六期

談談禮教

繆鳳林

(一)何謂禮

古禮的一部分，訂於孔子；禮教的精義，以七十子後學者所記孔門之言說得最為透闢：孔子與禮教，實有不可分割的關係。昔人推崇孔子，不盡由於禮教；今人却專以禮教詬病孔子。現在一般對於禮教，非鄙不屑言，即談虎色變；孔子也就被視為拂逆人性的禮的製造者或吃人的禮教的代表。其實禮教至平凡亦至高深，至普遍亦至精微。生而為人，即不能自外於禮教；語其至也，雖大賢亦有所不能盡。「禮者，履也」。履者，踐也，行也。人所踐履的種種儀文度制，皆禮也。拜跪是禮，鞠躬亦是禮：禮有古今之殊，而古今有禮則同。斬衰疏衰是禮，臂纏黑布亦是禮：禮有中外之異，而中外有禮則同。鳥之學飛，獸之學走，猶有節文；何況人類？「燔黍捭豚，汙尊抔飲，蕢桴土鼓，猶若可以致其敬於鬼神」：野人猶尚有禮，何況文明種族？鄙禮畏禮者，一旦他人以非禮犯之，甘心受之而不辭乎？抑將乞靈於禮教乎？飲食言談之際，坐立行止之頃，願意被人斥為無禮呢？抑被人稱為有禮貌呢？禮是社會的習慣，亦是社會的秩序。人類既已有了社會，自然有這些習慣和秩序。人既與人相處，為社會中之一分子，自然須履行這些習慣和秩序。鄙夷固屬不可，畏忌尤可不必；歸罪孔子，更無是處。例如現在社會上普通履行的婚姻喪祭，吉凶慶弔，以及應對進退，飲食行坐……等種種習慣秩序，就是現代的禮；吾人處處要越禮背禮或反禮，社會又何能一日相安？這尙是就極淺近處說；語其精微，消極的防人爲惡，積極的導人爲善：人之所以爲人，完全因爲有「禮」；中國文化最偉大之成就，卽在其禮教之邃密。不獨「天秩有禮」，「制度在禮，文爲在禮」：禮是無所不包，爲一切一切之統名而已。有人而後有禮，非有禮而後有人，吾人要明白禮的不可缺性，最好先討論禮的所由起及人類所以必需禮的緣故。

(二)禮之緣起

禮之大別，可區爲不成文者與成文者二類。不成文之禮，卽社會一般踐履之習慣，民族於無意或有意中保留遞傳者也。成文之禮，如儀禮禮記中所規定者是；（後世之大唐開元禮，政和五禮新儀，明集禮，大淸通禮及私家傳述之家禮等皆是）其緣起之性質略可分爲四類：

(一)由不成文者變成　卽政教之會就民族相傳之習慣而加以規定者；歷代祭祀天神地祇人鬼物魅之吉禮，大抵皆屬之。

(二)因人情而爲之節文　禮也者，「非從天降也，非從地出也，人情而已矣」。（記問喪語）然禮雖本乎人情，又因人情而爲之節文。班固有言：「人性有男女之情，妒忌之別，爲制婚姻之禮；有交接長幼之序，爲制鄉飮之禮；有哀死思遠之情，爲制喪祭之禮；有尊尊敬上之心，爲制朝覲之禮」：婚姻鄉飲喪祭朝覲之禮，皆因人情而爲之節文者也。人與人相處，或義重於情，則制禮以達情；（如古君臣相見之禮是）或情重於義，則制禮以節情：（如古父子夫婦長幼朋友之禮是）因人情而制禮，而復情義兼盡。記問喪曰：「死三日而后斂者，何也？曰，孝子親死，悲哀志懣，故匍匐而哭之，若將復生然，安可得奪而斂之也？故曰三日而后斂者，以俟其生也。三日而不生，亦不生矣；孝子之心，亦益衰矣；家室之計，衣服之具，亦可以成矣；親戚之遠者，亦可以至矣：是故聖人爲之斷決，以三日爲之禮制也」。禮之因情節文，大抵如是。

（三）因救禍避患而施設　因情節文，本以防止人之縱情自恣而及於亂；然禮亦有因禍患已成，特施設以備禍者。樂記云：「夫豢豕爲酒，非以爲禍也；而獄訟益繁：則酒之流生禍也。是故先王因爲酒禮，壹獻之禮，賓主百拜，終日飲酒而不得醉焉：此先王之所以備酒禍也」。就是一個著例。內則中所規定男女間種種規矩，如「男不言內，女不言外；非祭非喪，不相授器；外內不共井，不共湢浴，不通寢席，不通乞假；男女不通衣裳；內言不出，外言不入；道路，男子由右，女子由左」；以及坊記所言種種坊民之道：亦皆因救禍避患而施設。荀子論禮之起，謂「人生而有欲；欲而不得，則不能無求；求而無度量分界，則不能不爭。爭則亂；亂則窮。先王惡其亂也，故制禮義以分之，以養人之欲，給人之求；使欲必不窮乎物，物必不屈於欲，兩者相持而長：是禮之所起也」。其言物欲相持而長，即因人情

（欲）而爲之節文；而爲之度量分界以免其爭，亦卽因救禍避患而施設之意。

（四）因道德敎育而制立　節情與避禍，使人之行動，發源于性情之正，雖含積極的道德敎育意味，要以消極的補偏救弊之作用爲多；禮敎發達至極，則儀文度數之間，不僅消極的防止罪惡，而且積極的導人爲善，爲一種極純粹的道德敎育；其影響於德行者，尤深且鉅。記鄉飮酒義云：

「鄉飮酒之禮，六十者坐，五十者立侍，以聽政役：所以明尊長也。六十者三豆，七十者四豆，八十者五豆，九十者六豆：所以明養老也。民知尊長養老，而后乃能入孝弟。民入孝弟，出尊長養老，而后成敎；成敎而后國可安也。君子之所謂孝者，非家至而日見之也；合諸鄉射，敎之鄉飮酒之禮，而孝弟之行立矣」。

戴記中祭義冠義昏義射義燕義聘義等篇所陳，大抵皆屬此義。由其所言，禮因道德敎育而制立，與前三者性質皆異，在極高度的文明社會，方能產生。冠義云：「責成人禮焉者，將責爲人子，爲人弟，爲人臣，爲人少者之禮行焉。……故孝、弟、忠、順之行立，而后可以爲人；可以爲人，而后可以治人也」。昏義云：「敬愼重正而后親之，禮之大體，而所以成男女之別，而立夫婦之義也。男女有別，而后夫婦有義；夫婦有義，而后父子有親，父子有親，而君后臣有正」。又云：「成婦禮，明婦順，又申之以著代：所以重責婦順焉也。婦順者：順於舅姑，和於室人，而后當於夫，以成絲麻布帛之事，以審守委積蓋藏。是故婦順備而后內和理，內和理而后家可長久也」。婚禮傳說始於伏羲，冠禮據士冠禮記及郊特牲篇，亦夏世已有；然如儀禮所載二者典禮之隆重，及戴記所言積極導人爲善的意義，疑皆至周世而始有也。

梁皇侃說：「禮有三起：禮理起於大一，禮事起於遂皇，禮名起於黃帝」。禮事卽不成文之禮，禮名卽不成文之禮之名：時猶未有成文之禮也。唐孔穎達駁之，說：「自伏羲以後至黃帝，吉凶賓軍嘉五禮始具」。（說詳禮記正義）然成文之禮，今傳者以堯典所記爲最古，其書作於夏世；其前要皆不成文之禮：緣起時代，難言之矣。孔子謂殷因夏禮，周因殷禮，皆有損益；今儀禮周禮禮記所載，或有夏殷之禮，而既經周因與損益，亦卽周禮。上文所謂成文之禮，蓋皆至周而始完備；吾國之文化，亦以周代爲最高。

（三）禮之大用

禮之爲用，不外防人惡而導人善，在論緣起時已可見；然中國文化之根本在禮；禮敎之在中國，雖爲倫理的而非宗敎的，而其地位則與耶敎之在歐美相當。國民道德，賴以養成，社會秩序，賴之維持。値茲禮敎陵夷之日，尤宜一探討其倫理上之價値。

生人之難，莫難於爲人。生而有種種情欲，又有種種外物誘之。情欲感於外物而動，除了極少數「

不勉而中，不思而得，從容中道」的誠者，或「從心所欲不踰矩」的聖人，動則非過卽不及，鮮能契於中道，恰到好處。將遂順之縱之歟？必至如荀子所謂「今人之性，生而有好利焉，順是故爭奪生，而辭讓亡焉；生而有疾惡焉，順是故殘賊生，而忠信亡焉；生而有耳目之欲，好聲色焉；順是故淫亂生，而禮義文理亡焉：然則縱人之性，順人之情，必出於爭奪，合於犯文亂理而歸於暴」。將遂遏之抑之而絕之歟？非特爲人情所不許；除極少數修道士外，芸芸衆生，雖以嚴刑峻法臨之，其事亦不可能。且誠如其道，則人類之滅，亦已久矣：倘何有於遏絕？縱之旣不可，絕之又不能，惟有節之之一途。禮也者，正因人情而爲之節文，發源於性情之正，節制人之私欲，旣不加以遏絕，亦不使之縱恣，而使之各得其當而已。此理也，樂記言之最明：

「人生而靜，天之性也；感於物而動，性之欲也。物至知知，然後好惡形焉。好惡無節於內，知誘於外，不能反躬，天理滅矣。夫物之感人無窮，而人之好惡無節，則是物至而人化物也。人化物也者，滅天理而窮人欲者也。於是有悖逆詐僞之心，有淫泆作亂之事。是故强者脅弱，衆者暴寡，知者詐愚，勇者苦怯，疾病不養，老幼孤獨不得其所：此大亂之道也。是故先王之制禮樂，人爲之節」。

漢書禮樂志曰：「人函天地陰陽之氣，有喜怒哀樂之情。天稟其性而不能節也，聖人能爲之節而不能絕也。故象天地而制禮樂：所以通神明，立人倫，正情性，節萬事者也」。其言尤至簡而精。倘若人之性情，絕對至善，雖有外物之誘，然發而皆中節，無過不及之偏：根本就不需要禮敎。反之，人之性情全惡，無改善之可能，人亦不知何者爲善：雖有禮，亦無所用之。又或性情有善惡，亦有復善去惡之可能，而人人自安于自然流露之行止，不知去惡就善之爲美，則禮敎亦無從建立也。禮敎之必要與建立，正因人之性情，可以爲善；而非必善；感于外物而動，不能無過不及之偏；而聖人又不能安於人之或過或不及：于是爲之立中制節，正人足以副其誠，邪人足以防其失。戴記所陳，十九皆屬此義，試就檀弓略舉之：

「子路有姊之喪，可以除之矣，而弗除也。孔子曰：何弗除也？子路曰，吾寡兄弟而弗忍也。孔子曰，先王制禮，行道之人皆弗忍也。子路聞之，遂除之」。

「曾子謂子思曰，伋，吾執親之喪也，水漿不入於口者七日。子思曰，先王之制禮也，過之者，俯而就之；不至焉者，跂而及之：故君子之執親之喪也，水漿不入於口者三日，杖而后能起」。

「有子與子游立，見孺子慕者。有子謂子游曰，予壹不知夫喪之踊也，予欲去之久矣；情在於斯，其是也夫！子游曰，禮有微情者，有以故興物者。有直情而徑行者，戎狄之道也。禮道則不然。人喜則斯陶，陶斯咏，咏斯猶，猶斯舞，舞斯慍。慍斯戚，戚斯歎，歎斯辟，辟斯踊矣。品節斯，斯之爲禮」。

而三年問之言尤精闢絕倫：

「三年之喪，何也？曰稱情而立文，因以飾羣別親疏貴賤之節，而弗可損益也。凡生天地之間者，有血氣之屬，必有知；有知之屬，莫不知愛其類。今是大鳥獸，則失喪其羣匹，越月踰時焉，則必反巡，過其故鄉，翔回焉，鳴號焉，躑躅焉，踟蹰焉，然後乃能去之。小者至於燕雀，猶有啁噍之頃焉，然後乃能去之。故有血氣之屬者，莫知於人；故人於其親也，至死不窮。將由夫患邪淫之人歟？則彼朝死而夕忘之；然而從之，則是曾鳥獸之不若也。夫焉能相與羣居而不亂乎？將由夫脩飾之君子與？則三年之喪，二十五月而畢，若駟之過隙；然而遂之，則是無窮也。故先王焉爲之立中制節，壹使足以成文理，則釋之矣」。

陳蘭甫先生說：「讀此節，當無不泣下霑襟者」；我說：「明白了此節，禮之功用與必要性，當無不承認者」。

（四）對于非禮者之解答

現在一般非毀禮教和攻擊禮教的，大致可分爲五說。一者謂禮者忠信之薄，而亂之首；至德至治之世，本無有禮。以禮爲桎梏，孰若順其天性之自然？曰，自然者，不得不然之謂。人之行爲欲求其當，而自然流露者未必當：則禮教之興，亦有不得不然之勢；謂非是將無以為人也。曲禮曰：「鸚鵡能言，不離飛鳥；猩猩能言，不離禽獸。今人而無禮，雖能言，不亦禽獸之心乎？夫唯禽獸無禮，故父子聚麀，是故聖人作，為禮以教人，使人以有禮，知自別於禽獸」。

二者謂禮為矯揉造作，拂人之性而逆人之情。曰禮雖以節性情，導性情，而亦本乎性情：非性情外別有所謂禮也。喜怒哀懼愛惡欲，七者人之情也；父慈子孝兄良弟弟夫義婦聽長惠幼順君仁臣忠，十者人之義也。禮也者，聖人所以治七情，修十義。故曰：「人情者，聖王之田也，脩禮以耕之，陳義以種之」。（皆見禮運）又曰：「順人情，故謂之禮，訾之者，是不知禮之所由生也」。（喪服四制語）禮教所拂逆之性情，蓋即今人所謂獸性：非人之性情也。以禮為矯揉造作，拂人性而逆人情者，不獨不知禮，亦不知人之性情也。

三者謂防人惡而導人善，尙有「宗教」「道德」與「法律」，奚必禮教？曰禮教者，有三者之利而無其弊者也。宗教假託一上帝以愚民，以迷信為基礎，人智進而信心衰，宗教維繫人心之力亦日薄。禮教導源於人情，發於人情之所不能已，故無迷信之可言；正人副其誠，邪人防其失，亘萬古而常然，非同宗教之假借外力，惟懼欺民之不可久也。太史公曰：「詩書所述，虞夏以來，耳目欲窮聲色之好，口欲窮芻豢之味，身安逸樂，而心誇矜勢能之榮，使俗之漸民久矣！雖戶說以眇論，終不化」。道德原理與空言之無補於道德，亦已明矣—禮教則不尙空言，一寓之於行事；不重在信條之灌輸，而要在習慣之養成。「墟墓之間，未施哀於民而民哀；社稷宗廟之中，未施敬於民而民敬」：其效力已遠非戶說眇論者可及；而洒埽應對進退之間，自幼使人循循於規矩習慣而成自然，囂陵放肆之氣，潛消於不覺；凡所以涵養其德，範圍其才者，一使之無過不及之偏：蓋皆積極的實際的培養道德，而非消極的空言道德也。至言法律，强制之效，似有過禮教；然「凡人之知，能見已然，不能見將然：禮者禁將然之前，而法者禁於已然之後；是故法之用易見，而禮之所爲生難知」。且「以禮義治之者積禮義，以刑罰治之者積刑罰：刑罰積而民怨倍，禮義積而民和親」。「禮云禮云，貴絕惡於未萌，而起敬於微眇，使民日徙善遠罪而不自知」。（皆大戴記禮察篇語）禮與法之功效，一治本，一治末，其高下遠不可同日語。即以裁制言，背禮者所受社會輿論之懲戒與良心之譴責，亦遠嚴於斧鉞焉。今日者，「宗教」「道德」「法律」之效，亦明白可覩矣；補其所不足，救其所不及，舍禮何以哉？舍禮何以哉？

四者謂三禮所陳，如朝覲聘問祭祀宗法之類，皆封建時代之禮制，豈可復用於今日？曰，三王之禮有損益，孔子已言之；古禮之不能適用於後世，杜氏通典馬氏通考亦既明之；卽自秦漢以降，禮制時有變遷損益，曷嘗盡行古禮？然此皆所謂習也，俗也，沿襲之久而無害，相與遵循之，可也；時勢旣變，歲久而有所不安，則相與變革之，無弗可也。若夫因情飾文之禮義，則人類存在一日，固一日不可變易。記郊特牲曰：「禮之所尊，尊其義也；失其義，陳其數，祝史之事也。故其數可陳也，其義難知也；

知其義而敬守之，天子之所以治天下者也」。大傳又曰：「聖人南面而治天下，必自人道始矣。立權度量，考文章，改正朔，易服色，殊徽號，異器械，別衣服：此其所得與民變革者也。其不可得而變革者則有矣：親親也，尊尊也，長長也，男女有別：此其不可得與民變革者也」。是則禮之節文，雖時有變通；而禮之義理，則古今不易。冠昏喪祭之精意閎旨，得其義而通之，酌古準今，期合乎時代而不失乎禮意，則古禮亦可以稍復。

五者謂人類非禮敗俗之行，不以有禮而絕跡；卽彼口禮教而行豺獍者，社會上亦所在皆是：禮教究有何用？曰，是可以坊記之言釋之。其言曰：「君子之道，辟則坊與？坊民之所不足者也。大爲之坊，民猶踰之」故君子禮以坊德，……禮者，因人之情而爲之節文以爲民坊者也」。坊者隄防；「大爲之坊，民猶踰之」者，言有坊尚有踰之者，無坊則其患更不知伊于胡底矣。坊記統篇所陳，皆言有禮而民仍踰禮之事，如曰：

「子云，觴酒豆肉，讓而受惡；民猶犯齒。衽席之上，讓而坐下；民猶犯貴。朝廷之位，讓而就賤；民猶犯君。子云，父母在，不稱老，言孝不言慈，閨門之內，戲而不歎：君子以此坊民，民猶薄於孝而厚於慈。子云，君子不盡利以遺民；故君子仕則不稼，田則不漁，食時不力珍，大夫不坐羊，士不坐犬：以此坊民，民猶忘義而爭利以亡其身。子云，男女無媒不交，無幣不相見，恐男女之無別也：以此坊民，民猶有自獻其身。子云，取妻不取同姓，以厚別也，故買妾不知其姓，則卜之：以此坊民，魯春秋猶去夫人之姓曰吳，其死，曰孟子卒。子云，禮，非祭，男女不交爵：以此坊民，陽侯猶殺繆侯而竊其夫人。子云，寡婦之子，不有見焉，則弗友也，君子以辟遠也；故朋友之交，主人不在，不有大故，則不入其門：以此坊民，民猶以色厚於德。子云，好德如好色，諸侯不下漁色，故君子遠色以為民紀；故男女授受不親；御婦人則進左手；姑姊妹女子子已嫁而反，男子不與同席而坐；寡婦不夜哭；婦人疾，問之，不以其疾：以此坊民，民猶淫泆而亂於族」。

故有禮教而仍有踰禮之事，正以證明禮教之必不可不脩明，猶之去年長江大水，有隄之處，水尚浸入，益以明隄防之不可缺，且不可不堅固也。大戴記盛德篇謂「有不孝之獄，則飾喪祭之禮，有弒獄則飾朝聘之禮，有鬥辨之獄則飾鄉飲酒之禮，有淫亂之獄，則飾昏禮」，正是此意。若因有踰禮之行，即謂禮教可廢，是猶屋宇之不足蔽風雨，謂屋宇之可毀；藥材之不能盡愈病人，謂百藥之可廢也。善夫記經解之言曰：

「夫禮，禁亂之所由生，猶坊止水之所自來也。故以舊坊為無所用而壞之者，必有水敗；以舊禮為無所用而去之者，必有亂患。故昏姻之禮廢，則夫婦之道苦，而淫辟之罪多矣。鄉飲酒之禮廢，則長幼之序失，而爭鬭之獄繁矣。喪祭之禮廢，則臣子之恩薄，而倍死忘生者衆矣。聘覲之禮廢，則君臣之位失，諸侯之行惡，而倍畔侵陵之敗起矣。故禮之教化也微，其止邪也於未形，使人日徙善遠罪而不自知也：是以先王隆之也」。

——摘自《國風半月刊》一九三二年九月第一卷第三期

經術

三禮名物略例

歙縣 吳承仕檢齋

第一。明儀禮周禮戴記體用不同。

周公攝政六年。制禮作樂。七年致政。成王授之成憲。俾施政于邦國。子曰。周監二代。郁郁乎文。明人官物曲之條。揖讓周旋之節。至周而益備也。略其凡要。則曰三百三千。而禮篇之本數不可知。陵夷衰微。訖於漢興。除逸經三十九篇。僅存士冠訖有司徹十七篇而已。若周官六篇。則囊括大典。建官分職。以綱紀九服。所謂周公致太平之迹。迹具在斯。此則官常政典之編。不在三百三千之數。至劉歆用事。始立周官爲禮經。置博士。則周禮所由名也。夫名有達有私。禮之達名。蓋襱有刑法官制儀注三事。儀禮十七篇。是謂禮之正經。私名也。周官稱禮。則達名也。鄭注禮器。以二禮相對而爲經曲。後儒申之。遂謂周禮爲本。儀禮爲末。皆不如臣瓚說漢書之諦。

蓺文志箸錄記百三十一篇。明堂陰陽記三十三篇。王史氏二十一篇。樂記二十三篇。孔子三朝記七篇。大抵七十子後學者及六國時人所爲書也。成周隆平之典。夏殷異代之法。衰末僭濫之由。後王改制之迹。先正明淸之言。聖門酬酢之語。往往而在。漢五經家戴德延君。及其兄子聖次君。皆各有所刪錄。並博采諸子及近師之文。撰爲一編。以爲禮經之傳。德定箸八十五篇。謂之大戴記。見存三十九篇。聖定箸四十九篇。謂之小戴記。則今禮記是也。陳邵謂戴德刪古禮二百四篇爲八十五篇。謂之大戴禮。戴聖刪大戴禮爲四十九篇。是爲小戴禮。後人又謂小戴四十六篇。月令明堂位樂記三篇。則爲馬融所足。其說皆違失情實。不可保信。

仲長統曰。周禮禮之經。禮記禮之傳。其言近之而未盡也。儀禮周禮姬氏之典常。二戴所錄。先哲之緒論。二禮爲經。宜以二尺四寸簡書之。戴記爲傳。蓋與論語同用八寸簡。此其大較也。若覈而論之。士冠等有記。與小戴冠義同流。喪服有傳。與大傳閒傳同流。周禮闕冬官。而以考工記補之。是經中有記也。小戴記有奔喪。大小戴記有投壺。大戴記有諸侯遷廟諸侯釁廟朝事諸篇。亦其隣類。是記中有經也。蓋禮篇有存佚。其佚在十七篇外者。單篇斷簡。無所附麗。捃拾祕逸者。則錄之記中矣。經文有隱略。後賢有所補苴訓釋。則附箸其說於本經之末矣。此經傳雜互之義也。

第二。明三禮之學。始於鄭君。

後漢書儒林傳云。中興鄭衆傳周官經。後馬融作周官傳。授鄭玄。玄作周官注。玄本習小戴禮。後以古經校之。取其義長者。故爲鄭氏學。玄又注小戴所傳記四十九篇。通爲三禮焉。先是戴德撰喪服變除。杜子春賈景伯鄭大夫鄭司農馬季長。皆作周官傳。盧子幹次三禮解詁。鄭君生炎漢之末。當古學大行之世。旣受業於第五張馬之門。在朝通人處逸大儒。得意者咸從奉手。於是博稽藝文。兼綜圖緯。五經傳記。皆有訓釋。其注儀禮也。考定文字。異同折衷。一是以自名其家。則今文古文之分。自此而泯。周禮師說雖衆。鄭君贊而辨之。用始顯傳於世。禮記有馬盧之注。盧亦季長之徒。鄭注檀弓。嘗一引之。此外則皆師說或自說也。鄭君既注經記七十二篇，又作目錄，以挈綱要，撰圖以擬體制。喪服有譜，禘祫有志，宗法有圖，臨孝存難周官有答。此外箋詩、注易，皆以禮學爲其本株，而單篇筆語，猶不在此數，斯可謂雅達廣攬者也。由是觀之，三禮之名，蓋始於季長、子幹，而碻立於鄭君。三禮之學，前此雖有師說，至鄭君而集厥大成。其後王子雍之徒，頗好立異，終不足與抗。故晉宋六朝間，周易、春秋左氏傳南北異師，而三禮則同遵鄭氏。自爾訖今，更無異論。疏家皆謂三禮爲鄭氏一家之學，良有以也。

經記異實，以是相配，本不應理。且二戴所撰，體例是同，一取一舍，又無文以言也。蓋鄭君本習小戴禮，故根依家法，爲小戴記作注。盧子幹與鄭君同門，嘗注小戴記，則鄭君所受於師者，亦小戴之學也。當時小戴記盛行，又師法宜爾，故取小戴而棄捐大戴矣。自爾約定俗成，禮記亦立學官，遂有九經、三傳之目。大戴記既無漢注，前世已多散亡。孔穎達遂謂大戴遺佚之書，文多假託，不足取證，不知二記同流，唯廢興異狀耳。斥爲假託，一何誣罔。

盧子幹上書云：「臣少從通儒馬融受古學，頗知今之禮記，特多回穴。臣前以周禮諸經發起秕謬，敢率愚淺，爲之解詁。」是謂七十子後學之徒共撰所聞，不悉應經制，則宜以周禮正之。鄭志趙商問王曰：「一舉鼎十有二物，皆有俎，是爲三牲備，玉藻天子日食少牢，朔月太牢，禮數不同，請問其說。」答曰：「禮記後人所集，據時而言，或以諸侯同天子，或以天子與諸侯等，所施不同，故難據也。王制之法與經異者，多當以經爲正。」斯猶盧氏之志也。及其注禮，顧不悉守此律，事類關涉，即以經記相明，其有文義違錯，禮數不同者，或順文爲說各不相非或解爲異代法以是彌縫闕違補苴瑕隙故其組織經緯以成報章蓋五經博士所不能尙而雜糅古今斷以己意視漢學家法故已少變矣此亦守文者之所以劬勞而會禮者之益多聚訟也

第三明三禮名物之學

禮之事類有四曰禮意曰禮制曰禮器曰禮節言不虛生事不空作制度有廢興器數有隆殺必有其廢興隆殺之故此禮意也六官之守五禮之條自設官封國授田制祿學校選舉郊廟歲祭朝聘燕饗以至冠婚喪紀皆禮制也大而宗廟宮室瑞玉宗彝車服旗章細而几席枕簟燕褻之器凡禮數所施朝燕之所服御皆禮器也登降俯仰之儀酬酢往復之節擗踊哭泣之數皆禮節也先王經世之志達者推而知之行事曲折則守法之吏諷數之儒執簡而讀之若夫制度器械之事則宜明其詁訓別其材性擬其形容校其尺度辨其施用以法爲分以名爲表以參爲驗以稽爲決其數一二三四厥制乃可得而說此講名物者之所務也夫禮意易推而多通禮器難言而有定然形體不存則制作精意卽無所傳離以自表見故考迹舊事者應以名物爲本

事勢異則法度有變更王迹息則禮樂有崩壞穆王制法漸與成周異一矣文襄之伯改朝聘之制以寗諸侯二矣禮自孔子時而其經不具三矣諸侯惡其害己而去其籍四矣遭秦焚坑書散亡益多五矣禮經既爾傳記亦然加之二戴所撰遠摭太公武王孔老之言旁及荀卿呂覽之篇近采孝昭冠辭賈生保

傳及文帝博士之說聞見異世則尨雜不衷今說名物乃欲就鉅年之事叢殘之餘整其不齊而道通爲一其術殆未足任也不但此也鄭君當桓靈之世去古以遠文久而息節族久而絕故語不可曉則通之以諺言事不可質則況之以漢制至於器數盡亡無可擬度則注曰未聞此鄭君說禮之通例也夫以朽蠹之經雜博之記而釋以漢儒象似之辭斯其術尤未足任也然則三禮名物之學將終已不可說邪應之曰物有本末事有終始然本末不可遽窮始終不可卒究觀世變者推迹古近而明其作述變易之故則千里猶比肩百年猶旦暮也蓋經制尙變而微物多因有如井田封建其興廢戶知之然五等之差九夫之則據經典之文而御以開方衰分之術寫之簡帛則平方如圖此所謂設法也而事狀則不得一往如律至於飲食衣服日用之具茍辨同異於剽忽分抖之際固因風化臭尙而萬有不同而校其大齊審其封略雖革命易姓猶範圍而不過也是故殷因於夏周因於殷損益可知秦因於周漢因於秦亦若是矣鄭君注周官淩人籩人女御縫人典瑞諸職皆引漢禮器爲證賈疏申之曰叔孫通作禮器制度多與周同故鄭依而用之斯言近之矣況乎周官六典僅闕其一禮篇多亡而吉凶賓嘉之儀大略可見其名物度數之粲然者證之以詩書考之以傳記旁推諸子百家史志之文其所彌縫奄然如合符之復析也而鄭君之注又赫然具存後來賈孔所疏杜佑所集皆足補翼鄭學以成專門之業書闕有閒未爲大患也好古君子引而申之觸類而長之洋洋浩浩具存乎斯文矣何不可說之有乎

第四明本書編纂體例。

鄭注三禮。本依經記篇章次第而順說之。故一事數見者。或彼此詳略不同。或當文各有訓釋。或已具言後不申說。或一事異義。莫知所從。雜出閒見。散無友紀。假令以事爲經。以注疏爲緯。器械度制。種別爲書。總紕於此。而成文於彼。舉一綱而萬目張。解一卷而衆篇明。於力則鮮。於思則寡。斯總持方便之門。條理始終之術也。昔崔靈恩箸義宗百五十六篇。始於天地。歲際終於三典。廢興叅佚。散亡不可具識。宋儒陳用之爲禮書。朱元晦爲儀禮經傳通解。一以制度名物爲綱。一以家鄉邦國爲別。蓋猶崔氏義宗之意也。清儒有作。轉益精研。繼朱子之志者。有江愼修之禮書綱目。秦味經之五禮通攷。用陳氏之例者。有林喬蔭之陳數求義。林𪍿谿之三禮通釋。黃元同之禮書通故。皆經緯本末。皇皇乎鉅觀也。及夫單篇短書。專明一事。則作者益衆。如戴東原金輔之淩次仲程易疇孔撝約焦理堂阮芸臺金誠齋鄭子尹俞蔭甫孫仲容之倫。立義碻固。往往爲先師所不能到。然尋其撰述之致。短長利病。亦有可言。經記本文。不悉依次甄錄。覽者莫知根原。一也。鄭義散見各書。徵引者或不明箸出處。二也。雜引古近師說。及子史百家之文。訩訩辨訟。端委難竟。三也。或不依文據。輒改舊義。以就自說。後生無所適從。四也。蓋由大師碩匠。燂習精醇。有所發正。則自抒心得。以詒後人。本不以敷繹成說爲職志。此則成學作述之林。非後進率由之路也。三禮名物之學。職在考古。一以實事求是爲歸。整比陳文而斷之以律令。齊此則止。師說同異。非所宜問也。今不用此術者。以禮爲鄭學。不明其條貫。則始基不立。一也。後儒新說。尋覽未周。意爲取舍。轉多疏失。二也。立破二家。各於其黨。非淺學所能折衷。三也。是故今所撰述。一準鄭義。鈔次注疏。不加裁斷。蓋爲已之意少而爲人之意多誠欲傳於焦氏便蒙之班爲後生開發頭角非媮取漢學之名以自貢飾也學者旣明鄭義次取羣經史傳之文以相證明次取宋清諸儒攻難之言而觀其得失以是持論議禮其庶乎蹈諸大方矣

是書指要具如上述其編纂條例別疏如左方

一事分別事類略依黃氏通故而稍變通之門別爲篇篇別爲章復用甲乙丙丁一二三四諸目以標起訖要視事類繁殺而定不得一槪

二事立文之法雜取經記注疏組織成之義不比順乃聯以己意大抵注義具卽不用疏疏義具卽不用自說

三事鄭說一事而二義相違者並出之

四事賈孔申鄭而二家義異則定從其一

五事賈孔申鄭而實違鄭意其文據顯白者下案語以明之

六事先說本義次引經記注疏爲證說義自有首尾固不得依經記篇章之次引證取便尋檢故首儀禮次周禮次禮記

七事注疏文廣義緐不可具錄且據南昌府學重刊阮本注疏而箸其出處首篇名次卷數次葉數次行數葉分上下行數記起不記訖

余以寡昧之姿遭兂妄之世。年過四十。始敦說禮經。傷舊學之忽微。懼名物之難理。欽念本師章君之所譽。敕鄉先正江戴金淩諸子之所締構。不有纘述。則姬漢文物之遺。先民閎美之術。將及斯而斬。竊不自量。頗思比迹前列。發憤纂輯。以成禮學專門之書。繼而思之。函雅故。通古今。辨章羣言。而定其中失。末學款啟。誠無任於此。夫惟比輯舊文。納之軌物。部居別。則條理明。句稽勤。而微文顯。抑亦繼志述事之次。雜物撰德之資也。往者嘗撰釋車上下篇。鄭氏禘祫義一篇。喪服要略十篇。以敎於國學。幸不爲通人所譏。今欲準斯略例。綜述禮書。上自封建井田。下訖微末燕褻之器。皆隱栝以就繩墨。爾來布帛弁服二編。創稿略就。繙尋鈔撮。用日已多。改治數過。猶有疏漏。繼此以往。庶幾以竭吾才。而成否則不能豫克也。所冀賢者識大。匡其立義之違。不賢識小。補其輯錄之闕。整理國故。壹統類而綦文理。諒非一世之業。一人之事也。

——摘自《國學論衡》一九三三年十二月二期

禮制雜說五篇

但植之

庶人稱府君說

府君二字。漢時以稱郡國守相。見於碑版者。如漢博陵太守孔府君碑。漢故梁相費府君碑之類。多其故吏郡人所立。魏晉六朝。猶踵其例。唐人始以府君稱其家之曾祖祖若父。韓愈沂國公先廟碑。曾祖都水使者府君祭初室。祖安東司馬府君祭二室。兵部府君祭東室。通典祭祀文皆稱考某官封謚。朱子語類云。無爵曰府君夫人。漢時已有。祇是尊神之辭。府君如官府之君。或云明府。今人亦謂父爲家府。邱文莊輯文公家禮。稱處士府君。湛若水告祖父。亦稱處士府君。呂坤曰。府君儒人爵也。生爲庶人。死而爵之可乎。明會典品官祝版。稱先考某官府君。庶人祝文稱考某人。章太炎先生雜語及此事。謂惟正印官有民社者始得稱府君。其他皆不免濫觴。按唐律名例。不義謂殺本屬府主刺史縣令云云。疏議曰。府主依令職事官五品以上。帶勳官三品以上。得親事帳內。於所事之主。名爲府主。國官邑官於其所屬之主。亦與府主同。其都督刺史皆據制書出日。六品以下。皆據畫訖。又賊盜律謀殺本屬府主刺史縣令。及吏卒謀殺本部五品以上官長者。流二千里。疏議曰。刺史都督縣令。並據本部者。曰知錄云。府君者漢時太守之稱。三國志孫堅襲荊州刺史王叡。叡見堅驚曰。兵自求賞。孫府君何以在其中。孫策進軍豫章華歆爲太守。葛巾迎策。策謂歆曰。府君年德名望。遠近所歸。是漢惟守相得稱府君。若今之省長縣長矣。府主之稱。凡位長官而有直隸關係者。所部所事。皆得稱之也。或謂民國無階級。朝爲省長。夕列平民。禮貴因時。無取執滯。余謂金石碑版文字之例。從章先生之說爲是。

稱亡父母爲顯考妣說

淸趙翼曰。祭法王立七廟。曰考廟則父也。曰王考廟則曾祖也。曰顯考廟則高祖也。檀弓殷主綴重。始死未作主。先以木爲重。至虞乃作主。殷人作主後。則聯其重懸諸死者之廟。去顯考乃埋之。疏顯考高祖也。世世遞遷。至爲顯考。其重猶在。離顯考。乃埋之。是古人皆以高祖爲顯考也。其稱父亦曰皇考。皇者大也。於君上之義無涉。禮父曰皇考。母曰皇妣。離騷。朕皇考曰伯庸。晉司馬機爲燕王告祔廟文。亦曰敢昭告於皇考。淸惠亭侯是也。徐健菴讀禮通考。謂今人以顯考爲父。起於元世。時以皇字爲君上尊稱。遂易爲顯考。然葉石林云。漢議宣帝父稱。羣臣初請謚爲悼太子。魏相以爲宜尊稱曰皇考。自是皇考遂爲尊號之稱。非後世所得通用。石林之言如此。則似宋時已無父稱皇考之例。余考續通典宋明祭文祝文。稱考某人妣某氏。亦有稱先考先妣者。明會典品官祝版稱先考。庶人稱考。又品官家廟時祭。自考妣以迄高曾祖考妣皆加顯字。余以爲稱皇考皇妣則駭俗。稱顯考顯妣則違古者惟高祖得稱顯考之義。以從明會典品官之例。稱先考先妣爲允。

居喪稱守制說

今人居喪於簡刺姓名之上。用制字以爲識別。或謂民國未定禮制。此制字不知何義。夫民國草創。値時多難。雖未能斟酌古禮。草建時制。然守禮之士。當行其心之所安。不當以禮制所無而遂蕩越禮敎也。清梁章鉅曰。禮記喪服四制。有以恩制。有以義制。有以節制。有以權制。世專於喪服言制。蓋本於此。則今人居喪所用簡刺。於姓名之上。旁注制字。於禮未爲不合也。

居喪稱不孝說

今人居喪赴告簡札。稱不孝。考之古禮。父母喪皆稱哀子。如雜記云。祭稱孝子孝孫。喪稱哀子哀孫。孔疏曰。祭爲卒哭以後之吉祭。喪謂虞以前之凶祭。未有稱不孝者。按開元禮四品以下宅兆筮卜者命曰。孤子某云云。注曰。今儀父及祖稱孤子孤孫。母及祖母稱哀子哀孫。溫公書儀以孤屬父。以哀屬母。或問朱子孤哀二字之義。朱子曰。溫公祗據今俗。不欲父母混稱。宋政和禮。虞祭至大小祥祭。祝文父曰孤子。母曰哀子。邱文莊輯文公家禮。謂既行古禮。父母喪俱宜稱哀子。然世俗相沿。恐卒難變。隨俗亦可。余謂赴告等宜從書儀。以孤屬父以哀屬母爲便。夫五禮三千。不孝之罪爲大。孝者。繼祀之稱。今曰不孝。是自居名教罪人。於禮不協。於義不安。此則亟當釐正者也。

居喪署名從吉不合禮說

今人居憂服。與人通簡帖。有易制字署名從吉者。清梁章鉅浪迹續譚曰。從吉二字。始見晉書孟陋傳。陋喪母。毀瘠殆於滅性。不飲酒食肉十有餘年。親族迭勸之。然後從吉。則不可以爲三年內之通稱明矣。唐律不孝條。居父母喪。釋服從吉者。徒三年。律釋服從吉。載於十惡之條。期服從吉。亦杖六十。奈何甘犯科條。以能書從吉爲巧乎。据此。清世禮法之士。亦以書從吉爲謬。今俗服制。猶依舊日習慣。晉庾翼云。當抑揚名教。以靜亂源。茲事雖微。未可遂忽視也。

——摘自《制言半月刊》一九三三年第二十二期

禮經三論

侯官陳衍石遺

孔子三世出妻辨

孔子三世出妻之說皆見於檀弓檀弓爲六國時人所述本不盡可信但空言不可信非實有以辨證之不可其言三世出妻者一爲子思之妻檀弓曰子上之母死而不喪又曰爲伋也妻者是爲白也母不爲伋也妻者是不爲白也母故孔氏之不喪出母自子思始也鄭注子上孔子曾孫子思伋之子名白其母出然出母實生母謂所自出前人已有辨之者一爲子思之母檀弓曰子思之母死於衞赴於子思子思哭於廟門人至曰庶氏之母何爲哭於孔氏之廟乎子思曰吾過矣遂哭於他室鄭注嫁母也姓庶氏嫁母與廟絕族又曰子思之母死於衞柳若謂子思曰子聖人之後也四方於子乎觀禮子蓋愼諸鄭注子思孔子孫伯魚之子伯魚卒其妻嫁於衞柳若衞人也見子思欲爲嫁母服恐其失禮戒之嫁母齊衰期是子思之母乃伯魚死後嫁於庶氏並非伯魚出之也一爲孔子之嫡母施氏檀弓曰門人問諸子思曰昔者子之先君子喪出母乎曰然孔疏先君子謂孔子也家語孔子之父叔梁紇娶魯之施氏生九女其妾生孟皮病足乃求婚於顏氏徵在不言施氏死而叔梁紇再娶或施氏因無子而出（大戴禮本命云。婦有七出。不順父母出。無子出。淫出。妒去。有惡疾去。多言去。竊盜去。無子謂其絕世也。）後卒而孔子喪之故曰子之先君子喪出母乎曰然然於下文文理不能通也家語本王肅所爲不盡可信且並未云施氏被出或係先卒而後叔梁紇與顏氏生孔子史記孔子世家言叔梁紇與顏氏女野合而生孔子野合云者言不備於禮非謂草野而合然已疑於非正妻如舜之不告而娶娥皇不爲正后妃故在孔子僅爲生母故康成言徵在恥焉故子思言道隆則從而隆伋則安能謂在孔子則可在伋則不可也若伯魚之母據家語孔子年十九娶於宋之亓官氏之女一歲而生伯魚始終無出之之事檀弓曰伯魚之母死期而猶哭夫子聞之曰誰與哭者門人曰鯉也夫子曰嘻其甚也伯魚聞之遂除之鄭注並無一字言伯魚之母出而孔疏妄云時伯魚母出父在夫儀禮喪服父在爲母期出妻之子爲母亦期伯魚母死父在故服期不能以此之期疑爲出母之服期也大戴禮孔子侍坐於哀公哀公曰敢問人道誰爲大孔子對曰古之爲政愛人爲大所以治愛人禮爲大所以治禮敬爲大敬之至也大昏爲大大昏至矣大昏既至冕而親迎親之也是故君子興敬爲親舍敬是遺親也弗愛不親弗敬不正愛與敬其政之本與公曰冕而親迎不已重乎孔子愀然作色而對曰合二姓之好以繼先聖之後以爲社稷宗廟之主君何謂已重乎孔子遂言曰昔三代明王之政必敬其妻子也有道妻也者親之主也敢不敬與孔子爲人倫師表其論夫婦之倫鄭重如此則其娶也求淑女以配君子納采問名六禮具備宜如何鄭重詳審而後定好逑焉非大不幸遇惡疾無子之故斷無輕出其妻者其不孝多言淫妒竊盜等惡以聖人本身作則刑于寡妻豈尚有不能化導而不免於出者必不然矣伯魚父在喪母期後本不應哭故孔子歎其過甚非出母而後不應哭也孔穎達妄爲此說以誣聖其罪大矣至伯魚之妻夫死而嫁本古人所不禁子上之出母乃子思之妾爲子上所自出左傳康公我之自出又齊出獲且長皆其義故子思云不爲伋也妻者是不爲白也母不然儀禮喪服周公所定母出父在子當爲服

期而鄭注以爲子思不許子上喪其出母是子思敢於顯背本朝禮制任意使其子不爲出母服安得爲大賢哉

儀禮喪服父卒爲母解

前人

鄭注尊得伸也賈疏直云父卒爲母足矣而云則者欲見父卒三年之內而母卒仍服期要父服除後而母死乃得伸三年故云則以差其義也必知義如此者按內則云女子二十而嫁有故二十三而嫁注云謂父母之喪言二十三而嫁不止一喪而已故鄭并云父母喪也若前遭母喪後遭父喪自然爲母期爲父三年二十三而嫁可知若前遭父喪服未闋卽得爲母三年則是有故二十四而嫁不止二十三也知者假令女年二十二月將嫁正月而遭父喪幷後年正月爲十三月小祥又至後年正月大祥女年二十二欲以二月將嫁又遭母喪至後年正月十三月大祥女年二十三嫁此是父服將除遭母喪猶不得伸三年況父喪在小祥以前何卽伸三年是父服未除不得爲母三年之驗也案徧考經傳凡言則者皆無可復待之詞本經下文各傳出妻之子爲母期則爲外祖母無服出妻之子爲父後者則爲出母無服皆母出後則然無可待者也又父在則妻不杖父在則然無可待者也又繼父同居則服齊衰期異居則服齊衰三月是同居則如彼不同居則如此無可待者也又君母之父母從母君母在則從服君母不在則不服無可待者也其他服問母出則爲繼母之黨服母死則其爲母之黨服爲其母之黨服則不爲繼母之黨服皆不此則彼無可待者也又則帶其故葛帶云云又當事則弁絰往則服之出則否云云皆刻無

可待者也何獨父卒則爲母必待父服除後而母死乃得伸三年乎如賈說當云父卒服除則爲母矣至內則有故則二十三年而嫁鄭注故謂父母之喪賈疏據以爲并云父母之喪者不止一喪必父母相繼俱喪又必先遭母喪後遭父喪與先遭父喪方大祥而適遭母喪天下安得皆遭如此巧合之喪乎設父母同時而喪與喪父而不喪母又將改云二十二而嫁乎設喪母而不喪父又將改云二十一而嫁乎設喪父已除服而喪母又將改云二十四而嫁乎故不得不約舉成數而言二十三也至謂父母之喪并指父母倂喪然則間傳父母之喪食粥云云父母之喪居倚廬云云亦必父母并喪然後食粥居倚廬不并喪卽不食粥居倚廬乎

昆弟兄弟異同辦　　前人

自儀禮喪服傳云何如則可謂之兄弟小功以下爲兄弟又曾祖父母傳曰何以齊衰三月也小功者兄弟之服也於是淸戴東原震段懋堂玉裁諸人遂謂男子先生爲兄後生爲弟此本定稱謂兄弟卽本昆字者周人語也禮喪服經傳大功以上皆曰昆弟小功以下同異姓者皆曰兄弟不相淆亂禮經欲別服之親疏隆殺遂以周人謂兄者專係之同姓大功以上以爲立言之別也以上段說又謂兄弟與昆弟在儀禮喪服爾雅釋親截然有辨爾雅曰母與妻之黨爲兄弟又曰婦之黨爲婚兄弟壻之黨爲姻兄弟詩小雅兄弟無遠鄭箋兄弟父之黨母之黨記又曰夫之所爲兄弟服妻降一等篇內明言夫之昆弟無服此兄弟服卽所謂小功者兄弟之服是也謂夫爲之小功者妻降一等則緦以上戴說案戴段說殊不盡然詩惟王風葛

藟云終遠兄弟謂他人昆其餘如瞻望兄兮兄弟鬩于牆之類皆不稱昆卽葛藟三章皆言兄弟至第三章乃以昆字叶漘字韻而已他經則尙書之乃寡兄勖春秋傳衞侯之兄縶周禮兄弟之豑之類遽數不能終其物是周人不盡稱兄爲昆也爾雅明云男子先生爲兄後生爲弟後乃言父之從父晜弟（晜卽昆字）爲從祖父父之從祖晜弟爲族父又云族父之子相謂爲族晜弟夫從父兄弟服大功從祖兄弟則服小功矣而亦稱晜弟族父族父兄弟皆服緦麻而亦相稱爲族晜弟是可稱兄弟者皆可稱昆弟惟異姓乃不稱昆弟也卽喪服本經大功以上固盡稱昆弟矣而大功以下見於殤小功章者曰爲人後者爲其昆弟從父昆弟之長殤大夫之子爲其昆弟之長殤然猶曰此本服大功服期因爲人後因殤而降服小功非本來小功也其見於小功成人章者有從祖昆弟其見於緦麻三月章者有族昆弟是本服小功服緦者而亦稱昆弟是小功以下皆可稱昆弟也蓋喪服經惟大功以上不稱兄弟故傳云如何則可謂之兄弟小功以下爲兄弟非謂小功以下不可稱昆弟也喪服經以外則散文皆通稱惟異姓不得稱昆弟耳

——摘自《國學論衡》一九三四年六月第三期

鄭氏禘祫義

歙縣 吳承仕 檢齋

說文禘諦祭也从示帝聲祫大合祭先祖親疏遠近也从示合推迹語原禘之字從帝本祭天之名祫爲合食則爲宗廟合祭之稱古之王者禮陟配天故禘義下通人鬼祫惟局於宗廟此其異也宗廟禘祫之制經無正文故儒家之說禘祫也通俗不同學者競傳其聞是用訩訩爭論自劉歆韋玄成訖晉宋間異義二十一家靡有同者唯鄭氏據緯文推魯禮牽合傳記文致春秋所書以爲左證自是一家之書懼不與舊制應然漢儒說禘祫者惟鄭義爲完具又晉宋以來所行用也孫詒讓周禮正義臚舉二十一家之說而以鄭義爲宗疏釋頗爲分了茲依隱孫氏條目旁徵傳記之鄭義以備一家之學其舊制之本眞與鄭氏之中失當別詳之非此所能具也

禘爲大祭天人共之故天地有禘宗廟則祫禘並行

爾雅釋天禘大祭也大傳注云凡大祭曰禘（他注以大祭釋禘者甚衆此姑舉其一事）周禮大司樂章有圜丘天神方丘地示宗廟人鬼三祭注云三者皆禘大祭也蓋據祭法有虞氏禘黃帝而郊嚳祖顓頊而宗堯諸文注謂禘祭昊天於圜丘也祭上帝於南郊曰郊祭五帝五神於明堂曰祖宗冬至祭天圜丘虞有氏以黃帝配周禮之圜丘卽祭法之禘故圜丘名禘此據祭法合以周禮者也夏正祭感生帝於南郊有虞氏以嚳配喪服小記大傳所稱王者禘其祖之所自出以其祖配之注云禘大祭也始祖感天神靈而生祭天則以祖配之蒼則靈威仰也長發大禘爲郊祭天孝經郊祀后稷以配天禮不王不禘指謂此也故

南郊名禘。此以祭法小記大傳等文爲據者也。合祀五帝五神於明堂。有虞氏以顓頊與堯爲配。卽月令之大饗。帝孝經宗祀文王於明堂以配上帝。亦其事也。蔡邕明堂月令章句引禮記檀弓云。王齊禘於淸廟明堂。故廟堂名禘。此以祭法月令孝經等文爲據者也。此禘名關天神者也。方丘稱禘。鄭無明說。近儒金榜金鶚等申之。云國語禘郊與宗廟烝嘗對文。以與王制祭法相證。則天地之祭。同得禘名。祭天用犢。祭地亦用犢。據王制國語等文 國語及詩序言郊言禘。皆兼天地言之。則郊禘爲通稱。故祭地名禘。此禘名關地示者也。此外春秋經傳論語毛詩序小戴記以禘嘗連文。或單稱禘單稱祫者。皆爲宗廟之祭。此禘名關人鬼者也。故鄭志答趙商云。禘爲大祭。天人共之。詩雝疏長發疏並引之 禘爲大祭之通名。而祫則唯行於宗廟。附表一

宗廟禘祫之制。最其凡要。則有七事。

一事。周之禘祫。同爲殷祭。而禘小於祫。

二事。君喪三年畢。祫於太祖。明年春而吉禘。

三事。吉禘之後。三年祫。五年禘。五年再殷祭。不相通數。

四事。吉祭以春。大禘以夏。祫以秋。

五律。殷事以孟月。

六事。當殷祭之年。天子與時祭並行。諸侯則廢時祭。並行者先殷而後時。

七事。祫則毀廟未毀廟之主。皆升合食於太祖。則禘文武以前之遷主祭於后稷廟。文武以後之遷主。穆於文祧。昭於武祧。未遷之主各於其廟。

公羊文二年傳曰。五年而再殷祭。說文引周禮曰。五歲一禘。三歲一祫。周禮無文。蓋周禮說文。省稱周禮耳。五經異義曰。三歲一祫。五歲一禘。此周禮也。初學記禮部引。禮緯春秋緯說同。詩雝疏引禮緯。後漢張純傳引禮說。齊書禮志。引稽命徵。續漢志引禮說。唐書禮志開元七年太常議曰。三祫五禘之說。本在禮緯五歲再殷之說。同在其篇。公羊文二年徐疏引春秋說文同。鄭氏據此諸文以決禘祫疏數之節。以上三祫五禘。時雝疏云。三年祫。五年禘者。每於五年之內爲此二祭。據其年端數之。故言三年五年耳。其實禘祫自相距各五年。非祫多而禘少也。以上三祫五禘不相通數。詩雝序箋云。禘大祭也。大於四時而小於祫。疏云。春秋文二年大事於太廟。公羊傳云。大事者何。大祫也。昭二十年有事於武宮。左傳曰。禘於武宮。祫言大事。禘言有事。是祫大於禘也。杜佑申鄭說同。又據崔氏義宗。二丘與祫。用五齊三酒。二郊與禘。用四齊三酒。祫用六代之樂。禘用四代。而下皆禘小於祫之義也。杜所據者。本見通典禘祫儀。皮錫瑞以爲即禘祫志文。而崔說同之耳。○以上祫大禘小。若王制所云犆礿祫禘祫嘗祫烝。時祭殷祭之名。與周禮異。鄭以爲夏殷之禮。祭統四時祭名。與王制同。鄭亦爲夏殷禮。謂天子當祫之歲。王制疏詩閟宮疏玄鳥疏引鄭交異義。以三年一祫五年一禘爲百王通義。此云當祫之歲者。當其時則行之。非年年有祫也。王制疏云。據鄭義則虞夏殷皆與周同。殆亦三年一祫也。唯皇氏取先儒之義以爲虞夏祫祭。每年皆爲非也。春一礿而已。夏秋冬三時則先爲祫祭。後爲時祭。此約王制注。至周公制禮。改春秋祭曰祠。此據宗伯注文。改夏祭曰禴。此據王制注文。以祭不欲數。此據王制疏引禘祫志文。故三王祫於三時。周人一焉。此據閟宮疏引禘祫志文。又以禘爲殷祭。約王制祭義注文。○以上周制。與前代不同。

（附表二。三。四。五。六。）公羊文二年傳。大事者何。大祫也。大祫者何。大祭也。毀廟之主。合食於太祖。未毀廟之主。皆升合食於太祖。（何注自外來曰升。）穀梁傳同。（韋玄成傳玄成等四十四人議略同。）又曾子問。祫祭於祖。則近於四廟之主。鄭說祫爲合食之大祭。義本於此。禘祫志說禘位云。太王王季以上遷主。祭於后稷之廟。文武以下遷主。若穆祭於文王廟。號昭主。若昭祭於武王廟。號穆主。（通典四十九引王制疏本之。）又祭親廟四。（王制統伸鄭。）王制疏云。據禘祫志。祫於太廟。又曾子問云。惟天子崩與祫祭。祝取羣廟之主。明禘祭不取羣廟之主可知。（說文止此。）又左傳云。禘於武宮。是禘祭一廟。謂之有事。（詩雝疏。）蓋祫合食於太廟。禘則各就其廟。（約詩長發疏。）此鄭氏禘分祫合之說也。（附圖一。二。）

鄭氏說。君喪三年畢而祫祭於太祖。（杜佑云。禫祭之後乃祫。）明年春。吉禘於羣廟。自此之後。五年而再殷祭。一祫一禘。春秋謂之大事。（此約大宗伯注王制注詩玄鳥序箋。）自此之後者。謂自三年禘羣廟之後。每五年而再爲殷祭也。喪終之祫。祫之本。明年之禘。禘之本。故從此後各自數。（此約王制疏及杜佑議。◯以上終祫吉禘。爲起數之本。）又云。周改夏祭之名爲礿。故禘以夏。先王祫於三時。周人一焉。則宜有秋。（詩閟宮疏引禘祫志。）又云。禘以孟夏。祫以孟春。（宋書禮志朱膺之引鄭說。）崔氏申之曰。禘以夏者。以審諦昭穆。序列尊卑。夏時陽在上。陰在下。尊卑有序。故大次弟而祭之。故禘者。諦也。弟也。祫以秋者。合聚羣主。其禮最大。必秋時萬物成熟。大合而祭之。祫者。合也。（通典四十九引崔恩靈。以上禘祫皆以孟月。）又毛詩閟宮傳曰。諸侯夏禘則不礿。秋祫則不嘗。唯天子兼之。（公羊文二年傳何注同。唯無夏秋二字爲異。）疏云。鄭從毛詩說。爲禘在夏。祫在秋。疏又云。先王之禮。天子與諸侯異。明周世諸侯。亦當異於天子。故知禘則不礿。祫則不嘗。亦當如此傳也。（以上天子諸侯有降殺。）據此諸文。鄭意蓋謂天子諸侯三年喪畢而祫。一也。喪畢明年春禘。二也。周改夏殷之夏禘爲禴。而以禘爲殷祭。仍以夏時行之。三也。周以祫爲殷祭。秋時行之。與先代三時俱行者異。四也。周制當殷祭之年。天子於殷祭後。並行時殷。諸侯則廢時祭。五也。

禘祫志

禘祫疏數。經無明文。（詩玄鳥疏。）大宗伯注云。魯禮三年喪畢。而祫於太祖。疏云。此以周衰禮廢。無文可明。左傳云。周禮盡在魯。故以春秋爲魯禮。魯王禮也。以相準況可知也。（詩玄鳥疏引禘祫志。）故鄭氏據春秋所書禘祫之先後。考疏數之所由。以證五年再殷之制。其實與魯史相中以不。雖不敢知。苟以鄭義爲據。則經傳相比。皆有可說。近世皮錫瑞氏嘗作疏證。猶有瑕隙。今輯錄本志。譜其年月。自閔訖定。若合符節。斯亦治鄭學者所不能廢也。

據鄭義推閔公二年。訖定公八年。應禘祫之歲月。	春秋經傳所書禘祫之事。	按禘祫志說經書禘祫中失之意。書於經者。以見諸侯中失。常事皆不書。
莊公二十二年秋八月薨。 閔公元年。		

閔公二年。 莊公二十二年八月薨。至此年十月 二十七日禫。禫後應祫。 明年春。應吉禘。 秋八月公薨。	經夏五月乙酉。吉禘於莊公。 左傳。吉禘于莊公。速也。	志云。此時慶父殺子般之後。閔公心懼 於難。務自尊成以厭其禍。二十一月除 喪。夏四月則祫。於禮少六月。旣祫。又卽 以五月禘于其廟。比月大祭。故譏其速。 按譏速之義。三傳同。
僖公元年 僖公二年 十月禫後應祫。 僖公三年 春應吉禘。 僖公四年 僖公五年 僖公六年 秋七月應祫 僖公七年		志云閔公二年八月薨。僖二年除喪。始 祫太廟。明年禘於羣廟。自此而後五年 再殷祭。僖公六年祫。八年禘。凡三年喪 畢。新君二年爲祫。三年爲禘。皆祫在禘 前。

僖公八年

夏四月應禘。

經。秋七月禘于大廟用致夫人。

志云。六年祫故八年經曰。秋七月禘於大廟用致夫人。然致夫人自魯禮。因禘事而致哀莊故譏焉。答趙商問曰。以僖八年正月。公會王人於洮。六月應禘以在會未還。故至七月乃禘。君子原情免之。禮不合譏而書之者。爲致夫人故書七月禘也。春秋之例。非時祭者皆書於經以示譏。

自僖公九年起。十一年祫。十三年禘。十六年祫。十八年禘。二十一年祫。二十三年禘。二十六年祫。二十八年禘。三十一年祫。三十三年禘。

僖公三十三年。

夏四月應禘。

十有二月乙巳。公薨于小寢。

文公元年

文公二年

經八月丁卯。大事于大廟。躋僖公主。

志云。文公積二十月。從閔除服不禫。明

據鄭不譏短喪之義。則宜八月祫。三年春吉禘。

文公三年	春應吉禘。	自文公四年起。六年祫。八年禘。十一年祫。十三年禘。十六年祫。十八年應禘。二月公薨廢禘。

月即祫。經云。八月丁卯。大事於大廟。躋僖公。僖公之服亦少四日。不刺者有思也。以其逆祀。故特譏之。

按鄭通義。二十七月而禫。禫後始祫。則宜以文公三年三月祫。四年春吉禘也。今謂文公積二十一月除喪。自前年十二月至此年七月。又積閏一月。爲二十一月。與閔公二十一月除喪同。不禫。故八月即祫。其短喪與閔公同。非春秋所刺。書此者。以其逆祀。故特譏之。鄭云。不刺者有思也。皮錫瑞云。不知鄭義所據。疑亦出於公羊。

年	經	志
文公十八年 二月丁丑。公薨于臺下。		
宣公元年		
宣公二年 此年四月禫。五月應祫。		志云。文公以十八年二月薨。宣二年除喪而祫。明年春禘。自此以後五年而再殷祭。與僖爲之同。
宣公三年 春應吉禘。		
宣公四年		
宣公五年		
宣公六年 秋應祫。		
宣公七年		
宣公八年 夏應禘。	經。夏六月辛巳。有事於大廟。仲遂卒于垂。	志云。六年祫。八年禘。經曰。夏六月辛巳。有事于太廟。仲遂卒于垂。說者以爲有事謂禘。爲仲遂卒張本。故略之言有事耳。

自宣公九年起。十一年祫。十二年禘。十
六年祫。十八年禘。
成公二年喪畢而祫。三年春禘。六年祫。
八年禘。十一年祫。十三年禘。十六年祫。
十八年禘。
襄公二年喪終而祫。明年春禘。六年祫。
八年禘。十一年祫。十三年禘。十六年祫。
十八年禘。二十一年祫。二十三年禘。二
十六年祫。二十八年禘。三十一年當祫。
六月公薨廢祫。
昭公二年終喪而祫。明年春禘。六年祫。
八年禘。十一年秋應祫。以喪廢。

昭公十一年
五月甲申。夫人歸氏薨。

昭公十二年

按左傳正義云。禘事得常。不主書祭。

志云。昭公十一年五月。夫人歸氏薨。十
三年夏五月大祥。七月而禫。公會劉子
及諸侯於平丘。公不得志。八月歸不及

昭公十三年

七月而禫。明月應祫。明年春應吉禘。

祫。十四年春。歸乃祫。

昭公十四年

春祫。

昭公十五年

春禘。

自昭公十五年起。十八年祫。二十年禘。二十三年祫。二十五年禘。

經二月癸酉。有事于武宮。

左傳十五年春。將禘於武公。

志云。十四年歸乃祫。故十五年春乃禘。經曰、二月癸酉。有事於武宮。傳曰、禘于武宮。及二十五年傳將禘于襄公。此則十八年祫。二十年禘。二十三年祫。二十五年禘。於禮明矣。

按通典九十三引趙商問曰。依喪服庶子爲後。爲其母緦麻三月。按禘祫志稱夫人歸氏薨。十三年五月大祥。七月而禫。是得爲妾母三年。若不三年。則禘祫乃錯。鄭答曰。今以不譏爲是。亦當有善之文歟。蓋以昭爲失禮也。若依公羊則齊歸本適夫人。得行三年服。

昭公二十五年

夏禘。

左傳將禘于襄公。萬者二人。

自昭公二十五年起。二十八年祫。三十年禘。昭公三十二年二月薨。據通義定公三年二月禫。明月祫。四年春禘。七年祫。九年禘。若依閔文二十一月除喪之例。則定公二年八月除喪。九月祫。三年春禘。六年祫。八年禘。鄭僅言不用常月。不疑禘歲之非矣。	定公八年 夏應禘。
	左傳冬十月。順祀先公。辛卯。禘于僖公。
	志云。定公八年冬十月順祀先公。以陽虎作亂。求福先公。將爲此祭。故不用常月。

表一、禘爲大祭

禘
- 三大禘
  - 圜丘昊天 冬至 …… 天神
  - 方丘大地 夏至 …… 地示
  - 宗廟大祫 秋 …… 人鬼
- 餘五禘
  - 南郊祭受命帝 夏正月 …… 天神
  - 北郊祭后土 夏正月或云建申之月 …… 地示
  - 明堂合祭 月令季秋鄭云未知周用何時 …… 天神地示
  - 終喪吉禘 春 …… 人鬼
  - 大禘 夏 …… 人鬼

表二、先代殷祭時祭名數異同

殷時疏數	先王崩年	新王元年	新王二年	新王三年 殷	新王三年 時
虞夏制			喪畢而祫、		特礿 特禘 特嘗 特烝
殷制			同上、		特禘 特礿 特嘗 特烝

	新王四年		新王五年		新王六年	
	殷	時	殷	時	殷	時
春		特禴		特禴		特禴
夏	祫	禘		特禘		特禘
秋	祫	嘗		特嘗		特嘗
冬	祫	烝		特烝		特烝
春		特禘		特禘		特禘
夏	祫	禴		特禴		禴
秋	祫	嘗		特嘗		嘗
冬	祫	烝		特烝		烝

右表據通典作。通典云。每間歲皆然。以終其代。引高堂隆云。喪以奇年畢。則祫亦常在奇年。偶年畢。則祫亦常在偶年。又云殷制間歲奇偶如虞夏。按殷改虞夏春禴曰禘。又改禘爲禴

郊特牲春禘秋嘗制

按王制。春礿夏禘。秋嘗冬烝。與祭統同。鄭注。此蓋夏殷之祭名。周則改之。郊特牲春禘而秋嘗。鄭注。禘當爲禴字之誤也。祭義亦稱春禘秋嘗。注直云夏殷禮。孔疏申之云。此禘亦當爲禴。於郊特牲已破之。故此不言也。（王制疏同。）蓋鄭意以王制爲夏殷制。與周異。諸言春禘者。爲字之誤。當據王制正之。鄭止謂夏殷異同。不聞虞夏又異殷也。（魏書禮志高祖詔。曰祭義稱春禘秋嘗。亦夏殷制也。雖未明辨亦不以爲殷制。）杜佑以春禘秋嘗爲殷制。不知據何師說。（皮氏禘祫志疏證。以杜說本於皇氏。未詳聞。）

又按鄭駁異義。以三祫五禘爲百王通義。王制疏謂虞夏殷皆三年一祫。與周同。而避禘不

言。蓋由鄭義以夏殷之禘爲時祭也。不審鄭義若爲通之。

表三、鄭氏禘祫疏數之節、

先王崩年

新王元年

二年　喪畢而祫。不釋月

三年　春正月吉禘。時祭。

四年　時祭。

五年　時祭。

六年　殷祭。時祭。　秋七月祫。

七年　時祭。

八年　殷祭。時祭。　夏四月禘。

九年　時祭。

十年　時祭。

十一年　殷祭。時祭。　秋七月祫。

十二年　時祭。

十三年　殷祭。時祭。　夏四月禘。

十四年　時祭。

十五年　時祭。

十六年　殷祭。時祭。　秋七月祫。

十七年　殷祭。時祭。

十八年　殷祭。時祭。　夏四月禘。

以下類推

西漢蓋無禘祫之制。以三祫五禘之義出於公羊傳及緯書。古春秋左氏說。又以祫禘爲一故也。後漢建武二十六年。張純奏言。禘以夏四月。祫以冬十月。五年再殷之制。略具魄兆。魏太和間。用王肅議。以禘祫皆合食之祭。舉祫則禘可知。舉禘則祫亦可知也。晉宋訖唐。大歸沿用鄭義。而祫祭或依張說。以孟冬行之。漢魏晉祫祀。皆在半月。宋嘗改用孟秋。梁陳隋唐並以冬祫。北齊參用王義。又於三五計時之術。時有異同。致多乖剌。唯高堂隆用先三後二。扶同鄭說。此外異義。約有三家。今譜於左。並駁正之。

晉博士陳舒表。三年一殷。自五年八年十一年十四年。兩頭如四。實不盈三。凡間含二。唐開元二十七年。太常議駁之曰。五年一禘。又奚所施。矛盾之說。固難憑也。

表四。陳舒計五年再殷之術。

五年冬祫　六年　七年　八年夏禘　九年　十年　十一年冬祫　十二年　十三年　十四年夏禘

陳云兩頭如四者。謂兩端計之。首尾爲四年也。實不盈三者。謂五年十月祫。至八年四月禘。首尾三十一個月。不足三十六箇月也。凡間含二者。謂二殷相距中含二年也。以此計之。二禘相距爲七年。安得謂五年一禘。故唐人以矛盾譏之。

右陳舒

徐邈議。禮五年再殷。凡六十月。分中。每三十月殷也。劉謐議曰。永和十年。至今五十餘載。三十月輒殷。並見通典四十九引。尋永和十年。徐邈年僅幼學。已有三十月輒殷之制。則非始於邈。可知。後人以鄭玄高堂隆

之術。爲先三後二。徐邈之術。爲先二後三。見通典及唐書。陳壽祺曰。邈以前二後三。二祭相去各三十月。然禘在祫前則是三年而禘。祫在禘後則是五年而祫。故楊氏穀梁疏云禘既三年。祫則五年也

表五、徐邈先二後三之術、

第一年	夏四月禘 自第一年四月。至第三年九月止。計三十箇月。	第六年	夏四月禘。
第二年		第七年	
第三年	冬十月祫 自第三年十月。至第六年三月止。計三十箇月。	第八年	
第四年		第九年	
第五年		第十年	

右徐邈

公羊徐彥疏曰。僖公八年秋七月。禘於大廟從此以後。三年一祫則十一年。十四年。十七年。二十年。二

十三年。二十六年。二十九年。三十二年。文二年。祫也。若作五年一禘。數則從僖公八年禘。十三年。十八年。二十三年。二十八年。三十三年。文五年。禘也。大判言之。五年而再殷祭。其間三五參差。隨次而下。何妨或有同年時乎。唐前上元三年、有司不能決禘祫、疏數之節。史元燦議正與徐疏意同。各自計年。不相通數。自開元六年迄二十七年。凡經五禘七祫。太常議曰。今太廟禘祫。各自數年。或比年頻合。或同歲再敘。或一禘之後。併爲再祫。或五年之內。驟有三殷。法天象閏之期。既違其度。五歲再殷之制。數又不同。求之禮文。頗爲乖失。鄭氏分析不均。請依徐邈中分三十以定二殷。時以其議爲允。按太常駁史元燦是也。茲首譜徐疏。次明開元六年至二十七年乖失之迹。

表六、徐彥禘祫不通數、

年	祫	禘	年	祫	禘
僖八年	×	×	廿四		
九			廿五		
十			廿六	×	
十一	×		廿七		
十二			廿八		×
十三		×	廿九	×	

年		
十四	✕	
十五		
十六		
十七	✕	
十八		✕
十九		
二十		
廿一		
廿二		
廿三	✕	✕

文

年		
卅		
卅一		
卅二	✕	
卅三		✕
元年		
二	✕	
三		
四		
五	✕	✕

右徐彥

表七、唐開元六年至二十七年乖失之迹、

年	殷祭	太常張駿議
開元六年	祫	六七年。十七十八年。二十一二十二
七	禘	年。皆比年頻合。
八		

九	十	十一	十二	十三	十四	十五	十六	十七	十八	十九	二十	廿一	廿二	廿三	廿四
祫			祫			祫			祫			祫			祫
			禘					禘					禘		

十二年二十七年。皆同歲再殺。

十七年禘。十八年二十一年再祫。爲一禘之後。併爲再祫。

五年之內。驟有三般觀表自明。

廿五	廿六	廿七
		祫
		禘

禘祫位圖、

祫位一、

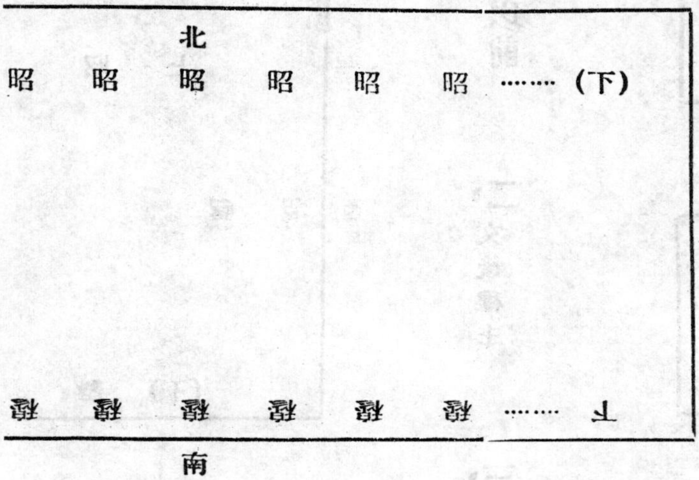

逸禮云。七尸。又云。毀廟之主。皆升合食而立二尸、通典四十九引。則七尸者。太祖尸一。毀廟昭穆尸各一。親廟尸四。爲七。禮器疏云。文武二尸。親廟四尸。太祖一尸。先儒與王肅並云。毀廟無尸。但有主也。尸各居木主之左。通典引志文。

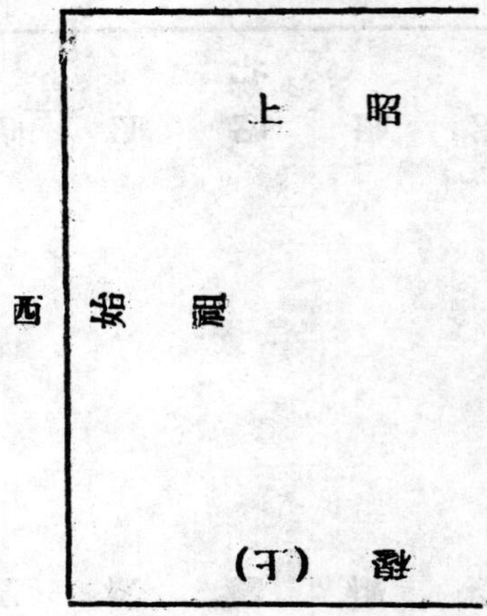

禘位二

一、文武以前遷主、

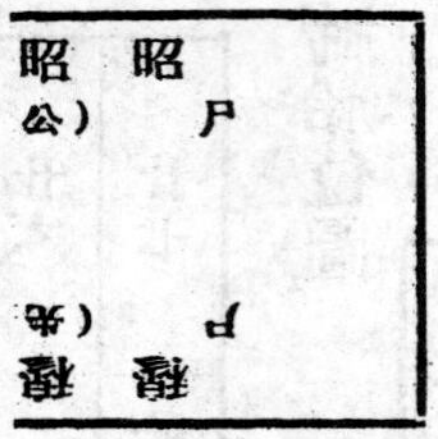

二、文後穆主、

三、武後昭王。

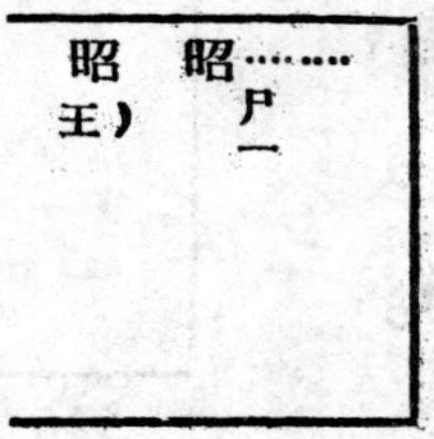

四、四親廟。

一）始祖尸

昭　穆

昭（先　穆（公

二）文王尸一穆祧

穆尸一（王）穆

三）武王尸一昭祧

昭（先　昭

四）四親廟

——摘自《國學論衡》一九三四年十一月第四期上冊

原禮

曾運乾星笠

案蒸民之詩曰。天生蒸民。有物有則。民之秉彝。好是懿德。物謂如孝子不過乎物。仁人不過乎物之物。卽臯陶所陳之天敍有典，勅我五典五惇也。則謂如則以觀德。德以處事之則。亦卽臯陶所陳之天秩有禮，自我五禮有庸也。父慈子孝，兄良弟弟，夫義婦聽，長惠幼順，君仁臣忠（君羣也．猶言一羣之領袖也．王人民所歸往也．猶言全民所愛戴也．）離之爲十義。合之爲五典。此如射者之畫地爲物。不可過亦不可不及者也。吉凶賓軍嘉是爲五禮。亦稱動作禮義威儀之則，父子有親，推極則有親親之殺。君臣有義，推極則有尊賢之等。此如作物貨者之等畫物厚薄廣狹，必適應乎權衡規矩準繩也。故孔子釋之曰，有物必有則也。雖然五典者人道之常軌。五禮者人事之儀則。而詩顧以爲天生蒸民有物有則。而臯陶謨則又直謂典曰天敍。禮曰天秩。意若惟皇上帝降衷下民，實諄諄爲生民創制顯庸者。蓋以孩提之童，無不知愛其親。及其稍長，無不知敬其兄。民之初生，其溫慈惠和之懷，罔不偕有生以俱至。天旣付人以耳目手足之百體。又付人以生殖長育之恆性。五行之秀氣，其粗者爲人之筋骸。其精者爲人之秉彝。是則觀其會通以行其典禮。雖非直接制之於天。實不啻惟皇上帝之諄諄中付者。蓋灼見愛親敬長之皆吾性分內事也。人爲萬物之靈，同具血氣心知之性。未有不愛護天賦之血氣者，卽未有不愛護天賦之心知者。故曰民之秉彝，好是懿德也。

雖然天命之性，渾然全體。禮中庸所謂喜怒哀樂之未發謂之中也。而其渾然全體之中，又實有仁義禮智四者之別，蓋凡物有末必有本，有枝葉必有根荄，孟子以惻隱羞惡恭敬是非為仁義禮智之端，端為耑之同聲假借字，說文訓為草木是初生之題是也。由其初生之題，有惻隱羞惡恭敬是非之殊，故知其潛在之根有仁義禮智之別，使其無是本於中，則何以有是耑於外，由其有是耑於外，故知其具是本於中，蘊諸內者不可知，而發諸外者則大可驗矣。此恆性中含有仁義禮智之明證也。惟性中雖含四者之因，實未能充乎四者之量，董子曰，性有善質而未能為善也。又曰，善如米，性如禾，禾雖出米，而不可謂米也。性雖出善，而性未可謂善也，是也。（孟子性善說·異人道於禽獸者也·種麥得麥·種稻得稻·事有必至·然有不至者·祇為不成穀之秕·決不變成偽穀之稗·種人得人·亦事有必至·然有不至者·祇為不能盡性之人類·決不變成好搏噬人之虎狼·今之好搏噬人者·雖禽獸·仍衣冠矣·董子深察名號篇云·孟子下質於禽獸之所為·故曰性已善·是深得孟子之意者·）蓋民性之蘊諸內者為仁義禮智，其發於外者為喜怒哀樂，發而皆中節謂之和，是即返乎喜怒哀樂未發之中也。中與和別內外，不別精粗，殊隱顯，不殊純駁，天命之性，率性之道，其揆一也，所謂堯舜性之也。若夫中材以降，其喜怒哀樂之發，或中節或不皆中節，其中節者固當逐漸擴充，以復乎本然之善，其不中節者尤宜隨機引導，以返乎天命之原。董子亦云，中民之性，如繭如卵，卵待覆二十日而後能為雛，繭待繅以涫湯而後能為絲，性待漸於教訓而後能為善。此則盡性之不可無其道也。

樂記云，人生而靜，天之性也。感於物而動，性之欲也。孟子曰，仁義禮智，非由外鑠我也，我固有之矣。禮運何謂人情，喜怒哀懼愛惡欲，七者弗學而能。又云，飲食男女，人之大欲存焉。比斯數義，則知仁義禮智之蘊諸生初者性也。喜怒哀懼愛惡欲之發於生後者情也。故曰人之所以為性者五，所以為情者七。性則寂然不動，情則感而遂通。

曰性，曰命，生之理也。曰情，曰欲，生之機也。情欲與性命相與有成，而不相爲害者也。荀子論性惡云：人之性，生而有好利焉，生而有疾惡焉，生而有耳目之欲，有好聲色焉。以此爲性惡之徵，此未明乎性、情、善、惡之分者也。就其已發者言之，則好利、疾惡、耳目聲色之欲，皆情而非性。由其蘊諸生初者言之，則好利、疾惡、耳目聲色之欲，皆善而非惡。何則？數者皆人生之所資，所謂飲食男女人之大欲存焉者也。無飲食之欲，則無以爲生；無男女之欲，則人道或幾乎息。是故喜、怒、哀、樂之未發，性也；其已發，情也。性也者，有善無惡；情也者，善惡混焉者也。許叔重云：性，人之陽氣，性善者也；情，人之陰氣，有欲者也。情中有惡，情固非惡也。然則有惡何自昉乎？曰：樂記云：物至知知，而後好惡形焉；好惡無節於內，知誘於外，不能返躬，天理滅矣。此惡之所由形見也。夫愛敬之心，具於生初，天之理也；而以好惡無節於內，知誘於外之故，乃至不愛其親而愛他人，不敬其親而敬他人，以至於悖禮悖德，則滅其親親敬長之天理，而即於惡矣。飲食男女之欲，具於生初，亦天之理也；而以好惡無節於內，知誘於外之故，乃至紾兄之臂而奪之食，踰東家牆而摟其處子，以遂其食色之性，則滅其辭讓羞惡之天理，而即於惡矣。是故因人生之動靜，而別性、情；因物、知之交接，而有好惡；因好惡之有節與無節，而後善惡形焉。好惡之有節者，謂之和，亦當謂之善；好惡之無節者，謂之惡，亦當謂之盭矣。樂記曰：夫物之感人無窮，而人之好惡無節，則是物至而人化物也。人化物也者，滅天理而窮人欲也。是故有悖逆詐僞之心，有淫佚作亂之事。是故強者脅弱，衆者暴寡，知者詐愚，勇者苦怯，疾病不養，老幼孤獨不得其所，此大亂之道也。其盭可知也。然則善與惡之分，不於性而於情，不於情而於好惡，不於好惡而於好惡之有節與無節。禮大學亦云，好人之所惡，惡人之所好。是謂拂人之性。好人所惡，惡人所好，是無節也。拂人之性，是滅理也。是故古人致謹於情欲，尤致謹於情欲所流露之好惡。凌廷堪云，好惡者先王制禮之大原也。人之性受於天。目能視而爲色，耳能聽而爲聲，口能食而爲味。而好惡實基於此。節其太過不及，則復於性矣。此則節情之不可無其道也。

夫然，則蒸民之性，有善無惡，其情則不能無惡，而皆善性中有善，不能即謂爲善，道在擴充以盡性。情中有惡，不可任情縱欲，道在嬌揉以節情。繫辭之盡性，中庸之率性，孟子之盡性，皆擴充之說也。召誥王制之節性，枋記之節情，荀子之化性，皆嬌揉之說也。而皆探其本于禮。試取諸說以證之。

易繫辭云。窮理盡性以至於命。此言盡性必先窮理。哀公問云，禮也者禮也。則窮理即窮禮也。孟子曰存其心，養其性，所以事天也。此言存心即以養性。而存心之法，則所謂君子以仁存心，以禮存心也。左傳子產曰，夫禮天之經也，地之義也，民之行也。天地之經，而民實則之。則天之明，因地之性，生其六氣，用其五行，氣爲五味，發爲五色，章爲五聲。淫則昏亂，民失其性。是故爲禮以奉之。爲六畜五牲三犧，以奉五味。爲九文六采五章，以奉五色。爲九歌八風七音六律，以奉五聲。此言食味別聲被色皆性。聖人制禮，因而奉之。恐其昏亂而淫於性也。凌廷堪復禮篇云，夫人之所受於天者性也。性之所固有者善也。所以復其善者學也。所以貫其學者禮也。是故聖人之道，一禮而已矣。夫性具于生初，而情則緣性而有者也。性本至中，而情則不能無過不及之差，非禮以節之，則何以復其性焉。父子當親也，君臣當義也，夫婦當別也，長幼當序也，朋友當信也，五者根於性者，所謂人倫也。而所以親之別之義之序之信之者，則必由于情以達焉者也。非禮以節之，則過者或溢於情，不及者或漠焉遇之，是故爲禮以達焉。記曰禮義三百，威儀三千，是也。此言五典之教，皆本生初，欲復生初，必先隆禮，此禮以盡性之說也。

禮坊記云，禮者因人之情而爲之節文，以爲民坊者也。此言因情而制禮也。王制云，司空修六禮以節民性，此言節情在修禮也。言節性者，性與情對文則異，散文可通也。周官大司徒云，以五禮防萬民之僞而敎之中，以六樂防萬民之情而敎之和。此言禮樂皆以防情防僞也。左傳子產論禮云，民有好惡喜怒哀樂，生於六氣，是故審則宜類，以制六志。哀有哭泣，樂有歌舞，喜有施舍，怒有戰鬥，喜生於好，怒生於惡，是故審行信令，禍福賞罰，以制死生。生好物也，死惡物也。好物樂也，惡物哀也。哀樂不失，乃能協於天地之性，是以長久。此言禮以節好惡，乃能協於天地之性也。荀子云，從人之性，順人之情，必出於爭奪，合於犯分亂理而歸於暴。故必將有師法之化，禮義之道，然後出於辭讓，合於文理而歸於治。此言禮以化性起僞也。（案荀子言性卽情也）漢書禮樂志云，六經之道同歸，而禮之用爲急。治身者斯須忘禮，則暴嫚入之矣。爲國者一朝失禮，則荒亂及之矣。人函天地陰陽之氣，有喜怒哀樂之情，天稟其性而不能節也。聖人能爲之節而不能絕也，故象天地而制禮樂，所以通神明，立人倫，正性情，節萬事者也。人性有男女之別，妒忌之情，爲制昏姻之禮，有交接長幼之序，爲制鄉飲酒之禮，有哀死思遠之情，爲制喪祭之禮，有尊尊敬上之心，爲制朝覲之禮。哀有哭踊之節，樂有歌舞之容，正人足以副其誠，衺人足以防其失。此言古人制禮，皆節情以合性也，此禮以節情之說也。

然禮雖有率性節情之別，而要其大本，則原於天敘之典，彰而爲天秩之禮。辨其等威，昭其度數，一皆斯民恒性中所固有。故就其物象言，則有天神地祇人鬼之別；就其性質言，則有吉凶賓嘉軍之別；就其事目言，則有冠昏朝聘喪祭賓主鄉飲酒軍旅之別；於位則天子諸侯卿大夫士庶人昭其等；於數則三禮四禮五禮六禮九禮十禮異其名。紛然殽亂，莫測端倪。而推原泰一，則未有外於父子之親，君臣之義，夫婦之別，長幼之序，朋友之信者。史公所謂禮經紀人倫而長於行也。李安溪云：三代之禮，皆所以明人倫也。有冠昏而夫婦別矣，有喪祭而父子親矣，有鄉射而長幼序矣，有朝聘而君臣嚴矣。夫婦別而後父子親，父子親而後長幼序，長幼序而後君臣嚴。由閨門而鄉黨，由鄉黨而邦國朝廷，蓋不可一日廢矣。是故先王之制禮也，綱維五典，根極五性，通四時，合五行，本乎陰陽而順乎天命。淩次仲復禮篇云：孟子曰，契爲司徒，敎以人倫，父子有親，君臣有義，夫婦有別，長幼有序，朋友有信。此五者皆吾性之所固有者也。聖人知其然也，因父子之道而制爲士冠之禮，因君臣之道而制爲聘覲之禮，因夫婦之道而制爲士昏之禮，因長幼之道而制爲鄉飲酒之禮，因朋友之道而制爲士相見之禮。自元子以至於庶人，少而習焉，長而安焉。禮之外，別無所謂學也。邵位西禮經通論云：禮運既以冠昏喪祭射鄉朝聘爲禮之八經，又以父慈子孝，兄良弟弟，夫義婦聽，長惠幼順，君仁臣忠，爲人之十義，而不言其禮義之相屬也。經解盛德則皆以昏統冠，以鄉統射，以昏姻之禮屬夫婦，以祭喪之禮屬父子，以鄉飲酒之禮屬長幼，以聘覲之禮屬君臣，於是天敘之典，天秩之，禮合而爲一。五倫十義，各相膠固而不可離。獨遺朋友之交者，士相見爲在下之朋友，食燕爲在上之朋友。禮尙往，來禮無不答。十七篇無不具賓主者。禮之於賓主有性焉。無賓主是無禮也。禮非一人行之，而必有相與行之者。所以朋友之交，橫貫乎達道之中也。之三子者之所論，可謂窮極幽微，指示親切於禮經之微言大義，能條理始終者。而其說實遠本於大小戴記。

小戴禮記經解篇云，朝覲之禮，所以明君臣之義也。聘問之禮，所以使諸侯相尊敬也。喪祭之禮，所以明臣子之恩也。鄉飲酒之禮，所以明長幼之序也。婚姻之禮，所以明男女之別也。故婚姻之禮廢，則夫婦之道苦，而淫辟之罪多矣。鄉飲酒之禮廢，則長幼之序失，而爭鬥之獄繁矣。喪祭之禮廢，則臣子之恩薄，而倍死忘先者衆矣。聘覲之禮廢，則君臣之位失，諸侯之行惡，而倍畔侵陵之敗起矣。（大戴記禮察篇文畧與此同）

大戴禮記盛德篇云，凡不孝生於不仁愛也。不仁愛生於喪祭之禮不明。喪祭之禮，所以教仁愛也。致愛故能致喪祭。春秋祭祀之不輟，致思慕之心也。夫祭祀致饋養之道也。死且思慕饋養，況於生而存乎。故曰喪祭之禮明，則民孝矣。故有不孝之獄，則飭喪祭之禮也。凡弒上生於義不明。義者所以明貴賤，明尊卑。貴賤有序，民尊上敬長矣。民尊上敬長而弒者，寡有之矣。凡鬥爭生於相侵陵也。相侵陵，生於長幼無序。鄉所以教敬讓也。故有鬥辨之獄，則飭鄉飲酒之禮也。凡淫亂生於男女無別，夫婦無義。婚禮享聘者，所以別男女明夫婦之義也。故有淫亂之獄，則飭婚禮享聘也。

小戴樂記篇云，昏姻冠笄，所以別男女也。射鄉食饗，所以正交接也。

小戴仲尼燕居篇云，射鄉之禮，所以仁鄉黨也。

小戴射義，燕禮者，所以明君臣之義也。鄉飲酒之禮者，所以明長幼之序也。

然則古人制禮之精意可以明矣。循其源，則因父子之親而制喪祭，因君臣之義而制聘覲，因男女之別而制冠昏，因長幼之序而制鄉射，因朋友之交而制賓主，所謂忠信禮之本，無本不立者也。推其極，則因喪祭愈以明父子之親，因聘覲愈以明君臣之義，因冠昏愈以明男女之別，因鄉射愈以明長幼之序，因賓主愈以明朋友之交，所謂義理禮之文，無文不行者也。禮中庸云，仁者人也，親親爲大。義者宜也，尊賢爲大。親親之殺，尊賢之等，禮所生也。曲禮則云，道德仁義，非禮不成。君臣上下父子兄弟，非禮不定。蓋原乎禮所自始，則禮非仁義序別之恆性不生，而極乎禮所由隆，則仁義序別之儀，則非禮不著。由中以彰乎外，制外以協乎中。天叙之典，與天秩之禮，互爲先後而亦互爲因伏也。禮喪服大傳云，立權度量，考文章，改正朔，易服色，殊徽號，易器械，別衣服，此其可得與民變革者也。其不可得變革者則有矣。親親也，尊尊也，長長也，男女有別，此其不可得與民變革者也。夫喪祭以明親親，朝聘以明尊尊，鄉射以明長長，冠昏以明男女有別，而禮經喪服一篇，則又兼明親親尊尊長長男女有別四者，以建人道之極，而持禮教之衡，則又烝民恆性之結體也。斯恆性而終古不壞者，則古人制禮之精蘊，亦將終古常新矣。故曰不可得與民變革也。

至於吉凶賓嘉之名，升降裼襲之節。隨世遞增，寖而成俗。則邃古荒遠，書闕有間。莫能測其所自始者。皇侃言禮有三起。禮理起於太一。禮事起於遂皇。禮名起於黃帝。孔氏正義辨之云，禮運禮始於飲食，燔黍捭豚，蕢桴土鼓。又明堂位云，土鼓葦籥，伊耆氏之樂。又郊特牲云，伊耆氏始爲蜡。蜡卽田祭，與種穀相似。土鼓葦籥，與蕢桴土鼓相當。故熊氏云伊耆卽神農也。卽云始諸飲食，致敬鬼神。則祭祀吉禮起於神農也。又史記云，黃帝與蚩尤戰於涿鹿，則有軍禮也。易繫辭黃帝九事章云，古者葬諸中野，則有凶禮也。又論語撰考云，軒知地利，九牧倡教。既有九牧，當有朝聘。是賓禮也。若然，自伏羲以後至黃帝，吉凶賓軍嘉五禮始具。皇氏云禮事起於遂皇。其義乖也。今案此亦無慮之言也。世本云，遂人出火，而譙周古史考云，有聖人作，以火德王，造作鑽燧出火，教人熟食，號曰燧人。次有三姓，乃至伏羲，制嫁娶，以儷皮爲禮。是則伏羲之前，出火者遂人。而禮之初，始諸燔黍捭豚，或以相饗，或以致諸鬼神。固皆由火化而後奢。則謂禮事起於遂皇，固非無據。又況六藝論云，政教之所生，自人皇初起。人皇卽遂皇。既政教所生，起自遂皇。則饗食祭祀本諸上世。詎云乖錯。必云神農教民種穀，燔黍始諸炎皇者。復可云伏羲教民以犧牲充庖廚，捭豚始諸風姓矣。大抵歲月緜邈，世次難稽，有開必先，事物固有原可紀，而文久則滅，儒墨亦孰定其誠。惟有可推知者，禮之初起，與天地竝。禮理基於泰一。禮事卽起於初民。孔氏正義序云，飛走之倫，皆有懷於嗜欲。則鴻荒之世，非無心於性情。是則汙尊杯飲，遠溯皇初。句領儷皮，起於皇古。巢窟相聚，豈無主伯亞旅之倫。酋豪相臨，亦有鞠跽擎拳之節。大率就古今傳說論，則黃帝爲禮制粗具時期。唐虞爲禮制修明時期。周代爲禮制大備時期。孔氏正義亦云：冠冕飾於軒初，玉帛朝於虞始。夏商革命，損益可知。文武重光，典章斯備。洎乎姬周，負扆臨朝，述曲禮以制威儀，制周禮而經邦國。郁郁乎文哉！三百三千，於斯爲盛。是其次也。是故禮制非一時一世所存，積久服習，漸次修整，而後臻於大備。大體固歷代聖人爲之，然試爲之溯其源，則又非聖人有所創造撟揉於其際，蓋亦順乎人心而爲之節文也。鄭氏樵云：禮本乎人情，情生而禮隨之。古者民淳事簡，禮制未有，然斯民不能無家室之情，則冠昏之禮已萌乎其中；不能無交際之情，則鄉射之禮已萌乎其中；不能無追慕之情，則喪祭之禮已萌乎其中。程伊川亦云：禮之本出於民之情，聖人因而道之耳；禮之器出於民之俗，聖人因而節文之耳。然則謂聖人制禮，禮固非聖人制也；謂天秩有禮，禮固非天秩也，眞斯民恆性之所流露也。禮云禮云，性而已矣。

——摘自《新民月刊》一九三五年五月第一卷第一期

三禮名物圖表

吳江 錢玄 小雲

第一 飲食篇

一、飲食器皿表

盛牲器		
鑊	凡亨牲體之器曰鑊。周禮春官大宗伯省牲鑊。後鄭曰。鑊亨牲體器也。鑊內實牲體。而加於爨上亨。儀禮士冠禮士虞禮特牲等皆用之。又魚腊亦得亨於鑊中。天官亨人掌共鼎鑊。後鄭曰。鑊所以煑肉及魚腊之器。	
鼎	凡升牲體之器鼎。蓋牲先於鑊中亨之。後由鑊而升於鼎。用時則再由鼎而載於俎。由鑊及鼎曰升。由鼎及俎曰載。其最大之鼎可受一斛。蓋一鼎之中可實三牲體也。附於鼎之物有三。	
	朼	朼是出牲體之器。亦作匕。與朼同。其物當如今叉之類。所以由鼎出牲載於俎者也。
	鼏	是蓋在鼎上之物。以茅爲之。或曰束。鼏蓋以茅束成。或曰編。鼏編亦編束之誼。鄭康成公食大夫注云。長則束。短則編。束鼏是較大者。編鼏是較小者。
	扃	是所以扛鼎之物、以木爲之。穿鼎耳中而扛之。或謂之鼏。此與鼏是兩物。與扃則一物。扛上飾金。則謂之鉉。
俎	俎所以載牲體之物。牲體之有俎。猶酒之有爵。鼎猶酒之尊。酒先盛於尊。而後實於爵。飲者則取爵飲也。如今之酒壺酒杯。牲體亦然。先盛諸鼎。而後載於俎。食者則由俎取而食之。惟亦有由鑊而直接載諸俎者。鄉飲酒鄉射燕皆如是。俎之名。又有四種。禮記明堂位云。俎有虞氏以梡。夏后氏以嶡。殷以椇。周以房俎。其形難說。雖康成有注。聶氏有圖。然亦不敢確信。周之房俎。卽詩魯頌籩豆大房是也。舊說謂其足象房屋形。	

盛薦器	豋	凡盛濡物之器曰豋。聘禮歸饔餼賓腥二牢。醯醢百豋。是菹醢醬皆盛之以豋。
盛薦器	豆	凡盛濡物之器曰豆。蓋豋非食時所用。所以貯藏者。豆是食時所用之器。其實昌本脾析豚拍之臺。醢贏兔䐹之醢。韭著芹筍之菹。麋臡鹿臡之屬。以木爲之。受四升。禮記明堂位曰。夏后氏以楬豆。殷玉豆。周獻豆。鄭注云楬無異物之飾。士喪禮有毼豆。鄭注云白也。恐是一物。獻音娑。娑是希疏之名。故爲疏刻之於豆曰獻豆。
盛薦器	籩	盛乾物者謂之籩。鄉射記脯曰籩。注籩宜乾物也。盛棗栗桃梅菱芡脯脩膴鮑糗餌之屬。以竹爲之。纁其裏。口有縢緣。有巾。
盛飯器	簋	周禮秋官注。簠稻粱器也。簋黍稷器也。（詩秦文釋文亦同。）儀禮中如聘禮。公食大夫。言簋皆言盛黍稷。與簠盛稻粱者分別。
盛飯器	敦	少牢饋食禮言敦。士昏禮士喪禮皆曰敦盛黍稷。是簋諸侯盞黍稷之器。敦爲士盛黍稷之器也。
盛飯器	簠	盛稻粱之器曰簠。見聘禮公食大夫禮。
盛飯器	甗 甑	考工記。陶人爲甗甑。皆飯器。少牢饋食禮云。雍人概鼎匕俎于雍爨。廩人概甑甗匕與敦于廩爨。蓋飯之在甑猶牲體之在鼎。飯之用匕。猶牲體之用匕。飯之盛于敦。猶牲體之載于俎也。酒之有壺勺爵。菹醢之有豋與豆也。
盛羹器	鉶	實羹之器曰鉶。聘禮注鉶羹器也。
盛羹器	鐙	實大羹之器曰鐙。公食大夫禮正饌。大羹湆不和實于鐙。注瓦豆謂之鐙。則其形如豆矣。考工記旊人爲瓦豆。毛傳云木曰豆。瓦曰登。說文作豋。按鐙登豋一也。

盛酒器

尊　盛酒之器見於儀禮者。有曰甒。曰壺。曰方壺。曰瓦大。曰圜壺。尊其總名也。又尊亦謂之彝。周禮春官司尊彝。鄭注云。彝亦尊也。鬱鬯曰彝。蓋尊與彝二者。有時別。有時同。別時則尊盛酒。彝盛鬱鬯也。尊彝之名。見於周禮司尊彝者更多。有六尊六彝之目。其彝曰雞彝。鳥彝。斝彝。黃彝。虎彝。蜼彝。言尊有獻尊。象尊。著尊。壺尊。大尊。山尊。其見於禮記明堂位者。泰有虞氏之尊也。山罍夏后氏之尊也。著殷尊也。犧象周尊也。又云灌尊夏后氏以雞夷。殷以斝。周以黃目。其形制難詳。

勺　𣂔酒之器曰勺。蓋酒在尊中。必以勺𣂔之。然後實于爵也。勺之柄曰枋。儀禮言勺皆南枋。言柄皆向南也。禮記明堂位有夏后氏龍勺。殷以疏勺。周以蒲勺。又勺亦名大斗。大雅行葦酌以大斗。大斗長三尺也。孔疏謂長三尺。言其柄。此從大器挹之于尊。或用此大斗從尊挹于爵。不當如此之長勺也。斗卽枓之借字。少牢饋食禮有罍枓。經注多以斗字爲之。考工記云。勺一升。注云勺尊斗也。(斗今課作升。)士冠禮實勺觶。注亦云勺尊斗所以𣂔酒也。(斗今亦作升字)斗亦枓之借字。說文枓勺也。勺枓也。所以挹取也。

爵　由尊挹酒實爵。取以飲者。爵爲總名。其別曰爵。曰觚。曰觶。曰角。曰散。考工記梓人爲飲器。勺一升。爵一升。觚三升。韓詩外傳曰。一升曰爵。二升曰觚。三升曰觶。四升曰角。五升曰散。禮器云貴者獻以爵。賤者獻以散。尊者舉觶。卑者舉角。

卺　士昏禮三酳用卺。昏義合卺而酳。疏謂破匏爲之。卽匏爵也。郊特牲云。器云匏爵以爵天地之性。

附於酒器者有柶禁。

柶　扱醴之器曰柶。士冠禮醴冠者。士昏禮醴使者。舅姑醴婦。聘禮醴賓。皆有柶。蓋醴爲有糟之酒。故以柶扱之。使飲之不帶糟也。又鉶羹中有菜。亦必有柶。士虞禮公食大夫禮皆如此。扱醴扱鉶羹之柶。有形並若勺。

一禁　禁是承尊壺等之物。鄭氏注禮器云。如今云案。隋局足高三寸。又有棜禁。亦曰斯禁。其單曰棜者。如特牲旣夕等

一則陳饌及牲者矣。

總說

古代器皿。其形制旣異。而質料亦殊。同一器焉。或以金爲之。或以瓦爲之。或以木爲之。而考其所以殊別者。依經注所言。則或曰夏殷周三代別也。或曰天子君士大夫別也。或曰祭宗廟祭天地別也。其說繁冗。難辨是非。更以舊說考之。器皿以木瓦製者爲多。如莊子云。百年之本。破爲犧尊。青黃而文之。淮南子云。百圍之木。斬而爲犧尊。鏤之以剞劂。雜之以青黃。華藻鏄鮮。龍蛇虎豹。曲成文章。此皆可知尊之皆爲木製者。孔穎達郊特牲疏云。祭天用陶匏。蓋以瓦爲尊。以木尊爲祭宗廟。祭天用瓦尊。是尙質也。又如罍說文。櫑龜目酒尊。又云櫑或从缶。是罍有木瓦兩種。詩周南我姑酌彼金罍。毛傳云。人君金罍。孔氏正義曰。異義罍制。韓詩說金罍大夫器也。天子以玉。諸侯大夫皆以金。士以梓。毛詩說金罍酒器也。諸臣之所酢。人君以黃金飾尊。大一碩。金飾龜目。蓋刻爲雲雷之象。謹案韓詩說天子以玉。經無明文。謂之罍者。取象雲雷博施。如人君下及諸臣。又司尊彝云。皆有罍。諸侯之所酢。注云罍亦刻而畫之爲山雲之形。言刻畫則用木矣。又如豆。鄭注周禮及禮記皆云。豆以木爲之。舊禮圖云。豆以木。而周禮旊人爲豆。少牢饋食禮有豆瓦。是豆有木與瓦兩種。又如簋。賈公彥云。祭廟皆用木簋。瓦簋以祭天地及外神。尙質器用陶匏之類也。與孔穎達郊特牲疏說同。是簋又有木瓦兩種。是尊櫑豆簋等皆以木瓦爲之。無以金爲之者。今依經所言器皿之以金爲之者。惟鼎鉶釜之類也。而今所見出土諸器。以銅爲主。有銅尊。有銅簋。有銅豆。蓋木瓦之器。不能傳久。易致壞朽。故不能以今所見皆銅器。而謂經傳所云瓦木皆非事實。而亦不能因經傳僅言木瓦之器。不言有銅器。而以今出土之銅豆銅尊銅簋皆爲僞造。不能盡信書。亦不能盡信物。偏於一則必能通於彼者也。凌氏釋例云。今古器之風盛行。所售皆範銅爲之。又爵一升。觶三升。爵小而觶大。經傳並有明文。今所售者或觶小于爵。又禮經之鼎必曰士舉之。則其重可知。今所售者乃小而輕。稚子可提也。禮經之敦。第曰主婦執之。則其輕可知。今所售者乃大而重。壯夫難勝也。凡此之類。疑不能明。嗜古器者。其必有說以處此矣。此凌氏信經傳而疑實物也。蓋考古之爲器皿

有四類。一爲日常所用者。一爲宗廟祭祀所用者。一爲特製重器。一爲葬埋之明器。此四者其用不同。故其質亦異。經傳所言瓦與木之豆籩尊者。日常所用及宗廟祭祀之物也。其特製之重器者。如書序謂立國以鼎彝爲分器。（又魯公亦有鼎彝之分。見左傳定公四年文。）有諸侯大夫朝享而賜之以重器者。如周王予虢公（見左傳莊公二十一年。）晉侯賜子產。（見左傳昭公七年。）者是也。其他如賂以重器。征伐取重器者。則齊賂於晉。魯公賂晉卿。（成二年及襄十九年。）鄭賂晉以鐘。（成公十年。）齊賂晉宗器。（襄二十五年。）魯取鄆鐘。（見襄十二年。）齊攻魯以求岑鼎。（見呂氏春秋。）有述德紀功以制重器者。如孔悝之銘。（見禮祭統。）（見）叔向讒鼎。（見左傳昭三年。）正考父鼎。（左傳昭公七年。）季武子銘得齊兵（左傳襄十九年）皆是也。有鑄政令于器而爲重器者。周禮秋官司約書約劑于宗彝。晉鄭鑄刑書于刑鼎。（見左傳昭公二年。）以上皆特製之重器也。所謂葬埋明器者。墨子節葬篇云。鼎鼓几梃壺濫戈劍羽旄齒革寢而埋之。禮記檀弓及儀禮亦有明文。夫日常所用之器。及宗廟祭祀之器。當然以輕便實用爲是。故以瓦木爲之。至於國家重器。則以堅固傳久爲是。故以金爲之。明器備而不用。葬有厚薄。故其器或以瓦木或以金屬。今所見豆籩或出自墓壙者明器也。其器有銘文紀功蹟錫予者是重器也。以是理推之。亦無可疑矣。

二、牲體名稱表

部位	名稱	位置
肱骨（牲之前體謂之肱骨共分三骨）（前脛骨）	肩	最前
	臂	在肩下
	臑	在臂下
脊（牲之中體分三骨）	正脊	前骨
	脡脊	中骨
	橫脊	後骨

三、解體表

解法	體
豚解（即以牲體分爲七體也）	左肱骨　右肱骨　右股骨　右股骨　左脅　右脅　脊骨
體解（即以牲體分二十一體也）	左肩　右肩　左臂　右臂　左臑　右臑　左肫　右肫　左胳　右胳　左觳　右觳　左正脅　右正脅　左代脅　右代脅　左

牲之後體謂之股骨股骨分三骨（後脛骨）	肫	亦名膊。股骨之最上者。
	胳	亦名骼在肫骨下
	觳	在胳骨下
脊兩旁之肋謂之脅脅亦分爲三（胉）（榦骨）	正脅	亦謂之長脅。脅之中骨。
	代脅	脅之前骨
	短脅	脅之後骨
膉		（脰）肩上謂之膉
髀		肫上謂之髀
蹄		踐地謂之蹄
尻		脊骨盡處謂之尻
膚		皮也其精者謂之倫膚
腸胃		腹腴謂之腸胃
心舌		知食味者
肺		主氣者

五、體解豚解用體表

短脅	右短脅　正脊　脡脊　橫脊

四、用左右胖合升表

總說	牲雖有左右胖。惟用時僅取其一胖。吉禮用右胖。凶禮反吉。故用左胖。惟冠禮人道之始。昏禮男女之始。大斂人道之終。故左右皆用異於他禮謂之合升。
合升	士冠禮醮子　士昏禮盥饋。舅用右胖。姑用左胖。士喪禮大斂奠
右胖	少牢　特牲　鄉飲　鄉射　大射　燕禮
左胖	士喪遣奠　士虞

總說	牲體既有體解爲二十一。豚解爲七之別。而所謂二十一體七體。均指左右合胖。而今其用一胖者。當無二十一及七體之數。況一胖之中。亦不完全用之。	
體解	用一胖十一體	肩、臂、臑、膊、骼、正脊、脡脊、橫脊、正脅、短脅、代脅、如少牢之尸俎
	用一胖九體	肩、臂、臑、膊、骼、正脊、橫脊、正脅、短脅、(無脡脊代脅)如特牲之尸俎
	用一胖七體	肩、臂、臑、肫、骼、脊、脅、(止用正脊正脅) 如士虞　公食下大夫
豚解		士喪禮小斂 士虞禮

六、儀禮諸篇用鼎數表

總說	凡鼎數皆奇。其十鼎者。七正鼎。三陪鼎也。其十二者。九正鼎。三陪鼎也。則正鼎陪鼎之數。仍奇也。	
特	一	士冠禮醮子　豚 士昏禮盥饋　豚

牲牢	鼎數	禮	鼎實	陪鼎
牲	三鼎	士喪禮小斂	豚	
		士喪禮朝禰	豚	
		士昏禮同牢	豚 魚 腊	
		士喪禮大斂	豚 魚 腊	
		士喪禮朔月	豚 魚 腊	
		既夕禮禮奠	豚 魚 腊	
		士虞禮虞祭	豚 魚 腊	
		特牲	豚 魚 腊	
少牢	三鼎	有司徹儐司	羊 豕 魚	
	五鼎	少牢	羊 豕 魚 腊 膚	
		既夕大遣	羊 豕 魚 腊 鮮獸	
		聘禮致飧（介衆）	羊 魚 豕 腊 腸胃	
大牢	七鼎	公食大夫（下大夫）	牛 羊 豕 魚 腊 膚 腸胃	
	九鼎	公食大夫（上大夫）	牛 羊 豕 魚 腊 膚 腸胃 鮮魚 鮮腊	
	十鼎	聘禮致飧（上介）	牛 羊 豕 魚 腊 膚 腸胃	以下爲陪鼎：膷 臐 燒
	十二鼎	聘禮上賓	牛 羊 豕 魚 腊 膚 腸胃 鮮魚 鮮腊	膷 腫 燒

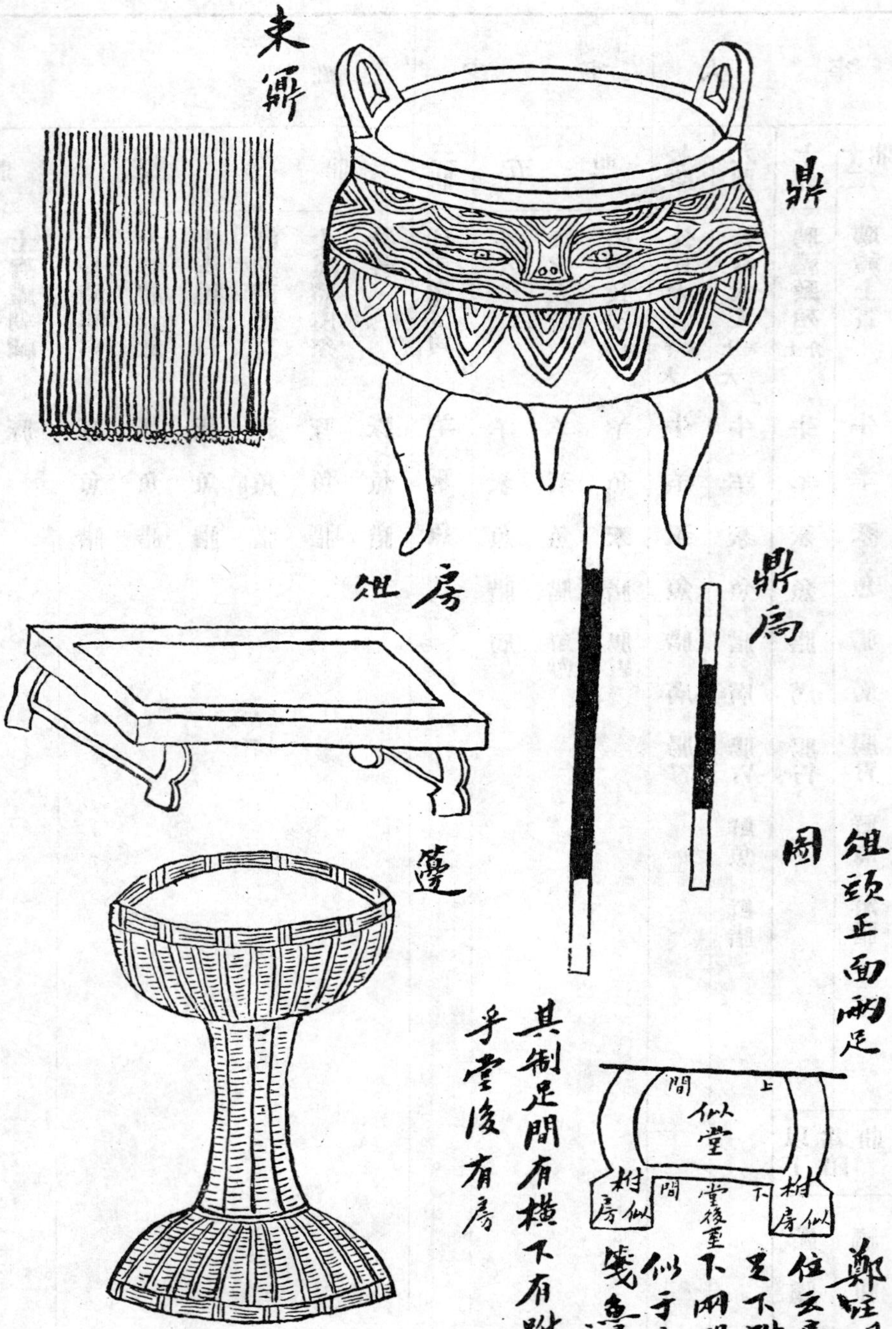
束鼏
鼎
鼎扃
房俎
籩
圖
俎頭正面兩足
間
上
似堂
柎房似
間
堂後室下
下
柎房似
鄭注明堂位云房謂足下跗上下兩間有似于房詩箋魯頌云其制足間有橫下有跗似乎堂後有房

鉶
豆
尊
簠
簠方簋圓

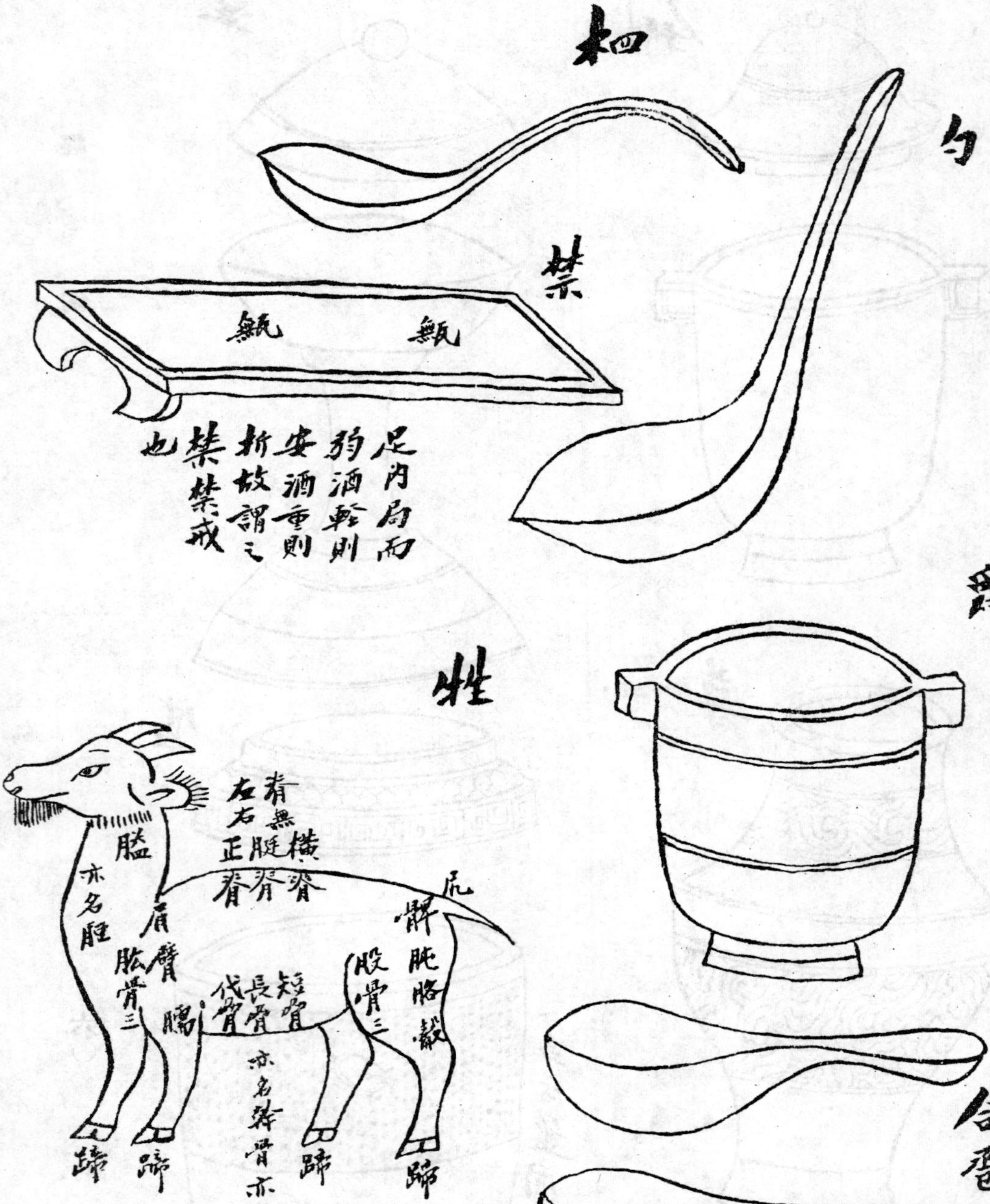
柶
勺
禁
足內局而
豹酒輕則
安酒重則
折故謂之
禁禁戒
也
爵
牲
合卺

禮樂一元論

（儒家禮樂說正論之一）

李濂

在儒家所主之禮樂說中，禮樂二者，合爲一體；不偏不倚，相反相成。論語學而云：

"有子曰：禮之用，和爲貴。先王之道，斯爲美。小大由之，有所不行。知和而和，不以禮節之，亦不可行也"。

邢疏云：

"此章言禮樂爲用相須乃美。……和謂樂也"。

'禮之用，和爲貴'者，謂禮必資乎樂；'知和而和，不以禮節之，亦不可行'者，謂樂必資乎禮也。禮記仲尼燕居云：

"達於禮而不達於樂，謂之素；達於樂而不達於禮，謂之偏"。

'素'乃重禮之過，'偏'乃重樂之過；是皆不達禮樂爲用相須，不可偏廢之情耳。漢書禮樂志云：

"六經之道同歸，而禮樂之用爲急。……二者並行，合爲一體"。

儒家之重要典籍爲六經，六經之重要部門爲禮樂；而禮樂雖並行實爲一元也。眞德秀云：

"禮樂二者，缺一不可。……禮屬陰，樂屬陽；禮樂之不可缺一，如陰陽之不可偏勝。……禮中有樂，樂中有禮"。

（問禮樂，全集卷三十）

有禮無樂，如有陰而無陽；有樂無禮，如有陽而無陰。（禮陰樂陽，說詳第四節）陰陽偏勝，乾坤或幾乎息矣。汪紱云：

"禮樂二者,不惟相須,而實相合。……分之則爲二體,其本則只一原;猶陰陽之循環無端焉"。(樂經或問卷第二)

就禮樂之用言,雖爲二體而實'相須';就禮樂之本言,乃係一元而實'相合'也。

禮樂一元,可就三種觀點言;用現在之術語,第一種爲社會學之觀點,第二種爲倫理學之觀點,第三種則爲形上學之觀點。三種觀點,將於第二,三,四節中分別論之。無論就社會學觀點或倫理學觀點或形上學觀點言,禮樂二者均須不偏不倚;此種不偏不倚之平衡狀態,由禮言之謂之中,由樂言之謂之和。中和,將於第五節中綜合論之。

就儒家禮樂說之發展觀之,在孔子以前及其同時之典籍中,鮮有以禮樂合言者。及至論語,並舉禮樂二字之處則甚多。八佾云:

"子曰:人而不仁如禮何!人而不仁如樂何"!

泰伯云:

"子曰:興於詩,立於禮,成於樂"。

先進云:

"子曰:先進於禮樂,野人也;後進於禮樂,君子也"。

子路云:

"子曰……名不正則言不順,言不順則事不成,事不成則禮樂不興,禮樂不興則刑罰不中,刑罰不中則民無所措手足"。

憲問云:

"子曰:若臧武仲之知,公綽之不欲,卞莊子之勇,冉求之藝;文之以禮樂,亦可以爲成人矣"。

季氏云:

"孔子曰:天下有道,則禮樂征伐,自天子出;天下無道,則禮樂征伐,自諸侯出"。

又云:

"孔子曰:益者三樂……樂節禮樂,樂道人之善,樂多賢友,益矣"

陽貨云:

"子曰:禮云禮云,玉帛云乎哉? 樂云樂云,鐘鼓云乎哉"?

以上數條,皆記爲孔子之言。此外尚有三條,一爲有子之言,一爲冉求之言,一爲宰我之言。有子之言,已見上引。冉求之言,見先進云:

"方六七十,如五六十,求也爲之,比及三年,可使足民。如其禮樂,以俟君子"。

宰我之言,見陽貨云:

"君子三年不爲禮,禮必壞;三年不爲樂,樂必崩"。

凡此所引,有子一條,若依邢疏'和爲樂也',即可謂爲禮樂爲用相須;其餘各條,只將禮樂二字相提並論而已。但孔子數以禮樂同舉,吾人似可謂禮樂一元論,實已肇端於孔子。孔子以後,儒家有兩大師,孟子與荀子,均將儒家之學說發揮而光大之。孟子非禮樂說之正統,對於禮樂一元論無甚發明;荀子乃禮樂說之正統,對於禮樂一元論之三種觀點,第一種已言之綦詳,第二種亦略爲道及。(非正統與正統,另有禮樂說之奠定發展與形成一文詳論之) 荀子樂論篇云:

"樂統同,禮別異"。

臣道篇云:

"恭敬禮也,調和樂也"。

此就第一種觀點而言。又論樂篇云:

"樂行而志清,禮修而行成"。

又修身篇云:

"禮者,所以正身也"。

此乃就第二種觀點而言耳。迨至漢世,三禮之書完成,禮樂一元論之三種觀點,均有精詳之理論。同時,對於禮樂之不可偏勝,亦有說焉。禮記樂記云:

"樂者爲同,禮者爲異。……樂勝則流,禮勝則離"。

此就第一種觀點,以爲禮樂相反相成,並須不偏不倚。又云:

樂由中出禮自外作。……大樂必易,大禮必簡。"

此就第二種觀點,以爲禮樂相反相成,並須不偏不倚。又云:

"樂由天作,禮以地制。過制則亂,過作則暴"。

此乃就第三種觀點,以爲禮樂相反相成,並須不偏不倚也。一切學術之演進,均由顯至微,由具體至抽象;禮樂一元論三種觀點發展之程序,當亦不能逃此公例耳。

二

荀子樂論篇云:

"樂也者,和之不可變者也;禮也者,理之不可易者也。樂合同,禮別異。禮樂之統,管乎人心矣"。

禮記樂記云:

"樂也者,情之不可變者也;禮也者,理之不可易者也。樂統同,禮辨異。禮樂之說,管乎人情矣"。

此兩段文字,大同而小異。樂記又云:

"樂者爲同,禮者爲異。同則相親,異則相敬。……合情飾貌者,禮樂之事也。禮義立則貴賤等矣,樂文同則上下和矣"。

荀子臣道篇云:

"恭敬禮也,調和樂也"。

樂主和同,使上下內外情感融洽;禮主別異,使尊卑貴賤,等威嚴明。情感融洽故相親,等威嚴明故相敬。此蓋就社會學之觀點而言也。

人之所以異於禽獸者,人能群而禽獸不能群。荀子王制篇云:

"水火有氣而無生,草木有生而無知,禽獸有知而無義;人有氣有知亦且有義,故最爲天下貴也。力不若牛,走不若馬,而牛馬爲用何也?曰,人能群,彼不能群也。人何以能群?曰,分。分何以能行?曰,義。故義以分則和,和則一,一則多力,多力則彊,彊則勝物;故宮室可得而居也。故序四時,裁萬物,兼利天下。無它故焉,得之分義也。故人不能無群,群而無分則爭,爭則亂,亂則離,離則弱,弱則不能勝物;故宮室不可得而居也。不可少頃舍禮義之謂也"。

又富國篇云:

"離居不相待則窮,群而無分則爭。窮者患也,爭者禍也。救患除禍,則莫若明分使群矣"。

人貴能群,但必以禮義分之。蓋有分則和,和則一,一則多力,多力則彊而能勝物;無分則爭,爭則亂,亂則離,離則弱而不能勝物矣。

人之好惡攸同,須以禮義明分定倫,養欲給求。群居和一之道興,然後社會方可寧息也。荀子禮論篇云:

"禮起於何也? 曰:人生而有欲,欲而不得,則不能無求;求而無度量分界,則不能不爭;爭則亂;亂則窮。先王惡其亂也,故制禮義以分之。以養人之欲,給人之求。使欲必不窮乎物,物必不屈於欲;兩者相持而長;是禮之所起也"

又富國篇云:

"無君以制臣,無上以制下,天下害生縱欲。欲惡同物;欲多而物寡,寡則必爭矣"。

又榮辱篇云:

"夫貴爲天子,富有天下,是人情之所同欲也。然則從人之欲,則勢不能容,物不能贍也;故先王案爲之制禮義以分之,使有貴賤之等,長幼之差,知愚能不能之分,皆使人載其事,而各得其宜,然後使慤祿多少厚薄之稱,是夫群居和一之道也。……故或祿天下而不自以爲多;或監門御旅,抱關擊拆,而不自以爲寡。故曰:斬而齊,枉而順,不同而一;夫是之謂人倫"。

又王制篇云:

"分均則不偏,勢齊則不一,衆齊則不使。有天有地而上下有差,明王始立而處國有制。夫兩貴之不能相事,兩賤之不能相使,是天數也。勢位齊而欲惡同,物不能澹則爭,爭則必亂,亂則窮矣。先王惡其亂也,故制禮義以分之,使有貴賤之等,足以相兼臨者,是養天下之本也。書曰:'維齊非齊',此之謂也"。

又君道篇云:

"人之百事,如耳目口鼻之不可以相借官也。故職分而民不探,次定而序不亂;兼聽齊明,而百事不留。如是,則臣下百吏,至於庶人,莫不修己而後敢安正,誠能而後敢受職。百姓易俗,小人變心,姦怪之屬,莫不反愨,夫是之謂政教之極"。

天下之物有限,人之欲望無窮。且知力才能,至相懸殊;職業分位,大有參差。若不各安其位,各守其業;勞心者治人,勞力者治於人。則利害衝突,綱紀廢弛;競爭無已,禍亂必多焉。

所謂分者,即尊卑有序,貴賤有等。荀子富國篇云:

"禮者,貴賤有等,長幼有差;貧富輕重,皆有稱者也"。

禮記文王世子云:

"言父子君臣長幼之道,合德音之致,禮之大者也。正君臣之位,貴賤之等焉,而上下之義行矣"。

荀子君道篇云:

"請問爲人君? 曰,以禮分施,均徧而不偏。請問爲人臣? 曰,以禮侍君,忠順而不懈。請問爲人父? 曰,寬惠而有禮。請問爲人子? 曰,敬愛而致文。請問爲人兄? 曰,慈愛而見友。請問爲人弟? 曰,敬詘而不苟。請問爲人夫? 曰,致功而不流(郝懿行曰:'此句未詳,疑有僞字'。),致臨而有辨。請問爲人妻? 曰,夫有禮則柔從聽侍,夫無禮則恐懼而自竦也。此道也,偏立而亂,俱立而治,其足以稽矣。請問兼能之奈何? 曰,審之禮也"。

又榮辱篇云:

"仁人在上,則農以力盡田,賈以察盡財,百工以巧盡器械;士大夫以上至於公侯,莫不以仁厚知能盡官職;夫是之謂至平"。

禮記禮運云:

"何謂人義? 父慈子孝,兄良弟弟,夫義婦聽,長惠幼順,君仁臣忠,十者謂之人義。……舍禮何以治之?"

又大學云:

"為人君,止於仁;為人臣,止於敬;為人子,止於孝;為人父,止於慈"。

君仁,臣忠,父慈,子孝;農以力盡田,賈以察盡財,百工以巧盡器械,士大夫等以仁知盡官職。是即所謂'君君,臣臣,父父,子子;農農,士士,工工,商商'(荀子王制篇)也。荀子君道篇云:

"卑不得以臨尊,輕不得以縣重,愚不得以謀知;是以萬舉不過也"。

又非相篇云:

"人有三不祥:幼而不肯事長,賤而不肯事貴,不肖而不肯事賢;是人之三不祥也"。

卑不臨尊,輕不縣重,愚不謀知;安分守禮,舉措咸宜。幼不事長,賤不事貴,不肖不事賢;越禮犯分,不祥莫大焉。

然禮達分定,苟無樂為之調和,則人自為政,漠不相關。必也,有樂協同其情思,聯屬其精神;然後長幼尊卑,上下內外,隔膜全釋,機趣橫生矣。荀子樂論篇云:

"樂在宗廟之中,君臣上下同聽之,則莫不和敬。閨門之內,父子兄弟同聽之,則莫不和親。鄉里族長之中,少長同聽之,則莫不和順。故樂也者,審一以定和者也,比物以飾節者也,合奏以成文者也"。

禮記樂記云:

"樂在宗廟之中,君臣上下同聽之,則莫不和敬。在族長鄉里之中,長幼同聽之,則莫不和順。在閨門之內,父子兄弟同聽之,則莫不和親。故樂者,審一以定和,比物以飾節,節奏合以成文;所以合和父子君臣附親萬民也"。

此兩段文字,亦大同而小異。'和敬','和親','和順',是情感融洽,精神貫澈;如此,則萬民親附,而天下太平矣。

總之,就社會學之觀點言,以禮辨異,以樂統同。但二者各有所偏,相須為用。異焉能同,方不至於分崩離析;同焉能異,方不至於狎侮侵凌。白居易云:

"禮者,納人於別而不能和也;樂者,致人於和而不能別也。必待禮以濟樂,樂以濟禮;然後和而無怨,別而不爭"。(議禮樂,策林四,白氏長慶集卷四十八)

禮能別而不能和,樂能和而不能別。分之為二,其害實大;合而為一,其利甚溥也。

三

荀子樂論篇云:

"樂行而志清,禮修而行成。耳目聰明,血氣和平。移風易俗,天下皆寧"。

禮記樂記云:

"樂由中出,禮自外作。……樂至則無怨,禮至則不爭;揖讓而治天下者,禮樂之謂也"。

樂由中出,其'和在心'(鄭注),故樂行而志清;禮自外作,其'敬在貌'(仝上),故禮修而行成。此蓋就倫理學之觀點而言也。

樂由中出,禮自外作;故樂以修內,禮以修外。禮記文王世

子云:

"樂所以修內也,禮所以修外也。禮樂交錯於中,發形於外;是故其成也懌,恭敬而溫文"。

孔疏云:

"樂是喜樂之事,喜樂從內而生,和諧性情,故所以修內也。……禮是恭敬之事,恭敬是正其容體,容體在表,故所以修外也"。

以樂修乎內,諧其性情;以禮修乎外,正其容儀。交錯發越,誠於中而形於外矣。

樂由中出,禮自外作;故樂動於內,禮動於外。禮記樂記云:

"樂也者,動於內者也;禮也者,動於外者也。樂極和,禮極順。內和而外順,則民瞻其顏色,而弗與爭也;望其容貌,而民不生易慢焉。故德煇動於內,而民莫不承聽;理發諸外,而民莫不承順。故曰:致禮樂之道,舉而措之天下無難矣"。

孔疏云:

"樂從中起,故感動於內。……禮從外生,故發動於外"。

樂動之於內,則心氣和平;禮動之於外,則舉止規矩。祭義有文,與此略同,茲不具引。

樂由中出,禮自外作;故樂以治心,禮以治躬。禮記樂記云:

"君子曰:禮樂不可斯須去身。致樂以治心,則易直子諒之心油然生矣。易直子諒之心生則樂,樂則安,安則久,久則天,天則神。天則不言而信,神則不怒而威。致樂以治心者也。致禮以治躬則莊敬,莊敬則嚴威。心中斯須不和不樂,而鄙詐之心入之矣;外貌斯須不莊不敬,而易慢之心入之矣"。

鄭注云:

"樂由中出,故治心。……禮自外作,故治躬"。

致樂以治心,則鄙詐之念不萌;致禮以治躬,則易慢之跡不生。祭義有文,與此正同,亦不具引。

総之就倫理學之觀點言,樂由中出,動於內而爲內部之規範,以之修內而治心;禮自外作,動於外而爲外部之規範,以之修外而治躬。輔廣云:

"樂生於禮,禮成於樂。治心所以成其躬,治躬所以成其心。禮樂之用,未嘗不相資也"。(禮記集說卷一百)

治心所以成其躬,治躬所以成其心;表裏交養,禮樂實相須爲用也。

禮記樂記云:

"禮以道其志,樂以和其聲,政以一其行,刑以防其姦;禮樂刑政,其極一也,所以同民心而出治道也"。

又云:

"禮節民心,樂和民聲,政以行之,刑以防之;禮樂刑政四達而不悖,則王道備矣"。

姚際恒云:

"此云'禮節民心,樂和民聲';下又云'樂由中出,禮自外作',何與?"(續禮記集說卷六十八)

以禮'道志''節心',以樂'和聲',姚氏疑與本節所述樂由中出,禮自外作之說相違。然細釋之,所謂'禮樂刑政',皆爲社會制度,以之'同民心而出治道'乃就社會學觀點而言,與本節就倫理學觀點而言並無衝突。陳暘云

"禮自外作,而道志於內;樂由中出,而和聲於外"。(樂書卷八)

又云:

"禮自外作,而節民心,以外節內也。……樂由中出而和民聲,以內和外也。(樂書卷十)。

禮自外作而道志於內,是以外節內;樂由中出而和聲於外,是以內和外。陳氏誤以'民'指個人,而不知民'指衆人,其言似不足信也。

四

禮記樂記云:

"樂由天作,禮以地制。……明於天地,然後能興禮樂也"。

聖人仰觀俯察,明於天地。見夫'流而不息,合同而化'之景象,即因之作樂以應天;見夫'天高地下,萬物散殊'之景象,即因之制禮以配地。樂記又云:

"樂者,天地之和也;禮者,天地之序也。和故百物皆化;序故群物皆別。……天高地下,萬物散殊,而禮制行矣;流而不息,合同而化,而樂興焉。……樂者敦和,率神而從天;禮者別宜,居鬼而從地。故聖人作樂以應天,制禮以配地;禮樂明備,天地官矣。天尊地卑,君臣定矣;卑高以陳,貴賤位矣;動靜有常,小大殊矣;方以類聚,物以群分,則性命不同矣。在天成象,在地成形。如此,則禮者天地之別也。地氣上齊,天氣下降。陰陽相摩,天地相蕩。鼓之以雷霆,奮之以風雨,動之以四時,煖之以日月,而百化興焉。如此,則樂者天地之和也"。

'成形''成象',乃天地之別,亦即禮之所取法;'相摩''相蕩',乃天地之和,亦即樂之所由仿。黃乾行云:

"上言天地之和天地之序,下以禮樂分屬天地者;蓋氣含天地之和,然上行於天,流而不息,合同而化,於和爲切;質含天地之序,然下凝於地;天高地下,萬物散殊,於序爲切故合言分言,理自相通也"。(續禮記集說卷六十八)

樂者天地之和,禮者天地之序,是乃'合言';樂由天作,禮以地制;是乃'分言'。合言分言,理實相通;蓋就形上學之觀點而言也。

樂由天作,禮以地制;故樂由陽來,禮自陰作。禮記郊特牲云:

"樂由陽來者也,禮自陰作者也;陰陽和而萬物得"。

孔疏云:

"陽,天也;天以氣化,故作樂象之。……陰,地也;地以形生,故制禮象之"。

孤陰不生,孤陽不化;陰陽和合,品物咸章矣。

樂由天作,禮以地制;故樂著大始,禮居成物。禮記樂記云:

"樂著大始,禮居成物。著不息者,天也;著不動者,地也;一動一靜,天地之間也,故聖人曰禮樂云"。

孔疏云:

"樂象於天,天爲生物之始,著猶處也,是樂處大始;禮法於地,言禮以稟天氣以成於物,故云禮居成物"。

樂屬陽,近於仁,如春夏,有長養意,故著大始;禮屬陰,近於義,如秋冬,有斂藏意,故居成物。天動地靜,而居於兩間者,岳峙淵渟,鳥啼花落,物類雖夥,要不外乎一動一靜之兩大現象。'一靜則爲禮,一動則爲樂;是以凡在天地之中者,莫非禮樂也'。(陳暘樂書

卷十四)

總之,就形上學之觀點言,樂由天作,動而爲陽;禮以地制,靜而爲陰。此種思想,蓋源於易。易乾彖云:

"大哉乾元,萬物資始,乃統天。……乾道變化,各正性命"。

又坤彖云:

"至哉坤元,萬物資生,乃順承天。……含弘廣大,品物咸亨"。

又繫辭下云:

"乾,陽物也;坤,陰物也。陰陽合德,而剛柔有體。以體天地之撰,以通神明之德"。

又繫辭上云:

"天尊地卑,乾坤定矣;卑高以陳,貴賤位矣;動靜有常,剛柔斷矣;方以類聚,物以群分,吉凶生矣;在天成象,在地成形,變化見矣。是故剛柔相摩,八卦相盪。鼓之以雷霆,潤之以風雨。日月運行,一寒一暑。乾道成男,坤道成女。乾知大始,坤作成物"。

調變陰陽,因緣動靜,百物以此著,萬類由此生;禮樂猶乾坤,故亦相須爲用也。

禮記樂記云:

"樂由中出,禮自外作。樂由中出故靜,禮自外作故文"。

鄭注云:

"文猶動也"。

姚際恒云:

"以樂屬靜亦未允;下云樂由天作,不息者天,一動一靜諸說,則又以樂屬動,何與?"(禮禮記集說卷六十八)

樂靜禮動，姚氏疑與本節所述樂自天作，禮以地制之說相違。然細繹之，所謂'樂靜'者，蓋以樂可使人'欲心平，躁心釋'（周子通書樂上）；所謂'禮文'（不取鄭注）者，蓋以禮可使人有威可畏，有儀可象'（左傳襄三一）也。乃就倫理學觀點而言，與本節就形上學觀點而言，亦無衝突。陳暘云：

"方陽之復也，雖動而靜，此樂由中出所以爲靜也；方陰之出也，雖靜而動，此禮自外作所以爲文也。易言乾之靜專，坤之爲文，如此而已"。（樂書卷十一）

陽之復也，如乾之靜專，雖動而靜；陰之出也，如坤之爲文，雖靜而動。陳氏所言頗爲牽强，亦不足信也。

五

無論就三種觀點中之任何一種言，禮樂二者，均須不偏不倚，相反相成。禮記樂記云：

"樂者爲同，禮者爲異。……樂勝則流，禮勝則離"。

孔疏云：

"'樂勝則流，禮勝則離'者，此明雖有同異而又有相須也。勝猶過也。若樂過和同而無禮，則流慢無復尊卑之敬；若禮過殊隔而無樂，則親屬離析無復骨肉之愛。唯須禮樂兼有，所以爲美"。

方慤云：

"同則有情以相親，異則有貌以相敬。然能同而不能異，則樂勝於禮，其和至於流矣；能異而不能同，則禮勝於樂，其體至於離矣。禮樂不相勝，而無流離之患，則能事畢矣"。（禮記集說卷九十二）

樂勝於禮,則分際曖昧而不敬;禮勝於樂,則精神隔閡而不親。此就第一種觀點,言禮樂之必須得其平衡。禮記樂記云:

"樂由中出,禮自外作。……大樂必易,大禮必簡"。

樂不易,則流於妖淫愁怨;禮不簡,則成爲繁文縟節。此就第二種觀點,言禮樂之必須得其平衡。樂記又云:

"樂由天作,禮以地制。過制則亂,過作則暴"。

陳暘云:

"過制則失序矣,離而爲慝禮,能無亂乎? 過作則失和矣,流而爲淫樂,能無暴乎"? (樂書卷十二)

黃佐云:

"過制則失其序,如陰過而肅,物之成者復壞矣,故亂;過作則失其和,如陽過而亢,物之生者反傷矣,故暴"。(樂典卷二十六)

過作樂,如陽多而亢,則暴戾而失和;過制禮,如陰多而肅,則紊亂而失序。此乃就第三種觀點,言禮樂之必須得其平衡也。

總而言之,禮樂雖爲兩體,其實則只一元。且如天枰懸空雙盤之分量必須相等;倚輕倚重,均失其正。禮記樂記云:

"禮主其減,樂主其盈。禮減而進,以進爲文;樂盈而反,以反爲文。禮減而不進則銷,樂盈而不反則放;故禮有報而樂有反。禮得其報則樂,樂得其反則安。禮之報,樂之反,其義一也"。

樂之體本'盈',即向前發越;禮之體本減,即向後收縮。若任樂向前發越,則必超過限度而至於放;任禮向後收縮,則必不及限度而至於'銷'。必也,樂盈而反',即使向前發越者向後收縮;'禮減而進',即使向後收縮者向前發越。然後始可不銷不放,且安且樂。前種作用謂之'反',後種作用謂之'報';報與反,皆在使禮樂不偏不倚,而得其平衡之狀態,故曰'其義一也'。

此種平衡之狀態,在禮曰中,在樂曰和。周禮地官大司徒云:

"以五禮防萬民之僞,而敎之中;以六樂防萬民之情,而敎之和"。

禮修外以治躬,以防人之行爲;樂修內以治心,以防人之情思。又春官大宗伯云:

"以天產,作陰德,以中禮防之;以地產,作陽德,以和樂防之"。

天產屬陽,故作陰德之禮以防之;地產屬陰,故作陽德之樂以防之。陳淳云:

"禮只是中,樂只是和;中和是禮樂之本"。(北溪先生字義卷下

行爲與情思不過侈,陰與陽不偏勝;是禮樂交相爲用,而得其平衡之狀態。若去樂以言禮,禮失其中,則爲'匿禮';若去禮以言樂,樂失其和,則爲'淫樂'。是皆不明禮樂一元之理,而使禮樂有一偏之患,失其本矣。

——摘自《清華學報》1936 年 11 卷第 1 期

禮學略說

禮學浩穰。遽數之不能終其物。悉數之、乃留、更僕未可終也。於是提其綱維。撮其指意。其言著略。故曰略說。凡所稱引悉本舊聞。我無加損焉。扶微輔弱。予病未能。聚訟佐鬭。我亦未暇。誦數而已，無能往來。慎之至也。

六藝經傳以千萬數。而禮文尤簡奥。今卽以二經二記計之。周禮四萬五千八百六字。（鄭耕老所計）儀禮五萬六千六百二十四字。（閻若璩計）禮記九萬九千二十字。（鄭所計）大戴禮記三萬七千八百七十五字。（據孔廣森所計得此總數）較之春秋三傳雖差爲少。然其歷時修短。含義廣偏。則迥不侔。故曰。累世不能通，當年不能究。非虛言也。然經禮三百。曲禮三千。（見禮記禮器）其數彌多。先哲制作之舊。今不過存什一于千百耳。欲考古禮之詳尙患其少。寧患其多哉。

禮學所以難治。其故可約說也。一曰古書殘缺。一曰古制茫昧。一曰古文簡奥。一曰異說紛紜。古禮自孔子時而不具。班爵祿之制，孟子已不聞其詳。周禮僅存五篇。其中全職亡失者。則有司祿、軍司馬、輿司馬、行司馬、掌疆、司甲、掌察、掌貨賄、都則、都士、家士。其它闕捝廢滅猶不計焉。古文記二百十四篇。今合大小戴猶不能足此數。且石渠奏議、五經異義、六藝論、聖證論、何承天禮論、劉秩政典、莫非禮家要籍。而無一全者。此一事也。史記言封禪曠遠者千有餘載。近者數百載。故其儀闕然堙滅。其詳不可得而記聞。漢世儒者已不能辨明封禪事。故劉子駿稱國家將有大事。若立辟雍封禪巡狩之儀。則幽冥而莫知其原也。夫封建之制。稅斂之法。學校以教民。禘祫以追遠。宮室則有明堂。飲食則有大饗。此皆大事。非復微瑣儀文之比也。而說者紛錯。迄無定論。夫非古制茫昧明文難徵之故與。此二事也。周官有故書今書。儀禮有古文今文。卽禮記亦非一本。故序謝制異。因聲近而提殺。觚觗形殊。緣寫亂而爭駁。英蕩之義。變从竹而意歧。郊宮之名。改爲蒿而說詭。此文字之難定也。古之立文。有詳此而略彼。有舉外以包中。有互文。有變例。數其科別。亦已猥繁。三禮之中、儀禮尤爲難讀。鄭君作注。其辭簡質。有時字少于經。禮記可諷誦者無過通論諸篇。其詮釋禮經者。微通經亦無由通記。況羨文錯簡往往有之。此文辭之難通也。宮正司農舊讀、鄭以爲不辭。大功售傳之文、鄭以爲失次。禮記句讀尤多詭奇。周公曰豈不可。時人已昧其言。公罔之裘言者不在此位。後世孰明其旨。此句讀之難辨也。禘本祭天。而追享亦稱禘。祧爲遷廟。而祖廟通謂之祧。昏禮主人之稱在前爲舅。在后爲壻。喪服兄弟之號或施同族。或稱外姻。十升爲斗。四升亦曰斗。計米稱秉。計禾亦稱秉。一社稷也、或爲地示之號。或爲配祭之人。一諸公也、周官則指上公。儀禮則爲三監。鄉或晐郊。而鄉里郊里有別。肆通訓解。而豚解體解有殊。罍尊異物。更有罍尊。圭璧各形。復有圭璧。此名稱之難壹也。凡此四科。皆古文簡奧之說也。此三事也。有一制而數文異說者。如周禮禮神六玉、卽儀禮之方明。然周禮上璧下琮。儀禮則上圭下璧。此猶爲兩書也。至大宗伯之社稷卽司服之社稷。一則在山川上。一則在山川下。則同一書而前後違牾已。有一文而數家異說者。今文古文往往差異。姑置勿談。卽同一師承。立說亦復不齊壹。故馬融周官傳譏鄭衆獨以書序言成王既黜殷命、還歸在豐、作周官、則此周官也、失之矣。又譏賈逵以爲六鄉大夫則冢宰以下及六遂爲十五萬家、絙千里之地、其謬焉。鄭賈馬淵源相接。說之歧舛如此。又何怪後世曉曉讙咋乎。有一人而前後異說者。同一四望之說。先鄭于大宗伯曰。日月星海。于小宗伯曰道氣出入。一城方之說，後鄭于書傳注作二解。前解云。宜自七以殺。後解云。宜自九以殺。周禮注毛詩箋則又同後解。其佗游移不定似此者多。凡此三科。皆所謂異說紛賾也。此四事也。夫以禮學奧博。益以四事。彌覺研覈之難。此所以有講誦師言、至於百萬、猶有不解者也。說禮所據。有明文。有師說。明文者。禮之本經。則周禮儀禮是也。師說有先後。先師說非無失違。後師說非無審諟。要其序不可亂也。漢書王莽傳。莽上奏爵邑之制曰。實考周爵五等。地四等。有明文。殷爵三等。有其說。無其文。所謂有明文者。爵五等見周官。地四等出王制。

所謂有其說者。但有春秋公羊家說也。禮緯有殷爵三等之言、據鄭康成說、纖緯之出當六國之亡、則王巨君亦得據之矣、然匡衡當元帝時、議立孔子世爲殷後。所據則禮記孔子自稱殷人、而云先師所共傳。元帝乃以其語爲不經。夫記有明文而曰不經。卽明記非經之比矣。蓋以王制爲明文猶未善也。成帝時、梅福復援引穀梁請封孔子之後。于是推迹古文。以左氏穀梁世本禮記相明。遂下詔封孔子世爲殷紹嘉侯。是則以古文爲明文而以師說輔之也。及許叔重作五經異義。時時引明文以決從違。故玉璽之說、石主之說、鸞和之說、雖出傳記、皆謂無明文、遂無以決之。獨說力征並引禮戴說、古周禮說。乃云五經說各不同。是無明文可據。則又不以周禮爲明文。所以來康成之駮也　張融有言。以周禮孔子之言爲本。穀梁說及小記爲枝葉。石渠論白虎通爲證驗。其分別至明。固知師說短長。斷以經義。經義差牾。出以彌縫。師說紛岐。考其證左。此乃治經之通法。非獨治禮爲然。或者是末師而非往古。背傳記而信野言。或又曰。据明文何論家法。似皆失之。

董景道說經。三禮之義皆遵鄭氏。著禮通論非駮諸儒。演廣鄭旨。此由鄭學精博貫通。亦緣鄭氏以前未有兼注三禮者。以周禮儀禮小戴禮記爲三禮亦自鄭始、隋書經籍志三禮目錄一卷、鄭玄撰、故舍鄭無所宗也。周官舊有傳四篇。亡矣。儀禮喪服有子夏傳。而十七篇有記者十二篇。士冠、士昏、鄉飲酒、鄉射、燕禮、聘禮、公食大夫、覲禮、喪服、既夕、士虞、特牲、饋食、藝文志所載記百三十一篇、明堂陰陽王史氏曲臺后倉中庸說明堂陰陽說等、以及今之小戴記四十九篇、大戴記二十九篇、皆傳訓章句之屬也。然或存或亡。存者又文義簡質。非注莫解。東漢說周禮者、鄭興及子衆、衛宏、賈逵、馬融、皆作周禮解詁。今惟鄭康成注孤行百代。說儀禮者僅馬季長注喪服經傳一篇。至全注十七篇亦自鄭氏始。禮記雖有馬融（見東漢會要、）盧植。今皆不傳。禮記釋文及疏云鄭亦竝依盧馬之本而爲注。然後之言小戴者皆傳鄭氏。鄭又考正禮圖。存古遺制。是三禮之學萃于北海。故大戴記鄭所未注則若存若亡。八十五篇遂殘其半矣。由晉及唐、諸經所主或有不同。至于詩共宗毛。禮同遵鄭。卽王肅李譔之倫有心異鄭。學終未昌。此必有由來矣。尋康成戒子書云。思述先聖之玄意。整百家之不齊。其周禮序稱揚鄭衛賈馬。謂其所變易灼然如晦之見明。其所彌縫奄然如合符復析。其自言注經之意則曰。天下之事以前驗後。其不合者何可悉信。是故悉信亦非。不信亦非。此可知鄭君之雅達廣攬。博綜衆長矣。雖良玉有瑕。終爲良玉。後人或攻瘢索痏。抑補闕拾遺。終不硋其爲絕學也。若夫質于辭訓。通人頗識其繁。（後漢書本傳語、）然觀鄭志答張逸云。文義自解。故不言之。凡說不解者耳。衆篇皆然。是知注文本簡。有時不得不繁。豈秦近君說堯典篇目二字至十餘萬言之比哉。

今欲通三禮鄭學。又非假道於陸孔賈杜四家之書無由。陸氏經典釋文序錄載當時所見三禮異本、自馬盧王肅外、凡二十餘家。而梁皇侃禮記義疏及喪服義疏亦在錄中。自晉宋逮于周隋、傳禮業者江左尤盛。其爲義疏者南人賀循、賀瑒、庾蔚之、崔靈恩、沈重、范宣等。皇氏特其一耳。北人有徐遵明、李業興、李寶鼎、侯聰、熊安生等。唐初孔穎達等奉勅修正義。時行世者惟皇熊二家。故據皇爲本而補之以熊。賈疏周禮、依文獻通考引董逌說、實據沈重義疏。兼據陳劭周禮異同評重疏。其疏儀禮則云。爲章疏者有二家。信都黃慶者。齊之盛德。李孟哲者。隋日碩儒。時之所尚。李則爲先。喪服章疏甚多。時人皆資黃氏。是則賈所本者惟此二家。沈重亦有儀禮義疏、不審亦爲賈所據否、要之孔賈皆因舊疏而致功。不盡爲已義也。南史何承天傳稱先是禮論有八百卷。承天刪減。并各以類相從。凡爲三百卷。又徐勉傳。徐勉受詔知撰五禮。大凡一百廿帙。一千一百七十六卷。八千二十九條。其後杜佑通典刪取以爲禮典。其述歷代沿革者六十五卷。則向來禮論之菁英也。綜觀四家之書。陸氏釋文成于陳世。所載異本異讀略備。六朝故誼賴此見其梗概。與後來顏師古定本、孔賈二疏、開成石經、多有不同。讀三禮者先辨音義。則此書其管籥也。孔疏雖依傍皇疏、然亦時用彈正。采摭舊文。詞富理博。說禮之家、鑽研莫盡。故淸世諸經悉有新疏。獨禮記闕如者。亦以襄駕其上之難也。賈疏周禮郅爲簡當。雖不無委曲遷就。而精粹居多。故孫氏新疏仍用者十之七八也。儀禮疏有條不紊。徵言既富。闡義亦周。對于經注細心推勘。如遇不合。必求其致誤之由。其博不及孔。而精細則過之。

通典新載議禮之文。大都縝密以栗。欲談典制而又工屬文。固非此莫宗已。唯王鳴盛譏其繁複。又言其書偶涉經處每駁去古義。別叛新說。蓋唐中葉經學已亂。故佑多徇俗。王氏之言疑非篤論耳。

六朝義疏一經多至數十家、前所舉乃其著者、自唐已後、歷宋至元、禮學之書亦可謂多矣。舉其卓躒殊特、爲治禮者所必宜參稽、則亦可數也。自鄭氏爲禮圖。其後阮諶、夏侯、伏朗、張鎰、梁正繼作。宋初聶崇義采舊圖而爲三禮圖集註。雖或疏舛。然言禮圖者未能棄也。王安石周禮新義、于訓詁字義穿鑿實多。然亦發揮經旨。未可以彼託行新法而遂屏其書也。陳祥道禮書多攻駁鄭學。而依據王氏新說爲多。然解釋名物與圖合行 實唐宋以來言禮者之總略也。王與之周禮訂義萃宋人說周禮之精華。陳友仁周禮集說亦賅洽。末附俞廷椿復古編、可見割裂經文之所自也。朱子儀禮經傳通解欲以通禮之倫類。後之禮書綱目、五禮通考、禮經釋例、皆師放而爲之。其釐析經文。每一節後輒爲之標題。後之儀禮鄭注句讀、儀禮章句、亦皆師放而爲之。李如圭儀禮集釋全載鄭注。旁輯舊訓。復作儀禮釋宮以考古宮室之制。今之專考古名物而成一編。如弁服釋例之倫。固師李氏之意也。楊復儀禮圖詳繪禮經各篇陳設之方位。功亦勤矣。後來張黃諸圖自當益加詳密。而楊氏創始之功亦未可末殺也。衞湜禮記集說博求諸家零篇碎簡。收拾略徧。卽抵排鄭孔而援據明白者亦併入甄錄。或云微傷于繁。亦不硋爲說禮之淵棷也。敖繼公儀禮集說自序云。此書舊有鄭康成注。疵多而醇少。予今輒刪其不合于經者而存其不謬者。是其書輕詆鄭注。意旨已明。故淸世褚寅亮作儀禮管見。於敖說之故與鄭違而實背經訓者。一一訂正。四庫目錄乃云敖書于鄭注有所去取而無所攻擊。豈其然乎。元人陳澔有所謂禮記集說者。自明永樂以來。科舉以之試士。或言其可取者甚少。由今觀之。蓋雖列于學官。而非禮家所重云。

淸世禮家輩出。日趨精密。于衣服宮室之度。冠昏喪祭之儀。軍賦官祿之制。天文地理之說。皆能攷求古義。羅縷言之。略舉其人。則崐山徐乾學健菴、鄞萬斯大充宗、斯同季野、濟陽張爾岐稷若、吳惠士奇天牧、子棟定宇、仁和杭世駿大宗、婺源江永愼修、休甯戴震東原、金匱秦蕙田味經、歙金榜輔之、程瑤田易疇、金壇段玉裁若膺、長洲褚寅亮搢升、吳江沈彤果堂、嘉定王鳴盛鳳喈、興化任大椿子植、曲阜孔廣森顨軒、山陽丁晏儉卿、績谿胡匡衷樸齋、其孫培翬竹村、涇胡承珙墨莊、嘉定金曰追璞園、儀徵阮元伯元、甘泉焦循理堂、江都汪中容甫、歙淩廷堪次仲、武進張惠言皋文、侯官陳壽祺恭甫、南海曾釗勉士、江都淩曙曉樓、臨海金鶚秋史、洪頤煊筠軒、其弟震煊楙堂、德淸許宗彥周生、句容陳立卓人、遵義鄭珍子尹、番禺陳澧蘭甫、定海黃以周元同、瑞安孫詒讓仲容、先師德淸俞君、儀徵劉君。此皆有成書。可以爲埻。則其攷釋經記。宣明古訓。往往超越漢唐之儒。而亦有不分師說之病。至于篤守專家。按文究例。守唐人疏不破注之法者。亦鮮見其人也、羣書之中、搴其茗潁。則江氏周禮疑義舉要、融會鄭注而參以新說・惠氏禮說于古音古字多所疏通。于註引漢制求其原委。則後之爲漢讀考漢制考者當以此爲先河也。戴氏始爲考工記圖。阮氏繼之。彌爲精核。及孫氏周禮正義出而後此經古義靡不搜羅。後之攷周官者未有能舍是者也 儀禮要籍無過于淩氏之禮經釋例。胡氏之儀禮釋宮。張氏之儀禮圖。而尤精備者。則推胡氏之正義。其書四例。曰補注。曰申注。曰附注。曰訂注。蓋無所依違。期爲通學。惜全書未成。補之者弟子江甯楊大堉。未能稱也。禮記孔疏翔實。後儒未易加。故新疏獨闕。朱彬訓纂義不師古。其餘短促。未足成爲巨編。至通論三禮之書。若禮書綱目、白虎通疏證、禮箋、求古錄、禮說、禮學巵言、五禮通考、禮書通故。此皆博綜經記。包含至富矣。其間家法分明。則宜數句容之陳。文辭廉悍。則無如臨海之金、析義詳密。則莫過定海之黃。洵能循是擘撢。寧有擿埴冥行之患哉。大戴禮記以孔氏補注孫氏斠補爲最善、三禮中周禮廣大。儀禮繁密。禮記紛錯。等之未有易治者。陳蘭甫謂儀禮難讀。昔人讀法略有數端。曰分節。曰繪圖。曰釋例。又謂讀禮記當略仿劉向別錄之法。分類讀之。則用志不紛。易得門徑。孫仲容謂周禮五篇文繁事富。要以大宰八法爲綱領。衆職分陳。區畛靡越 蒙案二說皆是。然治禮次弟。竊謂當以辨字讀析章句爲先務。次則審名義。次則求條例。次則括綱要。庶幾於力鮮。於思寡。省竹帛之浮辭。免煩碎之非諳乎。辨字讀析章句奈何。辨字者、經記殊文。緣聲同而假借者有之。緣字近而譌誤者有之。緣字別而師說違異者有之。先師說字不與說文相應者亦有之。視之作示。士昏禮今文、裸之作果。大行人故書、此聲同假借也。觝之爲觚。駁五經異義、焉之爲馬。縫人、此字近譌誤也。士昏禮當阿。阿、棟也。今文阿爲庪。庪非阿也。太宰九貢二曰嬪貢。謂絲枲也。故書嬪作賓。賓非嬪也。此字別而師說違異者也。說文祀禩同字。杜子春讀禩爲祀。是不以爲一字也。資齎異字。鄭康成則云資齎同耳。其字以齊次爲聲。從貝變易。是以爲一字也。說文豐象形。而鄭云从豆凷聲。說文有股肱字。从月。殳聲。而士虞禮古文有左股上注曰。此字从肉殳。非殳矛之殳聲，是謂別有一股字爲脰字之異文也。說文據古文而作。然小祝置銘。今書或爲名。是銘爲古文也。而說文無銘字。士昏禮北止。古文止作趾。是趾爲古文也。而說文無趾字。凡許說與經本經說不相應者類如此。或欲一槪齊之則非矣。辨讀者。斷句有殊。則指意因之而異。御史掌贊書句數凡從政者 鄭司農讀言掌贊書數。後鄭以爲不辭。故改之。蓋既以數字上屬。下句但云凡從政者不成句。辭卽句、荀子云、辭也者、集異實之名以論一意也、所以必須改之也。何劭公譏學者援引他經。失其句讀。在漢時尚有此。則今日尤宜加之意已。如周禮州長各掌其州之教治政令之法。教治政令猶黨正云政令教治。亦猶鄉大夫之政教禁令。族師之戒令政事也。而賈疏讀至教字爲句。別以治政令之法爲句。則不辭矣。儀禮大射儀君與賓耦射節云。賓降取弓矢于堂西。諸公卿則適次。下文又云。公將射。則賓降適堂西。諸公卿取弓矢于次中。似賓與公卿有兩次取矣。不知節首二句乃預說下文而分別之。當讀云賓降取弓矢逗于堂西句諸公卿逗則適次。句此明賓與公卿取矢之地不同。句讀明而義旨亦憭然矣。記檀弓篇。孔子少孤不知其墓句舊讀殯于五父之衢句人之見之者皆以爲葬也。句其愼也蓋殯也愼讀爲引、六字句、問于郰曼父之母句然後得合葬于防。此文依注。于情理有不可通。今依孫遂人江愼修說更考之。則其文當曰。孔子少孤句不知其墓殯于五父之衢句十字人之見之者皆以爲葬也句問于郰曼父之母逗蓋殯也句然後得合葬于防句其愼也。句如此則情理允愜。不致如注疏之說厚誣宣尼也。析章句者。發明章句。始于子夏。故豳風東山之詩篇義有一章二章三章四章之明文。楚莊王稱武王克商作頌、有其卒章共三其六之目、以及左氏說巧言之卒章、靜女之四章、是古而自有篇章之分、子夏殆更闡顯之乎、故三禮亦有篇章之分。竇公獻書。乃大司樂章。是因禮有篇章之分也。鄭君禮器注引儀禮既夕文而云士喪禮下篇陳器。是儀禮節目之分不自賈疏始也。禮記則文王世子有節末標目。如云文王之爲世子也。云教世子。云周公踐阼。樂記亦有子貢問樂之標目。是分章分節且標目以明之。皆古法也。故喪大功章大夫之妾爲君之庶子、女子子嫁者未嫁者爲世公母叔父母姑姊妹二條。以傳文并合顚倒。而舊說遂生誤解。鄭君旣斥爲不辭而釐正傳文之次第。于是經義乃明。故知離析章句乃治禮之始基也。審名稱奈何。荀子曰。爵名從周。文名從禮。說者以爲爵名則五等諸侯及三百六十官。文名卽節文威儀。禮則周之儀禮。是治禮之事固當斤斤于正名。故傳曰。名者。人治之大者也。可不愼乎。然禮之用名。實不畫一。同異兼單共別狀所　然殽亂。則稽實定數之事無以施。故誦數之儒亦皆亂也。昔許君作五經異義引俗語社神爲社公以證其社爲上公之說。康成駁之曰。今人亦謂雷曰雷公。天曰天公。豈上公也。固知無雙之學時復釀嘲。則辨名察號不可不謹也。原經記名稱之所由難辨者。或一名而含義甚廣。或二名而爲異無多。或家常稱而誼則大殊。或加微別而辭終不溷。亦有詳此略彼。舉輕包重。通言別言有判。對言散言有分。然名以定事。事以檢名。察其所以然。則形名之與事物無所隱其理矣。今試舉二事言之。如禘禮、鄭王異義。舛戾難定。依鄭義則禘爲最大之祭之名。天人共之。故祭圜丘稱禘。夏正南郊稱禘。禘于大廟稱禘。卽地祇之祭方丘亦稱禘。人鬼之祭祫大于禘亦稱禘。南郊可稱禘。則北郊祭后土亦可稱禘。南郊祭上帝可稱禘。則明堂祭上帝亦可稱禘。三歲一禘。廟祀定制。旣稱禘三年喪畢之終禘。卽吉禘亦可家禘之稱。是禘之一名所包至廣。若王子雍之義。則據爾雅禘大祭繹又祭連文。以爲皆祭宗廟之名。謂禘祭爲祭廟。非祭天。又以祭法說禘無圜丘之名。周官圜丘不名爲禘。故大傳言王者禘其祖之所自出。以其祖配之。所謂祖卽后稷。所自出卽嚳也。（鄭義以所自出爲天、祖爲嚳、）由是譏鄭君亂禮之名實。今案二家之義。南北師儒申彼絀此。自非詳察禮名。焉得有定論哉。又如兄弟昆弟本屬通言。而在禮經則多析言之。蓋昆弟專施于同父。其異父者必加從父從祖以爲別。而兄弟之稱有時卽指昆弟。有時上兼大功之親。而喪服傳乃云小功以下爲兄弟。是又專指小功以下也。又兄弟之稱宜兼同輩。而喪服所稱則尊卑不必與己同。同族異族皆然。故大功章經云。大夫爲世父母叔父母昆弟昆弟之子爲士者。記云。大夫于兄弟降一等。此兄弟卽包經所稱而言。服問云。公子之妻爲公子之外兄弟。注云。謂爲公子之外祖父母從母緦麻。疏申之云。此等皆小功之服。凡小功者皆爲兄弟。以外族故稱外兄弟。是兄弟之稱所晐極衆也。至兄弟昆弟有必不可溷者。如喪服記言夫之所爲兄弟服、妻降一等。此兄弟服三字連讀。非指人言。乃指服言。降一等之文又明有無服者。晉成粲乃改記文兄弟爲昆弟。又刪之所二字。以爲嫂叔大功之證。唐世遂爲嫂叔制小功服。又爲弟妻及夫兄亦小功。近世萬斯同徐乾學並從粲說。不知大功章傳明言夫之昆弟無服。（檀弓言嫂叔之無服也、蓋推而遠之也、）名義一亂。紕繆重貤。然則治禮者舍深藏名號。何所首務乎。求條例奈何。發凡言例。本禮經之舊法。周禮之列數陳事。條理粲然。此同凡之大者。雖不言凡。而義在晐括可知也。至其明言凡而屬通例者。如屨人云。凡四時之祭祀以宜服之。牧人云。凡時祀之牲必用牷物。司几筵云。凡吉事變几。凶事仍几。職方氏云。凡邦國小大相維。王設其牧。大行人云。凡諸侯之卿。其禮各下其君二等。以下及其大夫士亦如之。此皆言凡之明文。使人循之而得其統貫者也。儀禮中經文言凡者尙稀。至記之言凡者則不可勝數。如鄉飲酒禮記云。凡奠者於左。將舉於右。凡旅不洗。不洗者不祭。禮記曲禮云。凡爲人子之禮云云。凡與客入者云云。凡進食之禮云云。凡爲君使者云云。此皆記之言凡。果蒐集而排比之。卽可求經之倫類。鄭君注禮。大抵先就經以求例。復據例以通經。故經文所無。往往据例以補之。經文之誤。往往据例以正之。如喪服齊衰三月章止言曾祖父母。而注兼高祖言之。又大夫爲宗子注云。宗子旣不降其母。妻亦不降。此其據例補經也。如大射儀小臣詔揖諸公卿大夫。諸公卿大夫西面北上。注云。上言大夫。誤衍耳。以大夫諸公卿與有異。下又特言揖大夫。大夫皆少進。故知此大夫大夫四字皆誤衍。聘禮私覿節。士介請覿。擯者執上幣以出禮請受。賓固辭。注云。固衍字。當如面大夫也。以下士介面大夫但言賓辭。不言固。故知此固爲衍字。此其据例以正經也。陳蘭甫云。有鄭注發凡而賈疏辨其同異者。有鄭注不云凡而與發凡無異。疏申明爲凡例者。有注不發凡而疏發凡者。有經是變例注發凡而疏申明之者。有疏不云凡而無異發凡者。綜而論之。鄭賈熟于經例。乃能作注作疏。注精而簡。疏則詳而密。分析常例變例。究其因由。近時則凌氏禮經釋例善承其學。大有助于讀禮經者矣。案近儒推求禮例。自以凌氏爲巨擘。其餘補苴罅漏。精確不移者。亦不乏人。且如黃元同釋隋祭之例。陳蘭甫釋三大樂之例。孫仲頌釋九旗之例。此皆近師所爲而彌縫密合。實有過于前人者。循此舊文以讀經記。展轉參照。通其倫類不難矣。括綱要奈何。論語。顏囘請問禮目。鄭注云。欲知其要。蓋以三百三千卒難周備。故請問其要目。劉向校書。每一書已。向輒條其篇目。撮其指意。錄而奏之。是知記事提要。卽用日少、畜德多之方也。禮記中如禮器一篇。其撮論禮意。如云禮時爲大。順次之。體次之。宜次之。稱次之。如云禮有以多爲貴者。有以少爲貴者。有以大爲貴者。有以小爲貴者。有以高爲貴者。有以下爲貴者。有以文爲貴者。有以素爲貴者。如云君子之于禮也。有所竭情盡愼、致其敬、而誠若。有美而文、而誠若。有直而行也。有曲而殺也。有經而等也。有順而討也。有摲而播也。有推而進也。有放而文也。有放而不致也。有順而摭也。此諸文者。皆能掇其大要。不爲繁説。其佗若郊特牲之括論冠昏及祭。大傳之括論喪服。以及冠義以下諸篇皆各就一禮而陳其梗概者也。漢以來說經之書簡要明晳者。殆無過白虎通德論。設主客之問。望似繁碎。其實簡明。若辯論之文。舉紛紜之說。而能使之有條秩者。尤不可勝數。今舉鄭君魯禮禘祫志、及譙周論昏年、束晳論昏期之文、以示例。鄭君之論禘祫也。先據春秋以考魯禮禘祫之疏數。而後斷言之曰。儒家之說禘祫也。通俗不同。學者競傳其聞。是用訩訩爭論。從數百年來矣。竊念春秋者。書天子諸侯中失之事。得禮則善。違禮則譏。可以發起是非。故據而述焉。從其禘祫之先後。考其疏數之所由。而粗記注焉。魯禮三年之喪畢。則祫于大祖。明年春。禘于羣廟。僖也。宣也。八年皆有禘祫祭。則公羊傳所云五年而再殷祭。祫在六年明矣。明堂位曰。魯王禮也。以此相準況。可知也。案禘祫之說當以鄭君所推三年禘五年祫之論爲定。此文簡當極矣。譙允南之論昏年也。以周禮及二戴記穀梁並有男子三十娶女子二十嫁之明文。而與左氏國語十五生子喪服有爲夫長殤之文不合。漢魏諸儒紛紛異說。或謂天子下至庶人同三十娶二十嫁。或謂大夫士以上不拘年數。或謂男十六女十四以上可嫁娶。三十二十言其極法。故譙氏論之曰。國不可久無儲貳。故天子諸侯十五而冠十五而娶。娶必先冠。以夫婦之道、王教之本。不可以童子之道治之。十五爲成童。以次成人。欲人君之早有繼體。故因以爲節 書稱成王十五而冠。著在金縢。周禮媒氏曰。令男三十而嫁。女二十而娶。內則云。女子十五而笄。說曰。許嫁也。是故男自二十以至三十、女自十五以至二十皆得以嫁娶。先是則速。後是則晚。凡人嫁娶或以賢淑。或以方類。豈但年數而已。若必差十年乃爲夫婦。是廢賢淑方類。苟比年數而已。禮何爲然哉。則三十而娶二十而嫁說嫁娶之限。蓋不得復過此爾。故舜年三十無室。書稱曰鰥。周禮云。女子年二十未有嫁者。仲春之月奔者不禁。奔者。不待禮聘。因媒請嫁而已矣。此文說昏年無定。鄧爲精塙。足以釋諸家之紛矣。束氏之論昏期也。以周禮中春之月令會男女。與夏小正二月綏多士女之文合。而與荀子霜降逆女冰泮殺止之文不合。故鄭王二氏各有所主。爲二家之學者互相攻詰。未見閎通。故束氏論之曰。春秋二百四十年。魯女出嫁、夫人來歸、大夫逆女、天王娶后、自正月至十二月、悉不以得時失時爲褒貶。何限于仲春季秋以相非哉。若婚姻季秋期盡仲春。則隱二年冬十月、夏之八月、未及季秋。伯姬歸于紀。周之季春、夏之正月也。桓九年春、季姜歸于京師。莊二十五年六月、夏之四月也。已過仲春。伯姬歸于杞。或出盛時之前。或在期盡之後。而經無貶文。三傳不譏。何哉。凡詩人之興。取義繁廣。或見譬類。或稱所見。不必皆可以定時候也。周禮以仲春會男女之無夫家者。蓋一切相配合之時。而非常人之節。曲禮曰。男女非有行媒不相知名。故日月以告君。齋戒以告鬼神。若常人必在仲春。則其日月有常。不得前却。何復日月以告君乎。夫冠昏笄嫁男女之節。冠以二十爲限。而無春秋之期。笄以嫁而設。不以日月爲斷。何獨嫁娶當係于時月乎。王肅云。昏姻始于季秋。止于仲春。不言春不可以嫁也。而馬昭多引春秋以爲之證。反詩相難。錯矣。兩家俱失。義皆不通。通年聽婚。蓋古正禮也。杜君卿評之曰。婚姻之義在于賢淑。四時通用。叶于詩禮。安可以秋冬之節方爲好合之期。先賢以時月爲限。恐非至當。束氏之說暢於禮矣。以上所舉三文皆能以簡明之辭。定異同之說。三禮中似此者難以悉陳。學者果能執其綱要。通此學不爲難矣。若夫孔賈二疏。或因一二語而作疏至數千言。或括一禮之繁文不過數百言。有時博洽。有時精約。皆使人由之而得其綱要者已。

有禮之意。有禮之具。有禮之文。何謂禮意。郊特牲曰。禮之所尊。尊其義也。失其義。陳其數。祝史之事也。故其數可陳也。其義難知也。傳記之言發明禮意者所在而是。且如三年之喪。人道之至文者也。然自周衰禮廢。滕之父兄百官不欲文公行喪。而曰宗國魯先君莫之行。吾先君亦莫之行。即孔子門人如宰我者有可期之論。則異端之肆譏。如墨家、後儒之妄說。如杜預、何足責乎。然試觀三年問之論制喪之意。自非惷愚。未有不泣下沾襟者。其言曰。凡生天地之間者。有血氣之屬必有知。有知之屬莫不知愛其類。今是大鳥獸則失喪其羣匹。越月踰時焉、則必反巡過其故鄉。翔回焉。鳴號焉。蹢躅焉。踟躕焉。然後乃能去之。小者至于燕雀。猶有啁噍之頃焉。然後乃能去之。故有血氣之屬者莫知於人。故人于其親也至死不窮。將由夫患邪淫之人與。則彼朝死而夕忘之。然而從之。則是曾鳥獸之不若也。夫焉能相與羣居而不亂乎。將由夫修飾之君子與。則三年之喪二十五月而畢、若駟之過隙。然而遂之。則是無窮也。故先王焉爲之立中制節。壹使足以成文理。則釋之矣。觀此則三年之喪乃令賢者俯就。原非過情。而毀之者不知禮意也。又如喪禮繁文皆有所爲。或厭而欲去之。其極則反天下之心。天下不堪。然試觀檀弓載子游之言。則是喪禮有不可妄訾者。其言曰。有子與子游立。見孺子慕者。有子謂子游曰。予壹不知夫喪之踊也。予欲去之久矣。情在于斯。其是也夫。子游曰、禮有微情者。有以故興物者。有直情而徑行者。戎狄之道也。禮道則不然。人喜則斯陶。陶斯咏。咏斯猶。猶斯舞。慍斯戚。戚斯歎。歎斯辟。辟斯踊矣。品節斯、斯之謂禮。人死、斯惡之矣。無能也、斯倍之矣。是故制絞衾。設蔞翣、爲使人勿惡也。始死。脯醢之奠。將行。遣而行之。既葬而食之。未有見其饗之者也。自上世以來未之有舍也。爲使人勿倍也。故子之所刺於禮者。亦非禮之訾也。觀此則喪禮儀文無不具有微意。後世雖不能盡行。而不可以是非古人也。自傳記之後。師儒能言禮意者多矣。要以鄭君爲最精。如陳蘭甫所舉二條可見。即孔賈二疏推明經注之微旨者。亦復不少。此外先儒所論。能燕前疑。如何平叔之論嫂叔無服。云男女相爲服。不有骨肉之親。則有尊卑之異。嫂叔親非骨肉。不異尊卑。恐有混交之失。推使無服也。元行沖之論父在爲母期云。聖人制服降之理。豈不知母恩之深、但尊祖貴禰。欲其遠別禽獸。近異夷狄。此皆言簡而精。究洞聖人之微旨已。何謂禮具、周禮一經數言辨其名物。凡吉凶禮樂自非物曲固不足以行之。是故祭有祭器。喪有喪器。射有射器。賓有賓器。及其辨等威。成節文。則宮室車旗衣服飲食皆禮之所寓。雖玉帛鐘鼓非禮樂之至精。舍之則禮樂亦無所因而見。故曰德儉而有度。登降有數。文物以紀之。聲明以發之。知此義也。則三禮名物必當精究。辨是非而攷異同。然後禮意可得而明也。今夫堂庭房室。古宮室之制不與今同者也。冠弁帶紱。古衣服之制不與今同者也。飲羞珍醬。古飲食之制不與今同者也。几席尊彝。古器用之制不與今同者也。攷之未明。則禮文觸處疐礙矣。禮器制度昉于漢初叔孫通。其有圖則始于鄭氏。後來學者迭相增改。古制浸以茫昧。至博古集古諸書出。大抵妄傳古名。或乃推尊贋器。益令學者疑矣。今宜據經記之文。稽注疏之言。考之聶氏舊圖。參以近師所繪。其不可強通者。疑以傳疑可也。茲舉一例。周官六尊中有犧象。周禮犧作獻、依先鄭說。則獻讀爲義。義尊飾以翡翠。象尊以象鳳皇。後鄭則云。義讀如沙。義尊刻畫鳳皇。象尊飾以象骨。阮諶禮圖犧尊飾以牛。象尊飾以象。于尊腹之上畫爲牛象之形。此各殊異。本難質正。然參之雞彝鳥彝虎彝蜼彝皆是刻畫其形于彝腹。則犧象必非全刻牛象之形。可比例而明矣。王肅乃云。太和中魯郡于地中得齊大夫子尾送女器有犧尊。以犧牛爲尊。然則象尊。尊爲象形也。聶崇義云。王肅以犧象兩尊並全刻牛象之形。鑿背爲尊。今祭器內有作牛象之形。背上各刻蓮華。坐又與尊不連。比與王義大同而小異。黃以周云。說文犧訓宗廟之牲。亦爲牲之總名。不必定爲牛。古人禽亦稱犧。不特牛羊豕。昭二十二年雄雞自憚其犧。服注昭二十五年左傳云。三犧、雁鶩雉也。阮諶見羲字有从牛。遂謂飾以牛。王肅更以爲象形。于是僞器日出。而齊之子尾送女有牛形之器亦未必定爲犧尊。且犧尊以木爲之。不以金。莊子淮南之文可據。後人作博古圖者。每沿阮王兩說見有牛形文。卽題爲犧象尊。是未知周璞之爲鼠矣。案黃氏之言最爲有識。凡據新掊之器以傳往古之名、必宜謹而言之也。若夫明堂之制。難證訛字于攷工。深衣之形。莫改明文于戴記。前師既無定論。承學又何瞢焉。何謂禮文。節文度數之詳是也。荀卿有言。禮者以財物爲用。以貴賤爲文。以多少爲異。以隆殺爲要。文理繁。情用省。是禮之隆也。文理省。情用繁。是禮之殺也。文理情用相爲內外表裏並行而雜。是禮之中流也。故君子上致其隆。下盡其殺。而中處其中。由此言之。文有繁省。未有廢之者也。故曰至備、情文俱盡。其次、情文代勝。其上、復情以歸太一。然禮器言。禮無禮物威儀以將之。哀敬之情亦無所顯示矣。夫七介以相見。不然則已慤。三辭三讓而至。不然則已蹙。禮有擯詔。樂有相步。皆爲溫藉重禮也。禮之失則或專重儀文而忘其本意。故傳以爲譏。魯昭公如晉。自郊勞至于贈賄無失禮。晉侯謂女叔齊曰。魯侯不亦善于禮乎。對曰。魯侯焉知禮。是儀也。非禮也。屑屑焉習儀以亟言善于禮。不亦遠乎。趙簡子見子大叔而問揖讓周旋之禮。子大叔亦以是儀非禮爲對。似儀文度數爲禮之粗迹者。顧劉子又言。動作禮義威儀之則所以定命。傳以失儀而致誚者不可悉數。是則人而無儀亦不可以行禮矣。治禮學者每苦儀文之煩碎。是故必佐之以圖然後能明。鄭賈作注作疏時蓋先繪圖。陳澧說、今則不可見。至宋而楊復作儀禮圖。清張惠言繼之。于是進退之度、揖讓之節、秩然可觀。循圖讀經、事半功倍矣。若夫拜有九拜。而魯人招稽首之責。祭有九祭。而慶封致汎祭之譏。或得或失。其辨微矣。後人不憭其儀。往往致誤。故士冠禮。冠者見母。母拜。通典以爲瀆亂人倫。而又云。九拜之儀肅拜、今揖也。尊屬欣其備禮。念其成人。以揖示敬。非爽。不知母答拜子。猶之祭禮主人之拜嗣子。禮本無嫌。肅拜爲婦人之正禮。凡言拜未有不跪者。誤始于先鄭以肅拜爲但俯下首。君卿沿其謬耳。且婦人于丈夫無不俠拜。故士冠禮注云。雖其子猶俠拜。必以拜爲嫌。則俠拜尤重矣。是故禮例不明。則如治絲而棼。入山而迷塗。禮例明則其經緯塗徑固井井不亂也。學者考之以圖。審之以例。則禮文同異、與夫詳略降殺之故、始可了然于心。而先哲制禮之意雖歷千載而猶有可窺見者。庶幾免于輕議禮之失也已。

誦詩者不可以强言禮。禮之難言久矣。後世之儒或緣時世遷流。古制難復。或因節文繁碎。俗所憚行。遂致譏于古禮。抑又惑矣。通典四十八議祭立尸曰。古之人樸質。中華與夷狄同有祭立尸焉。有以人殉葬焉。有茹毛飲血焉。有巢居穴處焉。有不封不樹焉。有手搏食焉。有同姓婚娶焉。有不諱名焉。中華地中而氣正。人性和而才惠。繼生聖哲。漸革鄙風。今四夷諸國地偏獷氣。則多仍舊。自周以前天地宗廟社稷一切祭享凡皆立尸。秦漢以降中華則無矣。或有是古者猶言祭尸禮重。亦可習之。斯豈非甚滯執者乎。杜氏自注、引後魏之先及周時巴梁間蠻夷、又唐世柳道州人有祭尸之遺法、以證古之中華與夷狄同、又邊防典序自注文尤詳、厭繁不錄、夫立尸之禮久廢。誠難一旦復行。必欲援引蠻戎。自誣先世。不亦過歟。又七十四賓禮序曰。自古至周天下封建。故盛朝聘之禮。重賓主之儀。天子諸侯卿大夫士禮數服章皆降殺以兩。秦皇帝蕩平九國。宇內一家。以田氏篡齊。六卿分晉。由是臣強君弱。終成上替下陵。所以尊君抑臣。置列郡縣。易於臨統。便俗適時。滯儒常情。非今是古。禮經章句名數尤繁。諸家解釋注疏龐雜。方今不行之典。于時無用之儀。空事鑽研。競爲封執。與夫從宜之旨不亦異乎。案君卿此言良爲紕繆。于時無用。何害鑽研。狥俗惑經。是今非古。亦失平之甚矣。譏禮文煩碎者蓋始于晏嬰。其沮齊景公封孔子。以爲孔子盛容飾。繁登降之禮、趨詳之節。累世不能殫其學。當年不能究其禮。晉世葛洪則云。冠婚飲射何煩碎之甚耶。好古官長時或修之。至乃講試累月。猶有過誤。而欲以此爲生民之常事。至難行也抱朴子省煩篇、不知制禮之初。

儀文已非盡人可曉。是故大祭祀會同朝覲大史先與羣執事讀禮書而協事。祭之日、執書以次位。常辦事者攷焉。將幣之日、執書以詔王。是皆臨時攷讀執詔猶懼其違。則其繁縟誠有甚者。至于春秋之際。孟僖子病不能相禮。而范武子不識殽烝。不待後世而禮已欲廢矣。竊謂禮之儀文。古今不可强同。禮之名物。古今亦難齊壹。鼎俎籩豆。今非飲食之宜。弁冕帬裳。今非服用之物。高坐旣設。何取席地之儀。單騎已行。焉用車戰之法。必謂禮具禮文事必如舊。蓋亦難已。若夫禮之意如有不可盡亡者。經解曰。禮禁亂之所由生。猶坊止水之所自來也。故以舊坊爲無所用而壞之者。必有水敗。以舊禮爲無所用而去之者。必有亂患。禮運曰。禮義也者。人之大端也。所以講信脩睦、而固人之筋骸之會、肌膚之束也。所以養生、送死、事鬼神之大端也。所以達天道、順人情之竇也。故唯聖人知禮之不可已也。故壞國喪家亡人必先去其禮。烏虖。思深慮遠。情見乎辭矣。

賈公彥序周禮廢興引馬融傳云。秦自孝公已下。用商君之法。其政酷烈。與周官相反。故始皇禁挾書。特疾惡。欲絕滅之。搜求焚燒之獨悉。是以隱藏百年。孝武帝始除挾書之律。開獻書之路。旣出于山巖屋壁。復入于祕府。五家之儒莫得見焉。（五家蓋謂高堂生、蕭奮、孟卿、后倉、戴德、戴聖、六藝論所謂高堂生及五傳弟子是也。）至孝成皇帝、達才通人劉向子歆校理祕書。始得列序。著於錄略。而亡其冬官一篇。以考工記足之。時衆儒並出。共排以爲非是。唯歆獨識。其年尙幼。務在廣覽博觀。又多銳精于春秋。末年乃知其周公致太平之道迹具在斯。奈遭天下倉卒。兵革並起。疾疫喪荒。弟子死喪。徒有里人河南緱氏杜子春尙在。永平之初、年且九十。家于南山。能通其讀。頗識其說。鄭衆賈逵往受業焉。鄭康成序云。斯道也、文武所以綱紀周國。君臨天下。周公定之。致隆平龍鳳之瑞。據馬鄭二文以求周禮。乃知此經六典。精密無間。非西周不能行，非周公不能作。雖馬序廢興。獨遺河間獻王得周官事。然。左傳序疏云。漢武帝時、河間獻王獻左氏及古文周官。此則馬所云出于山巖屋壁復入于祕府者。卽指獻王之本矣。史記封禪書曰。羣儒采封禪尙書周官王制之望祀射牛事。此周官非祕府之本則何乎。周禮本古文之學。書旣晚出。西漢之世師說甚希。故五經家如張禹、包咸、周生烈、何休、不信周禮爲周公所作。表章之力實賴子政子駿二君。東漢之初、博士罷廢。章帝時嘗與古文尙書毛詩同置弟子。(見後漢紀、)而通人達士如二鄭衛馬賈許皆明理于典籍。是以其學大行。林孝存乃以爲武帝知周官末世瀆亂不驗之書。故作十論七難以排棄。何休亦以爲六國陰謀之書。此皆妄奮論難。排擠古經。非得鄭君。斯學將廢。唐趙匡陸淳復謂此經爲後人附益。宋元諸儒異論彌滋。至毛奇齡已知大戴記朝事、禮記內則、與周禮文同。又知竇公獻書卽大司樂章之事。乃巧爲攻難。謂周禮非聖經。非周公作。而亦不出于劉歆。出自戰國。此卽闇用何休林碩之說。（張載橫渠語錄云、周禮是的當之書，然必有末世增入者、此改末世瀆亂爲末世增入、語稍温藉耳、）彌足以惑亂聽聞。所謂鄉曲之學深可忿疾者此也。汪中周官徵文云。考之於古凡得六徵。逸周書職方篇卽夏官職方氏文。一也。藝文志。孝文時竇公獻其書。乃周官大宗伯之大司樂章也。二也。大戴記朝事載典瑞大行人小行人司儀四職文。三也。禮記燕義夏官諸子職文。四也。內則食齊視春時以下天官食醫職文。春宜羔豚以下庖人職文。牛夜鳴則庮以下內饔職文。五也。詩生民傳嘗之日涖卜來歲之芟以下春官肆師職文。六也。汪喜孫曰。孟子滕文公篇。且志曰。喪祭從先祖。趙注。周禮小史掌邦國之志曰。喪祭之事各從其先祖之法。据此則李氏未獻以前。戰國時固有人稱述之者。不得謂此書源流無考。陳澧于汪中所舉六條外、又考得四條。禮記雜記下贊大行曰云云。鄭注云。贊大行者。書說大行人之禮者名也。孔疏云。周禮有大行人篇。舊作記之前有人說書贊明大行人之事。謂之贊大行。郊特牲縮酌用茅明酌也云云。孔疏云。此一節記人總釋周禮司尊彝涚二齊及鬱鬯之事。考工記賈疏云。此記人所錄衆工。本擬亡篇六十而作。大司馬中冬教大閱羣吏聽誓于陳前。鄭注云。月令季秋天子教于田獵以習五戎。司徒搢扑北面以誓之。此大閱禮實正歲之仲冬。而說季秋之政。於周爲中冬。爲月令者失之矣。賈疏云。呂不韋以爲此經中冬爲周之中冬。當夏之季秋。是失之矣。陳氏據此四條以補汪義。然又云。逸周書職方解序言穆王所作。爲周禮在周公之後之明徵。又云。鄭君亦不悉信周禮。引職方荊州浸潁注。以潁宜屬豫州。在此非也。豫州浸波溠注。以溠宜屬荊州。在此非也。謂此爲鄭君明言經文之非。又謂哲蔟氏掌覆夭鳥之巢。以方書十日之號、十有二辰之號、十有二月之號、十有二歲之號、十有八星之號。縣其巢上則去之。注云。其詳未聞。以爲鄭君不信此事。故云未聞。此事甚迂怪。不足信。亦不必辨。案陳氏於經蓋非醇儒。故雖明周禮爲周代典制。終不能信爲周公所作。不知周書職方次史記篇之後。史記爲穆王之書。故作序者亦以職方爲穆王之書。然周書編次殽雜。序亦後人補作。孔晁知其不安。乃云穆王使有司鈔出之。要之皆不足据。荊州浸潁湛。豫州浸波溠。不獨潁溠互誤。卽湛水亦宜在豫。（鄭以爲未聞縣魚齒山西北貨（涇注云、湛水出犨以水九曲北入汝、）波水亦宜在荊。（鄭以波爲滎播之播、馬融廣成頌云、浸以波溠、波水下流合于漢水、故漢水兼波水之稱水與湛同入汝、而溜則在其南也、）。然則經文二句互誤。乃傳寫之失。而非作經之過也。至哲蔟所云鄭云未聞。鄭所未聞者多矣。豈皆其所不信者乎。以此爲徵。彌復疏矣。自汪陳所舉外。詩毛傳司馬法二書與此經同者至多。其它文制與羣經契合者不可勝數。俗儒不察。妄有詰難。巧說衺辭。使天下學者疑。過已。

排周禮者尙可云本之漢人。至儀禮則從無異論。輓近乃有謬說二家出焉。其一直疑儀禮爲僞書也。說始于宋之樂史。以爲儀禮有可疑者五。其後徐積繼之。而鄭樵作儀禮辨。尤爲憒亂。略謂儀禮一書。當成王太平之日。周公損益三代之制。作爲冠婚喪祭之儀。朝聘饗射之禮。行于朝廷鄉黨之間。名曰儀禮。而樂寓焉。（此謂周公已名儀禮、）漢興。傳儀禮者出于高堂生。士禮十七篇。古經五十六篇。其十七篇與高堂生所傳士禮同。而字尤多略。今三十九篇乃逸禮。案班固九流劉歆七略並不注儀禮。往往漢儒見高堂生所傳十七篇遂模倣禮經而作之。（此謂今之儀禮迺模倣高堂生之士禮、）而范氏作後漢書云。禮古經與周官經前世傳其書未有名家者。中興以後。鄭衆馬融爲周官作傳。並不及儀禮。（此又不知儀禮卽禮經、乃岐之爲二、）則儀禮一書蓋晚出無疑。故聘禮所記賓介饔餼之物、禾米薪芻之數、籩豆簠簋之實、鉶壺鼎甕之列。考于周官掌客之禮皆不相合。喪服一篇凡發傳曰以釋其義者十有三以文有問者曰何以何也之辭。蓋出于講師設爲問難以相解釋。此皆後儒之所增益明矣。案鄭氏不知儀禮之名出于後之題署。（疑始于鄭君、）古但名禮。或曰禮經。幷記言之則曰禮記。漢世十七篇以士冠士昏士相見等冠首故全書冢其稱曰士禮。鄭君稱之曰曲禮。（見禮記目錄、）此皆名目偶異。鄭則眩惑不辨。遽疑古經爲晚出。良可詫也。若聘禮與掌客不盡相合。此由掌客一經文多訛舛。且有誤中之誤。其禮例難通處。疏家雖强爲之說。終當在存疑之科。豈可據此駁文以譏禮經耶。又喪服傳相傳以爲子夏所爲。以釋正經。其引傳曰者。乃子夏轉引舊傳以證己義。事出增益。何待煩言。幷疑正經。將無瞀惑。淸世毛奇齡竟謂周禮儀禮皆是戰國人書。其昏禮辨正、喪禮吾說篇、祭禮通俗譜、詆斥儀禮而自作禮文。故閻若璩誚其私造典禮，此亦妄人而已。何足辨乎。其一以十七篇爲孔子所定。書本完具。無所謂闕也。說發于淸之邵懿辰禮經通論。曰。漢初魯高堂生傳禮經十七篇。五傳至戴德戴聖。分爲大戴小戴之學。皆不言其有闕也。言僅存十七篇者。後人據漢藝文志及劉歆七略、因多逸禮三十九而言耳。夫高堂后蒼二戴慶普不以十七篇爲不全者。非專己而守殘也。彼有所取證。證之所附之記焉耳。觀昏義曰。夫禮始于冠。本于昏。重于喪祭。尊于朝聘。和于鄉射。故有冠義諸篇以釋之。而無一篇之義出于十七篇之外者。是冠昏喪祭朝聘鄉射八者約十七篇而言之也。更證之禮運。禮運嘗兩舉八者以語子游。皆孔子之言也。特射鄉譌爲射御耳。一則曰達於喪祭射鄉(今本作御)冠昏朝聘。再則曰其行之以貨力辭讓飮食冠昏喪祭射鄉(今本作御)朝聘。而其證之尤爲明確而可指者。通合于大戴十七篇之次序。自一至十六卽冠昏至朝聘。而喪服之通乎上下者附焉。疑自高堂生后蒼以來。而聖門相傳篇序固已如此也。孔子所爲定禮樂獨取此十七篇以爲教。配六藝而垂萬世。則正以冠昏喪祭射鄉朝聘爲天下之達禮耳。皮錫瑞極贊邵說犂然有當于人心。且舉檀弓云。恤由之喪。哀公使孺悲學士喪禮于孔子。士喪禮于是乎書。以爲士喪既出于孔子。餘篇亦出于孔子可知。案邵皮二家意在排擯逸禮。猶沿后倉等推士禮而致于天子之意。鄭志有云。禮記後人所集。據時而言。明乎此義。則昏義禮運之言甯知不出于大戴輩所竄入。且禮原作射御。邵氏輒易之以合其私。此與賄改蘭臺漆書之技竟何異乎。士喪傳自孔子。不得以爲孔子所定。尤不得以證十七篇皆孔子所定。本師章氏駁之明矣。禮文不具。無可諱言。以十七篇爲備者。其見與謂尙書二十九篇配二十八宿及北斗者等。

漢書藝文志曰。禮古經者。出於魯淹中及孔氏。與十七（原作學七十、從劉敞說改）篇文相似。多三十九篇。論衡佚文篇曰。魯共王發孔子宅得禮三百。上言武帝。武帝遣吏發取。又云河內女子發老屋得佚禮一篇。此謂逸禮所出有二。而與漢志微異。其獻之者。或以爲河間獻王。漢書本傳所謂禮記。禮卽古文經。記卽古文記也。或以爲孔安國。劉歆移太常博士所言是也。然六藝論云。後得孔氏壁中河間獻王古文禮五十六篇。其篇數與漢志合。蓋祕府所藏逸禮原非一本。安國獻王通得獻之。唯河內女子所得之說不知從來耳。逸禮旣出於祕府。綴學之士保殘守缺。遂令其學與尙書古文春秋左傳同見擯排人間。禮家獨有魯國桓公之學與古文同。乃抑而未施。故劉歆親近。欲建立逸禮立于學官。而博士不肯置對。王莽於元始時徵天下有逸禮學。亦未聞立之學官。蓋其學在西漢之末已微而將絕矣。惟小戴記尙載其奔喪投壺二篇。雜記中有諸侯釁廟禮之文。而大戴記則亦有投壺有諸侯釁廟。又有諸侯遷廟及公冠。而保傳篇又引學禮。自餘見于鄭君之禮注詩箋所引者。有天子巡狩禮、中霤禮、烝嘗禮、軍禮、朝貢禮、禘于大廟禮、王居明堂禮、逸奔喪禮。見于說文者。有魯郊禮。見于蔡邕集者。有古大明堂之禮、繆襲皇覽亦有逸禮之篇、苓落殘餘。猶堪寶貴。雖其中兼關異代之禮。如月令注引王居明堂禮曰。出十五里迎歲、鄭君以爲殷禮。周則近郊五十里。又四郊之兆里數。逸禮似本漢制而言。則亦間有後師增益。故鄭注三禮雖云引用。實有從違。假使全書具存。要必有足以裨補禮制者。而俗儒苟襲漢世今文師之餘習。動詆異己之書爲僞。亦何爲哉。（逸禮不知何時失之、朱子之言最是、吳澄謂唐初尚存、非也、）

家語禮運篇云、達於喪祭鄉射冠昏朝聘、與禮記禮運篇不同、此王肅所改、而邵懿辰本之、要替不足據、（此注補入儀禮異說條下、）

漢書藝文志禮家之目有記百卅一篇。自注云、七十子後學者所記也。又明堂陰陽三十三篇。自注云。古明堂之遺事。又王史氏廿一篇。自注云。七十子後學者。又曲臺后倉九篇。中庸說二篇。明堂陰陽說五篇。又云。禮古經及明堂陰陽王史氏記所見多天子諸侯卿大夫之制。雖不能備。猶瘉后倉等推士禮而致于天子之說。據此是班氏所云記及明堂陰陽王史氏皆古文也。其今世所傳大小戴記。志竟無一字及之。唯鄭君三禮目錄于禮記每篇下必曰此于別錄屬某。而後漢書橋 傳云。七世祖仁從戴德（當作聖、）學。著禮記章句四十九篇。此今本禮記篇數塙由小戴所定。其所由著于別錄而不見於藝文志者。殆以其拾掇羣書。既已各著其本。則後出者可從略也。鄭君六藝論既云後得孔氏壁中河間獻王古文禮五十六篇記百卅一篇。（釋文序錄、）又云今禮行于世者。戴德戴聖之學也（此爲儀禮、）戴德傳記八十五篇。則大戴禮是也。戴聖傳禮（當作記、）四十九篇。則此禮記是也。案二戴傳記之文皆家上今禮之今字。則是兩記皆屬今文。其與古文記百卅一篇自不能强合。故五經異義引今禮記卽謂之今禮。然禮家實見古文經記有所擇取。故禮記目錄奔喪下云。此于別錄屬喪服之禮矣。實逸曲禮（卽禮古經、）之正篇也。漢興後得古文。而禮家又貪其說。因合于禮記耳。投壺下云。此于別錄屬吉禮。亦屬曲禮之正篇也。據此二文。是今禮記有采及古文之證。鄭志云。禮記後人所集。據時而言。或諸侯同天子。或天子與諸侯等。所施不同。故難據。王制之法與周異者多。當以經爲正。答臨碩云。孟子當赧王之際。王制之作復在其後。（盧植則直謂王制卽漢文帝令博士諸生所作之王制）又三禮目錄月令下云。本呂氏春秋十二月紀之首章也。以禮家好事。鈔合之。後人因題之。名曰禮記。言周公所作。其中官名時事多不合周法。此于別錄屬明堂陰陽記。（此明堂陰陽記蓋與漢志所說明堂陰陽不同、）據此諸文。是今禮記不盡出于壁中古文之證。謹案禮記之起。蓋在孔子之前。史記孔子世家云。書傳禮記自孔氏。乃折中夫子之意。非其實也。文王世子引記曰。虞夏商周有師保有疑丞。孔疏曰。作記之人更言記曰。則是古有此記。作記者引之。儀禮喪服疏衰期章。傳更引傳。賈疏曰。又云傳曰者。子夏引他舊傳證成已義。由此言之。禮之傳記更在宣尼之前明矣。此如大誓未經聖定而先有故。穀梁不親受師而問之傳。易之文言遠同于穆姜。詩之訓詁合符于左氏。諸經宜有舊傳。亦不止禮記而已。若夫今之禮記。則自舊記而外。有本之孔子及七十子者。有七十子後學所爲者。有秦漢先師所附益者。是故或采古文經記。或采百家之書。或出後師所益。古文經記略如前舉。采百家之書者。則如大戴取曾子十八篇之十篇。取荀子問五義三本勸學宥坐數篇。取賈子保傅諸篇。取孔子三朝記七篇。小戴則三年問哀公問諸篇取諸荀子。中庸表記坊記緇衣取諸子思子。（劉瓛云緇衣公孫尼作、是又一說、）樂記取諸公孫尼子。此二戴雜集他書以說禮。非盡古文之記也。其出後師所益。如大戴公冠載孝昭冠辭。而小戴記王制之言。周尺八寸。乃六國變亂法度之謬言。禮器之言或素或青。乃趙高鹿馬愚民之遺習。記出增益。亦有顯徵矣。古書殘闕。得此兩記。勝于求野已多。至孫炎爲注。以類相從。魏徵類禮。取便尋討。顚倒古籍。失其本真。亦無取焉。　右上篇

——摘自《文藝叢刊》一九三六年一月第二卷第二期

讀書箚記遺著　華西學報之四　故事部　程尚川

儀禮除總論錄六條

總論

三禮以儀禮爲本。儀禮其節目。禮記其論解。周禮則別爲設官分職事也。後世求禮者固必以儀禮爲根柢。其此經實爲古書。無漢人附會說也。景帝時河閒獻王得古文儀禮五十六篇。有天子諸侯之禮。今僅存高堂生所傳十七篇。止士禮也。既曰士禮。則大夫及元士庶士皆可通行者也。但其篇中拜揖升降之煩。衣冠玉帛之雜。牲饌尊俎之侈。類多紛擾。其語既重複鉤棘。兼以古今宮室器用各事異制。每使人莫得其條貫。韓昌黎且苦其難讀。安能盡體而行之。此儀禮一書。自鄭註賈疏外。幾成絕學。而冠婚喪祭之行。不得古意者多矣。賴宋有溫公書儀。程張三禮。朱子家禮。三書出。大旨根柢儀禮。其閒節目之明。陳設之切。雖不盡用儀禮。而酌古準今。使人讀之而怡然。行之而井然。而仁孝誠敬之儒。得以復三代禮制之大旨矣。

士冠禮篇

賓禮辭許句。士昏禮士相見禮鄉飲酒禮及以下諸篇多有之。註解者皆言禮辭許者。一辭即許也。但以上下文玩之。似爲未洽。如既有一辭。須俟主人再請而許之。乃可謂之一辭門許也。觀數處下文即云主人再拜。是主人即拜其許。並未見有一辭意也。愚謂賓禮辭許者。賓以禮之辭許之也。此辭字作言說解。若今人言禮宜聽命。禮當奉教等語是也。觀鄉飲酒禮篇司正禮辭許諾。益可見矣。

士昏禮篇

納采禮畢。主人未醴賓。賓者出請。賓執雁請問名。主人許。賓入授如初禮。以此觀之。納采問名。雖分二禮。止一日事也。古昏禮與後世同意者多。今人炷香定婚。即納采也。炷香日若講禮家必交二家定帖。即問名也。若記中問名時曰某既受命將加諸卜。敢請女爲誰氏。納吉曰某加諸卜。占曰吉。使某也敢告。所謂卜者。或第卜女之名氏吉否乎。或初未辨幾女。至此卜一吉者乎。註則謂歸卜於廟。得吉使來告。婚於是定。果如此。則納采問名之後。卜不得吉。其婚尙不定而可反乎。恐無是理也。愚謂若納吉者。當即告納徵之吉日。猶問名之必先納采。親迎之必先請期也。如今人請媒至女家約期謝恩擺禮者然。但古人皆使使者玄端執雁。以重其禮。不似今之忽略也。

親迎。壻入奠雁。再拜稽首。降出。婦從。吳註謂主人不答拜者。明其爲授女也。女亦不答拜者。有別之誼也。張註謂女不答拜者。以壻不爲己拜也。愚謂觀禮記。執贄以相見。敬章別也。則贄爲見新婦執。拜亦爲見新婦施。此時新婦不答拜者。將出升車。必加蒙頭。不足爲禮矣。兼知尊壻。自豫退避。不敢與爲禮也。故俟壻降出而從之。

親迎婦至。壻揖婦以入。及寢門。揖入。升自西階。媵布席。壻即席。此禮並無夫婦相拜之會。愚謂夫婦爲人之大倫。夫當親迎時。且奠雁再拜。於出入必揖。今新婦入室。一無拜揖。不特昧尊卑之分。並無始相見之禮矣。今程朱禮書。皆定以夫婦交拜。其禮以再拜爲準。妻先致拜。夫爲答拜。此天理人情之自然者也。後世好禮者悉從之。程朱此禮。足補古先聖王所未備。

士相見禮篇

若嘗爲臣者。則禮辭其贄曰。某也辭。不得命。不敢固辭。吳註謂當有主人禮辭。賓再請之文蓋闕耳。以下文有不敢固辭之語也。愚謂禮辭其贄者。以嘗爲臣。見者舊矣。故辭之。不許用贄也。其曰某也辭。不得命。謂辭以請吾子之就家。某將走見之言。則以嘗爲臣之故。必不得命。所以不敢固辭。而直許其入見也。後兩辭字。辭見也。非辭贄也。如此解。則無疑於闕文矣。故賓入奠贄再拜。主人止答一拜。賓出。主人使使者固還其贄。賓亦再拜受之也。

喪服篇

記曰。君之所爲兄弟服室老降一等。疏云。諸侯絕旁期。此君服兄弟服。蓋公士大夫降期者也。凡從服降一等。不言士可知。記又曰。夫之所爲兄弟服妻降一等。註云。夫之兄弟無服。安有降一等之說。當是凡兄弟之親如姊妹之屬。疏云從母之類。應撝謙曰。此當闕。愚謂此數解。皆將上句七字連讀之誤也。此乃古人倒裝文法。君之所。夫之所。各爲一句。室老字。妻字。當各在爲兄弟服上。本言君之所。室老爲兄弟服降一等。夫之所。妻爲兄弟服降一等。如此則明矣。所者家也。在君之家。夫之家也。蓋室老以大夫爲君。凡兄弟之服。諸侯絕。大夫降。室老本不降。但既在君大夫之所。則夙夜在公。自應爲兄弟服降一等。若家老退於己室。不在君所。妻反於父室。不在夫所。則仍是不降。此作倒裝文法。而甚覺理明辭順。無煩昔講之牽强矣。

周禮 除總論錄三條

總論

周官一書。乃天下一家。中國一人大治法。足見周公當時心之宏大。遂彌綸天地。心之密細。遂察晰草木。舉天下人物事爲山川夷夏畜產器貨。鉅細精粗。凡關善世利民者。無一不經胸中思量矣。故設官分職。無一人不敎養之。無一事不週羅之。益見周公之才之美。此文武成康在時一如堯舜之大同。直一世貫通祥洽景象耳。後儒疑之。其見未審矣。惟其中有決不可信者數條。或莽歆所纂增。周官總辨。已悉詳言之矣。去其數條。則無疑矣。

地官大司徒

諸公之地。封疆方五百里。其食者半。諸侯方四百里。諸伯方三百里。其食者皆參之一。諸子方二百里。諸男方百里。其食者皆四之一。先儒之解者三。鄭司農主諸侯自食租稅而言。鄭康成主天子食之而言。鄭氏鍔主地之可食者而言。愚謂司農之解爲得之。嘗按自孟子有公侯方百里之說。後儒於此一事紛紛論辨。雖皆疑地狹之不足用。然總謂孟子之說必可信。遂將五百里四百里三百里等制。指爲周初立制未行之書。而禮記之言封魯七百里。左傳之言封齊至河至海。更莫之信矣。愚因詳玩孟子云。不百里不足以守宗廟之典籍。乃知此百里者。係諸侯自取其租稅以爲宗廟會同吉凶軍嘉飲食衣服等費者也。如魯封七百里。則此自用百里之外。尚有數百里。以爲卿士大夫采地未封食邑者爲閒田。其租稅收入公。並非合全國之地止百里也。可知此五等之封。眞周制也。但此謂其食者半。則是自取二百五十里與孟子百里不合。不知孟子乃言王制嚴正。不許諸侯侈用者。此則言國地大略。豫除諸侯費用者。且孟子言百里者。專指田畝。此言食半者。舉地大略也。若除山林川澤城郭市井各項。則亦止百餘里而已。其與孟子言未嘗不合也。此處得司農之解。而孟子之說益了然矣。

秋官大行人

王之所以邦國諸侯者。云七歲屬象胥。諭言語。協辭命。九歲屬瞽史。諭書名。聽聲音。愚謂五方之言語。本自不同。但以正字正音教之。自可通於天下。若隨風氣。加土俗。則其言語愈怪異。而聽之愈難識矣。故聖人必使象胥諭言語。協辭命耳。註謂辭命爲九等之辭命。其實非止合九等辭命也。並使其國人之言語與辭命字之音合也。又諭書名。聽聲音。註達六書之文。察五音之和。其實非止察五音之和。乃並察平上去入之聲。音使之不訛於書名也。此等事雖似聖人之過勞。實平天下大法也。至十一歲同度量。成牢禮。同數器。修法則。眞使天下道德一而風俗同矣。

考工記匠人

晝參諸日中之景。與夜考之極星。極星不見景。何所考之。以不動之故也。其法當是取夏至午晷景。與夜半北極窺筒相直。以定東西南北之中也。

——摘自《華西學報》一九三六年六月第四期

禮之意義及作用

易心

汎論——禮居六藝之首，六藝爲孔子所倡導，所以我們要研究禮字，不得不以孔子哲學作根據，孔子哲學，大體可分爲政治哲學，人生哲學兩大部。人生哲學又可稱爲倫理學。當孔子之世，政治社會，衰敝已達極點，孔子抱濟世救人的宏願，思撥亂世而致太平，所以說，「如有用我者，期月而已可也，三年有成」。其用世之急，情見乎辭。然而始終未能見用，不得已退而删詩書定禮樂，其目的仍不外借詩書禮樂的力量，達到他那理想中的太平世界，所以孔子除玄詩書樂之外，把禮看爲治理政治社會的重要工具。我們從孔子談話中舉出幾個實例來，以證實禮之重要性：

子路曰，「衛君待子而爲政，子將奚先？」子曰，「必也正名乎！名不正，則言不順，言不順，則事不成。事不成，則禮樂不興。禮樂不興，則刑罰不中。刑罰不中，則民無所措手足」。

政治上所最忌諱的，是刑罰不中，刑罰不中，人民自然無所措手足，人民手足若無所措，還成一種什麼政治。然而刑罰何以不中？皆因爲禮樂不興。反而言之，若禮樂興，則刑罰中，刑罰中，則人民手足有所措，人民手足有所措，就可以達到理想上政治目的之一部。

子曰，「道之以政，齊之以刑，民免而無恥。道之以德，齊之以禮，有恥且格」。以政刑治民，結果僅僅民免而無恥，（免，苟且也）其情實免強而不自然，且須時時以政刑督促繩束，若政刑稍一遲緩，則免而無恥的局面，也維持不住，所以說不是爲政的根本辦法。若以德禮治民，可使民有恥且格，（格，至於善也），恥是德的效果，格是禮的效果。換言之，可使民有道德的思想，完善的習慣，全國人民能夠造就到有恥且格的程度，眞可以無爲而治矣。

以上所舉，是禮之應用於政治方面的實例。也就是孔子政治哲學的一部分。又如

顏淵問仁，子曰「克己復禮爲仁」。顏淵曰，「請問其目」。子曰，「非禮勿視，非禮勿聽，非禮勿言，非禮勿動」。

仁字在孔子學說中，佔很重要的地位，所以顏淵問仁，答復的比較很詳細。約而言之，能夠作到克復禮，就算是仁。說詳細點，若視而合禮，聽而合禮，言而合禮，動而合禮，即是仁。仁是目的，禮是道路，要想達到仁的目的，須遵循禮的道路。能夠作到一個仁字，於孔子之道雖不中不遠矣。又如

「恭而無禮則勞，愼而無禮則葸，勇而無禮則亂，直而

無禮則亂。」

恭，愼，勇，直，本是四種美德。若無禮來調節，結果發生勞，葸，亂，驕，的流弊。根據以上所舉的兩個例，我們可以看出禮是陶融身心，養成道德習慣的利器。也是孔子人民哲學中很重要的一部分。其餘像這類的語言很多，舉不勝舉。

總上所談，只就禮對於政治方面，人生方面，有如何的重要關係，略加解釋而已。至於禮是什麽，在孔子當時，並未說得周密詳盡，到曾子一般人手裏，才說得面面具到。以下再詳細分說。

禮之意義——今試問什麽叫做禮，倉促間很難下一個完全滿意的定義。要根本上研究起來，不得不先由字意上着手。說文「禮，履也，所以事神致福也。从示从豊，豊亦聲」。又「豊，行禮之器也，从豆，象形」。按禮字从示从豊，最初本義完全是宗教的儀節，當釋爲「宗教」。說文所謂「所以事神致福」，卽是此意。廣書「有能典聯三禮」。馬註「天神地祇人鬼之禮也」。這是禮字的本義。後來禮字範圍漸漸擴大，有「五禮」「六禮」「九禮」的名目。「五禮」爲吉，凶，軍，賓，嘉，「六禮」爲冠，昏，喪，祭，鄉，相見，「九禮」爲冠，昏，朝，聘，喪，祭。賓主，鄉飲酒，軍旅。這都是處世接人愼終追遠的儀文，範圍已廣，不限於宗敎一部分，竟包括一切社會習慣風俗所承認的行爲的規矩。但是禮字的廣義，還不止於此，我們再舉例來申說。

禮運篇說——禮者，君之大柄也，所以別嫌，明微，儐鬼神，考制度，別仁義，所以治政安君也。

坊記篇說——禮者，因人之情而爲之節文，以爲民坊者也。這種說法，禮的範圍就更大了。禮是「君之大柄」，「所以治政安君」，「所以爲民坊」，這些話都含有政治法律的情質。何以如是，大概古代社會，把習慣風俗，看做有神聖不可侵犯的尊嚴，故禮字的廣義，頗含有法律的性質。儒家的禮，和後來法家的法，雖同是社會國家的一種制裁力。但其中却有若干分別。第一，禮偏重積極的規矩，法偏重消極的禁制，禮教人應該作什麽，應該不作什麽。法教人什麽事是不許作的，作了是要受罰的。第二，違法的有刑罰的處分，違禮的至多不過受君子的譏評，社會的笑駡，却不受刑罰的處分。第三，禮與法施行的區域不同，禮記說「禮不下庶人，刑不上大夫」。可見禮是爲上級社會設的，法是爲下級社會設的。禮與法雖有這三種區別，但根本上同爲個人社會一切行爲的制裁力。因此我們可以說禮是人民的一種坊。

禮記說——凡人之知，能見已然，不見將然。禮者禁於將然之前，而法者禁於已然之。……禮云，禮云，貴絕惡於未萌，而起敬於微渺，使民日徙善遠罪，而不自知也。

這一段說禮字最好。禮祇教人依禮而行，養成道德的習慣，使人不知不覺的徙善遠罪，故禮祇是防患於未然的制裁力。譬如人天天講究運動衛生，使疾病不生，是防病於未然的方法，等到病已上身，再對症吃藥，便是醫病於已然之後了。禮是衛生學，法是醫藥學，儒家深信這個道理，故把一切合於道理可以做行爲標準的規矩，可以養成道德習慣的規矩，可以增進社會治安的規矩，都稱爲禮。這是最廣義的禮，不但不限於宗教一部分，並且不限於習慣風俗。

樂記說——禮也者，理之不可易者也。

禮運說——禮也者，義之實也。協諸義而協，則禮雖先王未之有，可以義起也，這是把禮和理和義，看作凡合於道理之正，事理之宜的，都可以建立爲禮的一部分，這是禮字進化的最後一級。

總合以上禮的觀念，其沿革共經過三個時期。第一，最初的本義是宗教的儀節。第二，禮是一切習慣風俗所承認的規矩。第三，禮是合乎義理可以做行爲模範的規矩，可以隨時改良變換，不限於舊俗古禮。

以上說禮的意義，以下說禮的作用。

禮的作用，也分三層說。

第一，禮是規定倫理名分的。孔子的人生哲學，也可說是倫理的人生哲學，他的根本觀念，祇是要君君，臣臣，父父，子子，夫夫，婦婦。這種種倫常關係的名分區別，都規定在禮裏面。所以禮的第一個作用，可以說是家庭社會國家的組織法。哀公問說——民之所有生，禮爲大。非禮無以節事天地之神也，非禮無以辨君臣上下長幼之位也。非禮無以

別男女父子兄弟之親，婚姻疏數之交也。

這是禮的重要作用。朝聘的拜跪上下鄉飲酒和士相見的揖讓進退，喪服制度的等差，祭禮的昭穆祧遷，都是要分辨家庭社會一切倫理的等差次第。第二，禮是節制人情的。禮運說——聖人能以天下爲一家，以中國爲一人者，非意之也。必知其情，辟於其義，（辟，曉喻也）明於其利，達於其患，然後能爲之。何謂人情？喜，怒，哀，懼，愛，惡，欲，七者弗學而能。何謂人義？父慈，子孝，兄良，弟悌，夫義，婦聽，長惠，幼順，君仁，臣忠，十者謂之人義。講信修睦，謂之人利。爭奪相殺，謂之人患。故聖人之所以治人七情，修十義，講信修睦，尚慈讓，去爭奪，舍禮何以治之？

又說——飲食男女，人之大欲存焉。死亡貧苦，人之大惡存焉。故欲惡者，心之大端也。人藏其心，不可測度也。美惡在其中，不見其色也。欲一以窮之，舍禮何以哉？人之情欲本是可善可惡的。但須要有個節制，若沒有節制，便要生出許多流弊。七情之中，欲惡更爲重要，欲惡無節，一切爭奪相殺都起於此。儒家向來不主張無欲，但主因人之情而爲之節文以爲民坊。

注意——人感覺生活之有意義及社會之能進化，皆因有個欲望在其中，若去欲則人人悲觀，個個消極，不要說社會不能進化，人羣將不成爲人羣了。宋儒去欲之論，實襲佛家之說而文飾之，仍謂爲儒家之旨謬矣。

第三，禮是涵養性情，養成道德習慣的。以上所說兩種作用，（規定名分，節制情欲）祇是要造成一種禮義的空氣，使人生日用，從孩童到老大，無一事不受禮義的制裁，使人絕惡於未萌，而起敬於微眇，使民日徙善遠罪而不自知，這便是養成道德習慣。平常的人，非有特別原因，决不至於殺人放火，姦淫偸盜，若社會中有了這種平常道德的空氣，所以不知不覺的也會不犯這種罪惡，這便是道德習慣的好處。

儒家知道要增進人類道德的習慣，必須先造成一種很濃厚的禮義空氣，故他們極推重禮樂的節文，是想借禮樂節文的手段，以達到他們道德習慣的目的。

於此我們有應當注意的一點，就是因爲先儒注重禮義的節文，後人不察其用意，祇偏重於服飾拜跪，種種小節的虛文，反把禮的眞義失掉了。

我們舉論語上的幾句話，再證實孔子之所謂禮，不是徒重形式的。

禮云，禮云，玉帛云乎哉？樂云，樂云，鐘鼓云乎哉？林放問禮之本。子曰。「大哉問？禮與其奢也，寧儉。喪與易也，寧戚」。人而不仁，如禮何？人而不仁，如樂何？

由此均足以見孔子云所謂禮的本意。本來儒家最注重動機，所謂居心，動機純，其形式雖忽略簡慢，也可以原諒。動機不純，形式雖周備詳盡，也不能算對，這是儒家的要旨。亦卽儒家之唯心論也。

——摘自《新東方雜誌》一九四〇年三月第一卷第一期

說「禮」

楊向奎

(1)溯源

在古代之所謂禮，只是祭天的儀式；懂得這儀式的人是巫，於是巫就是最懂禮的人了。而巫覡知禮之表現於外形者即「舞」，說文「巫」字云：「女能事無形，以舞降神者也。」舞與樂又不能分開，人類身體的機構本是韻律的，容易使韻律來支配身體的動作及聲音，或許用木石器來敲擊以作節拍；這樣便是舞蹈音樂和詩歌的起源。原始的人們全是喜歌善舞的，當特別有慶時必歌舞以表其快樂，而祭祀時尤必載歌載舞。這種載歌載舞的態度用來祭祀，就是當時的禮。今傳詩經中之所謂頌，因祀時舞詩，故頌之字義為舞容。尤足知樂、舞、禮三者間之關係了。

「國之大事，在祀與戎」。固古代社會之良好寫照，祀之內容爲禮，故禮乃古代政事中之首要者。惟巫爲通禮者；而戰爭時，又事先必卜；；固巫之專職；故巫實一切政事及學術之把持者。史出於巫，太史公自稱重黎之後，重黎固巫也。後來記載，多巫史連文，尤足為巫與一家之證。甲骨文中史、吏、事三字不分，益知史所掌為事，史亦即吏；史外無事，故亦無官吏之可言。

(2)禮與刑

禮之原始意義既如上述，刑是如何起原？那是有了奴隸以後，對待奴隸的一種手段，因為氏族社會時，氏族成員彼此平等，只有對待俘虜才用刑，而俘虜正是奴隸的前身。因爲刑專對待俘虜變成的奴隸，所以古代的刑罰，是由兵政主持者掌管，士，司寇，尉都是軍官，而都司刑。及封建制度成立以後，社會上分爲貴族與農奴兩大級，於是自古相傳的禮與刑乃成了維持社會的手段。這時禮的範圍擴大，它不僅是祭祀時的儀式了，而包括貴族間及貴族小人間的階級制度。所謂，「君臣朝廷尊卑貴賤之序，下及黎庶，車輿衣服宮室飲食嫁娶喪祭之分，事有適宜，物有節文」（史記禮書）者是。但禮之執行及遵守實是貴族間的事，和小人（農奴）們不相干，因為在貴族間不能有什麼制裁，他們全有自己的實力，制裁只有戰爭，只好勸他們守禮，也就是希望他們安於自己的本分，「君君，臣臣，父父，子子」這樣，社會秩序也就安定了。至於小人，談不到達禮，他們中間，只有刑來制裁，本來是奴隸的生活，還用什麼「物有節文」？有什麼錯處，只是「國有常刑」，故謂「禮不下庶人，刑不上大夫！」（以上參看陶希聖中國政治思想史第一冊）

貴族間的禮，既是一種階級制度，守此而不渝即能使社會安寧，故究其極，一切政治制度，倫理思想亦莫非禮。左昭二十六年有云：

禮之可以爲國也，久矣與天地並。君令臣共父慈子孝兄愛弟敬夫和妻柔姑慈婦聽禮也。

這是以倫理的關係也叫作禮了，而國君恤刑亦謂之禮，左襄二十六年有云：

古之治民者，勸賞而畏刑，恤民不倦，賞以春夏，刑以秋冬。是以將賞，爲之加膳……將刑爲之不舉……夙興夜寐，朝夕臨政，此以知其恤民也；三者禮之大節也。

禮之意義既如此擴大，故孔子云「殷因於夏禮，所損益可知也；周因於殷禮，所損益可知也。」此所謂殷禮夏禮當不僅階級制度也。

（3）禮治論

因爲孔子曾經說：

爲政以德，譬如北辰，居其所而衆星拱之。（論語爲政）

所以有人說孔子主張德治，其實德治是空洞名詞，沒有具體的主張，這好像前些年有人主張的「好人政府」一樣，不算作一種主義；孔子的主張實爲禮治。在封建社會內，禮本來是維持社會秩序的重要手段。不過春秋末年封建制度漸次動搖了，在上層的貴族們既不守禮，互相吞併；甚至子弒其父，臣弒其君；下層階級也漸露頭角，而思解放。社會秩序紊亂了，維持舊社會秩序的手段，不足應付，於是遂有公元前五三五年鄭子產之鑄刑書。但法之公佈，於貴族當有多少不便，蓋在法前人類勢須平等，封建制度之吟味者遂有反對的聲浪，晉叔向遺子產書有云：

今吾子制三辟，鑄刑書，將以靖民，不亦難乎！民知爭端矣，將棄禮而徵於書，錐刀之末，將盡爭之，亂獄滋豐，賄賂並行，終子之世，鄭其敗乎！（左昭六年）

這是中國法典公佈之始，二十餘年後，晉趙鞅又鑄刑鼎，著范宣子所爲刑書。孔子又批評道：

晉國將守唐叔之所受法度，以經緯其民，卿大夫以序守之，民是以能尊其貴；貴是以能守其業。貴賤不愆，所謂度也。今棄是度也，而爲刑鼎。民在鼎矣，何以尊貴？貴何業之守？貴賤無序，何以爲國？（左昭二十九年）

蓋孔子生於建封制度最完備的魯國，他本身又是貴族階級，故其政治思想主張禮治。我們上面已經說過，禮有廣狹二義，孔子之所謂禮，已是廣義，包括倫理思想及階級制度。各人守各人的名分，安自己的職務，不相侵越，所謂「君君，臣臣，父父，子子，」就是遵禮，也就是爲政。反之，如果一個人不安於他們的名分而有僭替行爲，是社會上的階級紊亂了，絕不能寬恕，所以孔子謂「季氏八佾舞於庭，是可忍也，孰不可忍也。」（論語八佾）但當時一般人多不守其本分而不知正名了，所以孔子說，「名不正則言不順」，又感慨地道：

觚不觚，觚哉觚哉！（論語雍也）

我們曾經說過，最初禮樂是不能分開的，時至春秋，禮之意義雖有幾許擴大，但儒家於樂之功用仍知之甚悉。孔子之主張雖爲廣義的禮治主義，但他知道禮與樂是分不開的。禮是硬性的，是死板板的條文，告訴你什麼是不合禮，不可以做；那樣子下去，不是好像「馬駕而不稅，弓張而不弛」嗎？於是儒家又調劑之以樂：

子之武城，聞弦歌之聲，夫子莞爾而笑曰，「割雞焉用

牛刀！」（論語陽貨）

夫子之滿意固可知也！發明樂論最詳地是祖述孔子的荀子和樂記，荀子道：

夫樂也者樂也，人情之所必不免也。……故樂在宗廟之中，君臣上下同聽之，則莫不和親；鄉里族長之中，長少同聽之，則莫不和順。故樂者審一以定和者也，比物以飾節者也，合奏以成文者也。（荀子樂論）

此節亦見於樂記。他又說明禮樂的關係道：

且樂也者，和之不可易者也。樂和同，禮別異；禮樂之統管乎人心矣！（同上）

「樂和同，禮別異」是說樂和人心之不同，而禮別階級之差異。和人心之不同，使之向善；別階級之差異，使之遠惡；這樣還愁社會國家之不安寧！怪不得夫子要聞武城的弦歌而微笑了！

（4）禮治論之消失

春秋末年，封建制度漸形崩潰，於是社會階級乃形紊亂，貴族之間，呑併結果，强大者益行强大，墮落者乃降在阜隸，如云：

欒郤胥原狐續慶伯降在阜隸（左昭三年）

這些貴族變成奴隸，而某種貴族卻益肥大了，如左昭五年有云：

韓賦七邑，皆成縣也。

十家九縣。

貴族階級的情形如此，而小人階級也因農業技術的進步及商業的興盛而解放爲自由農民。這種情形，到戰國以後越發顯著：昔日之專權貴族，固多變爲今日的君主；而國之卿大夫先時之爲貴族所把持者，今乃白衣可躋將相。這不是一個小的變遷，是由封建國家渡到中央集權制的重要樞紐！在封建社會內只見層層相屬的階級關係，所謂：

天有十日，人有十等，下所以事上，上所以共神也。故王臣公，公臣大夫，大夫臣士，士臣阜，阜臣輿，輿臣隸，隸臣僚，僚臣僕，僕臣臺，馬有圉，牛有牧，以待百事。（左昭七年）

在這種情形之下，絕無個人的發展，及後世中央集權制的完成，又只見法勢的權威；故惟在此過渡時代內乃見個人的重要，反映於政治思想者遂爲尙實主義。此等主義之主張者爲墨子及孟子。

墨子是一個功利主義者，凡其事於國家人民無利而徒快觀瞻悅耳目者一概不爲，故曰：

諸加費不加利於民者，聖王弗爲。（節用中）

凡費財勞力不加利者不爲也。（辭過）

以此學說爲中心，故倡節用節葬非樂之說。儒家視送死猶重於養生，視樂舞不減於禮儀，故墨子又唱非儒。而天下之大害，莫過於相攻，故又唱非攻。如何而能使天下人相愛而不相攻，則惟有倘同。他曾經說天下所以喪亂的原因道：

古者民始生未有刑政之時，蓋其語人異義，是以一人則一義，二人則二義，十人則十義，其人茲衆，其所謂義者亦茲衆。是以人是其義以非人之義，故交相非也。是以內者父子兄弟作怨惡離散，不能相和合。天下之百姓皆以水火毒藥相虧害。至有餘力不能以相勞。腐朽餘財

，不能以相分。隱匿良道，不以相敎。天下之亂，若禽獸然。（尙同上）

打算免去此弊，則惟有：

> 正長巳具，天子發政於天下之百姓，言曰，「聞善不善皆以告其上，上之所是，必皆是之；上之所非，必皆非之。」（尙同上）
>
> 凡國之萬民，上同乎天子而不敢下比；天子之所是，必亦是之；天子之所非，必亦非之。（尙同中）

這是有危險的，如果天子是桀紂之君，也可以尙同嗎？是不然，濟尙同之窮者則爲尙賢。必選天下賢可者立以爲天子，三公，諸侯，國君，鄉長，里長。結果則：

> 是故里長者，里之仁人也。里長發政里之百姓言曰：聞善而不善，必以告其鄉長，鄉長之所是，必皆是之；鄉長之所非，必皆非之。去若不善言，學鄉長之善言，去若不善行，學鄉長之善行。……鄉長惟能壹同鄉之義，是以鄉治也。鄉長者，鄉之仁人也。政鄉之百姓言曰，聞善而不善，必以告國君。國君之所是，必皆是之；國君之所非，必皆非之。……國君惟能壹同國之義，是以國治也。國君者國之仁人也。國君發政國之百姓言曰，……天子之所是，必皆是之；天子之所非，必皆非之。……天子惟能壹同天下之義，是以天下治也。（尙同上）

但世襲制度的天子諸侯不必皆賢，故墨子又盛倡堯舜禪讓之說：

> 故古者堯舉舜於服澤之陽，授之政，天下平。禹舉益於陰方之中，授之政，九州成。（尙賢上）

童書業先生對我說，禪讓說是墨家的創造，而儒家跟着說，也有相當道理。

巧得很，一個功利主義者提倡尙賢，一個反功利主義者也提倡尙賢！孟子是最反對談利的人，卻大倡賢人政治，其言曰：

> 天下有道，小德役大德，小賢役大賢。天下無道，小役大，弱役强。斯二者天也：順天者存，逆天者亡。（孟子離婁）

這些賢人的來源，又在何處？卻不必來自貴族，而在民間：

> 舜發於畎畝之中，傅說舉於版築之間，膠鬲舉於魚鹽之中，管夷吾舉於士，孫叔敖舉於海，百里奚舉於市。故天降大任於是人也，必先苦其心志，勞其筋骨，餓其體膚，空乏其身，行拂亂其所爲，所以動心忍性，曾益其所不能。（孟子告子）

到不是天欲先苦其心志。是這些苦人有出頭之日了！舜，傅說，膠鬲等不過是孟子的託古而已。實則惟有封建制度崩潰後，受苦的人才有發達的可能。

孟子又倡仁政之說。雖然惟賢人才有當政的資格，但如果賢人而不法古聖先王之道，也難收仁政的效果。他說：

> 離婁之明，公輸子之巧，不以規矩不能成方員。師曠之聰，不以六律不能正五音。堯舜之道，不以仁政，不能平治天下。今有仁心仁聞，而不被其澤，不可法於後世者，不行先王之道也。故曰，徒善不足以爲政，徒法不能以自行。詩云，不愆不忘，率由舊章。遵先王之法而過者，未之有也。聖人旣竭目力焉，繼之以規矩準繩以

為方員，平直不可勝用也。既竭耳力焉，繼之以六律，正五音不可勝用也。既竭心思焉，繼之以不忍人之政，而仁覆天下矣。故曰，為高必因丘陵，為下必因川澤。為政不因先王之道，可謂智乎？是以惟仁者宜在高位；不仁而在高位，是播其惡於衆也（孟子離婁），

為政好像做木工弄樂器一樣，既竭了你的心力，如果沒有準繩，也不能辦到好處。為政的準繩是甚麼？是先王之道，孟子之所謂先王指堯舜來說，故云，「欲為君盡君道，欲為臣盡臣道；二者皆法堯舜而已矣。」（離婁）為故要使賢人，賢人要法古代聖人，說來說去，還是人為本位。

封建時代之天子，一般臣下對之，尚有「神」的觀念，敬之以其位尊；專治時代之皇帝，雖無「神」的意味，但其權重，故亦畏而敬之。在戰國，這過渡時代，臣下對於國君的觀念既不敬其尊，又不畏其權，其態度屬於游離者，故孟子曰：

君之視臣如手足，則臣視君如腹心；君之視臣如犬馬，則臣視君如國人；君之視臣如土芥，則臣視君如寇讎。（離婁）

而當齊宣王問他湯武征伐，以臣弑君是否合理的時候，他答道：

賊仁者謂之賊，賊義者謂之殘，殘賊之人，謂之一夫。聞誅一夫紂矣，未聞弑君也！（梁惠王）

君臣關係乃相對的而非絕對的，故孟子又有「無罪而殺士，則大夫可以去」之說。

人治主義是封建制度破壞後思潮的反映。再進一步則為法治論，而人治論與法治論之間，又有不澈底的調和論者。

（5）荀子之所謂「禮」

代表這調和論者是荀子，荀子亦倡禮治，但荀子之所謂禮的意義有些變遷，他的禮的定義是「分」，每一個人生下來全有你的「分」，各安其「分」，即為達禮，故荀子云：

禮者，法之大分，羣類之綱紀也。（勸學篇）

世界上的物少而欲多，各人不滿意於其所得，於是羣起而爭，社會乃形紛亂：

欲惡同物，欲多而物寡，寡則必爭矣，故百技所成，所以養一人也。而能不能兼技，人不能兼官，離居不相待則窮，窮而無分則爭。窮者患也，爭者禍也。救患除禍，則莫如明分使羣矣。（富國）

因為如此，故：

國無禮則不正，禮之所以正國也，譬之猶衡之於輕重也，猶繩墨之於曲直也，猶規矩之於方圓也，正錯之而人莫之能誣也。（王霸）

荀子於禮加以唯物的解釋，故謂「禮者，法之大分」，但「人之生固小人，無師無法，則唯利之見耳」。（榮辱）如何而能必其守分？則濟禮之窮者為刑，其言曰：

聽政之大分：以善至者，待之以禮；以不善至者，待之以刑。（王制）

不善者只能以刑待之，以期其知禮；不然，則庸人將永無改善之日。故荀子又主重刑：

罪至重而刑至輕，庸人不知禮矣，亂莫大焉。（正論）

在封建社會裏禮與刑爲分治君子與小人的手段，荀子的主張，則禮與刑實互相爲助，故荀子之所謂禮又近於法家之「法」，乃社會人羣之規矩準繩也。禮論云：

禮豈不至矣哉，立隆以爲極，而天下莫之能損益也。……故繩墨誠陳矣，則不可欺以曲直。衡誠懸矣，則不可欺以輕重。規矩誠陳矣，則不可欺以方圓。君子審於禮，則不可欺以詐僞。故繩者直之至，衡者平之至，規矩者方圓之至，禮者人道之極也。

荀子之言禮雖近於法；但荀子究不主法治而主人治，其言曰

有亂君無亂國，有治人無治法。羿之法非亡也，而羿不世中；禹之法猶存，而夏不世王。故法不能獨立，類不能自行，得其人則存，失其人則亡。（君道篇）

其有法者以法行，無法者以類舉，聽之盡也。偏黨而無經，聽之辟也。故有良法而亂者有之矣，有君子而亂者，自古及今未嘗聞也。（王制）

因爲他主張有治人無治法，故亦倡尚賢之說，而謂「欲立功名，則莫若尚賢使能矣」（王制）

荀子雖是一個不澈底的調和論者，他的學生韓非李斯卻是澈底的法治論者。荀子的學說影響於法家最大者，爲：（一）法後王，（二）殺詩書。在荀子以先的儒家皆倡法先王，以爲古代是黃金世界，荀子卻認爲：

文久而息，節族久而絕，守法數之有司，極禮而褫。故曰，欲觀聖王之跡，則於其粲然者矣，後王是矣。（非相篇）

王者之制，道不過三代，法不貳後王，道過三代謂之蕩，法貳後王謂之不雅（王制）

後來韓非李斯所主張「不期修古，不法常可」的說法，皆淵源於此，因之而有秦始皇坑儒事的發生。（荀子亦說法先王，但那好像一種理想制度，而不必果行，參看儒效篇可知）

荀子以禮爲人羣之大分，故認爲徒知詩書而不知禮者，是爲陋儒，若雅儒者，固：

法後王，一制度，隆禮義而殺詩書。（儒效篇）

他就以禮爲蹊徑，若提裘領，以詩書爲法，雖察辯而不着邊際。因荀子如此不重視詩書，以致有李斯主張焚書之事。

（6）結論

由以上的說明，我們知道最初的禮是祭祀的儀容；漸變爲貴族間的階級制度。後來把一切政治制度，倫理思想也叫做禮了。封建制度崩潰後，荀子之所謂「禮」乃有「法」的意味。及中央集權的皇帝制度成立而後，禮僅是人類動作上的一種形態，無關於實際政治了。

二十八，十一，十四，重草

——摘自《責善半月刊》一九四〇年五月

第六期

禊事不限於三月（竹厂筆記之一）

漢代修禊。不限於三月。高后八月祓於灞上。（見漢書。）戚夫人正月上辰出池邊盥濯。食蓬餌以祓妖邪。三月上巳張樂于流水。（見西京雜記。）劉禎魯都賦。「素秋二七。天漢指隅。人胥祓除。國子水嬉。」（見宋書禮志。）又是用七月十四日也。蓋自曹魏以後。率以三月爲常。

——摘自《中和月刊》一九四〇年五月
第一卷第五期

中國禮學史芻議

禮書部

蔡介民

四存學會會長張玉衡先生，捐資主辦國學補習班，內設禮學一門，約予主講，惟禮學變遷一部，題目廣泛，學者難得要領，急需禮學史書，比類旁證：而一時苦於未有前著，爲之介紹，踟躕再三，不揣檮昧，試纂斯文。茲大體粗成，共分二編，一爲禮書部，二爲禮俗部，前者明禮書之沿革，後者言禮俗之變遷，雖不必詳，倘存大目；惟以倉卒成節，私意草創，掛一漏萬，在所不免，茲先在復興東方文化之前鋒刊物逐期披露，尚望海內先進，予以教正，是所至禱。

中華民國二十九年十月著者識

夫人類原始，草昧未開，尊神敬鬼，喪祭以成。

說文云：禮履也，所以事神致福也。从示从豊。示者，明示之也。豊者，行豐之器也。禮有五經，莫重於祭。故禮以祭器爲表示。蓋原始時代，民智不開，天時人事，闇然莫解。於是委之以神，畏之敬之，祈之祭之，相沿成習，禮俗以起。（拙著禮俗探源）

治衆合羣，聘婚以就。

民之所由生，禮爲大。非禮無以節事天地之神也，非禮無以辨君臣上下長幼之位也，非體無以別男女父子兄弟之親，昏姻疏數之交也。（禮記哀公問）

婚姻之禮廢，則夫婦之道苦，而淫辟之罪多矣；鄉飲酒之禮廢，則長幼之序失，而爭鬭之獄繁矣；聘射之禮廢，則諸侯之行惡，而盈溢之敗起矣；喪祭之禮廢，則臣子之恩薄，而倍死忘生之禮倍矣。（大戴禮記禮察）

民風相習，禮俗遂起，非創制於一人，乃發軔乎自然，昔人謂伏犧制嫁娶。

太皞庖犧氏有聖德。仰則觀象於天，俯則觀法於地，旁觀鳥獸之文與地之宜，近取諸身，遠取諸物，始畫八卦。以通神明之德，以類萬物之情，造書契以代結繩之政。於是始制嫁娶。以儷皮爲禮。（史記補三皇本紀）

神農作蠟祭。

伊耆氏始爲蠟。（禮記郊特牲）伊耆氏，神農也。（正義）

神農氏每歲陽月；盍百種，率萬民，蠟戲於國中，以報其歲之成，故祭嗇山林川澤神示在位，而主先嗇。享農及郵表畷，禽獸貓虎水防昆蟲。而祝之曰：土反其宅，水歸其壑，昆蟲無作，草木歸其澤，葦籥土鼓榛杖喪殺。既蠟而收民息已年不順成之方其蠟不通（路史）

黃帝作冕服。

黃帝堯舜垂衣裳而天下治，蓋取諸乾坤。（易經繫辭）

誠齋楊氏曰：所謂衣裳，卽舜所謂古人之象五色作服者是也。蓋始於黃帝，備於堯舜。（易經大全）

帝作冕垂旒，充纊爲元衣黃裳，以象天地之正色。旁觀翬翟草木之華，乃染五采爲文章，以表貴賤。於是袞冕衣裳之制興。帝廣宮室之制，遂作合宮祀上帝，接萬靈布政教焉。（通鑑外紀）

虞舜制巡狩。

歲二月，東巡守，至於岱宗，柴望秩於山川，肆覲東后，協時月正日同律度量衡。修五禮五玉三帛二生一死，贄如五器卒乃復。（虞書舜典）

五禮，吉凶軍賓嘉也。修之所以同天下之風俗。（蔡注）

禹定正朔，行養老。

禹卽眞，革正朔，奠服色，以日至六十日爲正色，尙黑，其祀戶，祭光心，社用松，牲用黝，大事斂用昏，戎事乘雒騩，尙明水而旂綏，山罍揭豆，瑑斝四璉，以施之宗廟，六棠世室，九階三階，厥用亡文，衣裳細布，牟追六冕，袞龍而山敕，立尸而卒祭，祭以其闇，明日而復祚，蓋貴爵而尙齒，養國老於東序，養庶老於西序，燕衣而以饗禮，以教民之孝悌。（路史）

禹命奚仲爲車正，建旌旗斿旐，以別尊卑等級。（通志）

殷命司徒，修六禮。

司徒修六禮，以節民性；明七教，以興民德。（禮記王制）六禮謂冠一昏二喪三祭四鄉五相見六，性稟自然，剛柔輕重遲速之屬。恐其失中，故以六禮而節其性也。此六禮七教，並是殷禮，周此五禮，十二教也。

周公制禮，以治天下。

周禮儀禮，並周公所記，所謂禮經三百，威儀三千，禮經則周禮也，威儀則儀禮也。（三禮正義）

周禮儀禮，發源是一，理有始終，分爲二部，並是周公攝政太平之書。周禮爲本，儀禮爲末。（賈公彥疏）

禮文因以大備，萬事曲爲之防。

夏商以來，文獻不足。至於成周，禮制大備。禮儀三百，威儀三千，事爲之制，曲爲之防，至纖細也。（章俊卿禮論）

皆先儒所依託，後人所附會，不足信也。

古代對於先朝文獻，本不注意保存，執政者又因其不便於自己的行事，加以毀壞。所以孔子欲觀夏殷之禮，而杞宋已不足徵；北宮錡問周室班爵祿事，而孟子曰：「其詳不可得聞也。諸侯惡其害己也而皆去其籍。」但戰國的諸子，同抱救世之心。對於時王之制，常思斟酌損益；而儒家好言禮，所改造的制度尤多。又慮其說之創而不見信，則託爲古代所已有。淮南子修務訓所謂「世俗之人，多尊古而賤今，故爲道者必託之於神農黃帝而後能入說。亂世闇主高遠其所從來，因而貴之。」…………所以三年之喪，廁之於堯典；五等之爵，著之於春秋。而後人遂無有疑者……（古史辨第四册序）

夫後人言古禮，所依據之主要材料，不外周禮儀禮禮記三書；然此三書，問題最多，千古聚訟，迄無定說。

周禮一書，馬融謂出於山巖屋壁，劉子駿鄭康成以爲周公制太平之迹，而林碩謂爲末世之書，何休云六國陰謀之說。唐宋以來，異議紛起。歐陽文忠謂可疑者二，蘇穎濱謂不可信者三，胡宏洪邁等竟謂爲劉歆所僞撰，魏了翁劉炎並謂爲秦漢間所附會之書。後之學者，疑案尤夥。（以上見經義考）至清康有爲始定爲劉歆託古僞造之書，今者以此說爲最有力。（新學僞經考）至儀禮一書，問題更多。孔穎達以爲周公所記（三禮正義）樂史謂可疑者五，章如愚謂漢儒模倣禮經者，何異孫謂非秦漢間筆墨（以上見經義考）顧棟高疑爲漢儒所綴輯，（春秋大事表）康有爲謂爲孔子所作（新學僞經考）姚際恆錢玄同謂爲春秋以後儒者所作。（姚氏儀禮通解錢氏重論經今古文問題。）至於禮記，益爲繁蕪。陸德明經典釋文序錄孔穎達禮記正義謂孔子門徒所共撰，陳邵周禮論序及隋書經籍志謂二戴據古禮所編刪，鄭玄六藝論謂爲二戴所傳記。徐堅初學記謂二戴據曲臺記所刪成，羅璧

李清臣謂爲西漢初諸儒所裒集，（見經義考）丁晏禮記釋注謂爲六國時人所撰集，康有爲云爲劉歆所編刪僞託者，（新學僞經考）據敝人研究，以爲東漢馬融盧植所編定，其文雜今古，糅儒道。其詳文見拙著禮記通論禮記成書之時代及禮記各篇之時代二章。

信古者則謂三禮所載，悉爲周制。

孔子謂殷因夏禮，周因殷禮，皆有損益。樂記曰：三王異世，不相襲禮，是一代之制度，必不盡襲前代。改制度，易服色，殊徽號，禮有明徵，而非特後代之興，必變易前代也。卽一代之制度，亦歷久而必變。周享國最久，必無歷八百年而制度全無變易者。三禮所載，皆周禮也，禮經十七篇爲孔子所定，其餘蓋出孔子之後學者，各記所聞，而亦必當時實有此制度，非能憑空撰造。儀禮周禮言聘覲之禮，不盡合禮記。檀弓言東方西方之奠，齊衰大功之喪，亦不盡合王制；祭法言廟制祭禮，尤不相符。說者推而上之，則以爲兼有夏殷，鄭君云：王制，夏殷雜是也。抑而下之，則以爲雜出秦漢。鄭君以月令爲秦制，盧植以王制爲漢法是也。考其實皆不然；三禮皆周人之書，所記皆周時之禮。（禮記所載，或有夏殷禮；而既經周，因與損益，則亦既周禮矣。秦漢之禮，又多本之於周）其所以參差牴牾者，由於歷代久遠，漸次變易，傳聞各異，紀載不同。非必上兼夏殷，而下雜秦漢也。（皮錫瑞三禮通論）

周禮儀禮，漢儒皆傳爲周公攝政六年所作，劉歆曰：周公致太平之迹，俱在周禮，鄭康成云：周公居攝，而作六典之職，謂之周禮，賈公彥云：周禮儀禮，並是周公攝政太平之書，儀禮十七篇，漢初興，高堂生博士卽傳之。周禮，始皇特疾惡，搜求焚燒之獨悉，是以隱藏百年。武帝時，出於山巖屋壁。……至於禮記，孔穎達正義云：孔子沒後，七十子之徒，共撰所聞以爲記。……三代大經大法，修已治人之事，舍是三書，無以考之。（顏氏學記恕谷一）

周公所組織的文化，當然是三代文明的集成。但其集成，不是思索的，內面的；是制度的，外面的——在這制度文物完成的方面上，其組織眞是前古未有。現在流傳的禮記（周禮儀禮）一般說是周公經過手的。其中周禮一書……綱羅唐虞以下的禮制。後來雖受了許多增益，但大體的骨子和基礎是他築的——當不可否定。儀禮則是制定公私一般的禮節的，正屬於現今世上流行的禮。此書後世的竄入很少。周代的古色最帶的多——要之周公的精力，全集在文物制度的整備上，形式文明上；所組織的文化，其特色決不是思索的。禮記之中，雖多少有點倫理思想，但這個比之三代以前，別無出色處。（日渡邊秀方中國哲學史概論）

疑古者則謂三禮非大周通禮，乃孔門所雜纂。

儀禮之不是「大周通禮」毛西河、顧復初、袁隨園、崔東壁諸人，都早已有此懷疑。他們已經舉出了許多僞證；至康長素而此說遂定。我以爲「儀禮」本是孔門的主張，一部儀禮便是儒者們把古今南北種種習慣的儀文禮節和衣裳冠履，斟酌取捨，製成的「雜拌兒」。製成之後，常常扮演，如史記孔子世家「諸儒亦講鄉飲大射於孔子家。」又儒林傳「高皇帝誅項籍，舉兵圍魯。魯中諸儒尚講誦，習禮樂，弦歌之音不絕。」又「漢興，然後諸儒始得修其經藝，講習大射鄉飲之禮。」又「魯徐生善爲容」皆是。這種「雜拌兒當然不能說它是「大周通禮」了。（錢玄同左氏春秋考證書後）

康氏主張經皆孔子所作之說（孔子改制考中有六經皆孔子改制所作考一篇。）故認制禮者是孔子而非周公。……我以爲孔子制禮之說，雖未盡當，然亦非無徵之臆談，比周公制禮之說高明多矣。禮之中確有一部分爲孔子所制，如「三年之喪」，看論語陽貨篇，孟子滕文公篇，墨子非儒公孟節非諸篇，則此禮制自孔子作，實有明徵。惟儀禮中如聘禮所言，與孔子之主張相背（崔述與姚際恆皆有此說）而升降揖讓之繁文縟節，自非孔子所定，且與孔子重禮之意亦未必吻合；其書蓋晚周爲荀子之學者所作。儀禮爲晚周之書，毛奇齡顧棟高袁枚崔述亦庭皆有此說。近見姚際恆之儀禮通論，亦謂儀禮爲春秋後人所作。（錢玄同重論經今古文問題）

周禮……我以爲從制度上看，云出於晚周，並無實

1908

據；云劉歆所作，則王莽傳恰是極有力之憑證；故仍認康氏（有為）之論為最確。即使讓一步說，承認周禮出於晚周；然劉歆利用此書以佐王莽，總是無可否認的事實。既利用矣，則大加竄改以適合王莽更法立制之用，當時實有此必要。故今之周禮，無論是本有此書而遭劉歆之竄改；或本無此書而為劉歆所創作。總之只能認為劉歆的理想政制而不能認為晚周某一學者的理想政制。若考周代之政制而引用周禮為史料，則尤為荒謬矣。（同上）

禮記為漢儒所鳩集，蕪猶同我，譌訛百出，各篇既異其時代，各章亦多勿相猷，或為先秦之文，或出於漢人之手，或成於儒家，或纂於黃老，眞贋相襲，涇渭一流，披沙揀金，貴乎窮本，昔人不察，據此而言周禮，推究古代之禮意，豈不誣矣。（拙著禮記通論）

上述兩說，相持千古，莫衷一是。平心論之，則三禮可以代表周秦西漢間之禮文，不盡為成周一代之禮。而且周禮所載，禮法不分。

成周盛時，以禮持世。凡其所以建國而辨方正位，體國經野，設官分職，以為民極者，皆謂之禮焉。不徒以祭祀燕享冠昏賓射以為禮也。太宰掌建邦之六典，以治典為先，而禮典僅居其末；然其書不謂之治而謂之禮，其意可見矣。秦漢以來則不然。凡其所以治者皆謂之政，特其所以施於郊廟朝廷學校而有節文儀則者，則謂

之禮焉。蓋三代以前，以禮為治天下之大綱；三代以後，以禮為治天下之事。（眞德秀大學衍義補）

言官制而非為論禮。

蓋周禮乃制治立法，設官分職之書。於天下事無不該攝，禮典固在其中，而非專為禮設也。故此志列其經傳之目，但曰周官，而不曰周禮，自不應指其官目，以當禮篇之目；又況其中或以一官兼掌衆禮，或以數官通行一世，亦難計其官數，以充禮篇之數。（朱子語類）

周公六典，本以命官，而非以記禮。其間所載之禮，乃職掌之所及者爾。（經義考引朱升說）

儀禮所記，有文無義。

儀禮……此乃儀，更須有禮書。儀禮只載行禮之威儀，所謂威儀三千是也。禮書如云天子七廟，諸侯五，大夫三，士二之類。是說大經處方是禮，須自有文字。（陳振孫書錄解題）按陳氏所謂文字，即禮意也。

儀禮者，乃周家行禮涉於儀度委曲之書。若後世所謂儀注者是也。（經義考引陳騤說）

禮記所言，文義踳駁，皆不可信。

三禮中禮記，尤雜無條理，或一事而彼此不合，前後章章牾。老師宿儒，尚不知要領；初學一入其中，五花八門，不辨方位，終無益也。（廖平經學初程）

袞周及漢代多至庸至陋之書，而善依託。……大小戴記之五帝德坊記表記緇衣等篇，其尤者也。（龔自珍

文集）

蓋禮於周初，尙無成法，其文亦必簡略。至秦漢儒者，託古改制，貴古賤今，遂謂「隆周禮儀三百，威儀三千，至東周而大衰。」一思有以易夫當世。而後人不察，誤其用意，昧文化演變之跡。（一切文化皆由簡入繁，禮學亦然。）信置不移，豈不慎乎？

太一初分，燧人鑽火，志有暢於恭儉，情不由乎玉帛，而酌元流於春澗之右，焚封豕於秋林之外，亦無得而闕焉。軒頊依神，唐虞稽古，逮乎隆周，其文大備。或垂百官之範，置不刊之法；或禮經三百，威儀三千。皆所以弘宣天意，雕刻人理。叔代澆訛，王風陵謝，事睽光國，禮亦愆家。趙簡子問太叔以揖讓周旋之禮，對曰蓋所儀，而非禮也。天經地義之道，自茲尤缺。哀公十一年，孔了自衞反魯，迹三代之典，垂百王之訓，時無明后，道曀不行。（晉書禮志序）

禮……夏商二代，散亡多闕，洎周武王既歿，成王幼弱，周公攝政六年，致太平，述文武之德，制周官及儀禮以爲後王法。……周衰，諸侯僭忒，自孔子時已不能具。（通典禮總序）

以余觀之。禮至東周，仍無定制，亦無禮書。

孔子於禮多從周，使周禮書如此精密，當不切切於杞宋，求夏商遺規，與夫逆爲繼周損益之辭；又自衞反魯，刪詩定書，繫易作春秋，獨不能措一辭於周禮，即孟子時周室獨存，班爵之制，亦云不詳。（顧頡剛古史辨序）按春秋時各國行禮，皆不一致；然亦各行其是，各具成理，（詳見張大亨春秋五禮例宗）世人謂周衰禮廢，諸侯僭惑。實與禮無成文，其又何從？至其中禮與不中禮，不過儒家以意斷之，彼亦無文可據也。

至孔子時隆禮，始以已意，條正禮俗。推本於殷周。

孔子之時，周室微而禮樂廢，詩書缺，追迹三代之禮，序書傳，上紀唐虞之際，下至秦繆，編次其事曰夏禮吾能言之，杞不足徵也；殷禮吾能言之，宋不足徵也，足則吾能徵之矣。觀殷夏所損益曰後雖百世可知也。以一文一質，周監二代，郁郁乎文哉！吾從周，故書傳禮記自孔氏。（孔子世家）

詩書禮樂，定自孔氏。（後漢書徐防傳）

其習俗之善者則留之，不善者則闕而去之。

殷人弔於壙，周人弔於家，示民不背也。子云：死，民之卒事也。吾從周。（禮記檀弓）

孔子曰：拜而后稽顙，頹乎其順也；稽顙而后拜，頎乎其至也。三年之喪，吾從其至者，孔子或得合葬於防。曰：吾聞之，古也墓而不墳。今丘也，東西南北之人也，不可以弗識也，於是封之。（禮記檀弓）

伯高死於衞，赴於孔子。孔子曰：吾惡乎哭諸？（禮記檀弓）

子曰：始作俑者，其無後乎？（論語）

且創制禮文。

孔子旣得合葬於防。曰：吾聞之，古也墓而不墳。今丘也，東西南北之人也，不可以弗識也，於是封之。崇四尺。孔子先反，門人後，雨甚。至。孔子問焉：爾來何遲也？曰防墓崩，孔子不應三。孔子泫然流涕曰：吾聞之，古不修墓。（禮記檀弓）

修正禮義。

孔子曰：「之死而致死之，不仁而不可爲也；之死而致生之，不智而不可爲也。是故竹不成用，瓦不成味，木不成斲，琴瑟張而不平，竽笙備而不和，有鐘磬而無簨虡。其曰明器神明之也。」又曰：「孔子謂爲明器者，知喪道矣，物備而不可用也。」（禮記檀弓）

使之由宗教迷信變而爲詩與藝術。此則孔子及孔門後學者之貢獻也。

近人桑戴延納Santayano主張宗教亦宜放棄其迷信與獨斷而自比於詩。但依儒家對於其所擁護之喪禮與祭禮之解釋與理論，則儒家早已將古代之宗教修正爲詩。古時所已有之喪祭禮，或爲宗教的儀式，其中或包含不少之迷信與獨斷。但儒家以述爲作，加以澄清，與以新意義，使之由宗教而變爲詩，斯乃儒家之大貢獻也。

（馮友蘭儒家對於婚喪祭禮之理論）

然孔門後學，使禮變爲繁縟，主禮墨守古制，此皆與孔說相左者。

論語曰：「林放問禮之本，子曰：禮與其奢也寧儉，喪與其易也寧戚。」又曰：「禮云禮云，玉帛云乎哉；樂云樂云，鐘鼓云乎哉。」又曰：「先進於禮樂，野人也；後進於禮樂，君子也。如用之，則吾從先進。」是孔子貴質賤文，反對繁文縟禮，非似後世之禮儀三百威儀三千也。

禮時爲大……觀孔子欲從先進，又曰行夏之時，乘殷之輅，服周之冕，便是有意於損周之禮，從古之樸矣。（朱子語類）

其尤可異者，卽宰我之反對三年之喪，與孔子門徒，無以禮學名於世者。

陶潛聖賢羣輔錄云：「漆雕氏傳禮，爲恭儉莊敬之儒。」又禮記雜記曰：「孺悲學士喪禮於孔子，士喪禮於是乎書。」茲按前二說均不可信，羣輔錄乃後出僞書，其引語似附會禮記經解及韓非顯學而成；而雜記亦爲傳聞不足信。再按論語：「德行顏淵閔子騫冉伯牛。言語宰我子貢文學子游子夏。」如孔子確有禮學，則不能不授諸門生，而門生有以光大者也。

又論語中載孔子論禮之言，亦甚尠而義闊。

今按論語中載孔子之論禮文字甚少，至其細目，尤未見諸！如「顏淵問仁，子曰克己復禮爲仁。一日克己復禮，天下歸仁焉。爲人由己，而由人乎哉！顏淵曰：請問其目。子曰非禮勿視，非禮勿聽，非禮勿言，非禮勿勤。……」究竟何謂禮，禮之細目爲何？恐孔子亦茫然無定主張也。

孟子中於禮事亦少所發揮。其使禮具體化，成爲專門之學，則自荀子始。

大戴曾子立事篇載荀子修身大略二篇文。小戴樂記三年問鄉飲酒義篇載荀子禮論樂論文，則二戴之禮，亦荀子所傳。（皮錫瑞經學歷史）

孟子論禮，東鱗西爪，乏跡可尋。至荀子禮論篇出，禮之大義始定。後儒論禮，多本乎此。如禮記一書，卽儒家禮學之大叢書也。（見拙著禮記通論禮記古今之批判章）

而孔門後學者所光大者也。

後陵遲以至於始皇，天下並爭於戰國，儒術旣絀焉。然齊魯之門，學者獨不廢也。及高皇帝誅項籍，舉兵圍魯。魯中諸儒，尙講誦，習禮樂，弦歌之音不絕。豈非聖人之遺化好禮樂之國哉……故漢興，然後諸儒始修其經籍，講習大射鄉飲之禮。（史記）

且於荀子以前之儒家，多以禮蓋法。

荀子以前之儒家，好以禮蓋法。故孔子以「齊之以刑」「齊之以禮」對舉，似謂刑異於禮。然於子產之論政寬猛，則謂爲古之遺愛（左昭二十年傳）然則孔子雖言齊之以禮，而究亦不廢法焉。……蓋古人所謂禮者，與法實大致不殊。故「晉侯謂女叔儀曰：「魯侯不亦善於禮乎？」對曰：「魯侯焉知禮。」公曰：「何謂？自郊勞至於贈賄，禮無違者，何爲不知？」對曰：「是儀也，不可謂禮。禮所以守其國，行其政令，無失其民者。」」（左昭五年）然則禮者，所以守國行政令民者。「禮云禮云，玉帛云乎哉？」蓋玉帛，乃儀而已。晏子語曰：「禮之可以爲國也，與天地並。君令臣共，父慈子孝，兄愛弟敬，夫和妻柔，姑慈婦聽，禮也。君令而不違，臣共而不貳……禮之善物也。」（左昭二十六年）然則禮也者，固令君令臣共，父慈子孝，蓋猶法也。

至荀子時，始謂禮源於人欲，禮爲聖人之僞。

人生而有欲，欲而不得則不能無求，求而無度量分界則不能無爭，爭則亂，亂則窮，先王惡其亂也，故制禮義以分之，以養人之欲，給人之求，使欲必不窮於物，物必不屈於欲。兩者相待而長也，禮者人道之極也。凡禮事生飾歡也，送死飾哀也，師旅飾威也，是百王之所同，古今之所一也。（荀子禮論）

眞德秀曰：荀子嘗有禮論，其論禮之本末甚備，至其論性，則以禮爲聖人之僞，豈不繆哉！臣按荀況禮論，其最純者止此數言，其餘固若亦有可取者；但其意既以禮爲僞，則莊周謂所言之題，而亦于非荀卿之論禮也。（大學衍義補）

荀子曰：「人之性惡，其善者僞也。今人之性生而好利焉，順是故爭奪生，而辭讓亡焉；生而有疾惡焉，順是故殘賊生，而忠信亡焉；生而有耳目之欲，聲色之好焉，順是故淫亂生，而禮義文理亡焉。然則人之性，順人之情，必出於爭奪，合於犯分稱禮而歸於暴，故必將有師法之化，禮義之道，然後出於辭讓，合於文理，而歸於治。用此觀之，然則人之性惡明也。（荀子性惡篇）

荀子謂人生而有種種欲望，任其自然而放棄之，則必生爭奪而至於亂。所以世之聖賢，與禮義道德；這禮義道德，正是匡正人類的野性手段，所以道德禮義，决不是出於人間的本性，乃反其本性而生的僞物。飢思飽，寒思暖，勞思休，這才是人的本性。今飢而讓之上，或進而替弟子之勞者，要皆禮這個僞物存在的原故，幷不是本性上我們不厭飢苦而然的。換句話說，這種孝悌之道，正是禮義之文理，守着我們本性而不辭讓，反是我們的本性。由此看起來，人性之惡是很明白的。善者，僞也修飾也，假面具也。——他是這個意思，自然要生個疑問。就是人性既是這樣全然惡的，那末，又何以會有禮義道德那些東西進入的餘道呢？荀子對曰：與此禮義之聖人「積思慮，習僞故，以生禮義，而起法度，然則禮義法度者，是生於聖人之僞，非故生於人之性也。」聖人要矯人性惡爲僞善，故制各種禮儀，如陶人之埏埴爲器，牛之矯角爲用也。（日渡邊秀方中國哲學史概論）

其於天地祖先君師而成

禮有三本，天地者，生之本也；先祖者，類之本也；君師者，治之本也。無天地惡生，無先祖惡出，無君師惡治。三者偏亡焉無安人。故禮上事天，下事地，尊祖先而隆君師，是禮之三本也。（荀子禮論篇）

禮儀師法爲矯正人性之工具。

人無法則倀倀然。然有法而無志其義則渠渠然，依乎法而又深其類，然後溫溫然，禮者所以正身也；師者所以正禮也。無禮何以正身，無師吾安知禮之爲是也。禮然而然，則是情安禮也；師云而云，則是知若師也。情安禮知若師，則是聖人也，故非禮是無法也，非師是無師也。不是師法而好自用，譬之是猶以盲辨色，以聾辨聲也。舍亂妄無爲也，故學也者，禮法也，夫師以身爲正儀而貴自安者也。詩云「不識不知，順帝之則，」此之謂也。（荀子修子）

是故喪禮祭禮，皆主人自盡心意，自欺欺人，豈有鬼神之事哉。此禮之所以爲僞也。

禮者，謹於治生死者也；生，人之始也；死，人之終也。終始俱善，人道畢矣。故君子敬始而愼終，終始如一，是君子之道，禮義之行也。夫厚其生而薄其死，是敬其有知而慢其無知也。……喪禮者，以生者飾死者也，大象其生，以送其死也。故事死如生，事亡如存，終始一也。……具生器以適墓，象徙道也。略而不盡，說而不功。……故喪禮者，無它焉，明死生之義，送以哀敬而終周藏也。（荀子禮論）按衣衾棺槨，皆大象其生以送其死也。理智明知死者之已死，而情感而望死者之復生，理智情感兼顧，仁且智之道也。

祭者，志意思慕之情也。忠信愛敬之至矣。苟非聖人，莫之能知也。聖人明知之，君子安行之，官人以爲守，百姓以成俗，其在君子以爲人道也，其在百姓以爲鬼事也。……卜筮視日，齋戒修涂，几筵饋薦告祝，如或饗之。物取而皆祭之，如或嘗之。勿利舉爵，主人有尊，如或觴之，賓出主人拜送，反，易服，卽位而哭，如或去之。哀夫敬夫，事死如事生，事亡如事存，狀乎無形影，然而成文。（荀子禮論）按祭禮乃主人主觀方面對死者志意思慕之情之表現，豈有神之所饗焉耳。雖明知無鬼神饗嘗之事，而仍祭之，以冀其有，此禮之所以爲僞也。

其他論禮意處，皆甚精鑿，爲後世儒者所本。

荀子中論禮義，多有精到之處，如「殯久不過七十日，速不過五十日，是何也？曰：遠者可以至矣。百求可以得矣。百事可以成矣。其忠至矣。其節大矣。其文備矣。然後月朝卜宅，月夕卜日，然後葬也。」（禮論）……後儒論禮義者，多宗荀子之說，其最顯明者爲禮記。（見拙著禮記通論）是故荀子禮論一篇，已使禮法析明，成爲半法化的禮說。然吾人捨此而求禮意，更無可求之處矣。

然周秦時代，禮學一事，並非儒家所獨專，特不過以儒家主禮爲最甚，推本於周公文王也。其他各家，亦多主禮治，唯與儒家之禮說不同。如晏子主張以禮治國。

景公飲酒酣曰：「今日願與諸大夫爲樂飲，請勿爲禮。」晏子蹴然改容曰：「君之言過矣，羣臣固欲君之無禮也。力多足以勝其長，勇多足以弒其君，而禮不使也。禽獸以力爲政，彊者犯弱，故日易主。今君去禮，則是禽獸也。羣臣以力爲政，彊者犯弱而日易主，君將安立矣。凡人之所以貴於禽獸者，以有禮也。故詩曰：「人而無禮，胡不遄死」。禮不可無也。公湎而不聽，少間公出，晏子不起，公入不起，交舉則先飲，公怒色變，抑手疾視曰：「嚮者夫子之教寡人無禮之不可也。寡人出入不起，交舉則先飲，禮也？」晏子避席再拜稽首而請曰：「嬰敢與君言而忘之乎？臣以致無禮之實也？君若是無禮，此是已。」公曰：「若是孤之罪也。夫子就席，寡人聞命矣。」觴三行，遂罷酒，蓋是後也，飭法修禮以治國政，而百姓肅也。（晏子春秋內篇）

而反對儒家之繁文縟禮。

仲尼之齊，見景公，景公說之，欲封之以爾稽，以告晏子。晏子對曰：「不可。彼浩裾自順，不可以教下；好樂綏於民，不可使親治；立命而建事，不可守職；原葬破國貧民，久喪道哀費日，不可使子民。……威儀加多，而民行滋薄；聲樂繁充，而世德滋衰。今孔丘盛聲樂以侈世，飾弦鼓舞以聚徒，繁登降之禮，趨翔之節以觀衆。博學不可儀世，勞思不可補民。（晏子春秋外篇）

墨子主法儀治天下。

子墨子曰：天下從事者，不可無法儀，無法儀而其事能成者無有。（墨子法儀）

子墨子曰：無君臣上下長幼之節，父子兄弟之禮，是以天下亂焉。（墨子尙同）

而反對儒家之久喪厚葬。

儒者曰：親親有術，尊賢有等，言親疏尊卑之異也。其禮曰喪父母三年具……且夫繁飾禮以淫人，久喪僞哀以謾親，立命緩貧而高浩居，倍本棄事而安怠傲，貪於飲食，惰於作務，陷於饑寒，危於凍餒，無以違之是若人氣，鼸鼠藏，而羝羊視，賁彘起，君子笑之，怒曰散人……。（墨子非儒下）

孔子盛容修飾以蠱世，弦歌鼓舞以聚徒，繁登降之禮以示儀，務趨翔之節以觀衆。（同上）

至於道家，則主無爲，崇自然，慕嬰兒之純眞，反瑣禮之桎梏。

道家則反對儒家這種種極地以禮道正天下的態度。在他們以爲社會這樣變亂，人心這樣巧詐的原因，要皆本於周化文化之弊害。周代那種煩瑣禮節的桎梏，正使

人間生這種虛僞；去這種禮，捨這種人爲的道德，人人回復到人間固有的自然，以嬰兒那樣純眞的爲心時，堯舜之治，當可期而待——他們以爲，本來社會的更生，在一個意味上，就是歸於原始；就是反乎自然，以自然平等博愛爲本，滌盡一切末世的桎梏——惡德，惡法，惡禮等。（日渡邊秀方中國哲學史概論）

故老子罵禮爲忠義之薄而亂之首。

老子曰：上德不德，是以有德，下德不失德，是以無德，上德無爲而無以爲，下德爲之而有以爲，上仁爲之而無以爲，上義爲之而有以爲，上禮爲之而莫之應，則攘臂而扔之。故失道而後德，失德而後仁，失仁而後義，失義而後禮。夫禮者，忠信之薄而亂之首，前識者道之華而愚之始。是以丈夫處其厚不居其薄，處其實不居其華，故去彼取此。（道德經）

泊陰陽之和而迫性命之情。

老子云：「爲禮者，雕琢人性，矯拂其情，目雖欲之禁以法，心雖樂之節以禮，趨翔周旋，屈節異儀，內凝而弗食，酒敗而不飲，外束其形，中愁其意，汩陰陽之和，而迫性命之情。」（文子）

莊子則罵禮爲人類性情破離後之不祥產物。

安商曰：先生獨何以說吾君乎？吾所以說吾君者，橫說之則以詩書禮樂（莊子徐無鬼篇）

屈折禮樂，呴俞仁義，以慰天下之心者，此失其常

然也。(莊子駢拇)

聖人蹩躠爲仁，踶跂爲義，而天下始疑矣；澶漫爲樂，摘僻爲禮，而天下始分矣。故純樸不殘，孰爲犧尊；白玉不毀，孰爲珪璋；道德不廢，安取仁義；性情不離，安用禮義。……聖人屈折禮樂以匡天下之形，縣跂仁義以慰天下之心，而民乃始踶跂好知，爭歸於利，不可止也。此亦聖人之過也。(莊子馬蹄)

楊子則以爲尊禮，不能盡人之歡。矯性情以招名，生弗若死也。

凡生之難欲，而死之易及。以難欲之生，俟易及之死，可孰念哉！而欲尊禮義以夸人，矯性情以招名，吾以此爲弗若死矣。爲欲盡生之歡，窮當年之樂，唯患腹溢不得恣口之飲，力憊而不得肆情於色，不遑憂名聲之醜，性命之危也。(列子楊朱篇)

(未完)

——摘自《新東方雜誌》一九四〇年十月第一卷第九期

中國禮學史芻議(續)

蔡介民

是以禮學之於先秦，並無若何之地位。迨至秦有天下，勵行法治，儒家禮學，益爲不振。

秦氏以戰勝之威，并吞九國，盡收其儀禮，歸之咸陽。唯採其尊君抑臣，以爲時用，至於退讓，起於趨步，忠孝成於動止，華藻靡舉，鴻纖並擯，甚芻狗之棄路，若章甫之遊越，儒林道盡，詩書爲煙。(隋書禮儀志序)

抑臣尊君，不合聖制。

秦有天下，悉納六國禮儀，采擇其善，雖不合聖制；其尊君抑臣，朝廷濟濟。(史記禮書)

至漢高起布衣，成帝業，承秦之弊，古禮無徵，故仍襲秦之舊。

禮……至於高祖，光有四海，叔孫通頗有所損益增減。大抵皆襲秦故，上自天子稱號，下至佐僚及宮室官名，少所變更。(史記禮書)

而多去其苛儀，以爲簡易。遂致羣臣無禮，因命叔孫通起朝儀，以正君臣之位，而魯兩生不肯行，意其不合古制，且行非其時也。

漢王拜叔孫通爲博士號稷嗣君。漢五年已并天下諸侯共尊漢王爲皇帝於定陶，叔孫通就其儀號，高帝悉去秦苛儀法爲簡易。羣臣飲酒爭功，醉或妄呼拔劍擊柱，高帝患之。叔孫通知上益厭之也。說上曰：「夫儒者難與進取，可與守成，臣願徵諸魯與臣弟子兵起朝儀。」高帝曰：「得無難乎？」叔孫通曰：「五帝異樂，三王不同禮。禮者因時世人情爲之節文者也。故夏殷周之禮所因損益可知者，謂不相復也。臣願頗采古禮與秦儀，雜就上之。」上曰：「可試爲之。令易知度吾所能行爲之。」於是叔孫通徵魯諸生三十餘人。魯有兩生不肯行曰：「公所事者且十年，皆面諛以得親貴。今天下初定，死者未葬，傷者未起，又欲起禮樂，禮樂所由起，積德百年而後可興也，吾不忍爲公所爲。公所爲不合古，吾不行，公往矣無汙我。」叔孫通曰：「若眞鄙儒也。不知時變。」遂與所徵三十八西，及上，左右爲學者與其弟子百餘人，爲綿蕞野外習之月餘。叔孫通曰：「上可試觀。」上既觀使行禮曰：「吾能爲此。」迺令羣臣肄習。會十月長樂宮成，諸侯羣臣皆朝……竟朝治酒，無敢讙譁失禮者。於是高帝曰：「吾迺今日知爲皇帝之貴也。」迺拜叔孫通爲太常，賜金五百斤……。（叔孫通傳）

至惠帝時，更令叔孫通爲宗廟及諸儀之法。並除挾書之律。

九年高帝徙叔孫通爲太子太傅。高帝崩，孝惠即位。迺謂通曰：「先帝園陵寢廟，羣臣莫習。」徒通爲太常，定宗廟儀法，及稍定。漢初諸儀法，皆通所論著也。（漢書叔孫通傳）

按秦始皇三十四年，用李斯之言，禁民間藏書。史記卷六始皇本紀「非博士官所職，天下敢有藏詩書百家語者，悉詣守尉雜燒之。」至漢孝惠帝時，始除此令。然通所爲禮，雜秦儀與律令同錄。

叔孫通定漢儀沿習秦典，不能致魯兩生，固不足怪；切通所制禮書，凡二十篇，所制刑書凡十八篇。於刑爲詳，於禮爲略，彼所職何事，而顧爲此耶？（章俊卿歷代禮）

因時世而違聖制。

叔孫通爲漢制禮，雜以秦儀，其說以爲禮者，因時世人情而爲之節文。而古先聖王之制，非所以施之於後。卒使漢家之禮，法度不立。品式無章，郊祀建而惑於天地分合之異，宗廟立而疑於昭穆迭毀之說，太學雍奉常之制，明堂璧玉帶之圖，上下相承，風俗侈靡，其所著爲漢儀禮者，又與律令同錄，而藏於理官，非復視以爲禮，豈能有美教民定民志哉。（章俊卿歷代禮）

漢世受命，禮壞文毀，作無聖人；苟措其義，立其禮，不沿襲於聖製者，妄也。夫國之大祭，不過乎郊祀宗廟也。而叔孫生不爲之正郊祀，立宗廟，去秦時之非制，議昭靈之不禮，乃汲汲於朝會之儀，俾漢天子身不得郊見，享不及七廟。嗚呼！不明於古制，樂通於時變，君子不由也，其叔孫之謂也。（皮日休題叔孫通傳）

學者病之，世勿傳行。

今叔孫通所撰禮儀與律令同錄，藏於理官法家，又復不傳。漢典寢而不著，民臣莫有言者。（漢書禮樂志）

至孝文時，賈誼以爲宜定制度，興禮樂，乃草具其儀，天子說焉；而絳灌之屬害之，故其議遂寢。

文帝時，賈誼以爲漢承秦之敗俗，廢禮儀，捐廉恥，今其甚者殺父兄，盜者取廟器，而大臣特以簿書，不報期會爲故，至於風俗流溢，恬而不怪，以爲是適然耳。夫移風易俗，使天下回心而鄉道，非俗吏之所能爲也。夫立君臣，等上下，使綱紀有序，六親和睦，此非天之所爲，人之所設也。人之所設，不爲不立，不修則壞。漢興至今，二十餘年，宜定制度，興禮樂。然後諸侯軌道，百姓素樸，獄訟衰息，迺草具其儀，天子說焉，而大臣絳灌之屬害之，其議遂寢。（漢書禮樂志）

然當時有徐生者，言禮善爲容，立爲禮官大夫，後之言禮爲容者，自徐氏焉。

諸學多言禮，而魯高堂生最。本禮自孔子時而其經不具。及至秦焚書，書散亡益多，於今獨有士禮。高堂生獨言之。而魯徐生善爲容。孝文時徐生以容爲禮官大夫。……延及徐氏弟子公戶滿意，桓生，單次，皆嘗爲漢禮官大夫。而……蕭奮以禮爲淮陽太守，是後能言禮爲容者由徐氏。（史記儒林列傳）

漢興，高堂生傳士禮十七篇，而魯徐生善爲頌。孝文時，徐生以頌爲禮官大夫……。延及徐氏弟子公戶滿意，桓生，單次，皆爲禮官大夫，而……蕭奮以禮至淮陽太守，諸言禮爲頌者由徐氏。（漢書儒林傳）「古容頌通」

武帝初位，又議立明堂，制禮服，會竇太后好黃老而不果。

建元元年秋，議立明堂，遣使者安車蒲輪，束帛加璧，徵魯申公。二年冬十月御史大夫趙綰坐請勿奏事太皇太后，及郎中令王臧皆下獄自殺。（應劭注：禮婦人不預政事。時帝已自躬省萬幾。王臧儒者，欲立明堂辟雍太后素好黃老術，非薄五經，因欲絕奏事太后。太后怒，故殺之。）（漢書武帝本紀）

武帝卽位，議立明堂，制禮服以興太平。會竇太后好黃老言，不說儒術，其事又廢。後董仲舒對策言……古之王者莫不以教化爲大務，立大學以教於國，設庠序以化於邑。是時上方征討四夷，銳志武功，不暇留意禮文之事。（漢書禮樂志）

至建元五年，始立禮學博士。

武帝立五經博士，書唯有歐陽，禮后，易楊，春秋公羊而已。（漢書儒林傳讚）又儒林傳曰：「孟卿……事后倉，……倉說禮數萬言號曰后氏曲臺記」按禮后卽后倉也。

總漢朝初年，上好黃老，以爲繁禮飾貌，無益治躬。

漢初。……尙有干戈，平定四海，亦未暇遑庠序之事。孝惠呂后時，公卿皆武有功之臣。……孝文帝本好刑名之言，及至孝景，不任儒者；而竇太后又好黃老之術，故諸博士具官待問，未有進者。(史記儒林傳)

孝文卽位，有司議欲定儀禮，孝文好道家之學，以爲繁禮飾貌，無益於治躬化謂何耳。故罷去之。(史記禮書)

而當時學者，如淮南子等，對禮亦有詬言。

夫水積則生相食之蟲，土積則生食肉之獸，禮飾則生僞匿之儒，夫吹灰而欲無眯，涉水而欲無濡，不可得也。(淮南子)

直至太初元年，始招致儒士改正朔，易服色，定宗廟百官之儀。

今上卽位，招致儒術之士，令共定儀，十餘年不就。或言古者太平，萬民和喜，瑞應辨至。乃采風俗，定制作。上聞之制詔御史曰：蓋受命而王，各有所由興，殊路而同歸，謂因民而作，追俗爲制也。議者咸稱太古，百姓何望？漢亦一家之事，典法不傳，謂子孫何？化隆者閎博，治淺者褊狹。可不勉歟！乃以太初之元，改正朔，易服色，封泰山，定宗廟百官之儀，以爲典常，垂之於後云。(史記禮書)

宣帝時，王吉更上疏，請述舊禮，修王制，建萬世之長策。

宣帝時，琅琊王吉爲諫議大夫，又上疏言欲治之，王不世出，公卿幸得遭遇其時，未有建萬世之長策，舉明主於三代之隆者也。其務在於簿書斷獄聽訟而已，此非太平之基也，今俗吏所以牧民者，非有禮義科指，可世世通行者也，以意穿鑿，各取一切，是以詐僞萌生，刑罰無極，質樸日消，恩愛寖薄，孔子曰：「安上治民，莫善於禮。」非空言也，願與大臣延及儒生，述舊禮，明王制，驅一世之民，躋之仁壽之域則俗何以不若成康，壽何以不若高宗，上不納其言，吉以病去。(漢書禮樂志)

雖不可爲，而有石渠閣之會。

甘露三年，詔諸儒講五經同異。太子太傅蕭望之等平奏其議。上親稱制臨焉。(漢書宣帝紀)

成帝時，犍爲郡，於水濱得古磬十六枚。劉向因是說上，興辟雍，設庠序，陳禮樂以風天下，帝下公卿議，會向病卒而止。

成帝時，犍爲郡於水濱得古磬十六枚，議者以爲善祥。劉向因是說上，宜興辟雍，設庠序，陳禮樂，隆雅頌之聲，盛揖讓之容，以風化天下，如此而不治者，未之有也。或曰不能具禮，禮以養人爲本，如有過差，是過而養人也。刑罰之過，或至死傷；今之刑，非皐陶之法也。而有司請定法，削則削，筆則筆，救時務也。至於禮樂，則曰不敢，是敢於殺人，不敢於養人也。爲其俎豆管絃之間小不備，因是絕而不爲，是去小不備，而就大不備，惑莫甚焉。夫教化之比於刑法，刑法輕，是舍所重而急所輕也。且教化所恃以爲治也。刑法所以助治也。今廢所恃而獨立其所助，非所以致太平也。自京師有誖逆不順之子孫，至於陷大辟，受刑戮者不絕，由不習五常之道也。夫承千歲之衰周，繼暴秦之餘弊，民漸漬惡俗，貪饕險，詖不閑，義理不示以大化而獨敺。以刑罰終已不改。故曰導之以禮樂而民和睦。初叔孫通將制定禮儀，見非於齊魯之士；然卒爲漢儒宗業，垂後嗣，斯成法也。成帝以向言下公卿議，會向卒，丞相大司空，奏請立辟雍，案行長安城南，營表未作，遭成帝崩，羣臣引以定諡。(漢書禮樂志)

而當時俗尚奢靡，背違禮制，成帝故詔禁之。

成帝永始四年六月詔曰：「聖王明禮制，以序尊卑，異車服以章有德，雖有其財，而無其尊，不得逾制，故民興行，上義而下利。方今世俗奢僭罔極，靡有厭足，公卿列侯，親屬近臣，四方所則，未聞修身遵禮，同心憂國者也。或迺奢侈逸豫，務廣第宅，治園池，多畜奴婢，被服綺縠，設鐘鼓，備女樂，車服嫁娶，葬埋過制，吏民慕效，寖以成俗。而欲望百姓節儉，家給人足，豈不難哉。詩不云乎？「赫赫師尹，民具爾瞻，」其申敕有司以漸禁之。青綠民所常服，且勿止，列侯近臣，各自省改，司隸校尉，察不變者。」(漢書成帝本紀)

至莽佐平帝，銳意復古，上法周公，起明堂，辟靈臺，爲學者築舍。及有逸禮，通其意者，皆詣公車，封列侯。

莽奏起明堂辟雍靈臺，爲學者築舍……及有逸禮，古書……通知其意者，皆詣公車。……謹以六藝通義，經文所見，周官禮記，宜於今者，爲九命之錫。劉歆陳崇等十一人，皆以治明堂宣教化封爲列侯。(漢書王莽傳)

祀帝迎春，制禮作樂。及發得周禮，益崇古制。

居攝元年，正月，莽祀上帝於南郊，迎春於東郊。太保舜，大司空豐，輕車將軍邯，步兵將軍建皆爲誘進單于籌策，又典靈臺明堂辟雍四郊，定制度，開子午道，放大誥，作策。遣諫大夫桓譚等班於天下，實考周爵五等，地四等，有明文，少阿羲和劉歆與博士諸儒七十八人，皆曰攝皇帝，遂開祕府，會羣儒，制禮作樂，卒定庶官，茂成天功，聖心周悉，卓爾獨見，發得周禮，以明因監，則天稽古而損益焉。(漢書王莽傳)

時歆請立逸禮，諸博士不肯置對。

(歆)欲建立左氏春秋及毛詩逸禮古文尚書，皆立於學官。哀帝令歆與五經博士講論其義，諸博士或不肯置對。(漢書劉歆傳)

及莽卽位，周禮大行。康有爲謂莽一朝典禮皆歆學，其說亦不爲無稽。

按歆傳莽素重歆，故莽一朝典禮，皆歆學也。故偏錄出與歆僞經，徵驗相應也。……歆周官爾雅事事稱周公以揣合莽意，奬翼篡事也。……莽一切典禮，皆歆主之，莽之以僞行篡帝位，歆之以僞學篡經統，交相須而行，何相似之甚，宜其君臣之相爭也。（康有爲新學僞經考）

莽位不久，光武遂興，愛好經術，提倡禮學。

光武中興，愛好經術。建武五年，修起太學。中元元年初建三雍。明帝卽位，親行其禮，天子始冠通天，衣日月，備法物之駕，盛清道之儀，坐明堂而朝羣后，登靈臺以望雲物，袒割辟雍之上，尊事三老五更，饗射禮畢，帝正坐自講，諸儒執經問難於前，冠帶搢紳圜橋門而觀聽者，蓋億萬計。（後漢書儒林傳）

唯篤信讖術，使禮學流於左途。

光武嘗問鄭興郊祀事，曰：「吾欲以讖斷之，何如？」興對曰：「臣不爲讖。」帝怒曰：「卿之不爲讖？非之耶？興惶恐曰：「臣於書有所未學，而無所非也。」帝意乃解。（後漢書）

至章帝時，更大會諸儒於白虎觀，講讀五經同異。顧命史臣，著爲通義，內禮有議奏三十八篇，爲漢末編刪禮記者所本。

建初四年十一月，下太常將大夫博士議郎郎官及諸生諸儒會白虎觀，講議五經同異。……帝親稱制臨決，如孝宣甘露石渠故事。作白虎議奏。（後漢書章帝紀）

建初中，大會諸儒於白虎觀，考詳同異，連月乃罷。肅宗親臨稱制，如石渠故事。顧命史臣，著爲通義。（後漢書儒林傳序）按肅宗卽章宗，通義白虎奏議卽白虎通議，內禮有議奏三十八篇。

按禮記一書，乃成於東漢馬融盧植之手。其於馬盧以前，已有一雜無條理之禮學類書，白虎通議亦其一也。故後爲馬盧所參校。其詳細理說，請參攷拙著禮記通論第一編第二章禮記成書時代攷。

其後又命曹褎條正漢儀，依准舊典，著爲禮書百五十篇。唯雜以讖文，故爲當世所不滿。

章和元年正月召褎詣嘉德門，令小黃門持班固所上叔孫通漢儀十二篇。敕褎曰：「此制散略多不合經。今宜依禮條正，使可施行，於南宮東觀，盡心集作。」褎既受命，乃次序禮事，依准舊典，雜以五經讖記之文，撰次天子至於庶人冠婚吉凶，終始制度，以爲百五十篇，寫以二尺四寸簡。其年十二月奏上，帝以衆論難一，故但納之，不復令有司平奏。（後漢書曹褎傳）

後人所譏議。

曹褎議定漢禮，章帝授以叔孫通漢儀，告以此制，多不合經。今宜依禮條正，褎乃雜以五經讖記，撰以天子庶人制度，凡百五十篇，不數月而奏之。夫以百五十篇，斷之以一人之見，成於數月之間，而雜以讖記之言，蓋不待見其書，固已知其紛駁而不純於古矣。（章俊

卿漢禮）

作者固爲迎合上好。

光武以赤符受命，深信讖緯，五經之義，皆以讖決。賈逵以此與左氏，曹褒以此定漢禮，於是五經爲外學，七緯爲內學，遂成一代風氣。（皮錫瑞經學歷史）

和帝卽位，褒乃爲作章句，帝遂以新禮二篇冠，擢褒監羽林左騎。永元四年，遷射聲校尉。後太尉張酺尚書張敏等奏褒擅制漢禮，破亂聖術，宜加刑誅，帝雖寢其奏，而漢禮遂不行。（後漢書曹褒傳）

而爲時人不容何！

章氏而後，復有劉珍，擬重定漢禮。

永初中，謁者僕射劉珍校書郞劉騊等著作東觀，撰集漢記，因定漢家禮儀，上言請衡參論其事，會並卒，衡常歎息，欲終成之。（後漢書張衡傳）

三國昭烈時，有許慈孟光等，典掌舊文，然皆未成書。

慈治三禮，自交州入蜀時，又有魏郡胡潛卓犖，強識祖宗制度之儀，喪紀五服之數，皆指掌畫地，舉手可采。先主定蜀，乃鳩合典籍，慈潛並爲博士，與孟光來敏等典掌舊文。（三國志許慈傳）

光長於漢家舊典，先主定益州，拜爲議郞，與許慈等並掌制度。（三國志孟光傳）

總漢一代之體學，漢初承秦餘燼，理殘補闕，重法輕禮；文景之世，篤信黃老，儒禮不行；宣成而後，禮學始興，至王莽時更託古制，凡百依法周禮，光武以降，讖緯學盛，禮入歧途，甚少精著。此後人所以譏漢禮爲至陋也。

漢之言禮陋矣！諸將擊柱，何等威儀；倖臣戲殿，何等氣象，是朝禮未肅也。旣祀宗廟，又祀便殿；旣祭郡國，又祭園陵，是廟禮未尊也。后蒼所紀，徒顯學校之闕；曹褒所定，又雜讖緯之書，習儀禮者徒善爲容，談曲禮者指爲拘曲，彼見禮爲何物哉！……漢自俎上杯羹之語一開，而父子之禮缺矣；自僞遊雲夢之事一起，而君臣之禮缺矣；呂后之橫不能制，而夫婦之禮缺矣。又一傳而有房闥專政之患，再傳而有夫人並坐之醜，又再傳而有外戚弄權之漸。漢之禮不明於家庭之間，勿怪乎朝會祭祀之無度也。（黃履翁漢禮論）

然漢人之於禮文，固多失其儀度；而爲禮義之發揮，則多有精論。當時如韓詩外傳之論禮，新書之禮容經，說苑之修文，春秋繁露之玉英度制郊祀，史記之禮書，白虎通義之禮奏議各篇。皆承荀子禮論之文，而言禮之大義。而其時總集大成，能代表漢人對禮義之整個思想確爲禮記一書，禮記謂禮之成，由於人羣應付生活之方法。

室則有奧阼，席則上下，車則有左右，行則有隨，立則有序，古之義也。室而無奧阼，則亂於室也；席而無上下，則亂於席上矣；車而無左右，則亂於車也；行而無隨，則亂於塗也；立而無序，則亂於位也。（禮記仲尼燕居）夫禮禁亂之所由生，猶坊止水之所自來也。

(經解)禮之所治，衆之所治也；禮之所廢，衆之所亂也。(同上)

其方法必適合乎人情。不豐不殺，過與不及，皆非禮度。

禮……因人情而爲之節文(坊記)禮……不豐不殺。(禮器)曾子曰：「晏子可謂知禮也已，恭敬之有焉。有若曰：「晏子一狐裘三十年，遣車一乘，及墓而反。國君七個，遣車七乘，大夫五個，遣車五乘，晏子焉知禮。」(檀弓)曾子謂子思曰：「伋吾執親之喪也，水漿不入口者七日。」子思曰：「先王之制禮也，過之者俯而就之；不至焉者，跂而及之。故君子之執禮也，水漿不入口者三日。杖而后能起。」(同上)子路有姊之喪，可以除之矣，而弗除也。孔子曰：「何弗除也？」子路曰：「吾寡兄弟而弗忍也。」孔子曰：「先王制禮，行路之人，皆弗忍也」子路聞之，遂除之。(同上)按晏子一狐裘三十年，過儉難下，曾子執親喪，子路執姊喪，皆踰古制，故爲不知禮。

故禮須適中，適於一般人之情理，然後乃可行可繼也。

君子之於禮也，非作而致情也，此有由始也。是故七介以相見也，不然則已慤；三辭三讓而至，不然則已感。(坊記)敬而不中禮謂之給，勇而不中禮謂之逆。……夫禮所以制中者也。(仲尼燕居)弁人有其母死，而孺子泣者。孔子曰：「哀則哀矣，而難爲繼也。夫禮爲可傳也，爲可繼也，故哭踊有節。」(檀弓)

且禮既因人情而爲之節文，則須隨人情而轉變，並非一成不變也。世之守禮過拘者，反多失禮之眞諦。

齊大饑，黔敖爲食於路，以待餓者而食之。有餓者蒙袂屨輯，貿貿然來，黔敖左奉食，右執飲，曰：「嗟來食！」揚其目而視之曰：「予爲不食嗟來之食，以至於斯也。」從而謝焉，終不食而死。曾子聞之：「曰微與！其嗟也可去，其謝也可食。」(檀弓)晉獻公將殺其世子申生，公子重耳謂之曰：「子蓋(同盍)言子之志於公乎？」世子曰：「不可，君安驪姬，是我傷公之心也。」曰：「然則蓋行乎？」世子曰：「不可，君謂我欲殺公也，天下豈有無父之國哉！吾何行如之？」……再拜稽首乃卒，是以爲恭世子也。(同上)按上二人皆守禮過拘，前者不食而死，死輕於鴻毛；後者不言不逃而死，且陷君父於不義，均不得禮之中也。

然則禮之眞諦爲何？曰：合於天時，設於地財，順於鬼神，合於人心萬物。

禮……合於天時，設於地財，順於鬼神，合於人心萬物者也。是故天時有生也，地理有宜也，人官有能也，物曲有利也。故天不生，地不養，君子不以爲禮，鬼神弗饗也。居山以魚鼈爲禮，居澤以鹿豕爲禮，君子謂之不知禮。(禮器)

可以因時而制宜。

禮，時爲大。(禮器)有其禮、無其財，君子弗爲，有其禮，有其財，無其時，君子弗行也。（檀弓）是以一切禮制，均有其時代性，時過境遷，則失其價値矣。

可以因人而制宜。

（居喪者）……頭有創則沐，身有瘍則浴，有疾則飲酒食肉。（曲禮）五十不成喪，七十惟衰麻在身。（喪大記）子路曰：「傷哉！貧也。生無以爲養，死無以爲禮也。」孔子曰「啜菽飲水盡其歡，斯之謂孝；斂手足形，還葬而無椁，稱其財，斯之謂禮。」（檀弓）

可以因地而制宜。

居山以魚鼈爲禮，居澤以鹿豕爲禮，君子謂之不知禮。（禮器）按禮因地之情，而爲之節文。故入國問風，入鄉問俗，隨風就俗，卽爲知禮。

可以因階級而制宜。

按古之階級甚嚴，故禮亦因之而異。如棺椁：「天子柏椁，士雜木椁。」（喪大記）祭物：「天子以犧牛，諸侯以肥牛，大夫以牽牛，士以羊。」何則？稱其力之大小，而爲之節文也。是以「管仲鏤簋而朱紘，旅樹而反坫，山節藻棁，賢大夫也，而難爲上也；晏平仲祀其先人，豚肩不揜豆，賢大夫也，而難爲下也。君子上不僭下，下不偪上。」（雜記）

禮之興廢，關係於國家之治亂。

以之居處有禮，故長幼辨也；故之閨門之內有禮，故三族合也；以之朝廷有禮，故官爵序也以之田獵有禮，故戎事閑也；以之軍旅有禮，故武功成也。（仲尼燕居）昏姻之禮廢，則夫婦之道苦，而淫辟之罪多矣；鄉飮之禮廢，則長幼之序失，而爭鬥之獄繁矣；喪祭之禮廢，則臣子之恩薄。而倍死忘生者衆矣；聘覲之禮廢，則君臣之位失，諸侯之行惡，而倍畔侵陵之敗起矣（經解）

個人之安危，至深且鉅。此古今之所以隆禮也。

人有禮則安，無禮則危。……富貴而好知禮，則不驕不淫，貧賤而好知禮，則志不懾。（曲禮）（人）有禮則外諧而內無怨，故物莫不懷仁。（禮器）以奉宗廟則敬，以入朝廷則貴賤有位，以處室家則父子親，兄弟和，以處鄉里則長幼有序。（經解）此其所以無往而不安也；至若人而無禮，則必「感物而動……物之感人無窮，而人之好惡無節，則是物至而人化物也。人化物也者，滅天理而窮人欲者也。……此大亂之道也。」（樂記）

至於禮記之論冠、論昏、論喪葬、論祭祀等，皆有極精粹之意義，後之言禮義者，大多本此焉。

禮記中論喪葬祭祀，皆就主觀情感方面立言，反對鬼神迷信之說，故爲詩與藝術的，而非宗教與獨斷也。禮記所論諸禮俗，均詳見拙著禮記通論第二編禮記對於禮俗之論述。文長不贅。

其次漢代三禮之注，桓靈之間，有鄭康成者，雜糅今古，溝合爲一，從者盈萬。

凡玄所注周易尙書毛詩儀禮禮記論語孝經尙書大傳

中侯乾象歷，又著七政論，魯禮禘祫義六藝論毛詩譜駁許愼五經異義答臨孝存周禮難，凡百餘萬言。（後漢書鄭玄傳）

鄭注諸經，皆兼采今古文。……注儀禮並存今古文，從今文則注內疊出古文，從古文則注內疊出今文。是鄭注儀禮，兼採今古文也。周禮古文無今文，禮記亦無今古文之分，其注皆不必論。（皮錫瑞三禮通論。）而王肅反之，僞製家語孔叢子二書，取郊廟大典禮，兩漢今古文家所聚訟不決者，盡託於孔子之言，以爲定論，心勞技拙，不待智者而後知也。

鄭君雜糅今古，近人議其敗壞家法。肅欲攻鄭，正宜分別家法。……乃肅不惟不知分別，反較鄭君而尤爲。僞造……家語孔叢子二書，取郊廟大典禮兩漢今古家所聚訟不決者，盡託於孔子之言，以爲定論；不思漢儒議禮聚訟，正以去聖久遠，無可依據，故石渠虎觀，天子稱制臨決，若有孔子明文可據，羣言淆亂折諸聖，尙安用此紛紛爲哉！（皮錫瑞經學歷史）

按家語廟制第三十四，及孔叢子論書第二，均言及郊廟典禮，而託於孔子之言；文繁不具錄，節取一段，以見一斑。如家語云：「天子立七廟，三昭三穆，與太祖之廟七。……諸侯立五廟，二昭二穆，與太祖之廟而五。……大夫立三廟，一昭一穆，與太祖之廟而三。……士立一廟，曰考廟。……庶人無廟。」孔叢子云：「

埋少牢於太昭，所以祭時也；祖迎於坎壇，所以祭寒暑也；主於郊宮，所以祭日也；夜明，所以祭月也；幽禜，所以祭星也；雩禜，所以祭水旱也。禋於六宗，此之謂也。」

魏晉承漢末大亂，舊章殄滅，禮制崩頹。至孝文初年，始命王粲衞覬等典定衆儀各以舊文，增損當世。

魏氏承漢末大亂，舊章殄滅。命侍中王粲尙書衞覬，草創朝儀。……魏氏光宅，憲章斯美。王肅高堂隆之徒，博通前載三千條之禮，十七篇之學，各以舊文，增損當世。（晉書禮志）

粲……魏國旣建，拜侍中，博物多識，問無不對，時舊儀廢弛，典造制度，粲恆典之。（三國志王粲傳）

覬……魏國旣建，拜侍中，與王粲並典制度。（三國志衞覬傳）

咸熙中更有荀顗羊祜鄭冲等，典定舊文，裁成晉禮。

咸熙中，顗遷司空，及蜀平，與復五等，命羊定禮儀，顗上請羊祜任愷庾峻應貞孔顥共刪改舊文，撰定晉禮。（晉書荀顗傳）

魏咸熙初，荀顗定禮儀，賈充正法律，而秀改官制焉。（晉書裴秀傳）

常道鄉公卽位，拜太保時，文帝輔政平蜀之後，命賈充羊祜等分定禮儀，皆先諮於冲然後施行。（晉書鄭冲傳）

曾劉寔，文帝又命荀顗因魏氏前事撰爲新禮參考今古，更其節文，羊祜任愷庾峻應貞，並共刊定，成百六十五篇奏之。太康初，尙書僕射朱整奏付尙書郎摯虞討論之。……虞討論新禮，迄以元康六年上之所陳唯明堂五帝二社六宗及吉凶王公制度，凡十五篇。有詔可其議，後虞與傅咸續纘其事，竟未成功。中原覆滅，虞之決疑注，是其遺事也。（晉書禮志）

而當時清談風盛，嵇康阮籍等，狂傲放浪，衝決禮法。

魏晉人之誹禮也，曰禮，則令人憶及虛僞之禪讓（如二十二史劄記七所記九錫文），故阮嗣宗嫂將歸甯，就與之別，人譏之，則有「禮豈爲我設耶」之語。阮咸居母喪，縱情越禮；嵇康鍛大樹下，亦不禮鍾會；畢卓爲史部郎，亦盜酒酣飲。（俱詳晉書四十九卷）胡毋輔之父子酣飲，交相爾汝（晉書四十八輔之傳）王澄爲荊州，時賢送者傾路，澄脫衣巾上樹，取鵲子，旁若無人（世說新語簡傲篇）其狂傲放浪衝決禮法之氣，不可一世。以禮爲虛僞之禪讓，人之守禮，無異蝨處褌中，其攻擊禮法也如此激烈。

世所謂君子者，惟法是法，惟禮是克，手執圭璧，足履繩墨，行欲爲目前之檢，言欲爲無窮之則，少稱鄉黨，長聞鄰國，上圖三公，下欲無失於九州之牧，獨不見羣蝨之處褌中乎？逃於深縫，匿於壞絮，自以爲吉宅也。行不敢離於縫際，動不敢出於褌襠，自以爲繩墨也。然丘炎火流，邑焦都滅，則羣蝨處褌中，不能出也。處君子之域內，何異夫蝨之處褌中乎。（阮籍大人先生傳）

至其末流，尤爲不法，故范甯謂彼等罪甚桀紂，葛洪以其強爲放達，詫爲怪事。

輕薄之人，跡廁高深，交成財贍，名位粗立，便背禮畔教，託之率任。才不逸倫，強爲放達，以傲兀無檢者爲大度，以護惜名節者爲澀少。……亦怪事也。（抱朴子疾謬）

王何之罪，浮於桀紂。（晉書范甯傳）

然彼等亦有激於世變，有托而逃，偏於消極的守志保身，並非菲薄事功，遺棄禮法也。

何晏在朝，貴顯用事，以黨於曹爽爲司馬懿所殺。嵇康有尙奇任俠之名，阮籍本有濟世志，皆非遺棄世務者。阮籍樂論謂「禮樂正而天下平。」嵇康聲無哀樂論，謂「古人知情之不可放，故抑其所遁；知欲之不可絕，故因其所制，爲可奉之禮，制可導之樂，」皆未嘗輕視禮樂。他們的放縱行爲，實因魏晉間名士多被殺戮，故佯狂以避世，觀於阮籍戒其子不得復爾，知道他的確是別有隱情，非有遺世獨立的決心。（高中本國史註）

——摘自《新東方雜誌》一九四〇年第一卷第十期

中國禮學史芻議（續完）

蔡介民

五代之衰亂甚矣！其禮文儀注，往往多草創，不能備一代之典。宋太祖興兵間，受周禪，收攬權綱，一以法度，振起弊。即位之明年，因太常博士聶崇義上重集三禮圖，詔太子詹事尹拙集儒學之士詳定之。（宋史禮志）

尹拙發承制旨，能辯所聞，尹崇駁義及聶崇義答義各四卷。臣再加詳閱，隨而裁置，率用增損，列於注釋，共分爲十五卷，以聞，詔頒行之。（宋史聶崇義傳）

開寶中，四方漸平，更興禮學。命劉溫叟李昉盧多遜等撰開寶通禮二百卷，本唐開元禮而損益之，既又定通禮義纂一百卷。

開寶中，四方漸平，民稍休息，乃命御史中丞劉溫叟中書舍人李昉兵部員外郞知制誥盧多遜左司員外郞知制誥扈蒙太子詹事楊昭儉左補闕賈黃中司勳員外郞和峴太子中舍陳鄂撰開寶通禮二百卷，本唐開元禮而損益之。既又定通禮義纂一百卷。（宋史禮志）

開寶四年，上謂國家沿革制度，多以開元爲據：然今有所未備，乃命撰通禮，至是成，六月丙子上之。（通志）

開寶六年，行開寶通禮，又詔改鄉貢開六禮科爲鄉貢通禮。

寶開六年十二月丙午，前中書舍人參加政事盧多遜起復視事，行開寶通禮。（宋史太祖本紀）

六年四月十八日辛丑，翰林學士盧多遜又上新修開寶通禮義纂百卷，詔付禮院，其禮部先有鄉貢開文禮一科，自今宜改爲鄉貢通禮，逐年考試，並以新本出題。

太宗尙儒雅，勤於政治，修明典章，曠廢具舉。眞宗承重熙之後，天下無事。於是封泰山，祀汾陰天書，聖祖崇奉迭興，專制詳定所，命執政翰林禮官參領之。尋改爲禮儀院，仍歲增修，纖微委曲，緣情稱宜，蓋一時縟文之制也。

見宋史禮志（文同上不錄）

至眞宗咸平六年，詔增損閤門儀式。後之學者，撰者疊出。

咸平六年十一月於長春殿，面奉聖旨，閤門儀式，若全依典故，恐難遵行；且約見行儀式，重加增損。令各分類例，共成六卷，其有合增損詳定處，並貼黃進呈。（會要）

如梁顥之閤門儀制。

景德元年二月壬午，翰林學士梁顥知制誥李宗諤通事舍人焦守節等，言詔詳定閤門儀制，令重加刊正，以類分門，共成六卷。其春秋大宴小宴賞花行幸宴會，各按合班圖位次爲四圖，請班下閤門遵守。仍先勒三館寫儀制四本，一進內，二送閤門充正副，一送御史臺。從之。初上以閤門儀制，多出於胥史之胥，殊無規矩。乃命顥等詳定，至是來上。（玉海）

陳彭年等之新定閤門儀制。

祥符四年六月庚申，詔右諫議陳彭年與龍圖閣待制張知白王曉四方館使白文肇東上閤門使魏昭亮同詳定閤門儀制。五年六月丁未草具進呈，賜食於起居院。閏十月庚寅，龍圖閣學士陳彭年等進新定閤門儀制十卷，客省事例六卷，四方館儀制一卷。帝曰：修錄詳備，甚有倫理。」特詔獎諭，賜器幣儀制，各付有司遵行；又以別本留中。（玉海）

王皞之禮閣新編。

天聖五年十月辛未，太常博士同知禮院王皞所撰禮閣新編六十卷。初天禧中同判太常禮院陳寬，請編次本院所承詔敕。其後不能就，皞因取國初至乾興所下詔敕删去重複（凡千八百三十道）類以五禮之目，成書上之，賜五品服。（玉海）

宋綬之內東門儀制，雖不盡善，亦極一時之盛也。

天聖九年六月庚辰，宋綬上皇太后儀制（宋史仁宗本紀）

天聖九年六月庚辰，翰林學士宋綬西上閤門，使曹琮夏元亨新編皇太后儀制五卷，詔名內東門儀制。（玉海）

歿後文彥博有大享明堂記，歐陽修有太常因革禮。

景祐四年，賈昌朝撰太常新禮及祀儀，止於慶曆三年。皇祐中，文彥博又撰大享明堂記二十卷。至嘉祐中，歐陽修纂集散失，命官設局，主通禮而記其變及新禮以類相從爲一百卷，賜名太常因革禮，異於舊者，蓋十三四焉。

宋咸有嘉祐朝制要覽，此皆犖犖較著者。

嘉祐朝制要覽十五卷，凡四十門，嘉祐中宋咸撰，載朝廷制作有司儀式。（玉海）

● 神宗哲宗二朝，禮學不輟。至徽宗而禮書大成名曰五禮新儀

政和三年五禮新儀成，凡二百二十卷。（宋史禮志）

政和三年正月二十九日壬午，頒行五禮新儀，先是大觀元年朔，詔講求典禮，十三日尙書省置儀禮局，二年十一月十七日御製冠禮沿革十一卷，付儀禮局，餘五禮令視此編次。四年二月九日戊寅修成大觀新編禮書：吉禮一百三十一卷，祭服制度十六卷，祭服圖一册，詔行之。政和元年三月六日續編成賓軍等四禮四百九十七卷，詔頒行。於是鄭居中等奏編成政和五禮新儀，幷序例總二百二十二卷，目錄六卷。三年三月癸亥朔，御製序曰：「循古之意而勿泥於古，適今之宜而勿牽於今，儀禮局請刻石太常寺。七月巳亥詔比裒集三代鼎彝簠簋盤匜爵豆之類，五百餘器載於圖。詔有司改造祭器，蠲

禮制局，討論古今沿革，以成一代之典。（玉海）

宋議禮局官知樞密院鄭居中等奉敕撰。徽宗御製序文，題政和新元三月一日，蓋政和改元之年，饒曾讀書敏求記誤以新元爲心元，遂以爲不知何解，謬也。前列局官，隨時酌議科條及逐事御筆指揮，次列御製冠禮。蓋當時頒此十卷爲格式，故以冠諸篇次，爲目錄六卷，次爲序例二十四卷，禮之綱也。次爲吉禮一百一十七卷，次爲賓禮二十一卷，次爲軍禮八卷，次爲嘉禮四十二卷，升婚儀於冠儀前，徽宗所定也。次爲凶禮十四卷，惟官民之制特詳焉。是書頗爲朱子所不取，自中興禮書既出，遂格不行，故流傳絕少。今本第七十四卷，第八十八卷至九十卷，第一百八卷至一百十二卷，第一百二十八卷至一百三十七卷，皆有錄無書。第七十五卷九十一卷九十二卷，亦佚其半。（四庫全書提要）

蓋當時作者，多以私智損益，疏略牴牾，在所不免。

政和間，修五禮。一時姦邪，以私智損益，疏略牴牾，更沒理會，又不如開寶禮。（朱子語類）

而北宋一代禮書，多已不傳；唯是書碩果僅存，亦論掌故者之重要參考也。

北宋一代典章，如開寶禮太常因革禮禮閣新儀，今俱不傳；中興禮書，散見永樂大典中，亦無完本；唯是書僅存，亦論掌故者所宜參攷矣。（四庫全書提要）

有宋南渡以後，高宗銳意修復，謂晉武平吳，上下不知有禮，旋致禍亂。周禮不秉，其何能國。

（見宋史高宗本紀，文同上不錄）

故詔以歐陽修之太常因革禮付太常編類。

紹興元年七月七日，章傚上歐陽修編纂太常因革禮一百卷，詔付太常。……明年太常以總例及吉凶新四禮，凡八十六篇二十七卷，始於建炎及紹興二年，編類粗成，未以進御。（玉海）

以文易新之皇宋大典送存祕府。

紹興六年五月辛卯，成忠郎李沇以高祖國子博士文易新編皇宋大典三卷來，上詔送祕府。沇遷秩，其書以皇朝所定班序圖次禮容儀式袞冕車輅旗章册命之制，與夫民兵吏祿祠祭戶口之數，凡四十門，釐爲三卷。（玉海）

後更命續修紹興因革禮。惜不克成書。

九年，太常丞梁仲敏言紹聖三年以後，修纂尙缺，請委官編類，詔本寺續修，不克成書。（玉海）

至孝宗時，始續成之，賜名中興禮書。凡三百卷，六百八十門。亦一代巨典也。

初，紹興間，太常少卿趙子晝爲續因革禮三十卷，其後禮官踵爲之。書成禾得進御。十二年三月廿七日，權禮部侍郎史彌大言「太上再造，講明典禮，陛下紹統如內禪慶壽之類，亘古所無，宜取以進略經乙覽，付之有司，俾常遵守，不必備儀衞，施爵賞。」詔禮部太常

寺繳進，四月十七日上之，凡三百卷，賜名中興禮書，總六百八十門。（玉海）

總宋一代之禮儀著述，較唐尤爲盛多，據宋史藝文志儀注類所載，共有一百三十七種。其綜類三禮著作，尤不可勝計。

劉岳吉凶書儀二卷，陳致雍曲臺奏議集，又州縣祭祀儀五禮儀鏡六卷，擬祀儀一卷，朱熹二十家古文祭禮二卷，鄭居中等五禮新儀二百四十卷，杜衍四時祭享儀一卷，劉溫叟開寶通禮二百卷，盧多遜開寶通禮義纂一百卷，賈昌朝太常新禮四十卷，沿情子新禮一卷，李宗諤等大中祥符封禪記五十卷，丁謂等大中祥符祀汾陰記五十卷，張知白御史臺儀制六卷，宋綬天聖鹵簿記十卷，文彥博高若訥大饗明堂記二十卷，文彥博大饗明堂記要二卷，歐陽修太常因革禮一百卷，韓琦參用古今家祭式（無卷），許洞訓俗書一卷，王安石南郊式一百十卷，李德芻聖朝徽名錄十卷，國朝祀典一卷，（不知作者）陳襄郊廟奉祀禮文三十卷，諸州釋奠文宣王儀注一卷，（元豐間重修）司馬光書儀八卷，又涑水祭儀一卷，居家雜儀一卷，范祖禹祭儀一卷，幸太學儀一卷，（元祐六年儀）納后儀一卷，（元祐七年儀）呂大防大臨家祭儀一卷，橫渠張氏祭儀一卷，釋奠祭圖及諸州軍釋奠儀注一卷，（崇甯中頒行）藍田呂氏祭說一卷，程頤程氏祭儀一卷，蔡攸等宣和重修鹵簿圖記三十五卷，李沆皇宋大典三卷，夏休辨太常禮官儀定章九冕服一卷，紹興太常初定儀注三卷，范寅賓五祀新儀撮要十五卷，鄭樵鄉飲禮三卷，又鄉飲酒禮圖三卷，史定之鄉飲酒儀一卷，中興禮書二卷，（淳熙中禮部太常寺編纂）歷代明堂事迹一卷，儀物志一卷祀祭儀式一卷，太常圖一卷，（並不知作者）龔克刊南劍鄉飲酒儀一卷、注撤鄉飲酒規約一卷，淳熙編類祭祀儀式一卷，（齊慶胄撰）張維釋奠通祀圖一卷，李墊公侯守宰士庶通禮三十卷，趙師羲熙朝盛典詩二卷，趙希蒼趙氏祭錄二卷，朱熹釋奠儀式一卷，又四家禮範五卷，家禮一卷，李宗思禮範一卷，韓挺服制一卷，張叔椿五禮新儀十五卷：高閌送終禮一卷，陳孔碩釋奠儀禮考正一卷，周端朝冠昏喪祭禮二卷，（集司馬氏程氏呂氏禮、管鉉管出錄一卷，吳仁傑廟制罪言二卷，又郊祀贊說二卷，潘徽江都集禮一百四卷，本百二十本今殘闕，和峴祕閣集二十卷，王皞禮閣新編六十三卷，黃廉大禮式二十卷，何洵直蔡確禮文三十卷，唐吉凶禮儀禮圖三卷，龐元英五禮新編五十卷，大觀禮書賓軍等四禮五百五卷，看詳十二卷，大觀新編禮書吉禮二百三十二卷，看詳十七卷，歐陽修大常禮院祀儀三十四卷，和峴禋神志十卷，孫奭大宋崇祀錄二十卷，賈昌朝慶歷祀儀六十三卷，朱梁南郊儀注一卷，吳南郊圖記一卷王涇（一作浮）祠儀一卷，陳繹南郊附式條貫一卷，向宗儒南郊式十卷，陳暘北郊祀典三十卷，蔣猷夏祭敕令格式一部，宋郊明堂通儀二卷，明堂祫禋大禮令式三百九十三卷，(元豐間)明堂大饗祀朔頒朔布政儀範敕令格式一部，(宣和初卷亡)王欽若天書儀制五卷，又鹵簿記三卷，馮宗道景靈宮供奉敕令格式六十卷，景靈宮四孟朝獻二卷，諸陵薦獻禮文儀令格式幷例一百五十一册，(紹聖間卷亡)張誘熙甯新定祈賽式二卷，張傑春秋車服圖五卷，劉筠五服年月敕一卷，喪服加減一卷，李至王辭錄三卷，朝會儀注一卷，(元豐間)大禮前天興殿儀二卷，(元豐間)葉均徽號册寶儀注一卷，宋綬內東門儀制五卷、李淑閤門儀制十二卷，又王后儀範三卷，梁顥閤門儀制十二卷、又幷目錄十四卷，閤門集例幷目錄大臣特恩三十卷，閤門儀制四卷，閤門令四卷、蜀坤儀令一卷、皇后册禮儀範八册，(大觀間卷亡)帝系后妃吉禮幷目錄一百十一卷，(重和元年)王巖叟中宮儀範一部(卷亡)王與之祭鼎儀範六卷、高中六尙供奉式二百册．(卷亡)王叡雜錄五卷，營造法式二百五十册(元祐間卷亡)張直方打毬儀一卷，李詠打毬儀注一卷高麗入貢儀式條令三十卷，(元豐間)高麗女貞排辦式一卷，(元豐間)諸蕃進貢令式十六卷，王晉使範一卷，李商隱使範一卷，盧僎家範十卷，家範一卷，司馬光家範一卷，說家祭儀一卷，周元陽祭錄一卷，賈氏葬王播儀一卷，鄭洵瑜書儀一卷，杜有晉書儀二卷，鄭餘慶書儀三卷，(宋史藝文志)

夫三禮之於隋唐，本無甚變故。至宋時始因經學之變革而啓疑竇。司馬光曰：「讀禮未知篇數，已謂周官爲戰國之書。」其言信不過之。

新進後生，口傳耳剽。……讀禮未知篇數，已謂周官爲戰國之書。(司馬光論風俗劄子)

如歐陽修蘇軾之毀周禮。

周禮，其出最後。……漢武以爲瀆亂不驗之書，何休亦云六國陰謀之說，何也？然今考之，實有可疑者。夫內設公卿大夫士，下至府史胥徒，以相副貳；外分九服，建五等，差尊卑，以相統理，此周禮之大略也。而六官之屬略見於經者五萬餘人，而里閭縣鄙之長，軍師卒伍之徒不與焉。王畿千里之地，爲田幾井。容民幾家，王宮王族之國邑幾爲，民之貢賦幾何，而又容五萬人者於其間。其人耕而賦乎？如其不耕而賦，則何以給之？夫爲治者，故若是其繁乎？此其一何疑者也。秦旣誹古，盡去古制。自漢以後，帝王稱號，官府制度，皆襲秦故，以至於今。雖有因有革，然大抵皆秦制也；未嘗有意於周禮者，豈其體而難行乎？其果不可行乎？夫立法垂制，將以遺後也；使難行，而萬世莫能行，與不可行等爾。然則、反秦制之不若也。脫行者，亦莫能與或因以取亂，王莽後周是也。則其不可用決矣。此又可疑也。……(歐陽文忠公全集居士集卷四十八問進士策)

周禮之言田賦夫家車徒之數，聖王之制也；其言五等之君封國之大小，非聖人之制也，戰國所增之文也。何以言之？按鄭氏說：武王之時，周地狹小，故諸侯之封及百里而止。周公征伐不服，廓大中國，故大封諸侯，而諸公之地至五百里。不知武王之時，何國不服，而周公之所征伐者誰也。東伐之役，見於詩書，豈其廓地千里而史不載耶？此甚可疑也。周之初，諸侯八百；春秋之世，存者無數十。鄭子產有言，古者大國百里，今晉楚千乘，若無侵小，何以至此？子產之博物，其言宜可信。先儒以周禮爲戰國陰謀之書，亦有以也。……（東坡續集五卷）

樂史鄭樵之疑儀禮。

樂史謂儀禮有可疑者五：漢儒傳授曲臺雜記，後漢馬融鄭衆始傳周官，而儀禮未嘗以教授，一疑也；周禮缺冬官，求之千金不可得，使有儀禮全書，諸儒寗不獻之朝乎？班固七略，劉歆九種，並不著儀禮，魏晉梁陳之間，是書始行，二疑也；聘禮篇所記，賓行饔餼之物，禾米芻薪之數，籩豆簠簋之實，鉶壺鼎甕之列，考之周官，掌客之說不同，三疑也；其中一篇喪服，蓋講師設問難以相解釋之辭，非周公之書，四疑也；周官所載，自王以下，至公侯伯子男，皆有其禮；而儀禮所謂公食大夫禮及燕禮，皆公與卿大夫之事，不及於王，其他篇所言，曰主人曰賓而已。似侯國之書。使周公當太平之時，豈不設天子之禮，五疑也。（章如愚山堂考索前集引）

案班固九流，劉歆七略，並不著儀禮，往往漢儒見高堂生所傳十七篇，遂模倣禮經而作之。而范曄後漢書云：禮古經與周官經，前世傳其書，未有名家者。中興以後鄭衆馬融等爲周官所傳，而不必儀禮，（自注曰：鄭衆馬融以傳周官，而儀禮一書未嘗教授，至康成傳周官儀禮，始爲之注也。）則儀禮一書，蓋晚出無疑者。（鄭樵六經奧論）

劉歆鄭樵之譏禮記。

今之禮記：非醕經也。周道衰，孔子沒，聖人之徒合百說而雜編之，至漢而始備，其間多六國秦漢之制，離文斷句，統一不明。唯曾子問一篇最詳，而又不可信。（劉敞公是集）

禮記一書，曲禮論著於曲臺，而不及禮之大本；王制著述於博士，而盡失先王之大意；月令摘於呂覽，而錄秦世之官（太尉）；緇衣本乎尼子，而改魯論之文；禮運載夫子之說，有虧於名教；經解引易之緯書，而嘗禘之說，多牽夫子之緒論；明堂位論周公踐阼，世世祀以天子禮樂；檀弓載舜葬蒼梧，夫子爲馬鬣封之類，皆流俗之妄語；儒行全無義理，如後世遊說之士所誇大者；玉藻一篇，顚倒錯亂，且不可以句讀；內則載養老三十餘語，其文全與樂記同。……（鄭樵六經奧論）

且宋人治禮，務反漢人之說。

宋人治禮，務反漢人之說。以禮而論。如謂禘郊暑

1932

一，有五人帝，無五天帝，魏王肅之說也。祧是以祖配祖，非以祖配天，唐趙匡之說也。此等處前人已有疑義，宋人遂據以詆漢儒。三代之禮已亡漢人去古未遠，其說必有所受。古時宮室制度，至漢當有存者。如周之靈臺，漢時猶存，非後人臆說所能奪也。若古禮之不宜於今者，郊禘一歲屢行，天子難於親出；宗廟四代迭毀，人情必疑不安。後世天則每歲一郊，祖則同堂異室，此皆不必強摹古禮，亦不必以古禮爲非。宋人盡反先儒，一切武斷；改古人之事實，以就我之義禮；變三代之典禮，以合今之制度，是皆未敢附和以爲必然者也。（皮錫瑞三禮通論）

重意而不重文。

　無誠意以用禮，則所爲虛文末節者，僞而已。故老子絕滅禮學，而曰：「忠信之薄亂之首也。」（楊龜山集）

　學禮者考文必先求先王之意，得意乃可以沿革。……大凡禮必須有意，禮之所尊，尊其義也；失其義，陳其數，祝史之事。（程子語錄）

重今而不重古。

　某嘗說使有聖王復興，爲今日禮，怕必不能悉如古制。今且要得大綱，若其小處，亦難盡用。……如今若考究禮經，須是一一自著考究教定。……古禮難行，後世苟有作者，必須酌古今之宜。……禮時爲大，使聖賢有作，必不一切從古之禮。疑只是以古禮減殺，從今世俗之禮，令稍有防範，節文不至太簡而已。（朱子語類）

　禮之本，出於民之情，聖人因而導之耳；禮之器，出於民之俗，聖人因而節文之耳。聖人復出，必因今之衣服器用，而爲之節文。其所謂貴本而親用者，亦在時王斟酌損益之耳。（程子語錄）

謂禮出於天理，說亦可取。

　嘗曰：以禮制心，禮便是天理分寸。凡事以此皆矩度，身上事是他約束，心便被他管攝了。（膚齋日記）

　禮者，理也，文也。理者，實也，本也。文者，華也，末也，理文著二而一道也。（程子語錄）

　禮卽禮也，但謂之理，則疑者未有形迹之可言，制而爲禮，則有品節文章之可見矣。（朱子語類）

　禮者，人事之儀則，天理之節文，聖人之於儀則節文，乃所以當者，不可易也。（魯齋許語錄）

迨朱子晚年，更撰儀禮經傳通解，溝通經傳，未竟而卒，其弟子黃幹，楊復續成之，亦禮學上之創制也。

　按儀禮經傳通解，初名儀禮集傳集注，朱子乞修三禮劄子所云：「以儀禮爲經，而取禮記及諸經史雜書所載有及於禮者，皆附於本經之下，具列注疏諸儒之說，略有端緒。」卽是書也。晚年修葺，乃更定今名。凡家禮五卷，鄉禮三卷，學禮十一卷，邦國禮四卷，共二十三卷，四十二篇。其第二十四卷至三十七卷，凡十八篇，仍用舊儀，是為王朝禮。其中每多闕略，蓋未成之藁也。至喪祭二禮，則成於門人黃幹。楊復原序幹之言曰：「始余創二禮粗就，奉而質之先師，喜謂余曰：君所立喪祭禮，規模甚善，他日取吾所編家、鄉、邦國、王朝禮，其悉用此更定」云云，蓋朱子以創藁屬之也。然幹亦僅修喪禮十五卷，其祭禮則尚未訂定而沒。其後楊復重修祭禮，以續成其書，凡四十卷。今自續卷十六至卷二十九，皆復所重修也。今本儀禮經傳通解三十七卷，續二十九卷，凡六十六卷，存。（以上據周予同經學歷史後注）詳可參考朱彝尊經義考及四庫全書總目提要。

時宋南渡偏安，金人蟠踞河北，金初入汴，收宋典籍，而未遑講論；載宋禮器，而無所述作。

金人之入汴也　時宋承平日久，典章禮樂，燦然備具。金人既悉收其圖籍，載其車輅法物儀仗；而此時方事軍旅，未遑講也。既而即會甯，建宗社，庶事草創。皇統間，熙宗巡幸析津，始乘金輅，導儀衛，陳鼓吹，觀聽赫然一新，而宗社朝會之禮，亦次第舉行矣。繼以海陵狠顧志欲吞并江南，乃命官修汴故宮，繕宗廟社稷，悉載宋故禮器以還，外而顯武，內而縱欲，其猷既失，奚暇議禮樂哉！（金史禮志）

至世宗繼興，始編金纂修雜錄。

世宗既興，復收向所遷宋故禮器以還。乃命官參校唐宋故典沿革，開詳定所以議禮，設詳校所以審樂、統以宰相，通學術者於一事之宜，適一物之節。文既上聞，而始裁次。至明昌初，書成，凡四百卷，名曰金纂修雜錄。凡事物名數支分派引，珠貫棋布，井然有序，炳然如丹。又圖吉凶二儀，鹵簿十三節以備大葬；小鹵簿九節，以備郊廟，而命尚書左右司春官兵曹太常寺，各掌一本，其意至深也。（金史禮志）

章宗中年，始詔用唐宋典禮。

章宗明昌五年春正月己巳初用唐宋典禮。（金史章宗本紀）

並成大金集禮四十卷，分類排纂，具有條理。

不著撰人名氏，亦不著成書年月，據黃虞稷千頃堂書目，蓋明昌六年禮部尚書張暐等所進。今考書中紀事，斷自大定，知為章宗時書，虞稷所載，當不誤也。其書分類排纂，具有條理。自尊號冊謚以及祠祀朝會燕饗諸儀，燦然悉備。以金史諸志相校，其藍本全出於此；而志援引舛漏，失其本意者頗多。若祭方丘儀，是書有前祭二日，太尉告廟之儀；而金史遺落不載。又金史云：「設饌食於內壝東門之外，道北南向。」考之此書，則陳設饌幕，乃有東門西門二處，蓋壝上及神州東方南方之饌，陳於東門外西方，北方之饌，陳於西門外。金史獨載設於東門外者，於禮為舛，如斯之類，不一而足。非得此書，無以知史志之疎謬也。則數金源之掌故者，此爲總匯矣。惟第十卷載夏至日祭方丘儀；而圜丘郊天儀獨闕。考金史自天德以後，並祀南北郊，大定明昌，其制漸備，編書者旣載北郊儀注，不應反遺南郊。蓋傳寫脫佚，非原書有所不備也。（四庫全書總目提要）

迨元之有國，肇興朔漠，朝會宴饗，多從本俗。

元之有國，肇興朔漠，朝會宴饗之禮，多從本俗。太祖元年，大會諸侯於阿難河，卽皇帝位，始建九斿白旗。（元史禮樂志）

世祖至元八年，雖制朝儀；而胡漢雜俗。

世祖至元八年，命劉秉忠許衡始制朝儀。自是皇帝卽位，元正天壽節及諸王外國來朝，册立皇后皇太子，羣臣上尊號，進太皇太后皇太后册寶，暨郊廟禮成，羣臣朝賀，皆如朝會之儀。按元作禮典上中下篇：一曰朝會，二曰燕享，三曰行幸，四曰符寶，五曰輿服，六曰樂，七曰曆，八曰進講，九曰御書，十曰學校，十有一曰藝文，十有二曰貢舉，十有三曰舉遺逸，十有四曰求言，十有五曰進書，十有六曰遣使，十有七曰朝貢，十有八曰瑞異爲禮典上篇；一曰郊祀，二曰宗廟，三曰社稷，四曰嶽鎭海瀆，五曰三皇，六曰先農，七曰宣聖廟，八曰諸神祀典，九曰功臣祀廟，十曰諡，十有一曰賜碑，十有二曰旌表爲禮典中篇；一曰釋，二曰道爲禮典下篇。蓋朝會以尊君，治人之道也；郊廟以禋祀，事神之道也；佛氏爲教、超乎神人之表，所以輯屬於國家民庶者也。故各爲一篇之首。

然以元代儀注書言，共有二十六種，數量上可稱不少矣。

至元州縣社稷通禮，廟學典禮六卷，（始太宗丁酉訖成宗大德間）太常集禮五十一卷，（郊祀九社稷三宗廟二十一輿服二樂七諸神祀三諸臣請諡及官制因革典籍錄六李好文孛木魯翀等撰）太常續集禮十五册，（脫脫木）續編太常集禮三十二册（王守誠）太常至正集禮二十册，太常禮儀沿革一卷，（必里牙敦）張鎭釋奠儀注一卷，申屠致遠釋奠通禮三卷，袁桷郊祀十議一卷，曾巽鹵簿圖五卷，書五卷，郊祀禮樂圖五卷，書三十卷，崇文鹵簿志十卷，致美集成三卷，任枎三皇祭禮一卷，（記至正祀三皇禮儀）趙鳳儀釋奠樂器圖一卷，大德編輯釋奠圖八卷（何元壽）趙孟頫祭器圖式十卷，范可仁釋奠通載九卷，通祀纂要六卷，（宣慰使）黃以謙通祀輯略三卷，（至元間泉州路分教）黃元暉通祀輯略續集一卷，（以謙從子）吳夢賢釋奠儀圖一卷，周之翰朝儀錄五卷，朝儀紀原三卷，（字子宣大都人由侍儀舍人至冠州知州）張希文丁祭考一卷，（字質夫瑞州新昌人）

（元史藝文志儀注類）

迄於明代，太祖初興，猶用元制。至吳元年，始令百官禮儀俱向左。所以尊君。

聖祖初起兵，猶用元制。甲辰正月，江南行省羣臣奉上爲吳王，以李善長爲右國相，徐達爲左相國。至吳元年丁未十月丙午，命百官禮儀俱尚左，改善長爲左相國，達爲右相國。禮記玉藻曰：聽鄉任左。註云：凡立者尊右，坐者尊左，侍而君坐則臣在君之右，是以聽向皆任左尊君。想當時二人侍上坐必任左可如。今中原及北方主賓相揖立時，以右爲尊，就坐以左爲尊，甚得禮意，由近輦轂故也。（雙槐歲抄）

洪武三年九月，大明集禮告成，編輿者爲宋升崔亮等，皆當時名儒，分類掌纂，集總成篇。

洪武中，命儒臣陶安定郊社宗祀禮，詹同定四廟祫祭禮，李善長定官民喪禮，朱升定祭祀齋戒禮，崔亮定五祀禮，劉基定百官朝賀禮，魏歡定祀祭禮，陶凱定軍禮；而又令天下郡縣，舉高潔博雅之士，年四十以上者。於是徐百夔梁寅周子諒胡行簡劉宗弼董彝蔡琛滕公琰曾魯至京，編集大明集禮。（春明夢餘錄）（廣治平略同）

其書以吉凶軍賓嘉冠服車輅儀仗鹵簿字學樂爲綱，綱下再分子目，雖不盡詳，亦存大目。

洪武二年八月，詔諸儒臣修纂禮書。三年九月書成，名大明集禮，其書以吉凶軍賓嘉冠服車輅儀仗鹵簿字學樂爲綱，所列子目，吉禮十四：曰祀天，曰祀地，曰宗廟，曰社稷，曰朝日，曰夕月，曰先農，曰太歲風雲雷雨師，曰岳鎮海瀆天下山川城隍，曰旗纛，曰馬祖先牧社馬步，曰祭厲，曰祭典神，曰三皇孔子。嘉禮五：

曰朝會，曰冊封，曰冠禮，曰婚，曰鄉飲酒。賓禮二：曰朝貢，曰遣使。軍禮三：曰親征，曰遣將，曰大射。凶禮二：曰弔賻，曰喪儀。又冠服車輅儀仗鹵簿字學各一。樂三：曰鍾律，曰雅樂，曰俗樂（明典彙）

唯今存者已非原本。

明集禮……明史藝文志，及昭代典則，均作五十卷，今書乃五十三卷。考明典彙載，「嘉靖八年，禮部尚書李時，請刊大明集禮。九年六月梓成，禮部言是書舊無善錄，故多殘闕。臣等以次詮補，因爲傳注，乞令史臣纂入，以成全書云云。」則所稱五十卷者，或洪武原本，而今所存五十三卷，乃嘉靖中刊本，取諸臣傳注及所詮補者，纂入原書，故多三卷耳。如明禮志載洪武三年，圜丘從祀，益以風雲雷雨；而是書卷一總序曰：「國朝圜丘從祀，惟以大明夜明星辰太歲。又所載圜丘從祀壝位及牲幣尊罍，均止及大明夜明星辰太歲，不及風雲雷雨。是益祀風雲雷雨從祀圜丘在十一月，而是書成於九月，故未及纂入，實有明據；而卷一序神位版，乃曰風伯之神，雲師之神，雷師之神，雨神之神，並赤質金字，不應一卷之內，自相矛盾，若此則其爲增入可知。又明史禮志載洪武元年冬至祀昊天上帝儀注，無先期告諸神祇及祖廟之文。至洪武四年，始頒此制；而是書儀注則有之。知亦嘉靖諸臣詮補纂入者矣。序爲世宗御製。題爲嘉靖九年六月望日；而世宗實錄載，九年六月庚午刻大明集禮成，上親製序文，是月己未朔，則庚午乃十二日與實錄小有異同，疑十二日進書，望日製序，記載者，并書於進書日也。（四庫全書提要）

其後更詔羣臣考歷代禮制。

洪武二十四年六月，詔羣臣參考歷代禮制，更定冠服居器用制度。（名山藏）

成禮制集要一書。

洪武二十八年十一月禮制集要成。其書載冠服房屋器皿傘蓋牀帳弓矢鞍轡儀從奴婢俸祿奏啓署押體式定制，頒布中外。

總計洪武年間，所著禮書，有十二種之多，雖非盡美，以數量論之，亦云盛矣。

洪武年間，所著禮書：曰國朝禮制，曰稽古定制，曰國朝制作，曰大禮要議，曰皇朝禮志，曰禮儀定式，曰大明禮制，曰洪武禮法，曰禮制集要，曰禮制節文，曰太常集禮，曰禮書，諸所藏祕閣，繪圖議文者，未暇悉數。（廣治平略）

成祖以降，官修禮書，其較著者，僅大明集禮一書。

嘉靖九年六月，大明集禮成，上親製文序之。（明通紀）

而經義三禮著述，自永樂五經大全頒行天下後，亦復寥落無幾。總明禮學著作，無論官修或私撰，其質最遠不逮唐宋。據明史藝文志儀注類所載，共有五十七部，而大部爲明中葉以前之官修禮書，其中葉以後，欲求一完整之禮書，則絕無僅有也。

集禮五十卷，（洪武中梁寅等修）孝慈錄，（宋濂等考定喪服古制）行移繁減體式二卷，（洪武中以元季官府文移紛冗詔臣刪修之）稽制錄，（編輯功臣服舍制度）禮制集要一卷，（官民服舍器用等式）稽古定制一卷，（頒示功臣）禮儀定式一卷，教民榜文一卷，鄉飲酒禮圖式一卷，（俱洪武中頒行）祭祀禮儀六卷，郊壇祭享儀注一卷，（皆明初定式）巡狩事宜一卷，（永樂中儀注）瑞應圖說一卷（永樂中編次）憲宗幸學儀注一卷，世宗御製忌祭或問一卷，祀儀成典七十一卷，（嘉靖間更定儀文）郊祀通典二十七卷，（夏言等編次）乘輿冕服圖說一卷，（嘉靖間考古衣冠之制張璁爲注說）武弁服制圖說一卷，（親征冠服之制張璁爲注說）元端冠服圖說一卷，（燕居冠服之制張璁爲注說）保和冠服圖說一卷，（宗室冠服之制張璁爲注說）圜丘方澤總圖二卷，圜丘方澤祭器樂器圖二卷，朝日夕月壇總圖二卷，朝日夕月壇祭器樂器圖二卷，神祇社稷雲壇總圖三卷，太廟總圖一卷，太廟供器祭器圖一卷，大享殿圖一卷，大享殿供器祭器圖一卷，天壽山諸陵總圖一卷，泰神殿圖一卷，帝王廟總圖二卷，皇史宬景神等殿圖二卷，圓明閣陽雷軒殿宇圖一卷，沙河行宮圖一卷，（以上俱嘉靖間制式）皇明典禮一卷，（萬歷中頒）朝儀二卷車駕巡禮儀一卷，親王昏禮儀注一卷，昏禮傳制遺官圖一卷，陵寢儀式一卷，王國儀注一卷，儀注事例一卷，鴻臚儀注二卷，出使儀注一卷，射禮儀注一卷，(以上倶萬歷間制式)禮書四十一卷，(不知撰人凡七十七册)大明禮制二十五卷，(不知撰人)嘉靖祀典十七卷，(不知撰人)朱國祚册立儀注一卷，皇甫濂藩市政令一卷，郭正域皇明典禮志二十卷，朱勤美王國典禮八卷，謝鐸祭禮儀注二卷，羅青霄儀注輯錄一卷，(郡邑慶賀祭祀諸儀)俞汝楫禮儀志一百卷，(上五十七部四百二十四卷)(明史藝文志)

禮學至於清代，衰而復興。順治吏詔禮臣勒成禮書，聖祖並御經筵日講禮記。

世祖入關，順命剏制，規模閎遠，順治三年詔禮臣參酌往制，勒成禮書，爲民軌則。聖祖歲御經筵，纂成日講禮記，解義敷陳，雖出羣工，闡繹悉遵聖訓。(清史稿禮志)

至高宗卽位，御定三禮義疏。

高祖御定三禮義疏，綱羅議禮家言，折衷至當，雅號巨製。(清史稿禮志)

周官義疏四十八卷，乾隆十三年敕撰，爲三禮義疏之第一部。其書采掇羣言，分爲七例：一曰正義，二曰辨正，三曰通論，四曰餘論，五曰存疑，六曰存異，七曰總論。詳可參攷四庫全書提要。

儀禮義疏四十八卷，乾隆十三年敕撰，爲三禮義疏之第二部。其詮釋與周官義疏同，分經文爲四十卷，冠以綱領一卷，釋宮一卷，不入卷數；殿以禮器圖四卷，禮節圖四卷，共四十八卷。其大旨以元敖繼公儀禮集說爲本，而參核諸家，以補正舛漏。詳可參攷四庫全書提要。

禮記義疏八十二卷，乾隆十三年敕撰，爲三禮義疏之第三部。經文分爲七十七卷，附載圖五卷，共八十二卷。其詮釋七例，亦與周官義疏同，其書廣摭羣言，混淆漢宋，名爲不主一家，實則未爲專著也。詳可參攷四庫全書提要。(以上見周予同經學歷史注)

並成三通大清會典大清通禮等書，並稱博洽；惟祀典則多依清人舊俗。

(高宗時)……若皇朝三通大清會典，其經緯禮律，尤見本原；至於專書之最著者，一曰大清通禮乾隆中撰成，道光年增修，一曰皇朝禮器式。曰祭器，曰儀器，曰冠服，曰樂器，曰鹵簿，曰武備。一曰滿洲祭神天典禮。其始關外啓疆，甓羣祀祖禰，意示從儉，凡所紀錄，悉用國語國書。入關後，有舉莫廢。逮高宗時，依據清文譯成四卷，祭期祭品儀注祝辭，與夫口耳相傳；或小有異同者，並加釐訂。此國俗特殊之祀典也。(清史稿禮志)

德宗季葉，設禮學館。欲有所綴述，未及編定；而政變作矣。

德宗季葉，設禮學館，博儀儒將，有所綴述，大例主用通禮，仿江永禮書例，增曲禮一目；又倣宋太常因革禮例，增廢禮新禮二目，附後簡，未及編定，而政變作矣。（清史稿禮志）

故清代禮學，於朝廷間甚少著述；而於學者之研究，則成績卓著。如萬斯大方苞等，並能彙通三禮，有所著述。且多信宋疑漢，造成一時風氣。

萬斯大……湛思諸經，尤精於春秋三禮。排纂說禮之言，爲書三百卷。其別出者，曰學禮質疑周官辨非儀禮商禮記偶箋。……萬氏治禮，不拘漢宋，故時有「信宋疑漢」之言，玆舉一例如下。學禮質疑卷下「東周祖文宗武」條云：「祭法言周人祖文王而宗武王。鄭玄牽合孝經宗祀明堂之文，謂祭五帝於堂上，以五人帝及文王配之；祭五神於庭中，以武王配之；祖宗通言耳。王肅排之，曰：古者祖有功而宗有德，祖宗自是不毀之名，非謂配食於明堂也。宗者，尊也：周人既祖其廟，又尊其祀，孰謂祖於明堂也。二說較鄭爲優；而祖宗二義究無明證。惟吳幼卿曰：祖者，始祖也；宗者，百世不遷之廟，與祖同，此解爲獨得。……」按此文，則萬氏不信漢儒鄭玄之言，而以繼承宋學之元儒吳澄之說爲獨得，實甚明顯。

方苞曾撰周官集注十二卷，周官析疑三十六卷，攷工記析義四卷，周官辨一卷，儀禮析疑十七卷，禮記析疑四十六卷，均著錄於四庫全書總目。在清儒間，亦爲彙通三禮者。其「信宋疑漢」之論，如周官辨自序云：「周官晚出，羣儒多疑其僞。至宋程張二子及朱子繼興，然後知是書非聖人不能作。蓋唯三子之心幾乎與公爲一，故能究知是書之精蘊，而得其運用天理之實也。……鄭(玄)以漢法及莽事詁周官，多失其本指。」又本書周官辨惑一云：「程朱二子，於禮之節文，間有考之未詳。持之未當者；至於修身治世之本原，則與古昔聖人精神相憑依，而無一事一言之不合。康成於三禮之學勤矣；其間名目度數，參互攷證，亦可能謂竭其思慮者矣。而乃以亂世之事，誣先王之經，以遺禍於後世。」皆推尊程朱，貶抑鄭玄之言。（以上周予同經學歷史注）

獨有毛奇齡，則與朱子立異。以儀禮爲可疑。

阮元清史文苑傳毛奇齡傳曰：「奇齡淹貫羣書，所自負者在經學；……周禮儀禮，奇齡以爲戰國之書。」按朱子推宗儀禮，而毛氏經問卷二云：「禮記雜篇，皆戰國後儒所作；而儀禮周禮則又在衰周之季，呂覽之前。故諸儒說經，皆無可據；而漢世注經者，必雜引三禮以爲言；此亦大不得已之事，原非謂此聖人之經，不刊之典也。」則以儀禮與周禮相同，皆在可疑之列矣。

雍乾以後，古書漸出，禮義大明，當時江永所著禮經綱目，迺本朱子儀禮經傳通解，而博洽過之。

戴震江先生永事略狀曰：「先生以朱子晚年治禮，

爲儀禮經傳通解，書未就；雖黃氏楊氏相繼纂續，猶多闕略，其書非完；乃爲之庶摭博討，一從周官經大宗伯吉凶軍賓嘉五禮舊次，使三代禮義之盛，大綱細目，井然可觀覩。於今題曰禮經綱目，凡數易稿而後定。」按江氏禮書綱目，凡八十五卷。其書雖倣朱子儀禮經傳通解之例；而參考羣經，洞悉條理，非徒立異同，實多補其所未及。蓋通解本朱子未成之書，不免小有出入；其間分合移易之處，亦尚未一一考證，使之融會貫通。永引據諸書，釐正發明，實足終朱子未竟之緒也。詳可參考四庫全書總目提要。

他如沈彤、王鳴盛、戴震、胡匡衷、胡培翬、孫希旦等。皆精通三禮，卓然成家。

沈彤，字冠雲，號果堂，吳江人，乾隆初，召試博學鴻詞科，不遇。與修三禮及一統志。一生篤志羣經尤精三禮。著有周官祿田考儀禮小疏等。而彤撰周官祿田考三卷，詳究周制，辨宋儒周禮官多祿田少且不給之說。依經起例，精密淹通；雖較有疎略，然已足當鄭賈注疏後之傑作。詳可參考阮元清史儒林傳江藩漢學師承記及四庫全書總目提要。

王鳴盛，字鳳喈，江蘇嘉定人，博極羣書，精於周禮。其名著爲周禮軍賦說，凡四卷。先例經說，後加案語，有所折衷。其魯制齊制晉制三條，與周禮互相印證，皆心得之學，精核雖不如沈彤，然亦不失爲專門著述也。

戴震字東原，休甯人。所著禮書有考工圖記二卷，儀禮正誤一卷。其說得於江永者爲多。亦不朽之著作也。

胡匡衷，績谿人，以孝友爲鄉里所重，於禮經多所發明，著有三禮劄記周禮井田圖考井田出賦考儀禮釋官鄭氏儀禮目錄校正。傳見清史儒林傳，其所撰儀禮釋官，尤爲精審，凡九卷，以周禮禮記左傳國語與儀禮相參證，足補注疏之不及也。

胡培翬，字子屏，匡衷之孫，學亦長於禮經，積四十餘年，成儀禮正義一書，凡四十卷，例四：曰補注，補鄭注之所未備；曰申注，申明鄭注之義；曰附注，附存近儒之經說；曰訂注，訂正鄭注之違失。

孫希旦，字紹周，瑞安人，諸經中深於三禮，晚年始專注小戴，成禮記集解一書，凡五十卷，考索精詳，持論平允。首取鄭注孔疏，下逮宋元明諸儒之說，芟繁撮要，頗爲博洽，可以補漢儒之所未及，而深明先王之大意也。

其時尤有一有功於後學者，卽爲輯拾佚書。禮書之輯就者，計玉函山房叢書七十九種。漢學堂叢書十種。雖不必全，亦存大目。

按玉函山房叢書本名玉函山房輯佚書，輯集古代圖籍，分經史子三編及補編。上溯周秦，下迄隋唐，共六百三十二種，七百六十卷……其中周禮類十四種，二十一卷，闕一卷；儀禮類二十五種，二十六卷，闕一卷；禮記類十九種，二十八卷；通禮類二十一種，二十六卷，闕五卷。又甘泉黃奭漢學堂叢書輯禮類十種。雖殘闕不完，而藉之得窺古書之崖略，有功於後學不淺也。

至於清儒言禮義者，則以顏習齋李恕谷二公為較精實。顏氏初守朱子家禮，後覺其過抑情。校以古禮，知其非是。

先生居喪，守朱氏家禮唯謹。古禮初喪，朝一溢米，夕一溢米，食之無算。家禮刪去無算句。先生遵之。過朝夕不敢食，當朝夕遇哀至，又不敢食，病幾殆。又喪服傳曰：既練，舍外寢，始食菜果，飯素食，哭無時。家禮改為練後，止朝夕哭，惟朔望，未除服者，會哭。凡哀至皆制不哭，先生亦遵之。既覺其過抑情，校以古喪禮非是。因歎先王制禮，盡人之性，後儒無德無位，不可作也。（顏氏學記習齋一）

朱子著家禮一書，家中亦行禮，至斬喪墨衰，出入，則半禮半俗，既廢正祭，乃又於俗節，墨衰行事，此皆失周公本意。至於婦人便不與定喪服杖經之制；祭時婦人亦不饋祭殺，至求一監視而亦若不得者，此何說乎？（顏氏學記習齋一）

由是遵守古禮，鄉里目為聖人。

顏先生元……跬步之間，必遵古禮，鄉里目為聖人。（顏氏學紀習齋一）

後人或譏為守舊；實則決非守舊，不過囿於時代，任公之言是也。

我們對於習齋不能不稍為觖望者……可惜他被「古聖成法」四個字縛住了。一定要習唐虞二代時的實務，未免陷於時代錯誤。即如六藝中御之一項，在春秋車戰時候，誠為切用；今日何必要人人學趕車呢？如「禮」之一項，他要人習儀禮十七篇裏頭的昏禮，冠禮，士相見禮……等等豈不唱滑稽戲嗎？他這個學術不能盛行，未始不由於此。……雖然以此責備習齋，畢竟太苛了。第一嚴格的科學，不過近百餘年的產物，不能責望諸古人。第二他說要如古人之習六藝，並非說專習古時代之六藝……。第三他說要習六藝之類的學問，並非專限於這六件。（梁任公近三百年學術史）

且顏氏注重實踐，謂禮必習行而後見。

六藝不外一禮，猶四德之該乎仁，禮必習行而後見，非專恃書冊誦讀也。（顏氏學記習齋一）

孔門之約禮，大而冠昏喪祭，宗廟會同，小而飲食起居，衣服男女，問老聃，習大樹下，公西子，曲禮精熟，夫子遜其能，可謂禮聖。言曾諸賢，纖微必謹，以此約身，即以此約心，出即以此約天下。故日齊之以禮，此千聖體道之作用，百世入道之實功。故中庸讚聖人之道，至於發育萬物，峻極於天，序君子之功，備著尊德性，道學問，而其中直指曰：禮儀三百，威儀三千；且曰苟不至德，至道不凝，是顯以三千三百爲至道，如外此而別有率性，別有篤恭，子思亦得罪聖門矣。此孔門之禮，孔門之約也。程朱之約禮，則惟曰內而無二無適，寂然不動；外而儼然肅然，若對神明而已，其博約極至與否，未敢易言，願學者先辨其文與禮焉可也。（顏氏學記習齋一）

追恕谷出，顏之說益進。恕谷謂禮爲喜怒哀樂子臣弟友之天則。

禮者，喜怒哀樂，子臣弟友之天則也。自率由謂之道，自規物謂之禮。（顏氏學記恕谷二）

禮有專就儀文言者，有統天下之理言者。

按禮，有專就儀文言者，有統天下之理而言者，如夫子言，禮與其奢也甯儉，曾子言，國儉則示之以禮，孔子率弟子習禮大樹下，皆指儀文而言也。如郤缺以六府三事爲德禮。魯昭公如晉，自郊勞至於贈賄無失禮。女叔齊謂之善儀，不可謂禮，而以用賓出政爲禮。子太

叔亦以揖讓周旋爲儀，而備舉禮文辭樂入倫政事爲禮，是統天下之理，皆禮也。大司徒三物，禮居六藝之一，專指五禮儀文言也。魯論約之以禮，中庸非禮不動，則三物皆該其中矣。（顏氏學記恕谷一）

然非學習不能熟其儀，非考訂不能得其儀之當。

禮之冠昏喪祭，非學習不能熟其儀，非考訂不能得其儀之當，二者兼用者也。宗廟郊社禘祫朝會，則但可考究，以待君相之求，不便自我定禮，以爲習行者也。矧今古不同，公西華之禮樂，惟日學習。何者？三代之禮，至周而備，時王之制粲然也。無變易者；然殷輅周冕舜樂，孔子且以考究爲事矣。今世率遵朱子家禮：然多杜撰無憑，行之僨躓，其考議之當急者爲何如者。（顏氏學記恕谷三）

此其禮書之所以作也。

按李恕谷言禮著作，有學禮錄四卷宗廟考辨禘祫考辨各一卷。顏習齋亦有禮文手鈔一卷。（完）

——摘自《新東方雜誌》一九四一年五月
第二卷第三期

觀堂禮說存商

任銘善

王靜安以平生古史之學治六藝，時人稱其尤邃於書禮。予竊未見其書。比來上海，乃卽故書中得其弟子劉盼遂所譔觀堂學禮記（清華學校國學論叢第一卷第三期）而讀之。蓋絕於士喪既夕，都得九十餘則，其義數之間，有未愜於予心者，存之待商榷焉。至於幣服等事，王氏或別有論徵，茲則不及。庚辰冬月，心叔。

士冠禮

有篚實勺觶角柶　王氏曰：柶者漉酒之器。醴中兼有酒糟，故須以質滑而多孔之器斂之。

銘案：醴與鉶皆有柶，醴柶角製，而鉶柶木製，爲別。其制則相似。胡崇義云「士冠禮注云『柶狀如匕，以角爲之，滑也。』今祭鉶之柶既用木，亦宜如疏匕淺斗爲之，方得挹鉶芼之湆以祭之也。醴柶橾又淺於鉶柶。」張爾岐亦云「柶頭當爲淺斗狀以挹物，其形有似於匕，祝匕飯匕牲體之匕爲小耳。」蓋醴有糟，鉶有菜，故以柶挹之，挹之者，惟取其斗之淺，不能容醴與湆使流去耳。柶匕本一字，而匕爲初文象形，柶則後起字。後世掘於甲骨妣作匕，又附會「柶與比敍」之義，遂失其讀耳。匕牲體匕黍稷皆用匕。少牢饋食禮注云「疏匕挑匕，此二匕者，皆有淺斗，狀如飯橾」是匕亦淺斗，與醴柶鉶柶同也。挑匕亦所以挹湆，故亦淺斗。然則醴柶惟以淺斗扱醴去糟，未必多孔也。考工記陶人「甗實二鬴，厚半寸，脣寸七穿。」鄭注云「一穿卽一孔也。」少牢饋食禮「廩人摡甑甗匕與敦。」鄭注云「甗如甑一孔。」甑甗有孔者，鄭皆明之，而於匕柶不言，則柶之無孔可知。且公食大夫禮曰「扱上鉶以柶辯擩之。」擩之謂染也，則亦非欲盡去其湆，特湆不以祭耳。是並無取於多孔。鉶柶無孔，則醴柶亦不應有孔。王氏以爲多孔，未知所據。

兄弟畢袗玄鄭注古文袗爲袀　王氏曰：袗字皆袀之誤。

銘案：此於段玉裁說未有所增加。記者不當系於其師說，宜删。

入見姑姊如見母鄭注不見妹妹卑　王氏曰：此經省括妹於姑姊之中，古文簡奧，往往有之，未必有意不見妹也。

銘案：鄭注本之白虎通云：「姊尊妹卑其禮異也」之文。詩泉水：「問我諸姑，遂及伯姊。」蓋冠者之妹尚爲童子，則不與之成禮，猶之女子有行，亦但問其姑姊而不及妹耳。內則：「二十而冠，始學禮。」冠義：「已冠而字，成人之道也。成人之者，將責成人禮焉也；責成人禮焉者，將責爲人子、爲人弟、爲人臣、爲人少者之禮行焉。」是冠者於幼者卑者，無拜見之義也。然則經注並未可非。劉盼遂於此條下附案曰：「經文冠者見於兄弟，冠者不卑其弟，尊卑其妹乎，此鄭君之誤。」不知冠者見於兄弟，此兄弟謂外姻兄弟，喪禮於小功以下通稱兄弟，不以長幼爲別也。禮經屬辭，於兄若弟統稱之曰昆弟，喪服經未見兄弟之名，記注則昆弟兄弟雜見之，若他經兄弟，則皆兼外姻兄弟言之也。冠者見於兄弟，固當見其疾行先長之兄，而其弟則無見之之義，亦以其未冠則不施以成人禮也。且王氏以姑姊之文省妹爲簡奧，則兄弟之文不亦可以古文連類並舉之例，說其衍弟字邪。喪服云：「夫之姑姊妹之長殤小功。」既取而有姊之殤，前人疑之而不知其爲古文連舉之例。此云見姑姊，前人已有疑之者，今王氏又爲之彌縫，而不知其本不及妹。信乎古書之難讀也。

見於鄉大夫鄉先生　王氏云：鄉大夫當是卿大夫之誤。

銘案：此詳王引之經義述聞。記者亦不當勦爲師說。至劉氏附案云：「果經文爲鄉大夫，鄭君應有注語，無注決其爲卿大夫。」則鄭注不必有此例。

若不醴鄭注醴亦當爲禮　王氏曰：禮之起原與醴有關，恐醴字制字在先，禮字則後出也。

銘案：禮之初文作豆作豊，象器中盛玉以禮神。其後益示旁作禮。說文：「禮所以事神致福也。」猶其本義。甲文中或有借豊爲醴者，而非即醴之字也。醴者從酉豊聲。豊非所以承醴之器，則醴之作字取聲於禮之初文，而禮不本於醴也。似無以定其先後。禮經此文，鄭云「醴亦當爲禮」者，謂此爲禮賓字耳。然言禮則兼醴醮，此處正當與醮別，故經云「醴賓」「不醴」凡三見，皆作醴不作禮。則鄭君破讀，亦未爲得也。於此不但辨醴賓酒文，以醴賓者，蓋殷之制然耳。酒之制作甚古，而醴未聞。意者殷人尙質，不欲以酒事神，故爲醴之質，專爲成禮之用耳。劉熙曰：「醴，醲之一宿而成禮，有酒味而已矣。」許慎曰：「醴，酒一宿孰也。」然則醴字之原且出於禮，其不得先於禮字可知矣。

玄酒鄭注新水也〔王氏曰：竊以爲玄酒者，實因古人行禮例須獻酢，且必卒爵。而爵之大者恆至數升，夫人之量有能飮不能飮，聖人必欲禮之成，又不願人之苦於禮，故常設玄酒以節之，既不迫人，又不廢禮，其用心可謂周愼之至矣。至玄酒之用法若何，則以水和酒，盛於盉中，滌蕩之而注於爵，所以薄酒之性也。

銘案：此說殆甚巧而不可信者。禮自有「以素爲貴」「不忘其初」之義，禮器所謂「醴酒之用，玄酒之尙，割刀之用，鸞刀之貴，莞簟之安，而稾鞂之設」，固當有所本也。諸禮玄酒之設在西，故曰「玄酒之尙」，玉藻亦曰「凡尊必尙玄酒」。若徒取新水爲薄酒性之用，則當如醢之附腊而已，不當反位於上也。且觀鄉飮酒禮之文，於羹定迎拜之後，凡升降盥洗取獻之禮至繁，其間殆無餘隙爲和酒之事。主人於尊賢之事，不僻卑細，必躬親之，若謂執事者和之，則又疑乎不敬。況欲以防酒之不勝，則宜先薄之而後設，又何事於堂上行禮之際爲之也。且飮射之禮獻酬之後更有「無算爵」「無算樂」，以盡歡。論語曰「惟酒無量，不及亂」，惟當讀爲雖。無量即謂無算爵也，聖人之所以節之者，惟在不及亂。若以水和之以節量，非禮義之所安也。諸禮陳設兩壺之外，未聞更有盉者。禮於盆盥不忘布巾，於鼎俎不忘匕鼏，則不享盉爲無盉可知。且盉者，說文云：「調味也。」是盉爲調羹之器，「大羹湆不和」，則他羹皆當和也。和必用盉，此庖廚之器，故不在堂室耳。以盉和酒，恐無所據。而玄酒之不用，亦未可置疑。若士昏用玄酒，則義別有取，故「尊於房戶之東」，則無玄酒，且酌而注之，亦無用盉之事也。

記冠義〔王氏曰：自上「若不醴」以下，疑即是記。此「冠義」上「記」疑應在彼文前。冠禮有記有義，與喪服同矣。

銘案：喪服未見有義，其義在小戴記四十九篇中。此經則但有記也。以「若不醴」以下爲記，盛世佐嘗有此說，且以昏禮記文例爲證。銘謂記之體不一，有明其義者，有備其數者，有補經者，有識異者。若經文明備，則不必更有記。是記未嘗有例也。盛氏之說固不必信，從王氏之疑，亦無取已。

生無爵死無謚鄭注殷時生不爲爵死不爲謚〔王氏曰：宋人解作生無爵者則死無謚，而實按之古者生雖有爵，而死亦無謚。如周之文、武、成、康皆非謚也，亦古時之美稱耳。故王肅謂「成王生而稱成」。酒誥有「成王若曰」，顧命書「成王崩」，皆其證也。史記殷本記「庚祖丁」，庚龜板作康，殷王生時名成湯，名康祖丁，足知文、武、成、康之非死後謚法矣。

銘案：宋人之說本之白虎通及郊特牲鄭注。殷時班爵今未可考，蓋緯書及漢人之說皆未必可信也。曰成湯，曰康祖丁，成康之爲謚與否，亦未可知。然周之文、武、成、康，則不可謂非謚。文武之不能爲名，固不待辨。酒誥「成王若曰」，馬融已謂爲「後錄書者加之」，「成王崩」亦臣子之辭。雖段玉裁辨之，謂生稱成王，如湯生稱武王之比，且引魯世家爲證，以成王肅之說，竊以爲無論所據者已爲後世史家之言，且古固有卽以字爲謚者，哀公之誄孔子曰：「烏乎哀哉尼父，」左氏春秋載子貢之言曰：「生不能用，死而誄之，非禮也。」是在位有爵爲之謚，禮也。哀公雖非禮，而卽以尼父爲謚可知。況周公反政之後，作洛誥，猶曰「孺子其朋，孺子其朋，」則大傳「成周，」史記「成王，」並不必爲當時之稱矣。大抵自質趨文，其理可循：始則制爵，又進而爲謚，始則大夫以上有謚，士雖亦爵而不爲謚，進則士亦有謚矣。故孔子謚資父之有誄，固可信其爲謚，而不必強爲誄謚異訓。而周初及周以前之謚，亦不必遽爲之非議也。

士昏禮

昏禮下達鄭注達通也先使媒氏下通其言　王氏曰：鄭說恐非。達當讀爲「自天子達於庶人」之達。謂士昏禮可下達於庶人。其卿大夫以上之昏禮，則不適用於此。

銘案：下達二字鄭注，朱子先已疑之。而謂其爲用雁而發，言士庶皆得用雁攝盛也。褚寅亮管見駁之曰：「如此則宜云納采用雁下達，文義方順。」王氏於下達之義同於朱子，而以爲統此禮可達於庶人，則庶免褚氏之譏。然揆諸經文，其爲不可者蓋有數事：士有廟，庶人無廟，其祭薦之事則於寢。此行禮於廟，則不達於庶人可知，一也。爵弁、玄纁、縰、几、甒、禁，皆庶人所無，二也。雁本大夫之摯，昏禮用之者，取其順陰陽不再偶，故天子諸侯一皆用之，而庶人亦用雁，不與六摯之義相涉可知矣。然墨車則大夫之車，士用之者，注以爲攝盛，而吳廷華以爲錯舉士大夫禮。二義雖不同，而其必不得爲庶人禮可知，三也。記曰：「禮不下庶人。」荀子曰：「王公士大夫之子孫，不能屬於禮義，則歸於庶人，」惟喪服自天子達，則門內親親之義，不以尊卑爲差等也。故庶人不能無冠、昏、相見、喪、葬，而其儀不見焉，亦以其但求順於情而不變俗，聖人則略之而不爲通制耳。下達之義，仍以鄭注爲安，不必更立別義。

當阿鄭注阿棟也今文阿爲庪，王氏曰：此文不了。依古文說，則進堂太深，依今文，則又太淺。

銘案：賓致命時，主人在阼階上。張惠言云：「凡言階上，皆當楣。」主人當楣，則賓不得當庪，王氏以爲太淺則是。而鄭君不從今文者亦以此。然古文當阿固不爲太深。聘禮：「公側襲受玉于中堂與東楹之間。」鄭注曰：「入堂深，尊賓事也。」是時賓方負序，公受玉在中堂與東楹之間，則東楹之北也。聘禮入堂深爲尊，昏禮入堂深則兼尊親二義。授時主人稍進，賓稍退，於楹間行禮。經注文明白，無不了處也。

婦車亦如之鄭注大夫以上嫁女則自車送之 王氏曰：注疑未確。詩云：「百兩御之，」御者，迎也；良人迎之車有百兩，知大夫以上，車亦夫家所給矣。

銘案：此王氏述吳廷華說，（胡氏正義引）記者不宜采錄。

匕俎從設 王氏曰：匕形極近柶。惟匕端銳，柶端大為異。

銘案：此未詳。聶崇義引舊圖云：「柶長尺，櫶博三寸，曲柄長六寸。」又云：「舊圖疏匕以棘為之，長二尺四寸，葉長八寸，博三寸。」王氏或據此長八寸博三寸，因謂其銳端耳。此等木角之器，今日諒無遺製可見也。竊以為匕、柶本一物，禮經或作匕或作柶或作枇，一也。說文：「匕，一曰柶。」又「柶，匕也。」鄭注云「柶如匕」者，特以禮經於疏匕挑匕言匕，而於醴鉶之柶作柶耳。其用不同，則其制各異。雜記云「枇長三尺，」又與疏匕不同。然則疏匕、挑匕、醴柶、鉶柶亦各有別耳，固非「匕」與「柶」之異也。

匕者逆退 王氏曰：腊魚豚之匕依次退出也。

銘案：經文陳三鼎于寢門外北上，其實升豚魚腊。入陳仍北上，逆退則後入者先退明白。今云腊魚豚以次退，固是，然經無腊魚豚之次也。疑記者之誤。

贊啓會 王氏曰：古敦之蓋亦可盛黍稷，簠簋亦然。

銘案：此未詳。簠簋之字從竹，則當為竹製，其遺物今不可見。（聶崇義引舊圖，於簠、簋、敦皆云「漆赤中」，則當是竹木之器。豆以木為之，亦漆赤，可證也。）戴震謂「古者簠、簋或以金，或以木，或以瓦為之，管仲鏤簋，金簋也，爾雅，金謂之鏤。」今案鏤簋以金為飾耳，非即以金為之也。瓦簋則猶之豆亦以瓦製，考工記「旅人為豆」是也。少牢饋食禮：「主婦自東房執一金敦」又周官九嬪「凡祭祀贊玉齍」注「玉齍，玉敦也，」亦但以金玉為飾耳。敦與簋實一器，敦者金文𣪘之譌。𣪘即簋字也，士虞禮：「設二敦于俎南，」鄭注：「簋實尊黍。」又少牢禮「凡設四敦皆南首，」鄭注：「飾蓋象龜。」禮器「管仲鏤簋，」鄭注亦云「大夫刻作龜」是鄭君亦以敦簋為一也。簋即敦，敦即盨，盨即簠，亦即瑚璉，皆一器異名耳。惟其制則當有異。）其蓋容可盛物，然必不用之。禮於敦數有制，其實又既在敦中，無取乎又以蓋盛物也。王氏所據或以鄭注「卻於敦南」之卻為「仰置左右，」然少牢饋食禮「佐食啓會蓋二以重，設於敦南，」此啓會蓋亦必仰置，而「二以重」則必不可盛物矣。且簋、豆、鉶、鼎皆有蓋，其形皆隆中，可以容物，將無不用之乎？是不然矣。

贊爾黍鄭注移置席上便其食也　王氏曰：爾黍當是移之近席，古無置黍稷席上者，鄭注非。

銘案：爾黍之節，此經不詳，而詳於少牢饋食禮。彼文曰「上佐食爾上敦黍于筵上，右之。」是即鄭注所本也。王氏非之，固不可信，劉盼遂爲之附案曰：「記曲禮：『食坐盡前』，鄭注：『爲汙席』，知鄭此處誤也。」是亦未玩士昏禮之文，而並失曲禮之意。士昏禮下文曰：「授肺脊。」爾黍而授肺脊，則知黍以在席上，故不必授；肺脊之俎不可置席上，故必授也。若徒近席，則玉藻云「豆去席尺，」亦已近矣。黍敦若齊豆，則無閒；在豆內，則過於偪仄；知必不如此也。食坐盡席前，而黍稷在席右，固爲無礙。且肺脊湆醬爲汙，而黍則無所汙，自當在席上矣。（褚寅亮因經注爲共牢設饌圖，錄之如下：

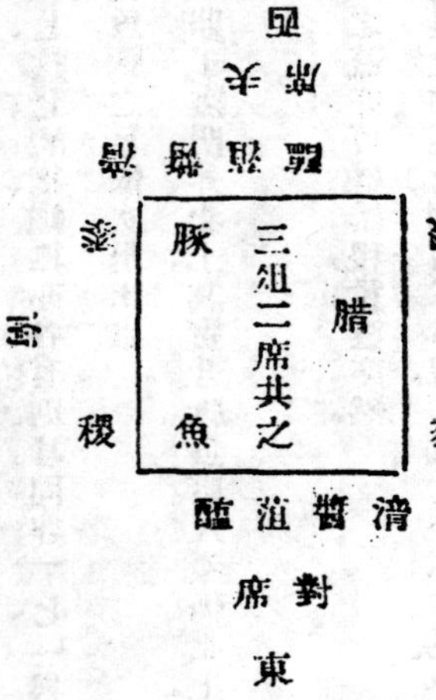

據此圖可知「爾黍」若僅近席，則已有湆醬在，固非置席上不可也。湆醬在前亦不遠，猶可以口啜指咂。若肺脊稍遠，則必贊者授之矣。）

親說婦之纓鄭注笄而禮之　王氏云：古者男子簪有二，相對插之。今所見傳世玉簪類然。女子之笄想亦爾歟。

銘案：古者笄有二種，一以安髮，此笄是也；一以安冠，皮弁爵弁之笄是也。其制不可考。然士喪禮「鬠笄」亦以安髮而無冠，則其形宜相類。鬠笄長四寸，纋中，而不言其爲一爲二。然襲事衣物云「西領南上，」則明其非一。纊極則明言爲二。其他不言者，皆止一也。惟「握手」不言其數，而盛世佐以爲兩手各一，而不知其「牢中」者，即以兩端安兩手，則亦止一也。然則笄亦一而已矣。王氏云「今所見玉簪有二」者，或安冠之簪，其制自異歟。

記魚用鮒　王氏曰：一鼎之數，魚十五或十四，故用小魚。

銘案：用鮒自取依附之義，記文云「摯不用死，」云「腊必用鮮，」云「必殽全，」皆專指昏禮而言。於他禮則鼎各有常，九鼎乃有鮮腊，用折俎知魚雖亦十五或十四，而不必用鮒矣。

鄉飲酒禮

賓進東北面辭洗　王氏曰：「賓進東」絕句

銘案：鄭注云：「必進東行，示情。」則固是東字絕句。然賓位在階前，東行則仍在洗北，不能北面辭洗也。前人已疑之。今檢鄉射禮注云：「必進者，方辭洗，宜違位也。言東北面，則位南於洗矣。」其句讀與此文異。然直西序南之位，與東榮南之洗相去仍遠。且此文下云：「賓復位，當西序，東面。」明非即其位辭洗也。竊以經當以「賓進」爲句，「東」一字爲句，「北面辭洗」爲句。進謂由階前南進也。東，則至於洗南，如此與「復位當西序」之文乃合。亦見經特言「當西序」者，明已非階下之位耳。

北面再拜崇酒　王氏曰：崇，終也。詩：「崇朝其雨，」「曾不崇朝，」荀子：「曾不崇日，」皆以崇爲終。此崇酒卽終酒，謂主人於阼階再拜告賓以終酒之事也。

銘案：王氏以終訓崇，視舊說爲善。然亦有可疑者二事：此時賓酢主人，繼之尙有主人酬賓之節，則此時酒事未終，一也。主人卒爵後，坐奠爵，遂拜，賓答拜。此拜卽爲告賓以卒爵，此時不宜再告，二也。以此二疑，故不欲遽廢鄭注。

一人洗升舉觶於賓　王氏曰：「一人舉觶」猶祭禮亞獻之意。

銘案：王氏所說不明了。「一人舉觶」爲亞獻，則「二人舉觶」猶三獻歟。然一人舉觶所以告賓以旅酬，二人舉觶所以告賓以無算爵也，舉者，爲主人舉。而祭禮主人獻，婦人亞獻，賓三獻，而此舉觶之事，義數未見其同通之處。

某子受酬鄭注又同則以其字別之　王氏曰：注文其字爲且之誤，且，薦也。如程伯休父仲山父諸父字皆居與名相應之字之下，所以薦也。

銘案：其爲且之誤，見阮氏校勘記。王氏云且字所以薦，語不了然。段玉裁說文且字注謂：「凡有借之詞，皆曰且。某甫者，所以借伯仲也。古言表德之字謂之且字。」亦未能實究其義。竊以爲不當以字之時而以字，則謂之且字，未必有且薦之義。春秋桓四年：「天王使宰渠伯糾來聘。」公羊傳：「其稱宰渠伯糾何？」何休注：「据劉卷卒氏采，不名且字。」何氏所謂「不名且字」者，謂不以且字爲名也。蓋天子使當名，隱元年：

「天王使宰咺來歸惠公仲子之賵，」傳：「宰者何？官也。咺者何？名也。」天王使名，故稱字則謂且字，謂不當字而字也。雜記：「於殤稱陽童某甫，不名神也。」鄭注：「某甫，且字也。尊神不名，爲之造字。」童子未字而殤，則終無字，宜名也。神之，故不名而爲之字，是亦不當字而字也。鄭注士虞禮，以「皇祖某甫」爲且字，注檀弓，以「尼父」爲且字，則又以五十宜以伯仲，是亦不當字而字之也。若此經本宜以姓，同姓不得已則以伯仲，伯仲又同，不得已則以字。是亦以不當字而字，故曰且字耳。若曰且字所以薦，則宜直曰某甫，又何以必待同姓同伯仲而後字耶？故段氏說嫌其未融，而王氏此說，亦不敢苟從也。

遵者降席鄭注今文遵爲僎或爲全　王氏曰：今文亦非一本，由此可知。

銘案：高堂生之傳至孝宣有三家博士。鄭君之時，獨得見二戴氏說。固不止二本。

賓服鄉服以拜賜鄭注今文曰賓服鄉服　王氏曰：經文上服子，朱子衍之是也。據注所舉今文可見。

銘案：王氏之言卽朱子之言也，不宜錄。

又案：前此一則，王氏以「說屨」鄭注「不空居室」空字爲宜之誤；後此一則，王氏謂「薦脯醢」注「羞同也」羞字爲薦之誤，皆已見阮校。

鄉樂唯欲鄭注鄉樂周南召南六篇之中唯所欲作　王氏曰：鄭指定六篇，疑拘。

銘案：此經有明文，又有燕禮文可參證。若升歌、笙奏間歌，不謂之鄉樂也。鄭注未可疑。

獻用爵其他用觶鄭注爵尊不褻用之　王氏曰：爵通名，故舉觶時亦常言爵，如下文「拜洗爵，」卽洗觶矣。

銘案：爵觶散文則通，若此對文，固有別也。此獻包獻酢賓介而言；工笙雖賤，獻亦爵也，惟不洗爲異，其他謂酬、旅酬、無算爵，皆用觶矣。用觶而亦曰「無算爵，」則通稱之也。又記中無「拜洗爵」之文。此一則恐亦記者有未析處。

鄉射禮

主人戒賓鄭注主人州長也鄉大夫若在焉則稱鄉大夫也　王氏曰：一鄉五州，鄉大夫往往自兼一州之長。

銘案：鄭君目錄及此注有可議者，以其據周官「州長春秋以禮會民而射于州序」而又牽合此經鄉字以爲言也。王制曰：「耆老皆朝於庠，元曰習射上功習鄉上齒。」庠謂鄉學，鄉謂飲酒。鄉飲酒義曰「主人迎賓於庠門之外。」射義曰「古者諸侯之射也，必先行燕禮；卿大夫士之射也，必先行鄉飲酒之禮。」然則鄉射自是鄉禮，而州長會民習射，或亦卽損益其儀耳。鄉大夫爲大夫，州長爲士；謂鄉大夫自兼一州之長，恐爲不可。王氏或別有據，未之知也。不然，將亦欲牽就鄉大夫與州長之禮而姑爲調停耳。然經云「豫則鉤楹內，堂則由楹外，」已明言或在庠或在序，不必強合之爲一事也。

賓進受爵於席前復位主人阼階上拜送爵 王氏曰：賓拜受在先，主人拜送在後者，以爵在手難爲拜也，

銘案：此在事則似是，在義則實非也。凡受必先拜而後受，授則先授而後拜，此爲常禮，非以爵在手之故，始後拜也。賓復位當在送爵而拜以後，經文由便，乃因賓之受爵，遂先及復位之文，以結賓事耳。送爵受爵同時之事，惟拜有先後，非謂於賓復位之後，主人乃送爵也。爵在手固不能拜，然若欲拜，則奠之可也。此禮主人取爵於篚，降洗，賓降，主人坐奠爵，拜辭。賓拜洗，主人坐奠爵，拜。賓告旨，坐奠爵，拜，執爵興。賓酢主人，主人酬賓時，亦如之。皆爵在手則奠而後拜也。然則此自是宜乎先授後拜耳，非以爵在手難爲拜而慢賓也。故曰似是而實非。

三耦拾取矢皆袒決遂執弓進至以授有司於西面而後反位 王氏曰：拾取矢三字所以總冒下文，猶題目矣。

銘案：此王引之說，爲朱子衍拾取矢三字而發也。此不宜錄。

燕禮

小臣戒與者 鄭注小臣相君燕飲之法 王氏曰：小臣義爲近臣。呂氏春秋「伊尹，湯之小臣，」銅器中亦多言小臣，知不盡爲卑屬也。

銘案：伊尹稱小臣則是，然非所以解此經之小臣也。此經小臣有其定職。周官小臣曰「小祭祀賓客饗食賓射，掌事如太僕之法。」周官之書雖不可以盡據以解儀禮，要其近是者亦不可廢。此小臣旣爲官名，則周官之文可參也。論語曰「宗廟之事，如會同，端章甫，願爲小相焉。」小相卽小臣，亦所以佐諸侯行禮也。小臣不止一人，故曰「小臣師一人在東堂下。」張惠言曰「小臣師與射禮小臣師正同，射禮小臣正相君，小臣師佐之，故經分言正與師。燕禮皆小臣正爲之，故凡事惟言小臣，不明爲正。小臣正職事皆在阼階下，其立位皆在階前北面，故此及射禮皆小臣師獨在東堂南面之位，而正之位不著。」其說爲最備。得此而小臣不爲近臣，如伊尹者可知矣。且卿大夫爲賓，而近臣乃不在卿大夫之列，有是理乎？伊尹而外，亦未聞小臣之稱也。且此經下文有「內小臣，」又何以說之乎？

若有諸公鄭注諸公謂大國之孤也　王氏曰：注謂孤稱公可疑，諸公或寓公也。

銘案：駁此說者，莫善於胡匡衷。胡氏曰：「禮云：『諸侯不臣寄公。』大射：『公命徹冪，賓及諸公卿大夫皆降拜。』言降拜，則亦在臣列，非寄公矣。」今案，此經獻諸公如獻卿，則亦臣之也。解諸公之義者，莫善於盛世佐。盛氏曰：「孤一人而曰諸公者，以別於其君之稱公也。諸，衆也。若曰猶是衆臣云爾。周禮典命職云：『公之孤四命，以皮帛眂小國之君。』注云：『眂小國之君者，列於卿大夫之位，而禮如子男也。』惟其禮如子男，故亦得稱公。惟其別於卿大夫之位，故加諸以別之。天子之上公，亦有稱諸公者，曲禮曰：『諸公東面，』是也。以其在王朝言之也。」今案謂孤爲諸公，猶言諸母諸子矣，不必其不止一人也。有二家之說，予於王氏可以無辯。

席於阼階西鄭注親寵苟敬私昵之坐　王氏曰：苟當爲萿，誤。說文：「萿，自亟敕也，」

銘案：劉盼遂以其師讀破字爲未安，曰：「苟讀如字。苟，艸之小者，苟敬猶小敬也，言其稍稍敬也。」則其義亦晦曲難從。先儒釋苟敬者多矣，今不欲苟爲從違；而竊以爲苟敬者，孟子所謂斯須之敬也。下記曰：「賓爲苟敬，」聘禮記亦曰：「賓爲苟敬。」彼賓皆外臣，而有折俎，不嚌肺，不啐酒，似若尊者然；此所謂斯須之敬，非庸敬也。此文於諸公爲苟敬，亦以其非正賓，而其尊之有過於賓者，是亦所謂斯須之敬，非庸敬也。以此釋記注之文，似能通遂。萿敬本一字，書洪範：「敬用五事，」漢書藝文志作「羞用五事，」江聲以羞爲萿之誤，是敬萿音義俱同，無並用之理也。燕禮聘禮於諸公及聘賓其敬已至，又不得謂其爲小敬已。鄭於聘禮記注曰小敬，亦不可從。

記賓爲苟敬鄭注主國君饗時　王氏曰：饗本或作嚮字，是。即作鄉，亦當讀爲嚮。

銘案：此自宜作饗。謂行饗禮時也。聘禮記曰：「燕則上介爲賓，賓爲苟敬。」注：「饗食君親爲主，尊賓也；燕私樂之禮，崇恩殺敬也。」然則先饗而後燕可知。其禮則亡矣。若依王氏讀爲嚮，則嚮時進禮者，究何時耶？

凡栗階不過二等鄭注其始升猶聚足連步越二等左右足各一發而升堂　王氏曰：據鄭注知經傳所謂歷階者，則當始升一等時，亦不聚足連步也。

銘案：歷階惟見於檀弓。栗字無所取義。竊有取於敖繼公歷栗聲近義借之說，不必爲之分別。

有房中之樂鄭注房中者后夫人之所諷誦以事其君子　王氏曰：鄭推漢制說經，恐非。房中樂，蓋謂西房中所作樂也。

銘案：此未詳。王氏云西房作樂，未知所據。惟燕禮經有內小臣之獻，記有內羞，與此房中之樂，或皆后夫人之事耳。

大射儀

籥在建鼓之間　王氏曰其地値兩階之間稍南。

銘案：鄭注云「倚於堂」。蓋卽燕禮笙入之位也王氏於下文「立於鼓北」一則駁鄭注以鼓北爲西階之北之說曰：「籥在建鼓之間，則鼓北謂兩建鼓之北立於鼓北者所以就籥也。」則亦以籥之位在兩建鼓之間倚堂也此云稍南既無所據，又自爲矛盾疑記者之誤耳。

喪服

無爵而杖者何擔主也鄭注擔猶假也　王氏曰擔假聲不近擔者負荷也。

銘案負荷亦不可通竊以爲鄭君訓詁必有所本此擔主字釋文「市豔反」則不得爲負荷義蓋當爲僣字之假借說文「僣，假也」鄭注據說文爲訓，而釋文之音亦卽僣字之音也。庶人杖爲僣主者注所謂「假之以杖尊之爲主也」蓋十七篇因士禮而上及於諸侯大夫禮不下庶人，故庶人不見焉見之惟在喪服。傳者欲明自天子達之義而又欲有以解不下庶人之語，故以庶人之杖爲僣爲喪禮之主。謂其本不當杖而爲主焉爾。僣擔以音通假借擔假則不必聲近也。賴鄭君之訓猶存古假借之義；賴陸氏之音猶因以考見其本字。二家有功經術可見一端矣。

父在爲母　王氏曰父在爲母服斬衰三年自武則天始也。

銘案：武則天上表請詔父在爲母終三年之服猶爲齊衰三年，未服斬也。服斬自明洪武中始也。

出妻之子爲母　王氏曰此通父在父不在。

銘案胡培翬曰「父不爲出妻服則子於父在自不爲出母服明矣。況父在爲母期，以父服至期而除子不敢過之，亦服期而止。豈出母父所不服者，而子敢服之於父側乎？然則爲母期者，以父在而屈；爲出母期者，必父沒乃伸。」王氏之說同賀循因卽錄胡氏駁賀之說以駁王氏。

寄公爲所寓鄭注諸侯五月而葬而服齊衰三月者　王氏曰七月五月之說，恐後起春秋中諸侯之葬無定期。

銘案：天子諸侯大夫士葬期，經未有文而見於王制及左氏春秋。然士喪禮次日小斂三日大斂而殯與王制合也以日當月，則葬期固爲可信。何休執王制以譏左氏「士踰月而葬」之說，鄭君箴之曰：「禮人君之喪殯葬皆數來月來日；士殯葬皆數往月往日。尊卑相下之差數。故大夫士俱三月，而實不同。士之三月，卽大夫之踰月也。」鄭若此義亦與士喪禮殯日相合。若士喪「三日成服杖，」則殯之明日，爲全三日也。然則殯葬之月日，今古文說無異同，其必有所受之矣，未可謂爲後起也。且諸侯之葬，苟無定期，則傳又何以有渴葬之名耶？春秋之時，喪禮陵夷，論語子張問「高宗諒陰，」孔子答曰：「何必高宗，古之人皆然。」孟子稱滕人之言曰：「吾宗國魯先君莫之行，吾先君亦莫之行也。」是其時人君三年之禮已失也。宰我疑三年已久，魯人朝祥而莫歌，是士庶人三年之禮亦已廢也。以末世非禮之禮，疑先王之正，尤爲不可矣。

丈夫婦人爲宗子宗子之母妻。鄭注婦人女子子在室及嫁歸宗者也　王氏曰：婦人謂丈夫之妻亦可，鄭注恐失拘。

銘案：鄭注絕精。程瑤田曰：「丈夫婦人並指同姓者言。若異姓婦人，以路人來與夫胖合，其從夫之服，舅姑期年，夫之祖父母大功；於夫之昆弟且無服，無緣從夫服宗子獨厚之。」今案，王氏之說本之敖繼公；敖氏之說，褚寅亮駁之而未善，程氏伸注意甚備，因錄之。蓋族人在五服之外者，爲宗子服，是義服也。義服惟君爲有從服；以從服必殺，服輕則不可殺耳。（爲夫之繼父同居者亦從大功歟？）若爲宗子服不過齊衰三月，妻固無由從服，更無由同其夫服也。（五服之內，各從其本服，不服義服。予別有駁李如圭說。茲不具。）

其夫屬乎父道者妻皆母道也其夫屬於子道者妻皆婦道也謂弟之妻婦者是嫂亦可謂之母乎故名者人治之大者也可無愼乎　王氏曰：此數語取自禮記大傳，疑大傳在前，喪服傳後出也。

銘案：王氏說未知所據。卽以此數語論之，則何以知非大傳取自喪服傳乎？昔人謂「大傳適引喪服傳之文而推廣之，」雖不過以大傳見諸漢人之記，姑爲此說，然實有可信者。且舉一端爲證：如從服之名見之喪服傳，而大傳爲之釋曰「從服有六：有屬從，有徒從，有從無服而有服，有從有服而無服，有從重而輕，有從輕而重。」則明明爲條理喪服傳之文以彰從服之例。然則其他同於喪服傳者，皆爲引喪服傳可知矣。且喪服傳專於釋經，而大傳並廣其義，其爲後出固不須疑也。

士喪禮

北面招以衣曰皐某復　王氏曰：喪禮只是士禮，喪大記則補足天子到大夫之禮也。

銘案：喪大記雖及天子諸侯卿大夫，而其言復時男子稱名婦人稱字，則自是大夫士之禮。曲禮曰：「天子曰天子復；諸侯曰某甫復。」固未嘗稱名也。且言各有當，喪大記云：「虞人設階，狄人設階，」則自是人君之禮，不得用於卿大夫士。云「升自東榮降自西北榮，」則自是卿大夫之禮，不得用於入君。鄭君此處所引，則固得其所者，無可議也。

弔者致命鄭注使某如何不淑　王氏曰：「如何不淑」成語，猶言弔矣。

銘案：鄭君取雜記文。雜記疑以「寡君使某」爲句，「如何不淑」則弔問之辭也。

經裹著組繫　王氏曰：著讀爲褚。

銘案：王氏說未詳所謂。

商祝襲祭服鄭注袵如初也　王氏曰：袵亦牀也。

銘案：袵如初，謂襲牀亦如含牀有袵席也，王氏云云，未詳所謂。

楚焞置於燋鄭注荊焞所以鑽灼龜者　王氏曰：鑽龜用契，注謂荊焞，非也。

銘案：鄭注「所以鑽灼龜者」，釋文出「以鑽」二字，云：「一本作灼。」然則今本兼二字者，傳寫之誤也。灼必先鑽，史記龜策列傳言：「灼所鑽中」是也。然周官卜人「眡高作龜」，鄭司農云：「作龜謂鑿龜，今可爇也。」而後鄭不從，乃云：「視高，以龜骨高者可灼處示宗伯也；作龜，謂以火灼之以作其兆也」是鑽龜之法，至後鄭時已不傳，則此處注宜云「灼龜」，而鑽字爲先誤後衍可知。鑽法鄭君所不曉，至楊倞注荀子王制「鑽龜陳卦，」乃並提鑽灼爲一事，然則今之言契卜者，亦影響而已矣。

既夕

由足西面鄭注奠畢乃得東面　王氏曰：東而，面字衍文。

銘案：阮氏校勘記云：「面，閩葛通解俱作『也』，作『也』爲是。」

——摘自《學林》一九四一年二月第四輯

三禮名義

靳極蒼著

（一）「三禮」名稱考

「三禮者」，儀禮，禮記，周禮也，蓋漢時所傳儒家之禮，以是三書爲最要，又鄭玄注是三書而貫通之，於是是三書行而諸書廢，於是研究古禮者，必依是三書，必依之鄭注，故有「三禮者鄭氏學也」之稱謂。因而與此鄭注之三書以專名，總而稱之曰「三禮」焉。

「三禮」之名，不審確始於何人，然必起於「周官」改稱「周禮」之後，則可斷言。案「周官」之改稱「周禮」，起於歆莽，然至鄭玄時，名尚未定，而仍以「周官」「周禮」互稱也。玄注禮器「經禮三百」云：『經禮謂周禮，其官三百六十』。以周官配「經禮」，「周官」改稱「周禮」，始有古書爲依據，自是其名始昌。後鄭學通行，「三禮」之名始著焉。故其名當起於鄭玄，或其後也。

「三禮」二字出處，當以見於三國志及後漢書者爲最朔。三國志王肅傳云：『初肅善賈馬之學，而不好鄭氏。采會同異，爲尙書詩論語三禮左氏解』，陳壽魏晉間人，則魏晉之時，其名必已通行矣。後漢書儒林傳云：『中興，鄭衆傳周官經，後馬融作周官傳授鄭玄，玄作周官注 玄本習小戴禮，後以古經校之，取其義長者，故爲鄭氏學。玄又注小戴禮記四十九篇，通爲「三禮」焉』。范曄雖南北朝宋人，但作史必依於舊傳，故可斷言「三禮」之名，必起於漢末也。故皮錫瑞三禮通論云：『三禮之名，起於漢末，在漢初但曰禮而已』也。

又按以「三禮」爲名之書，隋志著錄凡有七種：三禮目錄一卷，三禮義宗三十卷，三禮宗略二十卷，三禮大義十三卷，三禮大義四卷，三禮雜大義三卷，三禮圖九卷。三禮目錄題爲鄭玄撰，三禮圖題爲鄭玄及漢侍中阮諶等撰，果爾則「三禮之名起於鄭玄矣，以「三禮」名書亦起於鄭玄矣。但是二書不見漢書玄傳，故多疑其不可信。故以「三禮」爲名二書，多以梁崔靈恩之三禮義宗爲最朔焉。

（二）儀禮正名與釋名

儀禮原名，「禮經」，或僅稱「禮」，漢時初無「儀禮」之名也。段玉裁曾考之，文云：

鄭注儀禮十七卷，賈公彥爲疏者，每標題首云「士冠禮第一」，次云「儀禮」，次云「鄭氏注」。陸德明經典釋文敍錄亦云鄭某注儀禮十七卷，儀禮之名古矣。今按鄭君本書但云「禮」，無「儀」字，可考而知也。禮器曰：『禮經三百，曲禮三千』，注云：『經禮謂周禮，其官有三百六十。曲猶事也，事禮謂今禮也。禮篇多亡，本數未聞，其中事儀三千。』按云「今禮」者，謂當漢時所存禮十七篇也。不云「禮」，云「今禮」者，恐讀者不了，故加「今」字使易了也。……禮器注「今禮」二字，可證鄭本不稱「儀禮。」凡鄭詩箋三禮注引用十七篇多云「士冠禮，鄉飲酒禮，聘禮，燕禮，」每舉篇名，未嘗稱「儀禮」，考藝文志云：『禮古經五十六卷，經十七篇，……』景十三王傳：『周官、尚書、禮、禮記、孟子老子之屬』。師古注云：『禮者禮經也。……』說文敍曰：『其稱禮周官』。按「禮」謂十七篇及記百三十一篇也。周官卽周禮也。……凡漢人於十七篇稱「禮」，不稱「儀禮」甚著。

邵懿辰禮經通論亦曰：

白虎通引儀禮必曰禮士冠經，曰禮昏經，曰禮士喪經，曰禮士虞經，曰禮服傳，初不目爲「儀禮」也。自東漢人崇周官，乃改題周官爲周禮，改題禮經爲「儀禮」。

是儀禮本稱「禮」或「禮經」矣。又隋書經籍志所載一字石經，有周易一卷，尚書六卷，魯詩六卷，儀禮九卷，公羊傳九卷，是熹平石經中之禮經，固爲十七篇之禮，而後漢之所謂五經中之禮，亦卽專指此十七篇之禮矣。何來周官爲經之說乎！何來禮記入之五經中之說乎？何來不名十七篇爲禮，爲禮經，而名爲儀禮之說乎？乃自鄭玄謬尊周官而後，禮經之名，遂爲周禮所簒奪，自孔穎達修五經正義而後，五經中之禮，亦遂爲禮記所僭侵，而兩漢所尊崇之禮經，反投閒置散，無人聞問矣。

蓋東漢古文學興，乖事希竄今文家之正統，故詩有毛詩，書有孔壁，春秋有左邱，而禮亦有周官焉。鄭玄爲古文家，故於禮獨尊周官，因而竟以周禮名周官，更爲之證曰：漢志云「禮經三百，威儀三千」，「禮經三百」周官三百六十，其成數正合，於是牽強附會，竟以禮經爲卽指周官，遂以周官爲禮經，以簒十七篇禮經之正統，更名原來十七篇之禮經爲「士禮」，爲「儀禮」，爲「曲禮」，爲「今禮」。名爲「士禮」者，言十七篇非全經，僅餘士禮一部分也。此蓋取證於漢志。漢書藝文志云：『禮經三百，威儀三千，……自孔子時而不具，至秦大壞，漢與魯高堂生傳士禮十七篇。』謂爲儀禮者，蓋旣以周官配「禮經三百」之禮經，遂以十七篇配「威儀三千」之威儀也。謂爲曲禮者，蓋禮器云：「經禮三百曲禮三千」，以三百指周官，以曲禮指十七篇也。謂爲「今禮」者，以周官爲周公所制之周禮，其時已古，十七篇制自孔子，其時較近也。實則「三百」「三千」句在古書中凡數見，而詞各不同：

本命，春秋緯，漢書藝文志並云：『禮經三百，威儀三千。』

將軍文子中庸孝經緯並云：「禮儀三百，威儀三千。』

禮器云：『經禮三百，曲禮三千。』

禮緯云：『正經三百，動儀三千。』

鄭氏僅取本命漢志「禮經」「威儀」字樣，強以爲證，何得

云通，然自此之後，周禮儀禮之名竟定，吁可怪也。（說詳本文後附錄）

又十七篇乃天下之達禮，全經卽止此數，謂爲不全者，古文家故爲之說也。邵懿辰禮經通論，論此極詳，其言曰：

漢初傳士禮十七篇，五傳至戴德戴聖，分爲大戴小戴之學，皆不言其有闕也。言僅存十七篇者，後人據漢書藝文志，及劉歆七略，因多逸禮三十九篇而言耳。夫高堂后蒼二戴慶普不以十七篇爲不全者，非專己而守殘也。彼有所取證，證之所附之記焉耳。冠義昏義諸記本以釋經，爲儀禮之傳，先儒無異說，觀昏義曰：『夫禮始於冠，本於昏，重於喪祭，尊於朝聘，和於射鄉。』故有冠義以釋士冠，有昏義以釋昏禮，有問喪以釋大喪，有祭義祭統，以釋特牲少牢，有司徹有鄉飲酒義以釋鄉飲，有射義以釋鄉射大射，有燕義以釋燕食，有聘義以釋聘禮，有朝事以釋覲禮，有四制以釋喪服，而無一篇之義，出乎十七篇之外者。是冠、昏、喪、祭、朝、聘、鄉、射八者，約十七篇而言之也。更證之禮運，禮運凡兩舉八者以語子游，皆孔子之言也。特「射鄉」謂爲「射御」耳。一則曰：『達於喪、祭、射、鄉、冠、昏、朝、聘』，再則曰：『其行之以貨力，辭讓，飲食冠、昏、喪、祭、射、鄉、朝、聘』。……八者禮之經也。冠以明成人，昏以合男女，喪以仁父子，祭以嚴鬼神鄉飲以合鄉里，燕射以成賓主，聘食以睦邦交，朝覲以辨上下，天下之人盡於此矣，天下之事亦盡於此矣。而其證之尤爲明確而可指者，適合於大戴十七篇之次序，……』——見論禮十七篇當從大戴之次本無闕佚一文。

十七篇之禮，西漢諸儒，無謂其殘缺者，此可證十七篇爲全經者一也，十七篇共包八項，此八項實已該天下之人，天下之事，天下之禮矣。此據其本身可證十七篇爲全經者二也。又禮運篇舉天下之達禮，亦此八項，而類目全同。此可證儒家所傳之禮，本卽此數。可證十七篇爲全經者三也。又記以釋經，大戴之次，與此正合，小戴之「義」篇，無出十七篇之外者，足證禮經原卽此數。此據二戴記可證十七篇爲全經者四也。十七篇既爲全經，則自「孔子時而禮經不具」之言爲妄誣，則「士禮」，「曲禮」「儀禮」之名爲不合矣。十七篇既原名禮經，而周官本詳官制，則取周官以篡禮經之名位，當亦不合矣，故吾以爲若依正名而論，則「儀禮」之名可去，而「禮經」之名可復也。邵懿辰已先主此說，其禮經通論云：

本命及春秋緯漢書藝文志並云：『禮經三百，威儀三千』。將軍文子中庸孝經緯並云：『儀禮三百威儀三千，』禮器云：『經禮三百，曲禮三千』，禮緯則云：『有正經三百，動儀三千』，……白虎通引儀禮必曰：禮士冠經，曰禮昏經，曰禮士喪經，曰禮士虞經，曰禮服傳、初不目爲「儀禮」也。自東漢人崇周官，乃改題

「周官」爲「周禮」，復改題，「禮經」爲「儀禮」，其意以周官當「禮經三百」，以儀禮當「威儀三千」，而西漢禮家以禮與記相爲經傳之意遂亡。幾若周禮爲經，而儀禮爲其傳矣。宋張淳謂前人見十七篇中，有禮有儀合而題爲「儀禮」者非也。彼奪其「禮經」之大名，而姑予以威儀之細目也。其初也外奪於別出之周官，已絀而居其下；其繼也內偪於自附之禮記，直駕而出其上，於是聖人手定之正經，投閒置散幾乎不能自立。欲進就「三百」，則壓於周官之僭稱「周禮」；退就「三千」，又礙於禮記之首稱「曲禮」矣。然後世用周官者……一盛於東漢，始援而入諸經，再盛於宇文，三盛於北宋，乃欲見諸行事。唐初定五經正義，既不敢復儀禮，又不敢任周官，兩置不用，而升禮記與易春秋詩書並列。爲小戴有曲禮內則等古禮之遺，切於日用，世亦相與安之，而聖人定禮之意，從此湮晦，以至於今矣。宋王氏學行，定三經新義，其時禮經既廢，禮記亦微，而五經中禮之統緒，直爲周官所獨簒，而世莫之能爭。朱子始特表章之，於是李如圭，敖繼公諸相與發明，而儀禮之稱，未之改也。近人解周官者，已知標題周禮之非，而特復其稱名之舊。獨禮經之誤稱儀禮，尚仍而不改革。必如白虎通定目爲禮經，而後可下統戴記，而不失其尊，遠推周官，而不嫌其濫矣。——論儀禮之稱當復爲禮經。

（三）禮記釋名

禮記者，戰國秦漢間儒家論禮之一大叢書也，其中「義」字十數篇，則所以釋禮經儀禮者，猶春秋之有公羊也。案禮之有記，由來古矣。文王世子云：『記曰：「虞夏商周有師保有疑丞。」』孔疏云：『此作記之言也，更言「記曰」，則是古有此記。作記引之耳。』案凡禮記中所言「記曰」，皆古有此記也。故記之所從來遠矣。記在漢世有記百三十一篇，有后氏曲台記九篇，戴德傳記八十五篇，戴聖傳記四十九篇。此所謂禮記，乃專指戴聖之所傳也。

案禮記之名，自漢而有。毛奇齡謂兩漢並無禮記？（詳見其所作經問）黃以周以阮元言禮經在漢亦曰禮記，遂謂魏晉號四十九篇爲禮記，東漢十七篇名禮記者爲所奪，於是別號爲儀禮。此說俱非也。如兩漢稱「禮記」之文，不一而足。漢書郊祀志，王商師丹翟方進等引禮記曰：『燔柴於大壇，瘞薶於大折』，爲今禮記中祭法文，王莽引禮記『天子祭天地』及『山川歲徧』，爲今禮記中曲禮文，又引禮記曰，『天子籍田千畝，以事天墜』，爲今禮記中祭義文。又引禮記曰。『記典功旅於民則祀之』，亦祭法文。又引禮記曰：『王者唯祭宗廟社稷，爲越紼而行事』，則今禮記中王制文也，……此外引者尚多。如此則毛氏之說，不攻自破矣。又後漢書曹褒傳：『褒傳禮記四十九篇。』橋玄傳：『玄七世祖仁著禮記章句。』是禮記之號，不始於魏晉矣。故景十三王傳稱河間獻王德所得『古文先秦舊書禮，禮記。』師古注云：『禮者，禮經；禮記者，諸傳記禮之說。』藝文志稱『魯恭王得古文尚書及禮記，』說文敍同，則以禮屬禮經，記屬禮記。桂馥以爲無禮記之目，武億以爲兩漢以來皆指儀禮爲禮記，皆爲毛氏之臆說所誤，而未考之兩漢書也。概儀禮一書，單稱曰「禮」，對記而言，則曰「禮經」，合記則亦名「禮記」，非儀禮亦稱禮記也。黃以周未之深考也。

大小戴記在漢時同稱禮記，自鄭玄注小戴，與儀禮周禮合稱三禮，於是禮記一名，遂爲小戴記所專有，而大戴記亦漸就亡佚矣。

（四）周禮名義

周禮原名周官，其名始見於史記封禪書：『羣儒采封禪尚書周官王制之望祀射牛事。』陸德明敍錄曰：『劉歆始建立周官，以爲周禮，』是周官不但非「禮經」，亦且無「禮」名無「經」稱矣，自劉歆始列以爲經，而名之爲周禮矣。皮錫瑞三禮通論，引武億之言曰：『班氏於王莽一傳之中，凡莽及臣下施於詔議章奏，自號曰周禮，必大書之，而自爲史文乃更端見例，復仍其本名曰周官。食貨志莽乃下詔曰：「夫周禮有賒貸。」及後云：「又以周官稅民」，是亦一志而兩見。由其意觀之，固未有著明於此也。郊祀志莽改南北郊祭祀猶稱周官，時未居攝，不敢紊易。莽傳徵天下通藝及張純等奏之，稱周官亦皆在未居攝之時，是則周官之易名周禮，其在居攝之後可知矣。荀悅之言，洵不誣也。』案周禮之名，始於歆莽，武氏說尤分明。自是之後，周官周禮互見錯出。至鄭玄以周禮配「禮器「經禮三百』之經禮，周官名禮，周官爲禮經，始有古書爲依據，此因鄭氏之謬解而其名却因此而大昌焉。故或謂其名，始於鄭玄也。

按書之命名，因於內容。是書以天官，地官，春官，夏官，秋官，冬官六者爲總綱，以三百六十官爲細目，所詳者爲官制，而篇目亦以官名，稱爲周官，最爲得宜。故清邵懿辰曰：『近人解周官者，已知辨標題周禮之非，而特復其稱名之舊。』邵氏此所指者，必爲欽定周官義疏。提要於欽定周官義疏下云：『考漢志載周官經六篇，傳四篇，故杜子春鄭興鄭衆賈逵，衞宏張衡所注皆稱周官。馬融鄭元所注，猶稱周官禮。迨唐賈公彥作疏，始沿用省文，稱爲周禮，實非本名，今仍題曰周官，從其朔也。』是此書當名爲周官也。至所以名周禮者，乃古文家故爲之說也。其目的專在篡禮經之正統。至其來源可有下列三種：

一、鄭玄附會禮器篇之「經禮」

二、提要謂爲周官禮之簡稱

三、賈公彥之臆解，

案鄭氏爲謬解，說已見前，提要謂爲賈氏始省稱周禮，根本與賈氏之原意不合，當亦不值一論，賈氏之言曰：『按書傳周公一年救亂，二年伐商，三年滅奄，四年建侯衞，五年營成周，六年制禮作樂，七年致政成王，所制之禮，卽今周禮也。以設位言之，謂之周官，以制作言之，謂之周禮。』按攝政之說，本古文家之妄言，絕不可信，則此所謂一年二年等等當亦俱不可信矣。以制作言謂之周禮之說亦自為不根矣。故不可信矣。

（五）論三禮之通行

三禮之中，儀禮為經，禮記為記，周禮詳官制。依通行而論，則周禮為最尊，禮記為最廣，儀禮則投閒置散，過問寡人焉。此其[illegible]故於書之本身，大有關係。夫周禮六官，分官三百六十，每官無不詳其爵等，悉其分職，責其功績，故總覽全書，則一國之規模制度，瞭如指掌，不歎其宏大詳密者，概未之有也。此其所以為最尊者一也。又劉歆鄭玄者流，以周禮繫之周公，謂為周朝所行之禮法，為周公所以致太平之遺跡，後人對周公崇拜極矣，對周朝向往極矣，此其所以為最尊者二也。既敬周公其人，復尊其書之宏大詳密，故宋元以來周禮之尊崇通行，竟凌駕五經而上之也。

儀禮一書，載禮節條文，詳進退坐作，支離繁重，毫無連繫，既無學理之可求，復乏實行之可驗，故其書乾燥無味，在古書中此最難讀也。且禮因俗定，因時改，因地殊，是書載禮節之條文細目，既已具文，便成死物，不同俗，不同時不同地者觀之，自不易解之，且以為多所不合矣。儀禮之不易讀，不廣通行者以此也。

禮記一書，則與此不同，既有禮節條文，復具禮論哲理，嘉言懿行，在在可得，遺事佚聞，倍增情趣，處世為學之方，修齊治平之理，無不既詳且盡，且文章質樸流利，在古書中僅遜左傳，便於理解誦讀，故三禮中，以通行論，此為最廣也，

（六）附錄二則

一、儀禮之篇數及逸禮

漢志：『禮古經五十六卷，經十七篇。』（原作「七十」，據劉敞說改）王應麟曰：『劉歆移書云：「魯恭王得古文於壞壁，逸禮有三十九。」』漢志又云：『禮古經者，出於魯淹中，及孔氏學十七篇文相似，多三十九篇』儀禮疏云：『高堂生傳十七篇，是今文也，孔子宅得古儀禮五十六篇，其字皆篆書，是古文也。古文十七篇，與高堂生所傳同，而字多不同，餘三十九篇絕無師說，秘在於館，七錄云『餘篇皆亡』。』沈欽韓曰：『平紀元始五年，徵天下通知逸經。王莽傳云：「通知逸禮意者，徵詣公車，」則彼時已為絕學可驗也。』

由上可知，儀禮亦有今文古文之分，不過今文本固十七篇，而古文本亦僅傳十七篇，且「文多相似」，僅「字多不同」耳。及鄭玄注儀禮時，亦僅注此十七篇，而混合其今古字，於注中列舉古文某字作某字，或今文某字作某字，至於逸禮三十九篇，絕無師說，在漢時亦無傳之者，鄭玄亦未為之作注，其書亦漢後即亡，於是所謂儀禮者無論今古文本，俱僅此鄭注之十七篇矣。

然自有所謂逸禮，而十七篇非全經之說以出，十七篇僅士禮之說以出，周官僭稱禮經，禮記篡奪經位之機以伏，故對此三十九篇之為眞為偽，今古文家，俱極重視之也。按十

七篇之爲全經，前已論之，則古文家於十七篇之外再求經文，自爲不當矣。清邵懿辰氏更爲文以考訂三十九篇之爲僞作，於是十七篇爲全經之說，更成鐵案矣。其禮經通論中論逸禮三十九篇不足信一文曰：

劉歆曰：『魯恭王得古文於壞壁之中，逸禮有三十九，書十六篇。天漢之後，孔安國獻之。』此劉歆之姦言也。書十六篇已既博考而明辨之矣．禮三十九合十七篇爲五十六，班固述之藝文志曰：『禮古經五十六卷』，桓譚述之新論曰：『古秩禮記有五十六卷』。藝文志本劉歆之七略曰：『雖不能備，猶瘉后蒼等推「士禮」而致於天子之說』……其實十七篇中未嘗無大夫以上之禮，而高堂生至后蒼，未必自以爲所傳皆士禮也。……歆頌言毛詩左傳逸禮古文書之當立，至結黨求助，連名移書，讓太常博士，未言無陷於文吏之議，以相劫制。而逸禮……及書，皆其僞作，宜名儒龔勝師丹發憤而固拒也。……夫即後人所引禘於太廟禮，王居明堂禮，烝嘗禮，中霤禮，天子巡守禮，朝貢禮，及吳氏所輯奔喪，投壺．遷廟，釁廟，公冠之類，廁於十七篇之間，不相比附而迕合也。何也？皆非當世通行之禮，常與變不相入，偏與正不相襲也。況其逸文之存如太平御覽引巡狩禮，文辭不古，及三皇禪云云，五帝禪亭亭，旣誕而不足信矣。而月令注引皇覽引王居明堂禮數條，皆在尚書大傳第二卷洪範五行傳之中。吳氏不知其有全文，而僅引禮注合爲一篇，然觀其文意，實與伏生五行傳前後相協，必非古王居明堂禮而伏生全引入於大傳也。則爲劉歆剿取大傳以爲王居明堂禮明矣。即此一端其他可知。亦猶十六篇逸書即爲僞武成之剿世俘解見其他皆僞作也。作僞徒勞，仍發露於千載以後，賴有此二書作證耳。然或以此五十六篇爲即河間獻王嘗輯禮樂古書多至五百餘篇，則意其眞僞雜採，或有得自淹中而歆剿取以爲三十九篇者。要之河間獻王所得禮及禮記止有五百篇，及二百餘篇之說，並無五十六篇之說也。歆又謂傳問民間魯國桓公，趙國貫公，膠東庸生之遺學，與此同，抑而未施，外內相應，庸生者謂古文尚書也，貫公者謂毛詩左氏春秋也，桓公卽孝文時善爲禮容徐公之弟子，謂其學即逸禮也。夫桓公與公戶滿意單次，并爲徐氏弟子；在景武之間，距歆世遠矣，而所善爲容，未必能爲經，卽能爲經，未必知有逸經也。此亦歆之誣說也，故三十九篇卽王居明堂禮一篇，斷知其僞，餘或有河間獻王之得自淹中者，眞僞殆莫可定，就令非僞，亦孔子定十七篇時刪弃之餘，康成不爲之注，與十六篇古文書同，大抵禿屑叢殘，無關理要，……故知三十九篇逸禮之亡不足惜　而後知十七篇非徒士禮，實聖人手定之經，益可貴而不可忽矣。

按三十九篇之禮，據後人所引者，廁於十七篇之間，不相比附而迕合，故可知與十七篇之禮經不同，總非僞作，亦不能

1962

列爲一類，此其不可信者一也。又其文多荒誕不經，不足爲信，此其不可信者二也。又王居明堂禮抄之尙書大傳，可證其爲僞作，此其不可信者三也。有此三不信，再加以十七篇爲全經之證據確鑿，則三十九篇之全不可信也愈明矣。

二、儀禮讀法及參考書

儀禮一書，在羣經中注解爲最少，蓋其書自古以爲難讀也。故以漢時經學之盛，注解儀禮者自后倉曲台記後，惟鄭玄一人而已也。故韓昌黎亦云，『余嘗苦儀禮之難讀』也。然古書讀法，愈後愈精，至清則讀經之法，登峯而造極矣。總其讀儀禮之法可別爲三類，今列於下，以爲初學者之參考焉。

（一）分節　此法創自鄭玄，附麗於賈公彥，發揚於朱文公，至清吳廷華之儀禮章句，而抵於大成焉。

士冠禮「筮于廟門」，賈疏云：『自此至宗人告事畢一節，論將行冠禮，先筮取日之事。』賈疏全部皆如此。然是法實出之於鄭玄也。有司徹鄭注屢言，自某句至某句」等，即賈疏分節目之所自出也。

朱子儀禮經傳通解，盡析經文，每一節截斷，後一行題云：古某事。如士冠禮第一節題云：『右筮日』，第二節題云：『右戒賓』等是也。此法較賈疏尤爲明斷。其答李季章書云：『累年欲修儀禮一書，盡析章句而附以傳說，原來典禮淆訛處，古人都已說了，只是其書衰作一片，不成段落，使人難看』。答應仁仲書云：『前賢嘗患儀禮難讀，以今觀之，只是經不分章，記不隨經，而注疏各爲一書，故使讀者不能遽曉。今定此本，盡去此諸弊，恨不得令韓文公見之也。』

儀禮章句序（延華之子壽祺爲序）云：『唯儀禮一書，敍次質直，無脈絡起止可尋。又自一字至十數字，句多奇零不整，語語澀口……間嘗語人曰：讀儀禮之失有二，句讀不明，則句可移綴上下，往往賓主易位，東西乖方，其失者一。章次不分，則禮之始終度數，與賓尸介紹，冠服玉帛，牲牢尊俎之陳，如滿屋散錢，毫無條貫，其失者二。章句不知，又何論義疏也：用是删繁取約，補脫勘訛，作爲章句，一篇之中，盡其節目，一節之內，析其句讀。如士冠禮筮日戒賓，雖仍賈疏及儀禮經傳通解所分之次，而更按其節次，分爲六章，筮日戒賓四節爲第一章，冠前之禮初加三加四節爲二章，正冠之禮，禮子，命字，醴賓諸節爲三章四章，冠畢餘禮令展帙者知某事在某禮之前，某事在某禮之後，十七篇節目，瞭如指掌。……』

分節之書，除朱吳二書外，尙有張爾岐儀禮鄭注句讀，江永禮書綱目，徐乾學讀禮通考，秦蕙田五禮通考等，俱仿儀禮經傳通解之例也。

（二）繪圖　儀禮所重者在儀式，儀式所重者即揖讓進退所陳所位之方，若方位一誤，則進退亂而賓主混矣。故繪圖尙矣。

東塾讀書記云：『鄭賈作注疏時，皆必先繪圖，今讀注疏，觸處皆見蹤跡。如士冠禮「筮人許諾，右還即席坐」，注云：「東面受命，右還北行就席」。疏云：「鄭知東面受命者，以其上文有司在西方東面，主人在門東西面，今從門西東面主人之宰命之，故東面受命可知也。知右還北行就席者，以其人在門外之東南，席在門中，故知右行北還，乃得西面就席坐也。如此之類，乃顯而易見者……」隋志有三禮圖九卷，題爲鄭玄及阮諶等撰，提要云：「然勘驗鄭志，元實未嘗爲圖，殆習鄭學者，作圖歸之鄭氏歟？」按此圖雖非作自鄭氏，然隋志已有著錄，且南北朝宋之聶崇義已爲是書作集注二十卷，則儀禮之繪圖，由來久矣。至宋楊復又撰儀禮圖十七卷，提要謂其「尙皆依經繪象，約舉大端，可粗見古禮之梗概，於學者不爲無補，一二舛漏，諒其創始之難工可也。」

清儒繪儀禮圖者，厥爲張皋文氏，較楊氏所作，更爲加詳，讀儀禮者，按圖審經，誠事半而功倍矣。故阮元爲作儀禮圖序，陳澧作東塾讀書記俱讚此爲讀禮之良方也。

（三）釋例　皮錫瑞曰：『春秋有凡例，禮經亦有凡例，讀春秋而不明凡例則亂，讀禮經而不明其凡例則苦其紛繁』。凌廷堪禮經釋例序云：『儀禮十七篇，禮之本經也。其節文威儀，委曲繁重，驟閱之，如治絲而棼，細繹之，皆有經緯可分也。乍覩之，如入山而迷，徐歷之，皆有塗徑可躋也。是故不得其經緯塗徑，雖上哲亦苦其難，苟其得之，中材固可以勉而赴焉。經緯塗徑之謂何，例而已矣。……不會通其例，一以貫之，祇厭其膠葛重複而已耳，烏覩所謂經緯塗徑者哉』讀儀禮當先求其凡例，由此可見矣。

陳澧曰：『儀禮有凡例，作記者已發之矣。鄉飲酒禮記云：「以爵拜者不徒作，坐卒爵者拜既爵，立卒爵者不拜既爵，凡奠者於左，將舉於右，」此記文之發凡者也。』又云：『鄭注發凡者數十條。士冠禮注云：「凡奠爵，將舉者於右，不舉者於左，凡……」若鈔出之，即可爲儀禮凡例矣。』又云：「有鄭注發凡，而賈疏辨其同異者，……有鄭注不云凡，而與凡無異，賈疏申明爲凡例者……綜而論之，鄭賈熟於禮經之例，乃能作注作疏，注精而簡，疏則詳而密，分析常例變例，究其因由，且經有不具者，亦可以例補之。朱子云：『儀禮雖難讀，然却多是重複，倫類若通，則其先後彼此，展轉參照，足以互相發明。』此所謂倫類，即凡例也。近時則凌氏禮經釋例，善承鄭賈之學，大有助於讀此經者矣。」

是禮經凡例，創始於戴記，增附於鄭賈，至清凌廷堪而集禮經釋例之大成焉。

——摘自《新東方雜誌》一九四一年九月第二卷第五期

原禮

王夢鷗

烽火燃遍了每一個角隅，世界正陷於劇烈的鬥爭里，大家以砲口回答砲口，以槍彈回敬槍彈。而我們却在此時講「禮」，難道這「殺人之中又有禮」麼？不然，非「妄」便「愚」。

然而，歷史告訴我們，我國之「禮」的理論的發達時期，正是鬥爭劇烈的時期。這，等於說明：戰爭雖不是講「禮」的行爲，但因牠可以促起人們對於「禮」的省悟，亦是事實。

物質文明的進步，基於人們欲望的伸展，而物質文明愈進，又愈刺戟着人們的欲望。以無止境的物質欲望，跟着有限制的物質進步，於是便蹈於我們先知的預言里。

「欲而不得，則不能無求。求而無度量分量，則不能不爭，爭則亂，亂則窮……」（荀子禮論）

先知們敢於作此預言，當然，接着也有他的補救方法。這方法，在他們以爲莫善於「禮」。因此，他們便在劇烈的鬥爭時代講禮。

他們說：「愛人者，人恆愛之」。這意思，我們可以把牠反過來說；「你能以暴力侵犯別人，別人也能照樣地以暴力回敬你」。由此推衍，則成爲「惠則互惠，惡則交惡」的必然結局。這於啓蒙運動之後，人性之自覺日益深刻化的今日，更爲明顯。人們皆知各有獨立自由的人格，我爲什麼要受他人強暴的侵略？是故，「譏人反譏，不敬於人者反諸身」，「投我以桃，報之以李」，投我以炸彈，則我亦報之以炸彈了。我們的先哲講「禮」，首重「往來」。因爲有往必有來，欲知自已回頭的報應如何，就要看自已此刻的「先施」者爲如何。因此，他們講「禮」，而且講到「君子愼其所施與」。由這思想，推展到實際政治方面，亦是如此。所以他們相信：有王者興，必施仁政。蓋施行仁政的目的，原只在於「愛人者，人恆愛之」的意義上。

回顧我國數千年光輝的歷史，雖然歷代帝王不一定皆能實際採用先哲們所起草的方案，但其以禮爲治的一點意思，却永遠保存於書本上，普遍地流傳於民間。並且這點意思，又經過無數哲人的整理組織，使成爲極偉大的思想，而爲世界思想之一大系。現在西方的物質文明，領導着人們踏進不可避免的戰爭漩渦，而此種文明之於人類生存意義上，是否有重行批評與估價的必要，確屬疑問。我們的先哲所斤斤計較於「禮」之存在價値，亦即在於弭爭止亂，要從根本上，以更高的精神指導物質的進步。故他們所講的「禮」，其作用在

「以養人之欲，給人之求，使欲必不窮乎物，物必不屈於欲，兩者相持而長……」（禮論）

物欲相持而長，是在和諧的狀態下促進人類的進化。此種思想是否更優於以戰爭促進人類文明的思想，我們暫不答復，但我們既有此思想，就該明白此固有的思想的內容。所以我們在此時講「禮」。

然而，「禮」在先儒腦海中具有極大的功用與價値，因此，禮的含義也異常之廣汎，若有人要問：「禮是什麼」？幾乎無以奉答。有之，亦只能含混的答一句：禮是「紀律化」。

「紀律化」一語，在詞性上，屬於動詞或屬於形容詞，都不能說盡「禮」之爲物的意義。卽以之爲一種名詞，亦不能充分表露此名詞之含義。因爲「紀律化」是表面的看法，而禮的內容，大之如經緯天地，小之，還有一縱

負疑難」，「知識」「職司」種種的義。所以我們舊的訓詁，對於「禮」字的定義，也沒有一致的解釋　或據其起源爲說，或據其性能爲說，或據其態度爲說，或據其價值爲說……諸說皆不一，於是「禮」字亦幾乎無其確詁了。因其無確詁，我們要先做一篇「原禮」，以發明其究竟，然後亦可以知道「禮」的許多含義，是隨着時間而衍變的。時間愈後，而禮之含意愈深，含義愈大。愈深愈大，而禮之理論亦愈完全。

其實，一個術語的誕生發育的經過，都是如此，又不僅我國的「禮」字爲然。呼威爾說得好：「一切術語的確定義非尋求他眞理所必需；因爲確當的定義，與其謂爲增長知識的原因，勿寧謂爲其結果……定義之確當與知識的增長，實乃互爲因果，互相促進。凡對於文字之意義無詳瞭解，則其知識的發展必極其遲緩；然而，一面又非待其知識發展到最大的進度時，決不能得到最好的定義」。

我們的「禮」字的定義，即是如此。「禮」有其原始的定義，亦有其知識發展到最大進度時的最好的定義。以「禮」訓爲「紀律化」，現在假定牠是最好的定義，但牠不能作爲原來的定義。「禮」的原來的定義，應該說是一種具體的「儀式」：由具體的「儀式」中得到「紀律化」的概念，這已經是儒家的「禮」了。

所以在儒者講禮的書籍中，亦將「禮」的內含分爲兩截，他們說：

「禮之所尊，尊其「義」也。失其「義」，陳其「數」，祝史之事也。其「數」可陳也，其「義」難知也……」（小戴記郊特牲）

曰義，曰數，「義」是抽象的，「數」是具體的。於具體的儀式中成立抽象的「禮」的概念，這是後來的衍變，亦即是儒者集先哲之大成而研究出來的成績。若撇開儒者研究的成績，則原來的禮，只是字書上所記載的：

「禮：履也，所以事神求福也。從示從豊，豊亦聲。礼：古文禮」。（說文示部）

此種解釋，若譯爲今語，即是說：「禮」是一種「行爲」。其字形的構成，一半從示，一半從豊。「示」是代表神祇的，豊是「祭器」的象形——像祭品放在「豆」上——以祭品供於神前的行爲，是曰禮。而這種「禮」，是世界上原始人類的通禮，不僅我們的祖先如此。不過我們的祖先舉行此種儀式，而他們聽命的子孫，獨能從此種後世名爲「祭祀」的儀式中探究其重大意義，衍爲一種高深的「禮」的理論，則是後世各國所沒有的。

所以我們欲知先哲們對於「禮」的觀念，必須先明白他們在原始祭祀儀式中「所發見的是什麼」。但要知道他們所發見的是什麼，則須先知道「原始的祭祀儀式」是什麼。

原始的祭祀儀式是什麼呢？

原始的祭祀儀式，是初民生活的一部分。凡是生於天地之間，而生理構造大體相同的人類，無論他是生活在天涯海角，但在一部族之間，總有這相類似的行爲。所以研究原始的儀式，不必限定於中國的儒家，即近世各國研究社會人類的學者，也能有極好的貢獻。不過近世學者所研究的對象是要說明原始儀式的「發生原因」，而過去我國的儒者則只注重原始儀式「可能產生的行爲意義」，所以儒者於祭祀儀式的「產生原因」，往往略而不詳；有之，亦只是於說明其意義時加以輕淡的敍述而已。

研究人類社會的學者，多認爲初民的祭祀儀式，是產生於心理的緊張。蓋凡人於其所習見而熟知的事物，無由提起緊張的心理。必待其遇到不可知而莫測的事物時，始慄然戒懼，惴惴以臨之。此種緊張的戒懼的心理，爲履行儀式時的精神特點，同時也是成立爲儀式的心理要素。

初民蒙昧，對於自然界的現象，無法得到較正常的認識與瞭解。即對於同類間，如生老病死的種種現象，亦是不知而莫測的。對此不知而莫測的事物，保持着戒懼，而橫逆之來，又無所抵抗，於是惴惴於此種之有形無形的現象下，只能懷着心行其無所反抗的崇拜。這是近世學者從心理上解釋祭祀式發生的原因，而此，在我們先儒的論著中，只說是：

「夫祭者，非物自外至也，自中出於心也，「怵」而奉之以禮……」。

（小戴記祭統）

蓋在祭祀儀式的心理要素，先儒謂之「禱祠之心」。這個「禱」，便是「獲罪於天，無所禱也」的「禱」的意思。是人類生存感受刺激發而爲祈祝心理之緊張表現爲一種特別的行爲。

然而，僅靠這點「禱祠之心」，仍不足成立祭祀的儀式。哈利遜曾於其「古代藝術及儀式」（註一）書上說：「儀式的產生，必基於『共衆的』及『心理的』二因素。而此二因素之成立爲儀式，又有其必要的條件，即是『實踐』。所以希臘語的『儀式』，即兼含着『實踐的意思』」。其實，儀式之成立，必有實踐爲條件，不僅希臘語如此，而我國之訓「禮」爲「履」亦是極明顯極普遍的。白虎通雖是爲解釋儒家的「禮」而說的，但其書曰：「禮者，履也，履道成文也」，其實這裏所謂「文」，即是眼睛可以看見的「儀式」。

所以，我國於儒者的禮的理論未完全確立之前，「禮」與「儀」在普通人心目中是沒有分別的：如

「（昭）公如晉，自郊勞至於贈賄，無失「禮」。晉侯謂女叔齊曰：「魯侯不亦善於『禮』乎」？對曰：『魯侯焉知「禮」』……是『儀』也，不可謂『禮』！」（昭公五年左氏傳）

又同書，昭公二十五年，子大叔見趙簡子，簡子問揖讓周旋之「禮」，而子大叔亦曰：是「儀」也，非「禮」也。禮與儀，其始無所分別，所以說原始的禮，只是『以一種特殊的心理表現爲「儀式的」行動』。而此種行動，現在仍普遍保留於現代的野蠻人及文明人之宗教禮拜儀式中，沒有什麼可以炫異的地方。有之，則只有我們先儒能從這些儀式中，發[illegible]可貴的「人類心理」並以此種心理之擴大應用修身齊家治國平天下的行爲上，成爲有本有末，具體而縝密的禮的理論。而他們的整個理論，又僅以一個「禮」字當之，這就無怪乎我們對於「禮」字的難於界說了。

然而，禮之成立於公共的心理的要素，這不是近世學者的創獲，而我們先儒所實得於原始儀式中者，其實即在於這些要素，不過他們未加以特別說明罷了。但看子夏聽見「繪事後素」的譬喻，因而悟及禮爲後，而孔子稱稱之，以爲「起予者商也」。便可知道他們承認是儀式後起的意思。有禱祠之心，而後有禮拜的行爲。儒者以禱祠之心爲人類的德性，以禮拜的行爲，爲人類的德行。於是他們要用種種方法以激發保持此種德性，同時要用種種方法以推廣維持此種德行，他們使用無數的術語以說明推衍其理論由「厚人心」、「敦風俗」而至於「隆世運」，完成一系博大精深的思想，但這思想，是觀念重於具體的儀式，所以他們漸漸變做：「禮之所尊，尊其義也」。文說：「協諸義而協，則禮雖先王未之有，可以義起也」。由具體的禮，變做觀念的禮，同一「禮」也，而前後精粗深淺，截然不同。

然而，後出的觀念的禮，是儒家的禮的理論，不屬於「原禮」所要說的範圍。我們在此所要說的「禮」不從天降，不自地出，而是原始的人類受到自然的威脅而引起心理的緊張因而表現出許多近乎本能的活動，其後此種活動積久養成習慣遂顯爲「儀式」而存在。包括此整個「儀式的」行爲，是我們所謂原始的「禮」。發揚光大此一「儀式的行爲」意義，是儒家所謂的「禮」。二者雖若不同，但儒家的「禮」乃胎息於原始的「禮」之中，儒者賦與原始的禮以意義後，「禮」始發育滋榮而有其存在的價值。

（註一）Jane Ellen Harrison: Ansient art and ritual p.35

——摘自《文化先鋒》一九四二年十一月第一卷第十二期

說禮

羅孟韋

本文係中國政治思想淵源論稿第三章，中分三節：一言一般禮，二言祭禮，三言倫理。其上有宗法章，下有禮樂章，皆與此有關，未能悉載。

第一　禮

封建社會以階級爲本，其維護階級，有資於血統。血統之妙有二：一爲自然之所生；一爲天然之相愛。自然者言其傳嬗有先天性，非人力能預爲之決定也。如父母兄弟之關係，皆非由己意佈局。此在西周書謂之爲命。洛誥：「王如弗敢及天基命定命」，「以予小子揚文武烈，奉答天命」。餘如多士、多方此類語甚多，皆有預爲定局之意。彼所言者雖關於王位之定局，但凡人力不能左右之事，總是先有定局。後來儒家典籍因釋之曰：「莫之爲而爲者天也，莫之致而至者命也」，（孟子萬章）其義最閎通。世間莫爲而爲莫致而至者多矣，而最切近者無如身體，其次則爲身體近屬之關係。其餘富貴福澤，甚至古人所最重視之王位，亦皆先決於此等關係。如禮記中庸「大德者必受命」，似非定局之義，因定局尚須由大德之誘致。然又曰，「無憂者其惟文王乎！以王季爲父，以武王爲子，父作之，子述之」。夫有如此之父與如此之子，始得受命，此則眞所謂命，眞非人力之所得致者矣。故凡有機之生長，血統之遺傳，皆其最自然者。封建制度自然之所趨，此爲一面。

次論天然相愛。說天然雖亦出定局而下，但天然相愛則爲價值之義。凡言自然生長，自然運行，皆言如何成此定局之意，而無價値之義也。天然相愛，其所以相愛，固然由於本性，然愛之所發，實有親近疏遠，好賢惡惡之態度，此即所謂評價之態度。血統之相愛，由於骨肉不離而言，謂之天然。而由此骨肉不離即行愛重而言，則人有好惡之所在，即有用情之所在，甚離定局之義矣。封建制度組織之所成，此又其一面。

由上自然之義，而知人無可致力之道。能致力者惟調劑天然之愛，使之允當而已。故封建社會動力之所向非他，即不外允當乎天然之愛以聽命於自然而已矣。宗法之組織必以禮爲其精神者，由此道也。

前言宗法爲上層之組織，禮之用即在此上層。禮記曲禮言「禮不下庶人」，爲此。自庶人以上爲士、大夫、諸侯、天子。禮即所以定此諸階級之關係。今存儀禮一書爲孔門之所傳，已在封建破落之時，故所傳多下級之禮，即所謂士禮。然其遍及於社會各方面，亦甚能窺古代面目。禮記禮運曰：

「夫禮，必本於天，動而之地，列而之事，變而從時，協於分藝。其居人也，曰養。其行之以貨力，辭讓，飲食，冠，昏，喪，祭，射，鄉，（原作御，邀邵懿辰禮經通論改）朝，聘』。冠、昏於生人，喪、祭於死者，皆達於宗法中之人人。儀禮有士冠禮、士昏禮二篇，固以言士，實則大夫以上皆有冠、有昏，雖禮品有不同，而意義惟一。庶人雖有昏而無此昏禮，至冠則恐非所有矣。喪祭之禮，在儀禮十七篇中，已及其半。古宗法間最重視二事，可以想見。後日儒家解釋，謂：『三年之喪天下之通喪。』（論語）『三年之喪，齊疏之服，飦粥之食，自天子達於庶人，三代共之』。（孟子滕文公）此雖只以言三年喪，然三年思念最爲久遠隆重者，尚推及於士庶，則其他可知。其推及於士庶自依漸而變。但應知，喪祭爲求之於渺茫，追之於無窮，全無現實之享受，而一以崇敬對象，最有宗教意義者，原自有普遍人倫之傾向，固當事事達於衆庶，不必由人爲强制主張；亦不必限於三年喪，頗有礙於政教之職業，稍難奉行者矣。觀宗法小宗下服術之制，猶能傳於後世，而祭禮在周代極隆於階級者，至秦、漢後，士庶亦有家祭，即可明證。儒家即深識此傾向，以明禮樂，詳於下章。次論及射禮。儀禮有大射一篇爲諸侯禮，有鄉射一篇爲大夫禮及士禮，（注疏於此僅謂爲大夫禮）禮節繁重，自爲上流之所專。其初以勇力征服四方者，以禮習射，本爲人才會聚之方。厥後轉以爲選取人才之資。周官大司徒教萬民而賓興之，鄉大夫『使民興賢，出使長之，使民興能，入使治之』，所謂司徒之教，殷於衆才，其實亦必以『鄉射之禮五物詢衆庶：一日和、二日容、三日主皮、四日和容、五日興舞』。再觀禮記王制射義等，即可知習射與興學原是一事之嬗遞，此亦禮漸以下流之一端。再次論鄉禮。儀禮有鄉飲酒一篇，爲大夫與士之賓會，題曰鄉飲酒，或尤偏於士之一級之興宴。古之鄉遂，據周官，以對國中，原非貴族之所居。惟人口漸繁，交易日盛，人間彼此相資，不能不互用其長，於是『國』與鄉之界，漸於泯滅，而貴族之遷居四野者勢必日多，貴族之下層如大夫、士者日入於鄉，而其禮遂爲鄉禮矣。故無論鄉射，鄉飲酒，其初皆爲宗法之禮，及形勢漸移，此禮即以觀賢與能，而四野之才，由之而選舉。古代階級之平，斯其要也。再次論朝禮、聘禮，固皆爲貴族之禮。試讀儀禮中、覲禮、聘禮、燕禮、公食大夫禮數篇，知古代天子、諸侯相與之繁及其品物儀文之盛；持以較士相見禮，即可知階級之義。抑此與鄉射、鄉飲、大射皆以示人倫之相際，亦可知禮多爲群之行爲矣。以上論冠、昏、喪、祭、鄉、射、朝、聘八事，皆爲宗法之禮，而據儀禮以爲言，則多及於大夫、士之下層。可知禮多漸移而下，勢將及於人群全體。其爲中土治國之衡，豈無故耶！

封建已以此宗法爲治國之器，其勤於揖讓，重於相與，不特如古人所謂『肌膚之會，筋骸之束』而已，實將以使其羣之親愛者日以親愛，有等列者永以彰明其等列，而前文所謂『允當乎天然之愛以聽命於自然』者，由此得達。此禮之爲所以使貴族之間不起爭端，且以『辨上下，定民志』，於群治尤有大用者也。

由此宗法之禮，可以明古社會之動力。蓋以禮爲人群相與之行爲，則集諸關係之禮，即爲行政。欲明封建時代之面目，即當在此行動方面及人群相與之精神上窺之。由是以論政治生活所映發之思想自不致迷於所向矣。

第二 祭禮

然政治生活當有其裏面。而人生棲息，其見於外者往往是粗淺之迹，卽此迹以求思想之面目，固可不悖，而其眞際之有待於探其內蘊者，亦殊不可忽。前節言喪祭之事，由貴族而下及士庶，有宗教意義，故最能普遍而悠久。古政治常會宗教共行。有人謂爲政教合一，若精密其界說，自亦可通。惟此言宗教，以對越神明爲言，乃欲以此別乎人生常行之禮，而藉以明古信仰之中心。夫人生常行之禮如冠、昏、朝、聘等，亦有其內蘊，然惟在其最有尊敬之對象時，尤能指明之。由此以言普遍悠久之義亦較爲親切也。

宗教由希望之情而有歸依，原爲各民族之所同。在初民智識淺稚，不能解決之問題甚多，由是歸依心切而希望情長，最爲自然之勢。依此言之，則人智愈開而宗教愈詘，所謂悠久之義安在？於此有一事焉，即人類希望之情常與向上之心相會，而向上之心卽是最不受擾擾而爲和平健全之狀態者，實爲人生所由有價值，而人類社會組織所由存在之根核也。故此心不與理性相反，而常爲情理之合一。夫以熱情之所驅，而不能不興發鼓舞，正是指向光明而爲理性之所在。人類能感生存爲有意義，端在於此。由是初民之希望與開明人之希望，其所希望者容有不同，而希望之所以爲希望，實爲情理合一之全心，健實平常，不容或已者。是故初民之宗教不復存在於後世，而初民宗教之心理則依方成圭，遇圓成璧，決當訴之於應時之對象而不容泯滅者也。

夫應時之對象，容依智之進展而易幽爲明，但必爲人格之物而爲全心之所寄者，始能使和平洞達之心，歸依無礙。故他方宗教，大都以全知全能賦之對象，使時代變而對象不隨之而變，抑或以其整全之力，隨時吸入新義以爲己有，以爲人嚮往之鵠，固爲神之妙用矣。至易幽爲明者，自當依據智識，隨時代而變遷。惟如藝術之品及學術之理，雖爲人所尊貴，而以非人格之物，不爲全心之所寄者，尙不得與於茲選，則宗教之多歧及宗教精神之不滅由此可識矣。

中國喪祭之禮，卽於宗教對象欲易幽爲明之傾向。上古無知信仰，不論上天下地，物怪鬼魅，皆於不爲人智所尊，而在中土以農業早成之故，父系家庭先爲確立，其對越神明，多重報而少祈。禮記郊特牲曰：「祭有祈焉、有報焉、有由辟焉」。由辟爲消弭災患之事，不爲常典，而祈與報之二者，依故籍，其爲普遍之所信仰，大都爲報而非祈。必如郊天之類，爲天子之貴所以祈天永命者，始可得言祈。其餘眞可謂爲宗教，爲凡人所崇重者，多在於報。如郊特牲謂、「唯爲社事，單出里，唯爲社田，國人畢作，唯社，丘乘共粢盛，所以報本反始也」。蓋惟祭社爲人人所共，始可言普遍信仰。而此普遍信仰卽爲報本反始。此農業社會生活之所決定，不可誣也。然於茲猶有一義焉，則祭社本爲對幽，原係上古宗教之遺留，其初由希望而歸依，本甚饒祈求之義。厥後爲現實所鑄，遂寓祈於報，而非復本來之面目。然此傾向已强，而報本之義復以對象之不定而無以提挈全心而振起全人格，於是農業之祭，所謂蜡祭之總報答者，則有如貓虎昆蟲之類，亦皆爲其對象而崇報之。此雖重報而非祈，較爲開明之人性所宗，而拜物纖屑，其非人智高尙之所存決矣。知此而喪祭之禮，以人格言報，以死生寄思者可得而論。

喪祭者報本之禮也。不但如社祭適於農業社會人性報本之義而已，尤在農業下家庭生活之報本。蓋社祭索於渺茫，不比家庭祖宗之顯有人格，爲人智之所朗照。抑恩愛之勤，趨於報答，其視土地蟲虎等，亦遙爲崇高。嘗試論之。祭之報重於祈，卽於所祀之對象有易幽爲明之傾向。祈之義在希望而歸依，自爲宗教之精髓。然亦惟在心理之爲惘悔時，始與向上之心相應，而徵其可大可久。若希望而與功利爲緣，則與慾望無別，而祈禱全爲鄙念，絕非惘悔之懷，尙何歸依之有？然而人之在希望也，本心原自和平，而以希望有鵠的而有所對，因易於受擾而爲不和不平，實易與慾望相混。故人智高尙，此等便不爲情理爲一之心之所歸，而祈之義寖而爲報。不然，向上之心無所托，而價値毀矣。報也者感激而謙冲，故其心理狀態最爲和平而不擾。此時希望與向上爲一，由情之慕善，而理之光明廣焉。故自不違宗教心理，而人生價値鄭重亦不外乎是。凡喪祭之事，其根本精神，卽在此感激而不能自已，謙冲克讓而不敢自私之一念也。荀子禮論嘗言之矣：

> 凡生乎天地之間者，有血氣之屬必有知，有知之屬莫不愛其類。今夫大鳥獸，則失亡其群匹，越月踰時，則必反鉛過故鄉，則必徘徊焉、鳴號焉、躑躅焉、踟蹰焉、然後能去之也。小者是燕爵，猶有啁噍之頃焉，然後能去之。故有血氣之屬，莫知於人。故人之於其親也，至死無窮。

此言喪祭之本，最爲深切，故後來小戴禮記亦錄入三年問篇。其意與孔子對宰予問三年喪，以仁爲言，（論語）孟子對墨者夷之，論孝子仁人之掩其親，發於中心爲言（孟子滕文公）者，如出一轍。以知儒家舉喪禮之孝，研極報本之仁，非斤斤於事爲文飾之間矣。人間恩愛根於心理，卽彰於氣類。如在圓顱方趾之儔，卽莫能外。是之謂普遍。而農業與家庭相繫，親親相及以至於無盡，是之謂悠久。此據向上價値之心，謙冲克讓，卽以和平之心孕育斯世之和平，其吸飲宗教之精華，又不將崇拜之對象置諸若有若無之間，此卽所謂易幽爲明之傾向。至由喪而推之於祭，更依人類記憶之能與念舊情懷合一，猶是情理雙融，可爲鼓舞向前之行動。論語論喪祭之禮爲愼終追遠，喪爲愼終而祭爲追遠，原是一貫。上古遍祭多神，厥後漸專趨於祖宗之祭，亦以對象較可憑，崇報有所據，侵尋而入於人各有親，卽人各有祀，乃天然愛好，非使一世畢趨於同一，轉不合於人間理性之爲矣。

抑祭禮本爲宗法之事，其百世不遷之祖，爲宗子所祭，非後日社會之所有。然而以教孝之故，卽不必宗法，而昔日春祠之祭，遂遍爲祠堂之祭，而平民皆得以祀其遠祖。於是而宗法之禮，由喪祭而廣於群庶，極人間之繁榮鬱勃矣。蓋以澗溪沼沚之毛，蘋蘩蘊藻之菜，亦可以羞於鬼神；而如下數章所論，則祭禮之繁，實常濟以樂聲，以宣其沉鬱而窮於高亢，及其禮之下逮，則雅歌爲侑，卽不合之以鐘鼓，亦自爲抒寫幽懷之樂。由是禮與樂得通於人人之心，非爲貴族之所專，而禮與樂同見於對揚祖宗時者，遂收拾宗教之大用，而遍效於人倫矣。然則宗法社會之禮，其所以隨伴乎樂者，惟在祭禮爲然，其初非常人之所得與也；及宗法壞而等級平夷，由人之平等而眞識心之平等，而後喪祭時，禮與樂遍於士庶，寖假即不在祭禮，而禮與樂顧爲人人常行之道矣。此亦社會組織生活所以映發思想者，其樞要不減於上章之所論也。

於此即可言禮樂關於思想之攸起。然如上所論易幽爲明之傾向，恐人又附以遠方之祖先教也，故言其明之之極，先一發倫理之義。

第三　倫理

(一)

莊子云：『果蓏有理，人倫雖難，所以相齒』。（知北遊）人本有彼此之關係，此關係有天然條理，如果蓏之自然有理，『所以相齒』。在昔宗法之世，所以管領邦國之大宗，其先雖爲天然條理，其後直爲人爲組織，可謂爲人爲之關係。至小宗自高祖而下，則爲血統自爾，亦即自來所謂天倫矣。故倫爲彼此關係之條理。以有關係，即有所對。以有條理，亦即有對所對應遵之理。是之謂倫理。

前言喪祭爲對死者之禮，而此死者爲骨肉關係之人，在生時既已親切，故喪祭之所爲爲禮，而喪祭之所以爲喪祭，則爲孝之理。禮與理之別，粗率言之，一爲文爲，一爲文爲之故，頗有表裏之分焉。於是於骨肉關係之人，死時有孝之理，猶生時有孝之理也。孝之理必依情之恩愛爲言，謂之情理。凡所謂倫理皆不離乎此情理也。

情理者，情理爲一之全心。前所論宗教心理，和平向上，亦此情理也。由普遍宗教之對象嬗遞爲喪祭之對象，已漸有易幽爲明之傾向。至不爲死者之喪祭，而將其施行喪祭對諸死者之心理以對生者，則誠爲易幽爲明矣。此對象眼前現實，比素之渺茫者寧可同論乎？

由孝之理以施諸人倫，即由情理以施諸人倫。孝之所對爲父母，爲人倫之一，非汎及於他人；而孝之理實根於心，此心止是一心，不能有二，故爲普遍之理而可以汎應群倫。抑此理應于事爲，可以曲當，又爲分際之理。此即心中向上之理，謂之普遍；而此心能自裁度之理，謂之分際。已普遍而又能曲如分際，所以謂之情理。此固由於人類之智慧所以高出於動物者。然無向上之心爲之驅率，亦不能有方向。故理不能離情，情亦不能離理。究極言之，理倚情而鼓舞向前，以衷於當，實爲一心，亦即爲人本來之心。蓋無情無理俱不得爲人，不待識者而知之矣。惟然，宗教必據此情理，始可以範圍人類。由是以論倫理，則由血緣關係自然之條理，即天然爲情理上所謂分際之理之所對。其可以範圍人倫，又曷足怪？

於此或有疑焉。即宗教所對爲渺茫之象，其情理之所發爲希望而歸依，上已言之。此謂倫理亦有所對，豈可言心之所務亦爲希望而歸依耶？此當知情理之行，和平不擾，故其希望而歸依，無慾望之累。夫於崇高之對象，思其偉大之威力，超絕人間，因懺悔一己之無能，捧心歸依以從於祈禱。斯時也，和平之情理，一往無阻，幾與神爲一，言勇猛亦無上，言精進亦無上，遂由此惘悔之心以成其無上偉大之人格，且以担負人類之罪惡焉。宗教家能苦行犧牲以圖救世，卽依此惘悔之心，無慾望攖擾，故希望情長而理性光明，不爲自私也。此固非庸淺者之所能。然宗教之本固在於是。若所對非超絕之神而若倫理之關係者，已非各宗教之膜拜歸依，則其惘悔之心卽全爲謙恕之發。謙恕者非未達於惘悔，乃不必爲惘悔者也。蓋謙恕亦爲和平之心理，其實與惘悔無別，而以所對不同，措注遂異。所謂實同者，猶是和平向上之心，情理爲一，不自伐其功，自矜其能，於所對爲退讓之形勢，可以虛懷受善，與宗教心理不能有異。然而爲謙恕者以所對爲生人，非同膜拜祈禱時歸依心切而希望情長，故其心應時變化，不矜尙一格，而窮於遠大。惟變化者爲向上之心，原爲愛價值而鄭重，已可以吸引歸依與希望，而一於此鄭重，卽其情一於愛，而其理一於分際，固不必爲身後之思，亦不必爲退攖之極，乞憐於赦宥者矣。於是宗教之惘悔爲忘我，而謙恕亦爲忘我。由忘我而愛人救人，二者未爲不同，特所對有幽明之異，而情理爲一之全心遂因所向之各異而條理分別，遂各有其鄭重矣。

由此言之，初民之宗教，至於喪祭，已有舉對象而易幽爲明之傾向；至通總禮之意義而歸於和平條理之心，則所施無間於死生，而倫理之道，遂行於禹域。待倫理爲教之所需，而人之所重，將在明而非幽，或幾以無宗教以立其國。英哲羅素謂中國之最異於歐西，厥爲無宗教者，蓋有由也。

（二）

已明倫理之義，尤當明倫理之爲教。倫理爲人間常事，爲各民族之所同。今言中土以倫理代宗教，卽謂以喪祭視倫理，而倫理之教，不惟普汎於人人，且其教卽以人所習行爲教，非徒側重智識之謂矣。人之生也，其專注於情者非無時，專注於理者亦非無時。前者如求愛，後者如治學，皆爲特殊之面目。然日用常行總不爲此專主，而必調和於情理之間。此情理本爲人所同具，不待教而後能。而與社會相與之故，飲食男女之不可缺，使情理不免爲利害所攖。於是情理不得其中，甚或且蒙昧焉。宗教之問題在此，倫理之教，其問題亦在此。宗教之必據於情理與夫倫理之教之必據於情理，皆必在人生常行之全人格上者，抑有由也。故倫理之教不似今日學校科學之教育，亦不似秦、漢後書本之教育，而又以應於現實而非索之幽冥，不得謂爲宗教，則頗有似於晚近社會教育焉。若於近日社會教育而導以人生向上鼓舞之精神，則情理變融而勇猛精進，亦何不可代替宗教之有？故夫倫理爲人間之常，而中土倫理之教，必據情理以爲教，使其心不偏注，人格復於其本來之全，有如秦、漢人所述古者之教爲中庸之教，曰，「天命之謂性，率性之謂道，修道之謂教」（禮記中庸）者，其教固據人人所具之本性以爲言也。然則各民族皆是人，各民族皆有人倫，而此土獨就人言人，不偏於智識，不窮於宗教，爲情理之分立，而特彰於人倫者，蓋禮起於封建之宗法，宗法壞而禮下逮於人人，遂以禮言教，合乎人情而已。試觀今日社會教育，猶是授以智識，以期爲社會事業，尙非以社會風化，視同社會風教，有若社會可以教育人者，而況可論於以人爲對象，有以引發其向上之心者乎？

即此可徵倫理之教之特點矣。蓋其教必在人倫，以爲已是人，即不能離倫理之關係。此諸關係爲有其相安之道，亦即有其應行之禮，謂之人道。教也者即修此人道之教，是社會人人互爲關係，即互爲教育矣。社會人人皆有行動，即皆在教育矣。此不特所對之人可以引發情理而已，而且人作模範，相爲薰蒸，而社會風氣亦即爲教育風氣——人道風氣矣。由是倫理之教，不重於施教，而重於受教者之自得，不重於口授，而重於身教，不重於强制注入，而重於自然影響：舉此而言教，曷非人所常行，而豈可偏於一隅乎？

於是宗法社會非必無學校，而學校實非其所重。後世之所傳述，大都由宗法已壞，追其影象，可視爲古今嬗遞時之說。孟子謂，「夏曰校，殷曰序，周曰庠，學則三代共之，皆所以明人倫也。人倫明於上，小民親於下」。（滕文公）此以明倫歸之於上，可謂爲宗法之蘊。至謂三代皆此學，則在夏、殷封建未爲周備時，宗法不密，亦難映發倫理之教。於此又當知倫爲彼此關係，關係有所對，舉爲行爲之所彰，固不能離境以爲言矣。人之境隨時而變，故亦當一論倫理之義界。

（三）

孟子滕文公篇，述堯「使契爲司徒，教以人倫：父子有親，君臣有義，夫婦有別，長幼有序，朋友有信」。此謂五倫。孟子萬章篇曾引堯典，則今堯典所謂「愼徽五典」，「五品不遜」，「敬敷五教」，（後二語梅氏古文在舜典）或可互證，而謂孟子之所曾見，亦似近理。此論五倫當略觀堯典之時代。

堯典之核心在定農業時代之天曆。其「在璿璣玉衡以齊七政」，不敢斷定其爲後人插入與否，至其開端建立四象以定季候，爲本篇中堅，當爲其雛形初稿。今考此言天文之部，乃據四時中星以明曆，應在精識二十八宿，據太陰一月之行造曆之後。按王國維生霸死霸考，知周初之時，以初吉，既生霸，既望，既死霸四分爲言，則全據月行爲說。此則應於二十八宿測月之行道之曆矣。更據公羊昭公十七年傳：「大火爲大辰，伐爲大辰，北辰亦爲大辰」，此大辰皆爲恆星。自肉眼視之，北辰不動，而大火與伐互爲出沒，二者不並見於天空。西人所謂天蝎座（大火之房心尾在此座中）見時，獵戶座（參伐在此座中）不見，獵戶座見時，天蝎座亦不見也。古人以此爲大辰，即據此著星以測季候早晚，尚未及以二十八宿觀測月行之周密，較然可知。試觀左氏昭公元年傳之傳說：「昔高辛氏有二子，伯曰伯，季曰實沈。居於曠林，不相能也，日尋干戈，以相征討。后帝不臧，遷閼伯於商丘，主辰，商人是因，故辰爲商星；遷實沈于大夏，主參，唐人是因，以服事夏商」。此所謂辰星，即大火爲大辰；所謂參者，即伐爲大辰也。因二者不相並，展轉人格化，而傳爲不相能，可見據著星以明曆，其來已久。尤當悉者，則以主大火，主參伐者爲商丘、爲大夏，即夏商二代之所在，此非明示據此等大辰以觀象者爲夏商時代乎？由此據著星測季候，以達於周初能以二十八宿測月行者，正爲自然之進展矣。

由上所論，堯典殆爲周史官之所追述。其五品五教之言，自是周宗法時代之產物。孟子曾見堯典，其引堯事自據是書爲說，則按其五倫語以釋堯典之五典、五品、五教，實甚爲近理。爲孔傳據左氏文十八年傳以父義、母慈、兄友、弟恭、子孝言之，雖不違倫理，而無如孟子說之之完備。特五倫必限之以五，亦當究論。

（四）

五數起於五行，幾爲學者共認。五行者，據日人之見，以爲起於五行星，國人亦和之。余意五行星之水、金、火、土、木，本爲地上五種物質之所推致。昔時天文之知未廣，僅知五行星，限之以五，以爲數之理極，從而應用於百物，或亦近是。惟行星之測定，總在恆星二十八宿之後；而又推地上之物稱之；恐不能先於戰國。余考五數之必限以五，先起於五音，次及於五刑、五行、五倫等，皆爲實際生活之所決定。五音慣語，雖初見於孟子離婁篇，然此土音樂則來源甚遠，勿論鄭、衛之變古樂已在孔子之前，即雜樂配禮而行，當宗法以禮爲政之時，決不能以不成調不成章之聲相和。雖如陳澧聲律通考據晉笛尺度以證明禮運『五聲、六律、十二管、還相爲宮』，可吹成八十四調，爲古樂大成，或者周初無如此完備。然八十四調所據爲七音，而七音原於五音外加半宮半徵，其基本仍爲五音。樂之爲律，據各民族，皆成七音，自然相配。當知樂律爲基礎，而協調非此所論。故七音爲本，而當音樂初起，亦必須更基本之五音。孟子言五音，禮運言五聲，以及秦漢時早配成音七，而五音、五聲之語猶繁見於載籍，即由於是。此自然所生。當吹竹成聲時，卽有變化以定其音，固不可有疑於周初。卽更溯其前以徵其所起，亦事勢之所應爾。然則五音爲民族言五數之本，當可論定。蓋惟此可限於五，其他不能也。

今存典籍言五者，殆以尙書呂刑言五刑爲最先。呂刑相傳爲周穆王之誥，雖難信，惟亦不能證明其爲西周後之作。卽由呂字生義，而申呂卽爲申甫，早見於詩大雅，而戍申戍呂又見於王風，則呂刑縱爲呂地之作，其言五刑語亦殊古。此刑爲政治現實生活，多少原足隨時，而必限之於五者，以五數爲民族之所用也。

至五行語則初見於尙書洪範。洪範言肅、乂、哲、謀、聖，乃據詩小旻『或聖或否』，『或哲或謀，或肅或艾』而截其五，諒非周初之作。惟是書盛用五數，而綜以五行，而其所言之五行，非指五行星而指地下物質，則非成於戰國天文學發達之後。五行之語比五刑之語雖不敢斷其孰先孰後，但俱爲派生而非源始，則可由其本不限於五而乃特限於五之義推之。蓋五行雖頗能包括，而草本之食物爲中土農業最要，而且千萬年來所以成其爲藥物者，乃歸之木或土，而不能特立一科，則觀於洪範釋五行最源始之義，曰『木曰曲直』，『土爰稼穡』之有意於綜攬草本之物，而知其分配之不均也。此五行本不當限之以五，而必以此爲限者，則五已爲信仰之數，因應用於各方，與五刑之應用，正同其途徑矣。至五數起於五音而何以能爲民族信仰之數，則以中存價值之義也。詳於別著倫數論，此不能及。

於是呂刑之五刑與洪範之五行，皆爲派生之語；而五刑爲釁刑（呂刑謂爲苗民所制），五行爲人智初析物質，皆爲初民之所有事。特釁民有刑而定之以五，物質可析而亦定之以五，自是中原之所爲。二語隨五音而來，亦當起於西周，而呂刑與洪範之寫定，尤當在厲宣之後，未入春秋之代矣。然則慣用五數配於各方，已起於孔子之前。孟子引五倫之教爲堯事，又嘗引堯典，（見上）試勘以今本堯典，亦慣用五數，則此書亦約當與呂刑洪範同時，大都爲官家史記，或記現狀，或爲追寫者。於是而五倫之排比，或不能在入春秋之後矣。

（五）

五倫者，曰君臣、曰父子、曰夫婦、曰兄弟、曰朋友。自後世言之，父子以下爲血緣之親，謂爲天倫，朋友則由此人情推致；而君臣一倫實不能相配。然在宗法社會，爲之君即爲之宗，（見上宗法章）皆此血緣關係也。孟子謂「人倫明於上，小民親於下」，最得其實。明倫爲宗法社會之事，即貴族之所爲教。西周封建制度最密，倫理之教自不容或緩。尚書康誥蓋言之矣：

元惡大憝，矧惟不孝友不！子弗祇服厥父事，大傷厥考心；于父不能字厥子，乃疾厥子；于弟弗念天顯，乃弗克恭厥兄；兄亦不念鞠子哀，大不友于弟：惟弔茲，不于我政人得罪，天惟與我民彝大泯亂，曰其速由，文王作罰，刑茲無赦。

此在周初不孝不友之制裁爲最重也。然其言父於子，子於父，各有其應盡之職，即各有其對所對者應盡之職。蓋對子而言之謂父，一言父，即有父道之爲；對父而言之謂子，一言子，即有子道之爲。推之兄弟夫婦等皆然。所謂倫理即此相對而有理，相對而起敬愛之義。後日論語謂，「君君、臣臣、父父、子子，」猶斯義也。孟子謂，「君之視臣如手足，則臣視君如腹心；君之視臣如犬馬，則臣視君如國人；君之視臣如土芥，則臣視君如寇讎」：（離婁）亦尚存此義。大倫理不偏於一方，始可以言教育空氣；普通所言教育，一施教，一受教，則爲特別範圍，非舉社會皆熏蒸洋溢之謂矣。故惟具有宗教之普遍而又不涉於幽玄，各敬所對，希之向上，而饒有教育之義者，始可以言倫理。西周以宗法之故，最重孝友。其不孝不友者，刑之無赦，則已以刑罰強制以維其教，益見重點之所在矣。

由此言之，孝友之教爲倫理。五倫者實先有此倫理而始析之爲五。在宗法社會，君臣、父子、夫婦、兄弟天然連貫，不可或缺，其加入朋友而爲五倫，已爲宗法漸破之徵。朋友者，一大宗傳代已久，小宗分立日多，一國內已爲疏屬；重以國與國鄰，交通亦日便，而產業發達，雖非國中貴族之野人，悉其才智以爲社會技能，亦可攀援上流；由是階級平而人道廣，於以成倫者也。然則五倫之言，不能起於周初，其在西周之衰乎？蓋商、周雖未必無朋友，然配宗法社會之君臣、父子、夫婦、兄弟以爲人倫之別，則必在朋友道廣之後。世變已殷，人倫相齒，（見上引莊子）蓋至朋友而相對爲倫，相敬愛爲理之意益顯矣。明乎此，而後可以言禮樂。

——摘自《文理學報》一九四六年十二月
第一卷第二期

周代錫命禮考

齊思和

一 緒論

封建之世，一切土地，皆屬於天子，天子以之封諸侯，諸侯以之封卿大夫，而卿大夫更以其一部賜其臣宰，爲其采邑。其封建也，皆經過一種極隆重之典禮。此種典禮，古謂之錫命。易師卦九二：'王三錫命。' 象曰：'王三錫命，懷萬邦也。' 即謂此也。此外任命百官，賞賚有功，亦皆以錫命之禮舉行之。蓋古者有爵者必有位，有位者必有祿，有祿者必有土，故封建命官，其實一也。慨自諸侯去籍，嬴秦焚書，典籍散逸，古禮湮沒。孟軻一世之宗師，而未學諸侯之禮；高堂生漢初之大儒，而僅傳士人之儀。禮壞樂崩，由來久矣。錫命之禮，遂難詳考。杜元凱博極群書，號稱武庫。然其著春秋釋例，亦謂，'天子錫命，其詳未聞。'[1] 蓋其難也。幸地不愛寶，吉金時見，趙宋以來，著錄日多。彝器銘文，頗足補詩書之闕。清朱右甫穿穴經籍，采掇金文，撰補周王錫命禮，侯氏入覲錫命禮，王親錫命禮，巡狩錫命禮，諸侯嗣位錫命禮，公侯錫作牧伯禮，附古錫命禮，七篇，以徵古禮。[2] 補闕拾遺，彰皇幽渺，厥功甚偉。惜乎篳路籃縷，猶多厥漏；且注釋引伸，間有紕繆。邇來中國封建制度之研

1. 左傳莊公元年正義引.
2. 朱爲弼，蕉聲館文集(咸豐四年刊本)，卷一，頁十六上至四十六下.

究，作者多家，一時稱盛，然錫命之禮，猶多未及，或有並此名辭而不知者矣。竊以錫命典禮，於封建制度，所關極要，此禮不明，則吾人於古代封建制度，絕難了解。遂不揣鋼陋，繼朱氏之後，徵引故籍，稽諸金文，於此問題，重加考訂，並旁考西洋封建制度，以資比較，雖其揖讓進退之儀，猶難詳考；而其犖犖大端，蓋已十得六七，或足爲究心古史者之一助歟。

西洋當封建制度盛行之時，封建亦須經過一種極隆重嚴肅之典禮，此種授命之儀式，西洋人稱之爲Investiture。其儀式雖各時各地略有不同，但大略言之，固相去不遠。大抵受封者去武器，伸兩手，向封主跪，聲稱願爲封主之臣僕，封主執其手命之起。受封者遂宣誓矢忠於封主，死而後已，靡有他志。此謂之臣服禮（Homage）與宣誓矢忠禮（Oath of Fidelity）。封主遂正式封以采邑（Fief）。授以撮土以象徵其土地，授以木枝以象徵其林木，並輕擊其背以示授與統制之權焉。封主更授以策命，詳列受封者應盡之義務，並詳載其采邑內土地人民之數目，此謂之授命禮（Investiture）。

此典禮舉行後，封主與受封者遂發生正式封建關係（Feudal bonds）。封主（Seigneur）爲君（Lord）；受封者爲臣（Vassal），二者之間，各有其應盡之權利與義務。此種契約關係，實爲封建社會之特點。大略言之：受封者對於封主須履行三種義務，（一）服軍役，（二）備咨詢，（三）貢錢幣；而封主於其臣則除封以采邑外，且須（一）予以保護，（二）聽其辭訟焉。此種契約，雙方俱須嚴格遵守，臣若叛君，君可收回（Forfiet）其邑，而逐其人；君若違信，臣亦得推翻其誓命（Disavow）而改事他人。

封建既爲個人間之契約關係，故此種關係之有效期間，自至雙方死亡時而止。依理論言之，封臣若死，封主自可收回其采邑，改封他人。當封建初起時，固有因封臣死而封君將采邑收回者。但其後封主與封臣雙方漸由個人關係而變爲世襲。特新封主即位，封臣須重新由新封君授命，表示對新君盡忠，同時封臣若死，其子嗣亦須由封主重新任命，對封主例須貢幣。且其子若未成年，則其采邑，須由封君代爲管理，其收入亦歸封君，且其婚姻亦須由封君爲之主持焉。[3]

簡單言之，西洋中古當封建制度盛行時期，其封建典禮與君臣關係，大略如是。中國古代錫命之禮，封建之制，雖以典籍散失，文獻不足，不能詳考；然大體言之，固與西洋相去不遠。蓋人類文化之發展，雖遲速不同，質文各異；然所循之途徑，則大致相同。是故觀今野人之生活，可推知古代之社會；因先進國家之文化；可預測落後民族未來之發展。若將西洋封建制度與吾國封建社會相比較，雖縟禮繁文，互有出入；而其犖犖大端，則無二致。是故吾人因西洋封建制度，而於吾國古籍之晦辭沈義，多得其解焉。莊生有言：'自其異者視之，肝膽楚越也；自其同者視之，萬物皆一也。'[4] 吾人亦惟有自其同者觀之而已矣。

二　錫命禮之儀式

錫命一辭首見於易經，師卦九二曰：'王三錫命。'象曰：'王

3. 參閱 Esmein, A., *Cours Elementairse D'Histoire du Dsoit Fran Çais* (Fuinziéme éd, Paris, 1930) pp. 165-308; Calmette, J., *Le Monde Feodale* (Paris, 1927), pp. 165-194.

4. 莊子德充符篇.

三錫命，懷萬邦也。'訟卦上九曰：'或錫之鞶帶。'正義引虞翻注曰：'錫謂王之錫命，'是也。錫命亦稱賜命。易師卦'王三錫命'，'錫'，釋文引鄭本作'賜'。尚書禹貢'九江納錫大龜，'史記夏本紀作'九江入賜大龜。'又禹貢'錫土姓，'史記夏本紀作'賜土姓。'書序：'平王錫晉文侯……'釋文：'馬本作賜。'春秋成公八年經：'秋，七月，天子使召伯來錫公命。'左傳作：'召桓公來賜公命。'爾雅釋詁：'賚、貢、錫、畀、予、況，賜也。'足徵錫賜二字，古時通用。說文貝部：'賜，予也。'金部：'錫，銀鉛之間也'是則賜爲賜予之正字，錫爲假借字。段玉裁曰：'錫者，賜之假借也。'從許說也。甲骨文金文賜予之賜率作易，則金貝皆後加者，故可通用也。

錫命時必有策，故亦稱策命。左傳僖公二十八年：'王命尹氏及王子虎內史叔興父策命晉侯爲侯伯'是也。策亦作册，故策命亦作册命。秦漢以後則率稱册命或册立矣。

古時錫命之禮，禮書中惟禮記祭統篇略記其梗概。其言曰：

> '古者明君爵有德而祿有功，必賜爵祿於太廟，示不敢專也。故祭之日一獻，君降立于阼階之南南鄉，所命北面，史由君右執策命之。再拜稽首，受書以歸，而舍奠于其廟，此爵賞之施也。'

以上所記古人君錫命之禮，可注意者有四點：必行之於太廟，一也。君立於阼階之南嚮，所命北嚮，二也。史執册命之，三也。所命再拜稽首，受書以歸，而舍奠於廟，四也。

周禮大宗伯：'王命諸侯則儐。'鄭注：'儐，進之也。王將出命，假祖廟，立依前南鄉，儐者進當命者，延之，命使登。內史由王右以策命之。降，再拜稽首；登，受策以出。此其略也。諸侯爵其臣，則於祭焉。' 小宗伯：'賜卿大夫士爵則儐。' 鄭注：'賜猶命也。儐之如命諸侯之禮。' 內史：'凡命諸侯及孤卿大夫則策命。' 射人：'射人戒大史及大夫介。' 司几筵：'命諸侯王位設黼依，依前南鄉，設莞筵紛純，加繅席畫純，加次席黼純，左右玉几。'

據此則王命諸侯，又以大宗伯爲儐。命卿大夫士，則以小宗伯爲儐，俱由內史作策命之。所說足補祭統篇之缺。說者因謂祭統篇所述者爲諸侯爵祿其臣之禮，而周禮所說者乃天子錫命之禮。實則二者所說，互有詳略，皆足備一說，不必調停之也。[5]

今按傳世兩周彝器，其有銘文者，不下三四千具。其銘文中所記，一部分爲受命記功之事，尤以西周傳世諸器爲詳。其中所載錫命之禮，頗可見當時禮儀之大概，而足與禮經相發明也。玆分疏之如左：

（一）受命於太廟。祭統篇謂：'古者明君必賜爵祿於太廟，示不敢專。' 今按白虎通爵篇云：'爵人于廟者，示不私人以官，與衆共之義也。封諸侯於廟者，示不自專也。明法度皆祖之制也，舉事必告焉。'[6] 徐幹中論云：'先王將建諸侯而錫爵祿也，必於清廟之中陳金石之樂，宴賜之禮，宗人擯相，內史作策也。'[7] 皆引伸祭統之義。蓋在神權時代，一切大事必假神意行之，周人以祖宗爲神，故於宗廟中行錫命之禮也。今以傳世彝銘文驗之，益知禮經所說之不誣。自趙宋以來，著錄考釋吉金銘文之

5. 朱爲弼，王覲錫命禮，蕉聲館文集，卷一葉二十六下。
6. 白虎通（抱經堂校定本，乾隆甲辰年1784刊），卷一上，葉五下。
7. 中論（四部叢刊影明本），卷上，葉二十七下（爵祿篇）。

書，已有多家，大抵後來居上，愈近愈精。而郭沫若先生兩周金文辭大系考釋一書，甄錄精湛，考釋謹嚴，尤稱名家。其所甄錄之三百二十三器，郭氏自稱乃金文之精華，信非虛語。[8] 今即以郭氏所甄錄諸器考之，其中一百六十二器經郭氏考定爲西周物，此一百六十二器中，記載周王錫命較明確者爲中齋，令鼎，獻侯鼎，大盂鼎，小盂鼎，周公殷，趞鼎，君夫殷，彔伯𢦚殷，善鼎，趞曹鼎，頌鼎，師虎鼎，吳彝，牧殷，豆閉殷，師奎父鼎，走殷，剩鼎，望殷，師遽殷，師遽彝。康鼎，卯殷，同殷，太殷，師酉殷，免殷，免簠，免盤，免觶，豎卣，曶鼎，曶壺，趩觶，蔡殷，敔殷，克鐘，師晨鼎，伯晨鼎，揚殷，諫殷，𩛥殷，大克鼎，伊殷，毛公鼎，師訇殷，鼂盨，師嫠殷，䵼殷，無叀鼎，休盤，師兌殷，鄭殷，師兌殷(二)等等五十有五器，大抵皆因受錫命而作器，以彰王寵而垂子孫者也。此五十五次錫命，除二三次之例外，大抵皆舉行於周之宗廟。其言宗周者七器，謂行之於鎬京也。其言周或成周者二十三器，皆於成周舉行也。其直言廟名而不言宗周或成周者十四器，皆於宗周或成周之宗廟也。其未著地名者九器，其言周都以外者僅免觶之錫命於鄭，則周後王之所都也，中齋之於寒𩁹，則行之於旅次也，如是而已。則當西周之世，錫命皆於王廷舉行，非若春秋之世，天王遣使赴各國致錫命也。春秋莊公元年：'王使榮叔來錫桓公命。'穀梁傳曰：'禮有受命無來錫命，錫命非正也。'其論甚正，爲左傳公羊之所不及。[9] 特來錫命固非禮，而受命於王廷，亦曰錫命，此或穀梁氏所不知也。

---

8. 郭沫若，兩周金文辭大系（三册，東京，文求堂，1935），初序，葉五上。

9. 公羊傳曰："錫者何？賜也。命者何？加我服也。其言桓公何？追賜也"。左傳無傳。

祭統曰:'明君賜爵祿必於太廟',今以此五十五器驗之,其舉行周廟或周大廟或周大室或成周大廟者凡三十器,皆成周之太廟也。其行於康宮者凡六器,行於康邵宮者凡一器,行於般宮者凡二器,行於杜大室者凡一器,行於師汓父宮者凡一器,行於師戲宮者凡一器,行於盤伋宮者凡一器,行於師彔宮者凡二器,皆周廟也。其不著宮名凡十器,要亦必皆於宗廟行之。足徵祭統篇所言之非誣矣。

(二)君立於阼階之南,南嚮,所命北嚮。按彝器銘文,錫命例於宗廟之太室舉行之。此五十五篇中,明言大室者十一器,其未言者,亦係省文,要皆於太室舉行也。王即位於太室,所命立中廷,受王命,此則與祭統篇所載略有不同者。如頌鼎云:'隹三年五月,旣死霸,甲戌,王在周邵宮,旦,王格太室,即位,宰弘右頌入門,立中廷,尹氏受王命書,王呼史虢生册命頌…頌拜稽首,受令命册佩以出,反入覲章。'又牧段:"隹王七年十又三月,旣生霸,甲寅,王在周,在師汓父宮,格大室,即位,公族㽙入,右牧立中廷,王呼內史吳册令牧…牧拜稽首,敢對揚天子丕顯休。'大克鼎:'王在宗周,王格穆廟,即位,𠭯季右善夫克入門,立中廷,北鄉王呼尹氏册命善夫克…克拜稽首,敢對揚天子丕顯魯休',𢦏段:'隹正月乙子王各于大室,穆公入右𢦏立中廷北鄉…𢦏對揚王休。'銘辭類此者尙多,亦可略見册命之典禮之大凡矣。此與祭統周禮所言王南嚮,所命北面者略同,惟此處之所謂中廷,究在何處乃一大問題。王國維云:'案禮經中言廷皆謂自堂下至門之庭,其言中廷者,則謂此廷南北之中。然則上諸器文係中廷於入門後,自當爲門內之廷。'又云:'立中廷北鄉,則又當爲南鄉屋之廷也…余謂此中廷當謂太室之廷,但器於所命者入門後略去升堂入室諸節耳。蓋太室之地，在尋常宮室中本爲廣廷，太室雖上有重室，然太室與四宮屋之間，四旁通明，漢時猶謂之通天屋，故可謂之廷，而此廷南北之中，亦謂之中廷，此中廷與禮經所謂中廷指前廷南北之中者絕異…故余敢斷言諸器中之中廷，即太室南北之中也。'[10] 按王說是也。

（三）史執册命之。祭統篇：'史由君右，執策命之。' 據周禮內史：'凡命諸侯及孤卿大夫則策册之。' 則册命又爲內史所掌。今以金文驗之，知周禮所言，頗足憑信。師虎𣪘云：'隹元年六月既望甲戌王才杜居格於大室，井伯內右師虎，即立中廷，北卿王呼內史吳曰："册命虎。"' 剌鼎：'唯王九月丁亥，王客于般宮，井白入右剌立中廷，北鄉，王呼乍命內史册剌。' 亦有稱史之名而不稱內史者，如頌鼎之史虢生，吳鼎之史戊，師酉𣪘之史𩒨，免觶之史懋，無惠鼎之史册之類，雖未言其爲內史，以其器之例觀之，殆亦內史之簡稱矣。

（四）儐　周禮大宗伯：'王命諸侯則儐。' 小宗伯：'賜卿大夫士爵則儐。' 是謂王命諸侯則以大宗伯爲儐，賜卿大夫爵則以小宗伯爲儐也。今以金文驗之，諸彝器銘文中惟小盂鼎有賓：'隹八月既望辰在甲申三左三右，入般酉、明、王格周廟，□□□賓，征邦賓障其旅般東鄉，盂臣多旂佩□□□□□□□王門。' 按此蓋奉命征伐，歸告成功之禮，與錫命微有不同。其錫命時相禮者則通稱爲右。師晨鼎：'隹三年三月初吉甲戌，王在周師彔宮，旦，格大室，即位，司馬共右師晨入門立中廷。' 蔡𣪘：'隹

10. 王國維，"明堂廟寢通考"，觀堂集林（海寧王國靜安先生遺書本，1936年，上海商務印書館印行），卷三葉七上至下。

元年旣望丁亥王在雒居，旦，王格廟，卽位，宰舀入右蔡立中廷，王呼史尤册命蔡。' 伊毁：'隹正月乙巳，王格于太室，穆公入，右截立中廷，北鄉…' 是也，銘詞如此類者頗多。則猶禮經之所謂賓矣。特周禮謂王命諸侯以大宗伯爲儐，命卿大夫士則以小宗伯爲賓，而金文爲右者則有司馬，有宰，有司徒(無惠鼎)，有穆公(截毁)，有益公(休盤)，有同仲，有平伯(白毁)，皆王之卿士，而無一宗伯，周禮所言，似不足信據也。

(五)所命再拜稽首，受册以歸　祭統云：'所命再拜稽首受册以歸。' 今按彝器銘文，記所命受册命之後，例記'拜稽首，敢對揚王休。' 如吳彝：'吳拜稽首，敢對揚王休。' 牧毁：'牧拜頴首，敢對王丕顯休，' 是也。彝器銘文結尾，大抵如是，不勝枚舉也。

三　錫命之內容

錫命之儀式旣明，請進而研究錫命之內容。錫命普通分兩部，首先言王之命令，次則述王之賞賜。如師兌毁銘乃師兌受王錫命爲左右走馬之記載也。其文曰：

> 隹元年五月初吉甲寅，王在周，各康廟，卽位。同仲右師兌入門，立中廷。王呼內史尹命師兌足師龢父嗣左右走馬，五走馬，五邑走馬。'易女乃且市，五黃，赤舄。' 兌拜稽首，敢對揚天子丕顯魯休，用作皇且龢公䵼毁，師兌其萬年子子孫孫永寶用。

此銘首段記師兌所受之官職，次段則其所得之賞賜也。

據周禮大宗伯，錫命時之賞賜，以爵位之尊卑而不同：

'一命受職，再命受服，三命受位，四命受器，五命受賜

則，六命賜官，七命賜國，八命用收，九命作伯。'

此謂錫命時之賞賜，因貴賤而有隆殺，所謂'名位不同，禮亦異數也。'而禮記王制篇則與此所載又有不同：

'三公一命卷，若有加則賜也，不過九命。次國之君不過七命，小國之君不過五命…天子賜諸侯樂則以柷將之，賜伯子男樂則以鼗將之。…諸侯賜弓然後征，賜鈇鉞然後殺，賜圭瓚然後爲鬯，未賜圭鬯則資鬯於天子。'

按五等之爵，本係儒家理想，周時之實際制度，絕不能若是之整齊。是故兩書所說，互有出入也。

至於諸侯之賜物，則據韓詩外傳有九錫之典：

'傳曰諸侯之有德者，天子賜之：一錫車馬，再錫衣服，三錫鈇鉞，四錫樂器，五錫納陛，六錫朱戶，七錫弓矢，八錫虎賁，九錫秬鬯。'[11]

而禮含文嘉所述之次第又略有不同：

'一曰車馬，二曰衣服，三曰樂則，四曰朱戶，五曰納陛，六曰虎賁，七曰弓矢，八曰鈇鉞，九曰秬鬯。'[12]

白虎通復釋之曰：

'能安民者賜車馬，能富民者賜衣服，能和民者賜樂則，民衆多者賜朱戶，能進善者賜納陛，能退惡者賜虎賁，能誅有罪者賜鈇鉞，能征不義者賜弓矢，孝道備者賜秬鬯。'[13]

按後世九錫之說實本於此。今以金文考之，則衣服、車馬、弓

---

11. 韓詩外傳廉稽篇（古經彙函本，同治十二年，1873，粤東書局刊本），卷八葉七下至八上.

12, 禮記王制篇正義引.

13. 白虎通（抱經堂乾隆四十九年1784刊本），卷三上，葉八上.

矢、樂則、虎賁、斧、鉞、衣服、秬鬯之賜皆有之,特不若禮家所言之整齊劃一,而禮家所未言者如貝、旗、圭、宗彝、玉環之類,又有數十種,則一切日用品無不可賜者,但朱戶,納陛則未見,是蓋依漢制立說,而不知其於古未合也。

今試就郭氏兩周金文辭大系考釋著錄西周各器銘文所記受周王錫物者,列之於下:

器名:	賜物:
趞尊	貝五朋。
中觶	馬。
中甗(一)	采邑。
中甗(二)	生鳳,衎玉。
令鼎	臣十家。
獻侯鼎	貝。
臣辰盉	秬鬯,貝。
大盂鼎	鬯一卣,冕衣,紱舄,車馬,邦司四百,庶人六百五十九夫,夷司王臣千又三百,人隸千又五十夫。
小盂鼎	弓一,矢百,畫號一,貝冑一,金干一。
周公𣪘	臣三品,州人,𡨦人,𦎫人。
小臣靜彝	貝五十朋。
趞鼎	赤市,幽亢,鑾旂。
呂甗	秬三卣,貝三十朋。
剌鼎	貝三十朋。
彔伯𢦚𣪘	秬鬯一卣,金車,𠦪幬較,𠦪𡇨,朱虢靳,虎冟,朱裏金甬,畫轉,金厄畫轉,馬四匹,攸勒。

遣曹鼎(一)	載市，同璜，緣。
趞曹鼎(二)	弓矢，虎盧。
史頌段	璋，馬四匹，吉金。
頌鼎	玄衣，黹純，赤市，朱黃，緣旂，攸勒。
師虎段	赤舄
吳彝	秬鬯一卣，玄衮衣，赤舄，金車，桒冟，朱虢靳，虎幎熏裏，桒較，畫轉，金甬，馬四匹，攸勒。
牧段	秬鬯一卣，金車，桒較，畫轉，朱虢，冟靳，虎幎熏裡，旂，四馬。
師毛父段	赤市。
豆閉段	戠衣，⊖市，緣旂。
師奎父鼎	載市，同黃，玄衣黹純，戈琱戟，旂。
剌鼎	赤⊖市，緣旂。
望段	赤⊖市，緣。
師遽段	貝十朋
師遽彝	瑂圭一，璟章四。
康鼎	幽黃，攸勒。
卯段	瓚章四，瑴一，宗彝一，馬十匹，牛十，田四。
大段	馬二匹，帛束。
大鼎	馬三十二匹。
師酉段	赤市，朱黃，中絅，攸勒。
免段	赤⊖市。
免簠	戠衣，緣。
免觶	載市，同黃。
史懋壺	貝。

守宮尊	絲束，苴幕五，苴冪二，馬匹，毳布三，摶倴，坙朋。
𣪘卣	畢土方五十里。
鄭父簠	貝。
曶鼎	赤⊜市，赤金𩰫。
曶壺	秬鬯一卣，玄衮衣，赤市，幽黃，赤舄，攸勒，䜌旂。
趩觶	戠市，冋黃旂。
效卣	貝廿朋。
蔡𣪘	玄衮衣，赤舄。
虢季子白盤	弓，彤矢。
不𡢁𣪘	弓一，矢束，臣五家，田十田。
噩侯鼎	五瑴，馬四匹，矢五束。
敔𣪘	圭瓚，貝五十朋，田一百。
克鐘	甸車，馬四匹。
南季鼎	赤⊜市，玄衣黹衮，䜌旂。
師嫠𣪘	戈戣十五鋝，鐘一，磬五，金。
師晨鼎	赤舄。
伯晨鼎	秬鬯一卣，玄衮衣，幽𩊚，赤舄，駒車，畫靳，幬較，虎幃冟位，里幽勒，旅五旅，彤弓彤矢，旅弓旅矢，戈皋冑。
師𠭯𣪘	赤市，朱黃，旂。
諫𣪘	攸勒。
揚𣪘	赤𩙣市，䜌旂。
𧈪𣪘	夷臣十家。

何𣪘	赤市，朱珩，䜌旂。
無㠱𣪘	馬四匹。
大克鼎	叔市，參冋，葬悤，田與氒臣妾，女史，小臣，霝龠，鼓，鐘。
伊𣪘	赤市，幽黃，䜌旂，攸勒。
寰盤	玄衣，黹屯，赤市，朱黃，䜌旂，攸勒，戈琱。
番生鼎	朱市，悤黃，鞞鞍，玉睘，玉瑹，車電軫，桒縟較，朱䩦靣靳，虎冟熏裏，錯衡，右厄，畫靳，虎冟熏裏，錯衡，右軛，畫轉，畫輯，金踵，金軛，金簟弼，魚箙，朱旂旜，金枋二鈴。
毛公鼎	秬鬯一卣，祼圭瓚寶，朱市，悤黃，玉環，玉瑹，金車，桒縟較，朱䩦靣靳，虎冟熏裏，右軛，畫轉，畫輯，金甬，造衡，金踵，金軛，䩞㲃，金簟弼，魚箙，馬四匹，攸勒，金𠯑，金膺，朱旂二鈴。
師匌𣪘	秬鬯一卣，圭瓚，夷允三百人。
彔𢿱	秬鬯一卣，乃父市，赤舄，駒車，桒較，朱䩦，靣靳，虎冟熏裏，畫轉，畫輯，金甬，馬四匹，攸勒。
師𠭰𣪘	叔市，金黃，赤舄，攸勒。
𢦏𣪘	戠玄衣，赤⊖市，䜌旂，走馬。
無叀鼎	玄衣黹屯，戈琱，攸勒。
休盤	玄衣黹屯，戈琱，赤市，朱璜，䜌旂。
師兌𣪘	市，五黃，赤舄。
𨛭𣪘	赤市，回䍑黃，䜌。

師兌毁(二)　　秬鬯一卣，金車，桒較，朱鞹圅靳，虎冟熏裏，右軛，畫轉，金甬，馬四匹，攸勒。

由以上七十五器之銘文中所載之賜物觀之，最少者有一種者，有多至二十餘種者。小而至於貝，弓矢，牛馬，大而至於土地，人民，王臣，無不在賜予之列者，而最常賜與者爲赤芾，在諸銘文中凡二十四見。其他關於衣服者則有赤舃(凡八見)，玄衮衣(凡八見)，戠衣(凡三見)，鞞鞛(凡二見)，黹衮，幽黻，冕衣，甲冑，絨舃，皆一見。大雅采菽之詩曰：'何以予之，玄衮及黼，赤芾在股，邪幅在下。'即謂此矣。次則鑾旂，凡二十一見。次則馬，凡十五見，而牛則僅一見。次則秬鬯，凡十一見。次則貝，凡九見。次則攸勒，馬飾也，凡八見。虎冟亦八見。圭瓚凡八見。次則田凡四見。車之種類甚多，稱金車者凡三見，稱駒車者凡二見，至於金軛，畫轄，畫䡖，畫轉，電軫，桒幬較，圅靳，右厄，簟茀，錯衡朱鞹，圅靳，鉤膺，皆車飾也，種類尤多。詩大雅韓奕之詩曰：'王錫韓侯，淑旂綏章，簟茀錯衡，玄衮赤舃，鉤膺鏤錫，鞹鞃淺幭，鞗革金厄。'頗與此合。左氏傳曰：'明試以功，車服以庸。'[14] 此之謂也。蓋古時於官吏除祿田外，無俸給之制，故每有錫命，賞賜甚豐。凡一切日用品，皆可賞賜，既不限於九物，亦不限九命，足徵九錫之說，乃後儒之懸想，於古未合也。

四　錫命王臣之典禮

前已言之，當西周之世，諸侯之封建，王臣之任命，皆以錫命

14. 左傳僖公二十七年。

之典禮舉行之。蓋古者有爵者必有位，有位者必有祿，有祿者必有田，任命與封建，其實一也。特王臣之采邑，皆在王畿之內，諸侯之封，例在王畿之外，如是而已。其錫命之典禮，無不同也。王臣之錫命，大抵爵位愈高者則賞賜亦愈豐厚，其中尤以大克鼎，毛公鼎銘文最爲隆重詳贍，可藉以窺見西周時期冊封重臣之禮儀。大克鼎之第二段曰：

'王在宗周，旦，王格穆廟，即位。𤔲季右善夫克入門，立中廷北嚮，王呼尹氏冊命善夫克。王若曰："克，昔余旣命女出納朕命，今余惟𤔲橐乃命。錫女叔市參冋，𦯞悤。錫女田于埜，錫女田于渒，錫女井家𨟭田于䣙，以𠦪臣妾，錫女田于康，錫女田於匽，錫女田於陴原，錫女史小臣，霝龠鼓鐘，錫女井遈𨟭人𦨶，錫女井人奔于量，敬夙夜用事，勿灋朕令。"克拜䭫首，敢對揚天子丕顯魯休，用作朕文祖師華父寶將彝，克其萬年無疆，子子孫孫永寶用。'

按此乃任命克爲膳夫之官之典禮也。考毛詩小雅十月之詩曰：'皇父卿士，番維司徒，家伯冢宰，仲允膳夫，棸維趣馬，楀維師氏，豔妻煽方處。'此以膳夫與卿士司徒、冢宰、趣馬師氏，並列，其權勢之大可知。克之冊命，典禮之隆重，賞賜之優厚，在銘文中，罕見其匹，其地位之重要可知。而毛傳：'膳夫，上士也，掌王之飲食膳羞。'蓋据周禮爲說，不足信据也。且此冊命曰：'出納王命'，此豈掌王之飲食膳羞所能概耶？

毛公鼎之銘辭則較克鼎尤爲詳贍，乃彝器銘文中之最富麗者也。吾人由之益可窺見古代之冊命制度。其文曰：

'王若曰:"父厝,丕顯文武,皇天弘猒氒德,配我有周,膺受大命,率懷不廷方,亡不閈于文武耿光。惟天將氒命,亦唯先正𢍈辥氒辟,勞勤大命,肆皇天亡斁。臨保我有周不鞏先王配命。旼天疾畏,嗣余小子弗及,邦將害吉?䜌䜌四方,大從不靜。烏乎!懼余小子圂湛于艱,永攻先王。"王曰:"父厝,今余惟肈經先王命,命女辥我邦我家內外,惷于小大政,甹朕位,虩許上下若否雩四方,死毋童余一人在位,弘惟乃智,余非庸又昏,女毋敢妄寧,虔夙夜惠我一人,雝我邦小大猷,毋折緘。告余先王若德,用仰卲皇天,申圝大命,康能四國,欲我弗作先王憂。"王曰:"父厝,雩之,庶出入使於外,敷命尃政,埶小大楚賦,無唯正婚,弘其惟王智,迺唯是喪我國。歷自今,出入敷命于外,氒非先告父厝,父厝舍命,毋敢有惷尃命于外。"王曰:"父厝,今余惟申先王命,命女亟一方,圅我邦我家,女推于政,勿雝遠庶民賓,毋敢龏橐,龏橐迺敄鰥寡,善效乃友正,毋敢湎于酒,女母敢墜,在乃服圝夙夕敬念王畏,不賜,女毋弗帥用先王乍明刑,俗女弗以乃辟圅于艱。"王曰:"父厝,巳曰及茲卿事寮,太史寮,于父即尹。命女䪅嗣公族,雩參有嗣,小子師氏虎臣,雩朕褺事以乃族干吾王身。取貴卅寽。易女𩰫鬯一卣,祼圭瓚寶,朱市,悤黃,玉環,玉珠,金車,𠦪縟較,朱䩵𩍝靳,虎冟熏裏,右厄,畫轉,畫䡈,金甬遣衡,金踵金豙,彤𦃃,金簟弼,魚箙,馬四匹,攸勒,金嚨金膺,朱旂二鈴,易女茲关,用歲用征。"毛公厝對揚天子皇休,用作尊鼎,子子孫孫永寶用。'

此器郭沫若氏考定爲宣王之器,大致可信。按毛國在今河南宜陽縣境,始祖爲文王之季子,周公所封。出卿天命,入輔王室,由來已久。書顧命,記成王臨崩時,毛公與召太保奭,芮伯彤,畢公、衛公、同爲顧命大臣。班𣪘:'王命毛伯臣邦家君徒御國人,伐東國𤞷戎咸。'左傳文公元年,夏四月天王使毛伯來錫公命。'杜註:'毛國伯爵,諸侯爲王卿士者。'則毛公乃周之世卿,至東周而猶然。卿士,乃王室之執政,小雅十月之詩'皇父卿士',列於羣臣之首,足證其位最尊。太史乃宗教官之領袖,以卿士而兼太史,其位之尊可知,宜其册命之禮,若是之隆重也。周禮出於後儒之理想,其中所載,本非西周制度。其書以大冢宰爲最尊,而無卿士之職。而太史一職,位不過上士,即此一端,亦足見其不足信據矣。公族者左傳宣公二年正義引孔晁注國語云:'公族大夫公族大夫掌公族及卿大夫子弟之官。'余考左傳宣公二年'初驪姬之亂,詛無詛羣公子,自是晉無公族,及成公即位,乃官卿之適子而爲之田,以爲公族,又官其餘子亦爲餘子,其庶子爲公行,于是有公族、餘子、公行。則諸國以其羣公子爲公族,而晉則以官卿之適子爲公族也。蓋晉之公族,猶楚之王族,皆以餘子捍衛公室者,公族大夫者,蓋其長也。參有司者,于省吾云:'即小雅十月擇三有事。毛傳擇參有事,有司國之三卿。'[15] 小子師氏諸官亦見夨彝,小子殆即立政篇之小君,虎臣即虎賁,皆武職。此皆須聽命於卿士者也。𢉩父,既以卿士當國政,宜其册命典禮之隆重,賞錫之豐厚,莫與倫比也。

15. 于省吾雙劍誃吉金文選(民國二十二年石印本),卷上二,葉十下.

五　錫命諸侯之典禮

彝器銘文中册命大臣之記載甚多，而封建諸侯之錫命則較少，蓋傳世之彝器，多係西周中葉以後之物，其時大批之封建，皆已過去也。惟詩，書，左傳中，於周初封建，頗多記載，吾人若以金文銘辭，相互參較，則於當時錫命典禮，猶可考見焉。

詩魯頌記魯公之受封曰：

'王曰叔父，建爾元子，俾侯於魯，大啓爾宇，為周室輔。乃命魯公，俾侯於東，錫之山川，土田附庸。

以金文銘辭例之，此蓋隱括封建魯國時錫命之原文也。

左傳定公四年記魯國受封時之典禮，較此為詳，足補魯頌之所未備：

'昔武王克商，成王定之，選建明德以藩屏周，故周公相王室以尹天下，於周為睦。分魯公以大路大旂，夏后氏之璜，封父之繁弱，殷民六族：條氏、徐氏、蕭氏、索氏、長勺氏、尾勺氏、使帥其宗氏，輯其分族，將其類醜，以法則周公，用即命於周，是使之職事於魯，以昭周公之明德，分之土田陪敦，祝宗卜史備物典策，官司彝器，因商奄之民，命以伯禽而封於少皞之虛。

按由以上所記，足考見周初侯國建國之規制。特周公以叔父之尊，膺卿相之位，其元子開國之規制，自較其他侯國尤為隆重完備耳。'命以伯禽'者，以下文'命以康誥'例之，乃魯公所受錫命，名曰伯禽也。惜久已亡逸，莫可詳考。魯頌所歌詠，左傳所記載，似蓋皆據此篇。據二書所載，魯公受封時，所受之賞錫(一)有士地焉。魯頌之所謂:'錫之山川,土地附庸'也。左傳之所謂:'分之土田陪敦'也。所謂附庸者,則魯不惟有其本國之疆域,且負責經略附近小國也。齊太公之封也,其策命中亦謂:'五侯九伯,女實征之,以夾輔周室。……東至於海,西至於河,南至于穆陵,北至於無棣。'[16] 蓋是時商奄初平,蠻夷未定,初封各國皆有鎮撫蠻夷,經略方面之責也。(二)有人民焉。奄人以外,復分之以新經征服之商人六族。此六族者,須'即命於周,職事於魯。'此所謂周,以金文例之,當即指成周而言,昔人以岐周當之,失之迂曲。此被征服之殷人,已淪爲奴隸,經在成周編制以後,即移居於東土。蓋疏散之以防其再與禍亂,兼以之實邊也。(三)有百官有司焉。統制此新征服之領土與人民自需要大批之官吏,此等官吏惟有征服者之周人始得充任,於是此等周人,遂成爲新國之貴族。此等官吏分爲兩種:一爲宗族官,祝、宗、卜、史之類是也。此爲當時建新社稷所不能少者。一爲治民官,即所謂百官有司也。(四)有彝器焉。彝器者,杜注云,'謂鐘鼎,爲宗廟之常器。'周人於新封諸侯例賜以彝器,以助之祭,所謂以'鎮撫其社稷也。'(五)有車服百物焉。夏后氏之璜,封父之繁弱,皆寶物也。'大路、大旂,'金飾之車,交龍之旗,以章其寵也。'備物典策,'謂典籍書策也。百官有司,彝器典策,皆由周而移於東土,周之文化亦隨之而俱東矣。

左傳又記康叔受封之典禮曰:

'分康叔以大路,少帛、綪茷、旃旌、大呂,殷民七族:陶

16. 左傳僖公四年.

氏、施氏、繁氏、錡氏、樊氏，徐氏、終葵氏，封畛土略，自武父以南，及圃田之北竟。取於有閻之土，以共王職。取於相土之東都，以會王之東蒐。聃季授土，陶叔授民，命以康誥，而封於殷虛。'[17]

按康叔爲衛之始祖，此記衛國始建之規制也。'命之康誥'者，謂冊命之辭名曰康誥也。康誥即今尚書中之康誥篇，周初冊命諸侯之錫命，惟此篇僅存，誠研究周初封建制度極重要之資料也。

康誥篇爲極長之冊命。篇首記'惟三月哉生魄，周公初基，作新大邑於東國洛，四方民大和會，百工播民和見士於周，周公咸勤，乃洪大誥治。'則康叔之封，乃於作洛後在成周舉行。繼謂'王若曰，"孟侯朕，朕其小子封"'。康叔爲文王之子，則此所謂王者乃周公可知。蓋其時正在東征之後，周公居攝之時也。冊命中於治衛之政策，訓示極詳，尤汲汲焉於（一）慎刑，（二）用賢，（三）受民諸大端，反覆叮嚀，蓋時當大亂初定之後，康叔受封於東周，負責善後，撫循殷民，鎮守東土，極關重要。康叔所負之責任極大，宜乎周公訓示之深辭若是之周且詳也。此外酒誥、梓材兩篇，據書序亦係對衛康叔之訓令。殷季以酗酒昏虐亡國，故酒誥梓材兩篇於異封禁酒、勤政、愛民諸大端，嚴加訓勉，足徵在周初諸侯既封之後，尚須奉行王之訓令，王室統制力極大，與後世諸侯之儼同獨立者不同矣。

左傳復記晉康叔之受封時之規制曰：

'分唐叔以大路，密須之鼓，闕鞏，沽洗，懷姓九宗，職官

17. 左傳定公四年。

五正，命以康誥，而封於夏虛，啓以夏政，疆以戎索。[18]

按康叔之封，据僖公二十四年傳，亦在東征之後，成王滅唐，而封太叔，使之賓撫西北之戎族也。康誥一篇，蓋即封康叔之册命，惜已不傳，而其所受賜者，有夏虛之土地，有懷姓之人民，有周室之官司，與魯衛同也。至於大路鐘鼓則據昭公十五年傳：'密須之鼓，與其大路，文所以大蒐也。闕鞏之甲，武所以克商也康叔受之，以處參虛，匡有戎狄。'是皆周室之寶物，賜予唐叔，以'鎮撫其社稷者也。'

周之諸侯，多係成王周公時所封，是時東方旣平，商奄甫定，需要大批諸侯以鎮撫降民，屏藩周室，所謂：'封建親戚，以藩屏周'也。[19] 成康以後，王畿外之土地，多已建侯，封建遂少。昭王以後，周室遂衰。宣王即位，南伐荊楚，北征玁狁，號稱中興。宣王旣向東南方面推進周之勢力，遂更建新國，大雅崧高，江漢之詩，即詠宣王錫命諸侯，新建侯國之經過也。詩小序曰：'崧高，尹吉甫美宣王也。天下復平，能建國親諸侯，褒賞申伯焉。其詩曰：

亹亹申伯，王纘之事，于邑于謝，南國是式。

王命召伯，定申伯之宅，登是南邦，世執其功。

王命申伯，式是南邦，因是謝人，以作爾庸。

王命召伯，徹申伯土田，王命傅御，遷其私人。

……………………………………………………

王錫申伯，四牡蹻蹻，鉤膺濯濯。

王遣申伯，路車乘馬，我圖爾居，莫如南土。

18. 左傳定公四年.　　19. 左傳僖公二十四年.

錫爾介圭，以作爾寶，往近王舅南土是保。'

以金文銘辭例之，此詩蓋亦隱括錫命召伯之原文也。首言賜申伯之土田，次則賞賜之物也。其所受賜物，有路車，有乘馬，即銘文中所謂馬四匹矣。介圭者大圭也。介圭作寶，蓋即毛公鼎之所謂'鄆圭鬲寶'矣。鉤膺謂馬飾。毛公鼎'金膺'亦即此物矣。

江漢篇，記宣王封建召穆公之詩也。召穆公虎，因平淮夷有功，而封於南國。其詩曰：

江漢之滸，王命召虎，式辟四方，徹我疆土，匪疚匪棘，王國來極，于疆于理，至於南海。

王命召虎，來旬來宣，文武受命，召公維翰。無曰予小子，召公是似，肇敏戎公，用錫爾祉。

釐爾圭瓚，秬鬯一卣，告于文人。錫山土田，于周受命，自召祖命。虎拜稽首，天子萬年。

虎拜稽首，對揚王休，作召公考，天子萬壽。明明天子，令聞不已，矢其文德，洽此四國。

此亦蓋隱括召公伐淮夷，歸告成功所受之錫命也，其中大部，以金文例之，蓋皆隱括册命原文。召公所受之賞賜，除山川土田外，有圭瓚、秬鬯與申伯略同。末章所記召公受命後，'虎拜稽首，對揚王休。'則又與金文錫命之禮，完全相同矣。

由以上魯、衞、晉、謝等國受封之典禮，頗可以考見周初封建制度之大略。大抵諸侯之封皆有錫命，而以康誥最爲完整。錫命時受封者不惟受命，且得大批賞賚，此種賞賜往往即記於錫命之後段，其中最重要者爲土地、人物、職官、彝器、車服，器用，武器等事，所謂'有績而載，奉之以土地，撫之以彝器，旌之以車服，明之以文章'[20]是也。

在各種賞賜之中，以圭爲最要，圭者受封者之符信，所謂命圭也。崧高之詩曰：'錫爾介圭，以作爾寶。'江漢之詩曰：'釐爾圭瓚'，皆謂此也。周禮典瑞：'公執桓圭，侯執信圭，伯執躬圭，繅皆三采三就，子執穀璧，男執蒲璧，繅皆二采再就，以朝、覲、宗、遇、會同于王。諸侯相見亦如之。'考工記玉人：'玉人之事，鎮圭尺有二寸，天子守之。命圭九寸，謂之桓圭，公守之。命圭七寸，謂之信圭，侯守之。命圭七寸，謂之躬圭，伯守之。'鄭注：'命圭者王所命之圭也，朝覲執焉，居則守之。'諸侯朝覲天子，必執其命圭。韓奕之詩曰：'韓侯入覲，以其介圭是也。至於堯典之'輯五瑞'又'班瑞於羣后'，亦指會諸侯，合符信而言也。尚書大傳曰：'故圭冒者，天子所以與諸侯爲瑞也。諸侯執所受圭以朝天子。瑞也者，屬也。無過行者，得復其圭以歸其國；有過行者留其圭，能改過者復其圭。三年圭不復，少絀以爵；六年圭不復，絀以地；九年圭不復而地畢。'[21]雖其所言，不免參雜後儒之理想，而賜圭合符，則係古代之制度也。

彝器亦受錫命者常得之賞賜，左傳襄公十九傳：'取其所得，以作彝器。'杜注：'謂鐘鼎，爲宗廟之常器'則彝器爲宗廟之祭器。諸侯於始封之際，天子恒分賜之，以助其祭，所謂：'諸侯之封也，皆受明器於王室'也。[22]書序：'武王既勝殷，邦諸

20. 左傳昭公十五年.

21. 尚書大傳(陳壽祺輯校本，古經覺函，同治十二年，1873，粵東書局刊本)，卷一葉六上.

22. 左傳昭公十五年.

侯，班彝封，作宗器。' 邦，史記作封，古時封邦同字，謂武王克殷後，封建諸侯，頒彝器於諸侯而作分器之篇也。分器篇今亡，不知其中記載何器，然諸侯之封，例頒之以器，則無疑義也。

六　錫命嗣位諸侯之典禮

封建本爲個人間之契約關係，及身而止。而在中國古代，猶如西洋中古時期，世襲制又爲不能遏止之趨勢。天子世襲，王臣世襲，諸侯自亦不能不世襲，此在宗法制度下之必然趨勢也。　天子與諸侯既俱係世襲，則一方死，他方必與新繼承人重行締結此等封建制之契約關係。是故新天子即位，諸侯須朝於新王，重受錫命，而諸侯之嗣位亦須受王之同意與錫，始得即位爲侯。於是雙方又重新締結契約關係焉。西洋中古時期之封建制度如是，而吾國古代之封建制度亦如是也。

白虎通薨崩篇曰：'諸侯薨，使臣歸瑞圭於天子何？諸侯以瑞圭爲信，今死矣，嗣子諒闇，三年之後，當乃更爵命，故歸之，推讓之義也。禮曰："諸侯薨，使臣歸瑞於天子。"韓詩內傳亦曰："諸侯世子三年喪畢上受爵命於天子。"' 蓋諸侯之封，原止及於其身故身終而歸圭，其嗣子須覲於天子，受王之錫命，然後始得正式爲侯。伯晨鼎銘即賜命𩛥侯嗣繼祖位之記載也。其文曰：

'隹王八月辰在丙午，王命𩛥侯伯晨曰："嗣乃祖考侯於𩛥，易女秬鬯一卣，玄袞衣，幽夫韍，赤舄，駒車、畫靳、

鞲交，虎幃、𥁕位、里幽攸勒、旂五旒、弓矢、旅弓旅矢、大戈、臯冑、用夙夜事，勿灋朕命。"' 𢓊拜稽首，敢對揚王休。'

此蓋繼嗣之君，入覲而得受錫命也。　詩大雅韓奕之詩，記韓侯入覲，因受賜命之經過尤詳，其詩曰：

'奕奕梁山，維禹甸之，有倬其道，韓侯受命。　王親命之，纘戎祖考，無廢朕命，夙夜匪解，虔共爾位。　朕命不易，榦不庭方，以佐戎辟。

四牡奕奕，孔脩且張。　韓侯入覲，以其介圭，入覲於王。　王錫韓侯，淑旂、綏章，簟茀錯衡，玄袞赤舄，鉤膺鏤鍚，鞹鞃淺幭，鞗革金厄。

此蓋隱括韓侯所受錫命之册文也。

此外詩小雅之瞻彼洛矣，采菽等詩，據小序皆錫命諸侯之詩也。瞻彼洛矣之詩曰：

瞻彼洛矣，維水泱泱，君子至止，福祿如茨。　韎韐有奭，以作六師。

瞻彼洛矣，維水泱泱，君子至止，鞞琫有珌。

采菽之詩曰：

君子來朝，何錫予之？　雖無予之，路車乘馬。　又何予之？　玄袞及黼。

赤芾在股，邪幅在下，彼交匪紓，天子所予。　樂只君子，天子命之。　樂只君子，福祿申之。

詩魏風無衣篇毛傳曰：'諸侯不命於天子則不成爲君。'　故婉言無衣，以爲武公說命也。

韎韐，士祭服也。　赤芾在股，受爵命之服也。　蓋諸侯服元士之服而來，及受錫命，始服命服而返也。[23] 周禮：'一命受職，再命受服。'[24] 公羊傳莊公元年：'王使榮叔來錫桓公命。錫者何？賜也。' 命者何，加我服也。以賜服解賜命，亦謂嗣君必受命服於天子也。

此外儀禮覲禮篇記諸侯覲見天子之禮頗詳。但儀禮乃戰國末年之書，其中所述，多春秋以後之制度，未必足徵也。[25]

又國語周語上：'魯武公以括與戲見王，王立戲。樊仲山父諫曰："不可立也。不順必犯，犯王命必誅……今天子立諸侯而建其少，是教逆也。若魯從之而諸侯效之，王命將有所壅，若不從而誅之，是自誅王命也……天子其圖之。" 王卒立之。魯侯歸而卒。及魯人殺懿公(戲)而立伯御(括)。三十二年，宣王伐魯立孝公。' 據此則不惟嗣君須得王之錫命然後稱侯，且事前王於繼位者且有抉擇之權也。

七　春秋時代王室之錫命

由以上所略考者，可知當宗周之隆，諸侯皆親命於天子，錫之以策命，寵之以章服，然後始得爲君。迨夫周室式微，王權日替。及平王東遷，王綱益墜。天子之權，不出王畿，諸侯篡

23. 參看惠士奇春秋說（皇清經解本，學海堂刊），經解卷二四二，葉十下至十二下。
24. 周禮大宗伯。
25. 崔述豐鎬考信錄（顧頡剛先生編訂本，民國二十五年上海亞東圖書館出版），册六，頁六至八。

弑時作，王莫能討，嗣君繼位，益非王所能干涉。實權既無，錫命之禮，遂亦寖廢。列國之中，以魯與周為最密。春秋記列國之事，亦以魯國為最詳。然十二公之中，受錫命者僅桓、成、文三君，而桓公之命，且係死後之追贈。列國諸侯受錫命之見於春秋內外傳者，僅有衛襄公、齊桓公、靈公、晉武公、惠公、文公六君，其中衛襄公亦係死後之追命。[26] 且以上錫命，俱係王室遣使來致命，非諸侯覲見，由王親命也。其見於春秋者如：

莊公元年：'冬王使榮叔來錫桓公命。'

文公元年：'夏天子使毛伯來錫公命。'

成公八年秋：'天子使召伯來賜公命。'

春秋記魯君受錫命者僅此三君。且俱係由天王遣使致命，且也，始受命之桓公，乃弑君之賊也，天王不能討，於其死也，且寵之以錫命，王綱之墜，可謂極矣。是故穀梁傳曰：'禮有受命，無來錫命。錫命非正也。生服之，死行之禮也。生不服，死錫之，不正甚矣。'其論甚正，為左傳公羊所不及。

列國諸侯錫命之辭，惟錫齊靈公者，左傳中保存其原文，其辭曰：

> 昔伯舅太公右我先王，股肱周室，師保萬民，世胙太師，以表東海。今余命汝環率茲舅氏之典，纂乃祖考，無忝乃舊。敬之哉，無廢朕命。

26. 左傳昭公七年，"秋八月，衛襄公卒，衛齊惡告喪於周，且請命，王使成簡公如衛弔，且追命襄公曰，'叔父陟恪，在我先王之左右，以佐事上帝，余敢忘高圉亞圉。'晉武公受錫命見左傳莊公十七年，惠公受命見左傳僖公十一年及周語上。此外史記秦本紀又稱秦穆公亦受天子致伯，但不見左傳國語。餘詳下文。

蓋節錄册命之原文也。

左傳莊公二十七年，'王使召伯廖賜齊侯命。'杜注：'賜命爲侯伯'，而未詳其禮。僖公二十八年傳於晉文公受侯伯之命則較詳，其辭曰：

'王命尹氏及王子虎，內史叔興父策命晉侯爲侯伯，賜之大輅之服，戎輅之服，彤弓一，彤矢百，弓矢千，秬鬯一卣，虎賁三百人曰："王謂叔父，敬服王命，以綏四方，糾逖王慝！"晉侯三辭，從命曰："重耳敢再拜稽首，奉揚天子之丕顯休命。受命以出，出入三覲。

則其典禮策命，大致與西周相同，特非王親命之耳。尚書文侯之篇，司馬遷與劉向以爲即晉文公所受之册命。[27] 而鄭玄、王肅與僞孔則皆以爲平王命晉文侯之辭。究係何說爲是，乃經學上之一大問題。余按文侯之命篇首曰：王若曰，父義和。'則義和顯爲文侯之名或字，猶如毛公鼎之稱'王若曰父厝'，大克鼎之稱'王若曰克'，義和之義與文侯之名仇相反爲字，乃古人命名之常例。且左傳僖二十八年記襄王錫文公命，並享文公之禮曰：'用平禮也。'杜注：'以周平王享晉文侯仇享晉侯。'則文侯當平王之世確有受命稱臣之事，司馬遷混而爲一，非也。

總之，當春秋之世，王室式微，實權已失，諸侯放恣，目無天子久矣。朝覲罕行，貢幣不入，錫命之典，遂亦寖廢。即偶一行之，亦僅爲粉飾之具文，而失其眞義。如魯之三公受錫命，示親魯也。齊桓晉文之受錫命，以其尊王，有功王室也。齊靈

27. 見史記晉本紀，新序善謀篇.

28. 見尚書文侯之命及書序篇僞孔傳及孔氏正義引鄭玄王肅說.

公之受錫命則以天子將婚於齊也。皆彰王室之殊寵，爲例外之點綴。不然則王室錫命殊少舉行，以節省此項費用也。

——摘自《燕京學報》1947年第32期

論禮樂之起源

羅倬漢

第一 名字之起源

一 禮器與樂器

在三百篇中，多言禮器與樂器。其論樂器者：關雎曰，『窈窕淑女，琴瑟友之。』『窈窕淑女，鐘鼓樂之，』此以琴瑟鐘鼓友樂淑女，爲求情之具也。山有樞曰，『子有鐘鼓，弗鼓弗考，』又曰，『子有酒食，何不日鼓瑟，且以喜樂，且以永日，』此以鐘鼓及瑟爲在家宴樂之具也。車鄰曰，『既見君子，並坐鼓瑟，』又曰『既見君子，並坐鼓簧，』此以瑟簧爲良友宴樂之具也。宛丘曰，『坎其擊鼓，宛丘之下，無冬無夏，值其鷺羽，』又曰『坎其擊缶，宛丘之道，無冬無夏，值其鷺翿，』此以擊鼓擊缶俱舞爲衆戲之具也。鹿鳴曰，『我有嘉賓，鼓瑟吹笙，吹笙鼓簧，承筐是將，』又曰，『我有嘉賓，鼓瑟鼓琴，鼓瑟鼓琴，和樂且湛，』此以琴瑟鼓簧爲宴樂嘉賓之具也。靈臺曰，『虡業維樅，賁鼓維鏞，於論鼓鐘，於樂辟廱，』又曰『鼉鼓逢逢，矇瞍奏公，』此以鐘鼓爲落宮室之成之具也。有駜曰，『夙夜在公，在公飲酒，振振鷺，鷺于飛，鼓咽咽，醉言歸，于胥樂兮，』此以鼓及舞羽爲君臣宴樂之具也。至鼓鐘曰『鼓鐘將將，淮水湯湯，憂心且傷，淑人君子，懷允不忘，』又曰，『鼓鐘伐鼛，』又曰，『鼓鐘欽欽，鼓瑟鼓琴，笙磬同音，以雅以南，以籥不僭，』此鐘磬琴瑟笙磬籥舞齊作，爲三百篇廣言德音之本義（別見），即以爲爲（去聲）樂作樂之具也。以上諸例，雖時代不同，然經春秋中葉時爲編詩者之所整理，自可略見其前用樂之大凡。（有駜屬魯頌，疑非編詩者所取入，然於此約畧，）孔子（前用樂自可與同一例可參詩樂論）。其中蓋有用之自娛者焉，用之嬉戲者焉，用之懷人者焉，用之求愛者焉，用之宴賓者焉，……幾於無不可用矣。此樂器爲用具，即所以爲人之用及爲羣之用也。

惟諸例雖皆言樂具而未並言禮具。先民必淺見禮具與樂具之相關，然後初有禮與樂對立之意識，是必樂具與禮具兼見之際而始可以徵其逕閾也。今僅有樂具，未可即據以推禮器亦當在其中。如采蘋曰，『于以采蘋，南澗之濱。于以采藻，于彼行潦。于以盛之，維筐及筥。于以湘之，維錡及釜。』此筐筥錡釜爲禮器，（從左氏隱三年傳釋『筐筥錡釜之器』）蘋藻爲禮器中所薦之物。又曰，『于以奠之，宗室牖下。誰其尸之，有齊季女』則此禮器正以行奠廟之禮，其爲用最彰明矣，然亦不可據以推論嚴恭宗廟當有侑神之歌，爲禮與樂之並在也。（此處僅據詩辭爲言，未涉諸家異說。）故當於其獨立者言獨立，並在者言並在，不必相涉矣。

楚茨曰，『絜爾牛羊，以往烝嘗，』此言舉禮物以爲祭也。曰，『或剝或亨，或肆或將，』就禮物而更細說之也。曰，『執爨踖踖，爲俎孔碩，或燔或炙，』曰，『爲豆孔庶，』正言俎豆爲禮之具也。已言禮具，亦兼言樂具。曰『鐘鼓既戒，』曰『鼓鐘送尸，』即以樂具侑神矣。此一事也，備言禮具與樂具乃祭禮之所主也。

甫田曰，『以我齊明，與我犧羊，以社以方，』言舉禮物以爲祭也。曰，『琴瑟擊鼓，以御田祖，』則舉樂具以迎神也。此亦兼言禮物與樂具，仍爲祭禮之所主矣。楚茨曰，『我黍與與，我稷翼翼，我倉既盈，我庾維億，』

甫田曰『倬彼甫田，歲取十千』『曾孫之稼，如茨如梁，曾孫之庾，如坻如京，乃求千斯倉，乃求萬斯箱』，皆頌農田之豐成，其情不異，而楚茨言『烝嘗』，甫田言社方，則祭祀與祭社之事區以別矣。

頌詩較多樂歌或樂舞之歌，大抵爲祭祀之作。執競云：『鐘鼓喤喤，磬筦將將，』『降福簡簡，威儀反反，』此言樂具與『威儀』亦兼言禮樂也。威儀雖非言禮具，然總寫儀容，固可以見之於外者矣。閟宮云，『春秋匪解，享祀不忒，』『享以騂犧，是饗是宜，』『秋而載嘗，夏而楅衡，白牡騂剛，犧尊將將，毛炰胾羹，籩豆大房，』言禮物之祀，可謂詳矣；下復言『萬舞洋洋，孝孫有慶，』則明言樂舞之俱祭也。那云『猗與那與，置我鞉鼓；奏鼓簡簡，衎我烈祖，』『鞉鼓淵淵，嘒嘒管聲，既和且平，依我磬聲，』『庸鼓有斁，萬舞有奕，』此祀禮而言舞樂，可謂備矣；下復言『溫恭朝夕，執事有恪，』明言執事，亦可見之於外，則所以爲禮者可知也。此頌詩多以禮樂同寫矣。

然而風詩中亦有可以蹤跡者。簡兮曰，『簡兮簡兮，方將萬舞，』『碩人俁俁，公庭萬舞，』『左手執籥，右手秉翟，』言樂舞極詳矣；又曰『赫如渥赭，公言錫爵，（王國維說舞校爵字爲舞以顯赭，可參。）』此卽爲行禮後之飲酒也。毛傳之釋萬舞也，曰『以干羽爲萬舞，用之宗廟山川，』此俱祭禮，殆無疑矣。（若閟宮及那之言萬舞係俱宗廟之祭禮。宗廟之祭有萬舞，山川之祭自或亦有萬舞，緣上引楚茨言烝嘗之祭兼具禮樂，社方之祭亦兼具禮樂也。惟毛傳解『方將萬舞』之方爲四方，以之附合山川之義，以對下公庭爲言，則似昧以方將之方字實與詩下句『日之方中』之方字同義矣。若如毛傳，則何如解方爲社方之方乎？且長發言『有娀方將』，正與此『方將萬舞』詞同一例，而毛於彼將釋大，此將字釋行，亦不能符。若兩將字俱釋爲大，則『方將萬舞』者正爲方大萬舞，接上『簡兮簡兮』，毛傳釋簡爲大者，正順適也。）

由此諸例，以校上引作樂之例，則此在祭禮中有禮具儀容及樂具之同見於外，似有特異之處。由是以謂禮與樂對立之爲詞，殆由數見祭禮而得引發，諒非過當。今再引古代盛會所記以見禮樂二者之並在。

詩賓之初筵者，合飲酒、大射、祭禮諸生活而描寫其盛況者也。其第一章曰，『賓之初筵，左右秩秩，籩豆有楚，殽核維旅，酒既和旨，飲酒孔偕。鐘鼓既設，舉醻逸逸。大侯既抗，弓矢斯張，射夫既同，獻爾發功。發彼有的，以祈爾爵。』鐘鼓者，樂之具也。籩豆者，禮之具也。然此不以侑神而行於射時飲酒之間，是果禮樂二事之見於非祭禮生活者乎？果射禮如此，則後日儀禮所寫鄉飲酒禮、燕禮及大射等悉具禮與樂之二者，亦見於三百篇矣。此固作意之集合，非人羣生活之常，然總非關於神明也。及讀其第二章曰，『籥舞笙鼓，樂既和奏，烝衎烈祖，以洽百禮。百禮既至，有壬有林。錫爾純嘏，子孫其湛。其湛曰樂，各奏爾能。賓載手仇，室人入又，酌彼康爵，以奏爾時。』則明言祭時百禮及籥舞笙鼓之樂。解者以上章爲射禮之飲酒，此爲祭禮之飲酒。（朱子詩傳卷五）惟觀上言『賓之初筵』『鐘鼓既設』，此則進言『籥舞笙鼓，』非止鐘鼓而已，又復言『樂既和奏』，是燕樂齊作，似對上『初筵』之語而曰『既』者，則此二章似不應分立也。後人見儀禮大射儀、鄉射等與諸祭禮各自爲篇，別別不相干，遂以推論此西周時之禮，恐有未洽處。竊意賓之初筵寫飲酒之盛，非爲常典、殆古代有合後世所謂燕禮、射禮、祭禮而爲一者，亦不可知。（毛傳以第二章仍爲射禮，則『烝衎烈祖』語不可解，故鄭箋以此爲殷禮，祭祀先奏樂，明知其不合儀禮也。陳奐詩毛氏傳疏卷二十一乃謂詩因燕而推本言之，是謂奏樂時，於烈祖爲致所追念，非有祭之事，實則甚爲曲說矣）是則祭時不必不俱射，亦不必不俱祭也。其祭後而射，或射後而祭，恐非有定法，總爲合樂大燕，隆其禮而校其藝矣。（儀禮射義言燕與射相關，可昭古義。詩賓之初筵毛傳以爲燕射之禮。胡培翬禮經舊說卷六以儀禮燕禮說明此詩因燕禮而行燕射，以中毛義。鄭箋以此爲大射而非燕射。孔疏引王肅述毛，孫毓則申鄭。箋諸家必以儀禮爲釋，恐不免過求其通。其言燕射，卽不免引及鄉射，亦與射義分燕禮與鄉飲酒禮爲兩附屬者有違。此詩固爲貴族之禮，然似不能舉已寫定爲禮制之書以求三百篇尚未有禮書時之制。禮本爲漸漸演進者。故取禮書以相喻，固無不可，而必注定其爲大射或燕射則謬。）然則禮與樂之事，在此等大典中不益爲人所注目乎？則又不止爲祭禮也已。

二　禮字之習見

惟三百篇之言樂具、禮具同顯矣，然其言禮與言樂亦微有不同。樂多言樂具樂舞而少獨言樂，上引諸例，如「樂既和奏」，實爲僅見，禮則有如賓之初筵「禮儀卒度」「禮儀既備」之言「禮儀」者焉，有如賓之初筵「以洽百禮」，豐年「以洽百禮」，載芟「以洽百禮」之言「百禮」者焉，有如相鼠「人而無禮」，十月之交「禮則然矣」，楚茨「式禮莫愆」之言「禮」者焉。所謂「禮儀」，自如舞容樂容之爲義，然言樂容等者不見於詩，而禮儀一詞獨以之總括人物之容態也。百禮之詞，按諸詩例，如鵲巢「百兩御之」，兔爰「逢此百罹」，黃鳥「百夫之特」，天保「受天百祿」，斯干「築室百堵」，無將大車「無思百憂」，楚茨「卜爾百福」，大田「播厥百穀」，公劉「逝彼百泉」，假樂「百辟卿士」，烝民「式是百辟」，韓奕「清酒百壺」「百兩彭彭」「因時百蠻」，時邁「懷柔百神」，載芟「播厥百穀」，良耜「播厥百穀」，閟宮「降之百福」，玄鳥「百祿是何」，長發「百祿是遒」，則百爲極言其多之義，詞例甚爲慣習。然而樂之種類亦甚多，何爲禮有百禮之詞，而樂在三百篇獨不能成百樂之詞耶？至僅言禮之一字，其繁出亦不同於樂。甲骨文有豊字，不外禮器之義，樂字似不指樂而爲地名。至彝銘於禮字樂字幾不可見，殊難取證。則就文字以觀禮樂，三百篇其權輿矣。說文謂樂爲「五聲八音之總名」，與其所言象樂器之義，（見下文）顯有後先之不同。夫以禮總百禮，以樂總百樂，誠爲後起之義，然禮則多言而樂非慣說，何也？吾於此而悟尙書之言禮言樂頗有可參證詩義者：

洛誥曰，「王肇稱殷禮，」又曰，「惇宗將禮，」又曰『未定于宗禮』，君奭曰，「故殷禮陟配天，」諸禮字皆指祭禮。今觀西周之書，如此言禮，竟不見一樂字，豈當時無作樂之事耶？非也。蓋有作樂之事而未以樂言之耳。至堯典曰，「有能典朕三禮，」「修五禮，」分禮爲三爲五，皋陶謨曰，「自我五禮有庸哉，」亦分禮爲五，此比諸徒以一禮字爲之綜括者，益爲條別，而堯典曰「命汝典樂，」樂字爲「五聲八音之總名，」者亦出可見堯典皋陶謨同爲「稽古」之書，比周初之篇爲稍後矣。

然周書金縢曰，「我國家禮亦宜之，」此禮字實超越殷禮宗禮，百禮諸義。原三百篇所謂「禮儀，」已有總統人物容態之意，而所謂「百禮」或亦有總宗廟等樂器之意，至書之言祭禮準諸三百篇之頌或亦不能無樂，而以禮爲之言者，殆總樂於其中也。然則禮字早有統括行禮下之禮器樂器、禮事樂事之意矣。今金縢言「國家禮亦宜之」，其總包之意，又超於祭禮等而爲抽象之道理，理法。由此以參三百篇之言禮者，曰「式禮莫愆，」因猶指祭禮，曰「人而無禮，」曰「禮則然矣，」則正與金縢一例。拙撰詩樂論（二篇二章）頗疑金縢載周公作鴟鴞之說，乃用管蔡惎間王室之義，與其他西周書純言殷頑者不同，此豈金縢視西周書爲後，三百篇言禮者與之同倫，均可以超祭禮諸義而爲人間理性之義乎？由是以論禮樂之慣語可得其鑰矣。

禮爲合理，爲人生規檢之義，已彰於詩書，而樂之事，若如三百篇之言，則去抽象理法之義仍甚遠，故在詩中僅有禮器樂器，禮事樂事之散出，俱不能成二者相須爲用，以資人生之大法。其舉樂以配禮，使樂亦如禮之超於個別事爲而得人生範型之義者，據今存典籍，端自論語始。

三　禮樂之連言與慣語

禮樂之聯爲慣語，乃由於其相濟爲用之義。禮樂者，相因之二，而非對立之二也。惟其相因也，故有一本。上所言禮以統樂，斯其根源矣。然文物大昌，概念斯富，行動交織，綜簡爲難。若能以禮樂通論古代文物，豈能外於學問者？蓋孔子之學，雖在詩書，而當西周文盛之後，其方法固自有本。論語曰，「吾有知乎哉？無知也。有鄙夫問於我，空空如也，我叩其兩端而竭焉。」此論知之事，即言其所以學。其自謙無知，又言「叩其兩端而竭，」更無餘蘊，於是綜簡之爲義可知矣。然則「叩其兩端」即所謂孔學之方法也。

論語有子述禮樂之義曰：

　禮之用，和爲貴。先王之道斯爲美。小大由之。有所不行，知和而和，不以禮節之，亦不可行也。（此句當讀句讀似錯）

此文內和即指樂，參諸下引論語繫言禮樂之義，即可爲本證。所謂『禮之用和爲貴』，『和不以禮節亦不可行』，即禮樂相資爲用之義也。『叩其兩端』，莫顯於是。所謂『先王之道斯爲美，小大由之』，即所以統論一切，眞乃『叩其兩端而竭』矣。

　禮樂爲先王之道，即統論歷史之政教文物也。禮樂可以小大由之，即其所以統論之義也。小則個人心理，大則社會倫理，總而爲治國平天下之禮樂，所以爲先王之道也。故由小而言，頗偏於心理說；由大而言，頗偏於倫理說。昔學以分析爲本，自當別白言之。惟首當悉者，則此所謂『禮之用，皆有所不行知和，』其以禮樂爲行用，斷然可知。行用不可以分析爲言，即不可以內外爲言，（分心理與社會爲言）又治中國政治思想者不可不明者也。識此大義，以下或依邏輯分析爲說，而不免稍違於事實之先後，或依事實之敍述中，而不免串行用即『今一』之名理，皆所以言孔學述古禮樂以爲學與所於忤也。茲先言論語所謂禮樂之名。

　論語言禮樂，不一其詞。其連言禮樂者：（一）子曰，『人而不仁，如禮何！人而不仁，如樂何！』（八佾）（二）子曰，「與於詩，立於禮，成於樂。」（泰伯）（三）子曰，『禮云、禮云，玉帛云乎哉？樂云樂云，鐘鼓云乎哉？』（陽貨）（四）『君子三年不爲禮，禮必壞，三年不爲樂，樂必崩。』（陽貨）以上四例，言禮必俱之以樂，其中雖頗涉禮器樂器之迹，而以（三）例爲尤顯；然大體總以人間行爲適軌爲其勝義。（一）（二）二例全言人生脩養，（三）（四）二例則言人生而及於人間之用禮樂，以知爲禮爲樂時，憑玉帛鐘鼓以爲發瀉，非不涉於迹者。夫禮樂爲人生之所常見，當其涉迹時，有用之於大者焉，有局之於小者焉。其大者華文縟飾，非平民之所得與，所謂『君子』之爲禮爲樂，亦非常人之所得與也。至其小者，橫汙行潦之水，（左隱三年傳）「黃桴土鼓之聲，（禮記明堂位）皆同其爲物，同其爲迹，非必貴族而始得用者。由此迹以觀，（一）（二）二例，如（二）例之言立禮成樂，近於精微，非凡人之所得論；而（一）例言人之於禮樂，不過未出玉帛鐘鼓之辭耳，其必有本以爲禮樂，與（三）例詞旨實相合。然以其未出鐘鼓玉帛之辭，而汎言之曰『人』，則轉可見其非徒指上層之君子，專用華貴之禮器樂器者。其曰『人而不仁』，意謂人而非其所以爲人，（孟子盡心『仁也者，人也，合而言之，道也。』禮記中庸『仁者人也』）同以遍及士庶，而非特指何人矣。然據此則（二）例之精微，亦不過言其所以爲人爾。人之地位，固有高下，智慧固有深淺，材力亦自有大小，而其成於和樂也，則固無強弱智愚貴賤而皆然。此孔子之語固以教學者，然有教無類之義在是矣。學者期於化民成俗之義亦在是矣。由此觀之，禮之與樂，可即禮器、樂器而超於禮器、樂器爲言，一也。禮之與樂遍於人間，範圍無外，二也。禮之與樂即爲人羣爲善之理法，三也。

　論語以禮樂爲慣語者：（一）子曰，『先進於禮樂，野人也，後進於禮樂，君子也。如用之，則吾從先進。』（先進）（二）『方六七十，如五六十，求也爲之，比及三年，可使足民。如其禮樂，以俟君子。』（先進）（三）『事不成，則禮樂不興；禮樂不興，則刑罰不中。』（子路）（四）子曰，『若臧武仲之知，公綽之不欲，卞莊子之勇，冉求之藝，文之以禮樂，亦可以爲成人矣。』（憲問）（五）孔子曰，『天下有道，則禮樂征伐自天子出；天下無道，則禮樂征伐自諸侯出。』（季氏）（六）孔子曰，『益者三樂：……樂節禮樂，樂道人之善，樂多賢友，益矣。』（季氏）此皆以『禮樂』爲慣語。（二）（三）（五）皆言國家之禮樂，（二）以禮樂後富足爲言，則禮樂爲教化之義；（三）以禮樂所以正刑罰爲言，則禮樂爲文教之所宗；參以（五）以禮樂征伐連言，則禮樂爲文而征伐爲武，其爲教化之義益昭彰矣。然則國家之教化爲禮樂，其普汎於社會而爲風教，豈可以階級限之哉？至（四）之論成人而必以禮樂爲言，則有其質仍當有其文之義，故曰『文

2010

之以禮樂。』文之者正爲斯文之旨也。譬若華翰，振采有力矣。上言國家之文，此言人生之文，同爲人間優美之華文。蓋觀於（六）『樂節禮樂』之語而知禮樂爲華飾之義矣。『樂節禮樂』者，恐其華飾而彌文，故又思所以節之也。此亦以個人爲言，因知文教之所寄，所以風厲社會，亦卽所以激揚人生者矣。於是而觀（一）先進後進之義，而知孔子論禮樂，非者於貴族之繁文，實有高於野人之古禮。其所謂用禮樂者卽用其具也。先進之質素卽有其本以用其具，其爲有本也遠優於後進之虛飾也。夫然『文之以禮樂』在節禮樂而得其中，孔學以禮樂爲行用，其所以激揚社會風教者，卽此『叩其兩端』，使有本有文而已矣。

以上泛言禮樂及以禮樂爲慣語，論其迹爲社會文化，言其意爲生活規範與融和（上引禮以和爲貴和當以禮節）之二，遂若離立社會與個人而二之者。然舉文化之迹，指以二端，及生活之意，指以二端，不過同謂之文而已。同謂之文，卽當知行用之義。夫文固有其迹亦有其意者也。論語言文王已沒，文必在茲，又力言斯文之旨，卽可識文之大義。故對本而言謂之文，徒言一文亦有其本。言禮樂爲文，卽爲有本有文之行用矣。故禮與樂爲兩端，而慣語禮樂則常視爲一文，而文之義更有包蘊閎深者。於是上論『先王之道』，『小大由之』，小之爲個人，大之爲社會，自儒家言之，則個人依心性爲言，社會依倫理爲言，倫理爲外，心性爲內，似可分而不可分，可分者語言也，不可分者行用之實也。禮記中庸曰，『合外內之道也，故時措之宜也』，言『性之德』，行用之爲一，至矣盡矣。此禮樂慣語之由來也。

蓋慣語之爲用博矣，苟非爲國故民風之所宗，安能若是？禮樂由兩端而爲慣語，乃統之爲一文，總之爲一事。誠推其所以能統之總之之故，實以禮樂爲相因之兩端而非對立之兩端也。義當續詳。

以上言禮樂之名，由現存典籍，自詩書而下，其最先可見者約如此。然此止言其名號耳，於禮樂之起源，未能昭示。竊據此典籍依次演變之義，再試觀其通，以求其朔，則當解除文字之束縛，而直探未有禮字樂字之前，覘其作用於人事爲何如也。

第二　意義之起源

昔人言禮樂起源，以禮記禮運爲最精。曰，『夫禮之初，始諸飲食，其燔黍捭豚，汙尊而抔飲，蕢桴而土鼓，猶若可以致其敬於鬼神』是禮樂爲對揚鬼神之物，猶是以後日祭禮推論太古之宗教。夫所謂『燔黍捭豚，汙尊而抔飲』者，禮之具也。『蕢桴而土鼓』者，樂之具也。（亦見明堂位）見後日禮樂繁文之具以推論太古亦有此具，是推論之一端。見後日郊社宗廟之祭嚴恭鬼神，以推論太古亦自如此之嚴恭其鬼神，又是推論之一端。然猶未悟『燔黍捭豚，汙尊而抔飲』可以對揚鬼神，實以人先燔其黍而捭其豚，汙其尊而抔其飲也。『蕢桴而土鼓』可以對揚鬼神，實以人之未對揚鬼神時，已先知桴鼓之音而先有聞聲之樂也。故現實之生活必過殷於對揚鬼神之時，禮樂之爲事必有切於現實生活之際。不然，禮則無禮義之可言，樂則無詩樂之足記，而禮樂涉於習俗政教之事亦不可得而辨矣。

夫禮運言，『夫禮之初，始諸飲食，』似矣，然此始諸現實生活之義，至下文並未彰激言之，猶未能識其精意。今按禮樂必在人類現實生活中求其本據，而後始知異日必以禮與樂對立爲辭以統括社會風教之義。對越鬼神固爲太古人類生活之一，然不能以概生活之全。今必於生活之最要切處求其趨於禮樂之傾向，夫而後禮樂之原可識也。蓋人類之始，在於求所以爲活者而已。求得卽在探取，探取必待勞作。勞作之爲役也，一人爲之而不得，協同爲之則可舉者，大有之矣。於是人類之舉卽起於此共同勞作之際。當其共同勞作也，必黽勉而相將，竭力而呼嘯。蓋共同者非一人之事，如起一石也，共力扛舉，則心之所注在協調，而目之所往自不能止於一身矣。不惟心目共用而已，此時喘息之暇，必有邪許之聲，相和而忘其倦。此即大然協調，亦非可以一人獨往者。由是而前者黽勉之義爲人類用力之所在，後者呼嘯之義爲人類休力之所在，人間羣之初起，其爲事蓋如斯矣。豈惟協同勞作爲然哉？即一人勞作亦須注目於所欲取得之物，非可嬉戲以爲之者；迨其精力已乏，亦必欠伸而舒體，長嘯而忘倦；則前者爲黽勉之義，後者爲舒適之義，未可偏廢也。然人類固不能獨立，自其始即有羣，即有協同勞動，故黽勉相將，邪許相和之義在人類之初爲甚著，而其不能無兢慎於物與人之際流連於人與人之間，蓋趨勢之必然矣。竊謂，前者黽勉相將之義。是未有禮字時之禮也；後者邪許相和之義。是未有樂字時之樂也。

然禮樂得爲對立之兩端由於概念。概念成而語言出，文字隨之矣。猶嘗稍曲折言之：

蓋人類之事爲繁矣，語言是概念之纍積，爲簡括之工具，待語言譯爲文字去其冗嘆與散碎，尤爲簡括之工具矣。此諸工具之發明在於羣之相與而羣之相摩，又恃於人之聰慧之有以馭其變。人之所以超於禽獸者，此聰慧之爲物耳。聰慧之於生活也，獨能類同區別，不致爲冗雜所乘，茫昧莫辨。然人於此綜同簡異中，獨於生命價值之尊崇，能熟知時間之長久，故天然俱於感情之熱力，發爲鼓舞人生之力量。此力量維何？淺言之，希望之心已矣。有希望也，而知瞬息之不安，幻滅之爲苦，是適與聰慧綜簡之力相會，不雜不擾，可大可久，而一而已，不外於理智，一而又不外於感情，故爲理性之所宗而蒸發其人生思想之大義。夫希望爲意念之生活，自緣現實生活而進展，（意念本亦現實，然此言現實爲感覺之現實，故曰相對爲言。）現實生活進一步而希望亦進一步，故生活隨生活工具而日進，希望又隨生活而日進，於是文化無窮而希望亦無窮，則希望者其有光明之感乎，向上之心乎（向上爲今語，光明則爲古語，詩敬之「學有緝熙於光明」）。蓋初民少有工具以解決生活，則希望自寄於神明；迨今世科學昌明，工具精巧，則希望又寄於理想。希望之詼詭譎怪，勇猛深沉，惟其超於現實也，惟其爲生命之價值也，惟其從於感情，發於理智，爲理性光明之所照也。要之，人類事爲之繁，現實生活之煩碎，舉非形式。思想必在形式中起根，故綜同簡異而概念工，概念立而超現實之大綜合自緣之以俱起，於是而希望必俱於概念而日臻於光明，悉爲思想之所歸矣。此黽勉相將與邪許相和之事，爲生活之現實，必舉此現實綜簡而爲形式，然後概念可得而言，思想可得而施也。

抑綜簡之義猶有當申說者：蓋希望隨現實生活而俱進，倘捨現實生活，則希望即末由而寄。此希望固隨時而無定乎，然固寄於現實而超於現實者。世縱有天亶之聰明，亦必無身居太古而遽爲後世文明之憧憬，可斷言也。其寄於現實，不能脫時代之藩籬，其超於現實，不能捨彌高之想像。前者知古人自必有其迷信，後者則雖今人亦仍有其夢想也。此各民族必於希望中，各適其境，而挈其光明之感，向上之心，始爲迫切於人生，由是而發爲思想，亦始爲當時此地最有效用，可致之光大者矣。蓋其適境愈甚者，其收效愈宏，所謂作始也簡，將畢也鉅，無可疑者。

然則迷信與夢想可謂之思想乎？曰，不然。迷信與夢想或可爲思想之所起，而非思想之所由成也。上謂概念爲語言之內容，而概念之成，則因其體之種種，人能觀其同而抽其象，遂簡其異而一其名之謂也。推之現實之種種，人能觀其同而得其形式，因用現成之概念而爲之大綜合焉，同時即爲之大簡別焉，所謂寄於現實而超於現實，固同遵概念成立之程序矣。故思想之範鑄實起於此語言成立之必然格式，所謂必範鑄於形式者是已。夢想與迷信爲人類之慰藉，其想像極樂固由目前生活而超脫者，然當其真欲以爲慰藉時，必由思想以決其問題，即不能不與理性爲緣，由此思想接於現實，漸趨於行動，不同偶發之奇思斷續之夢囈矣。世之有宗教，始由於此。此則雖異時異地，對之猶自發其幼稚之迹，而在其時其地，不爲迫切之需要乎？然則未有文字時之禮與未有文字時之樂本爲現實之生活，無可逆挽；而此無可逆挽者本饒具生命之價値，故在希望中呈現其光明之感，向上之心，而漸有思想之傾向，於是美成之餘，將呼為禮樂而綜為兩端之傾向，亦漸於湧見此自昔研禮樂者不深求其由，折而粗視其祈望之迹，多徵其始於對越鬼神之際，即徵於宗教之所在者，由斯義也。抑據此無可逆挽之生活以成其思想而日臻於光大，根柢已厚，發舒自遠，終為人道美備之所歸，而為中土民風國是之所仰止者，亦由斯義也。

蓋人類亹勉相將之不敢肆意。乃不能肆意也。人類非不欲肆意，而迫於現實，無可為力，故其希望寄於休息而迴旋以張其勢，此一義也。然人類有內在之活力，苟亹勉相將之不安於此，而其活力猶將奮而他之，則不適於此者終必適於彼，此一義也。即令至於休息，其情可安，亦非遂止其作用，此又一義也。故在現實中有其亹勉相將之情，而在超現實中亦必俱此亹勉相將之情，始徵人間之活力。此對越鬼神之尤當亹勉相將，其意境直超現實而特為莊敬，所由為思想映發之所在矣。然則以對越鬼神言禮，亦必以生活為言。毋徒般般於黍豚尊飲，止注目於禮之具也。

至人類邪許相和之情，已是其休力之所在，其希望遂止於此而已乎？曰，希望俱於生活，亢進不已，其力必軒翥而超於現實，以寄其想像。故神話僟於歌詩，祈禱殷於頌禱，長言詠歎，致意於神明騰踔遠遊，關心於渺漠。此對越鬼神尤能擴其邪許相和之情，並足以副其希望者也。故寄於現實而超於現實之義，於此益為顯明，總為生活求、其弛緩之大義矣。然則以對越鬼神言樂，亦必以生活為言，毋徒切切於蕢桴土鼓，止致意於樂之具也。

於是禮樂之所以有綜簡為兩端之傾向者，實以生活之形式必具此二型之故。二型必體會於生活之寄於現實，亦必迴環於生活之超於現實。非寄於現實，則不能知生活之實際，不過如此；非超於現實，則無由觀其形式而窮其兩端。故羣體生活之趨於二型，而禮與樂相對為言之傾向可識矣。

禮樂在文字中可以相對，且可為慣語，必其民族生活已親切於日用而深體於人生而後可。雖禮樂之字非必待此兩端相對而始起，然禮字：如段玉裁言，『禮有五經，莫重於祭，故禮字从示，豊者行禮之器』（說文注卷一）止就禮樂為言；王國維則謂古者行禮以玉，……豐以珏在凵中，从豆乃會意字而非象形字』，（釋禮）固可廣為奉神人之禮，而仍不外禮器之義；樂字據說文云，『象鼓鞞，木其虡也』，亦就樂器為言。雖諸家後日之解釋未足以必言字義之源，始定為如此，然就三百篇嘗見禮器樂器言之，則其釋樂字雖不如禮字之顯豁，（樂字源始似不為器名，見上）而禮與樂已為祭禮之常言，則諸家釋義，自為近是：可知禮樂之字俱起於神人相與及彼此相與之漸，殷就其可見之器物而象之，仍非所以論羣體生活之朔也。然則禮樂之相對在人間生活中雖早有其傾向，而傾向非即為現成，又當知『禮樂』慣語之寫定與禮樂二型之傾向，其間相去真不知歷幾千萬年也。

故在未有文字之前約有此二型之傾向及已有文字之後亦約有此二型之傾向。及文字大著，禮字可為綜合形式之言，而仍約有此二型之傾向。於是此型即不著為此二字，此傾向即不為現成而傾向已有，則此型早已超於各具體之行而隱伏於人間之活力中。先覺者固呼之欲出矣。史迹昭垂，禮字已為綜合之言，樂字亦漸為樂聲樂音樂舞樂情之總名，由是羣體生活之二型遂依此文字之力而粘附演變，徵其大義，禮樂慣語之來，豈偶然哉？

以上言禮樂概念之所由成，即語言文字之所由起，不得不以形式為言。雖形式必副於現實，然若慣舉形式以求了解，則禮樂行用之義乃依社會而得顯者，將以極言形式而不彰；抑且此土深言禮樂之情實必有反乎宗教者，亦將不得而明矣。故今必以社會之義析言禮之所為，徐而層層引入深處，始能條理。

——摘自《學原》

一九四七年十一月第一卷第七期

國家圖書館出版社簡介

國家圖書館出版社,原名書目文獻出版社,1979 年成立。1996 年更名為北京圖書館出版社,2008 年改為現名。

本社是中華人民共和國文化部主管、國家圖書館主辦的中央級出版社。建社三十年來,依託國家圖書館的豐富館藏,並與各圖書館密切合作,形成了兩大專業出版特色:一是整理影印中文古籍等各種稀見歷史文獻;二是編輯出版圖書館學和信息管理科學著譯作,出版各種書目索引等中文工具書。此外還編輯出版各種文史著作和傳統文化普及讀物。

國家圖書館出版社設有社長總編辦公室、財務部、古籍整理影印編輯室、圖書館學情報學編輯室、綜合編輯室、文史編輯室、中華再造善本編輯室、營銷策劃部、發行部、儲運部等部門。

民國期刊資料分類彙編

三禮研究

耿素麗　胡月平　選編

國家圖書館出版社

讀喪服經傳舊說後記

李源澄

儀徵劉申叔先師禮經舊說。其士冠士昏兩篇。見於國故。先生逝世。遺稿散亡。關心斯道者。無不爲之太息。去年在汴。得讀先生手寫遺稿。題禮經舊說喪服經傳第十一。計六十餘條。約五萬言。取材多出於白虎通義通典二書。而參稽經傳。先生於禮學。蓋云劬也。輯佚之學。清人多優爲之。惟漢師舊說。悉片句隻詞。耑賴綴拾之人。爲之疏通證明。而後其義可得而說。先生此篇。雖語龐非古。而義猶新創。鄭學之外。別啓康莊。千秋墜緒。僅賴以明。亦所以成一家之言者乎。方之張惠言之於漢易。非徒不愧之而已。而此久佚之籍。再見人間。豈神靈爲之守護。故諸魔不能爲之害與。古人有言。人之好善。誰不如我。乃略抉爲書體要。以公我同好之人。至於漢師誤說。先生篤守家法。未能辨正者。亦附芻蕘之言於後。以就正於治禮君子。非敢於先生有不足矣。

一 總釋經例

劉案此經總例。具見於傳。如父所不降。子亦不敢降。於齊衰不杖期章。大夫之適子爲妻。大夫之庶子爲適昆弟。大夫之子。爲世父母叔父母。子。昆弟。昆弟之子。姑姊妹女子子無主者。爲大夫命婦者。三發傳文。其大功章。公之庶昆弟。大夫之庶子。爲母妻。發傳亦同。君爲姑姊妹女子子嫁於國君者。傳曰。封君之孫。盡臣諸父昆弟。故君之所爲服。子亦不敢不服也。君之所不服。子亦不敢服也。又緦麻章。公子爲其母練冠麻麻衣縓緣。爲其妻縓冠葛絰帶麻衣縓緣。皆既葬除之。傳曰。何以不在五服之中也。君之所不服。子亦不敢服也。君之所爲服。子亦不敢不服也。此皆本經達例。由斯例推之。則凡父有服。子必有服。爲士大夫之通制。君所有服。子亦有服。君所無服。子亦無服。又爲天子諸侯通制。惟君所有服。子亦有服。君所無服。子亦無服者。惟以君存爲限。不該君歿以後言。又經記傳文。惟言君所不服。子不敢服。不言父所不服。子不敢服。亦不言君所不服。昆弟不服。明大夫士之子。父所不服。亦或有服。公之昆弟。公所不服。亦或有服。此亦本篇之要例也。又公羊莊四年解詁云。禮天子諸侯絕期。大夫絕緦。白虎通義喪服篇亦曰。天子爲諸侯絕期（爲當作及）何。示同愛百姓。明不獨親也。禮中庸曰。期之喪。達乎大夫。（舊本作諸侯。據北堂書鈔九十三所引改）三年之喪。達乎天子。卿大夫降緦。重公正也。與解詁同。是亦禮家舊說。據全經達例言。惟諸侯絕期。義由盡臣諸父昆弟。本據旁親之服言。以本經之例言之。蓋大夫所降。卽天子諸侯所絕。（如大功章。大夫為世父母叔父母子昆弟昆弟之子為士者小功章。大夫大夫之子公之昆弟為從父昆弟庶孫姑姊妹女子子適士者。以上各服。大夫均降一等。則諸侯悉當無服。即世父等為大夫。姑姊妹等適大夫亦均無服）經記於大夫降服無明文者。或非天子諸侯所絕。外親各服是也。大夫絕緦。亦旁親本服緦麻者。降而無服。如族曾祖父母族父母族昆弟庶孫之婦從祖姑姊妹適人者從祖昆弟之子父之姑各服是也。若本服在小功。則亦降服緦麻。（與由大功降小功同）記言大夫公之昆弟大夫之子於兄弟降一等。（兄弟服者即小功章從祖祖父母各旁親之服也。（說詳後）是其義。其外親各服。本在小功緦麻者。蓋亦不降。故貴臣貴妾亦為服緦。（說並詳後）非大夫悉無緦服也。（大夫於小功各服降服緦麻。於緦麻各服。降而無服者。諸侯則均無服。附誌於此）此例既明。則經記各文。悉無疑義。

二　明傳本異同

劉案白虎通義王者不臣篇引禮服傳曰。子得為父臣者。不遺善之義也。鄭本喪服傳無其文。蓋鄭氏所據經傳。為小戴本。其大戴及慶氏本。文有損益。不必與小戴同。是猶公羊傳有顏嚴二本。顏本桓二年傳。有所見異辭所聞異辭。為嚴本所無也。（見隸釋所載漢石經）

三　明漢師異說

公之庶昆弟大夫之庶子為母期昆弟。傳曰。何以大功也。先君餘尊之所厭。不得過大功也。大夫之庶子。則從乎大夫而降也。父之所不降。子亦不敢降也。（以上經傳原文）

劉案鄭注云。舊讀昆弟在下。其於厭降之義宜蒙此傳也。是以上所同之。所云舊讀。即此經今古文各本也。賈疏云。謂鄭君以前馬融之等以昆弟二字抽之在傳下。今皆易之在上。是馬本與舊本同。（賈氏惟見馬本。因疑馬改禮文。抽昆弟二字於傳下。其說亦誤。實則馬本即此舊本。鄭始抽二字於傳前耳）今案通典凶禮十三引此經馬說云。言庶者諸侯異母兄弟也。庶子大夫妾子也。諸侯貴妾子。父在為母周。父歿伸服三年。大夫貴妾子。父在為母周。賤妾子。父在為母大功。則從大夫而降也。據馬說。蓋以此經之服。惟屬賤妾之子言。其以此服惟屬賤妾之子者。因緦麻章貴妾。馬說以為通天子諸侯。諸侯為貴妾有服。故貴妾之子。為母得服本服。所謂父所不降。子亦不降也。諸侯為賤妾無服。故賤妾之子。父歿為母妻大功。父在則為母妻無服。記云公子為其母練冠麻麻底縓緣。為其妻縓冠葛帶麻衣縓緣。皆既葬除之是也。（通典凶禮十五引彼記馬說云。天子諸侯之庶子。為其妻輕。故縓冠葛帶不見日月者。既葬而除之。無日月數也。說蓋不具。以此經之說證之。既言貴妾子父在為母期。則彼記練冠之服。必屬賤妾子。故定為馬義）

四　以古義補鄭

歠粥朝一溢米。夕一溢米。（以上傳文）

劉案通典凶禮六引大戴喪服變除。謂父爲長子。自天子達於士。不食粥。是傳云歠粥。不該父爲長子言。

五　以古義匡鄭

君。傳曰。君至尊也。（以上經傳原文）

劉案通典凶禮十引馬融說云。君一國所尊也。故曰至尊也。又凶禮三引上傳天子至尊馬說云。天下所尊。故曰至尊也。是馬以此經之君，惟屬諸侯。其義至確。（本經君公之別。說互詳後）公羊宣十八年傳歸父哭君成踊。解詁云。禮臣爲君本制斬衰。僖元年傳。臣子一例也。解詁亦曰。禮諸侯臣諸父兄弟。以臣之繼君。猶子之繼父也。其服皆斬衰。是何氏亦以此君屬諸侯也。鄭注云。天子諸侯及卿大夫有地者皆曰君。疑不足據。（源澄謹案劉先生說。尙當補者。卽上經諸侯爲天子。傳曰。天子至尊也。下經公士大夫之衆臣爲其君。布帶繩屨。傳曰。公卿大夫室老士貴臣。其餘皆衆臣也。君謂有地者也。有地者雖盡可稱君。此經則專屬諸侯）

上列五條。所以示劉先生爲書之體。至其微言奧義。美不勝收。以原書具存。無用多費也。

漢師誤說

（一）杖者何。爵也。無爵而杖者何。擔主也。非主而杖者何。輔病也。童子何以不杖。不能病也。婦人何以不杖。亦不能病也。（以上傳文）

劉案禮記喪服小記云。婦人不爲主而杖者。姑在爲夫杖。母爲長子削杖。女子子在室爲父母。其主喪者不杖。則子一人杖。鄭注云。姑不厭婦。又云。女子子在室。亦童子也。無男昆弟。使同姓爲攝主。不杖。則子一人杖。謂長女也。許嫁及二十而笄。笄而成人，成人正杖也。本傳賈疏用其說。以傳云不杖。謂童子婦人。若成人婦人正杖。禮記喪服四制。婦人童子不杖。孔疏亦同。然其說非此經舊誼也。知者。小功章。從母丈夫婦人報。通典凶禮十四引馬融說云。言丈夫婦人者。異姓無出入降。皆以丈夫婦人成人之名名之也。又大功章姪丈夫婦人報。通典凶禮十三引馬說云。嫁姑爲嫁姪服也。俱出也。是本經之例。婦人據旣嫁言。或據成人以上言。其小功殤章爲姪庶孫丈夫之長殤者。通典凶禮十四引馬說。以爲遠辭。亦與童子之稱靡涉。則此所言婦人。馬氏之說。必不下同鄭賈確然無疑。又小記之文。鄭釋亦誤。本傳賈疏引雷次宗說云。此喪服妻爲夫。妾爲君。女子子在室爲父。女子子嫁反在父之室爲父三年。如傳所云。婦人者皆不杖。喪服小記。婦人不爲主而杖者。惟著此一條。明言餘不爲主者皆不杖。小記孔疏亦曰。喪服傳云。婦人何以不杖。亦不能病也。是爲鄭學者。則謂爲童子婦人不能爲父母杖也。而難鄭者云。鄭以婦人不杖。唯謂童子婦人。然童女未嫁。何以得稱婦人。又喪服傳云。童子何以不杖。不能病。乃云婦人何以不杖。亦不能病。明婦人非童子也。故賀循等以爲婦人不杖。謂出嫁之婦人。不爲主則不杖。其不爲主而杖者。唯姑在爲夫杖。故此記特明之。是賀雷二氏。並以彼記鄭說爲非。竊以此傳婦人不杖。據達例言。與童子不杖同。小記所云。則爲別例。是猶童子當室則杖。世子生則杖也。蓋姑在爲夫杖。明舅姑並在。則爲夫不杖。（與齊衰不杖期章。大夫適子爲妻傳云。父在爲妻不杖者其誼正同）母爲長子削杖。明與正杖不同。其曰女子子在室爲父母。其主喪者不杖。則子一人杖者。女子子在室兼晐成人及既嫁反室言。謂父母無子。則女子杖者一人。有子則女皆不杖也。且喪大記所云。大夫之喪。主人主婦室老皆杖。士之喪。主人杖婦人皆杖者。亦據主婦及應杖者言。非謂成人之婦人莫不杖也。此義既明。則此傳婦人當推馬解爲說。不得取小記鄭注爲說也。

源澄謹案。劉先生推馬說則是。而謂當以馬說爲正非也。今請先明杖義。白虎通義喪服篇云。所以必杖者。孝子失親。悲哀哭泣。三日不食。身體羸病。故杖以扶身。明不以死傷生也。據白虎通義說。是杖者以爲輔病之用。與喪服傳義合。故杖之所施。皆爲重服。悲哀哭泣。男女豈異情哉。貴賤豈異情哉。童子不杖者。以其心不固。不能爲禮。故曰不能病。若謂成人婦人不能病。謂婦人無哀痛之心可乎。再徵之於經。斬衰章。妻爲夫。妾爲君。女子子在室爲父。子嫁反在父之室爲父。異者唯女子子在室爲父。子嫁反在父之室爲父。布總箭笄髽衰而已。如婦人不杖。則當如齊衰不杖期章。著不杖麻屨者。以分別之。本經或言女子子。或言婦人。女子子兼成人未成人反在父之室者而言。婦人則成人未成人出嫁反室之通稱。孔疏所引難鄭者。言童女未嫁。何以得稱婦人。是不明經例也。喪服小記。文略不具。雷次宗言喪服小記婦人不爲主而杖者。惟著此一條。明言餘不爲主者皆不杖。雷氏似尚未了鄭氏女子子在室亦童子也之義。劉先生謂婦人不杖。據達例言。小記所云。則爲別例。不知經明言妻爲夫。妾爲君。女子子在室爲父。子嫁反在父之室爲父。重服皆具於此。以此爲別例。何達例之可言。不杖期以下。非徒婦人不杖。丈夫亦不杖也。劉先生又言姑在爲夫杖。明舅姑在。則爲夫不杖。其說亦非。姑在爲夫杖。對喪服傳父在則爲妻不杖言。以父能厭子。姑不能厭婦也。婦爲舅姑不杖期。爲夫三年。傳曰。夫至尊也。舅姑何能厭婦乎。劉先生又謂母爲長子削杖。明與正杖不同。是不知削杖之義也。賈疏引喪服變除云。案變除削之使下方。此取母象於地故也。非謂不當杖也。且喪服小記云。婦人不爲主而杖者。謂喪以男子爲主。如夫之喪舅爲主。君之喪夫爲主。父之喪適昆弟爲主。此婦人雖不爲主而皆杖。至尊至親之喪。雖不爲主。而悲哀之心無以異。小記惟舉姑在爲夫杖一條。文不具耳。女子子在室爲父母。當從鄭說。又傳說杖義有三。曰爵。曰擔主。曰輔病。實當以後二說爲正。禮記雜記云。古者貴賤皆杖。叔孫武叔朝。見輪人以其杖關轂而輠輪者。於是有爵而後杖也。白虎通義不取爵義是也。

（二）父爲長子。傳曰。何以三年也。正體於上。又乃將所傳重也。（以上經傳原文）

劉案通典凶禮十云。漢戴勝聞人通漢。皆以爲父爲長子斬者。以其爲五世之適也。（石渠禮議）馬融注喪服經用之。又引馬融說云。體者嫡嫡相承也。正謂體在長子之上。上正於高祖體。重其正。故服三年。禮記喪服小記疏。引馬說亦曰。此爲五世之嫡。父乃爲之斬也。合觀衆說。知此父爲長子斬。長子者承高祖之重者也。爲之服者。乃父適祖適曾祖適合己身長子爲五世之適者也。亦卽禮家所謂繼高祖之小宗也。其大宗之父上距別子四世者。自得從斯制服。若己身所繼。僅及曾祖或祖禰。其於長子不服三年。援是以推。知齊衰三年章母爲長子。傳謂父所不降。母亦不敢降。亦據五世之嫡言。故通典凶禮十一又引彼經馬說云。母不傳重。無五代之義。而服三年隨父從於夫也。不在斬衰章者。以子當服母齊衰也。是其證。（又據通典凶禮六引戴氏變除云。母爲長子。妾爲君之長子。繼母爲長子。皆不笄纚徙跣也。是妾及繼母服長子。亦與母同。記云妾爲君之長子惡笄是也）

源澄謹案白虎通義宗族篇云。古者所以必有宗何也。所以長和睦也。大宗能率小宗。小宗能率羣弟。通於有無。所以紀理族人也。宗其爲始祖後者爲大宗。此百世之所宗也。宗其爲高祖後者。五世而遷者也。高祖遷於上。宗則易於下。宗其爲曾祖後者爲曾祖宗。宗其爲祖後者爲祖宗。宗其爲父後者爲父宗。以上至高祖宗。皆爲小宗。以其轉遷別於大宗也。所釋大小宗之義。至爲明悉。是四小宗皆得云傳重。不必五世相承也。知父爲長子卽得爲長子服斬者。以下傳言庶子不爲長子三年。不繼祖也。言庶子不爲長子三年。不言非五世之嫡。不得爲長子三年。則知四小宗皆得言傳重也。馬融旣以傳重必五世相承之嫡。故釋下傳庶子不爲長子三年。以父之庶子釋之。意謂庶昆弟。不得爲長子斬也。通典凶禮十引下傳馬說云。庶子賤爲長子服。其不得隨父服三年。言不繼祖也。是其證。不杖期章。大夫之庶子爲適昆弟。傳曰。何以期也。父之所不降。子亦不敢降也。此庶子服長子也。斬衰章。父爲長子。傳曰。何以三年也。正體於上。又乃將所傳重也。庶子不爲長子三年。不繼祖也。明謂四小宗與大宗皆得言傳重。而以庶子別父。不謂庶昆弟也。且本傳與禮記大傳言不繼禰。喪服小記云不繼祖與禰。如馬融說。則當言不繼高祖也。戴勝聞人通漢馬融諸家之說。必不可從。

——摘自《學術世界》一九三五年六月第一卷第一期

儀禮向位解上

吳江　錢玄小雲

東左爲陽。西右爲陰。

故設席南鄉北鄉。于神則西上。於人則東上。神爲陰。人爲陽也。

士昏禮。納采及親迎。皆云。主人筵于戶西。西上。右几。注云。筵爲神布席也。戶西者。尊處。席西上。右設几。神不統于人。疏云。爲神則西上。爲人則東上。聘禮。行聘之時。几筵既設。注。有几筵者。以其廟受宜依神也。賓至廟門。司宮乃于依前設之。神尊不豫事也。席西上。此皆爲神布席南北鄉西上右几也。士昏禮。主人徹几改筵東上。注。徹几改筵者。鄉爲神。今爲人。聘禮。禮賓。宰夫徹几改筵。注。將禮賓。徹神几。改神席。更布也。賓席東上。鄉射禮。乃席賓南。南東上。衆賓之席繼而西。燕禮。司宮筵賓于戶西東上。又爲卿設席。云司宮兼卷重席。設于賓左。東上。大射儀。司宮設賓席于戶西南面。有加席。卿席賓東東上。小卿賓西東上。大夫繼而東上。此皆爲人布席南鄉。以東爲上者也。

大斂於阼階上。既殯於西階。是由陽而至陰也。

按既夕記。大斂于阼。注。未忍離主人位也。主人奉尸斂于棺。則西階上賓之。又按檀弓曰。殯於客位。又曰。周人殯於西階之上。則猶賓之也。淩氏禮經釋例云。周人之制。大斂時猶以生人事之。故于阼階上。殯則以賓客事之。始遷于西階上矣。按大斂於阼。既殯於西階。記以主賓位釋之。注從之。似未若以陰陽釋爲近。如尸柩皆南者。朝祖及葬始北首。南如生人。是未葬。不忍異於生。士冠禮行事阼階。生人行事之位也。以東爲陽也。故大斂在阼階。不忍異於生也。

男位在東。女位在西。以陰陽別也。

士昏禮同牢。夫在西向東。婦在東向西。後室中設衽。夫在東。婦在西。賈疏云。案曲禮云。請席何向。請衽何趾。鄭云。坐問鄉。臥問趾。因於陰陽。彼衽稱趾。明衽臥席也。若然。前布牢同席。夫在西。婦在東。今乃夫在東。婦在西。易處者。前者示有陰陽交會有漸。故男西女東。今取陽往就陰。故男女各於其方也。後婦見舅姑。舅席在阼。姑席房外者。欲示外內二主。故不東西坐。饋舅姑又在室。室以奧尊。南爲上。舅南姑北。士喪禮。小斂以前。主人哭位在室中。云入坐於牀東。衆主人在其後西面。婦人俠牀東面。注云。衆主人庶昆弟也。婦人謂妻妾子姓也。亦男東而女西也。衆婦人戶外北面。衆兄弟堂下北面。則又以男女外內分之矣。小斂時男女如室外。小斂後乃男主在阼階下。女主在阼階上。是又以內外別之。及大斂殯之時。則婦人尸西東面。主人及親者升自西階。出于足西面袒。曰西面則在尸東可知。大斂後又復阼階上下之位。君視大斂。則亦男東女西。云命主人馮尸。主人升自西階。由足西面馮尸。不當君所踊。主婦東面馮尸。亦如之。朝夕哭奠朔月奠薦新。皆男在阼階下。女在阼階上。以內外別。啓殯則又階上階下位。遷柩朝祖則升柩時。云主人從升。婦人升東面。賈疏云。言主人主婦從柩而升。言婦人升東面。不言主人西面。舉主婦東面。主人西面可知。故下文云主人西面也。賈說是。此又東西位正柩楹間之後。則云主人柩東西面。按此言主人。不言主婦。上言主婦。不言主人。

兩相互省而相明。又設席之後云主人踊無算。降拜賓。卽位踊襲。主婦及親者由足西面。按云主人卽位者。降而不升。則又卽位於阼階下。而婦人之由足西面者。主人既位於階下。故亦位階上西面。則又階上階下之位矣。後還車設祖奠之時。則婦人降卽位於階間。注爲柩將去有時也。按柩已在庭。則婦人不當在堂上。柩在明日將去。故降階間。胡氏正義所謂亦若攀之者然也。行柩時則主人在前。婦隨後導也。至壙窆柩之時。則云主人袒。衆主人西面北上。婦人東面。西面則在東。東面則在西。又東西之位矣。按無論吉凶之禮。男女之位。或以內外別。或以東西分。曲禮云男女不雜坐。鄭注云。不雜坐謂男子在堂。女子在房也。此言內外別也。

吉事交相左。凶事交相右。吉事爲陽。凶事爲陰。

既夕禮。祝降與夏祝交于階下。注。祝降者。祝徹宿奠降也。與夏祝交。事相接也。吉事交相左。凶事交相右。李如圭云。相右。降者在東。升者在西。按兩者右手相交爲交相右。如降者西。升者在東。則兩者左手相交。爲交相左。禮經釋例云。凶事交相右。既夕禮是也。吉事交相左。鄉射大射所言是也。

執皮執禽。皆左首。象生。以左爲陽。故象生也。

曲禮曰。執禽者左手。注。左首尊。孔疏云。禽鳥也。左陽也。首亦陽也。左首謂橫捧之也。凡鳥皆然。若並授。則主人在左。故客以鳥首授之。今按士昏禮記云。納徵執皮攝之內文。兼執足。左首。注云。兼執足者。左手執前兩足。右手執後兩足。左首象生。賈疏云。執皮者相隨而入。至庭北面。皆以西爲左。按皮雖據向北而言。總之無論執者向北向南。總以左手執前足。首在執者左手也。聘禮云。公側授宰幣。皮如入右首而東。鄭注云。皮右首者。變於生也。又前經云。庭實皮則攝之。毛在內。內攝之。入設也。注云。攝之者。右手并執前足。左手并執後足。毛在內。不欲文之豫見也。釋例云。蓋執皮者則左首。受皮者則右首也。士昏記。執皮者左首而受。皮者無文。聘禮受皮者右首。而執皮者無文。其例互見也。鄭氏以士昏爲左首。聘禮爲右首。敎民據士昏記。欲改聘禮爲左首。皆失經之意。蔡氏德晉曰。凡獻者左首。則受者右首。禮相變也。方之求舊說爲長矣。案淩說是也。賈疏於士昏記曰。左首象生者。聘禮執皮者皆左首。此亦執皮而左首。而聘禮下則一依鄭注爲右首。賈疏本依舊疏。故有前後差誤相乖。若然。舊疏亦有以聘禮爲左首者矣。上爲執皮以左首也。士相見禮。摯冬用雉。夏用腒。左頭奉之。注云。左頭。頭陽也。又上大夫相見以羔。飾之以布。四維之。結于面。左頭如麛執之。注云。左執前足。右執後足。此羔亦與禽左首也。

凡卜筮在廟門者。皆饌具在在塾。主人西向。筮者西向。筮皆西者。西爲陰神所在也。

士冠禮。主人玄冠朝服。緇帶素韠。即位于門東西面。筮與席所卦者具饌于西塾。布席于門中。闑西閾外。西面。又筮人許諾。右還。即席西面。卦者在左。則饌在西塾。席西面。筮者亦西面。筮主人亦西面。又前期三日。筮賓如求日之儀。則亦西向。士喪禮筮宅兆。則不在廟而在兆。以向北筮爲禮。蓋北亦爲陰。神所在也。云既朝哭。主人皆往兆南北面。免絰。此主人北向也。在兆南者。葬將北首。設在兆北而北面則以背向兆。況爲筮兆。當在兆前。不當在兆後。云筮人許諾。不述命右還北面。指中封而筮。卦者在左則筮者北面而筮也。士喪禮卜葬曰云卜日既朝哭復外位。外位主人在門東西面則亦主人西向也。云卜人先奠龜于西塾此饌具於西塾也。云宗人告具主人北面免絰左擁之。涖卜卽位于門東西面。主人更北面涖卜更西面者注云涖卜族長也。更西面當代主人命卜。云卜人坐作龜興。按卜人之位經未明言。張惠言儀禮圖及黃以周圖皆作在左席之西。而張圖爲西面坐作。黃圖作東面坐作。按士冠禮卜日士喪禮卜葬日特牲少牢亦西面則當爲西面。上云卜人抱龜燋先奠龜西面燋在北則龜西首。卜者當西面則順云爲首在上東面則將首在下。此卜者必西面。既爲西面則其席當在卜者之前。在卜者前。則卜者在席東也。黃圖向位皆誤。張圖向是而位非。特牲禮云及筮日主人冠端玄卽位于門外西面。此主人西面也。筮人取筮于西塾。此饌於西塾也。云筮者許諾還卽席西面坐。卦者在左。卒筮。此筮者西面筮也。少牢禮云筮于廟門之外主人朝服西面于門東。此主人西面也。云史朝服左執筮右抽上韇兼與筮執之東受命于主人。案經不言饌事。文略。云史曰諾西面于門西抽下韇左執筮右兼執韇以擊筮。又云乃釋韇立筮則筮者西面筮也。又按士冠禮云筮人還東面旅占。注云旅衆也還與其屬共占之。士喪禮卜日東面乃旅占。特牲云還東面長占。注云長占以其屬之長幼旅占之。少牢無旅占事或文省略也。按其旅占皆東南者。旅占非正。故別於正也。又旅占後卽示主人。主人在東。東面便也。

陳饌於東方。東爲陽。陽養也。

按食前陳饌皆於東房。亨或於堂下東方。或於門外東方。皆主於東也。陳饌於東者。鄉飲酒記云。薦脯五挺。橫祭于其上。出自左房。注云。在東。陽也。陽主養。房。陳饌處也。按鄉射禮。大射。公食禮。昏禮。皆出自東房。或云出自左房。燕禮。膳宰具官饌于寢東。則雖不在房。其東則一也。又記云。亨于堂東北。注。祖陽氣之所始也。陽氣主養。易曰。天地萬物。聖人養賢以萬民。按鄉飲酒義云。亨狗于東方。祖陽氣之發於東方也。此注所據。公食大夫禮記云。亨于門外東方。注。東方主陽。按燕禮等亦亨于門外東方。

大射樂人縣。東笙鐘笙磬。西頌鐘頌磬。別於東陽西陰也。

大射云。樂人宿縣于阼東。笙磬西面。其南笙鐘。其南鑮。皆南陳。又云。西階之西。頌磬東面。其南鐘。其南鑮。皆南陳。注云。笙猶生也。東爲陽中。萬物以生。春秋傳曰。大簇所以金奏贊陽出滯。姑洗所以脩潔百物。考神納賓。是東方鐘磬謂之笙。皆編而縣之。又云。言成功曰頌。西爲陰中。萬物之所成。春秋傳曰。夷則所以詠歌九則。平民無忒。無射所以宣布哲人之全德。示民軌義。是以西方鐘磬謂之頌。

士喪復者招而左者。以求生。左陽也。

記云。復者朝服。左執領。右執要。招而左。賈疏云。以左手執領。還以左手以領招之。必同左者。招魂所以求生。左陽。陽主生。故用左也。按敎氏云。招而左。謂招時兩手自右而左。其說較賈爲確。蓋右爲陰。

左爲陽。人已死。求其生。故由陰而及陽。張惠言云。招而左招之。向左謂徼。左還按經言還者。或云左還右還。或僅曰還。未有言左指左還言者。當從賈敎說。又按雜記云。復西上。鄭注云。北面而西上。陽長左也。孔疏云。以招魂冀生氣爲陽。又北面言之。南方是陽。左在西方。故言陽長左。

以北爲陰。以南爲陽。

故士昏禮設衽。皆南首。柩葬後則北首。

按士昏禮云。御衽于奧。媵衽良席在東。皆有枕。北止。按云北趾。則南首可知。此生人之位也。既夕云。正柩于兩楹間。用夷牀。注云。是時柩北首。曲禮云。葬于北方北首。三代之達禮也。禮運云。故死者北首。生者南鄉。檀弓云。葬于北方北首者。從鬼神尙幽闇。鬼道事之故也。此葬時柩北首。其葬前亦與生人同南首者。不忍異於生也。北爲陰。故鬼北首。南爲陽。故人南首。

復者之北面招。招自陰也。

士喪禮云。升自前東榮中屋。北面招以衣。注云。北面招求諸幽之義也。按鄭注自檀弓文。

以東爲主。以西爲賓。

故主人入自右。出自左。升降由阼階。賓則入自左。出自右。升自西階。堂上主人西面。賓東西。惟以臣禮則入君門右。君臣不敢以主賓論也。

按主人入門右。出門左。賓入門左。出門右。見下論左右條。堂上東西面立。以及以臣禮入君門右者。

凌氏釋例論之詳矣。茲不贅。

向南爲盛。爲北爲卑。

故君朝位南向。賓之尊者席於戶牖間南向。陳鼎大夫士門外北面。諸侯南面。諸侯尊故鼎南向。大夫士卑。故北向也。說詳凌氏釋例。

然亦有向不依尊卑陰陽而以便順隨宜者。

如士冠禮陳服與士喪禮陳襲及陳大小斂服。或以北上。或以南上。西上。皆以便也。

士冠禮陳服于房中西墉下。東領北上。按士冠禮三服爵弁服最尊。在北。皮弁服次之。元端最南。其用則先卑後尊。此其入門取之由南向北。故以北上爲便也。士喪禮陳襲事于房中西領南上。不精。疏云案下小斂大斂先陳先用後陳後用依次第而陳。此襲事以其初死先成先陳後成後陳喪事遽備而已。故不依次也。按陳斂衣節云。厥明陳衣於房南領西上。陳大斂衣節云。厥明滅燎陳衣于房。南領西上。按小大斂南領西上。先陳先用。則入房門由西而東。故亦以西上爲便也。陳襲疏云先成先陳。則因初喪事急無序。此不便之便矣。又按喪大記曰。小斂大夫士陳衣于房中皆西領北上。鄭以彼爲天子之士。或曰西領當南上。北字誤。按以便言。當作南上爲是也。

生人衣右衽。便也。

生人衣皆右衽。因以左手紐之便也。喪大記云。小斂大斂祭服不倒。皆左衽。結絞不紐。注云。左衽衽鄉左。反生時也，蓋死人衣左衽。本無本不便。故不紐。示不復解。說文紐系也。一曰結而可解。不紐卽不可解。生人右衽。死者左衽。與左陽右陰不合。當以便言也。

升降席皆由下。爲正禮。其升由下降由上者便也。

按凡賓升席自西方。降亦自西方。主人升席自北方。降亦自西方。曲禮云。席南鄉北鄉。以西方爲止。東鄉西鄉。以南爲上。鄭注云。坐在陽則上左。在陰則上右。主人升降自北由下。賓坐陰統於主人。以東爲上。則升降自西亦升降由下也。此爲正禮。說詳凌氏釋例。鄉飮酒記。主人介凡升席自北方。降自南方。注云。席南上。升由下降由上便也。鄉射主人降席自南方。注云。禮殺由便。

爵奠者於左。將舉於右便也。

鄉飮酒記。鄉射記。皆云凡奠者於左。注云。不飮者不欲其妨。又云將舉者於右。注便其舉也。賈疏云。奠於左者。謂主人酬賓之觶。主人奠於薦右。客不盡主人之歡。奠之於左。是不欲其妨。後奠爵也。又云。一人舉觶爲旅酬始。二人舉觶爲無算爵始。皆奠於右。是其將舉者於右。以右手舉之便也。

執爵用左手。祭薦用右手便也。

按執爵用左手。祭蘆用右手。詳凌氏釋例。何以知其爲便也。蓋執爵以啐醴也。惟啐而已。其事易。故可以左手爲之。祭薦者祭脯醢。以脯祭擩醢而祭之。其事難。故必用右手。如今人飮酒可用左手。取饌必用右手。故祭薦坐用右手。尙可。而設祭俎必奠爵挩手。與奠爵挩手者因祭俎事較難。故必以兩手爲之。

設饌之位。以所食者之右爲上。便其取也。

曲禮曰。凡進食之禮。左殽右胾。食居人之左。羹居人之右。膾炙處外。醯醬處內。葱渫處末。酒醬處右。鄭注云。皆便食也。按記所言燕食。與經大同小異。而鄭注云便食者。謂主者在右。次者在左也。今以經所見者。如士昏禮同牢云。贊者設醬于席前。菹醢在北。俎入設于豆東。魚次。腊特於俎北。贊設黍於醬東。稷在其東。設湆于醬南。設醬於東。菹醢在其南。北上。設黍于腊北。其西稷。設湆於醬北。賈疏云。壻東南設醬在南。爲右。婦西面。則醬在北。爲右。皆以右手取之爲便。又云。菹醢在其南。北上者。謂菹在醬南。其南有菹有醢。若壻醢在菹北。從南向北陳。爲南上。此從北向南陳。亦醢在菹南。爲北上也。按賈疏云。是壻向東。以南爲右。故南上。婦向西。以北爲右。故北上。又婦饋舅姑經云。特豚合升側載。無魚腊。無稷。並南上。其他如取女禮。注云。並南上者。舅姑其席于奧。其饌各以南爲上。按此舅姑席在奧東南。東面。則以南爲右。故其饌各以南爲上。又婦餕云。席于北墉下。婦徹。設席如初。西上。按此婦餕之席在北墉下。南面。以西爲右。故饌西上。公食大夫正饌經曰。宰夫自東房薦豆六。設于醬東。西上。韭菹以東。醓醢。昌本。昌本南麋臡。以西菁菹。鹿臡。士設俎於豆南。西上。牛羊豕魚。在牛南。腊腸胃亞之。膚以爲特。又云。宰夫設黍稷六簋于俎西。二以並。東北上。黍當牛俎。其西稷。臘以終南陳。大羹湆不和。實于鐙。宰夫右執鐙。左執蓋。由門入。升自阼階。盡階不升堂。授公。以蓋降。出入反位。公設之於醬西。賓辭坐遷之。宰夫設鉶四于豆西。東上。牛以西羊。羊南豕。豕以東牛。按此設饌。式賓席在戶西。（鄭注見）卽戶牖之間南面。豆六在其東。俎亦在其東。故並西上。以右手取之便也。膚出下牲賤。故特在東。鉶羹爲陪鼎。故雖在賓東。而以東上。別於正俎。黍稷六簋。亦在賓東而東北上者。以黍稷爲贊者取而授賓。故於賓無便不便也。席西加饌。不統於正饌。（鄭注見）故西北上。以便則當東北爲上矣。士喪禮始卒奠于室。奠尸東。當尸南首。奠於尸之東者。在其右也。小斂畢奠于堂上。尸東亦南首。故尸之右。又執醴北面西上。豆錯。俎錯于豆東。立于俎北西上。其西上者。亦近尸之右爲上也。大斂畢乃奠。祝執巾。席從。設于奧東面。醴酒北面。設豆右菹。菹南栗。栗東脯。豚當豆。魚次。腊特於俎北。醴酒在籩南。按云右菹。則亦以右爲上也。朝夕哭之奠云。入如初設。則亦大斂奠。朔月奠亦同。旣夕禮遷于祖。正柩於楹間。畢。席升設于柩西。奠設如初。是時北首。則西爲其右矣。其從柩而行之朝夕奠。朝廟之奠。從柩而朝廟奠。柩將行之祖奠。皆柩北首。以柩西爲右也。祖遣柩又南首。故奠在車東。車東。其右也。釋例曰。楊復云。喪奠之禮有三變。始死奠于尸東。斂奠亦如之。旣殯奠于室之奧。設席東面。朝夕奠。朔月奠。薦新奠亦如之。啓殯入廟。席設于柩西。奠設如初。如初如室中之神席東面也。朝祖奠。亦如之。降奠及祖奠遣奠。皆如之。但設于柩東爲異。旣夕禮朝廟奠從席升設于柩西。注不設柩東。東非神位也。竊謂小斂以前奠于尸東者。此時尸南者。奠在其右也。還柩以後奠于柩西者。此時柩北者。奠亦在其右也。至還車向外。後柩復南首。故奠于柩東。仍在其右矣。按淩氏說極明白。言在其右者。以便也。士虞禮。饗神陰厭。贊薦菹醢。醢在北。俎設於豆東。魚亞之。腊特。贊設二敦于俎南黍其東稷。設一鉶于豆南。按此席在西東向。鉶在南。是饌南上。東向以南爲右也。故下饗尸。泰羹湆自門入。設于鉶南。胾四豆。設于豆北。泰羹湆尊。故又在鉶南。胾豆爲加。故在正豆之左。特牲陰厭。俎入。設于豆東。魚次。腊特于俎北。主婦設兩敦黍稷于俎南。西上。及鉶芼設于豆南。南陳。則亦鉶在豆南而南陳。南陳卽由南向北而陳也。後尸入九飯之時。佐食羞庶羞四豆。設于左。南上。其設於左者。以庶羞爲加。故次於正豆。其南上。仍以右爲上也。惟設太羹湆北。則昏禮公食禮士虞禮太羹湆皆在薦右。而此在薦左。未知何故。胡培翬云。特牲在左者。神禮變於生人。士虞禮大羹湆設于鉶南。在右。與生人同。不忍異於生故也。胡氏以士虞禮而不忍異於生。其理未安。存疑可也。少牢陰厭云。主婦被錫衣侈袂。薦自東房。非菹醓醢。坐奠于筵前。主婦贊者一人。亦被錫衣侈袂。執葵菹蠃醢以授主婦。主婦不興。遂受。陪設于東。非菹在南。葵菹在北。注云。葵菹在緈。疏云。以非菹在南。醓醢在北。今於次東。葵菹在北。蠃醢在南。是其緈次之也。按由此緈則近席兩豆由南向北。次東乃由北向南。由南向北者。以右爲上也。又按豆皆右菹左醢。此因緈故左菹右醢矣。是以疏云是其緈次之也。下設俎亦膚特在北。膚出下牲賤。故在北。設敦皆南首。亦以右爲上也。後正祭云。上佐食爾上敦黍于筵上右之。注爾近也。或曰移也。右之便尸食也。又上佐食羞胾兩瓦豆。有醢。亦用瓦豆。設于薦豆之北。注云。設於薦豆之北。以其加也。其他經中雖有設饌之事。而未言何上者。當以此例例之也。

此皆事之較重要而顯明者。其他細事小節。注每發其例。如

士喪禮。君臨視之儀云。君反之入門左。視塗。注云。肂在西階上。入門左。由便趨疾。不敢久留君。

士喪禮。祝又受米奠于貝北。宰從立于牀西在右。注云。米在貝北。便扱者也。

士虞禮。賓長以肝從實于俎縮右鹽。注云。喪祭進柢右鹽。於俎近北。便尸取之也。

既夕禮。將葬節云。薦馬。馬出自道車各從馬。駕于門外西面而俟。南上。注云。南上。便其行也。

士虞禮。饌兩豆菹醢于西楹之東。醢在西。一鉶亞之。注云。醢在西南面。取之得左取菹右取醢便其設之。

大射禮。右手相。注云。以右手相工。由便也。燕禮等皆然。

士喪禮。小斂奠右執匕卻之。左執俎。注因其便也。

（未完）

——摘自《國學論衡》一九三五年六月五卷上冊

儀禮向位解下

吳江 錢玄 小雲

經每曰右還或曰左還。右還卽今謂之左轉。左還卽今之右轉。經以在外之手言。今以在內之手言。其實一也。

按士冠禮筮曰云。筮人許諾。右還卽席坐。西面。注云。東面受命。右還北行就席。按凡經云右還者。卽今之左手轉。左還卽今之右手轉。筮本向東。欲北行。當以右還爲近。吳氏疑義以爲從東面轉而南而西北行。大謬。如士喪禮筮宅兆云。筮人許諾。不述命。右還北面。按上云。筮者東面抽上韇兼執之。南面受命。則本爲向東。後受命向南。今已受命而右還北面。則由南向東而更右還向北也。燕禮及大射立司正節云。司正降自西階。南面坐取觶。升酌散。降。南面坐奠觶。右還北面少立。注右還將適觶南。先西面也。必從觶西。爲君之在東也。按此時司正向南。欲向北少立。則右還。右還由南而西而西面而北面。故注云先西面也。左還南面坐取觶者。按上興再拜稽首。凡拜向北。取奠皆南面。則取觶奠觶人皆在觶北。乃可南面向。注疏云。自觶西往來。則或拜在觶南。設拜亦在觶北。則未用往來。拜在觶之北北面。今欲自觶西往至觶南南面取觶。則以左還爲便。左還者由向北而向東而向南也。古說左還右還未明鮮有通者。張黃二圖亦有誤。敖氏以左還爲自北而東。右還爲自南而東。誤也。又士喪禮朝夕哭云。主人拜賓。旁三。右還入門哭。注云。先西面拜。乃南面拜。東面拜也。按右還兩字指其向西向南向東拜。北入門。其身皆右還也。非僅指向東而右還入門也。主人本向西。右還則向東。再右還則向北。皆指右手在外。還。敖氏云。拜以尊卑爲次。則與右還不合。其以右還僅屬入門言。故誤。當從鄭注。聘禮云。賓致命公左還北鄉。注當拜。賈疏云。言左還北鄉者。受賓致命時西鄉。以左手鄉外迴身北面乃拜。按賈疏是。覲禮郊勞節云。使者左還而立。侯氏還璧。使者受。侯氏降再拜稽首。使者乃出。注云。左還還南面。示將去也。立者。見侯氏將有事於己。侯之也。按侯氏升東階。西面。使者升西階。東面。使者東面致命。侯氏西面受玉。事畢。使者將去。故由東面而南面。是左還。蓋左手向外還也。故注云還南面。又如既夕禮薦車馬節云。御者執策立于馬後。哭成踊。右還出。按馬入門向北。右還則由向北而向西而向南也。疏云。馬則右還而出。右者亦取便也。賈云所謂便者。蓋馬皆右牽之。聘禮賓覿云。牽馬右之。入設。注云。右之。欲人居馬左。任右手便也。又引曲禮曰。效馬效羊者右牽之。按言馬在右。人在左。用右手牽之。便於控制也。今牽者本在馬後。馬既向西而向南。則馬在右。人在左。故疏云便也。按張圖作由向北而向東而向南。誤。黃圖亦仍其誤。皆非。士喪禮哭椁云。既井椁主人西面拜工。左還反位。注云。主人還椁。亦以既朝哭矣。按此左還與經通言左還略有不同。故張爾岐句讀特於此還字圈聲。蓋讀爲環。向左環繞椁一周也。主人本在椁東向西。以南爲左。則由椁南而椁西而椁北而椁東。故注得云還椁也。還椁者。猶言環椁也。又按左氏襄二十七年傳。趙孟曰。吾左還入於宋。吾若何。杜注云。營在宋北。東頭爲上。故晉營在東。有急可左迴入宋東門。按此晉營在北而南向。左還則由向南而向西入宋營東門也。其意與儀禮悉同。亦指外手而言也。

經中言左右無定向。或據所向而定也。

士冠禮迎賓云。主人迎出門左。西面再拜。賓答拜。注。左東也。出以東爲左。入以東爲右。特牲饋食禮尸盥匜水實於槃中。簞巾在門內之右。注云。門內之右。象洗在東。統於門東。西上。旣夕禮云。宵爲燎于門內之右。賈疏以爲門內之右爲門東。故注云爲哭者爲明。蓋主婦皆在東也。此以東爲右者。向北言則東爲右也。凡鄉內以入爲左右。鄉外以出爲左右。按注所云。是明以上諸事皆向內。故如入門皆向北也。向北以東爲右。禮記曲禮云。大夫出入君門。由闑右。不踐閾。鄭注云。由闑右。以統於君也。孔疏云。門以向堂爲正。右在東。故盧注檀弓下云。門以向堂爲正。亦向北以東爲右也。疏言門以向堂爲正。惟亦有據向南言者。如上士冠禮出門左。士虞禮側亨廟於門右。亦據向前北右在西也。覲禮上介皆奉其君之旂。置於宮。尚左。公侯伯子男皆就其旂而立。注云。諸公中階之前。北面東上。諸侯東階之東。西面北上。諸伯西階之西。東面北上。諸子門東。北面東上。諸男門西。北面東上。尚左者。建旂公東上。侯先伯。伯先子。子先男。而位皆上東方也。按此左亦據王而言。王南面以東爲左。故諸公北面東上。諸侯在諸伯之東。諸子在諸男之東。是皆以左爲上也。此據南面王而言。不據公侯等本身向北言矣。

或據設者之左右言。或據本物之左右言。

士喪禮大斂奠云。士盥。舉鼎入。西面北上。如初。載魚左首。進鬐。三列。腊進柢。注云。魚左首。設而在南。鬐。脊也。左首進鬐。亦未異於生也。凡未異於生者。不致死也。賈疏云。案公食大夫右首進鬐。此左首則與生異。而云未異於生者。下文注載者統於執。設者統於席。彼公食言右首。據席而言。此左首據載者統於執者。若設於席前。則亦右首也。按神席東面。則以北爲左。以南爲右。而執者西面進。以南爲左。以北爲右。則左首首在南。設於席則首亦南。而云右首矣。又下經云。設豆右菹。菹南栗。栗東脯。豚當豆。魚次。腊特於俎北。醴酒在籩南。巾如初。注云。右菹。菹在醢南也。此左右異於魚者。載者統於執。設者統於席。按席東鄉。以北爲左。以南爲右。云右菹則左醢可知。菹南爲右。醢北爲左。此據席之左右言也。又按鄉射禮云。尊於賓席之東。壺斯禁。左玄酒。注云。設尊者北面。西曰左。尙之也。疏云。據人設尊北面。故以西爲左。若據酒則以南面爲正。地道尊右。以西爲右。玄酒在右。故云尙之。若然云左。據設尊。又云尙之。據酒尊也。此亦依設者言左右。又燕禮云。司宮尊於東楹之西。兩方壺。左玄酒。南上。注云。於東楹之西。予君專此酒也。玉藻曰。唯君面尊。玄酒在南。順君之面也。賈疏云。此决鄉飲酒鄉射。皆於房戶之間。賓主共之。此於東楹之西。向君設之。人君尊專大惠。故云予君專此酒也。引玉藻者。欲見尊面向君。順君面。非賓主共之意。案少儀云。尊壺者面其鼻。鄭注云。鼻在面中。言向人也。向人者。據此燕禮尊面向君而言。少儀又云。尊者以酌者之左爲上尊。按君席在阼階上。西面。則尊在其前。面君則尊向東也。設者向西。以南爲左。故左玄酒。而南上。而玄酒東向。以南爲右。故仍與鄉飲酒鄉射同。又賈疏云。若據酌者。不得背君而西面。當尊西東面。則酌者之右爲上尊。按賈疑少儀酌者之左爲上尊之說也。按全經之言設玄酒。或曰玄酒在西。如鄉飲酒等是也。或曰左玄酒。如鄉射禮等是也。又按凡經言設几皆以席之左右言。不以設者之左右言。如士昏爲神布席及少牢等皆右几。神以右爲上。則以席右言也。士昏爲人設几左之。人以左爲上。則以席之左言也。

立位東西向者在堂上堂下門內門外。皆以北上爲正。其不以北上者。或相繼明不相統。或其所統者在其南。

士冠禮筮日有司卽位于西方。東面北上。又爲期云。兄弟在其南少退。西面北上。有司皆如宿服立于西方東面北上。又兄弟畢袗云。立于洗東西面北上。又云贊者盥于洗西。升立於房中西面南上。注南上尊于主人之贊者。按東西向皆北上。而此南上者因房在堂北。以統於堂爲正。則南上矣。說詳下文。公食大夫禮云。立者東面北上。又若有諸公則大夫於主人之北西面。注其西面北上統於公。又云主人之贊者西面北上。注云西面北上統於堂也。鄉射禮迎賓云。賓厭衆賓。衆賓皆入門左。東面北上。又樂正遷樂云。降自西階阼階下之東南堂前三笴西面北上。又三耦俟射云。三耦皆進。由司射之西立于其西南。東面北上。司射請射比耦云。衆賓將與射者皆降由司馬之南。適堂西繼三耦而立東上。大夫之耦爲上。若有東面者則北上。又衆賓受弓矢序立云。衆賓未拾取矢皆袒決遂執弓搢三挾一個。由堂西進繼三耦之南而立東面北上。飲不勝者節云。三耦及衆射者皆與其耦進立于射位北上。又徹俎節云。衆賓皆降立大夫之南少退北上。按此皆東面。又記云。立者東面北上。燕禮位次云。士立于西方。東面北上。又云卿西面北上。又媵爵於公節云。媵爵者西面北上。又立司正安賓節云。卿大夫皆降東面北上。又主人辯獻士節云。士既獻者。立于東方西面北上。大射儀命賓納賓節云。士西方東面北上。又云諸公卿大夫西面北上。又媵爵者。立于洗南西面北上。與燕禮同。又作樂節云。卒管大師及少師上工。皆東坫之東面西面北上。下比三耦云。三耦俟於次北西面北上。又將射命耦云。大夫從之降。適次于三耦之南。西面北上。又云衆耦立于大夫之南。西面北上。又徹俎節云。賓諸公卿皆入門東面北上。又主人獻士云。辯獻士。士既獻者立于東方西面北上。按與燕禮同。聘禮君與卿圖事。注云。其位君南面。卿西面。大夫北面。士東面。按此圖事在燕朝故約以燕禮之文。則卿西面士東面。皆以北爲上也。授幣之位云。卿大夫在幕東西面北上。又受命位卿大夫西面北上。又私覿云。執幣者西面北上。公食大夫禮。賓入拜至節云。大夫立于東夾西面北上。又云宰東夾北西面南上。內官之士在宰東北西面南上。按宰及內官西面南上。與全經東西面皆以北爲上不合者。蓋東西面所以北上者。指堂上堂下門外而言。而以北上統於堂及主人賓也。統者猶近之也。近堂及主人賓爲上也。今宰及內官皆東夾而公等皆在堂上。東夾在堂之北。則南上者仍以統於堂上及主人賓爲上矣。又載鼎節云。大夫長盥洗東南西面北上。覲禮云。諸侯前朝。皆受舍于朝。同姓西面北上。異姓東面北上。又上介皆奉其君之旂。置于宮。尙左。公侯伯子男皆就其旂而立。注。諸侯東階之東西面北上。諸伯西階之西東面北上。士喪禮朝夕哭位云。婦人卽位于堂南上。哭。丈夫卽位于門外西面北上。外兄弟在其南南上。賓北上。門東北面西上。門西北面東上。

西方東面北上。注云。外兄弟異姓有服者也。按婦人在堂上南上者。蓋主人門外在其南。統於主人。則南上也。又經言丈夫卽位于門外西面。外兄弟在其南。賓繼之。則皆在東方西面。而丈夫言北上。外兄弟言南上。賓言北上。不同者。敖繼公曰。同姓異姓之親及賓客。雖以親疏爲序。列於東方。而所上相變。明其不相統也。按敖說是。又內位外兄弟主人之南少退。亦所以明不相統也。又卜葬日族長涖卜。及宗人告服立于門西東面南上。占者三人在其南北上。卜人及執燋席者在塾西。按郝敬云。占者三人在其南。在族長宗人之南。皆門西東面。一以南爲上。一以北爲上。相繼不相統也。旣夕禮窆柩位云。主人袒。衆主人西面北上。又反哭于廟位。升自西階東面。衆主人堂下東面北上。士虞禮門外位云。祝免澡葛絰帶。布席于堂中東面右几。降出。及宗人卽位于門西東面南上。李如圭曰。南上。祝爲近。今張黃亦作祝在東。宗人在北。未詳存疑。特牲饋食禮筮日門外之位云。子姓兄弟如主人之服。立于主人之南。西面北上。有司羣執事如兄弟服。東面北上。又宿尸位云。主人辟在東面北上。又視牲於門外位云。賓及衆賓卽位于門西東面北上。宗人視立于賓西北。東面南上。注云。事彌至位彌異。宗人視於祭宜近廟。按此亦南上者。胡培翬云。宗人及視立賓西北。稍退居賓後也。以南爲上。變於賓也。按胡說是。與上士喪禮外兄弟南上少退同。明不相統也。又記云。內賓立于其北。東面南上。宗婦北堂東面北上。注或南上。或北上。宗婦宜統於主婦。主婦南面。北堂中房而北。按主婦在北堂之北。南面。宗婦北堂南。則統於主婦。當北上矣。內賓姑姊妹不統於主婦。而統於堂。今在堂北。則當以南上矣。各有所統。其所上者乃異也。少牢饋食禮視牲門外位云。宰宗人西面北上。按全經東西面立位。皆以北上爲正。惟有明不相統。則變南上。或在堂北。或在主人之北。則爲統於堂統於主人。又南上矣。

南向北向之立位。東上西上。變易無定。或統于門。或統于主人。或統于賓。經注鮮有明文。不能妄擬。今就其可見者。則如統於門之位。在門西者則東上。

鄉飲酒記云。立者東面北上。若有北面者。則東上。注云。賢者衆寡無常。或統於堂。或統於門。按統於門者。指北面東上者言。敖繼公云。此謂在門內位之時也。賓入門左位近庭南。介以下又居其南。衆賓若多。則容有北面者。北面者與東面者相繼。當西上。云東者字誤也。又胡氏正義以爲統於主人故東上。按敖說及胡說皆非。當從注統門說。

門東者西上。

公食大夫禮。賓入拜至節。云士立于門東。北面西上。注云。統于門者。非其正位。辟賓在此。士喪禮朝夕哭門外位云。賓繼之北上。門東北面西上。門西北面東上。此亦統于門也。特牲饋食禮記云。公有司門西北面東上。私司門東北面西上。此亦統于門者也。

統于賓者門西西上。統于主者。門東東上。

公食大夫禮。賓入拜至節。介門西北面西上。注云。西上自統於賓也。然則承擯以下立于士西少進，東上。賈疏云。介統於賓而西上。則擯統于君而東上可知。又按上文云。士立于門東北面西上。則今云立于士西少進。亦在門東可知。

（全篇竟）

——摘自《國學論衡》一九三六年四月第七期

禮經哲學研究之發凡

李翊灼

茲編發凡，約爲三事。一，標旨。二，稽文。三，示目。

標旨者。何故作茲編耶。善哉，班固之言曰。

六經之道同歸，而禮樂之用爲急。治身者斯須忘禮，則暴嫚入之矣。爲國者一朝失禮，則荒亂及之矣。人函天地陰陽之氣，有喜怒哀樂之情。天稟其性，而不能節也。聖人能爲之節，而不能絕也。故象天地而制禮樂，所以通神明，立人倫，正情性，節萬事者也。人性有男女之情，妒忌之別，爲制婚姻之禮。有交接長幼之序，爲制鄉飲之禮。有哀死思遠之情，爲制喪祭之禮。有尊尊敬上之心，爲制朝覲之禮。哀有哭踊之節，樂有歌舞之容，正人足以副其誠，邪人足以防其失。故婚姻之禮廢，則夫婦之道苦，而淫辟之罪多。鄉飲之禮廢，則長幼之序亂，而爭鬥之獄蕃。喪祭之禮廢，則骨肉之恩薄，而背死忘先者衆。朝聘之禮廢，則君臣之位失，而侵陵之漸起。故孔子曰。安上治民，莫善於禮。移風易俗，莫善於樂。禮節民心，樂和民聲。政以行之，刑以防之。禮樂政刑，四達而不誖，則王道備矣。樂以治內而爲同，禮以修外而爲異。同則和親，異則畏敬。和親則無怨，畏敬則不爭。揖讓而天下治者，禮樂之謂也。二者並行，合爲一體。畏敬之意難見，則著之於享獻辭受登降跪拜。和親之說難形，則發之於詩歌詠言鐘石筦絃。蓋嘉其敬意而不及其財賄，美其懽心而不流其聲音。孔子曰。禮云禮云。玉帛云乎哉。樂云樂云。鐘鼓云乎哉。此禮樂之本也。故曰。知禮樂之情者，能作。識禮樂之文者，能述。作者之謂聖。述者之謂明。明聖者，述作之謂也。

蓋禮者，所以順人生，正人德而立人道者也。禮行，則人安。人安則國安。國安，則天下安。禮壞，則人危。人危，則國危。國危，則天下危矣。故小戴記曰。

人有禮，則安。無禮則危。

詩曰。

相鼠有體。人而無禮。人而無禮，胡不遄死。

禮之於人，可謂不可須臾離者也。人離禮則不生。禮離人則不行。禮也者，豈非人生之大義哉。禮爲人生大義，則禮之作，固人之所良能。而聖人之制禮。實人生當務之急也。是以荀子禮論曰。

禮起於何也。曰。人生而有欲。欲而不得，則不能無求。求而無度量分界，則不能不爭。爭則亂。亂則窮。先王惡其亂也。故制禮義以分之，以養人之欲，給人之求。使欲必不窮物，物必不屈於欲。兩者相持而長，是禮之所起也。故禮者養也。

孔子告魯哀公曰。

民之所由生，禮爲大。非禮，無以節事天地之神明也。非禮，無以辨君臣上下長幼之位也。非禮，無以別男女父子兄弟之親，婚姻疏數之交也。君子以此之爲尊敬。夫然後以其所能教百姓，不廢其會節。有成事，然後治其雕鏤文章黼黻以嗣。其順之，然後言其喪葬，備其鼎俎，設其豕腊，修其宗廟，歲時以敬祭祀，以序宗族。則安其居處，醜其衣服，卑其宮室，車不刻鏤，食不貳味，以與民同利。昔之君子之行禮者，如此。

禮之始制及禮之用，如此。然則人之於禮，顧可忽乎。故禮之明也，世之興也。禮之晦也，世之衰也。人無禮，不足以立身。家無禮，不足以安居。國無禮，不足以自存。天下無禮，人無以爲生。民族雖異，社會雖雜，風俗雖殊，國制雖別，語言文字，海陸山澤，雖不一，其需乎禮同也。是故貴賤之等，長幼之差，貧富輕重之稱，形色之當，聲音之和，香味之調，行止之義，喜怒哀樂之節，交游相與之際，生死之正，禮也。教育之則，宗教之儀，學術之歸，政治之準，土地人民之制，庶物器用之法，亦莫非禮也。其名稱方式，雖或不同，而應宜成理，實用則一。斯則禮之於世，蓋未嘗須臾離。離即秩序廢，而生道悖，未有不亡者也。故孟子曰：

城郭不完，兵甲不多，非國之災也。田野不辟，貨財不聚，非國之害也。上無禮，下無學，賊民興，喪無日矣。

蓋城郭之完，兵甲之多，田野之辟，貨財之聚，皆賴乎人。而人之立達，則以學。學之旨歸，則禮也。上有禮而下有學，則人皆立於其道而達其生，無有害之者矣。人無相害，則雖有城郭而無所防，雖有兵甲而無所陳。不完不多，何咎。人皆達其生，則有田野必相與治之，有貨財必相與殖之。不辟不聚之患，更何自而有歟。苟不然者，上失其禮，下即無以爲學。人皆不得其生，有不相賊者乎。人皆相賊，是謂賊民。賊民興矣。城郭之完，爲賊完耳。兵甲之多，爲賊多耳。田野之辟，爲賊辟耳。貨財之聚，爲賊聚耳。民皆爲賊，何政之有，何國之有。故曰喪無日矣。上一無禮，而國喪無日。禮之於人，其重要爲何如耶。是則禮之制作，實爲人生第一要事。而研究禮之制作，尤學者第一要事也。夫以時損益之之謂作。益者因其宜，損者去其不宜。以時損益之，則因其宜而去其所不宜。因其宜而去所不宜，則作而未嘗作也。作而未嘗作，則皆應人之所需，而令人自得。應人之需而令人自得，則作猶述也。故孔子曰。

述而不作。

又曰。

殷因於夏禮。所損益，可知也。周因於殷禮。所損益，可知也。其或繼周者，雖百世，可知也。

夫禮之制作之貴因而述者。禮爲人事實踐之方法，社會發展之途徑。必準民固能應民需求，乃可以行。初不容任意妄作私有增減。尤不得生今之世反古之道。蓋今由古衍，而古已非今。古以今傳，而今實不古。事不師古，固不足以行。義若悖今，亦何足以立。曲禮曰。

禮，從宜。

宜者，適今之謂。必適今，乃不倍古。禮不適今，即不宜人。不宜人者，雖一循古舊，又安能得古之意哉。然則禮非貴於復古，而實期於宜今。禮之制作之因而述。亦以今來自古，而欲順古以宜今耳。豈爲以今從古，而以古奪今哉。作禮之旨如是。則茲編之作，其旨亦可得而言已。夫研究今禮，固必因時。而時之變遷，實基自古。今禮之演變，皆古禮之遞嬗也。故必取鑑於古，乃足以攷夫今。茲編，遵斯義旨，以研究制禮之淵源，而定今禮之標準，制禮淵源之可溯者，實惟孔子。孔子定禮之旨，其可舉者。如曰。

周監於二代，郁郁乎文哉。吾從周。

又曰。

夏禮，吾能言之。杞不足徵也。殷禮，吾能言之。宋不足徵也。文獻不足故也。足，則吾能徵之矣。

中庸引孔子曰。

吾說夏禮，杞不足徵也。吾學殷禮，有宋存焉。吾學周禮，今用之。吾從周。

又曰。

愚而好自用。賤而好自專。生乎今之世，反古之道。如此者，烖及其身者也。非天子，不議禮，不制度，不考文。今天下車同軌，書同文，行同倫。雖有其位，苟無其德，不敢作禮樂焉。雖有其德，苟無其位，不敢作禮樂焉。

又曰。

王天下有三重焉，其寡過矣乎。上焉者，雖善無徵。無徵，不信。不信，民弗從。下焉者，雖善不尊。不尊，不信。不信，民弗從。故君子之道，本諸身，徵諸庶民，考諸三王而不繆，建諸天地而不悖，質諸鬼神而無疑。百世以俟聖人而不惑。

家語，引孔子曰。

夫仁者，制禮者也。故禮者，不可不省也。禮，不同，不異，不豐，不殺。稱其義以爲之宜。

究。哲學者，就人生需要之一切問題，以推明其原理，確立其標準，解決其疑難，而達之於至善之學也。哲學之研究，其方式有六。

一，分析以審其實。

二，演繹以盡其變。

三，觀其會通。

四，溯其究竟。

五，求其眞理。

六，徵諸實事。

六者備，而所研究之實得矣。哲學以此方式而爲研究，故能解決人生一切問題，而達之於至善也。禮之制作，既爲人生第一要事，即是人生重要問題。則非作哲學之研究，其何能得禮之實，與制禮之意，以爲人生定其依歸哉。禮經，實爲周禮。若今之所謂周禮，卽設爲周公所制，亦僅王官職掌，則亦周家一代之制度而已。安得謂之周禮。故邵懿辰禮經通論曰。

夫周官大體本亦周公所作，特久而後出，疑有周代後王損益，及爲後人所竄亂者。間亦可證禮經，而不合者多。蓋其書之體，本諸司職掌，爲周家一代之制度，而不可以名禮。

則孔子從周之義，實惟著于禮經，而三重之旨，亦惟禮經爲能見。斯則能明禮之實與制禮之意者，惟禮經耳。則禮經研究，實研究禮之制作與禮之第一要事。尤非作哲學之研究，莫能盡得其義也。是故禮經蓋禮從民宜，惟行於今天下。必善徵，尊三重，具備倫文軌，三事無違，始足以言制作。善，徵，尊，德也。倫，文，軌，位也。德位不具，民宜已乖，即不能行於今天下。制作而不能行於今天下，其何貴有此制作。即亦何得謂爲制作哉。故孔子之定禮，既從今用之周，復求徵於文獻，而其歸，則本諸身，徵諸庶民，考諸三王，建諸天地，質諸鬼神，百世以俟聖人焉。夫能本諸身，徵諸庶民，考諸三王而不繆，達諸天地而不悖，質諸鬼神而無疑，百世以俟聖人而不惑。豈非滋生於惟一至大之天德之天子歟。惟天子，爲能心民心，德民德，善與民同。故惟天子，爲能議禮，制度，考文。孔子定禮之旨，蓋在於斯。是可謂盡因述之能事，而爲萬世定禮之準則者矣。孔子所定之禮，其存於今者，惟禮經十五編。其明制也，則冠昏喪祭射鄉朝聘八類。

邵懿辰曰，冠昏喪祭射鄉朝聘八者，禮之經也。冠以明成人，昏以合男女，喪以仁父子，祭以嚴鬼神。鄉，以合鄉里。燕射，以成賓主。聘食，以睦邦交。朝覲，以辨上下。天下之人盡於此矣，天下之事，亦盡於此矣。

其示所資，則爲貨力辭讓飲食六事。

邵懿辰曰，貨力辭讓飲食六者，禮之緯也。非貨財，强力，不能舉其事。非文辭揖讓，不能達其情。非酒醴牢羞，不能隆其養。

其溯本，則始之於太一，而終之以義。其標用，則道之以大順，而齊之以大同。其言禮之行也，則貴隨時而期待人。其著禮之實，則爲立之以至誠，而止之於至善。節文雖不備舉，理趣已無餘蘊。有子所謂本立而道生者，禮經有焉。茲編欲因孔子定禮之旨，及其手定之禮，以推定今禮標準，故特就禮經作哲學之研明，而禮意得。禮意得而人道立。而人倫明。人倫明，而民德正。民德正，而民生厚。則禮經之哲學研究，豈非今天下之要義歟。然茲事重大。非一蹴可幾。故此編，且先因述禮文開發禮例，以為權輿。若夫三隅之反中道之立，踐而行之，神而明之，以達於今天下。則在學者之擴而充之矣。茲編之作，其旨如是。

稽文者。茲編因何文而述耶。夫禮經者，禮文之本也。大小戴記者。禮文之末也。本末備，而禮之文可觀矣。故茲編，以禮經為經，大小戴記為緯。禮經為綱，大小戴記為目。經綜緯錯。綱舉目張。於是乎禮之義，乃有始終條理。條理不紊。始終一貫。於是乎禮之體用，乃可得而研究焉。禮經之所以為禮文之本，大小戴記之所以為禮文之末者。孔子因魯哀公使孺悲學士喪禮，而始書禮經。其義，則顏子曾子子游子夏林放等得其傳。漢興高堂生能言之。五傳，而至戴德戴聖，遂筆之為記。經經，記緯。經綱，記目。其事甚顯。則以本末稱經記。更何疑歟。禮經為禮文之本，大小戴記為禮文之末，其說莫備於邵懿辰之禮經通論。如曰。

經者，聖人之心。即天地之心。十七篇，非徒士禮。實聖人手定之經。

又曰。

心，與經互相明者也。經，與世互相持者也。經禮三百，而取十七篇。何也。以為標準也。亦救文從質之意也。

又曰。

夫形名器數，久而無不敝者。惟道為可久。道存乎形器之中。固如鬼神體物，無所往而不在，多不為增。少不為減。全不溢，而偏不遺也。故酌取此十七篇。特舉夫養生送死事鬼神之大端，達天道順人情之大賓，與天下講信修睦。以固人肌膚之會，筋骸之束，四際立。八類具。而聖人之道，固行乎形器之中矣。四際八類者。喪祭之禮，所以敎仁愛也。朝聘之禮，所以明義也。射鄉之禮，所以教敬讓也。冠昏之禮，所以示有別也。義見大戴記盛德本命．小戴記禮運經解坊記等篇。邵氏懿辰引安溪之說曰。四際八篇者何冠昏也喪祭也射鄉也朝聘也。易曰。有天地萬物，而后有男女夫婦。有男女夫婦而後有父子。有父子，然後有上下君臣，禮義有所錯也。三代之學，皆所以明人倫也。有冠昏，而夫婦別矣。夫婦別，然後智可求也，有喪祭，而父子親矣。父子親，而後仁可守也。有射鄉，而長幼序矣。長幼序，而後禮可行也。有朝聘，而君臣嚴矣。君臣嚴，而後義可正也。夫婦別，而後父子親，父子親，而後長幼序，長幼序，而後君臣嚴。由閨門而鄉黨。由鄉黨而邦國朝廷。蓋不可以日廢也。是故先王之制禮也。綱維五典，根極五性。通四時，合五行。本於陰陽，而順乎天命。先王之禮，哀樂之情，無不中，慘舒之節，無不得。故紀綱人道之始終，而天地和平，四靈畢至。學者，學此者也。灑掃應對，而非粗也。盡性至命，而非遠也。小學以始之，大學以終之，皆所以明人倫也。

又曰。

禮在當時，道器尙不相離。至於後世，文字存焉耳。然則獨其道存焉耳。有所以爲冠昏喪祭射鄉朝聘，而道豈有遺焉者乎。此聖人定十七篇爲禮經之意也。若夫周官太宰宗伯之所掌，太史小史之所執所讀，小行人之所籍，方策之多，可想而知。雖秉禮之宗國，有不能備。司鐸火，子服景伯命出禮書。而哀公使孺子悲學士喪禮於孔子。則魯初無士喪禮。執羔執雁，尙不能知，則魯無士相見禮。孔子周流列國，就老聃長宏識大識小之徒而訪求焉者，但得其大者而已。勢不能傳而致之，盡以教及門之士，與其失之繁多而終歸於廢墜，不如擇其簡要而可垂諸永久也。此禮經在孔子時不止十七篇。亦不止五十六篇而定爲十七篇，舉要推類，而盡其餘者。非至當不易之理與。禮經十七篇，其實僅十五篇耳。蓋士喪禮既夕禮本爲一篇，少牢饋食有司徹，亦本爲一篇也。

又曰，禮，始諸飲食。又始於謹夫婦，順陰陽而防情僞。祭祀喪紀，冠昏飲酒，所以養生送死而事鬼神親戚男女宗族兄弟故舊朋友賓客，乃天下之達禮也。惟朝聘以明君臣之義，則辨上下定民志。天澤所以爲履也。故曰，非禮無以別男女父子之親也。無以辨君臣上下長幼之位也。

又曰。大傳曰。立權度量。考文章。改正朔。易服色。殊徽號。異器械。別衣服。此其所得與民變革者也。其不可得變革者，則有矣。親親也。尊尊也。長長也。男女有別。此其不可得與民變革者也。所謂可得變革者，周官是也。不可得變革者，禮經是也。冠昏，所以別男女也。喪祭，所以親親也。射卿，所以長長也。朝聘，所以尊尊也。而喪服一篇。兼親親尊尊長長男女有別，賅上治下治旁治幷及族黨異姓之親，而人治之大無不舉矣。故曰。禮經紀人倫而長於行。十六篇以紀人倫也。喪服，以經人倫也。

又曰。後世所謂禮書者，皆王朝邦國之禮，而民所用無多，或不盡用。而官司之所掌，民有白首老死而不知不見者。非可慨舉以教人也。天子諸侯之禮，事雖重，而所行者狹。大夫士庶之禮，制雖殺，而所行者廣。

又曰。古者入小學，履小節焉，習小藝焉。入大學，履大節焉，習大藝焉。小節者，曲禮三千之要略。大節者，經禮三百之要略也。而能豈盡舉官司所秉之禮書，俾學士肄習，而鄉民遵守哉。然則孔子所定十七篇，雖斷自聖心，傳爲世則，而大意疑亦本之鄉官以教萬民，保氏以教國子者。舉要以例其餘，損文而存其質。亦周公之志也。

又曰。孔子定禮樂。獨取此十七篇以爲教。配六藝而垂萬世，則正以冠昏喪祭射鄉朝聘八者，爲天下之達禮耳。故曰子所雅言，詩書執禮。執之云者。言凡人所當執守也。

此禮經爲禮文之本之說也。如曰，

又曰。徒觀十七篇四際八類之間，猶未能周密而詳盡也。必以分記總記分義通義如大小戴記各篇，埤坿於其中，彌縫於其隙，而後義類浹洽，理道章明。本末精粗，無乎不備。

又曰。禮運通篇論禮，乃禮經十七篇之總括。如易之有繫辭傳。而冠婚喪祭射鄉朝聘八字，賅貫全經。

禮運，既以冠婚喪祭射鄉朝聘爲禮之八經。又以父慈子孝兄良弟悌夫義婦聽長惠幼順君仁臣忠爲人之十義。而不言其禮義之相屬也。經解盛德則皆以昏統冠，以鄉統射，以婚姻之禮屬夫婦，以喪祭之禮屬父子，以鄉飲酒之禮屬長幼，以聘覲之禮屬君臣。而後義爲禮之本，禮爲義之實，其說大明。君子義以爲質，禮以行之。於是天叙之典，天秩之禮，合而爲一。四際八類，五倫十義，各相膠附而不可離。獨遺朋友之交者。士相見爲在下之朋友。食燕爲在上之朋友。禮，尙往來。禮，無不答。十七篇。無不具賓主者。禮之於賓主，有性焉。無賓主，是無禮也。君子之所不可及，其惟人之所不見。而本在愼獨者，所以密其內心。君子之所爲，無不可與天下人共見。而事在樂羣者，所以飭其其外行。存誠，主敬，積而成德行。盛儀，揖讓，化而成風俗。禮非一人行之，而必有相與行之者。所以朋友之交，橫貫乎達道之中。而師無當於五服，弗得不親也。

又曰

禮運凡兩擧八者，以語子游，皆孔子之言也。特射鄉譌爲射御耳。一則曰，達於喪祭射鄉冠婚朝聘。再則曰，其行之以貨力辭讓飮食冠婚喪祭射鄉朝聘。

又曰。

冠義昏義諸記，本以釋經，爲禮經之傳。先儒無異說。觀昏義曰。夫禮，始於冠。本於昏。重於喪祭。尊於朝聘。和於鄉射。故有冠義，以釋士冠。有昏義，以釋昏禮。有問喪，以釋士喪。有祭義祭統，以釋特牲少牢有司徹。有鄉飮酒義，以釋鄉飮。有射義，以釋鄉射大射。有燕義，以釋燕食。有聘義，以釋聘禮。有朝事，以釋覲禮。有四制，以釋喪服。而無一篇出乎十七篇之外者。是冠昏喪祭朝聘鄉射八者，約十七篇而言之也。

此大小戴記爲禮文之末之說也。其義至爲精允。茲編準斯意趣，以禮經之本與大小戴記之末，比附貫攝，標爲資源。復旁攷諸家，如禮經之鄭玄注，賈公彥疏，淩廷堪之釋例，吳廷華之章句疑義，胡承珙之古今文疏義，徐養源之今古文異同疏証，金日追之注疏正譌，胡培翬之正義，程瑤田之喪服足徵記，張惠言之圖等。大戴記之汪照，孔廣森補注，阮元之曾子注，等。小戴記之鄭玄注，孔穎達疏，魏了翁之要義，江永之訓義擇言等。更旁及白虎通疏証，爾雅諸疏，廣雅疏証，釋名疏証，等。然後依哲學方式，析其文，繹其義，觀其會通，溯其究竟，庶幾於經緯錯綜，始終條貫之中，得孔子制作之旨，與夫禮之體用之義。蓋義隨於文，文確，則義正。文成於義，義得則辭明。必禮文可信，禮意乃顯。茲篇所因之文，旣爲孔子手訂之禮經所述之義，復本孔門諸賢親傳之禮記。於以上窺三代而往禮治之精神，下察秦漢而還禮迹之演變。外，徵天地人物之情狀，內省損益否泰之幾徵。然後近，求之於一身。遠，通之於生類。則凡人生之大義，人事之相成，人倫之分際，人道之實踐，皆得辨其宜而明其實。由是進而考其條理，正其終始。其於禮之施措之當否，復何繆耶。施措悉當其儀不忒。推及家國，以至於天下，民咸安之矣。是卽所謂禮之至文者也。準此至文制爲今禮，以行之無斁，而致天下於太平。是則茲編因述之志也。若夫推而廣之，是有待於學者。

示目者。茲篇明義之目，凡二。先總論。次詳辯。

總論之目有二。一，禮之總論。二，禮經之總論。

禮之總論凡七事。一，禮之名義。二，禮之本。三，禮之資。四，禮之制。五，禮之行。六，禮之用。七，禮之實。

禮經之總論凡三事。一，禮經之名義。二，禮經之經論。三，禮經之義攝。

禮經之經論，復有八門。冠昏喪祭射鄉朝聘是也。各繫以經，以綜論之

禮經之義攝，復有四目。一，制攝本之義。二，行攝本之義。三，用攝實之義。四，八門攝九經之義。

詳辯之目有八。卽冠昏喪射鄉朝聘之八類也。類復各爲二門。一，辯旨。二，辯經義。

辯經義中，復各有二事。一，舉要義。二，推辯。皆合文之本末明之。

——摘自《文哲月刊》一九三五年十月第一卷第一期

喪服依開元禮議

太炎

國家昏亂。禮敎幾於墜地。然一二新學小生之言。罔未能盡變民俗。如喪服一事。自禮經以至今茲。二三千年。未有能癈者也。今雖衰麻室廬之制。不能一一如古。大體猶頗有存者。以民國未定喪服。民間訃告。則改遵制成服曰遵禮。問以依據何禮。卽人人不能自言。蓋景附清禮而已。而清律所列服圖。與清通禮頗有外駁。常人多見清律。少見清通禮。喪服率依律行之。亦未得云清禮也。自達者觀之。絫代所定服制。格以禮經之法度。往往有軼出者。今朝市已遷。無取獨遵清禮。且繆於禮經者。亦獨清禮爲最甚。則由絫代刪改。積漸以至是也。定喪服者凡四家。一曰禮經。二曰唐開元禮。三曰明孝慈錄。四曰清通禮。唐明之間。宋世尙略有更定。合之前四。共爲五家。夫禮經制服。比例精嚴。其原則散見子夏傳中。蓋如刑律之有名例。服制雖無妨損益。要以不違原則。不誤比例爲正。猶刑律有可損益者。要不得違其名例也。今之不能盡從禮經者。以尊降厭降諸條。獨可施於封建世卿之時。非秦漢以下所宜守。其絫代循行者。皆封建世卿以外之事。諦當而不可革者也。而開元禮又頗有剟定。後之議者。多譽當時君相作聰明而變舊章。然校諸宋明清三家。尙頗嚴謹有法。所以然者。六代禮書。訖唐初猶在。廷臣又多習禮家條例。故夫枉戾之言。不能出諸其口。非如後代三家。不以其事付白徒鄙儒。卽付之刀筆吏也。清禮既不可用。而輕議禮者又多破碎。擇善從之。宜取其稍完美者。則莫尙於開元禮矣。今先舉三家之失。以明開元禮之是。條列如左。

宋世所失者一事

禮經。婦爲舅姑齊衰期。傳曰。何以期也。從服也。自唐貞元時。禮法漸壞。婦爲舅姑。有從其夫服三年者。此乃民俗之譌。於國制無與。後唐比而從之。宋初魏仁浦等遂依以定禮。夫女子子適人者爲其父母。且降爲齊衰期。傳曰。何以期也。婦人不貳斬也。蓋爲夫斬衰。則其佗更不得與之同服。今爲舅斬衰三年。違於不貳斬之原則矣。且其言曰。夫居苫塊。婦被綺紈。以是難執禮者。按唐李濟翁稱婦爲舅姑除服後。門庭尙素服青縑衣以俟夫之終喪。（縑卽今之紡紬乃綾綺無文者•與綺之有文者異）蓋自古相承如此也。魏仁浦起刀筆吏。不曉前代習俗。遂悍然以夫居苫塊婦被綺紈爲難。適自章其鄙陋耳。且其時夫已小祥。舍於外寢矣。安得尙寢苫枕塊耶。亦由刀筆吏更不知喪服有變除也。詩稱凡民有喪。匍匐救之。記言鄰有喪。舂不相。凡處有喪者之側。未有可以服鮮華姿娛樂者。父之喪。子爲服斬衰三年。祖之喪。孫爲服齊衰不杖期。何不以父居苫塊子被綺紈爲難耶。此可推例以解其惑者也。

明孝慈錄所失者三事

爲父斬衰三年。爲母齊衰三年。此喪紀之正。而服術之至文者也。生民之統。繫於父不繫於母。故服制亦殊。雖然齊衰正服五升。義服六升。而爲母服乃四升。其去斬衰三升及三升半者。相較無幾。於至親之恩非不篤也。故自禮經以逮宋人。未有議其薄者。明制爲母服亦斬衰。於是齊衰三年之服遂絕。此爲不知服術者。

禮經載三殤之服。條目至詳至明。而殤服盡廢。是於幼穉爲無恩。且爲成人服大功小功皆有受。而爲殤服則無受。氣曰。衰成人者其文縟。喪未成人者其文不縟。由其哀乏未殺。昔人於男女未冠笄者。隱之如此。今一旦盡芟薙之。斯亦不仁甚矣。且禮書無殤服。亦未得爲完書也。

齊衰杖期之服。十五月始除。視之杖期者爲淹久。禮經所著。獨父在爲母。出妻之子爲母。父卒繼母嫁從爲之服。及爲妻。四事。母妻皆至親。繼母不與因母同親。而得與爲比者。以從嫁則撫育不衰。故傳謂之貴終也。然且爲之報服視之若此其重也。非此四者。雖至尊如祖父母同氣如昆弟。祇齊衰不杖期耳。爲庶母服。禮不過緦。明祖以昵孫貴妃。故增庶母服至齊衰杖期。乃令庶母之尊親過於祖父母。斯於比例大繆者也。且爲庶母已齊衰杖期。爲庶母慈己者。將何以加其服乎。如慈母服。則本無父命。不如慈母服。則何以異於凡庶母。此又進退皆窮者也。（近世禁買妾。凡爲慈母爲庶母及妾爲父母昆弟諸服。如可不論。然記稱聘則爲妻。奔則爲妾。今之奔者多矣。買妾雖止。奔妾故在。其喪服不得不稍論之。）

清通禮所失者一事

禮經。爲人後者爲其父母齊衰不杖期。傳曰。何以期也。不貳斬也。至爲祖父母以上。禮經與絫代之禮皆無文。蓋如其本服爾。例以女子子爲祖父母。不論在室適人。皆齊衰期。傳曰。何以期也。不敢降其祖也。女子子嫁者未嫁者爲曾祖父母。皆齊衰三月。傳曰。何以服齊衰三月。不敢降其祖也。此絫代所不能立異者。蓋斬不可貳。而齊衰期等非不可貳。女子子適人者爲其祖父母以上然。則爲人後者爲其祖父母以上亦然。且爲其父母降服者齊衰四升。爲其祖父母不降者。依正服齊衰五升。雖同爲齊緦期。其麻固有辨矣。清通禮爲人後者爲其祖父母大功。爲其曾祖父母小功。爲其高祖父母緦。苟以旁尊視其本生邪。高祖父乃所後高祖父之昆弟。法當無服。何以尙爲之緦。若猶以至尊視其本生邪。則傳云。小功者。兄弟之服。不敢以兄弟之服服至尊。今降其祖父母至大功。則不得不降其曾祖父母至小功。是乃以兄弟之服服至尊矣。進退失據。皆甚違於喪服之原則也。

如上五繆。三家所有而開元禮所無。故開元禮雖未能事事精整。猶可依以施行。乃如父在爲母齊衰三年。爲曾祖父母齊衰五月。前者未必不厭於人情。後者又非在絕不可增之例。爲舅小功。達於外親皆緦之義。然禮經爲從母已至小功。以此推例可也。嫂叔有服。雖違古制。準以同爨緦之例。推而行之。亦可也。惟舅之妻不可稱母。而玄宗手敕爲舅母緦麻。然開元禮撰定在前。未加改竄。故通典所載開元禮無此條。國官爲國君斬衰。既葬除之。此爲今世所無。當從事實而刪者。其餘悉依開元禮爲定。上視禮經。誠若瑾瑜之匿微瑕。下視三家。可謂玉之章章。勝於珉之彫彫者遠矣。

難曰。今布大抵用木緜。俗惟斬衰用麻。齊衰功緦皆緜矣。縷之精粗。不能與其衰相當。況於降服正服義服之別。公爲此議。極不過施於訃告徒文具耳。其實豈可得行邪。答曰。禮失而求諸野。子謂麻衣盡亡乎。今沙門所服布單衣。皆麻織也。校其精粗。蓋猶在大小功間。獨欲爲十五升抽半者。以白紵則可。以麻卽不易成。紵亦麻也。取以爲絰固無害。故愚士大夫無倡導者耳。有之。何患衰之不成。就其未成。施於訃告。不猶勝於世之爲金石例者乎。孔子曰。爾愛其羊。我愛其禮。循斯名也。而責其實。則倡導之端在玆矣。

——摘自《制言半月刊》一九三五年十月第二期

喪禮今讀記

錢基博

禮記檀弓云：「大功廢業。」而曲禮言：「居喪未葬，讀喪禮；既葬，讀祭禮。」「讀」之爲言籀，擇其義也；段玉裁說文解字注曰讀籀書也籀亦作抽抽繹其義蘊至於無窮是之謂讀 匪記誦章句之末也。送死者，人子之大事。儻纖毫不以禮自處，於義有所未安，卽於情有所不忍；雖欲勿讀，焉得而勿讀也！博行年四十，慟失父嚴，杜絕人事。而致其情於讀禮焉；亦猶行古之道也。余讀儀禮有喪服士喪禮兩篇，禮記有檀弓，曾子問，喪服小記，雜記，喪大記，奔喪，問喪，服問，問傳，三年問喪服四制十一篇；皆言禮之涉於喪者。特儀禮詳其事。而禮記籀其義。然制度文爲之事，時移勢易，古今不必盡同；而義則貫古今而如一。故竊以爲儀禮可不讀；而禮記不可不讀也。

余讀禮記記衣服之制，麻絲免髽之節，大略與儀禮同。然其言人子不容不哀其父母之情，不能不思其父母之意，雖歷年百世更千百人而心同理同，讀之不能無怦然！而雜記問喪三年問三篇，委曲深至，則尤其中之形容極致，令讀者低徊往復而不能自已者也！然後知三年之喪，『稱情而立文，因以飾羣，別親疏貴賤之節而弗可損益；』三年問語『人情之實也，禮義之經也；非從天降也，非從地出也，人情而已矣！』問喪語 至問傳之文，則言哀之發於容體聲音言語飲食衣服居處，蓋最切近易曉而明示人以處哀之法者。博生乎今之世，由今之道，讀之而愧發于中，不自知顙之有泚也！徒自憎其天性之涼薄而已矣！寧敢致譏于古禮哉！述喪禮今讀記。

記喪禮之義

禮也者，義之實也。禮記三年問：『三年之喪，稱情而立文；』問喪言：『人情之實；』兩言足以盡喪禮之義。而宣究其義，出以簡賅者，莫如檀弓，壹本人情以爲之說，其詞曰：『喪禮，哀戚之至也。節哀，順變也，君子念始之者也。復，盡哀之道也。有禱祠之心焉。望反諸幽，求諸鬼神之道也。北面，求諸幽之義也。拜稽顙，哀戚之至隱也；稽顙，隱之甚也。飯用米貝，弗忍虛也；不以食道，用美焉爾！銘，用旌也；以死者爲不可別已，故以其旗識之。哀之，斯錄之矣！敬之，斯盡其道焉爾！重，主道也；士始死作重長三尺以依神雖非主而有主之道故云 殷主，綴重焉。周主，重徹焉。奠以素器，以生者有哀素之心也；惟祭祀之禮，主人自盡焉爾！豈知神之所饗；亦以主人有齋敬之心也；辟踊，哀之至也；有算，爲之節文也。（撫心爲辟跳躍爲踊每一踊三跳三踊九跳爲一節士三日而殯凡有三踊初死日襲襲而踊明日小歛踊又明日大歛踊凡三日爲三踊也此之謂有算）袒括髮，變也，慍，哀之變也；去飾，去美也；袒括髮，去飾之甚也。有所袒，有所襲，哀之節也。弁絰葛而葬，與神交之道也；有敬心焉。周人弁而葬，殷人冔而葬。』有子謂子游曰：『予壹不知夫喪之踊也，予欲去之久矣！情在于斯，其是也夫！』子游曰：『禮有微情者。有以故興物者。有直情而徑行者，戎狄之道也；禮道則不然！人喜則斯陶，陶斯咏，咏斯猶，猶斯舞，舞斯慍，慍斯戚，戚斯歎，歎斯辟，辟斯踊矣；品節斯，斯之謂禮。人死，斯惡之矣！無能也，斯倍之矣！是故制絞衾，設蔞翣，爲使人弗惡也。始死，脯醢之奠；將行。遣而行之；既葬而食也；爲使人勿倍也。』此之謂『稱情而立文』也。『始死，充充如有窮。既殯，瞿瞿如有求而弗得。既葬，皇皇如有望而弗至。練而慨然。祥而廓然。』（雜記曰期之喪十一月而練十三月而祥十五月而禫。間傳曰期而小祥再期而大祥中月而禫。）『顏丁善居喪。始死，皇皇焉如有求而弗得。及殯，望望焉如有從而弗及。既葬，慨焉如不及其反而息。』此之謂『人情之實』也。質言之曰。孝子之志，人情之實，不忍遽死其親之意云爾。

記始死燒回頭香

俗，既絕而禱於祉，（俗稱大王廟）繞樞以號曰某；謂之燒回頭香，此何禮也？曰：『古禮謂之禱復；俗稱謂之燒回頭香；古今異語其義一也。』惟儀禮士喪禮載：『復者一人，升自前東榮，中屋，北面，招以衣，曰皋某復！三。』注曰『皋，長聲也。』疏曰：『一號于上，冀神自天而下。一號于下，冀神自地而上。一號于中，冀神在天地之間而來也。』求之天地四方也。魂氣則無不之也。而於祉焉，爲不繆矣！然而不廢者。檀弓所云『復，盡愛之道也，有禱祀之心焉，望反諸幽，求諸鬼神之道也。』仁人孝子之用情於無如何，誠有得已而不忍已者在也。求諸鬼神之道，若或可廢；而盡愛之道，惡忍不致也！故不廢也。

記三朝成服

禮：『始死，羔裘玄冠者，易之而已。』（禮記檀弓）疏曰：『養疾者服朝服。羔裘玄冠，即朝服也；始死，則易而服深衣。』『夫其不遽易深衣者，所以答賓客之來問，亦所以重送死也。』禮『惟哭先復，復而行死事。』（禮記喪大記）疏曰：『復而猶望生。』夫孝子之不遽死其親如是之殺也。『禮死三日而後斂者，何也？』曰：『孝子親死，悲哀志懣，故匍匐而哭之，若將復生然；安可得奪而斂之也！』故曰：『三日而後斂者，以俟其生也。』（禮記問喪）夫猶俟其生，則哀不可得而遽易也！若不俟三日而遽易哀；則是不俟其親之生，而欲速成其死也。故成服之不俟三日也，初視之似于義無害；而不知即此速死其親之心之不仁，其事事苟且而不能必誠必信者，皆以此階之。則古人之節次漸變以必期乎三日，眞合乎天理人情之至也！故曰：『三日而不生，亦不生矣！孝子之心亦益衰矣！家室之計，衣服之具，亦可以成矣。親戚之遠者，亦可以至矣。是故聖人爲之斷決，以三日爲之斷制也。』禮記問喪 邑俗三朝成服，然不及三朝而衰絰在身者往往有之。乃以博兄弟恪守三朝成服之禮爲大怪。不知禮『生與來日，死與往日。』禮記曲禮 注：『與，猶數也。生數來日，謂成服杖以死明日數也。死數往日，謂殯斂以死日數也。』陳澔曰：『成服杖，生者之事也；從死之明日數之爲三日。是三日成服者，乃死之第四日。』蓋殯斂者死者之事，久或嫌於尸之變；故『死與往日。』而成服則生者之事，猶若死其親之遽；故『生與來日。』仁之至，義之盡也！吾父以民國十五年夏曆丙寅秋七月初四日卒；而成服於初六日，實死之第三日。若以禮『生與來日』之說推之，猶若以遽然！

記治喪用樂

吉凶不相干；哀樂之情不可以貳。禮記曲禮言：『喪復常，讀樂章。居喪，不言樂。』疏曰：『復常，謂大祥除服之後也。』則是大祥除服之後，但讀樂章而已；不及于作也。若當居喪之日，樂之不言，何有于作！夫昏禮，禮之嘉者也；而三日不舉樂，思嗣親也。禮記曾子問 則是昏戚之用樂，已干忘親之罪；況儼然在衰絰之中而用樂；是大亂之道也！將以娛賓乎？禮：『弔於人，是日不樂。』禮記檀弓 而何爲其娛之也！將以侑奠乎？禮：『奠，丈夫踊；婦人踊；兄弟哭』儀禮士喪禮 歌哭不同聲也。夫今之人，以樂謟愛，其常也；故雖創鉅痛深，而忍亦樂之。若夫平居琴瑟之靜，鐘鼓之和，茫乎其未有聞也！於親死而乃淵淵然樂作矣！則是樂其親之死也！雖百喙，奚所解哉！然而吾父之斂用樂，成服用樂者。無它，執事者狃于故常；而博兄弟卒遇大故，心神惝覆，未及止之以禮也。治喪發引之日，博與吾弟誓當援禮以止之。儻親友有饋軍樂以送喪者、當敬謹援禮以謝之。禮：『鄰有喪，舂不相。里有殯，不巷歌。』禮記曲禮 則是人之有喪，鄰里且爲之不歌；而況于治喪者乎！譬惟用樂，自今一切塗飾觀聽而無當于送死之事，皆當援禮以止之！

記非禮之禮

成服之不待三朝，治喪之不廢作樂，世俗之非禮也！然而世俗有非禮之禮二：訃聞之稱考也，長孫之承重也，皆皮傅古禮而未及究其所以者也！禮：『士三月而葬。是月也卒哭。』禮記雜記『卒哭曰成事。是日也，以吉祭易喪祭。』『生事畢而鬼事始已。』

（禮記檀弓）『生曰父曰母。死曰考曰妣。』（禮記曲禮。鄭康成曰考成也言其德行之成也妣之言媲也媲于考也）陳祥道曰：『喪禮未卒哭，則以生事之；既卒哭，則以鬼事之；則其曰考曰妣，皆卒哭之禮也。』然則未葬未卒哭之前之不曰考曰妣，而仍父之母之事死如事生者，仁人孝子不忍遽死其親之心，若是其遲回而愼重也！邑俗之訃於人也，大率告厝者十之九，無有逾三月者；而曰考曰妣之不暇；則是速成其親之死也！孔子曰：『之死而致死之，不仁而可爲也！』（禮記檀弓）不仁哉今之人也！至考而繫之曰顯，則尤擬不於倫之辭！按祭法，顯考廟在祖考廟之上；則今之曾祖也。名實乖舛，莫此爲甚！此訃稱考，考而顯之爲非禮之禮者一也。古者人子有父後不爲父後之分。漢時詔令尙云『賜爲父後者爵一級；』爲父後者，承爵祿，奉宗祀而傳之以重者也。上有傳，斯下有承。承重之說，蓋昉於傳重也。宋楊傑誌劉之道暉墓云：「祖夫人卒，之道以適孫乞解官，承重服。府尹王贄留之曰：『按著令，凡適孫爲祖父母承重者，蓋其適子無同母弟以承其重者也。今子先君有同母二弟，已自服重喪；何遽哀號杖而後起乎？』之道曰：『暉開支子不祭，祭必告於宗子，重正適而尊祖考也。國朝封爵令文，皆子孫承適者傳襲。豈有處貴者之後。則封爵先于適孫；在凶喪之際，則重服止諸叔父耶！』下禮官議，以暉爲然。適孫有諸叔而承重自暉始。」（錢爲集）然蘇頌對宋神宗言：『古者貴賤不同，諸侯大夫世有爵祿，故有大宗小宗主祭承重之義；則喪服從而異制，宜也。匹夫庶人，亦何與焉。近代不世爵，長子孫與衆子孫無以異。生而情理則一，死而喪服獨異，非先王制禮本意。』則是所謂重者指宗廟祭祀之重而言。今以子死孫承，謂服祖喪爲承重；是重之義，專指祖喪矣。豈知孫爲祖後而服斬，乃代其父爲服喪，非關承重乎！重之爲言重大宗也。後世宗法既廢，士大夫不世爵，奉宗祀者不限大宗；既無重可傳，而漫於喪訃立長孫承重之條，遂駕名諸父之前，禮果然乎哉！吾兄子爾卒，無子，以吾子（鍾書）爲之後，孺子耳！諸父拜則拜，諸父趨則趨，奉令承敎之不遑；何重之能承！而漫曰承重孫云乎哉！此孫承重，重於服之爲非禮之禮者又一也。今吾父訃狀，曰家嚴，不曰顯考，不忍之死而遽致死之也。狀末列孤哀子三人，不沒吾兄之名而墨署之以明早世。（鍾書）則以改諸父之後而正其名曰承服長孫，以明其承兄而代爲之服也。至喪次行禮，則壹仍世習之舊。（鍾書）先而（博）與吾弟後焉；非苟徇俗爲之也，以其代吾兄而不敢僭也。儻亦亡於禮者之禮歟？

記設靈

按古禮始死未有主，於中庭置重以主其神；至卒哭之後，以木主替重。（儀禮士喪禮重木刊鑿之甸人置重於中庭疏曰始死未有主以重主其神至虞祭之後以木主替重）今人始死，未有主，於柩前設靈以依其神；至出殯之後，以木主替靈。今之靈，古之重也。惟重以木爲之而加鑿孔以爲懸；而靈以紙爲之而加于座以爲立；此其異也。靈，主道也；猶之乎重也。然而有異者：靈依于柩，事以人道。主祔於廟，事以鬼神。曰考曰妣，事鬼之稱也。曰父曰母，事生之稱也。今人設靈，署題所稱，不曰父母而曰考妣；成親之死，疑若遽然！

記題主

世俗喪禮題主，必請達人名德書之；蓋孝子愼終盡禮，亦亡於禮者之禮也！推原禮意，所書本合封爵諱字并題之；以字數繁多，典禮矜持，慮或遺誤，故預書其主，而特虛主字一點，以待成禮時命筆；俗又謂之點主；始用朱，次加墨，其禮不知所自起？唐宋士大夫禮不可考。而晚近世尊用朱子家禮。朱子固南宋士大夫也。家禮只有題主，并不云點主。劉榛答喪禮問中有問主之制一條，曰：『世用有爵者點朱，而覆以墨，禮歟？』曰：『非禮也！親故之能書者題之，足矣！必乞於有爵，亦所以崇其事也；而朱焉，則無謂矣！且服官者簿書敎令皆用朱；以下行上焉者弗敢也。人子於父母，而使人睥然下臨之；又豈所以尊之乎！』陸爟上湯師問喪儀書中亦有云：『古者始死立重；虞而後立主用桑；練而後用栗主。然則初喪之主，尙不以祔廟永祀。謹書生卒年月日於陷中，某官某封於主外，以此謂之題主，可矣！何爲獨虛主字之一點，延請有爵位者先朱後墨，而以爲光寵乎？劉山蔚（即劉榛）非之，是也！不孝前遭先君之喪，固未嘗請人。今茲欲循舊例，親泣血而書之，并不虛王字之一點，以待貴官長者之辱題。不審於理是否？』（切問齋文集）皆於點主致異議焉！

記送喪而歸

今人之送喪而歸也即吉；古人之送喪而歸也反哭，雖今古勢殊，而禮文具在，惻怛懇至，足以風薄俗而厚民德；不可不一議也！禮：『反哭之弔也，哀之至也；反而亡焉，失之矣！』（禮記檀弓）『入門而弗見也，上堂又弗見也；入室，又弗見也；亡矣喪矣！不可復見已矣！故哭泣辟踊盡哀而止矣！心悵焉愴焉，惚焉愾焉，心絕志悲而已矣！祭之宗廟，以鬼享之，徼幸復反也。成壙而歸，不敢入處室，居於倚廬，哀親之在外也。寢苫枕塊，哀親之在土也。』（禮記問喪）蓋悲哀痛疾苦是之甚也！今也送喪而歸，置火於門，辟除不祥。又擇宗親之夫婦雙全而多子孫者，俾盛服先入門而導主人之前焉；謂之紅綠進大門，曰爲主人利市也。於親也而不利市之，薄哉俗也！然而不能變也！

記哭泣

喪禮言哭而不言泣。哭者所以『稱情而立文。』說文云：「

哭，哀聲也。』有其聲而已。哭從吅，主聲不主涕也。泣從水，有涕而無聲也。專言哭，則不盡有涕。孔子遇舊館人之喪，入而哭之，哀出。使子貢脫驂賻之，曰：『予鄉者哭之，遇于一哀而出涕；予惡夫涕之無從也！』禮記檀弓是初不意其出涕也；是不出涕，不害其爲哭也。古之人，弔喪必哭，聞喪必哭；情有親疏，義有厚薄，固未必欲涕斯涕至。即執親之喪，而禮經之記泣者，大抵出以難之之辭。如稱『高子臯執親之喪，泣血三年。君子以爲難！』禮記檀弓疏曰：『此論子臯居喪過禮之事。』弁人有其母死而孺子泣者。孔子曰：『哀則哀矣！而難爲繼也！夫禮，爲可傳也，爲可繼也；故哭踊有節。』禮記檀弓是不必强人所難能而責盡人以泣也。大抵聖人之制禮也，稱情而立之文。而孝子之行禮也，因文以致其誠。禮義之經也。

記泣血

今計狀有泣血之稱，源本朱子家禮，然古人言泣血者，無聲出淚而已；血非赤血，即淚汁也。易有『泣血漣如，』詩稱『鼠思泣血』皆於喪事無與。獨禮記檀弓稱『高子臯執親之喪，泣血三年。』注：『泣血，言泣無聲，如血出。』疏曰：『凡人涕淚，必因悲聲而出。血出則不由聲也。今子臯悲無聲，其涕亦出如血之出，故云泣血。』據此則血即是淚。文選李陵答蘇武書：『戰士爲陵飲血。』注曰：『血即淚也。』夫禮，親始死，哭不絕聲；三日之內。晝夜哭無時；亦烏庸此無聲出涕之事？意者子臯之事，當在卒哭以後。蓋其至性過人，俯就禮制，亦但哭於朝夕；而平時則無聲而出涕，以至三年不變。吳澄所謂『默思其親，目亦有淚；如血之出；』是也。然泣血者必抆淚，乃相須之事。『孤子唫而抆淚，』楚辭悲回風篇已有成文。今抆淚槩稱於輕喪，而泣血獨施於重服；所以實相準而名相懸者，庸得爲知其類也乎！

記哀喪婆

俗：喪家備婦人直靈助哭，謂之哀喪婆。此風由來舊矣！南史孔秀之遺令曰：『世人以僕妾直靈助哭，當由喪主不能淳至，欲以多聲相亂。魂而有靈，吾當笑之！』然儀禮士喪禮：『代哭不以官，則使親疏更迭而哭。』禮記喪大記：『君大夫士有代哭者，哭以次序更代。』則不備官之家使僕妾；不備僕妾之家雇傭婦；亦事之不得已也。蓋自始死以至于歛，哭絕聲則不安；不絕聲，則毀滅性矣！周禮挈壺氏：凡喪，縣壺以代哭。

記稽顙拜

禮記檀弓孔子曰：『拜而後稽顙，頹乎其順也。稽顙而后拜，頎乎其至也。三年之喪，吾從其至者。」疏曰：『拜，主人孝子拜賓也。拜爲賓，稽顙爲已，頹然而順序也。頎，惻隱貌。先觸地無容，後乃拜賓，爲親痛深，惻隱之至也。』則是稽顙者，自盡其哀；而拜則致敬於賓也。晚近喪刺稽顙而不署拜；徒以自致其哀，而不盡敬於賓；儻亦從其至者。然客爲吾　父之故而弔，安得不致敬乎！故拜不可廢署也。然而吾　父之訃，亦稽顙而不署拜者；無他，蓋訃者所以告喪而致其哀，故不署拜。江藩答伊墨卿書曰：「檀弓鄭注：『拜而後稽顙爲殷禮。稽顙而後拜爲周禮。』此答來弔之賓拜也。若非來弔之賓，但稽顙而已。雜記鄭注：『稽顙而後拜曰喪拜，此有三年之喪者；拜而後稽顙曰吉拜，此非三年之喪者；皆謂受問受賜者也。』此答問賜之拜也。若訃書問狀，既無弔問之賓，又無賜與之事。邱瓊山創用泣血二字固妄。陰靜夫改用稽顙拜拜稽顙亦非。惟世俗之謝帖可用之。」（隸經文）可謂深於禮者之言也。

記行狀

近人訃告必系行述，行述者，子孫之述其尊親也。然子孫之述尊親，不可不知其義焉。不可不知其例焉。魏禧答孔正叔論誌文曰：「君子爲文章，務使顯可示於天下後世，幽可質於鬼神；故善善雖長，不敢爲不試之譽。此豈獨於子弟交遊，在所必愼；即尊親如祖父，亦不可奉以虛美，使吾親爲學問過情之人。且人之善否，宗族鄉黨，未有不知。吾九實一虛，則人將執虛例實，既因一事以沒其九；而人情不服，必加謗讟；是求榮而反辱也。故曰：『虛譽其親，與自謗其親等。』」（見魏叔子文集）此述尊親之文之義也。陸燿與錢罍齋論行述書曰：「行狀之體，如上太常議謚，史館作傳者，宜用公狀之式，不復參以作者之意。如子孫自述其先世德善以求誌銘者，乃本哀痛之餘情，發祈請之至願，必宜從乎作者之自言；而稱其祖父之祖父，悉以作者爲主；父之父爲祖，祖之父爲曾祖。今果堂沈先生乃據穆員外白樂天爲證，不從狀者之所自稱，而從所從狀之人之稱；何異祖父生時，對父而呼其祖爲父，對祖而復呼其曾祖爲父乎！唐之大家爲昌黎。宋之大家爲廬陵。昌黎韓滂墓誌曰：『吾與其妻哭之心傷；』吾者，昌黎自吾也。女挐壙銘曰：『始命子弟與其姆，易棺衾；』命者昌黎命之也。此下治子孫之文之例也。廬陵瀧岡阡表，爲皇考崇公而作；然於祖則稱皇祖府君；於曾祖稱皇曾祖府君；皆廬陵之自稱；而不從崇公之所稱。此上治祖禰之文之例也。至爲宗族友朋之碑誌，或發乎吾心之悲悼，或緣其子姓之徵求，雖從所狀之人之所稱，而必兼叙己意以明不能以不文辭之故；曰『君諱某，』作文者君之也。曰『系以銘，』作文者系之也。唐宋名家無不如此。此即旁治昆弟之文之例也。其於母氏，如歸熙甫先妣事狀，則稱外曾祖外祖；邢子愿萬太君行狀，則稱外王父母，蓋又自歐陽公之例而推之，未可以爲非也。且果堂之論，既從所狀之人之稱，而以其祖爲父，曾祖爲祖矣；而其自述眞崖府君吳孺人之題，則仍曰先考眞崖府君述，先妣吳孺人述；於題即考其考，妣其妣；於文則考其考之考，妣其妣之妣；既考其父，又考其祖，於義已乖；既妣其母，又妣其外祖母，於義乃大不可。此獨不爲用意惟僨，爲言不順乎？」切問齋文集 此述尊親之文之例也。博兄弟之狀吾父，件繫事實，而孝弟忠信述德浮稱之辭，不以溷吾筆焉；懼涉於『臚譽其親』也。然狀中於吾父之祖父，其稱例一依沈彤，沈彤號果堂 不從狀者之所自稱，而從所狀之人之稱；如陸燿所斥『用意惟僨，爲言不順』者，則大故驟遭，一時不暇以詳也；不可爲訓也！

記未葬不釋服

古者葬有定期。禮記檀弓子思曰：『三日而殯，三月而葬。』王制『天子七日而殯，七月而葬。諸侯五日而殯，五月而葬。大夫士庶人三日而殯，三月而葬。』久亦不逾七月。蓋人死以歸土爲安；豈忍遲之又久，不使化者早即於安乎！夫人大三月，諸侯五月而葬者，俟同位與同盟之至；未聞停喪不葬，至於曠日持久者也！然而古之人不得已有行之者！喪服小記曰：『久而不葬者，主喪者不除服。』故晏子有云：『生者不得安，命之曰蓄憂；死者不得安，命之曰蓄哀。』蓄哀云者，有故而不得葬，其情常如居喪時也。顧炎武論停喪曰：「唐歐陽通爲中書舍人，丁母憂，以歲凶未葬，四年居廬不釋服；冬月，家人密以氈絮置所眠席下；通覺大怒，遽命撤之。元孫瑾父喪停柩四載，衣不解帶。此可爲不得已而停喪者之法。近年有一二知禮之士，未克葬而不變服者。而或且譏之曰：『夫飲酒食肉處內與夫人間之交際往來，一一如平人，而獨不變衣冠；則文存而實亡也！文存而實亡，近於爲名！』然則必并其文而去之，而後爲不近名耶！子貢欲去告朔之餼羊。子曰：『賜也。爾愛其羊，我愛其禮。』嗚呼！夫習之難移久矣！自非大賢中人之情，鮮不動於外者！聖人爲之弁冕衣裳，佩玉以教恭。衰麻以教孝，介胄以教武；故君子恥服其服而無其容。使其未葬而不釋衰麻則其悲哀之心，痛疾之意，必有觸於目而常存者；此子游所謂『以故興物，』而爲孝子仁人之一助也！奚爲其必去之也？原注今吳人喪除服則取衰麻杖焚之謂終喪未葬則藏之柩旁待葬而服既葬服以謝弔客而後除甚矣此亦餼羊之猶存者矣 詩曰：『庶見素韠兮！我心蘊結兮！聊與子如一兮！』哀公問曰：『紳委章甫，有益於仁乎？』孔子作色而對曰：『君胡然焉！衰麻苴杖者，志不存乎樂；非耳弗聞。服使然也。』後之議禮者，必有能擇於斯者矣！」日知錄 然則『稱情而立文，』禮之用意深矣！豈徒具文以飾觀聽哉！

記合葬

禮記檀弓：季武子許杜氏合葬之請，曰：『合葬，非古也。自周公以來，未之有改也！』又曰：『周公蓋祔。』則合葬固昉自周公。第考古人合葬，不惟同穴，必且同槨，取相親之意。原其制，夫婦不必偕老，在前在後，其死也相踰，或數年或數十年；殆至合葬之日，始得幷兩棺而爲一槨以安置耳。故衞人之祔也離之。魯人之祔也合之。而孔子獨善魯者，以離有一物隔兩槨之間於槨中；合則幷兩棺置槨中無別物間之；正所謂同槨也。逮後朱子曰：『古者槨合衆材爲之，大小隨人所爲。今用全木，則無許大木可以爲槨；故合葬者祇同穴而各用槨。』則同槨之制不講矣！司馬光撰程夫人墓誌，言其同龍異壙；則旣獨不講同槨之制，且不拘於同穴矣！世之所遵行者者是也。合葬之言同穴。詩不云乎！『穀則異室。死則同穴。』而不同穴者。自司馬光始也。

記弔生與傷死

禮記曲禮：『知生者弔。知死者傷。知生而不知死，弔而不傷。知死而不知生，傷而不弔。』蓋弔以唁生。傷以哀死。方慤曰：『不知生而弔之，近諂。不知死而傷之，近僞。』知死之傷必哭。知生之弔不哭，此弔與傷之別也。檀弓『孔子哭子路于中庭。有人弔者而夫子拜之。』夫子之哭，哭子路也。『知死者傷』也。有人弔者，弔孔子也，『知生者弔』也。曾子曰：『朋友之墓，有宿草而不哭焉！』伯高死于衞，赴於孔子。孔子曰：『吾惡乎哭諸？兄弟，吾哭諸廟。父之友，吾哭諸廟門之外。師，吾哭諸寢。朋友，吾哭諸寢門之外。所知，吾哭諸野。于野則已疏；于寢則已重；夫由賜也見我；吾哭諸賜氏。』遂命子貢爲之主，曰：『爲爾哭也來者拜之。知伯高而來者勿拜也。』皆『知死者傷』之例也。後世人情澆薄，知生知死，不復有別；蓋有弔而無傷矣！然禮。『弔於人，是日不樂。』『行弔之日，不飲酒食肉焉。』『弔於葬者必執引，若從柩及壙皆執紼。』（皆見檀弓）蓋古之『知生者弔，』亦必盡誠以致其實，而不許爲塗飾耳目又如此！不寧惟是！毛奇齡論弔喪曰：『凡弔者賻者，亦必實盡其情；而不徒飾往來之虛文，遂飲食之末節；始於哀死亡之禮，庶幾不失！善乎！先儒呂和叔之說弔也，『詩曰：「凡民有喪，匍匐救之。」不謂死者可救而復生，謂生者或不救而死也。』夫孝子之喪親，不能食者三日，其哭不絕聲，旣病矣；杖而後起；問而後言；其惻怛之心，痛疾之意，如不欲生，則思慮所及，雖其大事有不能周知者，而况於他哉！故親戚僚友鄉黨聞之而往者，不徒弔哭而已！莫不爲之致力焉。始則致含襚以周其急。三日則具糜粥以扶其羸。每奠則執其禮。將葬則助其事。其從柩也，少者執紼，長者專進止。其掩壙也，壯者待盈坎，老者從反哭。祖而賻焉，不足則贈焉，不足則賻焉，凡有事則相焉。斯可謂能救之矣！故適有喪者之辭，不曰願見而曰比。雖國君之臨，亦曰寡君承事。他國之事，曰寡君使某，毋敢視賓客。主人見賓，不以尊卑貴賤，莫不拜之，明所以謝之；且自別於常主也。賓見主人，無有答其拜者，明所以助之，且自別於常賓也。自先王之禮壞，後世雖傳其名數，而行之者多失其義。喪主之待賓也如常主。喪賓之見主人也如常賓。如常賓，故止於弔哭而莫敢與其事。如常主，故舍其哀而為衣服飲食以奉之。其甚者，至於損奉終之禮以謝賓之勤；廢弔哀之儀以寬主之費；由是，則先王之禮意，其可以廢而已乎！今欲行之者，雖未能盡得如禮。至於始喪則哭之，有事則奠之；又能以力之能及為營喪葬之未具者以應其求；輟子弟僕隸之能幹者以助其役；易紙幣壺酒之奠以為襚，除供帳飾食之祭以為賵與賻，凡喪家之待已者，悉以他辭，無受焉；庶幾其可也！」西河文集 然則『知生者弔，』不徒弔而已！『知死者傷，』不徒傷而已！又必有以助之也。生乎今之世，由今之俗，不必有其事，不可無其意。

記三年之喪不弔人

禮：三年之喪不弔人，情有所專而不及其它也。曾子問曰：『三年之喪弔乎？』孔子曰：『三年之喪，練，不羣立，不旅行。君子禮以飾情；三年之喪而弔哭，不亦虛乎！』禮記曾子問 『弔哭，』謂弔人之哭；孔子所謂『為爾哭也來者，』則是三年之喪，不可謂知生之弔也。然子張死。曾子有母之喪，齊衰而往哭之。或曰：『齊衰不以弔，』曾子曰：『我弔也歟哉！』禮記檀弓 蓋謂知死之傷，而非知生之弔也。則是有母之喪，不害為知死之傷也。合此兩事觀之：則是三年之喪，可傷死而不可弔生。

記召食

禮記雜記：『有服，人召之食，不往。大功已下，既葬，適人，人食之；其黨也食之；非其黨，弗食也。』注曰：『往而見食，則可食也。為食而往，則不可。』君子禮以飾情，焉有三年之喪，斬焉在衰絰之中而可以飲食衎樂，與于宴會之事者乎！此晚近世之所不非；而情不能以自安；即義不可以不自勉也。

記見客

禮『疏衰之喪，既葬人請見之，則見；不請見人。小功，請見人可也。惟父母之喪，不辟涕泣而見人。』禮記雜記 「凡見人無免絰；惟公門有稅齊衰。傳曰：『君子不奪人之喪，亦不可奪喪』也。」禮記服問

記諸子論喪禮

諸子嘗論喪禮之深切著明者，莫如墨子與荀子。禮記三年問即出荀子禮論篇。荀子禮論篇曰：『禮者，謹於治生死者也。生，人之始也。死，人之終也。終始俱善，人道畢矣！故君子敬始而慎終；終始如一；是君子之道，禮義之文也。夫厚其生而薄其死，是敬其有知而慢其無知也；是姦人之道而倍叛之心也！君子以倍叛之心接臧穀，猶且羞之；而況以事其所隆親乎！故死之為道也，一而不可得再復也；臣之所以致重其君，子之所以致重其親，于是盡矣！故事生不忠厚，不敬文謂之野。送死不忠厚，不敬文謂之瘠。君子賤野而羞瘠。』又曰：『事生，飾始也。送死，飾終也。終始具而孝子之事畢，聖人之道備矣！刻死而附生謂之墨。刻生而附死謂之惑；殺生而送死謂之賊。大象其生以送其死，使死生終始莫不稱宜而好善；是禮義之法式也；儒者是矣。』然自儒者言之；則墨者之節葬薄喪，為『刻死而附生』矣。而自墨者言之；則儒者之厚葬久喪，為『刻生而附死』矣。其著論於墨子節葬篇曰：「又曰：『上士之操喪也，必扶而能起，杖而能行，以此共三年。』若法若言，行若道，使王公大人行此，則必不能蚤朝晏退。使士大夫行此，則必不能治五官六府，辟草木，實倉廩。使農夫行此，則必不能蚤出夜入，耕稼樹藝。使百工行此，則必不能修舟車，為器皿矣。使婦人行此，則必不能夙興夜寐，紡績織紝。細計厚葬，為多埋賦之財者也；計久喪，為久禁從事者也。財已成者，挾而埋之；後得生者，而久禁之；以此求富，此譬猶禁耕而求穫也！富之說無可得焉！欲以眾人民，意者可耶？『上士操喪也，必扶而後起，杖而能行，以此共三年。』若法若言，行若道，苟其飢約又若此矣！是故百姓冬不仞寒，夏不仞暑，作疾病死者不可勝計也！此其為敗男女之交多矣！眾之說無可得焉！欲以治政刑，意者可乎？今惟無以厚葬久喪者為政，國家必貧，人民必寡，刑政必亂。若法若言，行若道，使為上者行此，則不能聽治。使為下者行此，則不能從事。上不聽治，刑政必亂。下不從事，衣食之財必不足。若苟不足，為人弟者求其兄而不得；不弟弟，必將怨其兄矣！為人子者求其親而不得；不孝子，必將怨其親矣。為人臣者求其君而不得；不忠臣，必且亂其上矣。是以僻淫邪行之民，出則無衣也，入則無食也，內積謑詬，並為淫暴而不可勝禁也！是故盜賊眾而治者寡。治之說無可得焉！故聖王制為葬埋之法曰：『死則既已葬矣。生者必無久喪，而疾而從事，人為其所能，以交相利也。』此聖王之法也。」言非一端，義各有當。特墨子崇功利，以民生言。而荀卿貴禮義，以人情言。所貴好學深思，心知其意耳。

綜右所記，或準古禮而議其未失；或采先賢而酌其時宜。記不云乎：『禮也者，義之實也。協諸義而協，則禮雖先王未之有可以義起也。』（禮記禮運）世之君子，或有取焉。

——摘自《光華大學半月刊》一九三五年十一月第四卷第四期

喪服變除表一

歙縣 吳承仕 檢齋

喪既殯而成服。既葬而變除。變者受以輕服。除者服是服而除。不以輕服受之也。服傳曰。喪成人者其文縟。喪未成人者其文不縟。注。縟猶數也。其文縟者。謂變除之節也。變除之文之見於經傳二記者尙矣。漢師戴德撰喪服變除一卷。鄭君蓋爲之作注。今雖散亡。尤得窺見大畧。近儒有采合經傳。折衷已意。撰爲變除表者。今會鈔如左。並以私意訂正之。

喪服變除表一 男子

時節	斬衰三年	齊衰三年	齊衰期	齊衰三月	大功九月七月	小功五月	緦麻三月
疾病	疾病。改服朝服。庶人深衣。(一)	同上	(二)				
始死	始死。去冠笄纚如故。服深衣扱上衽。徒跣。(三)	同上(四)	爲母等同上。(五)餘期素冠深衣。吉屨無絇。不笄纚不徒跣。(六)	同上(七)	白布深衣。素冠吉屨無絇。(八)	同上(九)	朝服。素冠吉屨無絇。(十)

飯含	飯含。面南左袒扱諸。右實米惟盈。襲。及位。(十一)	同上	爲母同上				
既襲	服白布深衣。(十二)	服白布深衣。素冠。白麻屨無絇。(十三)	爲母等同上。餘期既襲無變。(十四)	同始死。(十五)	同始死。(十六)	同始死。(十七)	同始死。(十八)
小斂 二日	厥明小斂。去笄纚。括髮以麻。(十九)	爲母。於小斂時括髮以麻。與斬衰同。又哭時。而免以布。(二十)	爲母同上。(二一) 餘期去冠而免以布。(二二)	同上	同上	同上	同上
	奉尸夷於堂。卽位。襲無經。(二三) 苴經大鬲。下本在左。有纓。	牡麻經。右本在上。大如斬之要經。有纓。	經帶並同上	經帶並同上	牡麻經。右本在上。大如齊之腰經。九月者有纓。七月	澡麻經。絕本。大如大功之腰經無纓。	澡麻經。絕本。大如小功之腰經。無纓。

	大斂成服 三日	葬
腰絰小焉。散帶垂三尺。絞帶亦苴麻爲之。	既殯說髦。(二四)斬衰裳。(二五)冠繩纓條屬右縫外畢。菅屨外納。絞腰絰之散垂者。(三十)苴竹杖下本大如要絰。(三三)	三月將葬先筮宅。
腰絰小焉。散帶垂三尺。布帶。	同上。疏衰裳齊。布纓。餘同上。疏屨。同上削桐杖。餘同。	
	爲母同上。疏衰裳齊內畢。餘同上。(二六)杖疏屨。不杖疏屨。同上杖同上	
	疏衰裳齊。無受。同上。繩屨。(二八)同上。殤不樛垂。(三一)	
者無纓。腰絰小焉。散帶垂三尺。布帶。	大功布衰裳。殤無受。成人有受。同上。同上。同上。殤不樛垂。	
腰絰小焉。不散垂。下殤不絕本。布帶。	小功布衰裳。殤無受。成人卽葛。左縫。餘同上。(二七)吉屨無絇。(二九)初而絞之。成服無變。(三二)	
腰絰小焉。不散垂。布帶。	緦絰三月。澡纓。餘同上。同上。同上。	

三月

卜日。往兆南。免經。左擁之。(三四)聽卜。去杖。(三五)卜日禮與筮宅同。(三六)

將啓殯。祖。遷祖。正柩。襲。

自啓殯至虞卒哭。皆免散帶垂。其服仍如喪服。(三七)

將載。祖。卒束。襲。將祖。祖。乃祖。襲。公賵。釋杖迎于廟門外。入祖送于外門。襲入復位。杖。祖。柩乃行。出宮。襲。至邦門。公使贈去杖。拜送復位。杖。乃

同上。

同上。

同上。

同上。

免。同帶不散垂如初。

同上。

	行。至擴。袒。乃窆。襲。 賓卒贈。袒。卽位。襲。						
虞 葬日日中而虞	反哭而虞如葬服。(三八)虞主人倚杖入。杖不入於室。(三九)	同上。	同上。	同上。	同上。	同上。	同上。
	虞沐浴不櫛。(四十)三虞皆同。	同上。	沐浴櫛。	同上。	同上。		
卒哭 三虞之後日	卒哭如葬服。卒哭之祭畢。說絰帶于廟門外。(四一)	同上。	同上。	同上。 無受服是服而除。爲君亦三月除服。至葬反服。旣葬而除。(四二)	同上。 殤大功無受	同上。 無受。	同上。 無受除。
受服	冠衰升數如別表。	同上。	同上。		成人大功有受。受冠衰升數		

	祔
	卒哭之明日
首絰腰絰皆去麻。服葛其差如別表。齊衰蒯藨屨。(四五)	沐浴櫛搔翦。(四八)。祔杖不升于堂。(四九)
同上。繩屨(四六)	
同上。	
如別表。成人大功卽葛其差如別表。(四三)無受者宜同成服時繩屨有受者蓋吉屨無絇。(四七)	殤大功中殤七月除。長殤。
成人小功卽葛其差亦如別表。(四四)吉屨無絇與成服時同。	五月除服(五十)

父在爲母十一月而練。爲妻同。(五一)

九月除成人大功九月除。

練

十三月

筮日筮尸視濯皆要絰杖。繩屨。有尸告具去杖。事畢杖。(五二)

功衰。練衣黃裏縓緣。鹿裘衡長袪裼之。練冠亦條屬右縫。素纓。除首絰仍服要絰。布帶。繩屨無絇。角瑱。(五三)

並同上。

父在爲母十三月而祥。爲妻同。不杖者除服。朝服素冠。踰月服吉。

		腰絰之差如別表。	同上。	父在爲母十五月而禫。爲妻同。				
祥	二十五日	於夕爲期。朝服縞冠素紕筮筮尸視濯亦然。明日祥祭。朝服縞冠。素紕如故。服祥服。去衰杖。衣十五升布縞服。素紕白屨無絇(五四)	並同上。					
禫	二十七月	禫祭。玄冠玄衣黃裳。既祭。乃服禫服。朝服纖冠。無所不佩。練纓吉屨。(五五)						

吉祭	二十八日	踰月。吉祭玄冠朝服。既祭玄端而居。復平常。

變除表說一

疾病

一、既夕記。養者皆齊。文王世子。世子親齊玄而養。注云。親猶自也。養疾者。齊。玄冠玄端也。

喪大記。疾病。男女改服。注云爲賓客來問病亦朝服也。庶人深衣。

檀弓。夫子曰。始死羔裘玄冠者。易之而已。疏云。養疾者朝服羔裘玄冠。卽朝服也。始死則易去朝服著深衣。故云易之而已。

按齊衰三年者宜同斬衰。

二、張惠言變除表。齊衰期與三年同。是謂養病待賓之節。杖期不杖期。服與三年服正同。恐不合禮意。今闕之。

始死

三、問喪。親始死。雞斯徒跣。扱上衽。注云。親父母也。雞斯當爲笄纚。聲之誤也。親始死去冠。二日乃去笄纚括髮也。徒。猶空也。上衽。深衣之裳前。

鄭玄曰。始死。笄纚如故。通典八十四引。下引變除並同。按如故者。謂去冠而不去笄纚也。

四、戴德喪服變除曰。父卒。始有母之喪。笄纚。徒跣。扱上衽。通典八十引下同。

五、戴變除曰。父在。始有母之喪。笄纚。徒跣。扱上衽。爲出母慈母繼母母君自天子達於士。父卒爲繼母嫁。及繼母報繼子。皆與父在爲母同。

六、戴變除曰。夫爲妻。始死。素冠深衣。不笄纚。不徒跣。不杖期者。謂始有祖父母之喪。則白布深衣素冠吉屨無絇。既襲。無變。黃以周禮書通故曰。不笄纚。謂有冠。不徒跣。謂有屨。

七、戴變除曰。齊衰三月者。始有曾祖父母之喪。白布深衣素冠。

按始死至既襲變服之節。頗有異義。據戴義。自斬衰至齊衰期。既襲三稱。皆改服白布深衣素章甫冠白麻屨無絇。或素冠吉屨無絇。鄭玄云。子爲父斬衰。始死。笄纚如故。既襲三稱。衣十五升布深衣。扱上衽。徒跣。通典八十四引。夏燮以爲卽喪服變除注。是謂既襲與始死服異也。其注士喪云。始死。將斬衰者雞斯。將齊衰者素冠。又云。齊衰將袒。以免代冠。竊以三年之喪。始死無不去冠者。此言齊衰索冠。似亦指既襲言之。析言則分始死與既襲。渾言得通曰始死也。然則鄭注齊衰素冠之義。卽本於大戴明矣。譙周云。父卒爲母始死。去玄冠。尸襲之後。因其笄纚而加素冠。其述斬衰喪。則無既襲素冠之說。譙氏蓋深得鄭意者也。黃以周力闢戴說。謂始死至成服。並無冠屨。而於鄭注士喪之義。不措一辭。徐乾學張惠言二家所定表。則皆參取戴說。今斬衰用譙氏申鄭義。齊衰以下並用戴義。

茲譜戴德變除如左。並略辨之。其齊衰三月以下不錄。

服名	服名及所服之人	始死變	既襲變
斬衰	父。孫為祖父後。上通於高祖。	笄纚。徒跣。扱上衽。	白布深衣。章甫冠白麻屨無絇。一
	父為長子。	不笄纚。不徒跣。餘與子為父同。	二　三
	妻為夫。妾為君。	笄纚不徒跣。扱上衽。四	白布深衣。素總白麻屨。
齊衰三年	父卒為母。父卒為繼母君母慈母。	笄纚。徒跣。扱上衽。	白布深衣。素章甫冠白麻屨無絇。
	孫為祖後者。父卒為祖母。		
	為人後者。為所後之祖母母妻。		
	母為長子。妾為君之長子。繼母為長子。	不笄纚徒跣。	
齊	女子子在室父卒為母。	笄不纚。徒跣。不扱上衽。素總。其餘不見者。與父卒為母同。	

衰杖期			齊衰不杖期
父在爲母。爲出母慈母繼母君母。父卒爲繼母嫁及繼母報繼子。	夫爲妻。	女子子在室爲母。	祖父母。
笄纚。徒跣。扱上衽。	素冠深衣。不笄纚。不徒跣。	不徒跣。不扱上衽。	白布深衣。素冠。吉屨無絇。
白布深衣。素章甫冠。吉白麻屨無絇。		素總。	無變。

一、問喪始死。笄纚徒跣扱上衽。卽深衣之衽也。變除已用問喪扱上衽之文。旣襲又云服白布深衣十五升。變除文斬齊皆同。是脫深衣又服深衣也。或始死服采緣深衣。旣襲用布緣深衣邪。若鄭義則以笄纚爲始死之節。十五升布深衣扱上衽爲旣襲之節。苟如鄭說、將笄纚而服朝服邪。似亦非禮意也。黃以周不用變除旣襲素冠之義。而旣襲服白布深衣。猶以變除爲據。不審黃氏若爲通之也。今於齊衰以下旣襲之節。且用戴氏變除。以俟後定。

二、不笄纚。謂有冠也、將爲玄冠乎。素冠乎。玄冠吉服。旣非所宜。則是始死素冠。而旣襲無變。似與夫爲妻期之變略同。黃以周多斥變除。而此義則從戴。亦不審黃氏若爲通之也。

三、鄭玄云。臣爲君不笄纚。不徒跣。餘與爲父同。

四、鄭玄云。女子子嫁反在父之室者。及妻爲夫妾爲君。不徒跣。不扱上衽、案變除奪女子子嫁反在父之室一條。應據鄭補。又變除云扱上衽。應據鄭補不字。

八、九、十。皆戴變除文。張黃表於緦麻下皆云同小功。不用朝服之文。

十一、士喪文、疏云。謂袒左袖扱於左腋之下帶之內。取便也。注云。襲、復衣也。

十二、參用戴變除文。並據譙周中鄭義。删去素冠履說已見前。

十三、十四、戴變除文。譙周亦云。尸襲之後、困笄纚而加素冠是也。

十五、十六、十七、十八、以不杖期推之。皆宜旣襲無變。故與始死之節同。

小斂

十九。二十。士喪主人髻括髮。衆主人免於房。注云。今至小斂變。又將初喪服也。免用麻布爲之。喪服小記。斬衰括髮以麻。爲母括髮以麻。免而以布。注云。母服輕。至免可以布代麻也。爲母。又哭而免。雜記。母之喪。卽位而免。注云。記異者禮。斬衰括髮。齊衰免。以至成服而冠。爲母重。初亦括髮。旣小斂。則免。蓋三年之喪。始死。去冠而笄纚。如故。至旣襲時。斬仍去冠。齊衰爲母。則因笄纚而加素冠。以視斂。小斂訖。斬者去笄纚。齊者去冠。皆括髮以麻。所謂爲母重。初亦括髮也。尸出堂。子拜賓。竟此爲又哭之節。若爲父猶括髮。若爲母則以免代括髮。故云爲母又哭而免。約譙周及賈孔疏義。

二十一。父在爲母。與齊三年同。推之可知。

二十二。士喪衆主人免於房。注云。齊衰將袒。以免代冠。疏云。此亦小斂節。與斬衰髻髮同時。齊衰三月以下。皆免而以布。各家說同。

二三。喪大記文。士喪略同。齊衰以下同。唯經帶有五服之差。經帶之差。本喪服經傳及士喪禮文。其差數具如別表。雜記下殤小功帶。澡麻不絕本。詘而反以報之。注云。報猶合也。下殤小功本齊衰之親。其絰帶澡率治麻爲之。帶不絕其本。屈而上至要中合而糾之。明親重也。又服問注云。大功以上有本。小功以下澡麻斷本。按記注義。下殤小功以其重。故不絕本。則大功以上皆不絕本可知。餘小功及緦麻輕。其絕本亦可知。故李如圭曰。凡絰小功以上有本。小功以下斷本。下殤小功本齊衰之親。首絰無本。而要絰猶有本也。張表黃表於小功下皆云右本在上。似與注疏義不符。疑其非是。又按下殤小功重。餘小功殤輕者。喪服小功章疏云。大功殤長中在小功者輕。帶無本。下殤小功不絕本。專據齊衰斬下小功重者而言。疏意謂本大功之親。因長中殤而降在小功者輕。如爲夫之叔父之長殤等是。本齊斬之親。因下殤而降在小功者重。如叔父之下殤等是。

絰有有纓有無纓。喪服其長殤皆九月纓絰。其中殤七月不纓絰。注云。絰有纓者。爲其重也。自大功以上絰有纓。以一條繩爲之。小功以下絰無纓也。

腰絰有散垂有紋垂。見喪服傳及士喪禮雜記。大功以上散帶。注云。小功緦輕。初而紋之。

紋帶象革帶。斬衰以苴麻爲之。齊衰以下用布。見喪服經注。齊衰傳曰。帶緣各視其冠。盛世佐曰。帶緣。布帶之緣也。帶緣視冠。則帶之升數各視其衰歟。

大斂

二四、士喪記。既殯。主人說髦。注云。兒生三月。翦髮爲鬌。男角女羈。否則男左女右。長大猶爲飾存之。謂之髦。所以順父母幼小之心。至此尸柩不見。喪無飾。可以去之。髦之形製未聞。喪大記亦有小斂說髦之文。注云。士既殯說髦。此云小斂。人君禮也。士之既殯。諸侯之小斂。皆三日也。孔疏云。父死說左。母死說右。二親並死。則並說之。親沒不髦是也。

二五、五服衰裳及冠屨杖等。皆據喪服經傳注疏文。冠服升數。五服不同。亦如別表。皆不具說。

二六、齊衰期冠內畢。見通典。期以下俱內畢可知。

二七、雜記。喪冠條屬以別吉凶。三年之練冠亦條屬右縫。小功以下左。緦澡冠纓。此言小功以下左。則大功以上皆右矣。

二八、齊衰三月與大功同者繩屨。喪服小記文。

二九、小功章注引舊說。小功以下吉屨無絇。

三十、三一、三二、既夕記。三日絞垂。注云。成服日絞腰絰之散垂者。殤大功傳。殤之絰不樛垂。注云。不樛垂者。不絞其帶之垂者。又喪服小記注云。凡殤散帶垂。雜記大功以上散帶。注云。小功緦輕。初而絞之。

三三、喪服小記。杖大如絰。注云。如能絰也。

筮宅至葬

三四、士喪。筮宅。既朝哭。主人皆往兆南北面免絰。注云。兆域也。所營之處。免絰者。求吉不敢純凶。李如圭曰。免絰去絰也。敖繼公曰。免絰亦左擁之。與下文卜日同。士喪下文卒筮絰。

雜記。大夫卜宅與葬日。疏六大夫尊。故得卜宅並葬日。

喪服小記。附葬者不筮宅。注云。宅葬地也。前人葬既筮之。

三五、喪大紀文。注云。卜卜葬。卜日也。

三六士喪義。

三七擐既夕經紀注疏義。將啓。丈夫散帶垂。以啓殯亦見尸柩。故變同小斂之節也。主人入即位。袒。還柩朝於祖廟。正柩於兩楹閒。主人踊。降拜賓。即位。踊。襲。此一節也。將載。主人入。袒。袒爲載變也。乃載。踊無算。既束棺於柩車。襲。此二節也。將祖。袒。乃祖。踊。襲。祖始也。謂還柩鄉外爲行始也。此三節也。公助主人送葬而賵。主人釋杖。迎于廟門外。先入門而袒。既受賵。主人送于外門外。拜。襲。入復位。杖。此四節也。主人袒。柩車乃行。踊無算。出宮。踊。襲。此五節也。至於城門。公使宰夫贈。主人去杖。賓既致命。主人拜送。復位。杖。乃行。此六節也。至于壙。說載除飾。更屬引於緘。主人袒。乃窆。窆下棺也。主人哭踊無算。襲。此七節也。賓賵卒。袒。拜賓。即位。拾踊三。襲。賓出則拜送。此八節也。

茲約士喪喪服小記文及注疏義。以明免及散帶之節。初成服而冠。啓殯之後。則去冠而免。要絰散垂。自此以訖反哭虞卒哭。更無變服之文。故知免散帶垂。皆同。其服則一如喪服也。（並見三八條下。）若既葬以後。有故不得疾虞。不可久無飾。則雖主人皆冠。及虞則自主人以至緦麻皆免。若遠葬者墓在四郊之外。從柩及反哭在路。不可無飾。故皆著喪冠。反及郊而免。其葬近者皆免。雜記所謂非從柩與反哭無免於堩是也。此二事皆禮之變者也。自啓殯至反哭。免而散帶垂。自斬訖大功皆然。小功緦麻。唯免而不散垂爲異。

檀弓。弁絰葛而葬。與神交之道也。注云。天子諸侯變服而葬。冠素弁。以葛爲環絰。按此天子諸侯禮與大夫士異者。

殯葬虞卒哭。天子諸侯大夫士異數。變除表以士禮爲主。故錄天子諸侯大夫禮之異於士者於左方。

王制。天子七日而殯。七月而葬。諸侯五日而殯。五月而葬。大夫士庶人三日而殯。三月而葬。注云。尊者舒。卑者速。春秋傳曰。天子七月而葬。同軌畢至。諸侯五月。同盟至。大夫三月。同位至。士踰月。外姻至。疏云。左傳細言其別。故言大夫三月。士踰月。其實大夫除死月爲三月。士數死月爲三月。正是踰越一月。故言踰月耳。鄭箴膏肓曰。禮人君之喪。殯葬皆數來月來日。士殯葬皆數往月往日。尊卑相下之差數。故大夫士俱三月。其實不同。

雜記。士三月而葬。是月也卒哭。大夫三月而葬。五月而卒哭。諸侯五月而葬。七月而卒哭。士三虞。大夫五。諸侯七。注云。尊卑恩之差也。天子至士葬卽反虞。公羊文二年何休注云。禮天子九虞。蓋以禮差之。天子七日而殯。七月而葬。九虞。九月而卒哭。（九月卒哭。見檀弓孔疏。）

據士虞禮及檀弓注疏文。朝葬。是日日中而虞。用柔日。最後一虞用剛日。自天子至士皆同。其異者。則天子九虞。當十六日。諸侯七虞。當十二日。大夫五虞。當八日。士三虞。當三日。此其一。士三虞當庚日。則壬日卒哭。癸日而祔。大夫以上卒哭去虞相校兩月。則虞祭既終。不得與卒哭相接。此其二。喪服大功章鄭注云。天子諸侯卿大夫既虞。士卒哭而受服。斬章賈疏云。天子諸侯大夫虞訖卽受服。士三虞得卒哭乃受服。以大夫以上卒哭在後月。虞在前月。日已多。是以虞卽受服。不得至卒哭。士葬月卒哭。與虞同月故受服待卒哭後也此其三。

虞

三八、士虞主人及兄弟如葬服。疏云。此謂葬日反日中而葬及三葬時。及其後卒哭。皆服其故服。是以既夕注云。自卒至殯。自啓至葬。主人之禮其變同。則始虞與葬服同。三虞皆同。至卒哭。則依其喪服。乃變麻服葛也。

三九、士喪主人倚杖入。注云。倚杖西序。乃入。喪服小記曰。虞杖不入於室。祔杖不入於堂。德則練杖不入於門明矣。小記注云。哀益衰。敬彌多也

四十、士虞記。虞沐浴不櫛。注云。沐浴者。將祭自絜清。不櫛。未在於飾也。唯三年之喪不櫛。期以下櫛可也。雜記。凡喪。小功以上。非虞祔練祥。無沐浴。

卒哭受服

四一、士虞。效畢。未徹。乃餞。餞尸畢主人既道賓。丈夫說經帶于廟門外。注云。既卒哭。當變麻受之以葛也。夕日則服葛者。爲祔期。

四二、齊衰三月。草寄公爲所庸。注云。諸侯五月而葬。而服齊衰三月者。三月而藏其服。至葬又反服之。麻葬而除之。

四三、喪服殤大功無受。成人大功章云。大功布衰裳。牡麻絰纓。布帶三月。受以小功衰卽葛九月者。注云。

又受麻絰以葛絰。疏云。言衰絰俱受也。

四四、喪服殤小功無受。成人小功章云。小功布衰裳。牡麻絰。卽葛五月者。注云。卽就也。小功輕。三月變麻。因故衰以就葛絰帶而五月也。

按雜下注義。凡喪當變麻服葛之節。無葛之鄉。去麻則用潁。

四五、檀弓繩屨無絇。疏云。謂父母喪。菅屨。卒哭受齊衰蒯藨屨。至小祥。受大功繩麻也。無絇。絇屨頭飾也。通典於斬衰卒哭受服節。亦云藨屨內納。與孔疏略同。

四六、夏變釋例云。斬衰之受。應以疏衰之蒯藨。而疏衰之受。又適當大功繩屨之差。自張表黃表於齊衰三年齊衰期皆云繩履。今承用之。唯徐表自齊衰三年以下。皆云未詳。

四七、成人大功受屨無文。張表云。蓋吉屨無絇。按張義近之。若殤大功無受。則乃繩屨耳。

祔

四八、士虞記文。注云。彌自飾也。

四九、喪服小記文。

五十、喪服小記疏引崔氏說。不杖期及大功以下。服畢。皆初服朝服。素冠。踰月服吉。

五一、雜記。期之喪。十一月而練。十三月而祥。十五月而禫。注云。此父在爲母也。喪服小記。爲父母妻長子禫。通典引魏孟叔曰。舊時夫爲妻杖。居倚廬。服並如三年之制。今人通所不行。夏侯盛答曰。今不禫不杖。蓋失禮耳。後儒據此。以夫爲妻與父在爲母同。

練

五二、士虞記。期而小祥。又期而大祥。注云。小祥。祭名。祥。吉也。喪服四制。期十三月而練冠。檀弓。祥而縞。謂大祥也。蓋卽吉有漸。則謂之小祥。小祥而練冠。則謂之練。是一事而異名也。若練與祥對言。則練爲小祥。祥爲大祥也。士虞記。小祥祝辭曰。常事。大祥祝辭曰。祥事。是其義。

喪服小記。練筮日筮尸。視濯。皆要絰杖繩屨。有司告具。而後去杖。筮日筮尸。有司告事畢而后杖。疏云。將欲小祥。前日豫筮其日。占尸及視濯器。則豫著小祥之服以臨此三事也。三事悉是爲祭。祭是吉。故豫服也。不言衰者。冠者。亦同小祥矣。

五三、雜記。三年之喪。雖功衰不弔。注云。功衰。旣練之服也。服問義同。斬衰章疏說。小祥冠衰皆有受。黃幹曰。練再受服。經傳無明文。謂旣練而服功衰。則記禮者屢言之。檀弓。練。練衣黃裏縓緣。葛要絰。繩屨無絇。角瑱。鹿裘衡長袪。袪裼之可也。注云。小祥練冠練中衣。以黃爲內。縓爲飾。瑱充耳也。吉時以玉。袪謂袖緣袂口也。練而爲裘。橫廣之。又長之。又爲袪。則先時狹短無袪可知。裼。表裘也。有袪而裼之。備飾也。

雜記。三年之練冠。亦條屬右縫。

閒傳。期而小祥。練冠縓緣。要絰不除。男子除乎首。婦人除乎帶。

喪服小記疏引崔說。素纓布帶。

祥

五四、雜記。祥。主人之除也。於夕爲期。朝服。注云。爲期爲祭期也。朝服以期至明日而祥祭。亦朝服。疏云。朝服謂緇衣素裳。其冠則縞冠也。喪服小記。大祥吉服而筮尸。注云。凡變除者。必服其吉服以卽祭事。不以凶臨吉也。疏云。吉服朝服也。大祥之日。縞冠朝服。今將欲祥。亦於前日豫服大祥之服以臨筮日筮尸視濯。今唯云尸。不言日及濯者。從祥可知也。檀弓。祥而縞。注云。縞冠素紕也、喪服小記。除成喪者。其祭也朝服縞冠。注云。縞冠未純吉祭服也。既祥祭。乃素縞麻衣。玉藻。縞冠素禫。既祥之冠。按此諸文則筮日筮尸爲期視濯。皆朝服縞冠素紕。明日祥祭。因其故服。既祥則縞冠素紕而服麻衣。

閒傳。又朝而大祥。素縞麻衣。注云。此素縞者。玉藻所云縞冠素紕。既祥之冠。麻衣十五升布。亦深衣也。謂之麻者。純用布無采飾也。大祥除衰杖。通典曰。領袖緣皆十五升布。

檀弓。注云。禮既祥白屨無絇。疏云。戴德喪服變除禮文。

詩檜風。庶見素衣兮。箋云。除成喪者。其祭也朝服縞冠。朝服緇衣素裳。又庶見素韠兮。箋云。祥祭朝服。素韠者。韠從裳色。

禫

五五、士虞記。中月而禫。注云。中猶閒也。禫祭名也。與大祥閒一月。自喪至此。凡二十七月。禫之言澹澹然平安意也。

雜記注云。解禫之禮。云玄衣黃裳。則是禫祭玄冠矣。黃裳者。未大吉也。既祭。乃服禫服朝服綅冠。踰月吉祭。乃玄冠朝服。既祭。玄端而居。復平常也。疏云。釋禫之禮者。是變祭禮。既除至綅冠。亦變除禮文

閒傳禫而纖。無所不佩。注云。黑經白締曰纖。舊說纖冠者。采纓也。無所不佩。紛帨之屬。如平常也。纖或作綅。疏云。黑經白緯曰纔。戴德變除禮父。按喪服小記疏。引崔說練纓吉屨。與采纓異。張表黃表。皆從崔義。今亦用之。

通典。祭畢。更服朝服。以黑經白緯爲冠。而綵纓縞帶。緣中衣。吉屨無絇。革帶得佩紛帨之屬。如其平常。

按此本記父及戴鄭義。唯縞帶緣中衣。不見於記注。彼所云中衣。蓋朝服之中衣也。黃氏表云。纖冠練纓深衣縞帶。深衣之云。不知其所本。

喪服變除表二 婦人。

凡不見者多與男子同。

吳承仕

時節	斬衰三年	齊衰三年	齊衰期	齊衰三月	大功九月七月	小功五月	緦麻三月
始死	布深衣。縞總。去笄而纚(一)。不徒跣。不扱上衽。不衵(二)。吉屨無絇(三)。	唯骨笄而纚爲異。餘並同上。	並同上。	女子子適人者。爲曾祖父母。素總。餘齊衰三月。蓋同上。(四)	姑姊妹適人者。爲昆弟。素總。餘大功。蓋同上。(四)	蓋與大功同例。	婦爲夫曾祖父母。素總。餘緦麻。蓋同上。

既襲	小斂	大斂成服
白布深衣。素總。白麻屨(五)	去纚。以麻爲髽。(六) 既倈尸首苴絰如男子。要苴帶結本不散垂。(十)	斬衰。婦人不殊裳。升數同男子五服並同。(十二) 布總六寸。緦升數同男子。冠五服並同。
同上。	去骨笄與纚而麻髽。卽位時易以布髽。(七) 首牡麻絰如男子。要牡麻帶結本不散垂。	疏衰齊。 布總八寸。(十五)
同上。	爲母並同上。 去笄纚而髽以布無先麻後布之變。(八) 同上。	疏衰齊。 同上。
同上。	同上。 同上。	疏衰齊。 同上。
同上。	去笄纚而髽以布(九) 同上。	大功布衰。 同上。
同上。	同上。 首澡麻絰如男子。要澡麻帶絕本不散垂。(十一)	小功布衰。 布總一尺。
同上。	同上。 同上。	緦麻衰。 緦總一尺。

	葬	虞。卒哭。祔。
(十三)箭笄長尺。(十四)箭笄終喪無變。(十九)露紒鬠終喪。五服並同。(二十)杖屨及其變除皆如男子。五服並同。(二一)	自啓殯至虞卒哭。男子免散帶垂則婦人鬠。(二二)	虞卒哭如葬服。五服並同。(二四)卒哭受服。衰受總受之升數視男子。凡有受者皆同。首經易葛如男子。
惡笄長尺。(十六)惡笄終喪無變。期以下宜同。	同上。	同上。
惡笄有首長尺。(十七)	同上。	同上。
同上。	同上。	
吉笄無首。(十八)	同上。	首經要經皆
同上。	同上。(二三)	同上。
同上。	同上。	

	練	祥	禫
要絰不變。(二五)	首絰有受。其圍如別表。要絰除。(二七)	除服。深衣。笄纚。(二八)	
	同上。	同上。	
女子子適人爲其父母。卒哭。折吉笄之首。(二六)			
卽葛如男子祔前夕不脫要絰至。祔。乃葛帶卽位。下同。			

變除表說二

始死

一、曾子問。女改服布深衣縞總以趨喪。注云。布深衣縞總。婦人始喪未成服之服。疏云。縞。白絹也。總。束髮也。長八寸。士喪不云縞總。文或略也。按女子未成服之總。其長度幾何。無文以言。不知孔疏何所據依。士喪。婦人髽於室。注云。始死。婦人將斬衰者。去笄而纚。將齊衰者。骨笄而纚。疏云。喪服小記云。男子冠而婦人笄。冠笄相對。將斬衰。男子既去冠而著笄纚。則婦人將斬衰。亦去笄可纚可知。男子齊衰。始死素冠。則卽婦人將齊衰骨笄而纚也。喪服小記疏引崔作婦人去纚。疑是文誤。

二、通典引戴變除及譙周說。喪服小記疏引崔說。皆云不徒跣不扱上衽。問喪。婦人不宜袒。譙周說亦然。

三、崔云。吉屨無絇。知者。鄭注喪服變除文。

四、變除云。女子子適人者爲曾祖父母素總。（齊衰三月。）姑姊妹適人者爲昆弟素總。（大功。）婦爲夫曾祖父母素總（緦麻。）按據戴意。出適而服其本宗者。自齊衰三月以下皆素總。齊衰三月以上。雖出適亦縞總也。若在室則自斬訖緦皆縞總可知。鄭注曾子問云。布深衣縞總。婦人始喪未成服之服。通言婦人。明其無差降矣。殆由婦人質。故其文不縟歟。

五、變除文。按齊衰三月以下。其始死已素總者。則既襲無變也。

小斂

六、士喪卒斂。婦人髽于室。注云。今言髽者。亦去笄纚而紒也。齊衰以上至笄猶髽。髽之異於髻髮者。既去纚而以髮爲大紒。如今婦人露紒。其象也。其用麻布。亦如著幓頭然。疏云。謂今至小斂節。此斬衰婦人。亦去笄纚而麻髽。齊衰婦人。去骨笄與纚而布髽矣。

七、喪服小記。斬衰括髮以麻。爲母括髮以麻。免而以布。齊衰惡笄以終喪。男子冠而婦人笄。男子免而婦人髽。疏云。親始死。男去冠。女去笄。若成服。爲父。男則六升布爲冠。女則箭篠爲笄。爲母。男則七升布爲冠。女則榛木爲筓。故云男子冠而婦人筓也。遭齊衰之喪。首飾亦別。男子著免。婦人著髽。故云男子免而婦人髽也。今按記注義。爲母小斂時括髮以麻。又哭時免而以布。則婦人亦宜然。當男子括髮之節。以麻髽。當男子免而以布之節。以布髽。若爲父則無布免布髽之變。此齊斬之差也。張表亦同。

八、爲母當與齊衰三年同。禮例宜然。喪服斬章疏云。男子免而婦人髽。既齊衰以下用布爲免。則齊衰以下亦同用布爲髽。相對而言也。此謂齊衰以下同用布髽也。張錫恭說之曰。奔喪婦人奔喪。東髽。卽位。注云。婦人。謂姑姊妹女子子也。東髽。髽於序東。不髽於房。變於在室者也。按女子子適人者不杖期。姑姊妹適人者大功。此不杖期大功有髽之明徵也。此奔喪婦人著髽之節。正當男子括髮免之節。彼括髮免用麻布。則此髽亦當用布。又小記云。男子冠而婦人筓。男子免而婦人髽。男子免時不冠。則此時婦人對免而髽。亦不筓矣。故知對免之髽。必以布也。此不杖期及大功有布髽之明徵也。大功既有布髽。小功以下男子皆有免。婦人何緣而無布髽。

九、喪服小記疏云。大功以下無髽。徐乾學張惠言黃以周等皆以爲有髽。據前條張錫恭說。則大功以下。皆應去筓纚而髽以布。義據確固。今從之。

附錄三義髽

喪服小記引疏皇氏說髽形多種。有麻有布有露紒。麻髽與括髮如一。其著之以對男子括髮時。前云斬衰括髮以麻。則髮亦用麻。以麻者自項而前交於額上。卻繞紒。如著幓頭然。男子括髮。先去冠纚用麻。婦人亦去笄纚用麻。故云猶也。又知有布髽者。按此云男子免對婦人髽。男免旣用布。則婦人髽不容用麻。是知男子爲母免時則婦人布髽也。又若成服後。男子對賓必踊免則婦人理自布髽對之。知有露紒髽者。喪服傳云布總箭笄髽衰三年。明知此服並以三年。三年之內男不恒免。則婦人不用布髽。故知恒露紒也。故鄭注喪服云。髽露髻也。且喪服所明。皆是成服後。不論未成服麻布髽。旣言髽衰三年。益知恆髽是露紒也。露紒恆居之髽則有笄何以知之。按笄以對冠。男子在喪恆冠。婦則恆笄也。故喪服婦爲舅姑惡笄有是以髽。鄭云言有髽則髽有着笄者明矣。兼此經注又知恆居笄而露紒髽也。胡培翬曰皇氏三髽之說甚確。蓋本於士喪鄭注用麻布之髽是用麻布纚繞其首而仍露其紒。露紒之髽。非有他物加於首。只是去纚而露其髮耳。麻髽布髽。唯用於未成服之前。露紒之髽則終喪皆然。喪服經記所言是也。蓋平時纚以髮韜亦以爲飾。喪則去之。成服之後。男子有喪冠。婦人則首去飾以表喪。故說文以髽爲喪結。結與髻同。卽謂髽爲喪中去纚無飾之髽耳。按喪服斬衰章疏云。成服以後。斬衰至緦麻。婦人皆露紒而髮也。若然。未成服前。有麻髽布髽。皆無笄。成服後。五服略爲一節。皆露紒髽。皆有笄。但髽無差降。而笄有差降耳。

十士喪婦人之帶牡麻結本。注云。婦人亦有苴絰。但言帶者。記其異。此齊衰婦人。斬衰婦人亦苴絰也。疏云。喪服首云苴絰杖。下經男子婦人俱陳。禮記服問之等。每云婦人麻絰之事。故知婦人亦有絰。今此經不言婦人苴絰者。記其異。謂男子帶有散麻。婦人則結本。云此齊衰婦人者。以其牡麻。直言齊衰以下至緦麻。皆同牡麻也。斬衰婦人亦苴絰者。麻在首在要皆曰絰。則婦人有苴麻爲帶絰。可知。

十一、胡培翬云。婦人之帶結本。亦謂大功以上者。服問云。麻之有本者。變三年之葛。原引作間傳誤。今正之。鄭注。有本謂大功以上也。小功以下澡麻絕本。

大斂成服

十二、喪服斬衰章。布總箭笄髽衰三年。注云。凡服上曰衰。下曰裳。此但言衰不言裳。婦人不殊裳。衰如男子衰。下如深衣。深衣則衰無帶下。又無衽。按婦人服連衣裳。爲吉凶通制。齊衰以下不言可知。張表黃表於婦人皆云衰裳。失之。

十三十四、喪服斬衰章傳。總六升。長六寸。箭笄長尺。吉笄尺二寸。注云。總六升者。首飾象冠數。長六寸。謂出紒後所垂爲飾也。疏云。上云男子冠六升。此女子子總用布。當男子冠用布之處。故同六升。以同首飾故也。

十五、檀弓。南宮縚之妻之姑之喪。蓋榛以爲笄。長尺而總八寸。注云。齊衰之總八寸。喪服斬衰章疏云。以下雖無文。大功當同八寸。緦麻小功同一尺。吉總當尺二寸。與笄同也。

十六十七、喪服小記。齊衰惡笄以終喪。喪服記。女子子適人者爲其父母。婦爲舅姑。惡笄有首以髽。傳曰。惡笄者。櫛笄也。注云。櫛笄者。以櫛之木爲笄。或曰榛笄。有首者。若今時刻鏤摘頭矣。按小記以齊斬對言。斬衰三年箭笄。齊衰三年惡笄。惡笄以何物爲之。鄭注無文。疏云。榛木爲笄。蓋據檀弓爲說耳。若喪服記所云惡笄無首者。正與檀弓相當。專指齊衰不杖期言。或作櫛或作榛者。蓋由眞至韻部對轉同音而異讀。故傳寫者歧而爲二也。然則齊笄三年之惡笄不可定。齊衰期之惡笄猶可定也。又按賈疏云。檀弓榛以爲笄。亦云一尺。大功以下不得更容差降。鄭注小記云。笄所以卷髮。既在同卷髮。故五服略爲一節。皆用一尺而已。

十八、黃榦曰。女子子既卒哭。折吉笄之首。又婦人相弔者吉笄無首。大功以下之笄。或亦然歟。徐張黃等皆從之。

十九、喪服小記。齊衰惡笄帶以終喪。注云。笄所以卷髮。帶所以持身也。婦人質。於喪所以自卷持者。有除無變。小記又云。箭笄帶終喪三年。注義同。按齊斬既然。期大功以下亦宜爾。

二十、露紒髽終喪。見前三髽義下。

二一、張錫恭曰。婦人之屨。經注未有明文。斬衰經舉婦人服之異者。惟總笄髽衰。其餘皆與男子同。則婦人之屨。同於男子之徵也。周禮屨人。大祥散屨。婦人與男子同。大祥時同。可知初成服時亦同。開元禮云。婦人屨亦如男子。與經義合也。按張說是也。張黃表同。若然。卒哭練祥之變。其受屨亦與男子同。可知。

葬

二二、既夕。髽散帶垂。注云。爲將啟變也。髽。婦人之變。疏云。男子免與括髮散帶垂。婦人髽。皆當小斂之節。

今於啟殯時。亦見尸柩。故變同小斂之時也。喪服小記疏引崔說云。其葬之時。男子散帶。婦人髽。與未成服時同。其服則如喪服。

二三張表於小功緦下皆云不髽。以彼謂小功緦男子不免故也。黃以周曰。虞卒哭如服葬。小功緦于虞卒哭皆免。則葬之免可知矣。今從黃說。

虞卒哭祔

二四據黃表。

二五士虞記。婦人說首絰不說帶。注云。不說帶。齊斬婦人帶不變也。婦人少變而重帶。帶下體之上也。大功小功葛帶時亦不說者。未可以輕文變於主婦之質。至祔葛帶以即位。檀弓曰。婦人不葛帶。疏云。齊斬帶不變。則大功以下變可知。大功章云。布衰裳牡麻絰纓布帶三月。受以小功衰。卽葛九月者。小功章云。布衰裳澡麻絰帶五月者。二章內男女俱陳。明大功小功婦人皆葛帶可知。至祔葛帶以即位者。此鄭解大功以下。雖夕時未變麻服葛。至祔日亦當葛帶卽位也。知大功以下夕時未變麻服葛者。以其與主婦同在廟門外。主婦不變。大功以下亦不變。若然。夕時不變。夕後入室。可以變。所至祔旦以葛帶卽位也。

間傳。男子除乎首。婦人除乎帶。男子何爲除乎首也。婦人何爲除乎帶也。男子重首。婦人重帶。除服者除重者。易服者易輕者。注云。婦人葛絰不葛帶。疏云。少儀云。婦人葛絰而麻帶。又上檀弓云。婦人不葛帶謂齊斬之婦人。其大功以下婦人亦葛帶也。

二六喪服記傳文注云。卒哭而喪之大事畢。女子子可以歸其夫家而著吉笄。折其首者。爲其大飾也。疏云。出適女子。與在家婦。俱著惡笄。以女子外成。卒哭歸於夫家。以哀殺事人。可以加容。故著吉笄。仍爲大飾。折去其首。若然喪大記云。女子子既練而歸。與此注違者。彼是正法。此容有故許之歸。故云可以權許之耳。

練

二七、檀弓。婦人不葛帶。注云。婦人質。不變重者。至期除之。疏云。此論齊斬婦人也。葬後卒哭。變麻易葛。而婦人重要而質。不變所重。故不葛至期除之。互詳前二五下。

夏變云。男子小祥練冠。大祥縞冠。意者婦人之受略同。而縞總之用。又當在大祥後矣。按夏說似通。然婦人資而少變。又無文以言。故附其義如此。

祥

二八、張表云。深衣笄纚。吉屨無絇。黃表云。笄纚。吉屨無絇。按屨宜同男子。故不煩別出。（竟）

——摘自《國學論衡》一九三五年十二月第六期

與吳絸齋書

太炎

絸齋足下。連得兩函。知春秋答問已閱一過。僕治此經。近四十年。始雖知公羊之妄。乃于左氏大義。猶宗劉賈。後在日本東京。燕閒無事。仰屋以思。乃悟劉賈諸公。欲通其道。猶多附會公羊。心甚少之。亟尋杜氏釋例。文直辭質。以爲六代以來。重杜氏而屏劉賈。蓋亦有因。獨其矯枉過正之論。不可爲法。因欲改定釋例而未能也。民國以來。始知信向太史。蓋耕當問奴。織當問婢。春秋本史書。故盡漢世之說經者。終不如太史公爲明白。觀十二諸侯年表序。則知孔子觀周。本以事實輔翼魯史。而非以剟定魯史之書。又知左氏春秋。本即孔子史記。雖謂經出魯史。傳出孔子可也。簡練其義。成此答問。雖大致略同杜氏。然亦上取劉賈。以存大義。劉賈有得。亦不敢輕棄焉。清代公羊之學。熏灼一時。至今餘烈未已。僕爲此書。能讀者幾何。若云俟諸後世。恐六經尙將覆瓿。亦何有於此也。前者屬以筆著見寄。世衰道微。言國學者。恐不當緜其聲。悅頌作喪服依開元禮議一首。錄稿奉上。足下明於此學。因僕一言。或能發揮光大。此亦輔微之事也。僕嘗謂近世教授學童。必於經傳妙選數種。使之服習。自論語而外。括囊民義。不涉天道。莫正於大學。奮厲志行。兼綜儒俠。莫隆於儒行。導揚天性。遏絕悖德。莫尙於孝經。輔存禮教。維係民俗。莫要於喪服。此蓋自童丱以至白首。皆應服膺勿失者。教授以此講學。亦以此。其佗博大深邃之言。則俟其人而告之可也。近代人材不起。國無紀綱。原其大耑。不出二事。論政者務治人而忘修己。言學者主游藝而不依仁。足下欲自著一書。以砭末俗。此亦甚要。苟有憂世之心。論學必有會歸。亦不可以學校汎濫之術。施諸一切士民。此有志者所當知也。麟白。七月十四日。

再。儒行所列十五儒。大氐倜儻奇偉之士。東漢士風頗近之。宋世倡導理學者。當首推范文正。蓋以節操風厲斯世。是故尊嚴陵貶馮道。其用意在此。其後理學轉盛，高慕中行。反致頹靡。始雍熙時。嘗以儒行賜新進士及紹興。欲踵行之。正字高閌言儒行詞多夸大。類戰國縱横之言。請罷之。蓋當時議論如此。宋世所以少死節之士也。馬通伯嘗推演大學中庸孝經三書。以爲教士所亟。吾云中庸可緩。儒行不可遺。惜通伯死矣。不得與極論也。麟又白。

——摘自《制言半月刊》一九三六年三月第十二期

先配後祖申杜說並論廟見致女反馬諸義

李源澄

左氏隱八年。鄭公子忽如陳逆婦嬀。辛亥。以嬀氏歸。甲寅。入于鄭。陳鍼子送女。先配而後祖。鍼子曰。是不爲夫婦。誣其祖矣。杜注。禮逆婦必先告祖廟而後行。故楚公子圍稱告莊共之廟。鄭忽先逆婦而後告廟。故曰先配而後祖。正義曰。先配後祖多異說。賈逵以配爲成夫婦也。禮齊而未配。三月廟見然後配。案昏禮親迎之夜。衽席相連。是士禮不待三月也。禹娶塗山。四日卽去。而有啓生焉。亦不三月乃配。是賈之謬也。鄭衆以配爲同牢食也。先食而後祭祖。無敬神之心。故曰誣其祖也。案昏禮婦旣入門。卽設同牢之饌。其間無祭祀之事。先祭乃食。禮無此文。是鄭之妄也。鄭玄以祖爲軷道之祭也。先爲配匹而後祖道。言未去而行配。案傳旣云入于鄭。乃云先配而後祖。寧是未去之事也。若未去先配。則鍼子在陳譏之。何須云送女也。此三說皆滯。故杜引楚公子圍告廟之事云云。

謹案孔疏申杜駁漢師三說。得其枝葉。忽其根本。夫三說者。皆有以已。漢世言昏禮。有當夕成昏與三月廟見然後成婦。大夫以上。三月廟見然後成婦。三說。賈逵何休主三月廟見然後成昏。鄭衆鄭玄主當夕成昏。服虔則以三月成昏。爲大夫以上通禮。鄭玄亦有此說。詩疏引駁異義云。昏禮之夕。枕席相連。是鄭玄主當夕成昏之明證。詳鄭衆之爲此說者。亦由主當夕成昏而曲爲之辭。二鄭之說。信不當。然其爲說有所對而發。賈逵以配爲成夫婦。證成其三月廟見然後成昏之說。夏禹之時。禮制未備。與周異制。其破賈說。尤未足以服賈之心。後世說經之家。率不出於以上諸說。各信所安。其於異者。則寘而不論。今先申杜說告廟之義。後釋三月成婚之疑。三月成昏之疑抉。杜義益可明白也。

姑謂娶妻不先告廟者。出於白虎諸儒。其所根據。乃在曾子問女未廟見而死。歸葬于女氏之黨。故以示不必妥爲辭告廟之禮。杜巳舉楚公子圍事。以證鄭公子忽先配而後祖。其他如文王世子云。五廟之孫。祖廟未毀。雖爲庶人。冠取妻必告。士昏禮記言。凡行事。必用昏昕。受諸禰廟。又言某有先人之禮。詩云娶妻如之何。必告父母。毛傳謂告父母廟。是皆娶妻告廟之證。白虎諸儒。於曾子問之言。未曉其義。又見士昏禮無男氏告廟之明文。遂爲此說。不知昏禮初詳於女氏。女氏告廟有明文。男氏可以從省。黃元同亦爲此說。惟以告廟爲古文家說。不告廟爲今文家。則非。毛傳固古文家。白虎固多今文說。然與其以今古言。不如以毛傳爲禮家正說。白虎爲禮家駁說。如必言今古。則賈服之說。與白虎一系相承。而與何休同。與二鄭異。斯治絲而棼之也。而東漢經儒。習聞白虎師說。故釋先配後祖。無論主三月廟見。然後成昏者。不言告廟。即主當夕成昏者。亦不言告廟。杜氏說與禮疏。於漢師。惟此則過之也。

鄭玄所以主當夕成昏者。據士昏禮爲說。賈逵何休所以主婦入三月廟見。然後成婦者。據曾子問女未廟見而死。歸葬于女氏之黨。及春秋傳致女反馬。先配後祖爲說。服虔以三月廟見。然後成婦爲大夫以上之制。乃調停二者之說。何休賈逵之說。顯與士昏禮乖。其說不足論矣。今宜首抉者。即士昏禮之制。能否通於大夫。曾子問篇孔子曰。三月而廟見。稱來婦也。擇日而祭於禰。成婦之義也。曾子問曰。女未廟見而死。則如之何。孔子曰。不遷於祖。不祔於皇姑。壻不杖不菲不次。歸葬于女氏之黨。示未成婦也。取婦爲傳重也。取妻爲求助也。故父母在。當夕成昏。父母不在。三月祭禰。然後成昏。士昏禮曰。若舅姑既沒。則婦入三月。乃奠菜。謂祭禰也。何以必待三月。三月時祭。故以是言之。不必三月也。廟見乃新婦必行之禮。祭禰惟父母沒行之。故曾子問篇以廟見與祭禰分說。廟見稱來婦。祭禰爲成婦。則成婦與否。專視乎禰。士昏禮釋奠於禰。亦稱來婦者。散則通也。女未廟見而死。承上文而問。是父母既沒之制。言廟見可統祖禰。言祭禰不可以見祖。

是未廟見未成婦者。豈爲父母俱存者言哉。前儒於廟見祭禰二事。未能分析。故以三月廟見然後成婦爲常制。春秋成九年季孫行父如宋致女。左氏公羊未言所以致女之由。穀梁則曰逆者微。故致之。說與禮應。士昏禮記曰。若不親迎。則婦入三月。然後壻見。宋共姬之不成其婦。由共公之未親迎。據此以爲大夫以上三月廟見然後成婦。是以變爲常也。春秋宣五年齊高固及子叔姬來。公羊以爲貶辭。穀梁以爲不使得歸。左氏以爲反馬。公穀於昏禮無關。孔疏引鄭玄箴膏肓云。冠義云。無大夫冠禮。而有其昏禮。則昏禮天子諸侯大夫皆異也。士昏禮云。主人爵弁纁裳。乘墨車。從車二乘。婦車亦如之。則婦車出於夫家。則士妻始嫁。乘夫家之車也。詩鵲巢云。之子于歸。百兩御之。又曰。之子于歸。百兩將之。將送也。國君之禮。夫人始嫁。自乘其家之車也。天子諸侯嫁女。留其乘車可知也。高固大夫也。來反馬。則大夫亦留其車也。禮雖散亡。以詩之義論之。大夫以上。其嫁皆有留車反馬之禮。留車妻之道也。反馬壻之義也。高固以九月來逆叔姬。冬來反馬。則婦入三月祭行。乃反馬。禮也。杜注亦云。禮送女留其送馬。謙不敢自安。三月廟見。遣使反馬。是鄭杜二家亦從三月廟見然後成昏之說也。鄭說與駁異義自語相違。由其好與人立異故耳。天子諸侯大夫昏禮之異於士者。大夫不外娶。諸侯不取國中。諸侯以上不再娶。其餘則威儀略有等差而已。反馬之禮。前儒以爲大夫以上。實則專屬於卿大夫。士以下雖無馬可反。而婦於女氏則一。鄭以大夫以上嫁女自乘其車亦非也。所謂親迎者。以求助之義。而有以男先女之制。壻親受之於父母。不惟士如是。卽天子諸侯亦同。送者雖多。以壻受之父母不受之於送者之義推之。知不自乘其車。反馬者。乃父母既沒之禮。內則記婦之出否。以舅姑之喜怒爲定。而子不與焉。故父母既沒。婦之能否安於室。必在祭禰之後。若父母在。當夕成昏。不必待三月而可以出婦也。故反馬爲大夫父沒之制。諸侯以上。據禮無出。則無留車之義。故季孫行父如宋致女。春秋有大歸之事乃衰世失禮而夫人亦多也是則據反馬以爲大夫以上三月廟見然後成昏者。亦以變禮爲經禮也。舉疑叠釋。則三月成昏之說。不足以立。益可證先配後祖之爲誣祖爲不先告廟而稱其先祖以致辭於女家也。

——摘自《制言半月刊》一九三六年三月第十二期

關於『儀禮問題』諸記載的補訂

白　維　翰

——讀了玉井是博「關於儀禮問題的兩件中文資料」以後——

『關於儀禮問題的兩件中文資料』一文，原是玉井是博先生的大作，收載於市村博士古稀記念東洋史論叢（昭和八年八月九日出版——卽民國二十二年，西曆一九三三年)中。他這篇文章是作於昭和七年——卽民國二十一年——十二月二十一日（原文尾註），已經是四五年的舊作了！

『儀禮問題』(Question des Rites) 是什麼？玉井先生在那篇文章中第一段，已有一個簡單的提要。並且凡注意過天主教在中國的歷史者，也已經熟知其大概，故此不必再加以贅叙。當我讀過他這篇文字，覺得給本問題不少考訂，同時貢獻很多在東方不易得到的材料，其中論斷也都很翔實，但是近幾年來又有不少新的著作，很有可以補足他的文章不足的地方，所以我也就不顧續貂之嫌，大膽的寫出這篇短文。

誠然如玉井先生所謂：在中文的資料恐怕究竟是貧乏的！我們數一數高廸葉 (Henri Cordier)『中國書目』(Bibliotheca Sinica)中著錄關於『儀禮問題』的文章，正續編總計有四百五十六十種，中文資料和它比起來，未免太相形見絀了。何況高氏書成之後，還有不少論文發表呢？

『儀禮問題』的中文資料，除去北平故宮博物院，巴黎國民圖書館(Bibliothèque Nationale)，倫敦大英博物館(British Museum)以外，其他地方，很少有像這樣珍貴的原料(Original Materials)發見。

至於次料(Secondary Materials)方面，玉井先生也舉過黃伯祿的正教奉褒。但是在這本書中，我這一類的記載，的確不會有滿意的結果。黃伯祿氏在自己寫這本書的時候，已經規定：『其困厄抑處。概不敘入。即偶有述及。亦從簡略。以符是書本旨。非故爲諱也。』(見原書凡例第一，句讀依原文。)由『儀禮問題』演出趕走教皇代表，拘捕主教……等等，自然是『困厄抑處』，這在黃氏當然要『從簡畧』了。玉井先生對此書的失望，那是必然的了！

玉井先生謂：除去正教奉褒和康熙實錄外，其他已經刊行的中文書籍，就很少見。這倒不盡然。如樊國樑的燕京開教略，和蕭約瑟的天主教傳行中國考兩書中，都有關於『儀禮問題』始末的記敘，不過寫的並不精，材料並不實，但是不能不說是中文記載中可以注意的次料。

燕京開教畧出版於一九〇五年，這本書是節譯樊國樑(Mgr. Alphonce Tavier)——當時的北京主教——的法文北京考略(Pékin, histoire et description, 2 vols, 1900)。他在燕京開教略序文中已敘其大概，至於本書的內容，的確有不少可議的地方，然而他記載關於『儀禮問題』，在中篇中自第四十四葉至第五十九葉，一共有三十多個頁，其中將『儀禮問題』的始末，源源本本的寫出，我們不能不說是中文記載中，比較多的一部書。

其次是天主教傳行中國考，出版於民國十二年(見本書緒言)。這本書是由耶穌會士蕭約瑟司鐸(P. Joseph Siao, S.J.)所著的聖教史略中，取出有關中國的記載，印爲此書。如果以聖教史略來看，他的序中更記明在『光緒三十一年秋』已經脫稿的一部著作。在這本書中，也有『儀禮問題』的記述，載於第六卷中，計第三三一頁至三三八頁。不過本文比起燕京開教略，的確有大巫小巫之差，不但在量的方面有不同，而且他還說了很多的宗教立場的評語，我們以讀史的眼光看來，實在不必要。現在我舉出一段，以窺其一斑：

> 按定斷某事爲異端。某事非異端。某事有罪不可行。某事無罪可行，係神權一邊事，應歸教皇主持。國君掌管國政。祇能治人外行。不能及人良心。故此次康熙所爲。未免侵越教皇神權。甫廷抗違教宗。拘其欽使。尤屬無理取鬧（原書第三三五頁，句讀依原文）

我們讀過這一段，可以說與本事無涉。這原也無足怪，他寫本書的目的，並不完全在求事實，一部含有宣傳宗教的意義。可是讀者不要以此爲當時耶穌會士的言論，事實耶穌會士在『儀禮問題』中，大半是傾向中國一方向，現在的耶穌會（Society of Jesus）是自一八一四年纔重新的組織，其間已有很多的不同。然而這部書中的『儀禮問題』記載，很可以供我們參考，我總覺得玉井先生不當埋沒了他們的功績，尤其燕京開教略的一大段。

玉井先生在本文的第一節中，考証『康熙五十五年九月十七日的紅票』。這種『紅票』，在巴黎，倫敦都有保藏原本，可是在中國一直到現在爲止，恐怕祇有原文——或者說原稿——載於康熙與羅馬使節關係文書影印本中。由陳援菴先生考訂爲康熙五十六年的文件，現在以實在的文獻來看，知道陳先生差了一年——當爲五十五年。

陳援菴先生的考訂所以錯誤，都在不能利用外國材料即不用眞『紅票』來對證；也可以知道當爲康熙五十五年。祇要利用高廸棐的中國書目就可以的，他在『儀禮問題』條下，曾經著錄過一本書名曰：Informatio pro Veritate，在此書中收錄巴黎國民圖書館（Bibliotheque Nationale）第C. $\frac{24. b}{6}$ B號藏本。並且高廸業也將拉丁文的「紅票」原文收錄於中國書目，其文記載的日期就是康熙五十五年（一七一六年）九月十七日，再加上馬國賢日記（Journal de Ripa）也可以証明——玉井先生已經注意過的著作。（案高廸業著錄的拉丁文「紅票」，載於中國書目 col. 918）。

玉井先生在本節第附注中，引到在「紅票」中的十六個教士署名，高廸業的中國書目中亦有同樣的著錄，載於是書的 col. 918。其中有兩個教士，玉井先生不能找出中文姓名：一個叫 Joseph Baudinus. S. J.；一個叫Jacobus Brocard. S. J.，都是耶穌會士。我最初查高廸業的中國書目，僅僅在「北京天主教塋地表」（Cimetiéres Catholiques de Peking）中第一個「滕公柵欄」——所謂「葡萄牙塋地」（Cimetiére Portugais）中，第三十三位是一個名曰：Jacques Brocard. Prére Coadj., S. J.。第三十四位是叫：Joseph Baudino, Prére coadj, S. J.。後一個就是載於「紅票」中，想必是同一個人。致於前一個只差了Jacques一字，不過 Jacques與Jacobus兩字是一個來源，所以更疑心他即是「紅票」中的 Jacobus Brocard 了！故此覺得他們的中文姓名，似乎不難查到，至少在北平阜城門外滕公柵欄地方，或者可以得到一鱗半爪。不然還有 J.-m. Planchet, C. M. Le Cimetiere et les œuvres Catholiques de Chala (1610-1927) 書中，也可以給我們一些幫助。

現在我們可以利用了一部書：Le P. Louis Pfister, S. J. 所著的Notice biographiques et bibliographiques sur les Jésuites de l' ancienne mission de chine 1552-1773（中國之早期耶穌會士傳記及參考書述略）夫

對照。案此書的上卷，出版於一九三二年，下卷出版於一九三四年。在上卷本文前，已經附了一個編年表（Table Chronologique），其中可以知道一些。今查看本文知道 Joseph Baudino 是叫：鮑仲義，字賓巷（案本文原註『鮑』或作『包』），意大利國人。於一六九四年（康熙三十三年）七月十一日至中國，一七一八年（康熙五十七年）十二月二十四日卒於北京。我們可以想到在他到中國的期間，正是『儀禮問題』最熱鬧的時候，何況在 Pfister 書中說道：『他久居北京，未嘗離去。蓋彼時隨皇帝巡行各地，爲其隨行御醫，調劑，或作隨行之植物家云。』（見 Pfister 書上卷第四七六頁。）由此更可見他與『儀禮問題』關係密切。不過因爲他多爲非重要職務，且非司鐸，故不見於正教奉褒書中云。

Jacques Brocard, Frère coadj. ,S. J. 的中文姓名爲陸伯嘉，字德音，法國人。一七〇一年（康熙四十年）九月九日到中國，卒於一七一八年（康熙五十七年）十月七日，葬於北京。他也是終身服務朝廷，製物理儀器，鐘錶，以及其他玩具以娛帝王及其他公卿（參見 Pfister 書第五九二——五九三頁）。由此亦可見其在北京的時間，他們所在的地位，都有參加簽署『紅票』的機會與可能，此種假定或者沒有訛誤吧？

玉井先生的本文第二節，『康熙五十六年（？）的同人公簡』，是叙述自格理門教皇（Clement XI）頒布勅書 Ex illa die 以後，中國的康熙皇帝與羅馬教廷相對抗衝突，引起當時教徒們左右爲難，於是有存在巴黎的『同人公簡』，可以曉得在當時大概的徘徊的狀態。

第一須要加以說明的：『所謂皇城堂，卽在北京西安門內蠶池口的北堂』（見玉井本文）。我覺得說的太簡略，一般熟悉天主教史的人讀來，還不至有何誤解，不然在北平城內不會再找出蠶池口的地方，如果馬虎一點的讀者，也許聯想到就是現在西什庫的北堂。按蠶池口的舊北堂，建於康熙四十二年(一七〇三年)。因『與皇后親蠶之宮殿相接，地名蠶口，卽此故也。』(見燕京開教略中篇，第四十四葉)。又庫壽齡(Samuel Conling)著之中華辭書(Encyclopaedia Sinica)謂：接近三海(見 Pei T'ang 北堂條)，後來卽是三海的一部。至光緒年間幾經交涉，始以西安門內西什庫之址相交換。至光緒十四年(一八八八年)西什庫之新北堂開幕。(見天主教傳行中國考第四五〇至四五三頁；燕京開教畧下篇第六三至七七葉；Latourette, a History of Christian Missions in China p. 322; Conling, Encyclopaedia Sinica, Pei T'ang, p. 427.)玉井先生的文章，如果加以『舊北堂』的話，可以比較少一些語病，同時也免去讀者的誤會。

玉井先生又有一個推定：康神父就是 Castorano，伊大神父——主教——就 Della Chiesa，當然是無容啄的餘地。不過我們讀到此地，就聯想到什麼伊大神父何必不自已發表勑書？而請副主教——康神父——來代理呢？

最初我讀燕京開教略，非常的喜歡，似乎可以解决這個疑問，再多一考察反而增加許多麻煩，更發見燕京開教略中不少可疑的地方。後邊再講，現在我們先說樊氏對這兩位神父的記載，他說道：

『緣是時北京主教代辣介薩去世。署權之大司鐸加刀辣撓。廣居山東。卽於本年洋歷十月間。將教皇格肋孟德第十一位。禁行禁禮之諭。張宣北京，飭令傳教士等凜遵無違。』(燕京開教略中篇第五十八葉，句讀依原書。)

這段記載，很可以注目的：『北京主教代辣介薩』，由其音讀上可知是 Della Chiesa，天主教傳行中國考也作此名(見原書第三二八頁)，也就是伊大神父了。『大司鐸加刀辣撓』，自然是 Castorano 的音譯，至於康神父——也就是Castorano——『卽於本年洋曆十月間……張宣於北京』○至於『本年』是承上文『康熙五十三年○降生後一千七百十四年○』○（見燕京開教略中篇第五十八葉）不知是否爲『同人公簡』的康熙五十五年之誤○况且同人公簡與馬國賢日記互相印証，都是『康熙五十五年九月二十二日』的日期，正爲巧合○樊國樑的『本年』也許是誤筆我說燕京開教畧不少可議的地方，這是一例○

又這段文字中的『教皇格肋孟德第十一位』，當然是格理門十一世(Clement XI)，是無可疑的事了！

然而樊國樑說『代辣介薩去世』是爲可疑，據Latourette，a History of Christian Mission in China 中的 The Bull Ex Illa Dia 1715 的一段中有如以下的講法：

> Bishop Bernerdin della chiesa had the greatest difficutly in getting this bull published in the churches of Peking. When it was read, the Bishop's envoy was imprisoned by the Emperor and was released only on the condition that he teke the decree back to the Bishop and engage in no further efforts to make known its contents. (ibid, b. 147.)

Latonretti的記載雖是很簡略，可是非常的扼要，他這本書在學術界，有很大的權威，如 Hudson 的 Europe and China 曾謂爲『標準作品』(Standard book)○現在我們看其博徵詳引，也可以相信不錯○致於上引的一段文字，他是根據 Mosheim's Antentick memoirs of the Christian church in China…………Translated from The Ger man，1750，pp. 38. 39. 的記載，我們手下旣無此書，亦無德文原本，不知Latourette 所引的說法對不對○

我們再看引來這一段話，所謂勅書(bull)似乎卽指一七一五年的一件，可無疑異。所謂The bishop's envoy 曾被捕，後釋放去收囘勅書事，與同人公簡中所述，亦爲吻合，這當然是指康神父了。由文字上看，似乎伊大神父(Bernardin della Chiesa)在當時還存在，並未死去，不然何以稱『主教代表』，而不稱『代理主教』或其他的稱呼？我們還可以利用玉井先生介紹的同人公簡，其中也記述當時的會長以下諸人，伏請伊大神父諭示解釋等事，這都可以看出與燕京開教略記載相反的地方。

高廸業的中國書目也記載伊大神父(Bernardino della Chiesa)，一六八〇年至中國，先住粵南，一六六九年昇遷北京主教，卒於一七二一年(康熙六十年)十二月二十一日。大英博物館中尙存有他的手蹟，(參看Bibliotheca Sinica cols. 918，1185，et 1190)。如此更可以証明燕京開教略謂彼死的事，完全不合。現在利用 Latourette與Cordier 及同人公簡可以証明。這又是樊國樑的記載中不少可議的一例。不過仍不能証明何以 Della Chiesa 不出頭頒布勅書，況且高廸業的中國書目中將他與康神父都列在同一個聖芳濟派，一個很積極，一個似乎怕難而止。其中倒可以注意的一件小事！我不能找出一個合適的解答，只好俟諸明達！

玉井先生對於王伯多祿，鍾德望，黃若瑟的外國姓名不能檢出，依我看他們旣是耶穌會士，同時在北京的年代，也能大體曉得，如果在教會的檔案中來尋找，似爲不難，還是他們個中人，比較容易發見。

最後我要聲明：前面介紹兩種記載『儀禮問題』的書籍燕京開教畧，天主教傳行中國考，其中有若干處，尙待商榷，除我在上邊已舉關於燕京開教畧的誤筆地方以外，現在再畧加考核所見及者幾條，希利用是二書者，得以注意之！

燕京開教略中篇有下舉文字一段：

當時耶穌會分爲二黨○有從利瑪竇曲解中國之禮者○謂中國之禮○原係儀文之禮○而非祀神之禮。故可容留○有從龍迪我者○則謂拜祀孔子之禮○實係祀神之禮○拜祀先祖之禮○亦屬異端之條○至若天字與上帝二字○並無造化天地主宰之意○中國人所敬之天○不過蒼蒼之天○與造天地之主宰○毫無干涉○故嚴禁奉教人○不准行其禮儀○恐有害於聖道之淳也○（見原書第四十五至四十六葉，句讀依原書○）

此段叙述『儀禮問題』所以發生的原因，兩派成絕對對立的地位○但樊國樑舉龍迪我爲反對儀禮的代表，或不恰當○如天主教傳行中國考講到『儀禮問題』時，他說『龍華民等以爲異端○謂宜禁絕○』（見本書第三三二頁）；德禮賢（Paschal M. D' Elia）著的中國天主教傳教史中也說：『反對利氏主張的一派的首領，便是繼續利氏任會長的龍華民○……』（見原書第八十二至八十三頁）○又歐洲與中國（Europe and China, a survey of their Relations from the earliest times to 1800.）一書亦謂：

The crises of the rites controversy did not come until 1706（案卽康熙四十五年），but there were anticipations of it from Riccis death in 1610（案卽萬曆三十八年），for Longobardi（案卽龍華民），his successor at the head of the China mission, was opposed to many of the practices which he had approved.（Hudson, ibid., P. 304）

又在中國基督教史（A History of christian missions in China）一書中，也同樣的講到：

In Japon, however, the majority appear to have taken the opposite position, and their opinions were supported by longobardi, Ricci's successor as head of the China mission. (Latourette, ibid., P. 135.)

同時 Latourette 又根據兩本書：(I)Henrion, historie geniral dis missons catholiques , vol. 2, P. 374 ; (II) Brucker in catholic encyclopaedia , vol. 3 , P. 671 , vol. 13 , P 37. 此外後藤末雄著之『中國思想之西漸法國考』一書中，亦以龍華民爲反對利瑪竇之主張者（見原書第一一四至一一五頁）○同時後藤末雄亦根據七部書之多，茲不贅錄；由以上五書記述，龐廸我似當爲龍華民之誤○並且燕京開教略中篇中，亦說龍華民爲反對儀禮者(見本書第十五葉)，況且以時間言龍華民來華早龐廸我二年(卽一五九七年)，卒更晚龐氏三十六年(卽一六五四年)○再以地位言龍華民繼利瑪竇爲會長，又『龍氏曾上書傳信部表白他的意見，見那伐來德氏 (Navarrette)的 Tratadar Historicos 一六七六年，馬特里（Madrid)印行，二四六至二八九頁○原書由西雷主教（Mgr. de Ciré）譯成法文定名（Traite sur guelques points de la Religion des chinois par le R. P. Longobardi) 一七〇一年(？)巴黎出版○』(見中國天主教傳教史第八二至八三頁附注○）各方面的佐証似乎都當以龍華民爲反對利瑪竇的儀禮見解之代表，最爲合適——是燕京開教畧疏忽者一○

又燕京開教畧中篇自第四十七葉以後至第五十一葉，時時講到『昧各老』，初在福建爲主教，後贊助鐸羅（Charles Thomas Maillard de Tournon）解決儀禮事件， 逐回澳門○以其行事言，似卽爲Mgr. Maigrot亦卽康熙硃筆中的顏璫，嚴襠，或作閻當○天主教傳行中國考亦作『梅格洛』(見原書第三二九頁，又第三三三頁)○但燕京開教畧說：『主教昧各老。因在京贊助欽使，故與欽使之隨人，俱被鎖拿。押至公堂嚴鞫，被辱多端。幾定死刑，幸賴太子保奏，始改爲流徙，逐回澳門。……』（原書第五十一葉）。閻當之『賴太子保奏』，不見他書。頗似將德理格（Theodoricus pedrini）事蹟，誤寘爲閻當。況閻之於鐸羅關係，正如德理格之於嘉樂(Mgr. Mezzabarba)。又閻在朝時間甚暫，且未如德理格作太子教師，故太子保奏之事亦爲可疑——是燕京開教畧所記之可疑者二。

燕京開教畧謂：『羅馬開辯之初（案即指儀禮問題——筆者），正係康熙三十八年。降生後一千六百九十九年也。是年耶蘇會士閔明我，徐日昇，安多，張誠等，同上奏疏。請皇上訓示中國禮儀之眞解。……』今正教奉褒中倘保存閔明我等奏疏原文，又王重民有海外希見錄（見大公報圖書副刊第一百十九期），亦著錄此文。都是康熙三十九年十月二十日的日期。當然燕京開教畧的『是年』，或者『三十八年』，兩處中有一個是誤筆了。這又是樊國樑氏訛誤者三。

又樊國樑在本書中篇第四十九葉謂：鐸羅生於降生後一千六百六十七年。Ratourette A History of Christian Missions in China 亦如此，蓋彼亦根據樊國樑（Mgr. Tavier）的北京考畧(Peking)——也就是燕京開教畧的藍本。然而庫壽齡（Conling）的Encyclopaedia Sinica中也利用樊氏的書籍，可是也作一六六八年十二月二十一日。庫壽齡在引用樊氏的書以外，還參考了 Jenkins Ihe Jesuits in China 及Ie Moidrey, Le Hierachie Catholique en Chine 。並且也不是印刷的錯誤，因爲庫壽齡還說他在一七一〇年死去，享年四十三歲。至於樊氏在第五十四葉中也說年方四十五歲』。如果在一六六七年生，並且還要用中國記歲數的習慣，纔會享年四十五歲，何況『三』與『五』是很容易錯誤的字，這又是有待考訂的第四。

在本葉上還說鐸羅在『初六日至廣東』，庫壽齡的書及 J. de la Serviere, s. j., Les anciennes missions de la compagnie de Jésus en Chine 二書亦記載他到廣州，是在四月六日，唯日人後藤末雄，中國思想之西漸法國考中第一二七頁，及高廸葉之中國書目之 Question des Ritis 條作四月八日。是又有待商榷者五。

鐸羅在廣州，「擇一通曉中國言語之傳教教士。名亞彼亞尼。作其通事。」(燕京開教略中篇第四十九葉)此當卽爲 Latourett 所述之 Appiani 無疑。後卽同行北上。樊氏書中又道：『於本年（按承上文，卽康熙四十四年，降生後一千七百五年）九月初八日。始抵北京。』（見原書第五十葉）。這個日期，俱不見他書。就今手下所有諸書，除小有不同，然皆記鐸羅在『十二月』入京。今以正教奉褒觀之，謂鐸羅於『十月二十九日，欽使抵京。』想此必以舊歷記載，或卽相當洋歷十二月十四日。（按中西歷對照，儘可利用陳援菴先生之中西回史日歷，或二十史朔閏表，唯余爲此曾三往圖書館，均踫壁而返，最後更知此二書並非借出，只是不知下落，徒喚奈何！）天主教傳行中國考亦謂：『使臣於康熙四十四年十月間抵京。』（見原書第三三二頁），亦疑其以舊歷記錄，二書下文並作：『十一月十六日。欽使覲見。』高廸葉之中國書目作十二月三十一日，燕京開教略亦同此，此處我們可以看出中西曆的不同記載，亦可見正教奉褒與天主教傳行中國考的記述，必爲舊歷無疑。

鐸羅入京爲十二月，由很多的記載看來，可信的成分比較的多，唯其中還有四日到京與十四之差。除Hudson，Europe and China與 Latourette 的書記欽使入京爲十二月，並未記日期外，可以不管。高廸葉之中國書目中『儀禮問題』條下根本未將入京日期載入。其他謂彼入京於本月四日者：有庫壽齡 Encyclopaedia Sinica 與 J. de la Serviere，Les anciennes missions de la Compagnie de gèsus en Chine。又樊國樑亦說：『十二月初四日移寓北堂』。至後藤末雄之中國思想之西漸法國考則謂：『一七〇四年（康熙四十三年）十二月十四日抵達北京。』（見原書第一二八頁），這種作『一七〇四年（康熙四十三年）』，是不可原諒的錯誤，然而他說鐸羅在十二月十四日抵京師，倒是可注意。

一七〇五年的除夕日，鐸羅覲見康熙的記載有：樊氏的書；後藤氏的書；還有高迪業的中國書目。用舊歷記載覲見的日期——即作十一月十六日——者，有正教奉褒及天主教傳行中國考。如果兩種記載，都不錯誤，可知是年洋曆的除夕日正相當舊歷之十一月十六日，我們由此向上推去，可知正教奉褒記載的『十月二十九日欽使抵京。』正爲是西曆的十二月十四日了（假定舊曆十月爲大建——也是找不到廿史朔閏表，不知此假定確否？）。正教奉褒所收集的材料多半有很大的可信性，即以康熙三十九年閔明我的奏疏，也可以知道他的記載不是毫無根據，我們姑且在相信正教奉褒的條件下，可以証明後藤說鐸羅在十二月十四日抵京，已有很有力的佐証。何況後藤氏還根據了 Thomas, Histoire de la mission de Pékin。不過他的一七〇四年，是有些錯誤。又陳援菴先生在康熙與羅馬使節關係文書影印本敘錄中亦作：『多羅（案即鐸羅——筆者）到京後移住北堂係在康熙四十四年十月十九日。』的敘述，恐亦根據燕京開教畧推得，我想也許是二十九日——即西曆十二月十四日的錯誤。如此又見到樊國樑的記載中有很少可疑的第六。

鐸羅之頒布教皇勅書，燕京開教畧說：「於康熙四十六年。降生後一千七百七年。洋曆正月二十七日。由南京特出示諭。自署己名。將教皇上諭。徧頒中國。」（見原書中篇第五十三葉）這個記載也同他書迥異。此 Mantate 的頒布日期，也有兩種：一，Latourette 書第一四四頁脚注，及庫壽齡的 Encyclopaedia Sinica 二書都作是月二十七日。二，(1) 德禮賢之中國天主教傳教史（見一四八頁：『中國天主教大事錄』(2) La Serviere, Les anciennes missious de la Compagnie de Jésus en Chine p.57 (3) Pfister . notie brographiques. et bibliographiques……p.547 (4) 高廸業之中國書目的『儀禮問題』條，皆作是月二十五日。到底還是十五日，還是二十五日一時也難斷言，不過絕未有樊國樑的『二十七日』相同的記錄，好在樊氏說：『示諭至今猶存。』（見原書中篇第五十三葉）。不難利用原物佐証，此又一懸案——亦燕京開教畧的可疑者七。

總之，連前舉的二處，共有可異者九處之多。其他有無訛誤，實難卒言。我最初很想以燕京開教畧的『儀禮問題』的記載，介紹於玉井先生，今竟發見這樣多的錯誤，不過還不能不說樊氏的著述，不無可參考的價值，是故列舉其誤筆之餘，尙望治天主教史者當注意的一部書。

至於天主教傳行中國考一書，記載『儀禮問題』非常簡單，又於史實以外作許多不必要的評語，已如前敘，其中也有與燕京開教畧同樣的記載，如鐸羅享年四十五歲（見原書第三三六頁）。也許蕭司鐸曾經利用燕京開教畧亦難說定。所以對於蕭氏之書，不再多所贅言。唯以材料不足，而是都是根據次料(Secondary materials)，不能將所有懸案，証爲信史，也許我的假定中不少當推翻的，尤祈先進有以教我！

『五四』十七週年紀念，於石牌。

——摘自《史學專刊》1936年4月第1卷第3期

喪服草案

太炎先生遺著

斬衰三年（首尾二十七月）

正服

子為父母　庶子為所生母　女在室為父母（為所生母同）　女適人被出而反在室為父母（為所生母嗣）

加服

子為繼母　女在室為繼母　女適人被出而反在室為繼母（凡女適人被出而反者為本宗服悉如在室後不再舉）

嫡孫為祖父母承重及為曾高祖父母承重者

義服

為人後者為所後父母及所後祖父母曾高祖父母承重　妻妾為夫

齊衰三年（首尾二十七月）

加服

子爲慈母

降服

爲人後者爲本生父母

齊衰杖期（首尾十五月）

正服

爲嫁母出母（女在室及適人皆服齊衰惟去杖月算十三月）

加服

父爲長子

義服

爲父卒繼母嫁而己從之者　夫爲妻

齊衰不杖期（首尾十三月）

正服

孫爲祖父母（爲人後者不降其祖女孫雖適人亦不降其祖高曾皆然）　爲伯叔父母　爲兄弟　爲姑姉妹在室者

父爲衆子及女在室者（子雖爲人後不降） 母爲長子衆子及女在室者（繼母同） 生母爲子及女在室者 慈母爲子 嫁母出母爲其子及女在室者 爲兄弟之子及兄弟之女在室者 祖爲嫡孫（嫡長子已歿始服） 爲姑姊妹女子適人而無夫與子者 女在室及適人而無夫與子者爲其兄弟及兄弟之子

加服

女適人爲兄弟之爲父後者

降服

女適人爲其父母 妾爲其父母

義服

爲伯叔母 嫡子衆子及女在室者爲庶母 爲繼父同居兩無大功之親者 爲養父養母（謂自幼過房與人自知其所生者） 婦爲舅姑 婦爲夫所承重之祖父母曾高祖父母（有姑在仍如本服） 妾爲嫡妻 妾爲夫之嫡子衆子及夫之女在室者 繼母改嫁爲前夫之子從己者 婦人爲夫兄弟之子及夫兄弟之女在室者 舅姑爲嫡婦

齊衰五月首尾五月

正服

爲曾祖父母

齊衰三月首尾三月

正服

爲高祖父母

義服

爲繼父昔同居而今不同者　爲繼父雖同居而偏有大功以上親者

大功首尾九月

正服

爲同堂兄弟及同堂姊妹在室者　祖爲衆孫及女孫在室者嫡長子在嫡孫亦如衆孫

加服

生而父母亡者爲同居再從兄弟

降服

父母爲女適人者　出母爲女適人者　爲姑姊妹及兄弟之女適人者　爲人後者爲其兄弟及姑姊妹在室者　女適人爲本宗伯叔父母　女適人爲兄弟與兄弟之子　女適人爲姑姊妹及兄弟之女在室者　爲兄弟之子爲人後者

義服

婦人爲夫之祖父母　爲夫之慈母　爲夫之庶母　爲夫之伯叔父母　爲夫之兄弟之子婦　爲夫兄弟之女適人者　爲人後者之妻爲本生舅姑　舅姑爲衆婦　爲兄弟之子婦

小功首尾五月

正服

爲伯叔祖父　爲同堂伯叔父　爲再從兄弟及再從姊妹在室者　爲同堂兄弟之子及同堂兄弟之女在室者　爲兄弟之孫及兄弟之女孫在室者　爲祖姑在室者　爲從祖姑在室者　爲外祖父母　爲從母　婦人爲姊妹之子女

加服

生而父母亡者爲同居族兄弟

降服

爲同堂姊妹適人者　爲女孫適人者　爲人後者爲其姑姊妹適人者

義服

爲伯叔祖母　爲同堂伯叔母　婦人爲夫之姑姊妹在室及適人者　爲夫之兄弟及夫兄弟之妻　爲夫兄弟之孫及夫兄弟之女孫在室者　爲夫同堂兄弟之子及同堂兄弟之女在室者　爲同母異父之兄弟姊妹　爲嫡母之父母兄弟姊妹（嫡母在則服卒則不服）　母出爲繼母之父母兄弟姊妹（若母前卒者則爲其母之黨服不爲繼母之黨服）　爲嫡孫婦（嫡婦歿姑服）　爲兄弟之妻

緦麻（首尾三月）

正服

爲族曾祖父　爲族伯叔祖父　爲族父　爲族兄弟及族姊妹在室者　爲族曾祖姑在室者　爲族祖姑在室者　爲族姑在室者　爲曾孫玄孫及曾玄孫女在室者　爲兄弟

之曾孫及兄弟之曾孫女在室者　爲同堂兄弟之孫及同堂兄弟之女孫在室者　爲再從兄弟之子及再從兄弟之女在室者　爲外孫及外女孫　爲舅　爲舅之子女　爲姑之子女　爲從母之子女　男子爲姊妹之子女

降服

爲祖姑從祖姑及從祖姊妹適人者　爲兄弟之女孫適人者　爲同堂兄弟之女適人者　女適人爲本宗伯叔祖父母　爲本宗同堂伯叔父母　爲本宗同堂兄弟之子女　爲本宗祖姑及從祖姑在室者　爲本宗同堂姊妹適人者　爲人後者爲本生外祖父母

義服

爲族曾祖母　爲族伯叔祖母　爲族母　爲衆孫婦嫡婦在嫡孫婦亦如衆孫婦　爲兄弟之孫婦　爲同堂兄弟之子婦　爲同堂兄弟之妻　爲乳母　爲壻　爲妻之父母　婦人爲夫之曾祖高祖父母　爲夫之伯叔祖父母　爲夫之同堂伯叔父母　爲夫兄弟之曾孫及夫兄弟之曾孫女在室者　爲夫之同堂兄弟及夫之同堂姊妹在室及適人者　爲夫同堂兄弟之孫及夫同堂兄弟之女孫在室者　爲夫再從兄弟之子及夫再從兄弟之女在室

者　爲夫之祖姑及從祖姑在室者　爲夫兄弟之孫婦　爲夫同堂兄弟之子婦　爲夫同堂兄弟之妻　爲夫之外祖父母　爲夫之從母　婦人爲姊妹之子婦

殤服總例　年十九至十六爲長殤十五至十二爲中殤十一至八歲爲下殤不滿八歲爲無服之殤男子已娶者女子許嫁者各從本服

應服期者長殤降爲大功九月　中殤降爲大功七月　下殤降爲小功五月　應服大功者長殤降爲小功五月　中殤下殤降爲緦麻三月　應服小功者長殤降爲緦麻三月

——摘自《制言半月刊》一九三六年七月第二十一期

喪服總說明書

太炎先生遺著

士禮開元禮凡言報者例不重出然亦有不盡如例者如士禮世父叔父與昆弟之子皆齊衰期舅與甥妻之父母與壻皆緦麻並出兩條故明集禮於諸報服必彼此盡列取易檢禮注有降服正服義服之分開元禮又著加服古者衰服粗細刻定升數齊衰降服四升正服五升義服六升大功降服七升正服八升義服九升小功降服十升正服十一升義服十二升開元禮別著加服升數亦仍與正服等自宋末以來緜布盛而麻布微織紝淳制浸變古法明禮五服但以麻布生熟粗細爲分不能刻定升數則降正義無以辨故亦不著其名今仍依開元禮分列欲人知恩有降殺而衰麻月筭或不盡如此例皆加服降服義服爲之且言加服義服則明其不可再加言降服則明其不可再降也世父母叔父母之類士禮明集禮皆在一條今依開元禮以伯叔父伯叔母分列亦由正服義服有異故然

士禮開元禮皆有殤服明以來去之若不服則於未成人者爲無恩若盡如成人則於童稚爲泰過今悉還舊然殤服與成人服之降殺本可例推今但約例成文列於最後不必如舊禮之列舉也又開元禮於殤服亦分正降義三種今謂殤已降等何用區分凡如此者一切

約之成簡

喪服變除以升數爲節今既不能刻定升數又以古今衣服異式卒哭以後時俗不復更著衰裳故宋明以來變除之節久廢雖然苟得其意服從今製麻從今率可也大氐斬衰成服以齊衰之麻爲冠齊衰成服以大功之麻爲冠大功成服以小功之麻爲冠三月卒哭則以其冠之麻爲受服三年之喪自小祥以後復漸以細者能爲衰裳固善不能爲但如今之衫袍而以其麻爲之使由凶趣吉不至淩遽則止矣唯齊衰三月卒哭卽除殤服大功卒哭無受此其特殊者爾　又成服時所著衰裳雖用麻布逮乎變除受服從俗以縣布粗者爲之亦得但約計升數使有準爾按古二尺二寸爲幅容十五升卽千二百縷二尺二寸者今布帛尺一尺三寸也縣織最粗者土布以二百四十筬成一尺二寸五分之幅一尺三寸則四百九十九縷約當古之六升則可以爲斬衰卒哭之受服也其次粗者爲甬布以五百六十筬成二尺之幅一尺三寸則七百二十八縷約當古之九升則可以爲齊衰卒哭之受服也其稍精者爲桐鄉布以七百筬成一尺八寸之幅一尺三寸則一千十一縷約當古之十二升有半則可以爲大功卒哭之受服也其舶來及廠織者靡細不減十五升麻布此可以爲吉服亦可於三年之喪大祥服之大祥以前不得服也

——摘自《制言半月刊》一九三六年七月第二十一期

喪服說明書

太炎先生遺著

駁正明淸服制及禮制館通禮草案服制七事

明集禮斬衰章有養母服謂自幼過房與人者爲養之者服也然有養母無養父又所謂自幼過房與人者義亦不甚分明按通典載魏時有爲四孤論者曰遇兵凶饑饉有賣子者有棄溝壑者有生而父母亡復無緦麻親其死必也者有俗人以五月生子妨忌之不舉者有家無兒收養敎訓成人或語汝非此家兒禮異姓不爲後於是便欲還本姓爲可然不時田瓊王脩于達叔及後崔凱庾蔚之各有論列據彼稱爲人收養則公嫗同之不得但有養母明禮所謂過房與人者乃似父母所命又與四孤略異然其不得但有養母則同也服之輕重應依王脩議以有識無識爲判如生而父母亡者生子不舉者此已不復識其所生雖服收養者如父母可也遇兵凶饑饉有賣子者有棄溝壑者此其人或未有識知或已有識知不可前定明禮所謂自幼過房與人者卽貧困以子與人之謂與饑饉賣子略相似然亦當以有識無識爲別無識者服之自如父母有識則宜示異矣王脩議曰有識以往自知所生

雖創更生之命受育養之慈枯骨復肉亡魂更存當以生活之恩報公嫗不得出所生而背恩情報生以死報施以力古之道也于達叔議曰子者父母之遺體乳哺成人公嫗之厚愛棄絕天性而戴他族不爲逆乎宜竭其筋力報於公嫗育養之澤若終爲服父在爲母之服別立宮宇而祭之崔凱喪制駁曰宜服齊衰期方之繼父同居者按凱議比例最切父死子幼隨母適人受彼煦育以其貨財築宮廟謂之繼父此其恩亦不薄猶必兩無大功之親然後爲服齊衰不杖期有識之孤對於公嫗何以加此若庾蔚之議以爲所養之父自有後而本宗絕祀者當服所養父母依繼父齊衰不杖期若二家俱無後則宜停所養家依爲人後服其本親例降一等若爾繼父無後亦當停繼父家耶趙宋范仲淹從母適朱少承朱姓及成進士入官仍還本宗則知被養於人者苟識所生雖姓氏已更亦如范仲淹事可也今議從王倫服從崔凱無識者既不知所生亦無由知今之父母非其所生雖長大以後聞人啓示或彼宗族忌訟言訐發既無明徵焉可質信此卽并入父母本服不須別立名字有識者能知所生則服養已者如繼父或始時無識其後養已者示以所生亦服之如繼父服如繼父者謂之養父養母

唐以前禮父爲適長子斬衰三年母爲適長子齊衰三年爲衆子皆齊衰不杖期若父之身非適長則服適長子與衆子同明集禮父母爲適長子及衆子皆齊衰不杖期不論父之身爲適長與非也而爲長子婦與衆子婦則有齊衰不杖期與大功九月之分比例差繆今謂父爲適長子應齊衰杖期（婦人無杖故母爲適長子仍齊衰不杖期）爲適長子婦齊衰不杖期（母亦同）爲衆子齊衰不杖期（母亦同）爲衆子婦大功九月（母亦同）於例始允　古杖期本有禫凡十五月其視不杖期非獨形式有異而月制亦增

唐以前禮爲庶母緦明太祖欲尊孫貴妃使太子諸王爲之齊衰杖期於是定適子衆子爲庶母皆齊衰杖期按杖期之服恩義獨至夫之爲妻子之爲出母嫁母並不過此其父卒繼母嫁從爲之服者以本非因母既踐二庭猶加撫育故亦降之至杖期焉庶母於義則輕於恩則不相涉乃亦爲齊衰杖期可乎然依禮士妾爲君之子從女君而服亦齊衰不杖期而適子衆子但爲庶母服緦輕重不倫則古禮亦似難用今謂伯叔父母與兄弟之子夫之兄弟之子彼此皆齊衰不杖期相爲報服則適子衆子爲庶母妾爲君之適子衆子亦以齊衰不杖期相報爲允妻爲夫之庶母妾爲夫之子婦並以大功相報爲允

士禮不及知父母與兄弟居加一等傳曰小功以下爲兄弟注嫌大功以下又加也大功以上固同財矣按分財之法古今雖異然繼父同居爲之服期必兩無大功以上親者若有大功以上親則爲繼父祇齊衰三月此與不及知父母與小功以下兄弟居者義爲正負唐明淸但有繼父而去此一條則軒輊不均矣今悉如舊補入

禮制館通禮草案凡斬衰三年降期者及本齊衰而明禮升爲斬衰三年者皆擬改爲齊衰三年按婦爲舅姑唐開元禮尙祇齊衰期劉岳書儀妄改與子爲父母同服溫公書儀亦從之至明遂爲定制不悟溫公以前宋初律敕已自相差尹拙與魏仁浦之爭論亦未決也婦爲舅姑服斬旣違婦人不貳斬之義且爲夫之父母斬衰則與夫同而爲夫之祖父母大功爲夫之曾祖高祖父母緦又與其夫異比例又相差錯草案改爲齊衰三年不竟從舊爲齊衰期者祇以其夫小祥以後尙在喪中而其婦已可衣錦作樂魏仁浦議又云婦爲夫有三年之服於舅姑祇服期年乃是尊夫而卑舅姑也此最瞀妄必如所論爲父三年爲祖期爲曾祖五月爲高祖三月亦可云尊父而卑祖與曾高耶故於齊衰則從舊於三年則從今以是爲酌中之道耳不悟夫婦異服固不止此如適孫爲祖持重而其母尙在者其妻祇服大功適曾孫爲曾祖持重而其母若祖母尙在者其妻祇服緦麻夫婦異服之相懸尙有

甚於前者是知婦爲舅姑齊衰期必不容改如懼夫在喪中婦已衣錦作樂但當以禮限制使屏去絲竹不御文綺可也通典載劉系之問子婦爲姑既期采衣邪荀訥荅曰子婦爲姑既期除服時人以夫家有喪猶白衣是衣雖縉帛色猶質素也婦爲舅姑之服既從古則女子適人爲父母亦當如舊矣唯今之爲人後者所後實非大宗則爲其父母之服升齊衰期爲三年可也慈母本非因母名分視適母繼母爲卑恩視生母爲濃亦仍舊服齊衰三年可也

禮制館通禮草案取張履說爲人後者爲其祖父母齊衰九月此諸等服制所無蓋疑大功不可以服祖父母也然歷代禮服爲人後者皆不降其祖父母至明集禮猶然其降爲大功者淸時俗吏之謬妄耳汪中引女子適人者爲祖父母不降以此比例誠爲契合而張履則謂女子有歸宗之義爲人後者持重大宗降其小宗與歸宗義異故爲祖父母不得仍服齊衰期抑思古之爲人後者唯後大宗今之大宗於譜牒雖或可辨而族人視之已不重士禮族人爲宗子齊衰三月唐以來久廢此制亦緣時俗不重大宗故然其爲人後者或爲小宗後或爲諸父後未嘗後大宗也乃淸世議繼嗣議兼祧者所謂大宗小宗實則小宗與支子

而妄施大宗小宗之稱謬罔甚矣此種繼嗣之制本不應禮而俗多行之所後者非大宗乃猶爲之持重名實爽繆何其甚歟昔諸葛武侯始撫其兄之子稱爲嗣子而稱之卒在武侯子瑜先當時持服輕重無文可知然世爵之家猶異凡庶武侯既特起受封爲之後者即爲大宗可也今之繼嗣者又非可援世爵例也晉皇甫謐爲叔父後以叔父有子復還本宗其爲本宗持服亦無文可知要之與後大宗之義不合又賀循亦取從子紘爲子循後有晚生子還紘還本宗循父曰邵邵父曰景景父曰齊齊承有兄逵則循實繼祖之小宗耳而亦取紘爲子以循深於禮學必不自謬軌物蓋出類自與後大宗者有異未必降其所生也緣飾典禮降其父母尙爲非法又於禮所不降之祖父母而更降之其繆不更甚乎草案既於爲人後者爲其父母增爲齊衰三年則爲其祖父母齊衰期更無不適不應從張履說改爲齊衰九月也若以經法相繩今世之爲人後者嬰相之射必應擯斥而爲人後者之服亦非禮之禮唯兼祧制近起清時最爲繆妄必應廢除

禮制館通禮草案擬爲舅之妻服緦唐開元議此已有異同宋明以來皆依士禮無服按士禮舅祇緦服從母以有母名而加至小功舅之妻無名自不得爲之服矣今舅服增至小功議者遂謂舅之妻當緦不知其無名如故也無名制服於義不可然又有疑者明以來舅爲甥之妻服緦而甥爲舅之妻反無服似亦不倫依士禮夫之所爲兄弟服小功以下爲兄弟妻降一等甥爲舅本緦則甥之妻爲夫之舅自降至無服矣唐制增舅服爲小功明清沿之於是婦

人爲夫之舅亦有緦服而舅不得不報甥之妻矣今謂爲舅宜如士禮服緦舅之報甥亦以緦則甥之妻爲夫之舅自降至無服而夫之舅爲甥之妻亦可無服如是甥亦可不爲舅之妻服若如唐制舅服小功舅之妻有服無服皆爲窒礙　草案欲增妻之父母至小功今舅仍還緦妻之父母仍當依舊緦服凡舅甥外舅外姑女壻皆緦不以尊長卑幼分輕重所謂報也　外親無服者衆若紛紛議增其流無止舅之妻既爲服緦恐姑姊妹之夫妻之兄弟妻之姊妹亦不得但爾也凡此流衍之議悉宜裁斷

——摘自《制言半月刊》一九三六年七月第二十一期

禮經舊說

劉申叔先生遺著　晚學生黃念田謹錄

劉君禮經舊說手稿。士喪禮既夕禮士虞禮三篇。特牲饋食禮一條。藏量守廬。黃小同兄錄三篇以付制言。並出示原稿。俾為校勘。原稿筆誤之處頗多。如尺誤作丈。儐誤作侇。特牲誤作少牢。祭祀志誤作禮儀志。及偶有挩文衍文者。今悉檢校經典原文而改正焉。其稱特牲饋食篇鄭注云黍尊者。蓋隱括彼注獨用黍者食之主而為言。非注無黍尊之文。而劉君記憶偶誤也。劉君手稿本無句讀。今輒以圈點識之。民國廿五年九月孫世揚沈延國校畢識

士喪禮第十二

案白虎通義崩薨篇云。喪者何謂也。喪者亡人死謂之喪何。言其亡。不可復得見也。不直言喪（通典凶禮引作不直言死稱喪。是也。）者何。為孝子心不忍言。尚書曰。武王既喪。喪經（唐本誤終。據盧本改。）曰。死為（當作於。）適室。知據死者稱喪也。生者哀痛之亦稱喪。喪服曰。喪服斬衰。易曰。不封不樹。喪期無數。孝經曰。孝子之喪親也。是施生者也。據通義。于喪服士喪名篇之義。區晰昭明。亦今文禮家說也。

又案公羊定元年解詁云。禮始死于北墉下。（从釋文本。各本誤作牖下。）浴于中霤。含于牖下。小斂于戶內。夷于兩楹之間。（本篇奉尸侇于堂。鄭注云。今文侇作夷。何从今文。）大斂于阼階。殯于西階之上。祖于庭。葬于墓。又云。夷而經。殯而成服。所說喪制均據本篇及既夕。故先後之次。悉與經符。（淮南子氾論訓高注云。

飯于牖下·小斂于戶內·大斂于阼階·在牀曰尸·在棺曰柩·殯于賓位·祖于庭·葬于墓也·亦据本經爲說·與何氏同·注首飯字·均謂此經·

復者一人。以爵弁服。簪裳于衣左。何之。扱領于帶。升自前東榮。中屋。北面招以衣。曰皋。某復。三。降衣于前。受用篋。升自阼階。以衣尸。

案周禮夏采。以冕服復于太祖。先鄭注云。復謂始死招魂復魄。引士喪禮此文爲證。是此經之復。先鄭之義。亦以復魄爲說。蓋以招魂釋此經之招也。又玉府大喪共含玉復衣裳。先鄭注云。復招魂也。衣裳生時服。招魂復魄于太廟至四郊。（此據夏采職注說）兩注說同。蓋通言則復該招魂。析言則以衣曰招。皋呼爲復。其文固小別也。

又案說文本部皋字注云。氣皋（此字疑衍）白之進也。从白本。（謂此經）祝曰皋。登歌曰奏。（奏說詳前）故皋奏皆从本。卽據本經爲說。許義蓋以皋某復之皋。亦祝號之一。與既夕禮聲三。啓三。舊說以爲聲噫興（鄭注引）者略同。惟皋字之義。兼取招魂歸反。爲呼使前進之聲。故其字義亦由氣白之進引申也。

楔齒用角柶。

案周禮玉府大喪共角柶。先鄭注云。角柶角匕也。以楔齒。士喪禮曰。楔齒用角柶。楔齒令可飯含。詁柶爲匕。與說文同。（說詳前）以楔齒爲令可飯含。疑亦禮家舊說也。

乃赴于君。

案白虎通義崩薨篇云臣死亦赴告于君何。此君哀痛于臣子也欲聞之。加賻賵之禮。亦今禮說。

爲銘各以其物。亡則以緇。長半幅。經末。長終幅。廣三寸。書銘于末。曰某氏某之柩。竹杠長三尺。置于宇西階上。

案鄭注云。今文銘皆爲名。末爲旆也。是此節今文之字多異古文。今攷周禮小祝。設熬置銘。先鄭注云。銘。書死者名于旌。今謂之柩。士喪禮曰。爲銘（釋文本作名。）各以其物。亡則以緇。長半幅。赬末長終幅。廣三寸。書名于末。曰某氏某之柩。所引似據古經。故末不作旆。爲銘不作爲名（經作赬者。疑據古文則本。其無字者。或依約引。）其書銘之字作名者。先鄭之義。蓋以上銘字爲銘旌之銘。下名字爲姓名之名。故下字亦从今文。（後鄭司常注引書銘亦作名。）上字則否。（先鄭注又引下經取銘置于重。字亦作銘。以其同爲銘旌之銘也。）此先鄭立說之精也。

夏葛屨。冬白屨。皆繶緇約純。

案周禮屨人先鄭注云。赤繶黃繶。以赤黃之絲爲下緣。士喪禮曰。夏葛屨。冬皮屨。皆繶緇純。禮家說繶。亦謂以采絲礫其下。所引禮說。亦此經舊義。知士冠經諸繶字舊解亦同。其引白屨作皮屨者。或據此經別本。抑或先鄭之意以此白屨卽係皮屨。據士冠經冬皮屨爲說。故易白爲皮。純上無約字者。此經釋文本同。亦非約引。

髻用組、乃笄。

案鄭注云。古文髻皆爲括。又下經主人髻髮袒、鄭注云。古文髻作括。又上經髻笄用桑長四寸。鄭注不言今古文同異。是鄭氏所見古文。惟髻笄之字作髻。此及下經字並作括。所見今文則用組之字亦作髻。惟髻髮之字別作髻也。今攷說文髟部云。髻。絜髮也。是髻義略與束同。援其說以證禮經。蓋古經括用組及括髮字均髻叚。括髮謂約束其髮。（云去笄纚而紒。）（其說是也。說互詳下。）括用組。亦謂束用組也。其髻笄之髻字不作括。義則未詳。若今文之義。惟髻髮之髻訓束。髻亦髻字異文。以其卽生者言也。若髻笄及髻用組。同爲死者之飾。則別爲一義。今攷周禮弁師。王之皮弁會五采玉璂。故書會作鬠。先鄭注云。讀如馬會之會。謂以五采束髮也。士喪禮曰檜（唐本作檜。）用組乃笄。檜讀與鬠同。書之異耳。說曰以組束髮乃著笄。謂之檜。沛國人謂反紒曰鬠。（此別一義。不涉禮說。）引髻作檜。疑从今文別本。所引禮說。則此經今文舊解也。依其義、蓋以組卽五采。髻爲以采束髮專名。經云乃笄。亦謂冎髮之笄。援是而言。則上經髻笄四寸。卽此著于采髮之笄。故經特以髻笄爲別。若下經髻髮。不以五采爲束。故字別作髻。明與此髻不同。此又今文說之可攷者也。若既夕記其母之喪髻無笄。古文蓋亦作括。故鄭氏此注謂古文髻皆作括。卽統據彼記言。今文之義。則謂婦人之喪惟以五采束髮。不更著笄。笄亦固髮之笄也。又案詩衛風淇澳篇。會弁如星。毛傳。弁皮弁。所以會髮。所上攷會字。起傳以會爲器名也。毛義亦據周官。故以弁爲皮弁。又說文骨部云。䯤。骨擿之可會髮者。引詩䯤弁如星。所引詩文。雖與毛異。以䯤爲器。正宗毛說。如毛詩義。則弁師之會亦器名。不應五采爲說。與先鄭說會五采爲句者。說自小異。然依先鄭所引禮說。則乃笄之笄。當與說文之䯤爲類。乃會髮器名。與冠笄之笄迥別。特不得據此謂先鄭亦訓會爲物耳。

徹楔受貝。

案白虎通義崩薨篇云。所以有飯唅何。緣生食。今死。不欲虛其口。故唅用寶物者。何也。有益死者形體。故天子飯以玉。諸侯以珠。大夫以米。士以貝也。卽據此經受貝爲說。所云有益形體。亦禮家推說飯含之文。

重木。刊鑿之。甸人設重于中庭。參分庭。一在南。夏祝鬻餘飯。用二鬲于西牆下。

案周禮小祝先鄭注引用二鬲作盛以二鬲。所據疑亦今古文別本。王氏經義述聞據先鄭引謂經宜有盛字。

祭服。次。散衣。次。凡十有九稱。陳衣繼之。不必盡用。

案禮記喪大記篇。大夫士畢主人之祭服。疏引盧植注云。畢。盡也。小斂盡主人衣美者。乃用賓客襚衣之美者。欲以美之。故言祭服也。卽據此經陳衣不盡用爲說。

其實特豚。四鬄。去蹄。兩胉。脊。肺。

案周禮醢人豚拍魚醢。鄭注云。鄭大夫杜子春皆以拍爲膊。謂脅也。或曰。豚拍。肩也。此與本經下文兩胉亦不合。鄭杜讀拍爲膊。均據此經胉字。則以胉爲脅或亦禮說。

主人髻髮。袒。衆主人免于房。婦人髽于室。

案通典凶禮引大戴變除謂斬縗三年之服。始有父之喪。笄纚。徒跣。扱上衽。交手。哭踊無數。既襲。三稱。白布深衣十五升。素章甫冠。白麻屨。無絇。孫爲祖父後者。上通于高祖。自天子達于士。與子爲母同。齊縗三年者。父卒。始有母之喪。笄纚。徒跣。扱上衽。交手。哭踊無數。既襲。三稱。服白布深衣十五升。素章甫冠。白麻屨。無絇。齊縗杖周者。父在。始有母之喪。笄纚。徒跣。扱上衽。交手。哭踊無數。既襲。三稱。白布深衣十五升。素章甫冠。白麻屨。無絇。據戴說。知子于父母之喪。始死則笄纚。既襲三稱則素冠。是此經髻髮。即謂去笄纚。鄭注以爲去笄纚而紒。亦本戴意。惟據喪服小記疏。載崔靈恩引變除謂小斂以後。大夫以上冠素弁。士則素委貌。其素弁素冠皆加環絰。是括髮以後亦加素冠。惟小斂之前。加冠于纚。此則加冠于紒。其制不同。通典又引戴氏變除謂齊縗不杖周者。始有祖父母之喪。則白布深衣十五升。素冠。吉屨。無絇。哭踊無數。既襲。無變。其齊縗三月者。始有曾祖父母之喪。白布深衣十五升。素冠、吉屨。無約。大功親長中殤七月無受服。始有昆弟長殤喪。白布深衣十五升。素冠吉屨。無約。成人九月从父昆弟之喪、與殤同、小功五月無受之服者、始有叔父下殤之喪。白布深衣十五升。素冠。吉屨。無約。成人小功者。从祖祖父母之喪。與下殤小功服同。緦麻三月之服者。族祖父母始死。朝服。素冠。吉屨。無約。據彼說。是凡服祖父母以下之喪者。始死卽著素冠。則此經所謂衆主人免于房卽鄭注所謂以免代冠。蓋既免之後。則不著冠。鄭注又云・免之制未聞・舊說以爲如冠狀・廣一寸・喪服記袒免注亦云・舊說以爲象冠・廣一寸・據舊說・既免冠同制・明既免者不復冠・與主人加冠于紒不同。惟據喪服小記引崔靈恩說。謂變除不杖齊衰條。襲尸之時云括髮。是戴以此經衆主人其襲尸之時亦或兼有髻髮之節。惟不與主人髻髮同時。則小斂之免。亦謂加免于紒矣。通典又引戴氏變除。謂妻爲夫。妾爲君。笄纚。既襲三稱。白布深衣。素總。白麻屨。女子子在室。父卒爲母。始死。笄纚。既襲三稱。素總。女子子在室爲母。既襲三稱、素總。女子子適人者爲曾祖父母。素總。姑姊妹適人爲昆弟。其異于男子者。始死。素總。婦爲夫曾祖父母。異于男子者。以素總也。如其說。是女子于杖期以上之喪。始死笄纚。既襲加素總。與男子加素冠同。其非杖期以上之喪。則始死卽服素總。亦與男子服素冠同。則此經婦人髽于室卽謂笄纚者去纚而髽。與主人去纚髻髮同。素總者。以髽易總。亦與衆主人以免代冠同。此均戴意之略可推闡者也。

乃奠。

案說文六部奠字注云。置祭也。从酋。酋。酒也。六其下也。禮有奠祭者。所云奠祭。即統此及既夕各奠言。明此經之奠均謂置酒食而祭也。

厥明滅燎。

案此下均記大斂。上經述小斂。亦云厥明陳衣。是小斂當死次日。大斂則當又次日。禮記王制篇云。大夫士庶人三日而殯。三月而葬。又白虎通義崩薨篇云。崩薨三日乃小斂何。奪孝子之恩以漸也。一日之時。屬纊于口上以俟絕氣。二日之時。尚冀其生。三日之時。魂氣不還。終不可奈何。故禮士喪經曰。御者四人皆坐持禮。（當作體。）屬纊以候絕氣。禮（下脫記名。）曰。天子諸侯三日小斂。大夫士二日小斂。依通義說。則大夫士小斂均二日。依王制說。則大夫士大斂均三日。又公羊定元年解詁云。禮天子五日小斂。（與通義小異。）七日大斂。諸侯三日小斂。五日大斂。卿大夫二日小斂。三日大斂。夷而絰。殯而成服。蓋亦舉大夫見士。（通義引王制亦云。殯大夫三日而殯。）與通義說同。其曰二日三日者。據士虞記死三日而殯。亦即禮記曲禮上篇所謂生與來日。死與往日也。故公羊桓六年子同生解詁曰。禮生與來日。死與往日。各取其所見日也。是生以方至之日數。據生子言。死以已過之日數。據一切喪禮言。此義既明。則下經所謂三日成服杖。既夕記所謂三日絞垂者。依通義及何說。亦卽大斂之日。蓋三日成服杖乃總結上經大斂之詞。不與下文拜命日同。故定經解詁殯而成服與夷而絰對文。明殯卽成服。猶之襲絰與夷同日也。（通義又引禮云。天子七日。公諸侯五日。卿大夫三日而成服。此亦逸記之文。以解詁證之。彼于天子諸侯大夫大斂云七日五日三日。此于天子諸侯大夫成服亦云七日五日三日。足明成服之日與大斂同。以此經士三日成服證之。明亦士大夫同制。）是爲此經今文義。若荀子禮論篇。則謂故雖備家。必踰日然後能殯。三日而成服。是殯與成服異日。此經士大斂乃踰日而非三日。禮記喪大記篇。大夫之喪。三日之朝。既殯。主人主婦室老皆杖。士之喪。二日而殯。三日而朝。主人杖。亦與荀子同說。如其說。則殯斂不數往日。士之大斂當死之又次日。因曰二日。大夫大斂次士一日。因曰三日。是大夫士殯日亦不相同。此與今文各說迥異。蓋古文說。（以與左傳士葬踰月合也。）若然。非惟三日成服杖及絞垂當爲大斂次日。卽士虞記死三日而殯。亦爲別記大夫之禮矣。

又案士虞記死三日而殯。三月而葬。王制疏引何休膏肓云。休以爲士禮三月而葬。今左氏云踰月。于義爲短。所云士禮。卽據士虞記言。此卽王制大夫士庶人三月而葬說也。故公羊隱三年解詁曰。禮天子七月而葬。同軌畢至。諸侯五月而葬。同盟至。大夫三月而葬。

同位至。（今本此下有士踰月外姻至六字。乃後人誤據左傳增入。使解詁果有此文。何得以踰月爲短。）明士大夫葬月同也。至天子以下葬月亦均計往不計來。故隱三年八月宋公和卒。十二月葬宋繆公。傳云當時。何氏解詁亦以定四年二月陳侯吳卒六月葬陳惠公釋傳當時不日。援是而推。則士大夫三月而葬。亦數往月爲三月。與殯日數往日爲三日者例同。此今文義也。若古文左氏說。則大夫三月而葬。士踰月。隱元年傳有明文。又說苑修文篇曰。大夫三月而葬。同朝畢至。士庶人三月而葬。外姻畢至。蓋亦兼用左氏義。如其說。則士葬踰月。確與大夫不同。則士虞記所云三月。亦爲別記大夫之禮。惟卽古文之說攷之。似殯之踰日三日。雖僅計來。至于葬月則亦計往。故左傳隱元年云。諸侯五月而葬。其成十八年八月公薨。十二月葬。本傳亦云書順。又荀子禮論篇謂殯久不過七十日。速不損五十日。又謂故三月之葬。其貌以生設飾死。其下文復論三月之殯。謂天子七月。諸侯五月。大夫三月。三文相應。明以三月葬惟屬大夫。宗左氏說。其三月之期。卽上文所謂久不過七十日。速不損五十日也。此均葬計往月之徵。援是而言。則士之踰月葬。亦謂死之次月。非謂死之又次月矣。

又案此經鄭注。以三日成服爲旣殯明日。本與古文義合。故所注喪服變除亦以士大夫殯日不同爲說。（喪服小記載崔靈恩說云。鄭注喪服變除云。至死之明日。士則死日殯。明日小斂。故士喪禮云。小斂主人括髮。若大夫。死之明日。殯而括髮。故鄭注喪服變除云。尸襲去纚括髮。在二日不斂之前。是據大夫。並其證。惟喪大記于士殯云二日。本無三日之文。左氏于士葬云踰月。亦無三月之文。乃鄭釋曲禮以死與往日謂殯斂。生與來日謂成服杖。又謂死與往日爲士禮。大夫以上皆以來日數。其王制疏所引箴膏肓復謂人君之喪皆數來月來日。士殯葬皆數往月往日。故大夫士俱三月。其實不同。士之三月。乃大夫之踰月。推其義。蓋欲牽合王制之文。俾與左氏喪大記爲一說。故注士虞記三日三月亦云謂士。此於今古文本旨並不合也。

魚鱄鮒九。腊左胖。髀不升。

案周禮腊人膴胖杜子春注云。禮家以胖爲半體。所引亦此經舊說。既夕禮其實羊左胖。少牢禮羊右胖。豕右胖。胖並與此胖同意。說文肉部胖字注云。半體肉也。其義亦同。

君若有賜焉則視斂。既布衣君至。主人出迎于外門外。見馬首。不哭。還入門右。北面。及衆主人袒。

案既夕篇說公賵禮云。擯者出請入告。主人釋杖。迎于廟門外。不哭。先入門右。北面。及衆主人袒。其禮約與此同。據續漢書禮儀志云。君臨弔若遣使者。主人免絰去杖望馬首如禮。免絰去杖。不敢以戚凶服當尊者。卽據本經爲制。如彼說則既夕主人釋杖亦在望馬首後。非惟去杖。亦兼去絰。本篇所說爲君視大斂禮。時主人既絰未杖。經云不哭。或亦兼去絰言。蓋漢制所據均本經師說也。其曰不敢以戚凶服當尊者者。亦禮家推說此制之文。故續志著之。通典凶禮引劉表說云。君來弔臣。主人待君到。脫頭絰。貫左臂。去杖。出門迎。門外再拜。與志說同。亦據絰杖並去爲說也。

君釋采入門。

案通典凶禮引魏杜希議云。禮自天子下達于士。臨殯斂之事。去玄冠。以素弁。君子臨喪必有哀素之心。是以去玄冠。代之以素。據彼說。疑此經釋采舊說讀采如字。卽謂去玄冠。易素弁。雜記麻不加于采。鄭注云。采。玄纁之衣。此玄爲采色之證。故杜氏據其說。又周禮大胥春入學舍采。先鄭引或說云。學者皆人君卿大夫之子。衣服采飾。舍采者減損解釋采色以下其師也。是周禮釋采亦有以解釋采色爲說者。持以相證其義亦互明也。若鄭注之意。以釋采爲祝爲君禮門神。蓋以喪大記作釋菜。以此亦釋菜禮神之舉。此經釋文本亦作菜。卽从鄭義。依杜義推之。或彼記作菜乃叚字矣。

拜君命及衆賓。

案通典凶禮引大戴說。謂君弔臣。明日主人縗絰拜謝于朝。卽據此禮爲說。如其義。則經云拜命。卽謂如朝。

朝夕哭。不辟子卯。

案公羊莊二十二年肆大省。傳大省者何。災省也。解詁云。謂子卯日也。夏以卯日亡。殷以子日亡。先王常以此日省吉事。不忍舉。又大自省勑得無獨有此行乎。又譏始忌省。解詁云。時魯有夫人喪。忌省日不哭。省日本以忌吉事。不以忌凶事。故禮哭不避子卯日。所以專孝子之恩也。如何說，蓋以彼經肆大省卽謂哭辟子卯。故引此經說其義。其以子卯爲桀紂亡日。本經鄭注義同。檀弓釋文引左傳昭九年賈注亦同。惟漢書翼奉傳載奉封事云。北方之情好也。好行貪狠。申子主之。東方之情怒也。怒行陰賊。亥卯主之。貪狠必待陰賊而後動。陰賊必待貪狠而後用。二陰並行。是以王者忌子卯也。禮經避之。春秋諱焉。說與何賈鄭並異。顏注引張晏說。謂子刑卯。卯刑子。相刑之日。故以爲忌。翼氏之意。蓋實如斯。檀弓疏引鄭司農注春秋以爲五行子卯自刑。亦同翼說。翼云禮經避之者。蓋此經舊解亦以子卯相刑爲說。謂凡事均避子卯。惟喪哭不避。與鄭說殊。此亦西漢說之可考信者也。

楚焞置于燋。在龜東。

案周禮菙氏云，掌共燋契。又云。凡卜以明火爇燋。遂龡其焌契。以授卜師。說文火部燋字注云。所以然持火也。从火焦聲。周禮曰。以明火爇燋也。又焌字注云。焌然火也。从火夋聲。周禮曰。遂龡其焌。焌火在前。以焞灼龜。依許義。是燋爲然火之具。焞爲焯龜之具。周禮所云龡焌。焌卽燋前端所燃之火。謂吹燋火爇焞也。故曰燋火在前。以焞焯龜。焯灼同義。援其義以說此經。正與焞置于燋文合。楚焞者。明焞爲荆木。白虎通義卜筮篇引三正記。灼龜以荆。是也。（周禮杜子春注。以燋爲所爇灼龜之木。似合燋楚焞爲一。與此經異。鄭注燋以然火。荆焞所以鑽灼龜。亦同許說。惟以楚焞卽周禮之契。則與杜許並不合耳。）惟此文燋及楚焞。雖爲灼龜之具。下經卜人坐。作龜。興。依周禮太卜作龜先鄭注。訓爲䵒龜。令可爇。則作卽詩大雅緜篇之契龜。（蕭氏杜子春注。亦以契爲契龜之鑿。）據鑽龜言。後鄭謂作猶灼。非古義也。（周禮作龜。鄭亦訓灼。故誤以契卽楚焞。）

既夕禮第十三

案疏引鄭目錄云。別錄名士喪禮下篇第十三。是此篇舊題。別錄與二戴異。公羊隱元年解詁引。稱既夕。从二戴本。周禮巾車校人先鄭注並引作士喪禮下篇。蓋从別錄也。（周禮後鄭注亦引作士喪禮下篇。）又白虎通義崩薨篇引本記持體屬纊。稱爲禮士喪經。經當作記。疑所據亦爲別錄本抑或本篇之記。大戴各本分屬士喪既夕二篇也。

薦馬。纓三就。

案。纓即本記纓轡貝勒之纓也。周禮巾車樊纓十有再就。先鄭注云。纓謂當胷。士喪禮下篇曰。馬纓三就。禮家說曰。纓當胷。以削革為之。三就。三重三匝也。據彼說。知禮家舊解以馬纓為當胷之革。就與匝同。此蓋今古文相同之義也。知者。說文革部靳字注云。當膺也。詩小雅采芑篇鉤膺。毛傳云。鉤膺樊纓也。(疑有挩) 又秦風小戎篇鏤膺。毛傳云。膺馬帶也。(箋謂當胷之帶) 是纓即說文之靳。又周禮巾車疏引賈馬說云。鞶(當作樊) 纓。馬飾。在膺前。十有二匝。以旄牛尾金塗十二重。又下前樊鵠纓疏云。按馬氏云。前樊結(蓋馬氏本鵠作結) 纓謂再重樊纓在前(即謂當胷) 有結在後。往往結革以為堅。(此語有訛。似謂纓結並用革) 且飾節(節疑衍) 良以為樊纓並有采就。則前與鵠(當作結) 亦可以為飾。而賈氏云。前纓有結。(蓋賈本亦作結) 其義非。依賈馬說。則纓為馬胷所著革。就則綴纓之飾也。以旄牛尾金塗十二重。故曰十有二就。援是而推。則秦詩云鏤膺。即謂金塗靳。从革形。即謂削革。此古義之可考者也。本篇所記。均謂士禮。故經云馬纓。不云樊。又其就數遠較王禮為減。惟就用何飾。舊說無明文。或當亦與王禮異也。至以革為纓。則為上下通制。漢制用革與否。雖無明證。然以纓為馬胷飾。則與禮說相同。故蔡邕獨斷下云。繁纓在馬膺前。如索帬者是也。又左傳桓二年游纓疏引服注云。纓如索帬。今乘輿大駕有之。家語正論篇王注亦曰。馬纓當胷。似索帬。並兼據漢制言。至乘輿就飾。亦與賈馬說不異。故續漢書輿服志說乘輿制度云。樊纓赤罽易茸金就十有二。爾雅釋言、氂、罽也。郭注云、毛氂飾以爲罽。如彼說。是志云赤罽易茸。即謂織氂牛尾爲罽。染以赤色。劉注引傅玄乘馬賦注亦曰。繁纓飾以旄牛尾。金塗十二重。並其證也。援是而言。漢制馬纓悉采禮家舊說。自本篇鄭注始謂纓即馬鞅。周禮巾車注同。又謂樊鄭以樊爲馬大帶。亦異舊說。及纓皆以五采罽飾。非惟義殊舊說。亦與漢制不相符也。國語晉語韋注云。樊。馬大帶。纓。當胷。削革爲之。皆以五采罽飾之。雖兼用鄭氏義。然以馬纓爲削革當胷。則仍襲家之舊說也。

御者執策立于馬後。

案周禮校人先鄭注引士喪禮下篇御作馭。亦此經今古文別本。

有司請祖期。

案白虎通義崩薨篇云。祖于庭何。盡孝子之恩也。祖者始也。始載于庭也。乘軸車。辭祖禰。故名爲祖載也。今即通義說審之。祖載聯文。謂載柩于車。據下經乃載爲說。隸釋六景君闕銘云。祖載之日。游魂泉生。亦據此經。然解釋祖載。二說不同。一以此祖字从始得義。因爲禮名。一以此祖亦从祖廟得義。蓋祖載及祖奠本記祝饌祖奠。即下經布席乃奠之奠。雖在朝廟後。然飾載亦在祖廟。祖奠亦行于祖廟之庭。故其禮名亦稱爲祖。其曰乘軸車辭祖禰故名爲祖載者。明祖載之祖與上經朝廟節遷于祖用軸之祖同義也。此二義者。蓋均今文禮說。又周禮春官喪祝。及祖。飾棺乃載。遂御。與下經商祝御柩乃祖。其制互明。先鄭注云。祖謂將葬祖于庭。象生時出則祖也。故曰事死如事生。禮也。依其說。則祖載之祖。因生時出行有祖祭。故將葬載柩之奠。亦以祖名。本經鄭注亦用其說。惟又訓祖爲始。則參用通義。前一說。祖祭之祖。禮說訓爲祖。義詳前。鄭訓从始行得義。其說亦通。故下注及周禮注兼以祖爲行始也。其下經布席乃奠注云。車已祖。可以爲之奠。是之爲祖奠。明此經祖期以下各祖字。有以祖廟諸義爲解者。故詳詮其義也。

苞二。筲三。黍稷麥。甕三。醯醢屑。冪用疏布。鄭注。今文冪皆爲密。甒二。醴酒。冪用功布。皆木桁。久之。用器。弓矢耒耜兩敦兩杅槃匜。鄭注。今文杅爲桙。匜實于槃中。南流。無祭器。有燕樂器可也。役器甲冑干笮。燕器杖笠翣。

案此上之文。均冢陳明器言。續漢書禮儀志述大喪所用明器。雖與士禮有別。然亦約本此經。所據蓋均今文說。所謂推士禮致于天子者也。其文云。東園武士執事下明器。筲八。盛容三升。黍一。稷一。麥一。粱一。稻一。麻一。菽一。小豆一。案此經惟有黍稷麥三筲。禮家據天子八筲。筲爲八。所云筲容三升。亦禮家說。甕三。容三升。案容三升。亦禮說。醯一。醢一。屑一。與此經同。黍飴。載以木桁。覆以疏布。以覆代今冪密字。明今文密字。皆亦鼏冪。甒二。容三升。此亦禮說。醴一。酒一。載以木桁。覆以功布。以上並與經同。瓦鐙一。彤矢四。軒輖中。亦短衛。彤矢四。骨短衛。彤弓一。此推經文明器弓矢等制也。本紀云。弩矢一乘。骨鏃短衛。志矢一乘。軒輖中。亦短衛。即漢禮所本。易用彤弓彤矢者从天子禮。卮八。卺八。此與今禮兩樽相當也。士二。故天子用八。又雜記內則篇云。敦牟卮匜。亦敦牟世文。與今文合。樽牟同字。豆八。籩八。此與兩敦相當也。是以推知今文禮說亦謂大夫以上不用敦。形方。此可證本經牟制。酒壺八。槃匜一具。杖几各一。蓋一。此推本經燕器杖笠翣為制也。以證笠。別卷以几。鐘十六。無虡。鎛四。無虡。磬十六。無虡。壎一。簫四。笙一。篪一。柷一。敔一。瑟六。琴一。竽一。筑一。坎侯一。此推經文有燕樂器可為說也。干戈各一。笮一。甲一。胄一。此推經文役器甲胄干笮為說也。惟此經無戈。合而審之。今文禮說。亦可資是而明矣。

公賵玄纁束馬兩。

案公羊隱元年傳。喪事有賵。賵者蓋以馬。以乘馬束帛。解詁云。此道周制也。以馬者。謂士不備四也。禮既夕曰。公賵玄纁束帛兩馬。是也。乘馬者。謂大夫以上備四也。大夫以上至天子皆乘四馬。所以通四方也。又云。束帛謂玄三纁二。玄三法天。纁二法地。因取足以共事。依何說。則賵馬之數。貴賤不同。故彼傳于以馬而外。別言以乘馬。所云以馬。即據此經士禮言。其束帛之數。則同用玄三纁二。不以貴賤而殊。必知同用玄三纁二者。何以雜記束五兩兩五。尋為束帛通制。今傳及此經並云束。明即玄纁五兩。此即士昏禮鄭注所謂束帛十端。下經鄭注所謂束五合也。其引經別作束帛兩馬者。或據大戴諸本。抑或何增帛字。以明經意也。續漢書禮儀志謂大喪附贈。亦玄三纁二。與何說合。

又案說苑修文篇云。春秋曰。天王使宰咺來歸惠公仲子之賵。賵者何。喪事有賵。蓋以乘馬束帛。又云。天子乘馬六匹。諸侯四匹。大夫三匹。士二匹。下士一匹。天子束帛五匹。玄三纁二。各五十尺。諸侯玄三纁二。各三十尺。（疑當作玄二纁三各四十尺。）大夫玄一纁二。各三十尺。元士玄一纁一。各二丈。下士綵縵各一匹。天子之賵。乘馬六匹。乘車。諸侯四匹。乘輿。大夫曰參輿。元士下士不用輿。又云。二三四五之數。取之天地而制奇偶。度之人情而出節文。謂之有因。禮之大宗也。其義與何不同。然亦春秋家通說。如其說。則此經馬兩乃上中士之制。此及下經公賵玄纁束。均一玄一纁。其長二十尺。若大夫以上。馬數帛數。並與士殊。其帛長短亦不同。蓋以公羊傳乘馬。惟據諸侯制。其曰天子用六。及大夫用三者。亦公羊家禮家舊說。（詩干旄疏引異義。以天子至大夫同爲四。士爲二。爲毛詩說。以天子爲六。爲易孟京春秋公羊說。又引王度記。天子爲六。諸侯與卿同爲四。大夫爲三。士爲二。庶人爲一。是並劉氏所本也。解詁所云。與公羊說異。）援是以推。則雜記束五兩。兩五尋。惟據士昏禮納幣之帛言。非束帛通制。此則與何迥異者也。（又案下經。贈用制幣玄纁束。鄭注謂丈八尺曰制。又聘禮釋幣制玄纁束。鄭注引朝貢禮。純四只。制丈八尺。其周禮內宰淳制注。亦引天子巡狩禮。制幣丈八尺。純四咫。鄭以逸禮證各篇制幣均爲丈八尺。與五尋一束者不同。自屬古文正義。惟淮南子天文訓云。四丈而爲匹。一匹而爲制。又周禮杜子春注。亦云制謂匹長。則禮家舊說。必有以此經制幣即五尋之度者。不必悉與鄭同。蓋佚禮固非今文家所據也。附識于此。）

所知。則賵而不奠。知死者贈。知生者賻。

案公羊隱元年傳云。車馬曰賵。貨財曰賻。衣被曰襚。解詁云。此者春秋制也。蓋以周聘用馬帶此用車馬。解詁云。賵猶覆也。賻猶助也。皆助生送死之禮。襚猶遺也。遺是助死之禮。知生者賵賻。知死者贈穀梁隱疏引作賵。公羊疏本似亦作賵。並誤。襚。又荀子大略篇云。貨財曰賻。輿馬曰賵。衣服曰襚。玩好曰贈。玉貝曰唅。賻賵所以佐生也。贈襚所以送死也。說苑修文篇亦曰。輿馬曰賵。貨財曰賻。衣被曰襚。口實曰含。玩好曰贈。下文說襚制云。天子文繡衣各一襲。到地。諸侯覆跗。大夫到踝。士到髀。又說含制云。天子含實以珠。諸侯以玉。大夫以璣。士以貝。庶人以穀實。知生者賻賵。知死者贈襚。贈襚所以送死也。賻賵所以佐生也。又白虎通義崩薨篇云。贈襚何謂也。贈之爲言稱也。玩好曰贈。襚之爲言遺也。衣被曰襚。知死者則贈襚。所以助生送死。追恩重終。初學記十四。事文類聚前集三十六引作追思終。副至意也。賵賻者何謂也。賵者助也。所以相佐給不足也。案慧琳一切經音義五十五引。賵之言赴也。所以相赴佐也。初學記十四所引亦有賵者赴也四字。合而審之。則通俗文當作賵者助也。賵者赴也。所以相赴佐。給不足也。今本多脫。故弔辭曰。知生則賻。下脫賵字。貨財曰賻。車馬曰賵。據衆說。知此經舉賵見襚。說文衣部亦云。襚。衣死人也。所知則賵。亦據知生者言。上經言兄弟賵奠。其致賵之故。亦以補給主人之不足。鄭注謂賵奠生死兩施。與荀子諸書義並不合。穀梁隱三年傳。歸死者曰賵。歸生者曰賻。彼傳說久佚。以荀子說證之。則本賵字傳寫之誤。又御覽禮儀部引春秋說題辭云。知生則賻。知死則賵。與公羊說不合。則賵亦賻字傳寫之誤。與穀梁疏引解詁則賵襚者。其例正同。惟穀梁傳文誤已久。故小爾雅廣名篇。並言賵死者謂之賵也。其公羊隱疏引作知生者賵。賵與上複。亦誤本也。

東方之饌。四豆。脾析。蜱醢。葵菹。蠃醢。四籩。棗。糗。栗。脯。

案說文肉部。膍。牛百葉也。一曰鳥膍胵。胵。鳥胃也。據許說。膍卽脾之正字。所云牛百葉。卽謂牛胃之細析者。後云鳥胃者。蓋此豆所用由天子迄于大夫士。本經此奠雖陳鼎五。亦有羊豕無牛。則脾析必非牛百葉。許氏後說。疑釋此經脾析之詞。至其前說。則據周禮醢人脾析蠯醢言。彼經先鄭注亦曰。脾析。牛百葉也。是其證。又案周禮蠯醢。卽此蜱醢。彼經先鄭注訓蠯爲蛤。又此經四籩之糗。周禮籩人羞籩。亦有糗餌。先鄭注云。糗。熬大豆與米也。茲二義者。或皆據此經。禮家舊說。附論于此。

乃窆。

案鄭注云。今文窆爲封。是作窆爲古文。說文穴部窆字注云。葬下棺也。又土部堋字注云。禮謂之封。周官謂之窆。亦據今文。周禮鄉師先鄭注云。春秋傳曰。日中而傰。禮記所謂封者。不云禮經作封。蓋據古文作窆本也。

猶朝夕哭。不奠。三虞。卒哭。明日以其班祔。

案士虞記謂始虞用柔日。曰哀薦祫事。再虞皆如初。曰哀薦虞事。三虞卒哭。他用剛日。亦如初。曰哀薦成事。賈疏云。鄭注檀弓云。卒哭而祭其辭蓋曰哀薦成事。言蓋疑之者。以鄭君以前有人解云三虞與卒哭同爲一事。解之者。鄭故疑卒哭之辭而云蓋也。又禮記雜記下孔疏云。先儒以此三虞卒哭同爲一事。據賈孔說。知此經及士虞記三虞卒哭舊說並以爲一事。非三虞而後別有卒哭之祭。今攷曲禮下疏引異義云。古春秋左氏說。旣葬反虞。天子九虞。九虞者以柔日。（左氏謂前八虞用柔日。或下九字衍。）九虞。十六日也。諸侯七虞。十二日也。大夫五虞。八日也。士三虞。四日也。旣虞而後祔死者于先死者。祔而作主。謂桑主也。期年然後作栗主。許愼謹案。左氏說與禮記同。鄭君不駁。又檀弓下疏引異義亦云。公羊說虞而作主。左氏說天子九虞十六日。祔而作主。謂喪（當作桑。）主。許愼謹案。左氏說與禮同。鄭君無駁。如其說蓋謂士初虞再虞日用柔。三虞用剛。故合爲四日。大夫前四虞皆用柔。五虞用剛。故合爲八日。諸侯天子亦均終虞之日用剛。餘悉用柔。故諸侯合爲十二日。天子合爲十六日。依僖公三十二年左氏傳云。凡君薨卒哭而祔。祔而作主。異義顧云旣虞而祔者。知左氏之義亦以終虞卽卒哭。謂天子諸侯大夫士虞數雖殊。其最後一虞均與卒哭同爲一事。故異義所載許說卽謂左氏說與禮同。謂士虞記始再虞用柔。三虞卒哭用剛。義與左氏相合也。自鄭氏士虞記注。始以三虞與卒哭異日。本注亦云。卒哭。三虞以後祭名。今卽禮記考之。檀弓下言以虞易奠。卒哭曰成事。是成事之詞。惟用于卒哭。今士虞記哀薦成事。蒙上三虞卒哭言。明三虞卽卒哭。使如鄭說。則三虞猶爲喪祭。豈得用吉祭成事之詞。鄭所據以易舊說者。蓋以雜記下說大夫虞祭與卒哭成事附（卽祔字。）對文。故彼記鄭注云。卒哭成事祔言皆。則卒哭成事附與虞異。今卽彼記之文繹之。蓋以最後一虞別稱卒哭。故對前四虞言。則前者爲虞。後爲卒哭。與檀弓虞而立尸卒哭而諱同。是猶王禮廟祭九獻。其前二獻稱二祼。析言則別稱祼獻。通言則獻亦兼祼也。故彼記此文雖以虞卒哭附分言。其上文則曰虞附亦然。下文亦曰非虞附練祥無沐浴。均虞附並詞、不言卒哭。明卒哭卽該于虞。不如鄭意所說。惟彼記又言士三月而葬。是月而卒哭。大夫三月而葬。五月而卒哭。諸侯五月而葬。七月而卒哭。與衆說異。然審繹此文。謂與左氏殊說則可。謂最後一虞。非卒哭則不可。何則。彼記此文或謂大夫以上。其再虞三虞四虞距初虞日遠。故最後卒哭之虞。與初虞間二月。而不得據此謂終虞之後別有卒哭祭也。其喪服小記所謂報葬者報虞三月而後卒哭者。指士之變禮言。亦不言終虞不待卒哭也。鄭以終虞與卒哭爲二。非惟與古文不合。卽今文亦無此義。(今文說大夫以上虞數·與左氏同·故公羊文二年解詁云·禮虞祭·天子九·諸侯七·大夫五·士三·惟諸侯相隔之期·今文無說·或依取雜記爲義·謂大夫以上其再虞三虞均距初虞日遠·不與左氏同說·亦未可知·惟必不如鄭氏義耳·)試以續漢書禮儀志證之。志述大喪葬禮。謂還宮反廬立主如禮。桑木主尺二寸。不書謚。虞禮畢。祔于廟如禮。明既虞卽祔。漢代亦用斯禮。若既虞別行卒哭祭。則志不當云虞畢祔廟矣。此卽今文禮說不與鄭同之證也。

又案禮記王制篇。祭从生者。疏引盧植云。若喪中之祭。虞祔練祥。仍从死者之爵。又喪服小記。三年而後葬者。必再祭。通典凶禮引盧植云。謂逢變三年後乃葬者。虞祔後必行大祥小祥之祭也。如盧氏說。似亦以卒哭之祭即該于虞。故僅言虞祔。不與鄭意相同。鄭解士虞記他用剛日。亦虞卒哭之間有祭事。亦用剛日。其祭無名。謂之他者。假設言之。其說尤誤。敖氏集說謂他猶言別。其說是也。

又案喪服傳云。居倚廬。寢苫枕塊。哭晝夜無時。又云。既虞。翦屏柱楣。寢有席。食疏食。水飲。朝一哭。夕一哭而已。白虎通崩薨篇亦云。既虞。寢有席。疏食。水飲。朝一哭。夕一哭而已。既練。舍外寢。始食菜果。飯素食。哭無時。所云既虞朝夕哭。即此經三虞卒哭。謂卒無時之哭。惟有朝夕之哭。若如鄭說。則終虞與卒哭異日。終虞次日仍當哭無時。傳奚得云既虞朝夕哭乎。即傳證經。知上經猶朝夕哭。與此三虞卒哭爲一事。其先言猶朝夕哭。下言不奠者。經錯文也。

又案明日以其班祔。士虞記同。鄭注並云。今文班爲胖。又士虞記其他如饋食。鄭注云。或云以左胖虞。右胖祔。如其說。則今文作胖。說者亦依本義解。謂三虞所用之牲。仍餘半體。備爲祔祭之用也。說互詳後。

記。屬纊以俟絕氣。

案白虎通義崩薨篇。引俟作候。又云。屬纊于口者。孝子欲生其親也。亦此經舊說。

主人乘惡車。

案續漢書禮儀志述大喪云車皆去輔幡。疏布惡輪。疑此記舊說亦以惡車據輪言。

其二廟則饌于禰廟。如小斂奠。乃啓。

案公羊成六年解詁云天子卿大夫三廟。元士二廟。諸侯之卿大夫比元士二廟。諸侯之士一廟。如其說則此云其二廟謂天子元士及諸侯卿大夫。不關諸侯之士。依何說則王制大夫三廟。謂天子大夫士一廟。謂諸侯之士。鹽鐵論散不足篇云。古者庶人魚菽之祭。春秋修其祖祠。士一廟。大夫三。以時有事于五祀。蓋無出門之祭。亦用王制說。公羊疏以解詁諸侯之士一廟爲禮說文。乃魏書禮志引禮緯稽命徵云天子之元士二廟。諸侯之上士亦二廟。中下士一廟。一廟者祖禰共廟。與何說殊。是或禮家別說。亦或魏志所引之訛。然緯以一廟爲祖禰共廟。知上經所謂設盥祖廟門外還于祖者。均即一廟之制言。因祖禰共廟。故亦稱祖。若祭法所謂大夫三廟適士二廟官師一廟。不云王國侯國之異。古文師說似謂此制通侯國言。鄭氏注王制。以一廟爲諸侯中下士。又謂上士二廟。蓋古文義。自與何說有異也。蔡邕獨斷云。大夫一昭一穆。與太祖之廟三。又云。士一廟。降大夫二也。又云。上士二廟一壇。考廟。王考廟。又云。下士一廟。曰考廟。王考無廟而祭之。所謂祖稱曰廟者也。亦用祭法說。依祭法義。似王考亦附祭考廟。與禮緯祖禰共廟義同。則上經所謂祖廟以蔡氏祖稱曰廟證之。義亦並通。蔡說士庶人不過其祖禰。韋注云。祖。王父。適以祭說。于義亦無忤也。

薦乘車。鹿淺幦。干笮。革靾。載旜。載皮弁服。纓轡貝勒。縣于衡。道車。載朝服。稾車。載蓑笠。

案鄭注云。今文槀爲潦。賈疏云。案周禮輪人爲蓋。鄭云禮所謂潦車謂蓋車歟。若然。彼注此文則爲潦車者。義亦通矣。今卽考工注審之。鄭注周禮實从此記今文。推其義。似今禮師說亦以此潦車爲有蓋之車。蓋以禦雨。故車載蓑笠。亦爲備雨之服也。又案鹽鐵論散不足篇。古者椽輿無植。其後大夫士則單椱木具盤韋柔革。似兼據此經爲說。所云盤韋柔革。據此革鞎諸制言。附誌于此。

巾奠。乃牆。

案續漢書禮儀志記喪禮云。自王主貴人以下至佐史送車騎導从吏卒各如其官府。載飾以蓋。龍首魚尾華布牆纁上周交絡前後雲氣畫帷裳。中二千石以上有輜左龍右虎。朱鳥玄武。公侯以上加倚鹿伏熊。千石以下緇布蓋牆魚龍首尾而已。二百石黃綬以下。至于處士。皆以簟席爲牆蓋。所云牆蓋。牆卽此記之牆。蓋卽周禮諸書之柳。釋名釋喪制云。輿棺之車曰輴。其蓋曰柳。柳。聚也。其旁曰牆。似屋牆也。於牆柳之別。所釋最晰。以本篇證之。經云商祝飾柩。一池。紐前經後緇。卽志云周交絡也。齊三采無貝。記文僅云乃牆。明亦舉牆見柳與檀弓周人牆置翣例同。白虎通義崩薨篇云。周人浸文。牆置翣。加巧飾。據是以推。則志以緇布牆蓋魚龍首尾爲千石以下制者。亦據此記士禮爲說矣。依其說。則士車牆柳其帷荒並以緇布上有畫采又魚躍拂池之制。亦與大夫相同。此亦禮說之略有致繹者也。

——摘自《制言半月刊》一九三六年十月第二十六期

禮經舊說

劉申叔先生遺著　晚學生黃念田謹錄

士虞禮第十四

案御覽五百三十一引白虎通云。所以虞而立主何。孝子既葬。日中反虞。念親已歿。棺柩已去。悵然失望。仿徨哀痛。故設桑主以虞。所以慰孝子之心。虞安其神也。（此兼據君禮言。）公羊文二年解詁亦曰。禮平明而葬。日中而反虞。以陽求陰。謂之虞者。親喪以（同已。）下壙。皇皇焉無所親。求而虞事之。虞猶安神也。（其下復云。禮。虞祭。天子九。諸侯七。大夫五。士三。其奠處猶吉祭。亦與此經義合。其曰奠處猶吉祭者。似謂虞祭有几又經文祝奠解于側各節。略與特牲禮同。故曰其奠處猶吉祭。非謂行祭之處。必與吉祭同地也。蓋本經雖有廟門外之文。然鄭注之意。以爲鬼神所居。謂之廟。三禮目錄亦謂祭之殯宮。又釋名釋喪制云。既葬還祭之殯宮曰虞。此說並同。以左氏證之。隱三年傳。不反哭于寢。反哭而虞。明虞亦在寢。則本經之廟門之廟。當如鄭解。今文雖無明說。然鹽鐵論散不足篇云。古者不封不樹。反虞祭于寢。無壇宇之居。廟堂之位。所云古制。雖據未立廟言。然足證虞祭在寢。西漢今文家亦有此說。又續漢書禮儀志述大喪禮。亦云。反虞立主。此亦虞祭在寢之徵。知今文師說亦不以此經之廟。即宗廟也。）二說略是今文說虞禮並以安神爲訓。

又案公羊文二年解詁引士虞記曰。桑主不文。吉主皆刻而謚之。蓋謂禘祫時別昭穆也。（依何所引。則本記所載亦兼及作主之制。蓋鄭以下乃何氏說。何以大夫士無主。故以記文所云爲諸侯制。說互詳下。）何氏所引。鄭本無其文。或據大戴慶氏本也。與白虎通義引喪服傳不見鄭本例同。

陳三鼎于門外之右。

案公羊桓二年解詁云。禮祭。天子九鼎。諸侯七。大夫五。士三。徐疏以爲春秋說文。所云士三。據此經爲說。所云大夫五。據少牢禮。雍人陳鼎五爲說。孟子梁惠王下趙注亦云。士祭三鼎。大夫祭五鼎。必云禮祭者。明此指宗廟正祭言。正祭以外有殺有隆。殺于正祭。大夫亦或用三。有司徹乃升羊豕魚三鼎。無腊與膚是也。隆于正祭。列士亦或用五。既夕禮遣奠陳鼎五于門外是也。又案易鼎卦集解引九家云。牛鼎受一斛。羊鼎五斗。大夫以銅。豕鼎三斗。大夫銅。士鐵。三鼎形同。疑亦此經舊說。

佐食許諾。鉤袒。取黍稷祭于苴。三取膚祭。祭如初。祝取奠觶祭。亦如之。

案上經云。苴刌茅。長五寸。束之。實于篚。饌于西坫上。又云。祝盥升。取苴降洗之。升。入設于几東席上。東縮。此冢彼言。明苴卽茅苴。又攷通典吉禮引五經異義云。或曰。卿大夫士有主否。答曰。案公羊說。卿大夫非有土之君。不得祫享昭穆。故無主。大夫束帛依神。士結茅爲菆。愼據春秋左氏傳曰。衞孔悝反祏于西圃。祏石主也。言大夫以石爲主。鄭駁云。少牢饋食。大夫禮也。束帛依神。特牲饋食。士祭禮也。結茅爲菆。通典引異義又云。主者神象也。孝子既葬。心無所依。所以虞而立主以事之。唯天子諸侯有主。卿大夫無主。尊卑之差也。卿大夫無主者。依神以几筵。故少牢之祭。但有尸無主。所引疑亦鄭駁之文。如其義。是今文師說均謂士大夫無主。與古文殊。公羊家所謂大夫束帛依神者。推聘禮釋幣于禰。有司筵几于室中。釋幣制玄纁束。奠于几下爲說也。所謂士結茅爲菆。疑據此經爲義。苴菆通用。與特牲禮諏日今文作詛例同。蓋公羊之說。以爲虞卽作主。今士虞惟有祭苴之文。明此苴卽以表主位。故以士無主爲說也。鄭注云。苴所以藉祭也。孝子始將納尸以事其親。爲神疑於其位。設苴以定之耳。所云設苴定位。似與公羊說同說。所云苴以藉祭。則周禮各注釋出文義。亦略同。乃鄭義也。又本經鄭注云。或曰苴主道也。則特牲少牢當有主象而無。何乎。所引或說。似與異義左氏說同。蓋古文家說。以爲士大夫均有主。惟作主必待旣祔。禮記檀弓曲禮疏引異義公羊說。虞而作主。古春秋左氏說。祔而作主。是其證。虞祭之時。主尙未作。故立苴以示主道。猶之未葬以前。立重以示主道也。檀弓曰。重主道也。魏書禮志載清河王懌議引王肅曰。重未立主之禮也。蓋王意亦謂士大夫有主。始喪無主。故表以重。依其說。則士喪禮有重。卽士得立主之證。又據旣夕禮。甸人抗重出自道。道左倚之。雜記亦言旣虞埋重。是將祭則重出。虞祭之時。重不在庭。又未作主。故古文家說以苴爲主道也。故鄭破彼說。卽以特牲少牢無主爲文。案鄭義不足破或說。何則。據古文義。則大夫士虞祭常有樂舞。經亦不見。豈得以經不言主。遂定獨大夫爲無主乎。此又本經古文說之可攷者也。

尸飯。播餘于篚。

案通典吉禮引白虎通說。祭必有尸。故座尸而食之。毀損其饌。欣然若親之飽。疑據此經播餘爲說。又有司徹。司宮攝祭。鄭注云。攝豆間之祭。舊說云。埋之西階東。亦與此義互明。鄭注釋上墮祭之墮爲墮下。義兼本此。

記。尸服卒者之上服。

案通典凶禮引石渠議。聞人通漢問曰。記曰君大夫赴于他國曰不祿。大夫士或言卒死。皆不能明。戴聖對曰君死未葬曰不祿。既葬曰薨。又問。尸服卒者之上服。士曰不祿。言卒何也。聖又曰夫尸者所以象神也。其言卒而不言不祿者。通貴賤尸之義也。通漢曰。尸象神也。故服其服。士曰不祿者。諱詞也。孝子諱死曰卒。禮記雜記下疏引異義云。今春秋公羊說。諸侯曰薨。赴于鄰國亦當稱薨。經書諸侯言卒者。春秋之文王魯。故稱卒以下魯。古春秋左氏說。諸侯薨赴于鄰國稱名。則書名稱卒。卒者終身。取其終身。又以尊不出其國。許君謹案。士虞禮云尸服卒者之上服。不分別尊卑皆同言卒。卒者終也。是終歿之辭也。審繹衆說。惟通漢之義難曉。戴氏以此記通貴賤言。不專屬士。故舉卒以見義。許君之義亦略與同。惟以卒辭亦通貴賤。似與戴氏小異耳。

始虞用柔日。曰哀子某哀顯相。夙興夜處不寧。敢用絜牲剛鬣。香合。嘉薦普淖明齊溲酒。哀薦祫事。適爾皇祖某甫饗。

案鄭氏香合注云。黍也。大夫士于黍稷之號。合言普淖而已。此言香合。蓋記者誤爾。辭次。黍又不得在薦上。又嘉薦普淖注云。嘉薦。菹醢也。普淖。黍稷也。普。大也。淖。和也。又明齊溲酒注云。明齊。新水也。言以新水溲釀此酒也。郊特牲曰。明水涗齊。貴新也。或曰當爲明視。

謂兎腊也。今文曰明粢。粢。稷也。皆非其次。今文溲爲醙。依鄭說。蓋今禮舊義以香合明粢爲黍稷。與鄭不同。今攷續漢書祭祀志注。引丁孚漢儀所載桓帝祠恭懷皇后祝文曰。孝曾孫皇帝志。使有司臣太常撫。夙興夜處。小心畏忌。不墮其身。一不寧。敢用絜牲。一元大武。柔毛剛鬣。商祭明視。薌萁。嘉薦普淖。醎羅。豐本明粢。醪用薦酎事于恭懷皇后。尙饗。彼爲王禮吉祭之詞。雖與士禮喪祭不同。然其詞意悉以此祝爲宗。彼文薌萁之號。在嘉薦普淖前。薌萁爲粱。猶之香合爲黍。明此香合非訛辭。又彼祝明粢醪之文。與此明粢醙酒次同。則今禮舊說。蓋亦以醙酒爲酒名。聘禮醙黍淸皆兩壺。是其確證。古文作溲。則借字也。其曰嘉薦普淖者。普淖乃狀薦之詞。與士冠禮醮辭嘉薦令芳同。其下記祔辭所謂用尹祭嘉薦普淖普薦溲酒（鄭注云今文溲爲醙）者。蓋惟于此辭而外。特記異辭。以漢祝證之。蓋祔辭於此祝牲號下兼有尹祭二字。與漢祝商祭相當。其嘉薦普淖二語。則明粢別作普淖。此亦狀酒之詞。故記人誌其異。其少牢禮所謂敢用剛鬣嘉薦普淖者。普淖亦非齊號。蓋舉牲以見穀也。惟黍號稷號分言之。故舊說無文。據特牲饋食禮佐食摶黍授祝。少牢禮主婦執一金敦黍。贊者執敦稷。是黍尊于稷。（彼篇鄭注亦云黍尊）經有明徵。故虞祭此詞以黍次牲。以稷並酒。亦或明齊溲酒即謂稷酒。據周禮酒正五齊杜子春注。讀爲粢。蓋謂酒以齊名。均係以粢穀爲酒。正與禮運粢醍在堂說合。故此詞于醴酒而上。特冠明粢二字。其古文作齊。亦係粢叚也。然明齊爲稷。則爲不易之義。不得如鄭義訓爲新水。至鄭注所引明視一說。以漢祝並言明視明粢證之。其說亦非。故特辨之如此。曲禮下。稷曰明粢。王邵謂古本無此句。孔疏據此注以今文明粢爲稷。又謂皆非其次。由曲禮有明粢之文。此說至允。此偶脫其句者。或係彼記別本耳。

又案周禮太祝牲號齍號先鄭注引士虞禮敢用絜牲剛鬣香合與今記同。明香合非誤。又引少牢饋食禮敢用柔毛剛鬣不引嘉薦普淖之文。明普淖本非齍號。若是之屬。亦足證鄭義之非。

用專膚爲折俎。取諸脰膉。其他如饋食。

案鄭注云。如特牲饋食之事。或云以左胖虞。右胖祔。今此如饋食。則尸俎胙各本誤胙。據王氏述聞說校改。俎皆有臂。各本臂上有肩字。據述聞說刪。豈復用虞臂乎。其不然明矣。所引或說。爲今文義。知者。上記明日以其班祔。既夕禮同。鄭引今文班爲胖。蓋今文家讀胖如字。以經記所云其胖。即謂前祭所餘之胖。故曰以左胖虞。右胖祔也。必知胖左祔右者。據上記陳牲北首西上腰右爲說也。今即其說推繹之。其曰左胖虞。右胖祔。明上記三虞卒哭。卒哭即三虞。與上疏引舊解三虞與卒哭同爲一事者。其說正符。說詳前。又足證此記饋食今文舊說謂即上經之特豕饋食。以爲祔祭之禮。

舍用專膚爲折俎數事外。其九飯之節亦與初虞之禮同也。知彼必以此饋食屬虞祭者。據特牲禮尸俎胙俎皆有臂明同用二胖。今文禮說既以祔祭爲惟用左胖。必不以此饋食爲特牲饋食。故觀鄭所駁而舊說之義益明。且即禮經大戴本之次言之。凡經記所云如某禮者。舍鄉射記若飲君如燕外。均所如之禮其篇在前。如者在後。如燕禮若射則大射正爲司射。如鄉射之禮。以鄉射禮第十一。燕禮第十二也。聘禮記賜饔惟羹飪筮一尸僕爲祝。如饋食之禮。以少牢饋食禮第八。聘禮第十四也。公食大夫禮賓朝服即位于大門外。如聘。以聘禮第十四。公食大夫禮第十五也。今士虞禮之次。大戴列第六。在特牲饋食前。明此記所云之如。不謂彼禮本經。既有饋食之文。故禮家據以爲說也。

朞而小祥。曰薦此常事。又朞而大祥。曰薦此祥事。中月而禫。是月也吉祭。猶未配。

案公羊閔二年傳。三年之喪。實以二十五月。解詁云。禮士虞記曰。期而小祥。曰薦此常事。又期而大祥。曰薦此祥事。中月而禫。是月也吉祭。猶未配。是月者。二十七月也。傳云二十五月者。在二十五月外。可不譏。據何說。是大祥與禫間一月。與鄭注同。此蓋今文禮舊說也。知者。檀弓上疏引戴德喪服變除云。禮二十五月而祥。二十七月禫。白虎通義喪服篇亦云。二十五月而大祥。飮醴酒食乾肉。二十七月而禫。通祭宗廟。去喪之殺也。是並何鄭所本。必知禫與大祥間一月者。據雜記。期之喪十一月而練。十三月而祥。十五月而禫而推也。若檀弓上。祥而縞。是月禫徙月樂者。記文析言二事。義不相干。乃檀弓疏引王肅說。別謂二十五月大祥。其月爲禫。又以士虞禮中月而禫是祥月之中。與尚書文王中身享國爲身之中間同。實與禮說不相合也。

又案鄭注云。古文禫或爲導。據說文宂部突字注云。讀若禮三年導服之導。（據小徐本。）又㕭部㕭字注。木部棪字注。並云讀若三年導服之導。所云導服。卽據此記古文。此又說文兼據古經之證也。（云導服者。據禫後所服變除言。據雜記疏引變除禮。謂禫之祭玄衣黃裳。既祭乃服禫服。朝服綅冠。卽大戴所說禫服之文也。附誌于此。）

又案白虎通義喪服篇云。三年之喪何二十五月。（北堂書鈔九十三引作三年之喪以二十五月爲期。）以爲古民質。痛于死者。不封不樹。喪期無數。亡（書鈔引作忘是也。）之則除。後代聖人。因天地萬物有終始。以期斷之。父至尊。母至親。故爲加隆。以盡孝子恩。恩愛至深。加之則倍。故再期二十五月也。禮有取于三。故謂之三年。緣其漸三年之氣也。故春秋傳曰。三年之喪。其實二十五月也。三年之喪。不以閏月數。何以其言期也。期者復其時也。大功以下月數。故以閏月除。禮士虞經（誤作記。）曰。言（言字衍。）期而小祥。又期而大祥。如通義說。正與戴氏諸義互明。彼以傳記云二十五月均據此記大祥言。援是而推。則禮記三年問篇荀子禮論篇所謂三年之喪二十五月而畢者。亦據大祥爲斷。不兼中月而禫言。御覽禮儀部引孝經援神契云。喪不過三年。以期增倍。五五二十五月。義斷亡。隸釋卷九引漢費鳳別碑云。服□葬。五五縗杖。其未除。卷十一引樊敏碑云。遭離母憂。五五斷仁。所云五五。並據大祥之月言。又後漢書陳忠傳曰。先聖緣人情而著其節。制服二十五月也。其義亦同。蓋今文舊說均以期而小祥爲十三月。公羊文二年解詁云。禮作練主當以十三月。是其證。其莊元年三月夫人孫于齊。解詁以爲莊公練祭念母。與桓十八年公薨于齊僅閒十二月者。何據來月練祭言。故解詁下文復云。月者起練祭也。再期大祥爲二十五月。中月而禫爲二十七月。推說經傳。其義並同。又今文禮說均以復時爲期。故期斬之喪。均不計閏。卽穀梁文六年傳所謂閏者。附月之餘日。喪事不數也。與大功以下計閏不同。公羊哀六年葬齊景公傳。喪以閏數。解詁云。謂喪服大功以下。當以閏月爲數。公羊疏引鄭志答趙商問云。居喪之禮。以月數者數閏。以年數者雖有閏無與於數也。通典凶禮引射慈說亦云。三年期喪。歲數沒閏。九月以下。數閏月。並與通義所云大功以下計閏者。其說相合。通義所云。亦據禮說。故詳引此記期及又期之文。以證復時之義也。古文之說。似謂期斬之喪。亦以閏計。故桓十八年四月。公薨于齊。莊元年三月。夫人孫于齊。詩齊風疏引左傳賈服注。謂桓公之喪。至是年三月期而小祥。念及于母。直以小祥在三月。蓋以十八年四月後。時歷有閏。至次年三月。已歷十三月也。又僖三十三年十二月公薨。文二年冬公子遂如齊納幣。左傳云禮。蓋以文元年傳言閏三月。至二年十二月。已及二十五月。其納幣則在大祥後也。若是之閏。均足體左氏舊說。以爲三年之喪。亦數閏月。與公羊不同。故公羊文二年傳以納幣爲喪娶。解詁謂僖公以十二月薨。至此未滿二十五月。其檀弓疏所引膏肓。亦以喪服未畢。行昏禮譏左氏也。

——摘自《制言半月刊》一九三六年十月第二十七期

答吳親齋論喪服書

太炎先生遺著

親齋足下。得書論喪服廢興之義。今世衰道微。雖親死不葬。臨殯入內。世亦誰以爲訾者。若因循積俗。無事以名實徵詰也。其猶欲酌損舊制。令當今可行邪。昔人云毋輕議禮。蓋東原與任幼植書已舉以爲戒矣。所論禮經喪服多封建男統之制。今不可行。按封建與男統固非一事。封建者至郡縣制成而廢。男統者無時焉可廢者也。生人之初。知有母不知有父。漸進始有父系。今社會學家亦以是分文野。顧歐洲諸國東及印度猶未能純爲父系者。有二事焉。一身之名與伯叔父無異也。一女子得繼其父。再傳遂爲母系也。唯中國脫然于是。斯正文化之至優著者。豈可與封建同論哉。秦秀之議賈充也。不言其弒君亂政。而言其以外孫爲後。昏亂紀度。應謚曰荒。古之視此。如是其嚴重也。今鄙俗亦有以贅壻承統傳之外孫者。士大夫素未嘗行焉。欲舉此美俗與封建一切屏之。其比擬亦非倫矣。所舉喪服三事。尊降獨封建有之。開元禮以來。剗削殆盡。此當與時變易者也。爲人後者降其父母。此本後大宗爾。晚世之爲人後者。非後大宗也。猶爲所後者斬。而爲其父母齊衰不杖期。斯乃繆于禮經。亦宜舉正者也。唯父在爲母齊衰杖期。此古制之可議者。大氐殷周之世。母系猶一二未絕。亟爲矯正。則不免過其直。雖然。荀子禮論有云。至親以期斷。然則三年何也。曰加隆也。今父在爲母期者。直不加隆爾。非有所損明矣。且杖期之與不杖期。其別有二。一不杖期首尾十三月。杖期有禫。則首尾十五月也。以十五月。故容有經三甲子者。故古者亦謂之三年之喪。（春秋傳王一歲而有三年之喪二焉謂長子及妻也）一。齊衰有四升五升六升之異。不杖期皆在五升以下。杖期之服。爲母則四升。此與斬衰正服。徒以一升爲差。與斬衰義服三升有半者。其精粗殆無以辨矣。且母與妻。至親也。齊衰杖期。獨爲母妻有之。雖尊如王父。親如昆弟。皆不得比焉。斯亦見哀母之篤矣。由周而來。訖于秦漢。戎狄浸遠。父系斠定。已如劃一。然不待于別嫌明微。唐時當改父在爲母服齊衰三年。此于今日可行者也。明集禮又加隆爲斬衰。此乃見其一端。不可通于類例者。父母之恩一也。適母繼母則恩與父異。爲因母齊衰三年。則似殺爲適母繼母斬衰三年。則過隆。若爲之分別耶。爲妾母斬。爲君母齊。于義又不可。故不如通爲齊衰三年之適也。若夫哀毀之情。起居之節。因母則如父。適母繼母則殺焉。是之屈伸。制禮者固不以一概定也。大氐議禮服者。唯開元禮爲得中。小小過差。當爲之補削。令歸于善。禮經喪服則有封建世卿之制。明集禮則有隨情恣改之繆。（最繆者如婦爲舅姑三年適子爲庶母杖期之類）其不可行者固多矣。來書又謂遮撥禮教與提倡禮教者皆非。夫今之遮撥禮教者非固情有所不安也。詠于異國之俗。而慕其虛華。或妄爲論議以通之。是乃華裔之辨。非是與非之辨也。提倡者。所苦無其學術。高者爲禮經所困。下者爲胡清習俗所漸。然與夫蓄意遮撥者固不可同日而語矣。黑紗纏袂之制。今時華士多行之。猶未徧于齊民。計其陵遲之始。在清時已有其端矣。清固夷也。不習禮教。故喪服但有白布袍衫而無衰制。入關之始。士民雖去冠帶。從胡服。獨喪服猶依古。久之士人入仕爲吏者漸依清制。亦衣白布以居大喪。衰制漸微。猶不絕如綫。歐洲諸國之以黑紗纏袂。視清時之白布袍衫又殺矣。以文學工藝計。歐洲誠勝胡清遠甚。若以禮教相格。則二者正無異也。胡爲必廢衰制而從黑紗纏袂之俗邪。或曰衰不當物寧無衰。此于古言之可也。自宋末行木緜布。麻織日稀。今獨沙門尙服之。故明集禮辨五服等次。但以麻布精粗生孰爲校。不復計其升數。此由織紝之變爲之。不得以古道繩切也。或曰古吉服殊衣裳。凶服亦依其裁制爲之。今吉服皆箭袖長衣。獨凶服順古。此齟齬不相入也。夫變冠以爲帽。變衣裳以爲袍衫。唐宋已然。而凶服不變者。以凶服不必與吉服同制也。且今之軍服固與吉服異。法官又依仿古服爲之。于此不責其同。獨凶服必責其同邪。今所以存國性者。固非獨喪服一端。然苟有存者。不敢廢也。何必震于殊俗。怵于異言。以變吾之故常哉。所論禮古經事。佗日當審之。今先爲此以報。章炳麟白。

——摘自《制言半月刊》一九三六年十月第二十七期

與沈商耆論喪服書

太炎先生遺著

商耆我兄足下。接到尊夫人訃狀。并服議一通。足下篤于伉儷。獨行今古不行之事。鄙意以爲議則通矣。而旁推猶有礙也。禮經之所謂報者。謂彼此相爲之服皆等也。女子爲夫服斬衰三年。丈夫爲妻服齊衰三年。三年則同。而其服有異。仍未有相報之道也。女子以父服服夫斬衰三年。卽降其父爲齊衰期。今丈夫以母服服妻齊衰三年。未知亦降其母否。如曰今從明清之制。爲母已斬衰三年。故爲妻不妨齊衰三年。則仍非以母服服其妻也。進退相徵。其義有難通者矣。蓋聞荀卿有言。至親以期斷。然則三年何也。曰加隆焉。由是觀之。父也母也妻也。極不過期年而止。然爲父母加隆。則或斬或齊。皆至三年。爲妻不加隆。故止于齊衰杖期。非有所損也。且尊如王父。親如昆弟。皆未有加杖者。獨爲妻杖。于服亦隆矣。杖期與不杖期。非徒外貌之異。杖期有禫。首尾十五月。不杖期無禫。首尾十三月。其月算亦異。此則爲妻雖不加隆。較之王父昆弟則隆矣。誠欲篤于伉儷。鄙意以爲不必加服。而可以斟酌古今者有二焉。一曰。父在爲母降至杖期。則爲妻降至不杖期。自顯慶以來。父在爲母亦三年。則父在爲妻亦當引至杖期。此得稍增于古者也。二曰。魏晉南朝人齊衰亦解官。潘岳悼亡詩。上言寒暑忽流易。下言黽勉恭朝命。囘心反初役。此妻喪解官之證也。唐律唯父母喪去官。長子以下則否。其時爲母服齊衰三年。爲長子服斬衰三年。據服則長子爲隆。探情則母爲重。故齊衰反解官。斬衰反不解官。今于父母而外。仍申妻喪去官之制。于王父伯叔父母兄弟及子則否。此得加于時制者也。以是顯夫婦報施之誼。而于齊衰杖期仍無所變。于情既允。推例亦無窒礙。愚謂如是則止。若夫起居之節。哭泣之哀。稱情行之。非議禮者所得制也。書此代弔。章炳麟白。

——摘自《制言半月刊》一九三六年十月第二十七期

儀禮今古文異同釋例

許敬武

自秦火肆虐，六經散亡。民間之書，多藏之壁間。漢興，立五經博士。所授經書，均以當時隸書寫定，所謂今文經是。嗣是壁中之書，漸次發現，河間曲阜，先後入獻，所謂古文經是。二者並行於世。至西漢末年，以劉歆王莽之右古文，遂與今文成對峙之勢，造成學術上爭持之大端。考今文古文二者，非僅字體不同而已，其章句、篇目、字義，咸有亦異之處。儀禮一書，亦其一也。鄭氏康成所注儀禮，於今古文之異同，頗有所校正。但鄭氏為學，不名一家，難免有雜糅之處。其後經師，又多因襲舊說，不敢稍有變革，鄭學遂成定論。有清一代，樸學大盛，治斯經者，多能發揮舊義，校正訛誤。然仍不能於全書之中，求其條貫，亦一缺憾也。胡氏墨莊之儀禮古今文疏義，徐氏新田之儀禮今古文異同疏證，於訓詁極詳，但次第一仍原書，不加董理，僅為學者參考之長編而已，蓋今古文之異同，不外音與義二者。屬於義者，有本字、借字、同說、異說之殊；屬於音者，有同聲、音、紐、韻之別。不揣淺陋，就原書依類排比，求其條例。席前人之餘烈，加以整飭，比之其裘堂構，庶免隕越之愆耳。

(一)義例

甲、本字(今文)仍本字(古文)

俟、待：

(大射禮)皆適次而俟。(古文俟為待)。

胡氏墨莊曰：『案俟當本作竢。說文人部，俟訓大，與此無涉。立部云：竢，待也。彳部云：待，竢也。二字義相轉注，聲亦同部，故可通。然禮經多用竢，少用待，故鄭從古文』。

徐氏新田曰：『俟當作竢。說文彳部：待，竢也又立部：竢，待也。二字義同，音又相近，古蓋通用』。

併、竝、

〔聘禮〕皆二以竝。（今文竝皆為併）。

胡氏墨莊曰：『段氏玉裁曰：說文：併，竝也。竝，併也。互相訓。竝旁讀旁，併讀如并。竝并義別，許互訓者，禮經注曰：古文今文作併，是古二字同也。成琪案：鄭注此經竝皆訓併，是二字義同，正與許合。然鄭意經字則一概從竝，故有司徹注，又疊古文作併者不用也』。

徐氏新田曰：『說文人部：併，竝也。又竝部：併也。公食大夫注亦云：竝，併也』。

乙、本字（今文）借字（古文）

梱、魅、

〔大射禮〕既拾取矢梱之。（古文梱作魅）。

胡氏墨莊曰：『鄭注梱，齊等之也。又注：梱，復。云梱復，謂矢至侯不著而還復。復，反也。郝氏敬曰：梱，叩也。叩四矢使齊。張氏爾岐曰：梱，疑當作捆。孟子注：捆，猶叩椓也。承琪案：梱與捆同。說文無捆字，袛當作梱。孟子作捆，淮南修務訓梱纂組，字仍作梱。高注云：梱，叩椓梱復之梱。亦當訓叩，叩，擊也。謂矢擊侯不中激而還射也。魅與梱一聲之轉，古文同聲假借，鄭所不從。』

按：梱魅雙聲，韻亦相近，故可通假。

且、阻、

〔大射禮〕且左還。（古文且為阻）。

胡氏墨莊曰：『案且本古文祖字。惠氏棟曰：古鐘鼎文祖字皆作且。如祖乙卣、盉和鐘、文王命厲鼎、散敦、皆然。承琪案：孟祖辛彝作且。瞿祖丁卣作且。二文尤與今且字相近，至小篆始從示作祖。尚書：黎民阻飢。今文作祖飢。孟康曰：古文言阻。蓋尚書本作且，故今文家作祖，古文家作阻。此儀禮古文，與尚書古文同。鄭以常文易曉，故從今文』。

按金文甲文祖字均作且。今知阻為祖之借字。（同聲系相假。）故知且為本字，而阻為借字也。

第、茨、

〔既夕禮〕設牀第。（古文第為茨）。

胡氏墨莊曰：『說文：第，牀簀也。古文作茨者，聲近假借字。詩牆有茨。說文引作牆有薺。禹貢濟河濟漯。漢書地理志濟皆作泲。是從朿從次從齊之字，皆以聲近得通。鄭以第為正字，故從今文』。

徐氏新田曰：『第茨壘韻。又說文：第，牀簀也。爾雅釋器：簀謂之第。毛詩衛淇奧傳云：簀，積也。又小雅甫田傳曰：茨，積也。第簀同物，而簀與茨又竝訓積，故第亦通茨』。

按第簀同物，而簀茨竝訓，故鄭以第為正字。

鑣、苞

〔既夕禮〕木鑣。（古文鑣為苞）。

胡氏墨莊曰：『案鑣，正字。苞，假字。釋名：鑣，苞也。在旁苞斂其口也。曲禮苞屨注云：苞，鑣也。左傳申包胥，鶡冠子作鑣胥。皆以聲同而借』。

徐氏新田曰：『釋名：（車）鑣，苞也。在旁苞斂其口也。此以同聲相訓，遂借苞為鑣。禮記曲禮下：苞屨不入公門。注：苞，藨也。藨之通苞，猶鑣之通苞也。鶡冠子中世賢中麃胥即申包胥』。

褖、緣

〔士喪禮〕褖衣。（古文褖作緣）。

胡氏墨莊曰：『詩綠衣箋云：綠當為褖字之誤也。周禮內司服注云：雜記曰：夫人服税衣揄狄。又喪大記曰：士妻以褖衣。言褖者甚衆。字或作税。此緣衣者，（今本經文綠衣作緣衣，蓋沿唐石經而誤）。實作褖衣也。緣字誤。承珙案：綠與緣聲不相近，故鄭定爲字之誤。此古文褖爲緣者，則以聲義相近故借。鄭云：褖之言緣也。緣不得即爲褖字，故從今文』。

徐氏新田曰：『周禮內司服褖衣注：雜記曰：夫人服税衣揄狄。喪大記曰：士妻以褖衣。言褖者甚衆。字或作税。此緣字者，實褖衣字之誤也。今按說文無褖字，古文借用緣字。今文始作褖，或借用税』。

緆、錫、

〔燕禮〕冪用綌若錫（今文作緆）。

胡氏墨莊曰：『說文：緆，細布也。段氏玉裁曰：燕禮注：今文錫作緆。緆，易也，治其布使滑易也。今文緆其本字，古文緆其假借字。子虛賦：被阿錫。即列子之衣阿緆。古者布十五升爲最細。十五升布成，治之使滑易，是曰緆。若喪服傳則半十五升而治之，故錫衰之錫，與細布之緆，其實不同。承珙案：錫與緆古字通，皆取滑易之義。同爲細布，或作錫，或作緆耳。鄭注太射儀云：錫，細布也。與說文緆訓同。至錫衰乃謂衰之滑易者，亦得錫名，非錫名專屬之衰。故喪服傳注云：謂之錫者，治其布使之滑易。鄭非不知錫衰之非即此錫也。』

徐氏新田曰：『說文糸部：緆，細布也。或從麻作𪎭。文選子虛賦：被阿緆。李善注：緆與錫古字通。史記漢書相如傳並作錫。釋文音錫爲悉歷反，得之矣。乃復引劉音全章反，於少牢則又音羊，不知何說』。

丙、假字（今文）假字（古文）

帥、率、

〔聘禮〕帥衆介夕。（古文帥皆作率）。

胡氏墨莊曰：『案說文：帥，佩巾也。率，捕鳥畢也。其統帥之帥作衛，云：將衛也。率領之率作達，云：先道也。後世衛達二字廢不用，而佩巾之帥，爲舉之率，借爲將帥率由之字，二字又互相通借。段氏玉裁曰：周禮樂師燕射帥射夫以弓矢舞，故書帥爲率。鄭司農云：率當爲帥。大鄭以漢人帥領字通用帥，與周時用率不同故也。此所謂古今字。毛詩率時農夫，韓詩作帥時。說文引周禮率都建旗，鄭注周禮作帥都是也。承琪案：儀禮古今文帥率二字通作，故聘禮古文帥作率，覲禮今文帥又作率。左傳亦古文，毛詩亦是率。從左傳（襄十一年）引作帥從率，古今文多通用。鄭於經字，則皆從帥，而出率字於注，或如段說以漢時通用之故。如大戴禮朝事儀：率諸侯而朝日東方。覲禮注引作帥諸侯是也」。

徐氏新田曰：「帥率皆假借字，非正字也。此率字本當作達」。

鬐、耆、

〔士喪禮〕魚左首進鬐。（古文首爲手。見大射儀鬐爲耆）。

胡氏墨莊曰：「說文髟部無鬐字。龍部龍下云：龍耆脊上龍也。段氏玉裁曰：耆者，老也，老則脊隆，故凡脊隆曰耆，或作鬐，因爲鬣爲此字也。承琪按：漢書楊雄傳：充鋋瘢耆。孟康服虔皆以耆爲馬脊鬣。文選七發：溥耆之盬。亦止作耆，後乃加髟作鬐，或又作鰭。禮記少儀：又進鰭。上林賦：揵鰭掉尾。此皆耆之今字。鄭以鬐字經典承用，故從今文」。

徐氏新田曰：「說文無鬐字，古文借用耆，今文加髟」。

古、沽、

〔既夕禮〕弓矢之新沽功。（今文沽作古）

胡氏墨莊曰：「注云：設之以新沽，示不用。疏云：沽謂麤爲之。段氏玉裁曰：毛詩鴇羽傳云：盬，不攻致也。四牡傳云：盬，不堅固也。杜子春於盬人讀若爲盬。謂出盬直用不湅治。然則凡盬之粗猶者爲盬，因以爲凡物粗猶者之名也。承琪案：凡物之麤惡不堅固不精緻，周禮作苦，義禮作沽。周禮典婦功辨其苦良，鄭司農苦讀爲盬。詩鴇羽正義云：蠱為蟲，字異義同。昭元年左傳云：於文皿蟲為蠱，榖之飛亦為蠱。杜預云：皿器受蟲害者為蠱，榖久積則變為飛蟲，名曰蠱。然則蟲害器敗物者，皆謂之蠱，是盬為不攻牢不堅緻之意也。據此以盬為蠱之借字，其義近是。僖二十八年左傳：楚王伏己而盬其腦。注云：盬唼也。疏云：盬之為唼，未見正訓。不知此盬亦蠱之借字也。凡蟲之敗物，必有所蝕，盬其腦者，謂猶蟲之蠹物也。然則周禮之苦，儀禮之沽，蓋皆蠱之借，鄭以喪服傳冠者沽功，彼沽功為麤功，知此亦當從古文作沽。今文作古者，又從沽省借耳』。

徐氏新田曰：『此無正字，沽古皆假借字。周禮辨其苦良，鄭司農讀苦為盬。沽苦盬皆以古為聲』。

垼、役、

〔既夕禮〕役用塊。（古文垼為役）。

胡氏墨莊曰：『說文：坄，陶竈窗也。從土役省聲。今文作垼者，不省。古文作役者，假借字』。

徐氏新田曰：『說文無垼字。古文借用役，今文加土，喪大記：甸人為垼于西牆下。與禮經今文同。禮經多今文說也』。

丁、借字（今文）本字（古文）

釋、舍、

〔鄉飲酒禮〕主人釋服。（古文釋作舍）。

胡氏墨莊曰：『案周禮大胥職：春入學舍采。注云：舍即釋也。占夢職云：乃舍萌於四方。注云：舍讀若釋。舍萌猶釋菜也。古書釋菜釋奠，多作舍字。鄭君於周禮既讀舍為釋，此經即從今文作釋，疊舍字不用。蓋釋舍同聲之轉，惟釋字於義訓較切耳』。

徐氏新田曰：『周禮春官甸祝舍奠于祖廟。注：舍讀為釋。疏云：周禮禮記多為舍字。鄭讀皆為釋。又占夢乃舍萌於四方。注舍讀為釋。古書釋菜釋奠多作舍字』。

徧、辯、

〔鄉飲酒禮〕衆賓辯。（今文辯皆作徧）。

胡氏墨莊曰：『顧氏炎武曰：曲禮主人延客食胾，然後辯殽。內則：子師辯告諸婦諸母。名宰辯告諸男名。玉藻：先飯辯嘗羞飲而俟。樂記：其治辯者其禮具。左傳定公八年：子言辯，舍爵于季氏之廟而出。史記禮書：瑞應辯。此皆以辯為徧。惠氏棟曰：古徧字皆作辯。司馬遷從孔安國問故，遷書多古文，春秋傳多古字古言，故皆以辯為徧。又云：鄉射禮司射乃比衆耦辯。注云：衆賓射者，降比之耦乃徧。是鄭亦讀辯為徧。承珙按：鄭于注或用徧或用辯，不盡依經文。如鄉飲云：皆如賓王人之禮辯。注云：辯，辯衆賓之在下者。有司徹：辯受爵其荐脯醢香。注云：徧獻乃荐。是辯徧二字，注則使文通用。惟於經則皆依古文作辯。鄭於古今文假借字多從本字，此獨不然者，疑徧後出之字，故鄭於經文必皆從辯，以存古字古義也』。

徐氏新田曰：『尚書舜典：徧于羣神。史故五帝本紀徧作辯。樊毅西嶽廟碑亦有辯於羣神之語。又左傳定公八年：子言辯，舍爵於季氏之廟。注：辯，徧也。辯與辯古蓋通』。

戊、字同說異

疑、

〔鄉飲酒禮〕賓西階上疑立。（疑讀為疑然從於趙盾之疑）。

胡氏墨莊曰：『案注云：疑，正立自定之貌。疏云：宣公六年公羊傳云：晉靈公欲殺趙盾，於是伏甲於宮，召趙盾而食之。趙盾之車右祁彌明者，國之力士也。仡然從乎趙盾而入。何休云：仡然，勇壯貌。鄭氏不取何休注義。以鄉射注云：疑，止也，有矜莊之色。自定其義，不殊字，義與何少殊也。臧氏琳曰：鄭所據公羊，仡然作疑然，乃立定之貌，不取勇壯義，蓋嚴顏之異。段氏玉裁曰：說文：疑，未定也。未為衍字。大雅：靡所止疑。傳云：疑，定也。箋云：止息。鄭於士昏禮云：疑，止。（句絕，作正者誤）。立自定之貌。於鄉射禮云：疑，止也。有矜莊之色。與此而三。此三疑字，皆說文之疑，非說文訓惑之疑，學者認疑為惑，因於許書定也之上增未字矣。承珙案：段以說文之疑，即大雅止疑，亦即此經疑立之疑，甚是。故鄭注鄉射禮直訓疑為止，然正立亦是止義。故注士昏禮及此鄉飲酒禮，又皆以疑為正立自定之貌，不必概從鄉射禮注，改正為止。至以疑立為句，絕立自定之貌，別為一句，則於公食大夫禮注：疑，正立也，自定之貌，不可通矣」。

沐浴、

〔士虞禮〕虞沐浴不櫛。（今文曰沐浴）。

胡氏墨莊曰：「按敖氏繼公曰：鄭從古文，元無沐。今本記與注首皆云沐浴，蓋傳寫者誤衍之。盧氏文弨曰：沐浴當倒為浴沐。疏云：期以下虞而浴沐櫛，可證。蓋浴而沐，沐而櫛，櫛而搔翦，其次第如是。後人見經書多言沐浴，遂誤易之耳。許氏宗彥曰：今文曰沐浴，蓋無不櫛二字，異於古文耳。觀後經文沐浴櫛搔翦，注曰：今文曰沐浴搔翦，對勘自明矣。蓋後注言今文無櫛字，此注言今文無不櫛二字，以後證前，毫無可疑。諸校者皆誤。承珙案：許說是也。惟後記注亦係今文，曰沐浴搔翦連句微誤。鄭此注云不櫛未在於飾也，唯三年之喪不櫛，期以下櫛可也。後注云：彌自飾也。是則虞時少飾，故沐浴而不櫛，祔時彌飾，故沐浴而櫛。其別在是。今文無之，於義未備，故鄭從古文」。

徐氏新田曰：「案敖氏曰：本云沐浴，而鄭注乃言今文曰沐浴，則是鄭氏但從古文，元無沐字也。今本記與注首皆云沐浴，蓋傳寫者誤衍之，宜刪。盛氏世佐曰：注謂今文無不櫛二字耳。盧氏文弨謂沐浴當倒為浴沐。疏云：期以下虞而浴沐，可證。蓋浴而沐，沐而櫛，櫛而搔翦，其次第如是。阮氏元儀禮校勘記云：盧說亦有理，但以疏沐浴為證，則今本疏文實誤，盧未見疏本耳。按如盛說，則注當云今文無不櫛，不得但云今文曰沐浴也。竊意此經本無浴字，蓋櫛可施于沐不可施于浴，不言浴者可知也。故注云沐浴者，將祭自潔清，乃兼浴言之。敖氏謂沐字衍，亦未然也」。

己、字異說同

筵、席、

〔大射禮〕賓升就席。（今文席為筵）。

胡氏承珙曰：『周禮司几筵注云：筵，亦席也。鋪陳曰筵，藉之曰席。然其言之筵席通矣。疏云：設席之法，先設者皆言筵，後加者為席。故其職云：設莞筵紛純，加繅席畫純，假令一席在地，或亦云筵。儀禮少牢云：司宮筵於奧，是也。而所云筵席，惟據鋪之先後為名，其筵席止是一物。承珙按：筵席散文固通，然此經上下文多言席，雖上文司正以命升賓，賓升復筵。彼古今文既皆作筵，即不必破為席。此既古文作席，故疊今文不用也。士虞禮古文席為筵者，案本篇首云：素几葦席在西序下。其下凡為神設者皆言席，惟筵祝南面一言筵耳。其記餞尸云：尸出執几從席從。注云：凡席素几葦席也。下云：無尸則不餞，猶出几席設如初。如初者，謂如餞尸時。席設於尊西北東面，几在南也。然則此文仍當作席，故鄭又疊古文筵不用也』。

徐氏新田曰：『周禮司几筵注：筵，亦席也，鋪陳曰筵，藉之曰席。然其言之筵席通也』。

饋、歸、

〔聘禮〕歸饔餼五牢。（今文歸或為饋）。

胡氏承珙曰：『按論語：詠而歸。歸孔子豚。齊人歸女樂。釋文並云：歸，鄭本作饋。蓋魯論皆作歸，鄭從古文作饋。此儀禮則古文作歸，今文作饋。鄭又從古文作歸者，古文家亦各有師承，經字不必盡同。士虞禮注云：饋，猶歸也。饋與歸音義並通，故各從所作。儀禮古文，不必與論語同也。又案：論語詠而饋鄭注云：饋酒食也。魯讀饋為歸，今從古。詳鄭意，是魯論直以歸為歸還之歸，與古論饋餉異義，故鄭必從古作饋。此經古文作歸者，本與饋同義，故不必改從今文作饋』。

徐氏新田曰：「士虞禮特豕饋食注云：饋，猶歸也。饋與歸音義皆同，故得相通」。

俶、淑、

〔聘禮〕燕與羞俶，獻無常數。（古文俶作淑）。

胡氏墨莊曰：『鄭云：俶，始也。始獻四時新物，聘儀所謂時賜無常數，由傳遽也。承珙按：釋詁云：俶，始也。詩大田傳曰：俶，始也。說文：俶，一曰始也。俶是正字。淑者，說文云：水清湛也。此古文作淑者，假借字。如說文：俶，善也。而釋詁毛傳皆云：淑，善也。亦是假淑為俶耳』。

徐氏新田曰：『說文人部：俶，善也。詩曰：令終有俶。一曰始也。爾雅釋詁：淑，善也。俶與淑既同訓為善，則亦可訓為始也』。

錧、館、

〔既夕禮〕木錧。（今文為館）。

胡氏墨莊曰：『案錧即輨。說文：輨，轂耑錔。轂在輪中，其裏以貫軸，其表以湊輻。錔者，以金有所冒也。轂孔之裏，以金裹之曰釭。轂孔之表，以金表之曰輨。輨本從車，以其用金，故字或從金作耳，說文舛部：舝，車軸耑鍵也。金部：鍵，一曰轄也。車部：轄，一曰鍵也。是轄與舝同，以鐵豎軸頭，而制轂者。輨本從車，亦以用金，故或作錧。孟子題辭：五經之錧鎋。祝睦碑：七政錧鎋。字皆從金，是也。惟錧與鎋，截然二為事，錧不可以鎋。鄭注本錧云：取少聲。車之有聲，由轂與軸相切而作。轂耑用木，故少聲。若鎋以鍵軸非聲之所出，故鄭從古文錧也』。

徐氏新田曰：『說文無錧鎋字。車部：輨，轂端沓也。又轄，車聲也。一曰：轄，鍵也。詩毛（小雅節南山），維周之氐箋云：為周之桎鎋。釋文云：鎋字又作轄。是鎋即轄也。鎋即轄，則錧即輨矣。錧鎋同物，故趙邠卿孟子題辭云：六經之錧鎋』。

潦、稾、

〔既夕禮〕槀車載簑笠。（今文槀爲潦）。

胡氏墨莊曰：『注云：槀，猶散也。散車，以田以鄙之車，簑笠備雨服。疏云：按上乘車道車，皆據人之乘用爲名，不取車上生稱。則此散車，亦據人乘爲號。知散車以田以鄙之車者。案司常云：斿車載旌。注云：斿車，木輅也。王以田以鄙，謂王小小田獵巡行縣鄙。此散車與彼斿車，同是斿散所乘，故與斿車同解。考工記：輪人爲蓋，上尊而宇卑，則吐水疾而霤遠。注云：蓋者，主爲雨設也。乘車無蓋，禮所謂潦車，謂蓋車歟。疏云：按既夕禮云：槀車載簑笠。注云：今文槀爲潦。此注云：禮所謂潦車者，指儀禮今文而言也。鄭彼不從今文，此引之者，鄭兩解，故此從之。承琪案：鄭注考工，以蓋爲雨設，故引潦車取備水潦之義。其注儀禮，必從古文作槀。注云槀猶散也者，周禮巾車，凡良車散車不在等者，注云：作之有功有沽。疏云：精作爲功，則曰良。麤作爲沽，則曰散。說文：槀，枯也。亦與麤散義近。故鄭云：槀，猶散也。疏因以田以鄙，遂以斿散釋之，非是。今文作潦者，簑笠備雨潦，特蓋車之一端耳。故鄭不從之』。

徐氏新田曰：『槀潦疊韻，然鄭君訓槀爲散，以潦車爲蓋車，則同物而異名，不在通假之例』。

庚、字異說異

苄、苦、

〔公食大夫禮〕羊苦。（今文苦爲苄）。

胡氏墨莊曰：『案鄭君兩注皆云：苦，苦荼也。特牲記注又云：今文苦爲苄。苄乃地黃，非也。說文：苄，地黃也。從草下聲。禮鉶毛牛藿羊苄豕薇是。段氏玉裁曰：鄭從古文，許從今文。王氏念孫曰：古人飲食無用地黃者，苄乃苦之假借也』。

徐氏新田曰：『按苄與苦，聲相近而義不同。說文艸部：苄，地黃也。從艸下聲。禮曰：鉶毛牛藿羊苦豕薇，此據今文爲說也。鄭以今文爲非。（見特牲記）。』

莞、萑、

〔公食大夫禮〕加萑席尋。（今文萑皆爲莞）。

胡氏墨莊曰：『敖氏繼公曰：司几筵職，諸侯祭祀席，蒲筵繢純，加莞席紛純。是蒲筵之上，宜加莞席也。萑乃葦屬，其爲物麤惡，故司几筵惟於喪事則用萑席，似不可用之於此禮，宜從今文作莞。承珙案：敖說非是。聘禮几筵既設，擯有出請事。注云：有几筵者，以其廟受宜於神也。周禮諸侯祭祀，席蒲筵繢純，右彫几，又請禮賓時，宰夫徹几改筵。注云：禮賓徹神几，改神席更布也。公食大夫禮曰：蒲筵常緇布純，加萑席尋，元帛純，此筵上下大夫也。周禮曰：筵國賓於牖前，莞筵紛純，加繅席畫純。左彤几者，則是筵孤也。孤彤几，卿大夫其漆几與。此經下文云：上大夫蒲筵加萑席，其純皆如下大夫純。注云：謂三命大夫也。孤爲賓，則莞筵紛純加繅席畫純也。蓋鄭君注儀禮，以周禮決之。周禮諸侯祭祀，席蒲筵加莞席，昨席莞筵加繅席，其筵國賓與昨席同。第曰國賓，雖不明孤卿大夫，以儀禮上大夫蒲筵加莞席差之，故知國賓謂孤。總之聘禮明云改筵，則此食禮之席，必不當同於祭祀之蒲筵莞席。敖氏徒斤斤於莞萑二物美惡之閒，而不辨禮之差等，妄矣』。

徐氏新田曰：『敖氏曰：按司几筵注：諸侯祭祀席蒲筵繢純加莞席紛純。是蒲筵之上，宜加莞席也。而萑乃葦屬，其爲物麤惡，故司几筵惟于喪事則用萑席，似不可用之於此禮也。宜從今文』。

（二）音例

甲、同聲系

緟、熏、（上今文，下古文，下仿此）。

〔士冠禮〕爵弁服纁裳。（古文纁皆爲熏）。

按緟熏二者，聲系相同。

櫛，節、

（士冠禮）贊者奠纚笄櫛于筵南端。（古文櫛爲節）。

按櫛節二者，聲系相同。

聶、攝、

（士冠禮）再醮攝酒。（今文攝爲聶）。

按聶攝二者，聲系相同。

某、謀、

（士冠禮）戒賓曰某有子某。（古文某爲謀）。

按某謀二字，聲系相同。

憬、景、

（士昏禮）姆加景。（今文景作憬）。

按憬景二者，聲系相同。

鎬、橋、

（士昏禮）加於橋。（今文橋爲鎬）。

按鎬橋二者，聲系相同。

乙．同音

壹、一、

（士冠禮）壹揖壹讓聲。（古文壹皆作一）。

按壹一二者，同紐同韻，是謂同音。

儷、離、

（士冠禮）主人酬賓，束帛儷皮。（古文儷為離）。

按儷離二者、同紐同韻、是謂同音、

病、秉、

（士冠禮）以病吾子。（古文病為秉）。

按病秉二者，同紐同韻，是謂同音。

併、竝、

（士昏禮）竝南上。（今文竝當作併）。

按竝併二者，同紐同韻，是謂同音。

丙、同紐轉韻

紒、結、

（士冠禮）將冠者采衣紒，在房中南面。（古文紒為結）。

按紒結二者，同屬見溪紐。但紒屬泰韻，結屬脂隊韻。

麗、連、

（士喪禮）設決麗于掔。（古文麗為連）。

按麗連二者，同屬來紐。但麗屬支韻，連屬寒韻。

開、啓、

（士昏禮）贊啓會。（今文啓作開）。

按啓開二者，同屬見溪紐。但啓屬脂隊韻，開屬之韻。

藩、披、

（既夕禮）設披。（今文披皆爲藩）。

按藩披二者，同屬邦旁紐。但藩屬寒韻，披屬歌韻。

封、窆、

（既夕禮）乃窆。（今文窆爲封）。

按封窆二者，同屬邦旁紐，但封屬東韻，窆屬侵韻。

丁、同韻變紐

潦、橐、

（既夕禮）橐車載簑笠。（今文橐爲潦）。

按潦橐同屬宵韻。但潦屬來紐，橐屬曉紐。

葷、薰、

（士相見禮）問衣膳葷。（古文葷爲薰）。

按葷薰同屬眞（文）韻。但葷屬見溪紐，薰屬曉紐。

盥、浣、

（士冠禮）贊者盥於洗西。（古文盥作浣）。

按盥浣同屬寒韻。但盥屬見溪紐，浣屬曉紐。

汁、湆、

（士昏禮）大羹湆在爨。（今文湆皆作汁）。

按汁湆同屬侵韻。但汁屬端透紐，湆屬疑紐。

袗、均、

（士冠禮）兄弟畢袗玄。（古文袗爲均也）。

按袗均同屬真（文）韻。袗屬端透紐，均屬疑紐。

戊、紐韻皆異

葉、攝、

（士冠禮）加柶覆之面葉。（古文葉作攝）。

按葉屬疑紐，談韻入聲。攝屬見溪紐，泰韻入聲。

校、枝、

（士昏禮）主人拂几授校。（古文校爲枝）。

按校屬見溪紐，宵韻。枝屬端透紐，支韻。

始、姑、

（士昏禮）於是與始飯之錯。（古文始爲姑）。

按始屬端透紐，之韻。姑屬見溪紐，魚韻。

——摘自《進德月刊》一九三七年二月
第二卷第六期

中國喪禮沿革

文藻

喪禮細文，極爲繁縟，其演變至於今日者，不知巳歷若干歲月。試稽古史證諸今俗，其間有變其意而存其儀者，有變其儀而存其意者，亦有至今儀意均未變者。錯雜紛沓，不堪縷述。茲先述其時間上演變之跡。蓋當上古遊牧時代，民智未開，不知喪葬，死則委之於壑。此一則由人類畏懼死者之恐怖心理，二則亦由人類生活無定，家庭觀念薄弱之故也。

●

孟子謂上世嘗有不葬其親者，其親死則舉而委之於壑。按人類當遊牧時代，逐水草而居，初無父子家族之觀念也。既無此父子之觀念，同情心當無從而起，死則棄而遠之，懼惡之心使然也。殆後農業漸興，家庭制立，親子感情，日漸親密，生有敬愛之心，死有葬埋之禮。

按人類由遊牧時代，再進即爲農業時代，居有定處，家族制興，因之親子間感情，日漸親密。昔日其親死，委之於壑而不動心者，今則覩狐狸蠅蚋食嘬之慘其顙有泚矣。孟子謂歸反虆梩而掩之者，即喪葬禮之起源歟？

稽諸古史，堯時巳知行考妣之喪。

二十有八載，帝乃殂落，百姓如喪考妣，三載四海遏密八音。（書經舜典）

舜時有瓦棺之制。

有虞氏瓦棺，夏后氏墍周，殷人棺椁。（禮記檀弓）

古聖帝冢，迄今可考。然亦未可確信也。

皇覽曰：黃帝冢在上郡橋山。顓頊冢在東郡濮陽頓丘城門外廣陽里中。帝嚳冢在東郡濮陽頓丘城南臺陰野中。堯冢在濟陰城陽。舜冢在零陵營浦縣，其山九谿皆相似，故曰九疑。傳曰舜葬蒼梧，象爲之耕。禹冢在山陰縣會稽山上。湯冢在濟陰亳縣北東郭。去縣三里，冢

四方，方各十步高七尺。（史記裴駰集解引）伊尹曰：營於桐宮（蔡注）相成湯葬陵之地。（書經太甲）

迄於成周，喪禮始備，由親疏貴賤，而有種種差別。用情之厚，節目之詳，世界所未有，非本篇所能縷述也。今只言其大端。疾病則外內皆埽，以俟賓客之問候；寢東首於北牖下以向生氣；屬新綿於口鼻，以驗氣之有無。

疾病，外內皆埽，君大夫徹縣，士去琴瑟，寢東首於北牖下；廢床，徹褻衣，加新衣，體一人，男女改服，屬纊以俟絕氣。（禮記喪大記）

以賓將來問候，故埽潔所居之內外。……寢東首於北牖下者，東首向生氣也。廢床置病於地者，以始生在地，庶人得其生氣而得活。……纊，新綿也。屬之口鼻，以驗氣之有無也。（陳澔禮記集說）

按古代喪葬之禮，詳載於儀禮禮記二書中，然其中亦有不可信者。本篇為敘述喪葬之史略，如就儀禮禮記條述之，則未免失之於繁，且失之於過信三禮。不得已則只有就禮記而言其大義，（其詳儀當另文言之。）學者欲明周代喪制，請讀儀禮禮記原書可也。

始死，遷尸於床，憮用斂衾，名曰飾尸，為使人勿惡也。

始死，遷尸於床，憮用斂衾，去死衣，小臣楔齒，用角柶，綴足用燕几，君大夫士一也。（禮記喪大記）

人死，斯惡之矣；無能也，斯倍之矣。是以制絞衾，設蔞翣，為使人勿惡也。（禮記檀弓篇）

升屋招魂，望反諸幽，冀其復生也。

凡復，男子稱名，婦人稱字，唯哭先復。……皆升自東榮，中屋履危。北面三號，捲衣投於前，司服受之，升自西北榮。（禮記喪大記）

復，盡愛之道也，有禱祠之心焉。望反諸幽，求諸鬼神之道也。北面，求諸幽之義也。（禮記檀弓篇）

三日而斂，絞衾有定制，儀注有定式。

小斂於戶內，大斂於阼。君以簟席，大夫以蒲席，士以葦席。小斂，布絞，縮者一，橫者三。君錦衾，大夫縞衾，士緇衾，皆一。衣十有九稱，君陳衣于序東，大夫士陳衣于房中，皆西領北上，絞衾不列。大衾布絞，縮者三，橫者五，布紟二衾，君大夫士一也。君陳衣于庭，百稱，北領西上。大夫陳衣于序東，五十稱，西領南上。士陳衣于序東，三十稱，西領南上。絞紟如朝服，絞一幅為三，不辟，紟五幅，無紞。……凡斂者袒。（禮記喪大記）

喪後所以三日斂者，以俟死者之甦生，死者衣具之成，死者親戚之至也。

或問曰：「死三日而后斂者何也？」曰：「孝子親死，悲哀志懣，故匍匐哭之，若將復生然，安可奪而斂之也。故曰三日而斂者，以俟其生也。三日而不生，亦不生矣；孝子之心，亦益衰矣；家室之計，衣服之具，亦可以成矣；親戚之遠者，亦可以至矣。是故聖人為之

斷決，以三日爲之禮制也。」（禮記問喪）

三日而殯，三月而葬。

大夫士庶人，三日而殯，三月而葬。（禮記王制）

喪三日而殯，凡附於身者，必誠必信，毋之有悔焉耳矣；三月而葬，凡附於棺者，必誠必信，毋之有悔焉耳矣。（禮記檀弓）

葬者，藏也。骨肉復歸於土也。既葬而高封，所以識其處也。

葬者，藏也。其坎深不至於泉。既葬而封，廣輪揜坎，其高可隱也。既封左袒，右還其封，且號者三日。骨肉復于土，命也。若魂氣，則無不之也。而遂行。（禮記檀弓）

葬畢反哭，祭之宗廟，所以繼孝追養也。

葬畢反哭，祭之宗廟，所以繼孝追養也。（荀子禮論）

至於居喪之禮，則因與死者親疏關係之不同，而有緦麻、小功、大功齊衰、斬衰之別，其表現於聲容、飲食、居處、衣服者，亦有不同，禮記間傳言之詳矣。

斬衰貌若苴，齊衰貌若枲，大功貌若止，小功緦麻容貌可也。此哀之發於容體者也；斬衰之哭，若往而不返。齊衰之哭，若往而返。大功之哭，三曲而偯。小功緦麻哀容可也。此哀之發於聲音者也；斬衰唯而不對，齊衰對而不言，大功言而不議，小功緦麻，議而不及樂。此哀之發於言語者也；斬衰三日不食，齊衰二日不食，大功三不食，小功緦麻再不食，士與斂焉則一不食。故父母之喪，既殯食粥，朝一溢米，莫一溢米。齊衰之喪，疏食水飲，不食菜果。大功之喪，不食醯醬。小功緦麻，不飲醴酒。此哀之發於飲食者也；父母之喪居倚廬，寢苫枕塊，不脫絰帶。齊衰之喪，居堊室，苄翦不納。大功之喪寢有席。小功緦麻牀可也。此哀之發於居處者也；斬衰三升，齊衰四升五升六升，大功七升八升九升，小功十升十一升十二升，緦麻十五升去其半，有事其縷，無事其布曰緦。此哀之發於衣服者也。（禮記間傳）

總之喪葬之禮節，皆整頓於周。節目詳備，罄竹難書。張氏之概說，尚能得其要領故引以見一般。

喪葬之禮節，皆整頓於周。由貴賤親疏，而有種種差別。其用情之厚，世界所未見也。周公立制，節目詳備，哭泣擗踊皆有法。人死則必先復。復者，招魂之禮也。又有沐浴飯含小斂大斂之禮。凡居父母君師之喪，上自天子，下至庶人，無貴賤上下之別，皆以三年爲定例。父母之喪曰制喪，君之喪曰方喪，師之喪曰心喪。今由親疏論其差異。父母之喪，著斬衰之服二十五月，謂之三年之喪。其次祖父母伯叔父母兄弟之喪，著齊衰之服十三月，謂之期喪。又次爲從父昆弟之喪，著大功之服九月。又次爲再從昆弟外祖父母之喪，著小功之服五月。又次為三從昆弟之喪，著總喪之服三月。王崩，羣臣諸侯皆居喪三年。嗣王不親政，謂之諒闇。百官皆總於冢宰。諸侯亦如之　葬式之差別，天子七日而殯，七月而葬。諸侯五日殯，五月葬。大夫士三日殯，三月或踰月葬。而天子葬同軌畢至，諸侯葬同盟至，大夫士葬同位至，庶人葬族黨相會。棺槨衣衾，自天子至於庶人，務盡其美。棺厚五寸槨稱之。而其作法，天子四重，諸侯三重，皆用松。大夫二重用柏，庶人一重用雜木。葬之時有挽歌，見於檀弓春秋莊子列子等書。（張亮采中國風俗史）

春秋以降，禮法漸廢，喪葬之制，變儀日起。故曰始之不僅，未流不勝其弊也。

孔氏之不喪出母，自子思始也……魯婦人之髽而弔也，自敗於狐駘始也。帷殯非古也，自敬姜之哭穆伯始也。廟有二主，自桓公始也。喪慈母，自魯昭公始也。下殤用棺衣，自史佚始也。……（禮記檀弓）

至於漢代，益不足道，自文帝有短喪之令，天下遂鮮行三年之喪。

朕既不敏……今乃幸以天年，得復供養於高廟。朕之不明與嘉之，其奚哀念之有！其令天下吏民：令到，出臨三日，皆釋服。無禁取婦嫁女祠祀飲酒食肉，自當給喪事服臨者，皆無踐。經帶無過三寸，無布車及兵器，無發民哭臨宮殿中、殿中當臨者，皆以旦夕，各十五舉音，禮畢罷，非旦夕臨時，禁無得擅哭。以下服大紅十五日，小紅十四日，纖七日，釋服。（漢書文帝本紀）

由是凡遭三年喪者，未葬服斬衰。既葬服大功十五日，小功十四日，纖七日，凡三十六日而除服。

孝昭皇帝早棄天下……遣宗正大鴻臚光祿大夫奉節使徵昌邑王典喪，服斬衰，亡悲哀之心，廢禮誼，居道上，不素食。（漢書霍光傳）

方進後母終……既葬，三十六日除服，起視事，以為身備漢相，不敢逾國家之制。（漢書翟方進傳）

當時雖亦有遵古禮行三年喪者，實乃僅見之事，不足以挽頹風而正人倫也。

養後母孝謹，後母卒，服喪三年。（漢書公孫弘傳）

宣有兩弟明修，後母常從修居官，宣為丞相時，修為臨菑令，宣迎後母修不遣，後母病死。修去官持服。宣謂修三年服少能行之者，兄弟相駮。（漢書薛宣傳）

哀帝時為南陽太守。時又少行三年喪者。及涉父死，讓還南陽賻送，行喪冢廬三年，由是顯名京師。（漢書游俠原涉傳）

及後王莽當國，始盛倡三年之制。

平帝崩，莽徵明禮者宗伯鳳等與定：天下吏六百石以上，皆服喪三年。（漢書王莽傳）

厝婦三年九月，莽母功顯君死，意不在哀。令新都侯宗爲主，服喪三年云。（同上）

建國五年二月，文母皇太后崩，莽爲太后服喪三年（同上）

後漢以降，士大夫階級，尚能遵行古禮，服三年之喪，民風爲之一振。

彪孝行純至，父母卒，哀毀三年，不出廬寢。（後漢書韋彪傳）

范……年十五，辭母西迎父喪歸葬，服竟，詣京師受業。（後漢書廉范傳）

儵事後母至孝。及母卒，哀毀過禮，毀病不自支。（後漢書樊儵傳）

磐，和帝初拜謁者。後思母棄官還鄉。母沒，哀至幾於毀滅，乘終，遂廬於冢側。（後漢書周磐傳）

至於其他喪禮，與古時尚無大異。始死則沐浴陳屍於地。

涉因入弔，問以喪事，家無所有。涉曰：「但絜埽除沐浴待。……人親臥地不敢，涉何心居此。」（漢書原涉傳）

登遐，沐浴如禮（後漢書禮儀志）

飯含以玉石珠貝。

登遐，飯唅珠玉如禮。（後漢書禮儀志）

商病篤，勅子冀等曰：「吾以不德，享受多福。生無以補益朝廷，死必耗費帑藏衣衾飯唅玉匣珠貝之屬，何益朽骨！（後漢書梁商傳）

臨尸以幣帛或纊綿。

帝崩，纏以緹繒十二重。（舊漢儀）

奐光和四年卒，遺命曰：「地底冥冥，長無曉期；而復纏以纊綿，牢以釘密，爲不喜耳。」（後漢書張奐傳）

附身之物，除衣被外，尚有珠襦玉柙，奢靡不度，啓後世厚葬之風。

東園祕器，珠襦玉匣，豫以賜賢，無不備具。（漢書董賢傳）

后崩，斂以東園畫梓壽器玉匣飯含之具，禮儀制度，比悲懷皇后。（後漢書孝崇匽皇后紀）

且漢時柩上，皆書死者之名。

縣所舉廉吏獄掾王立私受賕而立不知，殺身以自明。立誠廉士，甚可憫惜，其以府決曹掾書立之柩以顯其魂。（漢書薛宣傳）

喪車有過路之祭。

周禮小祝云：「及葬，設道齎之奠。」杜子春注云：「齎當爲粢，道中祭也。漢儀，每街路輒祭。」

送葬以客多爲尚。

光薨，公卿百官會弔送葬，車萬餘兩。（漢書孔光傳）

孟母死，自遠方送喪蓋千乘（漢書劇孟傳）

從葬以珠玉珍寶。

　三秦人尹桓解武等數千家，盜發漢霸杜二陵。多獲珍寶。帝問綝曰：「漢陵中物何乃多耶？」綝對曰：「漢天子即位一年而爲陵，天下貢賦，三分之一供宗廟，一供賓客，一供山陵。漢武帝饗年久長，比崩而茂陵不復容物，其樹皆已可拱。赤眉取陵中物不能減半，於今猶有朽帛委積，珠玉未盡，此二陵是儉者耳。」（晉書索綝傳）

　今京師貴戚，郡縣豪家，生不極養，死乃崇喪，多埋珠寶。（潛夫論浮侈篇）

當時厚葬之風特盛，至有約其父母之供養以豫儲父母沒後之用者，故識者譏之。

　養生順志，所以爲孝也。今多違志儉養，約生以待終。終沒之後，乃崇飭喪紀以言孝，盛饗賓旅以求名，誣善之徒，從而稱之，此亂孝悌之真行，而誤後生之痛者也。（潛夫論務本篇）

　靈帝時，強上疏陳事曰：「又今外戚四姓貴倖之家及中官公族無功德者，造起館舍，凡有萬數，樓閣相接，丹青素堊，雕刻之飾，不可單言。喪葬逾制，奢麗過度，競相放傚，莫肯矯拂。（後漢書呂強傳）

不但此也。且有時日禁忌之說。

　葬歷云：葬避九空地臽，及日之剛柔，月之奇耦，日吉無害，剛柔相得奇耦相應，乃爲吉良。（論衡譏日篇）

求擇吉地之習。

　初，安父沒，母使安訪求葬地，道逢三書生，問安所之。安爲言其故，生乃指一處，云：「葬此地，當世爲上公。」須臾不見，安異之。於是遂葬其所占之地，故累世隆盛焉。（後漢書袁安傳）

墳墓一事，尤爲漢人所重。生前多自營塋地。

　禹年老，自治冢塋，起祠堂。好平陵肥牛亭部，處地又近延陵奏請求之。（漢書張禹傳）

　岐，建安六年卒，先自爲壽藏，圖季札子產晏嬰叔向四像居賓位，又自畫其像居主位，皆爲讚頌。（後漢書趙岐傳）

葬後則於墓前，刊石立碑，以表懿行。

　漢西都時，南宮寢殿內有醇儒王史威長死葬銘曰：「明明哲士，知存知亡，崇隴原亶，非寧非康，不封不樹，作靈乘光。厥銘何依，王史威長。」

廣植松柏，以作祠堂。

　勝敕以棺斂喪事：「勿隨俗動吾冢種柏作祠堂。」（漢書龔勝傳）

　造起大冢，廣植松柏。（潛夫論浮侈篇）

墦間之祭，本始於周人，而漢人亦尚墓祭。蓋漢人以宗廟之禮，移於陵寢。有人臣而告事於陵者，有因上冢而會宗族故人及郡邑之官者，有上冢而大官爲之供具者，有人主而臨人臣之墓者，有贈謚而賜之於墓者，有庶人而祭古賢之墓者。人情所趨遂成風俗，其流弊至有行喪於恭陵，葬親而不閉埏隧。此其壞禮教之尤甚而漢人則習以爲常者也。

漢人以宗廟之禮，移於陵墓，有人臣而告事於陵者，蘇武自匈奴還詔奉一大牢，謁武帝園廟是也。有上冢而會宗族故人，及郡邑之官者，婁護爲諫大夫，使郡國過齊，求上先人冢，因會宗族故人。班伯上書，願過故郡，上父祖冢，有詔太守都尉以下會是也。有上冢而大官爲之供具者，董賢爲侍中駙馬都尉，上冢有會，輒大官爲供是也。有贈謚而賜之於墓者，陰興夫人卒，肅宗使五官中郎將節持印墓賜策謚興曰，翼侯是也。有人主而臨人臣之墓者，光武至湖陽，幸樊重墓。霍峻葬成都，先主率百僚臨會弔祭，因留宿墓上是也。有庶民而祭古賢人之墓者，曹昭東征賦：「遷民在城東之東南分，亦變其丘墓」是也。人情所趨，遂成習俗。其流之弊者，有如楊倫行喪於恭陵者矣，有如趙宣葬親而不閉埏隧，因居其中，行服二十餘年矣。（後漢書陳蕃傳）

且漢時合葬祔葬，皆甚盛行。合葬者婦從其夫，以同棺槨相接者爲常。

宏，建武二十七年，遺敕……與夫人同墳異藏，帝善其令，以書示百官……萬歲之後，欲以爲式。（後漢書樊宏傳）

按上文知漢時夫婦合葬同棺。

祔葬者子孫其父祖，往往一地而數世祔葬。

譙城南有曹嵩冢，有走碑題云：「漢故中常侍長樂太僕特進費亭侯曹君之碑，延熹三年立。」又有兄騰冢，冢東有碑。題云：「漢故潁川太守曹君墓，延熹九年卒。」，而不刊樹碑年月，墳北有其子熾冢，冢東有碑，題云：「漢故長水校尉曹君之碑，熹平六年造，」熾弟胤冢，冢東有碑，題云：「漢謁者曹君之碑，熹平六年立。」（水經注陰溝水篇）

改葬者，已葬而復徙，以追褒之故而改葬爲多。

追尊皇妣梁貴人爲皇后……改葬恭懷梁后於西陵。（後漢書和帝紀）

追尊謚皇妣王氏爲靈懷皇后，改葬於文昭陵。（後漢書獻帝紀）

帝下詔追贈少爲太常，隆爲光祿勳，以禮改葬之。（後漢書公孫述傳）

帝追封謚竦爲褒親愍侯，遣中謁者與嫕及扈備西迎竦喪，詣京師改殯。（後漢書梁竦傳）

元和三年，遣謁者備王官屬迎英喪，改葬彭城（後漢書楚王英傳）

震飲酖而卒……朝廷咸稱其忠，乃下詔……以禮改葬於華陰潼亭。（後漢書楊震傳）

總漢一代喪禮，尚能多遵古制，惟厚葬一事，侈逾前例，奢風日長此則漢禮之作俑也。

當時厚葬之俗，係沿春秋列國之舊，至於引盜賊之發掘，雖帝王陵寢，亦所不免。（漢書王莽傳：赤眉發掘園陵。晉書索綝傳：建興中盜發漢霸杜二陵，案文帝霸陵，宣帝杜陵，）劉更生（向）諫起昌陵疏，所謂痛陳厚葬之禍，而引起吳闔閭秦始皇，以爲戒也。若張勝張奐，主張薄葬以免發掘；貢禹周磐王符趙咨，皆深不以厚葬爲然。楊王孫至裸葬以挽流俗，王孫答友人書，大概以體魄無知，死欲速朽。趙咨與子書意同。其針砭當世，殊激切矣。（漢成帝明帝和帝，亦曾下詔禁民葬埋踰制。）（張亮節中國風俗史）

迄於晉代，期功之喪，猶以爲重。喪服就官，則干劾議。

　晉初期功之喪，猶以爲重，自祖父母伯叔父母以至兄弟姊妹妻子之喪，初喪去官，除喪然後就官，非此則上挂彈文，下干鄉議。古風猶存也。（見王純碑陶淵明歸去來辭自序晉書稽紹韓光傳咸等傳及潘岳悼亡詩）

自謝安期喪不廢樂，王坦之以書喩之不從，衣冠効之，遂成風俗。

　安……性好音樂，自弟萬喪，十年不聽音樂。及登臺輔，期喪不廢樂，王坦之書喩之不從，衣冠効之，遂以成俗。（晉書謝安傳）

王戎以母憂而飲酒食肉，哀不中禮；和嶠以父喪禮法自持，哀毀僞生，此皆禮之破壞者。

　戎遷吏部尚書，以母憂去職，性至孝，不拘禮制，飲酒食肉　或觀奕棋而容貌毁悴，杖然後起，裴頠往弔之，謂人曰：若使一慟能傷人，濬沖不免滅性之譏也。時和嶠亦居父喪，以禮法自持，量米而食，哀毁不踰於戎。帝謂劉毅曰：和嶠毁頓過禮，使人憂之（三國志王戎傳）

停喪之事，本由於永嘉播亂，情不得已，後竟沿習成風，拘忌歲月，久不行葬。賀循爲之禁，然其俗至今不替焉。

　循爲武康令俗多厚葬；及有拘忌迴避，歲月停喪不葬者，循皆禁焉。（晉書賀循傳）

至於招魂之葬，亦源於永嘉，藏虛棺以奉終，殊乖事神之道，袁瓌所論，信不誣也。

　癸丑，愍帝崩，問至帝斬衰居廬。夏四月戊寅初，禁招魂葬。（晉書元帝本紀）

　陳舒武陵王招魂葬議云：先太保生沒虜場，求依太傅故事招魂葬，按禮無招魂葬之文。時人往往有招魂葬者，皆由孝子哀情迷惑……昔永嘉之難，覆沒寇虜，靈柩未返，今求招魂靈安厝。謹按禮典無招魂之文，若藏虛棺以奉終，則非原形之實，埋靈爽於九泉，則失事神之道，慨非古人之情禮所未安也。博士江淵議，凡葬之言藏，所以閉藏屍柩，非爲魂也，今招魂而葬，無屍而殯，或無殯而窆，各任其情，以長虛事，非禮所許，宜如司徒所上，以明永制。（通典引袁瓌禁招魂葬表）

　至其時喪服，三年之喪或用王肅議，二十五月而除；或用鄭玄議，二十七月而吉。雖有時月多寡之不同，然尙能行之古禮而不悖。

鄭玄注禮，三年之喪，二十七月而吉，古今學者，多謂得禮之宜。晉初用王肅議，祥禫共月，故二十五月而除，遂以爲制。江左以來，惟晉朝施用，縉紳之士，多遵玄議。（宋書王准之傳）

至其斂之不俟三日。

時人間喪事，多不遵禮，朝終夕殯，相尙以速。勉上疏曰：禮記問喪云：三日而後斂者，以俟其生也；三日而不生，亦不生矣。自頃以來，不遵斯制，送終之禮，殯以期日，潤屋豪家，乃或半晷，衣衾棺槨，以速爲榮，親戚徙隸，各念休反。故屬纊纔畢，灰釘已具，忘狐鼠之顧步，愧燕雀之徊翔，傷情滅理，莫此爲大……請自今士庶，宜悉依古，三日大斂，如有不奉，加以糾繩，詔可其奏。（梁書徐勉傳）

與衡陽士俗，開冢剖棺，洗骨除祟，悉爲惡俗。

衡陽士俗，山民有病者，輒云先人爲禍，皆開冢剖棺木，洗枯骨，名爲除祟。（梁書顧憲之傳）

墳墓必擇吉地，謂之相墓術，此術之流傳，世謂始於郭璞。後人行之勿替。迄於今日，過尤甚焉。

璞以母憂去職，卜葬地於暨陽，去水百步許，人以近水爲言。璞曰：當即爲陸矣。其後沙漲去墓數十里，皆爲桑田。……璞嘗爲人葬，帝（明帝）微服往觀之。因問主人，何以葬龍角，此法當滅族。主人曰：郭璞云：此葬龍耳，不出三年，當致天子耳。帝曰：出天子邪？曰：能致天子問耳。帝甚異之。（晉書郭璞傳）

且自漢以來，人多於墓立碑，以褒揚先世。自晉以後，南朝屢禁而屢弛，北方則以碑傳爲重。故今世南碑流傳絕少，而北碑見於著錄者宅多。

晉武帝咸寧四年，又詔曰：此石獸碑表，既私褒美，興長虛僞，傷財害人，莫大於此，一禁斷之。其犯者，雖會赦令，皆當毀壞。至元帝太興元年，有司奏故驃騎主簿故恩營葬舊君顧榮求立碑，詔特聽立，自是後禁又漸頹。大臣長吏，人皆私立。義熙中，尙書祠部郎中裴松之，又議禁斷，於是至今。（宋書禮志）

且南朝重喪弔，北方則否。

江南凡遭重喪，若相知者同在城邑，三日不弔則絕之，除喪雖相遇則避之，怨其不已憫也。有故及道遙者，致書可也；無書亦如之，北俗則不爾。江南凡弔者，主人之外，不識者不執手，識輕服而不識主人，則不於會所而弔，他日修名詣其家。（顏之推顏氏家訓風操篇）

風俗奢侈，弗依矩則。講求厚葬，互相誇耀。故時王三令五申，禁絕厚葬。

永明七年十月，詔曰：三季澆浮，舊章陵替，吉凶奢靡，動違矩則，或裂錦繡，以競車服之飾，塗金鏤石，以窮塋域之麗，至班白不婚，露棺累葉，苟相誇衒，罔顧大典，可明為條例，嚴勒所在，悉使畫一，如復違犯，依事糾奏。（南齊書武帝紀）

和帝四年十有二月詔曰……今喪葬……大禮未備，貴勢豪富，越度奢侈，非所謂式昭典憲者也。有司可為之條格，使貴賤有章，上下咸序，著之於令（魏書高宗文成帝紀）

賢者欲挽頹風，遺命薄斂。雖曰遵禮，而世亂亦可知已。

謐著論為葬送之制……奢不石槨，儉不露形，氣絕之後，便即時服幅巾故衣，以蘧篨裹尸，麻約二頭，置尸牀上，擇不毛之地，穿阬深十尺，長一丈五尺，廣六尺，阬訖舉牀就阬，去牀下尸，平生之物，皆無自隨，唯齎孝經一卷示不忘孝道，蘧篨之外，便以親土，土與地平，還其故草，使生其上，無種樹木，削除使生迹無處自求，不知不見可欲，則奸不生，心終始無怵惕，千載不慼患，形骸與后土同體，魂爽與元氣合靈，眞篤愛之至也。若亡有前後，不得移祔，祔葬自周公來，非古制也。舜葬蒼梧，三妃不從，以為一定，何必周禮？無問師工，無信卜筮，無拘俗言，無張神坐，無十五日朝夕上食禮，不墓祭，但月朔於家，設席以祭，百日而止，臨必昏明，不得以夜，制服常居，不得墓次。夫古不崇墓，智也。今之封樹，愚也；若不從此，是戮尸地下，死而重傷，魂而有靈，則寃悲沒世，長為恨鬼，王孫之子，可以為誡，死誓難違，幸無改焉。太康三年卒，時年六十八，子童靈方回等，遵其遺命。（晉書皇甫謐傳）

緒卒，遺命作蘆葭輴車，靈上設杯水香火，不設祭，從弟融敬重緒，事之如親兄，齎酒于緒靈前，酌飲痛哭曰：阿兄風流頓盡。（宋書張緒傳）

先是冲曾祖雍作行孝論，以誡子孫。稱古之葬者，衣之以薪，不封不樹，後世聖人，易之棺槨，其有生則不能致養，死則厚葬過度，至於末世，至蘧除裹屍，保而葬者，確而為論，並非折衷，既知二者之失，豈宜同之。當令所存者，棺厚不過三寸，高不過三尺，弗用紼綵，斂以時服，輴車止用白布為幔，不加畫飾，名為淸素車。又去輓歌六相並明器雜物，及冲祖遵將卒，勅其子孫，令奉雍遺旨。河南尹丞張普惠，謂為太儉，貽書於冲叔盤，議其進退，盤令與通學議之。冲乃致書國學諸儒，以論其事，學官竟不能答。（宋書刁冲傳）

彥臨終遺制誡其子等曰：昔人以縈木為櫝，葛藟為緘，下不亂泉，上不泄臭，此實吾生平之志也。但事既矯往，恐為世士所譏，今可斂以時服，藏於塤塔之地，勿用明器芻塗及儀衞等，爾其念之，朝廷嘉焉，不奪其志。（宋書李彥傳）

苞豫為終制曰：延陵薄葬，孔子以為達禮；華元厚葬，春秋以為不臣。……自今死亡者，皆斂以時服，不

得兼重；又不得飯唅，爲恐俗所爲；又不得設牀帳明器，又斷親戚故吏設祭。（晉書石苞傳）

永寧二年卒，遺命瀣巾澣衣，榆棺雜甎，露車載尸，葦席瓦器而已。（晉書徐苗傳）

又疾世浮華，不修名華，著論以非之。……臨終，敕子珉，朝卒夕殯，幅巾布衣，葬勿擇日（晉書庾峻傳）

流於隋時，中原喪俗，不殊晉制。唯南部之沔陽沅陵九江諸郡，多雜蠻俗。其俗隋書地理志詳言之。

南郡夷陵竟陵沔陽沅陵淸江襄陽舂陵漢東安陸永安義陽九江江夏諸郡，多雜蠻左諸蠻，本其所出，承槃瓠之後，其死喪之紀，雖無被髮袒踊，亦知號叫哭泣。始死卽出屍於中庭，不留室內，斂畢送至山中，以十三年爲限，先擇吉日，改入小棺，謂之拾骨。拾骨必須女壻，蠻重女壻，故以委之。拾骨者除肉取骨，棄小取大。當葬之夕，女壻或三數十人，集會於宗長之宅，著芒心，接䍦名曰茅綏。各執竹竿長一丈許，上三四尺許，猶帶枝葉，其行伍前却，皆有節奏，歌吟叫呼，亦有章曲，傳云槃瓠初死，置之於樹，乃以竹木刺而下之，故相承至今，以爲風俗，隱諱其事，謂之刺北斗，既葬設祭，則親疎咸哭，家人既至，但歡飮而歸，無復祭哭也。其左人則又不同，無衰絰，不復魄，始死置屍館，舍鄰里，少年各持弓箭，遶尸而歌，以箭叩弓爲節，其歌辭說平生樂事，以至終卒，大抵亦猶今之挽歌，歌數十闋，乃衣衾棺，送往山林，別爲廬舍，安置棺柩，亦有於村側瘞之，待二三十喪，總葬石窟，長沙郡又雜有夷蜒，名曰莫傜。自云其先祖有功，常免傜役，故以爲名。其喪葬之節，頗同於諸左云。（隋書地理志）

唐代高宗而後，王公百官，競爲厚葬，偶人像馬，雕飾如生，冥器喪具，爭相誇耀，其奢侈之俗，實不減於晉時。

龍朔元年，丁母憂去職。……義府尋請改葬其祖父，營墓於永康陵側。三原令……私課丁夫車牛，爲其載土築墳，晝夜不息。……王公以下，爭致賻遺，其羽儀導從，輀輴器服，並窮極奢侈；又會葬車馬，祖奠供帳，自灞橋屬於三原，七十里間，相繼不絕。武德以來，王公葬送之盛，未始有也。（舊唐書李義府傳）

太極元年六月，右司郎中唐紹上疏曰：……王公百官，競爲厚葬，偶人像馬，雕飾如生。徒以眩耀路人，本不因心致禮，更相扇慕，破產傾資，風俗流行，下兼士庶；若無禁制奢侈日增。望王公以下，送葬明器，皆依令式，並陳於墓所，不得於衢路舁行。開元二十九年正月。敕……其明器墓田等……皆以素瓦爲之，不得用木及金銀銅錫，其衣不得用羅繡畫，其下帳不得有珍禽奇獸魚龍化生，其園宅不得廣作園宇，多列侍從，其轜車不得用金銅花，結綵爲龍鳳及旗旛雲氣（通典禮四六

）

開元二年九月……制曰：自古帝王，皆以厚葬爲誡，以其無益亡者，有損生業故也。近代以來，共行奢靡，遞相仿傚，浸成風俗，既竭家產，多至凋敝……且墓爲貞宅，自便有房，今乃別造田園，名爲下帳，又冥器等物，皆競驕侈。……承前雖有約束，所司曾不申明。喪葬之家，無所依准，宜令所司據品令高下，明爲節制，冥器等物，仍定色數，及長短大小，園宅下帳，並宜禁絕，墳墓塋域，務遵簡儉；凡諸送終之具，並不得以金銀爲飾；如有違者，先決杖一百，州縣長官不能舉察，並貶授遠官（舊唐書玄宗紀）

至有祭盤帳幕，高至九十尺者，窮極雕鐫，供人觀戲。此尤壞禮教之甚者也。

明皇朝，海內殷贍，送葬者或當衢設祭，張施幃帳，有假花假果粉人粉帳之屬；然大不過方丈，室高不踰數尺，識者猶或非之。喪亂以來，此風大扇，祭盤帳幕，高至九十尺，用牀三四百尺，雕鐫飾畫，窮極技巧，饌具牲牢，復居其外。大曆中，太原節度辛雲京葬日，諸道節度使使人修祭，范陽祭盤，最爲高大，刻木爲尉遲鄂公與突厥鬥將之戲，機關動作，不異於生，祭訖，靈車欲過，使者請曰：「對數未盡。」又停車，設項羽與漢祖會鴻門之象，良久乃畢，縗絰者皆手擘布幕，輟哭觀戲。……滑州節度令狐母亡，鄰境致祭，昭義節度，初於淇門載船桅以充幕柱，至時嫌短，特於衛州大河船上取長桅代之。及昭義節度薛公薨，歸葬絳州，諸方並管內縣，塗出城南設祭，每半里一祭，至漳河二十餘里，連延相次，大者費千餘貫，小者三四百貫，互相窺覘，競爲新奇。柩車暫過，皆爲棄物矣。蓋自開闢至今，奠祭鬼神，未有如斯之盛者。（王讜唐語林補遺）

而且當時衣冠上族，辰日不哭，謂爲重喪。閭里細人，每喪先造邑社，待營辦具，乃始發喪。既葬，則鄰伍會飲，名爲出孝。

今衣冠上族，辰日不哭，謂爲重喪，親賓來弔，輒不臨舉。又閭里細人，每有重喪，不即發問，先造邑社，待營辦具，乃始發哀。至假車乘，雇棺槨以榮送葬。既葬鄰伍會集，相與酣醉，名曰出孝。（唐書韋挺傳）

寒食上墳，禮經無文，唐世相傳，浸以成俗。

開元二十年四月二十四日敕，寒食上墓，禮經無文，近世相傳，浸以成俗。……用展孝思，宜許上墓。……仍編入禮典，永爲常式。（王溥唐會要）

葬喪瘞錢，本始於漢時，至唐王璵以紙易之，名曰紙錢，迄今弗替。

漢以來，葬喪皆有瘞錢，後世里俗，稍以紙寓錢爲鬼，至是璵乃用之。（唐書王璵傳）

紙錢起於殷長史。唐王璵傳註漢來皆有瘞錢，後里俗稍以紙寓錢，王璵乃用於祠祭。今儒家以爲釋氏法、於喪祭皆屏去。予謂不然，之死而致死之不仁，之死而致生之不知，謂之明器，神明之也。漢之瘞錢，近於之死而致生，以紙寓錢，亦明器也。與塗車芻靈，何以異俗？謂果資於冥塗則可笑。（鼠璞法苑珠林）

其時民間習俗，殊不可言，酉陽雜俎中說之用詳。雖不必天下盡如是，亦可想見唐喪俗之一般矣。

近代喪禮，初死，內棺而截亡人衣後幅留之。又內棺加蓋，以肉飯黍酒著棺前，摇蓋叩棺，呼亡者名字，言起食，三度然後止。琢釘及漆棺止哭，哭便漆不乾也。銘旌出門，衆人製裂將去。送亡人不可送韋革鐵物及銅磨鏡使。蓋言死者，不可使見明也。董勛言禮弁服韎韐，此用韋也。刻木爲屋舍車馬奴婢抵蠶等。周之前用塗車芻靈，周以來用俑。送亡者，又以黃卷蠟錢兔毫弩機紙疏挂樹之屬，又作轆車。車，古輿也，輿似屏。世人死者有作伎樂，名曰樂喪，魌頭所亡者之魂氣也。一曰狂阻，一曰觸壙，四目曰方相，兩目曰僛據，費長房識李娥藥丸，謂之方相腦，則方相或鬼物也，前聖設官象。又忌狗見屍，令有重喪。亡人坐上作魂衣，謂之上天衣。送亡者不齎奩鏡蓋。……（酉陽雜俎）

迄於宋初，重制喪禮，而天下莫從。

太宗太平興國七年，命翰林學士李昉等，重定士庶喪葬制度。昉等奏准後唐長興二年詔：五品六品常參官，喪轝舁者二十人，挽歌八人，明器三十事，共置八牀。七品常參官，舁者十六人，挽歌六人，明器二十事，置六牀。六品以下京官及檢校試官等，舁者十二人，挽歌四人，明器十五事，置五牀，並許設紗籠二，庶人舁者八人，明器十二事，置兩牀，悉用香輿魂車從之。（續通志禮略）

士大夫居喪，食肉飲酒，鄙野之競，初喪未歛，竟作樂啜飲，及葬則以樂道轜車，而號泣隨之，奇形怪事，每況愈繁。

今之士大夫居喪，食肉飲酒，無異平日，又相從宴集，靦然無愧，人亦恬不爲怪。……乃至鄙野之人，或初喪未斂，親賓則齎饌酒往勞之，主人亦自備酒饌，相與飲啜，醉飽連日，及葬亦如之。甚者初喪作樂以娛尸，及殯葬則以樂導轜車，而號哭隨之，亦有乘喪即嫁娶者。（司馬光馬氏書儀）

喪家作醮飯僧，亦以斯時爲最盛，雖官方禁令，學者闢說，亦無效也。

喪家命僧道誦經，設齋作醮作佛事，曰資冥福也。出葬用以導引，此何義耶？世俗無知，至用鼓吹作樂，又何忍也。開寶三年十月甲午，詔開封府禁止士庶之家，不得用僧道威儀前引。太平興國六年，又禁送葬不得用樂，庶人不得用方相魌頭，今犯此禁者，所在皆是也。祖宗於移風易俗，留意如此，惜乎州縣間不能舉行之也。（燕翼貽謀錄）

當時信浮屠誑誘，凡有喪事，無不供佛飯僧，云爲死者滅罪資福，使升天堂，受諸快樂；不爲者必入地獄，剉燒舂磨，受諸苦楚。此種謬說，朱文公曾力闢之。（洪慶善比詩辨證）

火葬之事，更爲盛行。范同之言，最爲痛切。

紹興二十七年，監登聞鼓院范同言。今民俗有所謂火化者，生則奉養之具，惟恐不至。死則燔爇而捐棄之。國朝著令，貧無葬地者，許以官地安葬。河東地狹人衆，雖至親之喪，悉皆焚棄。……景定二年，黃震爲吳縣尉，乞免再起化人亭狀曰：照對本司久例，有行香寺曰通濟，在城外西南一里。本亭久爲焚人空亭，約十間以罔利，合城愚民，悉爲所誘，親死即舉而付之烈燄，餘骸不化，則又舉而投之深淵，哀哉斯人，何苦而遭此身後之大戮耶，震久切痛心，以人微位下，欲言未發，乃五月六日夜，風雷驟至，獨盡撤其所謂焚人之亭而去之。意者穢氣彰聞冤魂共訴，皇天震怒。爲絕此根。越明日，據寺僧發覺陳狀，爲之備申使府，蓋亦幸此亭之壞耳。案吏何人，敢受寺僧之囑，行下本司，勒令監造。震竊謂此亭爲焚人之親設也，人之焚其親，不孝之大者也。（宋史）

然今之各國，行火葬者甚多，中國杭城，火葬猶昔，其亦孔子死欲速朽之義，抑或禮之制宜，不可厚非耶？而當時鑿方尺之地，積涔蹄之水，以浸枯骨，男女骸骼，淆雜莫辨，或爲人取出，散棄荒野，狀亦慘也。

浙右水鄉風俗，人死雖富有力者，不辦蕞爾之土以安厝，亦致焚如僧寺，利有有所得。鑿方尺之地，積涔蹄之水，以浸枯骨，男女骸骨，淆雜莫辨。旋即塡塞，不能容。深夜乃取出舂貯，散棄荒野。外人家不悟，逢節序仍裹飯設奠於池邊，實爲酸楚，而官府初無禁約也。（清波雜志）

服喪飲酒，尤當然不以爲異。

犇赴郡宴，甲年少，勇於見色。甫就席，乙以服辭。乃命徹樂觀訓，亦甲尤乙曰：敗一席之懽爾也。眞所謂不自殄滅，禍延過客也。賓主爲之哄堂。五十年前，服親喪，終制不觴，客人亦不敢招置，親舊欲相款，必就寺觀，具素饌，仍不置酒。時謂當然，不以爲異。（清波雜誌）

墓前甃石，帖標四界，號曰券臺。

葬家聽術士說，例用朱書鐵券，若人家契帖，標四界及主名。意謂亡者居室之執守，不知爭地者誰耶？墓前甃石，若磚裝之面，方長高不登三尺，號曰券臺。貧無力則每祭祀，以藉尊俎，謂之土筵席。（清異錄）

大斂用鏡懸之棺蓋以照屍，謂取光破暗，相傳始於霍光。

今世有大斂，而用鏡懸之棺蓋以照屍者，往往謂取光明破暗之義。按漢書霍光傳：光之喪，賜東園溫明。服虔曰：東園處此器，以鏡置其中以懸尸上。然則其來

倘矣。（癸辛雜誌）

庶民廢重爲魂帛，束帛依神，亦有用之招魂者，殊失古禮之意。

按古時重之制，以木縱橫交貫，縱一橫二，懸物焉，更以葦布屈兩端，交於其上，用以依神也。至宋時，品官用重，庶民用魂帛。司馬光書儀曰：「開元禮有重，宋亦用之。士民不用重，用魂帛，束帛依神。貴其簡易，今且從俗。」又文獻通考引金安節言：「神帛之制，蓋復之遺意。古之復者以衣，今用神帛招魂。」此更失古禮意矣。

今之扁方式木主，源始於程伊川。

四禮疑曰：「主無式，式自程氏。」謂伊川始作木主，古無有也。按程伊川先生所作主用栗，取法於時月日辰，趺方四寸，象歲之四時，高尺有二寸，象十二月，身博三十分，象月之日，厚十二分，象日之辰，剡上五分五圓，首寸之下，勒前爲頷而制之，一居前，二居後，陷中以書爵姓名氏，合之，置於趺，竅其旁以通中，如身厚三之一，居二分之上，粉塗其前，以書屬稱，旁題主祀之名，加贈身式，則筆滌而更之，外改中不改。然考之公羊穀梁二傳注，皆謂古之主製，壯正方。是古未嘗無式，不過今式所通用，保程式所製扁方之式耳。

後世輓聯，濫觴於蘇子容。

輓詩…再變而爲輓聯。考之於書，以蘇子容輓韓康公：「三登慶曆三人第，四入熙甯四輔中」一聯爲最早。（燕沐石沿）

按宋朝一代喪禮，民間風俗，多不同於士大夫之喪儀。其士大夫喪禮，見於典籍者，則可以文公家禮爲代表。

初終疾病，遷居正寢。既絕乃哭。復。立喪主。主婦，護喪，司書司貨，乃易服不食。治棺。訃告於親戚朋友。沐浴襲奠爲位飯含。陳襲衣。沐浴飯含之具。乃沐浴襲，徙尸床置堂中間，乃設奠，主人以下爲位而哭，乃飯含，侍者卒襲覆以衾，靈座魂帛銘旌。立銘旌不作佛事，執友親厚之人，至是入哭可也。小斂袒括髮免髽奠代哭，設奠，具括髮麻免布髽麻，設小斂牀布絞衾衣，乃遷襲奠，遂小斂。主人主婦馮尸哭擗，袒括髮免髽於別室。還遷尸牀于堂中，乃奠。主人以下哭盡哀乃代，哭不絕聲。大斂厥明，執事者陳大斂衣衾，設奠具，舉棺入置於堂中少西，乃大斂。設靈床于柩東，乃設奠，如小斂之儀，主人以下各歸喪次，止代哭者，成服厥明。五服之人，各服其服，入就位，然後朝哭，相弔如儀。其服之制，一曰斬衰三年，二曰齊衰三年，杖期，不杖期，五月，三月，三曰大功九月，四曰小功五月，五曰緦麻三月。凡爲殤服以下降一等，凡男爲人後，女適人者，爲其私親皆降一等，私親之爲之也亦然。成服之日，主人及兄弟始食粥，凡重喪未除而遭輕喪，則制其服而哭之，月朔設位，服其服而哭之，既畢反重服，其除之也，亦服輕服；若除重喪而輕服未服，則服輕服以終其餘日。朝夕哭奠上食，食時上食，如朝奠儀。夕奠，哭無時，朔日則於朝奠設饌。有新物則薦之，如上食儀。弔奠賻：凡弔皆素服，奠用香茶酒果，賻用錢帛，具刺通名，入哭奠訖，乃弔而退，聞喪奔喪治喪：易服，遂行，道中哀至則哭，望其州境其縣境其城其家皆哭，入門詣柩前，再拜再變服就哭，後四日成服，若未得行，則爲位不奠。變服，在道至家，皆如上儀。若既葬則先之墓哭拜，齊衰以下聞喪，爲位而哭，若奔喪則至家成服，若不奔喪則四日成服。三月而葬，前期擇地之可葬者，擇日開塋域，祀后土，遂穿壙，作灰隔，刻誌石，造明器，下帳，苞，筲，甖，大轝，翣，作主。發引前一日因朝奠以遷柩告，奉柩朝於祖，遂遷於廳事，乃代哭。親賓致奠賻。陳器，日晡時設祖奠，遣奠厥明遷柩就轝，乃設奠，祝奉魂帛，升車焚香，發引柩行。主人以下男女哭步從，尊長次之，無服之親又次之，賓客又次之。親賓設幄於郭外，道旁駐柩而奠，途中遇哀則哭，及墓下棺，祠后土，題木主成墳。未至執事者先設靈柩，親賓次，婦人幄，方相至，明器等至，靈車至，遂設奠而退。柩至，主人男女各就位哭，賓客拜辭而歸，乃窆。主人贈，加灰隔內外蓋，實以灰，乃實土而漸築之，祠后土於墓左，藏明器等，下誌石，復實以土而堅築之，題主。祝奉神主升車，執事者徹靈座遂行。墳高四尺，立小石碑於其前，亦高四尺，趺高尺許。反哭，主人以下奉靈車在塗徐行哭，至家哭，祝奉神主於靈座，主人以下哭於廳事，遂詣靈座前哭，盡哀止。有弔者拜之如初，期九月之喪者，飲酒食肉，不與宴樂，小功以下，大功異居者可以歸。主人以下皆沐浴，執事者陳器具饌。祝出神主於座，主人以下皆入哭，降神，祝進饌。初獻，亞獻，終獻，侑食。主人以下皆出祝闔門，祝啓門，主人以下入哭辭神，祝埋魂帛，罷朝夕奠，遇柔日再虞，遇剛日三虞，卒哭。三虞後遇剛日卒哭，前期一日，陳器具饌。厥明夙興，設蔬果酒饌。質明祝出主，主人以下皆入哭降神，主人主婦進饌，初獻亞獻終獻侑食闔門啓門辭神，自是朝夕之間，哀至不哭，主人兄弟，疏食水飲，不食菜果，寢席枕木。祔：卒哭明日而祔，卒哭之祭，既徹卽陳器具饌。厥明，夙興設蔬菜果酒饌，並同卒哭。質明，主人以下哭於靈座前，詣祠堂奉神主出置於座，還奉新主入祠堂置於座。敍立參神降神，祝進饌，初獻亞獻終獻，侑食闔門啓門辭神，祝奉主各還故處。小祥，朞而不祥，前期一日，主人以下，沐浴陳器具饌。設次陳練服。厥明夙興，設蔬果酒饌。質明，祝出主，主人以下入哭。乃出就次，易服復入哭，降神如卒哭，三獻，侑食闔門啓門辭神，止朝夕哭。始食菜果。大祥：前期一日，沐浴陳器具饌，設次陳禪服，告遷於祠堂，厥明行事，皆如小祥之儀，畢祝奉神主入於祠堂。禫：大祥之後，中月而禫，前一月下旬卜日，前期一日，沐浴設位，陳器具饌。厥明行事，皆如大祥之儀。（文公家禮提要）

降及遼金，其俗皆殊漢禮，遼以父母死而悲哭者爲不吉。置其屍於山樹上，經三年收其骨而焚之。

　父母死而悲哭者，以爲不旺；但以其屍置於山樹上，經三年後，乃收其骨而焚之。以酹酒而祝曰：冬月時向陽食，夏月時向陰食。我若射獵時，使我多得猪鹿。（葉隆禮契丹國志）

金人親友死，則以刀剺額，血淚交下，謂之送血淚。死者埋，而無棺槨，貴者生焚奴婢鞍馬以殉之，狀尤慘酷。

　其疾病無醫藥，尚巫祝，病者殺猪狗以禳之，或用車載病者入深山大谷以避之。其親友死，則以刀剺額，血淚交下，謂之送血淚。死者埋之，而無棺槨，貴者，凡焚所寵奴婢所乘鞍馬以殉之。其祀祭飲食之物盡焚之，謂之燒飯。（宇文懋昭大金國志）

至於元俗，尤異漢禮，民間設宴作樂以娛尸，帝后每日用羊燒飯以爲祭。故太祖初即位，即制定品官庶人喪葬之禮，節目夥頤，具見於大明會典。

　凡帝后……葬後，每日用羊二次，燒飯以爲祭，至四十九日而後已。其帳房亦以賜近臣云。凡宮車晏駕，棺用香楠木，中分爲二剡，肖人形，其廣狹長短，僅足容身而已。斂用貂皮襖皮帽，其靴襪繫腰盒鉢，俱用白粉皮爲之。殉以金壺瓶二盞一，碗碟匙筯各一，殮訖用黃金爲箍四條以束之輿車用白氈青緣，納失失爲簾，覆棺亦以納失失爲之，前行，用蒙古巫媼一人。衣新衣騎馬一疋以黃金飾鞍轡、籠以納失失，謂之靈馬。日三次，用羊奠祭。至所葬陵地，其開穴所起之土，成塊依次排列之。棺既下，復依次掩覆之。其有剩土，則遠置他所，送葬官三員居五里外，日一次燒飯致祭，三年然後退。（元史祭祀志）

　洪武元年十二月，詔中書省，令禮官定官民喪服之制。從御史高原侃疏言：京師四方，視效浸終尤禮之大，乞禁元俗喪葬，設宴作樂娛尸，故有是詔。（明通紀）

　按明會典載官民喪葬之禮甚詳，文長不錄。

於洪武三年，更令郡縣議義塚，禁浙西等處水葬火葬，違者坐以重罪。

　洪武三年，令天下郡縣，設義塚禁止浙西等處火葬水葬。凡民貧無地以葬者，所在官司，擇近城寬閒地，立爲義塚，敢有徇習元人焚棄屍骸者，坐以重罪，命部著之律。（明通紀）

　聖祖嘗與學士陶安登南京城樓，聞焚尸之氣惡之。安曰：「古有掩骼埋胔之令，推恩及於枯骨。近世狃於習俗，或焚之而投骨於水，孝子慈孫，於心何忍，傷恩敗俗，莫此爲甚。」上曰：「此王道之言也。」自是王師所臨，見枯骸必掩埋之而後去。洪武三年，禁止浙江等處水葬火葬，中書省禮部議：以民間死喪，必須埋葬；如無地，官司設爲義塚，以便安葬，並不得火化。違者坐以重罪。（雙槐歲抄）

然仍盛行於浙江。且蘇州磁州臨淄等處，葬皆異俗，不合古禮。

蘇州喪葬之家，置酒留客，若有嘉賓，喪車之前，綵亭綉帳炫耀道途，聊誇市童，不顧雅道。河南磁州之武安成安兩邑，人死則舉尸瘞室中，篤修佛事。臨淄自古爲都會，承富庶之風，陵冢隆阜，葬埋皆奢；然卒致後來發掘之禍。……諺傳臨淄多古物，蓋本於此。……

火葬之俗，自宋時已盛行於江南，至明而知於浙江。顧亭林痛詆其俗，黃汝成氏亦謂非仁人孝子之心。

奪情起復，恬不知怪；然自羅一峯一疏，稍振綱維。

週年大臣，多奪情起復，恬不知怪，得羅一峯一疏，振已淪之名教，覺久昧之良心，此大有關係文字。且只以綱常二字爲主，而反復發明之，親切確當。（春明夢餘錄）

三代聖王教化之事，其僅存於今日者，惟服制而已。喪亂以來，寖以廢墜。竊謂父母之喪，自非兵革不得起復；然則明之起復，多有不以兵革者矣。起復者，喪制未終，勉其任用，所謂奪情起復者也。（日知錄）

而崇禎時，仍詔楊嗣昌奪情起復，入閣視事，廷臣疏論，俱被譴謫。明末之亡，蓋有因矣。

崇禎七年秋，拜兵部右侍郎兼左僉都御史，總督宣大山西軍務。尋以父憂去，復遭繼母喪。九年秋，兵部尚書張鳳翼卒，帝顧廷臣無可任者，特起復嗣昌，屢疏力辭不許。明年三月抵京師，召對，帝與語甚悅，大倚愛之。……初嗣昌之奪情也，廷臣以古者金革無避，未敢訟言其非。及入政府，又奪陳新甲情，起爲總督。於是何楷首論之，少詹事黃道周詆尤力，帝不悅。特御平臺詰問道周。會修撰劉同編修趙士春疏復入，帝怒，並議道周罪，俱鐫三級留翰林。嗣昌嗾刑部主事張若麒醜詆道周，遂鐫六級，出之外，士春亦皆謫外。……嗣昌自是不理於人口。（明外史楊嗣昌傳）

至於三年之喪，實有過於古人者三事。一爲從鄭氏之說，三年之喪，必二十七月；二爲從武后之制，父在爲母服三年之喪；三爲從後唐之制，婦爲舅姑亦三年。然而日月雖多，哀戚之情不至，反不若古人遠矣。

今人三年之喪，有過於古人者三事。禮記三年問曰：三年之喪，二十五月而畢。……今從鄭氏之說，三年之喪，必二十七月，其過於古人一也；儀禮喪服篇曰：疏衰裳齊牡麻絰冠布纓削杖布帶疏屨，期者父在爲母。……今從武后之制，亦服三年之服，其過於古人二也；喪服篇又曰：不杖麻屨者，婦爲舅姑。傳曰：何以期也，從服也。……今從後唐之制，婦爲舅姑，亦服三年，其過於古人三也。皆後儒所不敢議，非但因循國制，亦畏宰我短喪之譏；若乃日月雖多，而哀感之情不至焉，則不如古人遠矣。（日知錄）

明清以降，禮俗日訛，多非古意，即以今俗言之，各地多已不同。如當亡者病篤時江蘇安徽等處，有爲之燒轎馬之俗。

江蘇安徽等處，當亡者病篤，將死未死之前，家人爲之購紙紮之轎馬及轎夫，焚於門前，云爲死者乘之以赴陰間也。

始死時，山東有指路送湯之俗。

山東喪禮頗近古，初彌留之際，即著內外衾衣。始死，孝子披髮至院心，號其親而號曰：上西南謂之指路，三聲後，擗踊大哭，蓋從古人升屋而號之禮，而少變其儀者，哭踊畢，用瓦罐盛米汁，赴土神廟，呼其親而遍灑之，謂之送湯，三日後止。

浙江海甯有點油燈焚其草鞋及燒包之俗。

浙江海甯處，凡人死後。先用水抹身，將帳子撤去，停屍床上，頭旁油燈一，並點小燭蠟若干枝，以死者之年歲計，一面燒草鞋於喪家之左近，蓋爲死者之轎夫而燒也。另將死者舊時所着之衣服，疊成一包，上用紙條書姓名，孝子某某焚化字樣，黏封包上，由孝子跪焚曰燒包。

湖州有使死人免食孟婆湯及過剝衣亭之俗。

湖州人俗傳，人死後，須食孟婆湯以迷其心，故臨死時，口啣銀錠之外，並用甘露葉做成一菱附入，手中又放茶葉一包，以爲死者有此兩物，似可不食孟婆湯。同時又有人死須過剝衣亭之傳說，若不預先說明，必受惡鬼所剝，故於臨終穿衣時，家屬婦女，對死者誦杜撰經句曰：爾件衣裳那裏來，我件衣裳家裏來，文武織補太監裁，觀世音娘娘開領作紐襻，彌陀穿去不回來，隨穿隨念，以爲死者免遭剝衣也。不但此也，凡人臨死時，氣尙未盡，而先將其坐於栲栳或巴斗之上穿衣，爲後代將來要得穩把得定之用意焉。

安徽壽春，有爲死人穿衣服時，不得悲泣之俗。

安徽壽春，傳俗人死時，爲之穿衣服者不得悲泣，如悲泣，即淌淚，不得落死者之身，謂淚落死人身，恐有走尸僵尸之累。

至當死者入殮時，各地習俗，雖亦有不同，尙無大異，唯江蘇高郵，有請族長敲棺者。於封釘時，孝子孝婦，並須挽髮，爭產者恆以此爲憑焉。

高郵人民，凡遭親喪，棺斂。時，未封釘之前，孝子必須執杖跪請族長，執當斧柄連敲三下，然後次第實習。且當封釘之時，必以孝子孝婦髮絲，纏繞釘尖，謂之挽髮。說鬼者流，且謂之亮釘。爭嗣之人，恆以挽髮爲重大問題，蓋髮旣挽後，則繼承即有鐵證矣。此事猶北方人之爭打幡，以爲繼承之權利。

他如常熟送喪家入殮者，回家於門前焚稻草，人從火上跨過以禳不利。

常熟風俗，凡赴喪家送入殮後、歸時，家人必於門前，焚稻草一束，人從火上跨過，而後入內，否則將不利。若自喪家出門後，已經別家，則可勿庸跨火。

海甯人於殮後，多設靈床以驗死魂之歸來，此皆源於迷信，非復古聖制禮之本意也。

浙江海甯，多有於蓋棺入殮後，於死者原臥處，安設靈床，以死者臨死時，所穿襯裏衫褲平舖床上，上用紙錠盤成頭形，復用角黍四枚，分置於袖褲管口，成手足形，中用饅首一枚，置肚腹之間，幻成一人形，床下以爐灰平鋪，事畢後，驗死者魂兮歸來否，或云有人跡鳥獸跡，顯於灰上，亦迷信者附會之說，未足信也。

至於邊陲之地，喪俗益爲奇類。如蒙古一地，即多自不同。富而貴者，可擇地作墳；富而不貴者，則浮土掩之；貧而無力葬者，則棄之荒野。火葬一法，唯大富貴家始能行之，以其所費臃多也。

蒙古葬禮，極爲簡單，無靈床，無供獻，不用音樂，不著喪服，並無棺槨衣衾，富者以木板製方櫃，銳其上，著常服，纏以白布，坐尸於中。貧者以柳編筐，裸體或略蔽以布，納諸筐中，富而貴者，擇地作墳，砌以磚，亦極草率，（札薩克或築以小屋，周圍不露氣。）富而不貴者，則浮土掩之。（烏珠穆沁則不許入土，即

王公亦浮厝，相傳塊諸土中，則觸怒龍王，有傷牲畜。）至貧則以車馬，疾馳荒野，俟其顛撲至地，即爲安身之所，三日後視之，已爲鳥獸攫食，則以爲生前無罪戾所致，否則子孫有戚容，大有上古委諸溝壑，死而欲速朽遺意，節序亦無祭奠，此通例也。至火葬一法，則唯大富貴始行之，當請喇嘛誦經畢，潔其尸，纏以白布，塗以黃油築磚於葬所，架以乾柴，乘尸於內，投以烈火，燃爲灰燼，送入五台山，非獻多金，山僧不納云。親友弔唁，亦有財禮，富者或贈牛馬羊及布匹焉。

藏民喪儀，人死後用繩縛其膝手，盛以革袋懸之梁上，延僧誦經，然後送入剮人場而葬之。葬埋之式，有天葬地葬水葬三式，此皆由喇嘛決定之，亦有掛體於牆壁而風乾者，其俗多怪狀焉。

藏民死後，則用繩縛之，使膝嘴相連，兩手交插於腿中，以平日所着之舊衣裹之，盛以革袋，更懸之梁上，請喇嘛讀經，幷爲熬茶送大小召點燈，盡出死者所有物品，以一半布施達拉寺，以一半爲延請喇嘛讀經，幷爲熬茶及一應捨施之需，即父子夫婦，亦不敢存留一物，其家族則坐於死者周圍號哭，如此數月，然後送入剮人場葬之。（藏民有以解剖屍體爲業者，謂之剮人，剮屍一具，大抵索銀錢數十。）其葬之儀式，有天葬地葬水葬三種之殊別。地葬者，縛屍於柱，碎剖其肉，使犬食之，而置骨於石臼，搗爲粉末，和炒麵搓爲團子，又使

犬食之，肉骨盡殘，以無一臠而後已。天葬與地葬稍別，擲屍於空中，使喂鷲烏，肉盡則碎其骨，同於地葬，肉骨皆盡，然後家人互相慶賀，以為死者升天矣。其相異之處，唯有禽獸之別耳。水葬則投屍於河中，以飽魚鼈。天葬及地葬。皆為富者之葬式，貧者皆從水葬，而決定此三種之葬式，必先問於喇嘛，喇嘛亦察其貧產之有無而定之。文有掛屍體於牆壁而風乾者，其狀恰如傀儡云。至弔唁之禮，藏民亦具，凡人死，親族知己弔之，貧者助以銀錢，富者與以哈達而慰問之，亦有送茶酒等敬者，其有制服之家族，男子百日間不著美服，並不沐梳，婦女則去耳環與念珠，他無所忌。富時時召喇嘛，一年之間，使讀經以祈冥福。

新疆喪儀，一省之內，亦多相異。如哈薩克人，親死不居喪，不奠祭，死則速葬，葬以墓穴，夫死則婦皆毀容以示情，親友弔則以抓面流血為至戚。婦於夫，子於親，喪服無定制，惟以守服四十日者為常。其尤異者，即富人初周之年，設宴會親友為騎馬示捷之戲。

哈薩克人，親死不居喪，不奠祭，惟舉哀而已。死則速葬，不逾宿，人病，延毛拉誦經，經言死後復生善地之意。既歿，取淨水洗屍，以阿和乃哆（即細白布）密緻而堅裹之。舁板上，襯以常服之衣，毛拉率其家人往供不耳，（即義園）鑿地為長方穴，舁尸入其中，頭北而足南，面西向，西向者，朝汗之意也。亦有旁開一穴，安放尸身，墓門閉以木板，披門壘土為墓，會葬者誦經而後返，其墓或圓如蒙古式，或長如棺形，或作方塔高三四級者，而以方塔形特多。未葬時衆不得飲食，既葬則大嚼，毛拉且攫死者衣服以去，葬後四十日以內皆誦經。富者於初周之年，更為騎馬示捷之戲。（其法為於該日，豎子不盈十五者，跨馬至會所報名，以次編列，萃集於數十里外，整鞍按轡而立，聞角聲起，驟騎飛馳，疾如驚矢，以先至後至之序，獎各有差。）且其俗，夫死，婦皆毀容，戚友弔唁者，對之痛哭，以抓面流血為戚，否之鄙之以為無情。婦之於夫，子女之於父母，喪服無定制，類持服四十日，不出門，不宴樂，無墓祭，然時延毛拉誦經，以薦亡人，蓋亦追遠之意也。

其準噶爾地，則葬有五法，置諸山曰金葬，懸諸樹曰木葬，焚以火曰火葬，沈諸河曰水葬，埋諸地曰土葬，此皆檢珠露海以為衡。不應此五者，則棄屍道旁，誦經以超渡之。

準噶爾人，死無喪制，子孫親屬為之延喇嘛誦經，檢珠露海所載，有應五行葬法，則以其法葬之。如應金葬則置諸山，應木葬則懸諸樹，應火葬則焚以火，應水葬則沈諸河，應土葬則埋諸地；若不應五行葬，則撤蒙古包棄尸道旁，自亡日起誦經四十九日，不殺生，不薙髮，有剪髮以為孝者，每忌日亦有祭典。

總之邊疆喪俗，多異中原；其能與內地相似，而保守古制尤重者，唯有甯夏一省，甯夏最重縗絰，冠履多依古制。語云

：禮失而求諸野。信虛不也。

甯夏喪禮，最重縗絰，冠履多依古制，三年孝服，雖已葬，麻巾縗衣，必大祥後始易，期功以下，近多就簡便，不盡如古禮。七日行大殮禮，親戚多會弔。將葬，先知親友，前一日各以酒食奠儀往祭，喪家亦備酒食酬酢之。每進飲食，孝子必出稽顙。其禮較內地尤煩焉。

以上所云，乃各地之殊俗，其有乖古禮，尚不足以深責；唯以號稱文化中心之北京，理應無違古制，多存舊禮；而事實上卻多有與古禮相反者，如以送三為送死者出家門，非復送殮之意。

北京喪俗之送三，即送殮也。依禮成服在三日，大殮亦在三日。……今日喪家行事，仍沿用大清通禮，成服在死之第三日。可知送三者，為所送在三日之大殮，故曰送三，即送殮也。但送殮，送死者人於棺也，非送死者出家門也。北京之送三，賓來時，死者已入棺（習俗入殮時日，多看吉時。）僅持香火送於途，是非送死者入棺，乃送死者出家門耳。於義不可通。接三為延僧招魂，事在斂後，非復嗥復冀死者復蘇之意，先送而後接，尤為顛倒事理，不類相成也。

接三為招魂，古禮招魂為臯（同嗥）復。復者，返也，冀人而復生也。古人之臯復，於人死之日，持其衣升屋高呼，呼而後捲衣入，覆尸上，冀死者生氣復而復蘇也。不能復，然後行大斂等死事。今之接三則不然，京津之俗，以人死三日，其魂登高望鄉，故是夜修經禮佛，招魂得一相見，此宋玉招屈原之類，無復禱祈求蘇之心矣。至於有接三，又有送三，接三為招魂，送三為送斂，送三應在接三之後，而今則接三在在送三之後，事理顛倒，殊不類也。

至銘旌一物，為古人表示其人之旗幟，未葬時樹之柩右，臨葬時鋪於柩上。今之銘旌則不然，率以長六七尺之紅紬，製字其上，發引時為亭張之舁行，謂之銘旌亭，此亦與古禮不合者也。

古人之有爵者，生時有旗幟表明其人，死則樹其旗幟於柩右，故旌者，旗幟也。禮記檀弓曰：「以死者為不可別已，故以其旗識之。」是以銘旌一物，應於未葬時樹之柩右，臨葬時鋪於柩上。大清通禮載「窆時取銘旌去杠，縱加柩上。」是也。今人用銘旌則不然，率以長六七尺之紅紬，剪絨布或紙為字附其上，張於帝座之柩架內，發引時舁之行，謂之明旌亭。未葬時不樹於柩右，臨葬時亦不加於柩上，（南京習俗，葬時鋪柩上）斯昧旌旗之本義矣。

嘗考古聖制定喪禮之由，乃就人之情感與理智二者而為之折衷，為死者備物而皆不可用，象其生以送死，事其亡如事存，不使感情猖獗而流於迷信，亦不使理智太明而流於薄恩，同時亦不使執喪禮者，直情徑行，而流於疏忽或過悲，一切皆本諸人情。制為節文，中庸縝密，無有過也；而後之習俗，多昧此義，流於迷信，使喪禮復變為宗教之儀式，（在古時喪禮，多源於迷信，經儒家澄清整理以後，始成新的意義，無復迷信獨斷之氣味。）其影響於世道人心者，至深且鉅，不可不急謀矯正也。至於矯正之法，應由國家制定一極「禮文簡而含意明」之喪儀，使之通行天下，其於移風易俗，發揚文化之功，正不淺也。

——摘自《新東方雜誌》一九四一年六月第二卷第四期

儀禮大功章妾爲君之庶子一節申鄭讀

劉念和

禮經，喪服大功章，大夫之妾爲君之庶子，女子子嫁者未嫁者，爲世父母，叔父母，姑姊妹，舊讀以大夫之妾爲君之庶子女子子嫁者未嫁爲一條，爲世父母以下爲一條，爲大夫之妾爲君之黨服及其私親，鄭讀則以大夫之妾爲君之庶子爲一條，女子子以下爲一條，鄭云，女子子成人者，有出道，降旁親，（指世父母叔父母）及將出者（指姑姊妹）明當及時也，清代諸儒讀經者，或从舊讀，或从鄭讀，但未得當，从舊讀者，有違經例，从鄭讀者，違廢傳傳文（傳文嫁者二句金榜江筠以爲鄭注鄭珍則直以爲衍文）當者，舊讀固誤，而从鄭讀，亦不得違廢文。嫁者一句，舊讀以女子嫁者未嫁者屬庶子下，不知古書子兼男女，丈夫子女子子皆曰子，總言無別，分言則異，喪服篇中，尤爲如是，不杖期章，爲衆子，昆弟之子，婦爲昆弟之子，大夫之子，爲昆弟之子，大功章，大夫爲子，昆弟之子，子皆兼男女而言之也，（至於殤服中，則以子與女子子兼言之者，益經意恐疑人以爲女子不殤，故殤服中皆以子與女子子並舉之也，）是則大夫之妾，爲君之庶子，亦兼男女而言也，（小功章，大夫之妾爲庶子之長殤大夫之妾爲庶子適人者，可證此庶子兼男女而言，大夫之妾爲君之庶子爲大功，其長殤則降之爲小功女子子嫁者，亦降爲小功，此爲明證。）

若以女子子嫁者未嫁者屬之則亂經文之例，而與小功章大夫之妾爲君之庶子適人者，將無以爲說，記云，妾爲其私兄弟如邦人，則爲世父母叔父母姑姊妹，非妾爲其私親之服明矣，且爲大夫妾者，爲其世父母叔父母尙服大功，則女子之爲大夫妾者，爲其世叔父母，亦當有服矣，而經無大夫之妻爲其世叔父母之服，豈非誣經乎，故爲世父母叔父母姑妹者，爲女子子嫁者未嫁者所服之人。不亦明甚，然而猶有疑者。下條大夫之妻爲姑姊妹嫁于大夫者，賈疏明其爲本宗之姑姊妹則大夫之妻于姑姊妹適士者，當降爲小功矣，此傳既云嫁者嫁于大夫，卽是大夫之妻矣、又何同爲大功而無所別，故江筠金榜鄭珍皆于嫁者嫁于大夫二句，明非傳文，是不然，蓋女子子爲姑姊妹當服期，既嫁者以出降爲大功，成人未嫁者，以有出道，亦降爲大功．若其姑姊妹已嫁，又當降爲小功。而嫁爲大夫之妻，尊與己同不降小功也，故此之姑姊妹指在室言之，與下文大夫之妻爲姑姊妹之嫁于大夫者，自有別也，說者又謂女子子爲世叔父母當期，以出降爲大功，又以嫁其于大夫，例以大夫爲世父母叔父母之爲士者服大功，則又當以尊降其世叔父母爲小功矣，不當服大功，而嫁者嫁于大夫二句非傳文明矣，是又不然，大夫之妻以尊降者，降其从服，其夫之所降，妻不敢不降也，此爲其世叔父母，是私親，不得以尊而降其私親也，若謂女君有以尊降其兄弟者，是鄭君推記義之說，而說者又因鄭說以推女君之降其私親．非經義也。故嫁者二句，既非注文，又非衍文也，故此處經傳當爲【經】大夫之妾爲君之庶子【傳】何以大功也妾爲君之黨亦得與女君同也【經】女子子嫁者未嫁者爲世父母叔父母姑姊妹【傳】嫁者，其嫁於大夫者也未嫁者成人而未嫁者也，若下言以廿一字，當是鄭注，與天辨之詳矣，至於鄭君之讀，與齊衰三月章女子子嫁者未嫁者爲曾祖父母之文同例，且鄭君於不杖期章女子爲祖父母傳，祖，注云，雖有出道，猶不降，及齊衰三月章，女子子嫁者未嫁者爲曾祖父母傳，不敢降其祖下，注云，此著不降，明有所降，此兩處之注皆爲大功章女子子爲世叔父母姑姊妹之讀，預爲其地說，故大功章注引齊衰三月章爲說，其義甚遂，鄭因傳有不降其祖之說，而遂有降旁親之義。蓋推本先王制禮，揆于人情，女子嫁者，有从服之義，故得降其旁親，以免增益其服，而成人者有出道，亦得降其旁親，以殺其服，俾之得時則嫁，不致有怨曠之思，斯先王制禮之精意，而後觀世遞降之說，所由生也。

——摘自《斯文半月刊》一九四三年二月

第三卷第三期

喪服之商榷

許同莘

前撰喪服芻議，陳述臆見，嗣見禮樂館北泉議禮錄，有凶禮一篇：於服制分斬衰齊衰大功小功緦麻五等，出殯後服喪期未滿，除行禮時外，改用素服，但應於左肘以上纏黑布一道誌哀，公務員有父母之喪者，得辭職守制，其不得請者，得在任給假治喪，堅辭者聽。斟酌古今，折衷得當，與部議暗合者，十之六七。然喪期無改於舊，而持服之人，其長短頗與舊制互有出入。此事推論不厭求詳，謹就鄙見，聊陳一二，備當事者之參考。

儀禮喪服篇：婦爲舅姑服齊衰期，舅姑爲適婦服大功，爲庶婦服小功，舅姑子婦之間，其服制不相等也。舅姑，子婦之名，基於夫婦，其關係以夫婦爲主，故婦人不貳斬，在室以父爲尊，既嫁以夫爲重，夫之服極於斬衰，而舅姑之服止於齊衰期年，非輕舅姑也，重斬也。唐以後改爲舅姑三年，大非禮意。今降爲齊衰期，甚合古禮，而舅姑之於子婦，亦定爲齊衰期服，重平等而略尊卑，一變舊制，似不甚允。儀禮舅姑爲適婦大功，爲庶婦小功，其服大功者，適承宗祧之重。今日之適婦，即他日之宗婦，故其服加庶婦一等，若庶婦之服，則祇小功而止，降於期服二等。今宗法久廢，本無適婦庶婦之分，而舅姑爲婦服期，是視宗法加重，按之今古，皆不可通。或謂立法之意，主於平等，故以相互爲服。民法親等相同，故推之於服制；然法律之與禮制，各有取義。法律之平等，不在尊卑而在人權；禮制則明示尊卑，正所以爲平等。譬如結婚禮節新郎新婦行禮之時，相向而立，而對舅姑行禮，必舅姑在上，子婦在下，即其明證。竊謂婦爲舅姑可以服期，舅姑爲婦，宜服小功，婦爲夫之祖父母，可服大功，而夫之祖父母對於孫婦宜服小功。此徵之習俗則可通，按之古義亦不背。此可商者一也。

議案所定，有重於古者。禮，爲姑姊妹服期，其適人者，則爲大功。今不分在室適人，姑姊妹之喪皆服期，是加於舊制一等。原夫降服之意，非因其出嫁而遠之也，婦以夫家爲主，有所重必有所降，故既嫁則對於兄弟及兄弟之子之喪，皆服大功。儀禮之文曰，姑姊妹適人無主者報。無主，謂其夫家不能主於祭祀之時，以其無主而仍爲之服期，與在室無異，則有主者之爲大功明矣。今概定爲期服，與禮意不協。此可商者二也。

妻爲夫族之服，禮文詳矣。於娣姒則服小功緦，於夫之姑姊妹則服小功。推而至於夫之昆弟之子婦，夫之從父昆弟之妻，莫不有服。蓋婦女之聚於家庭，欲其情意浹洽而無乖戾之萌，故雖非血氣之親，亦引而近之。獨至嫂叔之間，則不相爲服，此必有說。禮記檀弓：嫂叔之無服也，蓋推而遠之也。推而遠之者，別嫌明微之謂也。以常情言之，兄弟不論同居與否，嫂叔覿面之日，終較他人爲多。然古人制禮之意，亦正從此處著眼。蓋邃古之時，有叔嫂同室而居者，有兄亡而妻其妻，如今日西藏部落者。制禮者別嫌疑而謹閨門，力矯其失，推而遠之，故不制嫂叔之服，以示界限。晉之蔣濟成粲輩，以爲嫂叔有服，袁準又從而附會之，已爲後人所駁，至唐而議論愈多。宋初制爲叔嫂服大功，後又降爲小功，迄無定論。其主持最力者，無如唐之魏徵。其言曰，制服緣恩之厚薄，或有長年之嫂，遇孩童之叔，劬勞鞠養，情若所生，當其生也，愛之同於骨肉，及其死也，則推而遠之，求之本源，深所未喻，稱情立文，請小功五月，此說祇就少失父母而鞠育於嫂者言之。如韓愈少孤依兄嫂之類。其事偶一有之，不可以爲常例。今議當用宋人小功之例，固非無據，而未規定喪服喪期之親屬，曾受死者之扶養，或監護者，則別爲小功五月之喪，二事正可參親在室。若儀禮緦麻三月之服，有乳母一條，法律之扶養監護，正有類於乳母，似可定叔嫂爲緦麻之服，無論寡嫂資贍養於其叔，或幼叔賴嫂育於長嫂，皆用此例，則全恩義而禮意不失。此可商者三也。

夫婦可以平等，而夫於婦之父母，婦於夫之父母，其持服必不可以齊同，何也？娶婦所以繼宗祧之重，婦之一身，在夫家有承先啓後之責，若壻之於婦家，則一戚屬而已。故禮有婦道，無壻道。婦家於壻，視爲賓客，夫於婦之父母，其服祇緦麻三月而止，非薄於妻也，稱情立文，如是而已足也。今議案夫爲妻之父母，妻爲夫之父母，俱服齊衰期，名爲平等，而實則薄於夫而厚於婦。蓋法律既有繼承一端，則內外宗親，法律之意自分輕重，其所以有輕重者，事勢之不齊，法律無如之何，若泯其輕重之實，而以不齊齊之，是厚者薄而薄者厚，非循名核實之道也。又，議案，妻嫁夫從夫居者，對於夫父母之喪期，與夫同，夫贅於妻家從妻居者，對於妻父母之喪期，與妻同。「妻嫁夫從夫居」六字，文義不甚明顯。如與贅壻對舉，則是妻嫁夫以後，不必與夫同居，否則子既娶婦，必須與父母異居，其同居者，視爲例外，而服制爲之加重。就今日事勢言之，子娶婦而分居，已爲常事，然不論分居同居，其姑婦名義則一，不應強爲軒輊。假如家有兄弟二人，長子娶婦與父母分居，幼子娶婦依父母以居，及父母之喪，長婦服齊衰期，幼婦服斬衰三年，則他日析產侵分多少，從婦必起，其長婦亦必不願。至於夫贅於妻家，或以一時事實便利，暫就妻家寄居，或妻家別無子女，由壻爲之照料，然此均不得謂之出贅，不應重其服制，如舍其本姓而從妻家之姓，則是以異姓爲後，議案於爲人後者，其喪服別有條文，不應重出。父母之喪，纔綦於女，不分在室出嫁，概定爲斬衰三年。若其夫因而從之，則是以異姓而並非爲後之人，忽厠於寢苫枕塊之列，泣血以從其妻之後，不啓爭端，亦招物議，恐不可行。此可商者四也。

民法禁止重婚，而夫婦之一方，於事前同意，或事後宥恕，或知悉後已逾六箇月，或自其情事發生後已逾二年者，不得請求離婚。此節雖夫婦並舉，實則重在婦之一方，即默許納妾之謂也。妾所生之子女，在民法謂之非婚生子女，質實言之，即庶出之謂也。法律不視妾爲親屬，而不能不認妾所生之子女，故其文曰，非婚生子女，經生父認領者，視爲婚生子女，其繼承關係，與婚生子女同，此事爲立法時最爭執之一端，遷就事實，不得已而出此，用心良苦。既視爲婚生子女，則父母父子之名，因之而起，其不能再加區別，亦事勢之所必然。館議正妾之名爲所生母，是用古義，以庶出之子爲認領，是用今義。其文曰，認領之子女，對於父母及所生母，斬衰三年。斬衰三年，服之至重者也。子女而可以認領，名之至不正者也。又曰，婚生子女，對於所認領子女之生母之喪，爲小功五月。議案之意，認此母有家族地位，故嫡子爲之服小功。是法律難之而禮制進之，其趨之者，亦事之不得已者也。所謂禮制之與法律，不相蒙而實相成。妾之名不必有，而嫡庶之名不必廢。古人以長子爲嫡子，餘子皆爲庶子，亦謂之支子，後世專以側室之子爲庶子，其名雖同，其實已非。母以子貴，既認其子，無絕其母於家族之理。如謂妾之一字，不應見於法律，稱嫡庶則與妻妾相類，不得不并庶出之名而去之，則不妨稱庶出之子爲餘子，周禮小司徒餘子注，餘子，猶羨也。漢書食貨志注，餘子，庶子也。稱爲餘子而就條文中加以解釋，凡父與所生母同居而非正式結婚者，其所生之子女，謂之餘子，藉與婚生溷同，則無近嫡之嫌，而亦與稱庶出側出者無異。推類言之，餘子之所生母爲婚生之母服期，如古妾爲女君之例，於其父亦如之，如古妾爲家長之例，則當義較爲周匝。與上文婚生子女爲非婚生子女服小功五月之例，亦自貫通。此可商者五也。

——摘自《東方雜誌》一九四四年十一月

第四卷第二十一號

饗禮考

許維遹

(一) 作用

待賓之禮有三:曰饗,曰食,曰燕。饗主敬,燕主歡,而食以明善賢之禮。饗有體薦而不食,爵盈而不飲,設几而不倚,務重儀容。食以飯爲主,置酒漿而不飲,無獻酢之儀。燕以飲爲主,有折俎而無飯,行一獻之禮,則脫屨升坐,以盡其歡。此三者之區別也。三者以饗爲最隆,故周禮大司樂職,禮記坊記及仲尼燕居篇,均稱饗禮謂之大饗,與祭禮之大饗,名同而實亦相類。饗者具大牢以饗賓,備醴酒而醴賓,設尊彝籩豆,其獻如命數,故隆於食燕。

周語中:'王享有體薦,宴有折俎,公當享,卿當宴。'

其禮之隆,可思過半矣。至其作用,亦與他禮不同。惟饗禮久亡,無可考見,今稽合羣籍,尚存數事可推尋焉。數事之中,其較具體者,一曰:以養上賓也。

魯語上:'饗養上賓。'

廣雅釋詁'養,享也',說文'享,獻也'。二曰:以仁賓客也。

禮記仲尼燕居篇:'食饗之禮,所以仁賓客也。'

周禮大宗伯職:'以饗食之禮,親四方之賓客。'

仁與親義相因,故荀子大略篇云:'仁愛也故親。' 三曰:以建德也。

周語中:'夫王公諸侯之有飫也,將以建大德。'

左傳定公十年:'夫享以昭德也。'

飫即饗禮,大德猶大功也。自己言之,謂之建德,對人言之,則謂之昭德。四曰:以講事成章也。

周語中:'夫王公諸侯之有飫也,將以講事成章。'

韋注云:'講,講軍旅,議大事,章,章程也。' 其作用較抽象者,一則以正交接也。

禮記樂記篇:'射,鄉,食,饗,所以正交接也。'

二則以昭大物也。

周語中:'將以昭大物也。'

韋注云:'大物,大器也。' 三則以顯物也。

周語中:'飫以顯物。'

韋注云:'顯物,示物備也。 四則以訓恭儉也。

左傳成公十二年:'享以訓共(恭)儉。'

周語下:'晉羊舌肸聘於周,發幣於大夫,及單靖公,靖公享之,儉而敬。'

五則以觀威儀也。

左傳成公十四年:'古之爲享食也,以觀威儀省禍福也。'

因饗重威儀,賓主不得疏失,故周語中云'容貌有崇,威儀有則。'

右舉九事,於饗禮之作用,固不足以獲其全,然其大義可推而知矣。

(二) 種 類

饗禮之範圍,依左傳則廣,依周禮則狹,故分其種類,不易嚴密。禮記王制篇孔疏引皇侃云:

饗禮有四種:

一　是諸侯來朝,天子饗之,則周禮大行人職云'上公之禮,其饗九獻'是也。其牲則體薦,體薦則有房烝。國語云:'王公立飫,則有房烝。'其所云飫,即謂饗也。

二　是王親戚及諸侯之臣來聘,王饗。其酌數亦當依命。其牲折俎,亦曰殽烝也。國語云'親戚宴饗,則有房烝。'

三　是戎狄之君使來,王饗之。其禮則委饗也。其來聘賤,故王不親饗之,但以牲全體委與之也。國語云'戎翟貪而不讓,坐諸門外,而體委與之。'

四　是饗宿衛及耆老孤子,則以醉爲度,故酒正云'凡饗士庶子,饗耆老孤子,皆共其酒,無酌數。'

案皇氏所舉最後一種,則不可從。周禮外饔職云'邦饗耆老孤子,則掌其割亨之事,饗士庶子,亦如之。'疑外饔與酒正職之饗,其義與說文'饗,鄉人飲酒',詩七月篇'朋酒斯饗'之饗相同,非饗禮之饗也。據酒正職云'共其酒,無酌數',外饔職云'掌其割亨之事',槁人職云'若饗耆老孤子士庶子,共其食',則與食燕之禮相近,食以飯爲主,燕以醉爲度,且食其殽,饗則有酒不飲,有體薦嘉殽亦不食,皆是其證。

(三) 迎賓與待賓

凡四時常朝朝享,無迎賓之儀,享後禮祼,則有迎賓之儀。蓋朝享純乎君臣,故無迎法,以臣非賓也。饗先行聘,聘者諸侯之臣來聘,或敵國之君至,是饗禮純乎賓主,故依諸侯相朝禮,則有迎法。周禮齊僕職云:

> 掌馭金路以賓,朝覲宗遇饗食,皆乘金路,其法儀各以其等爲車送逆之節。

鄭注云:'節謂王乘車迎賓客及送相去遠近之數,上公九十步,侯伯七十步,子男五十步(案本周禮大行人文)。司儀職曰"車迎拜辱",又曰"及出車送"。' 賈疏云'郊特牲云:"覲禮天子不下堂而見諸侯",是受贄受享,皆無迎法。今言朝覲宗遇饗食皆乘金路者,謂因此朝覲宗遇,而與諸侯行饗食在廟,即有乘金路迎賓客之法也。' 周禮大行人職說公侯伯子男朝位,鄭注云:

> 朝位,謂大門外,賓下車,及王車出迎所立處也,王始立大門內,交擯三辭,乃乘車而迎之。

此注與齊僕注,合而觀之,則其義全矣。詩蓼蕭篇鄭箋云:

> 諸侯燕見天子,天子必乘車迎於門。

燕行於寢,亦有車迎,而饗行於廟,以講賓主之禮,其迎法則隆於燕明矣。

待賓之法,聘禮有明文,禮記聘義篇云:

> 主國待賓,出入三積,餼客於舍。五牢之具陳於內。米三十車,禾三十車,芻薪倍禾,皆陳於外。乘禽日五雙,羣

介皆有餼牢,壹食再饗燕,與時賜無數,所以厚重禮也。聘與饗爲首尾,其待賓之法,或與聘禮合爲一事。饗禮已亡,推尋聘禮,庶能知其端倪。今考諸内外傳,亦存待賓之文,與聘義比度,其事益備。左傳襄公三十一年云:

諸侯賓至,甸設庭燎,僕人巡宫,車馬有所,賓從有代,巾車脂轄,隸人牧圉,各瞻其事,百官之屬,各展其物。

此待諸侯賓也。周語中云:

周之秩官有之曰:敵國賓至,關尹以告,行理以節逆之,候人爲導,卿出郊勞,門尹除門,宗祝執祀,司禮授館,司徒具徒,司空視塗,司寇詰姦,虞人入材,甸人積薪,火師監燎,水師監濯,膳宰致饔,廩人獻餼,司馬陳芻,工人展車,百官以物至,賓入如歸,是故小大莫不懷愛,其貴國之賓至,則以班加一等,益虔。

此待敵國賓及貴國賓也。

(四) 饗與醴

左傳莊公十八年:'虢公晋侯朝王,王饗醴。'

杜注云'王覲羣后,始則行饗禮,先置酒,示不忘古。'凌廷堪禮經釋例引此傳云'饗謂饗禮,醴謂醴賓焉者,蓋謂饗及醴賓之庭實,故聘禮醴賓亦云:"賓執左馬以出"。杜注行饗禮,先設醴酒,恐誤。士昏禮:"婦見舅姑,贊醴婦,婦饋舅姑",舅姑饗婦,亦分醴饗爲兩事。'案凌氏據禮經分辨饗醴,雖勝杜說,終嫌於義未盡。饗與醴當分爲二。饗必設酒。

荀子禮論篇:'大饗尚玄尊,饗尚玄尊,而用酒醴。'

酒醴連文,酒即醴也。饗禮與祭禮相類,祭禮用醴,則饗禮亦必用醴。聘先饗行,有聘必有饗,故言聘禮每包饗禮。

儀禮聘義篇:'聘射之禮,至大禮也,酒清人渴而不敢飲也,肉乾人飢而不敢食也。'

左傳昭公五年說朝聘享頫禮:'爵盈而不飲。

聘有酒醴,饗亦宜然。饗禮二字,師遽尊作'鄉醴',遹毀,尹光鼎作'鄉酒',醴與酒間用,酒亦指醴酒而言。周語中述饗禮則云:

潔其酒醴,

非酒與醴爲二,酒亦醴也,其例與荀子同。禮記月令篇載天子躬耕帝籍田事云:

反,執爵于太寢,三公九卿諸侯大夫皆御,命曰勞酒。

鄭注云'既耕而宴飲,以勞羣臣也。太寢,路寢。'呂氏春秋孟春篇文同,高注云'御致天子之命,勞羣臣於太廟,飲之以酒。案鄭以爲燕禮,故釋太寢爲路寢,高以爲饗禮,故釋太寢爲太廟,高說確不可易。周語上亦載此事云:

王乃淳濯饗醴。及期,鬱人薦鬯,犧人薦醴,王祼鬯,饗醴乃行。

是月令呂氏春秋之酒,即國語之醴,以在太廟,祇能行饗醴不能行燕飲,此禮之通論也。周語上云:

犧人薦醴……宰夫陳饗。

其分饗醴爲二,義尤明顯。

(五) 備物

饗禮與祭禮相類。祭用備物,以盡其心,饗用備物,以象其德。左傳僖公三十年云'國君文足昭也,武可畏也,則有備物之饗,以象其德'是也。若夫諸侯之臣,則當以其爵等爲之禮,所謂禮主異,異則相敬也。惜其名物詳數,不可盡考,其散存於羣書者,亦止能獲其略。最而言之,有體薦,一曰房烝,

左傳宣公十六年:'王享有體薦。'

周語中:'王公立飫則有房烝。

有腥魚。

周禮大司馬職:'大祭祀饗食,羞牲魚。

有腶脩。

禮記郊特牲篇:'大饗尚腶脩。'

鄭注云'大饗,饗諸侯也。'

有大羹,鉶羹。

周禮亨人職:'祭祀共大羹鉶羹,賓客亦如之。

大戴禮記禮三本篇:'大饗先大羹。'

有昌歜,白黑形鹽。

左傳僖公三十年:饗有昌歜,白黑形鹽。'

昌歜即周禮醢人職之昌本。白黑形鹽,即周禮籩人職白黑形鹽之禮。周禮鹽人職賓客共其形鹽散鹽',鄭注云'形鹽,鹽之似虎形。'鹽虎形亦見僖公三十年傳,惟饗與祭用之。食燕之禮,則用散鹽。

有十二牢。

周禮掌客職:'王合諸侯而饗禮,則具十有二牢,庶具百物備。'

有五味。

左傳僖公三十年:薦五味。

周語中:'五味實氣。'

有鬯醴。

周語上:'王乃淳濯饗醴,及期,鬱人薦鬯,犧人薦醴,王祼鬯,饗醴乃行。'

有嘉穀,即秫稻穛粱之屬,

左傳僖公三十年:'羞嘉穀。'

弭仲簠:'弭仲作寶簠,用盛秫稻穛粱,用饗大正,歆王賓。'

有加籩豆。

左傳僖公二十二年:'楚子入享于鄭,九獻,庭實旅百,加籩豆六品。'

左傳昭公六年:'晉侯享季孫宿,有加籩。'

加籩即周禮籩人職所謂'加籩之實',加豆即周禮醢人職所謂'加豆之實',饗禮所具百物。凡備設者,以象德也,薦獻者,以見功也。加籩豆者,與薦獻相等耳。載其備設者,除周禮左傳外,莫詳於國語。

周語中:'擇其柔嘉,選其馨香,潔其酒醴,品其百籩,修其簠簋,奉其犧象,出其尊彝,陳其鼎俎,淨其巾冪,敬其祓除。'

若夫几筵猶爲常事,亦或饗禮至隆,其几筵加飾,以示其敬。

周禮司几筵職:'大饗,設莞筵紛純,加繅席畫純,加次席黼純,左右玉几。'

有庭燎

左傳襄公三十一年:'諸侯賓至,甸設庭燎。'

(六) 獻與宥

饗禮與祭禮,多相因襲,其獻數亦然。儀禮特牲饋食禮賈疏云'天子大祫,十有二獻,四時與禘,唯有九獻',而禮記禮運孔疏引崔靈恩云'天子禘祫時祭並九獻',此皆言祭禮也。而饗禮獻數,則以其爵等爲之禮。

周禮大行人職:'上公之禮,饗禮九獻。侯伯之禮,饗禮七獻。子男之禮,饗禮五獻。'

九獻爲上公之禮,然據周官,饗諸侯長,亦有十二獻者。

周禮掌客職:'天子合諸侯,而饗諸侯長,十有再獻。'

孫詒讓正義云:

諸侯長十有再獻者,待方伯以殊禮,蓋與大祫十二獻禮略同。凡上公九獻。依司尊彝注說祭禮約之,蓋先有二祼,祼後又有四獻,賓食後酳爵又二獻,衆賓之長又一獻,是爲九獻。此外更有三獻,則禮經無可推約,莫能詳也。'

周禮大行人賈疏云:

九獻者,王酌獻賓,賓酢主人,主人酬賓,酬後更八獻,是爲九獻。

考饗禮有祼事,迎賓則有行獻之儀,賈不言祼事,孫言祼事,故當以孫說爲正。又內外傳述饗禮,亦僅有九獻,無十二獻,

左傳僖公二十二年:'楚子入享于鄭,九獻。'

晉語四:'重耳如楚,楚成以周(君)禮享之,九獻。'

是諸侯之禮,亦以九獻爲數,十二獻者,蓋如孫說待方伯以殊禮也。

饗禮有宥,既見經傳,又見彝器.其禮之事,禮之儀,且多相同。其文簡約,非以經傳印證之,則不易明。

左傳僖公二十五年:'晉侯朝王,王享醴,命之宥。'

左傳僖公二十八年:'晉侯獻楚俘于王……王享醴,命晉侯宥。'

晉語四載左傳僖公二十五年事則云'王饗醴,命公胙侑。'王引之經義述聞謂'胙即酢之借字',是也。詩彤弓篇一章言'一朝饗之',二章言'一朝右之',三章言'一朝醻之'。右與宥侑通,字亦作友。

大鼎:'王在𩣡侲宮,大以厥友守王鄉醴。'

師遽尊:'王在周康寢,鄉醴,師遽蔑曆䀠。'

鄂侯馭方鼎:'鄂侯馭方內口于王乃祼之,馭方䀠王。

此三彝器,皆言饗禮也。大鼎之友即宥字,師遽尊鄂侯鼎之䀠即古友字,友與右宥侑並通。王國維釋宥釋鄂侯鼎云:

䀠即宥侑二字。說文友之古文作𦥔,此其本字矣。鼎云'王乃祼之'者,謂王祼馭方也。'馭方䀠王'者,謂馭方酢王也。周禮大行人'侯伯之禮,王禮壹祼而酢',即此事也,故侑之義與酢同。此不云酢而云侑者,以諸侯之於天子,不敢居主賓獻酢之名,故雖酢天子,而其辭若曰侑之云爾。且侑者有配偶之義。侑之爲言友也,鄂侯鼎字正作友。有司徹之賓尸也,'乃議侑于賓以異姓',吉禮尸之有侑,猶嘉禮賓之有介也。有司徹一篇紀侑事者,無侑尸飲食之事,是侑之名義,取諸副尸,而不取諸勸尸,審矣。古者諸侯燕射之禮,皆宰夫爲獻主,故其臣不嫌有賓名。若天子饗諸侯,則不設獻主,受獻者嫌與天子亢禮也。若曰天子自飲酒,而諸侯副之,如侑之於尸云爾。

案王說至確。宥侑與䚷同,說文云:'䚷,耦也',耦即配偶。

尹光鼎:'王鄉酒,尹光邐。'

鄉酒猶饗醴,說詳饗與醴章。邐與麗通,周人校人職'麗馬一圉',鄭注云'麗,耦也。'說文麗之古文作丽象兩相對之形。儀禮聘禮篇'上介奉幣儷皮',士冠禮篇'主人酬賓,束帛儷皮',鄭注並云'儷皮,兩鹿皮'。儷即麗之俗,鄭意釋麗爲兩。兩引申爲配偶,與宥侑字異而義同。配偶亦含相助之義。左傳僖公二十五年杜注云'宥助也',詩侑字作右。說文云'右,手口相助也。'儀禮有司徹鄭注云'古文右作侑',是侑亦爲相助。獻酢者即相助之事也。

大豐𣪕:'丁丑,王鄉大宜,王降亡助爵復觵。'

降,降命也,亡,人名,言王命亡助爵復觵。此𣪕之助,與大鼎之宥,鄂侯鼎之友,亦字異而義同。

遹𣪕:'王鄉酒,遹御,亡遣。'

御猶侍也。侍亦謂相助。亡遣,無譴過也。禮記月令述天子籍田之禮'反,執爵于太寢,三公九卿諸侯大夫皆御,命曰勞酒',鄭注云'御,侍也',而周語上載此事則云'王乃淳濯饗醴。'是此𣪕之御,其義猶侑也,助也,亦字異而義同。左傳國語所謂'命晉侯宥','命公胙侑'者,以王饗諸侯,諸侯不得與王亢禮而獻酢于王王特命之,始敢配偶相助,故加命字以別之。彝器文簡,省去命字,惟大豐𣪕以降字代命,與內外傳義正相會。詩'一朝右之',毛傳訓右爲勸,鄭箋以右爲奠於薦右,均非其指。晉語'命公胙侑'韋注云'命,加命服也。胙,賜祭肉也。侑,侑幣,謂旣食以束帛侑之'。如韋說,則命也,胙也,侑也,爲三事。且以命爲命服,則正文當云'錫公命',不得言'命公'也。賜祭肉爲祭禮,此饗禮也,何祭肉之有? 侑食之幣爲食禮,而饗禮雖有酬幣,亦不嘗與賜胙二者遷罪,況酬幣侑幣本禮之常,何須言命? 證之以彝器,合之以經傳,則毛傳鄭箋韋注之失,皆可諟正矣。

(七) 樂與舞

饗禮至隆,饗則有備物,樂則用備樂。左傳成公十二年云'重之以備樂',言兩君行饗,始用備樂也。又莊公二十一年云'鄭伯享王于闕西辟,樂備',言諸侯饗王,則宜樂備。又襄公十年云'宋公享晉侯于楚丘,請以桑林',桑林,宋之禘樂也,饗禘同樂,禮之常也,故下文云'魯有禘樂,賓祭用之。'且樂與舞本相聯繫,大祭祀有歌舞,大饗亦有歌舞。饗禮雖亡,尚可考見其略。

(一)是迎賓之樂。

禮記仲尼燕居篇:'兩君相見,揖讓而入門。入門而縣興;……入門而金作,示情也。'

禮記郊特牲篇:'賓入大門,而奏肆夏,示易以敬也。'

儀禮燕禮篇:'若以樂納賓,則賓及庭奏肆夏。'

儀禮大射篇:'擯者納賓。賓及庭,公降一等,揖賓。賓辟。公升即席,奏肆夏。'

是賓入門或及庭時,則金奏肆夏以迎賓。饗禮亦如之。

左傳成公十二年:'晉郤至如楚,聘且涖盟。楚子享之,子反相。爲地室而縣焉。郤至將登,金奏作於下,驚而走出。'

左傳襄公四年:'穆叔如晉,報知武子之聘也。晉侯享之,金奏肆夏之三,不拜。'

魯語下:'夫先樂金奏肆夏,樊遏,渠,天子所以饗元侯也。'

右舉三事,知饗禮迎賓,亦金奏肆夏。金奏,奏鍾鼓也,爲樂之始。肆夏,九夏之一,爲樂章名。

(二)是送賓之樂。

禮記禮器篇:'大饗,其王事與!……其出也,肆夏而送之。

周禮大司樂職:'大祭祀……尸出入,則令奏肆夏。……大饗不入牲,其他皆如祭祀。'

右舉二事,知饗禮送賓,亦奏肆夏。此與燕射之禮不同。

儀禮燕禮篇:'若以樂納賓,則賓及庭奏肆夏。'

同上:'賓醉,北面坐,取其薦脯以降,奏陔。'

儀禮大射篇:'賓及庭……奏肆夏。……賓醉,北面坐,取其薦脯以降,奏陔。'

是燕射之禮,以肆夏迎賓,而以陔夏送賓也。陔夏,樂章名也,亦九夏之一。周禮鍾師陔夏作祴夏,鄭注云'客醉而出,奏陔夏。陔與祴通,義取警戒。饗則爵盈而不飲,故不奏陔夏。且尸出入,奏肆夏,祭之有尸,猶饗之有賓,此迎賓送賓所以奏肆夏也。其樂章之數,亦與燕殊。

左傳襄公四年:'穆叔如晉。……晉侯享之,金奏肆夏之三,不拜。韓獻子使行人子員問之……對曰,"三夏,天子所以享元侯也,使臣弗敢與聞。"'

蓋諸侯燕賓,祇用肆夏一章而已,天子享諸侯,乃得備肆夏三章,故穆叔之對,不曰肆夏,而曰三夏也。燕禮稱肆夏,統而言之,未分其章數。魯語下亦載左傳襄公四年事,則云'夫先樂,金奏肆夏,樊遏渠。'肆夏其一也,樊遏其二也,渠其三也,以肆夏統之,故曰肆夏之三,猶魯語'歌文王大明緜'三篇,而左傳作'歌文王之三'也。

(三)是升歌。

禮記仲尼燕居篇:'兩君相見,…… 升歌清廟,下管象。'

禮記文王世子篇:'天子視學,登歌清廟。'

禮記明堂位篇:'成王命魯公,世世祀周公以天子之禮樂。季夏六月,以禘禮祀周公於大廟,…… 升歌清廟。'

禮記祭統篇:'夫大嘗禘升歌清廟,下管象。'

天子諸侯之樂,以金奏爲第一節,升歌爲第二節。有金奏者,以金奏爲始,無金奏者,以升歌爲始。金奏爲堂下樂之始,升歌爲堂上樂之始。禘有升歌,禘,大祭祀也,饗有升歌,饗,至大禮也,故祭統云'聲莫重於升歌',郊特牲云'饗禘有樂'饗禘並舉,義相類也

周禮小師職:'大祭祀,登歌擊拊,下管擊應鼓,徹歌,大饗亦如之。'

周禮大師職:'大祭祀,帥瞽登歌,令奏擊拊,下管播樂器,令奏樂鏄,大饗亦如之。'

則大祭祀與大饗升歌之節,完全相同。其所以歌清廟者,以天子饗諸侯,則歌頌也。若兩君相見,則歌大雅,諸侯燕其羣臣,及他國之臣,則歌小雅。說本王國維釋樂次。

(四)是饗舞。

禮記仲尼燕居篇:'大饗有四焉…… 入門而縣興,升堂而樂闋,下管象,武夏籥序興,客出以雍徹,以振羽。'

禮記文王世子篇:'天子視學……登歌清廟……下管象,舞大武。'

禮記明堂位篇:'季夏六月,以禘禮祀周公于大廟,……升歌清廟,下管象;朱干玉戚,冕而舞大武,皮弁素積,裼而舞大夏。'

禮記祭統篇:'夫大嘗禘,升歌清廟,下而管象,朱干玉戚,以舞大武,八佾以舞大夏,此天子之樂也。'

夫祭有四時,莫重於嘗禘,嘗禘有大武大夏之舞,則饗禮亦不宜有異。

左傳襄公十年:'宋公享晉侯於楚丘,請以桑林……舞師題以旌夏。'

左傳莊公二十年:'王子頹享五大夫,樂及徧舞。'

周禮司干職:'掌舞器。祭祀,舞者既陳,則授舞器,既舞則受之。賓饗亦如之。'

周禮韎師職:'掌教韎樂。祭祀則帥其屬而舞之。大饗亦如之。'

周禮籥師職:'祭祀則鼓羽籥之舞。賓客饗食,則亦如之。

左傳謂饗有樂舞,周禮謂饗祭並有樂舞,籥師職舉羽籥之舞,不舉大武者,非其職也。王國維釋樂次解仲尼燕居'武夏籥序興則云'武,大武。夏籥,大夏也。呂氏春秋古樂篇"禹命皋陶,作爲夏籥,九成,以昭其功",是夏籥即大夏。夏者夏翟羽。詩邶風"左手執籥,右手秉翟",謂此舞也。'案王說得其實。周禮之羽籥即夏籥,亦即大夏。考舞有文武之別,大武,武舞也,大夏,文舞也。武舞用干戚,文舞用羽籥。其次第武先於文。左傳襄公二十九年云'見舞象箾南籥者',象箾,武舞也,南籥,文舞也,先武後文。詩簡兮篇一章言'碩人俁俁,公庭萬舞',二章言'左手執籥,右手秉翟',萬舞,武舞也,籥翟,文舞也,亦先武後文。凡此並與禮記明堂位祭統仲尼燕居諸篇先言大武,次言大夏,其比正同。蓋武舞重於文舞也。文王世子止言大武,不言大夏,舉其重者也,故祭統云'舞莫重於武宿夜。'

（五）是徹歌

周禮樂師職：'及徹，帥學士而歌徹。'

禮記仲尼燕居篇：'客出以雍徹。'

周禮小師職：'大祭祀……徹歌，大饗亦如之。'

荀子正論篇：'奏雍而徹乎五祀。'

是言大祭祀大饗，同有徹歌。論語八佾篇云'三家者以雍徹。子曰"相維辟公，天子穆穆，奚取於三家之堂？"'集解引馬融云'雍，周頌臣工篇名也。天子祭於宗廟，歌之以徹祭。今三家亦作此樂。'然則祭畢徹祭饌，而歌雍詩，猶饗畢客出徹饗物而歌雍詩也。蓋祭歌雍詩以送神，饗歌雍詩以送賓，禮分吉嘉，義無二致。若夫歌者在堂上，舞在堂下管重於笙，人盡知之，則不重贅。

（八）酬幣

祭畢則主人賜胙，饗畢則主人酬幣。賜胙者，所以報助祭於君，酬幣者，所以謝侑饗於王。周語下：'宴好饗賜'，韋注云'饗賜，所以酬賓賜下'，是也。

左傳襄公二十九年：'范獻子來聘，拜城杞也。公享之，展莊叔執幣。'（杜注：'公將以酬賓。'）

左傳莊公十八年：'虢公晉侯朝王。王饗醴，命之宥。皆賜玉五瑴，馬四匹。'

左傳襄公十九年：'公享晉六卿于蒲圃，賜之三命之服，軍尉司馬司空輿尉候奄，皆受一命之服，賄荀偃束錦加璧乘馬，先吳壽夢之鼎。'

左傳僖公二十八年：'晉侯獻楚俘于王。……王享醴命

晉侯宥。……賜之大輅之服,戎輅之服,彤弓一,彤矢百,玈弓矢千,秬鬯一卣。'

詩彤弓篇亦歌饗禮也,其酬幣爲彤弓,與上述二事相類。其在彝器,亦有明文。

師遽尊:'王在周康寢,鄉醴,師遽蔑曆友。王呼宰利,賜師遽𤦴圭一,環章四。師遽拜稽首。'

大鼎:'王在𢐗侲宮,大以厥友宥。王呼善夫騣,召大以厥友入攼。王召走馬雁,命取𩤕𩥭卅匹錫大。'

效卣:'甲午,王雚于嘗公東宮,內鄉于王。王錫公貝五十朋。'

師遽尊大鼎皆因行饗禮宥王,而王賜之以幣。大鼎謂大與其友宥王,王賜幣於大,不賜幣於大之友者,蓋大爲正宥,且有功德,故王特賜之。效卣以嘗公納饗于王,其宥自是嘗公,不言嘗公宥王者,省其文也。

(九) 饗禮與祭禮

(一)饗齋戒,祭亦齋戒。

齋戒所以敬道節欲,致其精潔之德也。禮記月令云'君子齋戒,處必掩,身毋躁,止聲色,毋或進,薄滋味,毋致和,節嗜欲,定心氣',此言齋戒之事。然非有大事與恭敬,則不齋戒。饗主恭敬祭爲大事,故行饗祭之禮,首宜齋戒。

周語上:王即齋宮,百官御事,各即其齋三日,王乃淳濯饗醴。'

夫齋分散齋致齋,王齋則散齋七日,致齋三日。散齋七日,亦謂之戒,禮記坊記云:'七日戒,三日齋',是也。百官御事,僅齋三日,

以別其輕重。饗禮如是,祭禮亦然。禮記祭統篇云:

及時將祭,君子乃齊。齊之爲言齊也,齊不齊,以致齊者也。是以君子非有事也,非有恭敬也則不齊。不齊則於物無防也,嗜欲無止也。及其將齊也,防其邪物,訖其嗜欲,耳不聽樂,故記曰'齊者不樂',言不敢散其志也。心不苟慮,必依於道,手足不苟動,必依於禮,是故君子之齊也,專致其精明之德也。故散齊七日以定之,致齊三日以齊之。定之之謂齊。齊者精明之至也,然後可以交於神明也。是故先期旬有一日,宮宰宿夫人,夫人亦散齊七日,致齊三日。君致齊於外,夫人致齊於內,然後會於大廟。

言祭之齋戒者,莫詳於此,足徵饗祭同有齋戒之事。

(二)饗用六尊六彝,祭亦用六尊六彝。

尊彝在廟,以待祭祀。饗亦在廟,且主於敬,故得用之。禮記坊記云'敬則用祭器',是也。惟在外野饗,則不得用之,故左傳定公十年云'犧象不出門也。'

周語中:'晉侯使隨會聘于周。定王享之……奉其犧象,出其尊彝。

尊彝即六尊六彝。周禮鬱人職云'掌祼器。凡祭祀賓客之祼事,則共六彝。'饗亦有祼事,共用六彝,則六尊在內明矣。因鬱人'和鬱鬯以實彝',而不用六尊,故不言六尊。證之以祭禮,其義益顯。

周禮小宗伯職:'辨六彝之名物,以待果(祼)將,辨六尊之名物,以待祭祀賓客。'

此饗祭同用六尊六彝之明驗也。蓋尊彝本祭器也,可用而不可便其私。在祭禮所以交於神明,非同於所安樂者也。在饗禮所以敬於賓客,非同於所飲食之褻器也。籩豆之薦,牲俎之羞,不敢用褻味,而貴備物。在祭禮亦所以交於神明,非食味之道也。在饗禮豈爲賓客所眞飲食? 主人自盡其敬心而已矣。

(三)饗用腥俎,祭亦用腥俎

朝聘之後,往往行饗,其儀法相類。禮記聘義云'聘射之禮,至大禮也……酒淸人渴而不敢飲也,肉乾人飢而不敢食也'兩敢字當訓爲能,謂以醴酒醴賓,故不能飲,以腥俎饗賓,故不能食也。左傳昭公五年云'朝聘有珪,享覜有璋,設几而不倚,爵盈而不飲',杜注釋享爲饗,食之饗甚得其指,因饗以醴酒備獻酢之儀故爵盈而不飲,不言肉乾而不食者,文不具也。

周語中:'王公立飫,則有房烝。'

左傳宣公十六年:'王饗有體薦。'

孔疏云'王爲公侯設享,則半解其體而薦之,爲不食,故不解折,所以示恭儉也。'案立飫卽饗禮也。房烝者,房卽房俎。詩閟宮篇述祭祀則云'毛炰胾羹,籩豆大房',毛傳云'大房,半體之俎也',是半解其體,而升於房俎,謂之房烝與孔疏毛傳正合。以房俎盛腥體,故祭饗之禮,均用房俎。

周禮掌客職:'遭主國之喪,不受饗食,受腥禮。'

腥本作牲,鄭注云'牲當爲腥'是也。饗卽饗禮。饗,嘉禮也,喪,凶禮也,吉凶不相干,故遭主國之喪,不受饗禮。因饗有腥俎,雖未受饗,而受其腥牲,其禮未廢,由是以言,則饗用腥俎明矣。

禮記郊特牲篇:'郊血,大饗腥。'

禮記禮器篇:'納牲於庭,殺訖,毛以告純,血以告殺,腥其俎,肫解而腥之。'

荀子禮論篇:'大饗尚玄酒,俎生魚,先大羹,貴飲食之本也。'

此祭用腥俎而有依據者也,而饗與祭同用腥俎,復有明驗。

周禮大司馬職:'大祭祀,饗食,羞牲魚。'

其所以用腥俎,而不用熟殽,蓋猶有上古茹毛飲血之遺意,所謂'貴食之本'者是也。後世或用熟殽,乃禮之演變。禮記禮運篇論祭禮云'熟其殽,爲法中古',明腥俎爲法上古矣。

(四)饗有祼事,祭亦有祼事。

饗祭之禮,祼爲獻始,故獻之屬莫重於祼。

周語中:'王乃淳濯饗醴。及期,鬱人薦鬯,王祼鬯,饗醴乃行。'

其記祼事之節,最詳審者,莫如周禮。

周禮大行人職'上公之禮,王禮再祼而酢,饗禮九獻。諸侯之禮,王禮壹祼而酢,饗禮七獻。諸伯如諸侯之禮。諸子之禮,王禮壹祼不酢。諸男如諸子之禮。'

然彝器亦載饗之祼事。

鄂侯馭方鼎:'鄂侯馭方內口于王乃祼之,馭方宥王。王休宴,乃射。'

饗則有祼事,知此鼎先言饗,後言燕射。'內口王乃祼之'以'馭方宥王'句證之,則內下所缺之字,疑爲鄉字。'內鄉于王',亦見敔簋,謂馭方納饗于王,王乃祼御方也。'祭之祼事,羣書所載者,尤屢見不一見也。

禮記祭統篇:'夫祭有三重焉,獻之屬莫重於祼。'

論語八佾篇:'子曰:禘自既灌(祼)而往者,吾不欲觀之矣。'

周禮大宗伯職:'以肆獻祼,享先王。'

周禮小宗伯職:'凡祭祀賓客,以時將瓚果(祼)。'

周禮鬱人職:'掌祼器。凡祭祀賓客之祼事,和鬱鬯以實彝而陳之。'

周禮或言祭祀用祼,或言祭祀賓客同用祼,凡言賓客者,則饗亦在內,此其通例也。

(五)饗立成禮,祭亦立成禮。

饗祭在廟,務重行禮,故立而不坐。非但饗祭然也,凡朝覲聘射之禮,亦靡不然。

周語中:'王公立飫,則有房烝。'

周語下:'夫禮之立成者爲飫。'

左傳昭公五年:'朝聘有珪,享覜有璋,設几而不倚。'

周禮司几筵職:'凡大朝覲,大饗射,凡封國命諸侯,王位設黼依,依前南鄉,左右玉几。'

飫即饗禮,因饗立而成禮,故曰立飫。'設几而不倚'謂立而成禮,几,王所依也,立而設几,優至尊者。'是也。

禮記祭統篇:'(君及夫人)會於大廟。君純冕,立於阼,夫人副褘,立於東房。'

荀子正論篇:'奏雍而徹乎五祀,執薦者百人,侍西房。居則設張容,負依而立(舊作坐,據王念孫校改正)。諸侯趨走乎堂下。'

是言祭而立成禮也。其他文獻足徵者多矣,不煩援引。

(六)饗與祭同樂

王與諸侯相見,或兩君相見之禮,其行饗在廟,故饗得用嘉樂,惟在野外饗,則不得用之,左傳定公十年云:'嘉樂不野合'是也。

周禮大司樂職:大祭祀,王出入奏王夏,尸出入奏肆夏,牲

出入奏昭夏。大饗不入牲,其他皆如祭祀。'

周禮笙師職:'凡祭祀饗射,共其鍾笙之樂。'

周禮典庸器職:'掌藏樂器庸器。凡祭祀帥其屬而設筍虡,陳樂器。饗食賓射亦如之。'

周禮小師職:'大祭祀,登歌擊拊,下管擊應鼓,徹歌,大饗亦如之。'

周禮大師職:'大祭祀,帥瞽登歌,令奏擊拊,下管播樂器,令奏鼓朄。大饗亦如之。'

周禮樂師職:'饗食諸侯,序其樂事,令奏鍾鼓,令相如祭之儀。'

周禮鍾師職:'凡祭祀,饗食,奏燕樂。'

周禮鎛師職:'掌金奏之鼓。凡祭祀,鼓其金奏之樂,饗食賓射亦如之。'

此八事,謂饗與祭用樂同也。其最顯著者,如

禮記祭統篇:'大嘗禘,升歌清廟,下而管象。'

禮記仲尼燕居篇:'(大饗)兩君相見,升歌清廟,下管象。'

祭統言大嘗禘,仲尼燕居言大饗,其升歌下管,完全相同。夫嘗禘爲吉禮之極重者,大饗爲嘉禮之至隆者,大饗得同嘗禘之樂,敬鄰國之賓也,故左傳襄公十年云'魯有禘樂,賓祭用之。'

(十) 饗禮與燕禮

(一)饗在廟,燕在寢

天子見諸侯,或諸侯相見及諸侯之臣來聘之禮,若行饗禮則在宗廟,行燕禮則在路寢。

周禮大行人職:'上公之禮,廟中將幣三享,王禮再裸而酢,

饗禮七獻。諸子,男之禮,廟中將幣三享,王禮壹祼不酢,饗禮五獻。'

晏子春秋內篇問下:'晏子使晉,晉平公饗之文室。

周禮言公侯伯子男將幣三享,皆在廟中,王饗之亦然。晏子春秋言晉平公饗晏子於文室,文室卽文公之廟,師遽尊云:'王在周康寢鄉醴',寢,太寢也,太寢即祖廟,康寢即康王廟,此饗在廟之證也。

儀禮燕禮篇:'膳宰具官饌于寢東……燕朝服于寢。'以燕在路寢,故膳宰具官饌於寢東,燕於路寢,相親昵也。(說本鄭注賈疏)然春秋亂世之法,其行饗燕,或無定所,如左傳莊公二十一年:'鄭伯享王于闕西辟',昭公六年:'楚子享公于西臺',襄公十年:'宋公享晉侯于楚丘',又二十七年:'鄭伯享趙孟于垂隴',文公十三年:'鄭伯與公宴于棐',此類多矣。或敬畏大國,或特賞殊功,皆權時之宜,非正禮也。

(二)先饗,後燕

饗重於食,食重於燕,故待賓之禮,饗後即行食燕。

周禮掌客職:'凡諸侯之禮,上公三饗三食三燕。侯伯再饗再食再燕。子男壹饗壹食壹燕。

大戴禮記朝事篇:'儐而禮之,三饗三食三燕,以與之習立禮樂。'

皆言先饗之,次食之,再次燕之。三者具,則謂之禮備。若有饗而無食或燕,則謂之禮不終。

晉語四:'秦伯享公子(重耳),如享國君之禮。卒事,秦伯謂其大夫曰:"爲禮而不終,恥也"。'

謂饗而未燕也,故下云'明日晏。'考之左傳國語諸書,或載饗,或載燕,或兼載饗燕,或兼載食燕。除周禮大戴禮記,未有饗食燕三者俱載。其行饗燕,非在同日,卽當日饗,明日燕。其饗燕在同日者,如

左傳昭公元年:'趙孟叔孫豹曹大夫入于鄭。鄭伯享之……趙孟爲客,禮終乃宴。'

晏子春秋內篇問下:'晏子使晉,晏平公饗之文室,旣靜矣,(靜與竫同,竫,止也)以宴。'

魯語下:'异子使來好聘……賓發幣於大夫,及仲尼。仲尼爵之,旣徹俎而宴。'

其饗在當日,燕在明日者,如

晉語四已見上。

左傳昭公二十五年:'宋公享昭子,賦新宮,昭子賦車轄。明日宴。'

亦有饗燕非一主人,雖在同日,而饗燕分爲兩處者,如

左傳昭公二年:'晉侯使韓宣子來聘,且告爲政而來見,禮也。公享之。旣享,宴于季氏。'

(三)饗在晝,燕在夜

饗主敬,燕主歡。敬當在晝,歡當在夜。祭與饗同,舉祭在晝,則行饗亦必在晝,可以類推矣。

左傳成公十二年傳:'楚子享之(郤至)……爲地室而縣焉……金奏作於下,驚而走出。子反曰"日云莫矣,寡君須矣,吾子其入也"。'

謂日暮之後,不得行饗禮,故子反勸郤至速入廟也。據此,則饗在晝審矣。

儀禮燕禮篇:'宵則庶子執燭於阼階之上。'

詩頍弁篇:'樂酒今夕,君子維宴。'

詩湛露篇:'厭厭夜飲,不醉無歸。'

毛傳云'夜飲,私燕也'。儀禮毛詩,皆明言燕在夜。惟臣燕君,則不在夜。

左傳莊公二十二年:'敬仲飲桓公酒,樂。公曰"以火繼之"。辭曰"臣卜其晝,未卜其夜,不敢"。'

晏子春秋內篇雜上:'晏子飲景公酒,日暮,公呼具火。晏曰:"已卜其日,未卜其夜"。'

左傳服注云'臣將享君,必卜之,示戒愼也',在日不在夜,即戒愼之謂也。考古人一日食有三時。續漢書劉注引洪範五行傳注云'平旦至食時,爲日之朝,禺中至日昳,爲日之中,下側至黃昏,爲日之夕',是朝食在禺中前,餕食在日中,夕食在黃昏前。則饗當在夕食前,燕當在夕食後,臣燕君,意重戒愼,故不在夜也。

(四)饗立,燕坐。

饗立,說詳饗立成禮,祭亦立成禮章。燕在行禮時,或立或坐,在飲酒時,則坐而不立。

儀禮燕禮篇:'公以賓及卿大夫,皆坐乃安。'

左傳昭公二十五年:'明日宴,飲酒,宋公使昭子右坐。'

晏子春秋內篇諫下:'景公爲長庲,將欲美之。有風雨作,公與晏子入坐,飲酒,致堂上之樂。'

穆天子傳五:'天子飲許男於洧上。天子曰"朕非許邦而恤百姓口也。若(與)氏晏飲,無有禮。"許男不敢辭,升坐於出尊,乃用晏樂。天子賜許男駿馬十六。許男降,再拜空首,乃升平坐。及暮,天子遣許男歸。'

初學記二十六引韓詩:'跣而上坐者謂之晏',與上擧四事均合。

(五)饗不脫屨,燕則脫屨。

禮記少儀篇:'凡祭於室中,堂上無跣,燕則有之。'

饗與祭同,以趨蹌登降,立而成禮,故無跣。無跣,謂不脫屨也。燕則坐飲,君臣賓主,無不脫屨,故燕則有跣。

儀禮鄉飲酒禮篇:'賓主皆降,脫屨而後登席。

燕禮與鄉飲酒禮,亦有相類者。

儀禮燕禮篇:'賓反,及卿大夫,皆脫屨,升就席。'

太平御覽八百四十五引韓詩:'夫飲食之禮,不脫屨而即席(舊誤序)者謂之禮,跣足而上坐者謂之宴。'

韓詩云云,疑是韓詩內傳佚文,是會合禮經而爲之說。考脫屨之處有三:(1)凡坐於堂者,則脫屨於堂下。禮記曲禮上云'侍坐於長者,屨不上於堂',此言升堂之禮,謂升堂當坐,則脫屨於堂下。(2)凡坐於室者,則脫屨戶外。曲禮上云'戶外有二屨,言聞則入,言不聞則不入',此言入室之禮,謂入室必脫屨於戶外,因入室必坐,坐必設席,席當戶內也。(3)其尊者坐於堂上,則尊者脫屨於戶內。少儀云'排闔,脫屨於戶內者,一人而已矣',言尊卑不相越,惟尊者一人脫屨於戶內。燕禮乃尊一人爲上客,是上客必脫屨於戶內也。脫屨則跣矣,於是乎脫屨亦謂之跣,以事證之,其義益明。

左傳宣公二年:'晉侯飲趙盾酒,伏甲將攻之,其右提彌明知之,趨登曰:"臣侍君宴,過三爵非禮也",遂跣而下'。

言趙盾因燕而脫屨,遽爾聞驚,未遑納屨,故跣足下堂。跣亦謂之解韈。

左傳哀公二十五年云:'衛侯爲靈臺於藉圃,與諸大夫飲酒焉。褚師聲子韈而登席,公怒。'

杜注云'古者見君必解韈'其實解韈則跣矣,杜說不可從。

(六)婦人入饗,不入燕。

饗與祭同,祭則婦人與其事,饗亦不宜有異。

禮記坊記篇:'禮:非祭,男女不交爵,以此坊民。陽侯猶殺繆侯,而竊其夫人,故大饗廢夫人之禮。'

淮南子氾論篇高注:'古者大饗飲酒,君執爵,夫人執豆。'

坊記說自陽侯殺繆侯而竊其夫人,大饗乃廢夫人之禮,殆不可信。蓋夫人出饗,而鄰國之君,得有男女交爵,是上古之禮,中古以後,男女之禁轉嚴,於是王饗諸侯,及諸侯自相饗,同姓則后夫人親獻,異姓則使人攝。燕禮初亦婦人出燕,後則男女有別。

管子中匡篇:公與管仲父而將飲之……管仲至,公執爵,夫人執尊,觴三行。'

晏子春秋內篇諫上:'景公飲酒酲,三日而後發……晏子(諫)曰"古之飲酒也……男女羣樂者,周觴三獻,過之者誅。"'

韓詩外傳七:'楚莊王賜其羣臣酒,日暮酒酣,殿上燭滅,有牽王后衣者,后扢冠纓而絕之。'

此燕禮婦人與焉之事也。後以燕飲,易失威儀,遂禁男女同燕。

魯語下:'公父文伯之母,季康子之從祖叔母也,祭悼子,康子與焉,胙不受,徹俎不宴,宗不具不繹,繹不盡飫則退。仲尼聞之,以爲別於男女之禮矣。'

公父文伯之母與季康子同姓,尚不同燕,況非族人乎? 禮則祭畢與族人燕,而男女之燕,亦不同席。

尚書大傳康誥篇:'燕私者何也? 祭已,而與族人飲也。宗子燕族人於堂,宗婦燕族人於房序之以昭穆。'

宗子燕族男於路寢之堂,宗婦燕族女於路寢之房,一在堂,一在房,所以別男女也。

(七) 饗不飲食,燕則飲食。

因聘而行饗,於是聘饗亦有相鄰類者。

禮記聘義:'聘射之禮,至大禮也……酒清人渴而不敢飲也,肉乾人飢而不敢食也。'

左傳昭公五年:'(聘饗)爵盈而不飲。'

左傳宣公十六年:'王饗有體薦。'

酒,醴酒也,備獻酢之儀,故不能飲。體,腥俎也,具備物之數,故不能食。

周禮舂人職:'凡饗食共其食米。'

弭仲簠:'弭仲作寶簠用盛秫稻穛粱,用饗大正,歆王賓。

是雖有米而不食。說文云'歆,神食气也',引申臭其氣謂之歆。"歆王賓",猶之王賓歆稻粱氣臭。周禮中述饗禮云飲食可饗',饗之爲言鄉也,謂鄉其醴,鄉其食,與郊特牲云'至祭不饗味,而貴氣臭也'義同。彼言祭,此言饗,祭與饗義最相近。

燕則飲酒,禮經諸子皆有明文,而𩁹侯鼎亦云'王燕咸飲'。且燕亦食殽。

詩車舝篇:'雖無旨酒,式飲庶幾。雖無嘉殽,式食庶幾。

晏子春秋外篇:'景公召晏子宴……晏子……嗛酒嘗膳,再拜,告饜而出。'

左傳宣公十六年:'宴有折俎。'

孔疏云'王爲公侯設宴,體解節折,升之於俎,則殽烝是也。其物解折,使皆可食,共食噉之,所以示慈惠也'。惟燕不食米,

周禮舂人賈疏:'燕禮無食米。'

而燕飲以醉爲度,

儀禮燕禮篇:'君曰:"無不醉"。賓及卿大夫皆興,對曰:"諾,敢不醉?" 皆反坐。'

此君燕臣也。雖醉不及亂。

詩賓之初筵篇:'旣醉而出,並受其福。醉而不出,是謂伐德。'

晏子春秋內篇雜上釋此詩云"旣醉而出,并受其福",賓主之禮也。"醉而不出,是謂伐德",賓主之罪也。' 燕私亦當如是。

尙書大傳康誥篇:'燕私者何也? 祭已,而與族人飲也,不醉而出,是不親也,醉而不出,是渫宗也。

燕私尙醉不及亂,況乎君賜臣燕? 是以臣侍君燕,不得過三爵。

禮記玉藻篇:'君子之飲酒也,受一爵而色洒如也,爵而言言斯,禮已三爵而油油,以退。'

左傳宣公二年:'臣侍君宴,過三爵非禮也。'

易林:'湛露之歡,三爵畢恩。'

(八)饗後不射燕後不射

待賓之禮,饗食燕三者俱有,則禮備矣。饗食燕射四者俱有,則禮更備矣。惜羣書所載,多略而不詳。或先饗次食再次燕,或先饗次燕再次射,或先饗後食,或先饗後燕,或先燕後射,未有饗後而射者。知饗與射,非順次而行,燕與射則順次而行,故饗後不射,燕後則射。射,所以樂賓也。

禮記射義篇:'古者諸侯之射也,必先行燕禮,……故詩曰"……以燕以射,則燕則譽。"'

詩賓之初筵篇:'左右秩秩,籩豆有楚,殽核維旅。酒旣和旨,飲酒孔偕。鐘鼓旣設,舉醻逸逸。大侯旣抗,弓矢

斯張。射夫旣同,獻爾發功。發彼有的,以祈爾爵。'

晏子春秋外篇:'景公飲大夫酒,公射出質,堂上唱善,若出一口。'

詩'舉醻逸逸'以上八句,言燕禮也,'大侯旣抗'以下八句,言射禮也,其與晏子春秋,皆謂射則先行燕禮。證之以彝器,亦莫不然

鄂侯馭方鼎:'王休宴,乃射。'

考諸禮經賓禮有四,曰大射,曰鄉射,曰賓射,曰燕射。行鄉射亦先行鄉飲酒禮,與燕射同比。他若射之三耦等,余別有考證。

(九)饗賦詩或不賦詩,燕則賦詩

饗禮賓主獻酢,儀節繁,或無賦詩之事。苦缺佐證。左傳所載之饗禮,始有賦詩明文。惟左傳之饗禮,間有為燕禮。饗而賦詩之材料,其最明顯者,莫如昭公二十五年及二年傳,其文先饗後燕,前者饗有賦詩,燕無賦詩,後者饗燕,皆有賦詩之節。燕則賦詩,禮之常也。古者使適四方會同之事,皆賦詩見意。今據左傳所記饗燕賦詩,有全稱詩篇者,或取首章之義,或取卒章之義,或取全篇之義,因事權宜,率無固定。有舉詩篇之第幾章者,即襄公二十八年所謂'賦詩斷章'是也。其賦詩有主人先賦,而客答賦者。

昭公二十五年:'宋公享昭子,賦新宮,昭子賦車轄。'

文公三年:'晉侯饗公,賦菁菁者莪……公賦嘉樂。'

有客先賦而主人答賦者,

僖公二十三年:'(秦穆)公享公子(重耳)……公子賦河水,公賦六月。'

襄公二十年:'季武子如宋……復命,公享之。賦魚麗之卒章,公賦南山有臺。'

有主人不賦,其臣代而先賦,客則答賦者。

昭公二年:'晉侯使韓宣子來聘……公享之。季武子賦緜之卒章,韓子賦角弓。

昭公十七年:小邾穆公來朝,公與之燕,季平子賦采叔,穆公賦菁菁者莪。'

有主客不賦,其臣各代其君而賦者。

文公十三年:'鄭伯與公宴于棐,子家賦鴻雁,季文子……賦四月,子家賦載馳之四章,文子賦采薇之四章。鄭伯拜,公答拜。'

亦有主人先賦,而客之相代其答賦者,

襄公二十六年:'齊侯鄭伯爲衛故,如晉,晉侯兼享之。晉侯賦嘉樂,國景子相齊侯賦蓼蕭,子展相鄭伯賦緇衣。'

此其賦詩之大略也。夫春秋禮會賦詩,爲最通行之事。其詩似有定解,故甲賦某篇某章,乙知其義則答之,乙賦某篇某章,而甲亦知其義則答之。若對答不合,非但貽笑於鄰邦,且有辱於使命。是以爲國之使者,須精熟於詩,方能勝其任。故

論語子路篇:'子曰:誦詩三百,授之以政,不達,使於四方,不能專對,雖多亦奚以爲?'

華夏之使者,固能賦詩,而戎狄與華夏交接者,亦能賦詩。襄公十四年戎子駒支賦青蠅是也。夫詩歌與禮樂,本無體用之分,其使命皆足以代傳言語,而言語之最美者,亦莫勝於此。

論語陽貨篇:'子曰:禮云禮云,玉帛云乎哉?樂云樂云,鐘鼓云乎哉?'

謂禮不重乎玉帛,樂不重乎鐘鼓,其所重者,藉禮之文,樂之節,以代傳言語,而達其使命。

漢書禮樂志:'樂以治內而爲同,禮以修外而爲異。同則相親,異則畏敬。畏敬之意相見,則著之於享獻辭受登降跪拜。和親之說難形,則發之於詩歌詠言,鐘石管弦。'

班固論禮樂,乃闡發樂記之文,最爲精闢。前者由禮儀之文,以表其難見之意,後者由詩樂之節,以達其難形之情。意也,情也,藉禮樂而表達之,則禮樂即是言語,故

禮記仲尼燕居篇:'兩君相見,入門而金作,示情也。升歌清廟,示德也。下而管象,示事也。是故君子不必親相與言也,以禮樂相示而已。'

凡詩皆可弦歌入樂,則詩亦通謂之樂。

荀子禮論篇:'(樂有)汋,桓,箾,象。'

墨子三辯篇:'周成王因先王之樂,又自作樂,命曰騶虞。'

汋與桓,周頌篇名,騶虞,召南篇名,此詩稱樂之例。因樂有樂辭則樂亦通謂之辭。

禮記聘義:'(玉)叩之其聲清越以長,其終詘然,樂也。'

管子水地篇:'(玉),叩之其音清專(專疑誤搏)徹遠,純而不殺,辭也。'

上二文相同,禮記作樂也,管子作辭也,此樂稱辭之例。因樂之辭即詩,故詩亦通謂之辭。

詩崧高篇:'其詩孔碩,其風肆好。'

詩南陔序:'有其義,而亡其辭。'

其詩孔碩,詩猶辭也,亡其辭,辭猶詩也,此詩稱辭之例。然則詩之爲樂,樂之爲辭,詩之爲辭,是三者名異而實同也。說文云'辭,說也'則詩樂爲代傳言語明矣。

莊子天下篇:'詩以道志。'

荀子樂論篇:'君子以鐘鼓道志。'

是詩與樂之效用,完全相同。其效用即借詩樂之言語,以表達其難形之說。詩樂雖代傳言語,惟能識詩樂之義者,則可以聞聲達事。識詩樂之義,必先學詩學樂,始能爲之。

論語季氏篇:'鯉趨而過庭,(子)曰"學詩乎?"對曰"未也",曰"不學詩,無以言也"。'

周禮大司樂職:'以樂語教國子,興道諷誦言語'。

論語'不學詩,無以言'謂不學詩則不知詩之義,不知詩之義,則會同賦詩,何以爲言?言即賦詩答賦。周禮'樂語'即樂之辭,'言語'即詩,謂言語應答,付諸詩樂,所以通意指,遠鄙倍也。凡饗燕賓客於旅酬之後則有語,名曰旅語。

儀禮鄉射禮篇:'古者於旅也,語。'

鄭注云'禮成樂備,乃可以語先王禮樂之道也。'禮樂謂詩也。

周語下:'晉羊舌肸聘于周,單靖公享之,語說昊天有成命。'

周語之語即周禮之樂語,亦即儀禮之旅語。昊天有成命,周頌篇名,知樂語旅語皆是詩。此詩乃以語說之,非以樂歌之也。由是以言,則詩可以歌,亦可以語。

禮記文王世子篇:'登歌淸廟,既歌而語,以成之也,言父子君臣長幼之道,合德音之致,禮之大者也。'

歌,歌詩也,歌詩猶賦詩,語,旅語也,語說其詩,父子君臣長幼之道,禮也,德音,樂也,則詩與禮樂之效用同歸於一途矣。

結 語

漢鄭康成,唐孔冲遠,皆謂'饗禮旣亡,無可憑據。其散存羣籍最夥者,莫如周禮左傳國語。國語述饗禮,最有系統。而左傳所記者,又非盡爲饗禮,間有名饗而實燕者。蓋燕亦通名饗,言饗以賅燕,惟言燕則不得賅饗也。是以考饗禮者,當辨別孰爲饗,孰爲燕。若涇渭不分,非但失其依據,即其含意亦違忤而不可通。脫能約其條例,明其異同,循此而銓衡之,則其區別瞭如指掌矣。左傳莊公十七年:'遂因氏頜氏工婁氏須遂氏享齊戍,醉而殺之。'昭公十一年:'楚子伏甲而享蔡侯於申,醉而執之。'饗有酒而不飲,燕則以醉爲度,此言醉,則享皆燕也。春秋莊公四年:'夫人姜氏享齊侯于祝丘。'文公元年:'太子商臣享江芊。'商臣,楚成王之太子,江芊,成王之妹也。禮同姓不饗,況齊侯姜氏爲兄妹,何饗之有?享皆燕也。襄公二十七年:'宋公享趙文子,司馬置折俎。'饗有體薦,燕有折俎,享亦燕也。僖公二十二年:'楚子入享于鄭,享畢,夜出。'行饗在晝,燕飲在夜,享亦燕也。昭公十五年:'宋華定來聘,通嗣君也,公享之,爲賦蓼蕭,弗知,又不答賦,昭子曰"必亡,宴語之不懷……將何以在?"'蓼蕭詩,義取'燕笑語兮',故昭子曰'宴語之不懷'。燕有宴語,昭公二年:'(晉燕晏嬰),叔向從之宴相與語。'周語下:(王叔簡公燕郤至)宴語相說。'是也,此言宴語,則享亦燕也。成公九年:'季文子如宋致女,復命,公享之,賦韓弈之五章,穆姜出於房,再拜,又賦綠衣之卒章而入。'夫人入饗不入燕,固禮之常也,然春秋亂世之法,夫人亦有入燕之例。禮,饗在廟,燕在寢。因在寢,故穆姜出於房而賦詩,入於房，入路寢之東房也，出於房，從路寢東房而出也。儀禮燕禮篇賈疏引鄭目錄云'卿大夫有聘而來，還與之燕'，與此傳禮法正合，享亦燕也。他若楚語上'椒舉奔鄭，遂奔晉，蔡聲子將如晉，遇之於鄭，饗之，以璧侑，曰子尙良食"'，食禮有侑璧，饗禮有食米而不食，此旣有侑璧，又曰子尙良食，則饗又爲食禮矣。

雖然又有數事可述焉。

(1)遭喪不受饗。周禮掌客職云'遭主國之喪，不受饗食，受腥禮故左傳昭公十二年云'晉侯享諸侯，子產相鄭伯，辭于享，請免喪而後聽命，晉人許之，禮也。'(2)饗尊一人爲上客。左傳襄公二十七年云'宋公享晉楚之大夫，趙孟爲客。'上客位尊。可以命令衆賓，如趙孟令七子皆賦詩，以卒君貺之屬，是也。(3)饗有授祭。周禮肆師職云'饗食授祭'，鄭注：'授賓祭肺。'(4)饗有相禮。周語中云'晉侯使士會平王室，定王享之，原公相禮。'左傳成公十二年云'晉郤至如楚聘，且涖盟，楚子享之，子反相'昭公七年云'楚子享公于新臺，使長鬣者相'，又十二年云'晉侯享諸侯，子產相鄭伯'，襄公二十六年云'齊侯鄭伯爲衛故，如晉，晉侯兼享之……國景子相齊侯……子產相鄭伯。'(5)饗有戒。禮經有戒有宿有請，儀禮士冠禮云'主人戒賓'，鄭注'戒，警也，告也'，鄉飲禮云'主人戒賓，賓拜辱，主人答拜，乃請賓'又云'主人速賓'，鄭注'速，召也'，速與宿同。是皆先戒而後宿，或有戒無宿，或有請無戒，惟戒爲最重。饗，至大之禮也，疑三者均具，惜不可盡考，其可考者，止有戒而已，左傳昭公元年云'趙孟叔孫豹曹大夫入于鄭，鄭伯兼享之，子皮戒趙孟，禮終，趙孟賦瓠葉，子皮遂戒穆叔，且告之'，杜注'戒享期'，昭公十六年云'晉韓起聘于鄭，鄭伯享之，子產戒曰'苟有位於朝者，無有不共恪。'

右辨別左傳之饗燕,暨此五事,僉爲饗之駢枝,故未列爲專章,附誌於末,以備不忘云爾。

三十二年五月一日記於昆

明龍泉鎮清華文科研究所

四庫提要載秀水諸錦饗禮補亡一卷,以西南書缺未見。復校後,在藝海珠塵內得見此書,此書殊無條例,且所據有與饗禮無涉者,其說無取焉。(林昌彝語) 陳壽祺左海經辨有饗禮考,林昌彝三禮通考有饗禮,秦蕙田五禮通考亦有饗燕禮。此三書均較諸氏書完善,惟陳林二書簡略,未嘗詳辨其義,秦書較詳,條例不紊,其疏漏處,亦復不少。至於條別內外傳之統類,疏釋古器銘之隱義,則諸書猶未論及。治禮者參伍比度,庶知其詳略有所取舍焉。特附識數語,以示不敢掠美。

三十七年二月廿三日記於清華園

——摘自《清華學報》1947年10月第14卷第1期

儀記類

政篇

〇〇王制篇集證

劉師培

禮記正義引盧植說云。漢孝文皇帝令博士諸生作此王制之書。其說最確。考史記封禪書云。文帝召魯人公孫臣拜爲博士。與諸生艸改厤服色事。明年使博士諸生剌六經作王制。謀議巡狩封禪事。漢書郊祀志同。此王制作于漢文時之明證。案禮記之王制。卽漢文時博士所著。其證有三。趙岐孟子題詞言。漢文時孟子爾雅皆立博士。今王制篇中多采孟子爾雅說。必漢文時博士所輯無疑。一證也。東尺東田。明係漢制。非周人之書。二證也。巡狩之事。王制所言特詳。與史記謀議巡狩封禪語合。三證也。觀此三證。則王制明作于漢文之時。不得謂禮記之王制。非文帝時所作之王制也。鄭君三禮目錄云。名曰王制者。以其記先王班爵祭祀養老之法度。此于別錄屬制度。又鄭志答臨碩問云。孟子當赧王之際。王制之作。復在其後。又駁五經異義云周禮是周公之制王制是孔子之後大賢所記先王之事是鄭君雖未言王制爲漢文時所作然一則曰出孟子之後再則曰是孔子之後大賢所記則亦未嘗定指爲周人所作也不得據鄭說以非盧說近儒孫志祖臧庸均執守鄭說以斥盧說之非孫氏之言曰文帝之王制非禮記之王制也盧植以其書名偶同而誤牽合之臧氏之言曰案劉向別錄云文帝時所造書有本制兵制服制篇而禮記王制並無言服制兵制者則此非漢文書審矣禮記本有王制與漢文所造兩列而不能混一又曰禮記王制與王度記相後先非漢人公孫臣輩所爲不知兵制服制本別自爲篇非附于王制中特王制存而彼篇亡耳且盧氏爲漢人亦不至誤解漢事孫臧所言非篤論也蓋王制一書爲漢文時博士所作博士各出其師說彙爲一編故一篇之中有古文說有今文說不拘于一經之言也所記之制有虞夏制有殷制有周制不拘于一代之禮也惟其不拘于一經之言故史記言其刺六經而成惟其不拘于一代之禮故鄭君以爲所記乃先王之事是則王制一篇與東漢白虎

通無異乃雜采衆家之說歷代之制而成書者也當西漢之初若叔孫通之流皆傳古文學故荀卿之傳未墜及伏生韓嬰轅固之學盛于燕齊間而今文之學始起文帝之時諸經咸立博士故古文與今文並崇與武帝以後舍古文而崇今文者不同故王制一篇兼采今古文之說是則考王制者當首知其說采自何書爲何經之說繼當知其爲某代之制然後其說可通若僅以一家之言一代之制目之失其旨矣乃近人解王制者其誤有二一以王制爲孔子改制之書或以爲合于穀梁或以爲合于公羊不知王制所采本不僅今文之說于今文之中又不僅公穀二家之說謂之偶取公穀則可謂之悉合于公穀則不可也一以羣經非古籍均依王制而作不知此乃王制雜采羣經也謂王制依羣經而作則可謂羣經依王制而作則倒果爲因夫豈可哉不揣固陋作王制集證一書首定某條爲某經之說以證所采非一家之言繼定某條爲某代之制以證所輯非一代之制其所不知則固從缺此亦祖述盧氏之義耳非與前儒立異也

王者之制祿爵公侯伯子男凡五等

案此乃古文家之說也此說于古文屬何派曰此左氏周官之說也曷以知其爲古左氏周官說于天子無爵知之也五經異義曰天子有爵否易孟京說易有周人五號帝天稱一也說與乾鑿度同是天子有爵古周禮說天子無爵同號于天何爵之有謹案春秋左氏云施于夷狄稱天子施于諸夏稱天王施于京師稱王知天子非爵稱也從古周禮說是今文家以天子爲有爵古文家以天子爲無爵孟子亦今文說故其言曰天子一位公一位侯一位伯一位子男同一位凡五等以天子公侯伯及子男爲五等與王制異王制不以子男同一位舍天子之爵而弗言明係用古左氏周官說白虎通曰天子者爵稱也則係用今文說

案此乃周制也何以知其爲周制白虎通云王制曰王者之制祿爵凡五等謂公侯伯子男也此據周制也蓋據禮緯則夏爵爲三等據公羊則殷爵爲三等惟周爵爲五等佚書曰列爵惟五此其證也孟子合子男爲一所據亦

周制與王制不同者則孟子多據傳聞也

諸侯之上大夫卿下大夫上士中士下士凡五等

案此乃古文家之說也何以知其爲古文家說曰今文家之言諸侯之臣也其爵位之次第計有二說公羊曰古者上卿下卿上士下士此制爵凡四等之說也是爲今文春秋說孟子曰君一位卿一位大夫一位上士一位中士一位下士一位凡六等此制爵凡六等之說也是亦今文之說若王制之說于上士下士而外兼列中士則知其非用公羊說矣不以君位列于卿大夫之上則其非用孟子說矣蓋古文家以天子處諸侯之上不以天子爲爵名循此例以律侯國故諸侯之于已國亦處卿士大夫之上不爲爵名此蓋古左氏周官之說而王制采之者也

案此乃周制也公羊曰古者上卿下卿上士下士此殷制也殷制爲四等故周制爲五等孟子据周制兼列中士此其證也惟孟子以君爲爵位之一與王制異則所据之說不同耳

天子之田方千里公侯田方百里伯七十里子男五十里不能五十里者不合于天子附于諸侯曰附庸

案此乃今文家之别説也何以知其爲今文家之别説以其與古周禮及古左氏説均不同也公羊曰天子三公稱公王者之後稱公其餘大國稱侯小國稱伯子男又曰春秋伯子男一也解此者有二説均見白虎通白虎通曰公者通曰公正無私之意也侯者候也候逆順也人皆千乘象雷震百里所潤同伯者白也明白于德伯七十里（此八字據盧文弨校本補入）子者孳也孳孳無已也男者任也人皆五十里差次功德小者不滿爲附庸附庸者附大國以爲名通也與王制同亦與孟子同孟子曰天子之制地方千里公侯皆方百里伯七十里子男五十里不能五十里者不達于天子附于諸侯曰附庸此一説也白虎通又云殷家所以令公居百里侯居七十里何也封賢極于百里其改也不可空退人示優賢之意欲褒尊而上之何以知殷家侯不過七十里曰土有三等有百里有七十里有五十里其地半者其數倍制地之理體也

多少不相等此以公國方百里侯國則方七十里也與王制異此同爲春秋今文說其所以不同者前說則周初之制孟子王制之所本也後說則殷制公羊之本義也故知王制之說爲今文家之別說其所以非古文說者五經異義曰古左氏說禹會諸侯于塗山執玉帛者萬國其侯伯七十里子男五十里餘爲天子閒田是左氏說以侯國爲方七十里也周官經大司徒職曰諸公之地封疆方五百里諸侯之地封疆方四百里諸伯之地封疆方三百里諸子之地封疆方二百里諸男之地封疆方百里是周官說以列爵爲五等制土亦分五等也均與王制說異故知王制所言非古文說乃今文家之別說也

案此乃周初之制也何以知其爲周初之制以其與虞夏制殷制及周制均不同異義所載古左氏侯伯均七十里之說此虞夏制也白虎通所言殷家令公居百里侯居七十里此殷制也畧與夏制同周官所載公五百里侯四百里伯三百里子二百里男百里之說此周制也王制之說與孟子同孟子

所言爲周制即知王制所言亦周制蓋周初之制因虞夏分土三等之制惟升侯國之地與公國同以改夏殷之制即佚書所謂分土惟三也此孟子及王制所本厥後乃分土爲五等耳鄭注以此爲殷制陳立白虎通疏證以王制所言爲虞夏之制其説非也

天子之三公之田視公侯天子之卿視伯天子之大夫視子男天子之元士視

附庸

案此疑古文之説也孟子云天子之卿受地視侯大夫受地視伯元士受地視子男與此不同孟子爲今文説則此或爲古文説然今文家亦以公卿大夫爲内爵是今文家言王臣之爵亦未有不數三公者或此乃今古文相同之説而孟子所言特今文之別説歟

案此疑亦周初之制也何以疑其爲周初之制以公侯封土相同知之也然孟子所言亦周制與此不同或係傳聞之異（未完）

——摘自《國粹學報》一九〇七年第三十六期

○○夏小正條攷　沈維鍾

正月　正月啓蟄雁北鄉雉震呴魚陟負冰農緯厥來初歲祭來始用暢囿有見韭時有俊風寒日滌凍塗田鼠出獺獻魚鷹則爲鳩農及雪澤初服于公田采芸鞠則見初昏參中斗柄縣在下柳稊梅杏杝桃則華緹縞雞桴粥

雁北鄉

說文雁鴈異字。從鳥者訓鵝。羔鴈之鴈是也。從隹者訓雁鳥。鴻雁之雁是也。昔人鴻雁並稱。鴻鵠亦並稱。實則鴻與鵠爲牝牡。故黃鵠歌比婦節。其形酷似家鵝。而稍大。雁則殊小。與家鵝不甚相似。起立時形態稍昂。故鴻雁實兩種。非雁之大者。卽鴻也。山海經西山內經云。大澤方百里。羣鳥所生及所解在雁門北。雁門山雁出其間。在高柳北。高柳在代北。予按高柳卽勾注。今代州雁門西北勾注山也。淮南子高誘注云。雁從彭蠡來。北過周洛。至漢中。孕卵㲉也。予謂漢中今內外蒙古間大沙漠也。在山海經則稱方百里之大澤。猶南方之彭蠡。古時北鄉之雁。實止於此。水陸之變遷。亦可見焉。

雉震呴　呴雊之異文

雉種最繁。爾雅所釋。十有四種。卽通常習見。有經典可徵者。亦五六種。產於伊洛以南素質而備五采者曰翬。產於江淮以南靑質而備五采者曰鷂。玉藻王后褘衣夫人揄狄（鄭注褘讀如翬揄讀如搖狄卽翟）是也。山雉尾長者曰翟（翟本雉之總稱說文雉古文作鮷然則翟卽鮷之或字山雉稱翟猶海雉稱秩秩秩秩卽翟翟皆質實無異名）較翟署小而尾更長其性且走且鳴者曰鷮（見陸璣疏）詩經右手秉翟與二矛重鷮（毛詩叚作喬韓詩正作鷮）是也。赤腹靑冠綠項似山雞而小者曰鷩。周禮司服有鷩冕。左傳稱丹鳥。秦漢稱鵕鸃（秦漢侍中服鵕鸃冠卽古鷩冕說文鵕鸃鷩也）是也。說文雷始動。雉乃鳴而句其頸。洪範五行傳正月雷微動而雉雊。雷通氣也。皆雉震呴之證。正月之啓蟄。於雉呴可驗焉。

始用暢（暢鬯之叚借字）

諸家言鬱鬯者。義各不同。詩秬鬯一卣。毛傳云。秬黑黍也。鬯香草也。築煮合而鬱之曰鬯。此以鬯爲香艸者也。周禮序官鬱人。鄭注云。鬱鬱金香草。宜以和鬯。此以鬱爲香草者也。然予以篆文攷之。鬯從匕者。示盛酒也。㐅卽橫米。指黑黍也。著㐅於凵中。故謂之暢。鬱則冖下藏彡。彡者。鬯酒與香草合也。鬯者兩手捧缶以蓋之是則釀秬爲酒曰鬯以鬯酒浸香草勿令氣散曰鬱[illegible]今人言罨也鬯非香草鬱亦非鬱金（說文林部更著鬱字爲木叢茂故从林从鬱婿然則鬱且在鬱後況鬱金乎）毛鄭二說均得其半耳國語藉田之禮鬱人薦鬯故祭來用暢也

囿有見韭（大戴禮無見字今按文義當補）

韭非正月始有言有見韭者謂韭芽可食焉按今世種韭者二月下子八月分根葉高三寸卽剪（勿剪留子者）歷剪數次至冬盡春初生芽名曰韭黃齊書周顒傳文惠太子問菜蔬何味最勝顒曰春初早韭秋末晚菘此卽指正月時韭黃也

田鼠出

傳云（小正本傳）田鼠者嗛鼠也按嗛卽鼸字之叚借爾雅鼢鼠鼸鼠其意蓋以鼸鼠釋鼢鼠鼸當讀如嫌疑之嫌卽鼴鼠也說文鼢鼠一曰偃鼠陶隱居別錄注鼹鼠俗中一名隱鼠一名蚡鼠形如鼠大而無尾黑色鼻甚强常穿地中行今驗陶所說卽吳俗所稱臭鐵嘴田間多有尾長寸許體肥而扁毛色灰

黑曰藏毛中睽視若盲常行于地中起土上出若蟺封然故方言又稱犂鼠

郭注云犂鼠鼢鼠也

獺獻魚 大戴禮作獺獸祭魚

獺形絶似狐長身短足小頭窄耳尾脩而不及狐之豐毛色青黑膚如伏翼足趾柔輭無銳爪大者曰獱頭形似馬高誘云獺取鯉魚置水邊四面陳之故謂之祭魚陸佃埤雅從之予謂不然獻祭皆始食之意言獺于泮氷後始食魚也

鷹則爲鳩

鷹謂春鷹蓋指隼也鳩謂爽鳩也鷹與隼實爲兩種鉤咮棘足目光如猴睛毛色蒼形猛可怖力能搏貍兎者鷹也今獵戶畜之遊俠豢之臂上者是也隼則較鷹爲小爪喙似鷹而貌稍馴但能捕食小雀及野人家雛雞食之其營巢常在古塔及殿閣承鴟之上飛則迴翔空際止則獨踞高阜鳴時作聿律律一聲故詩言鴥彼飛隼鴥彼晨風蓋鳴聲鴥鴥故又名鳶狀其乘風翔

空故又名晨風九家易說云隼鷙鳥也今捕食雀者毛詩義疏云隼鷂屬也齊人謂之擊征或謂之題肩或謂之雀鷹春化爲布穀者此言蓋謂月令是也攷此鳥名稱最多一曰鷳說文有鷳字無鳶字鷳卽鳶之異文一曰鷂說文鷂鷙鳥也一曰鷸廣雅鶙鵳鷸子籠脫鷂也一曰鷣爾雅鷣負雀郭璞注鷣鷂也江南稱之爲鷣善捉雀鷣古音淫一曰鸇孟子爲叢敺爵者鸇也一曰鵻說文鵻或從隹一爲隼則隼鵻實一字矣一曰䧿說文䧿或從鳥爲鴟一曰𨿽說文䧿𨿽互訓段玉裁注之云今江蘇俗呼鷂鷹盤旋空中攫雞子食之者是也予謂負雀卽捕雀鶙鵳卽提雞鷳鷂鷸鷣鸇鵻鴟𨿽又皆一聲之轉故其實皆隼也在古時則又名爽鳩左傳昭公十七年爽鳩氏司寇也杜預注爽鳩鷹也爾雅鷹鶆鳩郭注鶆當爲鷞是則此鳥本名爽鳩爲五鳩之一不搏擊則名之爲鳩既搏擊則成乎爲鷹爲鷹爲鳩不過隨時而異名故正月言鷹則爲鳩五月言鳩爲鷹初不言化言化者月令之誤會也

采芸

芸香草也。夢溪筆談云。古人藏書辟蠹用芸。今人謂之七里香。葉類豌豆。案芸草冬至後始生。生時出地僅二三寸。嫩葉離披。確與豌豆葉相似。沈氏所言。蓋嫩苗時也。其後抽莖上升。葉形漸狹長而婀娜。酷似玉竹。莖長一二尺。莖末分數枝。每枝作花六七球。每球細分之各六七花。花英舒放時。中露白毛無數。蓋亦花之有荼者。惟不待英落而荼自見。與通常之花蕊無異。自二月始花。綿亘至九月乃罷。實則二月後開者爲黃花。六月後開者爲白花。一叢之中。榮落相繼。其莖葉通有白毛如艾茸。蓋又爲蒿類。故諸家皆稱芸爲芸蒿。謂葉似邪蒿而香也。李時珍混入山礬條內。而羣芳譜且冒以山礬之名。竟忘其爲草本。程氏瑤田辨之已詳。可以不爲所惑矣。惟許愼郭璞皆言芸草似苜蓿。今驗苜蓿莖硬如鐵線。葉端如細鋸齒。花開脣形。作淺紫色。與芸無纖毫之似。据苜蓿以求芸草。宜乎反而滋惑。不知芸有冬夏兩苗。芒種以前。宿本漸萎。夏至而後。嫩苗復茁。淮南王說謂芸草可以死復生。正爲此也。惟苜蓿則春夏兩發。却與之同。故云相似耳。正月時本不中采。言采芸者蓋。采。芸。苗。也。（傳云爲廟采也後人疑廟爲朝字之誤予案廟古作庿乃苗誤爲庿後又寫作廟耳）羅。鄂。州。爾。雅。翼。云。芸。蒿。婀。娜。可。愛。今。人。多。種。之。庭。中。然。則。古。人。采。芸。亦。采。野。中。之。苗。以。種。之。園。庭。也。

柳稊

柳。與。楊。有。別。唐。本。草。云。楊。今。水。楊。葉。圓。闊。而。尖。枝。條。短。硬。與。柳。全。別。柳。葉。狹。長。枝。條。長。輭。此。分。析。最。明。者。然。爾。雅。云。檉。河。柳。旄。澤。柳。楊。蒲。柳。似。古。人。以。柳。爲。總。名。不。知。檉。即。今。西。河。柳。旄。即。今。柳。樹。葉。狹。而。枝。柔。風。條。雨。絲。最。易。識。別。其。稱。爲。旄。者。古。時。卯。丣。（丣即酉字桺從此）聲。最。近。如。釋。木。又。云。旄。冬。桃。旄。爲。楙。字。之。叚。借。（說文楙冬桃也）則。此。旄。亦。非。本。字。直。柳。字。之。叚。借。柳。楊。之。分。別。自。古。已。然。矣。稊。發。芽。也。今。春。初。柳。芽。大。如。麥。粒。即。所。謂。稊。也。

梅杏杝桃則華

傳。云。杝。桃。山。桃。也。爾。雅。旄。冬。桃。榹。山。桃。旄。爲。楙。之。叚。借。榹。即。杝。也。諸。家。釋。楙榹。俱。未。明。確。今。攷。園。桃。中。有。一。種。光。滑。無。毛。緊。小。如。李。吳。俗。稱。李。光。桃。晚。秋。

強可啖入冬始熟此即冬桃名椒者外皮光滑如木瓜也山桃則與園桃顯別園桃三月始華交秋熟山桃與梅杏同華五月即熟熟時不解核瓤與汁皆色赤如胭脂今五月間遍滿吳市者是也李時珍云榹桃小而多毛核黏味惡其仁充滿多脂而入藥用所言皆合惟今山桃碩大如鵝卵而李氏反言其小蓋園工有接種之法未可泥焉

緹縞

緹縞當爲媞薃爾雅云薃侯莎其實媞郭璞注引小正傳云薃也者莎蓨也媞也者其實也是郭氏亦謂爾雅之薃即小正之薃也乃說文莎下云莎鎬侯也後人本此讀爾雅者遂以薃侯斷句謂薃侯即莎也予以爲爾雅之文當以侯莎成句說文實誤讀也（徐鍇已言其誤）蓋侯即胡（如喉嚨胡嚨之比）胡即蒲（如胡盧蒲盧之比）蒲莎即扶莎（如蒲伏扶伏之比）扶莎即夫須爾雅云臺夫須詩經南山有臺陸璣疏云舊說夫須莎草也可以爲蓑笠本草別錄云莎一名夫須其根即香附然則薃也者今吳農種之下田中取以製兩衣名曰莎（俗作蓑）衣者即此草也

郝氏懿行云。莎有二種。一種細莖直上。一種麤而短莖端復出數莖葉並似韭葉而細莖皆三稜。其實在莖端色赤緹。故曰緹。予按郝說皆合。然緹實媞之誤。媞當音是。古碑姓氏之氏恆作是。而俗稱禾穗之穗及重墜之墜音並如氏。此媞字又穗字之叚借矣。

（未完）

——摘自《國粹學報》一九〇八年四月四十期

〇〇夏小正條攷（續四十期） 沈維鍾

二月 往耰黍禪初俊羔助厥母粥綏多女士丁亥萬用入學祭鮪榮堇采蘩昆小蟲抵蚳來降燕乃睇剝鱓有鳴倉庚榮芸時有見稊始收

往耰黍禪 案耰字沿誤已久其實字當從耰音當讀而沼切與懮擾二字正同

晉灼注漢書云。以來。推。塊。曰。耰。禪。卽。疇。之。叚。借。說文疇耕治之田也孟子易其田疇今吳俗稱。

手授物曰禪是也黍爲禾屬黏者稱黍不黏者稱穈（靡爲切）亦稱穄（子例切）自唐人誤以穄爲稷于是稷幾爲不黏之黍不知稷卽今小米（程氏瑤田九穀攷誤以小米爲粱）不黏者稱稷黏者稱秫其穗豐茸而俯偃黍則粟粒如小麥其穗疏散而舒揚稃色紫赤稭色黃潤可縛爲篲古今種黍皆在五月（今下種在椹熟後移栽在小滿芒種間）二月尙未有黍然必先耰其疇者氾勝之書云春候地氣始通土塊散此時耕一而當四過此二十日和氣去土卽剛耕者四不當一蓋耕當趨時云

初俊羔助厥母粥（粥讀若薰粥之粥）

俊卽薦之叚借（如縉紳爲紳之比）與豳風四之日獻羔合焉此蓋指十一月十二月所產之小羊乳哺方斷春草正肥爲羊種之最佳者助厥母鬻言當棄乳而就牧矣

祭鮪

諸家釋鮪者惟陸璣疏最詳陸氏云鮪魚形似鱣而青黑頭小而尖似鐵兜鍪口亦在頷下其甲可以摩薑大者不過七八尺益州人謂之魱鱑大者爲

王鮪小者爲鮇鮪一名鮥肉色白味不如鱣也予案此魚肉味最劣今吳俗稱之音如江淮之淮頭銳嘴尖體圓似鯉而狹長又似鰽三月間結隊成陣大者率小者遇魚梁蟹斷非撞壞即躍而過之陸疏又云河南鞏縣東北崖上山腹有一穴舊說此穴通江湖鮪從此穴來北入河西上龍門入漆沮案此說諸家多稱之而高誘注淮南子李奇注漢書更云鮪渡龍門即化爲龍蓋王鮪力大最善跳躍故附會爲此說若俗傳鯉魚跳龍門則更由鮪而牽入于鯉云一種中大小懸絕故有王鮪鮇鮥諸名記其來往與季春薦鮪亦合然則陸說是矣又有一種形畧似鯉而好食草吳俗稱之其音如肝胃之胃與鮪音亦相近然此魚古稱爲鯶實非鮪也

縈堇

堇之異物同名者有三一爲烏頭晉語驪姬置堇于肉賈逵注堇烏頭也是也一爲蒴藋說文藋堇艸是也爾雅芨堇艸說文則藋芨爾雅篆俱訓堇艸名醫別錄一蒴藋一名堇艸一名芨蘇頌本草圖經云蒴藋田間多有春抽苗莖有節節間生枝葉大如水芹冦宗奭云開白花子初靑色及熟則紅若此經所指則大雅堇荼如飴之堇爾雅所謂齧苦堇是也今吳農稱之爲野菜牟應震亦云堇野菜也葉如車前莖端作紫花子房微稜葉長者甘葉圓者苦蘇恭注本草云堇菜野生

非人所種葉似蕺（蕺菹也卽今魚腥草其根葉並似蒢故說文菹蒢二字連列蒢卽今蒿苣）花紫色予案二說皆是矣攷詩經堇與荼並稱者蓋二物皆冬間卽生初生時葉皆披鋪地上（牟氏謂葉如車前者蓋指此若葉形則全不似車前）其葉皆廣寸許長三寸許葉缺深陷而遠離宛如被齧（故爾雅稱齧）堇荼相似蓋在此時及春後抽莖上升堇莖則細直而中不空斷之並無白汁莖長尺許二三月間莖端作灰白花（遠視微紫）一簇花小不過半黍所結子房驟視若摘殘之葉蓋扁三角形也（故牟氏謂子房微稜）著生莖上之葉狹小却似柳葉與貼地之葉絕異（故說文稱葉如細柳）冬盡春初可摘爲菜味極鮮美今人以野菜芼野雞尤爲勝味此堇依說文及郭璞注其音當讀如謹畢氏沅疑堇卽是芹固屬疏淺孔沖遠疑堇荼之堇爲烏頭亦未知堇荼之形態者也

采蘩

爾雅蘩皤蒿詩經采蘩傳亦云皤蒿七月傳則云白蒿可知皤卽白矣陸璣疏云凡艾白色爲皤蒿今白蒿也春始生及秋香美可生食又可蒸一名遊胡北海人謂之旁勃（小正傳云蘩由胡由胡者蘩母蘩母旁勃也）蘇恭注本草白蒿云葉似艾葉

上有白毛粗澀俗呼蓬蒿案二說皆是惟白蒿葉形如一柄圓葉撕作數條狹葉條條懸離如列指與艾葉之形似𦾓葉者不同春間莖嫩婀娜可食至秋莖老不復中啖爾雅云蘩之醜秋爲蒿是秋名白蒿春名蘩既稱采蘩自不待及秋而已可食矣

昆小蟲抵蚳（說文蚳讀若郝）

蚳本螘卵（爾雅云蚍蜉大螘其子蚳周禮鼈人祭祀供蜃蠃蚳以授醢人杜子春云蚳蛾子也）今引伸爲凡小蟲之卵（魯語魚禁鯤鮞蟲舍蚳蝝蝝亦羣蚳蝝以概其餘）昆小蟲抵蚳者猶言羣（昆羣同部）小蟲破卵而出也

來降燕乃睇

說文引明堂月令云乙春分來秋分去故二月紀燕來也睇小衺視也（說文）莊子云白鶂之相視眸子不運而風化列子云河澤之鳥視而生曰鶂（鶂即鶂之異文）春秋傳六鷁退飛說文引作六鶂禽經云鵁鶄睛交而孕三說皆指野鴨（說文鳽鵁鶄也予案鳽亦即鶂之或字）野鴨與家鴨同類今田家畜鶩一二頭雌雄相匹明明見其交伏然或成羣牧養雌鶩數百頭雄者僅數頭而所產卵皆可孵然則睛交成孕者乃鵠

也。案今人所用鴨字乃鷗字之俗非亂也。此經本旨實記燕鳥既來之後。漸將受孕。其云乃睇者。蓋文家言也。

剝鱓

說文。鱓。鱓魚。段氏注云。今人所食之黃鱔也。黃質黑文似蛇。此鱓之本義也。此文則爲鼉字之叚借。說文。鼉。水蟲。似蜥易。長丈所。皮可爲鼓。說文皮可爲鼓四字在鱓篆下。經段氏移正。今從之。故此經言剝也。唐本草。鼉難死。以沸湯灌入口。良久乃剝。案鼉與鱷魚爲同類。形亦絕似。擬以人家壁間常見之蜥蜴。雖大小不倫。而形狀酷肖。但有堅厚之鱗被體耳。

有鳴倉庚

倉庚。一鳥。卽後人所稱黃鸝及黃鶯者是也。方言云。自關而東。謂之倉庚。自關而西。謂之鸝黃。或謂之黃鳥。或謂之楚雀。陸璣疏云。黃鳥。黃鸝留也。或謂之黃栗留。幽州人謂之黃鶯。一名倉庚。一名商庚。一名鵹黃。一名楚雀。齊人謂之摶黍。當葚熟時來在桑間。故里語曰。黃栗留看我麥黃葚熟。亦是應節趨時之鳥也。案二說雖不言形態。然已見有黃鸝黃鶯之名。今驗此鳥頸端細毛雜色。體毛黃色。翅及尾以黑色相間。文彩陸離。故稱離黃。說文離黃倉庚鳴則蠶生春夏之交最多。二月則漸有鳴者。然並不成羣飛逐。往往一枝獨借。若院靜無人。則長鳴久轉。無有已時。戴仲若攜雙柑斗酒往聽黃鸝聲。唐人詩云。打起黃鶯兒。莫教枝上啼者。皆卽此倉庚也。三百篇中言黃鳥者最多。然倉庚非春不鳴。又不如鵶鸗等之習見。則詩中所稱黃鳥。未必悉係倉庚。學者當按詞意以求之。則得矣。

時有見稊始收 稊當從艸作蕛

蕛之本義。爲蕛稗。爾雅釋艸云。蕛苵。郭注。蕛似稗。布地生。郝氏義疏云是野生者穢似稻而細青綠色作穗似稗而小其米亦小人不食之亦作荑。孟子不如荑稗是也。若此文。則爲䓘字之叚借。說文。䓘。茅秀也。亦叚作荑。邶風自牧歸荑。傳云。荑。茅之始生也。攷說文。茅。菅也。菅。茅也。彼此互訓。正無分別。然陸璣疏云。菅似茅而滑澤。無毛。根下五寸中有白粉者。柔韌。宜爲索。漚則尤善矣。據陸說。則菅與茅有別。故小雅白華菅兮與白茅束兮並稱程氏瑤田云菅柔韌而茅脆其用大別茅短者不過一二尺秀于三月一莖秀祗一條小兒采食之四月成荼白如雪菅有兩種小者五月秀大者八月秀然則此經所稱二月見䔟者乃確然爲茅之秀非菅之秀也茅秀在三月其方秀之初則茸茸如鍼兒童或啖之世俗稱爲茅鍼經所云見䔟者卽見此茅鍼蓋在二月末也茅雖不中漚然大則供祭祀小則民間爲苴薦覆蓋之用故收之

（未完）

——摘自《國粹學報》一九〇八年五月第四十一期

○○夏小正條攷 （續四十一期）

沈維鍾

三月 三月參則伏攝桑萎楊羵羊穀則鳴頒氷采識妾子始蠶執養宮事祈麥實越有小旱田鼠化爲鴽拂桐芭鳴鳩

攝桑 攝當爲擾

攝字實擾字之誤。管子地員篇。其木宜櫄擾桑。房注云柔桑也 擾桑即柔桑。豳風爰求柔桑。桑正在鳴庚采蘩之際。稍遲則稱條桑。故記擾桑以著節候也。

萎楊羵羊 羵羊與萎楊連文必係傳寫誤衍無庸曲爲解釋今并著其文以質當世

楊稱蒲柳。陸璣疏云。蒲柳有兩種。皮正青者曰小楊。其一種皮紅者曰大楊。其葉皆長廣於柳葉。案小楊皮青者人每稱爲白楊。其皮粗鬆似楓。枝條硬而葉彌闊。大楊皮色紫赤。其葉狹于白楊而闊于柳。枝條柔垂頗與柳同。委宛本雙聲字。萎即菀之叚借。此言萎楊。猶詩言有菀者柳。蓋狀鬱茂也

穀則鳴

爾雅。穀天螻。郭璞注。螻蛄也。又本草云。螻蛄一名天螻。一名穀。此穀爲螻蛄之證。其俗名甚多。備載于方言及廣雅。今驗此物長寸許。大腹細腰。似蜂有

翅。而。短。飛。而。不。遠。黃。色。四。足。頭。如。狗。頭。居。土。中。故。俗。稱。土。狗。自。暮。春。以。後。入。夜。即。鳴。其。聲。嗚。嗚。然。聞。者。誤。以。爲。出。自。蚯。蚓。實。則。蚯。蚓。並。不。能。發。聲。向。時。詞。賦。家。所。謂。蚓。笛。者。要。當。改。稱。螜。笛。耳。

采識

識。爲。職。之。通。假。說。文。蒢。黃。蒢。職。也。職。本。當。作。蘵。爾。雅。蘵。黃。蒢。郭。注。蘵。艸。葉。似。酸。漿。華。小。而。白。中。心。黃。江。東。以。作。菹。食。攷。顏。氏。家。俗。書。證。篇。云。江。南。別。有。苦。菜。葉。似。酸。漿。其。花。或。紫。或。白。子。大。如。珠。熟。時。或。赤。或。黑。此。菜。可。以。釋。勞。即。爾。雅。蘵。黃。蒢。也。今。河。北。謂。之。龍。葵。予。謂。蘵。之。形。態。觀。顏。氏。郭。氏。所。述。已。可。概。見。但。未。知。爲。今。之。何。艸。耳。然。吾。觀。爾。雅。云。葴。寒。漿。郭。注。今。酸。漿。艸。江。東。呼。曰。苦。葴。（音針）案。苦。葴。亦。名。苦。耽。明。楊。愼。卮。言。云。本。艸。燈。籠。艸。苦。耽。酸。漿。實。一。物。也。特。重。複。耳。本。艸。云。苦。耽。有。一。種。小。者。名。蘵。然。則。苦。耽。即。酸。漿。而。蘵。與。苦。耽。大。小。雖。別。實。爲。一。種。即。今。世。俗。所。稱。燈。籠。艸。是。矣。此。艸。隨。處。多。有。花。開。五。瓣。瓣。白。而。蕊。黃。根。如。芹。根。色。白。而。味。極。苦。子。房。酷。似。皮。弁。故。又。名。皮。弁。艸。結。子。時。一。

覽。可。識。郝。氏。懿。行。謂。京。師。人。以。之。充。茗。飲。此。古。人。所。以。采。之。歟。

妾子始蠶

蠶本桑樹上之害蟲。用得其術。轉成大利。其產卵傳種。必待成蛾之後。故今日學者列于蛾類。其未成蛾而名曰蠶者。乃蛾之幼蟲也。蠶身大如手小指。色灰白。由十二圓節而成。首三節下面各生肉足一對。後半身疏布肉足五對。兩側各有楕圓形黑斑九點。爲呼吸出入之氣門。頭形似馬頭。口甚侈。至口尖而色漸黃。則蛻已兩次。蠶將作繭矣。此其大略也。

祈麥實

詩。經。貽。我。來。牟。許。鄭。等。依。尙。書。大。傳。謂。天。所。降。來。之。瑞。麥。故。稱。來。牟。其。實。不。然。來。乃。大。麥。之。名。其。字。象。麥。穗。牟。乃。小。麥。之。名。其。字。象。麥。粒。惟。趙。岐。孟。子。注。張。揖。廣。雅。李。善。引。薛。君。韓。詩。章。句。皆。以。麰。爲。小。麥。麳。爲。大。麥。然。吾。觀。今。人。所。種。之。麥。有。三。種。一。曰。大。麥。麥。粒。長。大。麩。色。淡。黃。麩。以。外。有。兩。層。殼。成。熟。較。早。者。是。也。一。曰。小。麥。麥。粒。緊。小。麩。色。深。赤。麩。以。外。祇。一。層。殼。成。熟。最。晚。者。是。也。

又有一種穬麥與大麥都無差別今南方人稱爲來麥予謂此穬麥乃大麥之別種（蕭炳四聲本艸云穬麥大麥之類形狀與大麥相似山東河北人正月種之名春穬吳普本艸云大麥一名穬麥）今相沿而稱來麥則古人必稱大麥爲來且孟子詳述麰麥而云至於日至之時皆熟日至明明是夏至（若云成熟之期則兩至字何必重複但云至于其時皆熟矣可也）正是小麥之熟期然則麰麥非大麥又何疑焉

田鼠化爲鴐鴽（鴐當作鵀）

鴽者牟毋也（見爾雅及說文）牟毋卽鵪（李巡郭璞等所說）鵪與鶉同屬故莊子列子皆逕言田鼠化爲鶉也然鶉乃青蛙所化並非化自田鼠墨子所謂化若蛙爲鶉淮南子所謂蝦蟇爲鶉水蠆爲蟌莣惟聖人能知其化是也且鶉必待冬初始見三月化鶉尤爲必無之事予嘗按之節候始知此經鴐鴽字實係鵀字之誤鵀者戴勝之名也月令戴勝降于桑爾雅鵖鴔（鵖彼及切鴔平立切）戴鵀（此鵀字宜如淮南子作鵀任）鄭注及郭注皆不言其爲何鳥自揚雄方言誤以鳲鳩爲戴勝于是廣雅及唐本艸俱承其誤蓋與鶻爭巢之鳩本當名鶻鳩方言承毛傳之誤而稱

爲鴟鳩其頭上亦有細毛一撮故又誤以爲戴勝不知鶻鳩（即八哥）頭上之毛生于鼻根狀如花鬚戴勝則戴在頭頂形如花朵未可以鶻鳩當之然則戴勝究爲何鳥古人實未有知者予以爲爾雅之鴟鴞即爾雅之鵧鷑其一物兩釋者蓋猶蟾蜍倉庚之類也攷爾雅云鷑鳩鵧鷑（讀若稗笠或讀俾及案俾及稗笠二音正與鵧鷑之音切相同讀者但不覺耳）郭注小黑鳥鳴自呼江東名爲烏鴟淮南子說林訓云烏力勝日而服于鵻札（原本作雜禮高郵王氏云當作札蓋古時轉鈔由札誤礼又由礼改禮耳）高誘注鵻札爾雅謂之稗笠秦人謂之祝祝鸐時晨鳴人舍者鴻鳥（猶言大鳥）皆畏之羅願爾雅翼云鵧鷑即祝鳩也今鵶白小于烏而逐烏即五更鳴架架格格者荆楚歲時記云四月有鳥如烏先雞而鳴聲如架格架格玉篇云烏鴟似鳩而有冠合觀以上諸說則鵧鷑即是烏鴟其鳴在鸐時其聲架架格格其色黑其頭上有冠滇人呼爲榁油郎又稱鳳皇皂隸汴人呼爲夏舌（見楊慎丹鉛錄）今江蘇人稱鸐花鳥或稱布穀鳥者是也李時珍謂其頭上戴勝直斷爲即爾雅之鴟鴞頗爲有識然戴勝即係鵧鷑既無可疑惟何以指爲田鼠所化攷周頌肇允彼

桃蟲拚飛維鳥毛傳云桃蟲鷦也鳥之始小終大者陸璣疏云桃蟲今鷦鷯也微小于黃雀其雛化而爲鵰故俗語鷦鷯生鵰予案鵰與鵃均爲鳩之或體字故爾雅云鵰鳩鶻鵃小宛傳云鳴鳩鶻鵰是則其雛化而爲鵰者實言化而爲鳩也蓋毛傳之鷦卽廣雅之鷦廣雅云鷦禽也（言桃蟲並非蟲也）車搖鶵札（原文作杔亦王氏所校正）也鷦札又卽說林訓之雛札今人于二三月間目覩溝塍中有一種微禽較鷦鷯更小而翅尾脩長並非巢中乳雛驅之則遠躍數步終不高飛未及一月此鳥倏復不見而架架格格者已翔乎寥廓矣始悟毛傳始小終大之說最合物情蓋並非鷦鷯生鳩實始鷦鷯而終鶻鳩也張華博物志稱戴勝生穴中而詩正義辯方言之誤亦云戴勝自生穴中不巢生然則鼠逐溝塍之小鳥殆卽生自穴中者此田鼠化鴽之說所由來歟此鳥出于蠶時既與季春適合秋後寂然不見與八月鴽復爲鼠亦合而雛札以小鳥逐鴻鳥稱曰鷦鷯與鶉之稱鷯鶉（爾雅鷯鶉其雄鶛牝庳）則之稱伯鷯亦合古人意中之言殆如是云

拂桐芭

爾雅釋木云。櫬梧。又云。榮桐木。說文從之。是桐與梧未嘗混釋也。蓋二木皆濃陰直幹。葉形亦無異。惟皮色不同。據齊民要術所載。則靑皮而光滑者。名曰梧。今人每植之庭院中。四月初開小黃花。花罷結莢。至秋莢裂。如小瓢。瓢之兩緣。各綴生子。卽桐乳是也。其白皮者。名曰桐。多生于山岡。其材可中樂器。花色紫黃。但有花而不結實。故名曰榮。此桐與梧之別也。（陶隱居稱有子者爲白桐無子者爲靑桐誤也）拂。放也。（淮南子齊俗訓拂于四達衢高注拂放也）言桐葩初放也。

鳴鳩

鳩有五種。鳴鳩者。指鳲鳩而言也。鳲鳩與鶻鳩。雎鳩與爽鳩。毛公詩傳。往往互誤。今試合五鳩而徹攷之。一曰祝鳩。杜預左傳注。（昭十七年）祝鳩。鷦鳩也。攷其實。鷦鳩。卽係鵻鳩。（見前條）故爾雅有鵻鳩。而無祝鳩。而審其音。鷦鳩又卽係祝鳩。蓋焦祝同部。（同在第三部）內則。糈糕之糕。讀若捉。故古稱鷦鳩若祝鳩也。一曰爽鳩。卽爾雅之鷹。鶆鳩也。（鶆係鶆字之誤）亦名隼。亦名鳶。亦名鷂。亦名鴟。亦名晨風。

今則謂之鴟鷹說文所謂鴟鷙鳥是也一曰雎鳩雎鳩者何王雎也王雎者何鴛鴦也大雅鴛鴦于飛毛傳云鴛鴦匹鳥鄭箋云匹鳥謂飛則相耦止則成雙是此鳥最篤於夫婦故詩人用以興好逑且關雎在河洲與鳧鷖在渚鴛鴦在梁正同明其爲水禽也水禽與他禽鳴聲不同故詩經狀鳥鳴者多言喈喈而未嘗濫用關關蓋關關卽乖乖（此與伐木之丁丁伐鼓之淵淵皆狀况音聲並無意義若以意義論必無達詁）非鳧鴨之類不能有此聲也毛傳誤以爽鳩釋雎鳩既稱爲摯鳥又以關關爲和聲此後人所以迷惑而愈說愈遠也一曰鵰鳩卽拙鳩也亦名鴝鵒亦名搏穀今則稱爲八哥與鵲爭巢之鳩卽此鳩也毛傳乃誤以爲鳲鳩方言云鶻鵃蜀謂之拙鳥不善營巢取鵲巢居之雖拙而安處雄呼晴雌鳴陰夫呼晴喚雨鳲鳩之事也方言乃牽入鶻鳩蓋欲遷就毛說而適以成誤焉至于鳲鳩則勃姑也凡稱夫不鴀鶝鵓鳩斑鳩者皆此鳥也後世稱之爲鷓鴣狀其鳴聲則行不得哥哥乃呼晴喚雨之鳥最勤於鳴者故稱鳴鳩月令鳴鳩拂其羽戴勝降于桑蓋勃姑本喜晨鳴三四月間戴勝與之競唱矣

——摘自《國粹學報》一九〇八年七月第四十三期

博物篇

○○夏小正條攷（續四十三期）

四月 四月昴則見初昏南門正鳴札囿有見杏鳴蜮王萯秀取荼秀幽越有大旱執陟攻駒

沈維鍾

鳴札

小正本傳云。札者寧縣也。依郭璞爾雅注所引。則寧縣應作虎懸。王充論衡云。蠐螬化爲復育。復育轉而爲蟬。名醫別錄云。蚱者鳴蟬也。其殼一名楛蟬。楛蟬復育虎懸三者。蓋一聲之轉也。爾雅云。蚻蜻蜻。毛詩碩人傳。螓首顙廣而方。鄭箋云。螓謂蜻蜻也。觀此則札即是蚻。蜻即是螓矣。方言云。蟬之小者謂之麥蚻。有文者謂之蜻蜻。其雌謂之尐。按尐即是蟿。麥蚻即茅蜩。然則爾雅所謂蚻蜻蜻。蟿茅蜩。二者實係一物。郝懿行云。此蟬棲霞人呼桑蟿蟟。順天人呼咨咨。其形短小。方頭廣額。體兼彩文。鳴聲清婉。若咨咨然者是也。潛確類書云。蟪蛄小而紫色。四月五月鳴。蓋蟪蛄爲小蟬之通稱。不必專指秋蟬。按其鳴時。卽小正之所謂札矣。

鳴蜮

蜮本短弧。說文此經之蜮。乃蟈字之假借。今說文以蟈爲蜮之或字非許書之舊矣周禮秋官蟈氏。周禮經文本亦作蜮字故先鄭引月令螻蟈鳴以正其義後人旣改作蟈氏又改鄭注云蟈當爲蜮則與所引螻蟈鳴之意不合蓋亦非周禮舊文矣鄭司農注云蟈蝦蟆也。予案蝦蟆卽鼃黽之聲轉。蓋此類之中大而黑色者。古人名之爲黽。後世則轉黽爲蟆。大而青花者。古人名之爲鼃。後世則轉鼃爲蝦。渾言之則稱鼃黽。蟈氏所謂掌去鼃黽是也。若蟈則似黽而彌小。因其鳴聲聒聒。故名之以蟈。陶氏注名醫別錄云。大而青脊者。俗名土鳴。其鳴甚壯。又一種黑色。南人名爲蛤子。食之至美。又一種小形善鳴喚。名曰鼃子。案陶氏此注甚爲明晰。然小形善鳴喚者。今吳農實稱爲蟈。都初夏時。田間水滿。此種尤徹夜繁鳴。故小正用之以紀候焉。

王萯秀

此條。小正作王萯秀。月令及淮南子。俱作王瓜生。呂覽又作王菩生。其實一也。鄭注月令云。王瓜。萆挈也。高誘注淮南子云。王瓜。括樓也。又注呂覽云。菩或作瓜。瓠甊也。然予攷萆挈即菝挈。又即萆薢。廣雅云。菝挈。狗脊也。玉篇云菝葜。狗脊根也。吳普本草云。狗脊如萆薢。陶注本草。謂狗脊與菝葜相似而小異。是萆挈絕非王瓜。鄭氏之說非也。若括樓與王瓜形雖相似。然陶注本艸。謂括樓似王瓜而葉有叉。葉既不同。則二物實非一種。高氏之說亦非也。予案廣雅云。藈菇。瓠甊。王瓜也。爾雅。鉤藈姑。郭注云。鉤甊也。一名王瓜。實如瓝瓜。正赤。味苦。又本草。王瓜。一名土瓜。陶注云。今土瓜生籬院閒。亦有子。熟時赤。如彈丸。唐本草注云。王瓜。蔓生。葉似括樓。圓無叉。缺子生青熟赤。此數條者。即本經王蓇之確釋。蓋古人重脣讀蓇如菩。王菩。王瓜。藈姑。皆方音不同之故。郝懿行云。王瓜五月開黃花。花下結子。形似小瓜。今京師名為赤雹子。然則孟夏之月。乃王瓜初開花時。故小正以為秀也。

取荼

小正兩言荼。四月則云取荼。七月則云灌荼。傳者皆以為褚蔣之用（蔣廣一聲之轉）

950

蓋謂蕭也褚將謂褚茶于蕭中儀禮既夕篇云茵著用荼是也傳者蓋本此說則是一事而兩記矣不知此荼非萑葦之秀亦非茅菅之秀蓋上句之王萯秀即月令之王瓜生則此句之言取荼即月令之言苦菜秀矣爾雅云荼苦菜郭注苦菜可食然則苦菜自名荼荼自可食所以取之也攷陸德明爾雅釋文云易緯言苦菜生于寒秋經冬歷春得夏乃成今苦菜正如此處處皆有葉似苦苣亦堪食但苦耳顏氏家訓書證篇云苦菜葉似苦苣而細摘斷有白汁花黃如菊李時珍本艸注云苦菜葉稍似鸛觜故名老鸛菜合此三說其形態已可概見至近世程氏瑤田言之尤悉據程氏所云此種苦菜本名苦蕒八九月即生生時葉皆披鋪地上其後漸增嫩葉仍復悉從根出如車前葉之貼地蓋並不生莖也及至春間始從中心抽莖上升至四月則莖端作花月令謂孟夏之月苦菜秀者是也其葉柄及莖斷之俱有白乳汁出其味初舐之微甘漸至極苦其花以萼作苞苞中最下層爲子子上生白毛毛尖含著花英之本英本皆束于苞口花開時狀如小黃菊開後一二日即合既則色變而英落又數日苞枯而

開子末之白毛乃見蓋此花花英無數一英必有一子一子必有一毛一毛細析之又纖毫無數毫長半寸許整齊不亂形圓如球荼之名最廣此荼則含著于英本謂之英荼（鄭風有女如荼毛傳荼英荼也）英荼尤不止一種其形狀極難識別斷之亦多有白汁其最著者有兩種一種二月間開花與苦藚一切無異惟莖短而中空白毛略覺稀疏者蒲公英也又有一種八九月開花驟視極似苦藚惟莖長而中實其葉節節臺生葉形似苦藚而特勁厚，莖間歧枝四出枝頭各綴小黃花無數此種北方人呼爲苣藚菜（程氏云北方人呼爲苣藚菜南方人呼爲兎兒草予案今俗間呼鵝郎草者卽此種也）予謂卽爾雅之委葉也爾雅云蒤（許氏說文陸氏釋文俱引作荼則蒤亦作荼）委葉郭注引詩云以茠荼蓼孔穎達云荼亦穢草非苦菜也王肅云荼陸穢謂委葉也是則委葉卽穢草蒤農人拔去其草而特委其葉以糞田也委葉爲荼蓼之荼苦菜爲堇荼之荼此爾雅所以分別釋之歟

秀幽

幽與葽爲雙聲假借此經四月言秀幽卽豳風之四月秀葽豳風毛傳云葽

者葽草也是毛本以葽爲艸名並不以爲莠也自廣雅云葽莠也于是後人皆以葽爲莠且謂葽莠確係聲轉不知莠乃稂莠之莠今吳農稱之爲稗草雜居禾田之中當未秀以前與苗幾無異惟苗葉上有微芒莠則葉滑無芒農人芸耨時以手捫之卽可識別及旣秀以後禾穗俯而下垂莠則仰如翹楚孟子所謂惡莠恐其亂苗甫田之詩所謂維莠驕驕者已足爲莠之定訓矣程氏瑤田云莠于夏至前後始作穗小暑大暑閒乃其正秀之時是秀于六月非秀于四月也此語最爲破的彼謂葽卽是莠者豈可謂四月秀莠耶葽旣非莠則葽自別爲一草攷小徐說文繫傳引字書云葽狗尾草也案狗尾草生于陸地道旁處處有之並不雜生禾列莖高尺許穗大如手指穗上之子簇居一軸細如莠子子間密生毛芒故其穗茸茸宛如狗尾驗其結穗正在春夏之交小徐所引實爲確釋此艸實有兩種又有一種子形尖長毛色紫赤毛與子俱較疎爽者世人稱爲狼尾艸卽爾雅之孟狼尾也葽非是莠孟非是稂彼以狗尾狼尾當稂莠二種者誤也國策魏文侯曰夫物多相

類而非也幽莠之幼也似禾幽莠之幽與小正之幽正同俱爲葽字之假借是葽與莠本爲二物惟其結穗相同故文侯以之並論若如鮑彪注云莠禾下生草幽言其色茂其說自蹖後人誤合爲一遂至以莠釋葽韋昭國語注云莠似稷而無實夫似稷無實確係狗尾草然昭以爲莠是以莠名葽也又御覽引鄭志韋昭問甫田維莠今之何草也答云狗尾也夫甫田之莠明明禾中之莠而鄭氏以爲狗尾是又以葽誣莠也亂苗之莠竟以不亂苗者當之名實互誤至于此極遂使豳風之莠葽與小正之莠幽轉至無人可識毛氏奇齡且以爾雅之葽繞當之爾雅葽繞棘蒬郭注今遠志也似麻黃赤華葉銳而黃其上謂之小草蘇頌本艸圖經云三月開花白色泗州出者花紅可謂失之愈遠矣

（未完）

——摘自《國粹學報》一九〇八年十月第四十六期

博物篇

○○夏小正條攷（續四十六期）　沈維鍾

五月（參則見浮游有殷鴂則鳴時有養日乃（衣）瓜良蜩鳴（匽之興五日翕望乃伏）啟灌藍蓼鳩爲鷹唐蜩鳴初昏大火中（菽糜）煮梅蓄蘭叔糜頒馬）

浮游有殷（殷富蟜衣）

昆蟲類中以浮游稱者不止一物世人最易眩惑今考其實則原始稱爲浮游者實發生于水上蓋其幼蟲須在水中一二年然後變化變化之後形態略似蠶蛾惟尾末有細絲三條長倍其身藉之可以浮游水面行動如射故稱之爲浮游高誘注淮南子道應訓云朝秀朝生暮死之蟲也生水上似蠶蛾一名孳母（廣雅朝蜏孳母也）藝文類聚引廣志云蜉蝣在水中翕然生覆水上尋死隨流是則朝生暮死者乃水際之蜉蝣也然陸上之蟲亦有稱爲浮游者其字作蜉蝣爾雅所謂蜉蝣渠略曹風之蜉蝣與此經之蜉蝣皆指此物也陸璣詩疏郭璞爾雅方言兩注言之雖詳皆不免有誤。（陸疏云蝣蜉方土語也通謂之渠畧似甲蟲有角大如指（長三四寸）〇（案此語恐有誤字）甲下有翅能飛夏月陰雨時地中出今人燒炙噉之美如蟬也郭注爾雅云似蛣蜣身狹而長有角黑黃色叢生糞土中朝生暮死豬好啖之又注方言云似天牛而小有甲角出糞土中朝生夕死案郭說似不誤惟朝生夕死一語畫蛇添足耳予案渠略乃蜉蝣之幼蟲。說文作蟲蟟似蛣蜣而稍狹長足多細毛並非有翅能飛每於鬆土作一尖底小坎窨居之螻蟻陷入輒被吞噬入夏則變化而成四翅翅皆網脈形狀酷似蜻蜓而色黑今日學者所稱白齒蜉蝣是也曹風言衣裳楚楚正謂其具有四翅又言蜉蝣掘閱麻衣如雪正謂其出自穴中依麻衣如雪語氣則掘閱當爲出穴非以其作小坎窨而謂爲掘穴或窟穴也翅翼薄白。皆與此蟲情形確合。又有一種草蜉蝣全身皆呈綠色翅金色有光澤與衣裳楚楚亦合但與掘閱二語不合故知所指必非此也至此經言蜉蝣有殷殷亦衣字之音誤殷衣同音互誤如尚書殪戎殷中庸壹戎衣之比有衣者言其始化而有翅也大戴傳殷衆也有見也是望文生義矣五月始生羽翅可知蜉蝣斷非天牛一類蓋天牛爲蠐螬所化春時即巳成形非仲夏之候蟲也

鴂則鳴

鴂孟子作鴃豳風月令爾雅說文均作鶪實一字也此經傳云鴂伯鷯也左

傳稱伯趙爾雅說文稱伯勞康成趙岐等注稱博勞其所稱一也考其實則郭注爾雅云似鶷鶡而大（鶷鶡疑即鶻鵃蓋鳲鳩與鶻鳩大小相等也）張華禽經云伯勞似鶷鶡鶷鶡喙黃伯勞喙黑說文繫傳云鶷鶡似鶪而有幘易言之即鶪似鶷鶡而無幘予案諸說皆確合惟鶷鶡深黑色而伯勞則淺黑左傳（昭十七年）言伯趙氏司至爾雅言夏扈竊玄夏扈正合司至竊玄即淺玄之假借與伯勞之色又合然則夏扈殆伯勞歟

乃（衣）瓜（衣字衍文）

衣瓜篆文相似其始誤瓜為衣或註瓜字以正之寫者遂並存其字惟添注瓜字必在大戴之後故傳文竟以衣字釋之（傳云乃衣者急衣之辭也衣也者始創衣也無一語及瓜字）若忘其為五月者戴傳之不足据于此可見矣

良蜩鳴（良蜩即蝘蜩）

良唐疊韻依爾雅則蝘蜩即螗蜩釋蟲所謂蝘蜩螗蜩是也小正之意則不然蓋夏時盛鳴之蟬實祇二種一種大而黑色者名馬蟬釋蟲蝒馬蜩是也

一種形體甚小背作青綠色頭有花冠喜鳴而聲清遠小正良蜩蓋指此耳戴傳云良蜩也者五采具初學記引孫炎云蝒蜩五色具然則蝒蜩自非黑色者矣

匽之興五日翕望乃伏（此條並非經文當删去）

此三言與小正經文語氣不類乃古人釋經之詞其誤入經文又在戴傳之先也爲此說者其意蓋謂蝒即是螗蜩即是蝘（毛詩蕩傳云螗蝘也）何以一月之中既紀良蜩鳴又紀唐蜩鳴于是曲爲之說謂匽之登陸（故言興）五日而變態完全（故言翕翕合也）又十日而伏（以望爲十五日之稱）伏而復鳴故小正復記之是數語者乃解釋一物兩記之故以曲全經文否則小正但紀時令何嘗剖析物情歟

啟灌藍蓼

說文藍染青草也爾雅葴馬藍郭注今大葉冬藍也案藍有數種小藍葉如槐大藍葉如蓼華與實亦俱似蓼故稱蓼藍此經之蓼卽指蓼藍爾雅則謂之葴焉月令仲夏之月令民毋刈藍以染齊民要術種藍法云藍三葉澆之

五月中新雨後栽之皆與小正有合焉

唐蜩鳴

詩經如蜩如螗傳云螗蝘也陸璣疏云螗蟬之大而黑色者也郭注爾雅云螗俗呼為胡蟬江南謂之螗蛦然則小而五色者曰蝘大而黑色者曰螗其鳴確有先後與小正所紀適合不必為爾雅拘也

（菽糜）二字亦非經文當刪去

上文初昏大火中傳云大火者心也心中種黍菽糜時也

煮梅蓄蘭 蘭當為艾

蘭為香草花葉俱不耐久何以云蓄若以藝蘭采蘭為蓄五月亦非其時予謂蘭字係艾字之音誤蓋艾得乂聲蘭讀若[illegible]其音至相近焉史記項羽本紀烏江亭長檥舟待羽檥舟即俗言攏舟漢書司馬遷報任安書佴之蠶室佴之即縲之膩從貳聲謂物爛也泥從尼聲謂土爛也此皆乂蘭音同之證艾以蓄久為善故孟子稱三年之艾今俗五月間猶采新艾懸于戶側以備

不時之需小正五月蓄艾正謂此也

菽糜（菽當爲叔 糜當爲䕷）

前傳言大火者心也心中種黍菽糜時也菽糜與種黍對文其句法與煮梅蓄艾正同則此菽斷非菽麥之菽予謂菽乃叔字之誤糜乃䕷字之誤䕷與芘爲一字此經之叔䕷卽豳風之叔苴豳風毛傳云叔拾也（同說文）苴麻子也（喪服傳苴經麻之有蕡者也）說文云芘枲實也或爲黂禮記作蕡內則菽麥蕡稻黍粱秫惟所欲鄭氏云蕡枲實也孫炎云蕡麻子也是叔䕷無異叔苴顧豳風明言九月叔苴何以此經叔䕷則在五月不知經文所異之處正與物情曲合程氏瑤田九穀攷云（一牡麻俗呼花麻花落後卽先拔而漚之剝取其皮是爲夏麻夏麻之色白詩言八月載績夏刈之則八月可績也苴麻俗呼子麻八九月閒子熟則落一莖中熟有先後農人以數次搖其莖而拾取之詩言九月叔苴叔拾也拾取子盡乃刈漚其皮而剝之是爲秋麻色青而黯不潔白也又云麻有二種一種短小者（卽上文之夏麻）五月牡麻開花苴麻放勃結實（此謂與小

正適合而於是月刈之其麻可績一種肥大即上文之秋麻牡麻有六月花者有七月花者苴麻放勃結實則必於七月農人先于六月刈之不俟開花結實者麻嫩則皮色鮮潔若待叔苴乃刈色且黝黑）是則麻之爲物確有早晚兩種小正所言叔麖乃程氏所謂短小之夏麻豳風所言叔苴乃程氏所謂肥大之秋麻也古人恃麻成布所重原不在麻子兩經皆言叔苴叔麖者蓋放勃結實有定候刈麻之早晚可以有所依據矣

——摘自《國粹學報》一九〇九年五月第五十三期

〇夏小正條攷（續五十三期）

沈維鍾

八月 八月剝瓜玄校剝棗栗零丹鳥羞白鳥辰則伏鹿人從鴽爲鼠參中則旦

剝瓜 瓜當作瓠

八月非剝瓜之時。戴傳云剝瓜也者。蓄瓜之時也。以蓄瓜爲辭乃傳者强爲之說。余案此瓜字必係瓠字之駁奪。蓋瓠即是壺。小正之八月剝瓠即豳風之八月斷壺也。

玄校 玄當作立

玄校二字。絕無意義。戴傳强爲之解。其說固不足辯。戴傳云玄也者黑也校也者若緣色然婦人未嫁者服之其說無理可笑予謂玄字必係立字之誤。蓋隸變之後字體潦草玄立二字最易致誤也。校即孟子夏曰校之校。乃夏時小學之專稱。立校記在八月者。攷何休公羊傳宣公十五年初稅畝注云。（在田曰廬在邑曰里。一里八十戶。八家共一巷。中里爲校室。選耆老有高德者曰父老。其有辨護伉健者爲里正。皆受倍田得乘馬。父老比三老孝弟官屬。里正比庶人在官吏民春夏出田。秋冬入保城郭。田作之時。父老及里正旦開門坐塾上。晏出後時者不得出。暮不持樵者不得入。五穀畢入。民皆居宅。里正趣緝績。男女同巷。相從夜績。至于夜中。故女工一月得四十五日作。從十月盡正月止。男女有所怨恨。相從而歌。飢者歌其食。勞者歌其事。男年六十女年五十無子者。官衣食之。使之民間求詩。鄉移于邑。邑移于國。國以聞于天子。故王者不出戶牖盡知四方之所苦。十月事訖。父老教于校室。八歲入小學。十五歲入大學。小學之秀者移于鄉學。鄉學之秀者移于庠。庠之秀者移于國學。行同能偶。別之以射。然後爵之。士以才能進取。君以考功授官。）其說較漢書食貨志尤詳。蓋三代教養之經也。予案何注云。吏民春夏出田。秋冬入保。則民間幼童。當春夏之際。勢必隨父兄出廬田中。若秋前遽令入校。則出入必多未便。强入所苦。教育轉難普及。故立校常在八月。何注言十月事訖。父老教于校室者。此乃周正之十月。在夏正則八月也。所以知之者。何注言五穀畢入。民皆居宅。里正趣緝績。男女同巷。相從夜績。夫民皆居宅。即豳風之八月在宇。豳風七月在野者月在宇即謂民人由野入宅並非指蟋蟀而言舊說皆誤里正趣緝績即豳風之八月載績然則農民入宇婦女夜績皆在八月豈有開校績課至急之事獨遲至十月之理乎或言八月立校一歲僅課其半殊失蒙養之基不知何注云一里八十戶八家共巷中里爲校室是校在一里之中如今初級小學程度最淺若如何注所云小學之秀移于鄉學鄉學之秀移于庠庠之秀移于國學程度既高入選者漸少自必專心習業終歲不令作輟故小正一書以學校紀時者有二條二月記萬用入學者蓋大學生徒于二月初吉即須入學也八月記立校者蓋民間幼童隨父兄歸自田中于此時重復開校也夏曰校殷曰序周曰庠學則三代共之三代國學通稱爲學小正于仲春入學則稱學仲秋立校則稱校於夏時稱名一毫不背且入學開校皆有定時小正與農事等並記尤可詳味古人教育之制然則玄校當爲立校無疑戴傳以婦女服飾當之有何關係歟

丹鳥羞白鳥

戴傳云（丹鳥也者。謂丹良也。白鳥謂閩蚋也。其謂之鳥何也。重其養者也。有翼者爲鳥。羞也者。進不盡食也。）月令仲秋之月羣鳥養羞。鄭康成注全引此文而云羣鳥丹良未聞孰是。孔氏正義謂（丹良未知何物。皇氏以爲是螢火。按爾雅釋蟲郭氏等諸釋皆不云螢火是丹良。未聞皇氏何所依據。）是鄭孔雖引小正。然皆未敢臆斷。惟梁元帝金樓子立言篇云。白鳥蚊也。此爲篤信戴傳。崔豹古今注云。螢腐草爲之。一名丹良。一名丹鳥。此又篤信皇侃。皆好稱異說。罔顧情理者也。殊不思小正一書。文字旣古。又多錯誤。此條經文。安必無一字之誤。就令一字不誤。而渾稱丹鳥。渾稱白鳥。在後人已未易指實。況明明言鳥。而以微蟲當之。苟無他經可以佐證。亦未便強爲立例。且螢之流行。本在夏月。今時當八月。霖雨旣降。豈容復有螢火。卽閒或有之。而螢亦斷不食蚊。卽使食蚊。亦不始于八月。何以小正不記于六月七月。而必于八月書之。豈螢之食蚊。必待八月而始厲乃吻耶。戴傳之不足信。後人但未之思耳。予以爲月令羣鳥養羞。雖與此經似相發明。實則月令隱襲小正所謂羣鳥者不過槩括丹鳥白鳥而言所謂養羞者不過中足羞字之義非眞八月有羣鳥養羞之事故欲釋小正不當拘牽月令攷堯典脊中星虛以殷仲秋厥民夷鳥獸毛毨僞傳謂毨理也毛更生整理許氏說文謂毨選也可選取以爲器用二說皆非予案毨銳也謂細銳也秋毫最細故孟子有明察之喻夏月鳥獸希革至秋而更生毛羽毛以始生而細故堯典言鳥獸毛毨始生之毛彩色未著有文之禽與樸素之鳥無所分別故丹鳥見羞于白鳥蓋小正堯典文雖不同其形容秋令動物毛羽初生之狀則一也易經不恒其德或承之羞亦以羞爲羞恥經典羞字固非盡如羞以含桃之羞也月令隱襲小正而誤會其意豈若堯典之文可以互相發明歟

鹿人從

鹿人從者記秋獮也鹿卽麓之假借麓人卽周禮之林衡周禮林衡掌巡林麓之禁令而平其守以時計林麓而賞罰之又序官云林衡每大林麓下士十有二人史四人胥十有二人徒百有二十人中林麓如中山之虞小林麓

如小山之虞。鄭注云。竹木生平地曰林。山足曰麓。是林衡。一職。本係。總稱。若所掌。全係。山境。則林衡。亦可稱麓衡。左傳昭二十年晏子對齊景公言。山林之木。衡鹿守之。澤之萑蒲。舟鮫守之。杜注云。衡鹿。舟鮫。虞候。祈望。皆官名也。孔疏亦引周禮林衡之文以證之。是周禮之林衡。即左傳之衡鹿。亦即小正之鹿人。春秋僖公十四年。沙鹿崩。穀梁傳云。林屬於山爲鹿。沙山名也。依穀梁則沙鹿。即沙麓。是春秋經傳。皆嘗假鹿爲麓。固不獨小正爲然。小正一書。于八月言鹿人從。于十一月言嗇人不從。十二月言虞人入梁。是鹿人與嗇人同例。又必與虞人同例。蓋仲秋教振旅。遂以獮田。以罔弊致禽。山林之木。皆將斬伐。故鹿人必從也。戴傳乃以人從二字連屬讀之。宜其詞之不可通耳。戴傳云。鹿人從者。從羣也。鹿之養也。離羣而善之。離而生。非所知時也。故記從。不記離。君子之居幽也。不言。或曰。人從。人從也者。大者於外。小者放於內。率之也

——摘自《國粹學報》一九〇九年七月第五十五期

博物篇

沈維鍾

○○夏小正條攷（續五十五期）

九月 九月內火遰鴻雁主夫出火陟玄鳥熊羆豹貉鼶鼬則穴榮鞠王始裘辰繫于日雀入于海爲蛤

陟玄鳥（蟄）蟄字衍文

戴氏作傳時。已有蟄字。故傳云先言陟而後言蟄何也陟而後蟄也 實則後人以蟄釋陟。添註蟄字于句旁。寫者遂併入之耳。論物情。則蟄字爲確。然陟字自係原文。來則稱降。往則稱陟。蓋古人尊貴玄鳥。並不自商人始也。

熊羆豹貉鼶鼬則穴

說文。熊獸似豕。山居冬蟄。又云。羆如熊。黃白文。爾雅釋羆與說文同。郭璞注云。羆似熊而長頭高脚。猛憨多力。陸璣詩疏云。羆有黃羆。有赤羆。大于熊。其脂如熊白而粗理。不如熊白美也。羅願爾雅翼云。獵者言熊有猪熊。有馬熊。蓋豬熊卽熊。馬熊卽羆。與郭注所謂長頭高脚。陸疏所謂大于熊者。正同也柳子厚羆說言羆之狀被髮人立絕有力而甚害人此本文士之寓言後人惑于此言遂稱羆爲人熊蓋誤以狒狒爲羆（爾雅狒狒如人被髮迅走食人本艸狒狒別名人熊）也李時珍云熊羆魋三種一類也如豕色黑者熊也（李氏云熊如大豕而竪目人足黑色）大而色黃白者羆也（陸佃埤雅云熊縱目能緣能立）小而色黃赤者魋也（爾雅魋如小熊淺毛而黃）此言最爲明晰

魋即是能（案爾雅鼈三足能龜三足賁世人習見此文遂以能爲水族不知能與賁均爲假借字說文能熊屬足似鹿（故從比）從肉吕聲與台之從吕聲無異故能與台古音相同史記天官書魁下六星兩兩相比者名曰三能（集解引蘇林曰能音台）三能即三台（漢書東方朔傳願陳泰階六符孟康曰泰階三台也）今人讀台若臺正與魋同音則黃赤色之小熊後世稱之爲魋者其實即能也蓋能之假借義盛故本義別出魋字說文能魋兩象（說文魋字訓釋即出爾雅）未能合而爲一則許君亦莫知其故矣）熊羆皆能屬故字皆從能耳

豹說文云似虎圜文寇宗奭云豹毛赤黃其文黑如錢而中空比比相次又有土豹毛無文色亦不赤其形亦小焉貉乃貈字之假借（貈乃狗之諧聲從舟猶從句句各聲）

傳猶拙鵃轉聲爲掉轂也豳風一之日于貉。論語狐貉之厚以居。其字本皆作貈。說文貈似狐。善睡獸也。本艸集解云。貉形如小狐。毛黃褐色。頭銳鼻尖。其毛潔厚可爲裘。與獾同穴而異處。日伏夜出。出則獾隨之。其性好睡。考獾乃貆之或字。即俗所稱狗獾也。爾雅云。貈子貆。說文貆貈之類。依爾雅則貆乃小貈。依說文則貈貆係二種。余案考工記言貉踰汶則死。地氣使然也。今東南各地果無此種。好睡之貉。而狗獾則吳地亦隨處有之。可見貉與獾確係兩種。爾雅所釋。未可泥焉。

爾雅鼢鼠之外。別有鼶鼠。一條。郭注。但引小正。經文不言何鼠。說文鼢與鼶亦分兩篆。但云鼶鼶鼠也。亦無詳釋。可見諸家皆未能確指。余案鼶與鼢同字。高誘注淮南子云田鼠鼢鼶鼠也鼢鼶混稱其意可見乃黎字之音近。鼶鼠即黎鼠。郭注方言云黎鼠鼢鼠也黎鼠即鼢鼠。亦即鼴鼠。說文鼢鼠。地中行鼠。伯勞所化也。一曰偃鼠。明醫別錄云。鼴鼠在土中行。陶注。俗中一名隱鼠。一名鼢鼠。鼻甚強。常穿地中行。寇宗奭云。鼴鼠脚絕短。僅能行。尾長寸許。目極小。項尤短。是今日吳農所稱臭鐵嗛者卽此鼠矣產自田間起土如垒故本名爲鼢鼠（說文鼢或作蚡周禮艸人墳壤用麋故書墳作盆鄭司農云多盆鼠也）別稱爲鼷鼠而鼮與鼢字無一定則皆鼷之諧聲字也說文鼬如鼦赤黃色尾大食鼠者廣雅云鼠狼鼬爾雅鼬鼠郭注云江東呼爲鼪蓋鼬之別名爲鼪俗中稱爲黃鼠狼能捕鼠又能制蛇夜中竊食人雞尾毛可中爲筆世所謂狼毫者是也

雀入于海爲蛤

此雀字月令假借作爵與孟子爲叢敺爵之爵正同蓋鸇鷂之所逐卽今俗所謂麻雀者是也南方春夏秋三時麻雀皆不甚多惟冬間最盛一經風雪嚴寒叢薄之中噪聲如沸或跳擲簷際覓穀露積之間成羣結隊往往而有若使九月時早已入海化蛤則冬間豈尚有麻雀耶予考說文云雀依人小鳥也許君說此小鳥特著依人二字依人者有畏寒之意蓋南方地暖北地天寒夏時宅都安邑人民集居河北但見九月以後此雀漸漸稀少遂有入海化蛤之謠實則麻雀避寒就燠逐漸飛向東南否則一交冬令江淮之表

何以驟增如許痲雀耶試觀月令爵入大水一句與鴻雁來賓連文可見氣候正同小鳥之向煗實與南雁無殊不過雁則由沙漠而入中原故人方以爲來雀則踰河濟而至海疆故人方疑其入海耳又考說文蛤下云蛤有三皆生于海蛤厲千歲雀所化秦人謂之牡厲海蛤者百歲燕所化魁蛤一名復絫者（山海經作僕纍卽浦盧之聲轉）服翼所化（說文原書有奪誤此係照爾雅釋文及藝文類聚所引）周書時訓解寒露又五日爵入大水化爲蛤易緯通卦驗云立冬燕雀入水爲蛤列子天端篇燕之爲蛤也淮南子云燕入水爲蛤徧徵諸說或言雀或言燕甚至言千歲之雀百歲之燕此等皆附會經典不足以爲確證蓋微禽本無年壽卽使經歷寒暑數歲之後羽化而成介類爲氣化所或有（戴傳云蓋有矣非常入也）然事出偶然豈應用以紀候小正明言化蛤蓋民之訛言有以致之焉

——摘自《國粹學報》一九〇九年十月第五十八期

博物篇

○○夏小正條考（續五十八期） 沈維鍾

十月　十月豺祭獸初昏南門見黑鳥浴時有養夜雉入於淮爲蜃織女正北向則旦

十一月　十有一月王狩陳筋革嗇人不從隕麋角

豺祭獸

爾雅釋獸。豺狗足。說文豺狼屬狗聲。高誘呂覽注豺似狗而長毛其色黃。倉頡解詁（見一切經音義）云豺似狗白色爪牙迅利善搏噬。李時珍本艸集解云豺處處山中有之俗名豺狗形似狗而頰白前矮後高而長尾其毛黃褐色其牙如錐羣行虎亦畏之喜食羊其聲如犬其氣臊臭可惡。羅願爾雅翼云豺見狗即跪亦相制耳。

又案左傳祭仲之祭讀如蔡。禹貢流蔡之蔡讀如殺。此爲祭殺相轉之證。月令季秋之月豺乃祭獸戮禽。觀祭獸與戮禽對文則祭戮即係殺戮禽獸詎知陳祭前文言獺獻魚此文言豺殺獸無庸牽涉祀祭耳。

黑烏浴

戴傳云黑烏者何也烏也浴也者飛乍高乍下也予考烏之與鴉自古有別烏則周身純黑眼目隱于黑色之中使人驟不可辨故烏字象烏無目（說文）其嘴短小其性母子相哺故稱慈烏亦稱孝烏鴉則有大小兩種毛羽皆不純黑大者白在項小者白在腹下其嘴皆長大其性皆不反哺因其與烏全別故古人別製一字以名之卽今之（焉）字是也（說文但云焉烏也）雅乃焉字之音轉（雅焉音本無別今北音稱爺若焉是其証）鴉則雅之或字（自焉與雅均作別用始有從烏之鴉字）經典初無鴉字故爾雅假借作燕釋鳥云燕白脰烏燕卽焉之音別在方言實稱爲鴉此鴉之大者也其小者則詩稱爲鸒爾雅云鸒斯鵯鶋（郭注雅烏也小而多群腹下白江東亦呼鵯烏）鵯鶋卽班烏之音別因腹下雜白故稱爲班似烏而雅種故稱雅烏此鴉之小者也小爾雅云純黑而反哺者謂之慈烏小而腹下白不反哺者謂之雅烏白項而群飛者謂之燕烏其說雖是但不知燕卽是焉焉卽是鴉故强分燕烏

雅烏爲兩種耳此經所指黑鳥乃純黑反哺之烏所謂浴者乃幼鳥習飛之狀猶月令之紀鷹乃學習也李時珍云（此鳥初生母哺六十日長則反哺六十日可謂慈孝矣北人謂之寒鴉冬月尤甚也）可見烏之成翔自在十月與北人所謂寒鴉李氏所謂冬月反哺尤甚者情形相合戴傳之說是也

雉入于淮爲蜃

水族之中同名爲蜃者實有兩物一爲蜃蛤之蜃一爲蛟蜃之蜃說文蜃大蛤爾雅蜃小者珧（珧即車螯今稱江瑤柱）莊子人間世篇愛馬者以筐盛矢以蜃盛溺說文祳篆下云社內盛之以蜃故謂之祳皆言蜃甲可盛物此蜃蛤之蜃也李時珍本艸集解云蛟之屬有蜃其狀亦似蛇而大有角如龍狀紅鬣腰以下鱗皆逆食燕子能吁氣成樓臺城郭之狀將雨即見名蜃樓亦曰海市此蛟蜃之蜃也陳藏器本艸拾遺云車螯生海中是大蛤即蜃也能吐氣爲樓臺春夏依約島漵常有此氣是陳氏又以蜃氣屬諸大蛤（考蜃氣二字本出史記天官書云海旁蜃氣成樓臺廣壄氣成城郭蓋蜃甲內壁有炫燿不定之氣與虹采相似故古稱海旁氣爲蜃氣後人誤以爲蜃所噓出之氣遂有種種附會耳）兩

蜃混爲一蜃後世學者從未深究不知此經所指究竟宜屬何蜃考鄭注月令韋注國語高注呂覽凡與此經相同者皆釋爲蜃蛤之蜃其力反前說獨以此蜃爲蛟蜃之蜃者實自李時珍始李氏于本艸蛟蜃條下引及月令之文又引陸佃埤雅云（蛇交龜則生龍交雉則生蜃物異而感同也）似雉與蜃實有關係埤雅所稱卽小正之確證然小正經文如果曲如李氏之意自當稱蛟不當稱蜃（經典祗有蜃蛤字無蛟蜃字）今雀化爲蛤雉化爲蜃蜃與蛤明明相對成文則經文與事實何以又相違焉予案雉知天地之啟閉正月聞雷卽雊十月應時潛伏故左傳云（昭十七年）丹鳥氏司閉者也正義引樊光云丹鳥以立秋來立冬去立冬本十月之節江淮以北氣候較寒其時雉必潛伏故人遂有入淮爲蜃之謠此與雀之入海化蛤同一古人臆度之詞讀者亦無庸强解焉

隕麋角

說文麋鹿屬冬至解其角考鹿產山林馬身羊尾大如小馬黃質白斑牡者

有角。夏至則解。牝者無角。身小而無斑。毛雜黃白色。具名爲麞。麞則產澤中。似鹿而色青黑。大如小牛。肉蹏。目下有兩竅。俗以爲能夜視。故淮南子云。孕女見麞而子四目也。此麞與鹿之別也。小雅瞻彼中原其祁孔有。鄭箋祁當作麎。案麎乃牝麞（見釋獸）名醫別錄稱麞生南山山谷及淮海邊。陶注今海陵間最多千百爲羣。多牝少牡。與詩文正相合焉。（麎之解角在冬至下文隕麎角三字自係衍文）

十二月（十有二月鳴弋玄駒賁納卵蒜）虞人入梁（隕麋角）（此係衍文）

鳴弋（弋當作鳶）

戴傳云。弋也者。禽也。不言何禽。金氏履祥云。弋當爲鳶。今雪霜風之晨則鳶鳴。段氏注說文從其說。謂弋乃鳶之正字。（說文無鳶字而有鴡字鴡訓爲鴟段氏云鴡即小正之弋自處行而弋壓矣）然予考鳶即是鷹。小正歷記鷹鳩。其鳴並無定時。何得於是月獨記其鳴。金說實未確焉。近考洪震煊夏小正疏義云。（弋當爲鷂聲之轉也。爾雅釋鳥。鷂周。鷂一名周。（此洪氏沿各家句讀之誤）即子規鳥也。史記厤書云。自昔在古厤建正于孟春。于時冰泮發蟄。百艸奮興。秭鳺先滜。先滜者。先鳴也。（案秭鳺先滜即子規）

先叫之異文孟春日月會于諏訾漢書律厤志諏訾初立春中驚蟄今小正既以啟蟄冠正月則以月中氣爲主可知啟蟄在正月本則立春在前年十二月末（月初爲本月終爲末見月令鄭注及周禮司爟先鄭注）故子規之鳴于孟春自應紀在十二月也）

洪氏此說甚爲有理考爾雅巂周燕（句）燕（句）鳦其文當以巂周燕三字連讀燕鳦則一字一句蓋齊魯呼燕作鳦故爾雅釋巂並釋燕說文巂周燕也此但襲用爾雅其一日以下則明稱爲子巂（說文巂周燕也從隹山象其冠也冏聲一曰蜀王望帝婬其相妻慙亡去爲子巂鳥故蜀人聞子巂鳴皆起曰是望帝也）巂與規古音相轉（故從圭之哇讀如奚曲禮立視五巂即五規之假借）子巂即子規或作沛鳩及姊歸又作鷤鴂（廣雅）又音轉爲鵜鴂（離騷）及鶗鴂又由鵜鴂轉爲杜鵑其實一鳥也世人誤以子規爲行不得哥哥（實則行不得哥哥即鷓鴣鷓鴣即鳴鳩也）實則子規又卽是鷤鴂詩常棣傳云脊令雝渠也飛則鳴行則搖陸璣疏云大如鷃雀長腳長尾尖喙背上靑灰色腹下白頸下黑如連錢故杜陽人謂之連錢今案此鳥大不逾黃雀而脩尾纖足體態更俊故有脊令之稱（蟋蟀名精列此鳥亦名精列者小巧可愛之意）其鳴自呼子規其黑色實在頷下如燕頷之色紫故爾雅

云巂周燕周應作咮巂周燕三字與釋鳥之鷉頭鵊同其詞與釋獸之豻狗足同其意蓋謂巂咮似燕也此鳥當臘尾春初溪沼凍沍之時每在冰上飛鳴跳躍（今吳或稱子規鳥或稱走冰鳥）無一息之停及春暖則倏復不見誠為季冬紀候之鳥（埤雅稱為雪姑謂鳴則天當大雪）小正所記與古時沸鳩先譟之說正可互證若以嶲鳴當之毫無取義矣

玄駒賁（賁讀如墳）

戴傳云玄駒者蟻也賁者何也走於地中也考爾雅蚍蜉大蟻方言云蚍蜉齊魯之間謂之蚼蟓梁益之間謂之玄蚼法言先知篇云吾見玄駒之步步亦走也此玄駒即蟻之證惟賁字當讀如墳禹貢厥土惟黑墳周禮艸人墳壤用麋皆謂土性疏散晉語公置之地地墳亦謂土色驟變狀如蚓糞也鼢鼠為地中行鼠能穿土如犁故義取于坌謂之鼢鼠此經言賁者謂蟻在地中攻土而成蟻垤此時則漸始蠢動並非假賁作奔謂其在地中奔走也

納卵蒜

考蒜有兩種根莖俱小而瓣（亦謂之瓣）少辣甚者小蒜也其名爲蒚（爾雅蒚山蒜）即山蒜是也根莖俱大而瓣多味辛而帶甘者大蒜也俗名爲葫葫乃湖蒜即澤蒜是也古時地居北方民間但多山蒜陶隱居言小蒜根名薍子韓保昇言小蒜一名薍一名蒚薍與卵爲音轉故知卵蒜即小蒜也二蒜皆以八月下種正月分蒔春食苗夏初食薹五月食根（即瓣也）秋初收種此經言納蓋指正月分蒔而言言自野而納之園圃也

虞人入梁

魯語里革曰古者大寒降土蟄發水虞于是乎講罛罶取名魚月令季冬之月命漁師始漁皆十二月事也古人施設漁具必緣津梁之際若今之魚梁蠻斷虞人入梁者言水虞于是月始向水澤取魚也　巳完

——摘自《國粹學報》一九一〇年四月第六十四期

○○○樂記五色義

樂記五色成文而不亂八風從律而不姦鄭注云五色五行也孔疏引崔氏云五色者五行之音謂宮商角徵羽之聲和合成文而不亂也今攷五行與聲樂義甚遠注說固難通崔以五行之音強申其義然五音不當云五色其說究未可憑孔從之非也諦審此二句文義五色當屬目治與八風屬耳治相儷成文不亂亦正彖色言之與上文聲成文謂之音不同竊謂樂舞有用旌旗表行列者此五色蓋謂五方旗識左傳哀十年宋公享晉侯請以桑林舞師題以旌夏杜注云旌夏大旌也題識也以大旌表識其行列此大舞以旌旗表位之證五色即周禮司常九旗之五正旗大常黃大旂青大旗白大旟赤大旐黑各分配方色（依金氏禮箋說鄭司常注說誤）亦即曲禮左青龍右白虎前朱雀後玄武與招搖在上合而爲五也（亦金氏申崔靈恩說）以其備方色故經典或謂之五色大戴禮記虞戴德篇云天子以歲二月爲壇于東郊建五色設五兵具五味陳六律品奏五聲諸侯教士執弓挾矢履物以射五色即五旗與樂記義正同非泛指采色也又大戴禮

諸志篇云孟春于時雞三鳴卒明載於青色青色即東方龍旂故云載亦即月令春載青旗也鄭巾車司常注謂九旗之帛皆用絳而以大赤大白別爲旜故不知旗有五色遂不得其解矣依大戴說知古行大典禮亦多建五方旗不徒樂舞曾子問云如諸侯皆在而日食則從天子救日各以其方色與其兵注云方色者東方衣青南方衣赤西方衣白北方衣黑今攷彼方色亦謂五方之旗注以方色爲衣色非也方色與兵即謂五旗五兵故穀梁傳二十五年傳云天子救日置五麾陳五兵五鼓諸侯置三麾陳三兵三鼓楊疏引麋信云各以方色之旌置之五處五麾即五旗此亦說救日之禮與曾子問說正同救日建方色之旗陳五方之兵亦即虞戴德之建五色設五兵也蓋諸侯各依其國所處方位建其方色之旗以自表異如東方諸侯則建青旂南方諸侯則建赤旟是也若如鄭說以爲衣色則冕弁冠諸服各有定色五等諸侯救日服無見文若祭服當服冕服玄衣纁裳齊服則玄冕玄裳遇災則素服皆不得隨方色爲變異於禮例殆不可通（淮南子時則訓有五時衣采及兵之說鄭似隱據彼文然與古禮無會不足據以釋經）管子幼官篇

云東方旗物尚青兵尚矛南方旗物尚赤兵尚戟西方旗物尚白兵尚劍北方旗物尚黑兵尚脅盾漢書祭祀志劉注引皇覽逸禮說四時迎氣旗旄與兵亦各從方色足徵古行禮多以方色之旗物配五兵與曾子問亦可互證通校大小戴記五色之爲五旗證諭碻鑿足知以方色表旗物爲古恒語故經典咸不云旗而徑稱色而鄭崔孔諸儒以五色爲五行之音或以爲五方之服其誤亦不辯而自明矣

——摘自《國粹學報》一九〇九年七月第五十七期

禮運大道之行一節釋義

長沙鄭沅

大道之行也道與禮對老子云失道而後德失德而後仁失仁而後義失義而後禮天下爲公此謂盡人之性盡物之性無內外無彼我盖眞理旣出無論何等種族皆將趨於一致如今日與法美爲聯合之會及海牙和平會皆其嚆矢也選賢與能賢不必能能不必賢曰選曰與惟衆所推也講信修睦人相人偶必信而後能睦非今日所謂國際交涉也大同無國界故人不獨親其親不獨子其子孟子曰人人親其親長其長而天下平此下文大道旣隱之事也又曰老吾老以及人之老幼吾幼以及人之幼此由親及疏由近及遠一生闢墨根源在是然吾疑孟子之所闢蓋皆別墨之猖狂無忌者所謂好辨不得已也且墨言衆愛實有流弊不及孔子此語之渾妙莊子云儒墨相與辨亦可見當時之風氣矣韓昌黎云孔墨必相爲用不相用不足爲孔墨竟以孔與墨對待不知孔道足以包墨昌黎於此未免失言蓋秦漢以來多以孔墨並稱昌黎亦相沿言之耳張橫渠云古者有東宮有西宮有南宮有北宮異宮同財此禮亦可行盖異宮者所以避子之私也子不私其父則不成爲子古之人曲盡人情同宮有伯父叔父爲子者何以獨厚於其父爲父者又焉得而當之今即橫渠之言思之家有伯父叔父猶不能相處是視士夫之家無非耰鋤箕帚之習何論一族何論一鄉更何論國與天下哉孝經云不愛其親而愛他人者謂之悖德不敬其親而敬他人者謂之悖禮然則愛吾親而使天下皆愛吾之親敬吾親而使天下皆敬吾之親此爲何等愉快何等自在乎春秋通三統孔子之道大而能博無所不包宋儒致精微而反狹小亦勢之自然者也使老有所終壯有所用幼有所長三句承上文而言矜寡孤獨廢疾者皆有所養按此節分人爲三等一曰賢品之至高者二曰能旣謂之人無無能者三則矜寡孤獨廢疾待養於人者男有分女有歸舊注分猶職也男有職則女有歸矣貨惡

其棄於地也不必藏於己（如墾殖開礦等事我不能盡地之利即當公之於人此尙非今日所能遽行然大同之眞精神如是）力惡其不出於身也不必爲己（恥其身無益於天下）是故謀閉而不興（無詐無虞）盜竊亂賊而不作（均則無貧無貧則盜竊亂賊無自而生）故外戶而不閉（大同之效）是謂大同

禮運一篇義與春秋相表裏。鄭云。禮運者。以其記五帝三王相變易及陰陽轉旋之道。故追溯先王未有宮室。未有火化。未有麻絲。後聖有作。然後脩火之利。爲宮室。爲布帛。以明相嬗進化之理。篇末天降膏露一節。正春秋所謂太平以瑞應爲效也。大同乃太平之極致。此節所未盡著者。以下文比例自明。如大人世及以爲禮。城郭溝池以爲固。知大同之世必無是也。未至其時則人莫敢信。孔子乃於數千載之前。若燭照數計者然。非天下之至神而能若是乎。

春秋爲撥亂之書。何以撥亂。曰禮而已矣。宋襄伯姬守禮至死而不渝者也。故春秋極意褒之。篇中惟此節不曰禮而曰道。觀下文禹湯文武成王周公。則知此節必指堯舜。然堯舜聲敎所曁至近。恐未足以當大同。亦猶春秋託王之意爾。

小戴各篇皆七十子後學者所記。孔氏微言往往錯見其中。朱子旣取大學中庸入四子書矣。餘如禮運及孔子閒居兩篇。皆余生平所極究心者。閒居篇五至三無之義。思通鬼神。今之談哲理者多忽焉而求之西國。甚可惜也。余以暇日嘗爲箋釋。終以不滿意棄去。尤慮一落言詮。便同嚼蠟。且其篇末引嵩高之詩。似與易繫原始返終之說足相發明。然亦不敢遽定。嗟乎。具茨不見。七聖猶迷。矧余根器淺薄。安有與聞斯道之一日。附識於此。海內不乏好學深思之士。當能切究而詳說之。使絕學大明於世也。

——摘自《中國學報》一九一三年二月第四期

禮運注叙

大漠也鉅海也泛之而無涯行之而無途杳杳茫茫入之迷方失路以悲漂泊可傷者皆是也浩乎孔子之道蕩蕩則天六通四闢其運無乎不在然以其擴博浩瀚舉二千五百年之綿蔓合四萬萬人民之繁衆并日本高麗安南之同文立於學官著爲國教誦之讀之尊之服之而蒼蒼無正色渺渺無終極欲實爲孔子之至道也莫可得而指也人好其私說家修其舊習以多互證以久相蔽以小自珍始誤於荀學之拘陋中亂於劉歆之僞謬末割於朱子之偏安於是素王之大道闇而不明鬱而不發令二千年之中國安於小康不得蒙大同之澤耗矣哀哉予小子六歲而受經十二歲而盡讀周世孔氏之遺文乃受經說及宋儒先之言二十七歲而盡讀漢魏六朝唐宋明及國朝人傳注考據義理之說所以考求孔子之道者旣博而劬矣始循宋人之途轍炯炯乎自以爲得之矣旣悟孔子不如是之拘且隘也繼遵漢人之門徑紛紛乎自以爲踐之矣旣悟其不如是之碎且亂也苟止於是乎孔子其聖而不神矣旣乃離經之繁而求之史凡數千年國家風俗治

亂之故若者與孔教相因而進退者得之於戰國秦漢之間東漢爲美矣以爲太足盡孔子之道也既乃去古學之僞而求之今文學凡齊魯韓之詩歐陽大小夏侯之書孟焦京之易大小戴之禮公羊穀梁之春秋而得易之陰陽之變春秋三世之義曰孔子之道大雖不可盡見而庶幾窺其藩矣惜其彌深太漫不得數言而賅大道之要也乃盡舍傳說而求之經文讀至禮運乃浩然而嘆曰孔子三世之變大道之眞在是矣大同小康之道發之明而別之精古今進化之故神聖憫世之深在是矣相時而推施並行而不悖時聖之變通盡利在是矣是書也孔氏之微言眞傳萬國之無上寶典而天下羣生之起死神方哉天愛羣生賴以不泯列聖呵護幸以流傳二千五百年至予小子而鴻寶發見闢新地以殖人民揭明月以照修夜以仁濟天下將納大地生人於大同之域令孔子之道大放光明豈不異哉康有爲乃獵纓專衽而正言曰吾中國二千年來凡漢唐宋明不別其治亂興衰總總皆小康之世也凡中國二千年儒先所言自荀卿劉歆朱子之說所言不別其眞僞精粗美惡總總皆小康之道也其故則以羣經諸傳所發明皆三代之道亦不

離乎小康故也夫孔子哀生民之艱拯斯人之溺深心厚望私欲高懷其注於大同也至矣但以生當亂世道難躐等雖默想太平世猶未升亂猶未撥不能不盈科乃進循序而行故此篇餘論及它經所明多爲小康之論而寡發大同之道亦所謂知其不可而爲之者耶若其發禮意之本極天人之故抑可以擇先聖制作之意焉幼孩不能離襁褓蒙學不能去嚴師告飢渴者當醉飽以濟其虛不能遽與八珍病傷寒者當滌蕩以去其邪不能遽投參朮亂次以濟無翼以飛其害更甚矣若子弟成人尙必服以襁褓寒邪盡去尙不補以參苓泥守舊方而不知變永因舊曆而不更新非徒不適於時用其害且足以死人今者中國已小康矣而不求進化泥守舊方是失孔子之意而大悖其道也甚非所以安天下樂羣生也甚非所以崇孔子同大地也且孔子之神聖爲人道之進化豈止大同而已哉莊子建德之國列子甔甀之山凡至人之所思固不可測矣而況孔子乎聖人之治如大醫然但因病而發藥耳病無窮而方亦無窮大同小康不過神人之一二方哉竊哀今世之病搜得孔子舊方不揣愚妄竊用發明公諸天下庶幾中國有瘳而大地羣生

俱起乎。其諸好學高識之君子。有以正之。孔子二千四百三十五年即光緒十年甲申冬至日康有爲叙

——摘自《不忍》一九一三年三月第五期

經說

學記箋證卷一　新城王樹枏

學記

箋曰．孔疏引鄭目錄云．學記者．以其記入學教之義．案此記爲三代聖王教科之書．蓋周秦以來儒者所述．其中小學大學之規模．入學之年限．教學之方法．具載於篇．猶可據此以考見先王教民之大畧．證之今日東西各國學校教育之法．多相合者．蓋講求師範者必要之書也．

發慮憲

箋曰．慮亦憲也．周禮朝士注云．故書慮爲憲．後漢書鄧禹傳李文李春程慮爲祭酒．注云．慮字或爲憲字．大戴記四代篇云．刑出慮．慮則節．慮亦憲也．

證曰．慮憲若今所謂憲法．議者鑒於後王專制之弊．思復古昔聖時立憲政體求善良之法以治天下也案憲法二字今人以爲日本之名詞然周禮布憲讀法管子首憲篇正月之朔百官在朝君乃出令布憲法於國此蓋三王之制傳於後世者也春秋之時立憲之法已變故當時有發慮憲之議不知立憲恃乎人才人才出於學校學校者立憲之預備科也憲法之制散見於羣經諸子百家者不可悉數而惟管子所述尤足考見先王遺制桓公問管子曰吾念有而勿失爲之有道乎對曰勿創勿作時至而隨毋以私好惡害公正察民所惡以自爲戒黃帝立明臺之議者上觀於賢也堯有衢室之問者下聽於人也舜有告善之旌而主不蔽也禹立諫鼓於朝而備訊唉湯有總街之庭以觀人誹也武王有靈臺之復而賢者進也此古帝明王所以守而勿失者也桓公曰吾欲效而爲之其名云何對曰名曰嘖室之議桓公問篇此管子立憲之制行於齊國者故其言曰民別而聽之則愚合而聽之則聖雖有湯武之德復合於市人之言又曰先王善與民爲一體與民爲一體則是以國守國以民守民也此與今泰西政治諸家所論曠若合符而版法篇獨

曰縣令不行。民心乃外。蓋民心錮於舊習。非開通其智識。不能復古。不能變令。即不能與之縣言立憲之制。故其時專注重於國民教育。小匡篇所言士農工商。羣萃州處之法。皆教育之事。所言五屬退修。即教成登進之法。學校興而後人才出。故立憲之制。必遲之數年而後行也。

求善良

箋曰。良亦善也。善良就政體言。就賢體遠。始就人才言。鄭注云。求謂招來。孔疏謂招善良之士。非也。孟子曰。徒善不足以爲政。徒法不能以自行。

足以謏聞不足以動衆

箋曰。廣雅云。謏誘也。謏聞謂誘人之聽聞。

就賢體遠

箋曰。遠謂疏遠之人。左氏定元年傳。好用遠人。杜注云。遠人異族也。春秋之世。貴族世掌國權。賢才困於階級。故孔子譏尹氏。墨子明尙賢。大戴禮千乘篇云。事爵不世。能官不愆。即此意也。

證曰就賢體遠若今議者欲建議士置鄉官之類董仲舒云不素養士而欲求賢譬猶不琢玉而求文采也故養士之大者莫大於大學大學者賢士之所關教化之本原也

足以動衆未足以化民

箋曰說文云化教行也華嚴經音義引珠叢云教成於上而易俗於下謂之化未足以化民者民行未善民智未開雖就賢體遠不可遽言立憲也

證曰中國自唐虞三代以前立憲政體傳之舊矣樹枏嘗爲希臘春秋及虞帝憲政考詳切言之春秋戰國以來一變爲貴族政體再變爲遊士政體秦皇幷兼列國治統一尊焚書坑儒專以愚民爲術漢代叔孫定禮而後帝制愈尊民情愈隔於是獨治之政遂變爲專制之政承沿至今二千餘載矣數十年來海國交通泰西立憲之說流入中國謏聞動衆之輩慨然有鑒於後王專制之弊思欲一切盡從西法改絃更張不曰伸民權即曰設議院一唱百和蜩螗沸羹此莊子所謂見卵而求時夜見彈而求鴞炙毋乃太蚤計也

吾觀泰西之立憲也。締造於希臘。繼述於羅馬。組織於耶回諸教。立憲之形式。構之四千餘年。而國民之精神。遂亦專結於其中。而牢不可奪。更傳遞嬗至於今日。其道始大著。而其效始大彰。中國則不然。唐虞三代以前。憲政之形式精神。至春秋以降。消亡殆盡。天下之人之隸於獨治之下者。久已視爲固然。不知國家爲何物。而特傑有識之徒。其於堯舜三王立憲之制。又復未暇深求。甚且以儒者百家所稱道而歌頌之者。爲意中憑虛製造之具。數典忘祖。而謂他人父。謂他人昆。幾有入室操戈之勢。悲夫。道之不明久矣。愚者既冥然不靈。智者又囂然不靖。日聚此無識無知不宴不雅之徒。驟欲與之商國是。設議員。是直使聾者辨五聲。而瞽者論五色也。徒見其有害無益而已。記曰。化民其知本者哉。

君子如欲化民。

箋曰。砥礪民行。開通民智。皆化民之事。即今教育家完全人格之謂也。故重國民教育。

證曰。積人而成衆。積衆而成國。國者人之公器。人人有國家之關係。即人人有國家之責任。故近日普通教育。爲國民最要之圖。日本山路一游云。今立國於大地。要在啓國民之智能。養國民之道德。二者缺其一。不可謂完全之教育。近各國以人民受普通教育之多少。定强弱比例之等差。故教育所係於國家者甚大。國勢不盛。教育可以挽之。國勢既盛。教育更可以進之。各國所以强大之源。罔不由此。中外古今。皆是道也

成俗

箋曰。俗者國俗。王制云。修其教不易其俗

證曰。教育者因民情國俗而異其施者也。雅典右文。斯巴達尙武。當日梭倫利古爾厄制爲法典。率皆本其俗而教之。以策國民之進步。近日東西諸國。學校林立。而教育之旨。英與美不同。法與德異致。日本從自然界之人情風俗。以定教育之方針。自然界者。謂地勢也。王制云。中國戎夷五方之民。皆有性也。不可推移。鄭康成注云。地氣使之然。即自然界之謂也。西人謂第二根

性。勝於初根萬不可易。故日本有考究國家歷史之教育。察其沿革損益之故。以爲教學之準繩。蓋習尙既久。幾於性成。其國可亡。其人可奪。而其性不可變。若不察國民之俗。而遽以異俗之教施之。未有不召亂者。中國唐虞三代之學。以明倫爲主。制倫理以定爲宗教。由宗教以發爲憲政。所謂考諸三王。俟之百世。天不變道亦不變者也。周衰王道缺。下武之運終。而後孔子作。綜百代之典籍。刪訂以爲六經。其書爲大學之教科。備千秋萬世學校之取用。下以教成民格。上以作育人才。宗教之旨。行之數千餘年。其入於人心者深。其積爲風尙者固。即屬亂臣賊子梟雄之徒。無敢明目張膽。公然冒天下之不韙。以顯干名教者。自泰西之教輸入中國。無識之士。震其富强。驚其伎藝。至欲一切廢宗教。毀倫理。以張其平等自由之說。我國之所恃以爭存於種族危亡之際者。乃欲盡破壞之。而不使留餘。無論其說之不能行也。即或行之。亦徒自讐其民。閧爲內訌而已。泰西之學校。美法而外。諸國皆有宗教。日兼宗儒教佛教神教。而特立修身一科。蓋宗教爲民俗之範圍萬事之根本。易曰建其本。萬事理。說苑曰置本不固。無務豐末。未有本實既撥。而枝葉無有害者。日本開化之初。福澤諭吉專講有形理學諸書。以救舊學空虛之弊。其功甚偉。而其效甚彰。然至欲盡廢孔孟之道。而全法歐洲。教育諸家皆力闢之。故藝則從西人。而道則宗本國。遂有今日文明之盛。孟子曰聖人人倫之至。化民成俗。其本全在於此。此不可變革者也。六經爲孔子萬世垂憲之書。倫理政治心理哲學。無所不備。故法言云大哉天地之爲萬物郭。五經之爲衆說郛。至若文獻之無徵。而事之缺畧未舉者。則宜詳採東西諸國之制。取長補短。以進求開化之方。孔子曰天子失官。學在四夷。古者凡工藝實業。皆設官守專掌之。故謂百官爲百工。以守官爲守器。班固言某家者流。其源出於某官之守。蓋自孔子之時。中國之官已失其守。而藝術之學。流入四夷。諸子百家。但各存其說而已。然則取島國實業之學。以輔中學之所不及。亦孔子學在四夷之志也。

某氏云。一國有一國教育之制度。則一國有一國教育之精神。精神者所以鼓鑄國民之要具而制度則表發其精神者也。英人之教育。何以不能同之德。德人之教育。又何以不能同之法。蓋精神各有所注。則其所以爲教育者自殊。苟無精神。則學制雖極緻密。學課雖極完備。要不過如孩童之隨母笑啼。嬰武之學人言語。徒具形式。固未有能成獨立之學問。造特色之國民者也。樹枏案國俗者宗教之所係。國民精神全注於此。教育家因其俗而利導之。誘掖之。即所以表發其精神也。泰伯之治吳。亞歷山德之統一波斯埃及。皆就其國俗以曲施教育之方。今泰西諸國。凡分人一土。據人一地。率用此術。瑞典之於挪威。荷蘭之於比利時。所以終難合併者。皆俗爲之阻。而教之失其道也。周禮大司徒施十有二教。六曰以俗教安。則民不偸。即此道也。

日本山路一遊云。國民教育者。教成本國之人民也。而所以教成爲本國之人民者。在維持一國特別之風氣性行而發達之。即啓發國民之特性。保持國家之秩序。養成忠實之人民。以圖國家之自衛。而與道德教育不同者。道德教育。造成世界之善人。國民教育。造成一國之善人。如甲國之人在乙國。所謀之事。於乙國爲不善。於甲國則固善也。近日世界競爭。東西各國。顯分界限。其各國之民。皆各有特別之性。因其性而教導之。使成爲特別之國民。以自保衛其國家。此雖與道德教育不同。而亦寓有道德教育之意。如修身一科。無論其爲個人爲國民。皆不可不修身以達國家教育之目的也。然國民教育。因特性而造成。而國民特性。何自而生。蓋由土地（即內地）疆土（即領土）歷史而生也。如英爲島國。宜經商於外地。而航海之術精美。爲大陸國。宜興農工於內地。而實業之學盛。又如日本富士山琵琶湖。皆特別之山水也。國民覩此山水。無不生其愛國之情。此國民之特性。由土地而生也。歷史爲造成國民之要素。蓋人讀歷史。即知本國之沿革。並知本國與他國之關係。而愛國之心生。即衞國之志切。此於國民團結體最有關係也。但一國之中。歷史同者謂之族民。不同者謂之國民。同一族民者。發達其特性尤易。不同一族民者。發達其特性甚難。如德意志二十六聯邦．其民族不一類．澳大利匈牙利國．其民族十餘種．民族不同．則其歷史不同．欲保團體而造特性．頗非易事．英與印度之歷史不同．兩族往往衝突是也．日本全國人民．皆同種族．雖北海道（即古蝦夷）沖繩縣（即琉球）與臺灣之土番民族不同．然不過一小部分．而於全國大體無妨也．中國亦有滿漢蒙回西藏苗猺土司之異．然欲發達國民特性．較之日本雖難．較之歐洲猶易也．發達特性．而固結團體者．地理歷史之外．又有言語宗教風俗以聯屬之．言語同則情易通．宗教同則情易固．風俗同則情易聯．三者俱同．其歷史亦必同．即團體亦易結也．若聚歷史言語宗教風俗皆不同之民於一國．而欲發達特性．固結團體．實非易事．何也．蓋人民相接．未有言語不類而能相親愛者也．日本地狹民稀．南北語言昔尚歧異．今則鐵路交通．學校遍立．而國語讀本．又專以東京為準．故語言一科．漸歸一致．泰西各國亦頗注意於此．如普法戰後．德領法之割地．必令其土人習德語．入學校．即所以團結之道也．今考各國人民特性之所有而畧言之。日本勤儉尚武。英人質直而信。德人安詳紓緩。遞郵便電信者亦緩步徐行而能考究深奧學理。美人喜考新理。又能就他人所發明之新理而實用之。此各國人民特性之不同也。因其不同而施以國民教育。方能立國於生存競爭之世。此國民教育之要旨也。地理歷史言語宗教風俗爲國民特性之元素。而組織國民特性之大本。則在乎國體。國體即建國之制。因主權之所在而定。日本前爲君主獨裁政體。維新後則改爲立憲政體。而主權在君。國體仍然未變。其憲法第一條有云。大日本帝國者。萬世一系之天皇統治之。若法國路易十四世曰。朕即國家也。現爲共和政體普國斐烈敵立古大王有言。朕爲國家第一之僕。此就聯邦政體而言此各國之體制不同。即國家之教育不同。總之國民教育者。教成爲本國之民。非教爲他國之民也。

其必由學乎

箋曰。學校者人才之原母。人才者憲政之豫備科也。學校盛則人才多。人才多則憲政舉。學校不立而遽言立憲。雖有一二賢人哲士。亦不能獨任天下之重。以成公治之規。就賢體遠。孟子所謂一日薛居州也。
證曰。國勢之盛衰。時會之升降。皆以學校之興廢爲衡。學校廢則人才衰。人才衰則政治亂。故古之所謂興學者。舉一國之人而納之於學校之中。無地不學。無人不學。無事不學。下以教成民格。上以作育賢才。非僅若後世之學校。專爲爲士者之一途而設也。我國中天之世。爲國度文明極盛之時。雖其時學校教育之規模。闕焉不得其詳盡。然觀左氏傳所引夏書六府三事之教。董戒之方。與今所謂德育智育體育。（正德即德育利用即智育厚生即體育）及水火金木土穀實業專門之學。皆不謀而同。故收其效至於百姓昭明。黎民於變之盛。三代庠校序之制。皆以明倫。惟成周教法。最稱完備。文王以百里侯封之地。汲汲以興學爲務。故能恢張王業。開有周一統之基。吾觀旱麓之作人。棫樸之琢髦士。思齊之造成人小子。而小雅皇華。復教使臣諏謀詢度。周察四方。育才善制。歸言於朝。以爲取法之資。當時人才之多。如八虞二虢閎夭散宜生之徒。奔走先後疏附禦侮之凡百有司執事。下至中林野人。伐枚婦女。皆蔚然有士君子之風。蓋當日士民並學。男女同教。故其一世造就之人才。用以貽子孫爲後世利者。食報至八百餘年之久。武王定鼎。周公作相。文致太平。周禮大司徒掌邦之教法。施之邦國都鄙。以教其所治之民。凡比閭族黨州鄉。無不立學。興之以三物。糾之以八刑。防之以五禮五樂。無時不讀法。而考其德行道藝。興賢興能。而復設司諫司救之官。巡問而觀察之。糾德正行。考藝辨能。以勸其從。誅惡警過。三讓三罰。以懲其違。其時家學鄉學國學之制。無一不備。無一不學。即無一人不教。其任上者。皆兼師道。故曰作之君作之師。自冢宰司徒宗伯。以至師氏保氏鄉大夫。無一非士民之師表。故教成政舉。極郁郁其文之盛。春秋以降。十五國風刺學校者。祇靑衿一詩。春秋列國二百四十年。祇載鄭人游學校以議執政一事。孔文子之好學。子產之博物。倚相之能讀三墳五典八索九邱。當時遂驚爲絕詣。教衰學微。君無師道。孔子始出而祖述憲章。掇集二帝三王之制。訂爲六經。借爲宗教。其中道藝之事。無所不賅。教育之法。無所不備。雖空文以垂世。實萬世之教科。人才由此興而憲政由此舉孔子曰苟有用我者吾其爲東周乎又曰本諸身徵諸庶民考諸三王而不謬建諸天地而不悖質諸鬼神而不疑百世以俟聖人而不惑蓋孔子之實錄非虛言也嬴秦暴興六經垂燼之書半遭焚毀漢興以後除挾書之律崇尙經術立於學官然當時學者祇爲士之一民說經之儒又皆出於利祿聖人所謂教育之事名存而實亡自是而降二千餘年六經沿爲科舉之書有士而無民有學而無教相承至今至於試帖時文極矣夫支那爲開化最先之國而泰西諸島文明之進步乃至日操其勝勢視我爲野蠻無教之民人日智我日愚人日能我日拙人日前我日卻人日盛我日衰致使後生淺學之徒糟粕六經以孔子之教爲夸虛高遠不切於世用不知孔子之教科二帝三王已行之效也泰西諸島之教科皆有合於孔子故能收二帝三王已行之效者也吳汝綸有言曰中國之法愈近古而愈精外國之法愈近今而愈善豈哉言乎孟子之法先王荀子之法後王義各有取爲耳故策今日興國之道必自立學始立學之道必自復古始古之義具而

法未備者則博採當今諸國教學之制參稽異同而棄取之師今亦卽所以爲復古之具也禮四代篇所謂今日行之可以知古可以察今卽此意也

玉不琢不成器

箋曰荀子云人之於文學也猶玉之於琢磨也詩曰如切如瑳如琢如磨謂學問也大略篇董仲舒云常玉不琢不成文章君子不學不成其德

人不學不知道

箋曰學所以瀹民智也孟子云以學愈愚見說苑建本篇道者人所當行之道論語云君子學道則愛人小人學道則易使也日本山路一遊云小學校教育蓋施以最下程度之教法以達國家存立之目的也其所以達此目的者在養其忠愛精神敎以普通智識使之勇於充兵樂於納稅而農工商業以興國家之富強以立此卽小人易使之說也

證曰此所謂國民教育也論者謂士貴知西政民貴知西藝此言非也士不知藝不知實業之發達民不知政不知國家之責任夫國者人之所積也有人而後有國有國而後有政國爲人之國人卽爲國之人國之政亦卽爲人

之政。未有人不知政而可以爲國者。故泰西政治諸家。皆以國民爲目的。首重普通之學。管子士農工商篇云。智者知之。愚者不知。不可以教民。巧者能之。拙者不能。不可以教民。此士民通教之證也。又四輔篇云。得人之道。莫如利之。利之之道。莫如教之以政。夫曰教之以政。則民之必貴知政也明矣。然此非管子之創論也。禮四代篇云。長國治民。恒幹論政之大體以教民。孔廣森注幹統也此四代先王教民之成法。管子用之。遂以强齊。覇功與王道無二致也。說苑引孔子曰。雜言篇無知者死人屬也。雖不死。累人必衆甚矣。故貴乎多所知。然則今日欲教中國之人。亦惟使開政治上之智識。通政治上之思想而已。論語民可使由之。不可使知之。講新學者往往以此言爲詬病。凌鳴喈論語解義謂此承上章興於詩立於禮成於樂而言。最爲得解。上章爲成德之士。若民則祇能禮樂之範圍。不能窺綱作之精奥。卽中人以上可以語上。中人以下不可以語上之義。聖門賢如子路。藝如冉有。而禮樂之事讓爲未追。況凡民耶。西國士民同敎。然如赫胥黎康德黑智兒白克當之徒。傑然而特出者。曾有幾人。郎以代議士而論。或數萬人或十餘萬人始擧一二人。且有不能任擧人之責者。蓋天下中人以下之人多。敎之得法。可以使之爲良民。不能皆使之爲賢士。此不待辨者也。然則於孔子之說。又何疑焉。

是故古之王者。建國君民。教學爲先

箋曰．董仲舒云．古之王者南面而治天下．莫不以教化爲大務．白虎通云．教者效也．上爲之下效之．故孝經曰．先王見教之可以化民．上言人之宜學．此言學之宜教．以下皆反復申明教育之法．即古之王者師範教科書也．

證曰．日本平田芳太郎云．國家之盛衰．視國民智識程度以爲斷．國民智識之發達．視國家教育之善否以爲衡．故講求教育之法．必自師範始．師者教一國之國民．而增其智識者也．國民無智識．猶病夫然．欲療人病者．必待治於醫師．欲開民智者．必受教於教員．醫師不能不學而治疾．教員不能不學而教人．醫師係一人之生死．教員係一國之人之生死．此師範學堂之所以爲首要也．普之敗於法也．下令興教育．訓童蒙．令民及歲者入學．否則罰其父母．不數十年．卒挫奧削法．以復國讐．法人創鉅痛深．大興教育以圖自强．又以女學不與男學並重．是爲半教．（男女皆國民．若女子不學．是棄全國國民之半．而教育不完也．且母教爲家庭教育根基．兒童受益尤多．若女子無學．則兒童未入校時．家庭先無教育也．）於是立高等師範學校二．一豫爲教育國中男子．女子高等師範學校一．豫爲教育國中女子．每州各設師範學校一豫爲教育國中蒙童其後日推日廣每州師範學校增至數所法以此卒爲歐洲强國日本有鑒於此維新以來設高等師範學校二女子高等師範學校一東京府縣各設師範學校一所或數所故今日崛然興起覇顯東方猶恐其法之未盡也復遣人赴英德法三國學師範命府縣設教員講習所文部大臣森有禮改定學制定師範學校令擴而大之改其教法定爲規則其汲汲於師範如此之重而且急與我先王教學爲先之意若出一途蓋强國之要古今中外未有不出此者烏虖古教之失傳久矣荀子曰文久而滅節族久而絕久則論畧近則論詳略則舉大詳則舉小故曰欲觀千歲則數今日欲觀聖王之迹則於其粲然者旨哉言乎舍後王吾又烏得而求其詳也外國學校以家教師範二事爲最要家教之中以母教爲尤要美國潘林溪教師云世之爲母者不但當肄業於學塾之中更宜博覽羣書勤求學業心體而力行之如此則爲母者先得文學中無上利益以爲訓子之地故家中爲人生之第一學校父母爲人生之第一教師孩童知識初開有

察物學堂之設。察物者。未及讀書。先就所遇之物。所見之圖。辨其顏色。審其大小。明其式樣。知其遠近。以及一切諸物之度量。明辨强記。較之讀書。尤易啓蒙。他年入學之時。業已熟習於各物之名。自不至生厭心懼心。而施教易爲力矣。西歷一千八百三十九年。美洲亞薩邦創立師範學堂。未幾各邦皆倣其制。擇學中生徒之可爲師者而教之。又有聚集衆師之所。擇期延名師討論辨難。使謀善教之方。又有考核師範之法。使無溺職之弊。其教之詳且善如此。今東西各國。無不以此爲先務者。案賈誼書有胎教之說。大戴採入禮記。尤爲母教之根原。即此足徵中國古時教法。蓋無一不具。惜哉文獻之不足。而無從說之耳。

兌命曰念終始典于學。其此之謂乎

箋曰。兌爲說之古文。禮文王世子亦引此文。鄭彼注云。典常也。念事之終始常於學。竹書紀年。武丁六年。命卿士傅說視學養老。此言典于學。蓋即國民之學。非王一人之私學也。殷商學校之制。孔子之時。已不足徵。然觀此記所引見兌命數語。其精於言學。可謂操治國之原矣。僞書組織此文。下即接曰監于先王成憲。其永無愆。惟說式克欽承。旁（普也徧也）招俊乂。列于庶位。蓋學成而人才出。人才在位。而後憲法可行也。先王成憲。即成湯立憲之法。保衡之作我先王者此也。爲僞書者。博學多識。其言必有所本。必非以意爲之者。惜乎其原書之不可見也。

雖有嘉肴。弗食不知其旨也

箋曰。孟子云。義理之悅我心。猶芻豢之悅我口。

雖有至道。弗學不知其善也

箋曰。論語云。君子學以致其道。道者統心理事理物理而無不貫者也。孟子所謂萬物皆備於我是也。

證曰。學者德育智育體育三端而已。德育者教國民之品行。智育者教國民之藝能。德育之學。愈研愈深。智育之學。愈推愈廣。二者皆教育中之要事。缺其一則道未備。而學不完。然人之力學。恃乎精神血氣。未有精神不旺。血氣不充。而能任重致遠。自强不息者。故體育尤爲學中最要之端。說者謂此泰西教育諸家之創論也。不知周禮之六藝。禮樂者德育也。書數者智育也。射御者體育也。夏書之三事。正德者德育也。利用者智育也。厚生者體育也。大戴禮保傅篇云。傅傅其德義。（禮文王世子云立太傅少傅以養之欲其知父子君臣之道也）師導之教順。（文王世子云師也者敎之以事而喩諸德也）保保其身體。（文王世子云保也者愼其身以輔翼之而歸諸道者也）此古昔先王教太子之法之可證者。管子中匡篇云。道血氣以求長年長心長德。此皆先王教民之成法。管子用之以强齊而霸天下者。降及後世。智育不講。體育之教。更闕焉無聞。卽德育一端。亦有空名而鮮實行。以不競爲讓。以不校爲高。以頑鈍爲老成。以暴棄爲安分。不知道爲何物。不知學爲何事。不知國爲何國。不知民爲何民。日守此渾混之識。奄奄待盡之身。荀子所謂偷儒而罔。無廉恥而忍謑詢。是學者之寃也。詩曰。天子方懠。無爲夸毗。傳云。夸毗謂柔脆無骨之人也。夫以柔脆無骨之人。而處此文明競爭之世。致使疵我鄙我者。謂中國之學爲無用。聖人之教爲無方。此可爲太息而流涕者也。

是故學然後知不足

箋曰。荀子云。不登高山。不知天之高也。不臨深谿。不知地之厚也。不聞先王之遺道。不知學問之大也。故曰。學至乎沒而後止。言無足之一日也。西人牛頓曰余之學問如海中淺渚拾一螺一蛤而已此眞學者之言也

教然後知用

箋曰。教者以其所知。教其所不知。以其所能。教其所不能者也。然學無窮而知能有限。有所不知。有所不能。則困矣。禮曾子立事篇云。說而不能窮也。窮即困也。

知不足然後能自反也

箋曰。禮中庸云。有弗學。學之弗能。弗措也。有弗問。問之弗知。弗措也。有弗思。思之弗得。弗措也。有弗辨。辨之弗明。弗措也。有弗行。行之弗篤。弗措也。人一能之。己百之。人十能之。己千之。此之謂自反。

知困然後能自强也

箋曰。易繫辭傳云。困德之辨也。辨者所以求其通者也。故曰困窮而通。强勉也。董仲舒云。彊勉學問。則聞見博而知益明。孔子曰。不强不遠。說苑雜言篇

故曰教學相長也

箋曰。相長者若回之博我。商之啓予之類是也。

兌命曰。學學半。其此之謂乎

箋曰。今僞尚書作斆學半。說文云。斆覺悟也。學篆文斆省。斆即教之借字。師弟講學。交相益也。故曰學學半。

（未完）

——摘自《中國學報》一九一三年三月第五期

學記箋證卷二 新城王樹枏 總第五期

古之教者家有塾

箋曰。鄭注云。古者仕焉而已者。歸教於閭里。朝夕坐於門。門側之堂謂之塾。孔疏云。周禮百里之內二十五家爲閭。同共一巷。巷首有門。門邊有塾。謂民在家之時。朝夕出入恒受教於塾。故云家有塾。白虎通云。古之教民者。里皆有師。里中之老有道德者爲里右師。其次爲左師。教里中之子弟以道藝孝悌仁義也。注云。古者仕焉而已者。已猶退也。謂仕年老而退歸者。案書傳說云。大夫七十而致仕。退老歸其鄉里。大夫爲父師。士爲少師。新穀已入。餘子皆入學。距冬至四十五日始出學。上老平明坐於右塾。庶老坐於左塾。餘子畢出。然後皆歸。夕一如之。案周禮內六鄉而外六遂。郊外之鄰里酇鄙縣遂。

猶郊內之比閭族黨州鄉也。兩者常互見。此言家者。蓋統黨以下之比閭族。鄙以下之鄰里酇言之。塾與家近。故通謂之家塾。此即今之尋常小學堂四年畢業。下文所云。一年視離經辨志。三年視敬業樂羣是也。

黨有庠

箋曰。鄭注云。周禮五百家爲黨。孔疏云。此經六鄉舉黨。六遂舉序。則餘閭里以上皆有學可知。故鄭注云。歸教於閭里。其比與鄰近止五家。不必皆有學。黨中立學。教閭中所升者也。案此視今之高等小學堂五年畢業。下文所云五年視博習親師是也。

術有序

箋曰。術遂同聲字。左氏僖三十三年傳西乞術。公羊作西乞遂。禮月令審端經術。周禮作遂。故鄭注云。術當爲遂。聲之誤也。孔疏云。周禮萬二千五百家爲遂。遂中立學。教黨學所升者也。案此視今之中學堂七年畢業。下文所云七年視論學取友。謂之小成是也。

國有學

箋曰．孔疏云．國謂天子所都．及諸侯國中也．禮王制云．有虞氏養國老於上庠．養庶老於下庠．夏后氏養國老於東序．養庶老於西序．殷人養國老於右學．養庶老於左學．周人養國老於東膠．養庶老於虞庠．虞庠在國之西郊．鄭注云皆學名也異者四代相變耳或上西或上東或貴在國或貴在郊上庠右學大學也在西郊下庠左學小學也在國中王宮之東東序東膠亦大學在國中王宮之東西序虞庠亦小學也西序在西郊周立小學於西郊周之小學為有虞氏之庠是以名庠云其立鄉學亦如之孔疏云虞殷尚質貴取物成故大學在西小學在東夏周貴文取積漸長養故大學在東小學在西案孫志祖讀書脞錄續編云據北史劉芳傳引西郊作四郊蓋西字誤也四郊小學即東西南北之四學豈應偏置於西郊祭義又云天子設四學當入學而太子齒注云四學謂周四郊之虞庠也正義引皇氏云四郊虞庠以四郊皆有虞庠其為四郊之說無疑阮元云上大學在郊正義云周則大學在國小學在四郊下文具也即據此文而言作四郊不作西郊此正文之僅存者文王世子凡語於郊正義既說西為西方成就又云或偏在四郊亦兩存其義也樹枏案祭義天子設四學謂虞夏商周四代之學鄭以為虞庠非也文王世子禮在瞽宗書在上庠鄭注云周立三代之學學書於有虞氏之學典謨之教所興也學舞於夏后氏之學文武中也學禮樂於殷之學功成治定與己同也學記正義云周禮天子立四代學以教世子舉后之子及鄉中俊選所升之士也而尊魯亦立四代學諸侯於國但立時王之學據此則天子所立之虞庠必在西郊不得引祭義鄭之誤注以證此文也四郊之學或稱庠或稱序乃六鄉六遂之通稱無定義故經傳中多互見孟子所謂學則三代共之也。禮書云。上庠東序右學東膠。大學也。故國老於是養焉。下庠西序右學虞庠。小學也。故庶老於是養焉。王制正義引熊氏云國老謂卿大夫致仕者庶老謂士也皇氏云庶老兼庶人在官者其致仕之老大夫以上養從國老之法士養從庶老之法　記曰。天子設四學。蓋周制也。辟廱即成均。東膠即東序。瞽宗即右學。明之以法。和之以道。則曰辟廱。成其虧。均其過不及。則曰成均。鄭注文王世子於成均引董仲舒曰五帝名大學曰成均以習射事。則曰序。以糾德行。則曰膠。以樂祖在焉。則曰瞽宗。以居右焉。則曰右學。蓋周之學。成均居中。其左東序。其右瞽宗。此大學也。虞庠在國之西郊。禮明堂注云米廩有虞氏之庠也鄭注云魯謂之米廩　小學也。夫天子視學。則成均也。命有司行事。祭先聖先師焉。即祝先賢於西學也。祭先賢於西學。則祭於瞽宗也。禮明堂位云瞽宗殷學也鄭注云瞽宗樂師瞽矇所宗也古者有道德者使教焉死則以為樂祖於此祭之　有司卒事。適東序。設三老五更之席。即養國老於東膠也。養國老於東膠。即食三老五更於大學也。然則商之右學。在周謂之西學。亦謂之瞽宗。夏之東序。在周謂之東膠。亦謂之大學。蓋夏學上東而下西。商學上右而下左。周之所存。特其上焉者。右學東序。蓋與成均並建於一邱之上。成均頒學政。

右學祀樂祖．東序養老更．右學東序．不特存其制而已．又因其上之方而位之也．夫諸侯之學．小學在內．大學在外．故王制言小學在宮南之左．大學在郊．此承上文諸侯而言．故知爲諸侯之學．鄭康成以殷人養國老於右學．養庶老於左學．且與周制大學在國小學在郊不合．故定爲殷制．不知此爲諸侯之學．故曰公宮．鄭說非也．以其選士由內以升於外．然後達於京故也．天子之學．小學居外．大學居內．故文王世子凡語於郊．然後於成均．取爵於上尊．以其選士由外以升於內．然後達於朝故也．案王制云．天子曰辟廱．諸侯曰頖宮．蓋凡諸侯皆立當代之學．而損其制曰頖宮．蓋亦大學也．此視今之大學堂九年畢業．下文所云九年知類通達．强立而不返．謂之大成．是也．

比年入學

箋曰．史記呂后紀索隱云．比頻也．鄭注云．學者每歲來入也．蓋及歲即入學．謂年年有入學之人也．

中年考校

箋曰．中之言滿也．史記外戚世家索隱．漢書匈奴傳集注．俱云中猶滿也．中年爲學滿之年、下文滿一年、滿三年、由塾師考校、滿五年由庠師考校、滿七年由序師考校、滿九年由國學考校、至升之司馬、論辨官材、則學成入仕之年、在三十有室後矣、統計六歲入學至三十、凡二十五年、正合下文之數、禮運云合男女頒爵位、必當年德學至三十、德成年壯、合男女之時、即頒爵位之時、此古制之顯然可證者、皇氏云中年考校、謂鄉遂學、下文一年視離經辨志以下、皆謂國學、非也、

一年視離經辨志

箋曰、孔疏云、離經謂離析經理、案廣雅云、離明也、謂明析經理、知禮樂詩書諸經之事也、志謂志記之文、禮禮運而有志焉、鄭注云、志謂識古文、孔疏云、識古文者、是志記之名、故周禮云、掌四方之志、春秋云、其善志、皆志記之書也、案周禮地官誦訓掌道方志、夏官訓方氏掌道四方之政事、與其上下之志、皆謂四方志記之書、蓋史志類也、禮內則六年敎之數與方名、數即禮樂射御書數之數、名書文也、儀禮聘禮記、百名以上書於策、鄭注云、名書文也、

今謂之字。周禮大行人諭書名。書文字也。古曰名。方版也。鄭注禮內則書名。中庸布在方策。皆云方版也。方名謂教文字。方志謂教史志。據內則之六年。即知此記之一年。皆爲兒童六齡入學之期。其制與今同也。說苑說建本篇云子年七歲以上父爲之擇明師選良友漸之以善使之早化蓋亦滿六歲入學之證也

證曰。德美英法小學堂就學年限有七年八年九年者。日本則尋常小學堂四年。如四年中有事故廢學或體弱多病或考試未能合格有加至六七年者蓋必識四年之義務方爲合格在國家言之。謂之强迫。在人民言之。謂之義務。全國之人。無論富貴貧賤男女。必入尋常小學堂四年。否則責其父母。至於就學之年齡。美國兒童滿八歲。英滿七歲。法德日本滿六歲。類皆揆度本國之現勢。以定其制。太早則腦力不充。礙於身體。太遲則貧家受累。不能亟謀生活。日本兒童滿六歲一月方許入學每年四月一日開學如差一月或半月則遲至二年補入大抵滿七歲時無不令其入學者故各國多設幼稚園。聽三歲以上小兒入之。亦教育之善法也。日本尋常卒業學生。如欲急謀生活者。聽其不入高等小學堂。高等雖限四年。然亦有二年三年。即入中學堂者。但中學堂非滿十二歲不得入

耳。日本山路一遊云。古時教法。視人之材力以定年限。今則以年限均平人之材力。蓋古時重個人發達。教法因人之敏拙。分其遲速。故年限參差。今則重國民教育。定以年限。且同在一校。同受普通智識。無非以共同為主也。案此記之一年三年。即尋常小學堂。五年即高等小學堂。入學之年齡。卒業之年限。皆與今同。其教法亦大都相等。此古今之制。可以參稽而得者。論者謂義務教育之年愈久。則國民之進步逾盛。而國勢亦愈强。無義務者謂之無教育之國。我國古時小學普通教育。蓋九年也。

內則之方名。學記之辨志。即尋常小學堂國語歷史二門。國語之要旨。在使知普通之語。常行之字。及平近易曉之文章。用以練習語言。啓發智德。歐洲語言文字。合而為一。三代以前。文字即是語言。故周誥殷盤。為告戒平民之體。春秋以後。語言龐雜。古訓日漓。於是文為文言。語為俗語。逮於今茲。益雜合併。故讀書識字。必別為國語一科。日本尋常小學堂用漢字一千二百。兼用本國字母。取其便於記憶。高等小學堂用漢字三千。新聞報紙。亦以漢字三千周轉。即可以成文而達意。此我中國所急宜仿而行之者也。歷史之要旨。在使知本國自古至今之事實。宗教風俗倫理政治之系統。以堅其志行。而養成其忠君愛國之心。故小學堂不教外國歷史。專以本國授之者。正以此也。禮內則。七年男女不同席。不共食。八年出入門戶。及即席飲食。必後長者。始教之讓。即外國宗教修身一門。六年教之數。九年教之數日。（鄭注云朔望與六甲也案數日謂天算之學故典歷數者謂之日）即各國算術一門。其地理理科諸學。皆於經志中包之。諸國小學堂必習之科。（各國分必修隨意二科）中國古時蓋無不備也。

三年視敬業樂羣

箋曰。三年者。學之年數。下五年七年九年。皆謂學年。先儒謂中年考校之年非也。業事也。易云進德修業。羣衆也。論語云可以羣。此三年者。蓋教之家塾。年九歲以上者。

證曰。此即社會之義也。處大地競爭之世。宜合一國之民。結爲羣體。化國民階級之見。富貴貧賤同受平等教育。庶人知有共同之公德。無畛域之私心。社會上多一精神。即國家上增一勢力。蓋學校者。社會之基礎也。普通教育者。國家之全模也。兒童入學之初。貧富之人同居一校。即有永夕永朝之樂。更兼相親相愛之心。故一校之中結爲羣體。即爲民人之一小社會。推之一國之中。合爲羣體。即爲人民之一大社會。東西各國教羣之道。所爲自小學堂始也。孔子之告弟子也。曰汎愛衆。勗門人也。曰有教無類。其即此意也夫。

五年視博習親師

箋曰。曾子云。君子既學之。患其不博也。既博之。患其不習也。博習即今普通之學也。親師則教易入。而學益專。孔子所謂視予猶父。於吾言無所不悅也。

此五年者。教之黨庠。年十四以上者。

證曰。禮內則云。十年出就外傅。居宿於外。此蓋由家塾升入黨庠。爲兒童十歲年齡。故曲禮云。十年曰幼學。謂年至十齡。學於外傅。非謂十齡始學也。幼弱壯强艾耆老期皆謂年齡之名稱學冠有室仕服官政指使致仕傳頤皆就事言讀者誤以幼學期頤連讀爲句誤矣匪一旬一月一年均謂之期滿百年亦謂之期頤者養也人至百年但頤養而已廣雅云期頤老也亦誤連讀爲句男子十年出外就學。女子十年不出。受姆教。蓋至此男女始分學。明有別也。日本尋常小學堂男女合教高等小學堂男女分教英德則主男女合教大戴禮保傅篇云。古者年八歲而出就外舍。學小藝焉。履小節焉。束髮而就大學。學大藝焉。履大節焉。盧辯注云。白虎通曰。八歲入小學。十五入大學。是也。此太子之禮。尙書太傳曰。公卿之太子。大夫元士嫡子。年十三始入小學。見小節而踐小義。年二十入大學。見大節而踐大義。此世子入學之期也。又曰。十五入小學。十八入大學者。謂諸子姓晚成者。至十五入小學。其早成者。十八入大學。內則曰。十年出就外傅。居宿於外。學書計者。公卿已下。教子於家也。案入學之年。諸說不一。或夏殷異制。或貴賤不同。或資性敏鈍有異。今東西諸國入學年齡。亦有遲早不一者。若內則所云十年。蓋周制也。夏殷之禮。文獻無徵。周則學校之制。最爲詳備。多與今同。十年學書計者。書計會計簿也。會計商業也。計本或作記誤也說文計會也算也漢書東方朔傳教書計與此同白虎通辟雍篇亦作學書計荀子富國篇云其於貨財取與計數也楊倞注計數計算也衣不帛襦袴。禮帥初者。謂十年以前所教修身國語歷史算數地理諸學。皆遵習之如先日也。朝夕學幼儀者。修身之事也。請肄者肄習也。請肄猶請益也。簡諒者簡誠也。禮王制注周書謚法解云。壹德不解曰簡諒信也。中庸所謂篤行之是也。此猶請益無倦之意教之力行實踐也至十三歲。則加音樂歌舞諸科。內則云十有三年。學樂誦詩舞勺。熊氏云勺籥也。言十三之時。學此舞籥之文舞也。此即各國唱歌。而德意志視此尤爲學中之要務。此五年中博習之事也。今爲小學堂課目表以明之。

中外古今小學堂教科課目表

中國古教	光緒癸卯奏定章程	日本	德意志	法蘭西	英吉利	美利堅
修身（別男女 教之讓 履小節）	修身	修身	宗教	修身	讀法	讀法
經學（離經 禮樂詩 書）	讀經講經	國語	算術	讀書	書法	習字法
數學（教數 教數日）	中國文字	算術	幾何初步習字	習字	算法	正字法
	算術	習字	體操（男隨意科）	作文	暗誦	英字法
	歷史	體操		法語法文	唱歌	羅甸法

國史 辨志

習字 方名

習藝 學小藝

手工在內

右家塾

修業四年

修身 學幼儀

經學

理科國語在內國語即雅言

國史

地理 物產風俗在內

地理

格致

體操

右初等小學堂

修業五年

初等小學堂以國民七歲以上者入焉以敢其人生應有之知識立其明倫理愛國家之根基並調護兒童身體介其發育爲宗旨以識字之民日多爲成效每星期不得過三十點鐘大率四百家必設初等小學

手工 第一年加起

唱歌 第一年加起

圖畫 第二年加起

裁縫 女第三年加一起

右尋常小學校

義務四年

修身

國語

唱歌

國語 讀法書法會話法

圖畫

裁縫

實科 包歷史地理理科而言

右國民學校

義務八年

算術密達

法

歷史

地理

理科

博物

圖畫

唱歌

手工

裁縫 女

右初等小學校

義務七年

右幼兒學校

讀法

書法

算術

裁縫 女

圖畫 女以上

必修科

唱歌

暗誦

圖畫 女

法語

地理

算術 口演敎科書

代數

地理 口演敎科書

理科

萬國史 口演

合衆國史

合衆國制度

體操

音樂

圖畫

習字 以上禮師初
作文 餘力學文
體操 射御干戈羽籥
音樂 學樂誦詩舞勺
裁縫 女學女事
烹飪 女中饋助
奠
商業 學書計
右黨庠
普通博習五
年
中國古教特重修身以道
德爲體以禮樂爲用凡少

一所完全科與簡易科最
力舉辦簡易科目凡五一
修身讀經合爲一科二中
國文字三歷史地理格致
合爲一科四算術五體操
專爲貧民不能謀上等生
業者而設其完全科倘可
加圖畫手工二目爲隨意
科七歲以前有蒙養院及
家庭教育法亦各國幼稚
園之義也
修身
讀經講經

算術
國史
地理
理科
圖畫
唱歌
體操
裁縫 女
手工 第二年加
起
農業 第三年加
起
商業 第三年加

數學
體操
音樂
國語
外國語
實科
習字
圖畫
農業
教育學
教育演習
實業授業
右預備

應用算術代數及幾
何初步
普通勘定法及簿記
法
應用工業農業及術
生物理學博物學
幾何圖畫裝飾圖畫
雜形製造
歷史文學科
近代史要
商業及職業
外國語

博物
物理
化學
歷史
適切作業
家事經濟
女
以上隨意
右小學校
代數
幾何

手工
裁縫 女
右小學校
義務八年或九
年
美國強迫教育始於
西元一千八百五十
二年命自八歲至十
四歲之兒童悉數就
學其目的在行普及
教育以造成一國之
公民義務之教蓋自

儀內則弟子職諸篇論語所述弟子之事皆修身也東西洋國初學教科課目中國蓋無一不具心理物理諸學散見於群經子史中者不可枚舉今就其年歲教學可證者列之表中條不復贅三代以前行井田之法無甚貧富之差當時國民蓋無不就義務教育者觀周禮地官所載讀法會民之禮州長一歲三讀法黨正一歲七讀法族

中國文學 算術 中國歷史 地理 格致 圖畫 體操

右高等小學堂 修業四年

高等小學堂介初等小學畢業者入焉以培養國民之善性擴充國民之知識强壯國民之氣體爲宗旨

起

英語 第四年加起

右高等小學校 修業 二四三. 年

日本義務教育祇四年論者謂其太少而小學校於校中別設補習科亦善法也尋常畢業不入高等小學者即入尋常補習科高等畢業不入中

學校 修業三年

德國中流以下之兒童滿六歲入國民學校其種類凡四曰單級國民學校曰半日學校曰二數員學校曰多級國民學校爲務教育八年中流以上之兒童滿六歲入預備學校三年即入中學校此貧富等級

鐵工木工 裁縫 女 烹飪 女

右高等小學校 修業二年或三年

法國入小學校以前兒童滿三歲入幼稚園或滿四歲入幼兒科至滿六歲入初等小學校義務教育七年十四或十五歲時入補習科一年亦有

測量 機器學 動物生理 生理學 農學初步 園藝 航海術 拉丁 威爾斯語 德語 簿記 速記術 家政學 女

美國始也尋常高等小學校之外又有單級學校又名田舍學校鄉村學校學科則英語算術地理歷史又立一年學科之數師養成所以爲單級之師蓋取師範學校之意也

師一歲十四讀法間師則無定期其教之數其習之勤於此可見白虎通云若既收藏皆入敎學立春而就事其有賢才美質知學者足以開其賢頑鈍之民亦足以別於禽獸而知人倫故無不敎之民此其證也

以童年皆知作人之正理皆有課生之計慮爲成效每星期三十六點鐘初等爲强迫敎育高等則聽畢業生願入與否之便初等無學費高等則令貼補學費此外尙可酌加手工農業商業等爲隨意科其日豫備入中學之學生毋庸加授案古今中外學校皆有音樂一門內則十有三年學樂誦詩舞勺成童舞象蓋自幼以至成人皆以

學校者卽入高等補習科少則三月多則二年皆就已敎之學擴充練習以應實用

之分也國民學校入年畢業後再入補習學校二年或三年不等

二年者其學科與初等同至高等小學校修業限二年若三年以上則爲高等全備之學國家不强迫入此校

料理法　女

洗濯法　女

手工

右小學校高等科

共修業七年

英國兒童滿五歲入幼兒學校七歲入小學校十三歲畢業七年中有義務敎育五年各科課月惟必修科各校皆同隨意科

樂爲始終故禮云君子斯須不以去身此中國教科之特色而今學堂章程乃獨闕而不講孔子曰夷狄之有君不如諸夏之亡也吾則謂夷狄之有樂不如諸夏之亡也此誠學堂中一大憾事也

任人選擇爲之共校分公立私立二種課目任意添設未妥一是此其大略耳

七年視論學取友

箋曰。七年爲十五齡入大學之年。蓋學爲大學之事。教於遂序。不必定入國學也。白虎通云。古者所以年十五入大學何。七八十五陰陽備。故十五成童。志明入大學。學經術。論語曰。吾十有五而志於學。志學即志大學之事。蓋孔子亦十五入大學也。論學者論所志之學。易曰君子以朋友講習。即論學也。

同志曰友。志同則學同。故說苑曰。不知其子。視其所友。蓋觀其所取之友。即知其所論之學矣。孔子曰。商也日益。賜也日損。商也好與賢己者處。賜也好說不如己者。說苑雜言篇此視之之法也。周禮大司徒六俗教民之法。四曰聯師儒。五曰聯朋友。故小學則曰親師。大學則曰取友。

證曰。禮內則成童舞象。學射御。二十而冠。始學禮。可以衣裘帛。舞大夏。惇行孝弟。博學不教。內而不出。鄭注云。先學勺。後學象。文武之次也。成童十五以上。大夏樂之文武備者也。此皆七年內之教也。案博學不教者。謂不專恃師教。即此記論學取友之義也。內而不出者。謂朝夕在校中。不使外出。恐奪於外誘而荒其學也。此蓋如法國中學之制。管束最嚴。校內有寄宿舍。不能任意出入是也。鄭注謂人之謀慮失之。法國中學生徒。寢室自修室。無教習監察。然與之同起居者。皆爲大學卒業生練習管理之法。亦博學不教之證也。

謂之小成

證曰。小成謂博習之後。復有七年大學之教。至此可以出仕爲鄉官之職。周禮鄉大夫之職。三年大比。攷其德行道藝。而興賢者能者。鄉老及鄉大夫帥其吏與其衆寡。以禮禮賓之。厥明。鄉老及鄉大夫羣吏。獻賢能之書于王。王拜受之。登于天府。內史貳之。退而以鄉射之禮五物詢衆庶。此謂使民興賢。出使長之。使民興能。入使治之。案此即古鄉舉里選之法。一鄉之利病。及人情風俗之美惡。惟鄉人知之最詳。大比之時。所有賢者能者。使民興之。而因使長之治之。故舉不失人。而官無廢事也。蓋周時學校。受九年普通教育之後。（家塾黨庠共九年）則人民可以出校。自謀生業。不必悉入大學。故鄉大夫興賢能與詢衆庶。分別言之。衆庶祇以五物詢之。蓋民之不入大學者。五比之閭。僅書其敬敏任恤。四閭之族。僅書其孝弟睦婣德行道藝。不必兼全。而已足爲學道易使之民。而無不帥教者矣。由是進而上之。七年畢業。則考其德行道藝。可以勝長民治民之任者。而使爲鄉官諸職。再學九年。即爲大成之選。大樂正乃升諸司馬。論辨官材。出而授以王朝之職矣。此學校中教民之等第。非謂人人必入大學也。王制云。命鄉論秀士。升之司徒。曰選士。司徒論選士之秀者而升之學曰俊士升於司徒者不征於鄉升於學者不征於司徒曰造士樂正崇四術立四教順先王詩書禮樂以造士春秋教以禮樂冬夏教以詩書王太子王子羣后之太子卿大夫元士之適子國之俊選皆造焉凡入學以齒大樂正論造士之秀者以告于王而升諸司馬曰進士司馬辨論官材論進士之賢者以告于王而定其論論定然後官之任官然後爵之位定然後祿之案選士者謂鄉學秀士之升於司徒者也俊士者謂選士之爲司徒所取錄者也造士者謂升於學者也進士者謂升諸司馬而授以官者也然則小成者蓋選士中之俊士大成者造士中之進士也三代學校無中學之名皆由小學以入大學然就學之等級考之則記所謂七年小成者即今各國中學之事蓋大學之預備科也日本儒者嘗謂中學分等甚難自明治五年後屢經改制今始定爲中學校高等學校中學校五年畢業高等學校授專門學科三年畢業蓋入大學之堂階也德法中學校與日本異日本中學校直接小學校德國富民兒童滿九歲即入中學校學分六種修業年

限分二種.一九年畢業.一六年畢業.畢業即直入大學校.法之中學校.亦與小學校不相聯屬.大半中流以上兒童滿八歲者入之.其學之種類有三.十年畢業.英國中學校教育制度.向不完整.有寄宿通學二種.寄宿者.普通小學校卒業生十三歲.或十四歲者入之.通學者.幼兒學校之七八歲兒童入之.修業年限無定期.十五十七十九分爲三級.以十九歲卒業者爲第一級.美國中學校.曰公立.曰私立.曰大學校預科.學分四科.生徒自十四歲至十八歲者入之.四年畢業.此各國中學之大畧.惟日美與中國古制相同.然則遂序七年之教.即今中學校之比例也.日本中學校生徒畢業後.即出而幹事.多不入大學校者.蓋亦小成之一證也.

中外古今中學堂教科課目表

中國古教	光緒癸卯奏定章程	日本	德意志	法蘭西	美利堅
鄉三物	修身	修身	宗教	國語	羅甸語
鄉八刑	讀經講經	國語漢文	國語	臘丁	英語

十二職事
九禮
六樂
右遂序
修業七年
周禮鄉三物一曰六德知仁聖義忠和二曰六行孝友睦婣任恤三曰六藝禮樂射御書數鄉八刑一曰不孝之刑二曰不睦之刑三曰不婣之刑四曰不弟之刑五曰不任之刑六曰不恤之刑七曰造言之刑

中國文學
外國語 東語英語或德語法語俄語
歷史 中外各國
地理 中外各國
算學
博物
圖畫
體操
理化 第四年第五年
加課
法制及理財

外國語
歷史
地理
數學
博物
理化
法制及經濟
唱歌
圖畫
體操
右中學校
修業五年
日本中學校年齡須十二

臘丁
希臘
法語
英語 隨意科
希伯來語 隨意科
歷史地理
數學
博物
物理化學
習字
圖畫
唱歌

希臘
現代語 英德
數學
理化
算術博物
歷史
地理
哲學
圖畫
右利塞中學校
修業十年
德語或英語第二外國語
習英則以德爲

代數 第一三年課
歷史 第一三年課
地文學 第一年課
德語或法語
第二三四年課
幾何 第二三年課
物理 第二年課
希臘語 第三四年課
化學 第四年課
三角術高等代數或歷史 第四年課
右古語科中學校

八曰亂民之刑十二職事一曰稼穡二曰樹藝三曰作材四曰阜蕃五曰飭材六曰通材七曰化材八曰斂材九曰生材十曰學藝十一曰世事十二曰服事蓋周特之教法本末俱舉內外交養道與藝無所不備近今各國之文科實科無所不包此實普通教育之極軌而各科又皆分晰言之以聽人民之自擇故周公之謂魯公有無求備

第五年加課缺之亦可

右中學堂

修業五年

普通中學堂合高等小學畢業者入焉以施較深之普通教育俾畢業不仕者從事於各項實業進取者升入各高等專門學堂均有根柢爲宗旨以實業日多國力增長即不習專門者亦不至闊陋偏謬爲成效中學堂程度與初級師

歲以上高等小學校第一年卒業合格者入之授高等普通教育中學校外又有分校四年畢業科目約同本校畢業之生徒亦可入本校五年學級此外有各種實業學校與中學校程度相當但不得以中學校名之

倫理

國語漢文

外國語 英法德語任擇二種

體操

右文科中學校

修業九年

宗教

國語

臘丁

法語

英語

歷史地理

數學

博物

物理

化學鑛物

第二外國語習德則以英爲第二外國語

歷史

地理

算術

數學

博物

書方

圖畫

物理化學

實踐道德

哲學

修業四年

羅甸語

英語

代數 第一三年課

歷史 第一三四年課

地文學 第一年課

德語或法語 第二三四年課

幾何 第二三年課

物理 第二年課

植物或動物 第二年課

天文學 第三年課

於一人之訓此又分科而敎之證也孔子敎人皆先以博文多學而要其歸則德行言語政事文學各主一科蓋古時無不受普通敎育而終之以分科之敎育記云博習親師普通之學也論學取友分科之敎也古今中外無二致也樹相案聖門分言語文學爲二科言語主今學實言之爲實科文學主古學文言之爲文科此與德法之敎

範學生學力相等故學科程度亦略同中學堂重在外國語以爲應世辦事之資稟講法制理財皆初級師範所無初級師範重在敎幼童故以習字列爲專科中學則以習字統於文學內也

人倫道德

經學大義

中國文學

心理及辨學

第二年加課

歷史

倫理及心理

法學通論

體操

以上第一部願入文科大學法科大學者專課之入文科大學者可課經濟通論或物理入法科大學者可課羅甸語即羅馬也

倫理

國語

習字

圖畫

唱歌

體操

右實科中學校

修業九年

宗教

國語

法語

歷史地理

數學

博物

物理

開化史及美術史

簿記

近世利塞中學校

修業十年

利塞專重希臘拉丁古文如德之文科近世利塞專重物理化學及英德語如德之實科兒童滿八歲時入之第一年爲預備級言爲此校之預備也自第二年至第十年分爲八級每一年爲一級惟第九第十兩年合爲一級利塞校第

第三年課

氣象學

第四年課

化學

第四年課

三角術高等代數

第四年課

地質學或地文學

第四年課

剖解學生理學衞生學

右羅甸理學科中學校

修業四年

法語或德語

英語

若出一轍。孟子所謂先聖後聖其揆一也。德行爲體，政事爲用，而文學言語則應用之具也。周禮大司樂以樂語教國子，興道諷誦言語。諷誦爲古學，言語爲今學。成周大學二者並敎。蓋天子君臨萬國，控御華夷，非學言語無以爲通情達欲之具。王制云：五方之民，言語不通，嗜欲不同。達其志，通其欲，東方曰寄，南方曰象，西方曰狄鞮，北方曰

兵學
體操以上通習
英語
德語或法語
歷史
法學
理財學
地理
第三年加法學理財學去地理
以上主課

以上第一類學科，其有志入大學之經學理學科者，可於第二年缺心理及辨

外國語英語外兼習德語或法語
數學
物理
化學
地質及鑛物
圖畫
體操

以上第二部願入工科大學理科大學理工科大學農科大學者，專課之各目之外

化學鑛物
習字
圖畫
唱歌
體操

右高等實科學校

修業九年

德國學校凡六種以上三種，各有副校，修業六年，課目與正校相同，但九年者可直入大學，六年則否。欲入大學者，別有一校專敎之，補習三年，而後入德國

九年爲文學科，第十年爲哲學科。近世利塞校第九年爲文科，第十年爲理科。此二校規制森嚴，寄宿學法人重考試，否則恐荒嬉廢學。不能應試也。此外又有習惹鴆中學校功課簡單，與德之副校同。女子中學校，其程度與習惹鴆相等

代數第一年三課
歷史第一年四課
地文第一年四科
幾何第二年三課
物理第二年課
化學第四年課
三角術高等代數第四年課
地質學地文學解剖學生理學衞生學第四年課

右近世語科中學校

修業四年

曰譯據此則言語一科爲古敎所最重也

學第三年缺中國史學而加課算學物理外國語惟英語必通習德語法語選一種習之其有志入法科大學者可加課臘丁語此爲隨意科目

人倫道德
經學大義
中國文學
兵學
體操 以上通習
英語
德語或法語

可課動植物測量等科

倫理
國語
外國語 德語外兼習英語或法語
羅甸語
數學
物理
化學
動物植物
體操

初重文學故五十年前僅有文科中學校今則實科盛行與之並軌文科重古語故希臘拉丁爲正科而英語爲隨意科實科重今語故英語法語爲正科而無希臘文及希伯來語至高等實科盡廢去一切古語矣此六校有男無女國家特優異待之別有高等女學校六歲入學十五畢業如男子之於中學校也

英語 羅甸語或法語及德語
代數 第一—三年課
歷史 第一—二四年課
地文學 第一年課
幾何 第二三年
物理 第二年課
植物或動物 第二年課
天文學 第三年課
氣象學 第三年課
化學 第四年課
三角術 高等代數

算學

物理 第二第三年加課

化學 第二第三年加課

地質及鑛物 第三年加課

圖畫

以上主課

以上第二類學科其有志入格致科大學之動物學植物學地質學農科大學之各學門者可加動物及

以上第三部願入醫科大學之專課者

右高等學校

修業三年

高等學校爲大學之預科中學校卒業生徒其或學力與中學校卒業生徒相等者入之普通之學至此始分科而教蓋不受普通之教則智識不完備不受專門之教則職業不專精近教育家之理論曰樹之

第四年課

地質學或地文學解剖學生理學術生學

第四年課

右中學校英語科

修業四年

西元前一千八百九十二年美國開教育會研究中學學科分四種科表爲國中諸中學之模範古語科重羅何語且有希臘語趣於文學羅何理學科近世語科英語科無希臘語漸

植物有志入工科大學之土木工學機器工學電氣工學採鑛冶金學造船學建築學各門格致科大學之算學物理學星學各門農科大學之農學農藝化學林學各門者可加課測量又有志入格致科大學之動物植物學地質學各門農科大學之獸醫學門者可加課隨意科目之臘丁文

生也本一而枝百人之初生咸具大同之性成人以後各異其趨亦猶一本之樹發爲枝幹有不能强使之同者敎之所以貴先合而後分也

人倫道德

重近世語趨於理學此亦由虛入實與德法同近有加音樂製圖雄辨學等科者女子中學校課目大致相等而公立中學校女子亦許入矣

經學大義

中國文學

兵學

體操 以上通習

德語

英語或法語

臘丁語 第三年加課

算學

物理 第二第三年加課

化學 第二第三年加課

動物及植物

第三年缺以上主課

以上第三類學科

右高等學堂

修業三年

高等學堂介中學畢業者入焉以教大學預備科為宗旨以各學皆有專長為成效每日六點鐘第一類為預備入經學科政法科文科商科大學者治之第二類為預備入格致科工

科農科大學者治之第三類為預備入醫科大學者治之各類學科之外國語為進習專門學科之用故敎授時刻較各學科增多也

九年知類通達

箋曰．九年者．大學修業之年限也．說文．類種類也．知類者．分科之敎．通達則學成．足以應國家之用而不窮矣．大學之道．先授普通．而終之以知類之學者．曾子曰．（立事篇）博學而無方．好多而無定者．君子弗與也．君子多知而擇焉．博學而算焉．（選算也）蓋聖門敎人．皆先博而後約．故曰博學而孱守之．顏淵曰．夫子博我以文．約我以禮．孟子曰．博學而詳說之．將以反說約也．此皆知類之事也．禮內則．三十而有室．始理男事．博學無方．孫友視志．鄭注云．方猶常也。至此學無常在志所好也。孫順也。順於友。視其所志也。蓋自十五以後。即論學取友。爲專門之學。至此而益精之。以求造乎其極也。

强立而不反

箋曰。反。讀如列子仲尼篇回能仁而不能反之反。高誘注云。反。變也。九年。年三十。孔子曰。三十而立。即强立。正此時也。

謂之大成

證曰。大成之義有二。有通達一類者。論語子路問成人。子曰。若臧武仲之知。公綽之不欲。卞莊子之勇。冉求之藝。文之以禮樂。亦可以爲成人矣。是也。有通達萬類者。說苑顏淵問於仲尼曰。成人之行何若。子曰。成乎情性之理。通乎物類之變。知幽明之故。睹遊氣之源。若此可謂成人。既知天道。行躬以仁義。飭身以禮樂。夫仁義禮樂。成人之行也。窮神知化。德之盛也。易曰。仰以觀於天文。俯以察於地理。是故知幽明之故。夫天文地理人情之效存於心。則聖智之府也。辨物篇是也。通達一類者。學校中可以造之。學年可以限之。通達萬類者則千萬人中不一得千萬世中不一見有非盡學校之所能造學年之所能限者孔子自述所學自十五以至七十又曰發憤忘食樂以忘憂不知老之將至蓋學之如此其無盡也故孟子贊之曰集大成此記所謂大德不官大道不器者也孔子學貫天人行兼道藝其於天地萬物國家之事無不具古今中外之學無不包子貢謂生民以來未有如孔子孟子謂遊於聖人之門者難爲言此非後世淺學陋儒所能窺其萬一者也叔孫武叔之毀孔子也曰子貢賢於仲尼達巷黨人之譏孔子也曰博學無所成名子貢者通達一類者也孔子通達萬類者也一類者易見而博學者難名後世之震驚西學至欲盡棄所學而學之者皆武叔黨人之見而於宗廟之美百官之富（百官即百工）皆不得其門而入者也烏虖舍孔子吾誰與歸

中外古今大學堂教科課目表

中國古教	光緒癸卯奏定章程	日本	德意志	法蘭西	英吉利	美利堅
格物	周易學	法科	法科	法科	法科	實地教育

致知　誠意　正心　修身　齊家　治國　平天下　右國學　修業九年

此中國大學敎人之目而括之以明德新民止至善三端而止至善又爲明德新民之目的敎之得法則

尚書學　毛詩學　春秋左傳學　春秋三傳學　周禮學　儀禮學　禮記學　論語學　孟子學　理學　右經學科大學　修業三年

政治學

醫科　文科　理科　工科　農科　右東京帝國大學校　修業三年　醫科四年

日本大學凡二所一東京帝國大學授高

醫科　神學科　哲學科　右大學校　修業三四年

日人二十一歲始入大學德人十八歲即入大學入學三年受考試三年者考試之期非卒業之期也其國中校最歲而大學

醫科　文科　理科　神學科　右大學校　修業冂年

法國大學以一科爲一校與日德各科合爲一校者不同其公開講義時縱人旁聽大學生筆記之與他

醫科　文科　理科　音樂科　右大學校　修業冂年

英國大學六十八所惟奧克斯佛兒得與坎布里吉二校爲有名學術欝與碩儒輩出校中經費國家補

學　教授論　三代及中古教育史　近世教育史　學校監督　法　美國及外國教育制度比較論　美國教育史　右窩斯庵大學校

年至三十而可成若進求深造之功則學之終身而無盡東西諸國講學諸家不外知感意三者知即致知感即格物意即誠意而經云致知在格物者蓋主實驗之學論者謂中國專尙理論誤矣修齊治平之道囊括東西而尤以絜矩同民爲立憲之宗旨此大學之道也

法律學 右政法科大學

修業四年

中國史學

萬國史學

中外地理學

中國文學

英國文學

法國文學

俄國文學

德國文學

日本國文學

右文科大學

等專門教育京都大學年限與東京同而最久期限醫科有至八年餘五科六年者六科凡三十四目法科曰法律學政治學醫科曰醫學藥學工科曰土木工學機器工學造船學造兵學電氣工學建築學應用化學火藥學採鑛冶金學文科曰哲學國文學漢學國史史

最寬有自由之諺三年之中可入三校受業亦聽其自擇致習無論何校皆可以應試每年中試者四百人甚有身爲博士老而窮餓者足徵大學人才之衆也

國大學開講僅大學生聽之者亦不同然非公開講義時則異常嚴重

助甚微以政府不干涉故也其敎重實際後理論商人多有學問者他國所不及也

修業□年

數學

物理學

化學

植物學

動物學

地質學

生理學

精神學

教育學

教育史

學校論及學校組織

修業三年
學言語學英文學德

醫學
文學法文學理科口

藥物學
數學星學理論物理

右醫科大學
學實驗物理學化學

修業四三年
動物學植物學地質

算學
學農科曰農學農蠶

星學
化學林學獸醫學入

物理學
學之生徒各習一種

化學
曰本科本科之外有

動植物學
選科研究科選科者

地質學
於學科中選一科課

右格致科科大學
目或數課日而專修

修業三年
之研究科者卒業生

法
學校管理
法
理學教授
法
右哈巴朵大學
校
修業口
年
精神學
學理　論及　應用　教育

農學（復於所專修之學科）

農藝化學（而研究之也又有大）

林學（學院卒業之學生復）

獸醫學（欲深究學術者入之）

右農科大學（五年後授以博士此）

修業三年（外又有專門學校其）

土木工學（程度較大學稍低而）

機器工學（職業種類繁多大學）

造船學（六科不足以包舉故）

造兵器學（設專門課之又有實）

電器工學（業學校專治農工商）

建築學（業者入之為不入大）

應用化學（學校）

（論及教育史）

教授法（教授觀察及實地教授）

（美與英法德學校組織法及行政法）

幼稚園論（博物學教授法及說明器具構造法）

手藝（形體研究畫學家庭）

火藥學

採鑛及冶金學

右工科大學

修業三年

銀行及保險學

貿易及販運學

關稅學

右商科大學

修業三年

大學堂分爲八科各科各門皆有主課補助課高等學堂畢業者入焉以端正趨向造就通才爲宗旨以

經濟機械畫學及木工

右可儒務比亞大學校

修業二年

教育史

精神學及倫理學

學校論

敎育經曲及美妙學

教育制度

右紐樂各市立

各項學術藝能之人才足供任用爲成效中附通儒院以中國學術日進能發明新理以著成書能製造新器以利民用爲成效大學堂所習之科分別三年四年畢業通儒院五年畢業

大學校

修業年　一二

美國設立大學校敎育部至二百以上敎法與尋常師範學校同等其旨在養成州立小學校敎師惟哈巴朶等州之大學校敎授高等敎育學爲養成中學校敎師密斯庵敎育部學科凡七哈巴朶敎授中學校敎

生徒理學學科凡十三可儒務比亞專爲敎師而設直敎授學術學科凡八卒業後與以敎育學士紐樂各於大學校卒業生或師範學校卒業生敎以高等敎育學學科凡五生徒分上級下級下級一年有四科目之試驗及第者授敎育學士上級二年有五科目之試驗

及第者授
教育博士

古今之學。不外心理物理二端。致知者。今之所謂心理哲學是也。格物者。今之所謂物理科學是也。無哲學則科學無由明。無科學則哲學無由行。故孔子曰。學而不思則罔。思而不學則殆。又曰。以思無益。不如學也。此心理物理相需爲用之道也。中庸曰。君子尊德行而道問學。致廣大而盡精微。極高明而道中庸。尊德行。致廣大。極高明。爲心理之學。道問學。盡精微。道中庸。爲物理之學。故曰。唯天下至誠爲能盡其性。能盡其性則能盡人之性。能盡人之性則能盡物之性。能盡物之性則可以贊天地之化育。此由心理以驗物理。致其知以格物者也。又曰。其次致曲。曲能有誠。誠則形。形則著。著則明。明則動。動則變。變則化。唯天下至誠爲能化。此由物理以闡心理。格物以致其知者也。子貢曰。夫子之文章可得而聞也。夫子之言性與天道。不可得而聞也。文章即孔子之科學也。性道即孔子之哲學也。哲學寓於科學之中。性道著於文章之內。故孔子爲古今中外一大哲學家。即爲古今中外一大科學家。

七十二子三千之徒。周秦諸子百家之說。皆得孔子科學之傳。而分其一體。嬴秦以後。遏抑禁絕其學。遂微。論者乃謂孔子精於形上之道。而畧於形下之器。此瞽說也。形上之道。即寄之形下之器。譬之目能視。而所以視者非目也。然究不能不寄視於目。耳能聽。而所以聽者非耳也。然究不能不寄聽於耳。目與耳器也。而所以視所以聽則道也。離器無以見道。離道亦無以爲器。故曰文章得聞。而性道不得聞。老子曰。樸散則爲器。聖人用之則爲官長。宋育仁曰。老子所謂樸。蓋取喻於植物之微心。譬如植物之生。各有微生之機。發爲由蘖。如立方之有重心。規圜之有中心點。强而字之曰樸。猶所謂有物渾成。不可得而名。强而字之曰道。由樸之抽象分體而有器。聖人因制以爲官守。樸即形上之道。器即形下之器也。某家者流出於某官所守。某官之守。出於道之所形。道也者樸也。此中國之文言古訓之譬喻也。自天子失官而後。孔子倡明哲學而科學復明。自秦漢而後。科舉之法興而科學又廢。陵遲至於今日。三千餘年。致使致知格物之目。空存於大學之中。而泰西之士反得挾其學術以爭雄於天下。中國學者。習焉不察。乃又從而誣之。是可痛也。

案論語太宰一篇盛稱孔子之多能多藝而孔子則以鄙事自謙又曰吾不試故藝其所謂藝者即孔子之科學惜書缺有間游藝之事莫能道其詳然觀夫子之稱冉求之藝許其可以從政可使足民則知孔子之藝與今科學殆無以異大德不官大道不器故子貢以多能爲餘事也

夫然後足以化民易俗。近者說服而遠者懷之。此大學之道也

證曰。歐美立憲各國。國民皆有參政之權。故必造成知政之人。使有普通之知識。專精之職業。倫理之範圍。而後全國之人。皆視國家之事。如一己之事。日本名詞所謂團體是也。故大學之道。以明德新民爲宗旨。而究其終極。則以好民所好。惡民所惡。爲平治之準繩。蓋三代以上。未有國不立憲者。立憲之國。未有民不敎學者。敎學之效。至於化民易俗。近服遠懷。則人人有國家之理想。即人人有國家之義務。夫而後發慮憲。求善良。始得立憲之益。而無立憲之弊。

記曰。蛾子時術之。其此之謂乎

箋曰。蛾子以喻民。民之微末。猶蛾子也。蛾子時術之功。卒以成大垤。人民力

學之功，卒以成强國。東西各邦，所爲汲汲以教育爲先務也。孔子曰：如垤而進，吾與之。荀子宥坐篇

大學始教

箋曰：始教者，謂始入學者教之以大學之道也。熊氏以鄭注祭菜禮先聖先師，解經始教爲謂始立學，據文王世子周禮大胥以始入學者唯祭先師不及先聖，遂定此爲始立學之義。然此記明言始教，且下文言入學始學，則此非始立學明矣。熊說非也。鄭注及先聖者，案文王世子，天子視學，祭先師先聖焉。據此則始教爲天子視學觀禮之時，非始立學也。鄭注云先聖周公若孔子，先師若漢禮有高堂生，樂有制氏，詩有毛公，書有伏生，億可以爲之也。今則以孔子爲先聖先師。

皮弁祭菜

箋曰：鄭注云，皮弁，天子之朝朝服也。孔疏云，皮弁者，謂天子使有司服皮弁祭先聖先師。案禮文王世子，天子視學，大昕鼓徵，衆至，然後天子至，乃命有

司行事興秩節祭先師先聖焉鄭注云使有司攝其事舉常禮祭先師先聖不親祭之者視學觀禮耳非爲彼報也此爲天子視學以教學士下文未卜禘不視學以證此視在禘之後也歐陽修云古者士之見師以菜爲贄故始立學者必釋菜以禮其先師其學官四時之祭乃皆釋奠釋奠有樂無尸而釋菜無樂則祭之又略者也案文王世子凡大合樂必遂養老鄭注云大合樂謂春入學舍菜合舞秋頒學合聲於是時也天子則視學焉月令仲春上丁命樂正習舞釋菜季春大合樂天子皆親往視之據此則釋菜亦有樂惟始立學者不舞不授器爲無樂耳

示敬道也

箋曰示以敬師之道

宵雅肄三官其始也

箋曰鄭注云宵之言小也肄習也習小雅之三謂鹿鳴四牡皇皇者華也此皆君臣宴樂相勞苦之詩爲始學者習之所以勸之以官且取上下相和厚

孔疏云鄉飲酒禮燕禮皆歌鹿鳴四牡皇皇者華又襄四年穆叔如晉歌小雅三篇故知鹿鳴四牡皇皇者華也小雅三篇皆君臣燕樂及相勞苦今爲學者歌之欲使學者得爲官與君臣相燕樂各自勸勵故注云所以勸之以官也案鄭注儀禮云鹿鳴君與臣下及四方之賓燕講道修政之樂歌也此采其已有旨酒以召嘉賓嘉賓既來示我以善道又樂嘉賓有孔昭之明德可則傚也四牡君勞使臣之來樂歌也此采其勤苦王事念將父母懷歸傷悲忠孝之至以勞賓也皇皇者華君遣使臣之樂歌也此采其更是勞苦自以爲不及欲諮謀於賢知而以自光明也左氏傳穆叔曰鹿鳴君所以嘉寡君也敢不拜嘉四牡君所以勞使臣也敢不重拜皇皇者華君教使臣也必諮於周（杜注云忠信爲周）臣聞之訪問於善爲咨咨親爲詢咨禮爲度咨事爲諏咨難爲謀臣獲五善敢不重拜蓋此三詩備內政外交之道而君臣一體上下雍和尤無後世堂廉隔絕之弊故使學者習之爲異日入官之法孔子曰誦詩三百授之以政不達使於四方不能專對雖多亦奚以爲故入大學者肄

此三篇.而爲官之道.已具是矣.

入學鼓篋孫其業也

箋曰.鼓.伐也.伐之言發也.續漢禮儀志注引盧植禮記注云.伐.發也.篋.書笥也.鼓篋謂發篋中之書.令學士擇而讀之.故曰孫其業.孫即惟學遜志之遜.孫.順也.順其業之所夙習者而學之.即大學分科之教.（德國大學自由之意與此略同）鄭注鼓篋爲擊鼓警衆.發篋出所治經業.鼓篋二字不辭.失其義矣.

夏楚二物

箋曰.鄭注云.夏.槄也.楚.荊也.二者所以撲撻犯禮者.案文王世子.成王有過.則撻伯禽.周禮小胥掌學士之徵令而比之.觵其不敬者.巡舞列而撻其怠慢者.鄭注云.不敬.謂慢期不時至者.觵.罰爵也.撻猶抶也.抶以荊扑.蓋學士之罰.輕則有觵撻之責.重則有移屏之條.皆所以勵其奮志而生其恥心也.易曰.擊蒙.書曰.扑作教刑.由來舊矣.

收其威也

箋曰。鄭注。收謂收斂整齊之威。威儀也。非是。案收藏也。藏其威以示人以不可輕犯之義。所以警也。

證曰。近世泰西各國學校皆有體罰。體罰用皮鞭。長短大小。皆有定制。藏之隱處。不使學生常見。致生畏懼之心。施罰時僅及手股。不得侵頭腦。如學生有因體罰受傷者。則教員受罰。輕則罰金一千馬克。重則禁錮三年。小學中學皆有體罰。大學無之。日本學校則有訓戒而無體罰。輕者禁其出教室游息。或令其直立聽講。重者則校長傳而斥責之。或出席停課。此皆小學堂行罰之方也。然論者謂其中學堂生徒。多有放恣之弊。故別立有奪其名譽之罰。（如收其賞物勳章之類奪其部長室長之職）然亦不常用也。案此記之藏其威。與西國體罰之具藏之隱處。用意畧同。希臘羅馬時學校用罰最嚴。至十八世紀。教育家創說教育之旨。宜令人自然發達。而罰始減輕。中國則古輕而今重。此宜急爲斟酌而改正者也。

希臘之時。惟斯巴達教律最嚴。義主干涉。羅馬人之教育。則務培其高尙之性。養其武健之能。故管理學校之法。正身體。潔衣冠。起居話言無不勒以嚴密之紀律。令其謙恭遜順。恂恂有子弟之容。其不從教者。則繩以體罰。雖不若斯巴達之嚴重干涉。然整齊嚴謹。固未嘗稍涉放任也。當時賢者希沙羅深不謂然。以爲教育者。當深知學者之性質。然後授以才力相當之學業。循循善誘。使師弟以至性至情相維相繫。不宜濫加責罰。快一己恚憤之意。加他人以醜酷之刑。蓋體罰者。非徒消學者之神智。且將污學者之品行者也。加人以罰。而使受罰者仍感善誘之意。教授其庶幾爾。昆提倫氏亦謂教師之職務。莫要於詳審學童特別之性質。奬勸而利導之。以激發其志氣。其管理法之第一拙劣者。莫如體罰。何者。此固譴責奴隸之醜具也。以譴責奴隸者譴責學童。微論不能矯正其過舉。且將沮喪其意氣。摧濕其廉恥。導之於爲惡之路而已。

未卜禘不視學

箋曰。禘之名古多異說。但時禘與大禘迥然不同。此之卜禘即大禘也。王制云。夏曰禘。鄭注云。此蓋夏殷之禮。周則改之。春曰祠。夏曰礿。以禘爲殷祭。殷猶大也。據月令文。王世子天子視學在春秋之時。與夏禘無涉。故知此禘爲大禘。說文引周禮五歲一禘。其義取審諦昭穆。上追祖所自出。下及毁廟未毁廟之主。此國家之大典。故當禘之年。必先於學。鄭注云禘大祭也。天子諸侯既祭。乃視學考校。斯言得之。

游其志也

箋曰。游其志者。謂寬假以時日。從容以養其志也。

時觀而弗語

箋曰。時觀者。隨時察之。謂省其私也。弗語者。不亟語之。先察其心之所向。以爲施敎之地也。曾子云。以其見者。占其隱者。立事篇。

存其心也

箋曰。存。察也。孔子曰。視其所以。觀其所由。察其所安。大戴文王官人篇作考其所爲。觀其所由。察其所安。

證曰。東人教育。有訓練特性之一事。其考察之法。視其家所世守。性所最近者。視其教授普通知識之時。何學科爲其所樂爲。而進步最速者。視其於教室內隨意問難。教室外隨意動作。無心流露者。又視其身體之强弱。性情之醇駁。所出之族。所居之地。各不相同者。一一詳考細別。記之於簿。名曰特性帳。就其特性誘進而發達之。否則遏抑而矯正之。以求納於世界範圍之內。此簿教員自立。以備考察。不以宣示生徒及外人也。蓋即此記時觀弗語之義。

幼者聽而弗問

箋曰。王制云。樂正崇四術。立四教。順先王詩書禮樂以造士。春秋教以禮樂。冬夏教以詩書。王太子王子羣后之太子。卿大夫元士之適子。國之俊選皆造焉。凡入學以齒。鄭注云。皆以長幼受學。不用尊卑。據此則大學始教之時。有長有幼。不盡成人也。聽而弗問者。幼者知識未宏。不可遽問以高深之事也。即論語可以語上不可以語上之意。

學不躐等也

證曰。泰西教育家之言曰。教人之道。宜由已知以及未知。蓋以其心必先有是事之大凡。乃能領會之以擴其智識。否則鮮不茫然者。故教授方法。有一定之階級。波多野貞之助云。授受合於程度。是曰感受。因其固有者而發達之。俾有再生之觀念。以助其領受。是曰類化。若夫五感所觸。一無影響。而強以聒之。則井蛙語海。夏蟲語冰。無惑乎其不能知也。故成年學生。已具有普通知識者。易於施教。而童蒙之感受較難。學之所以與年進也。

此七者教之大倫也

箋曰。詩正月傳云。倫。道也。大倫謂大道。

記曰凡學官先事

箋曰。官先事者。學爲官之事也。故孔子曰。知官必知事。（大戴禮小辨篇）左氏傳云。學而後入政。大戴禮虞戴德云。政之教大夫。官之教士。（孔廣森注云。教大夫以爲政。教士以服官）政即事也。禮曲禮云。宦學事師。孔疏引宣二年左傳。宦三年矣。服虔云。宦。學也。

是學職事爲官也。

證曰。官者治事者也。學者學爲官之事者也。虞書皐陶謨曰。載采采。采事也。采采者。事其所事也。故考言者必兼詢事。事非不學而能者也。故大戴禮衛將軍文子篇云。先成其慮。及事而用之。禮王制司馬論辨官材。論進士之賢者。以告於王而定其論。論定然後官之。任官然後爵之。位定然後祿之。大夫廢其事。終身不仕。蓋古之學爲官。未有不以事爲驗者。漆雕開曰。吾斯之未能信。子路欲使子羔爲宓宰。而孔子斥之以不學。皆此志也。後世敎術乖方。學術日失。於是所學非所事。所事非所學。學與事遂判然分爲兩途。在學者既無一才一藝之長。而授之事者。又有求備求全之責。故世之論者。謂中國之官。無事不能。而實一無所能。殊可歎也。續溪邵作舟曰。欲陶者不求之冶。欲梓者不求之輿。人之所知也。六官之大。非若陶冶梓輿之細也。今乃畢六官之事。盡責之於一人之身。其敝也天下之士。窮於應。而遂罔罔然奉其陋而進之。上之人。窮於求。亦遂罔罔然仍其陋而取之。取非所用。用非所取。天下之不治．奚足怪哉．夫以唐代五臣之聖．而工虞水火．各有專司．以孔門弟子之賢．而禮樂兵農．分科而治．故記有之云．卿設如四體．毋易事．毋假名．戴名以能．成立以事．（大戴禮千乘篇）蓋天下之事無盡．而人之才力有時而窮．善爲學者．各就其性之所近．力之所能至者．擇一事焉以專而習之．務使今日釋褐．明日任官．坦然若其素守．天下之事．有不勝任愉快者乎．禮曰．凡事豫則立．曾子曰．未有治而能仕者．先修之謂也．（立孝篇）我朝自庚子變法以來．罷科舉．建學堂．而京師復設進士館．以敎初登仕版之員．直隸總督袁公世凱．又奏立法政學堂．通行各直行省．以講求行政治民之術．其敎之之法．不可謂不備矣．然捐納之途不塞．保奬之例不嚴．則學者十之二三．不學者十之七八．竊恐學者自學．而官者自官．晏子所謂旣懸牛首於門．而又鬻馬脯於內也．其無補於事也明矣．然則爲今日計．惟有先澄仕途而後可．

士先志

箋曰．志卽孔子十五志學之志．孟子云．士何事．尙志．

證曰．志者學之基也．志高者學必高．志下者學必下．如建屋然．其基廣而堅者．其屋始能高而大．未有削其址而能豐其屋者．志有直接間接之分．有國家之公念而奮其學者．謂之直接之志．因利祿之私心而勵其學者．謂之間接之志．教者不可不審也．伯夷非其君不仕．非其民不使．此強種之志也．伊尹以天下自任．使其君爲堯舜之君．使其民爲堯舜之民．此強國之志也．孟子曰．闢邪說．拒詖行．放淫詞．以承三聖者．又曰能言拒楊墨者．能人之徒也．此強教之志也．今之學者．亦惟志此三者．以圖存於競爭之世而已．

其此之謂乎

箋曰．引此以結上教之大倫．

（未完）

——摘自《中國學報》一九一三年四月第六期

大同學說

井研廖平

大同者何。不同也。化諸不同以爲同。是之謂大同。凡天下之物。莫不有類有羣。自近及遠。由小推大。始於同。歸結於不同。飛以羽爲羣。走以毛爲類。易曰。方以類聚。物以羣分。左傳所謂以水益水。以火益火。班志所謂以熱益熱。以寒益寒。論語曰。小人同而不和。故凡人之智慧。世界之進步。皆以尙同爲初級。如人之交際。其始在家庭。父子兄弟。所謂家人骨肉之親。稍遠則爲鄉黨鄰里。又推之至於邦國。更至於天下。以同姓昆弟與異姓甥舅相較、則一親一疏。同姓同而異姓不同。與鄉黨較。則無論同姓異姓。皆屬血族。則甥舅爲同。而鄰里不同。由鄉以推州縣。由州縣以推一省。更由一省以推之中國。由中國以推之黃種。由黃種以推之五種。其親疏之等。以數十計。然而五種皆同爲人。是不同之中有大同者在焉。名曰大同。其實皆不同也。又由人以推之動物禽獸。由動物以推之植物之草木。更由草木以推之礦物。形狀詭異。百有不齊。或有氣。或無氣。或有知。或無知。以天地父母言之。同在此世界中。不啻有甥舅兄弟之義焉。由人性以推物性。大同之中。各自形其不同。不同之至。即為大同之至。更由人類以推鬼神。由六合以內以推六合以外。同與不同。無可究詰。而各隨人之分量以為景像。論語曰君子和而不同。中庸云參天地育萬物。化其同與不同之形跡。由聖賢以推至誠神化。其分量亦有數等。所謂語大天下莫能載焉者也。

又自其小者言之。由一家以索之一身。由一身以分別臟腑肢體三百六十節。以配周天。五臟以配五宮五土。九竅以配九野九州。一日之中。呼吸一萬七千。以配萬物之數。莊子所謂自其異者觀之。肝膽猶胡越也。我有身萬物莫不相同。蠻觸相鬭於蝸角之上。伏尸百萬。流血千里。而蝸不知。由微蟲以推至小微蟲。至於形不可見。聲不可聞。然既曰蟲也。則仍有手足以運動。口鼻以呼吸。耳目以視聽。內之九臟六腑。外之經絡部節。不能不謂其與我同也。所謂語小天下莫能破者也．通其小大之故．則何親何疏．何人何我．我之身可與天同量．微物亦爲我之具體焉．

經傳之所謂小康大同者．則專就政術而言．小至無窮極．舉王伯以立說．大之不可究詰．舉皇帝以爲宗．道德行義之所以分．在於大小．小康大同之所以別．專在同不同．王學之七君子．自其小者較之．則大不可加．因對大同．故謂之小康．皇帝亦非無進境．自小康較之．名曰大同．合數十百千之等級．而以二等分之．二者之宗旨．又專在別同異．論語曰．君子和而不同．又曰．君子周而不比．小人比而不周．又曰君子不可小知．而可大受也．小人不可大受．而可小知也．蓋天下之物理．皆喜異而惡同．男女同姓．其生不殖．草木接種．其子乃佳．電學之南北極．種學之血液．泰西通人．著爲專書．其理至爲明確．無事繁引．故人生知慧之塞與通．政術之優與劣．則皆由是而分．大抵王伯已有民胞物與之量．私心未能盡去．故囿於小康．皇帝貴異而不貴同．能化諸不同以爲同．所以爲大同．

嗟乎吾中國學術之所以不振者不惟非大同並非小康私心所至積成一鄉之天下所以敗壞不可救藥今請譬之於醫凡大都之市所稱藥室者本草上品中品下品無毒有毒皆求備焉以應病者之求欲其補偏救弊起死回生非毒藥不爲功藥室備藥而所以用藥之權則在醫故病者必求名醫望聞問切因病立方君臣佐使輕重生熟絲毫不可苟以學術言六經六藝如五谷六畜人所常食之品也九流諸子則爲藥物凡藥物皆取補偏救弊生死肉骨當危急之時存亡在乎頃刻衝鋒犯難必須勇將所以硝黃薑附本爲毒藥其所以貴之者正取其毒醫之所以救危存亡亦其善用毒藥如回陽之四物救陰之承氣一歲之中所救死所癒病以百千億萬計雖有平常無毒久服輕身之參芪朮枸杞菟絲黃荆生地皆退居無用之地氣血不平然後病藥必毒而後能醫人此其理固易明也毒藥雖能已病并非教人如五谷之常服亦非使人不求醫不問病懵懵然如穀米魚肉常服之也即如墨子世所稱偏駁者亦如硝黃桂附之有毒考其魯問篇自言擇術而從世之好戰黷武吾則與之言兼愛

好歌舞聲樂奢侈。吾則與之言非樂尚儉。祭祀不誠。怠惰自安。吾則與之言明鬼非命。私心太重。吾則與之言尙同云云。就墨子所自言。其宗旨各條。皆爲救弊而設。因病立方。藥必精良。惟恐其毒之不厚。推之儒與名法縱橫小說農家。同爲藥物。苟非病人。則以飮食自爲調養。其說曾在六經不幸而有疾。則不能不求之藥室。六藝之外。所以別有九流。亦如飮食之外。別有藥物。一常一變。一經一權。天地之間。不能專言飮食而屏絕藥物。一定之勢也。乃今之言學術言政治者。不講醫理。不審病勢。深惡諸子。以爲非聖人大中至正之道。流弊甚大。不可常服。故其處方也。必求一不寒不凉。不升不降。雜湊平庸無毒諸藥。倡言於衆曰。吾方中正和平。決無流弊。不惟有病可服。即無病亦可服。不惟此病可服。即他病亦未嘗不可服。不審時勢。不論機宜。矜矜以防流弊爲宗旨。方其持論中正和平。亦自託於聖人之中庸。所謂非之無可非。刺之無可刺。偶有小效。遂羣推服。以爲聖人復起。不易斯言。一時之業醫者。喜其便易。不必詳經絡。讀本草。言四診。但雜湊平淡藥方。改頭換面。遂覺投無不利。謬種流傳。牢不可破。殺人如麻。病家雖死。亦且無所怨。猶以爲其方和平。絕無流弊。其死也蓋原於命盡。並非醫者之過。嗟乎。中正和平之醫生。充塞吾中國二十二行省。日以殺戮我人民。或者有識微見遠之士。大聲疾呼。以爲庸醫殺人。必倡明醫學。以挽回殺運。且此庸醫者。多學而未成。生計無聊。借此謀衣食。無足深責。一時名公巨卿。老師宿儒者。抱此庸醫殺人中正和平之方術。日以敗壞我國家。堵塞我聰明。在彼方自以爲內聖外王之學。旁觀者亦以爲孔子之道。即在於是。日日爲學術政治防流弊。試問今日之政治學術。其歸根究竟何如乎。蓋知流弊之害。而不知防流弊之害。且什倍千萬於所謂流弊也。在此輩惑於西人之强盛。好以西學新政。號召於人。就其平日之宗旨而論。所謂西政西學。其弊或且什百倍於我中國之諸子。弊且實甚。更何論流弊。故雖盛推西人。而我中國之古子。方且斥以爲異端非聖。以此而言。西政西學。所謂羊質虎皮。不惟無異。而害且不可勝言。蓋其心摹力追。素奉以爲宗旨者。在九流之儒家。儒家者流。好甘忌辛。黨同伐異。實即孔子之所謂小康。而與大同相背而馳者。竊以爲閉關以前彪然自大崇尚小康之儒說尚無大害方今天下交通中外一家必須標明大同至公宗以鎔化小康自私之鄙吝乃能存國粹强國勢轉敗爲功因禍爲福

蓋以流弊言天下無無弊之政治學六家九流太史公班孟堅論其長並及其所短固矣經解一篇言善學者之所長並推論不善學者之流弊不善學諸子固有害於人心風俗若經解所陳各經之流弊不與六家九流同乎此亦如藥物之有毒端在醫者之善用苟非良醫不唯平和之藥足以殺人即飲食酒肉因之而病死者實繁有徒然則將幷飲食酒肉而盡廢之乎故良醫以毒藥奏奇功庸醫以常藥釀殺運良相用諸子而得平安（如諸葛武侯敎後生讀申韓之類）愚者因六經而致敗亡（如王莽王安石）故藥無論有毒無毒在醫者之善用學無論諸子六經在讀者之善學欲求世界大同必先於學術中變大同以六經爲主以九流爲之輔此吾中國學術之大同也能化諸不同以爲同推之治法乃有大同之效以世界所有之物而論則大同之學比於瀛洋孔子六藝分派六洋上下四旁

無所不通。化爲九家。以五大洲大小分派中國之江河占其二一。小洲占一大洲占二美蘇彝士河如墨家。中國河如名家。江如儒分爲八。孟與荀分占八派之二焉以川江分占二家則荀統嘉定以上以孟爲金沙江古語曰。百川下海。藏垢納汚。含宏其量。不計清濁汚垢。無所不容納。所以爲海。莊子秋水篇。以河伯與海若相見。河伯爲九流之一。海若比於聖人。未至海之前。河伯自大。以爲天下莫能與京。即九流各持門戶怡然自足。方自以爲大同。旣見海若。相形見絀。乃知自爲小康。貽笑於方家。莊子藉河海以形容小大。所謂觀於海者難爲水。游於聖人之門者難爲言。謂九流不得聖人一體。固不可。大抵吾中國數千年之學術。皆以江河爲瀛海。亦如河伯終身未嘗至海。不能以支流爲天下之大觀。

夫學至於江河。本自足以名家。特自以爲足盡水之量。則不免誣聖人而以小康自足。中國之稱聖賢。多舉孟子以概孔子。所謂孔孟。亦如所謂江海。江雖未嘗不大。比之於海。不過得其一支流。攷六藝由小推大。窮天極地。無所不包。即以論語論。九家不過其中之一體。與儒相反對之墨家。其宗旨載在論語者亦數十條。故推論大哉孔子博學而無所成名。天縱將聖。又多能爲。孔子之自述。則曰無可無不可。道不同不相爲謀。至於儒墨。其局量褊淺。不足以登大聖之堂。黨同伐異。動輒相攻。好名爭勝。同爲儒家。日尋干戈。著書立說。若天下至要之事。無有過於此者。三王孔子已名之爲小。若後世儒家者流。又爲小中之小。故其爲學。師心自用。動輒齟齬。誠所謂鄉曲之見。乃猶自託於聖人。豈不大可異哉。大同之皇帝。小康之王伯。出於六藝。爲至聖原始要終之全體。儒家以王自畫。不敢言大同。而專言小康。是或一道也。乃又攻伯。或曰孔門五尺童子羞稱五伯。或曰仲尼之徒。無道桓文之事。論語盛推管仲之功。春秋專言桓文之事。凡一己宗旨之外。皆欲屏絕之。不唯與聖言相反對。春秋一經。亦皆在屏絕之內。此等褊狹私心。流爲學術。吾國儒者。遂以孔子爲專言王學之聖人。所謂皇帝大同。故久絕。此思想於二伯之學術。亦以爲聖人所羞稱。喜同惡異。於族類則中外之界最嚴。於學術則人我之見尤甚。謬種流傳。至爲國家大害。毀敎堂甚至有擧匪之事變法維新。久不能進步者。其無形之現象。實在於此。

故當今欲言變法自強首在開士智欲開士智必先明聖人大同之宗旨舊所傳之儒說爲小康之小者凡其所宗法之孔子據經立說以恢張海涵之分量以化其中外之防人我之見開拓其心智移易其精神使其自悟其舊來之學術乃一隅之私說與聖人大同之學南轅北轍如水火如霄壤如冰炭而後可徐引之至於道藉以見全球皆大同之版土象生皆大同之人民所有海內外政治學術皆我分內所當攷究宗法聖人推求海外爲經傳所有之學術初非崇奉外人有背於先聖且進而言之民胞物與黃種與不同姓之兄弟異種異族舅甥折衷一是惟善是從種族之見化人我之見消智慧開通學問自然增長取人之所長以證我之經義發舊有之所伏以推之全球分纛揚鑣固無所不可若其致用之方則專在春秋尚書二經

蓋大同有天人天學尚可緩而專致力於帝學人學有王伯之別王學可緩而切要者在於伯方今中外開通共球畢顯言疆域則土圭之三萬里也於五洲則五帝之分方萬二千里畫爲九疇則鄒衍之九九八十一也編爲五書則各

方之利害得失也。儒家舊說。專詳中國之一隅。所謂五服五千里者。不過大同三十六州中之一州。以疆域州國風土人情政治宗教而論。當由王制以推周禮。由中國以推外國。大小雖殊。而其體國經野。設官分職。則疊矩重規。初無二致。驗小推大。不過擴充。固無所難。唯尙書所言。皆帝學大成。一統以後。全球人民進化。道一風同。分用二十一歷。所謂協和於變。欲爲帝學立法。故不得不嘗其大成。

當今時局。諸國林立。無所統一。赤道以南。尙屬草昧。各親其親。各子其子。會盟征伐。互相雄長。不過比於隱桓。所謂亂世。小康一統。尙屬未能。若大同（禮運大同云云）更無論矣。凡欲有用於世界。亦當切合機宜。通經致用。其要皆在於春秋。一帝一伯。大小本屬齟齬。然三千里者。未嘗不可爲三萬里之小影。攷周禮爲皇帝之書。司盟司約。君臣往來於諸侯。外交亦如春秋。蓋凡實據。無論大小。皆有分合。二局之不同。春秋由分而合。五洲將來必至一統。唯見當割據時代。不能不因時立法。故以尙書之帝學。開拓其版圖。而以春秋之見局。以求其實用。三傳公穀詳於經例。而於邦交政事。不如左傳之詳明。故三傳之中。尤以左傳爲切要。

春秋既爲俟後之書。凡糾合諸侯。以尊天子。中國實力舉行。攷其義例與今世界切合者尤多。既非述古。安知不爲今日世界大春秋之陳法。故學者宜先就三千里中。外以南北中分。方伯多在豫州。數十條大義。詳攷其與今日世局相同。然後求諸國內政外交。以西史及政治各書。證明經傳舊事。如弭兵會維也納之會屬地使館盟約。不下數百條。以今證古。以中統外。而詳攷其異同文野之分別。凡今日諸國所已行之陳事。即將來成敗得失之歸縮。皆可於經傳中得其指歸。左傳文繁義雜。有天學詩易各經說。今當分門另編爲成書。凡左傳所未詳。而其見於他書者。并取以補傳之所不足。如內政之教育用人財政兵制。外交之朝聘會同盟約公法行人辭令。以小學大。以大字小。諸大綱編爲成書。周禮行文五書。尤當仿其例。分門編纂。以爲周知天下之根本。王制周禮。爲二經之傳記。在所必詳。至於詩易爲哲學。自願研究。固無不可。而欲求實用者。

則周禮左傳.尤爲切要.將來世運變遷.必不能出此程度.大約五百年以內.此法倘可通行.

又二書除政法以外.西人各種學術.大約皆於其中細心推攷.編錄成書.亦爲當今之急務.中國舊說.多以經爲空言.求實用者.多治史.又當畫經史之界.經非古文.乃未來之新經.以經傳爲主.畧取中外史事.以爲補證.則用力少而成功多.經傳之與古史.程度相去甚遠.非謂史不可讀.要在有賓主輕重專博之分.以大同爲精神.以小康爲實用.因時制而.爲此議切要.尤在化其自私自利之舊習.而以聖學大同爲歸宿云.

今之中西.風氣禮俗相反.學者遂顧歧而二之.不知陰陽之分.文質之別.大在中外.小在一家一國一物.皆得言之.顏氏家訓.當南北朝時.一人身仕兩朝.於南北學術典禮音聲體質風俗.皆分判之.今讀其書.亦如今國使館所記外國事宜.自中國一統以後.南北混化.其形迹不能如當時之分劃之嚴密.中外再數千年.安知不如中國南北之分久遠.遂化一統.故自其異者觀之.肝膽猶胡

越。自其同者觀之。無論中外即一隅。南北分王。亦若如水火冰炭之不相投。久而得合爲一。故讀外國之書。亦當以取法顏氏之意。此小大當其初莫不有分別。而終有小同大同之一日。則吾中國古者南北之分。實即今日中西之界。來者之視今。亦如今之視昔。世界大同。固可由中國之小同而决之者。莊子曰。大有大同異。小有小同異。即此之謂也。

——摘自《中國學報》一九一三年六月第八期

政術

議院古明堂說

象山陳 焯伯弢甫纂

西人積習輕古恆言時代進化古道幼稚與中國人稱先則古異西國古時原無聖者爲之帝若王顯庸而創制其輕之也固宜爲中國人而悖信好敏求之教愼矣西國政治莫重要於議院採輯憲政者詫謂中國五千年以來所絕無何其誣而自小哉以余考之邃古以來有議院卽明堂也說經者旣自秦廢厥制漢經師失其傳皆昧昧然史家亦愈說愈遠徒以明堂爲聚訟之問題而已過先聖會議之制張處士橫議之風竊嘗痛之不揣檮昧推闡新理稱引古文疏通而證明之爲議院古明堂說一卷以見我國自有憲法當反經以正言愼無菲薄古人而人云亦云也戊申七月陳焯識

大戴記盛德篇明堂者古有之也淮南泰族訓昔者五帝三王之莅政施教必用參五何謂參五仰取象於天俯取度於地中取法於人乃立明堂之制行明堂之令然則明

堂之制自古五帝三王所立以行令施教而莅政者也仰取俯取必參五而取法於人易曰參伍以變錯綜其數通其變遂成天地之文極其數遂定天下之象又曰化而裁之謂之變推而行之謂之通舉而措之天下之民謂之事業夫帝王之事業豈有他哉立明堂以取法於人參伍通變以定天尊地卑之位而已矣

明堂非始於五帝也三皇時已有之淮南主術訓文子精神篇並云昔者神農之治天下也明堂之制有蓋而無四方風雨不能襲寒暑不能傷遷延而入之養民以公案言明堂而云養民以公卽指公議言之治天下在養民養民在公議公議何在在明堂高誘註淮南謂遷延猶倘佯非也說文遷登也爾雅釋詁延進也是遷延卽尙書盤庚之登進厥民故遷者遷擢延者延聘能公議者爲公民必遷擢延聘而入明堂淮南下文云其民樸重端慤不忿爭而財足不勞形而功成因天地之資而與之和同可見和衷共議必遷延樸重端慤之民其下又云威厲而不殺刑錯而不用法省而不煩其地南至交趾(今越南)北至幽都(今悉畢盧亞)東至暘谷(今日本)西至三危(今西藏)莫不聽從天下一俗莫懷姦心於以見遷延入明堂者養民以公立法之治本既端而司法行政皆有大效此

神農氏之所以神也

黃帝明堂圖中有一殿四面無壁公玉帶傳之大史公述之與桓譚新論稱神農之明堂有蓋而無四方殆無異制皆取明目達聰之義也（五禮通考謂非古制誤）漢志中公曰黃帝接萬靈明庭成伯璵禮記外傳明堂古天子布政之宮黃帝享百神於明廷廷庭古字通明廷卽明堂之廷百神卽百姓萬靈卽萬姓天生斯民皆神靈之後豈謂神祇哉享之爲言享受也接之爲言進接也管子桓公問篇曰黃帝立明臺之議者上觀於賢也明臺爲堂上之臺臺下爲明廷斯非民之賢者廷議明堂之證乎素問五運行大論曰黃帝坐明堂始正天綱臨觀八極考建五常斯非古帝親臨決議於明堂之證乎尸子佚篇欲觀黃帝之行於合宮合宮爲明堂別名（見張平子東京賦）文中子問易篇議其盡天下之心乎黃帝有合宮之聽并天下之謀兼天下之智蓋至黃帝而明堂之議有以觀示後世已

黃帝之坐明堂也始正天綱繼之曰臨觀八極八極卽八方謂八方進議之民耳繼之曰考建五常然則五常之行自古重之矣王砅註素問謂五常爲五氣行天地之中者

政術　議院古明堂說

五氣卽五行之氣。樂記、道五常之行。鄭註、五常五行也。五行之氣卽五神。（惠士奇禮說誤以爲天和）鄭註中庸曰木神則仁金神則義火神則禮土神則智水神則信故論衡問孔篇曰五常之道仁義禮智信也黃帝建考五常管子幼官篇亦述之曰立常備能尹知章註常謂五常蓋必建立五常始聽八方之議而可考其是非法言問道篇吾見天常李軌註天常五常帝王之所制奉也制奉卽考建也且五常而曰天常則黃帝之始正天綱亦卽三綱漢馬融說論語曰三綱五常爲夏殷周所因不知其始實因於黃帝而黃帝之正之建之實因於天天綱天常之道自明堂立議昉之並無專制立憲時代之異近人某氏作孔氏政治策者謂綱常非出於古其亦惑於自由平等之說而不知有古明堂之制矣。（三綱之名不始於白虎通義別有論辨）

尙書呂刑篇皇帝哀矜庶戮之不辜又曰皇帝淸問下民鰥寡有辭於苗枚傳皇帝爲帝堯鄭註、謂爲帝顓頊皆史遷所紀五帝也漢書鼂錯傳五帝神聖自事親法宮之中明堂之上初學記引三輔黃圖許令褒等議明堂蓋與黃帝堯舜之世然則顓頊承黃帝後爲帝固亦宜有明堂之議矣以皇帝之尊親臨決議哀矜不辜而淸問及於下民不遺鰥寡於焉遏絕泯棼勿使有鴟義姦宄之習此淸問之制明見於經者也　未完

——摘自《孔教會雜誌》一九一三年七月第一卷第六號

政術

議院古明堂說（續第六號）

象山陳焯伯弢甫纂

帝堯明堂。始分五室。東曰靈府。南曰文祖。中曰神斗。西曰顯紀。北曰元矩。書緯帝命驗、桓譚新論。謂之五府。府之言聚也。所以聚處五方之民也。鄭君書注、以文祖爲五府大名。猶周明堂。言猶周以南室明堂爲青陽總章元堂及中央大室之大名耳。其可考見會議之制者。堯典正月上日。受終於文祖。書傳、尙考大室之義。唐爲虞賓大室。卽中央神斗之府。大室外四方之室。亦曰衢室。管子堯有衢室之問者。下聽於人也。文中子堯有衢室之問。議之謂也。衢室之名。本四達之義。（爾雅四達謂之衢）由大室而達四方之室。總名五府。爲下聽五方之人。公議之地。非明堂爲今議院之證乎。水經注、涯水左右陶水。水東出堯山。山下平陵有大堂基者。舊云堯行宮所。玉海引王韶之始興記同。是則帝堯巡守所至。行宮亦爲明堂。以下聽於人。堯山下之大堂。猶周大山下之明堂矣。

堯典文祖曰受終。書傳大室曰尙考。是知明揚側陋。亦決議於衢室之人。故堯典上經。

又稱師錫帝曰、有鰥在下。師之爲言衆也、非官師之師也。王肅注、古者將舉大事、訊羣吏、訊萬民。堯咨四岳使問羣臣衆舉側陋、必應博詢吏人、非獨在位。其說良是。鄭注、師爲諸侯之師。蔡傳亦云四岳諸侯。（近俞曲園師茶香室經說從之）蓋皆未思州十有二師在禹畢五服舜封十二山之後。堯典之師、並非十二州諸侯之師、實卽衢室所問之衆人。周官小司寇職、所爲致萬民而詢者、其一曰詢立君。以衆輔志而弊謀、非卽師錫之遺制耶。

帝舜攝位之始、卽賓於四門。四門者衢室之門也。卽眞之後、又格於文祖、闢四門以明四目達四聰、而好問好察邇言、卽如堯時有衢室之問也。尸子、觀堯舜之行於總章。文中子、舜有總章之訪、皆議以盡天下之心。文選張平子東京賦、又云有虞總期。李善注、章期一也。虞以總章爲明堂之名、猶堯以文祖爲大名耳。抑總期有定期總會之義、卽議院開會之制所由昉。其省方也、歸格於藝祖。鄭注、藝祖猶周之明堂。是巡守返而開會。其禪禹也、受命於神宗。神宗之名本堯之神斗、猶藝祖之稱本堯之文祖也。是禪代議而開會。開會並於總期。總期亦五室、中室曰神宗、南室曰藝祖。說經者謂爲宗廟、蓋宗廟明堂爲經師雜糅不分久矣。不知總期之會。卽文中子所謂總章之訪。其時無稽之言勿聽。必稽於衆。舍己從人也。弗詢之謀勿庸。必詢謀僉同也。所謂議以盡天下之心也。禹曰。帝光天之下。至於海隅蒼生。萬邦黎獻。共惟帝臣。惟帝時舉。敷納以言。斯又實爲薦舉議員之證也。

堯舜禹禪代。並議決於明堂。自非聖人。萬萬不容輕議。王莽曹丕。以一人之私。掩盡天下耳目。妄欲規摹古聖。厥後晉宋齊梁陳齊周隋。以迄於唐宋。莫不尤而效之。無聖人之德。而覬有天子之位。使當時開會公議。庸有當於受終之義。其不遭萬邦黎獻之駁斥者幾希。而乃讋聲狐媚。止出於一二賊臣之手。私以神器相授受。斯非公議廢而專制之積弊哉。近人則以歐美之舉總統。決於議院之公議。往往推尊之爲唐虞。然唐虞豈嘗有政黨之分爭。與候選者之運動。嘻。其亦不思之甚矣。（近人又謂國有政黨始興不知卽朋黨之亂治所以不古若也別有論辨）

書洪範曰。維天陰騭下民。相協厥居。天乃錫禹洪範九疇。彝倫攸敘。禹有大疑。謀及庶人。用洪範稽疑之制。明堂始爲九室。以彰洪範。大戴記盛德篇。明堂二九四七五三六一八是卽宋儒所謂洛書之數戴九履一左三右七二四爲肩六八爲足也盧辯注用九室法龜文故取此數以明其制蓋九室分居九州之民因唐虞五府而變通焉考工記云夏后氏世室堂脩二七廣四脩一五室三四步四三尺則謂宗廟之用古明堂五室制者非謀及庶人之明堂也殷周皆因其制分明堂爲二其一爲宗祀之廟其一爲會議之地說者混幷爲釋乃礙閡不通夫謀及九州之庶民豈十四步半之堂與三步三尺四步四尺之室所能容耶

殷人宗廟之用明堂制者曰重屋見考工記會議之明堂曰總章見大戴記記之少間篇曰成湯卒受天命發厥明德順民天心嗇地作物配天制物慈民作八政命於總章服禹功以脩舜緒是成湯之嗇地配天以慈民卽淮南所謂參五而取法於人也總章之名因舜舊亦曰總街管子桓公問篇湯有總街之庭以觀人誹說文街四通道則總街卽總章亦卽如唐堯之衢室衢四達街四通總街之誹無異衢室之問孟子曰湯執中蓋湯之名總章法舜之問邇言而執兩端以用其中耳尸子又稱殷明堂曰陽館以總章在國之陽不如宗廟之在宮中也

成湯之後。若盤庚之有衆。咸造勿褻在王廷。登進厥民。王廷卽總街之庭也。武丁開先祖之府。取其明法。以爲君臣上下之節。殷民更服先祖之府。卽總章。藝祖之府。亦如帝堯五府之有文祖也。（祖有始義。非謂宗廟。惠棟以先祖之府爲天府。亦誤）明法卽明堂會議之憲法。亦卽咸造勿褻之法。蓋自伊尹誥大甲曰。無自廣以狹人。匹夫匹婦不獲自盡。民主罔與成厥功。其家法固使民盡言。亦自有君臣上下之法。非卽黃帝所爲坐明堂而正天綱。建五常之法耶。

周自大王居邠。屬其耆老而告。國遷遂邑於岐山之下。文王治岐。與國人交。詩云經始靈臺。經之營之。庶民攻之。不日成之。靈臺與黃帝之明臺同。（毛傳。神之精明者稱靈。蔡邕獨斷。明星神一曰靈星。文選東京賦。祚靈主以元吉。薛綜注。靈。明也。是靈有明義）淮南主術訓。文王周觀得失。徧覽是非。堯舜所以昌。桀紂所以亡者。皆著於明堂。於是略智博問。以應無方。有明堂故有明臺。然則文王時靈臺與明堂同處。蔡邕明堂論。及穎容賈逵服虔盧植之說。未可厚非也。（袁準正論。陳祥道禮書。糾諸儒之說。未考岐周之制）文王作之。武王述之。管子曰。武王有靈臺之復。而賢者進。尹注。復。白也。是武王靈臺之復。卽如黃帝明臺之議。周官宰夫大僕。所爲待萬民之復逆者。用文王時明堂

之初制也

周公制禮作我將之詩宗祀文王於明堂以配上帝魯語、祭法、又云祖文王而宗武王祭義、所謂祀乎明堂教諸侯之孝樂記所謂祀乎明堂而民知孝者皆即文王廟而嚴父以配天祫祀武王故鄭君說禮以明堂爲文王廟蔡邕說禮以清廟即明堂而庶士庶民集議之地則又別爲明堂猶夏殷之世室重屋皆穆穆清廟而非若後世之議院經說雖淆經文可考淺見者惑於衆說不且執孝經以疑我哉

明堂位曰昔者周公朝諸侯於明堂之位天子負斧依南鄉而立三公中階之前北面東上諸侯阼階東諸伯西階西其位皆北上諸子門東諸男門西其位皆北面九夷位東門外八蠻位南門外六戎位西門外五狄位北門外九采之國位應門外此爲會議明堂之位非宗祀文王嚴父配天之明堂也如爲宗祀之明堂則周祭朝踐之節祝延尸於堂正當戶牖之間天子方在阼階之位北面拜而妥侑薦獻何由負斧依南鄉而立以見諸侯如謂祭畢而朝諸侯則爲人子者不敢當尊者所處事亡如事存何忍遽掃地而踐其位由此知三代之明堂實有二所苟混并爲一不幾如袁孝尼所云人鬼

黷慢。死生交錯。干犯非禮。乎王炎文獻志謂方岳明堂卽宗祀之明堂。（金榜禮箋、汪中述學、並襲其說。黃以周禮書通故獨謂二明堂有別而糾正之）猶未知會議之明堂。與宗祀之明堂。蓋有別也。

明堂位經文簡略。但云三公之位中階之前。不及羣庶。而下文止詳諸侯國證以周官朝士職州長衆庶在三公位後。是知衆庶在侯伯子男位前。盤庚所謂登進厥民也。白虎通義、禮三老於明堂。三老卽三公。但言三公。而衆庶之位。卽可知其在三公後。所謂周因殷禮者。卽此亦見其一端。如謂明堂無衆庶之位。則自中階至應門內。空其廷而無人耶。（孤卿大夫士羣吏。當在阼階西階之左右。）如謂此明堂卽宗祀之明堂。則邦甸侯衞駿奔走在廟。何容有庶民參雜其間耶。

呂覽愼大篇周明堂外戶不閉。上德篇周明堂金在其後。茆茨蒿柱。土階三等。此其制、與周書作雒解、所稱四阿反坫重亢重郎藻棁設移。春常晝旅皆不同。可見周明堂有二。一爲宗廟在國中。一若議院在城外。劉向別錄、說苑修文篇、並謂明堂在國中。唐會要、顏師古疑周明堂近在宮中。案尸子君治篇周公踐東宮。宗祀明堂。正以周左宗廟右社稷故謂明堂在東宮此宗祀之明堂也玉藻、天子元端聽朔於南門外鄭注、南門謂國門明堂在國之陽每月就其時之堂而聽朔焉五經異義、淳于登說明堂在國之陽丙巳之地、三里之外七里之內此會議之明堂也

明堂月令十二月必紀天子所居非謂王者常居於此也言每月朔有會議之政則按時令居此以聽之卽帝親臨決之制下經多言是月也云云卽每月提議時政之制射義又云諸侯歲獻貢士於天子注引、舊說大國三人次國二人小國一人卽選舉議員之制左傳文二年晉狼瞫引周志曰勇則害上不登於明堂卽議員必按資格之制孟子曰明堂者王者之堂卽欽定憲法之制郁郁乎文蓋至周而合宮衢室總章總街之制集厥成矣　（未完）

——摘自《孔教會雜誌》一九一三年八月第一卷第七號

政術

議院古明堂說 續第七號

象山陳 焯 伯弢甫纂

左傳狼瞫所引周志正義明是周世之書不知其書何名今周書大匡篇勇如害上則不登於明堂卽周志也穎容春秋釋例告朔行政謂之明堂杜預注明堂策勛序德故不義之人不得升此皆相傳古說蓋明堂之始立也黃帝正天綱而正五常夏禹法範疇以敍彝倫武丁取明法爲君臣上下之節登明堂者必樸重端愨爲萬邦之黎獻故納言不敷同會議不忿爭大匡篇又云明堂所以明道明道惟法明法惟人爲有非法人而可登明堂哉此又近今議院之憲法明見於經者也

勤禮諸侯覲於天子爲宮方三百步四門壇十有二尋加方明於其上鄭注王巡守至方岳之下諸侯會之亦爲此宮此爲方岳之明堂孟子謂泰山下之明堂爲王者之堂而告齊宣王以文王治岐之政發政施仁不遺鰥寡卽古皇帝淸問下民鰥寡有辭之制也墨子尙賢篇亦述之蓋周末時人猶知明堂爲議政之所卽方岳之明堂亦有

制固不獨管子之言足述也

淮南主術訓成康繼文武之業守明堂之制言不苟出擇善而後從事焉是成康擇言於明堂並守文武時會議之制也蓋自夷王下堂見諸侯而厥制隳矣厲王時國人謗王監以衞巫人莫敢言道路以目召公曰防民之口甚於防川爲川決之使導爲民者宣之使言非歎明堂會議之制廢而民情之壅於上聞耶其後召公周公二相行政號曰共和非近今所謂共和政體乃復立憲政體導民使言擇善而從守明堂之制故十餘年間上下和同有共和之名斯宣王所基以中興者爾

平王東遷不能聽朔於明堂以行令施教雖以魯秉周禮之國亦肆嫚而不視朔蓋明堂之制至東周而廢春秋傳自晉狠瞫引周志外無一人言明堂者魯昭之世孔子至周觀乎明堂覩四門墉有堯舜之容桀紂之象又有周公相成王抱之負斧依南面以朝諸侯之圖焉是則洛邑會議之明堂猶在也（孔子未仕周必不入雉門至宗祀之明堂）而昭二十四年傳稱晉士伯立於乾祭問於介衆乾祭爲王城北門（見續漢志注水經穀水注）非明堂所在何以詢立君而不於明堂公議哉明堂會議必王者召集始舉行卽所謂非天子不議禮者列國

之陪臣固不能舉二百年之曠典立明堂而問介衆也

管子桓公問篇公效黃帝堯舜禹湯武王爲嘖室之議尹注謂嘖室爲議論者言語譊嘖此眞如今議院明由黃帝之合宮堯之衢室舜及湯之總章武王之靈臺而效爲之此議院卽古明堂之切證也春秋列國自齊桓外無效之者僖十五年晉作爰田州兵朝國人以君命賞定八年衞叛晉朝國人而使王孫賈問及工商哀元年、陳懷公朝國人問與吳及與楚非不舉會議之典皆卽小司寇致萬民而詢之外朝非若古之明堂也至齊宣王開第康莊之衢賜騶衍之徒高門大屋爲列大夫不治而議論殆欲復桓公嘖室之制而無古明堂選集黎獻之法所養皆談天雕龍炙轂輠之人如魯連子所稱辯徂邱而議稷下者毀五帝罪三王訾五伯離堅白合同異是直同平原之好士豪舉皮相耳何與於五帝三王明堂之議耶

莊子田子方篇列士壞植散羣釋文、植者疆界頭造屋以待諫者也案植古音讀如置與序音近學記術有序序爲遂學而鄉之州學亦曰序左傳襄卅一年鄭人游於鄉校以論執政校與序皆周鄉遂之學也列士在植猶在校也壞植散羣如鄭然明之毀鄉

校子產曰不如小決使道不如吾聞而藥之大決所犯傷人必多此亦歎明堂會議之制廢至使人士在鄉遂之學議執政防民之口甚於防川故不忍爲壞植散羣之舉也然而孔子嘗曰天下有道則庶人不議孟子亦曰聖王不作處士橫議可見聖王有道之世庶士庶人皆公議於明堂而並無俟於學者之私議橫議矣

秦專制天下惡明堂之害己也焚棄廢絕之至孝武帝欲治明堂而不曉其制度兩漢雖立明堂以備三雍不過祀泰一五帝而已胡不舉其丞相司徒府中所謂大會殿者擴充之以復古明堂之制乎前書黃霸傳郡國上計長吏其對有舉孝悌者爲一輩先上殿師古注云殿丞相所坐屋續漢百官志注國每有大議天子車駕親幸司徒府掾屬令史都會殿上每歲舉謠言又律歷志注引蔡邕集云百官會司徒府公殿下讀詔書公議應劭云丞相舊位在長安時府有四出門隨時聽事明帝但爲東西門苟綽云漢丞相府門無闌是漢相府有天子以下大會殿說文殿堂之高大者又有四出門門無闌如周明堂之外戶不閉實卽古會議明堂之制度鄭君亦引以注周官惜其時但及掾屬令史上計吏議天下事而不克復古與民相共之制也　近某氏作古議院考謂引漢議郎官制而不詳

大會殿非所體

自漢儒不及知古明堂有會議之制。魏晉南北朝議明堂者。如摯虞、徐邈、車允、王儉、王逡之、何佟之、朱異、許懋、李謐、封軌、袁翻、賈思伯之徒。斷斷於郊宗之名。父祖之配。堂室之分。九五之辨。戶牖修廣之數。尊俎裘冕之用。類以明堂爲享祀之地而已。隋牛宏曰。古文明堂皆亡。莫得而正。蓋諸儒不知古有會議之明堂。以古明堂皆亡於秦火也。獨王通著中說。稱黃帝合宮之聽。以及堯問衢室。舜訪總章。皆議之謂。議以盡天下之心。幷天下之謀。兼天下之智。今得循其說以推明古制。於以服文中子之學識非諸儒所及已。

西國議院權輿雅典之元老院。當中國東周初年。其時希臘名賢迭興。國會民會之開闔合古制。羅馬踵繼。統一歐東。由漢迄唐。號爲強國。唐初吐蕃以禿髮遺裔崛起亞西史稱其國議事常自下而起。上下一心。未始非用歐東之制。而中國當時議立明堂。方引天地四時風氣乾坤五行數象諸文以爲倣像。瑰飾譎怪。侈而不法。或曰萬象神宮或曰通天宮。或曰乾元殿。絕無有舉文中子之說理而董之者。僅一顏師古知自古明堂。爲。布。政。之。宮。而。不。知。爲。會。議。之。地。唐。之。兵。敗。衂。於。吐。蕃。豈。無。故。哉。

宋明兩代亦議明堂未明古制乾嘉說經諸儒多發前人所未發而未有言明堂爲古會議地者考辨論釋圖說問答家自爲書繁富夥夠往往以明堂爲目覽者至斥爲經生集中門面引喤之文(譚獻日記)不亦悕歟近數十年捐經說而譚時務政治法律家類曰議院議院矣乃孫氏周禮政要博議篇及某氏作古議院考引據經典並不過謂小司寇有詢事之朝而不知古有會議之明堂實議院之所自出今者溝而通之一以貫之中外古今異同得失之故庶不淆於聽熒夫

已完

——摘自《孔教會雜誌》一九一三年九月第一卷第八期

禮運注

南海康有爲著

鄭玄目錄云。名禮運者。以其記五帝三王相變易。陰陽轉旋之道。愚按孔子之道有三世。有三統。有五德之運。仁智義信。各應時而行運。仁運者大同之道。禮運者小康之道。撥亂世以禮爲治。故可以禮括之。禮者猶希臘之言憲法。特兼該神道。較廣大耳。此篇明孔子禮治之本。大義微言。多在學者宜思焉。

昔者仲尼與於蜡賓事畢出遊於觀之上喟然而歎仲尼之歎蓋歎魯也言偃在側曰君子何歎。

蜡索也。歲十二月大祭。合聚萬物而索饗之祭。坊水庸、曰。土反其宅。水歸其壑。昆蟲毋作。草木歸其澤。黃衣黃冠而祭。以僔野服。𦅺裔纍農及郵表畷。禽獸。故諸侯貢者草笠而至。四方年不順成。八蜡不通。以謹民財。順成則通蜡。以移民。既蜡而收民息已。秦漢以後曰臘。觀者臺門上之闕。 何氏休曰、天子兩觀外闕。諸侯臺門。漢未央宮北爲闕今午門五鳳樓是也。以懸法象者。蓋古俗始於爭戰。故壘門必爲望樓。其後建國爲君。因用爲飾。今埃及錄士京古宮兩觀中闕猶存。可推考吾古制。鄭玄曰。蜡兼祭宗廟時孔子仕魯。在助祭之中。疑孔子相魯時也。孔子以羣生同出於天。一切平等。民爲同胞。物爲同氣。故常懷大同之志。制太平之法。而生非其時。不能遽行其大道。適遇蜡祭。諸侯大夫皆草笠野服。至卑之服矣。饗農息民。下及禽獸昆蟲草木水土。以告歲功。至平無差等。乃太平之禮。至仁之義。故觸其大同之思。而時當亂世。魯雖用己。未能行己之大道。故觸事發歎也。言偃。孔子弟子。字子游。荀子非十二子篇。稱仲尼子游爲茲厚於世。以子游與仲尼並稱。且以子思孟子同出於子游。蓋子游爲傳大同之道者。故獨尊之。此蓋孔門之秘宗。今大同之道。幸得一傳。以見孔子之眞。賴是也。

孔子曰。大道之行也。與三代之英。丘未之逮也。而有志焉。大道之行也。天下爲公。選賢與能。講信修睦。故人不獨親其親。不獨子其子。使老有所終。壯有所用。幼有所長。矜寡孤獨廢疾者皆有所養。男有分。女有歸。貨惡其棄於地也。不必藏於己。力惡其不出於身也。不

必爲己是故謀閉而不興盜竊亂賊而不作故外戶而不閉是謂大同

歸舊本作歸、

大道者何人理至公太平世大同之道也三代之英升平世小康之道也孔子生據亂世而志則常在太平世必進化至大同乃孚素志至不得已亦爲小康而皆不逮此所由顧生民而興哀也天下爲公選賢與能者官天下也夫天下國家者爲天下國家之人公共同有之器非一人一家所得私有當合大衆公選賢能以任其職不得世傳其子孫兄弟也此君臣之公理也講信修睦者國之與國際人之與人交皆平等自立不相侵犯但互立和約而信守之於時立義和親康睦只有無詐無虞戒爭戒殺而已不必立萬法矣此朋友有信之公理也父母固人所至親子者固人所至愛然但自親其親自愛其子而不愛人之親不愛人之子則天下人之貧賤愚不肖者老幼矜寡孤獨廢疾者皆困苦顛連失所教養矣夫人類不平則教化不均風俗不美則人種不良此爲莫大之害卽中於大衆而共受之且人人何能自保不爲老幼矜寡孤獨廢疾乎專

待之於私親。而無可待也。不如待之於公。而必可恃也。故公世人人分其仰事俛畜之物產財力。以爲公產。以養老慈幼恤貧醫疾。惟用壯者。則人人無復有老病孤貧之憂。俗美種良。進化益上。此父子之公理也。分者限也。男子雖強而各有權限。不得逾越。歸者巍也。女子雖弱而巍然自立。不得陵抑。各立和約而共守之。此夫婦之公理也。更有二禁。世有公產。則巧者仰人之養而不謀農工之業。惰者樂人之用而不出手足之力。以公成其私。而以私壞公。則大道隳矣。故不作業不出力之人。公衆所惡。然將已刑措。但惡之以示不齒。而人皆勸矣。然化俗久美。傳種改良。人人自能去私而爲公。不專己而愛人。故多能分貨以歸之公。出力以助於人。然人之恒言曰。天下國家身。此古昔之小道也。夫有國有家有己。則各有其界而自私之。其害公理而阻進化甚矣。惟天爲生人之本。人人皆天所生而直隸焉。凡隸天之下者皆公之。故不獨不得立國界。以至強弱相爭。並不得有家界。以至親愛不廣。且不得有身界。以至貨力自爲。故祗有天下爲公。一切皆本公理而已。公者人人如一之謂。無貴賤之分。無貧富之等。無人種之殊。無男女之異分等殊異。此狹隘之小道也。平等公同。此廣大之道也。無所謂君。無所謂國。人人皆教養於公產。而不恃私產。人人即多私產。亦當分之於公產焉。則人無所用其私。何必為權術詐謀以害信義。更何肯為盜竊亂賊以損身名。非徒無此人。亦復無此思。內外為一。無所防虞。故外戶不閉。不知兵革。此大同之道。太平之世行之。惟人人皆公。人人皆平。故能與人大同也。

今大道既隱。天下為家。各親其親。各子其子。貨力為己。大人世及以為禮。城郭溝池以為固。禮義以為紀。以正君臣。以篤父子。以睦兄弟。以和夫婦。以設制度。以立田里。以賢勇智以功為己。故謀用是作。而兵由此起。禹湯文武成王周公由此其選也。此六君子者。未有不謹於禮者也。以著其義。以考其信。著有過。刑仁講讓。示民有常。如有不由此者。在埶者去。衆以為殃。是謂小康。

殃禍惡也。孔子自慨當時。至公太平之道。隱而未明。鬱而未發。天下皆自私其家。君主不能公天下。乃以天下為一家私有之物。今雖明父慈子孝之義。亦異於亂世野蠻。不知父子者然僅自私所親。不能錫類推仁。以平天下也。雖能作力運貨。百業興於文明。然祗自營己私。不能爲公。故無公產公功。以興公益。貧愚老疾者不得齊於人類。俗弊種壞。富貴者亦不得免焉。天子諸侯大夫。世之大人也。不能讓賢選能。始以武力得國家。後則私據之。或世傳子孫。或兄終弟及。造作禮典。定爲名義。以絕奸雄覬覦盜篡之端。以免歲月易朝。爭殺之禍。較之亂世。人爲帝而家爲王。爭殺無已者。民生易保焉。然以天下國家之重任。不公選天下之賢。而全託之一家一人之子孫。夫人之生子。安得盡賢。苟所生非賢。則國民塗炭。種族滅絕。危險莫甚矣。此蓋古者定亂不得已之舉。然非良法。非公理也。國土互峙。上下相疑。於是築城鑿池。以備不虞。而保民保境。較之野蠻不知設險自衞者。自爲少智矣。然因有國界。遂成殺禍。限禁人民。阻兵攻掠。至有屠灌全餓之慘。其傷民甚。其去道亦遠矣。立禮以爲防。修義以爲限。紀而綱之。進人道於修明。較之亂世無禮無義。自爲文明矣。然人性未善。人心未仁。不能恥格。猶有詐僞奸欺。而待於防閑。至不能防禁。則潰決而無如何矣。國定君臣之義。俾天澤不得妄干。較之亂世。名分不明。篡爭日見者。自爲安息。家有父子兄弟夫婦之親。俾人道得以相保。較之亂世。人倫不明。淫逆橫作者。自爲正義。制度者律法也。因人情而制之。上下得所率由。自勝於野蠻無法度者。田里者分田制祿也。臨長百姓而輕重布之。令君子野人皆得所養。自勝於亂世無口分世業者。然名分太嚴。則有暴殄壓制之患。性情强合。則失自立自由之本。不能恥格。則出法令而奸詐生。不立公產。則授田里而私爭起。世野蠻必尚勇。世巧詐必尚智。兼之則進矣。然不以仁爲賢。而徒以勇智爲賢。仍是亂世之風。野蠻必惰。率作能趨事赴功則進矣。然不能忘名。而以功名自伐。仍是自私之種。凡此一切。義非不整齊開明。然皆自營其私。故詐謀不能止而日作。兵伐不能止而日興也。然聖人不能爲時。雖蒿目憂其患。而生當亂世。不能驟躐級超進而至太平。若未至其時。强行大同。强行公產。則道路未通。風俗未善。人種未良。且貽大害。故祇得因其俗順其勢。整齊而修明之。故禹湯文武周公之聖。所爲治化。亦不出此。未能行大道也。不過在於亂世之中。較爲文明而已。其文明之法。皆在隆禮。由禮而謹修之。故於五德之運。未能至仁運智運而已。不獨未能至仁運智運也。卽義運信運。亦未之至。但以禮爲經。而著其義。考其信而已。其不隆禮由禮者過矣。則明著其非。達其能隆禮由禮者。進之以仁讓。立爲定法。示民有常。其有悖此義紀人倫制度之禮者。雖在天子諸侯之勢。亦在誅絕廢黜之中。衆人公共以爲宜受禍惡者也。禮運之世。乃當升平。未能至大同之道。然民得以少安。若失之則禍亂繁興。故次於大同而爲小康也。

舊本此下有言偃復問曰如此乎禮之急一節、上文未言禮急、文義不屬、故移於後、

言偃復問曰。夫子之極言禮也可得而聞歟

子游以孔子言大同之道。爲非常異義。故欲孔子極言之。其言禮者以六君子皆謹於禮。以爲大同。亦自有禮也。孔子以未當太平時。未能行大同之道。雖蓄於心者不能忍於一歎。而其詳則不欲言矣。故下祇就三代之英言之。

孔子曰我欲觀夏道是故之杞而不足徵也吾得夏時焉我欲觀殷道是故之宋而不足徵也吾得坤乾焉坤乾之義夏時之等吾以是觀之

禹湯文武周公。皆小康之道。然欲考夏殷之道。杞宋爲王者後。文獻已不足徵。於杞僅得言時之夏小正一書。於宋僅得言易之乾坤一書。故陳三正而歷可用夏道。陰陽而易出於殷。此二書之義。可以觀夏殷之道焉。夫禮以時爲大。易以變爲宜。陰陽旋轉。時運穆穆。百王因時運而變。大禮亦因時運而遷。可以是推之。

孔子曰嗚呼哀哉我觀周道幽厲傷之吾舍魯何適矣

嗚呼哀哉。歎詞也。孔子以大同之道不行。乃至夏殷周三代之道。皆無徵而可傷。小康亦不可得。生民不被其澤。久積於心。乃觸緒大發而生哀也。孔子於民主之治。祖述堯舜。君主之治。憲章文武。然周亡於幽厲。平王東爲列國。王迹已熄。天下不康。遂爲亂世。茫茫天地。浮海居夷。亦無所就。既生於魯。舍之何適。況魯猶秉禮。猶可一變至道也。故三月小試其治。作春秋託王於魯。以明三世之法。

自此以下、發明制作之禮、不過爲撥亂世、其志雖在大同、而其事祇在小康也、

魯之郊禘。非禮也。周公其衰矣。杞之郊也。禹也。宋之郊也。契也。是天子之事守也。故天

子祭天地。諸侯祭社稷。祝嘏莫敢易其常古。是謂大假。祝嘏辭說。藏於宗廟。祝巫史非禮也。是謂幽國。醆斝及尸君。非禮也。是謂僭君。冕弁兵革。藏於私家。非禮也。是謂脅君。大夫具官。祭器不假。聲樂皆具。非禮也。是謂亂國。故仕於公曰臣。仕於家曰僕。三年之喪與新有昏者。期不使。以衰裳入朝。與家僕雜居齊齒。非禮也。是謂君與臣同國。故天子有田以處其子孫。諸侯有國以處其子孫。大夫有采以處其子孫。是謂制度。故天子適諸侯。必舍其祖廟。而不以禮籍入。是謂天子壞法亂紀。諸侯非問疾弔喪而入諸臣之家。是謂君臣爲謔。是故禮者君之大柄也。所以別嫌明微。儐鬼神。考制度。別仁義。所以治政安君也。故政不正則君位危。君位危則大臣倍。小臣竊。刑肅而俗敝。則法無常。法無常而禮無列。禮無列則士不事也。刑肅而俗敝。則民弗歸也。是謂疵國。故政者君之所以藏身也。是故夫政必本於天。殽以降命。命降於社之謂殽地。降於祖廟之謂仁義。降於山川之謂興作。降於五祀之謂制度。此聖人所以藏身之固也。故聖人參於天地。並於鬼神。以治政也。處其所存。禮之序也。玩其所樂。民之治也。故天生時而地生財。

人其父生而師教之。四者君以正用之故君者立於無過之地也。故君者所明也。非明人者也。君者所養也。非養人者也。君者所事也。非事人者也。故君明人則有過。養人則不足。事人則失位。故百姓則君以自治也。養君以自安也。事君以自顯也。故禮達而分定。故人皆愛其死而患其生。故用人之知。去其詐。用人之勇。去其怒。用人之仁。去其貪。故國有患。君死社稷謂之義。大夫死宗廟謂之變。

舊本舍禽奚適之下。有此十四節。當爲郊特牲文。按郊特牲朝覲大夫之私覿非禮也。大夫執圭而使。所以申信也。不敢私覿。所以致敬也。而庭實私覿何爲乎諸侯之庭。爲人臣者無外交。不敢貳君也。大夫而饗君非禮也。大夫強而君殺之義也。由三桓始也。天子無客禮。莫敢爲主焉。君適其臣。升自阼階。不敢有其室也。覲禮天子不下堂而見諸侯下堂而見諸侯天子之失禮也。由夷王以下。諸侯之宮縣而祭以白牡。擊玉磬。朱干設錫。冕而舞大武。乘大輅。諸侯之僭禮也。臺門而旅樹反坫繡黼丹朱中衣。大夫之僭禮也。故天子微。諸侯僭。大夫強。諸侯脅。於此相貴以等。相覿以貨。

相路以利。而天下之禮亂矣。諸侯不敢祖天子。大夫不敢祖諸侯。而公廟之設於私家非禮也。由三桓始也。天子存二代之後。獨尊賢也。尊賢不過二代。與此十四節同一正名分之義。行文亦同。魯郊禘非禮。杞宋可郊。當在尊賢不過二代之下。與上文諸侯不敢祖天子。天子存二代之後。文義相接。至明君死社稷。大夫死社稷。與下文諸侯不臣寓公。君之南鄉。臣之北面。亦同例相接。按郊特牲為禮器下篇。皆言禮器亦至明也。若內則之養老諸章。亦當為郊特牲錯簡。記文錯簡甚多。不足為異。但亂入禮運。則文義不類。今改正之。

夫禮之初。始諸飲食。其燔黍捭豚。汙尊而抔飲。蕢桴而土鼓。猶若可以致其敬於鬼神。及其死也。升屋而號。告曰臯某復。然後飯腥而苴孰。故天望而地藏也。體魄則降。知氣在上。故死者北首。生者南鄉。皆從其初。

人生須養。故人道之始。未有衣服宮室。獵鳥獸之肉。採草木之實。先謀飲食。禮因人道而設。故亦以飲食之禮為始。今非洲之人以獵為事。歸而分之。此亦禮也。太古民愚故尤荷鬼。今考埃及敘利亞印度波斯及各野番之先皆以事鬼神爲至重。印度波斯猶太之經半爲祭禮。鄭氏玄曰物雖質略有齋敬之心則可以薦羞於鬼神鬼神饗德不饗味也。然鬼最求食俗驗多見故以肉食祀鬼神乃因其所嗜不可改也。中古未有釜甑。釋米捭肉於燒石之上而食之耳。今北狄猶然。汙尊鑿地爲尊也。抔飲手掬之也。蕢讀爲凷聲之誤也。凷謂摶土爲桴也。土鼓築土爲鼓也。此蓋述太古石期之先未能制器先已有禮也。今騰越野人臺灣生番及南洋婆羅洲各島之生番非洲之野番尚有然。其施敬之禮或直身覆地或臥而四足仰聚要每食必有以致敬其義一也。蓋先民朴略其生時祗有飲食敬神二者而禮即起於是也。號大呼也。皋號之長聲某死者之名復歸也。此招魂之禮楚詞有招魂篇蓋至古之俗也。苴苞裹也。既招魂乃以腥肉熟肉而祭之。五官百骸肌膚血液身之體也。魄者腦氣之白團及腰之白筋如塊者周身之腦氣筋專司運動微有知覺强厲不化者。知氣者靈魂也。略同電氣物皆有之而團聚尤靈而有知亦曰性。養之久者團聚不散尤爲靈明者則爲精氣爲神明亦曰明德。其義一也。蓋人之死者體魄而已。若魂氣有知。浮游在上。固未嘗死也。季札所謂魂氣無不之是也。其生取精多用物宏者。則魂强而爲精靈。其抱養一修煉通者。則魂淸而爲神明。其取精不多而未嘗抱養者。則散爲異物。或多歷年歲而盡就澌滅。其抱養固者知氣不散。可附入他體。而神識不昧。其抱養愈固。不爲事物所戀搖。仁智交修。增益其魂靈之光大者。則知氣之流行愈久。隨附百體。頻歷生死。益增神靈。絕無障礙。其滅之久漸。視其修之深淺。及中經事物搖奪與否。或有搖奪。旋即隳落。故印度人知知氣不死。而立教專修之。所謂修煉精神。以至成佛是也。莊子謂火盡而薪傳。林類謂安知死於此者不復生。然精氣憑虛。終有盡時。少不修養。立歸澌滅。達賴班禪六世後。卽失神靈。亦可推也。孔子知知氣雖可不死。而亦終滅。故一聽之人之自養。而先修其生。所謂未知生焉知死也。然魂氣未死而有知。可爲靈厲。故孔子仍尊鬼神。而未嘗盡去之。但不語怪耳。然知氣未滅。雖一神之國。亦不能爲無鬼之論。程朱以闢異之故。乃祖尙阮瞻。以鬼神爲陰陽二氣之良能。實失孔子之本旨矣。招魂實孔子之禮。以知氣能游。故望天而招之。以體魄已變。故降地而藏之。首陰也。嚮陽也。從初者。今猶從古始也。此明古有招魂禮。後世可行也。凡祭祀鬼神。皆是靈魂之禮。若無知氣。則祭禮可廢也。或知知氣之不滅。而但尊神而蔑鬼。雖能掃棄淫祀。未爲盡物性也。況念親敬祖。義不忍忘者乎。

昔者先王未有宮室。冬則居營窟。夏則居橧巢。未有火化。食草木之實。鳥獸之肉。飲其血茹其毛。未有麻絲。衣其羽皮。後聖有作。然後脩火之利。范金合土。以爲臺榭宮室牖戶。以炮以燔。以烹以炙。以爲醴酪。治其麻絲。以爲布帛。以養生送死。以事鬼神上帝。皆從其朔。營窟者。穴山作室。詩稱陶復陶穴。今山西尚有之。臺灣之生番。非洲之野蠻。乃至歐洲西班牙之氣他那土人。皆然。橧陸德明曰。本或作增。或作曾。卽今層字。蓋爲巢於木上而累數層也。今婆羅洲生番亦然。騰越野人。非洲黑人。尚專食草木之實。鳥獸之肉。蓋未識耕農。而聚人尚少。鳥獸充斥。故惟以獵爲事。食其肉。衣其皮。而以鳥羽飾首。凡大地先民皆然也。當此時。知識未開。進化甚難。不知幾經千萬年。而後知火化鑄金治麻織絲之事也。修火利者熟治萬物也。范金者銅期鐵期之鑄銅鐵爲器也。合土者陶瓦瓴甓甎之類、榭器之所藏也。炮裹燒之。燔加火上。烹煑之鑊。炙貫之火上。爲醴蒸釀之也。酪酢截朔始也。火利或言出燧人。或言出神農。范金合土或言出黃帝。其實古無文字。難知所出。故孔子只言後聖也。大地各國皆積世累年。聖人迭出而後開化。中國地爲大陸。山川錯雜。可蕃鳥獸。又獨當溫帶。宜桑麻。故烹炮之美。蠶絲之利。當上古已極精。吾嘗徧察歐美印度之食服。無及中國者。宜中國食服之首出地球也。惟宮室之制。成於大陸。故變化甚少。又用土木而不用石。故不耐久遠也。埃及印度希臘數千年之宮室。皆用石築。牖戶繁多。頂圓皺皺。甚似山洞。蓋印度萬里大陸而無寸山。惟北帶崑崙一山耳。其原人始皆山居。故築室於陸。亦效山洞之形。故築必以石。頂必或方或圓。牖戶必多。以象巖穴。埃及萬里。夾尼羅河皆石山無土。故室皆用石。希臘雅典皆石山又師埃及。爲石室。而今歐美人師之。臺榭宮室牖戶。遂甲大地。雖聖智之作。然美惡亦有由也。凡一國之後。其飲食衣服宮室。所以養生送死事鬼神上帝。皆從古人。但制作

日精交明日盛而禮日密耳事鬼神上帝乃大地生人之公理印度婆羅門謂之大梵
天王費大經言稱八明者也猶太謂之耶和華迦南謂之碧綠波斯謂之呵馬札其爲
上帝則一也但有徧祀鬼神上帝者埃及印度希臘波斯羅馬各國皆是有事鬼神而
不事上帝者佛教也有但事上帝而不事鬼神者基督教也此皆後來之變若大地之
始則無不兼祀鬼神上帝者也

故玄酒在室醴醆在戶粢醍在堂澄酒在下陳其犧牲備其鼎俎列其琴瑟管磬鐘鼓脩
其祝嘏以降上神與其先祖以正君臣以篤父子以睦兄弟以齊上下夫婦有所是謂承
天之祜

鄭氏玄曰粢讀作齊此言今禮陳設饌具所因於古及其事義也玄酒清水也以其色
黑故謂之玄太古無酒以水當酒故謂之玄酒醴體也成而汁澤相將沸以苞茅明酌
奠於戶內（據坊記云醴酒在室）醆猶盎也成而翁翁然葱白沸色以租鬯清酌奠於戶外（用皇侃說）醍者
成而紅赤澄酒即清酒也其奠之別室堂有上下俎以盛腥鼎以盛孰琴瑟管磬鐘鼓

以樂聲求諸陽也。重古略近也。祝爲主人饗神者。嘏爲神致福主人者。此言陳設祭具。已有正君臣篤父子睦兄弟齊上下夫婦有所之義。祭統所謂祭有十倫。以廟中之禮可推以正天下也。

作其祝號玄酒以祭薦其血毛腥其俎孰其殽與其越席踈布以幂衣其澣帛醴醆以獻薦其燔炙君與夫人交獻以嘉魂魄是謂合莫然後退而合烹體其犬豕牛羊實其簠簋籩豆鉶羹祝以孝告嘏以慈告是謂大祥此禮之大成也

——摘自《不忍》一九一三年七月第六期

夏用青說

章太炎

禮器。或素或青。夏造殷因。鄭君曰。今又白黑言素青者。秦二世時趙高欲作亂。或以青爲黑。黑爲黃。民言從之。至今語猶存也。正義引王肅聖證論以爲夏同堯。皆尙其紫色。舜土德王。尙白。而尙青者。土以生爲功。東方生物之始。故尙青。土既尙青。水則碎之青而用白也。故殷是水德而尙白。章炳麟案。以青爲黑。猶指鹿爲馬。縱民間鄙言從之。猶自知名實不稱。經師作記。寧當襲此謬言耶。王肅以尙青爲舜制。與記不合。尤非誠證。尋呂氏春秋應用篇曰。及禹之時。天先見草木秋冬不殺。禹曰。木氣勝。木氣勝。故其色尙青。其事則木。及湯之時。天先見金刃生於水。湯曰。金氣勝。金氣勝。故其色尙白。其事則金。明周秦間終始五德之學。自有爲夏尙青者。史記封禪書曰。夏得木德。青龍止於郊。草木暢茂。殷得金德。銀自山溢。說與呂覽大同。故記僉取之。非謬稱黑爲青也。白言素者。常語不一文。

——摘自《雅言雜誌》一九一四年八月第一卷第九期

儒家大同之義本於老子說

吳虞

或問子謂儒教義主專制，不合共和，然禮運不有大同之說乎。應之曰，孔氏問禮於老聃，禮運大同之說，乃竊道家之緒餘，不足翹以自異。何以言之，按禮運云，大道之行，天下爲公，選賢與能，講信修睦，故人不獨親其親，不獨子其子，是故謀閉而不興，盜竊亂賊而不作，故外戶而不閉，是謂大同。孔穎達疏云，自大道之行至是謂大同，論五帝之善。又禮記原目疏云，先師準緯候之文，以爲三皇行道，五帝行德，三王行仁，五霸行義。而老子言失道而後德，失德而後仁，失仁而後義，失義而後禮，即皇降而帝，帝降而王，王降而霸也。又言太上不知有之，其次親之譽之，其次畏之，其次侮之，信不足有不信，猶兮其貴言，功成事遂，百姓皆謂我自然。老子所謂太上，即指三皇五帝，以大道爲公，無爲無跡，故民不知有之，所謂帝力於我何有也。道德既衰，下及三王，以仁爲治，則民親之譽之。迨五伯以後，仁義不足以治其心，則以刑罰爲政（漢書刑罰志曰，聖人因天秩而制五禮，因天討而作五刑。藝文志曰，法家者流，出於理官，信賞必罰，以輔禮制。儒家禮制，首重等差，以禮定分，以分爲理，凡犯分即爲犯律，故出乎禮則入於刑，蓋儒家所謂法典者，不外禮制之文而已。）故下畏之。刑罰不足以制其意，則以權譎虛矯爲事，故衆庶侮之而不信其言。聖人則不然，功成而不執，事遂而無爲，使百姓咸遂其性，所謂大同之治也。老子又言大道廢，有仁義，智慧出，有大僞，六親不和，有孝慈，國家昏亂，有忠臣，則譏小康之世。故王安石解云，道隱於無形，名生於不足，道隱於無形，則無大小之分。名生於不足，則有仁義智慧差等之別。仁者有所愛也，義者有所別也。

以其有愛有別此大道所以廢也。智者知也慧者察也。以其有知有察此大僞所以生也。孝者、各親其親。慈者各子其子。此六親所以不和也。忠者、忠於己之君謂之忠、忠於他人謂之叛。蓋道家重道德以公天下爲貴傳賢不傳子。故曰不獨親其親不獨子其子。卽三皇五帝之世所謂大同之治也。儒家重仁義以家天下爲主傳子不傳賢。故曰各親其親各子其子。卽三王五霸之世所謂小康之治也。孔氏蓋聞老聃大同小康之緒論、故雖亦揭大同之旨、而仍注重於小康。禮運所舉禹湯文武成王周公六君子、皆家天下之君。且其所標舉爲仁義禮樂、而謂禮爲君之大柄。蓋孔氏雖慕古之志切、終不敵其用世之情深。故略舉大同、而詳述小康、以迎合時君、期於得位乘時。故三月無君則栖栖皇皇如喪家之狗、遂爲吾國二千年來儒者治國事君之大法。至謂治國不以禮、猶無耜而耕。爲禮不本於義、猶耕而弗種。爲義而不講之以學、猶種而弗耨。講之以學而不合之以仁、猶耨而弗穫。合之以仁而不安之以樂、猶穫而弗食。安之以樂而不達於順、猶食而弗肥。其所謂順、卽指前陳禮耕以至樂安是也。蓋儒家之致極之禮樂仁義而止、不上溯於道德矣。嗚呼、此老子所以痛斥禮爲忠信之薄亂之首。主張絕聖棄智民利百倍絕仁棄義、民復孝慈。絕巧棄利、盜賊無有。絕學無憂。以深非之。蓋學不本於道德、而規規於仁義禮樂、以粉飾家天下之政、不如絕之。斯誠有慨於大同之義、汨沒於儒家、不可再見於吾國。故不覺心長而語重也。藝文志稱道家爲人君南面之術、而於儒家則僅稱爲助人君順陰陽明敎化而已。其意固儼然有所軒輊、而道家與儒家之優劣、益可見矣。若夫後世小智小慧之徒、竊仁義而行之、仁者煦煦、義者孑孑、則僞日滋而亂日甚。方且標老子所絕棄之仁義孝慈爲道德、以號於衆、若擊鼓以求其亡子、是則豈惟不足以企大同、並不足以言小康。與袁了凡之功過格近、而與孔仲尼之仁義說遠。又烏得冒道德之名、而妄附於儒家者流乎。且禮記輯自漢儒、某增某減具有主名、亦無庸聚訟。漢儒工於阿世、左氏言劉累之後、公羊稱母以子貴、附會層出。當日帝后多好黃老之學。其竊道家之言、以翼貴寵親媚、初無背其皇皇干祿之旨也。抑學說貴有系統秩序、不得摭拾相合數語、即認爲鴻寶。須知德意志之伏甫氏、亦有大宇宙國之說。東西洋學者此類思想頗多、勿以遼東之豕見哂於人也。康長素禮運序曰、吾中國二千年來、凡漢唐宋明不別其治亂興衰、總總皆小康之世也。凡中國二千年儒先所言、自荀卿劉歆朱子之說、所言不別眞僞精粗美惡、總總皆小康之道也。其故則以羣經諸傳所發明、皆三代之道、亦不離乎小康故也。或又曰、儒教專制、而孟氏獨明民貴君輕之義、亦正有可取。應之曰、孟氏攻楊朱無君、則其學說亦不合於今日。惟孟子性剛、竟以草芥寇仇之語、被朱元璋逐出文廟、而孔氏仍安享太牢無恙。章太炎目爲國愿、於此可以思其故矣。

——摘自《新青年》一九一七年七月第三卷第五期

禮記篇目考

吳縣王仁俊捍鄭撰

儒生議禮紛如聚訟各持一說終待折衷漢志藝文隋志經籍敘述專家明如列宿然而訂墜拾遺禮學尤難剬篇緝目同異互彈俶落東京下逮聖淸錢臧孔邵碻誼日增所惜次君集禮西河致疑節良序論仁和驚奇遂使二戴部敘㕘難瞭如耆甘忌辛互著成書今者郛聚諸家冀衷一是標厥名氏勦說自恥因流溯源並徵周制例彼見此並稽士禮爲考凡九尚愧拘墟庶有達者糾而正諸

孔子以前所引之篇目考第一

春秋定哀以前時人所引之禮乃聖人未訂之禮也其篇或曰周制或曰禮經而目則不可考如左傳隱七年告終稱嗣繼好息民謂之禮經注周公所制僖二十五年成風曰崇明祀保小寡周禮也文十八年史克曰周公制周禮曰則以觀德昭二十三年叔孫婼曰列國之卿當小國之君固周制也國語晉語子餘曰禮志有之將有

請於人必先有入焉。周單子曰周制有之列木以表道云云。韓詩外傳曰周制曰先時者殺無赦。稱周禮猶稱周制。非六官之周禮也。所引爲今之戴記所無。疑在古經五十六篇中。而今佚已。唯韓詩所引。爲僞書所竊。惜哉。

孔子所定之禮篇目考第二

史公言孔子定禮樂。孔子嘗學夏禮殷禮周禮。斷以從周。其訂禮時。序論乎杏壇手定篇目。已難碻指。然昏義曰夫禮始于冠。本于昏。重於喪祭。尊於朝聘。和於鄉射。知孔子所定禮。其篇目當以士冠禮爲一。士昏禮二。士相見禮三。喪禮四。既夕禮五。士虞禮六。特牲饋食禮七。少牢饋食禮八。有司徹禮九。鄉飲酒禮十。射禮十一。燕禮十二。大射儀十三。聘禮十四。公食大夫禮十五。覲禮十六。喪服十七。以此次序。方與冠昏喪祭朝聘鄉射序次不紊。今儀禮冠昏相見。而後繼以鄉射四篇。忽繼以士虞及喪服。又繼以特牲少牢有司。復繼以士喪既夕。而後以聘禮公食大夫禮覲禮終焉。邵氏懿辰。以此爲小戴之序。竊謂此非孔子所定之舊。乃高堂生所定之本耳。漢書儒林傳魯高堂生傳士禮十七篇。士禮即儀禮是也。

孔子所定之禮篇目有本于周禮考第三

自冠昏以至喪祭。俊既謂孔子所訂矣。周官周公所作。孔子所從者也。乃大宗伯舉吉凶賓軍嘉禮。其目三十六。黨正凡其黨之祭禮喪紀昏冠飲酒。教其禮事。州長春秋以禮會民而射於州序。今冠昏以至喪祭。篇目多與之合。所闕者軍禮。然射禮即軍禮。前人已言之。則謂孔子所定篇目本乎周官可也。

禮記有即釋儀禮之篇目考第四

漢稱儀禮爲禮經。二戴爲禮記。以二戴本釋儀禮。如三傳之傳春秋也。小戴所傳。以冠義釋士冠。昏義釋昏禮。問喪釋士喪。祭義祭統釋特牲有司徹。鄉飲酒義釋鄉飲酒禮。射義釋鄉射大射。燕義釋燕禮。鄉飲酒禮。聘義釋聘禮。朝事釋覲禮。四制釋喪服。此數者。邵氏懿辰已及之。惟大戴所傳。以公冠釋冠禮。投壺釋射禮燕禮。則邵所未及者。

二戴傳禮篇目考第五

漢志戴德戴聖后蒼弟子釋文引陳邵云戴禮刪古禮二百四篇爲八十五篇戴聖刪大戴禮爲四十九篇馬融盧植考諸家同異坿戴聖篇章去其繁重及所叙略行世即禮記是也隋志小戴本四十六篇馬融足以月令明堂位樂記三篇合四十九篇案諸說皆非也大戴八十五小戴四十九適符漢志百三十一篇數則陳邵謂二戴互刪宜錢竹汀駁其謬後漢書橋玄傳七世祖仁著禮記章句四十九篇是橋氏所見已有四十九篇何待馬氏之足則隋志謂馬足三篇宜戴東原駁其說且二百餘篇合諸古禮言之漢志百三十一篇記合明堂陰陽三十三三朝記七王史氏二十一樂記二十三凡二百十五校別錄多十一篇蓋樂記二十三篇其十一篇已具百三十一篇記中陳氏壽祺之說信也所以較隋志多一篇者蓋漢時爾雅或在禮中公羊宣十二年傳注引禮天子造舟四句疏以爲釋水文可證一白虎通三綱六紀篇引釋親文爲禮親屬記風俗通聲音篇引釋樂文爲禮樂記白虎通三綱六紀禮親屬記曰男子

先生稱兄後生稱弟女子先生爲姊後生爲妹風俗通禮樂記曰管漆竹長一尺六孔十二月之音也物貫地而牙故謂之管柷漆桶方畫木長三尺五寸高尺五寸中有椎上用柷止音爲節箏五絃筑身也笛武帝時邱仲之所作也竽管三十六簧也長四尺二寸籟三孔籥也大者謂之產其中謂之仲小者謂之箹後案白虎通禮樂篇引樂記曰土曰塤竹曰管皮曰鼓匏曰笙絲曰弦石曰磬金曰鐘木曰柷敔可證又塤坎音也管艮音也鼓震音也弦離音也鍾兌音也柷乾音也可校今樂記

二。趙注孟子館甥引妻父曰外舅兩語。以爲禮記可證三。然則臧氏庸陳氏壽祺据廣雅表謂禮有爾雅。可稱卓識。漢時雅在禮中。魏晉始別出之。當因郭注而然。故隋志單列爾雅。於禮篇少其一。矣漢時大戴八十五。今止三十九。乃恍然於諸書所稱逸禮。皆當在四十六篇內。大戴本或稱逸禮。通典嘉禮引逸禮本命篇是也。大戴逸篇碻可考者二十六篇。見考七 据禮樂記疏云。樂記十一篇入記。今僅小戴一篇。則當有逸樂記十篇。漢時爾雅既入禮。則當有爾雅一篇。漢書后蒼傳倉說禮數萬言號曲臺記。授大小戴。知大戴記中必列師說。則當有曲臺記九篇。恰合所逸四十六篇之目。惜自來未有論及此者。或難曰。漢志既列爾雅曲臺記於百三十一篇之外。何得援入記內。不知樂記二十三篇。明列記外。何以十一篇又入記中。蓋記本采諸羣書。陳氏邵所謂繁重殆指此類歟。

二戴篇目互同考第六

大戴朝事即小戴聘義。大戴本命即小戴喪服四制。此篇目不同而文同者。大戴哀公問投壺與小戴略同。禮察與經解略同。曾子大孝見小戴祭義。諸侯釁廟見小戴雜記。朝事篇自聘禮至諸侯務焉。見小戴聘義。本命篇自有思有義至聖人因殺以制節。見小戴喪服四制。漢書儒林王式傳云驪駒之歌在曲禮。而服虔云在大戴。又若禮器也而五經異義（御覽五百五十九）引入大戴文王世子也。而詩標有梅及豳譜疏引入大戴。此互同之略也。

大戴逸篇目考第七

大戴不列學官。故名逸禮。今考其在三十九篇外者。如學禮。（見賈誼傳）天子巡狩禮（內宰注）朝貢禮（聘禮注）朝事儀（覲禮注）烝嘗禮（射人注）中霤禮（月令注）王居明堂禮（月令注）古大明堂禮昭穆篇（續漢志注亦引之說在祭祀志述明堂月令論詩靈臺疏引政穆篇即此）禘於太廟禮（小牢饋食禮注禘于太廟禮曰日用丁亥疏大戴禮）

文禮運記白虎通情性引六情者所以扶成五性也別名記白虎通聖人篇又封功侯篇詩汾沮洳疏引大戴辨名即此明堂曾子記白虎通明堂五帝紀白虎通辟雍王度記曲禮疏雜記注鬱人疏詩干旄疏引五經異義轉引白虎通爵篇封公侯篇致仕諫諍篇考黜文質篇嫁娶篇王霸記大司馬注端命記論衡三正記少牢饋食禮疏白虎通社稷篇蓍龜篇三正篇均兩引泰山威德記隋書牛宏傳謚法御覽五百六十二文苑英華八百四十白虎通號篇謚篇同北堂書鈔九十三引作謚法篇風俗通引作號謚篇逸玉篇謬下謚下諸條皆引謚法共二十三篇。又曲禮漢書儒林王式傳在曲禮服注曰見大戴文王世子詩標有梅疏皆引大戴文王世子禮器。御覽五百二十九引五經異義大戴禮禮器云云諸書皆引入大戴。是大戴有此三篇。而今佚矣。合之共二十六篇。若夫他書引大戴異文。已詳汪氏照補注矣。唐人正義稱大戴有王度辨名祀禘于太廟諸篇曲禮詩魏風儀禮少牢饋食禮可證唐人以此諸篇當大戴中逸禮矣又案御覽五百三十七引記禮逸禮。五百四十引大戴逸禮。逸禮即大戴禮非篇名。見洪頤煊說。後漢李雲傳禮有五諫。李賢云。見大戴禮。今無之。

小戴逸句篇目考第八

今所傳小戴文。亦有前人所引句而爲今本所無者。如漢書韋元成傳白虎通耕桑篇引祭義。禮樂篇耕桑篇喪服篇引曾子問。情性篇引間傳。崩薨篇引檀弓王制。蔡證月令論引檀弓樂記。見續漢祭祀志注。往往爲小戴所無。豈唐以後之所佚耶。今小戴亦非完帙耶。若僅文句彼此之異。尚不在此例。陳壽祺謂小戴非全錄。當在大戴逸文。恐未必然。何也。之數篇者。前人引之。未嘗繫以大戴也。

禮記篇目總考第九

綜而斠之。二戴文句間有逸散。而篇目尚秩然可考。愚之爲考。上溯周禮者。推原也旁及周官者。比類也。比例禮儀者。古儀禮志亦稱禮記也。（近人黃氏元周說）二戴并列者。漢志皆稱記也。大戴勝小戴者。小正踐阼三朝記也。篇目同他書者。謚法公冠諸篇也。小戴明著撰人者。大學中庸緇衣王制月令諸篇也。彼西河毛氏仁和孫氏。未免有不純不備之憾也。

——摘自《國故》一九一九年三月第一期

月生於西釋義

汪榮寶

自袞父與太炎論音一文。揭於本刊。喈袞父文者以爲未足。以原稿萬言。稽而未載也。而袞父亦連接數函。爲他雜誌道地。求之許也。今取牒本刊及他雜誌之讀者。袞父更出此篇表之。愚喜而爲之記。　孤桐

禮器大明生於東。月生於西。鄭注。大明日也。於月生於西無說。上文爲朝夕必放於日月。注云、日出東方。月生西方。正義云、日出自東方。故於東方而朝之。月初生出自西方。故於西方而祀之。又下文君西酌犧象。夫人東酌罍尊。注曰、象日出東方而西行也。月出西方而東行也。日之。西。行。合生。其。見。月之。東。行。譯者。莫聞。鄭君此義。殆不可曉。若謂月之初生出自西方。則俞氏樾平義駁之云。月初生之夕。見於西。方。是其。將。入。非其。始。出。也。豈得。因。此。而。謂。月。生。西。方。乎。斯言允矣。顧俞氏自下之義。亦正難通。彼據地圓之理。謂日月出入。本無一定。在此處爲入者。在彼處正爲出。日東月西。聖人據理以斷之。以爲日生於東。從地上西行。而入於地下。月生於西。從地下東行。而出於地上。此陰陽之正位。亦升沈之定理。吾所立之處如是。即與吾上下相對之處亦如是。學者不明乎此。則月生於西之義。終莫能明矣。夫日。恆。不。動。而。月。乃。遶。地。日。月。之。爲。德。本。非。可。以。齊。論。然。以。地。體。之。左。旋。遂。若。天。象。之。右。徙。二。曜。同。軌。萬。世。爲。昭。今。執。陰。陽。異。位。之。義。橫。生。東。西。對。起。之。說。謂。日。則。依。日。見。言。月。乃。憑。冥。想。以。爲。聖。人。據。理。斷。其。若。是。非。乃。近。於。滑。稽。

五

愚按法言五百篇云、月未望則載魄於西。既望則終魄於東。其遡於日乎。李軌注曰、光始生於西面以漸東滿。始虧於西面以漸東盡。此卽月生於西之確詁。魄謂月皆魄日受光之盈合交家說皆以魄此同天魄卽是光以魄爲月質無光之處者此劉說是正與爲謂相反載魄謂本張古說生魄說袍訓載爲始謂魄爲光並本馬融書注說載形摩但近古書訓用王莽傳霸臣奏霄公以八月載生魄注于奏徒朔用古陸賦體築字正作載著今文書如此子雲於釋用無陽說來古爲胡此相相可證此文以載爲哉始亦以陽之異文蓋月本無光。遡日以爲光。其嚮日之面恆明。背日之面恆晦。晦朔之際。月行日地之間。人止見月背日之面。而不見其光。朔後

月行去日漸遠。人之見月。在日出以後。光面在西。以次東展。至望而日月各居地之兩側。日落而月出。於時日正射月面。月光全滿。望後月行又稍稍近日。入之見月在日入以後。光面在東。漸虧漸微。以至於盡。又爲晦矣。然則月生於西云者。生卽生魄之謂。西指月之西側。質言之。納月光始生於西而云爾。惟禮文簡奧。不云月魄生於西。而云月生於西。讀者見大明生於東。爲指日行之躔而言。則月生於西。亦當如是。乃苦思而不得其故矣。夫行躔之自東而西。日月之所同也。明始於西而終於東。月之所獨也。於日稱其恒軌。於月表其特徵。言各有當。非苟焉而已也。大戴禮記誥志云。日歸於西。起明於東。月歸於東。起明於西。納此義也。俞氏正燮癸巳存稿解此云。弦以前月見於西。明亦在西。望以後月見於東。明亦在東。爲得其理。然彼雜用冲遠月初生出自西方之說。仍不免於陸甫所譏。不如專用子實載魄於西之義。爲說之無病耳。

——摘自《甲寅周刊》一九二五年八月第一卷第七期

◎八蜡考

仝上

禮記郊特牲曰天子大蜡八伊耆氏始爲蜡蜡也者索也歲十二月合聚萬物而索饗之也陳澔注八蜡神曰先嗇一司嗇二農三郵表畷四貓五虎坊六水庸七昆蟲八陳說亦據文以臆爲注其實無所考據也王肅分貓虎爲二以二獸所食皆去田害去昆蟲以昆蟲害苗之物與田鼠田豕同不當祭鄭氏以昆蟲不爲物害即其功故祭昆蟲鄭氏未思郊特牲本文其祝詞曰土反其宅水歸其壑昆蟲毋作草木歸其澤非爲祭昆蟲而言也豈昆蟲祭草木不當祭乎草木不祭昆蟲亦不祭甚明矣貓虎亦不必分爲二但看禮記本文可訂蜡之祭也主先嗇而祭司嗇也先嗇一司嗇二祭百種以報嗇也百種三饗農及郵表畷五禽獸六祭坊與水庸事也坊七水庸八至貓虎二物即在禽獸之屬故曰古之君子使之必報之迎貓爲其食田鼠也迎虎爲其食田豕也迎而祭之此是就祭禽獸中將迎貓迎虎詳釋之詞耳若把貓虎作一祭禮文曰禽獸之饗作何祭豈貓虎爲物不在禽獸之類乎陳注不攻而自破矣若以祭貓虎即是祭禽獸貓虎獸也尙有禽在陳澔旣遺去禽獸而以祭貓虎當蜡之一非也

——摘自《民彝》一九二七年八月第一卷第七期

論著

◉讀禮運

姚永樸

禮運論大道既隱以禮義與貨力勇知同爲謀作兵起之由後儒疑非孔子言或謂有錯簡予讀而思其命名之意蓋謂世運無常而不能舍禮以爲治則一而已矣何者禮固承天之道以治人之情者也自天高地下萬物散殊禮已行乎其間特帝者之世人情洽穆制度疏而大道行天下可公於民而民之貨力亦不私於己及道既隱而不然矣信睦之風微勇知之士迭出禹湯文武成王周公之所以爲禮者於是不容不日密此大同小康之所以判也子游既歎禮之急復欲夫子之極言禮或其識亦竊及此而未折其中孔子以禮之本于天殺於地列於鬼神達於喪祭射御冠昏朝聘告之爰溯禮之初迄於大成蓋累代忠質文之遞變統舉之矣我觀周道幽厲傷之即詩序謂周室大壞由厲王無道天下蕩蕩然無綱紀文章之意當時惟魯猶秉周禮然自郊禘外如明堂位所載春秋傳子家子所譏已違於禮而不知其非矧在他國至是六君子之制度漸滅殆盡求小康且不可得所以然者禮之用在節人之欲惡使之講信修睦尙慈讓去爭奪苟舍之將政不治君不安更何望於以天下爲一家中國爲一人乎下言人者天地之德陰陽之交鬼神之會五行之秀氣又以爲天地之心五行之端食味別聲被色而生者則所以明人

性之貴於物而最靈其論聖人作則遂廣驗之而溯其本於太乙蓋申明前所言承天之道以治人之情之旨然則其制爲冠昏喪祭射御朝聘者豈出於性外而强人以所難行哉故終論人與國家天下之肥而總謂之大順大順者大同所自來也道之隱禮固當務之急若極言之其人行也非降禮亦莫由而致此禮之所以主乎運也篇中屢言仁義信睦慈讓此數者禮之實也制度者禮之文也文因時而變故曰協諸義而協則禮雖先王未之有可以義起也實則萬世不變故曰壞國喪家亡人必先去其禮孰謂禮但爲小康設而大同之世可無尊卑之分疏戚之辨哉特帝者之世自天子以至於庶人皆不獨恤其私王者之世第能因人之有恤私之心從而導之使各遂其生而無胥戕胥虐斯固世運使然而道之隆汚則有間矣是以六君子修制度以保民其見於禹貢周官王制者非不明備而人存政舉人亡政息數千年來一治一亂若循環焉則世及者誠不可謂非謀作兵起之由要之優劣之原乃其所以用禮者異而於禮無與也後人不達遽謂篇首諸語非出孔子其好異者又引老氏忠信之薄而亂之首之說以爲孔亦子有斯意則吾不知之矣

——摘自《民彝》一九二八年三月第一卷第十一期

阮元明堂論

顧頡剛

論語言文献無徵，孟子言諸侯去籍，古代之禮制早亡矣。今　檢禮書綱目，五禮通考諸書，則古禮之完整無以異於當代之政典。豈孔孟之言欺我哉？將無孔孟以後之儒者不甘其亡佚，曰為補綴，使將豐盈至此乎？

適之先生考井田，就各說之發現時代以觀遞相增益之痕跡及其與先後諸說交互影響之關係；吾等讀之，遂知無數井田材料盡由孟子數言演繹而來，于是此極完備之井田制度乃不勞攻擊而自然倒壞。然用此種歷史演進之眼光而讀古書者，二千年來不一二觀也。（以我所見，僅崔述所著之經傳禘祀通考為完全用此種方法者。）

通常學者皆以書中所說之某代故事即視為某代所發生之眞實事件，說古者日增而某代之事件亦日增，一切制度文化遂悉建立基礎於戰國而下之說者之口。說者不同，則取其最有權威者為標準。說者不同而皆有權威，則為調停之曰，甲說為某時代或地方之事實，而乙說之事實則或另一時代或另一地方者也。以學術社會而具有此不考然否兼容並蓄之顢頇態度，故時代愈後，溷濫之古史遂愈多。

大抵西漢以上，人立一目的而說古，故多「偽事」；東漢以下，欲為此偽造之事彌縫罅漏，使其相通而不相背，故多「曲解」。清代學者號稱篤實，然以其信古之篤也，「禮學」雖極發達，不過將古人偽造之偽事與可笑之曲解整理之，傅合之，使其成一系統耳；按之實際，則對于古代制度仍茫無聞知。且向者人自為說之故事，抵牾易見，指摘易施；自經此一翻整理，又多出若干曲解以彌縫調停之，則辨于轉難。故清人之禮學，比于斵冰之業，甚勞而無功者也。今舉阮元明堂論以為之例。

明堂者，不見于詩書，不見于易春秋，而始見于孟子。度孟子文義，不過齊國有此古建築，孟子以王政傅會之。此本孟子出言通例，欲宛轉導時君以行王政耳。（例如因梁惠王之沼而言文王之靈沼，以達「與民偕樂」之本意；因齊宣王之雪宮而言徵招角招之樂，以達「憂樂與天下」之本意。）孟子所以言明堂爲王者之堂者，其意惟激起齊宣王「王政可得聞與」之一問，藉以暢陳其心目中之王道，正與其言「桓文之事，後世無傳；無以，則王」，以求激起宣王之「德何如則可以王矣」之問者相同。故其下但言文王治歧之法，與公劉好貨，太王好色之事，絕未道及明堂。假使明堂確爲王者之堂，又確曾於此行過王政者，孟子安肯置而不言，致其所陳之事絲毫不切題乎？

自此以後，學者誦孟子，咸記明堂爲王者之堂一語，悉爲古代之王者立明堂：素問有黃帝明堂，淮南子有神農明堂，禮記，孝經，逸周書有周公明堂，考工記有三代明堂，呂氏春秋有包括一切典章之明堂。自公玉帶上黃帝明堂圖，漢武帝爲作于汶上，而虛想之明堂遂爲實構之明堂矣。自王莽奏立明堂，光武起明堂，而明堂遂爲帝王宮室之一部分矣。故明堂者，孟子無意中道之，秦漢儒者及方士鼓吹之，漢武王莽等實現之者也。

儒者既確信明堂爲古帝王遺制，而惜其不備，于是將經傳所記不言爲明堂者而亦明堂之。明堂位出而魯之「大廟」成爲明堂矣。衛宏毛詩序出而我將之「伊嘏文王，既右饗之」成爲明堂矣。桓譚新論出而緯書之「王府」成爲明堂矣。鄭玄尚書注出而堯典之「文祖」，「藝祖」，洛誥之「文祖」，「明禋」，「君室」皆成爲明堂矣。鄭玄禮記注出而祭法之「祖」，「宗」成爲明堂矣。王肅尚書注出而「清廟」成爲明堂矣。成伯璵禮記外傳出而「明庭」成爲明堂矣。阮元此文出而「合宮」，「明臺」，「衢室」，「四門」「總街」，「象魏」，「觀臺」遂無不成爲明堂矣。（以上所言，僅據此文，或有錯誤。）及其結果，則後出之文盡成正統而出現最早之孟子中明堂反墮落爲「異制」（見本篇泰山下明堂條）。是亦可謂「有弟而兄啼」也！

故吾人讀此篇，應以非田辨比較之，觀其同是研究古代制度，只因方法之異而所得結果乃相差絕遠，則必有以善自處矣！

——摘自《國立中山大學語言歷史學研究所周刊》1928年3月第11集第121期

學術

零星記

高晉生

禮記月令曰：「孟春之月、獺祭魚。」又曰：「孟秋之月、鷹乃祭鳥。」又曰：「季秋之月、豺乃祭獸戮禽。」鄭玄注謂將食之先以祭。

呂氏春秋十二紀淮南子時則訓文並同。高誘注謂四面陳之、世謂之祭。

大戴禮夏小正曰：「正月獺祭魚。」又曰：「十月豺祭獸。」其傳曰：「善其祭而後食之。」

竊按月令注夏小正傳所謂祭、蓋以其陳之似祭也。是二說與高意同。然獺得魚、鷹得鳥、豺得獸、食之不待須臾、豈能先陳之哉！先陳而後食之、古今天下無斯事無斯理也。蓋祭當訓殺、獺祭魚謂獺殺魚也。鷹祭鳥謂鷹殺鳥也。豺祭獸戮禽謂豺殺獸戮禽也。尚書禹貢：「二百里蔡。」鄭注：「蔡之言殺、減殺其賦。」左昭元傳：「周公殺管叔而蔡蔡叔。」杜注：「蔡放也。」按蔡蔡叔謂殺蔡叔也。是蔡有殺誼之證。禮記鄉飲酒義：「秋之言愁也。愁之以時察、守義者也。」鄭注：「察猶察察、嚴殺之貌也。察或爲殺。」以時察謂以時殺也。管子幼官篇「察伐勝之行。」察伐謂殺伐也。莊子天下篇：「判天地之美。析萬物之理。察古人之全。」察古人之全謂殺古人之全、與判析之意相近也。是察有殺誼之證。蔡察皆有殺誼、故祭亦有殺誼。

禮記檀弓篇：「季康子之母死。公輸若方小。斂般請以機封。將從之。公肩假曰：『不可。夫魯有初。公室視豐碑。三家視桓楹。……』」鄭注公室視豐碑句曰：「言視者時僭天子也。」孔氏正義曰：「凡言視者不正相當比擬之辭也。故王制云「天子之三公視公侯、卿視伯、大夫視子男」是也。」

竊按鄭注頗不明晳。孔以比擬釋視、則公室比豐碑、三家比桓楹、其義詎可通乎？視當訓立。立猶言樹。公室視豐碑謂公室樹大碑也。（易序卦傳豐者大也）三家視桓楹謂三家樹大柱也。（詩長發傳桓大也）蓋下棺時、公室於槨之前後四角樹大碑、三家於槨之前後四角樹大柱、所以爲下棺之用也。詩鹿鳴：「視民不恌。」鄭箋：「視古示字也。」儀禮士昏禮：「視諸衿鞶。」鄭注：「視今文作示。」禮記曲禮：「幼子常視毋誑。」鄭注：「視今之示字也。」此視示古通用之證。詩鹿鳴：「示我周行。」鄭箋：「示當作寘、寘置也。」禮記中庸：「治國其如示諸掌乎。」鄭注：「示讀如寘之河干之寘、寘置也。」此示寘古通用之證。視與示通、而示與寘通、則視與寘通、審矣。寘有置訓、而置有立訓、（廣雅釋詁置立也）則寘有立誼、審矣。視與寘通、而寘有立誼、則視有立誼、亦審矣。老子：「是謂深根固蔕長生久視之道。」荀子榮辱篇：「是庶人之所以取飽食暖衣之長生久視、以免於刑戮也。」呂氏春秋重己篇：「莫不欲長生久視。」久視並謂久立也。韓非子解老篇：「柢固則生長。根深則視久。」視久謂立久也。視有立誼、其可致見者如此。

——摘自《東北大學周刊》一九二九年第八十三號

明堂制度與宗教

王治心

中國有沒有固有的宗教？這個問題，却爲近代一般學者所聚訟。我在上海曾經領教過胡適之先生的演說，他很肯定地說中國是沒有固有宗教的，而且一部廿四史都是處處表現出非宗教的態度。同時我們知道有許多與胡適之先生抱同樣觀念的人，在章太炎先生梁任公先生等文章裏，可以找出不少同樣的論調。但這究竟不能不使我發生懷疑，假使我們一研究到中國古代的天祖崇拜，以及在天祖崇拜以前的庶物崇拜，便不能否認中華民族的宗教性，並不比印度埃及希伯來民族減少了若干。天祖崇拜的最初起源，不能不推本到古代的明堂制度。所以我來把這種明堂制度考察一下，但是要考察到這種制度，却是很不容易。歷來研究明堂的人，如漢朝的蔡邕，後魏的李謐，南宋的朱熹，都有討論；尤其是清代的那些考據學家，只要我們翻開兩部皇清經解一看，馬上可以找出數十家的論文來。其中如：任啓運的朝廟宮室考，焦里堂的羣經宮室圖，皆有詳細的圖表。阮雲臺揅經室中的明堂論，與鄒叔績讀書偶識第五段，金誠齊求古錄禮說中的明堂考，夏心伯學禮管釋中的釋明堂，黃以周禮說略中的明堂，以及其他實事求是齋經義，禮箋，頑石廬經說，經義叢鈔等等，皆有詳細的考證，尤其以惠定宇的八卷明堂大道錄，爲一切考證中最完美的作品。他們雖然考證得很詳盡，可是他們考證的根據，祗是從周禮的考工記，大戴記的盛德篇，以及禮記的月令、明堂位中所得的片段的材料。三禮的本身，歷來成一個討論的懸案，而其間所具的材料，當然也是十分薄弱了！

根據雖然薄弱，但却不能說絕對沒有這種制度

·讀淮南子主術訓，桓譚新論，孟子，漢書郊祀志，史記封禪書，等書，大概都承認是古來確有的制度。我們對于這種制度的內容與時間問題，容有討論的必要，而對于這種制度的是否存在？似不能從歷史上根本抹去。既然這種制度是古代歷史上的事實，那末，中國古代的有無宗教，也就有連帶的關係了。現在先來講到——

(一)明堂的起源

大戴禮盛德篇說：『明堂者，古有之也·』究竟這個『古』是甚麼時候？却沒有說明。考工記則自夏后氏說起·而蔡邕明堂論有明堂五室，起源于易之離卦的意思，其言曰：

> 『易曰：離也者，明也，南方之卦也；聖人南面而聽天下，嚮明而治·人君之位，莫正于此焉，故雖有五名而主以明堂也·』

淮南子及新論，皆言起自神農，主術訓說：

> 『昔者神農之治天下也，……歲終獻功，以時嘗穀祀于明堂；明堂之制，有蓋而無四方……。』

所謂『以時嘗穀祀明堂，』與禮記月令所說：『天子居明堂，以時嘗穀之始』相同·又與新論所說

：『神農氏祀明堂，有蓋而無四方』無異。可見當時必有其他古籍的根據。此後歷黃帝而堯舜而夏殷周，都以這種制度爲王者行政的要事，像孟子回答齊宣王說：

『明堂者，王者之堂也，王欲行王政，則勿毀之矣。』

明堂既爲古代政治上的重要制度，所以歷來政治家都很重看牠，不過牠的名稱歷代不同罷了，像尸子及考工記中都曾說到：

『神農曰天府，黃帝曰合宮，陶唐曰衢室，有虞曰總章，夏曰世室，殷曰陽館。又曰重屋，周曰明堂。』

名稱雖不同，而其爲古代帝王行政之所則一。這是歷來說到明堂的起源，是一種古代的制度。現在再來說到——

(二)明堂的制度

明堂制度，由簡而繁，阮雲臺分之爲古明堂與後世之明堂。所謂古明堂，卽指周以前而言。神農之世，宮室制度未備，斯時明堂之制，僅有蓋而無四方；黃帝時亦如是。漢書郊祀志史記封書禪記漢武帝欲治明堂，有濟南人公玉帶上黃帝明堂圖，可以看見黃帝時的制度，與神農時猶相去不遠。漢志說：

『上欲治明堂，奉高未曉其制，濟南人公玉帶上黃帝時明堂圖。明堂中有一殿，四方無壁，以茅蓋，通水，水圜宮垣爲複道；上有樓，從西南入，名曰昆侖，天子從之入，以拜祀上帝焉。』

文選注引尸子曰：『觀黃帝之行于合宮。』文選張衡東京賦注亦有：『是則黃帝合宮』的話。管子有桓公問：『黃帝立明臺』云者，明臺蓋卽合宮南向之堂。素問有：『黃帝位明堂，……孜建五常的話，惠定宇謂『五常，卽五氣行于天地之中，』這隱然說到明堂之有五室。故鄭康成注大傳『大室』之義，言『大室，明堂之中央室也。』桓譚新論謂：『明堂堯謂之五府，鄭康成注尙書堯典『文祖』，說：『文祖者，五府之大名，猶周之明堂，』可見明堂五室之制，在夏以前已有。堯時旣稱五府，又稱衢室，衢室，四達之意，卽古制四面無壁。舜受終於文祖，巡狩旣歸格于藝祖，文祖藝祖，鄭康成皆注爲猶周之明堂，祭法謂『有虞氏禘黃帝而郊嚳，祖顓頊而宗堯，』康成又注『祭五帝五神于明堂曰祖宗。』又有稱之爲總章或總期，尸子謂：『觀堯舜之行于總章，』張衡東京賦謂：『有虞總期。』總章總期，就是總享祖宗配天的祭祀，所以鄭氏有『祭五帝五神于明堂曰祖宗』的話。

夏殷周之世，制度漸備，周禮考工記匠人說：

『夏后氏世室，堂修二七，廣四修一，五室，三四步，四三尺，九階，四旁兩夾，窗白盛，門堂三之二，室三之一。殷人重屋，堂修七尋，堂崇三尺，四阿重屋。周人明堂，度九尺之筵，東西九筵，南北七筵，堂崇一筵，五室凡室二筵。』

這是三代的明堂制度，歷來研究的人，對于這種制度及尺寸，往往不一其說，因爲這裏所說的非常含糊。惟大戴禮所記較爲清楚，盛德篇說：

『明堂者，古有之也；凡九室，一室有四戶八牖，三十六戶，七十二牖，以茅蓋屋，上圓下方。其外水名辟雍。赤綴戶也，白綴牖也，二九四，七五三，六一八，堂高三尺，東西九筵，南北七筵，上圓下方，九室十二堂，室四戶，戶八牖，其宮方三百步，在近郊三十里，……』(原文有錯簡，此删節之)。

上列兩文，有幾種不同的地方：(一)爲室制的不同。考工記言五室，大戴禮言九室十二堂。歷來討論的人很多，也有不少的疑問：惟夏心伯金誠齋有較平允的解釋。夏氏說：『以中央四正之室言之，曰五室，兼四隅言之，曰九室，又兼左右个虛數言之，曰十二堂，其實一也。』金氏說：『四隅之室，猶宗廟之東西廂，其制既非堂，又非室，故謂之左右个。然東西廂亦可稱東西堂，故大戴有十二堂之說。』他們兩人的解釋是相同的。鄭氏謂分大室爲四堂而有九室，並左右个而言，則有九室十二堂，是漢制，然都根于五室而分析之。(二)爲戶牖制的不同。大戴禮有三十六戶七十二牖，蔡邕明堂論謂爲象天地之數，合乾坤之策，惠定宇謂蔡文本大戴文所遺。故取其文以補戴記。而考工記則曰：『四旁兩夾，』合計之，則爲二十戶四十牖，其制不同，故鄭氏謂三十六戶之說，乃秦呂不韋作春秋所益，非古制。大戴謂赤綴戶，白綴牖，考工亦言窗白盛，似無大異。(三)爲丈尺制的不同。夏世室堂修二七，有解爲十四步；廣四修一，言四堂之修相同，各方十四步。其云三四步，謂係十二步；四三尺，言四室各取二步以益中央；這所益的每面十二尺，卽謂之重屋；而殷制則又云堂修七尋，乃五十六尺；周又以筵計．月令作東西九仞，南北七筵，七尺曰仞，則是堂方爲六丈三尺。合之大戴所謂宮方三百步，與蔡引堂方百四十四尺，明堂方三十六丈，相去甚遠。歷來解釋的人，都無以圓其說。

（四）爲分合制的不同。阮雲臺說：『明堂者，天子所居之初名也：是故祀上帝則于是，祭祖先則于是，朝諸侯則于是，養老尊賢敎國子則于是，饗射獻俘馘則於是，治天文告朔則于是，抑且天子寢食恆于是，此古之明堂也。黃帝堯舜氏作，宮室乃備，洎夏商周三代，文治益隆，于是天子所居，在邦畿王城之中，三門三朝，後曰路寢，四時不遷。路寢之制，準郊外明堂四方之一。嚮南而治，故路寢猶襲古號曰明堂。若夫祭昊天上帝，則有圜丘，祭祖考則有應門內左之宗廟，朝諸侯則有朝廷，養老尊賢敎國子，獻俘馘則有辟雍學校，其地旣分，其禮愈備，故城中無明堂也。然而聖人事必師古，禮不忘本，于近郊東南，別建明堂以存古制，藏古帝治法典于此，或祀五帝，布時令，朝四方諸侯，非常典禮，乃於此行之。……此後世之明堂也。』可見古代人事簡單，一切屬于政治宗敎敎育等事，都于一明堂中行之，厥後人事漸繁，禮法漸多，便分明堂爲若干獨立部分，郊外明堂，僅存古制而已。

（三）明堂的應用

蔡邕明堂論說：『取其宗祀之貌則曰清廟，取其正室之貌則曰太廟，取其尊崇則曰太室，取其堂則曰明堂，取其四門之學則曰太學，取其四面周水圜如璧則曰辟雍，異名而同事，其實一也。』

穎子容春秋釋例云：『太廟有八名，其體一也。肅然清靜謂之清廟，行禘祫序昭穆謂之太廟，告朔行政謂之明堂，行饗射養國老謂之辟雍，占雲物望氛祥謂之靈臺，其四門之學謂之太學，其中室謂之太室，總謂之宮。』

惠定宇說：『明堂爲天子太廟。禘祭，宗祀，朝覲，耕藉，養老，尊賢，饗射，獻俘，治厤，望气，告朔．行政，皆行於其中，故爲大教之宮。』

根據上述的三段話，可以包括爲宗教，行政，教育的三部分。現在我們先略述行政與教育，關于宗教方面，可於下文另條說明。

鄭康成注孝經有曰：『明堂者，天子布政之堂。』大戴記少閒篇曰：『成湯作八政，命於總章』。這是說明堂爲古天子布政之所。但究竟所布何政呢？據大傳所云，則有五種。『聖人南面而聽天下，所且先者五，而民不與焉：一曰治親，二曰報功，三曰舉賢，四曰使能，五曰存愛。』明堂月令則說天子每月各有當行之政，如：如何施惠於百姓，如何養老存孤，如何尊禮賢者，如何折獄懲奸，如何整飭農事，如何討論國典，皆在明堂中行之。

行政範圍之中，以告朔爲最關重要，明堂月令中說：『古者諸侯朝正於天子，受月令以歸而藏諸廟中，天子藏之明堂，每月告朔朝廟，出而行之』。大戴禮說：『天子告朔于諸侯，率天道而敬行之。』鄭注周禮春官：『天子頒朔於諸侯，諸侯藏之祖廟。』可見明堂爲古天子頒朔聽朔告朔之所，所以唐會要有：『每月於明堂行告朔之禮』的話，王方慶釋之曰：『人君以禮告廟，則謂之告朔，聽視此月之政，則謂之視朔，亦曰聽朔。』朱熹注論語解釋告朔，曰：『古者天子常以季冬頒來歲十二月之朔於諸侯，諸侯受而藏之祖廟，月朔，則以特羊告廟，請而行之。』周禮太宰謂：『正月之吉，始和布治於邦國都鄙，乃縣法象之法於象魏。』干寶注：『周正建子之月，告朔日也。』可知周時於歲首把治象縣示萬民，就叫做頒朔。頒布之處，叫做象魏。象魏是什麼呢？就是兩觀的闕處。古時明堂之外，有兩觀，在門之兩旁中闕處，縣掛天子所頒布曆象于此，卽謂之頒朔。所以賈疏說：縣治象之法于雉門象魏，從甲至甲凡十日，歛藏之明堂，于後月月受而行之，謂之告朔也。』可見這種制度，行之已久，視爲極鄭重的典禮，所以孔子曾有『我愛其禮』的話。

明堂又爲諸侯朝覲之所，逸周書有『大會諸侯明堂之位，天子負斧扆南面立，羣公卿士侍于左右，……明堂者，明諸侯之尊卑也。』這一段與禮記明堂位大略相同，惟禮記則說周公朝諸侯於明堂之位。故禮記月令有天子按月居明堂的規定，孟春居青陽左个，仲春居青陽太廟，季春居青陽右个，以次輪流而居十二堂，按月聽政朝覲，以足于表明其求治之勤了。

明堂又爲敎育的中心，大戴禮所說：『明堂外水曰辟雍，』辟雍卽天子所設的大學，爲國家最高敎育之所。祭義又說：『天子設四學，』四學就是東學南學西學北學，易傳謂『天子旦入東學，晝入南學，夕入西學，暮入北學，』大戴禮保傅篇說明天子入東學以貴仁，入南學以貴德，入西學以貴義。

入北學以尊爵，所以明太子之教。天子設四學，當入學而太子齒，所以天子入學，目的在教化太子。這種制度，據王制所載，知道是始于虞舜，其言曰：『有虞氏養國老于上庠，養庶老于下庠，夏后氏養國老于東序，養庶老于西序，殷人養國老于右學，養庶老于左學，周人養國老于東膠，養庶老于虞庠，虞庠在國之西郊，』由此可知東膠卽周代四學中的大學，故曰『大學者中學明堂之位也。』大學以養老爲第一件要事，其次則教以習射耕藉等等的道理。天子將祭，必先習射于澤，而後習射于宮，宮就是辟廱，習射就是習禮。明堂月令謂『孟春之月，天子乃以元日祈穀于上帝，孟秋之月，農乃登穀，天子嘗新，先薦寢廟。』這是注重農事教育的情形。

（四）明堂的宗教意義

古時政教不分，凡屬政治，都假託神權以行，明堂本是行政的總機關，但也特別注重祭祀，所以可以說明堂是古代政治宗教混合的組織。神農首創明堂，卽以『嘗穀致祀』爲要務，黃帝合宮，亦有拜祀上帝昆侖之文，昆侖之樓是什麼？卽是後來的靈臺，劉伯莊所以有『從昆侖道上層祭天』之說。漢志記申公說：『黃帝接萬靈于明廷，』成伯璵釋爲『黃帝享百神于明廷。』明廷就是明堂，堯時稱爲五府，書緯帝命驗釋『五府爲祀五帝之所，』桓譚曾說：『府，聚也，言五帝之神聚于此。』舜受堯禪，一則曰『受終于文祖，』再則曰『歸格于藝祖』，祭祖以配天，都足以證明古代明堂，是與宗教相因而生的。切實的說，或者竟可以認明堂爲古代宗教的教堂，因爲歷代帝王的祭祀，都行于其中。所祭祀的，約分三類：(一)祀昊天上帝，(二)祀五帝五神，(三)祀祖先，且分說之。

書謂：『正月上日，受終于文祖，在璿璣玉衡以齊七政，……肆類于上帝，禋于六宗，』鄭注謂文祖猶周之明堂，是明言舜既受位于明堂，便祭祀上帝。此所謂上帝，卽昊天上帝。周禮大宗伯說：『以禋祀祀昊天上帝，司服以祀昊天上帝祀五帝分而爲二，惟月令則以皇天上帝與五帝合爲六天。古代只有天子可以祭天，天就是天地間的上帝，而上帝中有昊天，好像是一切上帝中的元首。明堂本來是法天的，所以明堂中的祭祀，第一注重的，就是祭昊天了，這種祭祀，便稱爲禘稱爲郊，鄭康成說道：『禘謂祭昊天于圜丘也，祭上帝于南郊曰郊，祭五帝五神于明堂曰祖宗。』文選注引七略說：『王者師天地，體天而行，是以明堂之制，內有太室，象紫微，南出明堂，象太微。』紫微，星宮名，言天帝所居也。故明堂以昊天上帝爲首祀。

又祀五帝五神，金誠齋謂：『五帝爲五行之精，佐昊天化育，其尊亞于昊天。』明堂月令有五帝名五神名，在天爲五帝，在地爲五神，天子祀之，謂之五祀；合之昊天上帝，則爲六天。曲禮說『天子祭天地，祭四方，』祭天地卽祭天地間的上帝，祭四方卽祭四方之神與中央之神，與祀五帝五神相同。明堂月令所說的五帝，則爲春夏秋冬中央，屬于時令，所說的五神，則爲金木水火土，屬于五行，曲禮所說的四方，則爲東南西北中，屬于方向，時令五行方向，都是農業社會中的重要問題，所以這種祭祀，無非從農業上產生出來的，也是明堂宗教中的第一要事，神農嘗穀祀于明堂，就是這種祭祀的起頭。淮南子時則訓中說得很明白，說：

『大制有六度：天爲繩，地爲準，春爲規，夏爲衡，秋爲榘，冬爲權。繩者，所以繩萬物也，準者，所以準萬物也，規者，所以員萬物也，衡者，所以平萬物也，榘者，所以方萬物也，權者，所以權萬物也。……明堂之制，靜而法準，動而法繩，春治以規，秋治以榘，冬治以權，夏治以衡，是故燥濕寒暑以節至，甘雨膏露以時降。』

由此可見明堂的注重時令，故其所祀五帝五神，乃立腳于農業社會思想之上。

尤其重要的祭祀，則爲祖宗。從有虞氏起頭，有禘郊祖宗之祭，可見祭祖于明堂，古代已有。不過『有虞氏以上尙德。』不以血統的祖宗爲祖宗，血統的祖宗，乃是從夏起頭的。從血統言，舜祖橋牛，父瞽瞍，應祖橋牛而宗瞽瞍，而却祖顓頊而宗堯；到了夏啓，方始郊鯀而宗禹了。祖宗祭祀的性質雖有變更，而祖宗祭祀的禮命，却爲古來所視爲重要之典。周自武王伐紂，初有天下，卽『宗祀文王于明堂以配上帝，』所以詩周頌我將序說：『我將祀文王于明堂也。』孔穎達正義謂：祭五帝之于明堂，以文王配而祀之，卽所謂宗祀文王于明堂以配上帝是也。故大戴禮說：『或以爲明堂者，文王之廟也。』因爲從周起頭，以明堂大室爲宗祀之所，厥後自周而魯，都守這種制度。蔡邕明堂論說：『以清廟論之，魯太廟，皆明堂也；魯禘祀周公于太廟明堂，猶周宗祀文王于清廟明堂。』故詩周頌清廟序說：『清廟祀文王也，』周公旣成洛邑，朝諸候率以事文王焉。左傳所謂『清廟茅屋』，猶取古明堂以茅蓋屋之制。書洛誥說：『承保乃文祖受命民，』鄭注『文祖者，周曰明堂，以稱文王，』蓋以文王爲受命之祖，故稱之祖而宗祀于明堂。魯承周公之後，魯之太廟，卽天子明堂，明堂位說：『太廟天子明堂，』又說『以禘祀周公于太廟，』魯雖諸候之國，猶行天子之禮，祀祖于太廟明堂。此後明堂之制雖有變更，而祖宗的祭祀，實爲歷代重要的典禮，成爲中國數千年天祖宗教的權輿。

由此言之，明堂之設，頗含宗教意味。關于祭祀上各種典禮，都于一明堂中舉行。降及周代，禮制漸繁，是以在祭祀方面，乃分立爲若干部分，如上引阮雲臺之說，此不贅。于是所謂明堂者，遂有廟堂之明堂，宮壇的明堂以及所謂國內的明堂，郊外的明堂，與泰山的明堂等等分別。

明堂旣佔得這樣重要的地位，不但爲研究古代政治教育者所不可忽視，尤其是研究古代宗教者所應當注意，卽此已足證明中國民族的富于宗教性了。而彼不承認中國固有宗教的先生們，其說的不能成立，已很明顯了！

這篇東西．是近著『中國宗教思想史』中的一章，玆先披露于此。一九二九，十一，十五，於協大。

——摘自《協大學術》1930年6月第1期

明堂通考

楊宗震

緒論

易繫辭傳曰:『上古穴居而野處;後世聖人,易之以宮室』穴居者,穿土而居其中,野處則復土于地而居之。詩所謂『陶復陶穴』者也。

黃帝堯舜代作,宮室之制漸備。然年湮代遠,難以詳考。而見諸載記,徵諸經史者,以三代爲最著。

明堂,宮室之一也其用不同,其制亦異,一以饗祀,一以朝會三代相因,未之或改。

且夫古今考明堂者衆矣,五室九室之說,四堂十二堂之辨,周禮既載其制,鄭注復申其義,自漢以來,及近世諸儒,又皆各持一端,互相駁辯。至孫詒讓著周禮正義,集諸家之成,於明堂之制,參酌折中,其蒐羅可謂廣矣,持論可謂當矣。

宗震天資魯鈍,喜遊玩,經史之書,夙無研究。客冬蒙　高閬仙先生指導,讀考工記,兼採諸家,而折中於孫氏遇疑難處,又求敎　吳簡齋先生。因著明堂通考。曰明堂之緣起,曰明堂之名義及位置,曰明堂與路寢太廟靈臺辟雝之異制,曰三代明堂圖說,又分三目:曰夏世室圖說,曰殷重屋圖說,曰周明堂圖說,而以九室十二堂攷附焉。凡七篇。每脫一稿,輒乞高先生爲之諟正。凡三閱月,積成卷帙。自知掛一漏萬,不足言著作,聊復存之,以驗當日心力所集,並攷將來學力進退云爾。

(1)明堂之緣起

明堂之制，其來尙矣。雖自上古以迄三代，名各不同，而以之聽政，以之祀神，以之朝諸侯，以之頒政敎，要必有其地焉。雖皆謂之明堂可也。路史後紀引三墳書：『伏犧有敷敎之臺。』果如其言，卽以爲明堂之嚆矢，亦無不可特其書不足信，故置之勿載。載自神農始。今取諸書所言，揭其大要，惠棟明堂大道錄、阮元揅經室集明堂論及明堂圖說陳壽祺五經異義疏證所附明堂攷，黃以周禮說所輯甚備。欲加詳攷，各書具在。以限於篇幅，故不悉著。固陋之誚，弗敢辭云。

淮南子主術訓曰：『昔者神農之治天下也，神不馳于胸中，智不出于四域，懷其仁誠之心，甘雨時降，五穀蕃植；春生夏長，秋收冬藏；月省時考，歲終獻功，以時嘗穀，祀於明堂。明堂之制，有蓋而無四方，風雨不能襲，寒暑不能傷。』

宗震案大戴禮盛德篇盧辯注引淮南此文，以爲明堂之始。故阮氏元謂明堂之名，始於神農。然則周之明堂，卽沿神農時明堂之名，抑神農時尙無此名，特後人取周明堂以名之邪？皆不可考矣。然天子夏居明堂，神農以火德王，明堂之名，謂卽出於神農，亦無不可。

尸子曰：『黃帝曰合宮。』（藝文類聚卷三十八引）又曰『欲觀黃帝之行於合宮』（文選東京賦注引）

管子桓公問篇曰：『黃帝立明臺之議』

史記封禪書曰：『黃帝接萬靈明廷，明廷者，甘泉也。』

成伯璵禮記外傳曰：『明堂，古者天子布政之宮，黃帝享百神于明廷是也。』（太平御覽卷五百三十三引）

素問五運行大論曰：『黃帝坐明堂，始正天綱，臨觀八極，考建五常。』

史記封禪書曰:『濟南人公玉帶,上黃帝時明堂圖。明堂圖中有一殿,四面無壁,以茅蓋,通水圜,宮垣爲複道,上有樓,從西南入,命曰昆侖。』

宗震案:黃帝合宮,殆其正名。曰明臺,曰明庭,曰明堂,殆皆後人名之耳。至公玉帶所上明堂圖,恐未足信複道上有樓,蓋又誤會重屋之名,而失之者。孫詒讓周禮正義已駮之矣。(見卷四十八)

尙書堯典曰:『正月上日,受終于文祖』。鄭玄注曰:『文祖者,五府之大名,猶周之明堂。』(鄭注見史記五帝本紀集解引)

尙書帝命驗鄭玄注曰:『唐之靈府,周之明堂,同矣。』(隋書宇文愷傳引)

隋書牛弘傳:『弘上明堂議曰:堯曰五府。』(又引帝命驗鄭注靈府亦作五府。)

管子桓公問篇曰:『堯有衢室之問。』

尸子曰:『觀堯舜之行於總章。』(文選東京賦李善注引)又曰:『有虞氏曰總章。』(初學記卷十三引)

文選東京賦曰:『有虞總期,』李善注曰:『章期一也』

宗震案堯曰衢室,或作五府,或作靈府;舜曰總章,或曰總期,即後世所謂明堂也。尙書大傳曰:『樂正進贊曰:尙考大室之義,唐爲虞賓。』鄭玄注曰:『大室,明堂之中央室也。』(御覽五百七十一引案阮氏元謂據此明堂五室之制,非始于夏。然則堯時五府,已開五室之制矣。)

攷工記匠人曰:『夏后氏世室。』

成伯璵禮記外傳曰:『夏后一堂之上爲五室。南面三階。五室者,象地載五行也。五行生於四時,故每室四達。』(御覽卷五百

三十三引)

隋書牛弘傳引漢司徒馬宮曰:『夏后氏世室,室顯於堂,故命以室。』

孔廣森禮學卮言曰:『世室者,明堂之中室。夏以室舉,周以堂稱,異名而同實。故周公作洛,立文武之廟,制如明堂,謂之文世室,武世室。洛誥曰:「王入太室,祼,」太室,猶世室也。春秋世室屋壞,左氏經爲太室。』自注曰:『古者世太字多通用。若太子即世子。鄭子太叔亦云世叔。)

宗震案夏曰世室,即明堂也,世太字通,孔氏說是。阮氏元擘經室集明堂論亦謂世室乃明堂五室之中。猶尚書大傳所言大室。夏特取此爲名,概其餘耳。古字世大通,俞樾羣經平議考工記世室重屋明堂考曰:世大古通用。合五室而名之,故曰太室。並與孔氏說合。戴氏震東原集明堂考,謂『夏曰世室,世世弗壞。』似不如孔阮俞三家之說爲長。

考工記匠人曰:『殷人重屋。』

尸子曰:『殷人曰陽館。』(藝文類聚卷三十八引)

隋書牛弘傳引馬宮曰『殷人重室,屋顯於堂,故命以屋。』

孔廣森曰『殷人始爲重檐,故以重屋名。』

孫詒讓曰:『殷人重屋者,亦殷之明堂也。大戴禮少閒篇云:「商履循禮法,發厥明德,順民天心,配天制典,慈民咸合諸侯,作八政,命於總章。」盧注云:「總章,重屋之西堂。」據彼,則殷已有四堂之名。此舉其總名,故曰重屋』

宗震案:殷曰重屋,即明堂也。或曰陽館,蓋所傳之異耳。

考工記匠人曰『周人明堂。』

隋書牛弘傳引馬宮曰:『周人明堂,堂大於夏室,故命以堂』

蔡邕明堂月令論曰『東曰青陽,南曰明堂,西曰總章,北曰玄堂,中央曰太室。易曰離也者,明也,南方之卦也。聖人南面而聽天下,鄉明而治,人君之位,莫正於此焉。故雖有五名,而主以明堂也』

戴震明堂考曰:『周人取天時方位以命之:東,青陽,南,明堂,西,總章,北,玄堂,而通曰明堂。擧南以該其三也』

宗震案:周之明堂,制度大備,其圖說詳後。

孟子梁惠王篇:『齊宣王問曰「人皆謂我毁明堂,毁諸已乎?」孟子對曰:「夫明堂者,王者之堂也。王欲行王政,則勿毁之矣」』趙注曰『謂泰山下明堂,本天子東巡狩朝諸侯處也』

史記封禪書曰:『泰山東北址,古時有明堂處』

宗震案:此周王巡狩,朝諸侯之明堂。與前所擧明堂異處,

又案:明堂之緣起,略如上述。歷代諸儒,辨論紛如,不可勝擧。今揭阮氏俞氏二家之論於後,以結束此章。其他論說,不復載焉。

阮元明堂論曰:『粤惟上古,水土荒沈,橧穴猶在,政教朴略,宮室未興神農氏作,始爲帝宮,上圓下方,重蓋以茅,外環以水,足以禦寒暑,待風雨,實惟明堂之始。明堂者,天子所居之初名也。是故祀上帝,則于是;祭先祖,則于是;朝諸侯,則于是;養老,尊賢,敎國子,則于是;饗射獻俘馘,則于是;治天文告朔,則于是;抑且天子寢食,恒于是,此古之明堂也。黃帝堯舜氏作,宮室乃備。洎夏商周三代,文治益隆,于是天子所居,在邦畿王城之中。三門三朝,後曰路寢,四時不遷。路寢之制,準郊外明堂四方之一,鄉南而治,故路寢猶襲古號曰明堂。若夫祭昊天上帝,則有圜丘;祭祖考,則有應門內左之宗廟;朝諸侯,則有朝廷;養老,尊賢,敎國子,獻俘馘,則有辟雍學校。其地旣分,其禮益備。故城中無明堂也。然而聖人事必師

古，禮不忘本，于近郊東南，別建明堂，以存古制。藏古帝治法冊典于此。或祀五帝，布時令，朝四方諸侯，非常典禮，乃于此行之，以繼古帝王之迹。譬之上古衣裳未成，始有韍皮；椎輪初制，惟尙越席。後世聖人，采備繪繡，無廢赤芾之垂；車成金玉，不增大輅之飾。此後世之明堂也。』

俞樾羣經平議曰：『粤惟上古，五德代興，徽號器械，莫不視此。故黃帝以來，皆嚴事焉。此明堂所自始也其制：中央爲室，四面爲堂，則其專爲祀五帝而設，可知矣。不然，聖人南面而聽天下，鄉明而治，何取乎四面之堂哉？世傳黃帝曰「合宮堯曰衢室。」夫四面四堂，環乎大室，非所謂合宮乎？中央大室，若處乎四達之衢，非所謂衢室乎？然則自上古迄周，其制略同矣。明堂既爲祀五帝之地，故每月之朔，天子即於其地聽朔焉。春三月於青陽，夏三月於明堂，秋三月於總章，冬三月於元堂，是以禮逸篇有王居明堂禮之名。鄭康成引以注月令，此建立明堂之本意，百王通行之典禮也。周制祀天於南郊，以后稷配，祀五帝於明堂，以文王配。故孝經曰：「周公郊祀后稷以配天，宗祀文王於明堂，以配上帝。」詩序曰：「我將祀文王於明堂也，」竝其事也。周書明堂篇載周公攝政六年，會方國諸侯於宗周，大朝諸侯於明堂之位。此則禮以義起，乃有周一代之大事，而非有周一代之常法。蓋以成王幼弱，四方未靖，懼天下諸侯，或有疑貳，故既定宗祀文王之大典，即於其地爲位，以朝諸侯。欲天下思文王之德，而歸心周室也。其曰「天子之位負斧依南面立，」然則所用者，止明堂之一面。故曰明堂者，明諸侯之尊卑也。其東青陽，其西總章，其北元堂，皆無取焉。明年而周公歸政，則此禮亦不復舉矣。然而有周一代以爲美談。周之史臣既備載其位，而魯之儒者又增益爲明堂位篇，明堂之名，於是特著。故夏曰世室,舉中以見外;殷曰重屋,舉上以見下;而周曰明堂,則獨舉南之一面以包其三面其義在此也。明堂之名既著,故周人於制度之大者,皆取法於明堂,而亦皆有明堂之名於是有宗廟之明堂,有路寢之明堂,有辟雍之明堂,有方岳之明堂,豈其制皆如前所圖歟?曰,非然也,明堂者,其南面一堂之名也。以南,而一堂之名名之,則亦南鄉可知也。其取法於明堂者,準其脩廣之數也。賈公彥疏引書傳云:「周人路寢南北七雉,東西九雉,室居二雉,雖變筵爲雉,而其數則同。凡所稱與明堂同制者,胥視此矣」周室既衰,諸侯去籍,明堂之制,言人人殊。大略上圓下方九室十二堂室,四戶八牖,則皆秦漢法程,難言古典』

宗震案:如阮氏之說,可見文化日進之程;如俞氏之說,更見聖人因時制宜之道。其言皆不可易矣。至宗廟路寢,實與明堂之制不同。江永金鶚皆辨之甚確。阮俞綜其大體言之,未及悉陳也。別見後章。

(2)明堂之名義功用及其位置

禮記明堂位曰:『明堂也者,明諸侯之尊卑也。』鄭玄注曰:『朝於此,所以正儀辨等也。』孔穎達疏曰:『所以朝諸侯於明堂者,欲顯明諸侯之尊卑,故就尊嚴之處以朝之,正儀辨等者,大司馬職文彼云「設儀辨位,以等邦國。」鄭略言之』(大戴禮盛德篇亦曰:明堂者,所以明諸侯尊卑。)

考工記匠人鄭玄注曰:『明堂者,明政教之堂』

白虎通辟雍篇曰:『天子立明堂者,所以通神靈,感天地,正四時,出教化,宗有德,重有道,顯有能,褒有行者也。』又鄉射篇曰:『禮三老於明堂,所以教諸侯孝也禮五更於太學,所以教諸侯

弟也。』(禮三老,禮五更,皆依藝文類聚卷三十八引。與今本稍異)

三輔黃圖曰:『周曰明堂明堂,所以正四時,出敎化,天子布政之宮也。』

隋書牛弘傳明堂議曰:『明堂者,所以通神明,感天地,出敎化,崇有德孝經曰:「宗祀文王於明堂,以配上帝,」祭義云:「祀於明堂,敎諸侯孝也」黃帝曰合宮,堯曰五府,舜曰總章。布政興法,由來尙矣。』

黃以周禮說曰:『昔者,黃帝始作宮室,上棟下宇,以庇風雨。明堂中有一殿,四面無壁,謂之明臺,亦謂之明庭。周人謂之明堂焉堂爲合殿之制,故黃帝又謂之合宮。宮謂之室,室謂之宮,故夏后氏謂之世室焉。周人亦謂之太室焉。室必重檐,中倍光明,故殷人特侢重屋焉。以其在國之陽,故殷人謂之陽館。以其四達而不悖,故唐謂之衢室般謂之總街。以其大禮並行於此,故虞謂之總章,或謂之總期。以太室爲宗祀配天之所,故唐虞謂之天府,又謂之文祖,藝祖。周謂之淸廟。蓋之以茅,又謂之茅屋。明堂之名義,有如此者。』

宗霈案:以上明堂一名義及功用可見者如此。又大戴禮盛德篇曰:『凡人民疾,六畜疫,五穀災者,生於天道不順天道不順,生於明堂不飾。故有天災則飾明堂也。』則以明堂爲順天道布政之所,而不同於巫祝之談又淮南子本經訓曰:『古者,明堂之制,下之潤溼弗能及,上之霧露弗能入,四方之風弗能襲,木工不斲,金器不鏤,衣無隅差之削,冠無觚贏之理,堂大足以周旋理文,靜潔足以享上帝,禮鬼神,以示民知儉節,』則又義蘊甚富,其說皆是也。

大戴記盛德篇曰:『明堂,其宮方三百步,在近郊。近郊三十里。』盧辯注曰:『淳于登說,明堂在國之陽,三里之外,七里之內,丙己之地。』(禮記玉藻疏引五經異義,亦載淳于登說,與此同。)

禮記玉藻曰:『聽朔於南門之外。』鄭玄注曰:『明堂在國之陽,每月就其時之堂而聽朔焉。』

孝經援神契曰:『周之明堂,在國之陽,三里之外七里之內,在辰己者也。』(太平御覽五百三十三引。)

春秋合誠圖曰:『明堂在辰巳者,言在木火之際。辰,木也。巳,火也。木生數三,火盛數七,故在三里之外,七里之內。』(同上)

白虎通辟雍篇曰:『明堂,布政之宮,在國之陽。』

徐虔明堂議曰:『明堂在國之陽,國門外。』(藝文類聚三十八引)

黃以周曰:『淳于登說,三里之外,七里之內,兼用大戴韓詩兩說。天子聽朔於明堂,玉藻云聽朔于南門之外,則明堂在國之南郊,信矣。顏師古謂周書敘明堂,有應門之制,宜近在宮中。孫淵如星衍謂在國中。其說本諸劉向別錄及說苑修文篇,不可信。』(宗震案:孫星衍明堂法天論亦主明堂在國南。)

孫詒讓曰:『明堂所在之地,鄭駁異義,從淳于登說,在丙己之地。御覽禮部引孝經援神契又引春秋合誠圖明堂在三里之外,七里之內。白虎通義辟雍篇,三輔黃圖,漢平帝紀應劭注,並云「在國之陽」大戴禮記盛德篇,盧注引韓詩說云「明堂在南方七里之郊。」又詩靈臺孔疏引馬融云:「明堂在南郊,就陽位。」藝文類聚禮部引徐虔明堂議亦云:「在國之陽,國門外。」說並與淳于登說同。左祖右社章,賈疏引劉向別錄,則云:「左明堂辟雍,右宗廟社稷。」說苑脩文篇亦云:「路寢承乎明堂之後,」是謂明堂在宮中。金鶚云「玉藻云天子聽朔於南門之外,鄭注以爲在明堂。夫諸侯受朔於天子，天子受朔於天，明堂祭天之所也。是知聽朔於南門外者；必明堂也。淳于登謂在國南丙巳之地，本於援神契，其說自確。明堂既在國外，則國中不得有明堂矣。明堂以祀上帝，在國中則褻，故與泰壇同置於郊。玉藻言在南門之外，則去國不遠，當在國南三里南爲陽方，三爲陽數也。」案金說近是。黃以周謂大戴云：近郊三十里，十字疑衍。孫星衍亦據尸子殷曰陽館，證明堂在國陽。謂夏商已在東南郊，皆足證』

宗震案：明堂在近郊東南，其說自不可易。三里七里者，蓋先王酌量行禮之便而爲之。近，則三里，遠不踰七里耳。漢儒惑於五行，乃有木生數三，火盛數五之說，固不足信。而金氏鶚求古錄禮說謂「三爲陽數，」亦不免傅會也。聖人立法之意，豈斤斤陰陽奇偶之數哉！

(3)明堂與路寢太廟及辟雝靈臺之異制

考工記鄭玄注曰：『世室者，宗廟也。魯廟有世室，牲有白牡，此用先王之禮。重屋者，王宮正堂，若大寢也。明堂者，明政教之堂。此三者，或舉宗廟，或舉王制，或舉明堂，互言之，以明其同制』

賈公彥疏曰：『夏舉宗廟，則王寢明堂，亦與宗廟同制也。殷舉王寢，則宗廟明堂亦與王寢同制也。周舉明堂，則宗廟王寢亦與明堂制同也。云其同制者，謂當代三者，其制同。非謂三代制同也。

詩，斯干，孔疏曰：『明堂位曰：太廟，天子明堂。又月令說明堂，而季夏云：天子居明堂太廟，以明堂制與廟同，故以太廟同名。其中室是宗廟，制如明堂也。又宗廟象生時之居室，是似路寢矣。故路寢亦制如明堂也。又匠人云：夏后氏世室，殷人重室，周人明堂，注云:世室,宗廟也。重屋者,王宮正室,若大寢也。明堂者,明政教之堂也。此三者不同,而三代各舉其一,是欲互以相通,故鄭云此三者,或舉宗廟,或舉王寢,或舉明堂,互言之以明其同制是宗廟及路寢,制如明堂也。彼三者並陳,此言如明堂者,以周制舉明堂爲文,故以宗廟及路寢制如之也。彼文說世室曰:五室,四傍,兩夾窻注云:窻,助戶爲明也。每室四戶,八窻,以言四傍,是四方傍開。又云兩夾窻,是一戶兩窻夾之,以此知每室四戶也。宣王都在鎬京,此考室當是西都宮室。顧命說成王崩,陳器物於路寢,云胤之舞衣,大貝,鼖鼓,在西房,兌之戈,和之弓,垂之竹矢,在東房。若路寢制如明堂,則五室皆在四角,與中央。而得左右房者,鄭志答趙商云:「成王崩之時,在西都。文王遷豐,作靈臺,辟廱而已,其餘猶諸侯制度。故喪禮設衣物之處,寢者夾室,與東西房也。周公攝政,致太平,制禮作樂,乃立明堂於王城。」如鄭此言,則西都宗廟路寢,依先王制,不似明堂,此言如明堂者鄭志答張逸云「周公制禮土中,洛誥,王入大室祼,是也。顧命,成王崩於鎬京,承先王宮室耳。宣王承亂,未必如周公之制,以此二答言之,則鄭意以文王未作明堂,其廟寢如諸侯制度,乃周公制禮建國土中,以洛邑爲正都,其明堂廟寢天子制度,皆在王城爲之,其鎬京則別都耳先王之宮室尙新,周公不復改作,故成王之崩有二房之位。由承先王之室故耳。及厲王之亂,宮室毀壞,先王作者,無復可因,宣王別更脩造,自然依天子之法,不復作諸侯之制故知宣王雖在西都,其宗廟路寢,皆制如明堂,不復如諸侯也。若然,明堂周公所制,武王時未有也。樂記說武王祀乎明堂者,彼注云:「文王之廟,爲明堂制。知者以武王旣伐紂爲天子,文王又已稱王,武王不得以諸侯之制爲父廟,故知爲明堂制也」』

江永周禮疑義舉要曰:「周路寢之制,略見顧命,有堂,有序,有夾,有房,何嘗有五室,有兩階,有二垂,有側階?何嘗有九階?蓋宗廟路寢宜同制,而明堂則否也。明堂者,朝諸侯,聽朔,祀上帝,配文王之堂。東西南北有四門。堂上中央與四隅有五室。東西階之間,有中階。而東西北堂皆有兩階,爲九階。皆與寢廟不同也』

阮元明堂論曰:『匠人言三代明堂之制,皆郊外明堂也。自「室中度以几」以下,乃通言城中王宮之制,非專指明堂。鄭注謂世室爲宗廟,殆以魯世室例之耳。其實夏之名世室,非專爲祀祖。即如夏小正爲觀天測時布令之書,禮亦當行于世室,與舜在璿璣玉衡于文祖同。又曰,殷人重屋,鄭注以爲王宮正堂,非也此所言,仍是郊外明堂之制。至于國中寢宮之制,止取郊外明堂四面之一,向南爲之。斷非如郊外明堂,四面皆有堂也。又曰:周人明堂,本指郊外。明堂與宮內路寢不同。故匠人又曰「宮中度以尋。」』

孫詒讓曰:『江說是也。洪頤煊,金鶚,說並同。賈孔及唐人申鄭說者,率舉月令明堂位及周書作雒篇文,以爲徵驗月令云:「孟春,天子居青陽左个;仲春,居青陽太廟;季春,居青陽右个;孟夏,居明堂左个;仲夏,居明堂大廟;季夏,居明堂右个;中央,土居大廟大室;孟秋,居總章左个;仲秋,居總章大廟;季秋,居總章右个;孟冬,居玄堂左个;仲冬,居玄堂大廟;季冬,居玄堂右个。」此引以證王十二月各有所居也。鄭彼注釋大室爲大寢,中央室四大廟,爲當大室之堂,八个爲四堂之兩偏。案四堂各有左右个,即所謂十二堂月令所言,即王居明堂之制故當大室之堂,謂之大廟。以明堂有宗祀之禮,故謂之廟。若路寢而有廟稱,則神人爲無別矣。(月令云云,至此乃大史疏。今移此以便閱。)明堂位謂魯大廟如天子明堂者,自謂天子宗廟,堂皆南向,其重屋,兩夾,諸制,與明堂南面一堂形制略同耳。非謂宗廟亦具四堂五室也。春秋文十三年,「大室屋壞。」漢書五行志述左氏說以大室爲大廟中央之室,屋卽重屋,蓋亦以魯大廟爲明堂制。然左傳實無是說。公羊穀梁說,則並以大室爲魯公廟,漢志所說,蓋西漢左氏經師肊定,以傳合明堂位之文,實不足據也。荀子宥坐篇云「子貢觀於魯廟之北堂,九蓋皆繼」此可證魯廟不爲明堂制。故房後之北堂,與正堂異制。否則四堂如一,安得北堂獨爲殊異乎?作雒篇云「乃位五宮:大廟,宗宮,考宮,路寢,明堂。咸有四阿,反坫,重亢,重郎,常累,復格,藻棁,設移旅楹春常畫旅,內階,玄階,隄唐,山廧,應門,庫臺,玄閫,」宋書禮志云:「周書,淸廟,明堂,路寢,同制。鄭玄注禮,義生於斯。蓋卽指此。今審繹作雒之文,乃總記廟寢明堂三者,殊異之制。非謂每宮各備此衆飾也。否則明堂四面九階,記有明文,安得復有內階邪?然則三經之說,皆不足證鄭義。夫明堂爲祭五帝之宮,故有五室之制,隨五時而用之。若宗廟時享,則一歲四舉,本無中央之祭,而虛制五室,爲無用矣。路寢之制,顧命有明文。鎬京雖周舊都,然大寢內朝所在,必不因陋就簡。鄭答趙商以爲猶諸侯制,殆曲爲之說,不足憑也。』

宗震案:寢廟與明堂異制,旣可定論。而諸家之說,往往合辟雍,靈臺等爲一。今更列舉於左:

大戴禮盛德篇曰:『明堂以茅蓋屋,上圓下方,外水曰璧雍。』又曰:『或以爲明堂者,文王之廟也。』又曰:『此天子之路寢也。』

五經異義曰:『韓詩說,辟廱者,天子之學,立明堂於中。』(詩靈臺疏引)又曰『古周禮孝經說,明堂文王之廟。』(禮記玉藻疏引)

穎子容春秋釋例云:『太廟有八名,其體一也。肅然淸靜,謂之淸廟。行禘祫,序昭穆,謂之太廟。告朔行政,謂之明堂。行饗射,養國老,謂之辟雍。占雲物,望氛祥,謂之靈臺。其四門之學,謂之太學。其中室謂之太室。總謂之宮。』又曰:『周公朝諸侯於明堂,太廟與明堂一體也。』(同上又初學記卷十三)

盧植禮記注曰:『明堂,即太廟也。天子太廟,上可以望氣,故謂之靈臺。中可以序昭穆,故謂之太廟。圜之以水,似璧,故謂之辟雍。古法皆同一處。近世殊異,分為三耳。(詩靈臺疏引。)

蔡邕明堂月令論曰:「取其宗祀之貌,則曰清廟。取其正室之貌,則曰太廟。取其尊崇,則曰太室。取其鄉明,則曰明堂。取其四門之學,則曰太學。取其四面周水,圜如璧,則曰辟廱。異名而同事。其實一也』

高誘淮南子本經訓注曰:「明堂,王者布政之堂。上圓下方。堂四出,各有左右房,謂之个,凡十二所。王者月居其房,告朔朝歷,頒宣其令,謂之明堂。其中可以序昭穆,謂之太廟。其上可以望氛祥,書雲物,謂之靈臺。其外圜似辟雍。』

三輔黃圖曰:「明堂者,明天道之堂也。所以順四時,行月令,宗祀先王,祭五帝,故謂之明堂。璧雝圜如璧,雍以水。異名同事,其實一也。』(藝文類聚卷三十八引)

孔穎達左傳文二年疏曰:『左氏舊說,及賈逵盧植蔡邕服虔等,皆以祖廟與明堂為一。』

宗震案:以上諸說,或合明堂太廟為一,或合明堂辟廱,或合明堂太廟辟廱靈臺,實皆非也。辨如下:

鄭玄駁五經異義曰:「禮戴所云,雖出盛德記,及其下顯與本章異。九室三十六戶,七十二牖,似秦相呂不韋作春秋時說者所益,非古制也。(玉藻疏引)

大戴禮,盛德篇,盧辯注曰:『明堂,與文王之廟,不為同處,或說謬也。』

袁準正論曰:宗廟之中,人所致敬,幽隱淸靜,鬼神所居;而使衆學處焉,饗射其中,人鬼慢黷,死生交錯,囚俘截耳,瘡痍流血,以干犯鬼神,非其理矣。且夫茅茨采椽,至質之物,建日月,乘玉輅,以處其中,象箸玉杯,而食于土簋,非其類也。禮:天子七廟,左昭右穆,以明堂之制言之,昭穆安在?夫宗廟鬼神之居,祭天而于人鬼之堂,非其處也。夫明堂法天之宮,非鬼神常處,故可以祭天,而以其祖配之。配其父于天位可也。事天而就人鬼,則非義也。明堂者,大朝諸侯講禮之處。宗廟,享鬼神歲覲之宮。辟廱,大射養孤之處。太學,衆學之居。靈臺,望氣之觀。淸廟,訓儉之室。各有所爲,非一體也。』(詩靈臺疏引。)

黃以周曰:『蔡說淸廟即明堂,本盛德記。記言明堂蓋之以茅,而春秋傳曰:「淸廟茅屋,」是明堂即淸廟也。淸廟者,淸虛之廟,非鬼神所常處也。而或者因宗祀文王于此,遂以爲文王廟焉,非也。蔡說太廟太室即明堂,本月令,明堂位。但月令太廟指太室之淸廟,非謂七廟之太廟。明堂位,太廟天子明堂,謂魯于太廟濫其制也周天子立宗廟于王宮之左,營明堂于國之郊,顯爲異地。蔡說大學璧廱即明堂,本盛德記,大學即璧廱,辟廱之制,與明堂同,故漢初合明堂璧廱靈臺謂之三廱,亦謂之三宮。則三者各在異地,非爲一體,亦明矣。盛德文,未可據也』

孫詒讓曰:「案盧穎蔡高之說,傅會廟寢大學,概以爲即明堂,說殊牽合。今攷盛德記及韓詩說鄭駁異義已糾其非。盧辯盛德注亦斥明堂爲文王廟之謬,南齊書禮志王儉議又引鄭志趙商問云:「說者謂天子廟制如明堂,是爲明堂即文廟耶?鄭答曰:「明堂主祭上帝,以文王配耳。猶如郊天以后稷配也。」與駁異義說同。牛弘議引五經通義云:「靈臺以望氣,明堂以布政,辟廱以養老,教學,三者不同。」靈臺疏引袁準正論云:「明堂,宗廟,太學,禮之大物也。事義不同,各有所爲而世之論者,合以爲一體。取詩書放逸之文,經典相似之語而致之,不復考之人情,驗之道理,失之遠矣。」』

宗震案:明堂與太廟路寢,以及辟廱靈臺,本自不同。袁準辨之已晰。黃氏以周以位置所在斷之,尤爲明確。孫氏詒讓博綜諸家,折中至當。明堂與太廟辟廱等別,可以定矣。

(4)三代明堂圖說

明堂之制,至周而定。夏曰世室,殷曰重屋,其名不同,其實則一。雖其中制度亦有同異,比而觀之,損益之故,顯然可見。今以考工記匠人之文爲綱,證以諸儒之說,爲歸則折中於孫氏特宮室構造,非圖不明。故并取前人之圖,稍加鄙見,並附解說。聊以自課,匪敢箸書。攷古君子,倘其教之!

(甲)夏世室圖說

考工記匠人曰:『夏后氏世室堂脩二七,廣四,脩一。』

鄭玄注曰:『脩,南北之深也。夏度以步,令堂脩十四步。其廣,益以四分脩之一,則堂廣十七步半。』

隋書宇文愷傳:『愷奏明堂議曰:「三王之世,夏最爲古。從質尚文,理應漸就寬大。何因夏室,乃大殷堂?相形爲論,理恐不爾。記云堂脩七博四脩。)案隋諱「廣」爲「博」然當云「博四脩一,」似原闕一字。)若夏度以步,則應脩七步。注云令堂脩十四步,乃是增益記文。殷周二室,獨無加字,便是其義,類例不同。山東禮本輒加「二七」之字，何得殷無加尋之文，周闕增筵之義？研覈其趣，或是不然。讐校古書，並無二字。此乃桑間俗儒，信情加減。』

黃式三儆居集經說明堂步筵說曰：『殷度以尋，堂脩七尋。周度以筵，堂脩七筵。則夏度以步，堂脩七步。鄭君以堂脩七步爲隘，注有令堂脩十四步之文。假令之辭也。而後人乃依此作二七字。宇文愷所規，固得其實也。』

俞樾曰：『堂脩二七，「二七」二字，衍文也。隋時古本，並作堂脩七。鄭君所據之本，亦當如是。鄭意五室皆在一堂之上，疑堂脩七步。不足容之，以爲是記人假設之數。使人以七步推算，非是止脩七步。故下注云：令堂脩十四步，此乃鄭君以意說之。謂設以二七推算，則是十四步也。下注又云：令堂如上制，可見十四步之數，是鄭君假設。若記文本作堂脩二七，則是實數如此，何言令乎？學者從鄭義作十四步，遂增記文作二七。改經從注，貽誤千古矣。今以下文證之，殷度以尋，堂脩七尋，周度以筵，堂脩七筵，然則夏度以步，堂脩七步，理無可疑。當據宇文愷議訂正。大室之外，四面有堂，其南明堂，其北玄堂，其東青陽之堂，其西總章之堂，凡堂皆脩七步。廣四脩一者，廣二十八步也。堂脩一七，其廣四七。廣之四，脩之一也。是謂廣四脩一。雖然，堂不已廣乎？曰此兼四旁兩夾而言也。中央爲大室，四面爲堂。東堂之南，即南堂之東。南堂之西，即西堂之南。西堂之北，即北堂之西。北堂之東，即東堂之北。是故東西兩面，各廣四七，而南北兩面之各脩一七者，即在其中矣。南北兩面，各廣四七，而東西兩面之各脩一七者，即在其中矣。記文不曰廣四七，而變其文曰廣四脩一，明廣之數，兼有脩之數也。於是堂基定而大室之基亦定。堂基方二十八步，大室之基，方十四步。』

孫詒讓曰：『三代明堂之通制，皆四面爲四堂。世室四堂，此其一面。修廣之度，四堂全基正方。鄭注以廣修之數，爲全基之度，則堂爲楕方形，非也。』又曰：『黃兪兩家，據宇文愷議，考定經文，最塙。此經廣修之說，亦當以兪氏爲允。依其說，則夏世室全基正方，一百六十八尺，與周明堂爲亞字形者，異也。牛弘議又引馬宮說，謂夏后氏堂廣百四十四尺，以步法六尺除之，則二十四步也。其義牛氏亦謂未詳。今攷馬謂周明堂廣二百十六尺爲二十四筵，蓋以兩堂三室，東西合并計之，是周度以筵，其廣二十四筵；夏度以步，廣亦二十四步；比例相同。若然，馬意世室亦兩堂，堂各七步。中三室合十步，并之爲二十四步。分率及度法與明堂正同。三室所以得有十步者，疑謂隅室各三步，中室則四步。蓋馬釋三四步之義如是。而四三尺之度，則不計。似亦謂包於三四步之內。但不審其意云何。又馬謂周堂廣二十四筵，而以十六筵爲兩序間，則世室廣二十四步，亦當以十六步爲兩序間。馬說大意，約略如是。於此經義，未必密合。然可證馬氏所見本，亦作堂修七。故每堂止以七步入算，與明堂每堂九筵七筵同也。』又曰：『周髀算經趙爽注云：「從者謂之修，」一切經音義引韓詩傳云「南北曰從，」故此經亦以南北之深爲修也。賈疏云：「知堂廣十七步半者，以南北爲修，十四步四分之，取十二步，益三步爲十五步。餘二步，益半步，爲二步半。添前十五步，是十七步半也。鄭嫌堂修七太狹，因疑其當爲二七十四步，而經無文。故爲假令之辭。此經云：廣修七，不言二七，故鄭補之云：令堂修十四步，若如今本云：堂修二七，則其爲十四步甚明。何藉爲假令之辭乎？然鄭此說，其誤有三：一則經云廣修，本爲四堂每面一堂之廣。鄭誤以爲四堂五室之通基。遂令一代布政之宮，尺度迫隘，形制不稱。且修廣異度，四堂不方，尤爲非制。二則橫增二七之數，不直據經文，而假設爲說，有乖經義。三則廣四脩一，經文本明。而猥云四分益一，增字成義，說尤牽強。故宇文愷議，亦據馬宮言，謂此經廣脩，止論堂之一面。三代堂基並方，斥鄭說與古違異。」今案殷周堂皆四出，雖不正方，然世室之制，自當如愷議。俞樾亦云：如鄭義則當云益以四脩一，其文方明。不得但云廣四脩一也。且其數畸零不齊，於義無取。足知其非，並足正鄭注之誤』

宗震案：黃以周謂百王之道，互有損益。殷之重屋，未必不小于世室。鄭注可通，而以宇文愷所訂爲未然。詳見禮書通故及禮說。孫氏謂宇文愷考定經文，最塙。此經廣脩之說，仍當以俞氏爲允。今遵孫說，則黃以周之強附鄭解，未可從也。而此全基之圖，則亦以俞氏圖最爲簡明。今從之。爲圖如後：

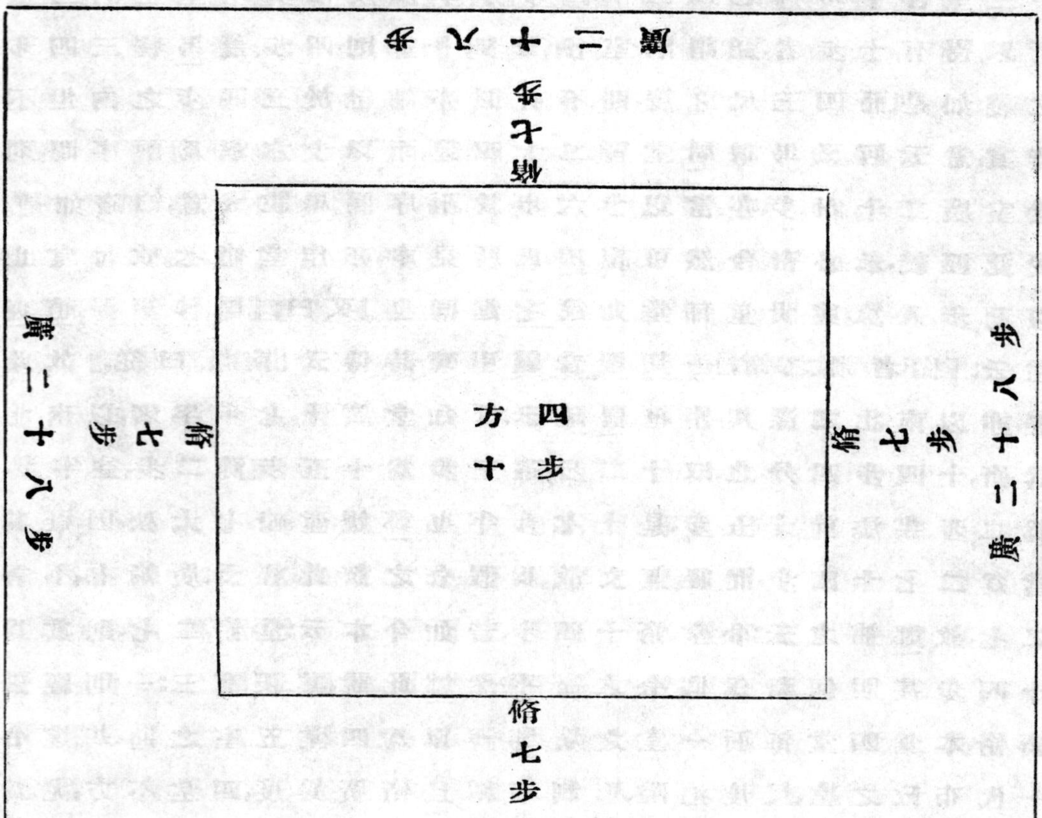

『五室:三四步,四三尺。』

注曰:『堂上爲五室,象五行也三四步,室方也。四三尺,以益廣也。木室於東北,火室於東南,金室於西南,水室於西北,其方皆三步,其廣益之以三尺。土室於中央,方四步,其廣益之以四尺。此五室居堂,南北六丈,東西七丈。』

禮記外傳曰:『夏后一堂之上,爲五室』

宗震案:成伯璵語簡而意未顯。阮氏元申之曰:『世室,乃一堂中央之室也。較他室爲尊,故稱之爲世室。世與大皆尊稱之辭。』

鄒漢勛讀書偶識曰:『室各方四步,中一室隅四室,是自東而西,自南而北,皆三室之廣,故言三四步也。五室東西凡四墉,南北亦四墉,墉厚三尺,故言四三尺也』

俞樾曰:『三四步者,十二步也。不曰十二步而曰三四步,明四步者三也。四三尺者,十二尺也。不曰十二尺而曰四三尺,明三尺者四也。大室方十四步,於其中分爲五室,正中土室,正東木室,正南火室,正西金室,正北水室,室各四步。室之外,各有餘地三尺。於是東西度之,爲四步者三,爲三尺者四。南北度之,亦爲四步者三,爲三尺者四,是爲三四步,四三尺。古者六尺爲步,四步者三,三尺者四,適合大室方十四步之數。』又曰:『下文言周制曰:凡室二筵不言脩廣,是室脩廣如一也。而鄭謂四三尺以益廣,謬矣。且如鄭注,則一室四室必當分別言之。不然,則與周制之五室如一者,奚別焉?即謂古人語簡,不屑屑分別,亦當云三四步三四尺,方見以三尺益三步,四尺益四步之義。乃步言三四,尺言四三,必顛到其文,何義乎?』

黄以周曰:『五室:室各四步,四隅室及中室之正堂,其內有三個四步,故曰三四步。謂三其四步也。凡隅室設窗戶,其四面有墉。墉之地,各有三尺。四隅室及中室之正堂,其內有四個三尺,故曰四三尺。謂四其三尺也。』

孫詒讓曰:『五室者,亦三代明堂之通制。蓋五室惟土室在中,四室分居四維。室方四步,而墉厚三尺。土室之四墉,與四室之四墉,廣脩相接,是四墉合三室而占地十四步。後文云:牆厚三尺,亦其證也。注云:堂上爲五室,象五行也。三輔黃圖說明堂同。牛弘議引尚書帝命驗云:「帝者承天立五府:赤曰文祖,黃曰神斗,白曰顯紀,黑曰玄矩,蒼曰靈府。」注云:「五府與周之明堂同矣。」是五室沿五府之制也。玉藻孔疏引五經異義講學大夫淳于登說周明堂云:周公祀文王於明堂,以配上帝。上帝五精之帝,大微之庭,中有五帝座星。案據書緯五府之說,則夏殷以前,當已有五帝五神之祭。若然,夏世室,五室象五行,亦兼爲合祭五帝五神之宮也。鄭意中太室方四步,旁四室,皆方三步。經云三四步,即室方或三步或四步也。云「四三尺,以益廣」也者,謂以四尺益中太室之廣,以三尺益旁四室之廣。經云四三尺,即或益廣以四方,或益廣以三尺也。依鄭說則五室並橢方,故賈後疏謂世室室東西廣於南北。今攷定世室,五室亦正方,與周明堂同。鄭賈說並失之。玉藻孔疏引鄭駁異義說明堂五室云:水木用事,交於東北。木火用事,交於東南。火土用事,交於中央。金土用事,交於西南。金水用事,交於西北。案凡世室,重屋,明堂,五室旁四室,並隅列。鄭說塙不可易。蓋古人寢室本有東房西室之制。則室固不必皆居正中。況土室已在中央,則四室自宜讓而居隅,彼此乃不相蔽礙。揆之形制,理自無疑。』

宗震案:鄭氏此注,有得有失。其五室益步之說,實不可通。

故諸家駁之,是。而四室居四隅之說,其制甚合。特惑於五行交際,轉致生後人之疑。今并附諸家駁議,而加以辨正焉.

魏書李謐傳。謐著明堂制度論曰:『夫明堂者,蓋所以告月朔,布時令,宗文王,祀五帝者也。然營構之範,自當因宜創制耳。故五室者,合於五帝,各居一室之義。且四時之祀,皆據其方之正。又聽朔布令,咸得其月之辰。求之古義,竊爲當矣。鄭康成漢末之通儒,後學所宗正,釋五室之位,謂土居中,水火金木各居四維。然四維之室,既乖其正,施令聽朔,各失厥衷。左右之个,棄而不顧,乃反文之以美說,飾之以巧辭,言水木用事,交於東北;木火用事,交於東南;火土用事,交於西南;金水用事,交於西北;旣依五行,當從其正。(「正」字依陳壽祺明堂攷增)用事之交,出何經典?可謂攻乎異端,言非而博,疑誤後學,非所望於先儒也。

俞樾曰:『藝文類聚卷三十八,引三禮圖曰:「明堂者,周制五室:東爲木室,南火,西金,北水,土在其中。此五行之正位,三代之所同,未有能易者也。而鄭謂木室東北,火室東南,金室西南,水室西北,謬矣。

王國維曰:『自余說言之,則明堂之制,本有四屋四堂,相背於外。其左右各有个,故亦可謂之十二堂。堂後四室相對,於內,中央有太室,是爲五室。

宗震案:以上皆主四室皆正,而以鄭氏四隅之說爲不然。孫詒讓嘗辨之曰:『依禮圖及李氏說,並以四室移居正中,則四室環列中室之外。由四堂而入,必經四室,而後可至中室,且中室四面蔽碍,不能納光,其不可信明矣。今從孫說,爲之圖如後:

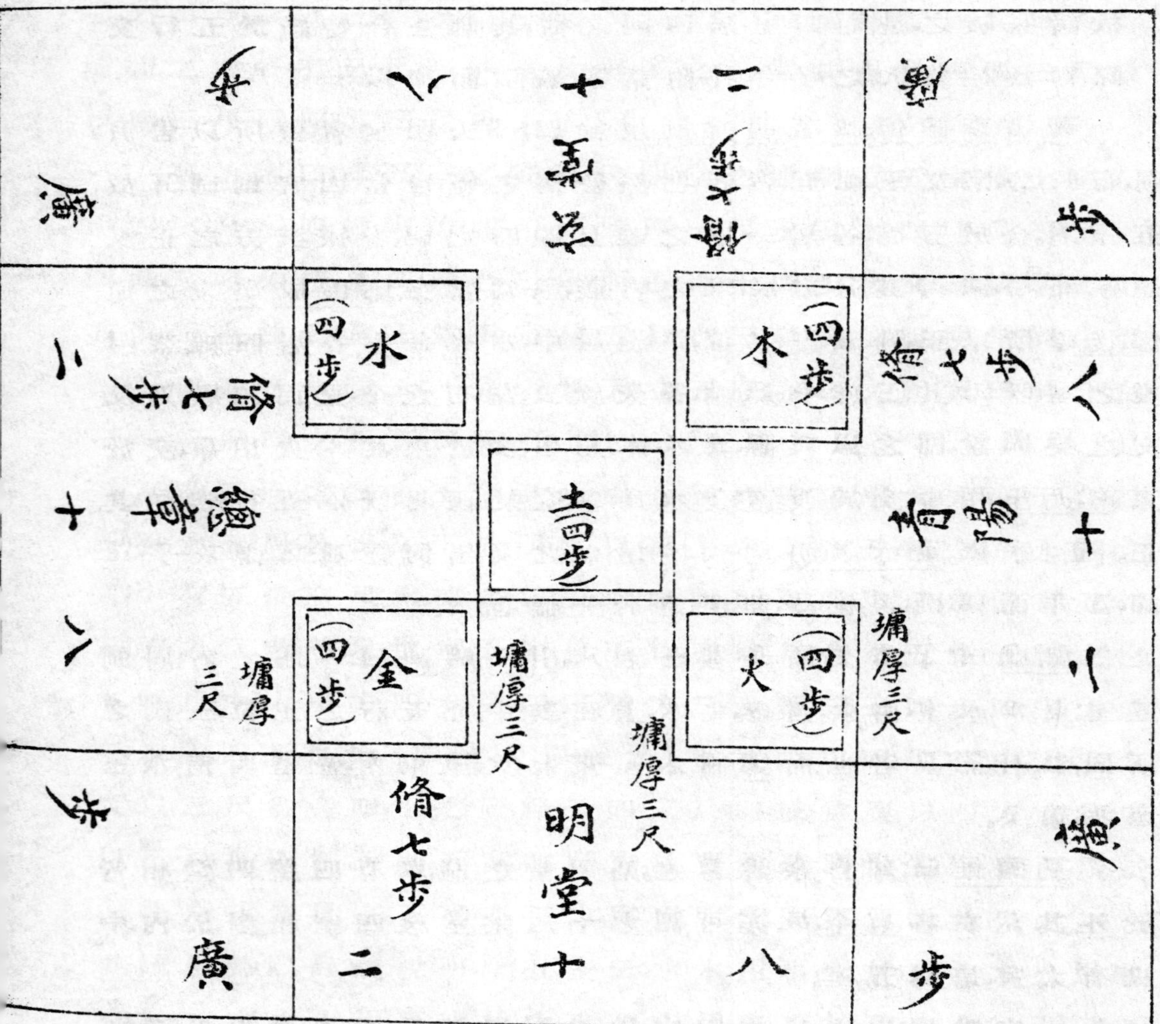

玄堂
脩七步
廣二十八步
青陽
脩七步
廣二十八步
總章
脩七步
廣二十八步
明堂
脩七步
廣二十八步
水(四步)
木(四步)
土(四步)
金(四步)
火(四步)
墉厚三尺
墉厚三尺
墉厚三尺
墉厚三尺

『九階,四旁,兩夾窗,白盛。』

注曰:『九階,南面三,三面各二窗,助戶爲明。每室四戶八窗。白盛,蜃炭也。盛之言成也。以蜃灰堊牆,所以飾成宮室。』

賈公彥疏曰:『按賈馬諸家,皆以爲九等階。鄭不從者,以周殷差之。夏人卑宮室,故一尺之堂,爲九等階,于義不可。故爲旁九階也。鄭知南面三階者,見明堂位云:三公中階之前,北面東上。諸侯之位,阼階之東,西面北上。諸伯之國,西階之西,東面北上。故知南面三階也。知餘三面各二者,大射禮云:「工人士與梓人升自北階。」又雜記云「夫人至,入自闈門,升自側階。」奔喪云「婦人奔喪,升自東階。」以此而言,四面有階可知。言四旁者,五室,室有四戶,四戶之旁,皆有兩夾窗,則五室二十戶,四十窗也』

孔廣森禮學卮言曰:『管子曰:「立三階之上,南面而受要。」明堂位曰:「三公中階之前,」知明堂南面正中有階,與廟寢唯賓階阼階者異也。四旁猶四方也。四方各有兩夾,當隅室戶牖之外,即所謂左右个也。木室南之前曰明堂左个,東之前曰靑陽右个。水室東之前曰靑陽左个,北之前曰玄堂右个。金室北之前曰玄堂左个,西之前曰總章右个。火室西之前曰總章左个,南之前曰明堂右个。盛德記十二堂謂此。四方各一堂,兩夾通之,爲十二矣。凡廟寢兩序之外,必有東堂西堂。其後有室,謂之夾室。明堂之有左右个,猶廟寢之有東西堂。由此言之,明堂之所異者,在四面如一。而自其一面視之,則皆前堂後室隅室之墉,即序也。个即箱也。隅室當个之後,即夾室也。與儀禮廟寢之制,固不相遠也。明堂月令曰「室四戶,戶二牖。赤綴,戶也。白綴,牖也。白盛,即所謂白綴。獨言此者,明其尙潔質。』

阮元揅經室續集明堂圖說『讀考工世室四旁兩夾爲句,

窗白盛爲句。此爲特識。四旁者,四堂之旁也。兩夾者,左右个也此个與五室不相涉也。元更謂窗者,凡四面不明之處,皆加窗。至於當用幾十窗,不能臆斷。白盛者,盛義如城,如防.此言四面皆用牆,如城如防,而白之,且多用窗也。釋名曰:「城者,盛也。爾雅曰:「山如防者,盛。」是其義也。』又曰:『个之義奈何?案个與介同。古經子中每通用。初學記引月令「个」即作「介。」个介相同,即是一堂兩旁夾室之義也。考工記,「梓人爲侯,侯有上兩个,下兩个,」亦皆具旁夾之形,即廟寢之東西廂,東西夾也。左傳昭公四年,使置饋于「介,」而退。是非明堂,尚可襲名稱「个,」何況明堂乎?』

俞樾曰:『按禮記明堂位篇有中階阼階西階,則南面三階,禮有明證。鄭注謂南面三,三面各二,其義塙矣。然四堂之制如一,何以南面獨多一階?蓋土室戶牖南鄉,必由明堂而入,故於南面特設中階。將有事乎土室,則由中階升堂焉。秦制增爲十二階,惡知此意哉?』

孫詒讓曰:『九階者,亦明堂三代之通制也。北史封軌傳,明堂議云:「九階法九土。」案賈疏述賈馬說,九階爲九等階,則階數與鄭不同。蓋謂南面亦二階,四面共八階矣。藝文類聚禮部,引徐虔明堂議云.「四門八階,」即用賈馬說也。依後注,則夏堂崇一尺爲一等階,於度太卑,恐不足據。竊疑世室重屋之階,當同高三尺,而爲三等。呂氏春秋別類篇云:「明堂土階三等,」即據夏殷制言之。賈馬說亦非。其階之廣,經無文。宇文愷明堂議,引周書明堂云:「階博六尺三寸,」未知是否。牛弘明堂議云:「案考工記夏言九階,四旁夾窗,門堂三之二,室三之一,殷周不言者,明一同夏制。四旁兩夾窗者,亦三代明堂之通制也」孔廣森以「四旁兩夾」爲句,云:「四旁各有兩夾,當隅室戶牖之外,即所謂左右个也。」阮元亦云:「四旁者四堂之旁也。兩夾者,左右个也。此个與五室不相涉也。「个」與「介」同,古經子中,每通用,初學記引月令,「个」即作「介。」个介相同,即是一堂兩旁夾室之義也。」俞樾云:「說文無「个」字。个者,介之變體。史記十二諸侯年表曰:「楚介江淮。索隱曰:「介者,夾也。」是「夾」與「介,」義通。」案孔阮讀是也。俞樾黃以周讀同。此明四堂有八个之義,與月令文正相應。孔氏謂兩夾與八个爲一制,通四正堂爲十二堂,其說甚是。鄭以爲記五室八窗之制,非也。旁,阮謂四堂之旁,亦墉。兩夾在隅室之前,即堂兩序之外。故云「四旁兩夾。」世室全基,正方二十八步,中五室爲地方十四步,每面之堂與兩夾亦通廣十四步,夾之外墉,與隅室之牆,正參相直,與重屋明堂之制同。惟世室四旁兩夾之外,各餘地方七步,以爲堂坫。殷周則四堂外出,爲亞字形。夾外墉之外,無餘地。則小異耳。江永云:「序外之室,儀禮顧命,皆言東夾西夾,未有言夾室者。注疏或言夾室者,因雜記下釁廟章,及大戴禮釁廟篇而誤耳。雜記云:「門夾室皆用雞,先門而後夾室。」又云:「夾室中室,」此夾室二字,本不連。夾與室是二處。室謂堂後之室也。夾又名爲達。內則,天子之閣,左達五,右達五。閣者,庋食之物也。夾又名爲个。左昭四年傳,豎牛置饋于个而退,是也。」戴震云:「釋名,釋宮室,夾室在堂兩頭,故曰夾也。凡夾室前堂或謂之箱,謂或之个。左傳,昭四年杜注云:个東西箱是箱得通稱个也。古者宮室恒制,前堂後室,有夾,有个,有房,惟南嚮一面。明堂四面闓達,亦前堂後室,有夾有个而無房。房者,行禮之際,别男女。婦人在房,明堂非婦人所得至,故無房宜也。案夾个之義,當以江氏爲正。凡廟寢之夾,在左右,房外夾堂爲之。明堂則在隅室之外,亦夾堂爲之。夾惟後三面有壁,前一面接東西堂者,則無壁。其制似室而非室。故聘禮公食大夫禮,及書顧命,謂之東西夾。此經謂之兩夾,皆不云夾室。諸侯釁廟禮之門夾室,江氏謂夾室爲二,而大戴禮記盧注則以爲門夾之室。近陳喬樅黃以周並從其說。二義未知孰是。要東西夾之不全爲室制,則固無疑義。高誘注呂氏春秋十二紀及淮南子時,則訓之左右个,並釋爲隔而云某堂某頭室者,此亦沿夾室之稱故云堂頭室,即指東西堂後言之。與五室固不相涉也。至明堂本無房,而呂覽高注云:「明堂通達四出,各有左右房,謂之。个」李謐明堂制度論云:「四面之室,各有夾房,謂之左右个。个者,即寢之房也。」今案个即寢之東西夾,與房迥別。高氏知个在堂兩頭,而誤掍房名。李氏則直以个爲夾四室,似隱據書顧命僞孔傳「東西房即東西夾」之謬說,與古制殊不合。賈思伯明堂議,又謂四維之室,即是左右个。兩堂共一室,四室即是八个。其說亦誤。隋書禮儀志又載梁武帝說,謂左右个別爲小室,在營城之內,明堂之外,說尤謬盭,不足論也明堂位曰:「太廟天子明堂,」又曰:「達鄉天子之廟飾也。」鄭注「鄉,牖屬謂夾戶窗也。每室八窗,爲四達。」孔疏:「達通也。每室四戶八窗,皆相對通達,故曰達鄉是也。明堂每室八牖,其餘廟寢之室,止有一牖。」賈疏云:「言四旁者五室,室有四戶,四戶之旁,皆有兩夾窗,則五室二十戶四十窗也。」案依鄭賈說,室有四戶八窗,則室旁各於正中爲戶,左右兩窗夾之,此亦三代明堂之通制也。大戴禮記盛德篇云:「明堂一室而有四戶八牖。」又引明堂月令云:「室四戶,戶二牖。」續漢書祭祀志,劉注引桓譚新論云:「明堂八窗法八風,四達法四時。」三輔黃圖云:「八牖者,陰數也。取象八風。四闥者,象四時,四方也。」白虎通義辟雍篇,及玉藻孔疏引五經異義淳于登說,孝經援神契說明堂,並有八窗四闥。達闥字亦通。此四闥即四戶,與它書云八達八闔爲八个者不同。明堂堂室深邃，非多爲戶牖，不足以通出入而納光明。鄭以「四旁兩夾窗」句，雖與經讀不合，然四戶八窗之制，古說並同，不可易也。至大戴禮記盛德篇又云：「明堂三十六戶，七十二牖。」續漢志注引新論云：「明堂三十六戶，法三十六雨；七十二牖，法七十二風。」明堂月令論云：「三十六戶，七十二牖，以四戶八牖乘九室之數也。」三輔黃圖及明堂制度論說並同。此以九室每室四戶八牖計之，故有此數。與此經五室二十戶四十牖制異。九室之說，義不可通。阮元云：「大戴九室三十六戶七十二牖之說，即東京賦之「八達九房，」此蓋因漢明堂而誤。五室爲九室，與考工不合也。」白盛者，孔廣森據盛德記白綴牖證此經，當以窗白盛爲句，塙不可易。阮元俞樾黃以周讀並同。窗白盛，亦三代明堂之通制也。白盛，自指每室八窗言之。古書說明堂之制，多以五室四堂各從其方色。宇文愷明堂議引黃圖云：「堂四向，五色，法四時五行。」藝文類聚禮部引桓譚新論說明堂，亦云「爲四方堂，各從其色，以倣四方。」蔡邕明堂月令論亦云：「四鄉五色者，象五行。」今以青陽玄堂諸名推之，從方色之說，於理可信。世室之制，當亦如之。然則自西方堂室外不皆白色也。此經白盛之文，自專指窗而言。明四堂五室，涂飾異色，而牖則同爲白色，以取明。大戴白綴，專言牖，其明證也。自鄭注失其句讀，而古制晦矣。

『門堂，三之二；室，三之一。』

注曰：『門堂門側之堂。取數於正堂今堂如上制，則門堂南北九步二尺，東西十一步四尺。爾雅曰「門側之堂，謂之塾。」室三之一，兩室與門各居一分。』

俞樾曰：『門堂者，門基也。門居正中，其內其外，皆謂之堂。正堂脩七步,廣十四步。門堂三之二,則脩二丈八尺,廣五丈六尺。』

孫詒讓曰:『門堂三之二者,亦三代明堂之通制也。凡廟寢制亦略同。門堂者,四門,門塾之堂。明堂有四門,每門內外左右,其兩塾左塾之左廉,與右塾之右廉,相距之度,蓋與正堂之廣度正等。三之二者,以正堂之脩,三分取二,爲一堂之脩。以正堂之廣,三分取二,爲二堂之廣也。依俞氏所定世室正堂之度,取三之二,以爲門堂,則每堂脩四步四尺,廣九步二尺,合左右二堂,廣十八步四尺也。內塾外塾脩廣之度同詒讓案:鄭釋正堂廣脩之根數未合。而所定門堂與正堂,差減分率,則是也。何以言之?凡塾堂後爲室,脩度自減於堂,而堂外無左右房,則室廣卻當與堂廣度等。是室脩減而廣則不減也。故下注以室三之一,爲室與門各居一分。蓋猶言塾與門各居一分,合兩塾及門與正堂之廣,正相埒也。焦循云:「門堂之制,顧命云先路在左塾之前。次路在右塾之前。鄭注云:先路,在路門內之西北面。次路,在門內之東北面。士冠禮云:筮與席所卦者具饌于西塾。注云:西塾,門外西堂也。又擯者玄端負東塾注云:東塾,門內東堂,是東西內外皆有塾無疑也。其謂之塾者,說文作𡑼,云:射臬也。讀若準。又云:埻,堂塾也。蓋塾爲築土成埒之名。路門,車路所出入,不可爲階。兩塾築土,高於中央,故謂之塾。絲衣詩云:「自堂徂基,」箋云:使士升門堂,視壺濯及籩豆之屬,降往于基,告濯具。凡四方而高者曰堂,兩塾高謂之堂,中央平地謂之基,往塾視之,至門堂而告也。」案焦氏攷定門堂之制,甚覈。此門堂者,亦謂門塾之堂,與門基異。周頌絲衣云「自堂徂基,」堂即門側之堂,基則門中平地。叚令門中亦得稱堂,則詩言「自堂徂基」將爲自基徂基,於文不可通矣。徧考書傳,門中與地平無堂之名,且合門基與兩塾廣度,當與正堂同,於制乃適稱。儻門堂即是門基,則全基減於正堂三分之一,於制尤爲不稱。以此經及詩雅互相證覈,門堂之爲兩塾,可無疑矣。室三之一者,室謂門兩塾之室也,張惠言云:「門堂棟當阿,亦五架爲之,則前後各以一架爲室,一架爲堂。」案張說是也。凡門塾亦前堂後室,與正堂同三之一者,以正堂之脩,三分取一,爲每門室之脩,即門堂之半也。其廣當與門堂同以一室言之,亦得正堂三之一,於差率仍無悖矣。今以正堂脩七步,廣二十八步計之,門堂蓋脩二步二尺,廣亦九步二尺。又案門塾唯前堂後室,而無左右房,與正堂小異。又凡門皆內外東西共四塾,塾各有堂,室。室後隔以牆,內外不相通也。四塾各自爲堂室,其度並同。』又曰:『此注惟所定正堂根數未是,餘則不誤。其以門堂與門各居三分之一者,因門室之脩,可減於門堂,而廣不可減。故謂室三之一,爲與門各居一分,其說自塙。』

宗震案九階謂南面三,東西北三面各二,自當從鄭義。賈馬諸家,殆非是。『四旁,兩夾,窗白盛。』孔阮讀是。四旁,即四堂之旁。兩夾,即堂坫之左右个也非夾室也。(夾个古通用。)窗白盛,乃以白灰塗窗,取其明也。鄭注雖與經讀不合,然每室四戶八窗之制,不可易也。門堂者,四門,門塾之堂也。室兩塾,堂後之室也。上文堂脩七廣四脩一,鄭注假設之說,既不可從,而以俞氏所定之數爲是,則此所謂門堂三之二,室三之一,自當仍依俞氏所定之數。而諸家或同鄭說,或不同鄭而別爲異說者,皆不復載。惟俞氏以室在門堂左右,似亦未是。孫氏謂室在堂後,於制較合也。爲圖如後:

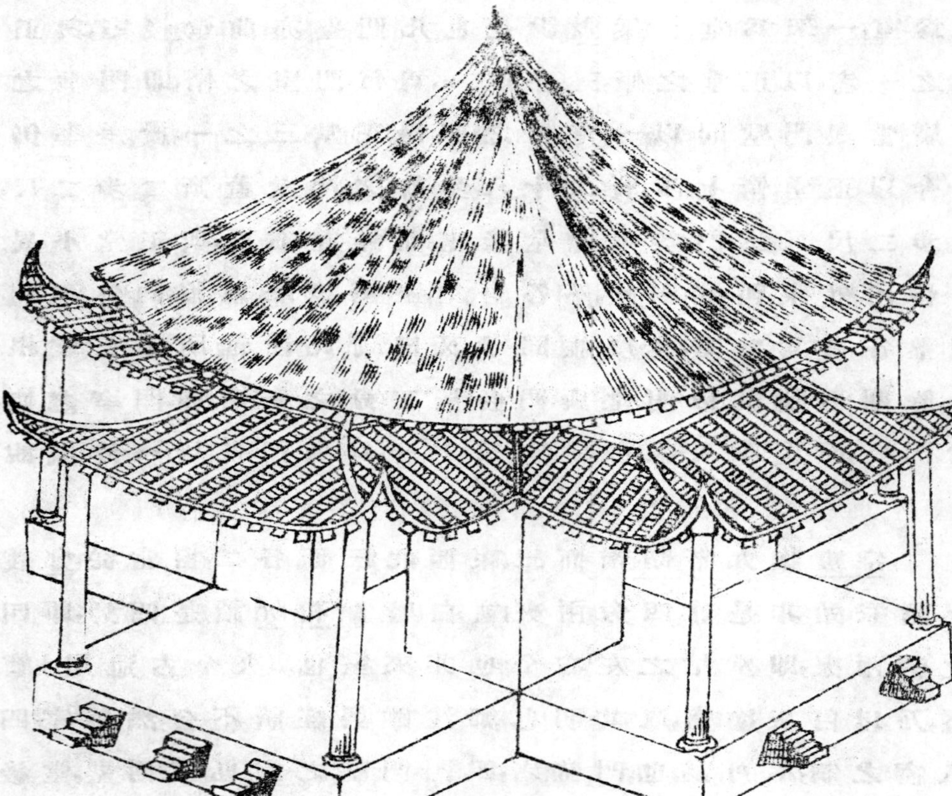

(乙)殷重屋圖說

考工記,匠人曰:『殷人重屋,堂脩七尋。』

鄭注曰:『其脩七尋,五丈六尺。放夏周。則其廣九尋,七丈二尺也。五室各二尋』

賈疏曰:『經言堂脩七尋,則其廣九尋,若周言南北七筵,則東西九筵,是偏放周法而言放夏者,七九偏據周。夏后氏南北狹東西長,亦是放之。故得兼言放夏也』

孔廣森曰:『八尺曰尋,七尋五十六尺也不言廣,正方可知。四堂之基,通方二十一尋。凡百六十八尺。』

俞樾曰:『殷制脩廣,一如夏制。但夏度以步,殷度以尋。此爲異耳。故記者止標「堂脩七尋」之句,不箸廣四脩一之文蒙上而省,從可知也。』

黃以周曰:『夏氏大其室,謂之世室。殷人高其屋,謂之重屋。世室固不及重屋之高,重屋亦不及世室之大。此百王損益之常道也。必謂殷周之堂,宜大于夏,豈通論哉?曰堂脩七尋,小于世室矣。不言廣者,與脩同也。』

孫詒讓曰:『重屋四堂,廣脩各自正方,當如孔說。蓋四面堂各方七尋,中五室每尋方二尋,從橫各三室間列而爲六尋。加一尋以爲四壁,則室每面壁各厚二尺也。夏世室堂基正方,四堂之角,各有餘地,以爲坫。殷重屋四堂,蓋爲四出,若亞字形,與周明堂制同,則四角無餘地,與世室不同。通南北兩堂及包中央五室計之,凡二十一尋。東堂至西堂,亦然。而四維皆缺隅而不正方,則就四室一面度之,仍止方七尋,故經唯著「堂脩七尋」向其制已見也。

『堂崇三尺』

鄭注曰:『崇,高也』

孫詒讓曰:『經有上下文互見之例。夏殷堂同高三尺,而經於重屋,始箸堂高三尺之文,即其例。大戴禮記盛德篇明堂月令云:「堂高三尺,」月令論亦云:「堂高三尺,以應三統。」』

『四阿重屋』

鄭注曰:四阿,若今四注屋重屋複笮也。』

焦循羣經宮室圖曰:『鄭注考工記門阿云,「阿,棟也。」注士喪禮堂阿云:「阿,棟也。入室深,示親親。」又注鄉射禮記云「正中曰棟,次曰楣,前曰庪」彼記文云,「序則物當棟,堂則物當楣,」此「當棟」與昏禮「當阿」義同。棟處極高,其象如阿,故曰阿。阿之爲棟,斷非霤之所能奪。阿既爲棟之定名,則曰四阿者,四棟也、非四霤之謂也。』

兪樾曰:『古有重屋,有複屋。重屋者,此記所說是也。複屋者,於棟之下,復爲一棟,以列椽,亦稱重橑。徐鍇說文繫傳,於「橑」篆下,引東方朔傳,「後閣重橑」而釋之曰,大屋廡下椽自上峻下,則自其中棟假裝其一旁爲椽,使若合掌然,故曰重橑。此說重屋之制,至詳盡矣。說文木部,「樓,重屋。」林部,「棼,複屋,棟也。」重屋複屋,不可混而一之。周書作雒篇「重亢,重郞,」孔晁注曰:「重亢,累棟也。重郞,累屋也。」所謂累棟者,卽複屋矣。所謂累屋者,即重屋矣。是古制明分爲二。鄭君此注,殆誤以複屋說重屋乎?』

孫詒讓曰:『夏堂基正方,則可爲一棟而一屋。殷堂四出,則宜爲四棟而重屋。然則經於殷特箸四阿之文,非徒見屋之兩重,亦兼明四出之堂,制始於此。假令四出爲周堂所獨,則其形制鉅異,下經不宜絕無殊別之文。儻謂重屋堂基亦通方二十一尋,則是與世室制同。每堂兩角各多出方七尋之地,較之夏堂,餘地更多,於義無取,知不然矣。』又曰『重屋者,謂屋有二重。下爲四阿者,方屋也。其上重者則圓屋也。圓屋以覆中央之五室,而蓋以茅。方屋以覆外出四堂,而蓋以瓦。此亦殷周之通制。故大戴禮記盛德篇說明堂云:以茅蓋屋,上圓下方。」玉藻孔疏引淳于登說,三輔黃圖引援神契,續漢書祭祀志劉注引新論白虎通義辟雍篇說,並云「上圓下方。」月令論又有堂方及屋圓徑之度。諸書所謂下方者,兼四堂之基,及四阿之屋而言也。上圓者,指上重高屋如圓蓋形,出四阿之上者而言也。若夏世室無上圓之屋,則屋與堂基皆方,不可以言上圓矣。』又曰:『宇文愷明堂議引黃圖云:「通天臺,」又引禮圖云:「於內室之上,起通天之觀,」並即明堂重屋之制。蓋當四堂中脊,內五室之上拔起,別爲崇高之屋,以其可以納光,故有通天之名,與複屋不同。重屋通天,得納日光,複屋複笮,止取重絫爲飾,不通天納光也。凡複屋棟笮等,皆於一層屋之上,重絫合幷爲之。重屋則上下兩層,層各自爲棟笮等,不相合幷,二制迥異。古明堂宗廟,蓋皆有重屋,故漢志載左氏古說,以大室屋爲重屋。左傳孔疏,謂廟上拔起爲重屋,深得其制。唯謂大廟亦有四阿,則誤沿鄭宗廟明堂同制之說耳。明堂位之復廟,即複屋;重檐,乃是重屋,故文選張衡東京賦云:「複廟重屋,」即用明堂位文,而以重檐爲重屋。薛綜注云:「重屋,重棟也。」桓譚新論亦云:商加重檐,四阿。」明此經重屋,當彼重檐矣。鄭明堂位注釋復廟爲重屋者,蓋仍指複笮言之。又釋重檐爲重承壁材,其義難通。賈疏即援彼注重承壁材之義,以釋此注之複笮,似皆以複屋爲說。作雒之重亢復格,亦似皆複屋之制,並與此重屋,不相蒙也。又古凡室屋之高而上出者,通謂之臺,謂之觀。故黃圖及禮圖,亦以重屋爲臺爲觀。實則臺觀可以登眺,而明堂之重屋,不可登眺。與臺觀制復不同。臺觀後世又謂之樓，故說文訓樓爲「重屋。」此亦非古重屋之制。史記封禪書說公玉帶所上黃帝時明堂圖，上有樓，從西南入，名曰昆侖，此即誤以重屋爲樓，因之杜造是圖。不知殷重屋與樓別，又不知夏以前，明堂并未有重屋，說尤謬妄。』

王國維觀堂集林明堂廟寢通考曰：『四阿之釋，或以爲四注屋，（見上鄭注）或以阿爲屋翼，（自注：唐仲友帝王經世圖譜）或以阿爲楣，（自注：程瑤田釋宮小記）然鄭氏於考工記匠人王宮門阿之制五雉注，及士昏禮當阿注，皆云「阿，棟也。」蓋屋當棟處最高，計屋之高，必自其最高處計之門阿之制，五雉，謂自屋之最高處至地，凡五雉，自不能以屋翼及楣當之矣。鄭以明堂止有一堂，一堂不能有四棟，故於四阿下解爲四注屋。然此四阿與王宮門阿，同在匠人一職，不容前後異義，自當從鄭君後說。既有四棟，則爲四堂無疑。故考工記所言明堂之制，爲四堂而非一堂。自其本文證之而有餘。明堂合四堂而爲一，故又有「合宮」之稱尸子云：「黃帝合宮，殷人總章，殷人陽館，周人明堂。」益知四堂之說，不可易也。

宗震案殷人重屋，堂脩七尋五十六尺也。不言廣，正方可知。鄭注謂『放夏周則其廣九尋，七丈二尺，』其說非也。四面堂各方七尋，中央五室亦方七尋，惟四堂之角無餘地。蓋四堂爲四出，若亞字形，而不正方。與夏世室不同也。重屋上圓下方，兩重之屋，圓屋角覆中央五室，上蓋以茅，方屋以覆四出之四堂，上蓋以瓦。而鄭所謂重屋複笮，義不可通。阮氏元謂鄭以重屋爲王宮正堂，非也。王氏國維觀堂集林亦釋阿爲棟。既有四棟，則爲四堂無疑。王氏又謂明堂之制，爲古代宮室之通制。與鄭注重屋若大寢之說相同。而阮氏謂國中寢宮之制，止取郊外明堂四面之一向南爲之。斷非如郊外明堂四面皆有堂。其說較王氏爲確。爲圖如後：

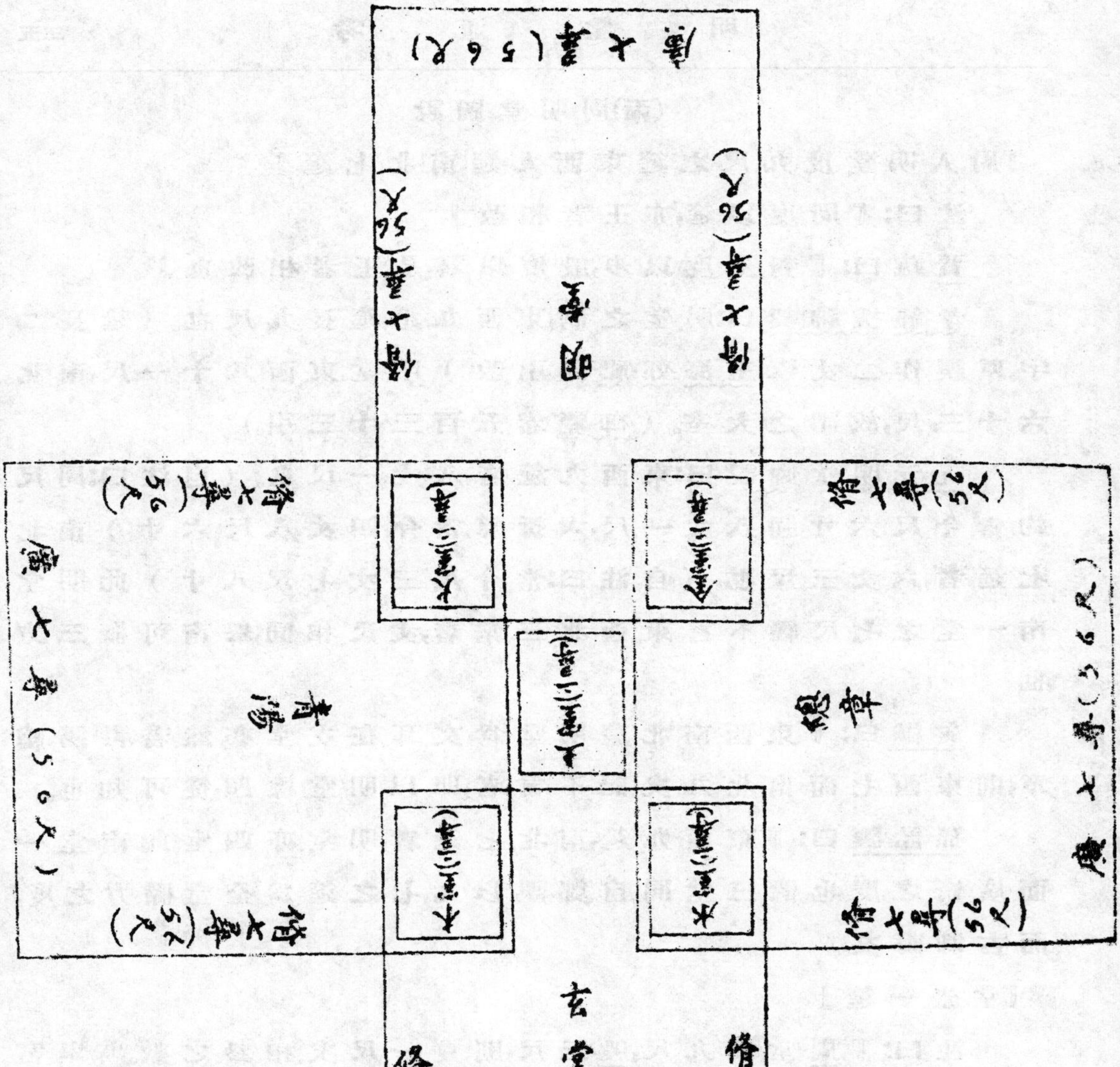
明堂
青陽
總章
玄堂
廣七尋(56尺)
脩七尋(56尺)
脩七尋(56尺)
廣七尋(56尺)

(丙)周明堂圖說

『周人明堂度九尺之筵。東西九筵,南北七筵。』

注曰:『周度以筵,亦王者相改。』

賈疏曰:『對夏度以步,殷度以尋,是王者相改也。』

孝經援神契曰:明堂之制,東西九筵,筵長九尺也。(筵長二字,原誤作二丈。依玉海郊祀部引改。)明堂東西八十一尺,南北六十三尺,故謂之大室。(御覽卷五百三十三引。)

阮元明堂圖說曰:東西九筵者,八丈一尺也。(自注曰:周尺約當今尺六寸強。八丈一尺,六折算,當今四丈八尺六寸。)南北七筵者,六丈三尺也。(自注曰:當今尺三丈七尺八寸。)此明堂南一堂之七尺。經不言東西北三堂者,丈尺相同,舉南可概三方也。

俞樾曰:『東西南北蒙明堂爲文耳。在玄堂亦然。若青陽,總章,則東西七而南北九矣。記不言者,即以明堂標題,從可知也。

孫詒讓曰:『東西九筵,南北七筵者,明堂亦四堂。此南堂一面廣脩之度也。餘三堂同。自鄭誤以九七之筵爲全堂櫎方之度,而古制晦矣。』

『堂崇一筵。』

注曰:『周堂高九尺,殷三尺,則夏一尺矣。相參之數。禹卑宮室,謂此一尺之堂與?』

賈疏曰:『夏無文,以後代文而漸高,則夏當一尺。以無正文,故言「與」以疑之也。』

俞樾曰:『按堂崇三尺,夏殷同之。禮曰天子之堂九尺,諸侯七尺,大夫五尺,士三尺。是三尺之堂,已爲極卑。一尺之堂,古無有也。呂氏春秋召類篇曰:「明堂茅茨蒿柱,土階三等,」若有一尺之堂，則當有一等之階，呂氏方極言古制之儉，何不言一等，而必言三等乎？』

孫詒讓曰：『攷覲禮，記會同之壇，深四尺。鄭注謂一等一尺。以彼例此，則明堂九尺之階，亦當爲九等。前疏引賈馬九等之階與世室之九階，雖不合而移以釋明堂，則適相當。故士冠禮賈疏亦云：案匠人，天子之堂，九尺，賈馬以爲傍九等爲階是也。至古書說明堂者，多云高三尺。盛德記云：「堂高三尺，」宇文愷議引黃圖云：「堂高三尺土階三等法三統，」呂覽三等之階，疑亦據夏殷言之，俞說是也。』

『五室，凡室二筵。』

賈疏曰：『夏之世室，其室皆東西廣於南北也周亦五室，直言「凡室二筵」不言東西廣，鄭亦不言東西益廣，或五室皆方二筵，與夏異制也。若然，殷人重屋，亦直云「堂脩七尋，」不言室。如鄭意，以夏周皆有五室十二堂。』

魏書李謐傳，謐著明堂制度論曰：『記云，東西九筵，南北七筵，五室，凡室二筵置五室於斯堂，雖使班倕搆思，王爾營度，則不能令三室不居其南北也。然則三室之間，便居六筵之地。而室壁之外，裁有四尺五寸之堂焉豈有天子布政施令之所，宗祀文王以配上帝之堂，周公負扆以朝諸侯之處，而室戶之外，僅餘四尺而已哉！假在儉約，爲陋過矣。論其堂宇，則偏而非制，求之道理，則未愜人情。其不然一也。余恐爲鄭學者，苟求必勝，競生異端，以相訾。抑云二筵者，乃室之東西耳，南北則狹焉余故備論之曰，若東西二筵，則室戶之外，爲丈三尺五寸矣。南北戶外，復如此，則三室之中，南北裁各丈二尺耳。記云，四房兩夾窻，若爲三尺之戶二尺之窻，窻戶之間，裁盈一尺。繩樞甕牖之室，華門圭竇之堂，尙不然矣。假令復欲小廣之,則四面之外,闊狹不齊,東西既深,南北更淺,屋宇之制,不爲通矣。驗之衆塗,略無算焉。且凡室二筵,丈八地耳。然則戶牖之間,不踰二尺也。禮記明堂「天子負斧扆南向而立,」鄭玄注曰:「設斧於戶牖之間。」而鄭氏禮圖說扆制曰,縱廣八尺,畫斧文於其上,今之屏風也。以八尺扆,置二尺之間,此之叵通,不待智者較然可見矣。且若二筵之室爲四尺之戶,則戶之兩頰,裁各七尺耳。全以置之,猶自不容,矧復戶牖之間哉!其不然二也。又復以世代驗之,即虞夏尙朴,殷周稍文,制造之差,每加崇飾;而夏后世室,堂脩二七;周人之制,反更促狹,豈是夏禹卑宮之意?周監郁郁之美哉?以斯察之,其不然三也。又云堂崇一筵,便基高九尺,而壁戶之外,裁四尺五寸,於營制之法,自不相稱。其不然四也。又云室中度以几,堂上度以筵,而復云凡室二筵,而不以几還自相違,其不然五也。』

隋書牛弘傳:弘上議曰:『今依鄭玄注,每室及堂止有一丈八尺,四壁之外,四尺有餘,若以明堂論之,總享之時,五帝各於其室,設青帝之位須於太室之內,少北西面。太昊從食,坐於其西,近南北面。祖宗配享者,又於青帝之南,稍退西面。丈八之室,神位有三。加以簠簋籩豆牛羊之俎,四海九州美物咸設,復須席工升歌,出罇,反坫,揖讓,升降,亦以隘矣。』

阮元曰:『按四方之堂,寬皆九筵,此四堂之背,四角相接,是明堂之北,距乎堂之南,青陽之西,距總章之東,皆九筵也。以此方九筵之地,爲太室及四室每室止用二筵,丈尺恰可相容。凡言室者,皆廟屋內劃出之名,非建五小屋于露處之地,可名爲室也。然則奈何?曰,此五室皆當在重屋圓蓋之下。若于太室四角立四大柱,或再倚四堂之背,木室之西之南,火室之西之北,金室之東之北，水室之東之南，立八大柱，則可上載圓屋，幷遮五室矣。重屋上圓下方之制奈何？按重屋見于考工記，上圓下方見于大戴記，皆是古制。此中央九筵之地，假使立大柱出乎四堂背之上，而加以圓蓋之屋，則是上圓之重屋矣。圓蓋須比九筵爲大，乃不霤雨水于五室也。九筵方徑，當今尺四丈八尺六寸。約須徑今尺六丈有餘之圓蓋，方能蓋之。至于圓屋之下，方屋之上，必可虛之以吸日景，而納光也。其每一方屋，皆有四阿。前阿水外霤，後阿水內霤，而圓蓋之霤，又流于四方堂屋之上也。此乃大概爲說耳。假使匠人爲之，卽可合丈尺而成之。至于立柱，立牆，梁，棟，楹，㢑，戶，窗諸制，古匠不傳，難臆撰。然逸周書之四阿，復格，重亢，重郎，內階，旅楹，隄唐，山牆，等制甚詳，知古時匠氏，必有構造之法。今雖不可考，但使今匠爲之，必有暗合古法者，何也？大段不錯，小處不妨以意匠定之也。』

陳澧東塾集明堂圖說曰：『明堂之制，見月令曰太廟者四，曰个者八，曰太廟太室者一。見考工記曰五室。見大戴禮盛德曰，「上圓下方。」說者大都以四太廟，八个，五室，皆在九筵七筵之內，其制度太狹，廣與袤又不稱。阮以九筵七筵爲一面之度，舉一面以該三面，於是九筵七筵之義，始明。室二筵者，其地本方三筵，四壁皆厚半筵，室中方二筵也。記云：「室中度以几，」鄭注云：「室中舉謂四壁之內，」卽其義也。記不云「室中二筵」者，猶九筵七筵不必云堂上也。云二筵不云若干几者，與上文九筵七筵連文也。其度則二筵。而度之則以几，不以筵耳。築土爲壁，上承重屋，非半筵之厚，不勝其任。且古一尺當今六寸許。二筵僅當今一丈許。若復去四壁，其中太狹，不足行禮。二筵不計四壁，明矣。幷四壁，則方三筵三室，則九筵，與一面之廟个同廣也。堂基爲亞字形，八隅立柱，以承圓屋。盛德所云上圓者，圓屋也。下方者，亞形八隅也。』

孫詒讓曰：『案阮陳說是也。明堂東西九筵，廣度不及世室之半，明四堂之角，無復餘地，則堂必四出爲亞字形可知。依阮說，四堂各廣九筵，脩七筵，堂內正中爲五室，爲地總方九筵，而一堂外四角各缺，方九筵之地爲廷，其說塙不可易。以此推之：蓋自南堂廉至北堂廉，共二十五筵，爲尺二百二十五。東西亦如之。即四堂全基之度也。惟五室每室中方二筵，加每室四壁一筵，適盡方九筵之地。則當以陳說爲定解。此經於周制，止舉堂室，實則九階，四旁，兩夾，窗白盛之制，當與夏世室同。四阿，重屋之制，當與殷重屋同。經不具詳者，蒙上文而省也。惟明堂門堂之制，經注並無文。以世室之制推之，當亦取正堂脩七筵，廣九筵，三分減一，以爲門堂之度，則每塾堂脩四筵有六尺，廣三筵，兩塾合廣六筵也。又取七筵九筵，三分減二，以爲門室之廣脩，則每塾室脩二筵有三尺，廣與堂同。依鄭兩室與門各居一分之說推之，則明堂門當廣亦三筵也。』

宗震案：鄭以九筵七筵明堂一面之度數，誤以爲全堂之橢方之度數，故魏李謐，隋牛弘，皆譏之。其說洵是。然李謐以夏周文質之異，度堂筵几之殊，并以考工記爲非，故孫氏詒讓斥爲妄也。唐宋以來，諸儒說明堂，大抵皆從鄭說。有淸諸儒，實事求是，始詳加考訂。然說亦不盡同。兪氏以世室，重屋，明堂，其制皆同。惟尺數爲異。孫氏綜合諸家之說，斷爲夏世室堂基正方，四堂之角各有餘室，以爲坫，殷重屋，周明堂，皆四出，若亞字形，與世室小異。以重屋之制核之，則孫說是也。五室之制，依阮氏陳氏之說，尤爲明確。至門堂之制，自當以世室推之。惟尺寸稍異耳，故不另爲具圖矣。

附　九室十二堂辨

大戴禮記盛德篇曰:『明堂者,古有之也。凡九室:一室而有四戶,八牖,凡三十六戶,七十二牖。』又曰:『明堂月令上圓下方,九室十二堂』

桓譚新論曰:『明堂上圓法天,下方法地.八窗法八風,四達法四時,九室法九州,十二坐法十二月,三十六戶法三十六雨,七十二牖法七十二風。』(續漢書祭祀志中,劉昭補注引。)白虎通辟雍篇說明堂制度,同。(「九室」作「九宮」)

張衡東京賦曰:『乃營三宮,布教頒常,複廟重屋,八達九房。』薛綜注曰:『三宮:明堂,辟雍,靈臺。(文選卷二)堂後有九室,所以異於周制也。』(續漢書祭祀志注引。)

蔡邕明堂月令論曰:『其制度數,各有所法:堂方百四十四尺,坤之策也。屋圜徑二百一十六尺,乾之策也。太廟明堂方三十六丈,通大屋徑九丈,陰陽九六之變也。圓蓋方載,六九之道也。八闥以象八卦,九室以象九州,十二宮以應辰,三十六戶,七十二牖,以四戶九牖,乘九室之數也。戶皆外設而不閉,示天下不藏也』

三輔黃圖曰:『大戴禮云:「明堂九室,」考工記云:「明堂五室,」稱九室者,取象陽數也。五室者,象五行也。』

宗震案:十二堂之說,以四堂名兼兩个而言,說尚可通。而九室則秦漢之制,與周明堂不同。周制:太室與四室共五室。四室無房,與秦漢不同也。九室之說,自鄭君以下,多駁之者。今揭要於下,以見三代與秦漢之異焉。

鄭玄駁五經異義曰:『禮戴所云,雖出盛德篇云九室,三十六戶,七十二牖,似秦相呂不韋作,春秋時,說者所益,非古制也。(見明堂位孔疏引。案:此疏「說」下脫「者」「所」二字。「益」誤「蓋。」今依玉藻疏訂正。)

魏書袁翻傳。翻議曰:『明堂五室,三代同焉。配帝,象行,義則明矣。及淮南呂氏與月令同文。雖布政班時,有堂个之別;然推其體例,則無九室之證。既而世衰禮壞,法度淆弛;正義殘隱,妄說斐然。明堂九室,著自戴禮,探緒求源,罔知所出。而漢氏因之,自欲爲一代之法。故鄭玄云:「周人明堂五室,是帝各有一室也合於五行之數。周禮依數以爲之室,施行於今。雖有不同,時說昞然。本制著存,而言無明文,欲復何責?」本制著存,是周五室也。於今不同,是漢異周也。漢爲九室,略可知矣。但就其此制,猶竊有懵焉。何者?張衡東京賦云:「乃營三宮,布教班常;複廟重屋,八達九房。」此乃明堂之文也。而薛綜註云:「房,室也。謂堂後有九室。」堂後九室之制,非巨異乎?裴頠又云:「漢氏作四維之个,不能令各據其辰,就使其像可圖;莫能通其居用之禮;此爲設虛器也。」甚知漢世徒欲削滅周典,捐棄舊章,改物創制,故不復拘於載籍。且鄭玄之詁訓三禮,及釋五經異義,並盡思窮神,故得之遠矣。覽其明堂圖,義皆有悟人意;察察著明,確乎難奪。諒足以扶微闡幽,不墜周公之舊法也。伯喈損益漢制,章句繁雜。既違古背新,又不能易玄之妙矣。』

又賈思伯傳。思伯上議曰:『按周禮考工記云:「夏后氏世室,殷重屋,周明堂,皆五室。」鄭注云:「此三者,互言,明其制同。」若然,則夏殷之世,已有明堂矣。唐虞以前,其事未聞。戴德禮記云:「明堂凡九室,十二堂。」蔡邕云:「明堂者,天子太廟,饗功養老,教學選士,皆於其中。九室十二堂。」按戴德撰記,世所不行。且九室十二堂,其於規制,恐難得厥衷。』又曰『蔡邕論明堂之制,皆以天地陰陽氣數爲法,而室獨象九州,何也?若立五室以象五行,豈不快也?如此,蔡氏之論,非爲通論。九室之言,或未可從。竊尋考工記雖是補闕之書,相承已久,諸儒注述,無言非者。方之後作,不亦優乎?且孝經援神契,五經要義,舊禮圖,皆作五室。及徐劉之論,同考工者多矣且損益之極,極於三王。後來疑義,難可準信。鄭玄云:「周人明堂五室,是帝各有一室也,合於五行之數。周禮依數以爲之室,施行於今。雖有不同,時說然耳。」尋鄭此論,非爲無當案月令亦無九室之文。戴氏九室之言,蔡子廟學之議,子幹靈臺之說,裴逸一屋之論,及諸家紛紜,並無取焉。』

又李謐傳。謐著明堂制度論曰:『凡論明堂之制者雖衆,然校其大略,則二途而已。言五室者,則據周禮考工之記以爲本,是康成之徒所執。言九室者,則案大戴禮盛德之篇以爲源。是伯喈之倫所持。五室者,合於五帝各居一室之義。且四時之祀,皆據其方之正,又聽朔布令,咸得其月之辰,求之古義,竊爲當矣。』

北史封軌傳。軌議曰:『案周與夏殷,損益不同。至於明堂,因而弗革。明五室之義,得天數矣。是以鄭玄又曰:「五室者,象五行也。秦焚滅五典,非毀三代;變更先聖,不依舊憲,故呂氏月令,見九室之義;大戴之禮著十二堂之文。漢承秦法,亦未能改東西二京,俱爲九室。是以黃圖,白虎通,蔡邕,應劭等,咸稱九室,以象九州,十二堂以象十二辰。夫室以祭天,堂以布政。依行而祭,故室不過五依時布政,故堂不踰四。州之與辰,非所可法。九與十二,厥用安在?』

隋書禮儀志,載梁武帝制曰:『明堂之義,本是祭五帝神九室之數,未見其禮。』

又牛弘傳。弘議曰:『今檢明堂必須五室者何?尙書帝命驗曰:「帝者承天立五府:赤曰文祖,黃曰神斗,白曰顯紀,黑曰玄矩,蒼曰靈府。」鄭玄注曰:「五府,與周之明堂同矣。」且三代相沿,多有損益。至於五室,確然不變。夫室以祭天,天實有五。若立九室,四無所用。』

又宇文愷傳:愷奏明堂議引禮圖曰:『秦明堂九室十二階,各有所居。』又引曰:『建武三十年,作明堂。明堂十二堂法日辰,九室法九州。』

宗震案:觀宇文愷引禮圖,則九室十二堂,爲秦漢之制,益曉然矣。

俞樾羣經平議九室十二堂考曰:『大戴禮記說明堂有九室十二堂,蓋秦漢之制也。藝文類聚三十六,引三禮圖曰:「秦爲九室,」則九室始於秦,明矣。古大室四隅,本有隙地,秦於其地,各置一室,即幷五室而九。於是自一而視之,皆中爲室,左右爲房。東南之室,木室之南房,火室之東房也。西南之室,火室之西房,金室之南房也。西北之室,金室之北房,水室之西房也。東北之室,水室之東房,木室之北房也。雖爲九室,而於五室配五行之始意,初不相背,何也?四隅之室,名室而實房也。說文戶部:房,室在旁也。是房者,在旁之室。高誘注淮南子,王逸注楚辭,竝曰「房,室也。」房之與室,義得相通。故幷五室而稱九室矣。隋書禮儀志,載梁武帝制,魏書賈思伯傳,載其議,皆由聞九室之名,而不達九室之義。且秦分天下爲三十六郡,又何取乎古之九州而法之哉!審知四隅之室,即爲左右之房,自無疑乎此矣。若夫十二堂者,通四堂八个計之也。个,即介也。八个者,八夾也。於堂之四旁兩夾,各置一室,則皆後爲室,前爲堂。以室而言,則四,以堂而言,則八矣。是故東南夾室,青陽明堂共之。其東爲青陽右个,其南爲明堂左个。西南夾室,明堂總章共之。其南爲明堂右个,其西爲總章左个。西北夾室,總章玄堂共之。其西爲總章右个，其北爲玄堂左个。東北夾室，玄堂青陽共之。其北爲玄堂右个，其東爲青陽左个，於是青陽總章有中堂，又有南北堂。明堂玄堂有中堂，又有東西堂。而十二堂之名，從此始矣。魏書袁翻傳引裴頠云：「漢氏作四維之个，」或即謂此乎？秦人即於大室四隅置室，漢人又於堂之四旁兩夾置室，亦事之相因者矣。張衡東京賦曰：「八達九房，」九房，即九室也。八達，即八个也。房室達个，古通稱耳。準古廟寢之制，室左右必有房，堂左右必有夾室。明堂旣四面周回，是以室分而房合，堂分而夾室合，此其爲制，非無思議。然而三代世室重屋明堂之制，皆無是焉。禮曰：「所以交於神明者，不可同於所安，褻之甚也。」明堂所以事五帝，尊嚴之地，宜與常制有殊。是故內之有室而無房，外之有堂而無夾室，固非古制之闕疏矣。玆詳考之，俾學者無以秦漢之制，當古制也。』

宗震案：俞氏言五室九室四堂十二堂之變遷，能推出所以然之故，遠勝諸家法九州，法陽數，法十二月等，空言附會，實爲卓識。唯俞氏不從鄭注四隅室之說，其言兩夾，亦與本圖從孫氏說稍異。若以鄭孫之義言之，則秦以來移四隅室爲四正室，復加四房，故爲九室，與俞說自可通。四堂兼八个即十二堂，孫氏亦言之。俞氏言四旁兩夾，不甚分明，自當依孫氏博參衆說爲得也。王氏國維明堂寢廟通考所圖四室四房，似從俞說悟出。而以太室居中，特大，四室在四堂後，與俞不同。且王氏自成一家言，於記所言「堂上二筵」亦駁之。宗震因考工記而研究明堂，故一以記文爲主。王氏之說，不復置論焉。

——摘自《女師大學術季刊》1930年6月第1卷第2期

三事大夫說

林義光

詩十月之交篇。擇三有事。傳以爲國之三卿。雨無正篇。三事大夫莫肯夙夜。箋謂三事爲三公。正義曰。鄭言三公者。卿則當有六人。孤則無主事。故知三事大夫唯三公耳。又事吏古金文無別。故諸書之三吏亦卽三事。成二年左傳云。王使委於三吏。杜解以三吏爲三公。逸周書大匡解。王乃召冢卿三老三吏大夫百執事之人。孔晁以三吏爲三卿。然則舊說三事大夫者。在侯國卽以當三卿。在王朝則因別有六事。以當六卿。故改三事爲三公。獨孔晁說王朝之三事不以爲公。而以爲卿。則以上文有三老。故立說兩歧。復時有窒礙。足滋煩惑矣。胡承珙毛詩後箋云。雨無正上言正大夫。爲長官之大夫。當指六卿之長。其中卽兼三公。不得又以三事爲三公。三事大夫疑爲在內卿大夫之總稱。對下邦君句爲在外諸侯之統稱。大夫者丈夫之成名。故公卿以下皆可通稱也。愚謂胡承珙以三事不爲長官。其說甚塙。諸書言三事者。其上多先言長官。尙書立政篇云。繼自今我其立政立事準人牧夫。凡官之長曰正。政與正古通用。立政謂立長官。卽爾無正篇之正大夫也。立事準人牧夫。謂立三事。立準人。立牧夫。事卽爾無正之三事大夫也。立政篇以宅乃事宅乃牧宅乃準。謂之三宅。則立事準人牧夫。直謂立三宅而已。下文又云。立政任人準夫牧作三事。準夫牧作三事。適與乃事乃牧乃準相當。則乃事卽三事而已。故立政篇實以長官與三事分言之也。逸周書大匡解。王乃召冢卿三老三吏大夫百執事之人朝于大庭。先言冡卿三老。繼言三吏大夫。是亦以長官與三事分言之也。毛公鼎云。及茲卿事寮大史寮。于父卽君。命汝□司公族。雩參有司。小子師氏虎臣。雩朕褻事。上文卿事寮大史寮爲長官。下文參有司。卽三事。亦以長官與三事分言之也。近出周明公尊云。王命周公子明保尹三事四方受卿事寮。旣言三事四方。又言卿事寮。亦以三事與長官分言之也。綜上諸證。足知毛鄭以三事爲三公或三卿。其說牴牾而不可從矣。今更列表以明之。

雨無正	正大夫	三事大夫	邦君諸侯
立政	政	三事	

逸周書	冢卿　三老	三吏大夫	
毛公鼎	卿事寮大史寮	參有司	
周明公尊	卿事寮	三事	四方

三事既非三公或三卿。何以列之爲三。則由周明公尊文可以推之。尊文云。舍三事命。洎卿事寮。洎諸尹。洎里君。洎百工。洎諸侯甸男。舍四方命。金文毛公鼎克鼎皆言舍命。舍卽賜予。如諆田鼎云。余其舍汝臣十家。曶鼎云。舍𢼸矢五束。居趩鐘云。舍[illegible]宗三鏞是也。舍四方命。四方卽諸侯甸男。舍三事命。三事卽諸尹里君百工。尚書酒誥云。越在外服。侯甸男衛邦伯。越在內服。百僚庶尹惟亞惟服宗工越百姓里居。而史頌敦亦云。里君百姓。則酒誥里居卽里君之譌文。諸尹

里君百工謂之三事。皆所稱在內服者。與在外服之邦君諸侯對言。其職位雖不可詳考。而諸尹即酒誥之庶尹。惟亞百工即酒誥之惟服宗工。里君即酒誥之百姓里君。亦即史頌敦之里君百姓。似無可疑矣。百姓謂官有世功而賜姓者。楚語觀射父云。氏之徹官百王公之子弟之質能言能聽徹其官者。而物賜之姓。以監其官。是爲百姓。此其義也。

——摘自《國學叢刊》一九三一年五月第一卷第一期

講壇

儒行大意

章太炎先生演指
諸佐耕筆述

「儒」之一字。古人解作「柔」字。草昧之初。殘殺以爲常。敎化漸興。暴戾之氣亦漸袪。所謂「柔」者。馴擾之意也。然周初「儒」字未必與此同義。周禮「師以賢得民。儒以道得民」。賢者道德之謂。道者學問之謂。已非柔字之意矣。司馬相如大人賦序云「列仙之儒」。列仙而可稱爲「儒」。可見「儒」爲有道術者之通稱。以此可知九流中「儒家者流」之儒。卽周禮「儒以道得民」之儒。

春秋時。「儒」之一字不甚見於稱謂。祇論語有「女爲君子儒。毋爲小人儒」二語。當時九流未興。本不必特別表明。降及七國。九流朋興。孟子首蒙儒者之名。莊子說劍。趙太子請莊周論劍。謂「先生必儒服而見王。事必大逆」。莊周非儒。趙太子稱之曰「儒」。蓋古之九流。學術有別。衣服無異。儒行。孔子見哀公。哀公問「夫子之服。其儒服與」。孔子對「丘不知儒服」。以衣裳爲分別學問之標準。無味極矣。此殆孔子不願承認儒服之故乎。

儒行所說十五儒。大氐堅苦卓絕。奮厲慷慨之士。與「儒柔」之訓正反。「儒專守柔」。卽生許多弊病。西漢時。張禹孔光。闒然媚世。均由此故。然此非孔子意也。奇節偉行之提倡。儒行一篇。觸處皆是。是則有學問。無而志節者。亦未得襲取「儒」名也。

人性本剛。一經敎化。便爾馴擾。宗敎之作用。卽在馴擾人心。以故宗敎無不柔者。沙門勢利。是佛敎之柔。

天主基督教徒。亦帶勢利。是天主耶穌之柔。其後之趣於柔固非。其前之主於柔則是。試觀南洋婆羅洲人。向無教化。以殺人爲當然。男女結婚。聘以人頭。人類本性剛暴如此。則不能相養以生。勢不得不以教化柔之。然太柔而失其天性。則將并其生存之力而亦失之。以故國家形成。不得不留些剛氣。以相撑拄。近人病儒者之柔。欲以墨子之道矯之。孫仲容先生首撰墨子閒詁以爲倡。初意欲施之於用。養成風氣。補救萎靡。不意後人專注力於經上下經說上下論理學上之研究。致孫氏輩一番救世之心。淹沒不彰。然使墨子之說果行。弊亦不少。尊天明鬼。使人迷信。充其極。造成宗教上之強國。一如摩哈默德之於天方。則宗教之爭。勢難避免。歐洲十字軍之戰禍。行且見之東方。且近人智過於昔。天志壓人。未必樂從。以故孫氏救世苦心。固可敬佩。而揭櫫號召。亦未盡善也。竊以爲與其提倡墨子。不如提倡儒行。講解明白。養成慣習。六國任俠之風。兩漢高尚之操。不難見之於今。轉弱爲強。可以立致。卽有流弊。亦不過造成幾個爲害不甚重大之暴人。較之宗教戰爭。相去固不可以道里計也。

宋人多反對儒行。前所云高閌。其代表也。宋人柔退。與儒行本非同道。至於近人。以文字上之關係。斥儒行爲僞。謂非孔子之言。其理由謂魯昭公諱『宋』。凡『宋』皆代以『商』。儒行孔子對哀公。『丘少居魯。長居宋』。孔子不應在哀公前稱『宋』。殊不知儒行一篇。非孔子自著。由於弟子筆錄。當時孔子言『宋』言『商』。無蓄音機留以爲證。筆記之人。容有出入。安可據以爲非。常人讀論語子路初見孔子。孔子有『君子有勇無義爲亂。小人有勇無義爲盜』一語。以爲孔子不尚武力。以此致疑儒行『驚蟲攫搏。不程勇者引重鼎。不程其力』二語。又不知卞莊子刺虎、孔子亦稱其勇。而弟子中有澹臺滅明者。曾有斬蛟之舉。不過孔子不爲而已。儒行中復有『其過失可微辯而不可面數也』一語。與『子路人告之以有過則喜』意相反。亦爲讀者所疑。殊不知在古人中此等行爲屢有記載。淳于髠譏孟子。『夫子在三卿之中。名實未加於上下。』又云。『是故無賢者也。有則髠必識之。』而孟子則對以『賢者之所爲。衆人固不識也』一語。以『衆人』二字反唇相識。可見孟子確係過失可微辨而不可面數者。宋世理學諸公。朱晦菴主張無極而太極。陸象山反之。二人因起爭論。彼此信札。有面紅耳赤聲色俱厲之概。二人學問之根本。本不在此。爲一二枝葉問題。雙方卽妄加意氣。各不相下。更甚於儒行之『可微辨而不可面數』矣。降至清代。毛西河李天生討論音韻。西河厲聲對天生。天生拔刀向之。二人意氣豈非更甚於晦翁象山乎。蓋儒者本有此一類人。孔子並未加以輕視。十五儒中有其一種。卽可尊貴。非謂十五儒個個須與孔子相類也。如此吾人之疑可解。而但舉『宋』字一端。固不足推倒儒行矣。

儒行十五儒中。亦有以和平爲尚者。然不若堅苦卓絕奮厲慷慨者之多。有一派表面似有可疑。如云『毀方而瓦合。』紬繹其意。幾與明哲保身混世和光相同。然太史公傳季布欒布二人。性質相近。行義亦同。欒布拚命幹去。季布賣身爲奴。太史公稱季布『摧剛爲柔。』『摧剛爲柔』卽『毀方瓦合』之意。試觀張禹孔光。終身絕無剛果之事。至於季布一流。則前後皆不屈不撓。不過暫爲權宜。作謙柔之表示耳。而謂毀方瓦合者。謂此也。

細讀儒行一篇。堅苦慷慨之行。不外高隱任俠二種。『上不臣天子。下不臣諸侯。』當孔子時。卽有子臧季札一流人物。及漢更有嚴子陵梁伯鸞等。漢人多讓爵。此高隱一流也。至於任俠在昔與儒似不相容太史公游俠列傳有『儒墨皆排擯不載』之語。然周禮六行『孝友睦婣任卹』任卽任俠之任。可知任俠本不爲儒家所非。太史公傳信陵孟嘗。頗有微詞。於朱家郭解。卽極口稱道。良以憑藉勢位易於爲力。民間仗義難於通行。爲可寶貴耳。儒行『合志同方。營道同術。久不相見。聞流言不信。』此卽任俠之本。近世毀譽無常。一入政界。更爲混殽。報紙所載。類皆不根之談。於此輕加信從。小則朋友破裂。大則團體分散。人人敦任俠之行。庶朋友團體。均可保全。此今日之要務也。又有要者。儒行所謂『讒諂之民有比黨而危之者。身可危也。而志不可奪也。』又謂『劫之以衆。臨之以兵。見死不更其守。』此種守道不阿。强毅不屈之精神。今日急須提倡。諸君試思當今之世。情況何似。何者爲讒諂之民。何方欲比黨危之。吾人鑒於今日情況。更覺儒行之言爲有味矣。

十五儒中類別綦多。以上所舉。不過最切要於今日者。高隱一層。非所宜於今日。任俠一層。與民族存亡。非常相關。雖小團體。非此亦不能存在。不可不三致意也。

試取論語與儒行相較。論語載『子路問成人。子曰。若臧武仲之知。公綽之不欲。卞莊子之勇。冉求之藝。文之以禮樂。亦可以爲成人矣。』繼而曰。『今之成人者何必然。見利思義。見危授命。久要不忘平生之言。亦可以爲成人矣。』以今日通行之語言之。所謂『成人』。卽人格完善之意。所謂『儒』者。亦卽人格完善之謂。聞流言不信。非即「久要不忘平生之言乎。」「見死不更其守。」「身可危也。而志不可奪也。」非即「見危授命」乎。論語儒行本相符合。惟論語簡約。儒行舖張。文字上稍有異趣。烏可以文害辭。謂爲僞造。吾誠不知宋人何以排斥之也。

東漢人之行爲。與儒行甚近。宋人去之便遠。後漢書黨錮傳中人物。微嫌標榜太過。不能使吾人俯首。至獨行傳中人。則遜乎遠矣。如田子春之居鄉。整飭一方。儼然有今日鄉團之風。曹操征烏桓。迷不得路。賴子春指導。得獲大勝。操欲以關內侯爵之。子春堅辭不受。此與嚴子陵不同科。雖不受爵。依然幹事。宋人烏能及此。周濂溪程明道開宋朝一代學風。然儒林道學二傳中。尠有奇節偉行之士。一遇危難。亦不能盡力抵抗。較之東漢。相去甚遠。大概儒行一篇。無高深玄妙之語。其精華漢人均能做到。於今亦非提倡不可也。

前日講孝經。昨日講大學。諸君均已聽過。鄙意若缺少剛氣。即孝經大學所說。全然做到。猶不足以自立。諸君於此諸書。皆曾讀過。竊願作一深長之思也。

——摘自《國學商兑》一九三三年六月第一卷第一期

館藏批點本禮記敬業質疑

魏建猷

（編改瑣記之一）

館藏禮記敬業八卷，題京山楊鼎熙緝庵纂。書中有紅藍墨三色批點，卷首第一行書名下有墨筆題云：

「庚申夏六月義渠用藍筆校。」

卷末又題云：

「趙田逸農了凡袁黃校讀一過，時壬寅五月並記。」

每卷首並有白文「義渠」小印。按此義渠當是凌義渠。一書而經過兩大名儒之手校與批點，其價值之高，已可概見！然余披覽一過，從年代方面，即發生重大疑問。而書中批點。殊不免有僞託之嫌，事實必非出自淩袁二氏之手。蓋書中所記淩黃二氏校讀之年代，與本書刊行之年代，前後相差甚遠，若謂所記校讀年代在本書刊行之後，則淩黃二氏已先死；若謂在二氏生前，則本書猶未刊行，二氏又焉得而校讀之哉？此事祗須將本書刊行年月，與淩黃二氏生卒年月及書內所記校讀之年月，三者比互觀之則不辨自明矣。

本書刊行年代，書中無明文紀載，惟卷首朱之俊序末署云：

「庚午春晉中友人朱之俊題。」此「庚午」究係何年，可以序文中攷得之，序有云：

「余從閩中得伯鉉楊子，其文樸質而莊嚴，知其非詭士也，出而盡讀其稿，無一言不本之先民，…………一日出禮記敬業以示余。」

據此可知楊氏實爲朱之俊所取士，朱氏作序乃在楊氏登第之後，則此「庚午」當爲楊氏登第後之「庚午」無疑矣。攷四庫總目提要云：

「禮記敬業八卷，明楊鼎熙撰，熙字緝庵，京山人崇禎庚午舉人。」

而京山縣志選舉志載楊鼎熙爲天啟辛酉舉人；提要謂爲崇禎庚午舉人者殆誤也。總之，據此推求，則朱之俊序所稱之「庚午」，必爲崇禎三年無疑，序既作於崇禎三年，則是書之刻亦必在斯時或稍後，可知矣。

淩義渠氏爲天啟五年進士，生於萬曆二十一年，卒於崇禎十七年。（註一）袁了凡氏爲萬曆十四年進士，約生於嘉靖中葉，卒於萬曆末年。（註二）按本書所題：「庚申夏六月義渠用藍筆校。」此所謂「庚申」若謂在淩氏生前，則當爲萬曆四十八年，而本書猶未刊行也。若謂在本書刊行之後，則常爲康熙元年，而淩氏久已死矣！又本此可證書中藍筆批點必非出自淩氏手筆，實爲後人之所僞託。又本書末題云：「趙田逸農了凡袁黃校讀一過，壬寅五月並記。」此所謂「壬寅」，若謂在袁氏生前，則當爲萬曆三十年，其時恐此書猶未屬稿也。且袁氏卒于萬曆末年，本書刊于崇禎三年，距袁氏之死已十餘年，在袁氏生前尚不得見此書，又焉得而批點之哉？此又不待從其所題年代之差謬，即可證明其爲僞託矣。

根據以上推論，吾人可以斷定此書批點，全部皆出僞託。至其僞託罪案，所以得被偵破，其原因乃由于作僞者未能深悉本書刊行年代，遂致發生絕大矛盾，而與吾人以直接有力之證據。作僞者其亦可以休矣！

【註一】詳見湖州府志人物傳

【註二】詳見蘇州府志人物志

二一，四，八，編後記。

——摘自《燕京大學圖書館學報》一九三三年八月第三十三期

禮記大義自序

前人

國體何以立禮而已矣禮者體也相鼠有體人而無禮不死何俟國而無禮是戕國也國性何以善禮而已矣天命爲性禮義威儀之則所以定命能者養以之福不能者敗以取禍國而無禮是滅性也天敍天秩人綱人紀何以定禮而已矣惇典庸禮明德討罪之制隳何有於秩敘名不正則言不順言不順則事不成何有於紀綱故曰安上治民莫善於禮無禮義則上下亂也春秋時晉文公與楚子玉戰而勝惟恃乎少長有禮魯國弱小而後亡在秉周禮有禮則安無禮則危此中外之常經古今之國鑑也

昔者周公知非禮無以定國也爰成文武之德作爲禮典蓋非一代之禮所以明人倫而詔萬世也孔子承周公之統緒曰周監於二代郁郁乎文哉吾從周又曰夏殷文獻不足徵吾學周禮其敎門弟子則曰好禮曰約禮曰執禮曰復禮周官士禮之删訂備哉燦爛其在斯時乎游夏紹述訖於子思贊之曰優優大哉禮義三百威儀三千待其人而後行敦厚崇禮德性尊矣戰國時諸侯惡其害己皆去其籍雖有孟荀狂瀾莫挽秦政焚書禮壞樂崩彝倫攸斁痛矣夫然而國體不容裂國性不能泯也漢興魯高堂生傳士禮十七篇訖孝宣世后倉最明戴德戴聖慶普皆其弟子三家列於學官而慶氏學漸微東漢盧植馬融於大小戴記皆有著述高密鄭君大昌禮敎注小戴記四十九篇攷覈三代典章制度研求古今文聲音訓詁學者得知所歸可謂山涵海納日月不刊之作唐孔穎達作正義貫串羣經詳審精密宋朱子作儀禮經傳通解以儀禮爲經禮記作傳黃榦成之有功禮學甚鉅厥後衞湜吳澄代有纂述宗旨各異衞

說特優迨禮記義疏作遂集漢宋諸家之大成致廣大盡精微立天下之大本禮教盛則民氣靖而國強豈不信夫

而說者曰自殷周迄今數千年宮室異度器械異制衣服異宜車涂異軌田疇異畝文字異形古道不宜於今其禮當廢嗚呼誤矣蓋禮有禮之經禮之制禮之制者文質遞嬗風俗變遷典章號令因時制宜此可得與民變革者也禮之經者尊卑長幼入孝出弟與奢寧儉與易寧戚威儀容貌恭敬溫文此不可得與民變革者也因禮制之不同併欲舉禮經而廢之誤哉誤哉今有童子幼穉罔知一登禮堂舞蹈揖讓恐後今有武夫赳赳粗厲一聞禮教山立時行誾誾諤諤盛氣爲之歛抑何也禮根於天性先王因人性之固有而導之是良知也是良能也故雖武夫童子亦莫能踰其範圍也乃欲拂人之性而掃除之誤哉誤哉

抑又聞之隆禮由禮謂之有方之士不隆禮不由禮謂之無方之民無方者游民也一國多游民則國體辱而國性乖國焉有不危殆者哉是故昏姻之禮廢則夫婦之道苦而刑辟之罪多而自戕者衆矣家庭之禮廢則父子之恩絕囂陵之風熾而犯上作亂者衆矣尊卑之禮廢則君臣之位失而倍畔侵陵之敗起矣鄉飲酒之禮廢則長幼之序失而爭鬥之獄繁矣喪祭之禮廢則骨肉之恩薄而倍死忘生者衆矣人倫喪而國本搖痛乎悲夫小旻之詩曰昔先王受命有如召公日闢國百里今也日蹙國百里嗚呼哀哉維今之人不尙有舊本經曰以舊坊爲無所用而壞之者必有水敗以舊禮爲無所用而去之者必有亂

患舊禮之廢甚於舊坊大害卒至於此孔子刪詩至變雅末篇有餘痛焉

文治秉聖敎以學禮乃所願厥有兩端曰救民命曰正人心凡生於天地之間者皆曰命故人莫不樂生而惡死竊觀自古太平之世民生熙皞康樂和親物無不得其所何其盛也壹循乎禮也洎乎末造運會寖阨或夭札凶荒或夷狄兵革生民憔悴哀呼以死者動輒數十萬人或數百萬人天待盛世之民何其厚待衰世之民何其酷歟周禮曰國有鳥獸行則獮之本經曰人化物者滅天理而窮人欲者也滅理窮欲害及百姓造物者遂以禽獮獸薙之法處之豈不哀哉何以救之惟在於禮人者天地之心也喜怒哀樂未發謂之中中理中氣悉寓於心而此心爲血氣嗜欲所使卽不免放蕩而失其常惟能治七情明十義修七敎愼九容內外交養表裏無違夫然後爲禮以敎人夫然後遠於禽獸夫然後殺機泯刼運消救民命而正人心一以貫之者也

夫禮本於太一分而爲天地轉而爲陰陽變而爲四時人生天地間一日不能違乎陰陽四時卽一日不能踰乎禮是故吾讀禮運而知元會運世之必歸於大道也吾讀樂記而知政治隆汚壹根於性情也禮運傳自子游樂記傳自子夏千古學術治道未有能外之者也吾讀大學而知八目以修身爲本也吾讀中庸而知九經以至誠爲基也大學傳自曾子中庸傳自子思千古治平學性理學未有能外之者也吾讀曲禮少儀玉藻而知養正之在主敬也卑高以陳貴賤以位動靜有常能修己而後能治人也吾讀檀弓喪大記問喪奔喪而知喪禮哀戚之至也吾讀大傳間傳服問三年問喪服四制而知服制隆殺之等

窮理盡性之極也吾讀祭義祭法祭統而知報本反始之精義也啓發良知民德歸厚未有外於喪祭之禮者也吾讀內則哀公問而知倫紀之大防也吾讀冠義昏義而知人道之極則也物恥足以振國恥足以興正家而天下可定也吾讀王制文王世子學記而知三代學校貢舉養老之典規模宏遠而精詳也强不犯弱衆不暴寡孝弟行乎道路郁郁彬彬其皆由太學來者乎吾讀經解孔子閒居而知六藝源流之通治化也清明在躬志氣如神其性學之權輿乎吾讀儒行而知乾坤正氣之在吾心也近文章砥礪廉隅身可辱而志不可奪憂思其在萬世乎禮乎禮乎比類以讀之知類而通達其宇宙間人類之所以相生相養相維於不敝者乎

先儒萬氏斯大之言曰儀記一書與禮記相爲表裏考儀文則儀禮爲備言義理則禮記爲精在聖人卽吾心之義理而漸著之爲儀文在後人必通達其儀文而後得明其義理焦氏循之言曰周官儀禮一代之書也禮記萬世之書也必先明乎禮記而後可學周官儀禮記曰禮以時爲大此一言也以蔽千萬世制禮之法可矣斯二言也實得三禮表裏精粗互用之道然吾謂明其義理者非託諸空言泛論也必得乎時措之妙通其變使民不倦神而化之使民宜之觀其會通以行其典禮夫然後垂諸萬世而無弊今天下競言變俗矣競言變法矣又競言變禮矣而不知俗可變法可變而禮之意不可變變乎禮之意則變天之道絕地之理亂人之紀芸芸萬彙將無所統屬而不能歸於治吾爲此懼爰發明禮記四十九篇大義以諗當世深願吾書一出人命於是固人心於是正國體於是尊國性於是淑庶幾倘辭讓去爭奪

講信修睦大法小廉道德仁義之說興教訓正俗之規備由小康而躋於大同其在斯乎其在斯乎

——摘自《國學論衡》一九三三年十二月第二期

禮記月令篇是否即明堂月令而鄭注引今月令又爲何書考

王公賢

明堂月令者何？徐鍇釋之最明，曰：「古者天子居明堂布政，每月告朔，班一月之政令，故曰明堂月令。」周書月令本闕，丁氏佚記篇目，有明堂月令；然則古明堂月令之亾久矣！蔡邕王肅乃謂：「今禮記月令，作于周公，即所謂明堂月令是也。」果爾，則是古記明堂月令未亾也。然考禮記月令文，其官名時事器服，多非周制，而適與秦同；故鄭康成謂：「本呂氏春秋十二月紀之首章，目禮家好事者抄合之，後人因題名之曰禮記。」維庭案鄭氏受學于馬融，馬融謂：「月令周公作；」鄭氏不顧違師說，斷謂；「出于呂氏春秋，」目確有所據，故不能阿其所好，用自欺而欺世，其識卓矣。後儒爭辨于兩家之說，迄未能決。王應麟漢書藝文志考證，「今禮記月令于別錄屬明堂陰陽記，故謂之明堂月令，」近世桂馥氏力主其說，此大謬。案屬者目彼物屬于此物，一物不得言屬，言某屬于某者，非言某即某也。鄭君謂：「于別錄屬于明堂陰陽記」者，言記之月令，屬于明堂陰陽篇耳；今考別錄，明堂位亦屬于明堂陰陽，豈得謂明堂位，即明堂陰陽乎？其他數篇，屬于一篇者甚多，如通論制度諸篇，皆可徵信。劉向取禮記月令，屬于明堂陰陽者，目月令欽天道，順陰陽，天子頒十二月之政令于明堂，所有事者也，故與明堂位合而爲一篇。且夫子屬于父，豈得謂子即父耶？婦屬于夫，豈得謂婦即夫耶？桂氏又引漢書魯恭傳「恭議曰：月令周世所造，」又引魏鄭公諫錄」月令起于上古，呂不韋止修月令，」案月令果盡周世所造，豈得違周制而從秦制乎？且呂不韋修古月令，果盡襲舊，又何修之可言？蔡氏目月令周公作，不過謂：「月令文義，傳衍深遠，宜周公之所著」而已；「宜周公所著」云云，是臆斷而非確有所據，何足信哉？桂氏又云；「或疑諸書所引明堂月令，不盡見于禮記，此則古今本各異耳，」果爲一物，又何古今之異可言哉？古今文之說，豈有聞于月令乎？案月令可謂其出于古記明堂月令，而不得謂卽古明堂月令，考其源流可知矣。杜佑謂：「月令出于管子，」以管子有幼官四篇也。然管子亦必有所本，戴埴曰：「堯舜欽若昊天，敬授民時，先釐百工，庶績咸熙，此夏時之所由起也。夏小正一書，辭簡理明，固已備月令之體；周目農事開國，尤目時令爲先務，大槪具于七月一詩。周公制禮作樂，豈無一代成書？月令所載，周制頗詳；大率周公增益夏小正，不韋增益周公之書，其間不無改竄；如淮南時則訓，比呂氏十二紀，又有異同，此足證已。」案中國數千年來，政治學術，大抵重法古；故學者多原本古誼目爲書，殷因于夏禮，周因于殷禮，周公作月令，必取材于夏小正，管子呂不韋亦必取材于周公；焚後經殘，學者考禮制，故又取材于呂氏十二紀之首章，目爲月令，而附之于記劉瓛謂：「不得全稱周書，亦未可卽爲秦典，其內雜有虞夏殷周之法，皆聖王仁恕之政，」蓋其時召諸儒博采舊聞，變通時制，矜一王之法，而自成一家之書。故曰：「禮記月令，亦出于古記明堂月令，而不得謂卽古記明堂月令」者目此。至鄭注引今月令十七條，孔謂：「不出於禮記者，爲今月令，卽呂覽是也，」則大謬，據鄭目錄，則「禮記卽鈔合十二紀首章，」本無先後古今之分。且十七條皆與今呂覽不合，如「孟春鴻雁來」注云：「今月令鴻皆爲候，」而呂覽作鴻雁北，「季春罝罘羅網畢翳」注云：「今月令無罘，翳爲弋，」而呂覽有罘字，則今月令非指呂覽明甚。案鹽鐵論引月令「涼風至，殺氣動，蜻蛚鳴，衣裘成，天子行微刑，始貙膢以順天令。」知漢時自有所行月令。元帝詔：「百官毋犯四時之禁」、成帝詔：「務順四時月令，」李尋傳云：「今朝廷忽乎時月之令」此皆西漢所行月令也。後漢侯霸傳云：「每春下寬大之詔，奉四時之教，皆霸所建，」章帝紀「元和二年十一月壬辰，日南至，初閉關梁。章和元年，秋，令是月養衰老，授几杖，行糜飲食。」此東漢月令之班班可考者也。他如「夏至案薄刑，」見于和帝紀。「仲春養幼少，存諸孤，季春賜貧窮，賑乏絶，省婦使，表貞女，」見于安帝紀。皆與禮月令相出入。然則康成所謂今月令者，即當時所行之月令無疑矣。許宗彥梁玉繩皆主此說。案康成釋禮，往往好引時制，目博參證之資。或謂：「引漢所行月令，注禮記月令，相去不已遠乎？」案漢興重儒尊經，斷大獄，決大疑，多引經義，蓋當時尤樸厚重法古；漢月令必多采禮記月令，目通變其制，可斷言也。鄭君因相似而不同者注之，目收参互考證之效，安見其遠？錢大昕目今月令即漢藝文志之明堂陰陽亦非也。藝文志明堂陰陽二十三篇，班云：「古明堂之遺事，」一言乎古，明非今也。鄭當漢時，所謂今月令者，自指當時仿古制，量時宜，所行之月令是。且禮記月令，豈有今古文之分？羣籍無所考見；說文所引明堂月令，與鄭注所云，又多不合；安得謂今月令爲明堂陰陽乎？則仍目誤解于別錄「屬于明堂陰陽」之說，而附會爲此言也。

——摘自《中國文學系叢刊》一九三四年一月第一卷第一期

禮記王制及周官職方所言封國說之比較

鄭平樟

王制在禮記中居第三篇，依盧植說是漢文帝時的作品，記先王班爵，授祿，祭祀，養老之法度的。其中所言封國制，比之周官職方較詳；惟幾服之大小，封國之里數，則二者迥異。鄭康成注說牠是殷制。

職方一篇見於周官經夏官第四十六，又見於逸周書第六十二。後世學者見其載於此二經典中，於是稱之爲周制；又以其中的九服比了禹貢的五服多出四服，所以又說周之疆域比夏時廣大了許多。其實論到三代地域的擴張，周代固然比夏代爲大，不通根據了這篇書以爲說，未免令人懷疑：因爲牠所說的一萬萬方里的地土確實叫人難信。並且根本說來，牠是作于何時也不能確定，只是其中體例很像摹倣禹貢；論到開方計里以封國，又與王制絕皆。

就這兩篇書，既是有人說牠們一是殷制，一是周制，且不管牠們是否可信，先把牠們比較一同，看看二者相差的情形怎樣。

疆域

- 王制：三服（書中不自稱服）——千里之內曰甸，千里之外曰采，曰流。九州，方三千里。
- 職方：九服——侯，甸，男，采，衛，蠻，夷，鎭，蕃，共方一萬里。（鄭注「九州方七千里」，則九服止於蠻服以內。）

封國之廣狹及五等爵之差

- 王制：公，侯田方百里，伯七十里，子，男五十里；不能五十里者不合於天子，附於諸侯，曰附庸。
- 職方：公五百里，侯四百里，伯三百里，子二百里，男一百里。

封國之方法及其數目

- 王制：四海之內共九州。一州方千里。州建百里之國百有三十，七十里之國六十，五十里之國百有二十，凡二百一十國。八州，每州二百一十國。（此畿外）天子之縣內（卽畿內）：方百里之國九，七十里之國二十一，五十里之國六十三，凡九十三國。九州（畿內外）共千七百七十三國。
- 職方：九州大界方七千里；七七四十九，方千里者四十九，共一爲畿內，餘四十八分爲八州，州有千里者六。凡邦國：千里，封公以方五百里則四公；方四百里卽六侯；方三百里則十一伯；方二百里則二十五子；方百里則百男。（以此計之，則一州方五千里之內可容四公，六侯，十一伯，二十五子，百男，共一百四十六國。鄭玄箚男國爲一百六十四，故云一州之國數二百一十，與王制一州之國數同。）

就以上比較，可以看出兩篇書中所說的疆域是何等懸殊。我疑其不能代表殷周時之疆域的理由，約有三點。

一　王制的中國纔方三千里，只能當職方男服以內之地，面積是九百萬方里。而職方的天下爲方萬里，除了三服不在九州內的還有方七千里；就這方七千里算來，面積是四千九百萬方里。若以方萬里計，則全面積是一萬萬方里。按現今我國的疆域：東西長八千八百里，南北長五千四百里，面積約四千三百萬方里。從上古到現在，其間經過數千年，這個疆域乃是數千年中我們民族開拓的總成績。而職方一萬萬方里的疆域不但較現在的大，且較歷代的都大。既有這麼寬廣的面積，何以歷史上找不出事實的證據來呢？就說古今計算里數的標準不同，然鄭解王制是殷制，職方是周制，兩代興替相承，時代密接，又何致相差如是其遠？

二　據鄭注王制云，『殷爵三等者，公，侯，伯也。周武王初定天下，更立五等之爵，增以子，男；而猶因殷之地，以九州之界尚狹也。周公攝政致太平，斥大九州之界，制禮成武王之意，封王者之後爲公，及有功之諸侯，大者地方五百里，其次侯四百里，其次伯三百里，其次子二百里，其次男百里』。又注職方云，『周公變殷湯之制，雖小國，地皆方百里。……州二百一十國，以男備其數焉；其餘以爲附庸』。前者表明武王時增爵未增地，迄周公時，增地又增爵。後者証明周公雖增爵而國數仍與王制同。我不解偌大一塊地，何不多封些國，使諸侯地小權輕，以免割據稱雄之患，何以必要強同於王制的國數？詳考鄭氏之意，他自己實在也沒有十分的把握，所以他說這是『設法』之辭。案鄭氏素精算術，他以爲職方中一州五等爵之國總數纔一百四十六，太少，所以把王制一州的總數作爲規模；以一百四十六塡二百一十尚欠六十，於是又把男國益爲一百六十四。但是這樣還塡不滿方六千里之地，所以他把其餘的算爲附庸之國。縣他這樣的設想，使得絕不相同的兩篇有合一之可能，無論疆界的大小差殊到怎樣，一州總是二百一十國的。

三　王制本篇中有云『成獄辭，史以獄成，告於「正」，「正」聽之』。鄭注『「正」於周鄉師之屬；今漢有正平丞，秦所置』。又本篇曰，『古者以周尺八尺爲步，今以周尺六尺四寸爲步。古者百畝，當今東田百四十六畝三十步。古者百里，當今百二十一里六十步四尺二寸二分』。此明明告訴我們此篇非論殷制者，鄭氏何以欺騙我們，且自相矛盾呢？

據上三點的懷疑，使我打消了對于這兩篇書記載的是殷周疆域的信念。實在考究起來，王制正作于漢朝封建侯國為一大問題的時候，故對於縣畫封國及官爵制度等特別詳細。職方亦作于西漢時，其中有可信者，有不可信者。原其所以如是，蓋取材于禹貢，王制，而更加以山海經的觀念。五藏山經之末不曾說嗎，『天地之東西二萬八千里，南北二萬六千里』。這句話，呂氏有始覽和淮南地形訓全鈔了進去，是見其於當時有普偏的認識。職方的九服為方萬里，比了這個面積七萬二千八百萬方里的，只取七分之一，還算是很廉的呢！

——摘自《禹貢半月刊》一九三四年五月

第一卷第五期

王制職方封國說之不同及後儒之彌縫

郭漢三

王制職方二篇，其於封國之說，不同之點有五：

一，王制爵五等，地三等；職方爵地皆五等。

二，王制封國小；職方封國大。

三，王制三等里數之差，非等差級數；職方五等里數，是等差級數，其差爲百里。

四，王制有附庸閒田，職方無之。

五，王制有九州封國總數，職方未明言。

漢三以爲此兩篇非同時代作品，蓋各有其社會政治背景，故不同。後儒爲之調停，於是據王制以彌縫職方之闕失，使兩經不相舛牾，徒勞心耳！究何益焉？

後儒彌縫之術，不外曲解臆說。鄭氏職方注云：『周九州之界，方七千里：七七四十九，方千里者四十九：其一爲畿內，餘四十八，八州各有方千里者六。周公變殷湯之制，雖小國，地皆方百里。是每事言「則」者，設法也。設法者，以待有功而大其封。一州之中，以其千里封公則可四，又以其千里封侯則可六，又以其千里封伯則可十一，又以其千里封子則可二十五，又以其千里封男則可百。公，侯，伯，子，男，亦不是過也。州二百一十國，以男備其數焉；其餘以爲附庸』。賈氏疏云：『畿外要服以內，有八州，州別設二百一十國，總有千六百八十國』。鄭賈二氏之意：職方五等封國之里數雖與王制不合，而一州封國之總數則當同，故取王制『州二百一十國』爲解，餘地爲附庸。然愈曲解而二經愈不同，王制九州國數千七百七十三，二氏僅能說出職方八州國數爲千六百八十，比王制九州總數差九十三，蓋王制畿內封國九十三也：二氏對此無法解矣。若職方畿內全封子男，固可有九十三國，若五爵皆封，則不是九十三之數。惟畿內斷無僅封子男之理，故職方九州國數仍不合王制。二氏彌縫二經，所謂欲掩彌章者也。

王制國小地三等，鄭氏謂是夏殷制，二朝地小，故封國亦小；並謂王制爲周初武王時增爵未增地之制，職方爲周公爵地並增之制，於是兩經牴牾調和矣。孫詒讓氏亦謂『王制所說三等制，蓋據實封言之，此經（職方）五等地虛實相除，亦約略相埒』，此孫氏補充鄭賈二氏所謂『至周公不百里不成國，無功亦百里，待有功乃益之地』，則孫氏亦有調和兩經之意也。

不求調和而求其立說之由來，以觀其作此說時之需要，此正吾曹之責任。惟此非一日之功，當徐徐求索之耳。

——摘自《禹貢半月刊》一九三四年五月第一卷第五期

劬堂讀書錄

柳詒徵

杭世駿續禮記集說　姚際恆禮記通論

杭大宗續禮記集說。舊鈔傳本。邵亭知見傳本書目僅稱昭文張氏有抄本。又在浙見兩抄本。書目答問稱有活字本。丁氏善本書室藏書志則謂此書從未經刊刻。卷帙既繁。抄本亦鮮。可貴也。丁書庋盋山書庫。今年春又從狀元境保文堂購得一抄本。以校丁書。行式及譌脫處均一律。未知所抄孰先孰後。疑卽莫氏所稱浙江抄本也。近年外間通行者。有浙局刻本。浙局刻此書。自光緒乙未冬開雕。至甲辰秋始竣工。蓋卽據丁藏抄本雕刻者。丁氏立誠嘗與校字。卷六十八、七十、七十七、七十八、七十九、八十、八十一。均載丁名。丁書有朱墨筆校訂增改。凡局本與丁本不同者。皆據朱墨筆增易也。丁書喪服四制四十三葉後有朱筆識語三行。光緒甲辰七月據此本校浙官書局新刊樣本。并爲正其傳鈔之誤。絕學孤本。（据此是浙局刻書時既未見書目答問所謂活字本亦未見本館所購之抄本）未能悉正。竊附蓋闕之義。以俟後世之方聞君子。仁和後學程宗裕并識。知丁書朱筆均出程君手。其墨筆不知出于何人。浙局校此書者。自丁立誠外。蓋不下二三十人。無從辨爲誰某矣。

丁本及抄本。（此指本館新購之抄本以無收藏主名故下準此）譌脫至多。浙局刻書時既經衆手校訂。故當勝于抄本。然魚豕之誤。仍時有之。卽校書者之名。許碩儒、許硯儒、褚德儀、褚德儀。亦復互舛其他可知。經解之後。已是哀公問。而板心尙接印經解二字兩葉。又如卷八十三經解第八葉第五行、而亂臣賊子懼。丁書作亂子賊于。抄本作亂子賊子。局本亦仍其誤。作亂子賊子。不知何以此等錯誤。亦未之察。今以抄本與刻本對勘。有知其複衍而未改者。如卷三十六文王世子第一葉下第四行。誤衍十一字。校者于丁氏書眉批云、此處必有脫誤。待查。

兩抄本 自餘之文凡爲四義。敎世子及士之法。後附世子之記四。此原文也。一。庶子正公族之禮二。天子視學養老之禮三。後附世子之記四。此原文也。丁本于後附世子之記四此原文也十一字。旁加墨點。蓋已知其爲衍文矣。据文義當云敎世子及士之法一。庶子正公族之禮二。天子視學養老之禮三。後附世子之記四。 刻本未將前衍之十一字删去。

卷七十五雜記第三十二葉上第九行至十行誤衍廿三字。校者于丁書眉批云、廿三字複。刻本旣誤，因仍之。

兩抄本 蓋兄弟姑姊妹。每急欲見新婦而觀其容止。故有立于堂下之禮。記者本謂是時已見新婦。「而觀其容止故有立于堂下之禮記者本謂是時已見新婦」若諸父則不宜以尊臨卑。按而觀至新婦廿三字誤衍。刻本未删。

刻本均仍複衍未删。有知其小誤而擅增者。如卷一曲禮四十六葉下第一行衍一富字。校者將富字删去。增一與字。

兩抄本分別富負販富貴爲說。丁書有朱批云、富字衍。刻本既誤。特于販下添一與字。以便排匀。今刻本無富字。有與字。

卷三十月令六十九葉下第一行衍一族字。校者將族字删去。增一今字。

兩抄本　以合三族。族君子說。小人樂。按月令不言飲酒之事。丁書有朱筆批云、族字多。可删。刻本既誤。不得已于樂字下添一今字。今刻本無族字。有今字。

使非以丁書與刻本互勘。無從辨其孰衍孰增也。又如姚際恆號首源。其書有自稱首源子者。校者不知首源二字何解。誤改首字爲昔字。意蓋以爲姚氏述昔日源子之詞。則爲無知妄作矣。

兩抄本卷五十一內則第二葉上第九行首源子讀內則。丁書朱筆校作昔。刻本亦作昔源子。

杭氏所采清代諸家禮說。如毛西河、方望溪、姜上均、全謝山、任翼聖等之書。均可各求原書。與杭輯參校。外此若萬季野之經世粹言。吳穎芳之吹豳錄。則傳本甚尠。賴杭氏采輯而傳其學說。無他刻可據校也。近人推重姚際恆之學說。謂其九經通論。僅傳詩經通論一種。不知杭書所采姚氏禮記通論極夥。可就杭書專輯姚氏禮記通論。別爲單行本。惜世人崇拜姚氏者未之及也。

杭氏謂姚氏九經通論中有禮記通論。分上中下三帖。殆姚氏自以其意評判戴記各篇之高下。而分爲上中下三等。据杭書所采姚氏之說。有所謂列上帖、列中帖、列下帖者。

檀弓　此篇疑義特多。僞言百出。觀其文儇便儁利。亦可知是賢者過之一流人。故不必言之其皆實與義之皆正爾。疑當作不必其言之皆實與義之皆正爾列下帖。

禮器　此篇固有蹖駁處。然較禮運猶勝。又多取郊特牲之文爲說。尚不失典刑。未可全棄。列中帖。

表記　是篇較坊記爲劣。多是老莊之學。其言仁處尤戾。戰國時異端之學。告子雖外義。然尚以仁爲內也。此則併仁而外之矣。其名表記者。取篇中仁者天下之表也。列下帖。

喪服四制　此篇爲吾儒之言。較三年問不殊霄壤。列上帖。

是姚書篇第與通行之禮記不同。未知其不著明列某帖者若何排纂。故即杭氏書中抄綴姚說。不能得姚氏原書之次序也。

杭氏推重姚氏。僅舉其不信周禮一端。謂其立義精嚴。大都爲執周禮以解禮者痛下針砭。姚氏之周禮通論雖不可見。就其說禮記者觀之。亦可得其大凡。如云王制非周禮可比。孟子又非王制可比。

王制　說者多以周禮王制孟子三書並言。爲之較量異同。此無識之士也。乃有信周禮疑王制。甚至有信周禮王制疑孟子者。尤無識之甚者也。王制非周禮可比。孟子又非王制可比。出于王莽劉歆之書。寧足敵漢文令博士所集之書。漢文令博士所集之書。又寧足敵孟子之書邪。王制所言皆周制也。其與孟子異者。以其故易孟子之文故耳。其與周禮異者。則以周禮本非周制也。鄭氏解王制。盡舉而歸之于夏殷。朱仲晦解孟子。則又以其與周禮王制異而疑之而闕之。何哉。

後儒于鄭玄王肅之說多持依違兩可之見。皆以周禮一書誤之。

郊特牲　自古惟有冬至禮天于南郊。孟春祈穀亦名郊。止此二郊而已。至于經傳或稱帝或稱上帝者。皆天也。若周禮稱天曰昊天上帝。曰天神。曰大神。緯書稱天曰天皇大帝。曰紫微大帝。曰北極耀。曰魄寶。按當作曰耀魄寶抄本刻本均誤　皆不經之說也。自周禮有兆五帝于四郊之文。而鄭氏遂附會以爲迎帝焉。以及周禮言祀五帝等諸祀。昊天上帝服大裘而冕。緯書靈威仰赤熛怒諸名。亦皆不經之說也。凡此皆不辨可知其妄矣。第鄭謂六天、郊丘異祭。王謂一天、郊丘同祭。卽無論有識者亦知是王而非鄭。然而當日王之難鄭。終不足以盡折其非。而後世之儒又多持依違兩可之見者何也。則皆以周禮一書誤之也。鄭倚周禮爲經。得以陰用其緯書之邪說。當兩漢之末。讖緯盛行。周禮亦顯于其際。安知周禮之五帝非卽如緯書所云乎。則周禮幾何而不同于緯書也。而王主月令五人帝之說。按之周禮。自爲不合。乃不能明言周禮之僞。而其云郊丘同祭。仍惑于周禮爲說。此非王之難鄭終不足以盡折其非者乎。

禮記諸篇大抵經周禮剽竊其義。爲注疏一一解壞。

鄉飲酒義　禮記諸篇。大抵經周禮剽竊其義。而改易其節目者。皆爲注疏。屈禮記以從之。一一解壞。如此篇第謂先王之法。鄉有司相與尊賢爲賓于庠以著飲酒之禮耳。注疏乃謂此篇前後凡有四事。一則三年賓賢能。二則鄉大夫飲國中賢者。三則州長習射飲酒。四則黨正蜡祭飲酒。蓋因篇中有鄉人士君子句。遂妄援周禮司徒鄉大夫州長黨正之職。以鄉人爲鄉大夫。以士爲州長黨正。以君子爲統稱鄉人士。其牽合附會如此。所謂篇中有四事者實無一事也。

小戴不應預引周禮等語皆是。

燕義　掌其戒令至末周禮夏官諸子職文。按小戴在元成之世。其時周禮尙未出。燕義既經小戴手定。且爲小戴以前之文。自不應預引周禮也。而此有之者何。揆其故。必杜子春鄭衆輩讀燕義見文中有庶子名。因文王世子有庶子之官。曰庶子正于公族。與此庶子不同。又因周禮諸子與文王世子庶子之職同。遂妄以諸子爲卽此庶子。而書其文于篇首。以符合之。鄭氏誤据其本。認爲燕義之文而併注之耳。

姚氏不信周禮。亦不信讖緯。遂不信鄭玄。駁鄭之說。不可枚舉。然其爲學宗旨。尤重在排斥二氏。反對宋儒。于禮運則目爲惑世亂道之書。

禮運　此周秦間子書。老莊之徒所撰。禮運乃其書中之篇名也。後儒寡識。第以篇名言禮。故採之。後來二氏多竊其旨。而號爲吾儒者亦與焉。　以老莊解此文者。鄭氏于兵由此起下曰、老子曰法令滋章。盜賊多有。于是謂小康下曰大道之人以禮于忠信爲薄。陳用之曰。莊子述伯成子高對禹之辭、堯治天下不賞而民勸。不罰而民畏。今子賞而民且不仁。德自此衰。刑自此立。大同小康之辨也。觀鄭陳之解。不煩更駁矣。又莊子呼堯舜禹湯文武曰、此六子者。此文呼禹湯文武成周曰此六君子者。筆法亦相類。

飲食男女。人之大欲存焉。死亡貧苦。人之大惡存焉。佛氏愛憎二境同此此欲惡二端。蓋凡有生之所不能無。固非不善。但當勿爲其非禮者可也。今謂美惡在中。不見于色。藏而不可測。欲一以窮之。舍禮何以。謂以禮窮人心亦難通大抵欲合禮運篇名故强切禮字非其本旨也其言鉤深察隱。以逆爲治。非聖人順人情感人心之教。勢必流于捐飲食。絕男女。以斷除其欲、學無生。度苦厄。以解脫其惡而後已。吁、此釋氏虛無寂滅之學預見于此者也。

于樂記則斥其天理人欲之言。

樂記　樂記一篇、乃漢武帝時河間獻王與諸生取文子荀子呂覽諸書湊集而成。其言多駁雜不純。大概揚之過高。反失其實。求之過遠。反昧其用。祇緣當時墨子非樂。故荀子諸子竭力擡高以矯其失。竊恐先王制作之旨。初未嘗然。而聖賢之言中正和平。實亦不如是之過于高遠也。　文子爲老子弟子。傳老子之學者也。茲亦采其言以入篇中。其于聖賢性命之理。大相悖戾。後儒寡識。不能出二氏之藩籬。反以其所言爲心性眞傳。從而遵奉之。闡發之。叛聖道而惑後學。莫此爲甚。尤不可不亟爲摘出。以告來世。　人生而靜四句。此文子引老子語也。說詳古文尙書大禹謨仲虺之誥此節之說。其誤者有四。一言性也。一言知也。一言好惡也。一言天人理欲也。人生而靜四句。此言性之誤也。謂靜是天性。動是人欲。豈可截然如此區分。人生才墮地。便是動。便是感。寧遂失却天性而徒有性欲乎。宋儒因此有纔說是性便不是性之謬說孔曰性近。孟曰性善。然則彼皆非與。如其說。必將常不動。常寂無感。然後可。此老氏之致虛守靜。釋氏之面壁九年也。一也。物至知知。知誘于外。此言知之誤也。孔子言生知學知。孟子言良知。知豈是壞物而惡之乎。此卽莊子以有涯隨無涯殆已已而爲知者殆而已矣。列子無知是謂眞知之說也。又告子謂生之謂性。而以犬牛之知覺爲無異于人。亦此意。二也。然後好惡形焉至人化物也。此言好惡之誤也。凡聖賢之言好惡者多矣。孔子曰。惟仁者能好人能惡人。孟子言平旦之氣以好惡爲相近。今遺却本來好善惡惡之眞好惡不言。而但言後起偏私之好惡。正與性欲之說同符。其勢必將至于無好無惡而後已。此卽莊子不以好惡內傷其身之說。及釋氏絕去愛憎二境之意也。又謂物之感人無窮。此語固是。然須先示以如孟子所謂先立乎其大者之義。令學者本原之地。須有主宰。臨時自不爲所動搖。今不及此義。但以人化物爲言。然則欲不化物。必將逃于空虛無人物之境而後可乎。三也。人化物也者二句。此言天理人欲之誤也。天是理。人是欲。則是天人不同矣。此陸象山之論獨爲有識。自餘宋儒。譌謬相承。動以天理人欲爲言。嗚呼其于聖賢之學。何其悖也。四也。

于經解則痛論墨守一家著爲功令之咎。

經解　嘗謂經之有解。經之不幸也。曷爲乎不幸。以人皆知有經解而不知有經也。曷咎乎經解。以其解之致誤而經因以晦。經晦而經因以亡也。其一爲漢儒之經解焉。其一爲宋儒之經解焉。其一爲明初諸儒墨守排纂宋儒一家之經解而著爲令焉。噫、果其爲聖人復起不易之言以著爲令可也。今之著爲令者。然耶否耶。夫經解與著令。其事大不相通。其君若相。不過以一時治定功成。草草裁定。初不知聖賢眞傳爲何。若乃使天下之學人耳目心思卒歸于一途。而不敢或異。是以經解而著令。不又其甚焉者乎。窮變物理。自然材智日新。寧甘久腐。苟以漢宋諸儒久誣之經解而明辨之。則庶幾反經而經正。其在此時矣。此以經解名篇。正是漢儒之濫觴。漢以前無之。則吾竊怪夫斯名之作俑也。

而于中庸大學尤極力反對。中庸自西漢相傳爲子思所作無可疑其僞也。則以戴顒有中庸傳。梁武撰中庸疏義。目爲僞書。

中庸　予分出此帙以爲僞中庸者。蓋以其爲二氏之學也。然非予之私言也。實有左驗云。禮記漢儒所定。中庸在第三十一篇。自劉宋戴顒。始從記中摘出。撰中庸傳二卷。考史、顒傳云、漢世始有佛像。形製未工。父逵善其事。顒亦參焉。唐李綽尙書故實云、佛像本外夷朴陋。人不生敬。今之藻繪雕刻。自戴顒始也。晉宋之世。士人競尙佛敎。顒與父首爲雕塑之制。蓋深信篤敬。乃能如此。其作此篇之傳。適與相符也。又梁武帝撰中庸疏二卷。私記制旨中庸義五卷。梁武之崇佛。世所共知。玆不更綴。至唐李翺益尊信是書而論說之。創爲滅情復性之說。其生平篤好禪學。五燈載其爲鼎州刺史。謁藥山問道。山答以雲在靑天水在瓶。翺忻愜作禮而述偈曰、鍊得身形似鶴形。千株松下兩函經。我來問道無餘說。雲在靑天水在瓶。迨至宋儒。益復從風而靡。周茂叔受學于東林禪師。東林授以中庸。與言中庸之旨。一理中發爲萬事。末復合爲一理。茂叔受之以授程正叔。正叔嘗言之。今章句載于篇端者是也。于是程門游楊之徒。多爲中庸解。朱仲晦相承以爲章句。乃復詆其師說爲淫于佛老。（見章句序楊中立授羅仲素及李愿中及朱仲晦）孰知其說殆有甚于游楊之徒者哉。（注者依文爲言大抵本文使然非注之過故咎注者皆非）

大學亦傳自西漢。不得謂爲禪學。則謂東土有預見之禪。

大學　前一篇全雜後世禪學。其用字義更有牽强失理處。及齟齬處。後儒篇分界限。亦多不楚。然猶少疵。學者分別觀之。或曰後漢佛敎始入中國。大學中庸非後漢書也。何以謂其雜入禪學乎。曰予謂其與佛理同。不必佛入中國也。予庸言錄曰、東土有預見之禪。西土無已見之儒。此二語可爲確論。大抵有開必先。如世言三敎。孔子儒也。釋迦釋也。老子道也。孔子之前有堯舜禹湯文武周公多人矣。非預開老子乎。老子之前有黃帝。史遷以黃老並稱是也。非預開老子乎。然則釋迦。中國豈獨無預開者乎。且大中二篇。于釋併不得謂之預開也。据釋書。釋迦生于春秋之世。雖未入中國。而外國已有其人矣。彼此先後翕應。異地同符。理自有之。夫亦何疑乎。孟子集注、告子生之謂性章曰。與近世佛氏所謂作用是性者略相似。人皆不疑朱說而獨疑予說何也。或又曰、然則佛氏之敎。竊取大學中庸之說耶。曰又非也。彼在春秋之世已生其人。已樹其敎。安用竊此。第此與彼數適相合耳。蓋已肇其入中國之機矣。

舉凡學庸之精理至言。皆肆意求其瑕隙。吹垢索瘢。深文周內。自伸其說。

大學　明明德。古無此語。据後引康誥曰、克明德。帝典曰、克明峻德。按德、釋名得也。事宜也。是德乃人生躬行所自得之善。帝典峻德。贊其大也。德在吾身。處于隱微。明者、光輝發越如日月之明。以照臨天下也。故史臣以是贊堯。而康誥亦同其文焉。是德猶本體。明猶功用之謂。今云明德。于德上加明字。又別于明德上加明字。則以明德爲本體。明明德爲功用。便墮入空虛。同于釋氏。如釋氏所云妙明眞心。妙覺明性。元明明覺等義矣。單主心體。遺却事爲。與吾儒有毫釐千里之別。　既明德則無非善矣。又于明德外添出止至善。名目未楚。新民何以悉能止至善。與孔子堯舜猶病之旨戾、且至善加以止字亦有礙義。然曰言其終之極功。猶可也。後又重新單提一止字。加以知字。推至能得。則又以止爲始事。不獨與上意不合。亦且全爲禪學矣。禪家有止觀之義。經云止能捨象。觀能離苦。又云止能修心。能斷貪愛。觀能修慧。能斷無明。止如知止而后有定。以及靜安。觀如慮而后能得也。禪家以戒定慧三者爲關鍵。經云因戒生定。因定發慧。因戒生定。知止而后有定也。因定發慧。由定以至靜安而慮也。生與發。即而后義也。

至于靜字。聖賢諸經從無單言靜者。必兼動靜兩端而言。孔子曰、知者動。仁者靜。且動靜根上山水來。山體本靜。故以形容之。非實義也。然而仁知一理。則動靜亦一致矣。即易之彖繫曰、動靜不失其時。曰動靜有常。曰其靜也專。其動也直。亦是也。其單言靜字。則二氏之說也。始于老子。其言最多。曰守靜篤。歸根日靜。靜爲躁君。不能以靜。靜勝熱。我好靜而民自正。牝常以靜勝牡。以靜爲下。若釋氏則固以靜爲體。謂之靜慧靜力。其法如是。其言不可殫述也。

若夫既曰知止。又必歷定靜安而后能慮。則知止時仍未完此知矣。知則思慮。思慮則知。知與慮何所分別之懸遠哉。又以知字始。以得字終。尤可議。聖賢之學。知行並重。未有惟言知而遺行者。今云自知止而后定靜安慮而得之。則一知字直貫到底。便已了畢。全無所用其行。則其所得者果何物耶。非忽然有省。摸著鼻孔乎。經言般若波羅密。般若此言智慧。波羅密此言到彼岸。只一智慧而直可到彼岸矣。此知止以至能得之義也。天下國家身遞推。必先本孟子、天下之本在國。國之本在家。家之本在身爲說。而增以誠意正心致知格物。則大有可疑焉。以正心言之。孔孟皆言正身。孔子曰、其身正。不令而行。苟正其身矣。于從政乎何有。孟子曰、其身正而天下歸之。正己而物正者也。孟子言我亦欲正人心以人心陷于楊墨而邪故曰正非平日空空教人正心之比也若以人心爲正心之證則下云息邪說距詖行放淫辭亦可以息說距行放辭爲成說乎蓋正者猶之曰息曰距曰放也 蓋以正身言。則主乎踐履行事。以正心言。則專主心體上說。恐人墮入陰界。聖賢已似蚤爲後世之防如此。然則孔子之操存捨亡。孟子言存其心求放心。又何與。曰蓋以心或放故。則必須存。以存之權予心。乃心之本職。若以正之權予心。則非心之本職矣。然則心可不正乎。又非也。吾儒正身未嘗不本心來。而聖賢則不言之。蓋言正心。恐人只泥一正心。便已了畢。不復求之躬行實踐。便爲有體無用之學。如佛敎萬法唯心。直指人心。見性成佛。敎人鎭日觀心叅悟。邪妄攀援。自然俱絕。如是則心豈容有不正者。乃佛門安心之法。而與吾儒似是而實非。此意甚微。惟深明乎理者乃能知也。以誠意言之。論語言意者一、曰毋意。孟子言意者一、曰以意逆志。据論語意是不美字。据孟子是言解詩之法。雖非不美字。然與論語字義亦同。蓋意者心所思想之名。猶俗云意想是也。凡人端居則不可私想。讀書求解。不妨用之以逆料。故曰語孟字義同也。證之釋氏之書亦然。心經、耳眼鼻舌身意。以是爲六根。說者謂五根皆起于意。故以意居終而貫之。則其以意爲不美之字。亦與儒書同也。後加月作臆。仍與意同。人謂臆測臆度臆斷。皆非善語也。今以意爲美字。亦若爲一物。與心對峙。便不可通。况加以誠字。謂私想之必以誠。尤不可通。誠字聖賢亦止屬身而言。孟子言誠身。又曰反身而誠。則正誠皆屬乎身。正且不可以屬心。而况誠可以屬意乎。故以正誠屬身。則皆切實可行。以正屬心。則淪于虛。以誠屬。意且失理而難通矣。此意字自宋人尊崇大學以來。無人不安于固然。習焉不察。驟聞予言。必大駭異。以我爲狂言爲譫語矣。今姑以大學所謂意。世人之所安于固然者。言之可乎。据從來解此意字爲心之所向。或爲心之所發。觀本文言意于心之先。自當如此解。然但言心足矣。何必又言意乎。

或謂必欲言之。亦姑不辨。但意爲心之所發。心發爲善則善矣。心發爲惡則惡矣。其爲善爲惡自無不誠者。何必誠之以誠耶。誠屬身言則爲美字意言則兼爲美惡字然則誠意兼乎善惡。不可獨以誠意爲善事。與正心並言明矣。且唯心正。然後心之所發者自然無不正。當云欲誠其意者先正其心。心正而後意誠。乃云欲正其心者先誠其意。意誠而後心正。非倒說耶。不知其所謂誠意者誠善意乎。誠惡意乎。何也。以在正心先也。誠意在正心後則爲善事在正心先則兼爲惡事或者言正心不言誠意可。必欲言意言正意亦可。何也。正則不邪。誠則未可必其正邪也。即以其所自言者證之。下云所謂誠其意者、毋自欺也。如惡惡臭。如好好色。惡惡臭。猶無關于善惡。好好色則惡矣。非誠意兼善惡之明驗乎。又云、此謂誠于中形于外。文根小人來。則此誠字自概論善惡。非誠意兼善惡之明驗乎。則又安可以正心與誠意並引也。總之依彼以誠爲美事。以誠意爲善事而言。則意爲心之所發。豈有心之所發者。而心誠尙有不正者乎。所以明儒劉念臺曾反之以意爲心之所存。夫字自有一定之義。爲存爲發。相去懸絕。可以任人游移亂拈如是乎。亦可見大學說理未確。故致此弊。劉說與大學文義差可通矣。其如訓意字義之不通何。性具于心則性可謂心之所存是以意爲性也以致知言之。聖門之學。未有單重知而遺行者。惟佛氏以智慧爲本。情識爲末。一念覺悟。立證菩提。故重知而遺行也。即聖賢之言知者有矣。曰、我非生而知之者。好古敏以求之者也。曰、多聞擇其善者而從之。多見而識之。知之次也。皆實地用力。未有空言致知者。空言致知。非佛氏離語言文字一惟明心見性之學而何。或曰、必知善惡然後用功。故以致知爲先。夫善惡自墮地以來。稍有知識。自無不知者。所謂良知是也。安有若何致知之法。亦不可通也。以格物言之。此二字晦澁之甚。物字不知指何物。格字不知是何義。

古人未有以物作善字用者孟子曰物交物自老子曰有物混成釋氏曰有物先天地始以物字作善字用矣後人認物爲善字正是二氏之見格字義最多爾雅訓來說文訓正訓式玉篇訓至廣韻訓量訓度又詩神保是格爲感悟義又音閣禮扞格史記廢格及阻格格鬥格殺諸義尤無定解　聖賢教人。從無鶻突語。况爲大學之首功。爲平天下之要務。而顧用格物二字。豈可通哉。故不辨。細測其意不過格是孟子格君心之非格字物亦是孟子物交物下物字指耳目之類謂致知之法在格止其耳目口鼻之欲其智慧自生正是禪家斷根塵自還妙明覺體之義宜乎後世徑山以格物物格詔張子韶也故此物字以善字解以不善字解俱無是處嘗見儒者終身談格物正如鼠入牛角了無出路　修身以上用先字爲界限。自可。修身以下用先字爲界限。下卽后字同　則格物致知時。意尙有不誠。誠意時心尙有不正。做了此件。再做彼件。豈有此理。就其所言之義。已自無可通。况欲垂訓立教乎。此固盡人知之。故亦無容多辨焉。作是篇者之意。以其言治國平天下。故謂其學爲大學。但文中所言如知止定靜安慮得。如正心誠意格物致知。則儼然黃面瞿曇。向壁枯坐景象。從其道。相率而爲禪者也。惡能治國平天下哉。

中庸　中庸子思之言曰、君子之道。辟如行遠必自邇。辟如登高必自卑。今僞中庸所言。無非高遠之事。何嘗有一毫卑邇來。與子思之言。不啻若冰炭。聖人教人。舉而近之。僞中庸教人推而遠之。舉而近之者只在日用應事接物上。如孝弟忠信以及視聽言動之類是也。推而遠之者。只在幽獨自處靜觀叅悟上。如以不睹不聞起、以無聲無臭終是也。姑舉論語一二端言之。孔子、出則事公卿。入則事父兄。喪事不敢不勉。不爲酒困。何有于我哉。聖人平日以此自省者。不離應事接物上見也。聖門高弟莫過顏曾。孔子稱顏子之好學。曰、不遷怒。不貳過。夫遷怒貳過。非在應事接物上見乎。曾子曰、三省其身。爲人謀。與人交。受師傳。非在應事接物上見乎。試以僞中庸較之。有片言隻字之合否。然則卽使果爲子思之言。寧有不信顏曾而反信子思者。又寧有不信孔子而反信子思者。是予之薙剔此帙以爲僞也。人亦可無疑而怪之矣。

學者依孔孟所敎、則學聖人甚易。人人樂趨喜赴。而皆可爲聖人。依僞中庸所敎。則學聖人千難萬難。茫無畔岸。人人畏懼退縮而不敢前。自宋以後。中庸之書日盛、而語孟日微。宜乎僞道學日益多。而眞聖賢之徒日益少也。此古今世道升降一大關鍵。惜乎人在世中。絕不覺之。可爲浩歎。

僞中庸一味裝大冒頭說大話。孟子曰、言近而指遠者善言也。此則言遠旨近。恰與相反。語孟之言極平常。而意味深長。一字一句。體驗之。可以終身行之而無盡。僞中庸之言。彌六合。偏宇宙。細按之則枵然無有也。非言遠指近而何。

戒慎二句。老子致虛守靜之說近之。又莊子尸居而龍見淵默而雷聲。亦頗切合。而大意則全類乎禪。聖人敎弟子。自入孝出弟。謹信愛衆。親仁學文。以及成人。處而敦行講學。出而爲政治民。無非應事接物上。固未嘗敎以獨處靜坐也。故不睹不聞之說。從來無之。聖人敎爲學者曰、吾嘗終日不食。終夜不寢。以思。無益。不如學也。夫能思亦善矣。聖人猶慮其涉于虛也。必敎之以爲學之實功焉。下此者。則又敎之曰、飽食終日。無所用心。難矣哉。不有博弈者乎。爲之猶賢乎已。非賢博弈也。亦欲其有所事事耳。夫不用心者賢之以博弈。用心者進之以爲學。聖人之意從可見已。若夫釋氏以參禪入定爲功。以結制打七爲限。如是而終其生。在不睹不聞之時。故曰全類于禪也。乃陋學無識之徒。習成異端。專敎學者靜坐。豈不可哀也哉。然而卽曰戒慎恐懼亦非不善。豈反欲其懈惰恣肆耶。又非也。聖人敎人戒慎恐懼。亦只在睹聞時。如顏子問爲仁之目。告之以視聽言動。仲弓問。告之以出門使民。不欲勿施。皆非不睹不聞時也。而其所以不敎人在不睹不聞上用力者。一則聖人設敎。必不強人以苦難。一則本不可以此爲教。以此爲教。則有體無用。語內遺外。豈成吾儒之正學。故雖時未有佛教。而已駸駸乎若預防其流矣。由是而知聖人亦有獨處之時。固無所用其戒愼恐懼也。其景象曰申申夭夭而已。曰居不容而已。卽教學者獨處之時。亦不教以戒愼恐懼也。曰居處恭而已。嗟乎、後來學者誤循其說。亦第口耳相傳。未嘗身試究竟。不知果能戒愼不睹恐懼不聞否。如其未然。則是自欺也。則是欺人也。安有自欺欺人而可以爲學哉。

喜怒哀樂之未發。謂愼之中。予謂不謂之中。謂之空可也。此釋氏心空法。對覺不起。湛如止水。天台三止觀空一不空二空不空三之說亦如是。夫未發則無著。無著則不屬理道。不屬理道。則安可謂之中。且謂之大本乎。宜乎劣士喜淺近之禪學。必奉此二字爲祕密藏也。且推勘喜怒哀樂之未發。必至于推勘吾身父母未生前本來面目而後已矣。異學之徒。教人終日靜坐。觀未發時氣象。不盡驅天下學者入于禪和子不止。可歎復可恨也。夫以未發對已發言且不可。況單言未發乎。其父報仇。子且行刼。亦勢之所必然耳矣。以其未發爲中論之。堯舜允執其中之中。指理言。此以未發爲中。指心言。指理言、則共之于人。故孔子言舜用其中于民。指心言、則獨用之于己。合眼低眉忝悟而已。于他人有何交涉耶。孔子又曰、知者過之。愚者不及也。明釋中爲無過不及。今云未發謂中。既未發。有何過不及。斯豈中之義乎。不應同在中庸一書。而詮解中字異同至于如此也。故有人解中字之義曰、中非無過不及。中庸已自釋之矣。乃是喜怒哀樂之未發也。以譌傳譌如此。則堯舜以來中字之眞面目不可復識矣。且孔子言中庸。而書名亦曰中庸。乃其首章則曰中和。直是方圓枘鑿。謂非後人攙入。爲中庸本書。雖置喙奚辭焉。

中和二字作對偶。他經無之。（桉姚氏不信周禮故云他經無之也）唯樂記有此字。然彼言樂則可。此言性命之理則未妥。抑撮取子路問强章和而不流中立而不倚爲言耶。然彼自兩義。不可合倂也。 致中和。 天地位。萬物育。此所謂說大話裝大冒頭者也。其實皆禪也。禪則其理虛無。故可以任意極言而無礙。若吾儒則事事切實。豈可言此。言之則中和未致。天地萬物將不位不育耶。中和既致。天地萬物如何位如何育耶。此非虛無而何。今歷取諸佛語證之。華嚴經云、法性徧在一切處。楞嚴經云、色身外洎山河虛空大地、咸是妙明眞心中物。又云、心徧十方。見十方空。如觀手中所持葉物。此天地位注脚也。又云、一切世間諸所有物。皆卽菩提妙明元心。心精徧圓。含裹十方。此萬物育注脚也。肇論云、天地與我同根。萬物與我同體。又云、懷六合于胸中。而靈鑑有餘。鏡萬有于方寸。而其神常虛。又云、至人空洞無象。而萬物無非我造。此皆天地位萬物育注脚也。 能盡人之性。此句先未允。夫堯舜之世而有四凶。堯舜之家而子皆不肖。豈能盡人之性耶。孔子于博施濟衆。于修己以安百姓。皆曰堯舜猶病。此足證矣。能盡物之性。此句尤舛。千古大聖。爲治莫堯舜若矣。史臣言其平章百姓。黎民於變時雍。海隅蒼生。萬邦黎獻。未嘗一及物也。夫于民且猶病。況物耶。堯舜之下唯孔子。使孔子而治天下。亦堯舜是若而已矣。又檢論語無一物字。記者但曰釣曰弋。于廐焚。曰、不問馬。則其于物固已不惜戕殺之而膜外視之矣。孟子書始有物字。其曰君子之于物也。愛之而弗仁。于物曰愛。乃爲仁民親親陪說。非重物也。且曰弗仁。則固同孔子之釣弋與不問馬矣。帝王之治天下也。唯以人爲本。勢不能兼全乎物。故舜使益掌火。益烈山澤而焚之。驅蛇龍鳥獸之害。然後民可以居可以食。而其物之不爲民害者。則又任人制射獵網罟之屬以取資焉。于是取禽獸以爲飲食。取蠶絲以爲衣服。取材料以爲宮室。人之不能無飮食衣服宮室也。自則不能全物之命也。夫物之命且不能全。而況曰物之性乎。禽獸以飛走爲性者也。草木以發生爲性者也。既殺戮之戕賊之。而性于何有。夫物之性且不有。而況曰盡之乎。 告子以生之謂性。而孟子詰以犬牛人性之同。告子且無辭以答。今此義眞是犬牛人性同之說。則是甚于告子矣。且以爲盡其性。則于孟子之所詰者而殆有加焉矣。說者謂孟子爲子思之徒。豈有師言人物之性同。而孟子言人物之性異乎。又不待辨矣。 或曲解盡物性爲處之各得其當。如仲冬斬陽木。仲夏斬陰木。獺祭魚然後漁人入澤梁。豺祭獸然後田獵。夫既已斬之。入而取以烹之。獵而取以戮之。胡云盡其性乎。且如期斬木取禽獸是順天明以裁物。非盡物性之謂也。是王者食時用禮之政。非至誠學問心性之功也。義隔天淵。且盡物性與盡人性盡其性。同辭無異。豈有盡己性盡人性爲一義。盡物性又爲一義乎。此本不足辨。恐人猶惑其說。故及之。 贊化育。參天地。同爲一種大話。聖賢從無此語。孔子謂唯堯則天則法也孟子上下與天地同流猶則天之義與參贊義迥別

大抵姚氏以爲孔孟之學惟在日用事物上用功。一切精微廣大之義。皆爲孔孟所不道。凡涉此類之語。非禪學家僞爲。卽不知誰何之人。預見其端與佛說相合。絕非吾儒所應有。然其駁明明德也。則不知易象有自昭明德之文。駁格物致知也。則不知孟子有明于庶物之語。駁不聞不睹也。則不知詩有無曰不顯莫予云覯之章。駁盡人性盡物性。又不知孟子有萬物皆備于我之誼。謂孔顏教學皆不離應事接物。而于回也其心三月不違仁、及予欲無言、天何言哉、四時行焉、百物生焉之旨。皆所未會。驟觀之似以語孟爲衡。然後對于戴記之言如堂上人之制堂下人曲直。實則先挾一成見。不談心性。只講躬行。不屑駁程朱陸王。直舉程朱陸

根本推翻之。然後見其學之獨能得孔孟之眞際。無如孔孟之書具在。卽使舉姚氏之所駁斥者而盡黜之。但論語孟二書。而其言之徹上徹下。絕非僅如姚氏所舉者而止也。子絕四。毋意、毋必、毋固、毋我。其言豈不近于禪。是亦禪學家僞爲耶。姚氏惟未喻孔子之境地。故專以意必固我讀經。雖曰善辯。適所謂彌近理而大亂眞耳。

姚氏之學。務在翻案。故于學庸及禮運樂記諸篇。皆詆毀不遺餘力。卽學記亦不謂然。

學記 此亦是當時子書。輯禮者以其言學。故採之。義近醇正。所乏精深之致。觀篇中託物比興語似矜詞采。而于聖人之道。尚有未契合者。石梁王氏以泛論目之。可爲有見。後儒但以其篇名言學。便極爲推崇。力駁泛論二字之非。正未曉其義爾。

甚至謂學無分大小。惟字學謂之小學。

學記 學一而已。謂之大學者。因九年大成大字。遂于學上加大字以尊之。不得因此言大學謂又有小學也。不然。此何以一二三五九通謂之大學乎。古人字學乃謂之小學。

夫字學謂之小學。經無明文。始于漢書藝文志。而漢志實本周官保氏敎六書之說。姚氏不信周官。何獨信此說乎。卽曰食貨志有學六甲五方書計之事之語。然食貨志不明云八歲入小學。十五入大學乎。以反對大學二字。遂議及小學二字。遂若學校不可云小學。惟講字書之學問乃得名曰小學。噫亦傎矣。

姚氏評隱戴記。分別上中下三等。今雖未見原書。不知其列上帖者爲若干篇。第就杭書觀之。殆以內則爲第一篇。

內則　首源子讀內則至父母唾洟不見。冠帶垢和灰請漱。衣裳垢和灰請澣。衣裳綻裂、紉箴請補。五日則燂湯請浴。三日具沐。其間面垢。燂潘請靧。足垢燂湯請洗。又曰若飲食之。雖不耆。必嘗而待。加之衣服。雖不欲。必服而待。加之事。人代之。己雖弗欲。姑與之而姑使之。而后復之。曰、嗟乎此眞孝經也。世有爲人子者能竭其力如此哉。能視聽于無形與聲如此哉。世傳孝經。率膚語爾。世人貴耳賤目。循名忘實。類如此。不孝壯失父母。亦非幼矣。回念實愚無知也。及稍有知。而父母已不逮事。讀內則一篇。輒不覺其淚之淫淫也。亦願世之讀內則者及父母之存毋忽焉。凡內則所言事父母之事皆人情之所最難而不肯爲者。夫爲人所難能。斯所以爲孝也。予嘗欲摘取內則。去其非事親之文。以爲孝書。俾人人習讀。是固皆切實可行。非同膚詞泛說。雖不能盡法。然必有以感發其天良。而不能自已者。此其爲益。良非淺矣。第世無從予。如何如何。即以是爲孝經。亦奚不可者。宋人于禮記摘取大學。予摘取內則。未知孰爲優劣也。

其言雖似發于至性。然其以內則爲孝書。爲孝經之本旨。一則欲以易通行之孝經。一則欲以敵宋儒摘取之大學。表示其見地優于前人。非眞欲以錫類也。內則事父母諸文。均載在宋人所編之小學內。何待首源子始表章之。且其文既曰固皆切實可行。又曰皆人情之所最難而不肯爲者。豈非自相矛盾。夫其詆中庸曰、依僞中庸所教。則學聖人千難萬難。茫無畔岸。人人畏懼退縮而不敢前。何以獨提倡內則。使爲人情所最難而不肯爲者乎。其書之不傳。殆由于此歟。淸人反對宋明諸儒心性空談。各欲提出周秦兩漢之書之說以壓倒後來。然顏習齋反對宋儒。而極信周禮。顧亭林反對明儒。而于康成朱子無異詞。戴東原不信天理。而獨崇漢學。姚氏則一空依傍。惟我獨尊。亦淸代之別派也。

——摘自《文瀾學報》一九三五年一月

禮記學記篇今釋

董文煜

讀經之與，時賢詬病，以為無裨實用，不足復存於今日。倡其說者，殆未嘗深究經學者乎？苟讀經有獲，我知其必不忍作是語也。何者，實以經學乃天下之公理；雖歷萬世，莫能踰越者也。不寧惟是，即以泰西學術參證之，亦無不合；甚有精言微義，泰西學術猶未能望其項背者，而我反歧視之唾棄之，不亦不達之甚乎！予讀禮記，至學記一篇，詳玩其文，頗合近世教育學說。凡現代所謂教育者，其精義實已具於是篇焉。爰以現代之教學法，為之疏釋於后。魯魚亥豕，自知難免，高朋匡正，是所樂聞。

學記

鄭玄云：「學記者，以其記人學教之義。」學教，即所以學教人之道也。以今文釋之，則師範教育是也。

發慮憲，求善良，足以諛聞，不足以動眾；就賢體遠，足以動眾，未足以化民。君子如欲化民成俗，其必由學乎！

近世教學法中，有所謂教育之目的者，其言極似記文欲化民成俗五字。欲字即所謂目的也。主是說者，有個人主義，社會主義。其於個人主義，以為須造就良好之個人，以為社會國家服務，始克勝任。其於社會主義，則以為社會係集合個人而成，個人應為社會謀進化也。記文化民成俗四字，於斯二者，已兼而有之。化民則於個人已收成效，成俗則於社會亦已收效矣！又教育家常謂人類必須教育，而後凡百事業始可藉之以發展。故普及教育之呼聲，盛極一時。誠以教育之於個人社會，皆所必要也。記文曰：「其必由學乎；」即此意也。

玉不琢，不成器；人不學，不知道。是故古之王者，建國君民，教學為先。兌命曰：「念終始典于學。」其此之謂乎！

此以教學法解之，則曰：凡人未受教育，則終不能脫愚陋之思想，社會不獨不能發達，且將因之而亂也。故現代之教育學家，咸以教育為立國之本，而力事於掃除文盲之功作也。記文人不學不知道，蓋即此意也。道者，即今所謂原理也。或以智德體三育解之，說亦可通。要之，不外乎一切學術之理，及求得此理所應行之大道，可斷言矣！

雖有嘉肴，弗食，不知其旨也；雖有至道，弗學，不知其善也。是故學然後知不足，教然後知困。知不足，然後能自反也；知困，然後能自強也。故曰：教學相長也。兌命曰：「學學半。」其此之謂乎！

教學法有所謂引起興趣法者，其大旨以被教育者之興趣為教學之中心，無興趣之學習，終不能有深切之了解，與夫耐久之保持。記文雖有至道弗學不知其善也；即興趣之反語也。知道之善，故知己之不足，而益奮勉；即教學法所謂以興趣引起求知之欲望，以期深切了解也。現代論教學方法者，亦頗注重師資之訓練，以為教師須有組織與思想之能力，精神與身體均十分發達，品學亦須兼優，尤宜具有日新之毅力，不以既得之學遂為滿足。夫如此始得謂為完全之教師。記文教然後知困，知困然後能自強；即所以勉為人師者，對於學識道德，日益求晉，而不可或息也。學者之所以知不足，因有善教者也。教者之所以知困，因有善學者也。故教學相長。徵諸現代之教學方法，尤能合轍。蓋近世教育學者，皆以舊日所採用之注入法，收効極微，而思所以改善之方。以為學生欲求學，須有自動的精神，或充分利用書籍與思想，或質難於教師，或反諸舊有之經驗，以探討的結果而解決之。教師方面，不過處於輔導學習及備詢之地位。其結果，學生方面可以養成一種獨立研究之習慣，而祛其依賴教師之積習；教師方面亦須於其所教授之學科，及與此有關係之學科，先有充分之了解，加以有條理之組織，以為學生之輔導；此非教學相長乎！且於自反自強之訓，亦極密合矣！此節向以教字屬教者說，以學字屬學者說。然以教與教學皆就學者身上立論，亦無不可。請申論之。教也者，學者之效師也；學也者，學者之自脩也。夫自脩始知己行之所短，然終不能自達於道，故有待於師教，師教而我效之，乃發見師之達於道，而見己道之所未達矣！其所以見己道之未達者，由於見師之達於道也；其所以能見師之達於道者，由於睹己行之所短也。故知不足而后能知困，知困而后能好學，好學則愈知不足而自反矣，愈知不足而能自反，則愈欲效師而愈知困而自強，能自強則其為學也益力，此所以教學相長。兌命曰學學半，上學字當作斆，斆當訓效。效學半言效師半，自脩亦半，毋專恃師教。以教學法說之，所謂毋依賴教師也。

古之教者，家有塾，黨有庠，術有序，國有學。比年入學，中年考校。一年視離經辨志，三年視敬業樂羣，五年視博習親師，七年視論學取友，謂之小成。九年知類通達，強立而不反，謂之大成。夫然後足以化名易俗，近者說服，而遠者懷之，此大學之道也。記曰：「蛾子時述之。」其此之謂乎！

此節首數句，雖言古之設學制度，與今教學法無涉，然觀其所設學校之多，及其均配之得當，雖近世高呼之普及教育，寧有以過之哉！考校之法，蓋視學者之知行耳。自離經敬業博習論學至知類通達，為問學之等級，視其知也。自辨志樂羣親師取友以至強立不反，為德性之程度。視其行也。其說頗合西洋教育家海爾巴特之興味論。海氏之學說，大抵謂興趣乃學習時最有益之態度，亦即引導學者之動作於正當路徑也。良以有興趣始能注意，亦唯其能注意，方始有興趣也。海氏此謂興趣有被動自動之分。被動之興趣，則因他人之罰則譏誚獎賞而生。自動之興趣，則出於一己之真誠愛好，雖有阻力，不為所挫。此種興趣，亦謂之教學之目的。蓋興趣可以發生意志，而品性之良善與否，亦可藉意志之高尚與否而定，此所以教學必重視興趣也。案此說極似記文離經辨志之意。海氏又分興趣為二種六類。所謂二種，即由經驗與交際二方面，以求認識及同情之豐富也。所謂六類，即經驗（即關於認識）之興趣內，有求多樣認識之經驗之興趣，求法則之認識之推究之興趣，求美之關係認識之審美之興趣；交際（即同情）之興趣內，有對於人之同情興趣，對於社會之同情興趣，即社交之興趣，對於神之同情興趣，即宗教之興趣。前者屬於知識，後者屬於心情。案此說頗合記文敬業樂羣至強立而不反之旨。蓋所以能敬業者，以其有經驗之興趣也。所以能論學者，以其有推究之興趣也。所以能樂羣者，以其有同情之興趣也。所以能取友者，以其有社交之興趣也。至其知類通達強立而不反，則已得審美及宗敎之興趣矣！現代敎學法中又有所謂訓育者焉，記文自辨志樂羣親師取友以至强立而不反，卽訓育階段也。何以知之？蓋訓育者，指導學者之意志，以養成優良之習慣者也。而記文始自辨志，於强立而不反，非卽所謂訓育者乎？又敎學須注意學者最初之活動，以陶冶其意志，此殆記文視辨志之意乎？又有所謂習慣與自律者焉，以爲最初兒童不能自發表其意識，惟適應敎師之意識以養成良好之習慣。其後程度日深，知識日晉，自能辨別事理，是謂自律。其說亦誠有合於記文。蓋志既辨矣；既親其師，而后取友，則必交益友，是漸達自律之程度終矣，而至於樂羣，是漸爲習慣矣；及其親師也，則習慣終矣；至强立而不反，則自律之目的達矣！敎育家嘗言敎育之目的，在造就有爲之人才，以改良現社會之病態。記文易俗二字，卽所謂改良社會也。

大學始敎，皮弁祭菜，示敬道也；宵雅肄三，官其始也；入學鼓篋，孫其業也；夏楚二物，收其威也；未卜禘，不視學，游其志也，時觀而弗語，存其心也；幼者聽而弗問，學不躐等也。此七者，敎之大倫也。記曰：「凡學，官先事，士先志。」其此之謂乎！

今俗有所謂開學典禮者，往往有唱歌之舉。記文宵雅肄三，蓋亦此舉耳。官其始也者，言勸之以官，且取上下相和厚也。今敎學法有利用遊戲及作業，爲學習之手段，以導學者入於正軌，且可藉之以融和師生間之感情之法，頗類記文官其始也之旨。敎學法中所以訓育學者之法有二：卽威權與命令是也。命令云者，敎師以己之意志，支配學者，而使其實際履行者也；威權云者，敎師於不得已之時，與學者以容貌言動，俾濟訓育之窮，而使學者有服從之良好習慣也。今按記文鼓篋之爲孫其業者，以鼓爲莫大之命令，而有無上之威權也（今日學校皆易之以鐘，其物雖殊，其制則一耳。）至於夏楚收威之爲威權訓育，尤明顯矣！今世敎育家中，亦有主自由主義者，以爲一切問題，均應由學者自己感覺之，解決之，而直接感受其興味；敎師僅因時以啓示之。其說亦頗類記文時觀弗語之旨。幼者聽而弗問，所以明等級也；今學校之年級制，亦此意耳。官先事，官，學中之官也，以今文訓之，卽敎師也，言敎師須以克盡其職事爲先事也。數年前，予肄業民立中學時，有敎員宣誓之舉。卽其旨，亦所以欲敎者能勤其職務也。行文至此，忽憶及之，因並誌之，以見古今語雖不同，而其論學之精義，固未嘗相悖也。士先志，士，學生也，言學生必先以求學爲己志，而後可以言學也。否則，其不淪於分數主義，或祇以求得文憑爲己事者，幾希矣！

大學之敎也：時敎必有正業；退息必有居學。不學操縵，不能安弦；不學博依，不能安詩；不學雜服，不能安禮；不興其藝，不能樂學。故君子之於學也，藏焉脩焉，息焉遊焉。夫然，故安其學而親其師，樂其友而信其道，是以雖離師輔，而不反也。兌命曰：「敬孫務時敏，厥脩乃來！」其此之謂乎！

敎必有正業者，師授必有正課也；退息必有居學者，退課必有休息之所以自脩也。以今學校言之，則有授課時間表，以規定某曜日第幾時授某課，蓋卽記文時敎必有正業也；又今學校於正課後，學者或居於自習室，或居於運動場，蓋卽記文退息必有居也。至學字以下，當爲退息後有所居而自求之事，或學操縵，或學博依，或學雜服，蓋卽今所謂課外作業也。以敎學法言之，則安弦安詩安禮之三安字，卽所謂目的也；操縵博依雜服，卽所謂技能也。能操縵博依雜服，則實質陶冶之功至矣；能安弦安詩安禮，則形式陶冶之功至矣。操縵博依雜服既爲技能，則是形而下者也，形而下則有形者也；安弦安詩安禮則無形者也。有形者易學，無形者難學。記文三不學三不能，卽所以示學習之程序也；敎學法之以由易及於難，由有形進於無形，爲敎學之原則者，亦此意耳。不興其藝，不能樂學，合之敎學法，亦卽所謂引起興趣法也。又敎學法有以能自立爲敎學之效能者焉；記文安其學而親其師，樂其友而信其道，是以雖離師輔而不反，非自立之效能已達乎？

今之敎者，呻其佔畢，多其訊，言及於數，進而不顧其安，使人不由其誠，敎人不盡其材；其施之也悖，其求之也佛。夫然，故隱其學而疾其師，苦其難而不知其益也；雖終其業，其去之必速。敎之不刑，其此之由乎！

呻其佔畢，卽今敎學法中之注入法也；多其訊，卽今敎學法中之啓發法也。二者固皆有其適用之處，而此則但信其弊耳。此節多係反言，欲以現代之敎學法釋之，必正其言而后可。今姑正其言，而以敎學法爲之疏釋於次：夫現代敎學法中有論及敎師之資格者，其言曰：凡爲敎師，對於敎材敎法，必須極端嫻熟，充分透澈，斯無愧於職守；不宜飾非文過，或强不知以爲知，以及道聽塗說之陋習，而自欺以欺人，並須能搜尋及選擇相當之敎材，以爲學者研究之資料。而其本身，對於此種材料，勢必先有充分之搜羅；對於內容之研究，亦必先有充分之了解，加以有條理之組織，以爲學者之輔導。案此卽進而顧其安之義也。又曰：敎師不可不明好變之作用，以期隨時活用敎學之法，而收成効。案此卽敎人盡其材之義也。又曰：敎師須具有熱誠，循循善誘，不憚厭煩，以導學者於正軌；苟能如此，則學者於不知不覺中已爲之融化，必歡忭鼓舞欣然而景從矣！案此卽使人由其誠之義也。又敎學法之原則，有所謂當使學者易於領會之言焉，其大旨以爲敎學須循序以漸進，不可好高務遠，以期收效；其說亦極似進而顧其安之義。蓋易於領會，卽所謂安也。又有所謂當活用學者之精神之言焉，其大旨以爲敎師一方面傳達技能於學者，一方面亦須注意學者精神之活動，俾卽此精神之活動，加以相當之訓育，而使其洞悉應用其所得知識之方法；此說亦極似使人由其誠之義。蓋由之訓，用也，誠，猶言精神也；由其誠，卽所謂活用其精神也。又有所謂振起其自動力之說焉，其大旨以爲學者對於求知，須有自動之精神，否則，所得終屬有限。且不易知其眞諦所在，故敎師當設法誘之，以求振起其求知之自動力；此說亦極似敎人盡其材之義。蓋振起其自動力，卽所謂盡其材也。又有所謂當使學者永久保存其知識之說焉，其大旨以爲敎育之目的，在養成良善之習慣，以爲國家有用之人材；故在校求學，非爲短時期計也，必養成其活用知識之能力，始得臻此。而所以養成之責，則在敎者。是以敎者，須隨時加以訓練，而不可稍忽也。此說則極似使人終其業而不去之義。至於欲使學者親其師不苦其難，而知其益，則全在敎者能善用敎學方法，以引起學者求知之興趣；苟有興趣，則自無所謂難，而其能受益也，亦可斷言矣。要而言之，教者苟教授不得其法，必無成効可言。記文其施之也悖，其求之也佛，誠不易之理也。

大學之法，禁於未發之謂豫，當其可之謂時，不陵節而施之謂孫，相觀而善之謂摩；此四者，教之所由興也。

現代教學法中嘗論及訓育之作用，其言曰：訓育之作用有二：即積極與消極是也。前者謂之誘導；後者謂之抑制。誘導者，謂利用學者之本性，如好奇心，喜奬心，模倣性，表示性，以及同情心等，以因勢而利導之，使不入歧途也。抑制者，謂用干涉之方法，以矯正其惡習於初犯，使勿再現也。二者相因，而教育之効見矣。記文禁於未發之謂豫，即此意也。蓋禁者，消極之作用也；豫者，積極之作用也。禁於未發之謂豫，則是以消極維積極，亦以積極持消極，二者相因之意也。又教學法中，頗重視學者發達之年齡，及教材之排列，與選擇之方法；其說誠有合於記文當其可之謂時，不陵節而施之謂孫二句之旨。玆試申論於下：其於教材之選擇曰：教材之選擇，須適合學者身體生理上及心理上發育之程度，過早或過遲，均非所宜；蓋過早則學者未能領會，過遲則喪失其學習上之機會。並應斷定某種功課難易之程度，以定選輯與教學上之企重。難易既分，然後規劃其程序，勿使難易同時教授，此非當其可之謂時者乎？其於教材之排列，則有所謂圓周教案，順進教案，並進教案等，然終不外乎順應學者發達之程序，以為排列之標準也。蓋學者之發育，與年並進，故選擇教材，與夫排列之法，皆應隨發育之階段而異；此非不陵節而施之謂乎？總之，當其可之謂時，則課業有程，不可雜投矣，所謂節也；不陵節而施，則無時而不當其可矣，無時而不當其可，則順乎學者發育之程序矣，故謂之孫。至於時觀而善之謂摩，則言與友相切磋也。今之學校，皆採班級教授法，其主旨雖在發展羣衆生活之心性，然實亦含有互相觀摩之意。再今之學校，學生於課外組織學會，或研究會，以共同研究，互相討論之法，增進其學，尤合此義。

發然後禁，則扞格而不勝；時過然後學，則勤苦而難成；雜施而不孫，則壞亂而不脩；獨學而無友，則孤陋而寡聞，燕朋逆其師；燕辟廢其學。此六者，教之所由廢也。

記文發然後禁，則扞格而不勝；旨哉斯言也。近代教育家之重視兒童教育，蓋亦以此也。誠以初犯時，不加以矯正，及其既長，惡習已成，再圖易其劣性，則其不可能也，不待言而喻矣！綜觀近代之教學方法，皆極注重學習之年齡，以為年齡異，則心理以及生理均隨之而異，而教學方法，亦不得不隨之變易，以期收事半而功倍之効。大抵普通教材中之偏於機械者，宜先事學習，基本之知識，亦應在早期教授；良以兒童幼時興趣，對於此種機械之根本知識，易於學習，及至年長，則生厭煩之見矣。要之，容易之材料，儘先學習，繁難者，則放於後期。記文時過然後學，則勤苦而難成；非即此之謂乎？至於雜施而不孫，則壞亂而不脩；亦所以言時要之重也。教學法所謂教授須隨學者發育之程序，而漸趨於深奧；即此意也。

君子既知教之所由興，又知教之所由廢，然後可以為人師也；故君子之教喻也，道而弗牽，强而弗抑，開而弗達。道而弗牽則和，强而弗抑則易，開而弗達則思。和易以思，可謂善喻矣！

教學法之論教師之資格曰：凡爲教師者，務須熟悉教學之方法，及學者之心理等：記文教之所由興，教之所由廢，前已言之，茲不復贅，然終不外乎須活用教法也。教學法又謂教者之於學者，須因勢而利導之，不可强給以呆板之知識；此即記文道而弗牽之意也。又謂教者須常使學者爲正當之勞動，以消費其過剩之精力，此爲替代主義之要點；蓋學者往往以精力過剩，致發生越軌行動，强迫而抑制其不爲，未始不可，唯覺過於消極，亦且非學者所願，不若代替以他種善良動作之爲愈；誠能如此，則一方既有利益，一方尤易獲得學者之同情。積極行之，有利無弊，如兒童爭鬬之天性，吾人欲抑制不使其發生，殊爲困難，然若替代以遊戲蹴球之類，則必歡欣鼓舞而爲之。按此即記文强而弗抑之謂也。又謂教者當養成學者自動思想之能力，以求得一切知識，而教者僅處於輔導及鼓勵之地位而已；良以教授講演之態度，適足以增進學者依賴教師之惡習也。按此即記文開而弗達之謂也。至於和易思三者，乃用此法以教人，所得之効果也。

學者有四失，教者必知之：人之學也，或失則多，或失則寡，或失則易，或夫則止；此四者，心之莫同也。知其心，然後能救其失也。

此節心字最重要。教學法所以發生之根據，即在於心理。其言曰：人之生也，各因其天賦之能力，與環境之影響而歧異。得諸先天之遺傳者，曰天能；得諸生後之教育者，曰後獲。從心理方面着眼，究應如何運用天能與後獲而施教，是則教學法之事業也。故教學法不得不根據於學者心理之現象。而於教師之資格亦曰：教師須明瞭學者之心理，以爲施教之準備；記文教者必知之，即必知此心理之謂也。記文分心理爲四，而徵諸心理學，亦分心之氣質爲四種：一曰膽汁質，其人頗具膽識，有決斷力，惟缺乏感情，而天性亦極狡猾，莫善誘之，足爲出類拔萃之人材，否則，必流爲損人利己，刻薄寡恩之小人矣；此即記文失則多者也。一曰神經質，其人身體衰弱，感情輕率，言行敏捷，而富於感覺及想像力，惟其治事，或偏於愼重，而優柔寡斷，或過於沉毅，而執拗不囘，且恆精思縝慮，深於憂世之念，苟善導之，足爲勤學好問之學者，否則，必流爲神秘懷疑之病者矣；此即記文失則寡者也。一曰多血質，其人頗富感情，而好活動，惟見異思遷，亦其特性，苟善誘之，足爲性情敏活，應事有方之人材，否則，必流爲舉止輕浮，驕惰成性之人物矣；此即記文失則易者也。一曰粘液質，其人行動遲緩，而少熱心及爽直，性喜凝靜，而不願活動，苟善導之，足爲謹言愼行之君子，否則，必流爲庸碌無能之輩矣；此即記文失則止者也。心理之不同，有如是者，故記文亦云心之莫同。至知其心然後能救其失，則又迴應首二句，反覆闡明，以促人注意者也。

教也者，長善而救其失者也。善歌者，使人繼其聲；善教者，使人繼其志。其言也，約而達，微而臧，罕譬而喻，可謂繼志矣！

首句前已詳言，茲不復贅。前節係心理學與教育之關係，此節則係論理學與教育之關係。故前節言必知學者之心，而此卽則記善教者之言；其說善教之本，在於言，豈非論理學與教育之關係乎？約而達者，由於名辭之精審也；微而臧者，由於命題之正確也；罕譬而喻者，由於論式之要妙也。

君子知至學之難易，而知其美惡，然後能博喻；能博喻，然後能爲師；能爲師，然後能爲長；能爲長，然後能爲君。故師也者，所以學爲君也；是故擇師不可不愼也。記曰：「三王四代，唯其師。」此之謂乎！

教師之資格，前已數言之矣；記文能博喻，然後能爲師，亦言教師之資格也。蓋凡爲教師者，必學問淵博，豫備豐富，而後能講授裕如，勝任愉快；設於所學造詣不深，其不能益人也必矣！

凡學之道，嚴師爲難。師嚴然後道尊；道尊然後民知敬學。是故君之所不臣於其臣者二：當其爲尸，則弗臣也；當其爲師，則弗臣也。大學之禮，雖詔於天子無北面，所以尊師也。

近世教學法中，有言教師當於和靄中帶嚴肅之氣概，俾使學者樂而且敬，而於其學業亦必注意矣；其說頗合記文師嚴然後道尊，道尊然後民知敬學之旨矣。

善學者，師逸而功倍，又從而庸之；不善學者，師勤而功半，又從而怨之。善問者，如攻堅木，先其易者，後其節目，及其久也，相說以解；不善問者反此。善待問者，如撞鐘，叩之以小者，則小鳴，叩之以大者，則大鳴，待其從容，然後盡其聲；不善答問者反此。此皆進學之道也。

此節以善問善答，爲善學善教，必如是而後其學有進；證諸現代教學方法，蓋亦有是說焉。其言曰：教育之成功，恃乎問答之得當；而問答之得當與否，又恃學者發問之如何以爲斷。蓋善發問者，必能使教者答語扼要，而易於了解。故發問者，須有清晰與敏捷之思想，及相當評判之能力，以辨別事實之輕重緩急與前後等。其說殆無一語不與記文相合，誰云讀經不適用於今日乎？

記問之學，不足以爲人師，必也其聽語乎！力不能問，然後語之；語之而不知，雖舍之可也。

按教學法曰：教師須有敏捷之思想，以便隨機應變，不可徒恃所有呆板之知識；其教學者，亦須使之確能明瞭定義之運用，不必專事記誦。記文記問之學，不足以爲人師；亦此誼也。此下所云，即前所云教者須視學者之程度，乃隨其發育之時期以施教也。

良冶之子，必學爲裘；良工之子，必學爲箕；始駕馬者反之，車在馬前。君子察於此三者，可以有志於學矣！

治裘弓箕，殆即今之所謂實業教育乎？蓋實業教育，即教技藝之學也。至於馬之駕車，亦其藝也。

古之學者，比物醜類：鼓無當於五聲，五聲弗得不和；水無當於五色，五色弗得不章；學無當於五官，五官弗得不治；師無當於五服，五服弗得不親。君子曰：大德不官；大道不器；大信不約；大時不齊。察於此四者，可以有志於本矣！三王之祭川也，皆先河而後海，或源也，或委也，此之謂務本。

此節迴應篇首，前已詳爲疏釋，茲當從略。總之，教育雖似無關實用，然實爲一切實用之母。故記文以務本結全篇，誠堪發人深思也。

近世科學昌明，羣衆趨之若鶩，而妄斥經學爲無用；並有謂中國古代無科學思想者，其言誠不値識者之一笑，觀於右篇，可以知矣！誠以眞理所在，本無古今中外之殊異；第以文字艱奧，淺識者未能知其意耳。即以此篇學記而論，近代以爲最新之各種教學方法，而於此數千年前之古籍中，殆早已論及矣！雖然，世之以教育爲己任者，猶不知深究此篇焉；此所以近世教育壞亂之由乎！於戲！可哀也已！

——摘自《光華大學半月刊》一九三五年四月第三卷第七期

思想史上之漢代禮運篇本質與漢代社會的研究

金德建

一 引言

本文可說是過去中國思想批評的嘗試之一，所論注重於歷史上學術方面底研究，過去歷史上某一時期中有了這種禮運思想，現在我們把禮運作為中國思想史的一個部份來試加以科學的分析整理（註一）。在禮運研究上約有三個問題須待解決：

一 古代思想史三大派別，就是『儒家』、『墨家』和『道家』，第一步先要確定了禮運思想在古代儒墨道三大派別之中，究竟應該相近於那一家，如是纔能追溯思想如何演變進化的系統。

二 其次時間上要確定禮運思想產生於歷史上某一段的時代。由某一段的時代，纔能夠明瞭某一段時代的社會。

三 以及由什麼情狀的社會根本基礎上纔會產生出禮運那種思潮。

這樣互相關聯的三點，包括本文所研究的各項任務的範圍。不過有幾處所論或許還沒有十分的充分，見解或有未周到，很盼海內鴻博賜以指教，共相討論，如考證偶有疏忽之處，尤為歡迎糾正，俾得藉以漸漸底改進。

二 禮運思想與儒墨道三家的比較研究

歷來關於討論禮運思想的幾種不同的說數，總括不外有下列二種：

一 以為儒家思想——大都通認以為古代儒家哲學

（註一）中國思想史整理的工作向來大家研究過的很多，尤其是屬於先秦的部分，所以我這裏從漢做起，並且禮運也是局部的材料，不過於繁博。

中的理想社會制度。

二　以爲道家思想——像宋代黃震，淸代姚際恒(註二)等就以爲是漢初崇尚黃老，禮運完全其時道家老莊以後一派的理想社會。

至於第三種的說法，認爲墨家思想的似乎還少。然而現在我們根據了思想演進的歷史系統考察起來，覺得儒家或者道家都沒有十分妥當的理由，應爲墨家思想比較上較確。這是一個假設，我們第一步的研究時，首先提出試作科學的分析證明如下。

古代墨子思想大致有下列幾個要點：

(一)兼愛　『兼愛』是整個墨子思想的重心，墨子所標擧的幾個思想綱領之中，『兼愛』好算爲一種根本觀念。禮運也同樣主張兼愛的。例如；

故人不獨親其親，不獨子其子，使老有所終，壯有所用，幼有所長，矜寡孤獨廢疾者，皆有所養。

(註二)宋陳澔說『子游門人所記篇首大同小康之說則非夫子之旨』黃震說『篇首意匠微似老子』淸姚際恒說『此周秦間子書老莊之徒所撰禮運乃其書中之篇名也』(均見杭世駿續禮記集說引)。

這種主張和儒家學說『老吾老，以及人之老；幼吾幼，以及人之幼』稍有微微之別。儒家學說中尙有『已身』『已家』觀念存在，禮運還要破除『已身』『已家』觀念，只有講『兼愛』的墨子總如此說法。墨子兼愛篇說：

吾不識孝子之爲親度者，亦欲人愛利其親與？意欲人之惡賊其親與？以說觀之，卽欲人之愛利其親也。然卽吾惡先從事卽得此。若我先從事乎愛利人之親，然後人報我愛利其親乎？意欲先從事乎惡人人之親，然後人報我以愛利吾親乎？卽必吾先從事乎愛利人之親，然後人報我以愛利吾親也。

這種兼愛論卽禮運的『不獨親其親，不獨子其子。』墨子兼愛下篇又說：

今吾將正求與天下之利而取之，以兼爲正。是以聰耳明目相與視聽乎？是以股肱畢强相爲動宰乎？而有道肆相教誨。是以老而無妻子者，有所侍養以終其壽，幼弱孤童之無父母者，有所放依以長其身。

這種兼愛論也就是禮運『使老有所終，壯有所用，幼有所長，矜寡孤獨廢疾者，皆有所養。』

(二)尙同　墨子『尙同』主張和禮運比較更符。例如禮運說：

大道之行也，天下爲公，……是謂大同。

所謂『天下爲公』和『大同』等於墨子之尙同。

(三)天志　墨子思想中有一部份近於宗教，例如『天志』『明鬼』等都是。禮運篇說：

是故夫禮必本於天，殽於地，列於鬼神，達於喪祭射御冠昏朝聘。

是故夫政，必本於天殽以降命，命降於……。

故聖人參於天地，並於鬼神以治政也。

故人者，天地之心也，……故聖人作則必以天地爲本。

以天地爲本，故物可舉也

類此『本於天』的觀念，和墨子『天志』相等。

墨子思想更以天爲一切『標準』。例如天志篇說：『天之意也，上將以度天下之王公大人爲刑政也；下將以量天下之萬民爲文學出言談也。觀其行順天之意謂之善意行，反天之意，謂之不善意行。』其中『度』『量』云云都可見以天志爲標準。禮運『禮必本於天』『政必本於天』云云的『本於天』自然也以天爲標準。禮運『故聖人作則必以天地爲本』的『作則』云云爲標準亦明。

(四)明鬼　古代儒家思想不信鬼神，論語說：『祭如在，祭神如神在；』『敬鬼神而遠之；』『子不語怪力亂神。』道家思想闡明自然法則的道，對於鬼神迷信也不甚濃厚，只有墨家澈底講明鬼。禮運說：

列於鬼神。

致其敬於鬼神。

並於鬼神。

鬼神以爲徒。

鬼神以爲徒故事有守也。

山川所以儐鬼神也。

事鬼神之大端也。

所以養生送死事鬼神之常也。

類此禮運中不一一細引，可見明鬼思想在禮運中也很濃厚的。

(五)尙賢　墨子主張『尙賢』，禮運篇也相同。禮運說：

選賢與能。

『選賢』當然就是『尚賢』。墨子稱『尚賢』有時也稱作『選賢』，如尚同篇說：『是故選天下之賢可者，立以為天子。……又選擇天下之賢可者，置立之，以為三公。……又選擇其國之賢可者，置立之以為正長。』至於道家思想就不同了，老子是說『不尚賢，使民不爭。』儒家雖沒有像道家主張過不尚賢，但也不似墨家以為國家社會都要選擇平民組織。可見禮運『選賢與能』和墨家思想相近。

（六）節用　墨子『節用』在禮運中的，例如：

大夫具官，祭器不假，聲樂皆具，非禮也，是謂亂國。

故禮之不同也，不豐也，不殺也，所以持情而合危也。

這些和墨子崇尚樸實儉約的宗旨相符。

（七）非攻　『非攻』也是墨子學說要點之一。禮運也同樣主『非攻』例如：

講信脩睦。

『講信脩睦』使得戰事不會發生。禮運又說

城郭溝池以為固。

墨子『非攻』說本來也偏於『防守』一方面，墨子書有備城門諸篇講防守城池。禮運又說：

冕弁兵革，藏於私家，非禮也。

私家不藏兵革，免除戰爭，其實也出發於墨子『非攻』這項主張。

從上面分析的這幾點看來，一篇禮運各項學說主張，差不多可以說就只有這樣幾點了，而整個的墨子思想體系，實在也就是包括在這樣幾個的綱領上面。由此可證禮運篇思想不會是古代儒家思想，也一定不會道家思想，必定溯源連續於古代墨家思想上的。

三　從墨學源流上考察禮運

上節就學說平面各點作橫的分析考察，現在再考之於縱的源流上。漢書藝文志論述墨家源流說：

墨家者流，蓋出於清廟之守，茅屋采椽，是以貴儉，養三老五更，是以兼愛，選士大射，是以上賢，宗祀嚴父，是以右鬼，順四時而行，是以非命，以孝視天下，是以尚同，此其所長也。

根據漢志所論墨家源流上，也可見禮運篇思想淵源近於古代墨家。有下列二點可以證明：

(一)清廟之守　漢志所謂『清廟之守』大概指古代掌管郊廟之禮的官守。呂氏春秋當染篇評論墨子也同樣說：

魯惠公使宰讓請郊廟之禮於天子，桓王使史角往，惠公止之，其後在於魯，墨子學焉。

呂氏春秋和漢志均主張墨家出於清廟之守，以為墨子曾學郊廟之禮。禮運篇是墨家思想，所以其中關於郊廟禮記載頗多。例如禮運開首便有：

昔者仲尼與於蠟賓。

『蠟』禮屬於郊廟祭禮中之一項，西周時代天子年終祭神一種禮節，詳禮記郊特牲。禮運又說：

孔子曰：嗚呼哀哉！我觀周道，幽厲傷之，吾舍魯何適矣。魯之郊禘，非禮也，周公其衰矣。杞之郊也，禹也，宋之郊也，契也，是天子之事守也。

這一段又是記孔子嘆魯『郊禮』非禮。此外禮運中關於郊禮的記載，例如：

故祭帝於郊，所以定天位也。祀社於國，所以列地利也。祖廟，所以本仁也。山川，所以儐鬼神也。五祀，所以本事也。

故禮行於郊，而百神受職焉。禮行於社，而百貨可極焉。禮行於祖廟，而孝慈服焉。禮行於五祀，而正法則焉。故自郊社祖廟山川五祀，義之修而禮之藏也。

類此均可見禮運篇中之關於禮制的記載，頗着重於郊廟禮這一項。

(二)三老五更　漢書藝文志論墨家源流，還有一層可注意，就是『養三老五更，是以兼愛。』三老五更之說，在古書上很少見，除了一見於漢志外，僅再見於禮運篇。禮運說：

故宗祝在廟，三公在朝，三老在學，……

『三老在學』就是漢志所論墨家的『養三老五更』。由此亦可見禮運主張之淵源於古代墨家。

四　劉向與禮運——西漢時代的禮運思潮

禮運篇思想是墨家理論既如前述，於是禮運篇作期大約規定在歷史上什麼一段時代，就更需要進一步再加以考察。預擬應有二種不同的假設可立：

一　時代極前——春秋時候

二　時代較遲——漢代

如果依照舊說，當作時代應是極早極前而論起來，大約和孔子遊相並的春秋時候已經認爲有了禮運那種墨學思想，那麼後來戰國初年纔勃興的墨子思想，可以說就出之於前此的禮運了，古代思想史上墨家源流原卽淵源於與儒家同一之系統。然而這樣歷史演進假設似乎是不可能成立的。

禮運的墨學應該是漢代的墨學。我們看西漢劉向在其說苑至公篇有一節說：

秦始皇帝既吞天下，乃召羣臣而議曰：古有五帝禪賢，三王世繼，孰是將爲之？博士七十人未對。鮑白令之對曰：天下官則讓賢是也，天下家則世繼是也。故五帝以天下爲官，三王以天下爲家。秦始皇仰天而嘆曰：吾德出於五帝，吾將官天下，誰可使代我後者。

說苑『官天下』『家天下』云云就是西漢時劉向一番大同小康議論。禮運大同小康分別，原來也屬於天下公與天下家區別而已。說苑『官天下』卽禮運所謂『天下爲公，……是謂大同』，『家天下』卽禮運所謂『天下爲家，……是爲小康，』說苑所云『天下官則讓賢』，卽禮運大同之『選賢與能』；所云『天下家則世繼』，亦卽禮運小康之『各親其親，各子其子，大人世及以爲禮。』(註三)

所以禮運篇思想不會產生於漢代之前。漢代確有這種禮運思潮，說苑上記有此種劃分『官天下』和『家天下』區別的大同小康論，禮運篇或者可以假定產生於西漢劉向時也未可知，這是第一點證明。

惟說苑『官天下』『家天下』記事講是秦代博士鮑白令，安知不會秦代已有此思潮，博士鮑白令大同小康論，而必定認爲漢代劉向呢？那麼，再據漢書蓋寬饒傳，饒上封事曾引韓氏易傳說：

五帝官天下，三王家天下，家以傳子，官以傳賢，

(註三)參考日人武內義雄著禮運考亦曾引證說苑此節與禮運比較。

若四時之運，功成者去，不得其人，則不居其位。

韓氏易傳也有『官天下』和『家天下』分別，跟劉向說苑相同。韓氏易傳年代也在西漢，和劉向說苑相去時間不遠，由此可證西漢年代確乎有很普遍的禮運思潮，禮運思潮必定發生在漢代，不是在秦代。

再看劉向說苑至公篇上有論『至公』一節說：

書曰『不偏不黨，王道蕩蕩。』言至公也。古有行大公者帝堯是也。貴爲天子，富有天下，得舜而傳之，不私於其子孫也。去天下若遺蹝，於天下猶然，況其細於天下乎？非帝堯，孰能行之！孔子曰：『巍巍乎！惟天爲大，惟堯則之。』易曰：『無首吉』。此蓋人君之公也。夫以公與天下，其德大矣。推之於此，刑之於彼，萬姓之所載，後世之所則也。彼人臣之公，治官事則不營私家，在公門則不言貨利，當公法則不阿親戚，奉公舉賢則不避仇讎，忠於事君，仁於利下，推之以恕道，行之於不黨，伊呂是也。故顯名存於今，是謂之公。

說苑所論『至公』一義，無異禮運『天下爲公』。凡此可見劉向說苑中包含禮運思潮。禮運篇應該估定作於西漢劉向，這也是一點證明。（註四）

所以認爲秦漢以後墨學不傳，這句話並不十分準確了。墨學在秦代或許曾一度暫時中絕過，至於漢代，照現在我們這裏所證明，禮運篇中就包括有古代墨學綱領在內，漢代墨學進化發展確乎還存在西漢劉向的禮運篇裏。

五　漢代墨學重興之社會的原因

由古代的墨學如何會逐漸發展到漢代禮運的這一個進化步驟，需要我們再作考察。

禮運篇墨學既然時間上產生於漢代，就未必完全可以等於古代墨家思想，觀念上雖則是墨家理論，依不同的時間和社會現實基礎之下，必然有新的或相反的要素發生，禮運思想應與漢代社會情狀爲合理的一致。

古代墨學非常興盛；不亞儒道二家，我們看孟子滕文公篇所說：『墨翟之言盈天下，』呂氏春秋當染篇說：『

（註四）據陳安仁著中國政治思想史大綱以說苑此節爲劉向學說所主之『天下爲公』

孔墨徒屬彌衆，弟子彌豐，充滿天下。』就可想見。古代如此極盛，不久秦漢後何以竟至中絕（淮南子氾論訓說：『墨學至楚漢之際而微』）。西漢史遷批評過墨子說：

夫世異時移，事業不必同，故曰：儉而難遵。

儉而難遵，似乎指出墨學衰微之原因。世異時移，事業不必同，就是秦漢後時已不同於墨子當時。可見墨學衰微，必定在社會的原因上，秦漢以後的社會和墨子戰國社會相異。歷史上秦代社會變遷最顯著的現象，就是以前戰國時尚為自足的農業社會，在秦代商業已經逐漸萌芽，社會現狀連帶有很劇烈底變動，於是前此墨子主張『以裘褐為衣，以跂蹻為限，日夜不休，以自苦為極，』（莊子天下篇語）的學說，在這時候恐怕有一部份難以實行。史遷所謂『儉而難遵』，或許指此。

然而史遷一方面批評墨子却又說：

要其彊本節用，則人給家足之道也。

史遷的批評固然不能脫出史遷底意識來批評墨學，對於墨子主張還未必完全否定，墨學能在其時劉向禮運篇中一度再喚起重現，恐怕正合於史遷所謂『彊本節用，則人給家足之道也，』也未可知。

我們試考西漢時候的社會，普遍底民生狀況是否在『人不給家不足』，是否需要『彊本節用』。茲分為下列二點述之：

一　『則人給家足之道也』，漢書食貨志說：

今農夫五口之家，其服役者，不下二人；其能耕者，不過百畝，百畝之收不過百石；春耕，夏耘，秋穫，冬藏，伐薪樵，治官府，給繇役，春不得避風塵，夏不得避暑熱，秋不得避陰雨，冬不得避寒凍，四時之間，亡日休息，又私自送往迎來，弔死問疾，養孤長幼在其中，勤苦如此，尚復被水旱之災，急政暴虐，賦斂不時，朝令而暮改，當具有者，半賈而賣，亡者取倍稱之息，於是有賣田宅，鬻子孫，以償責者矣。

其時農民耕種情形如此。漢書食貨志又說：

商賈大者積貯倍息，小者坐列販賣，操其奇贏，日游都市，乘上之急，所賣必倍，故其男不耕耘，女不蠶織，衣必文采，食必粱肉，亡農夫之苦，有仟佰之得，因其富厚交通王侯，力過吏執，以利相傾，千里遊敖，冠蓋相望，乘堅策肥，履絲曳縞，此商人所以兼并農人，農人所以流亡者也。

因爲商業已興，農產物成爲商品，造成社會失調情狀是商人兼併農人。貧富懸殊，農人流亡。食貨志記載董仲舒說武帝也同樣說：

富者田連仟佰，貧者亡立錐之地，又顓川澤之利，管山林之饒，荒淫越制，踰侈以相高；邑有人君之尊，里有公侯之富，小民安得不困。……或耕豪民之田，見稅什五，故貧民常衣牛馬之衣，而食犬彘之食。

從類此西漢社會普遍情形看起來，正合乎所謂『人不給家不足』，史遷稱墨學的效用爲『彊本節用，則人給家足之道也』，豈非指着其時這些情形而論，墨學在西漢所以能發展重興的原因，想必就在於此。

二 『彊本節用』 西漢時不給不足社會情形中，的確不用別種方法，而用『彊本節用』的墨學。試舉例如漢書景帝紀景帝後元二年詔曰：

雕文刻鏤，傷農事者也；錦繡纂組，害女紅者也。農事傷，則飢之本也；女紅害，則寒之原也。夫飢寒並至而能亡爲非者寡矣。朕親耕，后親桑，以奉宗廟粢盛祭服，爲天下先。

景帝時候補救時弊的方法，不本於繁文縟禮的儒家思想，而出發於彊本節用的墨學了。墨子主張是這樣的：

衣服適身體和肌膚而足矣。……錦繡文采靡曼之衣，此非云益煖之情也。（辭過）

子墨子之所以非樂者，非以大鐘鳴鼓琴瑟竽笙之聲以爲不樂也；非以刻鏤華文章之色以爲不美也；非以犓豢煎炙之味以爲不甘也；非以高臺厚榭邃野之居以爲不安也。……使丈夫爲之，廢丈夫耕稼樹藝之時，使婦人爲之，廢婦人紡績織紝之事。（非樂上）

和景帝時詔書立論完全相等。可見西漢社會于儒道二家外，確需要彊本節用的墨學，墨學合乎西漢社會現實。

六 禮運大同小康的分別和漢代社會

不過產生在西漢這些情形中的禮運篇，亦爲存在所規定，和古代墨學稍異其趨勢。譬如墨子理想只有一種尙同式社會，沒有分別過二個階段，西漢產生的禮運就劃分大同小康二種不同的社會了。現在隨便引個例子。例如禮運『小康』說：

貨力爲已。

這種主張等於墨子非樂上篇所說：

賴其力則生，不賴其力者不生。

進一步禮運『大同』說：

貨惡其棄於地也，不必藏諸已；力惡其不出於身也，不必爲已。

這個主張和小康『貨力爲已』恰恰相反，然而也等於墨子尙同篇所說：

有餘力以相勞，有餘財以相分。

據此可見：一，禮運這二種主張都發源連續於古代墨學上；二，禮運中二個不同主張，規劃成爲大同小康二種不同的社會。墨子中有這二個絕然相對主張，沒有像禮運那種區別；三，墨子中二個相對主張間矛盾還不甚顯明，演進到禮運中變成完全相反了；四，所謂『力』、所謂『貨』，都可見是生產的關係。

原來墨子時社會組織還簡單，其時農業尙停留在自足自給的經濟狀態，以生產方法上看，對於這二個相對主張間確乎不發生十分顯著的相異。且因地曠人希緣故，當時人口問題只患不充足，例如孟子梁惠王章說：『寡人之民不加多，何也？』墨子辭過篇說：『欲民之衆，』農業生產對象可隨人口和土地並衡發展，不會限制，於是墨子說：『賴其力則生』，每一個成員只要賴其勞力，必定可有生產，進一步也可能餘力相勞，餘財相分的自然的經濟生產集合。可見墨子理想固如是，墨子當時現實情狀大致也不外如是。

但是這種情狀只有在戰國時代，後來繼續得不長久，西漢情形照前面我們引食貨志所記上看，已和墨子當時恰恰相反。有些農民賴其勞力已不能生存，貧農沒有土地。戰國年代不生的問題這時候西漢發生，因此墨學流傳亦有演變。漢代墨學發展，是因爲漢代社會原因有『人不給家不足』情狀，纔需要『彊本節用』的墨學，和以前發生墨學的戰國年代社會全異其趨勢。所以古時墨子尙同社會論，流傳到了漢代，也要因漢代社會現實情狀而改革，在禮運中劃分成為二個階段。先求實現墨子『賴其力則生』的『貨力為己』小康；然後纔可能有墨子『餘力相勞，餘財相分』的『力不必為己，貨不必藏諸己』理想大同。『大同』等於墨子『尙同』，『小康』是完全出發於漢代社會，『貨力為己』就使生產關係達到『彊本節用』的目的。

七　禮運『以立田里』和漢代社會

歷史上西漢時候大概在求『彊本節用』實現禮運小康『貨力為己』。實現的方法，禮運小康上有二句綱領：

以設制度；

以立田里。

這一個綱領論，不僅劉向禮運如此主張，其時儒家也相同。例如：

甲　董仲舒。前面我們引食貨志記董仲舒評論其時社會，他也同是主張：

古井田法雖難卒行，宜少近古，限民名田，……以贍不足，塞幷兼之路。

所謂『限民名田』和禮運『以立田里』相等，規定固定田里，限制每個平民應用有相當土地，也就是實現禮運小康所謂『貨力為己』。

乙　荀悅。荀悅年代稍後，他的主張也同樣，他在前漢紀評論前此文帝時候情形說：

古者什一而稅，以為天下之中正也，今漢民或百一而稅，可謂鮮矣。然豪強人占田逾侈，輸其賦大半，官家之惠，優於三代。豪強之暴，酷於亡秦。是上惠不通，威福分於豪強也。……(文帝)不正其本，而務除租稅，適足以資豪強也。

荀悅認為其時豪強占田過多，須要田制變革，也就是禮運所謂『以立田里』。

丙　王制。再據文帝時博士所作王制上，王制說：

古者公田藉而不稅，市廛而不稅，關譏而不征，林麓川澤以時入而不禁，夫圭田無征，用民之力，歲不過三日，田里不粥，墓地不請。

王制『田里不粥』主田里不得買賣，和禮運『以立田里』

主張立固定的田里相等。

哀帝。稍後哀帝時更有具體的議名田計劃。漢書食貨志說：

哀帝卽位，師丹輔政，建言：……今累世承平，豪富吏民，訾數鉅萬，而貧弱俞困，蓋君子爲政，貴因循而重改作，然所以有改者，將以救急也，亦未可詳，宜略爲限。天子下其議。丞相孔光，大司馬何武奏請：……國中列侯，在長安公主名田縣道及關內侯，吏民名田皆毋過三十頃。時田宅奴婢賈爲減賤，丁傅用事，董賢隆貴，皆不便也。詔書且須後，遂寢不行。

議名田計劃『吏民名田皆毋過三十頃』，和董仲舒所謂『限民名田』相等，也就是禮運所謂『以立田里』，立固定的田制。

八　禮運思想的實現

歷史上西漢時代這種思潮產生，禮運所謂『以立田里』，到劉向之後劉歆時代果然眞實現起來。不久在王莽卽位

時卽實行古代井田制度，名曰王田。漢書食貨志說：

漢氏減輕田租，三十而稅一，常有更賦，罷癃，咸出，而豪民侵陵，分田刼假，厥名三十，實什稅五也。富者驕而爲邪，貧者窮而爲姦，俱陷於辜，刑用不錯。今更名天下田曰王田，奴婢曰私屬，皆不得買賣，其男口不滿八，而田過一井者，分餘田與九族鄉黨。

西漢禮運思潮漸漸進化，到這時候纔實現。不但實現了禮運『以立田里』，就是禮運所謂『以設制度』一項，也有幾種新定的制度，例如『六筦』『五均』等很多，詳食貨志。

★ ★ ★ ★ ★

討論禮運思想暫至於此。自此時期以後東漢社會演進，又爲另一種趨勢，研究整理起來應較西漢爲複雜，而思想上哲學上亦均另呈一種豐富的現象。

——摘自《民族雜誌》一九三五年五月第三卷第五期

學記的教育制度與教學法則之剖析

章廷俊

中國文化，於世界可謂先進。自周而上，即有正式的教育；然彼時治教未分，官師合一，無所謂私人學校，亦無所謂私人傳授也。章學誠云：「古無文字，結繩之治，易之書契，聖人明其用曰：百官以治，萬民以察，理大物博，不可殫也。聖人爲之立官分守，而文字亦從而紀焉，有官斯有法，故法具於官，有法斯有書，故官守其書，有書斯有學，故師傳其學，有學斯有業，故弟子習其業，官守學業，皆出於一。」是則三代以前，官師實不分矣。如唐虞時，使偰爲司徒而敷布五教。孟子：

「人之有道也，飽食暖衣，逸居而無教，則近於禽獸；聖人憂之，使契爲司徒，教以人倫：父子有親，君臣有義，夫婦有別，長幼有序，朋友有信。」左傳：

「舉八元，使布五教於四方：父義，母慈，兄友，弟恭，子孝。」施教場所，則有學校，其名稱曰庠，或曰米廩。經夏商周三代，學校之名稱雖各殊，而官師合一則仍不變。——夏之學校曰序，曰校，周則分鄉遂與王朝二者，猶今之地方教育與國家教育，長司教育者，有師氏保氏樂師等區別。——在當時的教學法則，誠有作爲後世法者；然各書紀載，惜皆語焉不詳，而較完整較有系統者，厥推學記一書。其所紀載，不特足以代表中國古代的教育思想，即現今西洋的新教育學說，亦多與之脗合。但因時代湮久，茫昧無稽，所以後人悉多懷疑；甚至有人謂學記乃後人附會之作，而非孔子以前的產物，此固無須辯證，我想學記底價值亦絕不至因而稍有減損。目此文之目的，在將學記所記載的教育制度及教學法則，作一有系統的分析，於學記本身的產生時期，固無大關係。韓非子云：『無參驗而必之者愚也，弗能而據之者誣也，故明據先王必定堯舜者，非愚則誣也。』鄙陋如我，固不敢「必」學記爲眞也，也不敢「據」學記以說斷，不過比較古今的教育法制，而加以較明切的剖釋，其或可免非愚則誣之譏乎?!

一　教育制度的剖析

1.塾庠序學：我國古代的教育制度，鄉有鄉學，國有國學，鄉學曰塾，國學曰庠，又曰序。塾之設立，據周禮所載：百里之內，二十五家爲一閭，同共一巷，巷首有門，門邊有塾，凡屬此一閭的人民，朝夕出入，都須至塾內受教。鄉塾師選，則擇里中之年高德隆者。白虎通辟雍篇云：『古者教民，里皆有師，里中之老有道德者爲里右師，其次爲左師。』尙書大傳略云：『大夫士七十而致仕，老於鄉里，大夫爲父師，士爲少師，』是則教師不但爲齒德俱高而且是曾經服官，具有豐富經驗者。

至於庠，序，學之設立，據周禮載：五百家爲黨，萬二千五百家爲序，(又曰術)黨設有庠，遂設有序。學則設於京都及各諸侯國中。禮王制篇云：『有虞氏養國老於上庠，養庶老於下庠，夏后氏養國老於東序，養庶老於西序，殷人養國老於右學，養庶老於左學，周人養國老於東膠，養庶老於虞膠。』鄭氏注：『上庠，右學，大學也，下庠，左學，小學也。東序。虞膠亦大學。西序。虞庠亦小學。』又尙書大傳周傳云：『古之帝王，必立大學小學，……十有三年，始入小學，見小節焉，踐小義焉，年二十入大學，見大節焉，踐大義焉。』可知三代學校的制度，皆分大學小學二者；且必須由小學而升入大學。

然當時何以稱學校曰「序」?孟子曾解釋說：『設爲庠序學校以教之，庠者養也，序者射也，夏曰校，殷曰序，周曰庠，學則三代共之，皆所以明人倫也。』觀此，可以瞭解庠序之意義，且可知三代學校的名稱雖各異，而教育之終究目的——明人倫——則皆相同。

2. 修業與年限的關係

a. 小成

『一年視離經辨志，三年視敬業樂羣，五年視博習親師，七年視論學取友，謂之小成。』經七年的考察，於是小學的期間，始告結束，而稱之曰「小成」，所謂「小成」即尚書大傳周傳之見小節焉，踐小義焉之意。（解釋見下）

b. 大成

學者達小成後，再進則有所謂「大成」。即在入小學的第九年，經過精密的考察，結果須能觸類旁通，貫達義理，且又能不違師教，於是得稱「大成」。所謂「大成」，即尚書大傳之見大節焉，踐大義焉之意。（尚書大傳周傳：「古之帝王，必立大學小學，……十有三年，始入小學，見小節焉，踐小義焉，年二十，入大學，見大節焉，踐大義焉」。計自十三歲入小學，直至入大學之年止，恰巧七年，與學記所說的「七年小成」，正相脗合。故竊謂古時小學終業，即稱曰「小成」。大學終業，即稱曰「大成」。）

3. 成績的考核

成績考核的重要性約有二：一、由成績考核的結果，教師可以發見教學方法的缺點，因而便於改正。二、由成績考核，比較的可以察知學生的勤惰，因而加以督促。故考查成績，於教育上確有其重要性，我國古代教學，即甚重視考試，觀學記所載：

「一年視離經辨志，三年視敬業樂羣，五年視博習親師，七年視論學取友，謂之小成」。

觀此，可知當時的考試制度，乃是間年考試，即所謂「中年考校」然考試於何時舉行？學記載：

「未卜禘，不視學」。

「禘」，即是古時的大祭，舉行於夏，古之天子諸侯視學，須在禘祭以後。爾雅釋天文亦云：「天子諸侯既祭，乃視學者」。是則考試之舉行，當在夏祭以後矣。

二 教學法則的剖釋

1. 教的意義：我國古代教育，多重修養。說苑修文篇云：

『夏后氏教以忠』所謂「忠」，不是專指臣民盡心事上，更非專指見危授命。孟子對於「忠」之解釋云：『教人以善謂之忠』（左傳云：『上思利民忠也』。殷代的教育觀點亦然，故明教所被，雖粒食之民，皆昭然明視。大戴禮少閒篇：

『成湯服禹功，以修舜緒，爲副於天，粒食之民，昭然明視，民明教，通於四海。殷德小破，乃有武，力開先祖，取其明法，以爲君臣上下之節，殷民更服，粒食之民，昭然明視』。

周且尊設師保以主之。周官師氏云：

『以三德教國子：一曰至德，以爲道本，二曰敏德，以爲行本；三曰孝德，以知逆惡；教三行：一曰孝行，以親父母；二曰友行，以尊賢良，三曰順行，以事師長』。周官大司徒：

『施十有二教：一曰以祀禮教敬，則民不苟；二曰以陽禮教讓，則民不爭，三曰以陰禮教親，則民不怨，四曰以樂禮教和，則民不乖，五曰以儀辨等，則民不越，六曰以俗教安，則民不偷，七曰以刑教中，則民不虣，八曰以誓教卹，則民不怠，九曰以度教節，則民知足，十曰以世事教能，則民不失職，十有一曰以賢制爵，則民愼德，十有二曰以庸制祿，則民興功』。

三代教育，既皆以「導民向善」爲本，所以學記對於教之解釋曰：

『教也者，長善而救其失者也』。

自三代以後，教育思想的趨勢，雖稍有變更，然一方注重知識的傳授；而修養的重視，亦不稍替。論語載：

『子以四教：文，行，忠，信。』

是則孔子重知識而亦兼重修養矣。易經：

『果行育德』。荀子：

『以善先人謂之教』。許愼說文解字：

『育，養子使作善也』。

是又以長善爲教育之本質矣。

教與學的關係：所謂教，在心理學方面言之，不過是利用刺激，以引起反應；或者說，只不過是指導學習。然這種刺激，不僅是引起他人的反應，而施刺激者，亦固常生反應也』。杜威云：『教育是經驗繼續不斷的改造』。誠然，學者固日進，而教者亦未嘗不繼續改進也。教的方法須根據學的方法，舊時稱為教授法，現在都改稱教學法，用意亦固在此；而最近歐美所盛行的「由行致知」(Learning by doing)的口號，亦因此而產生。然「由行致知」在歐美乃新教學最有力量的呼聲，而在中國此種精神很早表現。學記：

『是故學然後知不足，教然後知困，知不足，然後能自反也，知困，然後能自強也。故曰「教學相長」也』。

知識無窮，吾生也有涯，所以一方面教，一方面學，是教師所應有的態度。梁任公曾說：『教育這門職業，一面誨人，一面便是學；一面學，一面便拿來教誨人，兩件事併作一件做，形成一種自利利他不可分的活動，對於人生目標的實現，再沒有比這種職業更為接近，更為直捷的了』。(梁任公學術講演集二輯)

3. 施教的原則：

(一)及時而教

桑代克云：『兒童之反應能力與種類，較其他動植物更為複雜，只要情境稍變，即可以引起反應上的一大變化；且此種反應變化無定，往往無目的，無約制，絕不能實際適應，不過其勢尚易改變遷移』。又曰：『幼稚期教育之所以必要，不特因具有彈性；且因天性未離，無惡習為之阻礙』。桑氏又云：『種種智識技能獲得之容易與速率，及獲得後維持之久度，就普通人而論，約在十八歲至二十二歲間，達於極度。再繼續數年，此後則每年約減一分，以至於老』。那麼，顯然可知，要抑制人類的惡習，應在幼稚期內，要增進人類的知識，則須在學習能力未衰退以前。這種原則，前者在學記上稱之曰「豫」，後者在學記上稱之曰「時」。

『禁於未發之謂豫，當其可之謂時』。

假如教不及時，禁於已發，則不但教者徒勞，學者也枉耗時光。所以學記再三鄭重的申誡：

『發然後禁，則扞格而不勝，時過然後學，則勤苦而難成。』

至理名言，直可為萬世圭臬矣。

(二)量材而教

個性問題，幾為現代教育問題之中心點，蓋人類的聰明才智，稟賦各殊，故學習能力亦因之而有異；所以為教師者，當設法使資質聰明者，得遂其發展，而愚鈍者，亦毋為學業所累。孔子却很注意到這一點，所以他對於門弟子的個性，體驗得非常清楚。如云：「柴也愚，參也魯，師也辟，由也喭」。「師也過，商也不及」。又曰：「中人以上，可以語上也；中人以下，不可以語上也」。因材施教，可以說是孔門唯一的教學原則，也是我國歷來的教學良法。

教學能夠適應個性，則不特學者可以隨自己能力的高下以自由發展，且教者亦不致枉勞精力。所以學記說「不陵節而施之謂孫」。要是陵節而施，則不特毫無補益，並且要陷入「壞亂而不修」之境地。

(三)教不躐等

「教不躐等」，亦古時施教之一重要原則。學記：「幼者聽而勿問，學不躐等也。」

關於此點，孔子也非常慎重。如論語所載闕黨童子將命一章，孔子使闕黨童子長者客之事，門弟子皆疑心孔子獨愛他，因問道：「益者與？」孔子答道：「吾見其居於位也，見其與先生並行也，非求益者也。欲速成者也。」所謂「速成」，就是「躐等」，學而「躐等」，則不能獲益。故孔子特意挫他的「速成」的銳氣，而命他司長者揖讓進退之事。「學不躐等」在我國古時之重要性可知矣。

教授的方法

一、啟發式：我國古時教授的方法，極重「啟發」與「誦讀」二者。然「啟發」則較「誦讀」稍優，因為凡是事實和原則的認識，瞭解，聯想，記憶，就是思維的作用；講演的教法雖未嘗不適宜於聯想和記憶，却不適於思考的訓練。海爾巴脫(Herbart)的「五段教學法」，便是最好的啟發式。孔子之教學，也常常用此法，他說：

「不憤不啟，不悱不發，舉一隅，不以三隅反，則不復也。」

學生中有讀書不發憤的，就不啟發他，舉一個角解釋明白以後，其餘三個角還不能同樣去推想，就不再去教他。孔子主張如是，三代時教法亦然。學記載：

『故君子之教喻也，道而弗牽，強而弗抑，開而弗達。』

教師只給學者以暗示，道之而弗使達，以使學者的思想，能充分地發展。所以此法於思考底作用，誠為可貴。

(二)　譬喻法：譬喻的原理，從心理學方面言之，乃基於「觀念聯絡」的原理」。(Association of ideas) 牠的特點，在用很少的字，能夠使人了解；且抽象的事物，有些很難以言語形容，一用具象的譬喻，則自有渙然冰釋之妙。說苑記惠施事，很可以明白譬喻的價值。

「梁惠王謂惠子曰：『願先生言事則直言耳，無譬也』。惠子曰：『今有人於此，尚不知彈者，曰：『彈之狀何若』？應曰：『彈之狀若彈』。則喻乎？王曰：『未喻也』。於是更應曰：『彈之狀如弓，而以竹為弦』。則知乎？王曰：『可知矣』。惠子曰：『夫說者固以其所知，諭其所不知，而使人知之，今王曰：「無譬」，則不可矣。』」

譬喻的最大效用，乃在「以其所知，喻其所不知，而使人知」；所以古代教學，極借重譬喻法，甚至以能否擬設譬喻，當作做教師的條件。觀學記所載：

「君子知至學之難易，而知其美惡，然後能博喻，能博喻然後能為師。」

能博喻始能為師，博喻之重要性可知矣。

(三)　答問式：學而不問，在教師固不知學生真正瞭解與否？而學生亦往往忘於溫習。故古時教學，多重發問。然答問者必須認清題意，了解問者個性，然後依題旨的大小，應詳細的詳細答覆，應簡單的，則不妨簡單，否則亂雜無章，反是陷問者於疑難之境。關於答問的方法，學記上有極明白的記敘，牠說了一個譬喻說：

「善待問者如撞鐘，叩之以小者則小鳴，叩之以大者則大鳴，待其從容，然後盡其聲，不善答問者反此。」

這是一個多麼明顯而精斷的譬喻，一個多麼可貴的答問的方法。孔子之教門弟子，可謂得着此法的真髓，論語上載：樊遲請學稼，孔子答他說：「吾不如老農」。樊遲又請學圃，孔子答他說：『吾不如老圃』。及到樊遲出去，孔子乃說他：『小人哉，樊須也』。又中庸：

子路問「強」。子曰：『南方之強歟？北方之強歟？抑而強歟？寬柔以教，不報無道，南方之強也，君子居之；衽金革死而不厭，北方之強也，而強者居之，故君子和而不流，強哉矯，中立而不倚，強哉矯，國有道不變塞焉，強哉矯，國無道至死不變，強哉矯。』

樊遲請「學稼」「學圃」，乃是以不應問而問，所以孔子不但不答覆他，而反罵他「小人哉樊須也。」子路是一個赳赳武夫，常常遭孔子的訓誡，孔子曾說：『由也，好勇過我，無所取材』。有一次，孔子曾直呼着他的名字而教誡他：

『由也！女聞六言六蔽矣乎？對曰：『未也』。居！吾語女：好仁不好學，其蔽也愚，好知不好學，其蔽也蕩。好信不好學，其蔽也賊，好直不好學，其蔽也絞，好勇不好學，其蔽也亂，好剛不好學，其蔽也狂。』

所以此次子路雖然只問了一個「強」字，卻與他剛勇的性情密切聯繫，故孔子借題發揮，很詳細的解釋。叩之以小者則小鳴，叩之以大者則大鳴，孔子可謂深得其用矣。

(四)示範式：古代教育，多重人格感化，所以教師的一步一趨，皆可示作模範；而教師也以為能使學生步着我的志趣，即算是盡了他做教師的責任。所以學記說：

『善教者，使人繼其志。』又說：

『良冶之子，必學為裘，良弓之子，必學為箕，始駕馬者，反之，車在馬前。』

近朱者赤，近墨者黑，環境之轉移，習俗之渲染，是何等的重要。

三 學習法則的剖釋

1. 學的重要性

(一) 化成說：學字最淺顯的意義，就是「効」。人之初生，除少數的自然趨向(Natural tendency)外，幾一無所知，一切一切，都要靠着後來的學習。所以孔子

宿儒勸誡門弟子努力的學，他以爲高尚偉大者，固很重要，但是還必須有高尚的知識，而知識之獲得，是由學而來的。他說一

「好仁不好學，其蔽也愚；好知不好學，其蔽也蕩；好信不好學，其蔽也賊；好直不好學，其蔽也絞；好勇不好學，其蔽也亂；好剛不好學，其蔽也狂。」

任是行爲怎樣的好，要是知識不足，必至流於狂，亂，愚，蕩，可知知識有左右行爲的能力，因之也可知學之所以重要了。所以孔子又主張無論士大夫或是庶民，都應該學得正當的知識，然後士大夫始能識物我均爲一體；同時，庶民之化導亦易爲力。他說：「君子學道則愛人，小人學道則易使也。」再看學記所載：

「君子如欲化民成俗，其必由學乎。」

此種說法，不但孔子與之相類，就是孟子也曾有積極的主張。他說：「君子之德風，小人之德草，草上之風必偃。」又云：「君子所過者化。」從此，可知「學」之於「爲政化民」的重大性了。

(二)闡發說：十八世紀盧梭(J. J. Rousseau)曾著了一篇名著，說愛彌兒，他的理想，在排除環境的一切障礙，而使兒童能夠自然地發展。裴斯泰洛齊(Pestalozzi)及福祿培爾都深受他的影響，裴斯泰洛齊曾這樣說：「健全的教育，好似種在肥土裏一棵樹，初放在泥土裏的一棵小種子，早就含有這大樹的形狀和性質，……
……新生的小孩，含有種種天賦能力，隨生活而發展。」」福祿培爾(Froebel)更神而化之，他說：「人之初生，即賦有完人之品格，含蓄未發，教育即在啓發此內在的活動，以求自覺的，神聖的生活之實現，所以教育就是有機體開展之道。」我國古代教育的觀點亦如是，學記載：

「玉不琢，不成器，人不學，不知道。」

觀此，則與福氏之「教育即自內開展」同一意矣。

(三)建國君民說：教育與政治二者有很密切的聯繫，教育之有效進展，固須藉政治之力量；然政治之平治與否，尤也視教育發展之程度若何。所以學記說：「建國君民，教學爲先。」孔子也以爲「以不教民戰，是謂棄之。」論語上載：有一次，孔子到衛國去，冉有御車，

他看見衛國的氣象，不覺贊道：『庶矣哉。』冉有問道：『既庶矣，又何加焉？』曰：『富之。』冉有又問道：『既富矣，又何加焉？』曰：『教之。』孟子更痛快的說：『城郭不完，兵甲不多，非國之災也；田野不辟，貨財不聚，非國之害也；上無禮，下無學，賊民興，喪無日矣。』這種積極的主張，是何等精神。

2. 學習的原則

(一) 學習要有興趣：所謂「興趣」，不外乎行為的動機。克伯屈解釋說：『興趣與努力，皆為應付困難的健全活動中所同具，自對於目的之情緒的熱忱言之，謂之興趣。』桑代克更直截的說：『所謂興趣，是指學習上易引起預備性熱心及聚精會神而言。』換言之，學習如無興趣，則不易引起注意。學記也這樣的主張：『不興其藝，不能樂學。』孔子曾說：『詩，可以興。』可知興趣於教育上之重要，我國自古已然了。

(二) 學習要得到滿足：滿足，乃「快感」的別名。蓋茨(I.Gates)在 Psychslogy for students of Education」一書中曾說：『快感與不快感兩種感情，都和一總基本態度相聯絡着，快感常常和接受的、滿意的、或追求的積極態度相關聯；不快感則常與退縮的、反抗的、或退避的消極態度相關聯。』桑氏更說：『感應結在使用時得到滿足則加強，得到煩惱則減弱。』此種原則，在我國教學法上，早已用着。學記：『今之教者，……進而不顧其安，……夫然，故隱其學而疾其師，苦其難而不知其益也，雖終其業，其去之必速，教之不刑，其此之由乎？』教者只務其多，而不維學者之未曉，其何効果之足言？所以業雖終，而遺忘亦必速。桑氏的「効果律」(The Law of effect)，我國古時即已深得其用矣。

(三) 學習要反覆練習：學與習，原為二事，知識的獲得，則賴於學，然欲所獲得的知識，能永久的保存，則倚乎習矣。桑氏曾將習之功能，解釋得很透徹，他說：「感應結(R-Sbond)愈使用愈加強，愈不用，則愈減弱。」我國古代教育之觀點亦然。學記：『故君子之於學也，藏焉，脩焉，息焉，遊焉。』學者不特平日對所學須拳拳服膺，即閒息之時，亦應復不忘。孔子曰：『食無求飽，居無求安。』其殆此意矣！

3. 學習的方法

學、固非易事也。有人譬喩：求學如飲食，過少固不可，過多則亦有梗而不化之病，須適可而止，則日精月累，自然身廣體胖。此實爲一妙喩，蓋貪多務少，均爲學者的通病。學記說：『學者有四失：或失則多，或失則寡，或失則易，或失則止。』失於多，則梗而不化，失於寡，則甘自暴棄，失於易則病在淺嘗，失於止，則好思不問，皆非學者正常之道。爲欲救此四失，故學記又舉出四種學之方法。

(一) 自反：自反最淺顯的解釋，即「求諸己」，學能反求諸己，則絕無貪多之病。荀子云：「君子博學而日參省乎己，則知明而行無過矣。故不登高山，不知天之高也；不臨深谿，不知地之厚也？不聞先王之遺言，不知學問之大也。」（勸學篇）多學，并不是病態，但恐務多，食而不化，則爲害誠非淺鮮矣。然欲不貪多，仍須從「學」着手，因爲「學」然後知不足，知不足始能「反求諸己」，能「反求諸已」，則不致務多矣。故學記曰：『是故學然後知不足，知不足然後能自反也。』

(二) 類化：求學務其多，不惟其未曉，固屬有害；然失於寡，則尤不當。前者之病，救以自反，後者的診療方法，則須多見，多聞，多學，多識。孔子曰：『多聞擇其善者而從之，多見而識之。』又曰：『多識於鳥獸草木之名』。即是從多聽多看多問多辨做到博學的工夫。但是所得到的新知識，必須與舊觀念互相同化，否則不能深入於心意的系統中去；假使新觀念經過聯想和類化的作用，則不但能永久保持，且因之可以推知新的知識。所謂「聯想」和「類化」，即因觀察外界事物的新觀念，而引起類似的，和有關係的舊觀念，換言之即見此事物，因而想到其他一種事物；故新的知識因而易於認精，且亦易於學入，所以「類化」，實爲求得知識的一種重要方法。學記所說：『古之學者，比物醜類。』即是「聯想」「類化」。

(三) 思：救易之病莫如「思」，學而能「思」，所獲必深。蓋「思」是整理學的方法，因外界種種事物之經驗，印象於腦，成爲觀念，經驗的事物愈多，則所成的觀念亦愈多，若無一種有系統的方法，將固有的觀念分門別類，則至應用之時，舊觀念勢必盡數再現，亂雜無章，所以對於所獲得的觀念，須比較內容，聯絡屬性，始可以判斷其相互的關係，而可得較適當之反應，那麼，「思」就是整理爲觀念唯一的工具。我國古代教學，卽極重使「學者自思」。學記：

『開而弗達則思，和易以思，可謂善喻矣。』

孔子曾曰：『學而不思則罔』。「思」之於學習的重要性可知矣。

(四) 問：救止之病則莫若「問」，問，亦爲治學的一主要工具。形成問的原因：由於新舊觀念不能發生「聯想」和「類化」的作用，遂對於外界之事物，不能澈底的瞭解，於是便構成疑惑之意，因而需要問；然問亦有由於內部的需要，因爲「生也有涯，而知也無涯」，故對於經驗所得，往往遇到疑難，而問亦於是產生。但問，有善問與不善問，有問得當與不得當之別，關於發問的方法，學記也有一段記載：

『善問者如攻堅木，先其易者，後其節目，及其久也，相說以解，不善問者反此。』

雖博學如孔子，亦甚重視問。論語載：孔子到太廟助理祭祀，每事都要問，旁人譏議他說：『孰謂鄹人之子知禮乎？入太廟，每事問。』「每事問」，正是求得知識的要法，假使驕而不問，直無異於故步自封矣。

以上所述四項，乃學的方法；然學得的知識，將怎樣保存？總括學記所載，關於保持記憶的方法約有二：

一 習：學得以後，卽應時時去習。習的方法，卽所謂「藏焉，脩焉，遊焉，息焉」，關於此項，前已言之，茲不復贅。

二 安：保持記憶的第二種方法，就是「安」。「安」的意義，與孔子所說的「據於德」「依於仁」之「據」「依」二字一樣，亦卽孟子所說的「不動心」。學而能「安」，則不但對於所學不易遺忘，且可利用舊的經驗，以推得新的知識。孟子曰：『君子深造之以道，欲其自得之也，自得之，則居之安，則資之深，資之深，則左右逢其源，故君子欲其自得之也。』學之宜「安」，其重要性顯然矣。再看學記所載：

『安其學而親其師，樂其友而信其道，是以雖離師輔而不反。』

能「安」其學，則雖無師長的指導，與朋友的切磋，也可以自修進益，不反師道。然「安」於所學，固非易事也，必須具有特殊的條件而後可。孔子曰：

『君子不重則不威，學則不固。』

「重」，就是「安」的最大條件。孟子：

『自得之，則居之安。』

「自得」，亦卽「安」的條件。學記：

『學不學操縵，不能安弦，不學雜服，不能安禮，不學博依，不能安詩。』

操縵，博依，學雜服，就是安樂，安詩，安禮的條件，也就是「安」的重要條件。孟子曰：『學問之道無他，求其放心而已矣。』「學」而能求得「放心」，則不患所學之不成矣。

綜觀以上的分析，我們對於學記所紀載的教育制度與教學法則，已有相當的認識，其思想及觀點，實多合乎今日的新教育原理，且有為西洋教育學者所未曾道及者。噫！今日中國的教育，一度倣日，再度倣美，不求實是，直以舶來品為可貴，以致頹躓不振，是誰之過歟？有感於斯，故特為此文，以明中國的教育學，非不發達，不過被人擯之為陳舊之物耳，可勝惜哉。

——摘自《政衡月刊》一九三五年六月第十六期

禮記大學鄭注講疏自序

顧惕生

中山先生極推崇大學一書所說格物致知誠意正心修身齊家治國平天下一段文字。以爲『外國任何政治哲學家。尙未見到此種妙論。而當推爲我國政治哲學之智識中。獨有之寶物也。』此眞千古之獨見。足以詔告於無窮者也。雖然。朱子改本大學。三綱領。八條目。必不可通。禮記大學鄭注本爲古本大學。自王陽明以來。主張復用古本大學者衆矣。余亦主張遵用鄭注古本大學之一人也。但周秦人行文本甚變化。不可方物。強加章句。爲便講習。故余主張古本大學之分章。一曰大道章。二曰格物章。三曰致知章。四曰誠意章。五曰正心章。六曰修身章。七曰齊家章。八曰治國章。而平天下章則無有也。畢竟以民族國家爲本位。而世界主義尙在虛無運用中也。夫大道之行。天下爲公。選賢與能。講信修睦。故大學一書。首明明德。次親民。卽先賢而後親也。是以宜置大道爲首章也。然後由格物而致知。而誠意。而正心。而修身。而齊家。而治國。而平天下。乃全書自然之序。不可易也。惟是格物之解。古今紛如聚訟。余謂鄭注『格。來也。』自是不謬。惟又訓『物。事也。其知於善深。則來善物。其知於惡深。則來惡物。』未免曲解欠明耳。今先申格字之義。次釋物字之義。論語孔子曰。『道之以政。齊之以刑。民免而無恥。道之以德。齊之以禮。有恥且格。』證以禮記緇衣曰『夫民。敎之以德。齊之以禮。則民有格心。敎之以政。齊之以刑。則民有遯心。』益昭若發矇。蓋格遯對文。格。來也。遯。逃也。逃卽免也。是格來而遯去。愈足證有恥且格之卽爲有恥且來也。故大學之格物。質言之。卽來民也。然何以不曰來民而曰格物。則以所包者廣也。大學明云。『物有本末。』又云『君子先愼乎德。有德此有人。有人此有土。有土此有財。有財此有用。德者本也。財者末也。』是物之一字。證之大學原文而自明。足見物之本者德也。君子賢其賢而親其親也。物之末者財也。生人樂其樂而利其利也。且有德此有人。有人此有土。有土此有財。有財此有用。羣物輻湊。非有國有天下者之大物而何哉。宜其不曰來民而曰格物也。夫物也者。大共名也。用以稱謂一切。無施不可。本爲絕對無限制之名詞。然徵之載籍。有別人於物者。則爲己與物相對有限制之名詞矣。有別己於物者。則爲人與物相對有限制之名詞矣。大學之格物。第玩有德此有人云云六句文義。當然是別己於物。而非別人於物者甚明也。別人於物。則物不可以稱人。別己於物。則物可以稱人。載籍之稱人曰物者甚多。齊景公不爲絕物。則貴爲一國之君。自儕於物矣。叔向母痛斥尤物。則弱爲女子之身。被指稱物矣。中庸曰。『誠者非自成己而已也。所以成物也。成己仁也。成物。知也。』別己於物。則物中有人也。孟子曰。『萬物皆備於我矣。反身而誠。樂莫大焉』別我於物。則物中有人也。推之莊生有外物篇。呂覽有必已篇。以己物兩相對峙。其言曰。『外物不可必。故龍逄誅。比干戮。箕子狂。惡來死。桀紂亡。人主莫不欲其臣之忠。而忠未必信。故伍員流乎江。萇宏死。藏其血。三年而爲碧。親莫不欲其子之孝。而孝未必愛。故孝己疑。曾子悲』又曰。『外物豈可必哉。君子之自行也。敬人而不必見敬。愛人而不必見愛。敬愛人者。己也。見敬愛者。人也。君子必在己者。不必在人者也』是人之可稱曰物也。彰彰明矣。宜乎至今習用之語曰容物。卽是容象。曰物望。卽是人望。曰物論。曰物議。卽是輿論民議。乃至曰老物。曰俗物。曰英物。何莫非指人而言。雖然。大學爲政治哲學之書。則必非泛指人曰物。其中有政治手腕存焉。成物方爲知。知者無不知。然堯舜之知而不徧物。急先務也。何謂先務。擧直錯諸枉。嘉善而矜不能。舜有天下。擧皋陶。不仁者遠矣。湯有天下。擧伊尹。不仁者遠矣。是雖曰格物。尙當先來有德之人也。詩曰『天生蒸民。有物有則。民之秉彝。好是懿德』鄭箋曰。『天之生衆民。其性有物象。謂五行仁義禮智信也』此非稱民德曰物乎。不僅惟是。周書有文王官人篇。而管子曰。『明主之官物也。任所長。不任所短。故事無不成。亂主不知物之各有所長所短。而責必備。』

此不曰官人而曰官物。官人有德。非以其有德而稱曰物乎。是以孔子繫易曰。『雲從龍。風從虎。聖人作而萬物覩。』非人曷覩則萬物亦指羣賢耳。司馬談論道家君人南面之術曰。『無成勢。無常行。故能究萬物之情。不能爲物先。不爲物後。故能爲萬物主。』無臣何君。則萬物亦指羣臣耳。而司馬遷報任安書言『愼於接物。推賢進士爲務。』劉劭撰人物志一書。釋古官人之術。其言曰。『人物之本。出乎性情。』又曰。『人物之妙理。不可得而窮。』又曰。『講名成目。則以爲人物。』又曰。『草之精秀者爲英。獸之特長者爲雄。故人之文武茂異。取名於此。』尤可證人也而稱曰物者。以其爲有名目之人也。有名目之人者。省言之。卽有名之人也。有名之人者。英雄聖賢豪傑是也。古有正名爲政之術矣。師服曰。『名自命也。物自定也。』（史記書書家）韓非曰。『名正物定。名倚物徙。』（楊枚篇）謂名物之不相離也。故子路問衛政。孔子曰。『必也正名乎。』又曰『始吾於人也。聽其言而信其行。今吾於人也。聽其言而觀其行。』則以言爲名。而以行爲物也。今俗諺謂物曰『東西。』謂人之不材者曰『不成東西。』尤可證大學格物。必首先來有德之人也。夫治國平天下之大事。必與天下之人共任之。然横目蚩蚩之民。何可勝數。非有耳目口鼻者。卽可爲出治之人也。乃自有其出治之人物。故曰『天生蒸民。有物有則。』明天旣生衆民。自然有人物。卽自然有法則。特患無爲之首領者。以勞徠安集之耳。故古之爲政者。勞於求賢。而佚於得人。得人而治。則假手羣賢。乘物以遊心。物物而不物於物。皆後起義矣。自鄭注已不甚諦。果如所說。『知於善深。則來善物。知於惡深。則來惡物。』則是知已深矣。大學何必曰『格物而後知至』乎。果如所說。『物緣人所好來。』則是與李少君言祀竈致物者（見史記封禪書）何異乎。張良遇圯上老人。學者多言無鬼神。然言有物。（史記留侯世家）宋翔鳳從而張之曰。『河出馬圖。山出器車。天降甘露。地應醴泉。四靈至於郊。』（大學古義說）不悟此皆物之變者。曷足爲訓哉。全氏祖常徐氏養原皆謂釋格物之義者。有七十二家。謝氏江則謂七十三家。蓋連鄭注計之。令末學窮老絕氣。不能盡舉其異同。大概坐病不識別己於物。但曉別人於物。遂令治國平天下之大事。乃不問人物。而轉問禽獸。問草木。程子謂一草一木。亦當所格。王陽明格窗前竹子。七日而病。甚有讀格物之格。爲格殺弗論之格者。尤駭聞也。輕材小器。古書束高閣而不讀。橫逞其鄙倍之胸臆。罔識治化大體。生心害政。國何有以堪哉。正合俗言『不知東西』『不成東西』。宜令人憤慨於宋以後治化之不進矣。今爲卽大學原文。及諸古籍。而疏通證明格物之原義。實當首先勞來天下有德之人物。德不孤。必有鄰。書曰『臣哉鄰哉』。故古之曰明明德於天下者。天視民視。天聽民聽。以天下人之耳目爲耳目。以天下人之心思爲心思。天下之人物。畢集於一堂。夫而後周知天下之情狀。故曰致知在格物。由是而誠意正心修身齊家治國平天下。事事可迎刃而解。一以貫之矣。昔舜舉元凱十六族。周公旦朝讀書百篇。夕見七十二士。非其明效大驗歟。此格物一章之大義。不可不首先辨明者也。尚有誠意章所包獨富。明德親民止至善皆在其中。則中庸所謂『誠者物之終始。不誠無物』也。爾餘諸章。無煩覼縷。讀吾書者自能得之。中山先生嘗謂『吾民族久已失去固有之精神』。吾書闡彰古義。發明固有之精神所在。今有負國家社會之責者。倘得吾說而存之。庶幾迅速恢復吾民族固有之精神哉

中華民國二十四年五月武進顧惕生原名實自識於南京女子法政講習所

——摘自《學術世界》一九三五年九月第一卷第四期

逸周書時訓呂覽十二紀禮記月令淮南時則異文箋自序

沈延國

逸周書時訓解·呂氏春秋十二紀之首章·禮記月令篇·及淮南時則訓·縮其要旨·皆紀十二月政之所行也。始於周書之月令久佚不可考。迨秦呂不韋集諸儒士遂篡十二紀。至於月令時則。又爲漢儒據呂覽刪合而成。蔡伯喈王肅。以月令爲周公作。但其中官名時事皆不合周法。非周公之作。可爲明證。逸周書月令解。疑與呂覽月令及淮南不合。篇佚失考。惟時訓解存。雖多錯簡。（按逸周書闕月令解等十一篇。李壽跋逸周書。已有脫爛難讀之語。則宋本已然。）亦可校三書之失。逸周書淺人誤爲汲冢書。實孔子論百篇之餘。春秋間物也。特戰國以後。輾轉附益。故其言駁雜。漢書藝文志所謂周書七十一篇是也。以此證之。周書最先。呂覽次之。禮記月令篇爲漢禮家好事者所抄合。（鄭氏玄說。）與呂覽間有異同。及淮南時則訓。頗多更定其辭也。鄭氏玄注月令。往往引今月令以校之。孔氏穎達以爲月令出有先後。入禮記者爲古。不入禮記者爲今。則呂覽是也。然以今月令正呂覽。亦不盡合。有以古月令爲明堂月令。（許氏說文引數條）今月令謂後漢所行之月令。（桂氏馥札璞云。自劉歆作三統曆。改雨水爲正月中。驚蟄爲二月節。後漢遂有改定月令。所謂今月令也。）有以說文所引之明堂月令。即鄭所謂今月令。證以他書。皆未當也。今撰異文箋二卷。七十二候表解一卷。（集吳澄。曹仁虎。俞樾。羅以智。嚴可均諸家之說而考訂之。）校讎異文。辨其流別。（旁證夏小正。通卦驗。及古籍類書徵引。）惟東漢以後。即有脫誤。復經後人竄易。或以月令誤入呂覽。或以呂覽錯入月令。或注文攙入正文。軀相附會。羝牾本義。失其旨趣。非互勘莫克正其謬。又萃諸家之言。取其精審。說或未達。攷諸書以匡之。蓋冀補缺於萬一也。

——摘自《制言半月刊》一九三五年第三期

讀禮運卷頭解題記

錢基博

按禮運爲禮記四十九篇之第九篇。蓋言偃之所問禮於孔子，而門人記之；然不如曾子問第七之以言偃問爲篇目者，以曾子所問事類既煩雜，不可以一理目篇；言偃所問，唯論禮之運轉之事，故以『禮運』爲標目耳。言偃吳人，字子游，少孔子四十五歲，特習於禮，以文學著名。所以爲之『禮運』者：禮時爲大；四時之運，周行而不殆。『運』之爲言周轉也。『禮運』之言變而從時也。『禮』所以治人之情。『運』所以協時之宜。義者宜也，協諧宜而協，則禮雖先王未之有，可以義起也。此禮運之指，而七十子之微言，抉經心，執聖權，臯牢萬物，進退百王，有通於易春秋者，有旁涉老氏者，有可發孟荀書者，其書可覆按也。易繫辭不云乎：『在天成象，在地成形，變化見矣。是故剛柔相摩，八卦相盪，鼓之以雷霆，潤之以風雨，日月運行，一寒一暑。』『天地變化，聖人效之；』『通其變，使民不倦；神而化之，使民宜之。』易窮則變，是故『法家莫大乎天地，變通莫大乎四時。』禮運隨時，是故『轉而爲陰陽，變而爲四時。』禮運之說，通於易焉。夫易之爲書也，明於天之道，而察於民之故者也。而禮運之明禮也，經天緯地，本之則太一之初；原始要終，體之乃人情之欲。其官於天也曰命，而其居人也曰養。所以講信修睦，而固人肌膚之會，筋骸之束者也，所以達天順，順人情之大竇也。故唯聖人爲知禮之不可以已也，故壞國喪家亡人，必先去其禮。禮起於何也？荀子不云乎？『人生而有欲，欲而不得，則不能無求；求而無度量分界，則不能不爭；爭則亂；亂則窮！先王惡其亂也，故制禮義以分之，以養人之欲，給人之求，使欲必不窮乎物，必不屈於欲，兩者相持而長，是禮之所起也。』『故禮者養也。芻豢稻粱，五味調香，所以養口也。椒蘭芬苾，所以養鼻也。雕琢刻鏤，黼黻文章，所以養目也。鐘鼓管磬，琴瑟竽笙，所以養耳也。疏房檖須，越席床第几筵，所以養體也。孰知夫禮義文理之所以養情。』此荀子之著論於禮論篇，而禮運之所云『協於分藝，』『以治人情』者也。夫『分』之爲言『所得之限』也，『藝』之爲言『程功之能』也。『協於分』，斯各取所需而不相陵奪。『協於藝，』斯各盡所能而不事遊惰。生之能勤，取之有節，夫而後『欲乃不窮乎物，』「物必不屈於欲，』而有以『養人之欲，給人之求，』夫而後講信修睦，而人之情乃得所養也；是禮之所起也。夫『情』者制禮之大本，而『運』乃行禮之妙用。矯而拂情，則扞格而不勝。運而隨時，斯周行而不殆。此禮運之指也。鄭玄目錄云：『禮運者，以其紀五帝三王相變易及陰陽轉旋之道。』孔穎達疏曰：「自『大道之行』至『是謂大同』，論五帝之善。自『大道既隱』至『是謂小康』論三王之後。」陳澔集說引石梁王氏曰：『以五帝之世爲大同，以禹湯文武成王周公爲小康，有老氏意。』蓋五帝之治，無爲無迹，民無能名焉，故稱之以大道。三王之後，代廢代興，世降彌文焉，故數之以三代。言三代之爲英，見五帝之爲質，儼老子所謂『太上不知有之，其次親而譽之』者耶？此其有老氏意者一也。老子曰：『失道而後德，失德而後仁，失仁而後義，失義而後禮。』則是禮者道之失也。而禮運此篇，亦言禮起大道之既隱。此其有老氏意者二也。然老子言『禮者忠信之薄』，而推此篇之意，則以爲禮者所以救忠信之薄；爲言同，而所以爲言者不同。此則似同而實異者也。呂祖謙與朱子書曰：「胡文定春秋傳多拈出禮運『天下爲公』意思，蜡賓之歎，自昔前輩共疑之；以爲非孔子語。蓋不獨親其親，子其子，而以堯舜禹湯爲小康，是老聃墨氏之論。胡氏乃屢言春秋有意於『天下爲公』之世。」意蓋不以爲然！不知此近儒康有爲春秋三世，禮運大同之說所由本也。按何休春秋公羊經傳解詁曰：『於所傳聞之世，見治起於衰亂之中，用心尙麤觕，故內其國而外諸夏，先詳內而後治外。於所聞之世，見治升平，內諸夏而外夷狄。至所見之世，著治太平，夷狄進至於爵，天下遠近，小大若一。所見者，謂昭定哀，已與父時事也。所聞者，謂文宣成襄，王父時事也。所傳聞者，謂隱桓莊閔僖，高祖曾祖時事也。』（隱元年傳）此春秋公羊家張三世之說，而康有爲據之以說禮運曰：『孔子之道，有三世，有五德之運。仁智義信，各應時而行運。仁運者，大同之道。禮運者，小康之道。孔子生據亂世，而志則常在太平世。其曰：『大道之行』者，天下爲公，太平世大同之道也。『三代之英』升平世小康之道也。禮運之世乃當升平未能至大同之道；不過視據亂世較爲文明而已。其文明之法，皆在隆禮；由禮而謹修之，故於五德之運，未能至仁運智運，而僅當禮之運而已。不獨未能至仁運智運也，卽義運信運亦未之至，但以禮爲經而著其義，考其信而已。』自以爲發千聖不傳之祕；而覈其實，不過推本胡安國春秋傳之指而引申之耳。此其通於春秋者也。魏了翁師友雅言曰：「嘗疑『不獨親其親，子其子，』近乎兼愛。朱文公亦以爲然。及見橫渠說，惟『不獨親其親，子其子，』故知能親親而子子；與孟子老幼及人同意，不費詞而義足。」此其通於孟子者也。文微事著，大而能博矣！

　欲正章句，當辯錯簡。禮記文多錯簡，而禮運爲甚！今緝讀本文，參證諸註；有他篇錯入者。有本篇倒錯者。有後錯前者。有前錯後者。如康有爲禮運註曰：舊本『舍魯何適矣』之下，有『魯之郊禘非禮也，周公其衰矣！杞之郊也，禹也；宋之郊也，契也；是天子之事守也。故天子祭天地，諸侯祭社稷，祝嘏莫敢易其常，是謂大假。祝嘏辭說，藏於宗廟祝巫史，非禮也；是謂幽國。醆斝及尸君，非禮也；是謂僭君。冕弁兵革，藏於私家，非禮也；是謂脅君。大夫具官，祭器不假，聲樂皆具，非禮也；是謂亂國，故仕於公曰臣，仕於家曰僕。三年之喪與新有昏者期不使。以衰裳入朝，與家僕雜居齊齒，非禮也；是謂君與臣同國。故天子有田以處其子孫，大夫有采以處其子孫，是謂制度。故天子適諸侯，必舍其祖廟；而不以禮籍入，是謂天子壞法亂紀。諸侯非問疾弔喪，而入諸臣之家，是爲君臣爲謔。是故禮者君之大柄也，所以別嫌明微，儐鬼神，考制度，別仁義，所以治政安居也。故政不正，則君位危；君位危，則大臣倍，小臣竊。刑肅而俗敝，則法無常；法無常而禮無列；禮無列，則士不事也；刑肅而俗敝，則民弗歸也；是謂疵國。故政者君之所以藏身也。是故夫政必本於天，殽以降命；命降於社之謂殽地，降於祖廟之謂仁義，降於山川之謂興作，降於五祀之謂制度，此聖人所以藏身之固也。故聖人參於天地，並於鬼神，以治政也；處其所存，禮之序也；玩其所樂，民之治也；故天生時而地生財；人其父生而師教之；四者君以正用之，故君者立於無過之地也。故君者所明也，非明人者也；君者所養也，非養人者也；君者所事也，非事人者也；故君明人則有過；養人則不足；事人則失位。故百姓則君以自治也，養君以自安也，事君以自顯也，故禮達而分定，故人皆愛其死而患其生。故用人之知去其詐。用人之勇去其怒。用人之仁去其貪。故國有患，君死社稷謂之義，大夫死宗廟謂之變，』一段十四節，當爲郊特牲文。按郊特牲：『朝覲，大夫之私覿，非禮也；大夫執圭而使，所以申信也；不敢私覿，所以致敬也；而庭實私覿，何爲乎諸侯之庭；爲人臣者無外交，不敢貳君也；大夫而饗君，非禮也。大夫强而君殺之，義也，由三桓始也。天子無客禮，莫敢爲主焉。君適其臣，升自阼階，不敢有其室也。覲禮，天子不下堂而見諸侯；下堂而見諸侯，天子之失禮也；由夷王以下。諸侯之宮縣而祭，以白牡擊玉磬，朱干設錫，冕而舞大武，乘大輅，諸侯之僭禮也。臺門而旅，樹反坫，繡黼丹朱中衣，大夫之僭也。故天子微，諸侯僭；大夫强，諸侯脅；於此相貴以等，相覿以貨，相賂以利，而天下之禮亂矣！諸侯不敢祖天子；大夫不敢祖諸侯；而公廟之設於私家，非禮也；由三桓始也。天子存二代之後，獨尊賢也；尊賢不過二代。』與此十四節同一正名分之義，行文亦同。『魯郊禘非禮，』『杞宋可郊』，當在『尊賢不過二代』之下，與上文『諸侯不敢祖天子』『天子存二代之後』文義相接。至『明君死社稷，大夫死社稷』與下文『諸侯不臣寓公』『君之南鄉』『臣之北面』亦同例相接。按郊特牲爲禮器下篇；此皆言禮器，亦至明也。」此他篇錯入者也。又一篇之中，有前錯後者，有後錯前者。如『今大道既隱，天下爲家，各親其親，各子其子，貨力爲己，大人世及以爲禮，城郭溝池以爲固，禮義以爲紀，以正君臣，以篤父子，以睦兄弟，以和夫婦，以設制度，以立田里，以賢勇知，以功爲己，故謀用是作而兵由此起，禹湯文武成王周公由此其選也；此六君子者，未有不謹於禮者也』一段。孔穎達疏曰：「奸詐之謀，用是『貨力爲己』而興作。戰爭之兵，由此『貨力爲己』而發起。」則『故謀用是作而兵由此起』十字當在『貨力爲己』下；據孔疏『謀作兵起』，緊承『貨力爲己』解，文義甚明。今文錯簡，似『禮義爲紀』，乃所以兆謀致兵者，則六君子如何又必謹於禮，文義幷難通矣！又舊本『是謂小康』下接『言偃復問曰，如此乎禮之急一節；而康有爲禮運注以上文未言禮急，文義不屬，應移於後，接『故壞國喪家亡人，必先去其禮』之下。蓋子游聞去禮之至於壞國喪家也，驚而致問曰『何禮之急也？』孔子以禮爲『承天道』『治人情』之要道，乃謂非止國家之成壞得喪而已，實人之生死繫焉，言愈急而意愈切，自以移後爲是，而以『言偃復問曰，夫子之極言禮』，接『是謂小康』之下。蓋子游以孔子言禮起大道之既隱，爲非常異義，故欲孔子極言之。而孔子以未當太平時，未能行大同之道，雖蓄於心者，不能忍於一歎，而其詳則不欲言矣。故下祇就『三代之英，丘未之逮，』喟歎一番；而接以孔子曰：『我欲觀夏道，是故之杞而不足徵也，吾得夏時焉。我欲觀殷道，是故之宋而不足徵也，吾得坤乾焉。坤乾之義，夏時之等，吾以是觀之。』孔子曰：『嗚呼哀哉！我觀周道，幽厲傷之。吾舍魯何適』！『嗚呼哀哉』歎詞也。孔子以大同之道不行，乃至夏殷周三代之道，皆無徵而可傷，小康亦不可得，生民不被其澤，久積於心，乃觸緒大發而生哀也。「孔子曰『嗚呼哀哉，』」一節，舊本在『此禮之大成也』下，今依康有爲移前接『坤乾之義，夏時之等，吾以是觀之』下，則『三代之英，丘未之逮，』皆有著落矣！不然，則『杞不足徵』，丘未之逮者，祇有夏殷二代，尙遺周一代也。又『故宗祝在廟，三公在朝，三老在學，王前巫而後史，卜筮鼓侑，皆在左右，王中，心無爲也，以守至正』一節，「舊本在『五祀所以本事也』之下。而康有爲以其文義隔亂，移前承『故國有禮，官有御，事有職，禮有序』而言之。其辭爲：『故國有禮，官有御，事有職，禮有序。故宗祝三廟；三公在朝；三老在學；王前巫而後史，卜筮鼓侑，皆在左右。王中，心無爲也，以守至正。　故先王患禮之不達於下也，故祭帝於郊，所以定天位也；祀社於國，所以列地利也；祖廟，所以本仁也；山川，所以儐鬼神也；五祀，所以本事也。故禮行於郊，而百神受職焉。禮行於社，而百貨可極焉。禮行於祖廟，而孝慈服焉。禮行於五祀，而正法則焉。故自郊社祖廟山川五祀，義之修而禮之藏也。』蓋『故宗祝在廟』至『以守至正』一節，言禮行於上，而明『官有御，事有職』也。『故先王患禮之不達於下』至『禮之藏也』一節，言禮達於下，以明『禮有序』也。而以『故國有禮』爲提綱；文從字順，脈絡貫通矣！此本篇倒錯者也。錯簡既正，然後章句乃可得而定。

禮運舊分四段：從『昔者仲尼』以下，至『是謂小康』，爲第一段，明孔子爲禮不行而致發歎。發歎所以最初者，凡說事必須因漸，故先發歎，後使弟子因而怪問，則因問以答也。又自『言偃復問曰如此乎禮之急』；至『天下國家可得而正也，』爲第二段，明須禮之急，前所歎之意，正在禮急；故以禮急次之也。又自『言偃復問曰，夫子之極言禮也，』至『此禮之大成也，』爲第三段，明禮之所起，前既言禮急，急則宜知所起之義也。又自『孔子曰嗚呼哀哉』訖篇末，爲第四段，更正明孔子歎意。以前始發未得自言歎意而言偃有問，即隨問而答；答事既畢，故更備述所懷也。此孔穎達疏引皇侃說；而不知中之有錯簡也！今重爲更定：自『昔者仲尼』至『吾舍魯何適矣』，爲第一段；明孔子爲禮起大道之隱，不過以補偏救弊，而又不得行；生民之禍日烈，乃不禁觸緒大發而生哀也。『夫禮之初，』至『此禮之大成也，』爲第二段；明禮之所由起也。自『故聖人耐以天下爲一家』至『故壞國喪家亡人必先去其禮』，爲第三段；明禮之大川，在達天道，順人情。而自『言偃復問曰如此乎禮之急』訖篇末，乃承上文而言，特申禮之以治人情而歸之於大順，以極贊之；此第四段也。然而有可疑者，第三段以『故』爲發端而語不承上是也。按『故』有承上結前文者，如『故惟聖人爲知禮之不可以已也，故壞國喪家亡人，必先去其禮；』『故天下國家可得而正，』是也。亦有以『故』字更端起下文者。近儒章炳麟新方言釋詞曰：「禮運『故聖人參於天地，』『故人者其天地之德；』『故禮義也者人之大端也，』正義皆別標爲一節；則『故』非申事之辭，當訓爲此。今人謂此爲『故』，亦多發端言之，爲下語作凡目。又易繫辭傳多言是故，愚者怪其與前文不屬。不悟『是故』皆訓爲『此』；古人語不避複也。以『是故』發端，亦猶今言『者箇』爲下語作凡目也。」明乎此，則無異乎第三段之以『故』爲發端矣。

禮運辭趣宏深，近儒康有爲推本胡安國春秋傳指，參以歐儒之所發明，而籀索所謂『大同』者；大指謂「佛法出家，求脫苦也；不如使其無家可出。謂私有財產爲爭亂之源；無家族，則誰復樂有財產！若夫國家，則又隨家族而消滅者也。夫有國有家有巳，則各有其界而自私之；其害公理而阻進化，甚矣！惟天爲生人之本，人人皆天所生而直隸焉。凡隸天之下者皆公之；故不獨不得立國界以至强弱相爭；並不得有家界以至親愛不廣；且不得有身界以至貨力自爲；故祗有天下爲公；一切皆本公理而已。公者人人如一之謂；無貴賤之分，無貧富之等，無人種之殊，無男女之異。分等殊異，此狹隘之小道也。平等公同，此廣大之道也。無所謂君，無所謂國，人人皆教養於公產，而不恃私產。人人即多私產，亦當分之於公產焉；則人無所用其私，何必爲權術詐謀以害信義？更何肯爲盜竊亂賊以損身名。非徒無此人，亦復無此思。內外爲一，無所防虞，故外戶不閉，不知兵革。此大同之道，太平之世行之。惟人人皆公，人人皆平，故能與人大同也。以今語釋之，則民主主義存焉。國際聯合主義存焉。兒童公育主義存焉。老病保險存焉。共產主義存焉。勞作神聖主義存焉。」衍其條理，爲大同書數十萬言，洋洋乎大哉！發育萬物，峻極於天！粗述梗記，以當要刪。

——摘自《光華大學半月刊》一九三五年十月第四卷第二期

今月令考

蔣維喬　楊寬
沈延國　趙善詒

呂氏春秋集解附考之一

鄭玄注月令，輒有「今月令作某某」云云，孔穎達正義以今月令卽指呂氏春秋十二紀，「入禮記者爲古，不入禮記者爲今。」今呂紀具在，校之實多未合，知其說固不足信也，先儒已嘗言之矣。而畢沅作呂氏春秋校本，旣略取其說，如季冬「水澤復堅」，畢氏據今月令校刪「堅」一字；逮𢍰泮林作補校，乃益信其說，幾欲據今月令而盡改呂紀；近范氏耕研作補注，亦仍從之，此不可以不考辨。

一　今月令與呂氏春秋十二紀

鄭注月令，引今月令凡十八條，（梁玉繩瞥記，徐灝讀書雜釋錄十七條，漏脫仲冬「淵澤井泉」一條。）與呂氏春秋及高注甚異，錢大昕梁玉繩黃以周皆嘗論證，今以呂紀月令及今月令列爲一表如次：

	呂紀	月令	今月令
孟春	候雁北。	鴻雁來	候雁來。

季春	畢弋。罝罘羅網	罝罘羅罔畢翳	罝羅罔畢弋。
	無悖於時，無或	毋悖于時，毋或	毋悖。毋或詐僞
	作爲淫巧。	作爲淫巧。	淫巧。
	淫雨早降	淫雨蚤降	衆雨蚤降
孟夏	王菩生「菩」本誤「善」。今從畢校。	王瓜生	王萯生
	無伏于都。	毋休于都	毋伏。于都
仲夏	處必掩身欲靜無躁	處必掩身毋躁	處必掩身欲靜
	百官靜事無刑	百官靜事毋刑	百官靜事無徑
季夏	令漁師伐蛟	命漁師伐蛟	命榜人伐蛟
	令四監	命四監	命田監
孟秋	民多瘧疾	民多瘧疾	民多厲疫
季秋	操矢以射。	挾矢以獵	挾矢以射。
孟冬	乘玄輅	乘玄路	乘軫路

	命太卜禱祠。龜策	命太史釁龜筴	命太史釁祠。龜筴
	固封璽。	固封疆	固封璽。
仲冬	淵澤井泉	淵澤井泉	深澤井泉
季冬	水澤復堅	水澤腹堅	水澤腹
	及百祀之薪燎	及百祀之薪燎	（無）

據上表，是今月令之與呂紀，字之同者五，音之通者二（「萯」與「菩」；「徑」與「刑」）。句之全同者，則孟夏、「無伏于都」，孟冬「固封璽」二句而已。梁玉繩瞥記曰：

『鄭與高誘同時，所見呂覽，亦不應異同若是。』

其說是也。鄭氏禮記目錄云：

『月令本呂氏春秋十二紀之首章也，以禮家好事鈔合之，因題曰禮記。』

鄭氏既以月令鈔合呂紀，豈有以月令爲古，而反以呂紀稱今乎？亦事理所不可通也。

孟夏「王菩生」，月令作「王瓜生」，今月令作「王萯生」，畢校云：

『古「菩」「萯」通用，郭璞注穆天子傳「茅萯」云「萯今菩字，音倍。」集韻音蓓，與蕢通。」

梁玉繩黃以周亦皆以此呂紀與今月令合。今按說文「菩」「蕢」分列，「菩」「蕢」當非一字，「菩」「蕢」蓋音借也。然古音瓜讀如姑，其聲亦與「蕢」近，呂紀自不必與今月令有關。

至於仲夏「百官靜事無刑，」高注云：

「事無刑，當精詳而後行。」

松皋圓畢校補正王引之經義述聞徐鼒讀書雜釋劉師培斠補自序及范氏耕研補注皆據注，謂「刑」當作「徑，」本與淮南時則篇及今月令同，後人以月令改之也。然「刑」與「徑」古音同青部，疑本相通。高氏嘗注淮南亦或以之與時則對校，知「刑」之通「徑，」遂同作此注，似亦不必本作「徑」也。陳喬樅禮記鄭讀攷曰：

「說文云：「刑，剄也。」「剄，刑也。」二字義同。「刑」「徑」音亦相近。王制曰：「刑，侀也；侀者成也，一成而不可變，故君子盡心焉。」是刑之為訓有一成不變之義，近於直情徑行，故高誘以為「當先精詳而後行。」」

是「刑」「徑」不特音近，義亦通也。

季春「毋悖於時，毋或作爲淫巧。」朱熹經傳通解謂呂「爲」作「僞」，」茆泮林補校乃云：

『今月令無「于時」「作爲」爲「詐譌」，」朱子所見本「爲」作「僞」，當近古。』

其說亦未必是。朱熹所引呂書頗有譌脫，不與今本同，疑朱子所見者乃當時劣本，不足盡據也。孟冬紀亦云：「無或作爲淫巧，以蕩上心。」惟淫巧足以蕩上心，「作僞」「詐僞，」則欺上而非蕩上之心矣。

孟冬「命太卜禱祠龜策，」月令作「命太史釁龜筴，」鄭注云：『今月令作「釁祠，」「祠」衍字。』范氏耕研補注云：

『今呂書「釁」「禱」不同而下正有「祠」知呂書正鄭所謂今月令也。』

其說殊非。范氏未嘗細爲比觀，以「祠」一字之同，遂謂正是，武斷孰甚！季冬「及百祀之薪燎」今月令無，范氏又云：

『呂書多與鄭所舉今月令同，此條獨否，高氏且有注，疑不能明也。』

范氏既武斷於前，宜乎其不明矣。

二　今月令與明堂月令

清儒之卓識者，已見今月令之非呂紀，故欲於呂紀外，別求其相當者，惠棟錢大昕李惇陳喬樅洪頤煊蔡雲錢坫徐鼒及葉德輝，無不以今月令卽明堂月令，其論據不外三端：

(一)據說文所引明堂月令　惠棟九經古義據說文雨部「霝」字下引明堂月令「霝雨，」謂與季春今月令「衆雨」合，云：「鄭所云今月令皆明堂月令也。」段玉裁說文注亦云：

「漢人衆讀平聲，卽許所據之霝雨也。」

李惇陳喬樅等亦據說文引明堂月令「舫人」習水者，謂與季夏「榜人」合。李氏謂舫榜音相近是也。「旁」爲「方」之重脣字，古無輕脣音，「方」亦讀如「旁」，大射儀「左右曰方，」「方」卽「旁」也。陳氏云：

「「舫」正字，「榜」假借字，司馬相如子虛賦張揖注云：「榜，船也，月令曰命榜人，榜人，船長也。」張所引月令卽今月令文也。舫榜聲相近，故舫人亦曰榜人。爾雅釋言：「舫，舟也。」廣雅釋水「舫」「榜」並云「船也，」則固以榜爲船矣。」

其說近是。書鈔一三八引明堂月令正作「榜人習水者」，御覽八七一引明堂月令亦作「榜舫人習水者也。」

(二)據蔡邕獨斷引月令　李惇又據獨斷引月令「固封璽」以證今月令之卽明堂月令。王引之經義述聞亦曰：

「家大人曰：『蔡邕獨斷引月令曰固封璽，』卽鄭所謂今月令也。」

(三)據蔡邕月令章句　陳喬樅蔡雲諸家以諸書所引月令章句以證今月令。今以諸書所引月令章句與今月令，列爲一表如次：

月令章句	今月令
鴻鴈來	候雁來
田獵置羅網畢弋（玉燭寶典引。御覽八三二引「畢」作「罼」。）	田獵罝羅罔畢弋
王蓓生（玉燭寶典引。御覽九九八引「蓓」作「菩」。）	王蕢生
處必掩身毋躁（月令正義引蔡氏云：「處必掩身。處，居也。掩，隱翳也。毋躁者，躁動也。」）	處必掩身欲靜
百官靜事無徑（玉燭寶典引。）	百官靜事毋徑

民多厲疫　　民多疫厲（玉燭寶典引。）

天子乃厲飾執弓挾矢以射　　後漢書禮儀志注引月令章句云：「親執弓以射禽，所以教兆民戰事也。」

命太史釁祠龜筴　　命太卜釁龜筴（初學記三〇引。）

據上表，是月令章句與今月令合者甚多，但亦未能盡合，疑非一書。今以說文所引明堂月令與蔡邕月令章句對校，甚相合，疑所見一書也。說文「蠲」字下引明堂月令曰：

「腐艸爲蠲。」

與月令呂紀淮南逸周書皆不同，與易通封驗作「嗌」合。呂紀淮南皆作「腐草化爲蚈，」月令則作「腐草爲螢，」逸周書作「腐草化爲螢。」正義引蔡氏云：

「鳩化爲鷹，鷹化爲鳩，故稱化；今腐草爲螢，螢不復爲腐草，故不稱化。」

是月令章句亦作「螢，」與說文不合；但此「螢」字疑孔氏所改，非其本眞。玉燭寶典引作「腐草爲蛙，」當是眞也。北戶錄引逸周書亦作「蛙。」「蠲」「蛙」古聲同。毛詩「吉蠲爲饎，」韓詩「蠲」作「圭，」是其證。說文「骴」字下引明堂月令曰：

「掩骼薶骴。」（繫傳「薶」作「埋」。）

與今淮南時則篇同，而呂紀作「揜骼霾髊，」月令作「掩骼埋胔，」釋文引蔡云：

「露骨曰骼，有肉曰胔。」

玉燭寶典引月令章句亦作「掩骼埋胔，」然「胔」「骴」古同一字。國語韋注亦引明堂月令五條與月令章句則不甚合，亦非一書。周語上韋注引明堂月令云：

「月夜分，雷乃發聲，始震，雷，蟄蟲咸動，啓戶而出。」

今玉燭寶典引月令章句作「日夜分，雷乃發聲始電。」魯語上韋注引月令曰：

「孟春蟄始震。」

今玉燭寶典引月令章句作「蟄蟲始振。」

明堂月令之來源亦有數說：(一)出於明堂陰陽 錢大昕段玉裁等主之，漢書藝文志有明堂陰陽三十三篇，在記百三十一篇外，鄭目錄稱月令劉向別錄屬明堂陰陽記。(二) 卽戴記月令 汪中等主之，徐鍇說文繫傳亦云「明堂月令卽今戴記月令未删定前也，古天子居明堂，每月告朔，班一月之政令，故曰明堂月令(見「侵」字下)。近黄以周參合二說，以爲戴記月令與明堂月令，雖非一書，然而同出古文。其言曰：

『漢志又曰：「禮古經出魯淹中，與十七篇文相似，多三十九篇及明堂陰陽」……釋文敘錄云：「古文記二百四篇」，則明堂月令，戴記月令，皆出古文，亦可知也。後漢魯恭傳曰：「月令周世所造」，此言最爲覈實。……盛德所記及異義所引明堂月令，文並不見於小戴。』

其說疑非，疑汪氏之說是也。稽蔡邕月令篇名曰：

『因天時，制人事，天子發號施令，祀神受職，每月異禮，故謂之月令，所以順陰陽，奉四時，效氣物，行王政也。成法具備，各從時月，藏之明堂，所以示承祖考神明，明不敢泄瀆之義，故以「明堂」冠「月令」以名其篇。』

疑後漢於月令，簡稱之但曰月令，詳言之，則以「明堂」冠「月令」，非有二書也。蔡氏獨斷引月令曰「因封疆」，則簡稱之耳。說文所引月令，皆稱明堂月令，無稱月令者，惟「靡」字下注云：「一曰若月令靡艸之靡。」亦足見詳簡之不同。明堂月令之名，見大戴記盛德篇，盧注云：「於明堂中施十二月之令也。」漢儒之稱月令爲明堂月令，蓋據於此。蔡氏月令問答曰：

「予幼讀記，以爲月令體大經同，不宜與雜錄並行。」其所謂記，當卽戴記，其月令篇名稱「秦相呂不韋著書，取月令爲紀號，淮南王安亦取以爲第四篇，改名曰時則。」亦足見其所據者爲戴記，然則明堂月令卽戴記月令，鄭氏豈有以明堂月令證明堂月令者乎？明堂月令之非今月令明矣。鄭注祭法亦引明堂月令，其文全同戴記，若明堂月令卽今月令，鄭注亦不應自亂其體例若此，於月令注稱今月令而於祭法注又稱明堂月令也。若明堂月令固別出古記，與戴記有別，則何鄭注月令獨引今月令之異文，而於明堂月令反不之及也？高誘注淮南主術篇，引明堂月令「獺祭魚，」疑亦指戴記月令。國語韋注引明堂月令「孟秋乃升穀，天子嘗新」（月令「升」作「登」）。「季秋農事畢收，」（月令「畢」作「備」）亦皆指戴記月令。韋注於初引，稱明堂月令，後皆稱月令者，亦詳簡之不同，非有二書也。其與月令出入者，蓋古人引書用意本不盡舊文。許愼蔡邕所引與月令異者，則今古文之不同也。黃以周曰：

「說文偁引經傳從古文，見許君自敍，其引明堂月令，字多與戴記異，亦用古文也。

「

其說甚是。許氏引經多古文；與今本異者十蓋五六，不獨月令爲然。蔡氏亦從古文，故與說文所引相近。

三　今月令與漢月令

謂今月令乃漢月令者，梁玉繩首創之，桂馥札璞羅以智七十二侯表黃以周禮說皆從之。梁氏曰：

「今月令者，乃漢時太史所上月曆，非呂覽也。後漢侯霸傳『每春下寬大之詔，行四時之令，』皆霸所建，是東漢自有所行月令也。」

桂氏曰：

「古月令謂明堂月令，今月令謂後漢所行之月令，鄭云『漢始亦以驚蟄爲正月中，雨水爲二月節。』馥案自劉歆作三統曆，改雨水爲正月中，驚蟄爲二月節，後漢遂有改定之月令，所謂今月令也。」

黃氏曰：

「漢月令之見於史者，西漢魏相始奏其書，東漢侯霸又建其令，並見本傳。漢明帝紀：「永平二年正月辛未祀明堂，詔驃騎將軍三公曰：「其班時令」」注云：「謂月令也，漢儀太史每歲上其年曆，先立春立夏大暑立秋立冬常讀五時。」皆其證也。」

黃氏又論今月令與明堂月令相同之故曰

「漢書魏相傳云：「相表采易陰陽及明堂月令奏之，」相所表奏者，卽今月令也。今月令之文，采用明堂月令，故諸書所引明堂月令文多同於今月令，而今月令之所采用，又有易陰陽諸書，此今月令所以有異於明堂月令而不可以爲一書也。」

說皆近是。後漢崇尙古文，其時所行月令，亦當採之古文，故說文與月令章句，往往與之相合。然疑後漢所行月令本不一，故帝臣屢爲下詔奏表。讖論引月令曰：

『涼風至，殺氣動，蜻蛚鳴，衣裘成，天子行微刑，始貙膢，以順天令。』

此與戴記全異。鄭注所謂今月令，疑亦非指一書，漢時所通行之月令皆與焉。孟春鄭注云：「今月令「鴻」皆作「候」」，孟冬鄭注又云：「今月令「疆」或爲「璽」」一則曰「皆」，一則曰「或」，則其非指一書明甚，諸家必欲指爲何書，是以難通也。

——摘自《制言半月刊》一九三五年第五期

禮記大義序

宋慈抱

自帝制易爲民主五倫棄其一然父子兄弟之間無慙德者十無其五六夫婦朋友之間無慙德者十無其二三孟子謂上無禮下無學而後賊民興殆其時矣慈抱獨以爲禮行於上而揖讓進退之儀眞知禮意者無幾人學壞於下則聖道滅裂人心蕩佚不知返厥禍乃亟於無禮出而救之抑誰歟必蓄道德能文章之君子著書立說大聲疾呼明制禮之本原回狂瀾於既倒一言之不已至於再至於三復設爲學校萃天下英才而教育之俾在朝之禮賴在野討論講貫而少留不足樂乎太倉唐蔚芝先生今世蓄道德能文章之君子也往仕勝朝名聞中外挂冠歸里仍以化民成俗自期於無錫創國粹專修學校來任教者俱名下士往肄業者皆高材生風聲所樹三代之隆可復頃復於十三經提綱挈領不

爲瑣屑考據言之必有補於人心世道合乎通經致用之恉慈抱所讀者僅禮記大義一種而可概其餘矣先生爲定海黄元同氏高足黄氏往著禮書通故經訓比義諸書治經最精於禮先生師其意亦於禮剴切周詳期以尊國體而維世教然黄氏治禮於國家未亂之際言性理明儀文蓋事倍而功半先生治禮於國家方亂之候言性理明儀文可事半而功倍慈抱盥誦之餘輒爲文以伸欽慕尙欲泚筆而敍其他書先生能許以徧讀否也

——摘自《甌風雜誌》一九三五年第一卷第十七、十八期合刊

月令的來源考

容肇祖

一,月令出於陰陽家

二,月令出於鄒子

三,後儒對於月令的推測

四,呂氏春秋割裂月令的緣故

五,結論 附月令源流表

一,月令出於陰陽家

呂氏春秋十二紀篇首為月令十二月的分配。月令見小戴(戴聖)禮記,淮南王書中的時則訓亦同。月令的來源,是出於陰陽家,史記太史公自序述司馬談論六家要指,說道:

> 嘗竊觀陰陽之術,大祥而衆忌諱,使人拘而多所畏。然其序四時之大順,不可失也。

又說道:

> 夫陰陽四時八位十二度二十四節,各有教令,順之者昌,逆之者不死則亡,未必然也。故曰"使人拘而多畏"。夫春生夏長秋收冬藏,此天道之大經也。弗順則無以為天下綱紀,故曰"四時之大順,不可失也"。

班固漢書藝文志說道:

> 陰陽家者流,蓋出於羲和之官,敬順昊天歷象日月星辰,敬授民時,此其所長也。及拘者為之,則牽於禁忌,泥於小數,舍人事而任鬼神。

月令是"序四時之大順",是"陰陽四時八位十二度二十四節,各有教令",是所謂"春生夏長秋收冬藏的天道之大經",並且是"敬順昊天厤象日月星辰,敬授民時"的東西。而禮記月令,鄭玄三禮目錄說道:"此於別錄,屬明堂陰陽"。(見孔穎達禮記正義所引)。考漢書藝文志記家"記百三十一篇"下有"明堂陰陽三十三篇"。是則劉向別錄,所著錄的明堂陰陽有這月令,而禮記原來是沒有的。月令屬於明堂陰陽,更可證爲陰陽家的作品。胡適先生以爲"月令最能顯出'四時八位十二度二十四節各有教令'的思想系統"。他又說這月令道:

> 這裏面有宗教,有政治,有道德,有農桑漁牧,有天文,有律厤,有陰陽五行,眞是一个大規模的組織。其中組織的線索,完全是陰陽五行的分配:春屬'木',在五方爲東方,在日爲甲乙,在五音爲角,在五色爲青,在五臟爲脾,在五味爲酸,在五祀爲戶。東方之帝爲木德之帝,故其帝爲太皞,其神爲勾芒。東方爲少陽,故其蟲爲鱗族。有了這陰陽五行的線索,於是民間常識,宗教迷信,天文醫術,一切都可歸到這大系統上去了。說他不合理,他却有一些人生常識和天文星占的知識在裏面;說他無用,他却有一些平易近人的教訓;說他不通,他却四面八方有條有理。

這話是很對的。他的最重要的貢獻,是承認月令是陰陽家的著作,陰陽家的大系統。

二,月令出於鄒子

月令是陰陽家的東西,陰陽家最早而最出色的是騶衍。

('騶'和'鄒''翳',古通用。) 史記卷七十四孟子荀卿列傳說道:

> 騶衍睹有國者益淫侈,不能尚德,若大雅整之於身,施及黎庶矣。乃深觀陰陽消息,而作怪迂之變,終始大聖之篇,十餘萬言。……先序今,以上至黃帝,學者所共術,大並世盛衰。因載其禨祥度制。推而遠之,至天未生,窈冥,不可考而原也。……稱引天地剖判以來,五德轉移,治各有宜,而符應若茲。……然要其歸,必止乎仁義節儉,上下六親之施,始也濫耳。

騶衍的思想,是由於"深觀陰陽消息";他的著作,是"載其禨祥度制","稱引五德轉移,治各有宜,而符應若茲"。這是很可注意的。漢書藝文志陰陽家,著錄鄒子四十九篇,鄒子終始五十六篇,可惜這兩書很早的散失了。漢鄭玄周禮注夏官司爟,引鄭司農(衆)說,說道:

> 鄹子曰:"春取榆柳之火,夏取棗杏之火,季夏取桑柘之火,秋取柞楢之火,冬取槐檀之火"。(周禮注疏卷三十)

這是很可寶貴的鄹子佚文。魏何晏論語集解卷十七,引馬融的話,說道:

> 周書月令有更火之文:"春取榆柳之火,夏取棗杏之火,季夏取桑柘之火,秋取柞楢之火,冬取槐檀之火"。

爲何周書月令和鄹子全相同呢? 唐賈公彥周禮疏解釋道:

> 先鄭引鄹子書,論語注引周書不同者,鄹子書出於周書,其義是一,故各引其一言。

賈公彥或者以周書爲周公所著,故以爲鄹子出於周書。以周書月令爲周公所著,其說始見於漢賈逵,馬融,(臧庸引月令正義云："賈逵馬融之徒皆云月令周公所作，故王肅用焉"。）蔡邕。蔡邕明堂月令論說道：

> 戴禮夏小正傳曰，（臧庸云："盧學士云，曰字衍"）陰陽生物之後（臧云："疑候"。），王事之次，則夏之月令也。殷人無文，及周而備。文義所說，博衍深遠，宜周公之所作也。官號職司，與周官合。周書七十一篇（臧云："舊作'二篇'，據漢志改"。），而月令第五十三。（臧庸輯蔡氏月令章句下，拜經堂叢書本。）

這是以爲"文義所說，博衍深遠，宜周公之所著"，是沒有什麼理由的。臧庸說道：

> 據中郎（蔡邕）此言，是周書月令，即禮記月令也。初據論語集解，言周書月令有改火之文，疑別有月令。今考周禮司爟注，鄭司農引周書爲鄹子。賈疏云，"鄹子出於周書，其義是一"。然則論語注所言周書，實鄹子耳。（蔡氏月令章句下，拜經堂叢書本。）

臧庸以爲"周書月令即禮記月令"。"論語注所言周書，實鄹子。"這些話我覺得很可注意。鄭衆（卒建初八年，西曆83）分明見的是鄹子，馬融（西曆79-166）分明見的是周書月令。漢書藝文志陰陽家有鄹子四十九篇，又書家有周書七十一篇。顏師古漢書注說周書，引劉向云："周時誥誓號令也，蓋孔子所論百篇之餘也"。這話自然是附會。宋陳振孫直齋書錄解題卷二說道：

> 相傳以爲孔子刪書所餘者，未必然也。文體與古書不類，似戰國後人依倣爲之者。

這話是很有理由的。周書這書，我以爲是戰國後人叢鈔雜集，其中月令當是從鄒子鈔下來。臧庸以爲"論語注所言周書,實鄒子",這話大體是對的。然而爲這周書月令採自鄒子之故,使我們得因周書月令和鄒子相同之文,而推知鄒子中必有一篇和周書月令相同的文字,即大部分和禮記月令同者;並且得知月令創始於陰陽家,而又爲陰陽家鄒子所創作。從鄭衆所引之鄒子,和馬融所引的周書月令,這東漢兩經師所引證的話,恰恰相同,這一點偶爾的遺留,給我們證明陰陽家中有這樣大著作,鄒衍有這樣思想的大系統,這眞是二千年後,値得慶幸的!

由上的話,可證月令是出於鄒衍。這個陰陽家的大系統,在當日自然會震動一時,史記卷七十四孟子荀卿列傳又說道:

> 王公大人初見其術,懼然顧化,其後不能行之。是以騶子重於齊。適梁,梁惠王(西歷前 370—前 335)郊迎,執賓主之禮。適趙,平原君(西歷前 298—前 251)側行撇席。如燕,昭王(西歷前 311—前 279)擁彗先驅,請列弟子之座而受業,築碣石宮,身親往師之,作主運。其游諸侯見尊禮如此。

月令的教令,眞是動人心目,而不易繼續實行的,所謂"懼然顧化,其後不能行之"。鄒子一書,班固(西歷 32-92)漢書藝文志有之,鄭衆(卒西歷 83)以後,可惜沒人稱引,或者已失傳了?

三　後儒對於月令的推測

鄒子一書,在鄭衆後不見有人稱引了。馬融見了周書月令,以月令爲周公作了,蔡邕對於禮記月令以爲周公的了。東漢明眼的經師鄭玄,當時不見鄒子,不敢承認爲周公,遂以禮記月令爲出於呂氏春秋,這不能不承認他有相當的見識。鄭玄

（西曆 127-200）三禮目錄說道：

> 名曰月令者，以其紀十二月政之所行也，本呂氏春秋十二月紀之首章。好事抄合之，後人因題之，名曰禮記，言周公所作。其中官名時事，多不合周法。此於別錄，屬明堂陰陽。（孔穎達禮記正義引，禮記注疏卷十四。）

與鄭玄同時的蔡邕（西曆133-192），著明堂月令論，以爲"博衍深遠，宜周公之所著也。官號職司，與周官合，周書七十一篇，而月令第五十三"。他又說道：

> 秦相呂不韋著書，取月令爲紀號。淮南王安亦取以爲第四篇（臧庸云："今本第五"。），改名曰時則。故偏見之徒，或云月令呂不韋作，或云淮南，非也。（蔡氏月令章句下，拜經堂叢書本。）

後來唐孔穎達重申鄭玄的意旨說道：

> 呂不韋集諸儒士，著爲十二月紀，合十餘萬言，名爲呂氏春秋，篇首皆有月令，與此文同，是一證也。又周無大尉，唯秦官有大尉，而此月令云，"乃命大尉"，此是官名，不合周法，二證也。又秦以十月建亥爲歲首，而月令云爲來歲授朔日，即是九月爲歲終，十月爲授朔，此是時不合周法，三證也。又周有六冕，郊天迎氣則用大裘，乘玉輅，建大常日月之章，而月令服飾車旗並依時色，此是事不合周法，四證也。（藝祖案：隋杜臺卿玉燭寶典序云："鄭玄以孟夏命大尉，周無此官，季秋爲來歲受朔日，諸秦十月爲歲首，遂云作禮記者取呂氏春秋。"則上列四證或皆出於鄭玄。）故鄭云"其中官名時事多不合周法"。然按秦始皇十二年呂不韋死，二十六年並天下，然後以

十月爲歲首,歲首用十月,時不韋已死十五年,而不韋不得以十月爲正。又云,周書先有月令,何得云不韋所造? 又秦并天下立郡,何得云諸侯? 又秦以好兵殺害,毒被天下,何能布德施惠,春不興兵? 既如此不同,鄭必謂不韋作者,以呂氏春秋十二月紀正與此同,不過三五字別。且不韋集諸儒所作爲一代大典,亦採擇善言之事,遵立舊章,但秦自不能依行,何怪不韋所作也。(禮記注疏卷十四)。

看這些話,我以爲至少可以證明禮記月令非周公作。至於以月令爲出於呂氏春秋十二月紀,可以說有部分的理由,而不能直探月令的原始。大約因爲鄒子一書,到鄭玄時已散佚了。故此鄭衆尙能舉鄒子的話;鄭玄知引鄭衆之說而不見鄒子,知引劉向說而未見明堂陰陽,故以爲源於呂氏春秋;蔡邕不見鄒子而見周書月令;到後來以至我們的現在,則祗見月令於呂氏春秋,小戴禮記,見時則訓於淮南王書而已。這是月令篇章所在書的演變的情形,是很有趣的。

隋牛弘(西歷 545—610)請依古制修立明堂,上議說道:

今明堂月令者,鄭玄云:"是不韋著春秋十二紀之首章,禮家鈔合爲記。" 蔡邕王肅(西歷 195—256)云:"周公所作周書,內有月令第五十三,即此也。" 各有證明,文多不載。束晳(約在西歷 261—300)以爲"夏時之書。" 劉瓛(西歷 434—489)云:"不韋鳩集儒者,尋于聖王而記之。不韋安能獨爲此記?" "今案不得全稱周書,亦未可即爲秦典,其內雜有虞夏殷周之法,皆聖王仁恕之政也。(隋書卷四九牛弘傳。)

很有趣的,就是自從鄭衆見到了鄒子一書之後,後來不曉得怎的沒人知道月令的來源了,鄭玄以爲月令出於呂氏春秋;蔡邕王肅以爲周公作;束晳以爲夏時書(案隋杜臺卿玉燭寶典序說道:'束晳又云:'案月令四時之月,皆夏數也,殆夏時之書。'" 這是束晳的理由。);劉瓛牛弘以爲其內雜有虞夏商周之法。時代愈後,推測的內容的來源愈早。這可見月令這篇東西,漸漸的成爲儒家正統的東西,自然更沒人注意他從陰陽家,以及從鄒子出來的了!

四　呂氏春秋割裂月令的緣故

呂氏春秋一書,傅斯年先生以爲是戰國晚年系統化的著作的開始。他曾著戰國文籍中之篇式書體一文(國立中央研究院歷史語言研究所集刊第一本第二分),以爲記言是戰國文體的初步,擬題爲論是戰國諸子文體演進的第二步,系統之書是戰國諸子演進的第三步。他又說道:

> 著論已不是記言,但獨立的論,仍然是有篇的觀念,沒有書的觀念。戰國晚年五德六數之義盛行,人們著書當趨於系統化。……而呂不韋之八覽,六論,十二紀,二十餘萬言,乃成一部全始要終的書,不是些散篇了。八覽六論十二紀,六爲秦之聖數,八則八卦,十二則記天之數。這三個八,六,十二,也都是在當時有意義的整數。這部呂子眞是第一部整書,以前只是些散篇而已。

這話是很有見解的。如果照這樣的解釋,則呂氏春秋的割裂月令,因爲要剪裁成一部系統化的整書。

最近傅斯年先生對于呂氏春秋有一很好的見解,他以爲呂氏春秋是呂不韋教導秦王的教本。我覺得序意篇明言"汝能法之，爲民父母，"是帝王的事業；而尊師篇說"令尊不至於帝，智不至於聖，而欲無尊師，奚由至哉？此五帝之所以絕，三代之所以滅，"是合於爲秦國秦王說的實情；序意說"維秦八年"，時始皇年二十一，又適合於應受高深教育的年齡；懸之國門，又是愼重的編定。傅先生所說，我以爲是很有理由的。如果他的話是不錯時，我以爲十二紀的割裂分編，有點象後來昇平署供奉演戲中的月令承應。十二紀或者爲一年的課本，每月之初，訓以月令的常識及教訓。故以十二月割爲十二篇。每篇之後，各間他文四篇。其中春言本生重己，夏言勸學制樂，秋言論威決勝，冬言節喪安死，皆是很有意義的系列，亦似爲君主編成的講章。這樣，則月令的割裂選取，以爲篇首，似有較大的理由。而月令之選自鄒子，遺去改火的一些話，更有其合理的關係了。

五　結論

總上所說，我以爲鄒子中是有說月令的，爲一切月令的原始。由鄒子月令，遂有周書月令，故鄭衆引鄒子，馬融引周書月令，所引的話，完全相同。呂氏春秋多採各家之說，採鄒子月令中分月的話，以爲十二紀的首章。淮南王書又採呂氏春秋以爲時則訓。據鄭玄所考證，小戴禮記中月令由抄合呂氏春秋十二月紀的首章，而禮記月令在劉向別錄中則屬于明堂陰陽。今試爲月令源流表於下：

鄒子月令 ——→ 周書月令
↓
呂氏春秋 ——→ 淮南子時則訓
呂氏春秋 ——→ 明堂陰陽月令 —→ 小戴禮記月令

——摘自《燕京學報》1935年12月第18期

教育

學記通詮

吳縣 貝琪 仲琪

易臨之大象曰澤上有地臨君子以敎思無窮容保民無疆臨之爲卦有上臨下之象上之臨下果何所事哉曰保之將欲保之以何爲先曰敎之敎之之道驅迫之不可也操切之不可也何也其施之也悖則其求之也佛必也匡之直之輔之翼之使其藏焉脩焉息焉游焉如江河之潤如湖海之浸道而弗牽强而弗抑夫是之謂敎思焉舉一世而甄陶之合萬邦而協和之自鄉邑推於悠遠迪動變至於能化無一地而不到無一日而或間豈有窮盡也哉如是則凡形氣有生之類皆在我度量包容之中有相生相長之樂無此疆彼界之殊矣聖人司牧天下修其敎化所以爲保民之先也

小戴禮學記一篇於先王化育吾民之道論敘彌詳篇首卽云君子如欲化民成俗其必由學乎又曰古之王者建國君民敎學爲先又曰能爲師然後能爲長能爲長然後能爲君故師也者所以學爲君也此皆爲人君說法欲其興學施敎俾保民無疆者也

而析論全篇要旨實可分爲四大段自發慮憲求善良至學學半其此之謂乎總述立敎立學及敎學相長之概爲一篇之總冒此第一段也自古之敎者家有塾黨有庠至官先事士先志其此之謂乎分敘儀制規則而就詳於學校逐年考校之方法此第二段也自大學之敎也至所以尊師也專論人師施敎時所應知者卽今所謂敎授法是此第三段也自善學者師逸而功倍至此之謂務本則指示學者以研治

之方先後本末循序而進此第四段也古代載籍申言教言學之語莫詳備於此矣茲籀繹其說之尤精者俾資參驗焉

學記曰古之教者家有塾黨有庠術有序國有學解之者曰古者二十五家爲閭同在一巷巷首有門側有塾民在家者朝夕受教於塾也五百家爲黨黨之學曰庠教閭塾所升之人也術當爲州萬二千五百家爲州州之學曰序周禮鄉大夫春秋以禮會民而射於州序卽是也所教則黨學所升之人也天子所都及諸侯國中之學謂之國學以教元子庶子及卿大夫之子與所升俊選之士焉由是言之塾之範圍僅限於閭中二十五家每家通計以一二人入塾當得四五十人此二十五家既同在一閭之中民之視一閭之塾猶一家也故不曰閭有塾而曰家有塾也至其就塾年齡證諸內則男子十年出就外傅居宿於外女子十年不出是男女年齡在十歲以前者均可就此閭中之塾爲男女同學受課之證然則古時家塾之名稱實卽今日國家普徧設立之小學也男子十年出就傅且居宿於外則已由家塾而升入黨中之庠并有宿舍矣何年升入州學雖無明文然必在十三至十五歲以後觀內則十有三年學舞誦詩舞勺成童舞象學射御而周禮鄉大夫春秋觀射於州序是非至學射學御之年歲以後固不可以入州序而射御之風所以鍛鍊體格亦殆如今之運動會也二十以後三十以前均爲入國學之年矣然則今之初級小學殆可比於閭中之塾高小及初中猶黨庠也高中及同等之學校猶州序也大學及研究院猶國學也此三代學制之可以推見且足與今日相印證者絕非牽强附會也

學記言爲學次第逐年比較之法曰比年入學中年考校一年視離經辨志三年視敬業樂羣五年視博習親師七年論學取友謂之小成九年知類通達强立而不返謂之大成按比年入學卽每歲皆有入學之人中年考校則間一歲而案核其藝之進否七年是學之小成至於九年則理明義精觸類而長無所不通有卓然自立之行而外物不足以奪之矣是大成也其以離經辨志爲始敎之事尤其深意夫吾人治學要以立志爲惟一之宗旨苟立志爲第一等人卽爲第一等人若因循不振悠悠忽忽自甘下流則亦末如之何也已矣程子嘗謂學者不立志眞無可造之望故辨認志嚮尤先於敬業博習也雖然尙志而務空言猶無當也聖賢經傳所以敎人躬行實踐者綱擧目備是以離析經之章句俾端其本亦始敎時所有事也

學記於詳述學校示敎之法後繼之曰時敎必有正業退息必有居學此二句尤非大敎育家不能道夫敎之第一要義必以其時此篇中言時者屢曰當其可之謂時曰時觀而勿語存其心也曰時過而後學則勤苦而難成又引兌命曰敬孫務時敏厥脩乃來又引記曰蛾子時術之凡此皆以證時之不容已時之爲用大矣哉孔子敎人首曰學而時習之此時字卽當其可之謂時之時如寒時則衣飢時則食不寒不飢而衣之食之固失時既寒既飢而不衣不食亦失時故所謂大學之法禁於未發之謂豫不陵節而施之謂孫相觀而善之謂摩要之皆當其可之謂時而已時敎必有正業然正業亦不必指定一業就大學言之則自一年離經辨志至九年大成其間春誦夏絃或敎以禮樂或授之詩書皆其時之正業也

若夫退息必有居學則其意深長矣解之者曰退而燕息必有燕居之學燕居所學卽所謂退而省其私亦足以發者也蓋孔門敎育大抵偏重於人格之感化論語中載顏回宰我樊遲諸賢省及其退屢見不一見良由敎者之精神直貫注於學者既退之後故三月不違日月至焉皆受敎者退息時之心理稱量而出者此種敎授法能以機械製造法爲敎授法乎近時敎育理論家亦嘗謂學校當以學者之有無感奮爲本位不當以授課時鐘點之多少爲本位吾以爲敎者如不識學者感奮之有無直可謂之鐘點敎育然而能實行之者鮮矣且退息必有居學下文又云藏焉修焉息焉游焉息者退息游者卽游於藝之游固非嬉游已也雖退息而必從事於修業游藝所以防其淫逸之漸也今世各大學卽或有闢精室以爲學生自修之所然敎者不省察則已名存實亡而游歐西歸者每盛頌英邦牛津學制之善實不知吾先民興學施敎早已有見及此獨未經發揚而光大之耳

學記又切論敎者之弊曰今之敎者呻其佔畢多其訊言及於數進而不顧其安使人不由其誠敎人不盡其材其施之也悖其求之也佛夫然故隱其學而疾其師苦其難而不知其益也雖終其業其去之必速嗚呼吾因之有所感矣不觀夫今世爲人師者誦其所視之書多其所告之辭學者未及進而强進之不問其所學之已安與否也此理未明而使之別窮一理此事未畢而使之別爲一事不觀其已知已能而徒進以未知未能是其施敎於人也先後失宜故不免於悖不俟其自知自能而徒强以必知必能是其求責於人也淺深莫辨故不免於佛如是則雖欲不疾其師容可得乎且夫聖人施敎各因其材雖以

孔門弟子。猶分四科。庶幾可以各展所長。各竭其能也。奈何世之陋儒。使人既不由其誠。敎人復不盡其材。方圓鑿枘而欲盡律之一。使如己。於是不惟不能成。不成之材。併於其可成者而分其志。墮其業矣。賊夫人子。厥害非淺鮮也。

雖然。敎者之雜施而不孫。固足以使學者壞亂而不修。然天下不可一日無師。儒之功也。凡人之患。或失則多。或失則寡。或失則易。或失則止。亦在善敎者之因勢利導。博爲曉喻。以救其失耳。是故善歌者使人繼其志。繼之云者。殆所謂入乎耳。箸乎心。佈乎四體。形乎動靜。端而言。蝡而動。一以爲法。前者也。顏淵嘗嘆夫子敎誘之善曰。夫子循循然善誘人。博吾以文。約吾以禮。欲罷不能。既竭吾才。如有所立卓爾。玩欲罷不能之語。則善敎者使人繼其志。非虛語矣。

學記又曰。凡學之道。嚴師爲難。師難然後道尊。道尊然後民知敬學。是故君之所不臣於其臣者二。當其爲尸則弗臣也。當其爲師則弗臣也。夫嚴師者人嚴之也。人嚴其師則師必有所以令人嚴之者。韓昌黎謂師者傳道授業解惑。師所以傳道。故師嚴然後道尊。學所以爲道。故道尊然後民知敬學也。以神言之。故爲尸則弗臣。以道言之。故爲師則弗臣也。

學記又詳言進學之道。以爲善學者師逸而功倍。不善學者師勤而功半。復申之曰。記問之學。不足以爲人師。必也其聽語乎。力不能問。然後語之。語之而不知。雖舍之可也。昔吾讀孟子。至公孫丑問曰。道則高矣美矣。宜若登天然。似不可及也。何不使彼爲可幾及而日孶孶也。孟子曰。大匠不爲拙工改廢繩墨。羿不爲拙射變其彀率。君子引而不發。躍如也。中道而立。能者從之。每深歎孟子之言。爲蘊義精微。不可多得也。大學道非不可能。要須學者之發憤自悟。大匠不爲拙工改廢繩墨。羿不爲拙射變其彀率。故語之而不知者。舍之也可耳。引而不發。引者猶導引。發者猶啓發。君子循循善誘人。亦不過引其端緒。使學者自爲啟發耳。至其見道之淺深。行道之安逸。非教者所當代其勞。而發其藏。有如發匱之盜者然。故引爲教者事。發乃學者事。語之而猶不知。引之而猶不發。斯末如之何也已。舍之。舍之。吾不屑教誨之。是亦教誨之。孟子所言與學記此節。殆合符節也。

要之。學記一節。其主旨雖半爲人君說法。而其論教育之理論。甚精明辨。條析足以示塗轍。牖方來。且可藉以推見古人爲學之法。學者如能細心䌷繹。自覺其意旨深遠矣。茲就誦記所逮。足備考論者。著之於篇。以當啟蒙而便玩索云。

——摘自《國學論衡》一九三五年十二月第六期

駁金氏五官考

太炎

下曲禮。天子建天官。先六太。曰太宰太宗太史太祝太士太卜。典司六典。天子之五官。曰司徒司馬司空司士司寇。典司五衆。注。此殷時制也。金氏竊作五官攷。遂謂六官始於周。而殷以上皆五官。按鄭君注小戴記見與周制不合者。輒云夏殷禮。此不得已而爲之辭。非有明效實據可徵者。古者五行之官。謂之五正。是祇見於少皞顓頊之世。唐虞已不專任。舜命九官。權位蓋亦相等。而金氏橫取秩宗司徒士司空后稷爲五官。既爲臆決。并謂殷亦五官。斯則惑之甚矣。論語。孔子荅子張高宗諒陰三年不言之問曰。何必高宗。古之人皆然。君薨。百官總己聽於冢宰三年。此爲高宗之前。已有冢宰。若如曲禮所說。太宰祇爲奉若昊天之官。其於司徒司馬等五官。初不相涉。君薨以後。百官何得總己聽之。雖然。殷之冢宰。亦自有所從來。魯連子曰。伊尹負鼎佩刀以干湯。得意。故尊宰舍。（見文選聖主得賢臣頌注引）蓋伊尹本有侁氏之庖人。以媵女歸湯。（見呂氏春秋本味篇）惟其媵女。故商頌稱曰阿衡。書君奭篇稱曰保衡。保阿爲女師之官名。見列女傳。阿字說文作娿。或以女子爲之。則後漢書所謂阿母。其以士人兼之。

則所謂保衡阿衡。惟其爲庖人。故相傳有本味之說。有割烹要湯之說。其言臚陳珍異。或出後人附會。要之由此出身事主則無疑。保阿庖人。其職皆賤。近在人君左右。故職掌亦得相兼矣。伊尹雖輔湯致王。然本以保阿庖人進見。革命代夏。參與帷幄密謀。其權尊矣。而本職猶是保阿庖人。猶子房初爲漢高畫策臣。未嘗受一命。(子房爲太子少傅。乃漢定天下後事。)李泌初從肅宗於靈武。猶以白衣同車也。逮其勢藉日崇。於是尊立宰舍。命其官曰冢宰。亦曰太宰。職掌雖與前大異。然宰之名不易。其保阿之稱亦未易也。自伊尹尊立宰舍以後。則庖官始特設膳夫。保阿之官始特設內宰。於是冢宰遂超然爲百官長。周因殷禮。以小宰宰夫爲冢宰之貳。而小宰猶掌建邦之宮刑。以治王宮之政令。凡宮之糾禁。自餘冢宰所屬。不出次舍宮掖飲食衣服四種宂官。宛與漢時少府淸代內務府相類。苟非沿襲伊尹舊制。名曰治官。曷爲乃與宂官治之。自周以後。始有宰相之稱。而漢時庖官猶有雝太宰。春秋時列國庖官。猶稱宰夫。傳所謂宰夫胹熊夫不熟。宰夫將解黿是也。漢官蓋沿襲秦制。春秋列國命官。不嫌以庖湢賤吏與王朝冢宰之貳同稱。是知百王損益。雖有殊科。其蹤迹固未盡泯矣。金氏知上考五帝以見官制之同。乃不知下考周官以見官制之流變。且於論語亦若忘之。何其遠見千里而不近見其睫也。

問曰。逸周書大明武解。順天行五官。官侯厥政。金氏舉爲周初五官之證。若爲通之。曰。楚語云。古者有天地神民類物之官。謂之五官。是五官者非曲禮所舉五官甚明。若大戴記千乘篇。公曰。千乘之國。設其四佐。列其五官。四佐者。卿也。五官者。小卿也。諸侯三卿以爲經制。魯以季孫爲司徒。叔孫爲司馬。仲孫爲司空。是也。而三卿以外。亦往往有特設者。臧孫許臧孫紇與三家之卿並見於春秋經。公孫歸父叔弓之倫亦爾。是魯國不止三卿。鄭以伯國。且嘗置六卿矣。哀公所謂四佐。自亦舉時制言之。五官下於四佐。則爲小卿甚明。諸侯有小宰小司徒小司馬小司寇小司空•無小宗伯•是謂五大夫亦曰小卿•小戴記曾子問。諸侯將出。命五官而後行。與千乘篇所說無異。金氏駁正義說。謂國政掌於三卿。豈有命大夫而不命卿之理。不悟國君之出。必申守而後行。是以告戒丁寧。下及五大夫。言命五官。則命三卿可知。此所謂舉下以明上者。金氏滯於文句。以駁孔疏而成已說。亦已固矣。且金本云殷以前皆五官。周始有六官。至是乃謂周亦五官。此又宕而彌遠者也。

問曰。曲禮之說。既於殷制不合。作記者何自得之。曰。夏殷之禮。孔子能言之。而杞宋已不足徵作記者又遠在孔子後。今歷數其名稱職掌。若親見前代官儀者。非徒不關殷制。亦不關夏制也。七國自王。諸侯皆去其籍。其時口說流行。多有無所依據者。作記者亦姑錄其所聞爾。宋本殷後也。華父督爲宋太宰。此必非奉天之官。魯未嘗置太宰。而羽父亦因請殺桓公以求之。鄭伯享晉趙武。時子皮執政。武曰。武請於冢宰矣。是鄭亦有冢宰也。由是言之。太宰一官。繼殷之國與周室分封之國盡有之。獨杞之官制不可知耳。曲禮所書。本諸口說。蓋由諸侯五小卿事展轉致譌。究之五官得名。亦有多端。千乘所稱。旣與楚語異實。而晉國軍中五官。爲司馬司空輿帥候正亞旅。與五小卿又殊。漸及漢世。則光祿勳之屬有五官中郞將。而郡太守所屬有五官掾。所謂五官者。又不可究詰矣。

——摘自《制言半月刊》一九三五年第六期

王制疏證自序

吳承仕

愼子曰。詩往志也。書往誥也。春秋往事也。書始堯典。詩錄商頌。逵逦而往矣。春秋絕筆獲麟。去稷下生蓋百有餘歲。亦距年之書也。禮者周公攝政以致太平。其本數不可知。當孔子時而已不具。一矣。文襄之伯。改朝聘之法以來遠人。二矣。孟子稱諸侯惡其害已而去其籍。三矣。愼子嘗崩壞之世。而舊法世傳。猶有存者。非天子不議禮。不制度。不考文。愼子。周人也。以詩書春秋爲陳迹、而闕禮不言。以其倫類異也。孔子能言夏殷之禮。而杞宋不足徵。其能言者。損益可知之義。無徵者人官物曲之條。至孟子雖長于詩書。而說禮已不應經制。蓋三千三百之文。其散亡朽蠹者。視春秋時爲尤甚。王制之作。又在赧王後。盧子幹以爲孝文時博士爲之。疑事既不可質。要之作王制者。當秦漢之際。逸禮周官經未出於山巖屋壁。乃上采孟子之書。下闚衰世之制。旁摭世儒之說。擽拾祕逸。總紕成文。尋厥體製。蓋賈子新書董生繁露之儔。上不擬周之正經。下不闕異代法。明其得失。知其鄰類。則違伐可決。瑕釁可息也。漢承焚坑之後。周天子諸侯之禮。百不盈一。博士專己守殘。又以十七篇爲備。其封建制祿之典。既無文可知。則不得不以孟子王制應塞。鄭司農所斥爲五經家者也。漢新之交。古文始行。劉杜二鄭賈馬之徒。多識舊事。可與理惑。後鄭晚出。嫉俗士之蔽冒。贊先師之緒言。其答臨孝存曰。孟子當赧王之際。王制之作。復在其後。又曰。王制之法。異周者多。當以經爲正。又曰。傳合不合當解傳。不得難經。其所辨析。誠灼然如晦之見明。而異時之言悉。信亦非。不信亦非。故其記注王制也。覩其不合周典。則說爲異代法。牽合經記。彌縫錯啎。其經緯本末。過於先師。而紛錯益甚。則信道不篤之過也。當春秋之世。仲尼有文獻不足之歎。至孟子時。周禮之詳。已不可得聞。王制復在其後。今以名物違異之文。悠謬難知之事、而遽定爲夏殷制。何容易乎。三禮之學。鄭氏以名其家。後儒義疏。若崔靈恩熊安生何胤皇侃之流。既範圍而不過。又唐初賈孔所取資也。自爾以還。鄭學漸熄。及宋而新義作。比之餘分閏位。無與於盈虛消息之數。五百歲有名世出。若金氏禮箋。淩氏釋例。誠禮家之大宗。鄭氏之素臣也，大抵以周官士禮爲其本株。而於三代同異之故。則丘蓋不言其諸眇達神恉者邪。晚有俞蔭甫氏。以謂王制者孔氏之遺書。七十子後學者所記。王者孰謂。謂素王也。孔子將作春秋。先修王法。門弟子纂輯緒論。而成此書。後儒見其不合周制而疑之。不知此固素王之法也。斯蓋率爾不考之言。皮錫瑞信是說。作王制箋。所不能通。卽介持素王以爲容。閱本師章君駁之。而唐大無驗之言。劃爾瓦解。嘗試議乎其將曰。有設法。有實錄。訂之版法。藏之平府。頒之宇縣。說封建者。御以開方衰分之術。寫于簡帛。則平方如圖。此設法之謂也。而事狀則不得一往如律。一也。制度有損益。呂刑三千。非二千五百之舊。二也。世有盛衰。夷狄內迫。則二君而一民。三也。有正經。有傳記。傳記之言。有據實事者。有據衰世者。有因俗師誤說者。有胸中之遺者。以是疑經。適以自陷。四也。名有達類。私宗廟稱禘。或施于方澤圜丘。名守慢。奇辭起。雖守法之吏。誦數之儒。亦皆亂也。五也。偏略五事。與之抽姬周之舊常。解後生之疑。殆若端拜而議。苟不明五者之所謂。則博士荒忽之言。鄭氏繳繞之蔽。由是而作。然而爲鄭學者。故以文理密察爲用。猶非華士所樂聞。則素王改制之說興。後生利其疏通。足以逃難。且爲譁世取寵之資。不知公羊華眇之指。大同擲落之談。可媮取。猶不可久假。若夫建官封國授田制祿。學校選舉。時享間祀之事。則宜準之水地。比之尺度。務于物名。詳于器械。考于詁訓。校于成事。以法爲分。以名爲表。以參爲驗。以稽爲決。其數一二三四。厥制乃可得而說。皮氏空言素王。以理王制。多見其不知量而已。今撰疏證。首申鄭氏一家之學。次釋記文違錯之原。

次明注疏彌縫之失。博稽經傳。作爲圖譜。本之師說。參之各家。折以己意。愼斯術也。舉一綱而萬目張。解一卷而衆篇明。則可以揚姬孔末命。理董前修之業矣。詩云。高山仰止。景行行止。雖不能至。心嚮往之。中華民國十八年正月元日吳承仕述。

附吳絸齋上餘杭先生書

先生惠鑑。去歲初學禮服。妄有論列。承誨以大義。自知輕于發言。近來仍溫尋三禮注疏。初未間斷。意謂三禮本是鄭學。崔熊賈孔。時有疏釋。至清儒江戴淩金等。頗多補苴。若金鶚之求古錄。每每自出新解。孫仲容作周禮正義。大抵崇信金說。以爲折衷。蓋以周通故。引舊說既不具。每事皆有獨斷。後學執是。數家欲窺鄭學之本眞。難矣。承仕頗欲撰三禮辨名記一書。以事爲綱。列封建制祿井田宮室車服時祭問祀等數十題。首引經記明文。次鈔鄭說。次摘賈孔要義。而翦其緐蕪。後儒駁正之說。且置不錄。如是乃能窺三禮之概要。是書若成。似較通故爲善。承仕亦知鄭君說禮。於記傳違經之處。多以異代法通之。似爲完密。而實滋糾紛。清儒頗糾正鄭君。而實陰用鄭法。猶之糾紛也。今且先通賈孔申鄭之義。本基既立。乃論後儒之是非。實治禮之要術也。江氏禮書綱目。意亦如是。與彼異者。雖列疏文。且附以圖表耳。承仕去年爲釋車二卷。上卷詳名物·下卷詳度數·鄭君禘祫義一篇。爲諸生說之。深恐艱于領受。亦大略言之。不能周備也。近欲以此法別疏王制。雖已援集衆說。尚未綴緝成文。先爲自序一篇。明其大指。謹呈　誨正。頗疑集王制者不明設法與史事有別。每以一時事狀。爲王者之經制。且如千七百七十三諸侯。始見於書洛誥傳。舉成數則云千八百。大傳蓋舉成王時來朝之諸侯言之。質言當時實事如此。於設法之經制無與也。王制則言千七百七十三國。布列三千里內。鄭君知其不合。則不得不以爲殷制矣。又周初有三監者。所以防閑勝國。亦一時事狀如是。王制乃言天子使其大夫爲三監。監于方伯之國。國三人。既有上公二大伯。又有州伯正帥之等。別置三監何爲乎。此皆不明設法與事實。不盡相應之過。愚見如是。不審當否。敬候起居萬福。弟子承仕謹上十八年一月二十一日。

餘杭先生答吳絸齋書

絸齋足下。得書知欲爲三禮辨名記。此事體大。恐非一時所了。既以禮爲鄭學。而又不滿于鄭君傅會之說。則用思益不易。鄙意周禮儀禮本無糾葛。唯小戴記雜以今文。鄭君欲爲會通。遂不免于辭遁。今于小戴不合者。直駁斥之可也。至夏殷文獻。本無可徵。鄭說原非有明據。然如封建地域二事。亦不能謂其盡誣舊說。夏殷建國諸侯。大者無過百里。據王制萬國之文。則知其區域不過如此。逸周書世俘解。稱武王遂征四方。凡憝國九十有九。凡服國六百五十有二。使皆如周制。自成國方三百里以上。其封守必備。焉有二三月間吞滅至盡也。周制雖更夏殷之舊。然無功明緜者。雖侯國亦不過百里。春秋傳稱王命曲沃武公以一軍爲晉侯。一軍。小國制也。故子產對晉人言。天子一圻。諸侯一同。明指武公始封言爾。其大者又或逾五百里。如平王東遷。以西周畿內之地。盡予秦襄公。則大至方八百里矣。孟子視諸侯一同以爲常法。故誤言公侯皆方百里。非采之夏殷。然夏殷亦正如此也。舊說禹貢地方五千里。除去荒服。則九州之內。方四千里。唯史公謂甸服在王畿外。故馬季長說五服方六千里。然則除去荒服。九州方五千里。案據禹貢山川之迹。荆州南至衡陽。或抵五嶺而止。約在北緯二十五度半。冀州北至碣石。約在北緯三十九度半。相距十四度。于今爲二千八百里。于古則三千八百里弱。（案熙時孔儀任始得慮俿銅尺。以較工匠尺。當七寸四分。校最地官尺。當六寸六分。以漢慮俿尺當今營造尺七寸四分爲率。古今里法。各長一百八十丈。故以七四折今里。即得古里。）則與歐陽諸家所說。中國方五千里（除去荒服。即四千里。）合。若據堯典。北至朔方。南至交趾。交趾至少在今龍州以南。約北緯二十二度。朔方在今寧夏以北。亦約北緯三十九度半。相距十七度半。于今爲三千五百里。于古則四千七百里强。則與史公馬季長所說方六千里（除去荒服。方五千里。）合。大致如是。而異義所引五服相距萬里。爲唐大無據之詞也周官職方王畿九服相距萬里。職方本穆王時作。（見逸周書。）似非周公之舊。卽大行人所謂九服朝會之期。恐亦穆王時改定。據自要服以內相距七千里。東北至醫無閭。在北緯四十一度半。而南方山鎭。但舉衡山。未必以衡山爲止境。或自揚州轉而西南。至日南境。（漢地理志以交趾九眞日南屬揚州。）北緯十五度半。去醫無閭二十六度。于今爲五千二百里。于古七千里稍强也。穆王獨勤遠略。故疆域甚廣。然荒服則不可知。或當北抵肅愼。（春秋傳以肅愼爲北土。）西極瓜州。（今安西州。）南極北戶。（赤道下今爪哇地。）則有古萬里之數也。若王制方三千里之說。于禹貢山川已不合。北不盡恆山。則與職方北至醫無閭者更悖矣。殷時區域雖小。箕子尚可據朝鮮。高宗亦嘗伐鬼方。相距亦不止三千里也。此據舉舉大者言之。若夫鄭說禘祫。似亦雜糅今古文爲言。周禮無禘祫之文。肆獻祼饋食。今人已知爲廟祭通制。非指禘祫。案周禮但言大烝。春秋傳言嘗禘。記言大嘗禘。夫四時之祭。祠礿簡而烝嘗備。疑古者禘祭皆于烝嘗合祭羣主。非烝嘗外別有禘祫。亦非三年一祫。五年一禘也。周禮所謂四時之間祀。追享朝享。間祀或因事特舉。追享或卽享先公。司服有享先公之文。如不當公劉。去成王周公遼遠。必不在廟祭之列。亦不必是禘祫也。春秋所謂大事有事者。因事須襃貶而書。故與烝嘗異文。又非烝嘗之外。別有大事有事也。春秋傳稱烝嘗禘于廟。明禘卽烝嘗所行。楚語日月會于龍豵。百嘉備舍。羣神頻行。國于是乎烝嘗。家于是乎嘗祀。韋解羣神頻行曰。頻。並也。言並行欲求食也。然則大烝合祭。正遂羣神並行求食之志。其非別有禘祭明矣。此鄙人所新見。不知足下云何。又五冕之制。鄭傳會虞書十二章。以華蟲當鷩冕以宗彝當毳冕。夫三代異制。周何必襲虞。王風稱毳衣如菼。毳衣如璊。是卽天子之大夫衣毳冕者也。如菼如璊。必非指虎蜼之飾。司農以毳爲罽衣。正與詩合。鷩爲何物。今雖難言。司農但說鷩爲裨衣。是亦不以爲華蟲。近王壬秋謂鷩爲羽衣。似有可取。後代鶴氅之類。豈因緣于是乎。此亦參取先鄭以與康成立異者。足下宜詳之也。王制疏證序。大致近是。先師以爲素王新制。眞乃卒爾之言。觀其別言周尺。又言今以二百四十步爲畝。是豈孔子豫識其事。縱未必盡出漢文博士。亦必在秦漢間矣。足下以爲新書緐露之流。擬議亦合。戴記多雜漢初著作。非獨王制一篇。如大戴記公冠篇。且明著孝昭冠辭矣。書不能盡。凡粗舉大較以復。炳麟白。一月三十日。

——摘自《制言半月刊》一九三六年第八期

講壇

之樂自天地之道句起至事不節則無功一段精極曰教不時則傷世。有教育之責者能毋通身汗下。

禮記樂記篇分章法

唐文治

八音之起至則王道備矣爲第一章　按此章爲樂本(一)當知聲與音與樂之別。禽獸祇有直聲故僅能知聲人有牙齒喉脣舌爲五音所由生。則知音矣然不知樂之本於心術故不過爲衆庶(二)當知聲音之道與政通。鄭衞之音節政散民流亡國之兆(三)當知平好惡爲人道之本。人生而靜節。括大學中庸之旨爲性理學之權輿。

樂者爲同至則此所與民同也爲第二章　按此章爲樂論與天地同和同節。及作者之謂聖數語均極精合敬同愛與上章敬心愛心感相應。愛故同和敬故同節。人生天地間愛敬而已矣。

王者功成作樂至故聖人曰禮樂云爲第三章　按此章爲樂理。(或作樂禮非)自天高地下起至不純用易繫辭傳樂配乾。禮配坤。易知簡能即人心之良知良能也。樂者天地之和陰陽動靜消息之理是以咸卦傳曰聖人感人心而天下和平。

昔者舜作五弦之琴至皆以禮終爲第四章　按此章爲樂施。綜論古代

樂也者至君子是以踐之也爲第五章　按此章爲樂言夫民有血氣心知之性數句爲此章精義陽而不散四句致中和也至世亂則禮慝而樂淫讀之慨然。

凡姦聲感人至則所以贈諸侯也爲第六章　按此章爲樂象史記樂書載衞靈公過濮上夜聞淫樂所謂逆氣成象也清明象天以下。有韵之文讀之如聞鈞天之音令人神遊三代之世。

樂也者至有志於天下也爲第七章　按此章爲樂情。(或作樂性非)　禮樂之說管乎人情爲一章主旨悖乎人情詎能行政乎天地訢合一段與禮運相近。

魏文侯至彼亦有所合之也爲第八章　按此章爲魏文侯問樂論古樂新樂與孟子莊暴章意相近古者天地順一段有韵之文筆墨鼓舞歸結到謹好惡與樂本相應連引詩章尤徵卜子傳詩學之精微鐘聲鏗以下五節見君子心術與聲音相感之速故曰彼有所合之也。

賓牟賈侍坐于孔子至不亦宜乎爲第九章　按此章爲賓牟賈問樂。專論周武之樂。武功必歸於文德。易傳曰。湯武革命。順乎天而應乎人。革命者。所以順天命也。而天命託於民命。革命正所以救民命也。是故教孝敎弟而庶民弛政。此武樂所以盡美歟。

君子曰至可謂盛矣爲第十章　按此章爲樂化。致樂以治心一語扼要。非徒自治其心。將以治人心也。心中斯須不和不樂四句。可作座右銘。禮主減樂主盈數語。卽陽息陰消之幾也。

子贛見師乙至末爲第十一章　按此章爲子贛問樂。上如抗下如隊一節所謂翕純皦繹始終條理。樂章節奏之妙。曲盡於斯。推此可悟文法。惟上文以商與齊對言。甚屬可疑。若指韶樂而言。當云商者三代之遺聲。齊者五帝之遺聲。今乃易言之。祇可闕疑。

按樂記爲子夏所傳。與禮運爲子游所傳。大學中庸爲曾子子思所傳。同爲小戴記中最精粹文字。昔人詩云。清夜焚香讀楚辭。竊謂此篇亦宜焚香細讀之。一唱三歎。雅韻鏗鏘。如聞韶夏之遺音矣。而樂本章平好惡而反人道之正一語。非特爲存心養性之極功。抑且爲齊家治國之大本。非心體清明廣大。無纖毫齷齪之念者。不足以語此。余嘗欲爲此篇注而未暇。特先標列分章。略揭精蘊。以示諸生。文治記。

——摘自《學術世界》一九三六年一月第一卷第八期

大同學說

沈艾孫

弁言

吾友抱淑子少習儒書，長於文學，兼習英文英語，歷聘歐美諸邦；於是學貫中西，旁通道佛，抱救世之志，而未肯稍詭其遇，懷出世之心，而不能終閟其才。年來習靜故都，潛心向道；而於國際風雲之險惡，宗邦時勢之傾頹，盡焉心傷，痛人道之日就澌滅，對於民族種類之歧視，大小强弱之懸殊，雖公法具在，不能戢列强之野心，會議繁興，不能合羣情於一轍，物質之文明愈盛，人類之慘禍愈增。乃本其悲天憫人之懷，圖爲長治久安之計。於古今中外諸學說，窮搜博考，索隱鉤深，而知孔子大同之說，實爲世界和平張本。淺識之士或視爲空談，或鄙爲腐說，皆不知大同之眞諦，未即大同之學而深切研討之也。故天下不欲其平則已，苟欲其平，舍大同末由。試證諸吾華四千年之歷史，唐虞以上無論矣，夏禹時來玉帛者萬國，至武王時會於孟津者尙八百國，秦漢而後，版圖日廓，東夷，西戎，南蠻，北狄種族之繁至難僂數，而炎黃之裔，冠帶之族，要皆統於一尊，雖或叛服之不常，無礙國家之統一。至唐宋盛時，併入東島西夏諸國，元清兩朝，震懾亞西漠北諸邦，無不本於孔子之學說，以臻於同化。今日吾華國勢雖極衰微，而孔氏學說則炳若日星，任人探討，苟能求禮運大同之旨，爲逐步進化之謀，安知五大洲不能達於大同之治乎？此則吾友抱淑子近十年來，苦心孤詣所獨得之治世良方，道人亦不惜以遲暮之光陰，相與晰疑問難，折衷至當，闡發其精蘊，以貢於當世；倘得中外人士加以研究，俾世界羣雄捨其鐵血之爭，入於文明之治，不將爲全球人民造幸福耶。道人垂垂老矣，憤國勢之日蹙，皆人謀之不臧。及今改圖，由亂致治，多則三十年，少或十年，人壽幾何，雖不敢謂吾生尙及見大同之治，但留此說以待後人，必有水到渠成之日，此則與吾友抱淑子所敢操劵者也。共和紀元二十五年四月。晚修道人。

目次

自序

今之人每震驚於東西洋之富強。與其物質之進步。於是談政治者。遂發生一現代國家之名詞。若不勝其歆羨也者。夫民族開化之遲早。文明程度之隆替。誠有先進後進之各殊。然揆諸世界進化之公律。則無日不在遞嬗演進之中。且進行之程序。殆永無限止可言。今日所視為新奇者。不旋踵而又成陳迹矣。然則以何者為現代國家之界說。無論歐戰以前。其變化已大有不同。即以最近而言。若美國者。非所謂登峯造極。並世無兩之第一等國家耶。誠有一舉足而為世界重輕者矣。然而偶經目前商業之不振。經濟之變遷。以彼國家富力。足以操縱一世者。乃不能解決其本國失業問題。維持其社會現狀。竟以麵包暴動。轟傳於世。較之我歷年兵亂災荒之中國。其人民生機。已將斷絕。而除受兵匪驅迫者外。尚未聞良善之民。起而破壞秩序。揭竿作亂者。抑何東西人之不相及有若是耶。夫所賴以為國家政治者。無過止爭息亂。以期其長治久安耳。若爭不能止。亂不能息。則又何所貴乎現代國家。而致令人歆羨耶。物質之建設。誠為發展國家之工具。而是否即此足以代表一國文化之精神。與是否即此可以奠定舉世和平之基礎。似乎另有問題。若夫世運之盛衰。治亂之因果。社會人心之安定。政治經濟之均平。此中國有大道存焉。得其道則昌。失其道則亡。此所謂道。即宇宙大自然之原則與公律。亦即吾國歷古聖賢傳統之經世大法。是道行。則人民程度隨之高尚。而世界亦為之清平。否則人類紛爭。秩序混亂。雖日講物質文明。恐有愈文明而愈難收拾者。彼東西各國。所謂現代國家者。俱有不堪設想之隱患。深入夫膏肓。而爲醫國者所視爲束手末可如何之症。於以知治國之道。如植物然。苟根本之栽培未固。徒恃枝葉之繁榮。無當也。善夫中山先生之言革命也。謂其革命之出發點。在乎主愛。思以改良政治爲救世福民計耳。其於學說也。則發揚大學八目一貫之精神。提倡禮運大同。天下爲公之正義。謂此類政治哲學。絕非西洋所有。而爲吾國儒家獨具之心傳。方思重振二千餘年之墜緒。繼孔孟之志而發揮光大之。眞可謂探驪得珠者也。無如晚近少年。不學無術。罔識家珍之足貴。妄謂此落伍之老大中國。殆無一物足値保存者。必盡量破壞之以爲快。而守舊之儒。又但抱殘守闕。不能會其通而見其大。于是全國學者。幾不知孔敎爲何物。遑論其他。抑知自古大宗敎家。莫不具有特別遠大之眼光。與超越凡庸之思想。而成其獨立一家之言。矧我中國爲東方先進。開化最早之舊邦。我孔敎又爲東方文化結晶之國粹。加以孔子天縱之聖。復集前聖之大成。爲萬世之宗師。其敎義忠。自必有其博大精深之特點。豈庸俗耳目之所能窺測萬一者。顧以時代所限。其說之眞諦。恒與歷來君主專制之政體。有所扞格。因以大義。託諸微言。散見於六經之中。留待千秋而下。自有解人。蓋審之愈久者。其光輝之發越亦愈大。人世不絕。眞理不亡。終必有大昌其說之一日。彼尋常之指摘孔敎。乃至一般之推崇孔敎。皆不過僅據其一二之緒餘。而從未有能得其要領者也。余不敏。本救世之心。存正經之志。不辭辛苦。十年於茲。發憤讀書。力矯時弊。知聖敎之留傳。自有眞義。故不囿於漢宋以來諸說。而別探經世致用之大原。因而發現種種妙義。多爲前人所未道。而後人所忽畧者。擷其菁華。特成大同學說一篇。同道有見之者。亦以此爲孔家學術之眞旨。實爲人類之福音。坐而言即可起而行者。夫人民之憔悴。未有甚於此時者也。天下望治之殷。亦未有切於此時者也。飢者甘食。渴者甘飲。剝極必復。惟經大亂乃可轉成大治。良以創鉅痛深。覺悟或能澈底。窮極思返。事半或且功倍。學說本無國界。舉世皆望太平。用將是編公諸當代。並世不乏名流鉅公。果欲爲人民謀幸福。爲世界造和平。幸鑒察焉。丙子春修正原稿後補序。

抱淑子。

第一章　大同之名稱

今世界言大同者多矣。觀夫國際之趨勢。亦有傾向於此途者。然在西文中。欲求一訓大同之正當名詞。而渺乎不可得。僅有一世界主義之名詞。Universalism 似乎相類。而實際却不盡然。以彼之所謂世界主義。不過將社會經濟。彼此相同者。打成一片。（如勞資問題不分國籍竟有第二第三之國際聯合組織然與孔氏天下為公之義不符）願以此為立足點。祇是從橫的國際階級間畛域之習慣。易而為縱的强弱貧富有產無產之區別。故人每以共產學說。Communism誤認為世界大同主義。眞所謂差以毫釐。謬以千里者矣。夫人類既云平等。則古來所稱平治天下者。自有其道。若徒貌不平之觀念。而强制之使歸於平。已失眞正治平之理。矧東風壓倒西風。與西風壓倒東風。又奚以異。且大違乎人情物理自然之公律。天下將永無平時。以此而醞釀世界革命。則世界將永久陷於革命恐佈之中。不主互愛而主互仇。是率天下而亡其愛羣合作之天性。誠人類不祥之甚者矣。此烏足與言大同哉。余之大同學說。一本禮運天下為公之正義。蓋惟大公乃能大同。西文中有Coenohalitaoism者。其意較為近似。惟於大同字義。猶未愜當。斟酌再四。惟有定其譯名為 Grand Equalism。查英文 Equal。本有相同相等之義。而 Equality 與 Equity。亦皆有均平公正之解。於名頗能兼顧。而且本字同部。有 Equator 與 Equinox 兩項。皆與本字同源。一則為赤道當地球之中間。距兩極相等處。頗合執兩用中平衡適當之理。一則為春秋分處四時之中。最平和之氣候。為晝夜均長之時節。適與孔教之中和同旨。以此為大同譯名。可謂愜心貴當。勝於他譯多矣。至於小康。雖曰小之。實為承平正軌。而直達大同必由之途徑。其名義與英文之 Common Waslt 恰相吻合。惟原字在英文中。為已成之名詞。其應用略異。茲特將二字拆開平用。如 Commns Weals 既不與原文相混。而於意義尤為妥適。由是而定為大同小康之譯名。一望可以了然。用特於篇首表而出之。

按此文為對世界而作。同時定稿。即以中英文對照出之。故於本學說之名詞義理。悉心審定。以冀世之研究東方學術者。明瞭孔教之眞諦。與吾國傳統文化之眞精神。讀者若能平心細察中西學說異同之點。而採取儒家之精粹。以救正西學之偏畸。必可令未來世界。放大光明。或能及吾生而領導斯世入於大同之正軌。未可知也。闡揚聖學。造福蒼生。是則一瓣心香。所朝夕祈禱者爾。

（未完）

——摘自《河北月刊》一九三六年五月第五期

大同學說（續）

沈艾孫

第二章　孔子志在大同

民生而外無政事。儒術而外無治功。故欲求世界永和平。人類眞正幸福。惟有培養人道文化。提倡精神敎育。庶可達到目的。蓋古來君師之作無二理。政敎之用無二事也。獨是敎不能不因人而施。治不能不因時而異。是以於敎乃有大乘小乘之分。（孔子因材設敎。中人以下不可語上。足見儒敎中亦有大小乘之別。一經說破。則於各經文義尤易了然。貫徹無碍。）於治則有大同小康之別。惟禮運一篇。乃見儒術經世之妙諦。亦即孔子大義微言之眞旨在焉。春秋爲亂世而作。特張三世以爲說法。示人撥亂反正之塗軌。大學則講治平之道。故直敘八目一貫之理。由明德而新民。夫惟聖人有至德要道以順天下。斯天下國家可均。而治安可長久。亦惟聖人至公。如天無私覆。地無私載。而人心乃感悅而誠服。否則一存私利之見。則爭端自起。亂源斯伏。天下從此多事矣。故就治術言。曰昇平。曰太平。無黨無偏。王道所由蕩平也。然而人存政舉。人亡政息。猶不免有退轉之慮。若以敎化爲本。則始於小康。終於大同。方是聖功之極則。誠以經綸天下之大經大本。不在政策而在敎育。覺世牖民之效。不在君相而在師儒。惟有以敎化民。天下歸仁。人人向善。乃成昭明於變之風。實現和親康樂之世。因以知眞正太平之基礎。必建築於全體之民心。公德私德。兩俱充滿。而後即此心同理同之點。與人共進於大同。故不曰太平而曰大同也。是眞共和民治之無上上乘。孔子之志。不獨以家天下爲私。並且打破一切黨派階級爲己之私見。而使萬類歸於平等。即釋氏人人成佛之第一義也。後世孔敎失傳。名雖存而實亡。在我則敝屣固有。拾人唾餘。展轉販賣。視若奇貨。在人反汲汲焉惟東方文化之是求。而終於文學之隔閡。註疏之不詳。苦於不得其門而入。無從一見宮室之美。彼此援援。無有是處。徒見其愈益求治。愈如絲之益棼。寧非梔天下之怪事哉。世未有以擾民爲治者。無爲之爲。勝於有爲多矣。夫固有道焉。非偶然者也。吾人通經。所貴致用。用聖人垂教。豈爲空談。茲幸際言論自由之會。正可發明孔氏大同民治之眞精神。俾久經失墜之微義至理。切實發明。以上慰二千餘年未逮之志。而下啟人類之共信。措世界於和平。斯文之作。其得已乎。

第三章　孔教失傳之原因

吾國二千年來。自政府以迄人民。崇奉孔教。隆重極矣。然而孔教失傳。無人確知其眞實之價值。一經道破。當可恍然。蓋以夫子天縱之聖。加以好學不倦。自入周問禮。更得遍閱先代之典墳。復聞道於老子。彰往察來尤了然於世界進化之公律。與一切治亂之本源。用能集前聖之大成。金聲而玉振之。以成其一貫之學說。有王者起。即此可以致天下於太平。否則自以師儒傳教於世。亦足以化民成俗。無遠弗屆。一道同風。惟其治平之道基於人心。舉凡後世之共和民主。世界社會一切主義。無不函括其中。而應有盡有。在當時道既不行。因思託諸空言。不如見諸行事之爲愈也。於是因材設教。公開問世。其以德行政治言語文學分科教授。殆即取法三代大學之典範。以成一家之學風。業已言爲世法。行爲世則矣。設使天假之年。由三千及門。直接間接。化行全國。未始不能提倡平民自治。撥亂世而革新之。則戰國或可不作。而大同不難立致也。孔子既歿。儒門支派。愈衍愈紛。上焉者潔已全眞。或遺世而獨立。下焉者急功近名。惟權利之是趨。雖展轉變遷。未必悉遵其統。顧俱以儒術相標榜。而且大則以王。小則以霸。實用之效。捷於影響。昭然在人耳目。以故處士之虛聲。舉足爲天下重輕。生王之頭。不敵死士之壠。亦足徵儒風之盛。與學說之興。一時無兩矣。同時則民貴君輕之論調。不免見嫉於王侯。治及嬴秦甫一天下。遭逢時忌。遂罹坑儒焚書之奇禍。則以不世之雄。方具莫大野心。爲子孫帝王萬世計。與孔氏爲治在民。天下爲公之旨。大相徑庭。實莫能容。此孔教最初之至大打擊也。顧亦由當時之儒。已失重心。剿說紛紜。自取其咎。否則如孔孟之宗旨純正。同生於爭王圖霸之世。雖不能大行其道。亦何至竟招屠戮哉。厥後漢興。悟天下無馬上治之之理。乃復尊儒習禮。搜求古書。似爲孔教復昌之機會。無如君權專制之下。所謂禮治者。不過藉以牢籠天下士。入彼彀中。因之獎勵忠義。以收拾民心。維持秩序而已。豈眞能以禮讓爲國哉。然而黃老之學。漸爲時重。故孝文之世。治蹟亦復近古。（世以黃老之學。只是淸靜無爲實大悞其實以不擾爲主。因民之利順人之情。眞得治道之本源者也。不意後世。乃有一變而成爲我之學。再變而爲浪漫之行。三變而又轉爲法家酷吏之風。不亦怪哉。則又何異夫孔學失傳至今之毫無價值也。）迨新莽之代。好爲讖緯。於是劉歆輩乘機作僞。而媚世趨時者。更復以訛傳訛。假儒學爲羔雁以獵取功名。從此孔教眞相乃愈以不傳。如公羊之獨以大義微言著者。則轉成絕響。和者愈寡。而學者多崇左氏。幾混經傳爲一談。於是孔氏之學。遂一變而爲尊君親上迂拘之論矣。降及宋世。尤爲拘謹。專研性理。無敢昌言治平者。明淸以來。亦多以考據訓詁。視爲讀書之要。而忘明德之於親民。修齊之於治平。皆有相連之關係。幾視天下興亡。無與匹夫之責矣。況帝王時代。動多忌諱。縱有一二解人。亦復處於積威之下。莫敢放言高論。而征誅揖讓。旣無敢爲之軒輊。亦若無關讀書人事。然則天下誰與爲治而又安得不亂乎。此則不獨受政體束縛之累。抑亦學者自身應負其咎者也。惟是後世帝王。取天下不以道。治天下不以禮。徒爲保其戰勝之基業。冀延一姓之系統於子孫。有不得不藉重儒教。以範斯民於軌物。保境內之安寧者。是以孔教之眞諦雖亡。尊孔之典禮猶隆。沿歷諸朝。如出一轍。且轉因是而使先聖經訓。不盡斯滅。遺留至今。國內之民秩民彝。亦賴此以維繫。則又未始非不幸中之幸事也。夫以孔教之在中國。僅僅保存其一體。已令吾國文化。超越一切。彌綸千古。若使全體大行。菁華畢展。其成績更當奚如。且眞傳雖失。眞理猶存。二千餘年所見爲退化者。猶之時鐘停擺。暫失效用耳。若復有人發揮而光大之。依然有大放光明之一日。此吾輩後起者之責。正不應徒抱悲觀也。

——摘自《河北月刊》一九三六年六月第六期

觀心廣體胖及睟面盎背語，知養生乃學問之餘事；破得利字，方能入門，破得驕字，方能深造。

——錄永年申涵光荊園進語——

大同學說（續）

沈艾孫

第四章　治術之統系與儒道之淵源

自古治術不外數端。大都一氣遞嬗。異派同源。故本上以道。其次以德。其次以禮。又其次以法。世道人心。由醇而日醨。治術亦因之由簡而日繁。此定例也。宇宙進化之序。萬物生成之理。皆有其自然之公例。天無爲而化行。聖人無爲而天下平。非無所爲也。循是例而天下順之也。以其無私。故能成其私。（即各得其所各滿所欲之謂）以其無爭。故天下莫與爭。功成事遂。百姓皆曰我自然。（忌帝力於何有）此所謂聖法天。天法道。道法自然者也。三皇五帝之治。其情狀大抵如斯。惜已不可稽考。所可推求而得者。惟老子道德經一書。後世僅視爲講道而作。不知老子爲史家。前代典籍。研究甚深。故其所言。實探治術之本。由此而知無爲之治。實括無不爲而言。彼謂黃老之學。只知清靜無爲者。誤人實甚矣。蓋當三五之世。一切皆以民爲本位。而民族之間。所謂老死不相往來者。即指獨立自治而言。既不同於中古之封建。亦不同於羅馬之大共和。而於二者之中。乃各有近似之狀。殆平時各自爲治。有聖人作。則羣奉以爲天下之共主焉。皆由其人之聖德神功與其創造。大有裨於民生公益者。（見易經繫辭）故人心樂戴。而天命攸歸。無由强致者也。是以古來所傳。但聞聖人而逃避君位者矣。未聞非聖人而君天下者也。所惜墳典不足徵。孔子删書。祇能斷自唐虞。蓋以其時。猶沿共和之蹟。尙存禮讓之風。用是表明稽古之辭。特彰祖述之意。雖其平章百姓。協和萬邦。皆由克明峻德而來。已開德治之始。而道心惟微。允執厥中。依然上承道治之統緒。此儒家所以言必稱堯舜者此也。三代繼起。政局乃變。有禹之治水。而蒸民乃粒。免於爲魚。有湯武之革命。而天下歸仁。等於毆脊。雖易傳賢而傳子。要皆出於民意之崇德報功。億兆同心。咸有一德。先聖後聖。殆有易地同揆者。顧世有升降。而道無隆汚。是則文質損益。不得不因時制宜。於是禮敎興焉。夫禮有本有末。語其本則人道文明之所由形成。語其末則社會秩序之所由就範。故曰先王之道。斯爲美。小大由之，觀於禮記所載。小而內則少儀。大而王制禮運。以及一切冠昏喪祭養生送死之儀。與夫倫常道德。政敎法度。無一不備。蓋周皆二代以成文治之極軌。唐虞而後。於斯爲盛。故儒家之視禮敎。以爲精神物質文化之結晶。孔子問禮。即爲研究其本源。非徒爲三百三千之儀末節也。明乎郊社之禮。禘嘗之義。治國如視諸掌。良有以哉。中庸謂其憲章文武。誠以古來治法。實質上足爲萬世經綸之大法者。惟有此耳。蓋道不可見。惟德可行。而就事實以運用精神者。厥惟禮敎。況政敎之施。無非納人民於軌範。但令全體信仰先有所集中。斯羣衆思想。自歸於一致。而後民秩以序。社會以寧。且禮敎建極於中和。對於平等自由之原則。不若法律政刑束縛之甚。而又根據於本能之美善。尤易深入夫人心。故道德齊禮。爲行政之良規。克己復禮。爲修身之始敎。較之徒法不能自行者。已不可同日語。雖唐虞之際。亦有敷五敎明五刑之典。而禮治之本於德化。則如形影之不可離。是以秦代之强。專尚法治。乃不二世而亡。而五霸亦必假仁義以行。於此可以知治術之大要矣。古者一切法制。皆在禮敎中。實納物質於精神。而妙於運用者也。後世不知儒術之淵源。同時淺視乎禮敎。因而繁文縟節。盡歸虛僞。此則後人之過。豈禮敎之咎哉。譬如指視尸骨。而謂其人本無靈魂。如之何其可哉。且儒爲學術界至高之名稱。通天地人之謂儒。與古之道學。同出一源。本無道家之名。自儒者出而後强分之耳。儒以經世爲用。故多言外功。至其內功。則與道家無二。祇可認儒爲道之蛻化。不得謂其根本兩歧。特一則以無爲而無不爲。一則由有爲而歸於無爲。實緣世運遞嬗所致。毫無根本之差別。儒不自孔子始。特於孔子而集其成。故儒以周爲最盛。其實伊呂文周皆儒也。不因其當位與否而有所區分。猶之道不始於老子。伏羲黃帝皆道家之祖也。惜乎後孔子而起者。惟思孟獨傳正宗。其他派別支分。愈衍愈離。遂使孔學失眞。直謂三代以下竟無大儒。不爲妄也。蓋儒而不明道。儒斯小矣。孔子之世。已歎道之不明不行。而有君子儒小人儒之別。即必信必果。硜硜自守之流。故小之也。若後世之儒。則僞儒矣。至於法天法地之說。均有實際。並無誑辭。除禮記外。請觀易經。是書即道與儒相繼發明者。一切物理進化之眞義畢具。立天之道曰陰與陽。言宇宙之形成。萬物之化生。皆由此二氣絪縕之妙用也。立地之道曰柔與剛。言地質具有此本性。故一切有機無機之物。並行而不悖也。立人之道曰仁與義。言人生同有之性德。大而化之。則萬物並育。四海皆準也。三代之治。即各遵一道。自成系統。而又互爲損益。以滙其通。此所以各保數百載之安甯。而爲歷史文化之光也。孔子之儒術經世。尤志在以人道濟世。是以行夏之時。非於天道地道。略而不講。其上律天時。下襲水土。已於易經之仰觀俯察發其端緒。特後人未暇深研耳。至於刪書所存禹貢洪範諸篇。及禮記月令王制之辭。堯典敬授天時。與歷數在躬之訓。皆因中國以農立國。天時與民事有密切關係。故於春秋申明大義之書。而每過歲時災異。不厭登記。讀其書者。抑亦可以觀其通矣。惟儒教以人道經世。是以孔子不立宗教儀式。罕聞天道神命之談。蓋與其高談出世法。莫如先盡人事也。且即證之老子。其所言觀家觀國。與孔氏之立己立人。何一非人道之極則。治道之正軌。讀者幸勿以成見而厚誣古人也。

（未完）

——摘自《河北月刊》一九三六年七月第七期

大同學說（續）

沈艾孫

第五章　孔子中庸之教即治平之學

心之主宰一身。與政府之主宰一國。有以異乎。無以異也。積人而成社會。與積國而成世界。有以異乎。無以異也。民為邦本。故君子務本。王道不外人情。故為政在人。修已以安人。修己以安百姓。此明德所以新民也。所好與聚。所惡勿施。因民之所樂利而樂利之。此得民心。所以得天下也。聖人之於天下也。其最上上乘。厥道曰順。詩云。天生蒸民。有物有則。民之秉彝。好是懿德。孔子曰。為此詩者。其知道乎。順民之心。民亦順帝之則。譬如北辰。居其所而衆星拱之。四時行焉。百物生焉。天何言哉。上德無為而無以為。是為大順。由此而致天下於大同。天下本公物。與天下人共之。物我同與。民我同胞。善與人同。樂與人同。天下如一家。中國如一人。此則無為而無不為。功成而不居。萬物皆自化。故謂之曰大同。惟公則同。惟同則平。平即公也。故惟大同乃眞太平也。夫物之不齊物之情也。利欲歸己。人之私也。私則不公。不公則不平。不平則爭。爭則亂。此公例也。古時治亂本出一字。蓋知亂之原。即知所以為治之本矣。是以聖人去奢去泰。去其太甚。斯無過與不及之弊。執兩用中。乃得稱物平施之妙。所謂王道坦坦。無偏無黨。各得其所。無思不服。太平之盛世也。惟由本而來。斯為順進。若由末入手。是為逆轉。從知太平亦非可坐致。其初步每起於昇平。斯則有為而為之矣。是故撥亂反正。必先至於昇平。乃能更進而至太平。以成大同之治。蓋必人民程度相同。知識道德相等。乃曰大同。斯造太平之極。而長治久安也。凡此皆有自然之程序。其關鍵所在。固視天下之為私為公。然而不惟其名。惟其實。一則必先令父慈子孝。君敬臣思。各盡其道。各如其分。乃眞平等。公而無私。而後天下可均。二則破除畛域之見。胥泯權利之爭。人存天下己任之心。共負匹夫興亡之責。雖有天下不與。雖無文王猶興。必如是。乃能共進於大同。此則多由教化所致。非徒恃政治之力也。固知治本在民。然而風移俗易。不能

遽然責望於羣衆。要在知識界善為領導之。故孔子自謂志在春秋。行在孝經。殆即思以其中和之教。用之於庸行。從根本做起。直接改造平民政治。以為萬世法。夫百行以孝為先。孝弟固為仁之本。而家族又為天下國家之本。人生不學而知能者。惟此愛親敬兄之天性。誰無家族。誰無父兄。已之盡孝弟於父兄。即所以示敎於子弟。亦同時所以勗其為父兄者。以慈愛之報施。迨至子又生子。子又為父。相遞推演。內而報本。則家有餘慶。外而推恩。則社會和親。一家仁而一國興仁。亦可由化及一方者。因而洋溢寰中。漸被四表。而天下同化焉。事非甚奇。理非至難者也。人不能離世而獨立。故合羣本屬天然。而愛羣亦屬天性。是以治平之學。起於家庭。忠恕之行。端由倫理。一切社會之組織。如機器然。分子之工作。處處與全體攸關。此由近及遠。聖人必以身作則也。故孝經以順天下為敎。即為大同之本。而孔子實行默化之先聲。是以禮運篇始言大同。而終示以大順之必要。觀其所言修義之柄。禮之序。以順人情。必歸之講學。合仁。安樂。乃達於順。必條大法小廉。講信修睦。而後乃至大順。仍不外乎小廉之進一步耳。其終點則在大同。非另造一大順之境。超乎大同之外也。若其敎義則在大學。道體則詳中庸。亦可得而言焉。夫孔子之敎。非自率性修道而來者乎。易有之曰。形而上者謂之道。形而下者謂之器。蓋道本無可名。亦無可見者。故不得不於形成之器而推求之。其本無形。謂之无極。太初如●。一之元也。太始如○。形之端也。合而成體。是名太極。其象如◉。於義則中。⦶古文中字。即本於此。（凡此皆由無而有。強為形容。只可意會而已。易鈎命訣言之甚詳。）孔子贊易。雖曰明道。實兼明器。世界立言於無象可逃之先天。不必多假言詮。故自易有太極。是生兩儀說起。是字从日正。取義中之至也。古篆日字即作⊙。或作☯。在人為性。性體即心靈。與生命相俱。亦即兩儀之本相。特性由天賦。自先天來。靜而不動。道在其中。喜怒哀樂未發之謂中。故曰天下之大本。由中而發。發而中節之謂和。故曰天下之達道。聖人心法相傳。皆以允執厥中為訓。其於用也。則為皇極之建。而成經綸天下之大經焉。此所以不偏不倚而道中庸也。惟既入後天。動而成☯。蓋靜則太一。（一即○或|）動則太乙（乀即乙）。乙之形容。一之動也。由靜而動。陰陽乃分。而天地以闢。男女以判。萬物以生。皆由一而二。二而三分化而來。只此中間一點。畧有偏倚。則變化立見。已失其中。而不公不平之表象亦立見。如權在衡。孟子所謂物皆然。心為甚也。聖人經世之道。靜為治本。動為亂機。聖人出治。非無動也。由靜而動。與人不覺。如天旋地轉。自有常軌。故天下泰然。後世多盲動妄動。中本無主。無怪新亦失敗。舊亦失敗。天下之亂。皆由不明此道耳。中庸至誠即中和。故盡性之極。可以參贊化育。其次則致曲亦能存誠。曲即乙之象。由乙返一。即克己復禮。天下歸仁之謂。聖人制禮。亦曰曲禮。蓋謂人之生也直。直則自然得中。（德字古从直心）惟其不盡然也。則必求其發而中節。故禮以節之。中節而和。則亦不失其中矣。是曰禮之用。和為貴也。禮由後起。禮運中申明其始於太乙。於此知禮之本矣。夫禮猶有為。及其致曲而誠。乃更進於無為。即此可見心意誠正。為治平之本。而治亂之原。

端在方寸之人心。危微精一。道在執中。孔教之性理學。即孔教之經世法。澈上澈下。一以貫之者也。祗中庸致曲。與曲禮之曲。自來注疏。未得確解。及見禮運謂禮始於太乙云云。乃悟此曲字。即指太極圖中乙象而來。由乙返一。即致曲而誠矣。又齊幾何之理。圓出於方。而方圓之成。由於規矩。亦曲也。（曲字古作曲即象矩）論語曰踰矩。大學曰絜矩。古人法言。皆有來歷。禮之於人。猶大匠誨人。必以規矩。亦即聖人曲成萬物之大經大法也。

附圖

治道升降圖

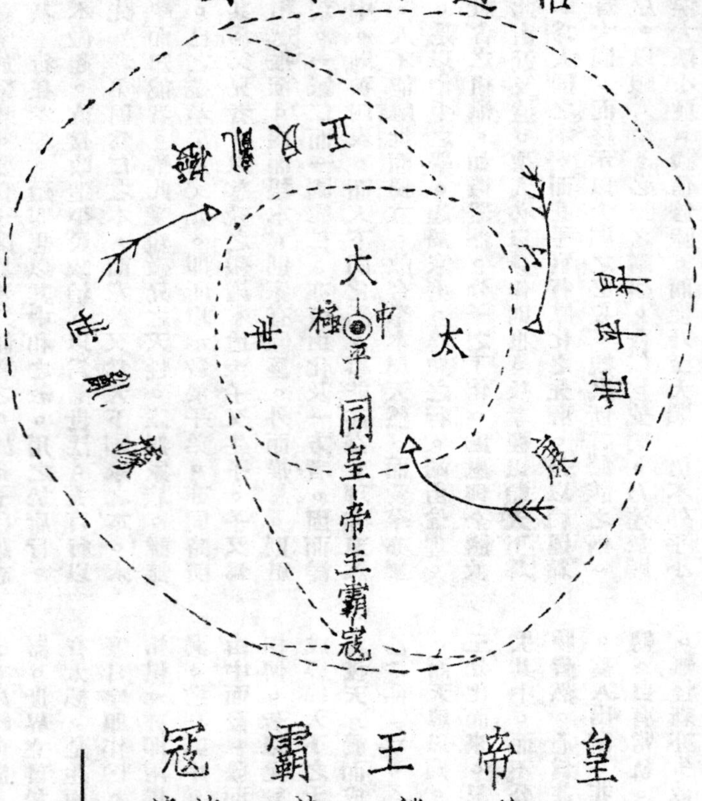

皇 道治 無為而無以為

帝 德治 無為而無不為

王 禮治 為以而無以為

霸 法治 為之而無以為

寇 法而不治 為之而莫之應則攘臂而從之

——摘自《河北月刊》一九三六年八月第八期

大同學說(續)

沈艾孫

第六章　春秋三世之例與禮運之異同

世但知孔子有志在春秋之言。而於三世之例。與其中之微言大義。究竟如何。尙多茫然。無怪其不知孔子也。惟公羊爲唯一之傳人。其所張三世。則曰據亂世。昇平世。太平世。獨不及大同者。以孔子之微言大義。有散見於他經者。故於禮運則以大同小康之例示人。蓋禮記孝經皆爲言治之書。而春秋乃獨爲撥亂而作。在孔子素志。以爲治平之道。君師同負其責。但能其道大行。則敎化之功。曾不亞於爲政。故一則行在敎經。期化家之可以爲國。一則大學之言學。禮記之言禮。皆以君子爲主體。以見行而世爲天下法。言而世爲天下則。雖匹夫可爲天下師。其德風化雨。未嘗不可洋溢中外。上追黎民於變之風。下開萬世共和之業。果其得天下英才而敎育之。使人人皆有公天下之心。人人皆有獨立自治之資格。合作互助之能力。即不必有堯舜之君。豈必不能使民爲堯舜之民哉。是即孟子所稱伊尹之志。而亦即我孔子所稱未逮而有志者也。惟其志以民治爲本位。故君恒注意以敎化民。時以大順大同爲目的。而同時復以小康爲比例者。正示人以率由之路。任人遵行。所謂大用則大效。小用則小效耳。乃自獲麟之後。傷大道之不行。恐斯文之將喪。遂假春秋之筆。以申撥亂反正之律。知大同之境。非可一蹴而幾。用定三世以爲例。詔人以漸進之階。誠以據亂世之人心澆薄。道德淪亡。非澈底澄清而釐正之。無由達於庸樂和親之盛軌。故借筆削爲征誅。寓勸懲於褒貶。使人懍然於正義之不可磨滅。常秩之不可紊亂。庶幾亂臣賊子。知所畏懼。而道揆法守。有所遵循。由是還我承平。復興文化。綱擧目張。庶民乃乂。循序漸進。則太平可臻矣。是以撥亂之初。不妨暫以狹義之尊周攘夷。集中主權而正名分。迨至反正之後。則推大一統之廣義。且進夷狄於華夏。泯區域之見。消虞詐之懷。近悅遠來。東漸西被。靡有涯涘矣。故謂春秋爲撥亂反治，以造成小康之初步。而禮運爲由末返本。以達大同之正軌。庶可以知孔子之志矣。亦即孔敎大乘小乘之區別也。其曰昇平。曰太平者。皆以治象言。由末而返本也。大學於國曰治。於天下曰平。不必盡天下統治於我也。各得其平足矣。夫既曰平。必有以平其不平者在。則有爲可知也。至於太平則有爲而無以爲。仍歸於無爲矣。其於禮運曰大同。曰小康者。皆以治體言。由本而及末也。但小康之範圍甚廣，由昇平以至太平。中間經過者。皆屬之上。自德治下至法治。無所不賅。而以禮治爲精神。文化之集中。三代之隆以此。試觀小康一節。已盡致治之能事。時與大同比較。而見其小者。即治道之程度有不同耳。惟大同則大而化之矣。程度至於大同。尙何有不平者。故即太平也。太大本一字耳。人盡應爲之道。而相安於無爭無擾。斯即天不愛道。地不愛寶。民豐物阜之象也。後世不明無爲之道，幾疑不識不知爲有意愚民。抑何傎哉。且民正患其愚耳。惟愚乃易受人之愚。亦惟愚乃頑梗而難化。故聖人以敎民爲要務。不敎而戰。尙曰棄民。豈有爲國而利用愚民者。雖愚必明。雖柔爲强。庶富而敎。可見治國之精神焉。惟民智可開。而民情不可使其囂動耳。老子謂使民無知無欲。即無私也。無私乃能成其私。而各滿所欲也。使夫知者不敢爲。即無敢復用機心以欺世。冒天下之不韙也。惟不敢爲。乃能止爭而息亂。是即謀用不興之謂也。至孔子所謂天下一家者，則視天下人如我一家人耳。是眞大同也。知此乃可與言大一統之義。與夫人皆可爲堯舜及民可使由不可使知等語之義。孔子既不以家天下私天下爲然。豈有使人皆作帝王思想之理。更何至有盡世界而統屬於一之野心。一切愚民政策與帝國主義論者。皆不足以知聖功王道者也。其所以進夷於夏者。正其大公之度。並華夷而一視同仁也。經文中常稱天下。在孔子敎義。實無一定之限制。除六合之外存而不論。則同在文明之世界。同屬開化之民族。夫又何分乎界域。而徒以不平之淺識。自古無謂之爭端哉。況夫人類一切。本屬平等。宇宙進化。有自然之途程。各國與各民族之間。亦各有其歷史上獨具之優性。我但求其平而利用其同。順以應之。因以革之。無不可同化者。萬物之在宇中。尙且並育而不相害。豈有高尙而靈之人類。轉不能相安於並育之天者。故知儒家之治道。固有至理。而非空談也。期月三年。不妨小試。世而後仁。豈欺我哉。

——摘自《河北月刊》一九三六年九月第九期

大同學說(續)

沈艾孫

第八章 大同之標準 逐條詳解

甲 大道之行。天下爲公。此爲治道之總關鍵。

自有天演物競之說。遂謂人類爲生存之故。即不免於戰爭。而世界之歷史。祇爲帝王之本紀。英雄之傳畧。毫無價值之可言。此特就客觀論耳。若自民族進化之主觀言。應知善因惡果。治亂循環。各有其故。非偶然也。萬物有並育之理。民生惟幸福是求。雖謂自私自利之心。後良知而繼長。然而愛好和平。實關天性。互相友助。出自本能。此家族之所由興盛。而社會所由結合之原理也。惟此原理起於人性之所同。遂成通例。亦曰公道。聖人所以治天下者。不外即此公道。推而廣之。大而化之。以順人情而得民心而已。是故合則治。否則亂。無他道也。天下本公器。當與天下人共之。天下有大利。當與天下人均之。人人能明此理。而遵是道以行。則天下可以永保太平而無亂矣。無如野心家出。恃其智能。巧取力奪。據公器爲獨有。擅大利以自私。於是啟人不平之爭。予人效尤之例。旣前伏而後起。復此詐而彼虞。天下乃多事矣。故君主之制。無足怪。而家天下之局。則貽害無窮。抑亦由是而大同不可復覩。終古無能超越乎小康範圍者矣。孔子關心治世之學。則夢見周公。考究先王之舊章。則推尊文武。而獨欲取法乎上。以爲承先啟後。作萬世之師表者。乃不得不稽古而上述唐虞。誠以太平之基。必建築於民意。上治之本。仍建極於共和。用特薄小康而不爲。特取大同以爲標準。推其意。不獨取消天下爲家之制。俾得變征誅爲揖讓。永息無謂之戰爭也。抑且並一切階級黨派種族區域之見。凡有爲己者。悉皆取消之。不獨帝國主義。國家主義。或至資本壟斷主義。其私利爲己。皆與君主專制同爲和平之障碍物。即至號稱共和。而實行私黨獨裁。祇爲一派一系計。其與一家一姓計者何別。亦且不獨少數裁制多數爲不公。即多數對於少數而施以壓迫者。亦何得謂之公。不公則爭。爭斯亂矣。惟大公乃能太平。乃能大同耳。不然者。天下爲天下人之天下。天下爲公。誰不知之。豈待聖人言之。因知此之曰。天下爲公。非徒謂天下非一人之所能私。或私相授受等於遺產。或互相爭奪。視如戰利品也。必使天下之人。皆有公天下之心。皆能負天下之責。一則人類平等。俾得同立於水平綫上。無絲毫不平之歧視。而後各盡所能。各得其所。彼此之間。各盡其相友相助相扶持之雅。視四海爲一家。此則眞正共和之道也。一則好生之德。不忍之心。人皆有之。必令擴而充之。思飢溺之如己。共憂樂以與人。一夫不獲。若己之辜。一介之微。非義不取。人人有堯舜之德。而不必以權位爲念。人人存禹稷之志。而不必以功利爲榮。此則眞正大公無私。而民治之本也。蓋凡有界說者。其範圍終有限。不得謂之大。必至一視同仁。彼我之見悉捐。乃眞大同。誠以世界一切。皆相對而生。知美之爲美。斯惡矣。或見不化。則競爭難免。故惟大和。乃能大順。大公乃能大同。眞正之太平。在此不在彼也。或疑程度如是之高尚。惟有烏託邦之理想。庶其近之。未必世界眞有其事。而不知孔子之道。殊非奇異。純從人民公意公理而來。好惡至公。而善與人同。依然忠恕之旨而已。敬信可行於蠻貊。正氣可格夫豚魚。而況同爲含生負性之倫歟。凡有血氣。莫不尊親。東西南北。無思不服。固不必問宇內有如許國度。如許民族也。縱不必統治於一政府之下。要無不可統一於公理之下者。果得其道。舉全世界爲一大共和。非難事也。（如美之合衆聯邦。仍各自有特殊之法律。而無碍於其統一之制。似可類推。今之萬國聯盟。公共法庭。皆同此趨向也。）

乙　選賢與能爲政府之原則。

而況孔子大同之義。正不在打破國界與否。自與世之無政府主義不同。蓋無論何種民生制度。其勢不能使全民直接干政。亦即不能無統治之機關。此則事實所格。無可如何者也。（譬如一家十口。人人吃飯。而萬無人人造飯之理。果如是。則七手八脚。其亂象又當何如哉。惟有各舉所長。各盡所能。若者造飯。若者作事。方能井井有條。是則無論名義爲何。均不失設置政府。以管理國家之名義。）是故少數人之柄政。亦屬必不可免之事。然而政府者。由人民而設。亦爲人民而設。此公例也。所患乎君主之制者。爲其專制而自私也。爲其君權世及萬不能保子孫之必賢也。此則家天下之不足訓也。若君而皆賢。其傳世而皆舉賢。不問其子不子。則有君亦復何害。全不在乎名稱也。故聖人必舉堯舜爲例。不獨重其禮讓爲國。重其爲國選賢也。於此而大書選賢與能。謂之爲政府之原則可也。孟子曰：「賢者在位。能者在職。」易曰：「聖人之大寳曰位。」言其爲主權所寄。天命所歸。全體人民之所付託。故重視之也。在君主國則名之曰君。君者羣之首也。在民主國。任何命名。要不失爲共之之義。謂人民之所公舉。而主治一國者也。是以於此必曰選賢。惟賢者無私。而能以天下人之心爲心。其上者過化存神。民之福也。抑其次者。亦可勝殘去殺。而使天下歸仁。豈非國之幸乎。曰與能者。指百官庶職而言。各盡其能。則事無不舉矣。必得賢以爲一國之主治者。自以出於選舉。乃爲公。若佐治之材。則不一其端。擇能者而與之。俾當其材而勝其任可矣。至於選制。在古尙無民選。然而其愼選則遠勝於今。觀於禮記所稱。人民自幼則有家塾鄉校以教育之。鄉校之設。殆爲地方公立之國民學校。爲普及計者。由是論鄉之秀者而升之學。蓋古以孝弟力田爲美俗。農之子恒爲農。不必皆受高等教育。但有常識足矣。惟其秀者。可資造就。特爲升學。俾無棄材耳。學則國家所立者也。升學者謂之選士。由是論選士之秀者而再升之曰俊士。此國家造士之普通制也。由選而俊。已選之又選矣。自是更論造士之秀者以告於王而升諸司馬（司馬掌選法。古用徵兵制。故司馬掌之。所謂爲國干城也。）曰進士。於此而授以先王詩書禮樂而深造焉。學成則由司馬辨論官材。論進士之賢者以告於王而定其論。論定然後官之。任官然後爵之。位定然後祿之。是即敷奏以言。明試以功。乃至實驗最後而車服以庸焉。此周制也。選材於教育之先。復考績於縣選之後。其取士得人。已視後代夐乎尙矣。至於堯之授舜。初則咨詢四岳。（官名）繼復迭試以職務。深知其應乎天而順乎民也。乃由攝政而授以大位。其愼選爲何如哉。若夫今世之選制。雖曰民選。或稱普選。而其間恒有黨系之操縱。金錢勢力之運動。是否大公。是否不爲一黨一派所利用。而確由代表民意而來。確能代表多數民衆之利益。而盡其職責。則非外人所得而知矣。夫所貴乎有政府者。爲其代人民負國家之責也。故選舉必當乎民意之公。舍賢能其誰與歸。

丙　講信修睦爲公法之信條。

不必盡天下而統屬於一也。即令萬邦協和。舉全世而遵服於一。致公法之下。毘聯世界之大共和。依然不能免於天然之界域。是則國際邦交。苟無善法以處之。此欺彼詐。而陵弱暴寡。世界所以永無和平之日。弭兵之會。保和之約。寧能有濟乎。計惟開誠心。布公道。爲第一要義。惟誠斯信。惟公斯睦。而講信修睦尙矣。蓋必存毋偏毋頗之心。而後生眞實之親善。必舉互諒互讓之效。而後保眞正之和平。孟子曰：「交鄰有道。惟仁者以大字小。惟智者以小事大。」必其以公天下爲心。斯泯強弱之見。而弭利害之爭。庶幾其得之矣。

丁　不獨親其親至女有歸等語爲人道與民權之要素。

夫各親其親。各子其子。人情之常也。人人親其親。長其長。而天下平。亦常理也。此小康之道也。若爲大同之世。則畛域之見悉泯。而仁愛之道大行。四海之內。皆若兄弟。豈復有各私其愛。對他人而視同秦越者乎。不獨六者。即孟子老吾老以及人之老。幼吾幼以及人之幼。善推之謂耳。家天下者。爲其私也。若使人人存爲家之念。亦復焉能望太平哉。老子曰：「人之大患。在乎有身。」以其私欲隨觸生攖耳。人之有家。亦恒自私其家。是以佛則教人出家。而一切宗教。則尊人以博愛。孔子大同之道。不獨反對君權世。及抑且打破家族自私之弊。特與一般高唱家庭革命者有別。故令人不自覺耳。蓋惟就常人利己之念。擴而充之。化私爲公。如因人之利而利之。既富而教之。一方代爲之謀。毋令失所。而生觖望。一方則使衣食足而知禮義。推私愛爲公德。既利己而兼利人。故不必言兼愛。不必言博施濟衆。而變家族思想以爲社會化。是即無私而能成其私之妙諦。中國以家族爲本位。自來聚族而居。至今猶然。每一鄉村。不啻爲一家族。然即此之大家族制。已爲變相之社會矣。孟子云：「鄉田同井。出入相友。守望相助。疾病相扶持。則百姓親睦。」不啻爲我老國淳樸之民風寫照。孔子所謂觀於鄉而知王道之易易也。無論爲家族。爲社會。其根本以份子之良否爲準。故新民之道。多自家起。其實一理也。如絜矩之道。推恩之說。上行下效。推己及人。即以忠恕二字。大而化之而已。故承上文天下爲公而有使人不獨親其親之語。下文復繼之以各得其所。可謂至矣。備矣。即孔子老安少懷之志也。古有養老之典。此則汎指一切而言。養生送死無遺憾矣。幼有所長。長字兼教養而言。則國民資格無墮落者矣。其他恤及窮黎。爲仁政所必至。亦人道文明所應爾也。（古時如防疫防災各有專司。足徵不亞於今日之西方政治也。）至曰分曰歸。各有至理。中國本無階級。不平之想。惟自由平等。則有一定之制限。故令各如其分。則權利義務。無不公平。如勞心者治人。勞力者治於人。乃人世通例。無可如何者。他若資本家之役勞工。與其報施待遇。亦應各有分際。過猶不及。均以彼此兼顧推宜得中爲準。庶可一一治乎公理。世界斷無不安分之良民。亦斷無導民不守分之政策。故此處分字。實爲至當。若夫婦女。則有其天職所在。非人力所可強爲者。若誤於自由平等之說。或至反對婚嫁。任意離婚。以及節制生育。種種影響。不獨於種族有關。亦將使怨曠增多。而年長後盡成棄婦。甚非保障人權之道。故令各有所歸。正爲若輩計劃周詳矣。（女子生而顚爲有家。故女嫁曰歸。）吾國禮敎夫爲妻綱。男尊於女。蓋有至理。雖男女同受父精母血以生。而傳種傳統必賴乎男。若女則須賴他人之種子。始有孕育之可言。故文明諸國。皆崇父系以定家制之法規。苟從母系。是打破家族系統。此女嫁爲歸。遂成古今通例矣。附誌於此。以告談男女問題者。

戊　貨力不爲已等語爲社會公道經濟平均之中樞。

除以上關乎人權道德者外。則民生經濟。實爲治國之關鍵。物質之進步愈强。即經濟之問題愈重。而一切社會主義與社會政策皆從此出。遂爲近代政治學最不易解決之論點。惟孔教論治。主張天下爲公。故以均平爲主。固知生財大道。必使國無游民。野無曠土。爲初步第一義。然而散財均富。實爲孔氏學說之中心。如曰有人此有土。有土此有財。此授田經野之原則也。古時井田經界之法。上農下農之支配。即本於是。惟此乃眞均富主義。最爲公允。今固不必事事泥守古訓。要在明了其旨趣。則前人之法。無一非後人之師也。所云藏富於民者。不獨在家。天下之世。不以官家聚歛爲然。自以散藏於民較爲安善。百姓足君。孰與不足。百姓不足。君孰與足。此理在任何國家均然。君特代表政府而言。不必專對君主而發也。不患寡而患不均。不患貧而患不安。與夫均無貧和無寡安無傾。皆與財散民聚。財聚民散之理。互相一貫。一方因民之利。一方並不與民爭利。斯免上下交征。不奪不饜之弊。故曰不必藏於己。即與衆共之之義。眞能擷共產之神髓。與一切社會主義之精理。而非高談經濟革命之儔所得同日而語者也。彼共產者。盡奪私產歸公。只知有國。不知愛民。已違民爲邦本之義。況財產充公。民皆成無業者。只有均貧而已。尙何共產之足云。總之。寬則得衆。公則悅。不擾則安。和則平。治道胥在乎是。祇此要言不煩。已可杜絕私財壟斷。資本集中。以及集權國營。編枯畸重之種種流弊矣。其於勞力問題。亦曰不必爲已。實開通功易事。與分工合作之先河。淺之即不勞動不能得食之通則。大之則知識與能力。資財與勞工。彼此有互相救濟。互通有無之妙。乃能各適其用。各暢其生。以完成其三事孔修。四民得所之至功。蓋無君子無以治。無小人無以養。欲其供求適當。惟賴調處得宜。庶幾社會生活。免於不均不安之象。且上文對於各類人民。皆已有所施。無一失所者矣。則於此之不必爲已。在出力者。不但勞而無怨。抑且敏而有功。是皆公之爲效。斷非不揣其本。而齊其末。與夫揠苗助長者流。所能心領神會者。乃歎自來之經濟家。皆以未能超出乎貨力爲己之範圍。無怪天下擾攘無已時也。嗟夫。或有疑己字。不知何指者。竊意政治必由於上行下

——摘自《河北月刊》一九三六年十月第十期

禮運抉微（上）

湯元仲

運者，流轉之謂，此篇所論，爲禮之流運，自發生以至其大備，故曰禮運。易言之：即禮之進化也。孫希旦曰：「禮運者，言禮之運行也，蓋自禮之本於天地者言之，四時五行，亭毒流播，秩然燦然，而禮制已自然運行於兩間矣」。何謂禮？吾人當進而究其義也，說文謂「禮，履也，所以事神致福也。从示从豐，豐亦聲」，又「豐行禮之器也，从豆，象形」，按禮字从示从豐，其最初本義，乃完全宗教之儀節，正譯當爲「宗教」，（見胡著中國哲學史大綱）說文「所以事神致福」，即是此義。虞書「有能典朕三禮」。馬氏晞孟曰：「天神地祇，人鬼之禮也」。此禮之本義也。禮運曰：「禮者，君之大柄也。所以別嫌明微，儐鬼神，考制度，別仁義，所以治政安君也」。又曰：「欲惡者，心之大端也，人藏其心，不可測度也。美惡皆在其心，不見其色也，欲一以窮之，舍禮何以哉」。又曰：「聖人之所以治人七情，脩十義，講信義，尚辭讓，去爭奪，舍禮何以治之」，坊記篇曰：「因人之情而爲之節文，以爲坊者也」。大戴禮記禮察篇曰：「禮云，禮云，貴絕惡於未萌，而起敬於微眇，使民日徙善遠罪而不自知也」，尚有所謂五禮，（吉，凶，軍，賓，嘉）。六禮，（冠，昏，喪，祭，鄉，相見）。九禮，（冠，昏，朝，聘，祭，賓主，鄉飲酒，軍旅）之別。由是觀之；禮之範圍，从廣義立論，則舉凡治國平天下之大道，國家社會之組織，及教育法律諸端，脩己齊家之道，莫不賅焉。蓋儒家思想之結晶也。其與法律之關係，一則禁於事先，一則懲於已然，殊途而同歸耳。

一、禮之進化

禮運「夫禮之初始諸飲食，其燔黍捭豚，汙尊而杯飲，蕢桴而土鼓。及其死也，升屋而號，告曰：皋某復，然後飯腥而苴孰，故天望而地藏也。體魄則降，知氣在上，故死者北首，生者南鄉，皆從其初」孫希旦曰：「若送死之禮，則雖其棺郭衣衾之美，有隨事而增者，至於飯腥苴孰，以盡其事死如生之愛；天望地藏，以順乎魂升魄降之宜；此則出乎心之所不容已，與順乎理之所不易者。夏殷之禮，因之而不變焉，故曰皆從其初」記曰：「昔者先王，未有宮室，冬則居營窟，夏則居橧巢。未有火化，食草木之實，鳥獸之肉，飲其血，茹其毛，未有麻絲，衣其羽皮，後聖有作，然後脩火之利，范金合土，以為臺榭宮室牖戶，以炮以燔，以亨以炙，以為醴酪，治其毛絲，以為布帛，以養生送死，以事鬼神上帝，皆從其朔」。上古之居處飲食被服，過於樸陋，而不宜於人，後聖通其變，而相生相養之道乃盡，皆從其朔者，夏殷之禮，亦因之而不變也。然則禮固一成莫變乎？曰：非也，「夫禮必本於大一，分而為天地，轉而為陰陽，變而為四時，列而為鬼神」。「夫禮必本於天，動而之地，列而之事，變而從時，協於分藝。其居人也曰養，其行之也貨力，辭讓，飲食，冠昏，喪祭，射御，朝聘」。大者，極至之名，一者，不貳之意，大一者，上天之載，純一不貳，而為禮之至極也。天者，禮之所從出，聖人之製禮，莫不本之。故所謂「天」，所謂「大一」，即人類行為之自然規範，而逆乎日常生活中，順之則成，背之則敗也，然此自然之規範，恆隨人類生活而變易，故曰：「列而為鬼神」，而屈伸變化，轉物不遺，但必若春夏秋冬，錯行不悖而後可，蓋禮者，固非以煩苦天下，乃即乎人情之所安，出乎天理之本然，此其所以行之而弗違也。馬氏孟晞曰：「禮以養人為本」。荀子曰：「恭敬辭讓之所以養安，禮義文理之所以養情」。即此之謂也。記曰：「禮也者，義之實也，協諸義而動，則禮雖先王未之有，可以義起也」，陳氏澔曰：「實者，定制也，禮者，義之定制，義者，禮之權度，禮一定不易，義隨時制宜，故協合義而合，雖先王未有此禮，可附於義而創為之」，記曰：「義者藝之分，仁之節也，協於藝，講於仁」，蓋藝以事言，仁以心言，事之處於外者，以義為分限之宜；心發之於外者，以義為品節之度；協於義者，合於事理之宜也，講於仁者，酌度其愛心之親疎厚薄，而協合乎行事大小輕重之宜，一以義為之制裁焉。一言以蔽之，禮之繁簡損益，原於人類之生活而遞演，以義為依歸，則「事大積焉而不苑，並行而不繆，細行而不失。深而通，茂而有閒，連而不相及也，動而不相害也」。

二、大同主義

此儒家政治思想之最高鵠的，南海康氏著大同書數萬言，以闡其真義，茲略述其要義，孔子曰：「大道之行也，與三代之英，丘未之逮也，而有志焉。大道之行也，天下為公，選賢與能，講信脩睦，故人不獨親其親，不獨子其子，使老有所終，壯有所用，幼有所長，矜寡孤獨廢疾者皆有所養，男有分，女有歸，貨惡其棄於地也，不必藏諸己；力惡其不出於身也，不必為己；是故謀閉而不興，盜竊亂賊而不作，故外戶而不閉，是謂大同」，大道者何？孫氏希旦曰：「大道者道之廣大而不偏私也」，梁任公曰：「大道者，人理至公，太平世大同之道也」，基此而發之大同主義，於政治的經濟的社會的組織，均以大道的立場出之：

A.關於政治　既認天下爲公，無復地域國家諸觀念，天下事以天下心出之，故於政治之管理，選賢與能，不承認有任何階級之世襲權，以政府者爲人民服役之機關也。使政府有能以謀人民福利，故必選賢與能，而後有功。其選舉權，則操諸全民，蓋公者人人如一之謂，無貴賤之分，無貧富之等，無人種之殊，無男女之異，以天下爲公器，非一人一家所得私有，故全民有選舉權與被選舉權可斷言也。而女性亦與焉。講信脩睦者，謂團體間（如職業團體區域團體等）關係，必以同情心爲主，非用詐欺也。

B.關於經濟　曰「貨惡其棄於地也，不必藏諸己」，則凡可以增加生產者，皆所獎勵，如利用科學之發明，合理化之經營，以竭地利；重分配之社會化，免資本主義之形成，而人民得享均一之物質生活也；曰「力惡其不出於身也，不必爲己」，故以神聖視勞動，且人人均有勞動之義務，而樂於勞動也。其勞動之出發點，固非圖物質之享樂，以勞動爲手段，而尙此神聖也。近世最高道德標準，以服務爲論者，足以當之。一言以蔽之，其經濟組織之特點，有近世唯物學說之實利，而無其跋扈不情之舉。蓋背影中別有一種極温柔敦厚之人生觀在。

C.社會組織之一班　大同之世，其組織之單位，固爲各分子之人民，但有家庭組織之存在，惟以一種超家族之精神融之，故家庭間融融之樂，尙得享之。惟人類應一視同仁，「故人不獨親其親，子其子，使老有所終，壯有所用，幼有所長，鰥寡孤獨廢疾者皆有所養，男有分，女有歸」也。康長素曰：「父母両人所至親，子者固人所至愛，然但自親其親，自愛其子，而不愛人之親，不愛人之子，則天下人之貧賤愚不肖者，老幼矜寡孤獨廢疾者，皆困苦顚連失所敎養矣。夫人類不平，則敎化不均；風俗不美，則人種不良；此爲莫大之害，即中於大衆而共受之，且人人何能自保不爲老幼矜寡孤獨廢疾乎？再待之於私親而無可待也，不如待之於公而必可恃也，故公世人人分其仰事俛畜之財物，以爲公產，以養老慈幼卹貧醫病。惟用壯者，則人人無復有老病孤貧之憂，俗美種良，進化益工，此父子之公理也」。又謂「分者限也，男子雖强，而各有權限，不得逾越，歸者巍也，（按歸僞本作歸）女子雖弱，而巍然自立，不得陵抑，各立和約而共守之，此夫婦之公理也」。

——摘自《周行》一九三六年二月第一卷第三期